MEYERS NEUES LEXIKON

In zehn Bänden

MEYERS NEUES LEXIKON

In zehn Bänden

Herausgegeben und bearbeitet von
Meyers Lexikonredaktion

Siebter Band

N - Pra

MEYERS LEXIKONVERLAG
Mannheim · Leipzig · Wien · Zürich

Redaktionelle Leitung: Dr. Gerd Grill M. A.

Redaktionelle Bearbeitung: Ariane Braunbehrens M. A., Ines Groh, Hildegard Hogen M. A., Jürgen Hotz M. A., Dipl.-Ing. Helmut Kahnt, Klaus M. Lange, Dipl.-Inf. Veronika Licher, Heike Pfersdorff M. A., Dr. Erika Retzlaff, Dr. Uschi Schling-Brodersen, Maria Schuster-Kraemer M. A., Irmgard Theobald, Dr. Joachim Weiss, Johannes-Ulrich Wening

Redaktionsschluß des siebten Bandes: 11. Juni 1993

Die Deutsche Bibliothek – CIP-Einheitsaufnahme
Meyers neues Lexikon: in 10 Bänden/hrsg. und bearb. von Meyers Lexikonred.
[Red. Leitung: Gerd Grill. Red. Bearb.: Ariane Braunbehrens ...]. –
[Standard-Ausg.]. –
Mannheim; Leipzig; Wien; Zürich: Meyers Lexikonverl.
ISBN 3-411-08901-6
NE: Grill, Gerd [Red.]
[Standard-Ausg.]
Bd. 7. N–Pra. – 1994
ISBN 3-411-08971-7

Satz: Bibliographisches Institut & F.A. Brockhaus AG (DIACOS Siemens)
Druck und Bindearbeit: Neue Stalling GmbH, Oldenburg
Papier: 115 g Offsetpapier holzfrei mattgestrichen, chlorfrei, der Papierfabrik Håfreström, Schweden
Printed in Germany
Gesamtwerk: ISBN 3-411-08901-6
Band 7: ISBN 3-411-08971-7

N

N, 14. Buchstabe des dt. Alphabets (im Lateinischen der 13.), im Griechischen ν (Ny; ᚴ, 𐌍, N), im Nordwestsemitischen (Phönikischen) 𐤍 (Nun). N bezeichnet den dentalen Nasalkonsonanten [n], z. T. auch vor [g, k], oder, wie im Deutschen und Englischen, als *ng* den velaren Nasalkonsonanten [ŋ]; das semit. und das griech. Zeichen haben den Zahlenwert 50.
▷ (Münzbuchstabe) ↑Münzstätte.

N, Kurzzeichen:
▷ (chem. Symbol) für Stickstoff (nlat. Nitrogenium).
▷ (Einheitenzeichen) für ↑Newton.

n, Abk.
▷ für: ↑**N**eutrum.
▷ (n-) in der Chemie für: ↑**n**ormal.

n, physikal. Symbol für das ↑Neutron.

n, Vorsatzzeichen für ↑**N**ano...
▷ (*n*) in chem. Formeln für eine unbestimmte Anzahl von Atomen, z. B. C_nH_{2n+2}, $n = 1, 2, 3, \ldots$

Na, chem. Symbol für ↑Natrium.

Naab, linker Nebenfluß der Donau, Bay., entsteht aus den Quellflüssen Fichtel-, Haide- und Wald-N., die im Fichtelgebirge und im Oberpfälzer Wald entspringen, mündet 5 km westl. von Regensburg, 165 km lang.

Naaldwijk [niederl. 'na:ltwɛi̯k], niederl. Gem. im Westland, 27 700 E. Gartenbauschulen, Handelszentrum mit Gewächshauskulturen; Metallwaren-, elektrotechn. und holzverarbeitende Ind. – Got. Kirche (1472 nach Brand wiederhergestellt), Rathaus (1632).

Naarden [niederl. 'na:rdə], niederl. Stadt im Gooi, Prov. Nordholland, am IJsselmeer, 16 100 E. Comenius-, Festungsmuseum; chem., Metall-, feinmechan. und elektrotechn. Ind. Auf dem Gebiet der Gemeinde liegt das **Naardermeer,** ein 759 ha großes, versumpftes, schilfreiches Seengebiet (Natur- und Vogelschutzgebiet). – Entstand nach Zerstörung der bereits im 10. Jh. erwähnten, bed. älteren Stadt 1350–55 erneut als Festung mit Stadtrecht. – Vollständig erhaltene Stadtbefestigung (17. Jh.); spätgot. Kirche (um 1500), spätgot. Comeniuskapelle (15. Jh.); Renaissancestadthaus (1601).

Nabatäer, arab. Volksstamm der Antike, der im 5./4. Jh. im Gebiet der Edomiter seßhaft war. Die Hauptstadt des N.reiches, Petra, war ein wichtiges Zentrum des Karawanenhandels. 106 n. Chr. gliederte Trajan das Reich der N. als Prov. Arabia dem Röm. Reich ein.

Nabatäisch ↑Aramäisch.

Nabburg, bayr. Stadt an der Naab, 407 m ü. d. M., 6 000 E. Metallverarbeitung, Konservenherstellung. – 929 Ersterwähnung, 1296 Stadtrecht. – Spätgot. Pfarrkirche (14., 15. und 16. Jh.); Schloß (16. und 18. Jh.).

Nabe, hülsenförmiger [die Speichen tragender] Teil eines Rades, ein rotierender Drehkörper, der die Verbindung zu der durchgeschobenen Welle oder Achse herstellt.

Nabel ↑Nabelschnur.

Nabelbruch ↑Bruch.

Nabel der Erde (griech. ómphalos tẽs gẽs), mythisch begr. religionsgeograph. Vorstellung, die viele Völker mit hl. Stätten verbanden, die als Mittelpunkt der Welt angesehen wurden. In Griechenland galt der kultisch verehrte „Omphalos", ein Stein im Heiligtum von Delphi, als N. d. E., in Rom der „Nabel der Stadt Rom" („umbilicus urbis Romae") auf dem Forum Romanum, nach dem A. T. v. a. Jerusalem, das auf Erdkarten bis ins 18. Jh. als Mittelpunkt der Welt erscheint.

Nabelentzündung (Omphalitis), durch Nabelwundinfektion entstehende nässende, mitunter zu Geschwürbildung führende Entzündung des Nabels und seiner Umgebung.

Nabelfleck (Chalaza), basaler Pol der pflanzl. ↑Samenanlage.

Nabelmiere (Moosmiere, Moehringia), Gatt. der Nelkengewächse mit rd. 20 Arten, v. a. in den gemäßigten Zonen der Nordhalbkugel; zarte Kräuter mit weißen Blüten; eine Zierpflanze ist die **Moosartige Nabelmiere** (Moos-N., Moehringia muscosa).

Nabelmiere. Moosartige Nabelmiere (Höhe bis 20 cm)

Nabelschnur (Nabelstrang, Funiculus umbilicalis), strangartige Verbindung zw. dem Embryo und dem Mutterorganismus beim Menschen und bei allen plazentalen Säugetieren. Die N. umhüllt Gefäße, die einerseits den Embryo mit sauerstoff- und nährstoffreichem Blut versorgen, andererseits sauerstoffarmes und schlackenbeladenes Blut abführen. Beim *Menschen* ist die vom Amnion (eine Embryonalhülle) umhüllte N. zum Zeitpunkt der Geburt etwa 50–60 cm lang und bis 2 cm dick und meist spiralig gedreht. Sie ist meist in Schlingen um den Fetus gelegt. Nach der Geburt, dem Abnabeln und dem Abfallen des N.restes bleibt an der Bauchseite des Neugeborenen eine narbig verwachsende Grube zurück, der **Nabel** (*Bauchnabel,* Umbilicus, Omphalos).

Nabelschweine (Pekaris, Tayassuidae), Fam. nichtwiederkäuender, etwa 0,7–1 m langer Paarhufer, v. a. in Wäldern und offenen Landschaften Mexikos, M- und S-Amerikas (mit Ausnahme des S und SW); Schwanz verkümmert; Kopf kurz, vorn spitz zulaufend; Beine auffallend dünn; eine unter dem langborstigen Fell verborgene Rückendrüse („Nabel") sondert ein stark riechendes Sekret ab. Man unterscheidet zwei Arten: **Halsbandpekari** (Tayassu tajacu) mit blaßgelbem Halsband und **Weißbartpekari** (Tayassu albirostris), Kehle leuchtend weiß. – Abb. S. 6.

Nabelstrang, svw. ↑Nabelschnur.

Nabereschnyje Tschelny [russ. 'nabɪrɪʒnɨjɪ tʃɪl'nɨ], Stadt an der unteren Kama, Tatarien, 501 000 E. TH; Automobilwerk. Bei N. T. Wasserkraftwerk Untere Kama.

Naarden. Luftaufnahme der von Festungswällen umgebenen Stadt

Nabelschweine. Halsbandpekari

Nabeul [frz. na'bœl], tunes. Stadt am Golf von Hammamet, 30 500 E. Verwaltungssitz des Governorats N.; Kunstgewerbemuseum; Marktort und Seebad; Eisenbahnendpunkt. – Wurde im 17. Jh. von Spaniern in der Nähe des röm. **Neapolis** gegründet.

Nabis [frz. na'bi; zu hebr. nabi „Prophet"], Gruppe überwiegend frz. Maler in Paris (1888–1905): P. Sérusier, M. Denis, P. Bonnard, K. X. Roussel und P. Ranson sowie zeitweilig u. a. A. Maillol, E. Vuillard und F. Vallotton. Ihre dekorativen Bilder zeigen Einflüsse von Gauguin und jap. Holzschnittkunst sowie Übergänge zum Jugendstil.

Nabi Schuaib, höchster Berg auf der W-Seite der Arab. Halbinsel, sw. von Sana (Jemen), 3 620 m ü. d. M.

Nabl, Franz [...bəl], *Lautschin (= Loučeň, Mittelböhm. Bez.) 16. Juli 1883, †Graz 19. Jan. 1974, östr. Erzähler und Dramatiker. – Die frühen Dramen (z. B. „Schichtwechsel", 1929) und Erzählungen sind H. von Hofmannsthal und A. Schnitzler verpflichtet; sein späteres Erzählwerk ist humorvoll, antiromantisch-realistisch sowie an Landschaft und Menschen des östr. Voralpenlandes gebunden; u. a. „Johannes Krantz" (En., 1948).

Vladimir Nabokov

Nablus, Stadt im Westjordanland (seit 1967 unter israel. Verwaltung), 570 m ü. d. M., 70 000 E. Verwaltungssitz des Distr. N.; Handels- und Verarbeitungszentrum eines Agrargebiets.

Nabob [zu Nawab, von arab. nuwwab, Pl. von na'ib, „Stellvertreter"], 1. muslim. Statthalter in Indien, nach der brit. Eroberung dort auch Titel selbständiger Fürsten; 2. seit dem 18. Jh. in Europa gebräuchl. Bez. für die in Indien reich gewordenen Vertreter des Geldadels, später allg. für einen vermögenden (neureichen) Mann.

Nabokov, Vladimir [engl. nə'bɔ:kəf], *Sankt Petersburg 23. April 1899, †Montreux 2. Juli 1977, amerikan. Schriftsteller russ. Herkunft. – Emigrierte 1919 nach Großbritannien, lebte einige Jahre in Berlin, dann in Paris und ging 1940 in die USA (1945 naturalisiert); 1948–59 Prof. für russ. Literatur an der Cornell University (Ithaca, N. Y.), dann freier Schriftsteller in Montreux. Verfaßte v. a. stilistisch brillante psycholog. Romane (zunächst unter dem Pseud. V. Sirin), zuerst in russ., später auch in engl. Sprache; seinen größten Erfolg hatte er mit dem erot. Roman „Lolita" (1955). – *Weitere Werke:* Gelächter im Dunkel (R., 1934), Einladung zur Enthauptung (R., 1938), Pnin (R., 1957), Fahles Feuer (R., 1962), Ada oder Das Verlangen (R., 1969), Sieh doch die Harlekins! (R., 1974).

Nabonid (griech. Labynetos), letzter König von Babylon (555–539). – Suchte vergebens Arabien in ein Verteidigungssystem gegen die Perser einzubeziehen; 539 von Kyros II. besiegt und gefangengenommen.

Nabu (Nabium; im A. T. Nebo), babylon. Gott der Schreibkunst und Weisheit (Bildsymbol: Schreibgriffel).

Nabuchodonosor ↑Nebukadnezar.

Nabupolassar, König von Babylon aus dem Stamm der Chaldäer (626–606). – Begründer des neubabylon. Reiches; zus. mit den Medern vernichtete er die Assyrer (Fall von Ninive 612 v. Chr.).

Nacala, Stadt in N-Moçambique, an einer Bucht des Ind. Ozeans, 25 000 E. Hochseehafen am Endpunkt einer Eisenbahnlinie von Malawi (über N. wird der Transitverkehr für Malawi abgewickelt).

Nachahmung, (Imitation) Übernahme von Bewegungen oder Lautäußerungen eines menschl. oder tier. Lebewesens durch ein anderes Lebewesen auf Grund von Beobachtungen bzw. Anhörungen. In der Verhaltensforschung wird angenommen, daß hierbei das erste (nachgeahmte) Lebewesen zum ↑Auslöser für die Reaktion des imitierenden Lebewesens wird (sog. **Nachahmungstrieb**). – Es ist zu unterscheiden zw. unwillkürl. N. (↑Carpenter-Effekt) und willkürl. Nachahmung. Letztere ist bes. bedeutsam im Kindesalter für das Erlernen von Tätigkeiten und für den Spracherwerb. Als bewußtes und aktives Sichangleichen ist N. speziell ein Grundphänomen des sozialen Lebens des Menschen.

▷ als Begriff der Literatur, Kunst, Philosophie und Musik ↑Imitation, ↑Mimesis.

▷ im *Recht* die [verbotene] Herstellung von künstler. Werken oder gewerbl. Gegenständen in einer solchen Weise, daß diese Produkte mit urheberrechtlich oder durch gewerbl. Schutzrechte geschützten Produkten verwechselt werden können.

Nachbar, Herbert, *Greifswald 12. Febr. 1930, †Berlin (Ost) 25. Mai 1980, dt. Schriftsteller. – Verf. von Romanen und Erzählungen, die sich durch genaue Charakter- und Milieuschilderung auszeichnen, u. a. „Der Mond hat einen Hof" (R., 1956), „Ein dunkler Stern" (R., 1974), „Keller der alten Schmiede" (R., 1979).

Nachbareffekte ↑photographische Effekte.

Nachbarklage ↑Nachbarrecht.

Nachbarrecht, im Zivilrecht die Vorschriften, die das Verfügungsrecht des Eigentümers über sein Grundstück im Interesse benachbarter Grundstückseigentümer beschränken (§§ 906 ff. BGB und Gesetze der Länder). Traditionell privatrechtlich geregelt sind u. a. die Probleme des Überbaus, der Gebäudeeinsturzgefahr, der Notwege, der Grenzscheidung und des Überfalls (von Früchten). Einwirkungen durch Gas, Ruß, Geräusche; die Zulassung von gefährl.

Nabis. Maurice Denis, Die Musen, 1893 (Paris, Centre Georges-Pompidou)

Ind.anlagen sind im wesentlichen öff.-rechtlich geregelt. Nachbarschützende Regeln sind des weiteren im Bauplanungs- und Bauordnungsrecht enthalten, z. B. über Grenzabstand, Brandschutz, Geschoßzahl oder die Nutzungsart als Wohn- oder Gewerbegrundstück. Zur Durchsetzung der N. in Form der **Nachbarklage** steht der Zivil- bzw. Verwaltungsrechtsweg offen.

Nachbarschaft, räuml. Wohn- und Siedlungsnähe, in der die sozialen Beziehungen der dort lebenden Menschen durch bes. ausgeprägte persönl. und dauerhafte Bindungen bestimmt sind. N. ist in Agrargesellschaften mit dörfl.-ländl. Kleinsiedlungsgebieten als Gefüge sozialer Kontrolle, zugleich auch als existenzsichernde Not- und Hilfsgemeinschaft von Bed.; im Zuge der Verstädterung und der Anonymisierung der sozialen Beziehungen ist N. auf (meist schichtenbegrenzte) mehr spontan sich ergebende Kontakte zw. Menschen mit persönl. Sympathien reduziert worden.

Nachbesserung, beim ↑Werkvertrag die auf Verlangen des Bestellers erfolgte Beseitigung eines Mangels. Zum Kauf ↑Mängelhaftung.

Nachbild, die nach Aufhören der unmittelbaren Einwirkung eines opt. Reizes fortdauernde Gesichtswahrnehmung, die als *positives N.* der Farbqualität des gegebenen Reizes entspricht, dagegen als meist länger dauerndes *negatives N.* in Kontrastfarben (Sukzessivkontrast) auftritt.

Nachbörse, berufsmäßiger Handel in Wertpapieren aller Art, der sich nach Schluß der offiziellen Börsenzeit vollzieht. Die N. kann Hinweise auf die Tendenz des nächsten Börsentages geben. – ↑Vorbörse.

Nachbrenner ↑Nachverbrennung.

Nachbürgschaft ↑Bürgschaft.

Nachdruck, 1. unveränderter Neudruck eines Schriftwerkes durch den berechtigten Verleger oder Neudruck (Reprint) eines urheberrechtsfreien Werkes; 2. die unberechtigte Vervielfältigung eines bereits gedruckt vorliegenden Werkes (Raubdruck), umgeht Urheberrechte.

Nacheile, im *Strafprozeßrecht* das Recht der Polizei, die Verfolgung eines Flüchtenden auf dem Gebiet eines anderen dt. Landes fortzusetzen (§ 167 GerichtsverfassungsG); im *Völkerrecht* das Recht des Küstenstaates, ein fremdes Schiff wegen Gesetzesverletzungen bis in die hohe See zu verfolgen, sofern die N. noch innerhalb der eigenen Küstengewässer beginnt und ohne Unterbrechung fortgesetzt wird.

Nacherbe, derjenige, der nach einem anderen Erben – dem Vorerben – Erbe wird. Er ist zu unterscheiden von dem Miterben, der neben einem anderen, und dem Ersatzerben, der anstelle eines anderen Erbe wird.

Nacherbschaft, diejenige Erbschaft, die dem Nacherben zufällt (§§ 2100 ff. BGB); sie entsteht nur durch letztwillige Verfügung (Testament, Erbvertrag). Den Zeitpunkt des Nacherbfalls bestimmt der Erblasser. Fehlt eine Zeitangabe, so tritt der Nacherbfall mit dem Tode des Vorerben ein. Die Erbschaft geht dann auf Grund der Verfügung des Erblassers (nicht des Vorerben) auf den Nacherben über. Der Nacherbe hat vorher ein Anwartschaftsrecht auf den Nachlaß, das durch zahlr. Verpflichtungen und Beschränkungen des Vorerben gesichert ist, es sei denn, der Erblasser hat den Vorerben durch Verfügung von Todes wegen von Beschränkungen befreit (befreite Vorerbschaft).
Auch das *östr. ABGB* (§§ 604 ff., gemeine und fideikommissar. Substitution) sowie das *schweizer. Recht* (Art. 488 ff. ZGB) kennen die Nacherbschaft.

Nachfolge Christi (Imitatio Christi), auf der Forderung Jesu an seine Jünger, ihm nachzufolgen und ihn nachzuahmen, gegr. Anliegen der Christusmystik und der christl. Ethik, Motivation für verschiedene Reform- und Armutsbewegungen. Die ma. religiöse Erneuerungsbewegung der ↑Devotio moderna fand ihren Ausdruck in der *„N. C.“*, einer vor 1427 entstandenen Sammlung von vier Traktaten, die das meistverbreitete christl. Erbauungsbuch wurde (als Autor gilt ↑Thomas a Kempis). In der ev. Theologie wurde die N. C. weitgehend als Streben nach individueller Heiligkeit für problematisch gehalten.

Nachfolger, in einer geordneten Menge das einem Element a zugeordnete Element b, für das $a < b$ gilt, wobei es kein c gibt derart, daß $a < c < b$ ist. In der Menge der natürl. Zahlen hat jedes Element einen N.; in der Menge der reellen Zahlen besitzt keine Zahl einen N., da es zw. zwei reellen Zahlen immer noch unendlich viele weitere gibt.

Nachfolgestaaten (Sukzessionsstaaten), im Völkerrecht Bez. für Staaten, die unter Übernahme der Folgelasten auf dem Territorium eines früheren Staates entstanden oder Teile von diesem übernommen haben. N. in diesem Sinne sind etwa die nach 1918 auf dem Gebiet der östr.-ungar. Monarchie entstandenen neuen Staaten Österreich, Ungarn, Tschechoslowakei und Jugoslawien.

nachformen [lat.] (kopieren), Werkstücke spanend bearbeiten, indem das Werkzeug durch Abtasten einer Schablone zweidimensional, eines Modells oder Musterwerkstücks (Prototyp) auch dreidimensional so gesteuert wird, daß es eine den Umrißlinien des Musters gleiche oder maßstäbl. Form am Werkstück erzeugt, z. B. beim Nachformdrehen, -fräsen, -hobeln und -schleifen.

Nachfrage, der Bedarf, der am Markt auftritt **(effektive Nachfrage)** und dem Angebot gegenübersteht. Die ↑Nachfragefunktionen der einzelnen Haushalte bzw. der sonstigen Nachfrager werden zur Gesamt-N. nach einem Gut und weiter zur gesamtwirtsch. N. aggregiert: Bei normaler N.reaktion sinkt die N. bei steigendem Preis und umgekehrt; bei anomaler N.reaktion steigt die N. bei steigendem Preis.

Nachfrageelastizität ↑Elastizität.

Nachfragefunktion, funktionaler Zusammenhang zw. den Nachfragemengen nach einem Gut und dem Preis dieses Gutes, wobei unterstellt wird, daß der für den Verbrauch zur Verfügung stehende Teil des Einkommens und die Preise anderer Güter konstant sind.

Nachfragemonopol, svw. Monopson (↑Monopol).

Nachfrist, Frist, die bei gegenseitigen Verträgen ein Vertragspartner dem anderen setzen kann, wenn dieser eine fällige Leistung nicht erbracht hat; beim Schuldnerverzug die Voraussetzung für das Recht auf Rücktritt oder Schadenersatz wegen Nichterfüllung.

Nachgeburt ↑Geburt.

Nachgründung, Erwerb von Vermögensgegenständen (bes. Betriebsanlagen) durch eine AG in den ersten zwei Jahren seit ihrer Eintragung in das Handelsregister, wenn die Vergütung hierfür den zehnten Teil des Aktienkapitals übersteigt. Auf N. gerichtete Verträge werden nur mit Zustimmung der Hauptversammlung und Eintragung in das Handelsregister wirksam.

Nachhall, in geschlossenen Räumen das Abklingen des mehrfach an Wänden und Decke reflektierten Schalls. Der N. vermittelt u. a. das akust. Empfinden für den Raum und ist für Musikdarbietungen wesentlich.

Nachhand, svw. ↑Hinterhand.

Nachhirn ↑Gehirn.

Nachhut, Truppenteil, der beim Marsch die Truppe nach hinten sichert.

Nachitschewan, seit 1924 autonome Republik im Hochland von Armenien, zu Aserbaidschan gehörend, aber Exklave im Geb. Armeniens; 5 500 km², 295 000 E (1989); 96 % Aserbaidschaner. Hauptstadt N. Im S und SW Ebene am Arax (600–1 000 m ü. d. M.), im NO bis 3 904 m hohes Gebirgsland. Das Klima ist streng kontinental. Angebaut werden Baumwolle, Wein, Obst, Tabak und Getreide; außerdem Seidenraupen-, Rinder- und Schafzucht; Bergbau (Molybdän, Blei, Zink und Steinsalz).

N., Hauptstadt der autonomen Republik N. innerhalb Aserbaidschans, 51 000 E. PH; Museen; Tabakind., Weinkellerei. – Vom 13.–17. Jh. unter mongol. und pers. Herrschaft (mehrmals zerstört); kam 1828 zum Russ. Reich. – Mausoleum des Atabeks Mominechatun (1186; turmförmiger Ziegelbau).

Nachkalkulation, der auf die Ermittlung der effektiv angefallenen Kosten je Kostenträger bezogene Teil der Kostenrechnung zum Zweck der Preisermittlung und der Kostenkontrolle (Ggs. Vorkalkulation).

Nachrichtenagenturen (Auswahl)

Abk.	Name	Sitz	Gründungsjahr
ANA	Athenagence	Athen	1905
ADN	Allg. Dt. Nachrichtendienst (seit 1992 zu ddp)	Berlin	1946
AFP	Agence France-Presse	Paris	1944
ANP	Algemeen Nederlands Persbureau	Den Haag	1934
ANSA	Agenzia Nazionale Stampa Associata	Rom	1945
AP	Associated Press	New York	1848
APA	Austria Presse Agentur	Wien	1946
ASD	Axel-Springer-Inland-Dienst	Hamburg	1969
ATA	Agence Télégraphique Albanaise	Tirana	1944
ATS-SDA	Agence Télégraphique Suisse – Schweizer. Depeschenagentur	Bern	1894
Baltfax		Moskau	1989
Belga	Agence Télégraphique Belge de Presse/ Belgisch-Pers-Telegraafagentschap	Brüssel	1920
BTA	Bălgarska Telegrafna Agenzia	Sofia	1898
ČTK	Česká Tisková Kancelář	Prag	1918
CP	Canadian Press	Toronto	1917
ddp	Deutscher Depeschen-Dienst GmbH	Bonn	1971
DIMITAG/dmt	Dienst mittlerer Tageszeitungen GmbH	Bonn	1938
dpa	Deutsche Presse-Agentur AG	Hamburg	1949
EFE	Agencia Efe	Madrid	1938
Interfax		Moskau	1989
JP	Jiji Tsushin-Sha/Jiji Press	Tokio	1945
Kyodo	Kyodo Tsushin/Kyodo News Service	Tokio	1945
MENA	Middle East News Agency	Kairo	1956
MTI	Magyar Távirati Iroda	Budapest	1880
NTB	Norsk Telegrambyrå	Oslo	1867
PA	Press Association	London	1868
PAP	Polska Agencja Prasowa	Warschau	1944
ppa	progress presse agentur	Düsseldorf	1971
PTI	Press Trust of India	Bombay	1948
Reuter	Reuters Holdings PLC (R. Ltd.)	London	1851
RB	Ritzaus Bureau	Kopenhagen	1866
RIA	Russische Informations-Agentur	Moskau	1991
Rompres	Română de presă	Bukarest	1949/89
SAD	Springer-Ausland-Dienst	Hamburg	1966
sid	Sport-Informations-Dienst	Düsseldorf	1945
SPK	Schweizer. Polit. Korrespondenz	Bern	1917
STT/FNB	Suomen Tietotoimisto/Finska Notisbyrån	Helsinki	1887
ITAR-TASS	Informations-Telegrafenagentur Rußlands	Moskau	1925
TT	Tidningarnas Telegrambyrå	Stockholm	1921
UPI	United Press International	New York	1958
Xinhua	Nachrichtenagentur Neues China	Peking	1937

Nachlaß, im *Erbrecht* svw. ↑Erbschaft.
▷ (nachgelassene Werke) die vor dem Tode eines Künstlers oder Wissenschaftlers nicht veröffentlichten vollendeten oder unvollendeten Werke, Briefe und sonstigen Schriften und Zeugnisse; für nachgelassene Werke bestehen urheberrechtl. Sonderbestimmungen.
▷ (Preis-N.) der teilweise Verzicht auf den vollen Preis, u. a. durch Gewährung von ↑Rabatt.

Nachlaßgericht, Amtsgericht des letzten Wohnsitzes des Erblassers. Soweit erforderlich, sichert es den Nachlaß, u. a. durch Bestellung eines Pflegers. Es eröffnet u. a. Verfügungen von Todes wegen, ermittelt die Erben, stellt Erbscheine aus, ordnet Nachlaßverwaltung und Nachlaßkonkurs an, gewährt Miterben Hilfe bei der Nachlaßauseinandersetzung. Die Aufgaben des N. sind weitgehend dem Rechtspfleger übertragen worden.

Nachlaßkonkurs, bei Überschuldung des Nachlasses u. a. auf Antrag von Erben oder Gläubigern eröffneter Konkurs, der die Erbenhaftung beschränkt und der Absonderung des Nachlasses vom Eigenvermögen des Erben dient.

Nachlaßkonkursverwalter, amtlicher Treuhänder zur Verwaltung des Nachlasses, der über diesen zur Befriedigung der Gläubiger nach konkursmäßiger Rangordnung durch Verteilung verfügt und einen eventuellen Überschuß dem Erben herausgibt.

Nachlaßpfleger, vom Nachlaßgericht bestellter Pfleger, der zur Sicherung des Nachlasses bis zur Annahme der Erbschaft oder bis zur Ermittlung eines unbekannten Erben, dessen gesetzl. Vertreter der N. ist (§ 1960 BGB), eingesetzt wird.

Nachlaßverbindlichkeiten, ererbte **(Erblasserschulden)** und mit dem Erbfall entstandene Schulden (**Erbfallschulden:** u. a. Begräbniskosten, Erbschaftsteuer, Pflichtteil) sowie Schulden aus der Nachlaßverwaltung (§§ 1967 ff. BGB). Der Erbe haftet für die N. nach Annahme der Erbschaft vorläufig unbeschränkt auch mit seinem Eigenvermögen, kann die Haftung aber durch Nachlaßverwaltung oder -konkurs sowie – bei dürftigem Nachlaß – durch Einrede auf die Nachlaßgegenstände beschränken. Für Schulden aus eigener Nachlaßverwaltung haftet er stets persönlich. Miterben haften für gemeinschaftl. N. nach außen als Gesamtschuldner.
In *Österreich* richtet sich die Haftung des Erben für die N. danach, ob er die Erbschaft unbedingt (Haftung auch mit dem eigenen Vermögen) oder bedingt angenommen hat.
Im *schweizer. Recht* sind N. die Erbfall- (Verschuldung des Nachlasses) und die Erbgangschulden (die durch die Nachlaßverwaltung entstehen); der Erbe haftet im allg. mit der Erbschaft und seinem Privatvermögen, in bestimmten Fällen auch nur mit der Erbschaft.

Nachlaßvergleichsverfahren, Vergleichsverfahren zur Vermeidung des Nachlaßkonkurses; es wird u. a. auf Antrag des Erben (nicht der Gläubiger) zur Haftungsbeschränkung eröffnet, um den Nachlaß (etwa einen Betrieb) trotz der Überschuldung zu erhalten. Es gelten die Vorschriften über das ↑Vergleichsverfahren.

Nachlaßverwaltung, Nachlaßpflegschaft über unübersichtl. Nachlässe durch einen Nachlaßverwalter zur Befriedigung der Gläubiger (§ 1975 BGB). N. wird auf Antrag des Erben oder eines Gläubigers (bei gefährdeter Befriedigung) durch das Nachlaßgericht angeordnet; sie dient der Trennung des Eigenvermögens des Erben vom Nachlaß und beschränkt die Erbenhaftung auf den Nachlaß. Die N. endet durch Aufhebung (nach Begleichung der Nachlaßverbindlichkeiten) oder durch Eröffnung des Nachlaßkonkurses bzw. des Nachlaßvergleichsverfahrens.

Nachlauf, in der *Chemie* Bez. für das letzte bei der fraktionierten ↑Destillation von Flüssigkeitsgemischen in die Dampfphase übergehende Destillat.
▷ ↑Fahrwerk.

Nachmanides, eigtl. Rabbi Mose Ben Nachman (danach abgekürzt Ramban gen.), span. Maestre Bonastruc de Porta gen., *Gerona (?) 1194 oder 1195, †Akko 1270, jüd. Arzt, Talmudgelehrter und Kabbalist. – Gewann als Autorität auf dem Gebiet von Bibel und Talmud das orth. Judentum für die Kabbala. Von Jakob I. von Aragonien 1263 zu einer öff. Religionsdisputation über das Verhältnis von Judentum und Christentum gezwungen, veröffentlichte er wahrheitsgetreu deren Verlauf, wurde deshalb aus Aragonien verbannt, wanderte 1267 nach Palästina aus.

Nachmann, Werner, *Karlsruhe 12. Aug. 1925, †ebd. 21. Jan. 1988. – 1965–88 Vors. des Zentralrats der Juden in Deutschland.

Nachmünzung ↑Nachprägung.

Nachnahme, (gebührenpflichtige) Einziehung eines Betrags (bis zu 3 000 DM) durch die Post als Bedingung für die Auslieferung [freigemachter] Briefe, Postkarten, Päckchen und Paketsendungen.

Náchod, Stadt am NW-Fuß des Adlergebirges, ČR, 350 m ü. d. M., 21 800 E. Elektromaschinenbau, Baumwoll-, Gummiind. – Im 13. Jh. gegr. – Die Stadt wird beherrscht von einem Renaissanceschloß (1566–1614; umgebaut).

Nachodka [russ. na'xɔtkɐ], russ. Hafenstadt am Jap. Meer, 165 000 E. Schiffsreparatur, fischverarbeitende Ind.; Eisenbahnendpunkt. Bei N. Hochseehafen *Wostotschny*. – Seit 1950 Stadt.

Nachprägung (Nachmünzung, Nachschlag), 1. staatl. oder private Nachahmung gültiger fremder oder älterer eigener Münzen mit oder ohne Wahrung von Gepräge und Münzfuß; schon in der Antike und im MA häufig; 2. gewerbl. N. von Münzen mit hohem Sammlerwert (in neuerer Zeit; mit fließenden Grenzen zur Münzfälschung).

Nachricht [urspr. Nachrichtung („Mitteilung, nach der man sich richtet“)], Mitteilung, Kunde, Meldung; in der *Publizistik* Mitteilung bzw. Information über einen Sachverhalt oder ein Ereignis, die (durch Massenmedien verbreitet) Interesse in der Öffentlichkeit beansprucht. Die Bearbeitung, Auswahl, Plazierung usw. der von den N.agenturen verbreiteten N. durch die Redaktion geben Anhaltspunkte für die polit.-ideolog. Position eines Massenmediums.

Nachrichtenagenturen (Nachrichtenbüros), „Unternehmungen, die mit schnellsten Beförderungsmitteln Nachrichten zentral sammeln, sichten und festen Beziehern weiterliefern" (E. Dovifat). Man unterscheidet *Universal-N.*, die alle Sachbereiche und Weltteile abdecken (z. B. Dt. Depeschen-Dienst, ddp, Bonn), von *Spezial-N.* (z. B. Sport-Informations-Dienst, sid, Düsseldorf). Die Nachrichtenübermittlung erfolgt mittels Fernschreiber, häufig drahtlos, von Kontinent zu Kontinent durch Überseekabel und Fernmeldesatelliten. Bezieher sind v. a. die Massenmedien, aber auch Unternehmungen, Verbände, Reg.stellen. Die N. bieten gegen feste Gebühren oder Beteiligung (Genossenschaftsprinzip) Text-, Bild- und vielfältige Hintergrunddienste an. Untereinander stehen sie durch Austauschverträge in Verbindung. In Deutschland gründete B. Wolff 1849 sein „Telegraph. Correspondenz-Bureau" (später Wolffs Telegraphen-Bureau [WTB]). In der Weimarer Republik entstand ihm durch die Telegraphen-Union (TU) des Hugenbergkonzerns ein Konkurrent. Beide N. wurden von den Nationalsozialisten 1933 unter dem Namen Dt. Nachrichtenbüro GmbH (DNB) gleichgeschaltet. Die Besatzungsmächte gründeten nach 1945 jeweils eigene N. Die N. der Westzonen wurden 1949 zur Dt. Presse-Agentur GmbH (dpa) Hamburg vereinigt. In der DDR arbeitete der Allg. Dt. Nachrichtendienst (ADN; gegr. 1946; 1992 Übernahme durch den DDP). – ↑Übersicht.

Nachrichtendienste, staatl. Geheimdienste zur Beschaffung vorwiegend geheimer Informationen militär., polit., wirtsch. und wiss. Natur im Rahmen der Spionage, zur Sabotage sowie zur Spionage- und Sabotageabwehr. Es werden polit. und militär. N. unterschieden. In parlamentar.-demokrat. Staaten stehen die N. prinzipiell unter der Kontrolle des Parlaments, d. h. eines von ihm bestellten Organs. Kompetenzüberschreitungen und polit. Eigenmächtigkeiten lösten in verschiedenen Staaten öff. Diskussionen über ihre Existenzberechtigung aus sowie Bestrebungen, die polit. Kontrolle zu verschärfen. In diktatorisch regierten Staaten dienen N. vielfach auch der polit. Kontrolle der Bürger und als Instrument der Unterdrückung oppositioneller Strömungen. Großbritannien besitzt den N. mit der ältesten Tradition, den Secret Service, neben dem auch Geheimdienste der Marine und des Heeres bestehen. In der Zeit des Nationalsozialismus diente der Sicherheitsdienst des Reichsführers SS (SD) der aggressiven Innen- und Außenpolitik Hitlers. Daneben bestand das Amt Ausland/Abwehr im Oberkommando der Wehrmacht unter Canaris. In Frankreich bestehen das Deuxième Bureau und die Sûreté Nationale, in den USA die Central Intelligence Agency (CIA) und das Federal Bureau of Investigation (FBI). Das zarist. Rußland besaß als N. die Ochrana, als Nachfolgeorganisationen in Sowjetrußland bzw. der UdSSR Tscheka, GPU, NKWD und KGB. In der BR Deutschland arbeiten der Bundesnachrichtendienst (BND), der Verfassungsschutz und der Militär. Abschirmdienst (MAD), die auf Grund der veränderten weltpolit. Lage verkleinert werden sollen. In der DDR oblagen die nachrichtendienstl. Aufgaben dem Ministerium für Staatssicherheit (MfS).

Nachrichtenmagazin, Zeitschriftentyp, entstand 1923 mit der Gründung von „Time"; wöchentlich erscheinend; ausgewählte Nachrichten werden, in Sparten geordnet, meist in Form einer Story oder Nachrichtengeschichte mit Hintergrundinformationen und interpretierend dargeboten; bekannte N. außer „Time" sind u. a. „Newsweek" (USA), „L'Express" (Frankreich), „Der Spiegel" (Deutschland), „Focus" (Deutschland).

Nachrichtensatelliten, svw. ↑Kommunikationssatelliten.

Nachrichtentechnik (früher auch: Schwachstromtechnik), Teilgebiet der Elektrotechnik/Elektronik, das die gesamte Technik für Aufnahme, Speicherung, Übertragung und Wiedergabe von Informationen in Bild und/oder Ton umfaßt. Die **Nachrichtenübertragung** erfolgt durch elektr. Leitungen (Fernmeldetechnik) unter Ausnutzung der Wellenausbreitung im Raum (Funktechnik) oder mit Lichtleitern. Die **Nachrichtenverarbeitung** sorgt für die dem Übertragungsmedium gemäße Umwandlung (z. B. ↑Modulation) des Signals zw. Sender und Empfänger, z. B. bei Telefonie, Telegrafie, Hörfunk, Fernsehen.

Nachrichtentruppe, in Reichswehr und Wehrmacht militär. Einheit, der die Nachrichtenverbindung oblag; für die Bundeswehr ↑Fernmeldetruppe.

Nachschieben von Gründen, im *Recht* das nachträgl. Begründen oder Stützen insbes. einer Prozeßhandlung (z. B. einer Rechtsmittelbegründung), eines Antrages oder einer Entscheidung (z. B. eines Verwaltungsakts) auf neue, selbständige Gründe. – Arbeitsrechtl. Kündigungen können auch nachträglich begr. werden, allerdings müssen die Kündigungsgründe schon bei Aussprechen der Kündigung vorgelegen haben.

Nachschlag, musikal. Verzierung: 1. als Gegenteil des ↑Vorschlags, wobei eine oder zwei Noten an eine vorausgehende, sie verkürzend, angebunden werden:

2. als Abschluß eines ↑Trillers, wenn die untere Nebennote vor der Hauptnote berührt wird; Zeichen auch ⁓, ⁓, ⁓):

▷ (Nachmünzung) ↑Nachprägung.

Nachschub, Bereitstellung und Transport von Versorgungsgütern, insbes. für die Truppe im Einsatz; stellt als Teil der Logistik die Operationen von Streitkräften sicher.

Nachschubtruppe, im Heer der Bundeswehr Teil der Logistiktruppen mit der Aufgabe der Materialbewirtschaftung.

Nachschußpflicht, bei der GmbH die [sich aus dem Gesellschaftsvertrag ergebende] Verpflichtung der Gesellschafter, über ihren Beitrag (ihre Einlage) hinaus noch weitere Beiträge (Einlagen) zu leisten. Die N. kann beschränkt oder unbeschränkt sein. Bei der *Genossenschaft* besteht eine N. (sofern sie im Statut nicht ausgeschlossen ist) nur im Falle des Konkurses.

Nachsilbe, svw. ↑Suffix.

Nächstenliebe, die (zumeist religiös begr. und geforderte) Zuwendung von Stützung, Hilfeleistung und Liebe an den „Nächsten", d. h. an den Menschen, dem auf Grund übergeordneter, subjektive Bindungen übersteigender Gesichtspunkte diese Zuwendung geschuldet wird. In der Theologie der christl. Kirchen ist N. die Verhaltensweise aller Christen, mit der allein sie ihren Glauben realisieren und glaubwürdig machen können.

Nacht, die Zeit zw. Sonnenuntergang und -aufgang. Ihre Dauer hängt ab von der Jahreszeit und der geograph. Breite des Beobachtungsorts. Am Erdäquator ist die N. immer, an allen anderen Orten der Erde nur zum Zeitpunkt der Äquinoktien 12 Stunden lang. Sie wird nach den Polen zu jeweils im Sommerhalbjahr kürzer, im Winterhalbjahr länger. – ↑Polarnacht.

Nachtaffe ↑Kapuzineraffenartige.

nachtaktive Tiere, svw. ↑Nachttiere.

Nachtarbeit, Arbeit während der Nachtstunden, i. d. R. zw. 20 und 6 Uhr, wenn diese Zeit nicht als regelmäßige normale Arbeitszeit gilt (z. B. bei Schichtarbeit). N. wird meist mit einem *N.zuschlag* entlohnt (nicht gesetzlich verankert). Für Jugendliche ist N. verboten; Ausnahmen vom Verbot enthält v. a. die Arbeitszeitordnung. Das N.verbot für Arbeiterinnen nach der Arbeitszeitverordnung (gilt lt. Einigungsvertrag nicht in den neuen Bundesländern) widerspricht gemäß Urteil des Bundesverfassungsgerichts vom Jan. 1992 dem GG, weil Männer und Frauen, Arbeiterinnen

Nachtpfauenauge. Großes Nachtpfauenauge. Links: erwachsener Falter. Rechts: Raupe

und Angestellte ohne sachl. Grund ungleich behandelt werden.

Nachtblindheit (Hemeralopie), abnorm verminderte Sehleistung beim ↑Dämmerungssehen, z. B. infolge Vitamin-A-Mangels.

Nachtblüher, Pflanzen, die nur in der Dunkelheit ihre Blüten öffnen; z. B. Abendlichtnelke. – Ggs. ↑Tagblüher.

Nachtbogen, der unter dem Horizont liegende Teil der scheinbaren Kreisbahn, die ein Gestirn im Verlaufe seiner tägl. Bewegung an der Himmelskugel beschreibt; der Teil über dem Horizont heißt **Tagbogen.**

Nachtechsen (Xantusiidae), Fam. etwa 15 cm langer, grauer bis brauner, nachtaktiver Echsen mit 12 Arten im südl. N-Amerika und in M-Amerika; lebendgebärend; die Augenlider sind zu einer „Brille" verwachsen.

Nachteffekt (Dämmerungseffekt), Beeinträchtigung des Funkverkehrs im Mittel- und Langwellenbereich während der Dämmerung und in der Nacht durch Interferenz von Boden- und Raumwelle.

Nachtfalter, svw. ↑Nachtschmetterlinge.

Nachtfrost, in klaren Nächten durch starke Wärmeabstrahlung des Erdbodens bedingter Frost.

Nachtglas ↑Fernrohr.

Nạchtigal, Gustav, * Eichstedt/Altmark 23. Febr. 1834, † auf See vor Kap Palmas 20. April 1885, dt. Afrikaforscher. – Ab 1861 Arzt in Algerien; bereiste 1869–74 Fessan, Tibesti, den Tschadsee, Bagirmi, Wadai und Darfur. Ab 1882 dt. Generalkonsul in Tunis; 1884 von Bismarck beauftragt, Togo und Kamerun unter die Schutzherrschaft des Dt. Reiches zu stellen. – Sein Hauptwerk ist „Sahărâ und Sûdân" (3 Bde., 1879–89).

Nachtkerze. Gemeine Nachtkerze (Höhe 0,5–1 m)

Nachtigall [zu althochdt. nahtagala, eigtl. „Nachtsängerin"], (Luscinia megarhynchos) mit dem rotbraunen Schwanz etwa 17 cm langer, sowohl im ♂ als auch ♀ Geschlecht oberseits brauner, unterseits bräunlichweißer, versteckt lebender Singvogel (Gatt. Erdsänger) in Laubwäldern und dichten Büschen S-, W- und M-Europas sowie NW-Afrikas und W-Asiens; berühmt wegen des auch nachts vorgetragenen Gesangs.
▷ (Poln. N.) ↑Sprosser.
▷ (Chin. N.) ↑Chinesischer Sonnenvogel.
▷ (Virgin. N.) svw. Roter Kardinal (↑Kardinäle).

Nachtkerze (Oenothera), Gatt. der Nachtkerzengewächse mit rd. 200 Arten, v. a. im außertrop. Amerika, nur wenige in der Alten Welt; Kräuter, Stauden oder Halbsträucher von verschiedener Gestalt mit wechselständigen Blättern und gelben, roten, bläul., gestreiften oder gefleckten achselständigen Einzelblüten. Die bekannteste Art ist die zweijährige, gelbblühende **Gemeine Nachtkerze** (Zweijährige N., Oenothera biennis).

Nachtkerzengewächse (Onagraceae, Oenotheraceae), Pflanzenfam. mit rd. 650 Arten hauptsächlich in den wärmeren und subtrop. Gebieten. Bekannte Gatt. sind Fuchsie, Hexenkraut, Nachtkerze und Weidenröschen.

Nachtnelke. Taglichtnelke

Nachtnelke (Melandrium), Gatt. der Nelkengewächse mit rd. 80 Arten, v. a. in Eurasien; verschieden gestaltete Kräuter mit meist bauchigem Kelch und zweispaltigen Kronblättern. In Deutschland kommen vier Arten vor, darunter häufig die ↑Abendlichtnelke und die auf feuchten Wiesen und in Laubwäldern wachsende **Taglichtnelke** (Rote Lichtnelke, Melandrium rubrum); 0,3–1 m hoch, mit breit-lanzenförmigen Blättern und purpurroten (am Tage offenen) Blüten.

Nachtpfauenauge, Bez. für drei Arten der Augenspinner: 1. **Großes Nachtpfauenauge** (Wiener N., Saturnia pyri): im südl. M-Europa und im Mittelmeergebiet; bis 14 cm spannend (größter europ. Falter); mit je einem großen (schwarz und rötlich umrandeten) Augenfleck und weißem Endstreifen auf den braunen Flügeln; fliegt nachts von April bis Juni. 2. **Mittleres Nachtpfauenauge** (Eudia spini): in Niederösterreich, Mähren und Ungarn; bis 8 cm spannend; mit je einem dunklen Augenfleck und kräftig dunkelbraunen Querbinden auf den hellbraunen Flügeln; fliegt nachts im Mai. 3. **Kleines Nachtpfauenauge** (Eudia pavonia): in M-Europa verbreitet; Spannweite 6–8 cm; ähnlich gezeichnet wie das Mittlere N.; ♀♀ fliegen von März bis Juni nachts, ♂♂ bei Sonnenschein.

Nachtragsanklage, die Erweiterung der Anklage in der Hauptverhandlung auf weitere Straftaten des Angeklagten (§ 266 StPO). Sie kann mündlich erhoben werden, ihr Inhalt muß aber den Anforderungen an die Anklageschrift entsprechen. Zur Einbeziehung des neuen Prozeßstoffs bedarf es der Zustimmung des Angeklagten und eines gerichtl. Beschlusses. Der Angeklagte muß Gelegenheit haben, sich gegen den neuen Vorwurf zu verteidigen.

Nachtragshaushalt ↑Haushaltsrecht.

Nachtschatten (Solanum), Gatt. der Nachtschattengewächse mit rd. 1 500 weltweit verbreiteten Arten, v. a. in den Tropen und Subtropen S-Amerikas; Pflanzen mit verschiedenen Wuchsformen, teilweise mit großen, verschieden gefärbten, glockenförmigen Blüten und fleischigen Beeren. Viele Arten enthalten ↑Solanin. Zur Gatt. N. gehören mehrere wichtige Kulturpflanzen (z. B. Aubergine, Kartoffel). In Deutschland heimisch oder eingebürgert sind u. a. die Giftpflanzen Bittersüß und Schwarzer Nachtschatten.

Nachtschattengewächse (Solanaceae), Pflanzenfam. mit rd. 2 300 Arten, hauptsächlich in Amerika; meist Bäume, Sträucher und Kräuter mit schraubig angeordneten Blättern und Blütenständen, seltener mit Einzelblüten; Früchte meistens Beeren oder Kapseln, sehr oft alkaloidhaltig. Zu den N. gehören viele Nutzpflanzen (z. B. Paprika), Heil- und/oder Giftpflanzen (z. B. Tollkirsche, Bilsenkraut) und Zierpflanzen (z. B. Petunie).

Nachtschmetterlinge (Nachtfalter), volkstüml. Bez. für Schmetterlinge, die in der Dämmerung und Dunkelheit fliegen; z. B. Eulenfalter, Schwärmer, Spanner, Spinner.

Nachtigall

Nachtschwalben (Schwalmartige, Ziegenmelkerartige, Caprimulgiformes), fast weltweit verbreitete Ordnung vorwiegend dämmerungs- und nachtaktiver, baumrindenartig gezeichneter Vögel mit etwa 75 großäugigen, breitschnäbligen, insektenfressenden Arten. Hierher gehören: **Fettschwalm** (Guacharo, Steatornis caripensis), etwa 45 cm lang, im nördl. S-Amerika; Gefieder rotbraun mit weißen Flecken; ↑Schwalme, ↑Zwergschwalme, ↑Ziegenmelker, ↑Tagschläfer.

Nachtschweiß, abnorme nächtliche Schweißabsonderung; u. a. Krankheitssymptom bei Überfunktion der Schilddrüse und Erkrankungen wie Leukämie.

Nachtsheim, Hans, * Koblenz 13. Juni 1890, † Boppard 24. Nov. 1979, dt. Genetiker. – Ab 1946 Prof. an der Berliner Humboldt-Univ. sowie 1949–56 an der Freien Univ., 1953–60 Direktor des Berliner Max-Planck-Inst. für vergleichende Erbbiologie und Erbpathologie; bed. Arbeiten über vergleichende Erbpathologie.

Nachtsichtgeräte, Beobachtungs- und Vergrößerungsgeräte mit Bildwandler und/oder Bildverstärker. Bei den **Infrarotfernrohren** entwirft das Objektiv ein Bild des mit einem Infrarotscheinwerfer angestrahlten Objekts auf der Photokathode des Bildwandlers; das sichtbare Sekundärbild auf dem Leuchtschirm wird mit einer Lupe o. ä. betrachtet. Die **Nachtsehgeräte** enthalten statt des Infrarotbildwandlers einen oder mehrere Bildverstärker. Unter Ausnutzung des Nachthimmels- bzw. Restlichtes wird ein Bild auf den Photokathoden der Bildverstärkerröhren entworfen und elektrisch verstärkt. N. werden bes. im militär. Bereich verwendet.

Nachtsichtigkeit, svw. ↑ Tagblindheit.

Nachtstrom, während der nächtl. Schwachlastzeiten zu niedrigeren Tarifen als am Tage gelieferter elektr. Strom; N. wird z. B. für die Nachtstrom-Speicheröfen (↑ Heizung) und Warmwasserbereitung ausgenutzt.

Nachtstück, Gemälde, das eine Szene im nächtl. Innen- oder Freiraum darstellt. Seit dem 15. Jh. wurden nächtl. Szenen als solche dargestellt, meist mit überird. Lichtquelle. Im 17. Jh. wurde Caravaggios Helldunkel mit verborgenen Lichtquellen bestimmend. Die „Flucht nach Ägypten" von A. Elsheimer (1609; München, Alte Pinakothek) ist das erste N. einer nur vom Mond erleuchteten Landschaft. Zur eigenen Bildgattung wurde das N. durch A. von der Neer, der die dt. Romantiker des 19. Jh. beeinflußte.

▷ in der *Musik* ↑ Notturno.

▷ in Anlehnung an Bildkunst und Musik in der Romantik die literar. Gestaltung einer nächtl. Szene bzw. der „Nachtseiten des menschl. Lebens", z. B. die „Nachtstücke" (1817) von E. T. A. Hoffmann.

Nachttiere (nachtaktive Tiere), Tiere, die ihre Lebens- und Verhaltensgewohnheiten hauptsächlich nachts entwikkeln, dagegen tagsüber schlafen, z. B. Leuchtkäfer, Nachtschmetterlinge, Geckos, Schlangen, die Nachtschwalben und fast alle Eulenvögel, viele Insektenfresser, Flattertiere und Halbaffen, das Erdferkel, die Gürteltiere sowie viele Nage- und Raubtiere. N. haben entweder sehr lichtstarke oder sehr kleine Augen. Im letzteren Fall sind Geruchssinn und Ultraschall Orientierungshilfen.

Nacht-und-Nebel-Erlaß, auf einen Befehl Hitlers zurückgehender, von Keitel am 7. Dez. 1941 verabschiedeter OKW-Erlaß zur Einschüchterung der Bev. in den besetzten Gebieten (v. a. in Frankreich, Belgien und den Niederlanden), wonach alle des Widerstands verdächtigen Personen, wenn eine Verurteilung zur Todesstrafe nicht wahrscheinlich war, „bei Nacht und Nebel" zur Verurteilung und Bestrafung nach Deutschland zu deportieren waren. Etwa 7 000 Häftlinge kamen auf diese Weise in die KZ.

Nachtviole (Hesperis), Gatt. der Kreuzblütler mit rd. 20 Arten, v. a. im östl. Mittelmeergebiet; einjährige oder ausdauernde, behaarte Kräuter mit vereinzelten Stengelblättern und meist violetten oder weißen Blüten in lockeren Trauben. Die bekannteste Art ist die **Gemeine Nachtviole** (Hesperis matronalis) in SW-Europa und W-Asien; Zierpflanze.

Nachtwächterstaat, eine F. Lassalle zugeschriebene spött. Bez. für das Staatsideal des klass. Liberalismus, der den Staat auf die Funktion des Schutzes der Person und des Eigentums reduzieren wollte und staatl. Eingriffen ablehnend gegenüberstand.

Nachtwandeln, svw. ↑ Schlafwandeln.

Nachverbrennung, bei Turbinenluftstrahltriebwerken die Verbrennung von zusätzlich eingespritztem Kraftstoff in einem dem Hauptbrenner nachgeschalteten *Nachbrenner* (Afterburner); dient der Schuberhöhung z. B. beim Starten.

▷ Verfahren zur Beseitigung oder Verminderung von schädl. Substanzen aus Abgasen (z. B. zur Umwandlung

Nachtstück. Gerrit van Honthorst, Fröhliche Gesellschaft (auch Der verlorene Sohn), 1622 (München, Alte Pinakothek)

des giftigen Kohlenmonoxids der Auspuffgase in Kohlendioxid) durch katalyt. Umsetzen mit Sauerstoff.

Nachversicherung, nachträgl. Versicherung von bisher versicherungsfreien Personen in der gesetzl. ↑ Rentenversicherung.

Nachwahl, Nachholung einer nicht termingemäß durchgeführten Wahl zum Parlament in einem Wahlkreis oder -bezirk (spätestens drei Wochen nach der Hauptwahl), insbes. wenn ein Wahlkreisbewerber nach der Zulassung des Kreiswahlvorschlages, aber noch vor der Wahl stirbt.

Nachwehen (Wochenbettwehen) ↑ Geburt.

Nacken (Genick), hinterer bzw. oberer Halsabschnitt des Menschen und der Wirbeltiere.

Nackensteifigkeit (Nackenstarre), durch Zunahme des Tonus bzw. ton. Krämpfe der Nackenmuskulatur bedingte, oft mit Rückwärtsbeugung des Kopfes einhergehende Starre im Hals- und Nackenbereich; bed. v. a. als Anzeichen einer Gehirnhautreizung oder Gehirnhautentzündung.

Nackenstütze (Kopfstütze), an der Rückenlehne von Kfz-Sitzen angebrachte Stütze zum Schutz von Nacken und Kopf bei Unfällen. Beim Heckaufprall fängt die N. den zurückschleudernden Kopf auf und mindert Verletzungsgefahren für die Halswirbelsäule; bei Frontalaufprall wird der Kopf (bei angelegten Sicherheitsgurten) zunächst nach vorn und dann nach hinten geschleudert, wo er von der N. aufgefangen wird.

Nacktamöben (Unbeschalte Amöben, Wechseltierchen, Amoebina), Ordnung der Amöben; im Unterschied zu den ↑ Schalamöben stets ohne Gehäuse; von ständig sich verändernder Gestalt. N. leben entweder entoparasitisch oder frei in Meeres- und Süßgewässern sowie in feuchter Erde.

Nacktfarne (Psilophytales, Rhyniales, früher Nacktpflanzen), primitivste, heute ausgestorbene, zur Gruppe der ↑ Urfarne gehörende Ordnung der Farnartigen. Sie traten an der Wende Silur/Devon (vor etwa 400 Mill. Jahren) auf und stellen die niedrigste bisher bekannte, mit Leitbündeln und Spaltöffnungen ausgestattete Gruppe der Landpflanzen.

Nacktfingergeckos ↑ Geckos.

Nacktfliegen (Psilidae), Fam. etwa 3–15 mm langer, schlanker, spärlich behaarter, brauner bis schwarzer Fliegen mit rd. 120 Arten, v. a. auf der Nordhalbkugel. In Europa, N-Amerika und Neuseeland kommt die bis 5 mm große **Möhrenfliege** vor; mit Ausnahme des bräunl. Kopfes und der gelben Beine glänzend schwarz. Die weißlichen, bis 7 mm langen Larven fressen v. a. an Möhren.

Nachtviole. Gemeine Nachtviole (Höhe 30–80 cm)

1

2

3

4

Nadelhölzer. Schematische Darstellung des Habitus von: 1 Weißtanne; 2 Fichte (Rottanne); 3 Kiefer; 4 Europäische Lärche

Nacktheit, 1. weitgehende Haarlosigkeit (mit Ausnahme v.a. des Kopfhaares) als eines der charakterist. Merkmale des Menschen. Im Verlauf der menschl. Entwicklung nahm die Körperbehaarung ab und die Zahl der Schweißdrüsen zu. Dadurch wurde ein Schutz vor Überhitzung und gleichzeitig vermehrter Abkühlung erreicht. 2. Unbekleidetheit als kulturelle, kult. oder mod. Erscheinung (z. B. ↑Freikörperkultur), die dem sekundären Bedürfnis des Menschen widerspricht, sich in kalten und gemäßigten Klimazonen der Erde durch Kleidung zu schützen. – In der *Religionsgeschichte* ist N. in totaler wie in partieller Form eine weit verbreitete Erscheinung. Kult. N. (als solche gelten z.B. auch Barhäuptigkeit und Barfüßigkeit etwa beim Betreten hl. Stätten) soll entweder eine bedingungslose Hingabe an die Gottheit erkennen lassen oder die paradies. Unschuld des ersten Menschen wiederherstellen. – In der *Magie* ist N. oft mit Fruchtbarkeitsriten verbunden. – In der bildenden *Kunst* kommen der N. unterschiedl. Aspekte zu: Naturstudium (Akt), Zeitlosigkeit (Enthebung über Moden), Blöße und Erhabenheit. – Eine wichtige Rolle spielt die N. im *sexuellen Bereich,* da die Entblößung von Körperteilen im allg. bes. sexuelle Reize auslöst, wobei die teilweise N. (z.B. Dekolleté, Badebekleidung [Bikini, Tanga, Dreieckshose]) bzw. verhüllte N. (z. B. Tragen hautenger Hosen, durchsichtiger Blusen ohne Büstenhalter) oft in der sexuellen Stimulanz höher eingestuft wird als völlige Nacktheit.

Nacktkiemer (Nudibranchia), rd. 4500 Arten umfassende Ordnung meerbewohnender, oft sehr bunter Schnekken (Überordnung Hinterkiemer); Gehäuse, Mantelhöhle und Kammkiemen fehlen.

Nacktkultur ↑Freikörperkultur.

Nacktpflanzen, ältere Bez. für ↑Nacktfarne.

Nacktsamer (Nacktsamige Pflanzen, Gymnospermae), Unterabteilung der ↑Samenpflanzen; ausschließlich Holzgewächse mit sekundärem Dickenwachstum, verschiedenartigen Blättern und getrenntgeschlechtigen, windbestäubten Blüten. Die Samenanlagen sitzen offen an den Fruchtblättern. Der Samen ist nicht in einen Fruchtknoten eingeschlossen. Durch Gewebswucherungen erscheinen manchmal fruchtähnl. Gebilde (z. B. bei der Steineibe). – Die heutigen N. werden in zwei Gruppen eingeteilt: 1. *Cycadophytina* (fiederblättrige N.; mit den Palmfarnen, den Gnetum-, Ephedra- und Welwitschiagewächsen). 2. *Coniferophytina* (gabel- und nadelblättrige N.; mit den Ginkgogewächsen und den Nadelhölzern). Die N. stellen eine Übergangsstufe von den Farnpflanzen zu den Bedecktsamern dar.

Nacktschnecken, Landlungenschnecken mit weitgehend rückgebildeter, vom Mantel vollkommen überwachsener, äußerlich nicht sichtbarer Schale. Man unterscheidet v. a. die Fam. Egelschnecken und Wegschnecken.

NAD, Abk. für: **N**ikotinsäureamid-**a**denin-**d**inukleotid, Koenzym wasserstoffübertragender Enzyme des Energiestoffwechsels z. B. der Atmungskette und der Glykolyse, das v. a. in den Mitochondrien und im Zytoplasma tier. und pflanzl. Zellen vorkommt. In dem verwandten Koenzym **NADP** (**N**ikotinsäureamid-**a**denin-**d**inukleotid-**p**hosphat) trägt die Ribose am Adenin einen weiteren Phosphorsäurerest. Da der Pyridinteil im NAD und NADP eine positive Ladung trägt, werden die Koenzyme genauer als NAD^+ bzw. $NADP^+$ bezeichnet. Ein Molekül Koenzym bindet ein Wasserstoffatom und gibt seine Ladung an ein weiteres Wasserstoffatom ab, so daß die reduzierte Verbindung $NAD \cdot H + H^+$ bzw. $NADP \cdot H + H^+$ entsteht. Die Entdeckung des NAD als Bestandteil der Hefeenzyme durch Sir A. Harden und S. Young 1906 hatte große Bed. für die Enzymforschung.

Nadar, eigtl. Gaspard Félix Tournachon, * Paris 5. April 1820, † ebd. 20. März 1910, frz. Photograph. – Eröffnete 1853 ein Photostudio. Seine Porträts, u. a. von G. Sand, Baudelaire, Daumier, Berlioz, Doré, kennzeichnen erstaunl. Natürlichkeit und Detailreichtum. 1858 machte er von einem Fesselballon aus die ersten Luftaufnahmen von Paris, veranstaltete 1874 die 1. Impressionistenausstellung und gründete 1891 die Zeitschrift „Paris Photograph".

Nadel, spitzes, meist gerades Werkzeug zum Verbinden von Geweben u. a. durch Fäden (Näh-N., Stopf-N., chirurg. N.; jeweils mit einem Öhr zum Halten des Fadens), zur Maschenbildung von Gestricken, Häkelarbeiten u. a. (Strick-, Häkel-N.; in der Textiltechnik sog. Zungen- oder Spitzen-N.), zum Zusammen- oder Feststecken mehrerer Teile oder auch als Schmuck (Gewand-, Krawatten-N.); i. w. S. auch Bez. für verschiedenste schlanke, stabförmige, meist zugespitzte Vorrichtungen oder Bauteile.
Die ersten N. waren – wie auch heute noch bei einzelnen Naturvölkern – Dornen, Fischgräten u. a., später wurden sie aus Horn oder Knochen gefertigt, dann aus Bronze, Kupfer oder Eisen, für Schmuckzwecke auch aus Gold. Babylonier, Griechen, Kelten und Römer verwendeten derartige Metall-N. aus gehämmerten dünnen Stäben, die mit angestauchten oder angelöteten Köpfen versehen waren oder ein umgebogenes Ende als Öhr besaßen. Näh-N. wurden aus zugespitztem Eisendraht hergestellt, dessen Ende zunächst gespalten und dann zu einem Öhr zusammengeklopft wurde.
▷ svw. ↑Nadelblatt.

Nadelblatt (Nadel), in nadelförmige Blattspreite und Blattgrund gegliedertes Blatt der Nadelhölzer; nur die vom Blattgrund abfallende Blattspreite stellt die eigtl. Nadel dar.

Nadeleisenerz (α-Goethit), schwarzbraunes bis gelbes, rhombisches Mineral, α-FeOOH; Mohshärte 5–5,5, Dichte 5,3 g/cm^3; meist strahlige oder faserige Aggregate bzw. dichte, auch pulverige Massen. N. entsteht bei der Verwitterung anderer Eisenminerale und ist gemeinsam mit Rubinglimmer Hauptbestandteil des ↑Brauneisensteins.

Nadelfilz (Nadel-Vliesstoff), ein aus nichtfilzenden synthet. Fasern hergestellter Filz. Die Fasern werden in Form eines Vlieses zugeführt und in der Maschine durch zahlr. auf- und abgehende Spezialnadeln mit Widerhaken „verfilzt". – N. werden als Teppichware, Isolierstoffe, Filtermaterialien verwendet.

Nadelfische (Eingeweidefische, Perlfische, Carapidae, Fierasferidae), Fam. bis 20 cm langer, aalförmiger, jedoch seitlich stärker zusammengedrückter, schuppenloser und oft farbloser Knochenfische mit rd. 25 Arten, v. a. in trop. und subtrop. Meeren; vorwiegend in Seegurken, Muscheln und Feuerwalzen lebende Fische, die mit ihrem zugespitzten Körperende durch die Ausströmöffnung in den Wirt gelangen und häufig Kiemen und Geschlechtsorgane ihres Wirts fressen.

Nadelflorteppiche (Tuftingteppiche) ↑Teppichboden.

Nadelhechte, svw. ↑Hornhechte.

Nadelhölzer (Koniferen, Coniferae, Pinidae), wichtigste und artenreichste, weltweit verbreitete Unterklasse der nadelblättrigen Nacktsamer, die v. a. auf der N-Halbkugel einen fast geschlossenen Waldgürtel bilden; reich verzweigte, oft harzreiche Bäume, mit meist starkem sekundärem Holzmantel, zahlr. kleinen, nadel- oder schuppenför-

Nadar. Interview mit Chevreul

migen Blättern und getrenntgeschlechtigen Blüten in verschiedengestaltigen Zapfen, die ♀ Zapfen meist verholzend. – Zahlr. Vertreter liefern wichtige Bau-, Werk- u. a. Nutzhölzer oder werden als Zierbäume gepflanzt. Wichtige N. sind u. a. Kiefer, Fichte, Tanne, Lärche, Zypresse, Wacholder, Lebensbaum, Mammutbaum und Eibe. Auf der S-Halbkugel sind u. a. die Araukariengewächse und die Steineibengewächse verbreitet.

Nadelkap ↑ Agulhas, Kap.

Nadellager ↑ Wälzlager.

Nadelspitze ↑ Spitze.

Nadel-Vliesstoff, svw. ↑ Nadelfilz.

Nadelwald, Pflanzengemeinschaft, in der Nadelbäume vorherrschen (im Ggs. zu Misch- und Laubwald). N. ist außerhalb des natürl. N.gürtels auf der N-Halbkugel eine durch Aufforsten erreichte, nicht natürlich gewachsene Waldform. Gründe für die Umforstung zum N. sind die Schnellwüchsigkeit der Nadelbäume und damit die wirtsch. Nutzung. Nachteilig wirkt sich der N. auf den Wasserhaushalt der Natur aus. Das Nadelpolster verschließt den Boden und saugt das Regenwasser auf.

Nadir [arab. „entgegengesetzt"] (Fußpunkt), dem Zenit gegenüberliegender Punkt der Himmelskugel.

Nadir Schah, * Chorasan 22. Okt. 1688, † Fath Abad bei Ferdaus 20. Juni 1747 (ermordet), Schah von Persien (seit 1736). – Aus dem Stamm der Afschar; vertrieb die Afghanen aus dem Iran, die Osmanen aus Aserbaidschan und den Kaukasusprov.; 1737–39 eroberte er große Teile Indiens und brachte u. a. den Pfauenthron nach Persien.

Nadolny [...ni], Isabella, geb. Peltzer, * München 26. Mai 1917, dt. Schriftstellerin. – ⚭ mit Burkhard N. (* 1905, † 1968); Schwiegertochter von Rudolf N., Mutter von Sten N.; bekannt durch den autobiograph. Roman „Ein Baum wächst übers Dach" (1959).

N., Rudolf, * Groß-Stürlack bei Lötzen 12. Juli 1873, † Düsseldorf 18. Mai 1953, dt. Diplomat. – 1924–32 Botschafter in Ankara und 1933/34 in Moskau; leitete 1932/33 die dt. Delegation auf der Genfer Abrüstungskonferenz.

N., Sten, * Zehdenik (Landkr. Gransee) 29. Juli 1942, dt. Schriftsteller. – Sohn von Isabella N.; schrieb u. a. „Die Entdeckung der Langsamkeit" (R., 1983), „Selim oder Die Gabe der Rede" (R., 1990).

Nador, marokkan. Prov.hauptstadt an einer Lagune des Mittelmeeres, 62 000 E. Eisen- und Stahlhütte; Hafen.

NADP ↑ NAD.

Nadschaf, An, schiit. Wallfahrtsort in Irak, am Rande der Syr. Wüste, 243 000 E. Bewässerungslandw. – 791 von Harun Ar Raschid gegr., der glaubte, daß hier das Grab Alis sei. – Die Moschee (8. Jh. [?], wahrscheinlich Ende 10. Jh.) ist eine der bedeutendsten schiit. Wallfahrtsorte.

Nadschd (Nedschd), Kgr., Kernraum von ↑ Saudi-Arabien, im Zentrum des Landes, 1,39 Mill. km². – Ehem. Reich der Wahhabiten, ab 1926 mit Hedschas in Personalunion, seit 1932 Teil des Kgr. Saudi-Arabien.

Nadschibullah, Mohammed, * Prov. Paktai 6. Aug. 1947, afghan. Politiker. – Arzt; wurde nach dem sowjet. Einmarsch (Dez. 1979) Leiter der Geheimpolizei KHAD; seit 1981 Mgl. des Politbüros und seit 1986 Generalsekretär der Demokrat. Volkspartei (1990 umben. in Heimatlandpartei); ab 1987 Vors. des Revolutionsrats und Staatspräs.; verkündete eine Politik der „nat. Aussöhnung" und leitete nach dem Abzug der sowjet. Truppen (1988/89) innenpolit. Reformen ein; im April 1992 gestürzt.

Naegele-Regel [nach dem dt. Gynäkologen F. Naegele, * 1778, † 1851] ↑ Geburtstermin.

Naevius, Gnaeus ['nɛ:viʊs], * in Kampanien (Capua?) um 270 v. Chr., † Utika (Afrika) um 201 v. Chr., röm. Dramatiker und Epiker. – Schrieb Tragödien und v. a. Komödien mit meist griech. Stoffen für die röm. Bühne. In seinem Hauptwerk „Bellum Poenicum", dem ersten röm. Nationalepos, stellte er in saturn. Versen den 1. Pun. Krieg dar, an dem er als junger Mann teilgenommen hatte.

Naevus ['nɛ:vʊs; lat.], svw. ↑ Muttermal.

Näf, Werner, * Sankt Gallen 7. Juni 1894, † Muri bei Bern 19. März 1959, schweizer. Historiker. – Seit 1925 Prof. in Bern; arbeitete v. a. über die Geschichte des Humanismus und der Staatsideen.

Nafpaktos (Naupaktos, italien. ↑ Lepanto), griech. Hafenstadt am Golf von Korinth, 9 000 E. – Im 5. Jh. v. Chr. Stützpunkt Athens, spielte seit dem 4. Jh. v. Chr. eine wichtige Rolle im Ätol. Bund.

Nafplion (Nauplion), griech. Stadt auf der Peloponnes, 10 600 E. Hauptort des Verw.-Geb. Argolis; griech.-orth. Bischofssitz; Museum; Hafen; Nahrungsmittelind. – In der Antike **Nauplia,** diente Argos als Hafenstadt; im MA bis 1227 byzantinisch, gehörte bis 1388 zum fränk. Hzgt. Athen, dann bis 1540 venezianisch als **Napoli di Romania;** 1540–1686 und 1715–1822 unter osman. Herrschaft; 1822 von den aufständ. Griechen erobert und 1829–34 Hauptstadt des befreiten Griechenland. – Sophienkirche (um 1400). Aus venezian. Zeit sind u. a. die Festung Palamidi, das Kastell Pasqualigo (1471) auf der Insel Burzi, die große Kaserne am Stadtplatz, die Nikolaoskirche (1713) und die Spiridonkirche (1702) erhalten.

Nafplion. Das vor der Stadt auf dem Inselchen Burzi gelegene Kastell Pasqualigo, 1471

NAFTA, Abk. für: **N**orth **A**merican **F**ree **T**rade **A**greement, Nordamerikan. Freihandelsabkommen, am 12. Aug. 1992 abgeschlossenes Übereinkommen zw. den USA, Kanada und Mexiko, das als Erweiterung des amerikan.-kanad. Abkommens von 1988 die Schaffung der weltweit größten Freihandelszone (rd. 360 Mill. Verbraucher, rd. 6 Billionen US-$ Bruttoinlandsprodukt) zum 1. Jan. 1994 vorsieht.

Naga [Sanskrit „Schlange"], ind. Zwitterwesen zw. Mensch und Schlange; N. bewachen die Schätze der Unterwelt und werden heute als Regen- und Fruchtbarkeitsgottheiten verehrt. Kultbilder sind Stelen mit zwei umeinandergewundenen N. unter Bäumen.

Naga, aus zahlr. kleinen Stämmen bestehendes mongolides Volk mit tibetobirman. Sprache in NO-Indien sowie im angrenzenden Birma; 820 000 Angehörige.

Nagaland [engl. 'nɑ:gəlænd], ind. Bundesstaat an der Grenze gegen Birma, 16 579 km², 1,11 Mill. E (1990), Hauptstadt Kohima. N. liegt weitgehend im sog. Nagabergland der westbirman. Grenzgebirge, die hier Höhen bis 3 826 m erreichen. Das Klima ist trop.-wechselfeucht; die Gebirge sind großenteils mit Regenwald bedeckt. Angebaut werden Reis, Hirse, Mais, Taro u. a. – 1961 Unionsterritorium, seit Dez. 1963 Bundesstaat.

Mohammed Nadschibullah

Nagana [afrikan.] (Ngana, Tsetsekrankheit), in Afrika, bes. südl. der Sahara, verbreitete, oft seuchenhafte, mit Fieber, Anämie und Entkräftung verbundene und oft tödlich endende Krankheit bei Haus- und Wildtieren (v. a. Pferde, Rinder, Schafe, Hunde). N. wird durch die von mehreren Arten der Tsetsefliege als Zwischenwirt verbreitete Flagellatenart *Trypanosoma brucei* verursacht.

Nagano, jap. Stadt auf Honshū, 341 000 E. Verwaltungssitz der Präfektur N.; Textil-, Nahrungsmittel- und metallverarbeitende Industrie.

Nagari [Sanskrit „städt. (Schrift)"], Oberbegriff für verschiedene ind. Schriften, die sich seit dem 8. Jh. entwickelt haben, u. a. ↑ Dewanagari.

Nagasaki. Blick über die Stadt

Nagasạki, jap. Hafenstadt an einer Bucht der NW-Küste von Kyūshū, 446 000 E. Verwaltungssitz der Präfektur N.; kath. Erzbischofssitz; Univ. (gegr. 1949); Werften, Maschinen-, Motorenbau, Elektro-, Nahrungsmittel-, Textil- und Zementind.; Fischerei- und Handelshafen, Eisenbahnendpunkt, ✈. – An der Stelle eines Dorfes entwickelte sich seit der ersten portugies. Landung 1571 eine Hafenstadt; nach der Abschließung des Landes Anfang des 17. Jh. (neben Tsushima und Okinawa) 1641–1854 einzige Kontaktstelle mit dem Ausland; 1923 durch ein Erdbeben zerstört. Durch den Abwurf der 2. amerikan. Atombombe über Japan auf N. am 9. Aug. 1945 fanden 74 000 Menschen den Tod. – Im Friedenspark „Internat. Kulturhalle" (1955), Friedensdenkmal und Atombombenmuseum; unter den erhaltenen bed. histor. Anlagen u. a. Suwa-Schrein (16. Jh.), Sōfokuji („Roter Tempel", 17. Jh.), Japans älteste Steinbogenbrücke Megane-Bashi (17. Jh.), neugot. Holzkirche (19. Jh.).

Nagasaki
Stadtwappen

Nagekäfer, svw. ↑ Klopfkäfer.

Nạgel, Otto, * Berlin 27. Sept. 1894, † ebd. 12. Juli 1967 dt. Maler. – Stellte die Welt der Arbeiter dar, bes. Arbeiterporträts, daneben v. a. Berliner Stadtansichten.

N., Peter, * Kiel 6. April 1941, dt. Maler und Graphiker. – 1965 Gründungsmgl. der Gruppe Zebra. Seine Kompositionen betonen plast. Werte.

Nagel, (Unguis) an den Endgliedern der Finger **(Fingernagel)** und Zehen **(Zehennagel, Fußnagel)** ausgebildete, von der Kralle ableitbare, dauernd spitzenwärts wachsende Hornplatte *(N.platte)* bei manchen Halbaffen, den Affen und beim Menschen (das N.wachstum beträgt beim Menschen etwa 2 mm im Monat). Die N.platte aus schuppenartigen, stark verhornten Epidermiszellen liegt dem *N.bett* auf, das am Rand in den *N.wulst (N.wall)* übergeht. In die dadurch beiderseits gebildete Rinne *(N.falz)* sind die Seitenränder des N. eingebettet. Der hintere N.wall ist Teil der *N.tasche,* in der die weiche (beim Menschen etwa 5 mm lange) *N.wurzel* steckt; die untere Hälfte der N.tasche, der die N.wurzel aufliegt, ist die Bildungszone *(Matrix)* des Nagels.
▷ ein runder oder mehrkantiger, beim Schraub-N. spiralig gedrehter, am unteren Ende zugespitzter Stift, meist aus Stahl, Messing oder Kupfer, mit flachem oder abgerundetem, gestauchtem oder gepreßtem Kopf; dient v. a. zum Befestigen und Verbinden von Holzteilen.

Nagel. Links: Fingerendglied mit halbseitig entfernter Nagelplatte. Rechts: stark vergrößertes Schnittbild durch die Nagelwurzel. a Nagelbett; b Nagelwall; c Nagelmöndchen; d Nagelplatte; e Nagelwurzel

Nagelbett ↑ Nagel.

Nägelein [nach der Ähnlichkeit mit einem kleinen Nagel], svw. ↑ Gewürznelken.

Nagelfleck (Tau, Aglia tau), bis 6 cm spannender, okker- bis bräunlichgelber Schmetterling (Fam. Augenspinner), u. a. in lichten Buchen- und Mischwäldern M-Europas; Flügel mit je einer nagel- oder T-ähnl. weißen Zeichnung in einem großen, runden, schwarzblauen Mittelfleck.

Nagelfluh ↑ Konglomerat.

Nägeli, Hans Georg, * Wetzikon (Kt. Zürich) 26. Mai 1773, † Zürich 26. Dez. 1836, schweizer. Musikpädagoge und Komponist. – Leitete in Zürich einen Musikverlag; bed. v. a. auf dem Gebiet der musikal. Volkserziehung; komponierte Lieder, Chorwerke und Klavierstücke.

Nägelkauen (Onychophagie), Angewohnheit, auf den Fingernägeln zu kauen oder diese abzubeißen; Symptom einer Verhaltensstörung.

Nagellack, gefärbter Lack für Finger- und Zehennägel, der getrocknet einen glänzenden Film hinterläßt. N. besteht aus Nitrozellulose als filmbildender Substanz, glanzerzeugenden synthet. Harzen, Weichmachern (v. a. Phthalate), Lösungsmitteln (v. a. Essigsäureester) und lösl. Farbstoffen oder unlösl. Farbpigmenten. Perlmuttglanz wird durch Fischsilber oder Glimmer-Titandioxid-Pigmente erzielt. **Nagellackentferner** besteht aus den genannten Lösungsmitteln mit Zusatz rückfettender Substanzen, z. B. Lanolin.

Nagelpilzerkrankung (Onychomykose), meist auf einer Ausbreitung einer Fußpilzerkrankung beruhende Pilzerkrankung (↑ Hautpilzerkrankungen) der Finger- und Zehennägel. Symptome: Tüpfelung, Spaltung, höckerige Verformung und Verfärbung der Nägel, Verhornung des Nagelbetts sowie schließlich Aufsplitterung und Ablösung der Nagelplatte.

Nagetiere (Nager, Rodentia), seit dem Paläozän bekannte, heute mit rd. 3 000 Arten weltweit verbreitete Ordnung etwa 5–100 cm langer Säugetiere; mit meist walzenförmigem Körper, relativ kurzen Beinen und stummelförmigem bis überkörperlangem Schwanz. Bes. kennzeichnend ist das Gebiß der N.: im Ober- und Unterkiefer je zwei ↑ Nagezähne; die Eckzähne fehlen stets, häufig auch die Vorbackenzähne, wodurch eine Zahnlücke entsteht; die Backenzähne sind entweder wurzellos mit unbegrenztem Wachstum oder bewurzelt mit endl. Wachstum. Die N. ernähren sich überwiegend von pflanzl. Stoffen. Ihre Sinnesorgane sind gut entwickelt (bes. Geruchs- und Gehörsinn). Die Fortpflanzungsrate der N. ist meist hoch, die Tragzeit oft sehr kurz; die Geschlechtsreife tritt im allg. sehr früh ein. Die Lebensdauer ist meist gering. Viele N. sind Schädlinge an Nutzpflanzen und Nahrungsvorräten, manche sind Krankheitsüberträger. Manche Arten liefern begehrtes Pelzwerk (z. B. Chinchilla). Wichtig sind einige N. als Versuchstiere der medizin. und biolog. Forschung (z. B. Weiße Mäuse). Die meisten N. sind relativ wenig spezialisiert und äußerst anpassungsfähig; sie stellen daher eine der erfolgreichsten heute lebenden Tiergruppen dar. Zu den N. gehören u. a. die Fam. Hörnchen, Biber, Wühler, Mäuse, Bilche, Stachelschweine, Agutis, Hamster und Baumratten.

Nagezähne, meißelförmige, mit je einem Paar tief im Ober- und Unterkiefer steckende Schneidezähne der Nagetiere und Hasenartigen; Wurzel fehlend oder klein und offen. Da die N. ständig nachwachsen, muß die Abnutzung (durch Nagen) dem Wachstum angeglichen werden.

Nạg Hammạdi, Stadt in Oberägypten, am linken Nilufer, 13 000 E. Zuckerraffinerie, Baumwollverarbeitung; bei N. H. Aluminiumhütte und Staudamm; Eisenbahnbrücke über den Nil. – Berühmt wurde N. H. 1945/46 durch den Fund einer kopt.-gnost. Bibliothek, bestehend aus 13 Papyruskodizes. Sie enthält 53 Schriften und Fragmente mit Evangelien, apokryphen Gesprächen Jesu, Apokalypsen, Briefen, Traktaten und liturg. Texten; aus dem Griechischen in ägypt. Sprachen übersetzt (2. Hälfte des 4. Jh.).

Naghsch e Rostam [pers. 'næɣʃæros'tæm], Felswand etwa 10 km nw. von Persepolis, Iran, mit Felsengräbern der Achämenidenherrscher Darius I. (mit dreisprachiger Inschrift), Xerxes I., Artaxerxes I. und Darius II. (6./5. Jh.) und Relief der Huldigung vor Ahura Masda; daneben ältere und jüngere (sassanid.) Reliefs. Vor der Felswand ein Turm, vermutlich eine hl. Feuerstätte aus achämenid. Zeit (um 520 v. Chr.).

Nagib, Ali Muhammad, *Khartum 20. Febr. 1901, †Kairo 28. Aug. 1984, ägypt. Offizier. – 1948/49 am 1. Israel.-Arab. Krieg beteiligt; führte am 23. Juli 1952 den Staatsstreich gegen König Faruk I.; verbot als Min.präs. (1952–54) die Parteien und führte eine Bodenreform durch; ab Juni 1953 auch Staatspräs.; der Versuch Nassers, ihn zu stürzen, gelang erst zw. April (Verlust des Min.präs.-amtes) und Nov. 1954 (Absetzung als Staatspräs.); 10 Jahre unter Hausarrest gestellt; 1971 von Präs. Sadat rehabilitiert.

Nagibin, Juri Markowitsch, *Moskau 3. April 1920, russ. Schriftsteller und Drehbuchautor. – Schrieb v. a. Erzählungen, u. a. „Junge Jahre" (1953), „Schwer erkämpftes Glück" (1956), „Ein Prophet wird verbrannt" (1956), „Der verwilderte Weg" (1979); dt. erschienen 1987 „Künstlernovellen".

Nagold, Stadt im Nagoldtal, Bad.-Württ., 411 m ü. d. M., 20 800 E. Fahrzeugbau, Textil-, Möbelind.; Fremdenverkehr. – Entstand am Fuß der Burg *Hohen-N.;* 786 erstmals erwähnt, Stadtrecht Anfang des 14. Jh. – Spätgot. Friedhofskirche mit vermauerten röm. Halbsäulen und karoling. Teilen und Wandmalereien; Burgruine (nach 1250 ff.); Fachwerkhäuser (15.–18. Jh.).

N., rechter Nebenfluß der Enz, entspringt westl. von Altensteig im N-Schwarzwald, mündet bei Pforzheim, 92 km lang.

Nagorny Karabach, russ. Name für ↑Bergkarabach.

Nagoya, jap. Hafenstadt auf Honshū, an der N-Küste der Isebucht, 2,1 Mill. E. Verwaltungssitz der Präfektur Aichi; kath. Bischofssitz, mehrere Univ. u. a. Hochschulen, Museen; Planetarium, meteorolog. Observatorium; Zoo. Eines der führenden Handels- und Ind.zentren Japans; Porzellan- und Keramik-, Woll-, Schwerind.; ferner Elektro-, chem. Ind.; Herstellung von Uhren, Lacken und Farben, Musikinstrumenten, Spielzeug und Papier. Der 1907 eröffnete Hafen ist der drittgrößte Japans. U-Bahn; ✈. – Entwikkelte sich seit dem Bau des Schlosses 1612 als Hauptstadt des Ft. Owari; seit 1872 Hauptstadt der Präfektur Aichi. – Außer dem Schloß (1612) bewahrt N. buddhist. und shintoist. Tempel und Schreine, von denen einige auf das 3. Jh. n. Chr. zurückgehen.

Nagoya. Blick auf das Schloß, 1612, rekonstruiert 1959

Nagpur, ind. Stadt auf dem Dekhan, Bundesstaat Maharashtra, 310 m ü. d. M., 1,5 Mill. E. Sitz eines kath. Erzbischofs; Univ. (gegr. 1923), veterinärmedizin. Hochschule; Textil-, holzverarbeitende, Nahrungsmittel- und metallverarbeitende Ind., Tabakverarbeitung. – Anfang des 18. Jh. gegr.; 1740–1853 Hauptstadt eines Marathen-Staates; seit 1853 brit.; 1861–1956 Hauptstadt der Central Provinces.

Nagualismus [zu aztek. nahualli „Maske, Verkleidung"], bei Indianern, v. a. in Z-Amerika, verbreiteter Glaube an einen meist als Tier oder Pflanze gedachten persönl. Schutzgeist, dem sich ein Individuum in schicksalhafter Simultanexistenz verbunden fühlt: Bei Tod oder Verletzung des einen Partners widerfährt dasselbe dem anderen Partner.

Naghsch e Rostam. Heilige Feuerstätte, um 520 v. Chr.

Nagy [ungar. nɔdj], Ferenc, *Bisse (Bez. Baranya) 8. Okt. 1903, †Fairfax (Va.) 12. Juni 1979, ungar. Politiker. – Seit 1930 Generalsekretär der „Partei der Kleinen Landwirte", 1939–42 Abg. im Reichstag; 1945 Parlamentspräs.; 1946 Min.präs.; von den Kommunisten der Verschwörung gegen den Staat beschuldigt, emigrierte 1947 in die USA.

N., Imre, *Kaposvár 7. Juni 1896, †Budapest 16. Juni 1958 (hingerichtet), ungar. Politiker. – Schlosser; wurde im 1. Weltkrieg in russ. Kriegsgefangenschaft Kommunist; führte als Landw.min. 1944/45 eine grundlegende Bodenreform durch; ab Juli 1953 Min.präs.; im April 1955 wegen seiner „weichen Linie" von allen Partei- und Staatsämtern entbunden; nach dem Sturz des stalinist. Parteiflügels am 23. Okt. 1956 erneut Min.präs. und einer der Führer des niedergeschlagenen ungar. Volksaufstandes; durch sowjet. Truppen verschleppt und 1958 nach einem Geheimverfahren hingerichtet. N. wurde am 16. Juni 1989 in einem Staatsakt rehabilitiert.

Juri Markowitsch Nagibin

Naha, jap. Hafenstadt, Hauptort von Okinawa, 310 000 E. Verwaltungssitz der Präfektur Okinawa; Univ. (gegr. 1956). Traditionelle Herstellung von Tonwaren, Lack-, Perlmuttarbeiten und Panamahüten; Textilind., Zukkerraffinerien; internat. ✈. – Entstand im MA als wichtiger Hafen; 1879 Präfekturhauptstadt von Okinawa; 1945–72 Sitz der amerikan. Verwaltung der Okinawainseln.

Nahariyya, Stadt in der Küstenebene von N-Israel, 28 800 E. Museum; Kur- und Seebadeort mit Jachthafen; landw. Handelszentrum. – 1934 von dt. Juden gegründet.

Nahbrille (Lesebrille), mit Plusgläsern ausgestattete ↑Brille für den Nahsehbereich.

Nahe, linker Nebenfluß des Rheins, entspringt im Saar-N.-Bergland, mündet bei Bingen; 116 km lang, am Unterlauf Weinbau.

Naher Osten (Nahost, Vorderer Orient), polit.-geograph. Sammelbez. für die Länder am östl. Mittelmeer einschl. der arab. Staaten Vorderasiens (Türkei, Zypern, Syrien, Libanon, Israel, Jordanien, Ägypten, Saudi-Arabien, Jemen, Oman, die Vereinigten Arab. Emirate, Katar, Bahrain, Kuwait und Irak). – ↑Nahostkonflikt.

Imre Nagy

Näherungsverfahren, numer. Methoden, mit deren Hilfe Lösungen mathemat. Probleme in endlich vielen Schritten mit angebbarer Genauigkeit angenähert werden. Alle durch Grenzprozesse definierten mathemat. Objekte

(z. B. irrationale Zahlen) sind numerisch nur mit N. zu berechnen.

Naheweine, Weine aus dem Weinbaugebiet an Nahe, Glan und Alsenz; Zentrum ist Bad Kreuznach; geschmacklich stehen die N. zw. Mosel-Saar-Ruwer- und Rheinweinen, angebaut werden v. a. die Rebsorten Müller-Thurgau, Silvaner und Riesling.

Nahhas Pascha, Mustafa [na'ha:s], * Samannud (Prov. Al Ghardijja) 15. Juni 1879, † Alexandria 23. Aug. 1965, ägypt. Politiker. – 1927–52 Führer der Wafd-Partei; 1928–52 wiederholt Min.präs.; führte 1936 die Verhandlungen über den brit.-ägypt. Vertrag.

Nahkampf, Bez. für den Kampf Mann gegen Mann, urspr. mit blanken Waffen; später, v. a. seit dem 1. bzw. 2. Weltkrieg, wurden auch Handfeuerwaffen, Handgranaten, Flammenwerfer u. a. zu Nahkampfmitteln.
▷ (Infight) im Boxen Kampfhandlung, bei der die Kontrahenten versuchen, aus kürzester Distanz (bes. durch Hakenserien) Treffer anzubringen.

Nahl, Johann August, d. Ä., * Berlin 22. Aug. 1710, † Kassel 22. Okt. 1781, dt. Bildhauer und Innenarchitekt. – 1741 wurde er als Direktor der königl. Schlösser nach Berlin berufen, wo er zum bed. Dekorateur des friderizian. Rokoko wurde; u. a. Bibliothek in Schloß Sanssouci.

Johann August Nahl d. Ä. Bibliothek im Schloß Sanssouci in Potsdam, 1745–47

Nähmaschine, eine Maschine mit Hand-, Fuß- oder heute meist elektr. Antrieb zum Zusammennähen von Textilien, Leder u. a. Die Nähte können mit Hilfe eines Fadens (einfacher Kettenstich; *Kettenstich-N.*), zweier (Doppelsteppstich; *Doppelsteppstich-N.*) oder mehr Fäden gebildet werden. Haushalts-N. werden meist als *Flachbett-N.* gebaut. Sie ermöglichen neben Nutz- und Geradstichen zahlr. Zierstiche, Annähen von Knöpfen, Nähen von Knopflöchern.
Geschichte: An der Entwicklung der N. waren viele Erfinder und Handwerker verschiedener Nationalität beteiligt: Das erste Patent erhielt 1755 C. F. Weisenthal, 1828 entwickelte B. Thimonnier eine Kettenstichmaschine, 1839 schuf J. Madersperger (nach angebl. Vorarbeiten seit 1807) eine noch unvollkommene N. Die erste brauchbare N. stellte 1846 E. Howe vor. 1850 bzw. 1851 traten A. Wilson bzw. I. M. Singer, beide v. a. mit Transportmechanismen für den Stoff, hervor.

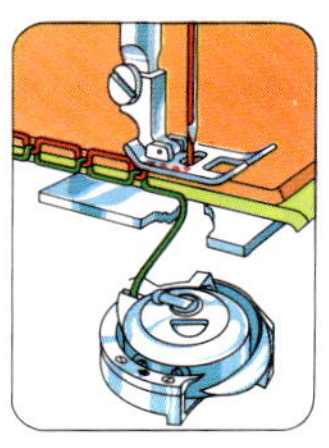
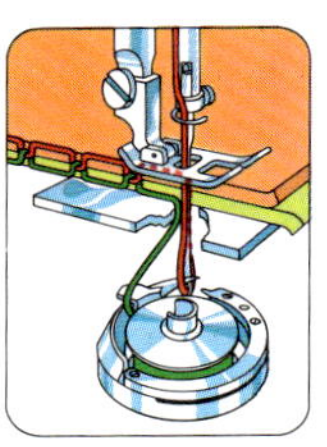
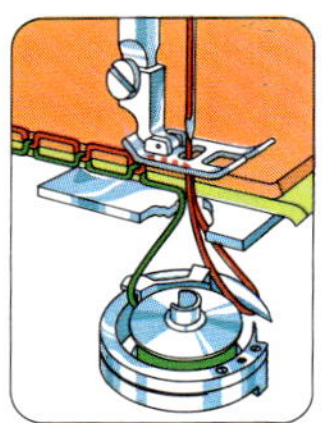
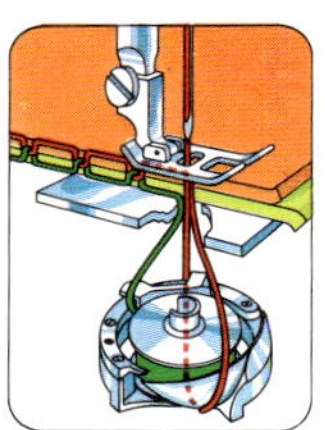
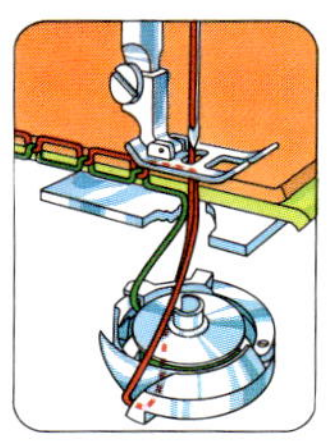
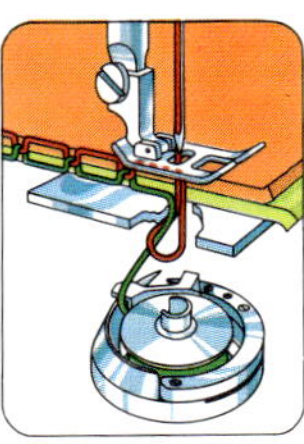

Nähmaschine. Steppstichbildung

Nahost ↑ Naher Osten.

Nahostkonflikt, Konflikt zw. Israel und seinen arab. Nachbarstaaten sowie der ↑ Palästinensischen Befreiungsorganisation (PLO) um die staatl. Gestaltung des früheren brit. Mandatsgebietes ↑ Palästina, verbunden mit regionalen und weltpolit. Interessenverflechtungen; entstand mit dem Rückzug Großbritanniens aus Palästina (15. Mai 1948) und der Proklamation des Staates Israel (14. Mai 1948). Mit unterschiedl. Intensität sind alle arab. Staaten im N. engagiert.
Geschichte: Erste blutige Konflikte zw. arab. Palästinensern und der jüd. Bev. entstanden mit der im Zeichen des ↑ Zionismus zunehmenden Einwanderung von (zunächst v. a. verfolgten russ.) Juden in das zum Osman. Reich gehörende Palästina seit den 1880er Jahren und der gleichzeitigen Zunahme der ansässigen arabisch-palästinens. Bev. (↑ Palästinenser) bis zum Ausbruch des 1. Weltkrieges; Bev.zunahme und blutige Auseinandersetzungen hielten auch nach der Bildung des brit. Mandatsgebietes Palästina nach dem Sykes-Picot-Abkommen vom 16. Mai 1916 an (Höhepunkt „arab. Aufstand" 1936–39). Am 29. Nov. 1947 beschlossen die UN die Teilung des Mandatsgebietes in je einen jüd. und palästinensisch-arab. Staat. Wegen ihrer Ablehnung dieses Teilungsplanes wollten die Palästinenser die 1948 erfolgte Gründung des Staates Israel nicht hinnehmen. Im Palästinakrieg 1948/49 (1. ↑ Israelisch-Arabischer Krieg; aus israel. Sicht Unabhängigkeitskrieg), provoziert von palästinens. Freischärlern, setzten sich die israel. Streitkräfte aber gegen die arabischen Armeen aus Ägypten, (Trans-)Jordanien, Irak, Syrien und Libanon durch und behaupteten etwa 77 % des früheren Mandatsgebietes als ihr Staatsgebiet, das damit über das im Teilungsplan von 1947 den Juden zugedachte Gebiet hinausging. O-Palästina (einschl. Alt-Jerusalem) kam unter jordan., der Gasastreifen unter ägypt. Verwaltung. Die aus dem israel. Staatsgebiet geflüchteten oder vertriebenen palästinens. Araber entwickelten sich in den arab. Aufnahmeländern (bes. Ägypten, Jordanien, Libanon, Syrien) zu einem polit. und sozialen Problem (Palästinenserlager). Der israelisch-arab. Konflikt verschärfte sich in den 1950er Jahren ständig. In Verhandlungen mit Israel setzten die UN, gestützt von den USA und der UdSSR, nach dem Sinaifeldzug 1956/57 (2. Israelisch-Arab. Krieg) den Rückzug der israel. Truppen aus den eroberten Gebieten und die Stationierung einer UN-Friedenstruppe am Golf von Akaba durch.
Die arab. Staaten unter Führung Ägyptens verschärften ihren Kampf gegen die staatl. Existenz Israels. Die UdSSR, um den Aufbau einer polit. Einflußsphäre im Nahen Osten bemüht, unterstützte bes. Ägypten und Syrien mit Waffen; die USA suchten mit gleichen Mitteln die Sicherheit Israels zu fördern. Schon mit Beginn des N. hatten sich palästinens. Guerillaorganisationen (Fedajin) gebildet, die sich 1964 unter dem Patronat der arab. Staaten in der PLO einen gemeinsamen Rahmen gaben; seitdem betrachtet sich die

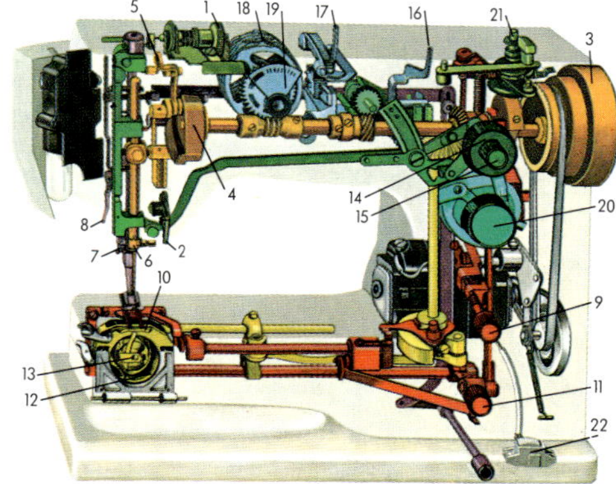

Nähmaschine. Schnittbild einer Haushaltsnähmaschine: 1 Fadenspannung; 2 Fadenregulator; 3 Handrad; 4 Schwungstück; 5 Fadenhebel; 6 Nadelhalter; 7 Nähfußbefestigung; 8 Nähfuß-Lüfterhebel; 9 Stichlängeneinstellung; 10 Transporteur; 11 Transporteurversenkung; 12 Greifer; 13 Spulenkapsel; 14 Zickzackeinstellknopf; 15 Nadelverstellknopf (links – Mitte – rechts); 16 Umschalthebel Zickzack – Zierstich; 17 Wahlhebel für Nutz- und Zierstiche; 18 Zierstichkurven; 19 Zierstichindikator; 20 Knopf zum Knopflochnähen; 21 Spuler; 22 Motorumschalter

PLO als einzige legitime Vertreterin des palästinens. Volkes.
Im Mai 1967 erzwang der ägypt. Präs. G. Abd el Nasser den Abzug der UN-Friedenstruppe. Im Sechstagekrieg 1967 (3. Israelisch-Arab. Krieg) gelang es Israel, den Gasastreifen, die Halbinsel Sinai (bis zum Sueskanal), Westjordanien (einschl. der Altstadt von Jerusalem) und Teile Syriens (Golanhöhen) zu besetzen.
Nach 1967 verschärfte sich der N. Palästinens. Guerillaorganisationen (u. a. Al Fatah) weiteten ihre Aktionen gegen Israel auch auf dessen Einrichtungen im Ausland aus. Mit dem Angriff Ägyptens und Syriens auf Israel (Okt. 1973) erfuhr der N. eine neue militär. Zuspitzung (Jom-Kippur- bzw. 4. Israelisch-Arab. Krieg). Er weckte jedoch auch die Bereitschaft, den Konflikt zu lösen. Der amerikan. Außenmin. H. A. Kissinger regte den Zusammentritt (1973) einer Genfer Nahostkonferenz an und vermittelte Truppenentflechtungsabkommen (1974) zw. Israel und Syrien. Dennoch kam es im Nov. 1975 zur Verurteilung des Zionismus durch die UN (Dez. 1991 zurückgenommen). 1977 bemühte sich der ägypt. Präs. A. As Sadat mit einer Reise zu M. Begin nach Jerusalem um einen Durchbruch zu Friedensverhandlungen. Unter Vermittlung des amerikan. Präs. J. Carter verständigten sich beide auf der Konferenz vom Camp David (Sept. 1978) über Rahmenbedingungen einer Lösung des N. und eines ägypt.-israel. Friedensvertrages (am 26. März 1979 unterzeichnet; Verzicht Israels auf Sinai zugunsten Ägyptens). Die heftigsten Gegner dieses Vertrages (Algerien, VR Jemen, Libyen, die PLO und Syrien) bildeten eine „Ablehnungsfront". Die Erklärung ganz Jerusalems zur Hauptstadt Israels (1980), die Annexion von Teilen der Golanhöhen und die Besiedlung der Westbank (Westjordanland) durch Israel stieß auf den wachsenden Widerspruch der arab. Staaten und auf Kritik in der Weltöffentlichkeit. Mit dem Einmarsch seiner Truppen 1982 in den Libanon (5. Israelisch-Arab. Krieg) suchte Israel v. a. seine durch starke Guerillatätigkeit gefährdete Nordgrenze zu sichern. 1985 räumte Israel Libanon (bis auf eine Sicherheitszone im S). Am 9. Dez. 1987 brach im Gasastreifen und im Westjordanland ein Aufstand (v. a. jugendl.) palästinens. Araber (Intifada) aus, der andauert und immer wieder Todesopfer fordert. Am 15. Nov. 1988 wurde von der PLO in Algier (Algerien) ein unabhängiger Palästinenserstaat in den von Israel besetzten Gebieten ausgerufen (Präs.: J. Arafat), nachdem Jordanien im Juli 1988 zugunsten der PLO auf das Westjordanland verzichtet hatte.
Der N. wird nach dem Ende des Ost-West-Konfliktes v. a. von innerarab. Konflikten überlagert; die Palästinenserfrage dient den arab. Staaten vielfach zu innerstaatl. und innerarab. Profilierung. In Jordanien (1967–70) und in Libanon (1967–82) entwickelten sich die von der PLO geführten Palästinenser zu einem Staat im Staate; die PLO zog mit ihren von diesen Territorien gestarteten antiisrael. Aktionen diese Staaten in ihre Konfrontation mit Israel hinein. Jordanien, dessen Herrscherhaus der Haschimiden der palästinens. Bev. 1921 von der brit. Kolonialmacht aufgezwungen worden war, wird zudem von den Palästinensern als Teil des Palästinenserstaates betrachtet; König Husain II. bemüht sich deshalb immer wieder in Abwägung seiner dynast. Interessen und des Willens der mehrheitlich palästinens. Bev. um vermittelnde diplomat. Aktionen, z. B. beim Abschluß des israelisch-ägypt. Separatfriedens von 1979 sowie im Konflikt am Pers. Golf 1990/91. Syrien versucht im Konflikt mit Israel seine nat. Interessenpolitik im Libanon durchzusetzen; Irak will mit seiner Palästinapolitik – neben Ägypten und Syrien – seine Ansprüche als regionale Führungsmacht verwirklichen, deutlich z. B. seit Aug. 1990 durch Verknüpfung des Golfkonfliktes mit dem N. (bes. nach Ausbruch des 2. ↑Golfkrieges im Jan. 1991).
Nach dem Ende des 2. Golfkrieges (Februar/März 1991) verstärkten sich die v. a. von den USA und ihrem Außenmin. J. Baker seit 1989 forcierten Bemühungen um eine Lösung des N. Kernproblem der im Okt. 1991 eingeleiteten Nahost-Friedenskonferenz (1991 in Madrid, New York bzw. Moskau, 1992 in Washington erstmals direkte Gespräche zw. Israel und arab. Staaten sowie Vertretern der PLO) ist die von der PLO geforderte Anerkennung des von ihr 1988 proklamierten Palästinenserstaates durch Israel und die Einstellung der israel. Besiedlungspolitik. Eine Entkrampfung der festgefahrenen Verhandlungen schien der Sieg der konzessionsbereiteren Israel. Arbeitspartei unter Y. Rabin bei den israel. Parlamentswahlen im Juni 1992 zu erbringen (vorläufiger Siedlungsstopp, Besuch Rabins in Ägypten im Juli 1992); die Abschiebung von rd. 400 Palästinensern in die Sicherheitszone zw. Israel und Libanon im Dez. 1992 erschwerte jedoch den Annäherungsprozeß.

Nahostkriege ↑Israelisch-Arabischer Krieg.

Nährboden, Substanz aus flüssigen oder festen Stoffen als Untergrund für Pilz- und Bakterienkulturen sowie zur Anzucht von Zellgewebe.

Nährgebiet ↑Gletscher.

Nährgewebe, mit Reservestoffen angereichertes pflanzl. Gewebe; dient der Ernährung des Keimlings. – ↑Endosperm.

Nährmittel, Produkte, die aus Getreide gewonnen werden (außer Mehl), z. B. Graupen, Grieß; ferner auch für aus Mehl oder Stärke hergestellte Roherzeugnisse wie Puddingpulver, Sago, Teigwaren.

Nährsalze, die für die pflanzl. Ernährung wichtigen ↑Mineralsalze. Pflanzen können N. nur wassergelöst (in Ionenform) durch Wurzeln aus dem Boden aufnehmen. Lebensnotwendige Bestandteile der N. sind Stickstoff, Phosphor, Schwefel, Magnesium, Eisen, Kalium, Calcium. N. werden entweder in den Pflanzenkörper eingebaut oder bleiben in gelöster Form im Zellsaft (Mineralstoffwechsel).

Nährschäden, Ernährungsstörungen bei Säuglingen und Kleinkindern, z. B. ↑Mehlnährschäden.

Nährstoffe (Nahrungsstoffe) ↑Ernährung.

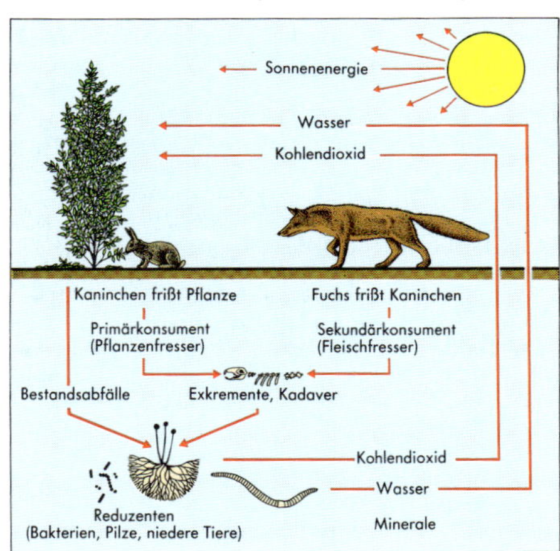

Nahrungskette. Schematische Darstellung einer Nahrungskette

Nahrungskette, Bez. für eine Gruppe von Organismen, die in ihrer Ernährung voneinander abhängig sind. Das Tier ist nicht in der Lage, wie die grüne (autotrophe) Pflanze aus anorgan. Stoffen unter unmittelbarer Ausnutzung des Sonnenlichtes organ. Substanzen aufzubauen. Es muß vielmehr seinen Energie- und Baustoffbedarf aus den von den grünen Pflanzen synthetisierten organ. Verbindungen decken. Das tier. (einschl. menschl.) Leben ist also von der Lebenstätigkeit der grünen Pflanzen abhängig.
Die *grünen Pflanzen* bilden somit das erste Glied der N.; die *tier. Verzehrer (Konsumenten)* die folgenden Glieder. An erster Stelle stehen die *Pflanzenfresser (Herbivoren; Primärkonsumenten),* als nächstes Glied folgen die *Fleischfresser (Karnivoren, Räuber; Sekundärkonsumenten).* Zw. den ausgesprochenen Pflanzenfressern und den ausschließl. Fleischfressern stehen die als Konsumenten an verschiedenen Stellen

Nahuel-Huapí-Nationalpark. Blick auf den Lago Nahuel Huapí

der N. einstufbaren *Allesfresser (Omnivoren),* die sowohl tier. als auch pflanzl. Kost zu sich nehmen. Den Schluß der N. bilden die *abbauenden Organismen (Destruenten, Reduzenten).* Diese Gruppe besteht aus Bakterien, Pilzen und vielen bodenbewohnenden Tieren, die sich (als *Saprophyten* bzw. *Saprozoen*) von toter organ. Substanz (Exkrementen, Aas) ernähren. Sie leben im Humus und produzieren letztlich anorgan. Substanz, wie sie die Pflanze wiederum zu ihrem Leben benötigt.

Die Konsumenten niederen Grades sind gewöhnlich klein, von hoher Individuenzahl bzw. Fortpflanzungspotenz, während am Ende der N. vielfach große Arten mit geringer Populationsdichte stehen, die sich durch hohe Organisation, Leistungsfähigkeit und großen Aktionsradius auszeichnen (z. B.: einzellige Alge–Wasserfloh–räuber. Kleinkrebs–junger Fisch–Raubfisch–Mensch).

Ein bes. Problem stellen zunehmend schlecht abbaubare Substanzen (wie Schwermetalle, Chlorkohlenwasserstoffe, z. B. DDT, PCB) dar, die in den Endgliedern einer N. zu gefährl. Konzentration angereichert werden können.

Nairobi
Stadtwappen

Nairobi

Hauptstadt von Kenia (seit 1905)
·
1,1 Mill. E
·
Wirtschaftszentrum des Landes
·
1899 als Depot an der Ugandabahn gegr.
·
Südlich der Nairobi-Nationalpark
·
Kenyatta-Kongreßzentrum

Nahrungsmittel, der Ernährung dienende, in zubereitetem oder rohem Zustand genossene, aus dem Tier- und Pflanzenreich stammende Stoffe (↑Lebensmittel).

Nahrungsmittelvergiftung, svw. ↑Lebensmittelvergiftung.

Nahrungs- und Genußmittelindustrie, der Verbrauchsgüterind. zuzurechnender Wirtschaftszweig; umfaßt u. a. die Back- und Fleischwarenind., Brauereien, Molkereien, Kaffee-, Tee- und Tabakind., aber auch die Herstellung von Futtermitteln und Erzeugnissen aus Lebensmitteln (z. B. Stärkeerzeugnisse, Fette für die Seifenind.). Haupttätigkeitsgebiete sind die Erzeugung von Lebens- und Genußmitteln durch Rohstoffverarbeitung, die Konservierung und die Aufbereitung zu küchen- und konsumfertigen Produkten sowie die Erzeugung von Hilfsmitteln für diese Tätigkeiten und von verbrauchsgerechten Verpackungen.

Nahrungsverweigerung, Ablehnung der Nahrungsaufnahme; häufige Erscheinung bei schweren psych. Krankheiten, z. B. bei Magersucht. – Zur N. bei Häftlingen und Strafgefangenen ↑Hungerstreik.

Nährwert, der ernährungsphysiolog. Wert der Nahrung, d. h. der Gehalt an verwertbaren Nährstoffen. Der N. hängt vom physiolog. ↑Brennwert und von der Zusammensetzung sowie der Bekömmlichkeit der Nährstoffe (↑Ernährung) ab.

Nähseide ↑Zwirn.

Naht, allg. svw. Verbindung bzw. Verbindungslinie zweier zusammengefügter Teile.

▷ in der *Chirurgie* die operative Verbindung durchtrennter Gewebe (einschl. Blutgefäße, Sehnen, Nerven, Knochen) mittels chirurg. Nadeln oder Nähapparaten unter Verwendung speziellen N.materials (Katgut, Garne aus Baumwolle, Seide oder Kunstfaser, Stahldraht).

▷ (Sutura) in der *Anatomie* die Verwachsungslinie von Organ- oder Gewebeteilen, bes. der Knochen am Schädel (↑Schädelnähte).

Nahuasprachen [span. 'naua], Bez. einer großen indian. Sprachgruppe. Die Nahua gelangten seit der 2. Hälfte des 1. Jt. v. Chr. in mehreren Schüben aus N-Amerika in ihre späteren Verbreitungsgebiete. Als die größte Gruppe (1,02 Mill.) der mex. Indianer siedeln die Nahua geschlossen v. a. in Zentralmexiko. Zu den N. zählen in Mexiko das *Toltekische* und das *Aztekische* (oder Nahuatl), ferner das *Pipil* von El Salvador und Guatemala sowie das *Nicarao* von Nicaragua. Mit Ausnahme des erloschenen Toltekischen werden die N. in diesen Gebieten heute noch von etwa 10 % der indian. Einwohner (neben dem Spanischen) gesprochen.

Nahuel-Huapí-Nationalpark [span. na'uel ua'pi], 738 500 ha großer Nationalpark in S-Argentinien, in der Patagon. Kordillere, um den Lago Nahuel Huapí (764 m ü. d. M., 544 km²); 1934 eingerichtet; Fremdenverkehr, auch Wintersport.

Nahum, alttestamentl. Prophet und gleichnamiges Buch des A. T., entstanden nach 626 v. Chr., zu den 12 „kleinen“ Propheten gerechnet.

Nah-Unendlich-Punkt ↑anallaktischer Punkt.

Nahverkehr ↑Verkehr.

Nahzone ↑Güterfernverkehr, ↑Güternahverkehr.

Nain-Singh-Kette, Teil des Transhimalaja mit dessen höchster Erhebung, dem **Aling Gangri** (7 315 m ü. d. M.).

Nairobi, Hauptstadt von Kenia, im Hochland östl. des Ostafrikan. Grabens, 1 670 m ü. d. M., 1,1 Mill. E. Sitz eines anglikan. und eines kath. Erzbischofs sowie mehrerer internat. Behörden; Tagungsort von internat. Kongressen; Univ. (gegr. 1956 als Technical College); Polytechnikum, Konservatorium; mehrere Forschungs-Inst., Goethe-Inst., Nationalarchiv, -bibliothek, -theater und -museum, anthropolog. Museum, Kunstgalerie, SOS-Kinderdorf. Wichtigstes Wirtschaftszentrum des Landes mit Messen, Kaffeeauktionen, Nahrungsmittel-, Textilind., Metallverarbeitung, Keramikwerk, Zigaretten-, Schuh-, pharmazeut. und chem. Ind. (Pipeline von Mombasa); Verkehrsknotenpunkt an der Bahnlinie und Fernstraße Mombasa–Uganda; ✈ und internat. ✈. Unmittelbar südl. der Stadt liegt der *N.-Nationalpark* (115 km²; afrikan. Großwild, Vögel). – Ab 1899 Entstehung der Europäersiedlung; wurde 1905 Regierungssitz.

naiv [frz., zu lat. nativus „durch Geburt entstanden, natürlich“], natürlich, unbefangen, kindlich, arglos; einfältig; **Naivität,** naive Art.

Naive [lat.-frz.], weibl. Rollenfach: jugendl., heiter-unbeschwerte Liebhaberinnen, Zofen.

naive Kunst, als Laienkunst außerhalb der kunstgeschichtl. Stilrichtungen stehende Kunst. Im Unterschied zur Volkskunst und der vom Kult getragenen Kunst der Naturvölker ist sie durch die Individualität des Künstlers geprägt, der sie ohne akadem. Vorbildung, z. T. auch ohne jede techn. Vorkenntnisse und Verbindungen zu zeitgenöss. und vergangenem Kunstschaffen ausübt. N. K. ist detailfreudig exakt und harmonisch bunt, oft von einer instinktiven Sicherheit in Komposition und Farbklang; ihre Themen reichen von der Umwelt des Künstlers bis zu phantast. Traumbildern. Die soziolog. Wurzeln der n. K. sind schwer zu klären, da die Künstler erst mit dem Aufkommen der modernen Malerei und dem damit verbundenen Verzicht auf die Maßstäbe akadem. Korrektheit ein breiteres Interesse auf sich zogen. – Am weitesten läßt sich die n. K. in den USA zurückverfolgen, wo sie sich im 18. Jh. aus der volkstüml. Gebrauchsmalerei von Wanderkünstlern herausbildete und sich mit Porträt, Pionierleben und bibl. Motiven (E. Hicks) beschäftigte. Der europ. n. K. näher verwandt waren die Bilder der Farmersfrau A. M. Moses und die erot. Szenen von M. Hirshfield. In Frankreich erhob der Zöllner H. Rousseau die n. K. zu einem gültigen Beitrag zur modernen Kunst. L. Vivin, Séraphine, A. Bauchant, C. Bombois, die der Kunstschriftsteller W. Uhde 1928 zus. mit Rousseau als „Maler des hl. Herzens“ ausstellte, wurden bekannt. In Deutschland traten als naive Künstler u. a. J. A.

Trillhase, M. Raffler, F. Gerlach, J. Wittlich, in der Schweiz A. Dietrich, in Italien O. Metelli und A. Ligabue hervor. Bed. für die Entwicklung der n. K. in Osteuropa wurden Jugoslawien (bäuerl. Schule von Hlebine mit I. Generalić u. a.) und Polen (Nikifor). Zu einem Zentrum n. K. entwickelte sich die Schule von Port-au-Prince auf Haiti; internat. namhaft sind u. a. H. Hyppolite, P. Obin, A. Pierre, G. Valein, P. Duffaut, S. Philippe-Auguste.

Naja [ˈnaːdʒa; Sanskrit], svw. ↑Kobras.

Najaden [griech.], ↑Nymphen der Flußgewässer.

Nakadakultur (Negadekultur), nach dem über 3 000 Bestattungen aufweisenden Gräberfeld von Nakada bei Luxor (Oberägypten) ben. prädynast., zweiphasige Kulturgruppe des 4. Jt. v. Chr.; u. a. bemalte Keramik, Stein- und Elfenbeingefäße, in der jüngeren Phase, die zur frühdynast. Zeit überleitet, u. a. Rollsiegel, Gefäße mit Röhrenausguß, zunehmende Kupferverarbeitung.

Nakasone Yasuhiro, *Takasaki 27. Mai 1917, jap. Politiker. – Jurist, 1967–74 mehrfach Min. (u. a. für Ind. und Außenhandel); 1974–76 Generalsekretär der Liberal-Demokrat. Partei; 1982–87 Min.präs. und Parteivorsitzender.

Nakatomi Kamatari, jap. Staatsmann und Reformer (*614, †669), ↑Fujiwara (Fujiwara no Kamatari).

Nakhon Pathom, Stadt in Z-Thailand, im Menamdelta, 45 500 E. Verwaltungssitz der Prov. N. P.; Univ. (gegr. 1968); Zentrum eines Agrargebietes; buddhist. Wallfahrtsort.

Nakhon Ratchasima [ˈraːdtʃhasiːˌmaː], Stadt in NO-Thailand, im SW des Khoratplateaus, 200 100 E. Verwaltungssitz der Prov. N. R.; kath. Bischofssitz; Zentrum eines Agrargebiets ; Zement-, Textilindustrie.

Nakhon Sawan, Stadt in N-Thailand, an der Vereinigung von Ping und Nam zum Menam, 100 400 E. Verwaltungssitz der Prov. N. S.; kath. Bischofssitz; Umschlagplatz für das auf Nam und Ping geflößte Holz.

Nakhon Si Thammarat, Stadt in S-Thailand, auf der Halbinsel Malakka, 72 100 E. Verwaltungssitz der Prov. N. Si T.; Herstellung von Metallarbeiten (Niellowaren); Garnison. – Bis zum 13. Jh. Hauptstadt (**Ligor** oder **Lakorn** gen.) eines Kgr. – Tempelbezirk (8.–19. Jh.) mit reicher Innenausstattung.

Nakkasch, An, Marun, *Saida 9. Febr. 1817, †Tarsus 1. Juni 1855, libanes. Schriftsteller. – Gilt als Begründer des arab. Theaters. 1847 wurde sein erstes übersetztes, 1849 sein erstes eigenes Stück aufgeführt.

Naive Kunst, Ivan Generalić. Unter dem Birnbaum, 1943 (Zagreb, Moderna Galerija)

Naive Kunst. Henri Rousseau. Der Wagen von Vater Juniet, 1908 (Paris, Louvre)

Nakskov [dän. ˈnagsgɔu̯], dän. Hafenstadt im W der Insel Lolland, 17 000 E. Werft, Zuckerfabrik, Fähre nach Langeland. – Stadtrecht 1266. – Roman. Nikolaikirche (um 1200), zahlr. Fachwerkhäuser.

Nakuru, Prov.hauptstadt in Kenia, im Ostafrikan. Graben, 1 860 m ü. d. M.; an der Ugandabahn, 93 000 E. Anglikan. und kath. Bischofssitz; Textil-, Lebensmittelindustrie, Zementwerk und Düngemittelfabrik.

Nakuru, Lake [engl. lɛɪk naːˈkuːruː], Salzsee in Kenia, im Ostafrikan. Graben, 47 km²; sein westl. Ufergebiet bildet den **Lake Nakuru National Park,** eines der größten Vogelreservate der Erde (u. a. Flamingos).

Nalaiha, Stadt in der Mongolei, 40 km sö. von Ulan Bator. 15 000 E. Zentrum des größten Kohlenbergbaugebiets des Landes.

Nałkowska, Zofia [poln. nau̯ˈkɔfska], *Warschau 10. Nov. 1884, †ebd. 17. Dez. 1954, poln. Schriftstellerin. – Begann 1898 mit Gedichten, wandte sich bald der erzählenden Prosa zu; bevorzugtes Thema sind die Probleme der sich emanzipierenden Frau; ihre vielfach sozialkrit. Romane und Novellen verbinden realist. Erzählkunst mit Elementen des psycholog. Romans, u. a. „Der Prinz" (R., 1907), „Verhängnisvolle Liebe" (R., 1926), „Die Schranke" (R., 1935), „Medaillons" (En., 1946); auch Dramen.

Nakasone Yasuhiro

Naltschik, Hauptstadt der Autonomen Rep. der Kabardiner und Balkaren innerhalb Rußlands, Kurort in den nördl. Vorbergen des Großen Kaukasus, 235 000 E. Univ. (1957 gegr.), Polytechnikum; Heimat-, Kunstmuseum; drei Theater; buntmetallurg. Werk, Maschinen- und Elektrogerätebau, Holzverarbeitung, chem. Ind. – 1818 gegr., seit 1921 Stadt.

Nama ↑Hottentotten.

Namangan, Geb.hauptstadt in Usbekistan, im N des Ferganabeckens, 308 000 E. PH, Heimatmuseum; Theater; Baumwollentkörnung, Seidenweberei, Metallind., Chemiebetriebe. – Seit 1610 Stadt.

Namaqualand [engl. nəˈmɑkəlænd], Hochland im W der Kapprovinz, Republik Südafrika, bis 2 202 m ü. d. M.; bed. Diamantengewinnung, Kupfererzbergbau.

Zofia Nałkowska

Nam Co [tibet.] (Nam Tso; chin. Namuhu, mongol. Tengri Nor), abflußloser Salzsee, mit 2 207 km² der größte der eiszeitlich ausgeschürften Seen Tibets, 4 627 m ü. d. M.

Nam Đinh, Stadt in Vietnam, im Tonkindelta, 110 000 E. Wichtigstes Zentrum der nordvietnames. Textilind.; ✈.

Name, als *Eigen-N.* („nomen proprium") willkürlich gewählte Benennung für ein einzelnes Wesen (bes. einen Menschen) oder eine Sache usw. zur Unterscheidung von

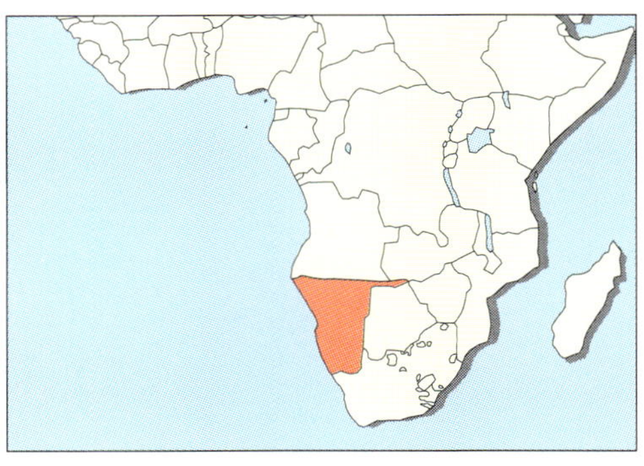

Namibia

Fläche: 824 292 km² (einschl. der gemeinsam von N. und Südafrika verwalteten Walfischbai)
Bevölkerung: 1,9 Mill. E (1990), 2 E/km²
Hauptstadt: Windhuk
Amtssprachen: Afrikaans, Englisch
Währung: 1 Rand = 100 Cents (c)
Zeitzone: MEZ +1 Stunde

Namibia

Staatswappen

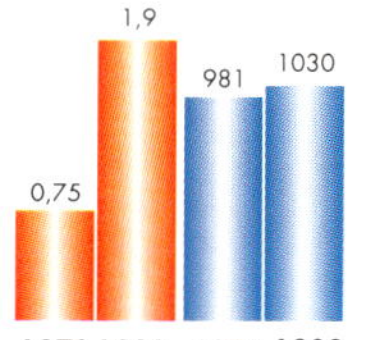

Bevölkerung (in Mill.)
Bruttosozialprodukt je E (in US-$)

Stadt
Land
28%
72%

Bevölkerungsverteilung 1990

Industrie
Landwirtschaft
Dienstleistung

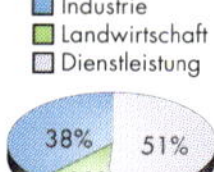

Bruttoinlandsprodukt 1990

anderen derselben Gattung. Eigen-N. unterscheiden sich von einem *Allgemein-N.* oder *Gattungs-N.* („nomen appellativum", ↑Appellativ) dadurch, daß sie nicht Klassen von Individuen, Gegenständen usw., sondern Einzelwesen bezeichnen und so deren eindeutiger Identifizierung dienen; die Abgrenzung ist jedoch oft nicht eindeutig geklärt, z. B. bei N. von Jahreszeiten, Monaten und Festen. Einteilung der N.: 1. ↑Personennamen (Anthroponyme); dazu gehören Familien-N. (Zu-N.) und Ruf-N. (Vor-N., Tauf-N.); 2. geograph. N.; dazu gehören Orts-N. (Städte, Dörfer usw.), Länder-N., Gewässer-N. und die Flur-N. („Toponymikon"); 3. Pflanzen- und Tier-N. sind strenggenommen keine Eigen-N., gehören aber zu den ältesten überlieferten Wörtern und sind daher für die Sprachwiss. interessant.
In der *Religionsgeschichte* wird der N. häufig mit dem Wesen des Benannten aufs engste verbunden. So wird vielfach angenommen, erst der N. verleihe Personen und Dingen ihre Existenz. Deshalb nimmt die N.gebung (z. B. in Schöpfungsberichten) und N.wechsel (z. B. Papst-N. und Ordens-N.) eine vorrangige Stellung ein. – Die Aussprache eines N. kann aber auch gefahrvoll oder sündhaft sein; sie wird oft bei Götter-N. vermieden oder durch Noa-N. (↑Noa) ersetzt.
▷ im *Recht* ständige Bez. einer natürl. (↑Personenname) oder jurist. Person (↑Firma) zum Zwecke ihrer Unterscheidung von anderen. Der N. besteht bei natürl. Personen aus dem/den Vor-N. und dem Familien-N. und bleibt – außer im Falle der N.änderung bzw. der Eheschließung – bis zum Tode unverändert. Der N., auch ein Pseudonym, ist rechtlich geschützt (↑Namensrecht).

Namen [niederl. 'na:mə] ↑Namur.

Namenforschung (Namenkunde, Onomastik), sprachwiss. Disziplin zur Erforschung der Namen, die sich mit philolog. (Laut- und Formenlehre, Wortbildung, Etymologie), histor. (Alter, Entstehung), geograph. (Verbreitung), soziolog. (Anteil der sozialen Gruppen) und psycholog. Fragen (z. B. Verhältnis Mensch/Name) befaßt.

Namensänderung, in Deutschland auf Antrag behördlich verfügte Änderung des Vor- und/oder Familiennamens eines dt. Staatsangehörigen oder eines Staatenlosen, der seinen Wohnsitz oder gewöhnl. Aufenthaltsort im Bundesgebiet hat, die nur aus wichtigem Grund erfolgt (etwa Änderung eines lächerl. oder unaussprechl. Namens). Wird nichts anderes bestimmt, so erstreckt sich die Änderung des Familiennamens auf die unter elterl. Sorge stehenden Kinder, nicht aber auf eine Firma. – In der *Schweiz* wird eine N. auch aus schwerwiegenden wirtsch. und gesellschaftl. Gründen bewilligt.

Namenspapiere (Rektapapiere) ↑Wertpapiere.

Namensrecht, Befugnis eines Rechtsträgers, seinen Namen (auch sein Pseudonym oder seinen Decknamen) zu führen und andere vom unbefugten Gebrauch des Namens auszuschließen. Das N. bezieht sich auch auf Geschäftsnamen (z. B. Universitätsbuchhandlung), Telegrammadressen und – bei Verkehrsgeltung – auf schlagwortartige Bezeichnungen. Gemäß § 12 BGB hat der Namensträger gegen den Verletzer einen Unterlassungsanspruch, bei Wiederholungsgefahr auch für die Zukunft (Unterlassungsklage), sowie bei schuldhafter Verletzung einen Anspruch auf Schadenersatz aus unerlaubter Handlung. Für die Firma und Warenzeichen bestehen Sondervorschriften. – In *Österreich* und in der *Schweiz* gelten im wesentlichen dem dt. Recht entsprechende Regelungen.

Namenstag, im kath. Bereich jährlich begangener Erinnerungstag an das Fest des Heiligen, dessen Namen man trägt; verdrängte lange Zeit den Geburtstag.

Namib, ausgedehnte subtrop. Wüste entlang der gesamten Küste von Namibia, etwa 1 500 km lang, 80–130 km breit, mit Niederschlagsmengen von jährlich nur 10–20 mm. Im S (Sperrgebiet) bed. Diamantengewinnung.

Namibia (amtl.: Republic of Namibia), Republik im südl. Afrika, zw. 17° und 29° s. Br. sowie 11° 45′ und 25° 15′ ö. L. **Staatsgebiet:** N. grenzt im W an den Atlantik, im N an Angola, im äußersten NO an Sambia, im O an Botswana, im S und südl. O an die Republik Südafrika. **Verwaltungsgliederung:** 26 Distr. **Internat. Mitgliedschaften:** UN, OAU, Commonwealth, der EWG assoziiert.
Landesnatur: N. gliedert sich in drei küstenparallele Großräume. An der Küste liegt die Wüste Namib. Sie wird im O begrenzt durch die Große Randstufe, d. h. den Steilanstieg zu den zentralen Hochländern. Hier liegt der Brandberg, mit 2 606 m ü. d. M. die höchste Erhebung des Landes. Die Hochländer liegen 1 000–2 000 m hoch und werden von Bergländern überragt. Der O gehört zur abflußlosen Beckenlandschaft der Kalahari.
Klima: Es ist trocken-subtropisch mit großen tages- und jahreszeitl. Temperaturschwankungen. Nur der äußerste NO erhält rd. 600 mm Niederschläge/Jahr.
Vegetation: Dornstrauchsavanne überwiegt im O und im Zentrum. Im N und NO ist Trockensavanne, z. T. mit Trockenwald, verbreitet.

Namib. Fels- und Kieswüste mit Köcherbäumen in der südlichen Namib

Tierwelt: Die urspr. Tierwelt konnte in den Wildreservaten erhalten werden. Der Etoscha-Nat.park ist das größte Wildschutzgebiet der Erde (Elefanten, Löwen, Leoparden, Giraffen, Zebras u.a.).
Bevölkerung: Etwa $^4/_5$ der Bev. leben im nördl. Landesteil. Sie setzt sich aus ethnisch sehr unterschiedl. Gruppen zus.; den größten Anteil haben die Bantuvölker (bes. Ambo oder Ovambo mit 49%, daneben Kavango, Herero, Tswana, Bergdama, Hottentotten und Buschmänner. Im Raum Rehoboth leben als eigenes Volk die Rehobother Baster (Rehobother Mischlinge). Etwa 6,5% der Bev. sind Weiße. $^4/_5$ der Bewohner sind Christen (bes. Protestanten). Schulpflicht besteht für Kinder vom 7. bis zum 16. Lebensjahr.
Wirtschaft: Sie ist noch weitgehend von der Republik Südafrika (mit ihr Währungs- und Zollunion) abhängig und beruht auf dem Bergbau und der Landw. Wichtiger als Ackerbau (nur im äußersten N) ist die Viehzucht, im N v.a. Rinderhaltung, im S Karakulschafzucht. Die bis 1970 bed. Küstenfischerei ging stark zurück. Hauptwirtschaftszweig ist der Bergbau. Diamanten werden v.a. in der südl. Namib gewonnen, Uran bei Swakopmund. Die Mine von Tsumeb gilt als eine der reichsten der Erde (Kupfer, Blei, Zink, Silber, Cadmium, Lithium). Die verarbeitende Ind. (am bedeutsamsten Lebensmittelind.) ist im allgemeinen noch wenig entwickelt.
Außenhandel: Ausgeführt werden v.a. Diamanten, Uran u.a. Bergbauerzeugnisse, Rindfleisch, Karakulfelle, Fisch und Fischprodukte; eingeführt werden Nahrungsmittel, Erdölprodukte, Maschinen- und Ausrüstungen, Fahrzeuge; wichtigster Handelspartner ist die Republik Südafrika vor Großbritannien und den USA.
Verkehr: Die Streckenlänge der Eisenbahn beträgt 2383 km. Sie ist im SO an das südafrikan. Netz angeschlossen. Das Straßennetz ist 41762 km lang, davon sind 4500 km geteert. Wichtigster Seehafen ist die mit Südafrika gemeinsam verwaltete Walfischbai. Die Luftfahrtgesellschaft Namib Air versieht den Inlandsdienst. Windhuk verfügt über einen internat. ✈.
Geschichte: Entdecker der Küste des Landes (Ende des 15. Jh.) waren Portugiesen; doch erst im 18. Jh. wurde die Walfischbucht von Walfängern angelaufen. Etwa im 17./18. Jh. wanderten die Herero ein und gerieten in anhaltende Kämpfe gegen die Nama (Hottentotten) im südl. Landesteil. Um 1870 ließen sich die aus dem Kapland stammenden Mischlinge („Baster") im Gebiet um Rehoboth nieder. Großbritannien annektierte 1878 die Walfischbucht. 1883 erwarb der dt. Kaufmann F. A. Lüderitz das Gebiet um die Bucht Angra Pequena (später Lüderitzbucht), das die Reichsreg. 1884 zum dt. Schutzgebiet (Dt.-Südwestafrika) erklärte. Ein Vertrag mit Portugal legte 1886 die N-Grenze des Schutzgebietes am Cunene fest. 1890 verständigten sich Deutschland und Großbritannien im Helgoland-Sansibar-Vertrag über die Grenzen, die auch den Caprivizipfel einschlossen. Die ersten weißen Siedler ließen sich 1893 in Windhuk nieder. Die Niederwerfung des Aufstandes der Herero und Nama gegen die dt. Kolonialmacht (1903–07) forderte schwere Opfer unter der schwarzen Bev. 1909 gewährte die dt. Reichsreg. den Weißen begrenzte Selbstverwaltung. Der 1. Weltkrieg endete in Südwestafrika mit der Kapitulation der dt. Schutztruppen am 9. Juli 1915. 1920 erhielt die Südafrikan. Union das Gebiet vom Völkerbund als C-Mandat (Berichtspflicht an den Völkerbund) zugesprochen. Nach 1945 lehnte Südafrika den Abschluß eines Treuhandabkommens mit den UN ab und praktizierte auch hier die Apartheidpolitik (u.a. Ansiedlung der nichtweißen Bev. in Homelands). Am 27. Okt. 1966 entzog die UN-Vollversammlung Südafrika das Mandat, 1968 gab sie dem Land den Namen Namibia. Der Internat. Gerichtshof erklärte 1971 die fortgesetzte Präsenz Südafrikas in N. für illegal. Als nat. Befreiungsbewegung der mehrheitlich schwarzen Bev. von N. wurde die South West African People's Organization (SWAPO) 1963 durch die OAU anerkannt; 1972 erhielt die SWAPO bei den UN Beobachterrechte; im Nov. 1977 wurde N. Vollmitglied der FAO. –

Namibia. Blick auf die Große Randstufe von der Wüste Namib aus

Südafrika lockerte ab 1974 die Apartheidpolitik und stimmte einer Verfassungskonferenz aller 11 ethn. Gruppen zu, die N. auf eine für Südafrika annehmbare Form von Unabhängigkeit vorbereiten sollte. Die Konferenz (nach ihrem Tagungslokal in Windhuk „Turnhallenkonferenz" gen.) beschloß im Frühjahr 1977 einen Verfassungsplan. An den Anfang Dez. 1978 durchgeführten Wahlen zu einer Verfassunggebenden Versammlung nahm u.a. die SWAPO nicht teil; sie setzte ihren Guerillakrieg (unterstützt von kuban. Truppen) fort. Die UN bemühten sich daraufhin vergeblich um eine Verfassungsordnung für N. mit politisch (nicht ethnisch) geprägter Repräsentation. Die von Südafrika eingesetzte Reg. konnte die Lage nicht unter Kontrolle bringen. Unter internat. Druck kam 1988 der Unabhängigkeitsprozeß wieder in Gang, nachdem dieser mit dem Abzug der kuban. Truppen aus Angola verknüpft werden konnte. Am 22. Dez. 1988 vereinbarten die Republik Südafrika, Angola und Kuba internat. überwachte freie Wahlen zu einer Verfassunggebenden Versammlung in N., die Anfang Nov. 1989 stattfanden. Die SWAPO konnte dabei 57% der Stimmen (41 Mandate) erringen, die Democratic Turnhalle Alliance (DTA) erhielt rd. 29% (21 Mandate). Die übrigen Sitze des 72köpfigen Gremiums verteilten sich auf 5 kleinere Gruppierungen. Am 23. Nov. 1989 verließen die letzten südafrikan. Truppen das Land. Im Febr. 1990 verabschiedete die Versammlung die neue Verfassung; am 21. März wurde N. als letztes afrikan. Land unabhängig. Erster Präs. des unabhängigen N. wurde Sam Nujoma (Amtsantritt 21. März 1990), Min.präs. H. Geingob.
Politisches System: Nach der am 21. März 1990 in Kraft getretenen Verfassung ist N. eine präsidiale Rep. *Staatsoberhaupt* und oberster Inhaber der *Exekutivgewalt* ist der auf 5 Jahre direkt gewählte Präs. (einmalige Wiederwahl möglich). Der Präs. ist Oberbefehlshaber der Streitkräfte, benennt die Mgl. der Reg. und hat das Recht zur Gesetzesinitiative. Die *Legislative* liegt bei der Nat.versammlung (72 Abg., für 5 Jahre in allg. Wahlen gewählt) und beim Nat.rat, dem die Aufgabe zufällt, Gesetze zu bestätigen. Der Präs. hat Vetorecht gegenüber Gesetzen, die vom Parlament mit einfacher Mehrheit beschlossen werden. Das *Mehrparteiensystem* wird von der South West African People's Organization (SWAPO) dominiert; daneben existieren die Democratic Turnhalle Alliance (DTA), die United Democratic Front (UDF), die Action Christian National (ACN) und kleinere Parteien. Die *Gewerkschaften* – N. Confederation of Labour, National Trade Union of Workers (der SWAPO nahestehend) – sind schwach entwickelt. Bisher gelten in N. von Südafrika gesetztes und Stammesrecht. Das *Gerichtswesen* ist zweistufig, dem Obersten Gerichtshof (zugleich Verfassungsgericht) sind High Courts und Untergerichte nachgeordnet.

Namur
Stadtwappen

Namık Kemal, Mehmet [türk. nɑːˈmɨk], gen. Kemal Bey, *Tekirdağ 21. Dez. 1840, † auf Chios 2. Dez. 1888, türk. Schriftsteller und Publizist. – Sein „İntibah" (1876) gilt als erster moderner türk. Roman. N. K. war Vorläufer und Wegbereiter der jungtürk. Bewegung.

Namora, Fernando, *Condeixa (Distr. Coimbra) 15. April 1919, † Lissabon 31. Jan. 1989, portugies. Dichter. – Verfaßte psycholog., realist. Romane und Erzählungen, u. a. „Gold aus schwarzen Steinen" (R., 1946), „Landarzt in Portugal" (En., 1949), „Spreu und Weizen" (R., 1954), „Der traurige Fluß" (R., 1982); Tagebuch „Jornal sem data" (1988).

Nam Tso ↑ Nam Co.

Namuhu [chin. namuxu] ↑ Nam Co.

Namur [frz. naˈmyːr] (niederl. Namen), belg. Stadt an der Mündung der Sambre in die Maas, 80–214 m ü. d. M., 103 000 E. Verwaltungssitz der Prov. N.; kath. Bischofssitz; Univ.fakultäten (gegr. 1831); Museen; Stahl- und Brückenbau, Maschinenbau, chem. Ind., Kabelherstellung, Nahrungsmittel- und Getränkeind.; Verkehrsknotenpunkt, Flußhafen. – Im 7. Jh. erstmals als Münzstätte erwähnt. Im 10. Jh. wurde die Stadt Hauptort der gleichnamigen Gft.; Ummauerung im 12. Jh., erneute Befestigung 1357; 1715 Barrierefestung; 1866 geschleift. – Klassizist. Kathedrale (1751–63) mit got. Turm des Vorgängerbaus; barocke ehem. Jesuitenkirche Saint-Loup (1621–45), Zitadelle (17. Jh.).

Namur. Die klassizistische Kathedrale, 1751–63

N., Prov. in SO-Belgien, 3 666 km^2, 421 200 E (1990), Verwaltungssitz Namur. Die Prov. reicht vom fruchtbaren Haspengau über das Ardennenvorland bis in die Ardennen. Chem. und Glasind. finden sich längs der Maas, außerdem gibt es Industrieparks, ferner Kalksteinbrüche, Holzverarbeitung, Viehmärkte.

Nan ↑ Menam.

Nanak, *Chahal (?) bei Lahore 15. April (?) 1469, † Kartarpur 7. Sept. 1539 (?), ind. Religionsstifter. – Begründete die Religion der ↑ Sikhs.

Nanchang [chin. nantʃaŋ] (Nantschang), Hauptstadt der chin. Prov. Jiangxi am Gan Jiang, oberhalb seiner Mündung in den Poyang Hu, 1,19 Mill. E. Fachhochschulen für Landw. und Medizin; altes Zentrum der Binnenschiffahrt, heute v. a. Ind.standort.

Nancy.
Stadtwappen

Nanchong [chin. nantʃʊŋ] (Nanchung), chin. Stadt im Becken von Sichuan, 200 000 E. Traditionelles Zentrum der Seidenind.; südl. von N. Erdölfeld, Raffinerie.

Nancy [frz. nãˈsi], frz. Stadt an der Meurthe, 212 m ü. d. M., 96 300 E. Verwaltungssitz des Dep. Meurthe-et-Moselle; kath. Bischofssitz; zwei Universitäten, mehrere staatl. Hochschulen; Museen; Börse; Maschinen-, Elektromotorenbau, chem. und pharmazeut., Textil-, Papier-, lederverarbeitende, Möbel-, keram., Glas-, polygraph., Tabak-, Nahrungsmittelind.; botan. Garten. – Seit 947 belegt, entwickelte sich im 12. Jh. um eine Burg der Hzg. von Lothringen, deren Residenz 13./14.–18. Jh.; 1266 Stadtrecht; im 16./17. Jh. ausgebaut und befestigt; im 17./Anfang 18. Jh. mehrfach frz. besetzt, wurde 1766 mit Lothringen frz.; seit 1777 Bischofssitz; ab 1790 Hauptstadt des Dep. Meurthe bzw. (seit 1871) Meurthe-et-Moselle; während der Zugehörigkeit von Metz zu Deutschland (1871 bis 1918/19) Zentrum Lothringens. – In der **Schlacht bei Nancy** wurde am 5. Jan. 1477 Karl der Kühne von Burgund von den Eidgenossen, habsburg. Truppen und Hzg. René II. von Lothringen besiegt und getötet. – Berühmt sind die im Rokokostil (18. Jh.) von E. Héré ausgeführten beiden Plätze: an der fast quadrat. Place Stanislas steht u. a. das Rathaus, an den Platzecken Brunnen und vergoldete Gitter; der 1754–56 zu Ehren Ludwigs XV. erbaute Triumphbogen leitete über zur Place de la Carrière (ehem. Turnierplatz), an deren Ende das Reg.gebäude mit zwei halbkreisförmigen Kolonnaden steht; die Plätze wurden von der UNESCO zum Weltkulturerbe erklärt. Bed. auch der spätgot. Herzogspalast (16. Jh.; jetzt Histor. Museum von Lothringen), die Kathedrale (18. Jh.), die Grabkirche der lothring. Hzg. (Église des Cordeliers; 15. Jh.) sowie das Stadttor Porte de la Craffe (1436).

Nandaysittich ↑ Keilschwanzsittiche.

Nanderbarsche [Sanskrit/dt.] (Nandidae), Fam. etwa 6–25 cm langer, meist nachtaktiver, z. T. räuber. Barschfische, v. a. im nördl. S-Amerika, in W-Afrika und S-Asien; zu den N. gehören neben dem (Blätter nachahmenden) **Blattfisch** (Monocirrhus polyacanthus) die Vielstachler mit dem bis 25 cm langen **Indischen Vielstachler** (N. i. e. S., Nandus nandus), mit gold- bis dunkelbrauner Fleckung.

NAND-Glied [aus engl. **n**ot-**and** „nicht-und"], ↑ Gatter, dessen Ausgangssignal nur dann den Wert 0 besitzt, wenn alle Eingänge den Wert 1 haben.

Nandus [indian., nach dem männl. Balzruf] (Rheidae), Fam. bis 1,7 m scheitelhoher, flugunfähiger, dreizehiger, straußenähnl. Laufvögel in S-Amerika; zwei Arten: **Gewöhnlicher Nandu** (**Pampasstrauß,** Rhea americana), in den Pampas und in Savannen, oberseits graubraun und schwärzlich, unterseits weißlich; **Darwin-Nandu** (**Darwin-Strauß,** Pterocnemia pennata), ähnlich gefärbt, doch kleiner als die vorige Art.

Nanga Parbat, höchster Gipfel des westl. Himalajas, 8 126 m hoch.

Nangarhar, Prov. in O-Afghanistan, vom Kabul durchflossen, Hauptstadt Jalalabad; 10 km westl. von ihr im Kabul der Staudamm, der mittels eines 75 km langen Kanals der Bewässerung des N.-Bewässerungsgebietes dient.

Nänie [...niə; lat.], im antiken Rom urspr. die nicht literarisch fixierte, primitive Totenklage. Später Bez. für die an ihre Stelle tretende förml. Laudatio funebris (Grabrede), auch mit kunstgemäßen Trauerliedern (Threnos) gleichgesetzt.

Nanismus [zu griech.-lat. nanus „Zwerg"] (Nanosomie), svw. ↑ Zwergwuchs.

Nanking (Nanjing) [chin. nandzɪŋ], Hauptstadt der chin. Prov. Jiangsu, am rechten Ufer des Jangtsekiang, 2,29 Mill. E. Univ. (gegr. 1902), TU, mehrere Fachhochschulen, Kunstakad., Geolog. Inst., wiss. Forschungsanstalten der

Nancy. Place Stanislas

Nanga Parbat

Chin. Akad. der Wiss., Observatorium. Petrochem. Ind., traditionelle Textil- und Porzellanind., Fahrzeug-, Werkzeugmaschinen- und Landmaschinenbau, Elektronikind. Hafen- und Handelszentrum **Siakwan.** Zweistöckige Eisenbahn- und Straßenbrücke über den Jangtsekiang; ✈.
Geschichte: Geht auf eine im 6. Jh. v. Chr. gegr. Ansiedlung zurück; Hauptstadt mehrerer Reiche; ab 1368 „Südl. Hauptstadt" der Mingdyn., blieb Metropole bis 1403 (Verlegung des Reg.sitzes nach Peking). 1853–64 Hauptstadt der Taipingbewegung. In N. bildete Sun Yat-sen 1912 die erste republikan. Regierung. Von der Nationalreg. 1928 zur Reichshauptstadt erklärt, blieb N. dies formal bis zur Eroberung durch die Kommunisten 1949; seit 1952 Hauptstadt der Prov. Jiangsu. – Der am Ende des brit.-chin. Opiumkrieges 1842 geschlossene **Vertrag von Nanking** wurde zur Zäsur in den europ.-ostasiat. Beziehungen (↑chinesische Geschichte).
Bauten: Während des Taipingaufstandes wurden die meisten der histor. Bauten zerstört. Erhalten sind u. a. bed. Teile der Stadtmauer (einst 35 km lang), die Halle Wuliang Dian des Linggu-Sin-Tempels (Ziegelbau von 1381) sowie Grabanlagen (u. a. Grabmal des ersten Mingkaisers, 1398, in der Nähe das von Sun Yat-sen).

Nạnking [nach der gleichnamigen chin. Stadt], leinen- oder köperbindiges, kräftiges Baumwoll- oder Viskosegewebe; wird u. a. für Bluejeans verwendet.

Nạnnen, Henri, *Emden 25. Dez. 1913, dt. Journalist und Verleger. – 1946–49 Chefredakteur von hannover. Zeitungen; gründete 1948 die Illustrierte „stern" (Chefredakteur bis 1981, 1981–83 Hg.); 1986 Eröffnung der „Kunsthalle in Emden (Stiftung H. N.)".

Nạnni di Banco, *Florenz um 1375, †ebd. im Febr. 1421, italien. Bildhauer. – Antike Motive prägen seine florentin. Renaissancebildwerke (Gruppe der Quattro Coronati an Or San Michele, 1410–15; Relief mit der Himmelfahrt und Gürtelspende Marias an der Porta della Mandorla am Dom, 1414–21).

Nạnning, Hauptstadt der Autonomen Region Guangxi Zhuang, China, am Yong Jiang, 890 000 E. Fachhochschulen für Medizin und Landw.; Verarbeitung landw. Erzeugnisse; Chemiewerk, Herstellung von Ausrüstungen für Bergbau und metallurg. Ind., Flußhafen, ✈.

Nannịni, Gianna, *Siena 14. Juni 1956, italien. Rocksängerin. – Zahlr. Hits mit engagiert-selbstbewußten Texten, u. a. „California" (1979) und „Latin Lover" (1982).

Nano... [zu griech.-lat. nanus „Zwerg"], Vorsatz vor physikal. Einheiten, Vorsatzzeichen n; bezeichnet das 10^{-9}fache (den milliardsten Teil) der betreffenden Einheit; z. B. 1 nm = 0,000 000 001 m.

Nạnschan ↑Nan Shan.

Nạnsen, Fridtjof, *Gut Store Frøn (= Oslo) 10. Okt. 1861, †Lysaker bei Oslo 13. Mai 1930, norweg. Polarforscher, Zoologe, Ozeanograph und Diplomat. – Durchquerte im Aug./Sept. 1888 erstmals das 3 000 m hohe Binneneis Grönlands von O nach W; ließ sich mit der seit dem 22. Sept. 1893 vor den Neusibir. Inseln vom Eis eingeschlossenen „Fram" polwärts treiben und gelangte bis 86° 14′ n. Br. Mit der Erforschung des innerarkt. Tiefseebeckens und der ostwestl. Eisströmung hatte N. die größten Rätsel des Nordpolarmeers gelöst. Ab 1896/97 war N. Prof. für Zoologie und Meeresforschung in Kristiania, 1900 und 1910–14 unternahm er weitere meereskundl. Forschungsreisen. Neben seiner wiss. Arbeit war N. 1906–08 norweg. Gesandter in London. Nach dem 1. Weltkrieg leitete er die Heimführung der Kriegsgefangenen aus Sowjetrußland und organisierte als Hochkommissar des Völkerbundes (Nansenamt, 1921–30) 1921–23 Hilfsaktionen für das hungernde Sowjetrußland. 1922 erhielt N. den Friedensnobelpreis, am 5. Juli 1922 wurde in Genf der auf seine Initiative geschaffene **Nansenpaß** internat. anerkannt. Dieser war zunächst Reisedokument für staatenlose russ. Flüchtlinge; in der Folge auch für armen. (1924), assyr. und türk. (1928) sowie saarländ. (1935) Flüchtlinge. Die Einrichtung des N.passes wurde durch das **London Travel Document** von 1946 und das **Reisedokument der Genfer Flüchtlingskonvention** von 1951 weitergeführt. Schrieb u. a. „Auf Schneeschuhen durch Grönland" (1890), „In Nacht und Eis" (2 Bde., 1897), „Spitzbergen" (1920).

Gianna Nannini

Fridtjof Nansen

Nan Shan (Nanschan), bis 6 346 m hohes Gebirge im äußersten NO des Hochlandes von Tibet (China), besteht aus einer Reihe OSO streichender, stark zertalter, hochalpin ausgebildeter, z. T. vergletscherter Ketten. Sie umschließen, v. a. im S von Schuttmassen, Salzseen (u. a. Qinghai Hu) und -sümpfen erfüllte, z. T. sehr breite und abflußlose Senken. Die nördl. Randkette ist das **Richthofengebirge** (Qilian Shan), nach S schließen sich weitere Hauptketten an: **Tulai Shan, Suessgebirge, Humboldt-, Rittergebirge, Qinghai N.** und **Semjonowgebirge.**

Nanking. Die zweistöckige Eisenbahn- und Straßenbrücke über den Jangtsekiang, Länge etwa 7 km, Höhe der Stützpfeiler 80 m, erbaut 1960–68

Nanterre [frz. nãˈtɛːr], frz. Stadt im nw. Vorortbereich von Paris, an der Seine, 88 600 E. Verwaltungssitz des Dep. Hauts-de-Seine; kath. Bischofssitz; Fakultät für Literatur und Humanwiss.; u. a. Kfz-, Flugzeugind. – Kelt. Ursprungs **(Nemetodorum);** im MA Besitz des Klosters Sainte-Geneviève. – Kath. Wallfahrtskirche Sainte-Geneviève mit spätgot. Langhaus (15. Jh.) sowie modernem Querschiff und Chor.

Nantes [frz. nãːt], frz. Ind.- und Hafenstadt an der Loire, 58 km oberhalb ihrer Mündung in den Golf von Biskaya, 240 500 E. Verwaltungssitz des Dep. Loire-Atlantique, Hauptstadt der Region Pays de la Loire; kath. Bischofssitz; Univ. (1460–1793; seit 1962), mehrere Hochschulen,

Handelsmarineakad.; Museen, Theater; Schiff- und Maschinenbau, Nahrungsmittel- und chem. Ind. sowie Zulieferind., Flugzeugind., Fahrzeugbau u. a. Der durch Eisenbahn, Straßen und Binnenwasserwege mit einem weiten Hinterland verbundene Hafen kann von Schiffen bis 15 000 t angelaufen werden. – Ben. nach den kelt. Namnetern, deren Hauptstadt es war; seit dem 4. Jh. Bischofssitz; seit Anfang des 13. Jh. Sitz der Hzg. der Bretagne, mit der es 1532 zur frz. Krondomäne kam; entwickelte sich seit dem 15. Jh. wegen seines Seehafens zur bed. Handelsstadt (Zuckerimport, Umschlagplatz für den Sklavenhandel mit Amerika). – Trotz der Zerstörungen im 2. Weltkrieg sind Baudenkmäler erhalten, u. a. die Kathedrale (1434–1893), das ehem. herzogl. Schloß (15., 17. und 18. Jh.), das Haus La Psalette (15. Jh.; heute Museum) im Flamboyantstil; Reste der ma. Befestigung (15. Jh.).

Nantes. Im Vordergrund das ehemalige herzogliche Schloß, 1466 ff. Rechts die Kathedrale, 1434–1893

Nantes Stadtwappen

Nantes, Edikt von [frz. nã:t], vom frz. König Heinrich IV. am 13. April 1598 erlassenes Edikt, das das kath. Bekenntnis als Staatsreligion bestätigte, eine weitere Ausbreitung des Protestantismus in Frankreich unmöglich machte, aber den Hugenotten Gewissensfreiheit, örtlich begrenzte Kultfreiheit, volle Bürgerrechte sowie etwa 100 „gesicherte Plätze" (u. a. Montpellier, La Rochelle) zubilligte. Das E. wurde am 18. Okt. 1685 durch Ludwig XIV. widerrufen.

Nantschang ↑ Nanchang.

Naogeorgus (Naogeorg), Thomas, eigtl. T. Kirchmair (Kirchmeyer), * Hubelschmeiß bei Straubing 1511, † Wiesloch 29. Dez. 1563, nlat. Dramatiker. – Nach seinem Bruch mit Luther Prediger u. a. in Zürich, Bern, Basel; Superintendent in Esslingen am Neckar. Schrieb lat. Tendenzstücke gegen das Papsttum (bes. „Pammachius", 1538); sein Werk stellt einen der Höhepunkte des nlat. Reformationsdramas dar.

Napalm (Wz) [Kw. aus **Na**phthensäure und **Palm**itinsäure], Gemisch aus Aluminiumsalzen der Naphthensäuren und Fettsäuren (v. a. Palmitinsäure). Das pulverige Produkt bildet mit flüssigen Kohlenwasserstoffen (z. B. Benzin) zähe Gele, die zur Füllung von Brandbomben verwendet werden. Die Gele entzünden sich beim Aufschlagen der Bombe und entwickeln sehr hohe Temperaturen (über 2 000 °C). N. führt zu schwärenden Brandwunden, die oft krebsig entarten. – Erstmals im Zweiten Weltkrieg von den USA eingesetzt, wurde N. v. a. durch großflächigen Einsatz im Vietnamkrieg bekannt.

Napata, Ruinenstätte am 4. Nilkatarakt, seit etwa 1500 v. Chr. südl. Grenzpunkt des Neuen Reiches; nach 1000 v. Chr. Hauptstadt eines nubisch-ägypt. Reiches (25. ägypt. Dyn.), dessen religiöses Zentrum N. bis etwa 300 v. Chr. blieb, obwohl die Hauptstadt um 530 v. Chr. nach Meroe verlegt worden war; 23/22 von den Römern zerstört. Heute Ruinenfeld mit Pyramiden; am „Hl. Berg" (Dschabal Al Barkal) mehrere Amuntempel.

Napf, Mittelgebirge im Schweizer Mittelland, zw. dem Entlebuch und dem Emmental, bis 1 408 m hoch.

Napfauge ↑ Auge.

Napfpilze, svw. ↑ Nestpilze.

Napfschaler (Tryblidiacea, Monoplacophora), größtenteils ausgestorbene, heute lediglich durch 13 Arten (Gatt. *Neopilina*) in großen Meerestiefen (bis 6 500 m) verbreitete Klasse 2–37 mm großer Weichtiere; urtüml., getrenntgeschlechtl., über kurzlebige Larvenstadien sich entwickelnde Tiere mit napfförmiger, den Körper überdachender Schale.

Napfschildläuse (Schalenschildläuse, Wachsschildläuse, Lecaniidae), Fam. bis 6 mm langer, oft mit wachsartigem Sekret bedeckter Schildläuse mit zahlr. z. T. schädl. Arten; ♀♀ napfförmig, flügellos, ♂♂ geflügelt. Zu den N. gehört u. a. die **Rebenschildlaus** (Wollige N., Pulvinaria vitis), 4–6 mm lang, längs gestreift und dunkelgebändert; saugt an Weinreben und Obstgehölzen.

Napfschnecken (Patellidae), in allen Meeren weit verbreitete Fam. der Schnecken mit zahlr. Arten an Felsen der Brandungszonen; mit napfförmiger Schale und breitem Fuß, durch den die Tiere (zum Schutz vor der Brandung) fest an der Unterlage haften.

Naphtha [pers.-griech.], Bez. für Benzinfraktionen, die beim Steamcracken oder katalyt. Reformieren eingesetzt werden.

Naphthalin [pers.-griech.], $C_{10}H_8$, aus zwei kondensierten Benzolringen bestehender aromat. Kohlenwasserstoff; farblose, blättrige Kristalle bildende, phenolartig riechende, in Wasser unlösl. Substanz, die im Erdöl nur in geringen Mengen vorkommt und daher aus Steinkohlenteer gewonnen wird. N. dient v. a. zur Herstellung von Phthalsäureanhydrid und Farbstoffen sowie halogenierten N.verbindungen (Insektizide, Fungizide und Holzschutzmittel). Hautkontakte mit N. können zu Entzündungen und Ekzemen, die Einatmung von N. zu Lungenentzündungen und Nervenstörungen führen.

Naphthen [pers.-griech.], frühere Bez. für ↑ Cyclohexan bzw. andere Cycloalkane.

Naphthensäuren, von gesättigten, alicycl. Kohlenwasserstoffen abgeleitete, aus Erdöl durch Auswaschen mit Natronlauge gewonnene Carbonsäuren, deren Salze, die **Naphthenate,** als ↑ Sikkative und Schmieröladditive verwendet werden.

Naphthole [pers.-griech./arab.] (Hydroxynaphthaline), Hydroxylverbindungen des Naphthalins; farblose, kristalline, in Wasser schwer lösl. Substanzen, die als Zwischenprodukte bei der Herstellung von Farbstoffen Bed. haben.

Naphthyl- [pers.-griech./griech.], Bez. der chem. Nomenklatur für die vom Naphthalin abgeleitete Gruppe $-C_{10}H_7$.

Naphthylamine [...tyl-a...], die Aminoderivate des Naphthalins; *α-Naphthylamin,* eine weiße, sich an der Luft rot färbende, unangenehm riechende, kristalline Substanz; Zwischenprodukt bei der Herstellung von Azofarbstoffen. Das geruchlose *β-Naphthylamin* löst Blasenkrebs aus und wird heute nicht mehr hergestellt.

Napier (Neper), John, Laird of Merchiston [engl. 'nεɪpɪə], * Merchiston Castle bei Edinburgh 1550, † ebd. 4. April 1617, schott. Mathematiker. – Verfaßte theolog. und polit. Streitschriften; führte unabhängig von J. Bürgi die Logarithmen ein.

Napo, Prov. in Ecuador, an der Grenze gegen Kolumbien und Peru, 52 318 km², 161 000 E (1987), Verwaltungssitz Tena. Erstreckt sich von der Ostkordillere bis in das östl. Tiefland; Viehzucht; Erdölvorkommen.

Napoca ↑ Klausenburg.

Napoleon, Name frz. Herrscher:

N. I. (Napoléon Bonaparte, eigtl. Napoleone Buonaparte), * Ajaccio (auf Korsika) 15. Aug. 1769, † Longwood (Sankt Helena) 5. Mai 1821, Kaiser der Franzosen (1804 bis 1814/15). – Zweiter Sohn des kors. Advokaten C. Buonaparte; besuchte die Militärschulen von Brienne (1779–84) und Paris (1784/85); Leutnant der Artillerie (Okt. 1785). N. unterstützte die Unabhängigkeitsbewegung P. Paolis, die die Befreiung Korsikas von frz. Herr-

schaft anstrebte. 1793 schloß er sich der Bergpartei an; 1794 Brigadegeneral. Nach dem Sturz Robespierres 1794 für kurze Zeit verhaftet und aus der Armee entlassen, unterstützte er das Direktorium bei der Niederschlagung des royalist. Aufstandes in Paris am 13. Vendémiaire des Jahres IV (5. Okt. 1795) und wurde zum Befehlshaber der Armee des Innern, am 2. März 1796 zum Oberbefehlshaber der Italienarmee ernannt. 1796 heiratete er Joséphine de Beauharnais (⚮ 1809).
Mit dem Italienfeldzug 1796/97 innerhalb des 1. Koalitionskrieges errang N. militär. Ruhm und bewies mit der Umgestaltung Italiens, seinem eigenmächtigen Friedenschluß mit dem Papst und mit Österreich (↑Campoformido) seine polit. und administrativen Fähigkeiten.
Im Dez. 1797 übertrug ihm das Direktorium den Oberbefehl über die Englandarmee und gestand ihm die Durchführung der ägypt. Expedition (1798) zu. Militär. Rückschläge in Deutschland und Italien zu Beginn des 2. Koalitionskrieges, der wachsende Mißkredit des Direktoriums und die zunehmende Popularität von N. ermöglichten seinen Staatsstreich vom 18. Brumaire des Jahres VIII (9. Nov. 1799). N. diktierte die 1800 von einem Plebiszit gebilligte Konsulatsverfassung vom 22. Frimaire VIII (13. Dez. 1799). Als 1. Konsul besaß er die exekutive Gewalt und die Gesetzesinitiative, das Plebiszit sicherte ihm den Vorrang vor den legislativen Versammlungen; die Herrschaftsformen des Bonapartismus zeichneten sich damit ab.
In den Jahren 1800 bis 1804 sicherte N. innenpolitisch eine stabile Ordnung und schuf die rechtl., administrativen und kulturellen Grundlagen für die Herrschaft des Bürgertums. Er ersetzte die miteinander konkurrierenden revolutionären Gremien durch ein straff zentralist. Verwaltungssystem, schuf ein einheitl. Unterrichtswesen und machte mit dem Abschluß des Konkordats mit Pius VII. (1801) den Klerus durch staatl. Besoldung vom Staat abhängig. Der einheitl. Code civil von 1804 und die folgenden Gesetzeswerke sicherten dem Gleichheitsgrundsatz eine über Frankreich hinausreichende Bedeutung. Die erfolgreiche Beendigung des 2. Koalitionskrieges und die Friedensschlüsse von Lunéville (1801) und Amiens (1802) brachten eine kurze Periode allg. Friedens und eine Steigerung der persönl. Macht: N. machte sich 1802 zum Konsul auf Lebenszeit, krönte sich am 2. Dez. 1804 zum erbl. Kaiser der Franzosen und am 26. Mai 1805 in Mailand mit der Eisernen Krone der Langobarden zum König von (Ober-)Italien.
Der Ggs. zw. brit. Interessen und frz. Hegemonialanspruch ließ 1803 den Krieg erneut ausbrechen. Im 3. Koalitionskrieg konnte N. im Frieden von Preßburg (1805) Österreich demütigen. Preußen wurde im 4. Koalitionskrieg 1806/07 in der Doppelschlacht von Jena und Auerstedt völlig niedergeworfen (↑Koalitionskriege). Mit Errichtung des Rheinbundes 1806, der die durch den Reichsdeputationshauptschluß (1803) eingeleitete Neuordnung Deutschlands fortsetzte, durch das Bündnis mit Alexander I. von Rußland (1807) und die Dekretierung der Kontinentalsperre (1806) erreichte N. den Höhepunkt seiner Macht.
1810 heiratete er die östr. Kaisertochter Marie Louise, die ihm Napoléon, den späteren Hzg. von Reichstadt gebar. Ab 1807 kam es zu Erhebungen der europ. Völker gegen die Napoleon. Herrschaft (↑Napoleonische Kriege). Um die Kontinentalsperre zu verschärfen, dehnte N. sein Imperium nach SO und an die Ostsee aus (1810 Annexion Hollands, der dt. Nordseeküste und Lübecks), bis die wachsenden Interessengegensätze zum Bruch mit Alexander I. führten. Der verlustreiche Rußlandfeldzug 1812 brachte den Wendepunkt; die Befreiungskriege 1813/14 führten zum Rückzug der frz. Truppen nach Frankreich. Am 31. März 1814 besetzten die Verbündeten Paris; sie zwangen N. zur Abdankung (6. April 1814) und wiesen ihm als Souverän mit Kaisertitel die Insel Elba als Wohnsitz zu. – Überschätzte Differenzen der Alliierten auf dem Wiener Kongreß und die mangelnde Begeisterung Frankreichs für die bourbon. Restauration veranlaßten N., noch einmal nach der Macht zu greifen. Das Intermezzo der Hundert Tage (1815) endete mit der Niederlage bei Belle-Alliance (oder Waterloo) (↑Befreiungskriege). Großbritannien internierte Napoleon auf Sankt Helena, wo er 1821 starb. Sein Leichnam wurde 1840 in den Pariser Invalidendom überführt. Die *Bed.* N. für die Umgestaltung Europas ist unumstritten. In seinem Wirken verbanden sich Ideen der Frz. Revolution mit absolutist. Herrscherwillen und uferlosem Machtdrang. Er zerstörte das Europa des Ancien régime und verhalf dem modernen Staats- und Nat.gedanken zum Durchbruch. In Frankreich prägte er die Verwaltungs-, Finanz- und Rechtsorganisation z. T. bis heute. Als Feldherr wurde N. zum Studienobjekt zeitgenöss. und späterer Militärtheoretiker (u. a. C. P. G. von Clausewitz). Das frz. Revolutionsheer der Levée en masse ermöglichte ihm in seiner neuartigen Gliederung die Durchführung schneller Märsche und überraschende Truppenkonzentrationen an strategisch entscheidender Stelle. Die widersprüchl. Beurteilungen entsprechen seiner komplexen Persönlichkeit und seiner Stellung zw. Frz. Revolution, aufgeklärter Reform und Reaktion, die sich in der Hl. Allianz manifestierte. V. a. in der frz. Historiographie wechselten Bewunderung und Haß, bevor ein unbefangeneres, wiss. begründetes Urteil möglich wurde.
N. II. ↑Reichstadt, Napoléon Herzog von.
N. III., eigtl. Charles Louis Napoléon Bonaparte, * Paris 20. April 1808, † Chislehurst (= London) 9. Jan. 1873, Kaiser der Franzosen. – Neffe Napoleons I.; wuchs nach 1815 im schweizer. und dt. Exil auf. Nach dem Tod des Hzg. von Reichstadt 1832 nächster Thronprätendent der Dyn. Bonaparte; unternahm am 30. Okt. 1836 in Straßburg und am 6. Aug. 1840 in Boulogne Putschversuche. 1840 wurde N. zu lebenslängl. (allerdings großzügig gehandhabter) Festungshaft verurteilt, aus der er 1846 nach London floh. Im Sommer 1848, als die soziale Frage sich in der Junischlacht von Paris bedrohlich zuspitzte, empfahl sich N. als „Retter der Gesellschaft" (K. Marx), indem er nat. Prestigepolitik, Abbau der sozialen Ggs. und eine Politik der festen Hand versprach. Bei den ersten (und letzten) Präsidentschaftswahlen der Zweiten Republik (10. Dez. 1848) erhielt er 74 % der Stimmen. Da die Verfassung von 1848 nur eine vierjährige Amtszeit ohne die Möglichkeit der Wiederwahl vorsah und das Parlament eine Verfassungsänderung ablehnte, löste N. das Parlament auf (2. Dez. 1851) und ließ sich durch ein Plebiszit für 10 Jahre diktator. Befugnisse übertragen. Dem Staatsstreich hatte er durch Gewinnung von Armee, Polizei und Arbeiterschaft und die Diskreditierung des Parlaments vorgearbeitet. Ein erneutes Plebiszit (21. Nov. 1852) bestätigte ihn mit 7,8 gegen 0,25 Mill. Stimmen als erbl. Kaiser (Kaiserproklamation 2. Dez. 1852, 1853 Heirat mit Eugénie, 1856 Geburt des Thronfolgers Louis).
Die unzureichend erfüllten innenpolit. Versprechen und v. a. die plebiszitäre Legitimation seiner Herrschaft zwangen N., ständige Erfolge vorzuweisen, die er vornehmlich in der Außenpolitik suchte: Im Krimkrieg (1853/54–56) machte er das frz. Großmachtstreben deutlich, für die Unterstützung der italien. Nationalbewegung im Sardin.-Frz.-Östr. Krieg (1859) erhielt Frankreich Nizza und Savoyen; den Ausbau der frz. Kolonien förderte er erfolgreich in N-Afrika und SO-Asien, scheiterte aber mit seinem Plan eines mexikan. Kaiserreichs unter dem östr. Erzhzg. Maximilian. Die span. Thronkandidatur eines Hohenzollernprinzen wurde für N. zur frz. Prestigefrage, die im Sommer 1870 in den Krieg gegen Preußen mündete. Die Niederlage des frz. Feldheeres (Sedan) zerstörte auch die Legitimitätsbasis seiner Herrschaft: N. geriet am 2. Sept. 1870 in preuß. Gefangenschaft und lebte ab 1871 im brit. Exil.

Napoleon I., Kaiser der Franzosen (Ölstudie von Jacques Louis David, 1799; Paris, Louvre)

Napoleon III., Kaiser der Franzosen (anonyme Lithographie, um 1855)

Napoleondor (Napoleon) [frz.], frz. Goldstück zu 20 Francs, geprägt seit 1803, mit Bild und Titel Napoleons I. oder Napoleons III.

Napoleonische Kriege, die nach den Koalitionskriegen (1792–1806/07) von Napoleon I. zur Behauptung seiner imperialen Hegemonialpolitik in Europa geführten Kriege 1807/08–12. Den **spanischen Unabhängigkeitskrieg** (1808–14) konnte Napoleon nicht siegreich beenden; er hatte Signalwirkung v. a. für die dt. Erhebung gegen die Napoleon. Herrschaft. Die **Erhebung Österreichs**

(1809) begann zugleich mit dem Tiroler Freiheitskampf am 9. April mit einem östr. Vorstoß auf Bayern. Bei Aspern und Eßling (21./22. Mai) erlitt Napoleon seine erste Niederlage, die er aber bei Wagram (5./6. Juli) ausgleichen konnte (Waffenstillstand von Znaim, 12. Juli). Im Frieden von Schönbrunn (14. Okt.) erlitt Österreich erhebl. Territorialverluste und wurde eine von Frankreich abhängige Macht zweiten Ranges. Im **Rußlandfeldzug** (1812) suchte Napoleon die Entscheidung über seine Kontinentalherrschaft, nachdem sein Bündnis mit Kaiser Alexander I. (Friede von Tilsit, 1807) 1809 zerbrochen war. Napoleon überschritt am 24. Juni 1812 mit der Grande Armée den Njemen; die Abwehrschlacht Kutusows (Borodino, 7. Sept.) konnte die Einnahme Moskaus (14. Sept.) nicht verhindern. Aus der russ. Verweigerung von Friedensverhandlungen, dem durch den Brand von Moskau und durch den Einbruch des Winters erzwungenen Rückzug (ab 19. Okt.) und aus dem partisanenähnl. Widerstand der Bev. erwuchs die Katastrophe der Grande Armée (Verlust von 96 % der Truppen). Nach der Niederlage bei Smolensk (16./17. Nov.) leitete die preuß.-russ. Konvention von Tauroggen (30. Dez.) die ↑Befreiungskriege ein.

Napoleonshut, Abart des Dreispitz.

Napoli, italien. Stadt, ↑Neapel.

Nappaleder [nach der kaliforn. Stadt Napa], bes. feines und weiches Leder.

Nara, jap. Stadt auf Honshū, 328 000 E. Verwaltungssitz der Präfektur N.; Univ. (gegr. 1908), Hochschule für Medizin; Textil- und Nahrungsmittelind.; bed. Fremdenverkehr. – 708 als Hauptstadt Japans gegr., bis 784 Sitz der Reg.; danach Niedergang und seitdem nur noch Wallfahrtsort; seit 1871 Präfekturhauptstadt. – 36 m hohe Ostpagode des Yakushiji (gegr. 680; wiedererrichtet um 718–20), Nebenbauten des Tōdaiji (745–52), der einst bedeutendsten Tempelanlage von Nara (Buddha-Kolossalstatue).

Nara. Tempelanlage des Tōdaiji, geweiht 752

Narayanganj [engl. nɑːˈrɑːjəŋgændʒ], Stadt in Bangladesch, im Tiefland von Bengalen, 355 000 E. Hauptsitz der Jutebehörde und neben Dacca wirtsch. Zentrum des Landes; Flußhafen.

Narbada [nəˈbædə] (Narmada), Fluß in Z-Indien, am N-Rand des Dekhan, entspringt an der NW-Abdachung der Maikal Range, mündet mit einem 20 km breiten Mündungstrichter in den Golf von Cambay, 1 310 km lang. Den Hindus heilig. Im Unterlauf ist seit 1985 der Sardar-Sarovar-Damm (129 m hoch) im Bau.

Narbe [eigtl. „Verengung" (der Wundränder)], (Cicatrix) das bei der Heilung eines Gewebsdefektes aus Granulationsgewebe entstehende gefäßarme Bindegewebe.
▷ Teil des Fruchtknotens der Blütenpflanzen, an dem das Pollenkorn hängenbleibt und den Pollenschlauch bildet.

Narbonensis (Gallia N.), röm. Prov., ↑Gallien.

Narbonne [frz. narˈbɔn], frz. Stadt in der Küstenebene des Languedoc, Dep. Aude, 41 600 E. Bed. Weinhandelszentrum, Konfektionsind., Ölmühlen, Brennereien u. a. Betriebe. 14 km östl. von N. das Seebad N.-Plage. – Vorröm. Siedlung; als **Narbo Martius** (118 v. Chr.) erste röm. Kolonie in Gallien, später Hauptstadt der Prov. Narbonensis. 462–719 westgot. Residenz; bis 759 arabisch; ab 1507 zur frz. Krone. Das im 3. oder 4. Jh. gegr. Erzbistum wurde 1801 aufgehoben. – Fragmente röm. Bauten; got. Chor (1272–1310) der unvollendeten ehem. Kathedrale Saint-Just, ehem. erzbischöfl. Palais (13.–14. und 19. Jh.; heute Rathaus, Kunst- und Keramikmuseum).

Narcotin (Narkotin) [griech.], svw. ↑Noskapin.

Narda ↑Arta.

Narde [semit.-griech.], Bez. für verschiedene wohlriechende Pflanzen, die z. T. schon im Altertum zur Herstellung von Salben u. a. verwendet wurden; so der Große Speik und der N.baldrian.

Nardenöl, svw. ↑Spiköl.

Nardini, Pietro, *Livorno 12. April 1722, †Florenz 7. Mai 1793, italien. Violinist und Komponist. – Schüler G. Tartinis; 1762–65 am Stuttgarter Hof; seit 1769 am Hof in Florenz; mit Violinsonaten, -konzerten und Streichquartetten bed. Vertreter der italien. frühklass. Violinmusik.

Nardo di Cione [italien. ˈtʃoːne], tätig in Florenz 1343–65, italien. Maler. – Zeigt in den Fresken in der Strozzikapelle von Santa Maria Novella in Florenz (1354–57) einen zarteren, auch weniger räuml. Stil als sein Bruder ↑Orcagna.

Narew, rechter Nebenfluß der Weichsel, entspringt in der Puszcza Białowieska (Weißrußland), mündet nördl. von Warschau in den Zegrzestausee, 484 km lang (davon 448 km in Polen), 312 km schiffbar.

Nariño [span. naˈriɲo], Dep. in Kolumbien, am Pazifik und an der Grenze gegen Ecuador, 33 268 km², 1 Mill. E (1989), Hauptstadt Pasto. N. liegt in den Anden und im vorgelagerten Küstentiefland; Ackerbau und Viehhaltung im Hochland.

Narjan-Mar, Hauptstadt des Autonomen Kreises der Nenzen innerhalb des Gebietes Archangelsk, Rußland, 18 000 E. Fisch-, Holzverarbeitung; See- und Flußhafen. – Gegr. 1933, seit 1935 Stadt.

Närke, histor. Prov. in Schweden, um den N-Teil des Vättersees und den W-Teil des Hjälmarsees. Kuppige, waldbestandene Grundmoränen umgeben eine landw. intensiv genutzte zentrale Ebene. Bergbau auf Zinkerz und uranhaltige Schiefer. – 1165 belegt, gehörte ab etwa 1170 den Bischöfen von Strängnäs, seit dem 16. Jh. zum Hzgt. Södermanland.

Narkolepsie (Hypnolepsie) [griech.], unvermittelt und anfallartig auftretender unwiderstehl. Schlafdrang von meist nur kurzer Dauer, verbunden mit einem vorübergehenden Verlust des Muskeltonus für eine aufrechte Körperhaltung. N. tritt als selbständiges Krankheitsbild (häufig erblich bedingt) auf, aber z. B. auch als Begleiterscheinung bei Gehirnverletzungen.

Narkose [griech., zu nárkē „Krampf, Lähmung"] ↑Anästhesie.

Narkotika [griech.] ↑Anästhesie.

Narkotin (Narcotin) [griech.], svw. ↑Noskapin.

Narmada ↑Narbada.

Narodnaja, mit 1894 m höchster Berg des Ural, mit kleinen Gletschern.

Narodniki [russ. „Volkstümler"], Anhänger einer insbes. von A. I. Herzen, N. G. Tschernyschewski und P. L. Lawrow beeinflußten Richtung des vormarxist. Sozialismus in Rußland (etwa 1860–95). Sie strebten unter Rückgriff auf das agrar., als alte slaw. Form eines „Urkommunismus" angesehene Modell der Dorfkommune, des „Mir" bzw. der „Obschtschina", eine sozialist.-kommunist. Erneuerung Rußlands unter Umgehung des Kapitalismus an. Während die N. von den russ. Marxisten, u. a. von Plechanow, seit 1880 abgelehnt wurden, orientierten sich die Sozialrevolutionäre nach 1900 erneut an Vorstellungen und Zielsetzungen der N. – Ein Teil der N. bildete die 1879 gegr. Geheimgesellschaft **Narodnaja Wolja** („Volkswille"), die die Ermordung Kaiser Alexanders II. organisierte (1881).

Narbonne. Kathedrale Saint-Just, um 1300. Davor das ehemalige erzbischöfliche Palais

Narr, törichter Mensch, Spaßmacher, Spötter, Gestalt mit hintergründigem Witz und versteckter Weisheit.
Im MA lebte das Narrentum in vielfältigen Formen; eine wichtige Rolle spielten die ↑Hofnarren. Frühma. **Narrenfeste** parodierten kirchl. Riten (bes. ausschweifend waren bis ins 16. Jh. die Klerikerfeste in frz. Kathedralen). V. a. zur Fastnacht schlüpften viele Stadtbürger ins Narrenkleid und stellten ihre Gemeinde zeitweise unter das Narrenszepter. Ähnl. Brauchformen leben heute noch fort. – ↑Narrenliteratur.

Narratio [lat. „Erzählung"] ↑Urkunde.

Narrative art [engl. 'nærətiv 'a:t; „erzählende Kunst"] (Story art), Richtung der zeitgenöss. Kunst, die in Form von Photosequenzen (oft mit begleitenden Texten) pointierte Geschichten erzählt oder Wahrnehmungsfragen demonstriert. Die Grenzen zu Spurensicherung und Concept-art sind fließend. Vertreter: J. Baldessari, D. Bay, C. Boltanski, J. Gerz, D. Michals.

Narrenkrankheit (Taschenkrankheit, Narrentaschenkrankheit), durch den Schlauchpilz Taphrina pruni verursachte Erkrankung von Pflaume und Zwetschge. Die Früchte sind vom Pilzmyzel durchwuchert und zu 4–7 cm langen, bleichgrünen, später graubraunen, harten, saftlosen Gebilden **(Narrentaschen)** verunstaltet.

Narrenliteratur, satir. Literatur, in der Narrenfiguren Träger von Zeit- und Moralkritik sind. Typisch für die N. ist die Darstellung des Widersinnigen als des Normalen mit den Stilmitteln der Polemik und Karikatur. In diesem Sinne findet sich die N. in den verschiedensten Epochen internat. verbreitet. Bes. im späten MA wird der Narr zu einer beliebten Figur moral.-didakt. Dichtung (Fastnachtsspiel, Schwank). S. Brants Verssatire „Das Narren Schyff" (1494) gilt als Ausgangspunkt und zugleich als einflußreichstes Werk der N. der frühen Neuzeit. – Volkstüml. Narrenfiguren waren Till Eulenspiegel und die Schildbürger.

Narrheit, Wesen und Verhalten des Narren (↑Narr).

Narses, * in Armenien um 480, † Rom 574, Feldherr Kaiser Justinians I. – 551 als Nachfolger Belisars Oberbefehlshaber in Italien; konnte den Widerstand der Ostgoten brechen.

Narthex [griech. „Kästchen"], Vorhalle der altchristl. und byzantin. Basiliken.

Naruszewicz, Adam Stanisław [poln. naru'ʃɛvitʃ], * bei Pinsk 20. Okt. 1733, † Janów Podlaski (Woiwodschaft Lublin) 6. Juli 1796, poln. Dichter und Historiker. – 1788 Bischof von Smolensk, 1790 von Luzk. Begründete mit seiner Geschichte Polens (bis 1386) die moderne poln. Geschichtsschreibung; Verf. von Oden, Satiren, Fabeln.

Narva (russ. Narwa), Stadt an der N., 14 km vor deren Mündung in den Finn. Meerbusen, Estland, 81 000 E. Histor. Museum; Baumwollbetrieb (Kränholmer Manufaktur), Maschinenbau. – Als eine der ältesten Städte Estlands Mitte des 13. Jh. gegr.; im 14. Jh. bed. Handelsstadt; 1558–81 russ.; 1581 schwed. besetzt; 1704 durch Rußland erobert. – Festung (13.–15. Jh.).

Narváez, Ramón Maria de [span. nar'βaεθ], Hzg. von Valencia (seit 1844), * Loja (Prov. Granada) 5. Aug. 1800, † Madrid 23. April 1868, span. Marschall und Politiker. – Stürzte 1843 J. Espartero; Führer der Moderados; ab 1844 fünfmal Min.präs.; wegen seiner diktator. Regierungsweise mitverantwortlich für die Revolution von 1868 und damit für den Sturz Königin Isabellas II.

Narvik, norweg. Hafenstadt am inneren Ende des Ofotfjords, 18 500 E. Eisfreier Exporthafen für das aus Kiruna mit der Erzbahn herantransportierte Eisenerz. – Entstand ab 1883 als Sitz der brit.-schwed. Gesellschaft, die die Ofotbahn (fertiggestellt 1903) für die Ausfuhr der Erze baute; wurde 1902 Stadt; 1940 von dt. Truppen besetzt und stark zerstört.

Narwa ↑Narva.

Narwal [skand., eigtl. „Leichenwal" (vermutlich wegen der gelblich-weißen Farbe)] ↑Gründelwale.

Naryn, Quellfluß des Syrdarja, überwiegend in Kirgisien, entspringt im zentralen Tian Shan und durchfließt ihn z. T. in cañonartigen Schluchten, 807 km lang; mehrere Wasserkraftwerke und Bewässerungsanlagen.

Narziß, in der griech. Mythologie der schöne Sohn des Flußgottes Kephisos, der die Liebe der Nymphe Echo verschmäht und von Aphrodite bestraft wird, indem er sich in sein Spiegelbild verliebt, bis die Verwandlung in die Blume gleichen Namens seinen Qualen ein Ende macht.

Narrenkrankheit. Befallene Pflaume

Narzisse (Narcissus) [griech., nach ↑Narziß], Gatt. der Amaryllisgewächse mit rd. 20 Arten in M-Europa und im Mittelmeergebiet; Zwiebelpflanzen mit meist linealförmigen Blättern und einzelnen bis mehreren Blüten mit Nebenkrone. N. sind beliebte Zier- und Schnittblumen, u. a. die **Dichternarzisse** (Narcissus poeticus) mit weißen, flach ausgebreiteten Blütenhüllblättern und nur kleiner, gelber, rot berandeter Nebenkrone. Eine langröhrige Nebenkrone hat die 20–40 cm hohe, gelb blühende **Osterglocke** (Gelbe N., Trompeten-N., Narcissus pseudonarcissus); blüht meist Ende März oder im April.

Narzissenblütige Anemone (Berghähnlein, Anemone narcissiflora), geschützte Anemonenart in den höheren Gebirgen Europas, O- und NO-Asiens und N-Amerikas; 20–40 cm hohe Staude mit weißen, doldig angeordneten Blüten.

Narzißmus, Bez. für Verliebtsein in sich selbst (sog. Selbstliebe; ↑Narziß). Die *Psychoanalyse* sieht im N. als (vorübergehender) Abwendung der Libido von äußeren Objekten eine Regression **(sekundärer Narzißmus)** auf die (normale) frühkindl. Lustgewinnung am eigenen Körper **(primärer Narzißmus),** aber auch die im Ich-Ideal zu findende dauerhafte Selbstliebe des Menschen. – Ungenügende narzißtische Bestätigung des Kindes kann zu schwerwiegenden psych. Störungen führen.

NASA, Abk. für: ↑**N**ational **A**eronautics and **S**pace **A**dministration.

nasal [zu lat. nasus „Nase"], die Nase betreffend, zur Nase gehörend; nasenwärts gelegen; durch die Nase gesprochen, genäselt; als Nasal ausgesprochen.

Nasal [lat.] (Nasallaut, Nasenlaut), Konsonant oder Vokal, bei dessen Aussprache die Luft in den Nasenraum gelangen kann. Bei den **Nasalkonsonanten** wird die Luft im Mundraum völlig gestoppt und kann nur über den Nasenraum entweichen (Halbverschlußlaut), z. B. [m, n, ɲ, ŋ]. Bei den **Nasenvokalen** (nasalierten Vokalen) kann zusätzlich zur Hauptartikulation Luft in den Nasenraum gelangen, wobei es gleichgültig ist, ob diese auch durch die Nase entweicht. Diakrit. Zeichen für die Nasalierung von Vokalen ist die Tilde [˜], z. B. frz. pain [pɛ̃] „Brot".

Nase (Näsling, Mundfisch, Chondrostoma nasus), bis 50 cm langer, Schwärme bildender Karpfenfisch, v. a. in Fließgewässern Mitteleuropas; mit unterständigem Maul und nasenförmigem Oberkiefer.

Nase [zu lat. nasus mit gleicher Bed.] (Nasus), Geruchsorgan vorn am Kopf der Wirbeltiere, bei den luftatmenden

Narzisse. Oben: Dichternarzisse (Höhe 20–40 cm). Unten: Osterglocke (Höhe 20–40 cm)

Landwirbeltieren auch Teil des Atmungsweges. Bei den meisten Wirbeltieren und auch beim Menschen besteht eine Verbindung zw. den beiden äußeren N.öffnungen (Nasenlöcher) und der Mund- bzw. Rachenhöhle. Die N. des *Menschen* gliedert sich in die *äußere N.* und in die *N.höhle.* Die aus *N.wurzel, N.rücken, N.spitze* und *N.flügel* bestehende äußere N. wird im Bereich der N.wurzel v. a. vom paarigen, schmalen **Nasenbein** (Os nasale) gebildet. Daran anschließend formen nach vorn zu verschiedene hyaline Knorpelstücke als *knorpeliges N.skelett* die nachgiebige, für den Menschen typ. (äußere) Nase. Die knorpelige **Nasenscheidewand** *(N.septum)* trennt die N.höhlen voneinander; ihr oberer Rand biegt nach beiden Seiten um und bestimmt so mit dem N.bein zus. die Form des N.rückens. Überkleidet ist das Skelett der äußeren N. von Haut, die stark mit Talgdrüsen besetzt ist und in den *N.vorhof* übergeht. Dieser ist mit starken, reusenartig nach außen gerichteten *Nasenhaaren* zum Schutz gegen Fremdkörper, Staub und kleine Tiere ausgestattet. Bis auf das Riechepithel sind die N.höhlen von Schleimhaut mit Flimmerepithel ausgekleidet, das eingedrungene Staubpartikel rachenwärts transportiert. Von der Außenwand ragen bis fast zur N.scheidewand drei übereinanderliegende *N.muscheln* in die N.höhle vor, die dadurch drei überdachte *N.gänge* erhält. In den unteren N.gang mündet der Abflußkanal der Tränendrüsen, in den mittleren fast alle Nebenhöhlen. Vor der oberen N.muschel liegt das Riechepithel mit den Geruchssinneszellen (als Riechkegel und Riechhärchen).

Nasendasseln. Schafbremse (Länge etwa 3 cm)

Näseln, svw. ↑ Rhinolalie.

Nasenaffe ↑ Schlankaffen.

Nasenbären (Rüsselbären, Coatis, Nasua), Gatt. etwa 35–70 cm langer (einschl. des buschigen Schwanzes bis 1,4 m messender) Kleinbären mit vier Arten, v. a. in Wäldern und Grassteppen des südl. N-Amerika bis S-Brasilien; gesellige Allesfresser mit vorwiegend braungrauem bis rotbraunem, kurz- und dichthaarigem Fell, längl. Kopf, langer, bewegl., rüsselartiger Nase und meist dunklen und weißen Gesichtszeichnungen. Zu den N. gehört u. a. der **Rote Nasenbär** (Südamerikan. N., Coati, Coatimundi, Nasua nasua) in S-Amerika.

Nasenbein ↑ Nase.

Nasenbluten (Epistaxis), Blutung aus der Nase infolge spontaner oder nach Schlageinwirkung erfolgter Zerreißung von Blutgefäßen in der Nase, blutender Tumoren oder Polypen, Nasenbein- oder Schädelbasisbrüchen, häufig auch symptomatisch bei fieberhaften Infektionskrankheiten (Masern, Grippe, Diphtherie), bei Gefäß- und Kreislauferkrankungen. – ↑ Erste Hilfe (Übersicht).

Nasendasseln (Nasendasselfliegen, Nasenbremsen, Oestrinae), mit über 100 Arten weltweit verbreitete Unterfam. etwa 7–15 mm langer, kräftiger, z. T. bunter Dasselfliegen; Imagines spritzen ihre Larven in die Nasen- und Augenregionen von Säugetieren (bes. Pferden, Schafen), wo sie sich im Nasenrachenraum entwickeln.

Nasenfrösche (Rhinodermatinae), Unterfam. 1 bis wenige cm langer Frösche mit wenigen Arten in S-Amerika; der **Darwin-Nasenfrosch** (Vaquero, Rhinoderma darwini) in den Küstenwäldern Chiles und S-Argentiniens ist etwa 3 cm lang, überwiegend braun gefärbt, mit zipfelartigem Nasenfortsatz.

Nasenhaie (Scapanorhynchidae), Fam. bis über 4 m langer Haifische mit nur wenigen Arten; mit sehr langem, schaufelförmigem Schnauzenfortsatz.

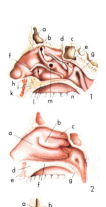

Nase. 1 Rechte Nasenhöhle des Menschen nach Entfernung der Scheidewand. a Stirnhöhle; b Eingang in die rechte Stirnhöhle; c Keilbeinhöhle; d mittlere Muschel (abgetragen); e Zugang zur rechten Keilbeinhöhle; f untere Muschel (abgetragen); g Mündung der Ohrtrompete; h Mündung des Tränengangs; i Oberkiefer; k Oberlippe; l Gaumenbein; m Eingang in die rechte Kieferhöhle; n weicher Gaumen. 2 Rechte seitliche Nasenwand mit Muscheln. a untere Muschel; b mittlere Muschel; c obere Muschel; d Oberkiefer; e Oberlippe; f Gaumenbein; g weicher Gaumen. 3 a Stirnbein; b Stirnhöhle; c Nasenbein; d Keilbeinhöhlen; e knöcherner und herabhängender Teil der Nasenscheidewand; f Keilbein; g knorpeliger Teil der Nasenscheidewand; h unterer Teil der hinteren Nasenscheidewand; i Mündung der Ohrtrompete; k Knorpel des Nasenrückens; l Oberlippe; m Oberkiefer; n Gaumenbein; o weicher Gaumen und Zäpfchen. 4 a Fasern des Riechnervs; b Riechkolben; c Siebplatte

Nasenlidfalte, svw. ↑ Mongolenfalte.

Nasennebenhöhlen (Nebenhöhlen, Sinus paranasales), von der Nasenhöhle aus in die angrenzenden Knochen hinein ausgedehnte, von Schleimhaut ausgekleidete Lufträume der Nase. Beim Menschen sind die (bei der Geburt nur angelegten) paarigen N. im 12. bis 14. Lebensjahr voll entwickelt, sie können sich jedoch bis ins Alter hinein weiter ausdehnen. Die N. erstrecken sich vom mittleren Nasengang aus in den Oberkiefer **(Kieferhöhle),** ins Stirnbein **(Stirnhöhle)** sowie in die vorderen Siebbeinzellen des Siebbeins hinein, vom oberen Nasengang aus in die hinteren Siebbeinzellen und vom oberen Winkel zw. Nasenwand und Keilbeinunterseite aus ins Keilbein **(Keilbeinhöhle).** Die N. beeinflussen als Resonatoren die Klangfarbe der Stimme.

Nasennebenhöhlenentzündung (Sinusitis), Schleimhautentzündung meist einzelner Nasennebenhöhlen; fast immer als Folge eines Schnupfens, seltener von eitrigen Zahnwurzelprozessen ausgehend; am häufigsten ist die Kieferhöhlenentzündung. Die N. äußerst sich in Kopfschmerzen und Ausfluß von eitrigem Sekret, bei der chron. Form können Schleimhautwucherungen auftreten.

Nasenplastik, svw. ↑ Rhinoplastik.

Nasenpolypen, gestielte bindegewebige Wucherungen der Nasen- oder Nasennebenhöhlenschleimhaut.

Nasenbären. Roter Nasenbär, Körperlänge etwa 70 cm

Nasen-Rachen-Raum, Abschnitt des Rachenraums im Anschluß an die Nasenhöhlen, bis zur Höhe des Gaumensegels.

Naser e Chosrau, Abu Moin [pers. na'serexos'rou̯], * bei Balkh (= Wazirabad, Afghanistan) 1004, † Yamagan (Badakhshan) zw. 1072 und 1077, pers. Dichter. – Gilt mit seinen philosoph.-theolog. Prosaschriften in Form von polem. Traktaten als der älteste Klassiker der pers. Lehrdichtung.

Nash, Ogden [engl. næʃ], * Rye (N. Y.) 19. Aug. 1902, † Baltimore (Md.) 19. Mai 1971, amerikan. Schriftsteller. – Wurde bekannt durch witzige, humorist. Lyrik, die z. T. satirisch und sozialkritisch, oft parodistisch ist; Nonsensedichtungen, amerikan.-dt. Auswahl u. d. T. „Ich bin leider hier auch fremd" (1969).

Nashe (Nash), Thomas [engl. næʃ], * Lowestoft (Suffolk) 1567, † London 1601 (?), engl. Satiriker. – Verfaßte u. a. beißende Satiren und Pamphlete bes. gegen den Puritanismus und die volkstüml. Dramatiker sowie den Schelmenroman „Der unglückl. Reisende oder Die Abenteuer des Jack Wilton" (1594).

Nashörner (Rhinozerosse, Rhinocerotidae), seit dem Eozän bekannte Fam. tonnenförmiger, fast haarloser, dreizehiger Unpaarhufer mit fünf Arten in den Savannen und Grasländern Afrikas und Asiens; laub- und grasfressende Tiere mit panzerartiger Haut, kurzen, säulenartigen Beinen und ein bis zwei hornförmigen Bildungen auf Nase bzw. Nasenbein *(Nasenhörner);* Gesichtssinn schlecht, Geruchssinn sehr gut ausgebildet. Nach bis zu eineinhalb Jahren Tragezeit wird ein Junges geboren, das bis zu zwei Jahren gesäugt wird. Die heute noch lebenden (in ihren Beständen z. T. stark bedrohten) Arten sind: **Breitmaulnashorn** (Weißes N., Ceratotherium simum), 3,5–4 m lang, in den Steppen Z- und S-Afrikas. **Spitzmaulnashorn** (Schwarzes

Nashörner: Links: Breitmaulnashorn. Mitte: Spitzmaulnashorn. Rechts: Panzernashorn

N., Diceros bicornis), 3–3,75 m lang, in Z-, O- und S-Afrika. **Sumatranashorn** (Dicerorhinus sumatrensis), 2,5–2,8 m lang, in SO-Asien, auf Sumatra und Borneo. Die beiden Arten der Gatt. **Panzernashörner** (Rhinoceros) haben nur ein Horn; Haut durch Falten in große, plattenartige Flächen aufgeteilt. **Javanashorn** (Rhinoceros sondaicus), bis etwa 3 m lang, nur noch vereinzelt in W-Java; ♂ mit kleinem Horn. **Panzernashorn** (**Indisches Nashorn,** Rhinoceros unicornis), bis über 4 m lang, in N-Indien und Nepal. Bis zum Ende der letzten Eiszeit waren N. auch in Europa weit verbreitet, wie z. B. das **Merck-Nashorn** (Waldnashorn, Dicerorhinus kirchbergensis), das **Steppennashorn** (Dicerorhinus hemitoechus) und das dichtbehaarte **Wollnashorn** (Coelodonta antiquitatis).

Nashornfische ↑Doktorfische.

Nashornkäfer (Riesenkäfer, Dynastinae), Unterfam. etwa 2–15 cm langer, nachtaktiver, meist rotbrauner bis schwarzer Blatthornkäfer (Fam. Skarabäiden), v. a. in den Tropen und Subtropen Amerikas und Eurasiens; ♂♂ mit je einem langen Horn auf dem Kopf. In M-Europa nur der bis 4 cm große **Europäische Nashornkäfer** (Oryctes nasicornis), v. a. im Kompost und in verrotteten Sägemehlhaufen; Larven bis 10 cm lang.

Nashornvögel (Bucerotidae), Fam. elster- bis putengroßer, vorwiegend schwarz und weiß befiederter Rackenvögel mit rd. 50 Arten im trop. Regenwald sowie in Steppen und Savannen Afrikas und S-Asiens; vorwiegend früchte- und kleintierfressende, baumbewohnende Vögel mit großem, gekrümmtem, an der Oberschnabelbasis oft einen Aufsatz („Horn") tragenden Schnabel; zum Brüten mauert das ♂ das ♀ ein. Zu den N. gehört u. a. der bis 90 cm (mit Schwanz bis 1,6 m) lange **Helmvogel** (Dickhornvogel, Rhinoplax vigil) in den Urwäldern Malakkas, Sumatras und Borneos; hintere Schnabelhälfte einschl. des massigen Aufsatzes leuchtend rot.

Nashville-Davidson [engl. 'næʃvɪl-'deɪvɪdsn] (bis 1963 Nashville), Hauptstadt des Bundesstaats Tennessee, USA, am Cumberland River, 150 m ü. d. M., 481 400 E. Sitz eines kath. und eines methodist. Bischofs; vier Univ. (gegr. 1867, 1873, 1891, 1912), Colleges; Observatorium, Druckereien und Verlage, Nahrungsmittel-, metallverarbeitende, Tabak-, Textil-, Schuh-, chem., elektrotechn. Ind. Eines der Musikzentren der USA, Zentrum des ↑Country and western; Verkehrsknotenpunkt, ✈. – Gegr. 1779 als Fort Nashborough; Nashville seit 1784; Hauptstadt von Tennessee seit 1843. – Klassizist. State Capitol (19. Jh.).

Nasi-goreng [indones., eigtl. „gebratener Reis"], indones. Gericht, dessen Zutaten (gekochter Reis, Gemüse, Fleisch [und Garnelen]) gedünstet werden.

Nasik, ind. Stadt in den Westghats, am Oberlauf der Godavari, Bundesstaat Maharashtra, 600 m ü. d. M., 429 000 E. Anglikan. Bischofssitz; Pilgerstätte der Hindus: alle 12 Jahre stattfindende Badefeste „Kumbh Mela" (zuletzt 1981).

Nasir Ad Din At Tusi (Abu Dschafar Muhammad Ibn Al Hasan), *Tus (Chorasan) 18. Febr. 1201, †Bagdad 26. Juni 1274, pers. Universalgelehrter. – Ab 1256 Hofastrologe und Min. des Ilkhans Hulagu; verfaßte Lehrbücher zahlr. Wissensgebiete und begründete die Trigonometrie als selbständige mathemat. Disziplin.

Naskapi [engl. 'næskəpi:], Algonkin sprechende Indianerstämme, subarkt. Jäger und Fischer in Labrador (Kanada).

Naso, Eckart von, *Darmstadt 2. Juni 1888, †Frankfurt am Main 13. Nov. 1976, dt. Schriftsteller. – War 1918–45 am Berliner Staatl. Schauspielhaus Dramaturg, Regisseur, zuletzt unter Gründgens Chefdramaturg; 1953/54 Chefdramaturg in Frankfurt am Main, bis 1957 in Stuttgart, danach freier Schriftsteller; wurde v. a. bekannt durch Romane und Novellen um histor. Gestalten und Ereignisse, u. a. „Preuß. Legende" (E., 1939), „Die große Liebende" (R., 1950).

Nasreddin Hoca (N. Hodscha) [türk. 'hɔdʒa], sprichwörtl. Held der türk. Volksliteratur aus dem 13. oder 14. Jh.; Lehrer und Geistlicher, über den heute über 500 Anekdoten bekannt sind; die z. T. derben Schwänke und Schnurren (zu vergleichen mit dem dt. „Eulenspiegel") waren oft bittere Satire und scharfe Kritik an den Mißständen der Zeit.

Nashornkäfer. Europäischer Nashornkäfer, Männchen

Nasriden, arab. Dyn. von Granada (1231–1492); unter ihr erlebte die maur. Kultur eine letzte Blüte (Alhambra).

Nassau, seit dem 11. Jh. im Unterlahngebiet bezeugtes Grafengeschlecht (seit 1160 nach der um 1125 erbauten Burg N. ben.). Die Gft. N. (im Raum des Taunus und des Westerwaldes zw. Main, Mittelrhein, Sieg und Wetterau) wurde 1255 geteilt zw. Otto I. († 1289/90), der das Gebiet nördl. der Lahn mit Siegen und Dillenburg erhielt, und Walram II. († um 1276), dem die südl. Gebiete mit Wiesbaden, Idstein und Weilburg zufielen. – Die **ottonische Linie** teilte sich 1303 in die Linien *Hadamar* (ältere Linie, bis 1394) und *Dillenburg*, die durch Heiraten 1386 die Gft. Diez, 1403/04 Breda, 1530 das Ft. Oranien gewann. Wilhelm I. von N.-Dillenburg, „Prinz" von Oranien, begr. das Haus Oranien-N., das den niederl. Thron innehat (seit 1815) und mit Wilhelm Heinrich von Oranien-N. 1689 die engl. Krone gewann. Johann VI. (♔ 1559–1606) entwikkelte sein Land zu einem Musterstaat. Wilhelm VI. von

Nassau. Stadtschloß der Herren vom und zum Stein, 17. und 18. Jahrhundert

Oranien-N. wurde 1815 als Wilhelm I. König der Niederlande. – Aus der **walramischen Linie** stammten der Röm. König Adolf von N. (♔ 1292–98) und im 14./15. Jh. 4 Mainzer Erzbischöfe. Sie teilten sich 1355 in die *Idsteiner* (bis 1605) und die *Weilburger* Linie (1381 Erwerb der Gft. Saarbrücken). 1806 wurde N. zu einem unteilbaren Hzgt. erklärt, 1866/68 als Prov. Hessen-N. Preußen angeschlossen. Hzg. Adolf von N. (♔ 1839–66) wurde 1890 auf Grund des nassauischen Erbvereins von 1783 (Anerkennung der Zusammengehörigkeit von ganz N. und des Erstgeburtsrechts) Großhzg. von Luxemburg.

Nassau ['– –], Stadt und Luftkurort an der unteren Lahn, Rhld.-Pf., 110 m ü. d. M., 5 000 E. U. a. Herstellung von Haushaltsgeräten und metallverarbeitende Ind. – 915 erstmals erwähnt; erhielt 1348 Stadtrecht; im 2. Weltkrieg stark zerstört. – Ruine der Burg N. (12. Jh.) mit 1971 ff. ausgebautem Palas; Steinsches Schloß (17. und 18. Jh.). – Abb. S. 29.

N. [engl. 'næsɔ:], Hauptstadt der Bahamas, an der NO-Küste von New Providence Island, 135 400 E. Sitz eines anglikan. und eines kath. Bischofs; College of the Bahamas (gegr. 1974); Zentrum des Handels und Bankwesens, Sitz zahlr. ausländ. Unternehmen; Konservenind., Rumdestillation; Bootsbau; Fremdenverkehr; Hafen, internat. ✈. – Gegr. 1660 von Briten unter dem Namen **Charles Town** (nach König Karl II.); 1690 zu Ehren Wilhelms III. von Oranien-Nassau umbenannt.

Gamal Abd el Nasser

Nassauer [zu frühneuhochdt. naß „ohne Geld, liederlich", unter Anlehnung an den Ortsnamen Nassau], jemand, der auf Kosten anderer mitißt bzw. mittrinkt („nassauert").

Naßdampf ↑ Dampf.

Naßentstaubung ↑ Entstaubung.

Nasser, Gamal Abd el (arab. Abd An Nasir, Gamal), * Bani Murr (Gouv. Asjut) 15. Jan. 1918, † Kairo 28. Sept. 1970, ägypt. Offizier und Politiker. – Zeichnete sich als Oberst 1948 im 1. Israel.-Arab. Krieg aus; zählte zu den Mitbegr. des „Komitees der freien Offiziere", das im Juli 1952 König Faruk I. stürzte; danach führende Position im „Rat der Revolution", Oberbefehlshaber der Streitkräfte, stellv. Min.präs. und Innenmin. (1953), Min.präs. (1954); löste seinen Gegenspieler Nagib 1954 als Staatsoberhaupt ab; stand 1958–61 an der Spitze der VAR. Innenpolitisch festigte N. seine Stellung durch die Proklamation eines arab. Sozialismus mit dem Ziel einer umfassenden Bodenreform, Industrialisierung und Bau des Assuan-Staudammes. Die Verstaatlichung des Sueskanals 1956 und der erfolgreiche Widerstand gegen die frz.-brit.-israel. Intervention sicherten ihm eine Führungsposition innerhalb der arab. Welt, v. a. im Kampf gegen Israel. Galt neben Nehru und Tito als Wortführer der blockfreien Staaten. Der für N. erfolglose 3. Israel.-Arab. Krieg 1967 schwächte vorübergehend seine Position.

Daniel Nathans

Nassersee [nach G. A. el Nasser] ↑ Assuan.

Nässjö [schwed. 'nɛʃø:], schwed. Stadt in Småland, 350 m ü. d. M., 32 000 E. Einer der größten Eisenbahnknotenpunkte Nordeuropas; Möbel- und Bekleidungsindustrie.

Naßmetallurgie (Hydrometallurgie), Verfahren zur Gewinnung von Metallen durch Überführen in Lösungen (mit Hilfe von Säuren oder Basen) und anschließende Ausfällung, Reduktion oder Elektrolyse. Die N. spielt v. a. bei der Gewinnung von Nichteisenmetallen (z. B. Gold) aus armen Erzen eine wichtige Rolle.

Naßspinnverfahren ↑ Chemiefasern.

Nastie [zu griech. nastós „(fest)gedrückt"], durch Außeneinflüsse verursachte, ohne Beziehung zur Reizrichtung stehende, wiederholbare Bewegung von Teilen festgewachsener Pflanzen. Nastien kommen entweder durch verstärktes Wachstum der einen Seite eines Organs oder durch Turgorschwankungen zustande. Nach der Art des auslösenden Reizes unterscheidet man u. a.: **Chemonastie,** eine durch chem. Reize verursachte Bewegung, z. B. die Krümmungsbewegungen der Drüsenhaare des Sonnentaus (hervorgerufen durch tier. Eiweißstoffe und deren Abbauprodukte). **Haptonastie** (Thigmo-N.), eine durch Berührungsreize

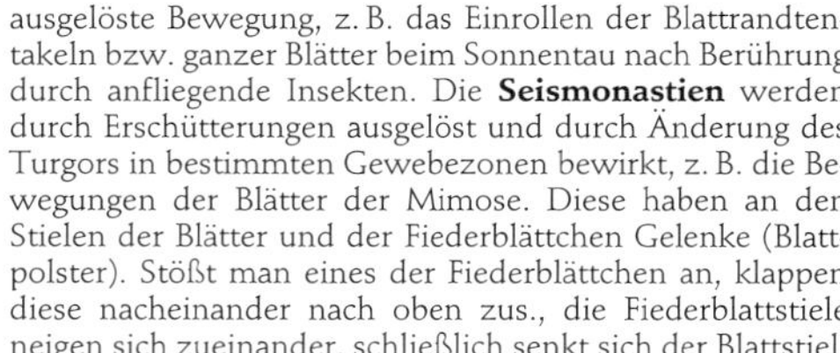

ausgelöste Bewegung, z. B. das Einrollen der Blattrandtentakeln bzw. ganzer Blätter beim Sonnentau nach Berührung durch anfliegende Insekten. Die **Seismonastien** werden durch Erschütterungen ausgelöst und durch Änderung des Turgors in bestimmten Gewebezonen bewirkt, z. B. die Bewegungen der Blätter der Mimose. Diese haben an den Stielen der Blätter und der Fiederblättchen Gelenke (Blattpolster). Stößt man eines der Fiederblättchen an, klappen diese nacheinander nach oben zus., die Fiederblattstiele neigen sich zueinander, schließlich senkt sich der Blattstiel.

Nasus [lat.] ↑ Nase.

Nataka ↑ indisches Theater.

Natal [brasilian. na'tal], Hauptstadt des brasilian. Bundesstaats Rio Grande do Norte, an der Küste, 512 000 E. Kath. Erzbischofssitz; Univ. (gegr. 1958); bed. Textilind., Zentrum der Salzgewinnung; Bahnstation, Hafen, internat. ✈. – Gegründet 1597.

N. ['na:tal, engl. nə'tæl], Prov. der Republik Südafrika, am Ind. Ozean, 86 967 km², 2,07 Mill. E (1991), Hauptstadt Pietermaritzburg. Überwiegend Bergland, das von der Küste zu den Drakensbergen im W ansteigt, im äußersten NO Tiefland; Anbau von Zuckerrohr, Baumwolle, Getreide, Zitrusfrüchten, Gemüse; bed. Schaf- und Rinderzucht; Holzgewinnung; Kohlenbergbau. – Die Küste von N. wurde am 25. Dez. 1497 erstmals von Vasco da Gama gesichtet und deshalb Terra natalis gen. (nach portugies. natal „Weihnachten"); seit 1837 von Buren kolonisiert; 1843 von Großbritannien annektiert, erhielt 1893 Autonomie; seit 1910 Prov. der heutigen Republik Südafrika.

Natalität [zu lat. natalis „zur Geburt gehörend"] ↑ Geburtenhäufigkeit.

Natchez [engl. 'nætʃɪz], ausgestorbener bzw. in den Creek aufgegangener Indianerstamm im unteren Mississippital.

Nathan, israelit. Prophet zur Zeit Davids, v. a. bekannt durch seine Verheißung des Königtums an David (*N.weissagung;* 2. Sam. 7); der älteste in Urkunden erwähnte israelit. Prophet.

Nathans, Daniel [engl. 'neɪθənz], * Wilmington (Del.) 30. Okt. 1928, amerikan. Mikrobiologe. – Prof. an der John Hopkins University in Baltimore; grundlegende Arbeiten zur Molekulargenetik, bes. über die prakt. Anwendung der Restriktionsenzyme; erhielt 1978 (mit W. Arber und H. O. Smith) den Nobelpreis für Physiologie oder Medizin.

Natho, Eberhard, * Dessau 24. Juni 1932, dt. ev. Theologe, Bischof. – Seit 1959 Pfarrer in Güsten (Kreis Staßfurt), seit 1970 Kirchenpräs. der Ev. Landeskirche Anhalts in Dessau; 1979–91 Vors. des Rates der Ev. Kirche der Union (EKU), Bereich DDR.

Nation [zu lat. natio „das Geborenwerden, das Geschlecht, der Stamm" (von nasci „geboren werden, entstehen")], eine soziale Großgruppe, die durch die Gemeinsamkeit von Abstammung, Wohngebiet, Sprache, Religion, Welt- und Gesellschaftsvorstellungen, Rechts- und Staatsordnung, Kultur und Geschichte sowie durch die Intensität der Kommunikation bestimmt werden kann. N. allgemeingültig zu definieren, ist schwierig. Es kann unterschieden werden zw. einem ethn. N.begriff für staatslose N., deren Angehörige vornehmlich an der gemeinsamen Sprache und Kultur zu erkennen sind **(Kulturnation),** und einem polit. N.begriff für die **Staatsnation,** die unter Hintanstellung ethn. Unterschiede innerhalb eines schon vorhandenen Staates entsteht; dabei können die Begriffe Staat und N. synonym verwendet werden. – Die moderne N. hat ihren Ursprung im Bürgertum. Die soziale Totalität in der Idee der N. verband sich mit den seit der Frz. Revolution lebendig gebliebenen polit. Grundsätzen der Volkssouveränität und der Selbstbestimmung zum **Nationalstaatsprinzip:** Der Staat ist nicht mehr das Ergebnis einer Territorialpolitik, sondern er wird nur durch die in ihm sich organisierende N. legitimiert **(Nationalstaat).** Dieses Prinzip ist seit dem frühen 19. Jh. ein wirkungsvolles polit. Postulat, das als Rechtfertigung für die Gründung neuer Staaten diente (z. B. Deutschland, Italien, Wiederherstellung Polens). Mit der Ausbildung der modernen N. ab diesem Zeitpunkt gewann auch das Bewußtsein, einer polit. und sozialen Gemeinschaft anzugehören, die eine staatlich organisierte N. bildet oder bilden will **(Nationalbewußtsein),** an Bedeutung. Der **Nationalismus** ist die auf die moderne N. und den souveränen Nationalstaat als die zentralen Werte bezogene Ideologie. Er ist geeignet, soziale Großgruppen zu integrieren und sie durch nat. Identifikation gegen die andersstaatl. Umwelt abzugrenzen, wobei er nach innen und außen militant auftreten kann. Als polit. Ideologie gewann der Nationalismus seit der Frz. Revolution durch die Verbindung mit den demokrat. Ideen der Selbstbestimmung und der Volkssouveränität überragende Bedeutung. Der aggressive Nationalismus, der die eigene N. absolut setzt **(Chauvinismus)** und damit die Existenz anderer N. bedroht, war für die Zeit vor dem 1. Weltkrieg sowie die Epoche zw. den Weltkriegen charakteristisch. Die danach in Europa als Folge v. a. der Weltkriegserfahrungen und der internat. Bündnisbeziehungen relativierte polit. Bed. des Nationalismus wuchs jedoch wieder seit 1989 mit dem polit. Umbruch in M- und O-Europa und bes. seit dem Zerfall der UdSSR und Jugoslawiens (1991).

national [lat.], 1. die Nation betreffend, 2. innerstaatlich, inländisch.

National Aeronautics and Space Administration [engl. 'næʃənəl ɛərə'nɔ:tɪks ənd 'speɪs ədmɪnɪs'treɪʃən], Abk. NASA, zivile nat. Luft- und Raumfahrtbehörde der USA, 1958 aus dem National Advisory Committee for Aeronautics, Abk. NACA, hervorgegangene Organisation mit Sitz Washington. Die NASA unterhält verschiedene Raumflugstartplätze, insbes. das *John F. Kennedy Space Flight Center* auf Cap Canaveral, und Forschungsinstitute, u. a. das für Forschungs- und Wettersatelliten, Satellitenbahnverfolgung und Nachrichtenübermittlung zuständige *Goddard Space Flight Center* in Greenbelt (Md.), das u. a. für Mond- und Planetensonden zuständige *Jet Propulsion Laboratory* in Pasadena (Calif.), das *George C. Marshall Space Flight Center* (Entwicklung großer Trägerraketen, Rendezvoustechnik) in Huntsville (Ala.) sowie das *Lyndon B. Johnson Space Center* in Houston (Tex.), das für die Planung, Entwicklung und Erprobung bemannter Raumfahrzeuge und das Astronautentraining zuständig ist und als Kontrollzentrum für Unternehmen mit bemannten Raumflugkörpern dient.

Nationalbewußtsein ↑ Nation.

Nationalbibliothek, Bez. für eine Bibliothek, die möglichst lückenlos das nat. Schrifttum sammelt, archiviert und bibliographiert. I. d. R. wird auch die wichtigste ausländ. Literatur erworben. Die N. übernimmt oft zugleich die Funktion einer bibliothekar. Koordinierungsstelle.

National Broadcasting Company [engl. 'næʃənəl 'brɔ:dkɑ:stɪŋ 'kʌmpənɪ „nationale Rundfunkgesellschaft"], Abk. NBC, überregionale Rundfunkgesellschaft in den USA, gegr. 1926 in New York; produziert drei Hörfunkprogramme und ein Fernsehprogramm, die in den USA von insgesamt 700 Abnehmern ausgestrahlt werden; gehört seit 1985 zur General Electric Company.

Nationaldemokratische Partei Deutschlands, Abk. NPD, 1964 in Hannover gegr. Partei durch Fusion der Dt. Reichspartei (DRP) mit kleineren Rechtsgruppen; entwickelte sich zum bedeutendsten Sammelbecken neonazist. und nationalist. Kräfte; mobilisierte 1966/68 im Schatten wirtsch. Rezession zahlr. Protestwähler und zog in 7 Landtage ein. Nach dem Scheitern bei der Bundestagswahl 1969 erfolgte der kontinuierl. Niedergang (Verlust sämtl. Landtagsmandate bis 1972). Jugendorganisation der NPD sind die 1967 gegr. **Jungen Nationaldemokraten.**

National-Demokratische Partei Deutschlands, Abk. NDPD, 1948 gegr., bis 1990 existierende polit. Partei der DDR. Sollte ehem. NSDAP-Mgl. und Berufssoldaten der früheren Wehrmacht in die Gesellschaft integrieren; schloß sich im März 1990 dem Bund freier Demokraten an und ging anschließend in der FDP auf.

Nationale Forschungs- und Gedenkstätten der klassischen deutschen Literatur in Weimar, Abk. NFG, 1953 vom Ministerrat der DDR gegr. Einrichtung zur Pflege, Erforschung und Verbreitung des künstler., v. a. literar. dt. Erbes aus der Zeit zw. 1750–1830, einschl. der um Weimar gelegenen histor. Erinnerungsstätten und Archive der Epoche. In den NFG sind zusammengefaßt: 1. das Goethe- und Schiller-Archiv, gegr. 1885; 2. die Museen des klass. Weimar (u. a. ↑ Goethe-Nationalmuseum, Schillermuseum) und über 24 weitere Gedenkstätten, Museen und Parkanlagen der klass. Epoche; 3. das 1954 (in der Nachfolge des Inst. für dt. Literatur) gegr. Inst. für klass. dt. Literatur; 4. die Zentralbibliothek der dt. Klassik (seit 1991 „Herzogin Anna Amalia Bibliothek").

Nationale Front der DDR, seit 1973 Name des als *N. F. des Demokrat. Deutschland* auf Initiative des Dt. Volksrats am 7. Okt. 1947 gegr. [Aktions]zusammenschlusses aller polit. Parteien und Massenorganisationen der DDR unter Führung der SED; koordinierte unter Weisung der SED das Parteiensystem der DDR, bereitete u. a. Wahlen ideologisch vor und stellte die Listen der Wahlkandidaten auf; 1989 faktisch aufgelöst.

Nationalepos, Heldenepos, das im Bewußtsein oder im Bildungskanon einer Nation eine bes. Rolle einnimmt. Als Nationalepen gelten u. a. das „Gilgamesch-Epos" für Sumer, Babylonien und Assyrien, das „Mahabharata" und „Ramajana" für Indien, „Ilias" und „Odyssee" für Griechenland, die „Äneis" für Rom, das „Rolandslied" für Frankreich, „Beowulf" für England, das „Igorlied" für Rußland, das „Nibelungenlied" für Deutschland.

National Aeronautics and Space Administration. Kontrollzentrum für bemannte Weltraumflüge im Lyndon B. Johnson Space Center in Houston

Nationaler Sicherheitsrat ↑ USA (politisches System).

Nationaler Verteidigungsrat der DDR, am 10. Febr. 1960 gegr. Gremium, das unter Leitung eines durch die Volkskammer gewählten Vors. und 12 weiterer, durch den Staatsrat berufener Mgl. die Landesverteidigung organisieren und sichern sollte; im Dez. 1989 aufgelöst. – In den Protokollen der Sitzungen vom 20. Sept. 1961 und vom 3. Mai 1974 ist die Anwendung von Schußwaffen bei Grenzverletzungen an der innerdt. Grenze festgehalten.

Nationales Olympisches Komitee, Abk. NOK, für Staaten und Territorien bestehende, vom Internat. Olymp. Komitee anerkannte nat. Organisation für alle olymp. Fragen. 1992 waren 172 NOK anerkannt. Das NOK für Deutschland wurde 1949 gegr., Sitz Frankfurt am Main. Vorgänger (unter verschiedener Bezeichnung) gab es seit 1895, ein NOK der DDR bestand von 1951–90.

Nationale Volksarmee, Abk. NVA, Bez. für die Streitkräfte der DDR; 1956 aus den Verbänden der seit 1952 bestehenden *Kasernierten Volkspolizei* (KVP) und der seit 1950 getarnt aufgebauten See- und Luftstreitkräfte aufgestellt. Die NVA unterstand dem Oberbefehl des Warschauer Pakts. Am 24. Jan. 1962 wurde die allg. Wehrpflicht eingeführt. Die Personalstärke der NVA umfaßte rd. 172 000

Mann: Landstreitkräfte 120 000, Luftstreitkräfte und Luftverteidigung 37 000, Volksmarine 15 000 Mann. Neben der NVA bestanden Grenztruppen (47 000 Mann) sowie Verbände der Territorialverteidigung wie Volkspolizeibereitschaften, Transportpolizei. Die paramilitär. „Kampfgruppen der Arbeiterklasse" (zuletzt rd. 500 000 Mann) wurden Ende 1989 aufgelöst. Im Zuge der Vereinigung Deutschlands wurden die meisten Truppenteile der NVA im Okt. 1990 in die Bundeswehr übernommen.

Nationalfarben, in bestimmter Reihenfolge auf der Nationalflagge, Kokarden, Wappen u. a. angeordnete Farben, die ein Staat, Territorium oder eine nat. Bewegung zur polit. Identifikation und Repräsentation gewählt hat. – ↑deutsche Farben.

Nationalflagge, Hoheits- und Ehrenzeichen eines Staates. – ↑Flaggen.

Nationalgarde, 1. (frz. garde nationale) in Frankreich 1789–1871 (mit Unterbrechungen) im Bedarfsfall aufgebotene Bürgerwehr; 1870/71 Mobilgarde (frz. garde mobile) gen.; 2. (engl. national guard) den Gouverneuren der einzelnen Bundesstaaten in den USA unterstehende Miliz, die bei inneren Unruhen vom Präs. eingesetzt werden kann und ihm im Kriegsfall unterstellt ist; seit 1933 eine Reserve der regulären Streitkräfte.

Nationalhymnen, im Gefolge der Frz. Revolution seit der 1. Hälfte des 19. Jh. sich ausbreitende patriot. Gesänge, die bei feierl. polit. und sportl. Anlässen gespielt und gesungen werden und häufig zum Protokoll gehören.

Nationalismus [lat.] ↑Nation.

Nationalität [lat.-frz.], im innerstaatl. Recht svw. Volks- bzw. Staatszugehörigkeit; im Völkerrecht Bez. für eine nat. Minderheit innerhalb eines Staates.

Nationalitätenfrage, Bez. für polit., wirtsch.-soziale und kulturelle Probleme, die sich aus dem Zusammenleben verschiedener (Teil-)Nationen in einem Staat ergeben. Die N. spielt v. a. in Vielvölkerstaaten eine große Rolle, aber ebenso in Nationalstaaten mit nat. Minderheiten, die polit. Mitbestimmung und Autonomierechte (z. B. Recht auf Benutzung der eigenen Sprache) fordern.

Die N. entwickelte sich mit dem Neuverständnis von Staat und Gesellschaft als Nation während der Aufklärung und der Rückbesinnung auf traditionelle Verbundenheit von Menschengruppen während der Romantik. Für Staaten mit Gruppen unterschiedl. Selbstverständnisses entstand, bes. seit dem 19. Jh., die Notwendigkeit einer Nationalitätenpolitik, deren Maßnahmen von gewaltsamer Unterdrückung (Vernichtung, Ausweisung) von Nationalitäten über diskriminierende oder gewaltsame Assimilation bis zur Gewährung von Autonomierechten reichen. – Begründete die Eroberungspolitik verschiedener Reiche und Staaten schon frühzeitig nat. Spannungen, so erlangte die N. mit dem beginnenden Freiheitskampf der unterdrückten Völker im 19. und frühen 20. Jh. bes. Brisanz in M-, O- und SO-Europa sowie auf der Arab. Halbinsel. – Im Vielvölkerstaat *Österreich-Ungarn* (1867–1918) mißlangen alle Versuche, die N. in den beiden Reichshälften (Zis- und Transleithanien) zu lösen; nach seinem Zerfall 1918 entstanden auf seinem Boden mit den Pariser Vorortverträgen 1919/20 drei Nachfolgestaaten; das dabei proklamierte Selbstbestimmungsrecht der Völker wurde allerdings durch die Grenzziehungen seitens der Ententemächte verletzt, und neue Minderheitensituationen entstanden (u. a. Sudetendeutsche in der Tschechoslowakei). – Auch das *Osman. Reich* (um 1300 bis 1918/23) vermochte keine erfolgreichen Ansätze zur Lösung der N. auf dem Balkan (↑Balkankriege) sowie gegenüber den Arabern zu finden, vor und während des 1. Weltkrieges kam es zur grausamen Verfolgung der Armenier; seine Auflösung führte ebenfalls zur Entstehung neuer Nationalstaaten in Europa und Arabien. Die Bemühungen der Kurden um Anerkennung ihrer nat. Identität blieben erfolglos. – War schon nach dem 1. Weltkrieg die Problematik nat. Minderheiten in Europa verschärft bzw. durch die Rivalität von Teilnationen (im späteren Jugoslawien) oder die Dominanz staatstragender Nationen (z. B. in der Tschechoslowakei, in Rumänien, in Griechenland, in der Türkei) überlagert worden, so entstanden durch die Veränderungen im Gefolge des 2. Weltkrieges neue Konfliktherde, deren brisantester bis zum Ende des Ost-West-Konflikts der *Nahe Osten* (↑Nahostkonflikt zw. Israel und den Palästinensern) war. – Im zarist. *Rußland* war die N. weitgehend unbeachtet geblieben; die v. a. durch Eroberungen seit dem 18./19. Jh. dem russ. Reich angeschlossenen nichtruss. Völker (z. B. Polen, Ukrainer, Finnen, Balten) waren, in Verbindung mit dem Panslawismus, zumeist einer brutalen Russifizierungspolitik unterworfen worden. Das schloß nicht aus, daß Angehörige bestimmter Nationalitäten (z. B. die auf Betreiben Katharinas II. in der 2. Hälfte des 18. Jh. an der Wolga angesiedelten Deutschen) bes. aus wirtsch. Gründen zeitweise Förderung erhielten. Nach dem Sturz des Zarismus und der Errichtung eines kommunist. Staates auf föderativer Grundlage (1922 als *Sowjetunion* konstituiert) fand zwar die N. durch die (in unterschiedl. Form gewährte) Autonomie für die einzelnen Völkerschaften Beachtung, was jedoch durch die Alleinherrschaft der (russisch dominierten) bolschewist. Partei, die gewaltsame Einführung einheitl. polit. und wirtsch. Verhältnisse sowie die Nivellierung der kulturell-ethn. Unterschiede (u. a. Durchsetzung der russ. Sprache als Amts- und Verkehrssprache, Propagierung des „Sowjetmenschen", Unterdrückung der Religionen und der Traditionen) weitgehend wieder aufgehoben wurde bzw. formal blieb. Unter Stalins Herrschaft kam es zur Deportation ganzer Nationalitäten aus ihrem Heimatgebiet (z. B. Wolgadeutsche, Krimtataren); in den wirtsch. Zentren nichtruss. Gebiete wurden Russen angesiedelt, die dort die wirtsch.-polit. Elite stellten. Im Rahmen der sowjet. Reformpolitik seit 1985 erlangte die in der UdSSR ungelöste N. erneut Aktualität; der den Teilrepubliken gewährte größere wirtsch. und polit. Spielraum führte dort zur (Neu-)Formierung von Autonomie- und Unabhängigkeitsbewegungen (ausgehend von den balt. Republiken, die 1991 die staatl. Eigenständigkeit errangen) und zum Wiederaufleben kulturell-religiöser Traditionen. Jahrzehntelang aufgestaute Nationalitätenprobleme zw. bzw. innerhalb der Unionsrepubliken entluden sich in blutigen, oft bürgerkriegsähnl. ethn. Konflikten (z. B. zw. Armeniern und Aserbaidschanern, zw. Georgiern und Abchasen sowie Südosseten) und erschütterten die Sowjetunion, die mit den Unabhängigkeitserklärungen aller Unionsrepubliken und der Gründung der Gemeinschaft Unabhängiger Staaten (GUS) 1991 ihr Ende fand. – Die mit dem Zusammenbruch des Ostblocks 1989/90 im Gefolge der sowjet. Politik von Glasnost und Perestroika gewonnenen neuen Freiheiten nat. Eigenentwicklung führten aber auch zu zunehmenden Spannungen. Im Vielvölkerstaat *Jugoslawien* brachen die zuvor weitgehend eingeebneten nat. Gegensätze auf, es kam zu blutigen Auseinandersetzungen um die Findung eigener nat. Identität. Slowenien und Kroatien konnten sich dabei 1991 als neue Nationalstaaten etablieren. Die *Tschechoslowakei* zerfiel 1993 in die ↑Tschechische Republik und die ↑Slowakische Republik. – Zur N. in *Afrika* ↑Apartheid, ↑Tribalismus.

Nationalitätenstaat (Vielvölkerstaat), Bez. für einen Staat, dessen Staatsvolk ethnisch nicht homogen ist und dessen einzelnen Volksgruppen ein gewisser Grad an Selbstverwaltung gewährt wird; z. B. Österreich-Ungarn (1867–1918), Sowjetunion (1917/22 bis 1991).

Nationalitätsprinzip, Geltungsbeschränkung einer Rechtsordnung auf die betroffenen Staatsangehörigen.

Nationalkirche, die eine Nation im staatl. oder ethn. Sinn umfassende oder von ihr als N. anerkannte Einheitskirche. Das Prinzip der christl.-religiösen und staatl.-polit. Einheit wurde erstmals im Röm. Reich unter Kaiser Theodosius I. in der offiziellen Reichskirche verwirklicht. Weitere Beispiele sind v. a. die zw. 381 und 1923 entstandenen autokephalen orth. Kirchen des Ostens, die iroschott. und die brit. Nationalkirche. Staatskirchl. Anschauungen des Marsilius von Padua, von J. Wyclif und J. Hus und das im Humanismus aufkommende Nationalgefühl weckten Forderungen nach einer romfreien N., wie sie z.B. im Gallikanismus und in der anglikan. Kirche verwirklicht wurden.

Nationalkomitee Freies Deutschland, führende Organisation der während des 2. Weltkriegs in der UdSSR entstandenen Bewegung „Freies Deutschland", gegr. mit sowjet. Unterstützung im Juli 1943 in Krasnogorsk bei Moskau von dt. Kriegsgefangenen und kommunist. Emigranten mit dem Ziel, durch Sturz des Hitlerregimes den Krieg zu beenden. Der Bund Dt. Offiziere arbeitete mit dem N. F. D. eng zusammen. Beide Organisationen suchten publizistisch-propagandistisch, Volk und Wehrmacht für ihre Ziele zu gewinnen. Zahlr. Mgl. des N. F. D. wurden nach dem Zusammenbruch des NS-Regimes 1945 in Schlüsselstellungen der SBZ eingesetzt. N. F. D. und Bund Dt. Offiziere lösten sich im Nov. 1945 auf.

Nationalkonvent, die Verfassunggebende Versammlung (20. Sept. 1792–26. Okt. 1795) in der Frz. Revolution; proklamierte (22. Sept. 1792) die Frz. Republik; das Verfassungswerk des N. (24. Juni 1793) trat infolge des Machtkampfes unter den Jakobinern nie in Kraft.
▷ in den USA Bez. für den alle 4 Jahre stattfindenden Kongreß der Parteien, dessen von den Parteiorganisationen der Einzelstaaten bestimmte Delegierte den Präsidentschaftskandidaten und seinen Stellvertreter wählen und das Wahlprogramm verabschieden.

Nationalliberale Partei, 1866 gebildete rechtsliberale Partei (Gründungsprogramm 12. Juni 1867; in Württemberg unter dem Namen Dt. Partei); Zusammenschluß des rechten Flügels der Dt. Fortschrittspartei mit liberalen Gruppen in den von Preußen 1866 annektierten Provinzen. Die N. P. unterstützte Bismarcks Politik der Einigung Deutschlands „von oben" und galt daher als „Reichsgründungspartei". Unter J. Miquel wurde die Partei zur anpassungsbereiten, aber auch unentbehrl. Reg.partei. Nach ihrer Auflösung 1918 gründete Stresemann die Dt. Volkspartei, die die Tradition der N. P. fortsetzte, während eine Minderheit mit Politikern der Fortschrittl. Volkspartei die Dt. Demokrat. Partei ins Leben rief.

Nationalliteratur, das in einer bestimmten Nationalsprache verfaßte Schrifttum. Der Begriff wird in Deutschland erstmals 1780 in den „Beiträgen zur Geschichte der dt. Sprache und N." (1777 anonym erschienen) des dt. Literaturhistorikers Konrad Meister (* 1741, † 1811) und zunächst im Rahmen der bürgerl. Selbstbesinnung auf die eigene nat. Vergangenheit gegen die geistige Vorherrschaft v. a. der frz. Kultur verwendet, später im Unterschied zu einer die nat. Grenzen überschreitenden ↑ Weltliteratur.

Nationalmuseum (Nationalgalerie), Bez. für ein überregional bed. Museum, in dem ausgewählte nat. Kunst- und Kulturgüter präsentiert werden, wie dies in Deutschland, Italien, Griechenland und Dänemark zutrifft, oder aber für eine Sammelstätte des künstler. und kulturellen Eigentums der Nation, wie z. B. in Großbritannien, Frankreich und in den USA. Die Gründung von N. erfolgte, abgesehen vom Louvre (1793) als „Musée central des arts de la République", im 19. Jh.; sie steht in engem Zusammenhang mit der Herausbildung des Nationalbewußtseins.

Nationalökonomie, svw. ↑ Volkswirtschaftslehre.

Nationalpark, großräumige Naturlandschaft, die durch ihre besondere Eigenart oft keine Parallelen auf der Erde mehr hat. In Deutschland sind N. nach dem BundesnaturschutzG definiert als verbindlich festgesetzte, einheitlich zu schützende Gebiete, die großräumig und von besonderer Eigenart sind, im überwiegenden Teil ihres Gebietes die Voraussetzungen eines Naturschutzgebietes erfüllen, sich in einem von Menschen nicht oder wenig beeinflußten Zustand befinden und vornehmlich der Erhaltung eines möglichst artenreichen heim. Pflanzen- und Tierbestandes dienen. Da diese Definition im Vergleich zu der internat. Festlegung eine weitgehende Einflußnahme des Menschen auf solche Gebiete zuläßt, wird sie immer wieder als unzureichend kritisiert, v. a. im Zusammenhang mit den das Wattenmeer umfassenden Nationalparks.
Der erste N. wurde 1872 in den USA eingerichtet (Yellowstone National Park); in der Folge entstanden weitere N. in vielen Ländern, v. a. im östlichen und südlichen Afrika (z. B. Serengeti-N., Krüger-N.). – ↑ Naturparks (Übersicht).

Nationalrat, eine der beiden Kammern des Parlaments in Österreich und in der Schweiz sowie unkorrekte Bez. für Mgl. der gen. Gremien.

Nationalsozialer Verein, 1896 von F. Naumann gegr. polit. Vereinigung; trat für ein demokratisches und soziales Kaisertum ein und suchte Arbeiterschaft und Bürgertum zu vereinigen; 1903 aufgelöst.

Nationalsozialismus. Der „Tag von Potsdam". Adolf Hitler begrüßt den Reichspräsidenten Paul von Hindenburg am 31. März 1933 in Potsdam

Nationalsozialismus, völkisch-antisemitisch-nationalrevolutionäre Bewegung in Deutschland nach 1919 und die darauf basierende faschist. Diktatur (1933–45).

Voraussetzungen

In der Ideologie des N. flossen geistige und soziale Strömungen zusammen, die bereits unter den komplexen Bedingungen des Übergangs zur modernen industriellen Massengesellschaft im dt. Kaiserreich und in Österreich-Ungarn Verbreitung und organisierten Anhang gefunden hatten und deren Gedankengut weite Kreise über die eigtl. dt.-völk. Bewegung hinaus erfaßte: auf Expansion gerichteter Nationalismus, der eine Weltmachtstellung für ein Mitteleuropa beherrschendes Deutschland forderte; Bestrebungen, die Nation durch innere soziale Versöhnung des dt. Volkes über die Klassengegensätze hinweg unter Ablehnung des internat. „marxist." Sozialismus zur Machtpolitik nach außen zu befähigen; auf dubiosen Volkstums- und Rassentheorien gründende antisemit. Feindbilder, die bei sozial verunsicherten kleinbürgerl. und bäuerl. Bev.gruppen polit. Rückhalt fanden. – Die tiefgreifenden Erschütterungen im Gefolge des 1. Weltkrieges (anfängl. imperialist. Rausch 1914/15, die unerwartete Niederlage 1918) verliehen diesem zunächst noch wenig zielgerichteten Ideenkonglomerat in der labilen, durch Umsturz, wirtsch. Not, Versailler „Friedensdiktat" und mangelnde demokrat. Erfahrung und Substanz vorbelasteten Republik erhebl. Sprengwirkung. In den „Sündenböcken" KPD und SPD sah man konkrete Feindgestalten. Bes. der Antisemitismus (angebl. Weltmachtstreben des Judentums, verkörpert in den marxist. Parteien und im „internat. Kapitalismus") wurde als Erklärungsmuster für Niederlage und Umsturz dargeboten, von Gruppen, die den alten Machteliten nahestanden (Alldeutsche, DNVP) oder sozialen Abstieg befürchteten, propagandistisch gezielt verbreitet und angenommen.

Programmatik

Eine der auf diesem Boden entstehenden Protestgruppen war die ↑Nationalsozialistische Deutsche Arbeiterpartei (NSDAP). Ihr 25-Punkte-Programm vom 24. Febr. 1920 war ein Querschnitt durch den „antikapitalist." Teil des völkisch-antisemit. Ideengemenges mit einem Akzent auf den Interessen des unteren Mittelstandes, aus dem ein Großteil der Anhänger stammte. Als eigtl. *Programm des N.* muß jedoch die einfache polit. Gesamtkonzeption gelten, die Hitler (seit Juli 1921 Vors. der NSDAP) von 1920/21 an unermüdlich propagierte. Dargelegt von Hitler v. a. in „Mein Kampf" (1924/25) und in seinem „Zweiten Buch" (1928), ist die nat.-soz. Weltanschauung konzentriert auf einen radikalen, universalen, rassisch begründeten Antisemitismus (der den Kampf gegen Marxismus, Bolschewismus, Pazifismus, Liberalismus, Demokratie als angeblich jüd. Existenzweisen einschloß) und eine brutale Lebensraumdoktrin, ausgehend von der als Endziel der Geschichte propagierten Herrschaft eines „Herrenvolkes" – untermauert von der These der „rassisch wertvollen Persönlichkeit" – und verbunden mit der Legitimierung des Krieges sowie einem polit. Konzept vom Primat der Außenpolitik und der Aufgabe des Staates, die weltanschaul. Ausrichtung der gesamten Bev. zu übernehmen.

Diese generelle polit. Leitlinie vom Primat der Außenpolitik und der Dienstbarmachung aller anderen polit. Bereiche für diese war grundsätzlich nicht auf den Alleingang Hitlers angelegt, sondern auf die Integration aller für die Annäherung an das Fernziel taugl. Kräfte. Dementsprechend bewertete Hitler polit. und paramilitär. Gruppierungen der Rechten, Bürgertum und Arbeiterschaft, aber auch die traditionellen Machteliten in Politik, Bürokratie, Militär und Wirtschaft allein nach ihrem instrumentalen Nutzen für den Wiederaufstieg Deutschlands. In diesem Denkschema war die Bündnispolitik des N. bis 1923 und bes. ab 1929 prinzipiell angelegt.

Auch der manipulative Charakter der einzelnen Weltanschauungselemente in der nat.-soz. Propaganda findet seine Erklärung in dieser polit. Konzeption. Programmat. Einzelforderungen wurden in erster Linie unter dem Gesichtspunkt ihrer agitator. Verwendbarkeit und Integrationskraft betrachtet. Diese method. Prinzipien verpflichteten die NSDAP nicht auf die Einhaltung eines vorgezeichneten polit.-sozialen Fahrplans, sondern verliehen ihr innerhalb der Leitlinien ein hohes, skrupellos genutztes Maß an takt. Flexibilität, die sich auch gegen die eigenen Anhänger richten konnte (1934 anläßlich des sog. ↑Röhm-Putsches gewaltsame Unterdrückung der sozialen Unzufriedenheit in der SA). Daß die NSDAP sich einer Festlegung in Weltanschauungs- und Programmfragen erfolgreich entziehen konnte, entschied über den Stellenwert der stärker auf bestimmte Einzelforderungen fixierten Ideologen in der Partei (z. B. seit 1929/30 Einflußeinbuße der Programmatiker G. Feder und A. Rosenberg, 1930 Ausscheiden der Randgruppe um O. Strasser am linken, „sozialist." Flügel, 1934 Ermordung von G. Strasser als mißliebigem Exponenten des Antikapitalismus und Gefühlssozialismus).

Entwicklung bis zur „Machtergreifung"

Grundlegend für den Erfolg des N. in Deutschland vor und nach 1933 war, daß er in der tiefgreifenden sozialen Krise einer verspäteten bürgerlich-industriellen Gesellschaft inmitten einer breiten ideolog., politisch wirksamen Strömung schwamm, der er mit seiner Propaganda und mit seinem gewalttätigen Aktivismus vielfältige Möglichkeiten zur Identifikation und zur Aggressionsentladung anbot. Die durch eine die Programmerwartungen integrierende Führergestalt zusammengehaltene Offenheit der nat.-soz. Erneuerungsbewegung gestattete es Einzelpersonen und sozialen Gruppen, ihre unterschiedl. ideolog. Präferenzen und ihre sozialen Interessen in der NSDAP nicht nur vertreten zu sehen, sondern sie in gewissen Grenzen auch weiterzuverfolgen. Neben der ideolog. Prädisposition kam dem N. die in den alten und neuen Mittelschichten aufgestaute soziale Dynamik zugute. In ihr verband sich die Furcht von – ihrer objektiven Lage nach – schon proletarisierten oder durch Proletarisierung bedrohten Personen und Gruppen mit dem Verlangen nach Wahrung von Status und Prestige und dem Anspruch auf deren Verbesserung.

Der Anspruch der NSDAP, eine „Volkspartei" zu sein, war insgesamt zutreffend. Das Hauptreservoir lag im alten und neuen Mittelstand; meist kleinere selbständige Kaufleute und Handwerker sowie mittlere und kleine Beamte und Angestellte, v. a. aus Städten und Kleinstädten, stellten einen übergroßen Teil der Mgl., Funktionäre und Wähler. Die 1928 einsetzende Agrarkrise führte zu erhöhter Resonanz des N. unter der ländl. Bev., die seit 1930 die Übernahme der bäuerl. Standesorganisationen erlaubte. Der Anteil der Arbeiter unter den Mgl. stieg nach 1930 auf bis zu 30 % an und rekrutierte sich überwiegend aus gewerkschaftlich nichtorganisierten Facharbeitern und Handwerksgesellen in Klein- und Mittelbetrieben. Hitlers Doppelstrategie des Aufbaus einer Massenbewegung und takt. Bündnisse mit v. a. nat.-konservativ ausgerichteten traditionellen Machteliten (z. B. ↑Harzburger Front, Okt. 1931) wurde erfolgreich, da angesichts der zunehmenden polit. Massenmobilisierung und Machtauflösung beide Kräfte, die auf die Zerstörung der parlamentar. Demokratie zugunsten einer autoritären Staatsform hinarbeiteten, einander brauchten.

Die Ernennung Hitlers zum Reichskanzler am 30. Jan. 1933 leitete den 18monatigen Prozeß der nat.-soz. „Machtergreifung" ein; der „Tag von Potsdam" (31. März 1933) sollte das Bündnis des kaiserl. Deutschlands mit dem neuen Reich zur Schau stellen (↑deutsche Geschichte). Gestützt auf die weitgehende (z. T. durch Terror bedingte) Loyalität von Bürokratie und Militär geschah der Machtwechsel durch die Eroberung machtpolitisch entscheidender Positionen (Länderreg., Eindringen der Gauleiter in die regionalen staatl. Führungsämter, Geheime Staatspolizei, Errichtung des Reichsministeriums für Volksaufklärung und Propaganda), durch die zwangsweise, z. T. offen terrorist. Ausschaltung polit. Gegner und ihrer Organisationen (↑Reichstagsbrand, ↑Ermächtigungsgesetz, Parteien- und Gewerkschaftsverbot, ↑Konzentrationslager), durch die Beseitigung rechtsstaatl. Sicherungen und die ↑Gleichschaltung und Lähmung polit. und gesellschaftl. Institutionen (Parlamente, Länder, Presse, Berufsverbände) und durch die Einschüchterung potentiellen Widerstands, mit dem Ergebnis, daß nach Hindenburgs Tod und der Vereinigung von Reichspräsidenten- und Kanzleramt im Führer der NSDAP am 2. Aug. 1934 die Führung von Staat und Partei im ↑Dritten Reich in der Hand eines Mannes lag.

Die nationalsozialistische Diktatur

Der N. war fortan durch den Führer Hitler und die von ihm zugeteilte Autorität der maßgebl. polit. Wille in Deutschland; es entstand jedoch keine eindeutige Aufgabenverteilung zw. staatl. und Parteiinstanzen auf den Ebenen unterhalb Hitlers, sondern es blieb ein vielschichtiges Mischverhältnis. Der N. behauptete, die „monolith. Einheit" des polit. Willens geschaffen und organisiert zu haben, die er zuvor gegen Demokratie, Parlamentarismus und den Pluralismus polit. und gesellschaftl. Gruppen gefordert hatte. Rascher terrorist. Zugriff gegen polit. Gegner (Kommunisten, Sozialdemokraten), Repressalien gegen weltanschaul. Feinde (Juden [↑Judengesetze], Kirchen) und Vertreibungsmaßnahmen (↑Emigration) erhöhten diese gewünschte psycholog. Wirkung (↑Geheime Staatspolizei). Die Durchdringung und Beherrschung der Gesellschaft wurde mit dem Ausbau der Gliederungen der ↑Nationalsozialistischen Deutschen Arbeiterpartei und der angeschlossenen Organisationen angestrebt.

Auch nach dem Abschluß der Machtergreifungsphase rangen mehrere Instanzen im Spannungsfeld von Parteidienststellen und Staatsapparat miteinander, Fraktionen innerhalb derselben Organisation (auch in dem zunehmend mächtiger werdenden Abwehr- und „Überwachungsorden" SS) befehdeten einander und führten im Konkurrieren um die Gunst der obersten Entscheidungsinstanz oft erst die Radikalisierung von Maßnahmen herbei. Das hat zu der (nicht unbestrittenen) Deutung geführt, das nat.-soz. Regime, gestützt auf die Ausbeutung traditionaler polit.-bürokrat. Substanz und unfähig, über den Abbau von Widerstandsfaktoren hinaus die Basis einer dauerhaften und rationalen sozialen Ordnung zu schaffen, habe mit innerer Notwendigkeit durch immer neue Aktionen mit ad hoc gesetzten Zwecken, aber im Grunde ziellos, die von ihm mobilisierte und genutzte Bewegung weitertreiben müssen, um die Integration und Ablenkung der antagonist. Kräfte der entfesselten Gesellschaft des Dritten Reiches zu gewährleisten. Die proklamierten Endziele seien bloße „ideolog. Metaphern" (M. Broszat) oder Symbole zur Begründung immer neuer Aktivität (u. a. H. Mommsen) gewesen. Demgegenüber ist auf die bereits in der frühen polit. Konzeption des N. angelegte Unterscheidung zw. den Fernzielen (auf Raumgewinn und Autarkie beruhende Weltmachtstellung und die sog. ↑Endlösung der Judenfrage [↑Kristallnacht, ↑Judenverfolgungen, ↑Holocaust]) und der Methode hinzuweisen, ihnen durch die den jeweiligen polit. Umständen entsprechende rasche und rigorose Bündelung aller gerade verfügbaren innen- und machtpolit. Instrumente näherzukommen, sowie ferner auf den eindeutigen Vorrang der zusammenhängenden außen- und rassenpolit. Fernziele vor allen übrigen weltanschaul. Elementen. Außen- und militärpolit. sowie rüstungswirtsch. Grundsatzfragen widmete Hitler sich intensiv. Hier verfolgte er einen zielgerichteten Kurs. Zunächst betrieb er die Verbesserung der militär. und rüstungswirtsch. Machtbasis und die außenpolit. Abschirmung bis zur Überwindung der Gefahr direkter Intervention der westl. Mächte. Ab 1936 war seine Politik beschleunigt auf die offensive Expansion ausgerichtet (↑deutsche Geschichte, 2. ↑Weltkrieg). Spätestens mit der Lösung der außen- und machtpolit. Aufgaben durch Expansion zur europ. Weltmacht würden sich danach konkrete Gelegenheiten zu der bereits 1919/20 grundsätzlich ins Auge gefaßten „radikalen Beseitigung" der Juden bieten. Das gleiche traf für die soziale Frage zu, die für Hitler immer schon in der nat. Frage aufgegangen war.

Der Primat der Politik bestimmte sowohl das Verhältnis von N. und Wirtschaft, wobei die als Instrumente im Aufrüstungs- und Autarkisierungsprozeß benötigten Unternehmer auf den ausschließlich ökonom. Machtzuwachs abgedrängt wurden, als auch das von N. und Arbeiterschaft, die ihre herkömml. Funktion zu erfüllen und dadurch an der Schaffung von Voraussetzungen für die Verbesserung ihrer Lage, u. a. durch die Unterwerfung von „Sklavenvölkern" im O, mitzuwirken hatte. Diskutiert wird in der Forschung auch, ob Hitlers Endziel mit der Unterwerfung des europ. Kontinents (E. Jäckel) oder erst mit der Weltherrschaft erreicht gewesen wäre (A. Hillgruber).

Den Anspruch auf die Überwindung des tradierten Wirtschafts- und Sozialsystems hat der N. nie aufgegeben. In den Jahren der NS-Herrschaft zeichneten sich neue Wege des Aufstiegs und der Elitebildung weitgehend unabhängig von sozialer Herkunft und materieller Lage ab und ließen Deutschland trotz geistiger und polit. Unfreiheit für viele als eine sozial offenere Gesellschaft als zuvor erscheinen. Die relative Stabilität des Systems und die Gefolgschaft, die es bis weit in den 2. Weltkrieg hinein fand, beruhten darauf, daß es ihm auch gelang, sich Zustimmung aus allen sozialen Schichten zu sichern. Darin bestand auch eine der Hauptschwierigkeiten, vor denen die Widerstandsbewegung gegen das Regime stand. Für den sozialen Wandel der dt. Gesellschaft waren die mit der Aufrüstungspolitik eingeschlagenen Modernisierungstendenzen erheblich wirksamer als die in die vorindustrielle Welt zurückschauenden sozial- und agrarromant., großstadtfeindl. Vorstellungen („Blut und Boden"), die in der Propaganda, in der Kulturpolitik und in der Tätigkeit verschiedener NS-Organisationen überwogen.

Bewältigung und Verdrängung

Zum Nachkriegsprogramm der Mächte der Anti-Hitler-Koalition wie auch der dt. Widerstandsbewegung gehörte die Forderung nach Beseitigung aller nat.-soz. Organisationen und des nat.-soz. Geistes als Voraussetzung für die Entstehung eines demokrat. Staatswesens in Deutschland. Die Zerschlagung der Organisationen nahmen die Besatzungsmächte vor. Eine offene und vorurteilslose Auseinandersetzung mit Ursachen, Ergebnissen und Schuld des N. stieß dagegen bei großen Teilen der dt. Bev. auf vielfältige Widerstände. Die wesentlich von außen an die Deutschen herangetragene ↑Entnazifizierung erwies sich dabei nicht (wie auch die Maßnahmen der „Reeducation") als ein geeignetes Mittel, die Masse der Bev. zum aktiven Engagement für eine freiheitl. demokrat. Ordnung zu motivieren. – Der Versuch, den N. organisatorisch oder ideologisch wiederzubeleben (↑Neofaschismus), gilt in Deutschland als verfassungsfeindlich (Art. 18 GG) und wird mit Verbot (Art. 21 GG) geahndet. – Insgesamt eine der am gründlichsten erforschten Epochen der dt. Geschichte, wird die „Einzigartigkeit" des N. (↑Totalitarismus) in der dt. Geschichtswiss. kontrovers diskutiert (↑Historikerstreit).

Nationalsozialistische Deutsche Arbeiterpartei, Abk. NSDAP, von 1919/20 bis 1945 bestehende rechtsradikale Partei, 1933–45 einzige zugelassene Partei in Deutschland; gegr. am 5. Jan. 1919 als **Deutsche Arbeiterpartei** in München, die einer größeren Öffentlichkeit mit dem Wirken A. Hitlers (ab Sept. 1919) bekannt wurde. Am 24. Febr. 1920 gab die in NSDAP umbenannte Partei ihr vom Gründer A. Drexler und Hitler zusammengestelltes 25-Punkte-Programm bekannt (↑Nationalsozialismus). Hitler, zunächst Werbeobmann der NSDAP, wurde im Juli 1921 Vors. der Partei. Die anläßlich seiner Wahl verabschiedete Neufassung der Parteisatzung übertrug ihm eine formal nahezu unangreifbare Führungsstellung. Aggressivität und spektakuläre Auftritte (Massenkundgebungen mit Ordensgepränge, u. a. auf dem „Dt. Tag" in Coburg am 14./15. 10. 1922) machten die NSDAP zu einer der lautstärksten antirepublikan. Agitationsgruppen im süddt. Raum, protegiert von gegenrevolutionären und antisozialist. Kräften aus Militär, Bürokratie, Großbürgertum und Wirtschaft. Ihre zunächst (seit 1925/26 wieder) als Versammlungsschutz und Propagandaträger entstandenen Sturmabteilungen (SA) wurden seit Aug. 1921 von ehem. Freikorpsoffizieren mit Hilfe der Reichswehr zu paramilitär. Kampforganisationen im Stil der Wehrverbände umgeformt. Nach dem Vorbild von Mussolinis erfolgreichem „Marsch auf Rom" (27./28. Okt. 1922, ↑Faschismus) gab Hitler am 8. Nov. 1923, eingeweiht in bestehende Putschpläne führender nat.konservativer polit. und militär. Kräfte in Bayern und Preußen, eigenmächtig das Zeichen zu einer „nat. Erhebung" gegen die Reichsreg. und zur Errichtung einer „nat. Diktatur". Nach dem Scheitern des ↑Hitlerputsches wurde Hitler neben mehreren Beteiligten von einem Münchener Sondergericht am 1. April 1924 zu 5 Jahren Festungshaft verurteilt. Während er in Landsberg einsaß, zerfiel die 1923 von 15 000 auf 55 000 Mgl. angewachsene, unzulänglich organisierte, im wesentlichen durch die Hoffnung auf baldiges „Losschlagen" geeinte NSDAP in mehrere völk. Übergangsgruppierungen.

Die am 27. Febr. 1925 neu ins Leben gerufene NSDAP organisierte sich sogleich auf Reichsebene, die offizielle Untergliederung beschränkte sich (bis zur zusätzl. Einführung von Kreisen, Zellen und Blocks 1932) auf Reichsleitung (München), Gaue (1925–37 zw. 30 und 36, nach Eingliederung weiterer Territorien in das Reich bis zu 43) und Ortsgruppen. 1926 wurde als Jugendabteilung der nat.-soz. Kampfverbände der *Bund dt. Arbeiterjugend,* die spätere *Hitlerjugend* gegr. In den folgenden Jahren, in denen sich die Weimarer Republik äußerlich konsolidierte, blieben die polit. Erfolge der NSDAP beschränkt (Reichstagswahl 20. Mai 1928: 0,8 Mill. Stimmen, 2,6 %, 12 Abg.). Ende 1929 saßen in 13 Landtagen insgesamt 48 NSDAP-Abg.

Die Phase des Neuaufbaus und der langsamen Stabilisierung dauerte bis 1929 und ging dann unter Auswirkungen der weltwirtsch., polit. und sozialen Krise über in die Phase des Massenzustroms, der die Partei und ihren Führer seit den Reichstagswahlen vom 14. Sept. 1930 (6,4 Mill. Stimmen, 18,3 %, 107 Abg.) zu einem erstrangigen polit. Machtfaktor werden ließ. Die Zahl der Partei-Mgl. stieg von 27 000 (Ende 1925) über 150 000 (Sept. 1929) auf 1,4 Mill. (Jan. 1933). Von den tatsächl. Mgl. am 1. Jan. 1935 waren 5,2 % vor dem 14. Sept. 1930, weitere 28,8 % vor dem 30. Jan. 1933 eingetreten. 1945 hatte die NSDAP rd. 8,5 Mill. Mitglieder.

Die NSDAP nahm in diesen Jahren die organisator. Form der „Führerpartei" an, in der sich die Willensbildung im Prinzip ohne Mitwirkung der Mgl. nach dem Schema von Befehl und Gehorsam von oben nach unten vollzog. Getragen wurde Hitlers Position von der auf Selbstbestimmung weitgehend verzichtenden Glaubensbereitschaft der Mehrheit der Mgl., die ihre polit. und sozialen Sehnsüchte auf seine Person projizierten. Daß sie das Programm der Partei weitgehend in Hitler personifiziert sahen, machte ihn bald zum Gegenstand zunächst spontaner Verehrung, die sich zu einem konsequent propagandistisch genutzten Führerkult ausweitete (Gruß „Heil Hitler" seit 1923/24 allmählich verbreitet).

Das Propagandainstrumentarium der Nationalsozialisten kombinierte im Rahmen der Methoden der Daueragitation und Massenregie den möglichst stetigen, konzentrierten Einsatz von Wort (Propagandagroßveranstaltungen [Reichsparteitage 1923 München, 1926 Weimar, 1927, 1929, 1933–38 Nürnberg]), Schrift und Bild (Plakate, Parolen, Parteizeitungen), die Schaustellung von attraktiven Werbemitteln (Fahnen, Uniformen, Marschmusik) und die Anwendung von Gewalt bzw. die Demonstration entsprechender Bereitschaft (Saal- und Straßenschlachten, Sprengung gegner. Versammlungen, SA-Aufmärsche). Die Propagandaaktivität war zentrale Aufgabe der NSDAP in den „Kampfjahren", in denen sie erst ab 1930 durch Reg.beteiligung in kleineren Ländern des Reichs (u. a. Thüringen) geringe polit. Verantwortung trug. Der Hauptinhalt der aggressiven nat.-soz. Propaganda war negativ geprägt. Bes. strebte sie die Schwächung von Position und Ruf ihrer Gegner auf allen Ebenen durch gezielte, persönlich verunglimpfende Hetzkampagnen an.

Die Finanzierung der Parteitätigkeit erfolgte in erster Linie durch die Mgl.; Hilfen kamen von großbürgerl. Gönnern und Sympathisanten mit kleinen und mittleren Betrieben. Eine kontinuierl. finanzielle Förderung der NSDAP vor 1933 durch die Großind. ist nicht belegt.

Das polit. Nahziel Hitlers und der Nationalsozialisten blieb auch nach dem Neuanfang machtpolitisch bestimmt. Als Folge des gescheiterten Putschversuchs war vorerst eine polit. Tätigkeit nur möglich innerhalb des Rahmens der Legalität, zu der Hitler sich seit 1925 öffentlich bekannte. Die Nationalsozialisten ließen aber kaum Zweifel daran, daß der Verzicht auf eine bewaffnete Erhebung keine grundsätzl. Absage an organisierte „revolutionäre" Gewaltanwendung bedeutete. Ein Sonderbewußtsein blieb in der SA lebendig, das später bei der Kanalisierung des Machtergreifungsprozesses durch Hitler unerwünschte Spannungen hervorrief und anläßlich des sog. Röhm-Putsches (30. Juni 1934) gewaltsam erstickt wurde.

Den Zugang zur Macht verfolgte Hitler nun mit einer Doppelstrategie des Aufbaus einer eigenen, ungeteilt verfügbaren Massenorganisation, durch deren Druck oder Drohung sich direkte polit. Wirkung erzielen ließ, und takt. Bündnisse mit etablierten antirepublikan. Kräften in Politik, Verwaltung, Militär, Wirtschaft und Gesellschaft. Hitler brauchte deren Protektion, um die Kluft zu überwinden, die die nichtetablierte NSDAP trotz ihrer Wahlerfolge (Reichspräsidentenwahl 10. April 1932: Hindenburg 19,4, Hitler 13,4 Mill. Stimmen; Reichstagswahl 31. Juli 1932: NSDAP 13,7 Mill. Stimmen, 37,3 %, 230 Abg.) von der Macht trennte. Die nat.konservativen Kräfte suchten dagegen über die wähler- und mitgliederstärkste polit. Organisation des Reiches ihr autoritäres politisch-ökonom. Programm plebiszitär zu legitimieren und zugleich die in der NS-Agitation anklingenden sozialrevolutionären Tendenzen abzufangen. Erhöhtes Gewicht kam dem Geflecht persönl. Kontakte ab Sommer 1932 zu. Dennoch weigerte sich Hindenburg am 13. Aug. 1932, Hitler zum Reichskanzler zu berufen. Hitlers starrsinniges Beharren auf einer Position des Alles oder Nichts, sein Weigern einer Beteiligung an den Präsidialkabinetten von Papen und von Schleicher, begann das Fundament seiner bisherigen starken Position innerhalb der Partei und in der Reichspolitik zu gefährden. Zu einer finanziellen Krise der Partei gesellten sich Spaltungstendenzen. Enttäuschte Mgl., Förderer und Wähler wandten sich ab (Reichstagswahl 6. Nov. 1932: 11,7 Mill. Stimmen, 33,1 %, 196 Abg.); Reichsorganisationsleiter G. Strasser legte alle Parteiämter nieder. Nach einem mit großem Propagandaeinsatz erzielten Wahlerfolg in Lippe (15. 1. 1933; 39,5 %) bewirkte die direkte Einflußnahme konservativer Kreise aus den Reihen der „Nat. Front" auf den Reichspräsidenten schließlich am 30. Jan. 1933 doch die Ernennung Hitlers zum Kanzler eines Präsidialkabinetts, in dem die Konservativen die drei Nationalsozialisten zuverlässig eingerahmt glaubten. Hitler, Innenmin. Frick und Min. Göring als kommissar. Innenmin. in Preußen setzten jedoch aus den machtpolitisch entscheidenden Schlüsselpositionen in Polizei und Verwaltung, die man ihnen überlassen hatte, rücksichtslos den Prozeß der „Machtergreifung" und „Gleichschaltung" in Gang, in dessen Verlauf alle hinderl. rechtsstaatl. Sicherungen beseitigt oder neutralisiert wurden und Nationalsozialisten schrittweise in die ausschlaggebenden Machtpositionen eindrangen.

Gleichwohl war Hitler als Kanzler zur Machtsicherung und zur Befriedigung der hochgeputschten Erwartungen seiner Anhänger auf das Weiterarbeiten des intakten staatl. Apparats angewiesen. Da die NSDAP zu dessen Ablösung ungeeignet war, blieb aus dem v. a. im Kommunalbereich mit einer Ämterpatronage großen Ausmaßes verbundenen Prozeß der Machtergreifung 1933/34 im Verhältnis von Partei und Staat ein unsystemat., teils unbewältigtes, teils vom Staats- und Parteiführer Hitler bewußt hingenommenes oder sogar unterstütztes Gemisch aus personeller (bes. auf der Ebene der Gauleiter wirksam) und institutioneller Durchdringung und Nebenordnung bestehen, wobei sich einzelne Organisationsteile der Partei eigenständig weiterentwickelten. Eine für die Machtsicherung wichtige Parteigliederung wie die SS konnte dabei tief in den Verwaltungsapparat eindringen und sich die Polizeifunktionen aneignen, ohne ihre Selbständigkeit zu verlieren. Die NSDAP wurde durch das „Gesetz zur Sicherung der Einheit von Partei und Staat" (1. Dez. 1933) als „Trägerin des dt. Staatsgedankens und mit dem Staate unlösbar verbunden" gegenüber dem Staatsapparat optisch aufgewertet, doch entsprach dem keine eindeutige institutionelle Zuordnung. Das beschränkte die Funktion der Partei im Dritten Reich weitgehend auf propagandist. Indoktrination und polit.-ideolog. Kontrolle der Bev. im Privat- und Kommunalbereich durch das Block- und Zellensystem und die ständ. Organisationen, die Schulung der Partei-Mgl. und die Übernahme sozialer Betreuungsaufgaben (Volkswohlfahrt, Kriegsopferversorgung, ↑Deutsche Arbeitsfront). Einfluß auf die Reichspolitik nahm die Partei v. a. durch den Stellvertreter des Führers (seit 21. April 1933), R. Heß (und seinen Stabsleiter M. Bormann), der am 27. Juli 1934 durch Führererlaß in den Gesetzgebungs- und Verordnungsprozeß aller Reichsressorts verbindlich eingeschaltet wurde. Während des Krieges wuchs insbes. dem Leiter der nach Heß' Englandflug so genannten Parteikanzlei (seit 29. Mai 1941) und Sekretär des Führers (seit 12. April 1943), M. Bormann, und den im Herbst 1942 zu Reichsverteidigungskommissaren ernannten Gauleitern zusätzl. Macht gegenüber staatl. Hoheitsträgern zu.

Nach der bedingungslosen Kapitulation und der militär. Besetzung Deutschlands wurde die NSDAP auf Grund des Gesetzes Nr. 2 des Alliierten Kontrollrats vom 10. Okt. 1945 aufgelöst und verboten.

National Theatre. Theaterbau am südlichen Themseufer, 1969–76

Nationalsozialistische Frauenschaft (NS-Frauenschaft), 1931 als einzige parteiamtl. Frauenorganisation gegr., seit 1935 Gliederung der NSDAP; verantwortlich für die weltanschaul., kulturelle und volkswirtsch. Führung der im **Deutschen Frauenwerk** (der Zusammenschluß der 1933 bei der nat.-soz. Machtübernahme noch bestehenden nicht parteipolitisch gebundenen ehem. dt. Frauenverbände) zusammengeschlossenen Frauen. Die N. F. wurde 1945 aufgelöst und verboten.

Nationalstaat ↑ Nation.

Nationaltheater, das für eine Nation repräsentative und vorbildliche Theater, z. B. die Comédie-Française in Paris oder das National Theatre in London. – In Deutschland wurde die Idee eines N. im 18. Jh. im Zusammenhang mit den Bemühungen um ein nat. Drama entwickelt. G. E. Lessing versuchte 1767 in Hamburg ein (privat finanziertes) N. zu verwirklichen (gescheitert 1769). In der Folge wurden einige Hoftheater in N. umbenannt, so in Wien (1776), Mannheim (1779), Berlin (1786), ohne daß in ihnen die Idee des N. tatsächlich verwirklicht worden wäre. 1919 wurde in Weimar das „Dt. N." eingerichtet.

National Theatre [engl. 'næʃənəl 'θɪətə], 1962 von Sir L. Olivier in London gegr. brit. Nationaltheater; seit 1976 mit eigenem, drei Bühnen umfassenden Haus am südl. Themseufer (zunächst im ↑ Old Vic Theatre); 1962–73 von Sir L. Olivier, 1973–88 von Sir P. Hall, seit 1988 von R. Eyre geleitet.

Nationaltracht ↑ Tracht.

Nationalverein, 1859 in Frankfurt am Main gegr., lokker organisierte polit. Vereinigung, die die bundesstaatl. Einigung Deutschlands unter preuß. Führung anstrebte. Der N. hatte rd. 30 000 Mgl.; ging nach seiner Auflösung 1867 v. a. in der Nationalliberalen Partei auf.

Nationalversammlung, Bez. für die zur Beratung bzw. Beschlußfassung der Grundfragen einer Nation und ihres staatl. Gemeinwesens, v. a. der Verfassunggebung, gewählte Volksvertretung. – In der dt. Geschichte trat 1848/49 die Frankfurter N., 1919 die Weimarer N. zusammen.

Nativismus [zu lat. nativus „angeboren"], erkenntnistheoret. Position, wonach bestimmte Fähigkeiten oder Vorstellungen (z. B. die Raum- und Zeitvorstellung) angeboren sind.

▷ ethnolog.-religionssoziolog. Bez. für das betonte Festhalten an oder das Wiederbeleben von bestimmten Elementen der eigenen Kultur infolge ihrer Bedrohung durch eine überlegene Fremdkultur. Nativist. Bewegungen sind seit dem Beginn der europ. Kolonisation bei den Naturvölkern Amerikas, Afrikas und Ozeaniens in Reaktion auf die Überfremdung ihrer traditionellen Lebensformen und auf die drohende Zerstörung ihrer ökonom. Subsistenzgrundlagen entstanden. Vermengt mit chiliast. und messian. Momenten, wurden sie meist von prophet. Führern ins Leben gerufen und organisiert. Zum N. –ählen auch die sog. Cargo-Kulte und die afrikan. Separatistenkirchen (↑ Junge Kirchen).

NATO, Abk. für: engl. **N**orth **A**tlantic **T**reaty **O**rganization, dt. Nordatlantikpakt (auch Atlantikpakt), westl. Verteidigungsbündnis auf der Grundlage des am 4. April 1949 geschlossenen **Nordatlantikvertrages.** Gründungsmgl. sind Belgien, Dänemark, Frankreich, Großbritannien, Island, Italien, Kanada, Luxemburg, die Niederlande, Norwegen, Portugal und die USA. 1952 traten Griechenland und die Türkei, 1955 die BR Deutschland und 1982 Spanien bei. Frankreich zog sich 1966 aus der militär. Struktur zurück, blieb jedoch Mgl. der polit. Allianz.

Die Signatarmächte verpflichteten sich neben polit. und wirtsch. Zusammenarbeit zur gemeinsamen militär. Verteidigung; allerdings entscheidet jedes Land autonom, mit welchen Mitteln es seiner Beistandspflicht nachkommt (Art. 5). Jeder bewaffnete Fremdangriff gegen einen Mgl.staat, dessen in Europa stationierte Truppen sowie gegen die einer der Parteien unterstehenden Inseln, Streitkräfte, Schiffe und Flugplätze im Mittelmeer oder Nordatlantik nördlich des nördl. Wendekreises gilt als Bündnisfall (Art.6). Der Vertrag bedarf keiner period. Erneuerung; ab 1969 kann jedes Mgl. bei einjähriger Kündigungsfrist das Bündnis verlassen (Art. 13).

Die Verteidigungskonzeption der NATO (Flexible response [MC 14/3]) und die militär. Präsenz der USA in Europa wurden durch den Prozeß der Ost-West-Entspannung während der 1970er Jahre (SALT, KSZE, MBFR) zunächst nicht berührt. Erst in der 2. Hälfte der 1980er Jahre änderte sich das Klima zw. NATO und Warschauer Pakt, bedingt durch die Umwälzungen in der UdSSR und Osteuropa, gravierend. Im Juli 1990 beschlossen die NATO-Staaten, den Warschauer Pakt, der sich im Juli 1991 endgültig auflöste, nicht mehr als potentiellen Gegner zu betrachten. Im Nov. 1991 wurden beim NATO-Gipfeltreffen in Rom Aufgaben und Konzept des Bündnisses neu definiert. Seit 1993 wuchs der NATO eine neue Rolle europ. Sicherheit zu.

Politische Organisation: Oberstes Organ ist der Nordatlantikrat (NATO-Rat), in dem alle 16 Mgl.länder vertreten sind. Er tritt unter Vorsitz des Generalsekretärs auf Botschafterebene oder als Min.treffen zu Konsultationen über polit. Entscheidungen der Allianz zusammen. Zu Fragen

NATO
Flagge

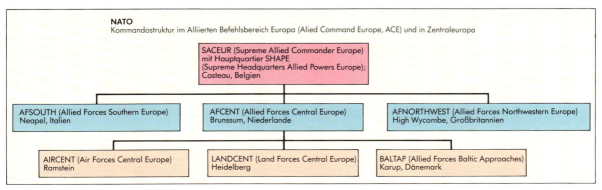

NATO
Kommandostruktur im Alliierten Befehlsbereich Europa (Allied Command Europe, ACE) und in Zentraleuropa

SACEUR (Supreme Allied Commander Europe)
mit Hauptquartier SHAPE
(Supreme Headquarters Allied Powers Europe);
Casteau, Belgien

AFSOUTH (Allied Forces Southern Europe)
Neapel, Italien

AFCENT (Allied Forces Central Europe)
Brunssum, Niederlande

AFNORTHWEST (Allied Forces Northwestern Europe)
High Wycombe, Großbritannien

AIRCENT (Air Forces Central Europe)
Ramstein

LANDCENT (Land Forces Central Europe)
Heidelberg

BALTAP (Allied Forces Baltic Approaches)
Karup, Dänemark

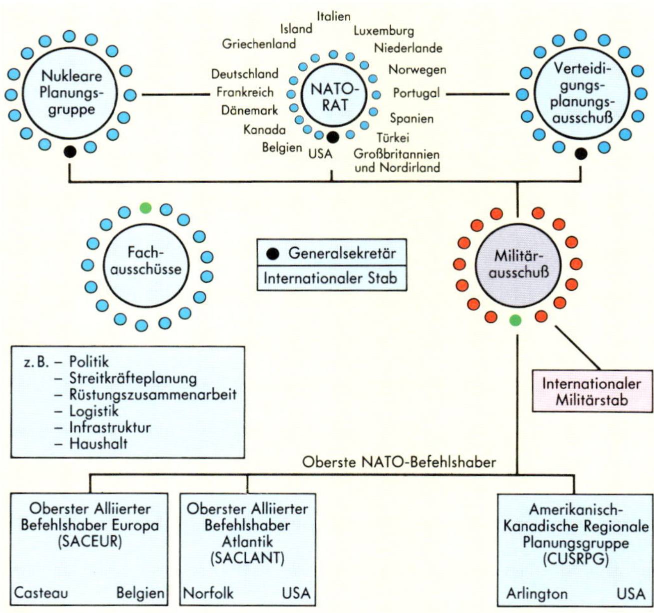

NATO. Zivile und militärische Struktur

des integrierten Verteidigungssystems tagt er ohne Teilnahme Frankreichs als Verteidigungsplanungsausschuß (DPC). Dem Rat sind verschiedene Ausschüsse nachgeordnet. Im Kooperations- und Koordinierungsrat (im Dez. 1991 geschaffen) sind auch die Außenmin. der ehem. Warschauer-Pakt-Staaten bzw. der GUS vertreten.

Militärische Organisation: Oberste militär. Instanz ist der Militärausschuß, dem die Stabschefs (für die BR Deutschland der Generalinspekteur) der an der militär. Struktur beteiligten Länder (13 Mgl.länder ohne Frankreich, Island, Spanien) angehören; ihm untersteht der Internat. Militärstab (IMS). Das Bündnisgebiet ist in drei Kommandobereiche eingeteilt mit je 1 alliierten Oberbefehlshaber: Europa, Ärmelkanalgebiet (einschließlich südl. Nordsee) sowie Atlantik. Die Streitkräfte bestehen aus Verteidigungs- und Verstärkungstruppen sowie einer Schnellen Eingreiftruppe. – Die Zuteilung der nat. Streitkräfte begründet im Frieden keine Befehlsgewalt der alliierten Kommandobehörden über diese Streitkräfte. Die operative Unterstellung erfolgt erst in Spannungszeiten, spätestens mit Beginn von Kampfhandlungen. Der Zeitpunkt ergibt sich aus einem Alarmsystem, über dessen Auslösung die Mgl.länder entscheiden.

Paul Natorp

Giulio Natta

NATO-Doppelbeschluß (Nachrüstungsbeschluß), von den Außen- und Verteidigungsmin. der NATO im Dez. 1979 gefaßter Beschluß: 1. Stationierung neuer bodengestützter nuklearer Mittelstreckenwaffen (108 Pershing-II-Raketen und 464 Cruise Missiles) in Europa Ende 1983 als Gegengewicht zu den bereits installierten neuen sowjet. Mittelstreckensystemen (SS-20); 2. Angebot zu Verhandlungen zw. den USA und der Sowjetunion über Mittelstreckenwaffen in Europa. Das Ergebnis dieser Verhandlungen (mögl. Abbau der sowjet. SS-20) sollte über die Durchführung von Teil 1 entscheiden. Der NATO-D. wurde in den europ. NATO-Staaten trotz heftiger polit. und militär. Diskussionen und des Widerstands der Friedensbewegungen überwiegend ausgeführt und bewirkte neue Abrüstungsinitiativen, die schließlich am 8. Dez. 1987 im Rahmen einer „doppelten Nullösung" zur Unterzeichnung des Vertrages zw. der UdSSR und den USA über die Beseitigung ihrer Raketen mittlerer und kürzerer Reichweite (INF-Vertrag) führten.

Natorp, Paul, *Düsseldorf 24. Jan. 1854, †Marburg 17. Aug. 1924, dt. Philosoph. – Ab 1885 Prof. in Marburg. Mit H. Cohen Hauptvertreter der Marburger Schule des Neukantianismus. Suchte nach einer „panmethod." Grundlage der Wiss., die in einer Einheit von Idee und Gesetz (Erfahrung) bestehen sollte. Unterstützte die Hinwendung des Neukantianismus zur prakt. Philosophie. – *Werke:* Sozialpädagogik (1899), Die log. Grundlagen der exakten Wissenschaften (1910), Allg. Psychologie (1912).

Natrium [ägypt.-arab.], chem. Symbol Na; metall. Element der I. Hauptgruppe des Periodensystems; Ordnungszahl 11, relative Atommasse 22,99, Dichte 0,97 g/cm^3, Schmelzpunkt 97,81 °C, Siedepunkt 882,9 °C. N. ist ein sehr weiches, leicht schneidbares, nur an frischen Schnittflächen silbriges, sonst mattes Alkalimetall, das einwertige Verbindungen bildet und sehr reaktionsfähig ist. Da es sich an der Luft selbst entzündet, kann N. nur in reaktionsträgen Flüssigkeiten, z. B. Petroleum, aufbewahrt werden. Mit Wasser reagiert N. sehr heftig unter Bildung von Natronlauge (↑Natriumhydroxid) und Wasserstoff. N. verbrennt mit gelb gefärbter Flamme zu N.peroxid; es kommt in der Natur häufig, aber nur in Verbindungen vor, v. a. in Form von Silicaten, als Chlorid (im Stein- und Meersalz), als Carbonat (↑Soda), Nitrat und Sulfat. N. wird durch Schmelzflußelektrolyse von N.chlorid oder N.hydroxid gewonnen und u. a. zur Herstellung von N.verbindungen, als Reduktions-, Trockenmittel und Legierungszusatz verwendet.

Natriumcarbonat, svw. ↑Soda.

Natriumchlorid, NaCl, das Natriumsalz der Salzsäure; farblose oder weiße, in Würfeln kristallisierende, gut wasserlösl. Substanz, die in der Natur im Meerwasser und als Hauptbestandteil des Steinsalzes vorkommt und unter dem Namen ↑Kochsalz bekannt ist.

Natriumchlorit, $NaClO_2$, das Natriumsalz der chlorigen Säure (Chlorsäure(III)); weiße, kristalline Substanz; wird als Bleichmittel für Textilien verwendet.

Natriumcyanid, NaCN, das Natriumsalz der Blausäure; weiße, kristalline, giftige Substanz, die v. a. in der Laugerei von Gold- und Silbererzen Verwendung findet.

Natriumdampflampe, Gasentladungslampe, die [während des Betriebs gesättigten] Natriumdampf enthält (Niederdrucklampen 10^{-1} Pa, Hochdrucklampen $3 \cdot 10^4$ Pa). Die N. liefert die höchste Lichtausbeute aller zu Beleuchtungszwecken verwendeten Lampen (bis 150 lm/W); sie wird v. a. zur Straßenbeleuchtung eingesetzt.

Natrium-D-Linien, bei geringer Auflösung als intensiv gelbe Spektrallinie erscheinendes Spektrallinienдублett in der Hauptserie des Natriumspektrums.

Natriumhydrogencarbonat (Natron, doppeltkohlensaures Natron), $NaHCO_3$, das Mononatriumsalz der Kohlensäure; eine weiße, kristalline Substanz, die unter Einwirkung von Wärme oder von Säuren Kohlendioxid abspaltet und daher Back- und Brausepulvern zugesetzt wird.

Natriumhydroxid (Ätznatron), NaOH, eine weiße, hygroskop. Masse bildende Verbindung, die sich in Wasser unter starker Wärmeentwicklung löst und die stark bas., ätzende **Natronlauge** bildet. N. wird durch ↑Chloralkalielektrolyse gewonnen und zur Herstellung von Seifen, Farbstoffen, Kunststoffen sowie von Zellstoff verwendet.

Natriumhypochlorit, NaClO, ein Salz der hypochlorigen Säure (Chlorsäure I), dessen wäßrige Lösung als Bleich- und Desinfektionsmittel benutzt wird.

Natriumnitrat (Natronsalpeter), $NaNO_3$, das Natriumsalz der Salpetersäure; farblose, hygroskopische Verbindung, die durch Abbau natürlicher Vorkommen gewonnen wird. N. wird vor allem als Düngemittel sowie bei der Sprengstoffherstellung verwendet.

Natriumnitrit, $NaNO_2$, giftiges Natriumsalz der salpetrigen Säure; farblose Kristalle bildende Substanz, die zur Herstellung von Diazoniumverbindungen dient; auch im Pökelsalz enthalten.

Natriumoxide, Verbindungen des Natriums mit Sauerstoff; Natriumperoxid, Na_2O_2, wird als Bleichmittel verwendet. Natriumoxid, Na_2O, und Natriumhyperoxid, NaO_2, sind technisch unbedeutend.

Natriumphosphate, die Natriumsalze der Orthophosphorsäure: Natriumphosphat, Na_3PO_4, Dinatriumhydrogenphosphat, Na_2HPO_4, sowie Natriumdihydrogenphosphat, NaH_2PO_4. Sie werden u. a. als Rostschutzmittel, bei der Glasherstellung und zur Wasserenthärtung verwendet.

Natrium-Schwefel-Akkumulator, in der Erprobung befindl. wiederaufladbares elektrochem. Element, bei dem flüssiges Natrium als Anode, in poröser Kohle adsorbierter Schwefel als Kathode und ein keram. Festkörper aus Aluminiumoxid als Elektrolyt dient; letzterer trennt die bei der Beriebstemperatur von 300 °C flüssigen Reaktionspartner Natrium und Schwefel voneinander. Beim Entladen wandern Natriumionen durch den Elektrolyten zum Kathodenbereich, bis dort die Bildung von festen Natriumpolysulfiden den Entladevorgang beendet.

Natriumsilicate, in der Natur als Bestandteile der Feldspäte auftretende Salze der Kieselsäure; i. e. S. Verbindungen der Zusammensetzung $Na_2O \cdot (SiO_2)_x$ ($x = 1$ bis 4), die wasserlösl. Schmelzen bilden (↑Wasserglas).

Natriumsulfat, Na_2SO_4, mit unterschiedl. Anzahl von Kristallwassermolekülen kristallisierendes Natriumsalz der Schwefelsäure, das in der Natur in vielen Mineralwässern, im Meerwasser und in Mineralen (Astrakanit, Glaubersalz) vorkommt. Verwendung in der Zellstoffind. für den Holzaufschluß sowie in der Glas- und Waschmittelindustrie.

Natriumthiosulfat ↑Thiosulfate.

Natrolith ↑Zeolithe.

Natron [ägypt.-arab.-span.], svw. ↑Natriumhydrogencarbonat.

Natronfeldspat ↑Feldspäte.

Natronhornblende ↑Hornblenden.

Natronkalk, Gemisch aus Natriumhydroxid und Calciumoxid, das der Absorption von Kohlendioxid aus Gasgemischen dient.

Natronlauge ↑Natriumhydroxid.

Natronsalpeter, svw. ↑Natriumnitrat.

Natrun, Wadi An, Depressionszone westl. des Nildeltas, Ägypten, 50 km lang, bis 6 km breit, bis 23 m u. d. M.; mehrere, nur zeitweise gefüllte Salzseen (Salzgewinnung). Seit 1955 Neulandgewinnung.

Natta, Giulio, *Imperia 26. Febr. 1903, †Bergamo 2. Mai 1979, italien. Chemiker. – Prof. in Pavia, Rom, Turin und Mailand. 1953–56 gelang ihm mit Hilfe der ↑Ziegler-Natta-Katalysatoren durch stereospezif. Polymerisation die Herstellung isotakt. Polymere. 1963 erhielt er hierfür mit K. Ziegler den Nobelpreis für Chemie.

Nattern (Colubridae), mit mehreren Hundert Arten weltweit verbreitete, artenreichste Fam. meist schlanker, 0,3 bis 3,7 m langer Schlangen in fast allen Biotopen; ungiftige, z. T. auch giftige (Trugnattern), jedoch für den Menschen fast völlig ungefährl. Reptilien mit meist deutlich vom Hals abgesetztem Kopf, weit dehnbarem Maul, stark bezahnten Kieferknochen. Man unterscheidet elf Unterfam., davon sind am wichtigsten Schneckennattern, Eierschlangen, Wassertrugnattern, Trugnattern, *Echte N.* (Colubrinae) mit der einheim. Äskulapnatter und Glattnatter und *Wassernattern* (Natricinae) mit Ringelnatter, Würfelnatter und Vipernatter als einheim. Arten.

Natternkopf (Natterkopf, Echium), Gatt. der Rauhblattgewächse mit rd. 40 Arten in M-Europa bis Vorderasien; Kräuter oder Sträucher mit meist blauen, violetten oder roten Blüten in Ähren; der N. i. e. S. *(Echium vulgare)* ist eine bis zu 1 m hohe, zweijährige, krautige Ruderalpflanze.

Natternzunge (Natterfarn, Ophioglossum), Gatt. der Natternzungengewächse mit fast 50 epiphyt. und terrestr. Arten; ausdauernde, blaßgrüne Farne mit nur einem zweigeteilten Blatt, das aus einem zungenförmigen sterilen Teil und einer Sporangienähre besteht; heimisch ist die **Gemeine Natternzunge** (Ophioglossum vulgare), die auf feuchten, kalkreichen Wiesen und Flachmooren vorkommt.

Natufian, nach Funden im Wadi An Natuf (Palästina) ben. spätsteinzeitl. Kultur, die sowohl dem Mesolithikum als auch dem frühesten Neolithikum zugeordnet wird; kennzeichnend v. a. Mikrolithen, Knochenharpunen, Steingefäße.

Natunainseln (Bunguraninseln), indones. Inselgruppe im Südchin. Meer, vor der NW-Küste Borneos, etwa 2 000 km².

Natur [zu lat. natura, eigtl. „Geburt" (von nasci „geboren werden, entstehen")], allg. der Teil der Welt, dessen Zustandekommen und gesetzmäßige Erscheinungsform unabhängig von Eingriffen des Menschen gedacht werden können. Die N. wurde vom Menschen seit jeher ambivalent erfahren: als Grundlage des Lebens und Nahrungsspenderin, aber auch als unheimlich und zerstörerisch. In unterschiedl. Ausprägungen wurde sie jedoch zu allen Zeiten bewundert als Ausdruck vollkommener Harmonie und eines Ganzen, mit dem der Mensch sich verbunden fühlen konnte (↑Aufklärung, ↑Romantik).
Die menschl. N.erfahrung schwankt zw. den Polen Einordnung und Beherrschung. Bis ins 17. Jh. wird die N. als unabhängig vom Menschen handelnd (↑Natura naturans) aufgefaßt; durch Einsatz von Technik soll der N. etwas abgelistet werden. Während hier die Physik, d. h. die Wiss. von der N., nur das empir. Alltagswissen von der handelnden N. konkretisieren und untermauern soll, wird in der neuzeitl. Physik (seit F. Bacon), die Erklärbarkeit der N. allein von den Bedingungen experimenteller Verfahren abhängig gemacht. In Kants Theorie der Erfahrung wird aus einer Metaphysik der N. eine Methodologie der N.wiss. Im Zusammenhang mit der Industrialisierung erfolgt schließlich die Degradierung der N. zum bloßen Objekt techn. Produktionsprozesse. So wird seit dem 19. Jh. ein empirist. N.begriff wirksam, der das Selbstverständnis der ↑Naturwissenschaften bis heute bestimmt: N. wird begriffen als Gegenstand einer empir. Gesetzeswiss. Dieser N.begriff, der zudem durch den Ggs. zu ↑Kultur gekennzeichnet ist, wird kritisiert, weil er außer acht läßt, daß auch der Mensch selbst Teil dieser N. ist. In der Ökologie wird heute versucht, der selbstzerstörer. Aneignung der N. durch den Menschen durch wenigstens teilweise Wiederherstellung ihrer ursprünglichen Selbständigkeit (↑Naturschutz, ↑Umweltschutz) und die Einleitung eines Umdenkprozesses entgegenzuwirken.

naturalisieren [lat.], einen Ausländer einbürgern, ihm die Staatsbürgerrechte verleihen (↑Einbürgerung).

Naturalismus [lat.], in der *Philosophie* Sammelbez. für Positionen, in denen Geltungsansprüche auf sog. natürl. Genesen oder natürl. Einsichten gestützt werden. Der N., dem ein teleolog. Begriff von Natur zugrundeliegt, hat seine Wurzel in der religionsphilosoph. bzw. theolog. Kritik an der (christl.) Offenbarungs- und Gnadenlehre, die sich durch ein übernatürl. Erklärungswissen legitimiert. Als ↑Deismus und ↑natürliche Religion bestimmt der N. die Religionsphilosophie der Aufklärung.
▷ in der *bildenden Kunst* ↑Realismus.
▷ europ. *literar. Richtung* (etwa 1870–1900), mit der Zielsetzung, die empirisch faßbare Wirklichkeit möglichst naturgetreu und mit wiss. Präzision abzubilden. Der N. gilt als 1. Phase der europ. Literaturrevolution und wurzelt im Realismus. Themen sind häufig das moralische und wirtsch. Elend in den Großstädten, verbunden mit einer Kritik am Bürgertum. Grundlagen des N. sind die Erkenntnisse der Naturwiss. und die darauf fußende Philosophie des Positivismus sowie die Physiologie C. Bernards, die Evolutionstheorie C. Darwins, v. a. aber die Milieutheorie H. Taines mit der Auffassung vom Menschen als einem sowohl durch Erbanlagen als auch durch sein soziales Milieu vorbestimmten Wesen. Konsequenzen aus diesen Lehren für eine literar. Theorie zogen erstmals die Brüder E. und J. de Goncourt in dem als Manifest des N. geltenden Vorwort zu ihrem Roman „Germinie Lacerteux" (1864).
Zum Programmatiker des europ. N. wurde É. Zola, der in seiner naturalist. Ästhetik („Der Experimentalroman", 1880) Kunst definierte als literar. Experiment mit naturwiss. Methoden, das lückenlos die ursächl. Zusammenhänge des determinierten menschl. Daseins beweisen müsse; verwirklicht wurde dieses Programm in seinem

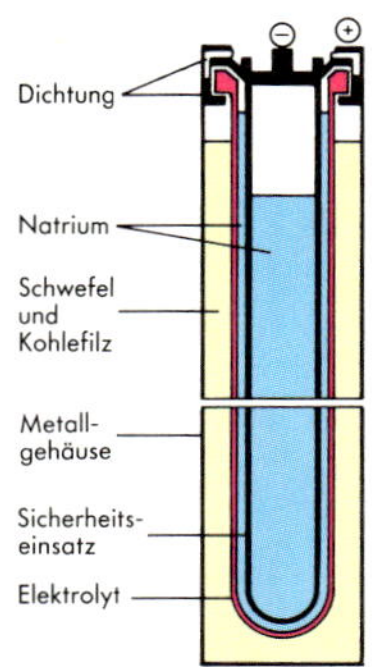

Natrium-Schwefel-Akkumulator. Schematische Schnittzeichnung

Natternkopf. Echium vulgare

Natternzunge. Gemeine Natternzunge

Naturalismus. Gerhart Hauptmann, Henrik Ibsen, Ernst von Wildenbruch und Hermann Sudermann werden wegen ordnungswidriger Tendenzen in ihren Werken von Polizisten abgeführt, Karikatur in dem satirischen Wochenblatt „Kladderadatsch" 50, 1894

20bändigen Romanwerk „Die Rougon-Macqart" (1871 bis 1893). Neben Zola stehen bes. G. de Maupassant (Novellen) und H. Becque (Dramen). Eine der frz. ähnl. Entwicklung vollzog sich ab 1870 in Skandinavien: Es entstanden H. Ibsens gesellschaftskrit. Dramen und die ep. und dramat. Werke A. Strindbergs. Starke Impulse gingen auch von russ. Schriftstellern aus (v. a. Dostojewski, L. N. Tolstoi). Der dt. N. (etwa 1886–95) stand zunächst weitgehend unter dem Einfluß der erwähnten Autoren (bis etwa 1886 geprägt von programmat. Diskussionen); Zentren waren Berlin (Friedrichshagener Dichterkreis) und München. Wichtige Zeitschriften waren die „Krit. Waffengänge" (1882–84) der Brüder H. und J. Hart und „Die Gesellschaft" (1885–1902) von M. G. Conrad. Wichtigste Programmschrift wurde „Die Kunst. Ihr Wesen und ihre Gesetze" (1891) von A. Holz, der darin erstmals die photographisch getreue Schilderung eines Geschehens in zeitlich genauem Ablauf forderte. Die Hauptphase des dt. N. prägte das dramat. Werk G. Hauptmanns (u. a. „Die Weber", 1892; „Der Biberpelz", 1893). Weitere Dramatiker waren A. Holz und J. Schlaf, die zus. das Programmstück des dt. N. schrieben („Die Familie Selicke", 1890), M. Halbe, H. Sudermann. Die naturalist. Prosa war weniger bed., ebenso die Lyrik, die sich vom Impressionismus nicht eindeutig abgrenzen läßt. Nach 1895 verlor der N. an Nachdruck, wirkte jedoch auf die gesamte nachfolgende literar. Entwicklung: durch die Erschließung neuer Stoffbereiche, neue dramat. Strukturen, Präzisierung der beschreibenden Darstellungsmittel sowie durch Verwendung von Umgangssprache und Dialekt im literar. Text. – In Deutschland unterlagen die Dramen des N., die unter Verdacht standen, umstürzler. Tendenzen Vorschub zu leisten, der Zensur (u. a. öff. Aufführungsverbot für G. Hauptmanns „Die Weber" 1892/93).

Naturallohn [lat./dt.] (Sachlohn), Arbeitsentgelt, das in Sachgütern (oder Dienstleistungen) besteht.

Naturalobligation [lat.], sog. unvollkommene Verbindlichkeit, bei der eine Leistungspflicht des Schuldners nicht einklagbar ist (z. B. bei Wetten).

Naturalrestitution [lat.] ↑Schadenersatz.

Naturalwirtschaft [lat./dt.], die urspr. Form einer geldlosen Wirtschaft, in der nur Ware getauscht wird.

Natura naturans [lat.], die schaffende ↑Natur im Ggs. zur „geschaffenen Natur" **(natura naturata)**, eine auf aristotel. Begriffe zurückgreifende Unterscheidung, die in der Scholastik auf das Verhältnis Gottes zur Schöpfung übertragen wurde.

Naturfasern, Sammelbez. für alle (v. a. als Textilrohstoffe verwendeten) Fasern natürl. Herkunft. Man unterscheidet *tier. N.* (z. B. Seide und Wolle), *pflanzl. N.* (z. B. Baumwolle, Flachsfasern, Faserhanf, Kapok und Sisal) und *mineral. N.* (z. B. Asbest).

Naturgesetz ↑Gesetz.

Naturheilkunde, Heilkunde, die eine Behandlung möglichst nur mit diätet. und physikal. Mitteln vertritt, bes. Wert auf naturgemäße Lebensweise legt und auf Arzneimittel (weitgehend) verzichtet. Von der N. therapeutisch angewendet werden u. a. Luft- und Lichtbäder, Wasserbäder verschiedener Wärmegrade, Ruhe und Bewegung, Gymnastik, Massage, ferner klimat. Einwirkungen und eine zweckmäßige Ernährung.

Geschichte: Der antiken und ma. Medizin war die Heilwirkung von Diät, Gymnastik, Massage, Bädern bzw. Heilquellen sowie Licht und Luft bekannt. Die Grundlagen der modernen N. legten im 19. und frühen 20. Jh. teils medizin. Laien (u. a. S. Kneipp, J. Schroth), teils Ärzte (u. a. M. Bircher-Benner), die die nur wiss. ausgerichtete Schulmedizin entweder ablehnten oder zumindest für ergänzungsbedürftig hielten.

Naturismus [lat.] ↑Freikörperkultur.

Naturkautschuk, aus dem Milchsaft *(Latex)* des Parakautschukbaums (Hevea brasiliensis) gewonnenes elastomeres Produkt. Der durch Anschneiden der Rinde gewonnene Latex besteht aus einer wäßrigen Dispersion von cis-1,4-Polyisopren, einem ungesättigten Kohlenwasserstoff mit der Summenformel $(C_5H_8)_n$ mit $n > 100\,000$ (im Ggs. zu ↑Guttapercha, das transkonfiguriert ist). Früher wurde der Latex durch rauchendes Feuer zum Gerinnen gebracht und gleichzeitig getrocknet. Heute wird der N. durch Gerinnen des Latex z. B. mit Ameisensäure und anschließendes Räuchern gewonnen *(Smoked-sheet-Kautschuk)* oder unter Waschen in Riffelwalzwerken zerrissen *(Crêpe-Kautschuk)*. Der rohe N. ist eine plast., etwas klebrige Masse, die zum größten Teil durch Mastikation und Vulkanisation in Gummi überführt wird. Durch Chlorieren oder Sulfonieren erhält man weitere N.produkte, die zu Klebstoffen, Lackrohstoffen oder Verpackungsfolien verarbeitet werden.

Naturkonstanten (physikal. Konstanten), in den mathemat. Formulierungen der physikal. Naturgesetze auftretende Konstanten, z. B. Vakuum-Lichtgeschwindigkeit, Plancksches Wirkungsquantum, Gravitationskonstante, Elementarladung.

ARNO HOLZ

DIE KUNST

IHR WESEN UND IHRE GESETZE

Par cela même qu'un homme est né pour les lettres et qu'il en a l'amour, il s'attache aux doctrines regnantes à l'aurore de sa jeunesse; les premiers chefs d'oeuvre qu'il a admirés lui sont sacrés. Aux jours de la maturité, quand il voit les générations nouvelles inquiètes d'autres dieux, c'est déjà beaucoup s'il peut les suivre: comment de lui demander de les devancer? Telle est pourtant la condition de sa gloire, oublier et détruire ce qu'il a aimé: partir pour l'inconnu en tête de l'esprit de son temps!

De Vogüé.

BERLIN

Wilhelm Issleib (Gustav Schuhr)

1891.

Naturalismus. Titelseite der 1891 erschienenen Programmschrift „Die Kunst. Ihr Wesen und ihre Gesetze" von Arno Holz

Naturkundemuseum, Sammlung zoolog., botan., paläontolog., geolog. und mineralog. Objekte, oft mit Schwerpunkt auf stammesgeschichtl., auch ökolog. Aspekten.

Naturlandschaft, die vom Menschen unberührte Landschaft. Sie steht im Ggs. zur ↑Kulturlandschaft. Es gibt heute nur noch wenige Landschaften, die vom Menschen nicht beeinflußt sind. Dazu gehören Teile der Hochgebirge, der Wüsten und der Polargebiete.

natürliche Kinder, ehel. und nichtehel. Kinder der Eltern (im Ggs. zu an Kindes Statt angenommenen Kindern).

natürliche Person, im *Recht* der Mensch im Ggs. zur ↑juristischen Person.

natürliche Religion, auf Vernunftglauben basierende religiöse Haltung, die alle für die Religion unverzichtbaren theoret. und prakt. Annahmen allein durch den „natürl." Vernunftgebrauch gewinnen will. V. a. in der Aufklärung und im ↑Deismus werden Probleme der n. R. in der Philosophie behandelt.

natürlicher Logarithmus ↑Logarithmus.

natürlicher Preis ↑Marktpreis.

natürlicher Zins ↑Zinsen.

natürliche Schule (russ. naturalnaja schkola), die russ. Erzählliteratur der 40er Jahre des 19. Jh., die von der Romantik zum Realismus überleitet; kennzeichnend sind das Groteske der dargestellten Wirklichkeit, paradoxe Hyperbeln, Zugehörigkeit der oft karikierten Helden zur unteren Schicht der kleinen Beamten und Kaufleute. Bed. Vertreter: der junge Turgenjew, D. W. Grigorowitsch, N. A. Nekrassow, der frühe Dostojewski.

natürliche Sprache, im Unterschied zu künstlich geschaffenen (↑formalisierte Sprache, ↑Welthilfssprachen) eine historisch gewachsene, der prakt. Kommunikation dienende Sprache.

natürliche Theologie (Theologia naturalis, Theologia rationalis), Denkansatz in der christl. Theologie, mit dem die Möglichkeit der Gotteserkenntnis aus der Natur mit der menschl. Vernunft untersucht und z. T. behauptet wird. Die n. T. befaßt sich mit der Erkenntnis Gottes außerhalb der geschichtl. Dimension und befindet sich damit auf dem Weg zu einer alle Religionen umfassenden Theoriebildung der natürl. Religion. In der christl. Theologie ist sowohl die Tatsache natürl. Gotteserkenntnis als auch deren Funktion innerhalb der Heilsgeschichte umstritten, weil gerade die Geschichtlichkeit der christl. Offenbarung die wesentl. Komponente des christl. Glaubens ist. Diese Spannung versucht die n. T. v. a. innerhalb der Lehre von der Schöpfung zu lösen, indem die Natur immer zugleich auch als Kreatur gesehen wird. Während in der Scholastik Natur und Gnade in einem System aufeinander bezogen sind, verlagert sich bei den Reformatoren der Schwerpunkt auf die Offenbarung aus Gnade allein. Als Reaktion auf die dogmat. Auseinandersetzungen während der Religionskriege und in der Orthodoxie gewinnen die n. T. und die Theorie der natürl. Religion in der Aufklärung eine große Bed.; diese wird jedoch von der ev. Theologie des 19./20. Jh. (v. a. von K. Barth) zurückgedrängt.

natürliche Zahlen, Bez. für die positiven ganzen Zahlen 1, 2, 3, ...; meist einschl. der Null; Formelzeichen $\mathbb{N}$.

naturnaher Waldbau ↑Waldbau, naturnaher.

Naturpark, in sich geschlossener, größerer Landschaftsbereich, der sich durch natürl. Eigenart, Schönheit und Erholungswert auszeichnet und in seinem gegenwärtigen Zustand erhalten werden soll. N. werden nach Grundsätzen der Landschaftspflege behandelt und stellen Einrichtungen für Erholung und Fremdenverkehr zur Verfügung. Eine ordnungsgemäße Land- und Forstwirtschaft sowie die gesetzlich geregelte Jagd und Fischerei sind gestattet. Größere Flächenanteile der N. sind als Landschaftsschutzgebiete, kleinere Flächen als Naturschutzgebiete ausgewiesen. Deutschlands N. umfassen rd. 55 600 km^2 Landschaft. – Übersicht S. 42.

Naturphilosophie, gemäß der aristotelisch-stoischen Einteilung der Philosophie neben Logik und Ethik die Disziplin, deren Gegenstand die Natur und die Bedingungen sind, unter denen Natur erkannt wird („philosophia naturalis"). Der doppelten Aufgabenstellung entspricht, daß unter dem Begriff N. sowohl der begründete Aufbau der Naturwiss. und damit von naturwiss. Theorien als auch die Metaphysik der Natur verstanden werden konnte. Voraussetzung für die Auflösung der N. in Naturwiss. einerseits, Philosophie (in Form von Metaphysik der Natur) andererseits ist eine verhältnismäßig junge, disziplinorientierte Unterscheidung zw. Wiss. und Philosophie. Naturwiss. bleibt als N. Teil der Philosophie, wie es z. B. im Titel von Newtons epochalem Werk „Philosophiae naturalis principia mathematica" (1687) zum Ausdruck kommt; eine Abgrenzung von spekulativen Traditionen der N. findet allein im Methodischen statt. – Vorausgegangen war eine Wiederbelebung platon. Traditionen und eines Denkens, das einerseits spekulativen Kosmologien alten Stils (G. Bruno u. a.), andererseits myst.-theosoph. Gesichtspunkten Geltung zu verschaffen suchte (Agrippa von Nettesheim, J. Böhme). Demgegenüber brachte eine erneute Aristotelesrenaissance eine Wendung zum Methodischen, die ihre unmittelbare Fortsetzung in der Methodologie empir. Wiss. finden konnte. Die Entstehung der neuzeitl. Naturwiss. bedeutet insofern die Grundlegung der N. als empir.-experimenteller Wiss. von der Natur sowie ihre methodolog. Begründung. Bei Kant wurde Metaphysik der Natur auf Methodologie der empir. Naturwiss. und eine dieser Methodologie i. e. S. vorausgehende Theorie der Erfahrung (als Theorie der Bedingungen der Möglichkeit begr. Erfahrungssätze) festgelegt, womit die Idee der N. in ihrer neuzeitl. Gestalt erstmals klare method. Konturen gewann. Die mit der Entwicklung der Naturwiss. seit dem 19. Jh. allmählich einsetzende Verselbständigung der Wiss. gegenüber der Philosophie führte dazu, daß die Naturwiss. sich in ihrem theoret. Selbstverständnis auf Methodologie beschränkten und die [Rest]philosophie spekulativ mißverstanden als das von den Naturwiss. selbst nicht bearbeitete Begründungsprogramm.

Naturrecht (Ius naturale), Sammelbez. für die Bemühungen der Moral- und Rechtsphilosophie sowie der Theologie, das System des positiven Rechts durch Rückgriff auf eine höher- oder höchstrangige Rechtsquelle zu legitimieren. Gegenüber der Vorläufigkeit des histor. Gesetzes beansprucht das N. teils eine auf göttl. Rechtsprinzipien gestützte absolute Gültigkeit, teils eine relative Beständigkeit, die aus der für unveränderlich gehaltenen Natur des Menschen abgeleitet wird oder aus dem richtigen Gebrauch der Vernunft resultieren soll.

Naturkautschuk. Links: Kautschukplantage in Sumatra. Rechts: Gewinnung von Latex

Altertum: Die Überlegungen zum N. haben ihren Ursprung in der ion. Naturphilosophie, die die Natur (Physis) als urspr. Gesetz absolut und normsetzend dem menschl. Gesetz (Nomos) gegenüberstellt, dessen Gültigkeit auf bloßer Konvention beruhe. Aus der relativist. Grundeinstellung der frühen Sophisten entwickelt sich eine von der Triebhaftigkeit der menschl. Natur ausgehende Richtung des N., die unter Bezug auf den Selbsterhaltungstrieb das Recht des Stärkeren auf Durchsetzung seines Willens, als der Natur entsprechend, rechtfertigt. Dem setzt Platon die Vorstellung einer vernunftbeherrschten Natur des Menschen entgegen, in der sich die Idee der Gerechtigkeit realisiere. Mit diesen beiden unterschiedl. Naturauffassungen ist die für das abendländ. N. zentrale Frage nach dem Ursprung des Gesetzes im Willen („voluntas") oder in der Vernunft („ratio") gestellt. Die Stoa unterscheidet das für den gesamten Kosmos absolut gültige ewige Weltgesetz *(Lex aeterna)* und das auf der vernünftigen Natur des Men-

Naturparks in Deutschland

	Gründungsjahr	Fläche (km^2)
Schleswig-Holstein		
Aukrug	1970	380
Hüttener Berge - Wittensee	1970	260
Lauenburgische Seen	1959	444
Westensee	1969	260
Holsteinische Schweiz	1986	523
Hamburg		
Harburger Berge	1959	38
Mecklenburg-Vorpommern		
Schaalsee	1990	162
Nossentiner/Schwinzer Heide	1992	320
Elbetal	1992	1 222
Niedersachsen		
Dümmer	1972	340
Elbufer - Drawehn	1968	750
Elm - Lappwald	1976	340
Harz	1960	950
Lüneburger Heide (Naturschutzpark)	1920	200
Münden	1959	373
Nördl. Teutoburger Wald - Wiehengebirge	1962	901
Solling - Vogler	1966	527
Steinhuder Meer	1974	310
Südheide	1963	500
Weserbergland - Schaumburg - Hameln	1975	1 116
Wildeshauser Geest	1984	965
Sachsen-Anhalt		
Drömling	1990	257
Brandenburg		
Märkische Schweiz	1990	205
Nordrhein-Westfalen		
Arnsberger Wald	1961	448
Bergisches Land	1973	1 917
Diemelsee	1965	124
Dümmer	1972	132
Ebbegebirge	1964	777
Eggegebirge und südl. Teutoburger Wald	1965	593
Hohe Mark	1963	1 040
Homert	1965	550
Kottenforst - Ville	1959	600
Nördl. Teutoburger Wald - Wiehengebirge	1962	318
Nordeifel	1960	1 359
Rothaargebirge	1963	1 355
Schwalm - Nette	1965	435
Siebengebirge	1959	42
Hessen		
Bergstraße - Odenwald	1960	1 229
Diemelsee	1965	210
Habichtswald	1962	474
Hessische Rhön	1963	700
Hessischer Spessart	1962	710
Hochtaunus	1962	1 202
Hoher Vogelsberg	1958	384
Meißner - Kaufunger Wald	1962	421
Rhein - Taunus	1968	808
Rheinland-Pfalz		
Nassau	1962	560
Nordeifel	1960	404
Pfälzer Wald	1958	1 793
Rhein - Westerwald	1962	446
Saar - Hunsrück	1980	921
Südeifel	1958	426
Baden-Württemberg		
Neckartal - Odenwald	1980	1 292
Obere Donau	1980	840
Schönbuch	1974	156
Schwäbisch-Fränkischer Wald	1979	904
Stromberg - Heuchelberg	1980	330
Bayern		
Altmühltal	1969	2 908
Augsburg - Westl. Wälder	1974	1 175
Bayerische Rhön	1967	1 240
Bayerischer Spessart	1963	1 710
Bayerischer Wald	1967	2 030
Bergstraße - Odenwald	1960	400
Fichtelgebirge	1971	1 004
Fränkische Schweiz - Veldensteiner Forst	1968	2 346
Frankenhöhe	1974	1 105
Frankenwald	1973	1 116
Haßberge	1974	824
Hessenreuther und Manteler Wald mit Parkstein	1975	270
Nördl. Oberpfälzer Wald	1971	644
Oberer Bayerischer Wald	1965	1 801
Oberpfälzer Wald	1971	724
Steigerwald	1971	1 280
Steinwald	1970	232
Saarland		
Saar - Hunsrück	1980	750

Nationalparks in Deutschland

	Gründungsjahr	Fläche (km^2)
Schleswig-Holstein		
Schleswig-Holsteinisches Wattenmeer	1985	2 850
Hamburg		
Hamburgisches Wattenmeer	1990	117
Mecklenburg-Vorpommern		
Vorpommersche Boddenlandschaft	1990	805
Jasmund	1990	30
Müritz-Nationalpark	1990	308
Niedersachsen		
Niedersächsisches Wattenmeer	1986	2 400
Sachsen-Anhalt		
Hochharz	1990	59
Sachsen		
Sächsische Schweiz	1990	93
Bayern		
Bayerischer Wald	1970	130
Berchtesgaden	1979	210

schen beruhende N. *(Lex naturalis),* das den Beurteilungsmaßstab für das konventionelle Recht bildet.
Das **Mittelalter** rezipiert die N.lehre der Stoa, wobei an die Stelle des unpersönl. Weltgesetzes der Schöpfergott als Urheber der die Weltordnung bestimmenden Lex aeterna tritt. Das N., die Lex naturalis (natürl. göttl. Recht), wird als Reflex des Schöpfungsplans im Bewußtsein des Menschen betrachtet. Aus Übereinstimmung von N. und positivem Recht ergibt sich dessen Verbindlichkeit. Im 14./15. Jh. bestimmt die Auseinandersetzung zw. dem vernunftorientierten Thomismus und dem voluntarist. Nominalismus die Entwicklung. Erstmals erscheint bei Wilhelm von Ockham die Trias der *Jura naturalia,* der „natürl. Rechte": Leben, Freiheit, Eigentum, die bei J. Locke als säkularisierter N.begriff zum Zentralstück der frühbürgerl. Staatstheorie wird. Die vom Nominalismus beeinflußte Entscheidung zugunsten des voluntaristisch orientierten N. führt unter dem Einfluß der Reformation und des Deismus zu einer Ablösung der Lex naturalis durch die Lex aeterna. Im Zuge der Säkularisierung des N. wird erneut die Triebhaftigkeit der menschl. Natur betont, bes. von T. Hobbes (↑homo homini lupus). Die Beendigung des Naturzustands durch vollständigen Rechtsverzicht zugunsten des absoluten Souveräns im ↑Gesellschaftsvertrag wird notwendig, der Staat wird zur Bedingung des Überlebens.
Aufklärung: Der Durchbruch zum modernen N., eingeleitet durch die Schule von Salamanca und die Bewegung des Neustoizismus, v. a. systematisierend fortgeführt von F. Suárez, H. Grotius, S. von Pufendorf, J. Althusius, wird zu einem der Hauptimpulse der Aufklärung. Der Gesellschaftstrieb ist wie bei Aristoteles und Thomas von Aquin die Ursache des Gesellschaftsvertrages. Damit ist zunächst die stoisch-christl. N.lehre wiederhergestellt. C. Thomasius und C. Wolff versuchen, von obersten Prinzipien aus ein vollständiges, alle Rechtsgebiete umfassendes System von exakten, absolut gültigen Gesetzen abzuleiten. Dieser Deduktionismus tritt erst zurück, als die von Montesquieu erneut betonte, klimatisch und kulturell bedingte Relativität auch des N. zur Ausbildung einer histor. Betrachtungsweise führt, die schließlich in der ↑historischen Schule den dem N. feindl. Rechtspositivismus einleitet.
Gegenwart: Die histor. Erfahrung des Faschismus und die Unfähigkeit des Rechtspositivismus, dem legalen Unrecht theoretisch entgegenzutreten, führt nach dem 2. Weltkrieg zu einer Kritik des positiven Etatismus und zur Wiederaufnahme der naturrechtl. Diskussion in der Rechtswiss. wie in der christl. Theologie. Die Unwissenschaftlichkeit des Naturbegriffs als Grundlage eth. und rechtl. Normen schloß jedoch letztlich eine Wiederbelebung der N.lehre aus. Lediglich die röm.-kath. Kirche vertritt, trotz ernsthafter Kritik aus den eigenen Reihen, nach wie vor die Lehre eines von Gott eingesetzten Naturrechts.

Naturreligionen, nicht genau festgelegter Begriff zur Bez. von Religionen der „Naturvölker" im Ggs. zu denjenigen der „Kulturvölker"; gleichbedeutend mit dem problemat. Begriff *Primitivreligionen.* Andererseits können mit N. jene Religionen bezeichnet werden, in denen die Natur (Naturerscheinungen) gegenüber der Geschichte eine ungleich bedeutsamere Rolle einnimmt. In den *Agrarreligionen* bäuerl. Kulturen steht eine meist mütterlich gedachte Erdgottheit, eine „Mutter Erde", im Mittelpunkt.

Naturreservat, v. a. im engl. und frz. Sprachraum Bez. für ein Naturschutzgebiet.

Naturschadenversicherung ↑Elementarschadenversicherung.

Naturschutz, Gesamtheit der Maßnahmen zur Erhaltung und Pflege von Natur- oder naturnahen Kulturlandschaften und Naturdenkmälern, auch von seltenen und in ihrem Bestand gefährdeten Pflanzen und Tierarten sowie deren Lebensräumen und ihr Schutz vor Zivilisationsschäden. N. ist ein Teil des Umweltschutzes und soll nicht nur der Gefahr großräumiger Landschaftszerstörung entgegenwirken, sondern auch natürl. Regenerationsquellen erhalten. Auch Landschaftsteile (z. B. Hecken, Schilf- und Rohrbestände als Nistplätze für Vögel oder Unterschlupf für Niederwild) können unter N. gestellt werden. Wichtigste, auf dem Verordnungswege erfolgende N.maßnahmen sind: Einrichtung und Erhaltung von N.gebieten, Landschaftsschutzgebieten und Naturparks, Schutz und Pflege von Naturdenkmälern sowie der Artenschutz (↑geschützte Pflanzen, ↑geschützte Tiere). Eigentümer, Besitzer oder Nutzungsberechtigte haben Schutz- und Erhaltungsmaßnahmen zu dulden und sind an auferlegte Nutzungsbeschränkungen gebunden. Nach Umfang des Schutzes unterscheidet man: 1. **Vollnaturschutzgebiete:** Eingriffe und Nutzungen sind nur zur Erhaltung des natürl. Zustandes erlaubt, das Betreten ist verboten; 2. **Teilnaturschutzgebiete:** Gebiete mit speziellen Schutzzielen und den dazu notwendigen Nutzungsbeschränkungen; dazu gehören auch Pflanzenschutzgebiete und Tierschutzgebiete (z. B. Vogelschutzgebiete); 3. **Landschaftsschutzgebiete:** naturnahe Flächen, die zur Erhaltung ihrer ökolog. Vielfalt sowie eines ausgeglichenen Naturhaushaltes und ihres Erholungswertes gegen Veränderungen (Abholzung, Aufforstung, Überbauung, Industrialisierung) geschützt werden. – Wichtige N.gebiete sind z. B. das Königsseegebiet, Karwendel und Karwendelgebirge, der Große Arbersee und die Arberseewand, das Federseegebiet, der N.park Lüneburger Heide und das Biberschutzgebiet an der mittleren Elbe. Bed. N.gebiete im benachbarten Europa sind die Hohen Tauern (Österreich), der Nationalpark Engadin (Schweiz) und das Rhonedelta (Camargue, Frankreich). – ↑Nationalpark, ↑Naturpark.

Natursteine, Bez. für die aus natürl. Vorkommen gewonnenen und als Bau- oder andere Werksteine benutzten Gesteine.

Naturstoffchemie, Chemie der ↑Naturstoffe.

Naturstoffe, technisch verwertbare Rohstoffe des Pflanzen-, Tier- und Mineralreiches; z. B. Harze, Gesteine, Minerale. N. i. e. S. sind organ. Stoffe natürl. Ursprungs *(Biochemikalien),* Eiweiße, Hormone, Vitamine. Die **Naturstoffchemie** ist ein Spezialgebiet der organ. Chemie, das enge Wechselbeziehungen zur Biochemie, Molekularbiologie und Wirkstofforschung hat. Sie wurde 1785 eingeleitet, als C. W. Scheele Oxalsäure, Zitronensäure u. a. durch Fällung mit Calcium- und Bleisalzen in reiner Form gewann. Höhepunkte der N.chemie im 19. Jh. waren die Synthese von Alizarin und Indigo. Die grundlegenden Arbeiten von E. Fischer ermöglichten Strukturaufklärung (z. B. von Hämin und Chlorophyll durch H. Fischer) und Totalsynthese (z. B. von Chinin 1945, Cholesterin 1951 und Chlorophyll 1960 durch R. B. Woodward) vieler N. im 20. Jahrhundert.

Naturtöne, die auf Blasinstrumenten ohne Zuhilfenahme von Ventilen, Klappen oder Grifflöchern allein durch entsprechende Anblastechnik spielbare Reihe von Tönen. Die N. sind die ↑Obertöne des tiefsten Naturtons.

Naturvölker, Bez. für Völker oder kleinere ethn. Einheiten, die im Ggs. zu den sog. Hochkulturvölkern wegen geringerer techn.-zivilisator. Ausstattung in stärkerer Abhängigkeit von der natürl. Umwelt stehen. Der Begriff wurde von J. G. Herder erstmals verwendet; er sollte die abwertende Bez. „Barbaren" oder „Wilde" ersetzen. Obwohl allg. als nicht sehr passend empfunden, wurde die Bez. N. mangels einer besseren beibehalten.

Naturwaldreservate, als charakterist. Vegetationsgesellschaften ausgewählte, v. a. der Erforschung ökolog. Systeme dienende, durch Erlaß der Länder der BR Deutschland unter unumschränkten Schutz gestellte Waldteile; ihre Erhaltung ist Aufgabe der Landespflege; in NRW und Rhld.-Pf. **Naturwaldzellen,** in Bad.-Württ. **Bannwälder** genannt.

Naturwissenschaft, Oberbegriff für die einzelnen empir. Wiss., die sich mit der systemat. Erforschung der Natur (bzw. eines Teils von ihr) und dem Erkennen der Naturgesetze befassen. Man trennt die N. auch heute noch vielfach, entsprechend der unbelebten und der belebten Natur bzw. Materie, in die **exakten Naturwissenschaften** (Physik, Chemie, Astronomie, Geologie sowie ihre verschiedenen Teildisziplinen bzw. die sie verbindenden Wiss.bereiche wie physikal. Chemie, Astrophysik, Geophy-

Naumburger Dom

Friedrich Naumann

Naumburg/Saale
Stadtwappen

sik, Meteorologie, Mineralogie u. a.) und in die **biologischen Naturwissenschaften** (Biologie, Anthropologie, Physiologie, Genetik, Molekularbiologie, Ökologie u. a. sowie [als Verbindungen zu den exakten N.] Biophysik und Biochemie). – Die Aufgabe der N. besteht nicht nur darin, die Erscheinungen und Vorgänge in der Natur sowie ihre Gesetze mittels geeigneter Experimente zu ergründen und mittels naturwiss. Theorien zu beschreiben und zu „erklären", sondern auch darin, die Naturerscheinungen bzw. die Naturerkenntnisse im Rahmen der *angewandten N.* dem Menschen allg. nutzbar zu machen. Insofern schaffen die N. die theoret. Voraussetzungen für Technik, Landw., Medizin und andere Bereiche menschl. Aktivität.
Die Methoden der N. bzw. naturwiss. Forschung sind neben dem Beobachten und Messen in Experimenten das Beschreiben, Vergleichen, Ordnen und Zusammenfassen von Einzelerscheinungen sowie die Entwicklung allg. Begriffe; weiter gehören dazu: die Abstraktion; die Verallgemeinerung von Einzelbeobachtungen und die log. Folgerung einer Aussage, einer Gesetzmäßigkeit u. a. aus Voraussetzungen bzw. Hypothesen; die Zergliederung komplizierter Sachverhalte in einfachere und umgekehrt die Zusammenfügung von Einzelerscheinungen zum Allgemeinen. Die Aufstellung von Hypothesen, Modellen und Theorien zur Deutung des in Experimenten Erkannten bzw. der den Naturphänomenen zugrunde liegenden Ursachen bedingt (v. a. zu ihrer Verifikation) die Durchführung weiterer Experimente.

naturwissenschaftlicher Unterricht, Teil des Lehrplans aller weiterführenden Schulen, als Sachkunde auch an Grund-, Haupt- und Realschulen bzw. entsprechenden Kursen der Gesamtschulen. In der gymnasialen Oberstufe wird n. U. als naturwiss. Fachunterricht angeboten (z. B. Biologie, Physik, Chemie). Die Schüler sollen im n. U. lernen, selbst zu beobachten, zu messen, exakt zu beschreiben, Gesetzmäßigkeiten zu erkennen, also naturwiss. zu denken.

Nauarch [zu griech. naũs „Schiff" und archós „Anführer"], militär. Amt in griech. Staaten, z. T. mit polit. Aufgaben.

Nauclerus, Johannes, latinisierter Name von J. Verge bzw. Vergenhans („Fährmann"), * 1425, † Tübingen 5. Jan. 1510, dt. Humanist und Geschichtsschreiber. – Mitbegr. und erster Rektor (1477/78) der Univ. Tübingen. Sein Hauptwerk ist eine bis 1500 reichende Weltchronik („Memorabilium omnis aetatis et omnium gentium chronici commentarii", hg. 1516).

Nauen, Krst. am S-Rand des Havelländ. Luchs, Brandenburg, 35 m ü. d. M., 11 000 E. Bau landwirtschaftstechn. Hilfsmittel, Großfunkstelle. – 1305 erstmals als Stadt erwähnt.

N., Landkr. in Brandenburg.

Nauheim, Bad ↑ Bad Nauheim.

Naukratis, ehem. griech. Kolonie in Ägypten, 20 km sö. von Damanhur; gegr. um 650 v. Chr., seit dem 6. Jh. v. Chr. einziger den Griechen in Ägypten offenstehender Handelsplatz.

Naumachie [zu griech. naũs „Schiff" und máchē „Schlacht"], theatral. Darstellung einer Seeschlacht, 46 v. Chr. erstmals von Cäsar in einem unter Wasser gesetzten Amphitheater in Rom veranstaltet.

Nauman, Bruce [engl. 'naʊmən], * Fort Wayne (Ind.) 6. Dez. 1941, amerikan. Künstler. – Installationen, Objekte, Plastiken, Zeichnungen, an M. Duchamp orientierte visuelle Wortspiele und Videoaufzeichnungen bestimmen sein Werk; in jüngsten Arbeiten tritt ein zeitkrit. Aspekt in den Vordergrund.

Naumann, Friedrich, * Störmthal bei Leipzig 25. März 1860, † Travemünde 24. Aug. 1919, dt. Politiker. – Strebte als Pfarrer in Langenberg (bei Hohenstein-Ernstthal) und als Vereinsgeistlicher der Inneren Mission in Frankfurt am Main eine Lösung der sozialen Frage durch prakt. Christentum und Gründung der Ev. Arbeitervereine an; wurde im Rahmen des Ev.-sozialen Kongresses Mittelpunkt eines liberalen Kreises (Führer der sog. Jungen), der sich zunehmend von der mit dem polit. Konservatismus verbündeten christl.-sozialen Bewegung A. Stoeckers abwandte; initiierte als parteiähnl. Gruppe den letztlich erfolglosen Nat.-sozialen Verein (1896) und schloß sich nach dessen Auflösung (1903) der Freisinnigen Vereinigung an; 1895 Gründung der Zeitschrift „Die Hilfe"; plädierte in „Demokratie und Kaisertum" (1900) für die cäsarist. Synthese von Autorität und Demokratie und entwarf in „Neudt. Wirtschaftspolitik" (1906) ein gesellschaftspolit. Programm des Linksliberalismus. 1907–12 und 1913–18 MdR (ab 1910 für die Fortschrittl. Volkspartei); setzte sich im 1. Weltkrieg für die Parlamentarisierung des Kaiserreichs ein und legte einen Plan für eine mitteleurop. imperialist.-föderalist. Wirtschaftsunion („Mitteleuropa", 1915) vor; 1919 in die Weimarer Nat.versammlung gewählt.

N., Johann Friedrich, * Ziebigk (= Cosa, Landkr. Köthen) 14. Febr. 1780, † ebd. 15. Aug. 1857, dt. Ornithologe. – Prof. und Inspektor am herzogl. Ornitholog. Museum in

Naumburger Meister. Der um 1240 für den Mainzer Dom geschaffene Bassenheimer Reiter, Sandsteinrelief, seit etwa 1700 über dem nördlichen Seitenaltar der Pfarrkirche in Bassenheim

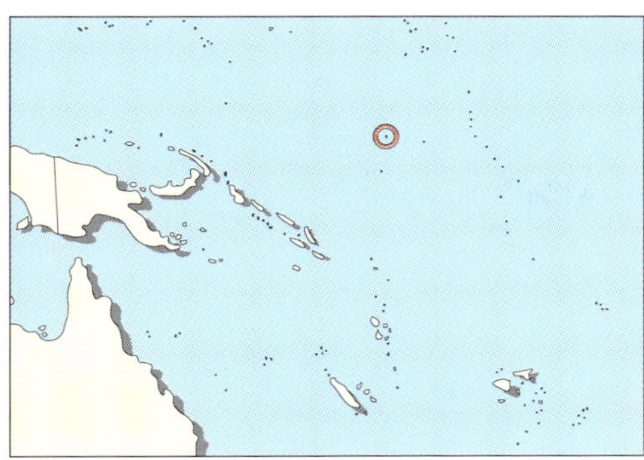

Nauru

Fläche: 21,3 km²
Bevölkerung: 8 100 E (1990), 380,3 E/km²
Verwaltungssitz: Yaren
Amtssprachen: Englisch, Nauruisch
Nationalfeiertag: 31. Jan. (Unabhängigkeitstag)
Währung: 1 Austral. Dollar ($A) = 100 Cents (c)
Zeitzone: MEZ +10½ Stunden

Köthen/Anhalt; Wegbereiter der dt. Feldornithologie. Künstlerisch hochbegabt, illustrierte er die zus. mit seinem Vater *Johann Andreas N.* (* 1744, † 1826) angelegte „Naturgeschichte der Vögel Deutschlands" (12 Bde., 1820 ff.).

N., Klaus Dieter, * München 25. Mai 1939, dt. General. – Eintritt in die Bundeswehr 1958; Artillerieoffizier; nach Truppendienst und Stabsverwendungen v. a. bei der NATO und im Verteidigungsmin. seit 1. Okt. 1991 Generalinspekteur der Bundeswehr.

Naumburg, Landkr. in Sachsen-Anhalt.

Naumburger Dom, doppelchörige, dreischiffige Pfeilerbasilika Sankt Peter und Paul in Naumburg/Saale mit Ostquerhaus und 4 Türmen; vor 1213 begonnen (vom Vorgängerbau Ostkrypta, 12. Jh., erhalten), Westchor nach 1249 ff., Ostchor um 1330 erweitert. Die fortschreitende Ablösung spätroman. durch got., frz. geprägte Stilformen gipfelt im Westlettner und den Stifterfiguren des ↑ Naumburger Meisters (13. Jh.).

Naumburger Meister, dt. Bildhauer des 13. Jh. – Benannt nach den Bildwerken am Westchor und am Westlettner des Naumburger Doms (um 1250). Die Stifterfiguren im Westchor sind sowohl in der Thematik als auch in ihrer lebensvollen Charakterisierung in ihrer Zeit einzigartig. Am Lettner Passionsszenen von dramat. Ausdruckskraft. Die Wurzeln dieses Stils liegen in Frankreich (Amiens, Reims). – *Weitere Werke:* Westlettner des Mainzer Doms (vor 1239, fragmentarisch erhalten), Bassenheimer Reiter (um 1240); seit etwa 1700 in der Pfarrkirche in Bassenheim, Kr. Mayen-Koblenz).

Naumburg/Saale, Krst. an der Mündung der Unstrut in die Saale, Sa.-Anh., 110 m ü. d. M., 29 000 E. Kirchl. Hochschule; Inst. für Obstzüchtung; Museum; Werkzeugmaschinenbau, Textil-, Leder-, chem. sowie Süßwarenind. – Nach Errichtung der namengebenden Neuen Burg (um 1010) wurde zw. 1028/30 der Sitz des Bistums Zeitz dorthin verlegt. Seit 1030 wird die Siedlung als Stadt bezeichnet (geschriebenes Stadtrecht um 1300). Die Peter-und-Pauls-Messe, eine der ältesten in Deutschland, konnte bis ins 19. Jh. mit der Leipziger Messe konkurrieren. – Neben dem ↑ Naumburger Dom sind kunsthistorisch bed. die spätgot. Stadtkirche Sankt Wenzel (v. a. 16. Jh., 1945 beschädigt; restauriert; mit Hildebrand-Orgel [1743/46], in jüngster Zeit in alter Disposition rekonstruiert), das spätgot. Rathaus (16. Jh.) und das spätgot. Marientor (1446).

Naupaktos ↑ Nafpaktos.

Nauplion ↑ Nafplion.

Nauplius [zu griech. naúplios „Krebs"] (Naupliuslarve), erstes Larvenstadium der Krebstiere; Körper länglich-oval, mit drei Gliedmaßenpaaren (erstes und zweites Antennenpaar, Mandibeln) und unpaarem medianem Pigmentbecherauge (↑ Naupliusauge).

Naupliusauge (Mittelauge), bei den Niederen Krebsen dauernd vorhandenes, bei den Höheren Krebsen nur während des Naupliusstadiums ausgebildetes, sehr einfaches, im allg. aus drei Pigmentbecherzellen zusammengesetztes Auge.

Nauru [na'u:ru] (amtl.: Republic of N.; dt. Republik N.), Staat im westl. Pazifik, bei 0° 32′ s. Br. und 166° 55′ ö. L. **Staatsgebiet:** Besteht aus der rd. 3 000 km nö. von Australien gelegenen Insel N. **Verwaltungsgliederung:** 13 Gem.-Bezirke. **Internat. Mitgliedschaften:** SPC; Commonwealth.
Landesnatur: N. ist eine ovale, von Riffen gesäumte, bis 65 m hohe Koralleninsel mit einer kleinen Lagune und einem zentralen, von mächtigen Phosphatablagerungen bedeckten Plateau. – Trop. Regenklima, Regenzeit Nov. bis Febr. – Verbreitet sind Kokospalme und Schraubenbaum.
Bevölkerung, Wirtschaft: Die Nauruer sind ein Mischvolk aus Polynesiern, Mikronesiern und Melanesiern. Daneben leben v. a. Chinesen und Europäer auf N. 54 % der Bev. gehören zur ev., 25 % zur kath. Kirche. Es besteht allg. Schulpflicht. – Der Phosphatabbau ist der einzige Wirtschaftszweig. Der Export erfolgt nach Australien, Neuseeland, Japan und Großbritannien. Eingeführt werden v. a. Nahrungsmittel, Baustoffe und Maschinen.
Verkehr: 5,2 km Eisenbahn ausschließlich für den Phosphattransport; eine 19 km lange Küstenstraße führt rund um die Insel. N. besitzt keinen Hafen; die Frachtschiffe ankern im Tiefwasser; Fluggesellschaft Air Nauru; ✈.
Geschichte: 1798 entdeckt; 1888 von Deutschland annektiert, 1914 von Australien besetzt; 1919 Völkerbundsmandat (C-Mandat) und der gemeinsamen Verwaltung von Großbritannien, Neuseeland und Australien unterstellt, 1942–45 von Japan besetzt, ab 1947 UN-Treuhandgebiet unter früherer Verwaltung; seit 31. Jan. 1968 unabhängig.
Politisches System: Nach der Verfassung vom 31. Jan. 1968 ist N. eine unabhängige parlamentar. Republik im Commonwealth (mit Sonderbeziehungen). *Staatsoberhaupt* und oberster Inhaber der *Exekutive* ist der vom Parlament aus den eigenen Reihen gewählte Staatspräs. Er ist zugleich

Nauru

Staatswappen

Nauru. Korallenbauten an der Küste von Nauru

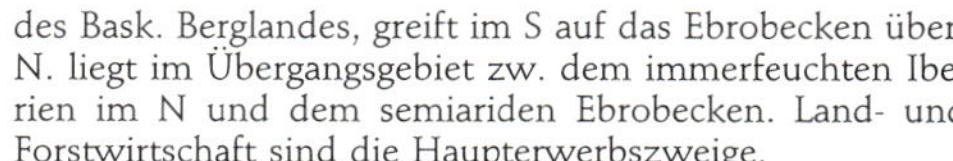

Navajo. Frau am Webstuhl

Außen- und Innenmin. sowie u. a. Min. für Entwicklung und Ind.; das Kabinett besteht aus ihm und 4 weiteren Min. und ist dem Parlament verantwortlich. Die *Legislative* liegt beim Gesetzgebenden Rat (18 für 3 Jahre gewählte Mgl.). 1987 wurde die Democratic Party of N. (DPN) gegr. Es gibt ein Oberstes Gericht, ein Distriktsgericht und ein Familiengericht.

Nausea [zu griech. nausía „Seekrankheit"], Übelkeit mit Brechreiz, Schwindel, v. a. als Symptom der Bewegungskrankheit (z. B. bei Schiffsreisen).

Nausikaa [...ka-a], Gestalt der griech. Mythologie, Tochter des Phäakenkönigs Alkinoos, auf dessen Insel Scheria der von Poseidon verfolgte Odysseus sich schwimmend retten kann. Als N. und ihre Gefährtinnen Odysseus erblicken, ergreifen alle außer N. die Flucht. Durch die Worte des Fremden gerührt, läßt N. ihm Kleider bringen und geleitet ihn an den Hof ihres Vaters.

Nautical mile [engl. 'nɔːtɪkəl 'maɪl] ↑Seemeile.

Nautik [zu griech. nautikḗ (téchnē) „Schiffs(kunst)"], Schiffahrtskunde; die zur Schiffahrt gehörenden Wissensgebiete, insbes. die Navigation sowie alle die Schiffsführung betreffenden Bereiche.

Nautilus [engl. 'nɔːtɪləs, griech.], Name des ersten (amerikan.) U-Boots mit Kernenergieantrieb, das auch als erstes U-Boot das Eis am Nordpol untertauchte. Indienststellung 1955, Außerdienststellung 1980.

Nautilus [zu griech. nautílos „Seefahrer"], svw. ↑Perlboote.

nautische Bücher, Gesamtheit der für die Navigation an Bord eines Schiffes mitzuführenden Bücher (Seehandbücher, Leuchtfeuerverzeichnisse, Strömungsatlanten, naut. Tabellen, Logbuch) und Seekarten; insbes. das Naut. Jahrbuch, das jährlich vom Deutschen Hydrograph. Institut herausgegeben wird.

nautische Meile, svw. ↑Seemeile.

nautisches Dreieck, svw. ↑astronomisches Dreieck.

Navajo [span. na'βaxo, engl. 'nævəhoʊ] (Navaho), nordamerikan. Indianerstamm, der als einziger in großem Umfang Viehzucht (v. a. Schafhaltung) von den Europäern übernommen hat. Die 192 000 N. leben v. a. in der 64 000 km² großen N.-Reservation in Arizona, New Mexico und Utah. Bed. Kunsthandwerk, v. a. farbige Webdecken und Silberschmuck. Berühmt auch ihre Sandmalereien. Ihre Sprache N. gehört zum südl. Zweig der athapask. Sprachfam. innerhalb des Nadene-Sprachstammes. Sie ist eine Schriftsprache und verfügt über eine reiche Literatur.

Navarino, Seeschlacht von N., ↑Pilos.

Navarra [span. na'βarra], span. Region an der frz. Grenze, 10 421 km², 521 940 E (1991), Verwaltungssitz Pamplona; umfaßt im NO Teile der Pyrenäen, im NW Teile des Bask. Berglandes, greift im S auf das Ebrobecken über. N. liegt im Übergangsgebiet zw. dem immerfeuchten Iberien im N und dem semiariden Ebrobecken. Land- und Forstwirtschaft sind die Haupterwerbszweige.

Geschichte: Als Land der Basken während der westgot. Herrschaft (5.–8. Jh.) weitgehend selbständig; 711 von den Arabern besetzt, aber nicht dauerhaft beherrscht; wurde unter dem bask. Fürsten Sancho García 905 Kgr.; Sancho III. (♔1000–1035) vereinigte das beiderseits der Pyrenäen gelegene Reich 1026 mit Kastilien, doch teilten seine Söhne das Erbe, so daß nach Abspaltung von Kastilien und Aragonien nur ein Klein-Kgr. N. blieb; ab 1234 von frz. Dyn. beherrscht, wurde 1284 Bestandteil der frz. Monarchie, 1328 wieder selbständig. 1484 übernahm das Haus Albret die Herrschaft; 1512 eroberte Ferdinand II. von Aragonien N. südl. der Pyrenäen, das – der Krone Kastilien angegliedert – bis 1841 eine Sonderstellung im Kgr. Spanien besaß; das nördl. N. gelangte 1589 an Frankreich.

Navarrete, Juan Fernández de, span. Maler, ↑Fernández de Navarrete, Juan.

Navelorange [engl. 'neɪvəl „Nabel"] (Navel, Nabelorange), (fast) kernlose Frucht einer aus Amerika stammenden Kulturform der Orange mit kräftiggelber Schale und kleiner, am unteren Pol außen einen kleinen Nabel bildender Nebenfrucht.

Navier, Claude Louis Marie Henri [frz. na'vje], * Dijon 15. Febr. 1785, † Paris 23. Aug. 1836, frz. Ingenieur. – 1819 Prof. für Mechanik in Paris. Wichtige Beiträge zur Elastomechanik und zur Baustatik (u. a. zur Theorie der Hängebrücken).

Navigation [zu lat. navigatio „Schiffahrt"], i. w. S. das Führen eines Wasser-, Luft- oder Raumfahrzeugs von einem Ausgangsort auf bestimmtem Wege zu einem Zielort, einschl. der dazu erforderl. Meß- und Rechenvorgänge. Bei der bordautonomen N. können sämtl. für die N. erforderl. Meß- und Rechenvorgänge an Bord des Fahrzeugs vorgenommen werden. Hierzu gehört insbes. die sog. **Koppelnavigation,** bei der, ausgehend von einem bekannten Ausgangsort, durch laufende Messung der Geschwindigkeit, gegebenenfalls auch der Beschleunigung des Fahrzeugs und geeignete Integration dieser Meßwerte die Bahn des Fahrzeugs berechnet wird (*Besteck-, Kurs-* oder *Koppelrechnung*). – Nach den Grundlagen und den meßtechn. Hilfsmitteln und Möglichkeiten unterscheidet man: 1. terrestr. N. und Sicht-N.: Ausnutzung der naturgegebenen Eigenschaften der Erde, z. B. der Erddrehung (Kreiselkompaß), der Atmosphäre und Hydrosphäre (durch Fahrtmesser, Höhenmesser, Variometer); 2. ↑Funknavigation: Ausnutzung der Funksignale spezieller N.sender[systeme], einschl. ↑Instrumentenlandesystem, ↑Mikrowellenlandesystem und ↑Satellitennavigation; 3. Schall-N.: Ausnutzung der Ausbreitungseigenschaften von Schallwel-

Martina Navratilowá

Ernst Wilhelm Nay. Feuerfächer, 1964 (Privatbesitz)

len (Echolot, Sonar); 4. ↑Astronavigation; 5. ↑Trägheitsnavigation.

Navigationsakte, Bez. für engl. Gesetze, die zur Förderung der nat. Schiffahrt erlassen wurden; erstmals 1381. Die 1651 beschlossene N. (erneuert und erweitert 1660, 1663 und 1673) sollte die engl. Schiffahrt gegenüber dem niederl. Zwischenhandel begünstigen und die Abhängigkeit der engl. Kolonien vom Mutterland festigen. Das Gesetz bestimmte, daß ausländ. Waren nur auf engl. Schiffen oder Schiffen des Ursprungslandes nach England eingeführt werden durften. Die engl. Küstenschiffahrt und der Verkehr der engl. Kolonien untereinander blieben engl. Schiffen vorbehalten. Die N. wurde 1849/54 aufgehoben.

Nazarener. Johann Friedrich Overbeck, Italia und Germania, 1811–28 (München, Neue Pinakothek)

Navon, Yitzhak, *Jerusalem 19. April 1921, israel. Politiker. – Schloß sich 1951 der Mapai an; 1952–63 polit. Sekretär D. Ben Gurions; 1965–78 Abg. der Knesset; 1978–83 Staatspräs.; 1984–90 stellv. Min.präs. und Min. für Erziehung und Kultur.

Navratilowá, Martina, *Revnice bei Prag 18. Okt. 1956, amerikan. Tennisspielerin tschech. Herkunft. – Gewann neben vielen Turnieren in Wimbledon das Einzel 1978, 1979, 1982–86, das Doppel 1976, 1979, 1982–86; Weltranglistenerste Sept. 1979–Aug. 1987.

Nävus [lat.], svw. ↑Muttermal.

Nawaz Sharif, Mian [naˈvaz ʃaˈriːf], *Lahore 1948, pakistan. Politiker. – Wirtschaftsmanager; wurde 1985 Chef-Min. der Prov. Punjab und Vors. der Muslim-Liga, die unter seiner Führung mit anderen Parteien das Wahlbündnis Islam. Demokrat. Allianz (IDA) schloß; 1990–93 Min.präsident.

Naxos, älteste griech. Siedlung auf Sizilien, 735 v. Chr. von Chalkis aus unterhalb des heutigen Taormina gegr.; 403 v. Chr. durch Dionysios I. zerstört; ausgegraben sind Teile der Stadtmauer und ein Heiligtum.

N., Hauptort der Insel N., an der NW-Küste, 3 700 E. Sitz eines griech.-orth. und eines kath. Bischofs. – Über N. Reste eines fränk. Kastells; Antoniuskapelle (15. Jh.).

N., größte Insel der Kykladen, Griechenland, 428 km², 14 000 E; gebirgig (bis 1 001 m ü. d. M.). Marmor- und Schmirgelabbau; Wein-, Getreide- und Gemüsebau. – Errang um 550 v. Chr. eine bed. Machtstellung in der Ägäis; 490 von den Persern erobert; Mgl. des Att.-Del. Seebundes; diente in röm. Kaiserzeit als Verbannungsort; wurde 1207 Sitz eines gleichnamigen Hzgt., 1579 osman., 1830 Teil des neugriech. Staates.

Nay, Ernst Wilhelm, *Berlin 11. Juni 1902, †Köln 8. April 1968, dt. Maler und Graphiker. – Schüler von K. Hofer. Malte seit den 50er Jahren abstrakt: rhythm., dicht an dicht gesetzte arabeske Farbformen oder -flecken in leuchtenden Tönen. Schrieb „Vom Gestaltwert der Farbe" (1955).

Nayarit, Staat im westl. Mexiko, am Pazifik, 26 979 km², 857 000 E (1989), Hauptstadt Tepic. Die im N des Staates bis 50 km breite Küstenebene wird im S von einem Bergland eingeschränkt, das nach O in die Sierra Madre Occidental übergeht. In der Küstenebene Anbau von Weizen, Zuckerrohr, Tabak.

Nazaräerevangelium ↑Nazoräer.

Nazarener, Beiname Jesu („von Nazareth") und gelegentlich seiner Anhänger (↑Nazoräer).

Nazarener, urspr. Spottname für den 1809 in Wien von J. F. Overbeck, F. Pforr u. a. nach dem Vorbild ma. Bruderschaften gegr. „Lukasbund" östr. und dt. Maler. 1810 schlossen sich die Lukasbrüder in dem ehem. Kloster San Isidoro in Rom zusammen. Später folgten P. von Cornelius, W. Schadow, J. Schnorr von Carolsfeld u. a. Anliegen der N. war die Wiedererweckung der altdt. und italien. Malerei (Perugino und Raffael). In ihrer Malerei mischten sich krasser Realismus und sentimentale Mystik. – *Werke:* Fresken in der Casa Bartholdy (1816–18; heute Berlin, Nationalgalerie) und im Casino Massimo, Rom (1818–29).

Nazareth, Stadt in N-Israel, in den galiläischen Bergen, 48 100 E. N. ist die größte arab. Stadt im eigtl. Israel; die 1957 gegr. israel. Siedlung **Nazerat Illit** (20 000 E) liegt auf den Höhen unmittelbar östlich. N. ist Verwaltungssitz des Norddistr.; griech.-orth. theolog. Seminar, philosoph. Seminar; Terra-Sancta-Museum; zahlr. Kirchen, Klöster und kirchl. Anstalten. Die arab. Unterstadt hat überwiegend oriental. Gepräge; Handelszentrum und Wallfahrtsort (Heimatort der Eltern Jesu). – Verkündigungskirche (1967; Vorgängerbauten 5. Jh., 1102–1106; 1730). – Abb. S. 48.

Nazca [span. ˈnaska], peruan. Stadt am Río N., 620 m ü. d. M., 14 000 E. Archäolog. Museum; Agrarzentrum an der Carretera Panamericana. – Die nach N. ben. **Nazcakultur** breitete sich im Tal des Río N. und in den nördl. gelegenen Tälern des Río Ica und Río Pisco aus; entwickelte sich um 200 n. Chr. aus der Paracaskultur; berühmt ihre mehrfarbigen Tongefäße; Textilien; gehämmerter Goldschmuck; große Städte. In den steinübersäten Wüstenboden um N. sind die Bilder von 18 Kondoren (bis 122 m Durchmesser) durch Entfernen loser Steine eingezeichnet sowie kilometerlange Liniensysteme, über deren Bestimmung es nur Vermutungen gibt.

Nazca. Nazcakultur, Kanne mit Doppelausguß (Stuttgart, Linden-Museum)

Nazca. Nazcakultur, bemaltes Baumwollgewebe aus Südperu, 300–500 n. Chr. (München, Staatliches Museum für Völkerkunde)

Nâzım Hikmet Ran [türk. naˈzɨm] ↑Hikmet, Nazim.

Nazoräer (Nazaräer) [zu hebr. und aram. natzar „bewahren, beachten"], von dem Titel Jesu „der Nazoräer" in den Evangelien abgeleitete Bez. für die Christen, dann die syr. Judenchristen, deren fragmentarisch erhaltenes (apokryphes) **Nazaräerevangelium** wohl eine Bearbeitung des Matthäusevangeliums darstellt (wahrscheinlich 2. Jh.).

Nb, chem. Symbol für ↑Niob.

NB, Abk. für lat.: ↑**n**ota**b**ene.

NBC [engl. ˈɛnbiːˈsiː], Abk. für: ↑**N**ational **B**roadcasting **C**ompany.

N. C. [engl. ˈɛnˈsiː], Abk. für: **N**orth **C**arolina, Staat der USA.

n. Chr., Abk. für: **n**ach **Chr**istus (Christi Geburt).

NC-Maschinen [NC Abk. für engl.: **n**umeric **c**ontrol], svw. ↑Numerikmaschinen.

Nd, chem. Symbol für ↑Neodym.

NDB, Abk. für: **N**eue **D**eutsche **B**iographie (↑Allgemeine Deutsche Biographie).

Ndebele, Bantustamm in Z-Transvaal, heute in zwei Gruppen gespalten: die *Nord-N.* (265 000), die sich den Nord-Sotho akkulturierten, und die *Süd-N.* (392 000), die sich den Swasi akkulturierten; letztere erhielten 1976 das Bantuheimatland Kwa Ndebele.

N'Djamena [frz. ndʒameˈna] (früher **Fort-Lamy**), Hauptstadt der Republik Tschad, am Schari, 294 m ü. d. M., 512 000 E. Kath. Erzbischofssitz; Univ. (seit 1971), Nat.-museum. Wichtige Ind.stadt; Straßenknotenpunkt, Flußschiffahrt, Brücke über den Schari; internat. ✈. – Gegr. 1900.

N'Djamena
Hauptstadt der Republik Tschad
·
512 000 E
·
Ind.zentrum
·
Verkehrsknotenpunkt
·
Univ. (seit 1971)
·
bis 1973 Fort-Lamy
·
gegr. 1900

Ndola, Stadt in Sambia, im SO des Kupfergürtels, 1 250 m ü. d. M., 443 000 E. Verwaltungssitz der Prov. Copperbelt, kath. Bischofssitz; techn. College; jährl. internat.

Nazareth. Verkündigungskirche, 1967

Handelsmesse; Kupferhütte, Erdölraffinerie (Pipeline von Daressalam), Kfz-Montage; Herstellung von Grubenausrüstungen, Chemikalien, Nahrungsmitteln; Verkehrsknotenpunkt, internat. ✈. – Gegr. 1902.

Ndouo ↑Niari.

NDPD, Abk. für: ↑**N**ational-**D**emokratische **P**artei **D**eutschlands.

Ne, chem. Symbol für ↑Neon.

Neagh, Lough [engl. lɔk 'nɛɪ], vom Bann durchflossener See im östl. Nordirland, mit 396 km² größter See der Brit. Inseln.

Neander, Joachim, *Bremen 1650, †ebd. 31. Mai 1680, dt. ref. Theologe und Kirchenlieddichter. – Von Calvin und dem Pietismus beeinflußt, zeigen sich in seinen zahlr. Kirchenliedern (u. a. „Lobe den Herren ...") der Einfluß der ref. Föderaltheologie und eine starke Betonung der Königsherrschaft Gottes.

N., Johann August Wilhelm, urspr. David Mendel (bis 1806), *Göttingen 17. Jan. 1789, †Berlin 14. Juli 1850, dt. ev. Theologe jüd. Herkunft. – Ab 1813 in Berlin Prof. für Kirchengeschichte. N. gilt als der Begr. der neueren ev. Kirchengeschichtsforschung. Kirchengeschichte ist für N. die Auseinandersetzung zw. dem Geist Christi und dem Geist der Welt. – *Hauptwerk:* Allg. Geschichte der christl. Religion und Kirche (1825–52).

Neandertal [ben. nach J. Neander], sw. von Mettmann, NRW, gelegener, schluchtartig in das Berg. Land eingeschnittener Teil des Tals der Düssel. Zahlr. Höhlen fielen dem um 1850 begonnenen Steinbruchbetrieb zum Opfer, darunter die *Feldhofer Grotte.*

Neandertaler, nach dem 1856 in der Kleinen Feldhofer Grotte im Neandertal bei Düsseldorf gemachten Knochenfund ben. Menschenform. Der N. war eine Frühform des Homo sapiens (Homo sapiens neanderthalensis), die in weiten Teilen der Alten Welt zw. 300 000–40 000 lebte. Die Kultur des N. ist das Mittelpaläolithikum. Viele Anthropologen sehen im N. eine ausgestorbene Seitenlinie der Menschheit, während der archäolog. Fundstoff eine Weiterentwicklung zum heutigen Menschen wahrscheinlich macht. Deutl. Unterschiede zum morphologisch modernen Menschen sind die gedrungene, kräftige Körpergestalt, ein flach gewölbter Hirnschädel mit einem Hirnvolumen von 1 500–1 600 cm³, starke Überaugenwülste, große runde Augenhöhlen und ein Unterkiefer ohne vorspringendes Kinn. Bisher wurden – mehr oder weniger bruchstückhafte – Reste von etwa 150 Individuen gefunden. Der N. war ein extrem auf seine Umwelt spezialisierter Altmensch (↑Mensch, Abstammung). Er lebte v. a. in der Tundra unter Bedingungen, wie sie heute etwa im nördl. Lappland bestehen. Die N. waren Jäger und Sammler. Als Werkzeuge dienten ihnen v. a. Faustkeile und Abschlagwerkzeuge, daneben Schaber und bereits Messer. – Die Zahl der jeweils gleichzeitig lebenden N. wird auf nicht viel größer als einige Tausend geschätzt.

Neanthropinen [griech.], svw. ↑Jetztmenschen.

Neapel
Stadtwappen

Neapel
Hafenstadt in S-Italien
·
1,203 Mill. E
·
am Fuß des Vesuvs
·
bed. Wirtschaftszentrum
·
aus zwei griech. Kolonien entstanden
·
nach 1282 Hauptstadt des Kgr. Neapel
·
Kirchenbauten des 13./14. Jh. mit bed. Grabmälern

Neapel (italien. Napoli), italien. Stadt am Golf von N., 15 m ü. d. M., 1,203 Mill. E. Hauptstadt der Region Kampanien und der Prov. N.; kath. Erzbischofssitz; Univ. (gegr. 1224), Handelshochschule, Meerwasseraquarium mit biolog. Forschungsstation, Polytechnikum, oriental. Inst., vulkanolog. Inst., Erdbebenwarte, Kunstakad., Musikhochschule, Observatorium; mehrere Museen, u. a. Nationalmuseum, Gemäldegalerien, Bibliotheken, Staatsarchiv; Theater, Filmfestspiele. N. bildet zus. mit seinem Umland – von den Küstensiedlungen bis zum Vesuv – den wichtigsten wirtsch. Schwerpunkt in S-Italien: Eisen- und Stahlind., Raffinerien, Werften, Textil-, Leder-, chem. und Nahrungsmittelind. haben überregionale Bed.; Marktzentrum für die landw. Produkte des Umlandes; Hafen, Schnittpunkt wichtiger Verkehrslinien; Fremdenverkehr; ✈.

Geschichte: Ging hervor aus einer im 8./7. Jh. von Kyme (Cumae) aus gegr. Kolonie (wahrscheinlich **Parthenope** gen.) und einer benachbarten Neugründung (**Neapolis** „Neustadt") des 5. Jh.; 89 v. Chr. erhielt Neapolis röm. Bürgerrecht, wurde in der Kaiserzeit Kolonie und Zentrum griech. Kultur in Italien. Seit 553 byzantin., errang im 7. Jh. unter einem eigenen Dux (oft gleichzeitig Bischof, seit der 2. Hälfte des 10. Jh. Erzbischof) Autonomie, bis es 1139 mit dem Hzgt. N. (das auch Cumae, Pozzuoli, Sorrent umfaßte) von Roger II. von Sizilien unterworfen wurde und seitdem zum Kgr. Sizilien gehörte.

Bauten: Trotz mehrerer Erdbeben und Zerstörungen im 2. Weltkrieg ist N. reich an Baudenkmälern, u. a. der Dom San Gennaro (13. Jh.; mit älteren Bauteilen; mehrfach verändert), die Kirchen San Gennaro extra moenia (z. T. 2. Jh.; mehrfach umgebaut), San Lorenzo Maggiore (um 1270–1330; barockisiert), San Martino (14. Jh., heute Museum). Auf einer kleinen Felseninsel liegt das Castel dell'Ovo (12., 13., v. a. 16. Jh.). Das Castel Nuovo (1279 bis 1284) war königl. Residenz bis zum Bau des Palazzo Reale (1600 begonnen, v. a. 19. Jh.; jetzt Bibliothek und Museum). Im Park von Capodimonte Schloß (18./19. Jh.).

Neapel. Die Bucht von Neapel, im Hintergrund der Vesuv

N., ehem. Kgr., das Unteritalien und 1130–1282, 1442–58, 1504–1707/13, 1720 bis 1798, 1799–1805 sowie 1816–60 auch Sizilien umfaßte (bis 1282 Kgr. Sizilien, 1816–60 Kgr. beider Sizilien). Im 6. Jh. errichteten die Langobarden in diesem Gebiet das Hzgt. ↑Benevent. Nachdem im 11. Jh. die Normannen Unteritalien und Sizilien erobert hatten, erlebte das Land unter Roger II. (♔1101–54; Königstitel seit 1130) eine ungewöhnl. Blüte. Das von ihm geschaffene Staatswesen trug bereits Züge des modernen zentralist. Beamtenstaates. 1186 heiratete der spätere Kaiser Heinrich VI. Rogers Erbtochter Konstanze. Damit wurde der Staufer 1194 Erbe des unteritalien. Reiches. Kaiser Friedrich II. organisierte Verwaltung, Rechtspflege und Finanzwesen streng zentralistisch (Konstitutionen von Melfi 1231). Karl I. von Anjou (♔1265–85) beendete die Stauferherrschaft; gegen sein hartes Regime richtete sich 1282 ein Aufstand (↑Sizilianische Vesper), der die Trennung Siziliens vom Kgr. N. zur Folge hatte. Sizilien kam an Aragonien (1285 Sekundogenitur). Robert I. von Anjou (1309–43) baute unter Anlehnung an Frankreich und das Papsttum seine Stellung aus, vermochte aber nicht, Sizilien zurückzuerobern. Nach Absetzung der Königin Johanna I. (♔1343–82) übertrug Papst Urban VI. N. ihrem Verwandten Karl von Durazzo (Karl III. von N.-Sizilien). Im Kampf um das Erbe Johannas II. (♔1414–35) eroberte König Alfons V. von Aragonien (†1458) 1442 N. und vereinigte es wieder mit Sizilien. Karl VIII. von Frankreich, der als Erbe der Anjou N. beanspruchte, eroberte 1495 die Stadt. Nachdem Ferdinand II. von Aragonien 1504 die Franzosen aus N. vertrieben hatte, wurden N. und Sizilien bis 1707 als Vize-Kgr. der span. Krone unterstellt; zahlr. Aufstände waren die Folge. 1713 kam N., das östr. Truppen 1707 (Span. Erbfolgekrieg) besetzt hatten, an Österreich, während Sizilien zunächst als Kgr. an Savoyen, 1720 im Tausch gegen Sardinien ebenfalls an Österreich fiel. Doch schon 1735 ging N.-Sizilien als unabhängige Sekundogenitur an die span. Bourbonen. N. wurde zu einem Zentrum der europ. Aufklärung. Republikan. Revolten scheiterten, bis Anfang 1799 unter dem Schutz frz. Revolutionstruppen in N. die Parthenopeische Republik ausgerufen wurde; sie brach wenige Monate später unter dem Gegenangriff eines königstreuen Volksheeres zusammen. 1806 wurde N. von Napoleon I. erobert, der zunächst seinen Bruder Joseph, 1808 seinen Schwager J. Murat zum König erhob, während sich Ferdinand IV. auf Sizilien halten konnte, 1815 nach N. zurückkehrte und sich ab 1816 (als Ferdinand I.) König beider Sizilien nannte; mit östr. Hilfe schlug er die Revolution von 1820/21 brutal nieder, die in N. eine radikale Verfassung nach span. Vorbild, in Sizilien die Wiederherstellung der alten Autonomie angestrebt hatte. 1848 gab Ferdinand II. der Verfassungsforderung zunächst nach, konnte aber kurze Zeit später sein absolutist. Regiment wieder verstärken. Nach der Invasion Garibaldis (Eroberung Siziliens im Mai 1860, im Sept. Einzug in N.) schlossen sich N. und Sizilien am 21. Okt. 1860 durch Volksabstimmung dem neuen Kgr. Italien an.

neapolitanische Schule, Komponistengruppe, die etwa ab 1650 über 100 Jahre lang, von Neapel ausgehend, die Geschichte der Oper maßgeblich bestimmte. Als ihr Begründer gilt F. Provenzale, ihr erster führender Meister war A. Scarlatti. Bestimmende Gattung war zunächst die Opera seria mit ihren stark idealisierten Gestalten und ihrer festgefügten musikal. Abfolge von Rezitativ (für die Handlung) und Da-capo-Arie (für die Zustandsschilderung) und der stets dreiteiligen Sinfonia als Ouvertüre. Weitere wichtige Komponisten waren N. Porpora, L. Vinci, F. Feo, L. Leo, J. A. Hasse, N. Jommelli und T. Traetta. Beeinflußt von der n. S. waren Händel, Gluck und Mozart. Als zweite wichtige Gattung der n. S. entstand im 18. Jh. aus den in die Opera seria eingeschobenen Intermezzi die volkstümlichere, heiter-burleske Opera buffa. Sie erlangte Weltgeltung seit G. P. Pergolesis „La serva padrona" (1733). Weitere Meister waren N. Piccinni, G. Paisiello, D. Cimarosa.

Neapol Skifski [russ. nɪ'apɛlj 'skifskij], Ruinenstadt am SO-Rand von Simferopol, Ukraine; Hauptstadt eines im 4./3. Jh. v. Chr. gegr. skyth. Staates und Handelsmittelpunkt für die skyth. Stämme und griech. Kolonien der Krim; im 4. Jh. n. Chr. von den Hunnen zerstört; nahebei eine Nekropole mit steinernem Mausoleum und zahlr. Gräbern skyth. Adliger.

Neapel. Castel Nuovo, 1279–84

Nearchos (Nearch), ⚔ 312 v. Chr. (?), Jugendfreund und Flottenbefehlshaber Alexanders d. Gr. – Erkundete 326/325 den Seeweg von der Indusmündung durch den Pers. Golf; sein Seetagebuch ist bei Arrian z. T. erhalten.

Nearktis [griech.] (nearktische Region), tiergeograph. Region, umfaßt kalte, gemäßigte und subtrop. Klimate Nordamerikas einschl. Grönlands; Teilbereich der ↑Holarktis.

Nearthrose [griech.], krankhafte Neubildung eines Gelenks, z. B. in Form einer verlagerten Pfanne bei Hüftgelenkluxation; auch Bez. für die chirurg. Wiederherstellung eines Gelenks, z. B. bei Gelenkversteifung.

Gerhard Nebel

Nebel, Gerhard, *Dessau 26. Sept. 1903, †Stuttgart 23. Sept. 1974, dt. Schriftsteller und Essayist. – Lehrer; ab 1933 Berufsverbot. Sein philosoph., essayist. und kulturkrit. Werk zeigt seine Entwicklung vom nihilist. Ästheten zum Verfechter der christl.-prot. Lehre. Seine dokumentar. Kriegstagebücher „Bei den nördl. Hesperiden" (1948), „Auf auson. Erde" (1949) und „Unter Partisanen und Kreuzfahrern" (1950) sind eine schonungslose Abrechnung mit dem Militarismus.

Rudolf Nebel

N., Rudolf, *Weißenburg i. Bay. 21. März 1894, †Düsseldorf 18. Sept. 1978, dt. Ingenieur. – Stellte 1930 sein erstes Raketentriebwerk vor und lieferte wichtige Vorarbeiten für Raumfahrtträgerraketen.

Nebel [zu althochdt. nebul, urspr. „Feuchtigkeit, Wolke"], allg. ein Aerosol, das flüssige Schwebeteilchen (Tröpfchen) enthält; i. e. S. kondensierter Wasserdampf in bodennahen Luftschichten. In der Meteorologie wird von N. gesprochen, sobald die Sicht unter 1 km zurückgeht. N. entsteht, wenn sich feuchte Luft bei Anwesenheit einer ausreichenden Zahl von Kondensationskernen unter den ↑Taupunkt abkühlt. *Strahlungs-N.* tritt in klaren, windstillen oder windschwachen Nächten auf, wenn als Folge starker Wärmeausstrahlung der Erdoberfläche gegen den wolkenlosen Himmel sich der Boden und die bodennahen Luftschichten bis unter den Taupunkt abkühlen. Über feuchten Niederungen und über Seen ist er als flacher, dem Erdboden aufliegender *Boden-N.* (z. B. als *Wiesen-, Tal-* oder *See-N.*) zu beobachten. Durch Ausstrahlung an der Dunstobergrenze einer Inversion bildet sich *Hoch-N.* in Form einer Schichtwolke. *Mischungs-N.* entsteht durch Mischung verschiedener Luftmassen, z. B. wenn relativ warme, feuchte Luft im Winter vom Meer in das Festland strömt, sich mit der dort lagernden kalten Luft mischt und unter den Taupunkt abkühlt (↑Dampfnebel). Die N.tröpfchen haben einen Durchmesser von etwa 0,02 mm; sie schweben in der Luft, können sich aber auch zu größeren Tropfen vereinigen und an festen Oberflächen absetzen oder ausfallen *(nässender Nebel)*.

▷ in der *Astronomie* Bez. für diffuse helle oder dunkle bzw. schwach leuchtende Objekte am Himmel. Die *galakt. N.* gehören zum Milchstraßensystem. Sie sind nichtleuchtende Dunkelwolken oder leuchtende Ansammlungen interstellarer Materie, z. B. in Form von Emissions-, Reflexions- oder planetar. N. *Extragalakt. N.* sind Sternsysteme außerhalb der Milchstraße.

Nebelhöhle, eine der größten Karsthöhlen in der schwäbischen Alb, 8 km südlich von Reutlingen, Bad.-Württ.; 450 m lang, davon 380 m begehbar.

Nebelhorn, Gipfel in den Allgäuer Alpen, nö. von Oberstdorf, Bayern, 2 224 m.

Nebelhorn, akust. Signalanlage auf Schiffen, Leuchttürmen u. a., die bei Nebel und schlechter Sicht zur Verkehrssicherung betätigt wird.

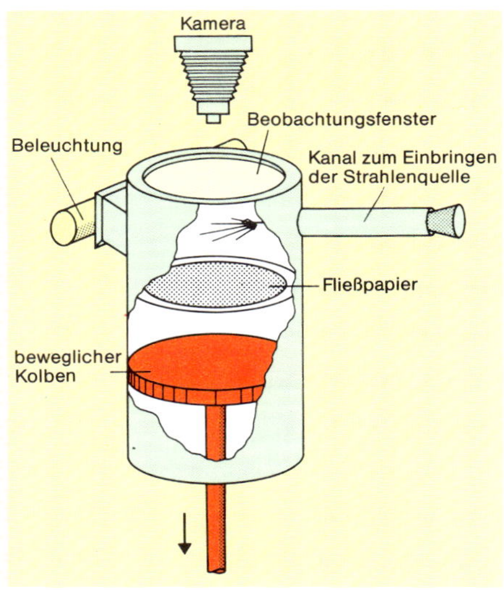

Nebelkammer. Schematische Darstellung: Aufbau und Funktionsprinzip einer Kolbenexpansionskammer

Nebelkammer (Wilson-Kammer), eine von C. T. R. Wilson entwickelte Spurenkammer zur Sichtbarmachung der Bahnen ionisierender Teilchen. Die Flüssigkeitströpfchen, die sich an den als Kondensationskerne wirkenden Ionen in einem mit Dampf übersättigten Gas bilden, sind als dünne, weiße Nebelstreifen sichtbar; diese Bahnspur wird photographiert und ausgewertet. Aus der Analyse der einzelnen Bahnspuren lassen sich u. a. Energie und Impuls der Teilchen bestimmen. Die Übersättigung des Dampfes entsteht z. B. durch plötzl. Unterkühlung, die man durch Vergrößerung des N.volumens mit Hilfe eines Kolbens erreicht *(Kolbenexpansionskammer)*.

Nebelkrähe (Graue Krähe, Corvus corone cornix), Rasse der Aaskrähe in O-Europa (etwa östl. der Elbe) und W-Asien; rd. 45 cm lange Vögel; unterscheiden sich von der sonst recht ähnl. ↑Rabenkrähe durch grauen Rücken und graue Unterseite.

Nebelkrähe

Nebelparder (Neofelis nebulosa), etwa 0,8 bis 1 m körperlange, oberseits vorwiegend ocker- bis bräunlichgelbe, unterseits hellere, gefleckte Katze in Wäldern S-Asiens; gewandt kletternder Baumbewohner mit langen Eckzähnen.

Nebelscheinwerfer ↑Kraftfahrzeugbeleuchtung.

Nebenabreden ↑Form (Rechtswesen).

Nebenaugen, svw. ↑Punktaugen.

Nebenblätter (Stipeln, Stipulae), Anhangsorgane (kleine „Auswüchse") am Blattgrund vieler zweikeimblättriger Pflanzen; meist paarig und blattartig entwickelt (z. B. bei Rosengewächsen), auch in Form paariger ↑Dornen (Nebenblattdornen).

Nebeneierstock (Epoophoron, Parovarium), neben dem Eierstock liegender funktionsloser Rest des unteren Abschnittes der Urniere; entspricht entwicklungsgeschichtlich beim Mann dem Nebenhoden.

Nebeneinkünfte ↑außerordentliche Einkünfte.

Nebenfolgen, Rechtsfolgen einer Straftat ohne speziellen Strafcharakter. Das StGB nennt als N. den Verlust der Amtsfähigkeit und der Wählbarkeit als Folge der Verurteilung wegen eines Verbrechens zu einer Mindeststrafe von einem Jahr (zeitlich begrenzt auf 5 Jahre) sowie des Stimmrechts.

Nebenforderung, eine Forderung, die in ihrer Entstehung von einer Hauptforderung abhängig ist, z. B. Zinsen, Nutzungen, Prozeßkosten.

Nebengelenker (Nebengelenktiere, Fremdgelenker, Xenarthra), heute nur mit knapp 30 Arten vorkommende Unterordnung der Säugetiere (Ordnung Zahnarme) im südl. Nordamerika sowie in Mittel- und Südamerika; meist zahnlose Tiere mit (der Versteifung dienenden) Gelenkfortsätzen an Lenden- und letzten Brustwirbeln. Man teilt die heute lebenden N. in drei Fam. auf: Faultiere, Ameisenbären, Gürteltiere.

Nebenhoden (Epididymis), Teil der abführenden männl. Geschlechtswege der Wirbeltiere. Der N. geht entwicklungsgeschichtlich aus dem vorderen Abschnitt der Urniere hervor und ist bei den Säugetieren zu einem kompakten Organ geworden, das dem Hoden eng anliegt. Der N. der Säugetiere (einschl. des Menschen) besteht aus *N.kopf, N.körper* und *N.schwanz*. Der stark gewundene N.gang geht in den Samenleiter über. Der N. dient der Heranreifung befruchtungsfähiger Samenzellen und als Samenspeicher.

Nebenhodenentzündung (Epididymitis), meist durch aufsteigende infektiöse Entzündung von Prostata, Harnröhre, Blase oder Niere, auch durch Ausbreitung von Erregern auf dem Blutweg oder durch unfallbedingte Quetschung hervorgerufene Erkrankung mit schmerzhaftem, oft akut fieberhaftem Verlauf; ein Übergreifen auf den Hoden ist möglich.

Nebenhöhlen, svw. ↑Nasennebenhöhlen.

Nebenintervention (Streithilfe), Beteiligung eines Dritten an einem fremden zivil- oder arbeitsgerichtl. Rechtsstreit zur Unterstützung einer Partei, an deren Sieg er ein rechtl. Interesse hat. Der Beitritt setzt die Einreichung eines Schriftsatzes beim Prozeßgericht voraus und kann in jeder Lage des Rechtsstreits bis zur rechtskräftigen Entscheidung erfolgen. Beide Parteien des Hauptverfahrens können ihre Zurückweisung beantragen.

Nebenkern, svw. Nukleolus (↑Zelle).

Nebenklage, im Strafprozeßrecht der Anschluß einer berechtigten Person an die öff. Klage der Staatsanwaltschaft (§§ 395 ff. StPO). Nach der Neuregelung der N. durch das OpferschutzG vom 18. 12. 1986 steht die Befugnis zur N. bes. den Personen zu, die durch Mord- oder Tötungsversuch, durch Delikte gegen die sexuelle Selbstbestimmung, die persönl. Freiheit, durch Beleidigungs- oder Körperverletzungsdelikte verletzt wurden, ferner nahen Angehörigen eines Getöteten. Der Nebenkläger kann sich der öff. Klage in jeder Lage des Verfahrens (auch nach ergangenem Urteil zur Einlegung von Rechtsmitteln) durch schriftl. Anschlußerklärung anschließen. Das Gericht hat über die Berechti-

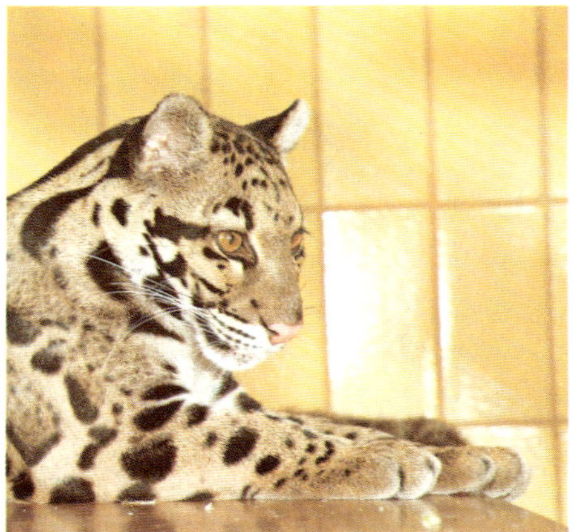

Nebelparder

gung zum Anschluß zu entscheiden. Der Nebenkläger kann an der Hauptverhandlung teilnehmen, Fragen und Anträge stellen und ist vor jeder gerichtl. Entscheidung zu hören. Im *östr.* und im *schweizer. Recht* ist die N. nicht vorgesehen.

Nebenlinie, in der Genealogie die Nachkommen des Zweit-, Drittgeborenen usw.

Nebenniere (Glandula suprarenalis), endokrines Organ der Wirbeltiere, das bei Säugetieren (einschl. des Menschen) kappenförmig jeder der beiden Nieren aufsitzt (ohne irgendwelche Beziehung zu diesen) und aus dem *N.mark* und der *N.rinde* besteht. Stammesgeschichtlich haben Mark und Rinde unterschiedl. Ursprung. Die Zellen des Marks entstammen dem Grenzstrang des sympath. Nervensystems bzw. kommen von der Neuralleiste her und werden insgesamt als **Adrenalorgan** bezeichnet. Die Zellen der Rinde entstehen aus dem (mesodermalen) Zölomepithel **(Interrenalorgan).** Beide Komponenten sind bei Rundmäulern, Knorpel- und Knochenfischen noch völlig getrennt; bei Amphibien liegen sie nebeneinander auf der Ventralseite der Nieren; bei vielen Reptilien und den Vögeln vermischen sich beide Gewebe in Form von Strängen; bei den Säugetieren formen sie dann das aus Mark und Rinde bestehende einheitl. Organ. Funktionell ist die N. (in bezug auf die N.rinde) durch ihre Hormonproduktion ein lebenswichtiges Organ. Die Interrenalzellen produzieren unter der Kontrolle von ACTH aus dem Hypophysenvorderlappen eine Reihe von Steroidverbindungen (N.rindenhormone). Das adrenale Gewebe des Marks dagegen produziert ↑Adrenalin und das eng verwandte ↑Noradrenalin. Die *N. des Menschen* sind 11–18 g schwer und von halbmondförmiger (links) bzw. dreieckiger (rechts), abgeplatteter Gestalt. Das (nicht lebensnotwendige) N.mark (mit einem Anteil von etwa 20 % gegenüber 80 % Rinde) hat eine weißgraue Farbe. Die (lebensnotwendige) gelbl. N.rinde besteht aus drei in den einzelnen Lebensaltern verschieden stark ausgebildeten Zonen von Epithelzellhaufen, nämlich der äußeren *Zona glomerulosa* (aus rundl. Zellhaufen), der mittleren *Zona fasciculata* (aus parallelen Zellsträngen) und der inneren *Zona reticularis* (aus netzartig angeordneten Strängen), die insgesamt rd. 40 verschiedene Kortikosteroide produzieren.
Die primäre N.insuffizienz entspricht der ↑Addison-Krankheit, die Überfunktion (je nach Kortikosteroidgruppe) dem Cushing-Syndrom (↑Cushing, H.) oder dem ↑adrenogenitalen Syndrom.

Nebennierenrindenhormone (Corticosteroide, Corticoide, Kortikosteroide), in den Nebennieren gebildete Steroidhormone, die sich nach ihrer Wirkung auf den Stoffwechsel in drei Gruppen einteilen lassen: 1. die **Androgene** (↑Geschlechtshormone); 2. die **Glukokortikoide,** die v. a. den Kohlenhydrat-, Fett- und Eiweißstoffwechsel beeinflussen. Sie verstärken die Zuckerbildung aus Eiweiß, erhöhen den Blutzuckerspiegel und vermehren den Glykogengehalt der Leber. Sie greifen außerdem auch in den Fettstoffwechsel ein und verändern die Fettverteilung im Körper. Bei Streß nimmt die Glukokortikoidsekretion zu, wodurch der Blutzuckerspiegel als schnell verfügbarer Energielieferant angehoben wird. Die Glukokortikoide unterdrükken allerg. und entzündl. Reaktionen, vermindern die Antikörperbildung und in lymphat. Geweben auch die RNS-Synthese. Natürlich vorkommende Glukokortikoide sind Hydrokortison (Kortisol), Kortison und Kortikosteron; 3. die **Mineralokortikoide** wirken auf die Elektrolytkonzentration und -zusammensetzung in den Körperflüssigkeiten und haben daher Einfluß auf die Verteilung des Wassers in den Geweben. – ↑Aldosteron, ↑Desoxykortikosteron.

Nebenordnung, svw. ↑Parataxe.

Nebenquantenzahl ↑Quantenzahl.

Nebensatz (Gliedsatz), unselbständiger Satz, der nur in Abhängigkeit von einem Hauptsatz vorkommt; nach dem Satzglied (oder Attribut), das der N. vertritt, unterscheidet man u. a. Subjektsatz, Objektsatz, Adverbialsatz, Attributsatz. Es gibt Nebensätze ohne und mit Einleitewort. Das Einleitewort kann ein Relativpronomen sein (Relativsatz), eine Konjunktion (Konjunktionalsatz), ein Interrogativpronomen (indirekter Fragesatz) oder ein Pronominaladverb oder Relativadverb. Der N. bildet ein syntaktisch in sich geschlossenes Gebilde mit Prädikat und dazugehörenden Ergänzungen; im eingeleiteten N. steht die Personalform des Prädikats an letzter Satzgliedstelle.

Nebenschilddrüsen (Beischilddrüsen, Epithelkörperchen, Glandulae parathyreoideae, Parathyreoidea), aus Epithelknospen der embryonalen Kiementaschen entstehende, kleine, gelbl. bis bräunl. Drüsen der vierfüßigen Wirbeltiere (einschl. des Menschen); meist in 1 oder 2 Paaren neben der Schilddrüse oder in deren randnahes Gewebe eingebettet; Funktion in vielen Fällen ungeklärt, bei Säugetieren (einschl. des Menschen) produzieren die N. das lebenswichtige ↑Parathormon. Eine häufige Erkrankung der N. ist die **Nebenschilddrüsenüberfunktion** (Hyperparathyreoidismus) mit vermehrter Bildung von Parathormon. Anzeichen sind Knochenentkalkung und Knochenschmerzen, Kalkablagerungen in verschiedenen Organen und Geweben (bes. frühzeitig Nierensteine), Muskelschwäche, Bauchspeicheldrüsenentzündungen.
Bei der **Nebenschilddrüseninsuffizienz** (Hypoparathyreoidismus) besteht ein Mangel an Parathormon. Verursacht wird diese Erkrankung meist durch eine Schädigung der N. bei einer Schilddrüsenoperation oder -bestrahlung. Hauptanzeichen ist eine gesteigerte Erregbarkeit des neuromuskulären Systems infolge verminderter Blutcalciumwerte; kann zu schmerzhaften Muskelkrämpfen führen.

Nebenschlußmaschine ↑Gleichstrommaschinen.

Nebenschlußwiderstand (Shunt), einem elektr. Leiter (dem sog. *Hauptschluß*) parallelgeschalteter Leiterzweig; wird z. B. bei Strommeßgeräten zur Vergrößerung des Meßbereichs verwendet.

Nebensonnen, atmosphärische Leuchterscheinungen zu beiden Seiten der Sonne (↑Halo).

Nebenstellenanlage, Fernsprechvermittlungsanlage, durch die Nebenstellen untereinander oder mit einer öff. Wählvermittlungsstelle verbunden werden können.

Nebenstrafen, strafrechtl. Sanktionen, die nicht allein, sondern nur neben Hauptstrafen verhängt werden können. Das StGB nennt als Nebenstrafe nur das Fahrverbot (§ 45). – ↑Nebenfolgen.

Nebentätigkeit, Tätigkeit, die neben dem Hauptberuf (Hauptamt) ausgeübt wird. – Bei Beamten ist die N. die Ausübung eines Nebenamtes oder einer Nebenbeschäftigung (innerhalb oder außerhalb des öff. Dienstes). Unter bestimmten Voraussetzungen ist ein Beamter auf Verlangen seiner obersten Dienstbehörde zur Ausübung einer N. verpflichtet; ansonsten sind N. gegebenenfalls genehmigungspflichtig. Nach dem *Arbeitsrecht* ist die N. eines Arbeitnehmers grundsätzlich zulässig, soweit hierdurch das Arbeitsverhältnis nicht beeinträchtigt wird. Beschränkungen können sich aus Tarifvertrag, Betriebsvereinbarung oder Arbeitsvertrag ergeben. – Nach dem *Einkommensteuerrecht* unterliegen Einkünfte aus einem zweiten Arbeitsverhältnis (nichtselbständige Tätigkeit) grundsätzlich der Lohnsteuer.

Nebenwinkel ↑Winkel.

Nebenwurzeln (Beiwurzeln), sproßbürtige Wurzeln, die zur normalen Entwicklung einer Pflanze gehören; z. B. an der Unterseite von Ausläufersprossen der Erdbeere.

Nebenzeit ↑Grundzeit.

ne bis in idem [lat. „nicht zweimal gegen dasselbe"], Maxime des Strafprozeßrechts im Verfassungsrang (Art. 103 Abs. 3 GG), nach der niemand wegen derselben Tat auf Grund der allg. Strafgesetze mehrmals verurteilt werden darf. Disziplinar. Sanktionen sind neben einem Strafurteil jedoch zulässig.

Jacques Necker

Louis Néel

Neblina, Pico da [brasilian. 'piku da ne'blina], mit 3 014 m höchster Berg Brasiliens, an der Grenze zu Venezuela.

Nebra, Landkr. in Sachsen-Anhalt.

Nebraska [ne'braska, engl. nɪ'bræskə], Bundesstaat im westl. zentralen Teil der USA, 200 350 km², 1,58 Mill. E (1990), Hauptstadt Lincoln.

Landesnatur: N. liegt zw. dem Missouri und den Rocky Mountains im Geb. der Great Plains. Die Lößzone im O und S des Landes wird im NW von einer hügeligen Sandfläche abgelöst. Das flachwellige, aus Kalken aufgebaute Land steigt gegen W hin leicht an und geht in den Bereich der High Plains über. Das Klima ist ausgeprägt kontinental. Die Niederschläge nehmen von O nach W bis auf 400 mm ab, so daß künstl. Bewässerung für den Ackerbau nötig ist.

Vegetation, Tierwelt: Nur noch vereinzelt ist die urspr. Vegetation (Grasland; im O Prärie, im W Kurzgras- und Wermutsteppe) erhalten. Von den früher hier verbreiteten riesigen Bisonherden leben noch einige Tiere im Fort Niobara Reservat bei Valentine.

Bevölkerung, Wirtschaft, Verkehr: Rd. 75 % der Bev. leben im O des Bundesstaates, fast 63 % in Städten. Bes. dicht besiedelt ist das Geb. um Omaha. Der Anteil der Schwarzen beträgt nur 3,3 %. 1988 wurden 4 000 Indianer gezählt. Die bedeutendste Univ. des Landes befindet sich in Lincoln. – Führender Wirtschaftszweig ist die Landw. Wichtigste Anbauprodukte sind Mais, Weizen, Hirse, Sojabohnen und Zuckerrüben. Bedeutender ist die Viehwirtschaft, in erster Linie die Rinder- und Schweinezucht. Einzige bed. Bodenschätze sind die Erdöl- und Erdgasvorkommen im SO und im äußersten W des Staates. Unter den Ind.branchen dominiert die Nahrungsmittelind.; wichtigster Ind.zweig ist die Fleischkonservenherstellung. – Das Verkehrsnetz (16 008 km staatl. Straßen und 6 458 km Eisenbahnstrecken) ist im östl. Landesteil wesentlich

Neckar. Tal im Landkreis Heilbronn

Neckarsulm. Ehemaliges Deutschordensschloß, gegründet um 1364

dichter als im W. Mehr als zwei Drittel der 354 ✈ sind in Privatbesitz.

Geschichte: N. kam als Teil der frz. Kolonie Louisiane 1803 in den Besitz der USA. In der Mitte des 19. Jh. Durchgangsland für die nach W ziehenden Pioniere. 1854 wurde das Territorium N. errichtet und 1867 als 37. Staat in die Union aufgenommen.

Nebra/Unstrut, Krst. an der Unstrut, Sa.-Anh., 115 m ü. d. M., 3 400 E. Etwa 5 km flußabwärts Zementwerk *Karsdorf*. – Seit 1254 Stadtrecht. – Schloßruine (16. Jh.) mit frühgot. Kapelle (13. Jh.); spätgot. Kirche (1416 ff.).

Nebukadnezar II. (Nabuchodonosor II.), † 562 v. Chr., babylon. König seit 605. – Sohn und Nachfolger Nabupolassars; N. schlug Necho II. bei Karkemisch (= Karkamış) und führte das Chaldäerreich zur höchsten Blüte nach militär. Erfolgen bes. im westl. Reichsteil: u. a. Niederschlagung der Aufstände in Juda, Zerstörung Jerusalems 587, Deportation der Einwohner (Babylon. Exil). N. baute Babylon wieder auf und vollendete den Babylon. Turm.

Nechbet, ägypt. Göttin in Gestalt eines Geiers oder einer Frau mit ↑Geierhaube, Schutzgöttin des oberägypt. Königtums.

Necho II., ägypt. König (610–595) der 26. Dynastie. – Sohn und Nachfolger Psammetichs I.; unterstützte den assyr. Anspruch auf Syrien; 605 Niederlage bei Karkemisch (= Karkamış) gegen Nebukadnezar II.; Aufbau einer bed. Flotte, Baubeginn des **Nechokanals** zw. Nil und Rotem Meer (= Ismailijjakanal), erste Umsegelung Afrikas.

Neck (Nöck) ↑Wassergeister.

Neckar, rechter Nebenfluß des Rheins, entspringt in der Baar bei Villingen-Schwenningen, mündet in Mannheim, 367 km lang, davon 203 km (ab Plochingen) für die Schiffahrt kanalisiert (26 Staustufen).

Neckar-Alb, Region im Reg.-Bez. Tübingen, Baden-Württemberg.

Neckargemünd, Stadt an der Mündung der Elsenz in den Neckar, Bad.-Württ., 127 m ü. d. M., 15 000 E. Fachschule für Sozialpädagogik; Rehabilitationszentrum für Kinder und Jugendliche; Tapisseriemanufaktur, Fremdenverkehr. – 988 erstmals als **Gemundi** erwähnt; 1241 als Reichsstadt (bis 1395) N. bezeugt. – Ev. spätgot. Pfarrkirche (16. und 18. Jh.) mit Chorturm (13. Jh.), Fachwerkhäuser (16. und 17. Jh.).

Neckar-Odenwald-Kreis, Landkr. in Baden-Württemberg.

Neckarsteinach, Stadt am unteren Neckar und im südl. Odenwald, Hessen, 130 bis 400 m ü. d. M., 3 800 E. Luftkurort; Schiffswerft. – Entstand als Burgflecken der seit 1142 erstmals bezeugten *Vorderburg;* 1377 als Stadt erwähnt. – Ev. spätgot. Pfarrkirche (15. Jh.). Erhalten sind Teile der Stadtmauer, spätgot. Fachwerkhäuser und Barockhäuser. Vier Burgen: Hinterburg (nach 1100), Mittelburg mit Bergfried (12. Jh.; um 1550 ausgebaut; um 1840 neugotisch umgestaltet), Vorderburg (13. Jh.), Burg Schadeck, Schwalbennest gen. (14. Jh.).

Neckarsulm [...'zʊlm], Stadt am Neckar oberhalb der Sulmmündung, Bad.-Württ., 170 m ü. d. M., 22 200 E. Dt. Zweiradmuseum; Fahrzeugbau, Aluminiumschmelzwerk mit Kolbenfabrik; Weinbau. – 771 erstmals als **Villa Sulmana** erwähnt; planmäßig angelegte Doppelstadt, um 1310 gegr.; fiel 1335 an Mainz, 1484 an den Dt. Orden, 1805 an Württemberg. – Ehem. Deutschordensschloß (gegr. um 1364); barocke Pfarrkirche (1706–10).

Necker, Jacques [frz. nɛ'kɛ:r], *Genf 30. Sept. 1732, †Coppet (Kt. Waadt) 9. April 1804, frz. Bankier und Politiker. – Sohn eines in Genf eingebürgerten dt. Juristen, seit 1750 Bankier in Paris; widmete sich ab 1772 nationalökonom. Studien (Kritik an Quesnay und Turgot); 1776 zum Direktor des königl. Schatzamtes, 1777 zum Generaldirektor der Finanzen berufen. Durch vorsichtige Reformen versuchte N., ohne die Privilegien des Adels entscheidend anzutasten, die zerrütteten Staatsfinanzen zu ordnen. Um den erschütterten Kredit des Staates wiederherzustellen, veröffentlichte N. 1781 erstmals das Budget, verschwieg allerdings das katastrophale Defizit der Staatskasse. Die Angaben über die Aufwendungen für Hofhaltung und Pensionen erregten ungeheures Aufsehen und führten zu seiner Entlassung (1781). Wegen des drohenden Staatsbankrotts 1788 zurückgerufen, setzte er eine Verdoppelung der Vertretung des Dritten Standes in den Generalständen von 1789 durch. Seine erneute Amtsenthebung im Juli 1789 war einer der Anlässe für den Sturm auf die Bastille (↑Französische Revolution); daraufhin wieder berufen (endgültiger Rücktritt im Sept. 1790).

Neckermann Versand AG, dt. Versand- und Ladenhandelsunternehmen, gegründet 1950 von Josef Neckermann (*1912, †1992), Sitz Frankfurt am Main. Seit 1984 eingegliedert in die Karstadt AG.

Necking [engl., zu neck „Hals, Nacken"], aus den USA stammender Begriff für Formen sexueller Beziehungen, die sich im Unterschied zum ↑Petting auf Zärtlichkeiten außerhalb der Genitalbereiche beschränken.

Nedschd [nɛtʃt] ↑Nadschd.

Neefe, Christian Gottlob, *Chemnitz 5. Febr. 1748, †Dessau 26. Jan. 1798, dt. Komponist. – 1782 Hoforganist in Bonn und Lehrer Beethovens, ab 1796 Theaterkapellmeister in Dessau. Komponierte erfolgreiche Singspiele, Klaviermusik, Chorwerke, Lieder (Klopstock-Oden).

Néel, Louis [Eugène Félix] [frz. ne'ɛl], *Lyon 22. Nov. 1904, frz. Physiker. – Prof. in Straßburg und Grenoble; postulierte 1930 die Existenz des Antiferromagnetismus und erklärte 1937 den Ferromagnetismus und dessen Temperaturverhalten. Nobelpreis für Physik 1970 (zus. mit H. Alfvén).

Ñeembucú [span. ɲeembu'ku], Dep. in Paraguay, im Paraguay-Paraná-Tiefland, 12 147 km², 69 500 E (1985), Hauptstadt Pilar.

Nefertari, ägypt. Königin, ↑Nofretari.

Neffe, männl. Verwandter im Verhältnis zu den Geschwistern seiner Eltern (Onkel und Tanten); die entsprechende weibl. Verwandte heißt **Nichte.** Verwandte im Verhältnis zu den Geschwistern der Großeltern (Großonkel und -tanten) heißen *Groß-N.* bzw. *Großnichte.*

Nefud, ausgedehnte Sandwüste mit 30–60 m hohen Dünen im N der Arab. Halbinsel.

Negadekultur ↑Nakadakultur.

Negation [lat.], Verneinung einer Aussage oder eines Teils einer Aussage. Man unterscheidet N., bei denen nur das Beziehungswort verneint ist (z. B. „Paul ist nicht fleißig"), von N., durch die die Gesamtaussage negiert wird (z. B. „Wir sahen ihn nicht").
▷ in der *Logik* der Übergang von einer Aussage A zu ihrem **Negat** $\neg A$, d. h. der ihr entgegengesetzten Aussage „nicht-A", die mit Hilfe des **Negators** (Symbol $\neg$) als log. ↑Junktor gekennzeichnet wird.

negativ [zu lat. negativus „verneinend"], allg. verneinend, ablehnend; ungünstig, schlecht; ergebnislos; in der *Mathematik* svw. kleiner als Null (↑negative Zahlen).

Negativ [lat.] ↑Photographie.

Negativbühne, svw. ↑Bildbühne.

Negativdruck, Wiedergabe z. B. einer Schrift in der Farbe des Grundmaterials, wobei das Umfeld um Schrift oder Zeichnung schwarz oder farbig bedruckt wird.

negatives Interesse ↑Vertrauensinteresse.

negative Theologie, Bez. für diejenige Gotteslehre, die sich mit den Eigenschaften Gottes befaßt und die von der Erkenntnis ausgeht, daß Gott nicht vollkommen erkannt werden kann. Wichtig war die n. T. bes. im Neuplatonismus.

negative Zahlen, alle reellen Zahlen, die kleiner als Null sind.

Negativmontage, Photomontage, bei der zwei Negative im sog. Sandwich-Verfahren, d. h. Schicht an Schicht zusammengelegt, miteinander kopiert werden.

Negativ-Positiv-Verfahren ↑Photographie.

Negator ↑Negation.

Neger [frz. nègre, über span. von lat. niger „schwarz"], Anfang des 17. Jh. aus dem Frz. übernommene, im 18. Jh. in Deutschland eingebürgerte Bez. für die Angehörigen des negriden Rassenkreises (↑Negride). Ausgehend von dem im Amerikanischen üblich gewordenen Gebrauch des Schimpfwortes „Nigger", gilt die Bez. „N." seit Ende des 19. Jh. zunehmend als diskriminierend und wird heute durch „Schwarze", „Schwarzafrikaner", „Afrikaner", „Afroamerikaner" o. ä. ersetzt.

Negerhirse ↑Federborstengras.

Negeri Sembilan (früher Negri Sembilan), Gliedstaat Malaysias im SW der Halbinsel Malakka, 6 643 km², 679 000 E (1987), Hauptstadt Seremban. Zinnerzabbau, Kautschukgewinnung. – N. S. wurde 1874 brit. Protektorat, 1948 Teil des Malaiischen Bundes; seit 1963 Teil Malaysias.

Negev

Negev, Wüste im S von Israel, umfaßt etwa 60 % des israel. Staatsgebietes. Die Grenze ist im N die 350-mm-Niederschlagslinie (entspricht der Grenze des Regenfeldbaus), im O der Steilabfall zum Jordangraben, die Grenze zur Halbinsel Sinai ist fließend. Größtes städt. Zentrum ist ↑Beer Sheva.

negieren [lat.], verneinen, bestreiten.

Negligé [negli'ʒe:; lat.-frz.; eigtl. „vernachlässigte (Kleidung)"], lässig-elegantes Nachthemd oder Morgenmantel, meist mit Spitzenbesatz.

Negligentia [lat.], svw. unbewußte ↑Fahrlässigkeit.

Negoziation (Negotiation) [lat.-frz., zu lat. negotiari „Handel treiben"], Verkauf eines Wertpapiers im Wege der festen Übernahme durch eine Bank bzw. ein Bankenkonsortium.

Negri, Ada, *Lodi 3. Febr. 1870, †Mailand 11. Jan. 1945, italien. Dichterin. – Entstammte einer armen Arbeiterfamilie; Lehrerin; wurde 1940 als erste Frau in die Italien. Akademie aufgenommen. Machte sich in ihren frühen

Gedichten zur Sprecherin der Unterdrückten, u.a. in „Schicksal" (1892), „Stürme" (1894); wandte sich später privaten und religiösen Themen zu, u.a. in „Mutterschaft" (1905), „Frühdämmerung" (1921).

Pola Negri

N., Pola, eigtl. Barbara Apolonia Chalupiec, *Lipno 3. Jan. 1897, †San Antonio (Tex.) 1. Aug. 1987, poln.-amerikan. Schauspielerin. – Zunächst Tänzerin an poln. Bühnen; kam 1916 durch M. Reinhardt nach Berlin. Bekannt wurde sie v.a. als Star der Ufa in Stummfilmen wie „Die Augen der Mumie Ma" (1918), „Anna Karenina" (1919), „Madame Dubarry" (1919); 1923 folgte sie E. Lubitsch nach Hollywood. – *Weitere Filme:* Das verlorene Paradies (1924), Mazurka (1935), Madame Bovary (1937).

Negride [lat.-span.], Menschenform („Rassenkreis"), die in Afrika südlich der Sahara verbreitet ist. N. sind gekennzeichnet durch eine extrem starke Pigmentierung (dunkelbraune bis schwarze Haare, Haut und Augen), kurzes, meist engkrauses Kopfhaar, schwache Bart- und Körperbehaarung, mittleren bis hohen Wuchs, lange Beine, mittellangen bis langen Schädel, breite, niedrige Nase mit flacher Wurzel und stark geblähten Flügeln, dicke, oft wulstige Lippen. – Die oft hellhäutigeren *Bantuiden (Kafriden)* sind die volkreichste Teilgruppe der N. Hauptverbreitungsgebiete sind S- und O-Afrika.

Erwin Neher

Negritos [lat.-span. „kleine Neger"], zwergwüchsige, dunkelhäutige Bev. in Süd- und Südostasien. Trotz äußerer Ähnlichkeiten besteht keine Verwandtschaft mit den Pygmäen Afrikas.

Négritude [frz. negri'tyd, zu lat. niger „schwarz"], aus der Rückbesinnung der Afrikaner und Afroamerikaner auf afrikan. Kulturtraditionen erwachsene philosoph. und polit. Ideologie, in einer Zeit der stagnierenden Entkolonisation entstanden, mit der Forderung nach kultureller und polit. Eigenständigkeit v.a. der frz.sprachigen Länder Afrikas verbunden. – ↑schwarzafrikanische Literaturen.

Negro, Rio [brasilian. 'rriu 'negru] (im Oberlauf **Río Guainía**), linker Hauptzufluß des Amazonas, entspringt im ostkolumbian. Andenvorland, steht durch den Río Casiquiare mit dem Orinoko in Verbindung, mündet 18 km unterhalb von Manaus, Brasilien, etwa 2 000 km lang. Im Mittel- und Unterlauf bis 30 km, an der Mündung 2,5 km breit.

Negro, Río [span. 'rrio 'neɣro], Fluß in S-Argentinien, entsteht bei Neuquén (2 Quellflüsse), mündet 30 km sö. von Viedma in den Atlantik, etwa 650 km lang.

N., R., linker Nebenfluß des Uruguay, entspringt nahe der brasilianisch-uruguay. Grenze, mündet unterhalb von Fray Bentos, 800 km lang.

negroid [lat.-span./griech.], nicht rein negrid; entweder (genetisch bedingt) negriden Einschlag zeigend oder (nicht genetisch bedingt) lediglich Merkmale der Negriden aufweisend.

Caspar Neher. Bühnenbildentwurf für die Oper „Lulu" von Alban Berg für das Theater an der Wien in Wien, 1962

Negroponte ↑Euböa.

Negros, viertgrößte Insel der Philippinen, 12 705 km², 2,75 Mill. E (1980), von einem zentralen Gebirge durchzogen. Höchste Erhebung ist mit 2 465 m der aktive Vulkan Canlaon. Überwiegend von Regenwald bedeckt, an der W-Küste herrscht Grasland vor. Die v.a. in den Küstenebenen lebende Bev. betreibt Anbau von Zuckerrohr, Mais und Reis und verarbeitet Kokosnüsse; Nutzholzgewinnung. Das Innere ist Rückzugsgebiet für kleinere Gruppen von Negritos.

Negro Spiritual [engl. 'ni:grou 'spɪrɪtjʊəl], geistl. Gesang der Afroamerikaner. Der Begriff Spiritual wurde seit dem 18. Jh. von angloamerikan. Siedlern als Bez. für Hymnengesänge und geistl. Lieder verwendet und von den als Sklaven in die USA gebrachten Afrikanern im Zuge ihrer Christianisierung übernommen. Während die formale und harmon. Struktur des N. S. deutl. Bezüge zur europ. geistl. und Volksmusik aufweist, sind sein Rhythmus sowie sein melod. Duktus durch spezif. afroamerikan. Elemente wie ↑Off-Beat und Blue notes (↑Blues) geprägt. Die Texte der N. S. enthalten häufig Anspielungen auf die konkrete soziale Situation der Negersklaven im 18. und 19. Jh. Das N. S. wurde urspr. einstimmig mit rhythm. Akzentuierung durch Fußstampfen und Händeklatschen ausgeführt; im Laufe des 19. Jh. entwickelte sich ein stark europäisierter, mehrstimmiger Typus, der mit Klavierbegleitung und z.T. durch große Chöre aufgeführt wurde. Bekannte Interpreten von N. S. sind u.a. Mahalia Jackson und das Golden Gate Quartet.

Negruzzi, Costache, *Trifeşti (Judeţ Jassy) 1808, †Jassy 24. Aug. 1868, rumän. Schriftsteller. – Wurde mit seinen histor. und sozialen Novellen zu einem der klass. Erzähler der rumän. Literatur und zum Begründer der Kunstprosa in Rumänien.

Nehemia (in der Vulgata Nehemias), Gestalt des A. T.; Hofbeamter des pers. Königs Artaxerxes I.; 445–425 v. Chr. Statthalter von Juda. Seine Politik zielte auf eine polit. und religiöse Neuordnung. Über seine Amtszeit in Juda berichtete das *Buch N.* (am Ende des chronist. Geschichtswerks).

Neher, Caspar, *Augsburg 11. April 1897, †Wien 30. Juni 1962, dt. Bühnenbildner. – Arbeitete ab 1923 mit B. Brecht zusammen („Mann ist Mann", 1926; „Dreigroschenoper", 1928; „Aufstieg und Fall der Stadt Mahagonny", 1930; „Herr Puntila und sein Knecht Matti", 1948); auch Opernbühnenbildner.

N., Erwin, *Landsberg/Lech 20. März 1944, dt. Physiker. – Seit 1972 am Max-Planck-Inst. für biophysikal. Chemie in Göttingen. Erhielt mit B. Sakmann für gemeinsam durchgeführte Forschungen über zelluläre Ionenkanäle, v.a. für die Entwicklung einer Methode zur Messung kleinster elektr. Ströme in den Ionenkanälen, 1991 den Nobelpreis für Physiologie oder Medizin.

Nehru, Jawaharlal, gen. Pandit N., *Allahabad 14. Nov. 1889, †Delhi 27. Mai 1964, ind. Politiker. – Entstammte einer Brahmanenfamilie Kaschmirs; 1905–10 Studium der Rechtswiss. in Großbritannien; 1912 als Rechtsanwalt in London zugelassen. Nach Rückkehr in die Heimat (1912) schloß N. sich 1916 der Bewegung Gandhis an und kämpfte mit diesem für die Unabhängigkeit Indiens; 1923–25 und 1927–29 Generalsekretär des Indian National Congress, 1929–1936 dessen Präs.; mehrfach inhaftiert; 1946 von den Briten mit der Bildung einer Interimsreg. beauftragt; seit 1947 Premiermin.; vertrat als engster Vertrauter Gandhis innenpolitisch einen demokrat. Sozialismus auf der Basis eines parlamentar. Reg.systems, außenpolitisch eine Blockfreiheit Indiens und das Prinzip der friedl. Koexistenz; wurde zu einem der Wortführer der dritten Welt. Die Grenzkonflikte mit China (1959 und 1962) und die ind. Niederlage 1962 führten zu scharfer Kritik an seiner Politik und zur Schwächung seiner bis dahin unangefochtenen Stellung.

Nehrung [eigtl. „Enge"] ↑Küste.

Neidhart (von Reuental). Erste Strophe des Winterliedes „Owe diser not" in der Berliner Neidhart-Handschrift, um 1465 (Berlin, Staatsbibliothek)

Neid [althochdt. nid „Haß"], Mißgunst, feindseliges Gefühl gegen einen anderen wegen eines Wertes, dessen Besitz einem selbst nicht gegeben ist. N. richtet sich auch gegen soziale Gruppen. Motiv des N. ist ein allg. Benachteiligungsverdacht. – ↑Eifersucht.

Neiderländisch, mitteldt. Mundart, ↑deutsche Mundarten.

Neidhart (von Reuental), mittelhochdt. Minnesänger aus der 1. Hälfte des 13. Jh. – Herkunft und Stand sind unbekannt; lebte bis etwa 1230 in Bayern; aus seinen (unpathet., illusionslosen) Kreuzliedern ist seine Teilnahme am Kreuzzug (1217–21 wahrscheinlicher als 1228–29) anzunehmen. Gilt mit seinen „Sommer-" und „Winterliedern", in denen er die übersteigerten Formen des höf. Minnesangs parodiert, als Begründer der ↑dörperlichen Poesie. N. Lieder hatten eine außerordentlich nachhaltige Wirkung, v. a. in den **Neidhartspielen** (weltl. Dramen des 14. und 15. Jh.), in denen N. als „Bauernfeind" erscheint, und in der spätma. Schwanksammlung **Neidhart Fuchs,** in deren 36 meist derb-obszönen Episoden N. sich in immer neuen Streichen an seinen bäuerl. Widersachern rächt.

Neifen, Gottfried von ↑Gottfried von Neifen.

Neigung, svw. ↑Gefälle.

Neill, Alexander Sutherland [engl. ni:l], * Forfar (Schottland) 17. Okt. 1883, † Aldeburgh (Suffolk) 23. Sept. 1973, brit. Pädagoge. – 1924 gründete er die Internatsschule „Summerhill" (seit 1927 in Leiston [Suffolk]). Entwickelte eine Form repressionsfreier Erziehung, die die freie emotionale Entfaltung des Kindes durch Freude, Freiwilligkeit des Unterrichts und das Fehlen moral. und religiöser Unterweisung zum Ziel hat. – *Werke:* Theorie und Praxis in der antiautoritären Erziehung: Das Beispiel Summerhill (1961), Neill Neill Birnenstiel (Autobiogr., 1972).

Neipperg, fränk. Uradelsgeschlecht; 1120 erstmals bezeugt, seit 1241 N. ben. (Stammsitz: Burg N. im Gebiet der heutigen Stadt Brackenheim), noch bestehend; 1726 zu Reichsgrafen erhoben, 1766 Reichsstandschaft; bed. Vertreter:

N., Adam Albert Graf von, * Wien 8. April 1775, † Parma 22. Febr. 1829, östr. General und Diplomat. – Ab 1814 Begleiter, schließlich Oberhofmeister der Kaiserin Marie Louise; schloß 1822 mit ihr eine morganat. Ehe. Der Mannesstamm erlosch 1951.

Neiße ↑Glatzer Neiße, ↑Lausitzer Neiße.

Neisse (poln. Nysa), Stadt an der mittleren Glatzer Neiße, Polen, 190 m ü. d. M., 46 000 E. Bau von Lieferwagen, Kleinbussen; Nahrungsmittelind. – Das aus einem Dorf hervorgegangene N. erhielt 1245 fläm. Stadtrecht; kam im 14. Jh. unter die Landeshoheit des Bistums Breslau (zeitweilig bischöfl. Residenz) und fiel 1742 an Preußen. – Zerstörungen im 2. Weltkrieg, erhalten u. a. die ma. Stadtanlage mit Markt und Rathaus, wiederhergestellt die spätgot. Hallenkirche Sankt Jakob (1401–30) mit freistehendem Glockenturm (1474–1516), die Stadtwaage im Renaissancestil (1604) sowie Patrizierhäuser (16. Jh.).

Neiswestny, Ernst Iossifowitsch, * Swerdlowsk (Jekaterinburg) 9. April 1925, ukrain. Bildhauer und Graphiker. – Emigrierte 1976 über Österreich und die Schweiz in die USA; beeinflußt u. a. von H. Moore und J. Lipchitz; neben Kleinplastik, Graphikzyklen und Illustrationen Entwürfe und Arbeiten für Großprojekte; schuf 1974 das Grabmonument für N. S. Chruschtschow.

nekr..., Nekr... ↑nekro..., Nekro...

Nikolai Alexejewitsch Nekrassow (Kohlezeichnung, um 1875)

Nekrassow [russ. nɪ'krasəf], Nikolai Alexejewitsch, * Nemirow (Gebiet Winniza) 10. Dez. 1821, † Petersburg 8. Jan. 1878, russ. Dichter, Repräsentant der natürl. Schule. – Gilt mit seiner volksliedhaften Lyrik, seinen satirisch-gesellschaftskrit. Verserzählungen („Frost Rotnase", 1864; „Russ. Frauen", 1872/73) und seinem unvollendeten Epos „Wer lebt glücklich in Rußland?" (1866–81) als einer der bedeutendsten russ. Dichter des 19. Jh. nach Puschkin und Lermontow.

Wiktor Platonowitsch Nekrassow

N., Wiktor Platonowitsch, * Kiew 17. Juni 1911, † Paris 3. Sept. 1987, russ. Schriftsteller. – Lebte seit 1974 in Paris; 1979 Aberkennung der sowjet. Staatsbürgerschaft. Verfaßte realist., unpathet. Romane („In den Schützengräben von Stalingrad", 1946; „Kyra Georgijewna", 1961), Erzählungen („Ein Mann kehrt zurück", 1954), Prosa („Zu beiden Seiten der Mauer", dt. 1980; „Ansichten und etwas mehr", dt. 1980; „Stalingrad", 1981; „Eine kleine traurige Geschichte", 1985).

nekro..., Nekro..., nekr..., Nekr... [zu griech. nekrós „tot"], Wortbildungselement mit der Bed. „tot, [ab]sterbend, Leiche".

Nekrobiose [griech.], allmähl. Absterben von Zellen, eine durch nicht rückbildungsfähige Kern- und Zytoplasmaveränderungen gekennzeichnete Vorstufe der Nekrose.

Nekrolog [zu griech. nekrós „tot" und lógos „Wort, Rede"], biograph. Nachruf auf einen Verstorbenen; auch Bez. für eine Sammlung solcher Nachrufe.

Nekrologien [griech.] (Obituaria, Libri defunctorum), kalenderartige Verzeichnisse der Namen von verstorbenen Mgl. christl. Gemeinschaften sowie deren jährl. Gedächtnisfeier. Bed. Quellen für Sprachwiss. und Genealogie.

Nekromantie [zu griech. nekrós „Toter" und manteía „Weissagung"] (Nekymantie), Totenorakel, das durch Inkubation (Tempelschlaf) auf Gräbern, direkte Beschwörung Verstorbener oder das Gebet an eine dem Toten übergeordnete Gottheit gesucht wird. Der Zweck der N. besteht meist in der Erlangung von Wissen und Weisungen für die Zukunft oder von Erkenntnissen über das Jenseits.

Jawaharlal Pandit Nehru

Nekrophilie [griech.], i. w. S. Vorliebe für totes Material, auch für Vergangenes, Hinwendung zu Toten; i. e. S. Neigung zu geschlechtl. Verkehr mit Leichen als Folge schwerer sexueller Fehlentwicklung.

Nekropole (Nekropolis) [griech. „Totenstadt"], Gräberfeld (v. a. Vorgeschichte und Altertum), z. T. mit oberird. Bauten.

Nekrose [griech.] (Gewebstod), das örtlich begrenzte Absterben von Zellen oder Gewebsanteilen eines Organismus infolge Zellstoffwechselausfalls; Ursachen sind meist unzureichende Durchblutung, auch mechan. Verletzung, Wärme-, Kälte-, Strahlen-, Ätz- oder Giftschäden; verläuft je nach Ursache und Örtlichkeit mit Gewebsgerinnung *(Koagulations-N.)* oder Gewebserweichung *(Kolliquations-N.),* als „feuchte" oder „trockene" Nekrose; **nekrotisch,** abgestorben, brandig.

Nektar [griech.], pflanzl. Drüsensekret, das aus den meist in der Blüte liegenden Nektarien ausgeschieden und blütenbesuchenden Insekten als „Lockspeise" geboten wird; wässerige Flüssigkeit mit hohem Gehalt an Trauben-, Frucht- und Rohrzucker sowie an verschiedenen organ. Säuren, blütenspezif. Duft- und Mineralstoffen.

Nektarvögel. Königsnektarvogel

Nektarien [griech.] (Honigdrüsen), pflanzl. Drüsengewebe oder Drüsenhaare, die Nektar ausscheiden. N. liegen meist innerhalb der Blüte; außerhalb liegende N. befinden sich an Blattstielen (z. B. bei Akazien) oder an Nebenblättern (z. B. bei der Wicke).

Nektarine [griech.], glatthäutiger Pfirsich mit leicht herauslösbarem Stein.

Nektarvögel (Honigsauger, Nectariniidae), Fam. etwa 10–25 cm langer (einschl. Schwanz), den Kolibris äußerlich ähnelnder Singvögel mit mehr als 100 Arten in der trop. Alten Welt; blütenbesuchende, im ♂ Geschlecht häufig bunte, metallisch schillernde Vögel mit langem, dünnem, röhrenförmigem, meist abwärts gebogenem Schnabel und vorstreckbarer, an der Spitze zweiröhriger Zunge zur Aufnahme von Kerbtieren und Nektar; u. a. der 12 cm lange **Königsnektarvogel** (Cinnyris regius).

Nekton [zu griech. nēktón „das Schwimmende"], zusammenfassende Bez. für die im Wasser (im Ggs zum ↑Plankton) aktiv schwimmenden Lebewesen, deren Fortbewegung nicht oder nur unwesentlich durch Wasserströmungen bestimmt wird (v. a. Fische).

Nelke. Kartäusernelke

Nelke [zu mittelhochdt. negellīn, eigtl. „Nägelchen"; urspr. (wegen der Form) Bez. für Gewürznelken, dann auf die Blume übertragen], (Dianthus) Gatt. der Nelkengewächse mit rd. 300 Arten, v. a. im Mittelmeergebiet; fast ausschließlich Stauden mit endständigen, meist roten oder weißen Blüten; in Deutschland nur wenige Arten: u. a. **Kart[h]äusernelke** (Dianthus carthusianorum), auf trokkenen, kalkigen Böden, bis 60 cm hoch, Stengel kahl, Blüten blutrot, in büscheligen Köpfchen; **Pfingstnelke** (Dianthus gratianopolitanus), bis 30 cm hohe, polsterbildende Staude mit rosaroten Einzelblüten; **Prachtnelke** (Dianthus superbus), 30–60 cm hoch, mit langen, schmalen Stengelblättern und großen, blaßlilafarbenen fransigen Blüten; **Heidenelke** (Dianthus deltoides), 15–30 cm hoch, Blätter graugrün, purpurrote, innen weiß punktierte und dunkel gestreifte Blüten. – Neben den niedrigen, v. a. für Steingärten geeigneten Arten wie ↑Alpennelke und ↑Steinnelke sind bes. für einen Blumenschnitt die zahlr. Hybriden und Sorten der ↑Bartnelke, **Federnelke** (Dianthus plumarius, rosa oder weiße Blüten) und **Gartennelke** (Dianthus caryophyllus, mehrjährig, Blüten meist einzeln, purpur-, rosafarben oder weiß, stark duftend) wichtige Zierpflanzen. ▷ ↑Gewürznelken.

Nelkengewächse (Caryophyllaceae), Pflanzenfam. mit rd. 2 000 Arten, v. a. in der gemäßigten Zone der N-Hemisphäre; meist Kräuter oder Halbsträucher mit ungeteilten, gegenständigen Blättern; bekannte Gatt. sind Hornkraut, Leimkraut, Lichtnelke, Nabelmiere und Nelke.

Nelkenköpfchen (Felsennelke, Tunica, Petrorhagia), Gatt. der Nelkengewächse mit rd. 30 Arten in Eurasien, v. a. im östl. Mittelmeergebiet; in Deutschland nur zwei Arten, darunter die 10 bis 25 cm hohe, ausdauernde, auf Trokken- und Felsrasen wachsende **Steinbrech-Felsennelke** (Tunica saxifraga) mit hellila- bis rosafarbenen Blüten.

Nelkenöl (Oleum Caryophylli), aus Gewürznelken gewonnenes, würzig riechendes äther. Öl, das bis 98 % Eugenol enthält und in der Parfümind. verwendet wird.

Nelkenpfeffer ↑Piment.

Nelkenwurz. Echte Nelkenwurz

Nelkenwurz (Geum), Gatt. der Rosengewächse mit mehr als 50 Arten, v. a. in der nördl. gemäßigten Zone; Stauden mit gefiederten oder geteilten Blättern und einzelnen, meist jedoch in Dolden stehenden großen, gelben, roten oder weißen Blüten; Nußfrüchtchen, meist mit hakig verlängertem Griffel. In Deutschland 5 Arten, z. B. die gelbblühende **Echte Nelkenwurz** (Geum urbanum) in Laubmischwäldern.

Nell-Breuning, Oswald von, * Trier 8. März 1890, † Frankfurt am Main 22. Aug. 1991, dt. kath. Theologe und Soziologe. – Jesuit; führender Vertreter der modernen kath. Soziallehre; ab 1928 Prof. für Ethik und christl. Soziallehre in Frankfurt am Main; Arbeiten zum Eigentumsrecht, zur Mitbestimmung und zu Problemen wirtsch.-sozialer Gerechtigkeit, u. a. „Wirtschaft und Gesellschaft heute" (1956–60), „Streit um Mitbestimmung" (1968), „Aktuelle Fragen der Gesellschaftspolitik" (1970), „Arbeit vor Kapital" (1983).

Horatio Nelson. Gemälde des englischen Porträtmalers Lemuel Francis Abbott, 1798 (London, National Portrait Gallery)

Nelson, Horatio Viscount (seit 1801) [engl. nɛlsn], Baron of the Nile (seit 1798), Hzg. von Brontë (seit 1800), * Burnham Thorpe (Norfolk) 29. Sept. 1758, ⚔ bei Trafalgar 21. Okt. 1805, brit. Admiral. – Kommandierte im Nordamerikan. Unabhängigkeitskrieg eine Fregatte und nahm ab 1793 an den Koalitionskriegen teil. Als Oberbefehlshaber der brit. Flotte im Mittelmeer vernichtete er 1798 die frz. Seestreitkräfte bei Abukir. 1799 verhalf er dem von den Franzosen aus Neapel vertriebenen Ferdinand IV. zur Rückkehr. N. schlug 1805 die vereinigte frz.-span. Flotte bei ↑Trafalgar, wodurch er die brit. Vorherrschaft zur See sicherte. Seine militär. Tatkraft machte N. zu einem der populärsten Nat.helden Großbritanniens.

N., Leonard [ˈnɛlzɔn], * Berlin 11. Juli 1882, † Göttingen 29. Okt. 1927, dt. Philosoph und Staatstheoretiker. – 1919 Prof. in Göttingen. Begr. des **Neufriesianismus.** Unter Berufung auf J. F. Fries versuchte N., Kants „Kritik der reinen Vernunft" als auf die gesicherte Grundlegung der systemat. Philosophie abzielende Untersuchung des menschl. Erkenntnisvermögens zu begreifen und dabei die Begründungszirkel der psychologist. und transzendentalist. Auffassung zu vermeiden. Dieses Begründungsproblem versuchte N. mit der *subjektiven* Deduktion der reinen Verstandesbegriffe zu lösen. – *Werke:* Über das sog. Erkenntnisproblem (1908), Über die Grundlagen der Ethik (1917), System der philosoph. Rechtslehre und Politik (1924).

Nelson [engl.], zu den Nackenhebeln gehörender Griff beim Ringen in Bodenlage; beim *Halb-N.* wird ein Arm, beim *Doppel-N.* werden beide Arme unter der Achsel des Gegners hindurchgeführt.

Neman, russ. Name für die ↑Memel.

Nematizide ↑Schädlingsbekämpfungsmittel.

Nematoden [griech.], svw. ↑Fadenwürmer.

Nemausus, antiker Name von ↑Nîmes.

Němcová, Božena [tschech. ˈnjɛmtsɔva:], geb. Barbora Panklová, * Wien 4. Febr. 1820, † Prag 21. Jan. 1862, tschech. Schriftstellerin. – Autodidaktin; gilt mit ihren soziale Ungleichheit anprangernden Romanen und Erzählungen (v. a. über einfache tschech. Frauen) als Begründerin des tschech. Realismus. Sammelte tschech. und slowak. Märchen und Sagen.

Nemeischer Löwe, Tier der *griech. Mythologie,* dessen Beseitigung die erste Arbeit des Herakles war.

Nemeische Spiele, ab 573 v. Chr. im 2. und 4. Jahr einer Olympiade zu Ehren des Zeus in Nemea, sw. von Korinth, durchgeführte gesamtgriech. sportl. und mus. Wettkämpfe.

Nemertini [griech.], svw. ↑Schnurwürmer.

Nemesis, bei den Griechen Begriff und vergöttlichte Personifikation des sittl. Rechtsgefühls und der gerechten Vergeltung.

NE-Metalle, Kurzbez. für **N**icht**e**isenmetalle (↑Metalle).

Nemeter (lat. Nemetes), german. Volk, das (nach histor. Überlieferung) 71 v. Chr. mit dem Swebenkönig Ariovist den Rhein überschritt und sich in der Gegend von Speyer ansiedelte.

Németh, László, * Baia Mare 18. April 1901, † Budapest 3. März 1975, ungar. Schriftsteller und Kulturpolitiker. – Urspr. Arzt; gab 1932–35 die Zeitschrift „A Tanú" („Der Zeuge") heraus; schrieb außer zahlr. Essays („Die Revolution der Qualität", 1941) v. a. autobiograph. und Entwicklungsromane, großangelegte und strenggebaute Familien- und Gesellschaftsromane in psychologisch vertieftem Realismus, u. a. „Trauer" (1935, dt. 1970 u. d. T. „Maske der Trauer"), „Wie der Stein fällt" (1947), „Esther Égető" (1957).

Nemirowitsch-Dantschenko, Wladimir Iwanowitsch [russ. nımi'rɔvitʃ 'dantʃınkɐ], * Osurgety (= Macharadse, Georgien) 21. Dez. 1858, † Moskau 25. April 1943, russ. Dramatiker und Regisseur. – Mitbegr. sowie Dramaturg und organisator. Leiter des Moskauer Künstlertheaters, dessen Direktor er nach K. S. Stanislawskis Tod (1938) wurde.

Nemours, Louis Charles Philippe d'Orléans, Hzg. von [frz. nə'mu:r], * Paris 25. Okt. 1814, † Versailles 26. Juni 1896, frz. General. – Sohn von König Louis Philippe; 1831 vom belg. Nationalkongreß zum König gewählt, sein Vater lehnte jedoch für ihn die Wahl ab.

Nemours, Edikt von [frz. nə'mu:r], im Juli 1585 vom frz. König Heinrich III. erlassenes Edikt, das u. a. den reformierten Kult verbot, deren Priester des Landes verwies und den Protestanten die Wahl ließ, zu konvertieren oder das Land zu verlassen.

NEMP ↑elektromagnetischer Puls.

Nemrut dağı [türk. nɛm'rut da:'ɨ], Erhebung im Äußeren Osttaurus, Türkei, 2 150 m hoch, mit 150 m hoher, künstl., z. T. terrassierter Steinpyramide, Grab- und Kultstätte des Herrschers Antiochos I. von Kommagene (um 69 bis nach 38 v. Chr.). Auf der O-Terrasse Reste von sechs sitzenden Kolossalstatuen (Höhe 8–9 m). – 1987 von der UNESCO zum Weltkulturerbe erklärt.

N. d., erloschener Vulkan in Ostanatolien, westl. des Vansees, 2 822 m hoch.

Nen Jiang [chin. nəndziaŋ] (Nunkiang), linker und größter Nebenfluß des Songhua Jiang, in NO-China, mündet 150 km wsw. von Harbin, 1 170 km lang.

Nennbetrag, svw. ↑Nennwert.

Nennbetrieb ↑Nennleistung.

Nenndaten ↑Nennleistung.

Nenndorf, Bad ↑Bad Nenndorf.

Nenner ↑Bruch.

Nennform, svw. ↑Infinitiv.

Nenngrößen ↑Nennleistung.

Nenni, Pietro, * Faenza 9. Febr. 1891, † Rom 1. Jan. 1980, italien. Politiker. – Ab 1908 Mgl. der Republikan. Partei; zeitweilige Zusammenarbeit mit Mussolini; 1915 Kriegsfreiwilliger, begr. 1919 die faschist. Ortsgruppe in Bologna; 1921 Bruch mit Mussolini und Eintritt in die Sozialist. Partei (PSI); emigrierte 1926 nach Frankreich; 1931–39 Generalsekretär der PSI; 1936–38 Teilnahme am Span. Bürgerkrieg; 1943 von der Gestapo verhaftet und an Italien ausgeliefert; ab Aug. 1943 Generalsekretär der sich nun Sozialist. Partei der Proletar. Einheit (PSIUP) nennenden Partei und Mgl. des Nat. Befreiungskomitees; 1945/46 stellv. Min.präs., 1946/47 Außenmin.; nach Spaltung der Sozialisten 1947 Führer der PSI *(N.-Sozialisten);* 1963–68 stellv. Min.präs., 1968/69 Außenmin., 1966–69 Präs. der Vereinigten Sozialist. Partei (PSU); seit 1970 Senator auf Lebenszeit.

Nennius (Nemnius, Nynniaw), walis. Geschichtsschreiber des 8./9. Jh. – Bearbeitete um 826 die „Historia Britonum", die nur wegen der Darstellung des Königs Artus sagengeschichtl. Bed. hat.

Nennkapital, svw. ↑Nominalkapital.

Nennleistung, diejenige Leistung, für die eine Maschine oder ein Gerät eingerichtet und gebaut ist. Bei Einhaltung bestimmter Bedingungen, die durch sog. *Nenngrößen* oder *-daten* wie Nennspannung, Nennstrom, Nenndrehzahl, Nennförderhöhe, Nennförderstrom u. a. festgelegt sind, d. h. im sog. *Nennbetrieb,* ist die N. die dauernd aufnehmbare bzw. abgebbare Leistung.

Nennwert (Nennbetrag, Nominalwert, Nominal), der auf Münzen, Banknoten, Wertpapieren u. a. in Worten und/oder Zahlen angegebene Wert. Der N. kann vom Kurs- oder Effektivwert, bei Briefmarken vom Katalog- oder Handelswert, stark abweichen.

Nennwertaktie, ↑Aktie, die auf einen bestimmten Geldbetrag lautet; in Deutschland zwingend vorgeschriebene Form.

Nennwort, svw. ↑Substantiv.

Nenzen (früher Samojeden), Volk im N Rußlands, in drei autonomen Kreisen; 30 000; Renzüchter, Jäger und Fischer; heute größtenteils seßhaft. Ihre Sprache (Nenzisch oder Jurak-Samojedisch) gehört zu den samojedischen Sprachen.

Nenzen, Autonomer Kreis der, autonomer Kreis an der Barents- und Karasee, Rußland, 176 700 km², 52 000 E (1989; 13 % Nenzen, 66 % Russen, 11 % Komi, 6 % Ukrainer), Hauptstadt Narjan-Mar. Vom Inlandeis geformtes, kuppiges Relief, in den Flußniederungen stellenweise versumpft; rauhes Tundrenklima, verbreitet Dauerfrostboden; wirtsch. Grundlagen bilden Renzucht, Fischfang, Pelztierjagd und -zucht; Erschließung reicher Erdölvorkommen. – Am 15. Juli 1929 gebildet.

neo..., Neo... [zu griech. néos „neu"], Wortbildungselement mit der Bed. „neu, jung, erneuert".

Neoabsolutismus, Bez. für das Reg.system im Kaisertum Österreich zw. dem Staatsstreich 1851 und dem Erlaß des Oktoberdiploms 1860. Das zentralist., faktisch absolutist. System verschärfte die sich zunehmend auf die Nationalitätenfrage konzentrierende innenpolit. Problematik.

neoafrikanische Literaturen ↑schwarzafrikanische Literaturen.

Oswald von Nell-Breuning

Pietro Nenni

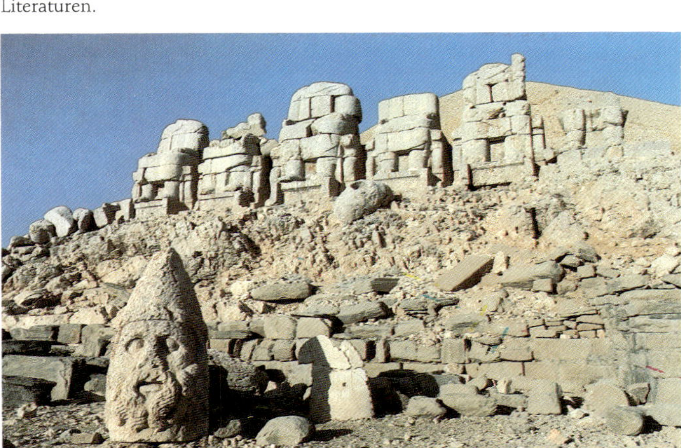

Nemrut dağı. Die Ostterrasse, oben im Bild die sechs Kolossalstatuen, im Vordergrund der herabgefallene Kopf einer Statue

Neoklassizismus. Das neue Gebäude der 1755 gegründeten Lomonossow-Universität in Moskau, 1949–53

Neodym [griech.], chem. Symbol Nd; metall. Element aus der Reihe der Lanthanoide; Ordnungszahl 60, relative Atommasse 144,24, Schmelzpunkt 1 010 °C, Siedepunkt 3 127 °C. Das silberglänzende N. kommt nur in Verbindungen vergesellschaftet mit den übrigen Metallen der seltenen Erden vor. Die violett gefärbten N.verbindungen werden v. a. zum Färben von für UV-Licht undurchlässigen Spezialgläsern *(Neophanglas)* verwendet. Zu den wichtigsten Festkörperlasern gehören die auf der Basis von neodymdotierten Gläsern und Kristallen aufgebauten *N.-Glas-* bzw. *N.-YAG-Laser.* – N. wurde 1885 von C. Auer von Welsbach entdeckt.

Neoexpressionismus, Richtung der zeitgenöss. Malerei, deren kraftvoll gestaltete Handschrift und maler. Vitalität auf den dt. Expressionismus zurückweisen. Ihre Hauptvertreter, G. Baselitz, K. H. Hödicke und M. Lüpertz, gaben den ↑Neuen Wilden wesentl. Anregungen. Auch A. R. Penck, A. Kiefer sowie K. Appel u. a. Mgl. der Gruppe Cobra werden dem N. zugerechnet.

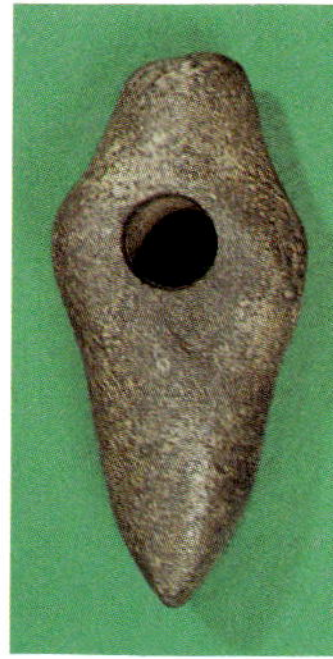

Neolithikum. Oben: durchlochte Steinaxt. Unten: spitznackiges Steinbeil (Hannover, Niedersächsisches Landesmuseum)

Neofaschismus, i. e. S. die von Anhängern des Faschismus getragene polit. Bewegung in Italien nach Mussolinis Sturz (Movimento Sociale Italiano); i. w. S. allg. Bez. für die auch in anderen Ländern bestehenden rechtsextremen Bewegungen und Parteien, die an Programmatik, Symbolik und Aktionsformen des Faschismus und Nationalsozialismus (daher auch **Neonazismus**) anknüpfen. Nach Verfassungen einiger Länder (auch der BR Deutschland) können neofaschist. Parteien und Bewegungen, deren Programme verfassungsfeindlich sind, verboten werden (zuletzt nach der Welle ausländerfeindl. Ausschreitungen im Dez. 1992 die „Nat. Offensive"). Sie propagieren v. a. extrem autoritäre Gesellschaftsbilder und Haß gegen Ausländer, Asylbewerber und einheim. Minderheiten. Zu den neofaschist. Gruppierungen in der BR Deutschland werden u. a. gerechnet: Dt. Rechtspartei (1946–49), Sozialist. Reichspartei (1949–52), Dt. Reichspartei (1946–64), Nat.demokrat. Partei (NDP; seit 1964), Dt. Volksunion (DVU; seit 1987). Zahlr. Gruppen bedienen sich terrorist. Mittel (z. B. Attentat auf dem Münchner Oktoberfest 1980). Neofaschist. Vorstellungen pflegen auch bestimmte subkulturelle Jugendgruppen („Wikingjugend", gegr. 1952, Jan. 1980 verboten; Skinheads). Zu den in Europa und in den USA, Kanada und Südamerika aktiven neofaschist. Gruppen bestehen organisator. Verbindungen. Rechtsradikale Vorstellungen finden sich auch beim Front National in Frankreich und bei den ↑Republikanern in Deutschland.

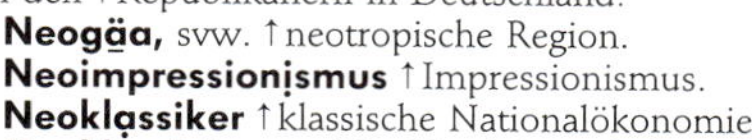

Neogäa, svw. ↑neotropische Region.

Neoimpressionismus ↑Impressionismus.

Neoklassiker ↑klassische Nationalökonomie.

Neoklassizismus (Neuklassizismus), Bez. für historisierende Tendenzen in der Kunst und v. a. der Architektur seit Ende des 19. Jh., die auf die Antike bzw. den ↑Klassizismus zurückgehen. In Malerei und Plastik zeigen sich neoklassizist. Tendenzen u. a. im Werk von P. Picasso, G. de Chirico, C. Carrà, A. von Hildebrandt und A. Maillol. Die neoklassizist. Architektur beschränkte sich in der Übernahme klassizist. Ideen auf kolossale Säulenordnungen, einfache Grundrisse, Symmetrie, Rechtwinkligkeit und Monumentalität. A. Perret, T. Garnier, L. Mies van der Rohe, A. Loos und Le Corbusier begannen mit neoklassizist. Entwürfen. V. Horta, J. Hoffman, P. Behrens, D. H. Burnham, G. Asplund, T. Fischer und P. Bonatz kehrten am Ende ihres Schaffens zum N. zurück. Beispiele bieten die frz. Architektur (Musée d'Art Moderne in Paris, 1937), die Architektur in Dänemark und Schweden (Univ. in Århus von K. Fisker u. a., 1932 ff.; Krematorium des Stockholmer Südfriedhofs von E. G. Asplund, 1935–40). Seit den 1930er Jahren bis etwa 1950 wurden in der Sowjetunion viele öff. Gebäude neoklassizistisch gestaltet (Lomonossow-Univ. in Moskau, 1949–53). Eine politisch motivierte Sonderstellung nimmt der z. T. sehr übersteigerte N. der nat.-soz. und faschist. Architektur in Deutschland (Haus der Kunst in München) und Italien (Hauptbahnhof Mailand; Foro Italico [= Campo della Farnesina] in Rom) ein. Neoklassizist. Tendenzen tauchen erneut in der Architektur der Postmoderne auf.

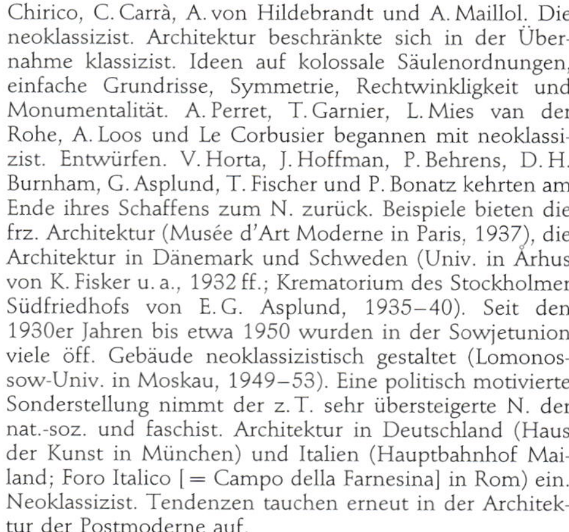

Neokolonialismus, krit., oft polemisch verwendete Bez. für die Politik der Ind.staaten W-Europas und Nordamerikas, durch die die im Verlauf der Entkolonisation unabhängig gewordenen Staaten Afrikas, Asiens und Lateinamerikas weiterhin wirtsch., technisch und (indirekt) politisch abhängig gehalten werden sollen. Als Ausdruck des N. gilt neben der Militärhilfe auch die Entwicklungshilfe, soweit sie zur Erhaltung der kapitalistischen Wirtschaftsstrukturen in den Entwicklungsländern beitrage. Der Vorwurf des N. wurde v. a. von kommunist. Staaten, nicht selten auch von Staaten der dritten Welt erhoben.

Neokonfuzianismus ↑chinesische Philosophie.

Neolamarckismus, die von dem amerikan. Paläontologen E. D. Cope gegen Ende des 19. Jh. begründete Weiterentwicklung der lamarckist. Deszendenztheorie, wobei insbes. die (auch schon von J.-B. Lamarck vertretene) Anschauung eine wichtige Rolle spielt, daß psych. Faktoren (Wille, Bedürfniserfüllung) in teleolog. Hinsicht für die phylogenet. Entwicklung und Formgestaltung der Organismen maßgebend seien (sog. **Psycholamarckismus**). – Als N. werden auch die bes. in der UdSSR zur Zeit Stalins protegierten und u. a. von T. D. Lyssenko durchgeführten Pflanzenversuche (mit Pfropfungen, Klimaänderungen u. a.) bezeichnet, die den Beweis der Erblichkeit von direkten Umweltanpassungen – nicht nur für Pflanzen, sondern auch für die Tiere und schließlich für den Menschen – erbringen sollten, deren Ergebnisse jedoch nicht überzeugend bestätigt werden konnten.

Neoliberalismus, ökonom. Theorie, die unter teilweiser Wiederaufnahme der Auffassungen der klass. Nationalökonomie eine Wirtschaftsordnung fordert, die durch die Steuerung der ökonom. Prozesse über den Markt, d. h. v. a. den freien Wettbewerb, gekennzeichnet ist. Aufgabe des Staates in einer solchen Wirtschaftsordnung ist die Schaffung bzw. Erhaltung der erforderl. Rahmenbedingungen. In der weiteren Ausgestaltung dieser Theorie als **Ordoliberalismus** durch die sog. ↑Freiburger Schule, wonach wirtsch. Interventionen des Staates als zulässig angesehen werden, wenn sie marktkonform erfolgen, und die wirtsch. Freiheit durch die (staatl.) soziale Sicherung des einzelnen zu ergänzen ist, lag der N. als Modell der Zielsetzung zugrunde, eine soziale ↑Marktwirtschaft in der BR Deutschland aufzubauen.

Neolithikum [griech.] (Jüngere Steinzeit, Jungsteinzeit), letzte Epoche der vorgeschichtl. Steinzeit; folgte der Mittelsteinzeit und wurde von der Kupfer- oder der Bronzezeit abgelöst. Die „archäolog." Definition des N. durch geschliffene Steinwerkzeuge (bes. Beil, Axt, Keule), Keramik, den Bogen, größere dörfl. Siedlungen mit mehrjährig bewohnten Häusern wurde v. a. in der angelsächs. und deutschsprachigen Forschung durch die „ökonom." Definition überlagert, wonach das N. durch die „produzierende" Wirtschaftsform (Anbau von Kulturpflanzen, Domestika-

Neolithikum. Links: Gefäße der jüngeren bandkeramischen Kultur, 4. Jt. v. Chr. (Worms, Museum). Mitte: Tongefäß der Trichterbecherkultur mit Abdruck- und Strichverzierung, 3. Jt. v. Chr. (Kopenhagen, Nationalmuseet). Rechts: Becher der Glockenbecherkultur mit Zonenverzierung, 2. Jt. v. Chr. (Worms, Museum)

tion und Haltung von Haustieren) gekennzeichnet ist. In Afrika südl. der Sahara und in großen Teilen S-Asiens wird meistens von „später Steinzeit" („Later Stone Age") gesprochen, die dort unmittelbar in die Eisenzeit übergeht. Auch in Amerika wird der Begriff nur ausnahmsweise verwendet. Untergliederungen (Alt-, Mittel-, Jung-, End-N.) gelten nur für einzelne Regionen (z. B. M-Europa, N-Deutschland, S-Skandinavien). Die Anfänge des N. gehen bis in das 9. Jt. v. Chr. zurück. Mit der Domestikation von Schaf und Ziege (später auch Rind) und der Kultivierung von Getreide (Gerste, verschiedene Weizenarten) in SW-Asien (Fruchtbarer Halbmond) beginnt das N. im 8./7. Jt. archäologisch faßbar zu werden (z. B. Al Baida [Jordanien], Jericho, Çatal Hüyük), z. T. mit befestigten Großsiedlungen (Anfänge der Hochkultur). Bei der Ausbreitung der neolith. Kulturformen nach Teilen des übrigen Asien, N-Afrika und Europa bildeten sich viele lokale Ausprägungen, für die v. a. die Keramik (Gefäße, z. T. auch Figuren) typisch war (z. B. bandkeram. Kultur, Cardiumkeramik, kammkeram. Kultur, schnurkeram. Kultur, Trichterbecherkultur, Glockenbecherkultur), daneben Steinwerkzeuge und Geräte, wie Pfeilspitzen-, Beil- und Axtformen (Streitaxtkulturen), sowie Haus-, Siedlungs- (Tellsiedlungen) und Grabformen (Megalithkulturen). Auch die Wirtschaftsformen variierten (in S- und O-Asien z. B. Reisanbau; Haustiere: v. a. Schwein, gegen Ende des N. Esel und Pferd). Wasserfahrzeuge ermöglichten seit dem 7. Jt. die Besiedlung der größeren Mittelmeerinseln. Günstigere klimat. Bedingungen (sog. neolith. Feuchtphase in der Sahara und in Arabien, postglaziale Wärmezeit in Europa und in Teilen Asiens) erleichterten die Ausbreitung bis Spitzbergen und in heutige Wüstengebiete. Die damit verbundene Bevölkerungsvermehrung erleichterte den Güteraustausch, der bei selteneren, durch Bergbau gewonnenen Rohstoffen zum Handel führte.

neolithische Revolution, von dem brit. Archäologen Vere Gordon Childe (* 1892, † 1957) 1936 formulierte Bez. für den Übergang von der aneignenden Wirtschafts- und Lebensform (Jäger und Sammler; ↑ Paläolithikum, ↑ Mesolithikum) zur produktiven Wirtschaftsform (seßhafte Kulturen; ↑ Neolithikum).

Neologismus [griech.-frz.] (Neubildung), Wortschöpfung; jedes zu einer bestimmten Zeit neu gebildete Wort.

Neomarxismus, Gesamtheit der wiss. und literar. Versuche, die orthodox-marxist. Lehren (↑ Marxismus) unter den Bedingungen der sog. „spätkapitalist." Gesellschaft neu zu überdenken und zu begründen. Entwickelt bzw. übernommen wurden neomarxist. Gedanken u. a. von den Vertretern der krit. Theorie, von E. Fromm, H. Marcuse, J.-P. Sartre, E. Bloch, von der außerparlamentar. Opposition und der neuen Linken.

Neomonetarismus ↑ Monetarismus.

Neomyzin (Neomycin) [Kw.], aus Streptomyces fradiae isolierter Komplex von Antibiotika mit breitem Wirkungsspektrum; Anwendung nur örtlich als N.sulfat (Salbe, Puder) bei Haut- und Schleimhautinfektionen.

Neon [griech. „das Neue"], chem. Symbol Ne; gasförmiges Element aus der VIII. Hauptgruppe des Periodensystems der chem. Elemente, Ordnungszahl 10, relative Atommasse 20,179, Dichte (bei 0 °C und Normaldruck) 0,8999 g/l, Siedepunkt −246,048 °C Schmelzpunkt −248,67 °C. Das Edelgas N. ist farb- und geruchlos und äußerst reaktionsträge; es sind keine Verbindungen bekannt. N. ist im Weltall eines der häufigsten Elemente; in der Atmosphäre der Erde ist es nur zu $1{,}8 \cdot 10^{-3}$ Vol.-% enthalten und wird technisch durch Rektifizieren verflüssigter Luft gewonnen. Es wird als Füllgas für Gasentladungslampen und Leuchtröhren verwendet. – N. wurde 1898 von W. Ramsey und seinem Mitarbeiter M. W. Travers (* 1872, † 1961) entdeckt.

Neonazismus ↑ Neofaschismus.

Neophanglas ↑ Neodym.

Neoplasma [griech.] ↑ Geschwulst.

Neopositivismus (Neupositivismus), Sammelbez. für eine sich in Wien (↑ Wiener Kreis mit M. Schlick, C. Carnap, V. Kraft, O. Neurath u. a.) und Berlin („Gesellschaft für empir. Philosophie" mit H. Reichenbach, W. Dubislav, F. Kraus u. a.) nach 1918 formierende Richtung naturwiss. orientierter Wiss.theorie, die Grundlagenprobleme des älteren ↑ Positivismus mit Mitteln der formalen Logik und der analyt. Philosophie unter Beibehaltung der Grundannahmen des Empirismus und einer antimetaphys. Grundhaltung zu lösen versucht. – Der N. verteidigt eine „natürl." strenge Zweiteilung aller wiss. Aussagen in die analytisch wahren der Formalwiss. und die wahren (oder falschen) empir. Aussagen der Realwiss., die allein etwas über die Wirklichkeit aussagen. Hier nicht einzuordnende (grammatisch korrekt gebildete) Sätze sind sinnlos und *Scheinsätze*. Um z. B. metaphys. Sätze als solche Scheinsätze

Neolithikum. Megalithgrab bei Thuine im Kreis Emsland

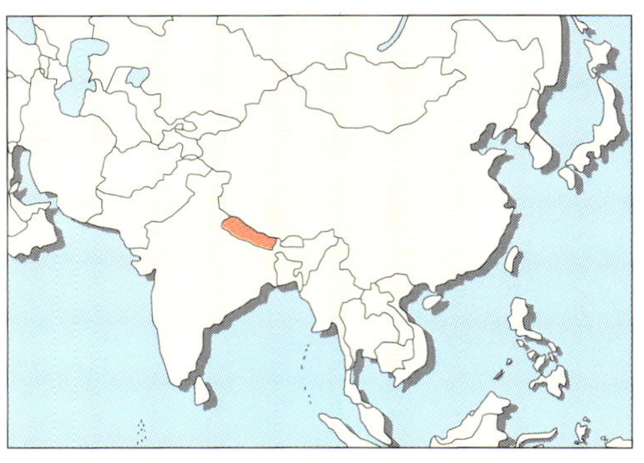

Nepal

Fläche: 147 181 km²
Bevölkerung: 19,16 Mill. E (1990), 130,2 E/km²
Hauptstadt: Katmandu
Amtssprache: Nepali
Staatsreligion: Hinduismus
Nationalfeiertage: 16. Dez., 28. Dez.
Währung: 1 Nepales. Rupie (NR) = 100 Paisa (P.)
Zeitzone: MEZ + $4^1/_2$ Stunden

Nepal

Staatswappen

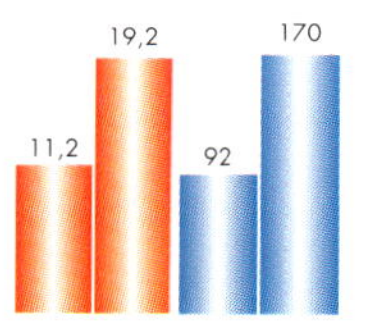

1970 1990 1970 1990
Bevölkerung (in Mill.) Bruttosozialprodukt je E (in US-$)

Stadt Land

Bevölkerungsverteilung 1990

Industrie
Landwirtschaft
Dienstleistung

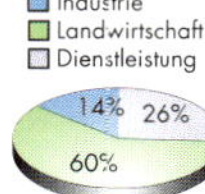

Bruttoinlandsprodukt 1990

zu entlarven, wird das Sinnkriterium entwickelt, das die Bed. eines Satzes durch die Methode seiner (empir.) Verifikation bestimmt. Entsprechend fordert das Prinzip der Konstituierbarkeit die prinzipielle Rückführbarkeit aller Satzteile sinnvoller Sätze auf das in der Erfahrung unmittelbar Gegebene, das in sog. Elementarsätzen, nach späterer Ansicht in Protokollsätzen festgehalten wird. Durch eine intersubjektive, universelle Sprache will der N. die Einzelwiss. zu einer Einheitswiss. zusammenfassen. – V. a. durch die Kritik K. R. Poppers (↑kritischer Rationalismus) sah sich der N. gezwungen, seine Ansichten zu relativieren.

Neoptolemos (auch Pyrrhos), in der griech. Mythologie Sohn des Achilleus; wird nach dem Tod des Vaters von Odysseus nach Troja gebracht, da eine Weissagung den Fall der Stadt an seine Anwesenheit knüpfte. N. zeichnet sich bei der Zerstörung Trojas durch bes. Grausamkeit aus und erhält als Kriegsbeute Andromache, die ihm den Molossos, den Ahnherrn der epirot. Molosser, gebiert. N. heiratet die ihm von ihrem Vater Menelaos versprochene Hermione, die inzwischen die Braut des Orestes ist, und wird deswegen von Orestes getötet.

Neorealismus (Neorealismo, Neoverismo), realist. oder naturalist. Darstellungsweise der italien. Prosaliteratur der Mitte des 20. Jh. Charakteristisch ist die Konzentration auf Ereignisse der 1940er Jahre (Faschismus, Krieg, Widerstand, Partisanenkampf) und die Bloßlegung der sozialen und polit. Wirklichkeit in der Nachkriegszeit. Als Begründer gilt E. Vitorini; wichtige Vertreter sind V. Pratolini, C. Levi, C. Pavese, F. Jovine, I. Calvino, B. Fenoglio. – Über Italien hinausgehende internat. Resonanz fand der N. durch die italien. Filmproduktionen v. a. der 40er und 50er Jahre, insbes. von R. Rossellini („Rom – offene Stadt", 1945), V. De Sica („Fahrraddiebe", 1948), L. Visconti („Die Erde zittert", 1948), P. Germi („Im Namen des Gesetzes", 1949), später v. a. die Filme von P. Pasolini („Accattone", 1961; „Mamma Roma", 1962).

Neostoizismus, svw. ↑Neustoizismus.

Neotenie [griech.] (Progenese), Eintritt der Geschlechtsreife in jugendl. bzw. larvalem Zustand vor Erreichen des Erwachsenenstadiums; kann z. B. bei Schwanzlurchen als Regelfall (z. B. beim Axolotl) oder äußerst selten unter bes. Bedingungen auftreten, z. B. bei einheim. Molchen.

neotropische Region (Neotropis, Neogäa [im engeren Sinne]), tiergeograph. Region, die S- und M-Amerika (einschl. der Westind. Inseln) umfaßt; sehr charakterist. Fauna mit vielen endem. Gruppen, z. B. Schlitzrüßler, Neuweltaffen, mehrere Fledermausfamilien, Ameisenbären, Faultiere, Gürteltiere, verschiedene Nagetiergruppen sowie zahlr. kleinere Beuteltierarten. Die Vogelwelt ist ungewöhnlich formenreich, mit sehr vielen endem. Fam., u. a. Nandus, Wehrvögel, Hokkohühner, Schopfhühner, Trompetervögel, Steißhühner und Pfefferfresser. Unter den Kriechtieren sind bes. Leguane, Schienenechsen und Boaschlangen kennzeichnend. Bei den Lurchen fällt der große Artenreichtum an Laubfröschen auf. Auch unter den Süßwasserfischen finden sich viele endem. Gruppen.

neotropisches Florenreich (Neotropis), Vegetationsgebiet der trop. und großer Teile der subtrop. Zonen der Neuen Welt; umfaßt M- und S-Amerika (mit Ausnahme der südl. Anden). Wichtigste Vegetationsformen: trop. Regenwald, Nebelwald, montaner Regenwald, Monsunwald, Trockenwald, Trockengebüsch, Steppe, Sukkulentenformationen. Kennzeichnende Pflanzenfam. sind Ananasgewächse und Kakteen sowie Ingwer-, Gesnerien-, Pfeffer- und Maulbeerbaumgewächse.

Neovitalismus, u. a. von H. Driesch, J. von Uexküll, J. Reinke vertretene philosoph. Richtung des 19./20. Jh., die einerseits gegen die materialistisch-mechanist. Betrachtungsweise des Lebens die Eigengesetzlichkeit („Autonomie") des Lebens annimmt und andererseits im Unterschied zum ↑Vitalismus die naturwiss. Kausalität für die chemisch-physikal. [Teil]prozesse des Lebens, ihre Analyse und Erklärung gelten läßt.

Neozoikum [griech.] (Känozoikum), jüngstes Zeitalter der Erdgeschichte, ↑geologische Systeme (Übersicht).

NEP, russ. Abk. für: ↑Neue Ökonomische Politik, ↑Sowjetunion.

Nepal (amtl.: Nepal Adhirajya), konstitutionelle Monarchie in Asien, zw. 26° 20′ und 30° 10′ n. Br. sowie 80° 15′ und 88° 10′ ö. L. **Staatsgebiet:** Es grenzt im N an China (Tibet), im O, S und W an Indien. **Verwaltungsgliederung:** 14 Zonen. **Internat. Mitgliedschaften:** UN, Colombo-Plan.

Landesnatur: N. ist ein Gebirgsland zw. der nordind. Tiefebene und dem Hochland von Tibet mit rd. 800 km Längserstreckung und einer maximalen Breite von 210 km. Von S nach N lassen sich 4 Großräume unterscheiden: Im Terai (76–780 m ü. d. M.) hat N. Anteil an der Gangesebene. Über die bis 1 860 m hohen Siwalikketten Anstieg zu einer Mittelgebirgszone in 2 000–4 000 m Höhe mit den Hochtälern von Katmandu und Pokhara. Nach N folgt die Himalajahauptkette mit mehreren Achttausendern, u. a. dem Mount Everest. Die Gebirgsketten werden durch Flußläufe gequert, deren Schluchten die einzigen Verkehrsverbindungen zur Nordseite der Hauptkette darstellen.

Klima: N. steht unter dem Einfluß des sommerl. SO-Monsuns (Regenzeit Mitte Juni bis Ende Sept.) und des trockenen, winterl. NW-Monsuns. Auf Grund der extremen Höhenunterschiede ist das Klima sehr verschiedenartig: über der heißen Zone des Terai und der Gebirge bis um 1 500 m folgen bis um 2 200 m eine gemäßigt-warme und bis über 4 000 m eine gemäßigt-kühle Zone. In der Hochgebirgsregion sind die Winter extrem kalt und lang. Die im NW liegende Abdachung hat kontinentales Klima.

Vegetation: Die nur noch in Resten erhaltenen immergrünen Monsunwälder und die Grasfluren des Terai werden mit ansteigender Höhe von Laubwäldern, vereinzelt von Bambusbeständen, abgelöst. In den höheren Mittelgebirgslagen folgen Rhododendron und Nadelwälder, über der Waldgrenze Krüppelholz, Flechten und Moose. Die klimat. Schneegrenze liegt bei 5 000–5 800 m ü. d. M. Im trockenen NW sind alpine Steppen verbreitet.

Tierwelt: Auf Grund der starken Rodung ist die urspr. Tierwelt fast völlig vernichtet. Vereinzelt gibt es noch Leoparden und Bären, in der alpinen Region Moschustiere, Wildschafe, Goral, Wölfe und Schneeleoparden.

Bevölkerung: Rd. 75 % gehören indonepales. und ind. Volksgruppen an, der Rest überwiegend den als Gurkha (herrschende Schicht) bezeichneten altnepales. Gruppen und einer kleinen Minderheit tibet. Gruppen (u. a. Bhotia, Sherpa). Rund 90 % sind Hindus, 5,3 % Buddhisten und 2,7 % Muslime. Dicht besiedelt sind Teile des Terai und die Hochtäler im Mittelgebirgsland, dünn besiedelt der NW und der Hochhimalaja. Trotz allg. Schulpflicht, die von 6–11 Jahren besteht, und trotz eines starken Anwachsens der Zahl der Schulen sind rd. 75 % der Bev. über 15 Jahren Analphabeten. Neben religiösen Schulen bestehen Colleges; einzige Hochschule ist die Univ. von Katmandu (gegr. 1958).

Wirtschaft: Gemessen am Bruttosozialprodukt gehört N. zu den ärmsten Ländern der Erde. In der Landw., die 60 % der Exporterlöse bringt, arbeiten rd. 90 % der Erwerbstätigen (überwiegend als Kleinbauern). Die wichtigsten Anbaugebiete liegen im Terai (60 % der gesamten Nutzfläche und 85 % der gesamten Reisanbaufläche) und im Mittelgebirgsraum. Buchweizen, Kartoffeln und Gerste werden bis zur Anbaugrenze bei 4 000 m Höhe kultiviert. Die wichtigsten Exportkulturen sind Jute, Zuckerrohr, Ingwer, Hülsenfrüchte, Heilkräuter und Tabak. Im Terai werden Wasserbüffel als Zugtiere, Milch- und Fleischlieferanten gehalten, auf den Hochweiden im N des Landes neben Schafen und Ziegen auch Jak. Durch Brandrodungsfeldbau und unkontrollierte Brennholzgewinnung sind mehr als die Hälfte des Waldbestandes bereits dem Raubbau zum Opfer gefallen. Die hierdurch bewirkten Erosionsschäden (fortschreitende Bodenerosion, daraus resultierende katastrophale Überschwemmungen auch in Indien und Bangladesch) sind bereits beträchtlich. Mit der Wiederaufforstung wurde begonnen. Außer Glimmerschiefer und Kalkstein werden die nachgewiesenen Bodenschätze (Gold, verschiedene Erze, Kohle, Schwefel) kaum ausgebeutet. Die gering entwickelte Ind. basiert v. a. auf der Verarbeitung landw. Produkte; Eisenwalzwerk, Zement-, Kunstdüngerfabrik. Der stark zunehmende Trekking-Tourismus führt ebenfalls zu Umweltbelastungen. Tourist. Hauptanziehungspunkte sind das Katmandutal, die Gebiete um den Mount Everest und den Annapurna.

Außenhandel: Ausgeführt werden Textilien, Jute, Reis, Tierfelle, Wollteppiche und Lebendvieh, eingeführt Nahrungsmittel, Erdölprodukte, chem. Erzeugnisse, Maschinen, Fahrzeuge u. a. Wichtigste Partner sind Indien, Japan, China, die EG und die USA.

Verkehr: Nur im Grenzgebiet gibt es zwei Stichbahnen zum ind. Eisenbahnnetz, zus. 102 km lang. Das Straßennetz ist 6 306 km lang, davon sind nur rd. die Hälfte ganzjährig befahrbar. Daneben gibt es etwa 10 000 km Maultierpfade. Hier spielen Träger und Packtiere noch eine wichtige Rolle für den Gütertransport, für den auch die 42 km lange Lastenseilbahn zw. Hetauda und Katmandu von Bed. ist. Neben den ✈ der Hauptorte besteht der internat. ✈ von Katmandu.

Geschichte: Einwanderer aus Indien und Tibet sowie ein mongol. Bergvolk formten in prähistor. Zeit die Bev. von N., dessen staatl. Ursprung im Katmandutal lag. Das Reich der Malla (seit dem 12. Jh.) unterwarf weite Gebiete des heutigen N. und erlebte im 14. Jh. eine kulturelle Blüte; vorherrschende Religion wurde der Hinduismus. In der 2. Hälfte des 15. Jh. zerfiel N. in 3 unabhängige Einzelstaaten (Bhaktapur, Katmandu und Patan), die 1769 von den Gurkha erobert wurden. Ende des 18. Jh. schwand die Macht der Könige zugunsten adliger Familien, von denen die der Rana die einflußreichste war. Im Vertrag von 1816 erkannte Großbritannien zwar die Herrschaft der Gurkha an, die dafür ständige brit. Residenten in Katmandu zulassen mußten, doch bereits 1846 wurden die Rana Alleinherrscher mit erbl. Min.präs.amt (bis 1951). In beiden Weltkriegen kämpften Gurkharegimenter im brit. Heer. 1950 schloß N. einen Freundschaftsvertrag mit der Ind. Union. Am 18. Febr. 1951 proklamierte König Tribhuwan Bir Bikram Schah (* 1906, † 1955, ♔ seit 1911) N. zur konstitutionellen Monarchie. Sein Sohn, König Mahendra Bir Bikram Schah (* 1920, † 1972, ♔ seit 1955) setzte die Politik der konstitutionellen Reformen zunächst fort. 1959, als die erste unter parlamentar.-demokrat. Aspekten geschaffene Verfassung in Kraft trat, siegte in den ersten allg. und direkten Wahlen die Kongreßpartei (Nepali Congress, NC); ihr Führer B. Matrika Prasad Koirala wurde Reg.chef. 1960 entließ der König Parlament und Reg., verbot 1961 alle Parteien und erließ 1962 eine neue Verfassung, die ihm eine beherrschende polit. Stellung sicherte (Panchayat-System). Außen- und handelspolitisch setzte König Mahendra die enge Anlehnung an Indien fort, bahnte aber eine Annäherung an China an. 1972 folgte Birendra Bir Bikram Schah (* 1945) seinem Vater auf dem Thron. Eine Verfassungsänderung 1975 baute die Macht des Königs aus. Seit Mitte der 80er Jahre entwickelte sich unter Führung der verbotenen Kongreßpartei v. a. in den Städten eine Demokratiebewegung. Nach blutigen Unruhen im April 1990, die starke antiroyalist. Züge trugen, hob der König das Parteienverbot auf und ernannte Krishna Prashad Bhattarai (Kongreßpartei) zum Premiermin. einer Übergangsreg. Gemäß einer am 9. Nov. 1990 verkündeten neuen Verfassung wurden die konstitutionelle Monarchie wiederhergestellt und das Panchayat-System durch ein Mehrparteiensystem ersetzt. Parlamentswahlen im Mai 1991 gewann die Kongreßpartei; neuer Reg.chef wurde Girija Prasad Koirala.

Politisches System: Nach der Verfassung vom 9. Nov. 1990 ist N. eine konstitutionelle Monarchie. *Staatsoberhaupt* ist der König, dessen Position erheblich eingeschränkt wurde. Er übt zwar formal die Funktion des Oberbefehlshabers der Streitkräfte aus, de facto liegt die Führung beim Nat. Verteidigungsrat. Die neue Verfassung fixiert ferner ein Mehrparteiensystem, allg. Wahlrecht, Unabhängigkeit der Justiz, Abschaffung der Todesstrafe, Pressefreiheit sowie Erhebung des Hinduismus zur Staatsreligion. Die *Exekutive* wird vom Kabinett ausgeübt, dessen Mgl. vom Min.präs. vorgeschlagen und vom König ernannt werden. Die *Legislative* liegt beim Zweikammerparlament, bestehend aus Staatenkammer (60 Mgl., davon 10 vom König ernannt) und Repräsentantenhaus (205 Abg., für 5 Jahre gewählt). Stärkste *Parteien* im Parlament sind der Nepali Congress (NC), die United Marxist Left (UML), ein Sammelbecken linker Gruppierungen mit Dominanz der Communist Party of N., sowie die United People's Front (UPF). Das gering entwickelte *Gewerkschaftswesen* hat kaum Bedeutung. Das *Rechtswesen* ist z. T. im Hinduismus und Buddhismus verankert. Dem Obersten Gerichtshof als höchster Instanz sind Distrikt- und Zonalgerichte nachgeordnet.

Nepal. Terrassenfeldbau in der Mittelgebirgszone

Nepali, zur Westgruppe der neuindoar. Sprachen (↑indoarische Sprachen) zählende Hauptsprache des mittleren Himalaja, seit 1769 Staatssprache von Nepal; breitete sich vom W (Königreich Jumla) nach O (Zentren: Kalimpong, Darjeeling) aus. Übl. Schrift ist die ind. Dewanagari.

Nepersche Logarithmen (Napiersche Logarithmen) [nach J. Napier], svw. natürl. Logarithmen (↑Logarithmus).

Nephelin [zu griech. nephélē „Nebel"], hexagonales Mineral von meist weißer bis lichtgrauer Farbe, auch wasserklar; Gerüstsilikat, $KNa_3[AlSiO_4]_4$. Mohshärte 5,0–6,0; Dichte 2,6 g/cm^3; wichtiger Feldspatvertreter; gesteinsbildendes Mineral in Ergußgesteinen. Eine grobkörnige Varietät der Intrusivgesteine ist der **Eläolith.**

Nephelinsyenit (Eläolithsyenit), alkalireiches, quarzfreies, oft grobkörniges syenit. Tiefengestein, dessen Feldspäte (Alkalifeldspäte) z. T. durch Nephelin, Sodalith u. a. Feldspatvertreter ersetzt sind; N. enthält außerdem Augit, Hornblende, Biotit u. a.

Nephelometrie [griech.], Verfahren zur quantitativen Bestimmung der Konzentration von kolloidal gelösten Teilchen durch Messen der Intensität des Streulichtes *(Tyndallometrie)* oder der Schwächung des durchtretenden Lichtes *(Turbidimetrie).* Die N. wird in der Chemie (Verfolgung von Trübungs- und Fällungsreaktionen), Biochemie (Bestimmung von Alkaloiden und Enzymen) und Bakteriologie (Bestimmung der Zelldichte in Suspensionen) angewendet.

nephisch [griech.], in der Meteorologie: die Wolken betreffend.

nephr..., Nephr... ↑nephro..., Nephro...

Nephridien [...i-ɛn; griech.] (Metanephridien), paarige, segmental angeordnete Exkretionsorgane, die hauptsächlich bei Ringelwürmern vorkommen. Sie beginnen mit einem in die Leibeshöhle ragenden Flimmertrichter *(Nephrostom).* Daran schließt sich ein geschlängeltes Nierenkanälchen an, das durch den *Nephroporus* nach außen mündet.

Nephrit [zu griech. nephrós „Niere" (da man den N. als Heilmittel bei Nierenleiden verwendete)], Abart des Strahlsteins; durchscheinend, grün; im Ggs. zum Jadeit schwer schmelzbar; findet sich in metamorphen Gesteinen.

Nephritis [griech.], svw. Nierenentzündung (↑Nierenerkrankungen).

nephro..., Nephro..., nephr..., Nephr... [zu griech. nephrós „Niere"], Wortbildungselement mit der Bed. „Niere(n)".

Walther Nernst

Nephrographie, Darstellung der Niere mittels bildgebender Verfahren zur Untersuchung der gewebl. Struktur und zur Funktionsdiagnostik. Hauptverfahren sind die Computertomographie, die Röntgenkontrastdarstellung im Rahmen der ↑Urographie oder in Form einer **Nierenangiographie (Renovasographie)** durch Kontrastmitteleinbringung in die Bauchaorta oder über Katheter in die Nierenarterie, ferner die nuklearmedizin. N. Zu ihr gehören die **Radioisotopennephrographie,** bei der nach intravenöser Injektion einer harnpflichtigen, mit Radionukliden markierten Substanz (v. a. Hippursäure mit Jodisotop ^{131}J) die Strahlungsintensität über beiden Nieren im Verlauf der Ausscheidung gemessen wird, und die **Nierenszintigraphie** zur Weichteildarstellung des Nierenparenchyms oder Aufzeichnung des Ausscheidungsverlaufs. Morpholog. Hinweise bietet auch die Ultraschalluntersuchung. Die N. dient der Prüfung der Nierenleistung und -durchblutung, der Feststellung krankhafter Veränderungen (Tumoren, Steinbildungen, Infarkte, Zysten) und der Erfolgskontrolle nach einer Nierentransplantation.

Nero (Marmorskulptur; Rom, Thermenmuseum)

Nephrolithiasis [griech.], svw. Nierensteinleiden (↑Nierenerkrankungen).

Nephrologie, Wiss. und Lehre von den Nieren und Nierenkrankheiten.

Nephron [griech.] ↑Niere.

Nephroptose [griech.], svw. ↑Nierensenkung.

Nephros [griech.] ↑Niere.

nephrotisches Syndrom ↑Nierenerkrankungen.

Nephrozyten [griech.] (Perikardialzellen), Zellen (v. a. bei Weichtieren und Gliedertieren) mit der Eigenschaft, Abfallstoffe des Körpers aufzunehmen und zu speichern.

Nereidenmonument. Rekonstruktion unter Verwendung der erhaltenen, im Londoner British Museum befindlichen Originalteile des im 5. Jh. v. Chr. errichteten Grabbaus

Nephthys, ägypt. Göttin (↑ägyptische Religion).

Nepos, Cornelius, * um 100, † um 25 v. Chr., röm. Geschichtsschreiber. – Schrieb u. a. einen chronolog. Abriß der Weltgeschichte und 16 Bücher Lebensbeschreibungen, in denen er ohne Quellenstudium kritiklos röm. und nichtröm. Persönlichkeiten gegenüberstellte („De viris illustribus").

Nepotismus [lat.], Bevorzugung von Verwandten **(Nepoten)** bei der Vergabe von Ämtern und Würden durch weltl. und geistl. Machthaber.

neppen [aus der Gaunersprache], [durch ungerechtfertigt hohen Preis] übervorteilen.

Népszabadság [ungar. ˈneːpsɔbɔttʃaːg „Volksfreiheit"], ungar. Tageszeitung, ↑Zeitungen (Übersicht).

Neptun, röm. Gott der Gewässer, dessen urspr. Wesen durch die Identifikation mit dem griech. Meergott ↑Poseidon völlig verdeckt ist. Sein Fest, die am 23. Juli gefeierten **Neptunalia,** gehörte zu den ältesten und populärsten des röm. Festkalenders.

Neptun [lat., nach dem röm. Gott], astronom. Zeichen ♆, achter, jupiterartiger Planet des Sonnensystems. Seine mittlere Entfernung von der Sonne beträgt 4,497 Milliarden km, seine siderische Umlaufzeit 164,8 Jahre. Der Planet N. wurde im Jahre 1846 von J. G. Galle entdeckt, nachdem seine Existenz aus den Störungen der Uranusbahn von U. Le Verrier vorausberechnet worden war. Die dichte N.atmosphäre besteht hauptsächlich aus Wasserstoff und Helium sowie aus Wasserstoffverbindungen, z. B. Methan. Neben dem Ringsystem des N. wurden 1989 durch die Aufnahmen von ↑Voyager 2 zu den bisher bekannten Monden *Triton* und *Nereid* noch sechs weitere Monde entdeckt.

Neptunismus ↑Geologie.

Neptunium [lat., nach dem Planeten Neptun], chem. Symbol Np, radioaktives, metall. Element aus der Reihe der ↑Actinoide, Ordnungszahl 93, Massenzahl des stabilsten bekanntesten Isotops 237,048, Schmelzpunkt 640 ± 1 °C, Siedepunkt 3 902 °C, Dichte 20,25 g/cm^3 (drei Modifikationen). N. ist ein silberweißes, sehr reaktionsfähiges Metall. Es wurde erstmals 1940 (E. M. McMillan und P. H. Abelson) in Form des Isotops Np 239 als Betazerfallsprodukt des sich bei Neutronenbeschuß von U 238 bildenden Uranisotops U 239 erhalten. Heute sind 15 Isotope bekannt, von denen Np 237 mit $2{,}14 \cdot 10^6$ Jahren die längste Halbwertszeit besitzt.

Neptuniumreihe ↑Zerfallsreihen.

Nereidae [griech.] (Lycoridae), mit zahlr. Arten v. a. an Meeresküsten verbreitete Fam. langer, schlanker, aus sehr vielen (bis 175) Segmenten bestehender Ringelwürmer (Klasse Vielborster) mit einem Paar Antennen, zwei Paar Augen und ausstülpbarem Rüssel. Bekannteste Gatt.: **Nereis** im Küstenbereich, z. T. auch in Brackgewässern; bis über 75 cm lang, meist jedoch sehr viel kleiner.

Nereiden, Töchter des ↑Nereus.

Nereidenmonument, in Xanthos (Lykien) errichteter marmorner Grabbau eines lokalen Dynasten auf hohem Quadersockel. Werk eines ostgriech. Künstlers vom Ende des 5. Jh. v. Chr.; erhaltene Reliefs und Plastikfragmente in London (British Museum).

Neresheim, Stadt auf der östl. Schwäb. Alb, Bad.-Württ., 503 m ü. d. M., 7300 E. Kunststoff-, metall- und papierverarbeitende Ind. – Entstand unterhalb des 1095 gegr. Klosters; gilt seit Ende des 13. Jh. als Stadt; fiel 1806 zunächst an Bayern, 1810 an Württemberg. – Benediktinerabtei Hl. Kreuz mit spätbarocker Abteikirche (1745–64) nach Plänen von B. Neumann (vollständig renoviert 1966–75; reich stukkierter Kapitelsaal).

Neretva, Fluß in Bosnien und Herzegowina, entspringt bei Luka, mündet bei Ploče (Kroatien) in das Adriat. Meer, 215 km lang. Ihr die Dinariden querendes Tal ist eine bed. Verkehrsleitlinie.

Nereus, göttl. Meergreis der griech. Mythologie. Sohn des Pontos („Meer") und der Gäa („Erde"). Vater der fünfzig **Nereiden,** hilfreicher anmutiger Meerjungfrauen aus dem Gefolge des Poseidon.

Nerezi [makedon. 'nɛrɛzi], Ort bei Skopje, Makedonien, Klosterkirche des hl. Panteleimon mit bed. byzantin. Fresken von 1164.

Nerfling, svw. ↑Aland (Fisch).

Nergal, babylon. Gott der Unterwelt, Gemahl der Ereschkigal.

Neri, Filippo, hl., * Florenz 21. Juli 1515, † Rom 26. Mai 1595, italien. kath. Theologe. – Aus seiner 1548 gegr. Bruderschaft zur Betreuung bedürftiger Rompilger erwuchs 1552 die Kongregation der ↑Oratorianer. N. erstrebte sittl. Erneuerung durch Wallfahrten, geistl. Übungen und geistl. Lieder in der Volkssprache. – Fest: 26. Mai.

Nering, Johann Arnold, ≈ Wesel 17. März 1659, † Berlin 21. Okt. 1695, dt. Baumeister. – Begr. u. a. mit dem Umbau von Schloß Oranienburg (1688 ff.) und dem [Kern]bau von Schloß Charlottenburg (1695 ff.) einen niederl. beeinflußten, fein proportionierten, schmuckarmen Barock (sog. märk. Barock); als Städtebauer schuf er 1688 ff. die Anlage der Friedrichstadt in Berlin.

Neringa, Stadt und Ostseebad auf der Kurischen Nehrung, Litauen, 2500 E. Ethnograph. Museum, T.-Mann-Museum. 1961 durch Vereinigung der Seebäder **Schwarzort, Preil, Nidden** und **Perwelk** gebildet. – Funde von kleinen menschl. Figuren aus Bernstein (3./2. Jt. v. Chr.).

neritisch [griech.], im freien Wasser des Uferbereichs vorkommend (im Meer der bis etwa 200 m Tiefe reichende Schelf, in Süßgewässern, außer bei großen Seen, oft das ganze Freiwasser).

Nerlinger, Oskar, * Schwann (= Straubenhardt) 23. März 1893, † Berlin (Ost) 25. Aug. 1969, dt. Maler und Graphiker. – Sein bes. der Wiedergabe des modernen Industriemilieus gewidmetes Werk steht in der Tradition der Neuen Sachlichkeit; auch lyr. Landschaftsaquarelle.

Nernst, Walther, * Briesen (= Wąbrzeźno, Woiwodschaft Bromberg) 25. Juni 1864, † Gut Ober-Zibelle bei Bad Muskau 18. Nov. 1941, dt. Physiker und Chemiker. – Prof. in Göttingen und Berlin; 1922–24 Präs. der Physikalisch-Techn. Reichsanstalt in Berlin. N. ist einer der Begründer der physikal. Chemie; er erforschte v. a. elektro- und thermochem. Vorgänge. Seine bedeutendste Entdeckung ist das nach ihm ben. *N.sche Theorem* (3. Hauptsatz der Thermodynamik); er erhielt 1920 den Nobelpreis für Chemie.

Nernst-Effekt [nach W. Nernst], Bez. für die Erscheinung, daß sich beim Durchgang eines elektr. Stromes durch einen in einem transversalen Magnetfeld befindlichen Elektronenleiter in Stromrichtung ein Temperaturgefälle ergibt.

Nero (Nero Claudius Drusus Germanicus Caesar), eigtl. Lucius Domitius Ahenobarbus, * Antium (= Anzio) 15. Dez. 37, † bei Rom 9. Juni 68, röm. Kaiser (seit 54). – Sohn Agrippinas d. J., 50 von Claudius adoptiert, 53 ⚭ mit dessen Tochter Octavia. 55 überwarf sich N. mit seiner Mutter, die ihn auf den Thron gebracht hatte, um selbst gemeinsam mit N. Erziehern (u. a. Seneca d. J.) zu regieren. N. despotische Züge entwuchsen zum „Cäsarenwahnsinn": Ermordung der Mutter (59), Scheidung von Octavia und deren Ermordung (62), körperl. Mißhandlung seiner zweiten Frau Poppäa Sabina, die zu ihrem Tod (65) führte; ab 59 Auftreten als Wagenlenker und Kitharöde. Der Brand von Rom (18./19. Juli 64), dessen man wohl unbegründet N. verdächtigte, löste, von N. den Christen zur Last gelegt, die erste systemat. Christenverfolgung aus. – Außenpolitik: Niederschlagung des britann. Aufstands (61), Pontus Prov. (64), Armenien röm. Klientelstaat unter parth. Herrschaft (66). Der Aufstand in Judäa (ab 66) weitete sich jedoch zum Krieg aus. Mehrere Verschwörungen ab 65 und der Aufstand des Vindex in Gallien (68), dem sich in Spanien Galba anschloß, führten schließlich zu Absetzung und Selbstmord Neros.

Nerezi. Beweinung Christi, Fresko in der Klosterkirche des heiligen Panteleimon, 1164

Ner tamid [hebr. „ewige Lampe"], ewige Lampe vor dem Thoraschrein in der Synagoge, zur Erinnerung an den siebenarmigen Leuchter des Tempels.

Nertschinsk, russ. Stadt in Transbaikalien, 15000 E. Heimatmuseum; Elektrogerätebau, Likör-, Fleischfabrik; nahebei Goldbergbau; Endpunkt einer Stichbahn. – Im 1658 gegr. N. wurde am 6. Sept. 1689 ein russ.-chin. Grenzvertrag abgeschlossen, der fast 200 Jahre galt.

Neruda, Jan [tschech. 'nɛruda], * Prag 9. Juli 1834, † ebd. 22. Aug. 1891, tschech. Schriftsteller. – Begründer der tschech. Feuilletonistik; in seinen Novellen, u. a. „Kleinseitner Geschichten" (1878), die für die Entwicklung der tschech. realist. Prosa von größter Bedeutung waren, zeichnete er, meisterhaft charakterisierend, humorvolle, aber auch nachdenkl. Skizzen des Prager Milieus; N. schrieb außerdem volkstüml. Lyrik, Dramen und Reiseberichte.

N., Pablo [span. ne'ruða], eigtl. Neftalí Ricardo Reyes Basoalto, * Parral 12. Juli 1904, † Santiago de Chile 23. Sept. 1973, chilen. Lyriker. – Einer der bedeutendsten Lyriker Lateinamerikas („Der große Gesang. Canto general", 1950). Im diplomat. Dienst u. a. in Birma, Spanien (Freundschaft mit F. García Lorca) und Mexiko; trat 1945 der chilen. KP bei; nach deren Verbot lebte er als Emigrant u. a. in der UdSSR und in China; 1952 Rückkehr; 1970 kommunist. Präsidentschaftskandidat; 1971–73 Botschafter in Paris. – Schrieb ab 1920 zunächst in pessimistisch-dunklem Stil („Zwanzig Liebesgedichte und ein Lied der Verzweiflung", 1924), dann in bildreicher Sprache und surrealist. Gestaltungsweise soziale und polit. Lyrik, u. a. „Aufenthalt auf Erden" (1933), „Die Tauben und der Wind" (1954), „Viele sind wir. Späte Lyrik" (dt. Auswahl 1972). Erhielt 1971

Pablo Neruda

Gérard de Nerval

den Nobelpreis für Literatur. – *Weitere Werke:* Glanz und Tod des Joaquín Murieta (Dr., UA 1967), Ich bekenne, ich habe gelebt (Autobiographie, 1974).

Nerv ↑ Nervenzelle.

Nerva, Marcus Cocceius, * Narnia (= Narni bei Terni) 8. Nov. 30, † Rom 25. oder 27. Jan. 98, röm. Kaiser (seit 96). – Konsul 71 und 90; nach Ermordung Domitians vom Senat zum Kaiser ausgerufen. Seine Adoption Trajans (97) eröffnet die Reihe der sog. Adoptivkaiser. N. begr. eine staatl. Versorgung armer Kinder (Alimentation).

nerval [lat.], das Nervensystem oder die Nerventätigkeit betreffend, durch die Nervenfunktion bewirkt.

Nerval, Gérard de, eigtl. Gérard Labrunie, * Paris 22. (?) Mai 1808, † ebd. 25. oder 26. Jan. 1855 (Selbstmord), frz. Dichter. – Mit seiner schwer zu deutenden Lyrik Vertreter der „Nachtseiten der Romantik"; Prosaerzählungen wie „Sylvia" (1853), „Aurelia oder Der Traum und das Leben" (1855) und „Les filles du feu" (Nov., 1854; dt. Auswahl 1953 u. d. T. „Töchter der Flamme"). Die Sonette „Les chimères" (1854) zeigen M. als Vorläufer des Surrealismus.

Nervatur [lat.] (Aderung), Bez. für die Anordnung der Leitbündel in der Blattspreite (↑ Laubblatt) der Farne und Samenpflanzen.

Nerven [zu lat. nervus „Sehne, Flechse"], von Bindegewebe umhüllte Bündel von ↑ Nervenfasern (↑ Nervenzelle). ▷ (Blattnerven) ↑ Blatt.

Nervenbahnen ↑ Nervenzelle.

Nervenbündel ↑ Nervenzelle.

Nervenentzündung (Neuritis), entzündl. Erkrankung eines oder mehrerer Gehirn- bzw. Körpernerven mit anatomisch nachweisbaren Veränderungen des Nervengewebes. Folgeerscheinungen sind Lähmungen der Körpermuskulatur, subjektive Reizerscheinungen wie Mißempfindungen oder Schmerzen sowie objektivierbare Störungen der Empfindungsqualitäten bzw. der Erregungsleitung im Nervensystem. Man unterscheidet *Mono-* und *Polyneuritis* (Befall eines oder mehrerer Nerven).

Nervenfaser, Bez. für längere, bes. Hüllen aufweisende Nervenfortsätze; im allg. svw. Neurit. Die einzelnen N. werden von zartem Bindegewebe **(Endoneurium)** umhüllt, einige bis zu mehrere hundert N. von strafferem Bindegewebe zu Kabeln zusammengefaßt **(Perineurium);** das **Epineurium** verbindet alle Kabel untereinander und mit der Umgebung. Die großen Nervenstämme sind stricknadel- bis fingerdick, die feinsten Verästelungen mikroskopisch klein.

Nervengase ↑ Nervengifte.

Nervengeflecht (Nervenplexus), netzartige Verknüpfung von Nerven, bei Säugetieren (einschl. Mensch) z. B. in der Schulter- und Kreuzbeingegend als Geflecht mehrerer Spinalnerven, aus denen Arm- und Beinnerven hervorgehen.

Nervengewebe, aus dem Ektoderm stammendes Gewebe vielzelliger Tiere, das der Erregungsleitung und -verarbeitung dient und in Form des Nervensystems das Zusammenspiel der Teile des Körpers gewährleistet. Abgesehen von Hilfsgeweben wie Gefäßen und Bindegewebe, bauen zwei Zelltypen das N. auf: die Gliazellen (Neuroglia, ↑ Glia) und die ↑ Nervenzellen.

Nervengifte (Neurotoxine), chem. bzw. pharmakolog. Substanzen, die in bestimmter Dosierung eine in erster Linie am Nervensystem ansetzende giftige Wirkung entfalten. Zu ihnen gehören z. B. betäubende Mittel (Narkotika), Krampfgifte (Alkaloide, Pilzgifte, Strychnin) oder Bakteriengifte. Als N. wirken ferner Insektizide (z. B. E 605) sowie die als sog. **Nervengase** oder *nervenschädigende Kampfstoffe* bekanntgewordenen Substanzen aus der Reihe der Phosphorsäureester (↑ ABC-Waffen).

Nervenheilkunde ↑ Neurologie.

Nervenkern ↑ Kern.

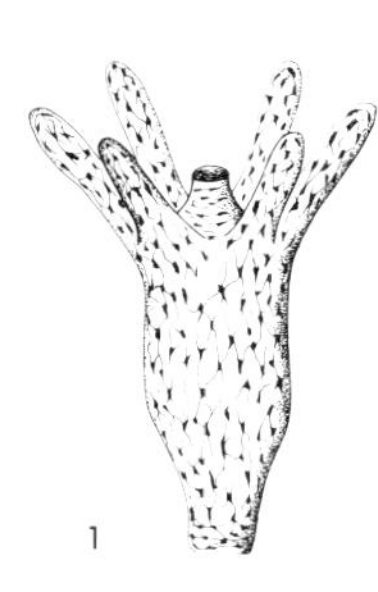

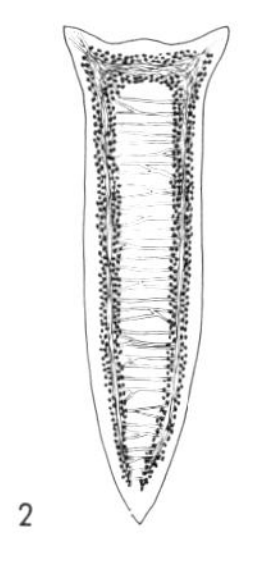

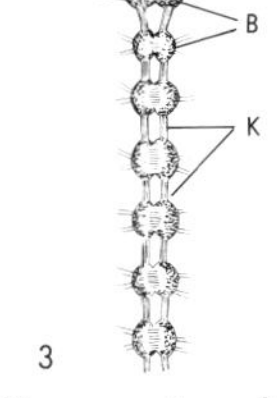

Nervensystem. Schematische Darstellung: 1 Nervennetz eines Süßwasserpolypen, 2 Nervensystem eines Strudelwurms mit Marksträngen, 3 Strickleiternervensystem eines Ringelwurms (B Bauchganglien, G Gehirn, K Konnektive, Sk Schlundkonnektiv)

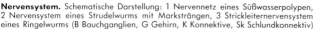

Nervenklinik (neurolog. Klinik), Krankenhaus zur Diagnose und Behandlung von Erkrankungen des Nervensystems; i. w. S. auch Bez. für ↑ psychiatrische Klinik.

Nervenknoten, svw. ↑ Ganglion.

Nervenkrankheiten, Sammelbez. für alle Krankheiten des Nervensystems. Soweit sie Gegenstand der Neurologie sind, umfassen die N. v. a. die entzündl. und degenerativen Erkrankungen, Geschwülste und Verletzungen des zentralen und peripheren Nervensystems: Epilepsie, Gehirnentzündung, Gehirnerschütterung, Gehirntumor, Gehirnverletzungen, Krampf, Lähmung, multiple Sklerose, Nervenentzündung, Neuralgie, Parkinson-Syndrom, Rückenmarkerkrankungen, Tabes dorsalis, Veitstanz. I. w. S. werden auch Psychosen, Neurosen und Neuropathien zu den N. gerechnet.

Nervenkrise, gemeinsprachl. Bez. für eine Phase heftigen seel. Reagierens in einer als kritisch empfundenen Situation oder Lebenszeitspanne oder auf ein als bes. belastend empfundenes Erlebnis.

Nervenleiden, svw. ↑ Neuropathie.

Nervenphysiologie, svw. ↑ Neurophysiologie.

Nervenplastik (Neuroplastik), operative Überbrükkung von durch Verletzung entstandenen Gewebslücken eines Körpernervs entweder durch Verpflanzung eines anderen, körpereigenen Nervs bzw. körperfremden (heterologen) Nervenmaterials *(Nerventransplantation)* oder durch Verbindung des Nervenstumpfs mit einem gesunden Körpernerv *(Nervenpfropfung).*

Nervenplexus, svw. ↑ Nervengeflecht.

Nervenquetschung (Neurotripsie), Druckschädigung eines Nervs. Therapeutisch wird eine N. u. a. durchgeführt zur Verhütung von ↑ Phantomschmerzen bei Gliedmaßenamputationen oder zur vorübergehenden Ausschaltung eines Zwerchfellnervs.

Nervenresektion (Neurektomie, Neurexairese), operative Entfernung oder Unterbrechung eines Nervs oder einzelner Nervenfasern; z. B. zur Schmerzausschaltung.

Nervenrohr, svw. ↑ Medullarrohr.

Nervenschmerz, svw. ↑ Neuralgie.

Nervenschock, Schock infolge starker psych. Erregung (z. B. bei Unfall) und dadurch verursachtes akutes peripheres Kreislaufversagen.

Nervenschwäche, svw. ↑ Neurasthenie.
▷ volkstüml. Bez. für geringe psych. Widerstandsfähigkeit gegenüber belastenden Erlebnissen.

Nervenstrang ↑ Nervenzelle.

Nervensystem, Gesamtheit des Nervengewebes als Funktionseinheit, die in Zusammenarbeit mit ↑ Rezeptoren und ↑ Effektoren Reize aufnimmt, verarbeitet, teilweise speichert, koordiniert und beantwortet. In den Rezeptoren werden die aufgenommenen Signale umgeformt und kodiert. Besondere zuführende Nerven leiten die empfangenen Reize zu den zentralen Sammelstellen Gehirn und Rückenmark. Dort werden sie verarbeitet. Die Befehle dieser Zentren gelangen auf den ableitenden Nervenfasern zu den Organen der Körperperipherie, wo sie entsprechende Reaktionen auslösen.

Stammesgeschichtliche Entwicklung: Die urspr. Art der Nachrichtenübermittlung findet sich bei den *Einzellern,* wo die gesamte Körperoberfläche die Reize aus der Umwelt aufnimmt und das gesamte Plasma die Erregungsleitung übernimmt. Erst bei den *Hohltieren* kann mit dem Auftreten von bes. Nervenzellen von einem N. gesprochen werden. Es ist ein netzartiger Verband von Nervenzellen im Ento- und Ektoderm, ein sog. diffuses N. oder Nervennetz. Die nächste Höherentwicklung zeigt sich bei den *Strudelwürmern.* Hier konzentrieren sich die Nervenzellen in der Körpermitte entlang einer Längsachse. Diese Zentralisation schreitet fort, indem sich die Nervenzellen mit ihren Fortsätzen zu Längssträngen, den Konnektiven, vereinigen und auch über zahlr. Querverbindungen (Kommissuren) miteinander in Verbindung treten. Mit der Herausbildung eines Kopfes mit seinen Sinnesorganen konzentrieren sich immer mehr Neuronen in diesem Gebiet, es kommt zur Ausbildung von Nervenzellenaggregaten, den Ganglien. Bei

den *Gliedertieren* befindet sich urspr. in jedem Körpersegment auf der Bauchseite ein Ganglienpaar. Durch die Verbindung der Ganglien über die Konnektive werden zwei bauchseits gelegene Ganglienketten (Bauchganglienkette) gebildet, die sich mit Hilfe von Kommissuren zum sog. Strickleiter-N. vereinigen. Im Kopfbereich treten zwei Ganglien zum Oberschlundganglion (Zerebralganglion) zusammen; es ist mit den Bauchganglienketten durch sog. Schlundkonnektive verbunden. Dieses „Gehirn" verarbeitet und koordiniert alle Erregungen, die von den Komplex- und Stirnaugen, den Fühlern und den anderen Sinnesorganen des Kopfs eintreffen. Bei den *Weichtieren* sind die Nervenzellen auf wenige Ganglien konzentriert, die paarigen Fuß-, Wand-, Seiten- und Gehirnganglien. Letzteres ist bei den Tintenfischen bes. hoch entwickelt.
Eine ganz andere Ausbildung hat das N. der *Wirbeltiere* und des *Menschen* erfahren. Bei ihnen konzentriert sich in der Embryonalentwicklung die Masse des Nervengewebes im ↑Medullarrohr am Rücken, das dann im Kopfbereich das ↑Gehirn, im Rumpfbereich das ↑Rückenmark formt. Diesem Zentral-N. mit Nerven- und Gliazellen steht im übrigen Körper das ↑periphere Nervensystem gegenüber. Neben willkürmotor. (Bewegungsnerven) sowie sensiblen Nerven und Ganglien enthält es ein spezielles vegetatives Nervensystem *(Eingeweide-N.)*, das über ↑Sympathikus und ↑Parasympathikus die Funktion der Eingeweide steuert.

Nerventransplantation ↑Nervenplastik.

Nervenzelle (Ganglienzelle, Neurozyt), Bauelement des Nervengewebes. In den N. entstehen die nervösen Erregungen, die dann über unterschiedlich lange Fortsätze, die **Nervenfasern,** weitergeleitet werden. Die Nervenfasern mehrerer N. schließen sich im allg. zu einem Faserbündel, dem Nerv, zusammen. N. und Fortsätze in ihrer Gesamtheit bilden eine funktionelle, morpholog. und genet. Einheit, das **Neuron.** Es entspricht der Zelle anderer Gewebe. Das Zytoplasma *(Neuroplasma)* umschließt einen chromatinarmen (stoffwechselaktiven) Kern, der bei hochentwickelten Tieren und beim Menschen nicht mehr teilungsfähig ist. Im Neuroplasma befinden sich v. a. noch Mitochondrien und Pigmente sowie charakterist. Strukturen, die *Nissl-Schollen.* Diese sind bes. große Membranstapel des endoplasmat. Retikulums mit bes. vielen Ribosomen als den Orten der Eiweißsynthese. – Jede N. hat unterschiedlich viele Nervenfortsätze. Ein bestimmter Nervenfortsatz, der **Neurit,** leitet bei jeder N. die Erregungen von der Zelle weg. Alle anderen Fortsätze, die **Dendriten,** führen der Zelle Erregungen zu. Nach der Zahl der Fortsätze sind *unipolare N., bipolare N.* und *multipolare N.* zu unterscheiden. Dendriten stellen meist kurze Ausläufer dar, sie enthalten ebenso wie der Zelleib Neuroplasma, Neurofibrillen, Mitochondrien und Nissl-Schollen. Der Neurit (Axon, Achsenzylinder) besitzt keine Nissl-Schollen, ist von einer *Markscheide* (Myelinscheide, Schwann-Scheide) umgeben und wird als Nervenfaser bezeichnet. Die Markscheide wird von Schwann-Zellen gebildet. An den Berührungsstellen *(Ranvier-Schnürringe)* der Schwann-Zellen scheint der Markmantel unterbrochen, die Nervenfaser segmentiert. Nach dem Myelingehalt werden markhaltige *(A-Fasern),* markarme *(B-Fasern)* und marklose *(C-Fasern)* Nervenfasern unterschieden, die die Erregungen unterschiedlich schnell fortleiten. An den Berührungsstellen der N. (Synapsen) bzw. den Kontaktstellen zum Erfolgsorgan werden bei der Übertragung der Erregung chem. Substanzen (Transmitter) freigesetzt.
Häufig schließen sich Nervenfasern zu parallel verlaufenden, oft von einer gemeinsamen Bindegewebshülle umschlossenen **Nervenbündeln** *(Nervenstränge)* zus., die dann als **Nerven** bezeichnet werden. Makroskopisch sichtbare Nerven bestehen wiederum aus einer verschieden großen Anzahl von Nervenfaserbündeln. Innerhalb des Zentralnervensystems bezeichnet man die Faserbündel als **Nervenbahnen.** Angehäuft zusammenliegende Nervenzellkörper bilden die Ganglien.
Die Fortleitung einer Erregung **(Erregungsleitung)** spielt sich in den Nervenfasern ab. Sie beruht auf einer kurzfristigen elektr. Spannungsänderung (↑Aktionspotential) der Zellmembran, die eine andauernde elektr. Spannung der Membran (↑Membranpotential) voraussetzt. Der Erregungsvorgang besteht im wesentlichen aus einer vorübergehenden Änderung der an der Zellmembran liegenden Potentialdifferenz. Dabei erfolgt zuerst eine Spannungsabnahme, dann eine kurzfristige Umpolung der Membran. Ursache der Umpolung der Membran im Augenblick der Erregung ist eine kurzfristig sehr viel stärkere Durchlässigkeit für Natriumionen, die nun stärker nach innen streben können als die Kaliumionen nach außen und so der Membraninnenseite ihre positive Ladung aufzwingen. Die Fortpflanzung des Aktionspotentials als Bedingung für die Weiterleitung des Nervenreizes erfolgt dadurch, daß das Aktionspotential die Spannungsabnahmewelle vor sich „herschiebt" und so für die eigene Weiterleitung sorgt. Bei marklosen Nervenfasern wird die Erregung kontinuierlich durch sehr schwache lokale Ströme fortgepflanzt. Die Geschwindigkeit der Leitung solcher Nervenfasern liegt zw. 0,5 und 2 m je Sekunde. Bei den markhaltigen Nervenfasern sind nur bestimmte Membranstellen erregbar. Die Strecke zw. zwei solchen erregbaren „Schnürringen" ist durch die Markscheide elektrisch recht gut isoliert. Daher springt die Erregung hier von Schnürring zu Schnürring **(saltatorische Erregungsleitung),** wodurch die Leitungsgeschwindigkeit erhöht und der Energieverbrauch verringert werden.

Pier Luigi Nervi. Ausstellungshalle „Palazzo del Lavoro" in Turin, 1961

Nervenzusammenbruch, gemeinsprachl. Bez. für allg. nervale Erschöpfung; Versagensreaktion auf körperl., seel. oder geistige Überbeanspruchung.

Nẹrvi, Pier Luigi, *Sondrio 21. Juni 1891, †Rom 9. Jan. 1979, italien. Bauingenieur und Architekt. – Hervorragender Konstrukteur der Stahlbetonbauweise, die er bes. bei großen Hallenbauten anwandte; Spezialist für Schalenbau. – *Bauten:* Stadion von Florenz (1930–32), Flugzeughallen (Orbetello, 1936–40), Ausstellungshallen (Turin 1948, 1950 und 1961 [„Palazzo del Lavoro"]), UNESCO-Gebäude in Paris (1953–58, mit M. L. Breuer und B. Zehrfuß), Pirelli-Hochhaus in Mailand (1955–58, mit G. Ponti), Sportpaläste in Rom (1956/57 und 1960), Audienzhalle im Vatikan (1971).

Nẹrvier (lat. Nervii), Stamm der Belgen german. Herkunft, siedelte zw. Ardennen und Schelde; 57 v. Chr. von Cäsar an der Sambre besiegt.

Nervo, Amado [span. 'nɛrβo], eigtl. Juan Crisóstomo Ruiz de Nervo, *Tepic (Nayarit) 27. Aug. 1870, †Montevideo 24. Mai 1919, mex. Dichter. – Modernist; schrieb formal vollendete Liebeslyrik mit starkem Zug zum Mystisch-Religiösen; auch Novellen, Romane und Essays.

Nervosität [lat.-frz.], Zustand psych. Spannung und damit erhöhter Reizbarkeit („Überempfindlichkeit"); auch

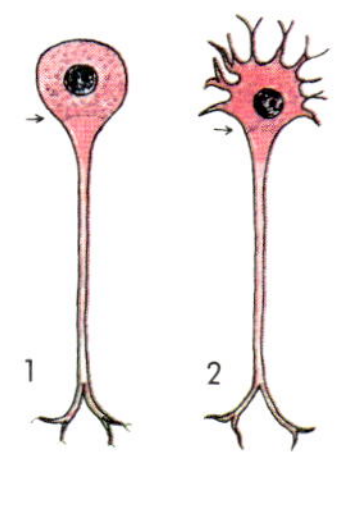

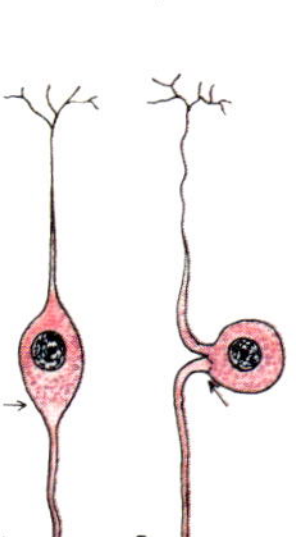

Nervenzelle. Schematische Darstellung verschiedener Formen (oberhalb des Pfeils der Zellkörper der Nervenzelle mit Dendriten, unterhalb Axon): 1 unipolare, 2 multipolare mit langem, 3 mit kurzem Axon, 4 bipolare, 5 pseudounipolare Nervenzelle

Bez. für Übererregbarkeit („Überreiztheit"), die sich in Hast, Überaktivität, Unruhe und Ungeduld äußert.

Nervus rerum [lat. „Nerv der Dinge"], (Geld als) wichtigste Grundlage.

Nerze [slaw., zu ukrain. noryća, eigtl. „Taucher"] (Lutreola), Untergatt. 30–53 cm langer (einschl. des buschig behaarten Schwanzes bis 75 cm langer) Marder, v. a. in wasser- und deckungsreichen Landschaften Eurasiens und Nordamerikas; Körper mäßig langgestreckt, mit hell- bis dunkelbraunem, kurzhaarigem, dichtem Fell und kurzem, breitem Kopf. Die dämmerungs- und nachtaktiven Tiere schwimmen und tauchen sehr gut. Sie ernähren sich bes. von Nagetieren, daneben von Fischen, Krebsen und Vögeln. – Man unterscheidet zwei sehr ähnl. Arten: Amerikan. Nerz (↑Mink) und **Europäischer Nerz** (Nörz, Sumpf- oder Krebsotter, Wasserwiesel, Steinhund, Mustela lutreola, Lutreola lutreola) in Eurasien; Körper bis 40 cm (einschl. Schwanz bis 55 cm) lang, mit weißem Kinn und meist auch weißer Oberlippe; Restvorkommen in Frankreich, im übrigen nur noch in Osteuropa und Asien. N. werden als Pelztiere heute in sog. Nerzfarmen gezüchtet.

Nest.
Oben: Pfahlbaunest.
Unten: Beutelnest

Nesami, eigtl. Nesamoddin Eljas Ebn Jusof, * Gandscha 1141, † ebd. 12. März 1209, pers. Dichter. – Einer der universalsten und gebildetsten Dichter der pers. Literatur; schrieb außer einem Diwan von 20 000 Distichen 5 ep. Dichtungen, u. a. die Liebesgeschichte „Husraw und Šīrīn" (entstanden 1180/81, dt. 1809 u. d. T. „Schirin"), Liebesroman in Versen „Leila und Madschnun" (entstanden 1188, dt. 1963) und, sein bedeutendstes Werk, das romantisch-phantast. Epos „Haft Paykar" (entstanden 1197, dt. 1959 u. d. T. „Die sieben Geschichten der sieben Prinzessinnen").

Nesch, Rolf, * Esslingen am Neckar 7. Jan. 1893, † Oslo 27. Okt. 1975, dt. Graphiker und Objektkünstler. – Emigrierte 1933 nach Norwegen. N. durchätzte, durchlöcherte und schnitt seine Radierplatten aus; später wurden die Druckstöcke selbst Ausstellungsobjekte, die thematisch aber gebunden blieben (Bauwerke, Schiffe, Menschen).

Nesiotes, att. Erzgießer, ↑Kritios.

Ness, Loch [engl. lɔk ˈnɛs], langgestreckter schott. See in der Grabensenke Glen More, 52 km², 230 m tief. Seit 1933 tauchen immer wieder Zeitungsmeldungen über ein Seeungeheuer im L. N. (gen. „Nessie") auf.

Nesami. Illustration aus dem Liebesroman „Leila und Madschnun", persische Handschrift des 16. Jh. (München, Bayerische Staatsbibliothek)

Nessebar (Nesebar), Stadt in Bulgarien, am Schwarzen Meer, 7 000 E. Kur- und Badeort (nördl. von N. liegt der Sonnenstrand). – Ende des 2. Jh. v. Chr. von den Thrakern gegr., 72 v. Chr. als **Mesambria** unter röm., danach abwechselnd unter byzantin. und bulgar., 1371–1885 unter türk. Herrschaft. – Altstadt (von der UNESCO zum Weltkulturerbe erklärt) mit ma. Kirchen, u. a. Sankt Johannes der Täufer (9. Jh.).

Nessel, leinwandbindiges Gewebe, v. a. aus ungebleichten Baumwollgarnen.

Nesselausschlag, svw. ↑Nesselsucht.

Nesselfaden ↑Nesselzellen.

Nesselfieber ↑Nesselsucht.

Nesselgewächse (Urticaceae), Pflanzenfam. mit mehr als 700 weltweit verbreiteten Arten, v. a. in den Tropen; meist Kräuter mit unscheinbaren Blüten; bekannte Gatt. sind ↑Brennessel und ↑Boehmeria.

Nesselhaare, svw. ↑Brennhaare.

Nesselkapsel, charakterist., dem Beutefang dienende Vorrichtung in den ↑Nesselzellen der Nesseltiere.

Nesselrode, Karl Wassiljewitsch Graf [russ. nɪsɪlj'rɔdɪ], eigtl. Karl Robert Graf von N., * Lissabon 13. Dez. 1780, † Petersburg 23. März 1862, russ. Politiker. – Aus niederrhein. Adel; als Diplomat Alexanders I. Teilnehmer am Wiener Kongreß; 1816–56 Außenmin., ab 1828 auch Vize- bzw. ab 1845 Staatskanzler. Vertreter einer expansiven Machtpolitik.

Nesselschön ↑Kupferblatt.

Nesselsucht (Nesselausschlag, Urtikaria), aus Quaddeln bestehender, einmalig oder wiederholt auftretender juckender Ausschlag der Haut oder Schleimhaut; mitunter mit Fieber (Nesselfieber) verbunden; oft Ausdruck einer allerg. Reaktion; auch durch physikal. (Druck, Wärme, Kälte, Sonnenlicht) und chem. (Insektenstich, Brennessel) Einwirkungen. Die Behandlung zielt auf Ausschaltung der auslösenden Ursache und erfolgt mit Calciumpräparaten, Antihistaminika und Kortikosteroiden.

Nesseltiere (Knidarier, Cnidaria), Stamm 0,5 mm bis 2,2 m langer Hohltiere mit rd. 10 000 Arten, v. a. in Meeren (einige Arten auch in Süßgewässern [Süßwasserpolypen]); mit in Nesselzellen gebildeten, dem Nahrungserwerb (Zooplankton, Kleintiere) sowie der Abwehr dienenden ↑Nesselkapseln und mundnahem Tentakelkranz. N. treten primär in 2 Habitusformen auf: als schlauchförmige, festsitzende, durch Knospung oder Teilung oft stockbildende Polypen und als freischwimmende, getrenntgeschlechtige Medusen.

Nesselzellen (Knidozyten), hochspezialisierte Zellen im äußeren Epithel von Nesseltieren. Die N. enthalten eine *Nesselkapsel,* in deren Innerem ein *Nesselfaden* aufgerollt ist, der bei Berührung eines Fortsatzes *(Knidozil)* ausgestülpt wird und sich in das Beutetier einbohrt; dabei tritt Kapselsekret aus, das Klebewirkung hat oder den Chitinpanzer kleiner Tiere auflöst und diese tötet.

Nessler (Neßler), Viktor, * Baldenheim (Elsaß) 28. Jan. 1841, † Straßburg 28. Mai 1890, dt. Komponist. – Ging 1864 nach Leipzig, wurde dort Chordirigent und Theaterkapellmeister; v. a. bekannt durch seine Opern, u. a. „Der Trompeter von Säckingen" (1884).

Neßlers Reagenz [nach J. Neßler, * 1827, † 1905], zum Nachweis von Ammoniak verwendetes Reagenz aus einer alkal. Lösung von Kaliumtetrajodomercurat, $K_2[HgJ_4]$, das bei Gegenwart von Ammoniak einen orangefarbenen bis tiefbraunen Niederschlag von $[Hg_2N]J$ bildet. N. R. wird u. a. zur Überprüfung von Trinkwasser verwendet.

Nest [eigtl. „Stelle zum Niedersitzen"] (Nidus), meist gegen Feinde, Kälte oder Nässe bes. geschützter, oft schwer zugängl. Aufenthaltsort für Tiere, der dem Nächtigen (z. B. *Schlafnester* der Menschenaffen) oder dem Überdauern ungünstiger Witterungsverhältnisse wie Trockenheits-, Hitze- oder Kälteperioden (z. B. *Winternester* für Winterschläfer) dient. Am weitesten verbreitet sind jedoch N., die der Aufnahme der Eier bzw. der frisch geborenen Jungen sowie dem Erbrüten und/oder der Aufzucht der Nachkommen dienen.

Nessebar. Kirche Sankt Johannes der Täufer, 9. Jahrhundert

Bei den N. der Vögel unterscheidet man: **Bodennester** (z. B. bei Lauf-, Enten- und vielen Hühnervögeln); **Schwimmnester** (aus Wasserpflanzen gebaute, auf der Wasseroberfläche schwimmende N., v. a. bei Lappentauchern); **Erd-** und **Baumhöhlennester** bei den Höhlenbrütern; **Baumnester** im Gezweig der Bäume und Sträucher (z. B. bei Krähe, Elster, vielen Singvögeln); **Pfahlbaunester** (an senkrecht stehenden Rohrhalmen befestigte N., bes. bei Rohrsängern); **Beutelnester** (z. B. bei Beutelmeisen); **Kugelnester** (Halm-N., die bis auf ein Einflugloch geschlossen sind, z. B. bei Zaunkönig, Schwanzmeise).

Nestfarn ↑ Streifenfarn.

Nestflüchter (Autophagen), die im Ggs. zu den ↑ Nesthockern in weit entwickeltem Zustand zur Welt kommenden, schnell den Geburtsort bzw. das Nest verlassenden Tiere; z. B. Hühner-, Enten- und Laufvögel, der Feldhase, Huftiere.

Nesthocker (Insessoren), Jungtiere verschiedener Vogel- und Säugetierarten, die in einem noch unvollkommenen postembryonalen Entwicklungsstadium geboren werden. Sie kommen nackt zur Welt. Ihre Augen und Ohren sind meist durch epitheliale Verwachsungen geschlossen. Sie bedürfen bes. Pflege und bes. Schutzes durch die Eltern (↑ Brutpflege).

Nestlé AG ['nɛstlə], schweizer. Unternehmen, einer der größten Produzenten von Nahrungs- und Genußmitteln der Erde, Sitz Cham und Vevey (Schweiz). Entstanden 1905 durch Fusion der Anglo-Swiss Condensed Milk Co., Cham (gegr. 1866), und der AG Henri Nestlé, Vevey (gegr. 1875), zur Nestlé and Anglo-Swiss Condensed Milk Co.; 1947 Umbenennung in Nestlé Alimentana AG, seit 1977 jetzige Firma. Die N. AG betreibt weltweit Produktionsstätten sowie Forschungs- und Entwicklungslabors. Hauptprodukte: Instantgetränke, Milchprodukte, Fertiggerichte, Gewürze, Suppen, Schokolade, Kakao, Zuckerwaren und Tiefkühlprodukte.

Nestling, noch nicht flügger Vogel.

Nestor, Gestalt der griech. Mythologie. König von Pylos in Messenien. N., der als einziger den Rachefeldzug des Herakles gegen das Haus seines Vaters überlebt hat, führt im hohen Alter, das ebenso wie seine Weisheit und Rednergabe sprichwörtlich wurde, 90 Schiffe gegen Troja, wobei er sich durch Rat und Vermittlung auszeichnet. – Nach ihm wird ein kluger Ratgeber oder auch der Älteste [eines Wiss.-zweiges] N. genannt.

Nestorchis, svw. ↑ Nestwurz.

Nestorchronik, anonyme russ. Chronik vom Anfang des 12. Jh., die die Geschichte des Kiewer Reiches und Nowgorods von der slaw. Frühzeit bis zum Anfang des 12. Jh. umfaßt; vermutlich mehrfach redigiert (u. a. 1113 durch **Nestor,** Mönch des Kiewer Höhlenklosters, * 1056, † um 1114).

Nestorianismus, Bez. für die Lehre des ↑ Nestorius; Hauptthesen: strenge Zwei-Naturen-Lehre (der göttl. Logos und die vollkommene Menschennatur Jesu sind eng verbunden, aber unvermischt); Maria hat nicht Gott geboren, sondern den mit Gott vereinten Christus; Christus hat sich durch sein sittl. Vorbild die Würde des Mittlers zw. Gott und den Menschen erworben. Die Lehre wurde 431 auf dem Konzil von Ephesus zus. mit Nestorius verurteilt. – Die Anhänger des N., die **Nestorianer,** wanderten daraufhin in das Sassanidenreich aus und vollzogen 483 die endgültige Trennung von der Reichskirche. In der Folgezeit konnte sich der N. nach Indien (Thomaschristen), Turkestan und Malabar und bis China, Tibet und Dabag (Java) ausbreiten und erlebte seine Blüte im 13./14. Jh. (10 Metropolitensitze in Z-Asien). Durch den Einfall Timur-Lengs (1380) wurde die nestorian. Kirche zerschlagen. Ein Teil gelangte 1553 mit Rom zum Ausgleich (chaldäische Kirche); von den weiterhin von Rom Getrennten (assyr. Kirche) traten viele zur russ.-orth. Kirche über. – Die Zahl der Nestorianer wird mit rd. 25 000 in den USA (Sitz des Patriarchen: Chicago), rd. 80 000 in Irak, Iran und Syrien und rd. 5 000 in Indien angegeben.

Nestorpapageien. Kea

Nestorius, * Antiochia um 381, † Achmim (Oberägypten) 451, Patriarch von Konstantinopel (428–431). – Entsprechend seiner Christologie (↑ Nestorianismus) wandte sich N. 428/429 gegen die seit etwa 360 verbreitete Bez. „Gottesgebärerin". Auf dem Konzil von Ephesus (431) wurde N. verdammt; er kehrte in sein Kloster zurück und wurde 435 von Theodosius II. nach Oberägypten verbannt.

Nestorpapageien [nach Nestor (wohl wegen des hohen Alters, das sie erreichen)] (Nestorinae), Unterfam. etwa krähengroßer, vorwiegend düster gefärbter, dämmerungsaktiver, gut fliegender Papageien mit zwei rezenten Arten (Gatt. *Nestor*) in den Hochgebirgen Neuseelands; von pflanzl. und tier. Stoffen sich ernährende Vögel mit verlängertem, sichelförmig gebogenem Oberschnabel. Am bekanntesten ist der **Kea** (Nestor notabilis), etwa 45 cm lang, olivgrün und bräunlich.

Nestpilze (Napfpilze, Nidulariaceae), Fam. der Bauchpilze mit rd. 50 meist saprophyt. Arten; die kleinen, napf- bis becherförmigen Fruchtkörper sind mit einem Deckel verschlossen; u. a. die ↑ Teuerlinge.

Nestwurz. Vogelnestwurz

Nestroy, Johann Nepomuk ['nɛstrɔy], * Wien 7. Dez. 1801, † Graz 25. Mai 1862, östr. Dramatiker und Schauspieler. – Zunächst Opernsänger; spielte dann meist in eigenen Stücken, ab 1831 am Theater an der Wien, ab 1845 am Leopoldstädter Theater, dem späteren Carltheater, das er 1854–60 leitete. Nach F. Raimund erfolgreichster Vertreter der Altwiener Volkskomödie; scharfer Witz, rücksichtsloser Spott, desillusionierende Skepsis und boshafte Satire auf die Schwächen der Gesellschaft seiner Zeit sind verbunden mit urwüchsiger Komik und versöhnl. Humor. Viele seiner rd. 80 Dramen (oft mit Gesangseinlagen) werden heute noch gespielt, z. B. „Der böse Geist Lumpazivagabundus ..." (1835) und „Der Talisman" (1841).– Abb. S. 68.

Nestwurz (Nestorchis, Neottia), saprophyt. Orchideengatt. mit rd. zehn Arten, verbreitet von Europa bis O-Asien. Am bekanntesten ist die einheim. **Vogelnestwurz** (N. i. e. S., Nestorchis i. e. S., Neottia nidus-avis) bes. in schattigen Buchenwäldern; mit kleinen, in Blütenständen stehenden, braunen, unangenehm-süßlich riechenden Blüten und vogelnestartig verflochtenen Wurzeln.

Neto, António Agostinho, * bei Luanda 17. Sept. 1922, † Moskau 10. Sept. 1979, angolan. Politiker. – Arzt; wurde 1962 Vors. des Movimento Popular de Libertação de Angola (MPLA); war ab Nov. 1975–1979 Staatspräs. der VR Angola; setzte mit sowjet. und kuban. Hilfe die Alleinherrschaft der MPLA durch.

Johann Nepomuk Nestroy (Ausschnitt aus einer zeitgenössischen Lithographie)

Nettetal, Stadt im Niederrhein. Tiefland, NRW, 59 m ü. d. M., 38 400 E. Wiss.-biolog. Station des Schwalm-Nette-Naturparks; Stahl-, Maschinen-, Vergaserbau, Elektrochemie, Elektronik- und Textilind. – N. entstand am 1. Jan. 1970 durch Zusammenschluß von Kaldenkirchen (1205 erstmals genannt, 1628 Stadtrecht), Lobberich, Breyell, Leuth und Hinsbeck.

netto [italien. „rein, klar" (von lat. nitidus „glänzend, schmuck")], rein, nach Abzug, ohne Verpackung, z. B. Nettogewicht, Nettopreis, Nettoumsatz; n. wird auch als Handelsklausel gebraucht, die besagt, daß keine Abzüge erlaubt sind; z. B. zahlbar innerhalb 14 Tagen *n. Kasse* (n. cassa).

Nettoeinkommen ↑Einkommen.

Nettoinlandsprodukt ↑Sozialprodukt.

Nettoinvestition ↑Bruttoinvestition.

Nettoproduktion, derjenige Wert der Produktion, der sich in einer Werterhöhung der Vorleistung zeigt, der also nur die ↑Wertschöpfung jedes einzelnen Unternehmens betrachtet, ohne den Wert der Materialien bzw. der Vorleistung eines anderen Unternehmens zu berücksichtigen.

Nettoproduktionswert ↑Bruttoproduktionswert.

Nettoraumzahl ↑Bruttoraumzahl.

Nettoregistertonne ↑Registertonne.

Nettosozialprodukt ↑Sozialprodukt.

Netz ↑Sternbilder (Übersicht).

Netz [zu althochdt. nezzi, eigtl. „Geknüpftes"], ein aus Fäden geknüpftes, bei Verwendung von Drähten, Stahlseilen u. a. auch geflochtenes Maschenwerk, dessen „Fadenlegungen" an den Kreuzungsstellen z. B. durch Verknotungen so festgehalten werden, daß sie regelmäßige, meist rhomb. „Maschen" bilden. N. werden für unterschiedl. Zwecke verwendet: z. B. Einkaufs-, Ball-, Fischer-, Schmetterlings-, Moskitonetz.

▷ in der *Versorgungs-* und *Energietechnik* die Gesamtheit der Verteilungsleitungen und Einrichtungen eines Versorgungssystems für Wasser, Gas, Dampf, Öl, elektr. Energie bzw. einer Kanalisation. Nach der Art der räuml. Verlegung der Leitungen werden *Strahlen-, Ring-* und *Maschen-N.* unterschieden. Die der Stromversorgung dienenden *Elektrizitäts-N.* werden je nach der herrschenden Nennspannung in Höchstspannungs-N. (über 750 kV, bei Hochspannungsgleichstromübertragung bis 1 200 kV), Hochspannungs-N. (ab 110 kV), Mittelspannungs-N. (zw. 1 und 110 kV) und Niederspannungs-N. (unter 1 000 V) unterteilt. Ein *Verbund-N.* dient dem Austausch großer elektr. Energiemengen zw. den Versorgungsgebieten mehrerer Kraftwerke, ein *Verteilungs-N.* (z. B. *Orts-N.*) von diesen Knotenpunkten zu Abnehmerstationen bzw. -anlagen. Als *Fernsprech-* bzw. *Fernschreib-N.* bezeichnet man die zu ihrem Betrieb erforderl. Systeme von Kabeln, Freileitungen oder Richtfunkstrekken (einschl. Betriebseinrichtungen).

▷ im *Verkehrswesen* ein System von Linien oder Strecken, z. B. das N. der Eisenbahnlinien, Straßen, Wasserstraßen, Flugstrecken.

▷ in der *Geodäsie* und *Kartographie* ein System sich schneidender Linien, z. B. jedes Kartennetz.

▷ in der *Datenverarbeitung* ↑Netzwerk.

Johann Nepomuk Nestroy als Schuster Knieriem in seiner Posse „Der böse Geist Lumpazivagabundus"

Netzannone (Ochsenherz, Annona reticulata), Art der Gatt. ↑Annone mit apfelgroßen, süßen, schmackhaften Früchten **(Custardapfel),** deren Oberfläche in fünfeckige Felder aufgeteilt ist.

Netzauge, svw. ↑Facettenauge.

Netzblatt (Goodyera, Goodyere), Gatt. der Orchideen mit rd. 20 Arten in Europa, N-Amerika und Asien; Erdorchideen mit netzadrig gezeichneten, grundständigen Laubblättern und kleinen, in einer dichten Traube stehenden Blüten.

Netze (poln. Noteć), rechter Nebenfluß der Warthe, entspringt südl. des Goplosees, mündet östl. von Landsberg (Warthe); 388 km lang.

Netzebene, jede Ebene in einem Kristallgitter, in der die Kristallbausteine (Atome, Ionen) nach bestimmten Gesetzmäßigkeiten angeordnet sind. Die einzelnen N. sind dabei durch jeweils drei nicht auf einer Gittergeraden liegende Gitterpunkte bestimmt.

Netzflügler (Neuropteroidea, Neuropteria), mit rd. 7 300 Arten weltweit verbreitete Ordnung (auch Überordnung) etwa 2–16 cm spannender Insekten; im allg. (zumindest als Larven) räuberisch lebende Tiere mit (im Imaginalzustand) vier großen, meist netzartig geäderten, in Ruhe dachförmig zusammengelegten Flügeln; mit vollkommener Metamorphose. Man unterscheidet drei Unterordnungen: ↑Hafte (Landhafte), ↑Kamelhalsfliegen, ↑Schlammfliegen.

Netzfrequenz, die Frequenz des Wechselstroms oder der Wechselspannung (bzw. der Drehstromkomponenten) in einem Elektrizitätsnetz. Die N. beträgt in Europa 50 Hz (in den USA 60 Hz), bei den Versorgungsnetzen elektr. Bahnen 50 Hz (auch $16\frac{2}{3}$ Hz).

Netzgerät (Netzteil), Gerät zur Stromversorgung von elektron. Anlagen. N. enthalten im allg. neben Gleichrichter und Siebketten einen sog. **Netztransformator,** an dem die benötigten niedrigen Wechselspannungen abgegriffen werden.

Netzhaut ↑Auge.

Netzhautablösung (Ablatio retinae), Augenerkrankung, bei der sich die Netzhaut von der ihr nur angelagerten, nicht mit ihr verwachsenen Aderhaut abhebt. Ursachen der N. sind: degenerative Veränderungen der Netzhaut, z. B. durch Dehnungsprozesse bei starker Kurzsichtigkeit, als Alterungsvorgang oder aus unbekannten Gründen, Gefäßschädigungen und -neubildungen als Folge des Diabetes mellitus, seltener stumpfe oder perforierende Verletzungen, Entzündungen und Tumoren. Frühsymptome bestehen in Wahrnehmung von Lichtblitzen, Augenflimmern mit flockigen oder schleierartigen Sehstörungen. Die N. vollzieht sich ohne Schmerzen; die Diagnose wird durch Augenspiegelung gestellt. Die Behandlung besteht in der Verschließung des Risses und Anheftung der Netzhaut durch Laserkoagulation mit Ruhigstellung des Auges (Lochbrille, Verband); bei Netzhautabhebung ist ein operativer Eingriff erforderlich.

Netzhautentzündung (Retinitis), Entzündung der Netzhaut des Auges, meist mit lokalen Blutungen und degenerativen Prozessen einhergehend; z. B. bei essentiellem Bluthochdruck (↑ Blutdruck).

Netzmagen, Teil des Wiederkäuermagens (↑ Magen).

Netzmittel, Stoffe, die zur Verminderung der Oberflächen- bzw. Grenzflächenspannung von Flüssigkeiten führen und die Benetzung der mit den Flüssigkeiten in Berührung kommenden Materialien erleichtern (↑ Tenside). Synthet. N. sind z. B. Seifen und Detergenzien, natürl. N. sind Saponine und Gallensäuren. N. werden als Zusätze zu Waschmitteln, Pflanzenschutzmitteln und galvan. Bädern verwendet.

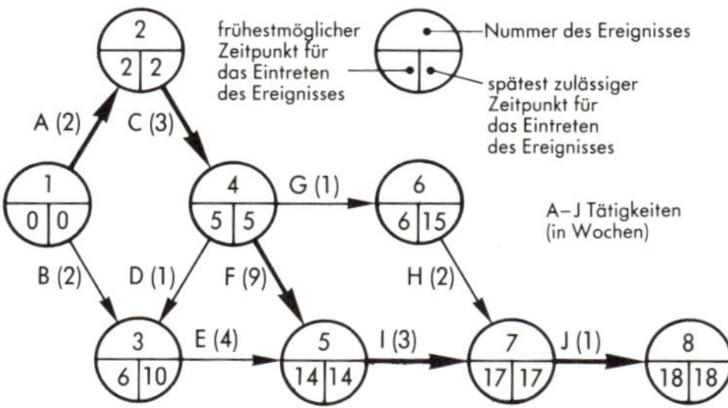

Netzplantechnik. Beispiel eines CPM-Netzplans für die Erneuerung einer Fertigungsanlage; A Entwurf und Genehmigung, B Demontage der alten Anlage, C Detailkonstruktion, D Erstellung eines Installationsplans, E Vorbereitung der Installation, F Bau der neuen Anlage, G Ausarbeitung der Bedienungsvorschriften, H Schulung des Personals, I Einbau der neuen Anlage, J Inbetriebnahme; die verstärkt gezeichneten Pfeile markieren den kritischen Pfad

Netzplantechnik (Netzwerktechnik, -analyse), Verfahren zur Analyse, zeitl. Planung und Kontrolle von komplexen Arbeitsabläufen und Projekten; Teilgebiet des ↑ Operations-Research. Die Einzelprozesse werden durch Kreise abgebildet und in ihrer zeitl. Reihenfolge mit Pfeilen (↑ Graphen) verbunden. Der sich daraus ergebende **Netzplan** bildet ein Modell der zeitl. Struktur der Operationen des Arbeitsprozesses. Aus ihm läßt sich insbes. die Gesamtprozeßdauer erkennen, wobei der zeitlängste Weg (vom Anfangs- bis zum Endergebnis) als *krit. Weg* oder *Pfad* bezeichnet wird. Die bekanntesten Methoden der N. sind **CPM** (*C*ritical *P*ath *M*ethod), **PERT** (*P*rogram *E*valuation and *R*eview *T*echnique) und **MPM** (*M*etra *P*otential *M*ethod).

Netzpython ↑ Pythonschlangen.

Netzschlange ↑ Pythonschlangen.

Netzsperre (U-Boot-Netz), vor Hafeneinfahrten, Flußmündungen, an Meerengen sowie um ankernde Schiffe ausgelegte Stahlnetze, z. T. mit Minen bestückt, um Angreifer (U-Boote) am Eindringen oder Passieren zu hindern.

Netzteil ↑ Netzgerät.

Netztransformator ↑ Netzgerät.

Netzwerk, Zusammenschaltung elektr. Bauteile bzw. Schaltelemente zu einem Netz mit mindestens zwei äußeren Anschlußklemmen (sog. Zweipole); Vierpole dagegen besitzen ein Eingangs- und ein Ausgangsklemmenpaar (z. B. Verstärker, elektr. Filter). Ein N. besteht aus Zweigen mit mindestens einem aktiven oder passiven Element. **Aktive Elemente** sind Spannungs- und Stromquellen. **Passive Elemente** sind z. B. Widerstände, Kondensatoren und Spulen. Verbindet man mindestens drei Zweige miteinander, entsteht ein **Knoten,** bei Hintereinanderschaltung von mehreren Zweigen eine **Masche.** Die spezielle Struktur eines N. wird durch den **Stromlaufplan** wiedergegeben, in dem die verschiedenen Bauteile durch genormte Symbole und die Leiter durch Linien dargestellt werden.

▷ in der *Datenverarbeitung* Datenkommunikationssystem, das durch Übertragung von Signalen den Datenaustausch zw. mehreren unabhängigen Geräten ermöglicht. Nach der Art der Teilnehmer unterscheidet man *offene Netze,* die den weltweiten Zugriff auf Datenbanken ermöglichen, und *geschlossene Netze,* die einem bestimmten Benutzerkreis vorbehalten sind. N. werden u. a. nach ihrer räuml. Ausdehnung (z. B. lokales N.), nach den Zugriffsverfahren sowie nach der Art ihrer Vernetzung klassifiziert; in einem *Maschen-N.* gibt es einen Rechnerverbund, so daß alle Benutzer miteinander (aber unabhängig voneinander) verbunden sind.

Netzwerkanalyse, svw. ↑ Netzplantechnik.

Netzwerktechnik, svw. ↑ Netzplantechnik.

Netzwühlen (Blanus), Gatt. der ↑ Doppelschleichen mit vier kleinen, [bei oberflächl. Betrachtung] regenwurmähnl. Arten.

Neuamsterdam, urspr. Name der Stadt ↑ New York.

Neuapostolische Gemeinde (Neuapostol. Kirche), christl. Religionsgemeinschaft, nach 1860 aus den Kath.-Apostol. Gemeinden hervorgegangen, als deren in Erwartung des nahen Weltendes gewählte Apostel gestorben waren und der dt. Volksschullehrer Heinrich Geyer zwei Ersatzapostel ausrief, die in der Hamburger Gemeinde anerkannt wurden. Nach dem Vorbild des Petrus steht an der Spitze der N. G. der von der „Apostelversammlung" gewählte „Stammapostel". Dieser ernennt die „Apostel", denen allein die richtige Auslegung der Hl. Schrift möglich ist. Neben Taufe und Abendmahl besteht als Sakrament die „Versiegelung" (Spendung des Hl. Geistes). – 1991 rd. 5,5 Mill. Mgl., in Deutschland rd. 350 000.

Friederike Caroline Neuber

Neubarock, Stilrichtung der Kunst in der 2. Hälfte des 19. Jh., die sich in der Architektur (als Reaktion auf den strengen Klassizismus) als unmittelbare Nachbildung und Nachempfindung des Barock am nachhaltigsten entfaltete (Berlin, Dom; Paris, Grand Opéra; Schloß Herrenchiemsee; Brüssel, Justizgebäude; Rom, Denkmal Vittorio Emanuele).

Neuber, Friederike Caroline, geb. Weißenborn, gen. „die Neuberin", * Reichenbach/Vogtl. 9. März 1697, † Laubegast (= Dresden) 30. Nov. 1760, dt. Schauspielerin und Theaterprinzipalin. – Leitete 1725–50 eine Theatergruppe und erhielt 1727 das sächs. Privileg, in Leipzig ein feststehendes Theater zu führen; Zusammenarbeit mit Gottsched bis 1741; 1737 allegor. Verbannung des Hanswursts von der Bühne.

Neubrandenburg Stadtwappen

Neubrandenburg, kreisfreie Stadt und Krst. in Meckl.-Vorp., am NO-Rand der Mecklenburg. Seenplatte, 17 m ü. d. M., 90 000 E. PH, Fachhochschule, Fritz-Reuter-Museum, Theater, Philharmonie; Nahrungsmittelind., Maschinenbau, Reifenwerk. – In Gitterform und fast runder Anlage 1248 gegründet. – Das ma. Stadtzentrum wurde im April 1945 nahezu vollständig zerstört. Erhalten blieb der Stadtmauerring (2,8 km lang) mit 4 backsteingot. Toren, u. a. Friedländer (14. Jh.) und Treptower Tor (um 1400). **N.,** Landkr. in Mecklenburg-Vorpommern.

Neubraunschweig, kanadische Prov., ↑ New Brunswick.

Neubritannien, größte Insel des Bismarckarchipels, Papua-Neuguinea, 36 519 km². Die etwa 600 km lange Insel wird von einem bis 2 300 m hohen Gebirge (Mount Ulawun) mit z. T. tätigen Vulkanen durchzogen. Es herrscht trop. Regenklima. Auf der **Gazellehalbinsel** im NO liegt der Hauptort und -hafen **Rabaul** (15 000 E).

Neu-Brüx ↑ Brüx.

Neuburg a. d. Donau, bayr. Stadt am rechten Donauufer, 398 m ü. d. M., 24 900 E. Verwaltungssitz des Landkr. Neuburg-Schrobenhausen; Bayer. Staatsarchiv; Schloßmuseum; chem. und Bekleidungsind., Papierverarbeitung, Herstellung von Dämmstoffen, Glashütte, Stahlstichprägeanstalt. – 680 erstmals gen., Herzogssitz der bayer. Agilolfinger; 1505 Residenz des Ft. Pfalz-Neuburg. – Renaissanceschloß (1530–45) mit Schloßkapelle, ehem. Hofkirche Sankt Maria (1607–18).

Neubrandenburg. Treptower Tor, um 1400

Neuburg-Schrobenhausen, Landkr. in Bayern.

Neuchâtel [frz. nøʃa'tɛl] ↑ Neuenburg.

Neu-Delhi, südl. Stadtteil von ↑ Delhi, Reg.sitz der Republik Indien.

Neue Abstraktion ↑ Post painterly abstraction.

Neue Deutsche Biographie ↑ Allgemeine Deutsche Biographie.

Neue Einfachheit, umstrittene Bez. für Bestrebungen zeitgenöss. dt., nach 1945 geborener und um 1975 hervorgetretener Komponisten (u. a. P. M. Hamel, H. C. von Dadelsen, M. Trojahn, W. Rihm, H.-J. von Bose, W. von Schweinitz, D. Müller-Siemens), die in Abkehr von der extrem strukturierten seriellen und postseriellen Musik der 50er und 60er Jahre wieder mehr auf unmittelbar faßl. Musik abzielen und sich dabei z. T. auch traditioneller (z. B. spätromant.) Form- und Sprachmittel bedienen.

neue Figuration, Bez. für die figürl. Malerei nach dem 2. Weltkrieg, nach dem gleichnamigen Buchtitel (1959) des Malers und Kritikers H. Platschek (* 1933); zur n. F. gehören insbes. der Pop-art nahestehende Künstler und Vertreter verschiedener realist. Strömungen.

Neue Hebriden, den Staat ↑Vanuatu bildende Inselgruppe im sw. Pazifik.

„Neue Heimat"-Gruppe, bis zu seiner Liquidation größter westeurop. Wohnungs- und Städtebaukonzern mit Sitz in Hamburg. Vorläufer war die gemeinnützige Kleinwohnungsbaugesellschaft Groß-Hamburg mbH, gegr. 1926 durch den Ortsausschuß Groß-Hamburg des Allgemeinen Dt. Gewerkschaftsbundes; 1933, mit der Enteignung allen gewerkschaftl. Eigentums, Übergang auf die Dt. Arbeitsfront; 1950 mit der Rückgabe des Eigentums an den DGB Neugründung, danach Aufnahme aller anderen gewerkschaftseigenen Wohnungsgesellschaften. Der Konzern, der 1950–80 rd. 470 000 Wohnungen errichtete und 13 % des gemeinnützigen Wohnungsbestandes in der BR Deutschland verwaltete, geriet Anfang der 80er Jahre durch langjährige Mißwirtschaft und persönl. Verfehlungen des Managements in wirtsch. Schwierigkeiten, die schließlich dazu führten, daß der DGB bis 1990 den Wohnungsbestand weitgehend veräußern mußte. Die Vorgänge um die N. H. führten zu einer heftigen Diskussion über die Gemeinwirtschaft und die Verfassung des DGB.

Neuenburg
Stadtwappen

neue Linke, Bez. für marxist.-sozialist. Gruppierungen (getragen v. a. von Studenten und Intellektuellen), die in den 1960er Jahren in den USA und in den hochindustrialisierten Demokratien W-Europas führend innerhalb der sich vielfach artikulierenden Protestbewegungen auftraten. Hintergrund war die Krise um Glaubwürdigkeit und Funktionsfähigkeit der liberal-pluralist. polit. Systeme, die sich in den USA in der Verstrickung im Vietnamkrieg, in der Rassenfrage und in der Entdeckung des „anderen Amerika", der weitverbreiteten Armut inmitten der Überflußgesellschaft, manifestierte und die sich angesichts ähnl. Probleme auch in W-Europa äußerte (Maiunruhen in Frankreich 1968, Große Koalition, außerparlamentar. Opposition und Notstandsgesetzgebung in der BR Deutschland sowie Hochschulreformkrise). Die n. L., zu deren Theoretikern u. a. H. Marcuse, T. W. Adorno und J. Habermas gehörten, postulierte im Rückgriff auf radikaldemokrat. Forderungen die Demokratisierung von Staat und Gesellschaft, die Beseitigung von Leistungs- und Konsumzwang sowie der Entfremdung. Die n. L., die im Ggs. zur klass. alten Linken (kommunist. und sozialist. Parteien) davon ausging, daß in der „verhüllten Klassengesellschaft" der Arbeiterschaft das revolutionäre Bewußtsein verlorengegangen sei, hielt ein Durchbrechen der Verhältnisse durch gezielte Regelverletzungen und Provokationen von Außenseitergruppen für möglich. Nach dem Zerfall der n. L. fanden sich viele ihrer Vertreter in maoist. Gruppen zusammen, andere suchten in der SPD oder in den Gewerkschaften eine neue polit. Plattform; eine Minderheit organisierte sich in terrorist. Vereinigungen.

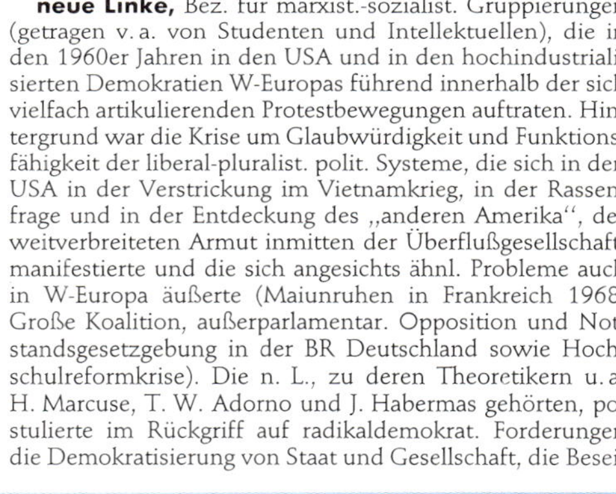

Neuenburg
Kantonswappen

Neue Maas, Flußarm im Rhein-Maas-Delta, 23 km lang, Fortsetzung des Lek.

neue Medien, Sammelbegriff für „alle Verfahren und Mittel (Medien), die mit Hilfe neuer oder erneuerter Technologien neuartige ... bisher nicht gebräuchl. Formen von Informationserfassung, -bearbeitung, -speicherung, -übermittlung und -abruf ermöglichen" (D. Ratzke). Die n. M. umschließen neue Techniken wie z. B. die Glasfasertechnik, neue Nutzungsformen bereits bekannter Verfahren wie z. B. Kabelfernsehen (eigtl. Kabelfernsehverteildienst) und neue elektron. Textverfahren wie ↑Bildschirmtext (↑Telekommunikation).

Neue Musik, i. w. S. Sammelbez. für alle Strömungen der Kunstmusik im 20. Jh., wobei von Jahrzehnt zu Jahrzehnt v. a. die Produktion der jeweiligen Gegenwart gemeint war. – I. e. S. ist N. M. die Musik der zweiten Wiener Schule (A. Schönberg, A. Berg, A. Webern) und ihres Umkreises. Während in der traditionellen Musik die musikal. Elemente vorgeordnet (durch Tonart, Funktion, Takt, Periode, Form u. a.) und stets aufeinander bezogen waren, bedeutet für die N. M. jeder Kompositionsakt ein Einzelereignis, das nach allen Seiten offen ist und erst durch ein für jede Komposition neu zu entwerfendes Strukturgefüge gebunden werden muß. Dies gilt in bes. Maße für die freie Atonalität zw. etwa 1910 und 1920. Der Schritt A. Schönbergs zur ↑Zwölftontechnik als Versuch einer neuen Ordnung wird auf diesem Hintergrund bes. verständlich. Mit Schönbergs Klavierstücken op. 11 (1909) und George-Liedern op. 15 (1908/09) ist die freie Atonalität erreicht, die höchste Ausdrucksintensität ermöglicht und zugleich eine Strukturgesetzlichkeit hervorbringt, die sich nur aus dem jeweiligen Werk selbst ableiten läßt. Auf andere Weise gelangten um die gleiche Zeit weitere Komponisten zu einer neuen Tonsprache (u. a. I. Strawinsky, P. Hindemith, B. Bartók). Einen zweiten Aufbruch bildet die N. M. nach 1950. Während die ↑serielle Musik an A. Webern anknüpft, zeigen ↑Aleatorik, ↑elektronische Musik, ↑konkrete Musik und alle weiteren Versuche mit offenen Formen und Verfahren eine Abwendung vom Begriff der Komposition als Werkgebilde, eine Hinwendung zum Momentanen, Improvisierten, Unfixierten und Experimentellen. Seit 1975 versucht die ↑Neue Einfachheit wieder überlieferte Elemente einzubeziehen.

Neuenburg. Blick auf das im 12. Jh. gebaute, im 15. und 16. Jh. ausgebaute Schloß und die Kollegiatkirche, 1276 geweiht

Neuenburg (frz. Neuchâtel), Hauptstadt des schweizer. Kt. N. und des Bez. N., am NW-Ufer des Neuenburger Sees, 438 m ü. d. M., 32 400 E. Univ. (gegr. 1909), Technikum, Konservatorium, kunstgeschichtl., ethnograph. Museum; schweizer. Zentrum für Elektronik und Mikrotechnik, Uhren- und Schmuckind., Apparatebau. – Das um eine Burg entstandene N. erhielt 1214 Stadtrecht; 1406 schloß N. zur Sicherung seiner Freiheiten ein Burgrecht mit Bern, mit dessen Hilfe 1530 die Reformation durchgeführt wurde. 1707 fiel die Stadt mit dem Kt. N. an Preußen (bis 1805, erneut 1814–48/57). – Über der Stadt die roman.-got. Kollegiatkirche (1276 geweiht) und das Schloß aus dem 12. Jh. (Ausbau 15./16. Jh.). Architektonisch interessante Bauten sind das im Renaissancestil 1570 erbaute Maison des Halles, Haus Marval (1609), das Patrizierhaus Hôtel du Peyrou (18. Jh.), das klassizist. Rathaus (1784–90) und das klassizist. Collège Latin (1828–35).

N., Kt. in der W-Schweiz, 797 km², 160 600 E (1990), Verwaltungssitz Neuenburg. Der Kt. umfaßt v. a. das Geb. des Kettenjura zw. dem Neuenburger See und der schweizer.-

frz. Grenze. Klimatisch begünstigt ist der Juraabfall zum Neuenburger See (Wein- und Obstbau). Im Gebirge herrscht in weiten Teilen Wald vor. V. a. Viehwirtschaft, etwas Ackerbau. Führende Ind.zweige sind Metallind., Maschinen- und Apparatebau, Uhren- und Schmuckindustrie.
Geschichte: Die Grafen von N. erwarben im 13./14. Jh. den größten Teil des heutigen Kantonsgebietes; 1504 gelangte die Herrschaft an das Haus Orléans-Longueville. 1512–29 hielten Bern, Solothurn, Freiburg und Luzern N. besetzt, das 1598 von Frankreich und Spanien erstmals als zugewandter Ort der Eidgenossenschaft anerkannt wurde. 1707 wählten die 3 Stände (Mitspracherecht seit 1648) den König von Preußen zum Herrn. 1805 tauschte Preußen mit Frankreich N. und Kleve gegen Hannover. 1814 wurde N. als 21. Kanton in die Eidgenossenschaft aufgenommen, blieb aber Preußen in Personalunion verbunden und erhielt seine „Charte constitutionnelle". 1848 setzten sich die Republikaner gegen die konservative Reg. durch; eine liberale Verfassung wurde angenommen (gültig bis 1858). 1857 verzichtete der König von Preußen endgültig auf sein Fürstentum.
Verfassung: Nach der Verfassung vom 21. Nov. 1858 (mit vielen Änderungen) liegt die Exekutive bei dem vom Volk auf 4 Jahre gewählten Staatsrat (Conseil d'Etat; 5 Mgl.). Die Legislative liegt bei dem vom Volk auf 4 Jahre gewählten Großen Rat (Grand Conseil, 115 Mgl.) und beim Volk selbst (fakultatives und obligator. Referendum); seit 1959 haben die Frauen aktives, seit 1969 passives Wahlrecht. Oberste Gerichte sind das Kantons- und das Verwaltungsgericht.

Neuenbürg, Stadt im nördl. Schwarzwald, Bad.-Württ., 323 m ü. d. M., 7 500 E. Besucherbergwerk; Pektinfabrik, Maschinenbau. – Erhielt 1274 Stadtrecht. – In der frühgot. ev. Schloßkirche wurden Wandmalereien des frühen 14. Jh. freigelegt.

Neuenburg am Rhein, Stadt im südl. Oberrhein. Tiefland, Bad.-Württ.; 230 m ü. d. M., 8 000 E. Baugewerbe, Likörfabrik, Kunststoff- und Maschinenfabriken. – Erhielt 1292 Stadtrecht (1956 erneuert).

Neuenburger See, größter der Seen am O-Rand des schweizer. Jura, 38 km lang, bis 8 km breit, bis 153 m tief, 429 m ü. d. M. Am W-Ufer ausgedehntes Weinbaugebiet. – Zahlr. neolith. und bronzezeitl. Pfahlbauten. Am Ausfluß des Zihlkanals liegt die Fundstätte von La Tène (↑La-Tène-Kultur).

Neuenfels, Hans, *Krefeld 31. Mai 1941, dt. Theater- und Opernregisseur. – Arbeitete u. a. in Bochum, Frankfurt am Main, Hamburg, ab 1985 an der Freien Volksbühne Berlin (1986–90 Intendant). N. wurde bekannt durch krit.-provozierende Inszenierungen. Dreht auch Filme.

Neuengland (engl. New England), Region im NO der USA, die das Geb. der heutigen Bundesstaaten Maine, New Hampshire, Vermont, Massachusetts, Rhode Island und Connecticut umfaßt.
Geschichte: Die dauernde engl. Besiedlung begann mit der Landung der Pilgerväter in Plymouth (1620); 1630 folgten die Puritaner, die sich an der Massachusetts Bay niederließen. Beide Niederlassungen waren Ausgangspunkt weiterer Besiedlung in Connecticut (1635), Rhode Island (1636), New Hampshire (1638) und Maine (1640). Die Gefahr weiterer Ausdehnung der niederl. Kolonien und die Bedrohung durch die Indianer führten 1643 zur N.-Konföderation (ohne Rhode Island). Eingriffe des Mutterlandes in die Freiheit von Handel und Schiffahrt ließen N. zum Zentrum der amerikan. Revolution werden; hier begann 1775 der Unabhängigkeitskrieg. Bis zur Mitte des 19. Jh. kam die Mehrzahl der nach W ziehenden Siedlungspioniere, die v. a. das Northwest Territory und den pazif. NW erschlossen, aus N. In der 2. Hälfte des 19. Jh. begann eine neue europ. Einwanderungswelle; v. a. Iren und Südeuropäer strömten in das bisher fast rein prot. Gebiet und suchten in dessen seit dem Sezessionskrieg hochentwickelter Ind. Arbeit.

Neuenstein, Stadt auf der westl. Hohenloher Ebene, Bad.-Württ., 284 m ü. d. M., 5 700 E. Hohenlohe-Museum; u. a. Fahrzeug- und Maschinenbau. – Entstand als Stadt 1351 im Anschluß an eine ehem. Burg der Herren von N., im 16./17. Jh. Residenz einer Seitenlinie des Hauses Hohenlohe. – Das Renaissanceschloß N. (1555–64; 1906 umgebaut) enthält noch Bauteile einer stauf. Wasserburg (13. Jh.).

Neuenstein. Schloß Neuenstein, 1555–64

Neue Ökonomische Politik, Abk. NÖP, ↑Sowjetunion.

Neue Prächtigkeit (Schule der N. P.), von einer satirisch überspitzten Malerei geprägte Schule mit antimodernist. Tendenz; ist im Rahmen der neuen Figuration zum krit. Realismus zu zählen; 1973 von den Malern J. Grützke, M. Bluth (*1926), M. Koeppel (*1935) und K. Ziegler (*1935) in Berlin gegr. und in einem Manifest verkündet.

Neue Preußische Zeitung, dt. konservative Tageszeitung; 1848 in Berlin gegr.; nach der Vignette des Eisernen Kreuzes im Zeitungskopf auch als „Kreuzzeitung" bezeichnet; ab 1911 N. P. (Kreuz-)Z., ab 1932 Kreuz-Zeitung; zunächst Organ des rechten Flügels der preuß. Konservativen, später der Dt. konservativen Partei; stand in der Weimarer Republik der DNVP, zuletzt auch dem Stahlhelm nahe; 1939 eingestellt.

Neuer Bund, 1. synonym gebrauchte Bez. für Neues Testament; 2. in der christl. Theologie Begriff der Heilsgeschichte, mit dem die Menschwerdung in Jesus Christus als Bundesschluß Gottes mit den Menschen interpretiert wird (↑Bund).

Hans Neuenfels

neue Religionen, Bez. für die religiös-weltanschaul. Gruppen und Bewegungen, die seit etwa 1950 weltweit auftreten und ihre Anhängerschaft zunächst fast ausschließlich unter Jugendlichen fanden (deshalb anfänglich als *Jugendreligionen* bezeichnet). Organisation und Ideologie (ein meist unreflektiertes Gemisch aus bibl.-christl. und Elementen östl. Religionen) der n. R. weisen gemeinsame Züge auf: zentrale Führergestalt mit messian. Anspruch, totalitäre Struktur, totaler Gegenentwurf zu bestehenden Religionen und gesellschaftl. Systemen, strengste Lebens- und Gütergemeinschaft und Elitebewußtsein. – Die n. R. (u. a. ↑Family of Love, Scientology(Wz) Kirche, ↑Hare-Krischna-Bewegung, ↑Transzendentale Meditation, ↑Divine Light Mission) haben gegenwärtig mehr als 30 Mill. (in Deutschland etwa 100 000) Anhänger.

Neue Rheinische Zeitung, dt. sozialrevolutionäre republikan. Tageszeitung; erschien vom 31. Mai 1848 bis 19. Mai 1849 in Köln unter der Leitung von K. Marx; Mitarbeiter: u. a. F. Engels, F. Freiligrath, G. Weerth; eine Fortsetzung war Mai–Nov. 1850 die in Hamburg erscheinende Zeitschrift gleichen Titels (Untertitel „Polit.-ökonom. Revue"), von Marx in London redigiert.

Neuer Kurs, die durch Kaiser Wilhelm II. und Reichskanzler Caprivi nach der Ablösung Bismarcks programma-

tisch verkündete, jedoch schon bald wieder aufgegebene Neuorientierung der dt. Innen- und Außenpolitik.
▷ die in der DDR am 9. Juni 1953 beschlossenen, nach dem 17. Juni 1953 bestätigten (1955 z. T. revidierten) Maßnahmen, u. a.: Verminderung der Auflagen für die Schwerind., Förderung der Privatinitiative in Handel und Landw., flexiblere Kirchenpolitik, mehr Rechtssicherheit, beschränkte Amnestie. Da die 10 %igen Normerhöhungen nicht zurückgenommen wurden, kam es dennoch zu den Ereignissen des ↑ Siebzehnten Juni.

Neuer Realismus ↑ Nouveau Réalisme.
▷ zusammenfassende Bez. verschiedener illusionist. Strömungen der zeitgenöss. internat. Kunst seit Ende der 1960er Jahre/Anfang der 1970er Jahre. In den Vordergund der Aufmerksamkeit rückte zunächst bes. der **Photorealismus** (Hyperrealismus), v. a. eine amerikan. Erscheinung. Die detailreichen Bilder oder die (oft bekleideten) Plastiken (Abgüsse) der Photorealisten zeigen eine starre, bedeutungsentleerte Alltagswelt (C. Close, R. Goings, H. Kanovitz; als Plastiker D. Hanson, F. Gertsch [Schweiz] u. a.). Charakteristisch für die Vertreter des **figurativen Realismus** ist die Darstellung isoliert repräsentierter bzw. symbolhaft zusammengestellter Dinge der tägl. Umwelt der Industriegesellschaft. Während sich die Gruppe Zebra (D. Asmus, P. Nagel, N. Störtenbecker [bis 1977], D. Ullrich) v. a. auf Handlungsmomente konzentriert, stellen L. Braun, H. P. Reuter und L. von Monkiewitsch, J. Stever und D. Krieg v. a. leere Räume oder Architekturelemente oder vereinzelte Gegenstände dar. Vorläufer sind P. Pearlstein (USA), G. Segal (USA), D. Gnoli (Italien) und G. Richter. Unter der Bez. **kritischer Realismus** schlossen sich die Berliner Künstler W. Petrick, H. J. Diehl, P. Sorge, A. D. Gorella u. a. zusammen, bed. auch J. Grützke, der Graphiker K. Staeck, der Plastiker S. Neuenhausen. Zur krit. Analyse der Wirklichkeit benutzen sie einen pointierten, z. T. an der Grenze zur Karikatur angesiedelten Darstellungsstil. – ↑ neue Figuration.

neuer Stil ↑ Zeitrechnung.

Neue Rundschau, Die, aus der 1890 von O. Brahm und S. Fischer in Berlin gegr. Wochenzeitschrift des Naturalismus „Freie Bühne für modernes Leben" hervorgegangene Kulturzeitschrift, die ab 1894 als Monatsschrift u. d. T. „Neue dt. Rundschau", ab 1904 u. d. T. „Die N. R.", 1945–49 als Vierteljahresschrift in Stockholm herausgegeben wurde und seit 1950 in Frankfurt am Main erscheint.

Neue Sachlichkeit, von G. F. Hartlaub 1923 geprägter Begriff für eine in den 1920er Jahren in Deutschland entwickelte Kunstrichtung, für die eine objektive und präzise Wiedergabe der Realität charakterist. Anliegen war. Die Überschärfe und die starke Betonung der Gegenständlich-

Neue Sachlichkeit. Ernst Thoms, Trödelladen, 1926 (Hannover, Sprengel-Museum)

Neuer Realismus. Howard Kanovitz, Composition, 1971 (Privatbesitz)

keit unter Ausschaltung von Licht und Schatten in vielen Werken läßt oft eine übernatürl. Wirkung entstehen (↑ magischer Realismus). Zu den Möglichkeiten der N. S. zählen sowohl eine kubistisch bestimmte, formal monumentalisierte Auffassung (A. Kanoldt, G. Schrimpf) wie eine sozial engagierte Gesellschaftskritik (O. Dix, G. Grosz). Weitere Vertreter: K. Hubbuch, A. Räderscheidt (* 1892, † 1973), H. M. Davringhausen (* 1894, † 1970), C. Schad (* 1895, † 1982), E. Thoms (* 1897, † 1983) und G. Jürgens (* 1900, † 1981). Die sachbezogene, verist. Darstellung ist als künstler. Ablehnung des subjektiven Expressionismus zu werten. Sie wurde wesentlich durch die ↑ Pittura metafisica beeinflußt. Ähnl. Tendenzen zeigten sich in der europ. Kunst des 20. Jh. u. a. bei F. Léger, A. Derain, F. Vallotton, O. Gutfreund sowie bei Vertretern des Regionalismus und des Präzisionismus in den USA, aber auch in der Photographie (A. Renger-Patzsch, A. Sander).
In der *Literatur* entstanden ähnl. Tendenzen, v. a. als Reaktion auf das Pathos des Expressionismus. Die literar. Darstellung sozialer und wirtsch. Probleme war bevorzugtes Thema, wobei dem Theater (E. Piscator) sowie den neuen Medien Film (W. Ruttmann, R. Siodmak, E. Ulmar) und Rundfunk ein bes. Stellenwert zukam. Es entstanden die Reportage (E. E. Kisch), die wiss. Quellen aufbereitende Biographie, der desillusionierende Geschichtsroman (R. Neumann, L. Feuchtwanger). Im Drama dominierte das Zeit- und Lehrstück (B. Brecht, F. Bruckner, Ö. von Horváth, G. Kaiser, C. Zuckmayer), im Roman wurde eine bes. Form des Gegenwartsromans gepflegt (A. Döblin, H. Fallada, E. Kästner, L. Renn, A. Seghers). Vertreter neusachl. Gebrauchslyrik waren B. Brecht, W. Mehring, E. Kästner und J. Ringelnatz.

Neues Bauen, programmat. Begriff für vorwiegend dt. avantgardist. Architekturströmungen des Funktionalismus nach dem 1. Weltkrieg, die sich gegen den Stil der wilhelmin. Zeit richteten. Kennzeichnend sind u. a. der Verzicht auf repräsentative Details, Verwendung von industriell gefertigten Baustoffen, weißer Verputz, asymmetr. Gruppierung kubist. Elemente sowie neben Funktionalität auch Klarheit, Sachlichkeit und Lichtfülle. Bedeutende Beispiele: Bauhaus in Dessau von M. Gropius (1925/26), Dt. Pavillon auf der Weltausstellung in Barcelona von L. Mies van der Rohe (1928/29). – Seit etwa 1926 nannte auch H. Häring seine Theorie vom „organ. Bauen" neues Bauen.

Neues Deutschland, dt. Tageszeitung, ↑Zeitungen (Übersicht).

Neues Forum, Abk. NF, am 9. Sept. 1989 in Grünheide (bei Berlin) gegr. Bürgerbewegung (Gründungsmgl. u. a. B. Bohley, J. Henrich und J. Reich). Mit der Organisation von Massendemonstrationen (u. a. in Leipzig) und der Forderung v. a. nach Reisefreiheit, Parteienvielfalt, demokrat. Verfassungsstrukturen und Auflösung des Staatssicherheitsdienstes entwickelte sich das NF zur stärksten demokratisch bestimmten Oppositionsbewegung des Herbstes 1989 und trug wesentlich zur friedl. Revolution in der DDR bei. Am 7. Febr. 1990 schloß sich das NF mit Demokratie Jetzt und der Initiative Frieden und Menschenrechte zum Bündnis 90 zusammen, das sich als Wahlbündnis ↑Bündnis 90/Grüne an den Bundestagswahlen 1990 beteiligte; eine Minderheit des NF gründete die Dt. Forumspartei, die im Herbst 1990 der FDP beitrat. Das NF ging im Sept. 1991 in dem als gesamtdeutsche Partei konstituierten Bündnis 90 auf.

Neues Testament ↑Bibel.

Neue Teutsche Merkur, Der ↑Deutsche Merkur, Der.

Neue Welle ↑Film.

Neue Welt ↑Alte Welt.

Neue Weltwirtschaftsordnung, seit Anfang der 1970er Jahre von den Entwicklungsländern auf Grund der extremen strukturellen Unterschiede zw. den Ländern bzw. Ländergruppen auf internat. Ebene (UN, UNCTAD u. a.) geforderte Neuordnung der Weltwirtschaft. Hauptforderungen: Neuordnung der Rohstoffmärkte durch Marktausgleichslager *(Buffer stocks),* der Entwicklungsfinanzierung und des Ressourcentransfers, Revision des Technologietransfers, Industrialisierung der Entwicklungsländer und ihre stärkere Mitbestimmung in weltwirtsch. Institutionen.

Neue Wilde (Junge Wilde), Sammelbez. für verschiedene expressive Richtungen der zeitgenöss. Malerei im dt.sprachigen Raum, u. a. R. Fetting, Salomé (* 1954), Bernd Zimmer (* 1948), Elvira Bach (* 1953) und Martin Disler (* 1949). Betont wird die gestische Vehemenz und starke Farbsinnlichkeit.

Neue Zürcher Zeitung, schweizer. Tageszeitung, ↑Zeitungen (Übersicht).

Neufahrwasser ↑Danzig.

Neufert, Ernst, * Freyburg/Unstrut 15. März 1900, † Bugnaux (Kt. Waadt) 23. Febr. 1986, dt. Architekt. – 1946–65 Prof. an der TH Darmstadt; zahlr. Industrieanlagen und Wohnsiedlungen, in denen er als Schüler von Gropius das Gedankengut des Bauhauses (1926–39 Leiter der Bauabteilung) verwirklichte; schrieb „Bauentwurfslehre“ (1936), „Bauordnungslehre“ (1943).

Neuffen, Stadt am Fuße der mittleren Schwäb. Alb, Bad.-Württ., 408 m ü. d. M., 5 500 E. U. a. Maschinenbau, Elektrogeräte-, Meßwerkzeugfabrik, Strickwaren-, Strumpfherstellung. – Entstand um 300 n. Chr.; um 1100 als Dorf bezeugt; wurde 1232 Stadt. – N. wird von der großen Burgruine Hohenneuffen überragt; frühgot. Martinskirche, Fachwerkrathaus (1657).

Neufrankreich (frz. Nouvelle France), Name der ehem. frz. Kolonien in N-Amerika, die sich vom Sankt-Lorenz-Strom (Akadien und Kanada) über die Großen Seen den Mississippi entlang bis zu dessen Mündung (Louisiane) erstreckten.

Neufundland ↑Newfoundland.

Neufundländer, erstmals in England gezüchteter starker, mächtiger (Schulterhöhe bis 75 cm) Schutz- und Begleithund mit breitem, kräftigem Kopf und Hängeohren, kräftigen Beinen, langer, buschiger Rute und dichtem, langem, i. d. R. tiefschwarzem Fell mit dichter Unterwolle.

Neugeborenengelbsucht (Morbus haemolyticus neonatorum), durch Blutgruppenunverträglichkeit zw. Mutter und Kind (v. a. durch den Rh-Faktor; ↑Blutgruppen) verursachte schwere Erkrankung des Neugeborenen; u. a. mit Zerfall von roten Blutkörperchen, Anämie, Gelbsucht, Milz- und Leberschwellung. Die Behandlung besteht in einer Austauschtransfusion beim Kind.

Neugeistbewegung (New Thought Movement), 1843 von P. P. Quimby (* 1802, † 1866) gegr. amerikan. gnost.-theosoph. ↑Heilungsbewegung, die sich seit 1890 in vielen Ländern verbreitete. 1914 zur „International New Thought Alliance“ (Zentrale in Los Angeles-Hollywood) zusammengeschlossen. Auf der Grundlage lebensreformer. Vorstellungen wird die Ansicht vertreten, Krankheiten könnten mit rein mentalen Voraussetzungen geheilt werden, sofern der Kranke einen „neuen Geist“ habe. Mit diesem Geist streben die Anhänger der N. nach innerer „Dynamisierung“ des Menschen, indem sie unbewußte Kräfte zu aktivieren trachten. In Deutschland seit 1923 im „Neugeist-Bund“ zusammengeschlossen. – Insgesamt wird die Mitgliederzahl auf 15 bis 20 Mill. geschätzt.

Neue Wilde. Martin Disler, Ermordung einer Schwangeren, 1982 (Privatbesitz)

Neugliederung des Bundesgebietes, in Art. 29 Abs. 1 GG verankerte Möglichkeit der territorialen Neugliederung der BR Deutschland unter Berücksichtigung der landsmannschaftl. Verbundenheit, der geschichtl. und kulturellen Zusammenhänge, der wirtsch. Zweckmäßigkeit und der Erfordernisse der Raumordnung und Landesplanung. Die N. d. B. soll Länder schaffen, die nach Größe und Leistungsfähigkeit die ihnen obliegenden Aufgaben wirksam erfüllen können. Sie hat durch BG zu erfolgen, das der Bestätigung durch Volksentscheid bedarf (Sonderregelungen für kleinere Gebietsänderungen).

Neugotik, Bez. für eine in Europa im 18./19. Jh. auftretende, durch das Wiederaufleben der got. Formensprache gekennzeichnete Kunstrichtung, deren geistesgeschichtl. Hintergrund die ↑Romantik war. Ausgehend von England **(Gothic revival),** entstanden seit etwa 1750 v. a. neugot. Landsitze („Strawberry Hill“, 1760–70, in England) und Parkbauten („Got. Haus“ im Wörlitzer Schloßpark, 1773 ff.). 1830–40 setzte sich die N. voll durch (z. B. London, Parlamentsgebäude, 1840 ff.). Bed. Vertreter sind Sir J. Soane, Sir C. Barry, K. F. Schinkel, F. Weinbrenner, K. W. Hase und E. E. Viollet-le-Duc.

Neugranada ↑Kolumbien (Geschichte).

neugriechische Kunst, die auf die byzantin. Kunst folgende Epoche der griech. Kunst. Ihren Aufschwung nahm sie erst in der 1. Hälfte des 19. Jh. nach Beendigung der osman. Herrschaft. An der 1836 gegründeten Kunstakademie in Athen förderten Lehrer wie N. Lytras (* 1832, † 1904), N. Gysis und K. Volanakis (* 1837, † 1907) einen akadem. Realismus nach dem Vorbild der Münchner Akademie. Der Bildhauer L. Drosis (* 1836, † 1882) u. a. setzten sich in ihren Werken mit dem antiken und byzantin. Erbe auseinander. Der Freichlichtmalerei widmeten sich u. a. K. Parthenis (* 1878, † 1967) und K. Maleas (* 1879, † 1928). Im 20. Jh. wurde nach einer Phase intensiver Bemühung um die Schöpfung einer nat. Kunst der Anschluß an die internat. Strömungen gefunden, v. a. Nicolas Ghika (* 1906). Wichtige Beiträge zur zeitgenöss. Kunst leisteten Takis, C. Tsoclis und F. Xenakis in Frankreich, J. Kounellis in Italien sowie V. Chryssa und L. Samaras in den USA. Unter den Architekten traten bes. D. A. Pikonis, A. Konstantinidis, D. Antonakis, S. M. Antonakis und A. N. Tombazis hervor.

Neugriechische Kunst. Nicolas Ghika, Land und Meer, 1965 (Privatbesitz)

neugriechische Literatur, die in neugriech. Sprache verfaßte und an die byzantin. Literatur anschließende Epoche der griech. Literatur. Ihre Anfänge kennzeichnen v. a. das Epos „Digenis Akritas" (11./12. Jh.) sowie die Gedichte von Michael Glykas und Theodoros Prodromos aus dem 12. Jh.; noch früher bzw. zur gleichen Zeit entstanden auch die *Akritenlieder,* Beginn und Vorbild einer bis heute existierenden Gatt. der neugriech. Volksdichtung, die 1453 bis etwa 1800 das stärkste literar. Zeugnis im griech. Sprachraum darstellte. Auf dem von den Osmanen nicht besetzten Kreta entstanden im 17. Jh. das bed. *kret. Theater* und ep.-lyr. Werke, bes. von W. Kornaros. In der 2. Hälfte des 18. Jh. entstand an den griech. Höfen der Donaufürstentümer und an den griech. Hochschulen in Bukarest und Jassy eine Bildungsbewegung im Zeichen der Aufklärung. Die dort und in Frankreich wirkenden griech. Gelehrten schufen mit ihren Arbeiten die geistige Grundlage für das Entstehen einer bewußten n. L. Der Freiheitskampf von 1821 gab insbes. der *balladesken Volksdichtung* reiche Entfaltungsmöglichkeiten. Als griech. Nationaldichter gilt D. Solomos, der mit seinem lyr. Werk (u. a. Hymnen an die Freiheit, Ode auf den Tod Lord Byrons) die neugriech. Sprache zur Literatursprache werden ließ. Um K. Palamas wuchs dann eine Schriftstellergeneration heran, durch die die n. L. Anschluß an die Weltliteratur fand. Als Erzähler bzw. Romanciers sind neben N. Ksandsakis v. a. A. Papadiamandis (* 1851, † 1911), E. Alexiu (* 1894, † 1988; „Die dritte Mädchenschule", 1940), E. Venesis (* 1904, † 1973; „Äol. Erde", 1943), P. Prevelakis (* 1909, † 1986; „Der Engel im Brunnen", 1970), A. Samarakis (* 1919; „Der Paß", 1973) und, aus der jüngeren Generation, v. a. W. Wassilikos zu nennen. Nach K. Kavafis (* 1863, † 1933) fand die Lyrik ihre herausragenden Vertreter in J. Seferis, O. Elitis und J. Ritsos. Das weniger bekannte neugriechische Theater wird durch D. Taxiarchis (* 1919) und V. Katsansis (* 1935) vertreten.

neugriechische Musik, die Musik der Griechen nach der Befreiung von der osman. Herrschaft 1830. Sie läßt sich in drei Komplexe einteilen: die Volksmusik, die nachbyzantin. Kirchenmusik und die Kunstmusik. Die Volksmusik ist geprägt von byzantin. Traditionen, überformt durch Einflüsse infolge der osman. Herrschaft. Die oft kirchentonalen, reich melismat. Melodien gehen bis ins 15. Jh. zurück; metrisch sehr differenziert sind die Volkstänze (u. a. *Sirtos*). Volksinstrumente sind Laute *(Uti), Lyra,* Schalmei, Trommel und Dudelsack; *Busukia* (Ensembles pers.-türk. Lauteninstrumente) prägen die Populärmusik seit 1945. – Die neugriech. Kirchenmusik stellt eine Fortentwicklung der byzantin. Kirchenmusik dar. – Auf der Volksmusik und der Kirchenmusik basiert die griech. Kunstmusik, zu deren wichtigsten Vertretern u. a. M. Kalomiris (* 1883, † 1962), P. Petridis (* 1892, † 1978), N. Skalkotas (* 1904, † 1949) gehören; Komponisten der internat. avantgardist. Musik sind v. a. A. Logothetis (* 1921), Y. Sicilianos (* 1922), I. Xenakis (* 1922), A. Kounadis (* 1924), M. Theodorakis (* 1925), J. Christu (* 1926, † 1970), N. Mamangakis (* 1929), T. Antoniou (*1935), D. Terzakis (*1938), G. Aperghis (* 1945).

neugriechische Sprache, Bez. für zwei Sprachformen in Griechenland: die gesprochene Volkssprache *(Demotike),* eine organ. Entwicklung der ↑griechischen Sprache durch die Jahrtausende, und die archaisierende purist. Schriftsprache (*Kathareuusa* oder *Katharewusa*). Der griech. Sprachdualismus begann in der Zeit Alexanders d. Gr. nach der Herausbildung der ↑Koine, mit der Unterscheidung zw. gesprochenem und geschriebenem Griechisch. Die Katharewusa wurde als offizielle Staatssprache sowie als Sprache von Kirche, Wiss. und Presse verwendet. Die Demotike ist seit 1975 (Parlamentsbeschluß) über den kulturellen Bereich hinaus auch als Amts- und Wiss.sprache anerkannt. Die schon in der byzantin. Zeit in verschiedenen Gegenden Griechenlands herausgebildeten Dialekte basieren v. a. auf der Koine der hellenist. Zeit.

Neuguinea [gi'ne:a], zweitgrößte Insel der Erde, nördl. von Australien, 771 900 km², etwa 4,5 Mill. E, v. a. Papua. Der W-Teil gehört als Irian Jaya zu Indonesien, der O-Teil zu ↑Papua-Neuguinea. Die Küste ist durch mehrere Buchten gegliedert. Die Insel wird von mehreren parallelen Gebirgsketten durchzogen, die in der Vogelkophalbinsel im W in einem Berg- und Hügelland auslaufen. Höchster Berg ist der Gunung Jaya im Zentralgebirge mit 5 033 m. Südl. an die Gebirge schließt sich eine im W-Teil weitgehend versumpfte Schwemmlandebene an. Am N-Rand liegen wesentlich kleinere Flußebenen; Tiefebenen treten außerdem im S der Vogelkophalbinsel und im Zentrum der Bomberaihalbinsel auf. Aktiver Vulkanismus ist noch im O-Teil anzutreffen. N. hat trop. Regenklima mit geringen jahreszeitl. und beachtl. tageszeitl. Temperaturunterschieden. ⅔ von N. sind dicht bewaldet. An den Küsten und in weiten Sumpfgebieten herrscht Mangrovevegetation.

Geschichte: 1526 von Spaniern entdeckt, 1606 als Insel erkannt. Die W-Hälfte war ab 1828 in niederl. Besitz, seit 1963 unter indones. Verwaltung und ist als Irian Jaya seit 1969 indones. Provinz. Der NO-Teil (NO-N.) war 1884–1919 Teil des dt. Schutzgebietes Kaiser-Wilhelms-Land und ab 1921 austral. Treuhandgebiet. Der SO-Teil wurde 1884 brit. Protektorat, das ab 1906 als Territorium Papua von Australien verwaltet wurde. Ab 1946 verwaltete Australien Treuhandgebiet und Territorium gemeinsam, die 1973 als Papua-Neuguinea innere Autonomie, 1975 volle Unabhängigkeit erlangten.

Neuhannover ↑Lavongai.

Neuhaus (N. am Rennweg), Krst. auf dem Kamm des Thüringer Waldes, Thür., 730–830 m ü. d. M., 7 800 E. Glasind.; Höhenluftkurort und Wintersportort. – 1673 gegr., seit 1933 Stadt.

N., Landkr. in Thüringen.

Neuhaus ↑Jindřichův Hradec.

Neuhausen (russ. Gurjewsk), Stadt in Rußland, nö. von Königsberg (Pr), 5 300 E. – Ehem. Burg des samländ. Domkapitels, erbaut ab Ende des 13. Jh., im 16. Jh. Umbauten, diente nach der Reformation als Sommersitz der preuß. Herzöge.

Neuhebräisch ↑hebräische Sprache.

Neuhebridengraben, Tiefseegraben im südl. Pazifik, zw. den südl. Neuen Hebriden und den Loyaltyinseln, bis 7570 m tief.

Neuhegelianismus, Sammelbez. für die von K. Fischer und W. Dilthey eingeleiteten Bemühungen der Hegelrenaissance, die bis in die Zeit des NS reicht und auch im Ausland, v. a. in den Niederlanden, in Italien und in Großbritannien Entsprechungen hat. Ziel des N. ist die Abwehr des zunehmenden Einflusses des Positivismus auch auf kulturphilosoph. Gegenstandsbereiche, v. a. auf Rechtswiss., Geschichte und Soziologie. – Hauptvertreter: H. Glockner, J. Hoffmeister, J. Ebbinghaus, J. Cohn, T. Litt, F. Rosenzweig, K. Larenz, O. Spann.

Neuhochdeutsch, Epoche der dt. Sprachgeschichte (↑ deutsche Sprache).

Neuhof (Neuhoff), Theodor Freiherr von, *Köln 24. (oder 25.) Aug. 1694, †London 11. Dez. 1756, Abenteurer. – Nahm im Auftrag Kaiser Karls VI. Verhandlungen mit den sich gegen die Republik Genua erhebenden Korsen auf; wurde 1736 als *Theodor I.* zum König von Korsika gewählt, jedoch bald vertrieben; lebte nach gescheiterten Rückkehrversuchen ab 1749 in London.

Neuhumanismus, von J. M. Gesner und C. G. Heyne durch die Reform des Studiums der klass. lat. und v. a. der griech. Sprache und der Interpretationsmethoden der antiken Literaturen und Kultur vorbereitete, von den Schriftstellern und Dichtern der dt. Klassik (Winckelmann, Herder, W. von Humboldt, F. A. Wolf, Goethe, Schiller) getragene, auf Erneuerung des Humanismus zielende Bildungsbewegung. Beeinflußt insbes. von der Kulturkritik J.-J. Rousseaus, entwickelte sie ihr Humanitätsideal, dessen Leitbegriff die Ganzheit der menschl. Existenz von Leib–Seele, Gefühl–Verstand, Natur–Vernunft (bzw. Natur–Geist) war; dabei wurde der Kunst als zentralem Moment der Kultur eine grundlegende Bed. zugemessen.

Neuilly-sur-Seine [frz. nœjisyr'sɛn], frz. Stadt im westl. Vorortbereich von Paris, Dep. Hauts-de-Seine, 64200 E. Zahlr. Ind.betriebe. – Entwickelte sich nach dem Bau der Seinebrücke (1768–72). – Der Friedensvertrag von Neuilly-sur-Seine (27. Nov. 1919) beendete den Kriegszustand zw. Bulgarien und den Ententemächten.

neuindoarische Sprachen ↑ indoarische Sprachen.

Neuirland, zweitgrößte Insel des Bismarckarchipels, Papua-Neuguinea, 8651 km², bis 2399 m ü. d. M., dicht bewaldet; Kopra-, Kakaoerzeugung.

Neu-Isenburg, hess. Stadt im südl. Vorortbereich von Frankfurt am Main, 122 m ü. d. M., 35100 E. V. a. Wohngemeinde, daneben chem., metallverarbeitende und Nahrungsmittelind. – N.-I., eine durch Waldrodung 1699 gegr. Siedlung frz. Hugenotten, erhielt 1894 Stadtrecht.

Neujahrstag (Neujahr), der erste Tag eines Jahres; zunächst nicht auf einen bestimmten Tag festgelegt; unter den Karolingern und später galt der 25. Dez. (↑ Weihnachten) als Jahresbeginn, im MA häufig auch der 25. März (↑ Maria) und der 1. Jan., der dann im 16. Jh. in Deutschland als Jahresbeginn üblich wurde. Die kirchl. Anerkennung erfolgte erst 1691 durch Papst Innozenz XII.; bis dahin galt der 6. Jan. (Dreikönigstag) auch als Groß- bzw. Hochneujahr (↑ Zwölften).
In vielen *Religionen* ist der N. ein Festtag, dessen rituelle und mag. Handlungen dem Zweck dienen, einen Neubeginn zu sichern, der als Erneuerung der Welt und Neuschöpfung des Lebens verstanden wurde. Dem Fest gingen Reinigungsriten zur Entsühnung von Sünden voraus, die während des alten Jahres begangen worden waren. Maskenumzüge und lärmende Feiern galten der Vertreibung böser Mächte. Zeichen des Neubeginns war häufig die Erneuerung des Feuers im Haus oder Tempel. – Im *Christentum* wird der N. seit dem 6. Jh. gefeiert, zunächst als Bußtag, seit dem 13./14. Jh. als Fest der „Beschneidung Christi". – Im *Judentum* wird der N. mit dem Neujahrsfest ↑ Rosch Ha-Schana („Anfang des Jahres") am 1. und 2. Tischri (Sept./Okt.) begangen.

Neukaledonien (frz. Nouvelle-Calédonie), frz. Überseeterritorium im sw. Pazifik, umfaßt die rd. 1500 km östl. von Australien gelegene Insel N. (Grande Terre; 16750 km²) sowie zahlr. kleinere Inseln, 19058 km², 164200 E (1989), Hauptstadt Nouméa. – Die 410 km lange, von einem Korallenriff umgebene Insel N. wird von Gebirgen durchzogen, die im Mont Panié 1628 m und im Mont Humboldt 1618 m ü. d. M. erreichen und zur O-Küste steil abfallen. Im W erstreckt sich eine Küstenebene. Die Nebeninseln sind nahezu vollständig niedrige Koralleninseln. Das Klima ist tropisch. Das Innere der Insel N. und die Küstenebene im W nehmen weithin Savannen und Buschwälder ein; an den Küsten Mangroven und Kokospalmen.
1989 waren 45 % der Bev. Melanesier (Eigenbez. Kanaken), 34 % Europäer und 12 % Polynesier; daneben leben Vietnamesen und Indonesier in N.; neben der Amtssprache Frz. werden melanes. Sprachen gesprochen. – Außer den Exportprodukten Kopra und Kaffee werden für die Selbstversorgung Mais, Bataten, Jams, Maniok, Taro, Gemüse angebaut; Bed. hat die Viehweidewirtschaft. Führender Wirtschaftszweig ist der Nickelerzbergbau auf der Insel N. mit Aufbereitungs- und Verhüttungsanlagen; außerdem Abbau von Mangan- und Chromerz sowie Jade.
1774 durch J. Cook entdeckt; kam 1853 in frz. Besitz, diente 1864–96 als Strafkolonie; seit 1946 Überseeterritorium (seit 1988 mit beschränkter Selbstverwaltung).

Neukantianismus, von O. Liebmann und F. A. Lange eingeleitete einflußreichste philosoph. Bewegung der 2. Hälfte des 19. und des Beginns des 20. Jh., deren Vertreter sich unter Berufung auf die transzendentale Logik und die erkenntnistheoret. Schriften Kants gegen den Materialismus und dessen kryptometaphys. Tendenzen und die Entwicklungstheorie in den Natur- und Geisteswiss. wandten und eine krit. Wiss.theorie ausbildeten. – In der **Marburger Schule** (H. Cohen, P. Natorp, E. Cassirer, K. Vorländer, A. Liebert) wird eine Grundlegung jegl. Erkenntnis, insbes. der der Naturwiss., durch begriffl. und mathemat. Bestimmungen versucht. Die **südwestdeutsche** oder **badische Schule** (W. Windelband, H. Rickert, E. Lask, B. Bauch) befaßte sich darüber hinaus mit einer Wert- und Sollensproblematik und versuchte die Neubegründung einer Theorie der Geschichts- und Geisteswiss; zur Wirkung kam bes. die geschichtswiss. Methodologie Rickerts in der histor. Soziologie M. Webers.

Neukastilien (span. Castilla la Nueva), histor. Prov. im zentralen Spanien, umfaßt die autonomen Regionen Castilla-La Mancha (mit fünf Prov.) und Comunidad de Madrid mit zus. 87221 km² und 6,58 Mill. E (1990). N. erstreckt sich über große Teile der Südmeseta mit dem Tajobecken und Teilen der Mancha sowie Teile der Montes de Toledo und Randbereiche des Iber. Randgebirges. Das Klima ist kontinental. Im Vegetationsbild tritt überwiegend noch die Steineichengemeinschaft auf; nach S nehmen Macchien und Gariguen zu; im Guadianabecken z. T. Trokkensteppe. – N. ist dünn besiedelt, abgesehen vom Raum Madrid; Bodenschätze fehlen bis auf geringe Vorkommen an Blei und Manganerzen sowie Kohle, Meerschaum- und Quecksilbererzvorkommen. Die wirtsch. Grundlage bildet die Landw. (überwiegend Trockenfeldbau und Schafzucht). – In N. bestand im 11. Jh. das muslim. Kgr. Toledo, das 1085 durch König Alfons VI. von Kastilien erobert wurde.

Neukirchener Mission, aus der Erweckung hervorgegangene ev. Missionsgesellschaft, 1878 in Neukirchen (= Neukirchen-Vluyn; Gem. im Niederrhein. Tiefland, NRW, 24500 E) gegr. als „Waisen- und Missionsanstalt".

Neuklassizismus, Richtung der dt. Literatur um 1905, die in Reaktion auf den ↑ Naturalismus die Bed. der formal und inhaltlich von der Klassik vorgegebenen Werte betonte **(Neuklassik).** Hauptprogrammatiker waren S. Lublinski (*1868, †1910), W. von Scholz und Paul Ernst.
▷ zur bildenden Kunst ↑ Neoklassizismus.

Neukonservative, Gruppierung in der preuß. konservativen Partei, die sich 1871 abspaltete und im Ggs. zu den Altkonservativen die Bismarcksche Politik und den Kulturkampf unterstützte; die N. bildeten den Kern der 1876 gegr. Dt. konservativen Partei.

Neulandgewinnung (Landgewinnung), Gewinnung von Bodenflächen durch Auflandung von Flächen im Watten- und Flußdeltabereich, durch Abdämmung größerer Meeresgebiete, durch Trockenlegung von Binnenseen. Das konventionelle Verfahren im Gezeitenbereich der Küsten ist die Begünstigung und Förderung der natürl. Auflandung durch Schlickablagerung. Dazu dient ein System von Gräben, Buhnen und Lahnungen, mit denen Querströmungen und Wellenschlag verringert werden, damit sich der Schlick absetzen kann. Nach Bildung eines „Algenrasens" siedelt sich bei Erreichen einer Höhe von etwa 30 cm unter mittlerem Tidehochwasser (mThw) der bodenfestigende Queller mit Schlickgras und Seegras an, später folgen Andel, Strandaster und Stranddreizack *(Salzwiesen)*. Wenn etwa 80 cm Höhe über mThw erreicht sind, wird das Gelände eingedeicht. Aus dem bisherigen Vorland ist ein Koog (↑Groden) oder Polder geworden. An die Stelle dieses klass. Verfahrens treten heute vielfach *mechan. Verfahren,* v.a. bei der Ind.ansiedlung. Mit Deichbauten (heute auch im Gezeitenbereich), auch unterstützt durch Inseln und Halbinseln, werden größere Meeresteile abgeriegelt, und mit eingespültem Baggergut wird eine schnelle Auflandung herbeigeführt. In anderen Fällen (z. B. Zuiderseeprojekt) wird die eingedämmte Fläche wie bei der Trockenlegung von Binnenseen (z. B. Haarlemmermeer) leergepumpt.

Neulatein ↑lateinische Sprache.

neulateinische Literatur, die nachma. Literatur in lat. Sprache. Sie entwickelte sich aus dem vom italien. Humanismus seit dem 14. Jh. propagierten Bestreben, dem traditionellen Latein durch Nachahmung antiker Autoren klass. Reinheit, Eleganz und kommunikative Geschmeidigkeit zurückzugeben. Auf Grund veränderter sozialer und polit. Bedingungen war die Bildungsschicht, die die n. L. trug, breiter und differenzierter als die der mittellat. Literatur. Deshalb konnte sich die n. L. als letzte übernationale Literatur vom 15. bis 18. Jh. behaupten.

Entwicklung und Verbreitung: Die Reform des latein. Stils setzte sich in Italien in der 1. Hälfte des 15. Jh. durch, nachdem bereits F. Petrarca und G. Boccaccio im 14. Jh. ein erneut an der antiken Sprachnorm ausgerichtetes Latein anstrebten. Epochemachend waren L. Vallas „Elegantiarum linguae Latinae libri VI" (1435–44). Von Italien aus verbreitete sich die n. L. zunächst in Ländern, zu denen direkte polit. Verbindungen bestanden, z. B. Dalmatien mit seinen venezian. Küstenstädten; durch die vielfältigen Beziehungen, die die italien. Humanisten mit Gelehrten und mäzenatisch gesonnenen Aristokraten anderer Länder unterhielten, drang sie jedoch in ganz Europa vor. Mit der Kolonialisierung Lateinamerikas durch Spanien und Portugal finden sich Beispiele n. L. auch auf diesem Kontinent.

Gattungen und Stoffe: Die auch für die nationalsprachl. Literaturen maßgebl. Nachahmung der antiken Literatur führte zur Wiederaufnahme aller klass. Gattungen, wobei die sozialen Bedingungen des humanist. Literaturbetriebs und zeitgenöss. geistesgeschichtl. Tendenzen gewisse Präferenzen und Weiterbildungen mit sich brachten. In der Prosa bevorzugte Gatt. waren *Brief* und *Dialog.* Beschränkte Anwendungsmöglichkeiten fanden die antiken Gatt. der *forens.* und der *polit.-beratenden Rede.* Iron.-satir. Varianten der Lobrede sind Schriften wie Erasmus' „Lob der Torheit" (1511). Da die Humanisten oft in fürstl. oder städt. Diensten standen, wurden *Geschichtsschreibung* und *Biographik* eine ihrer Hauptaufgaben. Neben den klass. Gatt. gingen einige volkssprachl. Formen der Unterhaltung und Belehrung in die n. L. ein, so die *Fazetie,* die kommentierte *Sprichwörter-* und *Sentenzensammlung* und die von Boccaccio inspirierte *Novelle.* Den polit.-satir. *Roman* schuf J. Barclay. In der Poesie wurden einerseits bes. das *Epigramm,* die *Elegie,* der fiktive poet. *Briefwechsel, Eklogen* und *Versepen* gepflegt; im Drama war man um die Wiederbelebung der *Komödie* (am Beispiel des Plautus und des Terenz) und der *Tragödie* (nach dem Vorbild Senecas d. J. und des Euripides) bemüht. Die vielleicht bedeutendste Leistung innerhalb der n. L. stellt das Jesuitendrama dar, dessen Technik und Stoffe auch volkssprachl. Bühnenwerke anregten. Schließlich gehören zur n. L. auch die *Übersetzungen* altgriech. und zeitgenöss. nationalsprachl. Texte, die dadurch das internat. gebildete Publikum erreichten.

Neuluthertum, Bez. für eine kirchl. und theolog. Bewegung, die im 19. Jh. aus der Erweckungsbewegung hervorging und die Erneuerung von Kirche und Theologie durch eine Rückbesinnung auf die Reformation anstrebte. Ihre Grundlage sah die Bewegung in der Bibel und in den luth. Bekenntnisschriften. Im Mittelpunkt des theolog. Interesses stand die Kirche, deren Bed. sowohl in der Betonung des kirchl. Amtes als auch in dem eng auf die Kirche bezogenen Verständnis des Bekenntnisses zum Ausdruck kam.

Neumann, Alfred ['--], *Lautenburg 15. Okt. 1895, †Lugano 3. Okt. 1952, dt. Schriftsteller. – Emigrierte 1933 über Fiesole bei Florenz und Nizza in die USA; 1949 Rückkehr nach Florenz. N. gestaltete in seinen psychologisch analysierenden Romanen (v. a. „Der Teufel", 1926) an

Neulandgewinnung als Küstenschutzmaßnahme im schleswig-holsteinischen Wattenmeer. Der 1987 fertiggestellte neue Deich zieht sich von der Insel Nordstrand (rechts unten) bis zum Sönke-Nissen-Koog (außerhalb des linken Bildrandes); in dem neuen Koog sollen u. a. ein Hochwasser-Speicherbecken sowie Salz- und Süßwasserbiotope angelegt werden histor. Stoffen das Thema der Macht, ihrer Versuchung und ihres Mißbrauchs. Auch Dramatiker, Lyriker und Übersetzer.

N., Carl ['--], *Königsberg (Pr) 7. Mai 1832, †Leipzig 27. März 1925, dt. Mathematiker. – Prof. in Basel, Tübingen und Leipzig; bed. Arbeiten zur Theorie der Bessel- und Kugelfunktionen sowie zur mathemat. Physik, insbes. zur Potentialtheorie.

N., Franz Ernst ['--], *Joachimsthal (Uckermark) 11. Sept. 1798, †Königsberg (Pr) 23. Mai 1895, dt. Physiker und Mineraloge. – Gilt als Begründer der theoret. Physik in Deutschland; Arbeiten zur Lichttheorie, Elektrodynamik, Wärmeleitung und Kristallographie, schuf die Theorie der Kristallelastizität.

N., Johann Balthasar ['--], ≈ Eger 30. Jan. 1687, †Würzburg 19. Aug. 1753, dt. Barockbaumeister. – Als fürstbischöfl. Baudirektor in Würzburg begann er 1720 mit dem Bau der Würzburger Residenz (bis 1744). Deren zweiläufiges Treppenhaus (1735–53, Deckenfresko von Tiepolo) ist ein Höhepunkt barocker Raumgestaltung, wie auch die Treppenhäuser von Schloß Bruchsal (1731–33; nach Zerstörung im 2. Weltkrieg wiederhergestellt) und Brühl bei Köln (1743–48). Wie in seinen Profanbauten verfolgt N. auch in den Sakralbauten die Idee der Raumverschmelzung und -durchdringung, bei der Wallfahrtskirche Vierzehnheiligen (1743 ff., vollendet 1772) in einer Folge verschieden großer Ovale, bei der Abteikirche von Neresheim (1745 bis 1764, renoviert 1966–75) bis zum Eindruck der Schwerelosigkeit gesteigert. Neben einer Vielzahl von Kloster- und Pfarrkirchen sowie Schlössern in Franken, Schwaben und am Rhein schuf N. auch techn. Nutzbauten. – Sein Porträt ziert den 50-DM-Schein der Dt. Bundesbank.

N., John von (Johann Baron von) ['--], *Budapest 28. Dez. 1903, †Washington 8. Febr. 1957, amerikan. Mathematiker östr.-ungar. Herkunft. – Wirkte in Berlin, Hamburg und Princeton (N. J.), grundlegende Arbeiten auf fast allen Gebieten der modernen Mathematik. Zus. mit O. Morgenstern begründete N. die *Spieltheorie* und die Wirtschaftsmathematik. 1923 schuf er eine Axiomatisierung der Mengenlehre, 1930 der Funktionalanalysis und 1932 der Quantentheorie; N. lieferte maßgebl. Beiträge zur *Automatentheorie.* – ↑Von-Neumann-Rechner.

N., Robert ['--], *Wien 22. Mai 1897, †München 3. Jan. 1975, östr. Schriftsteller. – 1934 Emigration nach Großbritannien; brit. Staatsbürger; lebte später v. a. im Tessin; war zeitweise Vizepräs. des Internat. PEN-Clubs. Verfaßte, z. T. in engl. Sprache, zeit- und gesellschaftskrit. Romane, Lyrik und Erzählungen; bekannt sind v. a. seine meisterhaften Parodien („Mit fremden Federn", 1927 und 1955; „Unter falscher Flagge", 1932). – *Weitere Werke:* Die Macht (R., 1932), An den Wassern von Babylon (R., 1939), Die Kinder von Wien (R., 1946), Olympia (R., 1961), Ein leichtes Leben (Autobiographie, 1963), Der Tatbestand oder Der gute Glaube der Deutschen (R., 1965), Oktoberreise mit einer Geliebten (R., 1970), Ein unmöglicher Sohn (R., 1972), 2 × 2 = 5 (Parodien, 1974).

N., Stanislav Kostka [tschech. 'najman], *Prag 5. Juni 1875, †ebd. 28. Juni 1947, tschech. Schriftsteller, Publizist und Kunsttheoretiker. – Wandte sich dem radikalen Sozialismus und dem Anarchismus im Sinne P. A. Kropotkins zu; Mitbegründer der tschech. KP; verfaßte Naturlyrik, polit.-pathet. Gedichte in freien Versen, später volksliedhafte Gesänge; Aufsätze zur marxist. Kunstprogrammatik.

N., Therese ['--], gen. T. von Konnersreuth, *Konnersreuth (Oberpfalz) 9. April 1898, †ebd. 18. Sept. 1962. – 1918 nach einem Unglücksfall schwer erkrankt (erblindet und gelähmt); 1925 plötzlich geheilt; ab 1926 vorgeblich stigmatisiert; die Echtheit der Stigmatisation (blutende Wundmale) ist nicht zweifelsfrei erwiesen, da eine medizin.-klin. Untersuchung nicht stattfand.

N., Václav [tschech. 'najman], *Prag 29. Sept. 1920, tschech. Dirigent. – 1955–60 musikal. Oberleiter an der Kom. Oper in Berlin (Ost), 1964–68 Generalmusikdirektor der Leipziger Oper und Dirigent des Gewandhausorchesters sowie 1970–72 Leiter der Symphoniekonzerte der Stuttgarter Oper; 1968–90 Chefdirigent der Tschech. Philharmonie in Prag.

Johann Balthasar Neumann. Wallfahrtskirche Vierzehnheiligen, 1743 ff., 1772 vollendet

Neumark, Fritz, *Hannover 20. Juli 1900, †Baden-Baden 9. März 1991, dt. Finanzwissenschaftler. – Prof. in Istanbul (1933–51) und Frankfurt am Main (1952–70). Bed. Veröffentlichungen zur Finanzwiss. und zur Wirtschaftspolitik. – *Werke:* Konjunktur und Steuern (1930), Fiskalpolitik und Wachstumsschwankungen (1968), Grundsätze gerechter und ökonomisch rationaler Steuerpolitik (1970).

Neumark, histor. Landschaft östl. der Oder und nördl. der unteren Warthe, zunächst „Land jenseits der Oder" gen., um 1400 dann N. (als Ggs. zur ↑Altmark). Seit der Mitte des 13. Jh. unter der Herrschaft der Markgrafen von Brandenburg. 1815 (ohne den an Pommern gelangten NO um Dramburg und Schivelbein) Teil der preuß. Prov. Brandenburg. Seit 1945 polnisch.

Neumarkt ↑Tîrgu Mureş.

Neumarkt i.d. OPf., Krst. in der Oberpfalz, Bay., 425 m ü. d. M., 34 600 E. Stadtmuseum. Zentraler Ort für ein landw. geprägtes Umland auf der Fränk. Alb; Kunststoffverarbeitung, Herstellung von Spielwaren und Bleistiften, Maschinenfabrik, Bekleidungsind. – 1235 Ersterwähnung als Stadt; im 2. Weltkrieg zu 90 % zerstört. – Got. Pfarrkirche (14./15. Jh.); vom ehem. pfalzgräfl. Schloß (Renaissancebau) sind Teile erhalten (heute Behörden); spätgot. Hofkirche (15. Jh., Langhaus 18. Jh.).

N. i. d. OPf., Landkr. in Bayern.

Neumeier, John, *Milwaukee (Wis.) 24. Febr. 1942, amerikan. Tänzer, Choreograph und Ballettdirektor. – 1963–69 beim Stuttgarter Ballett, 1969–73 Ballettdirektor in Frankfurt am Main, seit 1973 an der Staatsoper Hamburg. Als Choreograph trat er v. a. durch dramaturg. Neuakzentuierung hervor, u. a. mit „Don Juan" (Gluck, 1972), „West Side Story" (L. Bernstein, 1978), „Matthäus-Passion" (J. S. Bach, 1981), „Endstation Sehnsucht" (T. Williams, 1983), „Peer Gynt" (H. Ibsen, 1989), „Medea" (Euripides, 1990), „Fenster zu Mozart" (1991).

John Neumeier

Neumen [zu griech. neũma „Wink"], Notenzeichen des MA, mit denen die einstimmigen Melodien, v. a. die der liturg. Gesänge, aufgezeichnet wurden. In ihrer frühen Form bezeichnen sie nur den allg. Verlauf der Melodien und sind Gedächtnisstützen bei der Ausführung der aus mündl. Überlieferung bekannten Gesänge. Auch der Rhythmus der Melodien blieb in dieser Notierung unberücksichtigt. Diesem Mangel versuchte man, durch Zusatzzeichen zu begegnen. Mit diastemat. N. (zu griech. diástēma „Intervall") wurden die Melodieverläufe von gedachten Linien ausgehend klarer festgelegt, bis mit der Einführung von urspr. ein oder zwei Linien (allg. f und c[1], bezeichnet durch einen Tonbuchstaben am Anfang oder durch Rot- und Gelbfärbung) die Intervallverhältnisse eindeutig fixiert werden konnten. Die sog. *lat. N.* W- und M-Europas, deren früheste Belege bis in das 9. Jh. zurückreichen, dürften auf das Vorbild der seit dem 8. Jh. nachweisbaren *byzantin. N.* zurückgehen. Diese werden auf die prosod. Zeichen des griech. Alphabets zurückgeführt. Aus der lat. N.schrift ist im 12. Jh. durch Verdickung der Zeichen die quadrat. ↑Choralnotation entstanden.

Neumen in der „Carmina Burana"-Pergamenthandschrift, 13. Jh. (München, Bayerische Staatsbibliothek)

Neumexiko ↑New Mexico.

Neuminute ↑Gon.

Neumond, eine Phase im Lichtwechsel des Mondes. Bei N. ist die der Erde zugewandte Seite des Mondes, da er zw. Sonne und Erde steht, nicht beleuchtet.

Neumünster, Stadt auf der Holstein. Vorgeest, Schl.-H., 22 m ü. d. M., 79 600 E. Fachschulen für Lebensmitteltechnik und Chemie; Textil-, metallverarbeitende, elektrotechn., chem. u. a. Ind.; Garnison. – Den Gauhauptort **Wippendorf** machte der Priester Vicelin 1127 zum Ausgangspunkt seiner Missionsarbeit in Wagrien. Bald danach gründete er dort ein Augustiner-Chorherren-Stift. Seit 1164 erscheint der Ort als **Nova Monasterium** („N."); seit 1870 Stadt. – Klassizist. Vicelinkirche (19. Jh.) von C. F. Hansen erbaut, Tonrelief (um 1837) von B. Thorvaldsen.

Neunaugen. Meerneunauge

Neunaugen (Petromyzones, Petromyzontes, Petromyzoniformes), mit rd. 25 Arten in Süß- und Meeresgewässern der kalten und gemäßigten Regionen der N-Halbkugel verbreitete Unterklasse etwa 12–100 cm langer fischähnl. Wirbeltiere (Klasse ↑Rundmäuler); aal- bis wurmförmige, meist in erwachsenem Zustand an Fischen blutsaugende Tiere mit (beiderseits) sieben Kiemenöffnungen (einschl. Nasenöffnung und Auge also „neun Augen"). Unter den N. unterscheidet man *Wanderformen* (nach der Metamorphose Abwanderung in Meeres- oder Brackgewässer, später Laichwanderung in die Süßgewässer), wie **Flußneunauge** (Pricke, Petromyzon fluviatilis, 30–50 cm lang, oberseits dunkelblau bis graugrün, unterseits silbrigweiß) und **Meerneunauge** (Lamprete, Neunaugenkönig, Petromyzon marinus, bis 1 m lang, oberseits braun bis dunkel olivgrün, unterseits hell, getupft), und *Süßwasserformen* (bleiben stets in Süßgewässern), zu denen v. a. das ↑Bachneunauge gehört.

Neuniederlande, ehem. niederl. Kolonie im NO der heutigen USA; entstanden Anfang des 17. Jh.; Hauptort Neuamsterdam (= New York); 1664 von England in Besitz genommen.

Neunkirch, Bez.hauptort im schweizer. Kt. Schaffhausen, 426 m ü. d. M., 1 600 E. Herstellung von Lager- und Büroeinrichtungen; Maschinen- und Apparatebau. – 850 erstmals erwähnt, 1270 Stadtrecht. – Rechteckig angelegt mit vier parallelen Längsstraßen.

Neunkirchen, Landkr. im Saarland.

Neunkirchen, niederöstr. Bez.hauptstadt 15 km sw. von Wiener Neustadt, 370 m ü. d. M., 11 000 E. Metall- und holzverarbeitende Ind. – 1094 Ersterwähnung; seit 1920 Stadt. – Spätroman.-got. Pfarrkirche (13.–16. Jh.) mit Rokokoausstattung.

Neunkirchen/Saar, saarländ. Krst. im Tal der oberen Blies, 250 m ü. d. M., 51 700 E. Verwaltungssitz des Landkr. Neunkirchen; wirtsch. und kultureller Mittelpunkt des östl. Saarlandes, Herstellung von Haushaltsgeräten, metallverarbeitende und chem. Ind. – 1281 erstmals erwähnt; 1921 Stadt, 1974 Kreisstadt.

Neuntöter (Dorndreher, Rotrückenwürger, Lanius collurio), einschl. Schwanz etwa 17 cm langer Singvogel (Fam. ↑Würger), v. a. in Feldgehölzen und Parkanlagen großer Teile Eurasiens; ♂ oberseits mit rotbraunem Rücken und Flügeln, blaugrauem Oberkopf und Bürzel; spießt Insekten als Nahrungsreserve an Dornen auf; Zugvogel.

Neununddreißig Artikel, 1563 verabschiedete Lehrformulierung der Kirche von England; vertreten eine gemäßigte reformator. Position; als Bestandteil des „Common Prayer Book" bis heute in der Anglikan. Kirchengemeinschaft gültig.

Neupersisch ↑iranische Sprachen, ↑Dari.

Neuphilologie ↑Philologie.

Neuplatonismus, eine sich an der Philosophie Platons orientierende, mit Ammonios Sakkas und Plotin beginnende philosoph. Richtung des 3.–6. Jh. n. Chr., die die christl. Philosophie und Theologie bis zur Renaissance des Aristotelismus im MA prägte. Trotz eines ausgeprägten Schuldogmatismus übernahm der N. auch die Lehren anderer Philosophenschulen, sofern die Verträglichkeit mit der Lehre Platons gegeben war. – Plotin, der den N. weithin prägte, versuchte, die Welt und das Werden unter Beibehaltung des Platon. Dualismus von Sinnlichem und Übersinnlichem aus einem Prinzip der Emanations- und Hypostasenlehre zu erklären. Porphyrios ergänzte den N. Plotins durch die Aufnahme der Aristotel. Logik und hob den prakt. und religiösen Aspekt gegenüber dem theoret. stärker hervor. – Als Hauptvertreter des *syr. N.* gilt Iamblichos, Schüler des Porphyrios, der das metaphys. System Plotins um mehrere Hypostasen erweiterte. Die Platoninterpretation erhielt durch ihn eine einheitl. Methode. – Der *athen. N.* (↑Akademie) schloß sich in der Platoninterpretation und der Verbindung von Mystik und scholast. Denken eng an die syr. Schule an. Proklos, ihr bedeutendster Vertreter, verband die exeget. Methode des Iamblichos mit der triad. Entwicklungsmetaphysik des Syrianos (1. Hälfte des 5. Jh.). – Der *alexandrin. N.* verzichtete weitgehend auf eine eigene Metaphysik und strebte eine Harmonisierung zw. Christentum und N. an. – Der *N. des lat. Westens* ist nur i. w. S. N.; seine Vertreter, meist Christen, widmeten sich überwiegend der Übersetzung und Kommentierung Platon. und

Neumen		
	Neumen (Sankt Gallen)	Choralnotation (römisch)
Punctum	· (\)	▪
Virga		
Pes oder Podatus		
Clivis oder Flexa		
Climacus		
Scandicus		
Torculus		
Porrectus		
Oriscus		▪
Pressus		
Salicus		
Strophicus	’’’	▪▪▪
Quilisma		
Cephalicus		
Epiphonus		

Aristotel. Schriften. Ihre Bed. besteht v. a. in der Vermittlung der antiken Philosophie an das christl. MA.

Neupositivismus, svw. ↑Neopositivismus.

Neupreußen, Bez. für die Prov., die nach dem Wiener Kongreß 1815 an Preußen kamen (im Unterschied zu Altpreußen).

Neuquén [span. neu'ken], Hauptstadt der argentin. Prov. N., zw. Río N. und Río Limay, die sich hier zum Río Negro vereinigen, 265 m ü. d. M., 90 000 E. Kath. Bischofssitz; Technikum, Handelszentrum eines landw. Geb. – Gegr. 1904.

N., argentin. Prov. in NW-Patagonien, an der Grenze zu Chile, 94 078 km², 326 000 E (1989), Hauptstadt N.; Schaf- (v. a. im S), Ziegen- (bes. im N) und Rinderhaltung (Milchwirtschaft) sowie einige Bewässerungs- (v. a. Wein, Äpfel, Birnen) und Ölbaumkulturen; bed. Erdöl- und Erdgasförderung; Holzverarbeitung; Fremdenverkehr. – Seit 1884 argentin. Territorium, Prov. seit 1955.

neur..., Neur... ↑neuro..., Neuro...

neural [griech.], einen Nerv, die Nerven betreffend, vom Nervensystem ausgehend.

Neuralgie [griech.] (Nervenschmerz), Schmerzanfälle im jeweiligen Ausbreitungsgebiet sensibler oder gemischter Nerven, bei denen im Unterschied zur ↑Nervenentzündung keine anatom. Veränderungen und keine Funktionsausfälle nachweisbar sind. Ursachen von N. können u. a. spezif. oder unspezif. Entzündungen, Herdinfektionen, mechan. Nervenschädigungen, chron. Vergiftungen, aber auch Gehirn- oder Rückenmarktumoren sein. Die Behandlung richtet sich gegen die Ursachen; u. U. sind Injektionen oder chirurg. Eingriffe zur Unterbindung der Schmerzleitung erforderlich.

neuralgisch, svw. sehr problematisch, kritisch.
▷ in der *Medizin* auf Neuralgie beruhend.

Neuralmedizin, Richtung der Erfahrungsmedizin, die davon ausgeht, daß jede Zell- und Organfunktion und somit auch jede krankhafte Veränderung im Organismus ihren Ursprung im Nervensystem hat.

Neuralrohr, svw. ↑Medullarrohr.

Neuraltherapie, von dem dt. Mediziner F. Huneke (* 1891, † 1960) eingeführte, heute nur teilweise anerkannte medizin. Heilmethode, die das Nervensystem in den Vordergrund jedes krankhaften Prozesses stellt. Durch Injektion eines örtl. Betäubungsmittels in „Störfelder" des Organismus (z. B. Narben) wird versucht, eine „Normalisierung" dieser Bezirke zu erreichen und damit ihre auf dem Nervenweg übermittelte krankmachende Wirkung auf entfernte Körperorgane oder Organsysteme auszuschalten.

Neuraminsäure, formal aus Mannosamin und Brenztraubensäure zusammengesetzter Aminozucker, der in Lipiden und in Protein-Kohlenhydrat-Komplexen vorkommt.

Neurasthenie (Nervenschwäche, Beard-Syndrom), 1878 von dem amerikan. Neurologen G. M. Beard erstmals beschriebener Symptomenkomplex: reizbare Schwäche, Überempfindlichkeit der Sinnesorgane und Irritation des Rückenmarks. Im neueren medizin.-psychiatr. Sprachgebrauch spricht man von **asthenischer Reaktion** bzw. von **Erschöpfungsreaktion** nach körperl. und seel. Überanstrengung. Auslösende Momente sind überwiegend situative, gesellschaftl. und wirtsch. Faktoren. Die N. äußert sich in lustloser Verstimmtheit, reizbarer Erschöpfung, Unfähigkeit zur Entspannung sowie häufig in diffusen körperl. Beschwerden (z. B. Herzklopfen, Herzschmerzen, allgemeines Schwächegefühl, Schwindel, Verdauungsbeschwerden, Kopfdruck, Schwitzen). Ein krankhafter Organbefund ist nicht zu erheben.

Neurath, Konstantin Frhr. von, * Kleinglattbach (= Vaihingen an der Enz) 2. Febr. 1873, † Leinfelderhof (= Vaihingen an der Enz) 14. Aug. 1956, dt. Diplomat und Politiker. – 1932–38 Reichsaußenmin.; danach Reichsmin. ohne Geschäftsbereich, Präs. des Geheimen Kabinettsrates (ab 1938); 1939–43 (Rücktritt) Reichsprotektor von Böhmen und Mähren (beurlaubt 1941); erhielt 1937 den Ehrenrang eines Gruppenführers (1943 Obergruppenführers) der SS; 1946 im Nürnberger Hauptkriegsverbrecherprozeß zu 15 Jahren Haft verurteilt, 1954 entlassen.

Neurektomie, svw. ↑Nervenresektion.

Neurenaissance, Stilrichtung des 19. Jh. v. a. in Baukunst und Kunstgewerbe (insbes. Möbel), die Formen der italien. Renaissance aufgreift. Bed. Bauten: Paris, Triumphbogen (1806 ff.); München, Glyptothek von L. von Klenze (1816–34); London, Traveller's Club von C. Barry (1838–41); Wien, Burgtheater und Kunsthistor. Museum von G. Semper (1874–88, mit C. Frhr. von Hasenauer).

Neuntöter mit Beutetier

Neurexairese [griech.], svw. ↑Nervenresektion.

Neurinom [griech.] (Schwannom), gutartige Geschwulst des Nervengewebes, von den Schwann-Zellen der Nervenscheiden ausgehend.

Neurit [griech.] ↑Nervenzelle.

Neuritis [griech.], svw. ↑Nervenentzündung.

neuro..., Neuro..., neur..., Neur... [zu griech. neũron „Nerv"], Wortbildungselement mit den Bed. „Nerv", „Nervengewebe", „Nervensystem".

Neurobiologie, Disziplin der Biologie, die Struktur und Funktionsweise sowie phylo- und ontogenet. Entwicklung von Nerven und Nervensystemen untersucht. Teilgebiete der N. sind u. a. die *Neuroanatomie,* die sich mit Entstehung, Differenzierung und feingewebl. Aufbau des Nervensystems befaßt, die *Neurochemie,* die den Chemismus der Aufnahme, Übertragung, Speicherung und Verarbeitung von Informationen im Nervensystem untersucht, die *Neuroimmunologie,* die sowohl Immunreaktionen im Nervensystem als auch nervöse Einflüsse auf das Immunsystem untersucht.

Neuromanik. Blick vom Torbau in den Hof von Schloß Neuschwanstein, 1868–86

Neuroblasten [griech.], Zellen des embryonalen Nervengewebes, aus denen die Nervenzellen entstehen.

Neurochirurgie, Teilgebiet der Chirurgie, das Diagnostik und operative Eingriffe am zentralen und peripheren Nervensystem umfaßt.

Neurodermitis [zu griech. dérma „Haut"], chron.-entzündl. Hauterkrankung, die überwiegend auf eine angeborene allerg. Überempfindlichkeit unter Mitwirkung psychovegetativer Einflüsse zurückzuführen ist (endogenes Ekzem). Sie tritt meist schon im frühen Kindesalter in Form von ekzemartigen Hautveränderungen an den Wangen („Milchschorf"), später an Gelenkbeugen, Gesäß, auch Gesicht, Hals und am übrigen Körper auf und ist v. a. durch den anfallartigen quälenden Juckreiz (bes. nachts) gekennzeichnet.

neuroendokrines System (neurosekretor. System), Bez. für die anatom. und funktionelle Verknüpfung von neurohämalen Organen, bes. für das Hypophysen-Zwischenhirn-System der Wirbeltiere, bei dem auf nervösem Wege die Tätigkeit der Hypophyse und damit die Bildung, Ausschüttung und Wirkung der Hormone vom Zwischenhirn her reguliert wird.

Neurofibrom, gutartige Geschwulst an peripheren Nerven; tritt gehäuft bei der Recklinghausen-Krankheit auf.

neurogen, von einem Nerv, einer Nervenzelle oder vom Nervensystem ausgehend; **neurogene Lähmung,** Ausfall einer Muskelfunktion infolge Unterbrechung der Nervenleitung.

Neuroglia [griech.], svw. ↑Glia.

Neurohormone, von neurosekretorisch tätigen Nervenzellen gebildete Substanzen mit Hormonwirkung, die bei Wirbellosen und Wirbeltieren (bei diesen u. a. im ↑Hypothalamus) vorkommen.

Neuroleptika (Neuroplegika) [griech.], zur Gruppe der Psychopharmaka gehörende psychotrope Substanzen, die den Stoffwechsel biogener Amine beeinflussen und damit Funktionsänderungen bestimmter Hirnabschnitte (subkortikaler Zonen) mit Dämpfung der Erregung und Aggressivität bewirken.

Neurologie, Bez. für das Fachgebiet der Medizin, das sich außer mit den organ. Erkrankungen des zentralen und peripheren Nervensystems auch mit den innervationsbedingten Krankheiten der Skelettmuskulatur sowie mit den zerebralen Anfallsleiden befaßt. Das Fachgebiet ist in der Praxis meist kombiniert mit der Psychiatrie (dann offiziell als **Nervenheilkunde** bezeichnet).

neurologische Klinik, svw. ↑Nervenklinik.

Neuromanik, Stilrichtung des 19. Jh. und des frühen 20. Jh., die durch die Nachahmung roman. Kirchen (Kaiser-Wilhelm-Gedächtniskirche in Berlin, 1891–95) und Burgen (Neuschwanstein, 1868–86) oder freie Anwendung roman. Stilelemente auf neue Bauaufgaben (Bahnhof in Worms, 1901–04) gekennzeichnet ist; nach dem bevorzugten Bauelement auch als **Rundbogenstil** bezeichnet. Häufig ist eine Verschmelzung von N. und Neurenaissance.

Neuromantik, Bez. für die sich als Gegenbewegung zum Naturalismus verstehenden literar. Strömungen Ende des 19. Jh. bis Anfang der 1930er Jahre in Deutschland. Neben wiss. Beschäftigung mit der Romantik (R. Huch, „Blütezeit der Romantik", 1899), Neuausgaben und Anthologien wurden auch Themen und Motive der Romantik aufgegriffen und literarisch gestaltet; z. B. die Balladen von A. Miegel und B. von Münchhausen oder die ep. und dramat. Werke von E. Stucken und einzelne Werke G. Hauptmanns. Entscheidender als die stoffl. Rückgriffe auf die Romantik waren die kunsttheoret. Anregungen des Impressionismus, der Dekadenzdichtung (L'art pour l'art) und bes. des Symbolismus. Nach Art und Grad der Umsetzung entstanden verschiedene Richtungen (z. B. George-Kreis).

Neuron [griech.] ↑Nervenzelle.

neuronale Netze, Bez. für Rechner[netz]architekturen, deren Struktur und Funktion sich an den Nervennetzen lebender Organismen orientiert. Das Ziel solcher künstl. Neuronenmodelle ist es, die Leistungsfähigkeit der elektron. Informationsverarbeitung an die natürl. Systeme anzugleichen.

Neuropathie [griech.], svw. ↑Polyneuropathie.
▷ (Nervenleiden) bes. Neigung zu Funktionsstörungen des vegetativen Nervensystems ohne krankhaften körperl. Befund. Die Beschwerden sind vielseitig und manifestieren sich an verschiedenen Organen, z. B. Herz (Herzjagen), Magen-Darm-Kanal („Reizmagen", Erbrechen, Durchfall). Als Heilmaßnahme kommt u. U. eine psychotherapeut. Behandlung in Frage.

Neuropathologie, Teilgebiet der ↑Pathologie; Lehre von den Erkrankungen des zentralen und peripheren Nervensystems.

Neuropharmakologie, Teilgebiet der Pharmakologie, das sich mit der Wirkung von Pharmaka auf das Nervensystem und das neurosekretorisch beeinflußte Gewebe befaßt.

Neurophysiologie (Nervenphysiologie), Teilgebiet der Physiologie, das allg. und spezielle Leistungen des Nervensystems bei der Koordinierung des Organismus in seiner Wechselbeziehung zur Umwelt untersucht. Die N. hat durch die Entwicklung elektrophysiolog. Verfahren zur gezielten Reizung von Zellgruppen und Einzelzellen sowie durch die bahnbrechenden Erkenntnisse auf dem Gebiet der ↑Neurotransmitter große Fortschritte erzielt.

Neuroplasma ↑Nervenzelle.

Neuroplastik, svw. ↑Nervenplastik.

Neuroplegika [griech.], svw. ↑Neuroleptika.

Neuropsychologie, Teilgebiet der (physiolog.) Psychologie, das die neurophysiolog. Grundlagen der psych. Phänomene erforscht und die Zusammenhänge zw. diesen Phänomenen und der nervösen Struktur untersucht (etwa die Wirkung von Psychopharmaka).

Neuroradiologie, Teilgebiet der medizin. Radiologie, das sich mit der röntgenolog. und nuklearmedizin. Diagnostik von Erkrankungen des Zentralnervensystems einschl. der zu- und abführenden Blutgefäße im Kopfbereich befaßt.

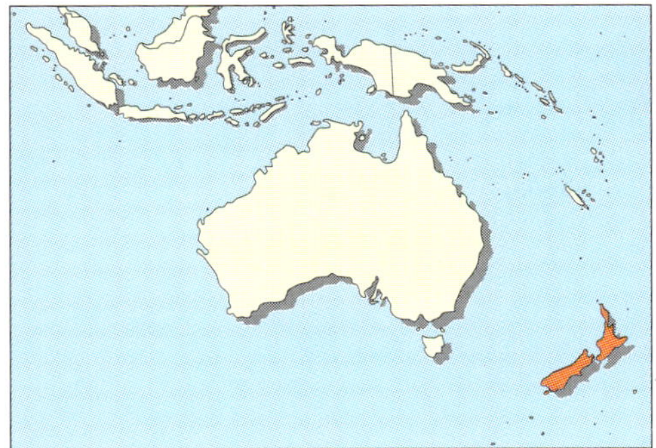

Neuseeland

Fläche: 268 112 km²
Bevölkerung: 3,4 Mill. E (1990), 12,7 E/km²
Hauptstadt: Wellington
Amtssprache: Englisch
Nationalfeiertag: 6. Febr.
Währung: 1 Neuseeland-Dollar (NZ$) = 100 Cents (c)
Zeitzone: MEZ +11 Stunden

Neurosekrete, zusammenfassende Bez. für Neurohormone und neurogen gebildete Überträgersubstanzen (↑ Neurotransmitter).

Neurosekretion, die Bildung von Hormonen oder hormonähnl. Substanzen in bestimmten, mehr oder weniger drüsenartig veränderten Nervenzellen **(neurosekretorische Zellen).** Oft sind **Neurohämalorgane** (z. B. Hypophyse) ausgebildet, in denen sich Bluträume mit sezernierenden Nervenendigungen verflechten. Die N. spielt eine wesentl. Rolle bei der Regulation und Steuerung von Körperfunktionen (z. B. Wasserausscheidung). Sie findet sich bei den meisten Tieren, z. B. im ↑ neuroendokrinen System des Hypothalamus bei den Wirbeltieren (einschl. Mensch).

neurosekretorisches System, svw. ↑ neuroendokrines System.

Neurosen [griech.], Sammelbegriff für eine Vielzahl von psych. Störungen mit unterschiedl. Erscheinungsformen und Ursachen, der von verschiedenen psycholog. Richtungen (v. a. Psychoanalyse, Lerntheorien) uneinheitlich festgelegt wird. Allg. versteht man unter N. störende, länger andauernde psych. Einstellungen oder Verhaltensgewohnheiten (z. B. Angst, Furcht, Unsicherheit, Depression) ohne nachweisbare organ. Ursache, die im Verlauf der menschl. Entwicklung durch bestimmte Erfahrungen (ungelöste Konflikte, einschneidende Erlebnisse) entstehen, den Betroffenen *(Neurotikern)* unverständlich bleiben und von ihnen nicht ausreichend kontrolliert werden können. Die Betroffenen haben jedoch (anders als bei einer Psychose) ein (zumindest vages) Bewußtsein von ihrer Störung.
Heute unterscheidet man i. d. R. nur die Organ-N. bzw. psychosomat. Störungen (↑ Psychosomatik) mit ihren körperl. Symptomen von den Psycho-N., die bestimmte Leidenszeichen aufweisen, sich jedoch auch lediglich in unbestimmten charakterl. Veränderungen (z. B. Hemmungen, Kontaktstörungen, Selbstunsicherheit, depressive Verstimmung) bemerkbar machen können. Die Abgrenzungen sind jedoch schwierig und umstritten. Einzelne N. werden auch nach ihren Ursachen benannt, z. B. **iatrogene Neurosen** (auf unsachgemäße ärztl. Behandlung zurückgehend) oder **soziale Neurosen** (durch gesellschaftl. Einflüsse bewirkt). Die Behandlung von N. zielt auf die Erkennung und Bewußtmachung der Ursachen; in Einzel- oder Gruppensitzungen sollen die Kranken mit Hilfe von Analysen (auch Hypnose, autogenes Training und Psychopharmaka) befähigt werden, ihre Konflikte zu verstehen und zu überwinden. Die verhaltenstherapeut. Richtungen dagegen zielen auf die Gestaltung von Lernprozessen, durch die Hemmungen abgebaut, inadäquate Befürchtungen beseitigt und Fehlreaktionen vermieden werden sollen.

neurosensorisch [griech./lat.], einen an der Sinneswahrnehmung beteiligten Nerv betreffend, sich auf einen sensiblen Nerv beziehend.

Neurospora [griech.], saprophyt. Schlauchpilzgattung, deren bekannteste Vertreter, N. crassa und N. sitophila (Brotpilz), oft auf feuchtem Brot vorkommen. Die raschwüchsigen N.arten sind wichtige Forschungsobjekte der Genetik und Biochemie.

neurotisch [griech.], im Zusammenhang mit einer Neurose stehend; unter einer Neurose leidend.

Neurotoxine [griech.], svw. ↑ Nervengifte.

Neurotransmitter [griech./lat.] (Überträgerstoffe, Transmitter, auch Mediatoren), neurogen gebildete Substanzen, die bei der Erregungsübertragung in den Synapsen der Neuronen (↑ Nervenzelle) freigesetzt werden. Zu den N. gehören Azetylcholin, Adrenalin, Noradrenalin, Dopamin, GABA (Gammaaminobuttersäure) und Serotonin. Da jedes Neuron jeweils nur einen N. synthetisieren und freisetzen kann, ist eine Einteilung in *(nor)adrenerge* (Noradrenalin und Adrenalin), *cholinerge* (Azetylcholin), *dopaminerge, serotoninerge* oder *GABAerge* Neuronen möglich.

Neurotripsie [griech.], svw. ↑ Nervenquetschung.

neurotrop [griech.], auf Nerven oder Nervengewebe einwirkend.

Neurozyt [griech.], svw. ↑ Nervenzelle.

Neurula [griech.], auf die ↑ Gastrula folgendes Stadium der Embryonalentwicklung der Chordatiere, bei dem die Organanlagen, v. a. das dorsale Neuralrohr, die ↑ Chorda dorsalis und die Muskelsegmente entstehen. Die Neuralrohrbildung wird **Neurulation** genannt.

Neuruppin, Krst. am W-Ufer des Ruppiner Sees, Brandenburg, 40 m ü. d. M., 26 800 E. Heimatmuseum (mit Schinkel- und Fontaneausstellung). Nahrungsmittel-, Holz- und Elektroind., Druckerei (N.er Bilderbogen); Erholungsort. – Das Anfang des 13. Jh. gegr. Ruppin erhielt 1256 Stendaler Stadtrecht; seit 1291 als N. bezeichnet. – Frühgot. ehem. Dominikanerklosterkirche (um 1300).

N., Landkr. in Brandenburg.

Neusandez ↑ Nowy Sącz.

Neusatz ↑ Novi Sad.

Neuscholastik, die philosoph. und theolog. Wiederbelebung der Scholastik seit der Mitte des 19. Jh., v. a. im Anschluß an die Philosophie des Thomas von Aquin **(Neuthomismus).** In Deutschland waren v. a. die Schriften (u. a. „Philosophie der Vorzeit", 2 Bde., 1860–63) des kath. Theologen und Philosophen J. Kleutgen (* 1811, † 1883) von Einfluß.

Neuschottland ↑ Nova Scotia.

Neuschwabenland, Randgebiet der Ostantarktis, weitgehend von Inlandeis bedeckt, von hohen Gebirgen durchzogen.

Neuschwanstein, Schloß bei Schwangau (Landkr. Ostallgäu, Bayern), in neuroman. Stil 1868–86 von E. Riedel für König Ludwig II. von Bayern erbaut.

Neuseeland (amtl.: New Zealand), parlamentar. Monarchie im sw. Pazifik, zw. 34° und 47° s. Br. sowie 166° und 179° ö. L. **Staatsgebiet:** Umfaßt die rd. 1 600 km sö. von Australien gelegenen beiden Hauptinseln Nordinsel und Südinsel sowie mehrere bewohnte und unbewohnte Inseln. **Verwaltungsgliederung:** 14 Regionen. **Internat. Mitgliedschaften:** UN, Commonwealth, Colombo-Plan, SPC, GATT, OECD.

Neuseeland

Staatswappen

Internationales Kfz-Kennzeichen

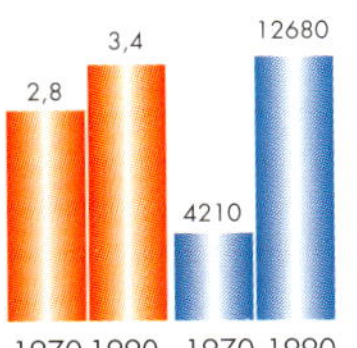

Bevölkerung (in Mill.)
Bruttosozialprodukt je E (in US-$)

Stadt Land
16%
84%
Bevölkerungsverteilung 1990

Industrie
Landwirtschaft
Dienstleistung
27%
9%
64%
Bruttoinlandsprodukt 1990

Landesnatur: Die Nord- und Südinsel werden durch die etwa 35 km breite Cookstraße voneinander getrennt. Das Rückgrat der 151 757 km² großen Südinsel bilden die Neuseeländ. Alpen, die im Mount Cook 3 764 m ü. d. M. erreichen und z. T. vergletschert sind. Sie fallen nach O allmählich zu den Canterbury Plains ab. Nach S gehen sie in das Fjordland über, das zahlr. Fjorde und glazial überformte Täler aufweist. Den Kern der 114 597 km² großen Nordinsel bildet ein vulkan. Hochland mit aktiven Vulkanen, mit Thermalquellen und Geysiren. Höchster Vulkan ist der Ruapehu mit 2 797 m ü. d. M.

Klima: N. liegt im Westwindgürtel der gemäßigten Breiten und hat hochozean. Klima. Die Winter sind in den Tiefländern der Nord- und Südinsel und auch in den Bergländern der Nordinsel mild. Strenge Fröste gibt es nur in den Neuseeländ. Alpen.

Vegetation: Grasfluren herrschen vor, nur knapp 20 % des Landes sind mit Wald bedeckt.

Tierwelt: Charakteristisch für die urspr. Tierwelt ist das fast völlige Fehlen von Landsäugetieren und die große Vielfalt der Vögel, darunter mehrere flugunfähige Arten (u. a. Kiwis und die schon vor dem 17. Jh. ausgerotteten Moas). Auf einigen Inseln finden sich noch Brückenechsen. Von den Maori wurden Hund und Ratte, von den Europäern Rind, Schaf, Kaninchen, Rothirsch u. a. eingeführt.

Bevölkerung: Europ. (vorwiegend brit.) Abstammung sind 82,2 % der Gesamtbev., 9,2 % sind Maori; daneben gibt es chin., ind. und polynes. Minderheiten. 24 % sind Anglikaner, 18 % Presbyterianer, 15 % Katholiken, 5 % Methodisten und 2 % Baptisten; außerdem gehören 10 % zu zahlr. kleineren christl. Religionsgemeinschaften. Daneben gibt es in kleiner Zahl Muslime und Buddhisten. 74 % der Bev. (darunter die Mehrzahl der Maori) leben auf der Nordinsel. Es besteht allg. Schulpflicht von 7–16 Jahren. Neben 6 Universitäten gibt es eine landw. Hochschule sowie 6 Lehrerbildungseinrichtungen.

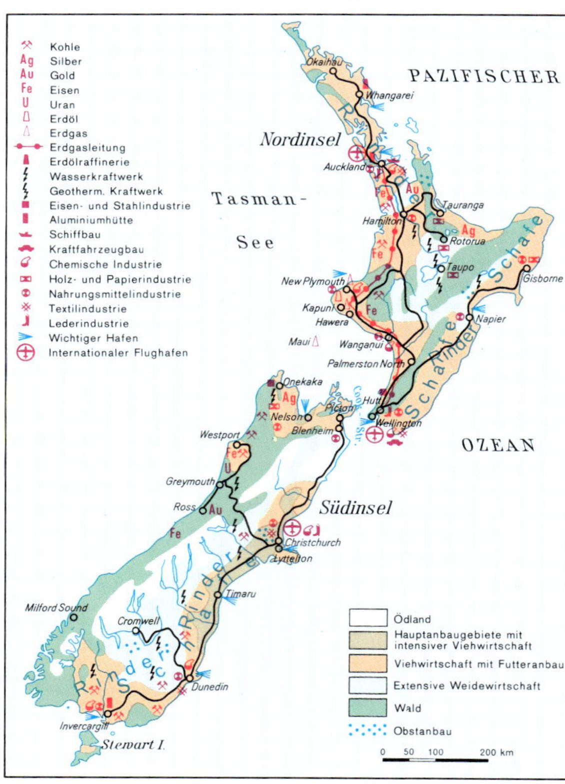

Neuseeland. Wirtschaft

Wirtschaft: Große Bed. hat die stark spezialisierte und in hohem Maße mechanisierte Landw.; an erster Stelle steht die Schafzucht (hinsichtlich der Woll- und Fleischerzeugung weltweit an 3. Stelle) und die Rinderzucht (bes. auf der Nordinsel). Neben Futterpflanzen werden Weizen, Kartoffeln, Hülsenfrüchte, Flachs, Tabak und Obst (bes. Kiwis) angebaut. Die Fischerei wird v. a. in Küstennähe betrieben. Ewa ³/₄ der Waldfläche ist forstw. nicht nutzbar. N. ist arm an Bodenschätzen. Abgebaut werden Kohle, Erdgas, Eisensande, Gold und Erdöl. Wasserkraft trägt mit 75 % zur Energiegewinnung bei, geotherm. Energie mit 4 %. Die verarbeitende Ind. entwickelte sich nach dem 2. Weltkrieg. Über ²/₃ der Ind.betriebe befinden sich auf der Nordinsel. Führend ist die Nahrungsmittelind., gefolgt von der holzverarbeitenden Ind., dem Kfz- und Flugzeugbau sowie von der Metall- und Elektro-, Schuh- und Bekleidungsind.; daneben entstanden Betriebe der chem. und pharmazeut. Industrie.

Außenhandel: N. gehört zu den führenden Exportländern von Molkereiprodukten, Fleisch und Wolle; außerdem werden forstw. Güter, Aluminium sowie Häute, Felle und Leder ausgeführt; importiert werden Maschinen, Transportmittel, Chemikalien, Rohöl und Schmierstoffe, Metalle, Textilien und Schuhe. Die wichtigsten Handelspartner sind Australien, Japan, die USA und Großbritannien.

Verkehr: Das Eisenbahnnetz hat eine Länge von 4 202 km, über die Cookstraße verkehren [Eisenbahn]fähren. Das Straßennetz ist 92 974 km lang, davon 55 % mit fester Decke. Die Küstenschiffahrt spielt für den Gütertransport eine große Rolle. Wichtigste Häfen sind auf der Nordinsel Auckland und Wellington, auf der Südinsel Lyttelton. Nat. Fluggesellschaft ist die Air New Zealand Ltd. Internat. ✈ in Auckland, Wellington und Christchurch.

Geschichte: N. wurde um 900 von Polynesiern (Maori) besiedelt; 1642 entdeckte A. J. Tasman die Inseln. J. Cook vermittelte mit einem Reisebericht (1777) als erster genauere Kenntnisse von N. und seiner Bev. 1838–40 folgte die polit. Inbesitznahme durch die brit. Reg. Am 21. Mai 1840 wurde die brit. Souveränität über die Nordinsel nach der Abtretung durch die Maori (Vertrag von Waitangi) und über die Südinsel auf Grund der Erstentdeckung proklamiert. 1852 bekam die Kolonie eine eigene Verfassung. Die in unwirtl. Gebiete abgedrängten und v. a. durch Kriege dezimierten Maori erhielten 4 Abg.sitze im Selbstverwaltungsorgan von N. zugesprochen. Am 26. Sept. 1907 wurde N. Dominion im brit. Commonwealth. Einem raschen wirtsch. Aufstieg bis Ende der 1870er Jahre folgten wegweisende Sozialreformen während der Reg.zeit der Liberalen Partei (1891–1912). 1919 erhielt N. vom Völkerbund das Mandat über Westsamoa, das 1962 unabhängig wurde. Die Unabhängigkeit erhielt N. 1931 durch das vom brit. Parlament erlassene Westminsterstatut. Bis 1935 wurde N. abwechselnd von den Liberalen und den Reformern regiert, die sich 1931 zur National Party vereinigten. Die Labour Party konnte sich zunächst nur schwer behaupten und erst 1935 durchsetzen. Außenpolitisch arbeitete N. seit 1945 eng mit Großbritannien und den USA zusammen. 1951 wurde es Mgl. des Pazifik-Paktes (ANZUS-Pakt), 1954 der SEATO. Seit 1949 stellte zumeist die National Party (mit Unterbrechungen 1957–60, 1972–74 und 1984–90) die Reg. Die Reg. der Labour Party unter Premiermin. D. Lange (1984–89) geriet schnell in Konflikte mit den USA, da sie sich weigerte, atomar bewaffnete oder betriebene Schiffe in neuseeländ. Häfen zu lassen. Erhebl. Spannungen gab es auch mit Frankreich, als im Juli 1985 frz. Agenten das Flaggschiff „Rainbow Warrior“ der Umweltschutzorganisation Greenpeace im neuseeländ. Hafen Auckland versenkten. Innenpolitisch suchte die Labourreg. die Wirtschaft und den Sozialstaat gründlich umzustrukturieren. Im Aug. 1989 trat Lange als Partei- und Reg.chef zurück; sein Nachfolger wurde G. Palmer (1989/90). Nach dem Wahlsieg der National Party im Okt. 1990 wurde J. Bolger Premierminister.

Politisches System: N. ist eine parlamentar. Monarchie im Commonwealth. Es liegt keine geschriebene Verfassung vor; die verfassungsmäßige Ordnung basiert v. a. auf Traditionen und Präzedenzfällen. *Staatsoberhaupt* und formeller Inhaber der Exekutivgewalt ist der brit. Monarch, vertreten durch einen Generalgouverneur. De facto liegt die *Exekutive* beim Exekutivrat, dem Kabinett (bestehend aus dem Generalgouverneur, dem von ihm ernannten Min.präs. und den Min.). Die Reg. ist dem Parlament verantwortlich. Die *Legislative* wird vom Generalgouverneur und dem Repräsentantenhaus (97 für drei Jahre gewählte Abg., darunter mindestens 4 Abg. der Maori) wahrgenommen. Unter den *Parteien* dominieren die Labour Party und die New Zealand National Party. Die *Gewerkschaften* sind im Dachverband New Zealand Federation of Labour zusammengeschlossen. Das *Recht* ist am brit. Common Law orientiert; das Gerichtswesen ist dreistufig aufgebaut.

Neuseeländische Alpen, Gebirge auf der Südinsel Neuseelands, im Mount Cook, dem höchsten Berg Neuseelands, 3 764 m hoch; z. T. vergletschert. Das Gebiet um den Mount Cook ist Nationalpark (699 km²).

Neusekunde ↑Gon.

Neusibirische Inseln, russ. Archipel im Nordpolarmeer, zw. Laptew- und Ostsibir. See, 38 000 km², etwa 100 km² vergletschert. Tundrenvegetation.

Neusiedler See (ungar. Fertő-tó), flacher, abflußloser, leicht salzhaltiger See im Kleinen Ungar. Tiefland (Österreich, S-Ende in Ungarn), 115 m ü. d. M., 35 km lang, 7–15 km breit, 1–2 m tief; fast durchgehend von einem 400–3 000 m breiten Schilfgürtel umgeben. Sommertemperatur 25–30 °C, gefriert im Winter oft bis auf den Grund. Die größte Ausdehnung hatte der N. S. 1786 mit 515 km², 1855–68 war er ausgetrocknet. Er ist fischreich und als Lebensraum von seltenen Vogelarten Naturschutzgebiet (seit 1977 Biosphärenreservat der UNESCO).

Neusilber (veraltet: Alpaka), silberähnlich aussehende Legierung aus 45 bis 67 % Kupfer, 10 bis 26 %, Nickel und 12 bis 45 % Zink, die in der Uhren- und Schmuckind. sowie zur Herstellung von Bestecken verwendet wird. Galvanisch versilberte N.legierungen werden als *Alfenide* bezeichnet.

Neusohl ↑Banská Býstrica.

Neuspanien, 1535–1822 bestehendes span. Vizekgr.; umfaßte während seiner größten Ausdehnung Mexiko, den S der heutigen USA, Mittelamerika sowie in S-Amerika bis 1717 das heutige Venezuela.

neusprachlicher Unterricht, Unterricht in modernen Fremdsprachen. Für die BR Deutschland ist die Sprachenfolge innerhalb der einzelnen Schultypen 1964 durch das Hamburger Abkommen weitgehend festgelegt worden. Danach beginnen alle allgemeinbildenden Schulen ab Klasse 5 mit einer Fremdsprache, ab Klasse 7 folgt in Gymnasien eine zweite Fremdsprache (an Realschulen wahlweise), ab Klasse 9 kann an Gymnasien eine dritte Fremdsprache erlernt werden. Zwei Sprachen können als Leistungsfächer für das Abitur gewählt werden.

Neuss, Wolfgang, * Breslau 3. Dez. 1923, † Berlin (West) 5. Mai 1989, dt. Kabarettist und Schauspieler. – Zunächst Mgl. des Berliner Kabaretts „Die Stachelschweine“; danach Zusammenarbeit mit Wolfgang Müller (* 1922, † 1960, u. a. in „Das Wirtshaus im Spessart“, 1958). Bes. bekannt wurde N. durch seine politisch engagierten Solokabarettabende („Das jüngste Gerücht“, 1963 ff.); auch Filmproduzent („Wir Wunderkinder“, 1960). – Abb. S. 84.

Neuss, Krst. am Rhein, gegenüber von Düsseldorf, NRW, 35 m ü. d. M., 147 000 E. Erzbischöfl. Kolleg; Museum, Landestheater; Produktenbörse. Ind.stadt in hervorragender Verkehrslage, mit weitem agrar. Hinterland. Die Ind. ist v. a. um den Hafen angesiedelt; Stahl-, Maschinen-, Fahrzeugbau, Metallerzeugung und -bearbeitung, elektrotechn., Papier-, Bekleidungs- und Nahrungsmittelind.; Containerterminal. – Das in jul.-claud. Zeit entstandene röm. Legionslager **Novaesium** wurde um 100 n. Chr. geräumt. Seit der Mitte des 1. Jh. n. Chr. entwickelte sich eine Zivilsiedlung. Im 7. Jh. als **Niuse** erwähnt. Im Verlauf des Burgunderkrieges belagerte Karl der Kühne 1474/75 elf Monate lang vergeblich die Stadt. – Wiederhergestellt wurden

Neuseeland. Die vom Vulkanismus geprägte Landschaft der Nordinsel

nach schweren Zerstörungen im 2. Weltkrieg u. a. die ehem. Stiftskirche Sankt Quirin (13. Jh.) mit Krypta aus dem 11. Jh. und die Pfarrkirche Hl. Dreikönige (1909–11); Reste der Stadtbefestigung.

N., Kreis in Nordrhein-Westfalen.

Neustadt a. d. Aisch, bayr. Krst., 292 m ü. d. M., 11 200 E. Verwaltungssitz des Landkr. N. a. d. A.-Bad Windsheim; Musikinstrumentenherstellung. – Entstand 1200; Stadt seit 1318. – Spätgot. Stadtpfarrkirche (nach 1400); teilweise erhaltene spätma. Stadtbefestigung.

Neustadt a. d. Aisch-Bad Windsheim, Landkr. in Bayern.

Neustadt a. d. Saale, Bad ↑Bad Neustadt a. d. Saale.

Neustadt a. d. Waldnaab, bayr. Krst., 8 km nördl. von Weiden, 419 m ü. d. M., 5 600 E. Glasind. – Vor 1232 (Ersterwähnung) gegr.; wurde vor 1329 Stadt. – Altes Schloß (17. Jh.), Neues Schloß (1689–1720); barocke Wallfahrtskirche Sankt Felix (18. Jh.).

N. a. d. W., Landkr. in Bayern.

Neustadt am Rübenberge, Stadt an der unteren Leine, Nds., 28 m ü. d. M., 40 000 E. Arzneimittelwerk, Torfabbau und -verarbeitung, Maschinenbau, Strumpffabrik, Sektkellerei. – Vor 1215 (Ersterwähnung) gegr.; mit der gleichnamigen Burg seit 1572 zur Festung ausgebaut (Weserrenaissance). – Ev. Stadtkirche (13. Jh., mehrfach umgestaltet); got. Kirche des ehem. Zisterzienserinnenklosters Mariensee (13. Jh.), barocke Klostergebäude (18. Jh.).

Neuss Stadtwappen

Neustadt an der Orla, Stadt in Thür., in der fruchtbaren Orlasenke, 10 000 E. Metall-, Textil-, Möbel-, Lederind. – Um 1200 entstanden, seit 1287 als Stadt belegt. – Spätgot. Rathaus (15. Jh.) und Stadtkirche (16. Jh.; Flügelaltar aus der Werkstatt L. Cranachs).

Neustadt an der Weinstraße, Stadt am Fuß der Haardt, Rhld.-Pf., 140 m ü. d. M., 51 200 E. Verwaltungssitz des Reg.-Bez. Rheinhessen-Pfalz; Landes-Lehr- und Versuchsanstalt für Forstwirtschaft, Wein- und Gartenbau; Museen; Weinprüfungsamt, Kellereien; ferner Papier-, metallverarbeitende Ind., Maschinenbau. – 1235 erstmals erwähnt; erhielt 1275 Stadtrecht, mehrfach stark befestigt; erlangte unter Pfalzgraf Johann Kasimir, der 1578/79 eine kalvinist.-theolog. Hochschule, das *Collegium Casimirianum,* erbauen ließ, kulturelle Bedeutung. – Im Mittelpunkt des rechteckigen Stadtkerns liegt die ehem. Stiftskirche Unserer Lieben Frau (14./15. Jh.); barockes ehem. Jesuitenkolleg (1729/30; jetzt Rathaus).

Neustadt an der Weinstraße Stadtwappen

Neustadt b. Coburg, bayr. Stadt, im südl. Vorland des Thüringer Waldes, 344 m ü. d. M., 16 500 E. Trachtenpuppenmuseum; Spielwaren- und Christbaumschmuckherstellung, Kabelwerk. – 1248 erstmals gen.; erhielt vor 1317 Stadtrecht.

Neustadt im Schwarzwald ↑Titisee-Neustadt.

Neustadt in Holstein, Stadt an der Lübecker Bucht, Schl.-H., 14 500 E. Ostseebad; Garnison; Herstellung von Dosenmilch, chirurg. Nahtmaterial und Kartonagen; Jachtwerften; Hafen; Fremdenverkehr (v. a. in den Ortsteilen *Pelzerhaken* und *Rettin*). – 1226 in planmäßiger Anlage gegr., erhielt 1244 lüb. Stadtrecht. – Frühgot. Stadtkirche mit got. Ausmalung (13. und 14. Jh.). Klassizist. Bürgerbauten, u. a. Rathaus (1819/20).

Neustadt in Sachsen, Stadt zw. Elbsandsteingebirge und Lausitzer Bergland, Sa., im Polenztal, 12 000 E. Landmaschinenbau, Elektrowerkzeugherstellung. – Anfang 14. Jh. gegründet.

Neustadt in Westpr. ↑Wejherowo.

Wolfgang Neuss

Neustift (italien. Novacella), Augustiner-Chorherren-Stift nördl. von Brixen, Südtirol. 1142 gegr.; roman. Stiftskirche (1198) mit spätgot. Chor (1468), im Innern barockisiert (Fresken von M. Günther, 1735–43). Im Kern roman. Kreuzgang (um 1200); zweigeschossige Michaelskapelle (Engelsburg; um 1200) mit Umgang. Von der Befestigung (um 1478) sind Teile erhalten.

Neustoizismus (Neostoizismus), die Phase intensiver Hinwendung zur ↑Stoa seit der Mitte des 16. Jh., die für die Schule von Salamanca und v. a. für die Philologenschule in Leiden, in der von J. Lipsius' grundlegendem Werk „De constantia" (1584) ausgehenden späthumanist. Richtung, kennzeichnend war. Der N. versuchte, Elemente der spätröm.-stoischen Lebenslehre und Weltsicht in Verbindung mit undogmat.-überkonfessionellen christl. Überzeugungen zur moral. und geistigen „Aufrüstung" des einzelnen in der Gemeinschaft zu erneuern. Der N. hatte Einfluß auf die Lehre vom ↑Naturrecht, wurde grundlegend für das Menschenbild des Barock und bestimmte über die von Lipsius geprägte Machtstaatstheorie (Fürstenlehre; ↑Fürstenspiegel) die absolutist. Herrschaftspraxis in Europa.

Neuston [griech., eigtl. „das Schwimmende"], Bez. für die Kleinlebewesen und die abgestorbenen Elemente im Bereich des Oberflächenhäutchens des Wassers.

Neustrelitz, Krst. am Zierker See, Meckl.-Vorp., 75 m ü. d. M., 26 000 E. Stadtmuseum; Theater; Nahrungsmittel-, elektrotechn., Holzind., Tankfahrzeug-, Rettungsbootbau. – **Strelitz** entstand als wend., später dt. Dorfsiedlung; erhielt 1349 Neubrandenburger Recht und wurde 1701 Residenz von Mecklenburg-Strelitz. Nach Ausbau des benachbarten herzogl. Jagdhauses **Glieneke** 1726 zum Residenzschloß wurde seit 1733 um das Schloß die Stadt N. angelegt (in Form eines achtstrahligen Sterns); 1932 wurden Strelitz und N. vereinigt. – Erhalten sind der vor dem Schloß gelegene Pavillon (1828–34 klassizistisch umgebaut; heute Krankenhaus), Teile des Weißen Herrenhauses (1740), die urspr. barocke, klassizistisch umgebaute Orangerie (1755 und 1840), die spätbarocke Stadtkirche (18. Jh.) und das klassizist. Rathaus (1841).

N., Landkr. in Mecklenburg-Vorpommern.

Neustrien, das westl. der aus den Teilungen des Merowingerreiches im 6. Jh. hervorgegangenen fränk. Teilreiche; erstreckte sich zw. Schelde und Loire.

Neusüdwales [...wɛɪlz] (amtl. New South Wales), Bundesland Australiens, im SO des Kontinents, 801 428 km^2, 5,86 Mill. E (1990), Hauptstadt Sydney. An die meist schmale Küstenebene schließen die Ostaustral. Kordilleren an, die im Mount Kosciusko, dem höchsten Berg des Kontinents, 2 230 m ü. d. M. erreichen. – Wichtigster Zweig der Landw. ist die Viehzucht, v. a. Schafe und Rinder. N. ist reich an Bodenschätzen (Blei-Zinn-Erze, Kohle, Uran, Bauxit). Wichtigster Ind.zweig ist die Metallind., wichtigster Ind.standort ist Sydney. – 1770 von J. Cook entdeckt; 1788 errichteten die Briten in Port Jackson eine Strafkolonie, die bis 1840 bestand; seit 1901 Teil des Austral. Bundes.

neutestamentliche Theologie ↑Theologie.

Neuthomismus, i. w. S. svw. ↑Neuscholastik; i. e. S. eine Richtung innerhalb der Neuscholastik, die sich inhaltlich (z. B. Summenkommentare) und methodisch (z. B. beim Aufbau einer formalen Einheit von Theologie und Philosophie mit Hilfe der Analogia entis) ausschließlich auf Thomas von Aquin stützt.

Neutr., Abk. für: **Neutr**um.

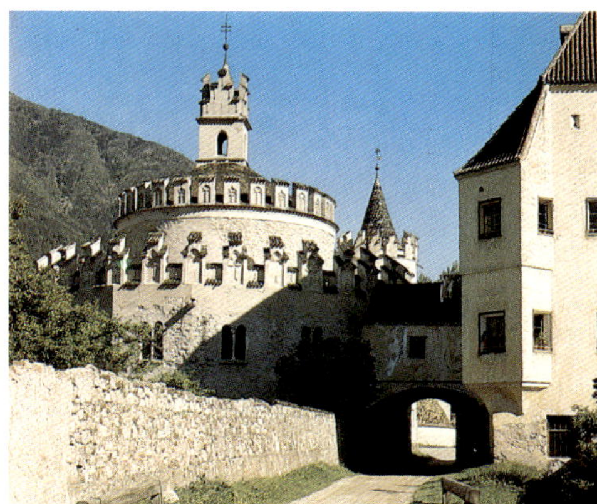
Neustift. Michaelskapelle, um 1200

Neutra, Richard Joseph, *Wien 8. April 1892, †Wuppertal 16. April 1970, amerikan. Architekt östr. Herkunft. – Schulte sich bei O. Wagner und A. Loos in Wien, E. Mendelsohn in Berlin und F. L. Wright in Chicago; seit 1926 selbständiger Architekt in Los Angeles. Bed. Vertreter des „internat. Stils"; er gelangte über das Auflösen der Wände im Inneren (fließender Raum) auch zu deren Öffnung nach außen und leitete so eine neue Entwicklung im Wohnbau ein: Lovell House (= Health House; Los Angeles, 1927–29), Haus Sidney Kahn (San Francisco, 1940), Haus John Nesbitt (Brentwood [Calif.], 1942), Haus Kaufmann (Palm Springs [Calif.], 1946/47). Programmatisch seine Schrift „Wenn wir weiterleben wollen" (1954).

neutral [zu lat. neuter „keiner von beiden"], unparteiisch, unabhängig; nicht einseitig festgelegt, zu allem passend.

▷ (elektrisch neutral) gleich viele positive und negative elektr. Ladungsträger aufweisend, nicht elektrisch geladen.

▷ in der *Chemie* ↑Neutralisation.

neutrale Punkte ↑Himmelslichtpolarisation.

neutraler Aufwand ↑Aufwand.

neutraler Ertrag ↑Ertrag.

neutrales Element ↑Gruppe.

Neutralfilter ↑Filter (Photographie).

Neutralisation [lat.-frz.], in der *Chemie* die Reaktion zw. äquivalenten Mengen einer Säure und einer Base unter Bildung von Salz und Wasser, das durch die Umsetzung der H_3O^+-Ionen der Säure mit den OH^--Ionen der Base entsteht. Bei der N. starker Säuren und Basen ist der *Äquivalenzpunkt* erreicht, wenn die Konzentration der H_3O^+-Ionen mit der der OH^--Ionen identisch ist; die Lösung reagiert *neutral* (pH-Wert 7). Bei der N. schwacher Säuren mit starken Basen und umgekehrt liegt der Äquivalenzpunkt im bas. bzw. sauren Bereich (↑Säure-Base-Theorie).

▷ im *Sport* vorübergehende Unterbrechung eines Wettkampfs ohne Veränderung des Standes der Plazierung.

Neutralisationszahl, Abk. NZ, Kennzahl für den Gehalt an freien Säuren in Fetten oder Ölen. Die N. gibt an, wieviel mg Kaliumhydroxid nötig sind, um die in 1 g der Probe enthaltenen freien Säuren zu neutralisieren.

Neutralisierung [lat.-frz.], die durch völkerrechtl. Vertrag oder durch einseitige Erklärung eines Staates übernommene Verpflichtung zur ↑Neutralität. Als N. wird auch die Befriedung eines Gebietes durch die ↑Entmilitarisierung bezeichnet.

Neutralismus [lat.], Bez. für eine polit. Haltung, die in den internat. Beziehungen die Parteinahme für eines von 2 rivalisierenden Lagern ablehnt. – ↑blockfreie Staaten.

Neutralität [lat.], unparteiische Haltung, Nichteinmischung.

Im *Völkerrecht* geregelter Zustand der Nichtteilnahme eines Staates an einem Krieg zw. anderen Staaten bzw. an einem Bürgerkrieg zw. anerkannten kriegführenden Parteien. Das moderne N.recht beginnt mit der Pariser Seerechtsdeklaration von 1856 (Regelung des Blockade- und Konterbanderechts). Die meisten der heute noch geltenden N.regeln wurden im Rahmen der Haager Friedenskonferenzen kodifiziert. Die N. kann auf völkerrechtl. Vereinbarung, einseitiger Erklärung des Neutralen oder fakt. Nichtteilnahme an den Kriegshandlungen beruhen. Zu unterscheiden ist zw. **dauernder Neutralität** (z. B. Schweiz, Österreich [seit 1955]) und **Neutralität in einer bestimmten Situation.** Das N.recht gilt ausschließlich zw. Neutralen und Kriegführenden. 3 Grundsätze bestimmen dieses Verhältnis:

1. Aus dem **Prinzip der Wahrung der territorialen Souveränität** des Neutralen folgt, daß vom Kriegführenden keine Truppen auf oder durch das Gebiet des Neutralen gesandt und solche von diesem auch nicht geduldet werden dürfen. Auch der Luftraum ist unverletzlich. Kriegshandlungen von Schiffen Kriegführender in neutralen Gewässern sind ebenso untersagt wie Durchsuchungen und die Ausübung des Wegnahmerechts; die einfache Durchfahrt und reine Verwundetentransporte sind hingegen zulässig (Höchstaufenthaltsdauer in neutralen Gewässern: 24 Stunden). Der Neutrale darf eine Verletzung seiner N. mit Waffengewalt unterbinden, ohne damit einen feindl. Akt zu begehen. Gelangen kriegführende Truppen auf neutrales Gebiet, sind sie zu internieren.
2. Das **Gebot der Gleichbehandlung der Kriegführenden** durch den Neutralen bezieht sich i. d. R. nur auf staatl. kriegsrelevante Akte. Neutrale sind zwar berechtigt, aber nicht verpflichtet, die Aus- und Durchfuhr von Waffen und anderem Kriegsgerät durch Private oder den Fernsprechverkehr für Kriegführende zu verhindern.
3. Das **Verbot der Waffenhilfe** bedeutet, daß keine Streitkräfte des Neutralen in den Konflikt eingreifen dürfen. Lieferungen von Kriegsmaterial an die Kriegführenden muß der Neutrale unterlassen; gegen private Lieferungen braucht er aber nicht einzuschreiten. Im Seekrieg ist er jedoch verpflichtet, die Ausrüstung oder Bewaffnung eines erkennbar zur Kriegführung bestimmten Schiffes durch Private zu verhindern.

Die Rechts- und Handelsbeziehungen zw. Angehörigen eines Neutralen und eines Kriegführenden bleiben vom N.recht unberührt.

Grundsätzlich kann jeder Staat frei entscheiden, ob er in einem bestimmten Krieg neutral bleiben will. Diese Freiheit kann aber z. B. durch Verteidigungsbündnisse oder kollektive Sicherheitsverträge (insbes. die UN-Charta), die einen Staat insbes. zur (militär.) Unterstützung eines angegriffenen Vertragspartners verpflichten, eingeschränkt werden.

Neutralitätsgesetz, Bez. für das östr. B-VG vom 26. 10. 1955 über die Neutralität Österreichs, das unmittelbar nach Abzug der Besatzungstruppen (Okt. 1955) beschlossen wurde.

Richard Joseph Neutra. Das Lovell House in Los Angeles, 1927–29

Neutralsalze, in wäßriger Lösung weder sauer noch basisch reagierende Salze, z. B. Natriumchlorid.

Neutrino [italien., eigtl. „kleines Neutron"], physikal. Zeichen ν; stabiles Elementarteilchen aus der Gruppe der Leptonen mit dem Spin $^1/_2$. Man unterscheidet drei N.arten (Elektron-N., Myon-N., Tau-N.) und ihre Antiteilchen, die sich ineinander umwandeln können (sog. *Neutrinooszillation*) und eine (jeweils unterschiedliche) äußerst geringe Ruhemasse besitzen. – Das N. hat wegen seiner schwachen Wechselwirkung mit Materie ein extrem hohes Durchdringungsvermögen. Es wurde 1931 von W. Pauli zur Erhaltung von Energie und Impuls bei Betazerfall theoretisch postuliert und von C. L. Cowan und F. Reines 1956 direkt nachgewiesen.

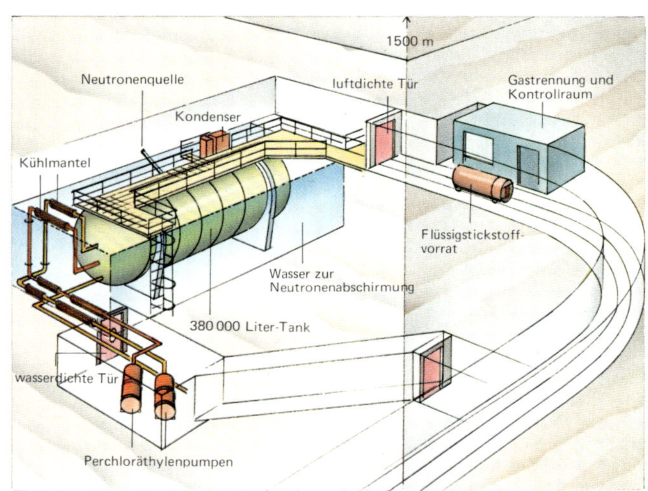

Neutrinoastronomie. Neutrinodetektor in der Homestake Mine in Lead in den USA; Herzstück ist ein 380 000 Liter Tetrachloräthen (Perchloräthylen C_2Cl_4) enthaltender Tank, in dem durch Neutrinoeinfang im Chlor 37 Argon 37 erzeugt wird, nach der Abtrennung von Heliumspülung wird das Argon 37 gereinigt, in kleinere Zählrohre abgefüllt und durch seinen radioaktiven Zerfall nachgewiesen

Neutrinoastronomie, astrophysikal. Forschungsgebiet, das die von Himmelskörpern, insbes. der Sonne, ausgehenden Neutrinoströme untersucht, um so z. B. Rückschlüsse auf die im Innern der Sonne stattfindenden und zur Emission von Neutrinos führenden Kernreaktionen zu ziehen.

Neutron [lat.-engl.], physikal. Zeichen n; elektrisch neutrales, nur in gebundenem Zustand stabiles Elementarteilchen aus der Gruppe der Baryonen mit der Ruhemasse $m_n = 1{,}675 \cdot 10^{-24}$ g und dem Spin $^1/_2$; sein Antiteilchen ist das **Antineutron.** Das N. wurde 1932 von J. Chadwick entdeckt. Es ist neben dem Proton ein Grundbaustein der Atomkerne (↑Kern), wobei bei stabilen Kernen i. d. R. mehr N. als Protonen vorhanden sind. *Freie N.* sind instabil und zerfallen nach einer mittleren Lebensdauer von 888 s in ein Proton, ein Elektron und ein Antineutrino. N. entstehen bei Kernumwandlungen und haben für die Einleitung und Aufrechterhaltung von Kernkettenreaktionen große Bed. Die bei der Kernspaltung erzeugten hochenerget., d. h. *schnellen N.* werden als **Spaltneutronen** bezeichnet. Sie werden durch Stöße mit den Atomen des Moderators (Graphit, schweres Wasser) auf therm. Energie entsprechend der Umgebungstemperatur abgebremst, d. h. thermalisiert (**thermische Neutronen;** Energie 0,01 bis 0,1eV). Man unterscheidet zw. *prompten N.,* die bei der Kernspaltung momentan frei werden, und *verzögerten N.* Entsprechend der Energie E unterteilt man N. in *schnelle N.* (E bis 50

MeV), *mittelschnelle N.* (*E* zw. 100 eV und 100 keV) und *langsame N.*, zu denen *epitherm. N.* (*E* zw. 0,1 und 100 eV), *therm.* und *kalte N.* (*E* zw. 10^{-5} und 10^{-2} eV) gehören.

Neutronenabsorption, svw. Neutroneneinfang (↑Einfangprozeß).

Neutronenaktivierung, die Erzeugung künstl. radioaktiver Nuklide durch Bestrahlung stabiler Nuklide mit Neutronen.

Neutronenbeugung, Beugung langsamer Neutronen an der Kristallstruktur von Festkörpern, die dadurch zustande kommt, daß die Wellenlänge langsamer Neutronen von etwa gleicher Größe wie der Abstand der Gitterebenen in Kristallen ist; wird v. a. zur Strukturaufklärung genutzt.

Neutronenbombe, svw. Neutronenwaffe (↑ABC-Waffen).

Neutroneneinfang ↑Einfangprozeß.

Neutronenflußdichte, in der *Kerntechnik* die Dichte des Stroms aller Neutronen, die sich auf einen Ort (bes. in oder an einem Kernreaktor) zubewegen, sie wird in $cm^{-2}s^{-1}$ angegeben. Bei homogener Dichte und isotroper Geschwindigkeitsverteilung der Neutronen ist die N. gleich dem Produkt aus Neutronendichte und Neutronengeschwindigkeit.

Neutronengenerator, Gerät zur Erzeugung schneller Neutronen durch Beschuß von Materie mit beschleunigten Teilchen.

Neutronensonde, mit einer Neutronenquelle sowie einem Gammaspektrometer und/oder einem Detektor für langsame Neutronen ausgestattetes Meßgerät, das z. B. bei der geolog. Erkundung von Erzen (als sog. **Neutronenlog** auch bei der Suche nach Tiefsee-Erzen) und bei der Exploration auf Erdöl und Erdgas verwendet wird. Die Neutronen der z. B. in ein Bohrloch hinabgelassenen N. lösen je nach Art des Gesteins bzw. Erzes unterschiedl. Kernreaktionen aus, deren Gammastrahlen vom Spektrometer registriert werden **(Neutronen-Gamma-Methode),** oder sie werden z. B. bei Vorhandensein von erdölhaltigen Schichten verlangsamt und durch den Detektor für langsame Neutronen nachgewiesen **(Neutronen-Neutronen-Methode).**

Neutronenspektroskopie, Verfahren zur Bestimmung der Energieverteilung der Neutronen in einer Neutronenstrahlung und zur Herstellung von Neutronenstrahlen einheitl. Energie, z. B. durch Messung der Neutronengeschwindigkeit in einem *Flugzeitspektrometer.*

Neutronenstern, ein vorwiegend aus Neutronen bestehender Stern von etwa einer Sonnenmasse mit einem Radius von rd. 10 km, dessen Massendichte (etwa 10^{16} bis 10^{18} kg/m^3) extrem hoch ist. N. entstehen durch einen ↑Gravitationskollaps als sehr heiße Objekte (z. B. bei Supernovaausbrüchen) und stellen die komprimierten Überreste der urspr. Sterne dar. Rotierende N. mit sehr hohen Magnetfeldern werden als Zentralsterne von Pulsaren angesehen.

Neutronenstrahler, Bez. für die Nuklide, deren Kerne beim radioaktiven Zerfall Neutronen emittieren.

Neutronenvermehrung, die Zunahme der Anzahl der Neutronen bei bestimmten Kernreaktionen, insbes. der Spaltneutronen im Verlaufe der Kernkettenreaktion. Die auf die jeweils vorhergehende Neutronengeneration bezogene N. wird durch den *Vermehrungs-* oder *Multiplikationsfaktor* angegeben. Die N. in einem Reaktor wird durch einen effektiven Multiplikationsfaktor angegeben, der um den Neutronenverlust durch die Oberfläche korrigiert ist.

Neutronenwaffe ↑ABC-Waffen.

Neutronenzahl ↑Kern (Atomkern).

Neutronenzählrohr, gasgefülltes Zählrohr zum Nachweis und zur Analyse von Neutronen, in dem von den einfallenden Neutronen ionisierende und damit nachweisbare Teilchen erzeugt werden.

Neutrum [lat. „keines von beiden"], Abk. n., Neutr.; ↑Genus; sächl. Geschlecht eines Substantivs, z. B. *das Kind, ein Haus.*

Neutsch, Erik, *Schönebeck/Elbe 21. Juni 1931, dt. Schriftsteller. – Verf. von Erzählungen und Romanen, die sich v. a. mit Problemen der Arbeits- und Alltagswelt der ehem. DDR auseinandersetzten, u. a. „Bitterfelder Geschichten" (En., 1961), „Spur der Steine" (R., 1964; 1966 verfilmt), „Auf der Suche nach Gatt" (R., 1973; Fernsehfilm 1976), „Der Friede im Osten" (R., 6 Bde. geplant: Am Fluß, 1974; Frühling mit Gewalt, 1978; Wenn Feuer verlöschen, 1985; Nahe der Grenze, 1987 [vom Autor zurückgezogen]).

Neu-Ulm, bayr. Krst. an der Donau, gegenüber von Ulm, 471 m ü. d. M., 45 800 E. Maschinen-, Apparate-, Fahrzeugbau, chem., Textil-, Leder-, Papier-, Holz-, Nahrungsmittel- und Genußmittelind.; Edwin-Sacharff-Museum. – Entstand 1811; erhielt 1869 Stadtrecht. – Kath. Stadtpfarrkirche Sankt Johann Baptist (1923–26 durch D. Böhm umgebaut).

N.-U., Landkr. in Bayern.

Neuweiler (amtl. Neuwiller-lès-Saverne), Ort im Unterelsaß, nördl. von Zabern, Dep. Bas-Rhin, Frankreich, 1 100 E. – Roman.-got. Kirche (12./13. Jh.) der ehem. Benediktinerabtei (gegr. 727 [?]), aufgehoben in der Frz. Revolution) mit frühsal. dreischiffiger Doppelkapelle (um 1050) im O (am Chor).

Neuweiler. Die am Chor der ehemaligen Benediktinerabtei anschließende dreischiffige Doppelkapelle, um 1050

Neuweltaffen, svw. ↑Breitnasen.

Neuweltgeier (Cathartidae), Fam. bis 1,3 m (einschl. Schwanz) großer, aasfressender, ausgezeichnet segelnder (Flügelspannweite bis etwa 3 m) Greifvögel (Gruppe ↑Geier) mit sieben Arten in der Neuen Welt.

Neuwelthirsche (Amerikahirsche, Odocoileini), Gattungsgruppe hasen- bis rothirschgroßer, schlanker, großohriger Trughirsche mit 11 Arten in der Neuen Welt; mit meist bogig nach vorn geschwungenem, vielendigem Geweih. – Zu den N. gehören u. a.: ↑Andenhirsche; **Maultierhirsch** (Großohrhirsch, Odocoileus hemionus), bis 2 m langer und bis etwa 1 m schulterhoher, großohriger Hirsch, v. a. in N-Amerika; **Pampashirsch** (Kamphirsch, Odocoileus bezoarticus), bis 1,3 m langer und 75 cm schulterhoher Hirsch in S-Amerika; **Pudus,** Gatt. bis 90 cm langer und 40 cm schulterhoher Hirsche in Chile und Bolivien; **Spießhirsche** (Mazamas), Gatt. bis 135 cm langer und 80 cm schulterhoher Hirsche in M- und S-Amerika; **Virginiahirsch** (Weißwedelhirsch, Odocoileus virginianus), 80–200 cm langer und 55–110 cm schulterhoher Hirsch in N- und M-Amerika.

Neuweltmäuse (Neuweltratten, Hesperomyini), Gattungsgruppe der ↑Wühler mit rd. 360 maus- bis rattengroßen Arten in N- und S-Amerika (auch auf den Galapagosinseln); bekannteste Gatt.: ↑Weißfußmäuse.

Neuwerk, vor der Elbmündung im Wattenmeer der Nordsee gelegene Marschinsel, Exklave der Freien und Hansestadt Hamburg, 355 ha. – Auf der erstmals 1286 gen. Insel bauten 1300/10 die Hamburger das *Nyge Werk,* einen festungsähnl. Backsteinturm; nach 1556 Eindeichung und

Besiedlung; kam 1937 von Hamburg an Preußen (später zu Nds.), 1961 erneut an Hamburg.

Neuwerk, der Jugendbewegung zuzurechnende christl. Bewegung, in der sich Jugendliche ab 1920 im Sinne eines religiösen Sozialismus zusammenfanden.

Neuwertversicherung, Versicherungsform der Sachversicherung, bei der im Schadenfall der **Neuwert** (Wiederbeschaffungspreis einer neuen Sache) ersetzt wird, wenn während einer bestimmten Frist neu beschafft bzw. wiederaufgebaut wird (z. B. Hausratversicherung). Weicht der Wert zum Zeitpunkt des Schadenfalles stark vom Neuwert ab, so wird die Entschädigung nach einer festen Staffel gekürzt.

Neuwied, Krst. 15 km nw. von Koblenz, Rhld.-Pf., 54–386 m ü. d. M., 61 300 E. Schulstadt; Walzblechherstellung, Maschinenbau, Verbandstoff- und Klebstoff-, Verpakkungs-, Elektronik-, Bimssteinind. – An der Stelle der 1162 erstmals erwähnten Hofsiedlung Langendorf 1653 für Glaubensflüchtlinge aller Art gegr. (1662 Stadtrecht). – Barockschloß (18. Jh.), einheitlich angelegtes Viertel der Herrnhuter Brüdergemeine (1754 ff.). – In der 1970 eingemeindeten Stadt **Engers** (erstmals 773 erwähnt; 1376 Stadt gen.) Reste eines röm. Burgus (364–375). – Im Ortsteil **Gönnersdorf** wird seit 1968 eine Siedlungsstelle des Magdalénien von überregionaler Bed. ausgegraben. – Im Ortsteil **Heimbach-Weis** ehem. Prämonstratenserabtei Rommersdorf (1135–1803) mit roman.-got. Kirche (nach 1135 ff.).

N., Landkr. in Rheinland-Pfalz.

Neuzeit, seit dem 15. Jh. Begriff der europ. Geschichte, der die an das MA anschließende Epoche bezeichnet. Lange Zeit galten die Entdeckung Amerikas 1492 und der Beginn der Reformation Luthers 1517 als Anfang der N. Die neuere histor. Forschung hat den Beginn der N. auf die Mitte des 15. Jh. bzw. auf eine „Schwellenzeit" zw. 1450 und 1500 angesetzt. Die allmähl. Herausbildung zahlr. bed. Neuansätze dieser Jahre seit dem 14. Jh. wird zunehmend erkannt.

Voraussetzungen

Schon P. Melanchthon hatt den Beginn der Renaissance als Anfang der Moderne mit der Eroberung Konstantinopels 1453 einsetzen lassen. Durch die Flucht der vertriebenen griech. Gelehrten nach Italien blühte hier der Humanismus auf. Auch die auf dem Konzil von Ferrara und Florenz 1439 bereits angebahnte Union mit den Griechen verstärkte den Zustrom griech. Theologen und Humanisten. Das Eindringen des Humanismus in neue Kreise war aber nur möglich, weil um 1450 der Schriftlichkeitsgrad der europ. Kultur schon durch eine starke Zunahme des schriftl. Verkehrs (Akten und Briefe) und die *Erfindung des Buchdrucks* angestiegen war. Nach der Eroberung Konstantinopels durch die Osmanen wurde zum einen Rußland zur Schutzmacht der orth. Christen des Ostens, zum anderen bewirkte die Sperrung der Landwege des Indienhandels durch die Osmanen nicht nur den allmähl. Niedergang Venedigs, sondern auch eine wachsende Bed. der portugies. und span. Seefahrer, die den Seeweg nach Indien suchten und unter Leitung von Kolumbus 1492 Amerika entdeckten. Die *Entdeckungsfahrten* (insbes. die Weltumsegelung F. de Magalhães' 1519–21/22) bestätigten die Lehre von der Kugelgestalt der Erde. Das heliozentr. System wurde von N. Kopernikus 1543 auch astronomisch untermauert („kopernikan. Wende").

Fundamentale Bed. für die grundlegende Veränderung der meisten Lebensbereiche des europ. Menschen hatte der geistige Wandlungsprozeß, der durch den *Humanismus* in Gang kam. Er führte zu einer säkularisierten Auffassung des Christentums bei den führenden bürgerl. Schichten und kam in der zurückgehenden Bed. der Geistlichkeit zum Ausdruck, die das kulturelle Leben im MA stark geprägt hatte. Die von den Humanisten entwickelten Regeln der philolog.-krit. Textanalyse führten zu den ersten textkrit. Ausgaben des N. T., die z. T. große Bed. gewannen, bes. für Luther. Trotzdem hängen Humanismus und Reformation nicht unmittelbar zusammen. Beide haben aber die Einheit der ma. Kirche aufgehoben. An die Stelle der „res publica christiana" des MA trat das moderne europ. *Staatensystem* als eine weitere Grundlage der N. Sowohl in Europa als auch in Übersee markierte dabei erstmals das Jahr 1494 einen Einschnitt, an dem ein globales Mächtesystem erkennbar wurde: in Übersee durch den Vertrag von ↑Tordesillas, zw. Spanien und Portugal (7. Juni 1494), in Europa durch die Verdeutlichung der Verflechtung der europ. Staatenbeziehungen anläßlich des Italienzuges des frz. Königs Karl VIII., als sich die übrigen Mächte gegen Frankreich vereinigten, um das Gleichgewicht in Italien wiederherzustellen.

Italien hatte in seinen polit., gesellschaftl. und kulturellen wie wirtsch. Verhältnissen bereits einen Entwicklungsgrad erlangt, der in vielem für die N. allg. kennzeichnend wurde. Eine wichtige Voraussetzung hierfür war die Herausbildung eines Fünfstaatensystems (Mailand, Florenz, Venedig, Kirchenstaat, Neapel), das die Städte und Kleinstaaten in wenigen großen Gebieten mit fest bestimmten Grenzen aufgehen ließ. Der fortgeschrittene Grad der polit. Verhältnisse in Italien bestand aber nicht in der äußeren Macht der fünf Mittelstaaten, die sich z. T. gegenseitig neutralisierten, sondern in der neuen Gestaltungsmethode der Beziehungen zw. ihnen, auch in ihrer modernen sozialen und wirtsch. Verfassung im Innern. Der Geist und die Techniken der neuzeitl. Politik und Diplomatie bezogen von hier wichtige Anregungen. Der moderne Gedanke des Mächtegleichgewichts in den äußeren Beziehungen ist zuerst im Italien des 15. Jh. zu einer Theorie entwickelt worden. Der Friede von Lodi (1454), in dem die italien. Verhältnisse zu einem gewissen Gleichgewichtszustand geführt worden waren, galt als Musterbeispiel einer auswärtigen Balancepolitik.

Dieser für die N. charakterist. Zug der *Zweckrationalität* erwuchs aber auch aus dem gewandelten Denk- und Arbeitsstil, wie er sich schon zu Anfang des 15. Jh. in den italien. Stadtgemeinden herausgebildet hatte. V. a. in Venedig und Florenz, z. T. auch in Mailand, Rom und Neapel wurde ein hoher Stand der Handels- und Wirtschaftstechniken erreicht, der selbst wiederum das Ergebnis einer stärkeren Rationalisierung und Mathematisierung der Handels- und Gewerbetätigkeit war und z. B. die Anfänge einer Statistik in der Gemeinde- und Staatsverwaltung ermöglichte. Die Voraussetzung hierfür war die Übernahme der arab. Ziffern, die in Italien bereits im 14. Jh. allg. verbreitet waren. Von dieser neuen Grundlage aus entwickelte sich in Italien zuerst in Venedig das handelsgeschäftl. Verfahren der doppelten Buchführung. Träger dieser rationellen Wirtschaftspraxis war das städt. Bürgertum, das bes. in Florenz auch den techn. Stand des Handwerks und der Gewerbe, v. a. der Textilherstellung, beträchtlich weiterentwickelte. Auch in Flandern gab es zu dieser Zeit schon ein hochentwickeltes Textilgewerbe und moderne Wirtschaftstechniken. Die Besonderheit der italien. Entwicklung lag jedoch in der allgemeineren Verzahnung der bürgerl. Gesellschaftsschichten in Politik, Wirtschaft, Bildung und Kunst begründet. So war etwa die gesellschaftl.-ökonom. Verfassung von Florenz durch die z. T. noch spätma. Struktur des Zunftwesens, aber auch durch das moderne Element der frühkapitalist. Bankherren geprägt. Die sog. 7 oberen Zünfte (reiche Tuch- und Wollkaufleute, Bankiers, die Richter, die Notare, wohlhabende Rentiers) gewannen seit 1378 gegenüber den sog. 14 unteren Zünften (einfache Handwerker) ständig an Gewicht; dies bewirkte, daß sich die Kluft zw. beiden Schichten im 15. Jh. immer mehr vergrößerte. Motoren dieser Entwicklung wie auch des kulturellen Aufschwungs der Renaissance in Italien waren die führenden Fam. der Städte. Der Geist analyt.-wiss. Betrachtung wurde auch auf die Welt der Politik angewandt. Die Realität der innerstaatl. Machtkämpfe der Parteien und das komplizierte Geflecht der auswärtigen Beziehungen des 15. Jh. wurden zuerst von Machiavelli analysiert. Die moderne *Idee der Staatsräson* wird der Sache nach in seiner Schrift „Il principe"

(1513/32) begründet. Die Politik wird hier – im Ggs. etwa zu den spätma. „Fürstenspiegeln" – erstmals als autonom betrachtet. Die Moral des Herrschers („virtù") war nicht an einen eth. Tugendkanon gebunden, sondern an die Fähigkeit zur Gewinnung und Erhaltung von polit. Macht als Voraussetzung für einen stabilen Staat. Diese Zweckrationalität einer autonomen Politik hat die polit. Theorie der N., aber auch die Politik selbst nachhaltig bestimmt.

Politische, gesellschaftliche und geistige Grundzüge der Neuzeit

Für die polit. Geschichte der N. war es von grundlegender Bed., daß sich die Staatensysteme überwiegend als Ordnungen von Nationalstaaten bildeten und z. T. heute noch bilden. Die Wurzeln hierzu lagen schon im Spät-MA, die Verwirklichung des Nationalstaates wurde z. B. in England oder Frankreich im 14. Jh. erreicht, in Spanien im 15. Jh., in Italien und Deutschland erst in den nat. Einigungen des 19. Jh. Der moderne Nationsbegriff ist z. T. eng mit dem für die neuzeitl. Staatengeschichte zentralen Begriff der *Souveränität* verbunden. Am Beginn der N. war es in Frankreich, England und Spanien, wo sich schon im 14./15. Jh. ein nat. Königtum und eine Nationalkirche entwickelt hatten, kaum umstritten, daß der Träger der Souveränität, abgesehen von gewissen Einschränkungen in England, das Königtum war. Während dem Begründer der neuzeitl. Souveränitätslehre, J. Bodin, noch die Rechtfertigung der zentralen Herrschergewalt gleichzeitig eine Bindung an göttl. und Naturrecht bedeutete, begründete T. Hobbes die Lehre von der absoluten Gewalt des Souveräns. Neben diesen Theorien, die für die Herrschaftslegitimation des fürstl. und monarch. Absolutismus des 16.–18. Jh. wesentlich geworden sind, steht die Idee vom *Volksstaat.* Wenn auch die zuerst von Machiavelli in seinen „Discorsi" entworfene Konzeption noch nicht im modernen Sinne als Demokratie bezeichnet werden kann, bildete sie doch den Beginn einer neuzeitl. Legitimationstheorie, die über die auf der Gewaltenteilung zw. Legislative (Volk bzw. dessen Repräsentant) und Exekutive (Reg.) fußende Staatslehre von J. Locke zum Begriff der Volkssouveränität bei J.-J. Rousseau und zur Lehre von der Gewaltenteilung bei Montesquieu (Rechtsprechung als dritte Gewalt) führte, die seit 1776 die Verfassungen fast aller parlamentarischen Staaten der N. (zuerst die USA und Frankreich) bestimmte.
Diese Theorien spiegelten z. T. eine emanzipator. Entwicklung wider. Dabei handelte es sich zunächst in erster Linie um eine *Emanzipation des Bürgertums* gegenüber dem Adel. Das Bürgertum war in der Stadtkultur und in der schnell wachsenden Geldwirtschaft zu Reichtum und zu einer gewissen Macht gekommen. Der vom Bürgertum des 15. und 16. Jh. getragene Frühkapitalismus (Fugger, Welser, Medici) hat durch seine weitreichenden Handels- und Kapitalverbindungen den Welthandel und das Weltverkehrssystem der N. wesentlich mitbegründet. Diese bürgerl. Handelsmacht wurde seit dem 16. Jh. durch ein bes. Leistungs- und Wirtschaftsethos getragen, das durch eine sparsame, kalkulierende ökonom. Lebensführung gekennzeichnet ist. In England verschmolzen zudem die führenden Schichten des Bürgertums mit dem Kleinadel, weil der Adelstitel immer nur auf den ältesten Sohn überging und die nachgeborenen Söhne sich meist Handelsgeschäften zuwenden mußten und oft Töchter von Bürgerlichen heirateten. Die dadurch eingetretene soziale Homogenität einer Mittelschicht aus niederem Adel (Gentry) und bürgerl. Oberschicht war für die Entstehung der modernen parlamentar. Demokratie und später für den Beginn der industriellen Revolution von zentraler Bedeutung.
Trotzdem markierte die relativ starke Wirtschaftsmacht des Bürgertums noch nicht das Ende der seit dem MA bestehenden polit. Vorherrschaft des Adels und der Geistlichkeit. Erst die polit. und gesellschaftl. Umwälzung der Frz. Revolution von 1789 bildete den Höhepunkt und Durchbruch von nationalstaatl., geistigen und gesellschaftl.-emanzipator. Tendenzen, die schon seit der Mitte des 15. Jh. angelegt waren.

Die historische Gliederung der Neuzeit

Das Ende der sog. *frühen N.* wird meist schon 1648 angesetzt. Der Westfäl. Friede brachte das definitive Ende einer universalen Ordnungsvorstellung, die durch den religiösen Alleingeltungsanspruch des Papsttums und durch die universale Herrschaftsidee des röm.-dt. Kaisertums gekennzeichnet war. Im Westfäl. Frieden wurden die beiden prot. Konfessionen, von denen die luth. schon seit 1555 reichsrechtlich anerkannt war, in der Reichsverfassung endgültig legitimiert. Die religiös-konfessionellen Motive des Dreißigjährigen Krieges waren nunmehr durch die immanenten Machtkräfte des europ. Staatensystems überholt worden. Die etwa um 1650 einsetzende *jüngere N.* begann mit der Vorherrschaft Frankreichs in einer Zeit der Entfaltung wiss. und merkantiler Neuerungen, die überwiegend vom Bürgertum getragen wurden und schließlich auch die gesellschaftl. Emanzipation des Bürgertums eingeleitet haben. Die Aufhebung der feudalklerikalen Privilegien in Frankreich 1789 zugunsten der bürgerl. Gleichheit und Freiheit war vorbereitet durch die Philosophie des *Rationalismus* und der *Aufklärung.* In der den Rationalismus popularisierenden Aufklärungsliteratur war der Gedanke der krit. Vernunft auch auf Gesellschaft und Staat gerichtet worden. Die arbeitsteilige bürgerliche Erwerbsgesellschaft führte eine neue Funktionalität des Staatswesens herbei, die darin bestand, daß der Staat nicht nur die Existenz seiner Mgl. sichern, sondern auch Glück und Wohlfahrt des Individuums fördern sollte. Dabei sollten die Freiheitsrechte des einzelnen möglichst geschützt sein. Dieser *Liberalismus* war politisch, gesellschaftlich und wirtsch. orientiert und führte zunächst nur zu größerer Macht der führenden Schichten des Bürgertums.
Wenn man die Frz. Revolution von 1789 innerhalb der jüngeren N. als Beginn einer „neuesten Zeit" bezeichnet, so war diese neue Phase auch durch die fast gleichzeitig sich vollziehende *industrielle Revolution* bestimmt, die von Großbritannien ausging und nach dem „frz." sozusagen ein „brit." Zeitalter heraufführte. Mit der Entwicklung der Dampfmaschine durch J. Watt (1769 patentiert) wurde ein Prozeß in Gang gesetzt, der bes. das ältere Manufakturwesen durch die Einführung der Dampfkraft vollkommen veränderte und die Struktur der N. grundlegend wandelte. Die Einführung der Dampfmaschine zwang zur Abschaffung des Zunftwesens und damit zu einer fundamentalen Veränderung der Arbeitsverfassung. Sie entlastete die menschl. Arbeitskraft, erschloß aber zugleich neue Möglichkeiten, Menschen als Arbeitskräfte einzusetzen. Nachdem G. Stephenson 1814 seine erste Lokomotive gebaut hatte, veränderte sich auch das gesamte Verkehrswesen grundlegend; das ↑industrielle Zeitalter hatte begonnen.
Die allg. Verwirklichung der bürgerl. Revolutionsideen von 1789 erlitt im Zuge der industriellen Revolution zunächst einen starken Rückschlag. Freiheit und Gleichheit waren für das während der Industrialisierung entstandene Proletariat kaum zu erreichen; die neue Klasse der Ind.arbeiterschaft mußte sich erst organisieren, ehe der Kampf um die Verbesserung ihrer sozialen Situation Aussicht auf Erfolg haben konnte. K. Marx sah den Internationalismus als Schritt zur Überwindung des auf dem Privateigentum an Produktionsmitteln fußenden bürgerl. und nat. Staates an. Die erwartete klassenlose Gesellschaft sollte durch die Selbstvernichtung des Kapitalismus entstehen. Diese als gesetzmäßig angesehene Entwicklung wurde mit der russ. Oktoberrevolution von 1917 durch W. I. Lenins Programm der proletar. Weltrevolution verändert. Der Sieg des Bolschewismus in Rußland veränderte die Machtverhältnisse zw. den großen Mächten erheblich: Die Oktoberrevolution war der Beginn einer Blockbildung zw. Ost und West, die bis zu den polit. Umbrüchen in Mittel- und Osteuropa 1989/90 und dem Zusammenbruch der Sowjetunion 1991 bestimmend war. Dies wurde schon unmittelbar nach dem 1. Weltkrieg deutlich. Aber der 1. Weltkrieg hat auch Entwicklungen ausgelöst, die auf eine allmähl. Emanzipation

der vom Kolonialismus und Imperialismus der europ. Mächte im 19. Jh. erschlossenen und eroberten Überseegebiete hinausliefen. Eine wichtige Zäsur kam 1917 auch darin zum Ausdruck, daß die USA als neue, nichteuropäische Großmacht in den Weltkrieg eintraten und ihre bislang selbstauferlegte weltpolit. Zurückhaltung aufgaben. – ↑Zeitgeschichte.

Neuzelle, Gem. in Brandenburg, sö. von Eisenhüttenstadt, 2 000 E. – 1268 Gründung des Zisterzienserklosters N., 1330 Vollendung der Anlage. Trotz Zerstörung durch die Hussiten (1429) und Reformation blieb das Kloster bis 1817 erhalten (von Preußen aufgehoben), heute kath. Priesterseminar. – Die urspr. got. Klosterkirche (14./15. Jh.) wurde 1654–58 und um 1730–41 zu einem Hauptwerk des norddt. Barock umgestaltet; von den Klostergebäuden Kreuzgang, Refektorium und Kapitelsaal erhalten; bed. auch die barocke Pfarrkirche (1728–34).

Nevada [ne'va:da, engl. nɛ'vɑ:də], Bundesstaat im W der USA, 286 352 km², 1,2 Mill. E (1990), Hauptstadt Carson City.

Landesnatur: Der überwiegende Landesteil von N. gehört zum abflußlosen Great Basin. Der an der SO-Grenze fließende Colorado wird bei Boulder City durch den Hoover Dam aufgestaut. In N–S-Richtung verlaufen 80–120 km lange Bergketten, die Höhen bis über 2 000 m erreichen, dazwischen breite Plateaus, Becken und teils mit Seen gefüllte Wannen. Bedingt durch die Lage im Regenschatten der Sierra Nevada ist das Klima sehr trocken. Nur in den Ausläufern der Sierra Nevada finden sich Koniferenwälder, im Bereich des Great Basin dominiert die Zwergstrauchheide. Im S gibt es Kakteen (mehr als 30 Varietäten).

Bevölkerung, Wirtschaft, Verkehr: Weiße machen 93,4 % der Gesamtbev. aus; in 22 Indianerreservaten leben rd. 9 000 Indianer. Mehr als 80 % der E leben in den Metropolitan Areas von Las Vegas und Reno. Dort befinden sich auch die beiden Univ. Wichtigste Religionsgemeinschaften sind die Katholiken und die Mormonen. – Zu den wichtigsten Bodenschätzen zählen nach Gold die Silber-, Kupfer-, Eisen-, Antimonerze, Quecksilber und Schwerspat. Bedeutendster Ind.zweig ist die an die Bergbaugebiete gebundene Erzverhüttung, außerdem chem. Ind. und Holzverarbeitung. Weitaus wichtiger für den Staatshaushalt ist jedoch der Fremdenverkehr. Die Einnahmen aus dem Glücksspiel und dem Vergnügungsgewerbe in Las Vegas und Reno machen mehr als 40 % der Steuereinnahmen aus. In Bewässerungsfeldbau werden Futterpflanzen und Baumwolle kultiviert; Rinder- und Schafhaltung. In N. befinden sich mehrere Naturparks, Naturschutz- und Erholungs- sowie Wintersportgebiete. – Das Straßennetz ist 83 468 km (14 928 km befestigt), das Eisenbahnnetz 2 002 km lang; es gibt 114 offizielle ✈.

Geschichte: Das heutige N. gehörte in der Kolonialzeit zu Neuspanien; kam 1848 von Mexiko in den Besitz der USA und wurde Teil des Territoriums Utah. Nach Streitigkeiten zw. den hier wohnenden Mormonen (seit 1849) und Bergleuten (seit 1859) schuf der amerikan. Kongreß 1861 das Territorium N., das im Okt. 1864 als 36. Staat in die Union aufgenommen wurde.

Nevada, Sierra [span. 'sierra ne'βaða], Teil der mex. Cordillera Volcánica, im Popocatépetl 5 452 m hoch.

Nevado [span. ne'βaðo „verschneit"], Zusatzbez. bei Bergen in Lateinamerika, z. B. Nevado de Huascarán (↑Huascarán) oder Nevado del Ruiz (↑Ruiz).

Nevers [frz. nə'vɛ:r], frz. Stadt an der oberen Loire, 43 000 E. Verwaltungssitz des Dep. Nièvre; kath. Bischofssitz; archäolog., städt. und Fayencemuseum; Herstellung von Elektrogeräten, Maschinen, Textilien und Fayencen; ✈. – **Noviodunum,** ein Ort der kelt. Äduer, entwickelte sich in der Römerzeit zur Stadt **Nevirnum;** seit Anfang des 6. Jh. Bischofssitz, im 9. Jh. Mittelpunkt einer Gft.; erhielt 1194 Stadtrecht; 1475 bis Ende des 16. Jh. Residenz der Hzg. von N. – Roman.-got. Kathedrale (11.–16. Jh.) mit vorroman. Baptisterium; Herzogspalast (15. und 16. Jh.).

Neviges, Teil der Stadt ↑Velbert.

Nevis [engl. 'ni:vɪs] ↑Saint Christopher and Nevis.

Nevşehir [türk. 'nɛvʃɛˌhir], türk. Ort östl. des Tuzgölü, 50 200 E. Hauptort der Prov. N. – 10 km östl. liegen die Höhlenklöster von ↑Göreme.

Newa [russ. nɪ'va], Abfluß des Ladogasees, mündet in den Finn. Meerbusen, Rußland, 74 km lang, schiffbar; Teil des Wolga-Ostsee-Wasserweges.

New Age [engl. 'nju: 'eɪdʒ] (Neues Zeitalter), Bez. für spirituell-religiöse Strömungen (Neureligionen, Psychokulte), die die individuellen und globalen Probleme der gegenwärtigen Welt mit Hilfe eines ganzheitl. Denkens bzw. Bewußtseins des Menschen zu lösen versuchen, wobei Meditation und Mystik (beeinflußt von Buddhismus, Hinduismus, Daoismus sowie Islam und Christentum), alten und neuen Ritualen, psychotherapeut. Erfahrung sowie übersinnl. Inspirationen zentrale Bed. zugemessen wird; in den 1980er Jahren in den USA aufgekommen.

Newald, Richard, *Lambach 30. Juli 1894, †Berlin (West) 28. April 1954, östr. Germanist. – 1930 Prof. in Freiburg (Schweiz), ab 1952 in Berlin; Arbeiten bes. zur dt. Literaturgeschichte. Zus. mit H. de Boor Begründer und z. T. Verf. der „Geschichte der dt. Literatur von den Anfängen bis zur Gegenwart" (1949 ff.).

New Amsterdam [engl. nju: 'æmstədæm], Stadt in Guyana, am Atlantik, 20 000 E. Landw. Handelszentrum; Hafen. – 1740 von Niederländern als **Fort Sint Andries** erbaut; britisch ab 1803.

Newark [engl. 'nju:ək], engl. Stadt in den East Midlands, Gft. Nottinghamshire, 24 100 E. Landmaschinenbau, Kugellagerfabrik, Nahrungsmittelind. – Sächs. Gründung; Stadtrecht nach 1549. – Pfarrkirche Saint Mary Magdalen (11.–15. Jh.) mit normann. Krypta.

N., Stadt in New Jersey, USA, an der Passaic Bay, 25 km wnw. von New York, 314 000 E, als Metropolitan Area 1,9 Mill. E. Sitz eines kath. Erzbischofs, Zweig der Rutgers University, TH (gegr. 1881); naturwiss., Kunst-, Industriemuseum. N. liegt im Zentrum eines der bedeutendsten Wirtschaftsgebiete der USA; u. a. chem., pharmazeut., Bekleidungs-, Leder-, Eisen-, Stahl-, Elektroind.; Finanzzentrum, Hauptsitz zahlr. Versicherungen; Überseehafen, Großflughafen (für New York). – 1666 von Puritanern gegr. Siedlung mit theokrat. Regiment; bis 1756 Sitz des College of New Jersey (↑Princeton).

New Bedford [engl. nju: 'bɛdfəd], Hafenstadt in SO-Massachusetts, USA, 96 500 E. Walfangmuseum; Textil- und Bekleidungsind., Maschinenbau; Fischereihafen, ✈. – 1652 von Siedlern der Plymouth-Kolonie gegr., war Ortsteil von Dartmouth, bis es 1787 als Town selbständig wurde; seit 1847 ist N. B. City.

New Brunswick [engl. nju: 'brʌnzwɪk], Stadt im nö. New Jersey, USA, 50 km sw. von New York, 40 200 E. Univ. (gegr. 1766), Herstellung von chirurg. Instrumenten und Arzneimitteln. – Wurde 1681 durch engl. Kolonisten aus Long Island gegründet.

N. B., (dt. Neubraunschweig) kanad. Prov. am Atlantik, 72 090 km², 724 000 E (1990), Hauptstadt Fredericton.

Landesnatur: N. B. gehört zum System der Appalachen, mit Plateaus, die von höher aufragenden Ketten (bis 820 m ü. d. M.) unterbrochen werden. Der gesamte zum Sankt-Lorenz-Golf gerichtete Landesteil von der Chaleur Bay bis Nova Scotia wird von Tiefland, das weit nach SW ausgreift, eingenommen. Rd. 85 % sind von Wäldern bedeckt, in denen Elche, Hirsche und Schwarzbären vorkommen. Die Bäche und Flüsse sind fischreich.

Bevölkerung, Wirtschaft, Verkehr: Das Geb. von N. B. wurde Ende des 16. Jh. von Franzosen besiedelt, seit der Mitte des 18. Jh. setzte eine Anglisierung ein; hinzu kamen aus den USA eingewanderte Loyalisten. 1986 lebten 9 400 Indianer in der Prov.; 46,9 % der Bev. sind brit., 33,3 % frz. Abstammung. N. B. verfügt über 4 Univ. – Wichtigster Wirtschaftszweig ist die auf dem Waldreichtum basierende Holzverarbeitung (u. a. Papierind.); das für die Landw. nutzbare Areal ist eng begrenzt; angebaut werden in überwiegend kleinbäuerl. Betrieben Futterpflanzen, Hafer und Kartoffeln. Sehr bed. ist die Fischerei (Hummer und Austern). An Bodenschätzen werden Zink-, Kupfer-, Blei-, An-

Nevers Stadtwappen

timonerze und Kali abgebaut. Eine Einnahmequelle ist auch der Tourismus. Die Streckenlänge der beiden transkanad. Eisenbahnlinien beträgt in N. B. 2768 km, das Highwaynetz ist rd. 3800 km lang, darunter 596 km des Trans-Canada-Highway. Wichtigster Seehafen ist der ganzjährig eisfreie Hafen von Saint John. N. B. verfügt über ✈ in Fredericton, Moncton und Saint John.

Geschichte: 1534 wurde das Gebiet des heutigen N. B. für Frankreich in Besitz genommen. König Jakob I. von England hatte jedoch das Gebiet 1621 dem Schotten William Alexander verliehen (Akadien). Nach Auseinandersetzungen zw. Franzosen und Briten mußte Frankreich 1763 seinen nordamerikan. Kolonialbesitz an Großbritannien abtreten. 1784 wurde das brit. Akadien in N. B. (Festlandsteil) und in Nova Scotia geteilt. 1867 gehörte N. B. zu den 4 Gründungsprov. des Dominions Kanada.

Newcastle [engl. 'nju:ka:sl], austral. Stadt in Neusüdwales, am Pazifik, 422000 E (1988). Anglikan. Bischofssitz; Univ. (gegr. 1965), Konservatorium, Gemäldesammlung; N. ist Australiens Schwerind.zentrum (Stahlwerke), basierend auf dem Steinkohlevorkommen an der Küste und im anschließenden Binnenland; Hafen; ✈. – 1804 als Sträflingssiedlung gegr.; seit 1885 City.

Newcastle-Krankheit [engl. 'nju:ka:sl] ↑Geflügelkrankheiten.

Newcastle upon Tyne. Die 1928 erbaute Tyne-Brücke, dahinter die 1845–49 erbaute doppelstöckige High Level Bridge

Newcastle upon Tyne [engl. 'nju:ka:sl ə'pɔn 'taɪn], Stadt in NO-England, Metropolitan County Tyne and Wear, 16 km oberhalb der Mündung des Tyne in die Nordsee, 192500 E. Verwaltungssitz der Gft. Northumberland; anglikan. und kath. Bischofssitz; Univ. (gegr. 1851), polytechn. Hochschule, medizin. Forschungsinst.; archäolog. Museum, Museum für Wiss. und Industrie, Werften, chem., Metall-, Leder-, Schuh-, Bekleidungs-, Elektroind., Maschinen- und Fahrzeugbau; Seehafen; ✈. – An der Stelle der röm. Station **Pons Aelii** entstand der heutige Ort um eine 1080 gebaute Burg; Stadtrecht 1216 bestätigt; 1400 Stadtgrafschaft, seit 1882 City. – Anglikan. Kathedrale (v. a. 14. Jh.); röm.-kath. Kathedrale (vollendet 1844); Guildhall (17. Jh.); Burg (12. Jh.); doppelstöckige High Level Bridge (1845–49), Tyne-Brücke (1928).

Newcastle upon Tyne Stadtwappen

Newcomb, Simon [engl. 'nju:kəm], *Wallace (Nova Scotia) 12. März 1835, †Washington (D. C.) 11. Juli 1909, amerikan. Astronom. – Bed. Arbeiten über die Bewegungen der Planeten und des Mondes sowie über Positionsastronomie und astronom. Konstanten.

Newcomen, Thomas [engl. 'nju:kəmən], *Dartmouth 28. Febr. 1663, †London 5. Aug. 1729, engl. Schmied. – Konstruierte 1712 die erste brauchbare Vakuumdampfmaschine, eine atmosphär. Kolbenmaschine, die in Kohlengruben und Wasserwerken eingesetzt wurde.

Newcomer ['nju:kʌmə; engl. „Neuankömmling"], jemand, der als Neuling innerhalb eines Betätigungsbereiches mit Erfolg auftritt.

New criticism [engl. 'nju: 'krɪtɪsɪzm „neue Kritik"], nach der programmat. Schrift „The n. c." (1941) J. C. Ransoms ben. amerikan. literaturwiss. Richtung, entstanden zu Beginn des 20. Jh. als Gegenbewegung zu einer positivist.-soziolog. Literaturwiss.; von B. Croce beeinflußt, betont der N. c. die Autonomie des literar. Kunstwerks und behandelt unter weitgehendem Verzicht auf histor., soziale und biograph. Hintergründe Fragen der deskriptiven Interpretation, der Stil- und Strukturanalyse, Probleme der Metaphorik, des Symbolcharakters der Dichtung sowie der sprachl. Mehrdeutigkeit. Hauptvertreter des N. c. sind u. a. A. Tate, R. P. Warren und C. Brooks.

New Deal [engl. 'nju: 'di:l „neues Geben" (im Kartenspiel)], plakative Bez. für die staatsinterventionist. Reformen, mit denen Präs. F. D. Roosevelt ab 1933 die Folgen der Weltwirtschaftskrise in den USA zu überwinden suchte. Zu den Maßnahmen des N. D. gehörten Arbeitsbeschaffungsprogramme (↑Tennessee Valley Authority), Drosselung der Überproduktion in Ind. (u. a. Arbeitszeitverkürzung, Erhöhung der Mindestlöhne) und Landw. (staatlich prämierte Verringerung der Anbauflächen), inflationäre Währungspolitik und dynam. Außenhandelspolitik, Gesetze zur Stärkung der Stellung der Gewerkschaften und für eine Alters-, Unfall- und Arbeitslosenversicherung; gleichzeitig wurde die Steuerprogression erhöht und mit einem Gesetz zur Entflechtung der großen Energiekonzerne den monopolist. Tendenzen entgegengewirkt; die Reformen des Banken- und Börsenwesens wurden weitergeführt, die Unterstützungsmaßnahmen für Landarbeiter und Pächter verstärkt. Wirtschaftspolitisch nur z. T. erfolgreich, bewirkte der N. D. eine allg. Aufbruchstimmung und mittels der ungewohnten Stärkung der Zentralgewalt eine Öffnung für das Prinzip des modernen Sozialstaats.

New England [engl. nju: 'ɪŋglənd] ↑Neuengland.

Newfoundland [engl. nju:fənd'lænd] (dt. Neufundland), kanad. Prov., besteht aus der Insel Neufundland und Teilen von Labrador, 371690 km², 573000 E (1990), Hauptstadt Saint John's.

Landesnatur: Das zum Kanad. Schild gehörende Labrador ist ein flachwelliges Hügelland um 500 m ü. d. M., das von einzelnen, bis etwa 1700 m Höhe ansteigenden Gebirgszügen unterbrochen wird. Die Insel *Neufundland* (108860 km²) ist der nördl. Ausläufer des Appalachensystems. Im W liegt ein Hochland mit der bis über 800 m ansteigenden Long Range, im Zentrum das 250–450 m hohe Avalon Peninsula. – Das Klima steht unter dem Einfluß des kalten Labradorstroms mit einer langen rauhen Frostperiode und kurzen feuchten Sommern. Nebel sind häufig. Etwa ²⁄₅ der Insel sind bewaldet, sonst überwiegt Tundrenvegetation mit zahlr. Seen, Sümpfen und Mooren. In N. finden sich Schwarzbär, Elch und Karibu, in Vogelschutzgebieten sind Tölpel, Seeschwalben, Alken u. a. Seevögel häufig.

Bevölkerung, Wirtschaft, Verkehr: Die überwiegend an den Küsten lebenden E sind zum größeren Teil brit., zum kleineren frz. Abstammung. Auf Labrador leben außerdem Eskimo. N. verfügt über eine Univ. in der Hauptstadt. – Wichtigste Erwerbszweige sind Holzwirtschaft mit Zellstoff- und Papierfabriken sowie die Küsten- und Hochseefischerei (Neufundlandbänke). An Bodenschätzen werden v. a. Eisenerze, aber auch Zink-, Blei- und Kupfererze gewonnen sowie im Off-shore-Bereich von Labrador Erdöl und Erdgas. Nachgewiesen sind Uran-, Kupfer-, Beryll- und Molybdänlagerstätten. – Das Eisenbahnstreckennetz ist 2346 km lang. N. verfügt über ein Straßennetz von 13257 km, davon 9126 km mit fester Decke, u. a. der östlichste Abschnitt des Trans-Canada-Highway. Wichtigster Seehafen ist Saint John's. Die Küstenschiffahrt spielt eine bed. Rolle (v. a. in Labrador), ebenso der Flugverkehr.

Geschichte: Um 1000 von normann. Seefahrern aufgesucht (Vinland), doch erst nach Entdeckung der Insel durch G. Caboto 1497, der sie für England beanspruchte, besiedelt. Die nach dem frz. Anspruch auf die Insel als Kolonie einsetzenden engl.-frz. Auseinandersetzungen wurden erst durch den Frieden von Utrecht beendet (1713), in dem Großbritannien seine Besitzansprüche durchsetzen konnte.

Erhielt 1855 volle Selbstregierung; 1949 als 10. Prov. in den Kanad. Bund aufgenommen.

New Hampshire [engl. nju: 'hæmpʃə], Bundesstaat im NO der USA, 24032 km², 1,1 Mill. E (1990), Hauptstadt Concord.

Landesnatur: Vorwiegend von einem stark gegliederten Bergland, das dem Appalachensystem angehört, eingenommen; höchste Erhebung in den White Mountains (Mount Washington 1917 m; Gipfelzone über der Waldgrenze). Mehr als 80 % der Staatsfläche sind von Wald bedeckt: im N herrschen Birken, Buchen, Tannen und Fichten, im S Ahorn, Eichen, Ulmen und Eschen vor. Charakteristisch ist die Weymouthskiefer. Der Virginiahirsch ist noch häufig anzutreffen, ebenso Elche, Schwarzbären und auch Nerze.

Bevölkerung, Wirtschaft, Verkehr: Nachdem bis in die zweite Hälfte des 19. Jh. vorwiegend Briten nach N. H. eingewandert waren, siedelten sich nach 1870 auch Frankokanadier, Iren, Polen, Italiener und Skandinavier an. Nur 0,4 % der Gesamtbev. sind Schwarze. In Durham besteht eine Univ. – Milch- und Geflügelwirtschaft; seit 1900 hat sich die landw. Nutzfläche um fast 80 % verringert; angebaut werden v. a. Futterpflanzen, Kartoffeln, Gemüse und Äpfel. Die Holzwirtschaft ist wichtig für die traditionelle Papierind.; Lederverarbeitung und Textilind. führen im verarbeitenden Gewerbe. Weitere wichtige Zweige sind Elektrotechnik und Elektronik sowie Maschinenbau. Der Fremdenverkehr spielt eine große Rolle. – N. H. verfügt über ein Straßennetz von 23563 km und ein Eisenbahnnetz von 978 km sowie über 34 ✈, davon 15 öffentliche.

Geschichte: Die Küste wurde 1603 und 1605 von S. de Champlain erkundet; N. H. wurde 1679 engl. Kronkolonie; setzte als erste Kolonie im Unabhängigkeitskampf den königl. Gouverneur ab; stimmte 1788 als 9. Staat der Verfassung der USA zu, die damit in Kraft trat.

New Haven [engl. nju: 'hɛɪvn], Stadt in Connecticut, USA, Hafen am Long Island Sound, 123500 E. Yale University (gegr. 1701), Colleges, Akad. der Künste und Wiss. von Connecticut; Handelszentrum eines Agrargeb.; Schiff- und Maschinenbau, Kautschukverarbeitung, Textilind.; Austernzucht. – Entstand 1638 als Puritanersiedlung; 1701–1875 mit Hartford Hauptstadt von Connecticut; City seit 1784.

New Hebrides [engl. nju: 'hɛbrɪdi:z], svw. Neue Hebriden, ↑Vanuatu.

Ne Win, eigtl. Maung Schu Maung, *Paungdale (Bezirk Prome) 24. Mai 1911, birman. General und Politiker. – 1958–60 Min.präs. und Verteidigungsmin.; 1962 Begründer und bis 1989 Vors. der Burma Socialist Programme Party; 1962–74 als Vors. des Revolutionsrates zugleich Min.präs. und Staatsoberhaupt; seitdem bis 1981 als Vors. des Staatsrats Staatsoberhaupt.

Newjanskit, Mineral (↑Iridosmium).

New Jersey [engl. nju: 'dʒə:zɪ], Bundesstaat im O der USA, 20169 km², 7,75 Mill. E (1990), Hauptstadt Trenton.

Landesnatur: Der Staat N. J. liegt zw. Delaware River, Hudson River und dem Atlantik und reicht im N bis in das Geb. der Appalachen. Klimatisch liegt N. J. in einem Übergangsgeb. mit einer feuchten, subtrop. südl. Klimazone und einer feuchten, mehr kontinentalen nördl. Zone.

Durch Besiedlung, Rodung und Trockenlegung der Küstenebene wurde viel von der natürl. Vegetation zerstört. Der einst verbreitete Hartholzwald ist weitgehend verschwunden, an seine Stelle sind niedrige Nadelholz- und Eichenbuschwälder getreten. Noch anzutreffen sind Rotwild, das Opossum, zahlr. Nager und Schlangen.

Bevölkerung, Wirtschaft, Verkehr: 13,6 % der E sind Schwarze, 1,5 % Asiaten und Indianer. N. J. ist der am dichtesten bevölkerte und mit 89 % der Bev. in städt. Siedlungen der nach Kalifornien am stärksten verstädterte Staat der USA. N. J. hat 7 Univ. und Colleges, bekannteste ist die Princeton University. – Die hochentwickelte Landw. beliefert mit ihren Produkten v. a. die städt. Märkte und die großen Konserven- und Tiefkühlkostfabriken. Dominierend sind der arbeitsintensive Gemüsebau und die Viehzucht; sehr bed. ist die Geflügelzucht. Auch die Fischerei spielt eine größere Rolle. Stark industrielle Konzentration; durch die Verkehrsverbindung mit New York (4 Brücken, 2 Tunnels) entwickelte sich die Ind. auch auf dem W-Ufer des Hudson River sehr schnell. Unter den zahlr. vertretenen Branchen sind die Elektronik-, die Bekleidungsind., die Stahlerzeugung und der Maschinen- und Fahrzeugbau hervorzuheben. Größte Bade- und Vergnügungsorte sind Atlantic City und Ocean City. N. J. hat eine führende Stellung in der Forschung der USA (Forschungsinst. der Ind., Institute for Advanced Study in Princeton) inne. Das Verkehrsnetz (54782 km Straßen und 3029 km Eisenbahnstrecken) ist sehr gut ausgebaut. Die Häfen am Hudson River weisen hohe Umschlagquoten auf. Es gibt 119 ✈.

Geschichte: Bis 1664 Teil der Kolonie Neuniederlande. Als England die Niederlande zur Übergabe ihrer nordamerikan. Besitzungen zwang, wurde N. J. zunächst Eigentümerkolonie und 1702 brit. Kronkolonie (bis 1738 vom Gouverneur von New York mitverwaltet). N. J. war im Unabhängigkeitskrieg Schauplatz wichtiger Gefechte zw. amerikan. und brit. Truppen; nahm 1787 als 3. Staat die Verfassung der USA an.

Newman [engl. 'nju:mən], Barnett, *New York 29. Jan. 1905, † ebd. 4. Juli 1970, amerikan. Maler. – Bed. Vertreter der ↑Farbfeldmalerei; seine meist monochromen Bilder sind auf meditative Wirkung hin angelegt.

John Henry Newman

N., John Henry, *London 21. Febr. 1801, † Birmingham 11. Aug. 1890, engl. anglikan., später kath. Theologe und Kardinal (ab 1879). – Anglikan. Geistlicher der hochkirchl. Richtung; begründete nach einem Romaufenthalt 1833 die ↑Oxfordbewegung; konvertierte 1845 zum Katholizismus; schloß sich in Rom den Oratorianern an; gründete 1848 und 1849 Oratorien in Birmingham und London; 1851–58 Rektor der neugegr. kath. Univ. in Dublin. – Schon als anglikan. Diakon kritisierte N. den theolog. Grundansatz des Kalvinismus sowie den zeitgenöss. religiösen Liberalismus. Mit seinem Aufsatz „Über die Befragung der Gläubigen in Sachen der Lehre" (1859) geriet er in Häresieverdacht. Zunächst Gegner, nach 1870 Befürworter der Unfehlbarkeit des Papstes. In seinem Hauptwerk „Essay in aid of a grammar of assent" (1870) entwickelte er die Lehre von dem „Folgerungssinn" als dem Erkenntnisorgan für das Lebendig-Konkrete; diesen setzte er jeder Form von liberaler Auflösung des Glaubens, der Erlebnisreligion und dem Rationalismus entgegen. – Seine theolog. Bed. liegt in der Durchdringung geschichtl. Erfahrungen der Kirchen der Reformation und der kath. Kirche, die auf einen ökumen. Zielpunkt hinführen. Sein geschichtl. Denken wirkte bis in die Theologie des 2. Vatikan. Konzils hinein.

Paul Newman

N., Paul, *Cleveland (Ohio) 26. Jan. 1924, amerikan. Schauspieler und Regisseur. – Seit 1953 am Broadway, seit 1955 auch beim Film, u. a. „Die Katze auf dem heißen Blechdach" (1958), „Süßer Vogel Jugend" (1961), „Man nannte ihn Hombre" (1967), „Der Clou" (1973), „Harry und Sohn" (1983; auch Regie), „Die Farbe des Geldes" (1986), „Sneakers – Die Lautlosen" (1992).

New Mexico [engl. nju: 'mɛksɪkoʊ] (dt. Neumexiko), Staat im S der USA, 314925 km², 1,52 Mill. E (1990), Hauptstadt Santa Fe.

Landesnatur: Der Zentralteil von N. M. wird von den Rocky Mountains (im Wheeler Peak bis 4011 m hoch) in N–S-Richtung durchzogen. Den NW nimmt das von zahlr. Cañons gegliederte Colorado Plateau ein. Im O reichen die Great Plains mit dem Llano Estacado bis an die Gebirgsketten. Im N des Staates herrscht Steppen-, im S Wüstenklima. N. M. hat mit 350 mm Jahresniederschlag die niedrigsten Werte aller Staaten der USA.

In den Gebirgszonen finden sich Fichte, Tanne und Kiefer, im Geb. der Great Plains Piniennuß und Wacholder. In den Wüsten trifft man neben Kakteenarten Yuccabaum, Mesquite- und Kreosotstrauch. – Die Tierwelt ist noch sehr artenreich: Maultierhirsch, Dickhornschaf, Rotluchs und Puma, zahlr. Schlangen und Spinnen.

Bevölkerung, Wirtschaft, Verkehr: Die Bev.dichte ist gering; 72 % der E leben in städt. Siedlungen, unter denen nur Albuquerque mehr als 100000 E zählt. Die 126000 in

24 Reservationen lebenden Indianer (Zuni, Apachen, Navajo) machen über 8 % der Gesamtbev. aus. Wegen des hohen Bev.anteils der Hispanos (36 %) ist neben Englisch auch Spanisch Amtssprache. Es bestehen 5 Univ. sowie eine Bergbauakad. – In der Landw. dominiert die Viehwirtschaft (Rinder). Im v. a. im O betriebenen Dry-farming wird v. a. Getreide angebaut, im Bewässerungsfeldbau in den Flußtälern Gemüse, Äpfel, Pfirsiche und Baumwolle. Wichtigstes Bergbauprodukt ist Uran (N. M. verfügt über $^2/_3$ der Uranerzvorräte der USA), außerdem werden u. a. Kalisalz, Erdöl und -gas, Gold, Silber und Türkise gefördert. Im verarbeitenden Gewerbe führen die chem., die Nahrungsmittel-, die Druckind., die Holzverarbeitung und der Maschinenbau. Zentren für militär. Forschung sind Alamogordo und Los Alamos. Beliebte Fremdenverkehrsziele sind die Indianerreservationen (indian. Kunsthandwerk) und der Carlsbad Cavern National Park. – Das Eisenbahnnetz umfaßt 3 318 km, das Straßennetz 128 318 km; über 70 ✈.
Geschichte: Das Gebiet des heutigen N. M. wurde 1540 von span. Konquistadoren erforscht. Die span. Kolonisation begann 1598. Ein großer Aufstand der Pueblo und Apachen 1680–92 zwang die Spanier, fast das gesamte Gebiet zu räumen; 1821 ging es in mex. Besitz über. 1846 annektierten die USA N. M. widerstandslos. Zum 1850 gebildeten Territorium N. M. gehörte auch das heutige Arizona, das 1863 selbständiges Territorium wurde. Wegen seiner wichtigen Verkehrswege (Santa Fe Trail) war N. M. bis 1886 Schauplatz harter Auseinandersetzungen mit den Indianern (insbes. unter Führung Geronimos). Nachdem die Wähler von Arizona und N. M. es 1906 abgelehnt hatten, einen gemeinsamen Staat zu bilden, wurde N. M. 1912 als 47. Staat in die Union aufgenommen.

New Orleans. Typisches Haus im französischen Stadtbezirk

New Orleans [engl. nju: 'ɔ:lɪənz, nju: ɔ:'li:nz], Stadt im Deltagebiet des Mississippi, Louisiana, USA, 531 700 E. Sitz eines kath. Erzbischofs, eines anglikan. und eines methodist. Bischofs; 6 Univ., medizin. Forschungszentrum, Colleges, Kunstmuseum. Bed. Handelsplatz (mehrere Warenbörsen) und Ind.standort, Erdöl- und Erdgasverarbeitung, Luft- und Raumfahrtind., Seefischerei mit Konservenherstellung, Schiffbau, Nahrungsmittel- und Textilind., Salzgewinnung, Gips-, Asbestverarbeitung; zweitgrößter Seehafen der USA; Endpunkt der Schiffahrt auf dem Mississippi, bed. Bahn- und Straßenknotenpunkt, internat. ✈.
Geschichte: 1718 von Franzosen gegr. und nach Philippe II., Herzog von Orléans (* 1674, † 1723) ben.; ab 1722 Hauptstadt der frz. Kolonie Louisiane; 1762–1803 in span. Besitz; kam 1803 zu den USA; 1812–49 Hauptstadt des Bundesstaates Louisiana. Die Entwicklung der Flußschiffahrt auf dem Mississippi machte N. O. zu einem wichtigen Handels- und Finanzzentrum der Region. 1963 wurde der Bau eines 120 km langen Kanals zw. dem Hafen und dem Golf von Mexiko beendet. – Im Sezessionskrieg leitete die Eroberung von N. O. im April 1862 durch eine Flotte der Union den Feldzug im Tal des Mississippi ein, der den strateg. Wendepunkt des Krieges zugunsten der Union brachte.
Bauten: Der älteste Teil, der frz. Stadtbezirk, ist charakterisiert durch schmale Straßen, alte Häuser mit Arkaden, Innenhöfen und schmiedeeisernen Balkonen. Im Mittelpunkt dieses Vieux Carré befinden sich die Saint Louis Cathedral (1792–94), der Cabildo (1795; ehem. Reg.sitz, jetzt Museum) und das Presbytère (1791; ehem. Pfarrhaus, jetzt Museum); Ursulinenkloster (1734), Bank of Louisiana (1821), der frz. Markt (1791). Nördl. des Vieux Carré der nach 1803 von Amerikanern angelegte Bezirk; Sportstadion „Louisiana Superdome" (1975); Piazza d'Halia (1976 bis 1978).

New-Orleans-Jazz [engl. nju: 'ɔ:lɪənz 'dʒæz] (New-Orleans-Stil), erste vollausgebildete Stilform des Jazz, die sich Ende des 19. Jh. in den Südstaaten der USA, speziell in New Orleans, entwickelte. Die charakterist. Besetzung einer New-Orleans-Band bestand aus drei melodietragenden Instrumenten (i. d. R. Kornett, Klarinette und Posaune) und einer Rhythmusgruppe mit Banjo, Tuba und Schlagzeug; später kam das Klavier hinzu, die Tuba wurde durch den Kontrabaß ersetzt.
Hauptvertreter des N.-O.-J. waren B. Bolden, J. „King" Oliver, L. Armstrong, J. R. Morton. Eine Variante war der von Kreolen gespielte **Creole Jazz** (Vertreter: S. Bechet, A. Nicholas, A. Picon, K. Ory). Ende des 19. Jh. entstand als Nachahmung des N.-O.-J. durch weiße Musiker der Dixieland. Nachdem der N.-O.-J. in den 1930er Jahren durch den Swingstil fast völlig aus dem Musikleben verdrängt worden war, kam es seit den 1940er Jahren und verstärkt seit den 1950er Jahren wiederholt zu sog. Revival-Bewegungen **(New-Orleans-Renaissance),** in denen der N.-O.-J. zunehmend popularisiert wurde.

Newport [engl. 'nju:pɔ:t], engl. Stadt im Zentrum der Insel Wight, 23 600 E. Verwaltungssitz der Gft. Isle of Wight, ihr Haupthafen, Ind.standort und Marktzentrum.
N., Stadt in SO-Wales, 105 400 E. Verwaltungssitz der Gft. Gwent; Museum, Kunstgalerie; Stahl-, Aluminium-, chem. und elektrotechn. Ind.; Hafen. – Entstand um eine 1126 errichtete normann. Burg; 1227 Stadtrecht. – Kathedrale (im Kern normannisch, erweitert im 13. und 15. Jh.).

New Providence Island [engl. nju: 'prɔvɪdəns 'aɪlənd] ↑ Bahamas.

New School for Social Research [engl. 'nju: 'sku:l fə 'soʊʃəl rɪ'sə:tʃ], Univ. für Sozialwiss. in New York, gegr. 1919; 1933 erweitert um die *Graduate Faculty of Political and Social Science,* die emigrierte europ. Gelehrten (viele dt. Herkunft) aufnahm („University in Exile").

News of the World [engl. 'nju:z əv ðə 'wə:ld „Nachrichten der Welt"], brit. Sonntagszeitung, ↑ Zeitungen (Übersicht).

Newsweek [engl. 'nju:z,wi:k „Nachrichten der Woche"], amerikan. Nachrichtenmagazin; gegr. 1933; auch europ. und pazif. Ausgaben.

New Thought Movement [engl. 'nju: 'θɔ:t 'mu:vmənt] ↑ Neugeistbewegung.

Newton, Sir (seit 1705) Isaac [engl. nju:tn], * Woolsthorpe bei Grantham (Lincoln) 4. Jan. 1643, † Kensington (= London) 31. März 1727, engl. Mathematiker, Physiker und Astronom. – Sohn eines Landwirts; wurde 1669 als Nachfolger seines Lehrers, I. Barrow (* 1630, † 1677), Prof. der Mathematik in Cambridge und 1672 Mgl. der Royal Society; man berief ihn 1699 zum Vorsteher der königl. Münze in London und 1703 zum Präsidenten der Royal Society. Sein Ruhm als Begründer der klass. theoret. Physik geht v. a. auf sein 1687 erschienenes Hauptwerk „Philosophiae naturalis principia mathematica" zurück, in dem er u. a. seine 3 *Axiome der Mechanik* (↑ Newtonsche Axiome) und sein bereits 1666 gefundenes *Gravitationsgesetz* formulierte; außerdem lieferte er grundlegende Beiträge zur Himmelsmechanik. N. entdeckte die Zusammensetzung des weißen Lichts aus den verschiedenen Spektralfarben als Ursache der Abhängigkeit des Brechungsindex von der Lichtfarbe (↑ Dispersion), er arbeitete an einer Farbenlehre und begründete eine Korpuskular-(Emanations-)Theorie des Lichtes. In der Mathematik entwickelte N. neben Leibniz die von ihm als *Fluxionenrechnung* bezeichnete Differentialrechnung; er betrieb außerdem intensive chem., alchimist., chronolog. und theolog. Studien.

Isaac Newton. Gemälde des zeitgenössischen englischen Malers Godfrey Kneller, 1689 (London, Kensington Palace)

Newton [engl. nju:tn; nach Sir I. Newton], Einheitenzeichen N, SI-Einheit der Kraft; Festlegung: 1 N ist gleich der Kraft, die einem Körper der Masse 1 kg die Beschleunigung $1\,m/s^2$ erteilt: $1\,N = 1\,kgm/s^2$.

Newtonmeter [engl. nju:tn; nach Sir I. Newton], svw. ↑ Joule.

Newtonsche Axiome [engl. nju:tn], die von Sir I. Newton aufgestellten Grundgesetze für die Mechanik eines Massepunktes: 1. Jeder Körper verharrt im Zustand der Ruhe oder der gleichförmig geradlinigen Bewegung, solange er nicht durch äußere Kräfte gezwungen wird, seinen Zustand zu ändern **(Trägheitsgesetz).** 2. Die Bewegungsänderung (Beschleunigung $\boldsymbol{a}$) eines Körpers der Masse m ist der einwirkenden Kraft $\boldsymbol{F}$ proportional und ihr gleichgerichtet: $\boldsymbol{F} = m \cdot \boldsymbol{a}$ **(dynamisches Grundgesetz).** 3. Die von zwei Körpern aufeinander ausgeübten Kräfte sind gleich groß und entgegengerichtet (actio = reactio; **Gegenwirkungsgesetz,** *Reaktions-* oder *Wechselwirkungsprinzip).*

Newtonsche Ringe [engl. nju:tn; nach Sir I. Newton] (Interferenzringe), Interferenzerscheinung in Form von aufeinanderfolgenden hellen und dunklen konzentr. Ringen (bei monochromat. Licht) bzw. Farbringen (bei weißem Licht). Drückt man eine schwach gewölbte konvexe Linse auf eine ebene Glasplatte, so befindet sich zw. ihnen eine keilförmige (plankonkave) Luftschicht. Senkrecht auftreffendes Licht wird z. T. an der vorderen, z. T. an der hinteren Grenzfläche der Luftschicht reflektiert. Die durch die Überlagerung der reflektierten Strahlen entstandenen Interferenzminima bzw. -maxima liegen auf konzentr. Kreisen *(Streifen gleicher Dicke),* deren gemeinsamer Mittelpunkt der Berührungspunkt zw. Linse und Glasplatte ist.

Newtonsches Abkühlungsgesetz [engl. nju:tn; nach Sir I. Newton], die physikal. Gesetzmäßigkeit der Temperaturabnahme eines Körpers der Oberflächentemperatur T, der sich innerhalb der Zeit t im Wärmeaustausch mit der Umgebung (Temperatur T_u) befindet: $dT/dt = -k(T - T_u)$ (k **Abkühlungskonstante**).

Newtonsches Gravitationsgesetz [engl. nju:tn; nach Sir I. Newton] ↑ Gravitation.

New Towns [engl. 'nju: 'taʊnz] (Neue Städte), in Großbritannien auf Grund der N. T. Act von 1946 und nachfolgender Gesetzgebungen entwickelte Neue Städte mit zentralörtl. Einrichtungen, Wohn- und Gewerbevierteln.

New Wave [engl. 'nju: 'weɪv „neue Welle"], Mitte der 1970er Jahre in den USA aufgekommene Strömung innerhalb der Rockmusik, z. T. vom engl. Punk Rock herkommend, ohne dessen Aggressivität zu übernehmen. In bewußter Distanz zu dem gesteigerten artifiziellen und techn. Anspruch zahlr. Rockgruppen der 1970er Jahre orientieren sich die N.-W.-Gruppen wieder mehr am „klass." Rock'n'Roll und an der Beatmusik der frühen 1960er Jahre; elektron. Klangzauber ist unerwünscht, die musikal. Struktur meist rockig einfach. Bekannte Vertreter waren u. a. Patti Smith (* 1946), Elvis Costello (* 1955) und Gruppen wie „Blondie" und „Talking Heads".

New York [engl. nju: 'jɔ:k], größte Stadt der USA, auf Inseln und am linken Ufer des Hudson River, der hier in den Atlantik mündet, Bundesstaat N. Y.; Greater N. Y. umfaßt 5 Stadtbez. (Bronx, Brooklyn, Manhattan, Queens, Richmond [auf Staten Island] mit zus. 781 km² und 7,35 Mill. E, die N. Y. Metropolitan Statistical Area hat insgesamt 9,08 Mill. E, die Consolidated Metropolitan Statistical Area mit den umliegenden Städten (in den Staaten N. Y., N. J. und Conn.) 18,05 Mill. E. N. Y. ist das kulturelle und wirtsch. Zentrum der USA, Sitz eines kath. Erzbischofs und von Bischöfen der armen., griech.-orth. und russ.-orth. Kirche, Zentrale mehrerer prot. Glaubensgemeinschaften, Hauptquartier der UN. Zahlr. Colleges und 6 Univ., darunter die City University of N. Y. (gegr. 1847) und die Columbia University (gegr. 1754). Hervorragende Museen, u. a. Metropolitan Museum of Art, Guggenheim-Museen (abstrakte Kunst), Museum of Indian Art, Naturkundemuseum; große Bibliotheken, Philharmon. Orchester; Juilliard School (für Musik, Theater und Tanz; gegr. 1905). Das ↑ Lincoln Center for the Performing Arts verfügt über mehrere Theater, Konzertsaal (1962 eröffnet) und die berühmte Met (↑ Metropolitan Opera); zahlr. Theater, v. a. am Broadway (Sprech-, Musical-, Revuebühnen); botan. Garten, zwei zoolog. Gärten. – Die Bev. setzt sich aus Menschen aller Nationalitäten zus.; es entstanden Stadtviertel mit typ. Gepräge, u. a. Chinatown (Chinesen), Harlem (Schwarze), Little Italy (Italiener). Der Anteil der Farbigen ist durch den Zuzug von Puertoricanern nach dem 2. Weltkrieg stark angestiegen. – N. Y. ist einer der größten Ind.standorte der USA; wichtigste Ind.zweige sind Fahrzeugbau, Baustoff-, Möbel-, Elektrotechn., elektron., Nahrungsmittelind., chem., Textil-, Eisenind., Druckereien. Bedeutendstes Handels- und Finanzzentrum der Erde, Sitz zahlr. Weltfirmen, internat. Handels- und Verkehrsgesellschaften, von Banken und Versicherungen, Börsenplatz (Wall Street) mit mehreren Rohstoffbörsen; Zentrum der Buch- und Zeitungsverlage der USA. Große wirtsch. Bed. hat der Hafen (nach dem Umschlag zweitgrößter der USA), die Uferlinie der Hafenanlage ist 930 km lang. Die Verkehrsprobleme werden verschärft durch die Insellage der City. Über 60 Brücken überspannen das Hafengelände, mehrere Tunnels unterqueren es, außerdem verkehren Fähren; U-Bahn, 12 Eisenbahnlinien schneiden sich in N. Y.; mehrere ✈ (Großflughäfen La Guardia und Newark), Kennedy International Airport.

Geschichte: 1626 als Handelsstation **Neuamsterdam** von dem in niederl. Diensten stehenden dt. Kolonisator P. Minnewit (* um 1580, † 1638/41) an der Spitze der unfruchtbaren Granitinsel Manhattan gegr. und zur Hauptstadt der Kolonie Neuniederlande gemacht; 1664 von engl. Kolonisten erobert und in N. Y. umbenannt. Von März 1789 bis Aug. 1790 war N. Y. Sitz der Unionsreg., bis 1797 Hauptstadt des Staates New York. Ende des 18. Jh. begann der planmäßige Aufbau (schachbrettartige Anlage des Straßennetzes, v. a. in Manhattan). Im 19. Jh. entwickelte sich N. Y. zur führenden Ind.- und Verwaltungsstadt der USA, begünstigt durch seine Lage (Nordatlantik-Schiffahrtslinie, Atlantikküstenschiffahrtslinie, Verbindung über den Erie Canal mit den Oberen Seen und Chicago) und den Einwandererstrom (seit etwa 1836; Nationalitätenviertel, erste Slums an der East Side). Nach dem Sezessionskrieg zogen viele Schwarze aus den Südstaaten nach N. Y. (Harlem). 1898 Gründung des Verw.-Bez. Greater N. Y. (= N. Y. City).

Bauten: Berühmt ist die ↑ Freiheitsstatue (1866) in der Hafeneinfahrt. Nach dem Bauboom der 1920er und 30er Jahre, in denen u. a. das Empire State Building (1931) und

New York Stadtwappen

New York
größte Stadt der USA
·
7,35 Mill. E
·
kulturelles und wirtsch. Zentrum des Landes
·
bedeutendstes Handels- und Finanzzentrum der Erde
·
1626 niederl. Gründung (Neuamsterdam)
·
Hauptquartier der UN
·
zahlr. Museen und Theater (Broadway)
·
Freiheitsstatue
·
Skyline

das Rockefeller Center (1931–40) entstanden, veränderte sich die Skyline Manhattans erst wieder nach dem 2. Weltkrieg. Errichtet wurden u. a. der Gebäudekomplex der Vereinten Nationen am East River (1953; 38 Stockwerke), das Lincoln Center (ab 1962), das Gebäude der Pan Am (1963; 59 Stockwerke, Hubschrauberlandeplatz), der Zwillingswolkenkratzer des World Trade Center (1973; 110 Stockwerke), die vier Türme des Financial Center (1982–88). An älteren Bauten sind u. a. zu nennen: Fraunces' Tavern (1719, nach Brand rekonstruiert), Saint Paul's Chapel (1764–66), Trinity Church (1846), City Hall (1812), Carnegie Hall (1891), Saint Patrick's Cathedral (1910). N. Y. verfügt über zahlr. Grünanlagen (17 % des Stadtgeb.), u. a. den 4 km langen, 800 m breiten Central Park in Manhattan.

N. Y., Bundesstaat im NO der USA, 127 190 km², 18,04 Mill. E (1990), Hauptstadt Albany.

Landesnatur: Der gesamte Raum zeichnet sich durch starke morpholog. Gliederung aus. Gebirge (die höchste Erhebung wird im Slide Mountain mit 1 281 m erreicht), Hoch- und Tiefebenen wechseln miteinander ab. Die S-Küste ist durch Nehrungen und Lagunen gegliedert. Das Klima ist kühlgemäßigt und feucht. Im Winter kommt es oft zu Kaltlufteinbrüchen aus dem Norden.

Das Geb. von N. Y. ist knapp zur Hälfte bewaldet; in den Gebirgsregionen herrschen Kiefern und Tannen vor. Im Bereich der Tiefländer dominiert offenes Kulturland, während auf den Plateaus Wald mit Grünland und Ackerland wechselt. In den bewaldeten Teilen ist noch viel Wild anzutreffen.

Bevölkerung, Wirtschaft, Verkehr: N. Y. weist neben New Jersey, Rhode Island u. a. eine der höchsten Bev.dichten der Bundesstaaten der USA auf. Fast alle europ. Einwanderergruppen sind vertreten, der Anteil der Schwarzen an der Gesamtbev. liegt bei 15,4 %. 85 % der E leben in Städten, allein 41 % in Greater New York. N. Y. hat 18 Univ. und polytechn. Hochschulen und berühmte Colleges. – Die hochentwickelte Landw. ist v. a. auf die Versorgung der städt. Agglomerationen ausgerichtet. Führend ist die Viehhaltung; Hauptanbauprodukte sind Getreide, Obst und Gemüse. N. Y. weist die höchste Ind.konzentration innerhalb der USA auf. Mehr als die Hälfte des gesamten Produktionswertes entfällt auf die Stadt New York. Dem

New York

Links: Skyline von Manhattan. Rechts: der Central Park in Manhattan

Links: Brooklyn Bridge vor der Kulisse des World Trade Centers (Twin Tower), 1973. Rechts: Wohnhaus in Chinatown

Fremdenverkehr bieten sich v. a. in den Gebirgsregionen und an den Seen lohnende Ziele (u. a. Niagarafälle). – Das Straßennetz beläuft sich auf 176 194 km, das Eisenbahnnetz auf 6 262 km; gut ausgebaut ist auch das Wasserstraßennetz (↑New York State Barge Canal); es gibt 472 ✈. **Geschichte:** 1609 segelte H. Hudson in niederl. Diensten den nach ihm ben. Fluß (bis ungefähr Albany) hinauf. Im gleichen Jahr drang S. de Champlain von Kanada aus ins heutige N. Y. vor und begr. die frz. Ansprüche, doch wurde der unmittelbare Konflikt zw. Franzosen und Niederländern (später Engländern) zunächst durch die Existenz einer Konföderation verschiedener Indianerstämme in der Mitte des heutigen Staates N. Y. verhindert. 1623 schufen die Niederländer die Kolonie Neuniederlande. Auf Grund der ihr 1621 verliehenen Charta entsandte die niederl. Vereinigte Westind. Kompanie die ersten Siedler, die Fort Orange (später Albany) anlegten; Neuamsterdam (New York) wurde 1626 gegr., 1664 erhielt der Hzg. von York (später Jakob II.) von seinem Bruder, König Karl II., weite Gebiete in Nordamerika als Eigentümerkolonie und wandelte sie 1685 in eine Kronkolonie um. Während des Unabhängigkeitskrieges war das Gebiet Schauplatz zahlr. Gefechte (u. a. Schlacht von Saratoga 1777); die Stadt New York blieb von brit. Truppen besetzt und bildete einen Zufluchtsort für viele sog. Loyalisten. 1777 gab sich der Staat N. Y. seine erste Verfassung und nahm am 26. Juli 1788 die Verfassung der USA als 11. Staat an. 1797 wurde Albany die Hauptstadt des Staates.

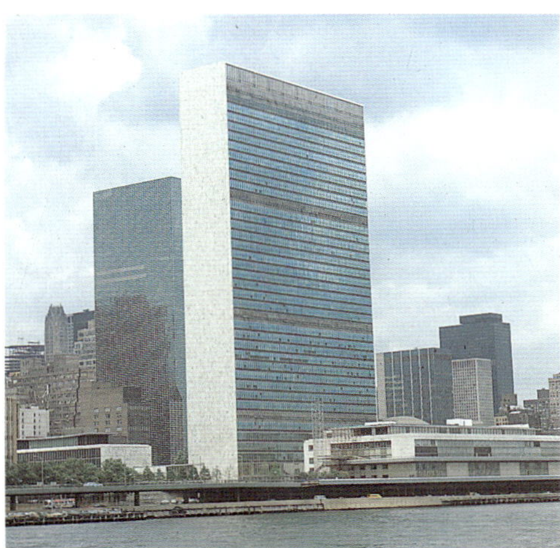
Gebäude der Vereinten Nationen am East River, 1953

Innenansicht des Guggenheim-Museums, 1956–59

New York Five, The [engl. ðə ˈnjuː jɔːk ˈfaɪv], amerikan. Architektengruppe in New York, die, anknüpfend an die Tradition der 1920er Jahre (Frühwerk von Le Corbusier), eine rationalist. Tendenz verfolgt: P. D. Eisenmann, M. Graves (* 1934), C. Gwathmey (* 1938), J. Hejduk (* 1929), R. A. Meier (* 1934).

New York Philharmonic Orchestra [engl. ˈnjuː ˈjɔːk fɪlɑːˈmɔnɪk ˈɔːkɪstrə] (New Yorker Philharmoniker), 1842 gegr. amerikan. Orchester (ältestes Orchester der USA), Chefdirigent: K. Masur (seit 1991). Frühere bed. Dirigenten waren u. a. G. Mahler, W. Mengelberg, A. Toscanini, J. Barbirolli, B. Walter, L. Stokowski, D. Mitropoulos, L. Bernstein, P. Boulez und Z. Mehta.

New York State Barge Canal [engl. ˈnjuːjɔːk ˈsteɪt ˈbaːdʒ kəˈnæl], Wasserstraßensystem des Staates New York, USA, das den Hudson River mit dem Sankt-Lorenz-Strom, den Großen Seen und den Finger Lakes verbindet; Gesamtlänge 845 km, erbaut 1905–18; Hauptteile sind der vom Niagara River abzweigende ↑Eriekanal, der Champlainkanal, der Oswegookanal (zw. Eriekanal bei Syracuse und Ontariosee) und der Cayuga-Seneca-Kanal (vom Eriekanal zu den Finger Lakes).

New York Times, The [engl. ðə ˈnjuː ˈjɔːk ˈtaɪmz], amerikan. Tageszeitung, ↑Zeitungen (Übersicht).

Nexø, Martin Andersen ↑Andersen-Nexø, Martin.

Nexus [lat.], Zusammenhang, Verbindung.

Ney, Elly [naɪ], * Düsseldorf 27. Sept. 1882, † Tutzing 31. März 1968, dt. Pianistin. – Interpretin v. a. der Klavierwerke Beethovens; schrieb die Autobiographie „Erinnerungen und Betrachtungen. Mein Leben aus der Musik“ (1957).

N., Michel [frz. nɛ], Hzg. von Elchingen (seit 1808), Fürst von der Moskwa (seit 1813), * Sarrelouis (= Saarlouis) 10. Jan. 1769, † Paris 7. Dez. 1815, frz. Marschall (seit 1804) dt. Herkunft. – Nahm an den Koalitionskriegen teil (1799 Divisionsgeneral), zeichnete sich v. a. 1812 bei Borodino aus. Von Ludwig XVIII. 1814 zum Pair ernannt, schloß sich 1815 erneut Napoleon an (Teilnehmer an der Schlacht von Belle-Alliance). Nach der Rückkehr der Bourbonen wurde N. als Hochverräter erschossen.

Nezval, Vítězslav [tschech. ˈnɛzval], * Biskupovice bei Trebitsch 26. Mai 1900, † Prag 6. April 1958, tschech. Schriftsteller. – Als Lyriker Vertreter der ↑Poésie pure; Neigung zum Surrealismus; nach 1945 Tendenz zu patriot. Dichtung. 1956 aus dem Schriftstellerverband ausgeschlossen; 1962 postum rehabilitiert. Auch Erzähler.

NF, Abk. für: **N**ieder**f**requenz.

Ngala, Bantustammesgruppe in N-Zaire, am rechten Ufer des Kongo; Rodungsfeldbau, Fischerei.

Ngala-Sprachen, Gruppe von Bantusprachen in Zaire und Kongo; i. e. S. Bez. nur für die Sprachen li-Ngala (Lingua franca auf beiden Seiten des Kongo), ba-Ngala (Handelssprache im nö. Zaire und Kongo) und ma-Ngala (allg. Sprache in Zaire, seltener in Kongo).

Ngamisee, fischreiches Sumpfgebiet in NW-Botswana, 65 km lang, 6–13 km breit.

Ngana, svw. ↑Nagana.

Ngaoundéré [frz. ngaundeˈre], Stadt in Nordkamerun, im Adamaua, 1 100 m ü. d. M., 47 500 E. Sitz eines Herrschers der Fulbe; landw. Handelszentrum; Schmuckherstellung. Endpunkt der Transkamerunbahn, ✈. – Guterhaltene Fulbestadt des 19. Jahrhunderts.

Ngô Đinh Diêm [vietnames. ŋo diɲ ziəm], * Quang Binh 3. Jan. 1901, † Saigon 2. Nov. 1963, vietnames. Politiker. – 1933 Innenmin.; Gegner der jap. Herrschaft (1940–45) und des Vietminh; 1950–53 Emigration; seit 1954 Min.präs. von Südvietnam, das er nach der Absetzung des Kaisers Bao-Đai im Okt. 1955 als Republik proklamierte; regierte als Staatspräs., gestützt auf Katholiken und Amerikaner, mit diktator. Mitteln; im Verlauf eines Militärputsches ermordet.

Ngoni, Bantustamm in Malawi, Sambia, Tansania und Moçambique; 1,175 Mill.

Ngorongorokrater, ↑Caldera im Hochland der Riesenkrater, in N-Tansania; 22 km Durchmesser, Kraterrand 2338 m ü. d. M., Kraterboden 1750 m ü. d. M.; Wildreservat.

Ngugi wa Thiong'o, eigtl. James Thiong'o Ngugi, *Limuru 5. Jan. 1938, kenian. Schriftsteller. – Einer der bekanntesten Autoren Schwarzafrikas; lebt seit 1982 im Exil in London. Schreibt in engl. Sprache und seiner Muttersprache Kikuyu v. a. Romane, die sich mit der Geschichte der Mau-Mau-Bewegung sowie den aktuellen Konflikten in Kenia auseinandersetzen; auch Vertreter des Agitationstheater. – *Werke:* Der Fluß dazwischen (R., 1964), Abschied von der Nacht (R., 1965), Freiheit mit gesenktem Kopf (R. 1967), Verbrannte Blüten (R., 1977), Der gekreuzigte Teufel (R., 1982), Matigari (R., 1989).

Nguni, Bantustammesgruppe in der Republik Südafrika, in Simbabwe und Sambia; 16 Mill.

Niamey

Hauptstadt der Republik Niger (seit 1926)
·
570 000 E
·
Wirtschafts- und Handelszentrum des Landes
·
Verkehrsknotenpunkt
·
Univ. (seit 1971)
·
1903 frz. Militärposten
·
ethnolog. Freilichtmuseum

Nguyên-Du [vietnames. ŋui̯ən zu] (auch Tô-Nhu'), *Tiên-Điên (Prov. Ha-Tinh) 1765, † Huê 1820, vietnames. Dichter. – Mandarin; sein Versroman „Das Mädchen Kiêu" gilt als Hauptwerk der klassischen vietnames. Literatur.

Nguyên Văn Linh [vietnames. ŋui̯ən va̯in lɪn], *Hung Yen (Prov. Hai Hung) 1. Juli 1915, vietnames. Politiker. – Wegen Untergrundaktivitäten gegen die frz. Kolonialmacht 1930–36 und 1941–45 in Haft; wurde 1936 Mgl. der KP Indochinas; organisierte im S Vietnams 1945–54 den Widerstand gegen die frz. Herrschaft, danach gegen die von den USA gestützte Reg. in Südvietnam (einer der Führer des Vietcong); seit 1960 Mgl. des ZK und 1976–82 sowie seit 1985 des Politbüros der KP Vietnams, seit 1986 Generalsekretär des ZK; leitete wirtsch. Reformen bei Aufrechterhaltung des kommunist. Führungsmonopols ein.

Nguyên Văn Thiêu [vietnames. ŋui̯ən va̯in θi̯əu̯], *Phan Rang (Prov. Ninh Thuân) 5. April 1923, südvietnames. General und Politiker. – Kämpfte bis 1954 auf frz. Seite gegen die Vietminh-Streitkräfte, 1963 am Sturz des Staatspräs. Ngô Đinh Diêm beteiligt, 1964/65 stellv. Min.-präs. und Verteidigungsmin., 1965 als Vors. des nat. Verteidigungsrates Staatsoberhaupt; seit 1967 Staatspräs.; hintertrieb die im Pariser Waffenstillstandsabkommen (1973) vorgesehene polit. Lösung des Vietnamkonflikts bis zu seinem Rücktritt (21. April 1975); lebt in den USA.

Ngwane, früher z. T. gebräuchl. Bez. für ↑Swasiland.

Nha Trang [vietnames. ɲa traŋ], vietnames. Prov.hauptstadt im Zentralen Tiefland, Hafen am Südchin. Meer, 173 000 E (1979). Kath. Bischofssitz; ozeanograph. Institut, Marineakademie, Luftfahrtschule; Fischerei.

Ni, chem. Symbol für ↑Nickel.

Niacin [Kw.], svw. Nikotinsäure (↑Vitamine).

Niagarafälle, Wasserfälle des Niagara River zw. Erie- und Ontariosee, in den USA und Kanada. Goat Island trennt die American Falls (51 m hoch, 350 m breit) von den Canadian (Horseshoe) Falls (49 m hoch, 790 m breit, über 90 % des gesamten Wasservolumens). Durch rückschreitende Erosion kommt es zu einer Rückverlegung um 1,4 m pro Jahr. Unterhalb der N. fließt der Niagara River in einer 11 km langen und fast 100 m tiefen Schlucht.

Niagara Falls [engl. naɪ'ægərə 'fɔ:lz], kanad. Stadt unterhalb der Niagarafälle, 72 000 E. Maschinenbau, Elektro-, Papier-, Leder-, chem., Textilind.; bed. Fremdenverkehr. Durch Brücken mit der gegenüberliegenden Stadt N. F. (USA) verbunden.

N. F., Stadt an den Niagarafällen, Bundesstaat New York, USA, 180 m ü. d.M., 64 600 E. Museum; bekanntes Touristenzentrum; Raumfahrtind., Maschinenbau, chem. u. a. Ind. – Entstand 1892.

Niagara River [engl. naɪ'ægərə 'rɪvə], Abfluß des Eriesees zum Ontariosee, Grenzfluß zw. den USA und Kanada, 55 km lang; schiffbar bis 30 km oberhalb und ab 10 km unterhalb der Niagarafälle.

Niamey [frz. nja'mɛ], Hauptstadt der Republik Niger, am linken Ufer des Niger, 195 m ü. d. M., 570 000 E. Sitz eines kath. Bischofs und einer Dep.verwaltung; Univ. (gegr. 1971), Forschungsinst. (u. a. zur Erforschung der Linguistik, Geschichte und mündl. Überlieferungen), Nationalmuseum mit ethnolog. Freilichtmuseum. Wirtschafts- und Handelszentrum des Landes; Lebensmittel-, Textil-, Kunststoff-, Holzind., Gerbereien; Straßenknotenpunkt, Brücke über den Niger, Hafen; internat. ✈. – Bestand bis 1925 aus einigen kleinen Dörfern und einem 1903 errichteten frz. Militärposten; 1926 Hauptstadt der frz. Kolonie Niger.

Niarchos, Stawros Spiros, *Athen 3. Juli 1909, griech. Reeder. – Besitzer eines der größten privaten Schiffahrtsunternehmen; gegr. 1939; setzte als erster Supertanker ein.

Niari, Fluß mit sehr unterschiedl. Wasserführung im S Kongos, im Oberlauf **Ndouo,** im Unterlauf **Kouilou** gen., mündet in den Atlantik, 700 km lang.

Nias, indones. Insel im Ind. Ozean, vor der SW-Küste Sumatras, 4772 km², bis 887 m hoch, Hauptort und -hafen Gunungsitoli. Die altmalaiische Bev. ist v. a. durch ihre megalith. Bauten (Dolmen, Menhire u. a.) und Holzskulpturen bekannt.

Niaux [frz. njo], Ort in den Pyrenäen, südl. von Foix (Ariège), Frankreich; bei N. befindet sich die 1400 m lange Höhle N. mit zahlr. bed. prähistor. Wandmalereien (Wildpferde, Hirsche, Steinböcke, Wisente), die dem jungpaläolith. Magdalénien angehören.

Nibelung, myth. german. Herrscher, König der *Nibelungen,* Besitzer des *Nibelungenhorts;* nach der Eroberung dieses Schatzes durch Siegfried wurde der Name auf ihn und die Burgunden übertragen.

Nibelungenlied, mittelhochdt. Heldenepos eines namentlich nicht bekannten Dichters um 1200 im Donaugebiet, das in 39 „Aventiuren" in der Form der ↑Nibelungen-

Niagarafälle. Links im Vordergrund die American Falls, rechts im Hintergrund die Canadian Falls

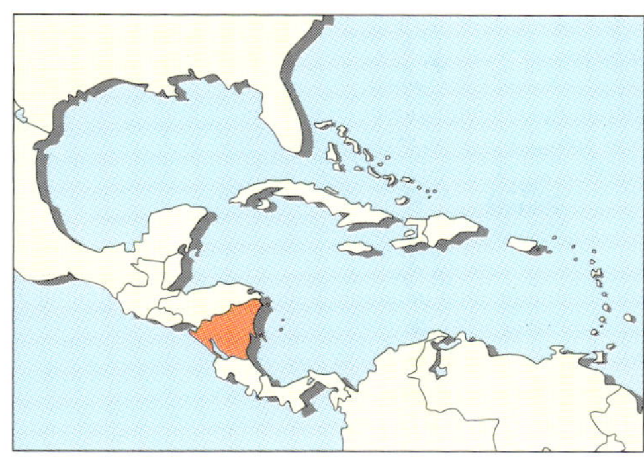

Nicaragua
Fläche: 120 254 km²
Bevölkerung: 3,6 Mill. E (1990), 29,9 E/km²
Hauptstadt: Managua
Amtssprache: Spanisch
Nationalfeiertag: 15. Sept. (Unabhängigkeitstag)
Währung: 1 Gold-Córdoba (C$) [seit 1990] = 100 Centavos (c)
Zeitzone: MEZ −7 Stunden

strophe von Siegfrieds Werbung um die burgund. Königstochter Kriemhild und der mit ihr verbundenen Gewinnung Brünhilds für König Gunther, der Vermählung beider Paare, von Siegfrieds Ermordung durch Hagen und von Kriemhilds Rache mit Hilfe des hunn. Königs Etzel (Attila) berichtet. Das N. gliedert sich in zwei urspr. selbständige Teile: die Siegfried-Brünhild-Kriemhild-Handlung und den Burgundenuntergang; dem zweiten Teil liegen geschichtl. Ereignisse zugrunde: die Vernichtung der Burgunden am Rhein durch die Hunnen 436 oder 437 und der Tod Attilas 453 in der Nacht seiner Hochzeit.
Von der Beliebtheit des N. zeugen 35 Handschriften (Fragmente) aus dem 13. bis zum frühen 16. Jh. Das N. wurde 1755 von J. H. Obereit (* 1725, † 1798) wiederentdeckt, 1757 von J. J. Bodmer teilweise und 1782 von C. H. Myller (* 1740, † 1807) vollständig publiziert. Es existieren zahlr. Bearbeitungen des Stoffes sowie eine Vielzahl von Gedichten, Balladen und bildl. Darstellungen.

Nibelungenstrophe, Strophenform des Nibelungenlieds; besteht aus vier paarweise reimenden Langzeilen; die Anverse haben vier Hebungen, wobei die vierte Hebung v. a. auf eine nebentonige Silbe fällt (klingende Kadenz), nur gelegentlich auf eine betonte (volle Kadenz). Die ersten drei Abverse bestehen aus drei Hebungen, der letzte Abvers aus vier.

NIC, Abk. für engl.: **N**ewly **I**ndustrializing **C**ountries (↑ Schwellenländer).

Nicäa ↑ Nizäa.

Nicaeno-Constantinopolitanum [ni'tsɛ:no...] ↑ Nizänokonstantinopolitanum.

Nicaenum [ni'tsɛ:nʊm] ↑ Nizänum.

Nicaragua [nika'ragua, span. nika'raɣu̯a] (amtl.: República de Nicaragua), Republik in Zentralamerika, zw. 11° und 15° n. Br. sowie 83° und 87° 30′ w. L. **Staatsgebiet:** Es grenzt im N an Honduras, im O an das Karib. Meer, im S an Costa Rica, im W an den Pazifik. **Verwaltungsgliederung:** 6 Regionen und 3 Sonderzonen. **Internat. Mitgliedschaften:** UN, OAS, ODECA, MCCA, GATT, SELA.
Landesnatur: An der karib. Küste, zu der die meisten Flüsse entwässern, erstreckt sich eine bis 80 km breite Küstenebene, die reich an Lagunen und Sümpfen ist *(Moskitoküste)*. Westlich davon erhebt sich mit allmähl. Anstieg ein Bergland, das im Grenzgebiet gegen Honduras 2 100 m ü. d. M. erreicht. Es bricht im W steil ab zu einem von Seen (Managua- und N.see die größten) erfüllten tekton. Graben, der parallel der Pazifikküste von NW nach SO verläuft. Hier sind Erdbeben häufig. Westl. des Grabens liegt eine Kette von Vulkanen (u. a. El Viejo, 1 780 m ü. d. M.). Zw. den Seen und der Pazifikküste ist im südl. Bereich ein bis 900 m hohes Bergland eingeschoben.
Klima: Das trop. Klima weist geringe jahreszeitl. Temperaturschwankungen auf: im Tiefland 22–26 °C, im Bergland 17–22 °C. Das zentrale Bergland bewirkt eine Trennung zw. den immerfeuchten Geb. mit 2 500–6 000 mm Niederschlag/Jahr im O und den wechselfeuchten Geb. im W mit maximal 2 000 mm Niederschlag/Jahr.
Vegetation: Über 50 % von N. sind mit trop. Regenwald bedeckt, der im karib. Raum nördl. des Rio Grande in Kiefernbestände übergeht; im westl. Küstenbereich breiten sich Savannen aus.
Tierwelt: In den Wäldern kommen noch Puma, Jaguar und Affen vor.
Bevölkerung: Die Mestizen stellen mit 69 % die größte Bev.gruppe; Weiße (14 %), Schwarze (einschl. Mulatten und Zambos, 13 %), Indianer (4 %). Die Mehrzahl ist röm.-kath. Glaubens. Zwei Drittel der Bev. leben zw. der Pazifikküste und den großen Seen. Dünn besiedelt ist das feuchtheiße karib. Tiefland, hier leben v. a. Indianer, Schwarze, Mulatten und Zambos. Allg. Schulpflicht besteht von 8–13 Jahren. Durch eine Alphabetisierungskampagne konnte die Analphabetenrate auf 12 % gesenkt werden. Vier der 16 Hochschulen des Landes haben Univ.rang.
Wirtschaft: Seit Mitte der 1980er Jahre befindet sich N. in einer schweren Wirtschaftskrise, die auch nach dem Machtwechsel 1990 weiter anhält. Ursachen sind bes. der langjährige Bürgerkrieg, die Einstellung der Wirtschaftshilfe durch die USA 1980–90 und das 1985 verfügte Handelsembargo (bis 1979 gingen rd. 80–90 % der Exporte in die USA), ein hohes Verteidigungsbudget sowie das gescheiterte Wirtschaftsmodell der sandinist. Regierung. Die neue Reg. verfolgt einen marktwirtsch. Kurs mit Reprivatisierung von Staatsbetrieben, Förderung von exportorientierter Landw. und Bekämpfung der Hyperinflation.
Die Landw. ist führender Wirtschaftszweig. Im pazif. Küstenland werden Baumwolle, Zuckerrohr und Bananen kultiviert. Im zentralen Bergland gibt es Kaffeeplantagen. An der karib. Küste wurden erst in neuerer Zeit Reis-, Bananen-, Zuckerrohr- und Kakaopflanzungen angelegt. Bei der Viehhaltung dominiert die Rinderzucht. Die in bäuerl. Kleinbetrieben angebauten Grundnahrungsmittel decken nicht den Eigenbedarf. Durch jahrelangen Raubbau sind die wertvollen Holzbestände (Mahagoni, Zedern, Rosenholz) weitgehend erschöpft. Im Karib. Meer werden vorwiegend für den Export Krabben und Langusten gefischt. Die reichen Bodenschätze sind erst wenig erschlossen, gewonnen werden Gold, Silber, Kupfererze. Die Ind. verarbeitet v. a. landw. Erzeugnisse, daneben werden Textilien, Leder-, Metallwaren und Arzneimittel hergestellt.
Außenhandel: Die Außenhandelsbilanz ist defizitär. Wichtige Ausfuhrprodukte sind Kaffee (38 %), Baumwolle, Fleisch, Zucker, Holz, Garnelen und Langusten, Bananen und Edelmetalle, eingeführt werden Maschinen und Apparate, chem. und pharmazeut. Erzeugnisse, Eisen und Stahl, Kfz, Erdöl u. a. Die wichtigsten Partner sind Japan, Belgien, die zentralamerikan. Länder (v. a. Mexiko), Kanada und Deutschland.
Verkehr: Das staatl. Eisenbahnnetz hat eine Länge von 334 km, daneben gibt es noch ein 55 km langes Privatbahnnetz der Bananenplantagen. Das Straßennetz hat eine Länge von 40 233 km, davon sind 6 437 km asphaltiert. Wichtigste Strecke ist der nicaraguan. Anteil (384 km) an der Carretera Interamericana. Die wichtigsten Häfen am Pazifik sind Co-

Nicaragua

Staatswappen

Internationales Kfz-Kennzeichen

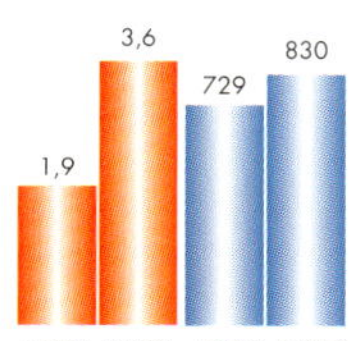

Bevölkerung (in Mill.) — Bruttosozialprodukt je E (in US-$)

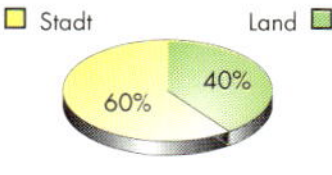

Bevölkerungsverteilung 1990

Bruttoinlandsprodukt 1989

rinto, Puerto Sandino und San Juan del Sur, am Karib. Meer El Bluff und Puerto Cabezas. Internat. ✈ bei Managua.

Geschichte: Frühe und vorkolumb. Kulturen in N. sind weitgehend noch unerforscht. Kolumbus entdeckte 1502 Kap Gracias a Dios und befuhr dann die gesamte atlant. Küste. 1522 eroberte G. González de Ávila das Gebiet und gab ihm den Namen N. (nach dem Stamm der Nicarao); seit 1524 gehörte es zum Generalkapitanat Guatemala. Die im gleichen Jahr gegr. Stadt León wurde 1531 Bistumssitz. Das 18. Jh. stand im Zeichen der Konflikte mit den Briten und den mit diesen seit 1670 in einem Schutzverhältnis stehenden Misquito-Indianern. Erste Unabhängigkeitsbewegungen begannen in Granada im Dez. 1811. Am 15. Sept. 1821 erklärte N. mit anderen Teilen des Generalkapitanats Guatemala seine Unabhängigkeit von Spanien und schloß sich dem mex. Kaiserreich an. Am 1. Juli 1823 erfolgte die 2. Unabhängigkeitserklärung bei der Bildung der Zentralamerikan. Föderation.

N. war das erste Land, das sich 1838 aus der Zentralamerikan. Föderation zurückzog. Die Misquito-Indianer erhoben sich sofort gegen die junge Republik, weil sie ihre Selbständigkeit bedroht sahen. Großbritannien intervenierte, zwang N., die Selbständigkeit der Moskitoküste anzuerkennen, und stellte dieses Gebiet unter seinen Schutz (bis 1860). Ständige Machtkämpfe zw. Konservativen und Liberalen begünstigten die polit. Karriere des nordamerikan. Abenteurers W. Walker, der 1854–57 diktatorisch regierte. Nach seinem Sturz folgte bis 1893 eine Periode konservativer Herrschaft. 1893 kam der dem liberalen Lager angehörende J. Santos Zelaya an die Macht, der die Misquito endgültig unterwarf und ihr Gebiet dem Staat eingliederte; er ließ das Land verkehrsmäßig und wirtsch. erschließen, verwickelte N. aber in Auseinandersetzungen mit den Nachbarrepubliken (v. a. mit Honduras wegen der Moskitoküste). Am folgenschwersten für N. war Zelayas Aversion gegen die USA; mit amerikan. Hilfe wurde er 1909 gestürzt. 1912 landeten die USA Marinetruppen; diese sicherten die nordamerikan. Interessen an der interozean. Kanalverbindung und griffen in den Bürgerkrieg ein. Gegen diese Fremdherrschaft formierte sich seit 1927 unter A. C. Sandino eine nat. Befreiungsbewegung, die Ende 1932 den Abzug der amerikan. Truppen durchsetzen konnte. Dennoch gewann in der Folge der Befehlshaber der von den USA aufgestellten Nat.garde, A. Somoza García, rasch an Einfluß; seine Familie baute sich eine wirtsch. beherrschende Stellung in N. auf. Bei den Präsidentschaftswahlen 1936 war er der einzige Kandidat; mit Ausnahme der Jahre 1946–50 hatte er dieses Amt bis zu seiner Ermordung (1956) inne und herrschte uneingeschränkt als Diktator. Sein Sohn, L. Somoza Debayle (* 1922, † 1967), übte das Amt bis 1963 aus; ihm folgte als Präs. R. Schick Gutiérrez (* 1909, † 1966), der Privatsekretär Somozas.

Giovanni Battista Niccolini

Al Nicholas

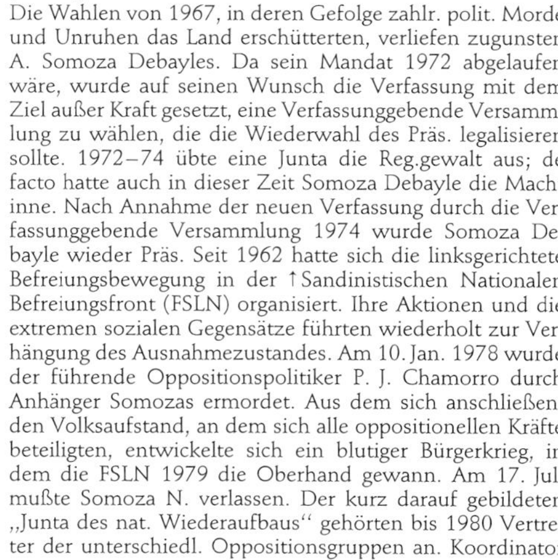

Die Wahlen von 1967, in deren Gefolge zahlr. polit. Morde und Unruhen das Land erschütterten, verliefen zugunsten A. Somoza Debayles. Da sein Mandat 1972 abgelaufen wäre, wurde auf seinen Wunsch die Verfassung mit dem Ziel außer Kraft gesetzt, eine Verfassunggebende Versammlung zu wählen, die die Wiederwahl des Präs. legalisieren sollte. 1972–74 übte eine Junta die Reg.gewalt aus; de facto hatte auch in dieser Zeit Somoza Debayle die Macht inne. Nach Annahme der neuen Verfassung durch die Verfassunggebende Versammlung 1974 wurde Somoza Debayle wieder Präs. Seit 1962 hatte sich die linksgerichtete Befreiungsbewegung in der ↑Sandinistischen Nationalen Befreiungsfront (FSLN) organisiert. Ihre Aktionen und die extremen sozialen Gegensätze führten wiederholt zur Verhängung des Ausnahmezustandes. Am 10. Jan. 1978 wurde der führende Oppositionspolitiker P. J. Chamorro durch Anhänger Somozas ermordet. Aus dem sich anschließenden Volksaufstand, an dem sich alle oppositionellen Kräfte beteiligten, entwickelte sich ein blutiger Bürgerkrieg, in dem die FSLN 1979 die Oberhand gewann. Am 17. Juli mußte Somoza N. verlassen. Der kurz darauf gebildeten „Junta des nat. Wiederaufbaus" gehörten bis 1980 Vertreter der unterschiedl. Oppositionsgruppen an. Koordinator

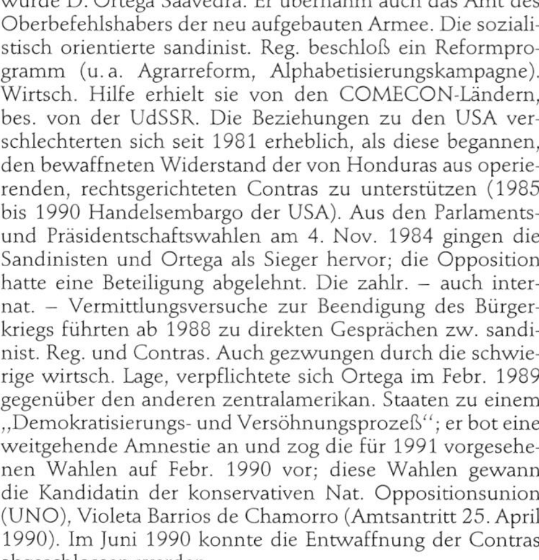

wurde D. Ortega Saavedra. Er übernahm auch das Amt des Oberbefehlshabers der neu aufgebauten Armee. Die sozialistisch orientierte sandinist. Reg. beschloß ein Reformprogramm (u. a. Agrarreform, Alphabetisierungskampagne). Wirtsch. Hilfe erhielt sie von den COMECON-Ländern, bes. von der UdSSR. Die Beziehungen zu den USA verschlechterten sich seit 1981 erheblich, als diese begannen, den bewaffneten Widerstand der von Honduras aus operierenden, rechtsgerichteten Contras zu unterstützen (1985 bis 1990 Handelsembargo der USA). Aus den Parlaments- und Präsidentschaftswahlen am 4. Nov. 1984 gingen die Sandinisten und Ortega als Sieger hervor; die Opposition hatte eine Beteiligung abgelehnt. Die zahlr. – auch internat. – Vermittlungsversuche zur Beendigung des Bürgerkriegs führten ab 1988 zu direkten Gesprächen zw. sandinist. Reg. und Contras. Auch gezwungen durch die schwierige wirtsch. Lage, verpflichtete sich Ortega im Febr. 1989 gegenüber den anderen zentralamerikan. Staaten zu einem „Demokratisierungs- und Versöhnungsprozeß"; er bot eine weitgehende Amnestie an und zog die für 1991 vorgesehenen Wahlen auf Febr. 1990 vor; diese Wahlen gewann die Kandidatin der konservativen Nat. Oppositionsunion (UNO), Violeta Barrios de Chamorro (Amtsantritt 25. April 1990). Im Juni 1990 konnte die Entwaffnung der Contras abgeschlossen werden.

Politisches System: Nach der Verfassung vom 9. Jan. 1987 ist N. eine Rep., die dem polit. Pluralismus und der Blockfreiheit verpflichtet ist. *Staatsoberhaupt,* Reg.chef sowie Oberbefehlshaber von Armee und Sicherheitskräften ist der Präs. (in allgemeinen Wahlen auf 6 Jahre gewählt). Er ernennt die Mgl. der Reg. und hat gegenüber dem Parlament ein zeitlich begrenztes Vetorecht. Die *Legislative* liegt bei der Nat.versammlung (92 Abg., für 6 Jahre gewählt). Bei den Wahlen vom Febr. 1990 bereitete das *Parteien*bündnis Nat. Oppositionsunion (UNO) der Sandinist. Nat. Befreiungsfront (FSLN) eine Niederlage. Größte *Gewerkschaft* ist die Central Sandinista de Trabajadores. Höchste Instanz der am span. Vorbild orientierten *Recht*sprechung ist der Oberste Gerichtshof.

Nicaraguasee, größter See Zentralamerikas, im SW von Nicaragua, 8 264 km², bis 70 m tief, 37 m ü. d. M.

Niccolini, Giovanni Battista, * San Giuliano Terme (Prov. Pisa) 19. Nov. 1782, † Florenz 20. Okt. 1861, italien. Dramatiker. – Verf. histor.-patriot. Dramen zw. Klassizismus und Romantik, u. a. „Nabucco" (1819).

Niccolò da Correggio [italien. nikko'lɔddakor'reddʒo], * Ferrara 1450, † ebd. 1. Febr. 1508, italien. Dichter. – Bed. ist die dramat. Dichtung „Fabula de Cephalo" (Uraufführung 1487, gedruckt 1510) in Oktaven, Terzinen und Kanzonen.

Nice [frz. nis] ↑Nizza.

Nichiren [jap. ni'tʃi͵ren, 'ni͵tʃiren], * Kominato (Präfektur Chiba) 1222, † Ikegami bei Tokio 1282, jap. Sektengründer. – Begründete die nach ihm ben. Sekte des jap. Buddhismus, die als autoritative Glaubensgrundlage allein den „Lotos der guten Religion" anerkennt, einen Text des nördl. Buddhismus. Als unduldsamer Prophet eines bewußt nat.-jap. Buddhismus verwarf N. alle anderen buddhist. Schulrichtungen.

Nicholas, Al[bert] [engl. 'nɪkələs], * New Orleans 27. Mai 1900, † Basel 3. Sept. 1973, amerikan. Jazzmusiker (Klarinettist). – Wirkte ab 1919 in New Orleans in den Gruppen von J. „King" Oliver und Kid Ory, später v. a. in Chicago und New York bei L. Russell, C. Webb und L. Armstrong, siedelte 1953 nach Europa über.

Nichols, Red [engl. 'nɪkəlz], eigtl. Ernest Loring N., * Ogden (Utah) 8. Mai 1905, † Las Vegas 28. Juni 1965, amerikan. Jazzmusiker (Trompeter, Orchesterleiter). – Wurde Ende der 1920er Jahre v. a. durch seine Band „Five Pennies" bekannt, der zeitweise Musiker wie J. Dorsey, B. Goodman, J. Teagarden und G. Miller angehörten.

Nicholson, Ben [engl. 'nɪkəlsn], * Denham (Buckinghamshire) 10. April 1894, † London 6. Febr. 1982, brit. Maler. – 1932–51 ∞ mit B. Hepworth. Von Stilleben und Architekturansichten ausgehende abstrakte Kompositionen.

N., Jack, * Neptune (N. J.) 22. April 1944, amerikan. Filmschauspieler. – Internat. Star durch Filme wie „Easy Rider" (1969), „Chinatown" (1974), „Einer flog über das Kuckucksnest" (1976), „Shining" (1980), „Wenn der Postmann zweimal klingelt" (1980), „Zeit der Zärtlichkeit" (1984), „Die Hexen von Eastwick" (1987), „Batman" (1989), „Eine Frage der Ehre" (1992), „Jimmy Hoffa" (1993).

Nichtangriffspakt, zw. zwei oder mehreren Staaten geschlossener Vertrag, in dem sich die Vertragspartner gegenseitig zusichern, bei der Lösung von Konflikten auf die Anwendung von Gewalt zu verzichten oder im Falle eines Krieges mit anderen Staaten im Verhältnis zueinander neutral zu bleiben.

Nichte [niederdt.] ↑ Neffe.

Nichtehe (Scheinehe), als Ehe begr. Verhältnis, das nicht die Rechtswirkungen einer Ehe auslöst. Sie ist v. a. dann gegeben, wenn die Ehe nicht vor einem Standesbeamten oder wenn sie zw. Personen gleichen Geschlechts geschlossen worden ist.

nichteheliche Kinder (außerehel. Kinder), Kinder einer unverheirateten Frau, in einer Nichtehe geborene Kinder, Kinder, deren Ehelichkeit wirksam angefochten worden ist, sowie Kinder aus aufgelösten Ehen, wenn sie später als 302 Tage nach der Eheauflösung geboren sind. Das gültige Recht für n. K. ist durch das Gesetz über die rechtl. Stellung n. K. vom 19. 8. 1969 (in Kraft seit 1. 7. 1970) geregelt. Grundsätzlich haben n. K. die gleichen Rechte wie ehel. Kinder.

N. K. stehen unter der elterl. Sorge der Mutter, erhalten deren Familiennamen und haben das Jugendamt als Pfleger zur Geltendmachung der Vaterschaft, des Unterhalts und zur Regelung des Erbrechts gegenüber dem Vater (gilt nicht in den neuen Bundesländern). Im Verhältnis zur Mutter und deren Verwandten haben n. K. grundsätzlich die Stellung von ehel. Kindern. Die Vaterschaft wird mit Wirkung für und gegen alle durch Anerkennung oder gerichtl. Entscheidung festgestellt (§§ 1600 a ff. BGB). Vater und Kind sind miteinander verwandt. Der Vater kann dem Kind mit dessen und der Mutter Einwilligung seinen Namen erteilen, jedoch hat er keine elterl. Sorge, nur die der Bestimmung der Mutter unterliegende Befugnis zum persönl. Verkehr. Bis zur Erlangung einer selbständigen Lebensstellung hat er dem Kind unter Berücksichtigung der Verhältnisse beider Eltern Unterhalt zu leisten, bis zur Volljährigkeit jedoch mindestens den gesetzl. Regelunterhalt. Abweichende Unterhaltsvereinbarungen und entgeltl. Abfindungsverträge sind zulässig. Das Kind beerbt den Vater nach allg. Recht, erhält aber statt des Erbteils nur einen ↑ Erbersatzanspruch. N. K. werden ehelich, wenn ihre Eltern heiraten (↑ Legitimation). Nach der Rechtssprechung des Bundesverfassungsgerichts hat das volljährige n. K. einen Anspruch auf Kenntnis seines leibl. Vaters.

Nichteinmischung, nach allg. *Völkerrecht* Pflicht eines Staates, sich Eingriffen in die inneren Angelegenheiten eines anderen Staates zu enthalten. Sie gilt nicht für von den UN beschlossene Maßnahmen bei Bedrohung oder Bruch des Friedens und bei Angriffshandlungen.

Nichteisenmetalle (NE-Metalle) ↑ Metalle.

Nichterfüllung, Nichterreichung des durch ein Schuldverhältnis angestrebten Erfolges. Die N. kann auf Unmöglichkeit der Leistung, auf Verzug oder auf mangelhafter Erfüllung beruhen. Mögl. Rechtsfolge ist Schadenersatz wegen N. (§§ 325 ff. BGB); weitere Regelungen in §§ 463 (Kauf), 538 (Miete), 635 (Werkvertrag).

Nichtigkeit, Unwirksamkeit von privaten wie auch von öff. Rechtsakten auf Grund schwerwiegender formaler oder inhaltl. Fehler oder Mängel. *Rechtsgeschäfte* sind nichtig bei Verstoß gegen ein gesetzl. Verbot, gegen die guten Sitten, bei Geschäftsunfähigkeit des Handelnden, bei Formmängeln und wenn ein Scheingeschäft vorliegt. Ist ein Teil eines Rechtsgeschäfts nichtig, so ist das ganze Rechtsgeschäft nichtig, es sei denn, es wäre auch ohne den nichtigen Teil vorgenommen worden. *Verwaltungsakte* und *Urteile* sind nur bei ganz schweren, offensichtl. Fehlern nichtig. Bei sonstigen Fehlern besteht Anfechtbarkeit und – bei Verwaltungsakten – Widerruflichkeit. Ein *Gesetz,* dessen Inhalt gegen eine Rechtsnorm höheren Ranges, insbes. die Verfassung verstößt, ist grundsätzlich nichtig.

Nichtigkeitsbeschwerde, 1. im östr. Strafprozeß Rechtsmittel gegen Urteile der Schöffen- und Geschworenengerichte an den Obersten Gerichtshof (§§ 281 ff., 345 StPO). – 2. **Nichtigkeitsbeschwerde zur Wahrung des Gesetzes,** im östr. Strafprozeß Rechtsbehelf gegen gesetzwidrige Urteile sowie gegen jeden gesetzwidrigen Beschluß (§§ 33, 292 StPO); kann nur von der Generalprokuratur beim Obersten Gerichtshof erhoben werden und dient einer vereinheitlichenden Kontrolle der Rechtsprechung.

Jack Nicholson

Nichtigkeitsklage, 1. Klage zur Wiederaufnahme rechtskräftig abgeschlossener Zivil- oder Verwaltungsprozesse auf Grund schwerer Verfahrensmängel. 2. Klage eines Gatten oder des Staatsanwalts zur Nichtigerklärung der Ehe wegen schwerer Mängel des Eheschlusses (z. B. Bigamie). 3. Verfahren zur Nichtigerklärung einer AG, GmbH oder Genossenschaft bei schweren Mängeln der Satzung (des Vertrags, des Statuts) sowie zur Feststellung der Nichtigkeit von Hauptversammlungsbeschlüssen einer AG. 4. Verfahren zur Nichtigerklärung von Patenten wegen fehlender Patentfähigkeit oder Verletzung der Rechte früherer Anmelder. 5. Klage eines Mgl.staates, des Rates, der Kommission oder eines unmittelbar betroffenen Bürgers beim Europ. Gerichtshof v. a. wegen Unzuständigkeit, Verletzung wesentl. Formvorschriften oder der Gemeinschaftsverträge.

Nichtleiter, svw. ↑ Dielektrikum.

nichtlineare Optik, Gebiet der Optik, das die Erscheinungen bei Einstrahlung durch Licht sehr hoher Intensitäten auf feste, flüssige oder gasförmige Stoffe beschreibt. Die hohen elektr. Feldstärken, die durch Laser erzeugt werden, haben nichtlineare Anteile in den Materialbeziehungen der ↑ Maxwellschen Gleichungen zur Folge, wie bei der Abhängigkeit der elektr. Polarisation von der elektr. Feldstärke. Typ. Effekte der n. O. sind u. a. die Frequenzverdopplung, die Erzeugung von Summen- und Differenzfrequenzen sowie nichtlineare Streuprozesse.

Nichtmetalle, chem. Elemente, deren Atome eine völlig (Edelgase) oder nahezu abgeschlossene Elektronenhülle aufweisen. Ihre chem. Eigenschaften werden weitgehend davon bestimmt, daß bei Elektronenaufnahme Energie frei wird; sie bilden dann negativ geladene Anionen, z. B. Cl^-, S^{2-}. Die N. (außer den Edelgasen) bilden mehratomige Moleküle (Cl_2, O_2, P_4, S_8) und kristallisieren meist in Molekülgittern. Sie zeigen keinen Metallglanz und nur geringe Leitfähigkeit für Elektrizität und Wärme. Etwa 20 chem. Elemente sind N.; der Übergang zu den Metallen ist fließend. Manche Elemente (z. B. Kohlenstoff, Phosphor) existieren sowohl in metall. als auch in nichtmetall. Modifikationen.

nichtpaktgebundene Staaten, svw. ↑ blockfreie Staaten.

Nichts, in der antiken Philosophie v. a. im Zusammenhang mit der Darstellung des Werdens und Vergehens von Dingen, in der christl. Kosmologie für Aussagen über die „Schöpfung aus dem N." verwendeter Begriff. In der Existenzphilosophie wird die Rede vom N. aus ihrem theolog. Bezugsrahmen gelöst und zur Darstellung der menschl. Existenz genutzt: Der Mensch hat sich selbst „aus dem N." seine Existenz zu geben (Sartre) und kann in der Begegnung mit dem N. seine Individualität finden (Heidegger).

Nichtseßhafte, im *Sozialhilferecht* Personen, die ohne gesicherte wirtsch. Lebensgrundlage umherziehen oder sich in Einrichtungen zur sozialen Wiedereingliederung aufhalten. N. haben Anspruch auf Sozial- und Wiedereingliederungshilfe (N.hilfe). – Die Strafbarkeit der Landstreicherei ist durch Gesetz vom 2. 3. 1974 beseitigt worden.

Nichtunterscheidbarkeit (Ununterscheidbarkeit), grundlegende Erkenntnis der Mikrophysik, nach der Mikroteilchen mit völlig gleichen Eigenschaften wie Ladung, Masse, Spin nicht unterscheidbar sind. Man spricht daher auch von **identischen Teilchen.**

nichtverbale Kommunikation (nonverbale K.), Bez. für alle nichtsprachl. Verhaltens- und Interaktionselemente (Gesten, Mimik, Körperhaltungen u. a.).

Friedrich Nicolai (Ausschnitt aus einem Gemälde von Anton Graff, um 1780)

Aurèle Nicolet

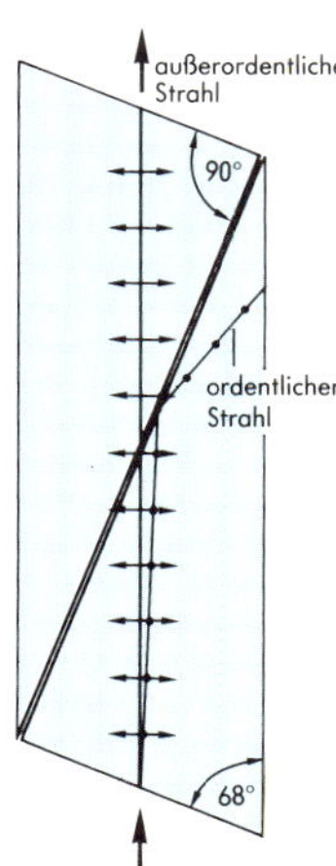

Nicolsches Prisma. Der außerordentliche Strahl ist parallel zur Zeichenebene polarisiert, der ordentliche Strahl senkrecht dazu

Nichtwiederkäuer (Nonruminantia, Suiformes), seit dem Eozän bekannte, im Miozän und Pliozän sehr formenreiche, heute nur noch mit drei Fam. (↑Schweine, ↑Nabelschweine, ↑Flußpferde) vertretene Unterordnung primitiver, hasen- bis nilpferdgroßer Paarhufer mit einfach gebautem Magen.

Nichtzulassungsbeschwerde, im Verwaltungs-, Arbeits-, Sozial- und Finanzgerichtsverfahren ein Rechtsmittel gegen die Nichtzulassung der Revision (u. U. auch der Berufung) durch das Gericht, dessen Entscheidung angefochten werden soll. Sie muß binnen Monatsfrist nach Urteilszustellung bei diesem Gericht eingelegt werden. Erfolgt keine Abhilfe, so entscheidet das übergeordnete Gericht.

Nickbewegung ↑Nickmoment.

Nickel [gekürzt aus schwed. kopparnickel „Kupfernikkel", der Bez. für Rotnickelkies – ein Erz, das man von Berggeistern (Nickeln) verhext glaubte, da sich aus ihm trotz der kupfernen Farbe kein Kupfer gewinnen ließ], chem. Symbol Ni, metall. Element aus der VIII. Nebengruppe des Periodensystems der chem. Elemente, Ordnungszahl 28, relative Atommasse 58,70, Dichte 8,902 g/cm³, Schmelzpunkt 1 453 °C, Siedepunkt 2 732 °C. N. ist ein silberweißes, gut verformbares Schwermetall, das sehr resistent gegenüber Sauerstoff, Wasser, nichtoxidierenden Säuren und Alkalien ist und in seinen Verbindungen meist zwei-, seltener ein-, drei- oder vierwertig auftritt. N. steht in der Häufigkeit der chem. Elemente an 22. Stelle und ist in der Erdkruste zu 0,015 Gew.-% enthalten; es kommt in der Natur nicht gediegen vor. Die wichtigsten N.erze sind Garnierit und Pentlandit, weniger Bed. hat Rotnickelkies. Die Darstellungsverfahren für N. hängen von der Art der Erze ab. So wird Garnierit mit Gips und Kohle verschmolzen, wobei N.sulfid entsteht, das nach Röstung (Umwandlung in NiO) zu lockerem Roh-N. reduziert wird. Bei Kiesen sind komplizierte Anreicherungs- und Umschmelzungsverfahren notwendig. Das Roh-N. kann elektrolytisch oder über N.tetracarbonyl in Rein-N. von 99 % *(Elektrolyt-N.)* oder 99,99 % *(Carbonyl-N.)* übergeführt werden. Man verwendet N. v. a. zur Herstellung nichtrostender Stähle und anderer N.legierungen, z. B. Konstantan, Monel, Neusilber und Invar.

Nickelblüte (Annabergit), monoklines Mineral von apfelgrüner Farbe, meist erdig; $Ni_3[AsO_4]_2 \cdot 8\ H_2O$; Mohshärte 2; Dichte 3,1 g/cm³. Verwitterungsprodukt von Nickelerzen.

Nickel-Cadmium-Akkumulator, Akkumulator, bei dem Nickeloxid als Kathode, Kalilauge als Elektrolyt und Cadmium als Anode dient; die Spannung liegt bei etwa 1,2 Volt pro Zelle. N.-C.-A. werden immer häufiger als wiederaufladbare Batterien eingesetzt.

Nickeloxide, Sauerstoffverbindungen des Nickels; technisch wichtig ist das Nickel(II)oxid NiO, eine graugrüne, wasserunlösl. Substanz, die als Katalysator und zum Färben von Glas, Keramik u. a. dient.

Nickelsulfat, $NiSO_4$, das Nickelsalz der Schwefelsäure; grüne, kristalline, gut wasserlösl. Substanz, die zur galvan. Vernickelung sowie zur Herstellung von Nickelkatalysatoren verwendet wird.

Nicker (Nickfänger) ↑Jagdwaffen.

Nickhaut (Membrana nictitans), drittes Augenlid vieler Wirbeltiere, das als häufig durchsichtige Bindehautfalte meist im inneren Augenwinkel entspringt, hier von besonderen Nickhautdrüsen befeuchtet wird und durch bestimmte Muskeln unterhalb der beiden anderen Augenlider von innen oben schräg nach unten über den Augapfel ausgebreitet werden kann. Bei den Fischen besitzen nur wenige (z. B. Blauhaie, Hammerhaie) eine N., bei den Amphibien kommt sie bei den Froschlurchen vor. Die Sauropsiden (Reptilien, Vögel) weisen immer, die Säugetiere z. T. eine N. auf.

Nicklin, svw. ↑Rotnickelkies.

Nickmoment, das um die [horizontale] Fahrzeug- oder Flugzeugquerachse wirkende Drehmoment; verursacht meist pendelnde *Nickbewegungen* (beim Kfz z. B. beim Bremsen). Bei Schiffen spricht man vom Stampfen.

Niclas Hagnower [ˈhaːgnaʊər] (Nikolaus [Niklaus] von Hagenau, Nikolaus Hagenauer), *Hagenau um 1445, †vermutlich Straßburg vor 1538, oberrhein. Bildhauer. – 1493–1526 in Straßburg nachweisbar, wo er für das Münster 1500/01 den Hochaltar („Fronaltar") schuf, von dem eine Beweinung Christi (Straßburg, Sankt Stephan) und vermutlich zwei Prophetenbüsten (ebd., Frauenhausmuseum) erhalten sind. Als Hauptwerk gelten die Schreinfiguren des Isenheimer Altars (um 1490; Colmar).

Nicolai [nikoˈlaɪ, ˈnɪkolaɪ], Friedrich, *Berlin 18. März 1733, †ebd. 8. Jan. 1811, dt. Schriftsteller und Verleger. – Vertreter der Aufklärung; ab 1758 Leiter der väterl. Verlagsbuchhandlung. Als Hg. zahlr. Zeitschriften Exponent des Buchhandels seiner Zeit. Befreundet mit Lessing und M. Mendelssohn, mit denen er ab 1759 die Zeitschrift „Briefe, die neueste Literatur betreffend" herausgab, die dann 1765 von der von N. bis 1805 hg. „Allg. Dt. Bibliothek" (107 Bde., 10 Registerbde.) abgelöst wurde. Literaturfehde mit Goethe, Schiller und Vertretern der Romantik (u. a. „Freuden des jungen Werthers ...", 1775). Schrieb auch Romane, u. a. „Das Leben und die Meinungen des Herrn Magisters Sebaldus Nothanker" (1773–76).

N., Otto, *Königsberg (Pr) 9. Juni 1810, †Berlin 11. Mai 1849, dt. Komponist. – Schüler C. F. Zelters; wurde 1841 Hofkapellmeister in Wien und begr. die Philharmon. Konzerte; ab 1847 Dirigent des Domchores und der Königl. Oper in Berlin. Bekannt durch seine kom. Oper „Die lustigen Weiber von Windsor" (1849; nach Shakespeare).

N., Philipp, *Mengeringhausen (= Arolsen) 10. Aug. 1556, †Hamburg 26. Okt. 1608, dt. luth. Theologe und Liederdichter. – Verf. von Polemiken und Erbauungsschriften; bekannt v. a. durch seine 1599 u. d. T. „Frewden Spiegel deß ewigen Lebens" erschienenen, heute noch gesungenen Kirchenlieder (u. a. „Wie schön leuchtet der Morgenstern", „Wachet auf, ruft uns die Stimme").

Nicolaus von Kues [kuːs] ↑Nikolaus von Kues.

Nicole, Pierre [frz. niˈkɔl], *Chartres 19. Okt. 1625, †Paris 16. Nov. 1695, frz. kath. Theologe und Philosoph. – Führender Vertreter des Jansenismus von Port-Royal. Das mit A. Arnauld verfaßte, als „Logik von Port-Royal" bekannte Werk „La logique ou l'art de penser" (1659) zielt auf Reform der Logik und untersucht und entwickelt allg. die Regeln vernünftiger Denkoperationen.

Nicolet, Aurèle [Georges] [frz. nikɔˈlɛ], *Neuenburg 22. Jan. 1926, schweizer. Flötist. – 1950–59 Soloflötist der Berliner Philharmoniker, ab 1953 Prof. an der Berliner, seit 1965 an der Freiburger Musikhochschule. Gastiert als bed. Virtuose in den internat. Musikzentren. Bekannt v. a. als Interpret der Werke J. S. Bachs, Mozarts sowie zeitgenöss. Musik.

Nicolò dell'Abate [italien. nikoˈlɔ dellaˈbaːte], italien. Maler, ↑Dell'Abate, Nicolò.

Nicolsches Prisma [engl. ˈnɪkəl; nach dem brit. Physiker W. Nicol, *um 1768, †1851], auf der Erscheinung der ↑Doppelbrechung beruhendes Prisma zur Erzeugung linear polarisierten Lichts. Das N. P. besteht aus zwei oder mehr Teilprismen doppelbrechender Kristalle, wie Kalkspat, die mit Kanadabalsam verkittet sind. Beim Eintritt in das N. P. wird ein Lichtstrahl in zwei Teilstrahlen zerlegt, die senkrecht zueinander polarisiert sind. Während der *ordentl.* Strahl an der Kanadabalsamschicht total reflektiert wird, verläßt der *außerordentl.* Strahl das N. P. in urspr. Richtung.

Nicolson, Sir (seit 1953) Harold George [engl. ˈnɪkəlsn], *Teheran 21. Nov. 1886, †Sissinghurst Castle (Kent) 1. Mai 1968, brit. Diplomat und Schriftsteller. – 1909–29 im diplomat. Dienst; 1913–45 ⚭ mit V. M. Sackville-West. Verfaßte Biographien (u. a. „Byron", 1924; „König Georg V.", 1952) und Arbeiten zur Diplomatiegeschichte. 1935–45 Mgl. des Unterhauses (National Labour Party), trat 1947 der Labour Party bei.

Nicoya, Península de [span. peˈninsula ðe niˈkoja], größte Halbinsel Costa Ricas, am Pazifik, 120 km lang und 30–50 km breit, im Zentrum ein bis 1 168 m hohes Bergland. Die P. de N., Guanacaste (Prov. in Costa Rica), die Isla de Ometepe und SW-Nicaragua bilden den Bereich der archäolog. Kulturprov. *Groß-Nicoya,* die sich entlang dem Pazifik erstreckt. Charakteristisch ist die Jadebearbeitung zw. 300 v. Chr. und 500 n. Chr.; die polychrome Keramik zeigt teilweise mex. Motive, Großsteinplastiken ab 1000 n. Chr. Über die Träger der Kultur ist wenig bekannt.

Nidaros ↑Drontheim.

Nidation [zu lat. nidus „Nest"] (Einbettung, Implantation), das Sicheinbetten bzw. die Implantation eines befruchteten Eies in die Gebärmutterschleimhaut.

Nidau, Hauptort des Bez. N. im schweizer. Kt. Bern, am Ausfluß der Aare aus dem Bieler See, 434 m ü. d. M., 8 100 E. Apparatebau, Uhrenherstellung. – Bei der vor 1196 von den Grafen von Neuenburg erbauten Wasserburg 1338 gegr. Stadt. – Schloß (v. a. 1630), barockes Rathaus (18. Jh.).

Nidda, hess. Stadt am S-Rand des Vogelsbergs, 133 m ü. d. M., 16 900 E. Kunststoff- und Spanplattenwerk, Herstellung von Papier u. a. Kurbetrieb im Ortsteil **Bad Salzhausen.** – Im 10. Jh. erstmals urkundlich erwähnt; Stadtrechte seit 1311. – Ev. Stadtkirche (1616–18), klassizist. Rathaus (1811).

N., rechter Nebenfluß des Mains, entspringt am Vogelsberg, mündet in Frankfurt am Main, 98 km lang.

Nidden ↑Neringa.

Nidderau, hess. Stadt in der südl. Wetterau, 15 200 E. Kern der 1970 gebildeten Stadt ist Windecken, dazu kommen Heldenbergen, Ostheim, Erbstadt und Eichen; Maschinenfabriken; Pendlerwohngemeinde.

Nidularie [...i-ɛ; zu lat. nidus „Nest"] (Nestrosette, Nidularium), Gatt. der Ananasgewächse mit rd. 20 Arten in den feuchten Wäldern Brasiliens; mit rosettenartig angeordneten, dornig gezähnten Blättern und endständigem Blütenstand; Zierpflanzen.

Nidwalden, Kurzname des schweizer. Halbkantons ↑Unterwalden nid dem Wald.

Niebergall, Ernst Elias, Pseud. E. Streff, *Darmstadt 13. Jan. 1815, †ebd. 19. April 1843, dt. Mundartdichter. – Lehrer in Dieburg und Darmstadt. Von seinen in Darmstädter Dialekt geschriebenen Lokalstücken hatte „Datterich" (1841), die Tragikomödie eines Aufschneiders, den größten Erfolg.

Niebuhr, Barthold Georg, *Kopenhagen 27. Aug. 1776, †Bonn 2. Jan. 1831, dt. Historiker. – Ab 1800 im dän., 1806–10 und 1816–23 im preuß. Staatsdienst, ab 1823 Prof. in Bonn. Aus Vorlesungen an der Berliner Univ. (1810–12) ging sein Hauptwerk („Röm. Geschichte", 1812–45) hervor, durch das er die histor. Quellenkritik begründete.

N., Reinhold, *Wright City (Mo.) 21. Juni 1892, †Stockbridge (Mass.) 9. Juni 1971, amerikan. ev. Theologe. – 1928–60 Prof. für christl. Ethik am Union Theological Seminary in New York. N. wandte sich sowohl gegen die liberale Theologie, wie sie in Amerika v. a. von den Theologen des ↑Social Gospel vertreten wurde, als auch gegen die Orthodoxie. N. entwickelte im Anschluß an P. Tillich eine christl. Philosophie der Geschichte. Für N. ist das Evangelium die Norm, nach der er Geschichte und Gesellschaft beurteilt. – *Werke:* Moral man and immoral society; a study in ethics and politics (1932), Die Kinder des Lichts und die Kinder der Finsternis (1944), Glaube und Geschichte (1951), Christl. Realismus und polit. Probleme (1953).

Niebüll, Stadt in der Nordfries. Marsch, Schl.-H., 2 m ü. d. M., 6 700 E. Fries. Heimatmuseum; Handelszentrum. Verladebahnhof für den Kraftverkehr nach Sylt. – Erhielt 1960 Stadtrecht. – Barocke ev. Kirche (1728/29); got. ev. Kirche Deezbüll (13. Jh.).

Niederadel, Bez. für den Adel niederer Rangstufen. Im Hl. Röm. Reich gehörten dazu v. a. die Reichsritterschaft, der landsässige Adel sowie das städt. Patriziat.

Niederafrika ↑Afrika.

Niederalemannisch, oberdt. Mundart, ↑deutsche Mundarten.

Niederalteich, bayr. Ort am linken Ufer der Donau, 1 600 E. Sitz eines ökumen. Inst., Ursulinenkonvent. – Benediktinerabtei (gegr. im 8. Jh.; 1803 säkularisiert, seit 1930 wieder Abtei). – Urspr. got. Kirche (1718–22 barockisiert; Chor 1724–26 von J. M. Fischer).

Niederbayern, Reg.-Bez. in Bayern.

Niederblätter (Kataphylla), an der Basis einer Sproßachse (oberhalb der Keimblätter) auftretende einfache, schuppenförmige Blattorgane mit reduzierter Spreite. – Ggs.: ↑Hochblätter.

Niederburgund ↑Burgund.

niederdeutsche Literatur, die Literatur in niederdt. Sprache ist in ihrem histor. Ablauf mit der hochdt., im hohen MA auch der niederl. Literatur eng verbunden.

Altniederdeutsche Literatur (altsächs. Literatur): Der Hauptteil der erhaltenen Literatur gilt der christl. Mission, wobei das Stabreimepos „Heliand" (um 830) einen bes. Rang einnimmt. In dessen Nachfolge entstand die altsächs. „Genesis", die nur bruchstückhaft überliefert ist.

Mittelniederdeutsche Literatur: Den Hauptanteil lieferte die Prosaliteratur (v. a. Rechtsbücher und Chronistik), die mit dem Rechtsbuch „Sachsenspiegel" (um 1224–31) des Eike von Repgow und der zeitweilig ihm zugeschriebenen „Sächs. Weltchronik" eröffnet wurde. Sehr populär war das erzählende geschichtliche Volkslied (z. B. „Mühlenlied", „Störtebeker"). Beispiele ep. Dichtungen nach fläm. Muster sind die *höf. Romane* „Flos unde Blankeflos" (um 1350), „Valentin und Namenlos" und „De Deif van Brugghe" (beide um 1450). Weiteste Verbreitung einer niederl. Vorlage erfuhr der 1498 in Lübeck erschienene „Reynke de Vos", eine *Satire* auf die ma. Gesellschaftsordnung. *Werke krit. und lehrhaften Charakters* waren H. Botes (*um 1460, †1520) „Boek van veleme rade" (etwa 1490–93), „Köker" (etwa 1520) und „De Schichtbok" (etwa 1510–13). Einziges wesentl. *Schauspiel* dieser Epoche ist das „Redentiner Osterspiel" aus der 2. Hälfte des 15. Jh., das Figuren des städt. Lebens mit dem Osterereignis verbindet.

Barthold Georg Niebuhr (Ausschnitt aus einem zeitgenössischen Holzschnitt)

Neuniederdeutsche Literatur: Mitte des 17. Jh. begann die neuniederdt. Periode, in der das Niederdeutsche nur noch in Form regional unterschiedl. Mundarten gebräuchlich war. Neben den „Vierländer Idyllen" (1777/78) von J. H. Voß setzte die eigtl. *Mundartliteratur* erst im 19. Jh. mit K. Groths „Quickborn. Volksleben in plattdt. Gedichten dithmarscher Mundart" (1852) ein. In der weiteren Entwicklung wurde bes. der *Roman* bevorzugt: nach F. Reuter und John Brinckmann (*1814, †1870; „Kasper Ohm un ik", 1868) sind v. a. G. Foch, J. H. Fehrs (*1838, †1916; „Maren", 1907), G. Droste (*1866, †1935; „Ottjen Alldag", R.-Trilogie, 1913–16), R. Kinau, A. Wibbelt (*1862, †1947; „Dat veerte Gebot", 1912) und Wilhelmine Siefkes (*1890, †1984; „Keerlke", 1941), die ab 1933 Schreibverbot hatte, zu nennen. Mit ihren *Dramen* initiierten F. Stavenhagen und H. Boßdorf (*1877, †1921; „Bahnmester Dod", 1919) die niederdt. Bühnenbewegung. Nach dem Zweiten Weltkrieg gewann v. a. das *Hörspiel,* u. a. vertreten durch H. Kruse (*1926; „Dat Andenken", 1962), H. Schmidt-Barrien (*1902; „Uhlenspegel 61", 1961), J. D. Bellmann (*1930; „De Scoot", 1962) und W. Sieg (*1936; „Deenstleistungen", 1974), zentrale Bedeutung. Maßstäbe für die *Lyrik* setzten u. a. Greta Schoon (*1909, †1991; „Kuckuckssommer", 1977), Erna Taege-Röhnisch (*1909; „Tieden un Lüd", 1986), N. Johannimloh (*1930; „En Handvöll Rägen", 1963) sowie Waltrud Bruhn (*1936; „Windlast", 1987) und Renate Molle (*1942; „Deißelnsaot", 1987).

Reinhold Niebuhr

niederdeutsche Sprache, Sammelbez. für die Dialekte nördlich der ↑Benrather Linie, die die 2. Lautverschiebung nicht mitgemacht haben. Auffälligstes Kennzeichen der n. S. sind die unverschobenen Konsonanten (z. B. „lopen", „Water", „maken" [„laufen", „Wasser", „machen"]) und die einheitl. Endung für alle drei Personen des Plurals. Die niederdt. Dialekte lassen sich in Westniederdeutsch und Ostniederdeutsch gliedern (↑deutsche Mundarten). Die ersten Zeugnisse stammen aus der Zeit Karls d. Gr., wo sie als Sprache des Stammes der Sachsen erscheint (altsächs./altniederdt. Periode); seit dem 9. Jh. ist sie auch Literatursprache. Seit dem 13. Jh. wird die n. S. als

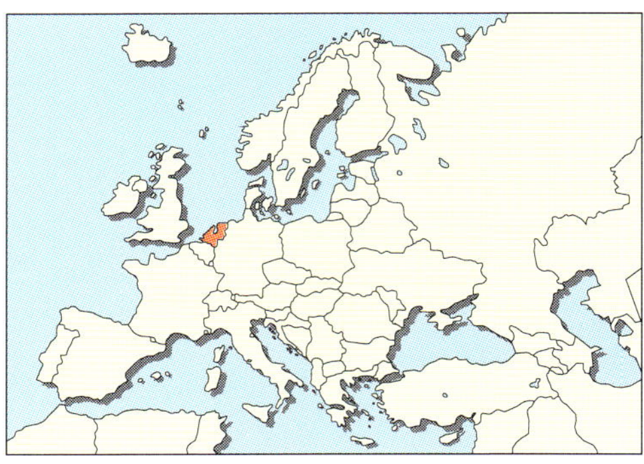

Niederlande

Fläche: 41 864 km² (33 975 km² Landfläche)
Bevölkerung: 14,9 Mill. E (1990), 355,9 E/km²
Hauptstadt: Amsterdam
Regierungssitz: Den Haag
Amtssprache: Niederländisch
Nationalfeiertag: 30. April
Währung: 1 Holländ. Gulden (hfl) = 100 Cent (c, ct)
Zeitzone: MEZ

Niederlande

Staatswappen

Internationales Kfz-Kennzeichen

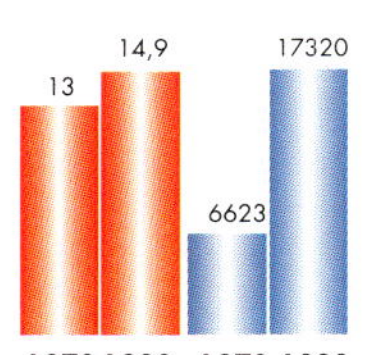

Bevölkerung (in Mill.)
Bruttosozialprodukt je E (in US-$)

Stadt Land
89% 11%

Bevölkerungsverteilung 1990

Bruttoinlandsprodukt 1990

Sprache der Hanse im gesamten norddt. Bereich und darüber hinaus schriftlich verwendet (mittelniederdt. Periode). Im 16./17. Jh. weicht diese Schriftsprache vor der neuhochdt. immer stärker zurück. Seit etwa 1650 (neuniederdt. Periode) existiert die n. S. nur noch in Form unterschiedl. (meist als Plattdeutsch bezeichneter) Mundarten und der aus ihnen abgeleiteten Dichtung (↑niederdeutsche Literatur).

niedere Gerichtsbarkeit (Niedergericht), im MA bis ins 19. Jh. die mit minderen Rechtsstreitigkeiten (Klagen um Schulden) und leichteren Straftaten befaßte Gerichtsbarkeit.

Niederes Gesenke, Teil der Ostsudeten, ČR, zw. Altvatergebirge und Odergebirge, bis 800 m hoch.

Niedere Tatra, Teil der Westkarpaten in der SR, zw. Waag und Gran.

Niedere Tauern, östl. Fortsetzung der Hohen Tauern zw. oberer Enns und oberer Mur, Österreich, im Hochgolling 2 863 m hoch; bed. Fremdenverkehr (Radstadt, Orte im Lungau).

niedere Tiere, svw. ↑Wirbellose.

Niederfinow [...no], Gem. östl. von Eberswalde-Finow, Brandenburg, am Finowkanal, 700 E. 3 km nördl. am Oder-Havel-Kanal *Schiffshebewerk N.* (94 m lang, 27 m breit und 60 m hoch; 1927–34 erbaut) zur Überwindung des Höhenunterschiedes (36 m) zw. Barnim und Oder.

Niederfränkisch, niederdt. Mundart, ↑deutsche Mundarten.

Niederfrequenz, Abk. NF, Bez. für Frequenzen zw. 10 und 20 kHz. Da niederfrequente Schwingungen nach Umwandlung in Schallschwingungen akustisch wahrgenommen werden können, bezeichnet man die N. häufig auch als *Tonfrequenz.*

Niederfrequenzinduktionsofen ↑Schmelzöfen.

Niederguineaschwelle [...gi'ne:a], das Kongobecken im W begrenzendes Hochland.

Niederjagd (niedere Jagd, kleines Weidwerk), wm. Bez. für die Jagd auf Niederwild.

Niederkalifornien, Halbinsel (span. Baja California), zu Mexiko gehörende Halbinsel an der SW-Küste von Nordamerika, durch den Golf von Kalifornien vom Festland getrennt, 1 200 km lang, 50–240 km breit, von Gebirgsketten durchzogen, die im N 3 078 m ü. d. M. erreichen. Das Klima ist trocken. Die Vegetation im zentralen Teil weist stellenweise dornige Trockenbusch- und Kakteensavanne auf, im S Kakteenwälder. In Höhen über 1 800 m finden sich im N lichte Kiefernwälder. Das Coloradodelta mit dem Zentrum Mexicali ist zum bedeutendsten mex. Baumwollanbaugebiet geworden.

Niederlande (amtl.: Koninkrijk der Nederlanden), konstitutionelle parlamentar. Erbmonarchie in Westeuropa, zw. 53° 32′ und 50° 46′ n. Br. sowie 3° 23′ und 7° 12′ ö. L. **Staatsgebiet:** Es grenzt im W und N an die Nordsee, im O an Deutschland, im S an Belgien. **Verwaltungsgliederung:** 12 Prov. **Internat. Mitgliedschaften:** UN, NATO, EG, WEU, OECD, GATT, Europarat, Benelux.

Landesnatur und Klima

Die N. sind ein Tiefland im Mündungsgebiet der Flüsse Rhein, Maas und Schelde in der westl. Fortsetzung des Norddt. Tieflandes. Nahezu die Hälfte des Landes liegt u. d. M., der tiefste Punkt 6,2 m u. d. M. bei Rotterdam, der höchste im südl. Limburg mit 321 m ü. d. M. Fast die gesamte Küste wird durch einen Dünengürtel und Strandwälle gegen die Nordsee abgeschirmt. Im N sind die Westfries. Inseln vorgelagert. Landeinwärts folgt – unterbrochen vom IJsselmeer – ein breiter Marschengürtel (Polderland) mit zahlr. Kanal-, Deich- und Schleusenanlagen. Das Landesinnere besteht aus der schwach ansteigenden, von Moränen und Sanden geprägten Geest mit seenreichen Torfmoorgebieten, Heiden und Wäldern. Zur Bördenzone zählt die im S gelegene Hügel- und Plattenlandschaft von Limburg. Durch teilweise Trockenlegung der abgeschlossenen Zuidersee sind bisher etwa 2 000 km² Neuland gewonnen worden. Die teilweise Abriegelung der Meeresarme im Bereich des Rhein-Maas-Deltas durch Deiche und ein großes Sturmflutsperrwerk wurde 1986 abgeschlossen.
Das Klima ist ozeanisch, nur in S-Limburg machen sich kontinentale Einflüsse bemerkbar. Die Sommer sind kühl, die Winter mild. Nebel sind häufig, v. a. im Winter.

Vegetation

Die urspr. Vegetation ist fast völlig vernichtet. Die Wälder der Geest, die durch Eichen und Birken geprägt waren, sind zu Heiden degradiert (vielfach mit Kiefern aufgeforstet). Sommergrüne Laubwälder (Buchen, Eichen) haben ihre Hauptverbreitung im Utrechter Hügelland. Hinzu kommen die spezif. Pflanzengemeinschaften der Watt- und Dünenregion, des Polderlandes (Fettwiesen, Weiden) sowie der Flachmoore, Seen und Hochmoore.

Bevölkerung

Sie besteht zum größten Teil aus Niederländern, den Nachfahren von Friesen, Sachsen und Niederfranken. Nur die Friesen haben eine eigenständige, offiziell anerkannte Sprache erhalten können. Eine große Gruppe Indonesier (v. a. Ambonesen, indonesisch-papuan. Mischlinge) lebt in den N., auch Surinamer und Antillaner. 36 % der Niederländer sind röm.-kath., 33 % ref.; knapp 40 % leben auf nur 20 % der Gesamtfläche im W des Landes. Zw. den dichtbesiedelten Landesteilen, der Randstad Holland, der Brabanter Städtereihe und dem Geb. von S- und M-Limburg erstreckt sich ein gering verstädterter, überwiegend landw. genutzter Raum.
Schulpflicht besteht für Kinder von 6–15 Jahren. Weit verbreitet sind private, meist konfessionelle Schulen, die den staatl. gleichgestellt sind. Die N. haben 21 Univ. sowie drei techn., eine landw. und eine Wirtschaftshochschule, ferner mehrere theolog. Hochschulen.

Wirtschaft und Verkehr

Wichtigster Zweig der Landw. ist die Viehhaltung (v.a. in Friesland und Nordholland). Sie ist ganz auf Veredlungswirtschaft eingestellt (Butter, Käse); auch die Geflügel- und Schweinehaltung ist bed.; eine große Rolle spielt der stark spezialisierte Erwerbsgartenbau. In Freilandkulturen werden Gemüse-, Kern-, Stein- und Beerenobst sowie Blumenzwiebeln und Blumen gezüchtet. Ein großer Teil der Sonderkulturen wird in Gewächshäusern gezogen (v.a. Tomaten, Gurken, Salat, Paprika). Getreide, Kartoffeln, Zuckerrüben, Hülsen- und Ölfrüchte werden v.a. im O und NO angebaut, doch muß Weizen zusätzlich eingeführt werden. Binnen-, Küsten- und Hochseefischerei sind wichtige Wirtschaftsfaktoren. Die N. verfügen über große Erdgasvorkommen in den Prov. Groningen, Friesland, Drente und auf dem Schelf. Erdöl wird im Emslandbecken und bei Den Haag gefördert. In den Prov. Overijssel und Groningen werden Salze abgebaut. Die Ind.struktur hat sich in den 1970er und 80er Jahren stark verändert. Werftind., Textilverarbeitung und Bekleidungsgewerbe haben erheblich an Bed. verloren; chem. Ind., kunststoffverarbeitung sowie Glas- und Erdölind. haben dagegen deutlich an Gewicht gewonnen. Zentrum der Erdölraffination und der Chemieind. ist der Rotterdamer Hafen. Weitere wichtige Ind.zweige sind die Nahrungsmittel- und Genußmittelind. (z.B. Brauereien, Molkereien), die Metallverarbeitung, die Kraftfahrzeugind. sowie die elektrotechn. und elektron. Ind. Wichtige niederl. Ind.zweige gründen auf der einst günstigen Rohstoffversorgung aus dem ehem. Kolonialreich, wie die Tabakverarbeitung, die Süßwaren-, Kakao- und Schokoladenherstellung, die Speiseöl- und Margarineherstellung, die Textilverarbeitung und die Gummi-Ind. Eine Besonderheit ist die Diamantenschleiferei in Amsterdam.
Ausgeführt werden Erdgas, Erdölprodukte, Maschinen und Geräte, Kunststoffe, Fleisch, Gemüse, Molkereiprodukte, Eier u.a., eingeführt Rohöl, Kohle, Kfz, Eisen und Stahl, Metallwaren, Getreide. Die wichtigsten Partner sind die EG-Länder (unter denen Deutschland an 1. Stelle steht), die USA und die EFTA-Länder.
Das Eisenbahnnetz hat eine Länge von 2809 km, das Straßennetz von 115306 km, davon 2060 km Autobahnen. Die Binnenwasserstraßen haben eine Gesamtlänge von 4556 km. Sie sind mit dem dt., belg. und frz. Wasserstraßennetz verbunden. Wichtigste Seehäfen sind Rotterdam und Amsterdam. Wichtigster Zubringer ist die Rheinschifffahrt. Dem Transport von Erdgas, Erdöl und -produkten dient ein ausgedehntes Pipelinesystem (bis Italien). Die staatl. Luftverkehrsgesellschaft KLM bedient den Auslands-, eine Tochtergesellschaft den Inlandsflugdienst. In Schiphol und Zestienhoven internat. ✈.

Geschichte

Ältere Geschichte (bis 1555): Urspr. waren die N. Siedlungsgebiet der Bataver und Friesen, z.Z. der Völkerwanderung der Franken, Sachsen und Friesen. Bei der Teilung des Fränk. Reiches 843 (Vertrag von Verdun) kam Flandern zum Reich Karls des Kahlen (später Frankreich), der übrige Raum um Maas, Schelde und Niederrhein zum Reich Lothars I. (Lotharingien), im 10.Jh. zum Ostfränk. Reich (später Hl. Röm. Reich), wo es Teil des im 10.Jh. entstehenden Hzgt. Lothringen wurde. Mit dem Niedergang der lothring. Herzogsgewalt begann im 12.Jh. die Blütezeit der relativ selbständigen Territorien: die Gft. Hennegau, Namur, Geldern, Holland und Seeland, die Hzgt. Brabant und Limburg, die geistl. Herrschaften Lüttich, Utrecht und Cambrai (seit etwa 11.Jh. unter der Bez. N., „terra inferior", zusammengefaßt). Die für die spätere Geschichte der N. entscheidende Loslösung vom Hl. Röm. Reich begann unter dem Burgunderherzog Philipp dem Guten, der Namur (1429), Holland, Seeland, Hennegau (1433) und Brabant-Limburg (1430) erwarb. Schon 1384 waren Flandern und das Artois an Burgund gekommen. Durch Maria von Burgund fiel 1477 der größte Teil Burgunds an das Haus Österreich, das die Selbständigkeit der neugewonnenen Territorien gegenüber dem Reich stärkte. Dem habsburg. Besitz fügte Karl V. 1524 Friesland, 1528 Utrecht und Overijssel, 1536 Groningen und Drente hinzu, 1543 auch Geldern. Die einzelnen Territorien, die mit Ausnahme Brabants unter einem Statthalter standen und ihre polit. Gremien, z.B. Ständeversammlungen („Staaten"), behielten, waren der in Brüssel errichteten Zentralverwaltung mit dem Generalstatthalter unterworfen.

Der Freiheitskampf: Nachdem Karl V. 1555 seinem Sohn Philipp die Herrschaft über die N. übertragen hatte, verstärkte sich der polit. und finanzielle Druck auf das reiche Land; religiöse Repression schloß sich an, nachdem die Reformation in den N. Eingang gefunden hatte. Dies trieb Adel und Städte zunächst in die Opposition, sodann zum Aufstand. Philipp II. schickte 1567 den Herzog von Alba mit einem Heer in die N., der die Unruhen hart unterdrückte (u.a. Hinrichtung Egmonds). 1568 erhoben sich die Niederländer gegen die Willkür Albas (Beginn des sog. Achtzigjährigen Krieges). Wilhelm von Oranien übernahm 1572 die Führung des Aufstandes, der militärisch anfänglich von Geusen getragen wurde. 1576 schlossen sich alle niederl. Territorien, auch die bis dahin monarchietreuen, in der Genter Pazifikation gegen Spanien zusammen, um den Bürgerkrieg zu beenden. Die religiöse Unduldsamkeit der Geusen führte zur Spaltung der antispan. Front: Die 7 nördl. (prot.) Prov. vereinigten sich in der Utrechter Union. 1581 sagten sie sich von Spanien und Habsburg los und bildeten die *Republik der Vereinigten N.* (nach der Vertretung der Prov. auch *Generalstaaten* gen.), während sich unter dem Einfluß des neuen Generalstatthalters Alessandro Farnese die südl. Prov. in der Union von Arras (niederl. Atrecht) zusammenschlossen. Die Atrechter Partner verpflichteten sich dem span. König zum Gehorsam (Friede von Arras), die Utrechter beschlossen, den Kampf weiterzu-

Niederlande. Wirtschaft

führen. Die militär. Grenze zw. den Gebieten wurde so zur polit. und kulturellen Grenze; der Grenzstreifen (↑Generalitätslande) blieb bis 1648 umstritten. Der Kampf der Generalstaaten gegen Spanien wurde bis 1648 weitergeführt.

Republik und Königreich: Während die spanisch gebliebenen südl. N. nach dem Span. Erbfolgekrieg an die östr. Habsburger kamen (1713), erreichte die Republik der Vereinigten N. im Westfäl. Frieden (1648) die Anerkennung ihrer Unabhängigkeit von Spanien und schied formell aus dem Hl. Röm. Reich aus. Die 7 Prov. bildeten einen Staatenbund, in dem die Souveränität bei den Prov. lag; tonangebend war die Prov. Holland. Die Generalstaaten, in die die Prov. ihre Vertreter entsandten und deren Vors. der Ratspensionär (Regent) von Holland war, entschieden lediglich über Außenpolitik und Verteidigung. Die polit. Führung lag faktisch bei den Regenten, die ausführende Macht beim Provinzialstatthalter, den das Haus Oranien-Nassau stellte (im 17./18. Jh. erblich). Mehrfach kam es zu heftigen Konflikten zw. Regenten und Statthalter.

Im 17. Jh. wuchsen die N. zur führenden europ. See- und Handelsmacht heran (Ostind. Kompanie). Wirtsch. und kulturell erlebten sie in dieser Periode eine hohe Blüte. In der 2. Hälfte des 17. Jh. und zu Beginn des 18. Jh. mußten die N. ihre Seemachtstellung in 3 Kriegen gegen England (engl.-niederl. Seekriege), ihre Sicherheit und ihren Besitzstand in 4 Kriegen gegen Frankreich verteidigen (Devolutionskrieg, 1667/68; Niederl.-Frz. Krieg [Holländ. Krieg], 1672–78; Pfälz. Erbfolgekrieg, 1688–97; Span. Erbfolgekrieg, 1701–14).

Das 18. Jh. bis zum Wiener Kongreß (1815) war gekennzeichnet von polit. Parteienkämpfen, wirtsch. Stagnation und kulturellem Rückgang. Außenpolitisch wurde die Position der N. u. a. durch den Östr. Erbfolgekrieg (1740–48) geschwächt. Im Verlauf des 1. Koalitionskrieges besetzten frz. Truppen 1795 die Vereinigten N., die, zunächst zur *Batav. Republik* erklärt, von Napoleon I. 1806 in ein Kgr. unter seinem Bruder Louis Bonaparte umgewandelt und 1810 Frankreich angegliedert wurden. Wirtsch. fiel das Land unter den Auswirkungen der Kontinentalsperre stark zurück. Nach dem Sturz Napoleons I. wurde die ehem. Republik mit den südl. N. und dem Fürstbistum Lüttich auf Beschluß des Wiener Kongresses zum *Kgr. der Vereinigten N.* unter dem Oranier Wilhelm I. zusammengefügt (1815). Die autokrat. Politik des Königs, seine Sprachenpolitik, der konfessionelle Ggs. sowie das in der frz. Zeit geförderte belg. Bewußtsein in den südl. N. führten zur Septemberrevolution von 1830, die 1831 auf der Londoner Konferenz der Großmächte die Trennung Belgiens vom *Kgr. der N.* zur Folge

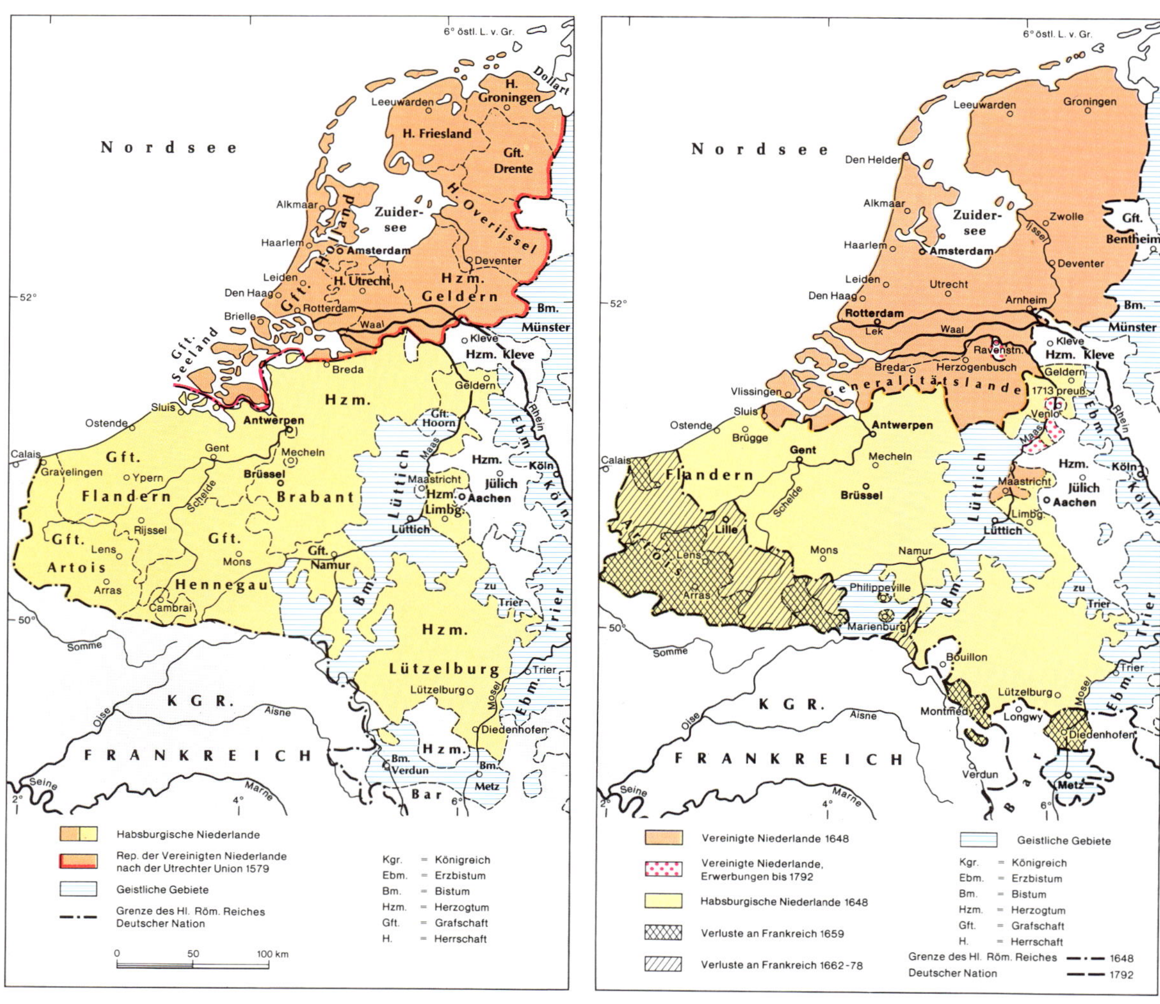

Niederlande. Links: der Freiheitskampf der Niederlande: von Kaiser Karl V. zur Republik der Vereinigten Niederlande. Rechts: die Niederlande vom Westfälischen Frieden, 1648, bis zur Französischen Revolution, 1789

hatte. – Innenpolitisch ging es in den nächsten Jahrzehnten um Änderung der auf eine starke monarch. Gewalt ausgerichteten Verfassung. Nach einer ersten Revision 1840 sah sich Wilhelm II. unter dem Druck der Ereignisse in Frankreich und im Dt. Bund 1848 zu weiteren Reformen gezwungen. Doch erst im Verfassungskonflikt 1866–68 mit Wilhelm III. verlagerte sich der staatsrechtl. Schwerpunkt endgültig auf das Parlament. In den folgenden Jahren bestimmte der Kampf um Konfessionsschule, Wahlrecht und Sozialgesetzgebung das innenpolit. Leben. Die Jahrzehnte bis zum 1. Weltkrieg waren durch einen wirtsch. und kulturellen Aufschwung, eine Belebung und Organisierung des polit. Lebens (Gründung von Gewerkschaften) gekennzeichnet.

Im 1. Weltkrieg betrieben die N. eine strenge Neutralitätspolitik. 1917 brachte eine Verfassungsreform das allg. Wahlrecht für Männer, 1922 auch für Frauen. Der Weltwirtschaftskrise versuchte man durch Agrargesetze und Sparmaßnahmen sowie 1936 durch Freigabe des „festen Guldens" (Goldstandard) zu begegnen.

Trotz ihrer strikt beibehaltenen Außenpolitik der Neutralität wurden die N. ohne Kriegserklärung am 10. Mai 1940 von dt. Truppen überfallen; Königin und Kabinett gingen am 13. Mai nach London. Nach schwerer Bombardierung Rotterdams kapitulierte das niederl. Heer am 14. Mai. Neben der dt. Militärreg. wurde eine dt. Zivilreg. unter A. Seyß-Inquart als Reichskommissar eingesetzt. Nach dem Verbot der niederl. Parteien blieb nur noch die Nationaal-Socialistische Beweging (NSB) bestehen, die auch für die Bildung einer niederl. SS sorgte. Die erbarmungslose Verfolgung der niederl. Juden und der Zwangsarbeitseinsatz in der dt. Kriegsind. forcierten die Widerstandsbewegung. Die ersten Pogrome 1941 gaben den Anlaß zum großen Februarstreik, dem weitere Streiks folgten. Die niederl. Reg. in London erklärte Japan am 8. Dez. 1941 den Krieg. Wenige Monate später wurde die niederl. Flotte in der Javasee vernichtet und Niederl.-Indien von den Japanern besetzt. Nach dem Zusammenbruch der jap. Besatzung im Aug. 1945 versuchten die N., ihre Herrschaft in Niederl.-Indien wiederzuerrichten, stießen aber auf den Widerstand der einheim. Unabhängigkeitsbewegung, die im Aug. 1945 die Republik Indonesien ausrief. Die N. selbst wurden zw. Sept. 1944 und April 1945 von S her durch die Alliierten befreit.

Im Sommer 1945 kehrte Königin Wilhelmina aus dem Exil zurück, 1948 dankte sie zugunsten ihrer Tochter Juliana ab. Nach einem Interimskabinett 1945/46, dem alle Parteien außer den Kommunisten angehörten, wurden immer wieder Koalitionsreg. gebildet, bestimmt von der Katholieke Volkspartij (KVP) und der sozialdemokrat. Partij van de Arbeid (PvdA). Das Parteienspektrum veränderte sich Mitte der 1960er Jahre grundlegend, u. a. durch den Zusammenschluß der streng konfessionellen Parteien zum Christen-Democratisch Appèl (CDA). Die Ablösung der ↑niederländischen Kolonien, die 1945 mit der Bildung eines selbständigen Indonesien begonnen hatte (1949 durch die N. anerkannt), setzte sich fort; als letztes überseeisches Territorium wurde 1975 Surinam in die Unabhängigkeit entlassen. Die seitdem verstärkte Einwanderung von Einwohnern Surinams stellt die N. vor soziale Probleme.

In der Außenpolitik traten nach 1945 an die Stelle der Neutralitätspolitik die Öffnung der N. zum Westen und seinen Bündnissystemen und das Bemühen um die europ. Einigung. Das zunächst gespannte Verhältnis zur BR Deutschland (Forderungen von Gebietsabtretungen usw.) wurde 1960 und 1963 vertraglich geregelt. Das Bemühen um eine Wirtschaftsunion mit Belgien und Luxemburg führte 1958 zur Beneluxunion (↑Benelux). Aus den Wahlen im Sept. 1982 ging erstmals eine Koalitionsreg. aus Christdemokraten und Rechtsliberalen hervor (Min.präs. R. F. Lubbers [* 1939]). Diese Koalition, bestätigt 1986, wurde nach den Wahlen 1989 durch eine Reg. aus Christdemokraten und Sozialisten abgelöst (Min.präs. wiederum Lubbers). – Staatsoberhaupt ist nach der Abdankung Julianas 1980 ihre Tochter Beatrix von Oranien-Nassau.

Verwaltungsgliederung (Stand 1991)

Provinz	Fläche (km^2)	E (in 1000)	Verwaltungssitz
Drente	2655	443	Assen
Flevoland	1412	221	Lelystad
Friesland	3359	600	Leeuwarden
Geldern	5015	1816	Arnheim
Groningen	2346	554	Groningen
Limburg	2169	1109	Maastricht
Nordbrabant	4943	2209	Herzogenbusch
Nordholland	2663	2397	Haarlem
Overijssel	3340	1026	Zwolle
Seeland	1793	357	Middelburg
Südholland	2877	3245	Den Haag
Utrecht	1363	1026	Utrecht

Politisches System

Nach der Verfassung vom 17. Febr. 1983 sind die N. eine konstitutionelle Erbmonarchie mit parlamentar. Reg.system. *Staatsoberhaupt* ist der König (Thronfolge ist seit 1983 in männl. und weibl. Linie möglich). Er ist formell Oberbefehlshaber der Streitkräfte sowie Inhaber legislativer und exekutiver Befugnisse. Tatsächlich liegt die *Exekutive* bei der Reg., die dem Parlament verantwortlich ist. Der Monarch ist Vors. des Staatsrates (20 von der Krone auf Lebenszeit berufene Mgl.), eines Beratungsgremiums für Gesetzesentwürfe und allg. Verwaltungsmaßnahmen. Zur Bildung einer Reg. beruft der König nach Beratungen mit den Fraktionsführern einen „Formateur", bei bes. schwierigen Verhandlungen zunächst einen „Informateur". Das Kabinett wird vom Monarchen ernannt. Das Parlament, dem v. a. die Aufgaben der *Legislative* zukommen, besteht aus 2 Kammern (Generalstaaten); das Übergewicht liegt bei der 2. Kammer (Initiativ- und Amendmentrecht). Alle Gesetze bedürfen der Zustimmung beider Kammern. Die 1. Kammer (75 Abg.) wird indirekt von den Provinzialstaaten (Provinzialparlamente) auf 6 Jahre (alle 3 Jahre die Hälfte) gewählt. Die 150 Mgl. der 2. Kammer werden auf 4 Jahre gewählt. Die beiden stärksten *Parteien* sind der Christen-Democratisch Appèl (CDA), formiert aus Katholieke Volkspartij (KVP), Anti-Revolutionaire Partij (ARP) und Christelijk-Historische Unie (CHU), und die sozialdemokratisch ausgerichtete Partij van de Arbeid (PvdA). Eine liberale Position vertritt die Volkspartij voor Vrijheid en Democratie (VVD); links von der Mitte stehen v. a. die Democraten 1966, die Pacifistisch Socialistische Partij (PSP) und die Politieke Partij Radikalen (PPR); extrem rechtsgerichtet ist die Staatkundig Gereformeerde Partij (SGP). Die Communistische Partij van Nederland (CPN) beschloß im Juni 1991 ihre Auflösung. Ihre Mgl. traten der 1989 gebildeten Gruppierung „Grün Links" bei, der u. a. auch die PSP und die PPR angehören. Größter Dachverband der *Gewerkschaften* ist die Federatie Nederlandse Vakbeweging (FNV).

*Verwaltung*smäßig sind die N. in 12 Prov. gegliedert, mit je einem gewählten Parlament (Provinzialstaaten), einer Provinzialreg. und einem von der Krone ernannten Gouverneur. An der Spitze der Gemeinden stehen der gewählte Gemeinderat, die Beigeordneten und der von der Krone ernannte Bürgermeister.

Grundlage der *Recht*sprechung ist weitgehend röm. Recht. Das Gerichtswesen ist mehrstufig: dem Hohen Rat der N. (Oberster Gerichtshof) sind 5 Appellationsgerichte, 19 Distriktgerichtshöfe, 62 Kantonalgerichte nachgeordnet.

Die *Streitkräfte* umfassen (1992) rd. 97 000 Mann (Heer 64 000, Luftwaffe 16 000, Marine 16 500). Daneben gibt es rd. 3 700 Mann Gendarmerie (Königl. Militärpolizei) und rd. 5 000 Mann Heimatwehr. Eine Halbierung der Streitkräfte und die Abschaffung der Wehrpflicht ist geplant.

Niederländische Antillen, autonomer Teil der Niederlande im Bereich der Westind. Inseln, bestehend aus den Inselgruppen Curaçao und Bonaire, die der venezolan. Küste vorgelagert sind, sowie Saint-Martin (S-Teil), Sint Eu-

Niederländische Antillen

Wappen

Flagge

Internationales Kfz-Kennzeichen

statius und Saba im Bereich der Leeward Islands (die Insel **Aruba** erhielt am 1. Jan. 1986 einen Sonderstatus); insgesamt 800 km², 193 000 E (1988), Hauptstadt Willemstad (auf Curaçao); Amtssprache Niederländisch, Umgangssprache Papiamento. Die überwiegend kath. Bev. setzt sich v. a. aus Schwarzen und Mulatten zus. Die Wirtschaft basiert fast ausschließlich auf Erdöl, das von Venezuela importiert und auf Curaçao raffiniert wird. Auf Curaçao werden Phosphate abgebaut. Daneben petrochem., Farben-, Textilind., Zigarettenfabriken, Fremdenverkehr. Der Haupthafen, Willemstad, gehört zu den bedeutendsten Freihäfen der Erde. **Verfassung:** Die innere Autonomie der N. A. beruht auf dem Statut des Kgr. der Niederlande vom 29. Dez. 1954. *Staatsoberhaupt* ist der niederl. Monarch, der durch einen Gouverneur vertreten wird. Die *Exekutive* liegt bei der Reg., gebildet aus dem Gouverneur und dem Min.rat unter Führung des Min.präs.; sie ist für die inneren Angelegenheiten zuständig und dem Parlament verantwortlich; Außen- und Verteidigungspolitik werden unter Beteiligung eines Vertreters der N. A. von der niederl. Reg. betreut. Die *Legislative* liegt beim Parlament (22 vom Volk gewählte Abg.).

niederländische Kolonien [...'ni-ən], die ehem. überseeischen Besitzungen der Niederlande. Die niederl. Handelskompanien (Vereinigte Ostind. Kompanie 1602; 1. Westind. Kompanie 1621) errichteten vom 17. Jh. an Niederlassungen an der Goldküste, auf Ceylon, Malakka, Taiwan und dem Malaiischen Archipel sowie Stützpunkte an der arab., pers. und ind. Küste und im NO der heutigen USA. Während die meisten Kolonien in Afrika und Indien an Großbritannien gingen (Ceylon 1815, Goldküste 1872), endete die Kolonialherrschaft über den Großteil der Sundainseln, die Molukken und W-Neuguinea (Niederl.-In-

Niederländische Kunst

Links: Jan van Eyck, Kardinal Albergati, 1438 (Wien, Kunsthistorisches Museum). Rechts: Claus Sluter, Teil des sogenannten Mosesbrunnens in Champmol bei Dijon, 1395–1406

Links: romanisch-gotische Kathedrale von Tournai, 1130 ff., geweiht 1213–14, Chor 1242. Rechts: Tuchhalle mit 70 m hohem Belfried am Grote Markt in Ypern, um 1200–1380

dien) erst 1949–63. Die Niederl. Antillen und Surinam erhielten 1954 innerhalb des Kgr. der Niederlande die Autonomie; 1975 erlangte Surinam die volle Unabhängigkeit.

niederländische Kunst, die Kunst im Bereich der Niederlande und des heutigen Belgiens (ab 1830 ↑belgische Kunst); die Kunst in den südl., habsburgisch gebliebenen Niederlanden von etwa 1600–1800 (als Stilbez. oft bis 1900) wird als „fläm. Kunst" abgegrenzt, die der nördl. Niederlande als „holländ. Kunst".

Mittelalter

Teils zum Hl. Röm. Reich, teils zu Frankreich (Flandern bis 1384) gehörend, lag der niederl. Raum in deren Einflußbereich bis zur späten Gotik. Ein landschaftlich gebundener Stil von hohem Rang entstand zu Beginn des 12. Jh. in der Maasschule, v. a. in der Goldschmiedekunst (Meister Reiner von Huy, Godefroid de Huy und Nikolaus von Verdun) mit stilverwandten Zügen in der Steinplastik und Miniaturmalerei. Die roman. Kirchen folgten v. a. niederrhein. (St. Servatius in Maastricht und die Munsterkerk in Roermond), auch normann. (Kathedrale von Tournai) Vorbildern; die got. Kirchen orientierten sich v. a. an der frz. Kathedralbaukunst: Utrecht, Dom (1254 bis um 1517), Den Haag, Grote Kerk (15. Jh.) sowie die Kathedrale von Antwerpen (1352–1500). Seit dem 14. Jh. bildete der niederl. Kirchenbau dabei zunehmend eigene Züge aus: mächtige Kirchentürme (Westturm des Doms von Utrecht [1321–82], Westturm der Martinikerk in Groningen [1545–52], Turm der Kathedrale von Antwerpen [1521–30]) sowie langgestreckter Chor mit Umgang ohne Kapellenkranz: St. Bavo in Haarlem (vor 1397 bis um

Links: Georges Vantongerloo, Konstruktion um eine Kugel, 1917 (Philadelphia, Museum of Art). Rechts: Vincent van Gogh, Die Rhonebarken, 1888 (Essen, Museum Folkwang)

Links: Hieronymus Bosch, Johannes auf Patmos (Berlin, Staatliche Museen). Mitte: Hugo van der Goes, Der Sündenfall, Ausschnitt, um 1480 (Wien, Kunsthistorisches Museum). Rechts: Rembrandt, Jugendliches Selbstbildnis, 1633–34 (Florenz, Uffizien)

1400), Grote Kerk in Den Haag. Durch den wirtsch. Aufschwung der Städte im 13. und 14. Jh. gelangte auch der Profanbau zu großer Bed. mit Befestigungen (Delft, Haarlem, Amsterdam), Stadttoren (Gent, Brügge) und bed. Zunftbauten. Die spätgot. Rathäuser (in Brügge [um 1377–87], Brüssel [1402–50], Löwen [1448–68], Gouda [1450–52]) sind Repräsentanten eines selbstbewußten Bürgertums. Eine ihrer größten Blütezeiten erlebte die n. K. 1384–1477, als Flandern (1384), Brabant und Holland (1433) den kunstsinnigen burgund. Herzögen zufielen. Sie vergaben Aufträge u. a. an den führenden außeritalien. Bildhauer der Zeit, C. Sluter, sowie an die bed. Maler der niederl.-burgund. Schule, A. Beauneveu, M. Broederlam, J. de Hesdin, die – v. a. in der Buchmalerei – die internat. Liniensprache des „Weichen Stils" schufen, vollendet von den Brüdern von ↑Limburg, deren Miniaturen zum Ausgangspunkt für die spätere niederl. Landschafts- und Genremalerei wurden.
In den südl. Niederlanden beginnt mit den Brüdern van Eyck in Brügge und R. Campin (Meister von Flémalle) in Tournai die Geschichte des Tafelbildes, mit den Bildnissen des Jan van Eyck die Geschichte des neuzeitl. realist. Porträts. Sie eröffnen die große Epoche der *altniederl. Malerei.* Rogier van der Weyden in Brüssel verband die neue Wirklichkeitserfassung mit expressiv spätgot. Linearität; Hugo van der Goes in Gent steigerte das realist. Element bis zum Irrealen. G. David, H. Memling bewahrten diese Tradition. In den nördl. Niederlanden standen D. Bouts in Löwen und Geertgen tot Sint Jans in Haarlem in der Nachfolge Rogiers van der Weyden; H. Bosch in Den Haag signalisierte den Umbruch der Zeiten in der Spannung zw. Wirklichkeitserfassung und -verwandlung.

16. Jahrhundert

Seit Ende des 15. Jh. überströmten v. a. italien. Einflüsse die differenzierte heim. Überlieferung. Das führte zu manierist. Stilmischungen; führend wurde Antwerpen, hier sammelten sich die Hauptmeister des Romanismus: die Maler Q. Massys, J. Gossaert, B. von Orley, J. van Scorel, J. van Cleve. In den nördl. Niederlanden (L. von Leyden) nahm man auch dt. Einflüsse (Dürer) auf, die späteren Haarlemer Meister zeigten einen zugespitzten Manierismus (H. Goltzius). Im Laufe des 16. Jh. erfolgte weitgehend eine Spezialisierung der Künstler als Porträtisten (A. Mor, P. J. Pourbus, C. Ketel mit ersten Schützenstücken), Genremaler (J. S. van Hemessen, P. Aertsen mit ersten Küchen- und Marktstükken) oder Landschafter. Begründer dieser Bildgattung war J. Patinir mit seinen „Weltlandschaften", Wegbereiter der barocken Landschaft waren G. van Coninxloo und P. Bril. P. Bruegel d. Ä. handhabte überlegen die Errungenschaften seiner Zeit (strenge Komposition, Plastizität, räuml. Tiefenstaffelung). In der Baukunst wurde das Renaissancerathaus in Antwerpen (1561–65) von C. Floris für den niederl. Raum vorbildlich, internat. Verbreitung fand sein manierist. Dekorationsstil.

17. Jahrhundert

Hervorragende Bauten der klass. Architektur des Barock sind das Grabmal Wilhelms I. von Oranien in Delft (Nieuwe Kerk, 1614–22, von H. und P. de Keyser) und das Mauritshuis in Den Haag (1633–44, von J. van Campen und P. Post). Das 17. Jh. ist das große Jh. niederl. Malerei. Der große Maler des fläm. Barock, P. P. Rubens, verschmolz in seinen Altarbildern, mytholog. Tafelbildern und Porträts italien. und fläm. Impulse zu repräsentativer Einheit. Sein Schüler A. van Dyck ging nach England, in den Niederlanden verarbeitete v. a. J. Jordaens seinen Einfluß. Einen Gegenentwurf zur repräsentativen offiziellen Kunst stellt das Werk A. Brouwers dar. Bed. Spezialisten waren auch D. Teniers d. J. (bäuerl. Genre) und F. Snijders (Stillleben). In der holländ. Schule vollzog sich die Loslösung von Manierismus und Romanismus als Ausdruck des Selbstbewußtseins eines revolutionären und bald sehr wohlhabenden Bürgertums. Neben der Sondererscheinung der Utrechter Caravaggisten (H. Terbruggen, G. von Honthorst) waren es v. a. in Haarlem Frans Hals mit Porträts und Gruppenbildern, in Delft P. de Hooch und v. a. Vermeer van Delft mit seinen klaren, von warmen Farbtönen und Tageshelligkeit erfüllten Interieurs, der Landschafter J. van Goyen in Leyden und Den Haag und Rembrandt (seit 1631 in Amsterdam) mit Historienbildern und Porträts, die der holländ. Malerei eine eigene Sprache gaben. Dazu kamen zahlr. bed. Stilleben- (G. Dou, W. Kalf, W. C. Heda, P. Claesz), Genre- (G. Terborch, J. Steen, A. von Ostade), Architektur- (P. Saenredam, E. de Witte), Landschafts- (J. van Ruisdael, S. J. van Ruysdael, M. Hobbema, P. Koninck, H. Seghers, A. van der Neer, A. van de Velde, A. Cuyp) und Tiermaler (P. Potter, P. Wouvermans).

18., 19. und 20. Jahrhundert

Während im 18. Jh. ein akadem. Klassizismus bestimmend wurde, ist die Architektur im 19. Jh. in Holland wie in Belgien vom Historismus (P. Cuypers) geprägt. Die Maler z. Z. der Romantik suchten an das „Goldene Zeitalter" anzuknüpfen. Neue Impulse gingen von den Vertretern der Haager Schule aus, die zum Impressionismus überleitete (J. B. Jongkind, G. H. Breitner). V. van Gogh verband die niederl. Tradition mit zeitgenöss. frz. Malerei und wurde ein Bahnbrecher des Expressionismus. Einen bed. Beitrag für die internat. Entwicklung der Architektur leisteten H. P. Berlage und die „Stijl-Gruppe" (1917–26) mit P. Mondrian, T. van Doesburg und J. van Eesteren als Zentralfiguren. J. van Eesteren, J. J. P. Oud, G. T. Rietveld u. a. setzten seit den 20er Jahren deren Ideen teilweise in die Wirklichkeit um, stärker vom „internat. Stil" bestimmt waren J. A. Brinkman und J. Duiker. Zu den führenden niederl. Architekten nach 1945 gehören J. H. van den Broek und J. B. Bakema, A. E. van Eyck, H. Hertzberger, P. Blom, F. van Klingeren. Das bedeutendste moderne Monument der Niederlande schuf der frz.-russ. Bildhauer O. Zadkine (Mahnmal für die zerstörte Stadt Rotterdam, 1963). Für die vornehmlich konstruktivist. Arbeiten der jüngeren Bildhauergeneration (C. N. Visser, A. Volten) wurde der belg. Stijl-Bildhauer G. Vantongerloo zukunftsweisend. In der Malerei blieb das neoplast. Werk P. Mondrians unerreicht, es wurde insbes. für T. van Doesburg und B. van der Leck fruchtbar. Als Gegenreaktion auf den Konstruktivismus kamen ab Ende der 20er Jahre surrealist. und realist. Tendenzen auf. Den bedeutendsten Beitrag der Niederlande zur Nachkriegskunst leisteten die Mgl. der 1948 gegr. Gruppe Cobra (abstrakte Expressionisten). Als Graphiker wurden C. M. Escher und A. Heyboer bekannt. Als Vertreter internat. Strömungen wie Op-art, serielle Kunst, Land-art, Konzeptkunst, Fluxus, Computerkunst, Lichtkunst gelten Woody van Amen, Ad Dekkers, J. Dibbets, J. Schoonhoven, S. Brouwn, J. C. J. van der Heyden und J. van Munster.

niederländische Literatur, die Literatur in niederl. Sprache, d. h. die volkssprachl. Literatur in den Niederlanden und in Flandern (↑flämische Literatur).
Mittelniederländisch: Die geschriebene Überlieferung beginnt, von wenigen älteren Fragmenten abgesehen, erst am Ausgang des 12. Jh. mit Heinrich von Veldeke. Aus der Zeit zw. dem 13. und 15. Jh. ist eine reiche *geistl. Epik* überliefert mit Nacherzählungen der Evangelien, Heiligenleben, eschatolog. Erzählungen und Legenden (z. B. „Beatrijs"); außerdem *Ritterepik* mit karoling. Erzählungen („Karel ende Elegast"), antiken Romanen, Artusromanen („Walewein") und oriental. Geschichten. Ihren Höhepunkt erreichte die Erzähldichtung in der *Tierepik* (Reinaert); weniger formenreich war die *Lyrik;* auf das myst. Verhältnis übertragene Minnelieder schrieb die Lyrikerin Hadewijch. Das älteste weltl. *Theater* ist in den Abele Spelen des 14. Jh. zu finden. Sehr reich ist die *didakt. Literatur,* zu der neben den myst. Traktaten des Jan van Ruusbroec auch zahlr. weltl. belehrende Dichtungen gehören, z. B. die Jacob van Maerlants. Im 15. und 16. Jh. widmeten sich die *Rederijkers,* städt.-bürgerl. Kunstvereine, der Lyrik und schufen bed.

Dramen und geistl. Spiele. Zur Zeit der Reformation bildeten sich im 16. Jh. verschiedene Literaturgattungen heraus. In der Lyrik verherrlichen die „Geusenlieder" den Aufstand gegen Spanien (u. a. „Wilhelmus", die heutige niederl. Nationalhymne); weiter gab es *Pamphletliteratur* in Prosa sowie die *Satiren* des P. van Marnix gegen die kath. Kirche. **Renaissance, Barock, Klassizismus:** Die Frührenaissance (2. Hälfte des 16. Jh.) stand unter dem Einfluß der frz. Pléiade (Lyrik des J. van der Noot). Lag der Schwerpunkt der n. L. bis dahin in Flandern und Brabant, so wurde er im Gefolge der Spaltung der Niederlande (1585) nach Holland verlagert, wo die Renaissanceliteratur in den ersten Jahrzehnten des 17. Jh. einen Höhepunkt erreichte („Goldenes Jh."). Bekannteste Dichter waren P. C. Hooft, G. A. Bredero, J. van den Vondel, J. Cats und C. Huygens. Seit der 2. Hälfte des 17. Jh. wurde für Drama, Komödie und Lyrik der frz. Klassizismus immer mehr zum Vorbild (Dramen von L. Rotgans, Komödien von P. Langendijk, Lyrik von K. H. Poot). Aufklärer. Auffassungen fanden seit etwa 1720 in moral. Wochenschriften nach engl. Modell Verbreitung, v. a. durch J. van Effen mit „De Hollandsche Spectator" (1731–35).

Die **romantische Literatur** setzte etwa 1770 (unter frz., engl. und dt. Einfluß) ein; bedeutendste Vertreter sind R. Feith und W. Bilderdijk. Im N waren nat.-romant. Tendenzen zw. 1800 und 1820 vertreten, im S führten sie zu einer Neubelebung der *volkssprachl. Literatur,* u. a. durch J. F. Willems und H. Conscience. *Histor. Romane* verfaßten auch J. van Lennep und A. L. G. Borboom-Toussaint. Eine rationalist. gemäßigte Romantik findet man im Werk E. J. Potgieters, des bedeutendsten Literaturkritikers seiner Zeit. Bed. Autoren des 19. Jh. sind E. Douwes Dekker (Pseud. Multatuli) und der fläm. Priester G. P. Gezelle.

Die **„Tachtigers"**, eine um 1880 („tachtig" = 80) entstandene literar. Bewegung, wandte sich gegen die Hausbakkenheit der Literatur, indem sie an die engl. Romantik, den frz. Naturalismus und Impressionismus anknüpfte; ihre Hauptvertreter waren W. Kloos, H. Gorter, A. Verwey, F. W. van Eeden. Bed. literar. Beiträge leisteten auch L. Couperus und H. Heijermans. Die in Flandern entstandene Bewegung „Van Nu en Straks" trat für eine Europäisierung der n. L. ein.

Die 1. Hälfte des **20. Jahrhunderts** kennzeichnete eine neue Romantik; in der Poesie (P. N. van Eyck, A. Roland Holst, J. C. Bloem, M. Nijhoff), im Roman (A. van Schendel, F. Timmermans, E. Claes); iron. Realismus beim Erzähler W. Elsschot. Hauptvertreter in der expressionist. Lyrik (seit etwa 1914) ist P. A. van Ostaijen; vitalistisch ist H. Marsmans Poesie. Der wichtigste expressionist. Romanautor ist F. Bordewijk. Eine Erneuerung des Romans erfolgte in den 30er und 40er Jahren: Vertiefung der Dorfgeschichte (G. Walschap), autobiograph., intellektualist., psycholog.-analysierende Erzählungen (S. Vestdijk, M. Gijsen), mag. Realismus (J. Daisne), Neonaturalismus (L.-P. A. Boon). Die Erneuerungsbewegung der 50er Jahre war um eine Darstellung der Totalität des Lebens bemüht und wandte sich gegen die Erstarrung im Konventionellen. Hauptvertreter waren L. J. Swaanswijk, H. Claus, W. F. Hermans, H. Mulisch. In den 70er Jahren folgte der Hinwendung zu neorealist. bzw. dokumentar. Schreiben der 60er Jahre eine neoromant. und neodekadente Gegenbewegung (G. Herzberg, R. Kopland, L. Nolens u. a.). Vertreter einer experimentellen n. L. sind I. Michiels, S. Polet. Zu den wichtigsten Gegenwartsautoren zählen v. a. H. S. Haasse, A. K. Kossmann, C. Nooteboom, D. A. Kooiman, F. Keltendonk und M. van Paemel.

niederländische Musik (niederländ. Schule), Musik des 15. und 16. Jh., die urspr. im territorialen Bereich der „Vereinigten Niederlande" vom Anfang des 19. Jh. beheimatet war. Ihr Umkreis ist durch die Beteiligung fläm., wallon. und nordfrz. Musiker sowie durch mehrere Kulturzentren gekennzeichnet. Die erste Epoche der n. M. ist mit dem burgund. Hof Philipps des Guten (♔ 1419–67) und Karls des Kühnen (♔ 1467–77) verbunden und wird daher auch **burgundische Musik** genannt; ihre bedeutendsten Vertreter waren G. Dufay und G. Binchois (ersterer wirkte auch in Italien). Die Folgezeit, die Zeit der **franko-flämischen Schule** mit Zentren in Cambrai und Antwerpen, bestimmte die Musikgeschichte bis in das ausgehende 16. Jh. Die niederl. Musiker wurden an die führenden ausländ. Höfe gerufen; ihre Werke – mehrstimmige Messen, Motetten und weltl. Liedkompositionen – fanden zunächst in Handschriften, v. a. aber seit Aufkommen des Notendrucks (Anfang des 16. Jh.) weite Verbreitung. Bedeutendste Vertreter des oft als *Vokalpolyphonie* charakterisierten Stils der Niederländer waren J. Ockeghem, Josquin Desprez, J. Obrecht, H. Isaac, N. Gombert, A. Willaert (Begründer der venezian. Schule und Lehrer von A. Gabrieli und G. Zarlino), J. Clemens non Papa und C. de Rore. Als Komponist und v. a. als Theoretiker wurde J. Tinctoris bekannt. Die klass. Ausprägung und Vollendung erfuhr die Vokalpolyphonie bei Orlando di Lasso und G. P. Palestrina, dem führenden Komponisten der röm. Schule. Als letzter großer Niederländer gilt J. P. Sweelinck, dessen Ruhm v. a. auf seinen Orgelwerken beruht, die für die Musik des 17. Jh. große Bed. erlangten.

Nachdem im 18. Jh. das niederl. Musikleben stark von ausländ. Einflüssen beherrscht wurde, begann im 19. Jh. eine bewußte Pflege einheim. Musik. W. Pijper und H. Badings gelten als Mitbegr. der Neuen Musik, um deren Anschluß an die internat. Richtungen der Gegenwart u. a. bemüht sind: T. de Leeuw (* 1926), P. Schat (* 1935), O. Ketting (* 1935), M. Mengelberg (* 1935), R. de Leeuw (* 1938), L. Andriessen (* 1939), K. Boehm (* 1941) und T. Keuris (* 1946). Das 1888 gegr. Amsterdamer Concertgebouworkest gelangte unter der Leitung von W. Mengelberg (1895–1945) zu internat. Geltung.

niederländische Schule ↑ niederländische Musik.

niederländische Sprache (Holländisch), zur westl. Gruppe der german. Sprachen gehörende Sprache, die in den Niederlanden und N-Belgien *(fläm. Sprache)* von etwa 20 Mill. Menschen gesprochen wird. Die Reste german. Dialekte in N-Frankreich (bei Dünkirchen) sind historisch ebenfalls als niederl. zu betrachten; Tochtersprache ist das ↑ Afrikaans. Die n. S. ist Amtssprache in Surinam und den Niederländ. Antillen. – Während nach der Völkerwanderungszeit die german. Dialekte des heutigen dt.-niederl. Sprachgebiets ein Kontinuum mit allmähl. Übergängen bildeten, verdrängten im 16. und 17. Jh. die hochdt. und niederl. Schriftsprachen das Niederdt., so daß zw. ihnen eine Trennungslinie entstand (die heutige Grenze zw. Deutschland und den Niederlanden). In Wallonien (Belgien) und N-Frankreich hatte bis ins 10. Jh. eine german. („niederl.") Oberschicht bestanden, die allmählich von der romanisierten Bev. assimiliert wurde. Im 19. und 20. Jh. entwickelte sich Brüssel zu einer mehrheitlich frz.sprachigen Insel im niederl. Sprachgebiet.

Altniederländisch (9.–12. Jahrhundert): Aus dieser Zeit sind nur Namen, einige Glossen und wenige literar. Zeugnisse erhalten. **Mittelniederländisch** (13.–16. Jahrhundert): Die ältesten literar. Handschriftenfragmente reichen bis etwa 1200 zurück; um 1240 entstanden die ersten volkssprachl. amtl. Dokumente. **Neuniederländisch:** Die gesprochene Sprachform der Amsterdamer und Haager Oberschicht wird im 17. Jh. bald als vorbildlich angesehen. Auf die geschriebene Sprache übt der Sprachgebrauch der großen Dichter P. C. Hooft und J. van den Vondel sowie der offiziellen Bibelübersetzung („Statenbijbel", 1637) einen großen Einfluß aus. Seit dem späten 16. Jh. gibt es Wörterbücher und Grammatiken der n. S. Nach der Trennung der nördl. von den südl. Niederlanden ist der S kulturell zurückgeblieben. Die fortschreitende Französisierung der Oberschicht im S hat zur Folge, daß die gesprochene n. S. hier in Dialektform vorkommt; die geschriebene n. S. differenziert sich wieder stärker und verpaßt den Anschluß an die Entwicklung im Norden. Erst infolge der ↑ Flämischen Bewegung wird Flandern seit dem späten 19. und im 20. Jh. allmählich wieder homogenes niederl. Sprachgebiet. – Das 19. und 20. Jh. werden im N charakterisiert durch eine weitgehende Verdrängung der Mundarten durch umgangs-

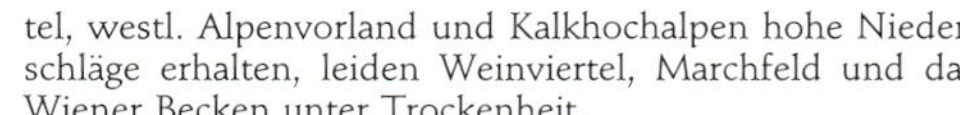

sprachl. Varianten der Standardsprache; im S hat diese Entwicklung erst in den letzten Jahrzehnten eingesetzt. Durch einige Rechtschreibreformen seit dem Anfang des 19. Jh. verfügt die n. S. über eine verhältnismäßig adäquate Orthographie, wobei in der Schreibung der Fremdwörter eine größere Freiheit erlaubt ist als in den Nachbarsprachen.

Niederösterreich
Wappen

Niederländisch-Französischer Krieg (1672–78/79) (Holländ. Krieg), 2. Eroberungskrieg Ludwigs XIV. von Frankreich gegen die Niederlande. Ab 1673/74 durch das Eingreifen Kaiser Leopolds I., Spaniens, Brandenburgs, Englands (seit 1677/78) zum europ. Konflikt ausgeweitet; durch die Friedensschlüsse von Nimwegen beendet.

Niederländisch-Guayana ↑Surinam.

Niederlassung, ständiger Wohnsitz, Geschäftssitz. – Im *Handelsrecht* Ort, an dem ein Gewerbebetrieb dauernd betrieben wird. Beim Betrieb eines Handelsgewerbes spricht man von **Handelsniederlassung,** bei Gesellschaften von **Sitz.** Bestehen mehrere N., so ist diejenige die Haupt-N., von der aus das Unternehmen geleitet wird; von Bed. für die Eintragung ins Handelsregister und für den Gerichtsstand.

Niederlassungsfreiheit, als Bestandteil der Freizügigkeit Grundrecht jedes Deutschen, sich an jedem beliebigen Ort in Deutschland niederzulassen, Grundeigentum zu erwerben, ein Gewerbe zu betreiben oder einer sonstigen Tätigkeit nachzugehen (Art. 11, 12 GG). Nach europ. Gemeinschaftsrecht gehört die N. zu den Grundfreiheiten aller Bürger, deren Staaten der EG angehören (Art. 52 ff. EWG-Vertrag); umfaßt die Aufnahme und Ausübung selbständiger Erwerbstätigkeit sowie die Gründung und Leitung von Unternehmen nach den Bestimmungen für Inländer.

Niederlausitz, Landschaft beiderseits der unteren Spree und der Lausitzer Neiße, überwiegend in Deutschland (Brandenburg), O-Teil in Polen. Sie umfaßt eiszeitlich geformte Niederungen. Der Abbau der Braunkohle war die Voraussetzung für die Entstehung der Ind.landschaft im Geb. von Lauchhammer, Senftenberg und Spremberg.
Geschichte: Kern der späteren N. war das Siedlungsgeb. der zu den Sorben gehörenden westslaw. Lusizen um Cottbus, Guben und Sorau, das etwa ab 965 Teil der sächs. Ostmark war; kam erstmals im 11. Jh., dann 1136 an die Wettiner (fast ohne Unterbrechung bis 1302/04); 1367 als Mark-Gft. Lausitz der böhm. Krone unterstellt; nachdem sich der Name Lausitz auf das Land um Bautzen und Görlitz ausdehnte, Unterscheidung in N. und Oberlausitz. 1445/55 fiel der (damalige) Kr. Cottbus an Brandenburg, 1526 die übrige N. an das Haus Österreich; die Reformation setzte sich trotzdem rasch durch. 1623 erhielt Kursachsen den Pfandbesitz beider Lausitzen (1635 als Besitz zugesprochen); 1657–1738 zum Sekundogenitur-Ft. Sachsen-Merseburg; seit 1815 zu Preußen (Prov. Brandenburg). – Der östl. der Lausitzer Neiße gelegene Teil fiel 1945 an Polen, der heutige brandenburg. Teil gehörte 1952–90 zum DDR-Bez. Cottbus.

Niederlothringen ↑Lothringen.

Niedermarsberg ↑Marsberg.

Niedermoor, svw. Flachmoor (↑Moor).

Niedersachsen
Wappen

Niederösterreich, Bundesland von Österreich an der Grenze zur ČR und SR, 19 172 km², 1,45 Mill. E (1990); Landeshauptstadt ist seit dem 10. Juli 1986 Sankt Pölten, Verw.sitz ist z. Z. noch Wien, das aber ein eigenes Bundesland bildet.
Landesnatur: N., das zentral von der Donau durchflossen wird, hat im NW, dem sog. Waldviertel, Anteil an der Böhm. Masse, die auch noch südl. der Donau im Strudengau auftritt. Der NO, das sog. Weinviertel, ist ein z. T. lößbedecktes Hügelland, das in SSW–NNO-Richtung von einer Kalkklippenzone durchzogen wird und im S mit einem Steilrand zum Tullner Becken und zum Marchfeld abfällt. Südl. der Donau hat N. Anteil am Alpenvorland, der Voralpenzone und den Nördl. Kalkalpen. Den SO bildet das Wiener Becken (mit dem Steinfeld) und südl. anschließend die Bucklige Welt. N. liegt im Übergangsgebiet von einem mehr ozeanisch geprägten Klima im W zur pannon. Variante des kontinentalen Klimas im O. Während Waldviertel, westl. Alpenvorland und Kalkhochalpen hohe Niederschläge erhalten, leiden Weinviertel, Marchfeld und das Wiener Becken unter Trockenheit.
Bevölkerung, Wirtschaft, Verkehr: Die größte Siedlungsdichte tritt um Wien auf, das als Enklave vollständig von N. umgeben ist. N. hat die größte Ackerfläche unter den Bundesländern, insbes. Getreideanbau, es folgen Hackfrüchte und Futterpflanzen; in der Wachau, im Weinviertel und am Fuß des Wiener Waldes Weinbau; Fleisch- und Milcherzeugung. Bed. haben auch der Gemüsebau um Wien sowie Obstbau (Wachau). – Die Ind. ist bes. dicht um Wien und im S des Wiener Beckens; in den Alpen Holz- und Papierind., Wasserkraftwerke, im Marchfeld und im Weinviertel Erdöl- und Erdgasvorkommen; chem., metallverarbeitende, Textil-, Nahrungs- und Genußmittelind. Verkehrsmäßig profitiert N. von Wien, da alle Straßen und Bahnen zur Bundeshauptstadt N. queren; Hafen ist Krems an der Donau. In Schwechat liegt der internat. ✈ von Wien.
Geschichte: Nördl. der Donau siedelten german. Völkerschaften, während im S die röm. Stadtterritorien Lauriacum (Lorch = Enns) und Aelium Cetium (= Sankt Pölten) der Prov. Noricum sowie Vindobona (= Wien) und Carnuntum der Prov. Pannonia bestanden. Seit dem 6. Jh. wurde das Alpenvorland überwiegend von Bayern besiedelt. Im 7. Jh. strömten in die östl. Landesteile Slawen ein; um 790 wurde das ganze Gebiet dem Frankenreich eingegliedert. Das heutige N. gehörte zu der nach 955 entstandenen bayr. Ostmark, 996 erstmals Ostarrichi gen.; Markgrafen (seit 1156 Herzöge) waren 976–1246 die Babenberger, ab 1278 die Habsburger. Noch im 13. Jh. setzte eine gewisse Trennung zw. N. und Oberösterreich ein, doch Österreich „unter der Enns" blieb das führende Erbland der Habsburger. Durch den Zerfall der Donaumonarchie 1918/19 wurde N. Grenzland. Seit 1920 sind Wien und N. zwei selbständige Bundesländer, von denen der bisherige Landesteil N. seit 1921 die amtl. Bez. N. führt.

Niederpreußisch, niederdt. Mundart, ↑deutsche Mundarten.

Niederrhein, Flußabschnitt des Rheins unterhalb von Bonn.

Niederrheinische Bucht, von N in das Rhein. Schiefergebirge eingreifendes Tiefland, eine abgesunkene Scholle, in deren Innern die Ville herausragt, die die **Kölner Bucht** von den westlich gelegenen niederrhein. Börden trennt. Klimatisch zählt die N. B. zu den mitteleurop. Gunsträumen (im Lee der Eifel). Die fruchtbaren Böden werden überwiegend von Ackerland eingenommen, waldbedeckt sind nur die Flußauen und Sandgebiete. Großind. im Raum Bonn-Köln-Leverkusen und um Siegburg, Braunkohlenbergbau in der Ville.

Niederrheinisches Tiefland, die nw. Fortsetzung der Niederrhein. Bucht an Niederrhein, Niers und mittlerer Rur, NRW. Etwa 4/5 der landw. Nutzfläche sind Dauergrünland; Anbau von Hafer, Roggen, Kartoffeln und Rüben; randlich gelegene Ind.zonen mit Textil- und Bekleidungsind. (um Mönchengladbach, Viersen und Krefeld), Tuchind. und Steinkohlenabbau im Aachener Raum, Hüttenwerke und chem. Großind. um Duisburg und im randl. Ruhrgebiet.

Niederrheinisch-Westfälischer Reichskreis (Westfäl. R.) ↑Reichskreise.

Niedersachsen, Bundesland im N Deutschlands, 47 348 km², 7,34 Mill. E (1990), Landeshauptstadt Hannover.
Landesnatur: N. hat Anteil an drei großen Landschaftsräumen: Harz, Niedersächs. Bergland, Norddt. Tiefland. Der Harz erhebt sich im N steil aus dem flachwelligen Vorland. Die höchste Erhebung auf niedersächs. Geb. ist der Wurmberg mit 971 m Höhe im Westharz. Das Niedersächs. Bergland (mit Höhen von 300–500 m) besteht aus weitgespannten Aufwölbungen (Weserbergland), Schichtstufen (Leinebergland) und Schichtkämmen (Weser- und Wiehengebirge). Es wird vom Leinegraben durchzogen. Das Norddt. Tiefland ist von eiszeitl. Ablagerungen bedeckt. An die Geest schließen sich mit einer Stufe die Marschen in

Verwaltungsgliederung (Stand 1990)

	Fläche (km²)	E (in 1000)
Regierungsbezirk Braunschweig		
Kreisfreie Städte		
Braunschweig	192	257,6
Salzgitter	224	113,6
Wolfsburg	204	127,6
Landkreise		
Gifhorn	1 561	137,8
Goslar	965	160,8
Göttingen	1 117	256,7
Helmstedt	674	99,6
Northeim	1 266	150,0
Osterode am Harz	637	89,1
Peine	534	119,5
Wolfenbüttel	722	117,4
Regierungsbezirk Hannover		
Kreisfreie Stadt		
Hannover	204	509,8
Landkreise		
Diepholz	1 987	186,9
Hameln-Pyrmont	796	157,9
Hannover	2 085	559,5
Hildesheim	1 205	283,9
Holzminden	692	80,8
Nienburg (Weser)	1 398	115,8
Schaumburg	676	153,8
Regierungsbezirk Lüneburg		
Landkreise		
Celle	1 544	168,9
Cuxhaven	2 072	191,1
Harburg	1 244	196,1
Lüchow-Dannenberg	1 220	48,7
Lüneburg	1 070	136,1
Osterholz	651	95,6
Rotenburg (Wümme)	2 070	140,4
Soltau-Fallingbostel	1 873	125,3
Stade	1 266	168,2
Uelzen	1 453	92,9
Verden	788	116,4
Regierungsbezirk Weser-Ems		
Kreisfreie Städte		
Delmenhorst	62	74,9
Emden	112	50,3
Oldenburg (Oldenburg)	103	142,9
Osnabrück	120	161,2
Wilhelmshaven	103	90,2
Landkreise		
Ammerland	728	95,6
Aurich	1 283	169,7
Cloppenburg	1 417	119,0
Emsland	2 880	261,6
Friesland	607	93,9
Grafschaft Bentheim	980	118,7
Leer	1 086	144,8
Oldenburg (Oldenburg)	1 063	102,6
Osnabrück	2 121	307,5
Vechta	812	104,6
Wesermarsch	822	90,0
Wittmund	656	52,9

10–20 m ü. d. M. (z. T. auch u. d. M.) an. Nur am S-Rand des Jadebusens und bei Cuxhaven erreicht die Geest die Küste. Auf die Marsch folgt das Wattenmeer. Die Ostfries. Inseln liegen auf dem Festlandsockel der südl. Nordsee. – N. liegt im Übergangsklima zw. Nordsee und der europ. Kontinentalmasse. Ozean. Einfluß gleicht Extreme aus, nach SO werden mit zunehmender Höhenlage kontinentalere Einflüsse wirksam. Regenbringende Winde aus NW und SW herrschen vor, Stürme im Küstenland und Oberharz verursachen oft Schäden. Der Wald im Harz ist weitgehend geschlossen, Wiesen treten nur auf den Rodungsinseln der wenigen Siedlungen auf. Laubwald wächst v. a. auf den Rendzinaböden der aus Kalkgestein aufgebauten Bergzüge des Weserberglandes. In der Geest finden sich Kiefernwälder, Heide und Hochmoore. In den Marschen sind Wiesen und Weiden vorherrschend. Die drei großen Ströme Elbe, Weser und Ems und ihre Nebenflüsse durchziehen N.; bei ihnen machen sich die Gezeiten der Nordsee in den Unterläufen bemerkbar. – Der niedersächs. Anteil an der Erdgasförderung Deutschlands beträgt nahezu 100 %, an der Erdölförderung über 90 %. Die Schwerpunkte der Fördergebiete liegen für Erdgas in den Räumen Emsland, S-Oldenburg, Sulingen und Söhlingen, für Erdöl im Emsland und Celle-Gifhorn. Im Raum Celle/Hannover werden Stein- und Kalisalze, im Raum Helmstedt Braunkohle und in Bad Grund (Harz) Metallerze abgebaut.

Bevölkerung: Die Verteilung der Bev. ist in N. sehr unterschiedlich. Relativ hohen Bev.dichten im stärker industrialisierten südl. Landesteil, bes. im Großraum Hannover, stehen sehr geringe Dichten im N-Teil des Landes gegenüber, z. B. im Kr. Lüchow-Dannenberg mit nur 40 E/km² (1990). Über 70 % der Bev. sind (1990) ev., rd. 18 % kath. N. verfügt über zehn Hochschulen (zwei TU, sechs Univ.; eine medizin. und eine tierärztl. Hochschule, eine für bildende Künste und eine für Musik und Theater) sowie zahlr. staatl. und private Fachhochschulen, darunter die Niedersächs. Fachhochschule für Verwaltung und Rechtspflege.

Wirtschaft: Etwa 57 % der Landesfläche werden landw. genutzt. Auf sandigen Böden werden Kartoffeln, Roggen, Gerste, Futtermais angebaut, auf fruchtbareren Böden Zukkerrüben und Gemüse (letzteres z. T. auch unter Glas). Der Obstbau konzentriert sich an der Unterelbe im Alten Land. Wiesen und Weiden sind Grundlage der Viehzucht (Rinder, Schweine, Pferde); Geflügel wird v. a. in Legefarmen gehalten. Ind.standorte sind die Hafenstädte sowie das gewerbereiche Bergvorland und Bergland. An der Küste konzentrieren sich neben Schiffbau und Schiffsausrüstungsbetrieben, Fisch- und Importgüterverarbeitung und sonstiger hafengebundener Ind. Verhüttungs-, chem. und petrochem. Ind.; hierbei treten die Räume Wilhelmshaven (Mineralölumschlag mit Pipelines in das Ruhrgebiet), Emden und Nordenham in den Vordergrund. Wichtige Standorte der Stahlerzeugung befinden sich in Salzgitter und im Kr. Peine. Eine bes. Stellung nimmt Wolfsburg (Volkswagenwerk AG) ein; wichtig für den Straßenfahrzeugbau sind auch Hannover und Emden. Weit verbreitet ist die Nahrungsmittelind.; in und um Hannover konzentriert sich v. a. die Süßwarenind., um Osnabrück die Speiseöl- und Speisefettherstellung, Elektroind., Gummiverarbeitung und Maschinenbau finden sich v. a. im Raum Hannover/Braunschweig, Textilind. im Emsland, Holzind. im Harz und im Weserbergland. Im Wattenmeer wird Küstenfischerei betrieben. In einigen Geb. ist der Fremdenverkehr die Haupterwerbsquelle (Nordseeküste samt Ostfries. Inseln, Lüneburger Heide, Luftkurorte im Harz und Solling und in anderen Teilen des Niedersächs. Berglandes sowie mehrere Mineral-, Moorbäder und Kneippkurorte).

Verkehr: N. weist zwei Hauptrichtungen des Durchgangsverkehrs auf: Der W–O-Verkehr verläuft v. a. am N-Saum der Mittelgebirgsschwelle, der N–S-Verkehr, der von den Nordseehäfen ausgeht, benutzt v. a. das Leinetal als Verkehrsträger. Das Eisenbahnnetz hat eine Länge von 5 031 km, davon sind 39 % elektrifiziert, das Straßennetz von 27 993 km überörtl. Verkehrs, davon 1 176 km Bundes-

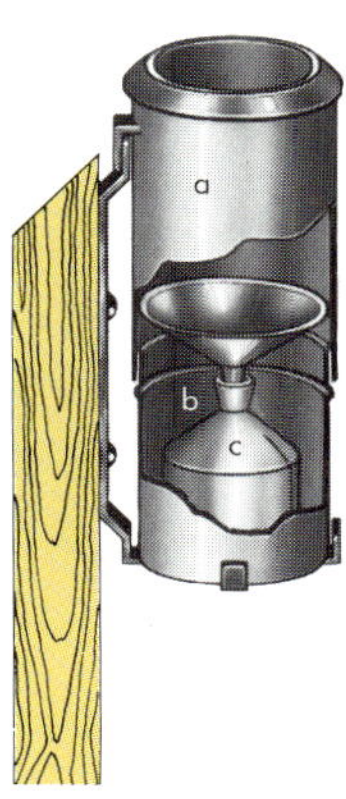

Niederschlagsmesser. a Auffanggefäß; b Sammeltrichter; c Sammelkanne

autobahnen. Von den Binnenwasserstraßen (Länge 1680 km, davon 35 % Kanäle) sind Dortmund-Ems-Kanal, Elbeseitenkanal, Mittellandkanal und Küstenkanal für Europaschiffe (1350 t) befahrbar. Die wichtigsten schiffbaren Flüsse sind Elbe, Weser und Ems. Wichtige Binnenhäfen sind Salzgitter, Emden, Oldenburg (Oldenburg), Brake und Nordenham. Die bedeutendsten Seehäfen nach dem Warenumschlag sind Wilhelmshaven, Brake, Nordenham und Emden. Im Luftverkehr hat der ✈ von Hannover überregionale Bedeutung.

Geschichte: Die unter brit. Besatzung neugebildeten Länder Braunschweig, Oldenburg und Schaumburg-Lippe sowie die Prov. Hannover wurden von der brit. Militärreg. am 1. Nov. 1946 zum Land N. zusammengefaßt. Bei den ersten Landtagswahlen 1947 war die SPD stärkste Partei, gefolgt von CDU, DP, FDP, KPD und Zentrum. Später bestimmten SPD, CDU und FDP die Politik. 1947–55 und 1959–61 führten H. W. Kopf (SPD), 1955–59 H. Hellwege (DP), 1961–70 G. Diederichs (SPD) und 1970–76 A. Kubel (SPD) Koalitionsreg. unterschiedl. Zusammensetzungen. Standen für die ersten Nachkriegsreg. v. a. die Eingliederung der Vertriebenen, die Verbesserung der Ernährungslage sowie die Beseitigung der Arbeitslosigkeit und Wohnraumknappheit im Vordergrund, so wurden gegen Ende der 60er Jahre Fragen der Wirtschaftsstruktur und die Durchführung der Verwaltungsreform bedeutsam. Bei den Landtagswahlen 1974 löste die CDU die SPD als stärkste Partei ab. Nach dem Rücktritt Kubels (Febr. 1976) wurde E. Albrecht (CDU) zum Min.präs. einer CDU-Minderheitsreg. gewählt; 1977–78 und 1986–90 regierte er in einer Koalition von CDU und FDP, 1978–86 in einer CDU-Alleinreg. Bei den Landtagswahlen im Juni 1990 wurde die SPD stärkste Partei und bildete unter Min.präs. G. Schröder (SPD) eine Koalitionsreg. mit den Grünen.

Verfassung: Nach der Verfassung vom 13. April 1951 liegt die Legislative beim Landtag, dessen 155 Mgl. auf 4 Jahre gewählt werden. Träger der Exekutive ist die Landesreg. (sog. Landesministerium), bestehend aus dem vom Landtag gewählten Min.präs. (Richtlinienkompetenz) und den von ihm ernannten Min.; die Reg. bedarf zur Amtsübernahme der Bestätigung durch den Landtag, kann aber nur durch ein konstruktives Mißtrauensvotum gegen den Min.präs. gestürzt werden.

Niedersächsisch, niederdt. Mundartgruppe, ↑deutsche Mundarten.

Niedersächsische Landespartei ↑Deutsche Partei.

Niedersächsischer Reichskreis ↑Reichskreise.

Niedersächsisches Bergland, Bergland im südl. Niedersachsen; Teil der Mittelgebirgsschwelle zw. Harz im O und Weser bzw. Diemel im W.

Niederschlag, in der *Meteorologie* Bez. für jede Ausscheidung von Wasser in flüssigem oder festem Zustand aus der Atmosphäre (z. B. Regen, Niesel, Schnee, Hagel, Graupel, Griesel, Reif, Tau, nässender Nebel u. a.). Die *N.menge* wird mit Niederschlagsmessern gemessen und i. d. R. als Höhe in Millimetern angegeben, d. h. als die Höhe, bis zu der die Erdoberfläche an der Meßstelle mit N.wasser bedeckt wäre, wenn nichts davon verdunsten würde. Eine N.höhe von 1 mm entspricht einer Wassermenge von 1 Liter pro Quadratmeter.

▷ in der *Chemie* sich aus einer [gesättigten] Lösung durch chem. Reaktion, Temperaturerniedrigung oder Druckerhöhung abscheidender amorpher oder kristalliner Feststoff.

▷ (radioaktiver N.) ↑Fallout.

○ Kreisfreie Stadt
• Sitz der Kreisverwaltung
Hannover Sitz des Regierungspräsidiums
● Landeshauptstadt
Kreisgrenze
Grenze der Regierungsbezirke
0 20 40 60 Km
Die Kreise sind nach ihren Verwaltungssitzen benannt, wenn nicht anders angegeben.

Niedersachsen. Verwaltungsgliederung

Niederschlagsmesser (Regenmesser, Hyetometer, Pluviometer, Ombrometer), Gerät zur Messung der Niederschlagsmenge. Der gebräuchl. N. nach G. Hellmann **(Hellmannscher Regenmesser)** besteht aus einem 46 cm hohen Zylinder mit einer Auffangfläche von 200 cm^2. Das aufgefangene Niederschlagswasser fließt durch den trichterförmig ausgebildeten Boden des Auffanggefäßes in eine Sammelkanne, die in ein Meßglas entleert wird, an dem die Niederschlagsmenge in Millimetern abgelesen werden kann.

Niederschlagung, bei *Abgaben* die Entscheidung der Finanzbehörden, Steuern oder sonstige Geldleistungen vorläufig nicht einzuziehen; im *Strafrecht* ↑Abolition.

Niederspannung, im Unterschied zur ↑Hochspannung Bez. für alle elektr. Spannungen bis 1000 V (Effektivwert). Anwendung der N.: 380/220 V für Haushalt, Landw., Ind. Wechselspannungen bis 42 V und Gleichspannungen bis 60 V bezeichnet man als *Kleinspannung*.

Niederstift ↑Stift.

Niederstwertprinzip ↑Bewertung.

Niederungsvieh (Tieflandrind), Sammelbez. für dt. Rinderrassen, die im Ggs. zum ↑Höhenvieh vorwiegend im Norddt. Tiefland gehalten werden; u. a. das **Schwarzbunte Niederungsvieh,** eine auf Milch- und Fleischleistung gezüchtete Rasse schwarz-weiß gescheckter Rinder (v. a. in Ostfriesland, Oldenburg und in der Altmark gezüchtet), das **Rotbunte Niederungsvieh,** eine rot-weiß gescheckte Rasse mit guter Milchleistung und Mastfähigkeit (Zuchtgebiete v. a. Schl.-H., Westfalen, Oldenburg), und das ↑Angler Rind.

Niederwald, sw. Teil des Rheingaugebirges, bis 331 m hoch; Weinbau.

Niederwald ↑Wald.

Niederwild, wm. Bez. für alles Wild, das nicht zum ↑Hochwild gehört, z. B. Hase, Kaninchen, Murmeltier, Fuchs, sämtl. kleineres Haarraubwild und Flugwild (mit Ausnahme des Auerhuhns und der Greifvögel).

Niedrigwasser, 1. der niedrigste Wasserstand (*N.stand;* Abk. NW) bzw. Abfluß (NQ) eines Binnengewässers in einem bestimmten Zeitraum; das *mittlere N.* (MNW bzw. MNQ) ist das arithmet. Mittel aller N.stände bzw. N.abflüsse gleicher Zeitspannen. Allg. spricht man von N. auch bei einem Wasserstand, der erheblich unter dem mittleren Wasserstand liegt; 2. der tiefste Stand des Meeresspiegels zw. Ebbe und Flut an Küsten *(Tiden-N.);* er ist bei Nipptiden am geringsten.

Niehans, Paul, *Bern 21. Nov. 1882, †Montreux 1. Sept. 1971, schweizer. Arzt. – Befaßte sich v. a. mit der Drüsen- und Hormonforschung. Er führte dazu zahlr. Drüsentransplantationen durch und entwickelte – zur Vermeidung solcher Operationen – in den frühen 30er Jahren die ↑Zelltherapie.

Niekisch, Ernst, *Trebnitz (Niederschlesien) 23. Mai 1889, †Berlin (West) 23. Mai 1967, dt. Politiker und Publizist. – Lehrer; seit 1917 Mgl. der SPD (1919–22 der USPD), 1921–23 MdL in Bayern; 1927–34 Hg. der Zeitschrift „Der Widerstand", in der er für einen „Nat.bolschewismus" eintrat; 1937 wegen Hochverrats verurteilt; nach 1945 Mgl. der KPD bzw. SED, 1948–54 Prof. an der Humboldt-Univ. Berlin, 1949 Volkskammerabg.; übte heftige Kritik an den Mißständen, die zum 17. Juni 1953 führten, legte 1954 sämtl. Ämter nieder, schied aus der SED aus und siedelte nach Berlin (West) über; schrieb u. a. „Hitler, ein dt. Verhängnis" (1932).

Niello [italien., zu lat. nigellus „schwärzlich"], Ziertechnik der Goldschmiedekunst, bei der auf Metallgegenständen eine Zeichnung eingraviert wird, in die eine Bleilegierung eingeschmolzen wird. Nach dem Polieren hebt sich dann die Zeichnung als schwärzl. Verzierung vom Metall ab.

Nielsbohrium [nach Niels Bohr benannt], chem. Symbol Ns; radioaktives, zu den ↑Transactinoiden gehörendes chem. Element (Ordnungszahl 107); 1981 in Darmstadt erstmals mit Hilfe eines Schwerionenbeschleunigers künstlich hergestellt.

Nielsen, Asta [ˈniːlzən, dän. ˈnelsən], *Kopenhagen 11. Sept. 1881, †Frederiksberg 25. Mai 1972, dän. Schauspielerin. – Entwickelte sich v. a. in Deutschland zu einem der populärsten Stars des Stummfilms, den sie durch ihre Ausdruckskraft erstmals auf künstler. Niveau hob; u. a. „Die arme Jenny" (1911), „Die Suffragette" (1913), „Hamlet" (1921), „Fräulein Julie" (1922), „Hedda Gabler" (1925), „Die freudlose Gasse" (1925), „Das gefährl. Alter" (1927).

Asta Nielsen

N., Carl August [dän. ˈnelsən], *Nørre-Lyndelse bei Odense 9. Juni 1865, †Kopenhagen 3. Okt. 1931, dän. Komponist. – Komponierte u. a. Opern, Sinfonien, Konzerte, Chorwerke.

Niembsch, Edler von Strehlenau, Nikolaus Franz, östr. Dichter, ↑Lenau, Nikolaus.

Niemcewicz, Julian Ursyn [poln. njɛmˈtsɛvitʃ], *Skoki 16. Febr. 1757, †Paris 21. Mai 1841, poln. Schriftsteller und Politiker. – Gehörte als Abg. des Sejm zu den Initiatoren der Verfassung vom 3. Mai 1791; „Die Rückkehr des Reichstagsabgesandten" (1791) ist die erste bed. poln. polit. Komödie. Nahm an den Aufständen 1794 und 1830/31 teil. Lebte ab 1833 in Paris.

Niemeyer, Oscar, eigtl. O. N. Soares Fillio, *Rio de Janeiro 15. Dez. 1907, brasilian. Architekt. – Arbeitete u. a. im Architekturbüro von L. Costa und war am Neubau des Erziehungsministeriums in Rio de Janeiro (1936–43) und am brasilian. Pavillon zur Weltausstellung in New York (1939) beteiligt. 1941–43 schuf er einen großen Gebäudekomplex in Pampulha bei Belo Horizonte. 1957 wurde N. Mgl. der Gründungsorganisation für Brasília und baute den Palácio da Alvorada (Sitz des Regierungspräs.; 1957–59), den Obersten Gerichtshof (1958–60), die Kathedrale (1960 und 1969) sowie den Platz der drei Gewalten mit Justiz- (1966–72), Regierungs- (1958–60) und Kongreßgebäude (1958–70). Durch freie Handhabung konkaver und konvexer Formen, schwingender Linien und kantiger Kuben erzielt N. bei seinen Bauten den Eindruck der Schwerelosigkeit.

Oscar Niemeyer

Niemeyer-Verfahren, das ↑Hare-Niemeyer-Verfahren.

Niemöller, Martin, *Lippstadt 14. Jan. 1892, †Wiesbaden 6. März 1984, dt. ev. Theologe. – Urspr. Seeoffizier; seit 1931 Pfarrer in Berlin-Dahlem. Im ↑Kirchenkampf entwickelte sich N. zum Symbol des kirchl. Widerstands gegen den NS (Gründung des Pfarrernotbundes 1933, Mgl. der ↑Bekennenden Kirche); 1937 verhaftet, 1938–45 in verschiedenen KZ. Seine auf der ersten Kirchenführerkonferenz nach dem 2. Weltkrieg geäußerten Gedanken über die Schuld der Kirche während der Diktatur haben wesentlich zum Stuttgarter Schuldbekenntnis beigetragen; 1947–64 Kirchenpräs. der Ev. Kirche in Hessen und Nassau. Seine Auseinandersetzungen in der EKD mit Vertretern der luth. Konfessionen führten 1956 zu seiner Entlassung aus dem Kirchl. Außenamt und zum Rücktritt aus dem Rat der EKD. N. war überzeugter Pazifist und Gegner der Wiederbewaffnung der BR Deutschland.

Martin Niemöller

Nienburg (Weser), Krst. an der mittleren Weser, Nds., 26 m ü. d. M., 29 700 E. Fachbereiche Architektur und Bauingenieurwesen der Fachhochschule Hannover; Glas-, chem. Ind. – Spätgot. Pfarrkirche (1441 geweiht); Rathaus (16. Jh.).

N. (W.), Landkr. in Niedersachsen.

Niepce, Joseph Nicéphore [frz. njɛps], *Chalon-sur-Saône 7. März 1765, †Gras bei Chalon-sur-Saône 5. Juli 1833, frz. Erfinder. – Einer der Erfinder der Photographie; erzeugte 1826 auf einer lichtempfindl. Asphaltschicht das erste beständige Lichtbild; arbeitete zeitweise mit L. J. M. Daguerre zusammen.

Joseph Nicéphore Niepce

Niere (Ren, Nephros), paariges Exkretionsorgan der Wirbeltiere und des Menschen. Die *N. des Menschen* sind zwei bohnenförmige, dunkelrote, je 120–200 g schwere, etwa 11 cm lange, 6 cm breite und 4 cm dicke Organe, die links und rechts der Lendenwirbelsäule an der Hinterwand des Bauchraums liegen. Jede N. ist von einer derben, bindegewebigen *Nierenkapsel* umhüllt. Am inneren Rand des Or-

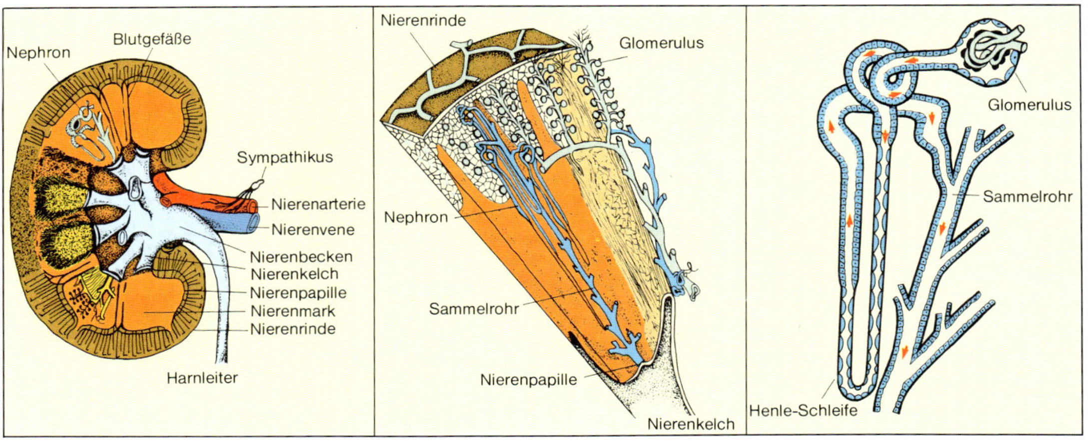

Niere. Links: Längsschnitt durch die Niere des Menschen. Mitte: Längsschnitt durch eine Nierenpapille. Rechts: Nephron

gans (d. h. wirbelsäulenwärts) befindet sich der *N.hilus* als Ein- bzw. Austrittsstelle der N.arterie bzw. N.vene sowie des ↑Harnleiters und der N.nerven. Die N. besteht innen aus dem *N.mark,* das außen konzentrisch von der *N.rinde* umschlossen wird. Das N.mark nimmt stellenweise die Form einer Pyramide an, deren Spitze, die von einer Aussackung des N.beckens *(N.kelch)* umfaßte *N.papille,* in das Nierenbecken hineinragt. Der N.kelch fängt den Harn auf und leitet ihn ans N.becken weiter. – Die N. des Menschen bestehen aus 10–20 annähernd radiär stehenden *N.lappen,* denen i. d. R. eine Pyramide, eine Papille und je ein N.kelch zugeordnet sind.
Die Funktionseinheit der N. sind die in der N.rinde lokalisierten *Nierenkörperchen* (Malphigi-Körperchen). Jedes N.körperchen enthält einen Knäuel (Glomerulus) aus zahlr. Blutkapillarschlingen, der von einer Kapsel *(Bowman-Kapsel)* umgeben ist. Von dieser führt ein 3–4 cm langes, gewundenes N.kanälchen *(N.tubulus)* in den Bereich des N.marks und bildet eine sehr dünne, U-förmige Schleife *(Henle-Schleife).* N.körperchen und N.tubulus bilden zus. eine funktionelle Einheit, das **Nephron** (2 Mill. Nephrone in der menschl. Niere). – Funktionell wird im N.körperchen durch einen Filtervorgang aus dem Blut der Primärharn bereitet. Im Primärharn finden sich alle Blutplasmaanteile mit Ausnahme der hochmolekularen Eiweiße. Viele wichtige Salze und Nährstoffe (z. B. Glucose) sowie Wasser werden dann im N.tubulus wieder rückresorbiert. Das Nephron dient damit sowohl der Wasserausscheidung und Stoffwechselschlackenbeseitigung aus dem Blut als auch v. a. der Regulation des Elektrolythaushalts zur Konstanthaltung des inneren Milieus (Homöostasewirkung). Beim Menschen passieren täglich etwa 1500 Liter Blut die Nephrone, wovon 150–180 Liter Primärharn gebildet werden, aber nur 1–2 Liter Endharn. Teilaspekte der Homöostasewirkung der N. sind die Einstellung und Erhaltung der geeigneten Ionenzusammensetzung, des normalen osmot. Drucks, des Säurewertes und Volumens der entsprechenden Körperflüssigkeiten. Eine weitere wichtige Leistung der N. ist neben der Ausscheidung schädl. und unnützer Stoffe die Produktion des Gewebehormons Renin.

Nierenangiographie ↑Nephrographie.

Nierenbaum (Acajoubaum, Cashewbaum, Marañonbaum, Anacardium occidentale), immergrünes Anakardiengewächs aus dem trop. S-Amerika; überall in den Tropen, v. a. in Indien, kultivierter Obstbaum mit ganzrandigen, ledrigen Blättern und charakterist. Steinfrüchten (↑Cashewnuß).

Nierenbecken (Pelvis renalis), Harnsammelbecken der Niere; wird gebildet durch Vereinigung der (beim Menschen etwa 10) Nierenkelche. Es liegt im Nierenhilus hinter den Nierengefäßen und Nerven und nimmt den im Bereich der Nierenpapillen austretenden Harn auf und leitet ihn in den Harnleiter weiter.

Nierenbeckenentzündung ↑Nierenerkrankungen.

Nierenentzündung ↑Nierenerkrankungen.

Nierenerkrankungen, in der Niere selbst entstandene (primäre) oder auf dem Blutweg bzw. aus der Nachbarschaft fortgeleitete (sekundäre) akute und chron., entzündl. und nichtentzündl. Krankheiten der Niere und des Nierenbeckens. – Die **Nierenbeckenentzündung** (Pyelitis) ist eine bakterielle Infektion des Nierenbeckens, die auf dem Blut- bzw. Lymphweg oder (häufiger) aufsteigend über die Harnblase zustande kommt. Die *akute Nierenbeckenentzündung* beginnt plötzlich mit Unbehagen, Schüttelfrost, hohem Fieber, Fieberbläschen, Kopfschmerzen und heftigen, kolikartigen Schmerzen in der Nierengegend. Das häufige Wasserlassen ist von brennenden Schmerzen begleitet. Der Harn ist durch Eiweiß und weiße Blutkörperchen getrübt. Die Behandlung besteht in Bettruhe, reichl. Flüssigkeitszufuhr und Antibiotikagaben. Da die Erreger vom Nierenbekken aus i. d. R. auch das Nierengewebe befallen, kommt es zur **Nierenbecken-Nieren-Entzündung** (Pyelonephritis). Die Symptome gleichen denen der Nierenbeckenentzündung (Behandlung wie bei Nierenbeckenentzündung). Die *akute Pyelonephritis* geht in rd. 20 % der Fälle in das chron. Stadium über. Die *chron. Pyelonephritis* verläuft meist schubweise, wobei die Gefahr einer fortschreitenden bindegewebigen Umwandlung der Niere besteht *(pyelonephrit. Schrumpfniere).* – **Nierenentzündung** (Nephritis) i. w. S. umfaßt alle Entzündungen des Nierengewebes; i. e. S. die **Glomerulonephritis.** Letztere ist eine akute oder chron. Entzündung der Nierenkörperchen. Haupterscheinungen sind Ödeme, Blutdrucksteigerung sowie Ausscheidung von Eiweiß und roten Blutkörperchen im Harn. – Die Glomerulonephritis kann zum **nephrotischen Syndrom** führen. Symptome sind: starke Eiweißausscheidung, niedriger Plasmaalbuminspiegel, erhöhter Gehalt des Blutes an Lipoiden und Fetten und Ödeme. Auslösend wirken Stoffwechselstörungen, Kollagenkrankheiten (Rheumatismus, Sklerodermie), Schwangerschaft. Das nephrot. Syndrom beginnt oft schleichend mit uncharakterist. Allgemeinsymptomen (Müdigkeit, Appetitlosigkeit, Blässe), dann entstehen weiche Ödeme (bes. in der Knöchelgegend und im Bereich der Augenlider). Behandlung: hochwertige, eiweißreiche und kochsalzarme Diät, Gaben von kochsalzausschwemmenden Medikamenten und Glukokortikoiden. – Zur **Nierenschrumpfung** (Schrumpfniere) kommt es nach Untergang bzw. narbiger Umbildung von Nierengewebe als Folgeerscheinung verschiedener N. – Die **chronische Niereninsuffizienz** (langsames Nierenversagen) kann die Folge sehr verschiedener N. sein, die meist zu einer gewissen Zerstörung des Nierengewebes führen. Häufigste Ursachen sind

Nieren- und Nierenbeckenentzündungen. Sind weniger als 10 % des Nierengewebes noch funktionsfähig, so sind die Schlackenstoffe im Blut meist erheblich vermehrt, und es kann zu einer Harnvergiftung (Urämie) kommen. Die Behandlung richtet sich zunächst auf die Grundkrankheit, mit Fortschreiten der N. v. a. auf den Ausgleich der exokrinen und endokrinen Störungen durch Förderung der Ausscheidung von Stoffwechselprodukten, Minderung ihrer Entstehung durch diätet. Maßnahmen (Eiweißreduktion), Normalisierung des Blutdrucks; in fortgeschrittenem Stadium ist eine Dauerbehandlung mit der künstl. Niere (Dialyse) oder auch eine Nierentransplantation erforderlich. – Das **akute Nierenversagen** ist ein meist plötzlich (und unabhängig von einem vorausgehenden Nierenleiden) auftretendes Erliegen der Ausscheidungsfunktion beider Nieren. Es geht mit einem Rückgang oder völligem Stopp des Harnflusses einher. Ursachen: 1. Unzureichende Nierendurchblutung. Meist handelt es sich dabei um eine nerval bedingte Drosselung der Nierengefäße, die v. a. bei niedrigem Blutdruck zum Versagen der Nierenfilter führt. Eine **Schockniere** kommt nach großen Flüssigkeitsverlusten, Blutungen, Verletzungen und Blutgruppenunverträglichkeit vor. 2. Das Nierengewebe kann durch Gifte oder Entzündungen geschädigt sein. 3. Die ableitenden Harnwege können durch eine gutartige Wucherung der Prostata, doppelseitige Nierensteine oder Tumoren verlegt sein. – Durch in der Niere und/oder im Nierenbecken gebildete (bzw. eingeklemmte) **Nierensteine** (Harnsteine) kommt es zum **Nierensteinleiden** (Nephrolithiasis). Die Krankheitserscheinungen hängen von Größe und Sitz der Steine ab. Steckengebliebene und größere Steine führen durch Schleimhautreizung, Harnstau und Krampf der glatten Muskulatur zu heftigen, meist einseitig auftretenden Schmerzanfällen, sog. **Nieren[stein]koliken,** die mit Übelkeit, Erbrechen, Schüttelfrost, Fieber und schließlich Harnverhaltung verbunden sind. Behandlung: spontaner Abgang durch krampflösende Medikamente, Flüssigkeitszufuhr und körperl. Bewegung; anderenfalls operative Entfernung (z. B. mit einer Schlinge) oder Zertrümmerung mit Ultraschall bzw. Stoßwellen (↑ Lithotripsie).

Nierengrieß (Nierensand), grießartige kleine bis kleinste Konkremente in den Nieren.

Niereninfarkt, umschriebene Nekrose von Nierengewebe infolge einer Nierenarterienembolie.

Niereninsuffizienz ↑ Nierenerkrankungen.

Nierenkolik ↑ Nierenerkrankungen.

Nierenkörperchen ↑ Niere.

Nierenschrumpfung ↑ Nierenerkrankungen.

Nierensenkung (Senkniere, Wanderniere, Nephroptose, Ren mobilis), Tiefertreten einer oder beider Nieren bei aufrechter Körperhaltung, gehäuft bei jüngeren, sehr schlanken Frauen, teilweise mit Harnabflußstörungen. Bei Beeinträchtigung der Nierenfunktion wird die betroffene Niere operativ befestigt.

Nierensteine, svw. ↑ Harnsteine.

Nierensteinleiden ↑ Nierenerkrankungen.

Nierenszintigraphie ↑ Nephrographie.

Nierentransplantation, Übertragung einer Spenderniere bei Funktionsunfähigkeit beider Nieren. Voraussetzung für den Erfolg einer N. ist die immunolog. Verträglichkeit hinsichtlich der Blutgruppen und im Rahmen des ↑ HLA-Systems. Sie ist am größten bei eineiigen Zwillingen und Verwandten ersten Grades. Die gewebstyp. Daten der auf eine N. wartenden Empfänger sind für einen Teil Westeuropas z. B. in der Eurotransplant-Zentrale in Leiden (Holland) gespeichert; nach Übermittlung der Spendermerkmale werden durch Computer die Empfänger mit der größten Übereinstimmung festgestellt. Zur Vermeidung einer Transplantatabstoßung ist die lebenslange Behandlung mit Immunsuppressiva (v. a. Cyclosporin A, Kortikosteroide) erforderlich. Die maximale Überlebensrate liegt bei N. höher als bei der Dialysebehandlung; gegenüber diesem Behandlungsverfahren ermöglicht die N., abgesehen von der immunsuppressiven Dauertherapie und deren mögl. Komplikationen, ein völlig normales Leben.

Nierentuberkulose ↑ Tuberkulose.

Nierentumoren, gutartige und bösartige Geschwülste der Niere; häufigstes Symptom: Blutharnen.

Nierenversagen ↑ Nierenerkrankungen.

Nierenverschlag, svw. ↑ Lumbago.

Niesel, Wilhelm, * Berlin 7. Jan. 1903, † Frankfurt am Main 13. März 1988, dt. ref. Theologe. – Während des NS mehrmals inhaftiert. Seit 1951 Prof. an der Kirchl. Hochschule in Wuppertal. N. war Moderator des Ref. Bundes, Präs. des Ref. Weltbundes, Mgl. des Rates der EKD und des Zentralausschusses des Ökumen. Rates der Kirchen. Der Schwerpunkt seiner theolog. Arbeit lag in der Calvin-Forschung.

Wilhelm Niesel

Niesen, reflektorisch (durch chem., therm. u. a. Reize) ausgelöstes heftiges Ausstoßen von Luft durch die Nase, nachdem zunächst der Rachenraum durch Hebung des Gaumensegels gegen die Nase hin abgeschlossen wurde.

Niesky ['ni:ski], Krst. in der Oberlausitz, Sa., 150 m ü. d. M., 12 000 E. Metalleicht-, Waggonbau, Textilind. – Entstand 1742 als Gründung der Herrnhuter Brüdergemeine durch Ansiedlung böhm. Exulanten; seit 1935 Stadt.

N., Landkr. in Sachsen.

Nießbrauch, das persönl., nicht vererbbare dingl. Recht, die Nutzungen aus einem (fremden) belasteten Gegenstand zu ziehen (Nutznießung; §§ 1 030 ff., 1 059 ff. BGB). Der N. kann durch Ausschluß einzelner Nutzungen beschränkt werden. Ein N. kann bestellt werden an bewegl. Sachen, an Grundstücken und an Rechten. Der **Nießbraucher** ist berechtigt, die Sache in Besitz zu nehmen, er kann eine verzinsl. Forderung gemeinschaftlich mit dem Gläubiger einziehen und kündigen, eine unverzinsl. Forderung jedoch nur allein. Er erwirbt das Eigentum an den Früchten nach der Trennung. Er hat aber kein Verfügungsrecht über den Gegenstand, er darf ihn und seine Nutzungsart nicht ändern. Der N. erlischt durch den Tod des Nießbrauchers oder durch Widerruf.

Nieswurz [die zu Pulver verarbeiteten Wurzeln rufen einen Niesreiz hervor] (Helleborus), Gatt. der Hahnenfußgewächse mit rd. 25 Arten in Europa und Zentralasien; mit oft fußförmig gefiederten Blättern, röhrenförmigen Honigblättern in der Blüte und Balgfrüchten; giftig. Einheimisch u. a. ↑ Christrose und **Grüne Nieswurz** (Helleborus viridis), 30–50 cm hohe Staude mit scharf gesägten, fußförmigen Blättern und grünen Blütenhüllen.

Niet [eigtl. „breitgeschlagener Nagel"], Bolzen aus leichtverformbarem Material (weicher Stahl, Leichtmetall, Kupfer, Messing usw.) zum unlösbaren Verbinden von Werkstücken. Zum *Nieten* wird das freie Ende des Schaftes durch Druck- oder Schlagwirkung direkt oder mit Hilfe eines Kopfstempels (Döpper) gestaucht, d. h. zum Schließkopf verformt. **Hohlniete** lassen sich bes. leicht stauchen und werden deshalb zum Verbinden von Metall mit Kunststoff verwendet (z. B. Beläge von Bremse und Kupplung beim Kfz). Bei nur einseitig zugängl. Bauteilen werden sog. **Blindniete** verwendet. Ein durch den hülsenförmigen Niet hindurchgesteckter nadelförmiger Zugdorn staucht beim Ziehen (mittels Nietzange) die Hülse und bildet so den Schließkopf; der Dorn reißt an der Sollbruchstelle. – Im allg. erfolgt das Nieten bei Umgebungstemperatur *(Kaltnieten).* Beim *Warmnieten* wird der N. zum Formen des Schließkopfes erwärmt. Zu den Sonderverfahren gehört das *Spreng-* oder *Thermonieten.* Eine im Schaft befindl. Sprengladung, die den Schließkopf erzeugt, wird durch Erwärmen oder Schlag gezündet.

Friedrich Nietzsche

Niete [zu niederl. niet „nichts"], Los, das nicht gewonnen hat; Reinfall, Versager.

Nietzsche, Friedrich, * Röcken bei Lützen 15. Okt. 1844, † Weimar 25. Aug. 1900, dt. Philosoph und klass. Philologe. – Aus pietist. Pfarrhaus; erhielt 1854–64 eine Freistelle in Schulpforta; 1864/65 Studium der Altphilologie in Bonn; Schüler F. W. Ritschls, der ihm wegen mehrerer erfolgreicher philolog. Veröffentlichungen noch vor Abschluß seines Studiums 1869 eine Professur für griech. Sprache und Literatur in Basel verschaffte. Nähere Beziehungen unterhielt N. in Basel zu J. Burckhardt; von bes.

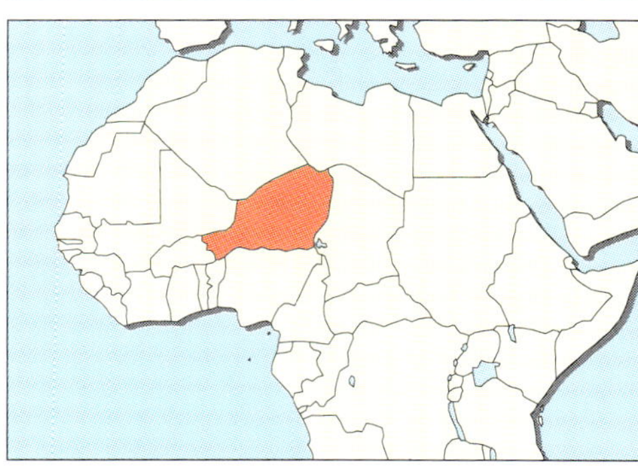

Niger

Fläche: 1 267 000 km²
Bevölkerung: 7,69 Mill. E (1990), 6,1 E/km²
Hauptstadt: Niamey
Amtssprachen: Französisch und die Landessprachen Ful, Haussa und Dyerma
Nationalfeiertag: 18. Dez. (Gründung der Republik)
Währung: CFA-Franc (F.C.F.A.)
Zeitzone: MEZ

Niger

Staatswappen

RN

Internationales Kfz-Kennzeichen

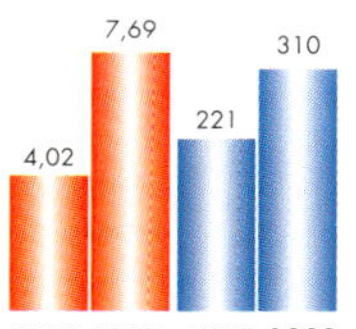

Bevölkerung (in Mill.)
Bruttosozialprodukt je E (in US-$)

Stadt
Land
20%
80%

Bevölkerungsverteilung 1990

Industrie
Landwirtschaft
Dienstleistung
13%
36%
51%

Bruttoinlandsprodukt 1990

Bed. war der freundschaftl. Verkehr mit R. Wagner und Cosima von Bülow; 1876 endgültiger Bruch mit Wagner. Wegen zunehmender Kopf- und Augenbeschwerden 1879 Aufgabe der Professur in Basel. Aufenthalt in Venedig, Genua, Rapallo, Nizza, Sils Maria, Sizilien, Mentone, Turin. Am 3. Jan. 1889 erfolgte in Turin ein endgültiger psych. Zusammenbruch (progressive Paralyse).
Seine Philosophie, mit der er in Teilaspekten als einer der Vorläufer und Wegbereiter der Existenzphilosophie und Lebensphilosophie gilt, ist geprägt durch die Rezeption der Philosophie Schopenhauers. Auch für N. ist der Vernunft eine Einsicht in das Wesen der Dinge grundsätzlich verwehrt; Sinngebungen beruhen allein auf menschl. Setzungen, verfestigt in der begrifflich fixierten Sprache. In der Frage, wie Freiheit dennoch möglich sei, sucht N. die Freiheit in bestimmten Lebensformen. Zunächst sieht N. im Künstler eine lebensbejahende Existenzform, eine ästhet. Überwindung der sokrat. vernunft- und moralbestimmten Weltauffassung im Apollinisch-Dionysischen (↑apollinisch-dionysisch), deren Synthese in der griech. Tragödie und im Musikdrama R. Wagners gelungen sei („Geburt der Tragödie aus dem Geiste der Musik" [1872]). Im „2. Stück" der „Unzeitgemäßen Betrachtungen" (4 Bde., 1873–76), „Vom Nutzen und Nachteil der Historie für das Leben", greift N. die Lebensfeindlichkeit der Wiss. an, die mit ihrem Streben nach wiss. „Objektivität" eine „Schwächung der Persönlichkeit" verursache; er verteidigt demgegenüber die Vorrangigkeit des Handelns, der „prakt. Vernunft". Nach „Menschliches, Allzumenschliches" (1878/79), womit er den Bruch zu seiner bisherigen Auffassung und zu Wagner vollzieht, und den dann folgenden Schriften, „Morgenröte" (1881), „Die fröhl. Wiss." (1882), „Also sprach Zarathustra" (4 Bde., 1883–91), „Jenseits von Gut und Böse" (1886), „Zur Genealogie der Moral" (1887), wird dagegen die Freiheit nicht mehr durch die Ästhetisierung des Lebens erreicht, sondern durch die Kritik an den traditionellen christl.-jüd.-abendländ. Werten, Wertvorstellungen und -systemen (Mitleid, Wohlwollen, Glaube, Nächstenliebe u. a.). Diese seien lediglich als Merkmale einer Sklavenmoral, verbunden mit einer Umwertung aller Werte, zu entlarven. Der moralisch ungebundene „Übermensch" wird als der sich selbst und seine Sinnsetzungen überwindende Mensch definiert; er ist für N. der Mensch der Zukunft. – In den zumeist nach seinem Zusammenbruch veröffentlichten, 1888/89 entstandenen Schriften „Der Fall Wagner" (1888), „Der Antichrist" (1895), „Nietzsche contra Wagner" (1895), „Ecce homo" (hg. 1908), die bereits Spuren der sich ankündigenden Krankheit tragen, werden Denkelemente der vorausgegangenen Schaffensperioden häufig in polem., teils in pamphletist. Form bis hin zu Extrempositionen radikalisiert. Die u. d. T. „Der Wille zur Macht" 1901 und 1906 veröffentlichten Texte gehen in ihrer Anordnung allein auf seine Schwester Elisabeth Förster-Nietzsche und P. Gast zurück. – Wirkungsgeschichtlich relevant wurde seine Philosophie v. a. für die „konservative Revolution" (A. Mohler) und – häufig in tendenziöser Umdeutung – für den NS, wobei diese Inanspruchnahme jedoch an N. entschiedener Ablehnung des dt. Nationalismus, des Antisemitismus und Biologismus grundsätzlich scheiterte. Rückgriffe auf die Ideen N. finden sich in der ↑analytischen Philosophie (Sprachkritik) und in der sog. ↑kritischen Theorie (Sozialkritik). Sein Einfluß war bed. bes. auf Künstler und Schriftsteller (George-Kreis, T. Mann, E. Jünger, A. Gide, A. Malraux); Psychologie und Anthropologie (L. Klages, A. Adler, A. Gehlen) verdanken N. entscheidende Anregungen. Die Symbolik der Gleichnisreden, die expressive Zeichenhaftigkeit seines Denkens und seiner Ausdrucksweise fanden ihren dichter. Höhepunkt in den „Dionysos-Dithyramben" (entstanden 1888, erschienen 1891), die in vielen Elementen den Expressionismus wie den Impressionismus vorwegnahmen.

Nievo, Ippolito, * Padua 30. Nov. 1831, † auf See 4. oder 5. März 1861, italien. Schriftsteller und Freiheitskämpfer. – Kämpfte unter Garibaldi und folgte diesem 1860 nach Sizilien. Sein bedeutendster histor. Roman „Erinnerungen eines Achtzigjährigen" (hg. 1867, dt. 1877, 1957 u. d. T. „Pisana") zeichnet in autobiograph. Form ein Bild der Zeit des Risorgimento am Vorabend der nat. Einigung.

Nièvre [frz. njɛ:vr], Dep. in Frankreich.

Nife [Kw. aus **Ni**ckel und lat. **fe**rrum „Eisen"] ↑Erde (Aufbau der Erde).

Niger ['ni:gər; frz. ni'ʒɛ:r] (amtl.: République du Niger; dt. Republik Niger), Staat in Zentralafrika, zw. 12° und 23° n. Br. sowie 0° und 16° ö. L. **Staatsgebiet:** Es grenzt im N an Algerien und Libyen, im O an Tschad, im S an Nigeria, im SW an Benin, im südl. W an Burkina Faso, im nördl. W an Mali. **Verwaltungsgliederung:** 7 Dep. **Internat. Mitgliedschaften:** UN, OAU, OCAM, ECOWAS, der EWG assoziiert.

Landesnatur: N. erstreckt sich vom Mittellauf des Niger im SW über die Sahelzone bis in die Sahara nach NO. Das Relief wird durch weite Ebenen bestimmt, aus denen in der Sahara das Gebirge Aïr mit Höhen bis 2 310 m herausragt. Im äußersten N liegen Plateaus in 500–1 000 m Höhe. Im SO hat N. Anteil am Tschadsee.

Klima: Es ist semi- bis vollarid mit einer Regenzeit (im S von Mai bis Okt., im Zentrum von Juli bis Okt.).

Vegetation: Entsprechend dem Klima findet sich im S Trockensavanne mit wenigen Trockenwaldarealen, die nach N in Dornstrauchsavanne und Halbwüste übergeht.

Tierwelt: N. ist wildarm, nur in einem Nationalpark im SW konnten sich Löwen, Antilopen, Elefanten und Flußpferde halten.

Bevölkerung: Die größten ethn. Gruppen bilden die Haussa (rd. 56 %) und Dyerma (rd. 22 %). Die Fulbe (9 %) leben v. a. im Sahel, die Tuareg (3 %) in der Sahara. Wegen der langanhaltenden Dürre (1969–74) mußten die Nomaden nach S ausweichen. 80 % der Bev. sind Muslime, 20 % Anhänger traditioneller Religionen. In Städten leben 21 %. Die Analphabetenquote ist sehr hoch (über 80 %). Trotz allg. Schulpflicht (7. bis 16. Lebensjahr) ist die Einschulungsquote gering. Es gibt 2 Univ. (in Niamey und Say).

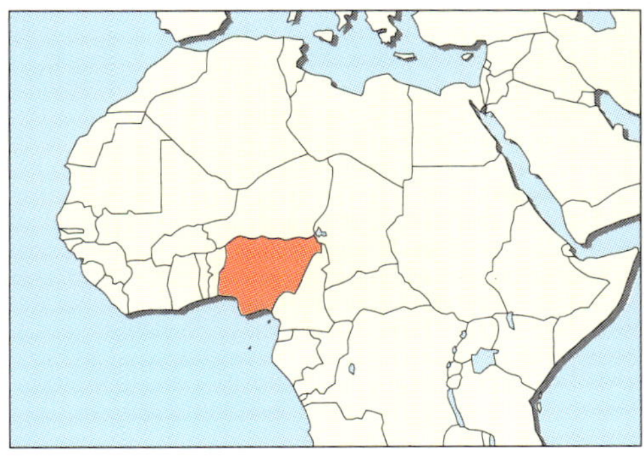

Nigeria

Fläche: 923 768 km^2
Bevölkerung: 118,9 Mill. E (1990), 128,7 E/km^2
Hauptstadt: Abuja
Amtssprache: Englisch
Nationalfeiertag: 1. Okt. (Unabhängigkeitstag)
Währung: 1 Naira (N) = 100 Kobo (k)
Zeitzone: MEZ

Wirtschaft: Sie basiert auf dem Uranerzabbau und der Landw. Abgesehen von Oasen sind die Anbaugebiete auf den S des Landes beschränkt. Neben Hirse (Grundnahrungsmittel) werden Maniok, Bataten, Reis und Hülsenfrüchte, für den Export Erdnüsse und Gemüse angebaut. Die Viehwirtschaft hat ihren Schwerpunkt im Sahel. Für die Ernährung ist der Fischfang im Niger und Tschadsee bedeutungsvoll. Seit 1971 entwickelte sich der Uranerzabbau am Aïr.

Außenhandel: Ausgeführt werden Uranerz ($^4/_5$ des Ausfuhrwertes), Lebendvieh und Agrargüter; eingeführt werden Lebensmittel, Erdölprodukte, Geräte, Transportmittel, Chemie- und Baumwollprodukte.

Verkehr: Keine Eisenbahn. Das Straßennetz ist 19 000 km lang, davon 3 200 km mit fester Decke. Der Niger ist in N. von Sept. bis März schiffbar. N. ist Teilhaber an der Air Afrique. In Niamey internat. ✈.

Geschichte: Das Gebiet zw. Niger, Tschadsee und Aïr wurde erst in der 2. Hälfte des 19. Jh. erforscht. Militärisch durch Frankreich besetzt wurde das Gebiet zw. Niger und Tschadsee 1897–99, bis 1916 wurden die Grenzen endgültig festgelegt. Die völlige Unterwerfung des Gebietes, v. a. der zur Senussi-Bruderschaft gehörenden Tuareg und Tubu, zog sich bis 1916 hin. Bis 1922, als N. Kolonie wurde, stand das Land unter Militärverwaltung. Neben der frz. Zivilverwaltung hatten die überkommenen Autoritäten starkes Gewicht. 1957 erhielt N. die Selbstverwaltung. Die Häuptlinge übernahmen auf demokrat. Grundlage die Führung. Am 18. Dez. 1958 wurde die Republik N. innerhalb der Frz. Gemeinschaft gebildet. Am 3. Aug. 1960 wurde die Unabhängigkeit proklamiert. Staatspräs. war 1960–74 H. Diori (* 1916), dessen Politik sich eng an Frankreich anlehnte. Am 15. April 1974 wurde er durch einen Putsch gestürzt, der von Oberstleutnant S. Kountché (* 1931) angeführt wurde. Ab 1976 nahm Kountché verstärkt Zivilisten in den Min.rat auf. N. litt schwer unter der Dürrekatastrophe, die zu Beginn der 70er Jahre die Sahelzone heimsuchte. Wirtsch. Erleichterung verspricht der zunehmende Abbau von Uran, das 1977 70 % der Exporte ausmachte. Nach dem Tod von Kountché 1987 übernahm Oberst A. Saibou (* 1940) das Amt des Präs. (1989 durch Wahlen bestätigt). Er gründete im Aug. 1988 die Einheitspartei Mouvement National de la Société de Développement (MNSD), gleichzeitig wurde die Ausarbeitung einer neuen Verfassung angekündigt, die im Sept. 1989 in einem Referendum angenommen wurde. Im Mai 1990 richteten Reg.-truppen ein Massaker unter den Tuareg an. Nach Protestbewegungen und Streiks gegen das Militärregime wurde im Juli 1991 die Nat.konferenz gebildet, die im Okt. 1991 Amadou Cheffou zum Min.präs. einer Übergangsreg. wählte. Nach der Annahme einer neuen Verfassung durch eine Volksabstimmung im Dez. 1992 erreichte im Febr. 1993 bei Parlamentswahlen die „Allianz der Kräfte des Wandels" (Bündnis aus Parteien liberaler und sozialdemokrat. Ausrichtung) die absolute Mehrheit; die Präsidentschaftswahlen im Febr. 1993 gewann M. Ousmane.

Politisches System: Nach der Verfassung vom 26. Dez. 1992 ist N. eine präsidiale Republik. *Staatsoberhaupt* und Oberbefehlshaber der Streitkräfte ist der Präs. (für 5 Jahre direkt von der Bev. gewählt). Die *Exekutive* bildet die Reg. unter Vors. des Min.präs. (Amt im März 1990 wiedereingeführt); sie ist der Nationalversammlung (83 Abg., für 5 Jahre gewählt), der *Legislative*, verantwortlich. Einheits*partei* war bis 1992 das Mouvement National de la Société de Développement (MNSD). Dachorganisation der *Gewerkschaften* ist die Union des Syndicats des Travailleurs du Niger (USTN).

Niger, drittgrößter Fluß Afrikas, entspringt in S-Guinea, nahe der Grenze gegen Sierra Leone, fließt zunächst in die westl. Sahara und bildet zw. Ségou und Timbuktu (in Mali) ein großes Binnendelta; unterhalb von Ségou wird der N. für Bewässerungszwecke gestaut; östl. von Timbuktu wendet er sich mit dem *N.knie* nach SO zum Golf von Guinea, in den er mit einem 25 000 km^2 großen Delta mündet; 4 160 km lang. Sein Einzugsbereich ist 2,092 Mill. km^2 groß. Bei Hochwasser ist der N., abgesehen von Stromschnellen, bes. zw. Bamako und Koulikoro, schiffbar. Im Delta können Hochseeschiffe die Häfen von Warri, Port Harcourt und Burutu erreichen.

Nigeria (amtl. Federal Republic of Nigeria; dt. Bundesrepublik Nigeria), Bundesstaat in Westafrika, zw. 4° und 14° n. Br. sowie 2° 40′ und 14° 40′ ö. L. **Staatsgebiet:** Es grenzt im S an den Golf von Guinea, im W an Benin, im NW und N an Niger, im O und SO an Kamerun; im äußersten NO besteht im Tschadsee eine kurze Wassergrenze zu Tschad. **Verwaltungsgliederung:** 30 Bundesstaaten. **Internat. Mitgliedschaften:** UN, OAU, Commonwealth, OPEC, ECOWAS, GATT, der EWG assoziiert.

Landesnatur: N. erstreckt sich vom Golf von Guinea bis in das Tschadbecken im NO. An die an Lagunen und Sümpfen reiche Küstenebene schließen sich ein Plateau (300–500 m ü. d. M.) und Hügelländer (bis 600 m ü. d. M.) an. Nach N folgt eine 80–160 km breite Senkungszone, der die Flüsse Niger und Benue folgen. Es schließt sich die nordnigerian. Plateaulandschaft an, die im Josplateau bis 1 780 m Höhe erreicht. Im NW liegt eine Ebene um Sokoto, im NO die Bornuebene, die zum Tschadbecken überleitet. An der Grenze gegen Kamerun liegen die höchsten Berge des Landes (Vogel Peak 2 042 m ü. d. M.).

Klima: Es ist tropisch mit einer Regenzeit (im S April bis Nov., im Zentrum April–Okt., im N Mai–Okt.). Die Niederschläge nehmen von S nach N ab.

Vegetation: Auf die Mangroven an der Küste folgt trop. Regenwald, der nach N in Feuchtsavanne mit Galeriewäldern, in Trocken- sowie in Dornstrauchsavanne übergeht.

Tierwelt: Die urspr. Tierwelt wurde stark dezimiert, doch kommen noch Antilopen, Gazellen, Elefanten, Leoparden, Hyänen, Affen, Flußpferde, Krokodile, Schlangen, viele Vogel- und Insektenarten vor.

Bevölkerung: Die größten ethn. Gruppen sind die Haussa (rd. 22 % der Gesamtbev.), Yoruba (rd. 21 %), Ibo (rd.

Nigeria

Staatswappen

Internationales Kfz-Kennzeichen

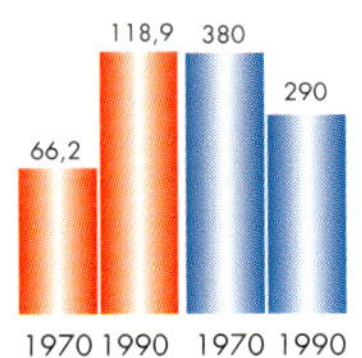

Stadt / Land
35% / 65%
Bevölkerungsverteilung 1990

Industrie
Landwirtschaft
Dienstleistung

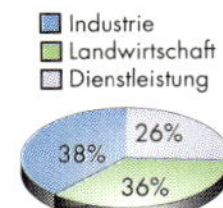

Bruttoinlandsprodukt 1990

Paul Niggli

Florence Nightingale

Bronislava Nijinska

Waslaw Nijinski

18 %) und Fulbe (rd. 11 %). 40–50 % sind Muslime, 35 % Christen, 15–20 % Anhänger traditioneller Religionen. Über die Hälfte der E bewohnt den überwiegend muslim. N-Teil N. Die Voraussetzungen zur Verwirklichung der allg. Schulpflicht (7.–12. Lebensjahr) sind noch nicht überall gegeben. N. verfügt über 24 Universitäten.
Wirtschaft: Die ehem. vorherrschende Landw. wurde in den frühen 70er Jahren von der Erdölförderung abgelöst; der ab 1981 verfallende Weltmarktpreis für Erdöl verursachte somit starke Einnahmeeinbußen. Die einseitige Ausrichtung auf den Erdölsektor führte zum Niedergang der einst ertragreichen Landw. Ackerbau wird v. a. im traditionellen Wanderfeldbau betrieben. Hauptnahrungsmittel sind im S Jams und Maniok, im N Hirse und Sorghum. Exportorientiert ist der Anbau von Kakao, Erdnüssen und Ölpalmen. Die Rinderhaltung ist auf den von der Tsetsefliege freien N beschränkt. Nur $^1/_{13}$ der eingeschlagenen Holzmenge ist Nutzholz. Die Förderung von Erdöl (in Afrika an erster Stelle) erfolgt v. a. im Nigerdelta und im angrenzenden Schelfgebiet. Außerdem werden Erdgas, Zinn, Columbit und Steinkohle abgebaut. Die Ind. verarbeitet landw. Erzeugnisse, Erdöl, Erdgas (Flüssiggasherstellung) und Holz; es existieren außerdem Betriebe der chem. (v. a. Düngemittelherstellung), elektrotechn., Zement-, pharmazeut. Ind. sowie der Kfz-Montage und Stahlproduktion.
Außenhandel: Wertmäßig ist Rohöl mit 97 % an der Ausfuhr beteiligt, eingeführt werden Maschinen und Transportmittel, Ind.güter (bes. Stahl und Stahlerzeugnisse, Textilien, Papierwaren), Chemikalien und Lebensmittel. Wichtigste Handelspartner sind die USA, Frankreich, Italien, Deutschland, Großbritannien und die Niederlande.
Verkehr: Das relativ gut ausgebildete Verkehrsnetz umfaßt 3 505 km Eisenbahnstrecken und 124 000 km Straßen, davon 59 520 km mit fester Decke. Das Pipelinenetz ist 1 200 km lang. Die Binnenwasserstraßen haben eine Länge von 7 400 km. Wichtigste Seehäfen sind Lagos, Warri, Calabar und Port Harcourt. Neben der staatl. Fluggesellschaft Nigeria Airways existieren noch fünf private Fluggesellschaften. Internat. ✈ bestehen bei Lagos (Ikeja), Kano und Port Harcourt.
Geschichte: Die ältesten Staaten im N Nigerias waren Kanem-Bornu und die Haussastaaten. Im S entstanden etwa im 15. Jh. die ersten Yoruba-Kgr., Oyo und Benin, mit dem kulturellen Mittelpunkt Ife. Seit 1497 befuhren die Portugiesen die nigerian. Küste. Der von ihnen begonnene Sklavenhandel wurde im 17./18. Jh. im wesentlichen von den Engländern fortgesetzt (1807 verboten). In der 2. Hälfte des 19. Jh. etablierte sich die brit. Vorherrschaft in N.: 1861 Besetzung von Lagos, 1897–1903 Eroberung der Staaten im Norden N., Errichtung der Protektorate N- und S-N. (1914 Zusammenschluß), dazu kam 1922 ein Teil der ehem. dt. Kolonie Kamerun. Um 1920 setzten bereits die Bestrebungen nach Selbstbestimmung ein, v. a. die Ibo im SO leisteten Widerstand gegen die Kolonialmacht. Seit 1944 wurde durch mehrere Verfassungsreformen die Autonomie verstärkt. 1960 erhielt die Kolonie die Unabhängigkeit, 1963 wurde die Republik N. ausgerufen. Staatspräs. wurde N. Azikiwe. Von Anfang an war die innenpolit. Lage durch starke soziale und ethn. Spannungen bestimmt. Im Jan. 1966 revoltierte die Armee, am 29. Juli 1966 folgte ein 2. Militärputsch, der General Y. Gowon an die Macht brachte. Bundesparlament und Regionalparlamente wurden aufgelöst. 1967–70 wurde das Land durch einen blutigen Bürgerkrieg um die meist von Ibo bewohnte Ostregion, Biafra, erschüttert. Nach innenpolit. Beruhigung und wirtsch. Stabilisierung des Landes wurde Gowon im Juli 1975 durch unblutigen Staatsstreich gestürzt. Die Staatsführung übernahm General Murtala Ranat Mohammed, der im Febr. 1976 im Verlauf eines fehlgeschlagenen Putsches ermordet wurde. Unter O. Obasanjo (* 1937) steuerte die nigerian. Militärreg. auf die Rückkehr zu einem zivilen Mehrparteiensystem zu. Am 29. Aug. 1978 wurde die neue Verfassung verkündet, die die öff. Tätigkeit polit. Parteien wieder zuließ; ab Juli 1979 wurden Wahlen zu den Verfassungsorganen der Einzelstaaten und des Bundes durchgeführt. Aus diesen Wahlen ging die National Party of Nigeria (NPN) als Siegerin hervor. A. S. Shagari (* 1925) wurde zum Präs. gewählt. Das von ihm im Okt. 1979 gebildete Kabinett setzte sich aus Politikern der NPN und der Nigerian People's Party (NPP) zusammen.
Korruptionsvorwürfe lösten Ende Dez. 1983 einen Putsch aus: Das Militär setzte die Reg. ab, löste die Nat.versammlung auf und verbot alle Parteien. Neues Exekutivorgan wurde der Oberste Militärrat unter Generalmajor M. Buhari (* 1942), der im Aug. 1985 durch einen neuen unblutigen Putsch die Macht an den Stabschef der Streitkräfte, Generalmajor I. Babangida (* 1941) verlor. Der Oberste Militärrat wurde durch einen Regierenden Militärrat ersetzt, neues Staatsoberhaupt wurde Babangida, der im Dez. 1985, März 1986 und April 1990 Putschversuche überstand. 1988 fanden Wahlen zu einer Verfassunggebenden Versammlung statt. Einen weiteren Schritt in Richtung Demokratisierung erbrachten die Parlamentswahlen im Juli 1992, in denen die SDP eine Mehrheit auf sich vereinen konnte, und die Einsetzung einer Übergangsreg. unter E. Shonekan im Jan. 1993.
Politisches System: Die Verfassung von 1979 wurde durch den Militärputsch vom 31. Dez. 1983 zunächst suspendiert und dann durch Dekrete des Militärs von 1984 und 1985 in geänderter Form wieder in Kraft gesetzt; die bis Mai 1989 ausgearbeitete Konstitution ist noch nicht in Kraft. *Staatsoberhaupt* und (als Oberbefehlshaber der Streitkräfte sowie Vors. des Regierenden Rates der Streitkräfte [Armed Forces Ruling Council, AFRC; 20 Mgl.]) oberster Inhaber der *Exekutive* ist der Präs. Das Parlament wurde 1983 aufgelöst; ab Mai 1988 tagte eine Verfassunggebende Versammlung (450 gewählte Mgl.); nach Parlamentswahlen konstituierte sich 1992 die Volksvertretung, die aus einem Repräsentantenhaus (593 Abg.) und einem Senat (91 Abg.) besteht. Das Verbot der polit. *Parteien* wurde 1989 aufgehoben; gegr. wurden die Social Democratic Party (SDP) und die National Republican Convention (NRC), die beide abhängig von den regierenden Militärs sind. Vom *Gewerkschaftsbund* Nigeria Labour Congress (NLC) spaltete sich 1981 der Congress of Democratic Trade Unions (CDTU) ab. Zur *Verwaltung* ist N. in 30 Bundesstaaten gegliedert mit seit 1991 vom Volk gewählten Gouverneuren an der Spitze. *Rechtsquellen* sind z. T. brit. Recht, soweit nicht nigerian. Recht an seine Stelle trat, im S regionales Stammesrecht, im N islam. Recht. Höchste Instanz auf Bundesebene ist der Oberste Gerichtshof, daneben wirken das Bundesappellationsgericht und das Hohe Bundesgericht. Die Bundesstaaten verfügen über eigene Gerichtssysteme mit einem High Court an der Spitze.

Niger-Kongo-Sprachen, die größte Sprachfamilie innerhalb der nigerkordofan. Sprachen. Wird unterteilt in: 1. Westatlant. Gruppe, 2. Mandesprachen, 3. Gur-Sprachen, 4. Kwasprachen, 5. Benue-Kongo-Sprachen, 6. Adamaua-Ost (Klassifikation umstritten).

nigerkordofanische Sprachen, Bez. für die größte der 4 Hauptfamilien der afrikan. Sprachen. Wichtigste Untergruppen sind die ↑ Niger-Kongo-Sprachen und die ↑ kordofanischen Sprachen.

Nigger [amerikan.], verächtl. Bez. für Angehörige der negriden Menschenrasse. – ↑ Neger.

Niggli, Paul, * Zofingen 26. Juni 1888, † Zürich 13. Jan. 1953, schweizer. Mineraloge und Geologe. – Prof. in Leipzig und Zürich; führte Untersuchungen über die Paragenese der Minerale und Gesteine, die Mineralverwandtschaft und die Kristallstruktur durch.

Nightingale, Florence [engl. 'naɪtɪŋgeɪl], * Florenz 12. Mai 1820, † London 13. Aug. 1910, brit. Krankenpflegerin. – Nach einer Schwesternausbildung in dem von T. Fliedner gegründeten Diakonissenmutterhaus in Kaiserswerth organisierte sie im Krimkrieg in der Türkei und auf der Krim eine Verwundeten- und Krankenpflege.

nigritische Sprachen, von Senegal bis nach S-Afrika verbreitete Sprachen (über 1 000). Die Bez. „nigritisch" geht als anthropolog. Terminus auf das Altertum zurück und wird im linguist. Sinn seit B. Struck (1911) verwendet.

Nigromant [lat./griech.], Zauberer, Wahrsager; **Nigromantie,** Schwarze Kunst, Magie.

Nihilismus [zu lat. nihil „nichts"], weniger ein festumrissener philosoph. als ein literar. Terminus zur (meist polem.) Kennzeichnung eines sich v. a. auf die Gottes- und Werterkenntnis beziehenden Skeptizismus; allg. verwendeter Ausdruck erst durch Turgenjews Roman „Väter und Söhne" (1862); im Anschluß an diesen Roman übernahmen ihn die sozialkrit. russ. Anarchisten als Selbstbez. Eine theoret. Reflexion über den N. findet sich bei Nietzsche, der im N. die noch unreflektierte, aber notwendige Folge der christl. (moral.) Lebensverneinung sieht.

nihil obstat [lat. „es steht nichts im Wege"], im kath. Kirchenrecht die Unbedenklichkeitsformel für die Erteilung der Druckerlaubnis.

Niigata, jap. Stadt auf Honshū, an der Mündung des Shinano ins Jap. Meer, 470 000 E. Verwaltungssitz der Präfektur N.; kath. Bischofssitz; Univ. (gegr. 1949); wichtigste jap. Hafenstadt am Jap. Meer; Zentrum eines Ind.gebiets; Fährverbindung zur Insel Sado. – Im 10. Jh. als wichtiger Hafen erwähnt; 1868 bei der Öffnung für ausländ. Schiffe einer der 5 großen Handelshäfen Japans; 1955 durch Brand, 1964 durch Erdbeben große Zerstörungen.

Nijhoff, Martinus [niederl. 'nɛihɔf], *Den Haag 20. April 1894, † ebd. 26. Jan. 1953, niederl. Schriftsteller und Kritiker. – Journalist; hervorragender Stilist, in dessen späteren Werken v. a. religiöse Motive vorherrschen; schrieb auch geistl. Spiele.

Nijinska, Bronislava [ni'ʒınska, frz. niʒin'ska], eigtl. Bronislawa Fomowna Nischinskaja, *Minsk 8. Jan. 1891, † Pacific Palisades (Calif.) 21. Febr. 1972, russ. Tänzerin, Choreographin und Tanzpädagogin. – Schwester von W. Nijinski; verließ 1921 Rußland und wurde eine der bedeutendsten Choreographinnen von Diaghilews „Ballets Russes"; Wegbereiterin des Neoklassizismus im Ballett.

Nijinski, Waslaw [ni'ʒınski, frz. niʒin'ski], eigtl. Wazlaw Fomitsch Nischinski, *Kiew 12. März 1888 (oder 17. Dez. 1889?), † London 8. April 1950, russ. Tänzer. – Ab 1907 Mgl. des Marien-Theaters in Petersburg; war 1909–13 der Star der „Ballets Russes" unter Diaghilew; er kreierte u. a. Strawinskys „Petruschka" (1911) und choreographierte „L'après-midi d'un faune" von Debussy (1912) und Strawinskys „Le sacre du printemps" (1913), die für das moderne Ballett bahnbrechend wurden.

Nijmegen [niederl. 'nɛime:xə] ↑ Nimwegen.

Nijvel [niederl. 'nɛivəl] ↑ Nivelles.

Nike („Sieg"), in der griech. Mythologie vergöttlichte Personifikation des Sieges. Meist geflügelt mit Kranz und Palme dargestellt; berühmt die **Nike von Samothrake** (um 190 v. Chr.; Paris, Louvre).

Nikephoros (lat. Nicephorus), Name byzantin. Kaiser:

N. I., *Seleukeia (Pisidien) um 765, ⚔ Pliska 26. Juli 811, Kaiser (seit 802). – Kam nach Sturz der Kaiserin Irene als deren ranghöchster Finanzbeamter auf den Thron; führte eine Finanzreform durch und kolonisierte die slawisierten Balkangebiete durch Ansiedler aus Kleinasien; 806 durch Harun Ar Raschid besiegt; fiel im Kampf gegen die Bulgaren unter Khan Krum.

N. II. Phokas, *in Kappadokien 912, † Konstantinopel 10. oder 11. Dez. 969, Kaiser (seit 963). – Bed. Feldherr unter Romanos II. (Kämpfe gegen die Araber: Eroberung Kretas 961, Besetzung Aleppos 962); Kaiser nach dem Tod Romanos' II.; ⚭ mit dessen Witwe Theophano; setzte seine siegreichen Kämpfe gegen die Araber fort. Im Innern betrieb er eine Politik zugunsten der Aristokratie; auf Anstiften seiner Gattin ermordet.

N. III. Botaneiates, † Konstantinopel 1081, Kaiser (seit 1078). – Gegenkaiser Michaels VII. Während seiner durch innere Aufstände geschwächten Herrschaft gelangen den Seldschuken weitere Eroberungen; am 1. April 1081 durch Alexios I. Komnenos zur Abdankung gezwungen.

Nikias, *um 470, † Syrakus 413, athen. Feldherr und Politiker. – Anhänger des Perikles, Gegner des Kleon; vermittelte 421 den für 50 Jahre vereinbarten Frieden mit Sparta **(Nikiasfrieden).** Einer der Führer des erfolglosen sizil. Feldzuges; nach der Kapitulation (8. Okt. 413) hingerichtet.

Nikifor, eigtl. Nykyfor Drovniak, *Krynica 21. Mai 1895(?), † ebd. 10. Okt. 1968, poln. naiver Maler. – Seine Bilder zählen mit ihrem Farben- und Formenreichtum zu den gelungensten Schöpfungen naiver Kunst.

Nikisch, Arthur, *Lébénye bei Fertőd 12. Okt. 1855, † Leipzig 23. Jan. 1922, dt. Dirigent. – 1889–93 Dirigent des Boston Symphony Orchestra, 1893–95 Operndirektor in Budapest, ab 1895 Dirigent des Leipziger Gewandhausorchesters; galt als bedeutendster Opern- und Konzertdirigent seiner Zeit, der v. a. die Werke Tschaikowskys, Bruckners, Wagners und Brahms' mustergültig aufführte.

Arthur Nikisch

Nikitin, Iwan Sawwitsch, *Woronesch 3. Okt. 1824, † ebd. 28. Okt. 1861, russ. Dichter. – Schrieb schwermütige, meist pessimist. Lyrik, deren Hauptthema die Not der unterdrückten Schichten ist; in den Naturgedichten meisterhafte Landschaftsdarstellungen.

N., Nikolai Nikolajewitsch, *Petersburg 8. Aug. 1895, † ebd. 26. März 1963, russ. Schriftsteller. – Gehörte zu den Serapionsbrüdern; begann mit Romanen und Erzählungen in ornamentalem Stil; später in der Art des sozialist. Realismus, u. a. „Nordlicht" (R., 1950).

Nikkō-Nationalpark, jap. Nationalpark auf Honshū, umfaßt im wesentlichen das vulkan. Nikkōgebirge, im Shirane 2 578 m hoch.

Niklaus von Hagenau ['ni:klaʊs, 'nıklaʊs] ↑ Niclas Hagnower.

Nikobaren, Gruppe von 19 Inseln (12 bewohnt) im Golf von Bengalen (Ind. Ozean), südl. der Andamanen, Teil des ind. Unionsterritoriums Andaman and Nicobar Islands.

Nikobarer, die palämongolid-weddide, zu den Primitiv- oder auch Altmalaien zählende Bev. der Nikobaren; rd. 21 000 Angehörige; sprechen eine Mon-Khmer-Sprache.

Nikodemus (Nicodemus), Gestalt des N. T., pharisäischer Schriftgelehrter, Mgl. des Synedriums, der Jesus verteidigte und begrub (Joh. 7, 50–52; 19, 38–42); Historizität unsicher.

Nikodim [russ. nika'dim], eigtl. Boris Georgijewitsch Rotow, *Frolowo (Gebiet Rjasan) 16. Okt. 1929, † Rom 5. Sept. 1978, russ.-orth. Metropolit von Leningrad (= St. Petersburg) und Nowgorod (seit 1963). – 1960 Bischof und Präs. des Außenamtes der russ.-orth. Kirche, maßgeblich an der ökumen. Öffnung der russ.-orth. Kirche beteiligt (1961 Aufnahme in den Weltrat der Kirchen). 1972 als Leiter des Außenamtes zurückgetreten.

Nike

Nikolaiten [griech.], die in Apk. 2, 6 und 15 gen. Anhänger einer christl. libertinistisch-gnost. Sekte, die u. a. zu „huren" lehrten; wohl nach einem in Apg. 6, 5 gen. Nikolaos von Antiochia ben.; das MA nannte nichtzölibatär lebende Priester Nikolaiten.

Nikolajew [russ. nika'lajıf], Geb.hauptstadt im S der Ukraine, am Bug-Liman (Schwarzes Meer), 503 000 E. Schiffbauhochschule, PH, astronomisches Observatorium; Kunstmuseum; Maschinenbau, Werft u. a. Ind.; Hafen, Verkehrsknotenpunkt, ✈. – 1788 als Zentrum des Schiffbaus gegr., ab 1789 Sitz der Admiralität; bis 1862 ausschließlich Kriegshafen.

Nikolaus, Name von Päpsten:

N. I., *Rom um 800, † ebd. 13. Nov. 867, Papst (seit 24. April 858). – N. wußte die röm. Tradition vom päpstl. Primat zu akzentuieren, v. a. in der Auseinandersetzung mit dem Patriarchen Photios von Konstantinopel und in der Wahrung der strengen Eheauffassung gegen König Lothar II.

N. II., † Florenz 27. Juli 1061, vorher Gerhard von Florenz, Papst (seit 24. Jan. 1059). – Von der Reformpartei im Einvernehmen mit dem dt. Hof auf Betreiben Hildebrands (↑ Gregor VII.) gewählt. Die leitenden Persönlichkeiten seines Pontifikates waren Humbert von Silva Candida und Hildebrand. Die Lateransynode 1059 verkündete das Papstwahldekret. Der schroffe Reformkurs und die Verbindung des Reformpapsttums mit der Mailänder Pataria und den süditalien. Normannen leiteten den Bruch mit dem dt. Hof ein.

N. IV., *Lisciano bei Ascoli um 1230, † Rom 4. April 1292, vorher Girolamo Masci, Papst (seit 22. Febr. 1288). – Franziskaner; krönte 1289 Karl II. von Anjou zum König von Neapel und Sizilien, das aber den Aragonesen nicht entrissen werden konnte (↑ Sizilianische Vesper).

N. V., *Sarzana 15. Nov. 1397, † Rom 24. März 1455, vorher Tommaso Parentucelli, Papst (seit 6. März 1447). – Ihm gelang eine neue Festigung der päpstl. Autorität in Kirchenstaat und Gesamtkirche; 1448 Abschluß des Wiener Konkordats mit Friedrich III., den er 1452 zum Kaiser krönte (letzte Kaiserkrönung in Rom); humanistisch gebildet (Begründer der Vatikan. Bibliothek).

Nikolaus I. Pawlowitsch, Kaiser von Rußland

Nikolaus, Name von Herrschern:

Rußland:

N. I. Pawlowitsch [russ. 'pavlevitʃ], *Zarskoje Selo (= Puschkin) 6. Juli 1796, † Petersburg 2. März 1855, Kaiser (seit 1825). – Seit 1817 ∞ mit Charlotte von Preußen, einer Tochter Friedrich Wilhelms III.; schlug den Dekabristenaufstand nieder; errichtete ein bürokrat. Polizeiregime und kämpfte gegen nat. Freiheitsbewegungen („Gendarm Europas"). Nach der Niederwerfung des poln. Aufstands 1830/31 gliederte er Polen als Prov. dem russ. Reich ein; 1849 intervenierte er auf östr. Bitten in Ungarn. Seine Orientpolitik scheiterte im Krimkrieg.

Nikolaus II. Alexandrowitsch, Kaiser von Rußland

N. II. Alexandrowitsch [russ. alık'sandrevitʃ], *Zarskoje Selo (= Puschkin) 18. Mai 1868, † Jekaterinburg 16. Juli 1918 (erschossen), Kaiser (1894–1917). – Seit 1894 ∞ mit Alexandra Fjodorowna, Tochter des Großherzogs Ludwig IV. von Hessen-Darmstadt; hielt starr am autokrat. Prinzip fest und nahm die während der Revolution von 1905 gegebenen konstitutionellen Versprechen in den oktroyierten Staatsgesetzen von 1906 weitgehend zurück. 1915 übernahm N. den persönl. Oberbefehl über alle Streitkräfte, konnte aber das Ansehen des Zarentums nicht wiederherstellen. Beim Ausbruch der ↑ Februarrevolution 1917 dankte er ab, wurde interniert, nach Sibirien verbannt und während des Bürgerkriegs mit seiner Fam. von den Bolschewiki ermordet.

Nikolaus (N. von Myra), hl., 1. Hälfte des 4. Jh., wahrscheinlich Bischof von Myra. – Gesicherte histor. Zeugnisse fehlen, gesichert ist der Einfluß der Gestalt des Abtes N. des Klosters Sion bei Myra († 546) auf die Legendenbildung; seit dem 6. Jh. Ausbreitung der N.verehrung in der griech., später in der russ. Kirche. Die bald über ganz Europa verbreitete N.verehrung erreichte ihre Blüte im späten MA: N. zählt zu den 14 Nothelfern, er wurde zum Schutzherrn der Gefangenen, Bäcker, Apotheker, Schiffer, Kaufleute (der Hanse), Juristen und v. a. der Kinder und Schüler. – Fest: 6. Dezember.

Bildende Kunst: Zahlr. Einzeldarstellungen finden sich v. a. im byzantin. Bereich sowie in der russ. Kunst, in Mitteleuropa erscheint er in Szenen seiner Legende. *Brauchtum:* Die mit dem *N.fest* am 6. Dez. verbundenen Bräuche gehen darauf zurück, daß in den ma. [geistl.] Schulen das Knabenbischofsspiel („ludus episcopi puerorum") seit dem 13. Jh. am 6. Dez. gefeiert wurde; dabei übernahm ein Schüler für einen Tag die Rolle des Bischofs. Mit diesem Spiel waren Umzüge verbunden. Beim Einkehrbrauch (seit Mitte des 17. Jh.) mit Prüfung und Belohnung der Kinder wird N. von einem „gebändigten Teufel" (↑ Knecht Ruprecht, Krampus) begleitet. Im 19. Jh. vermischen sich die Züge des Kinderfreundes und -schrecks in der Autoritätsfigur des Weihnachtsmannes.

Nikolaus von Kues (Ausschnitt aus einem Grabrelief in San Pietro in Vincoli in Rom, um 1470)

Nikolaus von Autrecourt [frz. otrə'ku:r], latinisiert Nicolaus de Ultricuria, N. de Altricuria, † nach 1350, frz. Philosoph und Theologe. – Lehrte 1320–27 an der Sorbonne in Paris. Vertreter eines radikalen Nominalismus bzw. ↑ Ockhamismus; versuchte die Einführung quantifizierender, mathemat. Methoden in die naturwiss. Beobachtung.

Nikolaus von [der] Flüe ['fly:(ə)], hl., gen. Bruder Klaus, *auf der Flüe bei Sachseln (Unterwalden ob dem Wald) 1417, † ebd. (im Ranft) 1487, schweizer. Mystiker und Einsiedler. – Der wohlhabende Bergbauer fand Anschluß an die Mystiker des Klosters Engelberg und die Straßburger Gottesfreunde. Unter diesem Einfluß verließ er 1467 seine Familie und lebte als Einsiedler in der nahegelegenen Ranftschlucht. – Fest: 25. Sept.

Nikolaus von Hagenau ↑ Niclas Hagnower.

Nikolaus von Kues [ku:s], latinisiert Nicolaus Cusanus, Nicolaus de Cusa, eigtl. N. Chrypffs oder Krebs, *Kues (= Bernkastel-Kues) 1401, † Todi 11. Aug. 1464, dt. Kirchenrechtler, Philosoph und Kardinal. – Studierte 1416/17 Philosophie und Mathematik in Heidelberg, 1417–23 in Padua, ab 1425 Theologie in Köln. Ab 1432 Bevollmächtigter des Trierer Erzbischofs auf dem Basler Konzil. Seine Bemühungen, im Auftrag des Papstes eine Einigung mit den dt. Fürsten herbeizuführen, endeten mit dem Wiener Konkordat und der Ernennung zum Kardinal (1448). 1450 Fürstbischof von Brixen; 1458 verließ er unter polit. Druck Brixen und begann in Rom als Generalvikar und päpstl. Legat eine Reform des Klerus als Auftakt zu einer allg. Kirchenreform. – Seine von Mystik, Nominalismus und Neuplatonismus geprägte Lehre und sein polit. Wirken stehen unter seinem dialekt. Prinzip der ↑ Coincidentia oppositorum, mit dem es ihm gelingt, die vier „Regionen" Gott, Engel, Welt und Mensch in einem spekulativen philosoph.-theolog. System zusammenzufassen. Entgegen der Meinung der Hochscholastik gibt es in bezug auf die Gotteserkenntnis für N. nur die als ↑ Docta ignorantia begrifflich oder symbolisch gefaßte Formulierung des Nichtwissens von Gott (negative Theologie). Die Welt sieht er als Ausfaltung („explicatio") des Wesens Gottes, in dem alle Dinge eingefaltet sind („complicatio"). Der Mensch ist in der so verstandenen Welt das Bindeglied ihrer Teile („copula universi"). – N. gilt auch als einer der bedeutendsten Mathematiker seiner Zeit (Versuche zur Quadratur des Kreises); mathemat. Denkweisen finden bei ihm Anwendung auf philosoph.-theolog. Sachverhalte. Als einer der ersten dt. Humanisten beschäftigte sich N. mit der histor.-philolog. Untersuchung von Handschriften (Aufdeckung der Konstantin. Schenkung als Fälschung).

Nikolaus von Lyra, *Lyre (= La Neuve-Lyre, Eure) um 1270, † Paris 16. (23. ?) Okt. 1349, frz. scholast. Theologe, Franziskaner (ab 1300). – Prof. der Theologie in Paris; seine „Postilla litteralis" (erschienen 1471/72) gehörte zu den verbreitetsten und einflußreichsten Bibelkommentaren.

Nikolaus von Myra ↑ Nikolaus, hl.

Nikolaus von Oresme [frz. ɔ'rɛm] (Nicole Oresme), latinisiert Oresmius, *in der Normandie nach 1320, † Lisieux 11. Juli 1382, frz. Gelehrter. – 1359 Lehrer in Paris (u. a. Erzieher Karls V., des Weisen), 1377 Bischof von Lisieux. Er war einer der Wegbereiter der neuzeitl. Naturwiss. und Mathematik; vertrat die Vorstellung, daß die Erde eine tägl. Drehung um ihre Achse vollführe; entwickelte Ansätze der Mechanik und analyt. Geometrie sowie eine Theorie des Geldes.

Nikolaus von Verdun [frz. vɛr'dœ̃], lothring. Goldschmied und Emailleur (nachweisbar zw. 1181 und 1205). – Gesichert sind die 45 Emailplatten eines dreiteiligen Altars der Stiftskirche in Klosterneuburg bei Wien (sog. Verduner Altar; urspr. Verkleidung eines Ambos, 1181) sowie der Marienschrein der Kathedrale von Tournai (1205, Ausführung durch die Werkstatt), Zuschreibung des ↑ Dreikönigsschreins im Kölner Dom; von der Antike und byzantin. Einflüssen bestimmter frühgot. Stil von starker Plastizität und Bewegung.

Nikolsburg, Friede von, Name von zwei Friedensschlüssen, die in Nikolsburg (= Mikulov, Südmähr. Bez., ČR) unterzeichnet wurden: 1. **Friede vom 6. Januar 1622** zw. Kaiser Ferdinand II. und Gabriel Bethlen von Iktár, der auf den ungar. Königstitel verzichtete und dafür Reichsfürst wurde. 2. Der **Vorfriede vom 26. Juli 1866** beendete den Dt. Krieg 1866 und wurde Grundlage des Friedens von Prag.

Nikomachische Ethik, eth. (in 10 Bücher eingeteiltes) Hauptwerk des ↑ Aristoteles, nach dessen Sohn Nikomachos ben.; die N. E. war für die Entwicklung der abendländ. philosoph. Ethik bis Kant richtungweisend.

Nikomedes, Name mehrerer antiker Könige von Bithynien. **Nikomedes I.** (♔ 280 bis 250), Gründer der Hauptstadt **Nikomedeia** (= İzmit), holte zur Festigung seiner Macht kelt. Söldner (Galater) nach Kleinasien, die sich dort festsetzten. – **Nikomedes IV. Philopator** (♔ 95–74) verlor sein Reich an seinen von Mithridates VI. unterstützten Stiefbruder und floh nach Rom; 84 durch Sulla wieder eingesetzt, vermachte Bithynien testamentarisch Rom.

Nikon [russ. nikɐn], eigtl. Nikita Minow, *Weldemanowo (Geb. Nischni Nowgorod) 1605, † Jaroslawl 27. Aug. 1681, Patriarch von Moskau. – 1649 Metropolit von Nowgorod, 1652 zum Patriarchen gewählt. Er begann ein Reformwerk, das auf den Widerstand der nat. russ. Kräfte stieß, die Kirche in Rußland erschütterte und spaltete. Da er das Vertrauen des Zaren verlor, resignierte N. 1658. Ein Landeskonzil billigte zwar 1666/67 das Reformwerk und verurteilte dessen Gegner (Altgläubige), was zur Spaltung (russ.: raskol; ↑ Raskolniki) der orth. Kirche in Rußland führte, verbannte aber auch N.; 1681 rehabilitiert.

Nikopoia [griech. „Siegbringerin"] ↑ Mariendarstellungen.

Nikopol, Stadt im S der Ukraine, am Kachowkastausee des Dnjepr, 158 000 E. Zentrum der *N.er Manganerzlagerstätte;* Kranbau, Manganerzaufbereitung, -verhüttung.

Nikopolis, ma. Stadt (= Nikopol) nö. von Plewen (Bulgarien). – Bei N. schlugen die Osmanen unter Bajasid I. 1396 das abendländ. Kreuzfahrerheer unter König Sigismund von Ungarn vernichtend.

Nikosia [nikoˈziːa, niˈkoːzia] (griech. Lefkosia, türk. Lefkoşa), Hauptstadt von Zypern, im Zentrum der Messaria, 188 000 E, davon 147 000 E im griech. Teil. N., seit 1974 geteilt, ist Sitz sowohl der griech.-zypr. wie auch der türk.-zypr. Reg. sowie des Erzbischofs der autokephalen orth. Kirche Zyperns; im griech. Teil Univ. (gegr. 1989); Museen; Nahrungsmittel-, Leichtind., Metallverarbeitung; internat. ✈ (außer Betrieb). – In der Zeit der Kreuzzüge Residenz des 1192–1489 über Zypern herrschenden Hauses Lusignan; 1570 von den Osmanen erstürmt. Durch N. verläuft heute die De-facto-Grenze des von Türken besetzten N-Teiles der Insel. – Die Altstadt ist von der venezian. Stadtmauer (1567) mit Bastionen und Toren umgeben; in ihr befinden sich die ehem. got. Kathedrale Hagia Sophia (1208–14. Jh.; heute Hauptmoschee), die ehem. got. Katharinenkirche (14. Jh.; jetzt Haidarmoschee) sowie Ruinen ma. Bauten.

Nikosia
Hauptstadt von Zypern
·
188 000 E
·
Sitz der griech.-zypr. wie der türk.-zypr. Regierung
·
1570–1878 zum Osman. Reich
·
seit 1974 geteilt in einen griech. und einen türk. Teil
·
venezian. Befestigungsanlagen

Nikotin [frz., nach dem frz. Gelehrten J. Nicot, *1530, † 1600] (Nicotin, 3-(1-Methyl-2-pyrrolidinyl)-pyridin), $C_{10}H_{14}N_2$, Hauptalkaloid der Tabakpflanze, das in der Wurzel gebildet und in den Blättern abgelagert wird. N. ist eine farblose, ölige Flüssigkeit und eines der stärksten Pflanzengifte. In kleinen Dosen führt N. durch Erhöhung der Adrenalin- und Noradrenalinsekretion zur Steigerung von Blutdruck, Darmperistaltik, Schweiß- u. Speichelsekretion. Die akute *N.vergiftung* äußert sich in Übelkeit, Erbrechen, Durchfall, Schweißausbruch, Schwindel und Zittern. – ↑ Rauchen.

Nikotinsäure ↑ Vitamine.

Nikotinsäureamid ↑ Vitamine.

Nikšić [serbokroat. ˈnikʃitɕ], Stadt in Montenegro, in den südl. Dinariden, 640 m ü. d. M., 36 000 E. Bedeutendstes Ind.zentrum Montenegros (u. a. Stahl- und Aluminiumwerk).

Nil, größter Strom Afrikas, im NO des Erdteils, entsteht bei Khartum (Republik Sudan) aus dem Zusammenfluß von ↑ Blauem Nil und ↑ Weißem Nil, durchbricht als Fremdlingsfluß in weitem Bogen die Tafel des Nub. Sandsteins (6 Katarakte) und bildet dabei im Wüstengebiet Ägyptens eine z. T. tief eingeschnittene, 5–20 km breite Flußoase (Oberägypten); unterhalb von Kairo fächert der N. zu einem 24 000 km² großen Delta auf. Der N. ist von der Quelle des Luvironza über Ruvubu, Kagera, Victoria-N., Albert-N. und Weißen N. 6 671 km lang, sein Einzugsgebiet reicht über 2,8 Mill. km². Bei Asjut zweigt der **Ibrahimijjakanal** und von diesem bei Dairut der Seitenarm **Josefkanal** ab. Im Jahresverlauf hat der N. unterschiedl. Wasserführung; das Hochwasser resultiert aus den Sommerregen im äthiop. Hochland und dauert von Juni–Sept./Okt. Der N. ist zw. dem 4. und 3. Katarakt, auf dem Nassersee und ab Assuan schiffbar. Er hat mehrere bed. Wehre und Staudämme. 1960–71 wurde bei ↑ Assuan ein Hochdamm gebaut, der den N. zum Nassersee staut.

Geschichte: Die alten Ägypter nahmen eine oberägypt. N.quelle bei Elephantine und eine unterägypt. bei Alt-Kairo an. Die Höhe der den ägypt. Jahresbeginn markierenden Überschwemmung, maßgebend für die Besteuerung der Felder, wurde auf den Inseln Elephantine und Ar Rauda (= Kairo) in Schächten gemessen und seit dem 3. Jt. v. Chr. in die Annalen aufgenommen. – Die wiss. Erforschung des N. und seines Ursprungsgebietes setzte im Zeitalter der Entdeckungen ein. 1770 entdeckte J. Bruce die Quellen des Blauen N., 1821/22 drang u. a. F. Cailliaud (*1787, † 1869) zum Zusammenfluß des Weißen und Blauen N. vor. Von O-Afrika aus entdeckte J. H. Speke 1858 den Victoriasee und erforschte 1860–63 mit J. A. Grant (*1827, † 1892) den Victoria-N. bis Gondokoro, wo er mit Sir S. W. Baker zusammentraf, der 1861–63 den Weißen N. von Khartum an erforschte. In einer Reihe von Reisen, v. a. D. Livingstones am Njassasee (1859), Sir H. M. Stanleys, der u. a. 1875 den Kagera erforschte, sowie R. Gessis (*1831, † 1881), der 1876 an den Abfluß des Albert-N. aus dem Albertsee gelangte, wurde das Geheimnis des N. entschleiert. 1892 stellte O. Baumann den Kagera als Hauptzufluß des Victoriasees und damit indirekt als Hauptquellfluß des Weißen N. fest.

Nilbarsch ↑ Glasbarsche.

Nilgans ↑ Halbgänse.

Nilgiri Hills, Gebirgsblock im südl. Teil der Westghats, Indien, durch den Fluß Moyar vom übrigen Dekhan getrennt; bis 2 636 m hoch.

Nilhechte (Mormyriformes), Ordnung etwa 5 cm bis 1,5 m langer, häufig unscheinbar gefärbter Knochenfische mit über 150 Arten in Süßgewässern Afrikas südl. der Sahara und im Nil; Körper meist langgestreckt, mit kleiner Mundöffnung am oft rüsselartig verlängerten Maul.

Nilkrokodil ↑ Krokodile.

nilohamitische Sprachen ↑ nilotische Sprachen.

nilosaharanische Sprachen, Bez. für eine der 4 Hauptfamilien der afrikan. Sprachen, unterteilt in: 1. Songhai; 2. Saharanisch; 3. Maba; 4. Fur; 5. Schari-Nil (bedeutendste Gruppe); 6. Koman. Das Sprachgebiet umfaßt u. a. den größten Teil der östl. Sahara, das obere Niltal und das Gebiet nö., östl. und sö. des Victoriasees.

Niloten, im Obernilgebiet und in den Savannen Ostafrikas lebende Stämme mit einer nilot. Sprache; rd. 20 Mill. Angehörige.

Nilotide [griech.], Unterform der Negriden; schlanker, hochwüchsiger und langbeiniger Menschenrassentyp mit sehr dunkler Haut. Hauptverbreitungsgebiet sind die Sumpfgegenden des oberen Weißen Nils.

nilotische Sprachen, Bez. für eine große Gruppe von Sprachen am oberen Nil (im S der Republik Sudan, in Uganda, Kenia, Tansania, Zaire und Äthiopien). Die n. S. besitzen z. T. ein äußerst kompliziertes Laut- und Formensystem. Man unterscheidet eine westl. Gruppe (Luo, Schilluk, Dinka-Nuer), eine östl. (Bari-Massai) und eine südl. Gruppe (Nandi-Suk). Die ost- und südnilot. Sprachen werden z. T. noch heute als **nilohamitische** (oder **nilotohamitische**) **Sprachen** den [west]nilot. Sprachen gegenübergestellt.

Nilpferd ↑ Flußpferde.

Birgit Nilsson

Nilsson, Birgit, *bei Karup (Verwaltungsbez. Kristianstad) 17. Mai 1918, schwed. Sängerin (lyr., dann hochdramat. Sopran). – 1948–58 Mgl. der Königl. Oper in Stockholm, sang 1959 erstmals an der Metropolitan Opera in New York; wurde bes. als Wagnerinterpretin bekannt.

Nils-Udo, eigtl. N.-U. Pflugfelder, *Lauf an der Pegnitz 27. März 1937, dt. Künstler. – Vertreter der Land-art; künstler. Ziel ist stets die opt. und emotionale Vermittlung einer Naturordnung, auch eigene Photodokumentationen seiner Werke (u. a. „Hommage à Gustav Mahler" [1973/1974]), „Das Nest" (1978).

Nilwaran ↑ Warane.

Anaïs Nin

Nimbaberge, bis 1752 m hoher Gebirgszug in W-Afrika (Liberia, Guinea, Elfenbeinküste); im S Eisenerzabbau.

Nimbostratus [lat. „Regenwolkendecke"] ↑Wolken.

Nimburg ↑Nymburk.

Nimbus [lat.], ↑Heiligenschein; übertragen: glanzvoller Ruhm.

Nîmes [frz. nim], frz. Stadt 45 km nö. von Montpellier, 129 900 E. Verwaltungssitz des Dep. Gard; kath. Bischofssitz; Académie de N., Konservatorium; Kunst-, archäolog., Heimatmuseum, Museum röm. Kunst; Handelsplatz (bes. Wein) für die Bewässerungsgeb. des Languedoc; Konservenindustrie, Landmaschinenbau, Bekleidungs-, Elektro-, Schuh-, Genußmittelindustrie; ✈ N.-Garons. – **Nemausus,** der Hauptort der kelt. Volcae Arecomici, wurde 121 v. Chr. römisch, 16 v. Chr. von Augustus zur Kolonie erhoben **(Colonia Augusta Nemausus);** um 149 n. Chr. Hauptstadt der Prov. Gallia Narbonensis, Ende des 4. Jh. Bischofssitz; während der Völkerwanderung fast völlig zerstört; 738 von den Franken erobert; kam 1185 an die Grafen von Toulouse; gehörte ab 1229 zur frz. Krondomäne; vom 16. Jh. bis 1629 eine der Hauptfestungen der Hugenotten. – N. ist reich an Denkmälern aus röm. Zeit, v. a. das gut erhaltene Amphitheater (vermutlich Anfang des 1. Jh. n. Chr.), die sog. Maison Carrée, ein Podiumstempel (20–12 v. Chr.), sowie der sog. Dianatempel (Rest eines Nymphäums aus dem 1. Jh. n. Chr.) und der Tour Magne (vermutlich 1. Jh. v. Chr.).

Nîmes
Stadtwappen

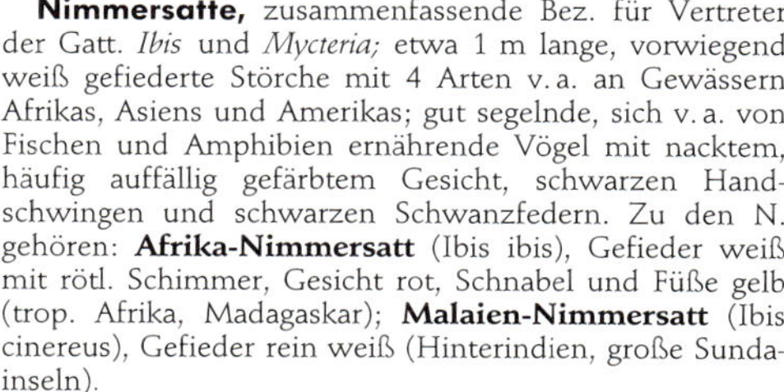
Nimmersatte, zusammenfassende Bez. für Vertreter der Gatt. *Ibis* und *Mycteria;* etwa 1 m lange, vorwiegend weiß gefiederte Störche mit 4 Arten v. a. an Gewässern Afrikas, Asiens und Amerikas; gut segelnde, sich v. a. von Fischen und Amphibien ernährende Vögel mit nacktem, häufig auffällig gefärbtem Gesicht, schwarzen Handschwingen und schwarzen Schwanzfedern. Zu den N. gehören: **Afrika-Nimmersatt** (Ibis ibis), Gefieder weiß mit rötl. Schimmer, Gesicht rot, Schnabel und Füße gelb (trop. Afrika, Madagaskar); **Malaien-Nimmersatt** (Ibis cinereus), Gefieder rein weiß (Hinterindien, große Sundainseln).

Nimrod, Gestalt des A. T., 1. Mos. 10, 8–12 als sagenhafter Gewaltherrscher erwähnt („ein gewaltiger Jäger vor dem Herrn").

Nimrud, Ruinenstätte in N-Irak, das altoriental. ↑Kalach.

Nimwegen
Stadtwappen

Nimwegen (niederl. Nijmegen), niederl. Stadt am linken Ufer der Waal, 10–25 m ü. d. M., 145 400 E. Kath. Univ. (gegr. 1923), Max-Planck-Inst. für Psycholinguistik, Inst. für kirchl. Hochschulunterricht, theolog. Studienzentrum für Laienpriester; Museen; Theater; Maschinenbau, Walzwerk, metallverarbeitende, Bekleidungs-, Kartonagen-, elektrotechn., chem., pharmazeut., Druck- und Nahrungsmittelind.; Märkte für Gartenbauprodukte; Hafen. – Die nach dem Bataveraufstand von 69/70 nw. eines Legionslagers neu errichtete Zivilsiedlung **Batavodurum** änderte um 104 ihren Namen in **(Ulpia) Noviomagus** („Neumarkt"); in der 2. Hälfte des 2. Jh. wurde sie Munizipium. Karl d. Gr. errichtete in **Niumaga** eine Pfalz; 1230 Reichsstadt, 1247 an den Grafen von Geldern verpfändet; 1402 Hansestadt. 1585 übergab die von den Kalvinisten unterdrückte kath. Bev.mehrheit N. den Spaniern, bis Moritz von Oranien sie 1591 zurückeroberte. – Die **Friedensschlüsse von Nimwegen** (1678/79) beendeten den Niederl.-Frz. Krieg: die Niederlande konnten im wesentlichen ihren Besitzstand wahren und die Räumung ihres Gebietes durch die Franzosen erreichen; Frankreich gewann die Franche-Comté und 15 Grenzfestungen in den span. Niederlanden sowie Freiburg im Breisgau und die elsäss. Städte. – Zahlr. histor. Bauten wurden 1944 und 1945 zerstört; erhalten sind u. a. die Kirche Sint-Steven (um 1272 bis 15. Jh.) und die ehem. Stadtwaage (1612). Renaissancerathaus (1554/55). Bed. Überreste eines röm. Amphitheaters (150 n. Chr.) und der von Karl d. Gr. gegr., 1155 durch Friedrich Barbarossa wiederhergestellten Pfalz „Valkhof" (Kapelle erhalten).

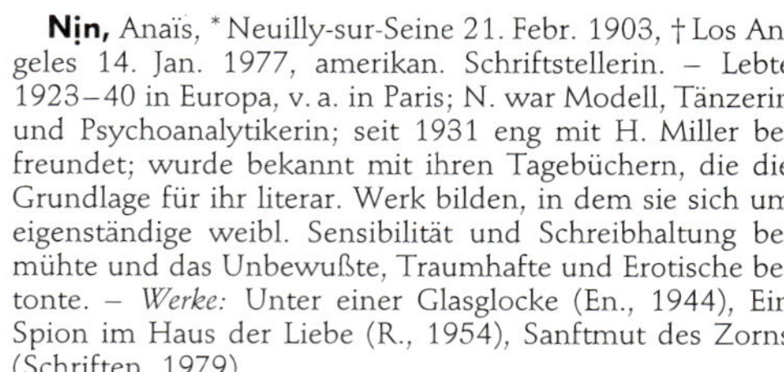
Nin, Anaïs, * Neuilly-sur-Seine 21. Febr. 1903, † Los Angeles 14. Jan. 1977, amerikan. Schriftstellerin. – Lebte 1923–40 in Europa, v. a. in Paris; N. war Modell, Tänzerin und Psychoanalytikerin; seit 1931 eng mit H. Miller befreundet; wurde bekannt mit ihren Tagebüchern, die die Grundlage für ihr literar. Werk bilden, in dem sie sich um eigenständige weibl. Sensibilität und Schreibhaltung bemühte und das Unbewußte, Traumhafte und Erotische betonte. – *Werke:* Unter einer Glasglocke (En., 1944), Ein Spion im Haus der Liebe (R., 1954), Sanftmut des Zorns (Schriften, 1979).

Ningbo [chin. niŋbɔ] (Ningpo), chin. Stadt 20 km oberhalb der Mündung des Yong Jiang in die Hangzhoubucht, 1,03 Mill. E. Handels- und Fischereihafen; Textil-, Nahrungsmittelind., Bau von Schiffen, Dieselmotoren und landw. Maschinen; Eisenbahnendpunkt. – Achteckige, siebenstöckige Pagode (14. Jh.); Bibliothekshalle (16. Jh.).

Ningxia [chin. nɪŋɕi̯a] (Ningsia), autonomes Gebiet der Hui (chin. Muslime) in China, am Mittellauf des Hwangho, 66 400 km², 4,66 Mill. E (1990), Hauptstadt Yinchuan. Zentraler Raum ist die Ebene am Hwangho. Jenseits erstreckt sich das Wüstengebiet der Ala Shan. Das südl. N. wird von einem Lößhochland eingenommen; Bewässerungsfeldbau, Schafzucht. Abbau von Kohle. – Entstand 1958 (zuvor seit 1928 Name einer chin. Provinz).

Ninhydrin [Kw.] (1,2,3-Indantrionhydrat), Derivat des Indans, Reagenz zum Nachweis von Aminosäuren, Peptiden und Proteinen. Aminosäuren ergeben eine Blau-, Peptide und Proteine eine Violettfärbung. Chem. Strukturformel:

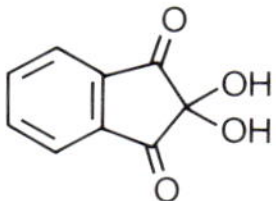

Ninive ['ni:nive] (assyr. Ninua), altoriental. Stadt am linken Tigrisufer gegenüber Mosul (Irak), heute die Ruinenhügel **Kujundjik** und **Nebi Junus;** Hauptstadt des Assyrerreichs von 704 bis zur Zerstörung durch Babylonier und Meder 612 v. Chr. – Ausgrabungen (seit 1846) stießen auf Siedlungsschichten vom 5. Jt. v. Chr. Freigelegt werden konnten der Königspalast Sanheribs, Teile des Palastes Asarhaddons und der Palast Assurbanipals; Funde hervorragender Wandreliefs (z. T. in Paris, Louvre) und der Bibliothek Assurbanipals (etwa 5 000 Keilschrifttafeln, u. a. „Gilgamesch-Epos"; v. a. in London, Brit. Museum). Bes. bekannt ist auch der akkad. Bronzekopf (um 2250–2200 v. Chr.; Bagdad, Irak-Museum), der bei Grabungen im Ischtar-Tempel gefunden wurde.

Ninja [jap. „Kundschafter"], in Geheimbünden organisierte Kriegerkaste im feudalen Japan, deren Mgl. sich als Spione und Diversanten bei den ↑Daimyō verdingten; entstand seit dem 7. Jh. parallel zu den ↑Samurai (häufig deren Gegner). Die N. siedelten in abgelegenen Berglagern v. a. in Zentraljapan (größtenteils in der Tokugawa-Zeit liquidiert); bedienten sich eines speziellen Waffenarsenals und Kampfstils *(Ninjutsu).*

Niob [nach Niobe] (Niobium), chem. Symbol Nb, metall. Element aus der V. Nebengruppe des Periodensystems, Ordnungszahl 41, relative Atommasse 92,9064, Dichte 8,57 g/cm³, Schmelzpunkt 2 468 °C, Siedepunkt 4 742 °C. N. ist ein silberweißes, gut verformbares, in Säuren nichtlösl. Metall, das meist fünfwertig auftritt. Die wichtigsten N.erze sind ↑Niobit und ↑Pyrochlor; da N. stets mit dem chemisch ähnl. ↑Tantal vergesellschaftet ist und nicht in größeren Lagerstätten vorkommt, ist seine Gewinnung schwierig. N. wird als Legierungskomponente für Stähle und spezielle Hochtemperaturwerkstoffe verwendet.

Niobe, Gestalt der griech. Mythologie. Tochter des Tantalus, Schwester des Pelops, Gemahlin des theban. Königs Amphion. Vermessen wie ihr Vater, wagt sie es, vor Leto, die nur Apollon und Artemis geboren hat, mit ihrer reichen Nachkommenschaft von sechs Söhnen und sechs Töchtern zu prahlen. Apollon und Artemis rächen diese Beleidigung, indem sie alle zwölf Kinder **(Niobiden)** mit ihren Pfeilen töten. N. wird zu einem Felsen des Sipylosgebirges versteinert, aus dem seither ihre Tränen quellen.

Niobit [griech., nach dem Gehalt an Niob], schwarzglänzendes rhomb. Mineral, das nur in Mischkristallen zusammen mit Tantalit vorkommt (Kolumbitgruppe). Chem. Zusammensetzung: $(Fe,Mn)(Nb,Ta)_2O_6$. Mohshärte 6, Dichte 5,1–8,2 g/cm^3. Vorkommen v. a. in pegmatit. Graniten.

Niobium ↑Niob.

Niort [frz. njɔ:r], frz. Stadt im Poitou, 58 200 E. Verwaltungssitz des Dep. Deux-Sèvres; Markt- und Versorgungszentrum eines Landw.gebiets; Werkzeug- und Landmaschinenbau. Holzind., Handschuhmacherei u. a. Betriebe; ✈. – Stadtrecht durch den engl. König Heinrich II.; in den Religionskriegen des 16. Jh. umkämpft, Zentrum der Hugenotten. – Beherrschend am Ufer der Sèvre Niortaise der mächtige Donjon (12./13. Jh.; jetzt Trachtenmuseum); Kirche Notre-Dame (15., 16. und 17. Jh.).

Nipapalme [malai./dt.] (Atappalme, Nypa fruticans), Palmenart der Mangrovengebiete Südostasiens und Australiens; mit sehr kurzem Stamm und bis 7 m langen, gefiederten Blättern; der Saft wird für die Bereitung von Wein und Schnaps verwendet.

Nipperdey, Hans Carl, *Bad Berka 21. Jan. 1895, †Köln 21. Nov. 1968, dt. Jurist. – Prof. in Jena und Köln; Präs. des B.-Arbeitsgerichts 1954–63. Beeinflußte maßgebend die Entwicklung des modernen Arbeitsrechts, daneben bed. Veröffentlichungen zum Verfassungs- und Zivilrecht einschl. Wirtschaftsrecht. – *Werke:* Lehrbuch des Arbeitsrechts (mit A. Hueck, 1927–30), Tarifvertragsgesetz (mit E. Stahlhacke, 1950), Lehrbuch des bürgerl. Rechts, Allg. Teil, begr. von L. Enneccerus (1959–60), Die Grundrechte (mit F. Naumann u. a., 1968–72).

N., Thomas, *Köln 27. Okt. 1927, †München 14. Juni 1992, dt. Historiker. – Sohn von Hans Carl N.; Prof. in Karlsruhe, Berlin und München; beschäftigte sich schwerpunktmäßig mit der Geschichte des 19. und 20. Jh., bed. v. a. seine Darstellung der „Deutschen Geschichte" zw. 1800 und 1918 (3 Bde., 1983–92).

Nippes ['nɪpəs, nɪps, nɪp; frz.] (Nippsachen), kleine Ziergegenstände.

Nippon, jap. Bez. für ↑Japan.

Nippon Steel Corp. [engl. 'nɪpɔn 'sti:l kɔ:pə'reɪʃən], jap. Konzern, zweitgrößtes Stahlunternehmen der Erde, Sitz Tokio, entstanden 1970 durch Fusion der Yawata Iron and Steel Co. Ltd. und der Fuji Iron and Steel Co. Ltd. Auch in der Petrochemie und Aluminiumind. tätig.

Nipptide [niederdt.] ↑Gezeiten.

Nippur. Votivgruppe, um 2600 v. Chr. (Bagdad, Irak-Museum)

Nippur, altoriental. Stadt, heute Ruinenhügel Nuffar (Niffer) im mittleren Irak. Im 3./2. Jt. Hauptkultort des sumer. Gottes Enlil; bed. Handelsstadt bis in seleukid. Zeit. Ausgrabungen seit 1888 legten Ruinen des Enlilheiligtums mit Tempelturm frei; Funde u. a. zahlr. Keilschrifttafeln (heute in Philadelphia, Jena, Istanbul).

Marshall Warren Nirenberg

Nirenberg, Marshall Warren [engl. 'naɪrɪnbə:g], *New York 10. April 1927, amerikan. Biochemiker. – Seit 1966 Direktor der biochem. Genetik am National Heart Institute in Bethesda (Md.). N. leistete Pionierarbeiten zur Entzifferung des genet. Codes, wofür er 1968 (mit R. W. Holley und H. G. Khorana) den Nobelpreis für Medizin oder Physiologie erhielt.

Nirwana [Sanskrit „Erlöschen, Verwehen"], Begriff, den Buddha zur Kennzeichnung des Heilsziels seiner Religion gebrauchte. N. ist die Überwindung aller Faktoren, die die Last des Daseins bedingen, das Verlöschen der Lebensbegierde und des Wahns, im Dasein eine Realität zu erkennen. Dieser Zustand kann bereits zu Lebzeiten erreicht werden. Nach dem Tod tritt der Erlöste dann in das vollkommene N. ein, seine individuelle Existenz erlischt. Er ist dann dem Gesetz der tatbedingten Wiedergeburten entzogen.

Niš [serbokroat. ni:ʃ] (Nisch), Stadt in Serbien, kurz oberhalb der Mündung der Nišava in die Südl. Morava, 231 000 E. Wirtsch. und kulturelles Zentrum des südl. Serbien; Univ. (gegr. 1965), Kunstakad., Bibliothek, Theater; Maschinenbau, Elektro-, Textil-, Nahrungsmittelind., Verkehrsknotenpunkt. – Das an der Stelle des antiken **Naissus** entstandene, mehrfach zerstörte byzantin. N. war bereits im 11. Jh. eine reiche Handelsstadt. Seit dem 13. Jh. (bei teils ungar. Vasallität) in serb. Besitz, wurde nach Eroberungen 1386, 1428 und 1443, endgültig 1459 osman.; kam 1878 wieder an Serbien. – 1690–1732 ausgebaute Festung; sog. Schädelturm (1809); röm. Ausgrabungen (Mosaike).

Hans Carl Nipperdey

Nisam Al Mulk, 1724–1947 Titel der Fürsten von Hyderabad.

Nisan [hebr.], 7. Monat des jüd. Jahres, mit 30 Tagen (März/April/Mai). Am 14./15. bis zum 21. N. wird Passah gefeiert.

Nišava [serbokroat. und bulgar. ni'ʃava], größter Nebenfluß der Südl. Morava, entspringt in der Stara Planina (Bulgarien), mündet unterhalb von Niš (Serbien), 218 km lang; bildet bei Dimitrowgrad die 17 km lange und 300 m tiefe Sičevo-Schlucht.

Nisch [nɪʃ, ni:ʃ] ↑Niš.

Nischengrab, in der Vorgeschichte eine seitlich an der Grabschachtbasis angesetzte Grabkammer; in der Archäologie ein in eine Wand eingelassenes Grab, v. a. in unterird. Grabanlagen (Katakomben).

Nischni Nowgorod (1932–90 Gorki), russ. Gebietshauptstadt, an der Mündung der Oka in die Wolga, 1,44 Mill. E. Univ. (1918 gegr.), 9 Hochschulen; Museen (u. a. Gorki-Museum); 5 Theater. N. N. gehört zu den wichtigsten Ind.städten Rußlands: Werft, Maschinen-, Auto-, Flugzeugbau, Erdölraffinerie, Nahrungsmittel- u. a. Ind.; bed. Hafen, Verkehrsknotenpunkt, U-Bahn. ✈. – 1221 gegr.; die Teilung des Ft. Susdal (1350) gab N. N. den Rang einer Hauptstadt. 1500–19 Errichtung eines Kreml. Mitte des 17. Jh. Gründung eines bed. Klosters und mehrerer Kirchen. – Etwa 35 km oberhalb von N. N. Stausee an der oberen Wolga (1 590 km^2, Kraftwerk).

Nischni Tagil, russ. Stadt am O-Abfall des Mittleren Ural, 440 000 E. Zentrum der Hüttenind. und des Maschinenbaus.

Nishinomiya, jap. Stadt, Teil der Conurbation Ōsaka-Kōbe, 421 000 E. Univ. (gegr. 1889); Hüttenwerk, Nahrungsmittelindustrie.

Nissen, Bez. für die relativ großen Eier der Läuse.

Nissl, Franz [Alexander], *Frankenthal (Pfalz) 9. Sept. 1860, †München 11. Aug. 1919, dt. Neurologe und Psychiater. – Ab 1904 Prof. in München; befaßte sich v. a. mit der Histologie und Histopathologie der Nervenzellen. Er entwickelte 1885 die *N.-Färbung* (von Nervengewebe mit Methylenblau) und entdeckte damit 1894 die neurophysiologisch wichtigen intrazellulären *N.-Schollen* (↑Nervenzelle).

Niterói [brasilian. nite'rɔi̯], brasilian. Stadt im östl. Vorortbereich von Rio de Janeiro, 442 700 E. Kath. Erzbischofssitz; Univ., Ingenieurschule, Staatsbibliothek; Schiffbau, Textil-, Tabak-, Zement-, chem., pharmazeut. und Sprengstoffind., Eisenbahnendpunkt. – Gegr. 1671, Stadt seit 1819.

Nithard, † 844, fränk. Geschichtsschreiber. – Enkel Karls d. Gr.; überlieferte in seinem Geschichtswerk („Historiarum libri IV") über die Kämpfe zw. den Söhnen Ludwigs des Frommen die Straßburger Eide.

Nithart, dt. Maler, ↑ Grünewald, Matthias.

Nitra [slowak. 'njitra], Stadt an der mittleren Neutra, SR, 190–220 m ü. d. M., 88 000 E. Hochschule für Landw., PH, archäolog. Inst. der Slowak. Akad. der Wiss.; Nahrungsmittelind., Transportmaschinenbau, Textil-, Lederind. – Seit dem 7. Jh. von Slawen besiedelt; seit 880 kath. Bischofssitz. – Über der Stadt die Burg (11.–17. Jh.); innerhalb der Burgmauern die im 17. Jh. barock umgestaltete Kathedrale und das erzbischöfl. Palais.

Nitratatmung, svw. ↑ Denitrifikation.

Nitratbakterien ↑ Nitrifikation.

Nitrate [zu ägypt.-griech. nítron „Laugensalz, Soda, Natron"], die Salze der Salpetersäure; gut wasserlösl. Verbindungen, die beim Erwärmen Sauerstoff abgeben und daher als Oxidationsmittel wirken. – ↑ Salpeter.

▷ Ester der Salpetersäure, $RO-NO_2$ (R = Alkylrest); technisch wichtig sind z. B. ↑ Nitroglycerin und ↑ Nitrozellulose.

Nitratpflanzen (nitrophile Pflanzen, Salpeterpflanzen), nitratanzeigende und teilweise auch nitratspeichernde Pflanzen, die auf stickstoffreichen Böden bes. gut gedeihen und dort z. T. geschlossene Massenbestände bilden (u. a. Weidenröschen, Brennessel).

Nitride [↑ Nitrate], Verbindungen des Stickstoffs, v. a. mit Metallen. Nach den Bindungsverhältnissen lassen sich die *salzartigen N.*, die in wäßriger Lösung in Ammoniak und Metallhydroxide zerfallen, die sehr harten *diamantartigen N.* mit Elementen der III. und IV. Hauptgruppe (z. B. Bornitrid, BN) und die ebenfalls sehr harten *metall. N.*, die v. a. mit den Übergangsmetallen gebildet werden, unterscheiden.

Nitrieren [↑ Nitrate], das Einführen von Nitrogruppen in organ. Verbindungen durch konzentrierte Salpetersäure, **Nitriersäure** (Gemisch aus Salpetersäure und Schwefelsäure unterschiedl. Zusammensetzung).

Nitrierhärten (Nitrieren, Aufsticken), Härten der Oberflächenschichten von aluminium- und chromhaltigen Stählen durch Reaktion mit stickstoffabgebenden Substanzen *(Nitriermitteln)*, wobei Stickstoffatome in den Stahl eindiffundieren und Nitride hoher Härte bilden.

Nitriersäure ↑ Nitrieren.

Francesco Saverio Nitti

Nitrifikation, Nitratbildung durch im Erdboden und Wasser lebende nitrifizierende Bakterien (Nitrifikanten) aus Ammoniak, das bei bakterieller Zersetzung organ. Substanzen frei wird. Das Ammoniak wird durch **Nitritbakterien** (Nitrosomonas-Arten) zu Nitrit oxidiert, das Nitrit durch **Nitratbakterien** (Nitrobacter-Arten) zu Nitrat weiteroxidiert, das dann den grünen Pflanzen wieder als Nährstoffquelle zur Verfügung steht. Die N. hat große Bed. für den Kreislauf des Stickstoffs in der Natur.

Nitrile [↑ Nitrate], organ. Verbindungen mit der allg. Formel $R-C{\equiv}N$ (R ist ein Alkyl- oder Arylrest); meist farblose, flüssige oder feste Substanzen, die wegen der Dreifachbindung sehr reaktionsfähig sind. Ungesättigte aliphat. N. lassen sich polymerisieren. Technisch wichtig ist z. B. das ↑ Acrylnitril.

Nitritbakterien ↑ Nitrifikation.

Nitrite [↑ Nitrate], die Salze der salpetrigen Säure; techn. Bed. hat nur das ↑ Natriumnitrit.

▷ Salpetrigsäureester, entstehen durch Reaktion von Alkoholen mit ↑ salpetriger Säure, $RO-NO$. Einige Alkylester werden medizinisch als herzkranzgefäßerweiternde Mittel verwendet.

Nitro- [ägypt.-griech.], Bez. der chem. Nomenklatur für die Gruppe $-NO_2$ *(Nitrogruppe)*.

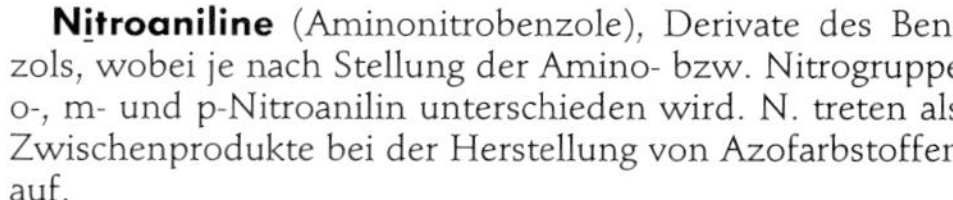

Nitroaniline (Aminonitrobenzole), Derivate des Benzols, wobei je nach Stellung der Amino- bzw. Nitrogruppe o-, m- und p-Nitroanilin unterschieden wird. N. treten als Zwischenprodukte bei der Herstellung von Azofarbstoffen auf.

Nitrobenzol, einfachste aromat. Nitroverbindung; farblose bis gelbl., nach bitteren Mandeln riechende Flüssigkeit, die Zwischenprodukt bei der Herstellung von Anilin ist. N. ist ein starkes Blut- und Nervengift.

Nitrofarbstoffe, ältere Gruppe gelber bis brauner synthet. Farbstoffe, die Nitrogruppen enthalten, z. B. die ↑ Pikrinsäure.

Nitrogelatine, svw. Sprenggelatine (↑ Sprengstoffe).

Nitrogenase, Multienzymkomplex, der die Stickstofffixierung katalysiert. N. kommt in Mikroorganismen vor, die dadurch zur Luftstickstoffbindung befähigt sind.

Nitrogenium [ägypt.-griech./griech.], svw. ↑ Stickstoff.

Nitroglycerin (Glycerintrinitrat), durch Nitrieren von Glycerin mit Nitriersäure hergestellte farblose bis bräunl., geruchlose Flüssigkeit, die bei Stoß und Schlag heftig explodiert und daher als Sprengstoff Verwendung findet (Nitrogelatine, Dynamit). Außerdem wird N. medizinisch als gefäßerweiterndes Mittel bei Angina pectoris verwendet. Chem. Strukturformel:

$$\begin{array}{l} H_2C-O-NO_2 \\ \quad| \\ HC-O-NO_2 \\ \quad| \\ H_2C-O-NO_2 \end{array}$$

Nitrolacke (Nitrozelluloselacke), schnelltrocknende, farblose oder farbige Lacke, bestehend aus Zellulosenitrat (Nitrozellulose) in einem Lösungsmittelgemisch. Lösungsmittel und *Nitroverdünnung (Nitroverdünner)* haben übereinstimmende Zusammensetzung.

Nitropenta, svw. ↑ Pentaerythrittetranitrat.

Nitrosamine [Kw.], organ. Verbindungen mit der allg. Formel $RR'N-NO$ (R, R' aliphat. oder aromat. Rest), die aus der Reaktion sekundärer Amine mit salpetriger Säure hervorgehen. N. sind hochgiftige, z. T. krebserzeugende Substanzen. – Neuerdings wurden N. auch in Nahrungsmitteln wie Bier, Fleisch- und Wurstwaren sowie Käse nachgewiesen; eine Gesundheitsgefährdung konnte jedoch nach dem derzeitigen Stand des Wissens aufgrund der niedrigen Konzentrationen nicht nachgewiesen werden.

Nitroso- [ägypt.-griech.], Bez. der chem. Nomenklatur für die Gruppe $-NO$.

Nitrosyl- [ägypt.-griech.], Bez. der chem. Nomenklatur für die kation. Gruppe NO^+.

Nitrotoluole, Derivate des Toluols mit einer, zwei oder drei Nitrogruppen am Benzolring; die drei Mono-N. o-, m- und p-Nitrotoluol sowie die Di-N. sind Zwischenprodukte bei der Herstellung von Azofarbstoffen, von den Tri-N. hat das gelbe, kristalline 2,4,6-Trinitrotoluol (Trotyl, Tritol), Abk. TNT, als Sprengstoff große Bedeutung.

Nitrozellulose (Zellulosenitrat), durch Nitrieren von Zellstoff oder Baumwolle gewonnene weiße, faserige Masse, die beim Entzünden sehr rasch verbrennt. Die freien Hydroxylgruppen der Zellulosemoleküle sind mehr oder weniger mit Salpetersäure verestert; ein niedrig verestertes N.produkt ist die Kollodiumwolle, hochveresterte N. ist die Schießbaumwolle.

Ni Tsan, chin. Maler und Dichter, ↑ Ni Zan.

Nitti, Francesco Saverio, * Melfi (Prov. Potenza) 19. Juli 1868, † Rom 20. Febr. 1953, italien. Politiker. – Jurist; 1904–24 liberaler Abg., 1911–14 Wirtschafts-, 1917–19 Schatzmin., 1919/20 Min.präs. und Innenmin.; als scharfer Gegner des Faschismus ab 1924 im Exil; gehörte zu den führenden Vertretern der antifaschist. Opposition; 1943 bis 1945 in dt. Haft, 1948 Senator auf Lebenszeit.

Nitzsch, Karl Immanuel [nɪtʃ], * Borna 21. Sept. 1787, † Berlin 21. Aug. 1868, dt. ev. Theologe. – 1822–47 Prof. für systemat. und prakt. Theologie in Bonn; 1847–68 in Berlin. Gilt als bed. Vertreter der Vermittlungstheologie und als Anhänger der Dogmatik Schleiermachers.

Niue [engl. ni:ˈu:ɛɪ], Koralleninsel im südl. Pazifik, östl. der Tongainseln, 259 km², 2 190 E (1988; Polynesier), Hauptort **Alofi** (Hafen, ⛴). Rd. 78 % der Inseloberfläche sind kultiviert (Kokospalmen, Taro, Jams, Maniok). – 1774 entdeckt, ab 1901 zu Neuseeland, erhielt 1974 die volle Selbstregierung in freier Assoziation mit Neuseeland.

nival [zu lat. nivalis „zum Schnee gehörig"], den Schnee betreffend; Bereiche, in denen der Niederschlag überwiegend oder ganz in Form von Schnee fällt, sind nivale Gebiete. In Polargebieten und im Hochgebirge über der Schneegrenze herrscht nivales Klima. Nivalorganismen sind Pflanzen und Tiere, die ständig auf Dauerschnee und Dauereis leben (Gletscherfloh, Bärtierchen, Grün- oder Rotalgen).

nivale Stufe ↑Vegetationsstufen.

Niveau [niˈvo:; frz., urspr. „Wasserwaage"] (N.fläche), eine Fläche, der ein bestimmter Wert (z. B. auf einer Höhenskala) zugeordnet ist; Bezugsfläche, Bezugsebene (↑Äquipotentialfläche). – In übertragenem Sinn svw. Rang, Stufe, [Bildungs]stand.

Nivellement [nivɛl(ə)ˈmã:; frz. „das Abmessen (mit der Wasserwaage)" (zu ↑Niveau)], Verfahren zur Bestimmung des Höhenunterschiedes von Punkten durch horizontales Zielen nach lotrecht gestellten Skalen **(Nivellierlatten)** mit Hilfe des **Nivellier[gerät]s** (Zielfernrohr, das mittels Dosenlibelle oder automatisch exakt horizontal einstellbar ist). Die Summierung der einzelnen Höhenunterschiede ergibt dann den Höhenunterschied zw. beliebig entfernten Punkten. Dieses Verfahren wird auch als *geometr. N.* bezeichnet im Ggs. zum *trigonometr. N.*, bei dem die Messung durch trigonometr. Höhenmessung erfolgt.

Nivelles [frz. niˈvɛl] (niederl. Nijvel), belg. Stadt in der Prov. Brabant, 86–167 m ü. d. M., 21 000 E. Metall-, Elektro- und Papierind. – Residenz der Herzöge von Brabant. – Roman. doppelchörige Stiftskirche Sainte-Gertrude (11./12. Jh.), in der Krypta Überreste der merowing. und karoling. Vorgängerbauten.

nivellieren [frz. (zu ↑Niveau)], gleichmachen, einebnen; Unterschiede ausgleichen.

Niven, David, * Kirriemuir (Schottland) 1. März 1910, † Château-d'Oex (Kt. Waadt) 29. Juli 1983, brit. Schauspieler. – Seit 1934 in Hollywood; Charakterdarsteller mit Vorliebe für unaufdringl. Komik, u. a. in „In 80 Tagen um die Welt" (1956), „Bonjour Tristesse" (1957), „Getrennt von Tisch und Bett" (1958), „Tod auf dem Nil" (1978).

Nivernais [frz. nivɛrˈnɛ], histor. Geb. im südl. Pariser Becken zw. Loire und Morvan. – Die seit dem 9. Jh. bezeugte *Gft. Nevers* kam im 14. Jh. an die Grafen von Flandern, 1384 an Burgund (1404 an eine Nebenlinie), 1491 an das Haus Kleve; wurde 1539 Hzgt., kam 1566 an die Gonzaga, 1659 an Mazarin, der es seinem Neffen Mancini vermachte, dessen Familie es bis 1789 besaß.

Nivôse [frz. niˈvo:z „Schneemonat" (zu lat. nivosus „schneereich")], nach dem Kalender der Frz. Revolution der 4. Monat des Jahres (21., 22. oder 23. Dez. bis 19., 20. oder 21. Jan.).

Nixdorf Computer AG [kɔmˈpju:tər], dt. Unternehmen der Elektronikind., gegründet 1952, Sitz Paderborn. Wichtigstes Produkt sind elektron. Datenverarbeitungsanlagen; 1990 Übernahme durch die Siemens AG (seitdem **Siemens Nixdorf Informationssysteme AG**).

Nixen, Name german. ↑Wassergeister.

Nixenkraut (Najas), einzige Gatt. der Fam. *Nixenkrautgewächse* (Najadaceae) mit rd. 35 Arten in den trop. und gemäßigten Zonen; einjährige, untergetaucht lebende Wasserpflanzen mit dünnem Stengel und langen, am Rand gezähnten Blättern.

Nixon, Richard Milhous [engl. nɪksn], * Yorba Linda (Calif.) 9. Jan. 1913, 37. Präs. der USA (1969–74). – 1946–50 republikan. Abg. im Repräsentantenhaus, 1950 bis 1953 Senator für Kalifornien; 1953–61 Vizepräs. unter Eisenhower; siegte bei den Präsidentschaftswahlen 1968 über H. H. Humphrey, 1972 über G. S. McGovern. N. setzte, beraten von H. A. Kissinger, die Entspannungspolitik fort, leitete die Normalisierung der Beziehungen zur VR China ein (Pekingbesuch 1972), verhandelte in Spitzengesprächen mit der UdSSR (1972 erster Besuch eines Präs. der USA in der UdSSR), beendete das direkte militär. Engagement der USA in Vietnam (Waffenstillstandsabkommen 1973) und bemühte sich um die Lösung der Nahostfrage nach dem 4. Israel.-Arab. Krieg 1973. Unter seiner Präsidentschaft kam es zu einer tiefen innenpolit. Krise (wirtsch. Schwierigkeiten und ungelöste Rassenprobleme). Die ↑Watergate-Affäre führte zum Sturz von N., der als erster amerikan. Präs. sein Amt niederlegte (9. Aug. 1974), um einer Amtsenthebung (durch ↑Impeachment) zuvorzukommen.

Richard Milhous Nixon

Nizäa (Nicäa, Nicaea), nach der Eroberung (1204) Konstantinopels durch die Kreuzfahrer des 4. Kreuzzuges von Theodor I. Laskaris (1204–22) gegr. Kaiserreich mit der Hauptstadt N. (= İznik); bis 1261.

Nizäa, Konzile von, das 1. Konzil (= 1. ökumen. Konzil), 325 von Kaiser Konstantin I., d. Gr., aus Anlaß der Auseinandersetzung um Arius und über das Datum der Osterfestfeier berufen, tagte wohl vom 19. Juni bis 25. Aug. im kaiserl. Sommerpalast in Nizäa und war die erste Reichssynode. Etwa 250 Bischöfe nahmen am Konzil teil, das die Lehre von Arius (↑Arianismus) verurteilte und das erste offizielle christl. Glaubensbekenntnis formulierte (↑Nizänum). Die Beschlüsse des Konzils wurden vom Kaiser bestätigt und als Reichsgesetze verkündet. – Das 2. Konzil (= 7. ökumen. Konzil) wurde von Kaiserin Irene zum Herbst 787 berufen. Etwa 350 Bischöfe nahmen am Konzil teil. Es entschied im Bilderstreit, daß die Bilderverehrung erlaubt sei.

Ni Zan (Ni Tsan), * 1301, † 1374, chin. Maler und Dichter. – Tätig in Wuxi (Jiangsu). Einer der „vier großen Meister der Yuanzeit", die eine Wende in der Landschaftsmalerei herbeiführten. Menschenleere, karge, melanchol. Landschaften.

Nizänokonstantinopolitanum (Symbolum Nicaeno-Constantinopolitanum, nizänokonstantinopolitan. Symbol), altkirchl. ökumen. Glaubensbekenntnis, 381 vom 1. Konzil zu Konstantinopel formuliert, 451 auf dem Konzil von Chalkedon proklamiert. Es basiert auf dem ↑Nizänum und nimmt dessen antiarian. Tendenz auf. Das N. hat sich v. a. in der westl. Kirche durchgesetzt.

Nizänum (Symbolum Nicaenum, nizän. Symbol), altchristl. ökumen. Bekenntnis, das auf dem Konzil von Nizäa 325 abgefaßt und beschlossen wurde. Es ist auf dem Hintergrund der arian. Lehrstreitigkeiten entstanden und versucht sie durch drei Zusätze über die Person Jesu beizulegen: „aus dem Wesen des Vaters", „gezeugt und nicht geschaffen" und „wesensgleich mit dem Vater".

Nizon, Paul, * Bern 19. Dez. 1929, schweizer. Schriftsteller und Kunsthistoriker. – Zunächst Kurzprosa „Die gleitenden Plätze" (1959), dann [parodist.] Romane mit gesellschaftskrit. Tendenz („Canto", 1963; „Stolz", 1975); auch Erzählungen wie „Untertauchen. Protokoll einer Reise" (1972), ferner „Am Schreiben gehen" (Vorlesungen, 1985).

Nizza Stadtwappen

Nizza (frz. Nice), frz. Stadt an der Mittelmeerküste, 337 100 E. Verwaltungssitz des Dep. Alpes-Maritimes; kath. Bischofssitz; Univ. (gegr. 1969), Museen (u. a. Chagall-, Matisse-Museum); Observatorium; Theater; Seebad, Metropole der Côte d'Azur, mit starkem Fremdenverkehr; Karnevals-, internat. Folklorefestspiele, internat. Buchfestival; Parfüm-, Nahrungsmittel-, elektromechan., Bekleidungs-, Photoind.; Hafen, ⛴. – Als Kolonie von Massalia (= Marseille; der Name **Nikaia** ist nicht gesichert) gegr.; seit 314 n. Chr. Bischofssitz; gehörte seit 970 zur Gft. Provence, machte sich im 12. Jh. als Freie Stadt selbständig; Stadt und Gft. waren seit dem 16. Jh. zw. Frankreich und Savoyen umkämpft, kamen 1793 unter frz. Oberherrschaft (die Gft. wurde Dep. Alpes-Maritimes); 1814 mußte das Geb. an Savoyen zurückgegeben werden; 1860 nach einer Volksabstimmung endgültig französisch. – Auf dem Schloßberg Fundamentreste der alten Kathedrale (11. und 12. Jh.) sowie der ma. Burg. In der Altstadt die barocke Kathedrale Sainte-Réparate (1650); ehem. Palais Lascaris (17. Jh.), ehem. Rathaus (17. Jh.); Promenade des Anglais.

Im Stadtteil Cimiez Reste aus röm. Zeit und Fundamente einer frühchristl. Kirche (5. Jh.).

Njassaland (engl. Nyasaland), bis 5. Juli 1964 Name des heutigen ↑ Malawi.

Joshua Nkomo

Njassasee (Malawisee), drittgrößter See Afrikas, im *Njassagraben,* dem südlichsten Teil des Ostafrikan. Grabensystems (Malawi, Moçambique und Tansania), 472 m ü. d. M., 30 800 km², 571 km lang, bis 706 m tief; Fischerei.

Njazidja [frz. nʒazidˈʒa] (früher Grande Comore), größte Insel der ↑ Komoren.

Nkomo, Joshua, * Semokwe (bei Bulawayo) 19. Juni 1917, simbabw. Politiker. – Lehrer und Laienprediger, dann Gewerkschafter; ab 1957 Präs. des African National Council (ANC), nach dessen Verbot 1959 im Exil; kehrte 1960 nach Südrhodesien zurück; gründete 1961 die ZAPU (Zimbabwe African People's Union); 1964–74 in Haft bzw. in der Verbannung; nach Spaltung des wiedergegr. ANC 1975 Vors. des Inlandflügels; gründete 1976 mit R. G. Mugabe die Patriotic Front; seit Dez. 1987 Min. im Präsidialamt, seit 1988 Vizepräsident Simbabwes.

Nkongsamba [frz. ŋkɔŋsamˈba], Stadt in Kamerun, auf einem Ausläufer der südl. Kamerunberge, 900 m ü. d. M., 93 000 E. Dep.hauptstadt; kath. Bischofssitz; Zentrum eines Kaffeeanbaugebietes; Eisenbahnendpunkt. – Entstand 1912.

Barbara Noack

Nkrumah, Kwame, * Nkroful (Kreis Axim, Western Region) 18. Sept. 1909, † Bukarest 27. April 1972, ghanaischer Politiker. – Gehörte 1945 zu den Organisatoren des 5. Panafrikan. Kongresses und wurde Leiter des Westafrikan. Nat.sekretariats; kehrte 1947 an die Goldküste zurück und wurde 1951 erster Min.präs. der Goldküste (ab 1957 des unabhängigen Ghana); wurde 1960 Staatspräs. der Republik Ghana. N. war geistiger Führer des Panafrikanismus und des afrikan. Sozialismus; führte 1964 das Einparteiensystem ein, schaltete oppositionelle Politiker aus und förderte den Kult seiner Person. Nach seinem Sturz durch Armeeputsch 1966 gewährte S. Touré N. Asyl in Guinea; 1992 Überführung seiner sterbl. Überreste nach Ghana.

NKWD, Abk. für russ.: **N**arodny **K**omissariat **W**nutrennich **D**el („Volkskommissariat für Innere Angelegenheiten [der UdSSR]“), 1934 gebildetes sowjet. Unionsministerium, dem als wichtigstes Ressort die ↑ GPU eingegliedert war; zuständig v. a. für polit. Überwachung, den Nachrichtendienst, polit. Strafjustiz, Verwaltung der Straf- und Verbannungslager (1945–50 auch der Internierungslager in der SBZ/DDR sowie in anderen [späteren] Ostblockländern), Grenzschutz; wurde Instrument des stalinist. Terrors z. Z. der Großen ↑ Tschistka, 1941 Herauslösung der Geheimpolizei als *NKGB* (Volkskommissariat für Staatssicherheit), 1946 umgebildet in das *MGB* (Ministerium für Staatssicherheit), das nach dem Sturz Berijas 1954 zum *KGB* wurde (Komitee für Staatssicherheit).

Hans-Georg Noack

n-Leitung ↑ Halbleiter.

nm, Einheitenzeichen für Nanometer: 1 nm = 10^{-9} m.

Nm, Einheitenzeichen für Newtonmeter: 1 Nm = 1 Joule.

NMR [engl. ˈɛn-ɛmˈɑː; Kurzbez. für engl.: **n**uclear **m**agnetic **r**esonance], svw. ↑ Kernresonanz.

NN (N. N.), Abk. für: ↑ **N**ormal**n**ull.

N. N., Abk. für lat.: **n**omen **n**escio („den Namen weiß ich nicht“), der Name ist unbekannt, bzw. für lat.: **n**omen **n**ominandum („der [noch] zu nennende Name“).

No, chem. Symbol für ↑ Nobelium.

Alfred Nobel

Nō (Nō-Spiel) [jap. „das Können“], lyr. Gattung des klass. jap. Theaters, die im 14. Jh. aus verschiedenen Vorformen entstand und von Zeami Motokiyo (* 1363, † 1443) in die noch heute gültige Form gebracht wurde. Es wird nur von Männern in kunstvollen Masken und prächtigen Kostümen gespielt. Orchester, Chor und Rezitatoren bestimmen Tanzschritte und stilisierte Gestik; Possenspiele (Kyōgen) zw. den Stücken karikieren menschl. Schwächen.

Noa, polynes. Begriff, der im Ggs. zu dem sakralen Meidungsbegriff ↑ Tabu das Profane, Alltägliche und frei zu Gebrauchende bezeichnet. N.wörter sind erlaubte Ausdrücke, die anstatt verbotener Bez. gebraucht werden.

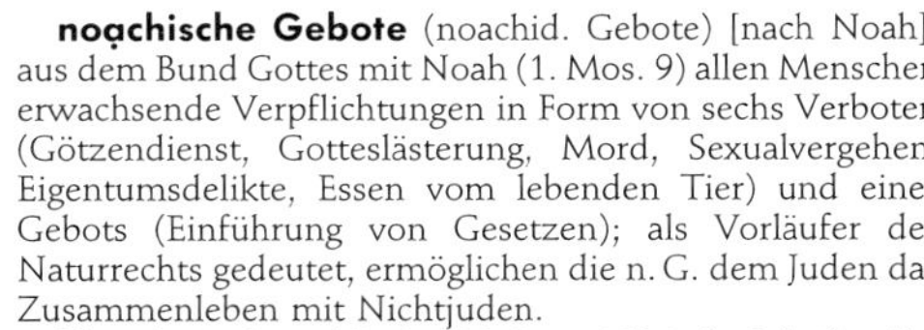
noachische Gebote (noachid. Gebote) [nach Noah], aus dem Bund Gottes mit Noah (1. Mos. 9) allen Menschen erwachsende Verpflichtungen in Form von sechs Verboten (Götzendienst, Gotteslästerung, Mord, Sexualvergehen, Eigentumsdelikte, Essen vom lebenden Tier) und eines Gebots (Einführung von Gesetzen); als Vorläufer des Naturrechts gedeutet, ermöglichen die n. G. dem Juden das Zusammenleben mit Nichtjuden.

Noack, Barbara, * Berlin 28. Sept. 1924, dt. Schriftstellerin. – Verf. heiterer Unterhaltungsromane und Erzählungen, die humorvoll Alltägliches schildern, u. a. „Die Zürcher Verlobung“ (R., 1955), „Ihr Zwillingsbruder“ (R., 1988); autobiographisch ist der Roman „Eine Handvoll Glück“ (1982).

N., Hans-Georg, * Burg b. Magdeburg 12. Febr. 1926, dt. Jugendbuchautor. – *Werke:* Hautfarbe Nebensache (1960), Rolltreppe abwärts (1970), Niko, mein Freund (1981).

N., Ursula, * Halle/Saale 7. April 1918, † München 13. Febr. 1988, dt. Schauspielerin und Kabarettistin. – Ab 1948 Bühnenengagements in Erfurt, Berlin, Leipzig, Bremen. 1957–73 Mgl. des Kabaretts „Münchner Lach- und Schießgesellschaft“.

Noah, Gestalt des A. T., deren Name und Herkunft außerisraelitisch sind. In 1. Mos. 9, 18–27 sind zwei Traditionen vereint: N. als erster Weinbauer und als Ahnherr von Sem, Ham und Japhet. Auch die Sintfluterzählung vereinigt zwei Traditionen: Wegen seiner Frömmigkeit findet N. „Gnade vor dem Herrn“ und überlebt die Sintflut, die Vernichtung allen ird. Lebens, mit seiner Familie in einer Arche; danach erneuert Gott den Bund mit N. (Begründer der neuen Menschheit) und gibt ihm die ↑ noachischen Gebote.

Noailles [frz. nɔˈɑːj], frz. Adelsgeschlecht aus dem Limousin; seit 1663 Hzg.titel; bed. Vertreter: Adrien Maurice (* 1678, † 1766), Marschall, und sein Bruder Louis Antoine (* 1651, † 1729), Erzbischof von Paris.

nobel [frz., zu lat. nobilis „bekannt“], adlig, edel, vornehm; freigebig.

Nobel, Alfred, * Stockholm, 21. Okt. 1833, † San Remo 10. Dez. 1896, schwed. Chemiker und Industrieller. – Erfand das Dynamit und gründete 1864 bei Stockholm und 1865 bei Hamburg eine Nitroglycerinfabrik (heutige Dynamit Nobel AG); erhielt zahlr. Patente u. a. auf Dynamit und Sprenggelatine. N. hinterließ sein Vermögen einer Stiftung (Nobelstiftung), aus der seit 1901 die Nobelpreise finanziert werden.

Nobel, Goldmünze, ↑ Noble.

Nobelgarde (italien. Guardie Nobili Pontificie), 1801–1969 bestehende, rein repräsentativen Zwecken dienende Leibwache des Papstes, bestand ausschließlich aus italien. Adligen, bes. des [ehem.] Kirchenstaates.

Nobelium [nach A. Nobel], chem. Symbol No, zu den ↑ Transuranen zählendes Element aus der Reihe der Actinoide, Ordnungszahl 102; künstlich durch Kernreaktionen hergestelltes, radioaktives Element, dessen Isotop No 259 mit 58 Minuten die längste Halbwertszeit hat.

Nobelpreis, hochangesehene, internat., auf die testamentar. Verfügung A. ↑ Nobels zurückgehende Auszeichnung, jährlich finanziert durch die *Nobelstiftung* mit dem Jahreszins ihres Vermögens, und zwar für Leistungen auf den Gebieten *Physik, Chemie, Physiologie oder Medizin* und *Literatur* sowie für Verdienste um die *Erhaltung des Friedens* (Friedens-N.). Nobel bestimmte, daß die Preisträger für Physik und Chemie von der Königl. Schwed. Akad. der Wiss., die der Physiologie oder Medizin vom Karolinska Medikokirurgiska Institutet in Stockholm, die Literaturpreisträger von der Königl. Schwed. Akad. (der schönen Künste) in Stockholm und die Friedenspreisträger durch einen fünfköpfigen Ausschuß des norweg. Parlaments ausgewählt werden sollen. In der Regel wird der Friedens-N. vom norweg. König in Oslo verliehen, die anderen N. überreicht der schwed. König in Stockholm am Todestag Nobels (10. Dez.). Die Höhe eines (ungeteilten) Preises liegt (1991) bei 6 Mill. schwed. Kronen, umgerechnet etwa 1,6 Mill. DM. Der Fonds des 1969 von der Schwed. Reichsbank anläßlich ihres 300jährigen Bestehens gestifteten sog.

N. für Wirtschaftswissenschaften *(Preis für Ökonom. Wiss. in Erinnerung an Alfred Nobel)* ist von dem der Nobelstiftung getrennt. Er wird von der Königl. Schwed. Akad. der Wiss. vergeben. – Übersicht S. 128/129.

Nobile, Umberto, *Lauro (Prov. Avellino) 21. Jan. 1885, †Rom 30. Juli 1978, italien. General (1926–29) und Luftschiffkonstrukteur. – Überflog im Mai 1926 mit R. Amundsen und L. Ellsworth im Luftschiff „Norge" den Nordpol; leitete 1928 die mißglückte Polarexpedition mit dem Luftschiff „Italia". Für das Unglück verantwortlich gemacht, schied N. 1929 aus dem italien. Heer aus; 1932–36 Berater des sowjet. Luftfahrtministeriums.

Nobili, Roberto de, *Montepulciano (Prov. Siena) im Sept. 1577, †Mylapore (Madras) 16. Jan. 1656, italien. Jesuitenmissionar. – Als wichtiger Vertreter der missionar. Akkommodation gewann de N. im südind. Madurai zahlr. Angehörige hoher Kasten für das Christentum. Die von ihm befürwortete partielle Beibehaltung von Hindubräuchen und Kastentrennung blieb heftig umstritten (↑Ritenstreit), bis sie 1744 durch päpstl. Bulle verworfen wurde.

Nobilität [lat.], der nach Beendigung des Ständekampfes im 3. Jh. v. Chr. aus Patriziern und Plebejern entstandene republikan. Amtsadel in Rom (u. a. Konsuln).

Nobilitierung [lat.] (Standeserhöhung), Erhebung in den Adelsstand bzw. in eine höhere Rangstufe.

Nobility [engl. nəʊ'bɪlɪtɪ (zu ↑nobel)], Bez. für den brit. Hochadel: Duke, Marquis, Earl, Viscount und Baron (Peerage).

Noble [engl. noʊbl „edel"] (dt. Nobel; niederl. Schuitken), ma. engl. Goldmünze wechselnden Gewichts und Werts; nach dem Bild unterscheidet man Rosen-, Georgs- und Schiffsnoble.

noblesse oblige [frz. nɔblɛsɔ'bli:ʒ], Adel verpflichtet.

Nóbrega, Manuel da, *18. Okt. 1517, †Rio de Janeiro 18. Okt. 1570, portugies. Brasilienmissionar. – Jesuit, errichtete 1551 in Bahia das erste brasilian. Jesuitenkolleg und das Bistum Saõ Salvador da Bahia. Förderer der Indianermission; verteidigte auch die Rechte der Indianer; Mitbegr. von Rio de Janeiro und São Paulo.

Nocera Inferiore [italien. no'tʃɛ:ra], süditalien. Stadt in Kampanien, 39 m ü. d. M., 48 100 E. Kath. Bischofssitz; Zentrum der Gartenbaulandschaft am unteren Sarno und zus. mit dem östl. anschließenden **Nocera Superiore** (18 000 E) bed. Ind.standort. – **Nuceria Alfaterna** wurde unter Augustus Veteranenkolonie **(Nuceria Constantia);** 1137 von Roger II. von Sizilien zerstört. – Über der Stadt die Ruinen des „Castello del Parco" (13. Jh.); in Nocera Superiore die Rundkirche Santa Maria Maggiore (19. Jh., Baptisterium 5. Jh.).

Nofretete. Bemalte Kalksteinbüste, um 1360 v. Chr. (Berlin, Ägyptisches Museum)

Nock, seemänn. Bez. für das Ende einer Rah, Gaffel, eines Baumes oder einer Kommandobrücke (Brückennock).

Nöck (Neck) ↑Wassergeister.

Nocken, Erhebung (Vorsprung) an einer Welle *(N.welle)* oder Scheibe *(N.scheibe),* die bei deren Drehung anderen Maschinenteilen Bewegungsimpulse erteilt (z. B. zur Steuerung der Ein- und Auslaßventile bei Verbrennungskraftmaschinen).

Nockerln, Klößchen aus Mehl, Grieß u. a. als Suppeneinlage.

Nocturne [frz. nɔk'tyrn] ↑Notturno.

Nodier, Charles [frz. nɔ'dje], *Besançon 29. April 1780, †Paris 27. Jan. 1844, frz. Schriftsteller. – Seit 1824 Leiter der Bibliothèque de l'Arsenal in Paris; 1833 Mgl. der Académie française; eine der bedeutendsten Gestalten aus den Anfängen der frz. Romantik, Vorläufer Nervals und des Surrealismus. Verfaßte phantast.-abenteuerl. Romane und Erzählungen, u. a. „Hans Sbogar" (1818).

Nodium [lat.], Blattknoten, Ansatzstelle eines Blattes bzw. deren Achselknospe.

Nodus [lat. „Knoten"], in der *Anatomie* und *Medizin:* Knoten, natürl. anatom. Gebilde, z. B. *N. lymphaticus* (svw. Lymphknoten), oder krankhafte Gewebsveränderung (z. B. Gichtknoten).

Noël, Marie [frz. nɔ'ɛl], eigtl. M. Rouget, *Auxerre 16. Febr. 1883, †ebd. 23. Dez. 1967, frz. Schriftstellerin. – Schrieb v. a. christlich inspirierte Gedichte in klass. Form, auch Erzählungen und ab 1920 das Tagebuch „Notes intimes" (1959, dt. Ausw. 1961 u. d. T. „Erfahrungen mit Gott").

Noël [frz. nɔ'ɛl; zu lat. natalis (dies) „Geburtstag"], seit dem 16. Jh. schriftlich bezeugtes frz. Weihnachtslied, das sich teilweise an ältere Volksliedtraditionen anschloß.

Noel-Baker, Philip John [engl. 'noʊəl'bɛɪkə], Baron of the City of Derby (seit 1977), *London 1. Nov. 1889, †ebd. 8. Okt. 1982, brit. Politiker. – 1929–31 und 1936–70 Unterhaus-Abg. (Labour Party); nahm 1919 an der Pariser Friedens-, 1932/33 an der Genfer Abrüstungskonferenz teil; hatte 1945–51 verschiedene Min.ämter inne; erhielt 1959 den Friedensnobelpreis.

Noelle-Neumann, Elisabeth ['nœlə], *Berlin 19. Dez. 1916, dt. Publizistikwissenschaftlerin. – 1940–43 Journalistin; Mitbegr. und Leiterin des ↑Instituts für Demoskopie Allensbach; seit 1965 Prof. in Mainz.

Noelte, Rudolf ['nœltə], *Berlin 20. März 1921, dt. Regisseur. – Machte sich einen Namen insbes. mit der Inszenierung der Dramatisierung von Kafkas Roman „Das Schloß" durch M. Brod (1953), der „Kassette" (1960) und des „Snobs" (1964) von Sternheim, der „Drei Schwestern" (1965) und des „Kirschgartens" (1970) von Tschechow, „Eines langen Tages Reise in die Nacht" von O'Neill (1975).

Noema [griech.], der Gegenstand des Denkens, der Gedanke, im Unterschied zum Gegenstand der Wahrnehmung; entsprechend bedeutet **Noesis** das Denken, die geistige Tätigkeit (Denkakt).

Noether ['nø:tər], Emmi, *Erlangen 23. März 1882, †Bryn Mawr (Pa.) 14. April 1935, dt. Mathematikerin. – Prof. in Göttingen; emigrierte 1933 in die USA; grundlegende Arbeiten zur abstrakten Algebra und Invariantentheorie; von bed. Einfluß auf die Entwicklung der modernen Mathematik.

Noetik [griech.], die Lehre vom Erkennen geistiger Gegenstände.

Nofretari (Nefertari), ägypt. Königin des 13. Jh. v. Chr. – Gemahlin Ramses' II.; berühmt durch ihr schönes Grab im „Tal der Königinnen" bei Theben.

Nofretete [altägypt. „Die Schöne ist gekommen"], ägypt. Königin des 14. Jh. v. Chr. – Gemahlin Echnatons; trat im öff. Leben stark hervor. Berühmt ist ihre 1912 in

Umberto Nobile

Charles Nodier

Philip John Noel-Baker

Nobelpreisträger

Physik

1901 W. C. Röntgen
1902 H. A. Lorentz
P. Zeeman
1903 A. H. Becquerel
P. Curie
M. Curie
1904 J. W. Strutt
Baron Rayleigh
1905 P. Lenard
1906 Sir J. J. Thomson
1907 A. A. Michelson
1908 G. Lippmann
1909 G. Marchese Marconi
K. F. Braun
1910 J. D. van der Waals
1911 W. Wien
1912 N. G. Dalén
1913 H. Kamerlingh Onnes
1914 M. von Laue
1915 Sir W. H. Bragg
Sir W. L. Bragg
1916 –
1917 C. G. Barkla
1918 M. Planck
1919 J. Stark
1920 C. É. Guillaume
1921 A. Einstein
1922 N. Bohr
1923 R. A. Millikan
1924 K. M. G. Siegbahn
1925 J. Franck
G. Hertz
1926 J. B. Perrin
1927 A. H. Compton
C. T. R. Wilson
1928 Sir O. W. Richardson
1929 L. V. Prinz von Broglie
1930 Sir C. V. Raman
1931 –
1932 W. Heisenberg
1933 E. Schrödinger
P. A. M. Dirac
1934 –
1935 Sir J. Chadwick
1936 C. D. Anderson
V. F. Hess
1937 C. J. Davisson
Sir G. P. Thomson
1938 E. Fermi
1939 E. O. Lawrence
1940 –
1941 –
1942 –
1943 O. Stern
1944 I. I. Rabi
1945 W. Pauli
1946 P. W. Bridgman
1947 Sir E. V. Appleton
1948 P. M. S. Blackett
1949 H. Yukawa
1950 C. F. Powell
1951 Sir J. D. Cockcroft
E. T. S. Walton
1952 F. Bloch
E. M. Purcell
1953 F. Zernike
1954 M. Born
W. Bothe
1955 W. E. Lamb
P. Kusch
1956 W. Shockley
J. Bardeen
W. H. Brattain
1957 T. D. Lee
C. N. Yang
1958 P. A. Tscherenkow
I. M. Frank
I. J. Tamm
1959 E. Segrè
O. Chamberlain
1960 D. A. Glaser
1961 R. Hofstadter
R. Mößbauer
1962 L. D. Landau
1963 E. P. Wigner
M. Goeppert-Mayer
J. H. D. Jensen
1964 C. H. Townes
N. G. Bassow
A. M. Prochorow
1965 J. Schwinger
R. P. Feynman
S. Tomonaga
1966 A. Kastler
1967 H. A. Bethe
1968 L. W. Alvarez
1969 M. Gell-Mann
1970 H. Alfvén
L. Néel
1971 D. Gabor
1972 J. Bardeen
L. N. Cooper
J. R. Schrieffer
1973 L. Esaki
I. Giaever
B. D. Josephson
1974 Sir M. Ryle
A. Hewish
1975 A. Bohr
B. Mottelson
J. Rainwater
1976 B. Richter
S. Ting
1977 P. W. Anderson
Sir N. F. Mott
J. H. Van Vleck
1978 P. L. Kapiza
A. A. Penzias
R. W. Wilson
1979 S. L. Glashow
A. Salam
S. Weinberg
1980 J. W. Cronin
V. L. Fitch
1981 N. Bloembergen
A. L. Schawlow
K. M. Siegbahn
1982 K. G. Wilson
1983 S. Chandrasekhar
W. A. Fowler
1984 C. Rubbia
S. van der Meer
1985 K. von Klitzing
1986 E. Ruska
G. Binnig
H. Rohrer
1987 J. G. Bednorz
K. A. Müller
1988 L. M. Lederman
M. Schwartz
J. Steinberger
1989 H. G. Dehmelt
W. Paul
N. F. Ramsay
1990 J. I. Friedman
H. W. Kendall
R. E. Taylor
1991 P.-G. de Gennes
1992 G. Charpak

Chemie

1901 J. H. van't Hoff
1902 E. Fischer
1903 S. A. Arrhenius
1904 Sir W. Ramsay
1905 A. Ritter von Baeyer
1906 H. Moissan
1907 E. Buchner
1908 Sir E. Rutherford
1909 W. Ostwald
1910 O. Wallach
1911 M. Curie
1912 V. Grignard
P. Sabatier
1913 A. Werner
1914 T. W. Richards
1915 R. Willstätter
1916 –
1917 –
1918 F. Haber
1919 –
1920 W. Nernst
1921 F. Soddy
1922 F. W. Aston
1923 F. Pregl
1924 –
1925 R. Zsigmondy
1926 T. Svedberg
1927 H. Wieland
1928 A. Windaus
1929 Sir A. Harden
H. von Euler-Chelpin
1930 H. Fischer
1931 C. Bosch
F. Bergius
1932 I. Langmuir
1933 –
1934 H. C. Urey
1935 F. Joliot-Curie
I. Joliot-Curie
1936 P. Debye
1937 Sir W. N. Haworth
P. Karrer
1938 R. Kuhn
1939 A. Butenandt
L. Ružička
1940 –
1941 –
1942 –
1943 G. de Hevesy
1944 O. Hahn
1945 A. I. Virtanen
1946 J. B. Sumner
J. H. Northrop
W. M. Stanley
1947 Sir R. Robinson
1948 A. Tiselius
1949 W. F. Giauque
1950 K. Alder
O. Diels
1951 E. M. McMillan
G. T. Seaborg
1952 A. J. P. Martin
R. L. M. Synge
1953 H. Staudinger
1954 L. C. Pauling
1955 V. du Vigneaud
1956 Sir C. N. Hinshel-wood
N. N. Semjonow
1957 Sir A. R. Todd
1958 F. Sanger
1959 J. Heyrovský
1960 W. F. Libby
1961 M. Calvin
1962 M. F. Perutz
J. C. Kendrew
1963 K. Ziegler
G. Natta
1964 D. C. Hodgkin
1965 R. B. Woodward
1966 R. S. Mulliken
1967 M. Eigen
R. G. W. Norrish
G. Porter
1968 L. Onsager
1969 D. H. R. Barton
O. Hassel
1970 L. F. Leloir
1971 G. Herzberg
1972 C. B. Anfinsen
W. Stein
S. Moore
1973 E. O. Fischer
G. Wilkinson
1974 P. J. Flory
1975 J. W. Cornforth
V. Prelog
1976 W. N. Lipscomb
1977 I. Prigogine
1978 P. D. Mitchell
1979 H. C. Brown
G. Wittig
1980 P. Berg
W. Gilbert
F. Sanger
1981 K. Fukui
R. Hoffmann
1982 A. Klug
1983 H. Taube
1984 R. B. Merrifield
1985 H. A. Hauptman
J. Karle
1986 D. R. Herschbach
Y. T. Lee
J. C. Polanyi
1987 D. J. Cram
C. J. Pedersen
J.-M. Lehn
1988 J. Deisenhofer
R. Huber
H. Michel
1989 S. Altman
T. R. Cech
1990 E. J. Corey
1991 R. Ernst
1992 R. A. Marcus

Physiologie oder Medizin

1901 E. von Behring
1902 Sir R. Ross
1903 N. R. Finsen
1904 I. P. Pawlow
1905 R. Koch
1906 C. Golgi
S. Ramón y Cajal
1907 A. Laveran
1908 P. Ehrlich
I. I. Metschnikow
1909 E. T. Kocher
1910 A. Kossel
1911 A. Gullstrand
1912 A. Carrel
1913 C. Richet
1914 R. Bárány
1915 –
1916 –
1917 –
1918 –
1919 J. Bordet
1920 A. Krogh
1921 –
1922 A. V. Hill
O. F. Meyerhof
1923 Sir F. G. Banting
J. J. R. Macleod
1924 W. Einthoven
1925 –
1926 J. Fibinger
1927 J. Wagner-Jauregg
1928 C. J. H. Nicolle
1929 C. Eijkman
Sir F. G. Hopkins
1930 K. Landsteiner
1931 O. H. Warburg
1932 Sir C. Sherrington
E. D. Adrian
1933 T. H. Morgan
1934 G. R. Minot
W. P. Murphy
G. H. Whipple
1935 H. Spemann
1936 Sir H. H. Dale
O. Loewi
1937 A. Szent-György von Nagyrapolt
1938 C. Heymans
1939 G. Domagk
1940 –
1941 –
1942 –
1943 C. P. H. Dam
E. A. Doisy
1944 J. Erlanger
H. S. Gasser
1945 Sir A. Fleming
E. B. Chain
Sir H. W. Florey
1946 H. J. Muller
1947 C. F. Cori
G. T. Cori
B. A. Houssay
1948 P. H. Müller
1949 W. R. Heß
A. C. Moniz
1950 P. S. Hench
E. C. Kendall
T. Reichstein
1951 M. Theiler
1952 S. A. Waksman
1953 Sir H. A. Krebs
F. A. Lipmann
1954 J. F. Enders
F. C. Robbins
T. Weller
1955 A. H. T. Theorell
1956 A. F. Cournand
W. Forßmann
D. W. Richards
1957 D. Bovet
1958 G. W. Beadle
J. Lederberg
E. L. Tatum
1959 A. Kornberg
S. Ochoa
1960 Sir F. M. Burnet
P. B. Medawar
1961 G. von Békésy
1962 F. H. C. Crick
M. H. F. Wilkins
J. D. Watson
1963 Sir J. C. Eccles
A. L. Hodgkin
A. F. Huxley
1964 K. Bloch
F. Lynen
1965 F. Jacob
A. Lwoff
J. Monod
1966 C. B. Huggins
F. P. Rous
1967 R. Granit
H. K. Hartline
G. Wald
1968 R. W. Holley
H. G. Khorana
M. W. Nirenberg
1969 M. Delbrück
A. D. Hershey
S. E. Luria
1970 J. Axelrod
U. S. von Euler-Chelpin
B. Katz
1971 E. W. Sutherland
1972 G. M. Edelman
R. R. Porter
1973 K. von Frisch
K. Lorenz
N. Tinbergen
1974 A. Claude

Nobelpreisträger (Fortsetzung)

1974	C. de Duve
	G. E. Palade
1975	D. Baltimore
	R. Dulbecco
	H. M. Temin
1976	B. S. Blumberg
	D. C. Gajdusek
1977	R. Guillemin
	A. Schally
	R. S. Yalow
1978	W. Arber
	D. Nathans
	H. O. Smith
1979	A. M. Cormack
	G. N. Hounsfield
1980	B. Benacerraf
	J. Dausset
	G. D. Snell
1981	R. W. Sperry
	D. H. Hubel
	T. N. Wiesel
1982	S. Bergström
	B. Samuelsson
	J. R. Vane
1983	B. McClintock
1984	N. K. Jerne
	G. F. K. Köhler
	C. Milstein
1985	M. S. Brown
	J. L. Goldstein
1986	S. Cohen
	R. Levi-Montalcini
1987	S. Tonegawa
1988	Sir J. W. Black
	G. B. Elion
	G. H. Hitchings
1989	M. J. Bishop
	H. E. Varmus
1990	J. E. Murray
	E. D. Thomas
1991	E. Neher
	B. Sakmann
1992	E. H. Fischer
	E. G. Krebs

Literatur

1901	Sully Prudhomme
1902	T. Mommsen
1903	B. Bjørnson
1904	F. Mistral
	J. Echegaray y Eizaguirre
1905	H. Sienkiewicz
1906	G. Carducci
1907	R. Kipling
1908	R. Eucken
1909	S. Lagerlöf
1910	P. von Heyse
1911	M. Maeterlinck
1912	G. Hauptmann
1913	R. Tagore
1914	–
1915	R. Rolland
1916	V. von Heidenstam
1917	K. A. Gjellerup
	H. Pontoppidan
1918	–
1919	C. Spitteler
1920	K. Hamsun
1921	A. France
1922	J. Benavente
1923	W. B. Yeats
1924	W. S. Reymont
1925	G. B. Shaw
1926	G. Deledda
1927	H. Bergson
1928	S. Undset
1929	T. Mann
1930	S. Lewis
1931	E. A. Karlfeldt
1932	J. Galsworthy
1933	I. A. Bunin
1934	L. Pirandello
1935	–
1936	E. O'Neill
1937	R. Martin du Gard
1938	P. S. Buck
1939	F. E. Sillanpää
1940	–
1941	–
1942	–
1943	–
1944	J. V. Jensen
1945	G. Mistral
1946	H. Hesse
1947	A. Gide
1948	T. S. Eliot
1949	W. Faulkner
1950	B. Earl Russell
1951	P. F. Lagerkvist
1952	F. Mauriac
1953	Sir W. Churchill
1954	E. Hemingway
1955	H. K. Laxness
1956	J. R. Jiménez
1957	A. Camus
1958	B. L. Pasternak (mußte den Preis ablehnen); 1989 nahm sein Sohn Jewgeni die Nobelpreismedaille postum entgegen)
1959	S. Quasimodo
1960	Saint-John Perse
1961	I. Andrić
1962	J. Steinbeck
1963	J. Seferis
1964	J.-P. Sartre (nahm den Preis nicht an)
1965	M. A. Scholochow
1966	S. J. Agnon
	N. Sachs
1967	M. Á. Asturias
1968	Y. Kawabata
1969	S. Beckett
1970	A. I. Solschenizyn
1971	P. Neruda
1972	H. Böll
1973	P. White
1974	H. Martinson
	E. Johnson
1975	E. Montale
1976	S. Bellow
1977	V. Aleixandre
1978	I. B. Singer
1979	O. Elitis
1980	C. Miłosz
1981	E. Canetti
1982	G. García Márquez
1983	W. G. Golding
1984	J. Seifert
1985	C. Simon
1986	W. Soyinka
1987	I. A. Brodski
1988	N. Mahfus
1989	C. J. Cela
1990	O. Paz
1991	N. Gordimer
1992	D. Walcott

Erhaltung des Friedens

1901	H. Dunant
	F. Passy
1902	É. Ducommun
	C. A. Gobat
1903	Sir W. R. Cremer
1904	Institut de droit international
1905	B. Freifrau von Suttner
1906	T. Roosevelt
1907	E. T. Moneta
	L. Renault
1908	K. P. Arnoldson
	F. Bajer
1909	A. M. F. Beernaert
	P. B. Baron de Constant de Rebecque d'Estournelles
1910	Internat. Friedensbüro
1911	T. M. C. Asser
	A. H. Fried
1912	E. Root
1913	H. La Fontaine
1914	–
1915	–
1916	–
1917	Internat. Komitee vom Roten Kreuz
1918	–
1919	W. Wilson
1920	L. V. Bourgeois
1921	H. Branting
	C. Lange
1922	F. Nansen
1923	–
1924	–
1925	Sir J. A. Chamberlain
	C. G. Dawes
1926	A. Briand
	G. Stresemann
1927	F. Buisson
	L. Quidde
1928	–
1929	F. B. Kellogg
1930	N. Söderblom
1931	J. Addams
	N. M. Butler
1932	–
1933	Sir N. L. Angell
1934	A. Henderson
1935	C. von Ossietzky (Hitler verbot die Annahme des Preises)
1936	C. Saavedra Lamas
1937	E. A. R. Viscount Cecil of Chelwood
1938	Internat. Nansen-Amt für Flüchtlinge
1939	–
1940	–
1941	–
1942	–
1943	–
1944	Internat. Komitee vom Roten Kreuz
1945	C. Hull
1946	E. G. Balch
	J. R. Mott
1947	The Society of Friends (Quäker)
1948	–
1949	J. Boyd-Orr, Lord of Brechin-Mearns
1950	R. J. Bunche
1951	L. Jouhaux
1952	A. Schweitzer
1953	G. C. Marshall
1954	Büro des Hohen UN-Kommissars für Flüchtlinge
1955	–
1956	–
1957	L. B. Pearson
1958	D. G. Pire
1959	P. Noel-Baker
1960	A. J. Luthuli
1961	D. Hammarskjöld
1962	L. C. Pauling
1963	Internat. Komitee vom Roten Kreuz
1964	M. L. King
1965	UNICEF
1966	–
1967	–
1968	R. Cassin
1969	Internat. Arbeitsorganisation
1970	N. E. Borlaug
1971	W. Brandt
1972	–
1973	H. A. Kissinger
	Lê Ðuc Tho (wies die Annahme des Preises zurück)
1974	E. Sato
	S. MacBride
1975	A. D. Sacharow
1976	B. Williams
	M. Corrigan
1977	Amnesty International
1978	M. A. As Sadat
	M. Begin
1979	Mutter Theresa
1980	A. Peréz Esquivel
1981	Büro des Hohen UN-Kommissars für Flüchtlinge
1982	A. Myrdal
	A. García Robles
1983	L. Watesa
1984	D. Tutu
1985	Internat. Ärztebewegung zur Verhinderung eines Atomkrieges
1986	E. Wiesel
1987	O. Arias Sánchez
1988	UN-Friedenstruppe
1989	Dalai Lama
1990	M. S. Gorbatschow
1991	Suu Kyi (Aung San Suu Kyi)
1992	R. Menchú

Wirtschaftswissenschaften (Preis für Ökonom. Wiss. in Erinnerung an A. Nobel)

1969	R. Frisch
	J. Tinbergen
1970	P. A. Samuelson
1971	S. S. Kuznets
1972	K. J. Arrow
	Sir J. R. Hicks
1973	W. Leontief
1974	F. A. von Hayek
	G. Myrdal
1975	L. W. Kantorowitsch
	T. C. Koopmans
1976	M. Friedman
1977	B. Ohlin
	J. E. Meade
1978	H. A. Simon
1979	Sir W. A. Lewis
	T. W. Schultz
1980	L. R. Klein
1981	J. Tobin
1982	G. Stigler
1983	G. Debreu
1984	R. Stone
1985	F. Modigliani
1986	J. M. Buchanan
1987	R. M. Solow
1988	M. Allais
1989	T. Haavelmo
1990	H. M. Markowitz
	M. H. Miller
	W. F. Sharpe
1991	R. Coase
1992	G. S. Becker

Amarna gefundene Büste (heute in Berlin-Charlottenburg, Ägyptisches Museum).

Nogaier, tatar. Volk am N-Rand des Großen Kaukasus; sprechen Nogaiisch, einen Dialekt des zu den Turksprachen gehörenden Kasachischen; Religion ist der sunnit. Islam; 65 000 Angehörige.

Nogales, mex. Stadt an der Grenze gegen die USA, 1 180 m ü. d. M., 70 900 E. Zentrum eines Bergbau- und Rinderweidegeb.; Warenumschlagplatz. – Seit 1907 Stadt.

Nogaret, Guillaume de [frz. nɔga'rɛ], * Saint-Félix-de-Caraman (Haute-Garonne) um 1260–70, † April 1313, frz. Rechtsgelehrter und Staatsmann. – Einer der bedeutendsten Rechtsgelehrten der Krone; 1303/04 und 1307–13 Kanzler; baute die Königsmacht im Innern und gegenüber dem Papsttum aus.

Nogat, östl. Mündungsarm der Weichsel, 61 km lang, schiffbar.

Noguchi Hidejo [jap. ...tʃi], * Okinamura (Präfektur Fukushima) 24. Nov. 1876, † Accra (Ghana) 21. Mai 1928, jap. Bakteriologe. – Ab 1904 am Rockefeller Institute in New York tätig. Seine Forschungen galten der Wirkung von Schlangengiften, der Kinderlähmung, verschiedenen Tropenkrankheiten (v. a. dem Gelbfieber, dem Trachom und dem Oroyafieber) und der Serumdiagnostik der Syphilis. 1913 gelang ihm der Nachweis des Erregers der Syphilis im Gehirn bei progressiver Paralyse und im Rückenmark bei

Tabes dorsalis (und damit des Zusammenhangs der beiden Krankheiten).

N. Isamu [engl. nə'gʊtʃɪ], *Los Angeles 17. Nov. 1904, †New York 30. Dez. 1988, amerikan. Bildhauer jap. Herkunft. – Seine abstrakte Plastik verarbeitet Einflüsse von Brancusi, Picasso und den Surrealisten. Schuf monumentale Wandgestaltungen, Skulpturengärten (u.a. für das UNESCO-Gebäude in Paris, 1956–58) und Porträts; auch Entwürfe für Bühnenausstattungen.

Philippe Noiret

Nohl, Herman, *Berlin 7. Okt. 1879, †Göttingen 27. Sept. 1960, dt. Philosoph und Pädagoge. – Seit 1920 Prof. für Pädagogik (Entlassung 1937–45) in Göttingen. Entwickelte in Auseinandersetzung mit Dilthey, der Reformpädagogik sowie der Lebensphilosophie eine wert- und kulturphilosoph., insbes. kulturkritisch ausgerichtete „subjektive Pädagogik“: Bildung als „Klärung, Formung ... von eigener Erfahrung und Erlebnis“. – *Werke:* Die pädagog. Bewegung in Deutschland und ihre Theorie (1933), Charakter und Schicksal (1938).

Noiret, Philippe [franz. nwa'rɛ], *Lille 1. Dez. 1930, frz. Schauspieler. – Charakterdarsteller der Pariser Bühne sowie des frz. und internat. Films. – *Filme:* Zazie (1960), Alexander, der Lebenskünstler (1968), Das große Fressen (1973), Cinema Paradiso (1989), Die Liebhaberin (1990).

Noirmoutier [frz. nwarmu'tje], Insel vor der frz. W-Küste sw. von Nantes, 58 km², Hauptort N. (4500 E, Seebad, Hafen, Fischkonservenind.); Brücke zum Festland. – Auf der Insel **Her** wurde 676 das Kloster **Hermoutier** gegr. (später N. gen., im 9. Jh. aufgegeben); Krypta aus der Merowingerzeit.

Nokkultur. Terrakottakopf, Höhe 35 cm (Lagos, Nigerianisches Nationalmuseum)

no iron [engl. 'noʊ 'aɪən; eigtl. „kein Bügeleisen“] ↑Pflegeleichtausrüstung.

Noisy-le-Grand [frz. nwazilə'grã], frz. Stadt östl. von Paris, an der Marne, Dep. Seine-Saint-Denis, 54100 E. Univ. (gegr. 1991).

NOK, Abk. für: ↑**N**ationales **O**lympisches **K**omitee.

Nokardiosen [lat.], akute oder chron. Infektionskrankheiten, die zur Ausbreitung auf den ganzen Körper oder auf ein ganzes Organsystem neigen; verursacht durch Stäbchenbakterien der Gatt. Nocardia. N. treten v.a. bei abwehrgeschwächten Patienten (Leukämie, AIDS) auf.

Nokkultur, nach Funden bei dem Dorf Nok (40 km sw. von Kafanchan, Nigeria) ben. eisenzeitl. Kultur Z-Nigerias (etwa 500 v. Chr. bis 200 n. Chr.), berühmt die Tonfiguren (v.a. Köpfe), deren Herstellung hohe techn. und künstler. Fertigkeiten erforderte.

Noktambulismus [lat.], svw. ↑Schlafwandeln.

Nola, italien. Stadt in Kampanien, Prov. Neapel, 40 m ü.d.M., 31000 E. Bischofssitz; Konserven- und Textilind. – Urspr. eine Stadt der Osker, später der Etrusker, 313 v. Chr. von den Römern erobert; seit der Spätantike Bischofssitz; gehörte seit der Mitte des 7. Jh. zum Hzgt. Benevent; 1269 erhielt es Guido von Montfort, bis es durch Erbschaft an die Orsini fiel; teilte seit dem 16. Jh. die Geschicke des Kgr. Neapel. – Im Stadtzentrum der klassizist. Dom (im 15. Jh. gegr., nach 1861 neu erbaut) mit Krypta aus dem 11. Jh.; Palazzo Orsini (1460).

Emil Nolde. Der Prophet, Holzschnitt, 1912

Noland, Kenneth ['nəʊlənd], *Asheville (N.C.) 10. April 1924, amerikan. Maler. – Ein Hauptvertreter des Color-field-painting; verwendet für die Gestaltung seiner geometr. Farbfelder z.T. außergewöhnl. Bildformate.

Nolde, Emil, eigtl. E. Hansen, *Nolde bei Tondern 7. Aug. 1867, †Seebüll (= Neukirchen, Nordfriesland) 13. April 1956, dt. Maler und Graphiker. – 1898 ff. in München bei A. Hoelzel; nach 1902 lebte er v.a. auf Alsen in Dänemark; 1906/07 Mgl. der „Brücke“, fand 1909 zu seinem eigenen Stil. Nach einer Weltreise (1913/14) lebte er v.a. in Berlin und Seebüll, wo er trotz Malverbot (1941) Hunderte von Aquarellen schuf. N. gehört zu den bedeutendsten Künstlern des dt. Expressionismus. Ausgehend v.a. von van Gogh und Munch, steigert er das Medium Farbe zu einer neuen Eigenwertigkeit. Für seine Bilder bes. von Landschaften und Blumen sind die locker gesetzten leuchtenden, kontrastreichen Farben bezeichnend. Seine Menschenschilderung ist von dämon.-ekstat. Leidenschaftlichkeit, häufige Motive sind der Tanz und v.a. religiöse Szenen. Auch bed. Holzschnitte und Radierungen.
Werke: Abendmahl (1909; Kopenhagen, Statens Museum for Kunst), Maria Aegyptiaca (1912; Hamburg, Kunsthalle), Grablegung Christi (1915; Stiftung Seebüll Ada und E. N.), Blumen und Wolken (1933; Hannover, Kunstmuseum), Mohn und rote Abendwolken (1943; Stiftung Seebüll).

Nöldeke, Theodor, *Harburg (= Hamburg) 2. März 1836, †Karlsruhe 25. Dez. 1930, dt. Orientalist. – Prof. in Kiel und Straßburg; begr. die moderne krit. Koranforschung und die semit. Sprachwiss. (Erschließung der mandäischen Sprache).

nolens volens [lat. „nicht wollend wollend“], wohl oder übel, notgedrungen.

Nolimetangere [lat. „rühre mich nicht an!“], Darstellung des Maria Magdalena erscheinenden Christus (Joh. 20, 14 ff.). Bezeugt seit dem 4. Jh., im MA Thema der Kathedralskulptur, im 14.–17. Jh. bed. Thema der Malerei (Christus meist als Gärtner).

Noll, Dieter, *Riesa 31. Dez. 1927, dt. Schriftsteller. – Schrieb neben Reportagen den autobiograph. Roman „Die Abenteuer des Werner Holt“ (Bd. 1: „Roman einer Jugend“, 1960; Bd. 2: „Roman einer Heimkehr“, 1963), der das Kriegs- und Nachkriegserlebnis seiner Generation zum Thema hat. – *Weitere Werke:* Mutter der Tauben (E., 1955), Kippenberg (R., 1979), In Liebe leben (Ged., 1985).

Nolte, Ernst Hermann, *Witten 11. Jan. 1923, dt. Historiker. – 1965–73 Prof. an der Univ. Marburg, seit 1973 an der FU Berlin; forscht v.a. zu Fragen des Faschismus („Der Faschismus in seiner Epoche“, 1963); stand 1986/87 im Zentrum des ↑Historikerstreits.

Noma (Wangenbrand, Wasserkrebs), schwerste Form einer geschwürigen Mundschleimhauterkrankung, die mitunter nach schweren Infektionskrankheiten als Zeichen einer hochgradigen Abwehrschwäche auftritt.

Nomaden [griech.] ↑Nomadismus.

Nomadismus [zu griech. nomás „auf der Weide (nomós) befindlich“], Wirtschafts- und Gesellschaftsform, die auf Viehwirtschaft beruht und die mit nichtseßhafter Lebensweise verbunden ist. Die Viehzüchter **(Nomaden),** die auch Besitzer der Herden sind, begleiten das Vieh im geschlossenen Familienverband mitsamt dem Hausrat auf ständiger oder period. Wanderung, den klimat. Gegebenheiten entsprechend. Die Siedlungen bestehen meist aus Zelten oder einfachen Hütten. Feldbau wird äußerst selten und nicht regelmäßig betrieben. Pflanzl. Nahrungsmittel werden von der ackerbautreibenden Bev. eingetauscht oder gekauft. Unter **Halbnomadismus** versteht man eine Wirtschaftsform, bei der der Ackerbau ständig ausgeübt wird und nur Teile der Familie wandern.
Der N. dominierte in den ariden und semiariden Gebieten der Alten Welt und kommt dort, eingeschränkt durch staatl. Kontrolle, Kollektivierung, Verbot der Grenzüberschreitung, bis heute vor.

Emil Nolde. Feuerlilien und dunkelblauer Rittersporn, um 1925 (Mannheim, Kunsthalle)

▷ (Vagabundismus, permanente Translokation) in der *Zoologie* das ständige oder fast ständige weiträumige Umherstreifen von Tieren ohne festen Wohnplatz (z. B. Gazellen, Gnus, Zebras und Rentiere).

Nom de guerre [frz. nõd'gɛ:r „Kriegsname"], frz. Bez. für Deck-, Künstler-, auch Spottname (↑ Pseudonym); urspr. der Name, den ein Soldat beim Eintritt in die Armee annahm.

Nome [engl. noʊm], Stadt in Alaska, an der S-Küste der Seward Peninsula, 2 500 E. Handelszentrum der Eskimo; Fischerei; Hafen (Juni–Nov. eisfrei), ✈.

Nomen [lat. „Name, Benennung"] (Nennwort, Namenwort; Mrz. Nomina), zusammenfassende Bez. für Substantiv, Adjektiv und Numerale. Im Ggs. zu dieser antiken Einteilung steht die seit dem MA übl. Trennung von Substantiv und Adjektiv, so daß heute N. (i. e. S.) nur das Substantiv meint. Man unterscheidet u. a. *N. actionis* (Bez. von Verbalhandlungen, z. B. „Wurf"), *N. acti* (Bez. des Abschlusses oder Ergebnisses einer Verbalhandlung, z. B. „Markierung"), *N. instrumenti* (Bez. des Mittels für eine Verbalhandlung, z. B. „Schlegel"), *N. agentis* bzw. *N. actoris* (Bez. des Trägers einer Verbalhandlung, z. B. „Lehrer", „Bohrer"), *N. qualitatis* (Bez. einer Eigenschaft, z. B. „Güte"). *Verbalnomina* sind deklinierbare Formen im Rahmen eines Verbalparadigmas wie Gerundium, Gerundivum, Infinitiv, Partizip, Supinum.

nomen est omen [lat.], der Name ist Vorbedeutung, sprichwörtlich nach „nomen atque omen" („Name und zugleich Vorbedeutung"; nach Plautus, „Persa" 4, 4, 74).

Nomenklatur [zu lat. nomenclatura „Namenverzeichnis"], allg.: 1. die (systemat.) Benennung wiss. Gegenstände und die zur Klassifizierung der Begriffe angewandte Methode; 2. die Gesamtheit der Fachausdrücke einer Wiss. oder Kunst, auch deren systemat. Ordnung.

▷ in der *Biologie* gibt es im Rahmen der (biolog.) Terminologie außer der für die Anatomie des Menschen festgelegten anatom. N. noch die systemat. (taxonom.) N., d. h. die Namengebung für die Vertreter der systemat. (taxonom.) Kategorien (↑ Taxonomie). Diese N. regelt die internat. Einheitlichkeit der wiss. Namen der einzelnen Kategorien, von der Unterart aufwärts bis zur Überfamilie. Dabei gilt im Regelfall das *Prioritätsprinzip:* In der *zoolog. N.* gilt jeweils der erste, einem Tier ab 1. Jan. 1758 gegebene wiss. Name, sofern er den N.regeln im übrigen gerecht wird. Die *botan. N.* entspricht weitgehend der zoologischen; Ausgangspunkt ist hier das Jahr 1753. – Die Benennung der Arten ist bei Tieren und Pflanzen binär *(binäre N.):* Dem Namen der Gatt. folgt der eigtl. Artname; hinzugefügt wird noch der (eventuell abgekürzte) Name der Person, die den eigtl. Artnamen in Verbindung mit der wiss. Beschreibung gegeben hat, sowie das Jahr, in dem der wiss. Name so erstmals veröffentlicht wurde (z. B. Wolf: *Canis lupus L.,* 1758; *L.* = Linné; korrekterweise müßte statt L. der Name Linnés latinisiert in Kapitälchen ausgeschrieben werden: LINNAEUS). Bei Unterarten wird dem Gattungs- und Artnamen noch ein dritter Name, die wiss. Bez. der Unterart, beigefügt (*trinäre N., ternäre N.;* z. B. Europ. Wolf = *Canis lupus lupus L.,* 1758). – Die *anatom. N.* wurde zum erstenmal 1895 von der anatom. Gesellschaft in Basel internat. einheitlich festgelegt und kodifiziert. Die daraus resultierenden *Baseler Nomina anatomica* (Kurzform: *BN A*), 1935 durch die *Jenaer Nomina anatomica* (Kurzform: *IN A*) und 1955 durch die *Pariser Nomina anatomica* (Kurzform: *PN A*) verbessert, ergänzt und erweitert, bilden das Fundament der modernen internat. Terminologie der Anatomie.

▷ in der *Chemie* die eindeutige, internat. verständl. Namengebung für chem. Elemente und Verbindungen durch eine Anzahl von Stammnamen mit Vor-, Zwischen- und Nachsilben und anderen Sprachelementen. Die Regeln hierfür werden heute v. a. von einer N.-Kommission der Internat. Union für Reine und Angewandte Chemie festgelegt (sog. IUPAC-Regeln). Der *N.name (systemat. Name)* gibt gleichzeitig Konstitution und Klassenzugehörigkeit chem. Verbindungen an. Neben den nach den N.regeln aufgestellten Bez. haben sich sog. *Trivialnamen* erhalten (z. B. Benzol). Die Bez. der Elemente wird durch die chem. Symbole, die aus dem ersten oder dem ersten und einem weiteren Buchstaben des lat. oder griech. Namens des Elements bestehen, festgelegt. Für chemisch ähnl. Elemente sind Sammelnamen gebräuchlich, z. B. Alkalimetalle, Halogene.

Bei der **Nomenklatur anorganischer Verbindungen** ist eine Systematisierung nur z. T. möglich. Bei salzartigen Verbindungen wird zuerst der Bindungspartner mit der geringeren Elektronegativität (meist ein Metall) genannt. Seine Oxidationszahl kann als röm. Zahl in Klammern zugefügt werden, z. B. Kupfer(II)chlorid. Einatomige Anionen sind durch die Endung -id (z. B. Hydrid, Chlorid, Sulfid), Anionen von Sauerstoffsäuren durch die Endungen -at oder -it (z. B. Sulfat, Sulfit) gekennzeichnet.

Die **Nomenklatur organischer Verbindungen** bildet die *systemat. Namen* aus dem Namen eines *Stammsystems* (Kohlenwasserstoff), dessen Wasserstoffatome durch funktionelle Gruppen oder andere Stammsysteme substituiert sein können. Gesättigte, aliphat. Kohlenwasserstoffe werden, mit Ausnahme von Methan, Äthan (neuere Schreibweise Ethan), Propan, Butan, mit einem der Anzahl der Kohlenstoffatome entsprechenden Zahlwort und der Endung -an benannt, die Endungen -en bzw. -in enthalten ungesättigte Kohlenwasserstoffe mit Doppel- bzw. Dreifachbindungen. Für die Bez. der zahlr., durch Ersatz von Wasserstoffatomen durch andere Atome oder Atomgruppen zustandekommenden Verbindungen, z. B. Alkohole, Aldehyde, Ketone, Amine, sind bestimmte Prä- bzw. Suffixe festgelegt. Zur Kennzeichnung der Position von Substituenten sowie von Doppel- bzw. Dreifachbindungen numeriert man die Kohlenstoffatome der Grundkette von einem Ende zum anderen mit arab. Ziffern durch und stellt die Zahlen derjenigen Kohlenstoffatome, an die die Substituenten gebunden sind bzw. von denen die Mehrfachbindungen ausgehen, dem Namen der chem. Verbindungen voran.

$$CH_2Cl - CH_2 - CH_3 \quad \text{1-Chlorpropan}$$

$$CH_3 - CHOH - CHOH - CH_3 \quad \text{2,3-Butandiol}$$

Daneben ist z. T. auch eine Kennzeichnung durch griech. Buchstaben üblich; dabei wird als α-Stellung die einer anderen Gruppe direkt benachbarte Position, als β-Stellung die darauf folgende, als γ-Stellung die nächste usw. bezeichnet. Bei den Aminosäuren liegt z. B. die Aminogruppe, $-NH_2$, (meist) in α-Stellung zur Carboxylgruppe, $-COOH$, vor:

$$CH_3 - ...CH_2 - CH_2 - CH(NH_2) - COOH$$

Die meisten aromat. Kohlenwasserstoffe und ihre Derivate sowie heterocycl. Verbindungen haben Trivialnamen, da die nomenklaturgerechten Namen äußerst kompliziert sind. Die Ringsysteme werden mit arab. Ziffern in einer bestimmten Reihenfolge durchnumeriert und so die Positionen von Substituenten angegeben bzw. auch als ortho-, meta- und para-Dichlorbenzol bezeichnet.

Bei aromat. und heterocycl. Verbindungen sind z. T. ebenfalls Kennzeichnungen durch griech. Buchstaben gebräuchlich; bei polycycl. Verbindungen z. B. wird als α-Position die der Ringverbindungsstelle benachbarte Stellung, als β-Position die darauf folgende bezeichnet. Beispiele:

OH OH

1-Naphthol
α-Naphthol

2-Naphthol
β-Naphthol

Gesonderte N.regeln wurden für Verbindungen aus dem Gebiet der Naturstoffe, z. B. für Proteine, Steroide und Kohlenhydrate, ferner für das Gebiet der Stereochemie festgelegt.

▷ in der vom *Marxismus-Leninismus* bestimmten Staats- und Gesellschaftsordnung die Bez. für Namensverzeichnisse z. B. in Planwirtschaft und Partei (bzw. deren Führungspositionen).

nominal [lat.], das ↑Nomen betreffend; mit einem Nomen gebildet.
▷ (nominell) in der *Wirtschaft:* dem Nennwert, Nennbetrag entsprechend.

Nominaldefinition (Begriffsdefinition) ↑Definition.

Nominaleinkommen, einzel- wie gesamtwirtsch. das in Währungseinheiten ohne Berücksichtigung der Kaufkraft angegebene Einkommen. – Ggs. ↑Realeinkommen.

Nominalform, svw. ↑infinite Form.

Nominalisierung [lat.], svw. ↑Substantivierung.
▷ Umwandlung von verbalen Ausdrücken oder ganzen Sätzen in eine nominale Phrase, z. B. *den Bau fertigstellen – die Fertigstellung des Baus.*

Nominalismus [zu lat. nomen „Name, Benennung"], in der *Philosophie* Lehre, nach der es für ein Verständnis von „Allgemeinbegriffen" nicht nötig ist, anzunehmen, es existierten „Allgemeindinge" (↑Universalien), die von entsprechenden Wörtern wie mit Namen benannt werden. Es reiche, daß die Wörter den Einzeldingen zugesprochen werden; dieses Zusprechen sei vom Nennen durch Eigennamen zu unterscheiden. – Der N. wird im ↑Universalienstreit des MA als Gegenposition zum ↑Realismus entwikkelt, in gemäßigter Form insbes. durch Peter Abälard, Wilhelm von Ockham, Gabriel Biel vertreten. Erkenntniskrit. Ansätze des N. gewinnen Einfluß auf den Wiss.begriff des Empirismus.
▷ in der *Volkswirtschaftslehre* Richtung der Geldtheorie, die den [Nenn]wert des Zeichengeldes (↑Geld) aus seiner Eigenschaft als gesetzl. Zahlungsmittel ableitet.

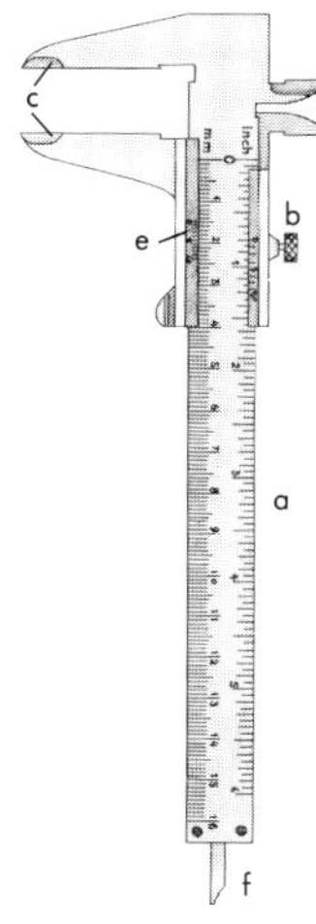

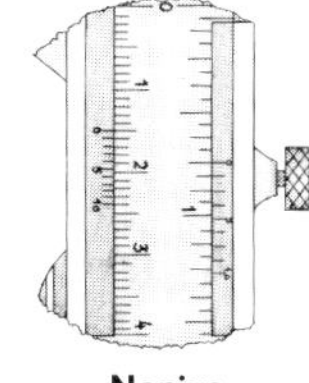

Nonius.
Oben: Meßschieber mit Nonius.
Unten: Nonius, vergrößert.
a Meßschiene;
b Schieber mit Feststellschraube;
c Meßschnäbel für Außenmaße;
d Meßschneiden für Innenmaße; e Nonius;
f Tiefenmaß

Nominalkapital (Nennkapital), das ausgewiesene Grundkapital einer AG bzw. Stammkapital einer GmbH.

Nominallohn ↑Lohn.

Nominalphrase, Abk. NP, in der Linguistik Bez. für die unmittelbare Konstituente des Satzes (↑Konstituentenanalyse), die aus Nomen oder Pronomen bestehen, aber auch durch Artikel, Adjektive näher bestimmt, durch Relativsätze u. ä. erweitert sein kann. – ↑Verbalphrase.

Nominalsatz, in der Sprachwiss. entweder für einen beschreibenden Satz ohne verbales Prädikat (z. B. „jeder Wurf ein Treffer!") oder für einen Satz, dessen beide Hauptglieder durch „sein" oder ein ähnl. (eine Seinsbestimmung ausdrückendes) Prädikat verbunden sind (↑Verbalsatz).

Nominalstil, Verwendung überwiegend substantiv. Ausdrucksformen (im Ggs. zum Verbalstil). Der N. findet bes. im Umfeld von Wiss., Technik und Verwaltung seine Anwendung (z. B. „zur Durchführung bringen" statt „durchführen"); entspricht dem Bedürfnis nach ökonom. Einsatz sprachl. Mittel, kann aber zu sprachl. Leerformeln führen.

Nominalverzinsung ↑Verzinsung.

Nominalwert, svw. ↑Nennwert.

Nominalzins, der auf den Nennwert bezogene Ertrag eines Wertpapiers, im Ggs. zum Real- oder Effektivzins, der auf den Kurswert bezogen ist.

Nomination [zu lat. nominatio „die Ernennung"], staatskirchenrechtlich das Vorschlagen bzw. Ernennen von Anwärtern auf höhere Kirchenämter.

Nominativ [lat. (casus) nominativus „Nennfall"], erster Fall in der Deklination, Werfall. Der N. (auch *casus rectus* im Ggs. zu den *casus obliqui;* ↑Casus obliquus, ↑Kasus) bezeichnet das ↑Subjekt als Träger der Verbalhandlung, z. B. „*Die Kinder* spielen dort". Außerhalb eines syntakt. Zusammenhangs steht der absolute N. (z. B. in Ausrufen, Aufzählungen, Überschriften).

nominell [lat.], [nur] dem Namen nach [bestehend], vorgeblich; auch svw. ↑nominal.

Nomismus [zu griech. nómos „Gesetz"], im Ggs. zum Antinomismus Bez. für diejenige theolog. Grundauffassung, nach der dem *Gesetz* überragende Bed. als theoret. Leitwert beigemessen wird.

Nomographie [zu griech. nómos „Gesetz" und ↑...graphie], Teilgebiet der Mathematik, das die verschiedenen Verfahren zur Aufstellung von **Nomogrammen,** d. h. graph. Darstellungen funktionaler Zusammenhänge zw. mehreren Veränderlichen, und deren Anwendung behandelt.

Nomokratie [griech.], Herrschaftsform, in der – im Ggs. zur Autokratie – Macht nur im Namen der Gesetze ausgeübt wird.

Nomos [griech.], in der *Philosophie* Satzung, menschl. Gesetz im Ggs. zum (göttl.) Recht. Das Begriffspaar N. und Physis (Gesetz und Natur) bildet den Mittelpunkt der antiken griech. Naturrechtsdiskussion, die zur Zeit der Sophistik (Mitte des 5. Jh. v. Chr.) aufbrach. Im Kern ging es um die Funktion des N. vor dem Hintergrund einer „natürl." Ungleichheit der Menschen (Herrschaft des N. über die Natur oder Herrschaft der Natur über den Nomos).
▷ in der *griech. Musik* Name altehrwürdiger poet.-musikal. Weisen für den Apollonkult. Wegen des göttl. Ursprungs blieben sie unangetastet, wobei man in schriftloser Zeit jedoch nur am Gerüst unverändert festhielt und die Tonfolgen bei der Ausführung „variierte". Nach solchem Vorbild geschaffene Weisen wurden zu Kithara oder Aulos gesungen (kitharod., aulod. N.) oder allein auf dem Aulos gespielt (aulet. Nomos).

Non (None) [zu lat. hora nona „die neunte Stunde"] ↑Stundengebet.

Nonaffektationsprinzip [lat.], Verbot der Zweckbindung öff. Einnahmen.

Nonchalance [frz. nõʃaˈlã:s], Lässigkeit, Unbekümmertheit; **nonchalant,** lässig, ungezwungen.

Non-cooperation [engl. ˈnɔnkoʊɔpəˈrɛɪʃən „Nichtzusammenarbeit"], Bez. für eine polit. Kampfesweise M. K. ↑Gandhis: die Verweigerung der Zusammenarbeit mit den brit. Behörden.

None [lat.], in der *Musik* das Intervall im Abstand von neun diaton. Stufen (die große oder kleine Sekunde über der Oktave). Der **Nonenakkord** ist ein dissonanter Fünfklang aus Grundton, Terz, Quinte, Septime und None.
▷ svw. Non (↑Stundengebet).

Nonen [zu lat. nonus „der neunte"], im altröm. Kalender der 9. Tag vor den Iden (diese mitgezählt), also der 5. (bzw. im März, Mai, Juli und Oktober der 7.) Monatstag.

Nonett [italien., zu lat. nonus „der neunte"], Musikstück für neun Soloinstrumente (selten Singstimmen); auch Bez. für die Gruppe der Ausführenden.

Non-fiction [engl. ˈnɔnˈfɪkʃən] ↑Sachbuch.

nonfigurativ [lat.], nicht figürlich, d. h. abstrakt, gegenstandslos (moderne Malerei und Graphik).

Non-food-Abteilung [engl. ˈnɔnˈfu:d „nicht Lebensmittel"], Abteilung in v. a. auf Lebensmittel ausgerichteten Einkaufszentren, die nicht zur Kategorie der Lebensmittel gehörende Artikel (z. B. Blumen, Haushaltwaren, Waschmittel, Zeitungen) führt.

Non-Hodgkin-Lymphome [nɔn ˈhɔdʒkɪn-; nach dem engl. Internisten T. Hodgkin, * 1798, † 1866] ↑Lymphom.

Nonius [nach dem latinisierten Namen des portugies. Mathematikers P. Nunes, * 1502, † 1578], von P. Vernier 1631 erfundener Hilfsmaßstab, der zus. mit einem Hauptmaßstab mit gleichabständiger Teilung das Ablesen von Bruchteilen der Einheiten des Hauptmaßstabs erlaubt, so daß Schätzungsfehler vermieden werden. Sind n N.intervalle auf $(n-1)$ Hauptteilungsintervallen aufgetragen, so beträgt die N.angabe a, wenn der Endstrich des i-ten N.intervalls mit einem Teilstrich des Hauptmaßstabs dekkungsgleich ist, $a = i/n$. Beim meist gebräuchlichen *Zehntel-N.* ist $n = 10$. Ein derartiger N. erlaubt z. B. an einem Meßschieber das Ablesen von Zehntelmillimetern.

Nonkonformismus [lat.-engl.], grundsätzlich ablehnende, in abweichendem Verhalten und Gegnerschaft ausgedrückte Haltung bzw. Einstellung gegenüber für allg. verbindlich geltenden gesellschaftl. Werten, Normen und Verhaltensmustern.

Nonkonformisten [lat.-engl.], i. e. S. seit dem 19. Jh. übl. Bez. für ↑Dissenters; i. w. S. (engl. nonconformists) Bez. für Vertreter des ↑Nonkonformismus.

Nonne [nach der an Nonnentracht erinnernden Farbe] (Limantria monacha), bis 5 cm spannender, dämmerungs- und nachtaktiver Schmetterling (Fam. ↑Trägspinner) in

Europa; Vorderflügel meist weißlich mit gezackten, schwarzen Querbinden, Hinterflügel grau; Eiablage in Rindenritzen. Die Raupen, grünlich- bis weißbraun, stark behaart, mit bunten Warzen, können durch Blatt- bzw. Nadelfraß sehr schädlich werden.

Nonne [zu spätlat. nonna, eigtl. „Amme"], eigtl. Angehörige weibl. kontemplativer, klausurierter Ordensgemeinschaften mit feierl. Gelübden; allg. für Klosterfrau.

Nonnenmeise, svw. Sumpfmeise (↑Meisen).

Nonnos, griech. Dichter des 5. Jh. aus Panopolis (Ägypten). – Schildert in dem Epos „Dionysiaká" in 48 Büchern die Geschichte des Gottes Dionysos, bes. dessen Zug nach Indien.

Nonnweiler, heilklimat. Kurort im Schwarzwälder Hochwald, Saarland, 375 m ü. d. M., 8 500 E. Kneippsanatorien.

Nono, Luigi, *Venedig 29. Jan. 1924, †ebd. 8. Mai 1990, italien. Komponist. – Nach 1950 durch serielle Instrumentalstücke (u. a. „Polifonica-Monodia-Ritmica", 1951) bekanntgeworden, entwickelte N. 1955–62 v. a. in Chorwerken mit sozialist. Tendenz einen expressiven, Konstruktion und Kantabilität verbindenden Vokalstil; u. a. erste Oper „Intolleranza" (1961; Neufassung 1970). Seit 1964 („La fabbrica illuminata") verwendet N. oft Tonbandeinblendungen zur Verdeutlichung der polit. Aussage. Er schrieb weiter u. a. die Tonbandmusik „Musica manifesto No. 1" (1969, mit Stimme), das Streichquartett „Fragmente – Stille. An Diotima" (1979/80), Musiktheater „Prometeo" (1984), Risonanze erranti a Massimo Cacciari" (1986, mit Live-Elektronik).

non olet [lat. „es (das Geld) stinkt nicht"], sinngemäß wiedergegebener Ausspruch des röm. Kaisers Vespasian auf einen Vorwurf wegen der Latrinenbesteuerung.

Nonplusultra [lat. „nichts darüber hinaus"], svw. Unübertreffbares, Unvergleichliches.

Nonproliferation [engl. 'nɔnprəlıfə'rɛıʃən „Nichtweitergabe"], angloamerikan. Bez. für die Nichtverbreitung von Kernwaffen; Gegenstand des ↑Atomwaffensperrvertrags.

non scholae, sed vitae discimus ['skolæ ..., 'dıskimʊs; lat.] ↑non vitae, sed scholae discimus.

Nonsens [engl.], Unsinn; absurde, unlog. [hintersinnige] Gedankenverbindung.

Nonsensverse, auch Unsinnspoesie gen., Genre des kom. witzigen Gedichts, das mit paradoxen, absurden Wort- und Klangspielen die Vieldeutigkeit von Wahrnehmung und Wirklichkeit darstellt. Von N. läßt sich seit E. Lears „Book of nonsense" (1846) – woher der Terminus stammt – sowie L. Carrolls „Alice's Abenteuer im Wunderland" (1865) und „Alice im Spiegelreich" (1871) sprechen, die v. a. ein Phänomen der engl. Literatur geworden sind (bes. im Limerick). Dt. Vertreter sind C. Morgenstern, J. Ringelnatz, P. Scheerbart.

Nonstop [engl.], ohne Halt, ohne Unterbrechung; z. B. *N.flug:* Langstreckenflug ohne Zwischenlandung.

Nonvaleur [nõva'lø:r; frz.], etwas ohne Wert, insbes. nahezu oder völlig wertloses Wertpapier.

non vitae, sed scholae discimus ['skolæ 'dıskimʊs; lat. „wir lernen nicht für das Leben, sondern für die Schule"], originaler Wortlaut der meist belehrend „non scholae, sed vitae discimus" („nicht für die Schule, sondern für das Leben lernen wir") zitierten Briefstelle bei Seneca.

noologisch [nɔ-o...; griech.], die Lehre vom Geist bzw. den Geist betreffend.

Noone, Jimmie [engl. nu:n], *New Orleans (La.) 23. April 1895, †Los Angeles 19. April 1944, amerikan. Jazzmusiker (Klarinettist). – Gehört zu den stilbildenden Klarinettisten des New-Orleans-Jazz. Einflüsse auf J. Dorsey und B. Goodman.

Noord, Flußarm im Rhein-Maas-Delta, entsteht 1 km nördl. von Dordrecht, mündet in den Lek, 8,7 km lang.

Noord-Holland ↑Nordholland.

Noordwijk [niederl. 'no:rtwɛik], niederl. Gem. an der Nordsee, 25 000 E. Besteht aus den Ortschaften *N.-Binnen* im Polderland (Erwerbsgartenbau, Blumenzwiebelzucht) und *N.-aan-Zee* (Seebad). In der Nähe die Anlagen des Europ. Raumfahrtforschungs- und Technikzentrums (ESTEC).

Nooteboom, Cees, *Den Haag 31. Juli 1933, niederl. Schriftsteller. – Autor von Gedichtbänden, Romanen, Liedtexten (u. a. vertont von H. van Veen), bes. aber von „poet. Reisebeschreibungen". – *Werke:* Das Paradies ist nebenan (R., 1964), Gemaakte gedichten (Ged., 1970), Rituale (R., 1980), In den niederl. Bergen (R., 1984), Mokusei! Eine Liebesgeschichte (1990), Berliner Notizen (1991), Die folgende Geschichte (1991), Unterwegs nach Santiago (1992).

Cees Nooteboom

Noppen, Bez. für knötchenartige Verdickungen in Garnen und Geweben, die entweder aus Fadenschlingen oder aus Faserflocken bestehen.

Nor- [kurz für: normal], Vorsilbe am Namen organ. Verbindungen, die das Fehlen einer Methyl- oder Methylengruppe gegenüber entsprechenden Vergleichssubstanzen anzeigt (z. B. Noradrenalin und Adrenalin; v. a. in der Nomenklatur der Terpene und Steroide gebräuchlich).

Noradrenalin [nor-a...] (Norepinephrin, Arterenol), im Nebennierenmark, Teilen des Stammhirns und v. a. in den Synapsen postganglionärer, sympath. Nervenfasern gebildetes Hormon, das gefäßverengend und blutdrucksteigernd wirkt.

Noranda [engl. nɔ:'rændə], kanad. Stadt im W der Prov. Quebec, 11 000 E. Zus. mit der Nachbarstadt **Rouyn** (18 000 E) Zentrum eines wichtigen Bergbaugeb.; Kupferschmelze; Bahnstation; ✈.

Norbert von Xanten, hl., *Xanten 1082 (?) als Edler von Gennep, †Magdeburg 6. Juni 1134, dt. Ordensstifter. – Kaplan Kaiser Heinrichs V.; gründete 1120 im Tal von Prémontré bei Laon den Prämonstratenser-Orden (nach der Augustinerregel) und in Florette eine zweite Stiftung; 1126 bestätigte Honorius II. den Orden. Auf dem Reichstag zu Speyer wurde N. zum Erzbischof von Magdeburg gewählt; Kaiser Lothar III. ernannte N. zum Kanzler für Italien. – Fest: 6. Juni.

Luigi Nono

Nord [frz. nɔ:r], Dep. in Frankreich.

Nord ↑Norden.

Nordafrikanischer Wildesel ↑Esel.

Nordalbingien [...i-ɛn], Geb. nördl. der Niederelbe, im frühen MA die Wohnsitze der Dithmarscher, Holsten und Stormarn umfassend.

Nordamerika, der nördl. Teil des amerikan. Doppelkontinents, umfaßt einschl. Mexiko, Grönland und dem Kanad.-Arkt. Archipel rd. 21,5 Mill km². N. erstreckt sich vom Kap Morris Jessup (83° 39' n. Br.) auf Grönland bzw. der vorgelagerten kleinen Insel Oodaaq Ö bis zur Landenge von Tehuantepec (15° 30' n. Br.) in Mexiko, wo die phys.-geograph. Grenze zu Mittelamerika verläuft. N. hat eine N–S-Erstreckung von fast 7 000 km und eine O–W-Erstrekkung unter 53° n. Br. von 6 000 km. Nach anderer Auffassung wird Mexiko als lateinamerikan. Land nicht zu N. gerechnet (↑Mittelamerika). N. wird vom Pazifik, Nordpolarmeer und Atlantik umspült. Die Atlantikküste ist stark gegliedert durch den tiefeingreifenden Meeresteil der Hudsonbai, durch die Trichtermündung des Sankt-Lorenz-Stroms, die Fjordküsten Labradors und die haff- und buchtenreichen Flachküsten im O und an der Golfküste. Die Pazifikküste ist eine buchtenarme Steilküste, die durch die Fjordküste zw. Vancouverinsel (Kanada) und dem Alexanderarchipel (USA) sowie die Halbinsel Niederkalifornien (Mexiko) gegliedert ist. Im N löst sich N. im Kanad.-Arkt. Archipel auf. Zahlr. große Ströme entwässern N., die Hauptwasserscheide verläuft im W in den Rocky Mountains.

Gliederung

Sie spiegelt in großen Zügen den geolog. Bau wider: Kern ist der ↑Kanadische Schild, der auch große Teile Grönlands umfaßt. An ihn legten sich im Paläozoikum das Appalachensystem im O und im Mesozoikum und Alttertiär das Kordillerensystem im W an. Der Kanad.-Arkt. Archipel zeigt auf Baffinland hochalpine Formen mit steilen Graten, Karen, Trogtälern und teilweiser Vergletscherung. Auf den

1 N.H.
2 Mass.
3 R.I.
4 Conn.
5 N.J.
6 Del.
7 Md.
Grönland
(dän.)
ISLAND
Dänemarkstraße
Irmingersee
Labradorsee
Davisstraße
Baffinmeer
Baffinland
Hudsonstraße
Hudsonbai
Foxe Basin
NORDPOLARMEER
Beaufortsee
Amundsengolf
Golf v. Boothia
Nordwest-territorien
Yukonterritor.
Alaska
British Columbia
Alberta
Saskat-chewan
Manitoba
Ontario
Quebec
Neufundland
KANADA
Golf von Alaska
Beringmeer
Beringstraße
RUSSLAND
PAZIF
ATLANTISCHER OZEAN
Hecate Str.
Queen Charlotte Sd.
Wash.
Oreg.
Mont.
Idaho
Wyo.
N.D.
S.D.
Minn.
Wis.
Mich.
N.Y.
Pa.
Vt.
Me.
Oberer See
Huronsee
Michigansee
Eriesee
Ontariosee
Victoria I.
Banks I.
Melville I.
Devon I.
Southampton I.
Ellesmere Island
Axel Heiberg I.
Sverdrup Is.
Queen Elizabeth Islands
Parry Is.
Viscount Melville Sound
Kodiak I.
Nunivak I.
St. Lawrence I.
Anchorage
Fairbanks
Nome
Juneau
Whitehorse
Dawson
Inuvik
Yellowknife
Edmonton
Calgary
Saskatoon
Regina
Winnipeg
Churchill
Vancouver
Victoria
Prince George
Prince Rupert
Seattle
Portland
Spokane
Thunder Bay
Toronto
Ottawa
MONTREAL
Quebec
Halifax
Boston
NEW YORK
PHILADELPHIA
DETROIT
Cleveland
Buffalo
Minneapolis
St. Paul
Milwaukee
Godthåb
Thule
Reykjavik
Akureyri

NORDAMERIKA
Maßstab 1 : 32 500 000
0 250 500 750 km
Geographisch-Kartographisches Institut Meyer

westl. von Baffinland gelegenen Inseln überwiegt Tafellandcharakter. In den nördl. Appalachen sind Mittelgebirgsformen mit Höhen um 500 m typisch, die bis 2 037 m hohen südl. Appalachen weisen eine Gliederung auf mit breiten Talungen, Plateaus und steilen Schichtstufen. Zw. Kanad. Schild und Appalachen im O sowie den Rocky Mountains im W breitet sich vom Nordpolarmeer bis zur Golfküstenebene ein Geb. weitgespannter Ebenen aus (Great Plains, Interior Plains, Golfküstenebene, Atlant. Küstenebene). Das Kordillerensystem im W zeigt eine Gliederung in zwei Faltenstränge, die zahlr. Hochbecken und Plateaus (u. a. Yukon-, Columbia Plateau, Great Basin, Colorado Plateau) einschließen. Die höchste Erhebung der z. T. vergletscherten, etwa 4 300 km langen Rocky Mountains ist mit 4 398 m der Mount Elbert (im Bundesstaat Colorado). Die pazif. Küstengebirge säumen die W-Seite des Kontinents in einer Doppelkette mit einer eingeschlossenen Längstalreihe (im S Kaliforn. Längstal, Golf von Kalifornien). Sie erstrecken sich in Fortsetzung der Aleuten von der zur inneren Kette gehörenden Alaska Range mit dem höchsten Berg von N. (der vergletscherte Mount McKinley, 6 193 m ü. d. M.) bis zur Sierra Madre Occidental in Mexiko, während die äußere Kette von Kodiak Island über die Saint Elias Mountains u. a. bis zur Halbinsel Niederkalifornien zieht.

Klima

Es reicht von den Geb. mit Dauerfrostboden bis in die Tropen. Der Hauptteil von N. gehört jedoch zu den gemäßigten Breiten und in das Geb. der außertrop. Zirkulation, für die wandernde Zyklonen und starker Witterungswechsel typisch sind. Die Kordilleren im W hemmen das Eindringen pazif. Meeresluft und fördern einen Luftaustausch von N nach S und S nach N. Dadurch kommt es häufiger als in anderen Erdteilen zu Einbrüchen extremer Kaltluft aus der Arktis (Blizzards) und zu Vorstößen schwülwarmer Golfluft aus dem S. Mit der geograph. Situation hängt auch zus., daß die Niederschlagsgürtel nicht zonal wie in Afrika, sondern meridional angeordnet sind. Die größten Niederschlagsmengen fallen in einem schmalen Streifen längs der pazif. Küste (bis 3 800 mm/Jahr). Bereits zw. den Küstengebirgen und den Rocky Mountains ist es sehr trocken, im S sogar wüstenhaft. Längs der O-Abdachung der Rocky Mountains liegt der fast 3 000 km lange Präriegürtel mit Niederschlagsmengen unter 500 mm/Jahr. Erst weiter im O werden die Niederschläge wieder größer, östl. des Mississippi und Ohio bis zur Atlantikküste fallen im Durchschnitt mehr als 1 000 mm/Jahr. Die arkt. Geb. sind relativ

Nordamerika

Links: Zungengletscher mit Endmoräne auf Ellesmere Island im Kanadisch-Arktischen Archipel. Rechts: Rocky Mountains, Montana, USA

Links: Wüstensteppenvegetation in der Mojave-Wüste, Kalifornien, USA. Rechts: Sandsteinfelsen im Monument Valley, Utah, USA

niederschlagsarm. Vom Atlantik her erreichen trop. Wirbelstürme (Hurrikans) auf westl. gerichteten Bahnen den Kontinent. Der Golfstrom begünstigt relativ hohe Winterniederschläge auf dem angrenzenden nordamerikan. Festland und mildert das Winterklima bis an den Rand der Arktis. Die pazif. Küste steht im S unter dem Einfluß des kalten Kaliforn. Stroms, im N unter dem des warmen Alaskastroms.

Vegetation

Im N erlaubt die Temperatur nur auf einem Teil der Inseln Pflanzenwuchs, das Innere von Grönland ist Eiswüste. Auf dem Festland verläuft die Tundrenzone von der N-Spitze Neufundlands bis zur Beringstraße. Nach S schließt sich die boreale Nadelwaldzone an, die, abgesehen von der Tundra, die einzige quer durch N. verlaufende Zone bildet. Im zentralen Teil grenzt sie mit einem Übergangsgürtel von Laubwald an die Prärie- und Trockensteppen, an der pazif. Küste unmittelbar an die Hartlaubvegetation des Winterregengebiets. Trockenste Teile von N. sind das Landesinnere von SO-Kalifornien und S-Arizona (Death Valley, Mojave Desert, Imperial Valley, Gila Desert). Das Hochland von Mexiko hat eine differenzierte Vegetation von Kakteenwüsten bis zu Tieflandregenwäldern. Im O wechseln im Übergangsgebiet von der Nadelwald- zur Laubwaldzone in der Seenregion und beiderseits des Sankt-Lorenz-Stromes Nadel-, Misch- und Laubwälder miteinander ab. Sie sind durch Buche, Zuckerahorn und Gelbbirke bestimmt, oft mit Hemlocktanne vermischt. Der Hauptteil des sommergrünen Laubwalds der Atlantikküste hat in seinen nördl. Bereichen Wälder, die dem europ. Laubwald ähneln (Eichen, Ulmen, Eschen, Pappeln, Buchen). Im Übergang zur Prärie sind diese und der Laubwald miteinander verzahnt, hier hat der Hickorybaum seine Hauptverbreitung. Nach S herrschen langnadelige Kiefern vor, in jahreszeitlich überschwemmten Geb. Sumpfzypressen, in Florida trop. Pflanzen.

Tierwelt

N. umfaßt nahezu die gesamte nearkt. Region. Faunenaustausch zw. Nord- und Südamerika fand über die mittelamerikan. Landbrücke während den Zeiten ihres Bestehens statt, ebenso Rückwanderung von S nach N. Überaus reich ist N. an Wirbellosen (allein über 88 500 Insektenarten). Unter den Fischen sind die Löffelstöre und der Schlammfisch bes. kennzeichnend. Die Kriechtierfauna zeigt Be-

Links: Zitrusplantagen in Florida, USA. Rechts: Mammoth Hot Springs im Yellowstone National Park, Wyoming, USA

Links: Kurzgrassteppe der Great Plains, Montana, USA. Rechts: Bewässerungsfeldbau in den Great Plains, Colorado, USA

ziehungen zur Alten Welt und zum trop. Amerika (u.a. Schildkröten); einheimisch sind Mississippialligator und Ringelschleichen. Neuweltgeier und Kolibris kommen auch in Südamerika vor. Bei den Säugetieren sind ebenfalls paläarkt. und südamerikan. Gruppen vermischt; eingewandert aus S ist z.B. das Opossum, das einzige Beuteltier der nördl. Halbkugel. An Raubtieren kommen Kojote, Schwarz-, Braun-, Eisbär und Grizzly vor. Der Waschbär ist weit verbreitet. Bes. zahlr. sind die Nagetiere (u.a. das einheim. Stummelschwanzhörnchen und Hasen). Die Unpaarhufer haben auf dem amerikan. Doppelkontinent einen großen Teil ihrer stammesgeschichtl. Entwicklung durchlaufen, starben aber vor der Besiedlung durch den Menschen aus (Mustangs sind verwilderte europ. Hauspferde). Die Paarhufer sind durch Wapiti, Maultierhirsch, Virginiahirsch, Elch und Ren (bzw. Karibu) vertreten. Die früher in riesigen Herden die Grasländer durchziehenden Bisons wurden fast ausgerottet, sie konnten sich in Schutzgeb. aber wieder vermehren. Typisch für den NW sind Bergziege und Dickhornschaf, im nördlichsten Bereich konnte dank strenger Schutzmaßnahmen der Moschusochse überleben.

Bevölkerung

Abgesehen von Mexiko war N. vor der europ. Landnahme dünn besiedelt. Ureinwohner sind sowohl die Eskimo, die sich in ihrer Lebensweise den extrem harten Bedingungen ihres arkt. Lebensraumes angepaßt haben, als auch die Indianer, die in mehreren Schüben aus Asien einwanderten. Bei der Entdeckung Amerikas durch die Europäer lebten die Indianer auf verschiedenen Kulturstufen: Jäger und Sammler, Feldbauern, Fluß- und Hochseefischer sowie in Mexiko Hochkulturvölker. Erst nach der Übernahme des Pferdes und der Feuerwaffen von den Europäern entstand die kurzlebige Präriekultur, die durch Literatur und Film in Europa populär wurde. Durch die europ. Landnahme (↑Nordamerika [Geschichte]) wurden die Indianer nach und nach fast überall aus ihren Stammesgeb. vertrieben, in den USA der Treuhänderschaft des Bureau of Indian Affairs (gegr. 1824) unterstellt und in Indianerreservate eingewiesen. Heute bilden Eskimo und Indianer in Kanada und USA Minderheiten, die sich auf ihre ethn. Identität besinnen und für ihre so oft verletzten Rechte kämpfen. In Mexiko ist Indianer kein rass., sondern ein sprachl.-kultureller Begriff. Das heutige Bev.bild von N. ist durch die Einwanderung bestimmt. In Angloamerika überwiegen die Weißen; in der Kolonialzeit und in der ersten Zeit nach der Unabhängigkeit der USA wanderten neben anderen Europäern v.a. Angelsachsen und Franzosen ein. Im von Spanien eroberten Mexiko bilden heute die Mestizen die größte ethnische Gruppe. Schwarze wurden als Sklaven von 1619–1808 v.a. in die Südstaaten der USA verschleppt sowie in die feucht-heißen Küstengebiete Mexikos. Zahlr. Chinesen, Japaner, in jüngerer Zeit auch Filipinos wanderten in N. ein.

Geschichte

Vorgeschichte: Über den Beginn der urspr. Besiedlung N. gibt es bislang keine genauen Erkenntnisse. Während man noch vor wenigen Jahren davon ausging, daß der Zeitpunkt der ersten Einwanderung von Menschen etwa 30000–40000 Jahre zurückliegt, setzte dieser Vorgang nach heutigen Auffassungen erst gegen Ende der letzten Eiszeit (Wisconsin-Eiszeit) vor etwa 12000 Jahren ein, als Gruppen von Jägern und Sammlern (insbes. eiszeitl. Großwildjäger) über eine damals bestehende Landverbindung zw. NO-Asien und Alaska nach Amerika einwanderten und durch einen eisfreien Korridor zw. den vergletscherten Gebieten des heutigen Kanada hindurch weiter nach S zogen. Als sicher datierte ältere Funde gelten die zahlr. kannelierten Projektilspitzen der Cloviskultur (rd. 9500–9000 v.Chr.), die als die früheste gegenwärtig bekannte paläoindian. Kultur angesehen wird. Ihr Kerngebiet lag im SW der heutigen USA und in den Prärien, wo sich etwa 9000–8000 v.Chr. die Lindenmeiertradition mit den charakterist. ungekehlten Folsomspitzen anschloß. Größtes Jagdtier war der Altbison. Der um 6000 v.Chr. an die Stelle des Altbisons tretende nordamerikan. Bison wurde zum wichtigen Jagdtier der Planokulturen der Prärie, deren verschiedene, oft gestielte Projektilspitzentypen zw. 8000 und 5000 zu datieren sind. Der W wurde zw. 9000 und 5000 durch die Altkordillerenkultur (Old Cordilleran) beherrscht, charakterisiert u.a. durch weidenblattförmige Projektilspitzen. Spätestens um 5000 v.Chr. entwickelte sich aus den paläoindian. Kulturen die archaische Tradition, belegt durch die Hinterlassenschaften einfacher Jäger-, Sammler- und Fischerkulturen, die sich v.a. an Flüssen (im O) und endglazialen Seen (im W) finden.
Um 4000 v.Chr. begann man, das am Oberen See anstehende reine Kupfer durch kaltes und warmes Aushämmern zu Projektilspitzen, Messern, Beilen u.a. zu formen. Diese Old-Copper-Kultur kennzeichnet den Beginn einer bis in die Eroberungszeit reichenden nordamerikan. Metallbearbeitung. Seßhaftigkeit trat während der spätarchaischen Periode (2000–1000) ein. Künstl. Erdhügel (Mounds), Bodenbau und Keramik sind Kennzeichen der Waldlandtradition (etwa ab 1000 v.Chr., Kerngebiet mittleres Ohiotal) mit Adenakultur (um 1000–300 v.Chr.; Regenfeldbau, Hügelgräber, Weberei), Hopewellkultur (300 v.Chr.–um 500 n.Chr.; u.a. Kupfererzeugnisse, Verarbeitung von Eisen, Gold und Silber) und der durch mesoamerikan. Einflüsse geprägten Mississippikultur (um 700–1500; Maisanbau, große Siedlungs- und Kultzentren); letztere breitete sich von ihrem Entstehungsgebiet am mittleren Mississippi entlang der großen Flußtäler aus.
Nach einer archaischen Phase (etwa seit 4000 v.Chr.) ließen äußere Einflüsse im O der Great Plains eine Prärievariante der Waldlandtradition mit Seßhaftigkeit, Bodenbau, Keramik u.a. entstehen. Um 1000 n.Chr. bildete sie mit Elementen der Mississippikultur die Prärie-Dorf-Tradition (Plains Village Tradition, bis ins 18./19.Jh.), deren Dörfer auf den Steilufern der Prärieströme, die Felder in deren Flußauen lagen.
In den trockenen Gebieten des Great Basin entwickelte sich um 8000 v.Chr. die Desert Culture, ausgerichtet auf saisonales Wandern und das Sammeln von Samen und Knollen. Sie bestimmte auch die Entwicklung im SW (hier als Cochisekultur bezeichnet). Während ihrer Endphase (2000–200 v.Chr.) kamen erste Kulturpflanzen (Mais, Kürbisse, Bohnen) aus Mexiko in den SW. Weitere Einflüsse aus Mesoamerika betrafen u.a. Töpferei und Bewässerungsanlagen, vielleicht auch Weberei. Aus ihnen und der Desert Culture entstanden während der letzten vorchristl. Jh. in ökologisch unterschiedl. Räumen 3 neue formative Kulturen bzw. Traditionen (Anasazikultur, Hohokamkultur und Mogollonkultur), von denen die Anasazikultur (ab 100 v.Chr. in den Plateaugebieten des nördl. New Mexico, nördl. Arizona, sö. Utah und sw. Colorado) im Laufe der Zeit die anderen Kulturen aufsog. Ihre größte Ausdehnung erreichte sie zw. 1100 und 1300. Danach wurden viele der stadtähnl. Siedlungen (Pueblos) aufgegeben.
In der Arktis und Subarktis folgt auf eine Reihe paläoindian. Funde mit unsicherer Datierung die eventuell aus Asien stammende Arkt. Kleingerättradition. Träger dieser Tradition waren Protoeskimo. Deutlich eskimoisch ist die an der Beringstraße entstandene Nördl. Meerestradition, die mit der Okvikzeit (500 v. bis 100 n.Chr.) beginnt; ihr folgt die Old-Bering-Sea-Kultur (100–500). Aus dieser entstanden einerseits die Punukphasen (500–1100) der Saint Lawrence Island, andererseits das Birnirk (500–900) in N-Alaska. Letzteres entwickelte sich zur Thulekultur, deren Träger gegen 1000 nach O bis Grönland vorstießen. Dort wandelte sie sich gegen 1300, vielleicht unter normann. Einfluß, zur Inugsukkultur.
Entdeckungsgeschichte: Die ersten Entdecker Amerikas waren Normannen oder Wikinger. Ausgehend von Island, fand Erich der Rote 982 Grönland; sein Sohn Leif Eriksson segelte um das Jahr 1000 bis in die Gegend von Boston. Die nordamerikan. Festlandküste fand dann erstmals G. Caboto 1497. Sichere Kenntnisse vom Verlauf der O-Küste N.

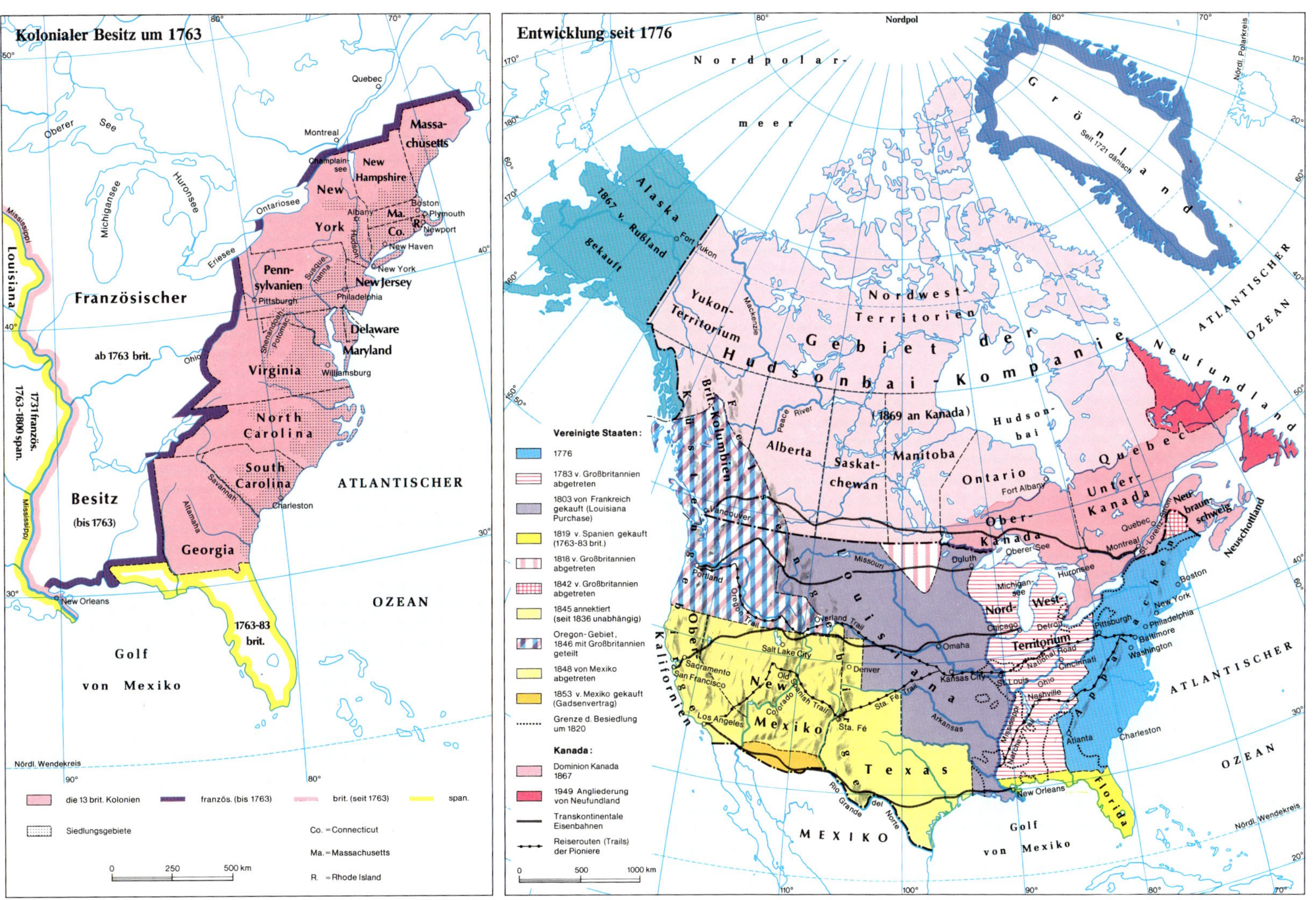
Kolonialer Besitz um 1763
Massachusetts
New Hampshire
New York
Ma.
R.
Co.
New Jersey
Delaware
Maryland
Pennsylvanien
Virginia
North Carolina
South Carolina
Georgia
Französischer Besitz (bis 1763)
ab 1763 brit.
1763-83 brit.
Louisiana
1731 französ. 1763-1800 span.
ATLANTISCHER OZEAN
Golf von Mexiko
die 13 brit. Kolonien
französ. (bis 1763)
brit. (seit 1763)
span.
Siedlungsgebiete
Co. = Connecticut
Ma. = Massachusetts
R. = Rhode Island
0 250 500 km
Entwicklung seit 1776
Nordpolarmeer
Grönland
Seit 1721 dänisch
Alaska
1867 v. Rußland gekauft
Yukon-Territorium
Nordwest-Territorien
Gebiet der Hudsonbai-Kompanie
(1869 an Kanada)
Brit.-Kolumbien
Alberta
Saskatchewan
Manitoba
Ontario
Hudsonbai
Quebec
Neufundland
Unter-Kanada
Ober-Kanada
Neubraunschweig
Neuschottland
Nord-West-Territorium
Louisiana
Ober-Kalifornien
Neu-Mexiko
Texas
Florida
MEXIKO
Golf von Mexiko
ATLANTISCHER OZEAN
Vereinigte Staaten:
1776
1783 v. Großbritannien abgetreten
1803 von Frankreich gekauft (Louisiana Purchase)
1819 v. Spanien gekauft (1763-83 brit.)
1818 v. Großbritannien abgetreten
1842 v. Großbritannien abgetreten
1845 annektiert (seit 1836 unabhängig)
Oregon-Gebiet, 1846 mit Großbritannien geteilt
1848 von Mexiko abgetreten
1853 v. Mexiko gekauft (Gadsenvertrag)
Grenze d. Besiedlung um 1820
Kanada:
Dominion Kanada 1867
1949 Angliederung von Neufundland
Transkontinentale Eisenbahnen
Reiserouten (Trails) der Pioniere
0 500 1000 km

erbrachten die Fahrten der portugies. Brüder G. (* 1450, † 1501?) und M. († 1502 ?) Cortereal (1500/01) und des Spaniers J. Ponce de León (* um 1460, † 1521). Mit den Fahrten des Franzosen J. Cartier (1534–41) war die O-Küste von N. entschleiert. Bis 1588, als die Niederlage der span. Armada die span. Vorherrschaft auf dem Meere beendete, mußten sich Franzosen und Engländer auf die Gebiete von N. beschränken, an denen Spanien kein Interesse zeigte. Das span. Hauptinteresse galt den um den Golf von Mexiko gruppierten Gebieten. Die vage Kunde von goldreichen Ländern veranlaßte die Spanier ab 1517, von ihren Kolonien Hispaniola und Kuba aus neue, unbekannte Küsten anzusteuern. Die Eroberung des Aztekenreiches durch H. Cortés (1519–21) leitete die Inbesitznahme des nordamerikan. Kontinents durch die Europäer ein. Auch an der W-Küste von N. hatten die Spanier zunächst eine konkurrenzlose Stellung. 1513 hatte V. Núñez de Balboa den Isthmus von Panama überschritten und damit den Pazifik entdeckt und für Spanien in Besitz genommen. Mit der Fahrt (1542) von J. R. Cabrilho († 1543), der bis etwa 42° n. Br. vordrang, endete praktisch die span. Aktivität an der W-Küste von N., weil es offensichtlich weiter im N nur Wildnis gab. Ende des 16. Jh. nahm die aufstrebende Seemacht England aus wirtsch. Motiven die Suche nach dem nördl. an Amerika vorbeiführenden Weg nach O-Asien wieder auf. Den Anfang machte 1576–78 Sir M. Frobisher, der die S-Küste von Baffinland erreichte. J. Davis folgte 1585–87 der grönländ. W-Küste bis etwa 73° n. Br., bevor ihn das Eis zur Umkehr zwang; W. Baffin gelangte 1616 bis in den Smith Sound. 1610 hatte H. Hudson die nach ihm ben. Bai entdeckt. Aber auch die Hudsonbai öffnete nicht den ersehnten Durchgang zum Pazifik: 1631 erkannte L. Foxe die Hudsonbai als Meeresbucht; in dem nach ihm ben. Foxe Basin versperrte ihm das Eis die Weiterfahrt. Am 21. Aug. 1732 hatte der Russe M. Gwosdew von Kamtschatka aus zufällig die Küste Alaskas entdeckt. Die S-Küste Alaskas befuhr 1741 V. J. Bering bis 58° 28′, der ihn begleitende A. I. Tschirikow (* 1703, † 1748) untersuchte gleichzeitig die Küste zw. 55° 21′ und 57° 50′. Haupttriebkraft der russ. Ausdehnung war die Seeotterjagd. 1784 gründete G. I. Schelichow (* 1747, † 1795) die erste Siedlung auf Kodiak Island, sein Nachfolger A. Baranow (* 1746, † 1819) gründete 1799 Sitka. 1813 errichteten die Russen zur Getreideversorgung der nördl. Siedlungen in der Bodega Bay, 150 km nördl. von San Francisco, einen Posten, 1820 in der gleichen Gegend Fort Ross. Mit dem Rückgang des Pelzhandels bzw. des Seeotters nahm die Bed. der Besitzung ab, und Rußland verkaufte sie im Jahre 1867 an die USA.

Kolonialgeschichte: An der Kolonisation von N. waren neben Spanien, Großbritannien und Frankreich auch die Niederlande, Schweden und Rußland beteiligt; sie hatte tiefgreifende Auswirkungen auf die nordamerikan. Ureinwohner. Die Indianer, von Anfang an in die Kolonialrivalitäten einbezogen (bes. in die brit.-frz. Kämpfe, an denen Indianer auf beiden Seiten teilnahmen; auf brit. u. a. die Irokesen und die Creek), wurden immer mehr aus ihren angestammten Gebieten verdrängt und durch Kriege dezimiert. Demgegenüber trat der zivilisator. Effekt der europ. Besiedlung stark zurück (Missionierungsversuche, Handel, Einführung des Pferdes durch die Spanier). Von Anfang an wehrten sich die Indianer gegen Landraub und Entrechtung (↑ Indianer). So organisierte Metacom, Oberhäuptling der Wampanog schon 1675/76 eine Konföderation der Stämme Neu-Englands gegen weiße Kolonisten (Niederlage in der Schlacht von Rhode Island 1676). 1763–66 kam es zum Aufstand der Indianer unter dem Ottawa-Häuptling Pontiac mit dem Ziel der Zerstörung der brit. befestigten Posten im Gebiet der Großen Seen.

Neben Mexiko waren Florida und der SW span. Kolonialgebiete. Die frühen Kolonisierungsversuche scheiterten alle. So erreichten nur wenige Teilnehmer einer Expedition 1536 unter A. Nuñez Cabeza de Vaca die span.-mex. Siedlung Culiacán, nachdem sie den ganzen nordamerikan. S durchzogen hatten. 1565 wurde Florida in Besitz genommen. Zur Sicherung gegen das frz. Louisiane wurde 1696 Pensacola gegr.; Florida u. Pensacola gingen im Frieden von Paris (10. Febr. 1763) an Großbritannien verloren, kamen aber nach dem Unabhängigkeitskrieg 1783 mit ehem. frz. Küstenteilen wieder an Spanien. 1813/14 besetzten die USA Mobile und Pensacola, um dann im Vertrag von Madrid (22. Febr. 1819) gegen 5 Mill. Dollar das ganze Küstengebiet westl. des Mississippi zu erwerben. – Zu einer Besiedlung des SW kam es erst 1596 unter J. de Oñate, der bis zum Kansas River vordrang. Die im oberen Tal des Rio Grande gelegenen Siedlungen mit dem um 1610 gegr. Santa Fe wurden 1680 von einem Aufstand der Puebloindianer vernichtet. Santa Fe wurde Ende 1693 nach Unterwerfung der Aufständischen wieder besiedelt. 1690 nahm A. de León Texas für die span. Krone in Besitz. – Ein 2. Vorstoß span. Machtausweitung erfolgte an der pazif. Küste. Nachdem 1683 ein Siedlungsversuch in Niederkalifornien gescheitert war, wurde die „Befriedung" der Halbinsel 1696 den Jesuiten übertragen. Oberkalifornien wurde erst später, als man seine Besetzung durch Briten oder Russen befürchtete, in den span. Machtbereich integriert. 1769 wurde San Diego gegr., 1770 Monterey, 1776 San Francisco.

Kernstück des span. N. blieb New Mexico. Nach dem Ende des brit.-frz. Kolonialkrieges erhielt Spanien 1762 in einem Geheimvertrag das westl. Louisiane, d. h. alle Gebiete westl. des Mississippi einschl. New Orleans und Saint Louis. Das span. Kolonialreich in N. hatte damit seine größte Ausdehnung erreicht. Auch der Friedensvertrag nach dem Nordamerikan. Unabhängigkeitskrieg (1783) bestätigte den Mississippi als Grenze zw. Spanien und den USA. 1800 erwarb Frankreich von Spanien das westl. Louisiane, das es 1803 an die USA verkaufte.

Mit der Gründung der Niederlassung Quebec am Sankt-Lorenz-Strom leitete S. de Champlain 1609 die frz. Inbesitznahme und Besiedlung von Neufrankreich ein. Träger der frz. Kolonien waren von der Krone privilegierte Handelsgesellschaften. Durch den frz. Staat, der die Verwaltung der Kolonien im Verlauf des 17. Jh. an sich zog, genoß die Auswanderung kaum Förderung. So blieb das frz. Kolonialreich in N. bis zu seinem Ende nur äußerst dünn besiedelt; seine territoriale Ausdehnung schritt dagegen rasch fort. Wohl schon in den 1630er Jahren war die Green Bay am O-Ufer des Michigansees erreicht. Als der Einsatz frz. Truppen 1665/66 die feindl. Irokesen zum Rückzug zwang und den Weg nach W öffnete, stand den Franzosen der Weg zum Mississippi offen. Die Inbesitznahme des Stromgebietes des Mississippi durch La Salle brachte Frankreich ein großes, leicht zu erschließendes Stück des Kontinents N. ein; die Besiedlung des riesigen Territoriums (Louisiane) unterblieb jedoch.

England begann als letzte der westeurop. Nationen mit dem Aufbau eines eigenen Kolonialreiches in N.; dabei wandte es sich fast ausschließlich den Küsten des östl. N. zu. Im Ggs. v. a. zu Frankreich sollten die Kolonien von Anfang an nicht nur Handels-, sondern Siedlungskolonien sein, in denen sich Auswanderern aus dem übervölkerten Mutterland neue, bessere Lebensmöglichkeiten boten. Im Mai 1607 landete eine Expedition aus London am Ufer des James River und gründete dort die Siedlung Jamestown, die Keimzelle von Virginia.

An der Küste von Neuengland etablierte sich 1620 die erste dauerhafte Kolonie. Aus dem Hafen von Leiden lief mit der „Mayflower" eine Gruppe etwa 100 engl., in die Niederlande emigrierter Dissidenten aus, um sich in Amerika eine neue Existenz aufzubauen. Die Auswanderergruppe landete Ende 1620 an der Stelle des heutigen Plymouth, nachdem die Führer der Gruppe mit dem „Mayflower-Compact" die Bildung einer eigenen Reg. beschlossen hatten. In ihrer Lebenshaltung paßten sich die Kolonisten den neuen Gegebenheiten an. Neben dem Ackerbau trieben sie Fischfang und Pelzhandel. Die Londoner Kaufleute, die das Unternehmen finanziert hatten, sicherten 1621 die Anerkennung der Kolonie Plymouth durch den Rat für Neuengland; 1627 beglichen die Kolonisten ihre Verbindlichkeiten bei ihren Geldgebern, und 1629 erwarben sie vom Rat für Neuengland ein neues Privileg. Damit war Plymouth praktisch unabhängig. Für die weitere Entwicklung in Neuengland wurde jedoch die Kolonie der Puritaner an der Massachusetts Bay bestimmend. 1623 hatten die ersten Puritaner aus Dorchester in S-England bei Kap Ann ein Fischerdorf gegr., 1629 erwirkten sie eine Charta der Krone, durch die die Massachusetts Bay Company ins Leben gerufen wurde, die die nun einsetzende Masseneinwanderung engl. Puritaner übernahm. Das volle Bürgerrecht in der Kolonie war an den Besitz von Land und die Mitgliedschaft in der puritan. Gemeinde gebunden. Die Intoleranz in der rasch wachsenden Kolonie rief jedoch Opposition hervor; 1636 wanderten unzufriedene Puritaner aus und gründeten die Kolonie Providence-Rhode Island, die erste amerikan. Kolonie, in der religiöse Toleranz oberstes Gesetz war. Andere gründeten 1635 Connecticut und 1638 New Haven. Weitere Kolonialgründungen entstanden durch die lebenslängl. Landvergabe an Adlige (z. B. Maryland und Georgia).

Die unterschiedl. natürl. Gegebenheiten in den Ländern an der amerikan. Ostküste prägten die verschiedenartige wirtsch. Entwicklung der Kolonien. Die kargen Böden Neuenglands zwangen die Kolonisten, sich nach zusätzl. Existenzgrundlagen umzusehen. So entwickelten sich florierender Schiffbau und lebhafter Handel. Die mittleren Kolonien gewannen einen beträchtl. Wohlstand durch ihre Getreide- und Mehlproduktion. In den südl. Kolonien entdeckten die Siedler bald im heim. Tabak ein Produkt, dessen Absatzmarkt in aller Welt rasch wuchs. Diese Pflanze erschöpfte jedoch den Boden rasch und bedingte die ständige Urbarmachung, die viele Arbeitskräfte erforderte. Die südl. Kolonien gingen deshalb bald zum Import von schwarzen Sklaven über; die Haltung von Sklaven begünstigte die Entstehung großer Plantagen.

Zw. 1660 und 1760 fand eine ständige Bewegung der Kolonisten nach W statt. Nachdem das für den Ackerbau geeignete Land in der Atlant. Küstenebene unter den Pflug genommen war, begannen die Siedler, in ständigem Kampf mit den Indianern über die Fall Line in das Piedmont Plateau einzudringen. Die dort entstehenden Siedlungen unterschieden sich wesentlich von denen der Küstenebene: Die Siedler stammten nicht mehr überwiegend aus England, sondern aus Deutschland, Irland und Schottland; die Farmhöfe waren kleiner, Sklaven fehlten fast völlig. Die Siedler auf dem Piedmont Plateau gerieten auch rasch in polit. Ggs. zu den Plantagenbesitzern und den Kaufleuten des O. Aus diesen Ggs. entstand im 17. und 18. Jh. eine Reihe von Rebellionen, die die brit. Reg. zum Anlaß nahm, Sonderrechte der Kolonien zu beseitigen: Bis auf Maryland und Pennsylvania sowie Rhode Island und Connecticut konnte Großbritannien bis 1763 alle Kolonien zu königl. Prov. machen.

Im hohen N kam es zur ersten großen, direkten Konfrontation Englands und Frankreichs in N., die 1713 mit dem Frieden von Utrecht endete, in dem Frankreich den Besitz der 1670 gegr. Hudson's Bay Company bestätigen und Teile von Akadien an Großbritannien abtreten mußte. Eine Folge dieser Auseinandersetzung war, daß Frankreich seine nordamerikan. Besitzungen durch die Anlage eines Netzes von Stützpunkten und Festungen zu sichern suchte. 1754 begannen Kolonialtruppen aus Virginia unter der Führung von G. Washington in das Tal des Ohio einzudringen, wurden jedoch von den Franzosen zurückgeschlagen. Ein Jahr darauf wiederholten brit. Truppen den Angriff auf die frz. Positionen an Ohio und Eriesee; es gelang ihnen, sich am oberen Ohio festzusetzen. Gleichzeitig begannen die Kämpfe am Lake Champlain und am Hudson River. Großbritannien gewann schließlich die Herrschaft über die Mündung des Sankt-Lorenz-Stromes und konnte nun Neufrankreich von seiner direkten Verbindung zum Mutterland abschneiden. Über diesen Strom erfolgte dann auch 1759 der entscheidende, von der brit. Flotte getragene Angriff auf Quebec. Vor den Toren der Stadt gelang den Briten am 13. Sept. ein Sieg, der zum Ende des Krieges in N. führte. 1763 bestätigte Frankreich im Frieden von Paris den Verlust seiner Territorien in N.: Die Gebiete östl. des Mississippi trat es an Großbritannien, die Gebiete westl. des Mississippi an Spanien ab. Von den zu Beginn des 17. Jh. in N. nach kolonialem Besitz strebenden europ. Mächten waren nach über 150 Jahren Kampf nur Spanien und Großbritannien übriggeblieben. Rußlands Niederlassung in N. blieb Episode (↑Alaska, Geschichte; ↑Nordamerika, Entdeckungsgeschichte).

Zur weiteren nordamerikan. Geschichte ↑Kanada (Geschichte), ↑Mexiko (Geschichte), ↑USA (Geschichte).

Staatliche Gliederung (Stand 1990)

Staat	Fläche (km²)	E (in 1000)	E/km²	Hauptstadt
Kanada	9970610	26620	2,7	Ottawa
Mexiko	1958201	81141	41,2	Mexiko
USA	9529063	248709	26,1	Washington
abhängige Gebiete				
von Dänemark				
Grönland	2175600			
davon eisfrei	341700	55,5	0,03	Nuuk (Godthåb)
von Frankreich				
Saint-Pierre-et-Miquelon	242	6,4	26,4	Saint-Pierre

Nordamerikanebel, ein im Sternbild Cygnus (Schwan) gelegener Emissionsnebel, der etwa die Form des nordamerikan. Kontinents hat.

Nordamerikanischer Unabhängigkeitskrieg (Amerikanische Revolution), der Krieg zw. Großbritannien und seinen 13 nordamerikan. Kolonien 1775–83. Auf brit. Handelsbeschränkungen und Steuergesetze (z. B. Stempelakte, 1765) reagierten die amerikan. Kolonisten zunächst v. a. mit der Forderung nach parlamentar. Mitsprache und schließlich mit Gewaltakten (↑Boston Tea Party, 16. Dez. 1773), die brit. Disziplinierungsmaßnahmen gegen Massachusetts auslösten. Am 19. April 1775 kam es zu den ersten Gefechten bei Lexington und Concord (Mass.). Die Kolonisten unter der Führung G. Washingtons erklärten am 4. Juli 1776 ihre Unabhängigkeit. Die Briten brachten den Rebellen bei Long Island (26./27. Aug. 1776) und auf dem Rückzug Washingtons durch New Jersey (White Plains, 28. Okt. 1776; Germantown, 4. Okt. 1777) schwere Niederlagen bei. Die entscheidende Wende nahm der Krieg, als der brit. General J. Burgoyne der US-Armee in Saratoga (= Schuylerville) am 17. Okt. 1777 unterlag. Zur moral. Wirkung dieses Sieges trat das letztlich kriegsentscheidende frz.-amerikan. Bündnis vom 6. Febr. 1778, dem 1779/80 der Kriegseintritt Spaniens und der Niederlande gegen Großbritannien folgte. Der Kriegsschauplatz verlagerte sich in den S, wo die Hauptmacht der Loyalisten jedoch am 7. Okt. 1780 am King's Mountain (S. C.) entscheidend geschlagen wurde. Der brit. General C. Cornwallis wurde nach ersten Erfolgen (Schlachten von Camden [S. C.], 16. Aug. 1780, und von Guilford Court House [N. C.], 15. März 1781) in Yorktown (Va.) von den Amerikanern zu Land und von den Franzosen zur See eingekesselt (Kapitulation am 19. Okt. 1781). Im Pariser Frieden (3. Sept. 1783) erkannte Großbritannien die Unabhängigkeit der USA an.

Nordamerikanisches Freihandelsabkommen ↑NAFTA.

Nordäquatorialschwelle ↑Asandeschwelle.

Nordäquatorialstrom, eine im Bereich der Passate der niederen geograph. Breiten in allen drei Ozeanen auftretende, westwärts gerichtete Strömung; nur im Ind. Ozean während des SW-Monsuns Umkehrung in einen ostwärts gerichteten Monsunstrom.

Nordatlantischer Rücken, nördl. Teil des Mittelatlant. Rückens, ↑Atlantischer Ozean.

Nordatlantischer Strom ↑Golfstrom.

Max Nordau

Nordau, Max, eigtl. M. Simon Südfeld, *Budapest 29. Juli 1849, †Paris 22. Jan. 1923, Schriftsteller. – Arzt; ging 1880 nach Paris; mit T. Herzl einer der Begründer des Zionismus. Verfaßte kultur- und zeitkrit. Studien auf rationalist.-materialist. Basis.

Nordbrabant (niederl. Noord-Brabant), niederl. Prov. zw. dem Unterlauf der Maas und der belg. Grenze, 4943 km², 2,19 Mill. E (1990), Verwaltungssitz Herzogenbusch. Die Prov. wird zum größten Teil von einem sandigen Flachland eingenommen; das ursprüngl. Heideland wurde z.T. mit Kiefern aufgeforstet oder in landw. Nutzfläche umgewandelt; im O erstreckt sich der Peel, ein ehem. Hochmoor. Viehzucht, Roggen-, Hafer-, Futterpflanzenanbau erfolgen meist in kleinbäuerl. Betrieben. Elektrotechn. Ind., Kraftfahrzeug- und Maschinenbau, Textil- und Bekleidungsind. Ind.zentren sind Breda, Tilburg, Herzogenbusch, Eindhoven und Helmond. – Geht auf den im Achtzigjährigen Krieg (1568–1648) von den Generalstaaten eroberten nördl. Teil des histor. Gebietes Brabant zurück.

Nordchilenische Wüste ↑Atacama.

Norddeich, Ortsteil von ↑Norden.

Norddeutsche Allgemeine Zeitung, 1861–1918 Titel der ↑Deutschen Allgemeinen Zeitung.

norddeutsche Ratsverfassung ↑Gemeindeverfassung.

Norddeutscher Bund
Historische Flagge

Norddeutscher Bund, Bundesstaat von 22 Mittel- und Kleinstaaten sowie Freien Städten nördl. der Mainlinie, der 1866 entstand und eine wichtige Zwischenstufe im Prozeß der Entstehung des Dt. Reiches bildete. Das Bundesgebiet stand unter preuß. Vorherrschaft. Über Zollparlament und Zollbundesrat (Dt. Zollverein) waren auch die süddt. Staaten mit dem N. B. verbunden. – Der N. B. war als Provisorium gedacht, da frz. Widerstand 1866 den Weg zu einer formell nat.-staatl. Lösung der dt. Frage versperrte. Die liberalen und föderalist. Elemente des N. B. waren ein Entgegenkommen an die süddt. Staaten, seine preuß. Vorherrschaft Ausdruck der Reichsgründung „von oben". Zu Beginn des Dt.-Frz. Krieges 1870/71 schlossen sich die süddt. Staaten dem N. B. an, der im Dez. 1870 den Namen Dt. Reich annahm.

Norddeutscher Lloyd [lɔʏt], ehem. dt. Linienschifffahrtsgesellschaft, gegr. 1857, Sitz Bremen; wichtigste Linien nach N- und S-Amerika, Australien und O-Asien; das Flaggschiff lief stets unter dem Namen „Bremen". 1970 ging der N. L. in dem Unternehmen ↑Hapag-Lloyd AG auf.

Norddeutscher Rundfunk ↑Rundfunkanstalten (Übersicht).

Eduard Norden

Norddeutsches Tiefland, der Nordteil Deutschlands, in den Bundesländern NRW, Nds., Bremen, Hamburg, Schl.-H., Meckl.-Vorp., Brandenburg, Berlin, Sa.-Anh. und Sa. Das N. T. ist ein Teil des mitteleurop. Tieflandes, das sich nördlich der Mittelgebirge erstreckt; es setzt sich nach O in Polen (Pommersche und Masur. Seenplatte, Schles. Bucht), nach W in den Niederlanden fort. In der Niederrhein. Bucht, der Westfäl. Bucht und der Leipziger Tieflandsbucht greift das N. T. buchtenförmig in die dt. Mittelgebirgsschwelle ein. Bedeckt wird das N. T. weithin von Ablagerungen pleistozäner Inlandvereisungen; im W-Teil handelt es sich um Altmoränengebiete (Geest). Die Nordseeküste ist von See- und Flußmarschen und dem Wattenmeer gesäumt. Am Fuß der Mittelgebirge finden sich Lößdecken (z. B. Magdeburger Börde, Soester Börde). Nur vereinzelt tritt der vorpleistozäne Untergrund zutage.

Adolf Erik Nordenskiöld

Das N. T. ist v. a. ein Agrargebiet; wegen der mancherorts mageren Böden herrschen Roggen- und Kartoffelanbau vor; Weizen- und Zuckerrübenanbau finden sich v. a. in der Bördenzone am Fuß der Mittelgebirge. In den Fluß- bzw. Urstromtälern überwiegen Grünlandnutzung und Viehzucht (bes. Rinderhaltung). Ostholstein ist Futterpflanzenbaugebiet. Erwähnenswert sind der Anbau von Obst und Gemüse (um die Großstädte Hamburg, Berlin, in der Bördenzone), von Tabak (in der östl. Uckermark) und von Hülsenfrüchten (Ostfriesland).

Seit dem MA wurden durch Kochsalzgewinnung die Solequellen (Lüneburg, Halle/Saale) genutzt; im 18. Jh. wurde die Torfstecherei intensiviert, im 19. Jh. begann die Gewinnung des Kalisalzes. An weiteren Bodenschätzen sind die Erdöl- und Erdgasfelder im mittleren Emsland, in Ostholstein und im Gebiet zw. Leine und Lüneburger Heide von Bed., dazu die Braunkohlenvorkommen in Sa., Sa.-Anh. und Brandenburg sowie in NRW (Tagebau Hambach). Der Steinkohlenbergbau des Ruhrgebietes ist heute nach N, bis nördlich der Lippe, in das N. T. vorgedrungen.

Nordelbische evangelisch-lutherische Kirche, die mit dem Vertrag vom 21. Mai 1970 zw. den ev.-luth. Landeskirchen von Eutin, Hamburg, Hannover (für ihren Kirchenkreis Harburg), Lübeck und Schleswig-Holstein als Körperschaft des öff. Rechts angestrebte und am 1. Jan. 1977 vollzogene Kirchenföderation in der EKD. – ↑Evangelische Kirche in Deutschland (Übersicht).

Norden, Albert, *Mysłowice 4. Dez. 1904, †Berlin (Ost) 30. März 1982, dt. Politiker. – Ab 1921 Mgl. der KPD, ab 1925 Redakteur an Parteizeitungen; 1933 Emigration nach Frankreich, 1941 in die USA; 1946 Rückkehr nach Deutschland, Mgl. der SED; 1949–52 im Amt für Information (der DDR); 1955–81 Mgl. des ZK der SED und dessen Sekretariats, 1958–81 auch des Politbüros; 1976–81 Mgl. des Staatsrats.

N., Eduard, *Emden 21. Sept. 1868, †Zürich 13. Juli 1941, dt. klass. Philologe. – 1895 Prof. in Greifswald, 1898 in Breslau, 1906 in Berlin; emigrierte 1938 in die Schweiz; wurde bes. mit Arbeiten zur antiken Religionswiss. und Stilforschung bekannt. – *Werke:* Die antike Kunstprosa (1898, 2 Bde.), Die röm. Literatur (1905), Die Geburt des Kindes, Geschichte einer religiösen Idee (1924).

Norden, Stadt 25 km nördl. von Emden, Nds., 2 m ü. d. M., 23 600 E. Heimatmuseum mit Teemuseum, Seehundeaufzucht- und -forschungsstation Norddeich, Norddeich Radio; Kornbrennerei, Maschinenfabrik, Herstellung elektr. Geräte, Teeverarbeitungsbetrieb. Der Stadtteil **Norddeich** ist Eisenbahnendpunkt mit Hafen; Seebäderverkehr nach Juist, Norderney, Baltrum; Küstenfunkstelle. – 1255 erstmals gen.; erhielt vermutlich in der 1. Hälfte des 16. Jh. Stadtrecht. – Ludgerikirche mit freistehendem Glockenturm, roman. Langhaus (beide 13. Jh.), spätgot. Hochchor (1445–81) und Querschiff (14./15. Jh.) sowie barocker Orgel; Altes Rathaus (1542).

Norden (Nord) [eigtl. „weiter nach unten (Gelegenes)"], Himmelsrichtung. – In der Navigation unterscheidet man **rechtweisend Nord,** die Richtung zum geograph. Nordpol der Erde, **mißweisend Nord** *(magnet. Nord),* die Richtung, in der sich eine ungestörte, horizontal schwingende Magnetnadel einstellt, und **Kompaßnord,** die vom Kompaß in einem Schiff oder Flugzeug angezeigte Nordrichtung.

Nordenham, Stadt am linken Weserufer, kurz vor ihrer Mündung, Nds., 1–2 m ü. d. M., 28 600 E. Theater; Versorgungszentrum und wirtsch. Schwerpunkt der nördl. Wesermarsch mit Großind., die v. a. Werften, Flugzeugbau, Verhüttung von Blei- und Zinkerzen, elektrotechn., kunststoffverarbeitende und chem. Ind. umfaßt; Eisenbahnendpunkt, Hafen. – 1908 Stadtrecht. – In N.-Blexen got. Pfarrkirche (13. Jh.) mit roman. Turm (11. Jh.).

Nordenskiöld [schwed. ˌnuːrdənʃœld], Adolf Erik Frhr. von (seit 1880), *Helsinki 18. Nov. 1832, †Dalbyö (Södermanland) 12. Aug. 1901, schwed. Polarforscher. – Nach 5 Forschungsreisen nach Spitzbergen (1858, 1861, 1864, 1868, 1872/73), einer Expedition nach W-Grönland 1870 und 2 Reisen 1875 und 1876 durch die Karasee zum Jenissei Durchquerung der Nordostpassage (1878–80) und Umschiffung Asiens.

N., Erland Frhr. von, *Södertälje 19. Juli 1877, †Göteborg 5. Juli 1932, schwed. Ethnologe. – Sohn von Adolf Erik Frhr. von N.; Prof. in Göteborg; Forschungsreisen in Südamerika. Histor.-geograph. Studien über die südamerikan. Indianerkulturen.

Norderney [...ˈnaɪ], eine der Ostfries. Inseln (in der Nordsee), 26,3 km², 14 km lang, bis 3 km breit, bis 25 m hoch. – Die Stadt N. (6100 E) im W der Insel ist das älteste dt. Nordseeheilbad (seit 1797); Fischerhaus-Museum, Spielbank; Natur- und Vogelschutzgebiet; Schiffsverbindung mit Norddeich; ✈. – 1398 erstmals als **Oesterende** erwähnt; 1948 Stadtrecht.

Norderoog [...oːk], 11 ha große Hallig vor der W-Küste Schl.-H., Vogelschutzgebiet.

Norderstedt, Stadt am N-Rand von Hamburg, 28 m ü. d. M., 66 700 E. 1970 durch Zusammenlegung mehrerer Gem. gebildet. Apparate-, Werkzeug-, Maschinen-, Fahrzeugbau, elektron., chem., Papier-, Kunststoff-, Nahrungsmittelindustrie.

Nordeuropa, zusammenfassende Bez. für die Staaten Norwegen, Schweden, Dänemark, Finnland und Island.

Nordfjord [norweg. ˌnu:rfju:r], Fjord in W-Norwegen, 110 km lang, 1,5–4,5 km breit.

Nordfriesische Inseln, Inselgruppe im Wattenmeer vor der W-Küste von Schl.-H. (Deutschland) und Nordschleswig (Dänemark) von Fanø im N bis zu den Halligen im S. Auf der Seeseite der größeren Inseln ausgedehnte Dünen und Sandstrände (Badeorte), in den Marschengeb. im O Landwirtschaft.

Nordfriesland, Landkr. in Schleswig-Holstein.

N., Marschenlandschaft im nw. Schl.-H. (Deutschland) und sw. Nordschleswig (Dänemark). Umfaßt das Festland zw. der Wiedau im N und der Eider im S sowie die vorgelagerten Nordfries. Inseln. – Die erst 1424 als Nordfriesen bezeichneten Einwohner dieser Region siedelten zw. dem 7./8. und dem 12. Jh. aus Süd- und Ostfriesland auf das unbesiedelte dän. Königsland Uthland über, gelangten aber nie zu polit. Unabhängigkeit.

Nordgau (bayr. N.), Teil des bayr. Stammeshzgt. nördl. der Donau; ab 1. Hälfte des 16. Jh. Oberpfalz genannt.

Nordhausen, Krst. im südl. Harzvorland, Thür., 180–250 m ü. d. M., 47 000 E. Ingenieurschule für Landtechnik; Theater, Meyenburgmuseum; Bau von Dieselmotoren, Baggern; Tabakind., Schachtbau; Kornbrennerei; Endpunkt der Harzquerbahn von Wernigerode. – 927 erstmals erwähnt; wurde erst 1220 selbständig und erhielt danach Stadtrecht (bis 1802/03 Reichsstadt). – Im 2. Weltkrieg weitgehend zerstört. Wiederhergestellt wurden der got. Dom (14. Jh., Krypta romanisch), die spätgot. Pfarrkirche Sankt Blasii (1608–10, nach 1950 wiederaufgebaut) und das Renaissancerathaus (17. Jh.) mit Roland (1717).

N., Landkr. in Thüringen.

Nordholland (niederl. Noord-Holland), Prov. in den westl. Niederlanden, 2 663 km², 2,376 Mill. E (1990), Verwaltungssitz Haarlem. N. umfaßt die Halbinsel zw. Nordsee und IJsselmeer, die westfries. Insel Texel sowie die IJsselmeerinsel Marken. Mit Ausnahme der stark verstädterten, zur Randstad Holland gehörenden Zone im S und der Ind.gebiete, v. a. am Nordseekanal mit Amsterdam, Zaanstad, IJmuiden und Velsen, ist der nördl. Teil der Prov. überwiegend agrarisch strukturiert (Milchwirtschaft, Gemüsebau, Blumenzwiebelzucht).

Nordhorn, Krst. im südl. Emsland, Nds., 22 m ü. d. M., 48 400 E. Verwaltungssitz des Landkr. Gft. Bentheim; Theater; Textilind., ferner Papierfabrik, Fertighausmontage, opt. und elektrotechn. Ind. – Das im 14. Jh. entstandene N. erhielt 1379 Stadtrecht.

Nordide, Unterform der ↑Europiden; schlanker, hochwüchsiger und schmalgesichtiger Menschenrassentyp mit weißrosiger Haut (Aufhellung der Hautfarbe gegenüber anderen Europiden am weitesten fortgeschritten), goldblonden bis hellbraunen Haaren und blauen bis blaugrauen Augen; Hauptverbreitungsgebiet: N- und NW-Europa.

Nordinsel, eine der beiden Hauptinseln ↑Neuseelands.

Nordirland, Teil von ↑Großbritannien und Nordirland.

nordische Disziplinen, die in Skandinavien entwickelten Disziplinen Langlauf, Skispringen und nord. Kombination.

nordische Kombination, Skisportwettbewerb (Mehrkampf) für männl. Athleten, der aus einem *Sprunglauf* auf der Normalschanze und einem *Langlauf* über 15 km besteht; wird an 2 aufeinanderfolgenden Tagen ausgetragen und nach der ↑Gundersen-Methode bewertet.

Nordischer Krieg, Bez. für 2 schwed. Hegemonialkriege: **1. Nordischer Krieg** (1655–60, *Schwed.-Poln.-Russ.-Dän. Krieg*): Zur Abwehr der Ansprüche Johanns II. Kasimir von Polen auf den schwed. Thron fiel Karl X. Gustav in Polen ein. Wegen der mit Hilfe der brandenburg. und russ. Verbündeten errungenen schwed. Erfolge (Sieg bei Warschau 28.–30. Juli 1656) schlossen sich Dänemark und Kaiser Leopold I. Polen an; Rußland und der Große Kurfürst, dem Polen im Vertrag von Wehlau (19. Sept. 1657) die Souveränität in Preußen zuerkannte, wechselten die Fronten. Die Schweden zwangen nach einem Überraschungsangriff über die Belte Dänemark zum Frieden von Roskilde (1658), scheiterten aber beim Angriff auf Kopenhagen. Nach Beginn einer erfolgreichen Offensive der antischwed. Koalition in Jütland und Pommern drängten England und Frankreich zum Frieden. Im Frieden von Oliva konnte Schweden seine Stellung im Baltikum halten (mit Dänemark Friede von Kopenhagen).

2. Nordischer Krieg (1700–21, *Großer Nord. Krieg*): Als 1699 ein Bündnis Rußlands, Dänemarks und Polen-Sachsens die schwed. Vormachtstellung im Ostseeraum gefährdete, zwang Karl XII. die in Schleswig-Holstein eingefallenen Dänen zum Frieden von Traventhal (28. Aug. 1700) und schlug die Russen bei Narwa (30. Nov. 1700). Dann wandte er sich gegen den in Livland eingedrungenen August II. von Polen-Sachsen, der im Frieden von Altranstädt (1706) auf die poln. Krone verzichten mußte. Zar Peter I. besiegte 1709 den in die Ukraine eingefallenen Karl bei Poltawa, verhalf August zur Rückkehr auf den poln. Thron und eroberte Livland und Estland. Karl, der in das osman. Bessarabien geflüchtet war, bewog die Osmanen zur Intervention; der Zar mußte trotz einer Niederlage gegen die Osmanen am Pruth 1711 lediglich Asow abtreten und konnte 1713 Finnland erobern. 1715 Beitritt Hannovers und Preußens zur antischwed. Koalition; Schweden verlor seine balt. und norddt. Besitzungen 1719–21 (Friedensschlüsse von Stockholm, Frederiksborg und Nystad).

Nordischer Rat, am 25. Juni 1952 gegr. Beratungsorgan nordeurop. Staaten zur Förderung der Zusammenarbeit, v. a. auf wirtsch., sozialem und kulturellem Gebiet (u. a. 1976 Gründung der Nord. Investitionsbank). Gründungsmgl. waren Dänemark, Schweden, Norwegen; Island trat im Dez. 1952, Finnland im Okt. 1955 bei. Der N. R. kann bei gemeinsamen Problemen (von mindestens 2 Mgl.) unverbindl. Empfehlungen an die Reg. aussprechen, die nur verpflichtet sind, den Rat über entsprechende Maßnahmen zu informieren. Die Mgl.staaten sind paritätisch durch je 18 Repräsentanten (Island mit 6) ihrer Parlamente im N. R. vertreten. Die Außenmin. der Mgl.länder koordinieren i. d. R. ihre Positionen in wichtigen außenpolit. Fragen.

nordische Sprachen, svw. ↑skandinavische Sprachen.

Nordistik, svw. ↑Skandinavistik.

Nordkalotte, Teil des Geoids nördl. des Polarkreises (66° 33′ n. Br.); in Skandinavien auch gebräuchlich für die Landgebiete Nordeuropas.

Norderney

Nordkirchen. Die von Gottfried Laurenz Pictorius und Johann Conrad Schlaun erbaute Wasserschloßanlage, 1703–34

Nordkanal, Meeresstraße zw. Nordirland und Schottland, verbindet die Irische See mit dem Atlant. Ozean.

Nordkap, Felsvorsprung im N der norweg. Insel Magerøy, mit Steilabfall von 307 m Höhe zum Europ. Nordmeer, fälschlich für die Nordspitze Europas gehalten; Touristenziel. – ↑Knivskjelodden.

Nordkaper ↑Glattwale.

Nordkaukasien ↑Ziskaukasien.

Nordkinn [norweg. ˌnu:rçi:n], nördlichster Punkt des europ. Festlandes auf der gleichnamigen Halbinsel (71° 8′ 1″ n. Br.).

Nordkirchen, Ortschaft und Großgemeinde im Kr. Coesfeld, NRW, 8100 E. Barocke Wasserschloßanlage („münster. Versailles"), 1703–34 im Auftrag der Fürstbischöfe von Münster gebaut (Architekten: G. L. Pictorius, ab 1724 J. C. Schlaun).

Nord-Korea ↑Korea (Nord-Korea).

Nordkrimkanal, Bewässerungskanal im S der Ukraine, 403 km lang, zweigt vom Kachowkaer Stausee des Dnjepr ab und führt durch den N der Halbinsel Krim bis Kertsch; dient der Bewässerung von 360000 ha Land sowie der Wasserversorgung zahlr. Städte.

Nordland [norweg. ˌnu:rlan], Verw.-Geb. in N-Norwegen, 38327 km², 240000 E (1990), umfaßt das schmale, durch zahlr. Fjorde gegliederte Küstengebiet zw. dem Europ. Nordmeer und etwa der Wasserscheide des schwedisch-norweg. Grenzgebirges (Skanden) einschl. der Lofotinseln; Verwaltungssitz ist Bodø. Im N seit längerem Bev.abwanderung (außer Narvik und Bodø), im S die Industriestandorte Mo i Rana und Mosjøen; bedeutender Fischfang mit verarbeitender Industrie.

Nördlingen. Im Zentrum der von einer gut erhaltenen mittelalterlichen Mauer umgebenen Stadt die 1427–1505 erbaute Pfarrkirche Sankt Georg mit dem 89,9 m hohen Turm, dem Daniel

Nordlandhunde, Sammelbez. für die im hohen Norden der Alten und der Neuen Welt gezüchteten spitzartigen Hunderassen: Polarhund, Finnenspitz, Elchhund, Husky, Karel, Bärenhund, Renhund, Laiki, Samojedenspitz.

Nördliche Dwina, Fluß im europ. Teil Rußlands, entsteht bei Weliki Ustjug durch Zusammenfluß von Jug und Suchona, mündet unterhalb von Archangelsk mit 900 km² großem Delta in die **Dwinabucht** des Weißen Meeres, 744 km lang; durch den Dwina-Wolga-Kanal mit der Wolga verbunden; schiffbar.

Nördliche Hungersteppe ↑Hungersteppe.

Nördliche Kalkalpen, Teil der Ostalpen, v. a. in Österreich, der nordwestl. Teil in Bayern, ↑Alpen.

Nördliche Krone ↑Sternbilder (Übersicht).

Nördlicher Seeweg ↑Nordostpassage.

Nördliches Eismeer ↑Nordpolarmeer.

Nördliche Wasserschlange ↑Sternbilder (Übersicht).

Nordlicht ↑Polarlicht.

Nördlingen, bayr. Stadt im Ries, 430 m ü. d. M., 18400 E. Städtisches Museum, Bauernmuseum; Maschinenbau und Textilind., Kunststoffverarbeitung, Nahrungsmittel-, elektron. Ind., Brauereien. – Geht auf röm. und alemann. (nach 233 n. Chr.) Ursprung zurück; 898 zuerst, 1290 als Stadt erwähnt; wurde im 13. Jh. reichsfrei. Die Pfingstmesse (1219 erstmals belegt) hatte im MA große Bed. Nach Stadterweiterung v. a. in der 1. Hälfte des 14. Jh. ummauert. N. war Mgl. des Schwäb. Städtebundes (1377–88). 1522 Einführung der Reformation; im Dreißigjährigen Krieg Einquartierungen und Durchzug zahlr. Heere, v. a. nach der Schlacht bei N. (6. Sept. 1634). 1803 an Bayern. – Ma. Stadtbild mit Fachwerkbauten aus Spätgotik und Renaissance. Pfarrkirche Sankt Georg (1427 bis 1505); ihr 89,9 m hoher Turm („Daniel") ist Mittelpunkt der Stadt. Ehem. Karmelitenklosterkirche (1422 geweiht; 1829 umgestaltet) mit spätgot. Wandfresken (1460). Spital (gegr. im 13. Jh.; heutige Gebäude 15. und 16. Jh.; jetzt z. T. Stadtmuseum, z. T. Altenheim) mit Spitalkirche, spätgot. Rathaus (14.–16. Jh.) mit Freitreppe von 1618; sehr gut erhaltene kreisrunde ma. Stadtummauerung.

Nordluchs ↑Luchse.

Nordmannstanne [nach dem finn. Naturwissenschaftler A. von Nordmann, * 1803, † 1866] ↑Tanne.

Nordmarianen (amtl. Commonwealth of the Northern Mariana Islands), mit den USA assoziierter Staat auf den ↑Marianen.

Nordmark (sächs. Mark), umfaßte urspr. neben dem seit 1310 ↑Altmark gen. linkselb. Gebiet auch das Land zw. mittlerer Elbe und Oder; auf die N. übertrug sich schließlich der Name Mark Brandenburg.

Nordmarsch-Langeneß, Hallig vor der W-Küste von Schleswig-Holstein.

Nordmeseta (Altkastil. Hochfläche), nördlicher Teil der zentralen Hochfläche Spaniens, durch das Kastil. Scheidegebirge von der Südmeseta getrennt. Im N vom Kantabr. Gebirge, im O vom Iber. Randgebirge begrenzt, im W über die span.-portugies. Grenze auf das östl. Portugal übergreifend.

Nordossetien, Autonome Republik innerhalb Rußlands, am N-Abhang des Großen Kaukasus, 8000 km², 638000 E (1990; davon 51 % Osseten und 34 % Russen), Hauptstadt Wladikawkas. Das von schneebedeckten, z. T. vergletscherten Gipfeln (Uilpata: 4638 m) überragte Gebirgsland fällt nach N zur Terekniederung ab. 25 % der Fläche sind bewaldet. Abgebaut und verarbeitet werden Blei- und Zinkerz. Neben Nahrungsmittel- und Holzind. v. a. Ackerbau. Durch das Gebiet führen die Georg. und die Osset. Heerstraße.

Geschichte: Im 7. Jh. v. Chr. Siedlungsgebiet der Skythen, vom 3.–2. Jh. der Sarmaten und in den ersten nachchristl. Jh. der Alanen (Vorfahren der Osseten); nach den Hunnen

(4. Jh.) und Awaren (6. Jh.) drangen 1222 die Mongolen ein; 1774 Anschluß an Rußland; 1920 Bildung eines Osset. Nat. Kreises, 1924 in das Nordosset. Autonome Gebiet, 1936 in eine ASSR umgewandelt, 1991 in eine Autonome Republik.

Nordostland, zweitgrößte Insel ↑ Spitzbergens.

Nordostpassage (Nordöstl. Durchfahrt, Nördl. Seeweg), Seeweg zw. Atlantik und Pazifik längs der N-Küste Eurasiens im Bereich der Randmeere des Nordpolarmeeres, rd. 6 000 km lang. Wichtige Erkenntnisse über die N. lieferten W. Barents, V. J. Bering, D. J. Laptew, H. Hudson, doch gelang es erst A. E. von Nordenskiöld, auf dem Dampfer „Vega" 1878/79 über Karasee und Ostsibir. See zur Beringstraße vorzustoßen. Seit 1967 ist die N., die im Sommer zwei bis drei Monate befahrbar ist, für die internat. Schiffahrt freigegeben.

Nordostpolder, Polder und Gem. im östl. IJsselmeer, Niederlande, 4,5 m ü. d. M. bis 5 m u. d. M., 37 900 E. 1936–42 trockengelegt. Hauptort mit Verwaltungs-, Wirtschafts- und kulturellen Funktionen ist Emmeloord mit wasserkundl. Laboratorium; archäolog. Museum in Schokland.

Nord-Ostsee-Kanal, internat. Schiffahrtskanal, der Nord- und Ostsee verbindet. An den beiden Endpunkten Brunsbüttel (an der Elbe) und Kiel-Holtenau befinden sich jeweils Doppelschleusen, die die Wasserstandsschwankungen zw. Nord- und Ostsee ausgleichen; 98,7 km lang. Der Kanal hat eine Wasserspiegelbreite von 162 m, eine Sohlenbreite von 90 m und ist 11 m tief. Der N.-O.-K. ist eine der wichtigsten Weltseeverkehrsstraßen, bed. für die Ostsee-Anrainerstaaten und den dt. Küstenverkehr.

Nord-Pas-de-Calais [frz. nɔrpadkaˈlɛ], Region in N-Frankreich, umfaßt die Dep. Nord und Pas-de-Calais, 12 414 km² 3,96 Mill. E (1990), Regionshauptstadt Lille.

Nordpazifischer Strom, warme, ostwärts gerichtete Meeresströmung im nördl. Pazifik.

Nordpfälzer Bergland ↑ Saar-Nahe-Bergland.

Nordpol ↑ Pol.

Nordpolargebiet ↑ Arktis.

Nordpolarmeer (Nördl. Eismeer), Nebenmeer des Atlantiks, umfaßt das Meeresgebiet im Bereich des Nordpolarbeckens und als Randmeere Tschuktschensee, Ostsibir. See, Laptewsee, Karasee, Barentssee, die Meeresstraßen des Kanad.-Arkt. Archipels und die Beaufortsee; 12,26 Mill. km². Die tiefste Stelle mit 5 450 m liegt nördl. von Spitzbergen. Das N. wird von einem in ständiger Bewegung befindl., im Winter in der Regel geschlossenen Pack- und Treibeisfeld bedeckt. Die allg. Drift des Eises, die zum Durchlaß zw. Spitzbergen und Grönland gerichtet ist, bestimmt im wesentlichen die Oberflächenströmungen.

Nordrhein-Westfalen, Bundesland im W Deutschlands, 34 068 km², 17,1 Mill. E (1990), Landeshauptstadt Düsseldorf.

Verwaltungsgliederung (Stand 1990)

	Fläche (km²)	E (in 1000)
Regierungsbezirk Düsseldorf		
Kreisfreie Städte		
Duisburg	233	532,2
Düsseldorf	217	574,0
Essen	210	624,4
Krefeld	138	240,2
Mönchengladbach	171	255,9
Mülheim a. d. Ruhr	91	176,1
Oberhausen	77	222,4
Remscheid	75	121,8
Solingen	89	162,9
Wuppertal	168	378,3
Kreise		
Kleve	1 231	266,2
Mettmann	407	493,2
Neuss	576	414,3
Viersen	563	267,1
Wesel	1 042	438,6
Regierungsbezirk Köln		
Kreisfreie Städte		
Aachen	161	237,0
Bonn	141	287,1
Köln	405	946,3
Leverkusen	79	159,3
Kreise		
Aachen	547	290,8
Düren	940	239,0
Erftkreis	705	412,0
Euskirchen	1 249	166,7
Heinsberg	628	217,6
Oberberg. Kreis	917	255,8
Rhein.-Berg. Kreis	438	257,3
Rhein-Sieg-Kreis	1 153	494,2
Regierungsbezirk Münster		
Kreisfreie Städte		
Bottrop	101	117,5
Gelsenkirchen	105	289,8
Münster	302	253,1
Kreise		
Borken	1 418	316,9
Coesfeld	1 109	181,2
Recklinghausen	760	644,6
Steinfurt	1 791	383,0
Warendorf	1 315	251,8
Regierungsbezirk Detmold		
Kreisfreie Städte		
Bielefeld	258	315,1
Kreise		
Gütersloh	967	297,2
Herford	450	232,7
Höxter	1 200	142,8
Lippe	1 246	330,1
Minden-Lübbecke	1 152	290,4
Paderborn	1 245	241,4
Regierungsbezirk Arnsberg		
Kreisfreie Städte		
Bochum	145	393,1
Dortmund	280	594,1
Hagen	160	212,5
Hamm	226	179,1
Herne	51	176,5
Kreise		
Ennepe-Ruhr-Kreis	408	345,0
Hochsauerlandkreis	1 958	263,6
Märkischer Kreis	1 059	434,6
Olpe	710	127,9
Siegen-Wittgenstein	1 131	283,4
Soest	1 327	274,4
Unna	543	401,2

Landesnatur: NRW hat Anteil am Norddt. Tiefland und am Mittelgebirgsland. Das Tiefland greift in der Niederrhein. Bucht tief in das Mittelgebirge ein, gegliedert durch die Ville, den Viersener Horst, Terrassenflächen, die aus den Gebirgstalflanken austreten und sich verbreitern sowie eiszeitl. Moränenzüge. Die ebenfalls tief eingreifende Westfäl. Bucht ist durch die flächenhafte Überformung während der Eiszeit geprägt, wobei größere Moor- und Sandflächen entstanden. Das Mittelgebirgsland gehört zum Rhein. Schiefergebirge und Weserbergland. Linksrheinisch besteht das Rhein. Schiefergebirge in NRW aus dem N-Abfall der Eifel mit der Kommerner Bucht, dem Hohen Venn und dem Aachener Becken, rechtsrheinisch liegen Berg. Land und Sauerland, Rothaargebirge und Siegerland, das Siebengebirge und ein Teil des vorderen Westerwalds. Zum Weserbergland zählen das Lipper Bergland und die Schichtkämme des Wiehengebirges und Teutoburger Waldes. – Das Klima NRW wird von maritimen Einflüssen bestimmt; hohe Luftfeuchtigkeit ist überall und fast das ganze Jahr über charakteristisch. Demzufolge sind die Sommer im allg. kühl und die Winter mild. Klimadifferenzierungen werden durch die orograph. Verhältnisse hervorgerufen: Die ohnehin kühleren Höhengebiete erhalten erhebl. Steigungsniederschläge; Hohes Venn und Hochsauerland zählen zu den regenreichsten Gebieten Deutschlands. – Wichtigste Bodenschätze sind die Steinkohlenlager des Ruhrgebiets sowie bei Aachen und Ibbenbüren und die tertiären Braunkohlenlager am Rand der Ville und wnw. von Düren. Der Ausbau des Steinkohlenbergbaus war der Grund für die Entwicklung der beiden Reviere zu Industrielandschaften (Ruhrgebiet, Aachener Revier). Die Eisenerze des Siegerlandes waren die Grundlage einer schon in vorgeschichtl. Zeit blühenden Eisenind.; später kam die Nutzung der Vorkommen im Oberbergischen, in der Eifel, am S-Rand des Ruhrreviers hinzu, heute ist die Erzförderung stark rückläufig, abgesehen vom Zinkabbau in Meggen (= Lennestadt). Kalkvorkommen sind die Grundlage der Zementind., Quarzsande für Glas-, Waschmittel- und keram. Ind.; Steinsalz wird bei Gronau (Westf.)-Epe und Rheinsberg-Borth gewonnen, Badesalinen finden sich in Hamm, Bad Oeynhausen, Bad Salzuflen und Bad Sassendorf, die Solen längs des Hellwegs dienen nur noch z. T. Badezwecken. Daneben gibt es auch Kohlensäurebäder (Bad Honnef, Bonn-Bad Godesberg, Bad Driburg) und Thermalwässer (Aachen). Die entscheidende Ausprägung der heutigen Siedlungslandschaft zu einer der massiertesten Bev.ballungen der Erde im Dreieck Hamm-Köln-Wesel erfolgte im Zuge der Industrialisierung seit der Mitte des 19. Jh. Der Ausbau des Rheins zum Großschiffahrtsweg, der verstärkte Abbau der Kohle, der Aufbau einer Schwerind. und der Übergang von handwerkl. und kleinbetriebl. Gewerbe zur fabrikmäßigen Herstellung, gefördert durch den Bau der Eisenbahn und Ausbau des Straßennetzes, wa-

Nordrhein-Westfalen Wappen

Nordrhein-Westfalen. Verwaltungsgliederung

ren die Gründe für die rasche Vergrößerung von Städten. Dünn besiedelt sind dagegen weite Teile der Eifel.

Bevölkerung: NRW hat unter den Flächenstaaten der BR Deutschland die höchste Bev.-Dichte (1990: 502 E/km²). 49,4 % der Bev. sind kath., 35,2 % ev. Das Land verfügt über acht Univ. (darunter eine Privat-Univ.) sowie eine TH, sechs Gesamthochschulen-Univ. (einschl. der Fernuniv.-Gesamthochschule in Hagen), eine Kunstakademie, drei Hochschulen für Musik und die Folkwang-Hochschule Essen für Musiker, Schauspieler und Tänzer.

Wirtschaft: Im Hohen Venn, im Berg. Land und im Sauerland überwiegt die Grünlandnutzung. Auf den Bördenflächen werden Weizen, Wintergerste und Zuckerrüben angebaut. Auf sandigen Böden, bes. im Münsterland, herrscht Roggen-Kartoffel-Anbau vor. Hier und im Lipper Bergland sind gemischte Ackerbau-Viehzucht-Betriebe verbreitet. Die Forstwirtschaft spielt eine bed. Rolle, da große Wälder Teile der Eifel, des Sauerlands, des Rothaargebirges und des Teutoburger Waldes bedecken.

Das Ruhrgebiet gehört immer noch zu den bedeutendsten Schwerind.zentren der Welt. Neben Steinkohlenförderung und Stahlerzeugung sind Schwermaschinenbau, Kohlechemie, Glasherstellung, Großbrauereien, Nichteisenmetallverhüttung u. a. bedeutend. Absatzkrisen im Steinkohlenbergbau und mehrere Stahlkrisen bewirkten Strukturveränderungen und hohe Arbeitslosenquoten. Ruhrgebiet, Aachener Wirtschaftsraum und Siegerland sind hiervon bes. betroffen. Nach 1960 wurde verstärkt auf chem., petrochem., Textil-, Automobil-, Elektroind. und Aluminiumverhüttung umgestellt. Längs des Rheins haben sich chem. Ind., Walz-, Röhren- und Kabelwerke, Stahlbauunternehmen, Automobil- und Traktorenwerke, Großmühlen, Metallhütten, Glas- und Zementwerke bis über Bonn hinaus zur sog. Rheinachse formiert. Im Dürener und Aachener Raum sind Metall- und Textilind. bed., im Siegerland Blechverarbeitung, um Bielefeld und im Münsterland Textilind., ebenso im Raum Mönchengladbach/Krefeld. Im Zuge des Strukturwandels der 1980er Jahre gewann der Dienstleistungssektor deutlich an Bed.

Leistungsfähiger Eisenbahnschnellverkehr besteht in den Ballungsräumen. NRW ist durch Straßen und Autobahnen und den Ruhrschnellweg gut erschlossen. Das Straßennetz hatte 1990 eine Länge von 29 851 km, davon 2 054 km Bundesautobahnen. Dem Binnenschiffsverkehr stehen der Rhein und das von ihm ausgehende Kanalsystem zum Mittelland- und Dortmund-Ems-Kanal zur Verfügung. Größter Rheinhafen (zugleich größter Binnenhafen der Erde) ist Duisburg, im Ruhrgebiet sind Dortmund und Gelsenkirchen die wichtigsten Häfen. Neben Regionalflughäfen verfügt NRW über die [internat.] ✈ Düsseldorf und Köln/Bonn.

Geschichte: Das Land NRW wurde durch Verordnung der brit. Militärreg. vom 23. Aug. 1946 aus der Prov. Westfalen und der Nordrheinprov. gebildet; am 21. Jan. 1947 trat ihm das Land Lippe bei. Nach 2 ernannten Allparteienreg. unter R. Amelunxen (Zentrum) 1946/47 und (dann gewählten)

3 Koalitionsreg. unter dem Christdemokraten K. Arnold (1947–50 CDU, SPD, KPD, Zentrum; 1950–54 CDU, Zentrum; 1954–56 CDU, FDP) kam es am 20. Febr. 1956 zum Sturz Arnolds und zur Bildung einer SPD-FDP-Zentrum-Reg. unter F. Steinhoff (SPD). Nachdem die Landtagswahlen vom 6. Juli 1958 der CDU die absolute Mehrheit gebracht hatten, wurde F. Meyers Chef einer Alleinreg. der CDU, ab 1962 einer CDU-FDP-Koalition. Am 8. Dez. 1966 wurde eine SPD-FDP-Koalition unter H. Kühn (SPD) gebildet, die von seinem Nachfolger J. Rau (SPD) ab Sept. 1978 weitergeführt wurde. Seit den Landtagswahlen 1980 regiert J. Rau in einer SPD-Alleinreg. (bestätigt 1985 und 1990). **Verfassung:** Nach der Verfassung vom 28. Juni 1950 liegt die Exekutive bei der Reg.: dem vom Landtag gewählten Min.präs. (Richtlinienkompetenz) und den von ihm ernannten Min. Der Min.präs. kann nur durch konstruktives Mißtrauensvotum gestürzt werden. Die Legislative liegt beim Landtag (200 auf 5 Jahre gewählte Abg.); in die Gesetzgebung kann durch Volksentscheid und Volksbegehren eingegriffen werden. Der Verfassungsgerichtshof entscheidet in Verfassungsstreitigkeiten.

Nordrhodesien (engl. Northern Rhodesia), bis 23. Okt. 1964 Name des heutigen ↑Sambia.

Nordrussischer Landrücken, etwa 600 km langer Moränenzug im europ. Teil Rußlands, bis 293 m ü. d. M.

Nordschleswig, Geb. auf Jütland, Dänemark, umfaßt den nördl. Teil des ehem. Hzgt. Schleswig; bildet heute die Amtskommune Südl. Jütland (Sønderjylland) mit 3 929 km² und 250 200 E (1989). – Im Frieden von Prag (1866) verlor Österreich alle im Frieden von Wien (1864) erworbenen Rechte auf die Hzgt. Schleswig und Holstein an Preußen. Auf Grund des Versailler Vertrages trat das Dt. Reich N. nach einer Abstimmung 1920 an Dänemark ab. 1955 einigten sich Dänemark und die BR Deutschland weitgehend über die Rechte der dt. Minorität in N. und der dän. in Südschleswig.

Nordschwarzwald, Region in Bad.-Württemberg.

Nordsee, Randmeer des Atlantiks, zw. den Brit. Inseln im W, den Küsten Belgiens, der Niederlande und Deutschlands im S und SO, Dänemarks und Norwegens im O und NO; offen sind die Grenzen nach SW im Kanal, nach O zur Ostsee und im N, wo die Grenze von den Shetlandinseln nach Stadland (Norwegen) gezogen wird; rd. 580 000 km², mittlere Tiefe 93 m. Die Tiefe der N. nimmt von S nach N zu. In der mittleren N. ragt die Doggerbank bis auf weniger als 20 m u. d. M. auf. Nö. davon treten Bänke, Rinnen und tiefe Löcher auf (Teufelsloch, 243 m tief). Im O vor der norweg. Küste verläuft die bis 725 m tiefe Norweg. Rinne. An den Küsten im SO und S dominieren breite Wattengebiete. Die Gezeitenperiode beträgt 12 Std. und 25 Min.; der mittlere Tidenhub an der dt. Küste beträgt bis zu 4 m, an den Brit. Inseln über 6 m. Infolge der breiten Verbindung zw. Atlantik und N. ist der Salzgehalt der nördl. N. höher als in der Dt. Bucht vor S-Norwegen (Süßwasserzufuhr). Die Oberflächentemperatur im Aug. beträgt im Mittel 18 °C vor der SO- und S-Küste; sie nimmt nach NW bis auf 13 °C ab. Im Winter ist das Küstenwasser mit unter 3 °C am kältesten, während im NW noch 7 °C vorherrschen. Bei auflandigen Sturmlagen können bes. an den dt. und niederl. Küsten erhebl. Wasserstandserhöhungen auftreten. Die N. ist eines der wichtigsten Fischfanggebiete der Anliegerstaaten. Auf Grund der Überfischung wurden von der Nordostatlant. Fischereikommission nat. Fangquoten festgesetzt. Die Rolle der N. im Seeverkehr ist infolge der starken Industrialisierung der Anrainerstaaten sehr bed. Wegen der Erdöl- und Erdgasvorkommen wurde der Festlandsockel unter den Anrainern aufgeteilt. Von den produzierenden Feldern ist Ekofisk (Norwegen) eines der wichtigsten. Von hier führt eine untermeer. Erdölpipeline nach Teesside, eine Erdgasleitung nach Emden. Auch die brit. und niederl. Felder sind durch Rohrleitungen mit Küstenorten verbunden. – Die S- und SO-Küsten der N. sind dank des gemäßigten Seeklimas und der Häufigkeit der Sonnentage Zentren des Fremdenverkehrs. – Die N. gehört zu den am stärksten belasteten Meeresgebieten. Trotz Anstrengungen bei der Überwachung, der Diagnose und Gegenmaßnahmen (z. B. Einstellung der Dünnsäureverklappung durch dt. Unternehmen zum Jahresende 1989) ist die ↑Meeresverschmutzung bedrohlich.

Nordseegarnele ↑Garnelen.

Nordseekanal, Kanal zw. Amsterdam und der Nordsee, 27 km lang, 15 m tief, für Seeschiffe befahrbar; bei IJmuiden 4 Seeschleusen, von denen die größte 400 m lang und 50 m breit ist.

Nordstern, svw. ↑Polarstern.

Nordstrand, eingedeichte Marscheninsel im Wattenmeer vor Husum, 48,75 km², 2 400 E; durch einen 3 km langen Straßendamm mit dem Festland verbunden. – Entstand (mit Pellworm) durch die Neueindeichung der von einer Sturmflut 1634 zerstörten Insel **Strand.**

Nordström, Ludvig [schwed. ˌnu:rdstrœm], *Härnösand 25. Febr. 1882, †Stockholm 15. April 1942, schwed. Schriftsteller. – Schrieb Reiseberichte, Erzählungen und Novellen; in Romanen und Schriften setzte N. sich für den von ihm entwickelten „Totalismus" ein, eine Weltvereinigung in Frieden und Glück auf der Grundlage der vereinenden Kraft des techn. Fortschritts.

Nord-Süd-Kanal ↑Elbeseitenkanal.

Nord-Süd-Konflikt, Bez. für die Gegensätze, die sich aus dem wirtsch.-sozialen und polit.-kulturellen Entwicklungsgefälle zw. den Ind.staaten der nördl. Erdhalbkugel einerseits und den afroasiat. (und südamerikan.) ↑Entwicklungsländern andererseits **(Nord-Süd-Gefälle)** nach dem 2. Weltkrieg speziell im Gefolge der Entkolonisation und v. a. als Konsequenz von Bev.explosion, Nahrungsmittelknappheit, unzureichender Industrialisierung sowie mangelnder Einbindung der Entwicklungsländer in die internat. Arbeitsteilung und ungerechten Handelsbeziehungen ergaben. Eine Entschärfung des N.-S.-K. wird im Rahmen des sog. **Nord-Süd-Dialogs** auf UN- und zahlr. anderen Konferenzen seit den 1970er Jahren angestrebt, auf denen die Staaten der dritten Welt die Forderung nach einer ↑Neuen Weltwirtschaftsordnung erhoben. Ende 1977 konstituierte sich eine **Nord-Süd-Kommission** (18 Politiker bzw. Wissenschaftler, die keiner Reg. angehören und je zur Hälfte aus Ind.- und Entwicklungsländern stammen). Trotz erster Abkommen über entwicklungspolit. Zusammenarbeit zw. Ind.staaten und Entwicklungsländern (↑Lomé-Abkommen) bleibt der N.-S.-K. ein weltpolit. Problem mit einer Vielzahl von Konfliktkonstellationen.

Nordterritorium (amtl. Northern Territory), Territorium Australiens im N des Kontinents, 1 346 200 km², 158 400 E (1990), Verwaltungssitz Darwin. Ausgedehnte Flachländer sind vorherrschend, im S ragen Inselberge und Inselgebirge auf, die in den Macdonnell Ranges 1 510 m Höhe erreichen. Die Küste ist stark gegliedert. Haupteinnahmequelle ist die Fleischrinderzucht. Das N. ist reich an Bodenschätzen, v. a. an Uranerzen im Arnhemland, an Bau-

Nordsee im norwegischen Sektor. Ekofisk, Plattform des Offshore-Feldes xit-, Nichteisenmetallerzen, Erdöl und -gas. Neben dem Bergbau sind v. a. Lebensmittel-, Textilind. und Maschinenbau entwickelt. – Im 17./18. Jh. durch Niederländer erforscht; ab 1824 von Europäern besiedelt. 1911 dem Austral. Bund angeschlossen.

Nord-Trøndelag [norweg. ˌnu:rtrœndəla:g], Verw.-Geb. in Norwegen, umfaßt den N-Teil der Landschaft Trøndelag, 22 463 km², 126 800 E (1989), Hauptstadt Steinkjer.

Nordwestliche Durchfahrt ↑ Nordwestpassage.

Nordwestliches Territorium (engl. North-Western Territory), histor. Verw.-Geb. in Britisch-N-Amerika, das den N und W des heutigen Kanada umfaßte; seit Ende des 18. Jh. erschlossen (Handelsstützpunkte); 1858–70 eigener Verwaltungsbezirk; seitdem Bestandteil der kanad. Northwest Territories.

Noria. Norias bei Hama in Syrien

Nordwestpassage (Nordwestl. Durchfahrt), Durchfahrt vom Atlantik zum Pazifik nördl. des nordamerikan. Festlandes durch den Kanad.-Arkt. Archipel. Die Versuche des 16. und des frühen 17. Jh. wurden von Gerüchten über die sagenhafte eisfreie **Straße von Anian** beflügelt, nach der bis zum 18. Jh. gesucht wurde; sie blieben jedoch ergebnislos. 1850–53 bezwang Sir R. J. Le M. McClure die N. von W nach O; 1903–06 durchfuhr R. Amundsen mit der „Gjøa" die N. (mit mehreren Überwinterungen); erste Durchquerung in beiden Richtungen 1940–42 bzw. 1944/45 von H. Larsen mit der „St. Roch". Für die Handelsschiffahrt hat sich die N. als ungeeignet erwiesen.

Nordwestterritorien ↑ Northwest Territories.

Noreia, im Altertum die durch Eisenabbau bekannte Hauptstadt von Noricum, wo 113 v. Chr. ein röm. Heer von den Kimbern besiegt wurde. Die genaue Lage der Stadt ist umstritten (vermutlich am Magdalensberg bei Klagenfurt).

Norfolk [engl. ˈnɔ:fək], engl. Hzg.titel; erstmals 1397 an T. Mowbray (* 1366, † 1399) verliehen; später Titel der Fam. Howard; der 12. Hzg. von N., Bernard Edward (* 1765, † 1842), zog 1829 als erster kath. Peer ins Oberhaus ein. Henry, der 14. Hzg. von N. (* 1815, † 1860), nahm den Fam.namen Fitzalan-Howard an. Bed. Vertreter:

N., Thomas Howard, Hzg. von, * 1473, † Kenninghall (Norfolk) 25. Aug. 1554, Staatsmann. – 1522 Lordschatzmeister; gewann durch seine Nichten Anna Boleyn und Catherine Howard zeitweilig großen Einfluß auf Heinrich VIII.; wirkte mit am Sturz T. Wolseys und T. Cromwells; als Gegner der Reformation 1546 verhaftet und erst unter Maria I. freigelassen.

N., Thomas Howard, Hzg. von, * 10. März 1538, † London 2. Juni 1572, Adliger. – Wegen seines Planes einer Heirat mit der gefangenen Maria Stuart verhaftet, wegen einer Verschwörung gegen Elisabeth I. hingerichtet.

Norfolk [engl. ˈnɔ:fək], Stadt in SO-Virginia, USA, 267 000 E. Univ.; Hauptquartier der amerikan. Atlantikflotte. Küstenschiffahrts- und Überseehafen; Schiffbau, Gießereien, Automontage, Nahrungsmittel- und Textilind., Holzverarbeitung, Herstellung von Arzneimitteln, Kunstdünger und landw. Geräten. – Gegr. 1682; spielte im 18. Jh. eine bed. Rolle im Handel mit den Westind. Inseln. – Saint Paul's Church (1739).

N., Gft. in O-England.

Norfolk Island [engl. ˈnɔ:fək ˈaɪlənd], austral. Insel in der Fidschisee, 34,6 km², 2 000 E, bis 318 m hoch, Hauptort Kingston. – 1774 von J. Cook entdeckt, 1778–1855 brit. Strafkolonie; 1913 dem Austral. Bund eingegliedert.

NOR-Glied [aus engl. **n**ot-**or** „nicht-oder"], ↑ Gatter, dessen Ausgangssignal den Wert 0 besitzt, wenn mindestens ein Eingangssignal den Wert 1 hat.

Noria (Noira) [arab.-span.], Wasserschöpfrad, eine Kombination von einem Wasserheberad mit einem unterschlächtigen Wasserrad; v. a. an Flüssen in Vorderasien, bis 22 m Durchmesser (Höhe). Die N. wird durch die Strömung des Flusses angetrieben.

▷ auf der Iber. Halbinsel und im westl. Nordafrika Bez. für durch ↑ Göpel angetriebene Wasserschöpfanlagen.

Noricum, röm. Prov. in den Ostalpen zw. Rätien, Pannonien und Italien; urspr. von Illyrern bewohnt, wurde N. im 4./3. Jh. von den kelt. Tauriskern und Norikern besiedelt, Hauptstadt ↑ Noreia. N. wurde nach Handelsbeziehungen (Eisen-, Gold- und Silbervorkommen) mit Rom von diesem 16 v. Chr. besetzt und um 45 n. Chr. zur prokurator. Prov. (bed. Städte: Iuvavum [= Salzburg], Lauriacum [= Lorch]) gemacht.

Noriega Morena, Manuel Antonio, * Panama 1934, panamaischer General und Politiker. – In den 1980er Jahren als Oberbefehlshaber der Streitkräfte eigtl. Machthaber in Panama, seit Okt. 1989 ausgestattet mit diktator. Vollmachten; nach der amerikan. Invasion in Panama stellte er sich im Jan. 1990 den amerikan. Truppen und wurde im Juli 1992 in den USA wegen Verstrickung in den internat. Drogenhandel zu einer langjährigen Haftstrafe verurteilt.

Noriker (Nor. Pferd) [nach der Prov. Noricum], bis 165 cm schulterhohes Kaltblutpferd; meist braun (auch rauhhaarig) oder gescheckt. Gebirgs- und Arbeitspferd in zwei Schlägen, der leichtere *Oberländer* in Bayern und der schwerere *Pinzgauer* v. a. in Österreich.

Norilsk [russ. naˈriljsk], russ. Stadt im NW des Mittelsibir. Berglands, 174 000 E. TH; Theater; Abbau und Verhüttung von Nickel-, Kupfer- und Kobalterzen sowie Steinkohle. – 1935 gegr., seit 1953 Stadt.

Norit [nach Norwegen], bas. Tiefengestein der Gabbrogruppe, v. a. aus bas. Plagioklas (Labradorit) und rhomb. Augit.

Norm [zu lat. norma „Winkelmaß, Richtschnur, Regel"], vieldeutig verwendeter wiss. Kernbegriff, v. a. in den sog. *normativen (dogmat.) Wiss.* wie Rechtswiss., Moralphilosophie, Ethik u. a., die sich mit Handlungen befassen und/oder diese bewerten. N. kann *regulativ* (wertfrei) verwendet werden für beliebige Aufforderungen als allg. Handlungsorientierungen (Handlungsanweisungen) bzw. zur Erstellung von alltägl. oder rechtl. Institutionen, oder *moral.-eth.* (wertend) für Handlungsorientierungen, die eine moral. Argumentation zu ihrer Rechtfertigung erfordern. Deshalb werden auf solche Handlungen, Handlungsweisen oder -orientierungen bezogene Beurteilungen **normativ** gen.; da häufig das Bestehende auch eine Orientierungsfunktion besitzt, spricht man auch von der **Normativität des Faktischen.**

▷ in der *Mathematik* Verallgemeinerung des Begriffes ↑ Betrag von reellen Zahlen z. B. auf Funktionen, Vektoren oder Matrizen, allg. auf abstrakte Räume.

▷ in der *Rechtswiss.* Gesetze im materiellen Sinne, d. h. Rechtssätze, in denen der Gesetzgeber seinen Willen, die Beziehungen zw. den Rechtssubjekten allgemeinverbindlich zu regeln, durch Gebote und Verbote ausdrückt.

▷ in den *Sozialwiss.* die empirisch feststellbare Regelmäßigkeit eines sozialen Verhaltens in den verschiedenen Formen des menschl. Zusammenlebens. Der einzelne wird von der sozialen N. als gesellschaftlich mehr oder weniger feste und genaue Forderung nach einem bestimmten Verhalten betroffen. Unterschieden werden latente (noch nicht klar artikulierte, aber schon wirkende) von manifesten (allg. verabredeten und erklärten), traditionelle (unscharfe, aber ohne erklärten Sinnbezug immer schon geltende) von rationalen N. (zumeist gesetzten Rechtsnormen). Die Übereinstimmung von N. und tatsächl. Verhalten hängt ab vom Grad der Verinnerlichung (Internalisierung) und Anerkennung der N. durch die Individuen, von der Strenge und Wirksamkeit der Sanktionen gegen normwidriges Verhalten und (langfristig) von der Wirksamkeit (Funktionalität) der N. für Handlungsziele.

▷ in der *Technik* ↑Normung.

Norma [lat.] (Winkelmaß) ↑Sternbilder (Übersicht).

normal [lat.], allg. der Norm entsprechend, vorschriftsmäßig; üblich, gewöhnlich.

▷ Abk. n-, in der *Chemie* svw. geradkettig, unverzweigt (bezogen auf Moleküle).

Normalbenzine ↑Vergaserkraftstoffe.

Normale [lat.], eine Gerade, die in einem vorgegebenen Punkt einer Kurve *(Kurven-N.)* bzw. Fläche *(Flächen-N.)* senkrecht zur Tangente bzw. Tangentialebene in diesem Punkt steht.

▷ zur Darstellung einer bestimmten Einheit im Meßwesen oder zu Eichzwecken verwendete Körper oder Apparate, für die bestimmte Bedingungen festgelegt wurden. N. sind notwendig zur Verkörperung der Einheiten und werden auch als *Urmaß* oder *Prototype* bezeichnet (z. B. Urmeter und Urkilogramm).

Normalelement, eine konstante Spannung lieferndes elektrochem. Element, das zum Eichen von Meßgeräten verwendet wird, z. B. das ↑Weston-Element.

Normalgewicht ↑Körpergewicht.

Normalhöhenpunkt, Abk. NHP oder NH, amtlich festgelegter geodät. Höhenpunkt, auf den alle Höhenmessungen eines Staates bezogen werden. – ↑Normalnull.

Normalhorizont ↑Normalnull.

Normalität [lat.], einer Norm entsprechende Beschaffenheit oder Eigenschaft; normaler Zustand. – Im älteren Sprachgebrauch gilt als N. der (fiktive) Zustand einer wünschenswerten und damit als wertvoll erachteten Vollkommenheit und Ausgeglichenheit.

▷ (N. einer Lösung) ↑Konzentration.

Normaljahr (nlat. annus normalis [decretorius]), im Westfäl. Frieden 1648 auf 1624 (1. Jan.) festgesetzter Termin, entscheidend für Wiederherstellung bzw. Fortbestand des Besitzstandes kirchl. Güter und der konfessionellen Verhältnisse.

Normalkraft, eine Kraft, die senkrecht auf der Bahnkurve eines Massenpunktes oder Körpers oder auf einer Fläche steht.

Normalleistung, nach der REFA-Lehre die Arbeitsleistung, die bei ausreichender Eignung, nach vollzogener Einarbeitung und bei normalem Kräfteeinsatz im Mittelwert der Schichtzeit und bei Einhaltung der vorgegebenen Erholungs- und Verweilzeiten dauernd und ohne Gesundheitsschädigung von allen Arbeitern erreicht und erwartet wird.

Normallösung, bei Maßanalysen verwendete, meist wäßrige Lösung einer Substanz (Reagenz), die im Liter eine der ↑Äquivalentmasse der Substanz in Gramm entsprechende Menge, d. h. ein Grammäquivalent, enthält (1 N-Lösung). Daneben werden auch Lösungen mit Bruchteilen eines Grammäquivalents (z. B. 0,1 N-Lösung) verwendet.

Normalnull, Abk. NN oder N.N., in der *Geodäsie* Bez. für eine bestimmte Niveaufläche, die in einem Land als einheitl. Bezugsfläche bei der Ermittlung bzw. Angabe der Vertikalabstände beliebiger Punkte der Erdoberfläche vom mittleren Meeresniveau dient; diese auch als *N.fläche, Landes-* oder *Normalhorizont* bezeichnete Bezugsfläche geht durch einen in definierter Weise festgelegten *N.punkt,* der häufig ebenfalls als N. bezeichnet wird. Die dt. N.fläche für Höhenmessungen und Höhenangaben (als *Meereshöhe* oder *Höhe über* bzw. *unter N.;* angegeben in m ü. NN bzw. m u. NN) ist vom Nullpunkt des *Amsterdamer Pegels,* d. h. vom mittleren Wasserstand der Nordsee bei Amsterdam, abgeleitet. In Österreich beziehen sich die Höhenangaben auf eine Höhenmarke am Triester Pegel, in der Schweiz auf eine Höhenmarke an einem Felsblock im Genfer See.

Normalobjektiv ↑photographische Objektive.

Normalpotential (Standardpotential), die bei 25 °C gemessene elektr. Spannung zw. einem Halbelement (z. B. einer aus einem Metall gefertigten, in eine einmolare wäßrige Lösung eines seiner Salze tauchenden Elektrode) und einer ↑Wasserstoffelektrode als Bezugselektrode, deren N. gleich Null gesetzt wird.

Normalsichtigkeit (Emmetropie), Brechungszustand des optisch normalen Auges, bei dem sich parallel einfallende Lichtstrahlen beim Sehen in die Ferne, d. h. bei ausgeschalteter Akkomodation, in einem Punkt auf der lichtempfindl. Netzhaut vereinigen. Abweichungen von der N. bezeichnet man als ↑Fehlsichtigkeit.

Normaluhr, sehr genau gehende Uhr, deren Zeitanzeige als Zeitnormal für andere Uhren dient, z. B. die astronom. Hauptuhr in Sternwarten, die Mutteruhr in elektr. Uhrenanlagen, von der aus Nebenuhren gesteuert werden.

Normalverteilung (Gauß-Verteilung), die Verteilung einer stetigen Zufallsgröße, bei der die Wahrscheinlichkeitsdichte die Form einer Glockenkurve hat. Viele Verteilungen der statist. Praxis sind N., zumindest näherungsweise.

Normalzeit, svw. ↑Standardzeit.

Normandie. Steilküste in der Nähe von Fécamp

Normandie [nɔrman'di:, frz. nɔrmã'di], histor. Geb. in NW-Frankreich (heute die Regionen Basse-N. und Haute-N.). Die an den Kanal grenzende N. bildet keine landschaftl. Einheit; während der W noch Anteil am Armorikan. Gebirge in Fortsetzung der Bretagne besitzt, wird der größere östl. Abschnitt vom W-Flügel des Pariser Beckens beherrscht. Im W Heckenlandschaft (Bocage), der O gehört den offenen Agrarlandschaften an. Das Klima ist ozeanisch. Viehwirtschaft dominiert auf der Halbinsel Cotentin und in der Bocage normand. In den Ebenen von Caen, Argentan und Alençon werden Getreide, Zuckerrüben, Kartoffeln und Lein angebaut; im Vexin Zuckerrüben, Rinder-, Schafmast und Milchwirtschaft. Zahlr. Obstkulturen (Herstellung von Cidre, Weiterverarbeitung zu Calvados). Ind.-schwerpunkt ist das Geb. der unteren Seine mit den Zentren Rouen und Le Havre, außerdem Caen; wichtigster Hafen ist Dieppe. Zahlr. Seebäder.

Normandie
Historisches Wappen

Geschichte: Die N. ist nach den Normannen ben., die im 9. Jh. Teile des Landes eroberten. Das 911 gegr. normann. Hzgt. an der unteren Seine um Rouen und Évreux konnte bis 933 seine Besitzungen um Bayeux, Coutances und die Halbinsel Cotentin erweitern. Die Ausweitung des normann. Machtgebietes auf England – 1066 wurde der normann. Hzg. Wilhelm II. König von England, wohin sich auch das Machtgewicht verlagerte – bedrohte die Interessen des frz. Königshauses. 1202 wurden dem engl. König Johann I. ohne Land vom frz. König Philipp II. August seine frz. Lehen aberkannt, 1204 eroberte Philipp die N.; im Hundertjährigen Krieg umkämpft (1417–20 engl. Oberhoheit), seit 1450 endgültig zu Frankreich. – Im 2. Weltkrieg fand im Juni 1944 an der Küste der N. die Invasion der alliierten Streitkräfte statt.

Normannen, Bez. für diejenigen Wikinger, die sich auf dem Kontinent (N-Frankreich) niederließen und von dort nach England und S-Italien übergriffen. Die N. wurden 911 als Vasallen des frz. Königs in der Normandie ansässig. Unter ihrem Hzg. Wilhelm II. eroberten sie 1066 England (↑Wilhelm I., der Eroberer). Ab 1016 auch als Söldner in Unteritalien, unterwarfen sie 1057–85 unter Robert Guiscard die Reste des byzantin. Besitzes sowie die langobard. Ft.; Roberts Bruder Roger I. vertrieb 1061–91 die Sarazenen aus Sizilien. Roger II. schuf 1130 das Kgr. Sizilien, ein Beamtenstaat, der seine Blüte im 12. Jh. hatte und 1194 an die Staufer überging. – Die N. überlagerten in England die angelsächs. Kultur und schufen hier wie in der Normandie einen straff zentralisierten Lehnsstaat. Ihr Lehnsrecht war stark vom german. Sippen- und Gefolgschaftsethos geprägt.

Norrköping Stadtwappen

Normannisch, frz. Mundart, gesprochen in der Normandie. In der frz. Literatur, v. a. in den Lustspielen von Molière und P. de Marivaux, in den Novellen von G. de Maupassant erscheint das N. als Sprache der Bauern. Für eigenständige Mundartdichtung wurde es nur im 17. Jh. verwendet.

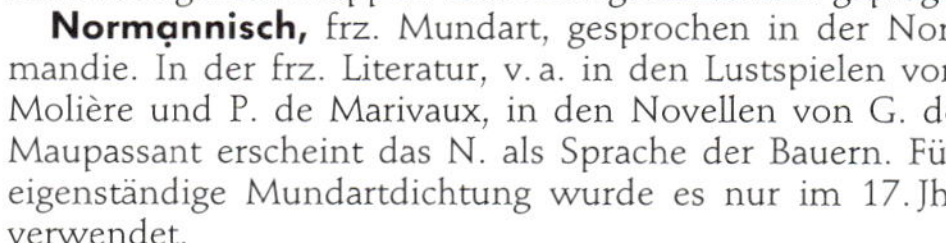

Mit der Eroberung Englands durch die Normannen (1066) kam das N. nach England. In frühanglonormann. Sprache wurden am Hofe Heinrichs II. die ersten frz. literar. Werke von europ. Bedeutung verfaßt; überliefert sind das „Alexiuslied“ und das „Rolandslied“ (Oxforder Roland). – Nach 1120 entwickelte sich das eigtl. **Anglonormannische,** das sich von dem N. des Festlands zunehmend unterschied. Nach dem Verlust der Normandie (1204) veränderte es sich stark, z. T. unter dem Einfluß des Angelsächsischen. Dennoch blieb es Sprache des Hofes und der Oberschicht bis ins 15. Jahrhundert.

Normannischer Baustil. Fassade des Doms in Cefalù, 1131–48

normannischer Baustil, in der Normandie im 11. Jh. ausgebildeter und durch die Normannen nach England (anglonormann. Stil) und Süditalien übertragener roman. Stil. Charakterist. Merkmale: dreischiffige Basilika, Doppelturmfassade, Vierungsturm über quadrat. Grundriß, dreiteiliger Wandaufriß (Arkaden, Emporen, Lichtgaden), Staffelchor, urspr. Flachdecke, ab etwa 1100 Kreuzrippenwölbung. Bauten in Frankreich: Abteikirche von Jumièges (1040–67, heute Ruine), Saint-Étienne (1065–81) und Sainte-Trinité (1059 ff.) in Caen, Abteikirche des Mont-Saint-Michel (2. Hälfte des 11. Jh.); sie bilden die Vorstufe der frz. Kathedralgotik. In England : Abteikirche in Saint Albans (1077–88) sowie der erste Bau der Kathedralen von Canterbury (1067 ff.), Winchester (1079 ff.), Durham (1093 ff.) und Peterborough (1118 ff.). In Sizilien: Dom von Cefalù (1131–48).

normativ [lat.] ↑Norm.

Normativbestimmungen, Bestimmungen, die durch eine Rechtsnorm aufgestellt sind oder wie eine Rechtsnorm wirken: im *Gesellschaftsrecht* der gesetzlich vorgeschriebene Mindestinhalt von Satzungen jurist. Personen; im *Arbeitsrecht* die Bestimmungen in Tarifverträgen, die für die Regelung bestimmter Materien den Charakter zwingender Rechtsnormen tragen (§ 1 Abs. 1 TarifvertragsG).

normative Grammatik ↑Grammatik.

Normdruck ↑Normzustand.

Normenkontrolle, gerichtl. Prüfung der Vereinbarkeit einer Rechtsnorm mit einer Rechtsnorm höheren Ranges, bes. eines Gesetzes mit der Verfassung (Normenkontrollverfahren). Man unterscheidet zw. abstrakter (außerhalb eines anhängigen Rechtsstreits) und konkreter (im Rahmen eines anhängigen Prozesses erfolgender) N. Für **abstrakte Normenkontrolle** ist in erster Linie das Bundesverfassungsgericht zuständig (Art. 93 Abs. 1 Ziff. 2 GG: Vereinbarkeit von Bundes- oder Landesrecht mit dem GG, von Landesrecht mit sonstigem Bundesrecht). Die abstrakte N. findet auf Antrag der Bundesreg., einer Landesreg. oder eines Drittels der Abg. des Dt. Bundestages hin statt. Im Landesrecht ist eine abstrakte N. durch Landesverfassungsgerichte vorgesehen. – Nach § 47 Verwaltungsgerichtsordnung entscheiden die Oberverwaltungsgerichte über die Rechtmäßigkeit von untergesetzl. Vorschriften nach dem Baugesetzbuch, insbes. für Bebauungspläne; Landesgesetze können auch sonstiges untergesetzl. Landesrecht (Rechtsverordnungen, Satzungen) dieser N. unterwerfen. Führt eine abstrakte N. zur Erkenntnis der Rechtswidrigkeit der Norm, so stellt das Gericht i. d. R. ihre Nichtigkeit fest.
Bei der **konkreten Normenkontrolle** erfolgt die Prüfung im Zusammenhang mit einem anhängigen Rechtsstreit. Hält das angerufene Gericht eine entscheidungserhebl. Rechtsnorm für rechtswidrig, so muß es entweder (bei vorkonstitutionellen, also vor Inkrafttreten der Verf. entstandenen Normen) die nichtige Norm nicht anwenden oder (bei nachkonstitutionellen Normen) die Frage der Rechtswidrigkeit der Norm dem Bundes- oder Landesverfassungsgericht zur Entscheidung vorlegen (Art. 100 Abs. 1 GG).

Normtemperatur ↑Normzustand.

Normung [lat.], in *Technik, Industrie und Wirtschaft* Bez. für eine einheitl. Festlegung einer (möglichst eindeutigen, sinnvoll abgestimmten) rationellen Ordnung durch Normen, wobei jede *Norm* eine optimale Lösung gleichartiger Aufgaben darstellt. N. fördert die Rationalisierung und Qualitätssicherung in Wirtschaft, Technik, Wissenschaft und Verwaltung, dient einer sinnvollen Ordnung und der Information auf dem jeweiligen N.gebiet, schafft Klarheit zw. Lieferanten und Kunden, erleichtert Konstruktion, Fertigung und Instandhaltung, trägt zur Verständigung in Wissenschaft und Technik bei und setzt Maßstäbe für Qualität und Sicherheit. Die vom ↑DIN Deutsches Institut für Normung e. V. herausgegebenen DIN-Normen enthalten im wesentlichen Begriffsbestimmungen, Benennungen, Baugrundsätze, Berechnungsunterlagen, Einheiten, Formelgrößen, Formen und Abmessungen, Sicherheitsgrundsätze, Güte- und Lieferbedingungen, Kennzeichnungen, Eigenschaften und Zusammensetzungen von Stoffen, Verfahren zum Messen und Prüfen, Gebrauchstauglichkeit von Waren, Bildzeichen sowie Verpackungsregeln.
Alle Länder, die Normen aufstellen, sind zusammengeschlossen in der ↑International Organization for Standardization (ISO), die zusammen mit der **International Electrotechnical Commission (IEC)** das System internat. N. darstellt. In Westeuropa bilden das **Europäische Komitee für Normung (CEN)** und das **Europäische Komitee für Elektrotechnische Normung (CENELEC)** die Gemeinsame Europ. Normeninstitution.

Normzustand, der Zustand eines festen, flüssigen oder gasförmigen Körpers bei bestimmten Bedingungen; wird durch eine bestimmte Temperatur **(Normtemperatur)** und einen bestimmten Druck **(Normdruck)** gekennzeichnet. Als **physikalischer Normzustand** bezeichnet man den Zustand eines Körpers bei einer Temperatur von 0 °C und einem Druck von 101 325 Pa (= 1,013 25 bar). Das Volumen eines Gases im physikal. N. wird als **Normvolumen** bezeichnet.

Nornen [entlehnt aus altnord. norn „Schicksalsgöttin"], die drei Schicksalsschwestern **Urd, Werdandi** und **Skuld** der german. Mythologie, die den griech. Moiren und den röm. Parzen entsprechen. Sie wohnen bei der Schicksalsquelle am Fuß der Weltesche Yggdrasil und bestimmen den Menschen bei der Geburt Geschick und Lebensdauer.

Norodom Sihanuk (N. Sihanouk), Prinz Samdech Preah, *Phnom Penh 31. Okt. 1922, kambodschan. Politiker (kambodschan. König 1941–55). – Bestieg 1941 den Thron, dankte 1955 zugunsten seines Vaters Norodom Suramarit (* 1896, † 1960) ab; gründete 1955 die „Volkssozialist. Partei" und wurde Min.präs., nach dem Tode seines Vaters 1960 Staatspräs., 1970 gestürzt; ging ins Exil nach Peking; kehrte nach dem Sieg der Roten Khmer 1975 nach Kambodscha zurück und war 1975/76 erneut Staatschef (Rücktritt); ging 1979 (Einmarsch der vietnames. Truppen) wieder ins Ausland; wurde 1982 Präs. einer Exilreg. der Widerstandskoalition gegen die provietnames. Reg. in Kambodscha, mit der er seit 1987 Verhandlungen zur Beendigung des Bürgerkriegs führte; nach Verzicht auf seine Ämter in der Widerstandskoalition seit Juli 1991 Präs. des Obersten Nationalrates von Kambodscha (Bestätigung als Staatsoberhaupt im Nov. 1991 mit seiner Rückkehr nach Kambodscha).

Norrbotten, nördlichster Verw.-Bez. von Schweden, reicht vom Bottn. Meerbusen entlang der finn. Grenze bis zur norweg. Grenze im Hochgebirge der Skanden, 98 911 km², 260 800 E; Hauptstadt Luleå. N. umfaßt die histor. Prov. N. und den N-Teil der histor. Prov. Lappland; vorwiegend Wälder und kahle Gebirgsflächen.

Norris, Frank, eigtl. Benjamin Franklin N. *Chicago 5. März 1870, † San Francisco 25. Okt. 1902, amerikan. Schriftsteller. – Gilt als Wegbereiter und Hauptrepräsentant des amerikan. Naturalismus um 1900. Sein bedeutendstes Werk, die unvollendete R.-Trilogie „Das Epos des Weizens" (1901–03), beschreibt den Existenzkampf der Weizenfarmer gegen die Eisenbahntrusts um 1900.

Norrish, Ronald [engl. ˈnɔrɪʃ], *Cambridge 9. Nov. 1897, † ebd. 7. Juni 1978, brit. Physikochemiker. – Prof. in Cambridge; arbeitete über Reaktionskinetik, Photochemie und entwickelte mit G. Porter spektroskop. Untersuchungsverfahren für schnell ablaufende Reaktionen. 1967 erhielt er mit M. Eigen und G. Porter den Nobelpreis für Chemie.

Norrköping [schwed. ˌnɔrtçøːpiŋ], Ind.stadt in M-Schweden, an der Mündung des Motalaström in die Ostsee, 119 000 E. Zentraler Ort für weite Teile Östergötlands, mehrere Museen; Garnison; Textilind., Herstellung von Radio- und Fernsehapparaten; Maschinen-, Holz- und Zellulose-, Gummi-, chem.-techn. und Nahrungsmittelind.; Hafen, Bahnknotenpunkt, internat. ✈. – 1284 erstmals als Stadt belegt.

Norrland, histor. Bez. für Nordschweden.

Norrström ↑ Mälarsee.

Norstad, Lauris [engl. ˈnɔːstæd], *Minneapolis 24. März 1907, † Arizona 12. Sept. 1988, amerikan. General. – Leitete im 2. Weltkrieg u. a. die Operationen der alliierten Luftstreitkräfte im Mittelmeerraum 1943/44; 1951 Oberbefehlshaber der US-Luftstreitkräfte in Europa, 1956–62 aller NATO-Streitkräfte in Europa.

Norte de Santander, Dep. in Kolumbien, an der Grenze gegen Venezuela, 21 638 km², 884 000 E (1985), Hauptstadt Cúcuta. N. de S. liegt in der Ostkordillere der Anden, reicht im S in die Magdalenasenke und im O bis in das Maracaibobecken.

North, Sir Dudley [engl. nɔːθ], *Westminster (= London) 16. Mai 1641, † Covent Garden (= London) 31. Dez. 1691, engl. Nationalökonom. – Wurde im Levantehandel reich; bekleidete bis 1688 verschiedene öff. Ämter. In krit. Auseinandersetzung mit dem ↑ Merkantilismus wurde N. Verfechter der Freihandelstheorie.

Northampton [engl. nɔːˈθæmptən], Stadt in den East Midlands, England, 156 800 E. Verwaltungssitz der Gft. Northamptonshire; kath. Bischofssitz; techn. College; Museen, Kunstgalerie; Schuh-, Leder-, elektrotechn., Textil-, Nahrungsmittelind., Maschinen- und Fahrzeugbau. – 914 erstmals erwähnt; seit 1189 Stadt. – Kirchen Saint Sepulchre's (11. Jh.; Rundbau) und Saint Peter's (1160).

Northampton
Stadtwappen

Northamptonshire [engl. nɔːˈθæmptənʃɪə], engl. Grafschaft.

North Atlantic Treaty Organization [engl. ˈnɔːθ ətˈlæntɪk ˈtriːtɪ ɔːgənaɪˈzeɪʃən] ↑ NATO.

Northbrook, Thomas George Baring, Earl of N. (seit 1876) [engl. ˈnɔːθbrʊk], *London 22. Jan. 1826, † Stratton Park (Hampshire) 15. Nov. 1904, brit. Politiker. – 1857/58 und 1880–85 Erster Lord der Admiralität; 1872–76 Vizekönig von Indien.

North Carolina [engl. ˈnɔːθ kærəˈlaɪnə], Bundesstaat im O der USA, 136 413 km², 6,63 Mill. E (1990), Hauptstadt Raleigh.

Landesnatur: Im O hat N. C. Anteil an der atlant. Küstenebene. Hinter der Flachküste mit ihren Nehrungen, Inseln und Lagunen folgt eine Marsch- und Sumpfzone. Sie wird landeinwärts vom hügeligen Piedmont Plateau abgelöst. Die Appalachen ragen mit zwei Ketten im O und im W in das Staatsgebiet. Das Klima ist im SO subtropisch, im W dagegen feucht-kontinental. N. C. ist bes. reich an Hartholzarten.

Norodom Sihanuk

Bevölkerung, Wirtschaft, Verkehr: Nur 43 % der Bev. leben in Städten; 22,5 % aller Einwohner sind Schwarze; 1988 wurden rd. 6 100 Indianer gezählt. Neben den 4 staatl. Univ. – die älteste und bedeutendste in Chapel Hill – bestehen private, vorwiegend kirchl. höhere Bildungsstätten. – Die Landw. ist der wichtigste Wirtschaftszweig; Hauptanbauprodukte sind Tabak (wichtigster Tabakproduzent der USA), Mais, Baumwolle, Erdnüsse und Sojabohnen. Die Viehwirtschaft wurde verstärkt nach 1950 entwickelt.; bed. Forstwirtschaft. Wichtige Bodenschätze sind Phosphat, Feldspat, Lithium und Glimmer. Führende Industriezweige sind die Textil- und Zigarettenind., die Herstellung von Möbeln und von Ziegeln (jeweils Platz 1 in den USA), außerdem chem., Elektromaschinen- und Nahrungsmittelind. Das Netz der staatl. Straßen beträgt 123 045 km, das der Eisenbahnen 5 925 km. N. C. besitzt 82 ✈.

Geschichte: Nach der Entdeckung des Landes durch den florentin. Seefahrer G. da Verrazano (1524) begann England zunächst erfolglos mit der Besiedlung; 1653 erste Siedlungen (am Albemarle Sound). 1689 Teilung der Kolonie in South Carolina und N. C., das 1729 Kronkolonie wurde. Bis zum Unabhängigkeitskrieg entwickelte sich N. C. zur drittgrößten Kolonie des Kontinents, die als erste für die Trennung vom Mutterland eintrat (12. April 1776); am 12. Nov. 1776 Verabschiedung der ersten Verfassung. Am 21. Nov. 1789 ratifizierte N. C. als 12. der Gründerstaaten die amerikan. Bundesverfassung, 1866 entschied es sich für die Sezession. 1868 Wiederaufnahme in die Union. Verfassungszusätze entzogen 1900 der schwarzen Bev. praktisch das Wahlrecht, was erst wieder durch Beschlüsse der Bundesreg. geändert wurde.

Ronald Norrish

Northcliffe, Alfred Charles William Harmsworth, Viscount (seit 1917) [engl. ˈnɔːθklɪf], *Chapelizod bei Dublin 15. Juli 1865, † London 14. Aug. 1922, brit. Verleger. – Baute mit seinem Bruder H. S. Harmsworth, Viscount Rothermere, den Zeitschriftenkonzern Amalgamated Press auf; begründete 1896 das erste Half-Penny-Blatt, die „Daily Mail", 1903 den „Daily Mirror" (erstes illustriertes Massenblatt seit 1904); besaß und sanierte finanziell „The Observer" (1905–11) und „The Times" (1908–22); veröffentlichte u. a. „Lord N.'s war book" (1917).

North Dakota [engl. ˈnɔːθ dəˈkoʊtə], Bundesstaat im N der USA, 183 119 km², 639 000 E (1990), Hauptstadt Bismarck.

Alfred Charles William Harmsworth Northcliffe

Landesnatur: Der östl. Teil von N. D. gehört zum Zentralen Tiefland, der westl. zu den Great Plains. Beide Landschaftsräume trennt der teilweise aufgestaute Missouri. Das

Klima kennzeichnen lange, oft sehr kalte Winter und kurze Sommer. Urspr. herrschte auf Grund der niedrigen Niederschläge Grasland vor, das heute zum großen Teil durch Getreidebau genutzt wird. Entlang der mit Wald bestandenen Flüsse finden sich Virginiahirsche, Elche und Bären.
Bevölkerung, Wirtschaft, Verkehr: Schwarze stellen nur 0,4 % der Gesamtbev., dagegen leben in N. D. 23 600 Indianer, überwiegend in Reservaten. Rd. 49 % der Bev. leben in Städten, unter denen Fargo die größte ist. In N. D. gibt es 2 Univ. – Wichtigster Wirtschaftszweig ist die Landw. bei vorherrschendem Ackerbau. Oft ist künstl. Bewässerung notwendig. In der Gersten- und Roggenerzeugung ist N. D. führend, in der Weizenerzeugung liegt es auf Platz 2; außerdem Anbau von Mais, Zuckerrüben, Kartoffeln und Flachs; Rinderzucht. Wichtige Bodenschätze sind Erdöl, Erdgas und Braunkohle. Führender Ind.zweig ist die Nahrungsmittelind. N. D. hat mehr als 170 956 km Straßen, aber nur 8 468 km Eisenbahnlinien. Es gibt 262 ✈.
Geschichte: Erste Europäer im Gebiet des heutigen N. D. waren 1738 Franzosen; kam als Teil von Louisiane 1803 in den Besitz der USA, wurde 1861 Bestandteil des Dakota-Territoriums und 1889 als 39. Staat in die Union aufgenommen.

Northeim, Krst. oberhalb der Rhumemündung in die Leine, Nds.; 121 m ü. d. M., 30 800 E. Zentraler Ort eines landw. Geb. mit Karosseriebau, Schuhind., Kunststoffverarbeitung. – Um 800 erstmals gen.; im 11. Jh. Stammsitz der Grafen von N., die hier 1080 ein Benediktinerkloster gründeten; erhielt 1252 Stadtrecht; bis 1556 Mgl. der Hanse. – Spätgot. Sankt-Sixti-Kirche (1464–1517); Reste des Mauerrings (1252 ff.).
N., Landkr. in Niedersachsen.

North Minch [engl. 'nɔ:θ 'mɪntʃ] ↑Hebriden.

North Platte River [engl. 'nɔ:θ 'plæt 'rɪvə], linker Quellfluß des Platte River, entsteht (mehrere Quellflüsse) im nördl. Colorado, 1 094 km lang.

John Howard Northrop

Northrop, John Howard [engl. 'nɔ:θrəp], * Yonkers (N. Y.) 5. Juli 1891, † Wickenberg (Ariz.) 16. Juli 1987, amerikan. Chemiker. – Prof. am Rockefeller Institute in New York und in Berkeley; arbeitete u. a. über Aufbau, Eigenschaften und chem. Kinetik der Proteine, bes. der Enzyme; stellte 1930 Pepsin und Trypsin, 1941 den ersten Antikörper kristallin dar und erhielt 1946 zus. mit W. M. Stanley und J. B. Sumner den Nobelpreis für Chemie.

North Slope [engl. 'nɔ:θ 'sloʊp] ↑Alaska.

Northumberland [engl. nɔ:'θʌmbələnd], um 1080 erstmals verliehener engl. Earl- und Hzg.titel. 1377 Verleihung an Henry de Percy (* 1341, † 1408), in dessen Fam. der Titel bis 1670 blieb; 1750 erbte Sir Hugh Smithson (* 1715, † 1786) den Titel (1766 zum Hzg. von N. erhoben). Bed. Vertreter:

Verwaltungsgliederung (Stand 1990)

Fylke	Fläche (km²)	E (in 1000)	Hauptstadt
Akershus	4 917	414	Oslo
Aust-Agder	9 212	97	Arendal
Buskerud	14 927	225	Drammen
Finnmark	48 637	74	Vadsø
Hedmark	27 388	187	Hamar
Hordaland	15 634	409	Bergen
Møre og Romsdal	15 104	238	Molde
Nordland	38 327	240	Bodø
Nord-Trøndelag	22 463	127	Steinkjer
Oppland	25 260	183	Lillehammer
Oslo	454	458	Oslo
Østfold	4 183	238	Moss
Rogaland	9 141	336	Stavanger
Sogn og Fjordane	18 634	107	Leikanger
Sør-Trøndelag	18 831	250	Drontheim
Telemark	15 315	163	Skien
Troms	25 954	147	Tromsø
Vest-Agder	7 280	144	Kristiansand
Vestfold	2 216	197	Tønsberg

N., John Dudley Hzg. von (seit 1549), Viscount Lisle (seit 1542), Earl of Warwick (seit 1547), * 1502, † London 22. Aug. 1553, Staatsmann. – Übte als Mgl. des Regentschaftsrates für Eduard VI. 1549–53 die Herrschaft über England aus; versuchte, seine Schwiegertochter Lady Jane Grey auf den Thron zu bringen; wurde von den Anhängern Königin Marias I. gefangengesetzt und hingerichtet.

Northumberland [engl. nɔ:'θʌmbələnd], nördlichste Gft. Englands.

Northumbria [engl. nɔ:'θʌmbrɪə] (Northumbrien), angelsächs. Kgr. in NO-England zw. Humber und Firth of Forth, Anfang des 7. Jh. entstanden; wurde 955 Bestandteil des entstehenden Kgr. England.

North-West Frontier Province [engl. 'nɔ:θ 'wɛst 'frʌntɪə 'prɔvɪns], Prov. in Pakistan, an der Grenze gegen Afghanistan, 74 522 km², 12,3 Mill. E (1985), Hauptstadt Peshawar. – Die Prov. ragt im N mit Höhen von über 7 000 m bis in den Hindukusch und Karakorum hinein und sinkt nach S bis zum Kabul auf unter 2 000 m ab. Südl. des Kabul erhebt sich die Safed Koh Range bis zu 4 750 m Höhe. Wichtigster Wirtschaftszweig ist die Landw. (Anbau von Weizen, Reis, Gemüse, z. T. in Bewässerungsfeldbau, daneben nomad. Schaf- und Ziegenhaltung in den Bergländern). Das Gebiet wird von den zahlr. krieger. Stämmen der Pathanen beherrscht, deren Autonomiebestrebungen von Afghanistan unterstützt werden.

North West Highlands [engl. 'nɔ:θ 'wɛst 'haɪləndz] ↑Highlands.

Northwest Territories [engl. 'nɔ:θ'wɛst 'tɛrɪtərɪz] (dt. Nordwestterritorien), nordkanadisches Verw.-Geb., 3 293 020 km², 53 800 E (1990), Hauptstadt Yellowknife.
Landesnatur: Der größte Teil der N. T. wird vom Kanad.-Arkt. Archipel und vom Kanad. Schild eingenommen. Westl. an ihn schließt sich die Niederung am Mackenzie River an. Das Klima ist subarktisch bis arktisch; die Grenze des Dauerfrostbodens verläuft nur wenig abweichend der nördl. Baumgrenze etwa vom Mündungsgebiet des Mackenzie River über den östl. Großen Bärensee und den Großen Sklavensee zur Hudsonbai in der Höhe von Churchill. Im SW und W nimmt offene Tundra weiten Raum ein. In den N. T. leben Karibu, Elch, Schwarzbär, Grizzly, Wolf, Lemming, Polarhase, Polarfuchs, Nerz, Hermelin, Moschusochse, Bergziege und Bergschaf. Die Gewässer sind überaus fischreich.
Bevölkerung, Wirtschaft, Verkehr: Urspr. war das Geb. v. a. von Eskimo, aber auch Athapasken bewohnt, die zus. heute rd. 60 % der Bev. ausmachen. Wichtigster Wirtschaftszweig ist der Bergbau auf Zink, Blei, Gold, Silber, Wolfram, Kupfer, Cadmium und Wismut. Erdöl wird bei Norman Wells seit 1920 gefördert, in jüngerer Zeit auch im Bereich des Deltas des Mackenzie River. Trotz der großen Schwierigkeiten wird auch im Kanad.-Arkt. Archipel Erdöl und -gas gefördert. Wichtig sind auch der Pelztierfang und die kunsthandwerkl. Arbeiten der Eskimo. Die einzige Bahnlinie (nur Fracht) führt nach Hay River und Pine Point am Großen Sklavensee. Die Binnenschiffahrt auf den Flüssen und Seen ist auf etwa 4 Monate im Jahr beschränkt. Durch Highways sind Yellowknife und Fort Simpson mit dem S verbunden. Überaus wichtig ist das Flugzeug als Verkehrsträger.
Geschichte: 1870 trat die Hudson's Bay Company ihre bisherigen Besitzungen in Britisch-Nordamerika an die kanad. Reg. ab, die sie 1870 zu den N. T. vereinigte und 1880 um den vorher brit. Kanadisch-Arkt. Archipel erweiterte. Aus dem Teil der N. T. südl. von 60° n. Br. und westl. der Hudsonbai entstanden bis 1912 die Prov. Manitoba, Saskatchewan und Alberta in ihren heutigen Grenzen. Die Prov. Ontario und Quebec wurden bis zur Hudsonbai bzw. bis zur Hudsonstraße erweitert. Der äußerste NW wurde 1898 als selbständiges Yukon Territory organisiert.

Northwest Territory [engl. 'nɔ:θ'wɛst 'tɛrɪtərɪ], erstes nat. Territorium der USA, zw. Ohio, Mississippi und den Großen Seen gelegen, im Frieden von Paris (1783) den USA zugesprochen. 1787 verabschiedete der Kongreß die sog. Northwest Ordinance, die die provisor. Verwaltung des

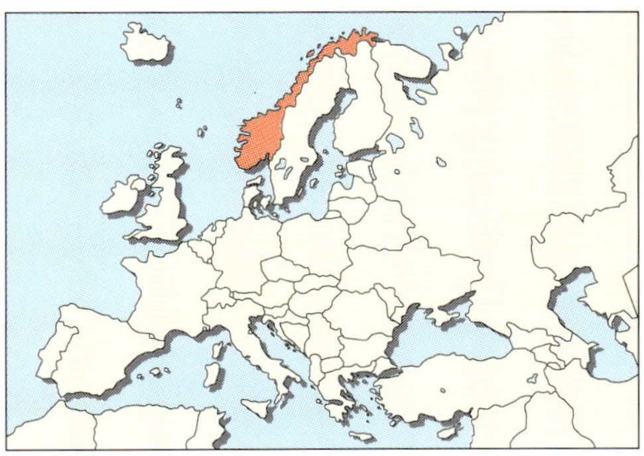

Norwegen

Fläche: 323 895 km²
Bevölkerung: 4,25 Mill. E (1990), 13 E/km²
Hauptstadt: Oslo
Amtssprache: Norwegisch
Nationalfeiertag: 17. Mai
Währung: 1 Norweg. Krone (nkr) = 100 Øre (Ø)
Zeitzone: MEZ

N. T. schuf, jedoch gleichzeitig die polit. Weiterentwicklung des N. T. bei zunehmender Bev.dichte festlegte: Vorgesehen war die Aufgliederung in Territorien mit Selbstverwaltung, die nach Erfüllung bestimmter Voraussetzungen (v. a. Erreichung der Einwohnerzahl des kleinsten bestehenden Bundesstaates) als Bundesstaaten in die USA aufgenommen werden sollten. Die Northwest Ordinance war das grundlegende Beispiel für die polit. Entwicklung sämtlicher US-Territorien. Die Sklaverei wurde untersagt. Aus dem N. T. wurden die Staaten Ohio (1803), Indiana (1816), Illinois (1818), Michigan (1837) und Wisconsin (1848) gebildet; der äußerste NW des N. T. kam zum 1849 gegr. Territorium Minnesota.

North Yorkshire [engl. 'nɔ:θ 'jɔ:kʃɪə], Gft. in N-England.

Norvo, Red [engl. 'nɔ:voʊ], eigtl. Kenneth Norville, * Beardstown (Ill.) 31. März 1908, amerikan. Jazzmusiker (Vibraphonist). – Arbeitete u. a. in den Orchestern von B. Goodman und W. Herman. Einflußreich wurde sein Trio von 1950 (mit T. Farlow und C. Mingus), mit dem er eine Art „Kammer-Jazz" pflegte. N. ist stilistisch bes. dem Swing verbunden.

Norway, Nevil Shute [engl. 'nɔ:wɛɪ], engl. Schriftsteller, ↑ Shute, Nevil.

Norwegen (amtl.: Kongeriket Norge; dt. Königreich Norwegen), konstitutionelle Erbmonarchie in Nordeuropa, zw. 57° 57′ und 71° 11′ n. Br. sowie 4° 30′ und 31° 10′ ö. L. **Staatsgebiet:** Es grenzt im N und W an das Europ. Nordmeer, im SW an die Nordsee, im S an das Skagerrak, im O an Schweden, im NO an Finnland und an Rußland. Zu N. gehören außerdem im Europ. Nordmeer Svalbard (einschl. Spitzbergen) und Jan Mayen sowie im Südatlantik die Bouvetinsel und im Pazifik die Peter-I.-Insel. **Verwaltungsgliederung:** 19 Fylker, zuzügl. Außenbesitzungen. **Internat. Mitgliedschaften:** UN, NATO, Nordischer Rat, Europarat, EFTA, OECD, Freihandelsabkommen mit den EG.

Landesnatur: N. liegt im W der Skand. Halbinsel. Die N–S-Ausdehnung beträgt 1 752 km, die größte O–W-Ausdehnung 430 km. ⅓ des Staatsgebiets liegt nördl. des Polarkreises. Die Küstenlänge beträgt mit Einbeziehung der Buchten und Fjorde rd. 21 000 km (ohne diese 2 650 km). Das Landesinnere wird durch weite Hochflächen bestimmt. Im W liegt das zentralnorweg. Gebirge, das nach W steil, nach O schwach abfällt und in dem die höchsten Erhebungen des Landes, Glittertind (2 472 m) und Galdkøping (2 469 m), liegen; die höchsten Lagen sind vergletschert. Die Küsten, denen zahlr. Schären und Inseln vorgelagert sind, sind durch Fjorde stark gegliedert.

Klima: Es wird bestimmt durch die Breitenlage, die Lage innerhalb der außertrop. Westwindzone und den Einfluß des Nordatlant. Stroms (Golfstrom). Der Unterschied zw. N und S ist gering, der zw. O und W stark ausgeprägt. Die Luvseite der Gebirge ist niederschlagsreich. Die Schneegrenze liegt in Küstennähe bei 1 200 m, im Landesinneren bei 2 000 m ü. d. M.

Vegetation: An der Skagerrakküste treten noch mitteleurop. Laubwälder auf. Mittel- und Nord-N. liegen im nordeurop. Nadelwaldgürtel. Auf die Nadelwaldstufe folgt im ganzen Land ein Birkengürtel; er ist in der Finnmark oft flächenhaft ausgedehnt. Die Vegetationsstufe des Fjell besteht aus Zwergsträuchern, Stauden, Moosen und Flechten.

Tierwelt: Selten geworden sind Bär, Wolf und Luchs. Häufig kommen Elch, Fuchs, Marder, Dachs, Lemming und Biber vor, daneben die halbgezähmten Rens der Lappen. Die Flüsse sind reich an Forellen und Lachsen. Zahlr. Seevögel nisten auf Kliffen und Vogelfelsen.

Bevölkerung: Neben den zur nord. Rasse gehörenden Norwegern leben als Minderheiten Lappen und Finnen im Land, auf Spitzbergen auch Russen u. a.; 90 % der Bev. gehören der Staatskirche an. Es besteht 9jährige Schulpflicht. N. verfügt über 4 Univ., zehn jeweils auf bestimmte Fächer begrenzte Hochschulen mit Univ.-Rang sowie fünf Kunst- und Musikhochschulen.

Wirtschaft: Traditionsgemäß ist auf den norweg. Bauernhöfen, deren landw. Nutzfläche meist unter 2 ha liegt, die Landw. eng verknüpft mit Fischerei bzw. Waldarbeit. Angebaut werden v. a. Roggen, Gerste und Kartoffeln. Die Erträge sind hoch auf Grund moderner Methoden und z. T. starker Mechanisierung der Betriebe. Die wichtigsten Anbaugebiete liegen auf der Halbinsel Jæren, um den Oslofjord und in Trøndelag. Die Viehwirtschaft hat sich auf die Erzeugung von Milch und Milchprodukten spezialisiert. Holzwirtschaft und Fischerei sind wichtige Wirtschaftsfaktoren, letztere ist im N weitgehend die einzige Existenzgrundlage. Gefangen werden v. a. Hering (der zum großen Teil zu Fischmehl verarbeitet wird) und Dorsch (der als Klipp- und Stockfisch, gesalzen, tiefgefroren oder in Konserven in den Handel kommt). Für 1993 kündigte N. die Wiederaufnahme des Walfangs an. An Bodenschätzen verfügt N. über Eisenerze nahe der Grenze zu Rußland, Kupfererze in Nordland, Titanoxid und Molybdän in Süd-N. sowie Kohle auf Spitzbergen. Wichtigste Bodenschätze sind jedoch die Erdöl- und Erdgasvorkommen, die in der Nordsee gefördert werden. 1971 begann die Förderung im Feld Ekofisk. Stavanger und Bergen entwickelten sich zu Zentren der Erdölind.; dank der Erdölvorkommen und der Nutzung der Wasserkraft ist N. autark in der Energieversorgung. Die Nutzung der Wasserkraftreserven fördert v. a. Metall- (insbes. Aluminiumind.) und elektrochem. Ind.; rückläufig ist der Schiffbau; bed. sind auch petrochem., elektrotechn. und elektron. Ind. sowie Maschinenbau, Holzveredlung (u. a. Zeitungspapier, Pappe), Fischverarbeitung und Fremdenverkehr.

Außenhandel: Ausgeführt werden Erdöl und -produkte, Schiffe, elektrotechn. Erzeugnisse, Aluminium, Eisen und Stahl, nichtelektr. Maschinen, Chemikalien, Fisch und Fischwaren, Papier und Pappe, eingeführt Schiffe, Maschinen und Geräte, Kfz, Erze, Bekleidung, Metallwaren u. a. Die wichtigsten Handelspartner sind die EG-Länder, die EFTA-Staaten, Schweden, USA und Japan.

Verkehr: Das Eisenbahnnetz hat eine Länge von 4 044 km, das gesamte Straßennetz von 88 800 km. Große Bed. hat die Küstenschiffahrt, da viele Orte vom Land her nicht er-

Norwegen

Staatswappen

Internationales Kfz-Kennzeichen

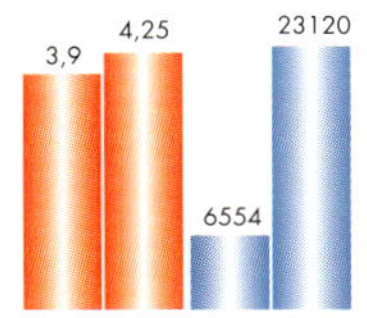

1970 1990 Bevölkerung (in Mill.)
1970 1990 Bruttosozialprodukt je E (in US-$)

Stadt Land
25%
75%

Bevölkerungsverteilung 1990

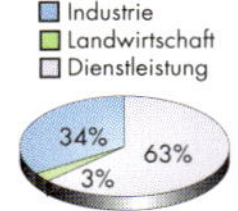

Bruttoinlandsprodukt 1989

Norwegen. Landschaft nördlich des Sognefjords

reichbar sind. Die Handelsflotte ist seit 1975 von 25,4 Mill. BRT auf (1988) 13,8 Mill. BRT fast um die Hälfte geschrumpft. Wichtige Seehäfen sind Narvik, Tønsberg, Oslo, Prosgrunn, Stavanger, Kirkenes, Bergen, Drontheim und Mo i Rana neben vielen kleineren Häfen. N. ist mit $^2/_7$ am Scandinavian Airlines System (SAS) beteiligt. Zusammen mit drei weiteren nat. Luftverkehrsgesellschaften wird von der SAS auch der Inlandsflugverkehr durchgeführt. Neben 38 ✈ verfügt N. über einen internat. ✈ bei Oslo.

Geschichte: Zur Vorgeschichte ↑Europa.

Mittelalter: Im Gebiet der Norweger bestanden bis zum 9. Jh. zahlr. Kleinkönigtümer, die durch Handel (mit England, dem Frankenreich u. a.) und Kriegszüge zu Wohlstand gekommen waren. Zu dieser Zeit war N. auch Ausgangspunkt der Fahrten der ↑Wikinger. Älteste Nachricht über die Geschichte N. liefert die Chronik „Heimskringla" des Isländers Snorri Sturluson (12./13. Jh.). Er nennt als ersten König, dem die Vereinigung der Kleinkgr. gelang, Harald Hårfagre („Schönhaar", † 930). Die Familien, die sich seinem Druck nicht beugen wollten, siedelten sich in Island an. Nach dem Tod Haralds zerfiel das Reich wieder. Olaf I. Tryggvesson (♔ 995–1000) setzte um die Jahrtausendwende die Christianisierung mit Hilfe engl. Missionare durch. Olaf II. Haraldsson (der Heilige, ♔ 1015–30) setzte das Werk der Neuerungen und Reformen fort (u. a. Einführung lehnsrechtl. Bindungen) und erneuerte die Kirchenorganisation mit Hilfe engl. Geistlicher. Harald der Strenge (⚔ 1066) wurde 1047 erstmals als Alleinkönig anerkannt. Er und seine Nachfolger versuchten, durch Kriegszüge die norweg. Herrschaft in England, Irland und auf den Inseln zu festigen. 1152/53 erhielt die norweg. Kirche durch die Erhebung des Bistums Nidaros (= Drontheim) zum Erzbistum für N., Island und Grönland Machtzuwachs. Zw. 1130 und 1240 war die Geschichte N. von heftigen Auseinandersetzungen zw. den weltl. und geistl. Gewalten um die Vorherrschaft bestimmt. Es gelang schließlich der Kirche, ihre Ansprüche durchzusetzen, indem sie mit Magnus Erlingsson einen ihr ergebenen Herrscher krönte (1163 oder 1164). Jedoch kam schon 1184 mit Sverre Sigurdsson (gekrönt 1194) die Gegenpartei zur Macht. Erst in der langen Reg.zeit Håkon Håkonssons (♔ 1217–63) festigte sich das Reich (größte territoriale Ausdehnung: Grönland, Island, Teile des heutigen Schweden, zahlr. Inseln, u. a. die Hebriden und die Färöer gehörten zu N.). Im Konkordat von Tønsberg wurde 1277 der Streit mit der Kirche beendet. Im 14. Jh. war N. zunehmend wirtsch., aber auch polit. von der Hanse beeinflußt, die seit 1236 in Bergen eine Niederlassung hatte. Mit dem Tod Håkons V. 1299 ging die Krone an seinen Enkel Magnus Erichsson (Sohn von Håkons Tochter Ingeborg und dem Bruder König Birgers von Schweden). Mit dessen Übernahme der Krone auch in Schweden (1319) begann die norweg.-schwed. dynast. Verbindung, die durch ↑Margarete I. in der Kalmarer Union (unter Einbeziehung von Dänemark) ihren rechtl. Rahmen erhielt. Nach dem Tod ihres einzigen Sohnes Olaf IV. Håkonsson verhalf sie ihrem Großneffen zum Thron der 3 skandinav. Reiche (Erich VII., König von Dänemark, N. und Schweden, gekrönt 1397 in Kalmar). 1523 erklärte Gustav I. Schwedens Austritt aus der Kalmarer Union.

Dän.-norweg. Union: N., das nach der Wahl Christians I. von Dänemark durch die Union von Bergen (1450) enger mit Dänemark verbunden war als Schweden, wurde 1536 zu einem Teil Dänemarks erklärt, der norweg. Reichsrat wurde aufgelöst. Als histor. und soziale Einheit blieb N. jedoch erhalten und erlangte seine jetzige Gestalt durch den Gewinn Finnmarks (Friede von Knäred, 1613) einerseits und den Verlust von Härjedalen, Jämtland (Friede von Brömsebro, 1645) und Bohuslan (Friede von Roskilde, 1658) an Schweden andererseits.

Diese polit. Veränderungen zu Beginn der *Neuzeit* brachten für N. v. a. wirtsch. Verbesserungen. Europas Seehandelsinteressen richteten sich durch die Verlagerung des Schwerpunkts der Außenpolitik nach dem europ. W auf den Atlantik und führten zum Aufblühen von Handel und Handwerk in den seit je bed. norweg. Atlantikhäfen. Die bis ins 18. Jh. durch ein dän. Einfuhrmonopol gestützte landw. Selbstversorgung besserte sich, als N. sich aus der wirtsch. Abhängigkeit der Hanse lösen konnte. Die alten Wirtschaftszweige Schiffbau und Holzexport wurden durch vorausschauende Beschränkung im Holzeinschlag gesichert und durch techn. Neuerungen (z. B. wasserbetriebene Sägewerke seit dem 16. Jh.) rationalisiert; eine bed. Handelsflotte wurde aufgebaut. Der Bergbau (Silber, Kupfer, Eisen) war ertragreich. Mit dieser Entwicklung ging die Entstehung eines freien Bauernstandes und eines modernen Handelsbürgertums einher.

Die Kontinentalsperre zu Beginn des 19. Jh. bedeutete für den norweg. Seehandel einen vollkommenen Stillstand. In die Napoleon. Kriege war N. 1807–14 auf Seiten Frankreichs verwickelt (Dänemark hatte das Bündnis mit England verweigert). Im Kieler Frieden 1814 wurde Dänemark gezwungen, auf N. zugunsten Schwedens zu verzichten. Der dän. König hatte diese Gefahr abwenden wollen und seinen Vetter Christian Friedrich als Statthalter nach N. geschickt. Dort wollte man die ungeklärte Situation zur Wiedererlangung der Selbständigkeit ausnutzen. Am 17. Mai 1814 wurde in Eidsvoll eine Verfassung auf der Grundlage der Gewaltenteilung (Storting, Kabinett) beschlossen und Christian Friedrich zum König gewählt. Durch den Einmarsch schwed. Truppen erzwang der schwed. Kronprinz Karl Johann am 4. Nov. 1814 zwar die Wahl des schwed.

Norwegen. Ein Stabbur, zweigeschossiges Vorratsgebäude auf norwegischen Bauernhöfen

Königs Karl XIII. zum König von N., doch konnte die Verfassung bewahrt werden, wenn auch die Außenpolitik durch Schweden bestimmt wurde. Der König wurde in N. durch einen Statthalter vertreten.
Während der Zeit der *schwed.-norweg. Union* standen Bemühungen um größere Selbständigkeit im Zentrum der norweg. Politik; die diesen Bestrebungen entgegengesetzte Bewegung des Skandinavismus, die auf einen Zusammenschluß der skandinav. Länder zielte, fand nur wenige Anhänger. König Oskar II. (♔ 1872–1905) stimmte 1873 der seit 1854 vom Storting geforderten Aufhebung des Statthalterpostens für N. zu. Zur gleichen Zeit jedoch entstand der sog. Vetostreit, aus dem sich ein langwieriger Verfassungskonflikt entwickelte: Nach 3maligem Veto des Königs gegen eine vom Storting erstmals 1872 beschlossene Verfassungsänderung entschied die Stortingsmehrheit 1880, daß das Gesetz auch ohne königl. Billigung gültig sei. Das polit. Ergebnis des Streits war, daß die Opposition – die liberalen Linken (Venstre) – die große Mehrheit gewann und 1884 die Reg. bildete. Damit hatte sich der Parlamentarismus in N. durchgesetzt. 1898 wurde das allg. Wahlrecht für Männer, 1913 auch für Frauen eingeführt. Als sich die Unionsfrage erneut zuspitzte, trat die norweg. Staatsratsabteilung in Stockholm am 7. Juni 1905 zurück und entzog damit dem König die verfassungsmäßige Grundlage zur Ausübung seiner Funktionen in N. Nachdem eine Volksabstimmung (13. Aug.) eine Mehrheit von fast 100 % für die Auflösung der Union erbracht hatte, stimmte Schweden zu. Am 18. Nov. 1905 wurde der dän. Prinz Karl zum König von N. gewählt (als Håkon VII., König von Norwegen).
Der selbständige norweg. Staat: Im 1. Weltkrieg bewahrte N. trotz brit. Drucks und trotz der Eröffnung des uneingeschränkten U-Boot-Kriegs durch Deutschland (1917) die Neutralität. In der Zwischenkriegszeit dominierten innenpolit. Fragen. Inflation und Arbeitslosigkeit führten in den 1920er Jahren zu einer Radikalisierung der 1887 gegr. Arbeiterpartei, die sich 1927 mit den Sozialdemokraten zusammenschloß, und zur Gründung einer kommunist. Partei (1923). 1933 gründete V. A. L. Quisling die faschist. Splitterpartei der Nat. Sammlung (Nasjonal Samling). Bed. erlangte sie erst, nachdem Hitler im 2. Weltkrieg das norweg. Bemühen um Beibehaltung der Neutralität mit dem Einmarsch dt. Truppen in N. (9. April 1940) zunichte gemacht hatte und Quisling am 1. Febr. 1942 eine von Reichskommissar J. Terboven abhängige Reg. gebildet hatte. Die Exilreg. trat kurz nach ihrer Wiederkehr 1945 aus Großbritannien zurück, um einem Übergangskabinett unter E. Gerhardsen, dem Führer der Arbeiterpartei, Platz zu machen. Die Wahlen vom Okt. 1945 brachten der Arbeiterpartei die absolute Mehrheit. Min.präs. Gerhardsen (1945–51, 1955–65) führte die norweg. Innenpolitik auf dem vor dem Krieg eingeschlagenen, vom schwed. Sozialismus beeinflußten Weg weiter. Außenpolitisch gab N. seine Neutralität auf und trat 1949 der NATO bei, nachdem der Plan eines skand. Verteidigungspakts gescheitert war. 1960 schloß sich N. der EFTA an und bemühte sich 1963 gemeinsam mit Großbritannien vergeblich um die Aufnahme in die EWG. Der ab 1970 angestrebte EG-Beitritt wurde 1972 durch Volksabstimmung abgelehnt. In den Parlamentswahlen seit den 70er Jahren dominierte die Arbeiterpartei, sie stellte 1971/72, 1973–81 und 1986–89 die Min.präs. (teilw. Minderheitskabinette). Die Konservative Partei bildete 1972/73 (bürgerl. Koalition), 1981–86 und 1989/90 (Minderheitskabinette) die Reg. Das konservative Kabinett unter Min.präs. J. P. Syse scheiterte an der immer noch kontrovers diskutierten Europapolitik (Rücktritt im Okt. 1990). Frau Harlem Brundtland bildete daraufhin wieder ein von der Arbeiterpartei geführtes Minderheitskabinett (Schwerpunkte: Umweltschutz, Bekämpfung der Arbeitslosigkeit, Jugendpolitik, EG-Beitrittsgesuch 1992). – Nach dem Tod König Olafs V. (17. Jan. 1991) wurde König Harald V. Staatsoberhaupt.
Politisches System: Nach der Verfassung vom 17. Mai 1814, zuletzt geändert im Nov. 1967, ist N. eine konstitutionelle Erbmonarchie. *Staatsoberhaupt,* Oberbefehlshaber der Streitkräfte und Oberhaupt der ev.-luth. Staatskirche ist der König. Die *Exekutive* liegt formal beim Monarchen, der Inhalt der königl. Beschlüsse, die vom Min.präs. gegengezeichnet werden müssen, wird von der Reg. (Staatsrat) bestimmt. Die Krone ernennt die Reg., die dem Parlament verantwortlich ist, durch Bestätigung der Min.liste des Führers der stärksten Fraktion oder einer Parteienkoalition. Die *Legislative* liegt beim Parlament (Storting), dessen 165 Abg. nach dem Verhältniswahlsystem (aktives und passives Wahlrecht mit 20 Jahren) für 4 Jahre gewählt werden. Das Parlament ist vorzeitig nicht auflösbar. Ein Viertel der Abg. wird aus dem Gesamtparlament in das Lagting gewählt, die übrigen bilden das Odelsting, in dem jedes Gesetz zuerst vorgeschlagen werden muß. Von großer Wichtigkeit ist das Amt des vom Parlament ernannten Ombudsmann, der die Rechte der Bürger gegenüber staatl. Aktivitäten wahren soll. Im Storting sind folgende *Parteien* vertreten: die sozialdemokrat. Arbeiterpartei (Arbeiderpartiet); die Konservative Partei (Høyre); die Fortschrittspartei (Fremskrittspartiet); die Sozialist. Linkspartei (Sosialistik Venstreparti); die Christl. Volkspartei (Kristelig Folkeparti); das Zentrum (Senterpartiet); die Liberale Partei (Venstre). Die 36 Einzelgewerkschaften (insgesamt rd. 760 000 Mgl.) sind im Landesgewerkschaftsbund zusammengeschlossen.

Norwegen. Das Fischereizentrum Alesund, westlicher Teil der auf drei Inseln erbauten Stadt

Verwaltungsmäßig ist N. in 19 Verw.-Geb. (Fylker), 47 Stadt- und 407 Landgemeinden organisiert. Die Spitzbergen-Gruppe und die Insel Jan Mayen besitzen Sonderstatus.
Das *Recht* beruht auf dem Gesetzbuch Christians V. aus dem 17. Jh., das zu einem modernen Rechtssystem mit weitgehender Angleichung an das Recht der anderen nord. Staaten innerhalb des Nord. Rates weiterentwickelt wurde. Das Gerichtswesen kennt Kreis- und Stadtgerichte, Vergleichsgerichte und einen Obersten Gerichtshof. Das ad hoc zusammentretende Reichsgericht besteht aus Mgl. des Obersten Gerichtshofes und des Lagting und behandelt Anklagen des Odelsting gegen Mgl. des Parlaments, der Reg. und des Obersten Gerichtshofes.
Die *Streitkräfte* umfassen (1992) rd. 32 500 Mann (Heer 16 000, Luftwaffe 9 500, Marine 7 000). Außerdem existiert eine rd. 80 000 Mann starke Heimwehr Es besteht allg. Wehrpflicht.

norwegische Kunst, der Raum des heutigen Norwegens gehörte in der Frühzeit zum Bereich der skand. Tierstile (↑germanische Kunst). Von n. K. im engeren Sinn spricht man seit Begründung des Reiches durch Harald I. Die auf hohem Niveau stehende Zimmermannstechnik der Wikinger (Tempel, Königshallen, Schiffe, z. B. Osebergfund) wurde auch für die christl. sakrale Baukunst fruchtbar: sie wurde für den Stabkirchenbau übernommen. Es haben sich etwa 25 Stabkirchen mehr oder weniger rein erhalten, u.a. Urnes am Lusterfjord (um 1060), Borgund (um 1150), ↑Heddal. Fast alle Kirchen hatten urspr. eine bemalte Decke wie in Torpo im Hallingdal (um 1280). Daneben entstanden bald nach 1100 roman. Steinkirchen, meist schlichte Landkirchen. Die beiden größten Bauten, die Domkirche in Stavanger (letzte Ausgestaltung ab 1272) und die nach 1248 erweiterte von Drontheim, beide mit reichem Figurenschmuck, stehen im Einflußbereich der engl. Hochgotik. Von den profanen Bauten des MA sind v.a. die Festungen Akershus in Oslo (um 1300), deren Inneres im 17. Jh. in ein Renaissanceschloß umgewandelt wurde, und Bergenhus in Bergen mit Håkonshalle (13. Jh., restauriert) und Rosenkranzturm (1562–68) zu nennen. Während der Gotik erlebte die Tafelmalerei eine Blüte (Antependien), bed. Zeugnisse roman. und got. Plastik besitzt u.a. das Dommuseum in Drontheim (Hl. Olaf aus Vaernes, um 1150) und das Histor. Museum in Bergen (Skulpturen aus Urnes, Ende 12. Jh.). Im ausgehenden MA wurden Schnitzaltäre aus Lübeck und den Niederlanden importiert. Infolge der ungünstigen polit. Situation schied Norwegen in der Folgezeit aus dem internat. Kunstgeschehen weitgehend aus, im 17. und 18. Jh. entwickelte sich aber eine reiche Volkskunst, Schnitzereien an den Bauernhäusern, Speichern (Stabburs) und Kirchen sowie Malerei, deren „Rosendekor" Wände, Decken, Möbel, Geschirr überzog.

Im 19. und 20. Jh. entstanden zahlr. repräsentative Bauten: Schloß (H. D. F. Linstow, 1825–48) und Univ. (C. H. Grosch, 1841–53) in Oslo sowie als modernes Wahrzeichen das Rathaus (A. R. Arneberg mit M. Poulsson, 1931–50). Die Landschaftsmalerei fand mit J. C. C. Dahl Anschluß an die zeitgenöss. Kunst Mitteleuropas; ihm folgten T. Fearnley, P. Balke u.a., Schilderer des ländl. Milieus

Norwegische Kunst. Christian Krohg, Leif Eriksson entdeckt Amerika, 1893 (Oslo, Nationalgalerie)

war A. Tidemand. Sozialkrit. Züge prägt das Werk von C. Krohg, der den Naturalismus in Norwegen einführte. G. Munthe lieferte mit seinen Entwürfen für Bildteppiche einen bed. Beitrag zum Jugendstil. Auf dem Gebiet der Graphik traten v.a. T. Kittelsen und O. Gulbransson hervor, letzterer gehörte in München zu den wichtigsten Mitarbeitern des Simplicissimus. Europ. Bedeutung erlangte die norweg. Malerei mit E. Munch, der nicht nur zu den Wegbereitern des Expressionismus zählt, sondern auch zu den Erneuerern der Wandmalerei (Aula der Univ. Oslo, 1910 bis 1916). Daneben fanden impressionist. Maler Anerkennung, der Fauvismus beeinflußte zahlr. Künstler, auch die abstrakte Malerei wurde bedeutend. Modernen Strömungen folgten nach dem 2. Weltkrieg u.a. J. Rian, T. Heramb, K. Rumohr, L. Eikaas, G. S. Gundersen und J. Weidemann.

Norwegische Kunst. König Olaf Haraldsson, Darstellung auf einem Antependium im Dom von Drontheim, um 1325

In der norweg. Bildhauerei des 20. Jh. nimmt das Schaffen von G. Vigeland großen Raum ein (Freianlage und Museum im Frognerpark, Oslo). Bildhauer der jüngeren Generation, wie E. Lie, G. Janson und S. Fredriksen setzten sich mit seinem Werk auseinander, später traten O. Bast, P. Hurum, P. P. Storm und K. Orud, nach 1945 bes. H. J. Meyer, A. V. Gunnerud und A. M. Haukeland hervor.

norwegische Literatur, die altnorweg. Literatur bildet mit der altisländ. Literatur die ↑altnordische Literatur.

Auf Grund der polit. Union mit Dänemark (seit 1397), die den kulturellen Niedergang Norwegens einleitete, wurde das Norwegische aus den Städten in abgelegene Landbezirke verdrängt. Norweg. Verf. wie P. Dass, J. H. Wessel, N. K. Bredal (* 1733, † 1778) und J. N. Brun (* 1745, † 1816) wurden zwar in die dän. Literatur integriert, doch konnten gerade diese Autoren eine spezif. norweg. Komponente bewahren. Erst seit der Lösung des Landes von Dänemark (1814) konnte sich eine Nat.literatur entwickeln. In einer großangelegten Nachholbewegung wurden die Epochen der Aufklärung, Empfindsamkeit, Romantik und des Biedermeier gegen 1830 mit einer neuen republikan.-liberalen Gesinnung erfüllt und zu einem eigentüml., sich jeder Epochenbezeichnung entziehenden Stil verschmolzen; Hauptvertreter war H. A. Wergeland, der sich im „norweg. Kulturstreit" mit seinem dänisch gesinnten Rivalen J. S. Welhaven auf die Eigenständigkeit der n. L. berief. Gefördert wurden diese Bestrebungen nach 1845 von der wiss. Entdeckung und der nat. Förderung der alten Volksliteratur, durch nat. Geschichtsschreibung und die Entwicklung des Landsmål (↑norwegische Sprache). Literarisch reflektiert wurde die kulturelle Vergangenheit in der „Nationalromantik", deren bedeutendster Vertreter Å. O. Vinje war. An ihr orientierten sich zunächst auch H. Ibsen und B. Bjørnson. Während Ibsen jedoch mit seinen Gesellschaftsstücken das moderne europ. Drama begründete und den dt. Naturalismus beeinflußte, wurde Bjørnson die Leitfigur in den polit. und kulturellen Fragen der Nation.

Den Typus der zw. Idealismus und Realismus schwankenden und bis weit ins 20. Jh. stilbildend wirkenden Bauernerzählung Bjørnsons überführten die großen realist. Erzähler J. Lie und A. L. Kielland ins bürgerl. Milieu, während A. Garborg diese Thematik dem Naturalismus erschloß. Die „Sittlichkeitsdebatte" der 80er Jahre, ausgelöst u.a. durch A. Skram und C. Krohg, leitete thematisch die Seelendichtung der 90er Jahre des 19. Jh. ein.

Die vielfach heterogenen kulturellen und literar. Strömungen des 19. Jh. entwickelten sich im 20. Jh. weiter auseinander. So wirkte z.B. bei K. Hamsun, dem bedeutendsten Epiker, ein von Nietzsche beeinflußter Vitalismus mit antizivilisator. und antidemokrat. Tendenz weiter. Hauptthema verschiedener, der Erzähltradition des 19. Jh. verpflichteter Romanautoren wie H. E. Kinck (* 1865, † 1926), S. Undset und O. Duun (* 1876, † 1939) ist der Antagonismus zw. alter Bauernkultur und moderner bürgerl. Zivilisation. Neben dem Roman hatte nur die Lyrik größere Bedeutung.

Themen und Techniken der „modernist." europ. Literatur, die Einsichten Freuds und die formalen Neuerungen von M. Proust und J. Joyce fanden erst in den 30er und 40er Jahren Eingang, z. B. in den Romanen von S. Hoel, begleitet von der Sozialdebatte und der Faschismuskritik, die zeitweilig die unterschiedl. gesellschaftspolit. Standpunkte verschiedener Autoren vereinigte und ihnen im Widerstand gegen die dt. Besatzung ein gemeinsames Ziel gab. Das Erlebnis der dt. Besatzung als nat. Trauma wurde nach 1945 für Jahre zum Zentralthema der n. L. Nach den epochemachenden experimentellen Arbeiten der „Profil"-Gruppe Ende der 60er Jahre begann innerhalb der n. L. ab 1970 eine starke Politisierung.

norwegische Musik, sie ist durch Instrumentenfunde bereits für die german. Vorzeit belegt; später (frühe Zeugnisse in den Sagas) und bis in die jüngste Zeit gibt es eine lebendige Volksmusikpraxis unter bes. Verwendung von Langleik und Hardangerfiedel. Mit der Christianisierung erfolgte die Übernahme des Gregorian. Gesanges. Einen Niedergang des Musiklebens brachte die Reformation. Im 18. Jh. entwickelten sich Christiania (= Oslo), Drontheim und Bergen zu Zentren aufblühenden Liebhabermusizierens und sinfon. Konzerte. Als Komponisten traten im 19. Jh. hervor: W. Thrane (* 1790, † 1828; erstes norweg. Singspiel, „Fjeldeventyret", 1825), Ole Bull (* 1810, † 1880, Volkslieder), H. Kjerulf (* 1815, † 1868, nat. Tendenzen unter Verwendung von Volksweisen), R. Nordraak (* 1842, † 1866). Internat. Bedeutung erlangten J. S. Svendsen und C. Sinding, v. a. aber E. Grieg.

Im 20. Jh. lassen sich neben einer nationalromant. Richtung im Sinne Griegs eine vom frz. Impressionismus beeinflußte, eine neoklassizist. und eine atonale Richtung unterscheiden. Zu den herausragenden Komponisten zählen u. a. F. Valen (* 1887, † 1952), E. Hovland (* 1924), A. Nordheim (* 1931), F. Mortensen (* 1922) und A. Janson (* 1937).

norwegische Sprache, Oberbegriff für die beiden seit 1885 offiziell gleichberechtigten Schriftsprachen in Norwegen, **Bokmål** (früher *Riksmål*) und **Nynorsk** (früher *Landsmål*); in Norwegen ca. 4,09 Mill. Sprecher. Beide Sprachen gehören zur nordgerman. Sprachgruppe. Das Bokmål weist starke ostnord. Züge auf, während das Nynorsk sich erst im 19. Jh. v. a. aus jüngeren Dialektstufen des urspr. in Norwegen gesprochenen Westnordischen (↑ altnordische Sprache) entwickelte. – Das *Altnorwegische* (ca. 1050–1350) wird durch die Einführung des Christentums (Einfluß bes. auf den Wortschatz) und der Schriftkultur (von England aus) geprägt. Das Flexionssystem ist formenreich. Das *Mittelnorwegische* (1350–ca. 1525), als Sprachnorm noch kaum gefestigt, unterlag frühzeitig fremdsprachl. Einfluß von seiten des Niederdeutschen (Hanse), des Schwedischen (Union 1319) und des Dänischen. Die dän. Sprache gewann zunehmend an Bed. (Schul-, Kirchen- und Verwaltungssprache) und dominierte bis zum Ende des 18. Jh. (mit norweg. Lautung gesprochen). Die Wendung zur Zweisprachigkeit und damit der Beginn der Geschichte der modernen n. S. vollzog sich zur Zeit der Nationalromantik: 1814 errang Norwegen für einige Monate die polit. Unabhängigkeit. Die Erneuerer suchten dem eigtl. Norwegischen, wie sie es in den Mundarten und der Umgangssprache vorfanden, zum Durchbruch zu verhelfen (bes. auf Grundlage der Dialekte O-Norwegens einschließlich Oslos). H. A. Wergeland, J. I. Moe u. a. schrieben ein Norwegisch, das im Wortschatz auf die heim. Tradition zurückgriff und das von den großen Dichtern des 19. Jh., H. Ibsen, B. Bjørnson, A. L. Kielland, J. Lie, gepflegt wurde (sog. Riksmål). Auf der anderen Seite trat bes. I. Aasen entschieden für eine Erneuerung der n. S. auf der Grundlagen altertüml. (noch formenreicher) Dialekte (bes. des Westlandes) ein. Seine um die Mitte des Jh. erschienenen Arbeiten bilden wichtige Grundlagen des sog. Landsmål, das nach seinem Willen als „Norsk Folkesprog" das Riksmål ersetzen sollte.

Norwegische Kunst. Stabkirche in Borgund in der Nähe des Sognefjords in Westnorwegen, um 1150

Norwegische Kunst. Edvard Munch, Sommernacht am Oslofjord, um 1900 (Mannheim, Städtische Kunsthalle)

Norwich [engl. 'nɔrɪdʒ], engl. Stadt am Zusammenfluß von Wensum und Yare, 122 300 E. Verwaltungssitz der Gft. Norfolk; anglikan. Bischofssitz; Univ. (gegr. 1964); Museen; Marktzentrum eines agrar. Umlandes, großer Viehmarkt; Leder- und Schuhind. Nahrungs- und Genußmittel-, Bekleidungsind., Maschinenbau, Druckereien; Flußhafen. – Entstand als sächs. Gründung, seit 1094 Bischofssitz (ab 1558 anglikanisch); erhielt 1158 Stadtrecht; 1504 bis 1888 Stadtgrafschaft, seit 1900 City. – Inmitten der Stadt auf einem künstl. Hügel die Burg (12. Jh., 1833–39 umgestaltet; normann. Wohnturm), Kathedrale im normann. Stil (1084–1145; spätgot. Netzgewölbe, 15. Jh.) mit Klosterbezirk. Am Marktplatz die Guildhall (1407–13), Giebelhäuser (15./16. Jh.); Assembly House im Georgian style (1950 restauriert). – Abb. S. 158.

Norwich Stadtwappen

nosce te ipsum [lat.] ↑ Gnothi seauton.

Nosean [nach dem dt. Mineralogen C. W. Nose, * 1753, † 1835] ↑ Sodalithgruppe.

Norwich. Westfassade der 1084–1145 erbauten Kathedrale, links dahinter die im 12. Jh. erbaute Burg, 1833–39 umgestaltet

Nosemaseuche (Nosemakrankheit) (zu griech. nósēma „Krankheit"], Bez. für zwei durch unterschiedl. Nosemaarten hervorgerufene, seuchenhaft sich ausbreitende und tödlich endende Insektenkrankheiten, v. a. bei Nutzinsekten, z. B. Honigbienen *(Darmseuche)* und Seidenspinnerlarven *(Flecksucht, Fleckenkrankheit, Pebrine, Gattina).* Der Befall zeigt sich in Flugunsicherheit und krampfartigen Bewegungen der Bienen bzw. in durchscheinender Haut und schmutzigroter Verfärbung der Seidenspinnerlarven.

Noskapin [Kw.] (Narcotin, Narkotin), eines der Hauptalkaloide des Opiums, $C_{22}H_{23}NO_7$; wirkt hustenstillend.

Gustav Noske

Noske, Gustav, *Brandenburg/Havel 9. Juli 1868, †Hannover 30. Nov. 1946, dt. Politiker (SPD). – Journalist; 1906–18 MdR; unterdrückte im Auftrag der Reichsreg. als Gouverneur von Kiel im Dez. 1918 den Matrosenaufstand und schlug als Leiter des Militärressorts des Rats der Volksbeauftragten (ab Ende Dez. 1918) bzw. als Reichswehrmin. (ab Febr. 1919) im Frühjahr 1919 in Berlin und anderen Teilen des Reichs revolutionäre Erhebungen nieder; mußte nach dem Kapp-Putsch (1920) zurücktreten; 1920–33 Oberpräs. von Hannover; 1939 und 1944 inhaftiert.

Nösnergau, Siedlungsgeb. der Siebenbürger Sachsen um Bistrița in N-Siebenbürgen, Rumänien.

noso..., Nopo..., nos..., Nos... [zu griech. nósos „Krankheit"], Wortbildungselement mit der Bed. „Krankheit", „krankhafter Prozeß".

Nosologie, Krankheitslehre; ein Teilgebiet der Pathologie, das sich mit der Systematik und Beschreibung der Krankheiten beschäftigt.

Nō-Spiel ↑Nō.

Hans Erich Nossack

Nossack, Hans Erich, *Hamburg 30. Jan. 1901, †ebd. 2. Nov. 1977, dt. Schriftsteller. – 1933 Publikationsverbot, 1943 Verlust aller Manuskripte; seit 1956 freier Schriftsteller. Themen seiner Gedichte, Dramen, Erzählungen, Romane und Essays sind die Situation des Untergangs, das Überleben nach der Katastrophe („Nekyia", E., 1947), die Erfahrungen, Angst, Vereinzelung, Entfremdung in einer „Trümmerwelt" („Spätestens im November", R., 1955). Skeptisch gegenüber der Gesellschaft, wandte sich N. gegen Gewöhnlichkeit, falsche Gefühle und die Funktionalisierung des Menschen. Erhielt 1961 den Georg-Büchner-Preis. – *Weitere Werke:* Interview mit dem Tode (Bericht, 1948), Die Hauptprobe (Dr., 1956), Nach dem letzten Aufstand (Bericht, 1961), Dem unbekannten Sieger (R., 1969), Die gestohlene Melodie (R., 1972), Ein glückl. Mensch (R., 1975).

Nossen, Stadt sw. von Meißen, Sa., an der Freiberger Mulde, 6300 E. Heimatmuseum; Papier-, Textil- und elektron. Ind. – Urspr. slawisch, seit dem 12. Jh. dt. Burg mit Siedlung, 1376 Marktflecken. – Schloß, eine im Kern

ma. Anlage (16./17. Jh. umgestaltet); ehem. Zisterzienserkloster ↑Altzella.

Nostalgie [zu griech. nóstos „Heimkehr" und álgos „Schmerz"], Rückwendung zu früheren, in der Erinnerung sich verklärenden Zeiten, um eine leicht sentimentale Gestimmtheit dem Unbehagen an der eigenen Zeit entgegenzusetzen. N. begegnet seit dem 18. Jh. (A. von Haller, J.-J. Rousseau), dann bes. in der dt. Romantik (Schlegel), als auch das Wort in die Literatursprache eindringt. Im 20. Jh. tritt der Begriff auch in kulturkrit. Arbeiten auf (D. Riesman, A. Mitscherlich). Unterschiedlichste Lebensbereiche der Vergangenheit (Kleidung, Möbel, polit. Ideologien) werden Objekte und Kultgegenstände von immer wiederkehrenden N.wellen, oft als Reaktion unerfüllter Indentifikationsbedürfnisse.

Nöstlinger, Christine, *Wien 13. Okt. 1936, östr. Schriftstellerin. – Verf. populärer Kinder- und Jugendbücher; phantasievolle, aber an realem Milieu orientierte Geschichten und Romane, u. a. „Wir pfeifen auf den Gurkenkönig" (1972), „Achtung! Vranek sieht ganz harmlos aus" (1974), „Stundenplan" (1975), „Die unteren sieben Achtel des Eisbergs" (1978), „Man nennt mich Ameisenbär" (1986), „Der gefrorene Prinz" (1990).

Nostradamus, eigtl. Michel de No[s]tredame, *Saint-Rémy-de-Provence 14. Dez. 1503, †Salon-de-Provence 2. Juli 1566, frz. Mathematiker und Astrologe. – Stellte Horoskope und prophezeite auf Grund angeblich göttl. Offenbarungen; Leibarzt König Karls IX. Seine visionären Aussagen wirkten bis in die Neuzeit.

Nota [lat. „Kennzeichen, Schriftstück"], Note, Rechnung, Vormerkung.

Notabeln [frz., zu lat. notabilis „bemerkenswert"], die Mgl. der vom frz. König aus der privilegierten Oberschicht meist aller drei Stände seit dem 15. Jh. einberufenen **Notabelnversammlung** (frz. Assemblée des notables). Ohne das Recht der Steuerbewilligung der absolutist. Politik weniger hinderlich, wurden sie häufiger einberufen als die Generalstände. Nach 1626/27 ausgeschaltet, bis der drohende Staatsbankrott von 1787 zu ihrer erneuten Einberufung zwang.

notabene [lat. „merke wohl!"], Abk. NB, übrigens, wohlgemerkt.

Notar [zu lat. notarius „zum (Schnell)schreiben gehörig; öff. Schreiber" (zu ↑Nota)], unabhängiger Träger eines öff. Amtes (des Notariats), der zur Beurkundung von Rechtsvorgängen u. a. Aufgaben auf dem Gebiet der vorsorgenden Rechtspflege berufen ist; gesetzl. Grundlage Bundesnotarordnung (BNotO) vom 24. 2. 1961, in den neuen Bundesländern (außer Berlin) VO über die Tätigkeit von N. in eigener Praxis vom 20. 6. 1990. Der N. muß die Befähigung zum Richteramt haben; es gibt hauptberufl. N. (Nur-N.) und Anwaltsnotare. Sie sind u. a. zuständig für die Beurkundung von Rechtsgeschäften (d. h. die schriftl. Festlegung, daß ein bestimmtes Rechtsgeschäft, z. B. ein Hauskauf, stattgefunden hat), Beglaubigungen (d. h. Zeugnis über die Echtheit einer Erklärung) von Unterschriften, Handzeichen und Abschriften, zur Entgegennahme von Auflassungserklärungen über ein Grundstück und zur Ausstellung von Teilhypotheken- und Teilgrundschuldbriefen. Bei der Ausübung seines Amtes ist der N. unparteiischer Betreuer der Beteiligten. Soweit es sich um öff. Beurkundungen handelt, hat er Prüfungs- und Belehrungspflichten. Im übrigen ist er zur Verschwiegenheit verpflichtet. Für seine Tätigkeiten berechnet der N. Kosten, die sich aus Gebühren und Auslagen zusammensetzen. N. unterstehen der Aufsicht der Landgerichtspräs., der Oberlandesgerichtspräs. und der Landesjustizverwaltung.

In *Österreich* wird der N. nach abgeschlossenem jurist. Studium und bestandener Notariatsprüfung vom Bundesjustizmin. ernannt; Notariat und Anwaltschaft sind grundsätzlich getrennt. – In der *Schweiz* ist die Rechtsstellung des N. in den einzelnen Kt. unterschiedlich geregelt.

Notariatssignet [lat.] (Notarszeichen), ein nur von einem bestimmten Notar verwendetes Zeichen.

notarielle Beurkundung [lat./dt.] ↑Form.

Notarkammer, Körperschaft des öff. Rechts, die i. d. R. durch die in einem Oberlandesgerichtsbezirk bestellten Notare gebildet wird. Sie hat u. a. über das Ansehen ihrer Mgl. zu wachen, die Aufsichtsbehörden zu unterstützen, die Pflege des Notariatsrechts zu fördern und für eine gewissenhafte Berufsausübung der Notare zu sorgen. Auf B.-Ebene besteht die *Bundesnotarkammer.*

Notarzt, für die Notfallmedizin qualifizierter Arzt.

Notation [lat.], in der *Musik* svw. Notenschrift (↑Noten).

▷ im *Schach* die schriftl. Wiedergabe der Züge einer Partie mit Hilfe der Zahlen und Buchstaben des Schachbretts bei einem Bauernzug, beim Offizierszug auch noch mit dessen Abkürzung.

Notaufnahme, in der BR Deutschland ehem. Verwaltungsverfahren für die Aufnahme von Übersiedlern aus der DDR; die gesetzl. Regelung des N.verfahrens wurde mit Wirkung zum 1. 7. 1990 aufgehoben.

Notbremse, Bremseinrichtung von Eisenbahnen, Straßenbahnen u. a. zur Schnellbremsung von jedem Wagen aus. Bei den Reisezugwagen der Eisenbahn erfolgt beim Ziehen des Notbremsgriffs eine Drucksenkung in der Hauptbremsluftleitung; die Bremsung erfolgt dann selbsttätig.

Note [zu lat. nota „Kennzeichen"], in der *Musik* ↑Noten.

▷ Form der Bewertung von Leistungen und/oder Verhaltensweisen, namentlich in der Schule (Zensur, Zeugnisnote). In Deutschland gibt es für schul. Leistungen folgende N.: 1 = sehr gut, 2 = gut, 3 = befriedigend, 4 = ausreichend, 5 = mangelhaft, 6 = ungenügend. In der gymnasialen Oberstufe Punktwertung von 0 (ungenügend) bis 15 (sehr gut) Punkten, die Zeugnispunkte werden summiert (↑Abitur).

▷ in verschiedenen Sportarten von Kampfrichtern vorgenommene Bewertung nach vereinbarten Verhältnisskalen, z. B. im Eiskunstlauf, Rollkunstlauf, Skispringen.

▷ im *Völkerrecht* förml. schriftl. Mitteilung im Verkehr zw. Völkerrechtssubjekten. Die Übergabe erfolgt meist durch die diplomat. Vertretung an das Außenministerium, kann aber auch direkt von Reg. zu Reg. erfolgen. Man unterscheidet die *N. im engeren Sinn* (mit Anrede, bestimmten Höflichkeitsfloskeln und Unterschrift), die sog. *Verbal-N.* (unpersönlich abgefaßt, ohne Unterschrift) und die *Aufzeichnung* (Memorandum, Mémoire; unpersönlich, ohne Unterschrift). Gleichlautende N. an verschiedene Empfänger werden *Zirkular-N.* genannt.

Notebook [engl. noʊtbʊk], Personalcomputer in Buchformatgröße, kleiner als ein Laptop.

Noteć [poln. ˈnɔtɛtɕ] ↑Netze.

Noten [zu lat. nota „Zeichen"], Zeichen zur schriftl. Festlegung musikal. Töne. Sie geben den rhythm. Wert eines Tones an, während die Tonhöhe durch die Stellung im Liniensystem, durch Schlüssel und Vorzeichen bestimmt wird. Eine Note besteht aus N.kopf, N.hals und Fähnchen. Für jeden N.wert gibt es eine entsprechende Pause. Mehrere Achtel-, Sechzehntel-N. usw. werden i. d. R. durch einen Balken (statt Fähnchen) miteinander verbunden. Ein Punkt hinter der Note bzw. Pause verlängert dieselbe um die Hälfte ihres Werts, zwei Punkte um Dreiviertel. Reicht die Dauer einer Note über den Taktstrich hinaus, so wird dies durch einen Bogen angezeigt. Ungleichzeitige Notengruppen wie Duolen, Triolen, Quartolen werden zusätzlich durch Zahlen gekennzeichnet.

Die **Notenschrift** (Notation) dient einerseits der Festlegung musikal. Vorstellungen zum Zwecke der Reproduzierbarkeit, andererseits der theoret. Durchdringung des Tonmaterials. – Die abendländ. N.schrift geht auf die aus den Neumen entwickelte Choralnotation zurück, aus der sich im 12. Jh. die Modalnotation, im 13. Jh. die Mensuralnotation entwickelte. Die zunächst partiturmäßig notierte mehrstimmige Musik wurde im 15./16. Jh. in Stimmbüchern notiert. In der Tabulatur für Tasten- und Zupfinstrumente wurden Buchstaben in Verbindung mit rhythm. Wertzeichen verwendet, im Generalbaß Zahlen in Verbindung mit N. In der Partitur sind mehrere Liniensysteme,

Christine Nöstlinger

Gestalt		=	=	=	+	+	+	Fähnchen, Hals (Stiel), Kopf
Bezeichnung u. Wertverhältnis	Brevis = 2 Ganze	Ganze	2 Halbe	4 Viertel	4 Achtel	4 Sechzehntel	4 Zweiunddreißigstel	8 Vierundsechzigstel
Pausen für je eine Note								Verlängerungspunkt
Einzelnoten								Balken

Noten. Notengestalt und Notenwert

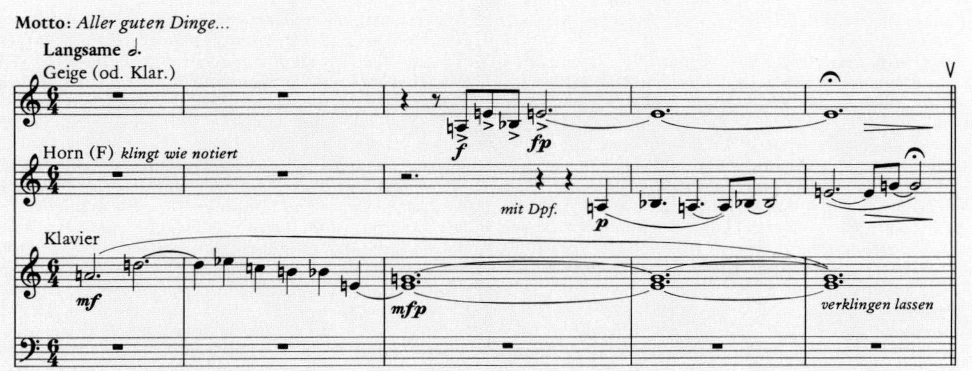

Noten. Beispiel für Notenschrift, Beginn der Partitur des 1923–25 komponierten „Kammerkonzerts für Klavier und Geige mit dreizehn Bläsern" von Alban Berg mit Notenbuchstaben aus den Namen Arnold Schönberg (a–d–es–c–h–b–e–g), Anton Webern (a–e–b–e) und Alban Berg (a–b–a–b–e–g)

durch eine Akkolade verbunden, untereinander angeordnet. Takt- und Tempovorzeichnung bestimmen Tondauer und metr. Gewicht, seit dem 19. Jh. präzisiert durch Metronomangaben, seit B. Bartók durch Angabe der Aufführungsdauer. Zusätzl. Angaben wurden gemacht zu Verzierungen, Vortrag, Dynamik, Phrasierung und Artikulation. Anfang des 20. Jh. wurden neue Zeichen eingeführt, z. B. für Haupt- und Nebenstimme und für Vierteltöne. Die musikal. Entwicklung seit etwa 1950 (↑serielle Musik, ↑elektronische Musik) stellt derart ungewohnte Anforderungen an die N.schrift, daß viele Komponisten eigene Notationen entwickelten (↑musikalische Graphik). – Der **Notendruck** (Hochdruck) kam fast gleichzeitig mit dem Buchdruck im 15. Jh. auf. Der **Notenstich** (Tiefdruck) wurde von S. Verovio (†nach 1608) 1586 in Rom eingeführt. Heute dient als Druckvorlage meist ein mit vorgefertigten Schablonen hergestelltes Notenbild.

Notenbank, Bank, die das Recht der Ausgabe von Banknoten hat. Während dieses Privileg früher z. T. bei Privatbanken lag, führte die Entwicklung in diesem Jh. in den meisten Staaten zu einer Zentralisierung und Verstaatlichung der Notenausgabe. Gleichzeitig wurden die N. (als ↑Zentralbanken) Träger der Währungspolitik.

Noteneinlösungspflicht (Einlösungspflicht), Verpflichtung der Zentralnotenbank, die von ihr ausgegebenen Banknoten jederzeit gegen Gold oder Devisen einzulösen; war Bestandteil des Systems der Goldwährung.

Notenprivileg, das einer Bank vom Staat verliehene Recht zur Ausgabe von Banknoten; liegt heute im allg. bei der Zentralbank des betreffenden Landes. – ↑Deutsche Bundesbank.

Notenschlüssel ↑Schlüssel.

Notepad [engl. 'noʊtpæd „Notizblock"], Computer in der Größe eines wenige Zentimeter dicken DIN-A4-Schreibblocks mit den Funktionen eines Laptops; besitzt jedoch keine Tastatur, sondern einen elektron. Stift zur Eingabe auf den hochauflösenden Flüssigkristallbildschirm; handschriftl. Eintragungen werden in Druckschrift umgewandelt. Der N. eignet sich bes. für mobile Anwendungen (Formularausfüllung, Listenerstellung z. B. bei Vertretern, Servicetechnikern, im Baustelleneinsatz).

Martin Noth

Notfallausweis, vom Bundesmin. für Gesundheit und vom Dt. Grünen Kreuz (auf internat. Basis in ähnl. Form von der Weltgesundheitsorganisation) herausgegebenes Dokument, in dem die Personalien und wichtige gesundheitsbezogene Daten wie Blutgruppe, zurückliegende Bluttransfusionen, Impfungen, Serumbehandlungen und Vermerke über medizin. Risikofaktoren (Allergien, Organtransplantationen) und medikamentöse Langzeitbehandlungen vom Arzt eingetragen werden können.

Notfallmedizin, Teilgebiet der Medizin, das sich mit der Betreuung (Diagnose, Erstversorgung) von medizin. Notfällen befaßt, z. B. bei schweren Unfällen, Vergiftungen, akut lebensbedrohl. Krankheitszuständen wie Herzinfarkt oder Schock.

Notfrequenz, vereinbarte Frequenz für Notanruf und Notverkehr sowie Dringlichkeitszeichen und -meldungen, z. B. 500 kHz für Telegraphiefunk, 121,5 MHz für Flugfunk, 156,8 MHz für (Sprech-)Seefunk, 243 MHz für Rettungsgeräte-Funkstellen. Mißbräuchl. Verwendung von N. ist strafbar.

Notfrist, v. a. im Zivilprozeß vorgesehene gesetzl. Frist (§ 223 Abs. 3 ZPO), die weder durch Parteivereinbarung noch durch behördl. Anordnung verlängert oder gekürzt werden kann und auch während der Gerichtsferien und beim Ruhen des Verfahrens [weiter]läuft, z. B. Frist zur Einlegung der Berufung.

Notgeld, Münzen oder Geldscheine, die bei Mangel an Zahlungsmitteln, bes. in Kriegszeiten, ersatzweise vom Staat selbst oder von nicht münzberechtigten Auftraggebern (Städten, Banken, Firmen usw.) ausgegeben werden und an Stelle gesetzl. Zahlungsmittel kursieren. N. aus minderwertigem Münzmetall, Papier, Pappe, Leder, Glas, Porzellan, Ton usw. findet sich schon im 15. Jh.; Höhepunkt in Deutschland 1918–23.

Bernt Notke. Sankt-Georgs-Gruppe, 1489 (Stockholm, Storkyrka)

Noth, Martin, *Dresden 3. Aug. 1902, †Sharta (Israel) 10. Mai 1968, dt. ev. Theologe. – Prof. für A. T. in Königsberg und Bonn. N. wurde v. a. bekannt durch seine Forschungen zur „Geschichte Israels" (1950), zur Überlieferungsgeschichte der alttestamentl. Literatur und durch seine These von der Sonderexistenz des deuteronomist. Geschichtswerks.

Nothelfer, Bez. für Heilige, die in bestimmten Nöten um Hilfe angerufen werden. Die Gruppe der 14 N. ist seit dem 14. Jh., zunächst in Süddeutschland (Regensburg), bezeugt; in der bildenden Kunst sehr häufig dargestellt. Die Normalreihe bilden: die drei Bischöfe Dionysius von Paris (mit dem Kopf in den Händen), Erasmus (mit einer Winde), Blasius von Sebaste (mit einer Kerze); die drei Jungfrauen Barbara (mit Kelch und Hostie), Margaretha von Antiochia (mit Drachen), Katharina von Alexandria (mit Schwert oder Rad); die drei ritterl. Heiligen Georg (mit Drachen), Achatius (mit Dornenzweig), Eustachius (mit Hirschgeweih und Kruzifix); der Arzt Pantaleon (mit Salbfläschchen und Uringlas); der Mönch Ägidius (mit Hindin); der Diakon Cyriakus von Rom (mit Teufel); der Knabe Vitus (mit Kessel); Christophorus als Träger des Christuskindes. Landschaftl. Unterschiede bei der Zurechnung (anstelle der genannten) von Heiligen sind möglich: z. B. Nikolaus, Papst Sixtus, Antonius d. Gr. Es finden sich zahlr. den N. geweihte Wallfahrtskirchen und -kapellen mit Votivkult (z. B. Vierzehnheiligen).

Notierung (Notiz) [lat.], Festsetzung der amtl. Börsenkurse: 1. *Einheitskurs,* für jedes Wertpapier vom zuständigen Makler zur festgesetzten Zeit aus allen hereingegebenen Börsenaufträgen ermittelter Kurs, zu dem die meisten Aufträge ausgeführt werden können; 2. *variable* oder *fortlaufende N.,* bei Aktien mit regelmäßigem Umsatz übl. individuelle Kursfestsetzung bei jedem Geschäft; 3. *Spannpreise,* im geregelten Freiverkehr übl. Spanne zw. Angebots- und Nachfragepreis des betreffenden Börsentages.

Nötigung, das rechtswidrige Zwingen eines anderen zu einem von ihm nicht gewollten Verhalten mit Hilfe von Gewalt oder durch Drohung mit einem empfindl. Übel. N. wird gemäß § 240 StGB mit Freiheitsstrafe bis zu 3 Jahren oder Geldstrafe, in bes. schweren Fällen bis zu 5 Jahren bestraft. Rechtswidrig ist die N., wenn die Androhung der Gewalt oder des Übels zu dem angestrebten Zweck als verwerflich (nicht angemessen zum Zweck) anzusehen ist.

Nọtke, Bernt, *vermutlich Lassahn bei Hagenow um 1436, † Lübeck 1508 oder 1509, dt. Bildschnitzer und Maler. – Ab 1467 in Lübeck nachweisbar, ging 1483 nach Stockholm, seit 1498 wieder in Lübeck bezeugt; unterhielt dort die bedeutendste norddt. Werkstatt der Spätgotik, die ganz Skandinavien und die Ostseeländer belieferte. Monumentale Gestaltungskraft zeigt bes. sein Hauptwerk, die Sankt-Georgs-Gruppe (1489; Stockholm, Storkyrka), auch schon das Triumphkreuz (1477; Lübeck, Dom). Überliefert sind an Gemälden: Totentanzfragment der Nikolaikirche in Reval (urspr. wohl für die Lübecker Marienkirche, 1463 oder 1466), Altar des Doms in Århus (1478/79), Flügelbilder des Johannesaltars der Schonenfahrer (um 1483; Lübeck, Sankt-Annen-Museum), Gregorsmesse (1504, ehem. Lübeck, Marienkirche, 1942 verbrannt).

Nọtker Bạlbulus [„N. der Stammler"], sel., *Jonschwil (Kanton Sankt Gallen) um 840, † Sankt Gallen 6. April 912, Benediktiner und mlat. Dichter. – Mönch, Lehrer und Bibliothekar in Sankt Gallen; seine lat. Dichtung, v. a. seine etwa 40 Sequenzen (z. T. mit eigenen Melodien), hatte großen Einfluß auf die Sequenzendichtung und die ma. dt. Dichtung; verfaßte die „Gesta Karoli Magni" (Anekdotenerzählungen über Karl d. Gr.).

Nọtker Lạbeo [„N. der Großlippige"] (Notker Teutonicus, Notker der Deutsche), *um 950, † Sankt Gallen 29. Juni 1022, Benediktiner und frühscholast. Theologe. – War Neffe und Schüler von Ekkehart I., Mönch und Leiter der Klosterschule in Sankt Gallen. Seine kommentierten Übersetzungen lat. Schultexte, in denen er eine philosoph. und theolog. Terminologie in althochdt. Sprache schuf, sind in einer dt.-lat. Mischprosa abgefaßt; für die Entwicklung der dt. Sprache waren sie von großer Bedeutung.

Notlandung ↑ Landung.

Nọto, italien. Stadt in S-Sizilien, 159 m ü. d. M., 22 500 E. Kath. Bischofssitz; Weinbau- und landw. Marktzentrum. – Die Innenstadt wurde nach einem Erdbeben (1693) einheitlich im Barockstil wiederaufgebaut. – Sö. der heutigen Stadt lag das antike **Neton (Netum),** eine Sikelerstadt, die 263 v. Chr. vertraglich an Hieron II., später als „civitas foederata" unter röm. Herrschaft kam, heute **Noto Antica** genannt. – Ausgegraben wurden sikel. Nekropolen sowie hellenist. Gräber.

Notochọrd [griech./lat.], svw. ↑ Chorda dorsalis.

Notogäa [griech.], svw. ↑ australische Region.

Notopfer Berlịn, Abgabe an den Bund, die von Einkommen- (bis 1956) und Körperschaftssteuerpflichtigen (bis 1957) gesondert zur Finanzierung zusätzl. Hilfeleistungen an Berlin aufgebracht wurde; bis 1956 wurde auch ein N. B. auf Postsendungen erhoben.

notọrisch [lat.], offenkundig, altbekannt; gewohnheitsmäßig.

Notparlament ↑ Gemeinsamer Ausschuß.

Notre-Dame de Paris [frz. nɔtrəˈdam dəpaˈri] (Unsere Liebe Frau von Paris), Name der Kathedrale von Paris, ein früher Höhepunkt der got. Baukunst, 1163 ff., vollendet in der 1. Hälfte des 13. Jh. als fünfschiffige Basilika mit doppeltem Chorumgang und Kapellenkranz (dieser erst nach 1300), Querhaus und doppeltürmiger Westfassade. Für die Kathedralgotik vorbildlich wurde v. a. die fast quadrat. Westfassade in ihrer ausgewogenen Gliederung mit Königsgalerie, Rosenfenster und Arkaden. Bed. Bauplastik v. a. an den drei Westportalen (um 1220).

Notre-Dame-Schule [frz. nɔtrəˈdam], zusammenfassende Bez. für einen Kreis von Komponisten, der um 1160/80–1230/50 mit der Kathedrale Notre-Dame de Paris in Verbindung stand. Hauptmeister waren Leoninus und Perotinus Magnus. In der N.-D.-S. wurde die zweistimmige Musik bis zur Drei- und Vierstimmigkeit erweitert.

Notschlachtung, die unverzügliche Schlachtung von landw. Haustieren aus zwingenden Gründen, z. B. wegen eines Unfalls, einer völligen Erschöpfung oder einer akuten Erkrankung **(Krankschlachtung)** der Tiere, wobei das Fleisch oft für den menschl. Genuß erhalten wird; auch zur Abwendung der Gefahr einer Seuchenausbreitung. Bei einer N. unterbleibt gemäß Fleischbeschaugesetz die Schlachttierbeschau, während die Untersuchung des Fleisches zwingend vorgeschrieben ist.

Notsignale, akust., opt. oder Funksignale, die von Schiffen, Luftfahrzeugen, Bergsteigern u. a. in Notsituationen gegeben werden. *See-N.* sind neben akust. Signalen (z. B. Dauerton mit Schiffssirene oder Nebelhorn) die opt. Signale, z. B. das Flaggensignal „N" über „C", eine viereckige Flagge über oder unter einem Signalball, rote Flammensignale, orangefarbene Rauchsignale, das mit Lampen oder Spiegeln nach dem Morsecode gegebene „SOS" und das Heben und Senken der ausgestreckten Arme, ferner die auf einer Notfrequenz ausgestrahlten *Funk-N.* „SOS" und „Mayday", die auch in der *Luftfahrt* verwendet werden. – ↑ alpines Notsignal.

Bernt Notke. Schutzheiliger am Triumphkreuz im Lübecker Dom, 1477

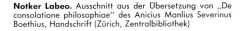

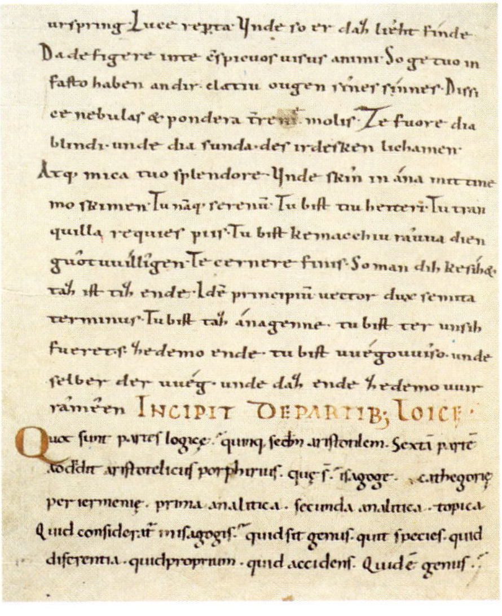

Notstand, Kollisionslage zw. rechtlich geschützten Interessen, bei der die einen nur durch Verletzung der anderen gerettet werden können.
Im Strafrecht liegt ein **rechtfertigender Notstand** gemäß § 34 StGB vor, wenn zur Abwendung einer gegenwärtigen, nicht anders abwendbaren Gefahr von sich oder einem anderen für ein beliebig schützenswertes Rechtsgut (z. B. Leben, Freiheit, Eigentum) ein anderes Rechtsgut verletzt wird. Die Rechtsgutverletzung ist jedoch nur dann gerechtfertigt, d. h. kein Unrecht, wenn bei einer Abwägung zw. den betroffenen Rechtsgütern und der ihnen drohenden Gefahren das geschützte Interesse das beeinträchtigte wesentlich überwiegt (Güterabwägung). Die Rechtsverletzung selbst muß ein angemessenes und geeignetes Mittel zur Gefahrenabwendung sein.
Keine Güterabwägung setzt der **entschuldigende Notstand** gemäß § 35 StGB voraus. Danach handelt zwar rechtswidrig, aber entschuldigt, wer in einer gegenwärtigen, nicht anders abwendbaren Gefahr für Leben, Leib oder Freiheit eine rechtswidrige Tat begeht, um die Gefahr von sich, einem Angehörigen oder einer ihm nahestehenden Person abzuwenden. Kann dem Täter zugemutet werden, die Gefahr hinzunehmen (z. B. weil er als Polizist, Feuerwehrmann oder Soldat in einem bes. Rechtsverhältnis steht), so bleibt seine Tat strafbar. Nimmt der Täter irrig Umstände eines N. an **(Putativnotstand),** wird er nur dann bestraft, wennn er den Irrtum vermeiden konnte. Kein N. im eigtl. Sinne (aber ebenfalls ein Entschuldigungsgrund) ist das Handeln auf Grund eines rechtswidrigen, aber verbindl. Befehls, dessen Rechtswidrigkeit nicht erkannt wird **(Befehlsnotstand).**

Notker Labeo. Ausschnitt aus der Übersetzung von „De consolatione philosophiae" des Anicius Manlius Severinus Boethius, Handschrift (Zürich, Zentralbibliothek)

Im *Polizeirecht* bezeichnet N. den durch eine plötzlich auftretende Gefahr entstandenen Zustand, den die Polizei mit den ihr zu Gebote stehenden Mitteln nicht beseitigen kann. Zur Behebung der Gefahr kann sich die Polizei an unbeteiligte Dritte (Nichtstörer) wenden, obwohl diese die Gefahr nicht verursacht oder für den polizeiwidrigen Zustand einer Sache nicht verantwortlich sind. Die Maßnahmen müssen sich auf das unumgängl. Maß beschränken. Der Nichtstörer kann Ersatz des ihm entstandenen Schadens verlangen.
Im *Staatsrecht* ist N. eine Notlage für den Bestand, die Sicherheit oder die bestehende Ordnung eines Staates. Dieses N. erwehrt sich der Staat durch außerordentl. Maßnahmen, die ihm entweder auf Grund ungeschriebener oder in der Verfassung vorgesehener Ermächtigung zustehen. Der N. kann durch Bedrohung von außen (äußerer N.) oder durch Vorgänge im Innern (innerer N., z. B. durch Aufruhr, Revolution, Katastrophen) verursacht werden. In Deutschland ist durch N.gesetze und N.verfassung Vorsorge für den äußeren und inneren N. getroffen worden.
Notstandsgesetze sind die Gesamtheit des einfachgesetzl. Bundesrechts, das zus. mit der N.verfasssung der Bewältigung eines äußeren oder inneren Not- oder Ausnahmezustandes dient. Sie gliedern sich in Gesetze, die lebenswichtige Leistungen sicherstellen, insbes. die Versorgung der Zivilbevölkerung und der Streitkräfte ermöglichen sollen (↑Sicherstellungsgesetz), sowie in solche, die sich dem ↑Zivilschutz widmen. Zu den N.gesetzen ist ferner das ↑Abhörgesetz zu rechnen. Unter **Notstandsverfassung** wird die Gesamtheit der verfassungsrechtl. Regelungen des GG zur Bekämpfung des äußeren und des inneren N. verstanden; sie wurde 1968 nach z. T. heftigen Protesten aus Gewerkschaftskreisen und v. a. der Studentenbewegung in das GG eingefügt. Sie sieht im einzelnen Kompetenzänderungen im staatl. Organisationsrecht, bes. Befugnisse hinsichtlich des Einsatzes der Streitkräfte sowie die Einschränkung bestimmter Grundrechte (Berufsfreiheit, Freizügigkeit) vor (↑Bündnisfall, ↑innerer Notstand, ↑Spannungsfall, ↑Verteidigungsfall, ↑Vorbereitungsfall).
Im *Zivilrecht* eine Zwangslage, in der zur Abwendung einer drohenden Gefahr sowohl die Beschädigung der gefahrbringenden Sache (§ 228 BGB) als auch die Einwirkung auf eine Sache, von der die Gefahr nicht ausgeht (§ 908 BGB), erlaubt ist. Die N.handlung muß objektiv erforderlich sein; der durch die Beschädigung entstandene Schaden darf nicht außer Verhältnis zu der abgewendeten Gefahr stehen. Im *östr.* und im *schweizer. Recht* gelten entsprechende Regelungen.

Notstandsausschuß ↑Gemeinsamer Ausschuß.

Notstromaggregat, aus Antriebsmaschine (z. B. Dieselmotor), Generator und Schaltautomatik bestehendes Aggregat, das die normalerweise netzgespeisten lebens- und betriebswichtigen Verbraucher, z. B. Krankenhäuser, Pumpanlagen, bei Netzausfall weiterversorgt.

Nottaufe ↑Taufe.

Nottestament ↑Testament.

Nottingham Stadtwappen

Nottingham [engl. 'nɔtɪŋəm], engl. Stadt am Trent, 271 100 E. Verwaltungssitz der Gft. Nottinghamshire; kath. Bischofssitz; Univ. (gegr. 1948), Nottingham Polytechnic; naturhistor. Museum; Maschinen- und Fahrzeugbau, Strumpf-, Textil-, Bekleidungs-, chem., pharmazeut., Nahrungs- und Genußmittelind.; Binnenhafen. – Im 6. Jh. als **Snotingaham** erstmals bezeugt; unter dän. Herrschaft im 9. Jh. eine der sog. „Fünfburgen", erhielt 1155 Stadtrechtsbestätigung, wurde 1449 Stadtgrafschaft, 1897 City. – Burg (1679 Neubau) mit Museum und Gemäldegalerie.

Nottinghamshire [engl. 'nɔtɪŋəmʃɪə], engl. Gft. in den East Midlands.

Nottrauung, nach *kath. Kirchenrecht* die in Todesgefahr oder sonstiger Notlage gegebene Möglichkeit, eine Ehe ohne einen trauungsberechtigten Geistlichen vor wenigstens zwei Zeugen zu schließen, gleichgültig, ob die Ehe privat oder vor einem Standesbeamten oder vor einem nichtkath. Geistlichen geschlossen wird. – Nach § 11 EheG kommt keine wirksame Ehe zustande.

Notturno [italien.], im 18. und 19. Jh. Bez. für ein mehrsätziges Musikstück beliebiger Besetzung, das zur Nachtzeit im Freien aufgeführt wurde bzw. den Stimmungsgehalt solcher Aufführungen wiedergab. Im 19. Jh. wurden unter der frz. Bez. **Nocturne** Klavierkompositionen träumer.-schwärmer. Charakters beliebt.

Notula [lat.] ↑gotische Schrift.

Notverkauf, svw. ↑Selbsthilfeverkauf.

Notverordnungen, gesetzesvertretende Verordnungen, mit denen die Exekutive in Fällen bes. Dringlichkeit oder bei akuten Notsituationen dem Gebiet der Gesetzgebung vorbehaltene Materien ohne vorherige Mitwirkung der Legislative regeln kann. In der konstitutionellen Monarchie des 19. Jh. dienten die N. zugleich als Instrument des monarch.-bürokrat. Staates, um im Fall des Konflikts zw. Exekutive und Volksvertretung die Macht zugunsten des monarch. Prinzips zu erhalten oder zu verschieben. Die N. mußten als „provisor. Gesetze" im allg. nachträglich vom Parlament gebilligt werden; das Recht zu N. konnte auf Gegenstände der einfachen Gesetzgebung beschränkt sein oder selbst Verfassungsänderungen einschließen.
Bes. Bed. erlangten N. in der Anfangs- und Endphase der Weimarer Republik. Die Weimarer Verfassung von 1919 bot die Möglichkeit zu N. nur auf Grund von Ermächtigungsgesetzen (1923/24 zur Überwindung der Inflation genutzt) bzw. gemäß Art. 48 („Diktaturparagraph" mit großer Ermessensfreiheit für den Reichspräs.). Nachdem 1920/23 die Reichsreg. eine Fülle von N. gemäß Art. 48 überwiegend zur Abwehr von Störungen der öff. Sicherheit und Ordnung erlassen hatte, wurden N. 1930/33 unter Aufhebung der Gewaltenteilung zum eigtl. Reg.instrument, fortgeführt noch 1933 in der Anfangsphase der nat.-soz. Terrorherrschaft (↑deutsche Geschichte).
Die Verfassung der BR Deutschland sieht kein vergleichbares Recht zum Erlaß von N. vor, sondern nur ein vereinfachtes Gesetzgebungsverfahren (Art. 115 d GG). – ↑Gesetzgebungsnotstand, ↑Notstand.

Notweg, Durchgang, der unter Benutzung benachbarter Grundstücke ein Grundstück ohne Verbindung zu einem öff. Weg mit diesem verbindet. Die Eigentümer der Nachbargrundstücke sind mit einer Geldrente zu entschädigen. Ein Anspruch auf Schaffung eines N. besteht, wenn sonst die ordnungsgemäße Benutzung des Grundstücks nicht möglich wäre und der Grundstückseigentümer eine bislang bestehende Verbindung nicht willkürlich unterbrochen hat (§§ 917 ff. BGB).
In ähnl. Weise ist das N.recht in *Österreich* und der *Schweiz* geregelt.

Notwehr, die zur Abwendung eines gegenwärtigen, rechtswidrigen, nicht aber unbedingt schuldhaften Angriffs notwendige Verteidigung (§ 227 BGB, § 32 StGB). Der Angriff kann gegen ein beliebiges Rechtsgut des Abwehrenden oder eines Dritten (dann Fall der Nothilfe) gerichtet sein; er muß von einem Menschen ausgehen. Die N. kann defensiv oder durch Gegenangriff ausgeübt werden. Der N. Leistende braucht keine Güterabwägung zw. dem angegriffenen und dem durch die N.handlung bedrohten Rechtsgut vorzunehmen; die N. findet allerdings ihre Grenzen am Rechtsmißbrauch. Daher ist die Gefährdung des Lebens zur Verteidigung geringwertiger Vermögensgüter unzulässig. Eine Verteidigung ist nicht erforderlich, wenn dem Angegriffenen ein Ausweichen zugemutet werden kann. Die N. bildet sowohl im Zivil- als auch im Strafrecht einen Rechtfertigungsgrund für die Verletzung der Rechtsgüter des Angreifers.

Notwehrexzeß, Überschreiten der Grenzen der Notwehr über das erforderl. Maß hinaus *(intensiver N.)* oder Verteidigung gegen einen nicht oder nicht mehr gegenwärtigen Angriff *(extensiver N.)*. In beiden Fällen handelt der Täter rechtswidrig, jedoch wird er nicht bestraft, wenn er aus Verwirrung, Furcht oder Schrecken handelte (§ 33 StGB). Wird irrtümlich eine Notwehrsituation angenommen, kommen die Regeln über ↑Irrtum zur Anwendung.

notwendige Verteidigung ↑Verteidiger.

Notzucht, veraltet für ↑Vergewaltigung.

Nouadhibou [nuadi'bu] (bis 1969 Port-Étienne), Hafenstadt in Mauretanien, an der O-Küste der Halbinsel von Kap Blanc, 25 000 E. Meerwasserentsalzungsanlage, Fischfang und -verarbeitung, Erdölraffinerie, Elektrostahlwerk. 10 km südlich von N. der Erzhafen *Cansado,* Endpunkt der Erzbahn von F'Dérik; internat. ✈.

Nouakchott [frz. nwak'ʃɔt], Hauptstadt von Mauretanien, 4 km vom Atlantik entfernt, 500 000 E. Kath. Bischofssitz; Univ. (1983 gegr.), Nat.museum, Nat.bibliothek; Lebensmittelind., Werft, Meerwasserentsalzungsanlage, Staatsdruckerei; Hafen, internat. ✈. – Gegr. 1903, seit 1957 Hauptstadt.

Nougat (Nugat) ['nu:gat, frz. nu'ga; provenzal.-frz., eigtl. „Nußkuchen" (zu lat. nux „Nuß")], Süßware aus gerösteten und zerkleinerten Nüssen oder Mandeln, Zucker, Vanille und Kakaomasse.

Nouméa [frz. nume'a], Hauptstadt des frz. Überseeterritoriums Neukaledonien, an der SW-Küste der Insel Neukaledonien, 65 100 E. Kath. Erzbischofssitz; Nickelerzverhüttung, Hafen, internat. ✈.

Nous [nu:s; griech.], svw. ↑ Nus.

Nouveau réalisme [frz. nuvorea'lismə] (Neuer Realismus), Erneuerung des Dadaismus („Neodadaismus"), gegen Konstruktivismus und abstrakten Expressionismus gerichtete Objekt- und Aktionskunst; zur Pioniergruppe gehörten u. a. Arman, Y. Klein, D. Spoerri, J. Tinguely und seit 1961 auch César und Christo.

Nouveau roman [frz. nuvorɔ'mã „neuer Roman"] (Dingroman, gegenstandsloser Roman oder Antiroman), nach 1945 in Frankreich entstandene experimentelle Form des Romans, die sich von den herkömml. Strukturen und Bedingtheiten löst. Der N. r. löst die Kategorien von Raum und Zeit und Kausalität auf, die Erzählfolge wird aufgehoben, und die Möglichkeit des Schreibens überhaupt thematisiert und zur Debatte gestellt. Dominierende Erzähltechnik ist der innere Monolog; auf den Erzähler wird weitgehend verzichtet. Der N. r. knüpft v. a. an M. Proust und J. Joyce an, vorbereitet wurde er durch die bereits vor 1945 entstandenen Werke Nathalie Sarrautes, die später neben A. Robbe-Grillet, M. Butor, F. Ponge, J. Cayrol, C. Simon, R. Pinget, M. Duras, C. Mauriac u. a. eine der wichtigsten Vertreterinnen wurde.

Nouvelle cuisine [frz. nu'vɛl kɥi'zin] (neue Küche), in den 1970er Jahren in Frankreich kreierte Art der Kochkunst, die den Eigengeschmack eines Nahrungsmittels nicht überdecken, vielmehr mittels Gewürzen verstärken will. Verwendung frischer Ware bei kurzer Kochzeit (gern wird püriert). Als ihr Schöpfer gilt P. Bocuse.

Nouvelle théologie [frz. nu'vɛl teɔlɔ'ʒi „neue Theologie"], Richtung der frz. kath. Theologie zw. 1940 und 1950, die v. a. folgende Themen behandelte: die zeitgenöss. Philosophie im Zusammenhang der Glaubenslehre; das Problem der Unveränderlichkeit und der Geschichtlichkeit der Wahrheit; Verhältnis zw. Natur und Gnade; Marxismus; Christentum und nichtchristl. Religionen; Gotteserkenntnis. Hauptvertreter: J. Daniélou, Y. Congar, H. de Lubac.

Nouvelle vague [frz. nu'vɛl 'vag] ↑ Neue Welle.

Nova [lat. „neuer (Stern)"] (Mrz. Novae), eruptiver veränderl. Stern, charakterisiert durch einen Helligkeitsausbruch bis zum Millionenfachen des urspr. Werts, wobei das Maximum in Stunden oder Tagen erreicht wird. Die Helligkeit fällt dann in einem Zeitraum von einigen bis zu 100 Jahren ab.

Novaesium [no'vɛ:ziʊm] ↑ Neuss.

Nova Gorica [slowen. 'nɔ:va gɔ'ri:tsa], Nachbarstadt der italien. Stadt Gorizia am Isonzo, 82 m ü. d. M., 12 000 E. Handels- und Verkehrszentrum im westl. Slowenien, Grenzübergang. – Entstand aus den Außenbez. der ehem. östr. (seit 1919 italien.) Stadt Gorizia (dt. Görz), die 1947 Jugoslawien zugesprochen wurden.

Novak, Helga M[aria] ['novak], verh. H. M. Karlsdottir, * Berlin 8. Sept. 1935, dt. Schriftstellerin. – Lebte 1961–67 in Island; schreibt sozialkrit. Lyrik („Colloquium mit vier Häuten", 1967) und Prosa („Geselliges Beisammensein", 1968), in der sie in einprägsamer, teils knapper Sprache und z. T. ironisch autobiograph. Erfahrungen schildert („Die Eisheiligen", R., 1979; „Vogel federlos", R., 1982; „Märk. Feemorgana", Ged., 1989).

N., Vítězslav [tschech. 'nɔva:k], * Kamenice nad Lipou (Südböhm. Bez.) 5. Dez. 1870, † Skuteč (Ostböhm. Bez.) 18. Juli 1949, tschech. Komponist. – Schüler von A. Dvořák; unter dem Einfluß der dt. Romantik, des frz. Impressionismus und v. a. der slowak. und mähr. Volksmusik komponierte er Opern, Orchesterwerke (sinfon. Dichtungen), Kammer- und Klaviermusik, Chorwerke, Lieder.

Novalis. Stahlstich des deutschen Kupferstechers Eduard Eichens nach einem zeitgenössischen Gemälde, 1845

Novalis, eigtl. Georg Philipp Friedrich Frhr. von Hardenberg, * Oberwiederstedt (= Wiederstedt, Kr. Hettstedt) 2. Mai 1772, † Weißenfels 25. März 1801, dt. Dichter. – Bedeutendster Lyriker und Prosadichter der dt. Frühromantik. 1790–94 Studium in Jena, Leipzig und Wittenberg; befreundet mit Schiller, den Brüdern Schlegel und L. Tieck. Entscheidend beeinflußt durch den dt. Idealismus. 1795 Verlobung mit der 13jährigen Sophie von Kühn (* 1783, † 1797), deren früher Tod N.' myst. Neigungen verstärkte und deren Verlust fortan eine zentrale Rolle in seinem Schaffen spielte. N. studierte die Werke von F. C. von Baader, J. Böhme und F. Hemsterhuis. 1797 besuchte er die Bergakademie in Freiberg; 1798 Verlobung mit Julie von Charpentier (* 1776, † 1811). 1799 Salinenassessor, wenig später zum Amtshauptmann ernannt. Ab Aug. 1800 lungenkrank. – N. erstrebte eine „progressive Universalpoesie", in der alle Dinge mit dem „Zauberstab der Analogie" berührt werden, eine Poetisierung der Welt. Wie die „Geistl. Lieder" (1802) sind auch die „Hymnen an die Nacht" (1800) ein Zyklus, bestehend aus 6 sich steigernden Gedichten, in denen der Eros ins Mystisch-Religiöse erhöht, die Nacht als Reich der Poesie gefeiert und subjektive Todesüberwindung mit der Auferstehung Christi in Parallele gesetzt wird. Die aphorist. „Fragmente" (ein Teil u. d. T. „Blütenstaub" 1798 in der Zeitschrift „Athenäum" gedruckt) sind Zeugnis eines „mag. Idealismus", der im Ggs. zu Fichte das Ich nicht als Vernunft, sondern als Gemüt versteht, in dem Endlichkeit und Unendlichkeit als Einheit gefaßt werden. Nur der Dichter, dessen Werden im fragmentar. Bildungsroman „Heinrich von Ofterdingen" (1802) dargestellt wird, ist fähig, das Universum in stufen-

Helga M. Novak

weiser Erkenntnis zu durchdringen: Er gewinnt die blaue Blume (das Symbol der Romantik). – *Weitere Werke:* Die Christenheit oder Europa (Schrift, entstanden 1799; gedruckt 1826), Die Lehrlinge zu Sais (Romanfragment, 1802).

Nova Lisboa [portugies. 'nɔvɐ liʒ'ßoɐ] ↑Huambo.

Novara. Die 1577–1659 erbaute Kirche San Gaudenzio mit dem 1844–88 erbauten Vierungsturm, dem Wahrzeichen der Stadt

Novara, italien. Stadt in Piemont, in der Poebene, 164 m ü. d. M., 103 100 E. Hauptstadt der Prov. N.; kath. Bischofssitz; kartograph. Inst. De Agostini; Museen, Gemäldegalerie, Staatsarchiv; Baumwoll- und Seidenverarbeitung, Stahlwerk, chem. Ind.; Getreidemarkt. – In der Antike **Novaria** (ligur. Ursprungs, dann kelt.); wurde unter Cäsar röm. Munizipium, im 4. Jh. Bischofssitz; Anfang des 11. Jh. freie Kommune, 1110 zerstört; trat 1167 dem Lombardenbund bei; mußte sich im 14. Jh. den Visconti unterwerfen; fiel mit Mailand 1535 an das Haus Österreich, 1735 an Sardinien. – Neben dem Dom (1865–69) ein achteckiges Baptisterium aus dem 10./11. Jh. mit roman. Fresken (1070); Kirche San Gaudenzio (1577–1659) mit dem 121 m hohen Vierungsturm (1844–88), dem Wahrzeichen der Stadt.

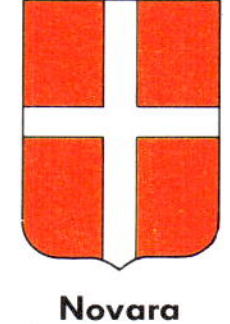

Novara Stadtwappen

Novarro, Ramon [engl. noʊ'vɑ:roʊ], eigtl. Ramón Gil Samaniegos, *Durango (Mexiko) 6. Febr. 1899, †Los Angeles-Hollywood 31. Okt. 1968 (ermordet), amerikan. Filmschauspieler mex. Herkunft. – Als Typ des südländ. Liebhabers zählte er zu den populärsten Stars des amerikan. Films; u. a. in „Scaramouche" (1923), „Ben Hur" (1926), „Alt Heidelberg" (1927), „Mata Hari" (1932), „Die Dame und der Killer" (1960).

Novás Calvo, Lino [span. no'βas 'kalβo], *Grañas del Sor (Prov. La Coruña) 23. Sept. 1903, †New York April 1983, span.-kuban. Schriftsteller. – Einer der bedeutendsten hispanoamerikan. Erzähler der Gegenwart. Lebte seit 1960 in den USA; Verfasser von Romanen und Erzählungen, u. a. aus dem Milieu kuban. Armenviertel und aus der Zeit des Span. Bürgerkriegs.

Nova Scotia [engl. 'noʊvə 'skoʊʃə] (dt. Neuschottland), kanad. Prov. am Atlantik, 52 840 km^2, 892 000 E (1990), Hauptstadt Halifax.

Landesnatur: Die Prov. umfaßt eine langgestreckte Halbinsel am Atlantik, die durch die tiefeingreifende Bay of Fundy vom Festland getrennt ist. Jenseits der Strait of Canso ist ihr im NO Cape Breton Island vorgelagert. Beide Landesteile werden von Bergketten durchzogen, die auf Cape Breton Island 532 m ü. d. M. erreichen. Die Küsten sind stark gegliedert durch Buchten und Flußmündungen. In der Bay of Fundy wird der höchste Tidenhub der Erde gemessen. Im Atlantik, 280 km onö. von Halifax, liegt die zu N. S. gehörende Insel Sable Island. Die Sommer sind warm, die Winter kalt. Etwa 75 % von N. S. sind von Nadel- und Mischwald bedeckt. Die Bäche und Seen sind fischreich (Forelle, Lachs). An jagdbarem Wild kommen v. a. Rotwild und Elch vor.

Bevölkerung, Wirtschaft, Verkehr: Die Nachkommen der voreurop. Bewohner (Micmac-Indianer) leben heute in Reservaten. Brit. Abstammung sind heute rd. 71 % der Bev., 12 % frz., 6 % dt. Herkunft, neben zahlr. anderen europ. Gruppen und einer schwarzen Minderheit, die sich nach 1812 bei Halifax ansiedelte. N. S. verfügt über 14 Colleges und Univ. sowie ein Gäl. College in Saint Ann's. Die Landw. ist v. a. auf Milchwirtschaft, Geflügelzucht und Eierproduktion spezialisiert. Im Tal des Annapolis River bed. Apfelbaumkulturen. Große Bed. hat die Fischerei sowie die Austernzucht. An Bodenschätzen werden Bleierz, Gips, Schwerspat und Salz gewonnen. Im Off-shore-Bereich von Sable Island wird Erdgas gefördert. Ein traditionelles Gewerbe ist der Bootsbau. An Ind.betrieben finden sich Erdölraffinerien, Stahlwerke, holz-, metallverarbeitende sowie Nahrungsmittelind. Die Eisenbahnstrecken in N. S. sind 1 770 km lang, das Highwaynetz mit fester Decke 21 186 km. Fähren verbinden N. S. mit Prince Edward Island, New Brunswick und Maine (USA). Wichtigster eisfreier Hafen ist Halifax. Südl. des Damms in der Strait of Canso entstand ein eisfreier Tiefwasserhafen für Öltanker. Die wichtigsten ✈ sind in Halifax, Yarmouth und Sydney.

Geschichte: Kam als Teil des zw. Frankreich und Großbritannien umstrittenen Akadien 1713 in brit. Besitz; 1755 wiesen die Briten die meisten der frz.sprachigen Siedler aus; 1758 erhielt die Kolonie eine eigene Legislative; 1784 wurde die Grenze zu der neugeschaffenen Kolonie New Brunswick festgelegt; schloß sich 1867 dem neugeschaffenen Dominion Kanada an.

Novatianer, Anhänger des Gegenpapstes Novatian (†258 [?]), die nach der Exkommunizierung 251 eine Gegenkirche bildeten, die sich v. a. durch einen rigorist. Kirchenbegriff auszeichnete: Todsündern kann nur Gott, nicht die Kirche vergeben; sie lehnten deshalb deren Wiederaufnahme in die Kirche ab. Die N. bestanden bis ins 7. Jahrhundert.

Novation [zu lat. novatio „Erneuerung"] (Schuldumwandlung, Schuldumschaffung, Schuldersetzung), vertragl. Ersetzung eines Schuldverhältnisses durch Aufhebung des bestehenden und Begründung eines an dessen Stelle tretenden neuen Schuldverhältnisses.

Novelle [italien., eigtl. „(kleine) Neuigkeit"], Kurzerzählung einer „unerhörten Begebenheit" (Goethe) bzw. Neuigkeit in Prosa, seltener in Versform; gestaltet ein real vorstellbares Ereignis oder eine Folge aufeinander bezogener Ereignisse, wobei die Ereignisfolge auf einem zentralen Konflikt beruht. Formal bedingt dies eine straffe, meist nur einsträngige Handlung, das pointierte Herausarbeiten eines Wende- bzw. Höhepunktes und eine Tendenz zur geschlossenen Form. Häufig finden sich Vorausdeutungen durch sprachl. Leitmotive oder Dingsymbole. Beliebt war die Anordnung mehrerer N. zu einem Zyklus, der durch eine Rahmenerzählung zusammengehalten wurde. Ansätze zu novellenähnl. Erzählungen finden sich neben volksliterar. Gattungen in oriental. Sammelwerken (z. B. „1001 Nacht"), bei antiken Historikern (Herodot), in den kürzeren Verserzählungen des MA und den altfrz. Fabliaux. Bewußt gestaltet erscheint die N. im Übergang vom MA zur Neuzeit im roman. Sprachraum: z. B. im „Decamerone" (1348–53) des G. Boccaccio, der die zykl. und zugleich zeitbezogene Rahmenform einführte und verbindlich machte. Daran orientiert erschienen in England G. Chaucers „Canterbury tales" (1378 ff.), in Frankreich die „Cent nouvelles nouvelles" (um 1462) und das „Heptameron" (1559) der Margarete von Navarra. Cervantes verzichtete in seinen „Exemplar. Novellen" (1613) auf die Rahmenform. Erst am Ende des 18. Jh. entwickelte sich die dt. N., die v. a. Motive des Traumhaften, Dämonischen und des Märchens einbezog; neben Übertragungen und Nachbildungen aus den roman. Sprachen wie dem Zyklus „Das Hexameron von Rosenhain" (1805) von C. M. Wieland traten mit Goethes „Unterhaltungen dt. Ausgewanderten“ (1795) auch zeitgenöss.-aktuelle N. – Im 19. Jh. wurde die N. in vielen europ. Literaturen eine der wichtigsten ep. Gattungen (G. de Maupassant, Stendhal, A. S. Puschkin, L. N. Tolstoi, A. P. Tschechow, R. L. Stevenson.) In Deutschland entstanden weitere N.-Zyklen (E. T. A. Hoffmann, G. Keller). Bekannt ist der „Dt. Novellenschatz“ (1871–76) von P. Heyse und H. Kurz. Im 20. Jh. erweiterte sich die Formenvielfalt, die Grenzen zu anderen Erzählgattungen, insbes. zur Kurzgeschichte, wurden aufgehoben.

Novelle [zu lat. novella (lex) „neues (Gesetz)“], der abändernde oder ergänzende Nachtrag zu einem bestehenden Gesetz. Durch eine N. werden i. d. R. kleinere Korrekturen vorgenommen, wenn sich Lücken gezeigt haben oder Anpassungen an geänderte Rechtsverhältnisse notwendig sind. Eine völlige Neubearbeitung eines Gesetzes nennt man *Neufassung.* Wird ein Rechtsgebiet umgearbeitet, spricht man von einer *Reform.*

November [lat., zu novem „neun“], der 11. Monat des Jahres, mit 30 Tagen; urspr. der 9. Monat der röm. Jahresordnung; Monat des Totengedenkens (Allerseelen, Totensonntag, Volkstrauertag).

Novemberrevolution, Revolution im Dt. Reich und in Österreich(-Ungarn) ab Nov. 1918, die die Monarchien stürzte und zur Errichtung parlamentar. Republiken führte, ohne daß es zu einer sozialen Revolution gekommen wäre. Im *Dt. Reich* ging die N. von meuternden Matrosen der Hochseeflotte aus (29. Okt. 1918 Wilhelmshaven, 3./4. Nov. Kiel). Von der Küste griff die Meuterei auf die großen Städte des Binnenlandes über, wo am 7. Nov. mit den Wittelsbachern in Bayern die erste Dyn. gestürzt wurde. In Berlin verkündete am 9. Nov. Reichskanzler Prinz Max von Baden unter dem Druck der Massen eigenmächtig die Abdankung Wilhelms II., um 14 Uhr rief P. Scheidemann (SPD) am Reichstag die „dt. Republik“ aus, zwei Stunden später proklamierte K. Liebknecht im Berliner Schloß die „freie sozialist. Republik“. Der Kaiser und alle dt. Fürsten dankten ab. Träger der N. waren die sich spontan bildenden Arbeiter- und Soldaten-Räte, deren radikale Minderheit mit Hilfe der Spartakusgruppe und von Teilen der USPD das Ziel eines Rätesystems verfocht, während die Mehrheitssozialisten (SPD) die Errichtung einer parlamentar. Demokratie durch die baldige Einberufung einer Nat.versammlung zu sichern suchten. Im Rat der Volksbeauftragten (3 SPD-, 3 USPD-Mgl.) als neuer, vom Großberliner Arbeiter- und Soldaten-Rat legitimierter Reichsreg. setzte sich schließlich die Politik der SPD durch, die in Ablehnung des Rätesystems (↑ Rätedemokratie) auf eine parlamentar. Lösung bei der Umgestaltung der inneren Ordnung hinarbeitete. Gestützt auf die eindeutige Mehrheit in der Arbeiterschaft wie bei der Reichskonferenz der Arbeiter- und Soldaten-Räte (16.–21. Dez.) erreichte die SPD die Festlegung des Termins zur Wahl der Nat.versammlung auf den 19. Jan. 1919. Am 29. Dez. verließen daraufhin die Delegierten der USPD den Rat der Volksbeauftragten. Nach der Niederschlagung des Spartakusaufstandes im Jan. 1919 schloß die Wahl F. Eberts zum Reichspräs. und die Bildung einer parlamentar. Reichsreg. aus SPD, Zentrum und DDP (Weimarer Koalition) am 13. Febr. die N. ab.

In *Österreich* konstituierte sich auf der Grundlage des kaiserl. Manifests vom 16. Okt. 1918 am 21. Okt. aus Mgl. aller Parteien des bisherigen Wiener Reichsrates eine provisor. Nat.versammlung des selbständigen dt.-östr. Staates. Kaiser Karl I. erklärte sich am 11. Nov. bereit, deren Beschlüsse im voraus anzuerkennen und von einer weiteren Teilnahme an den Staatsgeschäften abzusehen. Daraufhin proklamierte die Provisor. Nat.versammlung am 12. Nov. 1918 Deutschösterreich zur demokrat. Republik und zum Bestandteil der dt. Republik.

Noverre, Jean Georges [frz. nɔˈvɛːr], * Paris 29. April 1727, † Saint-Germain-en-Laye 19. Okt. 1810, frz. Tänzer und Choreograph. – Arbeitete in Paris, London, Lyon, Stuttgart, Wien und Mailand. Gilt als einer der wichtigsten Reformer des Balletts und verhalf einer auf natürl. Ausdruck gerichteten dramat. Ballettkunst zum Durchbruch. Schrieb „Briefe über den Tanz“ (1760).

Jean Georges Noverre
(Ausschnitt aus einem Punktierstich, um 1790)

Noviomagus, antiker Name von ↑ Lisieux, ↑ Nimwegen und ↑ Speyer.

Novi Pazar [serbokroat. ˈnɔviː ˌpazaːr], Stadt in Serbien, im Tal der Raška, 544 m ü. d. M., 29 000 E. Autowerk, Teppichweberei. – Das strategisch wichtige Gebiet des **Sandschaks von Novi Pazar** zw. Serbien und Montenegro war von Österreich-Ungarn 1878–1908 besetzt, danach wieder bis zum 1. Balkankrieg osmanisch. 1912 zw. Serbien und Montenegro aufgeteilt. – Die Stadt ist orientalisch geprägt, mit Moscheen, Karawanserei, ehem. Festung.

Novi Sad (dt. Neusatz), Hauptstadt der Wojwodina in der Republik Serbien, an der Donau, 80 m ü. d. M., 258 000 E. Orth. Bischofssitz; Univ. (gegr. 1960), Kunstakad., Museen, Gemäldegalerie, Theater; internat. Messe; Flugzeugfabrik, chem., metallverarbeitende u. a. Ind. – 1690 von serb. Flüchtlingen gegr.; entwickelte sich zum Zentrum des Serbentums innerhalb der Habsburgermonarchie; wurde 1748 königl. Freistadt; entwickelte sich trotz fast völliger Zerstörung durch die Ungarn 1849 im 19. Jh. zum literar. Zentrum aller Serben. 1945 Eingemeindung der Festungsstadt **Petrovaradin** (Peterwardein) am rechten Donauufer, Anfang des 16. Jh. als Brückenkopf unter dem Namen *Peterwardeiner Schanze* bed. – Bei Peterwardein schlug Prinz Eugen am 5. Aug. 1716 das osman. Hauptheer.

Novität [lat.], Neuerscheinung, Neuigkeit.

Noviziat [lat.], nach kath. Kirchenrecht mindestens einjährige Vorbereitungs-, Einführungs- und Erprobungszeit für Klosterleute vor Ablegung der öff. Gelübde **(Novizen);** auch deren Wohn- und Ausbildungsstätte.

Novocain ⓌⓏ [Kw. aus lat. novus „neu“ und Cocain], svw. ↑ Procain.

Novotný, Antonín [tschech. ˈnɔvɔtniː], * Letňany bei Prag 10. Dez. 1904, † Prag 28. Jan. 1975, tschech. Politiker. – Seit 1921 Mgl. und Funktionär der KPČ. Nach KZ-Haft in Mauthausen (1941–45) Mgl. des ZK, seit 1948 Parlamentsabg.; im März 1953 zum 1. Sekretär der KPČ, im Nov. 1957 zum Staatspräs. gewählt; mußte am 5. Jan. 1968 sein Parteiamt an A. Dubček und am 27. März 1968 seine Staatsfunktionen an L. Svoboda abtreten.

Antonín Novotný

Novum [lat. „Neues“], Neuheit; neu hinzukommender Gesichtspunkt.

Nowa Huta [poln. ˈnɔva ˈxuta], Stadtteil von ↑ Krakau.

Nowaja Semlja, russ. Inselgruppe im Nordpolarmeer zw. Barents- und Karasee, 82 600 km². Besteht aus den beiden Hauptinseln *Nordinsel* (48 904 km², bis 1 547 m hoch, z. T. von Inlandeis bedeckt) und *Südinsel* (33 275 km², bis 150 m hoch, kleine Gletscher), sowie mehreren kleinen Inseln. Auf N. S. gibt es mehrere wiss. Stationen.

Nowakowski, Tadeusz, * Allenstein 8. Nov. 1920, poln. Schriftsteller. – 1940–45 im KZ; seit 1947 in London, den USA und ab 1956 in der BR Deutschland, Mgl. der „Gruppe 47“; schrieb neben Essays v. a. realist. Romane und Erzählungen, oft über das Schicksal poln. Emigranten, u. a. „Picknick der Freiheit“ (E., 1959), „Die Radziwills. Die Geschichte einer großen europ. Familie“ (1964), daneben auch „Ich fürchte mich nicht. Die Reisen des Papstes.“ (1980).

Nowgorod [ˈnɔfgɔrɔt, russ. ˈnɔvgərət], russ. Geb.hauptstadt am Wolchow, nördl. des Ilmensees, 229 000 E. PH, polytechn. Hochschule, Museen; Theater; Maschinenbau, elektron., chem., Möbelindustrie.

Geschichte: Eine der ältesten Städte Rußlands (859 erstmals urkundlich erwähnt); als **Holmgard** Residenz des Warägers Rurik. Bereits Ende des 10. Jh. bedeutendstes kulturelles Zentrum nach Kiew und größte Gewerbe- und Handelsstadt Rußlands. Beherrschte im 12. Jh. ein großes Territorium, das sich bis zum Ural erstreckte. 1136 löste ein Aufstand das regierende Fürstenhaus ab; N. wurde Stadtrepublik, die ein Rat („wetsche“) regierte. Im 13. und 14. Jh. Handelsbeziehungen mit Schweden und der Hanse (↑ Peterhof). Mußte 1471 die Oberherrschaft des Großfürsten von Moskau anerkennen. 1727 Gouv.hauptstadt. Im 2. Weltkrieg stark zerstört.

Nowgorod
Stadtwappen

Stadtanlagen und Bauten: N. besteht aus zwei Teilen, dem Westteil (auch Sophienseite gen.) am linken Ufer des Wolchow mit dem Kreml, der 1045 mit einer Holzpalisade umgeben wurde (heutige Mauern mit 13 Türmen v. a. von 1484–99), und dem Ostteil (sog. Handelsseite) mit sog. Jaroslawhof und Markt (nur wenige Teile wiederhergestellt). Mit dem Bau der Sophienkathedrale (1045–50 anstelle einer Holzkathedrale von 989) entstand in N. ein von der byzantin. Tradition ausgehender eigener Baustil mit einfachen, geschlossenen kub. Baukörpern, großzügiger Lisenen- und Bogengliederung und Betonung der Vertikalität. Die Sophienkirche ist eine Kreuzkuppelkirche mit fünf Schiffen über griech. Kreuz und fünf Kuppeln; am W-Portal bed. roman. Bronzetür, das Werk der Magdeburger Meister Riquinus und Waismuth (1152–54). Im Kreml u. a. der „Facettenpalast" (1433) und die Glockenwand (15. bis 17. Jh.). Auf dem rechten Ufer (Handelsseite) zahlr. Kirchen, u. a. Fjodor-Stratilat-Kirche (1360/61) und Erlöserkirche an der Iljastraße (1374), typisch die sich kreuzenden zwei Satteldächer mit kleeblattförmigem Abschluß der dreiteiligen Fassaden. In der Erlöserkirche Fresken von Feofan Grek (1378). Außerhalb der Mauern des alten N. sind die Kirche der Geburt Mariä im ehem. Antoniuskloster (1117–19) sowie als bedeutendster Bau von N. die Georgskirche im ehem. Jurjewkloster zu nennen (1119–30; von Meister Pjotr; restauriert 1933–36; mit drei Kuppeln und Treppenturm). Die Erlöserkirche an der Nerediza (1198; 1941 zerstört, als Bau wiederhergestellt) besaß die wertvollsten Fresken der russ. Kunst des 12. Jahrhunderts.

Nowgorod. Sophienkathedrale, 1045–50

Nowokusnezk [russ. nɔvekuz'njɛtsk], russ. Stadt im Kusbass, 600 000 E. Hochschule für Metallurgie; Steinkohlenbergbau. Zentrum der russ. Hüttenind., Aluminiumwerk, Maschinenbau, chem. Ind. – 1617 gegr.; entwickelte sich ab 1930 zur Ind.stadt.

Nowomoskowsk [russ. nɔvemas'kɔfsk], russ. Stadt im Bereich des Moskauer Kohlenbeckens, 146 000 E. Bed. Zentrum der chem. Ind. – 1929 gegr., seit 1930 Stadt.

Noworossisk [russ. nevera'sijsk], russ. Hafenstadt an der NO-Küste des Schwarzen Meeres, 186 000 E. Seemänn. Ingenieurhochschule; Theater; Planetarium; Zementind., Schiffsreparatur, Landmaschinenbau, Nahrungsmittel- u. a. Ind. – Gegr. 1838.

Nowossibirsk [russ. nevesi'birsk], russ. Geb.hauptstadt am Ob, 139 m ü. d. M., 1,436 Mill. E (größte Stadt Sibiriens). Univ. (gegr. 1959), 12 Hochschulen, Sibir. Abt. der Russ. Akad. der Wiss.; Gemäldegalerie, Museum; 8 Theater. Am **Nowossibirsker Stausee** (1 070 km^2) liegt der als Wohnort der Wissenschaftler 1957–66 erbaute Stadtteil **Akademgorodok** mit der Univ. und 16 Inst. der Russ. Akad. der Wiss.; Hüttenwerke, Werkzeug-, Landmaschinen- und Instrumentenbau, elektron., chem., Leder-, Nahrungsmittel- u. a. Ind.; Flußhafen, Bahnknotenpunkt an der Transsib, U-Bahn; ✈. – 1893 beim Bau der Transsib gegr., seit 1904 Stadt.

Nowosti [russ. 'nɔvɛsti „Neuigkeiten"] ↑ Nachrichtenagenturen (Übersicht).

Nowotscherkassk [russ. nevɛtʃɪr'kassk], russ. Stadt am Don, 187 000 E. Polytechn., landw. Hochschule; Donkosakenmuseum; Theater; Bau von elektr. Lokomotiven und Maschinen für Grubenausrüstungen; Lebensmittelind. – 1805 als Garnison der Donkosaken gegr. – Bei N. wurde 1864 aus Gräbern der mittelsarmat. Periode der sog. „Schatz von N." (ca. 1. Jh. v. Chr.) entdeckt: u. a. prächtige Golddiademe.

Nọwy Mịr [russ. „Neue Welt"], monatlich erscheinende Literaturzeitschrift; erscheint seit Jan. 1925 in Moskau; mehrmals Organ liberaler und systemkrit. Autoren.

Nowy Sącz [poln. 'nɔvɨ 'sɔntʃ] (dt. Neusandez), poln. Stadt in den Beskiden, am Dunajec, 290 m ü. d. M., 73 000 E. Hauptstadt der Woiwodschaft N. S.; kultureller und wirtsch. Mittelpunkt des poln. Teils der Beskiden. – 1292 gegr.; seit dem 19. Jh. Entwicklung zum Handels- und Ind.zentrum. – 1945 stark zerstört; Sankt-Margarets-Pfarrkirche (15. Jh.; im 18. Jh. umgebaut), Jesuitenkirche (Anfang des 15. Jh.; mehrfach umgebaut).

Nọxe [zu lat. noxa „Schaden"], Bez. für Stoffe, Strahlungen oder andere Faktoren, die eine schädigende (pathogene) Wirkung auf den Organismus ausüben.

Noyon [frz. nwa'jõ], frz. Stadt 20 km nö. von Compiègne, Dep. Oise, 14 000 E. Nahrungsmittel-, Holz-, Metallind. – Das röm. **Noviomagus Veromanduorum** war seit etwa 530 Bischofssitz (bis 1801). 768 wurde hier Karl d. Gr. zum fränk. König gekrönt; im 9. Jh. in normann. Besitz; 987 Krönungsort Hugo Capets. 1108 Stadtrecht. – Frühgot. Kathedrale (1150–1290 und 14. Jh.); „Ancienne Librairie" (16. Jh., mit alter Kapitelsbibliothek), ehem. Bischofspalast (16. Jh.), Rathaus (15. Jh.).

Np, chem. Symbol für ↑ Neptunium.

NPD, Abk. für: ↑ **N**ationaldemokratische **P**artei **D**eutschlands.

NRT, Abk. für: **N**etto**r**egister**t**onne (↑ Registertonne).

NRZ, Abk. für: **N**etto**r**aum**z**ahl (↑ Bruttoraumzahl).

Ns, chem. Symbol für Nielsbohrium.

NS, Abk. für: **n**ational**s**ozialistisch (z. B. NSDAP, NS-Staat), Nationalsozialismus.

NSDAP, Abk. für: ↑ **N**ational**s**ozialistische **D**eutsche **A**rbeiter**p**artei.

NS-Prozẹsse, Gerichtsverfahren, in denen nat.-soz. Gewaltverbrechen zur Anklage gebracht werden. – In den 3 westl. Besatzungszonen hatten Militärgerichte in 806 Fällen Todesurteile verhängt, von denen 486 vollstreckt wurden. Die Zahl der von dt. Strafverfolgungsbehörden wegen NS-Verbrechen geführten Prozesse hatte in den Jahren 1948/49 einen Höchststand (1 523), Anfang der 1950er Jahre ging sie zurück. Wegen des bevorstehenden Verjährungstermins für NS-Morde setzte der Bundestag 1965 durch Gesetz den Beginn der Verjährungsfrist für NS-Morde auf den 1. Jan. 1950 fest (schob damit den Eintritt ihrer Verjährung bis 31. Dez. 1969 hinaus); 1969 wurde die bis dahin 20jährige Verjährungsfrist für Mord generell auf 30 Jahre erweitert; im Juli 1979 wurde die Verjährung für Mord generell aufgehoben. In der *DDR* war die Nichtverjährbarkeit von Kriegsverbrechen in der Verfassung und im StGB festgeschrieben.
Bis zum 1. Jan. 1978 wurden von den Strafverfolgungsorganen in der BR Deutschland gegen insgesamt 84 403 Personen strafrechtl. Ermittlungen durchgeführt. Verfahren gegen 74 263 Personen wurden ohne Bestrafung abgeschlossen. Heute sind noch zahlr. Strafverfahren anhängig, und auch Ermittlungsverfahren laufen noch mit einer nicht

unerhebl. Zahl von Verdächtigten. Im Gebiet der SBZ bzw. der DDR wurden 1945–90 (nach 1991 veröffentlichten statist. Angaben) insgesamt 12 881 Personen wegen Teilnahme an NS-Verbrechen und Verbrechen gegen die Menschlichkeit rechtskräftig verurteilt. Die größte Anzahl von Verfahren wurde 1948, als die Zuständigkeit für diese Prozesse von den Schwurgerichten auf die Strafkammern verlagert wurde, registriert. Anfang 1950 löste die UdSSR die letzten drei Internierungslager in der DDR auf und übergab 3 432 Internierte den DDR-Organen zur weiteren Strafverfolgung. Im 2. und 3. Quartal 1950 fanden in der Haftanstalt Waldheim die sog. **Waldheim-Prozesse** statt, die wegen Verletzung rechtsstaatl. Grundsätze stark kritisiert wurden (u. a. mangelhafte Sachverhaltsaufklärung, Verletzung des Prinzips der Öffentlichkeit, Beeinträchtigung des Rechts auf Verteidigung, oft überhöhte Strafen). Die Problematik der NS-P. liegt v. a. im zeitl. Abstand zum Tatgeschehen. Die bundesdt. Justiz begann erst 1958 intensiv mit der Verfolgung von NS-Verbrechen, ab 1964 wurde Material zu ihrer Aufklärung aus osteurop. Ländern verwertet. Für die Gerichte wird es immer schwerer, ein objektives Tatgeschehen zu rekonstruieren und die individuelle Schuld der Tatbeteiligten festzustellen. Diese Schwierigkeiten haben zu vorsichtigen, im Zweifelsfalle für den Angeklagten oder für Nichtbeweisbarkeit einer Schuld plädierenden Urteilen geführt, was v. a. im Ausland auf Kritik stieß.

NSU Motorenwerke AG, ehem. dt. Automobilunternehmen; gegr. 1873; 1892 Schaffung der Marke NSU (aus: **N**eckar**su**lm); seit 1900 Motorrad-, seit 1906 Pkw-Produktion; 1969 fusioniert mit der Auto Union GmbH (gegr. 1949), Ingolstadt, zur Audi NSU Auto Union AG (jetzt Audi AG; Sitz in Ingolstadt).

N. T., Abk. für: **N**eues **T**estament (↑Bibel).

NTC-Widerstand [engl. 'ɛnti:'si:; Kurzbez. für engl. **n**egative **t**emperature **c**oefficient resistor], Halbleiterwiderstand; bei Erwärmung nimmt die Leitfähigkeit zu bzw. der elektr. Widerstand ab (↑Heißleiter).

NTSC [engl. 'ɛnti:ɛs'si:], Abk. für: **N**ational **T**elevision **S**ystem **C**ommittee, 1951 gegr. amerikan. Fernsehnormenausschuß.

NTT [Abk. für engl.: **n**ew **t**echnology **t**elescope], 1990 eingeweihtes Teleskop der Europ. Südsternwarte (ESO) mit einem Hauptspiegel von 3,6 m Durchmesser. Für den Bau opt. Großteleskope mit Durchmessern bis zu 16 m sind neue Technologien bes. auf dem Gebiet der Optik, Mechanik und Elektronik erforderlich, die erstmals beim NTT erprobt wurden. Durch die Anwendung *aktiver* und *adaptiver Optik* werden Störungen im opt. System oder auf Grund äußerer Einflüsse sofort erkannt und kompensiert, so daß erste NTT-Aufnahmen eine bisher nicht erreichte Bildqualität aufweisen.

Nu, U, birman. Politiker, ↑U Nu.

Nuance [ny'ã:s, ny'ã:sə; frz., vermutlich zu nuer „bewölken, abschattieren" (von nue „Wolke")], Abstufung, feiner Übergang; [Ab]tönung; Spur, Kleinigkeit; **nuancieren,** etwas mit all seinen Feinheiten erfassen.

Nuba, Volk der Sudaniden im S der Republik Sudan, eine Mischung aus Angehörigen verschiedener Stämme, die sich vor arab. Sklavenjägern u. a. in die Nubaberge zurückgezogen hatten. Die N. treiben Feldbau sowie Viehzucht.

Nubien [...i-ɛn], von Tafelbergen überragtes und von Trockentälern zerschnittenes Savannen- und Wüstengebiet beiderseits des Nil im N der Republik Sudan, 550 000 km² groß, etwa 3 Mill. E. In N. liegt der Nasserstausee.

Geschichte: Bis etwa 3000 v. Chr. hatte N. eine weitgehend gemeinsame Kultur mit Ägypten. Etwa 2000 wurde in der Nähe des 3. Kataraktes die Hauptstadt des Reiches **Kusch** gegr., das zu Beginn der 18. ägypt. Dyn. zerstört wurde. 920 bildete sich das Reich von Napata, das 722/721 Ägypten eroberte und dort die sog. Äthiop. (25.) Dyn. gründete. Etwa 530 v. Chr. wurde die Hauptstadt des Reiches nach Meroe verlegt, das bis ins 4. Jh. n. Chr. existierte. Etwa seit dem 4./5. Jh. bestanden die christl. nub. Reiche **Nobatia** (Hauptstadt Pachoras), **Makuria** (Makarra; Hauptstadt Dongola; im 7. Jh. mit Nobatia vereinigt) und **Alwah** (Alodia; Hauptstadt Soba südl. von Khartum). Seit dem 12. Jh. wurde N. islamisiert.

Nubier [...i-ɛr], zusammenfassende Bez. für die Bev. des mittleren Niltales zw. Assuan und Khartum (Ägypten und Republik Sudan); 800 000; urspr. äthiopid, heute mit europiden und negriden Elementen vermischt, kulturell stark arabisiert.

nubische Sprachen (Nuba), im Niltal an der ägypt.-sudanes. Grenze, in den nö. Nubabergen und weiter östl. in Dafur gesprochene Sprachen; gehören zu den Schari-Nil-Sprachen des Nilosaharanischen.

Nubische Wüste, Wüste im NO der Republik Sudan, zw. dem großen Nilbogen und den nördl. Red Sea Hills; im zentralen W vom 1 240 m hohen *Gabal Kurur* überragt.

Nucellus (Nuzellus) [zu lat. nucella „kleine Nuß"], fester, diploider Gewebekern der ↑Samenanlage der höheren Pflanzen; selten nackt, meist von ein bis drei ↑Integumenten umschlossen; enthält den Embryosack.

Nuceria Alfaterna ↑Nocera Inferiore.

Nuclear Energy Agency [engl. 'nju:klɪə 'ɛnədʒɪ 'ɛɪdʒənsɪ], Abk. NEA, Kernenergie-Agentur, Nachfolgeorganisation der (bis 1972) Europ. Kernenergie-Agentur (ENEA), Organ der OECD, gegr. am 1. 2. 1958 als Organ der OEEC, Sitz Paris. Mgl. sind die Staaten der OECD außer Neuseeland. Aufgabe ist die Entwicklung und Förderung der Erzeugung und Verwendung der Kernenergie für friedl. Zwecke.

Nucleus-pulposus-Prolaps, svw. ↑Bandscheibenvorfall.

Nudeln ↑Teigwaren.

Nudismus [zu lat. nudus „nackt"], svw. Nacktkultur (↑Freikörperkultur).

Nudität [lat.-frz.], Nacktheit; Darstellung eines nackten Körpers (zum sexuellen Anreiz).

Nueva Esparta, nordvenezolan. Staat, bestehend aus mehreren Inseln der Kleinen Antillen vor der östl. N-Küste des venezolan. Festlandes, 1 150 km², 264 200 E (1988), Hauptstadt La Asunción.

Nuevo Laredo [span. 'nueβo la'reðo], mex. Stadt am Rio Grande, gegenüber von Laredo (Texas), 170 m ü. d. M., 203 300 E. Zentrum eines Bewässerungsfeldbaugebiets; Endpunkt der Carretera Interamericana und einer Bahnlinie; ✈. – Gegr. 1767; bis 1848 Teil von Laredo.

Nuevo León [span. 'nueβo le'ɔn], Staat in NO-Mexiko, am Rio Grande, 64 924 km², 3,1 Mill. E (1990), Hauptstadt Monterrey. N. L. erstreckt sich von der Golfküstenebene bis in die Sierra Madre Oriental, im äußersten S auch bis auf das nördl. Hochland. – Seit Ende des 16. Jh. von den Spaniern besiedelt (in der Kolonialzeit: *Nuevo Reino de León*); seit 1824 mex. Staat.

Nuevo Sol [span. 'nueβo], Abk. S/.; Währungseinheit von Peru; 1 S/. = 100 Céntimos.

Nufenenpaß ↑Alpenpässe (Übersicht).

Nugat, svw. ↑Nougat.

Nugget ['nagɪt; engl.], Klümpchen reinen Metalls, bes. gediegenen Goldes.

Nu Jiang [chin., nudziaŋ] ↑Saluen.

Sam Nujoma

Nujoma, Sam [engl. nu:'dʒoʊ:ma:], *Ongandjera 12. Mai 1929, namib. Politiker. – Gründete 1959 die South West African People's Organization (SWAPO) und wurde deren Präs.; ging 1960 ins Exil; bei seiner Rückkehr 1966 verhaftet und ausgewiesen; lehnte den von Südafrika einseitig eingeschlagenen Weg zur staatl. Unabhängigkeit Namibias ab und führte den Guerillakrieg gegen die südafrikan. Präsenz weiter. Kehrte 1989 zurück und wurde 1990 erster Staatspräs. Namibias.

nuklear [zu lat. nucleus „Kern"], den Atomkern betreffend, auf Vorgängen im Atomkern bzw. auf seinen Eigenschaften beruhend.

nukleare Brennstoffe, svw. ↑Kernbrennstoffe.

nuklearer elektromagnetischer Puls ↑elektromagnetischer Puls.

nuklearer Winter, Bez. für die extreme Klimaveränderung (Abkühlung der erdnahen Atmosphäre, v. a. im Bereich der Kontinente der N-Halbkugel, um 20–25 Celsiusgrade für 6–20 Wochen), die nach einem größeren Kernwaffeneinsatz infolge massiver Rauch- und Rußentwicklung durch Großbrände zu erwarten wäre.

nukleare Strategie (Nuklearstrategie), Zusammenwirken von Kunst der Kriegführung und Kunst der Kriegsvermeidung nach dem 2. Weltkrieg angesichts der Möglichkeit atomarer Kriegführung, mit dem Ziel, einen globalen Krieg zu verhindern. Die USA verfolgten gegenüber der UdSSR zunächst die Strategie der **massiven Vergeltung** (engl. **massive retaliation**) im Rahmen der außenpolit. Konzeption des Roll back (mit dem Ziel, die kommunist. Machtübernahme in verschiedenen Staaten M- und O-Europas zumindest teilweise rückgängig zu machen). Massive Vergeltung bedeutete die Beantwortung eines – gleichgültig mit welchen Waffen vorgetragenen – feindl. Angriffs mit einem vernichtenden atomaren Gegenschlag. Nachdem die Sowjetunion Atom- und Raketenmacht geworden war, entwickelten die USA die Strategie des 2. Schlags, die auf der Fähigkeit beruht, auch einen nuklearen Angriff des Gegners mit einem vernichtenden Gegenschlag zu beantworten. Damit sollte der Gegner vom Erstschlag abgeschreckt werden. Dieser strateg. Grundsatz galt für beide Seiten. Die Strategie der massiven Vergeltung wurde in den 1960er Jahren durch die der **flexiblen Reaktion** (engl. **flexible response**) ersetzt, die eine angemessene Antwort auf jede Art einer Aggression vorsah. Mit der **Triaden-Strategie** entwickelte die NATO als Antwort auf die sowjet. Hochrüstung eine Strategie, deren 3 Komponenten (konventionelle, nuklear-takt. und nuklear-strateg. Mittel) jeweils einzeln, aber auch miteinander verbunden einsetzbar sind. Seit dem Zerfall des Warschauer Paktes 1991 wird in der NATO eine neue Verteidigungskonzeption diskutiert.

Nuklearmedizin, Teilbereich der Medizin, der sich mit dem Einsatz von Radionukliden in Forschung, Diagnostik und Therapie beschäftigt. Die N. wendet radioaktiv markierte Stoffe am Patienten zur Funktionsdiagnostik und Abbildung von Organen an und setzt offene Radionuklide zur Strahlentherapie ein, indem diese in den Körper eingebracht werden. Sie hat die Aufgabe der diagnost. und therapeut. Anwendung dieser Verfahren. Die **Isotopendiagnostik (Radionukliddiagnostik)** beruht darauf, daß sich Radionuklide im Stoffwechsel ebenso wie ihre stabilen Isotope verhalten, durch ihre Strahlung jedoch in kleinsten Mengen nachweisbar sind. Sie ermöglicht Aussagen über Funktion und Durchblutung von Organen und Geweben sowie über krankhafte Gewebsveränderungen (z. B. Tumoren). Mit diesem Verfahren sind alle wichtigen Organe darstellbar, z. B. in Form der Schilddrüsen-, Hirn- oder Nierenszintigraphie. Die **Isotopentherapie (Radionuklidtherapie)** wird bei der Behandlung bösartiger Geschwülste eingesetzt; sie verwendet umschlossene Gammastrahler (z. B. Radiokobalt) zur Fern- oder Nahbestrahlung. Offene Radionuklide werden von außen oder durch aktive Stoffwechselvorgänge an den Wirkungsort gebracht, z. B. bei der Radiojodtherapie der Schilddrüse.

Nuklearstrategie, svw. ↑nukleare Strategie.

Nuklearwaffen, svw. Kernwaffen (↑ABC-Waffen).

Nukleasen [zu lat. nucleus „Kern"] (Nucleasen, nukleolyt. Enzyme), Sammelbez. für die zu den Hydrolasen zählenden, Nukleinsäuren spaltenden Enzyme (Phosphodiesterasen), die v. a. bei Tieren in der Bauchspeicheldrüse vorkommen. Je nach Substrat unterscheidet man zw. den die DNS spaltenden *Desoxyribonukleasen* (↑DNasen) und den die RNS abbauenden *Ribonukleasen* (↑RNasen). Weiterhin unterscheidet man zw. den von den Enden her angreifenden *Exo-N.* und den auf der ganzen Länge der Nukleinsäuremoleküle (mit Ausnahme der Enden) einwirkenden *Endonukleasen.*

Nukleinsäurebasen (Nucleinsäurebasen) [lat./dt./griech.], als Bestandteile der Nukleinsäuren vorkommende stickstoffhaltige Basen; vom Pyrimidin leiten sich ↑Zytosin und ↑Thymin sowie das nur in der RNS enthaltene ↑Uracil *(Pyrimidinbasen)*, vom Purin ↑Adenin und ↑Guanin ab *(Purinbasen).*

Nukleinsäuren [lat./dt.] (Nucleinsäuren, Kernsäuren), in den Zellen aller Lebewesen (v. a. im Zellkern und den Ribosomen, in geringen Mengen auch in den Mitochondrien) vorkommende hochpolymere Substanzen; man unterscheidet ↑DNS (Desoxyribo-N.) und ↑RNS (Ribo-N.). Beide bestehen aus Ketten (die DNS aus Doppelketten) von ↑Nukleotiden, die jeweils aus einer Nukleinsäurebase, einem Monosaccharid (Pentose) und einem Phosphorsäurerest zusammengesetzt sind. Die Verknüpfung der Nukleotide geschieht über den Phosphorsäurerest, der mit dem Kohlenstoffatom in 3'- oder 5'-Stellung der Pentose des folgenden Nukleotids verbunden ist. Auf der bes. Reihenfolge der Basen im N.molekül beruht die ↑genetische Information.

Nukleolus [lat. „kleiner Kern"] (Kernkörperchen, Nebenkern, Nucleolus, Nukleolarsubstanz), lichtbrechendes, membranloses, meist von Vakuolen durchsetztes, zellspezifisch in Ein- oder Mehrzahl ausgebildetes Körperchen (Chromosomenprodukt) im lebenden Zellkern (↑Nukleus), ausgenommen bei Spermatozoen und frühembryonalen Zellen, das im wesentlichen aus RNS, mit anderen Stoffen verbundenen Ribonukleoproteiden und zahlr. Enzymen besteht.

Nukleon [zu lat. nucleus „Kern"], Elementarteilchen aus der Fam. der Baryonen (Zeichen *N*); gemeinsame Bez. für Proton und Neutron, die in unterschiedl. Anzahl die Atomkerne bilden und als verschiedene Ladungszustände eines N. betrachtet werden.

Nukleoside [lat./griech.], Verbindungen aus einer Nukleinsäurebase und einer Pentose (Ribose oder Desoxyribose), die Bestandteile der ↑Nukleotide sind. Sie werden nach den zugrundeliegenden Nukleinsäurebasen benannt, indem dem Wortstamm der Pyrimidinbasen die Endung -idin, dem der Purinbasen die Endung -osin angehängt wird.

Nukleosom [lat./griech.], DNS und Histone enthaltende, kugelförmige Bestandteile des Chromatins.

Nukleotide [lat./griech.], i. e. S. die Phosphorsäuremonoester der ↑Nukleoside, i. w. S. auch die Phosphordi- und -trisäureester. N. sind die Bausteine der Nukleinsäuren, kommen aber auch frei in der Zelle vor. Einige zu Dinukleotiden verbundene N. spielen als Koenzyme im Zellstoffwechsel eine wichtige Rolle, z. B. ↑NAD (Nikotinsäureamidadenindinukleotid) und FAD (Flavinadenindinukleotid). Die höherphosphorylierten freien N., bes. das ATP (Adenosintriphosphat, ↑Adenosinphosphate), sind wichtige Energieüberträger und -speicher in den Zellen.

Nukleus [...kle-ʊs; lat.] (Nucleus, Zellkern, Kern, Karyon, Karyoplast), etwa 5–25 µm großes, meist kugeliges, auch gelappt oder verästelt ausgebildetes Organell in den Zellen der Eukaryonten (Nukleobionten), das im ↑Zytoplasma eingebettet ist und oft in einem bestimmten Verhältnis zur Zellgröße steht (Kern-Plasma-Relation; ↑Zellteilung); in mehrkernigen Zellen (z. B. bestimmte Leber- und Knochenmarkszellen, verschiedene Einzeller) sind zwei oder mehrere derartige Organellen vorhanden. In den Zellkernen ist fast das gesamte genet. Material eines Lebewesens in Form der chromosomalen ↑DNS (Hauptanteil des Kernplasmas) eingeschlossen. Von den Zellkernen aus werden die Erbmerkmale weitergegeben. Sie sind auch Ort der RNS-Synthese. Neben den ↑Chromosomen enthält der N. im allg. noch ein Kernkörperchen (↑Nukleolus), selten mehrere. Er ist von einer feinen, nur elektronenmikroskopisch erkennbaren, oft außen Ribosomen bzw. Ribosomengruppen (Polysomen) tragenden Kernmembran aus Lipoproteiden umhüllt. Die Vermehrung des N. erfolgt im allg. durch ↑Mitose.

Nuklide [lat./griech.], durch Protonenzahl und Neutronen- bzw. Massenzahl gekennzeichnete Atomart, z. B. das Uran-N. U 238 oder $^{238}_{92}U$, wobei 238 die Massen- und 92 die Protonenzahl ist. Es gibt etwa 270 stabile N. und rd. 1 250 instabile ↑Radionuklide.

Nukualofa, Hauptstadt des Kgr. Tonga, an der N-Küste der Insel Tongatapu, 29 000 E. Hafen; internat. ✈.

Nukus, Hauptstadt der autonomen Republik Karakalpakien innerhalb Usbekistans, am Amudarja, 66 m ü. d. M.,

169 000 E. Univ. (1974 gegr.); Baumwollverarbeitung, Nahrungsmittelind., Jurtenfilzherstellung.

Null [zu italien. nulla figura „nichts" (von lat. nullus „keiner")], diejenige Zahl (Zahlzeichen 0), die, zu einer beliebigen Zahl a addiert, diese Zahl unverändert läßt, d. h., es gilt stets $a + 0 = 0 + a = a$. Die N. stellt also das neutrale Element bezüglich der Addition dar. Für beliebige Zahlen a gilt ferner $a \cdot 0 = 0 \cdot a = 0$ und $a^0 = 1$. Die Division durch N. ist nicht definiert. Als Ziffer wird die N. in Stellenwertsystemen zur Kennzeichnung eines nicht besetzten Stellenwertes verwendet (↑Dezimalsystem, ↑Dualsystem).

nulla poena sine lege ['pø:na; lat. „keine Strafe ohne Gesetz"] ↑nullum crimen sine lege.

Nullarborebene [engl. nʌ'lɑ:bə „kein Baum"], wasserlose, verkarstete, fast ebene, zur Küste schwach abfallende Kalktafel in Südaustralien mit spärl. Vegetation.

Nulldiät, Hungerkur; Verzicht auf Nahrung zur Gewichtsreduzierung (unter Zuführung von Flüssigkeit, Mineralstoffen, Spurenelementen und Vitaminen); medizinisch umstritten.

Nulleiter, geerdeter [Mittelpunkt]leiter eines elektr. Drehstromsystems.

Nullfolge, eine Zahlenfolge, die den Grenzwert Null hat.

Nullifikation [lat.], Aufhebung, Ungültigkeitserklärung; Rechtsakt der Bundesstaaten der USA, der Gesetze der Bundesreg. innerhalb einzelstaatl. Grenzen für ungültig erklärt. Die *N.theorie* beruht auf der Theorie der Souveränität der Bundesstaaten, die von J. C. Calhoun 1829 formuliert wurde und 1832/33 in der Frage der Schutzzollpolitik zur Anwendung kam. Die N.theorie wurde von Präs. A. Jackson scharf bekämpft. Sie hat im S der USA noch heute zahlr. Anhänger.

Nullmenge, svw. ↑leere Menge.

Nullmeridian, durch Konvention festgelegter, senkrecht zum Äquator stehender Meridian. Weit verbreitet war der 1634 durch die Kanareninsel Ferro (↑Hierro) gelegte N.; 1884 wurde der N. nach internat. Vereinbarung durch die Sternwarte von Greenwich markiert.

Nullösung, in der internat. Abrüstungsdebatte verwendete Bez. des vollständigen Abbaus eines Waffensystems oder des Verzichts auf dessen Neuaufstellung.

Nullouvert [nʊl'u'vɛ:r; zu ↑Null und frz. ouvert „offen"], im ↑Skat bes. Form des Nullspiels.

Nullpunkt, Anfangspunkt einer Skala (z. B. ↑absoluter Nullpunkt) bzw. Teilungspunkt zw. positiven und negativen Werten einer Skala (z. B. bei der Celsius-Skala).

Nullpunktsenergie, die Energie eines physikal. Systems am ↑absoluten Nullpunkt der Temperatur, d. h. im Grundzustand; oft auch nur für die kinet. Energie verwendet, die wegen der Heisenbergschen ↑Unschärferelation auch bei der Temperatur $T = 0$ K nicht Null werden kann. Ein Atom im Kristallgitter kann nicht „einfrieren", vielmehr sind die Schwingungen des Atoms auch am absoluten Nullpunkt als sog. *Nullpunktsschwingungen* angeregt.

Nullstelle, das Argument x_0 der unabhängigen Variablen x einer reellen Funktion $f(x)$, für dessen Funktionswert $f(x_0) = 0$ gilt. Jeder N. entspricht ein Schnitt- oder Berührungspunkt der Funktionskurve mit der Abszissenachse.

Nulltarif, Schlagwort für die (geforderte) unentgeltl. Abgabe einer (öff.) Dienstleistung.

nullum crimen sine lege [lat. „kein Verbrechen ohne Gesetz"] (nulla poena sine lege [lat. „keine Strafe ohne Gesetz"]), rechtsstaatl. Grundsatz des Strafrechts im Verfassungsrang (Art. 103 Abs. 2 GG), wonach eine Tat nur bestraft werden kann, wenn die Strafbarkeit und die Strafe gesetzlich bestimmt waren, bevor die Tat begangen wurde. Dieser Grundsatz (auch § 1 StGB) hat folgende Bed.: Rückwirkungsverbot (von Strafgesetzen), Ausschluß von strafbegründendem oder strafverschärfendem Gewohnheitsrecht, Ausschluß der analogen Anwendung eines Gesetzes zu Lasten des Täters. Tatbestand und Strafdrohung müssen so bestimmt sein, daß die Festsetzung der Strafe nicht dem freien Ermessen des Richters überlassen bleibt. Aus dem Grundsatz folgt auch, daß die Strafe und ihre Nebenfolgen sich nach dem Gesetz bestimmen, das z. Z. der Tat gilt. Spätere Änderungen sind nur zu berücksichtigen, wenn sie milder sind.

Numairi, An, Dschafar Muhammad [anu'maɪri] (An Numeiri), * Omdurman 1. Jan. 1930, sudanes. General und Politiker. – Wurde nach dem Staatsstreich von 1969 Vors. des Revolutionären Kommandorates, 1969–1976 und ab 1977 Min.präs.; 1969–73 Oberbefehlshaber der Streitkräfte; 1971–85 Präs. des Sudan (abgesetzt).

Dschafar Muhammad An Numairi

Numantia, im Altertum Stadt der keltiber. Arevaker am Oberlauf des Duero, nö. von Soria, Spanien, heute Numancia. 154 v. Chr. Zentrum des Widerstandes gegen Rom, 133 v. Chr. erobert und zerstört.

Numa Pompilius, nach der Sage der 2. röm. König (715–672). – Soll dem krieger. Volk des Romulus Recht, Sitte, Kult- und Marktordnungen, das Kalenderwesen und die wichtigsten Priesterschaften gegeben haben.

Numen [lat., eigtl. „Wink"], der durch [Kopf]nicken angedeutete Wille, bes. einer Gottheit, dann auch für ein göttl. Wesen selbst gebräuchlich und in dieser Bed. in der modernen Religionswiss. allg. verwendet. – Davon abgeleitet bezeichnet **numinos** allg. svw. schauervoll und anziehend zugleich.

Numerale [lat.] Zahlwort. Man unterscheidet: *Kardinalzahlen* (Grundzahlen): eins, zwei, drei ...; *Ordinalzahlen* (Ordnungszahlen): (der) erste, zweite, dritte ...; *Bruchzahlen,* z. B. (ein) halb, drittel, viertel ...; *Vervielfältigungswörter,* z. B. einfach, zweifach, dreifach ...; *Gattungszahlwörter,* z. B. einerlei, zweierlei, dreierlei.

Numeri [lat. „Zahlen"], lat. Name des 4. Buches Mose, so ben., weil es mit einer Volkszählung beginnt (↑Bibel).

Numerik, svw. ↑numerische Mathematik.

Numerikmaschinen [lat./dt.] (NC-Maschinen), Werkzeugmaschinen mit numer. Programmsteuerung, bestehend aus Gerätesystem und Programm, deren Hauptaufgabe es ist, die Relativbewegung zw. Werkzeug und Werkstück nach Richtung und Geschwindigkeit so zu steuern, daß die gewünschte Form entsteht. Das Programm enthält alle geometr. Daten des Werkstücks *(Weginformation)* und die Angaben über Werkzeuge und Arbeitsgeschwindigkeit *(Schaltinformation)* in numer. Form und wird in einem Datenspeicher (z. B. Lochstreifen, Halbleiterspeicher, Magnetband) festgehalten. In Abhängigkeit von der zu erzeugenden geometr. Form unterscheidet man Punktsteuerung, Streckensteuerung und Bahnsteuerung, mit denen beliebige Formen erzeugt werden können. Mit Hilfe eines NC-Systems kann die Steuerung einer einzelnen Werkzeugmaschine (z. B. NC-Drehautomat, NC-Fräsmaschine) oder auch eines NC-Bearbeitungszentrums erfolgen (ein Werkstück wird in einer Aufspannung nach mehreren Fertigungsverfahren bearbeitet). – ↑CNC.

numerisch [zu lat. numerus „Zahl"], zahlenmäßig; unter Verwendung von [bestimmten] Zahlen erfolgend.

numerische Apertur ↑Apertur.

numerische Mathematik (Numerik), Teilgebiet der Mathematik, das sich mit der zahlenmäßigen Behandlung mathemat. Probleme befaßt. Da die meisten in der Praxis auftretenden, mathematisch z. B. durch Gleichungssysteme oder Differentialgleichungen beschriebenen Probleme nicht exakt gelöst werden können, spielen bes. Näherungsverfahren und Fehleranalysen sowie deren rechentechn. Realisierung eine große Rolle. Es werden Rechenvorschriften entwickelt, nach denen aus fehlerbehafteten Eingangsdaten, Ausgangsdaten abschätzbarer Genauigkeit berechnet werden. Als wichtige allg. Verfahren der n. M. dienen dazu *Algorithmen* (↑Algorithmus) sowie die *Iterationsverfahren,* die sich als wiederholte Algorithmen charakterisieren lassen. Spezielle Aufgaben der n. M. sind u. a. die angenäherte Berechnung bestimmter Integrale *(numer. Integration).*

Numerus [lat. „Zahl"], (Antilogarithmus) die Zahl x, deren ↑Logarithmus bestimmt werden soll.

▷ in der Sprachwiss. grammat. Form zur Bez. des Unterschiedes von Einzahl (↑Singular) und Mehrzahl (↑Plural).

Manche Sprachen kennen auch einen Dual, seltener existieren auch ein Trial oder Quadral zur Bez. der Drei- bzw. Vierzahl.

▷ in der antiken Rhetorik und Poetik die geregelte Abfolge langer und kurzer Silben.

Nummuliten. Nummulitengehäuse in Kalkstein aus dem Pariser Becken

Numerus clausus [lat. „geschlossene Zahl"], die anzahlmäßig beschränkte Zulassung von Bewerbern zum Hochschulstudium in Deutschland; 1972 vom Bundesverfassungsgericht angesichts ständig steigender Studentenzahlen für zulässig erklärt. Mit einem Länderstaatsvertrag wurde 1973 in Dortmund die Zentralstelle für die Vergabe von Studienplätzen (ZVS) eingerichtet, die nach den Grundsätzen des HochschulrahmenG i. d. F. vom 9. April 1987 arbeitet. Danach findet bei nicht ausreichender Anzahl von Studienplätzen ein Auswahlverfahren statt, das sich nach bes. Kriterien richtet (z. B. soziale Härtefälle, Zweitstudienbewerber, Berufsziel) sowie v. a. nach dem Grad der Qualifikation für das angestrebte Studium. Seit 1977 gibt es zudem ein Länderquotensystem, das ein Bonus-Malus-System (nach dem Durchschnitt der Abiturnoten in den einzelnen Ländern) ablöste. In Studienfächern mit starker Beschränkung („harte N.-c.-Fächer") orientiert sich die Zulassung an Durchschnittsnoten, Wartezeiten, Studieneingangstests und Auswahlgesprächen. Der N. c. besteht bes. in den medizin. Fächern, in Chemie, Biologie, Pharmazie, Psychologie, Informatik und Architektur. Neben der zentralen Studienplatzvergabe bestehen auch in zahlr. nicht dem N. c. unterliegenden Fächern univ.interne Zulassungsbeschränkungen.

Rudolf Nurejew

Numidien [...i-ɛn] (lat. Numidia), histor. Gebiet im östl. Algerien, bewohnt von nomadisierenden Berbern. Der größte Teil des Landes wurde 46 v. Chr. röm. Prov. (Africa nova; seit Septimius Severus Prov. Numidia). Nach der Vandalenherrschaft (5./6. Jh.) löste die nomad. Einwanderung die röm. Zivilisation auf. N. war Lieferant von Naturprodukten (Getreide, Holz, Öl; auch Pferde- und Rinderzucht); Inschriften und Ausgrabungen bezeugen ein reiches städt. Leben u. a. in Cirta (= Constantine), Theveste (= Tébessa), Hippo Regius (= Annaba).

numidische Schrift ↑libysche Schriften.

numinos [lat.] ↑Numen.

Numismatik [zu griech.-lat. numisma „Münze", eigtl. „allg. gültige Einrichtung" (von griech. nómos „Gesetz, Sitte")] (Münzkunde), die wiss. Münzkunde und Geldgeschichte; erfaßt („bestimmt") und ordnet Münzen u. a. Geldformen nach Münzherren bzw. Auftraggebern, Münzstätten bzw. Entstehungsorten, Nominalen (Nennwerten), Prägetypen, Entstehungszeit und einstmaliger Verbreitung, deutet ihre Bilder, Symbole und Inschriften, bemüht sich um Erschließung der jeweils zugehörigen Bestimmungen u. a. über Münzfuß, Währung, Münzsystem, Stückelung, Umlaufdauer und Festlegung des Kurswertes, um die Erforschung der Entwicklung der Münztechnik und der Verbreitung des Geldes, um die Klärung der einstigen Kaufkraft und der histor. Geldtheorien. In Museen werden der N. vielfach auch z. B. Medaillen und Gemmen zur Mitbearbeitung zugewiesen, die an sich jedoch Sondergebiete mit jeweils eigenen Gesetzlichkeiten bilden. Quellen der N. sind v. a. Münzfunde, Münzsammlungen, Geschäftspapiere, Archivalien. Die N. entwickelte sich seit dem 14. Jh. allmählich aus der Liebhaberbeschäftigung des Münzsammelns, zunächst für antike röm. Münzen, zur histor. Hilfswiss. (v. a. seit dem 19. Jh.).

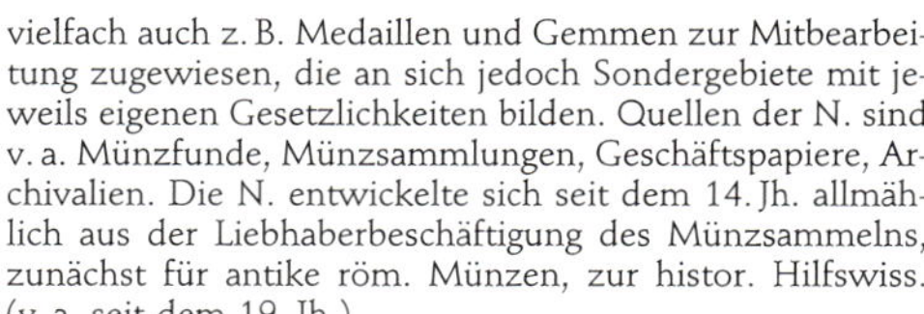

Nuraghen. Links: die Nuraghe Sarbana. Rechts: die frühromanische Kirche Santa Sabina, 11. Jh., bei Silanus, Sardinien

Nummernkonten, Konten, die nicht auf den Namen des Kontoinhabers lauten, sondern nur durch eine Nummer bezeichnet werden; dadurch bleibt der Kunde dem Bankangestellten gegenüber anonym. Bei Einrichtung des Kontos werden jedoch die Personalien schriftlich festgehalten und die Legitimation geprüft. N. sind im Ausland, v. a. in der Schweiz, gebräuchlich; in Deutschland ist die Führung von N. untersagt.

Nummuliten (Nummulitidae) [zu lat. nummulus „kleine Münze" (als Bez. für das scheibenförmige Gehäuse)], Fam. der ↑Foraminiferen; seit der Oberkreide bekannt, Blütezeit im Tertiär (v. a. im Eozän), heute bis auf wenige Arten ausgestorben; Einzeller in Küstengewässern, mit linsen- bis scheibenförmigem, im Durchmesser bis 12 cm messendem Gehäuse. Die überlieferten Gehäuse der N. sind wichtige Leitfossilien; v. a. im Mittelmeerraum entstand aus ihren Ablagerungen Kalkstein **(Nummulitenkalk).**

Nummus (Mrz. Nummi) [griech.-lat.], 1. antike griech. Münzeinheit in Sizilien und Unteritalien; 2. allg. lat. Bez. für Münze, bes. aber Bez. für den röm. Sesterz; 3. die griech. Bez. Nummos entsprach in Byzanz seit Anastasios I. (491–518) dem Follis (= 40 Nummi).

Núñez de Balboa, Vasco [span. ˈnuɲɛð ðe βalˈβoa] ↑Balboa, Vasco Núñez de.

Nunkiang ↑Nen Jiang.

Nuntius [lat. „Verkünder, Bote"] (Apostol. N.), päpstl. Gesandter, der neben dem kirchl. Auftrag mit der diplomat. Vertretung des Apostol. Stuhls betraut ist. Der N. gehört zur ersten Rangklasse der diplomat. Vertreter. Er ist Doyen des Diplomat. Korps; ist ihm diese Rechtstellung nicht eingeräumt, führt der päpstl. Legat den Titel **Pronuntius.** Sein Amtssitz und sein Amt werden als **Nuntiatur** bezeichnet. Der Schriftverkehr zw. dem N. und dem Papst bzw. dem päpstl. Staatssekretär, die **Nuntiaturberichte,** werden im Vatikan. Archiv aufbewahrt und stellen insbes. für das 16. und 17. Jh. eine wichtige Geschichtsquelle dar.

Nuoro, italien. Stadt auf Sardinien, 553 m ü. d. M., 38 000 E. Verwaltungssitz der Prov. N.; kath. Bischofssitz. – Dom (18./19. Jh.); in der Umgebung Nuraghen.

Nupe, ehem. Reich östl. des unteren Niger, um 1350 erstmals gen.; N. war bekannt durch sein Handwerk sowie durch seinen lebhaften Handel (auch Nigerschiffahrt); geriet im 19. Jh. unter brit. Herrschaft.

Nuraghen (Nuragen) [italien.], turmartige, aus großen Steinblöcken ohne Mörtel aufgesetzte Rundbauten auf Sardinien (Mitte 2. Jt.–6. Jh.; mit Nachläufern bis ins 3. Jh. v. Chr.). Die meisten der etwa 7 000 N. haben im Innern nur einen Raum mit hohem Kraggewölbe (teils auch bis zu 3 Räume übereinander, durch in den Außenmauern liegende umlaufende Treppengänge verbunden). Die Deutung der N. ist umstritten: befestigte Zufluchtsstätten, Kultbauten oder feste Wohnsitze der Familienverbände.

Nürburgring, Auto- und Motorradrennstrecke in der Eifel (seit 1984 nach Umbau 4,542 km lang), bei Adenau, Rhld.-Pfalz.

Nurejew, Rudolf [Gametowitsch], *(auf einer Eisenbahnfahrt) bei Irkutsk 17. März 1938, † Paris 6. Jan. 1993, russ. Tänzer und Choreograph. – 1958–61 Mgl. des Kirow-Balletts, das er bei einem Pariser Gastspiel verließ, danach Mgl. des Royal Ballet in London; seit 1963 als Choreograph in London, Wien und Zürich tätig; 1983–90 Leiter des Balletts der Pariser Oper. Zeichnete sich als Tänzer durch virtuose Technik, künstler. Ausdrucksfähigkeit und persönl. Ausstrahlung aus. Als Opernregisseur debütierte er 1979 mit „Hoffmanns Erzählungen" (J. Offenbach).

Nurekеr Stausee ↑Wachsch.

Nurflügelflugzeug Northrop YB-49, Baujahr 1949

Nurflügelflugzeug, ein Flugzeug, das nur aus einem großen Tragflügel besteht, der auch die Nutzlast aufnimmt (keine gesonderte Rumpfkonstruktion). Als N. werden heute oft auch Flugzeuge bezeichnet, die zwar einen selbständigen Rumpf, aber kein Höhenleitwerk besitzen (sog. schwanzlose Flugzeuge). Die Höhensteuerung erfolgt mit Hilfe von Klapprudern oder von separaten Höhenrudern an der Tragflügelhinterkante.

Nuristan, bewaldetes Hochgebirgsland auf der S-Seite des Hindukusch, nö. von Kabul, Afghanistan; Beryll- und Glimmervorkommen.

Nurmi, Paavo, *Turku 13. Juni 1897, †Helsinki 2. Okt. 1973, finn. Mittel- und Langstreckenläufer. – Einer der erfolgreichsten Leichtathleten; gewann 9 Gold- (5 in Paris, 1924) und 3 Silbermedaillen bei Olymp. Spielen.

Nürnberg, Stadt an der Pegnitz, Bay., 290–407 m ü. d. M., 493 700 E. Univ. Erlangen-N., Fachhochschule, Ev. Stiftungsfachhochschule (für Erziehung), Akad. der bildenden Künste, Fachakad. für Musik; Sitz der Bundesanstalt für Arbeit; Bundesfinanzdirektion; Museen, u. a. German. Nationalmuseum, Spielzeugmuseum, Verkehrsmuseum, Albrecht-Dürer-Haus, Kaiserburg; Zoo; internat. Spielwarenmesse; Jagd- und Sportwaffenmesse. – Wichtige Ind.-zweige sind Elektroind., Maschinenbau, Spielwarenind., Bleistiftherstellung, Nahrungs- und Genußmittelind. (u. a. Lebkuchen) sowie Metallverarbeitung, chem. Ind., Photoind., Kunststoffverarbeitung, Schmuckwarenherstellung, Verkehrsknotenpunkt, Binnenhafen am Rhein-Main-Donau-Großschiffahrtsweg, ✈.

Geschichte: Das 1050 erstmals gen. N. („Felsberg") wurde durch Kaiser Heinrich III. als Mittelpunkt eines Reichsgutbezirks gegr.; seit 1200 Stadtrecht. Seit dem 13. Jh. Mittelpunkt der Reichsgutverwaltung; 1219 Großer Freiheitsbrief Kaiser Friedrichs II., in den 1250er Jahren Anfänge eines städt. Rats, seit König Rudolf I. Aufstieg zur Reichsstadt. Kaiser Karl IV. verpflichtete 1356 (Goldene Bulle) jeden Röm. König, in N. den 1. Reichstag abzuhalten; 1427 Erwerb der Burg und vieler Rechte von den Burggrafen (seit 1192 die Hohenzollern). 1424–1796 (sowie 1938–45) Aufbewahrungsort der Reichsinsignien; wuchs zur gebietsmächtigsten dt. Reichsstadt und erlangte im 15./16. Jh., bes. während der Reformation (1525 in N. eingeführt), polit. Bed. und wirtsch. Blüte durch Handwerk (u. a. Waffen- und Goldschmiede, Zinn- und Geschützgießer, Kunsthandwerker, bes. Uhrmacher), Fernhandel und Beteiligung an Finanzierungen von Wirtschaftszweigen in anderen Ländern; in diesen Jahren auch kulturelle Blüte durch Maler und Graphiker (M. Wolgemut, A. Dürer), Bildhauer (A. Krafft, V. Stoß), Erzgießer (Familie Vischer), Gelehrte (W. Pirckheimer, Regiomontanus, M. Behaim), Meistersinger (Hans Sachs). Im Dreißigjährigen Krieg (1632 schwed. Besetzung) nachhaltig geschwächt, erneuter Aufschwung nach dem Erwerb durch Bayern (1806): Industrialisierung, Eröffnung der 1. dt. Eisenbahn N.–Fürth (1835), Bau des Donau-Main-Kanals (1843–45). 1933 erklärte A. Hitler N. zur „Stadt der Reichsparteitage" (1927, 1929 und 1933–38 sog. **Nürnberger Parteitage**). Schauplatz der ↑Nürnberger Prozesse.

Bauten: Beim Wiederaufbau wurde der histor. Grundriß bewahrt, die Bauten wurden stilrein wiederhergestellt: Stadtkirche Sankt Sebald ist eine got. Doppelchoranlage (Westchor 13. Jh., Ostchor 1361–79), im Innern u. a. das Sebaldusgrab von P. Vischer d. Ä. und seinen Söhnen (1507–19); Sankt Lorenz ist eine got. Basilika (13. bis 15. Jh.) mit spätgot. Hallenchor (1439–77), spätgot. Sakramentshäuschen von A. Krafft (1493–96) und dem Engl. Gruß von V. Stoß (1517/18); die Frauenkirche (14. Jh.) am Hauptmarkt hat ein Uhrwerk mit „Männleinlaufen" (1509), auf dem Markt „Schöner Brunnen" (got. Turmpyramide, 1385–96); in beherrschender Lage die Burg (12. bis 16. Jh.); das urspr. got. Rathaus wurde 1616–22 von J. Wolff umgebaut; Albrecht-Dürer-Haus (Fachwerkbau aus der Mitte des 15. Jh.), spätgot. Mauthalle (1498–1502), zahlr. Patrizierhäuser, u. a. Fembohaus (16. Jh.), Stadtmauer (14./15. Jh., 16. Jh.).

Nürnberger Ei aus dem 16. Jahrhundert

Nürnberger Anstand ↑Nürnberger Religionsfriede.

Nürnberger Dichterkreis, 1644 von G. P. Harsdörffer und J. Klaj in Nürnberg gegr. literar. Gesellschaft; urspr. Name „Löbl. Hirten- und Blumen-Orden an der Pegnitz", auch „Pegnes. Blumenorden", „Pegnitzer Hirtengesellschaft", „Gesellschaft der Blumenschäfer", „Gekrönter Blumenorden". Im Mittelpunkt standen eine den Prinzipien der Malerei verpflichtete Sprachästhetik und eine für das vornehme Bürgertum bestimmte geselligvirtuose Dichtung.

Nürnberger Ei, Bez. für eine seit dem 16. Jh. sehr beliebte ovale Hals- oder Taschenuhr aus Nürnberg. Die Eiform geht jedoch nicht auf P. Henlein zurück.

Nürnberg Stadtwappen

Nürnberger Gesetze, Bez. für das „Reichsbürgergesetz" und das „Gesetz zum Schutze des dt. Blutes und der dt. Ehre", anläßlich des Nürnberger Parteitags der NSDAP am 15. Sept. 1935 verabschiedet. Danach sollten die „vollen polit. Rechte" zukünftig nur den Inhabern des „Reichsbürgerrechts" zustehen, das nur an „Staatsangehörige dt. oder artverwandten Blutes" verliehen werden sollte. Das „Blutschutzgesetz" verbot bei Gefängnis- oder Zuchthausstrafe u. a. die Eheschließung zw. Juden und „Staatsangehörigen dt. oder artverwandten Blutes" (sog. „Rassenschande"). Die N. G. verbreiterten die jurist. Basis für die Diskriminierung und Verfolgung der Juden in Deutschland außerordentlich; sie gelten deshalb als Inbegriff der Pervertierung des Rechtsstaatsgedankens durch den Nationalsozialismus.

Nürnberger Land, Landkr. in Bayern.

Nürnberger Parteitage ↑Nürnberg (Geschichte).

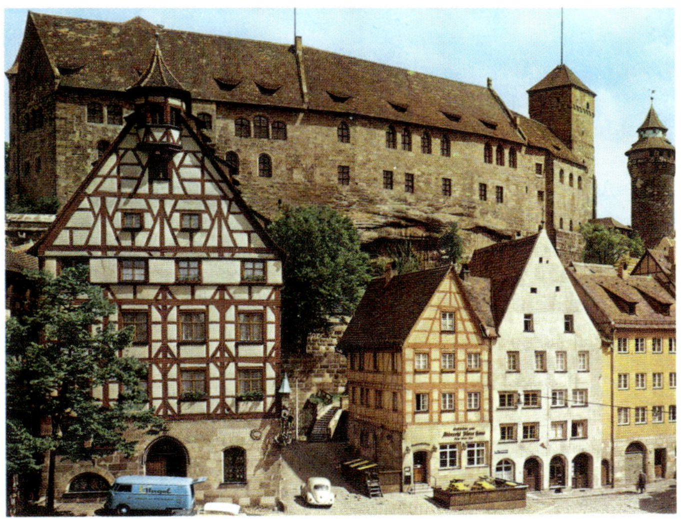

Nürnberg. Blick von der Altstadt auf die Burg, 12.–16. Jahrhundert

Felix Nussbaum. Der tolle Platz, 1931 (Berlin, Berlinische Galerie)

Nürnberger Prozesse, Gerichtsverfahren, die 1945 bis 1949 von einem Internat. Militärgerichtshof bzw. von amerikan. Militärgerichten in Nürnberg zur Ahndung von NS-Straftaten durchgeführt wurden. Auf der Grundlage der Moskauer Dreimächteerklärung vom 30. Okt. 1943 und des Londoner Abkommens vom 8. Aug. 1945 bildeten Frankreich, Großbritannien, die USA und die UdSSR einen Internat. Militärgerichtshof, vor dem am 18. Okt. 1945 Anklage gegen 22 „Hauptkriegsverbrecher" erhoben wurde. Dieser Prozeß (20. Nov. 1945–1. Okt. 1946) endete mit 12 Todesurteilen gegen M. Bormann (in Abwesenheit), H. Frank, W. Frick, H. Göring, A. Jodl, E. Kaltenbrunner, W. Keitel, J. von Ribbentrop, A. Rosenberg, F. Sauckel, A. Seyß-Inquart, J. Streicher. Göring beging Selbstmord, die übrigen wurden am 16. Okt. 1946 gehängt. K. Dönitz, W. Funk, R. Heß, K. Freiherr von Neurath, E. Raeder, B. von Schirach, A. Speer erhielten Haftstrafen zw. 10 Jahren und lebenslänglich; H. Fritzsche, F. von Papen und H. Schacht wurden freigesprochen. Als verbrecher. Organisationen und Gruppen wurden SS, SD, Gestapo und Führerkorps der NSDAP verurteilt. 1946–49 fanden 12 Nachfolgeprozesse vor amerikan. Militärgerichten statt, bei denen mit 177 Einzelpersonen jeweils bestimmte polit., militär. oder wirtsch. Führungsgruppen im Mittelpunkt der Anklage standen. Gegenstand der Verhandlungen waren u. a. medizin. Versuche an KZ-Häftlingen und Kriegsgefangenen, rechtswidrige Verfolgung von Juden und NS-Gegnern durch hohe Justizbeamte, Verwaltung von KZ, Beschäftigung ausländ. Zwangsarbeiter und KZ-Häftlinge in der Ind., Geiselmorde, Mordtaten von SS-Einsatzgruppen. Von 24 Todesurteilen wurden 12 vollstreckt, 35 Angeklagte wurden freigesprochen, alle verhängten Haftstrafen wurden bis 1956 aufgehoben. – Von den 3 Verbrechenskomplexen, die in den N. P. verhandelt wurden, waren die Kriegsverbrechen (wie Mord und Mißhandlung von Kriegsgefangenen und Zivilpersonen, Deportation der Zivilbev., Plünderung) vom geltenden Völkerrecht definiert, die Zulässigkeit ihrer Ahndung durch die Sieger stand außer Frage. Auch bei den Verbrechen gegen die Menschlichkeit, die nun als völkerrechtl. Verbrechen definiert wurden, handelte es sich um grundsätzlich schon immer strafbare Taten. Zweifelhaft war allerdings, ob nach dem bis 1945 geltenden Völkerrecht die dt. Angriffskriege als „Verbrechen gegen den Frieden" strafbar waren; somit bildeten die N. P. eine Zäsur innerhalb des Völkerrechts. – ↑NS-Prozesse.

Nürnberger Prozesse. Anklagebank im Verfahren des Internationalen Militärtribunals gegen die Hauptkriegsverbrecher in Nürnberg. Erste Reihe (von links): Hermann Göring, Rudolf Hess, Joachim von Ribbentrop, Wilhelm Keitel, Ernst Kaltenbrunner, Alfred Rosenberg, Hans Frank, Wilhelm Frick, Julius Streicher, Walter Funk, Hjalmar Schacht. Zweite Reihe (von links): Karl Dönitz (nur zum Teil im Bild), Erich Raeder, Baldur von Schirach, Fritz Sauckel, Alfred Jodl, Franz von Papen, Arthur Seyß-Inquart, Albert Speer, Konstantin von Neurath, Hans Fritzsche. Vor den Angeklagten die Verteidigerbank

Nürnberger Religionsfriede (Nürnberger Anstand), am 23. Juli 1532 in Nürnberg zw. Kaiser Karl V. und dem Schmalkald. Bund geschlossener Vertrag, der den luth. Reichsständen gegen „Türkenhilfe" bis zum nächsten Konzil bzw. Reichstag freie Religionsausübung gewährte.

Nürnberger Trichter, scherzhaft für ein auf das rein Gedächtnismäßige gerichtetes Lehrverfahren, mit dem man dem Dümmsten Wissen vermitteln können soll (nach G. P. Harsdörffers Werk „Poet. Trichter, die Teutsche Dicht- und Reimkunst, ohne Behuf der lat. Sprache, in 6 Stunden einzugießen").

Nurse [nø:rs; engl. nə:s; zu lat. nutricius „säugend, pflegend"], Amme, Kinderpflegerin; Kinderschwester.

Nürtingen, Stadt am oberen Neckar, Bad.-Württ., 288–345 m ü. d. M., 37 000 E. Fachhochschule (Landwirtschaft, Landespflege, Betriebswirtschaft); Maschinenbau, Zement- und Textilind. – 1046 erstmals erwähnt; 1359 als Stadt bezeugt; im 15. Jh. (neben Stuttgart) Residenz der Grafen von Württemberg. – Spätgot. ev. Stadtkirche (16. Jh. und 1895 ff.), Rathaus (16./18. Jh.), Marktbrunnen (1709), „Wilder-Mann-Brunnen" (18. Jh.).

Nus (Nous) [griech.], Geist, Vernunft; in der antiken Metaphysik Bez. für den „höchsten" Teil der menschl. Seele („denkende Seele") sowie für ein den Kosmos ordnendes Prinzip und die (reine) Seinsweise Gottes.

Nusairier [...i-ɛr] (Nosseirier), islam. Religionspartei und Sekte mit über 1 Mill. Mgl. (v. a. in Syrien), die sich selbst **Alawiten** nennen; die N. haben sich früh von den Ismailiten abgespalten und werden wie diese zu den extremen Schiiten (↑Ghulat) gerechnet. Ali, Mohammed und der Perser Salman werden als Inkarnationen Gottes verehrt; durch wiederholte Wiederverkörperungen können sich die Seelen reinigen. Die in die Geheimlehren Eingeweihten bilden eine eigene Kaste, die bes. Speisegebote und Riten zu beachten hat.

Nuschke, Otto, *Frohburg 23. Febr. 1883, †Nieder Neuendorf (= Hennigsdorf b. Berlin) 27. Dez. 1957, dt. Politiker. – Journalist; für die DDP (linker Flügel) 1919 Mgl. der Nat.versammlung, 1921–33 MdL in Preußen; nach 1933 mehrfach verhaftet; 1945 Mitbegr. der CDU in der SBZ, führte sie als deren Vors. ab 1948 zur Zusammenarbeit mit der SED; 1949–57 stellv. Min.präs. der DDR und Leiter des Amtes für Kirchenfragen.

Nušić, Branislav [serbokroat. ˈnuʃitɕ], Pseud. Ben Akiba, *Belgrad 8. Okt. 1864, †ebd. 19. Jan. 1938, serb. Schriftsteller. – Journalist, Dramaturg und Theaterleiter; durch humorist. Feuilletons, Romane und bühnenwirksame Gesellschaftskomödien einer der beliebtesten serb. Schriftsteller.

Nuß, (Nußfrucht) einsamige, als Ganzes abfallende Schließfrucht (↑Fruchtformen), deren Fruchtwand bei der Reife ein trockenes, ledriges oder holziges Gehäuse aus Sklerenchym- bzw. Steinzellen bildet (z. B. Eichel, Buchecker, Edelkastanie, Erdnuß, Haselnuß).

▷ Teil der Keule mancher Schlachttiere (z. B. Kalbs-N.); wird kugelförmig geschnitten und kurz gebraten.

Nußapfel (Steinapfel), Sammelfrucht einiger Apfelgewächse (z. B. Dornmispel).

Nussbaum, Felix, *Osnabrück 11. Dez. 1904, †KZ Auschwitz 9. Aug. 1944, dt. Maler. – Anfangs beeinflußt von K. Hofer; Hafen- und Straßenszenen, Stilleben, Porträts. 1935 emigrierte er nach Belgien. Seine Bilder, die stilistisch der Neuen Sachlichkeit nahestehen und auch surrealist. Elemente enthalten, sind Dokumente eines jüd. Schicksals zur Zeit des Nationalsozialismus.

Nußbaum, als Pflanze ↑Walnuß.
▷ ↑Hölzer (Übersicht).

Nussberg (Nusberg), Lew Waldemarowitsch, *Taschkent 1. Juni 1937, russ. Künstler. – Neben kinet. Objekten befaßt er sich mit kinet. Aktionen. Seit 1976 lebt er in Westeuropa.

Nußbohrer. Eichelbohrer, Weibchen

Nußbohrer (Curculio, Balaninus), v. a. in Eurasien und Amerika verbreitete Gatt. der Rüsselkäfer mit elf 1,5–9 mm langen Arten in Deutschland. Zur Eiablage bohren die ♀♀ mit ihrem dünnen, sehr langen und gebogenen Rüssel in der Entwicklung befindl. Früchte (bes. Nüsse, Eicheln, Kirschen, Kastanien) an. Zur Verpuppung verlassen die Larven im Herbst die meist vorzeitig abgefallenen Früchte durch ein kreisrundes Loch; u. a. **Eichelbohrer** (Curculio glandium, Balaninus glandium, 5–8 mm groß, braun).

Nußgelenk ↑Gelenk.

Nußhäher ↑Tannenhäher.

Nußkiefer ↑Kiefer.

Nußkohle ↑Kohle.

Nußöl, durch Auspressen von Wal- oder Haselnüssen gewonnenes Öl. Kaltgepreßtes N. dient als Speiseöl, warmgepreßtes N. wird zur Herstellung von Ölfarben, Seifen u. a. verwendet.

Nüstern [niederdt.], die Nasenöffnungen (Nasenlöcher) beim Pferd und bei anderen Unpaarhufern.

Nut, ägypt. Himmelsgöttin, die ihrem Brudergemahl Geb die vier Gottheiten Osiris und Isis, Seth und Nephthys gebiert. Sie wird als Frau dargestellt, die sich über den liegenden Erdgott beugt.

Nut [zu althochdt. nuoen „genau zusammenfügen"], rechteckige Vertiefung u. a. an Wellen und Zapfen (Keil-N.), Brettern (z. B. bei N.- und Federbrettern) zur Führung oder Befestigung weiterer Konstruktionsteile durch Keile, Paßfedern u. a.

Nutation [zu lat. nutatio „das Schwanken"], die bei der ↑Präzession auftretenden Schwankungen der Achse eines Kreisels gegenüber einer raumfesten Achse; in der *Astronomie* Bez. für kurzperiod. Schwankungen der Erdachse, die v. a. auf der Gravitationswirkung des Mondes beruhen.

Nutationsbewegungen (Nutationen), nicht reizbedingte, autonome Krümmungsbewegung eines Pflanzenteils, die durch z. T. zeitlich wechselndes, unterschiedlich starkes Wachstum verschiedener Organseiten zustande kommt, z. B. bei Ranken- und Windepflanzen oder die *Entfaltungsbewegungen* bei Blättern und Blütenteilen.

Nutria [lat.-span.], svw. ↑Biberratte.

Nutsche, im chem. Laboratorium bei der Vakuumfiltration verwendeter Porzellantrichter *(Büchner-Trichter)* mit Papierfilter oder Glasfiltertiegel mit eingeschmolzener Glassinterplatte.

Nutzeffekt, svw. ↑Wirkungsgrad.

Nutzen, in den *Wirtschaftswiss.* die auf der subjektiven Werteinschätzung (↑Wert) beruhende Eigenschaft eines Gutes, zur Bedürfnisbefriedigung eines Wirtschaftssubjektes beizutragen; mit N. wird sowohl diese Eigenschaft selbst als auch das Ausmaß der Bedürfnisbefriedigung bezeichnet.

Nutzen-Kosten-Analyse (Kosten-Nutzen-Analyse, Cost-benefit-Analyse), Analyse zur Bewertung von Investitionsvorhaben bzw. zur rationalen Auswahl eines Projekts unter mehreren alternativen Projekten. Ziel der N.-K.-A. ist die Rationalisierung von Investitionsentscheidungen durch einen Vergleich von Erfolgen und Belastungen, die diese nach sich ziehen.

Nutzholz, in der Forstwirtschaft alles technisch verwertbare Holz im Gegensatz zu Brennholz. – ↑Hölzer (Übersicht).

Nutzlast, die Last, die ein Fahrzeug bei einer durch die Konstruktion bedingten Lastverteilung tragen kann, ohne daß bestimmte Grenzwerte (zulässige Achslast, zulässige Gesamtmasse u. a.) überschritten werden.

Nutzleistung, von einer Kraftmaschine nach außen abgegebene, effektiv nutzbare Leistung. Sie ist um die Verlustleistung (Reibungs-, Stromwärmeverluste) kleiner als die zugeführte Wirkleistung.

Nützlichkeitsprinzip ↑Utilitarismus.

Nutznießung, im *Recht* ↑Nießbrauch.

Nutzungen, die ↑Früchte einer Sache oder eines Rechts sowie die Vorteile, die der Gebrauch der Sache oder des Rechts gewährt.

Nutzungspfand, Pfand an einer Sache, das so bestellt wird, daß dem Pfandberechtigten die Nutzungen dieser Sache gebühren (§ 1213 BGB).

Nutzungsrecht ↑Lizenz.

Nuuk (dän. Godthåb), Hauptstadt und größte Stadt von Grönland, an der südl. W-Küste, 12 400 E. Landesarchiv und -museum, meteorolog. Station; Fischfang und -verarbeitung; eisfreier Hafen, ✈. – Gegr. 1721; entwickelte sich als Zentrum der Missionstätigkeit der dän. Staatskirche und der Herrnhuter Brüdergemeine schließlich zum Verwaltungssitz des Landes.

NVA, Abk. für: ↑**N**ationale **V**olks**a**rmee.

Ny [griech.], 14. Buchstabe des urspr., 13. des klass. griech. Alphabets: N, ν.

Nyabarongo [engl. nja:ba:'rɔŋgoʊ; frz. njebarɔŋ'go] ↑Kagera.

Nyakyussa [nja'kjʊsa], Bantustamm in Tansania und Malawi; 840 000; leben am N-Ende des Njassasees; treiben Ackerbau und Rinderzucht.

Nyala ['nja:la; afrikan.] ↑Drehhornantilopen.

Nyamwezi [njam've:zi], Bantustamm in Tansania, südl. des Victoriasees; 840 000; v. a. Feldbau in der Savanne.

Nyborg [dän. 'nybɔr'], dän. Hafenstadt an der O-Küste der Insel Fünen, 18 300 E. Brauerei, Eisengießerei, Werft, chem. Ind.; Bahn- und Autofähre über den Großen Belt. – Entstand bei der um 1170 erbauten Burg Danehof; erhielt im 13. Jh. Stadtrecht.

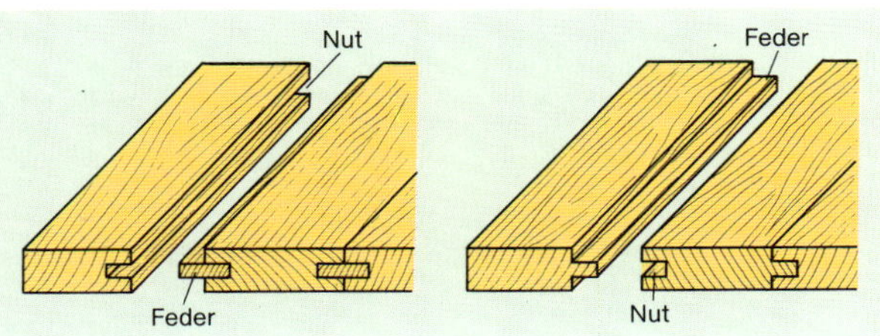

Nut (an Brettern). Links: Nut mit eingesetzter Feder. Rechts: Nut mit angestoßener Feder, einer Spundung

Nydam. Nydamboot (Schleswig, Archäologisches Museum der Christian-Albrechts-Universität)

Nydam, Moor auf der Halbinsel Sundewitt, Dänemark; in ihm wurden seit 1859 neben Waffen, Schmuck und Geräten des 3.–5. Jh. zwei seegehende Ruderboote entdeckt. Die in Kerbschnittmanier verzierten silbernen Schwertbeschläge (5. Jh.) gaben dem **Nydamstil** den Namen.

Nyerere, Julius Kambarage [nje're:re], * Butiama (Distrikt Musoma) im März 1922, tansan. Politiker. – Lehrer; 1954 Mitbegr. und Vors. der Tanganyika African National Union (TANU); 1961/62 Min.präs., ab 1962 Staatspräs. Tanganjikas; seit dem Zusammenschluß Tanganjikas und Sansibars (1964) bis 1985 Präs. Tansanias; betrieb eine sozialist. Politik mit umfassendem Verstaatlichungsprogramm („Deklaration von Arusha", 1967). N. gilt als militanter Vertreter des Antikolonialismus und war führender Politiker im Kreis der ↑Frontstaaten gegen die weißen Minderheitsregimes in Rhodesien (Simbabwe) und Südafrika.

Julius Kambarage Nyerere

Nygaardsvold, Johan [norweg. 'ny:go:rsvɔl], * Hommelvik bei Drontheim 6. Sept. 1879, † Drontheim 13. März 1952, norweg. Politiker (Arbeiterpartei). – 1916–49 Mgl. des Storting, 1928 und 1934/35 dessen Präs.; 1928 Landw.-min., 1935–45 Min.präs. (ab 1940 im Londoner Exil).

Nygren, Anders [schwed. 'ny:gre:n], * Göteborg 15. Nov. 1890, † Lund 20. Okt. 1978, schwed. luth. Theologe. – 1924–48 Prof. für systemat. Theologie in Lund, 1949–58 ebd. Bischof; 1948 Mgl. des Zentralrats der konstituierenden Versammlung des Ökumen. Rates in Amsterdam, 1947–52 Präsident des Luth. Weltbundes.

Anders Nygren

Nyíregyháza [ungar. 'nji:rɛdjha:zɔ], Bez.hauptstadt in NO-Ungarn, 119 000 E. Zentrum des Nyírség; Tabak-, Nahrungsmittel-, Maschinenind., Reifenfabrik. – Gegr. im 18. Jahrhundert.

Nyírség [ungar. 'nji:rʃe:g], Geb. in Ungarn, zw. Theiß, Szamos und rumän. Grenze, bis 182 m hoch; wichtigstes Anbaugebiet Ungarns für Kartoffeln, Roggen, Sonnenblumen, Tabak, Äpfel und Birnen.

Nykøbing [dän. 'nykø:'beŋ], dän. Stadt an der W-Küste der Insel Falster, 25 100 E. Zuckerfabrik, Metallind.; Hafen, Straßen- und Eisenbahnbrücke über den Guldborgsund. – Entstand um eine Burg des 12. Jh. – Graubrüderkirche (15. Jh.); Fachwerkhäuser.

Nyköping [schwed. 'ny:tçø:piŋ], schwed. Stadt an der Ostseeküste, 64 700 E. Hauptstadt des Verw.-Geb. Södermanland, kulturhistor. Museum, Kfz-, Metall-, Holz-, Textilind., Herstellung von Flugzeugteilen, Elektrogeräten und Waschmitteln; Hafen; ✈. – Bei dem im 12. Jh. als Hafen- und Marktort gebildeten N. entstand 1253 die Burg **Nyköpinghus** (ab 1266 in Besitz der Herzöge von Södermanland); 1719 von den Russen völlig zerstört. – Nikolaikirche (13.–15. Jh.), Allerheiligenkirche (13. und 17. Jh.); im Stadtgebiet ma. Landkirchen, u. a. Löstringe, Runtuna, Vrena.

nykt..., Nykt... ↑nykto..., Nykto...

Nyktalopie [griech.], svw. ↑Tagblindheit.

nykti..., Nykti... ↑nykto..., Nykto...

Nyktinastie [griech.] (nyktinast. Bewegung), mit dem Tag-Nacht-Rhythmus zusammenfallende, autonome, meist durch Licht- und Temperaturreize hervorgerufene Lageveränderung pflanzl. Organe.

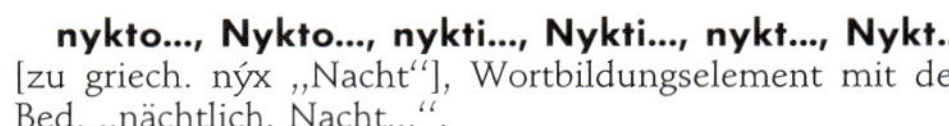

nykto..., Nykto..., nykti..., Nykti..., nykt..., Nykt... [zu griech. nýx „Nacht"], Wortbildungselement mit der Bed. „nächtlich, Nacht...".

Nylanders Reagenz [schwed. ny'landər; nach dem schwed. Chemiker C. W. G. Nylander, * 1835, † 1907], Chemikalienmischung (Natronlauge, Seignettesalz und Wismutnitrat) zum Nachweis von Zucker im Harn; wird heute kaum noch verwendet.

Nylon Ⓦⓩ ['naɪlɔn; amerikan. Kw.], Handelsbez. für die erste vollsynthet. Faser (1938), eine aus Hexamethylendiamin und Adipinsäure hergestellte Polyamidfaser (Nylon 66); i. w. S. Bez. für lineare, aliphat. Polyamidfasern.

Nymburk [tschech. 'nimburk] (dt. Nimburg), Stadt an der Elbe, ČR, 186 m ü. d. M., 15 400 E. Likörfabrik; Schwer- und Transportmaschinenbau. – Im 13. Jh. als Königsstadt belegt. – Stadtbefestigung (14. Jh.); got. Sankt-Ägydius-Kirche (1280 bis 1380).

Nymphaea [nym'fɛ:a; griech.] ↑Seerose.

Nymphalis [griech.], Gatt. der Edelfalter (Gruppe Eckflügler) mit zahlr. Arten auf der N-Halbkugel, davon in M-Europa v. a. Großer und Kleiner Fuchs, Trauermantel.

Nymphäum [griech.-lat. „Quellgebäude"], architektonisch gestaltete Brunnenanlage röm. Zeit, in Villen, Gärten oder auf öffentl. Plätzen (2./3. Jh.), oft mit reich gegliederten Schaufassaden; auch natürl. oder künstlich angelegte Grotten (u. a. in Pompeji und Herculaneum).

Nymphe [griech., eigtl. „Braut, jungvermählte Frau"], letztes Larvenstadium bestimmter Insekten.

Nymphen, in der griech.-röm. Mythologie und Dichtung meist in Gruppen auftretende, anmutige weibl. Naturgeister. Man unterscheidet: *Okeaniden* und *Nereiden* (N. des Meeres), *Najaden* (N. der Landgewässer), *Oreaden* (Berg-N.), *Alseiden* (Wald-N.), *Dryaden* und *Hamadryaden* (Baum-N.). Obwohl „Töchter des Zeus", gehören sie doch als dämon. Zwischenwesen auch in die Welt des Volksglaubens, weshalb ihr Kult (an Quellen, in Hainen und Grotten) von den lokalen Gegebenheiten geprägt ist.

Nymphenburg ↑München.

Nymphenburger Porzellan, Erzeugnis der 1747 gegr., 1761 nach Schloß Nymphenburg bei München verlegten Porzellanmanufaktur; ihre Marke ist seit 1754 das bayr. Rautenwappen. Die bedeutendsten Erzeugnisse der Manufaktur sind die Porzellanplastiken der Modelleure F. A. Bustelli sowie D. Auliczek und J. P. Melchior; 1798 erhielt die Manufaktur einige Modelle der Frankenthaler Manufaktur.

Nymphenburger Porzellan. Franz Anton Bustelli, Mezzetino und Lalagé, Höhe der linken Figur 19,5 cm, Höhe der rechten Figur 21,5 cm, um 1760 (Berlin, Kunstgewerbemuseum)

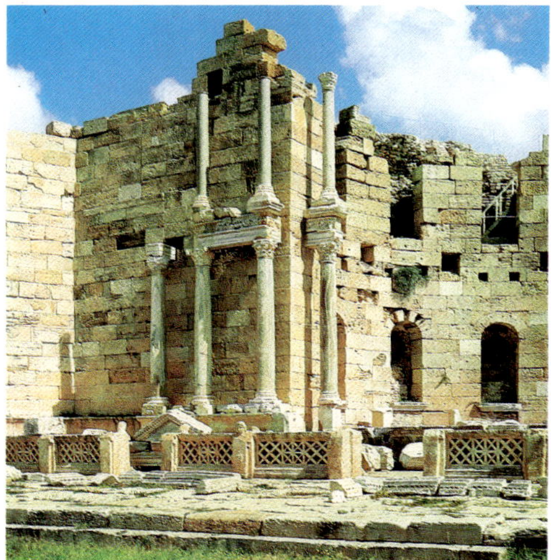

Nymphäum in Leptis Magna, Innenansicht

Nymphensittich (Nymphicus hollandicus), bis 32 cm langer, vorwiegend bräunlichgrauer Papagei (Familie Kakadus oder Sittiche), v. a. in Galeriewäldern und Savannen Australiens; beliebter Käfigvogel.

Nymphomanie [griech.], gesteigertes sexuelles Verlangen der Frau.

Nynäshamn [schwed. ny:nɛ:s'hamn], schwed. Hafenstadt an der Ostseeküste, 12 000 E. Erdölraffinerie, Metallverarbeitung; Fährverkehr nach Helsinki, Danzig, Lübeck-Travemünde und Visby.

Nynniaw [engl. 'nɪnɪaʊ], walis. Geschichtsschreiber, ↑ Nennius.

Nyon [frz. njõ], Bez.hauptort im schweizer. Kt. Waadt, am Genfer See, 401 m ü. d. M., 13 900 E. Museum des Genfer Sees mit Aquarium; Nahrungsmittel-, Metall- und pharmazeut. Ind.; Weinbau; Fremdenverkehr. – Entstand an der Stelle einer röm. Veteranenkolonie; im 13. Jh. Stadt; unter den Grafen von Savoyen zeitweilig Hauptstadt der Waadt. 1781–1813 bestand in N. eine bed. Porzellanfabrik. – In der Kirche Notre-Dame (12.–15. Jh.) sind eine röm. Inschrift, röm. Wandmalereien und Freskenreste (nach 1316) erhalten; Schloß (v. a. 14. Jh.; 1574 Umbauten; heute z. T. histor. Museum).

Nysa [poln. 'nisa] ↑ Neisse.

Nyslott [schwed. ny:'slɔt], schwed. Name der finn. Stadt ↑ Savonlinna.

Nystad, Friede von [schwed. 'ny:sta:d], am 10. Sept. 1721 in Nystad (finn. Uusikaupunki, Prov. Turku-Pori) zw. Schweden und Rußland abgeschlossener Vertrag, der den 2. Nord. Krieg beendete; Rußland erhielt Ingermanland, Estland, Livland und Teile Kareliens; Schweden bekam Finnland und die Zusicherung finanzieller Entschädigung.

Nystagmus [zu griech. nystázein „nicken"], unwillkürl. Bewegung der Augäpfel (**„Augenzittern"**), meist in horizontaler, aber auch in vertikaler Richtung oder kreisförmig. Der N. kann gleichförmig (Pendel-N.) oder mit schneller Rückbewegung (Ruck-N.) und mit unterschiedl. Frequenz und Stärke verlaufen. Als natürl. Vorgang tritt N. u. a. bei Fixierung von Gegenständen in einem bewegten Gesichtsfeld, z. B. beim Blick aus einem fahrenden Zug („Eisenbahn-N."), oder kurzfristig durch Störung des Augenmuskelgleichgewichts bei extrem seitl. Blickrichtung auf. Als Krankheitssymptom wird N. durch stark vermindertes Sehvermögen, Augenmuskel- oder neurolog. (z. B. Kleinhirn-) Schäden oder Erkrankungen des Vestibularapparates hervorgerufen.

Nymphensittich. Weibchen

Nyx, bei den Griechen Begriff und Personifikation der „Nacht". Nach Hesiods „Theogonia" aus Chaos zus. mit Erebos („Finsternis") entstanden, zeugt sie mit diesem Aither („Himmelsglanz") und Hemera („Tag") sowie aus sich selbst die Mächte der Finsternis.

O

O, 15. Buchstabe des dt. Alphabets (im lat. der 14.). Die Entstehung des Buchstabens O läßt sich über das Griechische (o, ↑ Omikron) auf die semit. Alphabete (O, Ajin; diese Bez. ist erst aus dem Hebräischen überliefert) zurückverfolgen. Im Griechischen, Lateinischen und Deutschen hat O den Lautwert [o, ɔ]. Das semit. und das griech. Zeichen haben den Zahlenwert 70.

O, chem. Symbol für ↑ Sauerstoff (Oxygenium).

O', Bestandteil ir. Familiennamen mit der Bedeutung „Abkömmling, Sohn", z. B. O'Connor, eigtl. „Sohn des Connor".

o-, in der *Chemie* Abk. für: ↑ **o**rtho-.

Oahu ↑ Hawaii.

ÖAK, Abk. für: **Ö**sterreich. **A**lpen**k**lub (↑ Alpenvereine).

Oakland [engl. 'oʊklənd], Stadt in Kalifornien, im Bereich der Metropolitan Area von San Francisco, 366 000 E. Kath. Bischofssitz; Seehafen; Schiff- und Automobilbau, Glas- und chem. Ind., Brauereien, Weinkellereien, Erdölraffinerien; Verkehrsknotenpunkt, 2 ✈. – Gegr. um 1850.

Oak Ridge [engl. 'oʊk rɪdʒ], Stadt im nö. Tennessee, 26 900 E. Laboratorien und Anlagen zur Kernenergieforschung und -gewinnung, Atommuseum. – Erbaut seit 1942 auf einem 240 km² großen Areal als eines der Zentren der militär. Kernforschung.

OAPEC [engl. oʊ'eɪpɛk], Abk. für engl.: **O**rganization of the **A**rab **P**etroleum **E**xporting **C**ountries, ↑ OPEC.

OAS [frz. oa'ɛs], Abk. für frz.: **O**rganisation de l'**A**rmée **S**ecrète, Geheimorganisation von nationalist. Algerienfranzosen und Mgl. der frz. Algerienarmee unter Führung der Generale R. Salan und E. Jouhaud (1961–1963); widersetzte sich gewaltsam der Entkolonisation Algeriens und suchte durch Terror sowie mehrfache Attentate auf de Gaulle, das frz.-alger. Abkommen von Évian-les-Bains (1962) zu verhindern; zerfiel nach der Verhaftung ihrer militär. Führer.

OAS [engl. 'oʊ-eɪ'ɛs], Abk. für: **O**rganization of **A**merican **S**tates, Organisation Amerikan. Staaten, regionale internat. Organisation, gegr. am 30. April 1948 auf der IX. Interamerikan. Konferenz in Bogotá; Sitz Washington. Mgl. (1991): alle (34) unabhängigen amerikan. Staaten einschl. Kuba, das 1962 von OAS-Aktivitäten ausgeschlossen wurde. 23 Staaten (u. a. Deutschland) haben Beobachterstatus. *Ziele:* Bekräftigung der Prinzipien der inneramerikan. Solidarität, der Gleichberechtigung und der Nichteinmischung, Schlichtung aller Streitigkeiten zw. den amerikan. Staaten, gemeinsame Abwehr aller Angriffe auf eines der Mgl.länder, Zusammenarbeit im wirtsch., sozialen und kulturellen Bereich. *Institutionen:* Vollversammlung auf Außen-

OAS Flagge

min.ebene (seit 1967, anstelle der Interamerikan. Konferenz), Konsultativversammlung der Außenmin.; ständiger Rat der Botschafter mit Interamerikan. Wirtschafts- und Sozialrat, Juristenrat, Kulturrat; Panamerikan. Union mit ständigem, auf 10 Jahre gewähltem Generalsekretär zur Koordinierung und Förderung der Zusammenarbeit.

Oase [ägypt.-griech.], in den subtropischen Trockenzonen in oder am Rande von Wüsten und Wüstensteppen gelegene Wasserstelle mit reichem Pflanzenwuchs, der ermöglicht wird durch Quell- oder Grundwasser, durch einen Fremdlingsfluß **(Flußoase)** oder durch künstl. Bewässerung. In den meist dicht besiedelten O. finden sich intensive und differenzierte Nutzpflanzenkulturen.

Oasis magna ↑Charga, Al.

Joyce Carol Oates

Oates, Joyce Carol [engl. oʊts], *Lockport (N.Y.) 16. Juni 1938, amerikan. Schriftstellerin. – Seit 1978 Prof. an der Princeton University; zentrale Themen ihrer Romane und Kurzgeschichten sind die Isolation des Menschen, die Zerstörung des Glaubens an den Erfolgsmythos des „American dream" durch die Formen brutaler Gewalt; ihre Erzählformen entwickelte sie von naturalist. Milieustudien über psycholog.-realist. Bewußtseinsdarstellungen zur durch die Gegenwart gebrochenen Rückschau auf die Kindheit. – *Werke:* Ein Garten ird. Freuden (R., 1967), Jene (R., 1969), Grenzüberschreitungen (En., dt. Auswahl 1978), Bellefleur (R., 1980), Letzte Tage (R., 1984), You must remember this (R., 1987), Because it is bitter, and because it is my heart (R., 1990).

Oatesküste [engl. oʊts], Küstengebiet des Victorialandes der Ostantarktis.

OAU
Emblem

OAU [engl. 'oʊ-eɪ'ju:], Abk. für: **O**rganization of **A**frican **U**nity, Organisation für Afrikan. Einheit, 1963 von allen unabhängigen afrikan. Staaten (außer der Republik Südafrika) gegr. Zusammenschluß mit Sitz in Addis Abeba; 50 Mgl. (1991). Gab sich ein vages Programm der Selbsthilfe sowie der „Blockfreiheit". Die OAU verfolgt das Ziel, die Entkolonisation in Afrika zu fördern und die Herrschaft weißer Minderheiten zu beseitigen. Höchstes Organ der OAU ist die jährl. Versammlung der Staats- und Reg.chefs.

ÖAV, Abk. für: **Ö**sterreichischer **A**lpen**v**erein (↑Alpenvereine).

Oaxaca [span. oa'xaka], Staat in S-Mexiko, am Pazifik, 93 952 km², 3,02 Mill. E (1990), Hauptstadt Oaxaca de Juárez. Hinter der meist schmalen Küstenebene Anstieg zur

Oaxaca de Juárez. Innenraum der Kirche Santo Domingo, 16./17. Jahrhundert

Oase. Flußoase im Süden Marokkos

Sierra Madre del Sur; höchste Erhebung ist der Cerro Zempoatepec (3 395 m). Im O umfaßt der Staat außerdem die südl. Hälfte des Isthmus von Tehuantepec. Das Klima ist tropisch. – Das noch heute v. a. von Mixteken und Zapoteken besiedelte Staatsgebiet war in präkolumb. Zeit ein Zentrum altamerikan. Kunst (Olmeken, Mixteken, Zapoteken); wurde 1522 von den Spaniern erobert und z. T. als Privatbesitz an H. Cortés verliehen; erhielt 1824 den Status eines Staates.

Oaxaca de Juárez [span. oa'xaka ðɛ 'xuares], Hauptstadt des mex. Staates Oaxaca, in der zentralen Senke der Sierra Madre del Sur, 1 550 m ü. d. M., 157 300 E. Kath. Erzbischofssitz; Univ. (gegr. 1827); archäolog. Museum. Fremdenverkehr, ✈. – Nahe einem von den Azteken 1486 angelegten militär. Außenposten von den Spaniern unter dem Namen **Segura de la Frontera** 1521 gegr., 1528 in **Antequera,** 1872 zu Ehren des Präs. B. Juárez García in O. de J. umbenannt. – O. de J. hat das kolonialzeitl. Bild weitgehend bewahrt (die Altstadt wurde von der UNESCO zum Weltkulturerbe erklärt); bed. v. a. die Kirche Santo Domingo (16./17. Jh.) und die Kathedrale (1535 ff.). Reiche Sammlungen vorkolumb. Kunst.

Ob [russ. ɔpj], Strom in W-Sibirien, entsteht im nördl. Vorland des Altai (Quellflüsse Bija und Katun aus dem Altai), nimmt nw. von Chanty-Mansisk von links seinen Hauptnebenfluß, den Irtysch, auf; teilt sich im Unterlauf in die Hauptarme Großer O. und Kleiner O., die sich 60 km sw. von Salechard wieder vereinigen; mündet in den Obbusen, 3 650 km, mit Irtysch 5 410 km lang; wichtiger Schiffahrtsweg.

OB, Abk. für: **Ober**b**ürgermeister.

ob., Abk. für lat. **ob**iit („ist verstorben"); auf Inschriften von Grabmälern.

o. B., in der Medizin Abk. für: **o**hne (krankhaften) **B**efund, Ergebnis einer medizin. Untersuchung.

Obadja (lat. Abdias), alttestamentl. Prophet und Name des kleinsten Buches (nur 21 Verse) des Zwölfprophetenbuches im A. T., nach 587 entstanden; enthält eine Sammlung von Prophetensprüchen gegen Edom.

Obaldia, René de [frz. ɔbal'dja], *Hongkong 22. Okt. 1918, frz. Schriftsteller. – Schrieb, von A. Micheaux und vom Surrealismus beeinflußt, Lyrik und Romane sowie grotesk-absurde Theaterstücke. – *Werke:* Tamerlan des Herzens (R., 1955), Wind in den Zweigen des Sassafras (Dr., 1965), Le phantôme de Zouave (Fernsehspiel, 1981).

OBC-Schiff (Ore-Bulk-Container-Carrier), Massengutschiff mit Einrichtungen, abwechselnd Erze (engl. **o**re), andere Massengutladungen (engl. **b**ulk) und **C**ontainer im Laderaum und als Decksladung zu fahren.

Obduktion [zu lat. obducere „das Verhüllen, Bedekken" (nach dem abschließenden Verhüllen der Leiche)] ↑Leichenöffnung.

Obedienz (Obödienz) [lat.], im kath. Kirchenrecht: 1. Gehorsamspflicht des Klerikers gegen den geistl. Oberen

(Papst, Bischof, Ordensoberer u. a.); 2. Gehorsamsgelübde von Ordensangehörigen.

Obeid, Al [al'o'baɪt], Hauptstadt des Bundesstaates Kordofan im Z der Republik Sudan, 568 m ü. d. M., 140 000 E. Kath. Bischofssitz. Handelszentrum (Gummiarabikum) für Kordofan; Verkehrsknotenpunkt, Eisenbahnendpunkt, ✈. – Etwa 1750–72 Hauptstadt von Kordofan.

O-Beine (Säbelbeine, Genua vara), bogenförmige Verbiegung der Beine nach außen durch Formveränderung von Ober- und Unterschenkelknochen bzw. der Kniegelenke. Ursachen sind neben erbl. Anomalie eine krankhafte Weichheit der Knochen (z. B. bei Osteomalazie), Knochenfehlbildungen oder altersbedingte Abnutzungsvorgänge der Kniegelenke; eine operative Korrektur ist möglich, im jüngeren Alter neben der Behandlung der Grunderkrankung Schienung und Dehnlagerung.

Obelisk [griech., zu obelós „Bratspieß, Spitzsäule"], in der *Kunstgeschichte* ein sich nach oben verjüngender Granitpfeiler meist quadrat. Grundrisses mit pyramidenförmiger Spitze. Er wurde im 3. Jt. v. Chr. in Ägypten als Zeichen des Sonnengottes entwickelt und meist paarweise am Tempeleingang aufgestellt.

Ober, gemeinsprachlich svw. [Ober]kellner.

▷ Spielkarte im dt. Blatt; entspricht der Dame in frz. Karten.

Oberacht ↑ Acht.

Oberägypten, Bez. für die Flußoase des Nil zw. Assuan und Kairo.

Oberallgäu, Landkr. in Bayern.

Oberalppaß ↑ Alpenpässe (Übersicht).

Oberammergau, Luftkurort in den Bayer. Voralpen, Bay., 840 m ü. d. M., 5 200 E. Berufsfachschule für Holzschnitzerei; Fremdenverkehr. – Erhielt 1322 Stapelrecht; Holzschnitzerei als Erwerbszweig seit dem 12. Jh. – Kath. Pfarrkirche im Rokokostil (1736–42), Wohnhäuser mit Lüftelmalerei. Bekannt wurde der Ort v. a. durch das **Oberammergauer Passionsspiel,** ein seit 1634 nach einem im Pestjahr 1633 abgelegten Gelübde alle 10 Jahre von den Bewohnern von O. aufgeführtes Passionsspiel. Der ältesten erhaltenen Fassung von 1662 liegen Augsburger Passionsspiele zugrunde, Abänderungen v. a. 1680, 1750, 1810, 1860. Die heute charakterist. Chorgesänge und alttestamentl. Rückblenden gehen auf das Jahr 1750 zurück.

Oberammergau. Malerei an der Fassade des Pilatushauses, 1784

Oberappellationsgericht, für die sog. weitere Appellation oder Oberappellation zuständiges Gericht, im Hl. Röm. Reich seit 1495 das Reichskammergericht.

Oberarmknochen (Oberarmbein, Humerus), Röhrenknochen des Oberarms (↑ Arm). Der *Oberarmkopf (Caput humeri)* ist Teil des Schultergelenks. Unten ist der O. über eine Gelenkrolle *(Trochlea humeri)* mit der Elle und über ein danebenliegendes Gelenkköpfchen *(Oberarmköpfchen; Capitulum humeri)* mit der Speiche gelenkig verbunden.

Oberbau, im *Gleisbau* Bez. für die Schienen, die Schienenbefestigungen, die Schwellen und die Bettung.

▷ im *Straßenbau* Bez. für die Fahrbahndecke einschl. der Tragschichten.

Oberbayern, Reg.-Bez. in Bayern.

Oberbefehlshaber, Bez. für den Inhaber der höchsten militär. Kommandogewalt über die gesamte bewaffnete Macht oder über Teilstreitkräfte eines Staates bzw. einer Militärkoalition. O. nat. Streitkräfte ist i. d. R. das Staatsoberhaupt. – Im Dt. Reich bis 1918 der Kaiser, nach der Weimarer Reichsverfassung von 1919 der Reichspräs. (unter ihm übte der Reichswehrmin. die Befehlsgewalt über die Streitkräfte aus); 1934–45 hatte Hitler als „Führer und Reichskanzler" den Oberbefehl inne (bis 1938 hatte unter ihm der Reichskriegsmin. die Befehlsgewalt). In der BR Deutschland liegen nach dem GG die repräsentativen Funktionen des O. beim Bundespräs., die Befehls- und Kommandogewalt beim Bundesverteidigungsmin. (geht mit der Verkündigung des Verteidigungsfalles auf den Bundeskanzler über). – Die Führer militär. Großverbände oberhalb der Armee (früher auch der Führer einer Armee) werden meist als O. bezeichnet; in der NATO z. T. die den Obersten Alliierten Befehlshabern (Supreme Allied Commander) nachgeordneten militär. Führer (Commander-in-Chief).

Oberbergischer Kreis, Kr. in Nordrhein-Westfalen.

Oberboden, Bez. für den oberen, humushaltigen Teil eines Bodens; in der ↑ Bodenkunde der A-Horizont.

Oberbootsmann ↑ Dienstgradabzeichen (Übersicht).

Oberbundesanwalt ↑ Bundesanwaltschaft.

Oberbürgermeister, Abk. OB, in kreisfreien Städten und z. T. auch in großen kreisangehörigen Städten hauptamtl. Bürgermeister mit der Rechtsstellung eines Beamten auf Zeit, in Nds. und NRW ehrenamtl. Vors. des Stadtrates.

oberdeutsche Mundarten ↑ deutsche Mundarten.

Oberdorf, Bad ↑ Hindelang.

Oberdrautal ↑ Drau.

obere Hohlvene ↑ Hohlvenen.

Oberek [poln.] (Obertas), schneller poln. Drehtanz im $^3/_8$-Takt, im Rhythmus ähnlich der Mazurka; der ältere *Obertas* ist ein durch Refrain gegliedertes Tanzlied, der jüngere *Oberek* dagegen ein reiner Instrumentaltanz.

Oberengadin ↑ Engadin.

Oberer See (engl. Lake Superior), westlichster und größter der Großen Seen N-Amerikas (USA und Kanada), 563 km lang, 257 km breit, 183 m ü. d. M., bis 405 m tief. Zufluß durch etwa 200 Flüsse, Abfluß am O-Ende durch den Saint Mary's River zum Huronsee; mehrere Inseln. Der Schiffsverkehr ist durch winterl. Vereisung der Uferpartien und Nebelbildung auf 6–7 Monate beschränkt. Wichtigste Häfen: Thunder Bay, Duluth und Superior.

Obere Tunguska ↑ Angara.

Oberfähnrich, Offizieranwärter im Rang eines Hauptfeldwebels; bei der Marine: O. zur See.

Oberfeldwebel ↑ Dienstgradabzeichen (Übersicht).

Oberfläche, allg. die Begrenzungsfläche, die einen materiellen Körper bzw. ein geschlossenes Raumstück vom übrigen Raum oder (als Grenzfläche) von einem anderen Medium abgrenzt. In der *Geometrie* die Menge der Randpunkte eines Körpers; oft auch als Bez. für den Flächeninhalt dieser Punktmenge verwendet.

oberflächenaktive Stoffe, svw. ↑ Tenside.

Oberflächenanästhesie ↑ Anästhesie.

Oberflächenbehandlung, Sammelbez. für alle Verfahren, mit denen Werkstoffoberflächen v. a. zwecks Korrosions-, Verschleiß-, Alterungsschutz u. a. mit gewünschten Oberflächeneigenschaften versehen werden. Von bes. Bed. ist die O. von Metallen. Vor dem Aufbringen von Überzügen ist eine *Oberflächenvorbehandlung* durch Sandstrahl- und Blasverfahren, Schleifen, Polieren mittels Polierpasten, elektrolyt. Glänzen und Entfettung (insbes. Ultraschallentfettung) notwendig. Zu den mechan. Verfahren der O. von metall. Werkstücken zählen u. a. das Festwalzen und Druckpolieren, zu den therm. Verfahren das Randschicht- oder Oberflächenhärten (↑ Härten). Bei den thermochem. O. tritt eine Veränderung der chem. Zusammensetzung der Randzone auf (z. B. ↑ Einsatzhärten, ↑ Nitrierhärten).

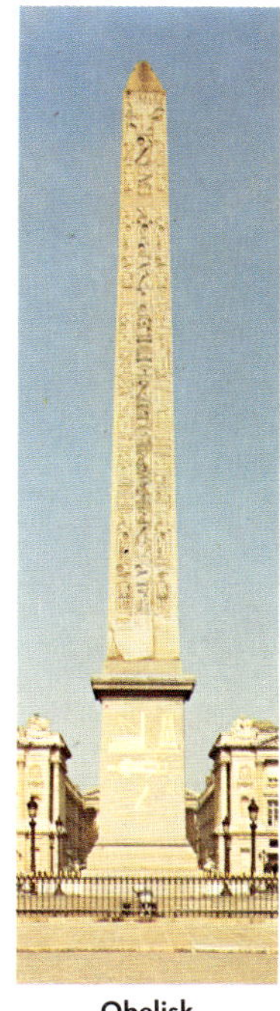

Obelisk aus Luxor auf der Place de la Concorde in Paris

Metallische Überzüge: Die eigtl. Metall-O. besteht im Aufbringen von Metallüberzügen durch Beschichtungsverfahren. Dazu gehören Eintauchen in schmelzflüssiges Metall, Aufspritzen (↑Metallspritzen), ↑Plattieren, Abscheiden aus der Dampfphase, elektrolyt. Metallabscheidung (↑Galvanotechnik), Diffusions- und Umschmelzlegieren (z. B. ↑Alitieren) sowie Ionenimplantieren (Fremdatome werden als hochenerget. Ionenstrahl in die Oberfläche eingebracht).
Organische Schichten werden durch verschiedene Lackierverfahren aufgebracht. Zu den **anorganischen Überzügen** zählen Emailleschichten (↑Email), Oxidschichten und Konversionsschichten, die durch chem. Umwandlung der Metalloberfläche mit einer wäßrigen Reaktionslösung entstehen. Von bes. Bed. sind hierbei Chromatschichten, die aus sauren, wäßrigen Lösungen von Chromaten ausgeschieden werden, sowie Phosphatschichten (↑Phosphatierung).
Bei *Holz* wird durch eine O. sowohl eine Schutzwirkung als auch eine stärkere Betonung des Maserbildes erzielt. Üblich sind folgende Verfahren: **Brennen:** Die Oberfläche von Weichhölzern wird [stark] erhitzt; die sich ergebende dunklere Färbung des Spätholzes hebt die Maserung deutlich hervor. **Sandeln:** Die Oberfläche von Weichhölzern wird mit Sandstrahlen behandelt; Reliefwirkung, ohne Änderung der Farbtöne des Holzes. **Bleichen:** Zur Aufhellung und Vereinheitlichung der Holzfarbe wird das Holz u. a. mit Wasserstoffperoxid gebleicht. **Beizen:** Beim Farbbeizen werden bestimmte lichtechte Farbstoffe bzw. Pigmente auf das Holz aufgetragen und anschließend mit einer ammoniakhaltigen Räucherbeize nachbehandelt. **Wachsen und Mattieren:** Das Wachsen mit Wachssalben, Hart- u. a. Bohnerwachsen gehört zu den einfachsten transparenten O. Für Mattierungen (hier bleiben die Poren des Holzes offen) werden v. a. Nitrozelluloseester oder -äther zusammen mit Kunstharzen verwendet. **Polieren:** Hoch- oder mattglänzende, geschlossenporige Oberflächen ergeben sich, wenn man sie nach dem Abschleifen mit Politur (meist Nitrozellulose- oder andere Kunstharzlacke) grundiert, die Holzporen mit Porenfüllpulver (eingefärbter Schwerspat, Ton, Gips u. a.) ausfüllt und anschließend erneut Politur aufträgt, bis ein glänzender Film entsteht. **Lackieren:** Durch mehrfaches Auftragen bzw. Aufspritzen von Lacken wird ein relativ dicker, transparenter Film erzeugt, der anschließend geglättet wird. Transparente oder pigmentierte Polyesterlackierungen erhält man durch Polymerisation und Aushärtung von ungesättigten Polyesterharzen auf der Oberfläche.

Oberflächendiffusion ↑Diffusion.

Oberflächenenergie, potentielle Energie eines festen oder flüssigen Körpers, die auf dem Vorhandensein einer Oberfläche bzw. auf der Ausbildung von Grenzflächen gegen andere Aggregatzustände, Stoffe oder Phasen beruht.

Oberflächenfarben, svw. ↑Körperfarben.

Oberflächenspannung, an Grenzflächen *(Grenzflächenspannung)* auftretende Spannung, die bestrebt ist, eine minimale Oberfläche auszubilden. Bes. auffällig ist diese Erscheinung an der Oberfläche von Flüssigkeiten, da diese der Wirkung der O. nachgeben. Ursache der O. sind die zw. den Molekülen der Flüssigkeit wirkenden (anziehenden) Kohäsionskräfte. Da diese nach allen Richtungen hin gleich stark sind, heben sie sich zwar innerhalb der Flüssigkeit gegenseitig auf, nicht aber an der Flüssigkeitsoberfläche; hier wirkt auf jedes Molekül eine ins Innere der Flüssigkeit gerichtete Kraft, die die Bildung einer möglichst kleinen Oberfläche bewirkt. Aus diesem Grunde nimmt beispielsweise eine Seifenblase bzw. ein schwebender Wassertropfen Kugelgestalt an. Als physikal. Größe ist die O., Formelzeichen σ, definiert als der Quotient aus der Arbeit W, die zur Vergrößerung der Flüssigkeitsoberfläche um den Betrag A erforderlich ist, und der Fläche A selbst: $\sigma = W/A$. Die O. ist eine Materialkonstante *(Kapillarkonstante),* die mit steigender Temperatur und der Zugabe von *Netzmitteln* abnimmt.

Oberflächenströmungen ↑Meeresströmungen.

Oberhausen
Stadtwappen

Oberflächenstruktur, in der ↑generativen Grammatik die syntakt. Strukturebene eines Satzes, die Grundlage seiner lautl. Realisierung ist und die durch Transformationen mit seiner ↑Tiefenstruktur verbunden ist. O. können mehrdeutig sein, dann sind ihnen unterschiedl. Tiefenstrukturen zugeordnet (z. B. *Dann wurde der Brief von Klaus verlesen* geht entweder auf dieselbe Tiefenstruktur zurück wie *Dann verlas jemand den Brief von Klaus* oder auf eine unterschiedliche wie *Dann verlas Klaus den Brief*). Unterschiedl. O. (z. B. Aktiv–Passiv, Aussagesatz–Fragesatz) können andererseits aus einer ident. Tiefenstruktur abgeleitet sein.

Oberflächenwasser, das Wasser, das auf der Oberfläche der Erde verfügbar ist. – Ggs. ↑Grundwasser.

Oberflächenwellen, in der *Physik* Wellen **(Grenzflächenwellen)**, die sich an der Grenzfläche zweier unterschiedl. Stoffe (i. e. S. an der Oberfläche von Flüssigkeiten) unter dem Einfluß der Schwerkraft, der Oberflächenspannung oder bei entgegengesetzt gerichteter Bewegung beider Medien herausbilden.
▷ mechan. Schwingungen der Oberfläche fester, elast. Körper.

Oberfranken, Reg.-Bez. in Bayern.

Obergaden ↑Lichtgaden.

obergärige Hefen, svw. ↑Oberhefen.

Obergefreiter ↑Dienstgradabzeichen (Übersicht).

Obergespan ↑Gespan.

Obergräser, landw. Bez. für hoch- und massenwüchsige, meist horstbildende Gräser, v. a. der Nutzwiesen (z. B. Glatthafer).

Obergurgl [...gəl] ↑Sölden.

Obergurt ↑Gurt.

Oberhaar, svw. ↑Deckhaar.

Oberhalbstein, Tal der Julia im schweizer. Kt. Graubünden, erstreckt sich vom Julierpaß aus 23 km nach N bis zum Crap Sés.

Oberhaus, allg. Bez. für die 1. Kammer eines Zweikammerparlaments, v. a. in den ehem. zum British Empire gehörenden Staaten.
Im dt. Sprachgebrauch übl. Bez. für das *House of Lords* („The Lords"), die 1. Kammer des brit. Parlaments (Houses of Parliament). Älteste und zahlenmäßig größte gesetzgebende Kammer der Welt; hervorgegangen aus der Curia Regis und dem Great Council der ma. engl. Könige, den mit dem König beratenden und rechtsprechenden Versammlungen der Kronvasallen. Die (ersten) Repräsentativparlamente von 1265 und 1295 umfaßten auch die Commons. Im 14. Jh. trennten sich die Lords (seit dem 16. Jh. House of Lords gen.) von den Commons; beide gewannen im 15. Jh. die Kontrolle über die rudimentäre Gesetzgebung, das Unterhaus den Vorrang über die Finanzgesetzgebung. Mit der Reform Bill von 1832 verlor das O. seinen Einfluß auf die Zusammensetzung des Unterhauses; die Parliament Act von 1911 schließlich beschnitt die Beteiligung des O. an der Gesetzgebung radikal, z. B. Finanzgesetze (Money Bills) erlangten jetzt ungeachtet des Einspruchs der Lords einen Monat nach Verabschiedung durch das Unterhaus Gesetzeskraft. – Die Mgl. des O. sind keine gewählten Abg., sondern Adlige (Peers), die durch Geburt oder Erhebung in den höheren Adelsstand (Nobility) ein Anrecht auf einen Sitz im O. haben. – Zur Funktion des O. ↑Großbritannien und Nordirland (polit. System).

Oberhausen, Stadt an der Ruhr, NRW, 30 m ü. d. M., 224 000 E. Verwaltungs- und Wirtschaftsakad., Theater, Museen, Städt. Galerie Schloß O., internat. Kurzfilmtage (jährlich seit 1955); Stahl-, Maschinen-, Fahrzeug- und Kraftwerksbau, chem. Ind.; Steinkohlenbergbau. – 1862 mit verschiedenen umliegenden Ortschaften zu einer Gemeinde zusammengeschlossen; 1874 Stadterhebung, ab 1901 kreisfrei. Die Städte **Osterfeld** (seit 1921; 1758 wurde hier eine Hütte gegr.) und **Sterkrade** (seit 1913) wurden 1929 eingemeindet.

Oberhaut ↑Haut.

Oberhefen (obergärige Hefen), Bierhefen zur Bereitung obergäriger Biere; die O. gären im Ggs. zu den Unterhefen bei 12 bis 25 °C und steigen dabei zur Oberfläche auf.

Oberhof, Stadt im Thüringer Wald, Thür., 2400 E. Rennsteiggarten (Hochgebirgsflora); Erholungs- und Wintersportort. – 1470 als „Herberge auf dem schwarzen Wald" erstmals erwähnt; seit 1985 Stadt.

Oberitalien, Bez. für N-Italien mit dem italien. Alpenanteil und der Poebene.

Oberjoch ↑Alpenpässe (Übersicht).

Oberkanada (engl. Upper Canada), histor. Prov. in Brit.-Nordamerika, aus der die kanad. Prov. ↑Ontario hervorging.

Oberkiefer ↑Kiefer, ↑Mandibeln.

Oberkirch, Stadt an der Rench, Bad.-Württ., 194 m ü. d. M., 18400 E. Erdbeermarkt; Textilfabrik, Maschinenfabriken, holzverarbeitende Ind., Weinbau. – Erhielt 1326 Stadtrecht. – Ruine der Burg Schauenburg (12./13. Jh.).

Oberkirchenrat, 1. in einigen ev. Landeskirchen Titel des als hauptamtl. Mgl. des ständigen Leitungsorgans berufenen ordinierten Theologen oder Juristen bzw. des für einen Sprengel zuständigen Amtsträgers mit Sitz und Stimme im landeskirchl. Leitungsorgan. 2. Bez. für das ständige kirchenleitende Organ der Landeskirchen von Mecklenburg und Oldenburg. 3. Bez. für das landeskirchl. Verwaltungsorgan in Württemberg und Baden.

Oberkochen, Stadt auf der Schwäb. Alb, Bad.-Württ., 496–600 m ü. d. M., 8400 E. Optikmuseum; Werkzeug-, Maschinen- und opt. Ind. (Carl Zeiss). – Seit 1968 Stadt.

Oberkommando, früher Bez. für einen höheren militär. Führungsstab, z. B. **Armeeoberkommando, Oberkommando der Kriegsmarine, Oberkommando der Wehrmacht** (Abk. OKW, ↑Wehrmacht).

Oberkrain ↑Krain.

Oberkreisdirektor, in Nds. und NRW der hauptamtl. Leiter der Kreisverwaltung.

Oberländer, Adolf, * Regensburg 1. Okt. 1845, † München 29. Mai 1923, dt. Karikaturist. – War ständiger Mitarbeiter der „Fliegenden Blätter" und ab 1869 auch der „Münchner Bilderbogen"; am bekanntesten sind seine anthropomorphen Tierzeichnungen.

Oberlandesgericht, Abk. OLG, oberes Gericht der Länder im Bereich der ordentl. Gerichtsbarkeit (in Berlin ↑Kammergericht). Die normalerweise mit drei Berufsrichtern besetzten Senate der O. entscheiden u. a. in Zivilsachen über Berufungen gegen Urteile der ↑Landgerichte, in Strafsachen über die Revision gegen die Berufungsurteile der Landgerichte und über die Sprungrevision (↑Revision) gegen Urteile der Amtsgerichte. Als 1. Instanz sind die O. (in deren Bez. die Landesreg. ihren Sitz haben) zuständig für wichtige Staatsschutzstrafverfahren, bei denen der Generalbundesanwalt die Anklage vertritt. In den neuen Bundesländern werden an den Bezirksgerichten, in deren Bez. die Landesreg. ihren Sitz hat, bes. Senate gebildet, die in ihrer Zuständigkeit vorerst an die Stelle der O. treten. Gegen die Berufungs- und erstinstanzl. Urteile der O. ist das Rechtsmittel der Revision zum Bundesgerichtshof gegeben. Auch in *Österreich* ist das O. ein höheres Gericht der ordentl. Gerichtsbarkeit. In der *Schweiz* entspricht dem O. das Kantonsgericht.

Oberländisch (Obwaldisch, Sursilvan) ↑rätoromanische Sprache.

Oberlausitz, Landschaft beiderseits der oberen Spree und der Lausitzer Neiße, überwiegend in Deutschland (Sa.), O-Teil in Polen. Sie erstreckt sich vom Breslau-Magdeburger Urstromtal im N bis zum Lausitzer Gebirge im SO und Lausitzer Bergland im S. Die größten Städte sind Zittau, Görlitz und Bautzen. Im Gebiet um Hoyerswerda und südl. von Weißwasser und Görlitz Braunkohlenbergbau.
Geschichte: Ging aus dem von westslaw. Milzenern bewohnten Gebiet um Bautzen (Wohngau Milsca) hervor, das seit Ende des 10. Jh. meist zur sächs. Ostmark gehörte. Nachdem im 14. Jh. die spätere Niederlausitz sowie das Land Bautzen und Görlitz unter böhm. Oberhoheit gekommen waren, bürgerte sich für Bautzen und Görlitz der Name O. ein. 1346 wurde der **Sechsstädtebund** (Bautzen, Görlitz, Zittau, Lauban, Kamenz, Löbau) geschlossen, der unter habsburg. Herrschaft (seit 1526) durch die Niederlage im Schmalkald. Krieg (1547) seine Macht verlor. 1623/35 fiel die O. an Kursachsen. 1815 wurde die N-Hälfte Preußen zugeteilt (Prov. Schlesien), der sächsisch gebliebene Rest 1835 dem Kgr. Sachsen eingegliedert. Der Teil östl. der Lausitzer Neiße fiel 1945 an Polen, der sächs. Teil gehörte 1952–90 zum DDR-Bez. Dresden.

Oberleitung (Fahrleitung), Stromzuführungsleitung für elektrische Triebfahrzeuge; umfaßt Fahrleitungen, Stromschienen, Masten, Schutzverkleidungen.

Oberleitungsomnibus (Obus, Trolleybus), elektr. angetriebener Omnibus, der elektr. Energie mit Hilfe zweier [Stangen]stromabnehmer einer zweipoligen Fahrleitung (meist Gleichstrom, 600 V) entnimmt.

Oberleutnant ↑Dienstgradabzeichen (Übersicht).

Oberlin, Johann Friedrich, * Straßburg 31. Aug. 1740, † Waldersbach im Steintal 1. Juni 1826, elsäss. ev. Theologe und Sozialpädagoge. – Seit 1767 Pfarrer im verarmten Steintal, Philanthrop; gründete einen landw. Verein zur Beratung der Bauern sowie eine Spar- und Darlehenskasse und sorgte für bessere Ausbildung von Bauern und Handwerkern. Seit 1770 richtete er für die verwahrlosten Kinder Strickschulen ein (erste der sog. Kinderbewahranstalten).

Johann Friedrich Oberlin

Obermaat ↑Dienstgradabzeichen (Übersicht).

Obermarsberg ↑Marsberg.

Obermenge ↑Mengenlehre.

Obernburg a. Main, Stadt am linken Mainufer oberhalb der Mümlingmündung, Bay., 7600 E. Museum „Römerhaus"; Bekleidungsind. – Wohl bereits unter Domitian (81–96) Anlage eines Erdkastells am obergerman. Limes, spätestens unter Mark Aurel eines Steinkastells (Bauinschrift von 162 n. Chr.); 1313/17 Stadterhebung.

Oberndorf am Neckar, Stadt im Neckartal und auf der Fläche des Oberen Gäus, Bad.-Württ., 463 m (Unterstadt) bzw. 506 m ü. d. M. (Oberstadt), 14050 E. Maschinen- und Apparatebau, Herstellung von Waffen, Kosmetika u. a. – 782 erstmals erwähnt; Stadtgründung vor 1250. – Ehem. Augustinerkloster und -kirche (1772–77).

Oberon ['o:bərɔn] (altfrz. Auberon, Alberon; entspricht dem Zwerg Alberich), König der Elfen, Gemahl der Feenkönigin Titania.

Oberon ['o:bərɔn; frz.], einer der fünf Uranusmonde; mittlere Entfernung vom Planeten 586000 km, Umlaufszeit 13,46 Tage, Durchmesser 1630 km.

Oberösterreich, nördl. Bundesland von Österreich, im N von der ČR, im W von Deutschland begrenzt, 11980 km², 1,34 Mill. E (1990), Hauptstadt Linz.

Oberösterreich
Wappen

Landesnatur: O. hat im N (im Mühlviertel), Anteil an der Böhm. Masse, die im Sauwald und im Kürnberger Wald auch über die Donau, die O. von NW nach O durchfließt, hinausgreift. Südl. der Donau gehören Teile des Alpenvorlands, die vom Hausruck überragt werden, und der Nördl. Kalkalpen mit dem Salzkammergut zu O. Große Alpenrandseen sind Mond-, Atter- und Traunsee. Klimatisch sind die flacheren Geb. gegenüber den Mittel- und Hochgebirgen begünstigt. Die Niederschläge nehmen zum Böhmerwald und Alpenrand zu.
Bevölkerung: Sie ist im oberöstr. Zentralraum, dem unteren Trauntal, der Hauptachse des Städtedreiecks Linz-Wels-Steyr stärker konzentriert als in den anderen Landesteilen.
Wirtschaft: Rd. 37 % von O. sind bewaldet, 23 % von Wiesen und Weiden und 25 % von Ackerland eingenommen. Angebaut werden Weizen, Gerste und Hafer, daneben Futterpflanzen und Zuckerrüben sowie Gemüse, Obst, Tabak und Flachs. Rinder- und Schweinezucht; Milchwirtschaft. Im Geb. um Kremsmünster Erdöl- und Erdgasförderung, im Hausruck und im Innviertel Braunkohleabbau; Salz wird im Salzkammergut gewonnen. Großkraftwerke an Donau, Inn und Enns. Im Großraum Linz Stahl-, Maschinen- und Anlagenbau, chem. Ind., in Ranshofen Aluminiumhütte, Zellstoff- und Papierfabriken im Trauntal; Fremdenverkehr v. a. im Salzkammergut.
Verkehr: Das Verkehrsnetz wird dominiert durch die O–W-Verbindungen von Wien nach Salzburg (W-Autobahn, W-Bahn, Bundesstraßen) und die NW–SO-Verbindung von Passau über Wels zum Pyhrnpaß (Autobahn,

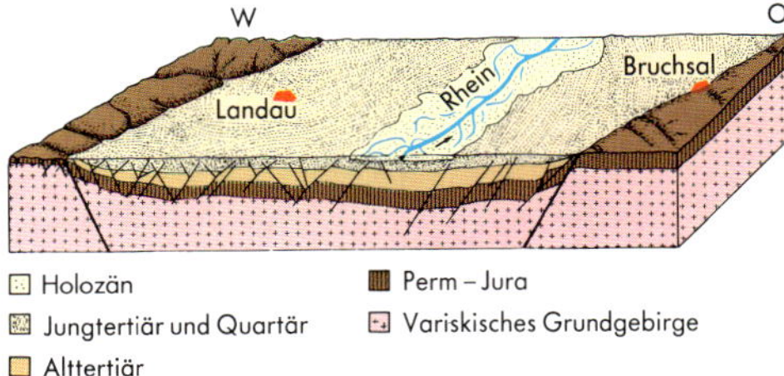

Oberrheinisches Tiefland. Geologisches Blockbild des Oberrheingrabens nördlich von Karlsruhe (nach Henning Illies)

Eisenbahn) in die Steiermark. Linz besitzt den größten östr. Donauhafen.

Geschichte: Das Gebiet des heutigen O. südl. der Donau gehörte seit 15 n. Chr. zur röm. Prov. *Noricum ripense,* die gegen Ende des 5. Jh. aufgegeben wurde. Im 6. Jh. drangen Bayern, im 8. Jh. im SO Slawen ein. Die in dieser Zeit entstandenen Klöster Mondsee, Mattsee und Kremsmünster prägten die Entwicklung des Landes. Das nach 905 zum Grenzland gegen die Magyaren gewordene O. wurde von bayr. Adelsgeschlechtern in Besitz genommen. Die Babenberger dehnten bis 1246 ihre Landesherrschaft nach O. aus. Seit 1408 bildete sich eine eigene „Landschaft" mit Landtag. Aber erst mit der Unterwerfung der Schaunberger Grafen unter habsburg. Landesherrschaft 1554/59 hatte sich Land und Ft. „ob der Enns" gegen Österreich „unter der Enns" (↑Niederösterreich) durchgesetzt. Die Macht der Stände steigerte sich in O. durch den Anschluß an die Reformation und den Böhm. Aufstand (1618/19), bis sie 1621–28 in bayr. Pfandschaft gerieten. 1779 wurde das Innviertel mit O. vereinigt. O. verblieb bis 1782 in der Verwaltungseinheit mit Niederösterreich, war ab 1804/15 Erz-Hzgt., 1849–1918 selbständiges Kronland, wurde 1920 östr. Bundesland.

Oberpfalz, Reg.-Bez. in Bayern.

O., histor. Gebiet in Bayern, etwa identisch mit dem gleichnamigen heutigen Reg.bez. Hervorgegangen aus dem durch die Wittelsbacher 1268 erworbenen stauf. Hausbesitz im bayr. Nordgau. Ab 1777 gehörte die gesamte O. zum vereinigten Pfalz-Bayern und wurde 1838 zur bayr. Prov. O. erweitert.

Oberpfälzer Hügelland, sw. Vorland des Oberpfälzer Waldes, etwa 450–750 m hoch.

Oberpfälzer Wald, nördl. Teil der ostbayr. Gebirge, zw. der Cham-Further Senke im S und der Wondrebsenke im N. Im östl. *Hinteren O. W.* liegt die europ. Wasserscheide, hier wird im Entenbühl (901 m) die größte Höhe erreicht. Der westl. *Vordere O. W.* ist weitgehend flächenhaft ausgebildet; in geringem Umfang Anbau von Roggen, Hafer und Kartoffeln; bed. Kaolinvorkommen.

Oberpräsident, in Preußen der oberste Beamte einer Prov.; 1934–45 Vertreter der Reichsreg. in den Prov. und auf Parteiebene meist zugleich Gauleiter.

Oberprima [zu lat. prima (classis) „erste (Klasse)"], Bez. für die Abschlußklasse des Gymnasiums (Klasse 13).

Oberrealschule, in Preußen seit 1882 lateinlose höhere Lehranstalt, 1900 gleichberechtigt neben das humanist. Gymnasium und das Realgymnasium gestellt, bestand bis 1972.

Oberrhein, Flußabschnitt des Rheins zw. Basel und Bingen.

Oberrheingraben, in der Geologie Bez. für das Oberrhein. Tiefland.

Oberrheinischer Reichskreis ↑Reichskreise.

Oberrheinisches Tiefland (Oberrheinebene, Oberrhein. Tiefebene), durchschnittl. 35 km breiter, sich auf rd. 300 km zw. Jura und Rhein. Schiefergebirge erstreckender, tektonisch aktiver Grabenbruch, Teil der Mittelmeer-Mjösen-Zone (Deutschland und Frankreich). Das O. T. ist zu beiden Seiten von den bis zu mehreren 100 Metern hohen Bruchstufen des Schwarzwaldes und der Vogesen im S sowie von denen des Odenwaldes und der Haardt im N flankiert. Die tiefe, nur nach S über den Sundgau zum Rhonegraben hin geöffnete Lage des O. T. bestimmt dessen günstiges Klima. Die durch die Rheinkorrektur (1817–76) ausgelöste Tiefenerosion des um 82 km verkürzten Oberrheins, die Anlage des Rheinseitenkanals (1929–70) sowie vermehrte Nutz- und Brauchwasserentnahme haben zu starken Grundwassersenkungen und ökolog. Schäden geführt. Die landw. Nutzung reicht vom Weinbau in der Vorberg- und Randhügelzone sowie im ↑Kaiserstuhl über den Getreide-Hackfrucht-Anbau und den großflächigen Anbau von Handelsgewächsen (Tabak, Hopfen) auf den Niederterrassen bis zum hochspezialisierten Obst-, Gemüse- und Gartenbau. An Bodenschätzen finden sich Kali- und Steinsalz, Erdöl und Erdgas; Thermalquellen. Das O. T. ist eine europ. Verkehrsachse ersten Ranges (Rheinschiffahrt, Bahn- und Straßenverkehr).

Obers, östr. Bez. für Sahne oder Rahm; **Schlagobers,** svw. Schlagsahne.

Obersächsischer Reichskreis ↑Reichskreise.

Oberschenkel ↑Bein.

oberschlächtig, durch Wasser von oben getrieben (z. B. bei einem Mühlrad).

Oberschlesien (poln. Górny Śląsk), Geb. im SO Schlesiens, das Anteil hat an der Schles. Bucht und dem Sudetenvorland und den nördl. Teil der Krakau-Tschenstochauer Höhe, die ihr vorgelagerte Oberschles. Platte sowie einen großen Teil des Beskidenvorlandes umfaßt, 9715 km². Der W ist überwiegend landw. orientiert, im Bereich der Oberschles. Platte entwickelte sich auf Grund der Steinkohlenvorkommen, neben denen auch Blei- und Zinkerze Bed. haben, das Oberschles. Ind.gebiet.

Geschichte: Gehörte politisch seit dem Hoch-MA zu Schlesien, war aber 1919–38 preuß. Prov. Der Versailler Vertrag sah zunächst die Abtretung O. an Polen vor; 1919 wurde O. jedoch zum Abstimmungsgebiet erklärt und von alliierten Truppen besetzt. Vor und nach der Volksabstimmung von 1921, bei der sich 59,6 % für den Verbleib beim Dt. Reich entschieden, kam es zu blutigen poln.-dt. Auseinandersetzungen. Auf Grund einer Empfehlung des Völkerbundsrates wurde 1921 die Teilung von O. beschlossen, wodurch der größte Teil des oberschles. Ind.gebiets an Polen fiel. Das dt.-poln. O.-Abkommen von 1922 diente der Durchführung dieser Entscheidung einschl. der Regelung des Minderheitenproblems.

Oberschlundganglion (Supraösophagealganglion, Zerebralganglion), bei Weichtieren, Ringelwürmern und Gliederfüßern das über dem Schlund gelegene, urspr. paarige Kopfganglion als vorderster und meist übergeordneter Teil des Nervensystems. Während bei den Ringelwürmern das O. nicht wesentlich nach Ausmaß und Funktion vom übrigen Strickleiternervensystem (↑Bauchmark) unterschieden ist, tritt bei den Gliederfüßern im Zuge der Kopfbildung aus den vorderen Segmenten eine Konzentration der Ganglienmassen zu einem komplexen O. bzw. einem Gehirn auf.

Oberschule, 1938–45 Bez. der höheren Lehranstalten in Deutschland außer dem humanist. Gymnasium; im ↑Hamburger Abkommen wurde die Bez. O. durch Gymnasium ersetzt.

Oberschwaben, westl. Teil des nördl. Alpenvorlandes (Bad.-Württ.). Im S und SO Grünlandnutzung und Milchwirtschaft, im N und W Getreide-Hackfrucht-Anbau; im Bodenseeraum Sonderkulturen (Obst-, Wein-, Hopfen- und Feldgemüsebau). Ein wirtsch. Schwerpunkt ist der Ind.bezirk von Ulm, der auch das untere Illertal umfaßt. Bed. Fremdenverkehr im Bodenseeraum.

Geschichte: Der polit. Begriff O. entstand mit der Bildung der Reichslandvogtei O. durch König Rudolf I. Die Bildung einer polit. Einheit gelang nicht. Mit der Errichtung der Oberen Landvogtei Schwaben (beiderseits der Schussen und der unteren Argen) und der Unteren Landvogtei Schwaben (an der Riß und an der Donau um Ehingen) als Teilen von Vorderösterreich knüpften die Habsburger zwar an die Institution der Reichslandvogtei an, doch bestanden in O. daneben die Territorien zahlr. Reichsstände. Durch die polit. Zersplitterung sowie durch seine Siedlungsformen und seinen wirtsch. Charakter, durch den Katholizismus und die zahlr. barocken Klöster und Kirchen erhielt O. ein eigenes Gepräge. 1803–10 wurde O. unter Bayern, Württemberg und Baden aufgeteilt.

Oberschwingungen, die bei einem schwingungsfähigen System (Saite, Luftsäule, Membran) neben der *Grundschwingung,* d. h. neben der Schwingung mit der niedrigsten Frequenz *(Grundfrequenz),* auftretenden Teilschwingungen, deren Frequenzen ganzzahlige Vielfache der Grundfrequenz sind *(harmon. O., höhere Harmonische).*

Obersee ↑Bodensee.

Obersekunda [zu lat. secunda (classis) „zweite (Klasse)"], Bez. für die 7. Klasse eines Gymnasiums (11. Klasse).

Obersproß ↑Geweih.

Oberst, bis ins 16. Jh. (Ober)befehlshaber einer Waffengattung, dann Regimentsinhaber; in der Bundeswehr Stabsoffizier; ↑Dienstgradabzeichen (Übersicht).

Oberstabsbootsmann, Unteroffiziersgrad der Bundesmarine; ↑Dienstgradabzeichen (Übersicht).

Oberstabsfeldwebel, Unteroffiziersgrad der Bundeswehr; ↑Dienstgradabzeichen (Übersicht).

Oberstadtdirektor, Hauptverwaltungsbeamter in den kreisfreien Städten von Nds. und NRW.

Oberstaufen, Marktgem., heilklimat. Kurort im Allgäu, Bay., 792 m ü. d. M., 6 500 E. Schroth-Kuren.

Oberstdorf, Marktgem., heilklimat. Kurort am W-Fuß des Nebelhorns, Bay., 843 m ü. d. M., 10 200 E. Kneippkuren, Wintersport; Skiflugschanze. – Wurde 1495 Marktstätte. Der große Brand von 1865 vernichtete nahezu die ganze Ortschaft. – Erhalten u. a. die spätgot. Seelenkapelle (15. Jh.) und Bauernhäuser aus dem 17. und 18. Jahrhundert.

Oberstdorf. Nordfassade der spätgotischen Seelenkapelle mit Fresken aus der Renaissance

oberste Bundesbehörden ↑Bundesverwaltung.

oberste Gerichtshöfe, in Deutschland die höchsten Gerichte der fünf Gerichtszweige, und zwar Bundesarbeitsgericht (BAG), Bundesfinanzhof (BFH), Bundesgerichtshof (BGH), Bundessozialgericht (BSG) und Bundesverwaltungsgericht (BVG) (Art. 95 GG). Ihnen obliegt hauptsächlich die Nachprüfung der Entscheidungen nachgeordneter Gerichte (i. d. R. nur unter rechtl. Gesichtspunkten) im Revisionsrechtszug. Die Entscheidungen erlangen mit Erlaß Rechtskraft und sind nur noch mit außerordentl. Rechtsbehelfen (Verfassungsbeschwerde, Menschenrechtsbeschwerde) angreifbar. – ↑Gemeinsamer Senat der obersten Gerichtshöfe des Bundes.

In *Österreich* ist der Oberste Gerichtshof nach Art. 92 B-VG das in oberster Instanz in Zivil- und Strafrechtssachen erkennende Gericht; seine Entscheidungen unterliegen keiner weiteren Überprüfung, auch nicht durch den Verfassungsgerichtshof. In der *Schweiz* ist das Bundesgericht in Lausanne oberster Gerichtshof (↑Bundesgerichte).

Oberste Heeresleitung, Abk. OHL, im 1. Weltkrieg die oberste militär. dt. Kommandobehörde mit dem Chef des Generalstabs des Feldheeres an der Spitze (1914 H. von Moltke, 1914–16 E. von Falkenhayn, 1916–18 P. von Hindenburg).

Oberste Landesbehörden ↑Landesverwaltung.

Oberstes Gericht der Deutschen Demokratischen Republik, Abk. OG, höchstes Gericht der DDR mit Sitz in Berlin; 1990 aufgelöst.

Oberstimme (erste Stimme), die höchste Stimme eines mehrstimmigen musikal. Satzes; in der älteren Musik auch Cantus genannt.

Oberstleutnant, seit dem 16. Jh. Stellvertreter des Obersten (damit häufig Regimentsführer); in der Bundeswehr Stabsoffizier; ↑Dienstgradabzeichen (Übersicht).

Obertertia ['tɛrtsia; zu lat. tertia (classis) „dritte (Klasse)"], Bez. für die 5. Klasse des Gymnasiums (9. Klasse).

Oberth, Hermann, *Hermannstadt (Siebenbürgen) 25. Juni 1894, †Nürnberg 28. Dez. 1989, dt. Physiker. – Prof. in Wien und Dresden. Ab 1941 an der Heeresversuchsanstalt in Peenemünde, hatte er Anteil an der Entwicklung der V2-Rakete. Seine Forschungen trugen entscheidend zur Entwicklung der Raketentechnik und Raumfahrt bei.

Hermann Oberth

Obertöne, die zugleich mit dem Grundton, d. h. mit dem tiefsten Ton eines Tongemischs (z. B. eines ↑Klangs) auftretenden Töne höherer Frequenzen. Sind die Frequenzen der O. ganzzahlige Vielfache der Frequenz des Grundtones, dann spricht man von *harmon. O.,* anderenfalls von *unharmon. O.* Physikal. Ursache der O. sind ↑Oberschwingungen der Schallquelle. Anzahl, Art und Stärke der O. bestimmen die Klangfarbe.

Oberursel (Taunus), hess. Stadt am SO-Hang des Taunus, 198 m ü. d. M., 43 300 E. Luth.-Theolog. Hochschule, Verw.schule der Bundesanstalt für Arbeit, Inst. für Bienenkunde der Univ. Frankfurt am Main, Reformhaus-Fach-Akad.; Elektro-, Nahrungsmittel-, Pharma-, Textilind. – 791 als **Ursella** erstmals erwähnt; Stadtrechtsverleihung 1444. – Pfarrkirche (im 17. Jh. wiederhergestellte spätgot. Hallenkirche); Altes Rathaus (17. Jh.).

Oberverwaltungsgericht ↑Verwaltungsgerichtsbarkeit.

Obervolta, bis Aug. 1984 Name von ↑Burkina Faso.

Oberwesel, Stadt am linken Ufer des Mittelrheins, Rhld.-Pf., 80 m ü. d. M., 4 200 E. Fremdenverkehr; Weinbau. – Seit 1216 als Stadt bezeichnet. – Unterhalb der im 14. Jh. zur großen Schildmaueranlage ausgebauten, 1689 zerstörten Schönburg die got. Stiftskirche Unserer Lieben Frau (1308–31) mit bed. Hochaltar, Chorgestühl und Lettner; kath. Pfarrkirche Sankt Martin (14.–16. Jh.); fast vollständig erhaltene Stadtbefestigung.

Oberwiesenthal (Kurort O.), Stadt am Fichtelberg im Erzgebirge, Sa., nahe der Grenze zur ČR, 903 m ü. d. M., 4 200 E. Höchstgelegene Stadt Deutschlands, Wintersportplatz; Ski- und Heimatmuseum. Herstellung von Lederhandschuhen, Skiern und Kartonagen, Spitzenklöppelei; Schwebebahn zum Fichtelberg. – Auf Grund von Silbererzfunden im Fichtelgebirge 1527 angelegt, 1530 Stadtrecht.

Obesitas [lat.], svw. ↑Fettsucht.

Obhutspflicht, die Pflicht, eine andere Person unmittelbar körperlich zu beaufsichtigen. Die O. kann auf Gesetz, Vertrag, behördl. Auftrag oder auf tatsächl. Übernahme beruhen und ist i. d. R. auf eine gewisse Dauer gerichtet. Die Verletzung der O. wird in bestimmten Fällen (§ 223 b StGB) strafrechtlich sanktioniert (↑Aufsichtspflicht).

Obi [jap.], Gürtel, der in vielfältigen Formen und Ausführungen zum Kimono getragen wird. – Im Budosport ein Teil der Kampfkleidung, dessen Farbe den Schüler- bzw. Meistergrad des Kämpfers kenntlich macht.

Objekt [zu lat. obiectum „das (dem Prädikat) Entgegengeworfene"], allg. Gegenstand [des Interesses], insbes. einer Beobachtung, Untersuchung, Messung (in der Optik auch einer Abbildung).

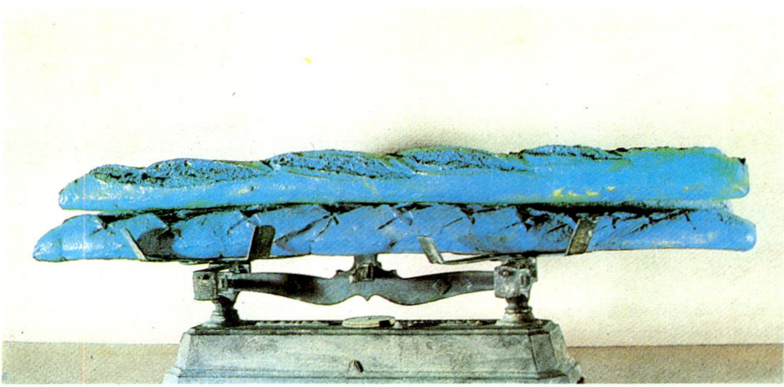

Objektkunst. Man Ray, Blue bread, 1958 (Privatbesitz)

▷ in der traditionellen *Philosophie* entspricht dem Wort O. der Ausdruck „Seiendes" (griech. tà ónta; daher: ↑Ontologie).

▷ in der *Sprachwiss.* nominale, notwendige Ergänzung zu einem Verb im Satz. Man unterscheidet: 1. das *direkte* oder *Akkusativ-O.*, das unmittelbar von der Verbalhandlung betroffen ist („ich lese *den Brief*"); 2. das *indirekte O.* im Dativ („ich lese *ihm* den Brief vor") oder im Genitiv („man gedenkt *der Staatsgründung*"), das davon nur mittelbar betroffen ist. Das „innere O." bringt die Verbalhandlung (bei intransitiven Verben) nominal zum Ausdruck (z. B. „eines plötzl. Todes" sterben).

▷ in der modernen *Kunst* ↑Objektkunst.

Objektbesetzung (Objektlibido), nach S. Freud die Verlagerung der Libido auf Objekte (Personen und Gegenstände), im Ggs. zur libidinösen Besetzung des eigenen Körpers oder des eigenen Ichs (z. B. die intensive Bindung des Kindes an die Mutter).

Robert Oboussier

objektiv [lat.], gegenständlich, sachlich; tatsächlich, unvoreingenommen, von der Sache bestimmt; das den Tatsachen Entsprechende.

Objektiv [lat.], das das Objekt abbildende opt. System eines opt. Gerätes (Fernrohr, Mikroskop, Kamera, Projektor). Es besteht zur Behebung der verschiedenen ↑Abbildungsfehler meist aus mehreren Linsen und/oder aus Spiegel[systeme]n und erzeugt ein reelles Bild in einer Auffangebene (z. B. Film, Mattscheibe, Filmleinwand). – ↑photographische Apparate.

objektiver Geist, von Hegel geprägter Begriff zur Bez. für die sich in den Formen Recht, Moralität, Sittlichkeit, Staat, „Volksgeist", „Weltgeist" konkretisierende, überindividuelle Vernunft oder Idee, mit und in denen sich das Reich der Freiheit entfaltet; Grundbegriff der Staatsphilosophie Hegels.

Edna O'Brien

objektives Recht ↑Recht.

objektives Verfahren, bes. Strafverfahren, das nicht auf die Verurteilung einer bestimmten Person abzielt, sondern auf andere zulässige strafrechtl. Maßnahmen gerichtet ist (z. B. die ↑Einziehung, das ↑Sicherungsverfahren).

Objektivismus [lat.], die Anerkennung der ↑Objektivität von Wahrheiten in der Erkenntnistheorie (im Ggs. zum Subjektivismus) bzw. von Werten und Normen in der Ethik unabhängig von den erkennenden und wertenden Subjekten, eventuell sogar vom Erkennen und Werten überhaupt.

Objektivität [lat.], eine Ereignissen, Aussagen oder Haltungen zuschreibbare Eigenschaft, die v. a. ihre Unabhängigkeit von individuellen Umständen, histor. Zufälligkeiten, beteiligten Personen u. a. ausdrücken soll. O. kann daher als Sachgemäßheit oder Gegenstandsorientiertheit bestimmt werden. Das „objektive Urteil" im Sinn einer sachl. und wertneutralen, von jedem Gutwilligen nachvollziehbaren Aussage gilt traditionell als Idealbeispiel einer wiss. Aussage.

Objektkunst, Ausdrucksform der modernen Kunst, die an Stelle der Abbildung des Gegenstandes diesen selbst in veränderter oder unveränderter Form als Abguß oder Nachbildung aus einem unspezif. Material präsentiert oder in ein Kunstwerk einbezieht. Die O. umfaßt aber auch Arbeiten, die nicht von einem vorgefundenen Objekt ausgehen, sondern Material (Holz, Metall, Stein u. a.) zu einem Kunstwerk gestalten, sowie Relikte, die von einer Aktion zeugen. – Die O. setzte ein mit in Collage- oder Assemblagetechnik ausgeführten Objektbildern und -plastiken des Kubismus, Futurismus, Dadaismus und Konstruktivismus. Innerhalb des Surrealismus erlangte sie durch die Verabsolutierung des Objet trouvé (zufällig aufgesammeltes, triviales Abfallprodukt) zum ↑Ready-made durch M. Duchamp eine neue Dimension. Zur O. gehören ferner die Montage, das Combine-painting, die Akkumulation, das Environment und die Rauminstallation.

Objektsatz (Ergänzungssatz), Nebensatz, der ein Objekt vertritt, z. B.: Er beobachtete, *wie die Maschine abstürzte;* statt: Er beobachtete *den Absturz* der Maschine.

Objektsprache, 1. die natürl. oder künstl. Sprache als Gegenstand einer Metasprache (Sprache über Sprache); 2. die natürl. Sprache, mit der auf einen außersprachl. Sachverhalt Bezug genommen wird.

Objektsteuern ↑Steuern.

Objektwahl, Begriff der Psychoanalyse: Nach S. Freud beginnt das Kind gegen Ende des ersten Lebensjahres sich den Objekten seiner Umwelt gefühlsbetont zuzuwenden *(infantile O.).* Es sucht Objekte, von denen es angenehme Gefühle zu erwarten hat, und meidet Objekte, die Furcht oder Unlust hervorrufen. Die spätere Fähigkeit, Freundschaften oder Liebesbeziehungen einzugehen, und die Wahl unter den mögl. [Geschlechts]partnern *(pubertäre O.)* wird nach Freud maßgeblich von den früheren Bindungen an Objekte (Mutter, Vater, Schwester oder Bruder) bestimmt.

Objektweite ↑Abbildung.

Objet trouvé [frz. ɔbʒɛtru've „gefundener Gegenstand"] ↑Objektkunst.

Oblast [russ. 'ɔblɐstj], ein großes, unmittelbar der Zentralgewalt unterstelltes Verw.-Geb. einiger Unionsrepubliken (z. B. Rußland) der ehem. Sowjetunion.

Oblate [zu lat. oblata (hostia) „dargebrachtes (Abendmahlsbrot)"], papierdünnes Gebäck oder Gebäckunterlage (z. B. für Lebkuchen, Makronen usw.) aus Weizen- oder Maismehlteig. O. werden in fast allen christl. Kirchen als Hostien verwendet.

Oblate [zu lat. oblatus „der Dargebrachte"], 1. in der alten und ma. Kirche Bez. für Kinder, die von ihren Eltern für das Leben im Kloster bestimmt wurden. 2. Bez. für Erwachsene, die sich einem Orden oder Kloster anschließen, ohne Vollmitglied der betreffenden Gemeinschaft zu sein. O. nennen sich auch die Mgl. neuerer kath. Ordensgemeinschaften, z. B. O. des hl. Franz von Sales.

Obliegenheit, in einem beiderseitigen Rechtsverhältnis bestehendes Gebot einer Partei, im eigenen Interesse bestimmte Mitwirkungshandlungen vorzunehmen (z. B. Anzeige von Mängeln); ansonsten drohen Rechtsverluste oder rechtl. Nachteile.

obligates Akkompagnement [akɔmpaɲə'mã; lat./frz.], Art der ↑Begleitung, bei der im Ggs. zum ↑Generalbaß die Begleitstimmen als selbständige Stimmen geführt sind und z. B. auch Melodieträger sein können.

Obligation [zu lat. obligatio „das Binden, die Verpflichtung"], Schuldverschreibung von Unternehmen der gewerbl. Wirtschaft *(Industrie-O.)* oder von Gemeinden *(Kommunal-O.).* Die Industrie-O. verbrieft nur ein Forderungsrecht, die Aktie dagegen ein Anteilsrecht.

Obligationenrecht, 1. schweizer. Bez. für das ↑Schuldrecht; 2. Kurzbez. für das BG betreffend die Ergänzung des schweizer. Zivilgesetzbuches vom 30. 3. 1911 (Abk. OR).

obligatorisch [lat.], verpflichtend, verbindlich; unerläßlich, zwangsweise.

Obligo [italien., zu lat. obligare „verbinden, verpflichten"], 1. Verpflichtung, Verbindlichkeit, insbes. in wechselrechtl. Form; 2. svw. Gewähr: für etwas das O. übernehmen; durch die sog. *Freizeichnungsklausel* „ohne Obligo" (Abk. o. O.), „ohne Gewähr" Ausschluß jeder Haftung; die sog. *Angstklausel* „o. O." im Wechselrecht bedeutet, daß der Indossant des Wechsels seine Haftung ausschließt.

obliquer Kasus [lat.] ↑Casus obliquus.

Obliteration [lat.], svw. ↑Verödung.

oblong [lat.], länglich, rechteckig.

Obmann, in Österreich Vors. einer gesellschaftl. (z. B. Verein) oder polit. Vereinigung (z. B. Parteiobmann).
▷ zum *Arbeitsrecht* ↑Betriebsobmann.
▷ im *Sport* (Kampfleiter) alleiniger Schiedsrichter beim Florett- und Degenfechten mit Elektromelder, Chef des fünfköpfigen Kampfgerichts beim Säbelfechten (falls ohne Treffermelder).

Obödienz, svw. ↑Obedienz.

Oboe [zu frz. hautbois, eigtl. „hohes (lautes) Holz"], in der heutigen Form im 17. Jh. in Frankreich entstandenes Holzblasinstrument mit Doppelrohrblatt, dreiteiliger, kon. Röhre aus Hartholz, kleiner Stürze und obertonreichem, leicht nasalem Klang. Die Tonhöhe wird durch 14 Lochklappen mit Mechanik verändert; der Tonumfang reicht von b bis a^3 (c^4). Vorläufer der O. sind die um 1400 entwikkelten Bomharte (Diskant) und die Melodiepfeife der Musette. Zur O.familie gehören (meist mit ↑Liebesfuß) O. d'amore, O. da caccia, dann Englischhorn (Alt), Fagott (Baß), Heckelphon (Bariton). – In der Orgel eine Zungenstimme, meist im 8-Fuß.

Obol (Obolus) [griech.-lat.], im MA Name des halben Pfennigs (auch Hälbling oder ↑Scherf gen.); selten ausgeprägt.

Obolus (griech. Obolos; Obol; Mrz. Obolusse, Obolen) [griech.-lat., eigtl. „Bratspieß, Metallstab"], antike Münzeinheit in Gold, Silber ($^1/_6$, nur in Korinth $^1/_4$ Drachme) und – seltener – Bronze.

OBO-Schiff (Ore-Bulk-Oil-Carrier), Massengutschiff mit speziellen Einrichtungen, um abwechselnd Erze (engl. **o**re), andere Massengutladungen (engl. **b**ulk) und Erdöl (engl. **o**il) zu fahren.

Obote, Apollo Milton, * Akokoro (Uganda) 28. Dez. 1925, ugand. Politiker. – 1955 Mitbegr. des Uganda National Congress (UNC); Vors. des von ihm mitgegr. Uganda People's Congress (UPC) seit 1960; Oppositionsführer 1961/62, Premiermin. 1962–71; seit 1966 auch Staatspräs.; 1971 durch einen Militärputsch unter Führung von Idi Amin Dada gestürzt; lebte bis zu dessen Sturz in Tansania; im Dez. 1980 nach dem von der Opposition bestrittenen Wahlsieg seiner Partei zum Präs. Ugandas gewählt. 1985 erneut durch Putsch gestürzt.

Obotriten (Abodriten, Abotriten), elbslaw. Stammesverband, der sich im 7. Jh. in W-Mecklenburg und O-Holstein ansiedelte. Er umfaßte außerdem *Wagrier, Polaben* und *Warnower.* 983 und 1066 nahmen die O. an den Slawenaufständen gegen die dt. Oberherrschaft teil. Seit dem 12. Jh. gingen die O. in der zuwandernden dt. Bevölkerung auf.

Oboussier, Robert [frz. ɔbu'sje], * Antwerpen 9. Juli 1900, † Zürich 9. Juni 1957 (ermordet), schweizer. Komponist. – Gehörte u. a. zum Kreis um W. Furtwängler; Kompositionen von moderner, oft polyphoner, auf Formklarheit bedachter Schreibweise, u. a. Oper „Amphitryon" (1951, nach Kleist), Orchester- und Kammermusik sowie Chorwerke.

Obradović, Dositej [serbokroat. ɔ,bra:dɔvitɕ], eigtl. Dimitrije O., * Ciacova (Banat) um 1739 (?), † Belgrad 28. März 1811, serb. Schriftsteller. – Hauptvertreter der serb. Aufklärung; urspr. Mönch; erster Kultusminister des neuen Serbien. Begründer der modernen serb. Literatur; verwandte, u. a. in der Autobiographie „Leben und Schicksale" (1783–88), als erster die serb. Volkssprache.

Obraszow, Sergei Wladimirowitsch [russ. abras'tsɔf], * Moskau 5. Juli 1901, † Moskau 8. Mai 1992, russ. Schauspieler, Regisseur und Puppenspieler. – Gründete 1931 das Zentrale Staatl. Puppentheater in Moskau (heute das größte der Erde); phantasievolle Experimente (z. B. Kombination von Puppen, Schauspielern und Schattenspieleffekten).

Obrecht, Jacob (Hobrecht, Hobertus), * Bergen op Zoom (?) 22. Nov. 1450 oder 1451, † Ferrara 1505, fläm. Komponist. – O. ist neben Josquin Desprez einer der führenden Meister der niederl. Musik, u. a. 26 Messen, 31 Motetten, etwa 25 Chansons.

Obrenović [serbokroat. ɔ,brɛ:nɔvitɕ], serb. Dyn., begr. von ↑Miloš Obrenović. Die O. regierten – in unversöhnl. Rivalität zu den Karađorđević – als Fürsten 1815/17–42 (Miloš O. 1817–38, Michael O. 1839–42) und 1858 bis 1903, seit 1882 als Könige von Serbien (Miloš O. 1858–60, Michael O. 1860–68, Milan O. 1868–89, Alexander I. O. 1889–1903).

O'Brien, Edna [engl. oʊ'braɪən], * Galway 15. Dez. 1932, ir. Schriftstellerin. – Verf. von Liebesromanen und Erzählungen, die mit oft schonungsloser Offenheit Gefühlswelt und Situationen sich emanzipierender Frauen darstellen; u. a. „Das Mädchen mit den grünen Augen" (R., 1962), „Plötzlich im schönsten Frieden" (R., 1966), „Ich kannte ihn kaum" (R., 1977), „A fanatic heart" (En., 1985), „Madame Bovary" (Dr., 1987), „On the Bone" (R., 1989).

Obrigkeit, in der ständ. Welt- und Gesellschaftsordnung des MA und der absoluten und konstitutionellen Monarchie die mit legitimen Mitteln nicht absetzbaren Träger der weltl. und geistl. Reg.gewalt.

Obrigkeitsstaat, gegen Ende des 19. Jh. aufgekommene, polem. Bez. für eine monarch.-autoritäre Staatsordnung mit starken bürokrat. Strukturen (Beamtenstaat), in der die staatl. Führungsschicht die wesentl. Entscheidungen trifft.

Obrist, Hermann, * Kilchberg (ZH) 23. Mai 1863, † München 26. Febr. 1927, schweizer. Kunstgewerbler und Bildhauer. – Stark abstrahierte und bewegte organ. Jugendstilformen kennzeichnen seine dekorative Ornamentik; schuf Keramiken, Schmiedekunst, Brunnen, Grabmäler, Stickerei- und Textilentwürfe, Innenausstattungen.

Obschtschina [russ.], in der vorrevolutionären zentralruss. Agrarverfassung die Umteilungsgemeinschaft des Dorfes; verhinderte infolge period. Umverteilung des bäuerl. Landes und Beschränkung des Landzukaufs eine effektive Wirtschaftsweise.

Observable [zu lat. observabilis „beobachtbar"], eine meßbare physikal. Größe, wie Energie, Impuls oder Spin.

Observanten [zu lat. observare „beobachten, (Bräuche) befolgen"], Abk. OFM- Obs, Anhänger einer im 14. Jh. entstandenen strengen Reformbewegung innerhalb der Franziskaner; 1517 als eigenständiger Ordenszweig von den Konventualen getrennt.

Observanz [lat. (↑Observanten)], in der kath. Kirche Befolgung der strengeren Regel eines Mönchsordens.
▷ (Herkommen) Gewohnheitsrecht, das nur für einen begrenzten örtl. Bereich gilt. Im Verwaltungsrecht bestehen O. v. a. auf gemeindl. Ebene bei der Aufteilung öff. Rechte und Lasten (z.B. Nutzungsrechte); O. können durch Rechtsvorschriften aufgehoben werden.

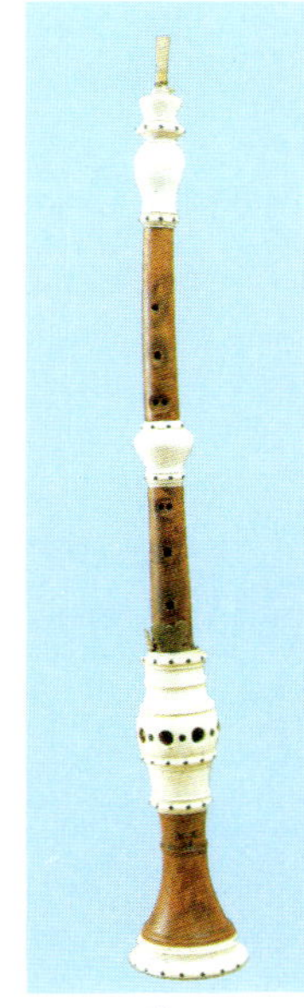

Oboe aus der 2. Hälfte des 17. Jh. (Berlin, Staatliches Institut für Musikforschung)

Hermann Obrist. Alpenveilchen, Stickerei, 1895 (München, Münchner Stadtmuseum)

Observation [zu lat. observatio „Wahrnehmung, Beobachtung"], planmäßige Beobachtung einer Person, eines Vorganges oder Gegenstandes; **observieren,** genau beobachten (z. B. verdächtige Personen).

Observatorium [zu lat. observare „beobachten"], eine astronom. (↑Sternwarte), meteorolog. oder geophysikal. Beobachtungsstation.

Observer, The [engl. ðı əbˈzəːvə „der Beobachter"], (älteste noch heute erscheinende) gemäßigt konservative brit. Sonntagszeitung, gegr. 1791.

Obsession [zu lat. obsessio „das Besetztsein"], svw. ↑Zwangsvorstellungen.

Obsidian [lat., nach den röm. Reisenden Obsius], dunkles, unterschiedlich gefärbtes vulkan., kieselsäurereiches Gesteinsglas.

obskur [zu lat. obscurus, eigtl. „bedeckt"], dunkel; undeutlich; unbekannt, fragwürdig, zweifelhaft[er Herkunft].

obsolet [lat.], ungebräuchlich, veraltet.

Inhaltsstoffe einiger Frischobstarten
(Mittelwerte modifiziert nach S. W. Souci und Mitarbeitern)

Obstart	Wasser	Eiweiß	Fett	Kohlenhydrate	Mineralstoffe	Vitamin C in mg je 100 g
	in %, bezogen auf den eßbaren Anteil					
Apfel	86,0	0,30	0,30	12,10	0,40	12
Birne	83,5	0,50	0,40	13,30	0,38	5
Süßkirsche	83,6	0,80	0,50	14,00	0,60	10,5
Sauerkirsche	84,8	0,90	0,50	13,00	0,50	12
Pfirsich	87,5	0,72	0,10	10,50	0,54	11
Pflaume	85,7	0,70	0,10	12,30	0,50	6
Erdbeere	88,7	0,90	0,40	8,00	0,60	59
Heidelbeere	84,9	0,60	0,60	13,60	0,30	22
Johannisbeere						
rot	85,4	1,10	0,15	7,92	0,63	32
schwarz	82,2	1,00	0,10	10,40	0,60	136
Stachelbeere	87,3	0,80	0,15	8,77	0,45	35
Preiselbeere	87,4	0,28	0,53	9,90	0,26	12
Aprikose	85,3	0,90	0,10	12,40	0,63	7

Obst [zu althochdt. obas, eigtl. „Zukost"], Bez. für die eßbaren, meist saftreichen, fleischigen Früchte bzw. die Samenkerne von Kultursorten v. a. mehrjähriger O.gehölze. Im O.bau und O.handel unterscheidet man: ↑Kernobst (z. B. Apfel, Birne), ↑Steinobst (z. B. Kirsche, Aprikose), Schalen-O. (z. B. Hasel- und Walnuß) und Beeren-O. (z. B. Heidelbeere, Johannisbeere, Weinbeere). Nach Güte und Verwendungszweck werden *Tafel-O. (Edel-O.)* und *Wirtschafts-O.* unterschieden; nach dem Reife- und Verwendungszeitpunkt: das zum sofortigen oder baldigen Verzehr bestimmte *Sommer-O.,* das *Herbst-O.* (bis Mitte Nov. reifendes Kern-O.) sowie das bei physiolog. Pflückreife gepflückte *Winter-O.,* das zur Nachreife eingelagert wird. O. zählt wegen seines Gehalts an Vitaminen, Spurenelementen, Fruchtsäuren, Frucht-, Trauben- und Rohrzucker sowie Aromastoffen zu den wertvollsten Lebensmitteln. Nicht kultiviertes O. nennt man *Wildfrüchte,* in den Tropen und Subtropen angebautes O. *Südfrüchte.*

Obstbaumsplintkäfer. Großer Obstbaumsplintkäfer (Scolytus mali)

Obstbanane ↑Banane.

Obstbau, der als Zweig der Landw. und des Gartenbaus *(Erwerbs-O.)* sowie (in Deutschland mit 65 % aller Obstbäume) in Privatgärten und im Bauernbetrieb *(Selbstversorger-O.)* betriebene Anbau obsttragender Dauerkulturen. Im *Intensiv-Erwerbs-O.* überwiegt der Niederstamm, der als Buschbaum und als Spindelbaum mit Streuverzweigung (Spalierobst) in geschlossenen Teilstücken (Quartieren) mit Baumreihen (bzw. Hecken) und Arbeitsgassen für Pflege- und Erntearbeiten angepflanzt wird. Hochstämme finden sich v. a. beim Selbstversorger wie an Straßen und Wegen. Die wichtigsten Erwerbsobstbaugebiete Deutschlands sind das Unterelbegebiet (Altes Land), das Bodenseegebiet, Nordwürttemberg, die Niederrhein. Bucht und einige Geb. in Oldenburg und Holstein. Das Gebiet um Werder/Havel ist das älteste geschlossene, natürl. O.gebiet Deutschlands.

Geschichte: In prähistor. Zeit kamen in Mitteleuropa einige Obstarten (z. B. Apfel, Birne, Himbeere, Brombeere) als natürl. Bestandteil des Eichenmischwaldes wild vor. Die ersten archäolog. Nachweise für ihre Nutzung als Nahrungsmittel des Menschen stammen aus dem Ende des Neolithikums, zuerst in der Schweiz (Funde in Pfahlbauten) und im Donaubecken, später auch in Nordeuropa. Mindestens Äpfel, wahrscheinlich auch Pflaumen wurden zu dieser Zeit bereits kultiviert. Die Obstarten der Römer stammen vorwiegend aus Kleinasien. Zur röm. Kaiserzeit wurden Sauerkirsche, Zwetschge, Aprikose, Pfirsich und Edelkastanie neu eingeführt.

Obstbaumformen, beim Kern- und Steinobst unterscheidet man nach der Stammlänge zw. **Hochstamm** (1,80–2 m), **Dreiviertelstamm** (1,60–1,80 m), **Halbstamm** (1,20–1,50 m), **Viertel-** oder **Meterstamm** (0,80–1 m; v. a. für industriell zu verwertendes Schüttelobst) und **Niederstamm** (0,40–0,60 m; als Buschbaum, Spindelbusch und Spindel mit Streuverzweigung; [Spalierobst]). Die von Natur her strauchartigen Stachel- und Johannisbeeren werden auch als *Halbstämmchen* (30–50 cm) und *Hochstämmchen* (1–1,50 m) gezogen.

Obstbaumgespinstmotte (Pflaumengespinstmotte, Yponomeuta padellus), etwa 20–22 mm spannende, an den Vorderflügeln weiße, schwarz gepunktete ↑Gespinstmotte in Eurasien und N-Amerika; Raupen leben gesellig in Gespinstnestern; an verschiedenen Obstbäumen schädlich.

Obstbaumkrebs ↑Pflanzenkrebs.

Obstbaumschädlinge, pflanzl. und tier. Organismen, die Obstbäume und ihre Früchte schädigen; vorwiegend Insektenarten und deren Larven, v. a. Frostspanner. Gespinstmotten, Ringelspinner, mehrere Wickler- und Blattlausarten, Obstbaumspinnmilben, Schildläuse, Blütenstecher, Sägewespen und Fruchtfliegen, aber auch Wühlmäuse, Engerlinge, Vögel und Wild. Niedere Pilze verursachen z. B. Schorf, Mehltau, Moniliakrankheit und Obstbaumkrebs. Der Bekämpfung dienen in erster Linie vorbeugende Maßnahmen, z. B. Wahl des Standorts, gute Humus- und Nährstoffversorgung, vorbeugende Obstbaumspritzungen, Ausschaltung von Sorten, die gegen bestimmte Schädlinge bes. anfällig sind.

Obstbaumschnitt, das Stutzen der Zweige und Triebe der Obstgehölze. Der O. dient zur Festlegung von Form und Wachstum der Obstgehölze, zur Förderung der Fruchtbarkeit sowie der Qualitätsverbesserung der Früchte. Die Grundlage bilden der zur Erzielung eines bestimmten Astgerüstes dienende *Pflanzschnitt* und der *Erziehungsschnitt.* Der *Überwachungsschnitt (Instandhaltungs-, Auslichtungsschnitt)* dient der Erhaltung bzw. Wiederherstellung der Krone im Laufe der Jahre. Der *Fruchtholzschnitt* (Winterschnitt), v. a. im Liebhaberobstbau mit vorhergehendem *Grünschnitt* (Sommerschnitt), soll die Kronen- und Fruchtholzbildung fördern, die Fruchtgüte verbessern und die „Vergreisung" der Tragäste verhindern. Der *Verjüngungsschnitt* wird bei Nachlassen des Triebwachstums vorgenommen und soll eine kräftige Jungtriebbildung anregen.

Obstbaumspinnmilbe (Paratetranychus pilosus), bis 0,4 mm lange, im ♀ Geschlecht rot gefärbte, oberseits weiß beborstete ↑Spinnmilbe (♂ gelb bis gelbgrün); wird schädlich durch das Saugen an Blättern von Obstgehölzen; Blätter überziehen sich mit bräunl. Flecken und vertrocknen.

Obstbaumsplintkäfer, Name zweier 2–5 mm langer Borkenkäferarten der Gattung Scolytus, deren Larven sich in senkrechten Gängen zw. Rinde und Holzkörper von Obstbäumen entwickeln.

Obstbrand (früher Obstbranntwein), aus Obst hergestellter Branntwein mit einem Alkoholgehalt von mindestens 40 Vol.-%; ein **Obstwasser** ist ein unverschnittener O. aus nur einer Obstsorte; **Obstgeist** ist ein aus unvergorenem Obst unter Zusatz von Alkohol destillierter Branntwein.

Obstetrik [lat.], svw. ↑Geburtshilfe.

Obstfäule, die ↑Fruchtfäule des Obstes am Baum und auf dem Lager *(Lagerfäule).*

Obstfliegen, zusammenfassende Bez. für am Obst schädlich werdende Fliegen, bes. ↑Taufliegen, teilweise ↑Fruchtfliegen.

Obstgeist ↑Obstbrand.

obstinat [lat.], starrsinnig, unbelehrbar.

Obstipanzien [lat.], svw. ↑Antidiarrhoika.

Obstipation [lat.], svw. ↑Verstopfung.

Obstkraut, ohne Zuckerzusatz geleeartig eingedickter Obstsaft (z. B. Apfelkraut), z. T. mit Zusätzen von Rübensaft oder Stärkesirup.

Obstmade ↑Apfelwickler.

Obstruktion [zu lat. obstructio „das Verbauen, Verschließen"], planvolle Beeinträchtigung der Funktions- und Beschlußfähigkeit des Parlaments v. a. durch exzessive Ausnutzung von Geschäftsordnungsbestimmungen (z. B. Dauerreden), womit eine Minderheit im Parlament versucht, bestimmte Entscheidungen zu verhindern (d. h. zu obstruieren).

Obstwasser ↑Obstbrand.

Obstwein (Fruchtwein), weinähnl. Getränk aus vergorenem Beeren-, Kern- oder Steinobst u. a. mit mindestens 5 Vol.-% Alkohol; bei Apfel- und Birnenwein wird die Maische gekeltert und dann erst vergoren (wie beim Wein), bei Beerenobst wird sie direkt vergoren. Verschiedene Zusätze sind erlaubt (laut Weingesetz).

obszön [lat.], unanständig, das Schamgefühl verletzend; **Obszönität,** obszöne Äußerung, Darstellung.

obugrische Sprachen, die am Ob gesprochenen, zu den ↑finno-ugrischen Sprachen gehörenden Sprachen Ostjakisch (Sprache der Chanten) und Wogulisch (Sprache der Mansen).

Obus, svw. ↑Oberleitungsomnibus.

Obwalden, schweizer. Halbkanton, ↑Unterwalden ob dem Wald.

Oca [indian.-span.], Bez. für die Knollen des Sauerkleegewächses Oxalis tuberosa; angebaut in den Anden von Peru, Bolivien und Chile. Die sehr stärkehaltigen Rhizomknollen sind ein wichtiges Nahrungsmittel der indian. Bev.; auch in Europa (v. a. Frankreich) als Gemüse verwendet.

OCAM, Abk. für frz.: **O**rganisation **C**ommune **A**fricaine et **M**auricienne („Gemeinsame Afrikan.-Maurit. Organisation"), Gemeinschaft afrikan. Staaten, 1965 als Organisation Commune Africaine et Malgache („Gemeinsame Afrikan.-Madagass. Organisation") gegr., 1970 nach dem Beitritt von Mauritius in Organisation Commune Africaine Malgache et Mauricienne (Abk. OCAMM, „Gemeinsame Afrikan.-Madagass.-Maurit. Organisation") umben., nach dem Austritt Madagaskars (1973) seit 1974 heutige Bez. Ziel der OCAM ist die verstärkte Zusammenarbeit der Mgl.staaten und die Förderung ihrer wirtsch., techn., sozialen und kulturellen Entwicklung; Mgl. sind (1991): Benin, Burkina Faso, Elfenbeinküste, Mauritius, Niger, Rwanda, Senegal, Togo, Zentralafrikan. Republik.

OCart, Abk. für: **O**rdo **Cart**usiensis, ↑Kartäuser.

OCAS [engl. ˈoʊsiːɛɪˈɛs, ˈoʊkæs], Abk. für engl.: **O**rganization of **C**entral **A**merican **S**tates, svw. ↑ODECA.

O'Casey, Sean [engl. oʊˈkɛɪsɪ], eigtl. John Casey, *Dublin 31. März 1880, †Torquay 18. Sept. 1964, ir. Dramatiker. – 1916 Beteiligung am ir. Osteraufstand. Gilt als einer der bedeutendsten ir. Dramatiker des 20. Jh. Seine frühen realist.-tragikom. Dramen, die das Leben der untersten Schichten in den Slums von Dublin schildern, variieren zeitlos gültige Themen, die über alle nat. Probleme hinausgehen; nach dem Bruch mit W. B. Yeats, herbeigeführt durch die pazifist. Weltkriegs-Tragikomödie „Der Preispokal" (1929), ging er nach London und schrieb expressionist.-symbolist. Dramen, die von Strindberg und O'Neill beeinflußt sind, u. a. „Stern der Verheißung" (1940), „Rote Rosen für mich" (1942), „Eichenblätter und Lavendel" (1942). Verfaßte auch eine 6bändige Romanautobiographie. – *Weitere Werke:* Der Rebell, der keiner war (Dr., 1925), Juno und der Pfau (Dr., 1925), Der Pflug und die Sterne (Dr., 1926), Süßes Erwachen (Dr., dt. 1953).

Occam ↑Ockham, Wilhelm von.

Occhispitze [ˈɔki; italien./dt.], svw. ↑Schiffchenspitze.

Occleve, Thomas [engl. ˈɔkliːv] (T. Hoccleve), *London (?) um 1368, †ebd. (?) 1450 (?), engl. Dichter. – Beamter im Geheimsiegelamt; Anhänger Chaucers; schrieb zahlr. kürzere Dichtungen mit vielen autobiograph. Bezügen; sein Hauptwerk, „The regiment of princes" (1411/12), ist ein an den Prinzen von Wales, den späteren Heinrich V., gerichteter Fürstenspiegel.

OCD, Abk. für: **O**rdo Fratrum **C**armelitarum **D**iscalceatorum, Orden der Unbeschuhten ↑Karmeliten.

Ocean Island [engl. ˈoʊʃən ˈaɪlənd] (Banaba), Koralleninsel im Pazifik, 390 km westl. der Gilbertinseln, zu Kiribati, 5,2 km², 190 E, bis 81 m ü. d. M.; bed. Guanoabbau. – 1801 entdeckt, seit 1900 britisch.

Oceanus Procellarum [lat. „Meer der Stürme"], größtes Mondmare; 5 Mill. km².

Edward Ochab

Ochab, Edward, *Krakau 16. Aug. 1906, †Warschau 1. Mai 1989, poln. Politiker. – Wirtschaftswissenschaftler; gehörte seit 1944 dem ZK der Poln. Arbeiterpartei (PPR) an, 1954–68 Mgl. des Politbüros der Vereinigten Poln. Arbeiterpartei (PZPR); 1949 zum General ernannt, als Vizeverteidigungsmin. für den Umbau der poln. Armee mitverantwortlich; 1956 1. Sekretär des ZK der PZPR, steuerte einen vorsichtigen Liberalisierungskurs; 1956–59 Landw.min., ab 1964 Vors. des Staatsrates (Staatsoberhaupt); ließ sich aus Protest gegen die antizionist. Politik 1968 ablösen.

Ochlokratie [ɔx...; zu griech. óchlos „Pöbel"], in der altgriech. Staatsphilosophie Bez. für die zur Herrschaft der Massen entartete Demokratie (nicht an Verfassung und Gesetze gebunden).

Ochlopkow, Nikolai Pawlowitsch [russ. axˈlɔpkɐf], *Irkutsk 15. Mai 1900, †Moskau 8. Jan. 1967, russ. Regisseur. – 1930–36 übernahm O. die Leitung des Moskauer Realist. Theaters, 1943 wurde er Leiter des späteren (ab 1945) Majakowski-Theaters. Eines seiner Hauptanliegen war die Überwindung der Trennung von Theaterpublikum und Schauspielern.

Severo Ochoa

Ochman, Wiesław, *Warschau 6. Febr. 1937, poln. Sänger (Tenor). – Sang u. a. an der Hamburg. und der Berliner Staatsoper sowie bei Festspielen (Salzburg, Glyndebourne); wurde v. a. bekannt als Interpret lyr. Partien des russ. und italien. Fachs sowie zeitgenöss. Musikwerke.

Ochoa, Severo [engl. oʊˈtʃoʊə; span. oˈtʃoa], *Luarca (Prov. Oviedo) 24. Sept. 1905, amerikan. Biochemiker span. Herkunft. – U. a. 1954–74 Prof. an der University School of Medicine in New York, seit 1985 an der Univ. Autonoma in Madrid; Arbeiten v. a. über den Kohlenhydrat- und Fettstoffwechsel, die Photosynthese und die Rolle der Nukleinsäuren bei der Proteinsynthese, wofür er 1959 (mit A. Kornberg) den Nobelpreis für Medizin oder Physiologie erhielt. 1961 gelang ihm unabhängig von J. Matthaei und M. Nirenberg die Entzifferung des genet. Codes.

Sean O'Casey

Ochotskisches Meer, durch die Halbinsel Kamtschatka und den Inselbogen der Kurilen vom Pazifik getrenntes Randmeer vor der O-Küste Rußlands, im SW von den Inseln Sachalin (Rußland) und Hokkaidō (Japan) begrenzt, 1,39 Mill. km², mittlere Tiefe 971 m, größte Tiefe 3 521 m, Okt.–April eisbedeckt.

Ochrana [ɔx...; russ. „Bewachung, Schutz"], die polit. Geheimpolizei im zarist. Rußland; ging 1880 aus der sog. Dritten Abteilung hervor und stützte sich auf ein breites Netz von Spitzeln; nach der Februarrevolution 1917 aufgelöst.

Ochrid [ˈɔxrɪt] ↑Ohrid.

Ochs, Peter, *Nantes 20. Aug. 1752, †Basel 19. Juni 1821, schweizer. Politiker und Historiker. – Neben Frédéric César de la Harpe (* 1754, † 1838) führender Verfechter der Ideen der Frz. Revolution in der Schweiz, erarbeitete 1797/98 im Auftrag Napoléon Bonapartes den Verfassungsentwurf für die Helvet. Republik, die er auch am 12. April 1798 ausrief.

O., Siegfried, *Frankfurt am Main 19. April 1858, †Berlin 6. Febr. 1929, dt. Dirigent und Komponist. – Gründete 1882 in Berlin den Philharmon. Chor (Name seit 1888). Komponierte Lieder, Duette und Klavierstücke.

Ochse, kastriertes ♂ Hausrind; mit ruhigem Temperament; als Zugtier und zur Mast verwendet.

Ochsenauge, (Rindsauge, Buphthalmum) Gatt. der Korbblütler mit zwei nur in Europa vorkommenden Arten; einheimisch ist das **Weidenblättrige Ochsenauge** (Gemeines O., Buphthalmum salicifolium) mit unverzweigtem Stengel und einem gelben Blütenköpfchen.
▷ (Kuhauge, Großes O., Maniola jurtina) etwa 4–5 cm spannender ↑Augenfalter in fast allen Biotopen weiter Teile Eurasiens und N-Afrikas; fliegt von Juni bis August.

Ochsenauge (Kuhauge)

Ochsenauge (frz. œil-de-bœuf), rundes oder ovales Dachfenster, v. a. an Barockbauten.

Ochsenbein, Ulrich, *Schwarzenegg (Kt. Bern) 24. Nov. 1811, †Nidau 3. Nov. 1890, schweizer. Politiker und frz. General. – 1846–48 maßgeblich an der Umwandlung der Schweiz in einen Bundesstaat beteiligt; 1847 Reg.-präs. und Präs. der Eidgenöss. Tagsatzung; 1848–51 Präs. des Nat.rats, 1848–54 Bundesrat, 1855/56 und 1870/71 General im frz. Heer.

Ochsenfrosch, Bez. für drei ↑Froschlurche, deren ♂♂ (zur Paarungszeit) durch eine unpaare Schallblase ihre Stimmen tief und laut brüllend erschallen lassen: *Amerikan. O.* (↑Frösche), *Ind. O.* (Kaloula pulchra), etwa 8 cm großer, v. a. landbewohnender Engmaulfrosch Südostasiens, *Südamerikan. O.* (Leptodactylus pentadactylus), etwa 20 cm langer Pfeiffrosch des trop. Mittel- und Südamerikas.

Ochsenauge. Weidenblättriges Ochsenauge (Höhe 20–60 cm)

Ochsenfurt, Stadt am mittleren Main, Bay., 192 m ü. d. M., 11 500 E. Photo- und Röntgengerätebau, Zuckerfabrik, Herstellung von Pflanzenschutzmitteln und Kunststoffwaren sowie Milchprodukten; in der Umgebung Weinbau. – Geht in seiner Entstehung auf das zw. 740 und 750 gegr. Theklakloster zurück; Stadtgründung 2. Hälfte des 12. Jh. – Ma. Stadtbild mit got. kath. Pfarrkirche (14./15. Jh.), spätgot. Alten Rathaus (15. Jh.) und spätgot. Neuen Rathaus (16. Jh.).

Ochsenhausen, Stadt im Rottumtal, Bad.-Württ., 613 m ü. d. M., 7 000 E. – Erstmals 1137 erwähnt, entstand um das 1093 (?) gestiftete Benediktinerpriorat (1391 zur Abtei erhoben, ab 1397 reichsunmittelbar, 1802/03 säkularisiert und als Entschädigung den Fürsten Metternich zugewiesen [„Ft. Winneburg"]), seit 1950 Stadt. – Spätgot. Kirche der ehem. Benediktinerabtei (1725–32 barockisiert) mit Gablerorgel (1729–33); spätgot. Kreuzgang.

Ochsenkopf, mit 1 024 m ü. d. M. zweithöchster Berg des Fichtelgebirges.

Ochsenziemer, das verdrillte und getrocknete männl. Glied des Rindes (Eichel bis Wurzel), das als Schlagstock oder Peitschenstiel verwendet wird.

Ochsenzunge (Anchusa), Gatt. der Borretschgewächse mit rd. 40 Arten in Europa, N- und S-Afrika und W-Asien; rauhhaarige Kräuter mit längl., wechselständigen Blättern und meist blauen, violetten oder weißen Blüten mit Deckblättern. Einheimisch ist die karmin- bis blauviolettblühende **Gemeine Ochsenzunge** (Anchusa officinalis) auf trockenen Grasflächen.

Ochsenzunge. Gemeine Ochsenzunge (Höhe bis 80 cm)

Öchslegrad [nach dem dt. Mechaniker Ferdinand Öchsle (Oechsle), *1774, †1852], SI-fremde Einheit für die Dichtebestimmung von Most bei der Wein- und Fruchtsaftherstellung; 50 °Ö = 1,050 kg/dm^3, 75 °Ö = 1,075 kg/dm^3 usw.

Ochtrup, Stadt im nordwestl. Münsterland nahe der Vechte, NRW, 55 m ü. d. M., 17 900 E. Textil-, Bekleidungs-, kunststoffverarbeitende Ind., Maschinen- und Fahrzeugbau. – 1134 erstmals erwähnt, wurde O. 1593 befestigt, seit 1949 ist es Stadt. – Roman. Stiftskirche (bis um 1230); Wasserburg Haus Welbergen (16. und 18. Jh.).

Ockeghem, Johannes [niederl. 'o:kəxəm] (Okeghem, Ockenheim), *um 1410, †Tours (?) 6. Febr. 1497, frankofläm. Komponist. – 1446–48 Mgl. der Kapelle Karls I. von Bourbon in Moulins, ab 1452 in hohen Stellungen am frz. Königshof. O. komponierte 13 Messen (drei- bis fünfstimmig), ein Requiem, ein Credo, etwa 10 Motetten und 21 Chansons. Prägte entscheidend den Stil der niederl. Polyphonie um 1460.

Ocker [griech.-lat.-roman.], Gemische aus Brauneisenstein [v. a. α-FeO(OH)] mit Ton, Quarz und Kalk. Verwendung findet O. in großen Mengen als Pigment. – Als *Malerfarbe* wurde O. schon im Paläolithikum verwendet (↑Felsbilder); v. a. in der Antike und im MA war O. eine bevorzugte Farbe für Wandgemälde.

Ockergrabkultur, endneolith. (Ende des 3. Jt. v. Chr.) Kulturgruppe Osteuropas, zw. Karpaten und Ural verbreitet; Kennzeichen sind v. a. Grabhügel (Kurgane), in die zunächst Grabgruben, später Nischengräber, zuletzt Holzkammergräber eingebaut sind; ben. nach den aus kult. Gründen mit Ockererde bestreuten Toten.

Ockham, Wilhelm von [engl. 'ɔkəm] (Occam), *Ockham (Surrey) um 1285, †München nach 1347, engl. Theologe und Philosoph. – Ab 1309 Student in Oxford, später Magister theologiae (1321). Vom Oxforder Kanzler Lutterell der Häresie angeklagt, wurde O. nach Avignon vor Papst Johannes XXII. zitiert und festgesetzt; er floh 1328 zu Ludwig IV., dem Bayern und wurde dessen Beistand im Kampf mit den Päpsten. – O. war Haupt der „via moderna", die Glauben und Wissen zu trennen suchte, und die Fähigkeit der Vernunft, Übersinnliches zu erkennen, leugnete. Der Glaube kann deshalb nur mit der Autorität der Kirche begründet werden, deren Entscheidungen als willkürlich angesehen werden müssen. Im ↑Universalienstreit wandte sich O. gegen jeden Realismus: die Allgemeinbegriffe sind Zeichen („termini"), die außerhalb der Seele keine Realität haben (↑Nominalismus). Durch die Trennung von Theologie und Philosophie wurde die „via moderna" Ausgangsort der modernen Philosophie.

Ockhamismus [ɔka...], an Wilhelm von Ockham orientierte philosoph. Richtung des Nominalismus des MA.

Ocko I. tom Brok ↑Brok, tom.

Ocko II. tom Brok ↑Brok, tom.

O'Connell, Daniel [engl. oʊ'kɔnəl], *Cahirciveen (Kerry) 6. Aug. 1775, †Genua 15. Mai 1847, ir. Politiker. – Gründete 1823 die „Catholic Association"; erreichte mit seiner Wahl ins Unterhaus 1829 die Katholikenemanzipation; arbeitete als Führer der ir. Parlamentarier auf die Auflösung („repeal") der parlamentar. Union zw. Irland und Großbritannien von 1800 hin; agitierte in seiner 1840 gegr. „Repeal Association" nach dem Sturz der Whigs (1841) die Massen, bis die Versammlungen 1843 durch Truppeneinsatz aufgelöst wurden; erster kath. Lord Mayor von Dublin.

O'Connor [engl. oʊ'kɔnə], Flannery, *Savannah (Ga.) 25. März 1925, †Milledgeville (Ga.) 3. Aug. 1964, amerikan. Schriftstellerin. – Verfaßte Romane aus der Welt der Südstaaten der USA, z. B. „Die berstende Sonne" (1952) über religiösen Fanatismus; auch Erzählungen.

O'C., Frank, eigtl. Michael O'Donovan, *Cork 17. Sept. 1903, †Dublin 10. März 1966, ir. Schriftsteller. – Bibliothekar; leitete 1937–39 das Abbey Theatre. Schrieb v. a. Kurzgeschichten; dt. erschienen u. a. „Er hat die Hosen an" (1957), „Und freitags Fisch" (1958), „Bitterer Whisky" (1962). Verfaßte auch Romane („Die Reise nach Dublin", 1932) und Autobiographien („Meines Vaters Sohn", hg. 1968).

OCR, Abk. für: **O**rdo **C**isterciensium **R**eformatorum seu Strictioris Observantiae, ↑Trappisten.

OCR [engl. 'oʊsi:'ɑ:; Abk. für engl.: **o**ptical **c**haracter **r**ecognition, „opt. Zeichenerkennung"], Kurzbez. für alle Arten maschineller Zeichenerkennung, insbes. der internat. genormten *OCR-Schrift*. Die *OCR-A-Schrift* enthält neben einer Anzahl spezieller Zeichen und den Ziffern nur Großbuchstaben, die *OCR-B-Schrift* auch Kleinbuchstaben, ergibt also ein für fortlaufende Texte gewohntes Schriftbild. Für jede Schriftart ist ein bes. *OCR-Leser* erforderlich, der

ABCDEFGHIJKLMNOPQRSTUVW
XYZ 0123456789 ⑁.⑂⑃+-*|{}
:;/='%"?&$

ABCDEFGHIJKLMNOPQRSTUV
WXYZ 0123456789
abcdefghijklmnopqrstuv
wxyz *+-=/.,:;"'_?!()<>
[]%#&@^¤£$¦\¨´`^~¸ÄÅÆ
IJÑÖØÜ {}måæijøßS¥ █ ━

OCR. Oben: OCR-A-Schrift. Unten: OCR-B-Schrift

die einzelnen Zeichen optoelektronisch abtastet und in entsprechende elektr. Signale umwandelt.

Octane [griech.] (Oktane), gesättigte aliphat. Kohlenwasserstoffe mit der Summenformel C_8H_{18}; farblose, in Wasser unlösl. Flüssigkeiten, die im Erdöl und in Destillations- und Krackbenzinen vorkommen. Das 2,2,4-Trimethylpentan (Isooctan) dient als Grundlage für die Bestimmung der ↑Oktanzahl.

Octanole [griech./arab.] (Octylalkohole), gesättigte, einwertige, aliphat. Alkohole, die sich von den Octanen ableiten; Summenformel $C_8H_{17}OH$. Es existieren zahlr. Strukturisomere. O. werden in der Ind. als Lösungsmittel für Lacke sowie als Weichmacher für Kunststoffe verwendet.

Octans [lat.] (Oktant) ↑Sternbilder (Übersicht).

Octansäure, svw. ↑Caprylsäure.

Octanzahl ↑Oktanzahl.

Octavia (Oktavia), Name vornehmer Römerinnen:

O., *um 70, †11 v. Chr., Schwester des Kaisers Augustus. – In 2. Ehe (40–32) ⚭ mit dem Triumvir Marcus ↑Antonius; vergeblich suchte sie zw. ihrem Mann und ihrem Bruder diplomatisch zu vermitteln, bis Antonius ihr nach seiner Eheschließung mit Kleopatra VII. den Scheidungsbrief schickte.

O., *um 40, †auf Pandateria (= Ventotene, eine der Pontin. Inseln) 9. Juli 62, Tochter des Kaisers Claudius und der Messalina. – 53 ⚭ mit Nero, der sich 62 von ihr scheiden ließ. O. wurde verbannt und kurz darauf getötet.

Octavianus, Beiname des späteren Kaisers ↑Augustus.

Octopus. Gemeiner Krake

Octopus [griech. „Achtfüßler"], Gatt. etwa 10–50 cm langer (einschl. der Arme bis 3 m messender) ↑Kraken mit mehreren Arten in allen Meeren. Am bekanntesten ist der hell- bis dunkelbraune, marmoriert gefleckte **Gemeine Krake** (Octopus vulgaris, Oktopus); v. a. im Mittelmeer und in wärmeren Regionen des W- und O-Atlantiks; ernährt sich vorwiegend von Muscheln, Krebsen und Fischen.

Oda, Ort im zentralen S-Ghana, 41 000 E. Zentrum der Diamantengewinnung am unteren Birim.

Oda Nobunaga, eigtl. Kichihōshi, *Prov. Owari 1534, †Kyōto 21. Juni 1582, jap. Feldherr und Daimyō. – Beendete 1568 die Unruhen in Kyōto, dem Sitz der Ashikaga-Shōgune, und besiegte in mehreren Feldzügen (1572/73) die gegen ihn gerichtete Koalition der großen Daimyō, der auch der Shōgun beitrat; vertrieb 1573 den Shōgun, übernahm selbst die Macht (Herr über die zentraljap. Provinzen) und versuchte das Land zu einigen (Straffung der Verwaltung, Ausbau der Verkehrswege und des Handels); förderte das Christentum, um die Macht der buddhist. Klöster einzuschränken; unternahm seit 1577 Eroberungszüge gegen die W-Provinzen.

Odawara, jap. Stadt auf Honshū, an der N-Küste der Sagamibucht, 186 000 E. Chem., Textil- und Nahrungsmittelind.; Thermalquellen. – Buddhist. Tempel (gegr. 1411).

O'Day, Anita [engl. oʊˈdɛɪ], *Chicago 18. Dez. 1919, amerikan. Jazzsängerin. – Trat in den 40er Jahren mit den Big Bands von G. Krupa und S. Kenton auf. Stilistisch von S. Vaughan beeinflußt, gehört sie zu den ausdrucksstärksten weißen Sängerinnen des Modern Jazz.

Odd Fellows [engl. ˈɔd ˈfɛloʊz; eigtl. „seltsame Menschen"], internat. humanitäre Bruderschaft, die die Pflege und Förderung der geistigen und sittl. Kräfte im Menschen (durch Krankenbesuch, Unterstützung der Bedrängten u. a.) zum Ziel hat. Entstand in England wohl Anfang des 18. Jh., 1819 Ordensgründung in Amerika, verbreitete sich von hier aus im 20. Jh. in Europa. Arbeit und Organisation wie in der Freimaurerei.

Odds [engl.], Vorgabe in sportl. Wettkämpfen, v. a. bei Pferderennen.

▷ das vom Buchmacher festgelegte Verhältnis des Einsatzes zum Gewinn.

Ode [griech.-lat.; zu griech. aeídein „singen"], lyr. Strophengedicht; als Chorgesang der griech. Tragödie mit strengem Strophenbau in gehobenem, feierl. Ton. Von der griech. Literatur wurde die O. in nachklass. Zeit in die röm. Literatur, v. a. von Horaz, übernommen; als selbständige Dichtung bei Sappho, Alkaios (Vorbild für die O. des Horaz); großartig feierl. und der Hymne verwandt ist die O. Pindars. Wiederbelebung in der Renaissance. M. Opitz führte sie in die dt. Literatur ein; weitere Vertreter: G. R. Weckherlin, P. Fleming, A. Gryphius; durch F. Klopstock erreichte sie eine neue Höhe der Gestaltung. F. Hölderlin versuchte in ihr die Veranschaulichung der zeitgenöss. Widersprüche zw. Ideal und Wirklichkeit. Im 19. Jh. gestalteten der Münchner Dichterkreis und v. a. Platen die Horazischen O.formen nach. Als europäische Bewegung findet sich die Dichtung in der Renaissance und im Barock, v. a. in Frankreich, Italien, England, Rußland. Für das 20. Jh. stehen R. A. Schröder, R. Borchardt. Die wichtigsten Odenmaße sind: die 4zeilige *alkäische Strophe,* die aus 2 alkäischen Elfsilblern, 1 Neunsilbler und 1 Zehnsilbler besteht, die 4zeilige *asklepiadeische Strophe,* die in der häufigsten ihrer 5 Varianten aus 3 Asklepiadeen und 1 Glykoneus gebaut ist; die 4zeilige *sapphische Strophe* aus 3 sapphischen Elfsilblern und 1 Adoneus.

ODECA [span. oˈðeka], Abk. für span.: **O**rganización **d**e **E**stados **C**entro**a**mericanos, Organisation der Zentralamerikan. Staaten, regionale internat. Organisation der zentralamerikan. Staaten Costa Rica, El Salvador, Guatemala, Honduras, Nicaragua, Panama (seit 1991); gegr. 1951, Sitz San Salvador. Ziel der ODECA ist die Stärkung der polit., wirtsch. und kulturellen Zusammenarbeit und (seit 1964) auch der militär. Kooperation. Die Umsetzung dieser Ziele in prakt. Politik kam über Ansätze noch nicht hinaus.

Ödem [zu griech. oídēma „Geschwulst"] (Wassersucht), örtlich umschriebene oder allg. ausgebreitete Ansammlung von aus den Kapillaren ausgetretener Plasmaflüssigkeit mit entsprechender Vermehrung der Zwischenzellflüssigkeit; i. w. S. auch die Ansammlung von Flüssigkeit in den großen Körperhöhlen (Hydrops, Erguß). Ursache aller Ö.formen ist die gegenüber dem Rückstrom der filtrierten Plasmaflüssigkeit erhöhte Auswärtsfiltration im betroffenen Kapillarbereich.

Das *mechan. Ö.* entsteht durch örtl. Behinderung (Stauung) des Blut- oder Lymphabflusses. Das entzündl., *angioneurotisch-allerg. Ö.* ist im wesentlichen Folge einer örtl. Gefäßerweiterung (z. B. durch Histamin) mit Anstieg des Kapillardrucks, eventuell auch mit erhöhter Kapillarpermeabilität. Das *Eiweißmangel-Ö.* entsteht durch den Verlust oder eine mangelhafte Synthese von Plasmaalbumin (z. B. Hunger-

Daniel O'Connell (Lithographie, um 1830)

Frank O'Connor

Octavia, Schwester des Kaisers Augustus (Basalt, letztes Drittel des 1. Jh. v. Chr.; Paris, Louvre)

Anita O'Day

ödem). Das *kardiale Ö.* läßt sich auf die Insuffizienz des Herzmuskels und darauf beruhende verminderte Salzausscheidung mit entsprechender Flüssigkeitsretention, Anstieg des Venen- und Kapillardrucks zurückführen.

Ödenburg, Stadt in Ungarn, ↑Sopron.

Odense, dän. Stadt auf Fünen, 174 900 E. Verwaltungssitz der Amtskommune Fünen; luth. Bischofssitz; Univ. (seit 1966); Konservatorium, Landesarchiv, Museen, u. a. Freilichtmuseum „Das fünensche Dorf", Eisenbahnmuseum und Geburtshaus von H. C. Andersen; Theater mit Oper; Zoo. Nahrungsmittelind., Werft, Metall- und Maschinenind., Textil-, Bekleidungs-, elektrotechn., Gummi- und Papierind.; Hafen, durch den 8,2 km langen O.kanal mit dem O.fjord verbunden, ✈. – 988 als **Othensve** („Odins Heiligtum") erstmals erwähnt; 1020–1536 kath., seit 1537 luth. Bischofssitz; Stadtrecht 1409 bestätigt; 1654–58 Hauptstadt Dänemarks, 1815–47 Residenz des Kronprinzen. – Die Kirche Sankt Knud (13. Jh.) ist eine der bedeutendsten got. Kirchen Dänemarks.

Odense Stadtwappen

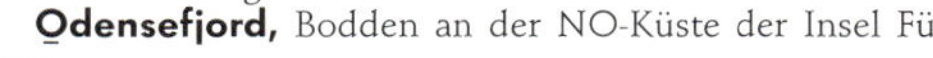

Odensefjord, Bodden an der NO-Küste der Insel Fünen.

Odenwald, waldreiches dt. Mittelgebirge östl. des nördl. Oberrhein. Tieflandes, im Katzenbuckel 626 m hoch. Das im W mit einem z. T. über 400 m hohen Steilanstieg über das Oberrhein. Tiefland aufragende Gebirge dacht sich nach S, SO und O hin ab und wird im N durch die Gersprenz und ihre Nebenbäche stärker aufgelöst. Der westl. Teil (Vorderer oder Bergsträßer O.) zeichnet sich durch dichte Zertalung und Kleinkuppigkeit aus, der östl. anschließende Hintere O. ist nur durch tiefe, meist tekton. vorgezeichnete Taleinschnitte gegliedert. Nördl. von Heidelberg Porphyrsteinbrüche. Die jährl. Niederschlagsmengen schwanken zw. 700 und 1 100 mm. Im sog. *Kleinen O.* südl. des Neckars sowie im Geb. der östl. Ausläufer bestimmen Lößdecken die Bodenfruchtbarkeit (Getreide-Hackfrucht-Bau). Städt. Siedlungen nur an den wenigen Durchgangslinien (z. B. Neckartal) und an den Gebirgsrändern (Bergstraße, Baulandrand); Fremdenverkehr. Der größte Teil des O. und sein östl. Vorland bilden den Naturpark Bergstraße-Odenwald.

Odenwaldkreis, Landkr. in Hessen.

Odenwaldschule, eine staatlich anerkannte private Heimschule in Oberhambach (= Heppenheim a. d. Bergstraße). 1910 von P. ↑Geheeb als Landerziehungsheim gegr. und bis zur Auflösung (1934) von ihm geleitet. Nach 1945 wurde die O. zu einer differenzierten Gesamtschule mit Hauptschul-, Realschul- und gymnasialen Kursen ausgebaut; 1950 wurde eine „Werkstudienschule" angeschlossen. Bed. Reformschule.

Odenwald. Granitblöcke am Tromm-Massiv bei Lindenfels

Odense. Allerheiligenaltar, 1517–22, von Claus Berg in der Kirche Sankt Knud

Odeon [griech.-lat.-frz.], im 20. Jh. Bez. für ein Gebäude für Aufführungen aller Art (Theater, Show, Tanz, Musik); Filmpalast.

Oder, rechter Nebenfluß der Rhume, Nds., entspringt im W der Brockenhochfläche, mündet im Harzvorland bei KatlenburgDuhm, 54 km lang, im Oberlauf gestaut.

O. (poln., tschech. Odra), Strom im östl. Mitteleuropa, in der ČR und in Polen, auf 162 km laut Dt.-Poln. Grenzvertrag Grenzfluß zw. Deutschland und Polen; entspringt im O.gebirge der Ostsudeten, strömt nach dem Durchfließen der Mähr. Pforte nach NO, nach Mündung der Lausitzer Neiße, z. T. entlang dem O.bruch, nach NW, anschließend nach N, ist im Unterlauf in West-O. und Ost-O. geteilt und mündet in das Stettiner Haff (Ostsee); 866 km lang. Der Regulierung des Wasserstandes dienen zahlr. Stauwerke in den Nebenflüssen. Die O. ist auf 733 km schiffbar. Durch Kanäle ist sie mit dem Oberschles. Ind.geb. sowie mit Weichsel, Elbe, Spree und Havel verbunden. An der unteren O. Nationalpark auf dt. und poln. Seite (insges. 328,8 km²).

Oderbruch, 12–15 km breite, von vielen Altwässern durchzogene Niederung westl. der unteren Oder zw. der Warthemündung und Oderberg, Brandenburg, etwa 640 km². Anbau von Zuckerrüben und Weizen sowie Gemüse.

Oder-Havel-Kanal (früher Hohenzollernkanal), 83 km lange Wasserstraße in Brandenburg, nördl. von Berlin, zweigt bei Lehnitz von der Havel ab, überwindet den 36 m hohen Abstieg zur Oder über das Schiffshebewerk Niederfinow, trifft bei Hohensaaten auf die Oder.

Oderint, dum metuant [lat. „mögen sie (mich) hassen, wenn sie (mich) nur fürchten"], erstmals in einer Tragödie von Accius erwähnter Ausspruch, der nach Sueton ein Lieblingswort Kaiser Caligulas war.

Odermennig (Agrimonia) [entstellt aus griech.-lat. agrimonia], Gatt. der Rosengewächse mit rd. 20 Arten in der nördl. gemäßigten Zone, vereinzelt auch in den Tropen und Anden; ausdauernde Kräuter mit gefiederten Blättern; die gelben, seltener weißen, in aufrechter, ährenförmiger Traube stehenden Blüten haben einen mehrreihigen Kranz von Weichstacheln. Eine einheim. Art ist der **Kleine Odermennig** (Agrimonia eupatoria), häufig an Wegrändern und auf Wiesen, bis 1 m hoch, mit gelben Blüten in langen Trauben.

Oder-Neiße-Linie, Staatsgrenze zw. Deutschland und Polen. Ihr Verlauf („von der Ostsee unmittelbar westlich von Swinemünde und von dort die Oder entlang bis zur Einmündung der westl. Neiße und die westl. Neiße entlang bis zur tschechoslowak. Grenze") wurde (als vorläufige Grenze) festgelegt durch das Potsdamer Abkommen 1945 zw. Großbritannien, der UdSSR und den USA und bedeutete den Verlust der ↑deutschen Ostgebiete.
Nachdem Hitler 1939 im Hitler-Stalin-Pakt mit der UdSSR die Teilung Polens und die Curzon-Linie als zukünftige sowjet.-poln. Grenze vereinbart hatte, koppelte Stalin auf der alliierten Gipfelkonferenz in Teheran 1943 und auf der Jalta-Konferenz 1945 die Nachkriegsregelung der O-Grenze Polens mit der Festlegung seiner W-Grenze. Die USA und Großbritannien stimmten dabei prinzipiell einer Westverschiebung Polens in den Raum zw. Curzon-Linie und Oder zu. – Von der DDR 1949/50 ausdrücklich anerkannt im Görlitzer Abkommen, von der BR Deutschland bis zur Ostpolitik der SPD/FDP-Reg. unter W. Brandt und W. Scheel in ihrer Endgültigkeit abgelehnt, dann aber durch den Dt.-Sowjet. und den Dt.-Poln. Vertrag 1970 sowie durch die KSZE-Schlußakte 1975 als unverletzl. Staatsgrenze Polens bestätigt. Die endgültige völkerrechtl. Absicherung erfolgte im Zuge der Vereinigung der beiden dt. Staaten durch den ↑Deutsch-Polnischen Grenzvertrag vom Nov. 1990.

Oder-Spree-Kanal, Wasserstraße in Brandenburg, sö. von Berlin, kürzeste Verbindung von Berlin über die Spree an die mittlere Oder; 84 km lang.

Odertalsperre ↑Stauseen (Übersicht).

Odessa [russ. a'djɛsɐ], ukrain. Geb.hauptstadt an der NW-Küste des Schwarzen Meeres, 1,115 Mill. E. Sitz des ukrain.-orth. Bischofs von O. und Cherson. Univ. (gegr. 1865), 13 Hochschulen, mehrere Museen, Theater. Führender Ind.zweig ist der Maschinenbau, daneben chem., Leder- und Nahrungsmittelind., Teefabrik; Fremdenverkehr. Seehafen; ✈.
Geschichte: Urspr. griech. Siedlung **Odessos;** im 13. Jh. entstand eine neue slaw. Siedlung und ein Hafen **(Chadschibei);** 1540 von den Osmanen erobert, die 1764 die Festung **Jeni-Dunja** („Neue Welt") gründeten; 1789 durch Russen und Kosaken erobert; ab 1794 zur Hafenstadt ausgebaut und 1795 in O. umben., seit 1805 Gouvernementshauptstadt. Im Juni 1905 brach im Gefolge der Arbeiterunruhen in Petersburg in O. ein Generalstreik aus, dem sich meuternde Matrosen des Panzerkreuzers „Potemkin" anschlossen; im Nov./Dez. von zarist. Truppen blutig unterdrückt; 1918 von Truppen der Mittelmächte, 1919 von frz. Militär besetzt, zeitweise Operationsbasis der Armee Denikins; im 2. Weltkrieg von Okt. 1941 bis April 1944 in dt. Hand.
Bauten: O. wurde 1794–1814 planmäßig angelegt. 1837 bis 1841 wurde an der neugeschaffenen Nikolai-Strandpromenade die berühmte Potemkin-Treppe mit 192 Stufen gebaut, die die Stadt mit dem Hafen verbindet.
O. [engl. oʊ'dɛsə], Stadt in W-Texas, 101 000 E. Zentrum eines Erdöl- und Erdgasgebiets. – 1881 gegr., seit 1927 City.

Odets, Clifford [engl. oʊ'dɛts], * Philadelphia 18. Juli 1906, † Los Angeles 15. Aug. 1963, amerikan. Dramatiker. – 1931 Mitbegr. des Group Theatre in New York; verfaßte politisch engagierte Theaterstücke, u. a. „Goldene Hände" (1937), „Ein Mädchen vom Lande" (1950).

Odeur [o'dø:r; lat.-frz.], wohlriechender Stoff, Duft.

Odilia (Ottilia, Otilia), hl., * um 660, † um 720, elsäss. Äbtissin. – Lebte auf dem ↑Odilienberg und gründete die beiden Klöster Odilienberg und Niedermünster. Als Augenpatronin (weil angeblich blind geboren und bei der Taufe wunderbar geheilt) im Elsaß und in Süddeutschland verehrt. – Fest: 13. Dezember.

Odilienberg (frz. Mont Sainte-Odile), 761 m hoher Berg am O-Rand der Vogesen, sw. von Straßburg, Frankreich. – Mit einer aus Sandsteinquadern errichteten Trokkenmauer *(„Heidenmauer")* von über 10 km Länge befestigt (Alter ungeklärt). – In Spornlage das von der hl. Odilia gegr. Kloster (im MA „Hohenburg" gen.); 1546 verlassen, 1661 bis zur Frz. Revolution von Prämonstratensern besetzt, seit 1853 wieder besiedelt (seit 1888 von Kreuzschwestern). Wallfahrtsort mit Kreuzkapelle (nach Mitte des 12. Jh.) und Klosterkirche (1684–92 über alten Fundamenten).

Odermennig. Kleiner Odermennig

Odilo von Cluny, hl., * Clermont (Oise) um 962, † Souvigny (Allier) 31. Dez. 1048, frz. Benediktiner. – Seit 993/994 fünfter Abt von Cluny; in der langen Regierungszeit gelang ihm der Ausbau des straffen kluniazens. Klosterverbandes. Die Einführung des Tages Allerseelen (2. Nov.) im kath. Kirchenkalender geht auf ihn zurück.

Odin (Wodan, Wotan), in der german. Religion der Herr (aus dem Geschlecht der Asen) der Götter und Menschen, Künder der höchsten Weisheit, sieghafter Kämpfer und Gott der Schlachten, Lenker von Kriegsgeschick. Seine Gattin ist *Frigg,* seine Botinnen sind die ↑Walküren. Seine beiden Raben **Hugin** und **Munin** (Gedanke und Gedächtnis) fliegen jeden Morgen aus, um die Welt zu durchforschen und raunen ihm ins Ohr, was sie gesehen und gehört haben. Seine Söhne sind Baldr, Hödr und Vidar.

odios [lat.], widerwärtig, verhaßt.

ödipale Phase [nach Ödipus], Bez. für die der ↑Latenz vorausgehende kindl. Entwicklungsphase, in der nach psychoanalyt. Auffassung (v. a. S. Freuds) inzestuöse, aus der libidinösen Bindung an den jeweils gegengeschlechtlichen Elternteil herzuleitende Triebregungen vorherrschen, die häufig als Ursache später auftretender Neurosen, Perversionen oder der sexuellen Inversion (↑Homosexualität) betrachtet werden.

Odessa. Die Potemkin-Treppe, 1837–41, ist unten 21 m und oben 12,50 m breit

Ödipus, Gestalt der griech. Mythologie. Sohn des Laios, des Königs von Theben, und der Iokaste. Nach der Geburt wird der Knabe mit durchbohrten Knöcheln (Ö. = „Schwellfuß") ausgesetzt, da das Delph. Orakel Laios prophezeit hatte, er werde durch die Hand des Sohnes fallen. Korinth. Hirten finden das Kind und bringen es an den Hof ihrer Heimatstadt. Als der zum Jüngling Herangewachsene von der Zweifelhaftigkeit seiner Herkunft hört, begibt er sich nach Delphi. Dort wird ihm prophezeit, er werde seinen Vater ermorden und die eigene Mutter heiraten. Als ihm unterwegs nach Theben das Gespann des Laios begegnet, kommt es zum Streit, in dessen Verlauf er seinen (unerkannten) Vater erschlägt. Vor Theben löst Ö. das Rätsel der ↑Sphinx, befreit dadurch die Stadt und erhält Herrschaft und Hand der verwitweten Königin, seiner Mutter Iokaste. Aus dieser Verbindung gehen Eteokles, Polyneikes, Antigone und Ismene hervor. Nach Jahren des Glücks wird Theben plötzlich von Seuche und Mißwuchs heimgesucht. Um Abhilfe befragt, fordert das Delph. Orakel die Bestrafung von Laios' Mörder. Als die Wahrheit aufgedeckt wird, erhängt sich Iokaste, Ö. beraubt sich des Augenlichts und wird von seinen Söhnen aus dem Land gewiesen. Nach Jahren unsteten Bettlerlebens, nur begleitet von Antigone, fin-

Clifford Odets

det er einen friedvollen Tod im Erinnyenhain auf dem nahe Athen gelegenen Hügel Kolonos.
Der Ö.-Mythos erhielt durch die griech. Tragiker seine gültige Form (bes. Sophokles' „König Ö."). Selbständige Neugestaltungen entstanden seit dem 17. Jh. u. a. von Corneille und Voltaire. Das Interesse an psycholog. Problemen und die psychoanalyt. Interpretation des Mythos durch S. Freud (Ödipuskomplex) kennzeichnen die Ö.-Dichtungen im 20. Jh., u. a. von J. Cocteau und T. S. Eliot.

Odysseus und seine Gefährten im Land der Lästrygonen, Wandmalerei in einer römischen Villa auf dem Esquilinischen Hügel (Rom, Vatikanische Sammlungen)

Ödipuskomplex [nach der griech. Sagengestalt], in die Psychoanalyse von S. Freud 1910 eingeführte Bez. für die bei Kindern v. a. in der phall. Phase sich entwickelnde libidinöse Beziehung zu ihren Eltern, speziell die des Knaben zur Mutter, wobei der gleichgeschlechtl. Elternteil als übermächtiger Rivale erscheint, der solche frühkindl. sexuellen Regungen mit Kastration (↑Kastrationskomplex) zu bestrafen droht. Daher sind Kinder zur ↑Verdrängung ihrer inzestuösen Neigungen gezwungen und identifizieren sich schließlich mit ihren Eltern; insbes. introjizieren sie deren Moral- und Wertvorstellungen und formieren auf diese Weise zugleich ihr ↑Über-Ich. Mit der Verdrängung ist die ↑ödipale Phase abgeschlossen. Es schließt sich die Phase der ↑Latenz an. – Die Vorstellungen Freuds zur ödipalen Entwicklung werden von modernen Tiefenpsychologen nicht uneingeschränkt geteilt.

Odium [lat.], bildungssprachlich für: Anrüchigkeit, übler Beigeschmack.

Ödland, Gelände, das nicht land- oder forstwirtsch. genutzt wird, aber kultiviert werden könnte (z. B. Heide-, Moorflächen). *Unland* ist dagegen überhaupt nicht nutzbar.

Odo, hl., * bei Le Mans um 878, † Tours 942, frz. Benediktiner. – Ab 927 zweiter Abt von Cluny, das er zu einem eigenständigen Reformzentrum von überregionaler Ausstrahlungskraft machte.

Odoaker (Odowakar), * um 430, † Ravenna 15. März 493 (ermordet), german. König in Italien (seit 476). – Sohn eines Skirenfürsten am Hof Attilas; seit 469/470 in röm. Dienst, Führer german. Söldner. O. setzte 476 den letzten weström. Kaiser Romulus Augustulus ab; wurde vom Heer zum König ausgerufen. 476/477 gewann O. Sizilien von den Vandalen; 489 vom Ostgotenkönig Theoderich bei Verona besiegt; nach dem Kampf um Ravenna (493) von Theoderich erschlagen.

Odontoglossum. Zuchtform „Amabile"

Odontoblasten [griech.], Zellen, die im Verlauf der Zahnentwicklung das *Prädentin* (Knochengrundsubstanz mit Kollagenfasern) bilden. Das Prädentin verkalkt später zum Dentin (↑Zahnbein).

odontogen [griech.], von den Zähnen ausgehend (von Krankheiten, Entzündungen und Tumoren gesagt).

Odontoglossum [griech.], Gatt. epiphyt. Orchideen mit rd. 90 Arten, v. a. in den höheren, kühlen Gebirgsgegenden des trop. Amerika; z. T. Zierpflanzen.

Odontologie [griech.], svw. ↑Zahnheilkunde.

Odor [lat.], bes. in der Medizin svw. Geruch.

Odoriermittel [lat./dt.], geruchlosen oder schwach riechenden explosiven oder giftigen Gasen aus Sicherheitsgründen zugesetzte stark riechende Gase (v. a. Thiole).

Odowakar ↑Odoaker.

Odra [tschech., poln. 'ɔdra] ↑Oder.

Odyssee, unter dem Namen ↑Homers überliefertes Epos, das die zehn Jahre währende Heimfahrt des Odysseus aus dem Trojan. Krieg nach Ithaka und seine Abenteuer schildert. – Sprichwörtlich für eine Art Irrfahrt, ein langes, mit Schwierigkeiten verbundenes Unternehmen.

Odysseus (lat. Ulixes), Held der griech. Mythologie. Sohn des Laertes und der Antikleia, Gemahl der Penelope, Vater des Telemachos, König der Insel Ithaka. Als ehem. Freier der Helena zur Teilnahme am Trojan. Krieg verpflichtet, zieht O. nach anfängl. Sträuben mit zwölf Schiffen gegen Troja, wo er nicht nur durch Tapferkeit, sondern v. a. durch Klugheit und List, mitunter auch Skrupellosigkeit und Tücke hervorragt. Seine Ratschläge führen schließlich zur Einnahme der Stadt. – Im Verlauf der zehn Jahre währenden Heimfahrt – Gegenstand der „Odyssee" – wird O. über das ganze Mittelmeer verschlagen und muß mit seiner Flotte gefährl. und seltsame Abenteuer bestehen, so bei den thrak. Kikonen und bei den ↑Lotophagen. Auf der Insel der Kyklopen gerät er in die Gewalt des Polyphem, den er betrunken machen kann und blendet, wodurch er den unversöhnl. Groll von Polyphems Vater Poseidon auf sich zieht. Durch die Torheit der Gefährten (sie öffnen den Sack mit den Winden, den Äolus ihnen gab) verliert O. alle Schiffe bis auf sein eigenes. Die Zauberin Circe rät ihm, am Eingang zur Unterwelt den Schatten des Sehers Teiresias über sein weiteres Schicksal zu befragen. Die letzten Gefährten, mit denen er sicher an den Sirenen und unter Verlusten an Skylla und Charybdis vorbeisteuert, vernichtet ein Blitzstrahl des Zeus, da sie sich an den Rindern des Helios vergriffen haben. Nach siebenjährigem Aufenthalt bei der Nymphe Kalypso tritt O. die Heimfahrt an, Poseidon jedoch läßt das Floß in Trümmer gehen, und nur mit Hilfe der Göttin Ino-Leukothea gelingt es dem Helden, sich schwimmend zur Phäakeninsel Scheria zu retten (↑Nausikaa), von wo er in die Heimat gebracht wird. In Gestalt eines Bettlers kommt er in seinen Palast. Mit Hilfe der Göttin Athena besiegt er die Freier der ↑Penelope und gibt sich ihr zu erkennen. – Die schillernde Gestalt des O. erscheint in zahlr. literar. Werken von der Antike (u. a. bei Sophokles) über Shakespeare bis zur Moderne (u. a. bei J. Giraudoux, W. Jens).

Oe, Einheitenzeichen für ↑Oersted.

Ōe Kenzaburō, * Ōse (Präfektur Ehime) 31. Jan. 1935, jap. Schriftsteller. – Gestaltet die Suche nach eigener Identität und menschl. Werten in einer letztlich feindl. Welt. – *Werke:* Und plötzlich stumm (E., 1958), Der Fang (E., 1958), Eine persönliche Erfahrung (R., 1964), Der stumme Schrei (R., 1967), Dōjidai geemu („Spiele unseres Zeitalters", R., 1979).

Oea ['øːa] ↑Tripolis (Libyen).

OECD, Abk. für engl.: **O**rganization for **E**conomic **C**o-operation and **D**evelopment, Organisation für wirtsch. Zusammenarbeit und Entwicklung, mit Wirkung vom 30. Sept. 1961 in Kraft getretene Nachfolgeorganisation der ↑OEEC, übernahm die Koordinierung der Wirtschaftspolitik der Mgl.staaten und ist insbes. auf dem Gebiet der Entwicklungshilfe tätig; Sitz Paris. Mgl. sind (1991) 24 Staaten (alle EG- und EFTA-Mgl.länder, die Türkei, Australien, Japan, Kanada, Neuseeland und die USA); das ehem. Jugoslawien erhielt einen Sonderstatus; Polen, Ungarn und der ehem. ČSFR wurde 1991 der Status von „OECD-Partnern des Übergangs" zuerkannt. Die OECD gilt als bedeutendste Organisation der westl. Ind.länder. Leitendes Organ ist der Rat (mit Vertretern aller Mgl.staaten); über 200 Fachausschüsse (für Wirtschaftspolitik, für Kapitalverkehr, für Entwicklungshilfe u. a.) leisten die prakt. Arbeit, der Exekutivausschuß koordiniert die Ausschußarbeit, der Generalsekretär leitet das Internat. Sekretariat.

oeco..., Oeco... ↑öko..., Öko...

OEEC, Abk. für engl.: **O**rganization for **E**uropean **E**conomic **C**ooperation, Organisation für europ. wirtsch. Zusammenarbeit, am 16. April 1948 von zunächst 17 europ. Staaten (BR Deutschland seit 1949) gegr. europ. Wirtschaftsorganisation mit Jugoslawien, Kanada und den USA als assoziierten Mgl.; Sitz Paris. Neben der Erstellung von Wiederaufbauplänen im Rahmen des Marshallplanes wurde der Abbau von Handelshemmnissen wie Kontingentierung und Devisenbewirtschaftung durchgesetzt. Nachdem das Ziel, den Wiederaufbau Europas zu fördern, erreicht war, führten neue Rahmenbedingungen und Aufgaben 1961 zum Ersatz der OEEC durch die ↑OECD.

Oehlenschläger, Adam Gottlob ['ø:-; dän. 'ø:'lənslɛ:'ɣər], *Vesterbro (= Kopenhagen) 14. Nov. 1779, †Kopenhagen 20. Jan. 1850, dän. Dichter dt. Herkunft. – Ab 1809 Prof. für Ästhetik in Kopenhagen; Hauptvertreter der dän. Romantik; lernte auf Reisen nach Deutschland, Italien und Frankreich u.a. Goethe, Fichte, Schleiermacher kennen. Verarbeitete in seinen Gedichten, Epen (u.a. „Die Götter des Nordens", 1819), Erzählungen sowie in seinen Dramen, die stilist. und formal zunächst von der dt. Romantik, ab 1806 aber vom dt. und frz. klass. Drama bestimmt sind und ab 1820 biedermeierl. Züge tragen, bes. altnord. Stoffe.

Oelde ['œldə], Stadt 10 km nö. von Beckum, NRW, 100 m ü.d.M., 27800 E. Maschinenbau, Emaillierwerke, Möbel- und Nahrungsmittelind. – Anfang des 18. Jh. zur Stadt erhoben. – Im Ortsteil **Stromberg** hochgot. Wallfahrtskirche zum Hl. Kreuz (1344 geweiht).

Oels [ø:ls, œls] (poln. Oleśnica), Stadt nö. von Breslau, Polen, 170 m ü.d.M., 36000 E. Schuh-, Baustoffind., Metallverarbeitung, Möbelfabrik, Mühlen. – Zuerst 1189 erwähnt; ab 1255 (Neumarkter Stadtrecht) wurde die Stadt angelegt; 1321–1884 Residenz der Herzöge von Oels. – Breslauer Tor (15. Jh.); Renaissanceschloß (16. Jh.) mit runder Bastei des 14. Jh.; Schloßkirche (14. und 16. Jh.).

Oels (Öls) [ø:ls, œls], ehem. niederschles. Hzgt., 1312 als eigenes piast. Ft. eingerichtet; ab 1329 unter böhm. Lehnshoheit; kam 1495 an die Herzöge von Münsterberg aus dem Hause Podiebrad; 1647 vom Haus *Württemberg-O.*, 1792 vom Haus *Braunschweig-O.* (so seit 1805) beerbt; fiel 1884 an Preußen.

Oelsnitz ['œlsnɪts], Krst. im Vogtland, Sa., an der Weißen Elster, 410 m ü.d.M., 13000 E. Heimatmuseum Schloß Voigtsberg (13. Jh.); Teppichweberei, Textilmaschinenbau, Hartsteingewinnung, Brauerei. – Spätgot. Stadtkirche (nach 1519).

O., Landkr. in Sachsen.

Oelsnitz im Erzgebirge, ['œlsnɪts], Stadt am N-Rand des Erzgebirges, Sa., 382 m ü.d.M., 12000 E. Baustoff-, Textil- und Bekleidungs-, elektron. Industrie. 1843–67 Steinkohlenbergbau (Vorräte erschöpft); der Förderturm blieb als industriearchäolog. Denkmal erhalten. – Ende des 12. Jh. gegr., seit 1923 Stadt.

Oelßner, Fred ['œlsnər], *Leipzig 27. Febr. 1903, †Berlin (Ost) 7. Nov. 1977, dt. Politiker und Nationalökonom. – Ab 1920 Mgl. der KPD; emigrierte 1933; im 2. Weltkrieg Leiter der Deutschland-Abteilung des Moskauer Rundfunks; 1950–58 Mgl. des Politbüros der SED, galt als deren „Chefideologe"; als Gegner Ulbrichts 1958 aus allen Führungsgremien ausgeschlossen.

Oelze, Richard ['œltsə], *Magdeburg 29. Juni 1900, †Posteholz (= Aerzen, Landkr. Hameln-Pyrmont) 27. Mai 1980, dt. Maler. – Schöpfer visionärer Welten mit vegetabilen und anthropomorphen Elementen; entwickelte eine eigenständige Form des Surrealismus.

Oeno [engl. oʊ'ɛɪnoʊ] ↑Pitcairn.

Oerlikon-Bührle-Konzern ['œrliko:n], schweizer. Konzern der Investitionsgüterindustrie, geführt von der **Oerlikon-Bührle Holding AG** (gegr. 1973); gegr. 1906; Sitz Zürich. Haupttätigkeitsgebiete: Wehrtechnik (u.a. Maschinenkanonen), Werkzeugmaschinenbau, Schweiß- und Vakuumtechnik, Laser- und Umwelttechnik; seit 1977 gehört auch die Bally-Gruppe (Schuhproduktion) zum Konzern. 1991 wurde eine weitgehende Reduzierung der Rüstungsgüterfertigung beschlossen.

Oerlinghausen ['œr...], Stadt am N-Hang des Teutoburger Walds, NRW, 270 m ü.d.M., 15200 E. Freilichtmuseum; graph. Gewerbe, Elektro- und Textilind., Segelflugplatz. – 1036 erstmals gen.; seit 1926 Stadt.

Oersted, Hans Christian ↑Ørsted, Hans Christian.

Oersted [nach H.C. ↑Ørsted], Einheitenzeichen Oe, nichtgesetzl. Einheit der magnet. Feldstärke im CGS-System (↑Maßsystem): 1 Oe = $(10^3/4\pi)$ A/m = 79,578 A/m.

Oesterlen, Dieter ['ø:s...], *Heidenheim an der Brenz 5. April 1911, dt. Architekt. – Christuskirche in Bochum (1957–59), Wiederaufbau der got. Marktkirche in Hannover (1946–60), Histor. Museum in Hannover (1963–66).

Adam Gottlob Oehlenschläger

Oesterreichische Nationalbank AG ['ø:s...], Zentralbank der Republik Österreich, Sitz Wien, gegr. 1922, 1938 eingegliedert in die Dt. Reichsbank, seit 1945 wieder selbständig; ihre heutige Struktur beruht auf dem Nationalbankgesetz von 1955. – Die Bank hat den Geldumlauf zu regeln, für den Zahlungsausgleich mit dem Ausland Sorge zu tragen und dahin zu wirken, daß der Wert des Geldes in seiner Kaufkraft und im Verhältnis zu den Auslandswährungen erhalten bleibt; im Rahmen ihrer Kreditpolitik hat sie für eine den wirtsch. Erfordernissen Rechnung tragende Verteilung der Kredite, die sie der Wirtschaft zur Verfügung stellt, zu sorgen. Als Notenbank hat sie das ausschließl. Recht auf Ausgabe von Banknoten. – An der Spitze steht der 14köpfige Generalrat; die Leitung des Geschäftsbetriebes erfolgt durch das Direktorium.

Fred Oelßner

Oestreich, Paul ['œ...], *Kolberg 30. März 1878, †Berlin 28. Febr. 1959, dt. Pädagoge. – Gründete 1919 den ↑Bund entschiedener Schulreformer, war Hg. von dessen Zeitschrift und Schriftenreihe. – *Werke:* Die elast. Einheitsschule (1921), Die Schule zur Volkskultur (1923), Selbstbiographie. Aus dem Leben eines polit. Pädagogen (1928).

Oestrich-Winkel ['œ...], hess. Stadt am rechten Ufer des Rheins, 11100 E. European Business School; chem. Fabrik; Weinbau. – 1972 wurden Oestrich, Winkel und Mittelheim zur Stadt O.-W. vereinigt. – In Oestrich spätgot. Pfarrkirche Sankt Martin (Neubau 1508) mit roman. Turm (12. Jh.); Rathaus (1684); Rheinkran (1652 und 1744 erneuert). In Winkel kath. Pfarrkirche (1674–81 umgestaltet) mit roman. Turm; Rathaus (1686; umgebaut), ehem. Zehnthof (1591); Wohnturm (14. Jh.), Schloß (um 1680), Kavaliershaus (1711 erweitert) von Schloß Vollrads.

Oetker-Gruppe ['œtkər], dt. Unternehmensgruppe, gegr. 1891, Sitz Bielefeld; umfaßt außer Lebensmittel produzierenden Unternehmen Brauereien, Sektkellereien, Banken, Versicherungen, Reedereien, Textil- und Handelsunternehmen.

Oettingen ['œ...], edelfreies, 987 erstmals beurkundetes Grafengeschlecht aus dem Riesgau, das vom 12. bis zum 14. Jh. die größte weltl. Landesherrschaft in Ostschwaben aufbaute. Teilung in die Linien *O.-Wallerstein* und *O.-Spiel-*

Richard Oelze. Verwandtschaftliche Zweige, 1951 (Privatbesitz)

berg im 16. Jh.; 1806 mediatisiert, 1810 zw. Bayern und Württemberg geteilt.

Œuvre ['ø:vər, frz. œ:vr; frz., zu lat. opera „Arbeit"], Gesamtwerk eines Künstlers.

Oeynhausen, Bad ['ø:n...] ↑Bad Oeynhausen.

OEZ, Abk. für: **o**st**e**uropäische **Z**eit.

O'Faoláin, Seán [engl. oʊ'fælən], *Dublin 22. Febr. 1900, †ebd. 20. April 1991, ir. Schriftsteller. – Seine Teilnahme am Bürgerkrieg fand Niederschlag v. a. in Kurzgeschichten; schrieb auch Romane mit ir. Problematik, Essays und Biographien; dt. erschienen u. a. „Der erste Kuß" (En., 1958), „Sünder und Sänger" (En., 1960).

Ofen ↑Sternbilder (Übersicht).

Ofen [zu althochdt. ovan, eigtl. „Gefäß zum Kochen"] ↑Heizung (Einzelheizung).

Ofenfischchen (Thermobia domestica), bis 12 mm langes, schwarzgelb beschupptes Urinsekt (Fam. Fischchen) in den Mittelmeerländern, SW- und S-Asien, Australien und N-Amerika.

Ofengang, Bez. für das Absinken der Charge (Ofenfüllung) im Hochofen.

Ofenpaß ↑Alpenpässe (Übersicht).

Offa, †26. Juli 796, König von Mercia (ab 757). – Unter O. erfolgten der Wiederaufstieg Mercias zur Suprematie über die angelsächs. Kgr. südl. des Humber und die Ausdehnung des polit. Einflusses auf Northumbria. Die Grenze gegen Wales ließ O. vom Bristolkanal bis zum Dee durch einen Erdwall befestigen (**Offa's Dyke;** z. T. erhalten).

Offaly [engl. 'ɔfəlɪ], Gft. in M-Irland, 1998 km², 59 800 E (1988), Verwaltungssitz Tullamore. O. liegt im zentralen Tiefland Irlands und ist von zahlreichen, ausgedehnten Hochmooren bedeckt; industrieller Torfabbau. Vorherrschend ist die Grünlandwirtschaft. – Das ma. Ft. O. kam im 16. Jh. an die engl. Krone und wurde 1556 King's County.

Jacques Offenbach (Photographie von Nadar, 1875)

Off-Beat ['ɔfbi:t; engl. „weg vom Schlag"], typ. rhythm. Merkmal des Jazz; O.-B. entsteht bei der Überlagerung eines durchlaufenden Grundrhythmus (Beat) durch melod.-rhythm. Akzentmuster, die in geringen zeitl. Verschiebungen gegen den Grundrhythmus gerichtet sind; wird vom Hörer als ↑Swing erlebt.

Off-Broadway [engl. 'ɔf 'brɔ:dweɪ], gegen das kommerzielle Theater, wie es an Bühnen am New Yorker Broadway gespielt wird, zielende Richtung meist kleinerer Truppen und Bühnen nach 1952; seit den 60er Jahren bezeichnen sich die radikaleren Gruppentheater (z. B. das Living Theatre) als Off-Off-Broadway.

Offenbach, Jacques ['ɔfənbax, frz. ɔfɛn'bak], urspr. Jacob O., *Köln 20. Juni 1819, †Paris 5. Okt. 1880, dt.-frz. Komponist. – Wurde 1850 Kapellmeister am Théâtre-Français, 1855 eröffnete er sein eigenes Theater, die Bouffes-Parisiens, das er bis 1862 leitete. 1873–75 übernahm er nochmals eine Theaterdirektion, unternahm 1876 eine Tournee durch Amerika und lebte ab 1877 wieder in Paris, v. a. mit der Komposition seiner Oper „Hoffmanns Erzählungen" (UA 1881) beschäftigt. O. ist neben F. Hervé einer der Begründer der modernen Operette. Seine Operetten, die durch geistreichen, sprühenden Witz und satir. Schärfe gekennzeichnet sind, kommentierten und parodierten die gesellschaftl. Erscheinungen der Belle Époque. V. a. seine Lieder, Tänze und Chansons haben bis heute an Popularität nichts eingebüßt. – *Weitere Werke:* Orpheus in der Unterwelt (1858), Die schöne Helena (1864), Blaubart (1866), Pariser Leben (1866), Perichole (1868), Die Banditen (1869).

Offenbach, Landkr. in Hessen.

Offenbach am Main Stadtwappen

Offenbach am Main, hess. Stadt, östl. an Frankfurt am Main anschließend, 98 m ü. d. M., 114 500 E. Verwaltungssitz des Landkr. Offenbach; Hochschule für Gestaltung, Dt. Ledermuseum/Dt. Schuhmuseum, Klingspor-Museum; Zentralamt des Dt. Wetterdienstes, Bundesmonopolverwaltung für Branntwein; Lederind.; jährl. 2 Internat. Lederwarenmessen; wirtsch. größere Bed. hat der Maschinenbau; chem. und Elektroind.; Mainhafen. – 977 erstmals erwähnt; 1556–1816 Residenz der Grafen von Isenburg; gilt aber erst seit der 2. Hälfte des 18. Jh. als Stadt. – Das Renaissanceschloß (1570–78) wurde nach Zerstörungen im 2. Weltkrieg wieder hergestellt. Nachkriegsbauten sind u. a. das Zentralamt des Dt. Wetterdienstes (1956/57) und das Rathaus (1968–71).

Offenbach am Main. Renaissanceschloß, 1570–78

Offenbarung, allg. eine auf übernatürl. Weise erlangte Erkenntnis, im spezifisch religiösen Sinn die Enthüllung transzendenter Wahrheiten, die vom Empfänger von O. geglaubt, d.h. als nicht in Frage zu stellendes Wissen aufgefaßt werden. O. ist v. a. konstitutiv für die Entstehung neuer Religionen. Eine *mittelbare O.* erfolgt, wenn im Schöpfungswerk, in der Geschichte u. ä. das Walten eines göttl. Willens erblickt wird. *Unmittelbar* tritt die O. in der Theophanie zutage. Von dieser *äußeren O.* ist eine *innere* zu unterscheiden, die als geheime Einsprache erlebt wird. Innere O. ist v. a. die myst. Erleuchtung. Von der myst. O. ist die prophet. zu unterscheiden. Sie ist die mit einem Auftrag zur Verbreitung verbundene Rede, die der Unmittelbarkeit des prophet. Gottesumgangs entspringt. Diese O., die eth. Normen setzt, findet sich v. a. bei Zarathustra, Mohammed und den Propheten des A. T. Für das Christentum ist Christus selbst als Sohn Gottes die letzte und abschließende Offenbarung.

⊳ O. (O. Johannis, Geheime O.) ↑Apokalypse des Johannes.

Offenbarungseid, früher Bez. für die ↑eidesstattliche Versicherung.

Offenburg, Krst. am Ausgang des Kinzigtals aus dem Schwarzwald, Bad.-Württ., 165–690 m ü. d. M., 51 300 E. Verwaltungssitz des Ortenaukreises; Fachhochschule (Maschinenbau, Nachrichtentechnik); chem., elektrotechn. Ind., Metallverarbeitung, graph. Großbetriebe, Reklame-, Textil-, Süßwaren- u. a. Ind.; Weinmarkt. – Um 1100 erstmals gen.; 1235 von Friedrich II. zur Reichsstadt erhoben. – Barocke kath. Stadtpfarrkirche (1700–91), barockes Rathaus (1741).

Offenburger Versammlung, Zusammenkunft bad. Liberaler und Demokraten (12. Sept. 1847), die unter der Leitung von F. F. K. Hecker und G. von Struve u. a. die Aufhebung der Karlsbader Beschlüsse (1819), ein nat. Parlament und Unterstützung der Arbeit gegen das Kapital forderten.

offene Deponien ↑Müll.

offene Form, Begriff der Ästhetik, dann übertragen in der *Poetik* für literar. Werke, die keinen streng gesetzmäßigen Bau zeigen. An die Stelle der typisierenden, gehobenen, einheitl. Sprache und Bauweise der **geschlossenen Form** insbes. der klass. bzw. klassizist. Kunstepochen tritt die individualisierende Sprache; verwirklicht v. a. im dt. Drama des Sturm und Drang, in der Romantik, im Expressionismus. Stilform ist die Parataxe, das lockere Aneinanderfügen von Einzelaussagen, unvollständige Sätze usw.

▷ Bez. für das Ergebnis relativ freier Kompositionsprinzipien der *Musik* nach 1957, z. B. wenn Teile gegeneinander austauschbar, Partien nicht genau festgelegt sind (improvisator. Freiräume), eine Aktionsform, nicht das Klangergebnis festgelegt ist oder aleator. Elemente (↑Aleatorik) einbezogen werden.

offene Gesellschaft, wiss. und polit.-prakt. Leitbild des Liberalismus, das für die zukünftige Gesellschaft (in der Theorie) keine bestimmte, geschichtsnotwendige Entwicklung erkennen kann und sich (in der polit. Praxis) gegen jede weltanschaul.-ideologisch systematisierte und einseitig begrenzte Aktion wendet. In neuerer Zeit u. a. von Sir K. Popper propagiert.

offene Handelsgesellschaft, Abk. OHG, eine Gesellschaft, deren Zweck auf den Betrieb eines Handelsgewerbes unter gemeinschaftl. Firma gerichtet ist und deren Gesellschafter unbeschränkt mit ihrem vollen Vermögen haften (§§ 105 ff. HGB). Die OHG wird durch formlosen Gründungsvertrag von den Gesellschaftern errichtet. Nach außen entsteht sie durch Eintragung in das Handelsregister oder durch Aufnahme des Gewerbebetriebes. Die OHG ist eine Gesamthandsgemeinschaft, sie hat keine eigene Rechtsfähigkeit. Das Rechtsverhältnis der Gesellschafter untereinander richtet sich nach dem Gesellschaftsvertrag, in Ermangelung eines solchen nach dem Gesetz. Die Gesellschafter leisten Einlagen, die die Kapitalanteile am Gesellschaftsvermögen sind. Im Außenverhältnis hat jeder Gesellschafter Alleinvertretungsmacht; vertraglich kann jedoch Gesamtvertretung vereinbart werden. Die OHG kann unter ihrer Firma Rechte erwerben und Verbindlichkeiten eingehen, Eigentum und andere dingl. Rechte erwerben, vor Gericht klagen und verklagt werden. Die OHG wird durch Zeitablauf, Gesellschafterbeschluß, Eröffnung des Konkurses über das Gesellschaftsvermögen oder das Vermögen eines Gesellschafters, Kündigung oder Tod eines Gesellschafters aufgelöst.

offene Menge, Teilmenge eines topolog. Raumes, die mit jedem Punkt wenigstens eine Umgebung dieses Punktes enthält, z. B. ein offenes Intervall.

offener Arrest ↑Arrest.

offener Biß ↑Kieferanomalien.

offener Blutkreislauf ↑Blutkreislauf.

offener Brief, heute meist in der Presse veröffentlichte Meinungsäußerung bzw. Stellungnahme in der Form des Briefes.

offenes Bein ↑Beingeschwür.

offenes Depot [de'po:] ↑Depot.

offenes Intervall ↑Intervall.

offene Städte, Bez. des Kriegsvölkerrechts für unverteidigte, von militär. Einrichtungen freie Städte, Dörfer und sonstige Wohnsiedlungen. Sie dürfen nach der Haager Landkriegsordnung weder angegriffen noch beschossen werden.

offene Sternhaufen, Sternansammlungen, die sich von den ↑Kugelsternhaufen durch die geringe Anzahl der Haufensterne und durch ihre Teilnahme an der Rotation des Milchstraßensystems unterscheiden. Der Durchmesser beträgt etwa 4 pc (rd. 12 Lichtjahre). Die etwa 400 bekannten o. S. liegen meist in der Ebene des Milchstraßensystems.

offene Tuberkulose ↑Tuberkulose.

offene Tür, historischer völkerrechtlicher, meist vertraglich vereinbarter Grundsatz **(Politik der offenen Tür),** nach dem allen beteiligten Staaten und deren Angehörigen Handel und wirtsch. Betätigung in einem Gebiet zu gleichen Bedingungen gestattet wird; wurde v. a. in der europ. Kolonialpolitik gegen die Monopolisierung des Handels zw. Kolonien und Kolonialmächten angewandt.

Offenmarktpolitik ↑Geldpolitik.

Offensive [zu lat. offendere „angreifen"], allg. Bez. für den Angriff.

öffentliche Ämter, Ämter, deren Träger Organe der Staatsgewalt sind, z. B. Richter, Polizeibeamte, (teilweise) Notare. Gemäß Art. 33 Abs. 2 GG hat jeder Deutsche nach seiner Eignung, Befähigung und fachl. Leistung gleichen Zugang zu jedem öff. Amt. Inhaber ö. Ä. müssen unter Umständen stärkere Beeinträchtigungen ihrer Berufsfreiheit hinnehmen als Privatpersonen.

öffentliche Beglaubigung ↑Form.

öffentliche Bücherei (öff. Bibliothek), eine jedermann zugängl., gemeinnützige ↑Bibliothek für die allg. Literatur- und Informationsversorgung. Sie stand früher auf Grund ihrer Entstehungsgeschichte (Volksbildungsbestrebungen) als „Volksbücherei" im Ggs. zur wiss. Bibliothek; heute unterscheidet sie sich in der Konzeption eher von der institutsbezogenen Bibliothek (z. B. Hochschulbibliothek). Sie stellt alle Arten von bibliotheksgeeigneten Medien zur Verfügung, die die Orientierung, freie Meinungsbildung und Besinnung fördern, Bildung in jeder Form unterstützen (neben Büchern, Zeitschriften, Zeitungen und sonstigen Druckschriften zunehmend auch audiovisuelle Materialien und Geräte [Musikbücherei, Mediothek], Kunstwerke [Artothek] und Spiele [Lusothek]). Die ö. B. gliedern sich nach den zu versorgenden Gebieten in Gemeinde-, Kreis-, Stadt-, Landes- und Staatsbibliotheken (letztere werden gewöhnlich nicht als ö. B. bezeichnet); die entsprechenden Gebietskörperschaften sind die Hauptträger der ö. B., in erster Linie die Gemeinden und Städte. Die (städt.) Zentralbibliotheken unterhalten oft Zweigstellen und setzen Fahrbüchereien ein. Die ö. B. sind über ein Leih- und Informationsverkehrssystem miteinander kooperativ verbunden. Heute wird verstärkt elektron. Datenverarbeitung eingesetzt, was u. a. erhebliche Vorteile bei der Bestandspflege mit sich bringt.

öffentliche Fürsorge ↑Fürsorge.

öffentliche Güter, Güter, die nicht individuell mit Ausschluß anderer genutzt werden können, z. B. der militär. Verteidigungsapparat. Bei der Produktion der ö. G. erhebt sich u. a. die Frage, wer in welcher Weise an den entstehenden Kosten zu beteiligen ist. Da auch Nichtproduzenten bzw. Nichtkäufer in ihren Genuß kommen, kann das Problem der sog. *Trittbrettfahrer* entstehen.

öffentliche Hand, Bez. für die als Verwalter des öff. Vermögens und als Unternehmer oder Träger von ↑öffentlichen Unternehmen auftretende öff. Verwaltung.

öffentliche Klage, svw. ↑Anklage.

öffentliche Lasten, die auf einer Sache oder einem Recht ruhenden Abgaben- und Leistungsverpflichtungen öff.-rechtl. Art.

öffentliche Meinung, Gesamtheit der gegenüber Staat und Gesellschaft formulierten, prinzipiellen und aktuellen Ansichten der Bürger. In den modernen Flächenstaaten, die allen Einwohnern Mitbestimmungsrechte zubilligen, findet sie ihren kollektiven Ausdruck i. d. R. in Parteien, Verbänden, Bürgerinitiativen, durch Flugblätter, Broschüren, Plakate und kontinuierlich mit Hilfe von Zeitungen, Zeitschriften, Hörfunk, Fernsehen. Wegen des Manipulationsverdachtes gegenüber den ↑Medien wird anstelle *der ö. M.* zunehmend die Auffassung von *den Meinungen in der Öffentlichkeit* vertreten.

öffentliche Ordnung ↑öffentliche Sicherheit und Ordnung.

öffentlicher Dienst, Tätigkeit im Dienste einer Körperschaft, Anstalt oder Stiftung des öff. Rechts, insbes. des Bundes, eines Landes, einer Gemeinde. Nicht im ö. D. stehen die Bediensteten privatrechtlich organisierter Unternehmen der öff. Hand sowie der Bundespräsident, die Min. und Abg. Die Angehörigen des ö. D. gliedern sich in Beamte, die in einem öff.-rechtl. Dienst- und Treueverhältnis zu ihrem Dienstherrn stehen, sowie in Angestellte und Arbeiter des ö. D., die durch privatrechtl. Arbeitsvertrag angestellt werden. Für die ↑Beamten gilt das Beamtenrecht des Bundes und der Länder, für die Angestellten der Bundes-Angestelltentarifvertrag, für die Arbeiter im wesentlichen inhaltsgleiche Manteltarifverträge. Für die Bediensteten des ö. D. der ehem. DDR bestehen auf Grund des Einigungsvertrages zahlr. Übergangsregelungen. Eine automat. Weiterbeschäftigung von Bediensteten wurde nicht vorgesehen. Für nicht übernommene Einrichtungen wurde im Einigungsvertrag das Ruhen der Arbeitsverhältnisse (Warteschleife) mit befristetem Wartegeldanspruch (70 % des durchschnittl. monatl. Entgelts) vereinbart. Wer bis zum Ablauf der Frist nicht übernommen wurde, galt ohne vorherige Kündigung als arbeitslos. Des weiteren können auch Kündigungen (z. B. wegen mangelnden Bedarfs) ausgesprochen werden. Das Bundesverfassungsgericht erklärte in seinem Urteil vom 24. 4. 1991 die Regelung als prinzipiell mit dem GG vereinbar; der Bund und die neuen Länder wurden verpflichtet, den geltenden Mutterschutz zu beachten und Härtefälle bei Neueinstellungen (z. B. Schwerbehinderte) angemessen zu berücksichtigen.

öffentlicher Glaube, der rechtl. Grundsatz, daß der Inhalt bestimmter öff. Bücher oder Dokumente (Grundbuch, Handelsregister, Güterrechtsregister, Erbschein) zugunsten der auf ihn vertrauenden Personen (↑guter Glaube) so lange als richtig gilt, bis er widerlegt ist.

öffentlicher Haushalt (Staatshaushalt), Finanzmittel in unmittelbarer Verfügung des Staates, die auf der Grundlage von Haushaltsplänen (↑Haushaltsrecht) der Finanzierung öff. (staatl.) Aufgaben dienen. In Deutschland existieren als ö. H. neben dem Bundeshaushalt noch Länder- und Gemeindehaushalte.

öffentliche Sachen, die Sachen des Staates oder sonstiger Verwaltungsträger, die unmittelbar durch ihren Gebrauch den Verwaltungszwecken dienen. Für die ö. S. gilt nicht der Sachbegriff des Privatrechts; ö. S. sind auch nichtkörperl. Sachen, z. B. der Luftraum. Ö. S. werden i. d. R. unterteilt in Finanzvermögen (z. B. Betriebe), Verwaltungsvermögen (z. B. Krankenhäuser), ö. S. im Gemeingebrauch (z. B. Straßen).

öffentliche Schulen, im Ggs. zu Privatschulen alle allgemeinbildenden und berufl. Schulen, die von einer oder mehreren Gebietskörperschaften getragen werden, also von Staat, Gemeinden, Kreisen, Gemeindeverbänden, Schulverbänden. In NRW zählen zu den ö. S. auch die von Innungen, Handwerks-, Ind.- und Handelskammern und – auch in Nds. und Schl.-H. – die von den Landwirtschaftskammern getragenen Schulen (sog. Kammerschulen).

öffentliche Sicherheit und Ordnung, (sehr auslegungsfähiger) Grundbegriff des Polizeirechts. Die **öffentliche Sicherheit** umfaßt den Bestand des Staates, seiner Einrichtungen und Symbole, das ungehinderte Funktionieren seiner Organe, die verfassungsmäßigen Rechtsnormen sowie Leben, Gesundheit, Freiheit, Ehre und Vermögen des einzelnen. Unter **öffentlicher Ordnung** versteht man die gesellschaftl. Normen, die nach Auffassung einer überwiegenden Mehrheit zu den unerläßl. Voraussetzungen eines erträgl. und friedl. Zusammenlebens gehören. Die Abwehr von Gefährdungen oder die Beseitigung von Störungen der ö. S. u. O. ist Aufgabe der Polizei.

öffentliches Interesse ↑Interesse.

öffentliches Recht (lat. Jus publicum), derjenige Teil des Rechts, der nicht zum ↑Privatrecht gehört. In Deutschland bauen Gerichtsorganisation und -zuständigkeit auf der Unterteilung in Privatrecht und ö. R. auf. Das ö. R. als das „Sonderrecht des Staates" zielt darauf ab, die staatl. Tätigkeit im Allgemeininteresse zu ermöglichen, aber auch den Schutz der Bürger vor Mißbrauch der Staatsgewalt zu gewährleisten. Während für das Privatrecht die Vertragsfreiheit (Privatautonomie) und der gleichrangige Schutz der Rechte typisch sind, ist das ö. R. durch die einseitige Anordnungsgewalt des Staates aber auch durch die bes. Bindungen des Staates an die Grundrechte und an rechtsstaatl. Anforderungen gekennzeichnet. Die genaue Abgrenzung beider Rechtsgebiete ist bis heute nicht völlig gelungen. Zum ö. R. zählen das Staats-, Verwaltungs- und Strafrecht, das Gerichtsverfassungs-, Zivil- und Strafprozeßrecht sowie das Völker- und Europarecht.

öffentliche Unternehmen, Unternehmen, die sich ganz oder überwiegend in öff. Eigentum befinden (z. B. Bahn, Post).

Öffentlichkeit, Bez. für gesellschaftl. Kommunikations-, Informations- und Beteiligungsverhältnisse, die die Entstehung und die fortwährende Dynamik einer öff. Meinung möglich machen. In einer Demokratie ist Ö. mittels Medien oder Veranstaltungen ein wichtiger Aktionsbereich der Vermittlung von staatl. Ordnungsmacht und kontrollierender wie ziel- und richtungweisender polit. Willensbildung. Ö. als eigener, von der privaten wie staatl. Sphäre geschiedener Bereich entstand erst als eine der wichtigsten Forderungen des revolutionären Bürgertums mit dessen Emanzipation im 18. Jh. gegen die repräsentative Ö. der Höfe. In der 2. Hälfte des 19. Jh. drangen auf Grund sozialer Konflikte neue Inhalte in die öff. Diskussion (Ansätze „proletar. Ö."). Im Laufe des 20. Jh. häuften sich Erfahrungen der Indienstnahme der Ö. im Sinne wirtsch. Interessen (Lobbyismus, ↑Öffentlichkeitsarbeit) und polit. Propaganda bis hin zu den Versuchen vollständiger Manipulation in totalitären Regimen. An die Stelle der Leitidee der Ö. als Sphäre des Vernunftgebrauchs trat jedoch auch in liberalen Demokratien eine weitreichende Unzufriedenheit mit den überkommenen Strukturen öff. Interessenbündelung (Massenpresse, Parteien), die zu vielfältigen Protesten und Gegenorganisationsversuchen (alternative Medien, Bürgerinitiativen) führten.

▷ im *Recht* das Prinzip, nach dem Gerichtsverhandlungen der Allgemeinheit zugänglich sein müssen; geregelt in § 169 GerichtsverfassungsG (GVG) für die ordentl. Gerichtsbarkeit und in anderen Verfahrensordnungen. Das Prinzip der Ö. ist eng verknüpft mit dem Mündlichkeitsgrundsatz. Öffentlich ist die Verhandlung vor dem erkennenden Gericht, jedoch nicht Beratung und Abstimmung. Die Verkündung des Urteilstenors erfolgt in jedem Fall öffentlich. Kraft Gesetzes ist die Ö. ausgeschlossen in Ehe-, Familien-, Kindschafts-, Entmündigungs- und Unterbringungssachen und in Jugendstrafverfahren. Im übrigen kann auf Antrag eines Prozeßbeteiligten oder aus eigenem pflichtgemäßen Ermessen das Gericht in jeder Verhandlung für die ganze Dauer oder zeitweise die Ö. ausschließen. In der freiwilligen Gerichtsbarkeit ist der Grundsatz der Ö. eingeschränkt. Hörfunk- und Fernseh- sowie Ton- und Filmaufnahmen zum Zwecke der öff. Vorführung oder Veröffentlichung ihres Inhalts sind unzulässig. – Auch im *östr.* und *schweizer. Recht* ist der Grundsatz der Ö. mit z. T. anderen Einschränkungen als im dt. Recht geschützt.

Öffentlichkeitsarbeit [engl. Public Relations, Abk. PR), Bez. für die Pflege der Beziehungen zw. einem Auftraggeber und einer für ihn wichtigen Öffentlichkeit. Ö. versucht, in der Öffentlichkeit ein Klima des Einverständnisses und Vertrauens zu schaffen, das dem Zweck von Unternehmen oder Organisationen förderlich ist; wird außer von Unternehmen auch von Verbänden (Lobby), Behörden und Parteien betrieben. Begriff und Methoden der Ö. sind nicht fest umrissen. Im Ggs. zur Werbung ist Ö. nicht unmittelbar am Verkauf von Gütern oder Dienstleistungen interessiert, setzt vielfach sogar außerhalb des ökonom. Bereichs an, z. B. durch Förderung kultureller, wiss. oder künstler. Interessen.

Der Begriff **Public Relations** stammt aus den USA, wo seit Beginn des 20. Jh. die Unternehmen versuchten, öff. Kritik mit neuen Methoden (Aufbau von Vertrauen durch positive Informationspolitik u. a.) abzuwehren und die Öffentlichkeit und ihre Medien für sich einzunehmen.

öffentlich-rechtliche Anstalt ↑Anstalt des öffentlichen Rechts.

öffentlich-rechtliche Körperschaft ↑Körperschaften des öffentlichen Rechts.

offerieren [zu lat. offerre „entgegentragen"], anbieten; **Offerte,** Antrag, Angebot.

Offertorium [lat. „Opfer(stätte)"], in der kath. Meßfeier der vierte Gesang des Proprium missae, gesungen zu Beginn der Gabenbereitung.

Office de Radiodiffusion-Télévision Française [frz. ɔ'fis dəradjɔdify'zjõ televi'zjõ frɑ̃'sɛ:z], Abk. ORTF, bis 1974 staatl. frz. Rundfunkanstalt; wurde in 7 unabhängige Anstalten des öff. Rechts aufgespalten, die am 1. Jan. 1975 ihre Arbeit aufnahmen.

Offizialat [lat.], neben dem Generalvikariat (Verwaltung) die zweite bischöfl. Behörde, zuständig für die Gerichtsbarkeit (z. B. kirchl. Vermögensrecht, Straf- und Eherecht); das O. wird vom Offizial geleitet und besteht außerdem aus *Synodalrichtern,* bischöfl. Anklagevertreter *(Promotor iustitiae),* Ehebandverteidiger *(Defensor vinculi)* und Notaren (*Notarii, Actuarii;* diese können auch Laien sein); Berufungsinstanz ist das zuständige erzbischöfl. Offizialat.

Offizialprinzip (Offizialmaxime) [lat.], Grundsatz des Strafprozeßrechts, wonach nur eine staatl. Behörde, in Deutschland die Staatsanwaltschaft, ein Strafverfahren einleiten darf (↑Anklagemonopol); wird durch die ↑Antragsdelikte eingeschränkt.

offiziell [frz., zu lat. officialis „zum Dienst, zum Amt gehörig"], amtlich verbürgt, öffentlich; förmlich, feierlich.

Offizier [frz., zu mittellat. officiarius „Beamteter, Bediensteter" (zu lat. officium „Dienst, Pflicht")], Soldat mit Dienstgrad vom Leutnant aufwärts; in der Bundeswehr Laufbahngruppe mit den Dienstgradgruppen der Generale bzw. Admirale, der Stabsoffiziere, der Hauptleute, der Leutnants und der Offizieranwärter. Die Gesamtheit der O. der Streitkräfte eines Landes oder eines Teils davon (früher eines Regiments) bezeichnet man als **Offizierkorps. Offizier vom Dienst** (Abk. OvD) heißt der 24 Stunden für die Ordnung und Sicherheit eines festgelegten Bereiches (z. B. Kaserne) bestimmte verantwortl. O. (auch Unteroffizier mit Portepee).

▷ im *Schach* Sammelbez. für Dame, Turm, Läufer und Springer.

Offizieranwärter, Dienstgradgruppe innerhalb der Laufbahngruppe der Offiziere; Dienstgrade: v. a. unterste Mannschaftsdienstgrade bis zum Gefreiten mit Zusatz OA (= O.) oder ROA (= Reserve-O.); Fahnenjunker, Seekadett; Fähnrich (zur See); Oberfähnrich (zur See).

Offizierschulen, Lehreinrichtungen zur Ausbildung und Bildung der Offizieranwärter bzw. zur Weiterbildung von Offizieren im Rahmen ihres Ausbildungsganges; hierzu gehören in der Bundeswehr die Offizierschule des Heeres in Hannover (Abk. OSH; früher *Heeresoffzierschulen,* Abk. HOS), die Offizierschule der Luftwaffe in Fürstenfeldbruck (OSLw), die Marineschule Mürwik in Flensburg (Abk. MSM) und die Hochschulen der Bundeswehr in Hamburg und München (Abk. HSBw).

Offizierstellvertreter, im dt. Heer bis 1918 Unteroffizier, der in Offizierstellungen verwendet wurde; für Österreich ↑Dienstgradbezeichnungen (Übersicht).

Offizin [zu lat. officina „Werkstatt"], Buchdruckerei, i. e. S. Werkstatt für künstler. Buchdruck; Arbeitsraum in einer Apotheke; auch veraltet für Apotheke; **offizinell** (offizinal), in das amtl. Arzneibuch aufgenommen.

offiziös [lat.-frz.], halbamtlich.

Offizium [lat.] (Heiliges O., eigtl. Sacra Congregatio Sancti Officii, Sanctum Officium), bis 1965 Bez. für die päpstl. „Kongregation für die Glaubenslehre" (↑Kurienkongregationen).

▷ kirchenrechtl. Begriff: i. w. S. für die kath. Liturgie, i. e. S. für das ↑Stundengebet.

off limits ['ɔf 'lɪmɪts; engl., eigtl. „weg von den Grenzen"], Zutritt verboten!

Off-line-Betrieb [engl. 'ɔflaɪn] ↑On-line-Betrieb.

Öffnungsfehler ↑Abbildungsfehler.

Öffnungsverhältnis (Öffnungszahl), bei einer Linse oder einem Linsensystem der Quotient aus dem Durchmesser der Eintrittspupille und der Brennweite. Das Ö. bei größtmögl. Blendenöffnung wird als **Lichtstärke** bezeichnet (Angabe z. B. 1 : 1,8). Zur Charakterisierung photograph. Objektive wird der als **Blendenzahl** bezeichnete Kehrwert des Ö. angegeben.

Öffnungswinkel (Aperturwinkel), bei Linsen oder Linsensystemen der Winkel, den die opt. Achse mit einem durch den Rand der Eintritts- bzw. Austrittsöffnung (Blendenöffnung) gehenden Strahl eines axialsymmetr. Strahlenbüschels bildet.

Öffnungszahl ↑Öffnungsverhältnis.

Offsetdruck [engl./dt.] ↑Drucken.

Offsetdruckpapier [engl./dt.], meist vollgeleimtes, nicht rupfendes und nicht stäubendes Papier guter Paßfähigkeit.

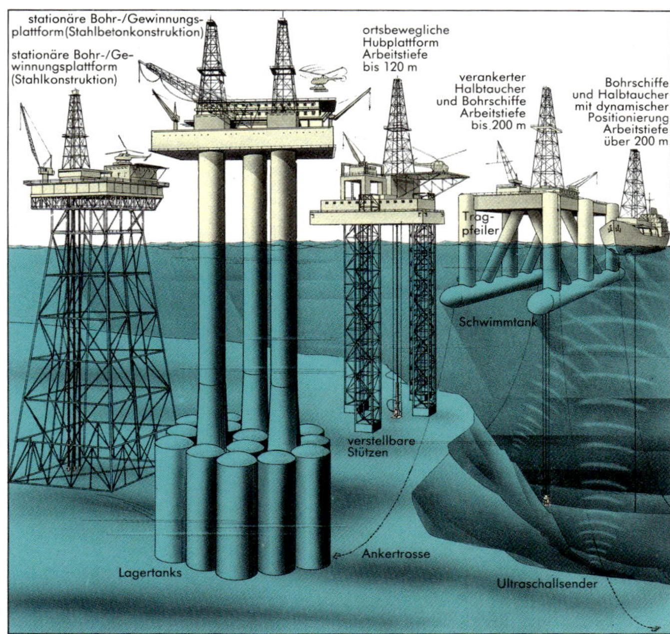

Off-shore-Technik

Off-shore-Technik [engl. 'ɔf'ʃɔ: „von der Küste entfernt"], i. e. S. Exploration und Gewinnung von Erdöl und/oder Erdgas aus dem Meeresboden. Die **Hubplattform (Hubinsel, Jack-up)** für Wassertiefen bis 100 m wird als schwimmfähige Plattform (Deck) von Schleppern oder durch Eigenantrieb an die Bohrstelle gebracht. **Halbtaucher (Semi-submersible)** sind ortsbewegl. schwimmende Plattformen, die von Pontons mit vertikalen Säulen und Verstrebungen getragen und meist von Versorgungsschiffen geschleppt werden; Arbeitstiefe 600 m (geankert) und bis etwa 1 000 m (dynam. Positionierung). Als **Bohrschiffe (Drill ship)** werden oft umgebaute Frachtschiffe genutzt, die dem Aufschlußbohren in über 1 000 m Wassertiefe dienen. Die klass. **Bohr-** und **Förderplattformen** sind an Land vorgefertigte Stahl- oder Stahlbetonkonstruktionen. Stählerne Förderplattformen (Jackets) werden durch mächtige Stahlstifte (bis zu 100 m Länge) im Meeresboden verankert; ihre Stabilität erhalten sie durch ihr hohes Eigengewicht. Für die Erdöl- bzw. Erdgasförderung aus größeren Wassertiefen (über 500 m) sind z. B. verspannte Fördertürme aus Stahl notwendig, die durch im Meeresgrund verankerte Stahlseile aufrechtgehalten werden, oder halbtauchende Förderinseln, die mit Stahltrossen über einen am Meeresboden liegenden Betonklotz oder eingerammte Stahlstifte verankert werden (Wassertiefen bis 2 000 m erreichbar). Generell werden von der Arbeitsplattform aus im Richtbohrverfahren bis zu 60 Bohrungen abgeteuft und in Produktion genommen. Die Plattform dient auch als Unterkunft für die Besatzung und als Träger für die zur Aufbereitung und Verladung des Erdöls oder Erdgases benötigten Einrichtungen, z. B. Separatoren für die Trennung von Öl und Gas, Pumpen für Förderung, Transport.

Liam O'Flaherty

O'Flaherty, Liam [engl. oʊ'flɛətɪ], * auf den Aran Islands 19. März 1897, † Dublin 7. Sept. 1984, ir. Schriftsteller. – Zunächst Seemann; kämpfte 1922 für die ir. Republik. Wendet sich in realist. Romanen (u. a. „Die dunkle Seele", 1924; „Das schwarze Tal", 1937, 1965 u. d. T. „Hungersnot") und Kurzgeschichten (in dt. Auswahl: „Der Silbervogel", 1961; „Ein Topf voll Gold", 1971) v. a. Themen der jüngeren ir. Geschichte zu.

OFM, Abk. für: **O**rdo **F**ratrum **M**inorum, ↑Franziskaner.

Juan O'Gorman. Ciudad de México, 1942 (Mexiko, Museum für moderne Kunst)

OFMCap, Abk. für: **O**rdo **F**ratrum **M**inorum **Cap**uccinorum, ↑Kapuziner.

Ofoten [norweg. 'u:fu:tən], Geb. beiderseits des 75 km langen, bis 553 m tiefen Ofotfjords in Norwegen, umfaßt auch den SO-Teil der Insel Hinnøy, wichtigster Ort Narvik.

Ofterdingen, Heinrich von ↑Heinrich von Ofterdingen.

Ogaden, wüstenhaftes Hochland im äußersten O von Äthiopien, 900–1 000 m ü. d. M.; grenzt im N und SO an Somalia; Trockensavanne, zum großen Teil von nomadisierenden Somal bewohnt.

Geschichte: O. wurde 1891 durch Kaiser Menelik II. erobert und Äthiopien einverleibt; 1964–67 erstmals umkämpft zw. Äthiopien und Somalia, das O. als mehrheitlich von Somal bewohntes Territorium beanspruchte. 1977 besetzten Verbände einer „Westsomal. Befreiungsfront" und reguläre somal. Truppen O., wurden jedoch 1978 von Äthiopien mit kuban.-sowjet. Unterstützung verdrängt.

Ogata Kenzan, *Kyōto 1663, †Edo (= Tokio) 1743, jap. Maler und Keramiker. – Bruder von O. Kōrin. Dekorierte Keramik in der Manier der Tuschmaler; auch Tuschebilder (Hängerollen).

O. Kōrin, *Kyōto 1658, †ebd. 1716, jap. Maler und Lackmeister. – Bemalte Keramik seines Bruders O. Kenzan; berühmt seine Stellschirme; führte den dekorativen Stil von Tawaraya ↑Sōtatsu zu höchster Vollendung und wirkte selbst schulebildend.

Ogbomosho [engl. ɔgbə'moʊʃoʊ], Stadt in SW-Nigeria, 527 000 E. Zentrum eines Landw.gebietes; Textilwerk.

Ogburn, William Fielding [engl. 'ɔgbən], *Butler (Ga.) 29. Juni 1886, †Tallahassee (Fla.) 27. April 1959, amerikan. Soziologe. – 1914–27 Prof. an der Columbia University, 1927–51 in Chicago; Berater der amerikan. Reg. 1935–43; bahnbrechende Arbeiten zur Theorie des sozialen Wandels, entwickelte die These vom ↑Cultural lag.

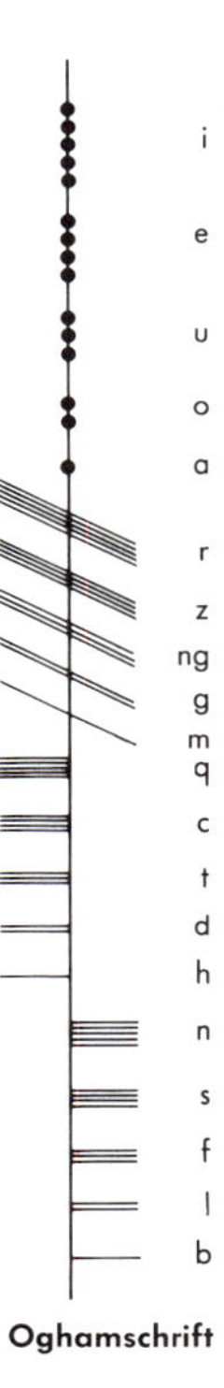

Oghamschrift

Oghamschrift (Ogamschrift) ['o:gam; nach dem Gott Ogma, der nach kelt. Tradition diese Schrift erfunden hat], Buchstabenschrift der ältesten ir. Sprachdenkmäler (4. bis 7. Jh.). Erhalten sind etwa 360 kurze, fast nur aus Personennamen bestehende Inschriften, meist auf Grab- oder Grenzsteinen. Die Schrift besteht aus 15 Konsonanten- und 5 Vokalzeichen, später kamen 5 Zeichen für Diphthonge hinzu. Die 20 urspr. Buchstaben gliedern sich in 4 Gruppen mit Zeichen zu je 1–5 Strichen und unterscheiden sich durch ihre Stellung zu einer geraden Linie (meist der Kante eines stehenden Steins). Die O. wurde von ir. Gelehrten des MA noch häufig in Glossen und Marginalien verwendet.

Ogi, Adolf, *Kandersteg 18. Juli 1942, schweizer. Politiker (SVP). – Kaufmann, Sportfunktionär (1975–81 Direktor des Schweizer. Skiverbandes); 1984–87 Vors. der SVP; seit 1979 Abg. im Nationalrat; seit 1988 als Verkehrs- und Energiemin. Mgl. des Bundesrats; 1993 Bundespräsident.

Ogino Kyūsaku, *Toyohashi im März 1882, †Jorii 1. Jan. 1975, jap. Gynäkologe. – Stellte mit H. Knaus die Lehre von der Periodizität der weibl. Fruchtbarkeit auf, mit der sich das ↑Konzeptionsoptimum berechnen läßt *(Knaus-O.-Methode)*. – ↑Empfängnisverhütung.

Ogiven [zu frz. ogive „Spitzbogen"] ↑Gletscher.

Oglethorpe, James Edward [engl. 'oʊglθɔ:p], *London 22. Dez. 1696, †Cranham Hall (Essex) 1. Juli 1785, brit. General (seit 1765) und Philanthrop. – Gründete 1732 in Amerika die Kolonie Georgia, um sozial Benachteiligten einen Neuanfang zu ermöglichen.

O'Gorman, Juan [span. o'ɣorman], *Coyoacán 6. Juli 1905, †Mexiko 18. Jan. 1982 (Selbstmord), mex. Architekt, Mosaizist und Maler. – Schuf u. a. das Bibliotheksgebäude der Univ. von Mexiko (1951–53; mit G. Saavedra und J. Martínez de Velasco) mit monumentalem Steinmosaik; Wandgemälde für den Flughafen von Mexiko (1936/37; zwei heute im Histor. Museum).

Ogowe, bedeutendster Fluß Gabuns, entspringt in S-Kongo, mündet mit großem Delta in den Atlantik, 1 200 km lang, fischreich; ab N'Djolé schiffbar; im Delta Erdöl- und Erdgasförderung.

Ogusen (Oghusen), Turkvolk, im 7./8. Jh. herrschende Schicht im alttürk. Reich in Z-Asien; ab dem 8./9. Jh. im Steppengebiet um den Aralsee, wo im 10./11. Jh. das O.reich seine größte Ausdehnung erreichte. Die muslim. Teile der O. werden als **Turkmenen** bezeichnet.

O'Hara [engl. oʊ'ha:rə], Frank, *Baltimore 27. Juni 1926, †Fire Island (N. Y.) 25. Juli 1966 (Unfall), amerikan. Lyriker. – Einflußreicher Mitbegründer der Beat-Lyrik („Lunch poems und andere Gedichte", 1964); auch kunstkrit. Essays und Einakter.

O'H., John, *Pottsville (Pa.) 31. Jan. 1905, †Princeton 11. April 1970, amerikan. Schriftsteller. – Verf. naturalist., gesellschaftskrit. Romane mit stark satir. Neigung, u. a. „Treffpunkt in Samara" (1934), „Die Lockwoods" (1965), „All die ungelebten Stunden" (hg. 1972); in iron. Skizzen stellte er oft die gesellschaftlich einflußreichen Schichten Amerikas dar.

O'H., Maureen, eigtl. M. Fitzsimmons, *Dublin 17. Aug. 1921, amerikan. Schauspielerin ir. Herkunft. – Spielte zahlr. temperamentvolle Rollen, u. a. in den Filmen „Der Glöckner von Notre Dame" (1939), „Rio Grande" (1950), „Gegen alle Flaggen" (1952), „Unser Mann in Havanna" (1959), „Big Jake" (1971), „Mama, ich und wir zwei" (1991).

Ohara-Krankheit [nach dem japan. Arzt H. O. Ohara, *1882, †1943], svw. ↑Tularämie.

Oheimb, Katharina von, geb. van Endert, *Neuss 2. Jan. 1879, †Düsseldorf 22. März 1962, dt. Politikerin. – Begr. 1919 den „Nationalverband dt. Frauen und Männer"; 1920–24 MdR (DVP); führte einen politisch bed. Salon; lehrte an der Dt. Hochschule für Politik; 1945–47 Vorstandsmgl. der LDPD.

OHG, Abk. für: ↑**o**ffene **H**andels**g**esellschaft.

O'Higgins, Bernardo [span. o'iɣins], *Chillán 20. Aug. 1776, †Lima 24. Okt. 1842, chilen. Politiker. – Schloß sich 1810 der Unabhängigkeitsbewegung an, die er ab 1813 führte; erreichte 1818 die Unabhängigkeit Chiles und regierte bis 1923 (als „director supremo").

Ohio [o'haɪo, engl. oʊ'haɪoʊ], Bundesstaat der USA, 107 044 km², 10,9 Mill. E (1990), Hauptstadt Columbus.

Landesnatur: O. umfaßt eine ebene bis wellige Grundmoränenlandschaft zw. Eriesee und O.tal, der O des Bundesstaates gehört zu den Appalachian Plateaus. Das Klima ist feuchtkontinental. O. liegt im Bereich der zentralen Hartholzwaldzone der USA mit Eiche, Esche, Ahorn, Walnuß, Hickory u. a. sowie Nadelbäumen. Urspr. war O. zu 95 % von Wald bedeckt, große Waldareale (rd. 20 % der Staatsfläche) blieben erhalten und bilden die Grundlage für die Holz- und Papierind. – Neben zahlr. Vogel- und Fischarten gibt es Rotwild, Opossum, Fuchs, Skunk und Murmeltier.

Bevölkerung, Wirtschaft, Verkehr: 10,6 % der Bev. sind Schwarze, außerdem wurden 6 000 Indianer und 20 000 Asiaten gezählt. Größte Stadt ist Cleveland, gefolgt von Columbus, Cincinnati, Toledo, Akron und Dayton. – Die Landw. ist hochentwickelt. Im W werden v. a. Mais, Weizen, Hafer, Sojabohnen sowie Gemüse angebaut, im O Futterfrüchte. Dort spielt die Milchwirtschaft eine große Rolle, außerdem werden Schlachtvieh, Schweine, Schafe und Geflügel gehalten. Wichtigste Bodenschätze sind Kohle (Anthrazit) im O, Erdöl (im NW) und Erdgas. Führend innerhalb der bed. Ind. sind die von den Rohstoffquellen und der guten Verkehrssituation profitierende Eisen- und Stahlind., die chem. Ind. sowie der Maschinen- und Fahrzeugbau (Automobilind.) und die Nahrungs- und Genußmittelind. – Straßen- und Eisenbahnnetz sind sehr dicht (182 314 km bzw. 9 820 km) und gut ausgelastet. Es gibt 194 öff. ✈. Wichtigste Häfen sind Cleveland, Toledo und Sandusky.

Geschichte: Das zunächst durch Franzosen von Kanada aus erkundete Gebiet fiel 1763 an die brit. Krone, nach dem Unabhängigkeitskrieg 1783 an die USA. Nach Vertreibung der Indianer und Schaffung des Northwest Territory (1787) nahm die weiße Bev. rasch zu. 1803 wurde O. als 17. Staat in die Union aufgenommen; stand im Sezessionskrieg (1861–65) auf seiten der Nordstaaten.

O., längster und bedeutendster linker Nebenfluß des Mississippi, USA, entsteht durch den Zusammenfluß von Monongahela River und Allegheny River in Pittsburgh (Pa.), mündet bei Cairo (Ill.), 1 579 km lang; wichtiger Verkehrsweg zw. dem Ind.gebiet um Pittsburgh und dem Mississippi.

Ohira Masayoshi, * in der Präfektur Kagawa 12. März 1910, † Tokio 12. Juni 1980, jap. Politiker (Liberal-Demokratische Partei [LDP]). – Mgl. des Unterhauses seit 1952; wiederholt Min. (u. a. 1962–64 und 1972–74 Außenmin.), Min.präs. und Vors. der LDP 1978–80.

OHL, Abk. für: ↑ **O**berste **H**eeres**l**eitung.

Ohlin, Bertil [schwed. u'li:n], * Gråmanstorp (= Klippan) 23. April 1899, † Vålådalen (Verwaltungsgebiet Jämtland) 3. Aug. 1979, schwed. Nationalökonom und Politiker. – Prof. in Kopenhagen (1924–29) und Stockholm (1929–65); 1938–45 Mgl. des Reichstags (Liberale Volkspartei), 1944/45 Handelsmin., 1959–64 Präs. des Nord. Rates. Schrieb Beiträge zur Außenhandelstheorie; erhielt 1977 den sog. Nobelpreis für Wirtschaftswissenschaften.

Ohlsson, Garrick [engl. oʊlsn], * Bronxville (N. Y.) 3. April 1948, amerikan. Pianist. – Wurde v. a. als Interpret virtuoser Klaviermusik (u. a. von A. Skrjabin, F. Chopin, B. Bartók) bekannt.

Ohm, Georg Simon, * Erlangen 16. März 1789, † München 6. Juli 1854, dt. Physiker. – Zunächst Lehrer; ab 1850 Prof. in München. O. entdeckte 1826 das nach ihm benannte Gesetz der Stromleitung; weitere Arbeiten betrafen akust. Probleme und die Interferenz polarisierten Lichts.

Ohm [nach G. S. Ohm], Einheitenzeichen Ω, SI-Einheit des elektr. Widerstands. Festlegung: 1 Ohm (Ω) ist gleich dem elektr. Widerstand zw. 2 Punkten eines fadenförmigen, homogenen und gleichmäßig temperierten metall. Leiters, durch den bei der elektr. Spannung 1 Volt (V) zw. den beiden Punkten ein zeitlich unveränderl. Strom der Stärke 1 Ampere (A) fließt (1 V/A). – Weitere gebräuchl. Einheiten: 1 Kiloohm (kΩ) = 1 000 Ω; 1 Megaohm (MΩ) = 1 000 000 Ω.

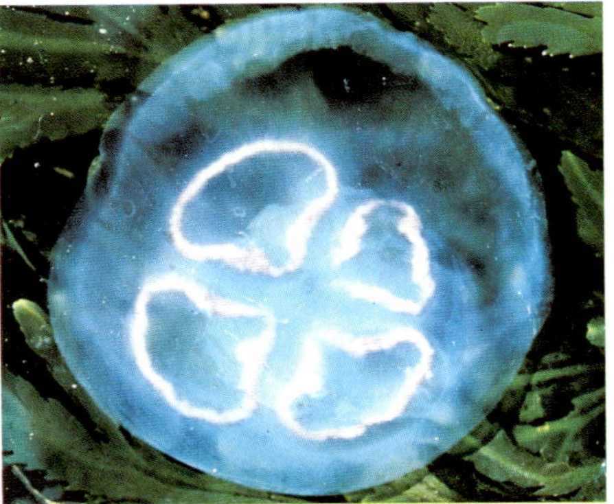
Ohrenqualle

Ohmgebirge, Bergland im Unteren Eichsfeld, Thür., bis 535 m hoch.

Ohmmeter [nach G. S. Ohm], in Ohm kalibriertes Meßgerät für den elektr. Widerstand.

ohmscher Widerstand [nach G. S. Ohm] ↑ Widerstand.

Ohmsches Gesetz, von G. S. Ohm 1826 aufgestelltes Gesetz: Bei konstanter Temperatur ist die elektr. Stromstärke I in einem Leiter der zw. den Leiterenden herrschenden Spannung U proportional: $U = R \cdot I$. Die als Proportionalitätsfaktor eingehende physikal. Größe R wird als elektr. ↑ Widerstand bezeichnet.

▷ *O. G. der Akustik* (Ohm-Helmholtzsches Gesetz), von G. S. Ohm zuerst formulierte, von H. von Helmholtz begründete Gesetzmäßigkeit der physiolog. Akustik: „Das menschl. Ohr empfindet nur eine sinusförmige Schallschwingung der Luft als einfachen Ton. Jeden anderen period., aber nicht harmon. Schallvorgang zerlegt es in eine Reihe von sinusförmigen Schwingungen und empfindet die diesen entsprechende Reihe von Tönen getrennt".

ohmsche Verluste [nach G. S. Ohm], der Teil der elektr. Leistung, der bei der Übertragung, Umwandlung o. ä. infolge des ohmschen Widerstandes in Wärme umgesetzt wird.

ohne Gewähr ↑ Obligo.

ohne Obligo ↑ Obligo.

Ohnmacht, plötzl., flüchtiger Bewußtseinsverlust, v. a. infolge verminderter Gehirndurchblutung, u. U. mit Vorboten wie Schwindel, Schwarzsehen, auch Übelkeit. – ↑ Erste Hilfe (Übersicht).

Ohnsorg, Richard, * Hamburg 3. Mai 1876, † ebd. 10. Mai 1947, dt. Schauspieler und Bühnenleiter. – Gründete 1902 mit Laiendarstellern eine niederdt. Mundartbühne in Hamburg, die als „O.-Theater" durch Fernsehübertragungen populär wurde.

Ohr (Auris), dem Hören dienendes Sinnesorgan (↑ Gehörorgan) der Wirbeltiere, das bei den Säugetieren (einschl. des Menschen) aus einem äußeren O., einem Mittel-O. und einem Innen-O. (Labyrinth) besteht.

Ohr-Augen-Ebene (Frankfurter Horizontale), durch den tiefsten Punkt des linken knöchernen Augenhöhlenrandes und die obersten Punkte der beiden äußeren knöchernen Gehörgangsöffnungen verlaufende Bezugsebene für anthropolog. Untersuchungen und Abbildungen des Kopfes bzw. Schädels.

Ohře [tschech. 'ɔhrʒɛ] ↑ Eger.

Ohrenbeuteldachse (Kaninchennasenbeutler, Macrotis, Thylacomys), Gatt. etwa 20–50 cm langer (einschl. Schwanz bis 75 cm messender), überwiegend grauer Beuteldachse mit zwei Arten in Z- und S-Australien; mit ungewöhnlich langen Stehohren.

Ohrengeier ↑ Geier.

Ohrenkrankheiten, Erkrankungen der Ohrmuschel, des Gehörgangs, des Mittelohrs und des Innenohrs. Zu den **Erkrankungen der Ohrmuschel** gehören Mißbildungen, Verletzungsfolgen sowie Blutergüsse oder Knorpelhautentzündung und Tumoren. **Erkrankungen des Gehörgangs** sind ebenfalls Mißbildungen wie Verengung oder Verschluß, sekundäre Verletzungen durch Fremdkörper oder Ohrenschmalz, Entzündungen wie Gehörgangsekzeme oder Furunkel. Die meisten O. sind **Erkrankungen des Mittelohrs:** Verletzungen des Trommelfells oder Felsenbeinbrüche, Tubenkatarrhe, ↑ Mittelohrentzündung, Entzündung der Schleimhäute des Warzenfortsatzes des Schläfenbeins und gut- und bösartige Geschwülste sowie ↑ Otosklerose. Zu den **Erkrankungen des Innenohrs** gehört die vom Mittelohr aus fortschreitende, von den Gehirnhäuten übergreifende oder auf dem Blutweg entstehende, seröse, eitrige oder blutige **Innenohrentzündung** (Labyrinthitis); verbunden mit Gleichgewichtsstörungen, Drehschwindel, Übelkeit, Erbrechen, Einschränkung oder Verlust des Hörvermögens. Bei akutem Sauerstoffmangel kommt es zum ↑ Hörsturz. Ungeklärter Ursache ist die

Adolf Ogi

Maureen O'Hara

Bertil Ohlin

Georg Simon Ohm

↑Ménière-Krankheit. Akust. Innenohrschädigungen entstehen durch akute oder chron. Überlastung und führen zu ↑Lärmschwerhörigkeit. Außerdem können ↑Altersschwerhörigkeit, angeborene Schwerhörigkeit oder Taubheit und tox. Schädigungen des Innenohrs auftreten. Die Diagnose der entzündl. O. wird v. a. durch Ohrenspiegelung gestellt; durch Hörprüfungen lassen sich Grad und Entstehungsort einer Hörbehinderung ermitteln. – ↑Ohrgeräusche.

Ohrenmakis, svw. ↑Galagos.

Ohrenqualle (Aurelia aurita), farblose, durchscheinende Scheibenqualle, sehr häufig im Atlantik bzw. in der Nord- und Ostsee; Durchmesser des Schirms bis 40 cm; mit vier halbkreisförmigen, gelbl., rötl. oder violetten Gonaden, vier Mundarmen und zahlr. kurzen Randtentakeln. – Abb. S. 197.

Ohrwürmer. Gemeiner Ohrwurm

Ohrenrobben ↑Robben.

Ohrensausen ↑Ohrgeräusche.

Ohrenschmalz (Zerumen, Cerumen), gelblich-braunes Sekret der O.drüsen des äußeren Gehörgangs, vermischt mit Talg, abgeschilferten Epidermisschüppchen und Staubteilen; kann den Gehörgang völlig verlegen **(Ohrpfropf, Zeruminalpfropf)** und verursacht dann Schwerhörigkeit.

Ohrenspiegel (Otoskop), mit einer Lichtquelle versehenes, trichterförmiges opt. Instrument zur direkten Untersuchung des äußeren Gehörgangs und des Trommelfells.

Ohrentaucher ↑Lappentaucher.

Ohrenzwang (Ohrwurm, Otitis externa), schmerzhafte Ohrentzündung bei Hunden und Katzen, hervorgerufen durch Milben oder durch Verletzung und Verschmutzung mit nachfolgender Infektion. Die betroffenen Tiere reagieren mit heftigem Kopfschütteln, Schiefhalten des Kopfes und Kratzen mit den Hinterbeinen am Ohr.

Ohreulen, Bez. für neun Arten der ↑Eulenvögel mit Federohren; z. B. Uhu, Sumpfohreule, Waldohreule.

Ohrfasanen ↑Fasanen.

Ohrgeräusche (Tinnitus aurium), subjektiv empfundene, als Symptom von Störungen im Ohr selbst entstehende Schalleindrücke (entot. Geräusche). Tiefe, brummende, rauschende oder sausende **(„Ohrensausen")** Wahrnehmungen treten infolge gestörter Schalleitung v. a. bei Mittelohrerkrankungen, Otosklerose oder Ménière-Krankheit auf, hohe Geräusche bei Innenohrerkrankungen, Schädigungen des Hirnnervs, nach akust. Trauma, bei Hypertonie **(pulsierende Ohrgeräusche)** oder Hypotonie, Durchblutungsstörungen oder Vergiftungen.

Ohrid. Erzengelkirche des ehemaligen Klosters Sveti Naum, 905 gegründet

Ohrid (dt. Ochrid), Stadt in Makedonien, am O-Ufer des O.sees, 712 m ü. d. M., 26 500 E. Bedeutendste Stadt des westl. Makedonien, orth. Bischofssitz; Nationalmuseum; Metall-, Textilind.; Handelszentrum; ✈. – Das antike **Lychnidos** erhielt 861 nach bulgar. Eroberung den Namen O.; ab 886 Ausgangspunkt der Slawenmission; seit 980 Sitz des bulgar. Patriarchats; gehörte 1398–1912 zum Osman. Reich; fiel 1913 an Serbien. – Die Altstadt steht unter Denkmalschutz; Sveta-Sofija-Kirche (11.–14. Jh.) mit bed. Fresken; Muttergotteskirche (13. Jh.; später in Clemenskirche umbenannt) mit bed. Fresken; alte makedon. und türk. Häuser. Ruine der Imaret-Moschee; über O. die stattl. Reste der Burganlage (10. Jh.); am S-Ufer des O.sees die Erzengelkirche (10. Jh.; im 15./16. Jh. umgebaut) des ehem. Klosters Sveti Naum (905 gegr.). – Die Stadt wurde von der UNESCO zum Weltkulturerbe erklärt.

Ohridsee (Ochridsee), zweitgrößter See S-Europas, 367 km², davon 248 km² in Makedonien und 119 km² in Albanien, 695 m ü. d. M., 286 m tief; fischreich.

Öhringen, Stadt auf der Hohenloher Ebene, Bad.-Württ., 237 m ü. d. M., 18 600 E. Metallverarbeitende, Textil-, Möbel-, feinmechan. und elektrotechn. Ind., Feinzinngießerei, Maschinen- und Fahrzeugbau. – An der Stelle des heutigen Ö. lagen 2 Limeskastelle; Ö. wird mit dem 1037 gegr. Chorherrenstift erstmals erwähnt, 1253 erstmals als Stadt gen. – Spätgot. Stadtpfarrkirche (15. Jh.).

Ohrläppchen ↑Ohrmuschel.

Ohrlappenpilze (Auriculariales), Unterklasse der Ständerpilze mit rd. 100 Arten; bekannt ist das ↑Judasohr.

Ohrmarke, als Erkennungszeichen v. a. bei Zuchtrindern und -schafen durch die Ohrmuschel gezogene Metallmarke, in die Herdbuchzeichen und Herdbuchnummer eingestanzt sind.

Ohrmuschel (Auricula), äußerster Teil des Außenohrs beim Menschen und bei Säugetieren; besteht, mit Ausnahme des aus Fettgewebe gebildeten **Ohrläppchens** (unteres Ende des Ohrs), aus Knorpel.

Ohrpfropf ↑Ohrenschmalz.

Ohrschmuck, im Ohrläppchen (das für die Befestigung durchstochen wird), über der Ohrmuschel oder mit Klemmen befestigter, meist paarweise getragener Schmuck. Als älteste Beispiele sind aus dem Neolithikum spitze Ohrpflöcke und Kupferdrahtringe belegt. Der O. aus der La-Tène-Zeit zeigte dann künstler. Qualität. Im Orient trugen beide Geschlechter O., in Ur trugen die Frauen sichelförmige Symbole des Mondgottes, im Babylon. Reich die Männer Marduksymbole (Lanzenspitze), den Stern Ischtars oder Scheiben (Sonnensymbole). In Ägypten trat O. erst seit der 18. Dyn. auf. In der minoischen und der myken. Kultur herrschte ringförmiger O. vor, bei den Griechen (Troja) halbmond- und scheibenförmiger O., woran oft Figürchen hingen. Die Römer durchbrachen die Scheiben mit Ornamenten. Zahlr. weitere Völker (z. B. Südrußlands) kannten prächtigen Ohrschmuck. Im Abendland tauchte der O. erst vom 16. Jh. an häufiger auf.

Ohrspeicheldrüse (Parotis, Glandula parotis), paarige Speicheldrüse der Säugetiere, die zw. aufsteigendem Unterkieferteil und äußerem Gehörgang liegt und im Wangenbereich der oberen Mahlzähne in die Mundhöhle mündet. Ihr abgesonderter, dünnflüssiger Speichel dient zur Verdünnung des von anderen Drüsen produzierten schleimigen (mukösen) Gleitspeichels. Beim *Menschen* ist sie die größte Mundspeicheldrüse. Sie liegt vor und unter dem äußeren Ohr und mündet über dem zweiten oberen Backenzahn. Mit dem Kaumuskel zus. ist die menschl. O. von einer derben Membran umhüllt, so daß sie bei jeder Kaumuskelbewegung massiert und zur Sekretion veranlaßt wird.

Ohrspeicheldrüsenentzündung (Parotitis), Entzündung der Ohrspeicheldrüse, am häufigsten als typ. Kinderkrankheit (↑Mumps).

Ohrtrompete ↑Gehörorgan.

Ohrwurm, svw. ↑Ohrenzwang.

Ohrwürmer (Dermaptera), mit rd. 1 300 Arten weltweit verbreitete Ordnung etwa 0,5–5 cm langer Insekten; von Pflanzen und Insekten sich ernährende, nachtaktive, meist in Ritzen und Spalten lebende Tiere mit zwei eingliedrigen, zu einer Zange umgestalteten Schwanzborsten (für den Menschen harmlos). Am bekanntesten ist die Gattung *Forficula* mit dem **Gemeinen Ohrwurm** (Forficula auricularia; 9–16 mm lang; vorwiegend braun gefärbt).

Ohser, Erich, dt. Karikaturist, ↑Plauen, E. O.

Oiapoque, Rio [brasilian. ˈrriu oja'pɔki] (frz. Oyapock), Zufluß zum Atlantik, bildet im ganzen Lauf die Grenze zw. Brasilien und Frz.-Guayana, entspringt in der Serra de Tumucumaque, mündet am Kap Orange, etwa 500 km lang.

Ohrschmuck. Oben: Ohrgehänge aus Griechenland, 4.–3. Jh. v. Chr. (Athen, Benaki-Museum). Unten: Ohrringe aus Mikronesien

Oidium [griech.], Bez. für die Nebenfruchtform der Echten Mehltaupilze.

Oimjakon, russ. Ort in NO-Sibirien, Jakutien, 800 m ü. d. M., 920 E. Gilt als Kältepol der Nordhalbkugel; Temperaturminimum bei −70 °C.

Oinomaos ↑Pelops.

Oiratisch ↑mongolische Sprachen.

Oiron [frz. wa'rõ], frz. Ort östl. von Thouars, Dep. Deux-Sèvres, 1300 E. Bed. Schloß mit Renaissanceflügel (um 1545); im 17. Jh. barock erweitert; Stiftskirche im Flamboyantstil (1538 geweiht) mit Renaissancedekoration.

Oiroten (Altaier), Volk im Autonomen Geb. Hochaltai, Rußland; 63 000; überwiegend Schafzüchter.

Oirotisch, svw. ↑Altaisch.

Oise [frz. wa:z], Dep. in Frankreich.

O., rechter Nebenfluß der Seine, in Belgien und Frankreich, entspringt auf der SW-Abdachung der Ardennen, mündet nw. von Paris, 302 km lang; größtenteils schiffbar.

Oisín ↑Ossian.

Oistrach, David [Fjodorowitsch], *Odessa 30. Sept. 1908, †Amsterdam 24. Okt. 1974, russ. Violinist. – Ab 1934 Lehrer am Moskauer Konservatorium; unternahm als Interpret v. a. klass. und zeitgenöss. Musik weltweite Konzertreisen.

O., Igor [Davidowitsch], *Odessa 27. April 1931, russ. Violinist. – Sohn und Schüler von David Fjodorowitsch O.; internat. erfolgreicher Violinvirtuose, v. a. bed. Beethoven-Interpret; trat auch als Duopartner seines Vaters und als Dirigent hervor.

David Oistrach

Igor Oistrach

Ōita [jap. 'o:,ita, o:'ita], jap. Stadt auf Kyūshū, an der Beppobucht, 393 000 E. Verwaltungssitz der Präfektur Ō.; kath. Bischofssitz. Nach Eingemeindung der Hafenstadt **Tsurasaki** Entwicklung zur Ind.stadt; ⛯.

o. J., Abk. für: **o**hne **J**ahr (in Druckwerken: keine Angabe des Erscheinungsjahres).

Ojeda, Alonso de [span. ɔ'xeða] (A. de Hojeda), *Cuenca um 1473, †Santo Domingo 1515 oder 1516, span. Konquistador. – 1493 Teilnehmer der 2. Fahrt des Kolumbus; entdeckte die ersten größeren Goldvorkommen bei Cibao auf Hispaniola. 1499 erkundete er mit J. de la Cosa und A. Vespucci die nw. Küstengebiete S-Amerikas.

Ojibwa [engl. oʊ'dʒɪbwɛɪ], Algonkin sprechender Indianerstamm in Kanada (rd. 65 000 Angehörige) und den USA (rd. 100 000), am N-Ufer des Oberen und des Huronsees.

Ojos del Salado [span. 'ɔxɔz ðɛl sa'laðo], mit 6 880 m dritthöchster Berg (Vulkan) der Anden, auf der chilen.-argentin. Grenze.

Ojukwu, Chukwuemeka Odumegwu, *Nnewi (O-Nigeria) 4. oder 24. Nov. 1933, nigerian. General und Politiker. – 1966 Militärgouverneur der Ostregion Nigerias; proklamierte die Ostregion infolge zunehmender Sezessionstendenzen nach dem Massaker von Nordnigerianern an Ibos am 30. Mai 1967 zur Republik ↑Biafra, deren Staatsoberhaupt er wurde; 1970–82 im Exil.

ok., O. K., Abk. für engl.: ↑**ok**ay.

Oka [russ. a'ka], größter rechter Nebenfluß der Wolga, in Rußland, entspringt auf der Mittelruss. Platte, mündet im Stadtgebiet von Nischni Nowgorod, 1 500 km lang, 1 200 km (ab Serpuchow) schiffbar.

Okahandja, Distr.hauptort im mittleren Namibia, 1 439 m ü. d. M., 8 000 E. Zentrum eines Viehzuchtgebiets. – 1850 als Missionsstation gegr.; im gleichen Jahr von den Herero verwüstet; 1870 neu errichtet; 1884 Hauptstadt des dt. Schutzgebietes.

Okajama ↑Okayama.

Okapi [afrikan.] ↑Giraffen.

Okara, Gabriel Imomotimi Gbaingbain [ɔʊ'ka:ra:], *Bumodi (Rivers) 21. April 1921, nigerian. Schriftsteller. – Schreibt v. a. Gedichte in engl. Sprache („The Fisherman's invocation", 1978). Bekannt wurde O. mit dem experimentellen Roman „Die Stimme" (1964), mit dem er sich als entscheidender Kritiker der zu Aberglauben und Mißachtung des einzelnen pervertierten religiösen und moral. Tradition auswies.

Okarina [italien. „Gänschen"], Gefäßflöte aus Ton oder Porzellan etwa in der Form eines Gänseeis, mit einem Schnabel zum Anblasen und 8–10 Grifflöchern.

Okawango, Fluß in Afrika, entspringt im Hochland von Bié (Angola), im Oberlauf **Cubango** gen., bildet im Mittellauf die Grenze zw. Angola und Namibia, versiegt nach etwa 1 600 km langem Lauf mit großem Delta im *O.becken* (Wildreservat) in N-Botswana.

okay [o'ke; engl. oʊ'kɛɪ; amerikan.], Abk. ok., O. K.; richtig, in Ordnung.

Okayama (Okajama), jap. Stadt auf Honshū, Hafen an der Inlandsee, 576 000 E. Verwaltungssitz der Präfektur O.; Univ. (gegr. 1949); Observatorium; Handels- und Kultur-

Okarina aus Meißner Porzellan

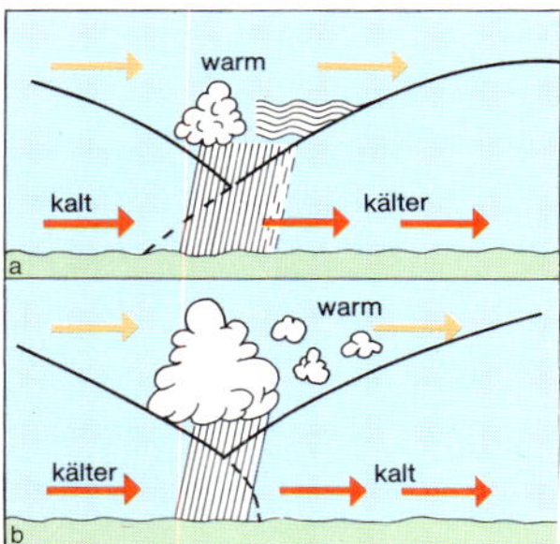

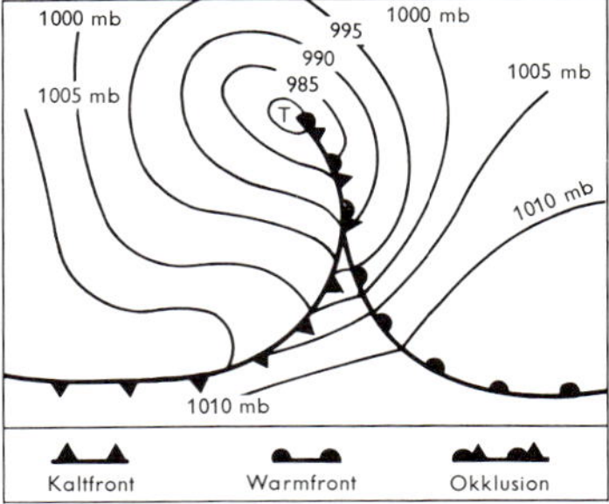

Okklusion. Links: a Warmfrontokklusion, b Kaltfrontokklusion. Rechts: Okklusion in einer Zyklone; schematische Darstellungen

zentrum sowie bed. Ind.standort. – Im MA Handelsplatz und Burganlage, im 17. Jh. Aufbau als Burgstadt.

Okeanos, nach dem Weltbild des griech. Mythos der die Erdscheibe umfließende Ringstrom, an dessen jenseitigem Ufer das Totenreich liegt. Personifiziert ist er, als Sohn des Uranos und der Gäa, einer der Titanen.

Okeechobee, Lake [engl. ˈleɪk oʊkɪˈtʃoʊbɪ], See in S-Florida, am N-Rand der Everglades, 1 890 km², bis 5 m tief. Über den **Okeechobee Waterway** (Teil des Intracoastal Waterway), ein 250 km langes Wasserstraßensystem, hat der L. O. Verbindung mit dem Atlantik und dem Golf von Mexiko.

Okeghem, Johannes ↑Ockeghem, Johannes.

Sean Thomas O'Kelly

O'Kelly, Sean Thomas [engl. oʊˈkɛlɪ], ir. Seán Tomás O'Ceallaigh, * Dublin 25. Aug. 1882, † ebd. 23. Nov. 1966, ir. Politiker. – Mitbegr. (1905) der Sinn Féin; 1915–20 Generalsekretär der Gäl. Liga; 1916 Teilnahme am Osteraufstand in Dublin, bis 1917 in Haft; 1919–21 erster Präs. des Parlaments; führendes Mgl. der Fianna Fáil; 1931–45 stellv. Min.präs. (zugleich 1932–39 Min. für Selbstverwaltung, 1939–45 für Finanzen und Erziehung); 1945–59 Staatspräsident.

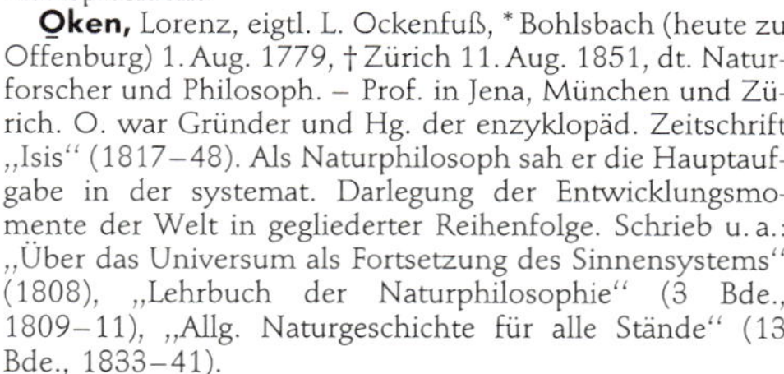

Oken, Lorenz, eigtl. L. Ockenfuß, * Bohlsbach (heute zu Offenburg) 1. Aug. 1779, † Zürich 11. Aug. 1851, dt. Naturforscher und Philosoph. – Prof. in Jena, München und Zürich. O. war Gründer und Hg. der enzyklopäd. Zeitschrift „Isis" (1817–48). Als Naturphilosoph sah er die Hauptaufgabe in der systemat. Darlegung der Entwicklungsmomente der Welt in gegliederter Reihenfolge. Schrieb u. a.: „Über das Universum als Fortsetzung des Sinnensystems" (1808), „Lehrbuch der Naturphilosophie" (3 Bde., 1809–11), „Allg. Naturgeschichte für alle Stände" (13 Bde., 1833–41).

Lorenz Oken (Ausschnitt aus einem Stahlstich, um 1830)

Oker, linker Nebenfluß der Aller, entspringt im Oberharz, 105 km lang, mündet zw. Gifhorn und Celle, im Oberlauf gestaut.

Okertalsperre ↑Stauseen (Übersicht).

Okiinseln, jap. Inselgruppe vulkan. Ursprungs im Jap. Meer, vor der N-Küste S-Honshūs, 348 km².

Okinawa, größte der zu Japan gehörenden ↑Ryūkyūinseln, 110 km lang, bis 30 km breit, als Präfektur (71 Inseln) 2 255 km², 1,2 Mill. E (1987), Hauptstadt Naha. Der N wird von einem bis 498 m hohen Gebirge eingenommen; der S ist Hügel- und Plateauland; subtrop. Klima; im Sommer sind Taifune häufig; Anbau von Zuckerrohr, Süßkartoffeln, Bananen, Ananas. – Bei und auf O. fand von April bis Juni 1945 die letzte große Schlacht des 2. Weltkrieges statt, in deren Verlauf amerikan. Truppen das Gebiet eroberten, das sie bis 1972 besetzt hielten. Der dort errichtete US-Flotten- und Luftstützpunkt ist (trotz Verringerung der amerikan. Präsenz und teilweise Übergabe der Anlagen an Japan) noch immer die zweitwichtigste Militärbasis der USA in O-Asien.

Okkasionalismus (Occasionalismus) [lat.], Bez. für die philosoph. Theorie, nach der eine Wechselwirkung zw. Leib und Seele, die entsprechend der Kartes. Metaphysik nicht denkbar ist, durch die Annahme sog. „gelegentl. Ursachen" (lat. causae occasionales), d. h. eines direkten göttl. Eingriffs „bei Gelegenheit", erklärt wird.

Okklusion (Occlusio) [lat.], in der *Zahnmedizin* Bez. für eine (normale) Gebißstellung, bei der die obere und die untere Zahnreihe die Schlußbißstellung einnehmen.

▷ in der *Meteorologie* die Vereinigung einer Kaltfront mit einer Warmfront. Da die Kaltfront einer Zyklone schneller wandert als die vorausgehende Warmfront, wird der zw. beiden Fronten liegende Warmsektor immer mehr eingeschnürt und schließlich die Warmluft vom Boden abgehoben. Ist die Kaltluft auf der Rückseite der O. wärmer als die auf der Vorderseite, so spricht man von einer *Warmfront-O.*, im umgekehrten Falle von einer *Kaltfrontokklusion.*

Okklusiv [lat.], svw. ↑Verschlußlaut.

Okkultismus [zu lat. occultus „verborgen, geheim"], Sammelbez. für Lehren und Praktiken, die auf ↑außersinnlicher Wahrnehmung beruhen bzw. Erscheinungen betreffen, die durch Naturgesetze nicht erklärbar sind. Zum O. zählen Wahrnehmungen des Hellsehens, Bewegung von Gegenständen ohne phys. Ursache (Psychokinese), das Phänomen des Schwebens (Levitation), die Entstehung neuer körperl. Gebilde (Materialisation) sowie alle durch Medien vermittelten parapsych. Erscheinungen. Der O. beruht zum einen auf dem Glauben an die Übermacht menschl. Seelenkräfte gegenüber den Naturgesetzen und an die Existenz von Geistern, zum andern nimmt er eine Beseeltheit der Natur an und rechnet schließlich mit der Möglichkeit einer Korrespondenz der menschl. Seele mit der beseelten Natur.

Okkupation [zu lat. occupatio „Besetzung"], im Völkerrecht die Begründung der ↑Gebietshoheit eines oder mehrerer Staaten in einem bisher herrschaftslosen Land *(originäre O.)* oder in einem Territorium, das zum Staatsgebiet eines anderen Staates gehört *(derivative O.)*; die O. kann durch friedl. oder krieger. Besetzung oder durch Waffenstillstandsvertrag erfolgen.

Oklahoma [oklaˈhoːma, engl. oʊkləˈhoʊmə], Bundesstaat im zentralen Teil der USA, 181 186 km², 3,16 Mill. E (1990), Hauptstadt Oklahoma City.

Landesnatur: Der Großteil des Staatsgeb. von O. liegt im Bereich des Zentralen Tieflandes; der SO gehört schon zur Golfküstenebene, während O. im äußersten W noch Anteil an den Great Plains hat. O. liegt im Übergangsbereich von subtropisch feuchtem zu kontinental trockenem Klima. – Im O des Staates herrscht Wald (vorwiegend Ahorn, Hickoryarten und Eiche) vor. Im trockenen W ist die Fläche weitgehend von Grasland bedeckt. – Neben vielen Vogelarten finden sich Rotwild, Elch, Kojote, Wolf und Präriehund.

Bevölkerung, Wirtschaft, Verkehr: Der Anteil der indian. Bev. (232 000 Indianer) an der Gesamtbev. ist verhältnismäßig groß, der der Schwarzen beträgt 6,9 %. In städt. Siedlungen – die größten Städte sind Oklahoma City und Tulsa – leben 67 % der E. – Wichtigster Wirtschaftszweig ist die Landw. mit dominierender Viehzucht; Hauptanbauprodukte sind Weizen, Baumwolle, Hirse und Erdnüsse. Wichtigste Bodenschätze sind Erdöl (v. a. im O des Staates gefördert) und Erdgas (v. a. im SW) sowie Edelgas (Helium); außerdem gibt es ausgedehnte Braunkohlereviere. Ein bed. Ind.zweig ist die Petrochemie; wichtig sind daneben die Fleisch- und Holzverarbeitung, ferner Maschinenbau, Textilind. und das Druckereigewerbe. – Der Staat besitzt eine äußerst verkehrsgünstige Lage im Zentrum der USA. Das Eisenbahnnetz ist 6 828 km, das Highwaynetz 19 685 km lang. Es gibt 125 öff. ✈. Der Arkansas River ist bis Muskogee schiffbar.

Geschichte: 1541 kamen Spanier in das Gebiet des heutigen O., das 1682 der frz. Kolonie Louisiane einverleibt wurde. Das Gebiet westl. des Mississippi gehörte 1762–1800 zu Spanien, dann zu Frankreich; 1803 an die USA verkauft. 1825 erwarb die Bundesregierung das Indian Territory und siedelte zw. 1820/40 die Stämme der Choctaw, Creek, Cherokee, Chickasaw und Seminolen an (die sog. Fünf Zivilisierten Nationen). Da die Indianer im Sezessionskrieg (1861–65) z. T. für die Konföderierten Partei ergriffen, wurde ihr Siedlungsgebiet geteilt und auf die östl.

Hälfte beschränkt. 1890 schuf die Bundesregierung das Territorium O. Als die Ländereien in den Reservaten in den Privatbesitz einzelner Indianer kamen, verabschiedeten weiße Siedler und Indianer gemeinsam am 16. Sept. 1907 eine Verfassung, am 16. Nov. 1907 wurde O. als 46. Staat in die Union aufgenommen.

Oklahoma City [engl. oʊklə'hoʊmə 'sɪtɪ], Hauptstadt des Bundesstaats Oklahoma, USA, am North Canadian River, 360 m ü. d. M., 446 000 E. Sitz eines kath. und eines anglikan. Bischofs; Univ. (gegr. 1904), medizin. Fakultät der University of Oklahoma; histor.-ethnolog. Museum. Bedeutendstes Handels- und Ind.zentrum in Oklahoma; Erdölförderung und Erdölverarbeitung. – Entstand 1889 als Teile des Indianerterritoriums für weiße Siedler freigegeben wurden; City seit 1890; wurde 1910 Hauptstadt des Bundesstaates Oklahoma. – State Capitol (20. Jh.).

Økland, Einar Andreas, ['øːklan], *Valevåg (Prov. Hordaland) 17. Jan. 1940, norweg. Schriftsteller. – Schrieb experimentelle Lyrik, Prosatexte, Dramen und Kinderbücher; Vertreter der modernist. „Profil"-Gruppe; forderte eine „Dezentralisierung" der Lyrik durch soziale Nivellierung und „Demokratisierung" aller schriftsteller. Tätigkeiten.

öko..., Öko... (oeco..., Oeco...) [zu griech. oĩkos „Haus"], Wortbildungselement mit der Bed. „Lebensraum, Wirtschafts...".

Ökobank, genossenschaftl. Kreditinstitut, gegr. 1981, Sitz Frankfurt am Main; gewährt Kredite v. a. für alternative Betriebe und zur Förderung von Umwelt- und Friedensprojekten.

Ökologie [griech.], aus der Biologie hervorgegangene Wiss., die sich mit den Wechselbeziehungen zw. den Organismen und der unbelebten (*abiot. Faktoren* wie Klima, Boden) und der belebten Umwelt (*biot. Faktoren* [↑biotisch]) befaßt sowie mit dem Stoff- und Energiehaushalt der Biosphäre und ihrer Untereinheiten (z. B. Ökosysteme). Teilgebiete der Ö. sind **Autökologie** (untersucht die Ansprüche des Einzellebewesens an seine Umwelt sowie die wechselseitigen Beziehungen zw. Individuum und Umwelt), **Demökologie** (Populations-Ö.; befaßt sich mit den Wechselbeziehungen artgleicher Individuen) und **Synökologie** (beschäftigt sich mit Wechselbeziehungen verschiedener Populationen untereinander sowie zw. diesen und der Umwelt). Neuestes und komplexestes Teilgebiet der Ö. ist die **System-Ökologie,** die ↑Ökosysteme unter autökolog., populationsökolog. und v. a. unter synökolog. Gesichtspunkten untersucht. – In zunehmendem Maße wurde auch der Mensch (als Teil seiner Umwelt, v. a. als Manipulator der Natur) in die Ö. einbezogen. Die **Human-Ökologie,** die sich den komplexen Wechselwirkungen zw. dem Menschen und seiner natürl. und techn. Umwelt widmet, ist nicht mehr nur eine naturwiss. Disziplin, sie bezieht heute vielmehr auch Erkenntnisse der Geisteswiss. (z. B. Philosophie, Psychologie, Sozialwiss.) mit ein.

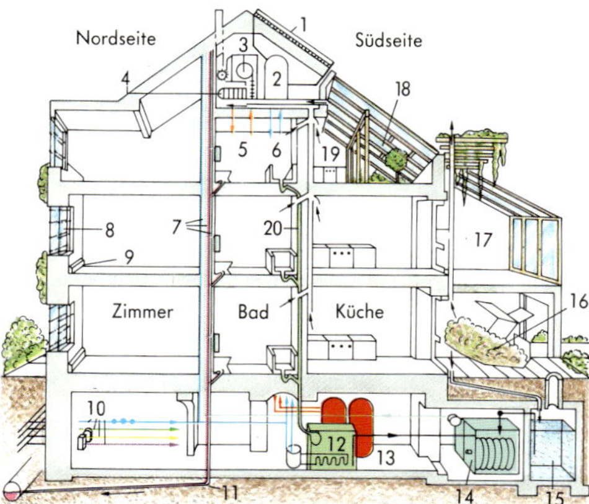

Ökologisches Bauen. Schematische Darstellung eines nach ökologischen Gesichtspunkten gebauten Hauses: 1 Röhrenkollektor; 2 Wärmespeicher; 3 Wärmepumpe; 4 Abluft-Wärmetauscher; 5 Heizkreislauf; 6 Warmwasserkreislauf; 7 Trinkwasser-, Spülwasser- und Abwasserleitungen; 8 Kastendoppelfenster und 9 Fußleistenheizung auf der Nordseite; 10 Hausanschlüsse (Gas, Wasser, Strom, Telefon); 11 Toilettenabwasserkanal; 12 Grauwasserspeicher mit Wärmerückgewinnung; 13 Speicher für bereits gebrauchtes Wasser (Grauwasser) und Wärmerückgewinnung; 14 Reinigung von Regen- und Grauwasser; 15 Regenwasserspeicher; 16 Müllkompostanlage; 17 Geschoß-Klimapuffer, 18 Dachwintergarten; 19 Abluftkanal; 20 Grauwasserleitung

Eine wichtige Rolle für die auf dem Konzept des Ökosystems basierende ökolog. Forschung spielen auch die Anwendung der Systemanalyse zur Formulierung mathemat. Modelle, weiterhin die Kybernetik (v. a. zur Beschreibung ökolog. Gleichgewichte) und die EDV, die die Erfassung komplexen Datenmaterials, dessen Verarbeitung im Sinne von Simulationen komplexer Systeme sowie Prognosen der Wirkung von Veränderungen innerhalb eines Systems ermöglicht.

In den Mittelpunkt des öff. Interesses rückte die Ö. seit Ende der 1960er Jahre, als die Auswirkungen der Umweltverschmutzung und die Begrenzung der natürl. Rohstoffvorkommen immer deutlicher wurden. Im Zuge der Ö.-Diskussion hat die Ö. seitdem eine inhaltl. und institutionelle Ausweitung erfahren, die über die Naturwissenschaft Ö. weit hinausgeht. Ö. steht nunmehr v. a. für eine neue Weltanschauung: Die Idee vom unbegrenzten Fortschritt und Wachstum gilt als korrekturbedürftig, es wird eine Rückbesinnung darauf gefordert, daß die Natur Veränderungen nur in sehr begrenztem Maß verträgt, ohne irreversible Schäden zu erleiden, und daß die Menschheit als ein Glied des globalen Ökosystems mit dessen Gefährdung sich selbst in ihrer Existenz gefährdet.

ökologische Bewegung, Bez. für eine v. a. außerparlamentarisch agierende polit.-soziale Gruppe, die sich gegen Ursachen und Auswirkungen der Umweltzerstörung wendet. Im Zuge der Etablierung der ↑Ökologie als Weltanschauung seit Ende der 1960er Jahre entstanden ö. B. um Kernbereiche der Umweltgefährdung (Nutzung der Kernenergie, Waldsterben u. a.); aus der ö. B. erfolgte 1980 die Gründung der Partei „Die Grünen".

ökologische Nische, urspr. Beschreibung der Ansprüche einer Organismenart (existenznotwendige abiotische und biotische Faktoren) an ihre Umwelt, daneben auch die Rolle oder Stellung bzw. das Wirkungsfeld einer Art im Ökosystem.

ökologischer Landbau (alternative Landwirtschaft, biologischer Landbau, ökologische Landwirtschaft), Bez. für mehrere Richtungen der Landbewirtschaftung als Alternative zu den techn.-ökonom. (konventionellen) Landbaumethoden. Die Ertragssteigerungen der konventionellen Landw. in den letzten Jahrzehnten führten zu einer immer größer werdenden Belastung des Ökosystems Erde durch Gift- und Schadstoffe sowie Bodenzerstörung. Die alternativen Formen der Landw. suchen zukünftige Verluste im Naturhaushalt und Schäden an der menschl. Gesundheit zu verhindern sowie den Verbrauch nicht erneuerbarer Energie- und Rohstoffvorräte zu minimieren. – Ziel des ö. L. ist die Selbstregulierung des ökolog. Gleichgewichts auch auf Agrarflächen. Charakteristische Merkmale dieser Landw.-form sind ein weitgehender Verzicht auf anorgan. Düngung, die Ausnutzung natürl. Schädlingsresistenz, biolog. (oder integrierte) Schädlingsbekämpfung, Erhaltung der natürl. Artenvielfalt durch Vermeidung zu großer Monokulturen sowie die Anlage von Refugien für wildwachsende Pflanzen und wildlebende Tiere.

ökologisches Bauen, Richtung der zeitgenöss. Architektur. Ziel ist die Errichtung umweltfreundl., energiesparender Gebäude und Siedlungen durch einen haushälter. Umgang mit natürl. Ressourcen. Dies bedeutet aktive und passive Nutzung der Sonnenenergie und Anwendung von Materialien, die bei Herstellung, Gebrauch und Entsorgung die „freien Güter" Wasser, Boden und Luft möglichst wenig schädigen.

ökologisches Gleichgewicht, langfristig unveränderbare Wechselwirkungen zw. den Gliedern einer Lebensge-

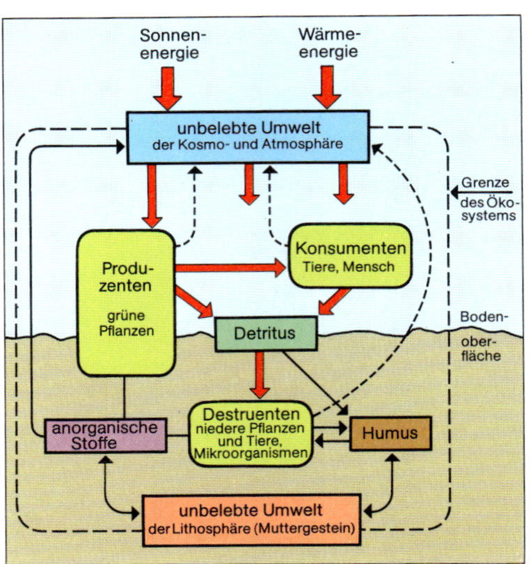

Ökosystem. Funktionsschema

meinschaft. Ein ö. G. ist dadurch gekennzeichnet, daß jede Veränderung im Ökosystem selbsttätig über eine Regelkreisbeziehung eine entsprechende Gegenveränderung auslöst, die den alten Zustand weitgehend wiederherstellt. So sind z. B. bei Wühlmäusen oder Hasen deutl. Populationswellen zu verzeichnen, die darauf zurückzuführen sind, daß beim Anwachsen der Population entweder die Nahrungsgrundlage verknappt wird oder die Freßfeinde und Parasiten ebenfalls zunehmen. Lebensgemeinschaften mit großem Artenreichtum haben ein stabiles, wenig störanfälliges ö. G., das jedoch durch andauernde künstl. Eingriffe stark und gelegentlich irreversibel gestört werden kann.

Ökonom [griech.], veraltet für Gutsverwalter; svw. Wirtschaftswissenschaftler.

Ökonometrie [griech.], moderner Zweig der Wirtschaftswiss., der mit Hilfe mathemat.-statist. Methoden und anhand des wirtschaftsstatist. Beobachtungsmaterials die wirtschaftstheoret. Modelle und Hypothesen auf ihren Realitätsanspruch und Erklärungswert überprüft.

Ökonomie [griech.], Wirtschaftswissenschaft; Wirtschaftlichkeit, Sparsamkeit.

Ökonomik [griech.], Wirtschaftswissenschaft, Wirtschaftstheorie; Bez. für die Wirtschaft (wirtsch. Verhältnisse) z. B. eines Landes, Territoriums, Wirtschaftssektors.

ökonomisches Prinzip (Wirtschaftlichkeitsprinzip, Vernunftprinzip), das Streben, mit einer gegebenen Menge an Produktionsfaktoren den größtmögl. Gütertrag zu erwirtschaften oder für einen gegebenen Gütertrag die geringstmögl. Menge an Produktionsfaktoren einzusetzen.

Okopenko, Andreas, * Košice 15. März 1930, östr. Schriftsteller. – Schrieb zunächst vorwiegend Lyrik („Grüner November", 1957; „Gesammelte Lyrik", 1980); daneben Verf. von Hörspielen, Fernsehstücken, Essays, Liedtexten; ähnlich den Gatt. wechseln Stil und Thematik; Parodie und Nonsens gehen einher mit Reflexion („Vier Aufsätze", 1979) und der Darstellung von Kindheitserlebnissen („Kindernazi", 1984).

Ökosystem, Wirkungsgefüge zw. Lebewesen verschiedener Arten und ihrem Lebensraum, das aus den Produzenten (v. a. grüne Pflanzen), den Reduzenten bzw. Destruenten (z. B. Bakterien) und den eventuell zwischen diesen eingeschalteten Konsumenten besteht (↑ Nahrungskette). Ö. (z. B. Laubwald, Wattenmeer, Sandwüsten usw.), sind offene Systeme. Die natürl. Stoffkreisläufe in einem Ö. sind ausgeglichen, so daß sich ein dynam. Gleichgewicht, ein sog. Fließgleichgewicht, einstellt. Die Ö.forschung ist äußerst wichtig für den gesamten Natur- und Umweltschutz.

Ökotop [griech.], kleinste ökolog. Einheit einer Landschaft.

Ökotoxikologie, neuerer Teilbereich der Toxikologie, der die Schadwirkungen von chem. Stoffen (Umweltchemikalien) auf Ökosysteme und Rückwirkungen auf den Menschen untersucht.

Ökotrophologie [griech.], svw. ↑ Ernährungswissenschaft.

Ökotyp (Ökotypus), an die Bedingungen eines bestimmten Lebensraums (Biotops) angepaßte Sippe einer Pflanzen- oder Tierart *(ökolog. Rasse),* die sich von anderen äußerlich oft nicht unterscheidet, beträchtlich dagegen in ihren physiolog. Eigenschaften und ökolog. Ansprüchen.

Okoumé, Holz, svw. ↑ Okume.

Oktaeder [griech.] (Achtflach, Achtflächner), ein von acht gleichseitigen kongruenten Dreiecken begrenzter ↑ platonischer Körper in Form einer quadrat. Doppelpyramide.

Oktaedrite [...a-e...; griech.], größte Gruppe der Eisenmeteorite. In ihnen bildet *Meteoreisen* ein sehr verzweigtes Netzwerk von Lamellen aus Kaemacit, die auf angeschliffenen und leicht angeätzten Flächen die Widmannstättenschen Figuren ergeben.

Oktane ↑ Octane.

Oktant [lat.] ↑ Sternbilder (Übersicht).

Oktant [lat.], ein Kreissektor, dessen Flächeninhalt $1/8$ der Kreisfläche einnimmt.
▷ durch drei paarweise aufeinander senkrecht stehende Koordinatenebenen (↑ Koordinaten) begrenzter Teil des Raumes; jedes kartes. Koordinatensystem unterteilt den Raum in acht Oktanten.
▷ in der *Nautik* Winkelmeßgerät mit zwei Spiegeln und einem in Winkelgerade unterteilten Achtelkreis (Meßbereich 90°); der O. ist der Vorläufer des Sextanten.

Oktanzahl (Octanzahl), Abk. OZ, Kennzahl für die *Klopffestigkeit* von Vergaserkraftstoffen, d. h. für ihre Eigenschaft, im Verbrennungsraum (Zylinder) eines Ottomotors bis zu einem bestimmten Verdichtungsverhältnis ohne detonationsartige Selbstentzündung *(Klopfen)* zu verbrennen. Sie wird durch Vergleich mit der Klopffestigkeit von Bezugskraftstoffen in Prüfmotoren ermittelt. Dabei schreibt man dem sehr klopffesten Isooctan die OZ 100, dem sehr klopffreudigen n-Heptan die OZ 0 zu. Die **Motor-OZ** (Abk. **MOZ**) wird bei 900 U/min, die **Research-OZ** (Abk. **ROZ**), bei 600 U/min ermittelt. Das Straßenklopfverhalten wird nach der *Modified Union Town Method* durch Messung im großen Gang aus dem rollenden Leerlauf bei Vollgas bestimmt. Diese **Straßen-OZ** (Abk. **SOZ**) liegt etwa bei der ROZ. Beide liegen im allg. höher als die MOZ.
Die in der Praxis gebräuchlichste ROZ beträgt für Normalbenzin 90–92, für Superbenzin 98–99. Durch Zusatz von

Oktant. Spiegeloktant, 1776 (Hamburg, Altonaer Museum)

Oktoberrevolution. Links: Lenin spricht in Petrograd, 1917. Rechts: bewaffnete Arbeiter auf einem gepanzerten Straßenbahnwagen in Moskau, 1917

↑Antiklopfmitteln kann die OZ noch gesteigert werden. – Für Dieselkraftstoffe gilt die Cetanzahl (↑Cetan).

Oktav [zu lat. octavus „der achte"] ↑Buchformat.
▷ in der *kath. Liturgie* die 8tägige Festwoche (seit 1969 nur noch bei den Hochfesten Weihnachten und Ostern).
▷ im *Fechtsport* Klingenlage: gerade Linie von Schulter bis Klingenspitze, der Handrücken ist nach unten gerichtet.

Oktave [zu lat. octava (vox) „die achte (Stimme)"], das Intervall, das vom Grundton acht diaton. Stufen entfernt ist (griech. Diapason). In der Akustik Bez. für den Ton mit der doppelten Frequenz (bezogen auf einen Grundton), physikalisch der erste Oberton. Die O. kann als reines, übermäßiges oder vermindertes Intervall auftreten. Die Darstellung des Tonsystems geht in der abendländ. Musik seit der griech. Antike von der O. aus.
O. heißt auch die Gesamtheit der in diesem Intervallbereich liegenden Töne. Der gesamte Tonraum wird in O., bezogen auf den Grundton C, gegliedert: Subkontra-O. (C_2–H_2), Kontra-O. (C_1–H_1), große O. (C–H), kleine O. (c–h), eingestrichene O. (c^1–h^1), zweigestrichene O. (c^2–h^2), dreigestrichene O. (c^3–h^3), viergestrichene O. (c^4–h^4).
▷ im Orgelbau ↑Prinzipal.
▷ in der *Verslehre* ↑Stanze.

Oktavia ↑Octavia.

Oktavian, Beiname des späteren Kaisers ↑Augustus.

Oktett [lat.-italien.], Musikstück für 8 Soloinstrumente, selten Singstimmen; auch Bez. für die Gruppe der Ausführenden.
▷ Gruppe von 8 Elektronen in der äußeren Elektronenschale eines Atoms bzw. Ions.

Oktettheorie, von G. N. Lewis und J. Langmuir aufgestellte Theorie der Atom- und Ionenbindung, die besagt, daß Atome durch Bildung von Elektronenpaaren oder durch Abgabe bzw. Aufnahme von Elektronen in der äußeren Elektronenschale ein Oktett ausbilden. – ↑Edelgasschale.

Oktober, der 10. Monat des Jahres, mit 31 Tagen (eigtl. der 8., latein. octo, nach dem urspr. röm. Jahresanfang); der alte dt. Name ist *Weinmonat.* Im O. wird meist das Erntedankfest gefeiert; im O. liegen auch zahlr. Kirchweihtermine.

Oktoberdiplom, am 20. Okt. 1860 von Kaiser Franz Joseph I. verkündetes östr. Staatsgrundgesetz mit föderalist. Charakter; 1861 durch das ↑Februarpatent abgelöst.

Oktoberfest, seit 1811 alljährlich stattfindendes Volksfest (ursprünglich eine landw. Ausstellung) in München von zweiwöchiger Dauer; endet am 1. Sonntag im Oktober.

Oktoberrevolution, polit.-soziale Umwälzung in Rußland, die durch die gewaltsame bolschewist. Machtübernahme in Petrograd (St. Petersburg) am 7. Nov. 1917 (nach dem in Rußland damals gültigen julian. Kalender 25. Okt., deshalb O.) eingeleitet wurde; von den Bolschewiki unter Führung W. I. Lenins konspirativ und planmäßig vorbereitet, wobei sie auf eine starke revolutionäre Massenströmung bauten. Diese war entstanden, weil es den in der ↑Februarrevolution gebildeten und in einer Doppelherrschaft nebeneinander bestehenden neuen Machtträgern (Provisor. Reg. und Petrograder Sowjet) nicht gelang, die Forderungen der Bev. nach „Frieden, Land und Brot" zu erfüllen. Der Versuch des Min.präs. A. F. Kerenski, den Krieg gegen die Mittelmächte fortzusetzen, endete mit dem Zusammenbruch des Transport- und Versorgungswesens und der Desertion von 2 Mill. Soldaten; die Vertagung von Agrarreformen und von Wahlen zu einer Verfassunggebenden Versammlung bewirkte ab Juli 1917 Bauernrevolten, verbunden mit gewaltsamer Inbesitznahme von Boden und Besitz; dies alles brachte Rußland ins polit. und wirtsch. Chaos. Angesichts des völligen Autoritätsverfalls der Provisor. Reg. beschloß am 10./23. Okt. das ZK der bolschewist. Partei auf Drängen Lenins, den gewaltsamen Umsturz am Eröffnungstag des 2. Allruss. Sowjetkongresses durchzuführen.
L. Trotzki, der Organisator des Aufstandes, ließ als Vors. des Militärrevolutionären Exekutivkomitees des Petrograder Sowjets am 24. Okt./6. Nov. alle strategisch wichtigen Punkte der Hauptstadt durch bolschewist. Truppen und bewaffnete Arbeitermilizen („Rote Garden") besetzen und am 25. Okt./7. Nov. das Winterpalais stürmen, in dem bis auf den rechtzeitig geflüchteten Min.präs. Kerenski die Mgl. der Provisor. Reg. verhaftet wurden. Am gleichen Tag bestätigte der 2. Allruss. Sowjetkongreß einen bolschewist. „Rat der Volkskommissare" unter Lenins Vorsitz als neue Reg., die tags darauf die Dekrete über die entschädigungslose Enteignung alles gutherrl. Landes und über sofortige Friedensbereitschaft erließ. Nach den Petrograder Aktionen (in Moskau siegten die Bolschewiki erst am 2./15. Nov.) sicherten sich die Bolschewiki durch eine Reihe repressiver Maßnahmen die Macht (u. a. Aufhebung der Pressefreiheit, Gründung der Staatssicherheitsorganisation „Tscheka" und gewaltsame Auflösung der Verfassunggebenden Versammlung, in der die Bolschewiki nur über 175 der insges. 707 Sitze verfügten). Die aussichtslose militär. Lage erzwang den Abschluß des Friedens von Brest-Litowsk (März 1918); im nachfolgenden Bürgerkrieg (Mai 1918 bis Ende 1920) behauptete sich die am 10. Juli 1918 gegr. Russ. Sozialist. Föderative Sowjetrepublik (RSFSR) mit Hilfe der von Trotzki organisierten „Roten Armee".

Oktobristen [lat.-russ.], bis Ende 1917 bestehende russ. Partei, die als „Verband des 17. Oktober" von der konstitutionell-monarchist. Minderheit des Semstwokongresses vom Nov. 1905 gegr. worden war. Die O. wollten eine Demokratisierung der Verfassung durch Reformpolitik erreichen und unterstützten die Reg. im Kampf gegen die Autonomiebestrebungen der Nationalitäten.

Oktode [griech.] (Achtpolröhre), Elektronenröhre mit acht Elektroden.

Oktoechos [griech.], Tonartensystem des byzantin. Kirchengesangs, gegliedert in vier authent. (herrschende) und vier plagale (seitl., abgeleitete) Tonarten.

Oktogon (Oktagon) [griech.], svw. Achteck.

Oktopus [griech.], svw. Gemeiner Krake (↑Kraken).

Oktostylos [griech.], antiker Tempeltypus mit je acht Säulen an den Schmalseiten.

oktroyieren [ɔktroaˈjiːrən; frz., zu vulgärlat. auctorizare „sich verbürgen, bestätigen"], 1. Vorrechte einräumen, verleihen; 2. aufdrängen, aufzwingen.

oktroyierte Verfassung [ɔktroaˈjiːrtə], Bez. für einseitig vom Staatsoberhaupt gegebene Verfassung, v. a. für: 1. die am 5. Dez. 1848 von König Friedrich Wilhelm IV. von Preußen verkündete, bis 1918 im wesentlichen gültige preuß. Verfassung. Sie sah ein Zweikammersystem vor, erklärte bestimmte Bürgerrechte (u. a. allg., doch nicht gleiches Wahlrecht) und machte die Kammern neben der Krone zum entscheidenden Faktor der Gesetzgebung. – 2. die am 4. März 1849 von Kaiser Franz Joseph I. gegen das Verfassungsprojekt des Reichstags von Kremsier sowie gegen die Frankfurter Nat.versammlung und ihre Reichsverfassung verkündete Verfassung für das Kaisertum Österreich: Diese sah u. a. einen direkt gewählten Reichstag vor und führte in beschränktem Umfang bürgerl. Grundrechte ein; durch Staatsstreich am 31. Dez. 1851 widerrufen.

Bulat Schalwowitsch Okudschawa

Okudschawa, Bulat Schalwowitsch [russ. akudˈʒavɐ], *Moskau 9. Mai 1924, russ. Schriftsteller. – Populär als Verf. satir., unpathet. Gedichte und Chansons, die er zur Gitarre vorträgt (in dt. Auswahl u. a. „Der fröhl. Trommler", 1969); auch Erzählungen und histor.-biograph. Romane wie „Der arme Awrasimow" (1969), „Die Erlebnisse des Polizeiagenten Schipow bei der Verfolgung des Schriftstellers Tolstoj" (1971; deshalb 1972 aus der KPdSU ausgeschlossen), „Die Reise der Dilettanten" (1976), „Die Flucht" (1978), „Begegnung mit Bonaparte" (1985).

Okular [zu lat. ocularis „zu den Augen gehörig"], bei einem opt. Gerät die dem Auge zugewandte Linse, durch die das vom ↑Objektiv erzeugte reelle Zwischenbild wie durch eine Lupe betrachtet wird.

Okulation [zu lat. oculus „Auge"] (Augenveredelung), Veredelungsverfahren (z. B. an Rosen), wobei ein Stückchen Rinde mit der daraufsitzenden Knospe einer hochwertigen Sorte unter die mit einem T-Schnitt gelöste Rinde des Wildlings (Unterlage) geschoben wird.

Okuli (Oculi) [lat. „Augen"], Name des 3. Fastensonntags, nach dem lat. Anfangswort des Introitus.

Olaf V., König von Norwegen

Ōkuma Shigenobu, Marquis (seit 1916), *Saga 16. Febr. 1838, †Tokio 10. Jan. 1922, jap. Politiker. – Anhänger der kaisertreuen Partei in den Meijireformen und Befürworter eines parlamentar. Systems; 1873–80 Finanzmin., 1882 Gründer der Fortschrittspartei (Kaishintō); 1888 und 1896/97 Außenmin.; Min.präs. 1898, 1914–16.

Okume [afrikan.-frz.] (Okoumé), hellrotes bis rosagraues, ziemlich grob strukturiertes, weiches Holz des bis 60 m hohen Balsambaumgewächses *Aucoumea klaineana;* Verwendung v. a. für Sperrholz, Blind- und Innenfurniere.

Ökumene [zu griech. oikouménē (gẽ) „bewohnte (Erde)"], in der *Geographie* im Ggs. zur ↑Anökumene der von Menschen ständig bewohnte Siedlungsraum.

▷ in der *Theologie* Bez. für die Gesamtheit der christl. Kirchen.

ökumenische Bewegung, Einigungsbewegung christl. Kirchen im 20. Jh. Die kirchl. Zusammenarbeit orientiert sich an den frühchristl. ökumen. Konzilen; es besteht kein Konflikt zw. den verschiedenen Ansprüchen auf eigene Allgemeingültigkeit. Ausgangspunkt der ö. B. war das gemeinsame Handeln in der Mission, ihr Ziel ist die Einheit der Kirchen in der Verkündigung von Jesus Christus und im Dienst an der Welt. – Vorarbeiten im 19. Jh. durch Laienbünde wie den Christl. Verein Junger Männer und den Christl. Studentenweltbund waren erst erfolgreich, als institutionelle Kirchen zur Zusammenarbeit bereit waren. 1910 fand auf Betreiben des amerikan. methodist. Laien John R. Mott die Weltmissionskonferenz in Edinburgh statt, als deren Ergebnis 1921 der Internationale Missionsrat gegründet wurde und deren Anstöße zur Vertiefung des Interkonfessionalismus zur Bewegung für Glauben und Kirchenverfassung (↑Faith and Order) führten, in der nun auch Lehre und Praxis der Kirchen gemeinsam neu formuliert wurden. Als dritter Zweig der ö. B. entstand aus dem Weltbund für Freundschaftsarbeit der Kirchen (1914–48) die kirchl. offizielle Bewegung für Prakt. Christentum (Life and Work). „Faith and Order" und „Life and Work" beschlossen 1938 in Utrecht, sich zum ↑Ökumenischen Rat der Kirchen zusammenzuschließen, was erst 1948 möglich wurde; er ist seither das tragende Instrument der ö. B. – Seit dem Pontifikat Johannes' XXIII. besteht eine zunehmende Zusammenarbeit zw. Ökumen. Rat und Vatikan. Ausdruck dafür sind auf offizieller Ebene die Gemeinsame Arbeitsgruppe (1965), der Ausschuß für Gesellschaft, Entwicklung und Frieden (↑SODEPAX, seit 1968) und die Mitarbeit kath. Vertreter bei „Faith and Order". Ein stärker werdendes ökumen. Bewußtsein zeigt sich jedoch v. a. in der kirchl. Praxis, z. B. in den heute weit verbreiteten ökumen. Gottesdiensten und bes. in der seit 1970 auch kirchenrechtl. Möglichkeit einer **ökumenischen Trauung** bei Mischehen, wobei der Pfarrer der jeweils anderen Kirche an der Trauung mitwirkt oder beide Pfarrer gemeinsam die Trauung vornehmen. Die seit 1981 bestehende Ökumen. Kommission zw. ev. und kath. Kirche diskutiert auf amtl. Ebene theolog. Grundfragen, auch prakt. Fragen, wie ökumen. Gottesdienste, Mischehenseelsorge, Abendmahl. – Ein charakterist. Beispiel für die über Einigungsbestrebungen hinausgehenden Initiativen, die vom Ökumen. Rat der Kirchen angeregt wurden, ist die weltweite Bewegung für „Gerechtigkeit, Frieden und Bewahrung der Schöpfung" (Weltversammlung März 1990 in Seoul).

ökumenische Glaubensbekenntnisse, svw. ↑ökumenische Symbole.

Ökumenischer Patriarch, seit dem 6. Jh. Titel des orth. Patriarchen von Konstantinopel, der urspr. eine Gleichstellung mit Rom zum Ausdruck bringen sollte. Heute besitzt der Ö. P. innerhalb der autokephalen orth. Kirchen nur einen Ehrenprimat.

Ökumenischer Rat der Kirchen (Weltrat der Kirchen, engl. World Council of Churches), Abk. ÖRK, organisator. Instrument der ↑ökumenischen Bewegung mit Sitz in Genf. Auf der Basis der Bewegungen „Faith and Order" und „Life and Work" entstand 1937 der Plan und 1938 in Utrecht der erste Verfassungsentwurf des entstehenden ÖRK. An der konstituierenden Vollversammlung des ÖRK 1948 in Amsterdam nahmen 147 Kirchen aus 44 Ländern teil. Das Ziel ist die Überwindung der trennenden Ggs. der christl. Lehre, aber auch die der Nationalitäten und Rassen. Auf der 3. Vollversammlung in Neu-Delhi 1961 wurde der Zusammenschluß des ÖRK mit dem Internat. Missionsrat vollzogen. Mgl. kann jede autonome Kirche werden, wenn $^{2}/_{3}$ der Vollversammlung oder des Zentralausschusses zustimmen. Die Vollversammlung ist das oberste Gremium und tagt alle 6 Jahre. Zw. den Konferenzen werden die Aufgaben des ÖRK unter Leitung des Generalsekretariats in Genf von vier Abteilungen wahrgenommen: Abteilung für zwischenkirchl. Hilfe, für ökumen. Aktivität, Studienabteilung und Abteilung für Weltmission und Evangelisation.

ökumenisches Konzil, die Versammlung der Bischöfe der gesamten kath. Kirche, die Repräsentation der Universalkirche. Nach dem kanon. Recht wird das ö. K. vom Papst berufen.

ökumenische Symbole (ökumenische Glaubensbekenntnisse), zusammenfassende Bez. der drei altkirchl. Bekenntnisse: ↑Apostolisches Glaubensbekenntnis, Athanasian. Glaubensbekenntnis (↑Quicumque) und ↑Nizänokonstantinopolitanum.

ökumenische Trauung ↑ökumenische Bewegung.

Ökumenismus [griech.], seit dem 2. Vatikan. Konzil in der kath. Kirche übl. Bez. für interkonfessionelle Einigungsbestrebungen (↑ökumenische Bewegung), der die Anerkennung unterschiedl. christl. Konfessionen zugrunde liegt und deren Grundzüge am 21. Nov. 1964 im Dekret über den Ö. formuliert und veröffentlicht wurden. Ziel des Ö.

ist eine „Wiedervereinigung" („reconciliatio") der Christen, nicht deren „Rückkehr" in die kath. Kirche. – Das eigtl. Problem des Ö. ist der in den einzelnen Konfessionen verschiedene Kirchenbegriff, dem der Anspruch der kath. Kirche, die alleinseligmachende zu sein (↑extra ecclesiam nulla salus), ausschließend entgegensteht, noch verschärft durch den jurisdiktionellen und Lehrprimat des Papstes.

OKW, Abk. für: **O**ber**k**ommando der **W**ehrmacht.

Okwabaum (Treculia africana), Maulbeerbaumgewächs im trop. Afrika; 20–25 m hoher Waldbaum mit 30–40 cm langen, ganzrandigen Blättern; Fruchtstände mit 20–30 cm Durchmesser und 9 kg bis über 20 kg Gewicht. Die Samen dienen v. a. im trop. W-Afrika als Nahrungsmittel.

Okzident [zu lat. sol occidens „untergehende Sonne"], Westen, Abend; in übertragener Bed. svw. ↑Abendland. – Ggs. ↑Orient.

okzipital [lat.], zum Hinterhaupt gehörend, das Hinterhaupt betreffend.

okzitanische Sprachen, bereits im Latein des MA („occitanus"; frz. „Langue d'oc") auftretende Bez. für die provenzal. Mundarten S-Frankreichs nach der Bejahungspartikel *oc* („ja"). Das Okzitanische wurde von der Gruppe der ↑Félibres wieder aufgegriffen, setzte sich aber nicht durch.

Öl ↑Öle.

-ol [arab.], Suffix der chem. Nomenklatur, das das Vorhandensein einer Hydroxylgruppe in organ. Verbindungen anzeigt.

Ölabscheider ↑Kläranlage.

Ölabstreifring ↑Kolben.

Olaf ['o:laf, norweg. 'u:laf], Name norweg. Herrscher:

O. I. Tryggvesson [norweg. 'trygvəsɔn], *um 964, ⚔ bei Svolder (bei Rügen ?) 1000, König (seit 995). – Begann nach der Unterwerfung Norwegens (995) dessen gewaltsame Christianisierung; gründete 997 Nidaros (↑Drontheim).

O. II. Haraldsson, gen. der Heilige, *um 995, ⚔ Stiklestad (= Verdal, Nord-Trøndelag) 29. Juli 1030, König (1015–28). – Setzte das Bekehrungswerk O. I. fort; mußte 1028 vor dem dän. König Knut II., d. Gr., nach Rußland fliehen. Er fiel beim Versuch, sein Reich zurückzuerobern. Schutzpatron Norwegens (Fest: 29. Juli).

O. III. Haraldsson, gen. O. H. Kyrre [norweg. ˌçyrə „der Stille"], †in Norwegen 1093, König (seit 1067/69). – Regierte bis 1069 zus. mit seinem Bruder Magnus II. Haraldsson; erhielt wegen seiner friedvollen Regierung seinen Beinamen.

O. V., urspr. Alexander Eduard Christian Friedrich Prinz von Dänemark, *Appleton House (Norfolk) 2. Juli 1903, †Oslo 17. Jan. 1991, König (seit 1957). – Seit 1929 ⚭ mit Prinzessin Märtha von Schweden (*1901, †1954); ging nach der dt. Besetzung Norwegens 1940 ins Exil und leitete von London aus mit seinem Vater Håkon VII. den norweg. Widerstand; kehrte 1945 nach Oslo zurück; 1955–57 Regent für seinen Vater.

Ólafsson, Stefán [isländ. 'ɔulafsɔn], *Kirkjubær um 1620, †Vallanes 29. Aug. 1688, isländ. Gelehrter und Dichter. – Ab 1649 Pfarrer; gilt als der bedeutendste weltl. Barockdichter Islands; schrieb Satiren und Grotesken sowie subjektiv-persönl. Lyrik.

Olahus, Nikolaus, eigtl. N. Oláh, *Hermannstadt (Siebenbürgen) 10. Jan. 1493, †Preßburg 14. Jan. 1568, slowak. kath. Theologe. – 1544 Bischof von Agram, 1548 von Eger und seit 1553 Erzbischof von Gran. Er war der Initiator der Gegenreformation in Ungarn und betrieb die Durchführung der Trienter Reformbeschlüsse.

Öland, zweitgrößte schwed. Insel, in der Ostsee, durch den von einer 6070 m langen Brücke überspannten Kalmarsund vom Festland getrennt, 135 km lang, bis 16 km breit, 24000 E. Viehzucht, Anbau von Zuckerrüben, Kartoffeln, Zwiebeln und Erdbeeren. Einzige Stadt ist Borgholm. Zeugen früher Besiedlung: bronzezeitl. Hügelgräber, Gräberfelder, Runensteine und Fluchtburgen. 1569–1801 war Ö. königl. Wildpark (Jagdrevier).

Ökumenische Konzile

Konzil	Zeit	Wichtigste Verhandlungsthemen
1. Nizäa	19. Juni bis 25. Aug. 325	Verurteilung des Arianismus; Termin des Osterfestes; Formulierung des ersten („Nizänischen") Glaubensbekenntnisses
2. Konstantinopel I	Mai bis 9. Juli 381	Wiederherstellung der Glaubeneinheit; Gottheit des Hl. Geistes
3. Ephesus	26. Juni bis Sept. 431	Gottesmutterschaft Marias; Überwindung von Nestorianismus und Pelagianismus
4. Chalkedon	8.–31. Okt. 451	Entscheidung gegen Monophysitismus: zwei Naturen in Christus („hypostatische Union")
5. Konstantinopel II	5. Mai bis 2. Juni 553	Verurteilung der „Drei Kapitel" der Nestorianer und der Lehren der Origenisten
6. Konstantinopel III („Trullanum I")	7. Nov. 680 bis 16. Sept. 681	Verurteilung des Monotheletismus; „Honoriusfrage"
7. Nizäa II	24. Sept. bis 23. Okt. 787	Sinn und Erlaubtheit der Bilderverehrung, Reformdekrete
8. Konstantinopel IV	5. Okt. 869 bis 28. Febr. 870	Beseitigung des „Photianischen Schismas"
9. Lateran I	18./19. März bis 6. April 1123	Bestätigung früherer Dekrete über den Gottesfrieden und des Wormser Konkordats
10. Lateran II	April 1139	Reformdekrete (im Sinne der gregorian. Reform)
11. Lateran III	5.–19. (22.) März 1179	Vorschriften zur Papstwahl; Ausweitung des Kreuzzugsablasses
12. Lateran IV	11.–30. Nov. 1225	Lehre von der Transsubstantiation; Glaubensbekenntnis gegen Albigenser und Katharer; Vorschrift bes. Kleidung für Juden
13. Lyon I	28. Juni bis 17. Juli 1245	Wirtschafts- und Verwaltungsreform des kirchlichen Besitzes; Absetzung Kaiser Friedrichs II.
14. Lyon II	7. Mai bis 17. Juli 1274	Union mit den Griechen; Kirchenreform; Konklaveordnung
15. Vienne	16. Okt. 1311 bis 6. Mai 1312	Aufhebung des Templerordens; Franziskan. Armutsstreit; Freiheit der Kirche gegenüber weltlicher Gewalt
16. Konstanz	5. Nov. 1414 bis 22. April 1418	Verurteilung der Lehre Wyclifs; Todesurteil über J. Hus; Beilegung des Abendländ. Schismas; Resignation Gregors XII., Absetzung Johannes' XXIII. und Benedikts XIII., Wahl Martins V.; Konziliarismus
17. Basel-Ferrara-Florenz oder 17. Basel I und 18. Basel II (Ferrara-Florenz)	23. Juli 1431 bis 25. April 1449; 23. Juli 1431 bis 7. Mai 1437; 8. Jan. 1438 bis 25. April 1448	Entscheidungskampf zwischen Papsttum und Konziliarismus, Sieg des Papsttums; Union mit den Griechen, Armeniern, Jakobiten
18. (19.) Lateran V	3. Mai 1512 bis 16. März 1517	Lehre von der Individualität und Unsterblichkeit der Seele
19. (20.) Trient	13. Dez. 1545 bis 4. Dez. 1563	Lehre von Schrift und Tradition, Erbsünde, Rechtfertigung, Sakramente, Meßopfer, Heiligenverehrung; Reformdekrete (über Priesterausbildung, Domkapitel, Residenzpflicht der Bischöfe)
20. (21.) Vatikanum I	8. Dez. 1869 bis 20. Okt. 1870	Definition des Primats und der Unfehlbarkeit des Papstes
21. (22.) Vatikanum II	11. Okt. 1962 bis 8. Dez. 1965	liturg. Erneuerung; Offenbarung; Kirche in der Welt von heute; Kollegialität der Bischöfe; Religionsfreiheit; Ökumenismus; soziale Kommunikationsmittel (Medien)

Ölbadfilter ↑Luftfilter.

Ölbaum (Olivenbaum, Olea), Gatt. der Ölbaumgewächse mit rd. 20 Arten im trop. und mittleren Asien, in Afrika, im Mittelmeergebiet sowie in Australien und Neukaledonien. Die wichtigste Art als Kultur- und Nutzpflanze ist der **Echte Ölbaum** (Olea europaea), ein mehr als 1000

Jahre alt werdender, 10–16 m hoher Baum mit knorrigem Stamm; Blätter weidenartig, ledrig, unterseits silbergrau; Blüten weiß, klein, in traubigen Ständen. – Die Frucht des Ö. ist eine pflaumenähnl. Steinfrucht **(Olive).** Die grüne, rötl. oder schwarze Fruchthaut ist dünn, das grünlichweiße Fruchtfleisch sehr ölreich. Der harte Steinkern enthält meist nur einen ölreichen Samen. – Der Ö. wird heute in zahlr. Kulturvarietäten angebaut. Die für Speisezwecke verwendeten größeren, fruchtfleischreicheren und ölarmen *Speiseoliven* werden gepflückt, die kleineren *Ololiven* mit dünnem, ölreichem Fruchtfleisch (↑ Olivenöl) abgeschüttelt.
Geschichte: Der Ö. wird seit dem 3. Jt. v. Chr. im südl. Vorderasien angebaut. In Griechenland war der Ö. der Göttin Athena heilig. *Ölzweige* waren im allg. Zeichen des Sieges, bei Juden und Christen Zeichen des Friedens.

Ölbaum. Blühender und fruchtender Zweig

Ölbaumgewächse (Oleaceae), Pflanzenfam. mit rd. 600 Arten in den Tropen und den gemäßigten Gebieten, im pazif. Bereich fehlend; vorwiegend Holzpflanzen mit Blüten in meist rispigen oder traubigen Blütenständen. Die Früchte sind oft einsamige Kapseln, Nüsse, Beeren oder Steinfrüchte. In Deutschland sind nur die Gemeine Esche und der Gemeine Liguster heimisch; viele Ö. werden als Zierpflanzen kultiviert, u. a. zahlr. Arten und Sorten des Flieders, der Forsythie, des Jasmins. Wichtigste Kulturpflanze unter den Ö. ist der Echte ↑ Ölbaum.

Ölberg, Höhenzug östl. von Jerusalem, jenseits des Kidron; am westl. Fuße ↑ Gethsemane; auf dem nördl. Skopusberg (819 m) die alte Hebräische Univ. Jerusalem; die mittlere Kuppe Dschabal At Tur (809 m) gilt als Stätte der Himmelfahrt Christi (ehem. Himmelfahrtskapelle, mit angebl. Fußabdruck Christi; heute Moschee); russ. Kloster. – In der *bildenden Kunst* wird der Ö. bes. im Zusammenhang des Gebets und der Todesangst Christi am Beginn der Passion dargestellt.

Ölberg, Großer ↑ Großer Ölberg.

Ọlbernhau, Stadt im östl. Erzgebirge, an der Flöha, Sa., 440–470 m ü. d. M., 12 000 E. Heimatmuseum. Herstellung von Holzspielwaren, Nußknackern, Pyramiden, Räuchermännchen. – 1336 erstmals bezeugt; um 1800 Marktflecken; 1902 Stadterhebung. – Im Stadtteil Grünthal befestigte Kupferhütte „Saigerhütte" (1493 und 1567).

Ọlbers, Wilhelm, * Arbergen (= Bremen) 11. Okt. 1758, † Bremen 2. März 1840, dt. Astronom. – Errichtete 1799 eine Privatsternwarte; entdeckte sechs Kometen und berechnete zahlreiche Kometenbahnen.

Joseph Olbrich. Das Warenhaus Tietz in Düsseldorf, 1907 begonnen, fertiggestellt 1909, heute Kaufhof

Ölberg. Christus am Ölberg, Tafel aus dem ehemaligen Zisterzienserkloster in Hohenfurth, heute Vyšší Brod, Tschechische Republik, vor 1350 (Prag, Nationalgalerie im Hradschin)

Ọlberssches Parạdoxon [nach W. Olbers], Bez. für den Widerspruch zw. der Dunkelheit des Nachthimmels und der Annahme eines unendlich ausgedehnten, gleichmäßig mit ewig strahlenden Sternen angefüllten Weltalls. In einem solchen Weltall müßte sich von der Erde aus gesehen in jeder Richtung mindestens ein Stern befinden, und der Himmel müßte taghell leuchten. Die tatsächl. Dunkelheit des Nachthimmels wird unabhängig vom Weltmodell (statisch oder expandierend) durch das endl. Alter der Sternsysteme verursacht; die Rotverschiebung des expandierenden Weltalls fällt demgegenüber nicht ins Gewicht.

Ọlbia, Ruinenstadt an der Mündung des Südl. Bug ins Schwarze Meer, Ukraine; gegr. von ion. Siedlern als Handelsplatz im frühen 6. Jh. v. Chr.; geriet im 2. Jh. v. Chr. unter skyth. Vorherrschaft; 50 v. Chr. von den Dakern zerstört; bestand noch bis ins 4. Jh. n. Chr. – Die ummauerte Stadt (33 ha Fläche) war in Unter- und Oberstadt geteilt: freigelegt die Agora und der hl. Bezirk (Temenos), u. a. mit monumentalem Freialtar.

O., italien. Hafenstadt in NO-Sardinien, 15 m ü. d. M., 31 700 E. Autofähre nach Civitavecchia. – Roman. Kirche (11. und 12. Jh.).

Ọlbracht, Ivan, eigtl. Kamil Zeman, * Semily (Ostböhm. Bez.) 6. Jan. 1882, † Prag 30. Dez. 1952, tschech. Schriftsteller. – Sohn von A. Stašek; Redakteur und Publizist; nach 1945 Mgl. des ZK der KPČ und Abg.; schrieb zunächst psycholog. Romane („Im dunkelsten Kerker", 1916), später mit sozialkrit. Tendenz, v. a. „Anna. Ein Mädchen vom Lande" (1928), „Der Räuber Nikola Schuhaj" (1933).

Ölbrenner ↑ Brenner.

Olbreuse, Eleonore Desmier d' [frz. ɔl'brø:z], * Schloß Olbreuse (Deux-Sèvres) 16. Jan. 1639, † Celle 5. Febr. 1722, Hzgn. von Braunschweig-Lüneburg. – Geliebte Hzg. Georg Wilhelms; 1676 als rechtmäßige Gemahlin des Hzg. und als Hzgn. anerkannt. Stammutter der brit. und hannoveran. Könige.

Ọlbrich, Joseph [Maria], * Troppau (= Opava) 22. Dez. 1867, † Düsseldorf 8. Aug. 1908, dt. Architekt. – Schüler O. Wagners, begr. seinen Ruhm als Jugendstilkünstler durch das Ausstellungsgebäude (1897/98) der Wiener Sezession. 1899 nach Darmstadt berufen, wo ihm die Gesamtleitung für die Ausgestaltung der Mathildenhöhe übertragen wurde: Er selbst baute das „Ernst-Ludwig-Haus" (1900/01), „Hochzeitsturm" (1907/08) sowie die Wohnhausgruppe Eckhaus, Blaues und Graues Haus (1904);

funktionalistisch ist sein Warenhaus Tietz in Düsseldorf (1907–09), heute Kaufhof.

Olbricht, Friedrich, *Leisnig 4. Okt. 1888, †Berlin 20. Juli 1944 (standrechtlich erschossen), dt. General. – Nahm als Divisionskommandeur am Polenfeldzug teil; seit März 1940 Chef des Allg. Heeresamtes im Oberkommando des Heeres; spielte eine zentrale Rolle beim Umsturzversuch vom 20. Juli 1944 (↑Zwanzigster Juli).

Friedrich Olbricht

Olbrychski, Daniel [poln. ɔl'brixski], *Łowicz 27. Febr. 1945, poln. Schauspieler. – Bühnen- und Filmdarsteller, u. a. in Werken A. Wajdas. – *Filme:* Sinflut (1974), Das gelobte Land (1975), Die Mädchen von Wilko (1979), Eine Liebe in Deutschland (1983), Danton (1983), Rosa Luxemburg (1985), Das Geheimnis der Sahara (Fernsehserie, 1987), Coplan: Entführung nach Berlin (1989).

Olcott, Henry Steel [engl. 'ɔlkət], *Orange (N. J.) 2. Aug. 1832, †Adyar (Tamil Nadu, Indien) 17. Febr. 1902, amerikan. Theosoph. – Offizier, dann Journalist; gründete 1875 zus. mit H. P. Blavatsky die ↑Theosophische Gesellschaft, deren erster Präsident er war.

Old Bailey [engl. 'ould 'beılı] ↑Central Criminal Court.

Oldenbarnevelt (Oldenbarneveldt, Barnevelt), Johan van, *Amersfoort 14. Sept. 1547, †Den Haag 13. Mai 1619 (enthauptet), niederl. Staatsmann. – Liberal-aristokrat. Führer im Unabhängigkeitskampf; schloß 1609 gegen den Willen des Statthalters Prinz Moritz von Oranien einen zwölfjährigen Waffenstillstand mit den Spaniern. In den konfessionellen Streitigkeiten stand er auf der Seite der ↑Arminianer, im Ggs. zum Statthalter, der O. verhaften und hinrichten ließ.

Oldenburg, europ. Dyn., auf Egilmar I. (†1108) zurückgeführt. Mit Christian VIII. (1448/57 als Christian I. zum König von Dänemark, Norwegen und Schweden gewählt), der durch den Vertrag von Ripen (1460) die Erbnachfolge in Schleswig und Holstein antrat, begann die *dän. Hauptlinie* (bis 1863), während Christians Bruder Gerhard die *gräfl. Linie O.* weiterführte (1667 erloschen). Von der dän. Hauptlinie zweigte 1544 die Nebenlinie *Gottorf* und 1564/71 die Nebenlinie *Sonderburg* ab, die nach dem Aussterben der dän. Hauptlinie mit dem Thronerwerb von Dänemark, Griechenland und Norwegen Bed. erlangte.

Oldenburg, Claes [engl. 'ouldənbə:g], *Stockholm 28. Jan. 1929, amerikan. Objektkünstler schwed. Herkunft. – Bed. Vertreter der Pop-art, verfremdet die Gegenstandswelt durch die Umkehrung der Materialien (hart zu weich, weich zu hart) und/oder durch ihre Überdimensionierung. Einer der Begründer der Land-art.

Oldenburg, dt. histor. Territorium, entstanden nach dem Ende des Stammes-Hzgt. Sachsen 1180 im Gebiet schwacher Reichsgewalt um das heutige Oldenburg (Oldenburg) aus einer locker gefügten Gesamtheit von Hoheitsrechten, Gerichtsbezirken, Grundherrschaften, Lehns- und Eigenbesitz; erweitert durch Stedingen (1234, der fries. Rest 1513), Varel (1386), Neuenburg und Zetel (1428) sowie Stadland und Butjadingen (1499; letzteres 1523 dauernd), 1575 erstmals der Herrschaft Jever (fiel im 17. Jh. an Anhalt-Zerbst). 1447/48 Anerkennung der Reichsgewalt; 1531 wurde O. Reichslehen. Als 1667 das Grafenhaus erlosch, regierte in O. die dän. Hauptlinie durch einen Statthalter, ab 1773 die jüngere Linie Gottorf. Das 1777 zum Hzgt. erhobene O. verdoppelte 1803 seinen Territorialbestand (Oldenburger Münsterland und Amt Wildeshausen). Nach napoleon. Annexion 1815 wiederhergestellt, wurde das Großhzgt. (seit 1815/29) in 3 Landesteilen – neben O. die (seit 1773 bzw. 1814 oldenburg.) Ft. Lübeck und Birkenfeld – regiert. Wurde 1918 dt. Freistaat mit demokrat. Verfassung, 1946 Teil des Landes Niedersachsen.

Oldenburger Warmblutpferd (Oldenburger), unter Einkreuzung verschiedener Vollblutlinien gezüchtete Varietät tief und breit gebauter, 160–165 cm schulterhoher Dt. Reitpferde; Allzweckpferd mit Reitpferdeigenschaft; Braune und Rappen.

Oldenburg in Holstein, Stadt auf der Halbinsel Wagrien, Schl.-H., 4 m ü. d. M., 9 300 E. – 1235 Stadtrechtsverleihung. – Nördl. des Marktplatzes sind Reste einer slaw. Wehranlage erhalten; roman. Backsteinbasilika (12. Jh.) mit got. Chor, barock umgestaltet.

Oldenburg (Oldenburg), Hauptstadt des Reg.-Bez. Weser-Ems, Nds., in verkehrsgünstiger Lage an Hunte und Küstenkanal, 7 m ü. d. M., 143 300 E. Verwaltungssitz des Landkr. O. (O.); Synodalsitz der Ev.-luth. Kirche in Oldenburg; Univ., Fachhochschule, Niedersächs. Staatsarchiv, Landesbibliothek; mehrere Museen und Kunstgalerien; Staatstheater u. a. Bühnen. Bed. als Verwaltungs- und Handelsstadt für ein weites Umland; Motorenwerk, Fleischwarenfabrik, Glasfabriken, Schiffswerft, Elektro-, Bekleidungs- und metallverarbeitende Ind., Druckereien und Verlage; Hafen am Küstenkanal. – 1108 erstmals erwähnt; erhielt 1345 Stadtrecht; seit der Mitte des 12. Jh. Mittelpunkt der Gft. Oldenburg. Ab 1777 (–1918) Residenz der Herzöge bzw. Großherzöge von Oldenburg; bis 1946 Hauptstadt des Landes Oldenburg. – Das Renaissanceschloß (1604 ff.; heute Landesmuseum) wurde im 18. und 19. Jh. erweitert; klassizist.-neugot. Lambertikirche (1797 und 1887), fürstl. Mausoleum (1786).

Oldenburg (Oldenburg)
Stadtwappen

O. (O.), Landkr. in Niedersachsen.

Oldendorp, Johannes, *Hamburg um 1488, †Marburg 3. Juni 1567, deutscher Rechtsphilosoph. – Professor u. a. in Greifswald, Rostock, Frankfurt/Oder, Köln und Marburg; trat als Stadtsyndikus in Rostock (1526–34) und Lübeck (1534–36, unter J. Wullenwever) für die Durchsetzung der Reformation in den norddt. Städten ein. O. gilt als einer der führenden Vertreter des frühen luth. Naturrechtsdenkens.

Oldesloe, Bad [...lo:] ↑Bad Oldesloe.

Oldfield, Mike (Michael) [engl. 'ouldfi:ld], *Reading (Berkshire) 15. Mai 1953, engl. Popmusiker. – Spielt auf seinen Alben alle Instrumente durch Playback-Verfahren im eigenen Tonstudio selbst ein. Seine Musik verbindet internat. Folklore und Rock, z. T. mit Elementen klass. Musik und Minimal music.

Oldie ['ouldi:; zu engl. old „alt"], umgangssprachlich für etwas (v. a. Schlager, Film), was nach langer Zeit noch oder wieder beliebt ist.

Öldiffusionspumpe ↑Vakuumtechnik.

Öldotter ↑Leindotter.

Claes Oldenburg. Weicher schwedischer Riesenschalter, 1966 (Köln, Museum Ludwig)

Oldowayschlucht ↑Olduwaischlucht.

Oldtime-Jazz [engl. 'ouldtaim'dʒæz, „Jazz aus der alten Zeit"], übergreifende Bez. für die älteren Stilbereiche des Jazz bis etwa 1930, insbes. im New-Orleans-Jazz, Dixiland-Jazz und Chicago-Stil.

Oldtimer [engl. 'ouldtaımə, eigtl. „aus alter Zeit"], Bez. für histor. Kraftfahrzeuge.

Olduwaischlucht [nach dem afrikan. Pflanzennamen Olduwai] (Oldowayschlucht, engl. Olduvai Gorge), über 35 km langes Schluchtsystem am SO-Rand der Serengeti, Tansania; zahlr. Funde tier. und menschl. Überreste (Homo habilis, Homo erectus, Zinjanthropus; bis fast 2 Mill. Jahre alt) sowie von Stein- und Knochenwerkzeugen. Ende 1974 wurden bei *Laetolil* (40 km südlich der O.) mehr als 3,5 Mill. Jahre alte Funde vermutlich der Gattung Homo gemacht.

Old Vic Theatre [engl. 'oʊld 'vɪk 'θɪətə „altes Vic(toria) Theater"], Londoner Theater; 1818 gegr., Bühne für Boulevardstücke, ab 1900 Stätte für Konzerte, Shakespeareszenen und Opern, seit 1914 Entwicklung zur Shakespearebühne. Im Zweiten Weltkrieg zerstört, wurde das O. V. T. im New Theatre untergebracht. 1950 Bezug des wiederaufgebauten Hauses; 1963 Auflösung der Truppe. 1963–76 hatte das National Theatre seinen Sitz im O. V. T.; 1983 nach Schließung (1981) als Theater für Shows und Musicals wiedereröffnet.

Oleander. Echter Oleander

Öle [zu griech.-lat. oleum (mit gleicher Bed.)], bei Raumtemperatur flüssige, wasserunlösl., viskose organ. Verbindungen, z. B. die fetten Ö., die in ihrem Aufbau den ↑Fetten entsprechen, die ↑Mineralöle und die chemisch sehr uneinheitl. ↑ätherischen Öle. In vielen Religionen sind **heilige Öle** sakramentale Mittel der Weihe und Kraftübertragung, der Dämonenabwehr und der Entsühnung (↑Salbung, ↑Krankensalbung).

Oleander [lat.-italien.] (Nerium), Gatt. der Hundsgiftgewächse mit 3 Arten im Mittelmeergebiet bis zum subtrop. O-Asien; bekannt v. a. der **Echte Oleander** (*Rosenlorbeer,* Nerium oleander), ein 3–6 m hoher giftiger Strauch oder kleiner Baum mit 10–15 cm langen Blättern und rosafarbenen Blüten (Kulturformen bis 8 cm breit, auch rot, weiß, gelb, gestreift oder gefüllt).

Olearius, Adam, eigtl. A. Ölschläger, *Aschersleben Sept. 1599, †Schloß Gottorf (= Schleswig) 22. Febr. 1671, dt. Schriftsteller. – 1651 Mgl. der Fruchtbringenden Gesellschaft; mit der kulturgeschichtlich bed. Darstellung seiner Reisen nach Rußland (1633–35) und Persien (1635–39) („Offt begehrte Beschreibung der newen oriental. Reise", 1647) gilt O. als Begründer der wiss. Reisebeschreibung; auch bed. Übersetzungen pers. Literatur.

Oleaster [griech.-lat.], Wildform (vielleicht auch verwilderte Kulturform) des Ölbaums; im gesamten Mittelmeergebiet, v. a. in der Macchie, verbreitet; meist sparriger Strauch oder kleiner Baum mit bis 4 cm langen, kleinen Blättern und rundl., ölarmen, kleinen Früchten.

Oleate [griech.-lat.] ↑Ölsäure.

Olefine [Kw.], svw. ↑Alkene.

Oleg ['o:lɛk, russ. a'ljɛk], †912, altruss. Fürst. – Herrschte seit 879 in Nowgorod, seit 880/882 auch im Kiewer Reich. Legte durch Vereinigung der Warägerherrschaften und Unterwerfung der benachbarten slaw. Stämme den Grund für das Reich der Rurikiden.

Olein [griech.-lat.], durch Verseifung ölsäurehaltiger Fette gewonnenes Produkt; Verwendung zur Seifenherstellung.

Olenjok [russ. alɪ'njɔk], Fluß in Sibirien, entspringt im Mittelsibir. Bergland, mündet in die *O.bucht* der Laptewsee, 2 292 km lang.

Oléron [frz. ɔle'rõ], Insel vor der frz. W-Küste bei Rochefort, durch eine 2 862 m lange Brücke mit dem Festland bei Marennes verbunden; Salzgärten, Austernzucht, Fremdenverkehr. – In der Antike **Uliarus** gen., von kelt. Venetern bewohnt. – Die im 12. Jh. zusammengestellte private Seerechtssammlung **(Rôles d'Oléron)** war als Gewohnheitsrecht bis ins 17. Jh. die Grundlage des abendländ. Seerechts.

Olescha, Juri Karlowitsch [russ. a'ljɛʃɐ], Pseud. Subilo [russ. „Meißel"], *Jelisawetgrad (= Kirowograd) 3. März 1899, †Moskau 10. Mai 1960, russ. Schriftsteller. – Schrieb zunächst satir. Feuilletons, dann den märchenhaften Roman „Die drei Dickwänste" (1924). Umstritten war der Roman „Neid" (1927); verfaßte auch Schauspiele und das Erinnerungsbuch „Kein Tag ohne Zeile" (1961).

Oleśnica [poln. ɔlɛɕ'nitsa] ↑Oels.

Oleum ['ole-ʊm; griech.-lat.], in gereinigtem Zustand farblose, sonst dunkelbraune, ölige Flüssigkeit, die beim Lösen von Schwefeltrioxid in konzentrierter Schwefelsäure entsteht. Das entweichende Schwefeltrioxid bildet mit dem atmosphär. Wasser Schwefelsäurenebel (rauchende Schwefelsäure). O. wird als Oxidations-, Trocken- und Sulfonierungsmittel verwendet.

▷ in der *Pharmazie* Bez. für Öl; Abk.: Ol.; z. B. *Ol. Jecoris* (Lebertran).

olfaktorische Organe [lat./griech.], svw. ↑Geruchsorgane.

Ölfallen ↑Erdöl.

Ölfarben, pigmenthaltige, flüssige Anstrichstoffe, die als Bindemittel trocknende Öle (z. B. Leinöl) enthalten. Das Trocknen wird durch Zugabe von ↑Sikkativen beschleunigt. Die bes. pastösen Künstler-Ö. für die *Ölmalerei* haben einen hohen Pigmentgehalt.

Ölfrüchte ↑Ölpflanzen.

Olga, hl., *um 890, †Kiew 969, altruss. Fürstin. – Gemahlin des Großfürsten Igor von Kiew; regierte nach dessen Tod 945–961 (?) für ihren minderjährigen Sohn Swjatoslaw; der Versuch, nach ihrer Taufe (955) das Kiewer Reich zu christianisieren, scheiterte infolge mangelnder Unterstützung durch Byzanz. – Fest: 11. Juli.

Olgierd [poln. 'ɔlgjɛrt] (Algirdas, Algyrdas), Großfürst von Litauen (1345–77). – Führte die expansive Ostpolitik seines Vaters Gedymin fort und eroberte seit 1357 die sewer. Ft. an Desna und Oka, 1362 auch Wolynien, Podolien und Kiew.

Ölheizung, Zentral- oder Einzelheizung, bei der die Verbrennungswärme von Heizöl zur Wärmeerzeugung genutzt wird. – ↑Heizung.

Olibanum [arab.-mittellat.], svw. ↑Weihrauch.

Olifant [altfrz. „Elefant, Elfenbein"], aus dem Zahn eines Elefanten geschnitztes ma. Jagd- oder Signalhorn; in der Karlssage das Hifthorn Rolands.

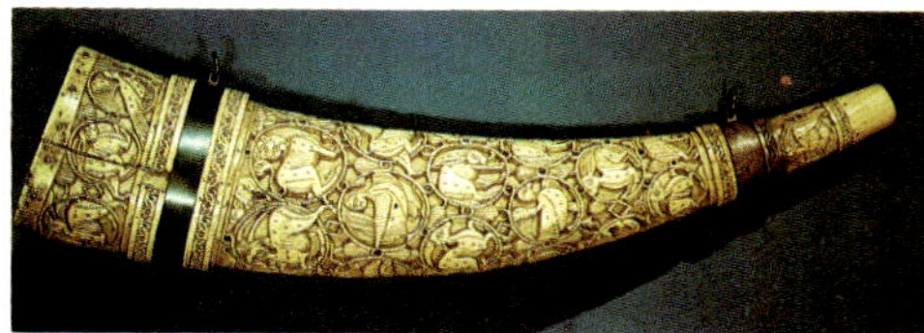

Olifant aus Sizilien, 11. Jh. (New York, Metropolitan Museum)

olig..., Olig... ↑oligo..., Oligo...

Oligarchie [zu griech. oligarchía „Herrschaft der wenigen"], die Herrschaft einer kleinen Gruppe (z. B. von Cliquen oder Fam.), die ihre Macht aus eigennützigen Interessen gebraucht; in der griech. Staatstheorie als Verfallsform der Aristokratie beschrieben. Heute werden Staaten als O. kritisiert, wenn trotz formaler demokrat. Herrschaftslegitimation die tatsächl. Entscheidungen von eng begrenzten Gruppen gefällt werden.

oligo..., Oligo..., olig..., Olig... [griech.], Wortbildungselement mit der Bed. „wenig, gering".

Oligodynamie [zu griech. dýnamis „Kraft"], Bez. für die abtötende oder stark wachstumshemmende Wirkung geringer Mengen von Schwermetallen (z. B. Silber, Kupfer) auf Mikroorganismen (Bakterien, Schimmelpilze, Algen). Die O. wird z. B. bei der Entkeimung des Trinkwassers verwendet.

Oligoklas [griech.] ↑Feldspäte.

Oligomenorrhö [griech.], zu seltene Menstruation; beruht auf einer Regulationsstörung der Eierstöcke.

Oligomere [griech.], organ. Stoffe, deren Moleküle aus der Reaktion weniger Monomerenmoleküle entstanden sind; die Abgrenzung der O. gegen die ↑Polymere ist willkürlich.

Oligophrenie [griech.] (Intelligenzschwäche, Schwachsinn), angeborene oder infolge einer Hirnschädigung im frühen Kindesalter erworbene Intelligenzstörung. Man unterscheidet 4 Grade (Minderbegabung, ↑Debilität, ↑Imbezillität und ↑Idiotie).

Oligopol [griech.], ↑Marktform, bei der auf der Angebots- oder auf der Nachfrageseite eines Marktes jeweils nur wenige Anbieter bzw. Nachfrager miteinander in Konkurrenz stehen. Ein O. auf der Nachfrageseite wird auch als **Oligopson** bezeichnet.

Oligosaccharide [...zaxa'ri:də] ↑Kohlenhydrate.

Oligosaprobien ↑Saprobien.

oligotroph, nährstoff- und humusarm; gesagt von Gewässern und Böden, die nur eine relativ geringe Produktivität aufweisen. – Ggs. ↑eutroph.

Oligozän [griech.], mittlere Abteilung des Tertiärs (↑geologische Systeme [Übersicht]).

olim [lat.], einst, ehemals; **zu Olims Zeiten,** scherzhaft für: vor undenkl. Zeiten.

Olimbos, Berg auf Zypern, ↑Olympus.

Olinda, brasilian. Stadt 16 km nördl. von Recife, 266 000 E. Kath. Erzbischofssitz; Zucker-, Zigarrenfabrik; Seehafen, Badeort. – 1535 gegr.; entwickelte sich zum Zentrum der portugies. Kolonien in NO-Brasilien; 1629 von den Holländern völlig zerstört; bis 1825 rechtlich die Hauptstadt des Kapitanats Pernambuco. – Kolonialzeitl. Stadtbild mit bed. Kirchen, u. a. São Bento (um 1746–63), Nossa Senhora das Neves (1715–55), São João (um 1660). Die Altstadt wurde von der UNESCO zum Weltkulturerbe erklärt.

Oliphant, Marcus Laurence Elwin [engl. 'ɔlɪfənt], *Adelaide 8. Okt. 1901, austral. Physiker. – Prof. in Birmingham und Canberra; wies die für thermonukleare Prozesse grundlegenden Deuteriumreaktionen nach und entwickelte 1943 das Synchrotronprinzip.

Olisippo, antiker Name von ↑Lissabon.

Olitski, Jules, *Snowsk (= Schtschorsk) 27. März 1922, amerikan. Maler russ. Herkunft. – O. leistete mit seinem Werk einen wesentl. Beitrag zur Farbfeldmalerei.

Oliv [griech.-lat.], ein zu den ungesättigten Farben zählendes bräunl. Gelbgrün. Als **Olivgrün** bezeichnet man ein grünlicheres O. oder auch ein trübes Grüngelb.

Oliva, ehem. Zisterzienserabtei in Danzig, gegr. um 1178, 1224 von den Pruzzen zerstört; erlebte in der Deutschordenszeit (1309 bis 1466) einen neuen Aufstieg; 1831 säkularisiert. Die langgestreckte Backsteinkirche (13./14. Jh.) verfügt über eine bed. Ausstattung. – Im **Frieden von Oliva** (3. Mai 1660) zw. Schweden einerseits und Polen mit seinen Verbündeten Brandenburg und Österreich andererseits mußte Polen den schwed. Besitz in Livland und Estland sowie die Souveränität des brandenburg. Kurfürsten im Hzgt. Preußen anerkennen.

Olive [griech.-lat.], Frucht des Echten ↑Ölbaums.
▷ gewelltes Glasrohrstück zur Verbindung zweier Schläuche.

Oliveira, Francisco Xavier de [portugies. oli'vɐirɐ], genannt Cavaleiro de O., *Lissabon 21. Mai 1702, † Hackney (= London) 18. Okt. 1783, portugies. Schriftsteller. – Ab 1734 in diplomat. Diensten in Wien, flüchtete 1740 in die Niederlande und 1744 nach England, wo er zur anglikan. Kirche übertrat; als Gegner der Inquisition 1761 in Portugal in effigie (symbolisch) verbrannt. Einer der hervorragendsten Anhänger der Aufklärung in der portugies. Literatur des 18. Jahrhunderts.

O., Manoel de, *Porto 12. Dez. 1908, portugies. Filmregisseur. – Führender Vertreter des portugies. Films; drehte Dokumentarfilme („Das Brot", 1959), seit den 40er Jahren Spielfilme, u. a. „Der Leidensweg Jesu in Cualta" (1963), „Vergangenheit und Gegenwart" (1972), „Benilde, Jungfrau und Mutter" (1975), „Das Verhängnis der Liebe" (1978), „Non oder Der vergängl. Ruhm der Herrschaft" (1990).

Oliveira Salazar, António de [portugies. oli'vɐirɐ sɐlɐ'zar] ↑Salazar, António de Oliveira.

Olivenbaum, svw. ↑Ölbaum.

Olivenöl, aus den Früchten des Echten Ölbaums gewonnenes, gelbes bis grünlichgelbes, fettes Öl, das zu etwa 80 % aus Glyceriden der Ölsäure besteht. O. wird als Speiseöl, für medizin. Zwecke und als Schmieröl verwendet.

Olinda. Blick auf den kolonialzeitlichen Teil der Stadt, im Hintergrund Recife

Olivenschnecken (Olividae), Fam. überwiegend trop. Meeresschnecken (Unterordnung Schmalzüngler) mit rd. 300 Arten, v. a. auf Sandgrund; Gehäuse bis über 10 cm lang, meist schlank bis tonnenförmig, glatt.

Oliver, Joe [engl. 'ɔlɪvə], gen. King O., eigtl. Joseph O., *bei New Orleans 11. Mai 1885, † Savannah (Ga.) 8. April 1938, amerikan. Jazzmusiker (Kornettist, Komponist). – Seine in Chicago gegründete „Creole Jazz Band" war eine der einflußreichsten Formationen des New-Orleans-Jazz; als Kornettist übte er einen nachhaltigen Einfluß u. a. auf L. Armstrong aus.

Olivetti S. p. A., größtes italien. Unternehmen der Büromaschinenind., gegr. 1908, Sitz Ivrea.

Olivgrün ↑Oliv.

Olivier [frz. ɔli'vje], legendärer Paladin Karls d. Gr.; verkörpert im altfrz. „Rolandslied" Besonnenheit und Mäßigung.

Olivier, Ferdinand [frz. ɔli'vje], *Dessau 1. April 1785, † München 11. Febr. 1841, dt. Maler, Zeichner und Graphiker. – Lernte in Dresden C. D. Friedrich kennen. 1807–10 in Paris; 1811 begegnete er in Wien J. A. Koch, unter dessen

Ferdinand Olivier. Blick vom Mönchsberg auf den Untersberg, 1824 (Dresden, Staatliche Kunstsammlungen)

Einfluß er historisch-romant. Landschaften schuf; bed. sind v. a. seine Salzburger Landschaften.

O., Sir (seit 1947) Laurence [engl. ɔˈlɪvɪə], Baron of Brighton (seit 1970), *Dorking (Surrey) 22. Mai 1907, †Brighton 11. Juli 1989, brit. Schauspieler und Regisseur. – ∞ mit Jill Esmond 1930–40, mit V. Leigh 1940–60 und seit 1961 mit Joan Plowright. Seit 1937 Ensemblemitglied des ↑Old Vic Theatre, dessen Direktor er 1963–73 war; 1962–65 Direktor der Festspiele in Chichester. Seine bed. Regietätigkeit setzte Mitte der 40er Jahre ein („Heinrich V.", 1944). Die Spannweite seiner schauspieler. Darstellungskraft umfaßte klass. und moderne, kom. und trag. Rollen. Weltberühmt wurde O. als Darsteller Shakespearescher Figuren, z. B. als Richard III. (1955 auch im Film unter eigener Regie), Hamlet (1948 auch im Film unter eigener Regie), Macbeth, Lear; daneben zahlr. Filme, u. a. „Rebecca" (1940).

Laurence Olivier

Olivin [griech.-lat.] (Peridot), meist oliv- bis flaschengrünes, seltener gelbl., rhomb. Mineral, $(Mg,Fe)_2[SiO_4]$, aus der Mischkristallreihe *Forsterit* $(Mg_2[SiO_4])$ – *Fayalit* $(Fe_2[SiO_4])$; Mohshärte 6,5 bis 7,0, Dichte etwa 3,3 g/cm³. Der O. kommt v. a. in bas. magmat. oder metamorphen Gesteinen sowie in Meteoriten vor. Schön gefärbte Kristalle finden als Schmucksteine Verwendung *(Chrysolith)*.

Oljokma [russ. aˈljɔkmɐ], rechter Nebenfluß der Lena, in O-Sibirien, Rußland, 1 436 km lang; zahlr. Stromschnellen.

Erich Ollenhauer

Ölkäfer (Pflasterkäfer, Blasenkäfer, Maiwürmer, Meloidae), mit über 2 500 Arten weltweit verbreitete Fam. bis 5 cm langer, vorwiegend dunkelbrauner bis schwarzer, meist pflanzenfressender Käfer. – In M-Europa sind am bekanntesten die Gatt. *Meloe* (Ö. i. e. S.), deren Arten (wegen des vor der Eiablage wurmförmig verlängerten Hinterleibs) als **Ölwurm** oder **Maiwurm** bezeichnet werden, und die zur Gatt. *Lytta* gehörende, 12–21 mm lange, metallisch grüne bis grünlichblaue **Span. Fliege** (Lytta vesicatoria).

Ölklassifizierung ↑SAE-Klassen.

Ölkörper, svw. ↑Elaiosom.

Ölkuchen (Preßkuchen), harte, platten- oder brockenförmige Rückstände der Ölgewinnung aus ölhaltigen Samen (z. B. Lein, Soja, Erdnuß, Sesam); Kraftfuttermittel v. a. für Rinder.

Émile Ollivier

Olkusz [poln. ˈɔlkuʃ], poln. Stadt auf der Krakau-Tschenstochauer Höhe, 370 m ü. d. M., 38 000 E. Abbau und Verhüttung von Blei-Zink-Erzen.

Ollántay [span. oˈjantai̯] ↑Apu Ollántay.

Ollantaytambo [span. ojantai̯ˈtambo], voreurop. Siedlung im südl. Z-Peru, 50 km nw. von Cuzco, am Zusammenfluß von Río Urubamba und Río Patacancha; ab etwa 1460 als **Tampu** im typ. Spät-Inka-Baustil errichtet, nicht vollendet; Ruinen einer Bergfestung, von Tempeln, Palästen u. a.; Skulpturen im Fels; Siedlung mit rechtwinklig sich kreuzenden Straßen. Die Häuser, z. T. noch bewohnt, sind die ältesten noch benutzten Wohnbauten Südamerikas. – In O. wurden nach der Überlieferung die Eingeweide der Inkaherrscher aufbewahrt.

Öllein ↑Flachs.

Ölleitung ↑Pipeline.

Olivin. Abgerollte Körner in Schmucksteinqualität

Laurence Olivier als Hamlet in der unter seiner eigenen Regie gedrehten Verfilmung von Shakespeares Drama „Hamlet", 1948

Ollenhauer, Erich, *Magdeburg 27. März 1901, †Bonn 14. Dez. 1963, dt. Politiker (SPD). – Trat 1916 in die Sozialist. Arbeiterjugend ein, deren Vors. ab 1928; ab 1933 Mgl. des Parteivorstands bzw. des Exilvorstands der SPD in Prag, Paris und London; kehrte 1946 nach Deutschland zurück, wurde stellv. Parteivors. der SPD in den Westzonen; 1949 MdB und stellv. Fraktionsvors.; Partei- und Oppositionsführer nach dem Tode K. Schumachers (1952). Lehnte die Wiederaufstellung dt. Streitkräfte ab. 1951–63 Vizepräs., 1963 Präs. der Sozialist. Internationale.

Ollier, Claude [frz. ɔlˈje], *Paris 17. Dez. 1922, frz. Schriftsteller, Filmkritiker, Lektor. – Bringt mathemat.-konstruktivist. Verfahrensweisen in seine dem ↑Nouveau roman nahestehenden Texte ein, in denen er z. T. kriminalist. und utop. Elemente verwendet. – *Werke:* Le jeu d'enfant (8 Bde., 1958–75), Navettes (Prosatexte, 1967), Mon double à Malacca (R., 1982), Fables sous rêve (Prosa, 1985), Déconnection (R., 1988).

Ollivier, Émile [frz. ɔliˈvje], *Marseille 2. Juli 1825, †Saint-Gervais-les-Bains (Haute-Savoie) 20. Aug. 1913, frz. Politiker. – Rechtsanwalt; forderte als Führer der Liberalen (seit 1869) eine parlamentar. Reg.form; bildete 1870 eine neue Reg. (Jan.–Aug.), in der er das Justiz- und das Kultusressort übernahm; durch seinen scharf nationalist. Kurs mitverantwortlich für den Ausbruch des Dt.-Frz. Krieges 1870.

Ölmalerei, die Maltechnik, bei der die Bindung der Pigmente durch Öl (Nuß-, Mohn- oder Leinöl) und Beimischung von Harzen (heute Kunstharzen) erfolgt; die Farbteilchen werden so mit einer transparenten Schicht umgeben, die ihnen auch noch nach dem Trocknen Leuchtkraft und Tiefe verleiht. Ölfarben lassen sich lasierend und pastos auftragen, ohne ineinander zu verlaufen. Bildträger sind Holz und Leinwand, auch Metall, vor dem Farbauftrag erfolgt eine Grundierung (↑Malgrund). Bereits Giotto suchte durch nachträgl. Ölfirnis Glanz und Leuchten der Farbe zu erzielen. Die Brüder van Eyck verwendeten Temperafarben zw. Harz- und Leinöllasuren. A. da Messina vermittelte die Technik der Ö. nach Italien. An die Stelle einer vielteiligen Bildbeschichtung (noch Tizian spricht von 30–40 Lasuren) tritt dann im allg. eine Zweiteilung in Unter- und Ausmalung, von denen letztere seit dem 17. Jh. in reinen Ölfarben geschieht: Der auf der Palette gemischte Farbton gibt Kolorit und Modellierung in einem Arbeitsgang. Zugleich gewinnt die individuelle „Handschrift" des Pinselstriches an Bedeutung. Zum Schutz wird das fertige Bild mit Firnis abgedichtet. Neben den neuen Kunstharzfarben (v.a. Acrylfarben) kommen Ölfarben noch bei vielen zeitgenöss. Künstlern zur Anwendung.

Olme (Proteidae), Fam. langgestreckter Schwanzlurche mit sechs Arten in Süßgewässern Europas und N-Amerikas; nie an Land gehende, zeitlebens im Larvenzustand verbleibende und in diesem Zustand auch geschlechtsreif werdende Tiere mit kleinen Extremitäten; Atmung über Lungen oder äußere Kiemen; Augenlider fehlend. – Zu den O. gehört u.a. der etwa 20–25 cm lange **Grottenolm** (Proteus anguinus); in unterird. Gewässern Sloweniens; Körper hell fleischfarben, aalartig langgestreckt; Schwanz seitlich abgeflacht, oben und unten mit Hautsaum.

Olmedo, José Joaquín [span. ɔl'meðo], *Guayaquil 20. März 1780, †ebd. 19. Febr. 1847, ecuadorian. Dichter. – Teilnehmer der Unabhängigkeitskriege, Mitstreiter Bolívars; langjähriger Europaaufenthalt als Abg. und Diplomat. Erster großer Lyriker Ecuadors, dichtete v.a. Oden.

Olmeken, Volk unbekannter Herkunft; Schöpfer der ersten mittelamerikan. Hochkultur, deren Anfänge um 1200 v. Chr. liegen und die ihre Blüte um 400 v. Chr. erlebte. Das Kerngebiet lag im Tiefland von S-Veracruz und Tabasco, Hauptort zunächst San Lorenzo, später La Venta. Typisch für die Kultur der O. ist der später weit verbreitete Zentralplatz mit Tempelpyramiden und Plattformen; Anfänge von Kalender und Schrift; Steinbearbeitung: Monumentale Menschenköpfe (bis 4 m hoch), bed. Kleinkunst in importierter Jade u.a. Gesteinen. Seit 800 Errichtung von Handelsniederlassungen in Z- und W-Mexiko, Oaxaca, Guatemala und El Salvador, vielleicht auch in Costa Rica. Die olmek. Kultur verschwand nach 400 v. Chr. ohne erkennbare Ursachen. Sie hat die späteren mittelamerikan. Hochkulturen vielfältig beeinflußt.

Ölmühle, Mühle, in der aus Ölsaaten in großem Umfang Fette und Öle v.a. für Ernährungszwecke oder für den techn. Gebrauch gewonnen werden.

Olmütz (tschech. Olomouc), Stadt westl. des Niederen Gesenkes, ČR, 220 m ü.d.M., 106 700 E. Sitz einer Bez.-verw., kath. Erzbischofssitz; Univ. (gegr. 1569, Neugründung 1946), Museum, Gemäldegalerie. O. bildet mit **Prostějov** (51 700 E; Bekleidungsind.) und **Přerov** (51 700 E; Schwer-, chem., pharmazeut. Ind., Feinmechanik) den wirtsch. Mittelpunkt des mittleren Mähren. – Entstand um die im 11. Jh. erbaute Burg; seit 1063 Bistum, 1777 zum Erzbistum erhoben; im 12. Jh. Sitz przemyslid. Teilfürsten, seit 1233 königl. Stadt; kam 1310 mit Mähren, als dessen Hauptstadt es bis 1640 galt, an die Luxemburger, 1490 an die Jagellonen, 1526 an die Habsburger. – Der Wenzelsdom (12., 13. und 16. Jh.) wurde im 19. Jh. neugotisch erneuert; spätgot. Mauritiuskirche mit Barockorgel (1740–45 von M. Engler); Barockkirchen Sankt Michael und Maria Schnee; Rathaus (1378 als Kauf- und Stapelhof erbaut) mit astronom. Uhr (15. Jh.), spätgot. Erkerkapelle und Renaissanceloggia; ehem. Adelspaläste und Bürgerhäuser aus Renaissance und Barock; zahlr. Barockbrunnen.

Olmützer Punktation, am 29. Nov. 1850 in Olmütz von Preußen und Österreich geschlossener Vertrag, der die Gefahr eines Krieges beseitigte. Preußen verzichtete unter östr. und russ. Druck auf die kleindt. Unionspolitik und stimmte der Bundesexekution in Hessen-Kassel und Schl.-H. zu.

Ölofen ↑Heizung.

Olomouc [tschech. 'ɔlɔmɔu̯ts] ↑Olmütz.

Ölöten, svw. ↑Dsungaren.

Ölpalme (Elaeis), Gatt. der Palmen mit acht Arten im trop. W-Afrika und in S-Amerika; die wirtsch. wichtigste Art ist die **Afrikanische Ölpalme** (Elaeis guineensis), eine in den Tropen kultivierte, 15–30 m hohe Palme mit säulenförmigem Stamm von 60–80 cm Durchmesser. Die Blattkrone besteht aus 20–25 Wedeln mit Längen von 3–7 m. Die ovalen Fruchtstände tragen pro Fruchtstand etwa 800–2 000 pflaumengroße Einzelsteinfrüchte mit fleischigem Mesokarp und hartem Samen. Aus dem Mesokarp wird Palmfett, aus den Samen Palmkernfett gewonnen.

Ölpapier, mit Öl imprägniertes Papier; als Packpapier sowie als Isolierstoff in der Elektrotechnik verwendet.

Olpe, Krst. im westl. Sauerland, an der Bigge und am Biggestausee, NRW, 300–600 m ü.d.M., 23 300 E. U.a. Kleineisen-, Maschinen- und Armaturenfabriken, elektrotechn. und elektron. Ind. – 1120 erstmals erwähnt; erhielt 1311 Stadtrecht. – Barocke Kreuzkapelle (1737), barocke Rochuskapelle (1667–76).

O., Kreis in Nordrhein-Westfalen.

Olme. Grottenolm

Olperer, mit 3 476 m höchster Gipfel der Zillertaler Alpen, Österreich.

Ölpest, die Verschmutzung von Uferregionen, v.a. der Meeresküsten, samt der dortigen Flora und Fauna durch Rohöl (z.B. aus Tankerhavarien, Off-shore-Bohrungen, Kriegshandlungen) oder Ölrückstände (z.B. aus dem Bilgenwasser der Schiffe), die in Fladen oder großen Feldern (Ölteppich) auf dem Wasser schwimmen. Das ausgelaufene Öl beeinträchtigt den Gasaustausch sowie andere Lebensfunktionen des Biotops Wasser erheblich. Innerhalb von 1–2 Wochen verfliegen die leichteren Bestandteile des Öls, die schwerflüchtigen Komponenten verbinden sich mit dem Meerwasser zu einer zähen, braunen Brühe, die nach einigen Wochen entweder auf den Meeresgrund absinkt, als Teerklumpen an die Strände treibt oder sich in den großen Wirbelströmungen sammelt. Augenfälligste Folge ist das massenhafte Verenden von Wasservögeln durch Verkleben des Gefieders. – Auf dem freien Meer schwimmende Ölfelder werden erst in einigen Wochen bis Monaten durch Bakterien und Hefepilze weitgehend abgebaut.

Olmütz Stadtwappen

Olmeken. Monumentaler Menschenkopf, Basalt, Höhe 2,85 m, zw. 1100 und 600 v. Chr. (Jalapa Enriquez, Archäologisches Museum)

Ölpest. Spezialschiffe, die bei der Ölunfallbekämpfung eingesetzt werden. Oben: Doppelrumpfklappschiff „Bottsand", Standort Olpenitz, Abschöpfbreite 42 m, Tankraum 790 m³. Unten: von einem Schlepper angetriebener Ölaufnahmekatamaran „Westensee", Standort Bremerhaven, Abschöpfbreite 15 m, Tankraum 1960 m³

Chem. Verfahren, das Öl durch Dispersionsmittel zum Absinken zu bringen, sind sehr umstritten, da sie, bes. in flachen Küstengewässern, möglicherweise die Organismen des Meeresbodens irreversibel schädigen. Die Bekämpfung der Ö. erfolgt daher v. a. durch Eingrenzen und Abschöpfen bzw. Abpumpen der Ölschicht. – Zur biolog. Bekämpfung sind erste Ansätze durch die Züchtung eines Bakterienstammes (Pseudomonaden) gemacht worden. Die durch genet. Manipulation entstandenen Bakterien können das in einem Nährmedium enthaltene Rohöl zu etwa 60 % abbauen. – Etwa 5–6 Mill. t Erdöl, Ölreste und Abfälle von Erdölkohlenwasserstoffen verschmutzen jährlich die Weltmeere. Die größte Ö. der Geschichte hat der 2. Golfkrieg ausgelöst; nach Schätzungen gelangten etwa 300 000 t Öl in den Pers. Golf.

Ölpflanzen, Kulturpflanzen, deren Samen oder Früchte fette Öle liefern, die der menschl. und tier. Ernährung dienen und für medizin. und techn. Zwecke verwendet werden. Zu den **Ölsaaten** gehören z. B. die Samen von Erdnuß, Öllein, Ölkürbis, Raps, Rizinus, Soja, Senf, Mohn, Lein, Rübsen und Sonnenblume. Zu den **Ölfrüchten** gehören die Früchte des Echten Ölbaums, der Ölpalme und der Kokospalme

Ölrettich ↑ Rettich.

Öls [øːls, œls], ehem. Hzgt., ↑ Oels.

Ölsaaten ↑ Ölpflanzen.

Ölsande, dunkel gefärbte Sande und Sandsteine mit hohem Bitumengehalt; am bekanntesten der Athabasca-Ö. in Kanada.

Ölsäure, $C_{17}H_{33}COOH$ (cis-n-Octadecen-(9)-säure), einfach ungesättigte Fettsäure; farb- und geruchlose, wasserunlösl. Flüssigkeit, die durch Hydrierung in feste ↑ Stearinsäure überführt werden kann. O. ist als Glycerid Bestandteil zahlr. tier. und pflanzl. Fette und Öle und wird in Form von ↑ Olein aus Olivenöl gewonnen. **Oleate** sind die Ester und Salze der Ö. Unter Licht-, Wärme- und bes. Stickoxideinwirkung lagert sich die Ö. in die isomere Elaidinsäure um.

Ölschiefer, aus Faulschlamm entstandene, dunkle tonige Sedimente mit hohem Bitumengehalt.

Ölschläger, Adam, dt. Schriftsteller, ↑ Olearius, Adam.

Charles Olson

Olson, Charles [engl. ˈoʊlsən], * Worcester (Mass.) 27. Dez. 1910, † Gloucester (Mass.) 10. Jan. 1970, ameri-

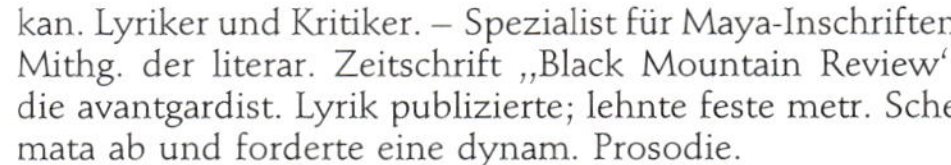

kan. Lyriker und Kritiker. – Spezialist für Maya-Inschriften; Mithg. der literar. Zeitschrift „Black Mountain Review", die avantgardist. Lyrik publizierte; lehnte feste metr. Schemata ab und forderte eine dynam. Prosodie.

Olsson, Hagar [schwed. ˈuːlsɔn], * Kustavi (Turku-Pori) 16. Sept. 1893, † Helsinki 21. Febr. 1978, schwedischsprachige finn. Schriftstellerin. – Erzählerin, Dramatikerin, Essayistin und Kritikerin; neben E. Södergran Vertreterin des Modernismus in Finnland, dem Expressionismus nahestehend.

Ölstein ↑ Abziehstein.

Jan Olszewski

Olszewski [poln. ɔlˈʃɛfski], Jan, * Warschau 20. Aug. 1930, poln. Politiker. – Rechtsanwalt; 1980 Mitbegr. der ↑ Solidarność; Dez. 1991–Juni 1992 Min.präsident.

O., Karol Stanisław, * Broniszów (Galizien) 29. Jan. 1846, † Krakau 25. März 1915, poln. Physikochemiker. – Gemeinsam mit Z. F. von Wroblewski gelang O. 1883 erstmals die Verflüssigung von Sauerstoff und Stickstoff.

Olsztyn [poln. ˈɔlʃtɨn] ↑ Allenstein.

Olten, Hauptort des Bez. O. im schweizer. Kt. Solothurn, an der Aare, 396 m ü. d. M., 18 200 E. Histor. Museum, Kunstmuseum; Metallverarbeitung, Automobil-, chem. und Schuhind.; Verlage. – Ging aus einem spätröm. Kastell hervor; in der 1. Hälfte des 13. Jh. zur Stadt erhoben. – Kath. Stadtkirche (1805); spätgot. Bürgerhäuser.

Oltos, att. Vasenmaler der Frühzeit des rotfigurigen Stils, tätig zw. 530 und 500. – Bemalte v. a. Schalen in noch ganz spätarchaischem, trocken-zierl. Zeichenstil und symmetr. Bildkomposition.

Ölvergasung, Umwandlung von niedrig-, mittel- oder auch höhersiedenden Erdölfraktionen oder von Erdgas in v. a. aus Wasserstoff, Kohlenmonoxid und niedermolekularen Kohlenwasserstoffen bestehende Gasgemische, die als Heizgas oder Synthesegas verwendet werden. Die im Erdöl und Erdgas enthaltenen Kohlenwasserstoffe werden entweder mit Hilfe eines Katalysators mit Wasserdampf umgesetzt oder partiell oxidiert.

Ölwanne, Bez. für den unteren Gehäuseteil von Verbrennungsmotoren zum Auffangen des Schmieröls.

Ölweide (Elaeagnus), Gatt. der Ölweidengewächse mit rd. 40 Arten in Asien, S-Europa und N-Amerika; sommer- oder immergrüne Sträucher, selten Bäume, mit einfachen, silbrig, auch rotbraun behaarten Blättern, röhrig-glockigen Blüten, oft dornigen Zweigen und Nußfrüchten. – Als Ziersträucher bekannt sind die **Schmalblättrige Ölweide** (Elaeagnus angustifolia) mit süßl. und die **Silber-Ölweide** (Elaeagnus commutata) mit säuerl. Früchten.

Ölwurm ↑ Ölkäfer.

Olymp, Gebirgsstock in O-Thessalien, an der Grenze nach Makedonien, mit 2 917 m die höchste Erhebung Griechenlands. – In der Antike galt der O. als Sitz der Götter.

Olymp. Blick auf den 2917 m hohen Gipfel, den „Thron des Zeus"

Olympia [o'lympia], Ruinenstätte und kleine Ortschaft mit archäolog. Museum in der Peloponnes, am Alpheios, Griechenland. Die Stätte von O. war seit der Bronzezeit besiedelt und diente ab der myken. Epoche als Kultort; zu Ehren des olymp. Zeus wurden hier die ↑Olympischen Spiele abgehalten. Der Kult wurde 394 n. Chr. durch Kaiser Theodosius I. verboten, das Heiligtum selbst, im 6. Jh. durch Erdbeben zerstört, versandete. Ausgrabungen seit 1875: Festplatz mit Zeustempel (um 460 v. Chr.), der größte dor. Tempel der Peloponnes mit gut erhaltenen marmornen Skulpturen und Reliefs (jetzt im Museum), erbaut von Libon von Elis. Im Innern stand einst die Goldelfenbeinstatue des thronenden Zeus (Höhe 12 m) von Phidias. Nördl. liegen u. a. Philippeion (ehem. mit Bildnisstatuen der königl. Familie aus Gold und Elfenbein, von Leochares), der dor. Heratempel (um 600 v. Chr.; der Hermes des Praxiteles jetzt im Museum) und das Pelopion (4. Jh. v. Chr.; galt als Grab des ↑Pelops), 12 Schatzhäuser (6./5. Jh.), Tempel der Göttermutter (Metroon, um 400 v. Chr.). Den östl. Abschluß des hl. Bezirks (Altis) bildet die dor. „Echohalle" (Länge 98 m, 4. Jh. v. Chr.). Außerhalb des hl. Bezirks liegen u. a. im NO das Stadion, im W und S Trainingsstätten (Gymnasion und Palästra, 3. Jh. v. Chr.), Bäder (z. T. 5. Jh. v. Chr.), Gästehäuser (Leonidaion, 4. Jh. v. Chr.), Schatzhäuser (6./5. Jh.). – Die Ruinen von O. wurden von der UNESCO zum Weltkulturerbe erklärt.

Olympia. Reste des dorischen Heratempels, um 600 v. Chr.

O. [engl. oʊ'lɪmpɪə], Hauptstadt des Bundesstaats Washington, USA, Hafen am S-Ende des Puget Sound, 29 700 E. College, Staatsbibliothek. – Gegr. 1850. Hauptstadt des Territoriums Washington seit 1853 (1859 Town), des Bundesstaates seit 1889; 1890 City.

Olympiade [griech.], im antiken Griechenland Bez. für den Zeitraum von 4 Jahren, der mit dem Jahr der Spiele in Olympia begann. Grundlage der Ära ist die Namensliste der Sieger (Olympioniken), die Hippias von Elis um 400 v. Chr. erstmals zusammenstellte, sie wurde dann weitergeführt und reicht von 776 v. Chr. bis 385 n. Chr. (394 n. Chr. verboten). – Bereits in der Antike wurde O. dann auch (unexakt) Bez. für die Olymp. Spiele.

Olympias, * 375 v. Chr., † Pydna 316, makedon. Königin. – Molosserprinzessin, seit 357 ⚭ mit Philipp II., Mutter Alexanders d. Gr. Durch eine weitere Heirat Philipps 337 vorübergehend nach Epirus vertrieben; übte nach Philipps Ermordung (336), an der sie wohl Anteil hatte, blutige Rache. 316 auf Veranlassung Kassanders hingerichtet.

Olympic Mountains [engl. oʊ'lɪmpɪk 'maʊntɪnz], Gebirge der Coast Ranges, im W des Bundesstaats Washington, USA, im stark vergletscherten **Mount Olympus** 2 428 m hoch. Der *Nationalpark* O. M. wurde von der UNESCO zum Welterbe erklärt.

Olympieion [griech.], im alten Griechenland Tempel des olymp. Zeus.

Olympier [...iər; griech.], nach dem in der griech. Mythologie als Sitz der Götter geltenden Olymp Beiname der griech. Götter; übertragen gebraucht für überragende Persönlichkeiten.

Olympio, Sylvanus [frz. ɔlɛ̃'pjo], * Lomé 6. Sept. 1902, † ebd. 13. Jan. 1963 (ermordet), togoischer Politiker. – 1958 Premiermin. des frz. UN-Treuhandgebiets Togo und nach dessen Unabhängigkeit ab 1961 Staatspräs. sowie Vors. des Min.rats und Verteidigungsmin.; bei einem Militärputsch erschossen.

Olympionike [griech.], Sieger bei den Olymp. Spielen; auch unexakt für Olympiakämpfer.

olympische Klassen (Olympia-Klassen), Sammelbez. für die Bootsklassen, in denen bei Olymp. Spielen gesegelt wird. 1992: Soling, Vierhundertsiebziger, Flying Dutchman, Finn-Dingi, Star, Tornado-Katamaran, die Europajolle und 2 Segelbretter.

olympischer Dreikampf ↑Gewichtheben.

olympischer Zweikampf ↑Gewichtheben.

olympischer Zwölfkampf, svw. ↑Zwölfkampf.

Olympische Spiele, im Abstand von 4 Jahren stattfindende Festspiele mit sportl. Wettkämpfen. Im **Altertum** aus myth. Anfängen entstanden und ab 776 v. Chr. bezeugt; wurden in Olympia zu Ehren des Zeus veranstaltet und hatten gesamtgriech. Bed. Während des Monats der O. S. herrschte generelle Waffenruhe, um die Spiele sowie die An- und Abreise der Teilnehmer und Zuschauer (nur freie Bürger griech. Staaten, keine Frauen) nicht zu behindern. An 1 bis 5 Tagen wurden gymnast. Wettkämpfe (Wettlauf über mehrere Strecken, Wurf- und Sprungübungen, Faustkampf, Ringen, Pankration, Pentathlon sowie Pferde- und Wagenrennen) ausgetragen. Die Sieger (Olympioniken) erhielten als Preis einen Kranz vom heiligen Ölbaum beim Zeustempel, außerdem in ihrer Heimat hohe Ehrungen (Geschenke, Steuerfreiheit, Ehrenbürgerrechte u. a.). Zw. den O. S. wurden in Olympia *Heräen* veranstaltet, bei denen ausschließlich Mädchen einen Laufwettbewerb austrugen.

Olympische Spiele. Olympische Fahne mit den olympischen Ringen

Wurden die O. S. nach den Perserkriegen (448 v. Chr.) zum Symbol eines spezif. griech. Kultur- und Nationalbewußtseins, so dienten sie im Hellenismus v. a. als Schaubühne für die Propaganda rivalisierender Monarchen; nach einem letzten Höhepunkt im 2. Jh. n. Chr. führte das polit. und wirtsch. Chaos des 3. Jh. zu ihrem Niedergang; letzter bekannter Olympionike war der Armenierprinz Varazdates im Faustkampf (385).

Olympische Spiele

Sommerspiele		*Winterspiele*	
1. Athen	1896	1. Chamonix-Mont-Blanc	1924
2. Paris	1900	2. Sankt Moritz	1928
3. Saint Louis	1904	3. Lake Placid	1932
4. London	1908	4. Garmisch-Partenkirchen	1936
5. Stockholm	1912	5. Sankt Moritz	1948
6. Berlin	1916[1]	6. Oslo	1952
7. Antwerpen	1920	7. Cortina d'Ampezzo	1956
8. Paris	1924	8. Squaw Valley	1960
9. Amsterdam	1928	9. Innsbruck	1964
10. Los Angeles	1932	10. Grenoble	1968
11. Berlin	1936	11. Sapporo	1972
12. Helsinki, Tokio	1940[1]	12. Innsbruck	1976
13. London	1944[1]	13. Lake Placid	1980
14. London	1948	14. Sarajewo	1984
15. Helsinki	1952	15. Calgary	1988
16. Melbourne	1956	16. Albertville	1992
17. Rom	1960	17. Lillehammer	1994[2]
18. Tokio	1964		
19. Mexiko	1968		
20. München	1972		
21. Montreal	1976		
22. Moskau	1980		
23. Los Angeles	1984		
24. Seoul	1988		
25. Barcelona	1992		
26. Atlanta (Ga.)	1996[2]		

[1] ausgefallen. – [2] Auf Beschluß des Internat. Olymp. Komitees finden künftig die Sommer- und die Winterspiele im zweijährigen Wechsel statt, erstmals 1994.

Die O. S. der **Neuzeit** wurden, am antiken Vorbild orientiert, 1894 von Pierre Baron de Coubertin ins Leben gerufen und erstmals 1896 in Athen ausgetragen; seit 1924 gibt es auch Olymp. Winterspiele. Nach einer krit. Anfangsphase (fehlende internat. Regelvereinbarungen, keine Teilnahmeberechtigung für Frauen [erst seit 1900 zugelassen]) entwikkelten sich die O. S. zum bedeutendsten Sportereignis. Höchste Autorität der olymp. Bewegung und in allen Fragen der O. S. ist das Internat. Olymp. Komitee (IOC), das auch die O. S. an eine Stadt vergibt; vom IOC anerkannte unabhängige Nat. Olymp. Komitees (1992: 172) nehmen die Rechte für die einzelnen Länder wahr, insbes. das der Entsendung von Mannschaften zu den Spielen.

Olympische Spiele. Olympische Medaille, von links: Vorderseite der Medaille der Sommerspiele in Athen 1896 und der Winterspiele in Innsbruck 1976

Die Durchführung der O. S. ist in den **olympischen Regeln** festgelegt. Das vom IOC festzulegende Programm soll mindestens 15 der folgenden sog. olymp. Sportarten umfassen: Badminton, Baseball, Basketball, Bogenschießen, Boxen, Fechten, Fußball, Gewichtheben, Handball, Hokkey, Judo, Kanusport, Leichtathletik, Moderner Fünfkampf, Radsport, Reiten, Ringen, Rudern, Schießen, Schwimmen mit Wasserspringen und Wasserball, Segeln, Tennis, Tischtennis, Turnen, Volleyball. Im Programm der Winterspiele: Biathlon, Bobsport, Eishockey, Eiskunstlauf und Eisschnelllauf, Rodeln, alpiner und nord. Skilauf. O. S. dauern seit 1988 jeweils 16 Tage im Sommer und Winter; die **olympische Fahne** (seit 1920 bei den Sommerspielen) mit den **olympischen Ringen** ist im Stadion zu hissen; die im gleichen Abstand ineinanderhängenden 5 Ringe haben die Farben Blau, Gelb, Schwarz, Grün und Rot; sie sollen die durch den **Olympismus** (ideale Vorstellung von gemeinsamen sportl. Spielen der weltbesten Sportler, unbeeinflußt von polit., sozialen, rass. und religiösen Unterschieden) geeinten 5 Kontinente im herkömml. Sinn symbolisieren, wobei keine Farbe einem bestimmten Kontinent zugeordnet wird.

Olympische Spiele. Eröffnungsfeier der Olympischen Spiele in Seoul 1988; koreanische Spieler tragen die olympische Fahne ins Stadion, in dessen Mitte sich sämtliche teilnehmenden Sportler versammelt haben; auf den Rängen bilden Zuschauer mit Fähnchen das Wort „Harmony"

Das **olympische Feuer** wird im Rahmen der Eröffnungszeremonie in der Hauptwettkampfstätte entzündet, ein Sportler des Gastgeberlandes spricht den **olympischen Eid,** ein für alle Teilnehmer gegebenes Versprechen, die Regeln zu achten und fair zu kämpfen, den Eid für Kampfrichter und Offizielle spricht ein Kampfrichter des Gastgeberlandes. Die **olympischen Medaillen** für die 3 erfolgreichsten Sportler jeder Disziplin (Gold: 1. Platz, Silber: 2. Platz, Bronze: 3. Platz) werden von Mgl. des IOC überreicht. Zu Ehren des Siegers ertönt die Nationalhymne seines Landes, zu Ehren der Medaillengewinner werden die Nationalfahnen gehißt.
Krit. Stimmen sprechen den modernen O. S. den reinen sportlich-wertfreien Demonstrationswert ab; als Gründe werden u. a. angeführt: die zunehmende Einflußnahme der Wirtschaft und der Medien, der Leistungszwang, dem die Athleten v. a. in der Vorbereitungsphase ausgesetzt sind, die [kostspielige] Selbstdarstellung des Gastgebers, die oft zu Lasten der eigenen Bev. geht, das Hineinwirken von polit. Gegensätzen und rassist. Auseinandersetzungen in die Spiele selbst (z. B. die Problematik geteilter Länder, die Minderheitenprobleme in einem Land, der Konflikt zw. den arab. Staaten und Israel, die Apartheid der Republik Südafrika); in diese Richtung zielt auch ein Boykott der O. S. (Olympiaboykott) als polit. Druckmittel: 1976 von mehreren afrikan. Staaten, 1980 wegen des Einmarsches der UdSSR in Afghanistan von zahlr. Staaten unter Führung der USA, als Reaktion darauf 1984 vom „Ostblock" praktiziert.
Bis 1992 fanden Sommer- und Winterspiele im gleichen Jahr statt, ab 1994 werden sie um zwei Jahre versetzt: 1994 Winter-, 1996 Sommerspiele.

Olympus (Olimbos), mit 1953 m höchster Berg Zyperns, im Troodos.

Olynthos, antike Stadt auf der Chalkidike, Griechenland, beim heutigen Dorf **Miriopithon.** Bis 379 führend im Chalkid. Bund, 382–379 durch Sparta belagert und erobert **(Olynthischer Krieg),** 348 durch Philipp II. von Makedonien zerstört.

Ölzeug, durch Kunststoffdispersionen oder aufgewalzte Kunststoffolien, früher mit Gummi oder Leinöl und Firnis wasserdicht gemachte Oberbekleidung aus Leinen oder Baumwolle (v. a. für Seeleute und Fischer).

Om [Sanskrit], hl. Silbe (Mantra) des Hinduismus und Buddhismus. Die bedeutungslose Silbe wird in den Brahmanas als Symbol für verschiedene Trinitäten angesehen. Im Lamaismus findet sie sich bes. in der seit dem 8. Jh. bezeugten Formel „om mani padme hum", die möglicherweise die weibliche Energie des Bodhisattwa Awalokiteschwara erbitten soll.

Omaha [engl. 'oʊməhɔ:], Stadt am Missouri, Nebraska, USA, 317 m ü. d. M., 352 000 E. Sitz eines kath. Erzbischofs und eines anglikan. Bischofs; Univ. (gegr. 1878), Zweig der University of Nebraska; Nahrungsmittel-, Maschinen-, chem., Bekleidungsind.; Viehhöfe; 5 Brücken über den Missouri; Flußhafen. – Entstand 1854 um eine 1825 errichtete Handelsstation; ben. nach dem Indianerstamm der Omaha. 1855–67 Hauptstadt des Territoriums Nebraska.

Omaha [engl. 'oʊməhɔ:], Sioux sprechender Indianerstamm in der zentralen Prärie (NO-Nebraska, USA); 2 000 Angehörige.

Omaijaden, die erste Kalifendyn.; regierte in Damaskus 661–750, in Córdoba 756–1030; zu Lebzeiten Mohammeds eine der führenden Fam. Mekkas. Ihr Oberhaupt Abu Sufjan war urspr. ein entschiedener Gegner des Propheten (bis zu dessen Einzug in Mekka 630); sein Sohn Muawija I. ließ sich 661 als Kalif huldigen; ihm gelang es, das Kalifat zu einer erbl. Institution zu machen. Die O. erbauten in Syrien eine Reihe von z. T. noch erhaltenen Wüstenschlössern (z. B. Kusair Amra). Ihre Herrschaft über das vom Amur bis nach S-Frankreich sich erstreckende Kalifenreich beschränkte sich auf die militär. Kontrolle. 749/50 durch die Abbasiden gestürzt und nahezu ausgerottet; 756 führte die Linie der Merwaniden (seit 684) in Córdoba die Herrschaft der Dyn. fort.

Oman

Fläche: 212 457 km²
Bevölkerung: 1,5 Mill. E (1990), 7 E/km²
Hauptstadt: Maskat
Amtssprache: Arabisch
Nationalfeiertag: 18. Nov.
Währung: 1 Rial Omani (R. O.) = 1 000 Baizas (Bz.)
Zeitzone: MEZ +3 Stunden

Oman (amtl.: Sultanat Oman), Sultanat im O der Arab. Halbinsel, zw. 16° 30′ und 26° 30′ n. Br. sowie 53° und 60° ö. L. **Staatsgebiet:** Es grenzt im SW an Jemen, im W (unmarkierte Grenze) an Saudi-Arabien, im NW an die Vereinigten Arab. Emirate, im NO an den Golf von Oman, im O an das Arab. Meer. **Verwaltungsgliederung:** 41 Prov. (Wilayate). **Internat. Mitgliedschaften:** UN, Arab. Liga.
Landesnatur: O. umfaßt die O-Spitze der Arab. Halbinsel zw. dem Golf von O. und dem Arab. Meer mit den Kuria-Muria-Inseln sowie als Exklave die äußerste Spitze der in die Straße von Hormos vorspringenden Halbinsel Ruus Al Dschibal. Die Küstenebene Al Batina zw. Maskat und der nördl. Landesgrenze ist der wirtsch. Kernraum des Landes dank Grundwasserbrunnen und Bewässerung durch unterirdisch angelegte Kanäle. Aus ihr steigt steil das über 600 km lange Omangebirge auf, das über 3 000 m Höhe erreicht. Es dacht sich nach W ab zu den inneren Wüstengebieten des Landes, die in die Sandwüste Rub Al Khali übergehen. Im äußersten S, in der Prov. Dhofar, hat O. Anteil am aufgebogenen Rand der Arab. Tafel, die hier die bis 1 680 m hohen Karaberge bildet, denen eine bis 20 km breite Küstenebene vorgelagert ist.
Klima: Es herrscht randtrop. Klima. Das Binnenland ist heiß und trocken, die Küstengebiete schwül mit einer relativen Luftfeuchtigkeit um 75 %. Maskat zählt zu den heißesten Städten der Erde. Die Niederschläge (an der Küste rd. 110 mm jährlich) fallen im äußersten S als Monsunregen von Mai bis Sept., im übrigen Land im Winter.
Vegetation: Vorherrschend sind, abgesehen von Oasen, Büschelgräser und Dornsträucher in den Sand- und Kieswüsten. Nur auf den beregneten Flanken der Gebirge wachsen laubabwerfende, z. T. auch immergrüne Bäume und Sträucher.
Bevölkerung: 88 % sind Araber; an der Küste ist die Bev. stark durchmischt, u. a. mit negroiden (Auswirkung des Sklavenhandels) und südasiat. (Einwanderer aus Belutschistan und Sind) Elementen. Über 300 000 sind ausländ. Arbeitskräfte. Mehr als 70 % der überwiegend islam. Bev. sind Ibaditen, der Rest sind Sunniten; daneben hinduist., christl. und jüd. Minderheiten. Die seßhafte Bev. lebt meist in geschlossenen Oasensiedlungen. Erst nach 1970 wurde ein modernes Bildungswesen entwickelt; es besteht aber keine allg. Schulpflicht. Jedoch werden 80 % der Kinder eingeschult. In Ruwi bestehen eine höhere techn. Fachschule und eine Univ. (gegr. 1987).
Wirtschaft: Wichtigster Produktionszweig und Haupteinnahmequelle ist die Erdölförderung (seit 1967) am S-Fuß des O.gebirges und in Dhofar, an der der Staat mit 60 % beteiligt ist. Von den Fördergebieten wird das Rohöl über Pipelines zum Exporthafen und zur Raffinerie Mina Al Fahal (bei Maskat) gepumpt. Seit 1978 wird Erdgas gefördert. Landw. und Fischerei bilden die Erwerbsgrundlage für 42 % der Bev. In den Oasen werden Datteln, Granatäpfel, Zitrusfrüchte und Tabak v. a. für den Export geerntet, für den Eigenbedarf werden Weizen, Mais, Gemüse, Oliven und Baumwolle angebaut, doch müssen Reis und Weizen zusätzlich eingeführt werden. Weihrauch wird von den Beduinen in den Karabergen gesammelt. Die Fischerei (im S v. a. Haie und Thunfische, im N Sardinen) wird staatlich gefördert.
Außenhandel: Die Handelsbilanz ist seit 1970 stets positiv. Der Anteil des Erdöls am Exportwert liegt bei über 90 %; wichtigste Ölabnehmer sind Japan, Süd-Korea, Taiwan. Außerdem werden Datteln, Fische, Tabak und Weihrauch ausgeführt. Weitere Handelspartner sind die Vereinigten Arabischen Emirate, Großbritannien, Deutschland und die USA.
Verkehr: Neben Karawanenwegen bestehen 4 000 km asphaltierte Straßen und 16 700 km Schotterstraßen. Modern ausgebaute Häfen sind Matrah, Mina Al Fahal und Raisut. O. ist Teilhaber an der Gulf Air und verfügt über internat. ✈ in Maskat und Salala.
Geschichte: Arab. Einwanderung seit dem 9. Jh. v. Chr.; seit 634 Teil des arab.-islam. Herrschaftsbereiches. 751 bis 1154 und ab 1428 war O. faktisch unabhängiges Imamat. Ab 1507 Besetzung Maskats und der Küstenstädte durch die Portugiesen, die 1649 durch die Jarubiden (seit 1624 herrschende Dyn.) vertrieben wurden, die ab 1698 auch die ostafrikan. Niederlassungen der Portugiesen in Besitz nahmen. Nach 1744 begründete Ahmed Ibn Said (* 1700, † 1783) die noch heute herrschende Said-Dyn.; seine Nachfolger säkularisierten das Herrscheramt (Sultan) und betrieben die Ausdehnung ihrer Herrschaft auf Ostafrika und die pers. Südküste (1826–56 Residenz in Sansibar); nach der Trennung von den ostafrikan. Kolonien (1856) geriet O. in zunehmende Abhängigkeit von Großbritannien und seit Ende des 19. Jh. völlig unter brit. Einfluß. 1913–20 Bürgerkrieg nach Wahl eines Imams (beendet mit der vertragl. Festlegung der polit. Gewalt des Sultans und der geistl. Aufgaben des Imams). 1955–57 Aufstand des Imams mit brit. Hilfe niedergeschlagen. Seit den 60er Jahren zunehmende Erdölförderung. 1965 Beginn eines Guerillakrieges in Dhofar durch die linksgerichtete „Volksfront zur Befreiung O." (PFLO), die, ab 1970 von der VR Jemen unterstützt, 1976 mit iran., saudi-arab. und brit. Hilfe besiegt wurde. Im Juli 1970 setzte der jetzige Sultan, Said Kabus Ibn Said Ibn Taimur, seinen seit 1932 feudalistisch-autoritär herrschenden Vater, Sultan Said Ibn Taimur (* 1910, † 1972), ab und leitete wirtsch. Reformen ein. Der Abzug der brit. Truppen (1977/78) sowie die fundamentalist.-islam. Revolution im Iran (1979) führten zu einem engeren Zusammenschluß mit Ägypten, Saudi-Arabien und den USA. 1971 Eintritt in die Arab. Liga, 1981 Mitbegr. des Golfrates, wurde O. im 1. ↑Golfkrieg zw. Irak und Iran strategisch bed. (Straße von Hormos). 1991 beteiligte sich O. auf alliierter Seite am 2. Golfkrieg gegen den Irak.
Politisches System: O. ist ein Sultanat. *Staatsoberhaupt* und Reg.chef ist der absolut herrschende Sultan. Die *Exekutive* liegt beim Kabinett, das seine Befugnisse vom Sultan erhält und ihm verantwortlich ist; die Min. haben beratende bzw. administrative Funktion. Die Gesetzgebung erfolgt durch Dekrete. Es gibt kein Parlament; die Nat. Konsulta-

Oman

Staatswappen

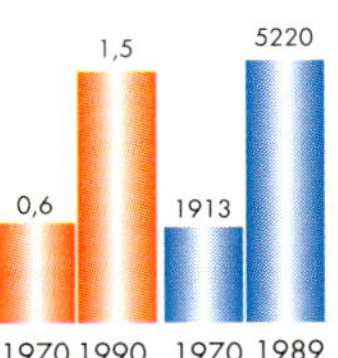

Bevölkerung (in Mill.)

Bruttosozialprodukt je E (in US-$)

Bevölkerungsverteilung 1990

Bruttoinlandsprodukt 1990

tivversammlung (55 ernannte Mgl.) hat keine *legislativen* Befugnisse. Polit. *Parteien* und *Gewerkschaften* bestehen nicht. Die *Recht*sprechung folgt islam. Recht.

Oman, Golf von, Teil des Ind. Ozeans, zw. dem Küstenabschnitt der Arab. Halbinsel am NO-Fuß des Omangebirges und der südiran. Küste.

Omangebirge, Randgebirge im O der Arab. Halbinsel, südl. und westl. des Golfes von Oman, im Dschebel Al Achdar 3 107 m hoch.

Omar I. Ibn Al Chattab, *Mekka um 580, †Medina 3. Nov. 644 (ermordet), zweiter Kalif (seit 634). – Früher Anhänger des Propheten und bedeutendste Herrschergestalt des Frühislams, legte die Grundlagen für die Verwaltung des Kalifenreiches, das sich unter seiner Herrschaft bis zum Kaukasus und nach Iran ausbreitete.

Omar II. Ibn Abd Al Asis, *Medina 682 oder 683, †Damaskus 9. Febr. 720, Kalif (seit 717). – Omaijade, mütterlicherseits Urenkel von O. I.; seine auf Ausgleich mit den inneren Gegnern der Dyn. (v. a. Persern) gerichtete Politik (u. a. Neuordnung des Steuersystems zugunsten der nichtarab. Muslime) hatte keinen dauerhaften Erfolg.

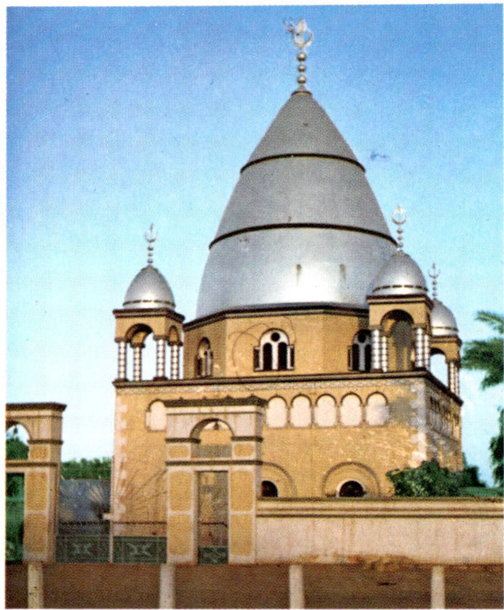

Omdurman. Grabmal des islamischen Glaubensführers Al Mahdi

Omar Chaijam [xaɪ'ja:m], *Naischabur 18. Mai 1048, †ebd. 4. Dez. 1131, pers. Mathematiker, Astronom und Dichter. – Er reformierte den muslim. Kalender und schuf in seiner „Algebra" eine systemat. Lehre quadrat. und kub. Gleichungen mit geometr. und algebraischen Lösungen. Von O. C. sind wiss. Arbeiten in arab. Sprache, ferner pers. Übersetzungen des Avicenna erhalten; seine Vierzeiler („robaijat") in der meisterhaften engl. Übersetzung von E. Fitzgerald (1859) stecken voller Widersprüche; philosoph., hedonist., pessimist., skeptizist. und myst. Gedanken stehen nebeneinander.

Omasus, Blättermagen der Wiederkäuer (↑Magen).

Ombos, griech. Name zweier altägypt. Städte: 1. ↑Kaum Umbu; 2. O., 31 km nördl. von Luxor am W-Ufer des Nils, Kultort des Gottes Seth, wichtiger Fundplatz der ↑Nakadakultur.

Ombré [õ'bre:; frz., zu lat. umbrare „Schatten geben"], Bez. für ein Gewebe, bei dem entweder durch Farbwechsel der Webfäden *(Farb-O.)* oder durch Bindungswechsel *(Bindungs-O.)* allmähl. Farbübergänge bewirkt werden.

ombrophil (ombriophil) [griech.], regenliebend; von Tieren und v. a. Pflanzen bzw. Pflanzengesellschaften gesagt, die bevorzugt in Gebieten mit längeren Regenzeiten und hoher Niederschlagsmenge leben (z. B. im trop. Regenwald). – Ggs. ombrophob, bevorzugt regenarme Gebiete besiedelnd.

Ombudsmann [schwed. ombudsman „Treuhänder"], ein aus der schwed. Verfassungsentwicklung stammendes Amt (Behörde), das durch die Verfassung oder Gesetzgebung eines Staates bzw. Gliedstaates errichtet wird. Der O. ist i. d. R. eine von der Volksvertretung bestellte Vertrauensperson, die ohne unmittelbare Eingriffsmöglichkeit die Rechtsanwendung und den Rechtsschutz des einzelnen beaufsichtigen sowie die parlamentar. Kontrolle über bestimmte Verwaltungszweige verstärken soll. In Deutschland bestehen als dem O. vergleichbare Institutionen z. B. der Wehrbeauftragte, der Datenschutzbeauftragte.
In *Österreich* gibt es seit dem 1. 7. 1977 eine dem O. entsprechende Volksanwaltschaft, für die jede der im Parlament vertretenen Parteien eine Vertrauensperson abstellt.

Omdurman, nw. Nachbarstadt von Khartum, am linken Ufer des Nils und des Weißen Nils (Brücken), Sudan, 526 300 E. Islam. Univ. (gegr. 1912), histor. Museum, Nationaltheater; Handelszentrum, Textil-, Lebensmittel-, Metallind.; bed. Kamelmarkt. – Nach der Zerstörung Khartums 1885 von Al Mahdi als seine Hauptstadt gegr. – Grabmal Al Mahdis. – Die Schlacht von O. am 2. Sept. 1898 brach die Macht der Mahdisten.

Omega [griech.], letzter (24.) Buchstabe des klass. griech. Alphabets mit dem Lautwert [ɔ:]: Ω, ω.

Omegafettsäuren, hochungesättigte essentielle Fettsäuren vom Linol- bzw. Linolsäuretyp; bes. die **Omega-3-Fettsäuren** (die erste Doppelbindung befindet sich in Position 3, gerechnet vom Methylende des Moleküls) besitzen Schutzwirkung gegen Arteriosklerose, hohe Blutfettwerte, chron. Entzündungen.

Omegameson (ω-Meson), physikal. Zeichen ω, ungeladenes, instabiles Elementarteilchen aus der Gruppe der Mesonenresonanzen (↑Resonanz).

Omegaverfahren, weltweites Funknavigationssystem für Schiffahrt und Flugverkehr (seit 1975). Acht Sender strahlen im Frequenzbereich zw. 10 und 14 kHz (Längstwellenbereich). Durch Phasendifferenzmessung erfolgt mittels Spezialkarten die Bestimmung der Standlinien (Hyperbelnavigation); Genauigkeit: etwa 1 Seemeile.

Omei Shan ↑Emei Shan.

Omelett (Omelette) [frz.], gebackene Eierspeise aus verquirlten Eiern, Salz [und Milch]; oft mit Füllung.

Omen (Mrz. Omina) [lat.], Vorzeichen, das dem Menschen entweder ungesucht zuteil wird oder das der Mensch bewußt unter Anwendung einer Vorzeichenlehre erkundet, v. a. Träume, der Lauf der Gestirne, atmosphär. Ereignisse, Vogelflug und Eingeweide-, bes. Leberschau eines Opfertieres.

Ometepe, Isla de, Insel im Nicaraguasee, Nicaragua, 276 km²; besteht aus zwei durch eine Landbrücke verbundenen Vulkanen; der aktive Concepción erreicht 1 610 m, der erloschene Maderas 1 394 m. – Seit 1500 v. Chr. besiedelt; Siedlungen ohne Steinbauten in Seenähe. Bed. Alter-ego-Figuren (zw. 900/1400 zu datieren).

Omikron [griech.], 16. Buchstabe des urspr., 15. des klass. griech. Alphabets mit dem Lautwert [o]: O, o.

ominös [lat.-frz. (zu ↑Omen)], von schlechter Vorbedeutung, unheilvoll; zweifelhaft[er Herkunft], verdächtig, berüchtigt.

Ōmiya, jap. Stadt auf Honshū, in der Kantōebene, 384 000 E. Pendlerwohngemeinde von Tokio; Bahnknotenpunkt. – Der Shintoschrein Hikawa soll 473 v. Chr. gegr. worden sein.

Omladina [serbokroat. „Jugend"], Name zweier nationalist.-sozialist. Organisationen: 1. Nachfolgeorganisation eines 1848 in Preßburg gegr. student.-literar. Vereins; kämpfte nach der Annexionskrise 1908 für ein Großserbien; 2. in den 1890er Jahren in Prag gegr. Vereinigung; 1894 unterdrückt.

Ommatidien [griech.], die Einzelaugen des ↑Facettenauges.

Ommochrome [griech.], Gruppe von Naturfarbstoffen, deren Synthese von der Aminosäure Tryptophan ausgeht und die in den Augen und der Haut von Krebsen und Insekten vorkommen. O. können gelb, orange, braun oder rot bis violett sein.

omnia mea mecum porto [lat.], „all meinen (Besitz) trage ich bei mir" (Ausspruch des ↑Bias von Priene).

Omnibus [frz., von lat. omnibus „(Wagen) für alle"] (Kraftomnibus, Kurzbez. Bus) ↑Kraftwagen.

Omnibusumfrage, Bez. der *Umfrageforschung* für eine Mehrthemenumfrage.

omnipotent [lat.], allmächtig, alles vermögend; **Omnipotenz,** svw. ↑Allmacht.

Omnipräsenz [lat.], svw. Allgegenwart, insbes. von göttl. Wesen gesagt.

Omnium [lat.], im Bahnradsport aus mehreren Wettbewerben bestehender Wettkampf; Sieger ist, wer Punktbester (auf Grund der Plazierung in den Einzelrennen) wird.

Omnivoren [lat.], svw. ↑Allesfresser.

Omnizid [lat.], Vernichtung allen menschl. Lebens.

Omo, Fluß in SW-Äthiopien, entspringt im Hochland Kafa, mündet am N-Ende des Turkanasees, etwa 800 km lang.

Omophagie [griech., zu ōmós „roh" und phageīn „essen"], v. a. in Mysterienkulten das Verschlingen des rohen Fleisches von Opfertieren, um sich göttl. Kraft anzueignen.

Omophorion [zu griech. ōmophoreīn „auf den Schultern tragen"] ↑liturgische Gewänder.

Omorikafichte [serbokroat./dt.] ↑Fichte.

Omphalitis [griech.], svw. ↑Nabelentzündung.

omphalo..., Omphalo... [zu griech. omphalós „Nabel"], Wortbildungselement mit der Bed. „Nabel".

omphaloider Kreislauf, svw. ↑Dotterkreislauf.

Omphalos [griech. „Nabel"], Aufwölbung in der Bodenmitte von Gefäßen, insbes. von Schalen (sog. *Omphalosschalen*).

Omrah (Umrah) [arab.], die „kleine Wallfahrt" nach Mekka, die anders als der Hadsch nicht an bestimmte Zeiten gebunden und nicht im Gesetz vorgeschrieben ist, so daß sie stärkere Züge einer individuellen Frömmigkeit trägt.

Omre, Arthur, eigtl. Ole A. Antonisen, *Horten 17. Dez. 1887, †Porsgrunn 16. Aug. 1967, norweg. Schriftsteller. – Seemann, dann Journalist in Amerika, Europa und Asien; ab 1932 wieder in Norwegen. Psychologisierende Novellen und Romane über die inneren Konflikte von Menschen in Versuchung und von Verbrechern.

Omri (Vulgata: Amri), König von Israel, herrschte im Nordreich etwa 882–871; Begründer der ersten Dyn. Israels.

Omsk, russ. Geb.hauptstadt an der Mündung des Om in den Irtysch, 1,148 Mill. E. Univ. (gegr. 1974), 9 Hochschulen; Museen und Theater; nat. Handelsmesse; Erdölraffinerie, Gummiind., Landmaschinen-, Elektrogerätebau, Schiffsreparatur, Leder-, Textil- und Nahrungsmittelind.; Hafen, Bahnknotenpunkt, U-Bahn, ✈. – 1716 als Festung am linken Ufer des Om gegr.; 1768 Bau einer stärkeren Festung am rechten Ufer; seit 1782 Stadt; ab 1839 Residenz und Verwaltungszentrum des Generalgouvernements Westsibirien; seit Eröffnung der Eisenbahnlinie (1894) Handelszentrum.

Ōmuta, jap. Stadt auf Kyūshū, an der Ariakebucht, 159 000 E. Kohlenabbau (z. T. untermeerisch).

On ↑Heliopolis.

-on [griech.], Suffix der chem. Nomenklatur, das bei organ. Verbindungen das Vorhandensein einer Carbonylgruppe anzeigt.

Ona, 1974 ausgestorbener Indianerstamm im Innern Feuerlands.

Onager [griech.-lat. „Wildesel"], svw. Pers. ↑Halbesel.

Onan, Gestalt des A. T.; Sohn des Judas, der die Pflicht der Leviratsehe nicht ausreichend erfüllte, da er, „sooft er der Frau seines Bruders beiwohnte, den Samen zur Erde fallen ließ" (1. Mos. 38, 9); er wurde dafür von Gott mit vorzeitigem Tod bestraft. Der Begriff Onanie im Sinne von ↑Masturbation wird also zu Unrecht von O. abgeleitet.

Onanie [↑Onan], svw. ↑Masturbation.

Onassis, Aristoteles, *Smyrna (= İzmir) 15. Jan. 1906 (?), †Paris 15. März 1975, griech. Reeder. – Lieh seine Frachter- und Tankerflotte im 2. Weltkrieg den Alliierten, baute sie nach 1945 weiter aus und gründete darüber hinaus eine Luftfahrtgesellschaft und Banken sowie Spielbanken und Immobilienunternehmen.

Onchozerkose (Knotenfilariose), durch den Fadenwurm Onchocerca volvulus hervorgerufene trop. Wurmkrankheit, die durch Mücken der Gatt. Simulium übertragen wird. Die erwachsenen Würmer bilden unter der Körperoberfläche Knoten, die von dort aus reichlich abgesonderten Mikrofilarien verbreiten sich unter der Haut, wo sie eine chron. Entzündung mit starkem Juckreiz hervorrufen. Ein Befall der Augen führt zu schweren Augenschäden, nicht selten zur Erblindung **(Flußblindheit).** Die Behandlung mit Diäthylcarbamacin und Suramin ist nicht frei von Nebenwirkungen und erfordert ärztl. Überwachung.

Oncidium [griech.], Gatt. epiphyt. Orchideen mit rd. 750 Arten; verbreitet von Florida bis Argentinien; mit seitl. Blütenstengeln und gelben bis braunen, oft schön gezeichneten Blüten; z. T. als Zierpflanzen.

Oncille [span.], svw. ↑Ozelotkatze.

Oncken, Hermann, *Oldenburg (Oldenburg) 16. Nov. 1869, †Göttingen 28. Dez. 1945, dt. Historiker. – Prof. u. a. in Chicago, Heidelberg, München und Berlin; 1935 aus polit. Gründen zwangsemeritiert; bemühte sich im Anschluß an Ranke um eine Objektivierung der Geschichte; er verfaßte u. a. „Lassalle" (1904), „Die Rheinpolitik Kaiser Napoleons III. von 1863 bis 1870 ..." (1926), „Das Dt. Reich und die Vorgeschichte des Weltkrieges" (1933).

OND, Abk. für: ↑**O**pera **N**azionale **D**opolavoro.

Ondes Martenot [frz. ɔ̃:d mart'no], 1928 von dem frz. Musikpädagogen Maurice Martenot (*1898, †1980) entwickeltes elektron. Tasteninstrument, bei dem die Töne als Schwebungsfrequenz aus 2 hochfrequenten Schwingungen entstehen; ermöglicht ein nuancenreiches, aber nur einstimmiges Spiel.

Sigrid Onegin

Ondit [õ'di:; frz. „man sagt"], Gerücht, Gerede.

Ondra, Anny, eigtl. Anna Ondráková, *Tarnów (Woiwodschaft Krakau) 15. Mai 1903, †Hollenstedt (Landkr. Harburg) 28. Febr. 1987, dt. Schauspielerin. – Seit 1933 ⚭ mit M. Schmeling; in Deutschland einer der gefeiertsten Stars der 30er Jahre, u. a. „Die Regimentstochter" (1933).

ondulieren [frz., zu lat. undula „kleine Welle"], Haare mittels Brennschere oder Ondulierstab kräuseln oder wellen.

O'Neal, Ryan [engl. oʊ'ni:l], *Los Angeles 20. April 1941, amerikan. Filmschauspieler. – Spielte in den Filmen „Love Story" (1969), „Is' was, Doc" (1971), „Paper Moon" (1972).

Onegasee, zweitgrößter See Europas, im NW Rußlands, 9 616 km², 248 km lang, bis 91,6 km breit, bis 127 m tief, 33 m ü. d. M.; Abfluß durch den Swir zum Ladogasee; zahlr. Inseln (darunter ↑Kischi). Nov.–Mai zugefroren. Durch den O. führt der Wolga-Ostsee-Wasserweg.

Onegin, Sigrid, geb. Hoffmann, *Stockholm 1. Juni 1889, †Magliaso (Tessin) 16. Juni 1943, dt. Sängerin (Alt, Mezzosopran). – Gefeierte Opernsängerin u. a. in Stuttgart, München, New York und Berlin, bei den Salzburger und Bayreuther Festspielen.

Eugene O'Neill

Oneida [engl. o'naɪdə], einer der Stämme des Irokesenbundes, ↑Irokesen.

O'Neill, Eugene [engl. oʊ'ni:l], *New York 16. Okt. 1888, †Kap Cod bei Boston 27. Nov. 1953, amerikan. Dramatiker. – Sohn eines Wanderschauspielers ir. Abstammung; 1916 Verbindung zu der Kleinbühne „Provincetown Players", später zur „Theatre Guild", für die er seine ersten Stücke – realist. Kurzdramen – schrieb. Expressionist. Stationendramen über Ausbeutung („Der haarige Affe", 1922) und Rassismus („Alle Kinder Gottes haben Flügel", 1924) folgten psychologisierende, myst.-pessimist. Familiendramen wie „Der Eismann kommt" (1946), „Ein Mond für die Beladenen" (1952), „Eines langen Tages Reise in die Nacht" (hg. 1956), „Fast ein Poet" (hg. 1957), „Alle Reichtümer der Welt" (hg. 1964). In seinem bedeutendsten

Werk, der Dramentrilogie in 13 Akten „Trauer muß Elektra tragen" (1931), gestaltete er illusionslos den schuldverhafteten Menschen, dem keine Hoffnung bleibt. 1936 Nobelpreis für Literatur. – *Weitere Werke:* Jenseits vom Horizont (1920), Der große Gott Brown (1926), Seltsames Zwischenspiel (1928), Hughie (hg. 1958).

Onesimos, att. Vasenmaler des 5. Jh. v. Chr. – Bemalte für den Töpfer Euphronios Schalen; Meister des frühen strengen Stils, berücksichtigte bereits den Kontrapost.

Lars Onsager

Onetti, Juan Carlos, *Montevideo 1. Juli 1909, uruguayischer Schriftsteller. – Lebt seit 1975 in Madrid. Schauplatz seiner W. Faulkner verpflichteten Erzählungen, Novellen und Romane („Das kurze Leben", 1950) ist eine imaginäre Provinzstadt „Santa Maria", an deren Einwohnern, gescheiterten Menschen, O. die Sinnlosigkeit der bürgerl. Gesellschaft bloßstellt.

Onitsha [engl. ɔːnɪˈtʃɑː], nigerian. Stadt am linken Ufer des Niger, 301 000 E. Sitz eines anglikan. und kath. Erzbischofs; Leprosorium; einer der größten Märkte Westafrikas; Konsumgüterind.; Brücke über den Niger, daher wichtiger Straßenknotenpunkt; Flußhafen.

Oniumverbindungen [zu Ammonium], Sammelbez. für anorgan. oder organ. Verbindungen, die ein durch Anlagerung von Protonen oder positiv geladenen Molekülgruppen an ein neutrales Zentralatom oder -molekül entstandenes, koordinativ gesättigtes Kation (sog. *Oniumion*) enthalten, z. B. die Ammoniumverbindungen mit dem Oniumion Ammonium $(NH_4)^+$.

onko..., Onko... [zu griech. ónkos „groß an Umfang"], Wortbildungselement mit der Bed. „Geschwulst".

Onkogene (Krebsgene, Tumorgene), Bez. für Gene, die eine maligne Entartung von Zellen bewirken können. O. wurden zunächst bei Tumorviren (virale O.), später auch im menschl. und tier. Erbgut (zelluläre O.) gefunden. *Zelluläre O.* sind die durch äußere oder innere Einflüsse veränderte Form normaler, im Erbgut jeder Zelle vorhandener *Proto-O.*, die durch fehlerhafte Codierung eines Proteins das geregelte Zellwachstum außer Kontrolle bringen und die Zellen damit zu Tumorzellen transformieren. *Virale O.* sind Gensequenzen von Tumorviren, die durch ein Eindringen in eine Zelle die Bildung von Tumorzellen hervorrufen können.

Onkologie, Lehre von den Geschwülsten, bes. ihren bösartigen Formen; befaßt sich mit Ursachen, Entstehung und Verbreitung der Geschwülste *(experimentelle O.)* sowie ihrer Vorbeugung, Früherkennung, Behandlung und Nachsorge *(klin. O.)*.

onkotischer Druck [griech./dt.], svw. ↑kolloidosmotischer Druck.

On-line-Betrieb [engl. ˈɔnlaɪn], in der *Datenverarbeitung* Bez. für die Betriebsart eines Gerätes, wenn dieses direkt mit einer Datenverarbeitungsanlage verbunden ist, so daß eine verzögerungsfreie Kommunikation möglich ist. Im Ggs. dazu werden beim **Off-line-Betrieb** die Daten nicht unmittelbar zur Verarbeitung übernommen bzw. ausgegeben, sondern von Zwischenträgern gelesen bzw. auf sie geschrieben.

Onyx

Önologie [griech.], Lehre vom Wein, Weinbau und der Kellerwirtschaft.

Onomasiologie [zu griech. ónoma „Name"], Bezeichnungslehre. Sprachwiss. Teildisziplin der Semantik, die die sprachl. Bezeichnung für (nicht an eine einzelne Sprache gebundene) Gegenstände und Sachverhalte auflistet und damit die Aufstellung eines sprachunabhängigen Begriffssystems anstrebt. Dabei können ebenso Bedeutungsähnlichkeiten von Ausdrücken in Form von Wortfeldern systematisiert wie die geograph. Verteilung von Bezeichnungen erfaßt werden (Sprach- und Wortatlanten). Im Rahmen diachroner Sprachbetrachtungen untersucht die O. das sich wandelnde Verhältnis von Wörtern gegenüber den Begriffen und Sachverhalten.
Der O. steht die ↑Semasiologie gegenüber; beide Gebiete ergänzen einander bei der Untersuchung der Bedeutungsbeziehungen im Wortschatz.

Onomastik [griech.], svw. ↑Namenforschung.

Onomatopoetikon (Onomatopoetikum), Schallwort; durch Schallnachahmung gebildetes Wort, z. B. *Kuckuck, plumps!*

Onomatopöie (Onomatopoesie) [griech.] ↑Lautmalerei.

Onon [russ. aˈnɔn], rechter Quellfluß der Schilka, entspringt im Kenteigebirge (Mongolei), nach 489 km im Gebiet Rußlands, 1 032 km lang.

Önorm [Kw. aus **Ö**sterreichische **Norm**], der DIN entsprechende östr. Ind.norm.

Onsager, Lars, *Oslo 27. Nov. 1903, †Coral Gables 5. Okt. 1976, amerikan. Physiker norweg. Herkunft. – Seine grundlegenden Arbeiten zur Thermodynamik irreversibler Prozesse machten u. a. die chem. Reaktionskinetik einer thermodynam. Behandlung zugänglich und führten ihn 1939 zur Aufstellung einer Theorie der Isotopentrennung. Nobelpreis für Chemie 1968.

Ontario [engl. ɔnˈtɛərioʊ], kanad. Prov. südl. der Hudsonbai, 891 190 km², 9,75 Mill. E (1990), Hauptstadt Toronto.

Landesnatur: Der größte Teil von O. gehört zum Kanad. Schild mit zahllosen Seen, Sümpfen und Mooren. Höchste Erhebung ist der Mount Batchawana mit 700 m. Im N und NO hat O. Anteil am Hudsontiefland. Süd-O. bildet eine Halbinsel zw. Ontario-, Erie- und Huronsee. Das Klima ist kontinental, im S durch den Einfluß der Großen Seen milder als im subarkt. N; im S Laubwald, der nach N in Nadelwald übergeht. In den ausgedehnten Wäldern leben Schwarzbär, Elch und Ren; Seen und Flüsse sind fischreich.

Bevölkerung, Wirtschaft, Verkehr: Heute sind neben indian. Minderheiten rd. 60 % der Bev. brit., 10 % frz. und 6 % dt. Abstammung. Die Bev. konzentriert sich im stark industrialisierten und verstädterten S der Prov. Neben Colleges verfügt O. über 14 Univ. – Beste Voraussetzungen für die Landw. bestehen im S. Angebaut werden Gemüse, Zukkerrüben, Tabak, Getreide, Reben sowie Futterpflanzen. In der Viehzucht überwiegen Rinder- und Geflügelhaltung. Der Waldreichtum ist Grundlage für zahlr. Sägewerke und Papierfabriken. Im Bereich des Kanad. Schildes finden sich Nickel-, Kupfer-, Eisen-, Silber- und Uranerzvorkommen sowie Gold. Führende Ind.zweige sind Eisen- und Stahlgewinnung, Fahrzeugbau, Elektro-, chem., Nahrungsmittel- und Genußmittelind.; schnell entwickelt sich die High-Tech-Ind. – V. a. der Südteil der Prov. ist verkehrsmäßig gut erschlossen durch Eisenbahn (Streckennetz rd. 16 696 km Länge) und Straßen (Gesamtstraßennetz 249 562 km), während im N das Flugzeug der wichtigste Verkehrsträger ist, abgesehen von der Stichbahn nach Moosonee (nahe der Hudsonbai). Wichtigste Häfen sind Toronto am Ontariosee und Thunder Bay am Oberen See (Endpunkt der Seeschifffahrt auf den Großen Seen). Internat. ✈ in Ottawa und bei Toronto.

Geschichte: Ab 1613 von den Franzosen erforscht; kam 1763 in brit. Besitz, 1774 der Prov. Quebec zugeschlagen; nach dem Nordamerikan. Unabhängigkeitskrieg Besiedlung durch Tausende sog. Loyalisten. Die englischsprachigen Siedlungen erreichten 1791 für Oberkanada den Status einer selbständigen Prov.; 1840 wurden Ober- und Unterkanada zur selbstverwalteten Prov. Kanada vereinigt. 1867 wurde die Prov. O. geschaffen, 1912 die N-Grenze bis 60° n. Br. vorgeschoben.

Ontarioapfel ↑Äpfel (Übersicht).

Ontariosee, der östlichste und kleinste der Großen Seen N-Amerikas, USA und Kanada, 310 km lang, 85 km breit, 75 m ü. d. M., bis 243 m tief. Zufluß aus dem Eriesee durch den Niagara River, dessen Fälle durch den Welland Canal umgangen werden; Abfluß durch den Sankt-Lorenz-Strom.

on the rocks [engl. ˈɔn ðə ˈrɔks, eigtl. „auf Felsbrokken"], (bei Getränken:) mit Eiswürfeln.

onto..., Onto... [griech.], Wortbildungselement mit der Bed. „Wesens..., Seins...".

Ontogenese, svw. ↑Ontogenie.

ontogenetisch, die Individualentwicklung (↑Entwicklung [Biologie]) betreffend.

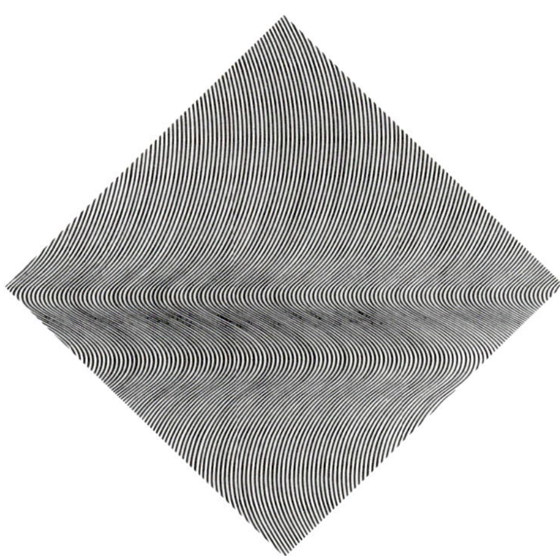

Op-art. Bridget Riley, Crest, 1964 (Privatbesitz)

Ontogenie [griech.] (Ontogenese, Individualentwicklung), die gesamte Entwicklung eines Individuums (↑Entwicklung [Biologie]), im Unterschied zur Stammesentwicklung.

Ontologie, Mitte des 17. Jh. entstandene Bez. für die Lehre von dem Wesen und den Eigenschaften des Seienden, die zu zeigen hat, was allem ↑Seienden als solchem gemeinsam ist. In der *neuscholast. Philosophie* ist die O. Vorstufe zur natürl. Theologie, der Lehre von der Gotteserkenntnis allein durch die Vernunft. Kernstück dieser O. ist die Lehre von den Transzendentalien, nach der ein jedes Seiende, „weil und insofern ihm Sein zukommt" wahr, gut und schön ist, wozu noch hinzugefügt wird, daß es als Seiendes auch ein „Ding" (lat. res), ein „sich Einiges" (lat. unum) und ein „Etwas" (lat. aliquid) sei. Für scholast., philosoph.-theolog. Denken folgt daraus – da Gott als der Schöpfer alles Seienden gilt – seine Identität mit dem [absoluten] Sein. Diesen Übergang und die Identifikation des Seins mit Gott hat v. a. Heidegger als illegitim abgelehnt, indem er auf die **ontologische Differenz** zw. Sein und Seiendem hinwies: Während das Seiende jeweils ein unterscheidbarer Gegenstand sei, entziehe sich das Sein unseren gegenstandsbezogenen Unterscheidungen und könne nur im Verzicht auf vergegenständlichendes, bestimmendes Denken „gesagt" werden. Der O. als ganzer wird seit Kant vorgeworfen, sie verwechsle naiv und sprachunkritisch sprachl. Unterscheidungsleistungen mit realen Unterschieden.

ontologischer Gottesbeweis ↑Gottesbeweis.

Ontologismus [griech.], von V. Gioberti begr. philosoph. Lehre, daß sichere philosoph. Erkenntnis auf der Intuition des Seins durch die Vernunft basiere. Wegen pantheist. Tendenzen wurde der O. von der kath. Kirche verurteilt.

Onychomykose [griech.], svw. ↑Nagelpilzerkrankung.

Onychophagie [griech.], svw. ↑Nägelkauen.

Onyx [griech.-lat., eigtl. „Kralle, (Finger)nagel" (wohl auf Grund der ähnl. Färbung)], eine wie Achat aus unterschiedlich gefärbten (meist schwarzen oder braunen und weißen) Lagen bestehende Varietät des Chalzedons, die als Schmuckstein verwendet wird.

Onza [span.], svw. ↑Jaguar.

oo..., Oo... [o-o; zu griech. ōón „Ei"], Wortbildungselement mit der Bed. „Ei".

Oogamie [o-o...; griech.], Art der geschlechtl. Fortpflanzung, bei der der weibl. Gamet eine unbewegl. Eizelle ist und der männl. Gamet ein bewegl. Spermium.

Oogenese [o-o...] (Eibildung, Eireifung), Entwicklung der Eizellen aus den Ureizellen (Oogonien) der Keimbahn bis zur Entstehung der reifen Eizellen. Während der O. treten drei charakterist. Perioden auf: 1. *Vermehrungsphase:* fortlaufende mitot. Teilungen der Ureizelle, die zum Wachstum der Eierstöcke (Ovarien) führen. Beim Menschen ist diese Periode mit der Geburt abgeschlossen; es sind dann in beiden Eierstöcken zus. rd. 400 000 Ureizellen vorhanden. 2. *Wachstumsphase:* Die Ureizellen wachsen zu wesentlich größeren Eizellen (Oozyten) erster Ordnung heran, wobei sie v. a. bei den Wirbeltieren (einschl. Mensch) noch von einer ein- bis mehrschichtigen Hülle (↑Eifollikel) umschlossen werden. 3. *Reifungsphase:* In dieser Periode erfolgt die Reduktion des Chromosomenbestandes der Oozyte erster Ordnung durch eine Meiose, woraus über die Entstehung einer Oozyte zweiter Ordnung eine große haploide reife Eizelle hervorgeht. Beim Menschen läuft die erste Reifeteilung zur Oozyte zweiter Ordnung während des Follikelsprunges (Ovulation) ab; die zweite Reifeteilung kommt erst nach Eindringen des Spermiums zustande.

Oogonium [o-o...: griech.], Ureizelle (↑Urgeschlechtszellen). – ↑Oogenese.
▷ weibl. Geschlechtsorgan der Lagerpflanzen.

Ōoka Shōhei, *Tokio 6. März 1909, † ebd. 25. Dez. 1988, jap. Schriftsteller. – War Kriegsgefangener auf den Philippinen. Entwirft in seinen Romanen (u. a. „Nobi", 1951; dt. 1959 u. d. T. „Feuer im Grasland") in psychologisch klar entwickelter Darstellung ein realist. Bild des Krieges.

Oolith [o-o...; griech.] (Erbsenstein), aus verkitteten **Ooiden** (ei- oder kugelförmige Mineralkörner von meist unter 2 mm Durchmesser) gebildetes Gestein. Nach der mineralog. Zusammensetzung unterscheidet man: *Kalk-O.* aus Aragonit und/oder Calcit, *Eisen-O.* aus Eisenmineralen (meist Eisenhydroxid) und *Kiesel-O.* aus SiO_2.

Oologie [o-o...] (Eierkunde), Teilgebiet der Ornithologie (Vogelkunde), das sich mit der Erforschung der Vogeleier befaßt.

Oophoron [griech.], svw. ↑Eierstock.

Oostende, amtl. Name von ↑Ostende.

Oosterschelde [niederl. o:stər'sxɛldə], Nordseebucht an der niederl. W-Küste, ehem. nördl. Mündungstrichter der Schelde, von einer 5 500 m langen Brücke überspannt. Mit der Fertigstellung eines durch 63 Fluttore verschließbaren Sturmflutsperrwerks wurde der Deltaplan 1986 vollendet.

Oozyte [o-o...; griech.] (Eimutterzelle), Bez. für zwei Vorstadien (O. erster und zweiter Ordnung) der reifen Eizelle im Verlauf der ↑Oogenese.

OP, Abk. für:
▷ **O**rdo **P**raedicatorum, ↑Dominikaner.
▷ **Op**erationssaal.

op., Abk. für: ↑**Op**us (Musik).

Op-art. Victor de Vasarély, Vonal-Ksz, 1968 (Privatbesitz)

opak [zu lat. opacus „schattig"], nicht durchsichtig, lichtundurchlässig.

Opal [griech.-lat.; zu Sanskrit upala „Stein"], amorphe, in traubigen, nierigen oder krustenförmigen Aggregaten vorkommende, glasige bis wächsern glänzende, milchigweiße oder verschieden gefärbte Substanz, die aus Kieselsäure mit sehr unterschiedlichem Wassergehalt besteht ($SiO_2 \cdot nH_2O$); Mohshärte 5,5–6,5, Dichte 1,9–2,5 g/cm³. O. kann aus diesem metastabilen Zustand durch Diagenese in Chalzedon und schließlich in Quarz übergehen. Vorkommen biogen (Skelette von Kieselalgen u. a.), vulkanisch in Hohlräumen von Ergußgesteinen sowie an heißen Quellen (Kieselsinter, Geyserit). Bekannte Varietäten des O. sind der bläulichgraue **Edelopal,** der orangerote **Feueropal,** der wasserklare **Hyalit** und der weiße **Milchopal.**

Opal als Einschluß in Muttergestein

Opalbatist ↑Glasbatist.

Opaleszenz [Sanskrit-griech.-lat.], opalartiges Schillern von Medien infolge Streuung des Lichtes an Teilchen von der Größenordnung der Lichtwellenlänge (Tyndall-Effekt).

Opalglas ↑Trübglas.

Opaliński, Krzysztof [poln. ɔpaˈliįski], * Sieraków (Woiwodschaft Posen) um 1609, † Włoszakowice um den 7. Dez. 1655, poln. Satiriker. – Schulreformer unter dem Einfluß von Comenius; Woiwode von Posen; lieferte 1655 den Schweden Großpolen durch Kapitulation aus. Verfaßte als erster Pole Blankverssatiren nach klass. lat. Vorbildern.

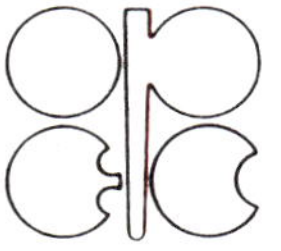

OPEC. Signet der Organisation

Opanke [serb.], aus der Sandale südosteurop. Völker hervorgegangener absatzloser Schuh, dessen Sohle rundherum hochgezogen ist.

Oparin, Alexandr Iwanowitsch [russ. aˈparin], * Uglitsch 3. März 1894, † Moskau 21. April 1980, russ. Biochemiker. – Prof. in Moskau, ab 1946 Leiter des dortigen Inst. für Biochemie der Akad. der Wiss. der UdSSR; insbes. Untersuchungen über Enzymwirkungen in der lebenden Zelle; bed. Beiträge zur Frage der Entstehung des Lebens.

Op-art [engl. ˈɔp-ɑːt, gekürzt aus optical art „opt. Kunst"], zeitgenöss. Kunstform v. a. der 1960er Jahre, die konstruktivist. und Bauhaus-Arbeiten (J. Albers) voraussetzt. Kalkulierte Gesetzmäßigkeiten von Linien, Flächen und Farbkombinationen ergeben illusionist., v. a. perspektivische Effekte. Hauptvertreter sind V. de Vasarély, J. Le Parc und weitere Mgl. der „Groupe de Recherche d'Art Visuel", J. R. Soto, J.-P. Yveral, B. Riley. – Abb. S. 219.

Opatija (italien. Abbazia), Ort in Kroatien, westl. von Rijeka, 13 000 E. Seebad und heilklimat. Kurort; Inst. für Wellentherapie; Filmstudio, botan. Garten. – Entstand um ein Benediktinerkloster; kam 1918 an Italien, 1947 an Jugoslawien.

Oper. Szenenbild aus der Erstaufführung der Oper „L'incontro improvviso" von Joseph Haydn am Theater von Schloß Eszterháza (heute Fertőd), 1775, anonyme zeitgenössische Malerei mit Elfenbeinapplikation (München, Deutsches Theatermuseum)

Opatoschu, Joseph, eigtl. J. Meir Opatowski, * Mława (bei Warschau) 1. Jan. 1887, † New York 7. Okt. 1954, jidd. Erzähler. – Lebte ab 1907 in den USA. Bed. Epiker der Impressionistengruppe „di junge". Setzte sich mit der Entwurzelung vieler Juden in Amerika literarisch auseinander, wandte sich später histor. Themen zu. – *Werke:* In pojlische Welder (R., 1921; dt. in 2 Tlen.: Der letzte Waldjude, 1928, und Der Aufstand, 1929), A tog in Regensburg (R., 1933).

Opava (dt. Troppau), Stadt am O-Rand des Niederen Gesenkes, ČR, 260 m ü. d. M., 62 800 E. Schles. Museum; O. gehört zum Ind.ballungsraum von Ostrau und stellt v. a. Bergwerksausrüstungen her. – Als Siedlung erstmals 1195 belegt; Stadtgründung (mit Magdeburger Recht) 1224, seitdem befestigt; nach 1742 (bis 1928) Hauptstadt von Östr.-(seit 1918 Tschech.-)Schlesien. – Got. Propsteikirche Maria Himmelfahrt (14. Jh.), spätgot. Heilig-Geist-Kirche (15. Jh.); mehrere Barockpalais, u. a. Palais Blücher-Wahlstadt.

Opazität [lat.], Kehrwert der Transparenz oder Durchlässigkeit einer Schicht.

OPEC, Abk. für engl.: **O**rganization of the **P**etroleum **E**xporting **C**ountries, Organisation der Erdöl exportierenden Länder, gegr. 1960; Mgl. (1993): Algerien, Gabun, Indonesien, Irak, Iran, Katar, Kuwait, Libyen, Nigeria, Saudi-Arabien, Venezuela und die Vereinigten Arab. Emirate; Sitz: Wien (seit 1965; vorher Genf).

Die OPEC war zunächst eine Schutzorganisation gegen die Ölkonzerne, die v. a. zur Stabilisierung der Erlöse der Mgl.länder beitragen sollte. Die Einnahmen der Förderstaaten ergaben sich aus den „Royalties", einem festen (Dollar-)Betrag pro Tonne Rohöl, und einer „Einkommensteuer" in Höhe von 50 % des ausgewiesenen Gewinns. Das Bestreben der OPEC-Länder, die Erdölförderung, die nahezu ihre gesamten Exporterlöse ausmacht, unter eigene Kontrolle zu bekommen, führte zu Verstaatlichungen bzw. dem Erwerb von Mehrheitsbeteiligungen an den Fördergesellschaften. Zur autonomen Preisfestsetzung (ohne Verhandlungen mit den Ölkonzernen) ging die OPEC über, als die Ölkonzerne bei Verhandlungen in Wien im Okt. 1973 zögerten, die Forderungen nach höherem Inflationsausgleich und Anhebung der Listenpreise zu akzeptieren. Der von der OPEC einseitig festgesetzte Preis wurde Anfang 1974 nochmals verdoppelt. Ein weiterer Preisschub fand 1979 statt, als die meisten OPEC-Staaten ihre Fördermengen einschränkten, um ihre Ölreserven zu strecken. Damit gelang es der OPEC, den Erdölpreis von unter 2 $ pro Barrel (159 Liter) Anfang der 1970er Jahre auf über 30 $ bis 1980 zu erhöhen und die Einnahmen aus dem Ölgeschäft beträchtlich zu steigern. Die Ind.länder reagierten mit Spar- und Substitutionsmaßnahmen. Gleichzeitig wurden weitere, bisher nicht rentable Ölvorkommen (v. a. in Alaska und in der Nordsee) erschlossen; zusätzl. Anbieter (Mexiko) traten auf. So sank der Ölpreis von zeitweilig über 40 $ (1981) auf bis zu 8 $ (1986). Von 1979–85 (bisheriger Tiefststand) sank der OPEC-Anteil an der Weltförderung von 47,8 % auf 30 %, doch blieb der Anteil der OPEC am gesamten internat. gehandelten Erdöl mit rd. 65 % weiterhin beträchtlich. Außerdem ist zu beachten, daß die Förderkosten der OPEC-Staaten mit rd. 4 $ je Barrel bei weitem die niedrigsten der Welt sind.

Von der OPEC zu unterscheiden ist die 1968 gegr. **Organisation der arabischen Erdöl exportierenden Staaten** (Abk. **OAPEC**), unter deren Regie mehrere Gemeinschaftsunternehmen gegr. wurden (Sitz Kuwait). Die Lieferbeschränkungen 1973 (Israel.-Arab. Krieg) gingen auf Beschlüsse der OAPEC zurück.

Opel, Adam, * Rüsselsheim 9. Mai 1837, † ebd. 8. Sept. 1895, dt. Maschinenbauer und Unternehmer. – Gründete 1862 in Rüsselsheim eine Werkstatt zur Nähmaschinenfabrikation und nahm 1887 als erster dt. Fabrikant die Herstellung von Fahrrädern auf (bis 1937). 1898 wurde mit dem Kfz-Bau begonnen. Die **Adam Opel AG** ist seit 1929 Tochtergesellschaft der General Motors Corporation; Produktion (1990): 1,05 Mill. Fahrzeuge und 300 000 Teilsätze; Beschäftigte (1990): 57 500; neben Rüsselsheim,

Oper. Szenenphoto einer Aufführung der Oper „Aida" von Giuseppe Verdi im römischen Amphitheater in Verona

Bochum und Kaiserslautern wurde 1992 ein Werk in Eisenach eingerichtet.

O., Georg von, * Ingelheim am Rhein 18. Mai 1912, † Falkenstein im Taunus (= Königstein im Taunus) 14. Aug. 1971, dt. Industrieller und Sportfunktionär. – Präs. der Dt. Olymp. Gesellschaft (1951–69); Mgl. des IOC (ab 1966).

Open-air-Festival [engl. 'oʊpən 'ɛːə 'fɛstɪvəl „Freiluftfestival"], im Freien stattfindendes Festival (für Folklore, Popmusik o. ä.).

open end [engl. 'oʊpən 'ɛnd „offenes Ende"], Hinweis auf den zeitlich nicht festgelegten Endpunkt einer Veranstaltung.

Open sky [engl. 'oʊpən 'skaɪ] ↑Abrüstung.

Open University [engl. 'oʊpən juːnɪ'vəːsɪtɪ] ↑Fernuniversität.

Oper [italien., zu lat. opera „Werk"], musikal. Bühnengattung, bei der die Musik ihre vokalen und instrumentalen Ausdrucksmittel zur Mitgestaltung der dramat. Aktion, der Charaktere und der Dialoge nutzt und sich nicht auf das einlagenartige Auflockern (Sing-, Liederspiel, Bühnenmusik) oder das simultane Untermalen (Melodram) eines Sprechstücks beschränkt.

Anfänge der italienischen Oper im 17. Jahrhundert

Die Verbindung von Musik und szen. Aktion findet sich bereits in der griech. Tragödie, den geistl. und weltl. Spielen des MA, den Intermedien und Tanzspielen, Masken- und Triumphzügen der Renaissance. Als unmittelbare Vorläufer der O. gelten die italien. Pastoralen mit Musikbegleitung von T. Tasso („Aminta", 1580) und die Madrigalkomödien (Orazio Vecchi, „L'Amfiparnaso", 1597). Die O. entstand um 1600 aus den Versuchen der Florentiner ↑Camerata, die in vermeintl. Nachahmung antiker Vertonungsprinzipien entwickelte ↑Monodie auf ausgearbeitete Dramenstoffe anzuwenden. Erste Beispiele waren die mytholog. Stücke „Dafne" von I. Peri (1598) und „Euridice" von I. Peri und G. Caccini (1600) nach Texten von O. Rinuccini. Vorherrschend war hier das generalbaßbegleitete Rezitativ. – Die unmittelbar nach der Florentiner O. entstandene moral.-allegor. **römische Oper** (E. de' Cavalieri, A. Agazzari, M. und L. Rossi, S. Landi, D. Mazzocchi) zeichnete sich durch die Auflockerung des Rezitativs durch Sologesänge und Chöre aus. C. Monteverdi erhob im „Orfeo" (1607) die psycholog. Wortdeutung und die musikal. Bildhaftigkeit zum Stilprinzip. Formal ergaben sich eine größere Vielfalt an reinen Instrumentalsätzen, eine Ausweitung des Orchesterapparats und eine ausgeprägte Szenenbildung. Monteverdis Spätwerke sind stofflich und musikalisch vom Stil der ersten öff. nichthöf. O., der **venezianischen Oper** (gegr. 1637), geprägt. Hier traten die Aufnahme geschlossener Gesangsformen (Strophenlied, zwei- und dreiteilige Arie, Duett) und die Ausweitung des Rezitativs zum Arioso und zum Accompagnato hinzu. Spätere Meister waren F. Cavalli, P. A. Cesti, A. Draghi, G. Legrenzi.

Französische, englische und deutsche Oper im 17. und 18. Jahrhundert

Die Ausstrahlung der italien. O. auf den Pariser Hof führte in der 2. Hälfte des 17. Jh. zur Entwicklung der eigenständigen frz. Gattungen der **Comédie-ballet,** einer von J.-B. Lully und Molière gemeinsam geschaffenen Verbindung von Komödie, Musik und Tanz, und zur **Tragédie lyrique.** Diese erhielt in den Gemeinschaftsarbeiten Lullys und des Dichters P. Quinault eine dem klass. frz. Drama nachgebildete Form (fünf Akte mit Prolog, alexandrin. Vers, Verzicht auf kom. Partien) und wies musikalisch ein kunstvoll behandeltes, pathet.-deklamator. Rezitativ mit eingefügten Liedsätzen sowie eine Fülle von Chören und ballettbegleitenden Instrumentalstücken auf. Lullys Nachfolger A. Campra und A. C. Destouches weiteten die Tragédie lyrique zur **Opéra-ballet** aus, die bei J.-P. Rameau ihren Höhepunkt fand. Rameaus Versuche, die Tragédie lyrique durch eine reichere musikal. Gestaltung weiterzubilden, blieben ohne nachhaltigen Erfolg. Die Gunst des Publikums hatte sich inzwischen der jungen ↑**Opéra comique** zugewandt. An die ernste frz. und italien. O. knüpfte C. W. Gluck an, der in seinen „Reformopern" („Orfeo ed Euridice", 1762; „Alceste", 1767) auf dramat. Wahrheit und Erhabenheit des Gefühls zielte. Nach der Frz. Revolution kam die sog. **Revolutions- und Schreckensoper** mit ihren musikal. Schauergemälden auf. Die frühe *engl. Oper* fand ihre Meister in H. Purcell und G. F. Händel. Ein bürgerl. Gegenstück zur pathet. Solo-O. italien. Abkunft bildete die **Balladopera.** – Die *dt. O.geschichte* setzte mit „Dafne" von

H. Schütz (1627) ein. Zentrum einer bürgerl. O.pflege war zw. 1678 und 1738 die Hamburger O., deren wichtigste Komponisten J. S. Kusser, R. Keiser, J. Mattheson und G. P. Telemann Elemente der dt. Volksposse, der venezian. Arien-O. und der frz. Tanz- und Chor-O. in ihren Werken vereinigten.

Italienische Oper im 18. Jahrhundert

Um die Wende zum 18. Jh. gab Venedig die Führung der italien. O. an die *neapolitan. Schule* ab (F. Provenzale, A. Stradella, A. Scarlatti, N. Porpora, L. Vinci und G. B. Pergolesi). Unter dem Einfluß der Textdichter A. Zeno und P. Metastasio entstand die **Opera seria** (ernste O.), die musikalisch aus der Abfolge von cembalo- oder orchesterbegleitetem Rezitativ als Handlungsträger und solist. Da-capo-Arie als seel. Selbstdarstellung besteht. Aus den kom. Zwischenakteinlagen (Intermezzi) der ernsten O. entstand die volkstüml. **Opera buffa** (kom. O.). Diese zeichnete sich durch liedhafte Melodik, freie Formgebung, eine bewegl. Motivik und Rhythmik, Parlandopassagen in den Arien und eine Vorliebe für Ensemblebildungen an den Aktschlüssen (Finali) aus. Die Opera buffa wurde Vorbild für das dt. ↑**Singspiel.** Mozart hat alle zu seiner Zeit lebendigen O.formen von der Opera seria („Idomeneo", 1781) über die Opera buffa („La finta giardiniera", 1775) bis hin zum dt. Singspiel („Entführung aus dem Serail", 1782) gepflegt, um in „Le nozze di Figaro" (1786), „Don Giovanni" (1787), „Così fan tutte" (1790) und in der „Zauberflöte" (1791) jegl. gattungsbedingte Typik mit individueller Charakteristik zu durchdringen und Tragik und Heiterkeit in einzigartiger Weise zu verschmelzen.

Oper im 19. und frühen 20. Jahrhundert

Die dt. **romantische Oper** C. M. von Webers („Der Freischütz", 1821) und A. Lortzings („Undine", 1845) zeichnet sich durch volkstüml. innigen Ton und treffende Naturschilderung aus. Die **komische Oper** des dt. Biedermeier ist v. a. bei A. Lortzing („Zar und Zimmermann", 1837; „Der Wildschütz", 1842; „Der Waffenschmied", 1846), Otto Nicolai („Die lustigen Weiber von Windsor", 1849) und P. Cornelius („Der Barbier von Bagdad", 1858) vertreten. – In Frankreich bildete sich in der 1. Hälfte des 19. Jh. die **Grand opéra** heraus, die in G. Spontinis „Olimpie" (1819), D. F. E. Aubers „Die Stumme von Portici" (1828), G. A. Rossinis „Wilhelm Tell" (1829), G. Meyerbeers „Die Hugenotten" (1836) und H. Berlioz' „Die Trojaner" (1855–58) grandiose Bühneneffekte entfaltete. Die Auflokkerung der Grand opéra mit Elementen der Opéra comique führte zum **Drame lyrique,** in dem sich lyr.-sentimentaler Ausdruck mit hochdramat. Wirkungen verband. Ihm gehören C. Gounods „Faust" (1859), G. Bizets „Carmen" (1875) und Werke von A. Thomas, J. Massenet und C. Saint-Saëns an. – Die italien. O. erlangte im 19. Jh. erneut Weltgeltung durch G. A. Rossini („Der Barbier von Sevilla", 1816), G. Donizetti („Lucia di Lammermoor", 1835) und V. Bellini („Norma", 1831). Ihre von der Opera buffa übernommene Technik der szenenartig gesteigerten Arie mit Rezitativeinschüben und die illustrierende Orchestersprache wurden in den Spätwerken G. Verdis („Aida", 1871; „Otello", 1887; „Falstaff", 1893) virtuos in den Dienst der dramat.-psycholog. Charakterisierung gestellt. – R. Wagners künstler. Entwicklung begann im Stil der Grand opéra („Rienzi", 1842) und der romant. O. („Fliegender Holländer", 1843; „Tannhäuser", 1845; „Lohengrin", 1850), um in den sog. **Musikdramen** („Tristan und Isolde", 1865; „Die Meistersinger von Nürnberg", 1868; „Der Ring des Nibelungen", 1876; „Parsifal", 1882) die erstrebte Einheit von Wort und Ton zu verwirklichen. Charakteristisch sind hier die Auflösung der Trennung von Rezitativ und geschlossener Gesangsform, die Leitmotivtechnik und das Einbeziehen der Singstimme in den harmonisch höchst differenzierten orchestralen Satz. – In den Ländern O-Europas bildeten sich im 19. Jh. eigene, das volkstüml. Melodiegut einschmelzende nat. O.bewegungen heraus. Wichtigste Vertreter der *russ. O.* sind M. I. Glinka, M. P. Mussorgski („Boris Godunow", 1874), A. P. Borodin, N. A. Rimski-Korsakow und P. I. Tschaikowsky („Eugen Onegin", 1879). Eine *tschech. National-O.* schufen B. Smetana („Die verkaufte Braut", 1866), A. Dvořák („Rusalka", 1901) und L. Janáček („Jenufa", 1904).

Oper. Szenenphoto aus der Uraufführung der Literaturoper „Hamletmaschine" von Wolfgang Rihm am Nationaltheater Mannheim, 1987

20. Jahrhundert

Die O. des 20. Jh. stand z. T. in der Nachfolge Wagners, u. a. bei R. Strauss, F. Schreker und H. Pfitzner. Anderen, z. T. gegen Wagner gerichteten Strömungen gehören R. Leoncavallo, P. Mascagni sowie G. Puccini, ferner C. Debussy an.

Die Wendung zur Neuen Musik bahnte sich in der Zeit um den 1. Weltkrieg in den O. von A. von Zemlinsky und F. Schreker sowie in den frühen Bühnenwerken A. Schönbergs an. A. Berg schuf unter Verwendung der Zwölftontechnik wegweisende Werke („Wozzeck", 1925), an die E. Křenek und, nach dem 2. Weltkrieg, L. Dallapiccola und B. A. Zimmermann anknüpften. Etwa gleichzeitig entstand ein historisierender O.-Typ (P. Hindemith, I. Strawinsky); daneben gab es die stofflich aktuelle Zeit-O. (Hindemith, Křenek), die zeitkrit. O., z. B. „Die Dreigroschenoper" von K. Weill (1928; Text von B. Brecht), und das von Brecht geprägte Lehrstück (Hindemith, H. Eisler) sowie die Schul-O. (Weill, Hindemith, P. Dessau). In der Musik nach 1950 erfuhr die Tradition der symphon. O. und der Kammer-O. eine Fortführung, z. B. in Werken von B. Britten, B. Blacher, W. Fortner, G. von Einem, R. Liebermann, H. W. Henze und G. Klebe. Neuen Aufschwung nahm auch die Literatur-O. (K. Penderecki, G. Ligeti, A. Reimann, W. Rihm, U. Zimmermann). Musikalisch oder dramaturgisch von der Tradition der O. sich abhebende Werke schufen M. Kagel, L. Nono, L. Berio, K. Stockhausen, O. Messiaen, J. Cage, P. Glass.

Opera buffa [italien. „kom. Oper"] ↑Oper.

Opéra comique [frz. ɔperakɔ'mik „kom. Oper"], frz. Form des Singspiels, ein Sprechstück mit liedhaften Musikeinlagen. Sie erhielt im 18. Jh. durch die Dichter C. S. Favart, M. J. Sedaine, J.-F. Marmontel und die Komponisten J.-J. Rousseau, C. W. Gluck, A. E. M. Grétry ein hohes Niveau. Von der höf. Tragédie lyrique unterscheidet sie sich durch die kom. oder satir. Stoffe mit aktuellen Bezügen, die Aufteilung der Handlung in gesprochenen Dialog und Gesangsnummern und eine insgesamt bescheidenere kompositor. Ausarbeitung. F. A. Boieldieu („Die weiße Dame", 1825), D. F. E. Auber („Fra Diavolo", 1830) und A. C. Adam („Der Postillon von Lonjumeau", 1836) knüpften an ihre volkstüml., leichte Form wieder an. Um 1850 wurde die Gatt. von der Operette verdrängt.

Operatio (Operatio immanens) [lat.], Begriff der scholast. und frühneuzeitl. Philosophie für (intellektuelle) Handlung. – Die drei **Operationes mentis** („Verstandeshandlungen") sind Begriffsbildung, Urteilen und Schließen.

Operation [zu lat. operatio „das Arbeiten"], in der *Medizin* von einem Arzt durchgeführter Eingriff am lebenden Organismus, i. e. S. ein chirurg. Eingriff an Körperorganen oder -teilen des Menschen zu diagnost. und/oder therapeut. Zwecken. Strafrechtlich stellt jede O. eine Körperverletzung dar, die – mit Ausnahme bei unmittelbarer Lebensgefahr – nur mit Einwilligung des Patienten oder seines gesetzl. Vertreters nach vorhergehender Aufklärung über Art und Risiken des Eingriffs erfolgen darf.
Die O. wird in speziellen O.räumen (Abk. OP) eines Krankenhauses durchgeführt, die u. a. durch häufige Feuchtreinigung und Luftentkeimung keimarm gehalten werden. Hierbei bestehen getrennte Räumlichkeiten für *asept. O.* (unter keimfreien Bedingungen) und *sept. O.* (Eingriff an infiziertem Gewebe). Die Durchführung der O. erfolgt durch ein Team, bestehend aus Operateur mit Assistenten, O.schwester mit „Springer" für zusätzl. Handreichungen und dem Anästhesisten, der für die Durchführung der Narkose verantwortlich ist. Die Einrichtung eines OP besteht aus dem in allen Richtungen drehbaren O.tisch, Instrumenten, O.lampen, Narkoseapparat, Infusionseinrichtungen, Geräten zur Patientenüberwachung (Elektrokardiograph, elektronisch gesteuerte Monitore für Puls, Atmung, Blutdruck), Verband- und Wäschekästen; bei Bedarf sind zusätzl. Einrichtungen wie Röntgengeräte, Herz-Lungen-Maschine (z. B. bei Herz-O.) einsetzbar. Über den Verlauf der O., etwaige Komplikationen (z. B. Narkosezwischenfälle) und das Ergebnis wird ein O.bericht für die Krankenunterlagen angefertigt. Je nach Ausmaß und Verlauf einer O. ist die postoperative Überwachung (einschl. Thromboseprophylaxe) entscheidend für Ausgang und Erfolg.
▷ *militär.:* eine zeitlich und räumlich zusammenhängende Handlung von Streitkräften einer kriegführenden Seite zur Durchsetzung eines militär. Auftrags.
▷ in der *Mathematik* jeder Vorgang, bei dem ein mathemat. Ausdruck unter Beachtung bestimmter mathemat. Gesetze umgeformt oder berechnet wird, z. B. die Grundrechenarten, die Differentiation und Integration; i. e. S. svw. ↑Verknüpfung (algebraische O.).
▷ in der *Wissenschaftstheorie* Bez. für Verfahren, die nach standardisierten Anweisungen Meßkriterien bereitstellen, mit deren Anwendung der empir. Gehalt von wiss. Begriffen definiert werden kann.

Operationalisierung [lat.], Bez. für die Entwicklung von ↑Operationen, auf Grund derer entscheidbar ist, ob der von einem Begriff bezeichnete Sachverhalt vorliegt oder nicht. Durch die O. wird der empir. Gehalt eines Begriffs innerhalb einer wiss. Theorie eindeutig festgelegt.

Operationalismus (Operationismus, Operativismus) [lat.], im Anschluß an P. W. Bridgman eingeführte Bez. für die methodolog. Auffassung, daß wiss. Begriffe nur dann einen empir. Gehalt besitzen und damit sinnvoll sind, wenn sie mit Hilfe bestimmter Operationen (z. B. physikal. Messungen) gewonnen und durch die Angabe dieser Operationen definiert werden.

Operations-Research [engl. ɔpəˈrɛɪʃənz rɪˈsəːtʃ] (Unternehmensforschung), wiss. Disziplin, die sich damit befaßt, optimale Handlungsalternativen bei privatwirtsch. und öff.-polit. Planungen aufzufinden und zu begründen. Typisch sind die Verwendung mathemat. Modelle zur Strukturierung solcher Planungsprobleme und der Einsatz bestimmter, v. a. computergestützter Rechenverfahren.

Operationsverstärker (Rechenverstärker, OV), universell einsetzbarer integrierter Schaltkreis der analogen Schaltungstechnik, der durch äußere Beschaltung unterschiedl. Übertragungscharakteristiken annehmen kann.

Operator [lat., eigentlich „Arbeiter, Schöpfer"], in der *Mathematik* eine Zuordnungsvorschrift von Elementen eines [abstrakten] Raumes zu Elementen eines anderen Raumes, also eine spezielle Art von Abbildung. Bildet ein O. eine Menge von Elementen (bes. Funktionen) auf reelle oder komplexe Zahlen ab, heißt dieser O. ein **Funktional.** Beispiele für O. sind Differential- und Integraloperatoren.
▷ Mittel zur Durchführung *linguist.* oder *log.* Operationen, durch die Ausdrücke regelhaft erzeugt oder umgeformt werden.
▷ in der *Gentechnologie* ↑Operon.

Operette [lat.-italien., eigtl. „kleine Werke"], heiteres Bühnenstück mit gesprochenem Dialog, Gesang und Tanz. Die O. wurde als typisch großstädt.-populäre Musikform in Paris geschaffen von F. Hervé und J. Offenbach. Offenbach versah die O. („Orpheus in der Unterwelt", 1858; „Die schöne Helena", 1864) mit den gerade aktuellen Tänzen und den Formen der Oper (Ouvertüre, Arien, Ensembles, Chöre) und sicherte ihr dank einer leichten Musik und Parodien auf die Gesellschaft des Zweiten Kaiserreichs einen Welterfolg. Vorbereitet durch die bodenständige Musikposse und die von J. Lanner und J. Strauß (Vater) geschürte Walzerbegeisterung, entstand die **Wiener Operette;** sie war weniger zeitkritisch, im gemütvollen Volkston gehalten und fand ihre Meister in F. von Suppé („Die schöne Galathee", 1865), J. Strauß (Sohn) („Die Fledermaus", 1874; „Der Zigeunerbaron", 1885) und K. Millöcker („Der Bettelstudent", 1882), K. Zeller („Der Vogelhändler", 1891) und R. Heuberger („Der Opernball", 1898). Anfang des 20. Jh. entstand eine neue Art der Wiener O., bei der das „Wienerische" noch betont und oft mit fremdländ. Kolorit bereichert wurde. Sie ist vertreten durch F. Léhar („Die lustige Witwe", 1905; „Der Graf von Luxemburg", 1909; „Land des Lächelns" 1929), L. Fall („Der fidele Bauer", 1907), O. Straus („Ein Walzertraum", 1907), G. Jarno („Die Försterchristel", 1907), O. Nedbal („Polenblut", 1913) und H. Berté („Das Dreimäderlhaus", 1916). In der Tradition der Wiener O. stehen N. Dostal („Clivia", 1933), R. Stolz („Zwei Herzen im Dreivierteltakt", 1933) und E. Kálmán („Die Csárdásfürstin", 1915; „Gräfin Mariza", 1924). – Die mit P. Lincke („Frau Luna", 1899) einsetzende **Berliner Operette** steht der Revue nahe und ist weniger sentimental als die Wiener O.; zu ihr zählen W. Kollos „Wie einst im Mai" (1913), E. Künneckes „Der Vetter aus Dingsda" (1921), R. Benatzkys „Im weißen Rößl" (1930), F. Raymonds „Maske in Blau" (1937). Die Blütezeit der O. ging mit dem 2. Weltkrieg zu Ende. Erfolgreiche O. schrieben danach u. a. E. Nick („Das Halsband der Königin", 1948), P. Burkhard („Das Feuerwerk", 1948) und R. Stolz („Frühjahrsparade", 1964). Das Erbe der Gatt. hat das ↑Musical angetreten.

Operngias (Theaterglas) ↑Fernrohr.

Operon [Kw.], Einheit der Genregulation. Das O., ein bestimmter Abschnitt auf der DNS, setzt sich zus. aus *Operator,* der für das Anlaufen und Abschalten der Strukturgenfunktion verantwortlich ist, einer Gengruppe *(Strukturgene),* deren Produkte (meist Enzyme) gemeinsam an einem biochem. Prozeß beteiligt sind, und einem *Terminator,* der die RNS-Synthese beendet.

Opfer [letztlich zu lat. operari „arbeiten, der Gottheit (durch Opfer) dienen"], *religionsgeschichtlich* neben dem Gebet eine der ältesten und wichtigsten Formen des Kults. O. bezeichnet die Gabe eines Menschen an ein ↑Numen sowie das Ritual des Gebens. Das O. wurzelt in dem mag. Glauben an eine Übertragung göttl. Kraft auf den Opfernden mittels des O. und der in der O.gabe geglaubten Kraft und geschieht nach dem Prinzip von Gabe und Gegengabe (↑do ut des), unabhängig von der jeweils konkret zugrundeliegenden Intention des Opfernden, die die einzelnen O. als Bitt-, Dank-, Weih-, Sühne-, Divinations-O. (mant. Erforschung des Willens der Gottheit) u. a. bestimmt. Die Formen des O. sind ähnlich vielgestaltig und reichen von der Darbringung von Sachen und Pflanzen über Tier-O. (oft als **Erstlingsopfer,** d. h. als Darbringung der ersten Früchte der Ernte oder der Erstgeburt) und Blut-O. bis hin zum ↑Menschenopfer, das als Erstgeburts-, Kinder-, Jungfrauen- und Kriegsgefangenen-O. oder Selbst-O. (↑Devotion), Totenbegleit-O. (z. B. Witwenverbrennung) und Häuptlings-O. bekannt ist. Bei dem häufig vorkommenden **Brandopfer** soll im völligen Verzicht auf den Verzehr der O.gabe (meist geschlachteter Tiere) das hohe Maß der Huldigung zum Ausdruck gebracht werden. Mit zunehmender Vergeistigung und Verinnerlichung von Religion wurde das Menschen-O. durch Ersatz- oder Pars-pro-toto-O. (Finger-, Haar-O.) abgelöst. Typ. Beispiel eines Ersatz-O. ist die im A. T. (1. Mos. 22) geschilderte Opferung Isaaks. Für das Christentum ist der Kreuzestod Jesu das einmalige und endgültige O. zur Beseitigung der Sünden. Die höchste Form der Verinnerlichung erreicht das O. in der myst. Selbsthingabe, die sich im Gebet vollzieht. – Im *allg. Sprachgebrauch* und in der religiösen Praxis hat O. auch die Bed. von Verzicht und Spende.

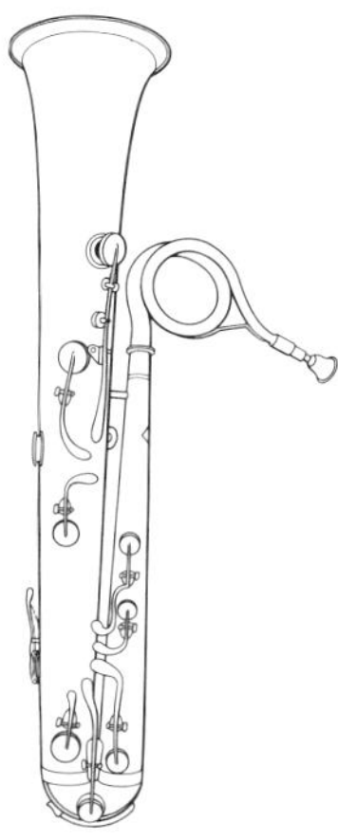

Ophikleide.
Baßophikleide in B

Opferbereitung (Offertorium), in der kath. Liturgie frühere Bez. für die „Gabenbereitung", die Bereitstellung von Brot und Wein zu Beginn der eigtl. Eucharistiefeier.

Opferentschädigungsgesetz, BG über die Entschädigung für Opfer von Gewalttaten i. d. F. vom 7. 1. 1985. Nach dem O. erhält jemand, der durch einen vorsätzl., rechtswidrigen tätl. Angriff auf seine Person oder einen Dritten oder durch dessen rechtmäßige Abwehr einen gesundheitl. Schaden erlitten hat, auf Antrag Versorgung nach dem Bundesversorgungsgesetz.

Opfergang, in den christl. Liturgien die Prozession mit den eucharist. Elementen Brot und Wein.

Opferstock, in den christl. Kirchen Behälter für Almosen.

Ophikleide [griech.], ein zuerst 1817 gebautes Klappenhorn in Alt-, Baß- und Kontrabaßlage mit 8–12 Klappen; bes. die Baßlage (Stimmung: C, B und As) fand Eingang in Opern- und Militärorchester; in den 1840er Jahren von der ↑Tuba verdrängt.

Ophiolith [zu griech. óphis „Schlange" und líthos „Stein" (wegen des Gehalts an Serpentin)], zusammenfassende Bez. für meist grüne bas. Vulkanite (Diabase, Kissenlava) und Intrusivgesteine (Gabbro) sowie ultrabas. Gesteine (Serpentinit, Peridotit).

Ophiuchus [griech.] (Schlangenträger) ↑Sternbilder (Übersicht).

Ophthalmika [griech.], Arzneimittel zur Behandlung von Augenkrankheiten.

Martin Opitz
(Ausschnitt aus einem Kupferstich, 1631)

ophthalmo..., Ophthalmo..., ophthalm..., Ophthalm... [zu griech. ophthalmós „Auge"], Bestimmungswort von Zusammensetzungen mit der Bed. „Auge".

Ophthalmoblennorrhö [griech.], svw. ↑Blennorrhö.

Ophthalmologe [griech.], Facharzt für Augenheilkunde.

Ophthalmologie, svw. ↑Augenheilkunde.

Ophthalmometer, opt. Meßinstrument zur Bestimmung der Krümmungsradien der Augenhornhaut.

Ophthalmoplegie [griech.], svw. ↑Augenmuskellähmung.

Ophthalmoskop [griech.] (Augenspiegel), Instrument zur Untersuchung des Augenhintergrundes (beleuchteter Konkavspiegel mit zentraler Durchblicksöffnung).

Max Ophüls

Ophüls, Max [ˈɔphʏls] (Ophuls), eigtl. M. Oppenheimer, *Saarbrücken 6. Mai 1902, †Hamburg 26. März 1957, frz. Regisseur dt. Herkunft. – 1921–24 Theaterschauspieler und -regisseur. Als Filmregisseur ab 1930 in Berlin („Die verkaufte Braut", 1932; „Liebelei", 1933). Während seiner Emigration (ab 1933) drehte er in Frankreich, 1941–49 in den USA, auch in Italien und den Niederlanden, ab 1950 wieder in Frankreich. V. a. mit seinen späteren Filmen wie „Der Reigen" (1950), „Madame de ..." (1953), „Lola Montez" (1955) wirkte er u. a. durch die spielerisch leichte Bildführung, die episod. Anordnung der Handlung und die Bildkomposition stilbildend. – Seit 1980 wird jährlich im Rahmen eines von der Stadt Saarbrücken ausgerichteten Filmfestivals der **Max-Ophüls-Preis** zur „Auszeichnung und Förderung von Nachwuchsregisseuren im deutschsprachigen Raum" verliehen.

Opiate [griech.-lat.], Arzneimittel, die Opium oder Opiumalkaloide (bes. Morphin) enthalten.

Opinion-leader [engl. əˈpɪnjən ˈliːdə], engl. Bez. für den ↑Meinungsführer.

Opisthotonus, anhaltender, schmerzhafter Krampf der Rückenmuskulatur mit Rückwärtsbeugung des Nackens und Rückens; bes. bei Tetanus und Gehirnhautentzündung vorkommend.

Martin Opitz.
Titelblatt der Gedichtsammlung „Teutsche Poëmata", 1624

Opitz, Martin, *Bunzlau 23. Dez. 1597, †Danzig 20. Aug. 1639, dt. und neulatein. Dichter. – Einer der bedeutendsten dt. Dichter und Poeten des Barock. Studierte 1618–19 Philosophie und Jura in Frankfurt/Oder und Heidelberg; ab 1622 Lehrer in Weißenburg; wurde 1625 in Wien zum Dichter (Poeta laureatus) gekrönt, 1627 geadelt; 1629 Mgl. der ↑Fruchtbringenden Gesellschaft. Ab 1626 polit. Ratgeber und Gesandter des Burggrafen von Dohna, 1633–36 im Dienst der schles. Piastenherzöge; danach Diplomat des poln. Königs in Danzig. Seine literaturgeschichtl. und für die dt. Verslehre grundlegende Bed. gründet in der metr. Reform der Dichtung, die Wort- und Versakzent in Einklang bringt; O. forderte eine an der westeurop. Renaissance orientierte dt.sprachige Kunstdichtung. Verfaßte außer geistl. und weltl. [stilistisch und formal vorbildl.] Lyrik, Lehrgedichten und Hirtendichtung auch Musterübersetzungen niederl., frz. und italien. Werke. – *Weitere Werke:* Zlatna oder vor der Ruhe des Gemütes (1623), Buch von der dt. Poeterey (1624), Teutsche Poëmata (1624).

Opium [griech.-lat., zu griech. opós „(milchiger) Pflanzensaft"], der aus den unreifen Fruchtkapseln des Schlafmohns durch Anritzen gewonnene und an der Luft getrocknete Milchsaft, der als dunkelbraune plast. Masse in den Handel kommt. *Roh-O.* enthält 20–25 % Alkaloide (10–12 % Morphin, daneben Noskapin, Thebain, Kodein, Papaverin, Narcein). Gereinigtes O. wird als schmerzstillendes Arzneimittel verwendet; es unterliegt dem Betäubungsmittelgesetz. Daneben dient O. der Gewinnung der O.alkaloide, v. a. von ↑Morphin. – Wegen seiner beruhigenden, schmerzstillenden Wirkung wird O., bes. in asiat. Ländern, als Rauschmittel gebraucht, indem es geraucht, gekaut oder in Wasser gelöst auch injiziert wird. Die körperl. Auswirkungen einer *O.sucht* sind Appetitlosigkeit und Abmagerung bis zur völligen Entkräftung.

Geschichte: Die ersten sicheren Nachrichten über O.gewinnung stammen aus dem 7. Jh. v. Chr. Vermutlich wurde O. erstmals von ägypt. Ärzten als Arznei verwendet. Die Griechen kannten im 4. Jh. v. Chr. neben dem ausgepreßten „Mekonium" das durch Anritzen der Kapsel gewonnene „Opos" (Saft). In röm. Zeit wurde O. zum wichtigsten Bestandteil des universellen „Gegengiftes" ↑Theriak. Es blieb bis zur Entdeckung des Morphins eines der wichtigsten Arzneimittel.

Opiumkriege, Kriege Großbritanniens (und Frankreichs) zur gewaltsamen Öffnung des chin. Marktes für die westl. Mächte. – Der *1. Opiumkrieg* (1840–42), dessen Anlaß die Vernichtung von 20 000 Kisten brit. Opiums durch den kaiserl. Beauftragten Lin Zexu war, endete mit einer Niederlage Chinas (Vertrag von ↑Nanking, 1842). – Der 2. *Opiumkrieg* (1856–60), der durch den sog. Arrow-Zwischenfall (Verhaftung von Matrosen durch die chin. Polizei bei der Suche nach Opium auf dem unter brit. Flagge fahrenden Segelschiff „Arrow") ausgelöst wurde, zwang China zur Annahme der Verträge von Tientsin (1858; Öffnung weiterer Handelshäfen) und Peking (1860; Gebietsabtretungen, Reparationszahlungen).

Opladen, Stadtteil von ↑Leverkusen.

Opodeldok [Kw.], aus Seife, Alkohol, Kampfer und äther. Ölen hergestelltes Einreibemittel; wurde früher gegen Rheumatismus verwendet.

Opole ↑Oppeln.

Opopanax [griech.], aus einem im westl. Mittelmeergebiet, Ägypten und Arabien heim. Doldenblütler gewonnenes Gummiharz mit 5–10 % äther. Öl, das u. a. für Parfümeriezwecke verwendet wird.

Oporinus, Johannes, eigtl. Johann Herbst[er], *Basel 25. Jan. 1507, †ebd. 6. Juli 1568, schweizer. Buchdrucker, Verleger und Gelehrter. – Famulus des Paracelsus, 1538 bis 1542 Prof. für Griechisch in Basel. Begr. 1541 mit T. Platter u. a. eine Druckerei, die er 1544–66 allein leitete. Hier erschienen 1542 der Koran in lat. Übers. und 1543 A. Vesalius' „De humani corporis fabrica", illustriert von J. S. van Kalkar.

Opossummäuse (Caenolestidae), Fam. spitzmausähnlich aussehender Beuteltiere mit sieben Arten von etwa 9–13 cm Körperlänge (einschl. Schwanz bis 27 cm messend) im westl. S-Amerika; mit dichtem, weichem Fell; Beutel fehlend.

Opossums [indian.-engl.] (Didelphis), Gatt. bis 45 cm langer (einschl. Schwanz bis 80 cm messender), überwiegend grauer und weißl. Beutelratten mit zwei Arten in N- und S-Amerika: **Nordamerikanisches Opossum** (Didelphis marsupidis; auf Bäumen gut kletterndes Tier, dessen Fell zu Pelzwerk verarbeitet wird); **Südamerikanisches Opossum** (Paraguayan. O., Didelphis paraguayensis; kleiner als die vorige Art; mit dunkler Kopfzeichnung).

Oppeln (poln. Opole), Stadt an der Oder, Polen, 150 m ü. d. M., 121 900 E. Hauptstadt der Woiwodschaft O., kath. Bischofssitz; PH, Ingenieurhochschule, Theater; histor., Regionalmuseum; Zoo. Bed. Verkehrsknotenpunkt und wichtigster zentraler Ort des westl. Oberschlesien. Metallverarbeitende, Zementind., Möbelherstellung, Textil- und Nahrungsmittelind.; Hafen. – Um 1000 erstmals gen., urspr. slaw. Siedlung; erhielt vor 1254 dt. Stadtrecht; kam 1327 unter böhm. Oberhoheit, 1532 an die Krone Böhmens, die O. mit dem gleichnamigen Hzgt. bis 1666 fast ununterbrochen verpfändete, entwickelte sich nach Erwerb durch das Haus Österreich 1532 zu einem Handelszentrum; kam 1740 an Preußen; im 2. Weltkrieg stark zerstört. – Franziskanerkirche (13. Jh.; barockisiert), Kathedrale (13.–15. Jh.), Dominikanerkirche (14., 16. und 18. Jh.).

Oppenheim. Katharinenkirche, 1262–1360

Opossums. Nordamerikanisches Opossum, Kopf-Rumpf-Länge bis 45 cm

Oppenheim, Dennis, *Mason City (Wash.) 6. Sept. 1938, amerikan. Künstler. – Zunächst bed. Vertreter der Land-art, wandte sich dann der Body-art, später der Videokunst zu; seit den 80er Jahren schuf O. umfangreiche bewegl. Objekte (Apparaturen).

O., Hermann, *Warburg 1. Jan. 1858, †Berlin 22. Mai 1919, dt. Neurologe. – Gründete 1891 eine bald berühmte private Nervenklinik und wurde 1893 Prof. in Berlin; beschäftigte sich v. a. mit Muskelkrankheiten, multipler Sklerose, Rückenmarksschwindsucht und „traumat. Neurosen".

Oppeln Stadtwappen

Oppenheim, Stadt am linken Ufer des Oberrheins, Rhld.-Pf., 95 m ü. d. M., 5 300 E. Landeslehr- und -versuchsanstalt für Wein- und Obstbau; Weinkellereien und Weinhandel. – 765 erstmals bezeugt; 1226 Stadtrecht (Reichsstadt bis 1398, formell bis 1648). – Katharinenkirche (1262–1360, Westchor 1415 ff.), Burgruine Landskrone, z. T. erhaltene Stadtbefestigung (13., 15./16. Jh.).

Oppenheimer, Carl, *Berlin 21. Febr. 1874, †Den Haag 24. Dez. 1941, dt. Biochemiker. – Bruder von Franz O.; Prof. in Berlin, ab 1938 in Den Haag; arbeitete über Stoffwechsel und Energieumsatz sowie über Enzyme.

O., Franz, *Berlin 30. März 1864, †Los Angeles 30. Sept. 1943, dt. Soziologe und Nationalökonom. – Bruder von Carl O.; urspr. Arzt; wandte sich sozialen Fragen zu und entwickelte eine umfassende soziolog. Theorie des „dritten Weges" zw. marxist. Sozialismus und liberalem Kapitalismus *(Klassenmonopoltheorie);* forderte die Beseitigung des Großgrundeigentums und gerechte Bodenverteilung (Siedlungsgenossenschaften).

Robert Oppenheimer

O., Joseph Süß, gen. **Jud Süß,** *Heidelberg 1692 oder 1698 (1699 ?), †Stuttgart 4. Febr. 1738 (hingerichtet), jüd. Finanzmann. – Führte als Geheimer Finanzrat (1736) Hzg. Karl Alexanders von Württemberg (1733–37) nach merkantilist. Prinzipien Steuern und Abgaben ohne ständ. Zustimmung ein; Verfassungsbruch und persönl. Bereicherung im Amt führten zu seiner Verhaftung und Hinrichtung sofort nach dem Tode des Herzogs. – Auf Prosawerken von W. Hauff (1828) und L. Feuchtwanger (1929) basiert der nationalsozialist. Tendenzfilm „Jud Süß" von V. Harlan (1940).

O., [Julius] Robert, *New York 22. April 1904, †Princeton (N. J.) 18. Febr. 1967, amerikan. Physiker. – O. lehrte 1929–47 an der University of California in Berkeley und gleichzeitig am California Institute of Technology in Pasadena; anschließend leitete er (bis 1966) das Institute for Advanced Study in Princeton. Seine wiss. Arbeiten betrafen u. a. die relativist. Quantentheorie und die Kernphysik. Ab 1943 wurden unter seiner Leitung in Los Alamos im Rahmen des sog. „Manhattan Project" die ersten Atombomben gefertigt. Da sich O. später dem Bau der Wasserstoffbombe in den USA widersetzte, wurde Ende 1953 wegen angeblich kommunist. Gesinnung ein Untersuchungsverfahren gegen ihn eingeleitet, das mit den Hearings vom 12. April bis 6. Mai 1954 endete. O. wurde die Erlaubnis entzogen, weiterhin an geheimen Projekten mitzuarbeiten oder Einsicht in neue Entwicklungen zu nehmen. 1963 wurde er rehabilitiert.

Oppenordt, Gilles Marie [frz. ɔp'nɔ:r], eigtl. G. M. Op den Oorth, * Paris 27. Juli 1672, † ebd. 13. März 1742, frz. Baumeister und Ornamentzeichner. – Einer der Schöpfer der Rokokoornamentik. Hielt sich 1692–99 in Italien auf und stand ab 1715 im Dienst Philipps II. von Orléans. Seine Bed. liegt in der Gestaltung architekton. Kleinformen (Portale, Altäre, Grabmäler, Obelisken u. a.), Innendekorationen (Türen, Kamine, Spiegelumrahmungen) und von Gebrauchsgegenständen (Möbel, Uhren u. a.). Seine Stichwerke hatten Einfluß in ganz Europa.

Gilles Marie Oppenordt. Entwurf der Wanddekoration des Salons im Schloß La-Grange-du-Milieu, 1720 (Stockholm, Nationalmuseum)

Oppert, Julius (Jules), * Hamburg 9. Juli 1825, † Paris 21. Aug. 1905, dt.-frz. Orientalist. – Ab 1869 Prof. für Assyriologie am Collège de France in Paris; einer der Begründer der Assyriologie und Entzifferer der Keilschrift.

Oppidum (Mrz. Oppida) [lat.], urspr. ein durch Mauer und Graben befestigter, zur Verteidigung günstig gelegener Ort. In röm. Zeit hieß jede stadtähnl. Siedlung O., die weder Colonia noch Munizipium war. – In der archäolog. Fachsprache sind O. vorwiegend die kelt. befestigten Siedlungen des 2. und 1. Jh. v. Chr.

Oppland, Verw.-Geb. in O-Norwegen, 25 260 km^2, 182 350 E (1990), Hauptstadt ist Lillehammer. O. gehört zum östl. Wald-Norwegen und wird von stark besiedelten fruchtbaren Tälern durchzogen (Gudbrandsdal u. a.). Überwiegend Land- und Forstwirtschaft; Holz-, Möbel-, Bekleidungs-, Nahrungsmittel- und Glasindustrie.

opponieren [lat.], 1. widersprechen, sich widersetzen; 2. in der *Medizin:* den Daumen in Gegenstellung zu den übrigen Fingern bringen; gegenüberstellen; **Opponent,** Vertreter einer gegenteiligen Anschauung, Gegner in einem Streitgespräch.

opponiert, in der *Biologie:* gegenständig, gegenübergestellt; bezogen auf eine Blattstellung, bei der an einer Sproßachse ein Blatt einem anderen gegenübersteht (z. B. bei Lippenblütlern).

opportun [lat.], [zum jetzigen Zeitpunkt] vorteilhaft, angebracht; Ggs. inopportun. **Opportunität,** Zweckmäßigkeit in der gegenwärtigen Lage.

Opportunismus [lat.], allg. Bez. für eine Haltung, die allein nach Zweckmäßigkeit (oft im Widerspruch zur eigenen Überzeugung bzw. zu eigenen Wert- und Zielvorstellungen) zur Durchsetzung eigener Interessen handeln läßt. – Im *kommunist. Sprachgebrauch* eine Form der Abweichung und bürgerl. ideolog. Strömung in der Arbeiterbewegung, die die Arbeiterbewegung spaltet.

opportunistisch [lat.], allg. svw. dem ↑ Opportunismus gemäß handelnd.

Opportunitätsprinzip [lat.], *strafprozessuale* Maxime, nach der die Erhebung der Anklage in das Ermessen der Anklagebehörde gestellt ist. Das O. steht im Ggs. zum grundsätzlich geltenden ↑ Legalitätsprinzip. Es ist ein notwendiges Korrektiv des Anklagezwanges, v. a. bei Bagatellsachen, Staatsschutzdelikten, geringfügigen Delikten von Jugendlichen. Im *Verwaltungsrecht* stellt das O. die Entscheidung über das Eingreifen in das pflichtgemäße Ermessen der Behörde.

Opposition [zu lat. oppositio, eigtl. „das Entgegensetzen"], allg.: Gegenüberstellung; Widerstand, Widerspruch.
▷ im *polit.* Bereich allg. die Gruppen oder Meinungsträger, die der Reg. entgegentreten. O. setzt Gewährleistung von Meinungs-, Presse- und Vereinigungsfreiheit voraus. Im *Parlamentarismus* versteht man unter parlamentar. O. die nicht an der Reg. beteiligte(n) Partei(en) (meist die Minderheit), deren Funktion es ist, die Reg. in bes. Weise zu kritisieren und zu kontrollieren und eine Alternative zu deren Politik – in sachl. oder personeller Hinsicht – zu entwickeln. Wegen dieser für parlamentar. Reg.systeme grundlegenden Funktionen genießt die O. im Parlament bestimmte Minderheitenrechte, und ihr stehen bestimmte Kontrollinstrumente zur Verfügung. Der Machtwechsel zw. Mehrheit und Minderheit, Reg. und O., gilt als Kennzeichen der Funktionsfähigkeit eines parlamentar.-demokrat. Systems. – ↑ außerparlamentarische Opposition.
▷ (Gegenschein) in der *Astronomie* und *Astrologie* eine Konstellation, in der, von der Erde aus gesehen, der Winkelabstand (Elongation) zw. Sonne und Gestirn 180° beträgt. Die O. beim Mond entspricht der Vollmondstellung.
▷ in der *Sprachwiss.* Bez. für das Verhältnis zweier durch ein oder mehrere distinktive (bedeutungsunterscheidende) Merkmale unterschiedene sprachl. Einheiten (↑ Minimalpaaranalyse), z. B. die phonolog. O. (in „Dorf" und „Torf"), die graph. O. (in „Weise" und „Waise"), die morpholog. O. (in „ehrbar" und „ehrlos") und die lexemat. O. (in „Vater" und „Mutter").
▷ in der *Anatomie* die durch drehende Einwärtsbewegung erreichbare Gegenstellung des Daumens zu den anderen Fingern; diese Opponierbarkeit macht die Hand zur Greifhand.

Oppositionswort, svw. ↑ Antonym.

OPraem, Abk. für: Candidus et Canonicus **O**rdo **Praemonstratensis**, ↑ Prämonstratenser.

Opritschnina [russ. „ausgesondertes Land"], Bez. für die umfangreichen Ländereien im Gebiet von Moskau, die Zar Iwan IV. Wassiljewitsch 1565 dem Hochadel entzog (durch Umsiedlungen, Morde) und den Angehörigen seiner aus Dienstadligen und ausländ. Abenteurern bestehenden Leibgarde **(Opritschniki)** übertrug. Die Bez. O. wird auch zur Kennzeichnung der Innenpolitik Iwans IV. zw. 1565 und 1572 verwendet.

Opsonine [griech.], der Immunabwehr dienende Serumbestandteile beim Menschen und bei Tieren, die durch Anlagerung *(Opsonieren)* die Phagozytierbarkeit von Keimen, Immunkomplexen u. a. Fremdkörpern fördern, ohne auf diese direkt Einfluß zu nehmen. Zu den O. zählen z. B. die Immunglobuline.

Optativ [zu lat. optare „wünschen"], Modus des Verbs, der einen Wunsch *(kupitiver O.)* oder die Möglichkeit eines Geschehens *(potentialer O.)* bezeichnet. Der O. der indogerman. Grundsprache ist z. B. im Altgriechischen erhalten, im Deutschen fiel er mit dem Konjunktiv zusammen.

Optik [zu griech. optikḗ (téchnē) „das Sehen betreffend(e Lehre)"], Gebiet der Physik, das sich mit den Wirkungen und Anwendungen der opt. Strahlung (Ultraviolett, sichtbares ↑ Licht, Infrarot) befaßt. Die aus dem elektromagnet. Wellencharakter des Lichtes folgenden Erscheinungen werden in der *Wellen-O.* behandelt, deren Grundlage die Maxwellschen Gleichungen bzw. das Huygenssche Prinzip sind; sie erklärt Beugung, Interferenz und Polarisation des Lichtes. Die *geometr.* oder *Strahlen-O.* ist die Näherung der Wellen-O. für sehr kleine Wellenlängen. Sie bedient sich des Modells der Lichtstrahlen und fußt auf dem Fermatschen Prinzip sowie dem Malusschen Satz. Mit ihr können Brechung und Reflexion behandelt werden. Der Quantencharakter des Lichtes liegt der *Quanten-O.* zugrunde, die die Wechselwirkung quantisierter Wellenfelder mit stoffl. Materie untersucht. Die *physiolog. O.* befaßt sich mit der Physiologie der Seh- und Farbwahrnehmung. Die *techn. O.* behandelt die Anwendung der O. zur Lösung von Aufgaben der Informations- und Meßtechnik, der Licht- und Beleuchtungstechnik sowie die Entwicklung opt. Bauelemente und Systeme. – ↑ integrierte Optik, ↑ nichtlineare Optik.

Geschichte: Mit den Ansätzen der Antike (u.a. Euklids Katoptrik und die Dioptrik des Ptolemäus), den Arbeiten von Alhazen und der Auffindung des richtigen Brechungsgesetzes (W. Snellius 1621; R. Descartes 1629) war bis zum 17. Jh. die Grundlage der geometr. O. geschaffen. Ihre Anwendung führte zu Beginn des 17. Jh. zur Erfindung des Fernrohres (H. Lipperhey) und des Mikroskops (H. und Z. Janssen). Ab der Mitte des 17. Jh. entwickelten sich die verschiedenen Vorstellungen von der Natur des Lichtes, insbes. die Wellentheorie (F. M. Grimaldi und R. Hooke 1665, C. Huygens 1678) und die Korpuskulartheorie (I. Newton 1704). Die 2. Hälfte des 19. Jh. brachte die Erkenntnis der elektromagnet. Natur des Lichtes (J. C. Maxwell 1864) sowie eine erste atomist. Deutung opt. Erscheinungen mit Hilfe der Elektronentheorie (H. A. Lorentz 1892–95). – Die sich ab der Mitte des 19. Jh. entwickelnde Spektralanalyse (R. W. Bunsen und G. Kirchhoff 1859) führte zur Auffindung von Spektralserien, deren Begründung dann Aufgabe der Quantentheorie wurde. Diese nahm ihren Ausgang in der Ableitung des Planckschen Strahlungsgesetzes der Wärmestrahlung (M. Planck 1900) und wurde durch die von A. Einstein (1905) zur Deutung des Photoeffekts aufgestellte Lichtquantenhypothese untermauert. Damit war gleichzeitig der Welle-Teilchen-Dualismus des Lichtes aufgezeigt. In jüngster Zeit erhielt die O. bes. durch die Entwicklung des Lasers neue Impulse.

▷ Bez. für das abbildende opt. System eines opt. Gerätes (z. B. O. einer Kamera).

Optikus [griech.-lat.], Kurzbez. für Nervus opticus (Sehnerv; ↑ Gehirn).

optimal [lat.], sehr gut, bestmöglich.

Optimaten [zu lat. optimas „zu den Besten gehörig"], im antiken Rom der Teil der Senatsaristokratie, der sich zur Senatsherrschaft bekannte und sich damit als konservative, staatstragende Schicht verstand. Die von ihnen so gen. **Popularen** (zu lat. populus „Volk") waren der Teil der Nobilität, der seine tatsächlich oder scheinbar volksfreundl. Ziele unter Umgehung des Senats allein mit Hilfe der zur Gesetzgebung befugten Komitien durchzusetzen versuchte.

Optimierung [lat.] (mathemat. O., Programmierung), Teilgebiet der Mathematik, das sich mit der optimalen Festlegung von Größen, Eigenschaften, zeitl. Abläufen u.a. (bzw. der sie charakterisierenden Variablen) eines Systems unter gleichzeitiger Berücksichtigung von Nebenbedingungen befaßt. Dabei werden unter O. auch das Vorgehen zur Erreichung dieses Zieles sowie die optimale Festlegung selbst verstanden. Die O. erfolgt durch Bestimmung des größten *(Maximierung)* oder kleinsten *(Minimierung)* Wertes einer von den jeweiligen Systemvariablen abhängigen *Ziel-* oder *Objektfunktion* in einem bestimmten Bereich, wobei zu erfüllende *Nebenbedingungen* in Form von Gleichungen oder Ungleichungen für die Systemvariablen vorliegen. Man unterscheidet *lineare O.* (lineare Programmierung) und *nichtlineare O.* (nichtlineare Programmierung), je nachdem, ob die Zielfunktion und die Gleichungen bzw. Ungleichungen für die Nebenbedingungen linear oder nichtlinear in den Systemvariablen sind. Die O. wird als Verfahren des Operations-Research bes. in der Betriebs- und Volkswirtschaftslehre angewandt, wo z. B. der vorteilhafteste Ablauf eines industriellen oder wirtsch. Prozesses sowie v.a. die Maximierung der Produktion bzw. des Gewinns bei beschränkten Produktionsfaktoren oder die Minimierung des Aufwandes bzw. der Kosten erreicht werden sollen.

Optimismus [lat.], im Ggs. bzw. Unterschied zu Pessimismus, Skeptizismus, Nihilismus die Grundhaltung, die durch eine positive, bejahende Beurteilung und Wertung von Welt (Kosmos), Leben, von Leistungen und Möglichkeiten des Menschen, von Kultur, Geschichte, Fortschritt, von Realisierbarkeit von Freiheit und Utopie bestimmt ist. Sie geht von der seinsmäßigen Gutheit der Welt aus *(kosmolog./metaphys. O.)* oder gründet sich auf die Annahme der Möglichkeit von Fortschritt *(eschatolog. Optimismus).*

Optimum [lat.] (Mrz. Optima), allg. svw. das Beste oder Bestmögliche, das Wirksamste; Bestwert; Höchstmaß; Bestfall.

Option [zu lat. optio „freie Wahl, Belieben"], die Anwartschaft auf den Erwerb eines Rechts durch eigene einseitige Willenserklärung. – Im *Börsenwesen* ist **Kaufoption** das gegen Zahlung einer Prämie dem Käufer vom Verkäufer eingeräumte Recht, innerhalb einer vereinbarten Frist eine bestimmte Zahl von Wertpapieren zu einem vereinbarten Kurs zu erwerben, **Verkaufsoption** entsprechend das Recht, Wertpapiere zu liefern. – Im *Völkerrecht* staatsrechtl. Befugnis eines Individuums, sich für eine bestimmte Staatsangehörigkeit zu entscheiden. Sie wird v.a. bei Gebietswechsel auf Grund eines Vertrages zw. gebietsabtretendem und gebietserwerbendem Staat ausgeübt. Allerdings ist mit der O. für die alte Staatsangehörigkeit meist die Verpflichtung verbunden, das entsprechende Gebiet zu verlassen.

Optionsanleihen ↑ Industrieobligationen.

Optionsgeschäft, ein ↑ Termingeschäft des Börsenhandels; durch den Kauf der Option erwirbt der Käufer das Recht, jederzeit innerhalb der Optionsfrist vom Verkäufer Lieferung (bei Kaufoptionen) oder Abnahme (bei Verkaufsoptionen) einer bestimmten Anzahl von Wertpapieren zum Basiskurs (= am Abschlußtag vereinbarter Kurs) zu verlangen.

optisch, die Optik betreffend.

optische Achse, in der *geometr. Optik* die Verbindungsgerade der Krümmungsmittelpunkte sämtl. brechenden oder spiegelnden [Kugel]flächen eines zentrierten opt. Systems. Ein in der o. A. verlaufender Lichtstrahl passiert ohne Ablenkung das opt. System.

▷ in der *Kristalloptik* die ausgezeichnete Richtung (Symmetriegerade) eines optisch anisotropen Kristalls, in der keine Doppelbrechung des Lichtes auftritt.

optische Aktivität, Eigenschaft bestimmter Stoffe (z. B. chem. Verbindungen, die ein ↑ asymmetrisches Kohlenstoffatom besitzen), die Polarisationsebene des in sie eingestrahlten linear polarisierten Lichts zu drehen. Speziell in der organ. Chemie spielt die o. A. zur Stoffcharakterisierung eine große Rolle.

optische Antipoden ↑ Isomerie, ↑ Antipoden.

optische Aufheller (Weißtöner), in der Textilveredlung farblose chem. Verbindungen zur Erzeugung eines hohen Weißgrades.

optische Informationsverarbeitung, Informationsverarbeitung mit Laserstrahlen sowie nichtlinearen opt. Medien (Halbleiter) als Logikelemente bzw. Speicher auf der Basis der opt. Bistabilität. **Optische Bistabilität** ist eine Eigenschaft bestimmter opt. Systeme, zwei (oder mehr) Ausgangszustände bei derselben Eingangsintensität zu besitzen. Opt. bistabile Elemente sind die Grundelemente für künftige **optische Computer.** Deren Vorteile gegenüber den elektron. sind höhere Operationsgeschwindigkeit, Parallelverarbeitung von Informationen u.a.

optischer Speicher, Speicher, der zur Aufzeichnung und Wiedergabe von Informationen Licht-, bes. Laserstrahlen benutzt. O. S. besitzen hohe Speicherkapazität und

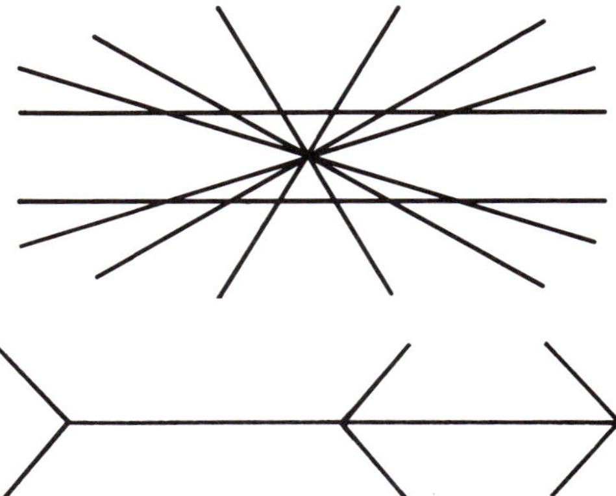

Optische Täuschungen. Oben: Hering-Täuschung. Unten: Müller-Lyer-Täuschung

kurze Zugriffszeit. Man unterscheidet bei den o. S. lokale und holograph. Verfahren. Als Speichermedien verwendet man neben photograph. magnetoopt., elektroopt., photochrome, thermoplast. Medien sowie Metallfilme. Die **Opto-Datenplatte (optische Speicherplatte, optischer Plattenspeicher)** ist eine kreisförmige Scheibe zur Speicherung digitaler Informationen, die mit einem Laserstrahl in die Speicherschicht eingeschrieben und aus ihr ausgelesen werden. Beim Aufzeichnen wird die Speicherschicht verändert (ggf. auch reversibel). Ein Beispiel dafür ist ↑CD-ROM.

Opuntie. Feigenkaktus

ọptisches Glas, zur Verarbeitung zu Linsen, Prismen u. a. hergestellte Glasarten mit bes. opt. Eigenschaften (blasen-, spannungs- und schlierenfrei, optimale Lichtdurchlässigkeit). Hauptgruppen: *Krongläser* (bleifrei) mit schwacher Brechung und geringer Dispersion und ↑Flintgläser.

ọptisches Pumpen, Anregung von Atomen oder Molekülen in höhere Energieniveaus durch opt. Strahlung (z. B. mit Blitzlampen oder Lasern) zur Erzeugung einer ↑Besetzungsinversion.

ọptisches Syste̱m, die Gesamtheit der bei einer opt. Abbildung wirksamen Elemente (Linsen, Spiegel, Prismen u. a.) einer opt. Anordnung, z. B. die Kombination von Objektiv und Okular eines Fernrohrs oder Mikroskops.

ọptische Strahlung ↑elektromagnetische Wellen (Übersicht).

ọptische Täuschungen, den objektiven Gegebenheiten widersprechende Gesichtswahrnehmungen. Sie beruhen physiologisch auf der Bau- und Funktionsweise des menschl. Auges, psychologisch auf Fehldeutung bzw. Schätzfehlern bei der Erfassung des Wahrgenommenen. Als weitere Ursachen können (bes. bei perspektiv. Täuschungen) Lernerfahrungen oder das Phänomen der Größenkonstanz auftreten. Die o. T. betreffen geometr. Verhältnisse, Farbe und Leuchtdichteverteilung. Bekannte Beispiele für o. T. sind: **Hering-Täuschung,** bei der zwei Parallelen durch ein Strahlengitter konkav gekrümmt erscheinen. Bei der **Müller-Lyer-Täuschung** wird eine mit nach außen weisenden Winkeln abgeteilte Strecke für größer gehalten als eine gleiche Strecke mit nach innen weisenden Winkeln. Die **Poggendorff-Täuschung** tritt ein, wenn z. B. ein oder zwei Streifen mit parallel verlaufenden Kanten von einer Linie im Winkel von weniger als 90° gekreuzt werden. Die schräge Linie wird dann als seitlich versetzt wahrgenommen.

ọptische Übertragungsfunktion, Gütefunktion zur Bewertung der inkohärenten Abbildung durch opt. Systeme; früher **Kontrastübertragungsfunktion** gen. Der Realteil der o. Ü. ist die **Modulationsübertragungsfunktion.** Sie stellt bei einer sinusförmigen Objektleuchtdichte mit dem Kontrast 1 den Bildkontrast als Funktion der Ortsfrequenz dar. Die Ortsfrequenz ist die Anzahl der Perioden je mm in der Sinusverteilung.

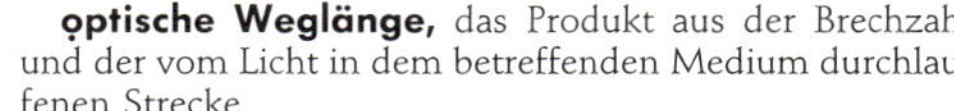

ọptische Weglänge, das Produkt aus der Brechzahl und der vom Licht in dem betreffenden Medium durchlaufenen Strecke.

Optoelektro̱nik [ɔpto-ɛ...; griech.], Teilgebiet der Elektronik (Grenzgebiet zur Optik), das die Anwendung der Signalübertragung mittels Licht durch Steuerung des Stroms einer elektr. Lichtquelle umfaßt. Kennzeichen ist die Wechselwirkung zw. Photonen und elektr. Ladungsträgern. Optoelektron. Bauelemente sind meist Halbleiter. Als Lichtempfänger werden Photowiderstände, Photodioden und Phototransistoren, als Lichtsender Lumineszenzdioden und seltener Laserdioden verwendet. Optoelektron. Bauelemente dienen zum Steuern, Regeln und Übertragen elektr. und opt. Signale. Die Kombination von Lichtsender und Lichtempfänger in einem abgeschlossenen Bauelement wird *Optokoppler* gen. Damit können Signale bei vollständiger galvan. Trennung mit Spannungsfestigkeit bis zu einigen kV übertragen werden.

opulẹnt [lat.], reichlich, üppig, mit großem Aufwand gestaltet.

Opụntie [...ti-ɛ] (Opuntia) [nach Opus, der Hauptstadt der opunt. Lokris], Kakteengatt. mit rd. 200 Arten in N- und S-Amerika, in andere Erdteile eingeschleppt; baum- oder strauchförmige Pflanzen mit flachgedrückten Sproßabschnitten und gelben oder roten Blüten. Eine bekannte Art ist der **Feigenkaktus** (Opuntia ficus-indica) im trop. Amerika; mit feigengroßen, roten, eßbaren Früchten.

Ọpus [lat.], Abk. (in der Musik) op., das künstler., bes. das musikal. oder literar. Werk.

Ọpus De̱i [lat. „Werk Gottes"] (eigtl. Societas Sacerdotalis Sanctae Crucis et Opus Dei), internat. Vereinigung von kath. Christen; das O. D. will ein konsequent christl. Leben unter Menschen aller Berufe und sozialen Schichten verwirklichen. 1928 von J. Escrivá de Balaguer y Albas (* 1902, † 1975; 1992 seliggesprochen) gegr. (weibl. Zweig seit 1930); 1950 päpstlich approbiert. Viele Mgl. des O. D., v. a. in Spanien, gelangten in wichtige öff. Positionen, was den Vorwurf des autoritären Konservatismus begründete. Das O. D. leitet korporativ Univ., Landw.- und Frauenfachschulen, Studentenheime, kulturelle Zentren und Stiftungen, deren Beziehung zum O. D. oft nicht unmittelbar erkennbar ist. Leitungsorgane sind Generalrat und Generalpräsident. 1982 wurde das O. D. zu einer „Personalprälatur" erhoben, wodurch die Priester des O. D. (etwa 2 % aller Mgl.) aus der Obedienz des jeweiligen Ortsbischofs entlassen wurden. – Geheimhaltung, Indoktrination Jugendlicher, sektenähnl. Werbepraktiken und Finanzskandale entfachten weltweit Kontroversen um das O. D.

OR, Abk. für: **O**bligationen**r**echt.

Oran. Theater- und Opernhaus, 1906. Im Hintergrund auf dem Hügel das Castillo de Santa Cruz (18. Jh.)

Oradea (dt. Großwardein), rumän. Stadt an der Schnellen Körös, nahe der Grenze zu Ungarn, 213 800 E. Verwaltungssitz des Bez. Bihor; ev.-ref. Bischofssitz; rumän. und ungar. Staatstheater, Museen, Bibliothek. Werkzeugmaschinenbau, chem. und pharmazeut. Ind., Möbelfabrik u. a. Betriebe. Verkehrsknotenpunkt. – Entstand aus einer dak. Siedlung; 1114 im Zusammenhang mit der Errichtung einer Festung erstmals erwähnt; 1241 von den Tataren zerstört; Eroberung durch die Osmanen 1660; kam 1698 unter östr. Herrschaft. – Röm.-kath. Kathedrale (1752–80), der größte Barockbau in Rumänien; orth. Mondkirche (1784–1830); ehem. bischöfl. Palast (1762 ff.; Palast der 365 Fenster) und Burg (11.–13. und 15.–18. Jh.).

Oradour-sur-Glane [frz. ɔradursyr'glan], frz. Ort nw. von Limoges, 1 900 E. Am 10. Juni 1944 von SS-Verbänden zur Vergeltung von Partisanentätigkeit eingeäschert; alle Einwohner wurden dabei getötet. Der Ort wurde in der Nähe neu aufgebaut.

ora et labora! [lat.], bete und arbeite! (alte christl., v. a. mönch. Maxime).

Orakel [zu lat. oraculum, eigtl. „Sprechstätte"], Weissagung, Aussage über Zukünftiges, über den gebotenen Vollzug bestimmter Handlungen; ferner auch Bez. des Ortes, an dem diese Wahrsagungen erteilt werden. In fast allen Kulturen und Religionen haben O. eine beträchtl. Rolle gespielt. Wichtige O.stätten waren das kanaanäische Kadesch, Delphi mit der Pythia, Dodona u. a.

Orakelblume, volkstüml. Bez. für verschiedene Arten der Wucherblume.

oral [lat.], in der *Medizin:* 1. durch den Mund (zu verabreichen, bes. von Medikamenten); 2. den Mund betreffend (Anatomie), 3. mündlich (im Ggs. zu schriftlich überliefert).

Oral [lat.], Laut, der im Ggs. zum ↑Nasal ausschließlich im Mundraum artikuliert wird.

orale Phase (orale Stufe), nach der psychoanalyt. Lehre die erste Stufe der Libidoentwicklung während des ersten Lebensjahrs. Die o. P. ist nach S. Freud durch die Mundregion als erogene Zone, durch den Lustgewinn aus Lutschen und Saugen (später auch Beißen) und durch den Beziehungsmodus des Einverleibens gekennzeichnet.

Oralerotik, Wahrnehmungen von Empfindungen und Ausübung von Handlungen erot.-sexueller Natur über die Mundzone.

Oral history [engl. 'ɔ:rəl 'histərı], Forschungsmethodik insbes. der modernen Geschichtswiss., die mit der Befragung von Zeitzeugen (Interviews, Tonbandaufzeichnungen) zusätzl. histor. Quellen erschließt. Im Prinzip schon seit der Antike üblich (mündl. Überlieferung), dient sie heute der Ergänzung herkömml. Methoden der geschichtswiss. Forschung, bes. zur Untersuchung zeit- und sozialgeschichtl. Sachverhalte sowie auch schriftloser Kulturen.

Oral poetry [engl. 'ɔ:rəl 'pəʊıtrı], in der vergleichenden Literaturwiss. Bez. für das kulturelle Phänomen der mündlich überlieferten, schriftlosen Sprachkunst (als Vorstufe literar. Erzählkunst). Entscheidend für die Theorie einer ursprünglich mündl. Epenkomposition war die Erkenntnis, daß die mündl. Darstellungsweise anderen Strukturgesetzen als die geschriebene Literatur folgt, so z. B. spezif. metr. und rhythm. Strukturen, Motive, Handlungsskizzen, Formelhaftigkeit aufweist. Die weitere Forschung übertrug unter Berücksichtigung der unterschiedl. Traditions- und Rezeptionsbedingungen mündl. Dichtung die Untersuchungen auch auf die schriftlich niedergelegte ep. Dichtung der verschiedenen Literaturen (u. a. „Beowulf", „Nibelungenlied").

Oran [frz. ɔ'rã] (amtl. Ouahran), alger. Wilayathauptstadt und zweitwichtigste alger. Ind.- und Hafenstadt, an der Bucht von O., 663 500 E. Kath. Bischofssitz; Univ. (gegr. 1965), TH, Museum, Theater; Nahrungsmittel-, Textil-, Metall-, Düngemittel-, Glasind.; internat. ✈. – 902 von andalus. Händlern gegr., wuchs rasch zu einem bed. Handelshafen; gehörte ab 1437 zum Sultanat von Tlemcen; 1509–1792 span., 1708–32 und ab 1792 osman.; 1830 von Frankreich erobert, später Errichtung des Flottenstützpunkts Mers-el-Kebir nw. der Stadt. – Am 3. Juli 1940 vernichteten brit. Einheiten einen Teil der frz. Flotte vor Mers-el-Kebir. Bei der Landung der Alliierten leisteten die dem Vichy-Regime unterstehenden frz. Truppen im Nov. 1942 heftigen Widerstand. – Paschamoschee (1796) mit Achteckminarett, Sidi-el-Houari-Moschee (1793–99), ehem. span. Castillo de Santa Cruz (18. Jh.), Theater- und Opernhaus (1906).

Orang Abung, indones. Volk im Innern S-Sumatras; 864 000 Angehörige.

Orang Asli, zusammenfassende Bez. für die ältesten Bev.schichten der Halbinsel Malakka: die negrit. Semang, die weddiden Senoi und die altindones. Jakun; 64 000 Angehörige.

Orange. Römisches Theater, 1. Jh. n. Chr.

Orange [frz. ɔ'rã:ʒ], frz. Stadt im unteren Rhonetal, Dep. Vaucluse, 27 500 E. Museum; Marktzentrum eines bed. Gemüsebaugebietes, mit Zucker- und Konservenfabriken, Schuh- und Textilind., Glasfaserfabrik; Fremdenverkehr. – Das antike **Arausio** ist eine kelt. Gründung; wurde 121 v. Chr. röm.; unter Augustus als **Colonia Firma Julia Secundanorum Arausio** eine der reichsten Städte der Prov. Gallia Narbonensis; vom 3. Jh. an (bis 1790) Bischofssitz; Zerstörungen während der Völkerwanderung; erhielt 1282 Stadtrecht; 1365 Gründung einer Univ. (1792 aufgelöst); Hauptstadt des Ft. Oranien. – Das röm. Theater (1. Jh. n. Chr., heute Freilichtbühne) und der sog. Triumphbogen (vermutlich zw. 21 und 27 n. Chr.) wurden von der UNESCO zum Weltkulturerbe erklärt. Reste des sog. Gymnasions mit einem Podiumtempel (2. Jh. n. Chr.).

Orange [o'rã:ʒə; pers.-frz.] (Apfelsine, Chinaapfel), kugelige, hellorange bis dunkelrote Frucht der ↑Orangenpflanze; mit glatter, ablösbarer Schale und süßsäuerl., aromat. Fruchtfleisch. O. werden als Frischobst gegessen und zu Marmeladen und Fruchtsäften verarbeitet. Aus den Fruchtschalen junger Früchte, Blüten und Blättern werden äther. Öle gewonnen. – ↑Blutorange, ↑Navelorange.

Orange [o'rã:ʒə; pers.-frz.], vom Gesichtssinn vermittelte Farbempfindung, die durch Licht einer Wellenlänge zw. etwa 590 Nanometer *(Gelb-O.)* und etwa 615 Nanometer *(Rot-O.)* oder durch additive Farbmischung von Rot und Gelb hervorgerufen wird.

Orangeade [orã'ʒa:də; pers.-frz.], Orangensaftgetränk (meist mit Kohlendioxid).

Orangefilter [o'rã:ʒə] ↑Filter (Photographie).

Orangemen [engl. 'ɔrındʒmən], Bez. für die Mgl. der 1795 gegr. *Orange Society* (nach Wilhelm von Oranien), einer antikath. Ordensverbindung, die die brit.-prot. Herrschaft über Irland stützte. Die jährl. Umzüge der O. in Nordirland am 12. Juli werden von den Katholiken als Provokation empfunden.

Orangenpflanze [o'rã:ʒən] (Apfelsinenpflanze, Citrus sinensis), Zitruspflanzenart in den Tropen und Subtropen sowie im Mittelmeergebiet; immergrüne Sträucher oder kleine Bäume mit oft bedornten Zweigen, längl.-eiförmigen, ledrigen Blättern und weißen, stark duftenden Blüten;

Frucht eine längl. bis kugelige Beere (↑Orange). – Von der O. sind über 100 Varietäten bekannt. Ausgedehnte Kulturen finden sich in den USA, Spanien, Italien und Israel.

Orangenrenette [o'rã:ʒən], svw. Cox' Orange (↑Äpfel, Übersicht).

Orangenschalenhaut [o'rã:ʒən] ↑Zellulitis.

Orangerie [orãʒə'ri:; pers.-frz.]. Gewächshaus zum Überwintern von Orangenbäumen u. a. exot. Pflanzen. Kam in M-Europa im 16. Jh. auf. Während des 18. Jh. entwickelte sich der bis dahin reine Zweckbau zu einem festen Bauwerk, das in die Gesamtanlage barocker Schlösser einbezogen wurde.

Orange River Project [engl. 'ɔrɪndʒ 'rɪvə 'prɔdʒɛkt] (Oranje[fluß]projekt), umfangreiches Wasserstau- und -verteilungssystem in der Republik Südafrika, zwei Staudämme im Oranje fertiggestellt: der Hendrik-Verwoerd-Damm bei Norvalspont und der P.-K.-le-Roux-Damm nö. von Petrusville.

Orang Laut [malaiisch „Meermensch"], zusammenfassende Bez. für eine Reihe altindones. Volksgruppen (mit weddidem Einschlag) an den Küsten SO-Asiens, die, ohne festen Wohnsitz, in Wohnbooten hausen und von Fischerei und Sammelwirtschaft leben.

Orang-Utan [malaiisch „Waldmensch"] (Pongo pygmaeus), Menschenaffe in den Regenwäldern Borneos und Sumatras; Körperlänge etwa 1,25–1,5 m; Beine kurz, Arme sehr lang (bis etwa 2,25 m spannend); Gewicht der ♂♂ bis 100 kg; ♀♀ deutlich kleiner und nur rd. 40 kg schwer; Fell sehr lang und dicht, rötlich bis dunkel- oder hellbraun; Gesicht fast unbehaart, alte ♂♂ mit Bart, starken Backenwülsten und mächtigem Kehlsack (letzterer auch bei ♀♀, jedoch schwächer entwickelt). – Der O.-U. ist der einzige echte Baumbewohner unter den Menschenaffen (typ. Schwingkletterer); wenig geselliger Pflanzenfresser. – Nach einer Tragzeit von etwa acht Monaten wird ein hilfloses Junges geboren, das bis zu vier Jahren gesäugt und erst mit etwa zehn Jahren geschlechtsreif wird. – Die Bestände des O.-U. sind durch früheren intensiven Fang und durch Abholzen der Regenwälder stark zurückgegangen und bedroht; durch gesetzl. Schutz hat sich die Lage etwas gebessert.

Orang-Utan

Oranien [...niən] (frz. Orange), ehem. Ft. in S-Frankreich; wurde zur Zeit Karls d. Gr. Gft.; von Kaiser Friedrich I. zum unabhängigen Ft. erhoben; fiel 1530 an René von Nassau-Dillenburg (* 1519, † 1544), nach dessen Tod an Renés Vetter Wilhelm (Wilhelm I. von Oranien, Statthalter in den Niederlanden). Nach Erlöschen dieser Linie 1702 entstand aus den Erbansprüchen der Fürsten von Nassau-Diez und Nassau-Siegen, des Königs von Preußen und des Fürsten von Conti der **Oranische Erbfolgestreit.** Im Frieden von Utrecht (1713) wurde O. dem Fürsten von Conti

Orangenpflanze mit Blüten und Früchten

als Lehns-Ft. der frz. Krone zugesprochen. Gehört seit 1793 zum Dep. Vaucluse.

Oranienbaum [...niən], Stadt sö. von Dessau, Sa.-Anh., 4 000 E. Regelmäßige barocke Stadtanlage (seit 1683); Schloß (1683–89); Barockpark, ein Teil im engl. Stil mit chin. Turm und Teehaus (18. Jh.); Orangerie (1813).

Oranienburg [...niən], Krst. am W-Rand der Havelniederung, Brandenburg, an Havel und Oder-Havel-Kanal, 36 m ü. d. M., 28 000 E. Kr.museum. Chem. und pharmazeut. Ind., Kaltwalzwerk, Holz-, metallverarbeitende und Nahrungsmittelind.; S-Bahn nach Berlin. – Urspr. **Bötzow,** entstand 1217 um die gegen 1200 errichtete gleichnamige Burg; 1652 in O. umbenannt, nachdem die Kurfürstin Luise Henriette, geb. Prinzessin von Oranien-Nassau, dort ein Schloß hatte erbauen lassen. – 1933 entstand in O. eines der ersten nat.-soz. KZ (bis 1935). 1936 wurde nördl. von O. das KZ ↑Sachsenhausen errichtet.

O., Landkr. in Brandenburg.

Oranien-Hausorden [...niən], niederl. ↑Orden (Übersicht).

Oranien-Nassau [...niən], Name des regierenden Königshauses der Niederlande. Graf Wilhelm von Nassau-Dillenburg (↑Wilhelm I., Statthalter in den Niederlanden) erhielt von seinem Vetter René (* 1519, † 1544) das Ft. Oranien zus. mit dem altnassauisch-niederl. Besitz übertragen. Als die direkte Linie O.-N. mit Wilhelm III. 1702 ausstarb, wurde sie von Johann Wilhelm Friso (* 1687, † 1711) beerbt, nachdem sich Preußen einen Teil des Erbes gesichert hatte und Oranien an Frankreich verlorengegangen war. Johann Wilhelm Frisos Sohn Wilhelm IV. (* 1711, † 1751) wurde 1747 Erbstatthalter aller niederl. Prov., sein Enkel 1815 als Wilhelm I. König der Niederlande. Dessen Enkel Wilhelm III. folgte seine Tochter Wilhelmina auf den Thron, die Mutter der späteren Königin Juliana, deren Tochter Beatrix schließlich 1980 die Nachfolge antrat.

Oranje, Fluß in S-Afrika, entspringt in N-Lesotho, mündet als Grenzfluß zw. der Republik Südafrika und Namibia in den Atlantik, 1 860 km lang; Bewässerungssysteme; nicht schiffbar.

Oranjefreistaat, Prov. der Republik Südafrika, zw. Vaal und Oranje, 127 993 km², 2,35 Mill. E (1989), mit dem Bantuheimatland Qwaqwa und (als Enklave) einem Teil von Bophutatswana, Hauptstadt Bloemfontein. Der O. ist weitgehend eine Hochebene (etwa 1 300 m ü. d. M.), im NO gebirgig (bis über 2 000 m); Schaf- und Rinderzucht, nach NO zunehmend intensiver Ackerbau. Von größter Bed. sind Diamanten- und Goldgewinnung. – Im Zuge ihres „Großen Treck" 1835–38 durch die Buren von dem Sothokönig Moschesch I. erobert und besiedelt. 1842 als Republik gegr., 1848 von Großbritannien annektiert, 1854 erneut selbständig; nach dem Burenkrieg brit. Kolonie (1902), 1910 zur Südafrikan. Union.

Oranjestad, Hauptort der Insel Aruba, Kleine Antillen, 20 000 E. Hafen an der W-Küste; Fremdenverkehr.

Orant [mittellat.] (Zwerglöwenmaul, Chaenorrhinum), Gatt. der Rachenblütler mit rd. 20 Arten, verbreitet vom Mittelmeergebiet bis NW-Indien; in Deutschland nur die Art **Kleiner Orant** (Chaenorrhinum minus): unscheinbare Pflanze mit kleinen, lilafarbenen Blüten; auf Äckern und Ödland.
▷ svw. ↑Dorant.

Oranten [zu lat. orantes „die Betenden"], männl. oder weibl. stehende Gestalten in antiker Gebetshaltung mit erhobenen Armen, u. a. auf ägypt. Grabstelen, auf röm. Sarkophagen, auch Münzen, und in der Kunst des frühchristl. Bestattungswesens; Symbol für Dank- oder Bittgebet und Erlösungserwartung.

Oraon, überwiegend weddider Volksstamm auf dem Chota Nagpur Plateau, Indien. Ihre Sprache (Oraon, auch Kurukh) gehört zu den drawid. Sprachen; Feldbau und Viehhaltung; 1,7 Mill. Angehörige.

Ora pro nobis! [lat. „bitte für uns!"], in der kath. Kirche formelhafte Kurzbitte, an Maria und die Heiligen gerichtet.

Oration [zu lat. oratio „Rede, Gebet"], in der kath. Liturgie das [gesprochene oder gesungene] Amtsgebet des Priesters, v. a. das formal strenge Abschlußgebet nach allg. Gebeten und Gesängen.

Oratio obliqua [lat.], svw. ↑indirekte Rede.

Oratio recta [lat.], svw. ↑direkte Rede.

Oratorianer, Abk. Or, Mgl. einer kath. Weltpriestergemeinschaft, die im 16. Jh. in Rom durch den hl. Filippo Neri mit dem Ziel gegründet wurde, Priester zum gemeinsamen, religiösen Leben und intensiver Seelsorgetätigkeit zu führen. Nach dem ersten Versammlungsort (einem röm. Oratorium) nannten sich die Priester O.; jede Niederlassung wird danach **Oratorium** genannt; rd. 500 Mgl. (1992). Die O. legen keine bindenden Gelübde ab und unterstehen dem jeweiligen Diözesanbischof.

Oratorium [zu lat. orare „reden, bitten, beten"], urspr. Bez. für ein kleines Gotteshaus des frühen MA, später auch für Hauskapelle, Betsaal in Klöstern, Schlössern, Spitälern.
▷ als *musikal. Gatt.* die Vertonung eines auf mehrere Sänger verteilten, meist geistl. Textes für eine nichtszen. Aufführung im außerkirchl. Rahmen. Das O. entstand im 17. Jh. in Italien. Es entwickelten sich zunächst zwei Arten, das volkssprachl. italien. und das lat. Oratorium. Letzteres erhielt etwa 1640 durch G. Carissimi seine gültige Form, bei der ein Erzähler Träger der Handlung ist und vom Chor dramatisch wirkungsvoll begleitet wird; die Handlung beruht auf bibl. Texten.
Vorläufer des italien. O. waren geistl. Lauden- und Madrigalwerke mit Erzähler; dieser Oratorientyp schloß sich formal der Oper des 17. Jh. an. An der Wende zum 18. Jh. verwendeten die Komponisten der neapolitan. Schule (A. Scarlatti, N. Porpora, L. Vinci, L. Leo) im O. die gleichen Soloarien- und Rezitativformen wie in ihrer Oper. In der neapolitan. Tradition steht auch G. F. Händel, der das O. nach England brachte („Messias", 1742). Die Entwicklung des italien. O. fand ihren Abschluß in der 2. Hälfte des 18. Jh. in Werken von B. Galuppi, N. Piccinni, G. Paisiello, D. Cimarosa und A. Salieri.
Im prot. Norddeutschland entstand im 18. Jh. ein dt.sprachiges O., das an das italien. O., an die dt. ↑Passion und die Historia anknüpfte (R. Keiser, J. Mattheson, G. P. Telemann und C. P. E. Bach). J. S. Bachs „Weihnachtsoratorium" (1734) besteht aus sechs Kirchenkantaten, in die Berichte aus dem Evangelium aufgenommen wurden. – In J. Haydns Oratorien „Die Schöpfung" (1798) und „Die Jahreszeiten" (1801) gelangte die Entwicklung der Gatt. an einen Höhepunkt. Herausragend nach 1800 waren die Werke von F. Mendelssohn Bartholdy („Paulus", 1836; „Elias", 1846), H. Berlioz („Die Kindheit Christi", 1854) und F. Liszt („Die Legende von der hl. Elisabeth", 1862; „Christus", 1866). Im 20. Jh. schrieben Oratorien u. a. I. Strawinsky, A. Honegger, E. Křenek und K. Penderecki.

Orb, Bad ↑Bad Orb.

Orbe [frz. ɔrb], Hauptort des Bez. O. im schweizer. Kt. Waadt, an der unteren Orbe, 480 m ü. d. M., 4 400 E. Stadtmuseum, Marionettenmuseum; Nahrungsmittelind. und Apparatebau. – Das röm. **Urba** lag 2 km nördl. der heutigen Stadt (Ausgrabungen beim Weiler Boscéaz: Landhäuser mit gut erhaltenen Mosaiken [heute in Schutzhäusern] aus dem 3. Jh.). Im 10. Jh. eine der Residenzen von Hochburgund; vermutlich durch die Herren von Montfaucon zur Stadt erhoben. – Pfarrkirche Notre-Dame (1407 ff.) im Flamboyantstil erweitert (1521–25); Altes Spital (1778), Rathaus (1786).

Orbe. Turm der Pfarrkirche Notre-Dame, 1407 ff.

Orbis terrarum [lat.], Erdkreis, die bewohnte Erde.

Orbit [zu lat. orbita „Wagenspur, Kreisbahn"], Umlaufbahn eines Satelliten oder eines anderen Körpers (insbes. eines Raumflugkörpers) um einen Himmelskörper (z. B. die Erde).

Orbita [lat.], svw. ↑Augenhöhle.

Orbital [lat.], Bez. für den quantenmechan. Zustand bzw. für das (nicht scharf begrenzte) Aufenthaltsgebiet eines Elektrons in der Elektronenhülle eines Atoms *(Atom-O.)* oder Moleküls *(Molekül-O.)*. Während sich nach dem Bohrschen ↑Atommodell die Elektronen auf bestimmten Bahnen (Orbits) um die Atomkerne bewegen, können sie sich nach der Quantenmechanik mit einer von Ort zu Ort verschiedenen Wahrscheinlichkeit fast an jeder beliebigen Stelle der Elektronenhülle befinden. Jedes O. kann mit maximal zwei Elektronen (mit entgegengerichtetem Spin) besetzt sein.

Orbitalstation, svw. Raumstation.

Orbiter [lat.-engl.], Raumflugkörper, der sich auf einer Umlaufbahn befindet.

Orcagna, Andrea [italien. or'kaɲa], eigtl. A. di Cione Arcangelo, *Florenz frühestens 1308, †ebd. nach dem 25. Aug. 1368, italien. Maler, Bildhauer und Baumeister. – Ausgebildet durch seinen Bruder Nardo di Cione; schuf für Florentiner Kirchen Fresken (v. a. in Santa Croce, „Triumph

Oranienbaum. Schloß, 1683–89, und Schloßpark

des Todes", zw. 1350/60; Fragmente in der Opera) und Altarbilder (Polyptychon „Christus mit Maria und Heiligen", sog. „Pala Strozzi", 1357; Florenz, Santa Maria Novella) und als Bildhauer 1359 das plastisch empfundene große Marmortabernakel in Or San Michele. Seine an Giotto orientierte Malweise ist durch kräftige Umrisse, große Formen und leuchtende Farbigkeit gekennzeichnet.

Andrea Orcagna. Marmortabernakel in der Kirche Or San Michele in Florenz, 1359

Orcein [ɔrtseˈiːn; Kw.], aus ↑Orseille durch Extraktion mit Alkohol gewonnenes rotbraunes Oxazinfarbstoffgemisch, das zum Anfärben mikroskop. Präparate verwendet wird.

Orchester [ɔrˈkɛstər; zu griech. ↑Orchestra], im 17. und 18. Jh. Bez. für den Raum vor der Bühne sowie das dort versammelte Instrumentalensemble. In der europ. Musik ein Instrumentalensemble, das Instrumentengruppen, teils auch chorisch besetzt, zusammenfaßt und das von einem Dirigenten geleitet wird. Das O. erlangte erstmals im 16. Jh. Bed., d. h. mit dem Aufkommen selbständiger Instrumentalmusik. Das „klass. O." Haydns und Mozarts umfaßt neben dem chorisch besetzten Streichquintett im Normalfall je zwei Flöten, Oboen, Fagotte und Hörner. Dazu treten in einigen Werken Klarinetten, Trompeten, Posaunen und Pauken. Bis zum Ende des 19. Jh. wird die Besetzungsstärke durch Vervielfachung der Bläser sowie durch Einführung neuer Instrumente mehr als verdoppelt. Höhepunkte differenzierter Anwendung aller O.mittel bilden die Werke von R. Strauss und G. Mahler. Im 20. Jh. zeigt sich als Reaktion hierauf die Tendenz zu kammermusikal. Besetzungen (A. Schönberg, 1. Kammersinfonie op. 9, 1906) und zu immer wieder neuartiger, also nicht normierter Klangzusammenstellung.
Neben dem Sinfonie-O. seit der Mitte des 18. Jh. ist das Kammer-O. mit seiner kleinen Besetzung zu unterscheiden, im 19. Jh. auch das Blas-O. im Bereich der Marsch- und Militärmusik, im 20. Jh. ferner die großen und kleinen Unterhaltungs-O. sowie das Jazz-O. (↑Big Band).

Orchestra [ɔrˈçɛstra; griech. „Tanzplatz"], urspr. der kult. Tanzplatz vor dem Tempel des Dionysos. In klass. Zeit die zw. Bühnenhaus (Skene) und Zuschauertribüne gelegene ovale Spielfläche; diente in der Folgezeit für Sitzplätze der Honoratioren und als Platz für die Instrumentalisten.

Orchoninschriften. Ausschnitt einer Inschrift

Orchestration (Orchestrierung) [ɔrkɛs...; griech.], 1. svw. ↑Instrumentation; 2. Ausarbeitung eines Klavier-, Gesangs- oder Kammermusikwerkes für Orchester.

Orchestrion [ɔrˈçɛs...; griech.], Bez. für größere ↑mechanische Musikinstrumente, teilweise mit Orgel-, Klavier- und Geigenwerk, die in Dresden und im bad. Schwarzwald (Vöhrenbach) bis etwa 1920 gebaut wurden.

Orchideen [ɔrçi...; frz., zu griech. órchis „Hoden, (übertragen:) Pflanze mit hodenförmigen Wurzelknollen"] (Orchidaceae), eine der größten Pflanzenfam. mit rd. 20 000 Arten in mehr als 600 Gatt., v. a. in den Tropen und Subtropen der Alten und Neuen Welt; einkeimblättrige, ausdauernde Kräuter von verschiedener Gestalt, in den Tropen meist als Epiphyten, in M-Europa oft als Saprophyten lebend; Blätter länglich, oft fleischig oder ledrig; Blüten einzeln oder in ährigen oder traubigen Blütenständen, oft prächtig gefärbt und kompliziert gebaut, z. T. duftend. Die Samen der Kapselfrucht sind staubfein, ohne Nährgewebe und keimen nur bei Anwesenheit bestimmter Mykorrhizapilze. – Bekannte Gatt. sind: ↑Cattleya, ↑Frauenschuh, ↑Knabenkraut, ↑Ragwurz und ↑Vanille. – Die einheim. O.arten (Erdorchideen) stehen unter Naturschutz.
Geschichte: O. (im Volksmund und im Aberglauben „Knabenkräuter" gen.) galten wegen der hodenförmigen Gestalt ihrer Knollen und der Ähnlichkeit des Duftes einiger Arten mit sexuellen Gerüchen seit alters als Aphrodisiakum. – In den 1830er Jahren gab es O. in Privatgärten in Hamburg und Dresden. 1851 wurden im Garten des Grafen von Thun rd. 500 trop. Arten gezüchtet. Die Zahl der bis heute gezüchteten O.arten, Spielarten und Kreuzungen wird auf mehrere Tausend geschätzt.

Orchilla, Kap [ɔrˈtʃɪla] ↑Hierro.

Orchis [ˈɔrçɪs; griech.], svw. ↑Hoden.

Orchis [ˈɔrçɪs; griech.] ↑Knabenkraut.

Orchitis [ɔrç...; griech.], svw. ↑Hodenentzündung.

Orchomenos [ɔrç...], Hauptort des altgriech. Volkes der Minyer in Böotien westlich des Kopaissees, seit dem Neolithikum besiedelt. Der bereits bei Homer anklingenden Bed. der Bewohner in myken. Zeit entspricht das Kuppelgrab („Schatzhaus des Minyas", 14. Jh. v. Chr.). – In den Perserkriegen auf seiten Persiens; 363 Zerstörung durch Theben, Ausrottung der Bev.; nach einer 2. Zerstörung (335 v. Chr.) nochmals Aufstieg zur führenden Stadt des Böot. Bundes; in röm. Zeit verödet; zahlr. antike Baureste sind heute freigelegt.

Orchon, rechter Nebenfluß der Selenga, Mongolei, entspringt im Changaigebirge, mündet bei Suhe Bator, 1 124 km lang.

Orchoninschriften, Inschriften mit runenähnl. Zeichen in alttürk. Sprache aus der ersten Hälfte des 8. Jh. aus dem Gebiet des Flusses Orchon in der N-Mongolei, dem damaligen Zentrum eines türk. Reiches; nach Entdeckung der langen Texte (z. T. über 70 Zeilen) 1889 entzifferte V. Thomsen die Schrift, die von einem aram. Alphabet abgeleitet und durch Zusatzzeichen dem Türkischen angepaßt ist. Bes. die größeren Grabinschriften sind als älteste Eigenzeugnisse türk. Geschichte wertvoll.

Ordal [altengl., eigtl. „das Ausgeteilte"] ↑Gottesurteil.

Orden [lat. (zu ↑Ordo)], nach kath. Kirchenrecht klösterl. Gemeinschaften; die Mgl. eines O. legen die drei Gelübde des Gehorsams, der Armut und der Keuschheit ab und leben unter einem gemeinsamen Oberen und nach einer gemeinsamen Lebensordnung (Regel, Konstitution). Nach ihren Mgl. unterscheidet man männl. und weibl. O., Priester- und Laien-O.; nach der Tätigkeit kontemplative, aktive oder gemischte O., bei denen innerklösterl. Kontemplation mit äußerer Tätigkeit verbunden ist. Nach der geschichtl. Entwicklung und der traditionellen Lebensform sind zu unterscheiden: Mönchs-, Kanoniker-, Bettel-O., Regularkleriker, Kongregationen, i. w. S. auch die ↑Säkularinstitute der neueren Zeit. Die Anfänge der O. liegen im Asketentum der alten Kirche.
▷ in den Kirchen der Reformation seit dem 19. Jh. entstandene religiöse Gemeinschaften, die in Lebensweise und Aufgabenstellung den kath. Säkularinstituten vergleichbar

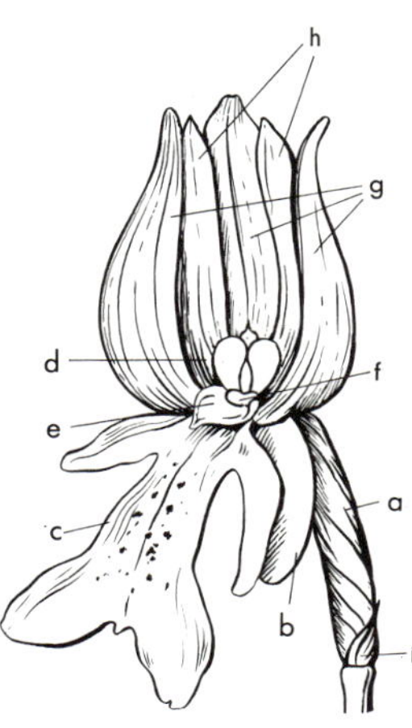

Orchideen. Schematische Darstellung des Blütenaufbaus: a Fruchtknoten; b Blütensporn; c Lippe (Labellum); d Griffelsäule (Gynostemium) mit den beiden Staubbeuteln; e Narbenfläche; f Haftorgan für das Pollinium (Rostellum); g äußere und h innere Blütenhüllblätter; i Tragblatt

sind. Sie versuchen, den christl. Apostolat in der Welt zu verwirklichen.

▷ seit den 1770er Jahren entstandene geheime student. Verbindungen innerhalb der Landsmannschaften. Verfolgt (Reichstagsbeschluß von 1793), verfielen sie nach 1800.

▷ i. w. S. Vereinigungen, deren Mgl. mit bestimmten Zielen bzw. Aufgaben nach festgesetzten Regeln leben. Im Verlauf der Jh. wurde der Begriff O. von der Gemeinschaft auf das Abzeichen dieser Gruppe übertragen. Weltl. O. entstanden als geistliche Ritter-O. (Templer-O., Johanniter-O. [Malteser], Dt. O.) im hohen MA. Seit dem 14. Jh. etwa entwickelten sich vorwiegend auf nat. Grundlage O., die an einen Souverän als Großmeister (O.herr) gebunden und fast stets zahlenmäßig beschränkt waren (sog. Hof-O.), so z. B. der ↑Hosenbandorden in England 1348. Neben diesen – stets einklassigen – O. entstanden im 17./18. Jh. militär. Verdienst- und Tapferkeits-O. wie der preuß. O. Pour le mérite 1740. Darüber hinaus gab bzw. gibt es Verdienst-O., wie z. B. die Ehrenlegion in Frankreich (1802 gestiftet), Haus-O. (für Verdienste um das regierende Haus), Damen-O., O. für Verdienste auf den Gebieten von Kunst und Wiss. u. a. – Fast alle Staaten der Welt verleihen O., Ausnahmen bilden u. a. die Schweiz und Israel. Das Dt. Reich hatte bis 1918 keine eigenen O. (es gab nur die O. der dt. Bundesstaaten), auch die Weimarer Republik verlieh keine O.; in der NS-Zeit spielten Auszeichnungen eine große Rolle. – **Ehrenzeichen** und **Medaillen** (auch Erinnerungskreuze bzw. -medaillen) – oft volkstümlich als O. bezeichnet – gelten nicht als Orden. Im übrigen können O. in Republiken auch „Ehrenzeichen" gen. werden, so z. B. in Österreich und in den USA. O. und andere Auszeichnungen werden i. d. R. durch Gesetze oder Verordnungen geschaffen und erhalten Statuten und Verleihungsbedingungen. In einzelnen Fällen bestanden bzw. bestehen materielle und ideelle Vorteile bei O.verleihungen wie z. B. Nobilitierungen, Ehrensold, Freifahrten. Annahme- und Trageerlaubnis ausländ. O. werden in allen Staaten der Erde bes. geregelt. Die Bearbeitung aller O.geschäfte erfolgt durch eine O.kanzlei, die z. B. die Verleihungsurkunden ausstellt und gegebenenfalls die Rückgabe verliehener O. regelt. – O. werden in Klassen eingeteilt; seit Anfang 19. Jh. in 5 Klassen, die zur internat. Norm wurden (zu denen gegebe-

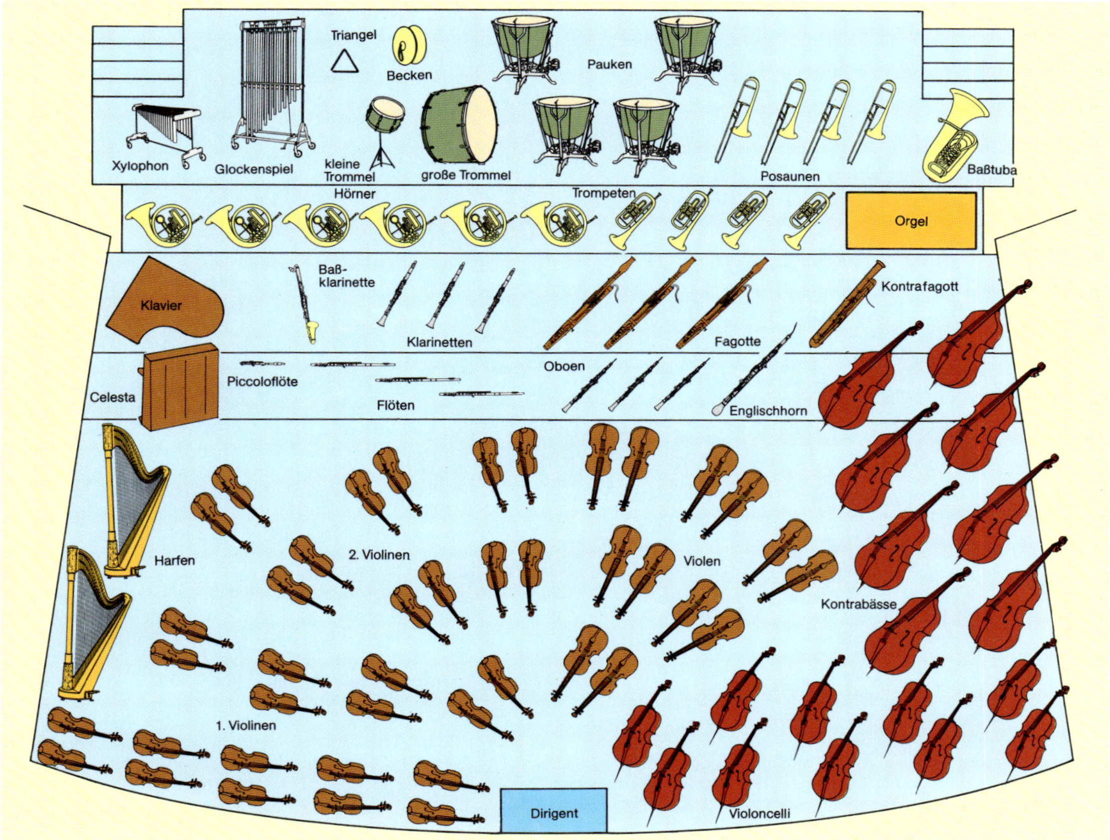

Orchester. Heute übliche „amerikanische" Sitzordnung eines Sinfonieorchesters

Orden
(Auswahl von Orden und Ehrenzeichen europäischer Länder)

	Gründungsjahr
Belgien:	
Leopoldsorden (5)	1832
Kronenorden (5)	1897
Leopold-II.-Orden (5)	1900
Dänemark:	
Danebrogorden (4) [6]	1671
Elefantenorden (1)	1693
Deutschland:	
Verdienstorden der BR Deutschland (insgeamt 8 Stufen in 3 Klassen)	1951
(Bayer. Verdienstorden [1]	1957)
(Niedersächs. Verdienstorden [3]	1961)
(Saarländ. Verdienstorden [1]	1974)
Pour le mérite für Wiss. und Künste (1)	1842
Finnland:	
Freiheitskreuz (5) [6]	1918
Finn. Weiße Rose (5)	1919
Finn. Löwe (5)	1942
Frankreich:	
Ehrenlegion (Légion d'honneur) (5)	1802
Nat. Verdienstorden (5)	1963
Palmes académiques (3)	1808
Griechenland:	
Erlöserorden (5)	1829
Phönixorden (5)	1926
Orden der Ehre (5)	1975
Großbritannien und Nordirland:	
Hosenbandorden (1)	1348
Distelorden (1)	1687
Bathorden (3)	1399
Sankt-Michael-und-Sankt-Georg-Orden (3)	1818
Verdienstorden (1)	1902
Viktoriaorden (5)	1896
Ehrenritterorden (1)	1917
Orden des British Empire (5)	1917
Island:	
Isländ. Falkenorden (3) [4]	1921
Italien:	
Verdienstorden (5)	1951
Militärorden Italiens (5)	1816
Orden des Sterns der Italien. Solidarität (3)	1947

	Gründungsjahr
Luxemburg:	
Nassauischer Hausorden vom Goldenen Löwen (1)	1858
Adolfsorden (5) [8]	1858
Eichenkrone (5)	1841
Verdienstorden (5)	1961
Niederlande:	
Zivilverdienstorden vom Niederl. Löwen (3)	1815
Orden von Oranien-Nassau (5)	1892
Oranien-Hausorden (5) [6]	1905
Norwegen:	
Sankt-Olafs-Orden (3) [5]	1847
Österreich:	
Ehrenzeichen für Verdienste um die Republik Österreich (5) [10]	1952
Östr. Ehrenzeichen für Wiss. und Kunst (1)	1955
Portugal:	
Turm-und-Schwert-Orden (5) [6]	1459
Christusorden (5)	1317
Avis-Orden (5)	1147
Sant'iago-Orden (5) [6]	1290
San Marino:	
Sankt-Marinus-Orden (5)	1859
Schweden:	
Seraphimenorden (1)	1748
Nordsternorden (3) [4]	1748
Spanien:	
Orden Karls III. (5)	1771
Orden Isabellas der Katholischen (5)	1815
Militärverdienstorden (4)	1864
Zivilverdienstorden (6)	1926
Alfons-X.-Orden (3) [5]	1939
Vatikanstadt:	
Christusorden (1)	1319
Goldener Sporn (1)	vor 1539
Gregoriusorden (3) [4]	1831
Piusorden (4) [5]	1847
Silvesterorden (3) [4]	1841/1905
Ritterorden vom Hl. Grabe zu Jerusalem (3)	1446

Bei der Jahreszahl unter „Gründungsjahr" handelt es sich um Erstgründungen; Wieder- bzw. Neugründungen, Reorganisationen bzw. Statutenänderungen sind nicht berücksichtigt.
Die Zahlen in runden Klammern geben die Klassen bzw. Grade an. Eine zusätzliche Zahl in eckigen Klammern berücksichtigt weitere Unterteilungen der Klassen bzw. Grade.

nenfalls weitere Klassen hinzutreten konnten): 1. Großkreuz; 2. Großoffizier bzw. Großkomtur (Komtur 1. Klasse); 3. Komtur bzw. Kommandeur; 4. Offizier; 5. Ritter. Getragen werden O. an der etwa 10 cm breiten Schärpe mit Bruststern für die oberste Klasse, am schmalen Bande für die unterste Klasse.
Bundesrechtlich ist das O.wesen geregelt durch das Gesetz über Titel, O. und Ehrenzeichen vom 26. 7. 1957. Es verleiht dem Bundespräs. die Befugnis, für bes. Verdienste um die BR Deutschland durch Erlaß O. und Ehrenzeichen zu stiften und zu verleihen oder andere hierzu zu ermächtigen. Als O. des Bundes besteht der Verdienst-O. der BR Deutschland; genehmigt ist der O. Pour le mérite für Wiss. und Künste. Ehrenzeichen auf Bundesebene sind z. B. das Ehrenzeichen des DRK und das Dt. Sportabzeichen. Die Bundesländer haben gleichartige Befugnisse, nur wenige besitzen eigene Verdienst-O., i. d. R. aber eigene Ehrenzeichen. – Die Führung von vor 1933 gestifteten O. und Ehrenzeichen ist zugelassen; von 1933 bis Anfang des 2. Weltkriegs verliehene oder gestiftete O. und Ehrenzeichen mit NS-Emblemen dürfen nur nach Entfernung der NS-Embleme geführt werden. Aus der Zeit von Sept. 1939 bis zum 8. Mai 1945 dürfen lediglich die für Verdienste im 2. Weltkrieg (einschl. der Waffen- und Verwundetenabzeichen) verliehenen O. und Ehrenzeichen nach Entfernung der NS-Embleme geführt werden; das Tragen sonstiger NS-Auszeichnungen ist verboten. – Im Einigungsvertrag wurde geregelt, daß bis zum Beitritt bestehende Ansprüche aus verliehenen staatl. Auszeichnungen der DDR erloschen sind.
In *Österreich* steht die Schaffung von Ehrenzeichen (O.) für Verdienste um die Republik Österreich und für Verdienste auf Sachgebieten, die in der Vollziehung Bundessache sind, der Bundesgesetzgebung zu, auf Landesebene entsprechend der Landesgesetzgebung. Die *Schweiz* verleiht keine O. und Ehrenzeichen. Nach Art. 12 BV dürfen die Mgl. der Bundesbehörden, die eidgenöss. Zivil- oder Militärbeamten und die eidgenöss. Repräsentanten sowie die Mgl. kantonaler Reg. und gesetzgebender Behörden von auswärtigen Reg. keine O. annehmen. Den Angehörigen der schweizer. Armee ist die Annahme von O. untersagt.

Ordensbänder ↑ Eulenfalter.

Ordensburg, Bez. für 1. die Burgen des Dt. Ordens v. a. in West- und Ostpreußen, 2. die Parteihochschulen der NSDAP, v. a. der SS, zur Heranbildung des Führernachwuchses in Crössinsee, Sonthofen und Vogelsang.

Ordensgeneral, der höchste Obere der zentralistisch organisierten kath. Ordensgemeinschaften mit unterschiedl. offiziellen Bez. – In weibl. Orden: **Generaloberin.**

Ordenskaktus, svw. ↑ Stapelia.

Ordensschulen, Schulen, die von kath. Ordens- oder ordensähnl. Gemeinschaften (z. B. Bruderschaften, Genossenschaften) getragen werden. O. sind v. a. in den roman. Ländern (höheres techn. und wirtsch. Bildungswesen), den USA (Elementarschulwesen) sowie in den meisten Entwicklungsländern verbreitet. In Deutschland liegt der Schwerpunkt im Bereich der gymnasialen Bildung (Benediktiner und Jesuiten, Engl. Fräulein und Ursulinen). Kindergärten, Haupt- und Realschulen werden von verschiedenen Schwesternorden, auch Schulbrüdern, betreut, berufl. Schulen und Lehrwerkstätten bes. von Salesianern.

Ordenstracht, die für jede Ordensgemeinschaft festgelegte einheitl. Kleidung. Traditionelle Bestandteile: lange Tunika, Gürtel, Kapuze, evtl. Skapulier (stolaartiger Überwurf). In jüngster Zeit wurde die O. (bes. der Frauen) vereinfacht.

ordentliche Gerichtsbarkeit, Gerichtsbarkeit der ordentl. Gerichte; diesem Gerichtszweig gehören an: der *Bundesgerichtshof,* die *Oberlandesgerichte* sowie die *Land-* und *Amtsgerichte.* Die o. G. wird unterteilt in : 1. die *streitige Gerichtsbarkeit;* diese umfaßt den Zivilprozeß einschl. des Verfahrens der Zwangsvollstreckung sowie das Konkurs- und Vergleichsverfahren und die den Zivilgerichten zugewiesenen öff.-rechtl. Streitigkeiten; 2. die ↑ *freiwillige Gerichtsbarkeit;* 3. die *Strafgerichtsbarkeit;* Gerichte der Strafgerichtsbarkeit sind die Amtsgerichte, die Landgerichte mit *kleinen* und *großen Strafkammern,* dem *Schwurgericht,* die Oberlandesgerichte mit *Strafsenaten,* der Bundesgerichtshof mit Strafsenaten; 4. die *Gerichtsbarkeit der bes. Abteilungen der o. G.,* z. B. *Landwirtschaftsgericht, Schiffahrtsgericht.*

ordentlicher Professor ↑ Professor.

ordentlicher Strahl ↑ außerordentlicher Strahl.

Order [lat.-frz.], Bestellung, Auftrag.

Ordericus Vitalis, * Atcham bei Shrewsbury 16. Febr. 1075, † nach 1143, normann. Geschichtsschreiber. – Stellte in seiner im Kloster Saint-Évroul-en-Ouche (Normandie) um 1115–41 entstandenen 13bändigen „Historia ecclesiastica" die Geschichte dieses Klosters und das Geschehen im normann. Herrschaftsbereich (Normandie, England, S-Italien, Hl. Land) dar.

Orderklausel, Vermerk auf Wertpapieren, durch den der Berechtigte einen anderen als Berechtigten benennen kann (durch den Zusatz „oder an Order").

Orderpapiere, ↑Wertpapiere, in denen der Aussteller das Versprechen gibt, entweder an die im Papier genannte Person oder an deren *Order,* d. h. an denjenigen zu leisten, der von dem Benannten durch Indossament als Berechtigter bezeichnet wird.

Ordinalzahl [lat./dt.] (Ordnungszahl), in der *Mathematik* eine natürl. Zahl, die zur Kennzeichnung der Stelle verwendet wird, an der ein Element einer geordneten Menge steht (z. B. der Erste, die Neunte).
▷ ↑Numerale.

ordinär [lat.-frz.], alltäglich, gewöhnlich; gemein, gering, unfein.

Ordinariat [lat. (zu ↑Ordinarius)], in der *röm.-kath. Kirche* die vom Generalvikar geleitete zentrale Verwaltungsbehörde der Diözesankurie.
▷ Amt eines ordentl. Hochschulprofessors. – ↑Professor.

Ordinarium missae ['mɪsɛ; mittellat.], Bez. für 5 gleichbleibende Gesänge der Messe (Kyrie, Gloria, Credo, Sanctus, Agnus Dei).

Ordinarius [lat. „ordentlich"], (lat. iudex ordinarius) im *röm.-kath. Kirchenrecht* Bez. für den ordentl. Inhaber von Kirchengewalt im äußeren Bereich. Man unterscheidet *Ortsordinarien* (z. B. Papst, Diözesanbischof) und *Personalordinarien* (die höheren Oberen exemter klerikaler Ordensverbände).
▷ Inhaber eines ordentl. Lehrstuhls an wiss. Hochschulen. – ↑Professor.

Ordinate [zu lat. (linea) ordinata „geordnete (Linie)"], die zweite Koordinate eines Punktes, z. B. y im (x, y)-Koordinatensystem; die O. wird auf der *Ordinatenachse* (y-Achse) abgetragen.

Ordinatio imperii [...ri-i; lat.], die auf der Aachener Reichsversammlung im Juli 817 von Kaiser Ludwig I., dem Frommen, erlassene Reichsordnung, die den Kaisersöhnen Lothar (I.), Pippin (I.) und Ludwig (II., dem Deutschen) jeweils ein Teilgebiet des Fränk. Reiches zuwies, im Unterschied aber zu den bis dahin übl. Reichsteilungen Lothar zum Mitkaiser erhob und ihn seinen mit dem Königstitel ausgestatteten Brüdern überordnete.

Ordination [lat.], im *röm.-kath. Kirchenrecht* Fachbez. für die Spendung des Sakraments der Weihe (lat. ordo), mit dem in den drei Stufen von Diakonat, Presbyterat und Episkopat durch Handauflegung und Gebet von dazu befähigten Vollmachtsträgern (ordinierten Bischöfen) die zum führenden Leitungsdienst *(Amt)* in der Kirche notwendige bes. geistl. Vollmacht übertragen wird; die O. ist konstituierend für den Klerus. – Im *ev. Kirchenrecht* Bez. für die Berufung zum Predigtamt und zur Sakramentsverwaltung. Die O. geschieht heute regelmäßig durch Inhaber kirchl. Leitungs- und Aufsichtsämter im Gemeindegottesdienst mit anschließender Beurkundung. Sie wird als „äußere Berufung" von der „inneren Berufung" unterschieden.
▷ in der *Medizin:* 1. ärztl. Verordnung; 2. veraltet für: Sprechstunde des Arztes.

Ordnung, ontolog., kosmolog., theolog., polit.-sozialer und epistemolog. Begriff von grundlegender Bedeutung. O. wird definiert als Konfiguration, Zusammenfügung einer Vielheit von Teilen, Elementen zu einem einheitl. Ganzen unter einem bestimmten O.prinzip bzw. „nach Regeln" (Kant), wobei jedem der Teile/Elemente ein bestimmter Stellenwert im O.gefüge zugeordnet ist (wird). O. kann als vorgegebene Seins-/Schöpfungs-O., aber auch als Ergebnis des Ordnens, der willentl. Einwirkung verstanden werden. – Im *Christentum* wird mit dem Höhepunkt im MA bei Thomas von Aquin ein umfassendes O.denken entwickelt. In der Neuzeit im Zuge der Aufklärung sowie des Strebens nach Autonomie und Emanzipation entsteht nicht nur eine Kritik der vorgegebenen, heteronomen (kirchl., polit., gesellschaftl., ökonom.) O.-, Wert-, Normensysteme, sondern O. wird zunehmend als Leistung des erkennenden und gemäß seinem Willen in Freiheit handelnden Subjekts selbst erkannt.
Im *polit.-sozialen Bereich* ist O. die von allen Beteiligten als legitim betrachtete bzw. durch Herrschaft geregelte Struktur der Beziehungen in einer sozialen Einheit (Gruppe, Verband, Gesellschaft, Staat). Die Prinzipien der O. beruhen entweder auf dem Glauben an ihre natürl. Notwendigkeit bzw. ihre Zweckmäßigkeit zur Verwirklichung bestimmter Interessen und Ziele, oder sie ist das Ergebnis unreflektierter Tradition. Willkürl. und nach wechselnden Prinzipien (meist mit Macht) durchgesetzte O. ist zu unterscheiden von gesetzter, in Regelbindung und Recht zum Ausdruck kommender (und damit kontrollierbarer) Ordnung.
▷ (Ordo) in der *Biologie* eine systemat. Einheit; faßt näher verwandte Tier- oder Pflanzenfam. bzw. Überfam. oder Unterordnungen zusammen.

Ordnungsbehörden, in den Bundesländern die von der Polizei zu unterscheidenden Behörden der öff. Verwaltung, zu deren Aufgabengebiet die ↑öffentliche Sicherheit und Ordnung gehören, z. B. Bauordnungsamt, Gewerbeaufsichtsamt, Ausländerbehörde, Gesundheitsamt. Die O. sind nach Aufgabenkreis, Organisation und Bez. in den Ländern verschieden aufgebaut. Sie können Anordnungen für den Einzelfall treffen oder Verordnungen erlassen.

Ordnungsmittel, im Unterschied zu Kriminalstrafen gerichtl. Maßnahmen zur Aufrechterhaltung der Ordnung bei der Durchführung von Verfahren mit überwiegendem Sanktionscharakter (i. e. S. werden O. *Beugemittel* genannt). O. sind das *Ordnungsgeld* und – vielfach ersatzweise – die *Ordnungshaft* (auch Beugehaft).

Ordnungsrelation (Ordnung), eine zweistellige ↑Relation auf einer Menge, die reflexiv, antisymmetrisch und transitiv ist, wird als *O. 1. Art* bezeichnet (z. B. $\leqq$-Relation); ist die Relation hingegen antireflexiv, antisymmetrisch und transitiv, so spricht man von einer *O. 2. Art* (z. B. $<$-Relation). Eine Menge mit einer O. heißt **geordnete Menge.**

Ordnungswidrigkeiten, rechtswidrige und vorwerfbare Handlungen, die gegen Vorschriften eines Gesetzes verstoßen, das die Ahndung mit einer Geldbuße zuläßt. O. wird als sog. Verwaltungsunrecht kein krimineller Gehalt beigemessen, weshalb sie nicht mit Strafe bedroht werden. O. sind in zahlr. bundes- bzw. landesrechtl. Einzelgesetzen (Steuerrecht, Straßenverkehrsrecht und Baurecht) normiert. Nach dem Gesetz über O. (OWiG) i. d. F. vom 19. 2. 1987 ist für die Verfolgung und Ahndung von O. grundsätzlich die Verwaltungsbehörde (Ordnungsbehörde) zuständig, die nach dem Opportunitätsprinzip, d. h. nach pflichtgemäßem Ermessen entscheidet. In Bagatellfällen

Bartolomé Ordóñez. Das Martyrium der heiligen Eulalia, Marmorrelief, 1518–20 (Barcelona, Kathedrale)

kann sie ein Verwarnungsgeld von 5 bis 75 DM erheben. In anderen Fällen wird bei Ordnungswidrigkeiten ein ↑Bußgeld auferlegt. O. unterliegen der Verjährung (§§ 31 ff. OWiG). Der rechtskräftige Bußgeldbescheid wird nach den ↑Verwaltungszwangsverfahren vollstreckt.

Ordnungszahl, Abk. OZ, Formelzeichen *Z*, die Zahl, die ein Element im Periodensystem der chem. Elemente bei der Einordnung nach steigender Kernladungszahl bzw. der Anzahl der Elektronen in der Elektronenhülle erhält.
▷ in der *Grammatik* svw. ↑Numerale.

Ordo (Mrz. Ordines) [lat. „Reihe, Ordnung, Rang, Stand"], im antiken Rom die Zugehörigkeit zu einem Stand, z. B. O. senatorius (Senatorenstand).

Ordoliberalismus ↑Neoliberalismus.

Ordo missae ['misɛ; lat. „Ordnung der Messe"], in der kath. Kirche die gleichbleibenden Teile der Messe (Gebete und Gesänge; Beschreibung des rituellen Verlaufs); erstmals zusammengestellt im 14. Jh. und seit 1570 *(Missale Romanum)* verpflichtend. 1969 mit der Liturgiereform erneuert.

Örebro. Blick auf die Stadt. In der Bildmitte das Renaissanceschloß, 1573–1627

Ordóñez, Bartolomé [span. ɔr'ðoɲɛθ], *Burgos um 1480, †Carrara zw. 5. und 10. Dez. 1520, span. Bildhauer. – Schuf, beeinflußt von der italien. Hochrenaissance, Reliefs am Chorgestühl und Marmorreliefs der Kathedrale von Barcelona sowie das Grabmal Philipps des Schönen und Johannas der Wahnsinnigen in der Kathedrale von Granada. – Abb. S. 235.

Ordonnanz [lat.-frz.], veraltet svw. Verfügung, Befehl.
▷ (frz. ordonnance) in Frankreich seit dem 12. Jh. Bez. für königl. Erlasse mit Gesetzeskraft, die allg. Gegenstände des öff. Rechts betrafen (Ggs. Edikt); nach 1814 nur noch Ausführungsbestimmung zu Gesetzen.
▷ früher Bez. für einen zur Überbringung von Befehlen abgeordneten Soldaten; in der *Bundeswehr* für einen zu bes. dienstl. Zwecken abgeordneten Soldaten (Kasino-, Küchen-, Gefechts-O.). **Ordonnanzoffizier** heißt der Bearbeiter von dienstlich-persönl. Angelegenheiten bei Bataillons- und Brigadekommandeuren und Leitern militär. Dienststellen in entsprechendem Rang.

Ordonnanzkompanien, 1445 durch den frz. König Karl VII. geschaffene, aus dem Ertrag der Taille fest besoldete Reiterverbände; die ersten „stehenden Truppen" in Europa seit der Antike.

Ordosplateau [...plato:], Hochplateau in China, in der Autonomen Region Innere Mongolei, im O und N vom Hwangho begrenzt, im W durch Hwangho bzw. Holan Shan von der Wüste Ala Shan getrennt; im S bzw. SO begrenzen Bergketten, über die die Chin. Mauer verläuft, das O. gegen die Lößgebiete des nördl. Shaanxi; durchschnittlich 1 100–1 200 m, vereinzelt 2 000 m hoch.

Ordovizium [nach dem kelt. Volksstamm der Ordovices in Nordwales], zweitältestes System des Paläozoikums.

Ord River [engl. 'ɔ:d 'rɪvə], periodisch fließender Fluß im NO von Westaustralien, entspringt im Kimberleyplateau, fließt zum Joseph-Bonaparte-Golf (Ind. Ozean), rd. 500 km lang; zweimal gestaut.

Ordschonikidse, Grigori Konstantinowitsch [russ. ardʒeni'kidzɪ], gen. Sergo, *Gorescha (Gouv. Kutaissi) 24. Okt. 1886, †Moskau 18. Febr. 1937, georgisch-sowjet. Politiker. – Seit 1903 Bolschewik; 1917 einer der Organisatoren des bewaffneten Aufstandes in Petrograd; nach Okt. 1917 Außerordentl. Kommissar für die Ukraine und Südrußland; betrieb ab 1920 als Beauftragter Stalins eine brutale Nationalitätenpolitik; gliederte Armenien und Georgien mit Hilfe der Roten Armee in das sowjet. Reg.system ein. Ab 1926 Vors. der Zentralen Kontrollkommission, 1930 Mgl. des Politbüros der KPdSU.

Ordschonikidse [russ. ardʒeni'kidzɪ], 1931–90 Name der Stadt ↑Wladikawkas.

Öre [skand.] (Mrz. Öre; dän., norweg. Øre; isländ. Aurar, Mrz. Eyrir), urspr. skand. Gewicht, seit 1522 (zuerst schwed.) Silbermünze, seit 1624 Kupfermünze; in der Skand. Münzunion war die Ö. = $^1/_{100}$ Krone, ebenso wie gegenwärtig in Dänemark, Schweden, Norwegen und Island.

Oreaden ↑Nymphen.

Örebro [schwed. œ:rə'bru:], Hauptstadt des Verw.-Geb. Ö. in M-Schweden, am W-Ufer des Hjälmarsees, 119 800 E. Univ. (gegr. 1967), Sporthochschule; Museen; Maschinenbau, Schuh- und Nahrungsmittelind. – Entstand um eine Burg des 13. Jh.; Stadtrecht 1446 belegt; Stätte wichtiger Reichstage. – Nikolaikirche (13. Jh.); Renaissanceschloß (1573–1627), gebaut unter Einbeziehung der Burg; neugot. Rathaus (1862).

Oregano (Origano; ital.), Gewürz aus den getrockneten Blättern und Zweigspitzen des Gemeinen ↑Dosts; v. a. für Pizzas.

Oregon [engl. 'ɔrɪgən], Bundesstaat im NW der USA, 251 419 km², 2,85 Mill. E (1990), Hauptstadt Salem.

Landesnatur: O. gehört ganz zum westl. Gebirgsrahmen der Kordilleren. Parallel zur Küste verlaufen von N nach S die Coast Ranges; weiter östl. durchzieht die Cascade Range (im Mount Hood bis zu 3 425 m hoch) das Land in N–S-Richtung. Zwischengeschaltet ist das Willamette Valley. Weiter im O schließen sich die High Plains (1 200–1 500 m hoch) an mit der abflußlosen Great Sandy Desert. Der S von O. gehört zur Subtropenzone. Im Küstenbereich kommt es häufig zu Nebelbildungen. Der größere Teil jedoch gehört zur kühlgemäßigten Klimazone mit hohen Niederschlägen an den W-Seiten der Küstengebirge (2 200 mm im Jahr) und sehr niedrigen im Bereich der High Plains (250–370 mm im Jahr). An der Küste wachsen Sitkafichten, an den O-Hängen der Coast Ranges, im Willamette Valley und auf der W-Seite der Cascade Range Douglasien, am O-Abhang der Cascade Range Gelbkiefern. In den High Plains herrschen Kurzgrasfluren und Zwergstrauchsteppen vor.

Bevölkerung, Wirtschaft, Verkehr: 1850 zählte O. nur 12 000 E, 1900 waren es schon 414 000. 94,6 % der Bev. sind Weiße, 1,4 % Schwarze, 1,3 % Asiaten, 1 % Indianer, 1,7 % andere. Mehr als 60 % der Bev. leben im Willamette Valley mit dem Zentrum Portland; der Anteil der städt. Bev. beläuft sich auf 68 %. O. besitzt 6 Univ. – Bedeutendster Wirtschaftszweig ist die Holzwirtschaft. In der Holzind. arbeiten mehr als 45 % aller Ind.beschäftigten. Hauptanbauprodukte der Landw. sind Weizen, Kartoffeln, Futterpflanzen, Obst (v. a. Beeren) und Gemüse. In der Viehwirtschaft dominiert die Fleischproduktion, v. a. im trockenen O des Staates. Die Nahrungsmittelind. ist der zweitwichtigste Ind.zweig, daneben gibt es Erdölraffinerien, Gummi- und Kunststoffproduktion, Textilind., Maschinenbau und eine gut ausgebaute elektron. Industrie. Wichtigste Bergbauprodukte sind Titan, Zirkonium und Vanadium. Der Fremdenverkehr ist drittwichtigster Wirtschaftszweig. – O.

verfügt über ein Straßennetz von rd. 68 500 km Länge und über ein Eisenbahnnetz von 70 848 km. Wichtigster Hafen an der Pazifikküste ist Portland. Es gibt 332 ✈.

Geschichte: Expeditionen unter J. Cook (1778) und G. Vancouver (1792) erforschten die Küste für Großbritannien; mit der amerikan. Expedition 1804–06 wurden die späteren amerikan. Ansprüche auf das gesamte Gebiet gerechtfertigt. Ab 1842 Einwanderung amerikan. Siedler. Nachdem Spanien (1819) und Rußland (1824/25) auf ihre Ansprüche verzichtet hatten, gehörte das Gebiet ab 1818 gemeinsam den USA und Großbritannien. Die amerikan. Reg. konnte 1846 die Grenzziehung entlang dem 49. Breitengrad durchsetzen. 1848 wurde das Territorium O. geschaffen, das die heutigen Staaten O., Washington, Idaho und Teile von Montana umfaßte und 1853 auf seine heutige Größe reduziert wurde; 1859 als 33. Staat in die Union aufgenommen.

Oregon Trail [engl. 'ɔrɪgən 'treɪl], histor. Pionierweg im W der USA, etwa 3 200 km lang, zw. Independence am Missouri und der Mündung des Columbia River in den Pazifik.

Orel ['ɔ:rɛl] (russ. Orjol), russ. Geb.hauptstadt an der Oka, 337 000 E. PH, TH, Turgenjew-Museum, Gemäldegalerie; 3 Theater; Maschinenbau, Stahlwalzwerk, Uhrenfabrik, Textil- u. a. Ind. – O. wurde 1564 als militär. Stützpunkt gegen Tatarenüberfälle gegr.; 1611 durch das poln. Heer zerstört. 1719 wurde O. Hauptstadt der Prov. O. und 1779 Hauptstadt des Gouv. O.; im 18. und 19. Jh. bed. Handelszentrum und wichtige Ind.stadt mit Tuchfabriken, Gießereien. – Im 2. Weltkrieg mehrfach umkämpft und stark zerstört.

Orell Füssli Verlag ['o:rɛl] ↑Verlage (Übersicht).

oremus! [lat.], lasset uns beten! (liturg. Gebetsaufforderung in der kath. Kirche).

Orenburg ['o:rənbʊrk, russ. arɪn'burk], russ. Geb.hauptstadt, am Fluß Ural, 114 m ü. d. M., 547 000 E. 4 Hochschulen, Museen, 3 Theater; Maschinenbau, Erdgasverarbeitung, Seidenwerk, Leder- und bed. Nahrungsmittelind. Bei O. Erdgasgewinnung. – 1735 als Stadt und Festung im Bezirk des heutigen Orsk gegr., 1748–55 Zentrum des Orenburger Kosakenheeres; häufiger Verbannungsort; 1863 Schleifung der Festung; nach der Oktoberrevolution Zentrum der Weißen (Orenburger Kosaken); 1919 endgültig sowjetisch; 1920–24 Hauptstadt der damaligen Kirgis. ASSR, 1938–57 Tschkalow genannt.

Orendel, mittelfränk. Spielmannsepos aus der 2. Hälfte des 12. Jh. (etwa 3 900 Verse), in dem einheim. Märchenstoff mit der Legende vom Heiligen Rock und antiken Romanmotiven verschmolzen ist. Überliefert in einer Handschrift des 15. Jh. (1870 verbrannt) und zwei Drucken von 1512.

Orense, span. Stadt in Galicien, am Miño, 140 m ü. d. M., 96 100 E. Verwaltungssitz der Prov. O.; kath. Bischofssitz; Musik- und Theaterschule, Museen; Porzellan- und Keramikind.; wichtiger Verkehrsknotenpunkt und Marktort. – Nach den Schwefelquellen von den Römern **Aquae Urentes** und nach den Goldwäschereien **Aurium** (MA **Auriense**) gen.; im 4. Jh. Bischofssitz; bei der arab. Invasion 716 zerstört, durch König Alfons III. von Asturien wiedererrichtet. – Roman.-got. Kathedrale (12. und 13. Jh.), spätroman. Kirche La Trinidad (13. Jh.), roman.-got. Bischofspalast (12. Jh.); Miñobrücke (1230; erneuert).

Oresme, Nikolaus von [frz. ɔ'rɛm] ↑Nikolaus von Oresme.

Orestes, Gestalt der griech. Mythologie. Sohn des Agamemnon und der Klytämnestra, Bruder von Elektra und Iphigenie. Nach der Ermordung Agamemnons durch Klytämnestra und Ägisthus läßt Elektra den Bruder zu Agamemnons Schwager bringen, wo er an der Seite von dessen Sohn **Pylades** aufwächst, mit dem ihn eine sprichwörtlich gewordene Freundschaft verbindet. Acht Jahre später kehrt O. nach Mykene zurück, um nach dem Gebot des Delph. Orakels Rache zu üben. Nach vollbrachter Tat hetzen die Erinnyen den Muttermörder, bis er durch Athena freigesprochen wird. O. tritt die väterl. Herrschaft an, ehelicht des Menelaos Tochter Hermione und vermählt Pylades mit Elektra. – Antike literar. Gestaltung u. a. von Aischylos, Sophokles, Euripides. Neubearbeitungen u. a. durch E. O'Neill, J. Giraudoux, G. Hauptmann, J.-P. Sartre und J. Anouilh.

Oregon. Chaparral in den Coast Ranges

Öresund ↑Sund.

ORF, Abk. für: ↑Österreichischer Rundfunk.

Orfe [griech.-lat.], svw. ↑Aland (ein Fisch).

Orff, Carl, * München 10. Juli 1895, † ebd. 29. März 1982, dt. Komponist. – Nach Tätigkeit an den Münchner Kammerspielen (1915–17), in Mannheim und in Darmstadt (1918/19) ließ er sich 1920 in München nieder. Durch die Beschäftigung mit alter Musik, v. a. mit Monteverdi, entstanden Neufassungen in dt. Sprache von „L'Orfeo" (1925), „Il ballo delle ingrate" (1925), „Lamento d'Arianna" (1925–40; 1958 zusammengefaßt zu „Lamenti. Trittico teatrale"). 1924 gründete er mit Dorothee Günther eine Schule für Gymnastik, Musik und Tanz. Hier entstand die erste Konzeption des heute weltweit verbreiteten „Schulwerks", einer elementaren Musiklehre, für deren Realisierung er ein spezielles Instrumentarium entwickelte. 1950–60 war er Prof. für Komposition an der Münchner Musikhochschule, ab 1961 leitete er das von ihm gegr. O.-Institut am Mozarteum in Salzburg. – O. strebte eine Einheit von Musik, Sprache und Bewegung und damit ins-

Carl Orff. Orff-Instrumentarium

gesamt eine Erneuerung des Musiktheaters an. Seine Musik lebt primär vom Rhythmus und ist durch das Aufgreifen einfacher Materialien in Melodie, Rhythmus und Harmonik bestimmt. – 1990 wurde das *O.-Zentrum München,* Staatsinst. für Forschung und Dokumentation, eröffnet. *Weitere Werke:* Carmina Burana (1937), Catulli Carmina (1943), Trionfo di Afrodite (1953; alle drei 1953 zusammengefaßt zu Trionfi. Trittico teatrale), Der Mond (1939), Die Kluge (1943), Die Bernauerin (1947), Antigonae (1949), Astutuli (1953), Comoedia de Christi resurrectione (1956), Oedipus der Tyrann (1959), Ludus de nato Infante mirificus (1960), Prometheus (1968), De temporum fine comoedia-Vigilia (1973); O.-Schulwerk (mit G. Keetmann, 1930–35, Neufassung 1950–54).

Carl Orff

Organ [zu griech. órganon, eigtl. „Werkzeug"], (Organon, Organum) bei Vielzellern, die durch ihre spezif. Funktion, entsprechende Morphologie und zellige Feinstruktur charakterisierten, aus verschiedenen Geweben aufgebauten und von ihrer Umgebung abgrenzbaren Körperteile wie Muskel, Lunge, Niere, Auge, bei Pflanzen z. B. Wurzel, Sproß, Blätter und Blüte. Funktionell zusammenwirkende O. bilden ein *O.system,* z. B. Nerven-, Gefäßsystem. Die *O.bildung* wird in der Embryonalentwicklung eingeleitet.

▷ im *Recht* Person oder Personengesamtheit, die in einer Organisation bestimmte durch Gesetz oder Statut umrissene Aufgaben wahrnimmt (z. B. Vorstand und Aufsichtsrat der AG).

▷ Zeitung oder Zeitschrift einer polit., sozialen oder wirtsch. Organisation.

Organbank, Einrichtung zur Aufbewahrung von konservierten Gewebsteilen zum Zweck der Transplantation (z. B. Augen-, Haut-, Knochenbank). Lebenswichtige Organe wie Herz, Nieren und Leber sind nur kurze Zeit konservierbar und werden deshalb möglichst unmittelbar nach Entnahme und Kühltransport eingepflanzt.

Organdy [...di; frz.-engl.] ↑Glasbatist.

Organellen (Zellorganellen), in Zellen vorkommende organähnl. Gebilde mit spezif. Struktur und Funktion, z. B. ↑Mitochondrien, ↑Plastiden.

Organhaftung, Haftung aller jurist. Personen, auch der des öff. Rechts, für ihre Organe. Die Haftung umfaßt alle zum Schadenersatz verpflichtenden Handlungen, die das Organ in Erledigung seiner Aufgaben zum Nachteil Dritter begeht.

Organisation [griech.-lat.-frz.], Bez. für 1. das Organisieren, 2. den Zusammenschluß von Menschen zur Durchsetzung bestimmter Ziele, 3. (v. a. sozialwiss.) zielgerichtete Ordnung bzw. Regelung von Aufgaben (Funktionen) und Tätigkeiten (Arbeitsvorgängen) in Sozialgebilden (Betrieben, Behörden, Verbänden, Parteien, Kirchen, Streitkräften u. a.) in der Weise, daß alle Elemente der O. (Aufgaben, Tätigkeiten) und alle daraus gebildeten O.einheiten (Stellen, Abteilungen, Arbeitsprozesse) in das Gefüge des Sozialgebildes eingegliedert sind. O. kann dabei sowohl die Tätigkeit des so gearteten Regelns (die An- und Einordnung) als auch die Ordnung selbst als Ergebnis dieser Tätigkeit sein. O. weisen Funktions-, Autoritäts-, Rang-, Kommunikations- und Informationsstrukturen auf.

▷ in der *Biologie* Bauplan eines Organismus, Ausbildung und Anordnung seiner Organe (bzw. Organellen bei Einzellern).

▷ in der *Medizin* selbsttätige Umwandlung von abgestorbenen Körpergeweben, Thromben und Ergüssen durch Resorption und Einsprossung von Granulationsgewebe.

Organisation Consul, rechtsradikale Geheimorganisation, Ende 1920 von H. Ehrhardt nach dem Kapp-Putsch gegr.; kämpfte gegen parlamentar. Demokratie, SPD und Judentum; einige ihrer Mgl. waren an der Ermordung von Erzberger und Rathenau sowie am Attentat auf Scheidemann beteiligt; ihre bis zu 5 000 Mgl. traten bei der Auflösung der O. C. im wesentlichen dem von Ehrhardt Ende 1923 gegr. „Bund Wiking" (bis 1928) bei.

Organisation de l'Armée Secrète [frz. ɔrganizɐ'sjõ dlar'me sə'krɛt] ↑OAS.

Organisation der Amerikanischen Staaten ↑OAS.

Organisation der Zentralamerikanischen Staaten ↑ODECA.

Organisation für Afrikanische Einheit ↑OAU.

Organisation für europäische wirtschaftliche Zusammenarbeit ↑OEEC.

Organisation für wirtschaftliche Zusammenarbeit und Entwicklung ↑OECD.

Organisation Gehlen ↑Gehlen, Reinhard.

Organisationssoziologie, ein Forschungszweig der Soziologie; analysiert die Struktur der sozialen Beziehungen zw. Menschen im Binnenbereich und in den Außenbeziehungen von Organisationen und erforscht insbes. die Zusammenhänge zw. Zielen und innerer Aufbaustruktur, zw. Herrschaftsstruktur und Leistungsfähigkeit einer Organisation sowie dem Organisationsziel und dem Einzelinteresse der Mitglieder.

Organisation Todt ↑Todt.

organisch, ein Organ oder den Organismus betreffend, der belebten Natur angehörend; mit etwas eine Einheit bildend.

organische Architektur, Bez. für Richtungen in der modernen Architektur, die die Harmonisierung von Bauten und Landschaft, das organ. Zusammenfügen von Bauteilen, die Verwendung natürl. Baumaterialien und die Zweckbezogenheit der Bauten in biolog., psycholog. und sozialem Sinn erstreben. Seit L. H. Sullivan suchten Architekten wie F. L. Wright, H. Häring, H. Scharoun, A. Aalto, Eero Saarinen und F. Otto sowie Vertreter des ökolog. Bauens Ziele der o. A. zu verwirklichen, gelangten jedoch zu sehr unterschiedl. Ergebnissen.

organische Chemie ↑Chemie.

organische Gläser, Bez. für die glasklaren, unzerbrechl., thermoplast. Werkstoffe v. a. auf der Basis von Polymethacrylsäureestern (z. B. Acrylglas), die u. a. für Verglasungen im Fahrzeugbau, für Uhrengläser und Linsen verwendet werden.

organische Halbleiter, organ. Verbindungen, deren Halbleitereigenschaften bei *kristallinen o. H.* (z. B. Naphthalin u. a. mehrcycl. aromat. Verbindungen) auf einem System konjugierter Doppelbindungen beruhen, d. h. frei im Molekül bewegl. Elektronen (↑Pielektronen) besitzen. Bei *polymeren o. H.* liegen lange Ketten von kunjugierten Doppelbindungen vor.

organisiertes Verbrechen, kriminelle Vereinigungen mit einem hohen Organisationsgrad (z. B. Mafia), die geplante Straftaten begehen und auch die Verwertung der Tatbeute (z. T. internat.) organisiert haben. Das o. V. ist im illegalen Rauschgifthandel, der Prostitution, im Waffenhandel u. a. ausgeprägt.

Organismus [griech.], svw. ↑Lebewesen.

▷ das Gesamtsystem der Organe des lebenden Körpers (vielzelliger Lebewesen).

Organismustheorie, Bez. für *sozialwiss.* Theorien über die Aufbau- und Funktionsprinzipien von Gesellschaft und Staat, die diese als organisch aufgebaute Systeme gliedhafter Teile eines Ganzen betrachten. Dabei werden häufig Begriffe und theoret. Vorstellungen aus der Biologie übernommen. Gesellschaftl. Glieder interessieren in erster Linie im Hinblick auf ihren Zweck zur Erhaltung und Förderung des Ganzen. Soziale und polit. Konflikte und Interessengegensätze gelten als krankhafte Zustände. Repräsentanten der heute nur noch selten vertretenen O. waren v. a. H. Spencer, A. Schäffle, O. Spann, R. Worms.

Organización de Estados Centroamericanos [span. ɔrɣanisa'si̯ɔn ðe es'taðɔs sentroameri'kanɔs], ↑ODECA.

Organization for Economic Cooperation and Development [engl. ɔ:gənaɪ'zɛɪʃən fə i:kə'nɔmɪk koʊɔpə'rɛɪʃən ənd dɪ'vɛləpmənt] ↑OECD.

Organization for European Economic Cooperation [engl. ɔ:gənaɪ'zɛɪʃən fə jʊərə'pi:ən i:kə'nɔmɪk koʊɔpə'rɛɪʃən] ↑OEEC.

Organization of African Unity [engl. ɔ:gənaɪ'zɛɪʃən əv 'æfrɪkən 'ju:nɪtɪ], ↑OAU.

Organization of American States [engl. ɔ:gənaɪ'zeɪʃən əv ə'merɪkən 'steɪts] ↑OAS.

Organization of the Arab Petroleum Exporting Countries [engl. ɔ:gənaɪ'zeɪʃən əv ðɪ 'ærəb pɪ'troʊljəm ɪks'pɔ:tɪŋ 'kʌntrɪz], Abk. OAPEC (↑OPEC).

Organization of the Petroleum Exporting Countries [engl. ɔ:gənaɪ'zeɪʃən əv ðə pɪ'troʊljəm ɪks'pɔ:tɪŋ 'kʌntrɪz] ↑OPEC.

Organneurose (vegetative Neurose), funktionelle Organstörung durch Fixierung einer Neurose auf bestimmte Organe. O. entstehen infolge eines verdrängten psych. Konflikts und treten v. a. an Organen auf, die vom vegetativen Nervensystem gesteuert werden; Vorkommen z. B. als Durchfall, Erbrechen oder Herzklopfen.

Organochlorsilane [Kw.], chlorhaltige organ. Siliciumverbindungen der allg. Formel R_nSiCl_{4-n} (n = 1 ... 4, R organ. Reste); Ausgangsstoffe für die Siliconherstellung.

organogen [griech.], am Aufbau organ. Substanz beteiligt, von organ. Substanz herrührend.

organoleptische Prüfung [griech./dt.], Qualitätsprüfung von Lebensmitteln ohne Hilfsmittel, bei der die Lebensmittel nach einem gesetzlich vorgeschriebenen Bewertungsschema hinsichtlich Geschmack, Geruch, Farbe, Aussehen, Formerhaltung und Konsistenz beurteilt werden.

Organologie [griech.] (Organlehre), Teilgebiet der Morphologie, das sich mit dem Bau und der Funktion von Organen befaßt.

Organometallverbindungen [griech./dt.], svw. ↑metallorganische Verbindungen.

Organon [griech.], nach Aristoteles Bez. für die log. Hilfsmittel der Argumentationstechnik und des systemat. Aufbaus der Wissenschaften.
▷ in der *Anatomie* svw. ↑Organ.

Organonmodell, von K. ↑Bühler ausgearbeitetes Modell der funktionellen Sprachanalyse, das Platons Anschauung von der Sprache als Werkzeug („Organon") ausbaut und im Sprechakt drei Momente betont: 1. den *Ausdruck* (vom Sprechenden seinen Einstellungen und Überzeugungen verliehen); 2. den *Appell* (Äußerung von Rezipienten); 3. die *Darstellung* (von Sachverhalten; wesentl. Unterschied zum Tier).

Organschaft, Verbindung einer jurist. Person, insbes. einer Kapitalgesellschaft (Obergesellschaft), mit einem anderen, ebenfalls rechtlich selbständigen Unternehmen (Organgesellschaft), wobei letzteres bei wirtsch. Betrachtung als unselbständig in seiner Betätigung erscheint. Dies hat zur Folge, daß steuerlich beide Unternehmen teilweise als Einheit angesehen werden.

Organschwund, svw. ↑Atrophie.

Organspender, Person, der Organe oder Organteile zum Zweck der Transplantation entnommen werden; i. d. R. handelt es sich um Verstorbene, die zu Lebzeiten der Organentnahme (durch Führen eines Organspendeausweises) zugestimmt haben oder deren Angehörige im Todesfall ihr Einverständnis zur Organentnahme erklären. Voraussetzung ist der Nachweis des Hirntodes durch zwei nicht an der Transplantation beteiligte Ärzte. Bis zur Entnahme muß der Blutkreislauf apparativ aufrecht erhalten werden.

Organtransplantation ↑Transplantation.

Organum [lat., zu griech. órganon „Werkzeug, Hilfsmittel"], 1. im MA Bez. für Musikinstrumente sowie für das menschl. Stimmorgan; 2. ein Kompositions- und Gattungsbegriff, der die Entstehung der abendländ. Mehrstimmigkeit (bis etwa 1200) kennzeichnet. Das O. erscheint in Traktaten seit dem späten 9. Jh. als Anweisung zur improvisierten Erfindung einer zweiten Stimme *(vox organalis)* zu einem gegebenen Cantus firmus *(vox principalis)*. Es werden zwei Arten des O. beschrieben: 1. das parallele Quint-O., bei dem die hinzugefügte Stimme stets im gleichen Abstand verläuft; 2. das Quart-O., das aus dem Einklang bis zu den parallel verlaufenden Quarten geführt wird, zum Einklang zurückkehrt und damit den Keim gegliederter Mehrstimmigkeit darstellt. Als komponierte Zweistimmigkeit trat das O. seit dem Ende des 11. Jh. auf. Höhepunkt und Abschluß sind die Organa der ↑Notre-Dame-Schule in Paris über die solist. Teile von Alleluja- und Graduale-Responsorien. Hier entstanden (von Leoninus) erstmals ausgedehnte Kompositionen, gegliedert in rhythmisch freie Teile mit reichen Oberstimmenmelismen zu wenigen langen Cantus-firmus-Tönen (O.- oder Haltetonpartien) und rhythmisch geregeltere Teile, in denen Oberstimme und Cantus firmus (syllabisch oder melismatisch textiert) in der Bewegung einander angeglichen sind (Discantuspartien). Perotinus Magnus verkürzte die melismat. O.partien und ersetzte sie durch neue Discantuspartien. V. a. aber weitete er die Zweistimmigkeit zur Drei- und Vierstimmigkeit aus (Organa tripla und Organa quadrupla). Am Ausgang der Notre-Dame-Epoche wurden zunehmend Discantuspartien in den Oberstimmen mit neuem (metr.) Text versehen; so entstand die ↑Motette.
▷ in der *Anatomie* svw. ↑Organ.

Organza [italien.], zartes, chiffonähnl., aber steifes Gewebe meist in Leinwandbindung, das urspr. aus Naturseide hergestellt wurde; heute erhält man ähnl. Gewebe auch aus Chemiefasern.

Orgasmus [zu griech. orgān „von Saft und Kraft strotzen, schwellen"], Höhepunkt **(Klimax)** der sexuellen Erregung mit dem anschließenden Gefühl einer sehr angenehmen Entspannung (Befriedigung). Der O. ist ein vielschichtiger Prozeß phys., physiolog. und psych. Komponenten mit erhebl. Geschlechtsunterschieden. Der O. der Frau ist im wesentlichen gekennzeichnet durch mehrere rhythm. Kontraktionen der Scheiden- und Gebärmuttermuskulatur. Die rhythm. Kontraktionen des Samenleiters, der Samenblase, der Schwellkörper und des Beckenbodens bedingen beim Mann das Gefühl des Orgasmus und sind oft mit der ↑Ejakulation synchronisiert. – Die sexuelle Reaktion kann man in vier Phasen, den sog. *sexuellen Reaktionszyklus,* einteilen. Die erste oder *Erregungsphase* kann durch phys. oder psych. sexuell-erot. Reize hervorgerufen werden. Bei anhaltender, nicht unterbrochener Reizung folgt die *Plateauphase,* in der sich die sexuellen Spannungen bis zu jener Höhe steigern, auf der die *Orgasmusphase* ablaufen kann. Sie läuft unwillkürlich ab und ist meist auf wenige Sekunden beschränkt. In der darauffolgenden *Rückbildungsphase* klingt die sexuelle Erregung ab. Beim Mann steigt die Erregungsphase relativ steiler an als bei der Frau, auch klingt seine Erregung rascher ab. Nach dem O. ist der Mann eine gewisse Zeit für erneute Erregungen weitgehend unempfindlich (Refraktärzeit). Bei der Frau können mehrere Erregungsphasen nacheinander ablaufen. Außerdem dauert auch die Rückbildungsphase bei ihr länger als beim Mann.

Orgel [zu althochdt. orgela (von griech. órganon, eigtl. „Werkzeug")], zur Gruppe der Aerophone gehörendes Tasteninstrument, dessen Klang durch Labial- und Lingualpfeifen mittels Wind von gleichbleibendem Druck erzeugt wird. Der **Wind** wird durch ein elektrisch betriebenes Gebläse erzeugt; früher wurde er mit Hilfe keilförmiger Blasebälge (Schöpfbälge) von einem Balgtreter (Kalkant) geliefert. Der Wind wird durch Windkanäle in den Magazinbalg geleitet, von dort zu den **Windladen,** rechteckigen, flachen Holzkästen, auf denen die Pfeifen in Längsrichtung nach Registern geordnet stehen. Die **Traktur** (Zugvorrichtung) stellt die Verbindung her zw. den Spiel- oder Tonventilen in der Windlade und den Tasten der Klaviaturen im Spieltisch: durch feine Holzleisten (Abstrakten) sowie Winkel und Wellen *(mechan. Traktur),* durch Kontaktleisten, Kabel und Elektromagnete *(elektr. Traktur),* durch Winddruck in Röhren („Röhrenpneumatik"; *pneumat. Traktur,* um die Jh.wende verbreitet). Der **Spieltisch** (freistehend) oder Spielschrank (ins O.untergehäuse eingebaut) enthält i. d. R. mehrere übereinander angeordnete Manualklaviaturen (Manuale), das Pedal (mit den Füßen gespielt) und die Registerzüge. Mit Hilfe mechan. oder elektr. Schaltungen (Koppeln) können einzelne Klaviaturen miteinander gekoppelt werden. Das **Pfeifenwerk** gliedert sich in Register. Das sind Pfeifenreihen von i. d. R. beim Manual 56, beim Pedal 30 Pfeifen, die durch je gleichartigen Klangcharakter der Einzelpfeifen eine Einheit bilden und als Ganzes ein- und ausgeschaltet werden können. In der Bauform werden unterschieden **Labialpfeifen** (**Lippenpfeifen;** die Luftsäule im Pfeifenkörper wird durch den aus der Kernspalte am Labium austretenden Luftstrom in Schwingung versetzt) und **Lingualpfeifen** (**Zungenpfeifen,** auch **Rohrwerke** gen., bei denen eine im Luftstrom vibrierende Metallzunge Schwingungserzeuger ist und die Tonhöhe bestimmt, während der Becher oder Aufsatz den Ton verstärkt und seinen Klangcharakter formt). Bei Labialpfeifen richtet sich die Tonhöhe (im Unterschied zu den Lingualpfeifen, bei denen sie sich nach der Länge der Metallzunge richtet) nach der Länge des Pfeifenkörpers, d. h. nach der Länge der darin schwingenden Luftsäule. Der Klangcharakter wird bestimmt durch das Verhältnis des Durchmessers des Pfeifenkörpers zur Länge (Weitenmensur: eng, mittel oder weit), durch die Bauweise (offen, gedackt [d. h. verschlossen], zylindrisch, konisch). Der **Registername** (z. B. Holzprinzipal 8-Fuß) weist (gelegentlich) teils auf das verwendete Material, teils auf Bauform, teils auf den Klangcharakter hin; die real erklingende Tonhöhe wird durch die beigefügte Fußtonzahl (z. B. 8-, 4-, $2^2/_3$-Fuß usw.; auch geschrieben 8′, 4′, $2^2/_3$′ usw.) ausgedrückt. Dabei bezeichnet 8-Fuß die Normallage, d. h., dieses Register erklingt auf derselben Höhe wie der entsprechende Ton auf einem Klavier. Bei den Registern Kornett, Sesquialtera, Mixtur, Scharf, Zimbel klingen mehrere Teiltonreihen zusammen. In den teiltonverstärkenden Registern (Oktav-, Aliquotregister, gemischte Stimmen) liegt der Klangfarbenreichtum der O. begründet. Der Gesamtbestand an Registern einer O. wird in verschiedene, zur Abhebung der klangl. Ausprägung meist von eigenen Gehäusen umschlossene **Teilwerke** gegliedert, die jeweils von einer zugehörigen Klaviatur aus gespielt werden, ben. nach ihrer Stellung im Gesamtaufbau: Rückpositiv, Brust-, Haupt-, Ober-, Seiten-, Kron-, Fernwerk; das Pedalwerk bezieht seine Benennung von der Spielweise mittels der Pedalklaviatur. Die Register des Schwellwerks sind in einen Kasten eingebaut und an der Vorderseite durch Jalousien verschlossen, die sich mittels eines Tritts vom Spieltisch aus öffnen und schließen lassen und eine stufenlose Lautstärkeregelung ermöglichen. Die Außenansicht der O. läßt gewöhnlich Rückschlüsse auf den inneren Aufbau zu.

Geschichte: Bereits im 3. Jh. v. Chr. gab es ein orgelähnl. Instrument, die ↑Hydraulis (seine Erfindung wird Ktesibios aus Alexandria zugeschrieben), bei dem der Winddruck durch Wasser reguliert wurde. Später folgte der Übergang auf Bälge aus Tierhaut. 757 brachten Gesandte des byzantin. Kaisers Konstantin V. eine pneumat. O. an den Hof Pippins III., 811 kam aus Byzanz eine O. an den Hof Karls d. Gr. Bald danach fand die O. Eingang in die Kirche. Das 14. und 15. Jh. brachten wichtige Neuerungen: u. a. die Einführung der heute noch gebräuchl. schmalen O.tasten, die Scheidung der Gesamtheit der zu einem Ton gehörenden Pfeifen in Register, die Aufteilung in Teilwerke. Neben der Großform entwickelten sich die Kleinformen Portativ, Positiv und Regal. Im 17. und 18. Jh. erreichte die O.baukunst die Hochblüte an vielseitigen Klangmöglichkeiten. Im 19. Jh. drohte durch die Nachahmung des Orchesterklangs Verfall, dem im 20. Jh. die O.bewegung entgegentrat durch Rückbesinnung auf die alten Bauprinzipien.

Orgel. Die Schwalbennestorgel in der Kirche Notre-Dame-de-Valère in Sitten, Kanton Wallis, erbaut um 1400 und vergrößert 1687, gilt als älteste spielbare Orgel der Erde

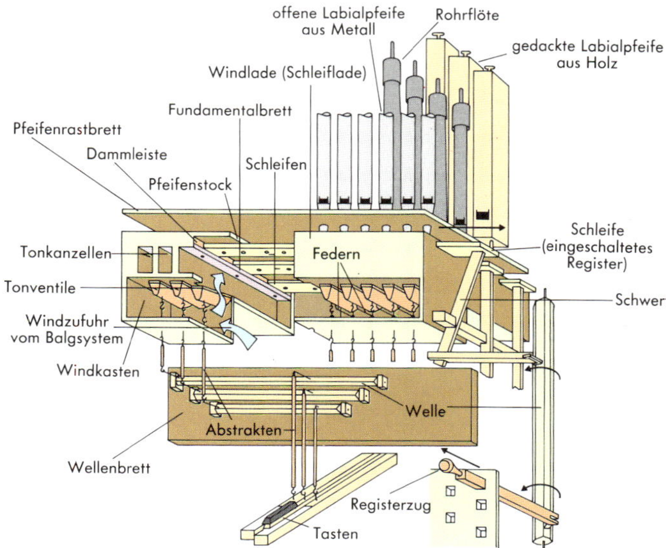

Orgel mit mechanischer Traktur

Wichtige Verteter des **Orgelbaus** waren in N-Deutschland H. Scherer, G. Fritzsche und A. Schnitger, in M-Deutschland E. Compenius, A. und G. Silbermann sowie Z. Hildebrandt, in S-Deutschland J. Gabler, K. J. Riepp und J. N. Holzhay; führend im 19. Jh. waren W. Sauer, F. Ladegast, E. F. Walcker und G. F. Steinmeyer, deren Firmen z. T. noch bestehen. Bed. ausländ. O.bauer waren H. und N. Niehoff, G. G. Antegnati, R. und F. H. Clicquot, A. und F. Thierry, A. Cavaillé-Coll und J. Marcussen.

Orgelkorallen (Tubiporidae), Fam. koloniebildender Lederkorallen im Ind. und Pazif. Ozean; die Kolonien bestehen aus orgelpfeifenähnl., nebeneinanderstehenden, bis 20 cm langen, roten Kalkröhren.

Orgelmusik, auf dem Pfeifenklavier (Orgel, Portativ, Positiv, Regal) gespielte bzw. zur Ausführung auf diesem Instrumententyp bestimmte Musik. Überlieferungen gibt es erst seit dem 14. Jh.; gehörte bis Ende des 16. Jh. zum Komplex der für die verschiedenen Tasteninstrumente bestimmten Klaviermusik („Buxheimer Orgelbuch", 1460 bis 1470; A. Schlick, P. Hofhaimer, H. Kotter, H. Buchner) und läßt sich in 3 Gattungen gliedern: 1. freies Präludieren (Praeambulum); 2. Übertragungen (Intavolierungen) von Vokalmusik; 3. Choralbearbeitungen. Seit etwa 1600 bildete sich satztechnisch eine gegenüber sonstiger Klaviermusik differenzierte O. heraus, zugleich entwickelten sich nat. Ausprägungen der liturg. O., die im 17. Jh. eine Hochblüte erreichte. Die italien. Organisten (A. und G. Gabrieli, C. Merulo, G. Frescobaldi, L. Rossi) nutzten die spiel-, satz- und klangtechn. Möglichkeiten ihrer einmanualigen Orgeln aus und entwickelten selbständige Formen instrumentalen Charakters in Toccata, Ricercar, Canzona, Capriccio und Versett. Die süddt. und östr. O. stand unter italien. Einfluß; Zentren in Wien (J. J. Froberger), Prag und Augsburg. Die frz. Organisten (J. Titelouze, G. G. Nivers, N. de Grigny,

F. Couperin, L.-N. Clérambault) entfalteten Orgelmessen, Hymnen- und Magnifikatbearbeitungen sowie in frei komponierten „Offertoires" Klang- und Farbenpracht in vielfältigen Registerkombinationen. Im mitteldt. Raum (J. Krieger, J. Pachelbel) wurden Kirchenliedbearbeitung, Variation und Fughetta bevorzugt. Die Organisten in den norddt. Hansestädten (H. Scheidemann, F. Tunder, D. Buxtehude, V. Lübeck und N. Bruhns) erzielten durch das Spiel auf mehreren Manualen und Pedal Klangwechsel zw. den ausgeprägten Teilwerken der Orgel und entwickelten neue Formen der O.: Orgelchoral, Choralfantasie, die frei komponierte Orgeltoccata. Alle diese Gattungen und Formen erfuhren geniale Synthese und höchste Ausprägung im Orgelwerk J. S. Bachs. Erst nach 1830 erwachte das Interesse an O. erneut mit vereinzelten Kompositionen von F. Mendelssohn Bartholdy, R. Schumann, J. Brahms und virtuosen Werken von F. Liszt. In Frankreich entfaltete sich ein sinfon. Orgelstil mit C. Franck, F. A. Guilmant und C.-M. Widor, im 20. Jh. fortgeführt durch L. Vierne und M. Dupré; O. Messiaen ist mit seiner farbenprächtigen Behandlung des Instruments die überragende Komponistengestalt. In Deutschland gab M. Reger mit seinen von Bachscher Polyphonie und Wagnerscher Harmonik beeinflußten Orgelwerken der O. neue Impulse, in deren Gefolge verstärkt liturgisch gebundene O. geschaffen wurde, bis in den 1960er Jahren die musikal. Avantgarde (v. a. G. Ligeti) spezif. Klangfarbenqualitäten der O. neu entdeckte.

Orgelpunkt, lang ausgehaltener oder ständig wiederholter Ton, meist in der Baßstimme, über dem sich die übrigen Stimmen zw. dem tonartlich gebundenen Ausgangs- und Schlußklang harmonisch frei bewegen.

Orgesch ↑ Escherich, Georg.

Orgetorix, † 60 v. Chr., kelt. Adliger aus dem Stamm der Helvetier. – Strebte 61 v. Chr. nach der Alleinherrschaft und betrieb die Auswanderung seines Volkes nach Gallien.

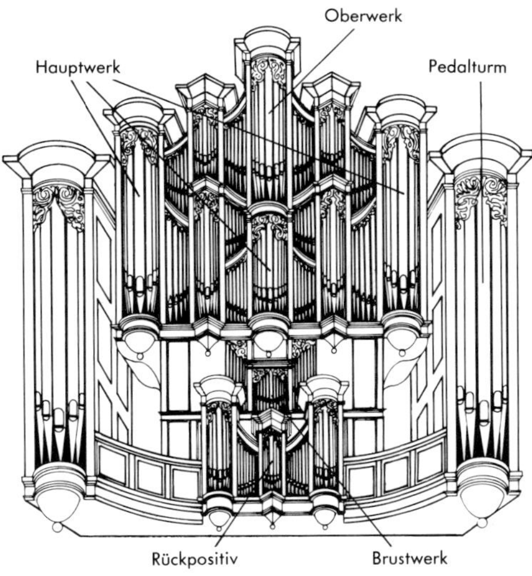

Orgel. Gestaltung der Schauseite der Orgel und Werkaufbau

orgiastisch [griech.], schwärmerisch, zügellos.

Orgie [...i-ε; griech.], im antiken Griechenland urspr. geheimer, z. T. ekstat. Gottesdienst, v. a. im Dionysoskult. Heute wird der Begriff für Feste mit [sexuellen] Ausschweifungen und für wüste Gelage gebraucht.

Orient [zu lat. oriens „aufgehende (Sonne), Morgen(gegend), Osten"], das (veraltet) Morgenland im Unterschied zum ↑ Abendland *(Okzident),* von Europa aus gesehen die Länder gegen Sonnenaufgang (griech. *Anatole,* italien. *Levante,* arab. *Maschrik*); i. e. S. der Raum der vorderasiat. Hochkulturen (↑ Alter Orient) und die islam. Länder im Nahen Osten und in N-Afrika, i. w. S. auch der Mittlere und der Ferne Osten; heute zumeist durch die Bez. *Mittlerer* und *Naher Osten* ersetzt. – Der O. (i. e. S.) stellt eine geograph. und seit den ältesten Zeiten eine kulturelle und geschichtl. Einheit dar; er ist durch Wüstenregionen charakterisiert, die von Flußoasen (Nil, Euphrat, Tigris) unterbrochen werden. Traditionelle Lebensformen sind deshalb bes. Hirtennomadismus (Beduinen) und Ackerbau (Fellachen). Im *Alten O.* entstanden Grundlagen der Zivilisation (städt. Siedlungen seit dem 9./8. Jt. v. Chr., Staatengründungen, Bewässerungskulturen, Entwicklung von Schrift und Alphabet, Anfänge vieler Wiss.). Charakteristisch wurde das Nebeneinander von Judentum, Christentum, Islam u. a. religiösen Lehren. Der Antagonismus zw. O. und Okzident entwickelte sich schon in der Antike zw. der oriental.-griech. Osthälfte sowie der röm.-lat. Westhälfte des Röm. Reiches und vertiefte sich durch den Ggs. von Islam und Christentum im MA. Der O. vermittelte dem W das Erbe der Antike. Später prägte das Vordringen der Osmanen (Einbeziehung SO-Europas in den O.) das O.bild Europas. Der Niedergang des Osman. Reiches seit dem 18. Jh. und der durch ihn ausgelöste Interessenkonflikt zw. den europ. Großmächten *(orientalische Frage)* hatte die Kolonialisierung ehem. Randgebiete des Osman. Reiches durch europ. Mächte im 19. und 20. Jh. zur Folge. Nach 1945 wurde der O. durch seine großen Erdölvorräte weltwirtsch. und polit. bedeutsam. – ↑ Nahostkonflikt.

Orientalide [lat.], europide Mischrasse (Verbindungsglied zw. Mediterraniden und Indiden), v. a. auf der Arab. Halbinsel, in Mesopotamien und N-Afrika verbreitet; mittelhoher und graziler Wuchs, langer Kopf, schmales, ovales Gesicht, große, leicht gebogene Nase, fast mandelförmige Lidspalte, dunkelbraune Augen, schwarzes, lockiges Haar und hellbraune Haut.

Orientalis [lat.], svw. ↑ orientalische Region.

orientalisch [lat.], den Orient betreffend, östlich.

orientalische Kirchen, ältere Bez. für das östl. Christentum (↑ Ostkirchen); i. e. S. die altoriental. (morgenländ.) Nat.kirchen (z. B. Kopten, Nestorianer), die im 5. Jh. die Gemeinschaft der Reichskirche verließen.

orientalische Region (ind. Region, Orientalis), tiergeograph. Region; umfaßt den südl. und sö. Teil der Paläarktis: Vorder- und Hinterindien, Ceylon, das trop. S-China, Taiwan, die Großen Sundainseln und die Philippinen; kennzeichnende endem. Tiergruppen sind z. B. Spitzhörnchen, Gibbons, Pelzflatterer und Bambusbären.

Orientalische Schabe, svw. ↑ Küchenschabe.

Orientalistik [lat.], Wiss. von den Sprachen, Literaturen und Kulturen der Völker des Orients. Die O. geht in ihren Anfängen bis ins 12. Jh. zurück. Entsprechend der Vielfalt der zum Orient zu rechnenden Völker umfaßt die O. zahlr. Teilgebiete, u. a. Ägyptologie, Hethitologie, Semitistik, Hebraistik, Arabistik, Islamkunde, Iranistik, Indologie, Turkologie, Sinologie.

Orientation [lat.] ↑ Ostung.

Orientbeule (Hautleishmaniose, Aleppobeule, Bagdadbeule), durch Phlebotomusmücken von Tieren auf den Menschen übertragene Hautkrankheit mit Geschwürbildung.

Orientbuche ↑ Buche.

Orientdreibund ↑ Mittelmeerabkommen.

orientieren [lat.-frz., urspr. „die Himmelsrichtung nach der im Osten (im „Orient") aufgehenden Sonne bestimmen"], 1. (sich o.) eine Richtung suchen, sich zurechtfinden; 2. informieren, unterrichten; 3. nach etwas ausrichten (eine Sache oder die eigene Meinung); 4. nach der Himmelsrichtung einstellen.

Orientierung [lat.-frz. (zu ↑ orientieren)], v. a. auf verschiedene Reize aus der Umwelt, aber auch auf Gedächtnisleistungen bzw. Lernvorgängen beruhende, meist zu gerichteten Bewegungen führende Reaktionen bei Tieren und bei Pflanzen. Bei nicht gerichtet verlaufender Bewegung spricht man von ↑ Kinese, bei gerichteter, aktiver Ortsbewegung von ↑ Taxien, bei festsitzenden Lebewesen (wie bei den Pflanzen) von ↑ Tropismen.
▷ bei Sakralbauten ↑ Ostung.

Orientierungslauf, sportl. Geländelauf (auch auf Skiern), bei dem mit Hilfe von Orientierungsmitteln (Karte, Kompaß) verschiedene, in der Karte markierte Kontrollpunkte *(Posten)* im Gelände bei freier Wahl der Laufstrecke in der richtigen Reihenfolge in kürzester Zeit gefunden und passiert werden müssen.

Orientierungsstufe (Förderstufe, Beobachtungsstufe), Organisationsform des 5. und 6. Schuljahres, deren Einführung seit 1964 (Hamburger Schulabkommen) freigestellt ist. Die Entscheidung, ob Hauptschule, Realschule oder Gymnasium besucht werden, fällt erst nach dem 6. Schuljahr. Erhofft wird eine gut begründete Entscheidung über den weiteren Schulbesuch, bes. auch bei sog. Spätentwicklern, und eine Ermutigung zum weiterführenden Schulbesuch.

Orientkärpflinge (Aphanius), Gatt. etwa 5–8 cm langer Eierlegender Zahnkarpfen mit zahlr. Arten in Binnengewässern SW-Asiens, des Mittelmeergebiets und W-Europas; ♀♀ meist unscheinbar gefärbt, ♂♂ etwas kleiner, häufig kontrastreich gezeichnet.

Orientteppiche, handgeknüpfte Teppiche aus Vorder-, Mittel- und Zentralasien. Der älteste Knüpfteppich (um 500 v. Chr.) wurde in einem der vereisten Pasyrykkurgane gefunden. Seinen künstler. Höhepunkt erreichte das Teppichknüpfen in Persien im 15. und 16. Jh.; auch heute noch werden vorzügl. Exemplare geknüpft. Unerreicht bleiben die Pflanzenfarben (bis Mitte 19. Jh.). O. werden seit dem 14. Jh. in Europa gehandelt. – ↑Teppich.

Oriflamme [altfrz. „Goldflamme" (von mittellat. aurea flamma)], zweizackiges Kriegsbanner der frz. Könige vom Anfang des 11. Jh. bis 1465.

Origami [jap.], die in Japan beliebte Kunst des Papierfaltens (kleine Puppen, Vögel, Blumen usw.).

Origanum ↑Dost.

Origenes, gen. Adamantios, *wahrscheinlich Alexandria 185/186, †wahrscheinlich Tyros 253/254, griech. Kirchenschriftsteller. – Lehrer und Leiter der alexandrin. Schule. O. lebte streng asketisch und wurde u. a. deshalb zum Vorbild und Wegbereiter des Mönchtums; sein wörtl. Verständnis der Bibel ließ ihn sich (gemäß Matth. 19, 12) selbst kastrieren. Deshalb exkommuniziert und verbannt; darauf Gründung einer eigenen Schule in Caesarea. Während der Verfolgung unter Kaiser Decius starb O. an den Folgen von Folterungen. – Das Ziel des O. war der Ausbau einer der griech. ebenbürtigen christl. Wiss. und Literatur. Sein für die Bibelwiss. bedeutendstes Werk ist die *Hexapla* („die Sechsfache"), eine Nebeneinanderstellung des hebr. Urtextes des A. T. und 5 griech. Übersetzungen zur Gewinnung eines genauen Bibeltextes. Sein Werk „De principiis" (220/230) gilt als das erste theolog. Lehrsystem. Von großer theologiegeschichtl. Bed. ist seine Lehre vom dreifachen Schriftsinn: Wie der Mensch aus Körper („soma"), Seele („psyche") und Geist („pneuma") besteht, so gibt es einen buchstäbl. (somat.), moral. (psych.) und myst.-allegor. (pneumat.) Sinn der Schrift. – Viele Gedanken des O. sind bereits früh in der Kirche auf starken Widerstand gestoßen und führten bis ins 9. Jh. immer wieder zu heftigen theolog. Auseinandersetzungen **(origenistische Streitigkeiten)** und zur offiziellen Verurteilung der im Anschluß an ihn entwickelten Lehrmeinungen **(Origenismus).** Dennoch galt O. bereits zu seinen Lebzeiten als der bedeutendste griech. Theologe, dessen Einfluß auch in der Folgezeit weiterwirkte.

original [lat.], (originell) ursprünglich, echt; urschriftlich.

Original [lat.], ursprüngl., echtes Exemplar; vom Urheber (Künstler) stammende Fassung oder Form eines literar. oder künstler. Werkes, im Unterschied zur Kopie, Nachbildung, Umarbeitung, Fälschung.

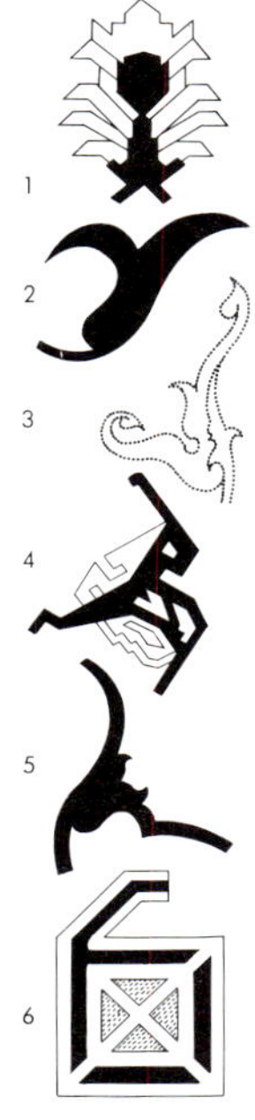

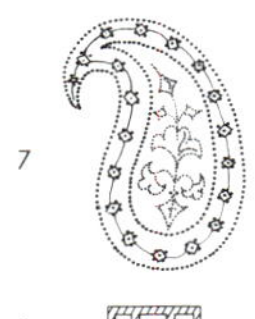

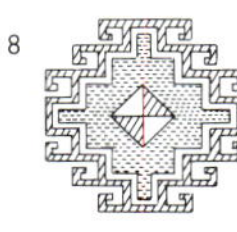

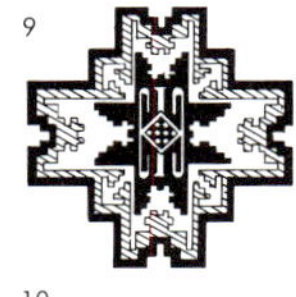

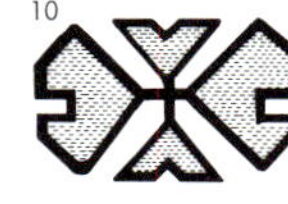

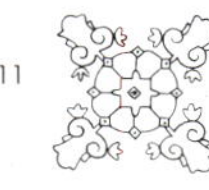

Orientteppiche. Verschiedene charakteristische Muster: 1 kleinasiatische Kelchpalmette, um 1620; 2 persische Arabeske; 3 persische Arabeske, um 1600; 4 kleinasiatische Arabeske, um 1550; 5 persische Gabelranke, um 1450; 6 Mir-i-bota (Serabentmuster), Kaukasus; 7 Mir-i-bota (Palmwedel-, Birnen-, Mandelkernmuster), Iran; 8 Hakenvieleck, Kaukasus; 9 Sternornament, Kaukasus; 10 Rosette, Kaukasus; 11 iranische Rosette, um 1600

Orientteppiche. Täbris aus Persien, Seide, um 1880

▷ eigentüml., durch bes. Eigenart[en] auffallender Mensch.

Originalgraphik (Originaldruckgraphik), druckgraph. Blätter, die vom Künstler selbst entworfen wurden, deren Druckstöcke oder -platten er persönlich hergestellt, die Abzüge eigenhändig angefertigt (Handabzug, -druck) oder – bes. bei den modernen Techniken – für deren techn. Herstellung er Anweisungen gegeben oder sie überwacht hat und die von ihm eigenhändig signiert und (meist) auch numeriert (Angabe über Gesamtauflage und Seriennummer) wurden.

Originalität [lat.], Ursprünglichkeit, Echtheit; Eigentümlichkeit.

originär [lat.], ursprünglich.

originell [lat.-frz.], 1. eigenartig, einzigartig, urwüchsig; 2. svw. original.

Orihuela [span. oriˈuela], südostspan. Stadt am Segura, 22 m ü. d. M., 50 000 E. Kath. Bischofssitz, Priesterseminar. Markt- und Verarbeitungsort für landw. Erzeugnisse. – In röm. Zeit als **Orcelis,** unter den Westgoten (507–711) als **Aurariola** belegt; 713 von den Mauren erobert, 1264 von König Jakob I. von Aragonien endgültig zurückgewonnen. – Got. Kathedrale (14./15. Jh.) mit Renaissanceportal; barocke Klosterkirche Santo Domingo (1654–59). In beherrschender Lage das z. T. maur. Kastell.

Orija, zur östl. Gruppe der indoar. Sprachen gehörende, mit dem Bengali und der assames. Sprache eng verwandte Sprache mit eigener Schrift; etwa 28,9 Mill. Sprecher; offizielle Sprache des ind. Bundesstaats Orissa.

Orinoco, Llanos del [span. ˈʎanɔz ðel oriˈnoko] ↑Llanos.

Orinoko, Strom im nördl. S-Amerika, entspringt im S des Berglands von Guayana (Venezuela), das er im W umfließt, mündet mit einem Delta südl. von Trinidad in den Atlantik, 2 140 km lang; drittgrößtes Stromgebiet S-Amerikas. Der O. hat 194 Nebenflüsse. Durch die Bifurkation mit dem Río Casiquiare verliert er 25 % seines Wassers an den Rio Negro. Am N-Ufer des Unterlaufs große Ölsandvorkommen. – 1498 entdeckte Kolumbus die Mündung des O.; 1531 erstmals von Europäern befahren; 1724 Entdekkung der Bifurkation; 1800 wiss. Untersuchungen A. von Humboldts am O.; 1951 Lokalisierung der Quelle.

Orion, in der griech. Mythologie ein schöner böot. Jäger von riesenhafter Gestalt, Sohn des Poseidon. Von Eos zum Geliebten auserkoren, wird er im Auftrag der neid. Götter von Artemis getötet.

Orion [nach der Gestalt der griech. Mythologie], Abk. Ori, Sternbild der Äquatorzone; im Winter am Abendhimmel sichtbar. Die drei Gürtelsterne werden *Jakobsstab* genannt; eine darunter angeordnete Sterngruppe heißt das *Schwertgehänge* mit dem großen, mit bloßem Auge sichtbaren *Orionnebel.* Weitere helle Sterne sind Beteigeuze, Bellatrix sowie Rigel. – ↑Sternbilder (Übersicht).

Orissa, Bundesstaat in O-Indien, 155 707 km², 31,1 Mill. E (1990), Hauptstadt Bhubaneswar.

Landesnatur: Drei Großregionen lassen sich unterscheiden: 1. das Küstentiefland, das im mittleren Teil durch das Delta der Mahanadi stark ins Meer vorgeschoben ist; 2. die bis 1 200 m Höhe ansteigenden Ostghats; 3. der sich anschließende Dekhan, der wie die Ostghats durch Flüsse stark zertalt und z. T. schwer zugänglich ist. O. erhält durch den Sommermonsun jährl. Niederschläge von rd. 1 500 mm. In großen Teilen des Berglandes ist die natürl. Vegetation (laubabwerfender, trockener Monsunwald) erhalten.

Bevölkerung, Wirtschaft, Verkehr: O. ist ein fast reiner Hindustaat, in dem Orija gesprochen wird. Die Landw. ist der führende Erwerbszweig, Reis das wichtigste Anbauprodukt; an der Küste Fischfang. Kohlenvorräte, Eisenerz- und Manganerzlager dienen v. a. der Versorgung des Stahlwerks in Rourkela; außerdem Bauxitvorkommen. Wichtigste Ind.-zweige sind Zement-, Glas-, Papier-, Zucker- und Textilind. sowie das im äußersten N gelegene Großstahlwerk von Rourkela und eine Aluminiumhütte am Hirakud-Kraftwerk. Die Verkehrserschließung des Staates ist nur im Küstentiefland gut.

Geschichte: Urspr. zum Kalinga-Reich gehörend, wurde O. Ende des 16. Jh. Teil des Mogulreiches und 1751 des Marathenstaates von Nagpur; kam 1803 in brit. Besitz und wurde der Prov. Bengalen angegliedert. 1912–36 bestand die vereinigte Prov. Bihar und O., 1936 wurde O. als eigene Prov. von Bihar getrennt. 1947/48 wurden dem heutigen Bundesstaat 24 Fürstenstaaten angeschlossen.

Oristano, italien. Stadt in W-Sardinien, 9 m ü. d. M., 32 300 E. Verwaltungssitz der Prov. O.; Erzbischofssitz; archäolog. Museum; Handel, Verarbeitung landw. Produkte, Brauerei, Zucker-, Waffenind. – Um 1070 gegr.; seit 1296 Bischofssitz. – Roman. Dom (12. Jh.; im Innern barock).

Ørjasæter, Tore [norweg. ˈœrjaseːtər], *Nordberg (Otta, Prov. Oppland) 8. März 1886, †Lillehammer 29. Febr. 1968, norweg. Schriftsteller. – Vermittler zw. lyr. Traditionalismus und Modernismus. Beschrieb in seinen Gedichten die Spannung zw. Heimatliebe und Sehnsucht nach der Ferne und ihre Lösung im Religiösen; auch Dramen und Erzählungen.

Orjen, weithin verkarstetes Gebirge der südl. Dinariden, über das die Grenze der Republiken Bosnien und Herzegowina und Montenegro verläuft, bis 1 895 m hoch.

Orjol [russ. arˈjɔl] ↑Orel.

Orkan [über niederl. orkaan von span. huracán (↑Hurrikan)], Wind mit Geschwindigkeiten über 32,7 m/s bzw. 118 km/h (ab Windstärke 12).

Orkney [engl. ˈɔːknɪ], schott. Verwaltungsgebiet.

Orkneyinseln [engl. ˈɔːknɪ], Inselgruppe vor der N-Küste Schottlands, Verwaltungsgebiet Orkney, 976 km², 19 600 E (1990), Verwaltungssitz Kirkwall (auf **Mainland,** der Hauptinsel der O.). Über 70 (24 bewohnt) stark gegliederte, praktisch baumlose Inseln mit buchtenreichen, stellenweise von Kliffen gebildeten Küsten. Ozean. Klima. Haupterwerbsquellen sind Fischerei, Rindermast, Milchwirtschaft, Geflügel-, Wollschaf- und Schweinehaltung; Anbau von Hafer, Kartoffeln und Futterhackfrüchten; Whiskybrennerei und Seealgenverarbeitung. – Seit dem 6. Jh. von kelt. Mönchen christianisiert; im 8. und 9. Jh. von den Wikingern geplündert und besetzt; 875 norwegisch, 1472 schottisch. – Abb. S. 244.

Orkus, in der röm. Religion das Totenreich in der Unterwelt und der Unterweltsherrscher; entspricht dem griech. Hades.

Orlando, Neffe Karls d. Gr., ↑Roland.

Orlando, Vittorio Emanuele, *Palermo 19. Mai 1860, †Rom 1. Dez. 1952, italien. Jurist und Politiker. – 1901 Prof. für öff. Recht und Verwaltungsrecht in Rom; 1897–1925 liberaler Abg., 1903–17 wiederholt Min. verschiedener Ressorts, 1917–19 Min.präs.; unterstützte anfangs den Faschismus, ab 1925 in Opposition; wirkte als Berater Viktor Emanuels III. beim Staatsstreich vom Juli 1943 mit; Präs. der Konstituante 1946; 1948 Senator auf Lebenszeit.

Orlando di Lasso ↑Lasso, Orlando di.

Orlean [frz., nach dem frz. Namen des span. Entdeckers F. de Orellana, *um 1511, †um 1549], rotgelber, ungiftiger Naturfarbstoff aus der Samenschale des Orleanbaumes; Hauptbestandteil ist der zu den Karotinoiden gehörende Polyenfarbstoff **Bixin.** O. dient zum Färben von Lebensmitteln, Salben und Seifen.

Orléanais [frz. ɔrleaˈnɛ], histor. Prov. in Frankreich, umfaßte etwa die heutigen Dep. Loiret, Loiret-Cher, Eure-et-Loir; Hauptstadt war Orléans. – Königl. Domäne seit Hugo Capet, wurde ab 1344 Apanage der Herzöge von Orléans.

Orleanbaum (Orleanstrauch, An[n]attostrauch, Achote, Bixa orellana), einzige Art der Orleanbaumgewächse; kleiner Baum oder Strauch, aus dem trop. Amerika

Orientteppiche
(Auswahl an Knüpfteppichen)

Anatolische Teppiche:

Anatol (Sammelbez. für anatol. Teppiche); Bergama; Bursa (Brussa); Gördes (Ghiordes); Jürük; Konia; Kula; Ladik; Melas; Mucur (Mudjur); Siebenbürger Teppiche (aus Konia, Melas, Smyrna u. a. Orten); Smyrna; Uşak (Medaillon-, Stern-, Vogelkopf-Uşak, Holbein-, Lotto-Teppiche).

Allg. Charakteristika:

starke Farbkontraste (Rot, Blau, Gelb); geometr. Musterungen; Säulenmotive (= Moschee; Ladik), Gebetsnischen (Melas u. a.), Kartuschen in der Hauptbordüre (Siebenbürger Teppiche). Kurvige Muster nur beim höf. Teppich (Bursa); mittelhohe bis hohe (warme) Schur (Bergama).

Kaukasische Teppiche:

Akstafa; Baku; Dagestan; Derbent; Gendsche; Karabagh; Karagaschli; Kasak; Kuba (Kabistan); Lenkoran (Sonderform des Talisch); Lesgistan (Lesghi); Schirwan; Seichur; Sumak; Talisch; Tschetsche.

Allg. Charakteristika:

leuchtende, konstrastreiche Farbgebung; zunehmend geometr. Musterung, bes. Sternornamente, Polygone, Fabeltiere; im 17. Jh. Drachenteppiche, im 18. und 19. Jh. Streuornamente (Vögel, Haustiere, menschl. Figuren) zw. geometr. Ornamenten, z. T. ausgeprägtes Mittelornament (Kasak); hoher (warmer) bis mittelhoher Flor.

Persische Teppiche:

Ardabil (Ardebil); Bachtiari; Bidschar; Chorasan; Fareghan; Ghom; Hamadan; Heris; Isfahan; Kaschgai; Kerman (Kirman); Keschan (Kaschan); Meschhed; Mir; sog. Polenteppiche (1580–1620; für europ. Besteller); Saraband (aus Fareghan); Sarugh; Schiras; Senne; Täbris; Teheran; Wiss.

Allg. Charakteristika:

harmon., reich abgestufte Farbgebung; pflanzl., fein geschwungene Ornamentik (Senneknoten): Blütenranken-, Vasen-, Jagd-, Tierteppiche u. a. Neben unendl. Rapport Teppiche mit zentralem Medaillon (Sarugh, Chorasan, Heris); fein geknüpft und niedrig geschoren v. a. die zentralpers. Teppiche (Isfahan, Fareghan, Senne, Teheran).

Turkmenische Teppiche:

Afghan (Sammelbez. für Teppiche aus Afghanistan); Belutsch, Buchara (Bochara; Sammelbez. für turkmen. Teppiche); Beschir; Ersari; Herat; Jamud; Kasilayak; Pendeh; Tekke; Saryk. Kaschgar, Khotan, Yarkand (aus O-Turkestan bzw. Chin. Turkestan; Sammelbez.: Samarkand).

Allg. Charakteristika:

sparsame Farbpalette (Rottöne), zunehmende Geometrisierung, Achteckornamente („Gül"), Wolkenband, Tannenmotiv (Jamud), Hatschlyteppiche (mit dünnen Balken [Kreuz] gevierteilte Felder); nur der Kaschgar kennt florale Gebilde.

Auch in China, Ägypten (Mamelukkenteppiche), Spanien (16./17. Jh.), Tibet, Indien (seit dem 16. Jh.: Lahore, Agra) bed. alte Teppichkunst.

Orkneyinseln. Stromness auf Mainland

stammend, mit rosafarbenen Blüten und Kapselfrüchten mit zahlr. Samen; wegen seines Farbstoffs (↑Orlean) über die gesamten Tropen verbreitet.

Orleanisten [frz.], die Anhänger des Hauses Orléans.

Orléans [frz. ɔrle'ã], seit 1344 Herzogstitel von Seitenlinien der frz. Königshäuser Valois und Bourbon. 1407 spaltete sich das *ältere Haus O.* in die *herzogl. Linie O.* und die *gräfl. Linie Angoulême,* die mit Ludwig XII. bzw. Franz I. auf den frz. Thron gelangten. 1660 wurde der Bruder Ludwigs XIV. als Philippe I. mit O. belehnt. Er begr. das *jüngere Haus O.,* wichtigste Seitenlinie (seit 1883 Haus Frankreich) des Hauses Bourbon. Auch Louis Philippe (♔1830–48) gehörte dem Haus O. an.

Bed. Vertreter:

O., Gaston, Hzg. von (seit 1626), Graf von Eu, Hzg. von Anjou, *Fontainebleau 25. April 1608, †Blois 2. Febr. 1660. – 3. Sohn Heinrichs IV.; als Führer des Hochadels Gegner Richelieus und (während der Fronde) Mazarins; 1652 verbannt.

O., Louis II., Hzg. von ↑Ludwig XII., König von Frankreich.

O., Louis Charles Philippe d' ↑Nemours, Louis Charles Philippe d'Orléans, Hzg. von.

Louis Philippe II. Joseph, Herzog von Orléans (Punktierstich, um 1785)

O., Louis Philippe II. Joseph, Hzg. von (seit 1785), Hzg. von Montpensier (1747–52) und Chartres (1752–85), gen. Philippe Égalité, *Saint-Cloud 13. April 1747, †Paris 6. Nov. 1793. – Reichster Grundbesitzer Frankreichs; schloß sich in den Generalständen von 1789 dem Dritten Stand an. 1790 Mgl. der Jakobiner und der Bergpartei im Nationalkonvent; stimmte 1793 für den Tod des Königs; wurde durch die Flucht seines Sohnes, des späteren Louis Philippe, kompromittiert; Anfang April 1793 verhaftet und später guillotiniert.

O., Louis Philippe III., Hzg. von ↑Louis Philippe, König der Franzosen.

O., Philippe I., Hzg. von (seit 1660), *Saint-Germain-en-Laye 21. Sept. 1640, †Saint-Cloud 9. Juni 1701. – Einziger Bruder Ludwigs XIV.; Truppenführer im Devolutionskrieg und im Niederl.-Frz. Krieg; ⚭ mit Henriette Anne von England (1661–70) und mit Elisabeth Charlotte von der Pfalz (seit 1671).

Orléans Stadtwappen

O., Philippe II., Hzg. von (seit 1701), *Saint-Cloud 2. Aug. 1674, †Versailles 2. Dez. 1723, Regent (1715–23), Erster Minister (1723). – Sohn Philippes I. von Orléans; sicherte sich mit Hilfe des Pariser Parlaments die uneingeschränkte Regentschaft für Ludwig XV., weshalb die Zeit bis 1723 „Régence" gen. wird. Er bezog die Hocharistokratie in die Reg. ein und näherte sich in der Außenpolitik Großbritannien.

Orléans [frz. ɔrle'ã], frz. Stadt am Loirebogen, 102 700 E. Verwaltungssitz der Region Centre und des Dep. Loiret; kath. Bischofssitz; Univ. (gegr. 1962), biolog. Forschungsanstalt, archäolog. und histor. Museum, Kunstmuseum; Markt- und Handelszentrum (Gemüse, Obst, Blumen), Nahrungsmittelind., Werkzeugherstellung, Landmaschinenbau, Kfz-Ind., Reifenfabrik, Textil-, chem., elektrotechn., pharmazeut. und feinmechan. Ind.; ✈.

Geschichte: Das kelt. **Cenabum** war Hauptstadt der Karnuten; gehörte in der Römerzeit zur Prov. Gallia Lugdunensis; war 52 v. Chr. Ausgangspunkt des von Vercingetorix geleiteten kelt. Aufstands gegen Cäsar; in der Spätantike **Aurelianorum Civitas** (oder **Aureliani**); wurde im 4. Jh. Bischofssitz, 511 Hauptstadt eines fränk. Unter-Kgr.; 848 wurde Karl der Kahle in O. gekrönt. Bevorzugte Residenz der Kapetinger bis ins 11. Jh.; 1107 Stadtrecht. Die 1305/12 gegr. Univ. bestand bis 1792. Ab 1344 Mittelpunkt des Hzgt. O., das als Apanage an jüngere Söhne der frz. Herrscher vergeben wurde. Die Entsetzung der Stadt im Hundertjährigen Krieg durch Jeanne d'Arc („die Jungfrau von O.") brachte 1429 die Wende des Krieges zugunsten Frankreichs.

Bauten: Got. Kathedrale mit Resten der roman. Krypta und vorroman. Bauteilen (nach Zerstörung 1567 Wiederaufbau ab 1601, vollendet 1829); ehem. Rathaus (Renaissance mit spätgot. Formen, 1495–1513; jetzt Museum); das heutige Rathaus ist ebenfalls ein Renaissancebau (16. Jh.); Reste der Stadtmauer.

Orléans, Île d' [frz. ildɔrle'ã], Insel im Sankt-Lorenz-Strom, unterhalb von Quebec.

Orléansscher Krieg [frz. ɔrle'ã], svw. ↑Pfälzischer Erbfolgekrieg.

Orleanstrauch, svw. ↑Orleanbaum.

Orley, Bernhard van [niederl. 'ɔrlɛi], *Brüssel (?) um 1488, †ebd. 6. Jan. 1542 (?), niederl. Maler. – Manierist. Übersteigerungen des übernommenen italien. Formkanons (Romanismus) kennzeichnen seinen „Hiobsaltar" (1521; Brüssel, Musées Royaux des Beaux-Arts) und den „Weltgerichtsaltar der Almoseniere" (1525; Antwerpen, Koninklijk Museum voor Schone Kunsten); auch Entwürfe für Glasgemälde, Teppiche; Porträts.

Orlice [tschech. 'ɔrlitsɛ] ↑Adler.

Orlik, Emil, *Prag 21. Juli 1870, †Berlin 28. Sept. 1932, dt. Graphiker und Maler. – Studierte ab 1888 in München, 1900/01 in Japan, lebte ab 1902 in Wien, ab 1905 in Berlin; bed. Jugendstilkünstler; neben seinen Zeichnungen und Gemälden übten v. a. seine Graphiken einen großen Einfluß auf die Kunst seiner Zeit aus. Buchschmuck zu L. Hearns Japanbüchern („Kokoro" und „Lotus" 1906; „Izumo" 1907); auch Bühnenbilder.

Orlon Ⓦᶻ [Kw.], eine zu den Polyacrylnitrilfasern zählende Chemiefaser (↑Fasern).

Orlow, Alexei Grigorjewitsch Graf (seit 1762) [russ. ar'lɔf], *Ljublino (Gebiet Twer) 5. Okt. 1737, †Moskau 5. Jan. 1808, russ. Admiral. – War 1762 an der Ermordung Peters III. beteiligt und spielte eine wesentl. Rolle bei der Thronbesteigung Katharinas II., d. Gr.; siegte im Türkenkrieg (1768–74) über die osman. Flotte bei Çeşme (1770).

Orlow [russ.], berühmter Diamant von 189,6 Karat, ben. nach A. G. Graf Orlow, der ihn Katharina II. schenkte; heute im Moskauer Kreml-Museum.

Orlow-Traber [nach dem Züchter A. Graf Orlow-Tschesmensky], Rasse eleganter, seit dem 18. Jh. gezogener Trabrennpferde.

Orly [frz. ɔr'li], frz. Stadt im südl. Vorortbereich von Paris, Dep. Val-de-Marne, 23 800 E. Zivilluftfahrtschule, ✈.

Ormandy, Eugene [engl. 'ɔ:məndı], eigtl. Jenő Blau-Ormándy, *Budapest 18. Nov. 1899, †Philadelphia 12. März 1985, amerikan. Dirigent ungar. Herkunft. – Ab 1921 in den USA, 1936–80 Dirigent des Philadelphia Orchestra; bed. Beethoven- und Strauss-Interpret.

Ormazd (Ormuzd) ↑Ahura Masda.

Orn, Abk. für: ↑Ornithin.

Ornament [zu lat. ornamentum „Ausrüstung, Zierde"], Verzierung eines Gegenstandes, meist geometr. Art, auch pflanzl., seltener tier. Motive; in allen Kulturkreisen und Kunstgattungen anzutreffen; neben der Funktion der Gliederung oder Ausschmückung auch sinnbildl. Bedeutung.

Vorgeschichte: Seit der jüngeren Altsteinzeit treten geometr. O. (Zickzackbänder, Rauten, Wellenlinien) an Keramik auf, seit der Jungsteinzeit reiche Differenzierung: Spiral- und Mäander-O. in der Bandkeramik, Muster aus waagerechten und senkrechten Linien in der nw. Megalithkultur, Abdrücke von Schnüren in der schnurkeram. Kultur Mitteldeutschlands. Die bronzezeitl. Ornamentik zeigt in der kret.-myken. Kultur pflanzl. Gebilde (Ranken), später auch im german. Norden, wo sie aus geschwungenen Linien entwickelt wurden.
Antike: Der geometr. Stil (Mäander) der frühgriech. Kunst wird Ende des 8. Jh. verdrängt. Die archaische Epoche bringt eine Ornamentik voller Bewegung aus Lotosblüten, Palmetten, Voluten und Flechtband hervor. In der klass. Kunst wird das Akanthus-O. neben der Palmettenranke zum beherrschenden Dekorationselement der Antike und auch späterer Epochen. Das griech. O. (u. a. ↑Astragalus und ↑Kymation) ist Bestandteil der Architektur.
Mittelalter: Im N Europas entsteht während der Völkerwanderungszeit die german. Tierornamentik (↑germanische Kunst). Sie lebt in der insularen Buchmalerei weiter, deren Motive in der Hofschule Karls d. Gr. mit antiken Motiven verbunden werden. In der otton. Kunst kommen byzantin. Elemente hinzu. Seit der 2. Hälfte des 11. Jh. wird die Architektur wieder bed. Träger des O. (Akanthuskapitell). Die Gotik bildet das Knospenkapitell und das Blattkapitell sowie das Maßwerk aus. Am Ende der Entwicklung steht das verschlungene Ast- und Laubwerk der dt. Schnitzaltäre.
Neuzeit: In der Renaissance Rückgriff auf Formelemente der röm. Kaiserzeit. Die Wiederbelebung der Groteske durch Raffael in den Loggien des Vatikans wirkt auf die Dekorationen bis ins 19. Jh. Aus dem manierist. Florisstil gehen zu Beginn des 17. Jh. das Knorpelwerk und der bereits barocke Ohrmuschelstil hervor. In der 2. Hälfte des 17. Jh. dominiert, von Italien ausgehend, die Akanthusranke, abgelöst vom zierl. Bandelwerk. Ab Mitte des 18. Jh. breitet sich die Rocaille aus. Auf diese Rokokoornamentik reagiert der Klassizismus mit antikisierenden Schmuckformen wie Lorbeerkranz, Girlande und Vase. Das 19. Jh. bringt v. a. im Historismus eine Wiederholung früherer Stilformen, während der Jugendstil um die Jahrhundertwende eine eigene Ornamentik entwickelt.
In der *ägypt. Kunst* sind Lotos und Papyrus bestimmend. Eine Verbindung zw. dem ägypt. Lotos und der griech. Palmette bildet die Pflanzenornamentik Mesopotamiens. In der *islam. Kunst* überziehen stilisierte Pflanzenranken die Architektur (in Europa übernommen als Arabeske und Maureske). In Samarra findet sich berühmte Stuckornamentik (9. Jh.). Die Pflanzenornamentik der fatimid. Zeit lebt in normann. Bauwerken Siziliens und in der span. Omaijadenkunst (ehem. große Moschee von Córdoba) weiter. In Persien zeigt die Bujidenkunst (10. Jh.) eine höchste Verfeinerung des Dekors (Miniaturen); im Kuppelbau der seldschuk. Zeit erhält die Ornamentik eine raumbildende Funktion. Ein flächenfüllender O.stil ist ebenso für den maur. Stil (Alhambra von Granada, 13./14. Jh.) charakteristisch wie für die Safanidenkunst Persiens (Dekorationen der Freitagsmoschee in Isfahan, 16./17. Jh.). Der Reiz des flächig ausgebreiteten *chin. O.* besteht in der Spannung gerader und geschwungener Linien. Die *ind. Kunst* bietet dem O. reichen Raum. Ihre Bauten sind häufig von pflanzl. und tier. Motiven, aber auch von abstrakten Bau-O. bedeckt. In den *präkolumb. Hochkulturen* kommt dem geometr. und figürl. O. als Dekoration von Fassaden, Steinmonumenten, Keramik oder Textilien große Bed. zu. Die *indian. Kunst* der Gegenwart knüpft an traditionelle Formen an. In der *ozean. Kunst* spielt das O. neben der Bau- und Ritualplastik eine dominierende Rolle.

ornamental [lat.], mit Ornamenten versehen; schmükkend; dekorativ.

Ornamentik [lat.], Gesamtheit der Formen des Ornaments (innerhalb einer Stilepoche oder bei einem Kunstwerk).

Ornamentstich, vom 15. bis ins 19. Jh. übl. Ornamententwurf in Kupferstichtechnik. Bes. im 16., im späten 17. und im 18. Jh. hat der O. bed. Einfluß auf kunstgewerbl. Dekorationen gewonnen. Bed. Ornamentstecher waren u. a.: C. Floris, J. Bérain, G. M. Oppenordt, J. A. Meissonier, T. Chippendale.

Ornat [lat.], feierl. Amtstracht der Funktionsträger der christl. Kirchen.

Orne [frz. ɔrn], Dep. in Frankreich.

Ornithin [zu griech. órnis „Vogel, Huhn" (da zuerst in Hühnerexkrementen nachgewiesen)] (2,5-Diaminovaleriansäure), Abk. Orn, bas. Aminosäure, die nicht in Proteinen vorkommt, jedoch als Zwischenprodukt des Harnstoffzyklus auftritt.

Ornithinzyklus, svw. ↑Harnstoffzyklus.

Ornithologie [zu griech. órnis „Vogel"], Vogelkunde; Spezialgebiet der Zoologie, erforscht Bau, Lebensweise, Verhalten und Verwandtschaft der Vögel.

Ornithose [zu griech. órnis „Vogel"], bakterielle Infektionskrankheit des Wild- und Hausgeflügels (Möwen, Tauben, Hühnervögel) und von Ziervögeln wie Sittichen und Papageien **(Papageienkrankheit, Psittakose),** die v. a. durch Einatmen des Staubs erregerhaltiger Ausscheidungen der befallenen Vögel auf den Menschen übertragbar ist (Zoonose); der Erreger gehört zur Gattung der Chlamydien (Chlamydia psittiaci). Symptome sind Schläfrigkeit, Appetitlosigkeit, Schwäche, Durchfall, Lähmungserscheinungen und Krämpfe. Beim Menschen kommt es nach einer Inkubationszeit von 7–14 Tagen zu grippeartigen Beschwerden oder zu einer hochfieberhaften Bronchitis und Lungenentzündung mit Herz-Kreislauf-Schwäche von teils tödl. Ausgang. Daneben gibt es symptomarme Formen. Die Behandlung erfolgt mit Antibiotika (Tetracycline). Verdachts-, Erkrankungs- und Todesfälle bei Mensch und Tier sind meldepflichtig.

Emil Orlik. Frau in verlorenem Profil (Holzschnitt, um 1905)

Eugene Ormandy

Rollwerk

Palmette

Flechtband

Fischblase

Mäander

Laubwerk

Knorpelwerk

Rocaille

Arabeske

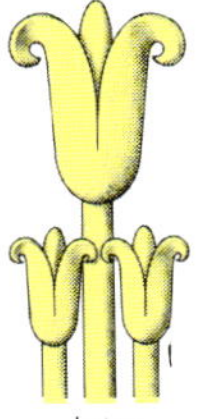
Lotos

Ornament. Verschiedene Formen

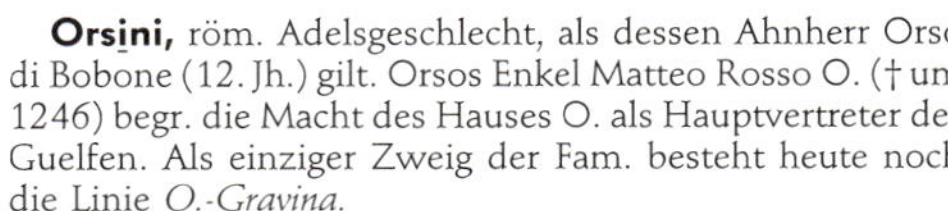

Örnsköldsvik [schwed. œ:rnʃœlds'vi:k], schwed. Stadt an der Bottensee, 59 000 E. Museum; Holzverarbeitung (Zellstoffabriken), Metall-, Lederind.; Hafen, ✈.

Oro, El, Prov. in S-Ecuador, am Golf von Guayaquil, 5 826 km², 415 000 E (1990), Hauptstadt Machala. El O. reicht von der Küstenebene bis in die Westkordillere.

Orogen [zu griech. óros „Berg, Gebirge"], Bildungsraum eines Faltengebirges sowie jede durch Orogenese geschaffene Faltengebirgseinheit.

Hans Christian Ørsted

Orogenese [zu griech. óros „Berg, Gebirge"] ↑Gebirgsbildung.

Oromo, Volk in Äthiopien, ↑Galla.

Orontes ↑Asi nehri.

Orotava, La [span. la oro'taβa], Stadt auf Teneriffa, Spanien, 31 500 E. Handels- und Dienstleistungszentrum, Herstellung von Stickereien; Fremdenverkehr. Berühmter botan. Garten.

Orotsäure [griech./dt.] (6-Uracilcarbonsäure), als Zwischenprodukt bei der Biosynthese der Pyrimidinbasen Uracil und Zytosin auftretende Substanz, die synthetisch hergestellt wird; in der Leberschutztherapie, Diätetik und Tieraufzucht verwendet.

Oroya, La [span. la o'roja], Stadt in den Anden, Z-Peru, 3 740 m ü. d. M., 39 900 E. Hüttenzentrum.

Oroyafieber [nach der peruan. Stadt La Oroya] (Carrión-Krankheit), in den Hochtälern der Anden auftretende, durch Stechmücken der Gatt. Phlebotomus übertragene Infektionskrankheit; Erreger sind Bakterien aus der Gruppe der Bartonellen (Bartonella bacilliformis). Symptome sind plötzlich auftretendes hohes Fieber, anäm. Erscheinungen, später mit Ausbildung warziger Hautknoten im Gesicht und an den Extremitäten.

Daniel Ortega Saavedra

Orozco, José Clemente [span. o'rɔsko], * Ciudad Guzmán 23. Nov. 1883, † Mexiko 7. Sept. 1949, mex. Maler. – Neben D. Rivera und D. A. Siqueiros Begründer der mex. Malschule des 20. Jh., die Elemente präkolumb. Kunst verarbeitet. O. steigert in seinen monumentalen Wandbildern zeitgenöss. Themen ins Sinnbildhafte; u. a. „Die große Gesetzgebung" (1947/48; Guadalajara, Cámara de Diputados del Estado de Jalisco).

Orpheus, thrak. Sänger und Kitharaspieler der griech. Sage, zugleich myth. Begründer der nach ihm ben. ↑Orphik und Stifter eines Mysterienkultes. Dem unwiderstehl. Zauber seines Gesanges, der O. Macht über die Geschöpfe der Natur verleiht, kann sich auch Hades nicht verschließen: Er erlaubt O. Gemahlin Eurydike, die an einem Schlangenbiß gestorben ist, die Rückkehr auf die Erde, jedoch unter der Bedingung, daß O. sich vor Erreichen der Oberwelt nicht nach Eurydike umsieht. Als er gegen dieses Gebot verstößt, entschwindet sie ihm auf immer. In der Trauer darüber zum Frauenverächter geworden, wird O. von thrak. Mänaden zerrissen. Haupt und Instrument des Sängers treiben über das Meer nach Lesbos. – Zu den Hauptquellen späterer literar. Bearbeitungen zählen Vergils „Georgica" und Ovids „Metamorphosen".

José Ortega y Gasset

Orphik [griech.], philosoph.-religiöse Bewegung in der griech. Antike und im Hellenismus, die sich auf hl. Schriften (sog. „orph. Dichtungen"), die angebl. von Orpheus stammten, berief. Die Lehre befaßte sich mit dem jenseitigen Geschick der Seele und mit eth. Forderungen, mit deren Erfüllung die Seligkeit im Jenseits und das Ende der Seelenwanderung erreicht werden sollten.

Orphismus [griech.], von R. Delaunay begr. Kunstrichtung zu Beginn des 20. Jh.; ausgehend von kubist. Formfacettierung konzentriert sich der O. auf die Zerlegung des Lichteindrucks; beeinflußte u. a. Maler des „Blauen Reiters".

Orsat-Apparat, zur volumetr. Analyse von Abgasen verwendetes Gerät. Kohlendioxid, -monoxid und Sauerstoff werden in verschiedenen Lösungen absorbiert und anschließend quantitativ bestimmt.

Orseille [frz. ɔr'sɛj], v. a. aus braunroten bis violetten Substanzen bestehender Naturfarbstoff, der aus Flechten gewonnen wird; dient in der Histologie zum Anfärben von Präparaten.

Orsini, röm. Adelsgeschlecht, als dessen Ahnherr Orso di Bobone (12. Jh.) gilt. Orsos Enkel Matteo Rosso O. († um 1246) begr. die Macht des Hauses O. als Hauptvertreter der Guelfen. Als einziger Zweig der Fam. besteht heute noch die Linie *O.-Gravina.*

Orsk, russ. Stadt im Südural, am Uralfluß, 271 000 E. PH, Theater, Nickelhütte, Erdölverarbeitung, Textil-, Lebensmittelind.; Eisenbahnknotenpunkt, ✈. – Gegr. 1735.

Ørsted, Hans Christian [dän. œrsdɛð], * Rudkøbing 14. Aug. 1777, † Kopenhagen 9. März 1851, dän. Physiker und Chemiker. – Begründete 1820 mit seiner Entdeckung der magnet. Wirkung des Stroms die Lehre vom Elektromagnetismus. 1825 stellte Ø. erstmals Aluminium (in unreiner Form) her.

Ort [eigtl. „Spitze, äußerstes Ende", dann: „Gegend, Platz"], svw. ↑geometrischer Ort.

▷ *bergmänn.:* Vortriebsstelle einer Strecke.

▷ im älteren dt. *Münzwesen* der Viertelwert einer größeren Einheit (z. B. Ortsgulden).

Ortasee, westlichster der italien. Alpenrandseen, in der Provinz Novarra; 13,4 km lang, im Mittel nur 1,5 km breit, bis 143 m tief, 290 m ü. d. M.

Ortega Saavedra, Daniel [span. ɔr'teɣa saa'βeðra], * La Libertad (Dep. Chontales) 11. Nov. 1945, nicaraguan. Offizier und Politiker. – Als einer der Kommandanten der Sandinist. Befreiungsfront 1967–74 in Haft; 1979 führend am Sturz A. Somozas beteiligt, dann Mgl. der Junta; 1985–90 gewählter Staatspräsident.

José Clemente Orozco. Der Mann aus Feuer, Kuppelfresko in der Kapelle des Hospicio Cabañas in Guadalajara, 1938–39

Ortega y Gasset, José [span. ɔr'teɣa i ɣa'sɛt], * Madrid 9. Mai 1883, † ebd. 18. Okt. 1955. span. Kulturphilosoph und Essayist. – 1911–36 und 1949–53 Prof. für Literatur und Metaphysik in Madrid; 1923–30 Leiter einer Oppositionsgruppe republikan. Intellektueller (gegen Primo de Rivera); 1936–46 in der Emigration (u. a. in Frankreich, Portugal, Argentinien). – In den Mittelpunkt seiner Philosophie stellt O. y G. das Leben (die „vitale Vernunft"), wobei er Anregungen von Hegel, Dilthey und Nietzsche aufgreift. Im individuellen Leben, das er zunächst biologistisch versteht, sieht er die letzte und radikale Wirklichkeit, in der alles andere wurzelt. Später, unter dem Eindruck des [v. a. frz.] Existentialismus, ersetzt O. y G. die „vitale Vernunft" durch die „histor. Vernunft", wodurch sein Zentralbegriff „Leben" zwar um eine soziale und kulturelle Dimension erweitert wird, jedoch ohne daß dadurch der Gesellschaft als solcher ein das Individuum tragender und kulturschaffender Eigenwert beigemessen würde („Der Aufstand der Massen", 1930). Der unaufhebbare Gegensatz zw. den Individuen und zw. dem einzelnen und der Gesellschaft bleibt bestimmend („Der Mensch und die Leute", 1957). Lediglich die geistesaristokratisch verstandene Elite hat nach O. y G. kulturschaffende Potenz. – *Weitere Werke:* Meditationen über Don Quijote (1914), Die Aufgabe unserer Zeit (1923), Das Wesen geschichtl. Krisen (1942), Geschichte als System (1942), Vom Menschen als utop. Wesen (1951), Eine Interpretation der Weltgeschichte ... (hg. 1960).

Ortelius, Abraham, *Antwerpen 4. April 1527, †ebd. 28. Juni 1598, fläm. Kosmograph und Kartograph. – Urspr. Kaufmann; 1575 von König Philipp II. zum königl. Geographen ernannt. Nach einer Welt- (8 Blätter, 1564), Ägypten- (2 Blätter, 1565), Asien- (2 Blätter, 1567) und Spanienkarte (6 Blätter, 1570) veröffentlichte er 1570 sein Hauptwerk, das „Theatrum orbis terrarum" (70 Karten).

Ortenau, Landschaft in der Vorbergzone des mittleren Schwarzwaldes und am Oberrhein, intensiv landw. genutzt (bes. Obst-, Wein- und Tabakbau). – Die alte Gaugrafschaft **Mortenau** löste sich in viele kleine Herrschaftsgebiete auf, von Rudolf von Habsburg nach dem Interregnum nur z. T. wieder zur Landvogtei O. (Teil des späteren Vorderösterreich) zusammengefaßt; 1805 an Baden.

Ortenaukreis, Landkr. in Baden-Württemberg.

Ortese, Anna Maria, *Rom 1914, italien. Schriftstellerin. – Verf. neorealist., psychologisch vertiefter Erzählungen („Neapel, Stadt ohne Gnade", 1953) und Romane, die Wirklichkeit mit Märchenhaftem verbinden.

ORTF [frz. ɔɛrte'ɛf], Abk. für frz.: ↑**O**ffice de **R**adiodiffusion-**T**élévision **F**rançaise.

orth..., Orth... ↑ortho..., Ortho...

Orthese [griech.] ↑Prothetik.

Orthit [zu griech. orthós „gerade, aufrecht" (wegen der häufig gestreckten Kristallform)] (Allanit), braunes bis pechschwarzes monoklines, radioaktives und stark pleochroitisches Silikatmineral; $(Ca,Ce)_2$ (Fe^{3+}, Fe^{2+}) $Al_2[O|OH|SiO_4|Si_2O_7]$. Mohshärte 6; Dichte 4 g/cm³. Enthält neben Cer auch andere Metalle der seltenen Erden.

ortho- [griech.], Abk. o-; in der Chemie Bez. für die Stellung zweier Substituenten am ersten und zweiten Kohlenstoffatom eines aromat. Ringes. – ↑meta-, ↑para-.

ortho..., Ortho..., orth..., Orth... [zu griech. orthós „aufrecht"], Bestimmungswort von Zusammensetzungen mit der Bed. „gerade, aufrecht; richtig, recht".

Orthoborsäure, svw. ↑Borsäure.

Orthoceras [griech.] (Geradhorn), ausgestorbene, vom Ordovizium bis zur Trias bekannte Gatt. meerbewohnender Kopffüßer; mit geradem, gekammertem Gehäuse.

orthochromatische Emulsion ↑Sensibilisierung.

orthodox [zu griech. orthódoxos, eigtl. „von richtiger Meinung"], 1. svw. rechtgläubig, in Übereinstimmung mit der herrschenden [kirchl.] Lehrmeinung; 2. zu den orthodoxen Kirchen gehörig.

orthodoxe Kirche, die historisch aus der östl. Hälfte der nachkonstantin. Reichskirche (↑Ostkirchen) hervorgegangene Kirche, die ihre Überzeugung von der durch sie gelehrten Orthodoxie (als rechter Lehre und rechtem Lobpreis Gottes) mit der Bewahrung des urchristl. Erbes in Glaube und Leben und ihrer Rolle als Repräsentantin der unverfälschten Überlieferung der apostol. Kirche begründet. Seit dem Morgenländ. Schisma (1054) ist die aus der byzantin. Kirche hervorgegangene o. K. auch formal von der röm. Kirche getrennt. Theologisch beruft sie sich auf die Konzile von Nizäa (325), Ephesus (431) und Chalkedon (451). Zentralthemen orthodoxen Glaubens sind das Wirken des Hl. Geistes in Kirche und Welt, das Gottwerden des Menschen (Theosis) und die Verklärung der Welt (Metamorphosis): Durch die Gnade Gottes sei der ganze Kosmos berufen, mit Gott vereinigt zu werden. – Die o. K. zählt weltweit ca. 150 Mill. Gläubige (Deutschland: rd. 500 000), und hat mehrere autokephale (↑Autokephalie) und untereinander gleichberechtigte Landeskirchen, die eine liturg., theolog. und spirituelle Einheit bilden (↑Ostkirchen, Übersicht).

Orthodoxie [griech.] (prot. O.), zusammenfassende Bez. der nachreformator. Epoche in der ev. Theologie, die mit dem Augsburger Religionsfrieden 1555 einsetzt und um 1700 endet. Wichtige theolog. Voraussetzung war die Kanonisierung der Schriften Luthers und Calvins. Die theolog. Auseinandersetzungen sind eng verknüpft mit Entstehung und Geschichte vieler dt. und ausländ. Univ. Innerhalb der luth. O. kam es zu Streitigkeiten zw. den Anhängern Luthers und Melanchthons; Auseinandersetzungen um den Kryptokalvinismus führten zur Abtrennung der Deutschreformierten in S-Deutschland. Weite Verbreitung fand die luth. O. in Skandinavien. Bed. ist der Einfluß der O. auf das prot. Kirchenlied, der bis heute nachwirkt.

Orthodrome [zu griech. orthós „aufrecht" und drómos „Lauf"], die kürzeste Verbindungslinie zweier Punkte auf einer Kugeloberfläche; Teil eines Kreises, dessen Mittelpunkt mit dem Kugelmittelpunkt übereinstimmt **(Großkreis).**

Orthoepie (Orthoepik) [...o-e...; griech.], Lehre von der richtigen Aussprache der Wörter.

Orthogenese, Beibehalten einer in der Stammesgeschichte einer Organismengruppe einmal eingeschlagenen Entwicklungsrichtung. O. ist durch langzeitig gleiche Selektion erklärbar.

Orthognathie [griech.], gerade Kieferstellung mit normalem Scherenbiß (und normaler Gesichtsprofilbildung).

Orthogneis ↑Gneis.

Orthogon, svw. Rechteck.

orthogonal [griech.], in der Geometrie svw. rechtwinklig zueinander, senkrecht aufeinander [stehend].

Orthographie, svw. ↑Rechtschreibung.

Orthoklas [griech.] ↑Feldspäte.

Orthopädie [zu griech. orthós „aufrecht" und paideía „Erziehung, Übung"], Fachgebiet der Medizin, das sich mit der Erforschung, Verhütung und Behandlung krankhafter Veränderungen des aktiven und passiven Halte- und Bewegungsapparates (Knochen, Gelenke, Muskulatur und z. T. Bindegewebe) beschäftigt; **Orthopäde,** Facharzt für Orthopädie.

Ortho-Para-Isomerie, durch unterschiedl. Ausrichtung der Spins gleicher Atomkerne in zweiatomigen Molekülen bedingtes Auftreten von jeweils zwei Molekülformen mit unterschiedl. physikal. Eigenschaften; z. B. sind beim *Orthowasserstoff* (o-H_2) die Spins der Atomkerne parallel, beim *Parawasserstoff* (p-H_2) antiparallel gerichtet.

Orthophyr [griech.], quarzfreies porphyr. Ergußgestein mit Einsprenglingen von Kalifeldspat und Hornblende.

Orthopnoe [griech.], Zustand höchster Atemnot, in dem nur bei aufgerichtetem Oberkörper genügend Atemluft in die Lunge gelangt.

Orthoptik, Verfahren zur Behandlung des Begleitschielens durch Augenmuskeltraining an einem stereoskop. Gerät (Synoptophor).

Orthosäuren, die wasserreichsten Formen anorgan. Sauerstoffsäuren; sie können durch Abspaltung eines bzw. mehrerer Wassermoleküle in **Metasäuren** übergehen.

Orthostaten [zu griech. statós „stehend, gestellt"], hochkant stehende Steinquader oder starke Platten, wesentl. Bestandteile in der Architektur Kleinasiens und N-Syriens im 2. Jt. v. Chr.; den Mauern von Repräsentativbauten vorgeblendet, z. T. reliefiert und zusätzlich bemalt (O.-Reliefs in der hethit. und assyr. Architektur mit Darstellungen von Kulthandlungen, Jagd- und Kriegsszenen; künstler. Höhepunkt unter den neuassyr. Königen im 9.–7. Jh. v. Chr.). Bei griech. Tempeln bilden O. den Wandsockel.

orthotrop [griech.], senkrecht (abwärts oder aufwärts) wachsend; bezogen auf die Wuchsrichtung pflanzl. Organe unter dem Einfluß der Erdschwerkraft.

Ortiz, Adalberto [span. ɔr'tis], *Esmeraldas 9. Febr. 1914, ecuadorian. Schriftsteller. – Zunächst Lehrer, dann Diplomat, Journalist. Schrieb als einer der ersten ecuadorian. Autoren Gedichte, die auf die Folklore der Schwarzen und Mulatten zurückgreifen.

Ortleb, Rainer, *Gera 5. Juni 1944, dt. Politiker (FDP). – Prof. für Schiffstechnik an der Univ. Rostock; 1968–90 Mgl. der LDPD; Febr. bis Aug. 1990 Vors. der LDP bzw. des Bundes Freier Demokraten, seit Aug. 1990 stellv. Vors. der FDP; 1990 Abg. der Volkskammer der DDR. Nach der Wiedervereinigung Deutschlands am 3. Okt. 1990 Bundesmin. für bes. Aufgaben, seit Dez. 1990 MdB, seit Jan. 1991 Bundesmin. für Bildung und Wiss.; seit April 1991 Landesvors. der FDP in Mecklenburg-Vorpommern.

Ortlergruppe, Gebirgsmassiv der Zentralalpen, in Südtirol, Italien, etwa 50 km lang und 40 km breit, im Ortler 3 899 m hoch.

örtliche Betäubung, svw. Lokalanästhesie (↑Anästhesie).

Ortner, Eugen, *Glaishammer (= Nürnberg) 26. Nov. 1890, †Traunstein 19. März 1947, dt. Schriftsteller. – Schrieb bühnenwirksame soziale Dramen („Meier Helmbrecht", 1928), Volksstücke, kulturgeschichtl. und biograph. Romane (u. a. über B. Neumann, G. F. Händel, die Fugger), Essays.

Ortnit, Epos eines ostfränk. Dichters aus der ersten Hälfte des 13. Jh. (↑Wolfdietrich).

Ortolan [italien., zu lat. hortulanus „zum Garten gehörend"] (Gartenammer, Emberiza hortulana), etwa buchfinkgroße Ammer in busch- und baumreichem Gelände Europas, SW-Asiens und der gemäßigten Region Asiens; ♂ mit olivfarbenem Kopf und Hals, gelber Kehle und gelbem Bartstreif.

François-Xavier Ortoli

Ortoli, François-Xavier, *Ajaccio 16. Febr. 1925, frz. Politiker (UDR). – 1962–66 Kabinettsdirektor bei Premiermin. Pompidou; 1967–72 wiederholt Min.; 1973–76 Präs. der EG-Kommission; 1977–84 Vizepräs. der EG.

Orton, Joe [engl. ɔ:tn], eigtl. John Kingsley O., *Leicester 1. Jan. 1933, †London 9. Aug. 1967 (ermordet), engl. Dramatiker. – Behandelt in Dramen mit Mitteln der Farce und des Schwarzen Humors tabuisierte Themen um Sexualität und Verbrechen im Sinn einer radikalen Gesellschaftskritik und der Propagierung eines anarch. Individualismus. („Seid nett zu Mr. Sloane", 1964; „Beute", 1965; „Was der Butler sah", 1969).

Ortsbestimmung (geograph. Ortsbestimmung), die Ermittlung des genauen Ortes von Punkten auf der Erde durch Bestimmung ihrer geograph. Koordinaten mit Hilfe von Messungen bestimmter Gestirnspositionen. Die Bestimmung der geograph. Breite ist im Prinzip eine Messung der ihr gleichen Polhöhe. Die Bestimmung der geograph. Länge erfolgt durch Messung des Abstandes des Ortsmeridians vom Nullmeridian. Da beide Meridiane durch ihre Ortszeit bestimmt sind, ist die Längenbestimmung im Prinzip ein Zeitvergleich mit anschließender Umrechnung der Zeitdifferenz in Grad (1 h ≙ 15°). Die Ortszeit wird dabei z. B. aus Beobachtungen des Durchgangs von Gestirnen durch den Meridian ermittelt und mit der durch Funksignale erhältl. Weltzeit verglichen.

Ortsgedächtnis, bei den meisten Wirbeltieren, v. a. den reviergebundenen, in geringem Maße auch noch beim Menschen vorhandene Fähigkeit, sich Orte und Stellen in der Umwelt zu merken und sie wieder aufzufinden, z. T. durch direktes, gezieltes Ansteuern (↑Mnemotaxis).

Ortskirche (Teilkirche), in der kath. Kirche seit dem 2. Vatikan. Konzil gebräuchl. Bez. für die Diözese als Repräsentantin der Universalkirche.

Ortskoordinaten (Lagekoordinaten), die zur eindeutigen Beschreibung der Lage eines Punktes erforderl. Koordinaten des dreidimensionalen Raumes.

Ortskurve, allg. der geometr. Ort der Endpunkte eines vom Nullpunkt eines Koordinatensystems aus abgetragenen, in Abhängigkeit von einem Parameter stetig veränderl. Vektors.

Ortsmeridian, der durch den Beobachtungsort gehende Längenkreis.

Ortsname (Toponymikon), Name von Siedlungen; i. w. S. auch Flur-, Länder-, Straßennamen usw. umfassend. Die O. waren verhältnismäßig konstant. Häufig sind in den O. Reliktformen erhalten, die wichtige sprachgeschichtl. Denkmäler darstellen. Im dt. sprachigen Gebiet existieren neben den alten german. und dt. O. viele eingedeutschte fremdsprachige O., bes. im W (roman.) und O (slaw.). O.wechsel als Folge politisch-sozialer Veränderungen sind in Vergangenheit und Gegenwart nicht selten (z. B. Rückumbenennung von Karl-Marx-Stadt in Chemnitz 1990).

Orvieto. Westfassade des Doms, konzipiert von Lorenzo Maitani im ersten Drittel des 14. Jahrhunderts

Ortsraum, der gewöhnl. physikal. Raum, dessen Koordinaten die Ortskoordinaten sind und in dem alles beobachtbare physikal. Geschehen abläuft. Er wird in der Relativitätstheorie durch Hinzunahme der Zeit als weiterer Koordinate zum vierdimensionalen Minkowski-Raum erweitert.

Ortssatz, svw. ↑Lokalsatz.

Ortstein, der durch Eisen- und Humusanreicherung steinhart verfestigte und bräunlichschwarz gefärbte obere Teil des B-Horizonts (↑Bodenkunde), v. a. auf Sanden unter Heidevegetation.

Ortsvektor (Radiusvektor), Vektor eines *n*-dimensionalen euklid. Raumes, dessen Anfangspunkt der Nullpunkt des Koordinatensystems und dessen Endpunkt ein gegebener Punkt ist.

Ortszeit, die auf den Meridian (Längenkreis) des Beobachtungsortes bezogene, für alle Orte auf diesem Meridian gleiche Zeit. Sie weicht um die im Zeitmaß ausgedrückte geograph. Länge (15° ≙ 1 h) von der entsprechenden mittleren Greenwichzeit ab.

Ortszuschlag, Teil der ↑Besoldung im öff. Dienst; seine Höhe richtet sich nach der entsprechenden Tarifklasse (alle Besoldungsgruppen sind in vier Tarifklassen zusammengefaßt) und dem Familienstand.

Ortung, i. e. S. die Ortsbestimmung von Personen oder Gegenständen durch Angabe ihrer [ebenen oder räuml.] Koordinaten. I. w. S. die Bestimmung des Standortes, z. T. auch der Geschwindigkeit (Beschleunigung) eines Wasser-, Luft- oder Raumfahrzeuges. Man unterscheidet O.systeme, deren Meßgeber sich an Bord des Fahrzeugs befinden *(Eigen-O.),* von solchen, bei denen sie am Bezugspunkt liegen *(Fremd-O.).*

Oruro, Hauptstadt des bolivian. Dep. O., auf dem Altiplano, 3 076 m ü. d. M., 184 000 E. Kath. Bischofssitz; TU, dt. Schule; Zentrum eines bed. Bergbaugebiets mit Blei- und Zinnschmelze; Bahnknotenpunkt, ✈. – 1595 von Spaniern zur Ausbeutung der Silbervorkommen angelegt.

O., Dep. in W-Bolivien, an der chilen. Grenze, 53 588 km^2, 388 300 E (1988), Hauptstadt Oruro. Das Dep. liegt im Altiplano.

Orvieto, italien. Stadt im südl. Umbrien, über dem Pagliatal, 315 m ü. d. M., 22 800 E. Kath. Bischofssitz; Museen, Priesterseminar; Zentrum des Weinbaus und -handels, Weinmesse. – Ende des 6. Jh. erstmals als Bischofssitz bezeugt **(Urbs vetus);** in langobard. Zeit (seit 606) Sitz eines Grafen, gehörte dann zur Mark-Gft. Tuszien und entwickelte sich im 12. Jh. zu einem Zentrum der Guelfen;

1354 in päpstl. Besitz, gehörte 1448/60–1860 fast ununterbrochen zum Kirchenstaat. – Bed. got. Dom (1290–1319), Innenraum mit bed. Fresken, u. a. Signorellis „Jüngstes Gericht", Fassade mit Mosaiken und Skulpturen geschmückt (Westfassade konzipiert von L. Maitani, im 17. Jh. vollendet); roman.-got. Palazzo del Popolo, got. Palazzo dei Papi; Renaissance-Brunnen Pozzo di San Patrizio (1528–37). Nahebei etrusk. Nekropole (4. Jh. v. Chr.).

Orwell, George [engl. 'ɔ:wəl], eigtl. Eric Arthur Blair, * Motihari (Bihar) 25. Juni 1903, † London 21. Jan. 1950, engl. Schriftsteller. – 1922–27 Beamter bei der brit. Polizeitruppe in Indien; lebte mehrere Jahre in Paris und London von Gelegenheitsarbeiten („Erledigt in Paris und London" [Autobiographie], 1933); 1936 kämpfte er auf republikan. Seite im Span. Bürgerkrieg, über den er in „Mein Katalonien" (1938) berichtete. Danach in London, wo er als Journalist sozialkritisch engagiert (später Mgl. der Labour Party) tätig war. Internat. bekannt wurde O. durch die gegen die Diktatur gerichtete Satire „Farm der Tiere" (1945) und den Roman „1984" (1949), in dem mit dem Schreckensbild eines totalitären Staates vor Entwicklungen gewarnt wird, die zur totalen Überwachung, Verwaltung und Beherrschung des Individuums führen können.

Ory, Kid [engl. 'ɔ:rɪ], eigtl. Edward O., * Laplace (La.) 25. Dez. 1889, † Honolulu 23. Jan. 1973, amerikan. Jazzmusiker (Posaunist). – Spielte ab 1911 in New Orleans mit eigenen Orchestern, wirkte ab 1923 in Chicago an bed. Schallplattenaufnahmen des New-Orleans-Jazz mit, setzte als ersten New-Orleans-Posaunist sein Instrument solistisch ein.

Oryxantilope [griech.], svw. ↑ Spießbock.

Oryza [griech.], svw. ↑ Reis.

Orzeszkowa, Eliza [poln. ɔʒɛʃ'kɔva], geb. Pawłowska, * Milkowschtschisna bei Grodno 6. Juni 1841, † Grodno 18. Mai 1910, poln. Schriftstellerin. – Vertrat einen gemäßigten Positivismus und verfocht in realist. Romanen, in denen sie u. a. die Welt der poln.-litauischen Bauern („Die Hexe", 1885) und der jüd. Bevölkerung Polens („Eli Makower", 1874/75) darstellte, soziale und patriot. Ideen („An der Memel", 1887); setzte sich für die Rechte der Frau ein („Marta", 1873).

Os, chem. Symbol für ↑ Osmium.

Os [schwed.] (Mrz. Oser; ir. Esker), dammartiger Kiesrücken von wenigen 100 bis mehreren 1 000 m Länge und bis 30 m Höhe in Grundmoränenlandschaften.

Os (Mrz. Ora) [lat.], in der Anatomie svw. ↑ Mund.

Os (Mrz. Ossa) [lat.], anatom. Bez. für Bein, Knochen; z. B. *Os frontale,* Stirnbein.

OS/2 [Abk. von engl. **o**perating **s**ystem/**2**], neben MS-DOS wichtiges Betriebssystem für Personalcomputer. Es ist für Multiprogramming einsetzbar; erweiterte Versionen bieten umfangreiche Möglichkeiten für Bürographik, Steuerprogramme für Datenfernübertragung und für eine relationale Datenbank.

OSA, Abk. für: **O**rdo **S**ancti **A**ugustini, ↑ Augustiner.

Osage [engl. 'oʊseɪdʒ], Sioux sprechender Indianerstamm in der zentralen und südl. Prärie, USA.

Osagedorn [engl. 'oʊseɪdʒ; nach den Osage] (Osageorange, Indianerorange, Maclura pomifera), bis 20 m hohes, dorniges Maulbeergewächs im südl. N-Amerika; mit kugeligen ♀ Blütenständen, aus denen sich je ein faustgroßer, orangefarbener, außen warzig gerunzelter eßbarer Fruchtstand entwickelt; in mitteleurop. Weinbaugebieten als winterharter Zierstrauch oder -baum.

Ōsaka, jap. Hafenstadt auf Honshū, an der Mündung mehrerer Flüsse in die Ō.bucht, 2,54 Mill. E. Verwaltungssitz der Präfektur Ō.; kath. Erzbischofssitz; 5 Univ.; Bibliotheken, Museen; Goethe-Inst.; Gelände der Weltausstellung 1970 mit Kunstmuseum und Nationalmuseum für Völkerkunde; Münzstätte. Mittelpunkt des Ind.geb. Hanshin und nach Tokio das wichtigste Ind.- und Handelszentrum Japans; Eisen- und Stahlproduktion, Schiff- und Maschinenbau, chem., Papier-, Textil-, Elektro- und Elektroniksowie Nahrungsmittelind. und graph. Gewerbe; Hafen, Verkehrsknotenpunkt, Untergrundbahn.

Geschichte: In frühgeschichtl. Zeit als **Naniwa** mehrfach Sitz des Tenno. Beginn der neueren Stadtentwicklung um ein Ende des 15. Jh. entstandenes religiöses Zentrum; nach Belagerungen 1614 und 1615 durch Truppen der Tokugawa zerstört; ab 1619 unter direkter Verwaltung der Zentralreg. in Edo. Bis 1700 rascher Aufstieg, v. a. als Umschlagplatz für Reis und als Finanzzentrum; bis ins 18. Jh. neben Kyōto ein Zentrum der jap. Stadtkultur. Schwere Zerstörungen im 2. Weltkrieg.

Bauten: In beherrschender Lage die Ō.burg (1931 Rekonstruktion in Stahlbeton; jetzt histor. Museum); Shitennōji (gegr. 593; im urspr. Stil wiederhergestellter Tempel) mit steinernem Torii von 1294; Sumiyoshi-Schrein (gegr. 202; im 19. Jh. restauriert). Im N von Ō. Freilichtmuseum (Hattori) mit Bauernhäusern (17.–19. Jh.); im S von Ō. Kanshinji-Tempel (gegr. 8. Jh.).

George Orwell

Ōsakabucht, Bucht der Inlandsee, an der S-Küste der jap. Insel Honshū.

Osazone [Kw.], organ. Verbindungen, die durch Reaktion von Monosacchariden mit Phenylhydrazin im Überschuß entstehen. O. sind nur schwer wasserlöslich und haben charakterist. Schmelzpunkte; sie dienen zur Isolierung und Identifizierung von Zuckern.

Kid Ory

OSB, Abk. für: **O**rdo **S**ancti **B**enedicti, ↑ Benediktiner.

Osborne [engl. 'ɔzbən], John, * London 12. Dez. 1929, engl. Dramatiker. – Journalist, Privatlehrer, Regieassistent und Schauspieler. Führender Vertreter der ↑ Angry young men bes. durch seine Theaterstücke „Blick zurück im Zorn" (1957) und „Der Entertainer" (1957), in denen er mit Zynismus und beißendem Spott gegen die Gesellschaft und ihre Konventionen protestiert; auch Drehbücher und Fernsehspiele. – *Weitere Werke:* Richter in eigener Sache (Dr., 1965), Ein Patriot für mich (Dr., 1966), A better class of persons (Autobiographie, 1981).

O., Thomas ↑ Leeds, Thomas Osborne.

Osburger Hochwald ↑ Hunsrück.

Oscar ↑ Academy Award.

Oscela ↑ Domodossola.

Osceola, * am Tallapoosa River (Ga.) 1800 (nach anderen Angaben 1803 oder 1804), † Fort Moultrie (S. C.) 30. Jan. 1838, Indianerführer. – Obwohl kein Häuptling der Seminolen, wurde er deren anerkannter militär. Führer; widersetzte sich dem Vertrag von Payne's Landing (1832), der die Umsiedlung der in Florida lebenden Seminolen in Gebiete westl. des Mississippi festschrieb. Leitete einen erfolgreichen Guerillakampf der Indianer und der zu ihnen geflüchteten Negersklaven gegen die US-Truppen im 2. Seminolenkrieg (1835–37); bei Waffenstillstandsverhandlungen im Okt. 1837 gefangengenommen, starb in Haft.

Osagedorn. Zweig mit weiblichem Blütenstand. Unten links: unreife Sammelfrucht

Osch, Geb.hauptstadt im S Kirgisiens, 870–1 110 m ü. d. M., 213 000 E. PH, 2 Theater; Textilind. (Seide-, Baumwollverarbeitung), Maschinenbau, Nahrungsmittelind.; Eisenbahnendpunkt. – Seit dem 9. Jh. bekannt; altes Zentrum der Seidenweberei. 1876 Rußland angeschlossen.

Oschatz, Krst. an der Döllnitz, Sa., 130 m ü. d. M., 19 000 E. Herstellung von Strickwaren, Waagen, Glasseide. – Erstmals 1246 als Stadt erwähnt. – Spätgot. Stadtkirche Sankt Ägidien, got. Kirche des ehem. Franziskanerklosters (14./15. Jh.); Renaissancerathaus (nach Brand 1842 wiederaufgebaut).

O., Landkr. in Sachsen.

Oschersleben, Landkr. in Sachsen-Anhalt.

Oschersleben/Bode, Kreisstadt am N-Hang des Bodetales, Sa.-Anh., 86 m ü. d. M., 17 200 E. Bau von Elektromotoren, Verdichtern, Pumpen, Zucker-, Süßwarenherstellung. – Stadtrecht 1235 bezeugt. – Renaissancewohnbau (1545) einer ehem. Schloßanlage.

Osaka Stadtwappen

Öse, geschlossener [Metall]ring zum Durchziehen von Schnüren u. a. bei Textilien und Lederwaren.

Oseberg [norweg. ˌu:səbærg], am Oslofjord gelegene Fundstelle (Ausgrabung 1903) eines Bootgrabes aus der Mitte des 9. Jh. für eine vornehme Frau (vermutlich die Großmutter König Haralds I.) mit reichen Beigaben (u. a. mit Bandornamenten verzierte Holzarbeiten). – Abb. S. 250.

Oseberg. Osebergschiff, Mitte des 9. Jh. (Oslo, Museum der Wikingerschiffe auf Bygdøy)

Osee, in der Vulgata Name des ↑Hosea.

Ösel, größte estn. Ostseeinsel, bis 54 m hohe Kalktafel, 2714 km², Hauptort Kuressaare; Straßendamm (4 km) zur Nachbarinsel Moon. – 1227 vom Schwertbrüderorden erobert; wurde 1559 dänisch, 1645 schwedisch, 1721 russisch; im Okt. 1917 von dt. Truppen besetzt, ab 1918 zu Estland.

Osella (Mrz. Oselle) [venezian., zu osél (italien. uccello) „Vogel"], Silbermünze der Republik Venedig, geprägt 1521–1796; urspr. statt eines aus Wildvögeln bestehenden Neujahrsgeschenks der Dogen an die Mgl. des Großen Rates, doch auch als Kurantmünze wechselnden Wertes im Umlauf.

Ōshima Nagisa

Oser ↑Os.

Osgood, William [engl. 'ɔzgʊd], *Boston 10. März 1864, †Belmont (Mass.) 22. Juli 1943, amerikan. Mathematiker. – Sein „Lehrbuch der Funktionentheorie" (1907–1932) gab die erste systemat. Zusammenfassung dieses Teilgebiets der Mathematik.

Oshawa [engl. 'ɔʃəwə], kanad. Stadt am N-Ufer des Ontariosees, 123 700 E. Histor. Museum; bed. Standort der kanad. Automobilind. – Angelegt 1795 durch Loyalisten als **Skae's Corners,** 1842 in O. umbenannt; Town seit 1889, City seit 1924.

Ōshima Nagisa, *Kyōtō 31. März 1932, jap. Filmregisseur. – Setzte sich v. a. mit dem Nachkriegsjapan und seinen Konflikten mit der Tradition auseinander, u. a. in „Nacht und Nebel über Japan" (1960), „Tod durch Erhängen" (1969), „Tagebuch eines Shinjuku-Diebes" (1968), „Die Zeremonie" (1971). Internat. Aufsehen erregten die Zeitbilder über Sexualität und Verbrechen „Im Reich der Sinne" (1976), „Im Reich der Leidenschaft" (1978), „Max, mon amour" (1985).

Andreas Osiander

Ōshima, Hauptinsel der jap. Izuinseln, vor der Sagamibucht (Honshū); 237 km², bis 758 m hoch (Vulkan Miharayama; Ausbruch 1986).

Oshkosh [engl. 'ɔʃkɔʃ], Stadt am Lake Winnebago, Wisconsin, USA, 230 m ü. d. M., 49 700 E. Univ. (gegr. 1871); Zentrum eines Erholungsgebiets, Holzverarbeitung. – Entstand 1836 als **Athens,** seit 1840 heutiger Name; City seit 1853.

Oshogbo [oʊ'ʃoʊbboʊ, ə'ʃɔgboʊ], Stadt in SW-Nigeria, 400 000 E. Stahlwerk, Lebensmittel-, Holzind. Zentrum moderner nigerian. Kunst; Handelszentrum in einem Kakaoanbaugebiet.

Osman Nuri Pascha (anonymer Holzstich, 1900)

Osiander, Andreas, eigtl. A. Hosemann, *Gunzenhausen 19. Dez. 1498, †Königsberg (Pr) 17. Okt. 1552, dt. luth. Theologe. – Ab 1522 als Pfarrer in Nürnberg wesentlich an der Einführung der Reformation beteiligt. Nahm u. a. am Marburger Religionsgespräch 1529 und am Augsburger Reichstag 1530 teil; seit 1549 Prof. an der Univ. Königsberg. – Nach O. geschieht die Rechtfertigung durch die sündentilgende „Einwohnung Christi" im Wort und im Glauben; er wandte sich damit v. a. gegen die forens. Prägung der Rechtfertigungslehre durch Melanchthon und löste so den *Osiandr. Streit* aus.

Osijek (dt. Esseg), Stadt in Kroatien und Hauptort von Slawonien, 15 km oberhalb der Mündung der Drau in die Donau, 110 m ü. d. M., 104 800 E. Univ. (gegr. 1975), Hochschule für Landw.; 2 Theater, Gemäldegalerie, Museum. Handelsstadt, bed. Ind.; Drauhafen, ✈. – Die urspr. illyr.-kelt. Siedlung war im 2. Jh. n. Chr. röm. Kolonie (**[Colonia Aelia] Mursa);** im 4. Jh. von den Ostgoten zerstört; seit dem 6. Jh. slawisch besiedelt. 1196 als Handelsplatz erwähnt; 1526–1687 osmanisch. – Im kroat.-serb. Bürgerkrieg 1991/92 hart umkämpft und stark zerstört.

Osimo, italien. Stadt in den Marken, 265 m ü. d. M., 26 200 E. Kath. Bischofssitz; landw. Markt. – Geht auf das röm. **Auximum** zurück. – Got. Dom (13. Jh.).

Osiris, ägypt. Gott, menschengestaltig, aber als Mumie, mit Krummstab und Geißel dargestellt. Er trägt Züge eines Kulturheros, v. a. aber ist er der Gott der sterbenden und wiederauflebenden Vegetation. Nach dem Mythos wird er von seinem Bruder Seth ermordet. Seine Schwestergemahlin Isis belebt ihn, um von ihm einen Sohn, ↑Horus, zu empfangen, während O. Herrscher der Unterwelt und Totenrichter wird.

Oskar, Name zweier Könige von Schweden und Norwegen:

O. I., *Paris 4. Juli 1799, †Stockholm 8. Juli 1859, König (seit 1844). – Sohn des frz. Marschalls J.-B. Bernadotte, des späteren schwed. Königs Karl XIV. Johann; setzte als König liberale Reformen durch; unterstützte in der schleswig-holstein. Frage Dänemark.

O. II., *Stockholm 21. Jan. 1829, †ebd. 8. Dez. 1907, König von Schweden (seit 1872) und Norwegen (1872–1905). – 3. Sohn Oskars I.; trat außenpolitisch für eine Annäherung an das Dt. Reich ein; konnte die Auflösung der Union zw. Schweden und Norwegen und damit seine Absetzung als norweg. König nicht verhindern (7. Juni 1905).

Oskarshamn, schwed. Hafenstadt am Kalmarsund der Ostsee, 16 000 E. Museen; Akkumulatorenfabrik, chem. und feinmechan. Ind.; Fährverkehr nach Öland und Gotland. An der Küste 20 km nnö. der Stadt, im Gem.teil *Simpvarp,* Kernkraftwerk. – Gehörte im 17. Jh. als **Döderhultsvik** den Städten Kalmar und Vimmerby; erhielt 1856 von König Oskar I. Stadtrecht und seinen heutigen Namen.

Osker (Opiker, lat. Osci), altital. Volk in Kampanien; im 6. Jh. von den Etruskern und im 5. Jh. von den Samniten, deren Sprache die Römer als Oskisch bezeichneten, überschichtet.

oskische Sprache, zur osk.-umbr. Gruppe der ital. Sprachen gehörende Sprache der Samniten aus Samnium, die im 5. Jh. v. Chr. in Kampanien das Land der Osker in Besitz nahmen; bezeugt durch etwa 250 Inschriften in griech., lat., etrusk. und (meist) einer eigenen Schrift (aus der etrusk. Schrift entwickelt) aus der Zeit vom 5./4. Jh. bis zum 1. Jh. n. Chr. Die o. S. hat sich gegenüber der lat. Sprache offenbar relativ lange gehalten.

Ösling, Teil der Ardennen, im nördl. Luxemburg.

Oslo ['ɔslo, norweg. ˌuslu] (früher Christiania), Hauptstadt Norwegens, am inneren Ende des O.fjords, bildet ein eigenes Verw.-Geb. mit 454 km² und 458 300 E. (1990). Kulturelles Zentrum, Residenz des Königs, Sitz von Reg. und Parlament, des Bischofs der ev.-luth. Staatskirche und eines kath. Bischofs, der Norweg. Akad. der Wiss., des Norweg. Polarinst.; Univ. (gegr. 1811), Fakultät für Theologie, Veterinär-, Sport-, Architekten-, Handelshochschule, Konservatorium, staatl. Kunstakad.; 4 Theater, Oper, Bibliotheken, Reichsarchiv; Museen, u. a. Nationalgalerie, Munch- und Vigelandmuseum, Museum für nord. Altertümer der Univ. sowie das Museumsgebiet Bygdøy; Goethe-Inst., Zentrum des norweg. Verlags- und Zeitungswesens. Handelszentrum; Elektrotechnik, graph. Gewerbe, Nahrungsmittelind., Schiffbau. Ausgangsort der in alle Landesteile ausstrahlenden Eisenbahnlinien und Straßen; U-Bahn; Hafen, Fähren nach Kopenhagen, Århus und Kiel; internat. ✈. **Geschichte:** Das um 1048 an einem älteren Handelsplatz angelegte O. wurde zw. 1066/93 Bischofssitz (seit 1537 luth.; seit 1953 auch kath.); im 13. Jh. wurde Burg **Akers-**

hus erbaut. Zw. 1286 und 1350 erlebte O. als Hauptstadt Norwegens seine erste Blüte. Nachdem die alte Stadt zw. Loelv und Akerselv 1567 und 1624 fast völlig niedergebrannt war, ließ Christian IV. von Dänemark und Norwegen sie 1624 als **Christiania** (**Kristiania;** Name bis 1924, dann wieder O.) wiederaufbauen. Seit 1905 (Lösung der Personalunion mit Schweden) ist O. die Hauptstadt.
Bauten: Ältestes Bauwerk ist die Festung Akershus auf einer Halbinsel über dem O.fjord (13. Jh., 1588–1648 als Schloß ausgebaut). Wahrzeichen der Stadt ist das Rathaus (1931–50); Domkirche (1697 geweiht); königl. Schloß (1825–48); Univ. (1841–51; in der Aula Wandbild von E. Munch, 1926); historist. Stortinggebäude (1861–66) und Nationaltheater (1891–99); funktionalist. Neues Theater (1929); Frognerpark mit Skulpturen von G. Vigeland; im ehem. Gebäude der Norweg. Nationalbank (1902–06) wurde 1990 das staatl. Museum für Gegenwartskunst eröffnet.

Oslofjord, Fjord im südl. Norwegen, reicht vom Skagerrak etwa 100 km weit nach N, biegt bei Oslo nach SO ab.

Osman ['ɔsman, ɔs'ma:n; türk. ɔs'man], Name osman. Sultane, bekannt v. a.:
O. I. Ghasi, * 1258, † Söğüt bei Bilecik (Türkei) 1326, Sultan (seit um 1300). – Begr. der Dyn. der Osmanen; folgte 1288 (1281 ¿) seinem Vater, Khan Ertogrul, als ogus. Stammesoberhaupt und Anführer der Ghasi; machte Bithynien um 1300 zum unabhängigen Ft. und schuf die Grundlagen des Osman. Reiches.
O. II., * Konstantinopel 15. Nov. 1603, † ebd. 20. Mai 1622, Sultan (seit 1618). – Kämpfte im poln. Türkenkrieg (1620/21); bei seinem Versuch, die Macht der Janitscharen zu brechen, wurde er von diesen ermordet.

Osmanen (Ottomanen), von Osman I. Ghasi begr. Dyn., deren Sultane von etwa 1300 bis 1922 das nach ihr ben. *Osman. Reich* beherrschten. I. w. S. Bez. des Stammesverbandes und der herrschenden muslim. Oberschicht, die in ihrem Ursprung auf das Turkvolk der Ogusen zurückgehen; später auch Bez. der vom Sultan unterworfenen, muslimisch gewordenen Bev.gruppen. – Die O. richteten bis 1683 ihr Expansionsstreben nach SO-Europa (1453 Eroberung Konstantinopels, seitdem Hauptstadt des Osman. Reiches) und erlangten im 17. Jh. die Vormachtstellung im islam. Orient (bis Ägypten und NW-Persien).

Osmanisches Reich [zu ↑Osmanen] ↑Türkei (Geschichte).

Osman Nuri Pascha ['ɔsman, ɔs'ma:n], * Tokat 1832, † Konstantinopel 14. April 1900, osman. Feldmarschall (seit 1876). – Erhielt wegen seiner standhaften Verteidigung der Festung Plewna (= Plewen) während des Russ.-Türk. Krieges 1877/78 den Ehrentitel Ghasi; leitete 1878 als Kriegsmin. eine Reorganisation der osman. Armee ein.

Osmanthus [griech.], svw. ↑Duftblüte.

Osmium [zu griech. osmḗ „Geruch" (nach dem scharfen Geruch seines Tetraoxids)], chem. Symbol Os; Übergangsmetall aus der VIII. Nebengruppe des Periodensystems, Ordnungszahl 76, relative Atommasse 190,2, Dichte 22,61 g/cm³, Schmelzpunkt 3045 ± 30 °C, Siedepunkt 5027 ± 100 °C. Das seltene, bläulichweiße, sehr spröde, zu den Platinmetallen gehörende O. ist nach Iridium das zweitschwerste chem. Element. Es liegt in seinen Verbindungen zwei- bis achtwertig vor. Beim Erhitzen an der Luft (bei feingepulvertem O. schon bei Raumtemperatur) entsteht das kristalline, leicht flüchtige, giftige, durchdringend riechende O.tetraoxid OsO_4. In der Natur kommt O. mit den anderen Platinmetallen und im Mineral Iridosmium vor. Es wird als Bestandteil sehr harter Legierungen verwendet.

Osmometer [griech.], Gerät zur Messung des osmot. Drucks, wobei ein mit einer semipermeablen (halbdurchlässigen) Membran verschlossenes, mit einer Lösung gefülltes Gefäß in ein weiteres, mit reinem Lösungsmittel gefülltes Gefäß taucht. Durch Diffusion des Lösungsmittels in die Lösung steigt die Lösung in einem Steigrohr; die Steighöhe ist ein Maß für den osmot. Druck. Beim **Kompensationsosmometer** bewirkt ein Gegendruck auf die Lösung, daß kein Lösungsmittel eindiffundieren kann. Die **Pfeffersche Zelle** besteht aus einem zylindr. Tongefäß, dessen poröse Wände durch einen Niederschlag aus Kupferhexacyanoferrat(II) die Eigenschaft einer semipermeablen Membran besitzen.

Osmophoren [griech.], Duftstoffträger; Blütenteile, von denen Duftstoffe ausgehen.

Osmoregulation [griech./lat.] ↑Osmose.

Osmorezeptoren [griech./lat.], Rezeptoren, die auf Änderung des osmot. Drucks in Körperflüssigkeiten ansprechen.

Oslo. Rathaus, 1931–50

Osmose [zu griech. ōsmós „Stoß, Schub"], einseitig verlaufende Diffusion, die immer dann auftritt, wenn zwei gleichartige Lösungen unterschiedl. Konzentration durch eine semipermeable (halbdurchlässige) Membran getrennt sind. Diese Membran können nur die Moleküle des Lösungsmittels passieren, nicht aber die größeren Moleküle bzw. Ionen des gelösten Stoffes. Dabei diffundieren mehr Moleküle in die stärker konzentrierte Lösung als umgekehrt. Die höher konzentrierte Lösung wird daher so lange verdünnt, bis gleich viele Lösungsmittelmoleküle in beide Richtungen diffundieren. Der dann auf der Seite der schwächer konzentrierten Lösung herrschende hydrostat. Überdruck wird als **osmotischer Druck** bezeichnet. Er ist um so höher, je größer die Konzentrationsunterschiede sind. Der osmot. Druck kann andererseits auch als derjenige Druck gedeutet werden, den die in der Lösung befindl. Moleküle bzw. Ionen auf die für sie undurchlässige Membran ausüben. Für den osmot. Druck p_{osm} einer stark verdünnten (idealen) Lösung gilt die Zustandsgleichung idealer Gase, d. h., er ist gleich dem Gasdruck, der sich einstellen würde, wenn der gelöste Stoff als Gas bei gleicher Temperatur T das Volumen V der Lösung ausfüllen würde: $p_{osm} = nRT/V$ (**Van't-Hoff-Gesetz;** R Gaskonstante, n/V Konzentration in Mol/l). – Da auch die Zellmembranen semipermeabel sind, entsteht ein osmot. Druck auch in lebenden Zellen. Die O. ist bes. für Pflanzenzellen wichtig. Sie bewirkt den Stofftransport, reguliert den Wasserhaushalt und erzeugt einen als ↑Turgor bezeichneten Innendruck, der der Pflanze Form und Stabilität verleiht. Eine andere Erscheinung, die ebenfalls auf O. beruht, ist die ↑Plasmolyse. – Bei Tieren wird die Konstanthaltung des osmot. Drucks in den Körperflüssigkeiten gegenüber dem Außenmilieu als **Osmoregulation** bezeichnet. Bei Landtieren dient die Osmoregulation der Verhinderung von Wasserverlusten. Für die Konstanthaltung des osmot. Drucks und des Ionenmilieus ist hier die Niere ausschlaggebend. – Die Umkehrung der O. ist die ↑Hyperfiltration.

Osmotherapie [griech.], therapeut. Maßnahme, die eine Normalisierung der osmot. Verhältnisse im Zellinnern anstrebt. Bei Vorhandensein von Ödemen wird eine ent-

Oslo
Stadtwappen

Oslo

Hauptstadt Norwegens
·
458 300 E
·
gegr. um 1048
·
Residenzstadt seit 1286
·
1624–1924 Christiana genannt
·
seit 1905 Hauptstadt des Kgr. Norwegen
·
Skigebiet Holmenkollen

wässernde Therapie mit hyperosmolaren Lösungen, z. B. Zucker- oder Harnstofflösungen, durchgeführt.

osmotisch [griech.], durch Osmose hervorgerufen.

Osnabrück
Stadtwappen

Osnabrück, Stadt an der Hase, zw. Teutoburger Wald und Wiehengebirge, Nds., 63 m ü. d. M., 156 900 E. Verwaltungssitz des Landkr. O.; kath. Bischofssitz; Univ. (gegr. 1973), Fachhochschule O., Kath. Fachhochschule Norddeutschland, Verwaltungs- und Wirtschaftsakad.; mehrere Museen; Theater; Zoo. Eisenproduzierende und -verarbeitende Ind., Apparatebau, Textil- und Papierind., chem. u. a. Ind., Hafen (Stichkanal zum Mittellandkanal), Verkehrsflugplatz Münster/O.
Geschichte: Entwickelte sich als Marktsiedlung um einen von Karl d. Gr. gegr. Bischofssitz; 1147 erstmals als Stadt bezeichnet. Anfang des 12. Jh. zus. mit dem Dom ummauert (Domburg). Im 12. Jh. konnte sich die Bürgerschaft weitgehend von der bischöfl. Herrschaft lösen und eine unabhängige Selbstverwaltung bilden. Seit 1246 Mgl. der Hanse. Behielt bis ins 17. Jh. die Stellung einer fast reichsunmittelbaren Stadt (gehörte aber bis 1802/03 zum Fürstbistum O.). 1643–48 neutralisierter Verhandlungsort zw. Kaiser und ev. Mächten über den Westfäl. Frieden.
Bauten: Der Dom ist eine Baugruppe des 11.–16. Jh. mit Vierungsturm (1218–77), NW-Turm und SW-Turm. Wiederaufgebaut wurden u. a. die got. Hallenkirche St. Johannis (ehem. Kollegiatskirche; 1259–89) und die Marienkirche (Halle um 1320; Chor 15. Jh.; Turm 12. und 13. Jh., Haube 17./18. Jh.) mit Giebelschauseite zum städt. Markt, an dem auch das Rathaus (1487–1512) mit wiederaufgebautem Friedenssaal, die Stadtwaage (1532) und Kaufmannshäuser des 15. bis 19. Jh. liegen; ehem. fürstbischöfl. Schloß (1667–75); Städt. Theater im Jugendstil (1912), Heilig-Kreuz-Kirche (1932, von D. Böhm).

Carl von Ossietzky

O., Landkr. in Niedersachsen.

O., Bistum, unter Karl d. Gr. (vor 803?) errichtet und der Kirchenprov. Köln eingegliedert. Erstreckte sich im Früh- und Hoch-MA vom Emsland im W bis zur Hunte im O. 1252 verlor das Hochstift die weltl. Hoheit über den N der Diözese an Münster. Im Westfäl. Frieden (1648) wurde die wechselnde Reg. durch einen kath. und einen prot. Bischof festgelegt. 1803 wurde das Bistum aufgelöst; 1824 als exemtes Bistum neu umschrieben; seit 1929 Suffragan von Köln; flächenmäßig das größte dt. Bistum. – ↑katholische Kirche (Übersicht).

Leonie Ossowski

Osning, mittlerer Teil des Teutoburger Waldes, bis 309 m hoch.

Ösophagoskop [griech.] ↑Endoskope.

Ösophagus [griech.], svw. ↑Speiseröhre.

Ösophagusstenose [griech.], svw. ↑Speiseröhrenverengung.

Ösophagusvarizen (Speiseröhrenkrampfadern), krampfaderartige Erweiterung der Speiseröhrenvenen durch Ausbildung eines Umgehungskreislaufs zw. dem Stromgebiet der Pfortader und dem der unteren Speiseröhrenvenen; meist Folge eines Pfortaderhochdrucks bei Leberzirrhose. Bei Ö. besteht die Gefahr einer (schweren) inneren Blutung.

Osorno, chilen. Stadt im Kleinen Süden, 122 000 E. Kath. Bischofssitz; dt. Schule; Handelszentrum eines Agrargebiets. – Gegr. 1558; 1692 von Indianern zerstört, 1796 wiedererrichtet; ein Zentrum der Deutsch-Chilenen.

Ossa, Gebirge in O-Thessalien, zw. der ostthessal. Ebene und dem Ägäischen Meer, bis 1 978 m hoch.

Ossa, Mount [engl. 'maʊnt 'ɔsə], mit 1 617 m höchster Berg Tasmaniens.

Ossarium [lat., zu os „Knochen"], svw. ↑Beinhaus.

Ossein [lat.] ↑Knochen.

Osservatore Romano, L' [italien. „der röm. Beobachter"], Tageszeitung des Vatikans, ↑Zeitungen (Übersicht).

Osseten, Volk im mittleren Großen Kaukasus, Rußland und Georgien; 580 000. Die O. sind Ackerbauern, in den Bergen Viehzüchter. Die **ossetische Sprache** ist trotz starker Beeinflussung durch die südkaukas. Nachbarsprachen die archaischste unter den heute noch gesprochenen ↑iranischen Sprachen.

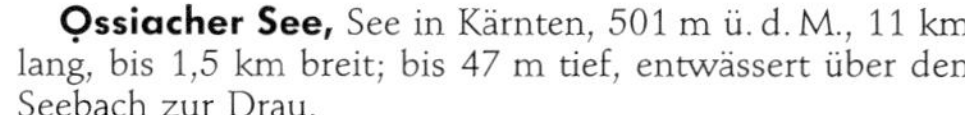

Ossiacher See, See in Kärnten, 501 m ü. d. M., 11 km lang, bis 1,5 km breit; bis 47 m tief, entwässert über den Seebach zur Drau.

Ossian ['ɔsian, ɔsi'a:n, engl. 'ɔsɪən] (ir. Oisín, schott.-gäl. Oisean), ir. mytholog. Held, eine der Hauptfiguren des südir. Sagenzyklus (nach ihm auch *Ossian. Zyklus*), von dem Prosafragmente des 9. und 10. Jh. sowie spätere Gedichte erhalten sind. In der schott.-gäl. Sage ist O. ein krieger. Held des 3. Jh., der im Alter erblindet und als Sänger und Dichter die Taten seines Vaters, des Königs der Kaledonier, verherrlicht. Berühmt wurde O. durch J. Macpherson, der eigene empfindsame Dichtungen als Übersetzungen gäl. Lieder des O. ausgab. Die danach in vielen europ. Ländern entstandene **ossianische Dichtung** ist durch düstere Natur- und Landschaftsschilderung gekennzeichnet.

Ossiculum (Mrz. Ossicula) [lat.], in der Anatomie svw. Knöchelchen; z. B. *Ossicula auditus,* Gehörknöchelchen.

Ossietzky, Carl von [ɔs'jɛtski], * Hamburg 3. Okt. 1889, † Berlin 4. Mai 1938, dt. Publizist. – O. entwickelte sich im 1. Weltkrieg zum überzeugten Pazifisten; 1919/20 Tätigkeit in der „Dt. Friedensgesellschaft", danach bis 1922 Redakteur an der „Berliner Volkszeitung", 1924–26 an der Zeitschrift „Das Tagebuch", dann bis 1933 Chefredakteur der Zeitschrift „Die Weltbühne"; als Mitverantwortlicher für einen die geheime Aufrüstung der Reichswehr enthüllenden Artikel 1931 wegen Verrates militär. Geheimnisse zu 18 Monaten Gefängnis verurteilt, 1932 amnestiert; nach dem Reichstagsbrand 1933 erneut verhaftet (u. a. 1934–36 im KZ Papenburg-Esterwegen); erhielt 1935 den Friedensnobelpreis; starb an den Haftfolgen.

Ossifikation [lat.], svw. ↑Knochenbildung (↑Knochen).

Ossiotr [russ.] ↑Kaviar.

Ossowski, Leonie, * Ober-Röhrsdorf (= Osowa Sień, Schlesien) 15. Aug. 1925, dt. Schriftstellerin. – Sozialpolitisch engagierte Autorin (1971–74 ehrenamtl. Bewährungshelferin), die authent. Material mit erfundenen Handlungselementen verbindet, v. a. in dem Obdachlosenroman „Die große Flatter" (1977); „Weichselkirschen" (R., 1976) thematisiert das dt.-poln. Verhältnis; der Jugendroman „Stern ohne Himmel" (1958, überarbeitet 1978) behandelt die NS-Zeit. – *Weitere Werke:* Liebe ist kein Argument (R., 1981), Neben der Zärtlichkeit (R., 1984), Wolfsbeeren (R., 1987), ferner Drehbücher und Hörspiele.

Ostade, Adriaen van, ≈ Haarlem 10. Dez. 1610, ▭ ebd. 2. Mai 1685, niederl. Maler. – Wahrscheinlich Lehrling von F. Hals, wohl zus. mit A. Brouwer, dessen Einfluß die frühe Bauernmalerei von O. bestimmte; nach 1640 unter Rembrandts Einfluß, nach 1650 werden seine Bilder farbiger; Federzeichnungen, Radierungen; Lehrer von Jan Steen.

Ostafrikanischer Graben, Hauptteil des Ostafrikan. Grabensystems in W-Kenia und Tansania, durch steile Abbrüche gut ausgeprägt nur im Abschnitt zw. Turkanasee und Lake Natron.

Ostafrikanisches Grabensystem (engl. [Great] Rift Valley), Bruchsystem im O Afrikas, das sich bis nach Vorderasien erstreckt. Südlichster Teil ist der Njassagraben, dann Aufspaltung in den Zentralafrikan. und den Ostafrikan. Graben, dieser wird im schmalen Äthiop. Graben fortgesetzt und erweitert sich dann zum Danakiltiefland (Afarsenke), wo er sich in den Graben des Golfes von Aden und den des Roten Meeres teilt, der seinerseits im Jordangraben fortgesetzt wird. Gesamtlänge rd. 6 000 km, größter Unterschied zw. der Grabensohle und dem Horst über 4 800 m; zahlr. Seen, im N auch von Meeresarmen erfüllt, im zentralen Teil Vulkane.

Ostaijen, Paul André van [niederl. ɔs'ta:jə], * Antwerpen 22. Febr. 1896, † Anthée (Prov. Namur) 17. März 1928, fläm. Dichter. – Schrieb expressionist. Lyrik mit pazifist., national-fläm. und humanist. Grundhaltung. In theoret. Schriften begründete er den Begriff der reinen Poesie.

Ostalbkreis, Landkr. in Baden-Württemberg.

Ostallgäu, Landkr. in Bayern.

Ostalpen, Teil der ↑Alpen östl. der Linie Bodensee–Rheintal–Splügen–Comer See, also im wesentl. in Österreich; der äußerste W liegt in der Schweiz (Graubünden) und Liechtenstein.

Ostanatolien, Bergland im äußersten O der Türkei; weite Plateaus, tiefe, enge Täler, starke Bodenerosion. Der S-Teil ist das am dünnsten besiedelte Geb. der Türkei. Die Bev. (meist Halbnomaden) lebt fast ausschließlich von der Schaf- und Ziegenhaltung; lediglich um den Vansee, der im zentralen S liegt, sind durch künstl. Bewässerung Oasen mit Obst- und Gemüsegärten sowie Getreidefeldern entstanden. Im nördl. Teil Anbau von Wintergemüse und Getreide sowie bed. Rinderzucht und Schafweidewirtschaft. Die ostanatol. Schwarzmeerküste ist ein schmaler Küstenstreifen im N-Fuß des Pont. Gebirges; Anbau von Mais, Tee, Tabak und Zitrusfrüchten.

Ostanglien ↑East Anglia.

Ostankino ↑Moskau.

Ostara, aus dem Namen einer altengl. Göttin *Eostra* und aus der althochdt. Bez. *ostara* für das Osterfest erschlossene, angebl. altgerman. Frühlingsgöttin, deren Verehrung bei den Germanen bis heute umstritten ist.

Ostasien, im W durch das Hochland Zentralasiens begrenzter Kulturraum im pazifiknahen Teil des asiat. Kontinents, der als festländ. Gebiete S-China, die Große Ebene und die Mandschurei sowie die Halbinsel Korea, ferner die vorgelagerten Kurilen, Sachalin, die jap. Inseln, Taiwan und weitere kleine Inseln umfaßt.

Adriaen van Ostade. Der Spielmann, 1673 (Den Haag, Mauritshuis)

Ostaustralische Kordilleren [kɔrdɪlˈjeːrən] (engl. Great Dividing Range), Gebirgssystem am O-Rand des austral. Kontinents, erstreckt sich über rd. 3 000 km und setzt sich auf der Insel Tasmanien fort. Im S, in den Austral. Alpen, bis 2 230 m hoch (Mount Kosciusko).

Ostaustralstrom, warme Meeresströmung im sw. Pazifik vor der O-Küste Australiens.

Ost-Bengalen ↑Bangladesch.

Ostblockstaaten, früher im Zusammenhang mit dem Ost-West-Konflikt im Westen gebräuchl. Schlagwort für alle europ. und asiat. Staaten, die nach dem 2. Weltkrieg unter sowjet. Hegemonie gerieten (Mgl. des COMECON bzw. Warschauer Pakts; ↑Breschnew-Doktrin). Die anfänglich monolithisch erscheinende Einheit der O. wurde auf Grund polit., wirtsch. und ideolog. Interessengegensätze erschüttert und im Gefolge der Entstalinisierung, des sowjet.-chin. Konflikts und der Entspannungspolitik aufgelöst. Der **Ostblock** zerfiel endgültig mit den polit. Umwälzungen in M- und O-Europa 1989/90, die durch die sowjet. Politk der Perestroika mittelbar möglich wurden (1991 Auflösung des COMECON und des Warschauer Pakts). Seitdem befinden sich die meisten ehem. O. in einem schwierigen nat. Selbstfindungsprozeß (↑Nationalitätenfrage), der die wirtsch. und polit. Reformen erheblich behindert; einige O. bemühen sich um Aufnahme in die EG.

Ostchinesisches Meer, Randmeer des westl. Pazifiks südl. des Gelben Meeres, zw. dem chin. Festland und den Ryūkyūinseln sowie zw. der korean. Insel Cheju bzw. der jap. Insel Kyūshū im N und Taiwan im S.

Ostdeutscher Rundfunk Brandenburg ↑Rundfunkanstalten (Übersicht).

Ostdeutschland, bis 1919 geographisch nicht fest abgegrenzte Bez. sowohl für die Gebiete des Dt. Reiches östl. der Elbe als auch i. e. S. für die Ostprov. Preußens und des Dt. Reiches (O- und W-Preußen, Brandenburg, Posen, Schlesien, Pommern), 1919–39 für dieselben Gebiete ohne die an Polen abgetretenen Teile, nach 1945 zunehmend für das Gebiet der SBZ bzw. der DDR (wobei sich für die Gebiete östl. der Oder-Neiße-Linie die Bez. ↑deutsche Ostgebiete einbürgerte). Seit der Wiederherstellung der dt. Einheit 1990 Bez. für die neuen Bundesländer.

Ostealgie (Osteodynie) [griech.], vom Knochen ausgehende Schmerzen.

Ostelbien, frühere Bez. für die dt., speziell preuß. Gebiete östl. der Elbe; beherrscht von den konservativen ostdt. Großgrundbesitzern **(Ostelbier).**

Ostende (amtl. niederl. Oostende), belg. Hafenstadt und Seebad an der Nordsee, 68 400 E. Museen; königl. Sommerresidenz; Kurbad, Jachthäfen. Bed. Fischerei, Fährhafen für den Verkehr über den Kanal; Eisenbahnendpunkt. Schiffswerften, Schiffsmotorenbau, Herstellung von Fischereigeräten u. a.; ✈. – Seit dem 4. Jh. bewohnt; 1267 Stadtrecht; 1372 und 1446 ummauert.

ostensibel [lat.], auffällig, zur Schau gestellt.

Ostenso, Martha [engl. ˈɔstənsoʊ, norweg. ɔsˈtɛnsu], *Haukeland Stasjon bei Bergen 17. Sept. 1900, †24. Nov. 1963, amerikan. Schriftstellerin norweg. Herkunft. – Ihre realist. Romane schildern das Leben eingewanderter norweg. Bauern in den USA und Kanada, u. a. „Der Ruf der Wildgänse“ (1925), „Schicksale am Fluß“ (1943).

ostentativ [lat.], zur Schau gestellt, in herausfordernder, betonter Weise; **Ostentation,** das Zurschaustellen, das Großtun.

osteo..., Osteo... [zu griech. ostéon „Knochen“], Bestimmungswort von Zusammensetzungen mit der Bed. „Knochen“.

osteogen, 1. svw. knochenbildend (von Geweben gesagt); 2. vom Knochen ausgehend (z. B. von Krankheiten).

Osteogenese [griech.], svw. Knochenbildung (↑Knochen).

Osteologie (Knochenlehre), Lehre vom Bau der Knochen; Teilgebiet der Anatomie.

Osteomalazie [griech.], svw. Knochenerweichung (↑Knochenkrankheiten).

Osteomyelitis [griech.], svw. Knochenmarkentzündung (↑Knochenkrankheiten).

Osteopathien [...paˈtiːən; griech.], svw. ↑Knochenkrankheiten.

Osteoporose [griech.] ↑Knochenkrankheiten.

Osteosklerose [griech.] ↑Knochenkrankheiten.

Osteostraken (Osteostraci) [griech.], ausgestorbene, vom oberen Silur bis zum Oberdevon bekannte Klasse fischähnl. Wirbeltiere (Unterstamm Kieferlose); Kopf und Vorderkörper gepanzert; mit elektr. Organen im Kopfbereich, nahe beieinanderliegenden Augen; Brustflossen meist vorhanden und beschuppt.

Osteosynthese [griech.], operative Knochenbruchbehandlung; nach stellungsgerechter Vereinigung der Knochenbruchstücke erfolgt deren Fixierung meist durch Einbringen verschieden geformter Nägel in die Markhöhle (z. B. Küntscher-Nagelung) oder Aufschrauben von angepaßten Platten.

Oster, Hans, *Dresden 9. Aug. 1888, †KZ Flossenbürg 9. April 1945 (hingerichtet), dt. General. – Seit 1933 in der militär. Abwehr, wo er mit W. Canaris und L. Beck seit 1938 zu einer treibenden Kraft des militär. Widerstands wurde; ließ 1939/40 die niederl. und die norweg. Reg.

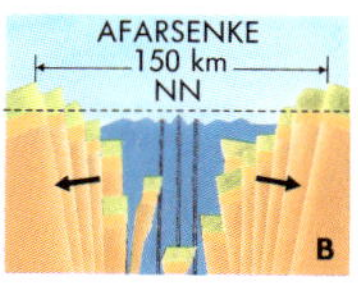

Ostafrikanischer Graben. Geologische Schnitte: A im Bereich des Roten Meeres, B im Bereich der Afarsenke

Ostende Stadtwappen

Hans Oster

über die Termine der dt. Invasion informieren; 1943 in die Führerreserve versetzt, 1944 aus dem Dienst entlassen; am 21. Juli 1944 verhaftet und mit W. Canaris u. a. hingerichtet.

Österbotten ↑ Pohjanmaa.

Osterburg, Landkr. in Sachsen-Anhalt.

Osterburg/Altmark, Krst. an der Biese, Sa.-Anh., 25 m ü. d. M., 8 000 E. Holz-, Nahrungsmittel- und opt. Ind. – Erhielt vor 1296 Stadtrecht. – Pfarrkirche Sankt Nikolai (urspr. spätromanisch, im 15. Jh. spätgotisch umgebaut).

Osterburken, Stadt im Bauland, Bad.-Württ., 247 m ü. d. M., 4 700 E. Maschinenbau, Schuhfabrik, Weberei, Wachsfabrik. – Entstand nahe den Resten eines röm. Kastells (2. Jh. n. Chr.); um 1390 Stadtrechte. – Mauerfundamente des Kastells; Mithrasrelief (Karlsruhe, Bad. Landesmuseum).

Østerdal [norweg. ˌœstərda:l], östlichste der großen ostnorweg. Talschaften mit den breiten Tälern der Glåma oberhalb von Kongsvinger und des Trysilelv.

Österdalälv ↑ Dalälv.

Osterfeststreit, die Auseinandersetzungen über das Datum des Osterfestes in den christl. Kirchen des Altertums. Das Fest wurde gewöhnlich am Sonntag nach dem 14. ↑ Nisan gefeiert, in manchen Gemeinden jedoch am 14. Nisan selbst (die Anhänger dieser Praxis wurden **Quartodezimaner** gen.). Der O. wurde erst auf dem Konzil von Nizäa 325 beigelegt.

Osterinsel. Blatt eines Tanzpaddels (Wien, Museum für Völkerkunde)

Osterglocke ↑ Narzisse.

Östergötland [schwed. ˌœstərjø:tland], Verw.-Gebiet und histor. Prov. im östl. M-Schweden, 10 562 km², 400 000 E (1990), zw. dem Vättersee und der Ostsee, Hauptstadt Linköping. Getreideanbau, Milchviehhaltung; die Ind. konzentriert sich v. a. in den Städten Norrköping, Linköping und Motala. – Die als **Ostrogothia** seit dem 11. Jh. belegte Landschaft ist seit dem 12. Jh. der Kernraum Schwedens.

Osterhofen, Stadt in der Donauniederung, Bayern, 320 m ü. d. M., 10 400 E. Textilind., Glas-, Konservenfabrik, Holzbau; Fremdenverkehr. – Entstand als Marktsiedlung um 1000. Um 1378 wurde nw. dieser Siedlung ein neuer Markt O. mit städt. Rechten gegr. – Im Stadtteil Altenmarkt bed. barocke Klosterkirche, erbaut von J. M. Fischer, Innenausstattung von den Brüdern Asam.

Osterholz, Landkr. in Niedersachsen.

Osterholz-Scharmbeck, Krst. am O-Abfall der Wesermünder Geest zum Teufelsmoor, Nds., 4–40 m ü. d. M., 24 100 E. Verwaltungssitz des Landkr. Osterholz; Zigarrenfabrik, Automobilind., Metall- und Holzverarbeitung. – 1185 Gründung eines Benediktiner-Doppelklosters (roman. Klosterkirche), später Nonnenkloster, 1650 aufgehoben. 1927 Vereinigung von Osterholz und Scharmbeck, 1929 Stadterhebung.

Osterinsel. Monumentale Tuffsteinfiguren an der Nordküste

Osterinsel, chilen. Insel im S-Pazifik, auf dem Ostpazif. Rücken, 179 km², 1 900 E (polynes. Einheimische, vom Festland stammende Chilenen). Vulkan. Ursprungs, bis rd. 700 m hoch mit hoher Kliffküste. Die Vegetation besteht im wesentlichen aus einer Grasflur; die einheim. Tierwelt ist bis auf wenige Vogelarten vernichtet. Stützpunkt der chilen. Luftwaffe. – Der Name der Insel erinnert an die Entdeckung durch den Niederländer J. Roggeveen am Ostersonntag 1722. – Nach allg. Auffassung Anfang des 12. Jh. (vielleicht schon im 4. Jh.) durch Polynesier von den Marquesasinseln und Mangareva aus besiedelt (im Ggs. zur Ansicht von T. Heyerdahl).

Die **Osterinselkultur** wird bezeugt durch ein hieroglyphenähnl. Schriftsystem (**Osterinselschrift;** Ursprung ungeklärt, seit 1956 partiell entziffert) und die gigant., bis 8 m hohen Steinbüsten aus Tuff, die als Göttersitze gedeutet werden; auch Kleinplastik, typisch sind holzgeschnitzte Figuren mit nach vorne gebeugtem Oberkörper und sorgfältig ausgearbeiteter Frisur sowie Tanz-(Zeremonial-) Paddel. Sie erlosch um 1750, als zahlr. Kriege zu einer starken Abnahme der Bev. geführt hatten (im 19. Jh. durch Seuchen und Menschenraub weiter dezimiert). 1888 durch Chile annektiert.

Osterinsel. Zeichen der Osterinselschrift

Osterkaktus (Rhipsalidopsis gaertneri), in Brasilien beheimatete Kakteenart mit endständigen, rosenroten, bis 5 cm breiten, trichterförmigen Blüten; blüht von März bis Mai.

Osterkerze, in der kath. Liturgie seit dem 4. Jh. eine große, geschmückte Kerze, Symbol der Auferstehung Christi, die zu Beginn der Osternachtfeier entzündet und im „Exsultet" feierlich gegrüßt wird. Die O. brennt bis Christi Himmelfahrt bei den Hauptgottesdiensten, darüber hinaus oft auch während des ganzen Jahres bei Taufe und Requiem.

Osterlamm, das bei den Juden zum Passahfest geschlachtete und im Familienkreis verzehrte Passahlamm (Ex. 12,3 ff.).

Osterland, seit 1228 Name des Landes zw. Saale, unterer Mulde und Elbe, im 14. bis 15. Jh. v. a. das den Wettinern gehörende Gebiet um Leipzig und Altenburg.

Österling, Anders Johan, * Helsingborg 13. April 1884, † Stockholm 13. Dez. 1981, schwed. Lyriker. – 1941–64 Sekretär der Schwed. Akademie, ab 1947 Vors. des schwed. akadem. Nobelkomitees. Anfangs ästhetizist. und symbolist. Gedichte (Einfluß S. Georges); später realist. Schilderungen von Landschaft und Menschen seiner Heimat.

Osterluzei [zu griech. aristolochía unter lautl. Anlehnung an „Ostern"] (Pfeifenblume, Aristolochia), Gatt. der Osterluzeigewächse mit rd. 500 Arten in den gemäßigten und warmen Gebieten der ganzen Erde; mit ganzrandigen, wechselständigen Blättern und meist pfeifenförmigen, grünl. oder gelbl. Blüten. Die bekannteste Art ist die **Gemeine Osterluzei** (Aristolochia clematitis) mit hellgelben, gebüschelten Blüten.

Osterluzeigewächse (Aristolochiaceae), zweikeimblättrige Pflanzenfam. mit rd. 600 meist trop. Arten; in M-Europa Haselwurz und Osterluzei.

Osterman, Andrei Iwanowitsch Graf (seit 1730) [russ. astɪrˈman], eigtl. Heinrich Johann Friedrich Ostermann, * Bochum 9. Juni 1686, † Berjosowo (Gebiet Tjumen) 31. Mai 1747, russ. Staatsmann dt. Herkunft. – Seit 1703 im Dienst Peters d. Gr.; 1725–41 Vizekanzler, seit 1726 Mgl. des Obersten Geheimen Rats, 1727–30 Erzieher Peters II. Als erster Kabinettsmin. und Berater (ab 1731) der

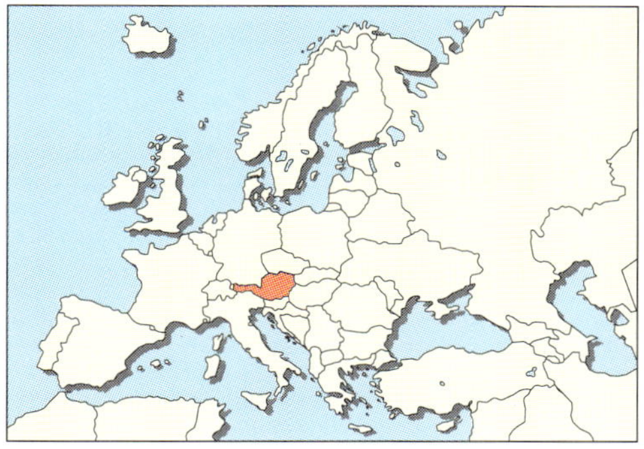

Österreich

Fläche: 83 856 km²
Bevölkerung: 7,623 Mill. E (1990), 90,9 E/km²
Hauptstadt: Wien
Amtssprachen: Deutsch, in 8 Südkärntner Gemeinden auch Slowenisch
Nationalfeiertag: 26. Okt.
Währung: 1 Schilling (S) = 100 Groschen (G, g)
Zeitzone: MEZ

Kaiserin Anna Iwanowna leitete O. die russ. Außenpolitik; 1741 von der Kaiserin Elisabeth Petrowna nach Sibirien verbannt.

Ostermarsch-Bewegung, zur Osterzeit in Deutschland u. a. (westeurop.) Staaten durchgeführte Demonstrationsmärsche, die sich v. a. gegen Krieg und Atomrüstung richten; hervorgegangen aus der brit. „Campaign for Nuclear Disarmament", die Ostern 1958 einen Marsch von London zum Atomforschungszentrum Aldermaston organisierte und damit die O. begründete. In der BR Deutschland fand der erste Ostermarsch 1960 statt; Höhepunkt der Bewegung, die sich z. Z. der Großen Koalition als Teil der außerparlamentar. Opposition verstand, war während der 60er Jahre. Danach rasch an Bed. verlierend, lebte die O. Anfang der 80er Jahre im Rahmen der Auseinandersetzung der Friedensbewegung mit dem NATO-Doppelbeschluß (1979) wieder auf.

Ostermonat, alter dt. Name für den April.

Ostern, ältestes Fest der christl. Kirchen, aus der christl. Umdeutung des jüd. Passahfestes hervorgegangen; wohl schon in der 1. Hälfte des 2. Jh. gefeiert, zunächst zur Erinnerung an den Tod Jesu, weniger zur Feier seiner Auferstehung. Allg. wird der Name O. auf den Namen einer german. Frühlingsgöttin ↑Ostara bezogen. Letztlich ist das Wort zur german. Entsprechung von althochdt. ōstar „östl." (d. h. in Richtung der aufgehenden Sonne, des [Morgen]lichts) zu stellen. – Bis zum Konzil von Nizäa (325) war der Ostertermin uneinheitlich; das Konzil von Nizäa bestimmte den ersten Sonntag nach dem ersten Vollmond nach Frühlingsbeginn zum Auferstehungsfest (Trennung vom jüd. Festkalender; O. wird eindeutig als Fest der Auferstehung charakterisiert).
Im Mittelpunkt der Liturgie der *kath. Kirche* steht die Feier der Osternacht (Karsamstag auf Ostersonntag) mit den folgenden liturg. Feiern: 1. Lichtfeier (Segnung des Osterfeuers, Entzünden der Osterkerze, Einzug mit der Osterkerze in die Kirche); 2. Wortgottesdienst mit sieben Lesungen (fünf aus dem A. T., zwei aus dem N. T.) mit Zwischengesängen; 3. Tauffeier mit Erneuerung des Taufversprechens; 4. Eucharistiefeier. – In den *Kirchen der Reformation* steht im Mittelpunkt der Osterfeier die Auslegung der Botschaft von der Auferstehung Jesu Christi. – In den *orth. Kirchen* ist der Höhepunkt der Osterfeiern der Gottesdienst in der Osternacht, dem eine Prozession um die Kirche folgt.
In den zahlr. volkstüml. Bräuchen leben häufig vorchristl. und mag. Motive weiter, z. B. das v. a. in N-Deutschland übl. *Osterfeuer* bzw. *Osterrad,* das ↑Osterwasser; Gebäcke und Gebildbrote mit Fruchtbarkeitssymbolen oder in Form des *Osterlamms* oder des *Osterhasen* (älteste Nachweise 1638 bzw. 1682 aus dem Saar- und Neckargebiet) sind z. T. noch üblich. Zahlr. Spiele knüpfen sich an das *Osterei,* das zurückgeht auf das ma. Zinsei und die Eierspende zu O. sowie auf die Fastenpraxis der älteren Kirche; erstmals für Deutschland erwähnt im 12. Jh., das Verstecken seit dem 17. Jh. Im kath. Alpenraum sowie in der Lausitz hat sich das *Osterreiten* erhalten.

Osterode am Harz, Krst. am SW-Rand des Harzes, Nds., 230 m ü. d. M., 26 700 E. Elektro-, Metallind.; Fremdenverkehr. – Ersterwähnung 1136; wurde um 1200 Marktsiedlung; 1293 als Stadt urkundlich erwähnt. – Marktkirche mit Grabsteinen der Hzg. von Braunschweig-Grubenhagen, Rathaus mit verschiefertem Giebel (1552), Fachwerkhäuser (16. und 17. Jh.); Kornhaus (18. Jh.); Reste der Stadtmauer. – Auf einem Bergvorsprung westl. der Söse die **Pipinsburg,** eine mehrfach ausgebaute vor- und frühgeschichtl. Befestigungsanlage; 6.–2. Jh. v. Chr. stark besiedelt, wahrscheinlich von Kelten; im 10./11. Jh. n. Chr. erneuter Ausbau, 1316 zerstört.

O. am H., Landkr. in Niedersachsen.

Osterode i. Ostpr. (poln. Ostróda), Stadt in Ostpreußen, Polen, am Drewenzsee (9 km²), 110 m ü. d. M., 33 000 E. Sportbootbau; Fremdenverkehr. – Als Festung des Dt. Ordens gegr., erhielt um 1328 Stadtrecht, seit etwa 1340 Komturei. – Während des 2. Weltkrieges z. T. zerstört, u. a. die Reste der Deutschordensburg (14. Jh., 1788 nach Brand nicht wieder aufgebaut), ev. Stadtkirche (14. Jh.).

Österreich (amtl.: Republik Österreich), Bundesstaat im südl. Mitteleuropa, zw. 46° 22′ und 49° 01′ n. Br. sowie 9° 32′ und 17° 10′ ö. L. **Staatsgebiet:** Es grenzt im NW an Deutschland, im NO an die ČR, im O an die SR und Ungarn, im S an Slowenien und Italien, im SW an die Schweiz und Liechtenstein. **Verwaltungsgliederung:** 9 Bundesländer. **Internat. Mitgliedschaften:** UN, OECD, EFTA, Europarat, GATT, Freihandelsabkommen mit den EG.

Landesnatur

Ö. ist ein Alpen- und Donaustaat und erstreckt sich von W nach O zw. Bodensee und Neusiedler See über 525 km. In N–S-Richtung ist Ö. 265 km im O, an der schmalsten Stelle im W nur 40 km breit. Rd. 63 % des Landes liegen in den Ostalpen. Getrennt durch Längstalzüge, gliedern sich die östr. Alpen in 3 Großräume: Die Nordalpen mit zahlr. Alpenrandseen umfassen die voralpine Flyschzone, zu der u. a. Bregenzer Wald und Wienerwald gehören sowie die Nördl. Kalkalpen. Als zweite Einheit folgen die z. T. vergletscherten Zentralalpen, in denen die höchste Erhebung des Landes, der Großglockner (3 797 m ü. d. M.), liegt. Jenseits des südl. Längstalzugs, in dem u. a. der Wörther See liegt, erheben sich die Südalpen, zu denen u. a. die Karn. Alpen und Karawanken gehören. Nördl. der Alpen breitet sich bis zur Donau das Alpenvorland aus mit dem Hügelland des Innviertels und dem Hausruck. Nach NO erfolgt über das Tullner Becken der Übergang zum Karpatenvorland mit dem westl. Teil des Weinviertels. Im Mühl- und Waldviertel hat Ö. Anteil an der Böhm. Masse. Hier ist der Plöckenstein mit 1 378 m die höchste Erhebung. Im O liegt das Wiener Becken; in der Grazer Bucht hat Ö. noch Anteil am Pannon. Becken. Das Geb. um den Neusiedler See zählt zum Kleinen Ungar. Tiefland. 96 % des Landes entwässern zur Donau; Vorarlberg liegt im Einzugsbereich des Rheins, Teile des Mühl- und Waldviertels in dem der Elbe.

Österreich

Staatswappen

Internationales Kfz-Kennzeichen

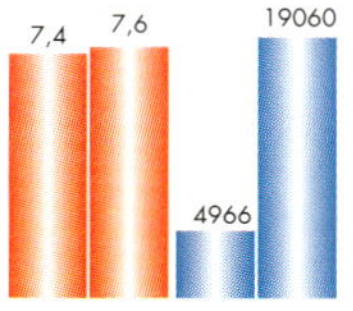

Bevölkerung (in Mill.)

Bruttosozialprodukt je E (in US-$)

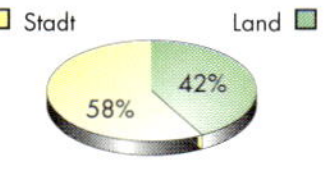

Bevölkerungsverteilung 1990

Bruttoinlandsprodukt 1990

Klima, Vegetation und Tierwelt

Der größte Teil des Landes gehört zum mitteleurop. Übergangsklima mit vorherrschenden W-Winden und hohen Niederschlägen (bis 1 500 mm pro Jahr). Im Alpenbereich herrscht alpines Klima mit Niederschlägen bis 3 000 mm, kurzen, kühlen Sommern und langen, schneereichen Wintern; in den inneralpinen Becken und Tälern dagegen vielfach geringe Niederschläge. Im O und SO kontinentales Klima mit heißen Sommern, kalten, schneearmen Wintern und geringen Niederschlägen (600 mm pro Jahr).
Geschlossene Waldflächen finden sich im Waldviertel, im Hausruck, in den Voralpen und Nördl. Kalkalpen, in den östl. Zentralalpen sowie den Südl. Kalkalpen. In den Nördl. und Südl. Kalkalpen wachsen Buchen-Tannen-Wälder, die im N in eine Latschenhöhenstufe übergehen. In den Zentralalpen werden die Fichtenwälder der Fußzone von Tannen-Fichten-Wäldern abgelöst, auf die Lärchen und Arven folgen, über der Waldgrenze in 1 500–2 200 m Höhe folgen subalpine Strauchstufe, Grasheiden und Polsterpflanzen. Im Alpenvorland wachsen urspr. Eichen-Buchen-Wälder, im Kleinen Ungar. Tiefland ist Steppenflora verbreitet.
Es überwiegen mitteleurop. Arten mit Feldhase, Fasan und Rebhuhn, in den Wäldern Reh, Rothirsch und z. T. Wildschwein. In den Hochregionen der Alpen leben Gemse, Steinbock und Murmeltier. Im Kleinen Ungar. Tiefland ist die pont. Fauna mit Hamster, Ziesel und Trappe, am Neusiedler See mit Storch, Wildente und Reiher vertreten. Sandviper und Mauereidechse sind in S-Kärnten zu finden.

Bevölkerung

Rd. 98 % der überwiegend röm.-kath. Österreicher sind dt.sprachig. An Minderheiten leben Tschechen, Kroaten, Magyaren und Slowenen im Land. Die Bev. ist ungleich über das Land verteilt. Vorarlberg und Oberösterreich sowie der Ballungsraum Wien haben die größte Bev.dichte. Es besteht eine ausgeprägte Binnenwanderung von O nach W; bes. starkes Bev.wachstum haben die Städte Salzburg, Innsbruck, Dornbirn, Feldkirch und Bregenz. Schulpflicht besteht von 6–15 Jahren. Ö. verfügt über 12 Univ. und 6 Kunsthochschulen (darunter 3 Musikhochschulen).

Wirtschaft und Verkehr

Rd. 44 % der Fläche werden landw. genutzt. Vorherrschend ist die Viehzucht und Milchwirtschaft, v. a. in den Alpen und im Alpenvorland. Ackerbau wird v. a. in den nö. Flach- und Hügelländern, in Niederösterreich und im Burgenland betrieben. Wichtigste Feldfrüchte sind Zuckerrüben, Mais, Gerste, Weizen und Kartoffeln; Weinbau, Obstbau. Auf Grund des Waldreichtums (38 % der Gesamtfläche) spielt die Forstwirtschaft eine bed. Rolle. An Bodenschätzen verfügt Ö. über Braunkohle in Oberösterreich und in der Steiermark, Erdöl und Erdgas im Alpenvorland und v. a. im nördl. Wiener Becken, Eisen-, Blei-, Zink-, Kupfer- und Wolframerze im Alpenraum. Die Förderung der wichtigsten Bergbauprodukte ist rückläufig, bed. ist nur der Magnesitbergbau (7 % der Weltproduktion). Strom wird zu 72 % in Wasserkraft- und 28 % in Wärmekraftwerken erzeugt. Wichtige Ind.standorte sind die Landeshauptstädte sowie die Wirtschafts- und Verkehrsachsen Mur-Mürz-Furche, Traisental und Ybbstal. Schwerpunkt der Eisen- und Stahlind. ist Linz. Metallverarbeitung findet sich v. a. im NO und O des Landes. Fahrzeugbau ist in Steyr konzentriert. Bed. Standort der Textil- und Bekleidungsind. ist der Raum Wien. Erdöl- und chem. Ind. findet sich in Schwechat, Linz, Sankt Pölten und Traiskirchen. Nahrungsmittel- und Genußmittelind. ist in ganz Ö. verbreitet. Ein wichtiger Wirtschaftszweig ist der ganzjährige Fremdenverkehr. Ö. führt Maschinen, chem. Erzeugnisse, Eisen und Stahl, elektr. Geräte, Papierwaren und Rohstoffe aus; eingeführt werden Maschinen, Straßenfahrzeuge, chem. Erzeugnisse, elektr. Maschinen und Geräte, Brennstoffe, Energie, Rohstoffe und Nahrungsmittel. Die wichtigsten Partner sind die EG-Länder (an 1. Stelle Deutschland), die Schweiz, Japan, Rußland u. a. Republiken der GUS und die USA.
Ö. ist ein wichtiges Transitland, wobei heute die N–S-Verbindungen über die Alpenpässe wichtiger sind als der Verkehr von W nach O. Das überregionale Verkehrsnetz besteht (1990) aus 1 447 km Autobahnen und Schnellstraßen, 11 828 km Bundesstraßen; das Schienennetz ist 6 349 km lang. Die mehrfach gestaute Donau ist die wichtigste Binnenwasserstraße. Wichtigste Häfen sind Linz, Wien und Krems an der Donau. Pipelines verbinden die Erdölfelder

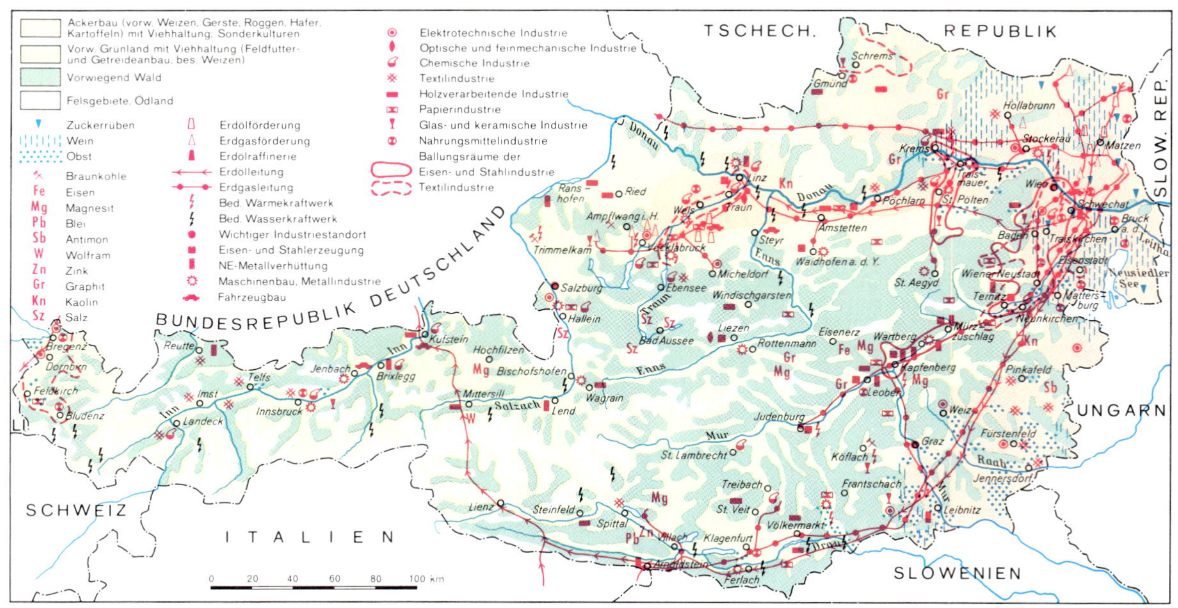

Österreich. Wirtschaft

mit den Raffinerien in Schwechat, Linz und in der Steiermark sowie mit dem Erdölhafen Lobau (Wien), abgesehen von den Abzweigen der transalpinen Erdölleitung Triest–Ingolstadt und der von Rußland nach Italien führenden Erdgasleitung Trans-Austria. Die nat. Fluggesellschaft Austrian Airlines bedient den In- und Auslandsverkehr. Der Flugverkehr konzentriert sich auf den internat. ✈ von Wien in Schwechat; weitere ✈ bestehen in Linz, Graz, Klagenfurt, Innsbruck und Salzburg.

Geschichte

Zur Vorgeschichte ↑Europa.

Römerzeit und Völkerwanderung (bis 6. Jh.): Der Raum des späteren Ö. wurde von der Errichtung der Prov. *Noricum* in der augusteischen Expansionsphase bis ins 5. Jh. durch die Römerherrschaft bestimmt. Die röm. Donauprov. reichten im W nach Rätien hinein und waren im N durch die Donau und im O durch Pannonien begrenzt. Die Reorganisation und Friedenssicherung der Donaugrenze seit Diokletian und Konstantin I. endete durch die Einbrüche der 2. Welle der Völkerwanderung, v. a. durch die Langobarden. Nach deren Abzug nach Italien (568) und dem Nachrücken von Awaren und Slawen in das bereits durch Landnahme der Bajuwaren besetzte Alpenvorland Rätiens und Noricums begann in der 2. Hälfte des 6. Jh. die Auseinandersetzung zw. german. und slaw. Herrschaft.

Die bayrische und babenbergische Herrschaft (6. Jh.–1246): Durch seine fränk. Orientierung nach 591 gelang es dem bayr. Hzg.geschlecht der Agilolfinger, die Selbständigkeit des bayr. Stammeshzgt. zu wahren. Sie erreichten eine territoriale Ausweitung v. a. gegenüber dem Langobardenreich bis südl. der Alpen. Mit der allmähl. Unterwerfung der karantan. Alpenslawen (Slowenen; ↑Kärnten) seit etwa 750 gewann das agilolfing. Bayern eine Vormachtstellung im SO, die bis zum Tode Karl Martells auch gegenüber dem Fränk. Reich behauptet werden konnte und erst 787/788 durch Karl d. Gr. mit der Beseitigung des älteren bayr. Stammeshzgt. und seiner Eingliederung in das Fränk. Reich endete. Der weitere Landesausbau vollzog sich innerhalb der Organisation fränk. Marken nach der Niederwerfung der Awaren (bis 803) durch die Institution der karoling. Ostlandpräfekten. – Keimzelle des späteren Ö. wurde die bayr. *Ostmark*, die 976 als Reichslehen bei bayr. Lehensabhängigkeit den Babenbergern verliehen wurde. Diesen gelang es seit Mitte des 11. Jh., eine von Bayern unabhängige Machtposition aufzubauen. Ihren Herrschaftsbereich dehnten sie durch Erwerb von Adelsherrschaften, Kirchenlehen, Rodung und Landesausbau im W gegen den bayr. und den passauischen Raum aus und setzten durch eigene Ministerialen und östr. Landesrecht ihre Landesherrschaft durch. Diesen Staatsbildungsprozeß begünstigte neben der polit. Zielstrebigkeit einer fast 3 Jh. dauernden dynast. Kontinuität v. a. der Wechsel der Babenberger von kaisertreuer zu päpstl.-gregorian. Haltung und zu schließlich entschiedener Parteinahme für den Kaiser(sohn) Heinrich (V.). Der welf.-stauf. Ggs. und die eigene Rivalität zu den Welfen schienen eine Vereinigung der Mark Ö. mit Bayern unter Markgraf Leopold IV. (♔1136–41) anzubahnen, führten jedoch 1156 zur Verselbständigung der Mark als Hzgt. Ö. Während die Einordnung des Hzgt. in die stauf. Reichsherrschaft mißlang, konnten die Babenberger durch geschickte Politik ihre Landesherrschaft festigen und ausweiten (z. B. 1192 Erwerb der Steiermark). Nach Leopold VI. († 1230) gelangte die Babenbergerherrschaft mit Friedrich II., dem Streitbaren, zur Höhe wirtsch. und polit. Macht (1232 Erwerb von Krain), doch endete sie jäh mit seinem Tod 1246.

Beginn der habsburgischen Herrschaft (1246–1546): Nach dem Aussterben des babenberg. Mannesstammes zeichnete sich für Ö. ein Absinken zum Nebenland Böhmens, Ungarns oder Bayerns ab; die gesicherte weibl. Erbfolge verwies die Anwärter auf die Herrschaft darauf, ihre Ansprüche durch Heirat zu legalisieren. Gestützt auf östr. und bayr. Ministerialen, konnte sich der bereits mit den Babenbergern verschwägerte spätere König Ottokar II. von Böhmen (1251–76) eines von Böhmen bis zur Adria reichenden Herrschaftskomplexes versichern und ihn gegen Ungarn behaupten; durch seine erfolgreiche Innenpolitik wurde erstmals die für Jh. zentrale Bed. Böhmens in der dt. Reichspolitik sichtbar. Nach dem Tod Ottokars (1278) belehnte König Rudolf I. von Habsburg seine Söhne 1282/83 mit Ö. und Steiermark bzw. Krain und brachte durch habsburg.-przemyslid. Doppelheirat seine Dyn. auf den Weg zum Hausmachtkönigtum, der zur mehr als 600jährigen habsburg. Herrschaft in Ö. führte (↑Habsburger).

Rudolf I. von Habsburg (Ausschnitt aus der Grabplatte im Speyerer Dom, um 1290)

Im 14. Jh. gelang es nicht, durch die Festlegung einer jeweiligen habsburg. Gesamtbelehnung wieder eine gemeinsame Reg. zu sichern. Die Aufteilungen 1379 und 1406/11 in 2 bzw. 3 Territorialverbände (niederöstr., inneröstr. und vorder- bzw. oberöstr. [„Vorlande"] Länder) schwächten Ö. Dabei scheiterte die Leopoldin. Linie mit ihrer nach S (Mailand) und W (Schweiz) gerichteten Interessenpolitik, der Tiroler Zweig entfremdete sich der Gesamtdyn., während die Politik der Albertin. Linie mit der Beerbung der Luxemburger Erfolg hatte: Albrecht V. wurde 1437/38 König von Böhmen und Ungarn und als Albrecht II. röm.-dt. König. Sein Nachfolger, Friedrich V., behauptete sich in der Wahl zum Röm. König (als Friedrich III. ♔1440–93), unterlag aber im Ringen um das luxemburg. Erbe den nat. Königen in Böhmen und Ungarn. Wegen der dynast. Ggs., der Macht der Stände in Ö. und der ersten osman. Einfälle konnte Friedrich III. nur durch die Vorrangstellung seiner Hausmacht- vor der Reichspolitik zu einer für das Haus Ö. und die 1453 von ihm zum Erzhzgt. erhobenen östr. Erblande letztlich erfolgreichen Politik gelangen. Mit dem burgund. Erbe (1477) wurde der erste Schritt auf eine europ. Großmachtstellung getan; 1491 vereinte Maximilian I. die östr. Erblande unter einer Herrschaft. Das Haus Ö. erreichte durch Beerbung der span. Kronen durch Philipp I. (♔ 1504/06) und Karl V. (* 1500, † 1558) eine hegemoniale Herrschaftsbasis.

Karl V. (Ausschnitt aus einem Gemälde von Tizian, 1548; München, Alte Pinakothek)

Aufstieg zur Großmacht (1526/27–1740): Aus den Türkeneinfällen („Türkennot"; erste Belagerung Wiens 1529) resultierte die Notwendigkeit einer länderübergreifenden funktionsfähigen Staatsorganisation. Ferdinand I. folgte ständ. Forderungen, als er kollegiale Zentralbehörden errichtete, mit denen die Habsburger die altöstr., böhm. und ungar. Länder übergreifend regierten. Sie blieben nach Abspaltung kaiserl. Reichsbehörden in ihrer Grundstruktur bis 1848 erhalten.

Die Ausbreitung der Reformation vollzog sich in Ö. – abgesehen von Tirol und Vorder-Ö. – v. a. im Herrschaftsbereich Kaiser Maximilians II. und in Inner-Ö. bis 1572/78. Mit den gegenreformator. Maßnahmen Ferdinands II. ab 1590/95 begann die Abkehr von einer Politik der religiösen Zugeständnisse für Hilfe gegen das Vordringen der Osmanen („Türkenhilfe"); der 1. kaiserl. Türkenkrieg (1593–1606) war begleitet von der Erhebung prot. ungar. Magnaten, die 1606 für Ö.-Ungarn religiöse Zugeständnisse erkämpften. Unter Kaiser Rudolf II. begann die Rekatholisierung, doch mußte er im Majestätsbrief 1609 den böhm. Ständen die Religionsfreiheit gewähren. Bei der 1618 voll einsetzenden Gegenreformation formierte sich die vom prot. Adel geführte böhm. Konföderation in dem Willen, die böhm. und niederöstr. Länder zu einem antihabsburg. ständ. Bund zusammenzuschließen. Das Scheitern dieses Böhm. Aufstandes 1620 führte in den Dreißigjährigen Krieg. Kaiser Ferdinand II. behauptete 1627/28 in den „Verneuerten Landesordnungen" für Böhmen und Mähren das Haus Ö. gegen ständ. Macht. Die schweren Eingriffe in Landesbrauch, ständ. Herkommen und Landrechte (u. a. Beseitigung des böhm. Wahlkönigtums, Vertreibung eines Viertels des Adels zugunsten eines neuböhm. kaisertreuen Adels) prägten sehr stark die weitere Geschichte der böhm. Länder.

Die Habsburger verlagerten nach 1648 durch die antikaiserl. Machtverschiebung im Hl. Röm. Reich, obgleich sie im Besitz der Reichskrone blieben, ihre Politik fast völlig auf Ö. und ihre dynast. Interessen. Obwohl Ö. im Dreißigjährigen Krieg von schweren Schäden verschont blieb, waren soziale und ökonom. Strukturveränderungen eingetreten. In der Landw. verursachte das Entstehen von Großgrundherrschaften v. a. in den böhm. Ländern eine Verschlechterung der grundherrl.-bäuerl. Verhältnisse (Steigerung der Fronen), die dynast. Teilungen seit 1564 behinderten den wirtsch. Austausch auch nach den Nord- und Ostseehäfen. Zwar gab es Versuche zur Einleitung kameralist. Wirtschaftspolitik und Stärkung staatl. Finanzkraft, doch fehlten angesichts gewaltiger Kriegskosten bald die Investitionsmittel, und die Staatsschuld wuchs. 1699 erfolgte eine Konzentration der Staatslenkung; für die Fragen der Außenpolitik und Kriegführung wurde die Geheime Konferenz geschaffen.

Kaiser Leopold I. stellte sich seit 1663 den die östr. Erblande und das Hl. Röm. Reich bedrohenden Osmanen. Im großen Türkenkrieg, der 1683 mit der Abwehr der Türken vor Wien begann, wurde bis 1699 ganz Ungarn erobert. Im Span. Erbfolgekrieg (1701–13/14) gewann das Haus Ö. die europ. span. Nebenländer, darunter die reichen östr. Niederlande. Der Türkenkrieg 1714–18 brachte N-Serbien, N-Bosnien, die kleine Walachei und v. a. das Banat unter die habsburg. Herrschaft. In dem von der Londoner Quadrupelallianz 1718/20 entschiedenen Ländertausch erhielt Ö. Sizilien für Sardinien und erreichte damit seine größte territoriale Ausdehnung. Die Politik Karls VI. zielte auf eine Dauersicherung dieses Bestandes der östr. Monarchie; in ihr sollte auch die weibl. habsburg. Thronfolge möglich sein (↑ Pragmatische Sanktion).

Das absolutistische Zeitalter (1740–1804): Nach dem Tod Karls VI. übernahm seine Tochter Maria Theresia die Reg. Doch die internat. Garantie für die Pragmat. Sanktion versagte, und die anderen europ. Mächte griffen Ö. an, um das Land zu teilen (↑ Österreichischer Erbfolgekrieg, ↑ Schlesische Kriege). Ö. konnte sich zwar behaupten, verlor aber Schlesien, die wirtsch. am besten entwickelte Prov. Dennoch bezeichneten der Wiedergewinn der Reichskrone und die im Aachener Frieden bestätigte Großmachtstellung einen Neubeginn. Mit dem ↑ Siebenjährigen Krieg begann der Ggs. zur neuen europ. Großmacht Preußen. Die ständ. Eigen- und Länderinteressen, die die östr. Monarchie schwächten, verlangten eine grundlegende Staatsreform, die Maria Theresia durch einschneidende Eingriffe in die histor. Landesverfassungen und -rechte vollzog. Die Länder verloren ihr Recht auf eigene Verwaltung und die Stände ihr Mitspracherecht in der Wiener Zentrale. Die Geheime Konferenz wurde gestrichen, Verwaltung und Justiz wurden getrennt und durch Vereinigung der Hofkammern der östr. und böhm. Erblande eine neue Zentralbehörde für die allg. polit., die Finanz- und die Militärverwaltung geschaffen. Diese Institutionalisierung der monarch.-staatl. Verwaltung setzte sich auf Länderebene in allen landesfürstl. Behörden (seit 1763 Landesreg.) fort. Der östr. Adel wurde zum Dienst für die Monarchie verpflichtet. Da die Theresian. Staatsreform nur für die böhm.-östr. Erblande galt, wurde der spätere östr.-ungar. Dualismus fixiert.

Kaiser Joseph II., seit 1765 Mitregent, erhielt 1772 (1. Teilung Polens) Galizien und 1775 die Bukowina, im Bayr. Erbfolgekrieg das Innviertel, scheiterte aber mit dem Projekt eines Ländertausches. Seit 1780 Alleinherrscher, setzte er die Reformpolitik Maria Theresias fort. Seine Reg. (↑ Jo-

Österreich

Links oben: Ossiacher See in Kärnten, im Hintergrund der Dobratsch. Rechts oben: Landschaft im Gesäuse bei Admont, Steiermark. Links unten: Landschaft bei Ellmau, Tirol, im Hintergrund der Wilde Kaiser. Rechts unten: Landschaft bei Falkenstein im Weinviertel, Niederösterreich sephinismus) war einerseits durch das Toleranzpatent (1781), spektakuläre staatskirchl. Reformen und Zensurlokkerung, andererseits durch den Aufbau eines Kontrollsystems moderner Polizei gekennzeichnet. Seine grundsätzlich gegen nat. Traditionen und Sonderrechte gerichtete Politik führte an die Grenze revolutionärer Erhebungen. In den böhm. Ländern, in Ungarn und in den östr. Niederlanden war der Widerstand so stark, daß ein Teil der Josephin. Reformen zurückgenommen werden mußte. Kaiser Leopold II. suchte einen Kompromiß zw. der Theresian. Staatsreform und den Josephin. Reformen. Jedoch bahnte sich schon 1794/95 in Ö. eine völlige Abwendung vom aufgeklärten Absolutismus an.

In der Auseinandersetzung mit dem revolutionären und Napoleon. Frankreich stand Ö. nach dem Ausscheren Preußens im Basler Frieden 1795 schließlich allein. Die Zerstörung des europ. Mächtegleichgewichts in den Koalitionskriegen und den Napoleon. Kriegen führte zu gravierenden Territorialverlusten und zur Auflösung des Hl. Röm. Reiches (↑deutsche Geschichte).

Das Kaiserreich Österreich (1804–66): Die antinapoleon. Errichtung des Kaisertums Ö. 1804 schloß ohne eigtl. Zäsur nur äußerlich die Staatsbildung von Ö. ab, während die staatsrechtl. Stellung aller Länder der Habsburgermonarchie durch die Pragmat. Sanktion bestimmt blieb. 1809 war für Ö. der Tiefpunkt im Kampf gegen Napoleon I. erreicht: Es verlor die östr. Niederlande, Vorder-Ö., Tirol, die Krain, Teile von Ober-Ö., Kärntens, Kroatiens und die Erwerbungen aus der 3. Poln. Teilung und mußte als Folge der inflationist. Kriegsfinanzierung und der Friedenskontributionen 1811 den Staatsbankrott erklären. Patriot. Tendenzen wie Volksbewaffnung, Aufgebote der dt. Erblande, Tiroler Freiheitskampf und die antinapoleon. Kräfte in Böhmen blieben ungenutzt. Seit 1810 bzw. 1813 betrieb K. W. Fürst Metternich die Rettung von Ö. als Großmacht, zunächst in Anlehnung an Napoleon I. (Heirat mit der Kaisertochter Marie Louise), dann im Kampf gegen ihn. Erst im Aug. 1813 trat Ö. der Koalition gegen Napoleon bei.

Auf dem Wiener Kongreß wurde Ö. als *Donaumonarchie* im Umfang von 1797 bzw. 1803/05 wiederhergestellt, verlagerte aber sein polit. Gewicht nach S und SO; mit dem Verzicht auf die östr. Niederlande, West-Galizien, Krakau und das althabsburg. Vorder-Ö. (Tausch des Breisgaus gegen das Salzburger Land) verlor es seine Stellung als zentraleurop. Macht. Durch die konservative Politik Metternichs geriet Ö. mit Preußen und Rußland als den Führungsmächten der ↑Heiligen Allianz in die Isolation. Die durch 2 Kriegsjahrzehnte überdeckten sozialen Spannungen verstärkten sich und mündeten letztlich in die ↑Märzrevolution.

Seit 1820 vollzog sich ein bed. wirtsch. Aufschwung im industriellen Bereich. Freie Arbeitskräfte ermöglichten es bürgerl. Unternehmern, den Adel in die Landw. und die Lebensmittelind. abzudrängen. Durch Bildung städt. Ind.zentren (neben Prag in Wien, mit 235 000 E [1796], 431 000 E [1848] größte dt.sprachige Stadt und wirtsch. Mittelpunkt in Ö.) kam es zu einer erhebl. Veränderung der Bev.struktur; einer wachsenden Ind.arbeiterschicht stand eine großbürgerl. Unternehmerschicht gegenüber. Der steigenden Zahl Besitzloser suchte die Reg. mit den Ansätzen einer Fabrikgesetzgebung zu begegnen. Nat. Interessen, verstärkt durch wirtsch. Nachteile, machten sich zuerst in den ungar. Ländern bemerkbar. Im dt. Kernraum und in Böhmen rang das Bürgertum um seine Emanzipation und Mitwirkung im Staat. Der seit 1830 verhärteten Politik trat ein tiefes Mißtrauen entgegen, das sich trotz scharfer Zensur artikulierte. Die Wiener Reg.zentrale ihrerseits war unfähig, die aus dem tiefgreifenden sozialen Wandel resultierenden polit.-gesellschaftl. Konsequenzen zu bewältigen, sie hatte lediglich Verwaltungs- und Kontrollfunktionen, regierte faktisch aber nicht mehr. Das Verlangen des Besitz- und Bildungsbürgertums, aber auch eines Teils des Adels nach Systemveränderungen, die Lage der Bauern und die Auswirkungen der Wirtschaftskrise seit den 1840er Jahren, v. a. auf Arbeiter und Handwerker, förderten den Ausbruch der Märzrevolution. Sie verband sich mit dem Aufbegehren der in Galizien durch polit. Zugeständnisse, in Kroatien und der Lombardei mit polizeistaatl. Mitteln unterdrückten Nationalitäten und erschütterte die gesamte Habsburgermonarchie.

Die Märzrevolution hatte in Ö. vier Zentren: In Wien hatten radikale Studenten auch Arbeiter mobilisiert. Hier erzielte sie seit dem 13. März 1848 rasche Erfolge, v. a. die Abschaffung der Pressezensur und die Einführung eines Min.rats als konstitutionelles Gegengewicht zur Krone (Sturz Metternichs). Der Verfassungsentwurf vom April 1848 sah ein Zweikammersystem, Gewaltentrennung, Garantie der Unverletzlichkeit der Nationalitäten vor und erfüllte damit wesentl. liberal-konstitutionelle Forderungen. In der 2. Entwicklungsphase radikalisierte sich die Revolution in Wien; die Erhebung vom 15. Mai erzwang die Rücknahme der Aprilverfassung und die zensusfreie Wahl eines konstituierenden östr. Reichstags. – In Prag brach durch die am 11./13. März von tschech. Intellektuellen und von demokrat.-sozialrevolutionär gesinntem Kleinbürgertum ausgelöste Revolution sofort die nat. Frage auf. Die Revolutionäre forderten amtl. Zweisprachigkeit und paritāt. Ämterbesetzung und v. a. eine Sonderstellung der böhm. Länder. Der Aufstand wurde von Fürst Windischgrätz (d. Ä.) unterdrückt. – In Lombardo-Venetien geriet der revolutionäre Aufbruch (seit 17. März) sofort in den Sog des ↑Risorgimento. – In Ungarn begann die Revolution am 15. März und schon am 11. April mußte Wien die 31 Gesetzesartikel der ungar. Verfassung von 1848, die einen nur durch habsburg. Personalunion mit Ö. verbundenen ungar. Staat und ein parlamentar. System vorsah, anerkennen.

Oben: Naturschutzgebiet Lange Lacke im Seewinkel, Burgenland. Unten: Weinanbaugebiet bei Spitz an der Donau, Wachau, Niederösterreich

Leopold I. (zeitgenössischer Kupferstich)

Maria Theresia (Ausschnitt aus einem Kupferstich, 1770)

Joseph II. (Ausschnitt aus einem Kupferstich)

Klemens Wenzel Fürst von Metternich (Kreidezeichnung von Anton Graff, um 1805)

Der konstituierende Wiener Reichstag (seit 22. Juli 1848) stand damit vor 3 Hauptaufgaben: Realisierung der liberaldemokrat. konstitutionellen Forderungen, völlige Beseitigung der bäuerl. Untertänigkeitsverhältnisse einschl. einer Grundentlastung, v. a. aber die Bewältigung der Nationalitätenfrage. Sie war nicht nur mit den Konzeptionen zur Lösung der dt. Frage, sondern auch mit den liberalen Zielen der Frankfurter Nat.versammlung nicht in Übereinstimmung zu bringen. Die Autonomiebestrebungen der einzelnen Kronländer beruhten auf histor. Staatsrechtsansprüchen und waren daher meist ständisch ausgerichtet. Damit erwies sich die Nationalitätenfrage als Hindernis für die Verwirklichung konstitutioneller Forderungen und begünstigte die konservativen, antirevolutionären Aktionen in Ö. Nach der Niederwerfung des Prager Aufstands waren der Sieg bei Custoza (23.–25. Juli) und der Waffenstillstand in Lombardo-Venetien weitere Erfolge der konservativen Kräfte. Zwar kam es in Wien im Okt. zu einem erneuten Aufstand (Widerstand meuternder Truppen gegen die östr. Intervention in Ungarn), doch wurde er durch Windischgrätz niedergeschlagen. Mit der Erschießung R. Blums, dem Repräsentanten der Frankfurter Nat.versammlung, waren auch deren Anhänger in Ö. getroffen.

Die Revolution in Ungarn wurde durch das Eingreifen russ. Truppen unterdrückt (Treffen Franz Josephs I. mit Nikolaus I. im Mai 1849); die Ungarn kapitulierten erst im Aug. 1849 (Flucht Kossuths nach der Türkei, Tod Petőfis). Nach der Verlegung des Wiener Reichstags nach Kremsier (seit Nov. 1848), der Reg.neubildung durch Fürst Schwarzenberg und dem erzwungenen Thronwechsel zugunsten Kaiser Franz Josephs I. war zunächst nur verstärkter östr. Widerstand gegen die sich abzeichnende kleindt. Lösung der dt. Frage in der Paulskirche spürbar geworden. Obwohl der Verfassungsentwurf des Reichstags von Kremsier eine mit allen Nationalitäten des Erblands vereinbarte nationalist.-föderalist. Umstrukturierung von Ö. vorsah, zwang die Wiener Reg. am 4. März 1849 den Kremsierer Reichstag zur Annahme einer oktroyierten Verfassung (Märzverfassung) und löste ihn am 17. März gewaltsam auf. Die mit fortschrittl. Elementen der Kremsierer Verfassung ausgestattete Verfassung sollte unter Zurückweisung aller staatsrechtl. Begehren der Nationalitäten und unter Auflösung der Einheit der Länder der Stephanskrone einen großöstr. Einheitsstaat schaffen. Das östr. Erstarken als konservative Großmacht ermöglichte es, seinen dt. Führungsanspruch zu erneuern, den Verzicht Preußens auf die kleindt. Lösung zu erzwingen und das großöstr. Gegenprojekt einer mitteleurop. Wirtschaftseinheit zu verfolgen. Die Märzverfassung wurde unter dem Druck der östr. Hocharistokratie und der mehrheitlich konservativen Bürokratie 1851 annulliert; v. a. mit der Errichtung eines Reichsrats, der Umwandlung des konstitutionellen Min.rats in ein bloßes Ausführungsorgan monarch. Willens und dem Verzicht auf einen Min.präs. wurde die absolute Krongewalt aufgerichtet (Neoabsolutismus, maßgeblich geprägt durch A. v. Bach). Die östr. Außenpolitik 1853–60 führte u. a. im Krimkrieg (1853/54–56) zum Gegensatz zu Rußland auf dem Balkan; der Sardin.-Frz. Krieg gegen Ö. (1859/60) brachte die Entfremdung zu Frankreich und den Verlust der Lombardei. Der wachsende Widerstand Ungarns gegen das neoabsolutist. System machte 1859 eine Verfassungsreform unumgänglich. Sie wurde versucht im sog. Oktoberdiplom (20. Okt. 1860), das unter Wahrung der Vollgewalt der Krone durch dezentralisierende, den Kronländern zuzubilligende autonome Verwaltungsrechte die Macht der zentralist. Bürokratie schmälern, aber die Bildung eines Zentralparlaments umgehen und mit Hilfe konservativer Teile des Bürgertums die Führungsposition des ständ. Adels in den Kronländern zurückgewinnen sollte. Das nach dem Scheitern dieses Konzepts (bes. in Ungarn) entworfene sog. Februarpatent (1861) kehrte zur zentralist. Reichsgewalt zurück, modifiziert durch eine nichtparlamentar. Konstitutionalisierung des Reichsrats und ein Verwaltungssystem abgestufter Autonomie. Es wurde von der dt.-liberalen Verfassungspartei befürwortet, die einen von der dt. Bev. dominierten östr. Einheitsstaat anstrebte, desgleichen von den Alttschechen. Die ↑Jungtschechen jedoch, v. a. aber die Ungarn, lehnten es scharf ab.

Franz Joseph I.

Franz Ferdinand

Der Krieg 1866 gegen Preußen und seine Verbündeten (u. a. Italien; ↑Deutscher Krieg) brachte nicht nur den Verlust von Venetien, sondern auch die Gefährdung der östr. Großmachtstellung nach seiner Verdrängung aus dem Dt. Bund. Die damit strukturell grundlegend geänderte Nationalitätenfrage wurde zum Reichsproblem der Habsburgermonarchie.

Österreich-Ungarn (1867–1918): Eine Lösung wurde angestrebt durch den östr.-ungar. Ausgleich 1867, dessen Ergebnis die Doppelmonarchie Ö.-Ungarn war. Kaiser Franz Joseph I. wurde zum König von Ungarn gekrönt. Es gab keine Gesamtverfassung, nur den Gemeinsamen Min.rat (für die als gemeinsam definierten Angelegenheiten). In der Innenpolitik handelten beide Reichshälften durch selbständige Reg. In den dt.-slaw. Kronländern (Zisleithanien) war von Anfang an das Nationalitätenproblem nicht gelöst. Die dadurch bedingte innenpolit. Instabilität wurde bis 1879 nur überdeckt durch die Führungsleistung des östr. Liberalismus, durch die gut funktionierende Verwaltung, den bed. Wirtschaftsaufschwung und durch die stabilisierend wirkende Neutralitätspolitik im Dt.-Frz. Krieg 1870/71. Mit dem Wiener Börsenkrach (9. Mai 1873) und der großen Depression ging das Vertrauen in die liberale Ära, in Gewerbe- und Handelsfreiheit verloren. Der vorausgegangene, von Bürgertum und Großgrundbesitz getragene stürm. Wirtschaftsaufschwung hatte die soziale Frage in den Hintergrund gedrängt. Die Sorge um ihre Bewältigung förderte antiliberale Kräfte; die schwache Verankerung des Liberalismus im Wirtschaftsbürgertum führte zu seinem raschen Niedergang (1879 Rücktritt der Liberalen).

In Transleithanien (Ungarn und Nebenländer) sicherte das Wahlgesetz die Herrschaft des ungar. Adels; mit dem Nationalitätengesetz 1868 schien das Nationalitätenproblem bewältigt. Aber das Gesetz wurde nicht angewendet, und schon der kroat.-ungar. Ausgleich zeigte Ansätze der späteren, für die Gesamtmonarchie verhängnisvollen Nationalitätenpolitik (Magyarisierung). Die Parteienbildung richtete sich in Ungarn nach Anerkennung oder Ablehnung des östr.-ungar. dualist. Systems. Seit 1875 verfolgte die Liberale Partei unter K. Tisza einseitig die staatsrechtl. „Weiterentwicklung" des östr.-ungar. Ausgleichs, den die oppositionelle radikale 48er-Unabhängigkeitspartei völlig ablehnte. So konnte sich durch doktrinär praktizierten Wirtschaftsliberalismus ohne eigtl. industriellen Aufschwung und Entwicklung eines entsprechenden Bürgertums auf Kosten des Mittel- und Kleinbesitzes und der nichtmagyar. Nationalitäten eine schwerwiegende Umschichtung zugunsten des Großgrundbesitzes vollziehen.

Zu einem erneuten innenpolit. Kurswechsel, der das Ende der liberalen Ära bedeutete, kam es mit der Reg.übernahme durch den Vertrauensmann des Kaisers, E. Graf Taaffe (1879). Er stützte sich auf den „Eisernen Ring" der antiliberalen Reichsratsmehrheit einer kath.-konservativen slaw. Koalition. Taaffe hatte die Rückkehr der Polen und Tschechen in den Reichsrat durch nat. Zugeständnisse erreicht (u. a. 1880 amtl. Zulassung beider Sprachen), scheiterte aber 1890 an den Jungtschechen bei dt.-tschech. Ausgleichsverhandlungen. Taaffe wollte den Nationalitätenstreit durch die Konzentration auf die sozialpolit. Probleme neutralisieren, u. a. durch Einleitung einer Fürsorgepolitik nach dt. Muster und durch Erweiterung des Wahlrechts auf den gewerbl. Mittelstand (Herabsetzung des Wahlzensus 1882); beim Versuch der Einführung eines allg. demokrat. Wahlrechts (1893) stürzte sein Kabinett.

Nach Lockerung des Wahlzensus begannen sich neue Parteien zu bilden. Geschlossen für die gesamte östr. Reichshälfte formierte sich demgegenüber seit 1888/89 unter V. Adler die östr. Sozialdemokratie, die aber erst seit 1897 im Reichsrat vertreten war. Zunächst nur als Klassenpartei der dt. Mittelschichten und des Kleinbürgertums entstand die konservative Christlichsoziale Partei unter Führung von K. Lueger. Die Liberalen splitterten sich in mehrere Grup-

Österreich. Österreichische Geschichte 1521–1792

pen auf. Diese Herausforderung der gesamten bisherigen Staatsführung durch soziale und nat. Massenparteien und Interessenverbände markierte eine polit. Gesamtzäsur, von der die allein von der Krone bestimmte Außenpolitik scheinbar unberührt blieb. Die Eingliederung Ö.-Ungarns in das Bündnissystem Bismarcks (Zweibund 1879, Dreikaiserbund 1881, Dreibund 1882, Mittelmeerabkommen 1887) zur Aufrechterhaltung der östr. Großmachtstellung und zur Vermeidung einer Konfrontation mit Rußland in der Balkanfrage legte die Donaumonarchie bereits vor der sich anbahnenden europ. Mächteblockbildung fest.

Nach 1895 verschärfte sich der Nationalitätenstreit (Sprachverordnungen für die Tschechen 1895 von Min.-präs. K. F. Badeni, 1899 wieder aufgehoben; Verschleppung der Erneuerung des östr.-ungar. Ausgleichs), der nun den Gesamtstaat bedrohte. Die hohe Staatsbürokratie erwies sich als unfähig, die Probleme auch nur in Ansätzen zu lösen, vielmehr regierte sie mit Notstandsparagraphen, was das ihr entgegengebrachte Mißtrauen noch verstärkte. So wurde die Donaumonarchie am Beginn des 20. Jh. weitgehend von innerer Stagnation und polit. Resignation beherrscht; wachsende Hoffnungen wurden in den Thronfolger Franz Ferdinand gesetzt.

In Ungarn war man entschlossen, keine Veränderung des Systems der dualist. Realunion zuungunsten Ungarns durch zusätzl. Ausgleiche zuzulassen, bes. seit dem Sturz K. Tiszas 1890. Nach der Ablösung der 40jährigen liberalen Reichstagsmehrheit durch die Unabhängigkeitspartei 1905–10 verhinderte die Krone durch eine Intervention zwar eine ungar. Abkehr vom östr.-ungar. Ausgleich, scheiterte aber, als durch Übertragung des allg. Wahlrechts auf Ungarn die nationalist., adlig-großbürgerl. magyar. Führungsschicht abgelöst werden sollte.

Die innenpolit. Stabilisierung nach 1910 durch die neuformierte liberale „Partei der nat. Arbeit" unter I. Graf Tisza brachte in Gegnerschaft zum Thronfolger Franz Ferdinand kein Einlenken Ungarns. Auch in der Außenpolitik verschlechterten sich die Konstellationen. Rußland wandte (nach der Niederlage gegen Japan 1905) seine Aktivitäten wieder dem Balkan zu, und die seit 1903 in Serbien regierende Dyn. Karađorđević förderte die Loslösung der südslaw. Gebiete von der Donaumonarchie. Als Ö. 1908 Bosnien und die Herzegowina annektierte, war eine europ. Krise die Folge. Der 1906 zum Generalstabschef ernannte F. Conrad von Hötzendorf forderte v. a. nach den Balkankriegen 1912/13 einen Präventivkrieg gegen Serbien, doch löste erst die Ermordung des Thronfolgers Franz Ferdinand in Sarajevo am 28. Juni 1914 die Kriegserklärung an Serbien (28. Juli) aus, Anlaß zum 1. Weltkrieg.

Ö.-Ungarn war auf den Krieg militärisch nicht ausreichend vorbereitet. Nach schweren Rückschlägen (Verlust Galiziens, Karpatenschlacht) wurde 1915 Russ.-Polen besetzt, dabei geriet Ö.-Ungarn in wachsende militär. Abhängigkeit vom Dt. Reich. Nur mit dt. Hilfe konnte es 1915 Galizien zurückerobern, Serbien niederwerfen und dem Kriegsbeitritt Rumäniens (Aug. 1916) siegreich begegnen. Mit eigenen Kräften hielt Ö.-Ungarn nur die Front gegen Italien nach dessen Kriegsbeitritt 1915 und eroberte Montenegro und Albanien. Kaiser Karl I., der 1916 die Nachfolge Kaiser Franz Josephs I. angetreten hatte, zeigte sich der Kriegs- und Krisensituation nicht gewachsen. Neben den steigenden wirtsch. Belastungen wurde die innere Situation durch das Unabhängigkeitsstreben der Völker der Habsburgermonarchie erschwert (Bildung von Exilreg.). Der Reichsrat, 1914 vertagt, trat erst 1917 wieder zusammen. Im Frühjahr 1918 wuchs mit der Sixtus-Affäre die Abhängigkeit vom Dt. Reich. Der Autoritätsverfall der östr. Reichsführung konnte nicht mehr eingedämmt werden. Mit dem militär. Zusammenbruch ab Sept. 1918 begann der Zerfall der Habsburgermonarchie. Am 1. Okt. bestritten die slaw. Nationalitäten dem Reichsrat die Kompetenz in der Nationalitätenfrage. Sie beriefen sich auf die bis Aug. 1918 von den Alliierten anerkannten Exilreg. (v. a. die tschech. und die poln.). Am 31. Okt. 1918 trennte sich Ungarn von Ö.; in den Verträgen von Saint-Germain-en-Laye (1919) und Trianon (1920) wurde die Auflösung der Donaumonarchie bestätigt. Als Nachfolgestaaten konstituierten sich die Tschechoslowakei, Ö. und Ungarn; Teile der ehem. Monarchie kamen an Italien, Polen, Rumänien und das Kgr. der Serben, Kroaten und Slowenen.

Österreich, Staatsoberhäupter

Die Markgrafen der bayr. Ostmark bzw. von Österreich (976–1156), die Herzöge (1156–1453) und die regierenden Erzherzöge (seit 1453) von Österreich; die Könige von Ungarn und Böhmen (seit 1526/27); die Röm. Kaiser (seit 1804 Kaiser von Österreich)

Babenberger

Luitpold I.	976–994
Heinrich I.	994–1018
Adalbert der Siegreiche	1018–1055
Ernst	1055–1075
Luitpold II.	1075–1095
Leopold III., der Heilige	1095–1136
Leopold IV. (Hzg. von Bayern 1139–1141)	1136–1141
Heinrich II. Jasomirgott (Hzg. von Bayern 1143–1156)	1141–1177
Leopold V. (Hzg. von Steiermark 1192–1194)	1177–1194
Friedrich I.	1194–1198
Leopold VI., der Glorreiche (Hzg. von Steiermark 1194–1230)	1198–1230
Friedrich II., der Streitbare (Hzg. von Steiermark 1230–1246)	1230–1246
Hermann (Markgraf von Baden)	1247–1250
Ottokar II. (König von Böhmen)	1251–1278

Habsburger

Albrecht I. (Hzg. von Steiermark; Röm. König seit 1298)	1282/83–1308
Friedrich III., der Schöne (Röm. König seit 1314)	1308–1330
Albrecht II., der Lahme	1330–1358
Rudolf IV., der Stifter	1358–1365
Albrecht III. und Leopold III.	1365–1379

Albertinische Linie (Ober- und Nieder-Ö.)

Albrecht III.	1379–1395
Albrecht IV.	1395–1404
Albrecht V. (Röm. König [A. II.] seit 1438)	1404–1439
Ladislaus Posthumus (König von Ungarn und Böhmen [L. V.] 1440/1453)	1439/52–1457

Leopoldinische [steir.] Linie (Inner-, Vorder-Ö. und Tirol)

Leopold III.	1379–1386
Wilhelm	1379–1406

jüngerer steirischer Zweig (Inner-Ö.)

Leopold IV.	1406–1411
Ernst der Eiserne	1411–1424
Friedrich V. (Röm. König/Kaiser [F. III.] seit 1440/1452)	1424/35–1493

älterer Tiroler Zweig (Vorder-Ö. und Tirol)

Friedrich IV.	1406–1439
Sigmund	1439–1490

Römische Kaiser

Maximilian I. (Röm. König/Kaiser seit 1486/1508)	1493–1519
Karl I. (Röm. König/Kaiser [K. V.] seit 1519/30; König von Spanien seit 1516)	1519–1521/22
Ferdinand I. (Röm. König/Kaiser seit 1531/56; König von Ungarn und Böhmen seit 1526/27)	1521/22–1564

Österreichische Hauptlinie (Ö. unter und ob der Enns [„niederöstr. Lande"]; Könige von Böhmen und Ungarn und Röm. Kaiser)

Maximilian II.	1564–1576
Rudolf II.	1576–1612
Matthias	1612–1619

Steirische Linie (Inner-Ö.)

Karl II.	1564–1590
Ferdinand II. (Röm. Kaiser seit 1619)	1590/1619–1637

Tiroler Linie (Vorder-Ö. und Tirol [„oberöstr. Länder"])

Ferdinand II.	1564–1595
Maximilian III.	1602–1618
Leopold V.	1618/25–1632
Ferdinand Karl	1632/46–1662
Sigmund	1662–1665

Könige von Böhmen und Ungarn und Röm. Kaiser bzw. Kaiser von Ö.

Ferdinand III.	1637–1657
Leopold I.	1657–1705
Joseph I.	1705–1711
Karl VI.	1711–1740
Maria Theresia	1740–1780

Habsburg-Lothringer

Joseph II.	1780–1790
Leopold II.	1790–1792
Franz II. (I.) (Röm. Kaiser 1792–1806; Kaiser von Ö. seit 1804)	1792–1835
Ferdinand I.	1835–1848
Franz Joseph I.	1848–1916
Karl I.	1916–1918

Bundespräsidenten

Karl Seitz*	1919–1920
Michael Hainisch	1920–1928
Wilhelm Miklas	1928–1938
Karl Renner	1945–1950
Theodor Körner	1951–1957
Adolf Schärf	1957–1965
Franz Jonas	1965–1974
Rudolf Kirchschläger	1974–1986
Kurt Waldheim	1986–1992
Thomas Klestil	seit 1992

* 1. Präs. der konstituierenden Nat.versammlung.

Die Erste Republik (1918–37): Eine provisor., aus den 1911 gewählten 210 dt. Reichsratsabg. für das gesamte geschlossene dt. Siedlungsgebiet Zisleithaniens gebildete Nat.versammlung (30. Okt. 1918) schuf auf der Basis der Dezemberverfassung von 1867 und in Übernahme der alten föderalist. Landesordnungen die Provisorische Verfassung (30. Okt.), bildete aus ihren Reihen eine Exekutive mit K. Renner als erstem Kanzler und proklamierte am 12. Nov. Deutsch-Ö. als demokrat. Republik und deren Anschluß an das Dt. Reich. Die im Febr. 1919 gewählte Nat.versammlung hatte eine Mehrheit der SPÖ (72) vor der Christlichsozialen Partei (CP, 69) und den späteren Großdeutschen (26). Sie bestätigte die Staatsbildung vom 12. Nov. 1918, annullierte (3. April 1919) durch das Habsburgergesetz und das Adelsgesetz (Verbot des Adels) die monarch. Herrschafts- und Sozialstrukturen. Mit Sozialgesetzen (u. a. Achtstundentag, Regelung von Frauen- und Kinderarbeit und Arbeitsurlaub) suchte die Reg. die starken sozialen Spannungen abzubauen und die revolutionären Strömungen einzudämmen. Die Errichtung einer Räterepublik wurde verhindert. Nach alliierter Einlösung der Territorialforderungen der ČSR und Italiens konnte sich Ö. nur in den Abstimmungsgebieten in S-Kärnten und Dt.-Westungarn (Burgenland) behaupten, auch Vorarlberg blieb bei Ö., allerdings wurde der Verzicht auf Südtirol und die sudetendt. Gebiete festgelegt. Ö. wurde in den Völkerbund aufgenommen, ein Anschluß an das Dt. Reich entsprechend dem Versailler Vertrag (Art. 80) verboten. Der dt. Reststaat der einstigen Donaumonarchie (territorial 1/8 der Gesamtmonarchie mit weniger als 1/7 der einstigen Gesamtbev.) erhielt grundlegend veränderte polit., wirtsch. und soziale Strukturen; durch die Bestimmung als Nachfolgestaat mit hohen Reparationsleistungen entstand eine fast aussichtslose polit. und gesamtwirtsch. Ausgangsposition. Die wirtsch. und sozialen Aufgaben mußten daher die Politik, ihre Bewältigung das Schicksal der Ersten Republik bestimmen.

Am 1. Okt. 1920 trat die auf der Basis der Provisor. Verfassung von 1918 ausgearbeitete demokrat. Verfassung für den östr. Bundesstaat in Kraft. Sie war als zentralist.-föderalist. Kompromiß konzipiert (Zweikammersystem [National- und Bundesrat], noch schwache Kompetenz des Bundespräs., Belassung der alten östr. Erblande als Bundesländer, Teilung von Legislative und Exekutive zw. Bund und Ländern). Sie ist, in der Modifizierung vom 7. Dez. 1929, 1945 wieder in Kraft gesetzt, auch die heutige Verfassung. Die Neuwahlen (17. Okt. 1920) veränderten durch den Sieg und die Koalition der bürgerl. Parteien die innenpolit. Situation nachhaltig. Die CP setzte sich als stärkste polit. Kraft durch und stellte (in Koalition mit kleinen bürgerl. Parteien, wie der Großdt. Volkspartei [GVP] und dem Landbund [LB]) meist den Bundeskanzler. Die SPÖ stand seit 1920 im Bund in Opposition, baute jedoch ihre Machtstellung in Wien aus (Bürgermeisteramt 1919–34) und prägte dort durch sozial- und bildungspolit. Reformen das moderne Profil der Stadt.

Den bürgerl. Reg.parteien mit ihren meist der k. u. k. Staatsbürokratie entstammenden Führern fiel die Anpassung an den Kleinstaat und seine wachsende wirtsch.-soziale Notlage schwer. Die wirtsch. Sanierung konnte nur mit Hilfe der Siegermächte bzw. der vom Völkerbund vermittelten Kredite durchgeführt werden (Genfer Protokolle, 1922). Diese Kredite waren immer mit der Auflage des Anschlußverbots belegt, setzten das östr. Bekenntnis zum eigenen Staat voraus bzw. verlangten auch tiefgreifende innere Reformen (Verwaltungsreform). Doch rettete der Kredit Ö. vor dem wirtsch. Zusammenbruch und ermöglichte eine Stabilisierung der Währung (Einführung der Schillingwährung, Verselbständigung der Notenbank). Aber keine der bürgerl. Reg. konnte bis 1932 dauerhafte Erfolge in der Wirtschaftspolitik erringen. Zwar verzeichnete die Landw. bis zur Weltwirtschaftskrise 1929 einen Aufstieg, aber die Ind. erreichte, angewiesen auf kurzfristige Auslandskredite, nur mäßigen Aufschwung (nur 80 % der Vorkriegsproduktion, keinen Abbau der Arbeitslosigkeit [25 %]). Der

Österreich-Ungarn
1815–1920
Im Reichsrat vertretene Königreiche und Länder (Zisleithanien, Österreich)
Länder der Ungarischen Krone (Transleithanien, Ungarn)
Bosnien und Herzegowina
Besitz habsburg. Nebenlinien
Gebiet der Militärgrenze und Jahr der Aufhebung
Grenze des Kgr. Illyrien 1816-1849
Grenzen und Namen der durch die Pariser Vorortverträge (1919/20) gebildeten Staaten
UNGARN
1846 Jahr der Erwerbung
(1860) Jahr des Verlustes
0 50 100 km
Abkürzungen:
Kgr. = Königreich
Ehzm. = Erzherzogtum
Ghzm. = Großherzogtum
Hzm. = Herzogtum
Gfsm. = Großfürstentum
Fsm. = Fürstentum
Mgft. = Markgrafschaft
Gef. Gft. = Gefürstete Grafschaft
Gef. Gft. G. = Görz-Gradisca
Kgr. Polen (Kongreß-Polen)
RUSSISCHES KAISERREICH
Kgr. Galizien
Rep. Krakau 1846
Czernowitz Hzm. Bukowina
Bessarabien
Podolien
Moldau
Kgr. Böhmen
Mgft. Mähren
Hzm. Troppau
Prov. Schlesien
Ehzm. Nieder-Österreich
Ehzm. Ober-Österreich
Hzm. Salzburg
Hzm. Steiermark
Hzm. Kärnten
Hzm. Krain
Gef. Gft. Tirol
Vorarlberg
Küstenland
Mgft. Istrien
Kgr. Dalmatien
WIEN
BUDAPEST
Kgr. Ungarn
Gfsm. Siebenbürgen
1868 zu Ungarn
Militärgrenze (1851)
Banat
Batschka
Wojwodina
Slawonien
Kroatien
Kroatisch-Slawonische Militärgrenze (1881)
Banater Militärgrenze (1873)
Bosnien
1878 von Österreich-Ungarn besetzt, 1908 zu Österreich-Ungarn
Herzegowina
Sarajewo
SERBIEN
1817 tributpflichtiges Fürstentum
1878 unabhängig, 1882 Königreich
RUMÄNIEN
1859/61 tributpfl. Fsm., 1877 unabhängig, 1881 Kgr.
Walachei
Südkarpaten
BULGARIEN
1878 tributpfl. Fsm., 1908 Kgr.
Sandschak Novi Pazar
1913 zu Montenegro
1878 zu Serbien
1913 zu Serbien bis 1912
TÜRKEI
MONTENEGRO 1910 Kgr.
ALBANIEN unabh. 1912
Adriatisches Meer
Kgr. Lombardei (1859)
Venetien (1866)
Venedig
Mailand
Kgr. Sardinien
Piemont
Hzm. Parma (1847)
Hzm. Modena (1860)
Hzm. Lucca
Ghzm. Toskana (1860)
Kirchenstaat
Marken
Umbrien
REP. S. MARINO
ROM
Kgr. beider Sizilien
ITALIEN
SCHWEIZ
FSM. LIECHTENSTEIN
DEUTSCHES REICH
Kgr. Bayern
Kgr. Württemberg
Ghzm. Baden
Ghzm. Hessen
Fsm. Hohenzollern
Thüringische Staaten
Kgr. Sachsen
Pfalz
Lothringen
Elsaß
GHZM. LUXEMBURG
FRANKREICH
FSM. MONACO

Österreich. Österreichische Geschichte, vorn am Rednerpult Adolf Hitler am 15. März 1938 auf dem Wiener Heldenplatz

Karl Renner

Engelbert Dollfuß

Kurt Schuschnigg

Außenhandel blieb selbst während der europ. Konjunktur 1924–29 defizitär. Seit Okt. 1926 wechselten rasch die Kabinette, die parteipolit. Polarisierung zw. Sozialdemokratie und bürgerl. Parteien verstärkte sich. Zäsuren in der Entwicklung der Krise der östr. Demokratie seit 1925 bildeten die blutigen Zusammenstöße (seit 15. Juli 1927) der nichtstaatl., bewaffneten Selbstschutzformationen der Parteien (zahlenmäßig stärker als das östr. Bundesheer), der Republikan. Schutzbund der SPÖ stand der rechtsradikalen „Frontkämpfervereinigung" gegenüber. Der 3. Reg. Schober (Sept. 1929 bis Sept. 1930) gelang zwar 1930 die Liquidierung aller Kriegsschulden und der alliierten Generalpfandrechte, nicht aber die Bildung der Dt.-Östr. Zollunion. So erlangte der Zusammenbruch der östr. Creditanstalt für Handel und Gewerbe, der größten Industriebank, Signalwirkung für die Nichtbewältigung der gesamtwirtsch. Aufgaben durch die bürgerl. Reg.parteien.
Die Lähmung des Parlamentarismus sollte durch eine Verstärkung der Staatsautorität ausgeglichen werden. Aber die Novellierung (7. Dez. 1929) der Oktoberverfassung 1920 (erhebl. Kompetenzvermehrung des nun für 6 Jahre direkt zu wählenden Bundespräs., nur geringe Kompetenzeinschränkung des Nat.rats) enttäuschte die nach italien.-faschist. Vorbild ausgerichteten Heimwehren, die entschlossen waren, ihre gesamtpolit. Ziele durchzusetzen.
Im April 1932 siegte die östr. nat.-soz. Partei, die organisatorisch der dt. Parteileitung unterstellt war, in Landtags- und Gemeindewahlen. Im Mai 1932 bildete E. Dollfuß als Bundeskanzler eine Koalitionsreg. aus CP, LB und Heimatblock. Er nutzte die im Zusammenhang mit einem kurzen Eisenbahnerstreik erfolgte vorübergehende Selbstausschaltung des Nat.rats (Rücktritt der 3 Präs.) am 4. März 1933, um mit Hilfe des in die Oktoberverfassung 1920 übernommenen kriegswirtsch. Ermächtigungsgesetzes von 1917 den Nat.rat als verfassungsmäßiges Organ staatsstreichmäßig auszuschalten und ein autoritäres Regime einzuführen. Die Absprache verfassungswidriger Politik mit Mussolini (Beseitigung des Parteienstaats in Ö. und Staatsneubau auf korporativer Grundlage) und die Gründung der Vaterländ. Front anstelle polit. Parteien verdeutlichen den antidemokrat. Umbruch. Die von den Heimwehren ausgelösten Februarunruhen 1934 führten zur Ausschaltung der SPÖ und nach neuerl. Abstimmung mit Italien zugleich mit Inkraftsetzung des östr. Konkordats (1933) zum Erlaß der Maiverfassung 1934. Sie vollzog in Verbindung von autoritärem Katholizismus und Heimwehrfaschismus unter der Ideologie des Ständestaats (berufsständ. Staatsstruktur, Einparteiensystem) eine grundsätzl. Abkehr von demokrat. Prinzipien. Die östr. Nationalsozialisten (offiziell verboten) unternahmen am 25. Juli 1934 einen Putsch, bei dem Dollfuß ermordet wurde. Hitler duldete die Niederschlagung des Putschs, v. a. um die Spannungen mit Italien abzubauen. Er sandte aber den früheren dt. Reichskanzler von Papen nach Wien, um den „Anschluß" vorzubereiten.
K. Schuschnigg als Nachfolger von Dollfuß setzte dessen autoritäre Politik fort. Die Stützung der östr. Unabhängigkeit durch das neuerl. Bündnis mit Italien als Schutzmacht (22. Aug. 1934) und durch die Bildung der ↑Stresafront (April 1935) geriet mit der Annäherung Mussolini/Hitler seit dem Italien.-Äthiop. Krieg 1935/36 ins Wanken und zwang Schuschnigg zum dt.-östr. Abkommen vom 11. Juli 1936. Dieses Juliabkommen garantierte die staatl. Integrität Ö. und sicherte die innenpolit. Nichteinmischung Deutschlands zu, verpflichtete aber Ö. zu einer an Deutschland orientierten Außenpolitik.
Österreich im Großdeutschen Reich (1938–45): Bei der Berchtesgadener Zusammenkunft (12. Febr. 1938) mit Schuschnigg erzwang Hitler die Einsetzung des Nationalsozialisten A. Seyß-Inquart als Innen- und Sicherheitsmin. Ebenfalls unter dt. Druck gab Schuschnigg die für den 12. März geplante Volksabstimmung über die Erhaltung der östr. Unabhängigkeit auf, trat am 11. März zurück, und Seyß-Inquart wurde von Bundespräs. Miklas zum Bundeskanzler ernannt. Er vollzog den Anschluß ans Dt. Reich, nachdem am 12. März die dt. Truppen einmarschiert waren (durch Volksabstimmung am 10. April 1938 mit großer Mehrheit bestätigt). Mit dem Ostmarkgesetz (14. April 1939) wurden die östr. Landesreg. und die Bundesländer aufgelöst und 7 Reichsgaue gebildet, die ab 1942 die Bez. Alpen- und Donaugaue führten. Die Einführung der dt. Verwaltungsorganisation und die Besetzung der Führungsstellen mit „Landfremden", die Verfolgung von Regimegegnern, die sofort nach dem Anschluß einsetzte, sowie die schweren menschl. und materiellen Verluste nach Ausbruch des 2. Weltkriegs bewirkten die Abwendung der östr. Bev. vom Großdt. Reich und die Bildung von Widerstandsgruppen, die Verbindung zur dt. antifaschist. Bewegung hatten.
Die Zweite Republik (seit 1945): 1943 beschlossen die Alliierten auf der Moskauer Konferenz, Ö. als eigenen Staat wiederherzustellen; in Jalta (Febr. 1945) wurde die Aufteilung des Landes in 4 Besatzungszonen vereinbart. Die 2. republikan. Staatsbildung erfolgte in dem ab Ende März (Wien 13. April) 1945 von sowjet. Truppen eroberten östl. Ö. durch Bildung einer Provisor. Staatsreg. unter K. Renner (durch SPÖ, KPÖ und die neugegr. Östr. Volkspartei [ÖVP]). Sie erklärte am 27. April die Unabhängigkeit und die Wiederinkraftsetzung der 1929 novellierten Verfassung von 1920. Die Provisor. Staatsreg. konnte ihren Anspruch auf einheitl. Leitung der staatl. Legislative und Exekutive auch gegenüber den autonomen provisor. Landesreg. (Landeshauptmannschaften) durchsetzen und wurde am 20. Okt. 1945 auch von den 3 westl. Besatzungsmächten anerkannt. Der provisor. Übergangsstatus endete nach den ersten Nat.rats- und Landtagswahlen (25. Nov. 1945), bei denen die ÖVP (85 Sitze) die absolute Mehrheit errang (SPÖ 76, KPÖ 4 Sitze), mit dem Zusammentritt der Bundesversammlung und der Wahl Renners zum östr. Bundespräs. Der Alliierte Rat bzw. die einzelnen Militärreg. übten ihre höchste Gewalt nur über die östr. Bundesreg. aus. Bereits Ende 1946 wurden Verhandlungen zur Ablösung des Besatzungsstatuts aufgenommen.
Die durch das alliierte Kontrollabkommen (28. Juni 1946) erweiterte Kompetenz der östr. Reg. ermöglichte den Beginn des wirtsch. Wiederaufbaus. Ausschlaggebend war nach der Verstaatlichung der Montanindustrie, der 3 östr. Großbanken (Juni 1946) und der Energieversorgung (Mai 1947) v. a. die Marshallplanhilfe 1948–51 für Ö. in Höhe von 1,6 Mrd. Dollar. Innenpolitisch erwies sich Ö. als rasch stabilisiert. – Außenpolitisch mißlang dagegen v. a. infolge des Einspruchs der brit. und amerikan. Reg. eine Regelung der Südtirolfrage durch Anwendung des nat. Selbstbestimmungsrechts, so daß erst 1969 eine Verständigung mit Italien erreicht wurde. Behindert durch den Ost-West-Konflikt, führten die Verhandlungen zur Beendigung des Besatzungsstatuts erst am 15. Mai 1955 im Östr. Staatsvertrag

zur Unabhängigkeit und (teilweise eingeschränkten) Souveränität unter Erneuerung des polit. und wirtsch. Anschlußverbots an Deutschland, bei freiwilliger Verpflichtung (26. Okt.) zu immerwährender Neutralität. Noch im selben Jahr wurde Ö. in die UN aufgenommen, 1956 erfolgte die Aufnahme in den Europarat, 1960 der Beitritt zur Europ. Freihandelsassoziation.
In den Jahren 1947–66 bildeten ÖVP und SPÖ eine große Koalition, die ÖVP stellte den Bundeskanzler, die SPÖ den Vizekanzler. 1970–83 wurde die Reg. allein von der SPÖ gestellt. In den Nat.ratswahlen 1971, 1975 und 1979 konnte die Partei ihren Vorsprung halten bzw. ausbauen; 1983 ging ihr Stimmenanteil zurück. Die Reg. Kreisky (1970–83) setzte mehrere wichtige innenpolit. Reformen durch, so für Steuern, Straf- und Familienrecht. Nach einer Verfassungsänderung wurde 1974 der Zivildienst als Wehrpflichtersatz für Kriegsdienstverweigerer in der Verfassung verankert; der Bau von Kernkraftwerken wurde 1978 in einer Volksabstimmung abgelehnt. Einen innenpolit. Einschnitt markierte die Wahl zum Nat.rat 1983. Die SPÖ verlor deutlich die absolute Mehrheit, die ÖVP verzeichnete einen leichten Stimmenzuwachs, während die FPÖ auf Grund des Wahlrechts ihre Mandatszahl erhöhen konnte; Bundeskanzler B. Kreisky trat zurück. Neuer Bundeskanzler wurde F. Sinowatz an der Spitze eines Koalitionskabinetts aus SPÖ und FPÖ, das bis zu dessen Rücktritt mehrfach umgebildet werden mußte. Zu heftigen Kontroversen kam es vor und nach der Wahl von K. Waldheim zum Bundespräs. im Juni 1986; die Auseinandersetzungen um seine Vergangenheit als Offizier der dt. Wehrmacht führten zu erhebl. innen- und außenpolit. Belastungen, Bundeskanzler Sinowatz trat zurück. Sein Nachfolger wurde F. Vranitzky (SPÖ). Nach dem Bruch der SPÖ/FPÖ-Koalition im Sept. 1986 bildete er eine Reg. mit der ÖVP, die auch nach den Wahlen vom Nov. 1986 (trotz deutl. Verluste der SPÖ und starker Gewinne der FPÖ; Einzug der Grünen ins Bundesparlament) im Amt blieb. In den Nationalratswahlen vom Okt. 1990 konnte die SPÖ ihre Mehrheit (43,03 %) bei großen Verlusten der ÖVP und starken Gewinnen der unter J. Haider deutlich rechtsgerichteten FPÖ halten. Im Mai 1992 wurde T. Klestil zum Nachfolger K. Waldheims im Amte des Bundespräs. gewählt.
Außenpolitisch ist Ö. um strikte Wahrung seiner Neutralität bemüht. 1972 wurde mit den EG ein Handelsvertrag abgeschlossen, seit 1977 besteht völliger Freihandel mit den Staaten der EG; außerdem schloß sich Ö. an das Europ. Währungssystem (EWS) an und stellte 1989 den Aufnahmeantrag in die EG.

Politisches System

Die östr. Verfassungsordnung beruht auf dem Bundes-Verfassungsgesetz (B-VG) vom 1. Okt. 1920, in der Fassung von 1929. Sie wurde durch die Unabhängigkeitserklärung vom 27. April 1945 und durch das Verfassungs-Überleitungsgesetz vom 1. Mai 1945 wieder in Kraft gesetzt. Eine Verfassungsänderung kann nur durch den Nat.rat bei Anwesenheit von mindestens 50 % der Abg. und ⅔-Mehrheit der abstimmenden Abg. durchgeführt werden. Eine Änderung der Grundprinzipien, zu denen in jedem Fall das demokrat., das rechtsstaatl. und das bundesstaatl. Prinzip gehören, kann nur durch Volksabstimmung erfolgen.
Staatsoberhaupt ist der vom Volk direkt für 6 Jahre gewählte Bundespräs. Er ernennt und entläßt die Reg. und kann den Nat.rat auflösen (nur einmal aus demselben Anlaß). Die *Exekutive* liegt bei der Reg., die aus dem Bundeskanzler, dem Vizekanzler, den Min. und Staatssekretären besteht und vom Vertrauen des Nat.rats abhängig ist. Zwar kennt die östr. Verfassung nicht das Kanzlerprinzip wie z. B. in der BR Deutschland, doch hat der Bundeskanzler eine Vorrangstellung in der Reg. Die *Legislative* besteht aus dem Nat.rat und dem die Länderinteressen wahrenden Bundesrat. Die 183 Abg. des Nat.rats werden auf 4 Jahre direkt vom Volk (Verhältniswahlrecht) gewählt; der Bundesrat erneuert sich teilweise nach den Landtagswahlen bzw. nach einer Volkszählung, die eine Neufestsetzung der Mgl.zahl erfordert. Die Abg. des Bundesrats werden von den Landtagen ebenfalls nach dem Verhältniswahlrecht gewählt. Das bevölkerungsreichste Land entsendet 12 Abg., jedes weitere Land entsendet Abg. entsprechend dem Verhältnis seiner Bev.zahl zu diesem Land, mindestens jedoch drei Abg. Die von Nat.rat und Bundesrat gemeinsam gebildete *Bundesversammlung* tritt nur zur Vereidigung des Bundespräs. und bei Notwendigkeit einer Kriegserklärung zusammen.
Die wichtigsten *Parteien* sind die Sozialdemokrat. (bis 1991 Sozialist.) Partei Ö. (SPÖ), die Östr. Volkspartei (ÖVP) und die Freiheitl. Partei Ö. (FPÖ), von der sich 1992 wegen des Rechtskurses J. Haiders die Freie Demokrat. Partei Ö. (FDP) und das Liberale Forum abspalteten; die Grünen und die Kommunist. Partei Ö. (KPÖ) haben geringere Bed. Zu den größten *Verbänden* zählt der Östr. Gewerkschaftsbund. Neben den Gewerkschaften haben Kammern für Arbeiter und Angestellte (Arbeiterkammern), die Kammern der gewerbl. Wirtschaft (Handelskammern) und die Landwirtschaftskammern großen Einfluß.
Verwaltung: Die föderalist. Struktur des Landes bedingt eine Aufteilung der Verwaltung des Staates auf Bund und die 9 Länder. An der Spitze der Landesverwaltung steht als Reg.chef der Landeshauptmann. Die Landtage sind Einkammerparlamente; die in ihnen vertretenen Parteien sind – mit Ausnahme von Wien und Vorarlberg – im allg. an den Landesreg. zu beteiligen. Die Gemeinden sind nach dem Prinzip der Einheitsgemeinde organisiert. Eine Ausnahme ist Wien, das gleichzeitig Bundesland, Bezirk und Gemeinde ist; der Wiener Bürgermeister ist gleichzeitig Landeshauptmann, der Wiener Gemeinderat auch Landtag.
Grundlage des östr. *Rechtswesens* ist das B-VG, auf dem die übrigen Bundesgesetze und Verordnungen aufbauen.
Die Gerichtsbarkeit ist gegliedert in eine ordentl. und außerordentl. Gerichtsbarkeit. Die ordentl. Gerichte gliedern sich in Bezirks-, Kreis- und Landesgerichte, Oberlandesgerichte und den Obersten Gerichtshof; die außerordentl. Gerichtsbarkeit wird vom Verfassungsgerichtshof und vom Verwaltungsgerichtshof wahrgenommen.

Bruno Kreisky

Verwaltungsgliederung (Stand 1990)

Bundesland	Fläche (km²)	E (in 1000)	Hauptstadt
Burgenland	3965	271	Eisenstadt
Kärnten	9533	547	Klagenfurt
Niederösterreich	19172	1455	Sankt Pölten*
Oberösterreich	11980	1338	Linz
Salzburg	7154	478	Salzburg
Steiermark	16387	1190	Graz
Tirol	12647	633	Innsbruck
Vorarlberg	2601	329	Bregenz
Wien	415	1522	–

* Verwaltungssitz bis 1995: Wien

Österreich, Haus (lat. Domus Austriae, italien. Casa d'Austria), 1306 erstmals nachweisbare, seit dem 15. Jh. gültige Bez. des Gesamtherrschaftsbereichs und der Gesamtdyn. der Habsburger. Mit Kaiser Friedrich III., der Heiratspolitik Maximilians I., der Entstehung einer span. und einer dt. Linie durch die Kaiser Karl V. und Ferdinand I. und dem Erwerb (1526) der Länder der Stephans- (Ungarn) und der Wenzelskrone (Böhmen) stieg das H. Ö. zur Großmacht auf. Der Zusammenhalt dieses Machtkomplexes beruhte seit den Hausverträgen 1521/22 auf dem polit. Bund, der aus kontinuierl. dynast. Verbindungen, entsprechenden Erbrechten und der span.-burgund. Erziehung der Erzhzg. erwachsen war. Stabilisierend traten die gemeinsame Politik und Interessenlage hinzu. Der Niedergang des H. Ö. begann nach dem Span. Erbfolgekrieg 1701–14. Zwar bildete die Formierung einer gesamtstaatl. Realunion durch die Pragmat. Sanktion von 1713 und ihre im Östr. Erbfolgekrieg erzwungene europ. Anerkennung noch die Basis, auf der 1804 das Kaisertum Österreich begründet wurde, aber im 19. Jh. verlor die Bez. H. Ö. ihre geschichtl. Bedeutung.

Österreich-Este ↑Este.

Österreichische Bundesbahnen, Abk. ÖBB, staatl. östr. Eisenbahngesellschaft, hervorgegangen aus der 1842 gegr. Generaldirektion der Staatseisenbahnen, Sitz Wien. – 1896 wurde ein selbständiges Eisenbahnministerium errichtet; 1923 schuf der Staat die (nach den Änderungen in der Zeit der NS-Herrschaft 1969 wieder eingeführte) Organisationsstruktur; danach bilden die ÖBB einen selbständigen Wirtschaftskörper, dem die Betriebsverwaltung obliegt, während Aufsichts- und Hoheitsfunktionen vom Staat wahrgenommen werden.

österreichische Kunst, bis zur Errichtung des Kaisertums Österreich 1804 bzw. der Auflösung des Hl. Röm. Reiches 1806 bildet die Kunst in den östr. Erbländern, abgesehen von wenigen lokalen Besonderheiten, mit der dt. Kunst eine Einheit. Auch der „östr. Barock" ist im Grunde ein Reichsstil, d. h. Repräsentationsstil der habsburg. Kaiser, der mit seiner Synthese von italien. Hochbarock und frz. Klassik (J. B. Fischer von Erlach, J. L. von Hildebrandt) für die gesamte dt. Baukunst vorbildlich wurde.

19. Jahrhundert: In der Mitte des 19. Jh. vollzog L. C. von Förster mit der Ringstraßenplanung für Wien den Schritt zu einem repräsentativen historisierenden Stil (Neurenaissance), während J. H. Frhr. von Ferstel (Votivkirche in Wien, 1856–76) und F. Frhr. von Schmidt (Rathaus in Wien, 1872–83) den Anschluß an die von England ausgehende Neugotik vollzogen. Neuromanik und Neurenaissance finden sich in den Werken von G. Semper (Burgtheater in Wien, 1874–88; mit C. Frhr. von Hasenauer). Als Bildhauer waren v. a. L. von Schwanthaler und K. von Zumbusch tätig. Stärker ins Gewicht fällt die östr. Malerei des 19. Jh. mit dem Klassizisten J. A. Koch, dem Nazarener J. Ritter von Führich und dem Romantiker M. von Schwind. Der bedeutendste Maler des Wiener Biedermeier ist F. G. Waldmüller. Für Mode, Wohnkultur und Kunstgewerbe wurde seit 1870 der neubarocke Stil der Malerei H. Makarts vorbildlich. Vom frz. Impressionismus angeregt, vertrat C. Schuch die Spätromantik.

20. Jahrhundert: Bed. Architekten des Wiener Jugendstils und der Sezession sind O. Wagner, J. M. Olbrich und J. Hoffmann. Den Aufbruch in die moderne funktionalist. Architektur markieren die Bauten von A. Loos und Leopold Bauer. Die expressionist. Architektur vertraten K. Ehn mit dem Karl-Marx-Hof (Wien, 1927–30) und C. Holzmeister, der auch nach dem 2. Weltkrieg baute. Nach dem Krieg machten sich R. Rainer, H. Hollein, G. Peichl u. a. einen Namen. Unter den Malern der Wiener Sezession und des Wiener Jugendstils traten bes. G. Klimt und E. Schiele hervor. Der zunächst von Klimt beeinflußte Schiele leitete wie R. Gerstl zum Expressionismus über, der in Österreich in den Gemälden O. Kokoschkas seine markanteste und eigenständigste Ausprägung fand. A. Kubin nimmt einen her-

Österreichische Kunst

Links: Friedrich von Schmidt, Rathaus in Wien, 1872–83. Rechts: Gustav Klimt, Die Hoffnung II, 1907/08 (Wien, Privatbesitz)

Links: Friedensreich Hundertwasser, Sonne und Spiraloide über dem Roten Meer, 1960 (Privatbesitz). Rechts: Hans Hollein, Haas-Haus in Wien, 1987–90

vorragenden Platz als Zeichner ein. Seit den 30er Jahren des 20. Jh. spielte H. Boeckl, bes. auch als Lehrer an der Wiener Akad., eine zentrale Rolle. Einen vergleichbaren Einfluß hatte der Dichter und Maler A. P. Gütersloh auf die Wiener Schule des Phantast. Realismus mit R. Hausner, W. Hutter, A. Brauer, A. Lehmden, E. Fuchs, die neben H. Fronius, A. Frohner, A. Hrdlicka und K. Korab auch mit graph. Arbeiten hervortraten. Als Graphiker wie als Maler gleichermaßen erfolgreich ist F. Hundertwasser, der mit seinen architekton. Entwürfen auch internat. Aufmerksamkeit erregte. Das breite Spektrum zeitgenöss. Strömungen in der Malerei verkörpern ferner u. a. C. Stenvert, der sich dazu mit Objektkunst befaßt, M. Lassnig, W. Hollegha, G. Kumpf, J. Mikl, A. Rainer, C. L. Attersee, A. Klinkan und H. Schmalix. Nach K. Moldovan sind v. a. W. Pichler und G. Brus als Zeichner von Bedeutung. H. Nitsch und O. Muehl, Hauptvertreter des Wiener Aktionismus, wurden in den 60er Jahren durch provozierende Happenings bekannt. V. Export tritt als Performance-, Video- und Filmkünstlerin hervor. F. Pezold sucht mit Hilfe von Zeichnungen, Photos und Videos eine neue Zeichensprache zu entwickeln.

österreichische Literatur, die Existenz einer eigenständigen, sich in wesentl. Punkten von der übrigen deutschsprachigen Literatur unterscheidenden ö. L. und die jeweilige Definition ihrer Besonderheit ist umstritten: Während für viele dt. Germanisten dt. Literatur „alles in dt. Sprache Geschriebene" umfaßt, wird von östr. Wissenschaftlern die „Eigenstellung" der ö. L. betont; ihr Beginn wird ebenfalls kontrovers diskutiert. Allg. ist die Tatsache, daß Selbstreflexion und krit. Besinnung auf eine eigenständige Entwicklung im 18. Jh. unter Kaiserin Maria Theresia einsetzte, als die Auseinandersetzungen zw. Preußen und Österreich immer härter wurden. Im Unterschied zur dt. Literaturgeschichte gibt es jedoch in der östr. Literaturgeschichtsschreibung keine Epochenbezeichnungen wie „Sturm und Drang", „Klassik" oder „Romantik", ebensowenig existierte in Österreich eine polit. Literatur des Vormärz oder eine ausgeprägte naturalist. oder expressionist. Bewegung. Dennoch sind die Entwicklungen der ö. L. und der übrigen deutschsprachigen Literatur im 19. und 20. Jh. vielfältig aufeinander bezogen und voneinander abhängig. Zw. 1740 und 1800 (Zeitalter des Josephinismus) wurde die literar. Aufklärung von Publizisten (v. a. J. Sonnenfels) und Dichtern betrieben; z. B. behandelte A. Blumauer (* 1755, † 1798) in seinem Gedicht „Äneis" (erschienen 1783) mit beißendem Spott den Ursprung der röm. Kirche und ihre Auseinandersetzung mit dem Kaisertum, der Dramatiker P. Hafner schrieb volksnahe Mundartpossen. Bald nach 1800 wurden durch F. Raimund, F. Grillparzer, J. N. Nestroy, N. Lenau, A. Stifter Werke geschaffen, die sich zum großen Teil in charakterist. Weise von den literar. Bewegungen und Tendenzen im übrigen deutschsprachigen Raum unterschieden, sowohl in der Stoffauswahl (östr. Geschichte, Volkssagen und -märchen, aktuelles tagespolit. Geschehen), der Gattung (Tradition des Wiener Volksstükkes) als auch in der spezif. Bildlichkeit der Sprache (barocke Schauspielmetaphorik). Die zweite Hälfte des 19. Jh. war v. a. bestimmt von der Erzählerin M. von Ebner-Eschenbach, dem Erzähler und Lyriker F. von Saar und dem Volksschriftsteller L. Anzengruber. Die Vielzahl der Begriffe für die literar. Entwicklung der 1860er bis 1880er Jahre (Symbolismus, Neuromantik, Wiener Expressionismus, Dekadenz) spiegelt die Vielfalt ihrer Vertreter wider. Auch den Kreis des sog. „Jungen Wien" mit A. Schnitzler, R. Beer-Hofmann, H. von Hofmannsthal und dem Theoretiker der Gruppe, H. Bahr, verband kein eigtl. Programm; gemeinsam war lediglich das Wissen um das nur noch hinausgeschobene, unabwendbare Ende des Habsburgerreiches und ein gleichzeitiges Interesse an dem „Inneren" des Menschen. Der gesellschafts- und sprachkrit. Impuls von K. Kraus wirkte stark auf Autoren wie T. Däubler oder T. Haecker. Eine weitere Gruppe innerhalb dieser Generation bildeten die deutschsprachigen Schriftsteller Prags: M. Brod, E. Weiß, F. Werfel, R. M. Rilke und F. Kafka, dem der ebenfalls aus Böhmen stammende „Malerschriftsteller" A. Kubin nahesteht. Ebenfalls noch zur Generation der vor 1900 Geborenen gehören die großen Romanciers R. Musil, H. Broch, A. P. Gütersloh, J. Roth und H. von Doderer; gemeinsam ist ihnen der Verzicht auf eine ideologisch dezidierte Aussage. Formale Gemeinsamkeiten hatten die Lyriker G. Trakl, P. Celan und I. Bachmann, bes. in der Tendenz zu immer stärkerer Verknappung der Sprache. Viele Schriftsteller emigrierten vor oder während der Zeit des Nationalsozialismus in Österreich, u. a. auch F. Bruckner, E. Canetti, E. Fried, J. Lind, R. Neumann, A. Polgar, A. Roda Roda, M. Sperber, H. Spiel, F. Torberg, B. Viertel, E. Waldinger, H. Weigel, S. Zweig; einige wurden zum Selbstmord getrieben, wie E. Friedell, oder im KZ umgebracht wie J. Soyfer oder die Lyrikerin A. J. Koenig (* 1887, † 1942).

Nach 1945 bildeten sich 3 Autorenzentren: In Wien durch I. Bachmann, I. Aichinger, die „Wiener Gruppe" aus F. Achleitner, H. C. Artmann, K. Bayer, G. Rühm, O. Wiener, die mit sprachexperimentellen Versuchen, konkreten Gedichten und der Verwendung eines stilisierten Dialekts als Mittel der Verfremdung arbeiteten (ähnlich auch F. Mayröcker und E. Jandl); in Graz das ↑ Forum Stadtpark, aus dem u. a. P. Handke, H. Eisendle (* 1939), B. Frischmuth, G. F. Jonke (* 1946), A. Kolleritsch (* 1931), W. Bauer (* 1941) sowie R. P. Gruber (* 1947), A. Schmidt und P. Turrini hervorgingen; in Salzburg v. a. G. Amanshausen (* 1928), A. Brandstetter (* 1938), P. Rosei, J. Schutting, F. Innerhofer. Keinem Zentrum zuzurechnen ist T. Bernhard. Charakteristisch für

Albert Paris Gütersloh, Stilleben mit gelbem Fächer, um 1925 (Wien, Museum des 20. Jahrhunderts)

Alfred Kubin, Der Schlangenbeschwörer, 1908/09 (Saarbrücken, Saarland-Museum)

die Werke dieser Autoren ist der weitgehende Verzicht auf ein direktes polit. Engagement bzw. auf aktuelle Wirksamkeit; die Wahl des „inneren", privaten Bezirks als bevorzugten Bereich des eigentl. Geschehens; ein besonderes Verhältnis zur Sprache, zu ihrem Material sowie zu ihrer Funktion als Kommunikationsträger, das sich als Sprachakribie, Sprachmagie oder Sprachskepsis ausdrückt; sozialkrit. Engagement nicht durch Schildern von Schicksalen, sondern durch realist. Erzählen von Beispielen, wird bes. bei E. Jelinek und B. Schwaiger deutlich.

österreichische Musik, die Ausbildung einer spezifisch ö. M. ist seit dem 17. Jh., mit dem Aufstieg Österreichs zur europ. Großmacht, anzusetzen. Seit dieser Zeit bis in die jüngste Gegenwart ist für sie die Verschmelzung von Einflüssen aus Italien, dem dt. Bereich oder anderen Ländern der Habsburger charakteristisch. In der Regierungszeit Leopolds I. war Wien eines der Zentren italien. Musik, doch bildete sich ein eigener wiener. Stil heraus, u. a. mit J. J. Fux und A. Caldara. In der 2. Hälfte des 18. Jh. war die 1. Wiener Schule (mit M. G. Monn und G. C. Wagenseil) von entscheidender Bed. für die Wiener Klassik. Für Vorklassik und Klassik in Österreich sind z. T. volkstüml. Liedhaftigkeit (Ländler) und leichte Verständlichkeit kennzeichnend. Auf dieser Linie liegt der östr. Beitrag zur Geschichte des Singspiels (Wiener „National-Singspiel", ab 1778) und der auf ihm gründenden Operette, gleicherweise auch der Siegeszug des Wiener Walzers. In eigener Weise trug Österreich von F. Schubert bis zu G. Mahler zur Geschichte des Kunstliedes bei. Die Rolle von Wien als einem Zentrum musikal. Schaffens bis zum Beginn des 20. Jh. belegen die Namen von A. Bruckner, J. Brahms, H. Wolf und G. Mahler. Entscheidenden Einfluß auf die Musik der Gegenwart gewann schließlich die 2. Wiener Schule mit A. Schönberg und seinem Schülerkreis (u. a. A. Berg, A. Webern, E. Wellesz) wie auch der eigenwillige J. M. Hauer. Mit dem z. T. politisch begründeten Weggang bed. Komponisten aus Österreich (S. von Hausegger, F. Schreker, A. Schönberg, E. Krenek, K. Weigl, E. Wellesz) wurden traditionsgebundene Tendenzen wieder stärker (F. Schmidt, J. Marx, F. Salmhofer, G. von Einem). Zw. Neuromantik und Atonalität stand A. Zemlinsky. Der Zwölftontechnik bedienten sich H. E. Apostel und H. Jelinek. Die ältere Generation der avantgardist. Musik ist durch Komponisten wie R. Haubenstock-Ramati und F. Cerha vertreten. Zu den bed. Komponisten der nachfolgenden Generation zählen u. a. K. Schwertsik (* 1935), D. Kaufmann (* 1941), K. H. Gruber (* 1943), K. Ager (* 1946), W. Zobel (* 1950), B. Liberda (* 1953) und T. Pernes (* 1956).

Österreichische Post- und Telegraphenverwaltung, Abk. ÖPTV, in Österreich zuständige Institution für das Post-, Postauto- und Fernmeldewesen. An der Spitze steht die Generaldirektion für Post- und Telegraphenverwaltung; ihr nachgeordnet sind Post- und Telegraphendirektionen mit den entsprechenden Dienststellen des ausübenden Dienstes. – Die Östr. Postsparkasse ist eine selbständige, der Aufsicht des Finanzmin. unterliegende Einrichtung des Bundes.

Geschichte: Das auf Kaiser Maximilian I. zurückgehende Postwesen in Österreich wurde 1722 in staatl. Regie genommen. 1748 wurden Erblichkeitsprivilegien für Postämter und -stationen eingeführt (diese Einrichtung bestand zum Teil bis ins 20. Jh.). 1849 wurde die Post dem Ministerium für Handel, Gewerbe und öff. Bauten unterstellt.

Österreichischer Alpen-Klub, Abk. ÖAK, ↑Alpenvereine.

Österreichischer Alpenverein, Abk. ÖAV, ↑Alpenvereine.

Österreichischer Erbfolgekrieg, europ. Krieg (1740–48) um die Erbfolge Maria Theresias in den habsburg. Erblanden, ausgelöst durch den Angriff Preußens auf Schlesien (↑Schlesische Kriege). Trotz der Anerkennung der Pragmat. Sanktion durch alle europ. Staaten erreichte Frankreich durch eine Koalition mit Spanien, Kursachsen und den wittelsbach. Kurfürsten von Bayern, Köln und der Pfalz 1742 die Wahl des bayr. Kurfürsten als Karl VII. zum Röm. Kaiser gegen Maria Theresias Gemahl Franz (I.) Stephan. Durch den Kriegseintritt Großbritanniens, Sardiniens und der Generalstaaten 1742/43 auf seiten Österreichs weitete sich der Krieg von Bayern, Böhmen und Mähren nach Oberitalien, ins Elsaß und in die östr. Niederlande aus. Nach dem Ausscheiden Bayerns im Frieden von Füssen und der Kaiserwahl Franz' I. Stephan (1745), behauptete Friedrich II. Schlesien im Frieden von Dresden (Dez. 1745). Mit der frz. Offensive in Oberitalien und in den Niederlanden (unter Moritz von Sachsen) traten Frankreich und Großbritannien als Hauptgegner hervor. Das Eingreifen Rußlands führte schließlich zum **Aachener Frieden** (1748), der die Großmachtstellung Österreichs (und die Pragmat. Sanktion) bestätigte; Maria Theresia erlangte die allg. Anerkennung ihrer Erbfolge.

Österreichischer Gewerkschaftsbund

Österreichischer Gewerkschaftsbund, Abk. ÖGB, am 30. April 1945 gegr., in 15 Fachgewerkschaften gegliederter gewerkschaftl. Spitzenverband, Sitz Wien. Der ÖGB umfaßt als Einheitsgewerkschaft Arbeiter, Angestellte und Beamte. Oberstes *Organ* ist der alle 4 Jahre stattfindende **Bundeskongreß,** an dem Delegierte aller 15 Fachgewerkschaften je nach Mgl.stärke teilnehmen. Der Bundeskongreß wählt das **ÖGB-Präsidium** und die **Kontrollkommission.** Höchstes Gremium zw. den Kongressen ist der in regelmäßigen Abständen tagende **Bundesvorstand,** in dem alle 15 Fachgewerkschaften und alle Fraktionen vertreten sind. Der ÖGB ist überparteilich, jedoch bestehen innerhalb des ÖGB Fraktionen der *sozialist., christl.* und *kommunist. Gewerkschafter.* Zuständig für Tarifabschlüsse sind allein die Fachgewerkschaften.

Österreichischer Reichskreis ↑Reichskreise.

Österreichischer Rundfunk

Österreichischer Rundfunk (früher Ö. R. GmbH.), Abk. ORF, östr. Rundfunkanstalt mit Sitz in Wien; 1957 vom Bund und von den Bundesländern durch Gesellschaftsvertrag gegr.; durch Bundesgesetz vom 10. 7. 1974 unabhängige Anstalt des öff. Rechts. Der ORF, dem der Betrieb des Hörfunks und des Fernsehens (3 Hörfunk- und 2 Fernsehprogramme für das Inland und ein Auslandsdienst) obliegt, wird durch Gebühren und Werbeeinnahmen finanziert.

Österreichischer Staatsvertrag, am 15. Mai 1955 in Wien zw. Österreich und den 4 Besatzungsmächten (USA, Großbritannien, UdSSR, Frankreich) abgeschlossener Vertrag, der Österreich als freien, unabhängigen und demokrat. Staat wiederherstellte; führte zum Abzug der Besatzungstruppen bis zum 24. Okt. 1955 und am 26. Okt. 1955 zur freiwilligen Erklärung der dauernden militär. Neutralität Österreichs; enthält u. a. die Garantie einer demokrat. Reg., Bestimmungen über die Auflösung aller NS-Organisationen, Verbot des Anschlusses an Deutschland, befristete wirtsch. Verpflichtungen gegenüber der UdSSR anstelle von Reparationen.

Österreichischer Touristenklub, Abk. ÖTK, ↑Alpenvereine.

österreichische Schule (Grazer Schule), psycholog. Richtung, die Ende des 19. Jh. von F. Brentano begründet wurde und als deren Hauptvertreter C. von Ehrenfels und A. Meinong gelten. – Die ö. S. betont die Möglichkeit der Erfahrung von ↑Gestaltqualitäten. Diese entstehen ihrer Lehre nach nicht nur durch bloßes Widerspiegeln der Reizgegebenheiten, sondern durch eigenes Agieren des Psychischen. Im Unterschied zur ↑Gestaltpsychologie jedoch, nach deren Auffassung die einzelnen Wahrnehmungselemente völlig zur Gestalt werden, nimmt die ö. S. an, daß neben den Elementen der Gestaltwahrnehmung („fundierende Inhalte") unabhängig und gleichberechtigt die Gestaltqualitäten („fundierte Inhalte") auftreten.

österreichisches Recht, das auf den Territorien der Babenberger und Habsburger im Alpen- und Donauraum aus vornehmlich deutschrechtl. Wurzeln hervorgegangene, durch Einflüsse aus dem italien. und slaw. Kulturraum geprägte, ab dem Zeitalter der Aufklärung strukturell vom dt. Recht unterscheidbare und seit der Gründung der Republik Österreich im Jahre 1918 (ausgenommen die Zeit von 1938 bis 1945) auf deren Gebiet geltende Recht.

Zu Beginn des MA wurde v. a. das german. Recht der Bajuwaren, Alemannen und Langobarden angewandt. Im Verlaufe des 9. bis 12. Jh. wurde das überlieferte Gewohnheitsrecht der einzelnen Stämme als „Landbrauch" maßgebend. Dieses Gewohnheitsrecht wurde aufgezeichnet, so u. a. im *Östr. Landrecht* von 1237 und im *Landrecht (Landlauf) von Steyr* in der Mitte des 14. Jh.; das Recht des Bürgerstandes wurde in den Stadtrechten niedergelegt (z. B. *Wiener Stadtrecht* von 1198). Eine allg. Quelle des Landrechts war der *Schwabenspiegel* aus dem Jahre 1275. Das unter dem Einfluß oberitalien. Rechts entstandene gemeine dt. Strafrecht führte zum Erlaß der *Peinl. Halsgerichtsordnung Karls V.* (↑ Carolina) von 1532, die subsidiär auch für das Gebiet des heutigen Österreich galt.

Auf strafrechtl. Gebiet wurde seit dem 17. Jh. der Versuch unternommen, partiell die Rechtseinheit zu verwirklichen. Unter der Reg. Maria Theresias wurde für die östr. Territorien durch die *Constitutio Criminalis Theresiana* von 1768 ein einheitl. Strafrecht geschaffen. Unter Joseph II. wurde den Ideen der Aufklärung durch das *Allg. Gesetzbuch über Verbrechen und derselben Bestrafung* von 1787 und die *Allg. Criminal-Gerichtsordnung* von 1788 (Abschaffung der Todesstrafe) Rechnung getragen. Durch das *Strafgesetz* von 1852 wurde der bisherige Rechtsbestand neu gefaßt. 1945 wurde das Strafgesetz wiederverlautbart, zum 1. Jan. 1975 durch ein den modernen wiss. Erkenntnissen weitgehend angepaßtes *Strafgesetzbuch* ersetzt.

Im Bereich des materiellen Privatrechts wurde erst unter Franz II. (I.) die Kodifikationsarbeit abgeschlossen. Das Ergebnis war das *Allg. Bürgerl. Gesetzbuch* (ABGB) von 1811, das in wesentl. Teilen auch heute gilt. Im 20. Jh. wurden Arbeits-, Ehe- und Mietenrecht außerhalb dieses Gesetzbuches neu geregelt.

Auf dem Gebiet des Verfassungsrechts mündeten zahlr. Versuche einer Verfassungsänderung in die sog. *Dezemberverfassung* von 1867 ein, die Österreich in eine konstitutionelle Monarchie liberaler Prägung umwandelte. Durch das 1920 unter Mitarbeit des Rechtsgelehrten H. Kelsen geschaffene *Bundes-Verfassungsgesetz* (B-VG) wurde Österreich ein Bundesstaat. Dieses Gesetz, das von rechtsstaatl. und demokrat. Grundsätzen getragen wird, ist derzeit die wichtigste verfassungsrechtl. Basis der Republik Österreich.

Österreichisches Staatsarchiv, Gesamtinstitution der Archive der östr. Zentralbehörden in Wien; besteht seit 1945 als Nachfolger des „Reichsarchivs Wien", das 1938 erstmals die großen Wiener Archive vereinigte, heute in 5 Abteilungen: Haus-, Hof- und Staatsarchiv (1749 von Kaiserin Maria Theresia begr., bes. bed. für die dt. und östr.[-ungar.] Geschichte); Allg. Verwaltungsarchiv; Finanz- und Hofkammerarchiv; Kriegsarchiv; Verkehrsarchiv.

Österreichische Volkspartei, Abk. ÖVP, östr. christl.-demokrat. Partei; 1945 in Wien gegr.; Anhängerschaft v. a. in Landw., Gewerbe, bei Angestellten und Beamten, in geringerem Umfang auch in der Arbeiterschaft; betonte 1945 programmatisch die Prinzipien der östr. Eigenständigkeit, des Föderalismus und der Wirtschaftslenkung durch Berufsverbände und Gewerkschaften, seit 1972 auch die Profile einer entideologisierten Partei der „fortschrittl. Mitte"; besteht organisatorisch aus 3 Bünden mit Gliederungen auf Landes-, Bezirks- und Ortsebene: Östr. Arbeiter- und Angestelltenbund (ÖAAB), Östr. Bauernbund (ÖBB), Östr. Wirtschaftsbund (ÖWB); angeschlossen sind die Junge ÖVP und die Östr. Frauenbewegung; wird von einem Obmann geleitet (1945: L. Kunschak, 1945–52: L. Figl, 1952–60: J. Raab, 1960–63: A. Gorbach, 1963–70: J. Klaus, 1970/71: H. Withalm, 1971–75: K. Schleinzer, 1975–79: J. Taus, 1979–89: A. Mock, 1989–91: J. Riegler, seit 1991 E. Busek). 1945–70 war die ÖVP stärkste Partei im Nat.rat und besaß (1945–49, 1966–70) die absolute Mehrheit. Bis 1970 stellte sie den Bundeskanzler, bis 1947 in Koalition mit der SPÖ. 1966–70 führte sie allein die Reg., 1970–87 stand sie in der Opposition. Seit 1987 ist sie mit der SPÖ Reg.partei. Bei den Nat.ratswahlen 1990 erlitt die ÖVP ihre schwerste Niederlage seit 1945 (32,1 %, 60 Abg.).

österreichisch-ungarischer Ausgleich ↑ Ausgleich.

Österreich-Ungarn (amtlich 1869 bis 1918: Östr.-Ungar. Monarchie, volkstümlich Donaumonarchie), mit 676 615 km² (1914) und 51,39 Mill. E (1910) nach Rußland territorial zweitgrößte europ. Großmacht. Staatsrechtlich war Ö.-U. eine Realunion mit einem verfassungsrechtlich allen Kronländern gemeinsamen erbl. Herrscher und eine *Doppelmonarchie* zweier gleichberechtigter Reichshälften, der östr. (Zisleithanien) und der ungar. (Transleithanien). Gemeinsam verwalteten beide Bosnien und Herzegowina (1878 besetzt, seit 1908 Reichsland). Nach dem östr.-ungar. ↑ Ausgleich 1867 erfolgte die Gesamtreg. der Donaumonarchie ohne Gesamtverfassung in den als gemeinsam bestimmten Angelegenheiten durch kaiserl. und königl. (k. u. k.) Ministerien, den Gemeinsamen Ministerrat bzw. Delegationen. In den übrigen innenpolit. Angelegenheiten handelten beide Reichshälften in abgestufter Selbständigkeit: durch eigene kaiserl.-königl. bzw. königl.-ungar. Reg. und eigene Zweikammer-Volksvertretungen. – ↑ Österreich, Geschichte.

Osterspiel, ältester und für die Entwicklungsgeschichte des geistl. Spiels bedeutendster Typus des ma. Dramas, der das österl. Heilsgeschehen in dramat. Gestaltung vorführt. Entwickelte sich aus dem Ostertropus, einem lat. Wechselgesang zw. den Engeln und den 3 Marien, der am Ostermorgen in den Kirchen vorgetragen wurde, zur Osterfeier, bei der der Text des Tropus zur Grundlage einer dramat. Gestaltung gemacht wurde; hinzu kamen Texterweiterungen (so u. a. der Wettlauf der Apostel Petrus und Johannes zum Grabe, das Erscheinen des Auferstandenen vor Maria Magdalena, Christi Höllenfahrt), wodurch der liturg. Rahmen bereits gesprengt und der Übergang von der kirchl. Liturgie zum dramat. O. markiert wurde. – Zum ersten Mal vermutlich vom St. Galler Mönch Tuotilo um 900 gestaltet und urspr. von Klerikern, später von Bürgern aufgeführt; dt. O. sind seit dem 13. Jh. zahlr. überliefert.

Östersund, Hauptstadt des schwed. Verw.-Geb. Jämtland, am Storsjö, 57 300 E. Zentraler Ort Jämtlands; Museen; chem. und Lederind., Maschinenbau, Telephonbau, Nahrungsmittel- und Holzind.; Fremdenverkehr; ✈. – Die Stadt Ö. entstand 1786.

Osterwasser, 1. in der Osternacht geschöpftes Wasser; nach dem Volksglauben besitzt es bes. Kraft: Es verdirbt nicht und schützt Mensch und Tier vor Krankheit; 2. in der Osternacht geweihtes Wasser.

Osterzyklus ↑ Zeitrechnung.

Osteuropa, allg. Bez. für die Länder im O Europas, also für Polen, Litauen, Lettland, Estland, Weißrußland, Moldawien, die Ukraine und den europ. Teil Rußlands. Nach geograph. Gesichtspunkten wird Polen jedoch zu Mitteleuropa gerechnet. – Im übertragenen Sinn und polit. Sprachgebrauch auch verwendet für die ehem. Ostblockstaaten. – Die O.forschung wird v. a. über das Herder-Inst. (seit 1950) sowie die O.-Inst. in Berlin (seit 1951) und München (seit 1952) betrieben.

Osteuropabank ↑ EBWE.

osteuropäische Zeit, Abk. OEZ, die Zonenzeit des 30. Längengrades östl. von Greenwich; entspricht MEZ + 1 Stunde.

Osteuropide (osteurop. Rasse), europide Menschenrasse in O-Europa (v. a. Großrußland, Weißrußland und Mittelpolen); mittelgroßer, gedrungener Körperbau, kurzer Kopf, breites Gesicht, niedriges Kinn, leicht vorgeschobene Wangenbeine, schmale Lidspalten, graue bis grünl. Augen, fahlrötl. Haut und aschblondes bis aschgraues Haar.

Ostfalen, neben Angrivariern und Westfalen ein Teilstamm der Sachsen, dessen Ursprung ungeklärt ist; wahrscheinlich ging ein Teil der Cherusker in den O. auf. Die O. waren zw. Weser, Lüneburger Heide, Elbe und Harz ansässig.

Ostfälisch, niederdt. Mundart, ↑ deutsche Mundarten.

Ostfildern, Stadt sö. an Stuttgart und sw. an Esslingen am Neckar anschließend, Bad.-Württ., 348 m ü. d. M., 27 900 E. Techn. Akad. Esslingen; Maschinen- und Werkzeugbau, feinmechan. und elektrotechn. Ind., Druckereien und Verlage. – 1975 aus mehreren Gem. gebildet; Stadt seit

Österreichische Volkspartei

1976. – In **Nellingen** ev. Pfarrkirche mit roman. Turm (nach 1120) und spätbarockem Schiff (1777). In **Scharnhausen** klassizist. Schloß (1784 ff.).

Ostflandern (niederl. Oost-Vlaanderen, frz. Flandre Orientale), Prov. in W-Belgien, Teil der histor. Landschaft Flandern, 2 982 km², 1,33 Mill. E (1988), Verwaltungssitz Gent. Die von Schelde und Leie durchzogene Ebene geht im S in Hügelland über, in dem fruchtbare Lößlehmböden verbreitet sind. Neben Ackerbau, Schweine- und Rinderhaltung, Blumenzwiebelzucht und Hopfenanbau. Die Textilind. hat ihr Zentrum in Gent; Stahl-, Erdöl-, chem. und Autoind. finden sich in der Ind.zone am Gent-Terneuzen-Kanal.

Ostflevoland, Polder im sö. IJsselmeer, Niederlande, 540 km², zw. 1 und 5 m u. d. M.; Trockenlegung 1950–57. Bildet mit Südflevoland die neue Prov. Flevoland.

Østfold [norweg. ˌœstfɔl], Verw.-Geb. in SO-Norwegen, zw. dem Oslofjord (im W) und der schwed. Grenze, 4 183 km², 238 000 E (1990), Hauptstadt Moss. Gemüse- und Getreideanbau, Holz-, Zellulose-, Nahrungsmittel-, chem. Ind., Schiffbau.

Ostfränkisch, oberdt. Mundart, ↑deutsche Mundarten.

Ostfränkisches Reich, nach den Reichsteilungen des 9. Jh. der Ostteil des ↑Fränkischen Reiches, das spätere „Reich der Deutschen" (regnum Teutonicum).

Ostfriesische Inseln. Im Vordergrund die Insel Baltrum, dahinter die Inseln Langeoog und Spiekeroog, Blick von Westen

Ostfriesische Inseln, Inselkette im Wattenmeer der Nordsee zw. den Mündungen von Ems und Jade, Nds. (Wangerooge, Spiekeroog, Langeoog, Baltrum, Norderney, Juist und Borkum). Durch fortgesetzte Wasserströmungen und Windeinwirkungen verändern die O. I. ständig ihre Gestalt in W–O-Richtung. Im Lee und auf der dem Festland zugekehrten Seite kommt es zu Anlandungen, an den W-Spitzen müssen die meisten Inseln durch Strandbauten und Deiche geschützt werden. Bed. Fremdenverkehrsgebiete mit Fähr- und Flugverbindungen.

Ostfriesland, Küstenlandschaft zw. Ems und Weser in Nds.; von einem flachen Geestrücken durchzogen; nach N, S und W schließen sich Nieder- und größtenteils kultivierte Hochmoore an; ein breites Marschland (u. a. Harlinger Land; Krummhörn) umsäumt das Land im N und W; vorgelagert sind die zu O. gehörenden Ostfries. Inseln. Milchviehhaltung, Anbau von Weizen und Hülsenfrüchten, an der Küste Fischerei; Erdgasvorkommen.

Geschichte: Bereits zur Steinzeit besiedelt, nannte man schon im 9. Jh. das Gebiet zw. Zuidersee und Unterweser O. Nach dem Zerfall des Karolingerreiches bildeten sich in O. mehrere selbständige Bauernrepubliken, die sich in einer Art Landfriedensbund zusammenschlossen. Als der Verband verfiel (nach 1327), grenzten sich die nunmehr unter die Herrschaft von Häuptlingen tretenden Gebiete scharf gegeneinander ab. Die dominierenden Häuptlingsgeschlechter waren in der 1. Hälfte des 15. Jh. die tom Brok und die Ukena. U. Cirksena gelang es, die Häuptlingsfehden zu beenden und O. unter seiner Herrschaft zu vereinigen. Hauptstadt wurde Emden, 1561 Aurich. Zw. 1570 und 1744 (Aussterben der Cirksena, seit 1654 Reichsfürsten von O.) ständige Auseinandersetzungen zw. den (luth.) Landesherren und den Landständen unter Führung der von den Generalstaaten gestützten (ref.) Stadt Emden. 1744 nahm Preußen O. in Besitz, verlor es aber 1807 an Napoleon I., der es dem Kgr. Holland, 1810 Frankreich einverleibte. 1815 wurde O. Teil des Kgr. Hannover und kam mit diesem 1866 an Preußen. 1919 Freistaat; 1946 zu Niedersachsen.

Ostgebiete, svw. ↑deutsche Ostgebiete.

Ostgermanen, im 3./2. Jh. v. Chr. entstandene german. Stammesgruppe, zu der u. a. die Rugier, Vandalen, Burgunder, Goten, Gepiden, Heruler gehörten.

Ostghats, Gebirge in Indien, bildet den O-Rand des Dekhan gegen die vorgelagerte Küste des Golfes von Bengalen. Die O. sind in einzelne Berggruppen (bis über 1 500 m hoch) aufgelöst, die bis zur S-Spitze Indiens ziehen und an den Nilgiribergen mit den Westghats zusammentreffen. Der winterl. NO-Monsun bringt nur strichweise Niederschläge, die lediglich trockenen Monsunwald zulassen.

Ost-Ghaur-Kanal ↑Jarmuk.

Ostgoten (Ostrogoten, Greutungen), einer der beiden großen Stämme der ↑Goten, der in der Mitte des 4. Jh. unter Ermanerich ein Reich nördl. des Schwarzen Meeres gründete; 375/76 von den Alanen und Hunnen unterworfen. 454 lösten sich die O. von der hunn. Vorherrschaft, erhielten als Verbündete Kaiser Markians Wohnsitze in Pannonien und traten zum arian. Christentum über. 489 fielen sie unter Theoderich d. Gr. in Italien ein, wo nach dem Sieg über Odoaker 493–553 das rechtlich zum Röm. Reich gehörige O.reich bestand. Die v. a. in N- und M-Italien siedelnden O. stellten den Kriegerstand und waren von den Römern rechtlich und religiös abgesondert. Trotz des Widerstandes der Könige Witigis (536–539), Hildebad (539/540), Erarich (540/541; ein Rugier), Totila (541–552) und Teja (552/553) unterlag das Reich den byzantin. Feldherren Belisar und Narses.

Ostgrönlandstrom, aus dem Nordpolarmeer kommende, kalte Meeresströmung vor der O-Küste Grönlands.

Osthilfe, die ab 1926 von der preuß. Reg. und der Reichsreg. getroffenen kreditpolit. Maßnahmen zugunsten der durch die Errichtung des Poln. Korridors in Schwierigkeiten geratenen ostpreuß. Landw. **(Ostpreußenhilfe).** Die Umschuldungs- und Entschuldungsmaßnahmen wurden vom Kabinett Brüning auch auf Ostelbien und Ostbayern ausgedehnt, ab Juni 1933 (bis 1937) von der nat.-soz. Reg. auf das gesamte Reichsgebiet.

Ostholstein, Landkr. in Schleswig-Holstein.

Ostholsteinisches Hügelland, Teil des Balt. Höhenrückens zw. der Kieler Förde und der Lübecker Bucht, bis 168 m hoch. Im Zentrum liegt die Holstein. Schweiz.

Osthorn (Osthorn Afrikas), verbreitete Bez. für die Somalihalbinsel.

Ostia, Ende des 4. Jh. v. Chr. als Kastell an der Tibermündung gegr. Hafenstadt Roms (heute Stadtteil O. Antica), die als älteste Bürgerkolonie galt; nach Versandung der Flußmündung neue Hafenanlage (3 km weiter nördl.) unter Claudius, Nero und Trajan; Überreste: u. a. Forum, Theater, Tempel, Wohnbauten, Magazine, Thermen, Mithräen.

Ostinato [italien., eigtl. „hartnäckig"], ständig wiederholte, kurzgliedrige melod., rhythm. oder harmon. Formel meist in der tiefsten Stimme. Eine bes. Form des O. ist der **Basso ostinato,** die fortgesetzte Wiederkehr eines Themas oder eines Harmoniemodells.

Ostindische Kompanien (Ostindienkompanien), mit Monopol- und Territorialprivilegien ausgestattete ↑Handelskompanien, deren Wirken sich v. a. auf Indien, aber auch auf das übrige Asien erstreckte. Die bedeutendste war die brit. O. K. (gegr. 1600, aufgelöst 1858), die zum Organisator Britisch-Indiens wurde. Des weiteren gab es eine von J. B. Colbert gegr. frz. (1664–1793) und eine niederl. O. K. (1602–1800). Die von ihnen eingesetzten Segelschiffe (sog. Ostindienfahrer) waren wie Kriegsschiffe ausgerüstet.

Ostitis (Osteitis) [zu griech. ostéon „Knochen"], svw. Knochenentzündung (↑Knochenkrankheiten).

Ostium [lat.] (Mrz. Ostien), in der Anatomie: Mündung, Eingang, z. B. *O. aortae* (Öffnung der linken Herzkammer in die Aorta).

Ostjaken ↑Chanten.

Ostjuden ↑Ost- und Westjuden.

Ostkap (engl. East Cape), Kap an der NO-Spitze der Nordinsel Neuseelands.

Ostkarpaten ↑Karpaten.

Ostkette, Gebirgszug im O der Halbinsel Kamtschatka, etwa 600 km lang, bis 2 485 m hoch; alpine Bergformen.

Ostkirchen (oriental. Kirchen), Sammelbez. für alle christl. Kirchen, die nach der endgültigen Teilung des Röm. Reiches (395) zu dessen Osthälfte gehörten bzw. dort entstanden oder von dort aus durch Mission gegr. wurden. Nach Glaubenslehre und Geschichte kann man folgende Kirchen und Kirchengruppen unterscheiden: Die im byzantin. Kulturkreis entstandene ↑orthodoxe Kirche, die als monophysitisch angesehenen oriental. Nat.kirchen (z. B. ↑äthiopische Kirche, ↑armenische Kirche, ↑koptische Kirche), die ostsyr. Kirche der Nestorianer (↑Nestorianismus) sowie die Kirchen und Gemeinschaften, die sich in den letzten Jh. von den bisher genannten lösten, sich dem Papst unterstellten und die unierten Teilkirchen der röm.-kath. Kirche bilden (↑unierte Kirchen). Zwischen den O. bestehen teilweise deutliche theolog. und kulturelle Unterschiede. So führten neben den christolog. Streitfragen v. a. des 5. Jh. bes. die ethn. Unterschiede zu einer ausgeprägten Differenzierung. Während es in neuester Zeit zunehmend zu Kontakten und theolog. Dialogen zw. der orthodoxen Kirche und den oriental. Nat.kirchen kam, ist die Verständigung mit Rom aus orthodoxer Sicht auch durch den Status der unierten Kirchen erschwert. Allen O. gemeinsam ist die Bindung an frühkirchl. Tradition, die davon abgeleitete episkopal-synodale Struktur und die starke Betonung der Liturgie. Die O. sind heute weltweit verbreitet. – Übersicht S. 272.

Ostkordillere [...dil,je:rə], östl. Gebirgszüge der Anden in Südamerika, bis 6 882 m (Illimani) hoch.

Östlicher Sajan, Gebirge im südl. Mittelsibirien, erstreckt sich 1 000 km vom linken Jenisseiufer bis zum Tal des Irkut, im Munku-Sardyk 3 491 m hoch.

östliche Sudansprachen [zu'da:n, 'zu:dan], Untergruppe der Schari-Nil-Sprachen innerhalb der ↑nilosaharanischen Sprachen; dazu gehören u. a. das Nubische und die nilot. Sprachen; die ö. S. werden vom Niltal bis zu den Nubabergen im W, Eritrea im O und Kenia/Tansania im S gesprochen.

Ostmark (Bair. O.), von Karl d. Gr. als Awar. Mark errichtete Grenzmark zw. Enns/Erla, Voralpen, Wienerwald; von den Ottonen erneuert; abhängig von Bayern, 976 den Babenbergern als Markgrafen verliehen; ab 1130/35 als „marchio Austriae" bezeichnet; wurde zum Kernland ↑Österreichs (Geschichte).

Ostia. Masken am Eingang des Theaters

▷ (Sächs. O.) 965 durch Teilung der Elbmark Geros entstandene, gegen die Slawen (Sorben) errichtete Grenzmark; erstreckte sich von der unteren Saale bis zur Lausitz; kam 1136 an die Wettiner.

▷ im NS-Sprachgebrauch 1938–42 die amtl. Bez. für Österreich.

Ostmarkenpolitik, die nach der Reichsgründung 1871 einsetzende preuß. Politik der Germanisierung (Deutsch als alleinige Unterrichts-, Geschäfts- und Amtssprache, Abschaffung des poln. Sprachunterrichts, Ansiedlung dt. Siedler) der nach den Poln. Teilungen Preußen einverleibten ehem. poln. Gebiete (v. a. Prov. Westpreußen und Posen).

Ostmitteldeutsch, Gruppe mitteldt. Mundarten, ↑deutsche Mundarten.

Ostniederdeutsch, Gruppe niederdt. Mundarten, ↑deutsche Mundarten.

Ost-Pakistan, ehem. O-Prov. Pakistans im Ganges-Brahmaputra-Delta, seit 1971 ↑Bangladesch.

Ostpolitik, Bez. für die Politik der BR Deutschland gegenüber den ehemaligen Staaten des Warschauer Pakts (↑Deutschland, Geschichte).

Ostpreußen, ehem. Prov. des Dt. Reiches in den Grenzen von 1937, umfaßte 36 992 km² mit 2,488 Mill. E, Hauptstadt war Königsberg (Pr). Verwaltungsmäßig war O. aufgeteilt in die Reg.-Bez. Königsberg, Gumbinnen, Allenstein und Westpreußen.

Geschichte: Das Gebiet des späteren O. wurde erst im Neolithikum (etwa ab 3000 v. Chr.) besiedelt. Im 2. und 3. Jh. n. Chr. bewohnten die Goten O., danach die balt. Preußen, deren Name (im 10. Jh. erstmals als *Pruzzen* erwähnt) auf ihr Siedlungsgebiet übertragen wurde. Die ersten Christianisierungsversuche scheiterten. Um 1225 wandte sich Hzg. Konrad I. von Masowien um Hilfe gegen die Pruzzen an den Dt. Orden, dem er das Culmer Land schenkte. Hochmeister Hermann von Salza ließ sich die pruzz. Gebiete 1226 als unabhängigen Ordensstaat garantieren. Zur endgültigen Sicherung der 1231–83 eroberten pruzz. Gebiete rief der Orden dt. Siedler ins Land. Die Niederlage gegen Polen in der Schlacht von Tannenberg (15. Juli 1410) brach die Macht des Ordens. Im 2. Thorner Frieden (1466) wurde der Ordensstaat auf den östl. Teil Preußens ohne das Ermland reduziert, er mußte die poln. Oberhoheit anerkennen. Der 1511 zum Hochmeister gewählte Albrecht (von Brandenburg-Ansbach) machte 1525 aus dem Ordensstaat das erbl. Hzgt. Preußen, das, 1618 in Personalunion mit Brandenburg vereinigt und im Frieden von Oliva (1660) aus poln. Lehnshoheit gelöst, zur Keimzelle des Kgr. Preußen (1701 Krönung von Kurfürst Friedrich III. zum König *in* Preußen) wurde. Das Kgr. Preußen annektierte bei der 1. Poln. Teilung (1772) den 1466 an Polen abgetretenen westl. Teil des Deutschordensstaates (außer den erst durch die 2. Poln. Teilung 1793 erworbenen Städten Danzig und Thorn), nun *Westpreußen* gen., während sich für das bisherige königlich preuß. Gebiet (einschließlich des 1772 hinzugekommenen Ermlandes, aber ohne Marienwerder) der Name O. einbürgerte. 1815–29, 1878–1919/20 und 1939–45 waren O. und Westpreußen getrennte Prov. Preußens. Der 1. Weltkrieg brachte O. durch die russ. Invasion schwere Schäden. Die durch den Versailler Vertrag festgelegten Gebietsabtretungen des Dt. Reiches (Poln. Korridor) schnitten O. vom übrigen Reichsgebiet ab. Das Memelland wurde an die Alliierten abgetreten (1923 von Litauen besetzt und annektiert). Der ostpreuß. Kreis Soldau kam an Polen, Danzig wurde Freie Stadt. Durch die Kriegsereignisse 1944/45 erlitt die Bev. hohe Verluste; O. wurde am 25. April 1945 vollständig von sowjet. Truppen erobert. Durch das Potsdamer Abkommen (2. Aug. 1945) kam das nördl. O. an die UdSSR (Rußland) und das südl. an Polen. Im Zwei-plus-vier-Vertrag vom 12. Sept. 1990 erklärte Deutschland die 1945 entstandenen Grenzen für endgültig. – ↑deutsche Ostgebiete.

Ostpreußenhilfe ↑Osthilfe.

ostpreußische Tracht ↑Volkstrachten.

Ostpunkt, der Punkt des Horizonts, an dem die Sonne am Tag der Tagundnachtgleiche (Frühlings- bzw. Herbst-

Ostkirchen

Kirche	Bistümer	Gläubige[1]	Sitz	Ritus	hauptsächliche Liturgiesprache(n)
Orthodoxe Kirchen					
Autokephale bzw. autonome[2] orth. Kirchen					
Ökumen. Patriarchat	41	3500	Istanbul	byzantinisch	Griechisch
Autonome Kirche von Finnland[2]	4	70	Kuopio	byzantinisch	Finnisch
Patriarchat von Alexandria	12	130	Alexandria/Kairo	byzantinisch	Griechisch
Patriarchat von Antiochia	19	1500	Damaskus	byzantinisch	Arabisch
Patriarchat von Jerusalem	2	90	Jerusalem	byzantinisch	Griechisch, Arabisch
Autonome Kirche vom Sinai[2]	1	1	Sinai	byzantinisch	Griechisch
Patriarchat von Moskau	63	90000	Moskau	byzantinisch	Kirchenslawisch
Ukrain. orth. Kirche[2]	21	20000	Kiew	byzantinisch	Kirchenslawisch, Ukrainisch
Weißruss. orth. Kirche[2]	7	5000	Minsk	byzantinisch	Kirchenslawisch, Weißrussisch
Orth. Kirche der Moldowa[2]	1	1000	Chişinău	byzantinisch	Moldauisch (Rumänisch), Weißrussisch
Autonome Kirche von Japan[2]	1	65	Tokio	byzantinisch	Japanisch, Kirchenslawisch
Georg. Kirche	13	4000	Tiflis	byzantinisch	Georgisch
Serb. Kirche	34	8000	Belgrad	byzantinisch	Kirchenslawisch, Serbisch
Rumän. Kirche	21	18000	Bukarest	byzantinisch	Rumänisch
Bulgar. Kirche	14	8000	Sofia	byzantinisch	Kirchenslawisch, Bulgarisch
Kirche von Zypern	6	529	Nikosia	byzantinisch	Griechisch
Kirche von Griechenland	84	9500	Athen	byzantinisch	Griechisch
Kirche von Polen	6	730	Warschau	byzantinisch	Kirchenslawisch, Polnisch
Kirche der Tschechoslowakei	4	160	Prag	byzantinisch	Kirchenslawisch, Tschechisch, Slowakisch, Ukrainisch
Kirche von Albanien	1	–	Tirana	byzantinisch	Albanisch, Griechisch
Orth. Kirchen mit De-facto-Selbständigkeit, aber umstrittenem Status					
Kirche in Amerika	11	1000	New York	byzantinisch	Kirchenslawisch, Englisch
Russisch-orth. Kirche im Exil	8	300	New York	byzantinisch	Kirchenslawisch
Autokephale ukrain. Kirche/Patriarchat Kiew[3]	22	12000	Kiew	byzantinisch	Ukrainisch
Kirche von Makedonien	6	600	Skopje	byzantinisch	Kirchenslawisch, Makedonisch
Orientalische Nationalkirchen					
Kopt. Kirche von Alexandria	41	10000	Kairo	koptisch	Koptisch, Arabisch
Äthiop. Kirche	27	14000	Addis Abeba	äthiopisch	Geez, Amharisch
Syr. Kirche von Antiochia (Jakobiten)	16	250	Damaskus	westsyrisch	Syrisch
Syr. Kirche in Indien	9	2000	Kottayam (Kerala)	westsyrisch	Syrisch, Malayalam
Armenisch-apostol. Katholikat von Etschmiadsin	27	4500	Etschmiadsin	armenisch	Armenisch
Armenisch-apostol. Katholikat von Sis in Kilikien	7	800	Antelyas (Libanon)	armenisch	Armenisch
Armenisch-apostol. Patriarchat von Konstantinopel	3	160	Istanbul	armenisch	Armenisch
Armenisch-apostol. Patriarchat von Jerusalem	4	6	Jerusalem	armenisch	Armenisch
Nestorianische Kirche (Apostol. Kirche des Ostens[3])	8 und 4	150	Teheran und Bagdad	ostsyrisch	Syrisch
Mit Rom unierte Ostkirchen					
Griech. Katholiken des byzantin. Ritus	1	3	Athen	byzantinisch	Griechisch
Italoalban. Kirche	2	63	Lungro (Prov. Cosenza) und Piana degli Albanesi (Prov. Palermo)	byzantinisch	Griechisch, Albanisch, Italienisch
Griechisch-kath. melchit. Patriarchat von Alexandria, Antiochia und Jerusalem	12	398	Damaskus	byzantinisch	Arabisch
Russische Katholiken des byzantin. Ritus	–	1	Rom	byzantinisch	Kirchenslawisch
Ukrainisch-kath. Großerzbistum	14	3000	Lemberg	byzantinisch	Kirchenslawisch, Ukrainisch
Weißruss. Katholiken des byzantin. Ritus	–	3	London	byzantinisch	Kirchenslawisch, Weißrussisch
Katholiken des byzantin. Ritus in Bosnien-Herzegowina, Kroatien, Makedonien, Montenegro und Serbien	1	50	Križevci (Kroatien)	byzantinisch	Kirchenslawisch, Ukrainisch, Makedonisch
Rumän. Katholiken des byzantin. Ritus	3	200	Karlsburg	byzantinisch	Rumänisch
Bulgar. Katholiken des byzantin. Ritus	1	5	Sofia	byzantinisch	Kirchenslawisch
Ruthen. Katholiken des byzantin. Ritus	3	290	Pittsburgh (Pa., USA)	byzantinisch	Kirchenslawisch
Slowak. Katholiken des byzantin. Ritus	1	200	Prešov	byzantinisch	Kirchenslawisch, Slowakisch, Ukrainisch
Ungar. Katholiken des byzantin. Ritus	2	260	Hajdúdorog (mit Nyíregyháza)	byzantinisch	Ungarisch
Koptisch-kath. Patriarchat von Alexandria	4	80	Kairo	koptisch	Koptisch, Arabisch
Äthiop. kath. Metropolie	3	75	Addis Abeba	äthiopisch	Geez, Amharisch
Syrisch-kath. Patriarchat von Antiochia	8	80	Damaskus	westsyrisch	Syrisch, Arabisch
Maronit. Patriarchat	16	1300	Dimane (Libanon)	westsyrisch	Syrisch, Arabisch
Syro-malankares. Katholiken	2	130	Trivandrum	westsyrisch	Syrisch, Malayalam
Armenisch-kath. Patriarchat von Kilikien	8	60	Beirut	armenisch	Armenisch
Chaldäisch-kath. Patriarchat von Babylon	18	180	Bagdad	ostsyrisch	Syrisch, Arabisch
Syro-malabares. Katholiken	15	2000	Ernakulam (Kerala) und Changanacherry (Kerala)	ostsyrisch	Syrisch, Malayalam

[1] Meist Schätzungen, in 1000. – [2] In ihren inneren Angelegenheiten selbständige, sonst von ihrer Mutterkirche abhängige Kirchen. – [3] In zwei getrennten Gruppen.

anfang) aufgeht; auch der Schnittpunkt des Horizonts mit dem Himmelsäquator.

Östradiol [Kw.] ↑Östrogene.

Ostrakismos [griech.] ↑Ostrazismus.

Ostrakon [griech.] (Mrz. Ostraka) ↑Ostrazismus.

Ostrau (tschech. Ostrava), Hauptstadt des Nordmähr. Bez., ČR, an der oberen Oder, 217 m ü. d. M., 330 600 E. Bergbauhochschule (gegr. 1716), Stadttheater; Zoo; Mittelpunkt der größten Schwerind.region in der ČR; die Hüttenwerke liefern den Hauptteil der tschech. Roheisen- und Stahlproduktion. – 1267 gegr.; war befestigte Stadt der Olmützer Bischöfe. Die Kohlevorkommen im benachbarten Schlesisch-Ostrau begünstigten die Entwicklung im 19. Jh. zur bed. Ind.stadt. – Ältestes Bauwerk der Stadt ist die got. Wenzelskirche (13. Jh.); ehem. Rathaus (17. Jh.) mit Museum.

Ostrazismus [griech.] (Ostrakismos, Scherbengericht), antike Form der Volksabstimmung mittels Tonscherben (Ostrakon [Mrz. Ostraka]) über eine zehnjährige Verbannung von Bürgern ohne Verlust von Vermögen und Ehrenrechten im Fall gefährdeter polit. Ordnung.

Östriol [Kw.] ↑Östrogene.

Ostróda [poln. ɔs'truda] ↑Osterode i. Ostpr.

Östrogene [griech., zu oĩstros „Leidenschaft"] (östrogene Hormone, Follikelhormone, Estrogene), zu den Steroidhormonen gehörende weibl. Geschlechtshormone, die im Eifollikel, Gelbkörper, der Plazenta sowie in geringem Umfang (auch beim Mann) in der Nebennierenrinde gebildet werden. Ö. bewirken die Ausbildung der sekundären weibl. Geschlechtsmerkmale und sind in der ersten Hälfte des Menstruationszyklus für den Aufbau der Gebärmutterschleimhaut (Proliferationsphase) verantwortlich. Die Biosynthese der Ö. geht vom Testosteron aus. Natürlich vorkommende Ö. sind das **Östriol,** das **Östron** sowie das **Östradiol.** Ö. und ihre Derivate werden medizinisch u. a. bei Östrogenmangelerscheinungen verwendet und sind zus. mit den ↑Gestagenen wichtige Bestandteile von Ovulationshemmern (↑Empfängnisverhütung).

Ostrogoten ↑Ostgoten.

Ostrołęka [poln. ɔstrɔ'u̯ɛŋka], poln. Stadt am Narew, 100 m ü. d. M., 47 000 E. Hauptstadt der Woiwodschaft O.; Zellstoff- und Papierfabrik, Nahrungsmittelind. – 1373 Stadt.

Oströmisches Reich ↑Byzantinisches Reich.

Östron [griech.] ↑Östrogene.

Ostroróg, Jan [poln. ɔs'trɔruk], * um 1436, † 1501, poln. Schriftsteller. – Woiwode von Posen; erster poln. polit. Schriftsteller; setzte sich für polit. Reformen, u. a. für die Trennung von Staat und Kirche, ein.

Ostroumowa-Lebedewa, Anna Petrowna, * St. Petersburg 17. Mai 1871, † Leningrad (= St. Petersburg) 5. Mai 1955, russ. Malerin und Graphikerin. – Mgl. der Gruppe Mir Iskusstwa; wandte sich bes. dem Holzschnitt und der Aquarellmalerei zu; v. a. Landschafts- und Städtedarstellungen.

Ostrov (dt. Schlackenwerth), Stadt 10 km nö. von Karlsbad, ČR, 400 m ü. d. M., 19 400 E. Maschinenbau. – Geht auf eine planmäßig angelegte hochma. dt. Neugründung zurück; erhielt 1387 Stadtrecht. – Spätroman. Friedhofskirche (vor 1250); barockes ehem. Schloß (1693–96).

Ostrowski [russ. as'trɔfskij], Alexandr Nikolajewitsch, * Moskau 12. April 1823, † Schtschelykowo (Geb. Kostroma) 14. Juni 1886, russ. Dramatiker. – Gilt als einer der bedeutendsten russ. Dramatiker. Seine gesellschaftskrit. Stücke, deren Stärke v. a. in der Charakterisierung der Personen und der Darstellung des Milieus liegt, schildern v. a. die Welt der Kaufleute, Kleinbürger und Beamten und des Theaters, u. a. „Das Gewitter" (Dr., 1860), „Tolles Geld" (Kom., 1870), „Wölfe und Schafe" (Kom., 1875).

O., Nikolai Alexejewitsch, * Wilija (Geb. Rowno) 29. Sept. 1904, † Moskau 22. Dez. 1936, russ. Schriftsteller. – Seit 1924 gelähmt und seit 1928 erblindet; vom Krankenbett aus diktierte er „Wie der Stahl gehärtet wurde" (1932–34), einen [autobiograph.] Entwicklungs- und Erziehungsroman im Sinne des sozialist. Realismus, dessen Held zu einem Leitbild für die Sowjetjugend wurde. Der Roman „Die Sturmgeborenen" (1936) blieb unvollendet.

Ostrumelien ↑Bulgarien, Geschichte.

Östrus [griech.], svw. ↑Brunst.

Ostsamoa ↑Samoainseln.

Ostsee, Nebenmeer der Nordsee, mit dieser durch Skagerrak, Kattegat, Kleinen Belt, Großen Belt und Sund verbunden; 390 000 km², mittlere Tiefe 55 m, im Landsorttief bis 459 m tief. Die O. im weiteren Sinn umfaßt die Beltsee, den Rigaischen und den Finn. sowie den Bottn. Meerbusen. Das untermeer. Relief der O. ist im wesentlichen durch das pleistozäne Inlandeis geformt worden, so daß eine Folge von Becken und Schwellen entstand. Die O. ist relativ reich an Inseln: im W die großen Inseln der Beltsee, Fünen, Lolland und Seeland (Dänemark) sowie Fehmarn und Rügen (Deutschland), ferner Bornholm (Dänemark), Öland und Gotland (Schweden), Ösel und Dagö (Estland) sowie zahlr. Schären entlang den Küsten Schwedens und Finnlands (einschl. der finn. Ålandinseln). Sie ist ein geologisch sehr junges Meer; zu ihrer Entwicklung ↑Holozän (Übersicht). Im langjährigen Mittel fließen der O. 479 km³ Wasser/Jahr durch festländ. Abfluß, 737 km³/Jahr durch Einstrom salzreichen Nordseewassers und 183 km³/Jahr durch Niederschlag zu. Das Gesamtvolumen wird konstant gehalten durch einen ebenso großen Wasserverlust durch Verdunstung und Ausstrom durch die Meeresstraßen. Die Wassertemperaturen liegen im Sommer zw. +13 °C im N und +18 °C im W; in strengen Wintern Vereisung für mehrere Wochen, in den Meerbusen für 3 bis 4 Monate; der Salzgehalt nimmt von W nach O von 20 ‰ auf 2 ‰ ab. Kurzfristige Wasserschwankungen werden durch die sehr geringen Gezeiten sowie Wind- und Luftdruckschwankungen hervorgerufen. Durch Landhebung im N sinkt der mittlere Wasserstand dort um fast 1 m im Jh., bis zur S-Küste nimmt er auf verschwindend geringe Werte ab. 1974 unterzeichneten die 7 Anrainerstaaten eine Konvention zum Schutz der maritimen Umwelt der O.gebiete. Gefischt werden in der O. v. a. Sprotten, Heringe, Dorsch, Scholle und Flunder, Aal und Lachs. Der internat. Schiffsverkehr reicht in seiner Bed. nicht an den der Nordsee, mit der über den Nord-O.-Kanal eine Verbindung besteht, heran. Die Vogelfluglinie hat sich seit 1963 durch die Hochbrücke über den Fehmarnsund zur Hauptverkehrsader zw. Skandinavien und Mitteleuropa entwickelt. Haupthäfen sind Kiel, Rostock, Kopenhagen, Stockholm, Helsinki, St. Petersburg, Königsberg (Pr) und Stettin. 1992 beschlossen die 10 Anliegerstaaten der O. eine verstärkte polit., wirtsch. und kulturelle Zusammenarbeit im Rahmen eines neugegr. Rates der Ostsee-Staaten.

Alexandr Nikolajewitsch Ostrowski

Ostsibirische See, Nebenmeer des Nordpolarmeeres zw. der Wrangelinsel und den Neusibir. Inseln, 913 000 km², größte Tiefe 155 m; mit Ausnahme küstennaher Gebiete ganzjährig eisbedeckt.

Ostsiedlung ↑deutsche Ostsiedlung.

Ostslawen ↑Slawen.

Ostthrakien [...i-ɛn], der europ. Teil der Türkei, umfaßt das Becken des Ergene nehri, die sich nördl. anschließenden Istranca dağlari sowie im S die Ganos daği (bis 945 m hoch) und die sw. anschließende Halbinsel Gelibolu.

Ost-Turkestan, Bez. für den sw. Teil der chin. Autonomen Region Sinkiang.

Ost- und Westjuden, Bez. für zwei verschiedene Gruppen des europ. Judentums. Die Gruppierung wurde erst Mitte des 18. Jh. deutlich, als die Juden W-Europas („Westjuden") das Gedankengut der Aufklärung stärker assimilierten (↑Haskala) als die Juden in O- und SO-Europa („Ostjuden"), die sich stärker der jüd. Tradition verpflichtet fühlten. So wurde die Unterscheidung zw. O.- und W. mehr und mehr zu einer ideolog.-wertenden Differenzierung. Annäherungen von O.- und W. ergaben sich erst im Zusammenhang mit der Vertreibung vieler Ostjuden während und nach dem 2. Weltkrieg, mit der zionist. Bewegung und der Besiedlung Palästinas sowie durch die gemeinsame Bedrohung seitens des Antisemitismus. – Im Unterschied hierzu ist die Differenzierung der Juden Europas in *Aschke-*

nasim und *Sephardim* eine Differenzierung nach Herkunft (ohne Wertung) geblieben und auch nicht mit jener in O.- und W. zu identifizieren.

Ostung (Orientation, Orientierung), Bez. für die religiös motivierte W–O-Richtung der Hauptachse sakraler Bauten; auch Bez. für die Blickrichtung nach O bei kult. Handlungen.

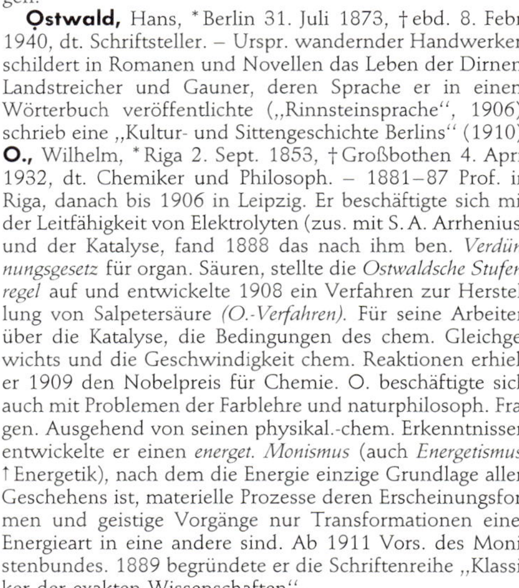

Wilhelm Ostwald (Ausschnitt aus einer Kohle- und Kreidezeichnung, um 1910)

Ostwald, Hans, *Berlin 31. Juli 1873, †ebd. 8. Febr. 1940, dt. Schriftsteller. – Urspr. wandernder Handwerker; schildert in Romanen und Novellen das Leben der Dirnen, Landstreicher und Gauner, deren Sprache er in einem Wörterbuch veröffentlichte („Rinnsteinsprache", 1906); schrieb eine „Kultur- und Sittengeschichte Berlins" (1910).

O., Wilhelm, *Riga 2. Sept. 1853, †Großbothen 4. April 1932, dt. Chemiker und Philosoph. – 1881–87 Prof. in Riga, danach bis 1906 in Leipzig. Er beschäftigte sich mit der Leitfähigkeit von Elektrolyten (zus. mit S. A. Arrhenius) und der Katalyse, fand 1888 das nach ihm ben. *Verdünnungsgesetz* für organ. Säuren, stellte die *Ostwaldsche Stufenregel* auf und entwickelte 1908 ein Verfahren zur Herstellung von Salpetersäure *(O.-Verfahren).* Für seine Arbeiten über die Katalyse, die Bedingungen des chem. Gleichgewichts und die Geschwindigkeit chem. Reaktionen erhielt er 1909 den Nobelpreis für Chemie. O. beschäftigte sich auch mit Problemen der Farblehre und naturphilosoph. Fragen. Ausgehend von seinen physikal.-chem. Erkenntnissen entwickelte er einen *energet. Monismus* (auch *Energetismus,* ↑Energetik), nach dem die Energie einzige Grundlage allen Geschehens ist, materielle Prozesse deren Erscheinungsformen und geistige Vorgänge nur Transformationen einer Energieart in eine andere sind. Ab 1911 Vors. des Monistenbundes. 1889 begründete er die Schriftenreihe „Klassiker der exakten Wissenschaften".

O., Wolfgang, *Riga 27. Mai 1883, †Dresden 22. Nov. 1943, dt. Chemiker. – Sohn von Wilhelm O.; ab 1915 Prof. in Leipzig. Durch seine Arbeiten über den kolloiden Zustand der Materie ist O. einer der Begründer der Kolloidchemie.

Ostwald-Verfahren [nach Wilhelm Ostwald] ↑Salpetersäure.

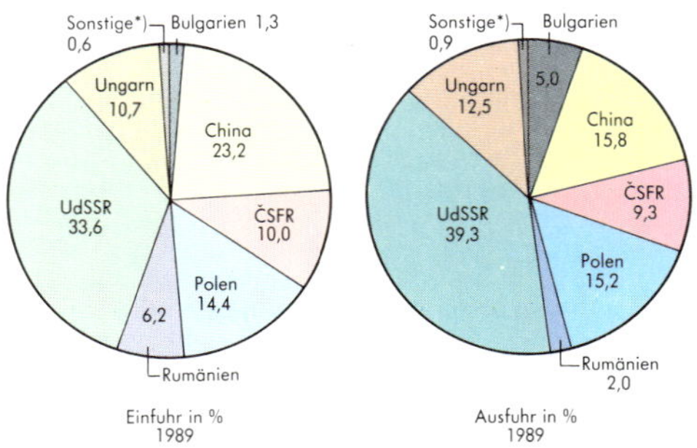

Ost-West-Handel. Aufteilung der Einfuhr und Ausfuhr im Osthandel der Bundesrepublik Deutschland nach Ländern, Stand 1989

Ost-West-Handel, der Warenaustausch zw. den ehem. ↑Ostblockstaaten und den westl. Ind.- und Entwicklungsländern (insbes. den OECD-Staaten). Seine Besonderheit bestand darin, daß der Handelspartner auf östl. Seite eine staatl. Stelle war, die das Außenhandelsmonopol innehatte, und wegen der Einbindung des Außenhandels in den Wirtschaftsplan der Staatshandelsländer eine geringe Flexibilität bestand. Außerdem wurde von den östl. Handelspartnern zur Einsparung von Devisen häufig Wert auf die Vereinbarung von *Kompensationsgeschäften* gelegt, bei denen Importe direkt durch Exporte, also ohne Berührung der Devisenbilanz finanziert wurden. Mit dem schrittweisen Übergang zur Marktwirtschaft und dem Wegfall der Außenhandelshemmnisse in verschiedenen Staaten M- und O-Europas besteht erstmals die Möglichkeit, diese im Rahmen des ↑GATT und der ECE (↑Economic Commission for Europe) voll in die internat. Arbeitsteilung und wirtsch. Zusammenarbeit einzubeziehen.

Ost-West-Konflikt, Bez. für die Gegensätze, die nach dem 2. Weltkrieg unter den Siegermächten aufbrachen und zu einer globalen weltpolit. Polarisierung in ein westl. Lager unter der Führung der USA und ein östl. Lager unter der Vorherrschaft der UdSSR *(Ostblock)* führten (↑kalter Krieg); Höhepunkte: Eingliederung der ČSR in das sowjet. Herrschaftssystem 1947/48, Berliner Blockade 1948/49, Koreakrieg 1950–53, Berlinkrise 1958–62, Vietnamkrieg, Kubakrise 1962. Atomares Patt, Entspannungspolitik, der sowjet.-chin. Konflikt und das Aufkommen der dritten Welt veränderten den O.-W.-K. Grundsätzlich entspannte er sich aber erst im Zuge des KSZE-Prozesses bes. seit 1985, v. a. nach dem sowjet. Abzug aus Afghanistan 1989. Bereits entschärft durch die sowjet. Politik von Glasnost und Perestroika, wurde dem O.-W.-K. durch den Niedergang der kommunist. Regime in O- und M-Europa 1989/90 und den Zerfall der Sowjetunion 1991 die polit. Grundlage entzogen. Trotz der Überwindung der polit. Spaltung Europas und der Teilung Deutschlands (1989/90) bleiben die gravierenden wirtsch. Unterschiede zw. W-Europa und den ehem. Ostblockstaaten ein ernsthaftes Problem für das weitere Zusammenwachsen Europas; eine weitere Gefahr stellen die zunehmenden ethn., nat. und kulturellen Konflikte in SO-Europa und der ehem. Sowjetunion (↑Nationalitätenfrage) dar.

Ostzone, nach 1945 häufig gebrauchte Bez. für die SBZ bzw. die DDR; vielfach abwertend gemeint.

Ōsu Yasujiro, *Tokio 12. Dez. 1903, †ebd. 12. Dez. 1963, jap. Filmregisseur. – Bed. Vertreter der jap. Filmkunst, u. a. „Geschichte vom treibenden Schiff" (1934, Remake 1959 u. d. T. „Abschied in der Dämmerung"), „Die Reise nach Tokio" (1953), „Ein Herbstnachmittag" (1962).

Ōsumihalbinsel, Halbinsel an der S-Küste der Insel Kyūshū, Japan.

Ōsumiinseln, die nördlichste Gruppe der zu Japan gehörenden Ryūkyūinseln, 980 km², umfaßt die Hauptinseln **Yaku** (rd. 500 km², bis 1 935 m ü. d. M.) und **Tanega** (447 km², bis 207 m ü. d. M.) sowie fünf kleinere Inseln.

Oswald, hl. *um 604, ⚔ Maserfeld (beim heutigen Oswestry, Shropshire [?]) 5. Aug. 642, König von Northumbrien. – Übernahm 634 die Herrschaft in Northumbrien und betrieb nach seiner Taufe im Kloster Hy intensiv die Christianisierung seines Landes; fiel 642 im Kampf gegen den König von Mercia. – In England früh verehrt; im MA kam der O.kult nach Deutschland. – Fest: 5. August. – U. d. T. **Sankt Oswald** ist in 4 verschiedenen Fassungen ein spielmänn. Epos überliefert, das vermutlich von einem Geistlichen um 1170 in der Gegend von Aachen verfaßt wurde. Die wenigen Züge der urspr. Legende vom hl. O. werden einer z. T. stark märchenhafte Züge aufweisenden Brautwerbungsgeschichte beigeordnet.

Oswald von Wolkenstein, *Schloß Schöneck im Pustertal (?) um 1377, †Meran 2. Aug. 1445, spätmittelhochdt. Liederdichter und -komponist. – Entstammte dem Zweig der Tiroler Adelsfamilie der Vilanders, die sich nach Burg Wolkenstein im Grödnertal nannte; abenteuerl. Wanderleben; Pilgerfahrt nach Palästina; seit 1415 diplomat. Missionen im Dienste König Sigismunds; 1421–23 war O. in der Haft Friedrichs IV. von Österreich. Letzter deutschsprachiger Minnesänger, dessen etwa 130 autobiographisch geprägte Minne- und Zechlieder sowie Liebesgedichte zu den wichtigsten literar. Werken zw. MA und Renaissance zählen. Liedertexte und Melodien (in ein- und mehrstimmiger Fassung) sind in 3 Sammelhandschriften erhalten, wobei für die Handschriften A und B die Einheit von Dichterporträt, Text und Melodie kennzeichnend ist.

Oświęcim [poln. ɔɕ'fjɛntɕim] ↑Auschwitz.

Oszillation [lat.], svw. ↑Schwingung.

▷ in der *Geologie* Bez. für 1. Schwankungen des Meeresspiegels, 2. Vorstöße und Rückschmelzbewegungen von Gletscherzungen, 3. die abwechselnde Hebung und Senkung von Krustenteilen der Erde.

Oswald von Wolkenstein. Porträt Oswalds, Titelblatt der Handschrift B, um 1432 (Innsbruck, Universitätsbibliothek)

Oszillationstheorie, eine geotekton. Theorie, ↑Gebirgsbildung.

Oszillator [lat.], ein physikal. System (z. B. Massenpunkt, Pendelkörper, Hertzscher Dipol u. ä.), das Schwingungen um eine Gleichgewichts- oder Ruhelage ausführt. Wird der Schwingungszustand durch die zeitl. Änderung nur einer einzigen physikal. Größe beschrieben, so liegt ein *linearer O.* vor. Ein *harmon. O.* führt harmon. Schwingungen aus; das ist der Fall, wenn die rücktreibende Kraft der Auslenkung aus der Ruhelage proportional ist. – ↑Schwingung.
▷ in der *Elektronik* eine Schaltung zur Erzeugung elektr. Schwingungen bzw. Wellen. Der O. enthält mindestens einen Schwingkreis und ein Schaltelement, das die Schwingungen im O. auslöst bzw. steuert.

Oszillograph [lat./griech.] (Lichtstrahl-, Schleifenoszillograph), elektr. Gerät zur Sichtbarmachung und Aufzeichnung des Verlaufs sich zeitlich ändernder Vorgänge. Ein Lichtstrahl wird mit Hilfe einer Meßschleife ausgelenkt. Mit Hilfe eines opt. Systems wird durch einen Lichtstrahl diese Drehbewegung zur Beobachtung auf eine Mattscheibe und zur Registrierung auf einen mit konstanter Geschwindigkeit bewegten Photopapierstreifen abgebildet. – ↑Oszilloskop.

Oszillographie [lat./griech.], graph. Darstellung der Pulsschwingungen, die in den peripheren Gefäßen (an Armen und Beinen) beim Durchtritt der Pulswellen entstehen.

Oszilloskop [lat./griech.] (Kathodenstrahl- bzw. Elektronenstrahloszilloskop, umgangssprachlich auch Oszillograph), elektron. Gerät zur Sichtbarmachung sich zeitlich ändernder Spannungen, evtl. auch zum Aufzeichnen der Vorgänge (↑Oszillograph). Der Leuchtfleck einer ↑Elektronenstrahlröhre wird in vertikaler *(Y-)* Richtung proportional zur Eingangsspannung ausgelenkt. Ein Zeitablenkteil erzeugt eine Sägezahnspannung, die den Leuchtfleck in horizontaler *(X-)* Richtung auslenkt, so daß zusammen mit der *Y*-Auslenkung der zeitl. Verlauf der Eingangsspannung auf dem Leuchtschirm aufgezeichnet wird. Ein bei period. Vorgängen für den Beobachter stehendes Bild erhält man durch Synchronisationseinrichtungen, die die Sägezahn-Repetitionsfrequenz in fester Beziehung zur Frequenz des Eingangssignals halten bzw. durch *Triggerung,* bei der der Sägezahnimpuls immer an der gleichen Stelle des Eingangssignals ausgelöst wird. Zur Darstellung mehrerer zeitabhängiger Vorgänge benutzt man **Mehrstrahloszilloskope** mit mehreren Strahlsystemen oder **Mehrkanaloszilloskope,** bei denen ein elektron. Umschalter die einzelnen Ablenkspannungen nacheinander den Ablenkplatten eines Systems zuführt. Zur Darstellung einmaliger Vorgänge verwendet man **Speicheroszilloskope** mit Sichtspeicherröhren.

ot..., Ot... ↑oto..., Oto...

Otalgie [griech.] (Otodynie), Schmerzen im Bereich des Ohrs.

O tempora, o mores [lat.], o Zeiten, o Sitten (Zitat aus Ciceros Reden gegen Verres und Catilina).

Otero Silva, Miguel [span. 'silβa], *Barcelona (Anzoátegui) 26. Okt. 1908, †Caracas 28. Aug. 1985, venezolan. Schriftsteller. – Nahm 1928 am Aufstand gegen die Diktatur von J. V. Gómez teil; lebte mehrere Jahre im Exil; veröffentlichte neben Gedichten Romane, die die polit. und sozioökonom. Verhältnisse Venezuelas in symbolhafter Verdichtung darstellen, u. a. „Ich weine nicht" (1970).

Otfrid (Otfried) **von Weißenburg,** althochdt. Dichter des 9. Jh. – Mönch und Lehrer im elsäss. Kloster Weißenburg. Verfaßte in vierhebigen Reimpaarversen eine nach den 5 Sinnen in 5 Bücher eingeteilte Evangelienharmonie (vollendet zw. 863 und 871). Das Werk ist die erste umfangreichere dt. Reimdichtung und enthält die erste dt. Sprach- und Literaturreflexion.

Othello, Held der Tragödie „O., der Mohr von Venedig" (1604) von W. Shakespeare; ein Feldherr in venezian. Diensten, der aus Eifersucht seine Gattin Desdemona erdrosselt und sich später selbst tötet, nachdem er ihre Unschuld erkannt hat.

Othman (Othman Ibn Affan), *Mekka um 574, †Medina 17. Juni 656 (ermordet), dritter Kalif (seit 644). – Omaijade; Schwiegersohn des Propheten Mohammed; veranlaßte die abschließende Redaktion des Koran. Seine Ermordung führte zum ersten innerislam. Bürgerkrieg.

Otho, Marcus Salvius, *Ferentinum (= Ferentino, Prov. Frosinone) 28. April 32, †Rom 16. April 69, röm. Kaiser (69). – ⚭ mit Poppäa Sabina, die Nero zu seiner Geliebten (ab 62 Gattin) machte; Statthalter der Prov. Lusitania (58–68); an der Ermordung Galbas führend beteiligt; beging nach seiner Niederlage gegen Vitellius Selbstmord.

Oti, linker Nebenfluß des Volta, in W-Afrika, entspringt als **Pendjari** in NW-Benin, bildet z. T. die Grenze Benin/Burkina Faso, durchfließt N-Togo, O- und SO-Ghana, mündet in den Voltasee; über 400 km lang; Fischfang.

Otiater [griech.], Arzt für Ohrenheilkunde (↑Hals-Nasen-Ohren-Heilkunde).

Otitis [griech.], Entzündung des Ohrs; *O. externa:* Entzündung des äußeren Gehörgangs; *O. media,* svw. ↑Mittelohrentzündung.

Otjiwarongo [ɔtʃiva'rɔŋgo], Stadt am W-Fuß der Waterberge, Namibia, 1 460 m ü. d. M., 11 000 E. Hauptstadt des Distr. O.; Zentrum eines Agrargebiets; Viehauktionen.

Otmar (Othmar, Audemar, Audomar), hl., *um 689, †Insel Werd bei Stein am Rhein, alemann. Mönch. – Ab 719 Abt der Mönchsgemeinschaft am Grab des hl. Gallus; eigtl. Begründer des Klosters Sankt Gallen, dem er die Benediktregel gab.

oto..., Oto..., ot..., Ot... [zu griech. oũs (Genitiv: ōtós) „Ohr"], Bestimmungswort von Zusammensetzungen, bedeutet „Ohr".

Otodynie, svw. ↑Otalgie.

Otologie, svw. Ohrenheilkunde (↑Hals-Nasen-Ohren-Heilkunde).

otomangische Sprachen, Gruppe von Indianersprachen in M-Amerika; zu ihnen gehören u. a. die Untergruppen Otomí, Pame, Mixtekisch und Sapotek.

Otomí, zentralmex. Indianerstamm; Lebensgrundlage bilden Feldbau, Viehhaltung und Handwerk, kommerzialisierte Herstellung von Baumbastpapier.

O'Toole, Peter Seamus [engl. oʊ'tu:l], *Connemara 2. Aug. 1932, ir. Schauspieler. – Bed. Shakespearedarsteller; auch zahlr. Filme, u. a. „Lawrence von Arabien" (1960), „Becket" (1963), „Masada" (1980), „Der letzte Kaiser" (1987), „King Ralph" (1991).

Otosklerose, vererbbare Erkrankung der knöchernen Labyrinthkapsel im Schläfenbein; gekennzeichnet durch herdförmige Knochenneubildungen, die die normale Steigbügelbeweglichkeit blockieren und zunehmende Schalleitungsschwerhörigkeit zur Folge haben. Das Innenohr wird ebenfalls geschädigt. Die Ursache der O. ist noch unbekannt. Die Behandlung erfolgt durch Steigbügeloperation.

Ottawa Stadtwappen

Ottawa

Hauptstadt von Kanada (seit 1867)

·

301 000 E

·

Verkehrsknotenpunkt

·

Sitz der Bundesreg.

·

Nationalmuseen

·

1827 entstanden als Bytown

Otoskop, svw. ↑Ohrenspiegel.

Otranto, italien. Hafenstadt in Apulien, 15 m ü. d. M., 4 900 E. Kath. Erzbischofssitz; Fischerei, Fremdenverkehr. – Das ehem. griech. **Hydrus** war in röm. Zeit als **Hydruntum** wichtiger Hafenplatz; seit Mitte des 6. Jh. ein Handelszentrum des byzantin. Teils von Italien; fiel 1068 an die Normannen, 1464 an König Ferdinand I. von Neapel (1480 von den Osmanen zerstört). – Die roman. Kathedrale wurde barock umgestaltet (1674–1764), erhalten der roman. Mosaikfußboden (1163–66), antike Säulen und eine fünfschiffige Hallenkrypta (12. Jh.); Kreuzkuppelkirche San Pietro (10./11. Jh.; mit Fresken des 11.–13. Jh.); Kastell mit zylindr. Ecktürmen (1485–98).

Otranto, Straße von, Meeresstraße zw. Italien und Albanien, 75 km breit, bis 1 100 m tief.

Ōtsu, jap. Stadt auf Honshū, am S-Ende des Biwasees, 234 500 E. Verwaltungssitz der Präfektur Shiga. Kunstfaser-, Textilind., Herstellung von Elektro- und Meßgeräten. 667–672 Sitz des Tenno; seit dem 9. Jh. wirtsch. Aufschwung als Hafen Kyōtos am Biwasee; auch bed. Handelsstadt.

Ott, Arnold, *Vevey 5. Dez. 1840, †Luzern 30. Sept. 1910, schweizer. Dramatiker. – Arzt; schrieb u. a. das Volksschauspiel „Karl der Kühne und die Eidgenossen" (1897); auch Theaterkritiker und Essayist.

ottava [italien.], Abk. für: ↑all'ottava.

Ottaviani, Alfredo, *Rom 29. Okt. 1890, †ebd. 3. Aug. 1979, italien. Kardinal (seit 1953). – Prof. für Zivil- und Kirchenrecht an der Lateran-Univ.; 1959 Sekretär des Hl. Offiziums; nach dessen Neuorganisation als Kongregation für die Glaubenslehre war O. 1965–68 deren Propräfekt; vor dem 2. Vatikan. Konzil Präsident der Theolog. Vorbereitungskommission; auf dem Konzil führender Sprecher der konservativen Richtung.

Ottavio Farnese, *9. Okt. 1524, †Parma 18. Sept. 1586, Hzg. von Parma (seit 1550) und Piacenza (seit 1556). – Trotz des Widerstandes Karls V. sicherte sich O. mit frz. und päpstl. Hilfe Parma (1550); durch die Vermittlung seiner Frau Margarete von Parma söhnte er sich mit Philipp II. von Spanien aus und erhielt im Vertrag von Gent 1556 das von Karl V. besetzte Piacenza zurück.

Ottawa, Hauptstadt von Kanada, in der Prov. Ontario, am rechten Ufer des Ottawa River, in den hier der Rideau Canal mündet, 301 000 E, Metropolitan Area 819 000 E. Sitz der Bundesreg., eines kath. Erzbischofs und eines anglikan. Bischofs; Münze; 2 Univ. (gegr. 1848 bzw. 1942), Sitz des Nat. Forschungsrates, der Atombehörde u. a. wiss. Inst. sowie nat. Gesellschaften und Spitzenorganisationen; Nationalbibliothek, Archive; Sternwarte, mehrere Museen, National Arts Center (mit Oper, Theater, Konzertsaal; 1969 eröffnet); Botan. Garten; Konsumgüterind., graph. Gewerbe; Verkehrsknotenpunkt am Trans-Canada Highway, in zehn Richtungen ausstrahlende Bahnstrecken, internat. ✈. – Entstand 1827 als **Bytown;** ab 1847 Town, 1854 als O. City; entwickelte sich zu einem bed. Holzhandels- und Holzverarbeitungszentrum; wurde 1858 Prov.hauptstadt und 1867, nach Gründung des Dominion of Canada, Bundeshauptstadt. – Reg.viertel am Ottawa River, neugot. Parlamentsgebäude mit Friedensturm (1860, 1917–27 nach Brand erneuert).

Ottawa. Regierungsviertel am Ottawa River, in der Bildmitte das neugotische Parlamentsgebäude mit dem Friedensturm (1860, 1919–27 nach Brand erneuert)

Ottawa, Indianerstamm an der Georgian Bay des Huronsees, Kanada.

Ottawa River [engl. 'ɔtəwə 'rɪvə], linker Nebenfluß des Sankt-Lorenz-Stroms, Kanada, entspringt in den Laurentian Mountains, durchfließt mehrere Seen, mündet bei Montreal, 1 271 km lang. Über den 203 km langen **Rideau Canal** zw. Ottawa und Kingston besteht eine schiffbare Verbindung mit dem Ontariosee; zahlr. Wasserkraftwerke.

Otte, Selbstbez. des Verf. eines mittelhochdt., vorhöf. Epos über das Leben des oström. Kaisers Eraclius (Herkaleios), das Anfang des 13. Jh. im mitteldt. Sprachgebiet verfaßt wurde.

Otte, Hans, *Plauen 3. Dez. 1926, dt. Komponist und Pianist. – 1959–84 Leiter der Musikabteilung von Radio Bremen. Sucht neue Zusammenhänge zw. Musik, Sprache, Geste, Bild, Licht und techn. Medien; komponierte u. a. „nolimetangere" (Musiktheater, 1965), „schrift" für vier Chorgruppen, Lichtbilder, Lautsprecher und einen Organisten (1975), „Buch der Klänge" für Klavier (1982), „Philharmonie" für Chor und Orchester (1986).

Otten, Heinrich, *Freiburg im Breisgau 27. Dez. 1913, dt. Hethitologe. – Seit 1959 Prof. in Marburg; maßgebende Arbeiten zur Hethitologie, zahlr. Editionen hethit. Texte.

O., Karl, *Oberkrüchten (= Niederkrüchten, Kreis Viersen) 29. Juli 1889, †Muralto (Tessin) 20. März 1963, dt. Schriftsteller. – Pazifist; emigrierte 1933 über Spanien nach Großbritannien; ab 1944 erblindet; lebte zuletzt in der Schweiz. Begann als expressionist. Lyriker und Erzähler; Mitarbeit an F. Pfemferts Zeitschrift „Die Aktion"; wandte sich später formstrenger Gedankenlyrik zu; auch Dramatiker und Hg. von Anthologien expressionist. Dichtung.

Ottensteiner Stausee ↑Stauseen (Übersicht)

Otter [zu althochdt. ottar, eigtl. „Wassertier"] (Wassermarder, Lutrinae), fast weltweit verbreitete Unterfam. etwa 0,5–1,5 m langer (einschl. des rundl. oder abgeplatteten Schwanzes bis 2,2 m messender) Marder mit 19 dem Wasserleben angepaßten Arten; Kopf breit, Augen relativ klein; Ohren verschließbar; Beine kurz, mit Schwimmhäuten; Fell sehr dicht, wasserundurchlässig. – O. ernähren sich von Wassertieren. Ihre Bestände sind vielerorts stark reduziert, stellenweise weitgehend ausgerottet, teils durch Bejagung, teils durch Lebensraumzerstörung und Gewässerverschmutzung. – Zu den O. gehören u. a. die 10 Arten umfassende Gatt. **Fischotter** (Lutra), bis 85 cm lang, Schwanz etwa 35–55 cm lang, oft mit weißer Kehle; in Deutschland sehr selten, steht unter Naturschutz. In Süß- und Brackgewässern S-Asiens lebt der rd. 60 cm (mit Schwanz bis 90 cm) lange **Zwergotter** (Amblonyx cinerea); Körper dunkelbraun bis braungrau mit hellerer Unterseite. 1–1,5 m lang ist der in S-Amerika vorkommende **Riesenotter** (Pteronura brasiliensis); Schwanz etwa 70 cm lang. Der **Glattotter** (Lutra perspicillata) ist bis etwa 1,2 m lang und hat einen deutlich abgeflachten, dreikantigen Schwanz; in SW- bis SO-Asien. In den Küstengewässern des N-Pazifiks kommt der **Meerotter** (See-O., Kalan, Enhydra lutris) vor; bis 1,3 m lang, mit flossenförmigen Hinterbeinen.

Ottern, svw. ↑Vipern.

Otterndorf, Stadt 14 km sö. von Cuxhaven, Nds., 4–6 m ü. d. M., im Land Hadeln an der Nordseeküste. 6 000 E. Zentraler Ort für das agrar. Umland; Kleiderfabrik, Nahrungsmittelind. – Erste Erwähnung 1261, Stadtrechtsverleihung 1400. – Ev. Sankt-Severi-Kirche (13. Jh.,

1739–40 wurden alle Wände mit Backstein verblendet); alte Lateinschule (1614); Torhaus (1641) des ehem. Wasserschlosses; Kranichhaus (1696; jetzt Heimatmuseum).

Otterpelz (Otter), der sehr dichte Pelz (in verschiedenen Brauntönungen) aus dem Fell des Fischotters.

Otterspitzmäuse (Potamogalidae), Fam. etwa 15–35 cm langer (einschl. Schwanz bis 65 cm messender), oberseits brauner, unterseits hellerer Säugetiere (Ordnung Insektenfresser) mit drei Arten in und an Süßgewässern W- und Z-Afrikas.

Otterzivette (Mampalon, Cynogale bennetti), gedrungene, etwa 70–80 cm lange (einschl. Schwanz bis 95 cm messende), vorwiegend braune Schleichkatze, v. a. an und in Gewässern N-Vietnams, der Halbinsel Malakka und der Großen Sundainseln.

Ottheinrich, eigtl. Otto Heinrich, *Amberg 10. April 1502, †Heidelberg 12. Febr. 1559, Pfalzgraf bei Rhein (seit 1505), Kurfürst von der Pfalz (seit 1556). – Führte 1556 die Reformation in der Pfalz ein und legte 1557 die Nachfolge in der Kurpfalz zugunsten der Linie Pfalz-Simmern fest. Er reformierte die Univ. Heidelberg im prot.-humanist. Geist, gründete die Palatina und ließ 1556–59 das Heidelberger Schloß um den *O.bau* erweitern.

Ottilia ↑Odilia, hl.

Ottmarsheim, frz. Gem. am Rheinseitenkanal, Dep. Haut-Rhin, 2 000 E. Rheinhafen Mülhausen-Ottmarsheim. – Roman. Kirche, ein oktogonaler Zentralbau mit zweigeschossigen Umgängen (1049 geweiht).

Otto, Name von Herrschern:

Hl. Röm. Reich:

O. I., der Große, *23. Nov. 912, †Memleben (Kr. Nebra) 7. Mai 973, dt. König (seit 936), Kaiser (seit 962). – Brach die Macht der Stammes-Hzg. (Eberhard von Franken, Giselbert von Lothringen, bayr. Luitpoldinger) sowie den Widerstand von Familienangehörigen (Halbbruder Thankmar, Bruder Heinrich) und band die Hzgt. eng an die regierende Dyn.: 944 erhielt der Salier Konrad der Rote (⚔ 955), seit 947 sein Schwiegersohn, Lothringen, 948 der Bruder Heinrich Bayern, 949 der Sohn Liudolf Schwaben; Sachsen und Franken blieben in unmittelbarer Verfügungsgewalt des Königs. Die Rivalität zw. Karolingern und Robertinern/Kapetingern verschaffte O. im Westfrankenreich eine schiedsrichterl. Stellung, der burgund. König erkannte seine Lehnshoheit an. Die O-Grenze des Reiches wurde abgesichert durch Markenorganisation und Gründung neuer Bistümer für Slawen- und Skandinavienmission (968 Erzbistum Magdeburg). Auf seinem 1. Italienzug (951/952) erwarb O. die Herrschaft über das Regnum Italiae (unter der Verwaltung Berengars II.) und heiratete in 2. Ehe die Königin-Witwe Adelheid von Burgund. O. schlug den von Konrad dem Roten und den Luitpoldingern unterstützten Aufstand seines Sohnes Liudolf (953/54) nieder, wobei die Empörer ihre Hzgt. verloren (954), und besiegte die Ungarn am 10. Aug. 955 auf dem Lechfeld. Nach dem Scheitern der Familienpolitik schuf O. mit dem ↑Reichskirchensystem eine Stütze der Zentralgewalt. Ein Hilfeersuchen Papst Johannes' XII. gegen Berengar II. war der Anlaß zum 2. Italienzug (961–965), auf dem O. am 2. Febr. 962 die Kaiserkrone empfing (Bindung der Kaiserwürde an das dt. Regnum, Orientierung der Reichspolitik nach Italien). Auf seinem 3. Italienzug (966–972) bezog O. die langobard. Hzgt. S-Italiens in seinen Herrschaftsbereich ein. Mit der Ehe (972) seines Sohnes und Mitkaisers (seit 967) Otto II. mit der byzantin. Prinzessin Theophanu erreichte er die Anerkennung seines Kaisertums durch Byzanz.

O. II., *Ende 955, †Rom 7. Dez. 983, dt. König (seit 961), Kaiser (seit 967). – Sohn Ottos I., am 25. Dez. 967 zum Mitkaiser gekrönt; seit 14. April 972 ⚭ mit Theophanu. Siegte in Auseinandersetzungen mit seinem Vetter Heinrich II. von Bayern [und Kärnten] (976 abgesetzt), den Luitpoldingern, den Reginaren in Niederlothringen und dem frz. König Lothar, der Lothringen Frankreich eingliedern wollte (Friedensschluß 980). Auf seinem im Okt. 980 begonnenen Italienzug sicherte O. die Stellung des Papsttums gegen den stadtröm. Adel (Crescentier). Sein Vorstoß nach S-Italien endete in einer vernichtenden Niederlage beim Kap Colonne (sö. von Crotone, Prov. Catanzaro) gegen die Araber (13. Juli 982). 983 zerstörte der Aufstand der Dänen und Slawen fast das ganze Aufbauwerk seines Vaters östl. von Saale und Elbe.

O. III., *im Juli 980, †Paternò 24. Jan. 1002, dt. König (seit 983), Kaiser (seit 996). – Sohn Ottos II.; stand bis 991 unter der Vormundschaft seiner Mutter Theophanu, bis 994 seiner Großmutter Adelheid. Wichtigster Ratgeber war Erzbischof Willigis von Mainz. Der 1. Italienzug von O. (996/997) stand im Zeichen der Kämpfe um Rom (mit den Crescentiern). Nach dem Tode Papst Johannes' XV. ernannte O. einen Verwandten, den Hofkapellan Brun, zum Papst (Gregor V.), der ihn am 21. Mai 996 zum Kaiser krönte. Der Widerstand des röm. Adels führte zur Erhebung eines Gegenpapstes (Johannes XVI.). O. setzte sich auf seinem 2. Italienzug (begonnen Dez. 997) schnell durch und erhob nach dem Tode Gregors V. seinen Lehrer Gerbert von Aurillac zum Papst (999; Silvester II.). In engem Einvernehmen mit dem Papst versuchte er, seine Konzeption der Erneuerung des Röm. Reiches (Renovatio imperii) zu verwirklichen. Rom sollte zum Sitz eines Universalreiches (Germanen, Romanen und Slawen) werden, an das, von Kaiser und Papst gemeinsam regiert, auch die im O entstandenen Staaten der Piasten (Polen) und Arpaden (Ungarn) unter Stärkung ihrer Stellung enger gebunden werden sollten (1000 Erzbistum Gnesen, 1001 Erzbistum Gran [Esztergom], Anerkennung Stephans I. als König von Ungarn).

O. IV. von Braunschweig, *Argentan (?) 1175/76 oder 1182, †Harzburg (= Bad Harzburg) 19. Mai 1218, Röm. König (seit 1198), Kaiser (seit 1209). – Sohn Heinrichs des Löwen, Neffe Richards I. Löwenherz; nach der Thronerhebung Philipps von Schwaben am 9. Juni 1198 von einer Gruppe antistaufisch gesinnter Fürsten in Köln zum [Gegen]könig gewählt. Papst Innozenz III. bannte den Staufer-anhang nach dem Verzicht des Welfen O. auf jede eigenmächtige Italienpolitik (8. Juni 1201), doch setzte er sich erst nach Philipps Ermordung durch (Neuwahl 11. Nov. 1208, Kaiserkrönung 4. Okt. 1209). Sein Vorstoß in das dem Papst unterstehende Kgr. Sizilien aber führte zu seinem Bann (18. Nov. 1210) und zur Erhebung Friedrichs II., dem O. 1214 bei Bouvines unterlag.

Bayern:

O. von Northeim, †11. Jan. 1083, Herzog (1061–70). – Aus sächs. Hochadel; 1061 zum Hzg. von Bayern erhoben; von Heinrich IV. 1070 abgesetzt. 1070–75 einer der Führer des Sächs. Fürstenaufstandes, 1077 wesentlich an der Erhebung Rudolfs von Rheinfelden zum Gegenkönig beteiligt.

O. I. von Wittelsbach, *um 1120, †Pfullendorf 11. Juli 1183, Pfalzgraf (1155–80), Herzog (seit 1180). – Einer der wichtigsten Ratgeber und Helfer Friedrich Barbarossas; nach dem Sturz Heinrichs des Löwen 1180 vom Kaiser mit dem verkleinerten Hzgt. Bayern belehnt; schuf nach anfängl. Schwierigkeiten die Grundlagen für eine herzogl. Territorialpolitik.

Braunschweig-Lüneburg:

O. I., das Kind, *Lüneburg 1204, †ebd. 9. Juni 1252, Herzog (seit 1235). – Enkel Heinrichs des Löwen, Neffe Kaiser Ottos IV.; folgte seinem Vater Wilhelm von Lüneburg 1213 in Lüneburg, erbte 1227 Braunschweig; Stammvater der Herzöge von Braunschweig-Lüneburg.

Griechenland:

O. I., *Salzburg 1. Juni 1815, †Bamberg 26. Juli 1867, König (1833–62). – Sohn Ludwigs I. von Bayern; 1832 mit Zustimmung der griech. Nationalversammlung von den Großmächten zum griech. König bestimmt; mußte 1844 eine für die Praxis unwirksame Verfassung gewähren; 1862 durch eine Militärrevolte gestürzt.

Pfalz:

O. Heinrich, Kurfürst von der Pfalz, ↑Ottheinrich.

Otto von Bamberg, hl., *um 1060, †Bamberg 30. Juni 1139, Bischof von Bamberg. – Kanzler Kaiser Heinrichs IV. in Speyer, ab 1102 Bischof in Bamberg; setzte sich ab 1121 für die Versöhnung zw. Kaiser Heinrich V. und Papst Kalixt II. ein. Führte auf zwei Missionsreisen (1124/25 und

Karl Otten (Zeichnung von Egon Schiele)

Otter. Fischotter

Otto I., König von Griechenland

Luise Otto-Peters

1128) das Christentum in Pommern ein. – Fest: 30. Juni, in Bamberg 30. September.

Otto von Botenlauben, Graf von Henneberg, *wahrscheinlich um 1177, † zw. Juli 1244 und dem 7. Febr. 1245, mittelhochdt. Minnesänger. – 1197 Teilnahme am Kreuzzug nach Palästina; gehört mit einstrophigen Liedern in der Form des frühen Minnesangs, 3 Tageliedern, einem Wechsel und einem Leich zum höf. Minnesang.

Otto von Freising, *um 1111/1114, † Kloster Morimond (Haute-Marne) 22. Sept. 1158, dt. Geschichtsschreiber. – Sohn des östr. Markgrafen Leopold III., des Heiligen, Halbbruder Kaiser Konrads III.; trat 1132/33 in das Zisterzienserkloster Morimond ein (um 1137 Abt); 1138 Bischof von Freising; als Heerführer Teilnahme am 2. Kreuzzug 1147–49. Seine „Chronik oder Geschichte der zwei Reiche" (8 Bücher, 1143–46, seinem Neffen Friedrich I. Barbarossa gewidmet) deutet in augustin. Sicht die Geschichte als heilsgeschichtl. Ringen zw. dem Gottesstaat (Civitas Dei) und dem durch Gewalt und Unglauben geprägten Weltstaat (Civitas terrena); sie gilt als das wichtigste geschichtsphilosoph. Werk des MA. Seine „Gesta friderici imperatoris" (2 Bücher, bis 1156 reichend, 1157 abgefaßt) zählen zu den wichtigsten histor. Quellen über die frühe Stauferzeit.

Otto, Berthold, *Bienowitz bei Liegnitz 6. Aug. 1859, † Berlin 29. Juni 1933, dt. Reformpädagoge. – Führte in seiner 1906 in Berlin-Lichterfelde gegr. „Hauslehrerschule" den Gesamtunterricht für Schüler verschiedener Altersstufen ein; das Unterrichtsgespräch richtete sich nach der Initiative der Schüler und sollte in ihrer Sprache (Altersmundart) geführt werden.

O., Frei, *Siegmar (= Chemnitz) 31. Mai 1925, dt. Ingenieur und Architekt. – Pionier auf dem Gebiet der Hängedachkonstruktion. – *Werke:* Dt. Pavillon für die Weltausstellung in Montreal (1966/67; mit R. Gutbrod); Überdachung der Anlagen für die Olymp. Spiele in München (1972); Kongreßzentrum bei Mekka (1970; mit R. Gutbrod); Gitterschalenkonstruktion für die Multihalle in Mannheim (1975; mit C. Mutschler); Sportzentrum in Dschidda (1979; mit Partnern); Einfamilienhäuser am Tiergarten in Berlin (1989; mit H. Kendel).

Nikolaus Otto

O., Hans, *Dresden 10. Aug. 1900, † Berlin 24. Nov. 1933, dt. Schauspieler. – Herausragender Charakterdarsteller; u. a. Dt. Schauspielhaus Hamburg (1926–29), ab 1930 Preuß. Staatstheater Berlin; 1933 entlassen; ging (trotz Angeboten von M. Reinhardt in Wien, dem Dt. Theater in Prag u. a.) in den Untergrund (Mgl. der KPD ab 1924); wurde denunziert und von SA-Leuten ermordet.

O., Nikolaus, *Holzhausen a. d. Haide (Rhein-Lahn-Kreis) 14. Juni 1832, † Köln 26. Jan. 1891, dt. Ingenieur. – O. entwickelte 1867 mit E. Langen die erste wirtsch. arbeitende Gasverbrennungskraftmaschine und konstruierte 1876 den ↑ Ottomotor.

Rudolf Otto

O., Rudolf, *Peine 25. Sept. 1869, † Marburg 6. März 1937, dt. ev. Theologe und Religionswissenschaftler. – 1914 Prof. in Breslau, ab 1917 in Marburg. O. begriff das Heilige oder Numinose als unableitbare Größe und widerlegte die evolutionist. Theorien des Animismus („Das Heilige", 1917). Der Zusammenarbeit der Religionen in eth. Fragen sollte der von ihm 1921 gegr. „Religiöse Menschheitsbund" dienen. O. war der Initiator der 1929 eröffneten „Religionskundl. Sammlung" der Univ. Marburg.

O., Teo, *Remscheid 4. Febr. 1904, † Frankfurt am Main 9. Juni 1968, dt. Bühnenbildner. – 1928–33 Ausstattungschef des Preuß. Staatstheaters in Berlin, dann als Emigrant v. a. am Züricher Schauspielhaus. Nach dem Krieg arbeitete er u. a. mit den Regisseuren B. Viertel, F. Kortner, G. Gründgens, K. Stroux, G. Rennert, G. R. Sellner, H. von Karajan (Salzburger Festspiele) und P. Brooks.

Ottobeuren, Marktgemeinde im Alpenvorland, Bayern, 660–720 m ü. d. M., 7 500 E. (1990). Holz- und eisenverarbeitende Ind., Werkzeug- und Maschinenbau, Fleischwarenfabriken, Brauereien; Milchwirtschaft; Kneippkurort. – Als Siedlung zuerst bei der Gründung des Benediktinerklosters O. erwähnt (764); im 11. Jh. Marktrecht. – Barocke Abteikirche (1748 ff.) von J. M. Fischer, Stukkierung von J. M. Feuchtmayer, Gewölbefresken von J. J. Zeiller, Chororgeln von K. J. Riepp (1754–66); barocke Klostergebäude (1711–25).

Otto-Hahn-Preis der Stadt Frankfurt am Main, seit 1970 alle zwei Jahre verliehene Auszeichnung für bes. Verdienste um die friedl. Nutzung der Kernenergie.

Otto-Hahn-Preis für Chemie und Physik, wiss. Auszeichnung, die seit 1955 vom dt. Zentralausschuß für Chemie und der Dt. Physikal. Gesellschaft verliehen wird.

Ottokar (Przemysl O., Přemysl Otakar [ˈpʃɛmysəl, tschech. ˈprʃɛmisl̩]), Name zweier Könige von Böhmen:

O. I., *um 1155, † 15. Dez. 1230, König (seit 1198). – 1197 von Kaiser Heinrich VI. mit Böhmen belehnt; wechselte im stauf.-welf. Thronstreit wiederholt die Partei und erlangte 1198 bei Philipp von Schwaben, 1203 bei Papst Innozenz III., 1212 bei Kaiser Friedrich II. die Bestätigung des Erbkönigtums für Böhmen.

O. II., *1233, † bei Dürnkrut 26. Aug. 1278 (erschlagen), König (seit 1253). – Enkel O. I., seine Erhebung zum Mitherrscher durch die Mehrheit des Adels (1247) scheiterte am Widerstand des Vaters Wenzel I. Auf Grund seiner Heirat mit Margarete, einer Schwester des letzten Babenbergers, nahm O. 1251 Österreich in Besitz, hinzu kamen 1260 die Steiermark, 1269 Kärnten und Krain. Als reichster und mächtigster Reichs- und Kurfürst versuchte O. vergeblich, die dt., später die ungar. Krone zu erringen. Rudolf von Habsburg, dem er 1273 die Huldigung verweigerte, zwang ihn 1276, Österreich, die Steiermark und Kärnten abzutreten. Beim Versuch, die Gebiete zurückzugewinnen, starb er auf dem Marchfeld bei Dürnkrut. In Böhmen und Mähren hinterließ O. ein gefestigtes Königtum, dessen Macht v. a. auf der wirtsch. Erschließung (Ansiedlung dt. Bergleute und Bauern) und auf der Stärkung der Städte gegenüber dem Adel beruhte.

Ottokraftstoffe [nach N. Otto], svw. ↑ Vergaserkraftstoffe.

Ottomane [türk.-frz.], Sitz- und Liegemöbel, vom Diwan unterschieden durch feste Armstützen (Rollen).

Ottomanen ↑ Osmanen.

Ottomotor [nach N. Otto], im Vier- oder Zweitaktverfahren arbeitender Kolbenmotor. Der O. ist gekennzeichnet durch Verbrennung eines im Brennraum durch einen Kompressionstakt verdichteten homogenen Luft-Kraftstoff-Gemisches. Die Verbrennung wird im Ggs. zum Dieselmotor durch Fremdzündung (Zündkerze) eingeleitet. Je nach Art der Gemischbildung unterscheidet man Vergaser-O. (Gemisch wird außerhalb des Zylinders im ↑ Vergaser zubereitet), Einspritz-O. (↑ Einspritzmotor) und Gas-O. (die gasförmige Kraftstoffe verarbeiten).

Ottonen ↑ Liudolfinger.

ottonische Kunst, Kunst im Zeitalter der Ottonen (↑ Liudolfinger; um 950–1024). Im Ggs. zur vorausgehenden karoling. Kunst befreit sich die o. K. weitgehend von der spätantiken Tradition und steht damit am Beginn einer originalen dt. Kunst. Die künstler. Schwerpunkte liegen im kaiserl. Stammland Sachsen (Magdeburg). Weitere Zentren: Köln, Essen-Werden, Fulda, Regensburg, Reichenau, Trier und Hildesheim (↑ bernwardinische Kunst).
In der *Baukunst* entsteht ein für die dt. Kunst bis zur Gotik verbindl. Kirchentypus: die kreuzförmige, dreischiffige Basilika mit zwei Querschiffen, zwei Vierungen, zwei Chören und Stützenwechsel im Langhaus (Hildesheim, Sankt Michael) und Doppelturmfassade des Westbaus (Essen, Münster; Maastricht, Servatiuskirche). Unter byzantin. Einfluß entsteht die Emporenkirche (Gernrode, ehem. Kanonissenstiftskirche). Charakteristisch sind ungegliederte Wandflächen, die mit Wandmalereien bedeckt waren (Fragmente in Sankt Georg, Oberzell auf der Reichenau), und flache Holzdecken. – Flächigkeit, kolorist. Zartheit und außerordentl. Lebendigkeit kennzeichnen die *Goldschmiedekunst;* außerdem entstanden Bronzetüren und die ersten selbständigen Kultbilder (Gerokreuz im Kölner Dom). – Wichtigstes Zeugnis otton. *Malerei* ist die *Buchmalerei,* die in ihrer Vergeistigung und Monumentalität wesentlich von der Aus-

sagekraft der Gebärde und dem Verzicht auf Ornamentalisierung bestimmt ist (Reichenau, Echternach, Regensburg, Köln, Trier und Hildesheim).

ottonische Linie ↑ Nassau.

Otto-Peters, Luise (Louise), geb. Otto, * Meißen 26. März 1819, † Leipzig 13. März 1895, dt. Schriftstellerin und Journalistin. – Vorkämpferin der Frauenemanzipation; propagierte in Gedichten („Lieder eines dt. Mädchens", 1847) und Romanen („Schloß und Fabrik", 1846) die demokrat. und sozialen Forderungen der Revolution von 1848; 1865 Mitbegr. des Allg. Dt. Frauenvereins; auch sozialpolit. Schriften (u. a. „Das Recht der Frauen auf Erwerb", 1866).

Otto Versand GmbH & Co., bed. dt. Versandhandelsunternehmen, Sitz Hamburg, gegr. 1949.

Ottwalt, Ernst, eigtl. Ernst Gottwalt Nicolas, * Zippnow bei Deutsch Krone 13. Nov. 1901, † in einem Lager bei Archangelsk 24. Aug. 1943, dt. Schriftsteller. – Mgl. der KPD; 1933 Emigration nach Prag, 1934 in die UdSSR; 1936 wegen angebl. Spionage verhaftet und nach Sibirien deportiert. – *Werke:* Ruhe und Ordnung (R., 1929), Denn sie wissen was sie tun (R., 1931).

Ottweiler, Stadt an der oberen Blies, Saarland, 246 m ü. d. M., 15 300 E. Eisengießerei, Grubenausbau, Kleiderfabrik. – 1186 zuerst, 1550 als Stadt erwähnt. 1763–94 Porzellanmanufaktur. – Ev. Pfarrkirche (15. Jh. und 18. Jh.), ehem. fürstl. Witwenpalais (um 1760; erweitert 1933, heute Kreishaus); Renaissance- und frühbarocke Wohnbauten.

ÖTV, Abk. für: Gewerkschaft **Ö**ffentliche Dienste, **T**ransport und **V**erkehr.

Otway, Thomas [engl. 'ɔtwɛı], * Trotton (Sussex) 3. März 1652, ▭ London 16. April 1685, engl. Dramatiker. – Gilt in der Nachfolge Shakespeares mit seinen Blankverstragödien (u. a. „Das gerettete Venedig", 1682) als einer der bedeutendsten Dramatiker seiner Zeit.

Ötztaler Alpen, Teil der Zentralalpen, zw. Oberinntal und Vintschgau, in der Wildspitze 3 768 m hoch. Über den Hauptkamm verläuft die Grenze zw. Österreich und Italien.

Ouabain [uaba'i:n; afrikan.-frz.] ↑ Strophantine.

Ouagadougou [frz. waga'du:gu], Hauptstadt der Rep. Burkina Faso, im Zentrum des Landes, 308 m ü. d. M., 442 000 E. Kath. Erzbischofssitz; Univ. (seit 1974), Nat.mu-

Ottonische Kunst

Links: Gerokreuz, um 970 (Köln, Dom). Rechts: Gott stellt Adam und Eva wegen des Sündenfalls zur Rede, Detail der Bronzetür des Doms von Hildesheim, 1015 gegossen

Links: Hildesheim, Kirche Sankt Michael, 1010–33. Rechts: Bilderrolle (Exultetrolle) aus der Osterliturgie, Tellus, Ausschnitt, um 1000 (Bari, Kathedrale)

Ouagadougou Stadtwappen

Ouagadougou

Hauptstadt von Burkina Faso (seit 1947)

·

442 000 E

·

Verkehrsknotenpunkt in der Trockensavanne

·

ab dem 15. Jh. Zentrum des Mossi-Reiches

·

afrikan. Filmfestspiele

seum; Verarbeitung landw. Erzeugnisse; Teppichknüpferei, Fahrradmontage; Endpunkt der Eisenbahnlinie von Abidjan; internat. ✈. – Wurde Mitte des 15. Jh. Hauptstadt des gleichnamigen Reiches der Mossi, das auch nach der frz. Besetzung (5. Sept. 1896) bestehen blieb; 1918–32 und seit 1947 Hauptstadt der frz. Kolonie bzw. der Republik Obervolta (heute Burkina Faso).

Ouahigouya [frz. waigu'ja], Stadt im NW von Burkina Faso, 337 m ü. d. M., 39 000 E. Hauptstadt einer Prov.; kath. Bischofssitz; Mittelpunkt eines Landw.gebiets.

Ouahran [frz. wa'ran] ↑ Oran.

Ouara [frz. wa'ra] ↑ Abéché.

Ouargla [frz. war'gla], Oasenstadt im N der alger. Sahara, 128 m ü. d. M.; aus 5 Siedlungen zusammengesetzt, 76 000 E. Hauptstadt eines Wilayats; Handels- und Verkehrszentrum; Oasenwirtschaft, ✈. – Gehörte im 16. Jh. zum Sultanat von Tlemcen, 1854 von frz. Truppen erobert; 1956–62 rapides Wachstum durch Erschließung der Erdölfelder von Hassi-Messaoud.

Oud, Jacobus Johannes Pieter [niederl. ɔu̯t], * Purmerend 9. Febr. 1890, † Wassenaar 5. April 1963, niederl. Architekt. – Mitbegr. der ↑ Stijl-Gruppe. Die ganz auf Baufunktion und kub. Formen ausgerichtete Architektur weist als Schmuck lediglich farbige Flächen auf; u. a. Arbeiterwohnsiedlungen in Hoek van Holland (1924–27), in Rotterdam-Spangen und -Kiefhoek (1925–27) sowie in Stuttgart-Weißenhof (1927). Das BIM-(später Shell-)Gebäude in Den Haag (1938–42) zeigt seine vorübergehende Absage an den Funktionalismus („Betonrokoko"). Nach 1945 entwickelte O. wieder sachlich-klare Formen, u. a. das Verwaltungsgebäude der Utrecht-Lebensversicherung in Rotterdam (1954–56) und das Nederlands Congresgebouw in Den Haag (eröffnet 1969).

Oudenaarde [niederl. 'ɔu̯dəna:rdə], belg. Stadt an der Schelde, 9–84 m ü. d. M., 27 300 E. Museen; Textil-, Lebensmittelind. – Entstand seit 1060 bei der strategisch wichtigen Burg der Grafen von Flandern; erhielt 1189 Stadtrecht. Bei O. besiegten im Span. Erbfolgekrieg die verbündeten Engländer und Österreicher unter Herzog von Marlborough und Prinz Eugen am 11. Juli 1708 die Franzosen unter Herzog Vendôme. – Frühgot. Kirche Onze-Lieve-Vrouw van Pamele (1234–43); got. Kirche Sint Walburga (13. Jh., v. a. 1414–1624); spätgot. Rathaus (1526–37); roman. Tuchhalle (13. Jh.).

Oudry, Jean-Baptiste [frz. u'dri], * Paris 17. März 1686, † Beauvais 30. April 1755, frz. Maler. – Malte v. a. Tier- und Jagdbilder (u. a. „Die Jagden Ludwigs XV.", 1733–44, Zyklus von neun Gemälden, Schloß Fontainebleau); auch Stilleben, Porträts, Landschaften, Illustrationen, Gobelinentwürfe.

Oudtshoorn [afrikaans 'ou̯tsho:rən], Stadt in der Kleinen Karru, Republik Südafrika, in der Kapprov., 306 m ü. d. M., 27 000 E. Kath. Bischofssitz; Nahrungsmittel-, Möbel-, Schuh- und Tabakind.; Verkehrsknotenpunkt, ✈. Im Distr. O. Straußenzucht. – Gegr. 1847.

Oued [frz. wɛd], frz. Form von arab. Wadi (Fluß).

Ouessant [frz. wɛ'sã], frz. Felseninsel vor der breton. W-Küste; ornitholog. Station.

Ouezzane [frz. wɛ'zan], marokkan. Stadt im sw. Rifatlas, 40 500 E. Teppichherstellung; islam. Wallfahrtsort und Marktzentrum; Straßenknotenpunkt; ✈.

Ouguiya [frz. ugi'ja], Währungseinheit in Mauretanien; 1 O. = 5 Khoums.

Ouham [frz. u'am], linker Nebenfluß des Schari, entspringt nw. von Bouar (Zentralafrikan. Republik), mündet nw. von Sarh (Tschad), etwa 680 km lang. Der O. wird auch als Hauptquellfluß des Schari angesehen.

Ouida [engl. 'wi:də], eigtl. Marie Louise de la Ramée, * Bury Saint Edmunds 1. Jan. 1839, † Viareggio 25. Jan. 1908, engl. Schriftstellerin. – Lebte seit 1874 in Italien; schrieb über 40 Gesellschaftsromane (gegen die Prüderie der viktorian. Gesellschaft).

Ouidah [frz. wi'da], Stadt in Benin, am N-Ufer einer Lagune, 37 000 E. Museum; Handelsplatz; Lagunenfischerei; Zentrum zahlr. Fetischverehrer mit vielen Tempeln und Klöstern. – Gegr. um 1500, 1580 portugies. Handelsniederlassung; wichtigster Sklavenhandelsplatz am Golf von Benin; 1727 von Dahome, 1892 von Frankreich erobert.

Oujda [frz. uʒ'da], marokkan. Prov.hauptstadt in den Ausläufern des Tellatlas, nahe der alger. Grenze, 260 100 E. Univ. (gegr. 1978); chem., Metall-, Zementind., bei O. Steinkohle, Buntmetallbergbau und Bleihütte. ✈. – Gegr. Ende des 10. Jh.

Oulu [finn. 'ɔulu] (schwed. Uleåborg), Hafenstadt in N-Finnland, 100 300 E (1990). Hauptstadt des Verw.-Geb. O.; luth. Bischofssitz; Univ. (gegr. 1958), histor.-ethnolog. Museum; Holzind., Salpetergewinnung, Düngemittelfabrik; Bahnknotenpunkt, Hafen Mitte Dez. bis Mitte Mai durch Eis blockiert; ✈. – Seit dem MA bed. Handelsplatz, 1610 Stadt-, 1765 Stapelrecht. – Dom (1770–77, nach Brand 1828–32 erneuert).

Oum-er-Rbia, Oued [frz. wɛdumɛr'bja], ständig wasserführender, längster Fluß Marokkos, entspringt im Mittleren Atlas, mündet sw. von Casablanca in den Atlantik, 556 km lang; mehrfach gestaut.

Jean-Baptiste Oudry. Die weiße Ente, Ausschnitt, 1753 (Privatbesitz)

Ounce [engl. aʊns; zu lat. uncia „das Zwölftel"], Einheitenzeichen oz, in Großbritannien und in den USA Masseneinheit und Hohlmaß. Man unterscheidet die allg. verwendete *Avoirdupois ounce,* Zeichen oz avdp (1 oz avdp = 28,3495 g), die v. a. für Arzneimittel übl. *Apothecaries ounce,* Zeichen oz ap (1 oz ap = 31,1035 g) und die für Edelmetalle und Edelsteine gebräuchl. *Troy ounce,* Zeichen oz tr (1 oz tr = 31,103477 g). Als Hohlmaß wird die *Fluid ounce,* Zeichen fl oz, verwendet; in Großbritannien gilt: 1 fl oz = $^1/_{160}$ gallon = 28,4131 cm³, in den USA: 1 fl oz = $^1/_{128}$ gallon = 29,573 707 cm³.

Ouro Prêto [brasilian. 'oru 'pretu], brasilian. Stadt 70 km sö. von Belo Horizonte, 1 061 m ü. d. M., 24 000 E. Univ. (gegr. 1969), landw. Forschungsinst.; Eisenerzverhüttung, Aluminiumhütte, Textilind.; Bahnstation. – 1700 als Goldsuchersiedlung gegr. **(Vila Rica),** im 18. Jh. Zentrum der Goldgewinnung in Minas Gerais, Hauptstadt des Staates bis 1897. – Die Stadt mit ihren unverändert erhaltenen Straßenzügen aus dem 18. Jh. steht unter Denkmalschutz (Zentrum der brasilian. Barockarchitektur) und wurde 1982 von der UNESCO zum Weltkulturerbe erklärt; Bauten des brasilian. Baumeisters und Bildhauers A. F. Lisboa.

Ourthe [frz. urt], rechter Nebenfluß der Maas, entspringt (2 Quellflüsse) auf dem Hochplateau der Ardennen, mündet in Lüttich, 166 km lang.

Ouse [engl. u:z], Fluß in NO-England, entspringt (2 Quellflüsse) in den Pennines, bildet mit dem Trent den Humber, einschl. der Quellflüsse 225 km lang; schiffbar.

Ousmane, Sembène ↑Sembène Ousmane.

Outborder ['aʊtbɔ:də], engl. Bez. für Außenbordmotor.

Outcast [engl. 'aʊtkɑ:st], von der Gesellschaft Ausgestoßener; urspr. der außerhalb des Kastensystems stehende Inder.

Outgroup [engl. 'aʊtgru:p] ↑Ingroup.

Outokumpu [finn. 'ɔutɔ...], Bergbauort im östl. Finnland, 7 000 E. Abbau von Kupferkies und Pyrit.

Output [engl. 'aʊtpʊt „Ausstoß"], Begriff der *Produktionstheorie,* der den mengenmäßigen Ertrag bezeichnet, der im Fertigungsprozeß durch die Kombination von Produktionsfaktoren entsteht. – Ggs. ↑Input.
▷ in *Naturwissenschaft* und *Technik* die Wirkung eines Systems auf die Umgebung.
▷ in der *Elektronik* Ausgang bzw. Ausgangsleistung oder -größe eines Geräts.
▷ in der *Datenverarbeitung* Ausgangsinformation, insbes. die Ausgabe von Daten.

Outsider [engl. 'aʊtsaɪdə] ↑Außenseiter.

Ouvéa [frz. uve'a], Hauptinsel der Îles Wallis, im südl. Pazifik, ↑Wallis et Futuna.

Ouvertüre [uvɛr...; frz., zu lat. apertura „Eröffnung"], instrumentales Einleitungsstück zu Bühnenwerken (Oper, Schauspiel, Ballett) und größeren Vokalkompositionen (Oratorium, Kantate), ferner im Barock gelegentlich der erste Satz von Suiten (Ouvertürensuite). Daneben gibt es seit dem 19. Jh. die selbständige Konzert-O. – Um 1640 wurde in Frankreich erstmals der Begriff O. für das Vorspiel zu einem Ballett verwendet. In der 2. Hälfte des 17. Jh. erhielt die sog. frz. O. ihre feste Form; langsamer, gravität. erster Teil, schneller Mittelteil, dem wiederum ein langsamer, oft mit dem ersten thematisch verwandter Teil folgen kann. Ende des 17. Jh. entwickelte sich daneben die italien. O.form der neapolitan. Opernsinfonia, bes. durch A. Scarlatti, mit der Satzfolge Schnell-Langsam-Schnell. In der gleichen Zeit entstand die O.suite, eine instrumentale Tanzfolge mit O., die in der 1. Hälfte des 18. Jh. in Deutschland bes. verbreitet war. In der 2. Hälfte des 18. Jh. wandelte sich die O. sowohl formal, indem sie in ihrem schnellen Teil die ↑Sonatensatzform übernahm, als auch inhaltlich, indem sie sich (seit C. W. Glucks Oper „Alceste", 1767) auf die kommende Handlung bezog. Von großer Wirkung in dieser Hinsicht sind die Verbindungen zw. O. und dramat. Höhepunkten der Oper durch gleiche einprägsame Motive in W. A. Mozarts „Don Giovanni" (1787) und „Die Zauberflöte" (1791). Diese Entwicklung wurde von L. van Beethoven („Leonoren"-O. Nr. 3, 1806) und C. M. von Weber („Der Freischütz", 1821) weitergeführt. Starke individuelle Formprägungen zeigen Beethovens Schauspiel-O. zu „Coriolan" (1807) und „Egmont" (1810). An diese Werke knüpften romant. Komponisten mit thematisch bestimmten Konzert-O. an (F. Mendelssohn Bartholdy, „Die Hebriden", 1832; H. Berlioz, „Le roi Lear", 1831), die den Boden für die ↑sinfonische Dichtung bereiteten. Daneben steht die „reine" Konzert-O., die auf programmat. Vorlagen verzichtet (C. M. von Weber, J. Brahms). Im Bereich der kom. Oper entwickelte sich die Potpourri-O., die die eingängigsten Melodien der Oper lediglich aneinanderreiht. Erneuert und verwandelt wurde die O. durch R. Wagner, der die Einleitungen zu seinen Musikdramen ↑Vorspiel nannte. Im Ggs. hierzu zeigt sich seit dem Ende des 19. Jh. eine Tendenz, die O. auf wenige Takte zusammenzudrängen, die die Öffnung des Vorhangs begleiten (G. Verdi, „Otello", 1887, und „Falstaff", 1893; G. Puccini, „Tosca", 1900; R. Strauss, „Salome", 1905).

Ouwater, Albert van [niederl. 'ɔuwa:tər], * Oudewater (?) um 1400, † Haarlem nach 1467, niederl. Maler. – In Haarlem tätig ab etwa 1440, vielleicht Schüler J. van Eycks; einziges gesichertes Werk ist „Die Auferweckung des Lazarus" (zw. 1450/60; Berlin-Dahlem, Gemäldegalerie); Lehrer von Geertgen tot Sint Jans.

ov..., Ov... ↑ovo..., Ovo...

oval [lat.], eirund, länglichrund.

Oval [lat.] (Eilinie), in der *Mathematik* eine geschlossene ebene Kurve mit einer in jedem Kurvenpunkt positiven, höchstens abschnittsweise konstanten Krümmung und mindestens vier Scheitelpunkten (Verallgemeinerung der Ellipse).

ovales Fenster (Vorhoffenster) ↑Gehörorgan.

Ovambo, Bantustamm, ↑Ambo.

Ovamboland, Wohngebiet der Ambo im N von Namibia, zw. der Etoschapfanne und der Grenze zu Angola, 53 000 km², 345 000 E in sieben Stämmen; Hauptorte Oshakati und Ondanwa. Flaches Savannenhochland (etwa 1 100 m ü. d. M.) mit Flußniederungen; Lebensgrundlage bilden Viehhaltung und Hirseanbau, außerdem Möbelfabriken, Stahlwarenfabrik, Nahrungsmittelind., Korbflechterei, Gerberei und Kfz-Werkstätten.

Ovar [lat.], svw. ↑Eierstock.

Ovarialgravidität [lat.], svw. ↑Eierstockschwangerschaft.

Ovarialkarzinom [lat./griech.], svw. Eierstockkrebs (↑Eierstockerkrankungen).

Ovarialtumoren [lat.], svw. Eierstockgeschwülste (↑Eierstockerkrankungen).

Ovarium [lat.], svw. ↑Eierstock.

Ovation [lat., zu ovare „jubeln"], begeisterter, stürmischer Beifall.

OvD, Abk. für: **O**ffizier **v**om **D**ienst, ↑Offizier.

Overall [engl. oʊvərɔ:l; eigtl. „Überalles"], durchgehend geschnittener [Schutz]anzug.

Overath ['o:vəra:t], Gem. im Bergischen Land, NRW, 92 m ü. d. M., 22 600 E. Bau von Präzisionsgeräten, Kunststoffverarbeitung, Wohnwagenbau. – Roman. Pfarrkirche Sankt Walburga mit spätgot. Wandmalereien (urspr. 12. Jh.). In O.-Marialinden spätgot. Hallenkirche (16. Jh.; 1897 erweitert).

Overbeck ['o:vər...], Franz Camille, * Petersburg 16. Nov. 1837, † Basel 26. Juni 1905, dt. ev. Theologe. – Seit 1870 Prof. für N. T. und ältere Kirchengeschichte in Basel. Mit seiner Erkenntnis der Bed. sowohl der Formen der urchristl. Literatur als auch der Eschatologie war O. wegweisend für die Theologie des 20. Jh.; von Einfluß auf K. Barth.

O., Fritz, * Bremen 15. Sept. 1869, † Bröcken (heute zu Bremen) 7. Juni 1909, dt. Maler. – Gehörte 1894–1906 der Künstlerkolonie in Worpswede an.

O., Johann Friedrich, * Lübeck 3. Juli 1789, † Rom 12. Nov. 1869, dt. Maler. – Gründete in Wien 1809 mit F. Pforr u. a. den „Lukasbund" (↑Nazarener); schuf von den Fresken (1816/17) in der Casa Bartholdy (heute Berlin, Nationalgalerie) den „Verkauf von Joseph" und „Die sieben mageren Jahre" und in der Villa Massimo das Tassozimmer (1817–27); auch programmat. Gemälde („Italia und Germania", 1811–28; München, Neue Pinakothek), Bildnisse.

Overdrive [engl. 'oʊvədraɪv], bei Kraftwagen ein Schnellgangzusatzgetriebe.

Overheadprojektor ['oʊvəhɛ:d, engl. „über Kopf"], svw. Tageslichtprojektor (↑Projektionsapparate).

Overijssel [niederl. o:vər'ɛisəl], niederl. Prov. zw. dem IJsselmeer im W und der niederl.-dt. Grenze im O, 3 420 km² (davon 81 km² Binnenwasserflächen), 1,02 Mill. E (1990); Verwaltungssitz Zwolle. Auf den Marschenböden wird fast ausschließlich Weidewirtschaft betrieben, auf den Sandböden im O dominieren gemischtwirtsch. Betriebe mit Getreide- und Kartoffelanbau und Viehzucht. Einen der wichtigsten Wirtschaftszweige stellt die Textilind. von Twente dar; daneben elektrotechn., metallverarbeitende, chem., lederverarbeitende, Holz-, Nahrungs- und Genußmittelindustrie.
Geschichte: Ende des 8. Jh. dem Karolingerreich eingefügt, gehörte seit dem 11. Jh. zum weltl. Territorium der Bischöfe von Utrecht; kam 1527/28 unter habsburg. Herrschaft; 1591–97 durch Moritz von Oranien erobert.

Arnulf Øverland

David Owen

Robert Owen

Jesse Owens

Overkill [engl. 'oʊvəkɪl], Bez. für eine militär. Situation, in der die mögl. Kontrahenten ein Mehrfaches derjenigen Menge an Atomwaffen besitzen, die nötig ist, um den Gegner zu vernichten.

Øverland, Arnulf [norweg. ˌø:vərlan], *Kristiansund 27. April 1889, †Oslo 25. März 1968, norweg. Schriftsteller. – Wandte sich unter dem Eindruck des 1. Weltkrieges dem Sozialismus zu; während der dt. Besatzung im Widerstand, 1941–45 im KZ. Schrieb v. a. politisch engagierte Lyrik.

ovi..., Ovi... ↑ovo..., Ovo...

Ovid (Publius Ovidius Naso), *Sulmo (= Sulmona) 20. März 43 v. Chr., †Tomis (= Konstanza) 17 oder 18 n. Chr., röm. Dichter. – Aus wohlhabender Ritterfamilie stammend, wandte sich O. nach dem Studium der Rhetorik und der Bekleidung öff. Ämter bald der Dichtkunst zu. Bekannt wurde er bereits mit seinem ersten Werk, den Liebeselegien „Amores" (ab 20 v. Chr.). In den „Epistolae" oder „Heroides" (entstanden um 10 v. Chr.) entwirft O. psycholog. Studien in Form von Liebesbriefen myth. Frauengestalten. Die Krönung dieser Dichtungen ist die „Ars amandi" („Ars amatoria", „Liebeskunst"), ein erot. Lehrgedicht in Distichen. Die „Metamorphosen" (15 Bücher, entstanden um 2–8 n. Chr.) stellen etwa 250 an- und ineinandergefügte Mythen dar, die durch das Verwandlungsmotiv zusammengehalten werden. Ebenfalls ein Meisterwerk des Erzählens sind die unvollendeten „Fasti", die Mythologie und Kult des röm. Festkalenders beschreiben. In der Verbannung in Tomis an der W-Küste des Schwarzen Meeres (ab 8 n. Chr. wohl wegen O. Kenntnis des ausschweifenden Lebenswandels der Kaiserenkelin Julia) schrieb O. über sein eigenes Schicksal, v. a. in den Klageliedern „Tristia" (8–12 n. Chr.) und den „Epistulae ex Ponto" (Briefe vom Schwarzen Meer; 13–16 n. Chr.).

Ovidukt [lat.], svw. ↑Eileiter.

Oviedo [span. o'βieðo], span. Stadt in Asturien, 232 m ü. d. M., 186 000 E. Verwaltungssitz der Prov. O.; kath. Erzbischofssitz; Univ. (gegr. 1604), Bergakad., Priesterseminar; archäolog. Museum, Theater. Zentrum des astur. Ind.-gebiets mit Stahlwerk, Waffen- und Zweiradfabrikation, chem. Ind. – O., das röm. **Ovetum,** wurde 757 neugegr.; war bis 910 Hauptstadt des Kgr. Asturien; wurde zw. 808/812 Bischofssitz; 1521 durch eine Feuersbrunst zerstört, von König Karl I. von Spanien wieder aufgebaut. – Got. Kathedrale (1388–1539; im 17. Jh. umgebaut) mit 80 m hohem Turm. Auf dem Monte Naranco die westgot. Kirchen Santa María de Naranco (urspr. Königshalle, um 850) und San Miguel de Lillo (9. Jh.).

Oviparie [lat.], Form der geschlechtl. Fortpflanzung; Ablage von einzelligen, unentwickelten Eiern. Die Befruchtung der Eier erfolgt entweder außerhalb des mütterl. Körpers (viele Fische, Lurche) oder während der Eiablage (Insekten, Spinnen). – ↑Ovoviviparie, ↑Viviparie.

Ovizide [lat.] ↑Schädlingsbekämpfungsmittel.

ovo..., Ovo..., ovi..., Ovi..., ov..., Ov... [zu lat. ovum „Ei"], Wortbildungselement mit der Bed. „Ei[er]...".

Ovoviviparie [lat.], Form der geschlechtl. Fortpflanzung, bei der (im Unterschied zur ↑Oviparie und ↑Viviparie) Eier mit voll entwickelten, unmittelbar nach der Ablage aus den Eihüllen schlüpfenden Embryonen hervorgebracht werden (z. B. manche Insekten, Lurche und Reptilien) bzw. die Eier noch bebrütet werden (z. B. Vögel).

ÖVP, Abk. für: ↑**Ö**sterreichische **V**olks**p**artei.

Ovulation [lat.] (Follikelsprung, Eisprung), das bei den weibl. Säugetieren zur Zeit der Brunst, beim Menschen rd. 14 Tage nach Einsetzen der letzten Menstruation erfolgende Freiwerden der reifen Eizelle aus einem ↑Eifollikel des Eierstocks (beim Menschen, auch bei den höheren Affen, alle vier Wochen). Dabei wird die mit der Follikelflüssigkeit ausgeschwemmte Eizelle von der Eileitertube aufgefangen.

Ovulationshemmer, Arzneimittel (auf hormonaler Basis) zur Unterdrückung der Entwicklung und Abgabe befruchtungsfähiger Eizellen aus dem Eierstock der Frau; gelten als sicherste Methode der ↑Empfängnisverhütung.

Ovulum [lat.], svw. ↑Samenanlage.

Ovum [lat.] ↑Ei.

Owen [engl. 'oʊɪn], David, *Plymouth 2. Juli 1938, brit. Politiker. Arzt; 1966–92 Unterhausabg.; 1977–79 Außenmin.; 1981 Mitbegründer der „Social Democratic Party" (1983–87 und 1988–91 Vors.), einer Abspaltung der Labour Party; seit 1992 EG-Vermittler im Jugoslawienkonflikt.

O., Robert, *Newtown (Nordwales) 14. Mai 1771, †ebd. 17. Nov. 1858, brit. Unternehmer und Sozialreformer. – Als Mitarbeiter und Leiter einer Baumwollspinnerei in New Lanark (1800 bis 1829) versuchte er, durch Verbesserung der materiellen und sozialen Lage der Fabrikarbeiter (Einrichtung einer Mustersiedlung, Begrenzung des Arbeitstages auf $10^1/_2$ Std., Verbot der Arbeit von Kindern unter 10 Jahren) Voraussetzungen für eine effektive Produktion zu schaffen. Mit der Einrichtung von Läden, in denen Waren fast zum Selbstkostenpreis verkauft wurden, beeinflußte O. die späteren Konsumvereine. Der Erfolg ermutigte O., Vorstellungen über eine umfassende Gesellschaftsreform auf der Basis von Gemeinschaftssiedlungen mit gleichem Anteil aller am Ertrag der Produktionsstätten in seiner Siedlung „New Harmony" (Indiana, USA; 1825–29) in die Tat umzusetzen. Das Projekt scheiterte jedoch. 1829 nach Großbritannien zurückgekehrt, verbreitete O. seine sozialreformer. Ideen auch in der entstehenden Gewerkschaftsbewegung. – *Werke:* Eine neue Auffassung von der Gesellschaft (1812/13), Das Buch von der neuen moralischen Welt (1836–44).

O., Wilfred Edward Salter, *Oswestry (Salop) 18. März 1893, ⚔ bei Landrecies (Nord) 4. Nov. 1918, engl. Lyriker. – Wandte sich in seiner von der Romantik, bes. von Keats beeinflußten Lyrik gegen die Sinnlosigkeit des Krieges.

Owen ['aʊən], Stadt am Albtrauf, Bad.-Württ., 391 m ü. d. M., 2 900 E. Baumwollweberei, Spindelfabrik, elektron. Ind.; Obstbrennerei. – 1112 gegr., nach 1280 Stadtrecht; Burg der Hzg. von Teck (um 1150); im 14. Jh. ihre Residenz. – Ruinen der Burg erhalten.

Owendo, Ort an der N-Küste des Gabunästuars, sö. von Libreville, Gabun; Furnierwerk; Holzexporthafen.

Owenfälle [engl. 'oʊɪn], Wasserfallstrecke des Victorianil, bei Jinja, Uganda; Fallhöhe 10 m, Wasserführung 650 m^3/s; seit 1954 durch den **Owen Falls Dam** (830 m lang, 26 m hoch) überbaut (Elektrizitätsgewinnung).

Owens, Jesse [engl. 'oʊɪnz], eigtl. James Cleveland O., *Danville (Ala.) 12. Sept. 1913, †Tucson (Ariz.) 31. März 1980, amerikan. Leichtathlet. – Hielt in mehreren Disziplinen Weltrekorde (Kurzstrecken, Hürden, Weitsprung); war vierfacher Goldmedaillengewinner bei den Olymp. Spielen 1936.

Owen-Stanley-Gebirge [engl. 'oʊɪn'stænlɪ], Gebirgszug auf der sö. Halbinsel Neuguineas, bis 4 073 m hoch.

Owlglaß, Dr. ['aʊlgla:s], eigtl. Hans Erich Blaich, *Leutkirch 19. Jan. 1873, †Fürstenfeldbruck 29. Okt. 1945, dt. Schriftsteller. – Lungenfacharzt; Mitarbeiter und (1919–24 und 1933–35) Schriftleiter des „Simplicissimus"; schrieb satir. Erzählungen und Lyrik.

Owrag (Mrz. Owragi) [russ.], durch Bodenerosion geschaffene, steile Erosionsschlucht in den aus Löß aufgebauten Talwänden der südruss. Steppengebiete.

Oxalate [griech.] ↑Oxalsäure.

Oxalessigsäure [griech./dt.] (Ketobernsteinsäure), v. a. in der Enolform HOOC – C(OH) = CH – COOH vorliegende organ. Säure, die als Zwischenprodukt des ↑Zitronensäurezyklus Bed. hat.

Oxalis [griech.] ↑Sauerklee.

Oxalsäure [griech./dt.] (Äthandisäure), die einfachste Dicarbonsäure, HOOC – COOH; farblose, kristalline, gut wasserlösl. Substanz, die v. a. in der analyt. Chemie Verwendung findet. O. kommt häufig in Pflanzen (v. a. Sauerkleearten) vor. **Oxalate** sind die Salze und Ester der Oxalsäure.

Oxelösund [schwed. uksəlø'sʊnd], schwed. Hafenstadt an der Ostsee, 90 km sw. von Stockholm, 14 000 E.

Stahlwerk, Eisenerzverhüttung, Schwefelsäurefabrik, Erzhafen.

Oxenstierna [schwed. ˌuksənʃæ:rna], schwed. Adelsgeschlecht, urspr. in Småland ansässig; seit 1645 Grafen. Bed. Vertreter:

O., Axel Gustavsson Graf (seit 1645), *Gut Fånö (= Enköping) 6. Juli 1583, †Stockholm 7. Sept. 1654, Staatsmann. – 1612 von Gustav II. Adolf zum Reichskanzler ernannt; handelte die Friedensschlüsse mit Dänemark (1613) und Rußland (1617) aus und schloß, seit 1626 Gouverneur von Preußen, 1629 den Waffenstillstand von Altmark mit Polen, der Schweden Livland ließ und die schwed. Intervention in Deutschland ermöglichte. Nach dem Sieg bei Breitenfeld 1631 schwed. Bevollmächtigter am Rhein, 1632–36 Leiter der Regentschaft für Königin Christine. 1633 gelang ihm der Abschluß des Heilbronner Bundes. Den Krieg mit Dänemark (1643–45) beendete er 1645 mit dem Frieden von Brömsebro. – Zu seinen außenpolit. Erfolgen kamen zahlr. Reformen im Innern.

Oxer [engl., zu ox „Ochse"], beim Springreiten Hindernis (Hochweitsprung), das aus zwei Ricks mit dazwischengestellter Hecke besteht.

Oxford [engl. 'ɔksfəd], Herbert Henry, Earl of O. and Asquith, ↑Asquith, Herbert Henry, Earl of O. and Asquith.

O., Robert Harley, Earl of (seit 1711), *London 5. Dez. 1661, †ebd. 21. Mai 1724, brit. Staatsmann. – 1710 Schatzkanzler; ab 1711 Premiermin., 1714 abgesetzt, von Georg I. wegen Hochverrats angeklagt, 1717 freigesprochen. Seine umfangreiche Handschriftensammlung bildet die „Harleian collection" im British Museum.

Oxford. Das im 16. Jh. erbaute Christ Church College, mit dem Tom Tower, 1681

Oxford [engl. 'ɔksfəd], engl. Stadt an der Mündung des Cherwell in die Themse, 98 500 E. Verwaltungssitz der Gft. O.; anglikan. Bischofssitz; Univ.stadt (Oxford University, seit dem 12. Jh. bezeugt, zahlr. Colleges, von denen das 1249 gestiftete University College das älteste, das 1525 eröffnete, im Laufe des 16. Jh. ausgebaute Christ Church College mit dem Tom Tower [1681, von C. Wren] das größte ist); Kunst-, Pilotenschule, Observatorium, zahlr. Forschungsinst., Museen, Bibliotheken, Theater; botan. Garten. Auto-, Elektroind., Schwermaschinen-, Landmaschinen- und Bootsbau, Druckereien und Verlage. – 912 erstmals erwähnt. Im MA ein Handelszentrum am Oberlauf der Themse. Die Entwicklung der Stadt wurde von der Univ. bestimmt. – Normann.-roman. Kathedrale (11./12. Jh.; zugleich Kapelle des Christ Church College), Divinity School (1480), Merton College mit got. Kapelle (13./14. Jh.), New College (14. Jh.), Magdalen College (15. Jh.), All Souls' College (Fassade 15. Jh.), Sheldonian Theatre (17. Jh., von C. Wren); Radcliffe Camera (18. Jh., von J. Gibbs).

Oxford, Schule von, von R. Grosseteste gegr. Schule von Philosophen und Theologen des 13./14. Jh., die sich insbes. mit naturwiss.-mathemat. Problemen befaßte und wissenschaftstheoretisch v. a. durch Fortentwicklung method. Ansätze des Aristoteles zu einer empir. Methodologie beitrug; überwand durch Einführung mathemat. Methoden und physikal. Experimente ansatzweise die traditionelle spekulative Naturphilosophie.

Oxfordbewegung (Oxford Movement), in Oxford entstandene, in ihrer organisierten Form auf J. H. Newman zurückgehende Erneuerungsbewegung innerhalb der Kirche von England im 19. Jh., Teil der hochkirchl. Bewegung, Höhepunkt des Anglokatholizismus, gegen den zeitgenöss. Liberalismus und den staatl. Säkularismus gerichtet. In ihren Flugschriften **(Tracts for the Times)** empfahlen ihre Vertreter eine Neubelebung des altkirchl. Verständnisses von Kirche, Amt, Sakrament und Liturgie.

Oxfordgruppenbewegung, eine von F. N. D. Buchman 1921 gegr. religiöse Bewegung, aus der 1938 die ↑Moralische Aufrüstung hervorging.

Oxford philosophy [engl. 'ɔksfəd fɪ'lɔsəfɪ], Bez. für die späte Entwicklungsphase der analyt. Philosophie, in der durch linguist. Analysen der Umgangssprache eine begriffl. Absicherung des Fundaments für den Aufbau der Wiss. gesucht wird.

Oxfordshire [engl. 'ɔksfədʃɪə], Gft. in S-England.

Oxidanzien [griech.-lat.], svw. Oxidationsmittel (↑Oxidation).

Oxidation (Oxydation) [griech.-lat.-frz.], i. e. S. die Reaktion chem. Elemente oder Verbindungen mit Sauerstoff oder einer sauerstoffabgebenden Substanz *(O.mittel)*. I. w. S. die Elektronenabgabe eines Elements, Ions oder einer Verbindung, so daß sich deren ↑Oxidationszahl positiv erhöht; die Reaktion erfolgt unter Beteiligung eines O.mittels, das Elektronen aufnimmt und gleichzeitig reduziert wird.

Axel Gustavsson Graf Oxenstierna (Ausschnitt aus einem zeitgenössischen Gemälde)

Oxidationsstufe, svw. ↑Oxidationszahl.

Oxidationstheorie ↑Phlogistontheorie.

Oxidationswasser ↑Wasserhaushalt.

Oxidationszahl (Oxidationsstufe), Zahl der positiven oder negativen Ladungen, die ein Atom in einer Verbindung formal hat, wenn man annimmt, daß diese nur aus Ionen besteht. Die Summe aller O. ergibt bei neutralen Molekülen Null und entspricht bei Ionen der jeweiligen Ladung. Die O. hat z. B. bei der Aufstellung von Redoxgleichungen Bedeutung.

Oxidationszone, in der Lagerstättenkunde Bez. für die Verwitterungszone (Hut) von Erzlagerstätten; oft durch Eisenverbindungen rot gefärbt und im Bergbau als ↑eiserner Hut bezeichnet. – ↑Zementationszone.

oxidative Phosphorylierung [griech.] ↑Atmungskette.

Oxide [zu griech. oxýs „scharf, sauer"], die Verbindungen chem. Elemente (mit Ausnahme der leichten Edelgase) mit Sauerstoff, wobei Sauerstoff den elektronegativen Anteil bildet. Nur bei den Sauerstoffverbindungen des Fluors ist Sauerstoff der elektropositive Reaktionspartner. Viele Elemente, v. a. Übergangsmetalle, bilden je nach Oxidationszahl verschiedene O. Je unedler ein Metall ist, desto beständiger sind seine O. Man unterscheidet *säurebildende O.* (v. a. die O. der Nichtmetalle und die O. von Metallen mit hoher Oxidationszahl), *basenbildende O.* (v. a. die O. der Alkali- und Erdalkalimetalle), *amphotere O.* (O. von Metallen und Halbmetallen der III. bis V. Hauptgruppe des Periodensystems sowie von Übergangsmetallen) sowie *indifferente O.* (z. B. das Kohlenmonoxid). Als *organ. O.* können die ↑Epoxide angesehen werden.

Oxford Stadtwappen

oxidieren, sich mit Sauerstoff verbinden.

Oxidimetrie [griech.], alle Verfahren der Maßanalyse, denen Oxidations- und Reduktionsvorgänge (Redoxreaktionen) zugrundeliegen, z. B. die Manganometrie.

Oxidkathode, mit dem Oxid eines Erdalkalimetalls beschichtete Glühkathode einer Elektronenröhre.

Amos Oz

Turgut Özal

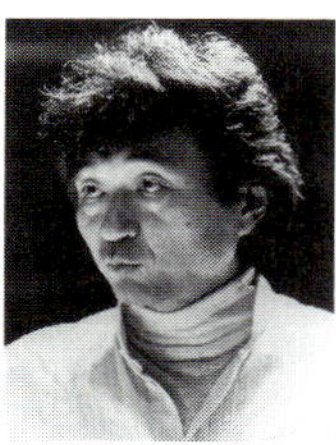
Ozawa Seiji

Oxidkeramik ↑Keramik.

Oxidoreduktasen [griech./lat.] ↑Enzyme.

Oxime [Kw.], organ. Verbindungen mit der allg. Formel RR'C=NOH (R und R' Alkyl- oder Arylreste bzw. Wasserstoff), die unter Abspaltung von Wasser aus Aldehyden *(Aldoxime)* oder Ketonen *(Ketoxime)* und Hydroxylamin entstehen. O. werden zur Isolierung und Reinigung von Aldehyden und Ketonen verwendet.

Oxiran, chem. nomenklaturgerechte Bez. für ↑Äthylenoxid.

Oxo- [griech.], Bestimmungswort der chem. Nomenklatur, das bei organ. Verbindungen (ebenso wie Keto-) das Vorliegen einer ↑Carbonylgruppe, bei komplexen anorgan. Verbindungen das Vorhandensein von an ein Zentralatom gebundenen Sauerstoffatomen anzeigt.

Oxo-Cyclo-Tautomerie ↑Tautomerie.

Oxogruppe, svw. ↑Carbonylgruppe.

Oxoniumverbindungen (Oxoniumsalze) [griech./dt.], salzartige ↑Oniumverbindungen, die als Kationen *Oxoniumionen* (Hydroniumionen $[H_3O]^+$) oder von ihnen durch Substitution mit Alkylresten abgeleitete *Mono-, Di-* und *Trialkyloxoniumionen* enthalten.

Oxosynthese (Hydroformylierung), die Umsetzung von Alkenen mit Kohlenmonoxid und Wasserstoff (Synthesegas) zu Aldehyden bei Temperaturen von 100 bis 160 °C und Drücken zw. 20 und 30 MPa unter Einwirkung von Kobalt-, Rhodium- oder Rutheniumkatalysatoren. Die O. ist das wichtigste großtechn. Verfahren zur Herstellung von Aldehyden und (durch Hydrieren) Alkoholen.

Oxusschatz, ein 1877 am Amu-Darja (im Altertum **Oxus**) gemachter Schatzfund, jetzt im British Museum, London. Der O. enthält etwa 175 med., achämenid., skyth. und griech. Schmuck- und Kunstgegenstände.

Oxy-, Bez. für Äther der Form R–O–R (z. B. Oxydiäthanol) sowie für Reste RO– von organ. Verbindungen durch Anhängen von „-oxy" an den Namen des Restes R–; z. B. Pentyloxy-.

Oxychlorierung [griech.], Verfahren zur Herstellung von Chlorkohlenwasserstoffen durch Chlorieren von Alkenen mit Chlorwasserstoff in Gegenwart von Sauerstoff.

Oxyd... ↑Oxid...

Oxydation ↑Oxidation.

Oxymoron [griech. „scharfsinnig/dumm"], rhetor. Figur; Verbindung zweier sich scheinbar ausschließender Begriffe, z. B. *bittersüß, kalte Glut.*

Oxyrhynchos (lat. Oxyrhynchus), altägypt. Stadt am W-Ufer des Josefkanals, 11 km nw. von Bani Masar; bed. Funde von Papyri in griech., lat. und kopt. Sprache.

Oxytozin (Oxytocin, Ocytocin) [griech.] ↑Hormone (Übersicht).

Oxyuriasis [griech.] (Madenwurmkrankheit, Enterobiasis), harmlose Erkrankung durch Befall des menschl. Darms mit dem ↑Madenwurm.

Oxusschatz. Skythischer Greif, Gold, Höhe 6 cm, 7./6. Jh. v. Chr. (London, British Museum)

Oyapock [frz. ɔja'pɔk] ↑Oiapoque, Rio.

Oyashio [-ʃio; jap. „Elternstrom"], kalte Meeresströmung im nördl. Pazifik entlang den O-Küsten der Kurilen sowie der jap. Inseln Hokkaidō und Honshū, vereinigt sich hier mit dem warmen Kuroshio.

Oybin (Kurort O.), Gem. ssw. von Zittau, Sa., 393 m ü. d. M., im Lausitzer Gebirge, am Fuß des bewaldeten gleichnamigen Sandsteinfelsens (518 m ü. d. M.), 1 200 E. Erholungsort und Wintersportplatz. – Ehem. Zölestinerkloster. Auf dem O. Ruinen der Burg des 14. Jh. und der got. Klosterkirche.

Oyo [engl. ɔː'jɔː], Stadt in SW-Nigeria, 210 000 E. Sitz einer Bez.verwaltung und des Alafin (des Oba [König] der Yoruba von Oya); Textilind.; bed. Kunsthandwerk.

oz, Einheitenzeichen für ↑Ounce.

Oz, Amos, eigtl. Amos Klausner, * Jerusalem 4. Mai 1939, israel. Schriftsteller. – Lebte von 1957–86 im Kibbuz; zog dann nach Arad, Prof. in Beer Sheva; seine Werke reflektieren in teils realist., teils phantast., teils satir. Weise unverhüllt die aktuelle israel. Situation; wichtig ist hierbei das Verhältnis zu den Arabern sowie die Holocaustthematik. 1992 Friedenspreis des Börsenvereins des Dt. Buchhandels. – *Werke:* Keiner bleibt allein (R., 1966), Im Lande Israel (R., 1983), Black box (R., 1987), Lada'at Ischa (R., 1989).

Özal, Turgut [türk. œ'zal], * Malatya 13. Okt. 1927, † Ankara 17. April 1993, türk. Politiker. – Elektroingenieur; 1967–71 und 1979/80 Chef der Staatl. Planungsorganisation; 1980–82 stellv. Min.präs.; 1983 Gründer der rechtsliberalen Mutterlandspartei (Anavatan Partisi), 1983–89 deren Vors. und Min.präs.; seit 1989 Staatspräsident.

Ozalidverfahren (Wz) [Kw.], svw. ↑Diazotype.

Ozäna [griech.], svw. ↑Stinknase.

Ozark Plateau [engl. 'oʊzaːk 'plætoʊ], Bergland im nordamerikan. Zentralen Tiefland, im südl. Missouri und nördl. Arkansas, mit Ausläufern nach Oklahoma und Illinois. Das O. P. ist eine Schichtstufenlandschaft in 300–500 m Höhe, maximal 823 m hoch. Große Teile sind bewaldet.

Ozawa Seiji, * Shenyang (China) 1. Sept. 1935, jap. Dirigent. – 1965–69 Chefdirigent des Toronto Symphony Orchestra, 1970–76 des San Francisco Symphony Orchestra, seit 1973 des Boston Symphony Orchestra; auch Gastdirigent bei internat. Festspielen (Edinburgh, Salzburg, Wien, Prag).

Ózd [ungar. oːzd], ungar. Stadt am N-Rand des Bükkgebirges, 45 000 E. Metallind. und Braunkohlenbergbau.

Ozean [griech.-lat.], Teil des ↑Weltmeers: ↑Atlantischer Ozean, ↑Indischer Ozean, ↑Pazifischer Ozean.

Ozeanbodenausdehnung (Ozeanbodenzergleitung, engl. sea-floor-spreading), grundlegender Begriff der Theorie der ↑Plattentektonik. Durch Zufuhr von Magma in den Zentralgräben der mittelozean. Schwellen weitet sich dort der Ozeanboden symmetrisch zu beiden Seiten aus, rd. 1 cm/Jahr im Atlantik und rd. 5–8 cm/Jahr im Pazifik.

Ozeanien, die Inseln und Inselgruppen des Pazifiks zw. Amerika, den Philippinen und Australien bzw. zw. Nördl. und Südl. Wendekreis; Neuseeland zählt nur i. w. S. dazu; die Inseln, die zus. eine Landfläche von über 1 Mill. km^2 ergeben, sind über ein Meeresgebiet von etwa 70 Mill. km^2 verstreut. Nach der ethn. Zugehörigkeit der Bev. unterteilt man O. in *Melanesien* mit Neuguinea, dem Bismarckarchipel, den Salomoninseln, Neukaledonien, den Loyaltyinseln, den Santa-Cruz-Inseln, den Neuen Hebriden und den Fidschiinseln, in *Mikronesien* mit den Karolinen, Marianen, Marshallinseln, Gilbertinseln und Nauru sowie in *Polynesien* mit den Samoa-, Tonga-, Tokelau-, Phönix-, Ellice-, Cookinseln, den Line Islands, den Inseln Frz. Polynesiens, den Îles Wallis und Îles de Horn, den Hawaii-Inseln und der Osterinsel.

Vorgeschichte und Entdeckungsgeschichte: Am frühesten besiedelt wurde die Inselwelt Melanesiens. Dabei lassen sich wenigstens 3 Einwanderungsphasen unterscheiden: 1. Altsteinzeitl. Jäger und Sammler kamen vor mehr als 10 000 Jahren über damals noch bestehende Landbrük-

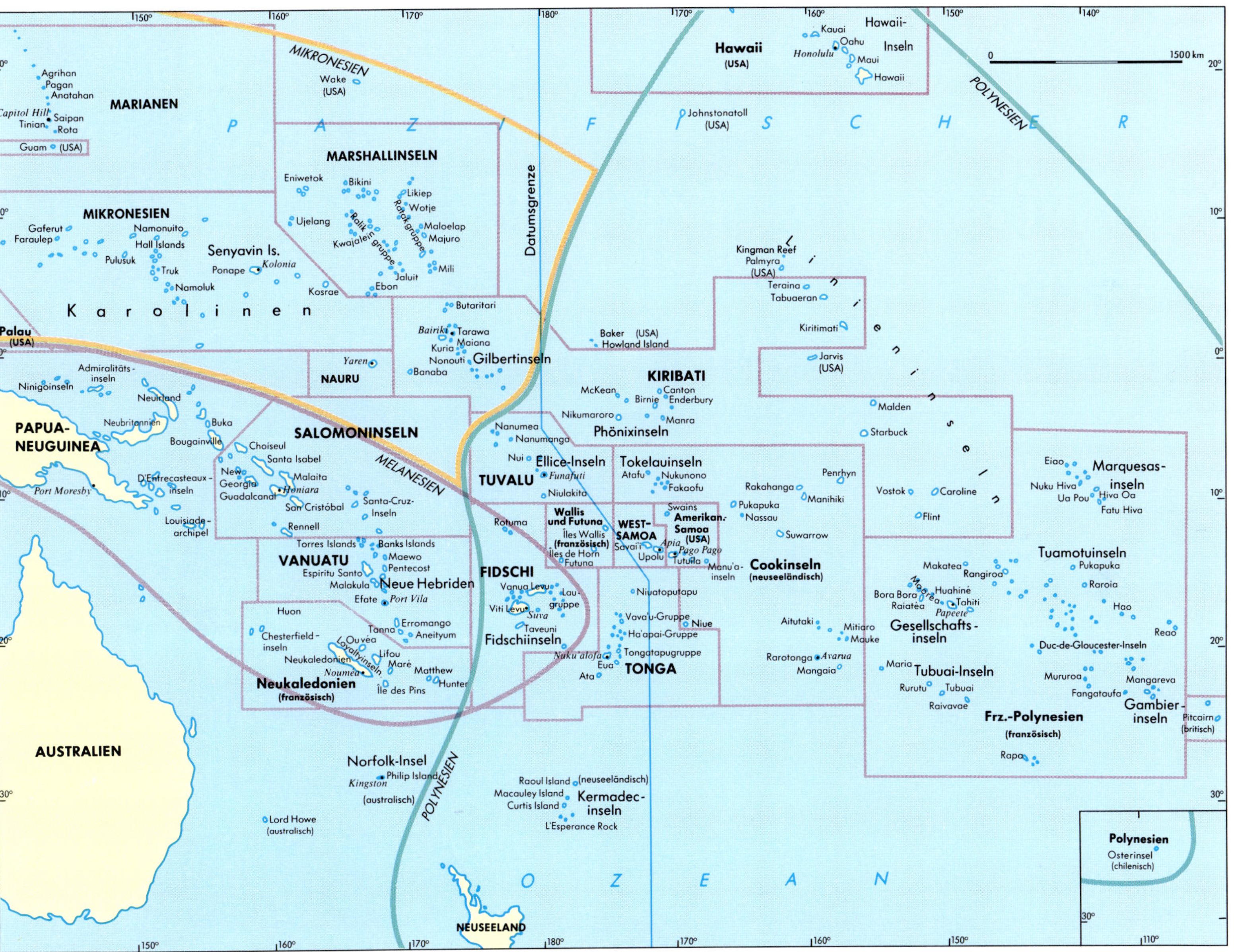
MARIANEN
Agrihan
Pagan
Anatahan
Capitol Hill
Saipan
Tinian
Rota
Guam (USA)
MIKRONESIEN
Wake (USA)
P A Z I F I S C H E R
MARSHALLINSELN
Eniwetok
Bikini
Likiep
Wotje
Ratakgruppe
Ralikgruppe
Ujelang
Maloelap
Majuro
Kwajalein
Mili
Jaluit
Ebon
MIKRONESIEN
Gaferut
Faraulep
Namonuito
Hall Islands
Pulusuk
Truk
Namoluk
Senyavin Is.
Ponape
Kolonia
Kosrae
K a r o l i n e n
Palau (USA)
Datumsgrenze
Hawaii (USA)
Hawaii-Inseln
Kauai
Oahu
Honolulu
Maui
Hawaii
1500 km
POLYNESIEN
Johnstonatoll (USA)
Kingman Reef
Palmyra (USA)
Teraina
Tabuaeran
Kiritimati
Jarvis (USA)
L i n i e n i n s e l n
Butaritari
Bairiki
Tarawa
Maiana
Kuria
Nonouti
Banaba
Gilbertinseln
Yaren
NAURU
Baker (USA)
Howland Island
KIRIBATI
McKean
Canton
Birnie
Enderbury
Nikumaroro
Manra
Phönixinseln
Malden
Starbuck
Admiralitäts-inseln
Ninigoinseln
Neuirland
Neubritannien
Buka
Bougainville
PAPUA-NEUGUINEA
Port Moresby
SALOMONINSELN
Choiseul
Santa Isabel
New Georgia
Malaita
Guadalcanal
Honiara
San Cristóbal
D'Entrecasteaux-inseln
Louisiade-archipel
Santa-Cruz-Inseln
Rennell
MELANESIEN
Nanumea
Nanumanga
Nui
Ellice-Inseln
Funafuti
Niulakita
TUVALU
Tokelauinseln
Atafu
Nukunono
Fakaofu
Rakahanga
Penrhyn
Manihiki
Vostok
Caroline
Flint
Eiao
Marquesas-inseln
Nuku Hiva
Ua Pou
Hiva Oa
Fatu Hiva
Rotuma
Wallis und Futuna (französisch)
Îles Wallis
Îles de Horn
Futuna
WEST-SAMOA
Savai'i
Apia
Upolu
Swains
Amerikan.-Samoa (USA)
Pago Pago
Tutuila
Pukapuka
Nassau
Suwarrow
Manu'a-inseln
Cookinseln (neuseeländisch)
Torres Islands
Banks Islands
VANUATU
Maewo
Espiritu Santo
Pentecost
Malakula
Neue Hebriden
Efate
Port Vila
FIDSCHI
Vanua Levu
Lau-gruppe
Viti Levu
Suva
Taveuni
Fidschiinseln
Niuatoputapu
Vava'u-Gruppe
Niue
Ha'apai-Gruppe
Tongatapugruppe
Nuku'alofa
Eua
Ata
TONGA
Huon
Chesterfield-inseln
Erromango
Tanna
Aneityum
Ouvéa
Loyaltyinseln
Neukaledonien
Lifou
Maré
Nouméa
Matthew
Hunter
Île des Pins
Neukaledonien (französisch)
Aitutaki
Mitiaro
Mauke
Rarotonga
Avarua
Mangaia
Makatea
Rangiroa
Tuamotuinseln
Pukapuka
Raroia
Hao
Bora Bora
Moorea
Huahiné
Raiatea
Tahiti
Papeete
Gesellschafts-inseln
Reao
Duc-de-Gloucester-Inseln
Maria
Tubuai-Inseln
Rurutu
Tubuai
Raivavae
Mururoa
Fangataufa
Mangareva
Gambier-inseln
Pitcairn (britisch)
Frz.-Polynesien (französisch)
Rapa
AUSTRALIEN
Norfolk-Insel
Philip Island
Kingston
(australisch)
Lord Howe (australisch)
Raoul Island
(neuseeländisch)
Macauley Island
Curtis Island
Kermadec-inseln
L'Esperance Rock
Polynesien
Osterinsel (chilenisch)
O Z E A N
NEUSEELAND

Staatliche Gliederung

Staaten	km²	E in 1000 (Schätzung 1990)	E/km²	Hauptstadt/ Verwaltungssitz
Fidschi	18272	772	42,3	Suva
Kiribati	728	65	89,3	Bairiki
Marshallinseln	181	43,4	239,7	Majuro
Mikronesien	702	115	163,8	Kolonia
Nauru	21	8,1	385,7	Yaren
Neuseeland	268112	3397	12,7	Wellington
Nordmarianen	477	21,8	45,7	Saipan
Papua-Neuguinea	462840	4000	8,6	Port Moresby
Salomoninseln	29785	324	10,8	Honiara
Tonga	747	99	132,5	Nukualofa
Tuvalu	26	9,1	350,0	Funafuti
Vanuatu	14763	150	10,2	Vila
Westsamoa	2831	165	58,3	Apia
auf Ozeanien greifen über				
Chile mit der Osterinsel, Juan-Fernández-Inseln, Sala y Gómez u. a.	359	2	5,6	–
Indonesien mit Irian Jaya	421981	1555[1]	3,7	Jayapura
USA mit Hawaii	16760	1100	65,6	Honolulu
abhängige Gebiete				
von Australien				
Norfolk Island	35	2[3]	57,1	Kingston
von Frankreich:				
Französisch-Polynesien	4000	188[2]	47,0	Papeete
Neukaledonien	19058	164,1[1]	8,6	Nouméa
Wallis et Futuna	274	15,4[2]	56,2	Matu Utu
von Großbritannien				
Pitcairn (mit Insel Pitcairn und Nachbarinseln)	47	0,05	1,1	Adamstown
von Neuseeland:				
Cookinseln	234	17,7[2]	75,6	Avarua
Niue	259	2[2]	7,7	Alofi
Tokelauinseln	10	1,7[1]	170,0	–
von den USA:				
Amerikanisch-Samoa	197	38[2]	198,9	Pago Pago
Guam	541	132	243,9	Agana
Palauinseln	497	14,2[1]	28,4	Koror

[1] 1989, [2] 1988, [3] 1986

Ozeanische Kunst. Bemalter Holzschild aus Neubritannien (Berlin, Staatliche Museen)

ken; 2. vor etwa 5 000 Jahren wanderten neolith. Bodenbauer, Träger der sog. Walzenbeilkultur über See ein; 3. Anfang des 1. Jt. v. Chr. Besiedlung durch (im Ggs. zu allen vorangegangenen) hellhäutige Menschen. Über die Inseln Mikronesiens wanderten v. a. zw. 500 v. Chr. und 300 n. Chr. ebenfalls hellhäutige Menschen ein, die sich von dort aus bis ins 15. Jh. über die ostpazif. Inselgebiete weiter ausbreiteten.
Nach Entdeckung und Inbesitznahme des Pazifiks für Spanien durch Vasco Núñez de Balboa 1513 entdeckte F. de Magalhães bei seiner Weltumsegelung (1519–21) die Marianen und Philippinen. 1526 fand der Portugiese J. de Meneses († 1531) die N-Küste Neuguineas, 1567 entdeckte A. de Mendaña de Neira (* 1541, † 1595) die Salomoninseln, 1606 P. Fernández de Quirós (* um 1565, † 1615) u. a. die Neuen Hebriden. Auf der Suche nach dem sagenhaften S-Kontinent („Terra australis") entdeckte 1615/16 der Niederländer J. Le Maire (* 1585, † 1616) einen Teil der Tongainseln, Neuirland und Neubritannien; 1642 segelte A. J. Tasman von Batavia (= Jakarta) aus u. a. nach Tasmanien und Neuseeland. 1722 fand der niederl. Admiral J. Roggeveen (* 1659, † 1729) neben anderen Inseln die Osterinsel, 1767 S. Wallis († 1795) Tahiti und andere Gesellschaftsinseln, P. Carteret erneut die Salomoninseln. Der Franzose L. A. Comte de Bougainville besuchte 1768 Tahiti, die Neuen Hebriden, den Louisiadearchipel und die nördl. Salomoninseln. Im Rahmen seiner 3 großen Reisen (1768–71; 1772–75; 1776–79) umsegelte J. Cook Neuseeland, fand die austral. O-Küste und erforschte die meisten Inselgruppen (1778 entdeckte er Hawaii). Weitere Forschungsreisen folgten im 19. und 20. Jh., wobei in den letzten Jahrzehnten zunehmend der Meeresboden untersucht wurde.

ozeanische Kunst, zusammenfassende Bez. für die Kunst der Melanesier, Polynesier, Maori und Mikronesier. Die reich differenzierte Südseekunst läßt sich sehr grob unterscheiden in die figürl., unnaturalist. und expressive Kunst Melanesiens und die geometr. Ornamentik Polynesiens. Die *melanes.* Holzschnitzerei (Figuren, Masken) konzentriert sich in Neuguinea am Sentanisee und an der Humboldt Bay, im Sepikgebiet, ferner am Huongolf (Tamistil) und an der Astrolabe Bay, daneben gibt es sie auch auf Neubritannien und Neuirland und den Neuen Hebriden. Die Zentren der *polynes.* Kunst liegen auf den Tonga- und Samoainseln sowie auf den Cookinseln. V. a. werden Gerät (Zeremonialruder, Kopfbänke) und Rindenstoffe mit geometr. Mustern verziert. Die Kunst der Maori auf Neuseeland zeigt eine Ornamentik mit geschwungenen Linien. Die polynes. figürl. Plastik findet sich v. a. auf Neuseeland, den Cookinseln, Hawaii und den Marquesasinseln, wo auch Terrassenbauten aus Korallenkalk (↑ Marae) erhalten sind. Eine Sonderstellung nimmt die Kunst der ↑ Osterinsel ein.

ozeanisches Klima, svw. ↑ Seeklima.

ozeanische Sprachen, umstrittene Sammelbez. für die Sprachen auf der Inselwelt vorwiegend der südl. Erdhalbkugel. I. e. S. gehören dazu die polynes. und die melanes. Sprachen, i. w. S. rechnet man auch die indones. und die Papuasprachen dazu, gelegentlich sogar die austral. Sprachen und die Sprachen der Tasmanier.

Ozeanographie [griech.-lat./griech.] (Meereskunde), die Wiss. vom Meer; sie beschäftigt sich i. e. S. mit den physikal. und chem., i. w. S. mit biolog., geolog. und geophysikal. Erscheinungen und Vorgängen im Weltmeer, d. h., sie erforscht die Eigenschaften des Meerwassers und der in ihm gelösten und schwebenden Stoffe, die dem Meer zur Verfügung stehende Energie (Meeresströmungen, Meereswellen, Gezeiten) sowie den Meeresboden, seine Formen, Ablagerungen und nutzbaren Bodenschätze (Manganknollen, Erzschlämme) sowie die Lebewesen, die das Meereswasser und den -boden bevölkern (Ertragssteigerung der Seefischerei, Nutzbarmachung neuer Nahrungsquellen, z. B. Krill). Ein Schwerpunkt der modernen internat. O. ist die Erforschung der Wechselbeziehung zw. Wasser- und Lufthülle der Erde, die für das Klima entscheidend ist, ein weiterer die Erkundung der mittelozean. Rücken, deren Ergebnisse in einer neuen Theorie zur Entstehung der Kontinente und Meere zusammengefaßt wurden (↑ Plattentektonik). Weitere prakt. Aufgaben sind der Schutz von Küsten, der Seefahrt und maritimen Umwelt, kartograph. Aufnahmen der Seegebiete, Bekämpfung der Meeresverschmutzung.

Ozellen [lat.], svw. ↑ Punktaugen.

Ozelot [aztek.-frz.] (Pardelkatze, Leopardus pardalis), bes. in Wäldern und Buschlandschaften der südl. USA bis S-Amerika lebende Kleinkatze; Körper 65–100 cm lang, Schwanz etwa 30–45 cm lang; Beine stämmig; Grundfärbung sandgelb bis ockerfarben, mit schwarzbrauner bis schwarzer Fleckenzeichnung und kennzeichnendem schwarzem Streifen vom hinteren Augenwinkel bis zum untersten Ohrrand; nachtaktiv, Beute v. a. kleinere Säugetiere und Vögel. Durch rücksichtslose Bejagung wegen seines sehr begehrten Fells (wird deshalb heute in Zuchtfarmen gehalten) im Bestand bedroht.

Ozelotkatze (Tigerkatze, Oncille, Tigrillo, Leopardus tigrinus), etwa 40–55 cm lange (einschl. Schwanz bis 95 cm messende), schlanke Kleinkatze in Wäldern des trop. S- und M-Amerika; Grundfärbung gelb, mit meist relativ kleinen, schwärzl. Ringflecken; Bestände bedroht.

Ozenfant, Amédée [frz. ozã'fã], * Saint-Quentin 15. April 1886, † Cannes 4. Mai 1966, frz. Maler und Kunstschriftsteller. – Unterstützte 1915–17 mit der Zeitschrift „L'Élan" die Kubisten; begründete mit Le Corbusier den ↑ Purismus; malte v. a. Stilleben, später auch große figürl. und kosm. Kompositionen.

Ozokerit [griech.], svw. ↑ Erdwachs.

Ozon [griech., eigtl. „das Duftende"], aus dreiatomigen Molekülen (O_3) bestehende Form des Sauerstoffs; in hoher Konzentration tiefblaues Gas (Siedepunkt −111,0 °C, Schmelzpunkt −192,7 °C) mit durchdringendem Geruch, das sich unter Einwirkung von atomarem Sauerstoff auf molekularen Sauerstoff bildet, aber leicht wieder gemäß $O_3 \rightleftharpoons O_2 + O$ und $2O \rightarrow O_2$ zerfällt. Durch das Auftreten atomaren Sauerstoffs ist O. eines der stärksten Oxidationsmittel und in höheren Konzentrationen stark giftig. O. wird als Oxidations- und Bleichmittel sowie bei der Wasseraufbereitung anstelle von Chlor als Desinfektionsmittel verwendet. – O. bildet sich überall dort, wo durch Energiezufuhr (u. a. bei der Einwirkung energiereicher Strahlung oder bei elektr. Entladungen) Sauerstoffatome aus Sauerstoffmolekülen freigesetzt werden, die dann mit weiteren Sauerstoffmolekülen reagieren. In der Stratosphäre, in einer Höhe von etwa 20–30 km, der sog. **Ozonschicht** (O.gürtel), bildet sich O. aus molekularem Sauerstoff unter dem Einfluß der kurzwelligen UV-Strahlung der Sonne. Es zerfällt zwar durch Absorption von UV-Strahlung sofort wieder, doch lagert sich der dabei freiwerdende atomare Sauerstoff erneut an molekularen Sauerstoff an, so daß in der O.schicht der Atmosphäre ein Gleichgewicht zw. Auf- und Abbau von O. besteht. Diese O.schicht ist äußerst wichtig, weil sie den größten Teil der UV-Strahlung zurückhält. Nur ein kleiner Teil dieser Strahlung durchdringt sie und trifft auf die Erdoberfläche auf. In geringen Mengen ist diese Strahlung lebensnotwendig (der menschl. Körper benötigt sie zur Herstellung des Vitamins D), in größeren Mengen jedoch ruft sie Schädigungen (Sonnenbrand, Hautkrebs) hervor. Wesentlich erhöhte O.konzentrationen in bodennahen Luftschichten können v. a. über Gebieten mit starker Abgasentwicklung auftreten, wo O. aus Stick- und Schwefeloxiden unter der Einwirkung des Sonnenlichts entsteht. O. führt in diesen Mengen zu gesundheitl. Schädigungen bei Mensch, Tier (v. a. Reizung der Schleimhäute) und Pflanzen (Bleichflecken), ferner zu Schäden an organ. Substanzen wie u. a. an Textilien, Leder, Anstrichen.
Die O.schicht in der Stratosphäre wird durch chem. oder physikal. Einwirkung von der Erde aus nachteilig beeinflußt. Es wurde festgestellt, daß die ↑Fluorchlorkohlenwasserstoffe (FCKW) zu einer Schädigung der O.schicht führen können. Sie steigen nach ihrer Freisetzung langsam in die Atmosphäre auf und erreichen nach 10–15 Jahren die Stratosphäre. Dort zerbrechen sie schließlich und setzen reaktionsfreudige Chloratome und -oxide frei, die mit dem O. reagieren und es zu Sauerstoff abbauen. Auch der weltweite Flugverkehr trägt vermutlich zum Abbau der O.schicht bei, v. a. der Überschallflugverkehr. Ähnlich wie die FCKW beeinflussen die Flugzeugabgase (Stickoxide) in der Stratosphäre die O.schicht negativ. – 1985 wurde das **Ozonloch** in der Antarktis entdeckt, das nach Ansicht von Wissenschaftlern mit den beschriebenen Phänomenen zusammenhängt. Auch die O.schicht der nördl. Hemisphäre ist, rascher als angenommen, nachweislich dünner geworden. Die Schädigung der O.schicht muß v. a. wegen der biolog. Auswirkungen (Erhöhung der Mutationsraten, Zunahme von Hautkrebserkrankungen) beunruhigen; daneben ist möglicherweise auch mit einer Beeinflussung des Klimas zu rechnen. Durch Anwendungsbeschränkungen bzw. -verbote und Entwicklung von Ersatzstoffen für FCKW wird versucht, dieser negativen Beeinflussung der O.schicht entgegenzuwirken. 1985 wurde das Wiener Übereinkommen zum Schutz der O.schicht geschlossen. In Montreal verpflichteten sich 1987 46 Staaten zu einer stufenweisen Verminderung der Produktion und Verwendung von FCKW. Die USA und die EG-Staaten wollen Produktion und Verbrauch von FCKW bis Ende 1995 einstellen.

Ozeanische Kunst. Links: Kultmaske aus Neubritannien, Höhe 82,5 cm (Berlin, Staatliche Museen). Rechts: Darstellung des Kriegsgottes Kukailimoku aus Hawaii, Federarbeit, Höhe 60 cm (Berlin, Staatliche Museen)

Ozonloch ↑Ozon.

Ozonlücke, Bereich des Spektrums (Wellenlänge zw. 180 und 200 nm), in dem keine Absorption der ultravioletten Sonnenstrahlung durch atmosphär. Ozon auftritt.

Ozonschicht ↑Ozon.

P

P, 16. Buchstabe des dt. Alphabets (im lat. der 15.), im Griechischen π (Pi), im Nordwestsemitischen (Phönikischen) 𐤐 (Pē). Der Buchstabe bezeichnet den bilabialen Verschlußlaut [p]. Das semit. und griech. Zeichen hat den Zahlwert 80.

P, Abk.
▷ für: **P**ublius, **P**roconsul, **P**opulus („Volk"), **P**ontifex („Priester"), **P**apa („Papst") und **P**ater (in lat. Texten, z. T. auch in röm. Inschriften).
▷ für: **P**arentalgeneration (Elterngeneration).

P, chem. Symbol für ↑Phosphor.

P, Vorsatzzeichen für ↑Peta... (10^{15}).

p, Abk. für italien.: ↑**p**iano.

p, Kurzzeichen:
▷ (Einheitenzeichen) für ↑Pond.
▷ (physikal. Symbol) für das ↑Proton.
▷ (Formelzeichen) für den Druck.
▷ (Formelzeichen) für den Impuls.
▷ (Vorsatzzeichen) für ↑Piko... (10^{-12}).

p., Abk.
▷ für: lat. **p**agina („Seite").
▷ für: lat. **p**inxit („[er, sie] hat gemalt").

p-, Abk. für: ↑**para**-.

Pa, chem. Symbol für ↑Protactinium.

Pa, Einheitenzeichen für ↑Pascal.

p. a., Abk. für: ↑**p**er **a**nnum bzw. **p**ro **a**nno.

Michael Pacher. Der heilige Augustinus und der heilige Gregor, Teil des Kirchenväteraltars, 1483 (München, Alte Pinakothek)

Päan (Paian) [griech. „Helfer, Heiler, Retter"], altgriech. Hymne, insbes. chor. Bitt-, Dank- oder Sühne-, Schlacht- und Siegeslied.

Pa'anga [polyn.], Währungseinheit in Tonga; 1 P. = 100 Seniti.

Paarbildung (Paarerzeugung), i. w. S. die gleichzeitige Entstehung eines Teilchens und seines Antiteilchens bei der Wechselwirkung hochenerget. Elementarteilchen mit Materie. Entsprechend der Einsteinschen ↑Masse-Energie-Äquivalenz muß die Energie eines Gammaquants mindestens so groß sein wie die doppelte Ruheenergie eines Elektrons, damit eine Umwandlung in die Massen eines *Elektron-Positron-Paares* (P. i. e. S.) erfolgen kann. Der zur P. inverse Prozeß ist die ↑Paarvernichtung.

Juho Kusti Paasikivi

Paarhufer (Paarzeher, Artiodactyla), seit dem frühen Eozän (seit rund 50 Mill. Jahren) bekannte, heute mit knapp 200 Arten in 77 Gattungen weltweit verbreitete Ordnung etwa 0,4–4 m langer Säugetiere; meist gruppen- oder herdenweise lebende, zu Lauftieren spezialisierte Pflanzenfresser, bei denen (mit Ausnahme der Flußpferde) die dritte und vierte Zehe der Vorder- und Hinterextremitäten verstärkt sind; die Endglieder dieser Zehen sind mit einer hufartigen Hornmasse (Klaue) umgeben, die dem Auftreten auf dem Boden dient (Zehenspitzengänger). Man unterscheidet drei Unterordnungen: ↑Nichtwiederkäuer, ↑Schwielensohler und ↑Wiederkäuer. – ↑Unpaarhufer.

Paarl [afrikaans 'pɛːrəl], Stadt in der Kapprovinz, Republik Südafrika, 123 m ü. d. M., nordöstlich von Kapstadt, 75 000 E. Hugenottenmuseum; größte Weinkellerei Südafrikas; Obsthandel, Obst-, Tabakverarbeitung. – Die ersten Farmen im Gebiet von P. wurden 1687 von Hugenotten gegründet.

G. W. Pabst

Paarlaufen, im Eiskunstlauf und Rollkunstlauf Wettbewerb für Paare.

Paarreim, in der *Verslehre* einfachste Reimbindung nach dem Schema aa bb cc usw. – ↑Reim.

Paarung ↑Kopulation.

Paarungslehre ↑Lehre.

Paarungsverhalten, bestimmtes, bei der geschlechtl. Fortpflanzung kennzeichnendes Verhalten tier. Organismen, das dem Zustandekommen der Paarung und der Erzeugung von Nachkommen dient. – ↑Balz, ↑Brunst.

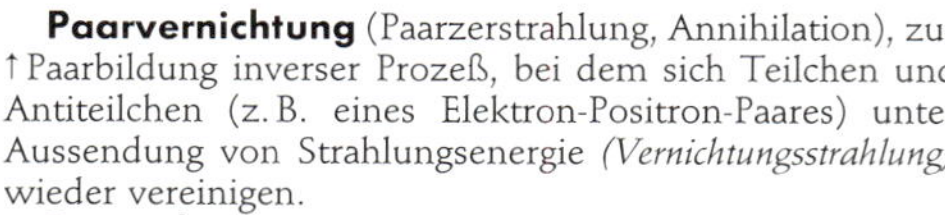

Paarvernichtung (Paarzerstrahlung, Annihilation), zur ↑Paarbildung inverser Prozeß, bei dem sich Teilchen und Antiteilchen (z. B. eines Elektron-Positron-Paares) unter Aussendung von Strahlungsenergie *(Vernichtungsstrahlung)* wieder vereinigen.

Paarzeher, svw. ↑Paarhufer.

Paarzerstrahlung, svw. ↑Paarvernichtung.

Paasikivi, Juho Kusti, * Tampere 27. Nov. 1870, † Helsinki 14. Dez. 1956, finn. Diplomat und Politiker. – Mai bis Nov. 1918 1. Min.präs. des unabhängigen Finnland, 1920 Delegationschef bei den finn.-sowjetruss. Friedensverhandlungen in Dorpat; schloß 1940 den Friedensvertrag mit der UdSSR und handelte 1944 die Waffenstillstandsbedingungen mit ihr aus; 1944–46 erneut Min.präs., 1946–56 Staatspräsident.

PAB ↑Aminobenzoesäuren.

Pabel, Hilmar, * Rawitsch bei Lissa 17. Okt. 1910, dt. Photograph. – Kriegsbildberichterstatter; nach dem 2. Weltkrieg machte er 2 000 Kinderporträts im Auftrag des Suchdienstes des Dt. Roten Kreuzes; Reportagen über das Nachkriegsdeutschland; später Reisen in Notstandsgebiete der dritten Welt.

Pabianice [poln. pabja'nitsɛ], poln. Stadt, mit Łódź zusammengewachsen, 180 m ü. d. M.; 74 000 E. Textilind., Textilmaschinenbau, Elektroind., Holzverarbeitung. – 1297 Stadtrecht. – Pfarrkirche im Spätrenaissancestil (16. Jh.).

Pabst, G[eorg] W[ilhelm], * Raudnitz an der Elbe (= Roudnice nad Labem) 27. Aug. 1885, † Wien 29. Mai 1967, östr. Filmregisseur und -produzent. – Drehte bed. Stumm- und Tonfilme, u. a. „Die freudlose Gasse" (1925), „Geheimnisse einer Seele" (1926), „Die Büchse der Pandora" (1928), „Das Tagebuch einer Verlorenen" (1929). 1932–40 arbeitete P. in Frankreich und in Hollywood. Nach 1945 gründete er eine eigene Produktionsfirma in Österreich, die u. a. die Filme „Der Prozeß" (1948) und „Der letzte Akt" (1955) herausbrachte.

Pacasmayo, Hafenort in NW-Peru, etwa 15 000 E. – 25 km sö. der Stadt liegen im Valle de Cupisnique und in den nahen Cerros de Cupisnique die Fundorte von Keramik im sog. **Cupisnique-Stil** (um 1000 v. Chr.), früheste naturalist. anthropomorphe Gefäßformen mit steigbügelförmigem Ausguß.

Pacassi, Nikolaus Franz Freiherr von (seit 1769), * Wiener Neustadt 5. März 1716, † Wien 11. Nov. 1790, östr. Baumeister. – 1748 Hofarchitekt in Wien; u. a. Umbau und Ausbau des Schlosses Schönbrunn (1744–49), Erweiterungsbauten der Hofburg (1767–73).

Pacatnamú, Ruinenstadt in NW-Peru, 70 km sö. von Pacasmayo, an der Mündung des Río Jequetepeque in den Pazifik; von den Moche um 500 n. Chr. gegr.; bestand bis zur Eroberung durch die Spanier; Blütezeit unter den Chimú, die P. um 1300 eroberten; wahrscheinlich Pilgerzentrum für den Mondkult; 37 große und etwa 60 kleine Pyramiden.

Pacemaker [engl. pɛɪs'mɛɪkə], svw. ↑Herzschrittmacher.

▷ im *Sport* (Galopprennen, Lauf-, Radsport) die in Führung befindl., das Tempo (für einen besseren Teamgefährten) bestimmende Position.

Pacem in terris [lat. „Frieden auf Erden"], Enzyklika Papst Johannes' XXIII. vom 11. April 1963 über die kath. Lehre vom Frieden und Möglichkeiten für einen Weltfrieden.

Pachacamac [span. patʃaka'mak], Ruinenstadt an der peruan. Küste, 25 km sö. von Lima; um 200 n. Chr. als Kultzentrum gegr.; als Sitz eines mächtigen Orakels wichtiges Pilgerzentrum. Die Lehmziegelruinen stammen weitgehend aus der Inkazeit.

Pachacuti Inca Yupanqui [span. patʃa'kuti 'iŋka ju'paŋki], 9. Herrscher (1438–71) der traditionellen Inkaliste. – Eigtl. Begr. des Inkareiches.

Pachelbel, Johann, * Nürnberg 1. Sept. 1653, † ebd. 3. März 1706, dt. Komponist und Organist. – Wirkte seit 1695 als Organist in Nürnberg. Seine weitverbreiteten Orgelwerke sind durch die Verschmelzung von süddt. (italien.) und mitteldt. kontrapunkt. Schreibweise charakterisiert und waren von großem Einfluß auf J. S. Bach.

Pacher, Michael, * vermutlich Bruneck um 1435, † Salzburg 1498, Tiroler Maler und Bildschnitzer. – Seit 1467 in Bruneck nachweisbar, schuf er bed. spätgot. Flügelaltäre: Nur teilweise erhalten sind der Laurentiusaltar aus Sankt Lorenzen bei Bruneck (um 1465–70; München, Alte Pinakothek, und Wien, Östr. Galerie), der oberitalien. Enflüsse v. a. der Malerei Mantegnas aufweist, sowie der Marienkrönungsaltar aus Gries bei Bozen (1471–75); den Höhepunkt seines Schaffens bilden der Hochaltar der Pfarrkirche von Sankt Wolfgang (Salzkammergut, um 1475–81) und der (ausschließlich gemalte) Kirchenväteraltar aus dem Augustiner-Chorherrenstift Neustift (um 1480–83; München, Alte Pinakothek). Der nur fragmentarisch erhaltene Hochaltar der Franziskanerkirche in Salzburg (1495–98; Wien, Östr. Galerie) bereitet den Stil der Donauschule vor.

Pa Chin ↑ Ba Jin.

Pachomius, hl., * Sne (= Isna, Oberägypten) um 287 (292 ?), † Pbau bei Chenoboscium (Ägypten) 14. Mai 347, ägypt. Mönch. – Ab 308 Eremit; gründete um 320 in Tabennesi bei Dendera ein Kloster, dessen Regel lange Zeit für das koinobit. Mönchtum galt.

Pachoras, Hauptstadt des nordnub. Kgr. **Nobatia;** ab 625 Bischofssitz, im 10. Jh. Sitz des monophysit. Metropoliten von Nubien. Ausgrabungen 1960–64 (bei dem inzwischen vom Nassersee überfluteten Dorf Faras) brachten die Ruinen der Kathedrale und anderer Kirchen mit sehr bed. Wandmalereien des 8. bis 12. Jh. zutage. Die Funde befinden sich in den Nat.museen von Khartum und Warschau.

Pacht [zu lat. pactum „Vertrag"], entgeltl. gegenseitiger Vertrag, durch den sich der Verpächter verpflichtet, dem Pächter den Gebrauch des verpachteten Gegenstandes und den Genuß der ↑ Früchte zu gewähren, der Pächter hingegen, den vereinbarten P.zins zu zahlen (§§ 581 ff. BGB). Auf die P. finden die meisten Vorschriften über die Miete, von der sie sich im wesentlichen durch das Fruchtziehungsrecht unterscheidet, entsprechende Anwendung. P.verträge, die in der ehem. DDR geschlossen wurden, werden vom Zeitpunkt des Beitritts an nach den Vorschriften des BGB behandelt.

Pachtgebiete, im *Völkerrecht* Teile eines Staatsgebietes, die vertraglich einem anderen Staat auf begrenzte Zeit überlassen werden. P. bleiben unter der territorialen Souveränität des verpachtenden Staates, der dem Pächter ein Besetzungsrecht und die volle oder eine teilweise ↑ Gebietshoheit einräumt. P. hatten vielfach den Charakter von Kolonien. Beispiel für ein P. ist die 1903 von den USA gepachtete Panamakanalzone, die nach dem Vertrag von 1979 bis zum Jahre 2000 in die volle Souveränität Panamas übergehen soll.

Pachuca de Soto [span. pa'tʃuka ðe 'soto], Hauptstadt des mex. Staates Hidalgo, am Río de las Avenidas, 2 450 m ü. d. M., 135 200 E. Univ. (seit 1869), histor. Museum, Theater; Zentrum eines Bergbaugebiets; Textilind., Gießereien, Gerbereien. – Von den Spaniern um 1530 an der Stelle einer indian. Siedlung gegr.; Stadtrecht seit 1534. – Kirche San Francisco (1590 ff.), Pfarrkirche La Asunción (17. Jh.), La Caja (1670 als Lagerhaus für den königl. Tribut erbaut), Casa Colorada (1785; heute Justizgebäude).

pachy..., Pachy... [zu griech. pachýs „dicht"], Bestimmungswort von Zusammensetzungen mit der Bed. „Verdickung".

Pachypodium [griech.], Gatt. der Hundsgiftgewächse mit rd. 20 Arten in S-Afrika und auf Madagaskar; sukkulente Sträucher mit knollenförmigem Stamm und spiralig angeordneten Blättern.

Pachysandra [griech.], Gatt. der Buchsbaumgewächse mit 5 Arten in O-Asien und im östl. N-Amerika; in M-Europa werden P.arten wie P. terminalis als Bodenbegrüner angepflanzt.

Pacific Standard Time [engl. pə'sɪfɪk 'stændəd 'taɪm], Zonenzeit in Kanada (westlich 120° w. L.), den USA (pazif. Küste) und im nw. Mexiko; entspricht MEZ – 9 Stunden.

Pacini [italien. pa'tʃi:ni], Filippo, * Pistoia 25. Mai 1812, † Florenz (?) 9. Juli 1883, italien. Anatom. – Prof. in Florenz; entdeckte 1835 die – bereits 1717 von A. Vater gesehenen – ↑ Vater-Pacini-Körperchen; weitere histolog. Untersuchungen u. a. über Veränderungen der Darmschleimhaut bei der Cholera (beschrieb noch vor R. Koch Bakterien).

P., Giovanni, * Catania 17. Febr. 1796, † Pescia 6. Dez. 1867, italien. Komponist. – Ab 1837 herzogl. Kapellmeister in Lucca; schrieb in der Nachfolge G. Donizettis und V. Bellinis etwa 90 Opern, u. a. „Saffo" (1840), „Medea di Corinto" (1843).

Al Pacino

Pacino, Al[fred] [engl. pɛt'ʃino], * New York 25. April 1940, amerikan. Schauspieler. – 1969 Debüt am Broadway, seither auch beim Film, u. a. in „Der Pate" (1971, mit Fortsetzungen 1974 und 1990), „Serpico" (1973), „Hundstage" (1975), „Frankie und Johnny" (1991), „Der Duft der Frauen" (1992).

Vance Packard

Packard, Vance [engl. 'pækɑ:d, 'pækəd], * Granville Summit (Pa.) 22. Mai 1914, amerikan. Publizist. – Veröffentlichte zahlr. populärsoziolog. Bücher, u. a. „Die geheimen Verführer" (1957), „Die große Verschwendung" (1960), „Die sexuelle Verwirrung" (1968), „Our Endangered Children" (1983), „The Ultra Rich" (1989).

Packeis, zusammen- und übereinandergeschobene Eisschollen.

Packung, in der *Medizin* das Umhüllen des ganzen Körpers *(Ganz-P.)* oder eines Körperteils *(Umschlag, Wickel)* mit nassen Tüchern oder mit einem breiförmigen Wärmeträger (z. B. Lehm). P. führen v. a. zu einer Durchblutungssteigerung der Haut. Sie werden u. a. bei rheumat. Erkrankungen, Hautkrankheiten und Stoffwechselleiden angewendet.

Packungsdichte (Bauelementedichte), in der *Mikroelektronik* die Anzahl der elektron. Bauelemente je cm^3 einer Schaltung.

Pacta sunt servanda [lat. „Verträge sind einzuhalten"], Grundsatz der Vertragstreue, aus dem nachklass. röm. Recht übernommen; bed. v. a. für das Völkerrecht.

Pädagogik [zu griech. paidagōgikḗ (téchnē) „(Kunst) der Erziehung"], Sammelbez. für eine Reihe unterschiedl. wiss., philosoph. und konkret handlungsorientierter Disziplinen, deren gemeinsamer Gegenstand das Erziehen ist. Neuere Klassifikationsversuche der Hauptrichtungen der P. (oder auch Erziehungswiss.) unterscheiden nach wissenschaftstheoret. Gesichtspunkten folgende Positionen: Die **normative Pädagogik** geht von einem außerhalb ihrer selbst begründeten eth., religiösen oder konventionellen Normensystem (Wertgefüge) aus oder erarbeitet selber Normen und Werte; sie vereinigt Erziehungspraxis, Erziehungslehre sowie Erziehungswissenschaft.

Die **geisteswissenschaftliche** oder **hermeneutische Pädagogik** dagegen will die aktuelle, geschichtlich gewordene Erziehungspraxis in Sinn, Struktur und Bedingtheit verstehen und das pädagog. Handeln anleiten. Dazu werden mittels histor.-hermeneut. Interpretation relevanter Texte die aus der Geschichte tradierten und in der Gegenwart nachwirkenden pädagog. Ideen rekonstruiert, um durch die reflektierte unmittelbare Erziehungswirklichkeit Ziele und Normen pädagog. Handelns zu gewinnen. Die **erfahrungswissenschaftliche** oder **empirische Pädagogik** will mit Hilfe eines differenzierten Instrumentariums (Beobachtungen, Interviews, statist. Erhebungen, Experimente, Tests) intersubjektiv überprüfbare Erkenntnisse gewinnen, die Erziehungswirklichkeit beschreiben und erklären sowie hieraus Prognosen über pädagog. Phänomene formulieren.

Die Vielfalt pädagog. Tätigkeit hat zu zahlr. Sondergebieten der P. geführt. Pädagog. Lehr- und Forschungsgebiet ist die **Schulpädagogik** als Berufswiss. des Lehrers. Ihr Gegenstand sind allg. Didaktik und Methodik (heute auch Unterrichtsforschung gen.), Gymnasial-P., Rechts-, Verwaltungsform und Organisationsstruktur der Schule. **Berufs- und Wirtschaftspädagogik** dient (zus. mit der **Arbeitspädagogik**) in Theorie und Praxis der Vorbereitung auf eine berufl. Tätigkeit in der Arbeits- und Wirtschaftswelt. **Sozial-**

Pachysandra. Pachysandra terminalis (Höhe 20–30 cm)

pädagogik hat die außerfamiliäre und außerschul. Erziehung und Bildung zur Aufgabe. Tätigkeitsfelder sind Vorschulerziehung, Vormundschaftswesen, außerschul. Jugendarbeit, Arbeit mit schwierigen Kindern und Heranwachsenden, Eltern- und Altenarbeit, Gemeindewesenarbeit, Resozialisierung und Rehabilitation. Vorschulerziehung i. w. S. ist die **Frühpädagogik.** Sie beschäftigt sich v. a. mit Fragen der Fremdbetreuung (z. B. durch Tagesmütter) und der Adoption, der Unsicherheit der Eltern über Erziehungsziele und -methoden, den Problemen berufstätiger Mütter von Kleinkindern und sonstigen familienpolit. Maßnahmen. **Erwachsenenpädagogik** ist als Wiss. der Erwachsenenbildung eine Teildisziplin der Erziehungswiss.; ihre Aufgabe ist die Erarbeitung einer empirisch fundierten Theorie des Lehrens und Lernens in der 2. Bildungsphase (↑ Erwachsenenbildung). Die **Freizeitpädagogik** als erziehungswiss. Teildisziplin erforscht Grundlagen von Lernprozessen, in denen das Individuum in Auseinandersetzung mit seiner freien Zeit befähigt werden soll, seine Entscheidungsmöglichkeiten in allen Lebensbereichen (v. a. Familie, Beruf, Politik, Kultur) wahrzunehmen. **Sonderpädagogik** (auch **Heilpädagogik**) ist die Theorie und Praxis der Erziehung, Unterrichtung und Sozialhilfe bei Kindern, Jugendlichen und Erwachsenen, die als behindert angesehen werden und bes. Förderung zum Ausgleich dieser Behinderung bedürfen. Ziel ist die nachhaltige Besserung des körperl.-seel. Gesamtzustandes des behinderten Menschen sowie eine seinen Möglichkeiten entsprechende soziale Eingliederung.

Geschichte: Erste Ansätze einer selbständigen pädagog. Fachdisziplin gab es im 17. und 18. Jh. in Form didakt.-method. Fragestellungen (v. a. J. A. Comenius). Während der Aufklärung (ab 1700) verlagerte sich der Schwerpunkt von der Unterrichtslehre zur eigtl. Erziehungsfrage (J. Locke, J.-J. Rousseau); unter deren Eindruck entstand in der 2. Hälfte des 18. Jh. im Philanthropismus eine wirksame pädagog. Reformbewegung, die für eine vernünftig-natürl. Erziehung der Kinder eintrat. Die klass.-idealist. Epoche entwickelte eine differenzierte Lehre von der allseitig gebildeten Persönlichkeit, wobei der Mensch u. a. in der Begegnung mit der klass. griech. Kultur Individualität entwickeln sollte (insbes. bei J. H. Pestalozzi, J. G. Herder, Goethe und W. von Humboldt). Die Ansätze Pestalozzis wurden für die Kleinkind- und Volksschulerziehung v. a. von A. Diesterweg, F. Fröbel und J. F. Herbart weitergeführt, der das zu dieser Zeit wirksamste System einer wiss.-methodisch begr. P. schuf (Herbartianismus). Dessen Konzeption, Ethik und Psychologie zu Grundwiss. der P. zu machen, hatte zu Beginn des 20. Jh. dazu geführt, daß sich die wiss. P. in eine spekulativ verfahrende normative P. (v. a. E. Kerschensteiner und E. Spranger) und eine psychologisch begr. experimentell oder deskriptiv (phänomenologisch) verfahrende empir. P. spaltete. Eine Ergänzung bildete die geisteswiss. (hermeneut.) P.; sie wurde entscheidend mitgetragen durch die sich von 1900 an in Deutschland und in anderen Ländern ausbreitende **Reformpädagogik.** Sie führte zur inneren und äußeren Schulreform, dem Aufbau eines Erwachsenenbildungswesens und zu Reformen in der Jugendpflege und in anderen sozialpädagog. Aufgabenbereichen. In Deutschland wurden diese Ansätze sowie jegliche pädagog. Forschung durch den NS zunichte gemacht. Nach 1945 gab es in der BR Deutschland neben der philosoph.-krit. Grundlagenforschung u. a. die Ansätze der dialekt.-reflexiven P. (T. Litt, W. Klafki) und der transzendentalkrit. P. (W. Fischer, J. Ruhloff); die phänomenolog. Richtung wurde u. a. von O. F. Bollnow weitergeführt. Die pädagog. Wissenschaftstheorie wird u. a. von K. Mollenhauer vertreten.

Paderborn
Stadtwappen

pädagogische Hochschulen (erziehungswiss. Hochschulen), in einigen Bundesländern bestehende Körperschaften, ansonsten in die Hochschulen integrierte Einrichtungen zur Ausbildung der Grund- und Hauptschullehrer (z. T. auch Realschullehrer) bis zur 1. Lehramtsprüfung. Sie wollen ihrer Zielsetzung nach sowohl dem wiss. Denken verpflichtet als auch berufsbezogene Hochschule sein. – ↑ Lehrer.

Paderborn. Das frühbarocke Rathaus, 1613–20

pädagogische Psychologie, Forschungsrichtung der angewandten Psychologie bzw. Pädagogik. In ihrem spezif. Arbeitsbereich bemüht sich die p. P., Gesetze und Bedingungen der Erziehungs- und Unterrichtsprozesse aufzudekken. Forschungsaktivitäten, die auf die Bedingungen des menschl. Lernprozesses in Unterricht und Erziehung abzielen, werden unter den Aspekten 1. der Sozialisation (z. B. Eltern-Kind- bzw. Lehrer-Schüler-Interaktionen), 2. der Innovation (z. B. Vorschulförderungsprogramme) und 3. der Lernkontrolle (diagnost. Verfahren) aufgenommen.

pädagogische Soziologie, zentraler Bereich der modernen Bildungsforschung; untersucht die Abhängigkeit pädagog. und/oder allg. erzieher. und persönlichkeitsbildend wirkender Inhalte, Prozesse, Methoden und Institutionen von gesellschaftl. Umwelteinflüssen sowie die Auswirkungen und Ergebnisse pädagog.-erzieher. Handelns auf die Gesellschaft.

Padang, Hafenstadt an der SW-Küste Sumatras, Indonesien, 481 000 E. Verwaltungssitz der Prov. Westsumatra; kath. Bischofssitz; Univ. (gegr. 1956), landw. Forschungsinst.; Handelszentrum der Küstenebene und des gebirgigen Hinterlandes. Der Hafen liegt 6 km südl. von P.; Eisenbahnendpunkt, ✈. – Seit 1663/80 niederl. Handelsposten; 1781–84 und 1795–1819 britisch.

Pädaudiologie [griech./lat.] ↑ Hals-Nasen-Ohren-Heilkunde.

Padaung, Stamm der Karen in Birma; bekannt durch die Sitte, den Mädchen in früher Kindheit spiralförmigen Halsschmuck aus Gold oder Messing anzulegen, der mit zunehmendem Wachstum durch immer längere Spiralen ersetzt wird.

Paddel [engl.], zum Fortbewegen von Kanus oder Kanadiern dienendes, mit beiden Händen frei (ohne Auflagerung) geführtes Gerät mit geradem oder schaufelförmigem Blatt an einem Ende (*Einblatt-P.;* mit Krückengriff beim *Stech-P.* [für Kanadier]) oder an beiden Enden (*Doppel[blatt]-P.* [für Kajaks]) eines längeren, griffdicken Schaftes.

Paddy ['pɛdi; malai.-engl.], noch bespelztes Reiskorn.

Päderastie [griech.] (Knabenliebe), Sexualverhalten, das in sexuellen Handlungen eines Mannes mit einem Knaben im Pubertätsalter besteht.

Paderborn, Krst. im sö. Teil der Westfäl. Bucht, NRW, 94–370 m ü. d. M., 120 000 E. Kath. Erzbischofssitz; Päpstl. Theolog. Fakultät und Abteilung P. der Kath. Fachhochschule Nordrhein-Westfalen, Gesamthochschule (gegr. 1972); Handels-, Versorgungs- und Verarbeitungszentrum, Maschinenbau, Metallverarbeitung, elektron., Kunststoffind., Stahlwerk; ✈.

Geschichte: Urspr. sächs. Siedlung; nach Eroberung durch Karl d. Gr. 777 Schauplatz mehrerer Reichstage sowie einer

Reichssynode; um 806 Bischofssitz. 1239 erstmals als Stadt, 1295 als Hansestadt bezeugt; im 16. Jh. zeitweilig prot., 1601–04 gewaltsam rekatholisiert, 1802–07, endgültig 1813 an Preußen.

Bauten: Frühgot. Dom (v. a. 13. Jh. mit Teilen der Vorgängerbauten des 11. und 12. Jh.; barockisiert im 17. Jh.) mit roman. Krypta; byzantin.-roman. Bartholomäuskapelle (um 1017); roman. Abdinghofkirche (ehem. Klosterkirche; 11. und 12. Jh.), roman.-got. Busdorfkirche (11.–13. Jh.), Gaukirche (12. Jh., mit roman. Wandmalerei); frühbarockes Rathaus (1613–20); Fachwerkhäuser (16.–18. Jh.). Auf der N-Seite des Doms Rekonstruktion der karoling.-otton. Kaiserpfalz (1978). Reste der Stadtbefestigung; im Ortsteil Neuhausen ehem. Residenzschloß (14.–18. Jh.) der Fürstbischöfe.

P., Kreis in Nordrhein-Westfalen.

P., Erzbistum, ehem. Fürstbistum; um 806 zum Bistum erhoben und der Mainzer Kirchenprov. eingegliedert. Erwerb fast aller Grafenrechte in der Diözese durch Meinwerk (1009–36), den bedeutendsten Bischof von P. im MA. Im 13. Jh. Ausbau eines geschlossenen Territoriums. Der Übergang zum Luthertum unter Bischof Erich von Braunschweig-Grubenhagen (1508–32) wurde unter Bischof Dietrich von Fürstenberg 1601–04 rückgängig gemacht. Seit seiner Aufhebung 1803 gehörte das Fürststift zu Preußen (1807–13 zum Kgr. Westfalen). – Das heutige Erzbistum P. wurde durch die Bulle „Pastoralis officii Nostri" vom 13. Aug. 1930 zur Metropole der mitteldt. Kirchenprovinz mit den Suffraganen Fulda und Hildesheim erhoben. – ↑ katholische Kirche (Übersicht).

Paderewski, Ignacy Jan, * Kuryłówka bei Lublin 18. Nov. 1860, † New York 29. Juni 1941, poln. Pianist, Komponist und Politiker. – Unternahm nach dem Studium der Musik in Warschau, Berlin und Wien (1878–86) als einer der bedeutendsten Klaviervirtuosen seiner Zeit Konzertreisen in Europa und in den USA. Trat als Vertreter des Poln. Nat.komitees, der damaligen Exilreg., 1917/18 erfolgreich für die Wiedererrichtung eines unabhängigen Polen ein. 1919 poln. Min.präs. und Außenmin., 1940/41 Vors. des poln. Exilparlaments. Er komponierte u. a. eine Oper („Manru", 1901) und Klavierwerke.

Pädiatrie [griech.], svw. ↑ Kinderheilkunde.

Padilla, Juan de [span. pa'ðiʎa], * Toledo 1490, † Villalar (Prov. Valladolid) 24. April 1521, span. Volksführer. – Stadtrat in Toledo; Führer der ↑ Comuneros im kastil. Aufstand 1520/21; bei Villalar besiegt und hingerichtet. Als „Söhne des P." bezeichnete sich der Geheimbund „Confederación de Caballeros Comuneros" (Anfang 19. Jh.).

Padischah [pers. „Großherr"], pers. Fürstentitel, etwa dem dt. „Kaiser" entsprechend, wurde v. a. von Herrschern türk. Herkunft und den Mogulkaisern geführt.

Padma, Mündungsarm des ↑ Ganges.

Padmasambhawa [Sanskrit „der aus einem Lotus Geborene"] (tibet. Pad-ma 'byuṅgnas), ind. Gründer des Lamaismus. – Um den Buddhismus gegen die einheim. Bon-Religion durchzusetzen, schuf P. im 8. Jh. eine synkretist., dem Tantrismus verpflichtete und mit mag. Praktiken durchsetzte Lehre.

Pädophilie [griech.], sexuelle Neigung zu Kindern oder Jugendlichen.

Padouk [pa'daʊk; birman.-engl.], hellrotes bis dunkelbraunrotes, oft farbig gestreiftes, dauerhaftes, z. T. sehr hartes Edelholz von Arten des Flügelfruchtbaums in W-Afrika und Asien.

Padova ↑ Padua.

Padre [italien. und span., zu lat. pater „Vater"], Titel der [Ordens]priester in Italien und Spanien.

Padua (italien. Padova), italien. Stadt 35 km westl. von Venedig, Venetien, 12 m ü. d. M., 222 200 E. Hauptstadt der Prov. P.; kath. Bischofssitz; Univ. (gegr. 1222), Kunstakad., botan. und literaturwiss. Inst., Observatorium, Museen, Gemäldegalerien, Bibliotheken, Archive; ältester europ. botan. Garten (1545). Markt für landw. Produkte, mehrere Messen, Maschinen- und Kfz-Bau, Nahrungsmittel- und Lederind.; Wallfahrten zum Grab des hl. Antonius.

Geschichte: Das antike **Patavium,** der Sage nach von dem Trojaner Antenor 1184 v. Chr. gegr., war eine Stadt der Veneter; erster histor. Nachweis für 301 v. Chr. bei Titus Livius, der hier 59 v. Chr. geboren wurde; seit 49 v. Chr. röm. Munizipium; Zerstörungen durch Langobarden (601) und Ungarn (9. Jh.); von Kaiser Otto I., d. Gr., zur Gft. erhoben; als Stadtrepublik 1164 wieder unabhängig; seit der Stauferzeit ein Zentrum von Wiss. und Kunst; gehörte 1405–1797 zu Venedig, danach zu Österreich, kam 1866 mit Venetien zu Italien.

Bauten: Neben dem Dom (1547 ff. über Vorgängerbauten neu errichtet) das Baptisterium (1260, im 14. Jh. erneuert). Neben den Ruinen eines röm. Amphitheaters die ↑ Arenakapelle. Il Santo, Grabkirche des hl. Antonius (1232 ff.), ist eine Bettelordenskirche, bekrönt von sechs Kuppeln im venezian.-byzantin. Stil, Hochaltar von Donatello (später verändert). In der Eremitenkirche (1276 ff.) Freskenzyklus von Mantegna (1448–56, im 2. Weltkrieg stark beschädigt, restauriert). Palazzo della Ragione mit Loggien (12. bis 14. Jh.); vor dem Santo das Reiterstandbild des Gattamelata von Donatello (1447–53).

Padus, lat. Name des Po.

Paeffgen, C. O., eigtl. Claus Otto P., * Köln 21. Okt. 1933, dt. Maler und Objektkünstler. – Sein von erot. Themen geprägtes Werk umfaßt Übermalungen von Photos, iron.-witzige Zeichnungen sowie Umwicklungen alltägl. Gebrauchsgegenstände.

Paella [pa'ɛlja; span., zu lat. patella „Schüssel"], span. Gericht aus Reis, verschiedenen Fleischarten, Meeresfrüchten, Gemüsen und Gewürzen.

Paenula [lat.], trichterförmiges röm. Übergewand mit Kapuze, ein bis zu den Knien oder Waden reichender Wetter- und Reisemantel.

Paer, Ferdinando [italien. 'pa:er], * Parma 1. Juni 1771, † Paris 3. Mai 1839, italien. Komponist. – Komponierte etwa 50 Opern (daneben Oratorien, Messen, Kantaten, Instrumentalwerke), in denen er verschiedene Stilrichtungen der Zeit aufgreift (Einflüsse u. a. von D. Cimarosa, Mozart und Beethoven), u. a. „I pretendenti burlati" (1793).

Paesiello, Giovanni [italien. pae'ziɛllo] ↑ Paisiello, Giovanni.

Paestum (Pästum) ['pɛstʊm, 'pɛ:stʊm], antike Ruinenstätte in Kampanien, Italien, 35 km sö. von Salerno. Das griech. **Poseidonia** wurde wohl in der 1. Hälfte des 7. Jh. v. Chr. (sicher vor 530) von Sybaris gegr.; um 400 Eroberung durch die Lukaner (seitdem **Paistos** gen.); unter röm. Herrschaft 273 Kolonie latin. Rechts; nach dem 2. Pun. Krieg Munizipium; Bistum um 600 n. Chr. (bis heute Titularbistum); 871 von den Sarazenen erobert, im 11. Jh. von den Normannen zerstört; im 18. Jh. wurden die Ruinen wiederentdeckt, Ausgrabungen stießen auch auf neolith. und bronzezeitl. Siedlungsspuren. – P. ist bekannt wegen seiner dor. Tempel: im S zwei Heratempel, die Basilika (6. Jh. v. Chr.) und der Poseidontempel (5. Jh. v. Chr.), im N

Ignacy Jan Paderewski

Ferdinando Paer (Ausschnitt aus einem Schabkunstblatt, 1809)

Padua Stadtwappen

Padua. Il Santo, die Grabkirche des heiligen Antonius, Baubeginn 1232

Paestum. Ansicht des Poseidontempels von Südosten, 5. Jh. v. Chr.

ein Athena-Minerva-Tempel (Cerestempel; Ende des 6. Jh. v. Chr.); außerdem u. a. Freilegung des Forums mit Kapitolstempel (3.–1. Jh.), der Wohnviertel sowie seit 1968 von Steinkistengräbern mit griech. (5. Jh. v. Chr.) und lukan. Malereien; gut erhaltene Stadtmauer (frühes 3. Jh. v. Chr.) von 4500 m Länge mit 4 Toren und 28 Türmen; bed. Museum.

Niccolò Paganini (Ausschnitt aus einer Bleistiftzeichnung von Jean Auguste Dominique Ingres, 1819)

Páez, José Antonio [span. 'paes], * bei Acarigua 13. Juni 1790, † New York 7. Mai 1873, venezolan. General und Politiker. – Indian. Herkunft; kämpfte ab 1814 auf Seite der Aufständischen unter S. Bolívar. 1830 erreichte er die Unabhängigkeit Venezuelas; 1831–35 und 1839–43 Präs. der Republik; lebte nach zwei vergebl. Staatsstreichen (1848/1849) in den USA; 1861 nochmals zum Präs. gewählt, 1863 endgültig vertrieben.

Pag, kroat. Adriainsel vor der Küste Norddalmatiens, durch den Morlakenkanal vom Festland getrennt (Brücke), 285 km², 59 km lang, 2–10 km breit; bis 348 m hoch; 7500 E.

pag., Abk. für ↑Buchseite.

Pagalu (früher Annobón), vulkan. Insel im Golf von Guinea, Äquatorialguinea, 17 km², bis 750 m hoch; etwa 1500 E.

pagan [lat.], heidnisch.

Pagan, Dorf in Z-Birma, Prov. Mandalay, am linken Ufer des mittleren Irawadi, 170 km sw. von Mandalay, 2800 E. – Bedeutendste histor. Stätte in Birma, 847 gegr., ab 1044 als **Pukan** Hauptstadt des ersten birman. Reichs; 1287 durch die Mongolen zerstört. Über 800 (meist buddhist.) Kultbauten aus mit einer Stuckschicht überzogenem Ziegelmauerwerk sind z. T. noch gut erhalten, u. a. die als Nationalheiligtum geltende Shwezigonpagode (zw. 1059 und 1110) und der über 71 m hohe Thatbyinnyutempel (um 1155); Erdbeben richteten 1975 und 1980 schwere Schäden an; das daraufhin eingerichtete Rettungsprogramm wird von der UNESCO unterstützt.

Julius Leopold Pagel

Paganini, Niccolò, * Genua 27. Okt. 1782, † Nizza 27. Mai 1840, italien. Violinist und Komponist. – Feierte als „Teufelsgeiger" Triumphe in ganz Europa; in seinem damals als dämonisch empfundenen Spiel brillierte er durch zahlr. noch unbekannte Kunstgriffe. Von seinen Werken werden v. a. die Violinkonzerte in D-Dur, h-Moll und E-Dur, „24 Capricci per violino solo" (1820), Sonaten für Violine und Gitarre sowie Variationen gespielt.

Paganismus [mittellat.], svw. Heidentum; i. e. S. Bez. für heidn. Bestandteile im Christentum.

Page [pɛɪdʒ], „Hot Lips", eigtl. Oran Thaddeus P., * Dallas 27. Jan. 1908, † New York 5. Nov. 1954, amerikan. Jazzmusiker (Trompeter und Sänger). – Trat in den 1930er Jahren v. a. in den Big Bands von B. Moten und Count Basie hervor; stilistisch von L. Armstrong beeinflußt.

Giovanni Paisiello (Ausschnitt aus einem Kupferstich nach einem Gemälde von Elisabeth Vigée-Lebrun, um 1785)

Page [frz. 'pa:ʒə], Edelknabe im Dienst einer Herrschaft. Im MA war der P.dienst die Vorbereitungsschule des Rittertums. Die an vielen Höfen vorhandenen P.institute (**Pagerie;** z. B. in München 1514–1918) gingen z. T. in Kadettenanstalten auf.

▷ im Hotel- und Gaststättengewerbe junger, uniformierter [Hotel]diener.

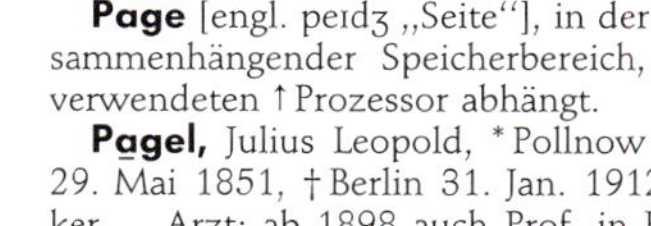

Page [engl. peɪdʒ „Seite"], in der *Datenverarbeitung* zusammenhängender Speicherbereich, dessen Größe vom verwendeten ↑Prozessor abhängt.

Pagel, Julius Leopold, * Pollnow bei Schlawe i. Pom. 29. Mai 1851, † Berlin 31. Jan. 1912, dt. Medizinhistoriker. – Arzt; ab 1898 auch Prof. in Berlin; veröffentlichte u. a. ein „Biograph. Lexikon hervorragender Ärzte des 19. Jh." (1901) und gab (mit M. Neuburger) das von T. Puschmann begründete „Handbuch der Geschichte der Medizin" (1902–05) heraus.

Pagenkopf ['pa:ʒən], Bez. für eine Mitte der 1920er Jahre aufgekommene kurze Damenfrisur, bei der das Haar waagrecht geschnitten ist (Stirn und Ohren sind bedeckt).

Paget-Krankheit [engl. 'pædʒit, nach dem brit. Chirurgen und Pathologen Sir J. Paget, * 1814, † 1899] ↑Knochenkrankheiten.

▷ (Paget-Krebs) Krebsekzem der Brust und der Brustwarze bei Frauen.

Pagina [lat.], Abk. p., pag., Buchseite, Blattseite; **paginieren,** mit Seitenzahlen versehen.

Pagnol, Marcel [frz. pa'ɲɔl], * Aubagne 28. Febr. 1895, † Paris 18. April 1974, frz. Schriftsteller, Filmautor und -regisseur. – Verf. von humorvoll-satir. Theaterstücken, u. a. „Das große ABC" (1928) und die Marius-Dramentrilogie („Marius", 1929; 1931 auch u. d. T. „Zum goldenen Anker"; „Fanny", 1931; „César", 1931), die auch verfilmt wurde. Seit 1933 inszenierte P. zahlr. Filme („Die Frau des Bäckers", 1938); 1946 Mgl. der Académie française.

Pagode [drawid.], quadrat. oder vieleckiger Stockwerkbau der buddhist. Kunst mit durch vorspringende Dächer oder vorkragende Gesimse betonten, sich nach oben verjüngenden Geschossen. Als Reliquienschrein und Symbol der übereinander getürmten kosm. Weltebenen unentbehrl. Bestandteil jeder Tempel- und Klosteranlage. Als älteste erhaltene chin. P. gilt die P. auf dem Songshan (Berg osö. von Luoyang; etwa 530); bes. berühmt ist die Große-Wildgans-P. (652; erweitert 701–705) in Xi'an und in Japan die P. des Hōryūji bei Nara (7. Jh.).

Pago Pago [engl. 'pa:goʊ 'pa:goʊ], Hauptstadt von Amerikanisch-Samoa (↑Samoainseln), an der S-Küste der Insel Tutuila, 3100 E. Hafen, Flottenbasis; Rundfunk- und Fernsehstation; internat. ✈.

Pagus [lat.], älteste, ländl. Siedlungsform Italiens mit Einzelgehöften und Dörfern, in denen das Zentralheiligtum lag und die Gaugenossen („pagani") zur Erledigung der Selbstverwaltung zusammentraten.

▷ im MA ↑Gau.

PAK, Abk. für: ↑polycyclische aromatische Kohlenwasserstoffe.

Pahang, Gliedstaat Malaysias, im S der Halbinsel Malakka 35965 km², 978000 E (1987), Hauptstadt Kuantan. P. erstreckt sich von der O-Küste bis in die bis 2189 m hohen zentralen Gebirgsketten. Reisanbau v. a. in der Küstenebene, Kautschukpflanzungen am Mittellauf des P.; Bergbau (Zinn-, Eisenerz, Gold). Die wegen ihrer landw. Kulturen (Tee, Gemüse u. a.), Energiegewinnung und als Erholungsgebiet wichtigen Cameron Highlands sind nur durch eine Straße von der W-Küste aus erreichbar. – Ab 1888 brit. Protektorat (ab 1895 in Föderation mit Perak, Selangor und Negri Sembilan), das 1948 Teil des Malaiischen Bundes und 1963 Teil Malaysias wurde.

Pahari, Bez. für mehrere, meist schriftlose indoar. Dialekte im Himalajagebiet von Kaschmir bis Nepal. Mitunter wird auch das Nepali zum P. gerechnet.

Pahlawi, Mohammad Resa ↑Resa Pahlawi, Mohammad.

Paian ↑Päan.

Paideia [griech. „Erziehung"], in der griech. Antike die Einheit mus. (geistiger), gymnast. (körperl.) und polit. Bildung, Bildungsziel war die Vollkommenheit des Menschen an Leib und Seele (Kalokagathia).

Päijänne [finn. 'pæijænnɛ], mittleres der drei großen südfinn. Seensysteme, erstreckt sich von Lahti in nördl. Richtung bis über Jyväskylä hinaus; 1090 km², bis 93 m tief.

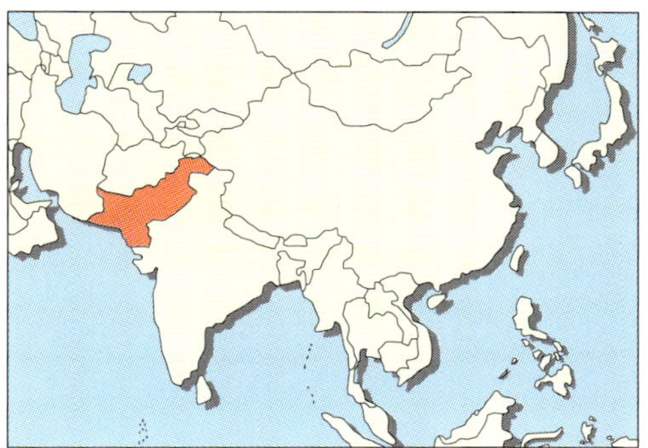

Pakistan

Fläche: 796 095 km²
Bevölkerung: 113,2 Mill. E (1990), 142 E/km²
Hauptstadt: Islamabad
Amtssprachen: Urdu, in der Prov. Sind auch Sindhi
Staatsreligion: Islam
Nationalfeiertage: 23. März, 14. Aug.
Währung: 1 Pakistan. Rupie (pR) = 100 Paisa (Ps)
Zeitzone: MEZ + 4 Stunden

Paik, Nam June, * Seoul 20. Juli 1932, korean. Multimediakünstler. – Studierte in Tokio, München und Freiburg; 1958–63 Mitarbeit in K. Stockhausens Studio für elektron. Musik in Köln; Vertreter der Fluxusbewegung (↑Fluxus), Mitbegr. der ↑Videokunst. P. vertritt eine Aktionskunst, in der er Tonbänder, Videofilme und Monitore verwendet. Er komponierte u. a. „Electronic opera" No. 1 und No. 2 (1969, 1970), „Video print" (1978), „VIDEA" (1980).

Pailletten [pa'jɛtən; lat.-frz.], glänzende Metallplättchen, als Applikation verwendet.

Paine (Payne), Thomas [engl. peɪn], * Thetford (Norfolk, Großbritannien) 29. Jan. 1737, † New York 8. Juni 1809, brit.-amerikan. Publizist. – 1774 Übersiedlung nach Amerika; propagierte mit Flugschriften („Common sense", 10. Jan. 1776, mehr als ½ Mill. Exemplare) die Unabhängigkeitsbestrebungen der Kolonien. Nach Europa zurückgekehrt, verteidigte P. in seinen „Rights of man" (1791) die Frz. Revolution. 1792 frz. Staatsbürger und Abg. für das Dep. Pas-de-Calais im Nationalkonvent; 1793/94 in Haft; kehrte 1802 nach Amerika zurück.

Painlevé, Paul [frz. pɛ̃l've], * Paris 5. Dez. 1863, † ebd. 29. Okt. 1933, frz. Politiker und Mathematiker. – Arbeiten zur Funktionentheorie, über algebraische Differentialgleichungen und zur analyt. Mechanik. Ab 1910 Abg. in der Deputiertenkammer (Republikaner); 1917 und 1925–29 Kriegsmin., Sept.–Nov. 1917 und April–Nov. 1925 Min.-präsident.

Painted Desert [engl. 'peɪntɪd 'dɛzət], Schichtstufen- und Tafellandschaft auf dem Colorado Plateau, am N-Ufer des Little Colorado River, USA, z. T. in Badlands aufgelöst; bed. Fossilienfunde.

Paionios, griech. Bildhauer des 5. Jh. v. Chr. aus Mende (Chalkidike). – Schuf um 420 die herabfliegende Nike (Marmor), die in Olympia auf 9 m hohem Pfeiler vor der Ostfront des Zeustempels stand (Olympia, Archäolog. Museum).

pair [pɛ:r; frz. „gerade"], die geraden Zahlen beim Roulett betreffend.

Pair [pɛ:r; frz., zu lat. par „gleich"], v. a. mit Gerichtsprivilegien verbundener frz. Ehrentitel, bis 1789 nur für Angehörige des Hochadels. Die **Pairie** entwickelte sich aus der Funktion der Kronvasallen als Urteilsfinder im Fürstengericht. Seit dem Ende des 12. Jh. gab es 6 bzw. 7 geistl. P. und zunächst 6, 1789 38 weltl. P. (erhielten seit 1506 zugleich den Hzg.titel). In der Frz. Revolution abgeschafft, 1814 erneut eingeführt. Die vom König entweder auf Lebenszeit oder erblich ernannten 200 P. bildeten bis 1848 (Februarrevolution) die als oberster Staatsgerichtshof fungierende **Pairskammer.**

Paisa (engl. Pice; dt. Pesa), Bez. für zahlr. Kupfermünzen ind. Staaten seit dem 16. Jahrhundert.

Paisiello (Paesiello), Giovanni, * Tarent 9. Mai 1740, † Neapel 5. Juni 1816, italien. Komponist. – Neben mehr als 100 Buffoopern (darunter „Il barbiere di Siviglia", 1782), deren realist. Charakteristik, gekonnte Orchesterbehandlung und Ensembles (Finali) von großer Bed. für Mozart (bes. „Figaro") waren, schrieb P. eine Fülle von Kirchenmusik (v. a. Messen) und Instrumentalwerke.

Paisley, Ian [engl. 'peɪzlɪ], * Ballymena 6. April 1926, nordir. prot. Geistlicher und Politiker. – Wegen seines Kampfes gegen die Erweiterung der polit. Rechte der Katholiken einer der Mitverantwortlichen für die bürgerkriegsähnl. Entwicklung in Nordirland seit 1968/69; seit 1970 Mgl. des brit. Parlaments; seit 1979 MdEP.

Paisley [engl. 'peɪzlɪ], schott. Ind.stadt, 12 km westl. von Glasgow, Region Strathclyde, 84 800 E. Kath. Bischofssitz; techn. College; Museum, Kunstgalerie, Schiff-, Maschinenbau, Metall-, Textil-, chem., Nahrungsmittel- u. a. Ind.; bei P. liegt der Glasgower ✈. – Entstand um ein 1163 gegr. Kloster. – Abteikirche (14./15. Jh.); Rathaus (1882).

Paissi Chilendarski [bulgar. pa'isij xilɛn'darski], * in der Eparchie Samokow 1722, † 1798 (?), bulgar. Mönch und Schriftsteller. – Verfaßte 1762 eine slawobulgar. Geschichte in bulgar.-kirchenslaw. Sprache, die den Beginn der neubulgar. Literatur bedeutet.

Paistos ↑Paestum.

Paitow Shan ↑Baitou Shan.

Paiute [engl. paɪ'ju:t], Gruppe von Shoshone sprechenden indian. Stämmen in Arizona, Utah, Oregon, Kalifornien und Nevada, USA; rd. 6 000 Angehörige.

Paiwan, altmalai. Volksstamm im Hochland S-Taiwans; die P. leben von Feldbau, Jagd und Fischerei.

Pajatén [span. paxa'ten], älterer Name der peruan. Ruinenstadt Abiseo.

Pak, Abk. für: **P**anzer**a**bwehr**k**anone.

Pakanbaru, indones. Stadt im zentralen Sumatra, 186 300 E (1980). Verwaltungssitz der Prov. Riau; Univ. (gegr. 1962); Zentrum des wichtigsten indones. Erdölgebiets; Hafen, ✈.

Pakas [indian.-span.] (Cuniculinae), Unterfam. großer, kräftiger Nagetiere (Überfam. Meerschweinchenartige) mit den Gatt. **Cuniculus** und **Stictomys,** die mit je einer Art vertreten sind: **Paka** (Cuniculus paca) in M- und S-Amerika; Länge 70–80 cm und **Bergpaka** (Stictomys taczanowskii); in Hochlagen Venezuelas, Kolumbiens und Ecuadors.

Pakistan (Islam. Republik P.), föderative Republik in Südasien, zw. 23° 30′ und 36° 45′ n. Br. sowie 60° 55′ und 75° 30′ ö. L. **Staatsgebiet:** Es grenzt im SW an Iran, im W, NW und N an Afghanistan und China, im O und SO an Indien, im S an das Arab. Meer. Die Zugehörigkeit von Jammu and Kashmir ist zw. P. und Indien umstritten. **Verwaltungsgliederung:** 4 Prov. sowie der Zentralreg. unmittelbar unterstehende Stammesgebiete und der Hauptstadtbez. **Internat. Mitgliedschaften:** UN, Commonwealth, Colombo-Plan, GATT.

Landesnatur: P. liegt im NW des ind. Subkontinents; fast die Hälfte des Landes besteht aus Gebirgen und Wüsten. Kernraum ist das Industieland, das sich zw. Himalaja und Arab. Meer über rd. 1 400 km erstreckt. Seinen nördl. Teil bildet das westl. Pandschab, seinen südl. Teil nehmen Flußaufschüttungen des Indus ein. In einem rd. 8 000 km² gro-

Pakistan

Staatswappen

Internationales Kfz-Kennzeichen

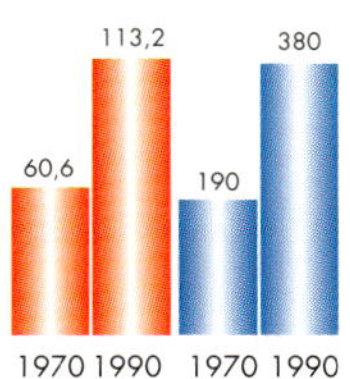

Bevölkerung (in Mill.) Bruttosozialprodukt je E (in US-$)

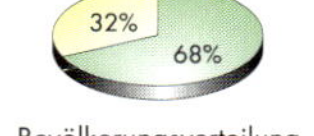

Bevölkerungsverteilung 1990

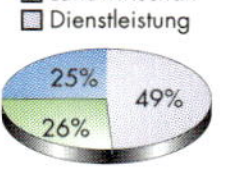

Bruttoinlandsprodukt 1990

Pakistan. Terrassenfeldbau im Hunzatal, Karakorum

ßen Deltagebiet spaltet sich der Indus in mehrere Mündungsäste, die ihren Lauf ständig verändern. Im N, im Geb. von Kaschmir, hat P. Anteil am Himalaja (Nanga Parbat 8126 m ü.d.M.) und Karakorum (K2 8611 m ü.d.M.). Nördl. des Beckens von Peshawar, von dem aus die wichtige Verkehrsverbindung über den Khaiberpaß nach Afghanistan führt, hat P. Anteil am Hindukusch (Tirich Mir 7708 m ü.d.M.). Im südl. anschließenden Belutschistan fächern sich die Gebirgsketten auf. Im W wird ein abflußloses Becken mit dem Endsee Hamun i Mashkel und der Wüste Kharan von den Chagai Hills und der Siahan Range eingeschlossen. Im sö. Grenzgebiet gegen Indien hat P. noch einen kleineren Anteil an der Wüste Thar.

Klima: Es herrscht Trockenklima mit heißen Sommern und kühlen Wintern. Die jährl. Niederschlagsmengen, die v.a. während des sommerl. SW-Monsuns, in den nördl. Landesteilen auch als Winterregen fallen, steigen von 100–200 mm in der Küstenregion auf etwa 900 mm im nördl. und nw. Gebirgsvorland an. Im Großteil des Industieflands liegen sie unter 250 mm, in Belutschistan unter 200 mm. In den Hochgebirgen sinken die winterl. Temperaturen unter 0 °C. Hohe Luftfeuchtigkeit herrscht nur an der Küste.

Vegetation: Mit Ausnahme der Gebirgswälder herrschen im überwiegenden Teil des Landes Steppen oder wüstenhafte Landschaften mit Dornsträuchern und Akaziengestrüpp vor.

Tierwelt: In den Hochgebirgen des N kommen Leopard, Bär, Steinbock und Wildschaf sowie der selten gewordene Schneeleopard vor. In den Steppen leben noch Schakal, Fuchs, Wildkatze, Schlangen und Nagetiere, im Indusdelta Krokodile.

Bevölkerung: Das heutige Bev.bild wird geprägt durch die in Jahrtausenden erfolgten Einwanderungswellen aus dem NW, sowie die der Araber im SO. Ethn. Minderheiten leben v.a. in den nw. und westl. Grenzgebieten (Pathanen, Belutschen). Über 97 % sind meist sunnit. Muslime, daneben gibt es kleinere Gruppen von Hindus, Christen, Parsen u.a. In den Prov. Sind und Punjab, d.h. in den Bewässerungsgebieten des Tieflands, leben rd. 80 % der Gesamtbevölkerung. Eine allg. Schulpflicht gibt es nicht. Noch ist die Analphabetenquote mit rd. 75 % sehr hoch. Hochschulbildung vermitteln Colleges und 22 Univ. Bes. Probleme sind die hohe Geburtenrate, die starke Abwanderung von Akademikern und Facharbeitern in die Erdölländer Vorderasiens sowie die rd. 600000 aus Bangladesh stammenden Bihari. Dazu kommen als Folge des Afghanistankrieges noch etwa 2 Mill. Flüchtlinge, meist Pathanen.

Wirtschaft: Wichtigster Zweig ist die Landw., die 25 % des Bruttoinlandsproduktes erbringt und in der 55 % der Erwerbstätigen beschäftigt sind. Die niedrigen Niederschläge erfordern die Anlage verzweigter Bewässerungssysteme (in der Indusebene das größte künstl. Bewässerungssystem der Welt) bzw. den Bau von Tiefbrunnen. Hauptanbauprodukte sind Weizen (rd. 60 % der Anbaufläche), Baumwolle (Hauptdevisenquelle), Reis und Zuckerrohr. In Belutschistan und den nw. Grenzgebieten werden von den Nomaden Rinder, Schafe, Ziegen und Kamele gehalten. Der größte Teil des Holzeinschlags dient der Brennholzversorgung. Binnen- und Küstenfischerei sind für die Eiweißversorgung der Bev. wesentlich, doch noch ungenügend. P. ist arm an Bodenschätzen, abgesehen von reichen Erdgasfeldern in Belutschistan und im Pandschab sowie kleineren Erdölvorkommen auf dem Potwar Plateau. Außerdem Abbau von Stein- und Braunkohle, Marmor, Gips, Steinsalz, Ocker. Uran-, Kupfer- und Eisenerze sind nachgewiesen. Der Erdölbedarf kann nur durch umfangreiche Importe gedeckt werden. Erdölraffinerien stehen bei Karatschi und Rawalpindi. Von entscheidender Bedeutung für die Energieversorgung ist die Anlage von Wasserkraftwerken in Verbindung mit den großen Bewässerungsstaudämmen im Indus und seinen Nebenflüssen. 1972 wurde in Karatschi ein Kernkraftwerk in Betrieb genommen. In der verarbeitenden Ind. herrschen Handwerks- und Kleinbetriebe vor, größere Werke gibt es nur im Bereich der Textil-, Schuh-, Metall-, chem. und Nahrungsmittelindustrie; Stahlwerk bei Karatschi; Baumwollentkörnung und Baumwollhandel sind verstaatlicht.

Außenhandel: Ausgeführt werden Baumwolle, Garne und Baumwollgewebe (mehr als die Hälfte aller Exporte), Reis, Teppiche, Leder u.a., eingeführt werden Maschinen, Erdöl, Chemikalien, Kunstdünger, Kfz und Nahrungsmittel. Wichtigste Partner sind die EG-Länder (v.a. Deutschland), Japan, die USA, Kuwait, Saudi-Arabien, Hongkong und China.

Verkehr: Hauptverkehrsträger ist die Eisenbahn. Das Streckennetz ist 8775 km lang. Von 108530 km Straßen sind 46143 km Allwetterstraßen. Seit 1978 stellt die rd. 800 km lange Karakorumstraße eine Verbindung mit Sinkiang (China) her. Größter Seehafen ist Karatschi. Die nat. Fluggesellschaft PIA bedient den In- und Auslandsdienst. Internat. ✈ Karatschi, Lahore, Islamabad und Peshawar.

Geschichte: P. wurde am 15. Aug. 1947 aus den vorwiegend muslim. Gebieten Britisch-Indiens als neuer Staat und brit. Dominion gegr. (Hauptstadt Karatschi, seit 1960 Islamabad), womit die brit. Kolonialmacht den seit 1940 erho-

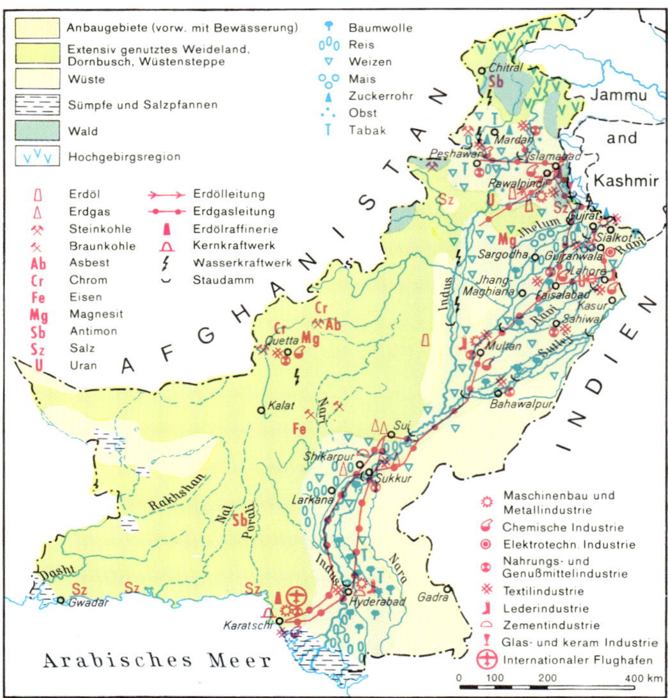

Pakistan. Wirtschaft

benen Forderungen der Muslim-Liga nach einem eigenen Muslimstaat entsprach. Erster Generalgouverneur von P. wurde M. A. Dschinnah. Der Streit mit Indien um Kaschmir führte zum Ausbruch des 1. Kaschmirkonflikts (22. Dez. 1947), der mit der Aufteilung Kaschmirs zw. Indien und P. endete. In den 50er Jahren kam es zu heftigen Kontroversen zw. West-P. und dem wirtsch. und politisch benachteiligten Ost-P., dessen Regionalpartei, die Awami-Liga, die Autonomie und Loslösung des ostpakistan. Landesteils von der westpakistan. Zentralverwaltung forderte. Am 23. März 1956 trat die 1. pakistan. Verfassung in Kraft; P. wurde „islam. Republik". 1958 übernahm General (später Feldmarschall) M. Ayub Khan als Min.präs., Staatschef und Verteidigungsmin. die Macht. Gestützt auf die Armee, begann er mit einer Reihe von Reformmaßnahmen (Landreform in West-P., Einführung einer sog. gelenkten Demokratie durch die „Basic Democracies"). Die 1962 verkündete 2. Verfassung stärkte die Stellung des Präs. und berücksichtigte vorwiegend die Belange von Ost-P. Ein im Sept. 1965 ausgebrochener militär. Konflikt mit Indien um Kaschmir wurde im Jan. 1966 mit dem Abkommen von Taschkent beendet. Der Druck der Opposition und die Forderung nach Wahlen und Wiederherstellung echter parlamentar. Einrichtungen führten 1969 zum Rücktritt Ayub Khans.

Die ersten freien und direkten Wahlen zur Nat.versammlung 1970 gewann in West-P. die Pakistan People's Party (PPP) des ehem. Außenmin. Z. Ali-Khan Bhutto, in Ost-P. die Awami-Liga Scheich Mujibur Rahmans. Die Auseinandersetzungen um die Forderungen der Awami-Liga nach weitgehender Autonomie für Ost-P. kulminierten dort in schweren Unruhen, dem Einschreiten von Truppen der Zentralreg. und der Unabhängigkeitserklärung Ost-P. als ↑Bangladesch am 26. März 1971. Im Dez. wurde Bhutto neuer Präs.; 1972 wurde von der Nat.versammlung eine neue Interimsverfassung verabschiedet (1973 endgültige Konstitution); 1972 verließ P. das Commonwealth. Trotz einer Reihe von Bhutto eingeleiteter Reformmaßnahmen (Landreform, Erziehungspolitik, Nationalisierung der Schlüsselindustrien) verschlechterte sich die wirtsch. Lage P. in der Mitte der 70er Jahre derart, daß es nur mit massiver Unterstützung islam. Staaten und westl. Industrienationen gelang, einen weiteren wirtsch. Abstieg zu verhindern. Innenpolitisch war die Lage zunächst durch die Unruhen in Belutschistan gekennzeichnet, die Min.präs. Bhutto trotz Militäreinsatzes nicht unterbinden konnte. Durch eine Verfassungsänderung (Nov. 1975) und eine Grundgesetzerklärung (Juni 1976) wurden den Minderheiten größere Rechte garantiert. Nach heftigen polit. Aueinandersetzungen zw. der PPP und der im Jan. 1977 aus 9 Oppositionsparteien gebildeten Pakistan National Alliance (PNA) im Zusammenhang mit den Wahlen zur Nat.versammlung und zu den Prov.parlamenten vom März 1977 übernahm im Juli das Militär unter General M. Ziaul Haq in einem unblutig verlaufenen Putsch die Macht. Im Sept. 1977 wurde gegen den ehemaligen Reg.chef Bhutto Anklage wegen Anstiftung zum Mord erhoben; im April 1979 wurde Bhutto hingerichtet.

Den sowjet. Einmarsch in das Nachbarland Afghanistan 1979 verurteilte P. scharf. Ende 1985 wurde das seit 1977 bestehende Kriegsrecht aufgehoben und die durch Ziaul Haq veränderte Verfassung von 1973 wieder eingeführt. Ebenso wurden wieder polit. Parteien zugelassen. Im Dez. 1985 vereinbarten Indien und P. als erste vertrauensbildende Maßnahme, daß keine der beiden Seiten militär. Schläge gegen Kernenergieanlagen des anderen führen werde. Dennoch blieb das Verhältnis gespannt (Grenzgefechte in Kaschmir 1987, 1990 und 1992). An der Grenze zu Afghanistan kam es auf Grund des afghan. Bürgerkrieges immer wieder zu Übergriffen des afghan. wie auch des pakistan. Militärs.

Ende Mai 1988 kündigte Staatspräs. Ziaul Haq freie Wahlen an und übernahm schließlich in einer Übergangsreg. im Juni das Amt des Min.präsidenten. Im Aug. 1988 kam Ziaul Haq bei einem Flugzeugabsturz ums Leben; der Präs. des Senats, Ghulam Ishaq Khan, übernahm das Amt des Staatspräs. Die Wahlen im Nov. 1988 konnte die PPP mit Benazir Bhutto als Kandidatin überlegen gewinnen. B. Bhutto wurde als erste Frau Min.präs. eines islam. Staates. Der amtierende Staatspräs. Ghulam Ishaq Khan wurde am 12. Dez. 1988 für 5 Jahre im Amt bestätigt. Am 1. Okt. 1989 trat P. wieder dem Commonwealth bei. Im Aug. 1990 wurde B. Bhutto unter dem Vorwurf von Korruption und Nepotismus vom Staatspräs. ihres Amtes enthoben. Aus den Wahlen im Okt. 1990 ging die IDA als Sieger hervor; ihr Vors. M. Nawaz Sharif wurde im Nov. 1990 Min.präs., im April 1993 vom Staatspräs. abgesetzt.

Politisches System: Die mehrfach geänderte Verfassung vom 14. Aug. 1973 wurde zum 30. Dez. 1985 wieder in Kraft gesetzt; sie löste damit die Übergangsverfassung vom 24. März 1981 ab. *Staatsoberhaupt,* Oberbefehlshaber der Streitkräfte und oberster Inhaber der *Exekutivgewalt* ist der Präs.; er wird für 5 Jahre von beiden Häusern des Parlaments gewählt und muß Muslim sein. Die *Legislative* liegt beim Zweikammerparlament. Die Nat.versammlung (217 Mgl., darunter 10 Mandate für Nichtmuslime und 20 für Frauen) wird für 5 Jahre direkt, der Senat (87 Mgl.) für 6 Jahre von den Prov.parlamenten gewählt. Polit. *Parteien* sind seit 1985 unter strengen Auflagen zugelassen; bestimmenden Einfluß haben die Pakistan. Volkspartei (PPP) und die Islam. Demokrat. Allianz (IDA; ↑Muslim-Liga). Die *Gewerkschaften* werden vom Dachverband Pakistan National Federation of Trade Unions repräsentiert. Das *Rechtswesen* beruht auf überkommenem Common Law und brit. und ind. Kolonialgesetzen. Im Mai 1991 stimmte das Parlament der Etablierung der Scharia, des islam. Rechtskodexes, als höchste Rechtsquelle zu.

Pakistan. Khaiberpaß

Pakt [lat.], im Völkerrecht Bez. für einen Vertrag, durch den sich Staaten gegenseitigen wirtsch. oder militär. Beistand zusichern. – ↑Bündnis.

PAL ↑Fernsehen (PAL-System).

▷ Abk. für: **P**anzer**a**bwehr**l**enkwaffe.

pal..., Pal..., palä..., Palä... ↑paläo..., Paläo...

Pala, Stadt im SW der Republik Tschad, 11 000 E. Kath. Bischofssitz; Zentrum des Baumwollanbaus.

Paläanthropinen (Paläanthropinae) [griech.], svw. ↑Altmenschen.

Paläanthropologie (Paläoanthropologie), die Wiss. von den fossilen Menschenartigen und Menschen als Teilgebiet der biolog. Anthropologie; untersucht anhand fossiler Knochenfunde die Entwicklung der Menschen im Verlaufe der Erdgeschichte.

Paläa Pafos, sö. von Ktima gelegene Ausgrabungsstätte auf Zypern. Die Funde aus der Nekropole reichen bis ins 15. Jh. v. Chr. zurück. **Paphos** war bis in die Spätantike ein berühmter Wallfahrtsort (paph. Aphrodite); ältester Tempel um 1200 v. Chr. Die Anlage wurde von der UNESCO zum Weltkulturerbe erklärt.

Paläarktis (paläarktische Region), tiergeograph. Region, Teil der ↑Holarktis, umfaßt das gesamte Eurasien und N-Afrika (bis etwa zur Hälfte der Sahara); schließt überwiegend gemäßigte bis kalte Klimagebiete ein.

Palacio Valdés, Armando [span. pa'laθio βal'des], *Entralgo (Asturien) 4. Okt. 1853, †Madrid 3. Febr. 1938, span. Schriftsteller. – Seine realist., vielfach biograph. Romane in der Tradition von Dickens schildern das Alltagsleben seiner Heimat.

František Palacký

Palacký, František [tschech. 'palatski:], *Hodslavice (Nordmähr. Gebiet) 14. Juni 1798, †Prag 26. Mai 1876, tschech. Historiker und Politiker. – Lehnte 1848 die Teilnahme an der Frankfurter Nat.versammlung ab; vertrat die Interessen der Slawenpartei auf dem Reichstag von Kremsier. Nach dessen Auflösung kehrte er erst 1861 als Führer der Alttschechen im östr. Herrenhaus und im böhm. Landtag in die Tagespolitik zurück. Schrieb u.a. „Geschichte von Böhmen" (5 Bde., 1836–67), „Urkundl. Beiträge zur Geschichte des Hussitenkrieges" (1873).

Palade, George Emil [engl. 'pɛlɛɪd], *Jassy 12. Nov. 1912, amerikan. Biochemiker rumän. Herkunft. – Prof. in Bukarest und New York. P. gelang mit dem Elektronenmikroskop die Aufklärung der Feinstruktur der Mitochondrien und des endoplasmat. Retikulums; er entdeckte dabei die heute als ↑Ribosomen bezeichneten *P.-Körner;* erhielt 1974 mit A. Claude und C. de Duve den Nobelpreis für Physiologie oder Medizin.

George Emil Palade

Paladin [frz., zu lat. palatinus „zum Palast gehörig"], in der Dichtung des Mittelalters ein Mgl. des Kreises von 12 Helden am Hof Karls d. Gr.; später Bez. für einen bes. getreuen Gefolgsmann.

Paladino, Mimmo, *Paduli 18. Dez. 1948, italien. Künstler. – Vertreter der Arte cifra; sowohl von zarter Linienführung und subtilen Farbtönen als auch von kräftigem Gestus geprägte Bildsprache mit reicher Symbolik; kombiniert auch figürl. Bronzereliefs mit minimalist. Malerei.

Pala d'oro [italien.], goldene Altartafel in San Marco in Venedig, 83 byzantin. Emailplatten mit Emailmedaillons in Zellenschmelz, mit Edelsteinen und Perlen besetzt. Von der 976 bestellten P. d'o. ist offensichtlich nichts erhalten, 3 Tafeln stammen von 1105, 6 Festbilder vom Ende des 12. Jh.; 1345 mit Tafeln verschiedenster Herkunft vollendet.

Palagruppe, bis 3 191 m hoher Gebirgsstock in den Dolomiten, Italien.

Palaiologen ↑Paläologen.

Palais [pa'lɛ:; frz.] ↑Palast.

Palaisch, zu den ↑anatolischen Sprachen gehörende Sprache der Palaer, einem indogerman. Volk des 2. Jt. v. Chr. in NW-Anatolien; bekannt aus hethit. Keilschriften aus Boğazkale; die Sprache, von der etwa 200 ganze Wörter bekannt sind, ist wohl bereits vor 1500 v. Chr. untergegangen.

Kostis Palamas

Palamas, Gregorios, hl., *Konstantinopel 1296 (1297 ?), †Saloniki 14. Nov. 1359, byzantin. Theologe und myst. Schriftsteller. – Schuf die theolog. Grundlegung des ↑Hesychasmus. Seine Hauptthese: Gottes Wesen und Wirken sind real unterscheidbar; daher ist es auch möglich, das ungeschaffene göttl. Licht (Taborlicht) zu schauen. Sein Schüler, der Patriarch Philotheos Kokkinos, erhob ihn 1368 zum Kirchenlehrer und Heiligen der orth. Kirche.

P., Kostis, *Patras 13. Jan. 1859, †Athen 27. Febr. 1943, neugriech. Schriftsteller. – Führer der jungliterar. Richtung; glaubte an den unveränderten Fortbestand des Hellenentums und brachte in seinen Epen und seiner symbolist. Lyrik Leid und Hoffnung seines Volkes zum Ausdruck.

Palana, Ort und Verwaltungssitz des Autonomen Kr. der Korjaken innerhalb des Geb. Kamtschatka, an der W-Küste der Halbinsel Kamtschatka, Rußland. 3 300 E. Fischereihafen, Fischverarbeitung.

Palänegride (palänegride Rasse), menschl. Lokalrassentyp in der äquatorialen Waldzone Afrikas; mit untersetztem Körper, relativ langem Rumpf und kurzen Gliedmaßen, kurzem Kopf und flacher Nase.

Palankin [Hindi-portugies.], ind. Tragsessel, Sänfte.

paläo..., Paläo..., palä..., Palä..., pal..., Pal... [zu griech. palaiós „alt"], Wortbildungselement mit der Bed. „alt, altertümlich, ur..., Ur...".

Paläoanthropologie, svw. ↑Paläanthropologie.

Paläobotanik (Paläophytologie, Phytopaläontologie), die Wiss. von der Pflanzenwelt der frühen erdgeschichtl. Perioden.

Paläoeuropa, in der Geologie Bez. für den durch die Kaledon. Faltungsära geprägten und an Ureuropa angegliederten Bereich N- und NW-Europas.

Paläogeophysik, die Wiss. von den geophysikal. Verhältnissen der Erde während der geolog. Vergangenheit.

Paläographie, die Lehre von der Entwicklung der Schrift. Erforscht als wesentl. Bestandteil der Handschriftenkunde die alten Schriftformen, v. a. des Altertums und des MA, und bestimmt Ursprungsort und Alter einer Schrift bzw. beseitigt durch mißverstandene Schrift entstandene Irrtümer **(Emendation)**. Im 19. Jh. wurde die P. zu einer selbständigen histor. Hilfswissenschaft.

Paläoindianer, Sammelbez. für die frühesten Bewohner Amerikas, bes. eiszeitl. Jägergruppen.

Paläoklimatologie, die Wiss. von den Klimaten der geolog. Vergangenheit. Klimazeugen sind Fossilien und Sedimente, z. B. lassen die in der tertiären Braunkohle gefundenen Fossilien auf subtrop.-warmes Klima schließen. Große Fortschritte hat die P. durch die Anwendung moderner physikal. Verfahren, durch Bohrungen im Eis und in der Tiefsee erzielt.

Paläolithikum [griech.] (Altsteinzeit, ältere Steinzeit), der ältere, 2–3 Mill. Jahre umfassende Abschnitt der Steinzeit (bis zum Beginn des Meso- bzw. Neolithikums vor etwa 10 000 Jahren). Zunächst in *Alt-* und *Jung-P.* gegliedert, wurde später ein jüngerer Abschnitt des Alt-P. als *Mittel-P.* abgetrennt. Da die Periodisierung des P. zunächst in Frankreich entwickelt wurde, wird sie mit wachsender Entfernung von W-Europa immer problematischer. In Afrika südl. der Sahara, in S- und O-Asien sind deshalb andere Unterteilungen üblich. Erste Zeugnisse sind von Menschenhand gefertigte Werkzeuge aus Stein (bekanntester Fundort: Olduwaischlucht), deren Formen im Laufe des Alt-P. – bei Verbesserung der Herstellungstechnik (↑Clactonien, ↑Levalloisien) – mehr und mehr standardisiert wurden (z. B. Faustkeil, Schaber, Stichel, Spitzen). Im Laufe des P. wurden die Kontinentalgebiete nach und nach bevölkert. Die aneignende Wirtschaftsform (Sammler und Jäger) wurde den Bedingungen der verschiedenen Klimazonen angepaßt. Auch geistig wurden im P. die Grundlagen für den immer rascher verlaufenden Geschichtsprozeß der letzten 10 000 Jahre gelegt (sorgsame Bestattungen seit dem Mittel-P., Kunstwerke des Jung-P.). Die Erforschung des P. wird mehr und mehr zu einer Spezialdisziplin der Vor- bzw. Urgeschichtswiss. (prähistor. Archäologie). Das ergibt sich nicht nur aus der Notwendigkeit engerer Zusammenarbeit mit Geologen und Mineralogen, Paläontologen und Anthropologen u. a. Naturwissenschaftlern, nicht nur aus den bes. Fundbedingungen in Höhlen und aus geolog. Aufschlüssen oder aus der speziellen Methodik, die für Gliederung und Analyse der Steinartefakte entwickelt werden mußte, sondern v. a. aus der Notwendigkeit extrem großräumiger Betrachtungsweise, die i. d. R. stets mehr als einen Kontinent umfaßt.

Paläologen (Palaiologen), eine der bedeutendsten griech. Großadelsfam. des MA, die die letzte Kaiserdyn. (gegr. von Michael VIII. [♔ 1259–82], endend mit Konstantin XI. [♔ 1449–53]) des Byzantin. Reiches bildete und Byzanz zum letzten Mal Geltung verschaffte, wobei die byzantin. Kunst eine Wiedergeburt erlebte *(paläolog. Stil).*

Paläomagnetismus (fossiler Magnetismus), der vom Erdmagnetfeld in früheren erdgeschichtl. Epochen verursachte remanente Anteil des Gesteinsmagnetismus (↑Erdmagnetismus) in bestimmten Mineralen und Gesteinen.

Paläontologie [griech.], die Wiss. von den ausgestorbenen Lebewesen (Fossilien) und ihrer Entwicklung im Verlauf der Erdgeschichte. Die *spezielle P.* gliedert sich in ↑Pa-

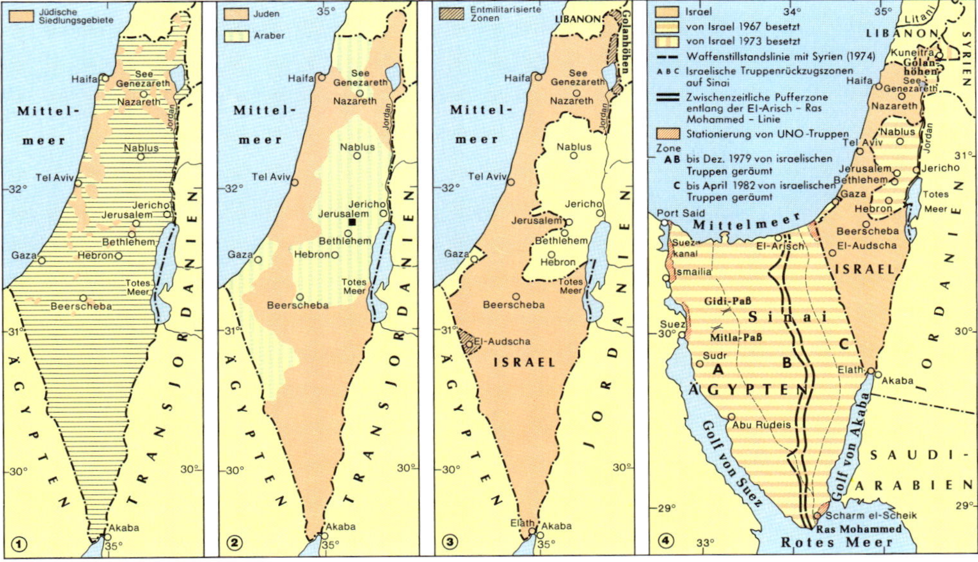

Palästina. 1 Mandatsgebiet Palästina, 1923–48; 2 Teilungsplan der Vereinten Nationen, 1947; 3 Israel, 1949–63; 4 Israel und die 1967 besetzten Gebiete

läobotanik und ↑ Paläozoologie, zw. denen die *Mikro-P.* vermittelt, die sich mit kleinen tier. und pflanzl. Fossilien befaßt. – Die *angewandte P.* ist die Wiss. von den Leitfossilien. Ihre Aufgabe ist die Zeit- und Altersbestimmung von Gesteinen und Gesteinsbildungsvorgängen mit Hilfe von Fossilien (Biostratigraphie).

Paläophytikum [griech.], das Altertum in der erdgeschichtl. Entwicklung der Pflanzenwelt, charakterisiert durch das Vorherrschen der Farnpflanzen. Es begann etwa im Devon mit dem ersten Auftreten der Nacktpflanzen und endete im unteren Perm mit dem Zurücktreten der Sporenpflanzen gegenüber den aufkommenden Nacktsamern im Mesophytikum.

Paläophytologie [griech.], svw. ↑ Paläobotanik.

Paläosibirier (Paläoasiaten), zusammenfassende Bez. für einige Völker NO-Sibiriens, die sprachlich eine Sonderstellung einnehmen (↑ paläosibirische Sprachen).

paläosibirische Sprachen (paläoasiat. Sprachen), Bez. für einige unter sich nicht verwandte und mit anderen Sprachen nicht zusammenhängende Sprachengruppen und Einzelsprachen in Sibirien. 1. *Ketisch (Jenissei-Ostjakisch)* am Mittellauf des Jenissei; dazu gehören die erloschenen Sprachen *Kottisch, Arinisch, Asanisch;* 2. *Jukagirisch (Odulisch),* am Ober- und Mittellauf der Kolyma; 3. *tschuktschisch-korjakische Gruppe* mit folgenden Untergruppen: *Tschuktschisch (Luorawetlanisch)* in NO-Sibirien, Schriftsprache; *Korjakisch (Nymylanisch)* im N der Halbinsel Kamtschatka; *Kamtschadalisch (Itelmenisch)* auf der Halbinsel Kamtschatka; 4. *Giljakisch (Niwchisch;* Sprache der Niwchen) am Unterlauf des Amur und auf Sachalin; 5. *Ainu* (Sprache der ↑ Ainu) auf Sachalin und in N-Japan.

paläotropisches Florenreich (Paläotropis), Vegetationsgebiet der trop. und großer Teile der subtrop. Zonen der Alten Welt. Gliedert sich in: 1. *indoafrikan. Florenregion:* Afrika südl. der Sahara, Madagaskar und die Inseln des westl. Ind. Ozeans sowie Vorderindien. Die Vegetation besteht aus trop. Regenwäldern, Savannen, Dornstrauch- und Sukkulentensteppen und Halbwüsten; 2. *males. Florenregion* (Malesien): Ceylon, Hinterindien, Malaiischer Archipel, Neuseeland, Melanesien (einschl. Neuguinea) und Polynesien. Hier herrscht trop. Regenwald vor, daneben Nebelwald, Monsunwälder und Mangrove. Charakterist. Pflanzenfam. des p. F. sind u. a. Flügelfrucht-, Kannenstrauch- und Schraubenbaumgewächse.

paläotropisches Tierreich (Paläotropis), tiergeograph. Region, bestehend aus der äthiop. Region (umfaßt Afrika südl. der Sahara und Madagaskar) und der ↑ orientalischen Region.

Paläozän, svw. ↑ Paleozän.

Paläozoikum [griech.], svw. Erdaltertum (↑ geologische Systeme [Übersicht]).

Paläozoologie, Teilgebiet der Paläontologie, das sich vorwiegend mit der Morphologie fossiler Tiere und der Zeit ihres ersten Auftretens und ihres Aussterbens befaßt.

Palas [frz. (zu ↑ Palatium)], Wohn- oder Saalbau einer ma. Burg.

Palasabaum (Lackbaum, Butea), Gatt. der Schmetterlingsblütler mit 7 Arten in Vorder- und Hinterindien; große Bäume oder hochkletternde Sträucher mit großen, goldgelben oder feuerroten Blüten in Ähren, Trauben oder Rispen. Aus der verletzten Rinde aller Arten fließt ein rubinroter Saft aus, der zu dunkelrotem Gummiharz erhärtet und als *Butea-Kino* (Palasa-Kino) in den Handel kommt.

Palast [frz. (zu ↑ Palatium)], Herrschersitz des Altertums und der Antike, auch repräsentatives Stadthaus; seltener für Schloß der Neuzeit; v. a. in Italien *(Palazzo)* und Frankreich *(Palais)* auch öff. Gebäude, gelegentlich auch im deutschsprachigen Raum (Völkerbundpalast; Sportpalast).

Palästina [hebr.-griech.-lat. „Land der Philister"], histor. Landschaft zw. Mittelmeer und Jordan mit in der Vergangenheit wechselnder Begrenzung; im griech.-lat. Sprachgebrauch das *Land Israel* (hebr. Erez Iisrael) bzw. *Hl. Land* der jüd.-christl. Tradition (auch *Gelobtes Land*), etwa die heutigen Staaten Israel und Jordanien (außer den Wüstengebieten im NO und SO). Maßgebend für diesen Sprachgebrauch wurde die röm. Prov.bez. *Palaestina,* die in den Sprachgebrauch des lat. MA überging (arab. *Filastin*). – Als Hl. Land blieb P. v. a. religiös-nat. Bezugspunkt für das Judentum. So ergab sich ein kontinuierl. Bemühen um jüd. Präsenz in P.; konkurrierend dazu erwuchs auf Grund der jeweiligen hl. Stätten auch ein christl. und ein islam. Anspruch auf P. (insbes. auf Jerusalem als „Hl. Stadt"), das so Ziel für Pilger dieser drei Weltreligionen wurde.

Vorgeschichte: Die Fundstelle Tel Ubeidiya südl. des Sees von Genezareth gehört in die Anfänge der Faustkeilkultur, deren spätere Phasen ebenfalls im Jordangraben belegt sind. Fundschichten des Mittelpaläolithikums wurden v. a. in den Höhlen des Wadi Amud, am Berge Karmel und in der Wüste Judäa ausgegraben. Von bes. Bed. ist die mesolith.-neolith. Kultur des Natufian, dessen Hauptverbreitungsgebiet P. war. Auch die präkeram. Schichten u. a. von Jericho zeigen, daß P. bis in die Mitte des 6. Jt. v. Chr. an der Herausbildung der neolith. Kulturen im Bereich des ↑Fruchtbaren Halbmondes teilhatte. Im wesentlichen beginnen Gruppen des Chalkolithikums (z. B. Ghassulkultur, Beer-Sheva-Kultur) erst Mitte des 4. Jt. v. Chr. Seit dem 3. Jt. v. Chr. gehörte das bronzezeitl. P. zur Zone zw. den Großreichen Vorderasiens und Ägyptens.

Geschichte: Zum Altertum ↑Philister, ↑Israel, ↑Juda, ↑Judäa, ↑Judentum. – Nach dem blutigen Aufstand 132–135 unter Führung von Bar Kochba wurde der Prov.name Judäa in Syria Palaestina (unter Kaiser Diokletian geteilt) geändert. Der Aufstieg des Christentums im 4. Jh. und dessen Interesse am Hl. Land verschoben die Mehrheitsverhältnisse im Land, gefördert durch rechtl. Einschränkungen für die Juden (nach 425/426 Aufhebung des Patriarchats). Die arab. Eroberung (ab 634) versetzte auch die Christen in den Status einer begrenzt geduldeten Minderheit neben den Juden. Ab 878 gehörte P. (mit Unterbrechungen) zu Ägypten. 1099 eroberten die Kreuzfahrer Jerusalem, was die jüd. Gemeinden hart traf. Erst mit dem Untergang des christl. Kgr. Jerusalem (1291) und unter der folgenden Mameluckenherrschaft besserte sich die Lage der Juden wieder. Unter der Toleranz und Dynamik des aufstrebenden osman. Reiches nach 1517 wuchs auch die jüd. Bev. in P. sprunghaft an. Anfang des 18. Jh. folgten neue Zuwanderungen aus osteurop.-chassid., im 19. Jh. auch aus anderen orth. Kreisen. Zugleich erwachte ein neues christl. Interesse am Hl. Land. Ab 1882 begann die osteurop. jüd. P.besiedlung; der ↑Zionismus verursachte mit seiner Forderung (seit 1897), eine „öff.-rechtlich gesicherte Heimstätte in P." für das jüd. Volk zu schaffen, ab 1905 eine größere Zuwanderung (v. a. aus O-Europa).

Die Balfour-Deklaration vom 2. Nov. 1917 (Zusicherung des brit. Außenmin. Balfour, bei der Gründung einer jüd. „Heimstatt" in P. behilflich zu sein) leitete nach der Eroberung des Landes durch die Briten 1917/18 eine verstärkte zionist. Aufbauphase ein, während der sich bereits Widerstand unter den arab. Palästinensern bemerkbar machte. Großbritannien erhielt 1920/22 das Völkerbundsmandat für P. und trennte vom Gesamtgebiet das O-Jordanland als eigenes Emirat *Transjordanien* ab. Es kam zu wachsenden Konflikten zw. Arabern und Juden, die mit der Forderung nach einem unabhängigen arab. Staat P. in einen arab. P.aufstand (1936–39) mündeten und bes. in den letzten Jahren auch zu Auseinandersetzungen zw. Juden und brit. Verwaltung (↑Israel [Staat], Geschichte) führten. Schließlich brachte Großbritannien die **Palästinafrage** vor die UN, deren Vollversammlung am 29. Nov. 1947 die Zweiteilung P. in einen jüd. und arab. Staat bei wirtsch. Einheit und Internationalisierung Jerusalems empfahl. Diese Teilungsempfehlung – von der Jewish Agency angenommen, von den Arabern abgelehnt – führte mit Erlöschen des brit. Mandats und nach Abzug der brit. Truppen aus P. zur Ausrufung des Staates Israel am 14. Mai 1948. In der Folge des 1. Israel.-Arab. Kriegs (1948/49) fiel das nach dem UN-Teilungsplan für den arab. palästinens. Staat vorgesehene Gebiet an mehrere kriegführende Mächte; Israel hatte sein Gebiet beträchtlich erweitert und sprach seitdem den Palästinensern das Recht auf einen eigenen Staat ab, Ost-P. wurde 1950 Jordanien angegliedert (*West-Jordanien,* auch als *Westjordanland* bzw. *West Bank* bezeichnet, auf das Jordanien aber 1974 zugunsten der Palästinenser verzichtete); der ↑Gasastreifen kam unter ägypt. Treuhandverwaltung. Die palästinens. Araber (↑Palästinenser) wurden vertrieben bzw. flohen vor den israel. Truppen. Im 3. Israel.-Arab. Krieg 1967 besetzte Israel die Halbinsel Sinai, den Gasastreifen, das Westjordanland und die Golanhöhen. Auf der 7. arab. Gipfelkonferenz im Okt. 1974 wurde die auf dem 1. Palästinens. Nat.kongreß in Jerusalem 1964 gegr. ↑Palästinensische Befreiungsorganisation (PLO) als alleinige legitime Vertreterin der Palästinenser anerkannt, die UN-Vollversammlung im Nov. 1974 räumte der PLO fortan einen Beobachterstatus ein. Da verschiedene Entflechtungsabkommen und auch das im Gefolge des ägypt.-israel. Friedensvertrags vom März 1979 vereinbarte Autonomiekonzept für die israelisch besetzten Gebiete zu keiner Lösung der P.frage und des ↑Nahostkonfliktes führten, blieb das Gebiet des ehem. P. weltpolitisch eine der brisantesten Krisenregionen. Im Dez. 1987 brach in den durch Israel besetzten Gebieten ein v. a. von jugendl. Palästinensern getragener Aufstand aus (↑Intifada). Nachdem Jordanien im Juli 1988 seine rechtl. und administrativen Bindungen zum Westjordanland abgebrochen und es faktisch an die PLO abgetreten hatte, rief diese im Nov. 1988 einen unabhängigen Staat P. aus (Ernennung von J. Arafat zum provisor. Staatsoberhaupt). Im Dez. 1988 anerkannte Arafat das Existenzrecht des Staates Israel; obwohl die PLO ein direktes Rederecht für P. beim Weltsicherheitsrat besitzt, gestanden die UN P. Ende 1989 nicht den Status eines autonomen Staates zu. An der Weigerung Israels, die PLO als Verhandlungspartner zu akzeptieren und an seiner fortgesetzten Siedlungspolitik scheiterten 1989/90 verschiedene Bemühungen um Friedensverhandlungen seitens der USA, Frankreichs, der UdSSR und Ägyptens. Nach dem 2. ↑Golfkrieg 1991, in dem die Palästinenser und die PLO vorbehaltlos Saddam Husain unterstützt hatten, erlangte die P.frage und der Nahostkonflikt für die Befriedung der Region vorrangige Bedeutung. Diplomat. Bemühungen v. a. der USA und der UdSSR führten ab Okt. 1991 erstmals seit 1947 zu direkten Gesprächen zw. Israel, arab. Staaten und Vertretern der PLO (Nahostfriedenskonferenz).

Palästinafrage, Bez. für die Probleme der territorialen und staatl. Organisation in ↑Palästina zw. Arabern (insbes. Ägypten, Jordanien, den Palästinensern) und Juden (↑Nahostkonflikt).

Palästinenser, arab. Volk im Nahen Osten, Nachkommen der im früheren brit. Mandatsgebiet ↑Palästina lebenden Araber; etwa 4,8 Mill. (nach anderen Angaben zw. 5,1 und 5,8 Mill.), etwa zwei Drittel leben in Israel (etwa 645 000) und dem von ihm besetzten Gebieten (etwa 1,5 Mill.) sowie in Jordanien, das als bisher einziger arab. Staat 1949 die Staatsangehörigkeit gewährte (etwa 1,3 Mill.), über 2 Mill. sind als Flüchtlinge registriert und leben in *P.-lagern* in Ägypten, Libanon und Syrien. Auf dem Anspruch der P. auf ein arab. Palästina, politisch von der PLO erhoben, und den damit verbundenen Spannungen mit dem Staat Israel basiert der ↑Nahostkonflikt.

Palästinenseraufstand, svw. ↑Intifada.

Palästinensische Befreiungsorganisation, Abk. PLO (von engl. Palestine Liberation Organization), am 28. Mai 1964 gegr. polit. und militär. Dachverband der für einen unabhängigen arab. Staat Palästina kämpfenden arab. Befreiungsbewegungen, seit 1967 von J. Arafat geführt (Hauptquartier seit 1982 in Tunis). Umfaßt die meisten palästinens. Guerilla-Organisationen (Fedajin); den Kern bildet die 1959 gegr. *Al Fatah,* 1974 spalteten sich radikale Untergruppen ab (Volksfront für die Befreiung Palästinas, Abk. PFLP, gegr. 1967; Fatah-Revolutionsrat, Abk. FRC). Seit Okt. 1974 von allen arab. Staaten als einzige rechtmäßige Vertreterin des palästinens. Volkes anerkannt, seit Nov. 1974 zum Weltsicherheitsrat zugelassen, seit 1976 Voll-Mgl. der Arab. Liga. In der Präambel der PLO-Charta von 1964, die auch mit terrorist. Mitteln durchgesetzt werden sollte, ist die Beseitigung des Staates Israel und der Anspruch der Palästinenser auf das gesamte Gebiet des früheren ↑Palästina festgeschrieben (deshalb u. a. 1979 Ablehnung des separaten israel.-ägypt. Friedensabkommens). Nach einer deutl. militär. Niederlage bei einem israel. Großangriff auf Libanon im Juni 1982 (5. ↑Israelisch-Arabischer Krieg) verlegte die PLO ihre Stützpunkte in 8 arab. Länder. In Abkehr von der PLO-Charta anerkannte Arafat vor der UN-Vollversammlung in Genf im Dez. 1988 erstmals ein Existenzrecht Israels und erklärte die Bereitschaft der PLO zur friedl. Koexistenz (Beginn direkter Verhandlungen mit den USA). Ein im Nov. 1988 von der PLO (in Algier) proklamierter unabhängiger Staat Palästina in den von Israel 1967 besetzten Gebieten fand bislang völkerrechtlich keine Anerkennung. Nach Abbruch der Verhandlungen mit den USA Mitte 1990 Richtungskämpfe innerhalb der PLO zw. Arafat-Anhängern und militanten Kräften, v. a. Intifada-Kämpfern. Im 2. ↑Golfkrieg 1991 bezog die PLO eine eindeutige proirak. Haltung. Danach bemühte sie sich um ihre weitere Einbeziehung in die einberufenen Nahostfriedenskonferenzen, die seit Okt. 1991 erstmals zu direkten Verhandlungen zw. Israel und von der PLO ernannten Verhandlungsführern (ohne direkte Teilnahme der PLO) führten.

Palästra [griech.], im antiken Griechenland Übungs- und Wettkampfstätte der Ringkämpfer.

Palatale [zu lat. palatum „Gaumen"], in der Phonetik Laute, die am vorderen Gaumen artikuliert werden; palatale Konsonanten (z. B. [ɲ ʎ ç j]) heißen auch Gaumenlaute (Vordergaumenlaute), p. Vokale (z. B. [i e ɛ y ø]) auch vordere (helle) Vokale.

Palatalisierung [lat.], in der Phonetik Bez. für die zusätzl. Artikulation des Zungenrückens gegen den harten Gaumen bei Konsonanten (zusätzl. *i*- oder *j*-ähnl. Artikulation), z. B. frz. „fille" [ˈfiːj].

Palatin (italien. Palatino, lat. Palatium), einer der Stadthügel Roms am Ostknie des Tiber, berühmt als die Stelle, wo Romulus die Stadt gründete und die Kaiserpaläste standen. Seine urspr. zwei Kuppen, Germalus und Palatium (51 m), wurden zu einem einheitl. Plateau erweitert, das mit den Gärten der Hochrenaissance seine charakterist. heutige Erscheinung erhielt. In die Zeit der Gründung Roms reichen Spuren von Ovalhütten, ins 6. Jh. v. Chr. Zisternen sowie tönerner Schmuck von Kultbauten. Seit Augustus war der P. die Wohnstätte der Kaiser. Die Paläste wurden ständig erweitert, so daß von dem urspr. Wohnviertel nichts blieb. Noch im 6. Jh. galt der P. als offizielle kaiserl. Residenz. Vom 6. bis 15. Jh. ist über die Geschichte des P. nichts bekannt. O- und S-Teil nahm eine Festung der Frangipani ein. Antiken- und Baumaterialsuche seit der Hochrenaissance förderten die Zerstörung der antiken Reste. Ausgrabungen erfolgten seit 1724, systematisch durch den italien. Staat seit Anfang des 20. Jahrhunderts.

Palatin (Palatinus Comes palatinus) [lat.], svw. ↑Pfalzgraf.

▷ in Polen svw. Woiwode.

▷ in Ungarn seit dem MA bis 1848/49 der Stellvertreter des Königs.

Palatina (Bibliotheca Palatina) [lat. „pfälz. Bibliothek"], um 1560 in Heidelberg eingerichtete Bibliothek der Pfalzgrafen, mit mehr als 3 500 Handschriften und etwa 5 000 Drucken berühmteste Bibliothek Europas. Teile der 1622 an den Papst und 1797 z. T. nach Paris gelangten Bestände wurden an die Heidelberger Univ.bibliothek zurückerstattet, einiges (z. B. die Große Heidelberger Liederhandschrift) zurückerworben.

Palatium [lat.], 1. in der röm. Kaiserzeit der kaiserl. Wohnsitz; 2. svw. ↑Pfalz.

Palatoalveolar [lat.], in der Phonetik ein Laut, der zw. Alveolen und vorderem Gaumen artikuliert wird, z. B. der Reibelaut [ʃ].

Palatschinke [ungar., letztl. zu lat. placenta „Kuchen"], dünner, gefüllter Eierkuchen.

Palatum [lat.], svw. ↑Gaumen.

Palaugraben, Tiefseegraben im westl. Pazifik, östl. der Palauinseln, bis 8 138 m tief.

Palauinseln, westlichste Inselgruppe der Karolinen, im Pazifik, nördl. von Neuguinea, bilden im Rahmen der US-Treuhandverwaltung die **Republic of Palau** (auch **Belau** gen.), 497 km², 14 100 E (1988), bes. Mikronesier, 28 E/km², Verw.-Sitz *Koror* (7 600 E) auf der 396 km² großen Hauptinsel *Babelthuap*. Die rd. 350 Inseln (davon 8 bewohnt) liegen fast alle innerhalb eines in N–S-Richtung sich erstreckenden, über 110 km langen Barriereriffs, das eine Lagune von 1 267 km² Fläche umschließt. Die Inseln sind teils vulkan. Ursprungs (auf Koror bis 628 m ü. d. M.), teils Korallenbauten, einige sind durch Dämme miteinander verbunden. Die P. haben trop. Klima, die Vegetation wird durch Mangrovensümpfe und Palmenwald bestimmt. Die Landw. dient v. a. dem Eigenbedarf (Kokosnüsse, Maniok, Bataten, Taro, Obst; Export von Kokosöl), Fischfang und -verarbeitung aber wesentlich dem Export; Tourismus. **Geschichte:** Die 1543 von dem span. Seefahrer R. López de Villalobos entdeckten P. waren bis Ende des 19. Jh. in span. Besitz, 1899–1919 dt. Kolonie und 1919–45 jap. Völkerbundsmandat, 1947 wurde die Inselgruppe Teil des amerikan. „Treuhandterritoriums der Pazif. Inseln". 1981 erhielt sie als „Republik Palau" im Rahmen der US-Treuhandverwaltung innere Autonomie. Die Präsidentschaftswahlen im Nov. 1992 gewann K. Nakamura, zugleich stimmte die Bev. für die freie Assoziation mit den USA.

Palaung, eine austroasiat. Sprache sprechender Volksstamm im Schanhochland NO-Birmas mit Brandrodungsfeldbau; 250 000 Angehörige.

Palaver [afrikan.-portugies.-engl., letztl. zu lat. parabola „Erzählung"], urspr. religiöse oder gerichtl. Versammlung, heute svw. langes Gerede, ausgedehntes Gespräch.

Palawan, mit 11 785 km² fünftgrößte Insel der Philippinen, zw. Mindoro im NO und Borneo im SW, wichtigste Stadt und Haupthafen Puerto Princesa. P. wird von einem bis 2 054 m hohen Gebirge durchzogen. Ein großer Teil der schmalen Küstenebenen wird von Sümpfen und Mangrovenwäldern bedeckt; Korallenriffe umgeben fast die gesamte Insel; waldbedeckt.

Aldo Palazzeschi

Palazzeschi, Aldo [italien. palatˈtseski], eigtl. A. Giurlani, * Florenz 2. Febr. 1885, † Rom 17. Aug. 1974, italien. Schriftsteller. – Begann mit Gedichten im Zeichen der Futuristen und Crepuscolari, später v. a. iron., z. T. auch phantast.-groteske Novellen und Romane, u. a. „Die Schwestern Materassi" (1934), „Ungleiche Freunde" (1971).

Palazzo [italien.] ↑Palast.

Palazzo Chigi [italien. ˈkiːdʒi] ↑Chigi.

Palazzo Farnese ↑Caprarola.

Palazzolo Acreide [italien. aˈkrɛːide], italien. Stadt auf Sizilien, 35 km westl. von Syrakus, 10 000 E. Archäolog. Museum. – Bei P. A. liegen die Ruinen des antiken **Akrai,** 664 v. Chr. gegr. – Erhalten u. a. ein Theater aus späthellenist. Zeit; nahebei 12 Felsreliefs der Göttin Kybele.

Palembang, indones. Stadt im SO von Sumatra, am Musi, 900 000 E. Verwaltungssitz der Prov. Südsumatra; kath. Bischofssitz; Univ. (gegr. 1960), Handelsakademie; Museum. Zentrum eines bed. Erdölgebiets; ferner Schiff-, Maschinenbau, Eisengießereien, Kautschukverarbeitung, Textil- und Nahrungsmittelind., Hafen, ✈. – Seit 1617 Handelsposten der niederl. Vereinigten Ostind. Kompanie; 1812–14 und 1818–21 britisch besetzt. – Große Moschee (18. Jh.; Wallfahrtsziel).

Palencia [span. paˈlenθia], span. Stadt 45 km nnö. von Valladolid, 740 m ü. d. M., 75 600 E. Verwaltungssitz der Prov. P.; kath. Bischofssitz; Theater, archäolog. Museum.

Palenque. Links: Tonröhre mit dem Kopf des Sonnengottes, der im Rachen des Erdungeheuers gehalten wird, Höhe 95 cm (Mexiko, Anthropologisches Nationalmuseum). Rechts: Jadetotenmaske des Fürsten Pacal aus der Grabkammer des Tempels der Inschriften, um 700 n. Chr. (Mexiko, Anthropologisches Nationalmuseum)

Jutespinnereien, Glockengießereien, Waffenfabriken und Stahlbau. – Geht auf das antike **Pallantia** zurück; zw. dem 5. und 8. Jh. von Westgoten und Arabern mehrfach zerstört. 1208 wurde in P. die erste Univ. Spaniens gegr. (1239 nach Salamanca verlegt). – Got. Kathedrale (1321 ff.) mit über dem Fundament des 7. Jh. errichteter roman. Krypta; got. Kirche San Pablo (13. Jh., reiche Ausstattung 16./17. Jh.) mit Renaissancefassade.

Palenque [span. pa'leŋke], Ruinenstätte der Mayakultur im N des mex. Staates Chiapas, am N-Fuß des Berglandes, von trop. Regenwald umschlossen. Blütezeit 600–750. Freilegung klassisch ausgewogener Tempel und eines Palastkomplexes mit rechteckigem Turm. Bed. sind die figürl. Stuckreliefs und die Grabkammer des „Tempels der Inschriften". P. wurde von der UNESCO zum Weltkulturerbe erklärt. – Abb. S. 299.

Paleozän (Paläozän) [griech.], unterste Abteilung des Tertiärs (↑ geologische Systeme [Übersicht]).

Palermo, Blinky, eigtl. Peter Heisterkamp, * Leipzig 2. Juni 1943, † in Sri Lanka 17. Febr. 1977, dt. Maler und Objektkünstler. – Schüler von J. Beuys. Seine Objektkunst akzentuierte neue Raumzusammenhänge, die ebenso wie seine auf absolute Flächenwerte reduzierte Malerei zw. Minimal art und Concept-art vermitteln.

Palermo
Stadtwappen

Palermo, Hauptstadt der italien. Insel und autonomen Region Sizilien sowie der Prov. P., an der N-Küste der Insel, 15 m ü. d. M., 730 000 E. Wirtschafts- und Verwaltungszentrum, größter Hafen und kultureller Mittelpunkt Siziliens; kath. Erzbischofssitz; Univ. (gegr. 1805), Lehrer-, Musik- und Kunstakad., Priesterseminar, Archive; Museen (archäolog., geolog., ethnolog.), Gemäldegalerien. Naturhafen mit bed. Handels- und Passagierverkehr; Mustermesse Fiera del Mediterraneo, Gemüse- und Obstgroßmärkte; Nahrungsmittel-, Textil- und Baustoffind. sowie Werften, Fremdenverkehr; ✈.

Geschichte: In der Antike **Panormos** (lat. **Panormus**); phönik. Gründung Ende des 7. Jh.; diente den Karthagern als militär. Stützpunkt, 254 v. Chr. von den Römern erobert, seit 535 byzantin. 831 fiel P. an die Sarazenen, die es 948 zur Hauptstadt Siziliens machten; 1072 von den Normannen erobert; seit 1194 in der Hand der Staufer, unter Kaiser Friedrich II. ein glanzvoller kultureller Mittelpunkt Europas. 1265/66 kam P. an das Haus Anjou, das die Stadt 1282 durch die Sizilian. Vesper verlor, danach an das Haus Aragonien, 1713 zu Savoyen, 1720–35 zu Österreich, fiel an die Bourbonen, aus deren Herrschaft 1860 durch Garibaldi befreit; kam 1861 an das Kgr. Italien.

Bauten: Der ehem. königl. Palast (Palazzo dei Normanni) ist auf Resten röm. und arab. Festungsanlagen angelegt, v. a. im 12. Jh. zum Palast umgebaut, in der bed. Cappella Palatina (1131–43) hölzerne, islamisch bemalte Stalaktitengewölbe und byzantin. Mosaiken (12. und 14. Jh.); Dom 1170–85 mit got. Fassade, im klassizist. Innern Porphyrsarkophage, u. a. Rogers II., Heinrichs VI. und Friedrichs II. Charakteristisch für P. sind Kuppeln der normann. Kirchen, Stadtpaläste aus got. Zeit sowie ehem. Lustschlösser, u. a. La Zisa (1154–66, im 16. Jh. verändert).

Giovanni Pierluigi da Palestrina
(Ausschnitt aus einem Kupferstich, um 1800, nach einem zeitgenössischen Gemälde)

Palestrina, Giovanni Pierluigi (Familienname) da (Prenestino, Palestina), * Palestrina (?) um 1525, † Rom 2. Febr. 1594, italien. Komponist. – 1544–51 Organist und Kapellmeister in Palestrina, anschließend Kapellmeister an der Cappella Giulia der Peterskirche in Rom. 1555–60 Kapellmeister an der Lateranbasilika, 1561–66 an Santa Maria Maggiore; 1567–71 Kapellmeister von Kardinal Ippolito D'Este II., ab 1571 Mgl. der Sixtin. Kapelle. P. schrieb zahlr., meist geistl. Werke, die zum größten Teil zw. 1554 und 1622 in Rom oder Venedig in mehreren Auflagen gedruckt wurden. Das Hauptgebiet seiner A-cappella-Kunst bilden die mehr als 100 Messen. Eine Gruppe fünfstimmiger, von Gregorian. Gesang oder Orgelspiel durchsetzter Messen schrieb er 1578/79 im Auftrag des Hzg. von Mantua; sie gelten wegen ihrer bes. kunstvollen, streng imitator. Struktur und der erstaunl. Phantasie des Komponisten als Höhepunkt seiner Kunst. Charakteristika seines Stils sind der Verzicht auf zwei- und dreistimmige Kompositionen (im Ggs. zu Orlando di Lasso), die ruhige, lange, melismatisch belebte Melodik, der von der lat. Prosodie bestimmte Rhythmus, das Gleichgewicht zw. Melodik und Harmonik und das Maßvolle des musikal. Ausdrucks. Der **Palestrinastil** wurde durch das Konzil von Trient als offizielles Vorbild der kath. Kirchenmusik anerkannt. Außer Messen sind sieben Bücher Motetten, je ein Buch Lamentationen, Hymnen und Magnifikats, 68 Offertorien, je zwei Bücher Litaneien, geistl. und weltl. Madrigale überliefert.

Palestrina, italien. Stadt in Latium, 40 km östl. von Rom, 465 m ü. d. M., 13 600 E. Kath. Bischofssitz; archäolog. Museum. Nahrungsmittelind.; Fremdenverkehr. – Geht auf das latin. bzw. röm. **Praeneste** zurück (90 v. Chr. Munizipium); im MA zw. den Päpsten und den Colonna umstritten (häufige Zerstörungen). 1572 wurde das Ft. P. als päpstl. Lehen gebildet. Kam 1870 an das Kgr. Italien. – Ruinen eines Terrassentempels der Fortuna (2. oder 1. Jh. v. Chr.). Unter der Apsis des Doms (geweiht im 12. Jh.) Fundamentreste des Junotempels aus dem 3. Jh. v. Chr. Über der Stadt die Kirche San Pietro (13. Jh.) und die Ruinen der 1482 erneuerten Burg.

Paletot ['paləto; frz., zu mittelengl. paltok „Überrock"], eleganter, dunkler Herrenmantel mit aufschlaglosen Ärmeln und zweireihigem Knopfverschluß.

Palette [frz., eigtl. „kleine Schaufel" (zu lat. pala „Spaten")], meist mit Daumenloch versehenes Mischbrett für Farben.

▷ reiche, viele Möglichkeiten bietende Auswahl.

▷ Transportplattform, auf der Stückgüter zu einer Ladeeinheit zusammengestellt werden (palettierte Ladung); rationalisiert den Güterumschlag zw. verschiedenen Transportmitteln und ermöglicht den Einsatz von Gabelstaplern.

Palghat Gap [engl. 'gæp], bei der Stadt **Palghat** in S-Indien gelegener Gebirgseinschnitt in die südl. Westghats, mit der wichtigsten Straßen- und Eisenbahnverbindung zw. der dichtbesiedelten Malabarküste und dem Dekhan, Paßhöhe etwa 350 m ü. d. M.

Palgrave, Francis Turner [engl. 'pɔːlgreɪv, 'pælgreɪv], * Great Yarmouth 28. Sept. 1824, † London 24. Okt. 1897, engl. Dichter und Kritiker. – 1885–95 Prof. für Poetik in Oxford. Seine Anthologie engl. Dichtung „The golden treasury of English songs and lyrics" (hg. 1861) gilt wegen der vorbildl. Auswahl als klass. Werk dieser Gattung.

Pali, älteste mittelindoar. Sprache (↑ Prakrit), in der die buddhist. Sammlung hl. Texte (Sanskrit: Tripitaka; Pali: ↑ Tipitaka) in Ceylon (Sri Lanka), Birma, Thailand und Kambodscha überliefert ist. Vom Sanskrit unterscheidet sich P. v. a. durch Vereinfachung der Flexion, durch Angleichung von Konsonanten im In- und Anlaut und Abfall von Konsonanten im Auslaut. P. wird im Alphabet des jeweiligen Landes geschrieben. Älteste Überlieferung in P. ist das Tipitaka. Dann folgen die aus dem Alt-Singhalesischen etwa im 5./6. Jh. übersetzten Kommentare („Atthakatha"), die meist dem aus S-Indien stammenden Bearbeiter Buddhaghosa (5. Jh.) zugeschrieben werden, und die Nebenkommentare, die bes. im 12. Jh. in Ceylon entstanden. Zu den nichtkanon. Schriften gehört der „Milindapanha". Nur selten wurde P. für weltl. Literatur verwendet.

Päligner (lat. Paeligni), Stamm der Italiker im Abruzz. Apennin mit den Hauptorten Sulmo (= Sulmona) und Corfinium (= Corfinio); seit 343 v. Chr. mit Rom verbündet.

Pali-Kanon ↑ Tipitaka.

Palilalie [griech.], krankhafte Wiederholung desselben Wortes oder Satzes (bei extrapyramidalen Erkrankungen).

palim..., Palim... ↑ palin..., Palin...

Palimé, Stadt in SW-Togo, ↑ Kpalimé.

Palimpsest [zu griech. palímpsēstos „wieder abgeschabt"], ein Schriftstück, von dem der urspr. Text (bei Pergamenthandschriften) abgewaschen oder abgeschabt wurde, und das danach neu beschrieben worden ist. Die Mehrzahl der P. sind Stücke des 4.–7. Jh., die im 8./9. Jh. überschrieben wurden.

palin..., Palin..., palim..., Palim... [griech.], Wortbildungselement mit der Bed. „zurück, wieder[um], erneut".

Palindrom [zu griech. palíndromos „rückläufig"], sinnvolle Folge von Buchstaben, Wörtern oder Versen, die rückwärts gelesen denselben oder einen anderen Sinn ergibt. Zu unterscheiden sind: *Wort-P.* (Anna, Reliefpfeiler); *Satz-P.* (Ein Neger mit Gazelle zagt im Regen nie); *Sinnspiel-P.*, bei denen die Umkehrung ein anderes, aber einen Bedeutungszusammenhang ermöglichendes Wort ergibt (Eva–Ave; Roma–Amor); *Vers-P.*, bei denen nach der Strophenmitte die einzelnen Teile des ersten Teils spiegelverkehrt wiederholt werden.

Palingenese, in der *Religionswiss.* svw. ↑Seelenwanderung.

▷ (Palingenie) in der *Biologie* das Erscheinen von Merkmalen stammesgeschichtl. Vorfahren im Verlauf der Individualentwicklung.

▷ in der *Geologie* ↑Gesteine.

Palinodie [griech.], eine vom selben Verf. stammende Gegendichtung zu einem eigenen Werk, in der die früheren Behauptungen mit denselben formalen Mitteln (Gleichheit des Metrums, Reims, Strophenbaus) widerrufen werden.

Palisa, Johann, *Troppau 6. Dez. 1848, †Wien 2. Mai 1925, östr. Astronom. – Entdecker zahlr. Planetoiden, Hg. eines Sternlexikons und (mit M. Wolf) photograph. Sternkarten.

Palisaden [frz., zu lat. palus „Pfahl"] (Schanzpfähle), dicht nebeneinander eingegrabene, oben zugespitzte Pfähle als Hindernisse bei alten Befestigungen.

Palisadenwürmer (Blutwürmer, Strongyloidea), Ordnung der Fadenwürmer; etwa 5–55 mm lange, wurmförmige Endoparasiten in Wirbeltieren, v. a. Säugetieren und Vögeln, im Darm oder in der Luftröhre, Jugendstadien in Blutgefäßen; ritzen die Schleimhaut an und saugen Blut.

Palisander [indian.] ↑Hölzer (Übersicht).

Palissy, Bernhard [frz. pali'si], *Saintes oder Agen um 1510, †Paris 1589 oder 1590, frz. Fayencekünstler. – Berühmt wurden seine Schüsseln mit farbigen Reliefs von Naturabgüssen.

Palitzsch, Peter [...lɪtʃ], *Deutmannsdorf bei Liegnitz 11. Sept. 1918, dt. Regisseur. – Seit 1950 Mitarbeiter bei B. Brechts Berliner Ensemble, Inszenierungen mit M. Wekwerth, seit 1957 in der BR Deutschland. 1966–71 Schauspieldirektor in Stuttgart, 1972–80 Mgl. des Schauspieldirektoriums der Städt. Bühnen Frankfurt. Vertreter eines politisch engagierten Theaters.

Palkbucht [engl. pɔ:k], Meeresbucht an der NW-Küste Ceylons, steht über die **Palkstraße,** die Ceylon von Indien trennt, mit dem Ind. Ozean in Verbindung.

Pall (Pallung) [niederdt.], 1. Sperriegel zum Verhindern unbeabsichtigten Rückwärtsdrehens von Winden oder Spills; 2. Holzbettung für ein Schiff auf der Helling oder im Dock; 3. hölzerne Sicherung der Ladung gegen Verrutschen und Übergehen.

Palla [lat.], Übergewand der verheirateten Römerin, ein rechteckiges Tuch.

Palladianismus, der auf A. ↑Palladio zurückgehende klassizist. Stil in Italien, England und den Niederlanden sowie in der hugenott. Baukunst im 17. und 18. Jh.

Palladio, Andrea, eigtl. Andrea di Pietro, *Vicenza 30. Nov. 1508, †ebd. 19. Aug. 1580, italien. Baumeister und Theoretiker. – Geprägt von der röm. Antike und Vitruvs theoret. Werken, entwickelte P. neben zweigeschossigen Säulenfronten die durch 2 Geschosse gehende Kolossalordnung der Säulen (in Vincenza: Palazzo Valmarana, 1565 ff.; Palazzo Pubblico, 1549 ff.; Palazzo Chiericati, 1551 ff.; Palazzo Thiene, 1550 ff.) sowie den Portikus (Villa Barbaro in Maser, Prov. Treviso, um 1557–62; Villa Capra, sog. Rotonda, 1566/67 ff., vollendet 1591 von V. Scamozzi; Vicenza). Tempelfronten an der Fassade und Säulenarkaden im Innenraum kennzeichnen die Kirchen in Venedig: San Giorgio Maggiore (1566–79) und Il Redentore (1577–92). P. bereitete auch die barocken Flügelanlagen der Schloßarchitektur vor. Er veröffentlichte u. a. „Quattro libri dell'architettura" (1570), Schriften, in denen er seine Architekturtheorie, die in der Folgezeit als klass. Kanon verbindlich befolgt wurde (Palladianismus), darlegte.

Palladium (Palladion) [griech.-lat.], Kultbildtypus der Göttin Pallas Athena mit Schild und erhobener Lanze, insbes. das Kultbild von Troja, das Äneas angeblich nach Rom rettete (Vestatempel). – Übertragene Bed. Schutzbild, schützendes Heiligtum.

Palladium [griech., nach dem Planetoiden Pallas], chem. Symbol Pd; Übergangsmetall aus der VIII. Nebengruppe des Periodensystems der chem. Elemente, Ordnungszahl 46, mittlere Atommasse 106,4, Schmelzpunkt 1554 °C, Siedepunkt 3140 °C. P. ist ein silberweißes, zu den Platinmetallen gehörendes Edelmetall, das dehnbar und korrosionsbeständig ist und sich in konzentrierter Salpetersäure löst. Je nach Zerteilungsgrad kann P. das 600fache, als *Palladiumschwamm* oder *-mohr* das 1200fache Volumen an Wasserstoff aufnehmen. Es kommt zus. mit Platin gediegen oder in Verbindungen in Gold-, Silber-, Nickel- und Kupfererzen vor. P. wird als Katalysator, als Austausch für Platin sowie als Legierungszusatz für Silber (z. B. in der Zahntechnik), Gold *(Weißgold)* u. a. Metalle verwendet.

Peter Palitzsch

Pallas, Peter Simon, *Berlin 22. Sept. 1741, †ebd. 8. Sept. 1811, dt. Arzt und Forschungsreisender. – Bereiste im Auftrag der Kaiserin Katharina II. 1768–74 das russ. Asien, 1793/94 S-Rußland und die Krim; Verf. zahlr. wiss. Abhandlungen und einer der vielseitigsten Naturforscher seiner Zeit.

Pallas [nach der griech. Göttin Pallas Athene], 1802 entdeckter ↑Planetoid.

Pallas Athena ↑Athena.

Pallasch [türk.-ungar.], etwa 1 m langer, gerader Korbdegen für Stoß und Hieb; histor. Waffe der europ. Reiterei, bes. der Kürassiere.

Pallat, Ludwig, *Wiesbaden 3. Dez. 1867, †Göttingen 22. Nov. 1946, dt. Reformpädagoge. – Seit 1899 im preuß. Kultusministerium; reformierte Zeichen-, Handarbeits-, Werkunterricht und Kindergarten im Sinne der Kunsterziehungsbewegung.

Peter Simon Pallas

Pallavicino [italien. pallavi'tʃi:no] (Pallavicini), Carlo, *Salò (Prov. Brescia) um 1630, †Dresden 29. Jan. 1688, italien. Komponist. – War 1666–73 Kapellmeister am Dresdner Hof, 1674–85 in Venedig, danach wieder in Dresden. Einer der Hauptvertreter der venezian. Oper, u. a. „La Gerusalemme liberata" (1687).

P., Ferrante, *Piacenza 1616, †Avignon 5. März 1644, italien. Schriftsteller. – Verfaßte zw. 1635 und 1640 in Venedig zahlr. spanienfeindl. und obszöne Novellen und Romane. Ging 1640 nach Deutschland, trat zum Kalvinismus über; wieder in Venedig (1641), schrieb er unter dem Pseud. Sinifacio Spironcini 1641 v. a. Pamphlete gegen die Barberini, die P. hinrichten ließen.

Pallenberg, Max, *Wien 18. Dez. 1877, †Karlsbad 26. Juni 1934 (Flugzeugabsturz), östr. Schauspieler. – ⚭ mit Fritzi Massary; bekannter Charakterkomiker seiner Zeit, u. a. in der für ihn geschriebenen Titelrolle des „Unbestechlichen" von H. von Hofmannsthal (UA 1923 in Wien).

Max Pallenberg

Palliata (Fabula palliata) [lat. „Komödie mit dem ↑Pallium"], bed. Gattung der röm. Komödie, schließt sich eng an Menander an; sie übernimmt auch Kostüme und Milieu der griech. Originalstücke; anstelle der Maske tragen die Schauspieler jedoch eine Perücke. Hauptvertreter sind Plautus und Terenz.

palliativ [lat.], krankheitsmildernd, die Beschwerden einer Krankheit lindernd, nicht die Ursache beseitigend (von Behandlungsweisen oder Medikamenten).

Pallium [lat.], rechteckiger Umhang der Römer (seit dem 3. Jh. v. Chr. verbreitet).

▷ in der *kath. Kirche* eine päpstl. und erzbischöfl. Insignie, die über dem Meßgewand als handbreites, mit sechs schwarzen Kreuzen verziertes ringförmiges Band um die Schultern gelegt wird. Das P. wird aus der Wolle zweier Lämmer hergestellt, die der Papst am Fest der hl. Agnes (21. Jan.) segnet.

▷ svw. Großhirnrinde (↑Gehirn).

Pallotti, Vincenzo, hl., *Rom 21. April 1795, †ebd. 22. Jan. 1850, italien. Ordensstifter. – Priester und Seelsorger in Rom; gründete die ↑Pallottiner.

Olof Palme

Palma de Mallorca
Stadtwappen

Lilli Palmer

Henry John Temple, Viscount Palmerston (Ausschnitt aus einem zeitgenössischen Stahlstich)

Pallottiner (offiziell lat. Societas Apostolatus Catholici [Abk. SAC], Gesellschaft des kath. Apostolates), kath. Priestergemeinschaft (ohne Gelübde), 1835 von V. Pallotti in Rom gegr.; die P. sind auf allen Gebieten der Seelsorge und Mission tätig; rd. 2 240 Mgl. (1992). Von dt. P. ging das weltweite ↑Schönstatt-Werk aus. 1843 gründete V. Pallotti den weibl. Zweig der *Pallottinerinnen* (1992 rd. 1 250 Mgl.) mit ähnl. Aufgaben.

Palm, Johann Philipp, *Schorndorf 18. Nov. 1766, †Braunau am Inn 26. Aug. 1806, dt. Buchhändler. – Verlegte 1806 in Nürnberg die anonyme antifrz. Flugschrift „Deutschland in seiner tiefsten Erniedrigung". Am 14. Aug. 1806 verhaftet, von einem napoleon. Kriegsgericht verurteilt, standrechtlich erschossen.

P., Siegfried, *Wuppertal 25. April 1927, dt. Violoncellist. – Bed. Interpret zeitgenöss. Musik; seit 1962 Prof. an der Kölner Musikhochschule, 1976–81 Generalintendant der Dt. Oper Berlin; seit 1987 Präs. der Gesellschaft für Neue Musik.

Palma, Iacopo, gen. P. il Vecchio („der Ältere"), eigtl. I. Negretti, *Serina (Prov. Bergamo) 1480, †Venedig 30. Juli 1528, italien. Maler. – Beeinflußt von Giorgione und Tizian, erreichte er in der kontemplativen Ruhe der Gestalten, der Harmonie großer Formen und der satten, leuchtenden Farbigkeit klass. Monumentalität. Ein typisch venezian. Schönheitsideal zeigen die „Drei Schwestern" (Dresden, Gemäldegalerie), „Violante" (Wien, Kunsthistor. Museum), „Zwei Nymphen" (Frankfurt am Main, Städel).

P., Ricardo, *Lima 7. Febr. 1833, †ebd. 6. Okt. 1919, peruan. Dichter. – Als Liberaler 1860 im chilen. Exil; zeitweilig in Europa; 1887 Gründer der Peruan. Akademie. Veröffentlichte zw. 1872 und 1910 elf Folgen romantisch gefärbter Erzählungen, Sagen und Episoden aus der peruan. Geschichte (dt. Ausw. 1928); auch Dramen, Gedichte und Übersetzungen.

Palma (P. de Mallorca), span. Hafenstadt an der SW-Küste der Insel Mallorca, 33 m ü. d. M., 307 000 E. Verwaltungssitz der Prov. Balearen; kath. Bischofssitz; Priester-, Lehrerseminar, Museen, Theater, botan. Garten. Lederind., Weberei, Stickerei, Kunstgewerbe; kleine Schiffswerften. Wichtigster Hafen der Balearen; ✈; Fremdenverkehr. – 123/122 v. Chr. von Römern gegr.; fiel im 6. Jh. an Byzanz; im 8. Jh. von den Arabern erobert; 1113 von Pisa unterworfen, 1229 von Jakob I. von Aragonien erobert; teilte die Geschichte der ↑Balearen. – Kathedrale (13./14. Jh.; Fassade im 19. Jh. umgestaltet) in katalan. Gotik; got. Kirchen San Francisco (1281 ff.) und Santa Eulalia (13./14. Jh.). Got. ehem. Börse (15. Jh.; jetzt Museum), Almosenhaus (15. Jh.), zahlr. Palais (16.–18. Jh.).

Palma, La, nordwestlichste der Kanar. Inseln, 728 km², 72 700 E; bis 2 423 m hoch. La P. ist eine Vulkankuppe mit einer steilwandigen Talweitung, im Zentrum mit aktiven Vulkanen. Internat. Großsternwarte (1985 eingeweiht.) An der Küste Bewässerungslandw.; außerdem Holznutzung und Fischerei. Hauptort ist **Santa Cruz de la Palma** an der O-Küste (15 000 E) mit Hafen und ✈.

Palma de Mallorca [span. ma'ʎorka] ↑Palma.

Palmanova, italien. Stadt in Friaul-Jul.-Venetien, in der Isonzoebene, 26 m ü. d. M., 5 700 E. – 1593 als Grenzfestung **Palma** von der Republik Venedig gegr. – Die noch vollständig erhaltene Festungsstadt, eines der bedeutendsten Beispiele der Idealstadt der Renaissance, ist seit 1960 Nationaldenkmal.

Palmarum [lat. „(Tag der) Palmen"], in den ev. Kirchen Name des ↑Palmsonntags.

Palmas, Kap, Kap am südl. Küstenabschnitt von Liberia, bildet die W-Grenze des Golfs von Guinea.

Palmas de Gran Canaria, Las, Stadt an der NO-Spitze der span. Kanareninsel Gran Canaria, 358 000 E. Verwaltungssitz der Prov. Las Palmas; kath. Bischofssitz; Museen; chem. Ind., Erdölraffinerie, Handelszentrum, Fremdenverkehr. ✈. – Spätgot. Kathedrale (1781–1820 umgebaut) und spätgot. bischöfl. Palast (15. Jh.).

Palm Beach [engl. 'pɑ:m 'bi:tʃ], Stadt in S-Florida, USA, 11 300 E. Eines der bekanntesten Seebäder in Florida.

Palmblad, Vilhelm Fredrik, *Skönberga bei Söderköping (Östergötland) 16. Dez. 1788, †Uppsala 2. Sept. 1852, schwed. Schriftsteller. – 1835 Prof. für Griechisch an der Univ. Uppsala. Schrieb romant. Novellen und histor. Romane, u. a. „Aurora Königsmark und ihre Verwandten" (4 Bde., 1846–49).

Palme, Olof, *Stockholm 30. Jan. 1927, †ebd. 28. Febr. 1986 (ermordet), schwed. Politiker. – Jurist; seit 1958 Reichstagsabg.; 1963–65 Min. für bes. Aufgaben, 1965–67 für Verkehr, 1967–69 für Erziehung und Kultur; 1969–76 und ab 1982 Min.präs.; Vors. der Sozialdemokrat. Partei ab 1969.

Palmen [zu lat. palma, eigtl. „flache Hand" (nach der Ähnlichkeit des Palmenblatts mit einer gespreizten Hand)] (Palmae, Arecaceae), einkeimblättrige Pflanzenfam. mit rd. 3 400 Arten in über 230 Gatt., v. a. in den Tropen und Subtropen; Holzgewächse ohne sekundäres Dickenwachstum; Stämme bis 30 m hoch; Blätter gestielt, bei baumförmigen Arten in endständigem Schopf stehend, sonst wechselständig, mit meist geteilter, strahliger (bei *Fächerpalmen*) oder fiedernerviger (bei *Fiederpalmen*) Spreite. Die Früchte sind Beeren oder Steinfrüchte mit großen, oft mit der Fruchtinnenwand verwachsenen Samen. – Zu den P. gehören wichtige Nutzpflanzen, u. a. Betelnuß-, Dattel-, Elfenbein-, Hanf-, Kokos-, Öl- und Sagopalme. Kübelpflanzen: die Zwergpalme sowie einige Arten und Sorten der Dattelpalme.

Palmenflughund ↑Flederhunde.

Palmenhörnchen (Funambulini), Gattungsgruppe der Hörnchen mit fast 50 knapp ratten- bis mardergroßen Arten in Afrika und S-Asien; fressen Früchte von Palmen.

Palmenroller, svw. ↑Musangs.

Palmer, Lilli, eigtl. L. Peiser, *Posen 24. Mai 1914, †Los Angeles 28. Jan. 1986, brit. Schauspielerin dt. Herkunft. – Nach ihrer Emigration (1933) zahlr. Film- und Theaterrollen in Großbritannien, seit 1945 vorwiegend in den USA; differenzierte Frauendarstellerin, u. a. in „Frau Warrens Gewerbe" (1959), „Lotte in Weimar" (1975). Schrieb Erinnerungen „Dicke Lilli, gutes Kind" (1974), „Der rote Rabe" (1977) sowie „Umarmen hat seine Zeit" (R., 1979).

Palmerarchipel [engl. 'pɑ:mə], vergletscherte Inselgruppe vor der W-Küste der Antarkt. Halbinsel. – 1897–99 von einer belg. Expedition erforscht, ben. nach dem Entdekker (1820), dem amerikan. Walfängerkapitän Nathaniel B. Palmer.

Palmer Peninsula [engl. 'pɑ:mə pɪ'nɪnsjʊlə] ↑Antarktische Halbinsel.

Palmerston, Henry John Temple, Viscount [engl. 'pɑ:məstən], *Broadlands (Hampshire) 20. Okt. 1784, †Brocket Hall (Hertfordshire) 18. Okt. 1865, brit. Politiker. – Zunächst Tory, wohl ab 1830 Whig. Als Außenmin. (1830–34, 1835–41 und 1846–51) und Premiermin. (1855–58 und 1859–65) verfolgte er eine ausschließlich brit. Interessen dienende Außenpolitik, deren Hauptziel im Sinne eines Gleichgewichts der Mächte die Erhaltung Österreichs als Großmacht und des Osman. Reiches (in der Orientkrise 1839/40 und im Krimkrieg 1853–56) war; baute das brit. Kolonialreich aus (u. a. Eroberung Nigerias).

Palmerston North [engl. 'pɑ:məstən 'nɔ:θ], Stadt auf der Nordinsel Neuseelands, am Manawatu River, 67 400 E. Univ. (seit 1964), milchwirtschaftl. und medizin. Forschungsinstitut; Rugby-Museum; Zentrum eines bed. Landw.gebiets; Textilind., Maschinenbau; ✈. – Erste europ. Siedlung um 1870; seit 1877 Borough, seit 1930 City.

Palmette [lat.-frz.], palmblattähnl. Ornament bes. der griech. Kunst, auch in der minoischen Kultur und im oriental. Bereich.

▷ Spalierobstbaum (↑Spalier).

Palmfarn (Cycas), Gatt. der Palmfarngewächse mit rd. 15 Arten im trop. Asien, in Afrika, Australien und Polynesien; stammbildende Pflanzen mit großen, gestielten Blättern (Wedel), zweihäusigen Blüten und großen, endständigen Zapfen. Eine bekannte, oft als Zimmerpflanze gehaltene Art ist *Cycas revoluta* mit einer Rosette aus Blattwedeln.

Palmfarne (Cycadales), Klasse der Nacktsamer mit rd. 200 heute noch lebenden Arten; mit meist säulenartigem Stamm, einem Schopf schraubig angeordneter Fiederblätter und zweihäusigen, meist zapfenartigen Blütenständen. Einige Arten werden als dekorative Blattpflanzen in Tropenhäusern gehalten.

Palmfarngewächse (Cycadaceae), Fam. der Samenfarne mit neun heute noch rezenten Gatt. in den Tropen und Subtropen; eine bekannte Gatt. ist ↑Palmfarn.

Palmyra. Blick in die Säulenstraße, 220 n. Chr., und die dreitorige, triumphbogenartige Toranlage

Palmfett (Palmöl), aus dem Fruchtfleisch von Früchten der Ölpalme gewonnenes Fett, das v. a. aus den Glyceriden der Ölsäure (etwa 48 %) und der Palmitinsäure (etwa 36 %) besteht; Verwendung als Speisefett und zur Herstellung von Seife.

Palmgeier ↑Geier.

Palmgren, Selim, *Pori 16. Febr. 1878, †Helsinki 13. Dez. 1951, finn. Komponist und Pianist. – Komponierte seinerzeit beliebte Klavierwerke (u. a. fünf Klavierkonzerte), daneben Opern, Lieder, Chöre und Kantaten.

Palmherzen (Palmitos, Palmkohl), als Gemüse oder Salat zubereitete Blattknospen oder Sämlinge mit zartem Mark von Palmenarten.

Palmitate [lat.] ↑Palmitinsäure.

Palmitinsäure [lat./dt.] (n-Hexadecansäure), gesättigte Fettsäure ($C_{15}H_{31}COOH$), die als Glycerid in zahlr. pflanzl. und tier. Fetten vorkommt und als Rohstoff zur Herstellung von Kerzen, Netz- und Schaummitteln verwendet wird. **Palmitate** sind die Salze und Ester der Palmitinsäure.

Palmitos [lat.-span.], svw. ↑Palmherzen.

Palmkernfett (Palmkernöl), aus den getrockneten Samenkernen der Ölpalme gewonnenes Fett, das v. a. aus den Glyceriden der Laurinsäure (52 %) besteht; wird v. a. zur Herstellung von Margarine und Seife verwendet.

Palmkohl, (Italien. Kohl) als Zierpflanze für Spätsommer und Herbst kultivierte Varietät des Gemüsekohls; bis 2 m hohe Pflanze mit bis über 40 cm langen, schmalen, dunkelgrünen, gekräuselten Blättern.
▷ svw. ↑Palmherzen.

Palmlilie (Dolchpflanze, Yucca), Gatt. der Agavengewächse mit 40 Arten im südl. N-Amerika sowie in Mittelamerika; ausdauernde, stammlose oder stammbildende Pflanzen mit ledrigen oder derben, schopfig gehäuften Blättern und großen, weißen oder rahmfarbenen Einzelblüten in endständigen, rispigen, seltener in traubigen Blütenständen. Mehrere Arten und Formen sind beliebte Zierpflanzen, z. B. die formenreiche Art Yucca gloriosa.

Palmnicken [palm'nıkən, 'palmnıkən] (russ. Jantarny), Ostseebad an der W-Küste des Samlandes, Rußland (Gebiet Kaliningrad), 8 200 E. Bernsteinförderung.

Palmöl, svw. ↑Palmfett.

Palmsonntag (lat. Dominica in palmis, seit der Kalenderreform von 1969 Dominica in palmis de passione Domini [P. vom Leiden des Herrn]; in den ev. Kirchen **Palmarum**), in den christl. Liturgien der Sonntag vor Ostern und Beginn der Karwoche. Der P. erhielt seinen Namen von der Palmenprozession, die erstmals im 4. Jh. für Jerusalem als Nachvollzug des Einzugs Jesu (Matth. 21, 1–11) bezeugt ist. Die der Prozession vorausgehende Palmenweihe, bezeugt seit dem 7. Jh., dürfte eine Verchristlichung älteren Frühlingsbrauchtums darstellen. Die geweihten Palmenzweige gelten als Schutzmittel. Bis heute werden sie in kath. Gegenden an das Stubenkreuz, über die Türschwelle und in die grünende Saat gesteckt.

Palmtang ↑Laminaria.

Palmweide, svw. Salweide (↑Weide).

Palmwein, alkohol. Getränk aus dem Saft verschiedener Palmenarten; ↑Weinpalme.

Palmyra, Oasenstadt in Z-Syrien, 18 000 E. Museum (Archäologie, Ethnologie); intensive Oasenkulturen, Herstellung von Wollteppichen und Lederwaren; Fremdenverkehr; in der Umgebung Phosphatabbau und -aufbereitung. – Wurde nach freiwilligem Anschluß an Rom (wohl 17 n. Chr.) 211 Colonia; Mitte des 3. Jh. kam es zu einer Staatsbildung unter einheim. Fürsten, 271–273 von Aurelian zerschlagen. Unter Diokletian wurde P. Legionslager; 634 Eroberung durch die Araber. – Ruinen v. a. aus der röm. Kaiserzeit (von der UNESCO zum Weltkulturerbe erklärt): Säulenstraße mit einer dreitorigen, triumphbogenartigen Toranlage, Baal-Schamin-Tempel, Theater. Bed. Nekropolen.

Palmyrapalme [portugies./dt.] ↑Weinpalme.

Palni Hills [engl. 'pælnı 'hılz], Bergmassiv in S-Indien, Teil der Westghats, bis 2 517 m hoch.

Palo Alto [engl. 'pæloʊ 'æltoʊ], Stadt in Kalifornien, USA, nahe der San Francisco Bay, 55 000 E. Stanford University (gegr. 1885), National Academy of Education, Hoover Institution on War, Revolution and Peace; Elektronikind. – Gegr. 1885 als Univ.stadt von L. Stanford; 1894 Town, seit 1909 City.

Palolowurm [polynes./dt.] (Palolo, Pazif. P., Samoan. P., Eunice viridis), bis 40 cm langer, leuchtend grüner Ringelwurm (Gruppe Vielborster), v. a. an Korallenriffen Polynesiens. Alle Individuen einer Population stoßen im Okt. oder Nov. zur Fortpflanzung die hintere Körperhälfte ab, die an die Wasseroberfläche schwimmt und ihre Geschlechtsprodukte entleert.

Palomar, Mount [engl. 'maʊnt 'pæləmɑː], Berg in S-Kalifornien, USA, nö. von San Diego, 1 871 m hoch. Auf dem M. P. befindet sich eines der leistungsstärksten astronom. Observatorien, ausgestattet u. a. mit einem 5,08-m-Spiegelteleskop.

Palominorebe, v. a. im Gebiet von Jerez de la Frontera angebaute Rebsorte mit grünl. bis goldgelben Trauben, aus deren leicht herben Weinen rd. 90 % der Sherryweine bestehen.

Palpation [lat.], in der Medizin: Abtasten, Untersuchung von dicht unter der Körperoberfläche liegenden inneren Organen durch Betasten; **palpabel:** greifbar, tastbar (z. B. vom Puls).

Palpebra [lat.], svw. ↑Lid.

Palpen [lat.] (Taster, Palpi; Einzahl Palpus), v. a. dem Tasten, aber auch dem Riechen oder Schmecken dienende Anhänge am Kopf verschiedener wirbelloser Tiere, oft in Mundnähe.

Palpenkäfer, svw. ↑Zwergkäfer.

Palstek [niederdt.], Knoten, der eine Schlinge bildet, die sich nicht zusammenzieht.

PAL-System ↑Fernsehen.

Palü, Piz, vergletscherter Gipfel der Berninagruppe an der Grenze zw. der Schweiz und Italien, 3 905 m hoch.

Palucca, Gret [pa'lʊka], *München 8. Jan. 1902, †Dresden 23. März 1993, dt. Tänzerin und Tanzpädagogin. – Schülerin von M. Wigman, gründete 1925 die bis heute bestehende *Palucca Schule Dresden.* Der von ihr entwickelte Neue Künstler. Tanz fand internat. Geltung. P. gehört neben M. Wigman und H. Kreutzberg zu den bedeutendsten Vertretern des modernen Ausdruckstanzes.

Paludan, Jacob, *Kopenhagen 7. Febr. 1896, †Birkerød bei Kopenhagen 26. Sept. 1975, dän. Schriftsteller. – Reiste 1920 nach Ecuador und in die USA; scharfer Kritiker der

Amerikanisierung des europ. Lebens. Sein R.-Zyklus „Jørgen Stein" (Bd. 1: „Gewitter von Süd", 1932; Bd. 2: „Unter dem Regenbogen", 1933) prangert Materialismus und Sittenlosigkeit in Dänemark zw. den Weltkriegen an. Auch Gedichte und Essays.

Paludan-Müller, Frederik [dän. 'pal'udan'møl'ər], *Kerteminde 7. Febr. 1809, †Kopenhagen 28. Dez. 1876, dän. Dichter. – Zw. Romantik und Realismus stehend, schuf er mit dem Epos „Adam Homo" (1841–48), oft als dän. „Faust" bezeichnet, ein iron. Zeitbild mit autobiograph. Zügen.

Palus Maeotis [mɛ...] ↑Asowsches Meer.

Palynologie [griech.] (Pollenforschung), Arbeitsgebiet der Botanik, das sich mit pflanzl. Pollen und Sporen beschäftigt.

Pamban [engl. 'pæmbæn], langgestreckte ind. Insel in der Palkstraße, westl. Endpunkt der Adamsbrücke; durch eine Eisenbahnbrücke mit dem Festland verbunden.

Pami ↑Sonnendachse.

Panama Stadtwappen

Panama

Hauptstadt der Republik Panama (seit 1903)

640 000 E

Wirtschafts- und Kulturzentrum des Landes

1519 als Hafen gegr.

Aufschwung im 19. Jh.

Pamir, Hochgebirge in Zentralasien, überwiegend zu Tadschikistan, der O zu China, der S zu Afghanistan und der N-Rand zu Kirgisien gehörend. Höchster Berg ist mit 7 719 m der Kongur Shan (China), höchster Berg auf dem Geb. Tadschikistans der 7 495 m hohe Pik Kommunismus. Im P. treffen Kunlun, Karakorum, Himalaja und Hindukusch zusammen. Der P. gliedert sich im W in mehrere etwa 4 000–6 000 m hohe, meist WSW–ONO streichende Ketten, die schroffe Hochgebirgsformen aufweisen und stark vergletschert sind. Im östl. P. überwiegen Hochflächen, die von 5 000–6 000 m hohen Bergmassiven umrahmt und von diesen um etwa 1 000–1 500 m überragt werden; hier herrschen ausgeglichenere Formen vor. Infolge der großen Trockenheit des rauhen Klimas liegt die Schneegrenze sehr hoch, im zentralen und östl. P. bei 5 200 m ü. d. M.; wegen der großen Höhenlage sind ausgedehnte Geb. vergletschert (u. a. ↑Fedtschenkogletscher). Verbreitet ist Strauchvegetation, im östl. P. fehlen Bäume vollständig.

Pamirdialekte, Gruppe archaischer, sich stark voneinander unterscheidender ostiran. Sprachen in den Tälern des Pamir, v. a. am Pjandsch und an dessen Quell- und Nebenflüssen. ↑iranische Sprachen.

Pamirschaf (Katschgar, Marco-Polo-Schaf, Ovis ammon polii), große Unterart des Wildschafs im Hochland von Pamir; Färbung überwiegend graubraun, mit heller Unterseite; Hörner beim ♂ mächtig entwickelt, mit offenen, abstehenden Windungen.

Pampa [span.], baumlose Ebene in Südamerika, v. a. in Argentinien (↑Pampas).

Pampa, La, argentin. Prov. in den Pampas, 143 440 km², 237 400 E (1989), Hauptstadt Santa Rosa. Wirtsch. Grundlage ist die Landw., die im NO und O z. T. intensiv betrieben wird, während sonst wegen der Trockenheit nur Schafhaltung möglich ist.

Pampan [lat.-span.] ↑Muränen.

Pamplona Stadtwappen

Pampas (Pampa) [span.], argentin. Großlandschaft, die sich bis nach S-Uruguay erstreckt, zw. Pampinen Sierren und Cuyo einerseits und Atlantik und uruguay. Hügel- und Stufenland andererseits; weitgehend eine nach W sanft ansteigende Ebene. Klimatisch liegen die P. im Übergangsgebiet vom feuchten zum trockenen Klima; der östl. Teil ist Grasland, in dem mit Eukalypten, Pappeln und Kiefern künstl. Waldinseln geschaffen werden, der westl. trägt regengrüne Dornstrauchvegetation, im N mit trop. regengrünem Trockenwald durchsetzt. Die P. sind das wirtsch. Kernland Argentiniens mit 60 % des Viehbestands und 90 % des Ackerlands.

Pampasgras (Silbergras, Cortaderia selloana), zweihäusige Süßgrasart der Gatt. Cortaderia aus Argentinien; 2–3 m hohe Staude mit starken Horsten aus schmalen, etwa 1 m langen Blättern (in der Heimat bis 3 m); ♀ Pflanzen mit langen, schmalen, seidenglänzenden, silberweißen Blütenrispen an bis 3 m langen Halmen.

Pampashasen (Maras, Dolichotinae), Unterfam. hasenähnl. Meerschweinchen im zentralen und südl. S-Amerika; mit ziemlich langen Ohren, dünnen Beinen und stummelartigem Schwanz; zwei Arten: **Mara** (Großer Mara, Dolichotis patagonum), Länge etwa 70–75 cm; **Kleiner Mara** (Zwergmara, Pediolagus salinicola), etwa 45 cm lang.

Pampashirsch ↑Neuwelthirsche.

Pampelmuse [frz.-niederl., zu Tamil bambolmas (in gleicher Bed.)] (Citrus maxima), Zitrusart, deren Hauptanbaugebiete in Asien, im Mittelmeergebiet, im südl. N-Amerika und auf den Westindischen Inseln liegen; kleiner Baum mit behaarten Sprossen, großen, länglich-eiförmigen Blättern, deren Blattstiele breit geflügelt sind, und sehr großen, rundlich-birnenförmigen, bis 6 kg schweren Früchten *(Riesenorangen, Pampelmusen).* Im Ggs. zur Orange ist die Wand der Fruchtsegmente zäh.

Pamphilos, alexandrin. Grammatiker der 2. Hälfte des 1. Jh. n. Chr. – Verf. umfangreicher Exzerptenliteratur, darunter eines 95 Bücher umfassenden (verlorenen) Glossars.

Pamphlet [engl.-frz.], Bez. nach der im MA weitverbreiteten Dichtung „Pamphilus de amore"; trägt seine meist auf Einzelereignisse des polit., gesellschaftl. oder literar. Lebens bezogene Polemik vorzugsweise persönlich attackierend, weniger sachbezogen argumentierend vor. Zunächst Einzelschrift geringen Umfangs (in England seit dem 14. Jh.), dann gedruckte Flugschrift, v. a. in den Niederlanden im 16. und 17. Jh. („pamfletten"); um 1760 in Deutschland bekannt. Im 19. Jh. bezeichnete frz. „pamphlétaire" einen engagierten publizist. Schriftsteller, der seine P. weitgehend außerhalb der institutionalisierten Medien verbreitete; heute kennzeichnet der Begriff jede für ungerecht oder unbegründet erachtete essayist. Polemik.

Pamphylien, histor. Gebiet im W-Taurus und im südl. angrenzenden Küstenstreifen zw. Antalya und Kap Anamur, Türkei. Wohl ab 1 000 v. Chr. griech. besiedelt; stand nacheinander unter lyd., pers., makedon., ptolemäischer, seleukid. sowie pergamen. Herrschaft; um 102 v. Chr. mit Kilikien röm. Prov.

Pampine Sierren, zusammenfassende Bez. für die langgestreckten, etwa N–S streichenden, oft inselartig isolierten Gebirgszüge in NW-Argentinien. Von O nach W nehmen die P. S. an Höhe zu, die Sierra de Famatina erreicht 6 250 m Höhe. Zw. den einzelnen Gebirgszügen liegen abflußlose Becken.

Pamplona, span. Stadt im Pyrenäenvorland, 451 m ü. d. M., 183 100 E. Verw.sitz der Prov. Navarra; kath. Erzbischofssitz; Univ. (gegr. 1952); Museen. Marktzentrum; Automobilfabrik, Textil-, Nahrungsmittel-, Papier-, Leder-, chem. Ind., Tonwarenherstellung und Eisengießereien. – 75/74 v. Chr. von den Römern als **Pompaelo** gegr.; seit 905 Hauptstadt des Kgr. Navarra; im MA wichtige Festungsstadt (Überwachung der westl. Pyrenäenpässe); seit 1841 Hauptstadt der span. Prov. Navarra. – Got. Kathedrale (14.–16. Jh.; Fassade 18. Jh.) mit got. Kreuzgang, Rathaus (17. Jh.).

Pampasgras

Panama

Fläche: 77 082 km²
Bevölkerung: 2,4 Mill. E (1990), 31,1 E/km²
Hauptstadt: Panama
Amtssprache: Spanisch
Nationalfeiertag: 3. Nov. (Unabhängigkeitstag)
Währung: 1 Balboa (B/.) = 100 Centésimos (c, cts) [Währungsparität zum US-$]
Zeitzone: MEZ −6 Stunden

Pamukkale [türk., eigtl. „Baumwollschloß"], Naturdenkmal in Westanatolien, 20 km nnö. von Denizli: Kalksinterterrassen, die sich durch Ausscheidung von Kalk aus dem kalk- und kohlensäurereichen Wasser, das mit einer Temperatur von 35 °C oberhalb des Hangs austritt, gebildet haben.

Pan, arkad.-griech. Wald- und Herdengott, Sohn des Hermes und einer Nymphe, die ihn bocksgestaltig gebiert. Wie der mit ihm identifizierte Faunus von ambivalentem Wesen, ein Fruchtbarkeit spendender Mehrer der Herden und des Wildes, Schutzgott der Hirten und Jäger, kann er aber auch den einsamen Wanderer oder das Vieh durch plötzl. Auftauchen in „panischen" Schrecken bringen. Aus der in Schilfrohr verwandelten Nymphe Syrinx (griech. „Rohr, Flöte") schnitzt P. die erste Hirtenflöte (Panflöte).

Pan, Berliner Kunst- und Literaturzeitschrift, die von einer 1895–1900 bestehenden Genossenschaft m. b. H. „Pan" getragen wurde. Hg. und Redakteure waren O. J. Bierbaum, J. Meier-Graefe, C. Flaischlen und R. Graul.

P., kulturelle und polit. Zeitschrift, 1910–15, Erscheinungsort Berlin. Zunächst hg. von W. Herzog und P. Cassirer, ab Jan. 1912 von P. Cassirer und W. Fred, ab April 1912 von A. Kerr, zunehmend mit eigenen Beiträgen.

Pan [poln.], 1. früher Bez. für den Besitzer eines kleinen Gutes; 2. poln. Anrede für Herr.

PAN, Abk. für: **P**eroxy**a**cetyl**n**itrat, eine durch Photooxidation aus Kohlenwasserstoffen und Stickoxiden (bes. Autoabgasen) entstehende tränenreizende Substanz; ursächlich beteiligt am photochem. Smog.
▷ Abk. für: ↑Polyacrylnitril.

pan..., Pan..., panto..., Panto... [griech.], Wortbildungselement mit der Bed. „all, ganz, gesamt, völlig".

panafrikanische Bewegung, durch Afroamerikaner und Afrikaner um 1900 initiierte polit. und kulturelle Bewegung mit dem Ziel der Vereinigung von Afroamerikanern in den USA und Westindien und deren Emanzipation sowie der Einigung Schwarzafrikas. Zentralfigur war W. E. B. Du Bois; 1944 wurde die Pan-African Federation in London gegr. Seit 1950 verlagerte sich der Schwerpunkt der p. B. in die afrikan. Länder. Die All-African People's Conference (1958 Accra, 1960 Tunis, 1961 Kairo) trug zur Intensivierung des afrikan. Befreiungskampfes bei. 1961 Spaltung in die Brazzaville- und die Casablancastaaten; 1963 Einigung zw. beiden Gruppen durch Gründung der OAU.

Panaitios von Rhodos (latinisiert Panaetius), * um 185, † um 109, griech. Philosoph. – Um 144 in Rom Mgl. des Freundeskreises des jüngeren Scipio. 129–109 Schulhaupt der Stoa in Athen; Begründer der mittleren ↑Stoa; verschaffte über den Scipionenkreis der Philosophie Einfluß und Verbreitung in Rom. P. bezweifelte die Unsterblichkeit der Seele, behauptete die Ewigkeit der Welt und vertrat eine prakt. Ethik.

Panaitios-Maler [Name nach dem auf den Vasen gepriesenen Panaitios], att. Vasenmaler des rotfigurigen Stils des 5. Jh. – Tätig um 500–480 in der Töpferwerkstatt des Euphronios, steht mit seinen bewegungsreichen iron. Szenen noch in spätarchaischer Tradition; v. a. Schalen (Theseus-Schale, Louvre).

Panaji [engl. 'pænædʒɪ], Hauptstadt des ind. Bundesstaates Goa, am Arab. Meer, 43 200 E. Kath. Erzbischofssitz; ozeanograph. Inst., histor. Archiv von Goa, Colleges für Medizin und Pharmazie; Düngemittelind. – Ab 1759 Sitz des portugiesischen Vizekönigs in Indien; 1843–1961 Hauptstadt der portugiesischen Besitzungen. – Kathedrale (1562–1623). Kirche Bom Jesus (1594 ff.) mit dem Grab und Schrein des hl. Franz Xaver.

Panajiotopulos, I[oannis] M. [neugriech. panajɔ'tɔpulɔs], * Ätolikon 23. Okt. 1901, † Athen 17. April 1982, neugriech. Schriftsteller. – Maßgebl. griech. Literaturkritiker. Schrieb empfindsame Gedichte, Romane („Die Siebenschläfer", 1956), Erzählungen, Essays und Abhandlungen.

Pan Am [engl. 'pænæm], Kurzbez. für die Pan American World Airways, Inc. Die v. a. in den 1960er Jahren mit einem weltweiten Streckennetz führende Fluggesellschaft war seit den 1980er Jahren in zunehmende wirtsch. Schwierigkeiten geraten; sie wurde im August 1991 von Delta Air Lines Inc. übernommen.

Panama (Ciudad de Panamá), Hauptstadt der Republik P. und der Prov. P., nahe der pazif. Einfahrt in den Panamakanal, 640 000 E (Agglomeration). Wirtschafts- und Kulturzentrum des Landes; kath. Erzbischofssitz; 3 wiss. Akad.; 2 Univ. (gegr. 1935 bzw. 1965), Nationalarchiv, -museum, -bibliothek; Inst. für Tropen- und Präventivmedizin; Nat.-theater. Im Raum P. befinden sich über 40 % der Ind.betriebe des Landes mit fast 60 % der Beschäftigten. Hafen; 27 km nö. internat. ✈. – 1519 als Hafen gegr. Zwischenstation für die Goldtransporte von Peru nach Spanien; ab 1849 nach Bau der Bahnlinie über die Landenge (Eröffnung 1855) erlebte P. einen neuen Aufschwung, der sich nach der Fertigstellung des Panamakanals (1914) verstärkte; seit 1903 Hauptstadt der Republik Panama. – Bauten aus der Kolonialzeit, u. a. Kathedrale (1796 geweiht), Ruinen von Alt-Panama.

Panama (amtl.: República de Panamá), Republik in Zentralamerika, zw. 7° 12′ und 9° 38′ n. Br. sowie 77° 09′ und 83° 03′ w. L. **Staatsgebiet:** Es grenzt im N an das Karib. Meer, im O an Kolumbien, im S an den Pazifik, im W an Costa Rica. **Verwaltungsgliederung:** 9 Prov. und ein autonomes Indianerterritorium innerhalb der Prov. Colón. **Internat. Mitgliedschaften:** UN, OAS, SELA, GATT.

Landesnatur: P. umfaßt den südöstlichsten Teil Zentralamerikas einschl. einiger vorgelagerter Inseln. Ein 2 000 bis 3 000 m hoher zentraler Gebirgszug teilt das westl. der Senke der Kanalzone gelegene Staatsgebiet in einen atlantisch und einen pazifisch geprägten (einschl. der Península de Azuero) Raum. Den W-Teil beherrscht der 3 475 m hohe Vulkan Chiriquí. Östl. der P.senke erstreckt sich der Bogen der Cordillera de San Blas (bis etwa 1 100 m hoch); weitere Bergzüge schließen Senken ein und begrenzen die weitgespannten zentralen Niederungen des Darién.

Klima: Die Temperaturen des trop. Klimas zeigen nur geringe Jahresschwankungen, nehmen aber mit der Höhe ab.

Panama

Staatswappen

Internationales Kfz-Kennzeichen

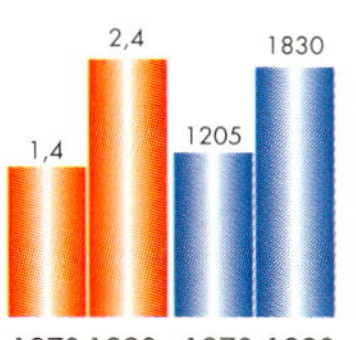

1970 1990 Bevölkerung (in Mill.)
1970 1990 Bruttosozialprodukt je E (in US-$)

Stadt Land

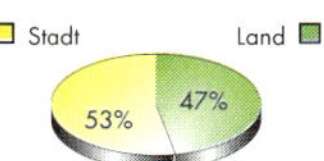

Bevölkerungsverteilung 1990

Industrie
Landwirtschaft
Dienstleistung

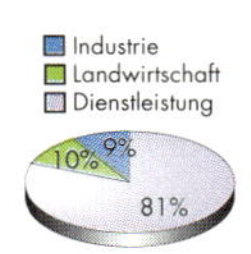

Bruttoinlandsprodukt 1990

Der karib. Bereich ist immerfeucht unter dem Einfluß der Passatwinde, der pazif. erhält nur in den Sommermonaten Niederschläge, abgesehen vom immerfeuchten SO (Darién).

Vegetation: Das Tiefland (Tierra caliente) des karib. Bereichs und der Darién ist von immerfeuchtem trop. Regenwald bedeckt. Im wechselfeuchten pazif. Raum finden sich regengrüne Feucht- und Trockenwälder sowie Feuchtsavannen. Oberhalb 600–700 m (Tierra templada) wächst regen- oder immergrüner Bergwald, der ab 2 500 m in Nebelwald übergeht.

Bevölkerung: Etwa 60 % der Gesamtbev. sind Mestizen, 20 % Schwarze und Mulatten, 10 % Weiße, 8 % Indianer, daneben asiat. Minderheiten. 93 % sind Katholiken, 6 % gehören prot. Kirchen an. Die Indianer – Cuna und Guaymí sind die größten Gruppen – haben zum großen Teil ihre alten Sitten und Sprachen bewahrt. Für einen Teil der Indianer wurden 1952 und 1957 gesetzlich garantierte Reservate geschaffen. Die von den Westind. Inseln eingewanderten Schwarzen sind Protestanten und sprechen Englisch, die Nachkommen der nach P. verschleppten schwarzafrikan. Sklaven sind kath. und sprechen Spanisch. Die Bev. ist ungleich über das Land verteilt. Darién und der karib. Bereich sind sehr dünn besiedelt, dicht dagegen die Kanalzone und das Geb. um den Golf von Parita. Es besteht allg. Schulpflicht von 7–15 Jahren. P. verfügt über 2 Univ. in der Hauptstadt.

Wirtschaft: In der Wirtschaftsstruktur P. dominiert der exportorientierte Handels- und Dienstleistungssektor, in dem über die Hälfte der Erwerbstätigen beschäftigt sind. Die Einnahmen aus dem Kanalverkehr, dem Betrieb der 1982 fertiggestellten Transisthmuspipeline von Puerto Armuelles, dem Fremdenverkehr und dem Geschäft mit der Billigflagge sind die wichtigsten Devisenquellen des Landes und tragen zum Ausgleich des traditionellen Außenhandelsdefizits bei. In den letzten Jahren entwickelte sich P. zu einem internat. Bank- und Finanzzentrum.

Die wichtigsten landw. Geb. liegen westl. der Kanalzone im pazif. Bereich. Angebaut werden für den Inlandsbedarf Reis, Mais, Maniok, Bataten und Bohnen, für den Auslandsmarkt bestimmt sind v. a. Bananen, aber auch Kaffee, Kakao und Zuckerrohr. Viehzucht wird v. a. in den Savannen und Höhengebieten der pazif. Prov. betrieben, in der Nähe der großen Städte ist sie auf Milchwirtschaft spezialisiert. Ohne geregelte Forstwirtschaft werden die artenreichen trop. Laubwälder (rd. 50 % der Staatsfläche) genutzt. Der größte Teil des Holzeinschlags dient der Brennholzversorgung. Hauptfanggebiet für die Fischerei ist der Pazifik, gefischt werden v. a. Garnelen, Langusten, Makrelen, Anchovis und Thunfisch. An Bodenschätzen sind Kupfererze nachgewiesen; abgebaut wird Kalk für die Zementind.; in Salinen wird Salz gewonnen. Die Ind. ist hauptsächlich auf die Produktion von Konsumgütern für den Inlandsbedarf ausgerichtet. Wichtig sind die Nahrungs- und Getränkeind., außerdem Leichtind. und zwei Zementfabriken. Fast die Hälfte aller Betriebe konzentriert sich auf die Prov. Panama. Die 1948 gegr. Freizone von Colón ist der größte Waren- und Kapitalumschlagsplatz von Lateinamerika; rd. 365 große ausländ. Firmen sind hier vertreten.

Außenhandel: Ausgeführt werden Bananen (30 % des Exports), Garnelen und Fisch, Kaffee, Zucker, eingeführt verarbeitete Produkte, Maschinen, Transportmittel, Erdöl, chem. und pharmazeut. Erzeugnisse u. a. An erster Stelle der Handelspartner stehen die USA, gefolgt von Süd-Korea, Deutschland, Costa Rica und Hongkong.

Verkehr: Die einzige von Küste zu Küste führende Eisenbahnstrecke (1855 erbaut) liegt in der Kanalzone. Das Straßennetz ist 9 694 km lang. Wichtigste Strecken sind die Schnellstraße Panama–Colón und der Anteil von P. an der Carretera Interamericana, von der 550 km fertiggestellt sind (mit Betondecke und Brücke über den Panamakanal); die Verbindung zur kolumbian. Grenze wird angestrebt. Die Küstenschiffahrt spielt für die Versorgung der karib. Küste und für den Darién eine Rolle. Die meisten Handelsschiffe unter panamaischer Flagge gehören ausländ. Reedereien, da P. zu den Ländern der sog. billigen Flaggen gehört. Wichtigste Häfen sind Cristobal und Balboa, Erdölhafen Puerto Pilón östl. von Colón; Puerto Armuelles (am Pazifik) ist Transferhafen für Erdöl. Vier Fluggesellschaften bedienen den In- und Auslandsverkehr; internat. ✈ 27 km nö. von der Hauptstadt.

Geschichte: In präkolumb. Zeit gehörte das Gebiet P. zum Einflußbereich der Chibcha-Kultur. – Nachdem seit 1501 die atlant. Küste P. von Spaniern entdeckt worden war (fortan *Gold-Kastilien* gen.), entstand 1510 am Golf von Urabá die Siedlung Santa María la Antigua, die Kernpunkt der span. Unternehmungen wurde. Von hier aus durchquerte V. Núñez de Balboa den Isthmus und erreichte am 29. Sept. 1513 als erster Europäer den Pazif. Ozean, den er „Südsee" nannte. 1739 wurde P. Teil des neuen Vize-Kgr. von Santa Fe (Neugranada). Am 28. Nov. 1821 erklärte sich P. für unabhängig von Spanien, um sich Großkolumbien anzuschließen. 1855 stellten die USA die transisthm. Eisenbahn fertig. 1858–85 selbständig, dann Wiederanschluß an Kolumbien. Um das geplante Kanalgebiet unter ihre Kontrolle zu bekommen, veranlaßten die USA die Lostrennung P. von Kolumbien (Unabhängigkeitserklärung der Republik P. unter dem Schutz der USA am 3. Nov. 1903) und sicherten sich im Kanalvertrag (*Hay-Varilla-Vertrag*, 18. Nov. 1903) die Rechte zum Kanalbau sowie die Nutzung der P.kanalzone. Ab 1906 Bau, am 15. Aug. 1914 Eröffnung des P.kanals. Seit den 1930er Jahren machte sich eine nat. betonte Abwehrbewegung gegen den Einfluß der USA geltend, die v. a. die Unterstellung der P.kanalzone unter die Souveränität P. forderte. Nach einer Revision des Vertrages von 1903 (2. März 1936) mit Erhöhung der jährl. Zahlung und der Garantie einer (sehr eingeschränkten) Unabhängigkeit von P. wurde im Vertrag von 1954 (von den USA 1955 ratifiziert) v. a. die Erhöhung des Pachtzinses für die P.kanalzone erzielt. Mit der 1960 von den USA verfügten gemeinsamen Hissung der Flaggen P. und der USA wurde P. nominelle Souveränität anerkannt. Ein 1967 mit der amerikan. Reg. geschlossener Vertrag wurde nicht ratifiziert. Eine 3. Kandidatur von A. Arias (Präs. 1940/41, 1949–51) um die Präsidentschaft 1968 löste einen schweren Verfassungskonflikt aus; kurz nach seiner Wahl wurde er im Okt. von der Nat.garde gestürzt. Eine Junta unter Führung von O. Torrijos Herrera (* 1929, † 1981) bemühte sich um Wirtschafts- und Sozialreformen. 1972 wurde D. B. Lakas Bahas (* 1925) Präs. (bis 1978), Torrijos Herrera zum „Großen Führer der Revolution von P." erklärt. 1974 einigten sich die USA und P. in einem Grundsatzabkommen über einen neuen Kanalvertrag, der im Sept. 1977 in Washington unterzeichnet wurde; danach sollen der P.kanal und die Kanalzone zum Jahr 2000 in die volle Souveränität der Republik P. übergehen. Bereits im April 1982 erhielt P. die Hoheitsrechte in der Kanalzone; der Gouverneur und die Kanalzonenreg. stellten ihre Tätigkeit ein. – Der Betrieb des Kanals selbst wird von einer als Behörde der USA fungierenden Kommission wahrgenommen, in die die USA 5 und P. 4 Mgl. entsenden. Bis 1999 übernehmen die USA und P. gemeinsam den militär. Schutz und die Verteidigung des Kanals. An den Erträgen aus dem Betrieb des Kanals wird P. beteiligt. Die USA und P. verpflichteten sich, die Neutralität des Kanals in Friedens- und Kriegszeiten zu achten, auch über das Jahr 2000 hinaus.

Zw. 1983 und 1988 erzwang die Nat.garde mehrfach einen Wechsel im Amt des Staatspräs. und erwies sich damit als ausschlaggebender Machtfaktor im Land. Der Oberbefehlshaber der Nat.garde, General M. A. Noriega Morena, dem seitens der USA Mordkomplotts, Drogenhandel und Wahlfälschung vorgeworfen wurde, ließ die Präsidentschaftswahlen vom Mai 1989 annullieren und übernahm im Okt. 1989 nach Streiks, Demonstrationen und einem gegen ihn gerichteten Putschversuch diktator. Vollmachten, die ihn über das Präsidentenamt erhoben. Am 20. Dez. 1989 intervenierten amerikan. Truppen; nach heftigen Kämpfen stellte sich Noriega am 4. Jan. 1990, wurde in die USA gebracht und dort 1992 zu einer langjährigen Haftstrafe verurteilt. Präs. wurde noch im Dez. 1989 der bisherige Oppositionsführer G. Endara, dessen Wahlsieg vom Mai 1989 durch das Regime Noriega nicht anerkannt worden war. Im April 1991 zerfiel das ihn stützende Parteienbündnis, so daß er nicht mehr über eine Parlamentsmehrheit verfügt. Trotz enger Anlehnung an die USA vermochte er die polit. und wirtsch. Probleme des Landes bislang nicht zu lösen.

Politisches System: Nach der Verfassung vom 24. April 1983 ist P. eine präsidiale Republik; eine Verfassungsreform wurde im Nov. 1992 in einem Referendum abgelehnt. *Staatsoberhaupt* und oberster Inhaber der *Exekutiv*gewalt (Reg.chef) ist der Präs., der vom Volk direkt für 5 Jahre gewählt wird. Er ernennt und entläßt das Kabinett. Die *Legislative* liegt beim Einkammerparlament, der Nat.versammlung, dessen 67 Abg. direkt für 5 Jahre gewählt werden (allg. Wahlrecht ab 18 Jahre). Die *Parteien*landschaft befindet sich seit 1989 im Umbruch; nach dem Zerfall des Parteienbündnisses ADOC (Alianza Democrática de Oposición Civilista) im April 1991 stützt sich der Präs. v. a. auf die populist. Partei der Arnulfisten (PA) und den liberalkonservativen MOLIRENA (Movimiento Liberal Republicano Nacionalista). Stärkste Oppositionspartei ist der Partido Democrático Cristiano (PDC). Neben der Confederación de Trabajadores de la República de Panamá (CTRP, Dachverband von 13 Einzelgewerkschaften) existieren 2 weitere große *Gewerkschaft*sverbände. Oberste Instanz der *Recht*sprechung ist der Oberste Gerichtshof, dem Bezirks- und kommunale Gerichte nachgeordnet sind.

Panama (Panamagewebe) [nach der zentralamerikan. Stadt Panama], Bez. für Stoffe mit würfelartigem oder rechteckigem Aussehen, in Panamabindung, einer abgeleiteten Leinwandbindung.

Panama, Golf von, weite Bucht des Pazifiks an der Küste Panamas, an der Einfahrt etwa 200 km breit, im O-Teil Inseln. Wichtigster Hafen ist Panama; außerdem zahlr. Fischereihäfen.

Panamahut, aus den jungen getrockneten Blättern der Panamapalme geflochtener, leichter, breitrandiger Herrenhut.

panamaische Literatur ↑ mittelamerikanische Literaturen.

Panamakanal, künstl. Schiffahrtsweg in Zentralamerika, zw. Atlantik (Karib. Meer) und Pazifik, verläuft 81,6 km lang durch den Isthmus von Panama; Sohlenbreite 90 bis 300 m; Inbetriebnahme am 15. Aug. 1914. Von N kommend, führt die Baggerrinne auf Meeresniveau durch die Bucht von Limón bis zum Gatundamm, wo mit drei Schleusenkammern der Aufstieg zum künstlich gestauten Gatunsee (26 m ü. d. M.) erfolgt. Die gleichmäßige Wasserführung wird seit 1935 durch den Maddensee (Stausee mit Kraftwerk) gewährleistet. Der im Bereich der kontinentalen Wasserscheide (93 m ü. d. M.) angelegte 13 km lange Gaillard Cut führt bis zur Schleuse von Pedro Miguel, die den Abstieg einleitet, der in der Doppelschleuse von Miraflores beendet wird. Im Rahmen des Ausbaus von 1962–71 wurden die Schleusen vergrößert, der Gaillard Cut von 91,4 m auf 152,4 m verbreitert und von 12,8 m auf 14,3 m vertieft sowie die Mindesttiefe und -breite des gesamten Kanals erweitert. Im Mittel benötigt ein Schiff zur Querung der Landenge 14–16 Std., davon 8 Std. für den eigtl. Schleusenkanal. Neben der wirtsch. Bed. des Kanals, die auf der Verkürzung des internat. Schiffahrtsweges beruht, steht für die USA der große strateg. und polit. Wert des Kanals im Vordergrund. Da für über 60 % der Welthandelsflotte (Schiffe über 12 m Tiefgang) der P. nicht mehr passierbar ist, wird seit langem die Errichtung eines neuen Kanals erwogen. Der Entlastung des P. dient auch die 1982 in Betrieb genommene Erdölleitung von Puerto Armuelles zum Atlantik.

Geschichte: Schon seit dem 16. Jh. bestanden Überlegungen zur Durchstechung des Isthmus zw. Atlantik und Pazifik (u. a. auch im Gebiet des heutigen Nicaragua). Nachdem das 1879 von F. M. Vicomte de Lesseps mit Hilfe einer frz. Gesellschaft begonnene Projekt eines schleusenlosen Kanals 1889 v. a. aus techn. Gründen gescheitert war (↑ Panamaskandal), sicherten sich die USA 1901 durch den *Hay-Pauncefote-Vertrag* mit Großbritannien (der den *Clayton-Bulwer-Vertrag* von 1850 ersetzte, in dem beide Länder die Sicherheit und die Neutralität der Landenge von Panama mit dem geplanten Schiffskanal garantierten) das Alleinrecht auf den Bau eines mittelamerikan. Kanals; Anfang 1903 schlossen sie mit Kolumbien den sog. *Hay-Herrán-Vertrag*, der die USA ermächtigte, den P. innerhalb einer Kanalzone mit polit. Sonderstatus zu bauen, zu betreiben und zu schützen, ferner die Konzessionen und das Vermögen der frz. Kanalgesellschaft zu erwerben (weiter ↑ Panama [Geschichte]).

Panamakanalzone, nach dem Bau des Panamakanals zum Hoheitsbereich der USA gehörendes Gebiet in Z-Amerika, ein je rd. 8 km breiter Streifen beiderseits des Panamakanals, einschl. der über diesen Bereich hinausgehenden Wasserflächen des Gatun- und Maddensees, aber ohne die in Kanalnähe gelegenen Stadtgebiete von Panama und Colón, 1 432 km^2 (davon 712 km^2 Wasserfläche), Verwaltungssitz Balboa Heights. – Zur Geschichte ↑ Panama (Geschichte).

Panamapalme ↑ Kolbenpalme.

Panamarenko, eigtl. Henry van Herwegen, * Antwerpen 5. Febr. 1940, belg. Objektkünstler. – P. entwickelt in Zeichnungen und Objekten Automobile, Flugmaschinen und Luftschiffe, die scheinbar funktionieren, aber nicht zum Gebrauch bestimmt sind.

Panamaskandal, Bestechungsaffäre in Frankreich im Zusammenhang mit dem Bau des Panamakanals. Die 1879 gegr. frz. Kanalgesellschaft mußte 1889 Konkurs anmelden. 1892/93 beschuldigten frz. Nationalisten einige Abg. der Nat.versammlung, wegen der Genehmigung der letzten Prämienanleihen mit Kanalaktien bestochen worden zu sein. Die Reg. É. Loubet mußte zurücktreten. Ein Prozeß endete 1897 mit dem Freispruch aller Angeklagten.

Panamerican Highway [engl. ˈpænəˈmɛrɪkən ˈhaɪwɛɪ] (span. Carretera Panamericana), Straßensystem, das die festländ. Staaten Lateinamerikas sowohl untereinander als auch mit dem Straßennetz der USA und Kanadas verbindet. Der P. H. wird innerhalb Zentralamerikas und Mexikos meist **Carretera Interamericana** gen. Der P. H. endet im S in Puerto Montt (Chile) und Ushuaía (Argentinien). Noch nicht fertiggestellt sind Teilstücke in Panama und Kolumbien.

Pan American World Airways, Inc. [engl. ˈpænəˈmɛrɪkən ˈwəːld ˈɛəwɛɪz ɪnˈkɔːpərɛɪtɪd kʌmpənɪ], Kurzbez. ↑ Pan Am.

panamerikanische Konferenzen, Bez. für die von den Vertretern der amerikan. Staaten abgehaltenen Zusammenkünfte mit dem Ziel polit. und wirtsch. interamerikan. Zusammenarbeit. 1889 fand in Washington auf Initiative der USA der 1. panamerikan. Kongreß statt, 1890 wurde die Internat. Union Amerikan. Republiken (später Panamerikan. Union) mit Büro in Washington gegr. Die Konferenz in Bogotá (1948) führte schließlich zur Gründung der Organization of American States (↑ OAS).

Panamerikanische Spiele, seit 1951 alle 4 Jahre ausgetragene Wettkämpfe der amerikan. Staaten mit olymp. u. a. Sportarten.

panarabische Bewegung, mit dem Panislamismus sich überschneidende polit. Sammlungsbewegung zur Einigung aller arab. Staaten auf der Grundlage von Gemeinsamkeiten in Kultur, Sprache und Religion; entstand etwa 1880 als Reaktion auf den europ. Imperialismus. Die p. B. führte u. a. zur Gründung der Arab. Liga 1945, zur Vereinbarung von Staatenunionen (z. B. VAR 1958–61, Arab. Föderation 1958; ↑ ägyptische Geschichte, ↑ Libyen [Geschichte]) und hatte erhebl. Bed. für die Formulierung einer einheitl. Erdölpolitik der OPEC-Staaten seit 1973. Die mit der Gründung des Staates Israel verschärfte Palästinafrage (↑ Nahostkonflikt) gab der p. B. eine neue Richtung; der israel.-ägypt. Separatfrieden (1979) und v. a. die Beteiligung einiger arab. Staaten an der antiirak. Allianz im 2. ↑ Golfkrieg (1991) gefährdeten die p. B. ernsthaft.

Panaritium [lat.], svw. ↑ Fingervereiterung.

panaschieren [zu frz. panacher „bunt herausputzen“ (eigtl. „mit einem Federbusch zieren“)] ↑Wahlen.

Panaschierung [frz.] (Weißbuntscheckung), weiße oder gelbe Fleckung oder Streifung von Blättern infolge Chlorophyllmangels. – ↑Buntblättrigkeit.

Panathenäen [griech.], in der griech. Antike das Hauptfest der Athener zu Ehren der Stadtgöttin Athena, das urspr. jährlich *(kleine P.)*, ab etwa 565 v. Chr. alle 4 Jahre *(große P.)* mit einer Prozession und Wettspielen gefeiert wurde.

Panay [span. pa'nai], eine der Visayaninseln und sechstgrößte Insel der Philippinen, 11515 km². Wichtigste Städte und Häfen sind Iloilo und Roxas. An Bodenschätzen finden sich Kupfer-, Chrom- und Manganerze. Es dominiert der Anbau von Zuckerrohr, Reis und Mais; Küstenfischerei.

Panazee [nach Panakeia, der griech. Göttin der Genesung], Allheil- und Wundermittel, bes. in der Alchimie und Iatrochemie; gibt es in Wirklichkeit auf Grund der Verschiedenheit der Krankheiten und ihrer Ursachen nicht.

Panbabylonismus, inzwischen widerlegte Hypothese der Assyriologie Anfang des 20. Jh., nach der das sumer.-babylon. Weltbild alle Kulturen und Religionen, v. a. das A. T., geprägt habe. Eine Folge des P. war der 1902 von F. ↑Delitzsch ausgelöste „Babel-Bibel-Streit“.

Vijaya Lakshmi Pandit

Pančevo [serbokroat. 'pa:ntʃɛvɔ], dt. Pantschowa, ungar. Pancsova ['pɔntʃovɔ], Stadt in der Wojwodina innerhalb Serbiens, an der Mündung der Temes in die Donau, 77 m ü. d. M., 70300 E. Mittelpunkt des südl. Banats. Herstellung von Nahrungsmitteln, Flugzeugteilen, Glas und Glühlampen, Chemiewerke, Erdölraffinerie; Hafen. – 1153 erstmals erwähnt; vom Ende des 14. Jh. bis 1716 osmanisch.

Panchen-Lama ['pantʃən] ↑Pantschen-Lama.

panchromatische Emulsion ↑Sensibilisierung.

Pandämonium [griech.], die Gesamtheit und der Versammlungsort aller bösen Geister. – ↑Pantheon.

Pandas (Katzenbären, Ailuridae), Fam. der Raubtiere im Himalajagebiet und in W-China; man unterscheidet zwei Arten: ↑Kleiner Panda und ↑Bambusbär.

Pandekten [griech.-lat.] ↑Corpus Juris Civilis.

Pandemie [griech.] ↑Epidemie.

pandemisch, sich über mehrere Länder oder Landstriche ausbreitend (von Epidemien gesagt).

Pandero [span.], bask. Schellentrommel, die in der span. Volksmusik zur Begleitung von Tänzen gespielt wird.

Pandit, Vijaya Lakshmi, *Allahabad 18. Aug. 1900, †Dehra Dun 1. Dez. 1990, ind. Diplomatin und Politikerin. – Tochter M. Nehrus; 1946–51 und 1963 ind. Chefdelegierte bei den UN; 1953/54 als erste Frau Präs. der UN-Vollversammlung; 1956–61 Hochkommissar Indiens in London; 1964–68 Abg. im ind. Unterhaus.

Pandit [Sanskrit], [Ehren]titel brahman. Gelehrter und Philosophen.

Pando, Dep. in Bolivien, an der Grenze gegen Peru und Brasilien, 63827 km², 58000 E (1989), Hauptstadt Cobija. Umfaßt die Schwemmlandebene zw. Río Abuna und Río Madre de Dios.

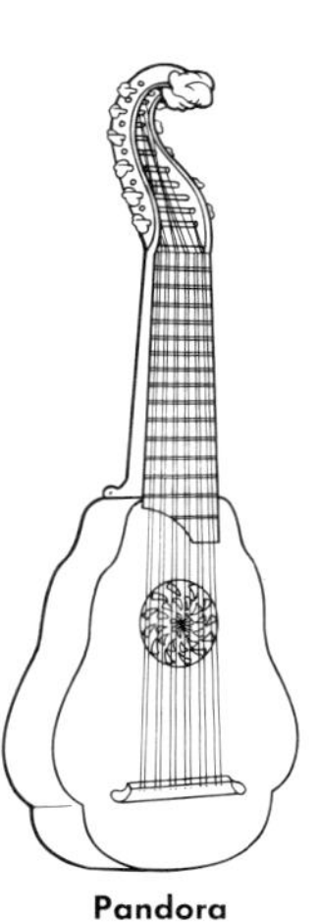
Pandora

Pandora, in der griech. Mythologie eine von Hephäst aus Erde geformte, von den Göttern mit allen Vorzügen ausgestattete Frau, die Zeus, der die Menschen für den Raub des Feuers durch Prometheus strafen will, mit einem alle Übel bergenden Tonkrug versieht und zu Prometheus' Bruder **Epimetheus** („der zu spät Bedenkende“) bringen läßt. Von ihren Reizen geblendet, nimmt dieser sie auf, P. öffnet das Gefäß und verbreitet so die Übel unter den Menschen.

Pandora [griech.-italien.], im 16. und 17. Jh. gebräuchl. Zupfinstrument, der ↑Cister verwandt, mit stark gebuchteten Zargen und fünf bis sieben Saitenchören; wurde v. a. als Generalbaßinstrument eingesetzt.

Pandschab [pan'dʒa:p, 'pandʒa:p; Sanskrit „Fünfstromland“] (engl. Punjab), Landschaft im NW Vorderindiens, heute geteilt in die pakistan. Prov. Punjab und den gleichnamigen ind. Bundesstaat; Teile liegen außerdem im ind. Bundesstaat Haryana. Das P. nimmt den Raum südl. der Salt Range bzw. des Himalaja ein, den die 5 Flüsse Jhelum, Chenab, Ravi, Beas und Sutlej aufgeschüttet haben; W–O-Erstreckung rd. 550 km, N–S-Erstreckung rd. 720 km. Die Hochwasserbetten der Flüsse erreichen bis zu 50 km Breite. Durch die Anlage großer Stauwerke im Indus und seinen Nebenflüssen konnte die bewässerte Fläche vergrößert werden, so daß das P. heute zu den wichtigsten Agrargebieten Vorderindiens zählt. Vorkommen von Salz, Erdgas und Erdöl sowie die Errichtung von Kraftwerken waren Grundlage für den Aufbau einer bed. chem. Ind. neben der traditionellen Textil- und Nahrungsmittelind. **Geschichte:** Älteste Kulturlandschaft Indiens, deren Geschichte mit der Harappakultur (4. Jt. bis Anfang 2. Jt. v. Chr.) beginnt. 518 v. Chr. von Darius I. annektiert, 326 v. Chr. endete der Zug Alexanders d. Gr. im P.; noch im 1. Jh. v. Chr. bestanden griech. Königtümer, obwohl das Gebiet um 300 v. Chr. in das ind. Reich der Maurja einbezogen worden war. Ab 712 drangen die Muslime ein und brachten das P. 1206 unter ihre Kontrolle (Sultanat von Delhi). 1526 kam es zum Mogulreich, nach dessen Niedergang vorübergehend in afghan. Besitz und Ende des 18. Jh. in Besitz der Sikhs. 1849 eroberten die Briten das P. und machten es zu einer Prov. Brit.-Indiens, die 1937 Autonomie erhielt. 1947 geteilt, der größere Teil mit der Hauptstadt Lahore fiel an Pakistan (Prov. Punjab), der kleinere Teil an Indien (Bundesstaat Punjab).

Pandschabi, zu den indoar. Sprachen gehörende Sprache in N-Indien und Pakistan, offizielle Sprache des ind. Bundesstaates Punjab. P. wird von den Sikhs in Gurmukhischrift (↑indische Schriften), von Muslimen in einer Variante der arab. Schrift geschrieben.

Pandura [griech.] ↑Tanbur.

Panduren [ungar.], im 17./18. Jh. Bez. für Soldaten der östr. Armee, die im Kleinkrieg in S-Ungarn eingesetzt waren; gehörten 1741–56 zum Freikorps des Franz Freiherrn von der Trenck, später zur regulären Armee.

Panduro, Leif [dän. pan'du:ro], *Kopenhagen 18. April 1923, †Liseleje, Asserbo og Melby bei Frederiksborg 16. Jan. 1977, dän. Schriftsteller. – Zahnarzt; stellte in seinen von der Psychoanalyse beeinflußten Romanen, u. a. „Echsentage“ (1961), „Die verrückte Welt des Daniel Black“ (1970), Theaterstücken und Hörspielen mittels skurril-bizarrer Handlungsführung den Widersinn des alltägl. Lebens bloß.

Paneel [altfrz.-niederl.], das vertieft liegende Feld einer Holztäfelung; auch Bez. für die gesamte Holztäfelung.

Panegyrikus [griech. „zur (Fest)versammlung gehörig“], in der Antike feierl. lobendes Werk der Dichtung oder Redekunst, in dem bed. Taten, Institutionen oder Persönlichkeiten gepriesen werden.

Panel [engl. pænl; eigtl. „Feld“ (zu ↑Paneel)], in der empir. Sozialforschung Bez. für eine nach dem Stichprobenverfahren ausgewählte Personengruppe, die zu mindestens 2 Zeitpunkten hinsichtlich derselben Merkmale mit demselben Erhebungsinstrument (Beobachtung, Fragebogen, Interview) gemessen wird. **Paneluntersuchungen** dienen meist zur Feststellung von Meinungs- oder Einstellungsänderungen bzw. zur Analyse sozialen Wandels.

panem et circenses [lat. „Brot und Zirkusspiele“], Forderung des stadtröm. Volkes, das auf Versorgung durch Zuwendungen des Kaisers angewiesen war.

Panentheismus [griech.], im Unterschied zum ↑Pantheismus die Lehre der Einheit von Gott und Welt (Natur) ohne die Identität beider.

Paneth, Friedrich Adolf, *Wien 31. Aug. 1887, †Mainz 17. Sept. 1958, östr. Chemiker. – Prof. u. a. in Berlin und London; ab 1953 Leiter des Max-Planck-Inst. für Chemie in Mainz. P. arbeitete u. a. über radioaktive Zerfallsreihen und Altersbestimmungen sowie über radioaktiv markierte Moleküle.

Paneuropa-Bewegung, 1923 von R. N. Graf Coudenhove-Kalergi[-Balli] gegr. Bewegung, die eine Vereinigung Europas anstrebte; Sitz des Zentralbüros bis 1938 Wien, dann Bern, ab 1941 New York; hatte Impulse auf die Schaffung der Europ. Bewegung, der sie sich, 1952 wiederbegr., assoziierte. Präs. der **Paneuropa-Union** (seit 1972): Otto von Habsburg-Lothringen.

Panflöte [nach dem griech. Hirtengott Pan] (griech. Syrinx), Blasinstrument aus mehreren meist nebeneinander angeordneten Rohrpfeifen (Längsflöten) unterschiedl. Länge ohne Grifflöcher und Mundstück; der Spieler bläst i. d. R. gegen die obere Kante (↑ Flöte); hergestellt aus Schilf (bes. häufig), Holz, Bambus, Metall, Stein oder Ton. Die P. gehört zu den ältesten Instrumenten.

Pangäa ↑ Kontinentalverschiebung.

Pangermanismus, 1. im 19. Jh. entstandenes Schlagwort für ein allen Völkern german. Abstammung gemeinsames Stammes- oder Nat.bewußtsein; 2. Bez. für Bestrebungen nach Vereinigung aller Dt.sprachigen in einem Staat.

Pangoline [malai.], svw. ↑ Schuppentiere.

pangrammatisch, Bez. für sprachl. Werke, bei denen alle oder möglichst viele Wörter mit dem gleichen Buchstaben beginnen; schon im 3. Jh. v. Chr. verwendet (Ennius).

Pangwe, Bantuvolk in N-Gabun, S-Kamerun und Äquatorialguinea, mit vielen Unterstämmen; leben von Feldbau auf Rodungsinseln, Jagd und Fischfang; über 1 Million.

Panhandle [engl. 'pænhændl „Pfannenstiel"], Bez. für einen halbinselartigen, weit in fremdes Territorium hineinragenden Teil eines Staates, der z. T. auch von Gewässern umgeben sein kann; z. B. der P. von Alaska.

paniberische Bewegung (Paniberismus), 1. i. w. S. Bez. für die Idee der Gemeinsamkeit aller Völker mit Bindung an die portugies. und span. Sprache und Kultur; äußeres Symbol: Begehung der ↑ Fiesta de la Raza in den meisten Staaten der iber. Welt. – 2. I. e. S. bezeichnet p. B. die Bemühungen um kulturelle und polit. Zusammenarbeit zw. Spanien und Portugal.

Panić, Milan [serbokroat. 'panitʃ], * Belgrad 1929, amerikan. Unternehmer und Politiker serb. Herkunft. – Biochemiker; gründete 1960 in den USA ein pharmazeut. Unternehmen; seit 1963 Staatsbürger der USA; wurde im Juli 1992 auf Vorschlag von D. Cosić vom Parlament Rest-Jugoslawiens zum Min.präs. gewählt, im Dez. 1992 nach dem Scheitern seiner im jugoslaw. Bürgerkrieg auf Ausgleich bedachten Politik und seiner Niederlage gegen S. Milosević bei den serb. Präsidentschaftswahlen durch ein Mißtrauensvotum gestürzt.

Panicum [lat.], svw. ↑ Hirse.

Panier [zu Banner], Feldzeichen, Fahne; Wahlspruch.

panieren [frz., zu lat. panis „Brot"], Fleisch- oder Fischstücke vor dem Braten in Paniermehl und Ei wälzen.

Panik [griech.-frz., nach dem Gott ↑ Pan], heftiger Schrecken und Angst, die Individuen oder Gruppen von Menschen oder Tieren in einer gefahrvollen oder vermeintlich gefährl. Situation unvermittelt befallen und die unkontrollierte Fluchtreaktionen auslösen.

Otto Pankok. Gelsenkirchener Mahnmal, 1940–49 (Gelsenkirchen, Städtisches Museum)

Panin, russ. Adelsgeschlecht, Grafen seit 1767. Bed. Vertreter:

P., Nikita Iwanowitsch Graf, * Danzig 29. Sept. 1718, † Petersburg 11. April 1783, Staatsmann. – Stand 1763–81 an der Spitze des Kollegiums für Auswärtige Angelegenheiten; Berater Katharinas II., d. Gr.; sein Ziel war eine Allianz zw. Rußland, Schweden, Dänemark, Preußen und Großbritannien zur Sicherung des europ. Gleichgewichts.

P., Pjotr Iwanowitsch Graf, * Wesowka (Geb. Kaluga) 1721, † Moskau 26. April 1789, General. – Bruder von Nikita Iwanowitsch Graf P.; hatte bed. Anteil an der Niederschlagung des Aufstandes J. I. Pugatschows (1774).

Panini, wohl aus NW-Indien stammender ind. Grammatiker des 6./5. Jh. – Gab in den 3 996 kurzen Regeln (Sutra) seiner „Aschtadhjaji" (Buch in acht Abschnitten) eine grundlegende Darstellung der Grammatik des Sanskrit.

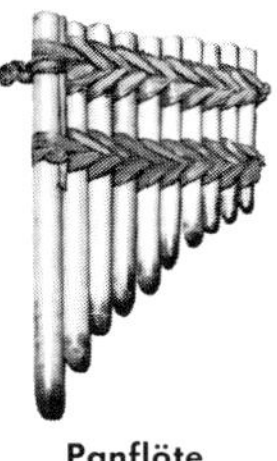

Panflöte

Panislamismus, abendländ. Bez. für das Bestreben der islam. Welt zur Überwindung ihrer polit. Zersplitterung im 19. Jh. Nach dem Sturz Sultan Abd Al Hamids II. durch die Jungtürken und nach der Abschaffung des Kalifats 1924 verlor der P. gegenüber den nat. Strömungen in islam. Staaten seine polit. Bedeutung. In den 1930er Jahren lebte er erneut auf, wobei sein Ziel nur noch die Schaffung einer islam. Gesellschaftsordnung in unabhängigen Nationalstaaten war (z. B. in den arab. Ländern von der Muslimbruderschaft vertreten). Nach den Bemühungen Pakistans (dessen Gründung 1947 ein Ziel des P. war) um die Bildung eines Blocks islam. Staaten verstärkte sich der panislam. Gedanke v. a. in Indonesien, Iran, der Türkei und einer Reihe schwarzafrikan. Staaten. Seit den 1970er Jahren gewann die Islam. Konferenz größere Bed. – ↑ islamischer Fundamentalismus.

Panizza, Oskar, * Bad Kissingen 12. Nov. 1853, † Bayreuth 30. Sept. 1921, dt. Schriftsteller. – Verf. provozierender, zeitkrit. Satiren. Sein Drama „Das Liebeskonzil" (1895) war der Anlaß zu einem Prozeß wegen Gotteslästerung, 1901 wurde er wegen Majestätsbeleidigung in der satir. Studie „Psichopatia criminalis" (1898) und in dem Gedichtband „Parisjana" (1900) angeklagt. Ab 1904 in einer psychiatr. Klinik bei München.

Emmeline Pankhurst

Panizzi, Sir (seit 1869) Anthony (Antonio), * Brescello bei Modena 16. Sept. 1797, † London 8. April 1879, brit. Literarhistoriker und Bibliothekar italien. Herkunft. – Kam 1823 als polit. Flüchtling nach London, 1856–66 Oberbibliothekar am Brit. Museum; baute den Bestand aus, schuf vorzügl. Kataloge und beeinflußte den vorbildl. Erweiterungsbau von 1857.

Panjang ↑ Tanjungkarang.

Panjepferd [slaw./dt.], in O-Europa verbreiteter Typ 130–140 cm schulterhoher Landpferde; Fellfarbe mausgrau, falb und dunkelbraun, oft mit Aalstrich.

Pankhurst, Emmeline [engl. 'pæŋkhə:st], geb. Goulden, * Manchester 14. Juli 1858, † London 14. Juni 1928, brit. Frauenrechtlerin. – Mitbegr. der radikalen „Women's Social and Political Union" zur Erringung des Frauenwahlrechts (sog. Suffragetten); organisierte Massenproteste, schreckte auch vor terrorist. Aktionen (Brandstiftung, Bombenanschläge) nicht zurück; mehrfach in Haft.

Bernhard Pankok (Ausschnitt aus einem Gemälde von Emil Orlik, 1902)

Pankok, Bernhard, * Münster 16. Mai 1872, † Baierbrunn (Isartal) 5. April 1943, dt. Kunsthandwerker, Maler, Graphiker und Architekt. – Tätig in München und seit 1902 in Stuttgart; Buchgraphik und Innenausstattungen im Jugendstil; Jugendstilwohnhaus Haus Konrad Lange, Tübingen (1900/01); auch Bühnenausstattungen.

P., Otto, * Saarn bei Mülheim a. d. Ruhr 6. Juni 1893, † Wesel 20. Okt. 1966, dt. Graphiker. – Anfangs vom Impressionismus beeinflußt, wandte er sich später bes. sozialkrit. Themen zu; Holzschnittfolgen in expressionist. Formgebung: „Die Passion" (1936), „Jüd. Schicksal" (1947), „Zigeuner" (1947), „Begegnungen" (1956), „Die Räuber vom Liang-shan Moor" (1960); auch bildhauer. Arbeiten („Gelsenkirchener Mahnmal", 1940–49).

Pankow [...ko], Stadtbez. von Berlin.

Pankration [...tiɔn; griech.], im antiken Griechenland geübter, aus Faust- und Ringkampf kombinierter [mitunter

Rudolf Pannwitz

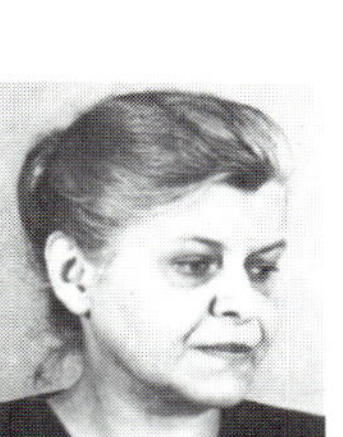
Wera Fjodorowna Panowa

tödl.] Zweikampf (ab 648 v. Chr. olymp. Sportart), bei dem der Gegner mit fast allen Mitteln kampfunfähig gemacht werden konnte.

pankratisches System [griech.], ein opt. System mit stetig veränderl. Brennweite und damit veränderl. Abbildungsmaßstab.

Pankratius, hl., röm. Märtyrer. – Nach der Legende Martyrium unter Kaiser Valerian (207) oder Diokletian (304) in Rom; zählt zu den ↑Eisheiligen. – Fest: 12. Mai.

Pankrazlilie [griech./lat.] (Pancratium), Gatt. der Amaryllisgewächse mit rd. 20 Arten im Mittelmeergebiet, auf den Kanar. Inseln und im trop. O-Asien; Zwiebelpflanzen mit meist doldig angeordneten, weißen Blüten.

Pankreas [griech.], svw. ↑Bauchspeicheldrüse.

Pankreatitis [griech.] (Bauchspeicheldrüsenentzündung), plötzlich einsetzender ausgedehnter Untergang von Drüsengewebe *(akute P.)* mit abakterieller Entzündung infolge „Selbstverdauung" der Bauchspeicheldrüse (tox. Enzymopathie). Häufigste Ursache sind Gallensteine und Alkoholmißbrauch. Schweres Krankheitsbild mit heftigen Leibschmerzen, Erbrechen, Darmlähmung und Kreislaufreaktionen. Die *chron. P.* ist ein langfristig schwelender, fortschreitender Entzündungsprozeß. Kennzeichen sind u. a. Oberbauchschmerzen, Verdauungsstörungen und Gewichtsverlust.

Panleukopenie [griech.], svw. ↑Katzenstaupe.

Panlogismus, Allvernunftlehre, nach der in der Welt ein einheitl. vernünftiger (log.) Zusammenhang gesehen wird.

Panmunjom [korean. phanmundʒʌm], korean. Stadt an der Demarkationslinie zw. Nord- und Süd-Korea auf dem 37. Breitengrad. Der Waffenstillstand von P. (27. Juli 1953) beendete den Koreakrieg; 1976 wurde die Stadt geteilt.

Pannenberg, Wolfhart, *Stettin 2. Okt. 1928, dt. ev. Theologe. – Prof. in Mainz, seit 1967 in München. In seiner Theologie reflektiert P. v. a. die Frage nach der Offenbarungsqualität der Geschichte und die wissenschaftstheoret. Begründung theolog. Aussagen. – *Werke:* Offenbarung als Geschichte (1961), Wissenschaftstheorie und Theologie (1973), Die Bestimmung des Menschen (1977), Anthropologie in theolog. Perspektive (1983).

Pannonhalma [ungar. 'pɔnnonhɔlmɔ] (dt. Martinsberg), ungar. Ort 20 km sö. von Győr; Benediktiner-Erzabtei mit theolog. Hochschule und bed. Bibliothek. – Entwickelte sich bei der 996 gegr. Abtei Martinsberg, zeitweilig bed. kulturelles Zentrum; 1594 von den Osmanen erobert; Anfang 18. Jh. und 1802 wurde das Stift wiederhergestellt (1786 zunächst aufgehoben); 1945 wurden die Stiftsgüter enteignet. – Spätroman.-frühgot. Stiftskirche (1224 geweiht; Krypta, Chor und Langhaus Mitte des 13. Jh.; Turmfassade 19. Jh.), Klostergebäude (13.–15. Jh., 18./19. Jh.).

Pantanal. Von den bewaldeten ehemaligen Uferdämmen mäandrierender Flüsse umschlossene „Umlaufseen"; die mit Algen und Schwimmgräsern bedeckten Wasserflächen werden am Ufersaum durch Verbiß des Weideviehs freigehalten

Pantheon. Innenansicht des zwischen 118 und 128 erbauten Pantheons in Rom, Gemälde des italienischen Malers Giovanni Paolo Pannini (Washington D. C., National Gallery of Art)

Pannonien (lat. Pannonia), nach den z. T. keltisch überschichteten illyr. Pannoniern benannte röm. Prov. zw. dem O-Rand der Alpen, der Donau und etwa der Save; 14–9 v. Chr. von den Römern unterworfen; bis zum Aufstand der illyr. Stämme (6–9 n. Chr.) zur Prov. Illyricum gehörend; um 400 von german. und hunn. Stämmen überflutet.

pannonische Kultur, Sammelbez. für mehrere mittelbronzezeitl. Kulturgruppen an der mittleren Donau.

Pannonisches Becken, tekton. Becken im sö. Mitteleuropa, zw. den Dinariden im S, den Alpen im W, den Karpaten im N und dem Westsiebenbürg. Gebirge und Siebenbürg. Hochland (i. w. S. letzteres einschließend) im Osten.

Pannwitz, Rudolf, *Crossen/Oder 27. Mai 1881, †Astano bei Lugano 23. März 1969, dt. Schriftsteller, Kulturphilosoph und Pädagoge. – Gründete 1904 mit O. zur Linde die literar. Vereinigung und Zeitschrift „Charon". Nach P. ist das Ziel der Kultur der in Überwindung seiner selbst sich und den Kosmos vollendende Mensch. P. setzte sich publizistisch für ein geeintes humanist. Abendland ein. Schrieb Essays, Lyrik, Epen, Dramen. – *Werke:* Die Krisis der europ. Kultur (1917), Logos, Eidos, Bios (1931).

Panofsky [...ki], Erwin, *Hannover 30. März 1892, †Princeton (N. J.) 14. März 1968, dt.-amerikan. Kunsthistoriker. – Prof. in Hamburg, Princeton, seit 1963 in New York. Begründer und Hauptvertreter der Ikonologie. – *Werke:* „Idea", ein Beitrag zur Begriffsgeschichte der älteren Kunsttheorie (1924), Zum Problem der Beschreibung und Inhaltsdeutung von Werken der bildenden Kunst (1932), Studies in iconology (1939), Grabplastik (1964).

P., Wolfgang, *Berlin 24. April 1919, amerikan. Physiker. – Sohn von Erwin P.; Prof. in Berkeley und an der Stanford University. Bed. Arbeiten zur Kern- und Hochenergiephysik; 1950/51 gelang ihm und seinen Mitarbeitern der Nachweis des neutralen Pions.

Panophthalmie [griech.], eitrige Entzündung des ganzen Auges.

Panoptikum [griech.-lat., eigtl. „Gesamtschau"], Sammlung von Sehenswürdigkeiten.

Panorama [griech.], allg. svw. Rundblick; v. a. im 19. Jh. illusionist. Schaubild in der Form eines perspektivisch-plastisch wirkenden Rundbildes, das auf einen Rundhorizont gemalt ist.

Panoramakopf, schwenk- und neigbares Stativzubehör für Kameras und Beleuchtungsgeräte.

Panormos ↑ Palermo.

Panowa, Wera Fjodorowna, * Rostow am Don 20. März 1905, † Leningrad (St. Petersburg) 3. März 1973, russ. Schriftstellerin. – Stellte in ihren Romanen den sowjet. Alltag, Kriegserlebnisse und Parteifunktionäre dar; betonte die menschl. Züge ihrer Romancharaktere, u. a. „Helles Ufer" (1949), „Verhängnisvolle Wege" (1953); auch Dramen, z. B. „Abschied von den hellen Nächten" (1961).

Panphobie, krankhafte Furcht vor allen Vorgängen in der Außenwelt.

Pansen [altfrz., zu lat. pantex „Wanst"], Teil des Wiederkäuermagens (↑ Magen).

Panslawismus, Bez. für die Bestrebung nach einem polit. und kulturellen Zusammenschluß aller Slawen. Als Terminus zunächst für die slaw. Sprachverwandtschaft („allslawisch") eingeführt, bekam der P. bei den Westslawen in den 1830er Jahren polit. Stoßkraft. Gleichzeitig entwickelte in Rußland M. P. Pogodin Ideen über den Vorzug der slaw. vor den anderen Völkern und über eine russ. Hegemonie in der slaw. Welt. Rußlands Haltung zur Revolution von 1848/49, die Unterdrückung der poln. Aufstände 1830/31 bzw. 1863/64 und die Niederlage im Krimkrieg begünstigten den Aufstieg des schon auf dem Prager Slawenkongreß 1848 in Erscheinung getretenen **Austroslawismus.** Der russ. P. wandelte sich immer mehr zum gegen Deutschland gerichteten **Panrussismus.** Der auf dem Prager Slawenkongreß 1908 formulierte **Neoslawismus** wollte nicht mehr russ. Hegemonie, sondern Rußland und Österreich-Ungarn als Verbündete. Im 1. Weltkrieg v. a. bei Tschechen und Serben wirksam, lebte der P. in gewissem Sinne in der Solidarität gegen Hitler im 2. Weltkrieg wieder auf.

Pansophie [griech.], v. a. von J. A. Comenius („Pansophiae prodromus" [Der Vorbote der Allweisheit], 1639) geförderte religiös[natur]philosoph. Bewegung des 16. bis 18. Jh. Sie strebte eine Zusammenfassung allen Wissens von Gott und der Welt, aller Wissenschaften einschl. der Alchimie zu einer Universalwiss. an und versuchte, ein weltweites Gelehrten- und Friedensreich zu verwirklichen.

Pantaleon (Pantalon), vergrößertes ↑ Hackbrett mit zwei Resonanzböden und beidseitigem Saitenbezug (Tonumfang bis $5^1/_2$ Oktaven); auf der einen Seite mit Darm-, auf der anderen mit Metallsaiten bezogen, so daß der Klang gewechselt werden konnte; ben. nach dem Erfinder Pantaleon Hebenstreit (* 1667, † 1750).

Pantalica, Siedlung der späten Bronze- bis frühen Eisenzeit bei Sortino (34 km nw. von Syrakus) mit über 5 000 Felskammergräbern; Funde grundlegend für die Chronologie des 12.–8. Jh. v. Chr. auf Sizilien.

Pantalons [italien.-frz.], Hosen mit röhrenförmigen Beinen; gehörten in der Commedia dell'arte zur Bekleidung des **Pantalone;** von den frz. Revolutionären getragen (↑ Sansculotten).

Pantanal, Schwemmlandebene im sw. Brasilien, zw. dem oberen Paraguay und der westlichsten Landstufe des zentralbrasilian. Schichtstufenlandes, 90–110 m ü. d. M., über 100 000 km², z. T. vorzügl. Viehzuchtgebiet.

panta rhei [griech. „alles fließt"], fälschlich Heraklit zugeschriebene Formel für dessen dynam. Auffassung, daß das Seiende dauernden Veränderungen (von Entstehen und Vergehen) unterworfen sei.

Pantelleria, italien. Insel in der Straße von Sizilien, 83 km², bis 836 m hoch, Hauptort und Hafen ist P. an der NW-Küste (8 200 E; ⛯).

Panter, Peter, Pseud. des dt. Schriftstellers K. ↑ Tucholsky.

Pantheismus (Alleinheitslehre), Bez. für eine religiös-theolog., z. T. auch philosoph. Position, nach der Gott in allen Dingen der Welt existiert bzw. Gott und Weltall (bes. die belebte Welt) identisch sind. – Die Versuche, den P. zu systematisieren und vom **Theopantismus** (Gott ist alles), vom **Theiomonismus** (es existiert allein das Göttliche) und vom Panentheismus zu unterscheiden, können nicht als hinreichend angesehen werden.

Pantheon [griech.], im Polytheismus Bez. für die Gesamtheit der Götter einer Religion.
▷ ein Heiligtum, das der Gesamtheit der Götter geweiht ist. Das P. in Rom wurde als Rundbau mit einer 43 m hohen Kuppel (Durchmesser 43 m) unter Hadrian zw. 118 und 128 anstelle des Vorgängerbaus (25 v. Chr., erneuert 80 n. Chr.) auf dem ehem. Marsfeld errichtet.

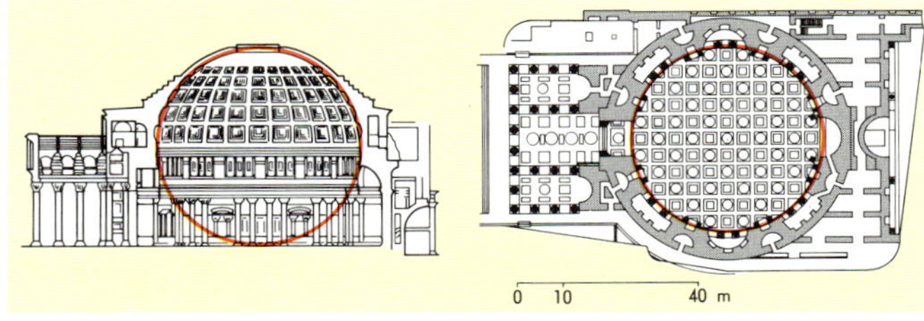

Pantheon in Rom. Links: Querschnitt. Rechts: Grundriß

Panthéon [frz. pãte'õ; griech.], Ehrentempel der Franzosen in Paris. Urspr. als Kirche Sainte-Geneviève von J. G. Soufflot u. a. 1764–90 erbaut. Ab 1791 umgebaut zur Gedächtnis- und Begräbnisstätte nat. Persönlichkeiten (u. a. Voltaire, Rousseau, Zola).

Panther [griech.], svw. ↑ Leopard.

Pantherpilz (Pantherwulstling, Amanita pantherina), giftiger Wulstling mit bräunl., weißflockigem Hut und gerieftem Hutrand; Blätter, beringter Stiel und Knolle sind weiß.

Pantherpilz

Panthersprung nach Agadir ↑ Marokkokrisen.

Pantikapaion (Panticapaeum) ↑ Kertsch.

Pantinen [frz.-niederl.] ↑ Pantoffeln.

panto..., Panto... ↑ pan..., Pan...

Pantoffelblume (Calceolaria), Gatt. der Rachenblütler mit rd. 500 Arten, v. a. in S-Amerika; Kräuter, Halbsträucher oder Sträucher mit gegen- oder quirlständigen Blättern und zweilippigen, oft pantoffelähnl., sehr unterschiedlich gefärbten Blüten; zahlr. Arten als Zierpflanzen.

Pantoffelkoralle (Calceola), Gatt. der Tetrakorallen im unteren bis mittleren Devon Eurasiens, im mittleren Devon auch in Afrika, Australien und Kalifornien; Kelch tief, dreikantig, pantoffel- bis halbkreisförmig, Deckel halbkreisförmig; Leitfossil des mittleren Devons der Eifel.

Pantoffeln [frz.], aus Sohle und Vorderkappe bestehende Fußbekleidung, mit oder ohne Absatz. Im Spät-MA aus dem Orient übernommen; heute Hausschuh, seit den 1920er Jahren als hochhackige **Pantolette** wieder leichter [Sommer]schuh. Als **Pantinen** oder **Clogs** bezeichnet man P. mit Holzsohle und Oberteil aus Stoff oder Leder.

Pantoffeltierchen (Paramecium, Paramaecium), Gatt. gestreckt-ovaler bis pantoffelförmiger Wimpertierchen mit mehreren weitgehend kosmopolit. Arten, v. a. in stark eutrophierten Gewässern.

Pantograph (Storchschnabel), Gerät zur maßstäbl. Vergrößerung oder Verkleinerung von Zeichnungen, Diagrammen, Plänen.

Pantokrator [griech. „Allherrscher"], in der griech. Übersetzung des A. T. Bez. Gottes zum Ausdruck seiner Universalität und Allmacht, im N. T. auf Christus übertragen, von den griech. Kirchenvätern apologetisch gegen die Arianer verwendet.

Pantolette [Kw. aus **Panto**ffel und Sanda**lette]** ↑ Pantoffeln.

Pantomime [zu griech. pantómimos „der alles Nachahmende"], darstellende Kunst, bei der Handlung und/oder Charaktere ohne Gebrauch der Sprache ausschließlich durch Mimik (Mienenspiel), Gestik bzw. Gebärden sowie tänzer. Bewegung ausgedrückt werden. Maske, Kostüm, sparsame Requisiten sowie musikal. Begleitung sind möglich. Die P. ist als selbständige Kunstform bereits 400 v. Chr. in Griechenland nachweisbar. Zu Chor- und Instrumentalbegleitung agierte – meist solistisch – ein Schauspie-

Pantoffelblume

ler mit Maske. In Rom war die P. von etwa 20 v. Chr. bis 500 n. Chr. eine beliebte Kunstgattung. Danach überlebte sie als Bestandteil von Vorführungen der Fahrenden sowie von volkstüml. Theaterformen, wie des ma. Mysterienspiels, der Commedia dell'arte, von Vaudeville und altwiener. Volkskomödie. Ein zweiter Entwicklungsstrang war die Verwendung von musikbegleiteter P. im Renaissancetheater (Trionfi, Intermedien). In England und Frankreich entwickelte sich eine eigenständige, oft sozialkrit. Form der P., meist mit Harlekin bzw. Pierrot im Mittelpunkt. Elemente der Harlekin-P. überlebten in Zirkus und Varieté, ferner im Stummfilm und Musikfilm. Die moderne, von É. Decroux und seinen Schülern (J.-L. Barrault, M. Marceau, S. Molcho) geprägte P. entwickelte eine Systematik der körperl. Ausdrucksmöglichkeiten und eine Technik des reinen Gebärdenspiels.

Pantomime. Photomontage mit verschiedenen pantomimischen Figuren, dargestellt von Samy Molcho

Pantotheria [griech.], ausgestorbene, nur aus dem Jura und der mittleren Kreide bekannte Ordnung maus- bis rattengroßer, insektenfressender Säugetiere. Bes. zwei in der Kreidezeit entstandene Gruppen können als Vorfahren der Säugetiere angesehen werden.

Pantry ['pɛntri, engl. 'pæntrı, letztl. zu lat. panis „Brot"], Speisekammer, Anrichte, Küche (auf Schiffen und in Flugzeugen).

Pantscharatra [Sanskrit „zu fünf Nächten gehörig"], religiöses System des Wischnuismus, das v. a. in S-Indien seinen Höhepunkt im 7. bis 9. Jh. erreichte. Nach der evolutionist. Lehre des P. beruht die Welt auf einer sich in einer Reihe von Emanationen, Manifestationen und Herabkünften vollziehenden Schöpfung, die Wischnu aus sich entläßt. Im Kult genießen alle Kastenhindus gleiche Rechte.

Pantschatantra [Sanskrit „Buch in fünf Abschnitten"], altind., Wischnuscharma zugeschriebene Fabelsammlung in Sanskrit zur unterhaltenden [polit.] Erziehung junger Fürsten; umfaßt 5 Bücher mit je einer Rahmenerzählung um Sprüche und Fabeln. Das in mehr als 200 Versionen in über 60 Sprachen vorliegende P. gehört zu den verbreitetsten Werken der Weltliteratur. Zw. 300 und 500 in Indien entstanden. Die erste Übertragung in eine europ. Sprache erfolgte im 11. Jahrhundert.

Pantschen Lama (Panchen Lama; tibet. mit vollständigem Titel Panchen rin-poche [„Juwel der Gelehrten"]), neben dem ↑Dalai Lama der ranghöchste Hierarch des 1950 von China annektierten ehem. tibet. Priesterstaates; gilt als Inkarnation des Buddha Amitabha. – Für den letzten P. L. (* 1937, † 1989) gibt es noch keinen Nachfolger.

Panufnik, Andrzej, * Warschau 24. Sept. 1914, † London 27. Okt. 1991, brit. Komponist und Dirigent poln. Herkunft. – 1946/47 Direktor der Warschauer Philharmonie, ging 1954 nach Großbritannien und leitete 1957–59 das Birmingham Symphony Orchestra. Komponierte Orchesterwerke, Ballette, Kammer- und Klaviermusik, Vokalwerke.

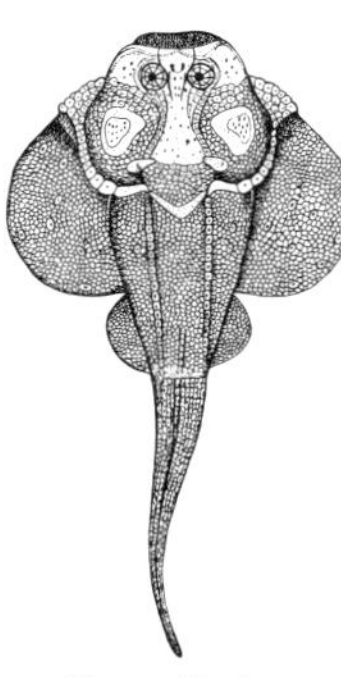

Panzerfische. Panzerfisch aus dem Unterdevon des Hunsrücks

Pänultima [lat. „fast die letzte (Silbe)"], in der lat. Grammatik Bez. für die vorletzte Silbe eines Wortes.

Panyassis von Halikarnassos, griech. Epiker der 1. Hälfte des 5. Jh. v. Chr. – Onkel Herodots; fiel im Kampf gegen den Tyrannen Lygdamis. Von seinem Epos „Hērákleia" (14 Bücher, 9 000 Verse) sind nur einige Verse erhalten; wahrscheinlich Verf. der „Iōniká", eines geschichtl. Epos über die Gründung ion. Kolonien. Wurde im Kanon der 5 klass. Epiker aufgeführt.

Panzer [altfrz., zu lat. pantex „Wanst"], allg. Bez. für den Schutz gegen feindl. Waffeneinwirkung, ↑Panzerung. – ↑Rüstung.

▷ gepanzertes militär. Fahrzeug, dessen Aufbau, Bewaffnung und Ausstattung sowie Fahrleistung, Geschwindigkeit, Beweglichkeit u. a. dem jeweiligen Einsatzzweck entsprechen. Nach ihrem Gefechtsgewicht werden leichte (bis 20 t), mittlere und schwere (ab 40 t) P. unterschieden, nach ihren Hauptaufgaben schwer gepanzerte **Kampfpanzer** (mit bis zu 5 Mann Besatzung; früher als **[Panzer]kampfwagen** bezeichnet), meist Vollkettenfahrzeuge mit einem in einem Drehturm eingebauten Schnellfeuergeschütz; schwer gepanzerte **Sturmpanzer** mit Steilfeuerwaffen zum Einsatz gegen Ziele in oder hinter Deckungen; **Jagdpanzer** mit oft starr eingebauter Kanone zum Einsatz gegen feindl. P.; sehr bewegl., leicht gepanzerte **Aufklärungspanzer** oder **Spähpanzer,** Voll- bzw. Halbkettenfahrzeuge oder Radfahrzeuge **(Panzerspähwagen)** mit Allradantrieb; leichte **Flugabwehrpanzer** mit Maschinenkanonen und/oder Fla-Raketen zum Einsatz gegen Flugzeuge; leicht gepanzerte **Schützenpanzer** zur Durchführung der Kampfaufgaben der P.grenadiere, mit leichten Maschinenwaffen, Voll- bzw. Halbkettenfahrzeuge oder Radfahrzeuge **(Schützenpanzerwagen)** mit Allradantrieb; lufttransportfähige leichte **Luftlandepanzer** zur Unterstützung der Luftlandetruppen. Daneben gibt es zahlr. *Sonder-P.,* z. B. die *Berge-, Brückenlege-* und *Minenräum-P.* der P.pioniere. **Schwimmpanzer** oder **Amphibienpanzer** können tiefere Gewässer durchqueren. – Antrieb: Diesel- und Ottomotoren, neuerdings auch Mehrstoffmotoren. Moderne Technik ermöglicht mit neueren P. treffsicheres Schießen während der Fahrt sowie intensive Geländebeobachtung, auch bei Nacht. Unter der Tarnbezeichnung „Tanks" wurden geländegängige P. mit Gleiskettenantrieb erstmals in der Sommeschlacht (1916) von den Briten eingesetzt. Im 2. Weltkrieg waren alle Landoffensiven durch den Einsatz von P.verbänden charakterisiert.

▷ in der *Zoologie* ein bes. hartes, starres Außenskelett, das bei manchen Tieren ausgebildet ist, v. a. bei zahlr. Käfern, den höheren Krebsen und bei Schildkröten.

Panzerabwehr, Gesamtheit der Maßnahmen zur Abwehr feindl. Panzer unter bes. Ausnutzung des Geländes und aller vorhandenen Panzerhindernisse (sog. Panzersperren), z. B. Minenfelder, Panzergräben, Panzerfallen, Höcker-, Baumsperren, Barrikaden u. a.); die P. obliegt v. a. den Panzerjägern und der Panzertruppe und erfolgt mit Hilfe von **Panzerabwehrlenkwaffen** (PAL; zur Bekämpfung feindl. Panzerfahrzeuge eingesetzte Lenkflugkörper, insbes. *Panzerabwehrlenkraketen*), **Panzerabwehrkanonen** (PAK; mit Radlafetten ausgestattete oder auf Selbstfahrlafette montierte Geschütze), **Panzerfäusten** (auf dem Raketenprinzip beruhende rückstoßfreie Schulterwaffe mit nach hinten offenem Rohr zum Verfeuern von Hohlladungsgefechtsköpfen), **Panzerhandgranaten, Panzerminen** (↑Mine), **Panzerabwehrrohren** und Brandflaschen.

Panzerartillerie, Geschütze auf gepanzerten Vollkettenfahrzeugen (v. a. Panzerhaubitzen) für die unmittelbare Feuerunterstützung der Kampftruppen.

Panzeraufklärer, Truppengattung der Kampftruppen; hat die Aufgabe, mit gepanzerten Fahrzeugen (Rad- und Kettenfahrzeugen) und Fernmeldeausrüstung weiträumige Aufklärung auf dem Boden durchzuführen.

Panzerechsen, svw. ↑Krokodile.

Panzerfaust ↑Panzerabwehr.

Panzerfische (Plakodermen, Placodermi), ausgestorbene, vom oberen Silur bis zum Devon bekannte Klasse der

Fische, deren Kopf und Vorderkörper mit Knochenplatten gepanzert waren; Kiefer mit Zähnen oder Schneideplatten.

Panzerfregatte, gepanzerte Fregatte; in der dt. Marine in der 2. Hälfte des 18. Jh. Bez. für die Vorläufer des Linienschiffs.

Panzerglas ↑Sicherheitsglas.

Panzergrenadiere, Truppengattung der Kampftruppen; vornehmlich gegen abgesessene und gepanzerte gegner. Infanteriekräfte eingesetzt; wirken meist unmittelbar mit der Panzertruppe zusammen.

Panzergroppen. Steinpicker

Panzergroppen (Agonidae), Fam. bis etwa 30 cm langer Knochenfische (Ordnung Panzerwangen) mit rd. 40 Arten in nördl. Meeren; Körper langgestreckt, kantig, von Knochenplatten bedeckt; Kopf breit, mit zahlr. häutigen Anhängen und großen Augen. Die bekannteste Art ist der 12–20 cm lange **Steinpicker** (Agonus cataphractus) im NO-Atlantik.

Panzergürteltier ↑Gürtelechsen.

Panzerhemd ↑Rüstung.

Panzerherz ↑Herzkrankheiten.

Panzerjäger, Truppengattung der Kampftruppen; Kern der Panzerabwehr der Infanterie; mit Kanonenjagdpanzern oder Raketenjagdpanzern ausgerüstet.

Panzerkampfwagen ↑Panzer.

Panzerkrebse (Reptantia), Unterordnung der Zehnfußkrebse mit rd. 6 500, meist kräftig gepanzerten, im allg. meer- oder süßwasserbewohnenden Arten; erstes Laufbeinpaar fast stets mit großen Scheren; u. a. Hummer, Flußkrebse und Krabben.

Panzerkrokodil ↑Krokodile.

Panzermine ↑Mine.

Panzerplatten, für Panzerungen verwendete, bei Kriegsschiffen bis über 40 cm dicke Platten aus Panzerstahl, Chromnickelstahl oder Verbundstahl.

Panzerschiff, früher Bez. für ein Kriegsschiff, mit zusätzl. Verstärkungen insbes. der Seitenwände; ab Mitte des 19. Jh. Bez. für stählerne Dampfkriegsschiffe mit starken Deckpanzerungen, in gepanzerten Türmen oder Kasematten befindl. Geschützen sowie bis unter die Wasserlinie reichenden Seiten-(Gürtel-)Panzerungen (u. a. Linienschiffe, Dreadnoughts, Panzerkreuzer). Als P. bezeichnet man ab 1930 die drei dt. 10 000-t-Schiffe „Deutschland", „Admiral Scheer" und „Admiral Graf Spee" (mit stärkerer Panzerung als Kreuzer und größerer Geschwindigkeit als die stärker bewaffneten Schlachtschiffe).

Panzerschrank ↑Tresor.

Panzerspähwagen ↑Panzer.

Panzersperren ↑Panzerabwehr.

Panzerstahl (Granatenstahl, Panzerplattenstahl), hochvergüteter Stahl hoher Festigkeit und Zähigkeit für Panzerungen, Geschützrohre und Granaten.

Panzertruppe, Truppengattung der Kampftruppen; hat v. a. die Aufgabe, gegen feindl. Panzerkräfte zu kämpfen; vorwiegend ausgerüstet mit Kampfpanzern; wirkt meist mit den Panzergrenadieren zusammen.

Panzerung (Panzer), aus Panzerplatten bestehende Verstärkungen, Bedeckungen u. a. von Fahrzeugen, Schiffen und Befestigungen zum Schutz insbes. gegen Geschosse.

Panzerwangen (Scorpaeniformes), Ordnung meist teilweise oder völlig mit Knochenplatten gepanzerter Knochenfische, v. a. in trop. und gemäßigten Meeren; meist Speisefische. – Zu den P. gehören u. a. Drachenköpfe, Knurrhähne und Panzergroppen.

Panzerwelse (Callichthyidae), sehr artenreiche Fam. etwa 4–25 cm langer Welse, v. a. in schlammigen Süßgewässern großer Teile S-Amerikas; mit zwei Längsreihen von Knochenplatten an jeder Körperseite und vier bis sechs Barteln.

Panzootie [griech.] ↑Tierseuchen.

Paoli, Pasquale, *Morosaglia (Korsika) 26. April 1725, †London 5. Febr. 1807, kors. General und Politiker. – Seit 1755 leitete er als Diktator den Kampf gegen die Vorherrschaft Genuas, betrieb eine zielstrebige Reformpolitik. Nach dem Übergang Korsikas an Frankreich unterlag er 1769 den frz. Truppen, ging nach Großbritannien ins Exil, kehrte aber 1790 zurück und strebte nun die brit. Oberhoheit für die Insel an. Nach offenem Konflikt mit dem Konvent ging er 1795 endgültig nach London ins Exil.

Paolini, Giulio, *Genua 5. Nov. 1940, italien. Künstler. – Vertreter der Concept-art; befaßt sich mit Phänomenen der Wahrnehmung in Raum und Zeit (Photoreproduktionen, Zeichnungen, Plastik, Installationen); verwendet häufig kunstgeschichtl. Zitate.

Paolo Veneziano, †vermutlich vor Sept. 1362, italien. Maler. – Nachweisbar in Venedig 1333–58. Begann unter Giottos Einfluß, sich mit Problemen von Raum und Körper zu befassen, dabei stand ihm seine venezian. Neigung zu reichem, arabeskenhaftem Goldornament im Wege. U. a. zwei Vorsatztafeln der ↑Pala d'oro in San Marco.

Paolo Veronese, italien. Maler, ↑Veronese, Paolo.

Paolozzi, Eduardo, *Edinburgh 7. März 1924, brit. Bildhauer italien. Abstammung. – 1981–89 Lehrer an der Akad. der Bildenden Künste in München. Entwickelte Mitte der 1950er Jahre eine eigenständige Frühform der Pop-art (rauhe Bronzeabgüsse von vergipsten Fundstükken); seit den 60er Jahren verwendet P. vorgefertigte glatte Aluminiumgußformen; später Metallplastiken aus teilweise industriell vorgefertigten Elementen, Arbeiten aus Holz; auch Collagen, Zeichnungen und Druckgraphik.

Päonie [griech.], svw. ↑Pfingstrose.

Paotow ↑Baotou.

PAP ↑Nachrichtenagenturen (Übersicht).

Papa [mittellat. „Vater"], in der kath. Kirche lat. Bez. des Papstes.

Pápa [ungar. 'pa:pɔ], ungar. Stadt am Rand der Kleinen Ungar. Tiefebene, 35 000 E. Nahrungsmittel-, Textilind.,

Panzer der deutschen Bundeswehr. Oben: Kampfpanzer „Leopard 2". Unten: Schützenpanzer „Marder"

Bau von Elektrogeräten. – Die Stadt entwickelte sich bei einer im 16. Jh. bed. Burg; bis in jüngste Zeit ein Zentrum des ungar. Kalvinismus. – Kirche Sankt Stephan der Märtyrer (18. Jh.) mit Deckenfresken von F. A. Maulpertsch (1782/83); ehem. Schloß der Familie Esterházy (18. Jh.).

Papageien. Graupapagei

Papadopulos, Jeorjios (Georgios) [neugr. papa'ðɔpulɔs], * Eleochorion (Verw.-Geb. Arkadien) 5. Mai 1919, griech. Offizier und Politiker. – Einer der Führer des Militärputsches vom 21. April 1967; Dez. 1967–Okt. 1973 Min.präs. und Verteidigungsmin., ab 1970 auch Außenmin.; ab Juni 1973 Staatspräs.; im Nov. 1973 gestürzt; im Okt. 1974 verhaftet, im Aug. 1975 in einem Hochverratsprozeß zum Tode verurteilt, zu lebenslanger Zuchthausstrafe begnadigt.

Papagallo [zu italien. pappagallo „Papagei"], auf erot. Abenteuer (v. a. bei Touristinnen) ausgehender südländ., bes. italien. Mann.

Papageientaucher

Papageien [arab.-frz.] (Psittaciformes), Ordnung etwa 0,1–1 m langer Vögel mit mehr als 300 Arten, bes. in wärmeren Gebieten der Neuen und Alten Welt (Ausnahme: Europa); Körper häufig bunt befiedert; mit am Nasenbein bewegl., hakigem Oberschnabel, der (ebenso wie der Greiffuß) auch zum Klettern auf Bäumen dient; meist Höhlenbrüter. – Nach dem Verhalten und der Entwicklung des Gehirns gehören P. zu den höchstentwickelten Vögeln. Ihr Stimmorgan befähigt sie zu außerordentlich modulationsfähigen Lautäußerungen, die bei einigen Arten zum Nachsprechen von ganzen Sätzen führen können. – Zu den P. gehören u. a. Nestorpapageien, Kakadus, Loris, Unzertrennliche, ferner die *Echten P. (Psittacinae)* u. a. mit Aras, Sittichen, Amazonenpapageien und dem rd. 40 cm langen **Graupapagei** (Jako, Psittacus erithacus) in den Regenwäldern Z- und W-Afrikas; Gefieder grau, Schwanz rot und kurz; Augenumgebung nackt und weißlich-grau; gilt als sprechbegabtester P. und kann über 100 Jahre alt werden. Ferner die Unterfam. **Zwergpapageien** (Specht-P., Micropsittinae) mit 6–10 cm langen Arten in Wäldern Neuguineas und benachbarter Inseln. Der rabengroße, nachtaktive **Eulenpapagei** (Kakapo, Strigops habroptilis) kommt in den Gebirgswäldern Neuseelands vor; Gefieder schmutziggrün mit weißen Zeichnungen.

Geschichte: Das älteste bekannte P.bild stammt aus dem 5. Jh. v. Chr. Nachrichten über einen Vogel, der eine Zunge und Stimme wie Menschen besitze, gelangten erstmals von Indien nach Persien, wie der griech. Historiograph Ktesias berichtete. Sichere Nachrichten über P. brachte erst Nearchos nach Griechenland. Aus Mosaikdarstellungen geht hervor, daß P. später (3.–2. Jh. v. Chr.) an Höfen griech. Herrscher gehalten wurden. Eine P.haltung am päpstl. Hof läßt sich ohne Unterbrechung über Jh. verfolgen.

Andreas Papandreu

Papageienblatt (Alternanthera), Gatt. der Fuchsschwanzgewächse mit mehr als 150 Arten, v. a. im trop. und subtrop. Amerika; viele Arten werden wegen ihrer buntgescheckten Blüten als Zierpflanzen kultiviert.

Papageienkrankheit ↑ Ornithose.

Papageientaucher (Lund, Fratercula arctica), bis 35 cm langer Meeresvogel (Fam. Alken) auf Inseln und an Küsten des N-Atlantiks und des Nordpolarmeers; oberseits schwarz, unterseits weiß gefiedert; mit sehr hohem, seitlich zusammengedrücktem Schnabel, der (bes. zur Brutzeit) leuchtend blau-rot-gelb gefärbt ist.

Georgios Papandreu

Papageifische (Scaridae), Fam. der Barschartigen mit rd. 80 Arten, fast ausschließlich in trop. Meeren; Körper bis über 2 m lang, mit großen Schuppen bedeckt, auffallend bunt gefärbt; Zähne zu einer papageischnabelähnl. Platte verwachsen.

Papagos, Alexandros, * Athen 9. Dez. 1883, † ebd. 4. Okt. 1955, griech. Feldmarschall (seit 1949) und Politiker. – 1935/36 Kriegsmin.; 1936 Generalstabschef, 1940/41 Oberbefehlshaber des Heeres (bis 1951), brachte in Epirus den italien. Angriff zum Scheitern; von den Deutschen gefangengenommen (KZ-Haft bis 1945); unterwarf 1949 im griech. Bürgerkrieg die kommunist. Aufständischen in N-Griechenland; ab Nov. 1952 Ministerpräsident.

Papenburg. Blick in das derzeit weltgrößte Trockendock

Papain [karib.-span.], Bez. für das im Milchsaft und in den Früchten (Kerngehäuse) des Melonenbaums vorkommende, aus zahlr. Proteinasen und Peptidasen bestehende Enzymgemisch; wird in Form des getrockneten Milchsafts gewonnen; verwendet wird P. in Fleischzartmachern und Enzympräparaten.

Papalismus [griech.-mittellat.], Bez. für die zentralist. Verfassung der kath. Kirche. – Ggs.: ↑ Episkopalismus.

Papandreu [neugr. papan'ðrɛu], Andreas, * auf Chios 5. Febr. 1919, griech. Politiker. – Nationalökonom; Sohn von Georgios P.; 1940–60 im Exil in den USA; nach dem Militärputsch 1967 zunächst verhaftet, dann wieder im Exil (Schweden und Kanada); 1974 Gründer und seitdem Vors. der Panhellen. Sozialist. Bewegung (PASOK); 1981–89 Min.präsident.

P., Georgios, * Kalensi bei Patras 13. Febr. 1888, † Athen 1. Nov. 1968, griech. Politiker. – Gründete 1933 (bis dahin Liberaler) die Demokrat. (ab 1935: Sozialdemokrat.) Partei; im 2. Weltkrieg in der Widerstandsbewegung tätig, 1942–44 in italien. Haft; April 1944 bis Jan. 1945 Min.-präs. (bis Okt. 1944 in der Exilreg.); gründete 1961 die Zentrumsunion; 1963 und 1964/65 erneut Min.präs.; ab 1967 unter Hausarrest.

Papaver [lat.], svw. ↑ Mohn.

Papaverin [lat.] (1-(3,4-Dimethoxybenzyl)-6,7-dimethoxyisochinolin), Opiumalkaloid; besitzt krampflösende Wirkung, bes. im Bereich der Bronchien, des Magen-Darm-Kanals, der Gallen- und Harnwege sowie der Blutgefäße; verursacht keine Sucht.

Papayabaum [karib.-span./dt.] ↑ Melonenbaum.

Papeete, Hauptstadt und wichtigster Hafen von Frz.-Polynesien, an der NW-Küste der Insel Tahiti, 78 800 E. Kath. Erzbischofssitz; Handelszentrum; Flottenstützpunkt; Konsumgüterind., Fremdenverkehr; internat. ✈.

Papel (Papula) [lat.], flaches, bis linsengroßes, erhabenes Hautknötchen, z. B. bei Syphilis.

Papen, Franz von, * Werl 29. Okt. 1879, † Obersasbach (= Sasbach bei Achern) 2. Mai 1969, dt. Politiker. – MdL in Preußen (1920–28 und 1930–32) für das Zentrum; vom 1. Juni–17. Nov. 1932 dt. Reichskanzler, seit Juli 1932 (Preußenputsch) auch Reichskommissar für Preußen, regierte mit Hilfe der Präsidialvollmachten Hindenburgs weitgehend unabhängig vom Parlament. Beteiligte sich maßgeblich am Sturz seines Nachfolgers Schleicher und ebnete der Reg. Hitler den Weg, in der er am 30. Jan. 1933 das Amt des Vizekanzlers und (bis 7. April 1933) des Reichskommissars für Preußen übernahm. Erreichte den Abschluß des Reichskonkordats (Juli 1933), ehe er nach öffentl. Stellungnahme gegen den Totalitätsanspruch der NSDAP 1934 aus der Reg. ausschied. Bereitete als Gesandter bzw. Botschafter in Wien (1934/36–38) den Anschluß Österreichs an das Dt. Reich vor; 1938–44 Botschafter in der Türkei, 1946 im Nürnberger Hauptkriegsverbrecherprozeß freigesprochen, 1949 zu 8 Jahren Arbeitslager verurteilt, die durch die vorherige Haft als verbüßt galten.

Papenburg, Stadt im Emsland, Nds., 2 m ü. d. M., 29 100 E. Mit der Ems durch einen Kanal verbunden; Schiffbau (2 Werften, u. a. Bau von Kreuzfahrtschiffen und Flüssiggastankern, größtes Trockendock der Welt), Textil-, chem., Metallwaren-, Holzind., Maschinenbau, Torfverarbeitung; Hafen. – An der Stelle einer bischöfl. Wasserburg wurde hier die älteste und größte dt. Fehnkolonie nach holländ. Vorbild angelegt. Durch Verbindung des Moorkanals mit der Ems (1639) und den Bau mehrerer Schleusen (1771) entwickelte sich P. bis 1850 zu einer wichtigen Seehafenstadt. Erhielt 1860 Stadtrecht.

Paperback [engl. 'pɛɪpəbæk, eigtl. „Papierrücken"], Bez. für eine auf Rolle gedruckte Broschur (hohe Auflage) mit Karton- oder Papierumschlag, der am Rücken des Broschurblocks angeklebt ist.

Paphlagonien, histor. Gebiet im mittleren N-Anatolien, zw. Filyos çayı und Kızılırmak, Türkei. Seit Mitte des 6. Jh. unter pers. Oberhoheit; im 4. Jh. Keimzelle des Kgr. Pontus; wurde 64 v. Chr. römisch.

Paphos, antiker Name von ↑Paläa Pafos.

Papier [lat., zu griech. pápyros „Papyrusstaude, (aus dem Mark der Papyrusstaude hergestellter) Beschreibstoff"], flächiger, im wesentlichen aus Fasern vorwiegend pflanzl. Herkunft durch Entwässern einer Faserstoffsuspension auf einem Sieb gebildeter Werkstoff (bis 221 g/m^2). Als Faserrohstoffe werden Holz (wichtigster Rohstoff), Einjahrespflanzen, ↑Altpapier, Hadern, selten tier., mineral. sowie Chemiefasern eingesetzt. Wegen günstiger Verfilzungseigenschaften werden Nadelhölzer bevorzugt, weltweite Holzverknappung zwingt zu verstärkter Verwendung von Einjahrespflanzen. Ein wichtiger Sekundärrohstoff ist Alt-P.; tier. und mineral. Fasern werden nur in einigen besonderen P. verwendet. Chemiefasern sind in der Großproduktion bisher wenig verbreitet. Aus den Rohstoffen werden *Halbstoffe* (Faserstoffe; Holzschliff bzw. Zellstoff) hergestellt. Je nach gewünschter P.sorte werden hiervon Mischungen unter Zugabe von Wasser, Harzleim, Farb- und Füllstoffen in Mahlaggregaten hergestellt *(Ganzstoff)*. Nach Reinigung gelangt der P.brei in die P.maschine, wo die P.bahn entsteht. Eine **Langsiebpapiermaschine** ist eine bis 10 m breite und über 100 m lange Kombination von *Stoffauflauf, Siebpartie* mit endlosem Metallsieb (auf dem die P.bahn gebildet wird) und darunterliegenden *Entwässerungselementen* (Foils; seltener Registerwalzen, Naßsaugkästen u. a.), *Pressenpartie* (durch die die P.bahn mechanisch entwässert, gefestigt und geebnet wird), *Trockenpartie* (Restwasser wird verdampft), Glättwerk, Aufroller bzw. Rollenschneidmaschine; Laufgeschwindigkeit bis 1 000 m je Minute. Eine moderne Form des Blattbildungsteils der P.maschine ist der *Duoformer (Doppelsiebformer)*, bei dem die aus dem Stoffauflauf austretende Suspension als gebündelter Strahl zw. konvergierende Siebe geführt und auf einer Strecke von weniger als 2 m die P.bahn gebildet und entwässert wird. – Bei der **Rundsiebpapiermaschine (Zylindersiebpapiermaschine)** wird der P.brei von einem Hohlzylinder aus einem Trog aufgenommen und die P.bahn auf einem Filzband der Pressenpartie zugeleitet. Die Weiterverarbeitung erfolgt wie in der Langsiebpapiermaschine. – Weniger verbreitet ist die **Selbstabnahmepapiermaschine** zur Herstellung einseitig glatter dünner P. Die Naßpartie entspricht der der Langsiebpapiermaschine ohne Pressenpartie. Die P.bahn wird dann mittels eines Abnahmefilzes einer Vortrockenpartie und einem Trockenzylinder zugeleitet. – Nach Art und Verwendungszweck wird das P. weiterbehandelt (ausgerüstet), z. B. satiniert, geprägt, anschließend aufgerollt oder in Bogen geschnitten. Das beim Bleichprozeß bisher verwendete Chlor, aus dem schwer abbaubare Chlorkohlenwasserstoffe entstehen, wird in neueren Verfahren durch Sauerstoff, Ozon und/oder Wasserstoffperoxid ersetzt. Oftmals wird jedoch schon auf das Bleichen völlig verzichtet. – Die **Einteilung des Papiers** erfolgt a) nach Rohstoffen und Zusammensetzung des Ganzstoffes in holzfreies P. (ohne Holzschliffanteil) und holzhaltiges P. (mit Holzschliffanteil); b) nach Herstellung in handgeschöpftes P. (z. B. Bütten-P.) und Maschinen-P.; c) nach Verwendungszweck und Eigenschaften in Bildträger-, Hüll-, Saug-, Spezial- und Bunt-Papier.

Geschichte: P. wurde nach chin. Überlieferung erstmals im Jahre 105 n. Chr. in China durch den kaiserl. Hofbeamten Cai Lun hergestellt. Die Kunst der P.herstellung gelangte erst 1 000 Jahre später über den Orient und Nordafrika in den europ. Kulturkreis. Die erste P.mühle in Deutschland wurde 1390 durch Ulman Stromer bei Nürnberg errichtet. – Bis zur Mitte des 19. Jh. waren die Hadern (Lumpen) praktisch der einzige P.rohstoff. In Holland kam im 17. Jh. die Zylindermahlmaschine auf, die als „Holländisch Geschirr" oder „Holländer" mit zahlr. Veränderungen teilweise noch heute verwendet wird. Die erste maschinelle Einrichtung zur P.herstellung wurde von dem Franzosen N. L. Robert (Patent 1799) entwickelt (sog. P.schüttelmaschine). Um 1830 wurden bereits P.maschinen gebaut, die etwa 150 cm breites, geleimtes Papier lieferten.

Papierbirke (Betula papyrifera), bis 30 m hohe Birkenart N-Amerikas; Verwendung des Holzes für Kisten, Zündhölzer und Drechslerarbeiten.

Papierblume (Spreublume, Xeranthemum), Gatt. der Korbblütler mit 6 Arten (z. B. Xeranthemum annuum) im Mittelmeergebiet und in Vorderasien; einjährige, aufrechte Kräuter mit einzelnen langgestielten Blütenköpfchen mit mehrreihigen, [papierartig] trockenhäutigen Hüllblättern; z. T. beliebte Trockenblumen.

Papierchromatographie, Trennung von Stoffgemischen an Filterpapier auf Grund der durch zwei Lösungs-

Franz von Papen

Papierblume. Xeranthemum annuum

Papier. Links: Langsiebpapiermaschine. Rechts: Rundsiebpapiermaschine

Papillon

mittelphasen bewirkten unterschiedl. Verteilung der Substanzen. Das an die Zellulosefasern des Papiers gebundene Wasser bildet die stationäre Phase, ein nichtwäßriges Lösungsmittel, das sog. *Lauf-* oder *Elutionsmittel,* die mobile Phase. Nach Auftragen des Stoffgemisches auf das Filterpapier wandern dessen hydrophile Komponenten, vom Wasser zurückgehalten, relativ langsam mit der bewegl. Phase, schwächer hydrophile Substanzen relativ schnell. Der Quotient aus den Laufstrecken von Substanz und mobiler Phase ist unter gleichen Versuchsbedingungen eine für die Substanz charakterist. Konstante. Farblose Substanzen werden durch Anfärben mit Sprühreagenzien oder durch Fluoreszenz im UV-Licht sichtbar gemacht.

Papiermaulbeerbaum. Oben: männliche Blüten. Unten: weibliche Blüten

Papierformate (Blattgrößen), nach DIN 476 festgelegte Abmessungen für Papierbogen. Grundformat ist die Bogengröße A 0 (Fläche 1 m^2, Seitenverhältnis $1:\sqrt{2} = 1:1{,}41$); durch Halbieren der jeweils längeren Seite und damit der Fläche entsteht das nächstkleinere Format (A 1, A 2 usw.). Für die Hauptreihe A ergeben sich folgende Abmessungen (beschnittenes Format in mm):

DIN A 0:	841/1 189	DIN A 5:	148/210
DIN A 1:	594/841	DIN A 6:	105/148
DIN A 2:	420/594	DIN A 7:	74/105
DIN A 3:	297/420	DIN A 8:	52/74
DIN A 4:	210/297	DIN A 9:	37/52

DIN A 4 ist das Briefbogen-Normformat, DIN A 6 das Postkarten-Normformat (Postkartengröße). Daneben existieren auch die B-Reihe (DIN B 0 = 1 000/1 414 mm) und die C-Reihe (DIN C 0 = 917/1 297 mm).

Papiergeld ↑Geld, ↑Zahlungsmittel.

Papiermaché [papiema'ʃe:; zu frz. papier mâché „zerfetztes Papier"] (Pappmaché), eine durch Aufweichen von Altpapier und unter Zugabe von Leim sowie Gips oder Ton gewonnene plast. Masse zur Herstellung geformter Gegenstände.

Papiermark, die entwertete und ständig absinkende Mark des Dt. Reiches in den Inflationsjahren 1919–23 im Ggs. zur nunmehr Goldmark gen. bisherigen Werteinheit; abgelöst durch Rentenmark und Reichsmark.

Papiermaulbeerbaum (Broussonetia papyrifera), Maulbeergewächs in China und Japan; bis 10 m hoher Strauch mit kugeligen weibl. und zylindr. männl. Blütenständen sowie orangefarbenen Fruchtständen. Der Bast der Zweige dient zur Herstellung von ↑Tapa und gutem, dünnem, reibfestem Papier **(Kozo),** das zum Reinigen opt. Linsen verwendet wird.

Paprika

Papiernautilus (Argonauta argo), in warmen Meeren vorkommender ↑Krake.

Papierstaude, svw. ↑Papyrusstaude.

Papierwährung, vorherrschende Form der ↑Währung in der Gegenwart.

Papierwolf, Maschine zur Aktenvernichtung **(Aktenwolf)** und gleichzeitigen Herstellung von Papierwolle.

Papilio [lat.], Gatt. der Tagschmetterlinge mit zahlr. Arten, bes. in den Tropen; in M-Europa nur der Schwalbenschwanz.

Papillarleisten [lat./dt.], svw. ↑Hautleisten.

Papille (Papilla) [lat.], anatom. Bez. für kleine, rundl. bis kegelförmige Erhebung an oder in Organen; z. B. *Geschmacks-P.* auf der Zunge.

Papillom [lat.], aus gefäßreichem Bindegewebe bestehende, von Epithel überzogene, meist gutartige Geschwulst der Haut oder Schleimhaut.

Papillon [papi'jõ:; lat.-frz., eigtl. „Schmetterling" (nach der Form der Ohren)] (Schmetterlingshündchen), 20 bis 25 cm schulterhoher Zwergspaniel aus Belgien; Fell mit langen, weichen, leicht gewellten Haaren; einfarbig (weiß bis braun) oder weiß mit braunen Flecken.

Papin, Denis [frz. pa'pɛ̃], *Chitenay bei Blois 22. Aug. 1647, † um 1712, frz. Physiker und Techniker. – Erfand um 1680 den Dampfkochtopf mit Sicherheitsventil **(Papinscher Topf),** konstruierte eine Wasserhebemaschine und 1690 eine atmosphär. Dampfmaschine.

Papini, Giovanni, Pseud. Gian Falco, *Florenz 9. Jan. 1881, † ebd. 8. Juli 1956, italien. Schriftsteller. – Gehörte 1908–12 zum Mitarbeiterkreis von „La Voce"; zeitweilig Futurist; wandte sich 1919 dem Katholizismus zu; 1935 Prof. in Bologna, 1937 Direktor des italien. Renaissanceforschungszentrums, seit 1938 Hg. der Zeitschrift „Rinascita"; trat v. a. mit Essays, Biographien und autobiograph. Schriften hervor: „Ein fertiger Mensch" (autobiogr. R., 1912), „Lebensgeschichte Christi" (1921), „Dante" (1932), „Die zweite Geburt" (autobiogr. R., hg. 1958).

Papinianus, Aemilius, *um 150, † 212 n. Chr., röm. Jurist. – Seit 203 Prätorianerpräfekt; auf Befehl Caracallas hingerichtet; einer der bedeutendsten Rechtsgelehrten; schrieb 193–198 die „Quaestiones" (37 Bücher) und 198–211 die „Responsa" (19 Bücher).

Papinius, röm. Dichter, ↑Statius, Publius Papinius.

Papismus [mittellat.], abwertende Bez. für Hörigkeit gegenüber Papst und Kurie sowie auch für den Katholizismus (entsprechend **Papisten** für Katholiken).

Pappatacifieber [papa'ta:tʃi; italien./dt.] (Dreitagefieber, Phlebotomusfieber, Sandfliegenfieber), durch die Sandmücke Phlebotomus pappatasi übertragene, in den Tropen und in S-Europa auftretende fieberhafte Viruserkrankung mit grippeartigen Symptomen.

Pappe, flächiger, im wesentlichen aus Fasern pflanzl. Herkunft durch Entwässern einer Faserstoffsuspension auf einer Papier- bzw. P.maschine gebildeter Werkstoff mit einem Massebelag (herkömmlich Flächengewicht) von 500 bis 2 000 g/m^2 und mehr. Die Einteilung erfolgt nach Rohstoffen (P. aus Holzschliff, P. aus Altpapier u. a.), nach Herstellung (Hand-P., Maschinen-P.), nach Eigenschaften (Hart-P., Weich-P.).

Pappel (Populus) [lat.], Gatt. der Weidengewächse mit rd. 40 rezenten, formenreichen Arten in Europa, Asien, N-Afrika und N-Amerika; sommergrüne, raschwüchsige, oft sehr hohe Bäume mit wechselständigen, meist eiförmigen bis lanzenförmigen Blättern. Die Früchte sind aufspringende Kapseln mit zahlr. kleinen, mit Haarschopf versehenen Samen. Vielfach gepflanzt werden die **Silberpappel** (Weiß-P., Populus alba; bis 30 m hoch, Blätter unterseits dicht filzig behaart) und Zitterpappel (↑Espe); außerdem die **Schwarzpappel** (Populus nigra; mit schwärzl.-rissiger Borke), **Graupappel** (Populus canescens; eine Kreuzung zw. Silber-P. und Espe; Blätter unterseits graufilzig behaart) und **Pyramidenpappel** (Varietät der Schwarz-P.; oft als Alleebaum gepflanzt).

Pappelschwärmer (Laothoe populi), in Flußtälern, Auen und Parklandschaften Europas und N-Afrikas verbreiteter, 6–7 cm spannender Nachtfalter (Fam. Schwärmer) mit breiten, gezackten, grauen bis braunen Flügeln. Die gelbgrünen Raupen fressen an Pappeln, Weiden und Espen.

Pappelspinner (Weidenspinner, Atlasspinner, Ringelfuß, Leucoma salicis), in N-Afrika und Eurasien verbreiteter, 3–5 cm spannender, seidenweißer Schmetterling (Fam. Trägspinner); Raupen können durch Blattfraß an Pappeln und Weiden schädlich werden.

Pappenheim, schwäb.-fränk. Adelsgeschlecht. Unter Kaiser Heinrich V. Reichsministerialen, seit 1193 erbl. Inhaber des Marschallamtes. 1806 wurde die reichsunmittelbare Gft. P. im Altmühltal von Bayern mediatisiert. Bed. Vertreter:

P., Gottfried Heinrich Graf zu (seit 1628), * Pappenheim 29. Mai 1594, ⚔ Leipzig 17. Nov. 1632, kaiserl. Reitergeneral (seit 1630). – Erhielt 1623 von Kaiser Ferdinand II. ein Kürassierregiment (*„Pappenheimer"*, berühmt als Draufgänger); 1626 warf er den oberöstr. Bauernaufstand nieder, erstürmte 1631 Magdeburg; in der Schlacht bei Lützen tödlich verwundet.

Pappenheim, Stadt an der Altmühl, Bay., 406 m ü. d. M., 4200 E. – Entstand im 12. Jh. als Marktsiedlung um einen Königshof; Stadtrecht seit 1288. – Burgruine (12. Jh.); roman.-got. Galluskirche (9. bis 15. Jh.); spätgot. ev. Pfarrkirche und Kirche des ehem. Augustinereremiten-Klosters; Altes Schloß der Grafen P. (16./17. Jh.), Neues Schloß (1819/20).

Pappmaché [papmaˈʃeː; dt./frz.], svw. ↑ Papiermaché.

Pappos von Alexandria (Pappus), griech. Mathematiker um 300 n. Chr. – Nachrichten über das Leben von P. fehlen. In seinem zum größten Teil erhaltenen Hauptwerk „Synagoge" (lat. „Collectio") werden die geometr. Kenntnisse seiner Zeit zusammengefaßt. Aus anderen Werken des P. sind nur Teile oder Fragmente erhalten, so aus Werken über Traumdeutung, über die Flüsse Afrikas, aus den Kommentaren zu den „Data" und den „Elementen" des Euklid sowie zur „Harmonik" und zum „Almagest" des Ptolemäus.

Paprika [ungar., zu serb. papar „Pfeffer" (von lat. piper mit gleicher Bed.)] (Capsicum), Gatt. der Nachtschattengewächse mit rd. 30 Arten in M- und S-Amerika; formenreiche Kräuter, Halbsträucher oder Sträucher mit kleinen Blüten und leuchtend gefärbten, meist scharf schmeckenden, vielsamigen Beerenfrüchten. Die heute in N-Amerika und Europa angebauten Kultursorten mit grünen, gelben, roten oder violetten Früchten *(P.schoten)* sind reich an Vitamin C und P sowie an Karotin und werden vielseitig verwendet: unausgereift (großfrüchtige Sorten als *Gemüse-P.;* kleinfrüchtige Sorten als *Peperoni*) und ausgereift (zur Bereitung von Gewürzen).

▷ Sammelbez. für die vielfältigen *Gewürzprodukte* aus den Früchten der Arten *Capsicum annuum* und *Capsicum frutescens* (liefern Cayennepfeffer [Chili]).

Papst [zu mittelhochdt. babes(t), letztl. zu griech. páppa „Vater"], Oberhaupt der kath. Kirche mit den *amtl. Titeln* „Bischof von Rom, Stellvertreter Jesu Christi, Nachfolger des Apostelfürsten, Oberhaupt der allg. Kirche, Patriarch des Abendlandes, Primas von Italien, Erzbischof und Metropolit der Kirchenprovinz Rom, Souverän des Staates der Vatikanstadt". *Anrede* „Heiligkeit", „Heiliger Vater"; Träger des Primats und der lehramtl. ↑ Unfehlbarkeit. Der Titel P., urspr. im Griechischen für Äbte, Bischöfe und Patriarchen gebraucht, ist in Rom seit dem 4. Jh. bezeugt und blieb dem Bischof von Rom vorbehalten.
Als **Gegenpapst** wird derjenige bezeichnet, der eine P.wahl annimmt, obwohl ein P. bereits nach kanon. Recht gewählt ist (oft nicht zu entscheiden). – ↑ Apostolischer Stuhl, ↑ Papsttum.

Päpstin Johanna ↑ Johanna.

Päpstliche Familie, der aus Klerikern und Laien bestehende Teil des Päpstl. Hauses (früher Päpstl. Hofstaat), der den Papst als Staatsoberhaupt des Vatikans unterstützt; Angehörige der P. F. sind nur Funktionsträger; die Amtsdauer wurde für alle Mgl. auf 5 Jahre begrenzt; die Erblichkeit der Ämter wurde abgeschafft; die P. F. untersteht der Präfektur des Apostol. Palastes.

päpstliche Hochschulen (päpstl. Universitäten, Atenei Romani, Athenäen), die 14 päpstl. Univ. und selbständigen wiss. Inst. oder Fakultäten in Rom, u. a. die ↑ Gregoriana, die Pontificia Università Lateranense (gegr. 1773), die Pontificia Università di S. Tommaso d'Aquino (früher Angelicum; Päpstl. Univ. Thomas von Aquin, gegr. 1580), das Pontificio Ateneo „Antonianum" (gegr. 1933).

Päpstliche Kapelle, der feierl. päpstl. Gottesdienst mit Teilnahme aller in Rom anwesenden Kardinäle und Bischöfe; i. e. S. alle zur Teilnahme an feierl. liturg. Handlungen des Papstes verpflichteten Geistlichen und Laien, Teil des Päpstl. Hauses.

päpstlicher Legat, in der kath. Kirche päpstl. Gesandter.

päpstlicher Segen, svw. ↑ Apostolischer Segen.

Päpstliches Haus, zusammenfassende Bez. für alle Geistlichen und Laien, die bei der feierl. päpstl. Liturgie oder beim Auftreten des Papstes als Souverän des Vatikans oder als Oberhaupt des Hl. Stuhls mitwirken.

Päpstliches Werk der Glaubensverbreitung, 1822 in Lyon gegr. Hilfswerk für die kath. Missionsarbeit; 1922 durch Verbindung mit dem Hl. Stuhl auf eine neue organisator. Grundlage gestellt; Präsidenten sind die beiden Sekretäre der Kurienkongregation für die Evangelisation der Völker.

Papstname, Name, den der Papst mit Beginn seines Pontifikats annimmt. Grund für die Namensänderung war die Vermeidung heidnisch oder „barbarisch" klingender Namen. Seit Beginn des 11. Jh. wurde die Namensänderung zur Regel.

Papsttum, Amt und Institution des Oberhaupts der kath. Kirche, des Papstes, nach kath. Glaubenslehre unter [exegetisch umstrittener] Berufung auf Matth. 16, 16 ff. von Jesus Christus eingesetzt. Deshalb ist der Papst immer Nachfolger des Apostels Petrus als Bischof von Rom, dessen subsidiäre Vorrangstellung in Fragen der Lehre und Disziplin in den ersten Jh. allmählich deutlicher hervortrat, obgleich in der alten Christenheit die höchste kirchl. Autorität beim ökumen. Konzil lag.

Alte Kirche

Ein Aufstieg des P. als Institution begann nach der Verlegung der kaiserl. Residenz von Rom nach Konstantinopel mit Cölestin I. (422–432) und erreichte einen ersten Höhepunkt mit Leo I. (440–461; Lehre von der Vollgewalt des P. über die gesamte Kirche), unter dessen Einfluß dann Gelasius I. Ende des 5. Jh. die für die ma. Verhältnisbestimmung von päpstl.-geistl. und polit.-königl. Gewalt (zugunsten des P.) prägende ↑ Zweigewaltenlehre formulierte. Nach dem Untergang des weström. Reiches (476) war die Taufe des Frankenkönigs Chlodwig (wohl 498) für die Entwicklung des Reichskirchensystems von entscheidender Bedeutung. Auf Grund dieser Vorbedingungen konnte Gregor I. in der 2. Hälfte des 6. Jh. die [faktisch] weltl. Macht des P. und die Entwicklung des Patrimonium Petri zum späteren ↑ Kirchenstaat einleiten.

Mittelalter

Das Schicksal des P. im MA ist weithin bestimmt durch die (seit Kaiser Konstantin I.) problemat. enge Verbindung von Geistlichem und Weltlichem, von Kaisertum und P. (800 Kaiserkrönung Karls d. Gr., durch Leo III., otton.-sal. ↑ Reichskirchensystem).
Die seit 476 stets zunehmende Entfremdung zw. Rom und dem Ostreich vollendete sich im ↑ Morgenländischen Schisma (1054), das durch Unionsversuche nicht mehr behoben werden konnte. Nach einer Zeit der Abhängigkeit des P. vom röm. und mittelitalien. Adel begann auf dem Hintergrund kirchl. Reformbewegungen (kluniazens. und Gorzer Reform; ↑ gregorianische Reform) mit den von Kaiser Heinrich III. designierten dt. Päpsten des 11. Jh. der unmittelbare Aufstieg des P. zur geistl. Vormacht im Abendland. Das Kardinalskollegium entwickelte sich jetzt rasch zu einer Körperschaft, die fortan dem Papst in der Reg. der Gesamtkirche zur Seite stand (in engem Zusammenhang damit die Entstehung der röm. Kurie als „Verwaltungsbehörde"). Die gegensätzl. Auffassungen von geistl. Amt und weltl. Herrschaft führten unter Gregor VII. (1073–85) zum ↑ Investiturstreit. In der „geistl. Weltherrschaft" Innozenz' III. (1198–1216) erreichte das ma. P. einen Höhepunkt seiner Macht; diese wurde jedoch überschattet von den Auseinandersetzungen mit den Staufern um den prinzipiellen Vorrang und die Vorherrschaft in Italien, den im

Denis Papin

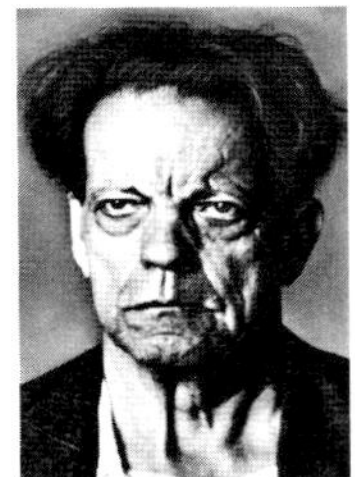
Giovanni Papini

Gottfried Heinrich Pappenheim

Päpste

Es gibt heute keine Papstliste, die verbindlich ist sowohl hinsichtlich der Regierungsdaten v. a. der frühen Päpste, als auch hinsichtlich der Frage, ob sie den Päpsten oder Gegenpäpsten oder auch keiner der beiden Kategorien zuzurechnen sind. Besondere Schwierigkeiten bestehen bei den Päpsten der diokletian. Verfolgung, den Pontifikaten des Jahres 530, den Wirren 1044–1046, bei der Doppelwahl 1130, v. a. bei den zwei bzw. drei Papstreihen des Abendländischen Schismas seit 1378. Aus diesem Grund ist auch die Numerierung der Päpste in den verschiedenen Papstlisten uneinheitlich. – Ungewisse oder umstrittene Daten sind mit Fragezeichen versehen. Gegenpäpste sind eingerückt; Ordnungszahlen sind eingeklammert, wenn die Zählung der als rechtmäßig geltenden Päpste die so gekennzeichneten nicht berücksichtigte. Sterbejahre sind nicht angegeben, wenn sie mit dem letzten Regierungsjahr übereinstimmen oder unbekannt sind.

1. Petrus, hl. † 64/67 (?)
2. Linus, hl. 67–76 (?)
3. Anenkletos (Anaklet I.), hl. 79–90 (?)
4. Klemens I., hl. 92–101 (?)
5. Evaristus, hl. 99–107 (?)
6. Alexander I., hl. 107–116 (?)
7. Sixtus I. (Xystus I.), hl. 116–125 (?)
8. Telesphorus, hl. 125–136/38 (?)
9. Hyginus, hl. 136/38–140/42 (?)
10. Pius I., hl. 140/42–154/55 (?)
11. Anicetus, hl. 154/55–166 (?)
12. Soter, hl. 166–174 (?)
13. Eleutherus, hl. 174–189 (?)
14. Viktor I., hl. 189–198/99 (?)
15. Zephyrinus, hl. 199–217 (?)
16. Kalixt I., hl. 217–222
    Hippolyt 217–235
17. Urban I., hl. 222–230
18. Pontianus, hl. 230–235
19. Anteros, hl. 235–236
20. Fabianus, hl. 236–250
21. Cornelius, hl. 251–253
    Novatian 251–258 (?)
22. Lucius I., hl. 253–254
23. Stephan I., hl. 254–257
24. Sixtus II. (Xystus II.), hl. 257–258
25. Dionysius, hl. 259/60–267/68 (?)
26. Felix I., hl. 268/69–273/74 (?)
27. Eutychianus, hl. 274/75–282/83 (?)
28. Cajus, hl. 282/83–295/96
29. Marcellinus, hl. 295/96–304
30. Marcellus I., hl. 307–308 (?)
31. Eusebius, hl. 308/309/310
32. Miltiades, hl. 310/311–314 (?)
33. Silvester I., hl. 314–335
34. Markus, hl. 336
35. Julius I., hl. 337–352
36. Liberius, hl. 352–366
    Felix (II.) († 365) 355–365
37. Damasus I., hl. (* um 305) 366–384
    Ursinus 366–367
38. Siricius, hl. 384–399
39. Anastasius I., hl. 399–402
40. Innozenz I., hl. 402–417
41. Zosimus, hl. 417–419
42. Bonifatius I., hl. 418–422
    Eulalius († 423) 418–419
43. Cölestin I., hl. 422–432
44. Sixtus III. (Xystus III.), hl. 432–440
45. Leo I., hl. 440–461
46. Hilarus, hl. 461–468
47. Simplicius, hl. 468–483
48. Felix II. (III.), hl. 483–492
49. Gelasius I., hl. 492–496
50. Anastasius II. 496–498
51. Symmachus, hl. 498–514
    Laurentius 498–506
52. Hormisdas, hl. 514–523
53. Johannes I., hl. 523–526
54. Felix III. (IV.), hl. 526–530
55. Bonifatius II. 530–532
56. Dioskur 530
57. Johannes II. 533–535
58. Agapet I., hl. 535–536
59. Silverius, hl. 536–537
60. Vigilius 537–555
61. Pelagius I. 556–561
62. Johannes III. 561–574
63. Benedikt I. 575–579
64. Pelagius II. 579–590
65. Gregor I., hl. (* um 540) 590–604
66. Sabinianus 604–606
67. Bonifatius III. 607
68. Bonifatius IV., hl. 608–615
69. Deusdedit (Adeodatus I.), hl. 615–618
70. Bonifatius V. 619–625
71. Honorius I. 625–638
72. Severinus 640
73. Johannes IV. 640–642
74. Theodor I. 642–649
75. Martin I., hl. († 655) 649–653
76. Eugen I., hl. 654–657
77. Vitalian, hl. 657–672
78. Adeodatus II. 672–676
79. Donus 676–678
80. Agatho, hl. 678–681
81. Leo II., hl. 682–683
82. Benedikt II., hl. 684–685
83. Johannes V. 685–686
84. Konon 686–687
    Theodor 687
    Paschalis († 692?) 687
85. Sergius I., hl. 687–701
86. Johannes VI. 701–705
87. Johannes VII. 705–707
88. Sisinnius 708
89. Konstantin I. 708–715
90. Gregor II., hl. (* 669) 715–731
91. Gregor III., hl. 731–741
92. Zacharias, hl. 741–752
    Stephan (II.) 752
93. Stephan II. (III.) 752–757
94. Paul I., hl. 757–767
    Konstantin II. 767–768
    (Philippus) 768
95. Stephan III. (IV.) 768–772
96. Hadrian I. 772–795
97. Leo III., hl. 795–816
98. Stephan IV. (V.) 816–817
99. Paschalis I., hl. 817–824
100. Eugen II. 824–827
101. Valentin 827
102. Gregor IV. 827–844
    Johannes 844
103. Sergius II. 844–847
104. Leo IV., hl. 847–855
105. Benedikt III. 855–858
    Anastasius (III.) († 879) 855
106. Nikolaus I. (* um 800) 858–867
107. Hadrian II. (* 792) 867–872
108. Johannes VIII. 872–882
109. Marinus I. (Martin II.) 882–884
110. Hadrian III., hl. 884–885
111. Stephan V. (VI.) 885–891
112. Formosus (* um 816) 891–896
113. Bonifatius VI. 896
114. Stephan VI. (VII.) 896–897
115. Romanus 897
116. Theodor II. 897
117. Johannes IX. 898–900
118. Benedikt IV. 900–903
119. Leo V. 903
120. Christophorus 903–904
121. Sergius III. 904–911
122. Anastasius III. 911–913
123. Lando 913–914
124. Johannes X. 914–928
125. Leo VI. 928
126. Stephan VII. (VIII.) 928–931
127. Johannes XI. 931–935/36
128. Leo VII. 936–939
129. Stephan VIII. (IX.) 939–942
130. Marinus II. (Martin III.) 942–946
131. Agapet II. 946–955
132. Johannes XII. (* 937) 955–964
133. Leo VIII. 963–965
134. Benedikt V. († 966) 964
135. Johannes XIII. 965–972
136. Benedikt VI. 973–974
137. Bonifatius VII. 974, 984–985
138. Benedikt VII. 974–983
139. Johannes XIV. 983–984
140. Johannes XV. 985–996
141. Gregor V. (* 972) 996–999
    Johannes XVI. 997–998
142. Silvester II. (* 940/50) 999–1003
143. Johannes XVII. 1003
144. Johannes XVIII. 1003/04–1009
145. Sergius IV. 1009–1012
146. Benedikt VIII. 1012–1024
    Gregor (VI.) 1012
147. Johannes XIX. 1024–1032
148. Benedikt IX. († 1055/56) 1032–1045
149. Silvester III. 1045–1046
150. Gregor VI. († 1047) 1045–1046
151. Klemens II. 1046–1047
152. Damasus II. 1048
153. Leo IX., hl. (* 1002) 1049–1054
154. Viktor II. 1055–1057
155. Stephan IX. (X.) 1057–1058
156. Benedikt X. 1058–1059
157. Nikolaus II. 1058–1061
158. Alexander II. 1061–1073
    Honorius (II.) 1061–1064
    (* 1009, † 1072?)
159. Gregor VII., hl. 1073–1085
    Klemens (III.) 1080–1100
    (* um 1025, † 1100)
160. Viktor III., sel. (* um 1027) 1086–1087
161. Urban II., sel. (* um 1035) 1088–1099
162. Paschalis II. 1099–1118
    Theoderich 1100–1102
    Albert 1100
    Silvester (IV.) 1105–1111
163. Gelasius II. 1118–1119
    Gregor (VIII.) († 1137) 1118–1121
164. Kalixt II. 1119–1124
165. Honorius II. 1124–1130
    Cölestin (II.) († vor 1127) 1124
166. Innozenz II. 1130–1143
167. Anaklet II. 1130–1138
    Viktor (IV.) 1138
168. Cölestin II. 1143–1144
169. Lucius II. 1144–1145
170. Eugen III., sel. 1145–1153
171. Anastasius IV. 1153–1154
172. Hadrian IV. (* 1110/20) 1154–1159
173. Alexander III. 1159–1181
    Viktor (IV.) 1159–1164
    Paschalis (III.) 1164–1168
    Kalixt (III.) 1168–1178
    Innozenz (III.) 1179–1180
174. Lucius III. 1181–1185
175. Urban III. 1185–1187
176. Gregor VIII. 1187
177. Klemens III. 1187–1191
178. Cölestin III. 1191–1198
179. Innozenz III. (* 1160/61) 1198–1216
180. Honorius III. (* um 1150) 1216–1227
181. Gregor IX. (* um 1170) 1227–1241
182. Cölestin IV. 1241
183. Innozenz IV. (* um 1195) 1243–1254
184. Alexander IV. 1254–1261
185. Urban IV. (* um 1200) 1261–1264
186. Klemens IV. 1265–1268
187. Gregor X., sel. (* 1210) 1271–1276
188. Innozenz V., sel. (* 1225) 1276
189. Hadrian V. 1276
190. Johannes XXI. (* 1210/20) 1276–1277
191. Nikolaus III. (* 1210/20) 1277–1280
192. Martin IV. 1281–1285
193. Honorius IV. (* 1210) 1285–1287

Päpste (Fortsetzung)

Nr.	Papst	Lebensdaten	Pontifikat
194.	Nikolaus IV.		1288–1292
195.	Cölestin V., hl.	(* 1215, † 1296)	1294
196.	Bonifatius VIII.	(* um 1235)	1294–1303
197.	Benedikt XI., sel.	(* 1240)	1303–1304
198.	Klemens V.		1305–1314
199.	Johannes XXII.	(* 1244)	1316–1334
	Nikolaus (V.)	(† 1333)	1328–1330
200.	Benedikt XII.		1334–1342
201.	Klemens VI.	(* um 1292)	1342–1352
202.	Innozenz VI.		1352–1362
203.	Urban V., sel.	(* um 1310)	1362–1370
204.	Gregor XI.	(* 1329)	1370–1378
205.	Urban VI.	(* um 1318)	1378–1389
	Klemens VII.	(* 1342)	1378–1394
206.	Bonifatius IX.	(* um 1350)	1389–1404
	Benedikt XIII.	(† 1423)	1394–1417
207.	Innozenz VII.	(* 1336)	1404–1406
208.	Gregor XII.	(* 1325, † 1417)	1406–1415
209.	Alexander V.	(* 1340)	1409–1410
210.	Johannes (XXIII.)	(* um 1370, † 1419)	1410–1415
211.	Martin V.	(* 1368)	1417–1431
	Klemens (VIII.)	(* 1380, † 1446)	1423–1429
212.	Eugen IV.	(* 1383)	1431–1447
	Felix V.	(* 1383, † 1451)	1439–1449
213.	Nikolaus V.	(* 1397)	1447–1455
214.	Kalixt III.	(* 1378)	1455–1458
215.	Pius II.	(* 1405)	1458–1464
216.	Paul II.	(* 1418)	1464–1471
217.	Sixtus IV.	(* 1414)	1471–1484
218.	Innozenz VIII.	(* 1432)	1484–1492
219.	Alexander VI.	(* 1431 [1432?])	1492–1503
220.	Pius III.	(* 1439)	1503
221.	Julius II.	(* 1443)	1503–1513
222.	Leo X.	(* 1475)	1513–1521
223.	Hadrian VI.	(* 1459)	1522–1523
224.	Klemens VII.	(* 1478)	1523–1534
225.	Paul III.	(* 1468)	1534–1549
226.	Julius III.	(* 1487)	1550–1555
227.	Marcellus II.	(* 1501)	1555
228.	Paul IV.	(* 1476)	1555–1559
229.	Pius IV.	(* 1499)	1559–1565
230.	Pius V., hl.	(* 1504)	1566–1572
231.	Gregor XIII.	(* 1502)	1572–1585
232.	Sixtus V.	(* 1521)	1585–1590
233.	Urban VII.	(* 1521)	1590
234.	Gregor XIV.	(* 1535)	1590–1591
235.	Innozenz IX.	(* 1519)	1591
236.	Klemens VIII.	(* 1536)	1592–1605
237.	Leo XI.	(* 1535)	1605
238.	Paul V.	(* 1552)	1605–1621
239.	Gregor XV.	(* 1554)	1621–1623
240.	Urban VIII.	(* 1568)	1623–1644
241.	Innozenz X.	(* 1574)	1644–1655
242.	Alexander VII.	(* 1599)	1655–1667
243.	Klemens IX.	(* 1600)	1667–1669
244.	Klemens X.	(* 1590)	1670–1676
245.	Innozenz XI., sel.	(* 1611)	1676–1689
246.	Alexander VIII.	(* 1610)	1689–1691
247.	Innozenz XII.	(* 1615)	1691–1700
248.	Klemens XI.	(* 1649)	1700–1721
249.	Innozenz XIII.	(* 1655)	1721–1724
250.	Benedikt XIII.	(* 1649)	1724–1730
251.	Klemens XII.	(* 1652)	1730–1740
252.	Benedikt XIV.	(* 1675)	1740–1758
253.	Klemens XIII.	(* 1693)	1758–1769
254.	Klemens XIV.	(* 1705)	1769–1774
255.	Pius VI.	(* 1717)	1775–1799
256.	Pius VII.	(* 1742)	1800–1823
257.	Leo XII.	(* 1760)	1823–1829
258.	Pius VIII.	(* 1761)	1829–1830
259.	Gregor XVI.	(* 1765)	1831–1846
260.	Pius IX.	(* 1792)	1846–1878
261.	Leo XIII.	(* 1810)	1878–1903
262.	Pius X., hl.	(* 1835)	1903–1914
263.	Benedikt XV.	(* 1851)	1914–1922
264.	Pius XI.	(* 1857)	1922–1939
265.	Pius XII.	(* 1876)	1939–1958
266.	Johannes XXIII.	(* 1881)	1958–1963
267.	Paul VI.	(* 1897)	1963–1978
268.	Johannes Paul I.	(* 1912)	1978
269.	Johannes Paul II.	(* 1920)	seit 1978

13. Jh. entstehenden Bettelorden, den häret. Katharern und Waldensern sowie durch die Kreuzzugsbewegung. Die Annäherung des P. an das zunehmend europäisch engagierte frz. Königtum endete unter dem Franzosen Klemens V. in polit. Abhängigkeit: 1309–76 residierten die Päpste in Avignon (Avignon. Exil). Die Rückkehr nach Rom 1376/77 bei der Fortdauer einer avignones. Linie bedingte das ↑Abendländische Schisma, welches erst 1417 durch das ↑Konstanzer Konzil, einem Meilenstein des ↑Konziliarismus, beseitigt werden konnte.

Neuzeit

Das schon lange drängende Problem der Kirchenreform blieb auch im 15. und 16. Jh. ungelöst, so daß im Pontifikat Leos X. (1513–21) mit dem öff. Hervortreten Luthers und der Reformation das Ende der universalen Geltung des P. anbrach. – Durch aktive neue Orden (v. a. die Jesuiten) und durch das Konzil von Trient (1545–63) wurde das Wiedererstarken des Katholizismus eingeleitet. Im 17. und 18. Jh. mußte ein zwar innerlich gefestigtes P. (trotz harter Auseinandersetzungen mit Fürsten- und Staatsabsolutismus, Aufklärung und ↑Staatskirche) den weiteren Rückgang seines Einflusses auch in kath. Staaten hinnehmen.

19. und 20. Jahrhundert

Das P. lehnte im 19. Jh. Liberalismus, Sozialismus, Pressefreiheit, Religions- und Gewissensfreiheit ab. Das 1. Vatikan. Konzil sollte 1869/70 mit seiner Definition des ↑Primates des Papstes und des Universalepiskopats (↑Unfehlbarkeit) die päpstl. Autorität neu festigen, nicht zuletzt eine Antwort auf die Aufhebung des Kirchenstaats (20. Sept. 1870). Leo XIII. suchte erstmals eine Öffnung zur modernen Welt (Aufgreifen der sozialen Frage in der Enzyklika „Rerum novarum", 1891). Reformabsichten bed. Theologen und kath. Laien führten jedoch bald zu neuen heftigen innerkirchl. Kämpfen, die unter Pius X. Anfang des 20. Jh. ihren Höhepunkt erreichten (↑Modernismus). Pius XI. (1922–39) bemühte sich, weitestgehend unkritisch gegenüber totalitären Regimen, um neue kirchl. Festigung der von Kriegen und Revolutionen erschütterten Länder (zahlr. Konkordate, 1933 mit der nat.-soz. Regierung, 1929 bereits ↑Lateranverträge mit dem faschist. Italien). – Nach einer langen Periode zentralist.-papalist. Ausrichtung (bis Pius XII.) begann im folgenden kurzen, aber epochemachenden Pontifikat Johannes' XXIII. ein neuer Aufbruch in der kath. Kirche, dessen Ausdruck v. a. das 2. Vatikan. Konzil wurde. Auch die Pontifikate seiner Nachfolger (Paul VI., Johannes Paul I., Johannes Paul II.) stehen noch im Dienst dieses Programms, weichen jedoch etwa durch die erneute Betonung der päpstl. Autorität von wesentl. Grundsätzen einer behutsamen Reform ab.

Papstwahl, Modus der Bestellung zum Papst. Der Papst wird von den dazu berechtigten Kardinälen im Konklave gewählt. Wahlberechtigt sind seit 1. Jan. 1971 alle Kardinäle, die das 80. Lebensjahr noch nicht vollendet haben. Wählbar ist jeder kath. Christ; seit 1389 wählte man jedoch nur Kardinäle.

Papua, Sammelbez. für die Melanesier Neuguineas und einiger benachbarter Inseln; rd. 4,6 Mill.; auch eingeschränkt auf die Papuasprachen sprechenden Bev.gruppen. Anthropologisch gehören die P. zu den Melanesiden. Sie betreiben im Tiefland Brandrodungswanderfeldbau, im Hochland auch Gartenbau. Jagd und Fischfang spielen ebenfalls eine Rolle. Die meist streng isolierten Siedlungen

Papyrus. Darstellung der Seelenwägung in einem ägyptischen Totenbuch, Malerei auf Papyrus, um 1300 v. Chr. (London, British Museum)

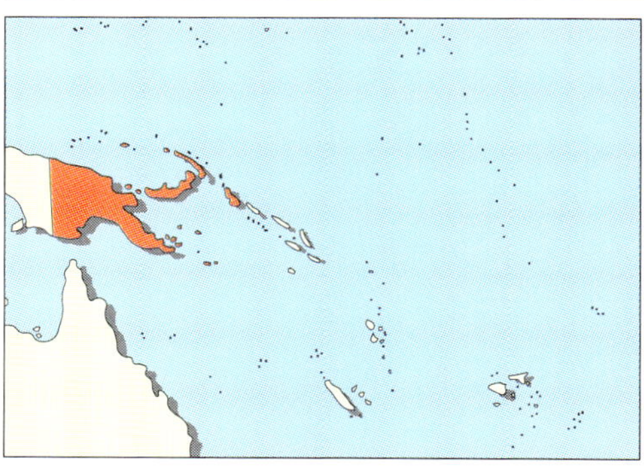

Papua-Neuguinea

Fläche: 462 840 km²
Bevölkerung: 4 Mill. E (1990), 8,6 E/km²
Hauptstadt: Port Moresby
Amtssprache: Englisch; Neumelanesisch und Hiri Motu als Verkehrssprachen
Währung: 1 Kina (K) = 100 Toea (t)
Zeitzone: MEZ +9 Stunden

Papua-Neuguinea

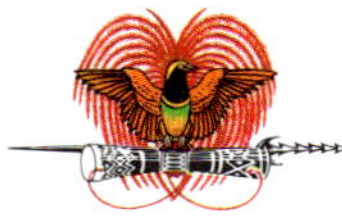

Staatswappen

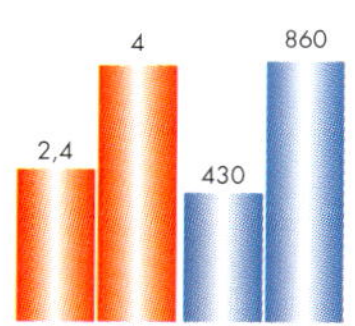

1970 1990 1970 1990
Bevölkerung (in Mill.) Bruttosozialprodukt je E (in US-$)

Stadt Land

Bevölkerungsverteilung 1990

Industrie
Landwirtschaft
Dienstleistung

Bruttoinlandsprodukt 1990

bestehen an der Küste und im angrenzenden Hinterland aus Dörfern oder Weilern, im Hochland auch aus Einzelhöfen.

Papua-Neuguinea [...gi'ne:a] (engl. Papua New Guinea), Staat im westl. Pazifik, zw. 0° 43′ und 11° 40′ s. Br. sowie 141° und 156° ö. L. **Staatsgebiet:** Umfaßt den östl. Teil der Insel Neuguinea, auf der es an Irian Jaya (Indonesien) grenzt, den Bismarckarchipel, den Louisiadearchipel, die D'Entrecasteaux- und Trobriandinseln sowie die nördl. Salomoninseln Buka und Bougainville. **Verwaltungsgliederung:** 19 Prov. und ein Hauptstadt-Distr. **Internat. Mitgliedschaften:** UN, Commonwealth, Colombo-Plan, Südpazif. Forum; der EWG und dem GATT assoziiert.

Landesnatur: Etwa 25 % der Landfläche liegen über 1 000 m ü. d. M. Das Zentralgebirge, das die Insel Neuguinea von W nach O durchzieht, erreicht im Mount Wilhelm im Bismarckgebirge 4 508 m ü. d. M.; es setzt sich in den D'Entrecasteauxinseln und im Louisiadearchipel fort. Nach N und S bricht das Zentralgebirge meist steil ab. Im SW erstreckt sich ein ausgedehntes, bis 450 km breites, welliges bis hügeliges Tiefland, stellenweise von Sümpfen und Seen durchsetzt. Das nördl. Tiefland liegt zw. dem Zentralgebirge und einem Küstengebirge, dem eine schmale Küstenebene vorgelagert ist. Die meist vulkan. Hauptinseln der zu P.-N. gehörenden Inselflur sind gebirgig und besitzen nur schmale Küstentiefländer.

Klima: Es herrscht trop. Regenklima mit ganzjährig fallenden Niederschlägen. In den zentralen Gebirgsregionen fallen jährlich bis zu 6 600 mm, in den übrigen Landesteilen 2 000–3 000 mm Niederschlag. Die Schneegrenze liegt knapp über 4 000 m Höhe.

Vegetation: Rd. 70 % von P.-N. werden von immergrünen trop. Regenwäldern bedeckt. In den Tieflandsgebieten Sumpfwälder, Grassümpfe und Savannen, an den Küsten Mangroven. Grasländer finden sich im Hochland und im NW.

Tierwelt: Sie ist eng mit der austral. verwandt. Auf Neuguinea kommen Baumkänguruh, Ameisenigel, Dingo, Lauben- und Paradiesvögel vor.

Bevölkerung: Neben den in zahlr. Völkerschaften zersplitterten melanes. Papua (740 verschiedene Sprachen), zu denen 84 % der Bewohner gehören, leben Mikronesier (15 %) in P.-N., außerdem polynes., chin. und europ. Minderheiten; die Bev. steht z. T. noch auf neolith. Kulturstufe. 90 % der Bewohner bekennen sich zum christl. Glauben. Etwa 90 % der Kinder im schulpflichtigen Alter (7.–13. Lebensjahr) werden eingeschult, aber nur ⅔ erreichen den Abschluß. Univ. (gegr. 1965) in der Hauptstadt, eine TU in Lae.

Wirtschaft: Hauptbedeutung haben Landw. und Bergbau. Ein Großteil der Bev. betreibt Ackerbau ausschließlich zur Selbstversorgung mit Jams, Taro, Bataten, Hülsenfrüchten und Zuckerrohr in der traditionellen Form des Wanderfeldbaus mit Brandrodung. Zusätzlich werden Früchte gesammelt und Sago gewonnen. In Plantagen, z. T. auch in Kleinpflanzungen, werden Kaffee, Kakao, Kokos- und Ölpalmen, Tee und Kautschukpflanzungen für den Export kultiviert. Die wichtigsten Produkte der Forstwirtschaft sind Rund-, Schnitt- und Sperrholz. Neben der Küsten- weitgehend durch Ausländer betriebene Hochseefischerei (bes. Thunfischfang). P.-N. verfügt über reiche Kupfer-, Silber- und Goldvorkommen auf Bougainville (Abbau 1990 eingestellt) und am Ok Tedi auf Neuguinea. Die Verarbeitungsind. ist noch gering entwickelt.

Außenhandel: Ausgeführt werden v. a. angereichertes Kupfererz (60 % des Ausfuhrwertes), Kaffee, Gold, Holz und Holzprodukte, Krebse, Garnelen und Tee, eingeführt Maschinen und Transportmittel, Ind.güter, Lebensmittel, Mineralöl und Schmiermittel, Gebrauchsgüter und Chemikalien. Die wichtigsten Partner sind Japan, Australien und Deutschland.

Verkehr: P.-N. hat keine Eisenbahn. Von den Häfen führen Stichstraßen ins Hinterland, von rd. 19 700 km Straßen sind 1 200 km asphaltiert. Wichtig ist die Küstenschiffahrt. Bedeutendste Seehäfen sind Lae und Port Moresby. Weite Gebiete sind nur auf dem Luftweg erreichbar. Im Inlandflugverkehr (400 Flughäfen und Landeplätze) hat die Fluggesellschaft Talair größte Bedeutung. Dem Auslandsverkehr dient die nat. Gesellschaft Air Niugini. Internat. ✈ in Port Moresby (Jackson's) und Lae.

Geschichte: Der aus dem ehem. austral. Territorium Papua und dem Treuhandgebiet Neuguinea gebildete Staat wurde am 16. Sept. 1975 unabhängig. Erster Premiermin. des Landes, in dem rd. 750 verschiedene Stämme zusammenleben, wurde der Führer der Pangu Pati, M. Somare (1975–80 und 1982–85). An die Stelle der im Nov. 1985 gestürzten Reg. Somare trat das Kabinett einer konservativen Fünfparteienkoalition unter Paias Wingti, das in den Wahlen 1987 zwar bestätigt wurde, aber 1988 zerbrach. Neuer Min.präs. wurde Rabbie Namaliu. Eine starke separatist. Bewegung besteht auf Bougainville; der dort 1988 ausgebrochene Aufstand für Unabhängigkeit dauert an (1989 Verhängung des Ausnahmezustandes, 1990 totale Blockade). Nach Parlamentswahlen wurde im Juli 1992 erneut Paias Wingti Min.-präsident.

Politisches System: Nach der Verfassung vom 16. Sept. 1975 ist P.-N. eine parlamentar. Monarchie innerhalb des Commonwealth. Formelles *Staatsoberhaupt* ist die brit. Königin, vertreten durch einen ernannten Generalgouverneur. An der Spitze der *Exekutive* steht der vom Parlament gewählte Premiermin., der dem Generalgouverneur die Mgl. des Kabinetts zur Ernennung vorschlägt. Das Kabinett ist dem Parlament verantwortlich. Die *Legislative* liegt beim Einkammerparlament (House of Assembly); seine 109 Mgl. werden vom Volk für 5 Jahre gewählt. Die wichtigsten im Parlament vertretenen *Parteien* sind: Pangu Pati, People's Democratic Movement, National Party. Neben brit. Common Law gilt Stammes*recht.*

Papuasprachen, in der Sprachwiss. Bez. für eine Gruppe von etwa 700 Sprachen (im Ggs. zu den austrones. Sprachen), die im größten Teil der Insel Neuguinea von Papua, auf einigen benachbarten Inseln sowie im Zentrum und in Randgebieten des melanes. Raumes gesprochen werden. Im austral. und im indones. Teil Neuguineas wurden einige größere genetisch zus.gehörende Sprachgruppen festgestellt.

Papyrolin [griech.] (Papyrolinpapier, Gewebepapier, Gazepapier), zähes und festes Papier mit einer Textilgewebeschicht; wird u.a. zur Herstellung von Landkarten und Urkunden verwendet.

Papyrus (Mrz. Papyri; Papyros) [griech. „Papyrusstaude", „Schreibpapier", „Band, Tau"], Beschreibstoff des Altertums, der aus dem Mark der Stengel von P.stauden gewonnen wurde; er bestand aus dünnen, möglichst breit und lang geschnittenen Streifen des Marks, die rechtwinklig übereinandergelegt, gepreßt und gehämmert wurden, wobei der austretende stärkehaltige Pflanzensaft die Streifen zu einem fast weißen, festen und elast. Gefüge verband, das in Ägypten zu Rollen zusammengeklebt wurde. Die Herstellung des P. wurde in Ägypten zu Beginn des 2. Jt. v. Chr. erfunden. Als Schreibmaterial diente in Ägypten eine tuscheähnl. Schreibflüssigkeit (mit Ruß oder Ocker als Farbstoff), später in Griechenland sog. Sepiatinte. – P. hat sich bes. in trockenem Klima erhalten (in Oberägypten, Palästina, S-Arabien; auch in Mesopotamien), doch ist sein Gebrauch auch auf Kreta, in Griechenland und Rom nachweisbar.
P. diente im *alten Ägypten* als „Papier", z. B. für Akten, Briefe, wiss., religiöse und literar. Texte. Im *alten Vorderasien* wurde P. (neben Leder, Ostraka, Diptychen) wichtig für aram. Texte. Die *griech.* und *lat. P.* umfassen ebenfalls z. T. literar. Texte; die Urkunden betreffen neben dem privaten Bereich bes. das Rechtswesen, die Regional- und Landesverwaltung und sind Zeugnisse für polit. und soziale Verhältnisse sowie für die [volks]sprachl. Entwicklung. Auch die Kenntnis der *Bibelüberlieferung*, bes. der frühen Textgeschichte des N. T., ist durch die P. auf eine neue Grundlage gestellt worden. P. in *arab. Sprache* finden sich von 643 n. Chr. bis ins 14. Jh.; sie umfassen großenteils Verwaltungs- und Wirtschaftsurkunden, jedoch auch Texte aus sonst verlorengegangenem arab. Schrifttum des 8. Jh. – Die **Papyrologie** (P.kunde), eine der klass. Philologie oder der Rechtsgeschichte zugeordnete histor. Hilfswiss., macht die P.texte zugänglich. – Abb. S. 319.

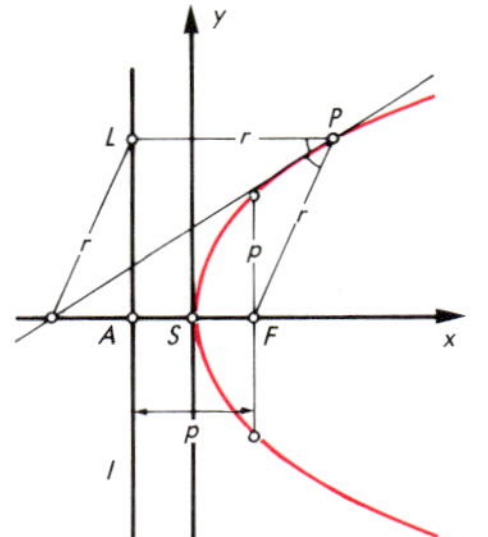

Parabel

Papyrusstaude (Papierstaude, Cyperus papyrus), 1–3 m hohe, ausdauernde Art der Gatt. Zypergras im trop. Z-Afrika und im oberen Stromgebiet des Weißen Nil, urspr. in ausgedehnten Papyrussümpfen. – Die P. wurde seit dem Altertum häufig kultiviert und zur Herstellung von Flößen, Booten, Matten, Seilen und v. a. von ↑Papyrus verwendet.

Paquet, Alfons [frz. pa'kɛ], *Wiesbaden 26. Jan. 1881, †Frankfurt am Main 8. Febr. 1944 (bei einem Luftangriff), dt. Schriftsteller. – Autor zahlr. Reisebücher sowie von Erzählungen und Essays. Sein ep., lyr. und dramat. Schaffen spiegelt sein waches sozialpolit. Interesse, z. B. die Romane „Kamerad Fleming" (1911–26), „Fahnen" (1923) oder das Drama „Sturmflut" (UA 1926).

par..., Par... ↑para..., Para...

Para ['pa:ra, türk. pa'ra], urspr. osman. bzw. türk. Kleinmünze vom 17. Jh. bis 1924: 1 P. = $^1/_{40}$ Piaster; später auch in Jugoslawien: 1 P. = $^1/_{100}$ Dinar.

Pará, nordbrasilianischer Bundesstaat, 1 246 833 km², 5 Mill. E (1990), Hauptstadt Belém. P. umfaßt den östl. Teil des von trop. Regenwald bedeckten Amazonasbeckens und reicht nach S auf die N-Abdachung des Brasilian. Berglandes, im N auf die S-Abdachung des Berglandes von Guayana. Die Bev. siedelt überwiegend entlang der Flüsse, an der neuen Durchgangsstraße (Transamazonica) und im NO. Wirtschaftsgrundlage sind Holz- und Sammelwirtschaft, Feldbau und Viehzucht. 1967 wurden im Bergland von Carajás neben bedeutenden Mangan-, Kupfer-, Nickel-, Gold- und Bauxitlagerstätten riesige Eisenerzvorkommen entdeckt, die seit 1984 abgebaut werden. Zur Erschließung der Region wurde die 890 km lange Carajásbahn (1985 eröffnet) zum Hafen Itaqui gebaut. Am Tocantins wurde 1984 das viertgrößte Wasserkraftwerk der Erde in Betrieb genommen.

para- [griech.], Abk. p-; in der chem. Nomenklatur Bez. für die Stellung zweier Substituenten am ersten und am vierten Kohlenstoffatom (1,4-Stellung) einer aromat. Verbindung. – ↑meta-, ↑ortho-.

para..., Para..., par..., Par... [griech.], Vorsilbe mit der Bed. „bei, neben, entlang; über – hinaus; gegen, abweichend".

Paraaminobenzoesäure, svw. p-Aminobenzoesäure (↑Aminobenzoesäure).

Parabase [zu griech. parábasis „Abschweifung"], in der att. Komödie eine aus Gesang und Rezitation gemischte [meist polit.-satir.] Chorpartie aus 7 Teilen.

Parabel [zu griech. parabolḗ], *allg.* ein zur selbständigen Erzählung erweiterter Vergleich, der von nur einem Vergleichspunkt aus durch Analogie auf den gemeinten Sachverhalt zu übertragen ist; wird oft gleichbed. mit **Gleichnis** verwendet.

▷ in der *Literaturwiss.* Form der Gleichniserzählung, bes. in der Lehrdichtung; zudem künstler. Gestaltungsprinzip; in der dramat.-theatral. Darstellung eine bes. Form des Dramas. Tradition besaß die P.dichtung bereits in der antiken Rhetorik und im Buddhismus und Judentum.

▷ in der *Mathematik* eine zu den Kegelschnitten gehörende Kurve. Die P. ist der geometr. Ort aller Punkte P der Ebene, die von einem festen Punkt, dem *Brennpunkt F*, und einer festen Geraden, der *Leitlinie l*, jeweils denselben Abstand haben: $\overline{PF} = \overline{PL} = r$. Die durch den Brennpunkt gehende Senkrechte zur Leitlinie ist die *P.achse;* sie stellt die Symmetrieachse der P. dar und schneidet die P. in ihrem Scheitel S. Dieser halbiert den Abstand des Brennpunktes F von l, den *Halbparameter* $\overline{AF} = p$, der gleich der halben Länge der auf der P.achse senkrecht stehenden Sehne durch den Brennpunkt ist. Liegt der Scheitel im Koordinatenursprung eines kartes. Koordinatensystems, so lautet ihre Gleichung $y^2 = 2px$ *(Scheitelgleichung der Parabel).*

Parabellum Ⓦⓩ [Kw.] (Luger-Pistole), in vielen Varianten gebaute Selbstladepistole der Kaliber 7,65 und 9 mm.

Parabiose [griech.], das Zusammenleben zweier miteinander verwachsener Organismen **(Parabionten).** P. kann bei erwachsenen geschlechtsreifen Tieren den Normalzustand darstellen (z. B. beim ↑Doppeltier und bei Fischarten, bei denen Zwergmännchen mit den Weibchen verwachsen), sie kann auch eine Mißbildung sein (z. B. bei siames. Zwillingen).

parabolisch [griech.], 1. in der Art einer Parabel; gleichnishaft; 2. parabelförmig gekrümmt.

Paraboloid [griech.], eine Fläche zweiter Ordnung. Beim *elliptischen P.* (Gleichung in der Normalform $z = x^2/a^2 + y^2/b^2$) ergeben alle senkrecht zur z-Achse geführten Schnitte als Schnittfiguren Ellipsen. Der durch $a = b$ gekennzeichnete Sonderfall des ellipt. P. ist das *Rotations-P.*, eine Rotationsfläche, die durch Drehen einer Parabel um ihre z-Achse entsteht; senkrecht zur Achse geführte Schnitte ergeben Kreise. Das Rotations-P. hat – als verspiegelte Fläche – die Eigenschaft, alle parallel zur Achse einfallenden Lichtstrahlen nach einmaliger Reflexion im Brennpunkt F zu sammeln; darauf beruht seine Verwendung als Sammelspiegel **(Parabolspiegel)** und – bei umgekehrtem Strahlenverlauf – als Scheinwerferspiegel. Beim *hyperbol. P.*

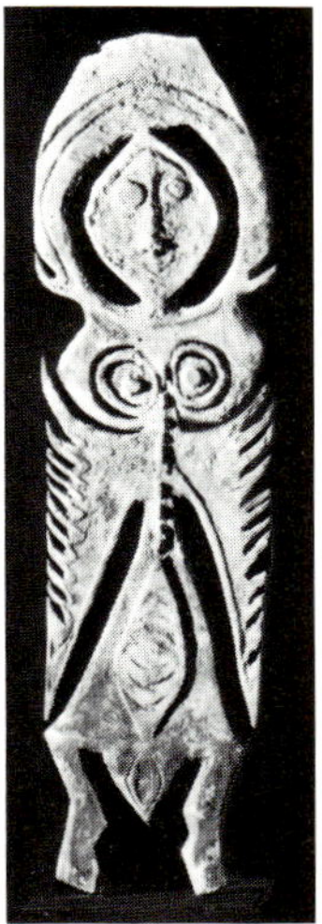
Papua-Neuguinea. Holzfigur aus Papua-Neuguinea (Basel, Museum für Völkerkunde)

Papyrusstaude

Philippus Aureolus Theophrastus Paracelsus. Ausschnitt aus einem zeitgenössischen Gemälde (Paris, Louvre)

(Normalform $z = x^2/a^2 - y^2/b^2$) ergeben alle senkrecht zur z-Achse geführten ebenen Schnitte als Schnittfiguren Hyperbeln.

Parabolspiegel [griech./dt.] ↑Paraboloid.

Paracaskultur, nach der peruan. Península Paracas ben. alte Kultur (etwa 1200–200 v. Chr.) in Peru; charakteristisch sind bes. dunkle Tongefäße mit eingeritztem Dekor (Raubkatzen, Vögel, Dämonen), die nach dem Brennen Einlagen mit leuchtenden Farben erhielten; in der Spätphase der P. erfolgte das Auftragen der Farben vor dem Brand, die Ritzkonturen wurden überflüssig.

Paracelinseln [...'sɛl], Koralleninseln im Südchin. Meer, sö. von Hainan, mit reichen Guanovorkommen. Nur im Frühjahr und Herbst von Fischern aus Hainan aufgesucht.

Paracelsus, Philippus Aureolus Theophrastus, eigtl. Theophrastus Bombastus von (ab) Hohenheim, * Einsiedeln 11. Nov. (?) 1493, † Salzburg 24. Sept. 1541, Arzt, Naturforscher und Philosoph schwäb. Abkunft. – 1524/25 Arzt in Salzburg, 1526/27 in Straßburg, 1527/28 Stadtarzt und Prof. in Basel; zog die meiste Zeit seines Lebens als Wundarzt durch ganz Europa. In seinen Veröffentlichungen bekämpfte er die Schulmedizin und strebte eine grundlegende Reform an. Seine medizin. Werke galten v. a. der Syphilis und Pest, den Berufskrankheiten der Berg- und Hüttenarbeiter, der Chirurgie und Wundbehandlung, den Heilquellen sowie einer allg. Lehre von den Krankheitsursachen. Seine chem. Versuche und seine in Hüttenwerken gewonnenen Erkenntnisse führten P. zu einem „chem." Verständnis des Organismus: Der „Archaeus", das dynam. Prinzip im Körper, regelt nach seiner Auffassung die normalen und krankhaften Lebensvorgänge auf chem. Wege. – Behandlungserfolge beruhten z. T. darauf, daß er die chem. Substanzen, meist metall. Verbindungen, im Sinne einer spezif. Therapie anstelle von Säfteableitungen und Pflanzenmischungen verwendete. P. sah den Menschen (Mikrokosmos) als Abbild des Makrokosmos. Verfaßte auch theolog., religionsphilosoph. und sozialpolit. Schriften.

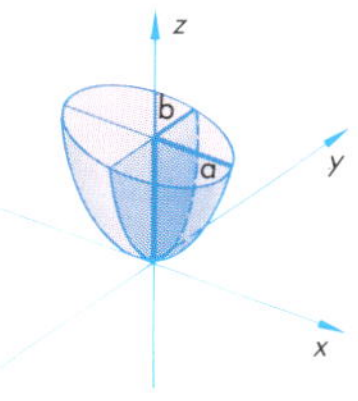

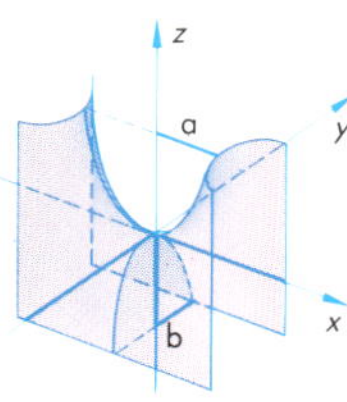

Paraboloid. Oben: elliptisches Paraboloid. Unten: hyperbolisches Paraboloid

Parade [frz., zu lat. parare „sich rüsten"], *militär.* die Aufstellung (P.aufstellung) von Truppenverbänden und der anschließende Vorbeimarsch (P.marsch) an hohen Offizieren (z. B. nach Manövern) oder Politikern (z. B. an Nationalfeiertagen).
▷ im *Reit- und Rennsport* Anhalten *(ganze P.)* oder Versammeln *(halbe P.)* eines Pferdes oder Gespannes.
▷ in allen *Kampfsportarten* aktive Abwehrhandlung.
▷ bei *Ballspielen* Abwehr durch den Torhüter.

Paradies [griech.-lat., zu awest. pairi-daēza „umfriedeter Garten"], religionsgeschichtlich weltweit verbreitete Vorstellung von einer urzeitl. Stätte der Ruhe, des Friedens und des Glücks, deren Wiederherstellung in der Endzeit erwartet wird. Das P. war ferner der Wohnort des ersten Menschen, der in ihm in Freiheit von Sünde und Tod lebte, diesen paradies. Zustand aber meist durch Verstrickung in Sünde und Schuld verlor. Die Griechen kannten die Vorstellung vom ↑Elysium; unter dem paradies. Garten Eden des A. T. ist wohl urspr. ein Garten in der Steppe verstanden worden. Der Islam hat diese Vorstellung übernommen und mit sehr realist. Bildern des ird. Lebens ausgestaltet.
▷ Vorhalle frühchristl. Basiliken (gleichbedeutend mit ↑Atrium); neben Galiläa oder Narthex auch Bez. der Vorhalle zw. den W-Türmen; Ort liturg. Prozessionen; an das P. war z.T. das Asylrecht gebunden.

Paradiesapfel ↑Paradiesapfelbaum.
▷ (Adamsapfel, Esrog, Ethrog) Bez. für eine Varietät der Zitronatzitrone.
▷ (Paradeiser) landschaftl. Bez. (Österreich) für die Tomate.

Paradiesapfelbaum, Wildapfelform auf der Balkanhalbinsel, bis W-Asien; mit strauchiger Wuchsform. Die Apfelfrüchte **(Paradiesäpfel)** sind rundlich, klein, etwa 1,5 cm dick.

Paradieselstern ↑Paradiesvögel.

Paradiesfisch ↑Makropoden.

Paradiesgärtlein, in der bildenden Kunst Darstellung von Maria mit dem Jesuskind und Heiligen in einem durch hohe Mauern umschlossenen Garten. Dieser *Hortus conclusus* symbolisiert die Sündenlosigkeit Marias.

Paradieslilie, svw. ↑Trichterlilie.

Paradiesspiel (Paradeisspiel), Spätform des geistl. Spiels. Thema: Erschaffung des ersten Menschen, Sündenfall, Vertreibung aus dem Paradies.

Paradiesvogel ↑Sternbilder (Übersicht).

Paradiesvögel (Paradisaeidae), Fam. etwa staren- bis rabengroßer Singvögel mit rd. 40 Arten in trop. Regenwäldern Neuguineas, NO-Australiens und der Molukken; ♂♂ meist prächtig bunt befiedert, oft mit verlängerten Schmuckfedern, die bei der Balz durch Aufrichten und Ab-

Paradiesvögel. Großer Paradiesvogel

Paraguay
Fläche: 406752 km²
Bevölkerung: 4,6 Mill. E (1990), 11,3 E/km²
Hauptstadt: Asunción
Amtssprachen: Spanisch, Guaraní
Nationalfeiertag: 14. Mai (Unabhängigkeitstag)
Währung: 1 Guaraní (G) = 100 Céntimos (cts)
Zeitzone: MEZ −5 Stunden

spreizen zur Schau gestellt werden; ♀♀ unscheinbar braun gefärbt, z. T. gesperbert. – Zu den P. gehören u. a.: **Königsparadiesvogel** (Cicinnurus regius), 15 cm lang, in den Urwäldern Neuguineas; ♂ oberseits samtrot, unterseits weiß mit grünem Halsring. Die Gatt. **Paradieselstern** (Astrapia) hat fünf etwa elsterngroße Arten; mit aufrichtbarem Federkragen am Hals. Die ♂♂ der Gatt. **Strahlenparadiesvögel** (Korangas, Parotia) haben sechs stark verlängerte, fadenförmig dünne, am Ende zunehmend verbreiterte Federstrahlen am Kopf. Der **Große Paradiesvogel** (Göttervogel, Paradisaea apoda) lebt auf Neuguinea und den Aruinseln; Körper bis 45 cm lang; Körperseitenfedern gelb, bei der Balz als riesiger Federbusch aufrichtbar.

Paradiesvogelblume ↑Strelitzie.

Paradieswitwe ↑Witwen (Vogel).

Paradigma [pa'radıgma; para'dıgma; griech.-lat. „Beispiel"], in der *Sprachwiss.* 1. ein Deklinations- oder Konjugationsmuster, zu dem analog auch andere Wörter derselben Klasse flektiert werden; 2. sprachl. Einheiten, die in paradigmat. Beziehung zueinander stehen, d. h. zw. denen in einem gegebenen Kontext zu wählen ist (z. B.: Er steht *hier, dort*), im Ggs. zu Einheiten, die zusammen vorkommen, die in syntagmat. Beziehung stehen und ein **Syntagma** bilden (z. B.: *Er steht dort*).

▷ in der *antiken Rhetorik:* eine als positiver oder negativer Beleg angeführte typ. Begebenheit.

▷ in der *modernen Wiss.theorie* ein von T. S. Kuhn eingeführter Begriff, der die Gesamtheit aller eine Disziplin in einem Zeitabschnitt beherrschenden Grundauffassungen bezeichnet und somit festlegt, was als wissenschaftlich befriedigende Lösung angesehen werden soll. Nach Kuhn lassen sich in der Wiss.geschichte wiss. Revolutionen im Sinne von **Paradigmenwechseln** feststellen, wie z. B. der Übergang von der klass. zur relativist. Mechanik.

paradox [griech.] ↑Paradoxon.

Paradoxie [griech.], i. w. S. svw. ↑Paradoxon; i. e. S. teils Bez. für die syntakt. im Unterschied zu den semant. ↑Antinomien, teils auch synonym zu „Antinomie".

Paradoxon [griech. „das Unerwartete"], Bez. 1. für eine **paradoxe,** d. h. der allg. Meinung entgegenstehende Aussage oder für den von einer solchen Aussage dargestellten Sachverhalt *(Paradoxie);* 2. für eine scheinbar alog., unsinnige, widersprüchl. Behauptung, die aber bei genauerer gedankl. Analyse auf eine höhere Wahrheit hinweist.

▷ in der *Physik* Bez. für ein unerwartetes, den bekannten physikal. Gesetzen bei erster Betrachtung scheinbar – oder auch tatsächlich – widersprechendes Ergebnis eines Gedankenexperiments.

Paraffin [zu lat. parum „zu wenig" und affinis „verwandt mit etwas"], zu den aliphat. Verbindungen zählende Gemische aus höhermolekularen Kohlenwasserstoffen (etwa C_{12} bis C_{35}); farblose, salben- bis wachsartige Produkte, die aus den bei der Erdöldestillation anfallenden Rückständen gewonnen werden. Nach Abtrennung des flüssigen *Paraffinöls* erhält man durch fraktionierte Kristallisation v. a. *Weich-P.* (Schmelzpunkt 30–45 °C) und *Hart-P.* (50–60 °C). Gereinigtes Hart-P. wird zur Herstellung von Kerzen genutzt und dient als Ausgangsstoff zur Synthese von Waschmitteln und Carbonsäuren. Weich-P. dient zur Herstellung von Bohnerwachs, Polituren u. a., P.öl als Schmiermittel für Uhren und als Salbengrundlage.

Paraffine, svw. ↑Alkane.

Paraformaldehyd [...'fɔrm-aldehyd], durch Eindampfen von Formaldehydlösungen entstehendes, weißes, kristallines Polymerisationsprodukt des Formaldehyds; wichtige Handelsform von ↑Formaldehyd.

Paragenese, das gesetzmäßige Nebeneinandervorkommen von Mineralen in Gesteinen und Lagerstätten; bei gleichzeitiger Entstehung der Minerale *isogenetisch* genannt. Die P. ermöglicht Rückschlüsse auf Temperatur- und Druckverhältnisse während der Kristallisation.

Paragleiter [zu frz.-engl. parachute „Fallschirm"] (Flexwing), Gleitfluggerät mit flexiblen, deltaförmigen Tragflächen. Wurde erstmals 1922 von R. Pfalz erprobt und 1960 von F. M. Rogallo zum sog. **Rogallo-Flügel** weiterentwickelt (dreiholmiges Gestell mit sich beim Gleitflug zw. den Holmen aufwölbenden Stoffflächen).

Paragneis ↑Gneis.

Paragnosie [griech.], fachsprachl. Bez. für ↑außersinnliche Wahrnehmung.

Paragramm [zu griech. parágramma „geschriebener Zusatz"], meist scherzhaft-iron. Änderung von Buchstaben in einem Wort oder Namen. Berühmt ist Suetons Verunstaltung des Namens von Kaiser Claudius Tiberius Nero in Caldius Biberius Mero („der vom Wein glühende Trunkenbold").

Paragraph [zu griech. paragráphein „danebenschreiben"], Zeichen § (Plural §§) für einen Abschnitt; urspr. Bez. für jedes neben ein Wort oder einen Text gesetzte Zeichen; der P. war in der Antike insbes. Interpunktionszeichen, bezeichnete später auch einen Abschnitt in literar. Werken; in der Neuzeit v. a. üblich zur fortlaufenden Numerierung in Gesetzestexten.

Paragraph 218 ↑Schwangerschaftsabbruch.

Paragraphie, Form der Schreibstörung (↑Agraphie), bei der beim Schreiben Buchstaben, Silben oder Wörter vertauscht werden.

Paraguarí, Hauptstadt des Dep. P. in Paraguay, 5700 E. Wirtsch. Zentrum eines Agrargebiets. – Gegr. 1775.

P., Dep. in S-Paraguay, 8705 km², 230700 E (1990), Hauptstadt P. Der NO liegt in der Cordillera de los Altos, der SW im Paraguay-Paraná-Tiefland.

Paraguay ['paragvaı, paragu'a:i] (amtl.: República del Paraguay), Republik in Südamerika, zw. 19° 14′ und 27° 36′ s. Br. sowie 54° 16′ und 62° 38′ w. L. **Staatsgebiet:** Binnenstaat zw. Brasilien im O, Bolivien im N und NW, Argentinien im W, S und SO. **Verwaltungsgliederung:** 19 Dep. und der Hauptstadtdistr. **Internat. Mitgliedschaften:** UN, OAS, ALADI, SELA.

Landesnatur: P. ist überwiegend ein Flachland, das vom Fluß P. geteilt wird. Die Westregion umfaßt 61 % der Staatsfläche und einen Teil des Gran Chaco (im W 450 m,

Paraguay

Staatswappen

Internationales Kfz-Kennzeichen

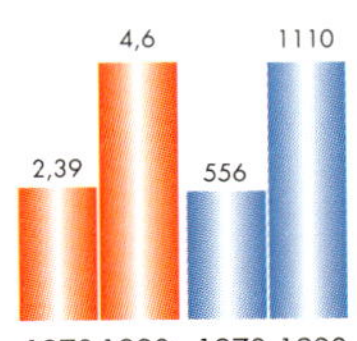

Bevölkerung (in Mill.)
Bruttosozialprodukt je E (in US-$)

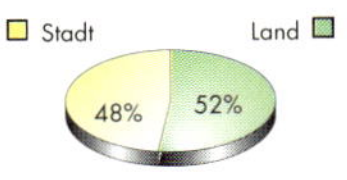

Bevölkerungsverteilung 1990

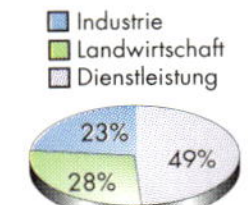

Bruttoinlandsprodukt 1990

am Strom rd. 100 m ü. d. M.). Die Ostregion besteht aus einem nach O bis 700 m ü. d. M. ansteigenden, teilweise plateauartigen Bergland. Die Aue des Paraguay bildet dank ihrer erhebl. Breite einen eigenen, charakterist. Naturraum.
Klima: Überwiegend subtropisch, vom trop. N abgesehen. Die Niederschläge nehmen nach W ab, der Gran Chaco ist Trockengebiet mit Sommerregen.
Vegetation: In der besser beregneten östl. Region sind subtrop. Feuchtwälder, im NO auch Feuchtsavannen verbreitet, den S nehmen Grasfluren ein. Im O des Gran Chaco finden sich Quebrachobaumwälder. Nach W folgen laubabwerfende Trockenwälder und Grasfluren, im NW Trockensavannen.
Tierwelt: Die Campos und Wälder der O-Region sind Lebensraum von Brüll- und Kapuzineraffen, Hirschen, Wildschweinen, Tapiren sowie Papageien und Pfefferfressern. Der Jaguar ist weit verbreitet. In den Niederungen leben Sumpfhirsche, Fischotter und Kaimane.
Bevölkerung: Über 95 % der Gesamtbev. sind Mestizen, etwa 2 % Indianer (Guaraní), daneben leben europ. und asiat. Minderheiten in P.; rd. 90 % sind kath.; Hauptlebensraum ist die Ostregion, 75 % der E leben im Geb. der Hauptstadt. In der dünn besiedelten Westregion leben nur 3 % der Gesamtbev., u. a. Indianer und Mennoniten, meist dt. oder schweizer. Herkunft. Die allg. Schulpflicht (in Städten vom 7.–14., auf dem Land meist erst ab 9. Lebensjahr möglich) wird nicht überall befolgt. P. verfügt über eine staatl. und eine kath. Univ. in der Hauptstadt (gegr. 1890 bzw. 1960).
Wirtschaft: Wichtigster Zweig ist die Landw., bei der die Viehwirtschaft (v. a. extensive Rinderhaltung in den Savannengebieten) führend ist. Anbau der Grundnahrungsmittel Mais, Maniok und Bataten sowie der Exportprodukte Baumwolle, Sojabohnen, Erdnüsse v. a. in der Ostregion. Vorherrschend sind kleinbäuerl. Betriebe, die sich mit Unterstützung der kath. Kirche in Kooperativen zusammengeschlossen haben. Großbetriebe bewirtschaften 78,5 % der landw. Nutzfläche. Als Folge der Agrarreform wurden zw. 1963 und 1969 auf rd. 1,2 Mill. ha Staatsländereien 24 000 Familien angesiedelt. Forstwirtsch. genutzt werden etwa 25 % der Waldfläche; auch Gewinnung von Tannin, Öl, äther. Ölen u. a. Erschließungsarbeiten am Paraná haben zu großflächiger unkontrollierter Abholzung geführt. Nachgewiesene Eisen-, Mangan- und Kupfererze werden noch kaum ausgebeutet. In Zusammenarbeit mit Brasilien wurde 1991 das Großkraftwerk Itaipú (12 600 MW) am Paraná fertiggestellt. Die Ind. verarbeitet in erster Linie landw. Erzeugnisse und Holz. Daneben bestehen Glasfabriken, Textilind., eine Erdölraffinerie und ein Zementwerk.
Außenhandel: Ausgeführt werden Baumwolle (41 % des Exportwertes), Sojabohnen (30 %), Rindfleisch und Rindsleder u. a., eingeführt Maschinen, Motoren, Kfz, mineral. Brennstoffe, Transportmittel, chem. und pharmazeut. Produkte. Wichtigste Partner sind Brasilien, die EG-Länder (v. a. die Niederlande), Argentinien, die USA und die Schweiz.
Verkehr: Die Strecke der staatl. Eisenbahn ist 441 km lang, das Straßennetz rd. 23 600 km, davon 705 km Anteil an der Carretera Panamericana. Die Binnenschiffahrt auf Paraná und Paraguay dient v. a. dem Außenhandelsverkehr. Wichtigster Hafen ist Asunción. Freihafenrechte besitzt P. in Buenos Aires, Santos, Paranaguá und Antofagasta. Zwei staatl. Luftverkehrsgesellschaften bedienen den Inlands- und Südamerikaverkehr; internat. ✈ bei der Hauptstadt und bei Presidente Stroessner (im Bau).
Geschichte: In präkolumb. Zeit gehörte P. zum Siedlungsgebiet der Tupí-Guaraní. – 1534 gelangten Spanier als erste Europäer in das heutige P. und gründeten 1537 die Festung Nuestra Señora Santa María de la Asunción, die zum Kolonisationszentrum des oberen La-Plata-Gebietes wurde. 1609 ließ der Statthalter H. Arias de Saavedra die Jesuiten am Alto Paraná bei den Guaraní Missionssiedlungen errichten (Reduktionen), aus denen der *„Jesuitenstaat"* hervorging. 1617 wurde die Prov. P. von der span. Kolonie Río de la Plata abgetrennt und dem Vizekgr. Peru angeschlossen. Nach den „Guaraníkriegen" (1753–56) wurden die Jesuiten vertrieben und ihre Reduktionen aufgelöst (1767). 1776 wurde P. Teil des neugegr. Vizekgr. Río de la Plata. Am 14. Mai 1811 erklärte P. seine Unabhängigkeit. Unter dem Diktator J. G. T. R. de Francia (1814–40) schloß P. sich völlig von der Außenwelt ab. Erst Präs. C. A. López (1844–62) öffnete das Land ausländ., v. a. europ. Einfluß und Kapital und förderte die Einwanderung. Unter seinem Sohn und Nachfolger F. S. López wurde P. in einen Krieg mit Argentinien, Brasilien und Uruguay gezogen (1864 bis 1870), durch den das Land große Gebiete und etwa 75 % seiner Bev. verlor; 1870–76 war es durch Argentinien und Brasilien besetzt. In der sog. Era Caballerista (1870–1904) kam es zu ständigen bewaffneten Kämpfen zw. der herrschenden Asociación Nacional Republicana (ANR) und dem Partido Liberal, der 1904–36 herrschte. Von der wirtsch. Stagnation erholte sich P. erst nach dem 1. Weltkrieg, in dem es neutral geblieben war. Der Gran-Chaco-Krieg mit Bolivien (1932–35) stürzte P. in eine neue polit. und wirtsch. Instabilität, das Militär wurde zur beherrschenden Macht. Nach wechselnden Reg. und Sieg der ANR über Liberale und Sozialisten im Bürgerkrieg 1947/48 kam es bis 1954 zur immer engeren Verflechtung von Militär und ANR, nach der Machtübernahme von General A. Stroessner (15. Aug. 1954) zur Personalunion von Armee-Oberbefehlshaber und ANR-Parteichef. Nach 34jähriger absoluter Alleinherrschaft als Militärdiktator (1988 8. Wiederwahl als Präs.) wurde Stroessner am 3. Febr. 1989 durch einen Putsch des konservativen Generals A. Rodríguez (ANR) gestürzt, der am 1. Mai 1989 durch Wahlen im Präs.amt bestätigt wurde. Bei den gleichzeitigen Parlamentswahlen errang die seit 1940 regierende ANR erneut eine Mehrheit. Im Dez. 1991 wurde eine Verfassunggebende Versammlung gewählt, die im Juli 1992 eine neue Verfassung verabschiedete. Die Präsidentschaftswahlen im Mai 1993 gewann J. C. Wasmosy (ANR).
Politisches System: Nach der Verfassung vom Juni 1992 ist P. eine präsidiale Republik. *Staatsoberhaupt* und Inhaber der *Exekutive* (Reg.chef) ist der für 5 Jahre direkt gewählte Präs. (Verbot der Wiederwahl). Er ist Oberbefehlshaber der Armee, ernennt die ihm verantwortl. Min. und die Mgl. des Obersten Gerichtshofes und hat das Recht auf Gesetzesinitiative. Ihn unterstützt ein Vizepräs. Als *Legislative* fungiert der aus 2 Kammern bestehende Kongreß (Senat 36 Mgl., Abg.haus 72 Mgl., jeweils für 5 Jahre nach dem Verhältniswahlrecht gewählt); es besteht Wahlpflicht. Stärkste im Parlament vertretene *Parteien* sind die Asociación Nacional Republicana (ANR, auch Partido Colorado gen.) und der Partido Liberal Radical Autentico (PLRA); die Kommunist. Partei ist verboten. Dachverband von 13 *Gewerkschafts*organisationen mit rd. 20 000 Mgl. ist die von der Reg. kontrollierte Confederación Paraguaya de Trabajadores (CPT). Das *Rechts*wesen kennt Friedensgerichte, Gerichte 1. Instanz, Appellationshöfe und Obersten Gerichtshof.

Paraguay ['paragvaı, paragu'a:i], rechter und größter Nebenfluß des Paraná, entspringt im Bergland von Mato Grosso (Brasilien), durchfließt den Pantanal, bildet die Grenze des Staates P. gegen Brasilien und Argentinien, mündet oberhalb von Corrientes, 2 200 km lang; Einzugsgebiet 1,15 Mill. km². Der P. ist ein größtenteils von Uferdämmen begleiteter, windungsreicher Tieflandsfluß; in der Hochwasserzeit weite Überschwemmungen. Wichtiger Schiffahrtsweg.

paraguayische Literatur, das einzige literarisch interessante Werk der *Kolonialzeit* ist eine von Sagen und Legenden durchsetzte Chronik „La Argentina manuscrita" (entstanden um 1612). Erst mit dem *Modernismo* kam es zu breiterer literar. Aktivität, v. a. auf dem Gebiet der Lyrik; die erzählende Prosa der Modernisten beherrschte der Costumbrismo (Sittenschilderung). Wegbereiterin *avantgardist. Tendenzen* ist die Lyrikerin und Essayistin Josefina Pla (* 1909). G. Casaccia (* 1907, † 1980) verfaßte den ersten gesellschaftskrit. Roman; den „mag. Realismus" in der erzählenden Prosa vertritt v. a. A. Roa Bastos (* 1917). Die Lyrik der *1950er* und *1960er Jahre* stand z. T. im Dienst des

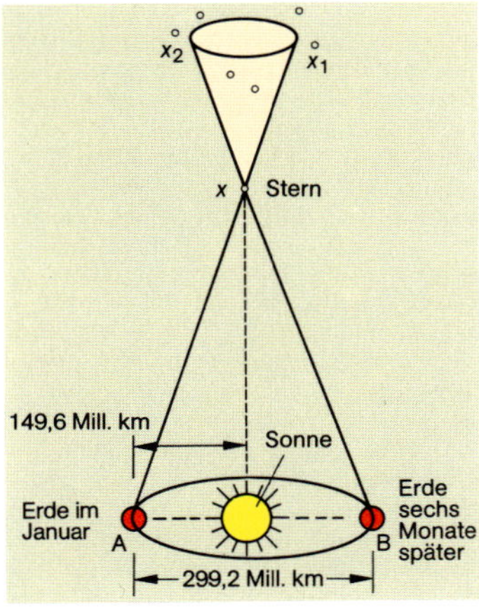

Parallaxe. Schematische Darstellung der jährlichen Parallaxe; die scheinbare Verschiebung des Ortes x eines Sterns zu x_1 und x_2 bei verschiedenen Stellungen A und B des Beobachters

Protests gegen ein korruptes Gewaltregime, z. T. war sie Ausdruck einer existentialphilosoph. Ergründung des Daseins. Namhaftester jüngerer Autor ist L. Silva.

Parahippus [griech.], ausgestorbene Gatt. altmiozäner nordamerikan. Pferdevorfahren von etwa 70 cm Schulterhöhe; dreizehig, mit niedrigkronigem Gebiß.

Paraíba [brasilian. para'iba], Bundesstaat in NO-Brasilien, 53 958 km², 3,25 Mill. E (1990), Hauptstadt João Pessoa. P. liegt im Brasilian. Bergland, das im W des Staates von Inselbergen überragt wird und im O den zur Küstenebene abfallenden Planalto da Borborema umfaßt. Caatinga-Vegetation; in der Küstenzone und der anschließenden Hügelzone trop. Regenwald. Die Hauptanbaugebiete (u. a. Sisalagaven) liegen im dichtbesiedelten Küstengebiet; im Binnenland Bewässerungsfeldbau; extensive Viehhaltung, Fischerei; verarbeitende Ind.; Uranbergbau.

Paraíba, Rio [brasilian. 'rriu para'iba], Zufluß zum Atlantik in SO-Brasilien, entspringt nö. von São Paulo, mündet bei São João da Barra, 1 060 km lang.

Parakautschukbaum (Federharzbaum, Hevea brasiliensis), wirtsch. wichtigste Art der Gatt. Hevea in den Tropen; 15–30 m hoher Baum mit langgestielten, dreizähligen Blättern. Der als Ausgangsprodukt für den Kautschuk verwendete Milchsaft befindet sich v. a. in der Rinde. Der P. liefert während der Zapfzeit etwa 3–5 kg Kautschuk.

Parakinese, in der *Biologie* Bez. für eine durch Umweltfaktoren hervorgerufene, nichterbl. phänotyp. Veränderung.

Paraklet [zu griech. paráklētos „Fürsprecher"], in den Abschiedsreden Jesu im Johannesevangelium Bez. einer endzeitl. Gestalt, mit der Jesus den hl. Geist ankündigt, der die Gemeinde nach Jesu Tod führen wird.

Parakou [frz. para'ku], Stadt in Z-Benin, 66 000 E. Verwaltungssitz der Prov. Borgou, kath. Bischofssitz; Handelszentrum in einem Baumwollanbaugebiet und wichtiger Umschlagplatz am Endpunkt einer Bahnlinie von Cotonou; ✈.

Paralalie [griech.] ↑Stammeln.

Paralinguistik, Zweig der Linguistik, der Erscheinungen untersucht, die mit dem menschl. Sprachverhalten verbunden sind, ohne i. e. S. „sprachlich" zu sein. Gegenstand der P. sind die **Parasprache** (Sprechintensität, Tonhöhe, Sprechtempo, Atmung, Sprechpausen, Artikulations- und Rhythmuskontrolle u. a.), das gesamte menschl. kommunikative Verhalten im Zusammenhang mit Sprachäußerungen (u. a. Mimik, Gestik).

Paralipomena [griech. „Übergangenes, Ausgelassenes"], Textvarianten, Fragmente, Ergänzungen, Nachträge usw., die bei der endgültigen Fassung eines literar. Werkes nicht berücksichtigt oder für die Veröffentlichung (zunächst) ausgeschieden wurden.

Paralipse [zu griech. paráleipsis „Unterlassung"] (Präteritio, Präterition), rhetor. Figur: Hervorhebung eines Themas oder Gegenstandes durch die nachdrückl. Erklärung, daß darauf nicht näher eingegangen wird.

parallaktisch [griech.], die Parallaxe betreffend, auf ihr beruhend, durch sie bedingt.

parallaktische Verschiebung ↑Parallaxe.

Parallaxe [zu griech. parállaxis, eigtl. „das Hin- und Herbewegen"], in der *Astronomie* der Winkel zw. den Sehstrahlen von zwei Beobachtungsorten aus zum selben Objekt, beobachtbar als scheinbare Verschiebung des Objekts *(parallakt. Verschiebung)*. Bei der *tägl. P.* erfolgt eine Veränderung des Beobachtungsortes durch die tägl. Drehung der Erde, bei der *jährl. P.* durch die Bewegung der Erde um die Sonne. – Als P. wird auch die Entfernung eines Gestirns bezeichnet (↑Parsec), die um so größer ist, je kleinere Werte die P. hat. Die Entfernungsbestimmung der Fixsterne beruht auf der jährl. Parallaxe.

parallel [zu griech. parállēlos „nebeneinander"], gleichlaufend, in gleichem Abstand nebeneinander herlaufend.
▷ in der *Datenverarbeitung* gleichzeitig und voneinander unabhängig ablaufende Arbeitsprozesse (im Unterschied zu ↑seriellen Abläufen), z. B. p. Datenübertragung.
▷ in der *Geometrie* Eigenschaft zweier Geraden, die in einer Ebene liegen und keinen Schnittpunkt haben; entsprechend bezeichnet man Ebenen im Raum als p., wenn sie keinen Punkt gemeinsam haben.

Parallelen [griech.], in der *Geometrie* svw. parallel zueinander verlaufende Geraden (↑parallel).
▷ in der *Musik* Bez. für die auf- oder absteigende Bewegung zweier oder mehrerer Stimmen in gleichen Intervallen, d. h. mit gleichem Abstand. In der volkstüml. Musik sind P. häufig. Seit dem 14. Jh. wurden mit Rücksicht auf das Satzprinzip selbständig geführter Stimmen Quinten- und Oktavenparallelen untersagt. Seit dem 17. Jh. gelten im strengen Satz Akzent-P. (1), verdeckte P. (2) und Gegen-P. (3) als fehlerhaft. In der neueren Musik etwa seit dem ↑Impressionismus gilt das P.verbot nicht mehr, teilweise werden P. sogar als bewußtes Stilmittel eingesetzt.

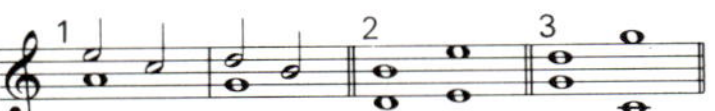

Parallelenaxiom, Axiom der euklid. Geometrie: Zu einer Geraden g gibt es durch einen nicht auf ihr gelegenen Punkt P in der durch g und P gelegten Ebene genau eine Gerade h, die g nicht schneidet. Diese Gerade wird als Parallele bezeichnet.

Parallelepiped [...'lel-ɛpi...; griech.] (Parallelepipedon, Parallelflach, Spat), geometr. Körper, dessen Oberfläche von sechs Parallelogrammen gebildet wird, von denen je zwei kongruent sind und in parallelen Ebenen liegen. Spezielle Formen des P. sind der Quader (rechtwinkliges P.) und der Würfel.

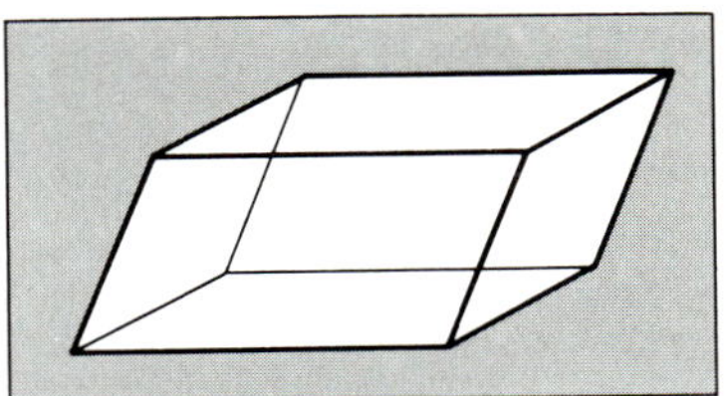

Parallelepiped

Parallelismus [griech.], als *rhetor. Figur* gleich oder sehr ähnlich gebaute, aufeinanderfolgende und sich in ihrem Sinn bestärkende Sätze oder Verse.
▷ (psychophys. P.) Bez. für die Hypothese, daß zw. der (physiolog.) Tätigkeit des Gehirns und dem verstandesmäßigen (kognitiven) Geschehen eine Beziehung bestehe, die als parallel anzunehmen sei (ohne gegenseitiges Kausalverhältnis).
▷ (kultureller P.) in der *Völkerkunde* svw. ↑Konvergenz.

Parakautschukbaum. Zweig

Parallelkreis, svw. Breitenkreis (↑Gradnetz).

Parallelogramm [griech.], ein Viereck, bei dem je zwei sich gegenüberliegende Seiten parallel und gleich lang sind. In einem P. sind die Gegenwinkel gleich groß ($\alpha = \gamma$, $\beta = \delta$), je zwei benachbarte Winkel ergänzen sich zu 180°. Die Diagonalen halbieren einander, das P. ist punktsymmetrisch zum Diagonalenschnittpunkt. Der Flächeninhalt F eines P. ist gleich dem Produkt aus der Länge der Grundlinie (einer beliebigen Seite) und der zugehörigen Höhe: $F = a \cdot h$.

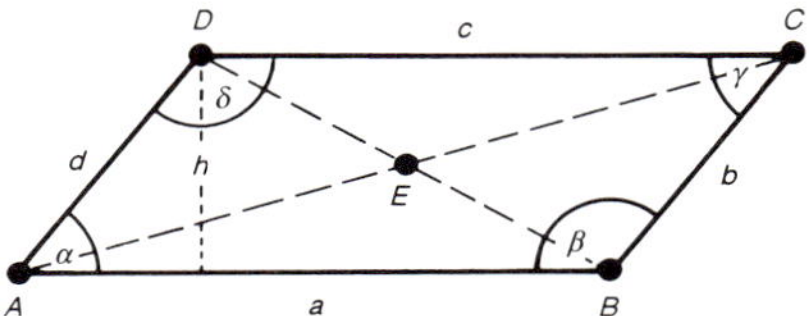

Parallelogramm

Parallelogramm der Kräfte, svw. ↑Kräfteparallelogramm.

Parallelprojektion ↑Projektion.

Parallelrechner, Computer, bei denen im Gegensatz zu herkömml. Rechnern die vielen Teilaufgaben einer komplexen Aufgabe nicht nacheinander von einem Prozessor sondern parallel von einer Vielzahl von Mikroprozessoren oder ↑Transputern abgearbeitet werden. Mit P. lassen sich z. B. höchstintegrierte Schaltungen ebenso wie Teile von Ökosystemen simulieren, komplizierte Strömungen von Tragflächen berechnen, Roboter steuern oder die Ausbeutung von Erdölfeldern optimieren. – Kommerzielle P. erreichten 1991 mehrere Mrd. Rechenoperationen pro Sekunde.

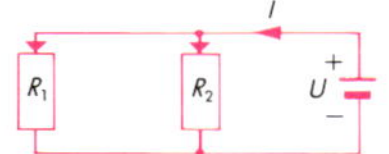

Parallelschaltung zweier Widerstände R_1 und R_2, U Spannung, I Stromstärke

Parallelschaltung, elektr. Schaltungsart, bei der sowohl die Eingangs- als auch die Ausgangsklemmen aller Schaltelemente (Stromquellen, Widerstände, Kondensatoren u. a.) untereinander verbunden sind, so daß mehrere Stromzweige entstehen (im Ggs. zur ↑Hintereinanderschaltung).

Parallelschwung, Schwung im alpinen Skilauf, bei dem die Skier parallel und geschlossen geführt werden.

Parallelverschiebung (Translation, Verschiebung), Bewegung einer geometr. Figur oder eines physikal. Körpers, bei der alle Punkte der Figur bzw. des Körpers auf parallelen Geraden in derselben Richtung um gleich lange Strecken verschoben werden.

Parallelwährung (Simultanwährung), im Ggs. zur Doppelwährung (↑Bimetallismus) Geldsystem, bei dem 2 verschiedene Metalle (meist Gold und Silber) oder Währungseinheiten gleichberechtigt nebeneinander stehen, ohne daß ein bestimmtes Umtauschverhältnis zw. beiden (Zwangskurs) festgelegt ist.

Paralogie [griech.], ungewolltes Vorbeireden an einer Sache aus Konzentrationsschwäche (z. B. bei Gehirnschädigungen).

Paralyse [griech.], vollständige motor. Lähmung eines oder mehrerer Muskeln.

▷ (progressive Paralyse) fortschreitende Gehirnerweichung, chron. Entzündung und Atrophie vorwiegend der grauen Substanz des Gehirns als Spätfolge der Syphilis.

paralysieren, lähmen, schwächen (z. B. einen Muskel); zu ↑Paralyse führen (z. B. von Drogen).

Paralysis agitans, svw. ↑Parkinson-Krankheit.

paralytisch [griech.], die ↑Paralyse betreffend; gelähmt.

paramagnetische Elektronenresonanz ↑Elektronenspinresonanz.

paramagnetische Kernresonanz, svw. ↑Kernresonanz.

Paramagnetismus ↑Magnetismus.

Paramaribo, Hauptstadt von Surinam, am linken Ufer des Suriname, 25 km oberhalb seiner Mündung, 192 000 E. Kath. Bischofssitz; Univ. (gegr. 1968); Holzverarbeitung, Bauxiterzeugung, Aluminium-, Leichtind., Werft. Haupthafen des Landes; Straßen und Eisenbahn ins Hinterland; 50 km südl. internat. ✈. – Ehem. Indianerdorf, 1640 von Franzosen besiedelt, 1650 Hauptstadt der engl. Kolonie Surinam, 1816–1975 niederländisch.

Paramente [zu lat. parare „sich rüsten"], 1. die liturg. Gewänder und Insignien der christl. Amtsträger im Gottesdienst; 2. die Ausstattung des gottesdienstl. Raumes mit Tüchern.

Parameren [griech.], die spiegelbildlich gleichen Hälften bilateral-symmetr. Lebewesen.

Parameter, in Funktionen und Gleichungen eine neben den eigtl. Variablen (z. B. den Ortskoordinaten) auftretende, entweder unbestimmt gelassene oder konstant gehaltene Hilfsvariable.

▷ in der *Datenverarbeitung* variable Eingangs- und Steuerdaten in einer Programmeinheit, deren Werte erst bei ihrem Aufruf festgelegt werden.

▷ um 1950 aus der Mathematik übernommene Bez. für die einzelnen Dimensionen des musikal. Wahrnehmungsbereichs. Man unterscheidet *primäre P.* wie Tonhöhe, Lautstärke, Tondauer und *sekundäre P.,* die erst durch eine spezielle Komposition definiert werden, wie Artikulation, Klangdichte, Gruppencharakteristik, Tonumfang, Klangfarbe. In der ↑seriellen Musik werden die musikal. P. isoliert betrachtet und nach „Reihen" geordnet.

Parameterdarstellung, mathemat. Beschreibung einer Kurve oder Fläche durch Angabe der Koordinaten der Kurven- bzw. Flächenpunkte als Funktionen einer oder mehrerer veränderl. Größen, der sog. *Parameter,* z. B. $x = x(t)$ (Parameter t). Die P. eines Kreises um den Nullpunkt mit dem Radius r lautet z. B. $x = r \cos \varphi$, $y = r \sin \varphi$ mit dem von der positiven x-Achse gezählten Winkel φ als Parameter.

Parametritis, infektiöse Entzündung des Beckenbindegewebes **(Parametrium).** Die Einwanderung der Bakterien erfolgt meist über die Lymphbahnen.

paramilitärisch, halbmilitärisch, dem Militär ähnlich; p. Organisationen sind gekennzeichnet v. a. durch Uniform, evtl. Bewaffnung und straffe Organisationsform

Paramnesie, Form der Gedächtnisstörung, bei der der Patient glaubt, sich an Ereignisse zu erinnern, die überhaupt nicht stattfanden.

Páramo, lichte immergrüne, durch Grasfluren geprägte Vegetationsformation in den trop. Hochgebirgen M- und S-Amerikas, Afrikas und Indonesiens oberhalb der Waldgrenze.

Paramonga, Ruinenstätte in Peru, 180 km nw. von Lima; sicher seit 1400 n. Chr., wahrscheinlich schon seit dem 5. Jh. (Gräber) besiedelt; als Festung an der S-Grenze des Reiches der Chimú oder als Pilgerzentrum mit astronom. Beobachtungsanlage interpretiert.

Paramount Pictures Corporation [engl. 'pærəmaʊnt 'pɪktʃəz kɔːpəˈreɪʃən], amerikan. Filmgesellschaft, gegr. 1914 von William W. Hodkinson (* 1881, † 1971); ging 1916 in J. L. Laskys Gesellschaft auf, 1917 von A. Zukor zur Paramount-Famous-Lasky-Corp. umgewandelt. Die Filmgesellschaft wurde 1966 von der heutigen Paramount Communications übernommen.

Paramuschir, Insel der Nördl. Kurilen, Rußland, 2 042 km²; mehrere aktive, bis 1 816 m hohe Vulkane.

Paraná, Hauptstadt der argentin. Prov. Entre Ríos, am linken Ufer des Paraná, 160 000 E. Kath. Erzbischofssitz, Kunstmuseum. Verarbeitungs- und Handelszentrum v. a. für landw. Güter; Hafen. Eisenbahnendpunkt, ✈. – 1730 gegr.; 1853–62 Hauptstadt Argentiniens; hieß früher **Bajada de Santa Fe.**

P., Bundesstaat in S-Brasilien, zw. der Atlantikküste und dem Paraná, 199 324 km², 9,14 Mill. E (1990), Hauptstadt Curitiba. Umfaßt eine von der steil aufsteigenden Küstenrandstufe nach W abfallende stark zerschnittene Hochfläche, überragt von Schichtstufen. Abgesehen vom trop. Küstentiefland liegt P. im subtrop. Klimabereich. Im N und W halblaubabwerfender Wald; im Hochland Araukarienwald mit Grasfluren. Kaffeeanbau im N, sonst Anbau von

Zuckerrohr, Mais, Baumwolle u. a. Abgebaut werden Kohle, Eisen- und Bleierz; Holzverarbeitung und -export, Mate- und Kaffeeaufbereitung, Nahrungsmittelind. – In den 1640er Jahren von den Portugiesen besetzt; seit 1853 brasilian. Prov., seit 1891 Bundesstaat.

P., zum Atlantik fließender Strom in Südamerika, entsteht aus dem Zusammenfluß von Rio Paranaíba und Rio Grande im südl. Brasilien, mündet in Argentinien mit einem großen Delta in den Río de la Plata; bis zur Mündung des Paraguay bei Corrientes auch **Alto Paraná** gen.; 3 700 km lang; 2,34 Mill. km² Einzugsbereich. Der untere Abschnitt des Alto P. bildet die Grenze gegen Paraguay. Der P. ist eine wichtige Verkehrsader Argentiniens (für Seeschiffe bis Santa Fe, 600 km stromauf, schiffbar) und Paraguays. Wasserkraftwerkskomplexe bei Furnas (1 200 MW) und Urubupungá (im Bereich der Wasserfälle Cachoeira Urubupungá im obersten P.) mit den Kraftwerken Ilha Solteira (3 230 MW) und Jupiá (1 411 MW) sowie dem 1984 eingeweihten Kraftwerk bei **Itaipú** (mit 12 600 MW [1991; geplanter Endausbau 14 000 MW] weltgrößtes Wasserkraftwerk). 1982 verschwanden im dabei an der Grenze zw. Brasilien und Paraguay aufgestauten, 180 km langen Itaipú-Stausee die 117 m hohen 18 Wasserfälle **Salto das Sete Quedas.**

Paranaguá, brasilian. Stadt an der Baía de P., 52 000 E. Kath. Bischofssitz; Verarbeitung landw. Erzeugnisse, Holzverarbeitung, Hafen (Export von Kaffee u. a.), ✈.

Paranaíba, Rio [brasilian. 'rriu parena'iba], rechter Quellfluß des Paraná, entspringt im östl. Z-Brasilien, etwa 800 km lang.

Parandowski, Jan, *Lemberg 11. Mai 1895, †Warschau 26. Sept. 1978, poln. Schriftsteller. – Ab 1933 Präs. des poln. PEN-Clubs; schrieb von der Antike angeregte Romane („Der olymp. Diskus", 1933; „Himmel in Flammen", 1936) und Erzählungen („Mittelmeerstunde", 1949; „Die Sonnenuhr", 1953).

Paränese [griech.], Mahnrede oder Mahnschrift, ermahnender oder ermunternder Teil einer Predigt.

Parang [malai.] ↑Haumesser.

Paranoia [griech.], Bez. für die aus inneren Ursachen erfolgende, schleichende Entwicklung eines dauernden Systems von Wahnvorstellungen. Typ. Ausprägung der P. ist der Verfolgungswahn. Früher auch Bez. für die paranoide Verlaufsform der Schizophrenie *(Paraphrenie).*

paranoid [griech.], der Paranoia ähnlich (z. B. von Formen der ↑Schizophrenie, bei denen Wahnideen vorherrschen).

Paranthropus [griech.] ↑Mensch (Abstammung).

Paranuß [nach dem brasilian. Bundesstaat bzw. Ausfuhrhafen Pará], dreikantige, ölreiche, gutschmeckende dick- und hartschalige Samen des ↑Paranußbaums.

Paranußbaum (Bertholletia), Gatt. der Topffruchtbaumgewächse mit der einzigen Art **Bertholletia excelsa** im nördl. trop. S-Amerika; über 30 m hohe Bäume mit dikken, holzigen Kapselfrüchten, die die Paranüsse enthalten.

Paraphasie, Sprachstörung, bei der es zur Vertauschung von Wörtern, Silben oder Lauten kommt.

Paraphe [frz., Nebenform von ↑Paragraph], Namenszug, -zeichen, -stempel.

Paraphierung [frz.], die vorläufige, rechtlich unverbindl. Festlegung des Textes eines völkerrechtl. Vertrages durch Unterzeichnung mit dem Namenszug *(Paraphe)* der zur Verhandlung bevollmächtigten Staatenvertreter. – ↑Ratifikation.

Paraphonie (Paraphonia) [griech. „Nebenklang"], in der spätantiken und byzantin. Musiklehre die „nebenklingenden" Intervalle Quinte und Quarte gegenüber den antiphonen (griech. „dagegentönend, [in der Oktave] entsprechend") Intervallen Oktave und Doppeloktave. **Paraphonistae** hießen seit dem 7./8. Jh. drei der sieben Sänger der röm. ↑Schola cantorum.

▷ Veränderung des Stimmklanges (z. B. „Überschnappen" beim Stimmbruch).

Paraphrase, in der *Sprachwiss.* 1. Umschreibung eines sprachl. Ausdrucks mit anderen sprachl. Mitteln (Worten), z. B. *Schimmel: weißes Pferd;* 2. freie, nur sinngemäße Übertragung, Übersetzung in eine andere Sprache, im Ggs. zur ↑Metaphrase.

▷ im 19. Jh. aufkommende virtuose Konzertfantasie, die bekannte Melodien frei bearbeitet und neu zusammenfügt.

Paraphrenie [griech.] ↑Schizophrenie.

Paraphysik, Teilgebiet der ↑Parapsychologie, das sich mit phys. Phänomenen (z. B. ↑Psychokinese) beschäftigt, die anscheinend mit Naturgesetzen nicht vereinbar sind.

Paraplegie [griech.], doppelseitige Lähmung; auf beiden Körperseiten gleichmäßig auftretende Lähmung der Arme oder Beine.

Paraná. Das bislang weltgrößte Wasserkraftwerk bei Itaipú, 1984 eingeweiht

Parapodien [griech.] (Einz. Parapodium), an jedem Körpersegment paarweise vorhandene, nach vorn und hinten schwenkbare, lappenartige Stummelfüße bei vielborstigen Ringelwürmern (Polychäten).

Paraproteine, patholog., abnorm strukturierte Eiweißstoffe (Immunglobuline), die sich bei bestimmten Blutkrankheiten bilden.

Parapsychologie (Metapsychologie, Metapsychik), Lehre von den okkulten Erscheinungen (↑Psiphänomene), zu denen neben den sog. *mentalen* (↑außersinnliche Wahrnehmungen) die sog. *phys. paranormalen Phänomene* wie Tele- oder Psychokinese, Materialisation, Spuk, Levitation zählen. Die P. versucht, solche Phänomene methodisch und experimentell zu erfassen. Dies geschieht u. a. durch quantitative statist. Versuche oder durch Sammlung von Einzelfällen, bei denen die Möglichkeit von physikal. Einflüssen, Zufällen, Täuschungen oder subjektiven Deutungen ausgeschlossen wird.

Zum traditionellen Themenbereich der P. gehören religiöse Wunder, okkulte Überlieferungen, Hexerei und Magie.

Paraquat, chem. Kurzbez. für das Herbizid 1,1'-Dimethyl-4,4'-bipyridylium-dichlorid; seine phytotox. Wirkung beruht auf einer Hemmung der Photosynthese. P. ist auch für den Menschen äußerst giftig.

Pararauschbrand, durch eine Clostridiumart hervorgerufenes, rauschbrandähnl. Gasödem; kann bei Säugetieren (einschl. des Menschen) und bei Vögeln auftreten.

Parasiten [zu griech. parásitos, eigtl. „Mitspeisender"] (Schmarotzer), Bakterien-, Pflanzen- oder Tierarten, die ihre Nahrung anderen Lebewesen entnehmen und sich vorübergehend oder dauernd an oder in deren Körper aufhalten. Man unterscheidet **fakultative Parasiten** (Gelegenheits-P.), die gewöhnlich von sich zersetzender Substanz leben, aber z. B. auch vom Darm aus oder von Wunden in lebendes Gewebe eindringen können (z. B. manche Fliegenmaden), und **obligate Parasiten,** die sich so an einen Wirt angepaßt haben, daß sie nur noch zus. mit diesem lebensfä-

Paranußbaum. Bertholletia excelsa. Oben: Zweig mit Frucht. Unten: aufgeschnittene Frucht mit Samen

hig sind. Außerdem unterscheidet man ↑Ektoparasiten, die auf der Körperoberfläche des Wirts leben, und ↑Endoparasiten, die im Innern des Wirts leben. – Meist ist ein P. ganz spezifisch an ein bestimmtes Wirtstier oder eine Wirtspflanze gebunden. Es gibt aber auch P., deren vollständige Entwicklung nur durch einen oder mehrere Wirtswechsel möglich ist, z. B. bei den Bandwürmern. Die Erhaltung der Art wird durch eine große Eizahl (Spulwurm rd. 50 Mill.), durch vegetativ sich vermehrende Larvenstadien (Hundebandwurm) oder Zwittrigkeit (Bandwürmer) gesichert.
Bei Pflanzen unterteilt man die P. in Halb- und Voll-P. Die **Halbparasiten** (*Hemiparasiten,* Halbschmarotzer; z. B. Mistel, Augentrost, Klappertopf) haben voll ausgebildete grüne Blätter und sind zu eigener Photosynthese befähigt. Ihren Wasser- und Mineralstoffbedarf jedoch müssen sie mit Saugwurzeln aus dem Sproß- und Wurzelsystem von Wirtspflanzen decken. Die **Vollparasiten** (Vollschmarotzer, *Holo-P.;* z. B. Kleeseide, Sommer-, Schuppenwurz) leben ↑heterotroph, d. h., sie haben kein Chlorophyll mehr und weisen meist einen vereinfachten Bau der Vegetationsorgane auf.

Parasolpilz

Parasitismus (Schmarotzertum), bes. Form der Wechselbeziehungen zw. Organismen, wobei der Parasit auf oder in dem Wirt lebt und sich auf dessen Kosten ernährt.

Parasolpilz (Großer Schirmling, Macrolepiota procera), bis 25 cm hoher Schirmling in Europa und N-Amerika; Stiel faserig, hohl, mit doppeltem Ring und knollenförmigem Fuß; Hut 10–20 cm im Durchmesser, anfangs dunkelbraun, später hellgrau, mit groben, braunen, konzentrisch angeordneten Schuppen und deutl. Buckel über dem Stielansatz; Lamellen breit, weiß; jung guter Speisepilz; wächst von Mitte Juli bis Mitte September in lichten Wäldern und auf schattigen Wiesen.

Parasprache ↑Paralinguistik.

Parästhesie [par-ɛːs...; griech.], Mißempfindung, anomale Körperempfindung (z. B. Kribbeln, Taub- oder Pelzigsein der Haut, Einschlafen der Glieder).

Pärchenegel. Männchen mit etwa 2 cm langem Weibchen

Parasympathikus (parasympath. System), Teil des vegetativen Nervensystems, Gegenspieler des ↑Sympathikus. Zum P. gehören vier vom Hirnstamm ausgehende Gehirnnerven (Augenmuskelnerv, Gesichtsnerv, Zungen-Schlund-Nerv, Eingeweidenerv), von denen der Eingeweidenerv der wichtigste ist, sowie Nerven des Rückenmarks der Kreuzbeinregion. Das Haupterregungsmittel des P. ist Acetylcholin. Der P. wirkt hemmend auf die Atmung, verlangsamt die Herztätigkeit, setzt den Blutdruck herab, regt die Peristaltik und Sekretion des Verdauungssystems an, fördert die Glykogensynthese in der Leber, steigert die Durchblutung der Geschlechtsorgane und innerviert den Ziliarmuskel des Auges und den ringförmigen Irismuskel, der die Pupille verengt.

parat [lat.], bereit, [gebrauchs]fertig.

Parataxe [griech.] (Nebenordnung), grammat. Bez. für die syntakt. Beiordnung von Satzgliedern oder Sätzen, im Ggs. zur syntakt. Unterordnung (↑Hypotaxe).

Parataxie (Parataxis) [griech.], in der *Kunst:* nichtperspektivische Wiedergabe der Gegenstandswelt.
▷ in der *Psychologie:* Unangepaßtheit des (v. a. sozialen) Verhaltens, insbes. der emotionalen Reaktionen in den zwischenmenschl. Beziehungen.

Parathormon [Kw.] (parathyreoideales Hormon, PTH), Hormon der Nebenschilddrüse. Es hält den Blutcalciumspiegel konstant, indem es bei Bedarf Ca^{2+}-Ionen aus den Knochen mobilisiert.

Parathymie [griech.], Störung des Gefühlslebens; äußert sich in einem dem Erlebnis unangemessenen Gefühlszustand (z. B. Zorn statt Freude); z. B. bei Schizophrenie.

Parathyreoidea [griech.], svw. ↑Nebenschilddrüse.

Paratrachom, eine trachomähnl., jedoch durch andere Erreger verursachte Augenkrankheit, die im Ggs. zum ↑Trachom keine Narben hinterläßt.

Paratuberkulose, meldepflichtige Darmerkrankung des Rindes (seltener bei Schaf und Ziege), hervorgerufen durch Mycobacterium paratuberculosis; mit heftigem Durchfall und Abmagerung.

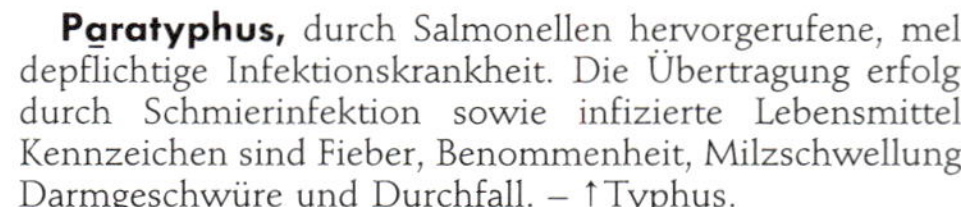

Paratyphus, durch Salmonellen hervorgerufene, meldepflichtige Infektionskrankheit. Die Übertragung erfolgt durch Schmierinfektion sowie infizierte Lebensmittel. Kennzeichen sind Fieber, Benommenheit, Milzschwellung, Darmgeschwüre und Durchfall. – ↑Typhus.

Paravent [para'vã:; italien.-frz.], Wandschirm.

par avion [frz. para'vjõ „mit dem Flugzeug"], durch Luftpost (Vermerk auf Postsendungen).

Parawasserstoff ↑Ortho-Para-Isomerie.

paraxiales Gebiet, svw. ↑achsennahes Gebiet.

Paray-le-Monial [frz. parɛlmɔ'njal], frz. Gem. am O-Rand des Zentralmassivs, Dep. Saône-et-Loire, 10 600 E. Wallfahrtsort; keram. und Textilind.; entstand um ein 973 gegr. Benediktinerkloster. – Die ehem. Klosterkirche ist ein bed. Bau der burgund. Romanik (1109 ff.); Renaissancerathaus (1525 ff.).

Parazentese [griech.], Trommelfellschnitt zur Entlastung des Mittelohrraumes bei Mittelohrentzündung. Der Schnitt schließt sich in wenigen Tagen spontan nach Sekret- oder Eiterabfluß.

Parazoa [griech.], nach den Mesozoen niederste Abteilung der Vielzeller mit dem einzigen Stamm ↑Schwämme; von den übrigen Vielzellern durch das Fehlen echter Gewebe unterschieden.

Pärchenegel (Schistosoma), Gatt. bis etwa 2 cm langer, getrenntgeschlechtiger Saugwürmer, überwiegend in trop. Gebieten, bes. Afrikas und Asiens; ♂ abgeflacht, umfaßt das stielrunde ♀ hüllenartig; leben erwachsen im Venensystem, beim Menschen insbes. in den Verzweigungen der Pfortader. Das ♀ legt seine mit einem Stachel versehenen Eier v. a. in den Unterleibsvenen ab, von wo sie in die Harnblase durchbrechen. Die Eier entwickeln sich in stehenden Süßgewässern zu **Mirazidien,** die sich in Schnecken einbohren. Aus den dort entstehenden Sporozysten gehen **Gabelschwanzzerkarien** hervor, die die Schnecke verlassen und sich bei im Wasser watenden Menschen in die Haut einbohren können. Auch mit dem Trinkwasser sind Infektionen möglich. Die P. sind Erreger der ↑Bilharziose.

Parchim. Das im 14. Jh. erbaute Rathaus mit Treppengiebeln, Anfang des 19. Jh. erneuert

Parchim, Krst. an der Elde, Meckl.-Vorp., 50 m ü. d. M., 23 000 E. Baustoff-, Hydraulik-, Metallformwerk, Lebensmittelind. – Entstand in der Nähe der gleichnamigen Burg; 1225/26 Stadtrecht. – Got. Backsteinhallenkirchen Sankt Georg (1307 geweiht) und St. Marien (1278 geweiht), Rathaus mit Treppengiebeln (14. Jh., Anfang 19. Jh. erneuert).
P., Landkr. in Mecklenburg-Vorpommern.

Parcours [par'kur; frz., zu lat. percursus „das Durchlaufen"], die Streckenführung, die ein Pferd in Springprüfungen einzuhalten hat.

Pardelluchs ↑Luchse.

Pardelroller (Fleckenroller, Nandinia binotata), etwa 45–60 cm lange Schleichkatze im trop. Afrika; Schwanz etwa ebenso lang, buschig behaart; Fell lang, dicht und weich, überwiegend braun, mit zahlr. kleinen, dunklen Flecken; geschickter Kletterer; frißt Insekten, Vögel, kleine Säugetiere sowie Pflanzen.

Pardo Bazán, Emilia Gräfin von [span. 'parðo βa'θan], *La Coruña 15. Sept. 1851, †Madrid 12. Mai 1921, span. Schriftstellerin. – Seit 1916 Prof. an der Univ. Madrid; verfaßte naturalist. Romane („Das Gut Ulloa", 1886), Novellen, Reisebücher, Lyrik und Studien.

Pardon [par'dõ:; frz.], Verzeihung, Verschonung; als Ausruf „Entschuldigung!".

Pardubice [tschech. 'pardubitsɛ], Stadt am Oberlauf der Elbe, ČR, 218 m ü. d. M., 95 100 E. Hochschule für Chemie; Mittelpunkt eines Ind.gebiets mit bed. chem. Ind.; Binnenhafen; Pferderennbahn. – Entstand im 13. Jh. in der Nähe einer Burg; erhielt 1340 Stadtrecht. – Renaissanceschloß (16. Jh.); urspr. got., um 1520 umgestaltete Kirche Sankt Bartholomäus; Reste der Stadtbefestigung; u. a. Grünes Tor (16. Jh.).

Pardun (Pardune) [niederl.], Absteifung von Masten seitlich nach hinten.

Paré, Ambroise [frz. pa're], *Bourg-Hersent bei Laval um 1510, †Paris 20. Dez. 1590, frz. Chirurg. – Leibchirurg Karls IX. und Oberwundarzt am Hôtel-Dieu in Paris; verbesserte die Schußwundenbehandlung und Amputationstechnik.

Pareja Diezcanseco, Alfredo [span. pa'rɛxa ðiɛskan'seko], *Guayaquil 12. Okt. 1908, ecuadorian. Schriftsteller. – Behandelt in Romanen die Randgruppen und sozialen Konflikte der städt. Gesellschaft sowie die polit. Entwicklung des Landes, u. a. „Baldomera, Dirne und Mutter" (1938), „Offiziere und Señoras" (1956), „La manticora" (1974).

Parenchym [griech.], bei Tieren und beim Menschen die spezif. Zellen eines Organs, die dessen Funktion bedingen, z. B. Leber-, Nieren-, Hodenparenchym.

▷ in der *Botanik* svw. ↑Grundgewebe.

parental [lat.], den Eltern, der Elterngeneration zugehörig.

▷ von der Elternzelle stammend, von dieser unverändert (d. h. ohne Replikation bzw. Neusynthese) übernommen; von bestimmten Zellbestandteilen einer [Tochter]zelle gesagt.

Parentalgeneration, svw. Elterngeneration (↑Filialgeneration).

Parentelsystem ↑Erbfolge.

parenteral, unter Umgehung des Magen-Darm-Kanals zugeführt; bes. von Arzneimitteln und Nährlösungen gesagt, die injiziert werden.

Parenthese [griech.], grammatisch selbständiger Einschub in einen Satz, der dessen Zusammenhang unterbricht, ohne jedoch dessen syntakt. Ordnung zu verändern. Der Kenntlichmachung dienen Gedankenstriche, Klammern, Kommata beim geschriebenen Text, in der Rede kennzeichnet eine Pause den Einschub.

Parese [zu griech. páresis „Erschlaffung"], leichte, unvollständige Lähmung oder Schwäche eines Muskels, einer Muskelgruppe oder einer Extremität.

Pareto, Vilfredo, *Paris 15. Juli 1848, †Céligny bei Genf 19. Aug. 1923, italien. Nationalökonom und Soziologe. – Prof. in Lausanne (1894–1916), Mitbegr. der Lausanner Schule (↑Grenznutzenschule). P. suchte durch Anwendung mathemat. Methoden eine exakte Wirtschafts- und Sozialtheorie zu schaffen; das Verhalten des ↑Homo oeconomicus, das er als exemplarisch für soziales Handeln überhaupt betrachtete, erfaßte er in Modellen. Mit den dabei in die Gesellschaftstheorie eingeführten Begriffsbildungen wie System, Struktur, Interaktion nahm er spätere Entwicklungen voraus. Als Verfechter einer Lehre vom ewigen sinn- und wertfreien Kreislauf der Eliten war P. ein entschiedener Gegner der Demokratie und wirkte theoretisch als Vorläufer des Faschismus. – *Werke:* Cours d'économie politique (1896/97), Les systèmes socialistes (1902/03), Manuale di economia politica (1906), Trattato di sociologica generale (1916).

Paretti, Sandra, eigtl. Irmgard Schneeberger, *Regensburg 5. Febr. 1935, dt. Schriftstellerin. – Zunächst Journalistin; Verf. personen- und detailreicher Romane v. a. über Frauen- und Familienschicksale, u. a. „Rose und Schwert" (1967), „Maria Canossa" (1979), „Tara Calese" (1988).

par excellence [frz. parɛksɛ'lã:s], vorzugsweise, schlechthin.

par force [frz. par'fɔrs], mit Gewalt, heftig, unbedingt.

Parforcejagd [par'fɔrs] ↑Jagdarten.

Parfüm (Parfum) [par'fy:m, frz. par'fœ̃:; zu italien. perfumare „heftig dampfen" (von lat. fumus „Rauch")], Bez. für die aus natürl. oder synthet. Riechstoffen unter Zusatz von Haftmitteln (sog. Fixateuren) und Lösungsmitteln (meist reinem Äthanol) hergestellten Duftkompositionen. Für die P.herstellung wählt man die Riechstoffe entweder so aus, daß Gerüche entstehen, die natürl. Vorbildern (z. B. Maiglöckchen-, Rosenblütengeruch) gleichen, oder man stellt die Riechstoffe nach bestimmten Rezepturen so zus., daß sich sog. abstrakte oder Phantasiegerüche ergeben (Mode-P.). Als *Fixateure,* die v. a. die Verdunstung der Riechstoffe herabsetzen, kommen Extrakte wohlriechender Harze (u. a. von Benzoeharz, Ladanum und Olibanum) und anderer pflanzl. Produkte (z. B. Iriswurzel) in Frage; daneben werden sog. tier. Fixateure wie Ambra, Moschus und Zibet sowie bes. synthet. Produkte wie Exalton, Muscon und Zibeton verwendet.

Geschichte: Sowohl in China als auch in Ägypten wurden duftende Kosmetika gefunden, die 4 000 bis 5 000 Jahre alt waren. Der Handel mit Duftstoffen ist für den Alten Orient nachgewiesen. Essenzen für P. gewann man u. a. aus Rosen, Lilien und Lavendel. Mit der höf. Mode seit Ludwig XIV. verbreitete sich der P.gebrauch in ganz Europa; v. a. im 17. und 18. Jh., als man Baden und Waschen für ungesund hielt, diente P. dazu, den Körpergeruch zu überdecken.

Ambroise Paré
(Kupferstich, 1582)

pari [lat.-italien.], in der Börsensprache: zum Nennwert.

Paria [Tamil „Trommler"], Name einer niedrigen Kaste in Tamil Nadu, auf alle kastenlosen Inder übertragen. Die P., auch „Unberührbare" gen., da körperl. Kontakt Kastenhindus befleckt, leben als Außenseiter in der Gesellschaft der Hindus. Trotz offizieller Aufhebung der die P. betreffenden Einschränkungen (1947) werden sie v. a. auf Dörfern noch heute diskriminiert. – Von M. Weber in die Soziologie eingeführte Bez. für sozial verachtete Gesellschaftsgruppen.

Vilfredo Pareto

parieren [lat.-italien.], unbedingt gehorchen.

parietal [...ri-e...; lat.], in der Biologie: 1. wandständig, zur Körperwand, zur Wand eines Organs oder Gefäßes gehörend; 2. zum Scheitelbein gehörend.

Parietalauge [...ri-e...], svw. ↑Scheitelauge.

Parietale [...ri-e...; lat.], Kurzbez. für: Os parietale (Scheitelbein).

Parietalorgan [...ri-e...] ↑Pinealorgane.

Pariñas, Punta [span. pa'riɲas], Kap am Pazifik, in Peru, westlichster Punkt des südamerikan. Festlandes, Leuchtturm.

Parini, Giuseppe, *Bosisio (= Bosisio-Parini, Prov. Como) 22. oder 23. Mai 1729, †Mailand 15. Aug. 1799, italien. Dichter. – Bed. Vertreter des Klassizismus und der Aufklärung in Italien; verfaßte satir.-didakt. Gedichte, die das müßige und frivole Leben des Adels geißeln, sowie klassizist. Oden.

Giuseppe Parini
(Ausschnitt aus einem Punktierstich nach einer zeitgenössischen Vorlage, um 1800)

Paris, schöner trojan. Prinz der griech. Sage. Sohn des Priamos und der Hekabe, die ihn wegen böser Vorzeichen auf dem Berge Ida aussetzen läßt, wo er später als Hirte Aphrodite, Athena und Hera empfängt, um den von Eris heraufbeschworenen Streit zw. ihnen für Aphrodite zu entscheiden. Ihr Versprechen, P. die schönste Frau zu gewinnen, löst die Göttin ein, indem sie ihm bei der Entführung Helenas hilft, was zum Trojan. Krieg führt.

Paris [pa'ri:s, frz. pa'ri], Hauptstadt Frankreichs, beiderseits der im Stadtgebiet von 32 Brücken überspannten Seine und auf zwei Inseln, 2,15 Mill. E. Im Ballungsraum P. leben fast 10 Mill. Menschen; zu seiner Neuordnung wurden in 10–35 km Entfernung vom Zentrum neue städt.

Paris
Stadtwappen

Paris

Hauptstadt Frankreichs
·
2,15 Mill. E (im Ballungsraum rd. 10 Mill. E)
·
polit., kultureller und wirtsch. Mittelpunkt des Landes
·
europ. Modezentrum
·
Sitz nat. wie internat. Organisationen
·
gall. Oppidum Lutetia
·
seit dem 12. Jh. Hauptresidenz der frz. Könige
·
Louvre
·
Eiffelturm

Zentren geschaffen. P. wird von einem Stadt- und einem Polizeipräfekten verwaltet und ist in 20 Arrondissements gegliedert, die im Uhrzeigersinn in Spiralform angeordnet sind. P. ist Sitz der Reg., der Nationalversammlung, des Senats und aller Ministerien, des Raumordnungskabinetts, der staatl. Raumordnungsbehörde, eines kath. Erzbischofs, ausländ. Botschaften, zahlreicher internat. Organisationen (u. a. UNESCO und OECD). P. besitzt die älteste Univ. des Landes, die ↑Sorbonne, die 1968 in 13 selbständige Univ. aufgegliedert wurde, zahlr. Hochschulen und wiss. Inst. (Cité Universitaire). Berühmteste der 5 Akad. des Institut de France ist die ↑Académie française; über 300 Bibliotheken, mehr als 250 Dokumentationszentren; über 60 Theater (u. a. Opéra, Comédie-Française); mehr als 80 Museen, u. a. der ↑Louvre, die Nationalmuseen für Moderne Kunst und für Technik, das Musée d'Orsay, das Musée de l'Homme, das Musée Carnavalet; an der Stelle der abgerissenen Markthallen steht heute das Centre National d'Art et de Culture Georges-Pompidou (1977 eröffnet); botan. Garten, zoolog. Gärten, Grünanlagen (u. a. Bois de Boulogne, Bois de Vincennes, Jardin du Luxembourg) und Friedhöfe (u. a. Père-Lachaise). P. ist die Wirtschaftsmetropole des Landes mit Flugzeug-, Auto- und Elektroind., Herstellung von Präzisions- und Musikinstrumenten, Schmuck, Spielwaren, Kunsttischlerarbeiten; Mittelpunkt der frz. Filmind. und des Presse- und Verlagswesens, führendes europ. Modezentrum; Tagungsort für nat. und internat. Kongresse (modernes Kongreßzentrum, 1974).

P. ist funktional deutlich gegliedert, wobei sich Grundzüge der ma. Differenzierung bis heute erhalten haben; z. B. haben sich Teile des 5. und 6. Arrondissements zum Univ.-viertel entwickelt mit zahlr. Buchverlagen (Quartier Latin). Eine bes. Konzentration religiöser, v. a. kath. Einrichtungen findet sich im Quartier Saint-Sulpice (6. Arrondissement). Im 10. Arrondissement häufen sich Pelzgroßhändler und Kürschner. Zu den bevorzugten Wohngebieten gehört neben den westl. Arrondissements nördl. der Seine das 7. Arrondissement südl. des Flusses: der dortige Faubourg Saint-Germain ist, seit Katharina von Medici 1615 das Palais de Luxembourg erbauen ließ, beliebter Sitz des frz. Adels, später auch des Großbürgertums und der Diplomaten. Die äußeren Arrondissements (11. bis 20.) sind fast ausnahmslos Mischgebiete von Wohn- und Arbeitsstätten. An den Champs-Élysées konzentrieren sich seit Beginn des 20. Jh. Bekleidungsfirmen, Parfümerien, Cafés, Autosalons, Film- und Exportagenturen, im 9. und v. a. 18. Arrondissement (Pigalle und Montmartre) Variétés, Revuen und Nachtlokale. Die neuen Markthallen in unmittelbarer Nähe des ✈ Orly sind eines der größten europ. Verteilungszentren für Obst, Gemüse, Molkereiprodukte, Geflügel, Fleisch, Fisch und Blumen. Das unterird. Einkaufszentrum Forum des Halles hat 7 ha Verkaufsfläche. Wichtigstes innerstädt. Verkehrsmittel ist die U-Bahn (Métro) mit 199 km Streckenlänge. Die im Raum von P. an Seine, Marne und Oise gelegenen Hafenanlagen bilden den größten Binnenhafen des Landes. Mit dem ✈ Charles-de-Gaulle bei Roissy-en-France erhielt P. 1974 neben Orly und Le Bourget seinen dritten und mit Roissy 2 1982 seinen vierten ✈.

Geschichte: Das von den namengebenden kelt. Parisiern als Oppidum auf der Île de la Cité gegr. P. wurde 52 v. Chr. römisch *(Lutetia Parisiorum),* 486 von den Franken erobert und 508 Hauptstadt des Merowingerreiches. Unter den Karolingern war die im 9. Jh. wiederholt von Raubzügen der Normannen betroffene Stadt nur noch Residenzort der Grafen von P., aus denen jedoch 987 die kapeting. Könige von Frankreich hervorgingen. Zur Hauptresidenz der frz. Könige wurde P. erst unter Philipp II. August (♔ 1180–1223); die Stadt hatte damals rd. 100 000 E.

Schon zu dieser Zeit wies das rechte Seineufer eine Konzentration der Handelsstätten auf, die erste überdachte Markthalle wurde 1181 gebaut. Am westl. Rand der Stadt ließ Philipp II. August den ↑Louvre errichten, zugleich repräsentativer Sitz, Sperre des Flußwegs und des wichtigen Landweges in die Normandie. Im S der Stadt hatten sich an der Montagne Sainte-Geneviève seit etwa 1150 zahlr. Schulen niedergelassen, die zur Keimzelle der Sorbonne wurden. Z. Z. des Hundertjährigen Krieges geriet P. 1420–36 in engl. Hände. Das während der Hugenottenkriege katholisch gebliebene P. war 1572 Hauptschauplatz der Bartholomäusnacht (sog. Pariser Bluthochzeit). Ludwig XIV. ließ 1660 die alten Stadtmauern abtragen und auf ihnen den Ring der „Großen Boulevards" errichten, das Königshaus verlegte seinen Sitz nach Versailles, doch behielt P. wegen seiner Bev.zahl (1684: 425 000 E) und seiner wirtsch. Bed. die politisch führende Rolle: Alle Revolutionen Frankreichs wurden in P. entschieden. Unter dem Konsulat und dem Ersten Kaiserreich (1799–1814/15) wurden viele repräsentative Bauten begonnen. Eine erneute Umwallung, 1841–45 gebaut, 39 km lang, mit 94 Bastionen und 16 Forts machte P. zur damals größten Stadtfestung der Erde.

Bedeutendster Stadtbaumeister von P. war G. E. Baron Haussmann (Anlage von 10 Brücken, zahlr. großen Plätzen, Parkanlagen sowie eines Abwasserkanalnetzes von 570 km Länge). Weltausstellungen 1855, 1867, 1900 und 1937 bestätigten die führende Rolle der Stadt. Nach dem Zusammenbruch des Zweiten Kaiserreichs, der Einschließung und Beschießung (ab 5. Jan. 1871) der Stadt durch dt. Truppen erhob sich die ↑Kommune von P. gegen die konservative provisor. Reg. der Republik. Nach dem 1. Weltkrieg wurden die militär. Anlagen beseitigt und das Glacisgelände eingemeindet; die Bev.zahl erreichte mit 2 906 000 E ihr Maximum (Zählung von 1921). Im 2. Weltkrieg war P. vom Juni 1940 bis zum Aug. 1944 von dt. Truppen besetzt.

Bauten: Kathedrale ↑Notre-Dame de Paris; roman. Kirche Saint-Germain-des-Prés (11. Jh., im 17. Jh. gotisierend umgestaltet) mit frühgot. Chor (1163 geweiht); zweigeschossige hochgot. Sainte-Chapelle (ehem. Palastkapelle, 1248 geweiht, erbaut zur Aufbewahrung der 1239 erworbenen Reliquie der Dornenkrone Christi) mit berühmten Glasfenstern des 13. Jh. in der Oberkapelle; hochklass. barocke Kirchen Val-de-Grâce (1645/46; Weihe 1710) und Saint-Sulpice (1646–1736, Fassade erst 1869 vollendet); der Invalidendom ist ein Zentralbau von J. Hardouin-Mansart (1680–1712), unter der Kuppel ist seit 1861 Napoleon I. beigesetzt. Die 1806–42 erbaute Kirche La Madeleine hat die Gestalt eines korinth. Tempels. Auf dem ↑Montmartre steht die weiße Basilika Sacré-Cœur. Weitere berühmte Bauten sind: ↑Louvre, ↑Panthéon, ↑Arc de Triomphe, Eiffelturm (nach G. ↑Eiffel). Die Stadtpaläste (Hôtels) stellen eine Besonderheit von P. dar, beispielhaft im Hôtel de Sully (1625–27). Zu den modernen Bauten gehören u. a. das UNESCO-Haus (1955–58, erweitert 1965), das Centre National d'Art et de Culture Georges-Pompidou von R. Piano und R. Rogers (1971–77), die neue Oper an der Place de la Bastille (1989) und das Ausstellungsgelände La Villette mit Planetarium, Multimedia-Bibliothek und der Stahlkugel „La Géode" von A. Fainsilber (1980 bis 1986 ff.). P. hat viele berühmte Straßen und Anlagen: Champs-Élysées (seit 1828 ausgebaute Avenue), Quai d'Orsay; Place Vendôme (nach Plänen von J. Hardouin-Mansart 1699 ff.), Place de la Concorde (1755 ff.) mit Obelisk von Luxor (13. Jh. v. Chr.), Place des Vosges (1605–12); Bois de Boulogne (engl. Park), Jardin des Tuileries (frz. Garten von A. Le Nôtre, 1664 ff.), Jardin du Luxembourg (jetzige Gestalt von J. F. T. Chalgrin), außerdem Brückenbauten (u. a. Pont-Neuf, 1578 begonnen). In den 1970er Jahren entstand die Bürostadt „La Défense", deren Abschluß das Bürohochhaus „La Grande Arche" (1989) bildet. Teil der Erweiterung des Louvre ist eine Glaspyramide als neuer Eingang (I. M. Pei, 1989). – Das Seineufer mit histor. Bauten zw. Pont de Sully und Pont d'Iéna wurde von der UNESCO zum Weltkulturerbe erklärt.

Pariser Becken, geolog. Mulde im mittleren und nördl. Frankreich mit schüsselförmig gelagerten mesozoischen und tertiären Sedimenten, die auf den alten Massiven der Ardennen (im NO), der Vogesen (im O), des Zentralmassivs (im S) und des armorikan. Rumpfschollenlandes (im W) aufliegen und von diesen begrenzt werden.

Pariser Bluthochzeit, svw. ↑Bartholomäusnacht.

Pariser Friede (Friede von Paris), Bez. für mehrere in Paris unterzeichnete Friedensverträge:
1. Vertrag zw. Großbritannien und Portugal einerseits sowie Frankreich und Spanien andererseits (10. Febr. 1763), beendete den Siebenjährigen Krieg: Frankreich trat u. a. seinen Teil von Neufrankreich an Großbritannien ab und erhielt von diesem die Inseln Saint-Pierre und Miquelon; Spanien gab Florida und den 1762 erworbenen Teil von Neufrankreich an Großbritannien ab.
2. Vertrag zw. Großbritannien und den USA (3. Sept. 1783), beendete den Nordamerikan. Unabhängigkeitskrieg: Anerkennung der 13 Vereinigten Staaten von Amerika durch Großbritannien.
3. zwei Friedensverträge zw. den Partnern der Quadrupelallianz (von Chaumont) und Frankreich, beendeten die Befreiungskriege: Im 1. P. F. (30. Mai 1814) wurde Frankreich auf die Grenzen vom 1. Jan. 1792 beschränkt; der 2. P. F. (20. Nov. 1815) sicherte Frankreich nur die Grenzen des Jahres 1790 zu.
4. Vertrag zur Beendigung des Krimkrieges zw. dem Osman. Reich, Großbritannien, Frankreich und Sardinien sowie Rußland zuzüglich der Staaten Preußen und Österreich (30. März 1856): u. a. gemeinsame Garantie der Unabhängigkeit und des Gebietsbestandes des Osman. Reiches.
5. Vertrag zw. den USA und Spanien (10. Dez. 1898), beendete den Span.-Amerikan. Krieg: Abtretung von Kuba, Puerto Rico, Guam und (gegen Zahlung von 20 Mill. $) der Philippinen an die USA.
6. fünf Pariser *Vorortverträge* zw. der Entente und den Mittelmächten nach dem 1. Weltkrieg (1919/20): ↑Versailler Vertrag, die Verträge von ↑Saint-Germain-en-Laye, von ↑Neuilly-sur-Seine, ↑Trianon und ↑Sèvres.
7. fünf Friedensverträge der Alliierten mit Rumänien, Italien, Ungarn, Bulgarien und Finnland nach dem 2. Weltkrieg (10. Febr. 1947).

Pariser Gold (Franzgold), Kupferlegierung mit 20 % Gold; Verwendung als unechtes Blattgold.

Pariser Kommune ↑Kommune.

Pariser Konferenzen, Bez. für verschiedene Konferenzen, die in Paris stattfanden: 1. *Ententekonferenz* (25.–29. Jan. 1921) über die Höhe der vom Dt. Reich zu leistenden ↑Reparationen. – 2. *Sachverständigenkonferenz* (11. Febr. bis 7. Juni 1929): Aufhebung des Dawesplans und Ersetzung durch den Youngplan. – 3. *Konferenzen der alliierten Außenmin.* (25. April–12. Juli 1946 und 23. Mai–20. Juni 1949): keine Einigung über die Behandlung der ehem. Kriegsgegner; in der dt. Frage weitere Verschärfung des Ggs. zw. UdSSR und Westmächten. – 4. *Sechsmächtekonferenz*

Paris

Links: die Seine-Insel Île de la Cité mit der Kathedrale Notre Dame, im Hintergrund die Île Saint-Louis. Rechts oben: La Grande Arche im Stadtteil La Défense, 1989. Rechts Mitte: Place des Vosges, 1605–12. Rechts unten: Basilika Sacré-Cœur, 1875–1919

(18. April 1951): Unterzeichnung des Vertrages über die Europ. Gemeinschaft für Kohle und Stahl. – 5. *Internat. Vietnamkonferenz* (26. Febr.–2. März 1973): Vereinbarung eines Waffenstillstandes im Vietnamkrieg.

Pariser Verträge 1954, ein Komplex von Verträgen, Abkommen und Verlautbarungen, die im Gefolge der Londoner Akte 1954 die internat. Stellung der BR Deutschland nach dem gescheiterten Zustandekommen der Europ. Verteidigungsgemeinschaft neu regelten (Unterzeichnung 23. Okt. 1954): 1. *Protokoll über die Beendigung des Besatzungsregimes* in Deutschland (paßte den ↑Deutschlandvertrag den neuen Verhältnissen an), 2. Vertrag über den Aufenthalt ausländ. Truppen in der BR Deutschland *(Truppenvertrag),* 3. *Abkommen über das Saarstatut* (bilateral zw. Frankreich und der BR Deutschland ausgehandelt, aber nicht in Kraft getreten; ↑Saarland [Geschichte]), 4. *8 Protokolle zur Gründung der ↑Westeuropäischen Union* (u. a. Voraussetzung für den Eintritt der BR Deutschland in die NATO). – Die P. V. 1954 wurden am 29. Jan. 1955 vom Bundestag gegen die Stimmen der SPD und trotz beachtl. außerparlamentar. Opposition ratifiziert. Mit ihrem Inkrafttreten am 5. Mai 1955 erlangte die BR Deutschland ihre Souveränität, die allerdings bis 1990 erhebl. Einschränkungen unterworfen blieb (v. a. alliierte Vorbehalte in bezug auf Berlin, auf Deutschland als Ganzes, Wiedervereinigung und Friedensvertrag).

Pariser Vorortverträge ↑Pariser Friede.

Parisier (lat. Parisii), im Altertum kelt. Volksstamm an der mittleren Seine mit dem Hauptort Lutetia Parisiorum (= Paris); 52 v. Chr. von Cäsar unterworfen.

Charlie Parker

Parität [lat.], allg. svw. Gleichheit, Gleichsetzung. – Ggs. Disparität.

▷ häufig vertretenes *gesellschaftspolit.* Ziel der Gleichstellung und Gleichbehandlung verschiedener Interessengruppen in allen gesellschaftl. Bereichen zur Erreichung von mehr gesellschaftl. Gerechtigkeit, z. B. [Einkommens]gleichheit in verschiedenen Wirtschaftszweigen oder [Sitz- bzw. Stimmen]gleichheit in einem Gremium (↑Mitbestimmung).

▷ als konfessionelle P. der Gleichrang und die Gleichbehandlung verschiedener religiöser Bekenntnisse und Bekenntnisgemeinschaften in einer polit. Verfassungsordnung in Verbindung mit dem Grundsatz der weltanschaulichen religiösen Neutralität des Staates. Als konfessionell-(staats)bürgerl. P. verbietet der Rechtsgrundsatz der P. jegl. Diskriminierung aus religiös-konfessionellen Gründen (Art. 3 Abs. 3 GG), gebietet Gleichheit hinsichtlich der individuellen und korporativen Religionsfreiheit (Art. 4 GG) und fordert die Unabhängigkeit der Inanspruchnahme staatsbürgerl. Rechte und der Zulassung zu öff. Ämtern vom religiösen Bekenntnis (Art. 33 Abs. 3 GG).

Dorothy Parker

▷ in der *Wirtschaft* [Wert]gleichheit einer bestimmten Menge einer Wertgröße mit einer Einheit einer anderen Wertgröße, z. B. die P. einer Währung zu anderen Währungen.

▷ in der *Physik* eine Größe, die das Verhalten des Zustands eines physikal. Systems gegenüber räuml. Spiegelungen angibt und die Werte +1 (gerade P.) oder −1 (ungerade P.) annehmen kann; als *äußere P.* bestimmt sie den Symmetriecharakter der Wellenfunktion eines Quantensystems, bei Koordinationsspiegelungen gerade oder ungerade zu sein. Die *innere P.* ist eine Eigenschaft der Elementarteilchen, die bei der schwachen ↑Wechselwirkung nicht erhalten bleibt *(P.verletzung).*

Paritätischer Wohlfahrtsverband ↑Deutscher Paritätischer Wohlfahrtsverband e. V.

Park [engl. pa:k], Robert E[zra], * Luzerne County (Pa.) 14. Febr. 1864, † Nashville (Tenn.) 5. Febr. 1944, amerikan. Soziologe. – 1914–33 Prof. in Chicago; Forschungen zur Stadtsoziologie unter bes. Berücksichtigung der sozialen Beziehungen zw. ethn. Gruppen und der Situation von Randgruppen.

P., Ruth, * Auckland (Neuseeland) 24. Aug. 1921, austral. Schriftstellerin. – ∞ mit dem Schriftsteller D'Arcy Niland; schreibt unterhaltende Romane, in denen sie das Leben einfacher Leute realistisch, oft mit humorist. Effekten schildert.

Park [frz., zu mittellat. parricus „umzäunter Platz"], großräumige gärtner. Anlage, die durch offene Wiesenflächen und Zierpflanzenanlagen im Wechsel mit formbestimmenden Gehölzpflanzungen charakterisiert ist. – ↑Gartenkunst.

Parka [engl.-amerikan., zu eskimoisch parka „Pelz, Kleidungsstück aus Fell"], lange, gefütterte Popelinejacke, weit geschnitten, meist mit Schubtaschen.

Park and Ride [engl. 'pa:k ənd 'raɪd], Organisationsprinzip im Großstadtverkehr zur Entlastung des Stadtzentrums, wobei man Kfz an [End-]haltestellen öff. Nahverkehrsmittel abstellt und mit diesen die Fahrt kostengünstig und umweltfreundlich fortsetzt.

Parkbahn, Umlaufbahn eines Raumflugkörpers, von der aus Teile von ihm durch einen weiteren Antrieb in eine Freiflug- oder Abstiegsbahn gebracht werden.

Park Chung Hee, * im Bezirk Sonsan (Prov. Kyongsang-pukto) 30. Sept. 1917, † Seoul 26. Okt. 1979 (ermordet), südkorean. General und Politiker. – Führer des Militärputsches, durch den 1961 das parlamentar. Reg.system in Süd-Korea beseitigt wurde; 1961–63 Vors. des „Obersten Rates für Nat. Wiederaufbau"; verfolgte als Staatspräs. (seit 1962) einen zunehmend autoritären Kurs.

Parken [zu engl.-amerikan. to park mit gleicher Bed.], Abstellen eines Fahrzeugs; nach § 12 der Straßenverkehrsordnung parkt, wer sein Fahrzeug verläßt oder länger als drei Min. hält. P. ist grundsätzlich zulässig am rechten (in Einbahnstraßen auch linken) Fahrbahnrand oder Seitenstreifen öff. Straßen sowie auf Flächen, die durch bes. Verkehrszeichen (weißes P auf blauem Grund) gekennzeichnet sind.

Parker [engl. 'pa:kə], Alan, * London 14. Febr. 1944, engl. Filmregisseur und Autor. – Internat. Erfolge, u. a. „Midnight Express" (1977), „Birdy" (1984), „Angel Heart" (1987), „Mississippi Burning" (1988), „The Commitments" (1991).

P., Charlie, eigtl. Charles Christopher P., gen. Bird oder Yardbird, * Kansas City (Kans.) 29. Aug. 1920, † New York 12. März 1955, amerikan. Jazzmusiker (Altsaxophonist, Komponist). – Zählt zu den wichtigsten Wegbereitern des ↑Bebop und wirkte stilbildend für die gesamte Entwicklung des ↑Modern Jazz.

P., Dorothy, geb. Rothschild, * West End (N. J.) 22. Aug. 1893, † New York 7. Juni 1967, amerikan. Schriftstellerin und Journalistin. – Schrieb Theater- und Literaturkritiken, Berichte aus dem Span. Bürgerkrieg, Filmdrehbücher, Kurzgeschichten und satir. Gedichte in pointierter, präziser Sprache.

P., Matthew, * Norwich 6. Aug. 1504, † London 17. Mai 1575, engl. anglikan. Theologe. – Reformatorisch orientiert; unter Maria I. Tudor hart bedrängt; Elisabeth I. erhob ihn zum Erzbischof von Canterbury; er entfaltete die (von Rom nicht anerkannte) apostol. Sukzession des anglikan. Klerus.

Parkes [engl. pa:ks], Alexander, * Birmingham 29. Dez. 1813, † London 29. Juni 1890, brit. Metallurg. – Inhaber zahlr. Patente auf dem Gebiet der Elektrometallurgie, u. a. für den ↑Parkes-Prozeß; Erfinder des Zelluloids (Patent 1855).

P., Sir (seit 1877) Henry, * Stoneleigh (Warwickshire) 27. Mai 1815, † Sydney 27. April 1896, austral. Politiker brit. Herkunft. – Wanderte 1839 nach Australien aus; 1872–91 wiederholt Premiermin. in Neusüdwales; als Vorkämpfer einer bundesstaatl. Verfassung einer der Väter des Austral. Bundes.

Parkes-Prozeß (Parkes-Entsilberung) [engl. pa:ks; nach A. Parkes], metallurg. Verfahren zur Gewinnung der Edelmetalle aus Rohblei durch ↑intermetallische Fällung. Nach Einrühren von Zink in die Bleischmelze scheiden sich beim Abkühlen feste bleiarme Silber-Zink-Mischkristalle (Schäume) ab. Diese Schäume enthalten auch das Kupfer, das Gold und die Platinmetalle, die sich in der Bleischmelze befanden.

Parkett [frz., eigtl. „kleiner, abgegrenzter Raum" (zu ↑Park)], Fußbodenbelag aus Holz (meist Eiche, Buche oder Kiefer) in verschiedenen Vorlagemustern in Form von Stäben, Riemen, Tafeln, Platten oder Mosaiklamellen; kann mit Fußbodenlack versiegelt werden.
▷ im *Theater:* im Parterre gelegener vorderer Teil des Zuschauerraumes.
▷ der offizielle Börsenverkehr in amtlich zugelassenen Werten.

Parkettkäfer ↑Splintholzkäfer.

Parkhurst, Helen [engl. 'pɑ:khə:st], *New Yale City 3. Jan. 1887, †New York 14. April 1959, amerikan. Pädagogin und Schulreformerin. – Lehrerin; entwickelte nach Aufenthalt in Rom bei M. Montessori (1914) den sog. ↑Daltonplan.

Parkinson, Cyril Northcote [engl. 'pɑ:kinsn], *York 30. Juli 1909, †Canterbury 9. März 1993, brit. Historiker und Publizist. – Prof. in Singapur (1950–58); bekannt v. a. durch seine ironisierenden „Regeln" **(Parkinsonsche Gesetze)** über die eigendynam. Entwicklung bürokrat. Verwaltungen zu aufgeblähten Apparaten, unabhängig von der tatsächlich anfallenden Arbeit.

Parkinsonismus, veraltete Bez. für ↑Parkinson-Syndrom.

Parkinson-Krankheit [nach dem brit. Arzt J. Parkinson, *1755, †1824] (Schüttellähmung, Paralysis agitans, idiopath. bzw. primäres Parkinson-Syndrom), Degeneration von Stammhirnbezirken mit den Anzeichen des ↑Parkinson-Syndroms. Die P.-K. ist die häufigste neurolog. Erkrankung des fortgeschrittenen Lebensalters; sie tritt gewöhnlich im 5. und 6. Lebensjahrzehnt, meist bei Männern, in Erscheinung und verläuft (u. U. nach halbseitigem Beginn) langsam fortschreitend. Die Ursache ist ungeklärt. Die Behandlung erfolgt medikamentös durch Substitution von Dopamin mit Levodopa. Krankengymnastik ist v. a. zur Verbesserung von Beweglichkeit und Motorik wichtig. Die stereotakt. Operation wird kaum noch durchgeführt.

Parkinsonsche Gesetze [engl. 'pɑ:kınsn] ↑Parkinson, Cyril Northcote.

Parkinson-Syndrom [nach dem brit. Arzt J. Parkinson, *1755, †1824] (symptomat. bzw. sekundäres Parkinson-Syndrom, früher Parkinsonismus), zus.fassende Bez. für Krankheitsbilder verschiedener Ursache (z. B. bei Zerebralsklerose, nach epidem. Gehirnentzündung, Kohlenmonoxid-, Mangan- oder Methylalkoholvergiftung, Behandlung mit Neuroleptika), bei denen eine Schädigung der Substantia nigra des Stammhirns im Vordergrund steht. Symptome sind starke Verlangsamung der Willkür- und Ausdrucksbewegungen („Maskengesicht"), gebeugte Haltung, leise und monotone Sprache, kleinschrittiger, z. T. schlurfender Gang, Tremor (Zittern der Hände und Finger). Außerdem auch Stimmungslabilität und Melancholie.

Parkleuchte, beim Parken in der Dunkelheit innerhalb geschlossener Ortschaften für Pkw ohne Anhänger zulässige Beleuchtung, die auf der der Fahrbahn zugewandten Seite nach vorn weißes, nach hinten rotes Licht abstrahlt.

Parkman, Francis [engl. 'pɑ:kmən], *Boston 16. Sept. 1823, †Jamaica Plain (= Boston) 8. Nov. 1893, amerikan. Historiker. – Behandelte die frz. Kolonialisierung in Nordamerika (z. B. „Pioneers of France in the New World", 1865); bemühte sich in Reiseberichten um objektive Darstellung der Indianer.

Parkometer [Kw.], svw. ↑Parkuhr.

Parkscheibe, Scheibe mit Zifferblattnachbildung, bei der meist durch Drehen des Zifferblattes der Parkbeginn eingestellt wird.

Parkuhr (Parkometer), Münzautomat mit Zeitanzeige, der nach Geldeinwurf eine begrenzte Parkzeit gewährt. Nach Ablauf der zulässigen Parkzeit wird ein opt. Signal ausgelöst.

Parlament [engl., zu frz. parler „reden"], in demokrat. Staaten die gewählte Vertretung des Volkes, die aus einer oder zwei Kammern bestehen kann (↑Zweikammersystem) und der ein verfassungsrechtlich garantierter maßgebender Einfluß auf die staatl. Willensbildung eingeräumt ist. Im P. soll das Staatsvolk durch gewählte ↑Abgeordnete repräsentiert sein. Zentrale Kompetenzen des P. sind Gesetzgebungskompetenz, Haushaltsautonomie und Kontrolle von Reg. und Verwaltung. Die Gesamtheit der Normen, die Funktion, Organisation und Verfahren des P. regeln, wird **Parlamentsrecht** genannt; dazu zählen Verfassung und Verfassungsgewohnheitsrecht (↑Diskontinuität), einfache Gesetze, Geschäftsordnung und P.brauch. In Deutschland sind die beiden Kammern des P. ↑Bundestag und ↑Bundesrat, P. eines Bundeslandes ist der ↑Landtag. – **Parlamentsorgane** sind meist der Präs. (und die Stellvertreter), der Ältestenrat, der Vorstand und die ↑Ausschüsse. – ↑Parlamentarismus, ↑Europäisches Parlament.

Geschichte: Bereits im 13. Jh. wurde der große Rat der engl. Könige als „Parliament" bezeichnet. Doch erst Mitte des 19. Jh. wurde aus diesem histor. Begriff eine generelle Bez. für alle repräsentativen, i. d. R. gewählten Körperschaften, während bis dahin die histor. Namen (Reichstag, Cortes, Landstände) verwendet wurden. Dt. P. gab es in Süddeutschland (seit 1815) und in Preußen (seit 1848); eine dt. Nationalrepräsentation verwirklichte sich erstmals in der ↑Frankfurter Nationalversammlung (1848). Mit dem auf dem allg., gleichen Wahlrecht beruhenden Reichstag des Dt. Reiches von 1871 wurde ein nat. P. geschaffen, das allerdings auf Gesetzgebung und Budgetrecht beschränkt blieb. Erst die Parlamentarisierung der Reichsreg. 1918 und die Weimarer Reichsverfassung gaben ihm Einfluß auf Bildung und Sturz der Regierung. In der BR Deutschland bestehen neben dem Dt. Bundestag P. in allen Bundesländern (Landtag, Bürgerschaft, Abg.-Haus).
▷ in *Frankreich* die aus der ma. Curia regis hervorgegangenen Juristenkollegien, die seit Mitte des 13. Jh. in Paris einen ständigen Gerichtshof bildeten. Bis 1789 wurden insgesamt 14 dieser P. auch in anderen Städten eingerichtet; das Pariser P. entwickelte aus der Befugnis, königl. Erlasse rechtsgültig zu registrieren, ein Prüfungs- und Einspruchsrecht und wurde damit zum stärksten Gegner der Krone; 1790 wurde es aufgelöst. Im Lauf der Frz. Revolution entstand das P. als Volksvertretung (Nationalversammlung).

Parlamentär [frz.], Unterhändler zw. kriegführenden Parteien bzw. deren militär. Formationen. Der P. genießt laut Völkerrecht den Status der Unverletzlichkeit.

parlamentarische Anfrage, Auskunftsersuchen des Parlaments an die Reg.; in Deutschland unterscheidet die Geschäftsordnung des Bundestages 1. **große Anfragen,** die schriftlich einzureichen und von einer Anzahl von Abg., die einer Fraktionsstärke entspricht, zu unterzeichnen sind; 2. **kleine Anfragen** zur Auskunft über bestimmte Bereiche; 3. kurze **mündliche Anfragen,** die jeder Abg. an die Bundesreg. richten kann. Die Beantwortung der *großen* und *kleinen* Anfragen erfolgt schriftlich; anschließend wird die große Anfrage auf die Tagesordnung gesetzt.

parlamentarische Monarchie ↑Monarchie.

Parlamentarischer Rat, zur Ausarbeitung einer Verfassung am 1. Sept. 1948 in Bonn zusammengetretene Versammlung, die aus 65 von den Landtagen der westdt. Länder delegierten Mgl. bestand; Präs.: K. Adenauer. Verabschiedete das ↑Grundgesetz am 8. Mai 1949 mit 53 gegen 12 Stimmen.

parlamentarischer Staatssekretär, in der BR Deutschland 1967 eingeführtes Amt; der p. S. muß MdB sein, soll die polit. Führung des Ministeriums verstärken und den Min. entlasten; seit 1973 kann er auch die Amtsbez. „Staatsmin." erhalten.

parlamentarisches Regierungssystem, Reg.form, in der ein Parlament nicht nur Träger des Gesetzgebungs- und Budgetrechts ist, sondern auch verfassungsmäßigen Einfluß auf die Bildung, Zusammensetzung und den Fortbestand der Reg. hat. Die Reg. bedarf meist zur Amtsführung des Vertrauens des Parlaments und muß bei einem (konstruktiven) Mißtrauensvotum demissionieren. Der

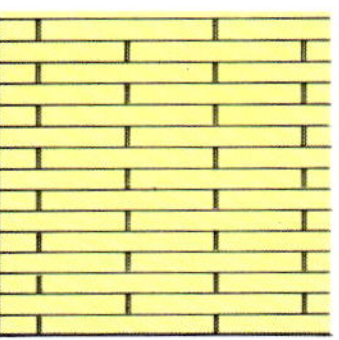

Parkett. Verschiedene Verlegemuster. Von oben: Schiffsboden, Fischgrätverband, Flechtboden, Würfelmuster aus Mosaikparkettlamellen, Tafelparkett aus verschiedenfarbigen Hölzern

Heinrich Parler. Blick vom Mittelschiff in den 1351 ff. erbauten Hallenchor der 1330 ff. erbauten Heiligkreuzkirche in Schwäbisch Gmünd

Reg.chef verfügt dagegen i. d. R. unter Einschaltung des Staatsoberhauptes über das Recht, das Parlament aufzulösen und Neuwahlen auszuschreiben.

Parlamentarisierung [frz.-engl.], Prozeß der verfassungsrechtl. Schaffung der Abhängigkeit einer Reg. von einem Parlament.

Parlamentarismus [frz.-engl.], Bez. für jedes repräsentative polit. System, in dem ein aus Wahlen hervorgegangenes ↑Parlament als Repräsentant der Nation oder des Volkes eine zentrale Stelle im polit. Prozeß innehat; auch Bez. für eine polit. Bewegung mit dem Ziel der Einsetzung eines Parlaments mit möglichst weitreichenden Befugnissen.
Als *polit. Bewegung* steht der P. im Zusammenhang mit der bürgerl. Emanzipationsbewegung von Absolutismus und Feudalismus, die über das Parlament – verstanden als Nationalrepräsentation – die Macht der vom Monarchen gebildeten Exekutive einzuschränken und letztlich zu übernehmen und damit mittelbar die Souveränität des Monarchen durch die Souveränität des Volkes (↑Volkssouveränität) zu ersetzen versuchte.
Die unterschiedl. Entwicklung des P. in den einzelnen Staaten (z. T. auf Grund föderativer Komponenten zum ↑Zweikammersystem) und die verschiedenen Funktionen innerhalb des polit. Gesamtsystems lassen es nicht zu, von einem einheitl. parlamentar. System zu sprechen. Dennoch kann man von den von der parlamentar. Bewegung geforderten Rechten eines Parlaments als wichtigste die Gesetzgebungskompetenz, die Haushaltsautonomie sowie die Kontrollfunktion gegenüber Reg. und Verwaltung zusammenfassen. Die heutige *P.kritik* in Deutschland hält diese Rechte des Parlaments für eingeschränkt und sieht im begrenzten Einfluß der parlamentar. Opposition auf die Ausarbeitung der Gesetzesvorlagen, in mangelnder Transparenz der Parlamentsarbeit, Ämterkumulation u. a. wesentl. Herausforderungen an die parlamentar. Demokratie. Sie verweist deshalb auf die Notwendigkeit einer **Parlamentsreform,** mit deren Hilfe Arbeitsformen und -instrumente des Parlaments verbessert werden sollen, um seine Stellung im polit. System, Einfluß und Kontrollmöglichkeiten zu festigen und auszubauen.

Parler. Gedächtnisstein mit dem Meisterzeichen der Familie Parler im Ulmer Münster

Parlamentsklub, östr. Bez. für eine Parlamentsfraktion, in der sich mindestens 5 Abg. der gleichen wahlwerbenden Partei zusammengeschlossen haben.

Parlamentsrecht ↑Parlament.

Parlando (Parlante) [italien. „sprechend"], das [natürl.] Sprechen nachahmende Art musikal. Vertonung, v. a. in der Opera buffa des 18. und 19. Jh.

Parler [nach der urspr. Berufsbezeichnung „parlier" (Stellvertreter des Bauhüttenmeisters)], verzweigte dt. Baumeister- und Bildhauerfamilie des 14. Jh. Bed. Vertreter:
P., Heinrich, nachweisbar um die Mitte des 14. Jh. – Vater von Peter P.; ab 1351 Baumeister des spätgot. Hallenchors der Heiligkreuzkirche (1330 ff.) in Schwäbisch Gmünd.
P., Heinrich, gen. Heinrich von Gmünd, tätig im späten 14. Jh. – Vermutlich Sohn von Johann P.; schuf in Prag die Figur des hl. Wenzel im Dom (1373) und die Tumbenfiguren Břetislavs I. und Spytihněvs (ebd., 1377); möglicherweise identisch mit einem in Brünn (1381–87) und Köln (Petersportal am Dom) tätigen Heinrich von Gmünd.
P., Johann, gen. Johann von Gmünd. – 1359 als Werkmeister des Freiburger Münsterchors erwähnt (Baubeginn 1354); leitete nach 1356 auch den Wiederaufbau des Chors des Münsters von Basel. Wohl identisch mit dem 1372 genannten Werkmeister des Chors der Heiligkreuzkirche in Schwäbisch Gmünd.
P., Peter, * Schwäbisch Gmünd 1330, † Prag 13. Juli 1399. – Bedeutendster Künstler der Parlerfamilie; 1353 von Kaiser Karl IV. nach Prag berufen, um den Dombau weiterzuführen. Der 1385 geweihte Chor zeigt neue Bauformen (erstes monumentales Netzgewölbe, frühestes Fischblasenmaßwerk). Neuartig ist auch das umfassende bauplast. Programm, u. a. die 6 Grabmäler der Przemysliden (als eigenhändig gesichert das Grabmal Ottokars I., 1377), am Triforium 21 Bildnisbüsten (1375–85; darunter ein Selbstporträt). Ihre wuchtige Schwere und geschlossene Formgebung wurde für die Parlerschule vorbildlich. Außerdem Karlsbrücke mit Altstädter Brückenturm in Prag (1357 ff.).

Parma, italien. Stadt in der Emilia-Romagna, 52 m ü. d. M., 174 800 E. Hauptstadt der Prov. P.; kath. Bischofssitz (seit dem 4. Jh. belegt); Univ. (gegr. 1066), Musik- und Kunsthochschulen; Museen, Gemäldegalerie, Staatsarchiv. Textil-, Nahrungsmittel-, keram. Ind., Musikinstrumentenbau; Nahrungsmittelmesse; Fremdenverkehr.
Geschichte: Urspr. etrusk. Siedlung; 183 v. Chr. als röm. Bürgerkolonie an der Via Aemilia gegr.; Verfall und Zerstörung im 1. Jh. v. Chr.; kam z. Z. Theoderichs d. Gr. und unter byzantin. Herrschaft (seit 553) zu neuer Blüte; verlor 1303 seine republikan. Verfassung; kam 1512 mit Piacenza an den Kirchenstaat, beide Städte wurden 1545 zum erbl. Hzgt. erhoben (↑Parma und Piacenza).
Bauten: Roman. Dom (1046 ff., im frühen 12. Jh. erneuert; Kuppelfresko Correggios, 1526–30) mit Kampanile; roman. Baptisterium (1196 ff.); Kirchen San Giovanni Evangelista (1498–1510, Barockfassade 1607) und Madonna

Parma. Das romanische Baptisterium, 1196 ff.

della Steccata (1521–39, Chorerweiterung im 18. Jh.); bischöfl. Palast (13. Jh.); Palazzo della Pilotta (1583 ff., für die Farnese; 1954 wiederaufgebaut) mit dem Teatro Farnese (1618/19 von G. B. Aleotti).

Parma und Piacenza [italien. pia'tʃɛntsa], ehem. italien. Hzgt.; 1545 vom Kirchenstaat abgetrennt und den Farnese als erbl. Hzgt. übertragen; kam 1731 an Spanien, 1735 im Tausch gegen Neapel an Österreich; 1748 wieder an einen Bourbonen, der zugleich das Hzgt. Guastalla erhielt. 1802 mußten die Hzgt. an Frankreich abgetreten werden; P. u. P. bildete 1808 das Dep. Taro. 1815 wurden P. u. P. sowie Guastalla Napoleons I. Gemahlin Marie Louise zuerkannt; nach ihrem Tod (1847) fielen die Hzgt. an Bourbon-Parma; 1860 dem Kgr. Italien eingegliedert.

Peter Parler. Altstädter Brückenturm in Prag, 1357 ff.

Parmenides von Elea, *um 515, †um 445, griech. Philosoph. – Vorsokratiker; neben Zenon der wichtigste Vertreter der eleat. Philosophie. Seine in einem hexametr. Lehrgedicht „Perì phýseōs“ (Über die Natur) überlieferte Philosophie ist geprägt von einem ontolog. Dualismus von Sein und Nichtsein, Sein und Werden: Es gibt nur ein Seiendes, und dieses ist erkennbar; Denken und Sein entsprechen einander, sind identisch; Nichtseiendes existiert nicht, ist undenkbar; es gibt kein Entstehen und Vergehen, da beides das Nichtseiende voraussetzt; das Seiende ist daher ungeworden, unvergänglich und unveränderlich. Die schon in der Antike bed. Wirkung läßt sich bis in die neuere Ontologie und Metaphysik verfolgen.

Parmenion, *um 400, †Ekbatana (= Hamadan) im Herbst 330 (ermordet), Feldherr Philipps II. von Makedonien und Alexanders d. Gr. – Führende Rolle in den Kämpfen gegen Persien; wegen seiner Opposition gegen die Pläne Alexanders ließ ihn dieser umbringen.

Parmesankäse, nach der italien. Stadt Parma ben. harter, würziger, halbfetter Käse; 25–30 % Fett i. T.; v. a. gerieben verwendet.

Parmigianino [italien. parmiddʒa'ni:no], eigtl. Girolamo Francesco Maria Mazzola, *Parma 11. Jan. 1503, †Casalmaggiore bei Parma 28. Aug. 1540, italien. Maler. – Einer der Begründer des Manierismus; raffinierte perspektiv. Komposition, schlanke, übermäßig gelängte Gestalten, kühle, gebrochene, gelegentlich emailhaft schimmernde Farbigkeit. – *Werke:* Selbstbildnis in einem Hohlspiegel (um 1523/24; Wien, Kunsthistor. Museum), Madonna mit Kind und die Heiligen Stephanus und Johannes der Täufer (vor 1530; Dresden, Gemäldegalerie), Madonna mit dem langen Hals (1534–40; Florenz, Uffizien).

Parnaß, Gebirge im östl. Z-Griechenland, bis 2 457 m hoher Kalkstock mit ausgedehnten Karstflächen. – In der griech. Mythologie dem Apollon geweiht; galt als Sitz der Musen; daher in übertragener Bedeutung auch „Reich der Dichtkunst“.

Parnassiens [frz. parna'sjɛ̃] (Parnasse, École parnassienne), frz. Dichterkreis in der 2. Hälfte des 19. Jh.; Name nach der Anthologie „Le parnasse contemporain“ (1866, 1871, 1876), in der die Gedichte der Mgl. (u. a. C. M. Leconte de Lisle, J.-M. de Heredia, C. Mendès, L. Dierx) gesammelt wurden. Die P. propagierten Dichtungen von äußerster formaler Strenge, insbes. von vers- und reimtechn. Perfektion und objektiv-gegenstandsbezogener, unpersönl. Darstellung.

Parnell, Charles Stewart [engl. pɑ:'nɛl, pɑ:nl], *Avondale (bei Wicklow) 17. Juni 1846, †Brighton 6. Okt. 1891, ir. Nationalist. – Als Vertreter der „Home Rule party“ 1875 ins Unterhaus gewählt; bemühte sich um die ir. Frage; Leiter der Irish Land League (später „Irish National League“) und (seit 1877) führender Organisator des ir. Nationalismus; unterstützte die Reg. Gladstone, die sich für die ir. Home Rule einsetzte.

Parma Stadtwappen

Parner, iran. Stamm, ↑Parther.

Parny, Évariste Désiré de Forges, Vicomte de [frz. par'ni], *Saint-Paul (Réunion) 6. Febr. 1753, †Paris 5. Dez. 1814, frz. Dichter. – Verfaßte anmutig-galante Liebesgedichte; bes. erfolgreich war sein freigeistiges ep. Gedicht „La guerre des dieux anciens et modernes“ (1799). 1803 Mgl. der Académie française.

Parodie [zu griech. parōdía, eigtl. „Nebengesang“], literar. Werk, das in satir., krit. oder polem. Absicht ein anderes, als bekannt vorausgesetztes Werk unter Beibehaltung kennzeichnender Formmittel, aber mit gegenteiliger Intention nachahmt. Aus der entstehenden Diskrepanz zw. Form und Aussageanspruch resultiert der kom. Effekt. Da die P. nicht allein Werke [der Weltliteratur], sondern auch Rezeptionshaltungen und Bildungskonventionen, für die ein Werk repräsentativ wurde, in die krit. Absicht einbezieht, ist sie nicht nur eine innerliterar. Form der Auseinandersetzung, sondern auch eine literar. Zeitkritik. Durch ihren höheren Kunstanspruch, ihre formalen Übernahmen und ihre umfassendere krit. Intention unterscheidet sich die P. von der Travestie und der Literatursatire.

▷ in der *Musik* seit dem 15. Jh. gebrauchte Bez. für die Verwendung einer bestehenden Komposition in einem neuen Zusammenhang. Das P.verfahren konnte sich in der Veränderung von Stimmenzahl, Satzstruktur, Rhythmik, Melodik und Harmonik oder Umtextierung zeigen. Eine große Rolle spielte es bei J. S. Bach.

parodistisch [griech.], kom.-satir. nachahmend, verspottend.

Parmigianino. Selbstbildnis in einem Hohlspiegel, um 1523/24 (Wien, Kunsthistorisches Museum)

Parodontitis [griech.], vorwiegend im Bereich der Wurzelspitze oder im Bereich des Zahnfleischsaums lokalisierte bzw. von dort ausgehende Entzündung des Zahnhalteapparats (Parodontium); mit Ablagerung von Zahnstein, Bildung eitriger Zahnfleischtaschen und Lockerung der Zähne.

Parodontium (Zahnhalteapparat) [griech.], den Zahn im Kiefer befestigender Halteapparat; besteht aus Wurzelhaut, Alveole und Zement des Zahnes.

Parodontopathien [griech.], Sammelbegriff für alle Erkrankungen des Zahnhalteapparats.

August von Parseval. Das erste Parseval-Luftschiff bei der Landung in München 1909

Parodontose [griech.] (Zahnbettschwund, früher Paradentose), nichtentzündl. Schwund des Zahnhalteapparats. Zahnfleisch und Kieferknochen werden langsam fortschreitend oder schubweise abgebaut, so daß der Zahn allmählich aus seinem Zahnfach herauszuwachsen scheint. Trotz weitreichenden Zahnbettschwundes können die Zähne noch lange fest im Kiefer verankert sein. Bei fortgeschrittener Erkrankung treten schließlich Zahnlockerung, Zahnwanderung und Zahnverlust ein.

Parole [frz. „Wort, Spruch"] ↑Losung.

Parole [frz. pa'rɔl] ↑Langue.

Paroli [italien.-frz., zu lat. par „gleich"], eigtl. Verdoppelung des Einsatzes beim Kartenspiel; *P. bieten,* jemandem Widerstand entgegensetzen, mit doppelter Münze heimzahlen.

Hubert Parry (Ausschnitt aus einer Bleistiftzeichnung, um 1910)

Paronomasie [griech.], rhetor. Figur: Wiederholung desselben Wortstamms in anderer syntakt. Funktion zur Verstärkung des ausgedrückten Sinns oder zur Betonung des Gegensatzes in Wortspielen wie *betrogene Betrüger.*

Paronychie [griech.], eitrige Entzündung am Nagelfalz, Nagelwall oder im Nagelbett von Fingern oder Zehen.

Paropamisus ↑Hindukusch.

Paros, griech. Insel der Kykladen westl. von Naxos, 194 km^2, 67 000 E, bis 750 m ü. d. M., Hauptort ist P. an der W-Küste.

Geschichte: Schon im Neolithikum dicht bewohnt; seit etwa 1000 v. Chr. von Ioniern besiedelt; wirtsch. Blüte v. a. durch den **parischen Marmor,** der in der ganzen griech. Welt Verwendung fand; nach den Perserkriegen Mgl. des Att.-Del. Seebundes, in hellenist. Zeit des Nesiotenbundes; wurde röm., dann byzantin.; gehörte vom 13.–15. Jh. zum fränk. (lat.) Hzgt. von Naxos, dann von Achaia, schließlich zu Venedig; 1537 von den Osmanen verwüstet; seit 1830 zu Griechenland.

Talcott Parsons

Parotitis, svw. ↑Ohrspeicheldrüsenentzündung; *P. epidemica,* svw. ↑Mumps.

Parovarium, svw. ↑Nebeneierstock.

Paroxysmus [griech.], in der *Medizin:* Anfall; hochgradige Steigerung von Krankheitserscheinungen.

Paroxytonon, in der griech. Betonungslehre ein Wort, das einen ↑Akut auf der vorletzten Silbe trägt.

Parr, Catherine [engl. pɑ:] ↑Katharina, Königin von England.

P. (Bahr), Franciscus [par, pa:r], *Haynau (Niederschlesien), †Stockholm 1580, dt. Baumeister. – Sohn, vielleicht auch Bruder von Jacob P.; errichtete als Hofbaumeister Herzog Ulrichs von Mecklenburg 1558–66 Süd- und Westflügel von Schloß Güstrow. Seit 1572 Bauleitung des Schlosses von Uppsala, 1578 an der Domkirche in Uppsala tätig.

P., Jacob [par, pa:r], †Brieg 15. Aug. 1575, dt. Baumeister. – Vater oder Bruder von Franciscus P.; baute das Piastenschloß in Brieg im Sinne der Renaissance um und erneuerte das Rathaus (1569).

Parramatta [engl. pærə'mætə], austral. Stadt westlich von Sydney, 132 000 E. Observatorium, Wollmuseum. – 1788 als **Rose Hill** gegr.; P. seit 1790; seit 1938 Stadt (City).

Parrhasios, aus Ephesus stammender griech. Maler des 5. Jh. v. Chr. – Einer der bedeutendsten griech. Maler, der etwa zw. 440 und 390 in Athen arbeitete. Gerühmt werden u. a. seine Fähigkeit der Charakterschilderung und die plast. Wirkung der Bilder.

Parry [engl. 'pærɪ], Sir (seit 1898) Hubert, Baronet (seit 1903), *Bournemouth 27. Febr. 1848, †Rustington (Sussex) 7. Okt. 1918, engl. Komponist. – Verdient um die Bachpflege in Großbritannien; komponierte Orchester- (fünf Sinfonien) und Kammermusik sowie Vokalwerke.

P., Sir (seit 1829) William Edward, *Bath 19. Dez. 1790, †Bad Ems 8. Juli 1855, brit. Admiral (seit 1852) und Polarforscher. – Suchte vergeblich die Nordwestpassage, erforschte auf mehreren Reisen die arkt. Inseln Nordamerikas; entdeckte die nach ihm ben. Parry Islands.

Parry Islands [engl. 'pærɪ 'aɪləndz], Inselgruppe des Kanad.-Arkt. Archipels im Nordpolarmeer, nördl. von Viscount Melville Sound und McClure Strait.

Parsec [Kw. aus **par**allax (**Par**allaxe) und **sec**ond (**Sekunde**)] (Parsek), Einheitenzeichen pc, astronom. Entfernungseinheit; diejenige Entfernung, aus der die mittlere Entfernung Erde–Sonne unter einem Winkel von 1 Bogensekunde erscheint: 1 pc = 206 264,8 AE = 3,26 Lichtjahre = $3{,}086 \cdot 10^{13}$ km. Häufig verwendete dezimale Vielfache sind das Kiloparsec (kpc) und das Megaparsec (Mpc).

Parseierspitze, mit 3 038 m höchster Berg der Nördl. Kalkalpen (Tirol).

Parsen [pers. „Perser"] ↑Parsismus.

Parseval, August von [...val], *Frankenthal (Pfalz) 5. Febr. 1861, †Berlin 22. Febr. 1942, dt. Ingenieur. – Prof. für Luftschiffahrt an der Berliner TH; konstruierte 1897 zus. mit H. Bartsch von Sigsfeld (*1861, †1902) den Drachenballon (Fesselballon) sowie die nach ihm ben. unstarren Luftschiffe.

Parsismus [pers.], nach ihrem Ursprungsland Persien ben., von ↑Zarathustra gestiftete Religion. Das ↑Awesta, die hl. Schrift des P., ist durch einen ethisch orientierten Dualismus gekennzeichnet: Dem guten Gott Ahura Masda (nach ihm heißt der ältere P. auch **Mazdaismus**) steht der „böse Geist" Angra Manju (Ahriman) gegenüber. Ihm sind böse Prinzipien zugeordnet, während die ↑Amescha Spentas Qualitäten Ahura Masdas darstellen. – In der Sassanidenzeit (224–642) erlebte der P. als **Zoroastrismus** (nach der gräzisierten Namensform seines Stifters) eine Blütezeit. Nach der islam. Eroberung Persiens (642) wanderten die meisten **Parsen** nach Indien aus. Sie vertreten heute praktisch einen Monotheismus. In der theolog. Entwicklung ist die Erwartung eines endzeitl. Retters **(Sauschjant)** hinzugetreten, der 3 000 Jahre nach Zarathustra zum Jüngsten Gericht erscheinen wird.

Parsons [engl. pɑ:snz], Sir (seit 1911) Charles, *London 13. Juni 1854, †Kingston (Jamaika) 11. Febr. 1931, brit. Ingenieur. – Erfand 1884 die nach ihm ben. mehrstufige Überdruckdampfturbine und stattete 1897 das 40-t-Schiff „Turbinia" mit Turbinenantrieb aus.

P., Talcott, *Colorado Springs 13. Dez. 1902, †München 8. Mai 1979, amerikan. Soziologe. – Seit 1944 Prof. an der Harvard University; gilt als Begründer und Hauptvertreter der strukturell-funktionalen Theorie; entwickelte allg. Theorien des sozialen Handelns und des gesellschaftl. Systems, mit denen versucht wurde, soziolog., psycholog. und anthropolog. Theorieansätze fruchtbar zu verbinden; einflußreiche Arbeiten auch zur Theorie der Persönlichkeit und zur Sozialisation.

Pars pro toto [lat. „ein Teil für das Ganze"], rhetor. Bild, bei dem ein Teil einer Sache das Ganze bezeichnet (z. B. *Dach* für *Haus*).

Part [lat.-frz.] (italien. parte, frz. partie), Stimme, Stimmheft (vokal oder instrumental), Teil oder Satz eines Musikwerks. – ↑colla parte.

Pärt, Arvo, * Paide (Estland) 11. Sept. 1935, estn. Komponist. – Emigrierte 1980 nach Wien, lebt heute in Berlin. Schrieb, anfangs serielle Techniken einbeziehend, Orchesterwerke (u. a. 3 Sinfonien, 1964, 1966, 1971), Kammermusik sowie Orgel- und Vokalwerke (u. a. „Sieben Magnificat-Antiphonen", 1988, für neunstimmigen Chor a cappella; Berliner Messe, 1990, für Soli, Chor und Orgel).

Partei [frz., zu lat. pars „Teil, Anteil"], allg. Gruppe von Gleichgesinnten.

▷ (polit. P.) organisierter Zusammenschluß von Bürgern mit gemeinsamen sozialen Interessen und polit. Vorstellungen über die Gestaltung der staatl., gesellschaftl. und wirtsch. Ordnung mit dem Ziel der Übernahme, der Behauptung bzw. der Kontrolle der Reg. des Staats. Wichtigste Merkmale einer polit. P. sind ihre permanente Organisation, die sie von anderen polit. Bewegungen (wie Bürgerinitiativen) unterscheidet, das Streben nach Durchsetzung polit. Ziele, die in P.programmen oder Wahlplattformen definiert werden, sowie die Bereitschaft zur Übernahme von Führungsfunktionen im Staatsapparat.

Geschichte und Typologie

Polit. P. i. w. S. gibt es bereits seit der Antike, das moderne P.wesen entwickelte sich jedoch erst mit der Durchsetzung des Parlamentarismus. Nach Bildung der brit. Fraktionen von Tories und Whigs im 18. Jh. entstanden P. in den USA und in Europa während des 19. Jh. im Gefolge der Amerikan. und der Frz. Revolutionen von 1776 bzw. 1789 als Produkt der gegen Feudalismus und monarch. Absolutismus gerichteten bürgerl. Emanzipationsbewegung. Zuerst herrschte (bei eingeschränktem Wahlrecht) der Typus der bürgerl. **Honoratioren-** oder **Repräsentations-(Patronage-) Parteien** vor, die organisatorisch lediglich durch die Parlamentsfraktion (↑Fraktion) bzw. durch periodisch konstituierte Wahlkomitees hervortraten und den Charakter reiner **Wählerparteien** hatten. Dieser Typus wurde seit dem letzten Drittel des 19. Jh. mit fortschreitender Erweiterung des Kreises der Wahlberechtigten durch **Massenparteien** zurückgedrängt, die bei Revision des Vereins- und Versammlungsrechts die Ausbildung bürokrat. P.organisationen auf kommunaler, regionaler und nat. Ebene einleiteten. Diese entwickelten sich nach dem 1. Weltkrieg zu demokrat. bzw. totalitären **Integrationsparteien,** die nicht allein einen großen Anteil ihrer Anhängerschaft als Mgl. mobilisierten **(Mitgliederparteien),** sondern deren private Lebensbereiche erheblich (im Falle totalitärer P. vollständig) zu bestimmen suchten **(Weltanschauungsparteien).** Unter Berufung auf Lenin schufen die Kommunisten als „Partei neuen Typs" die straff organisierte, personell begrenzte und am Marxismus-Leninismus orientierte **Kaderpartei.** Seit dem 2. Weltkrieg hat sich in den westl. Staaten eine starke Tendenz zur Herausbildung von **Volks-** oder sog. **Allerweltsparteien** abgezeichnet, die, um ein möglichst breites Wählerpotential zu erreichen, zum internen, vorparlamentar. Ausgleich entgegengesetzter wirtsch. und sozialer Interessen gezwungen sind. Begünstigt durch mehrheitsfördernde Wahlsysteme, wurden Splitter-P. weitgehend regionalisiert **(Rathausparteien).**

Bereits im Vormärz bildeten sich, noch ohne organisator. Verfestigung, die wichtigsten parteipolit. Richtungen von *Konservatismus* **(Beharrungsparteien),** *Liberalismus* und *Sozialismus* **(Bewegungsparteien)** aus, die sich in und nach den europ. Revolutionen von 1848/49 endgültig als P. der *Rechten,* der *Mitte* bzw. des *Zentrums* und der *Linken* formierten. In der Reaktion auf Siege republikan. Bewegungen wurden **monarchistische Parteien** mit dem Ziel monarchist. Restauration gegr. Zur gemeinsamen Bewältigung der sozialen Frage des 19. Jh. bildeten sich **Arbeiterparteien.** Die gesellschaftl. Deklassierung der unteren Mittelschicht und des Kleinbürgertums hatte die Ausformung **militanter Interessenparteien** (z. B. Poujadismus) zur Folge oder bildete die Grundlage für faschist. Bewegungen. Aus religiös-konfessionellen Ggs. bzw. aus dem Widerspruch zw. modern-liberalem Staat und Kirche entstanden **Religions-** und **konfessionelle Parteien.** In multinat. Staaten kam es zur Formierung von polit. P. nach ethn., regionalen oder sprachl. Kriterien.

Organisation

Mit Ausnahme der P. in den USA, die eine förml. Mitgliedschaft nicht kennen **(offene Parteien),** sind P. heute geschlossene Verbände mit förml. Beitritt, regelmäßigen Aktivitäten, Mgl.beiträgen, oft auch P.steuer für Mandatsträger **(geschlossene Parteien).** Sie verpflichten ihre Mgl. entweder auf ein P.programm, in dem ihre polit. Grundsätze (oft von einer bestimmten Weltanschauung geprägt) festgelegt sind **(Programmpartei),** oder veröffentlichen lediglich vor Wahlen kurz- oder mittelfristig durchzusetzende Wahlplattformen **(Plattformpartei).** Kleinste *[Basis]*organisationsformen können *Komitees* (v. a. bei Honoratioren-P.), *Ortsvereine* (v. a. bei demokrat. Integrations-P.), *Zellen* (bei kommunist. P.) und *Milizen* (bei faschist. P.) sein. Die Basisorganisationen sind überregional (in Deutschland meist in *Kreis-, Landes-* und *Bundesverband*) zusammengefaßt, deren wichtigstes Organ der *P.tag* ist und deren Geschäfte von einem *P.vorstand* geführt werden. Die Struktur der *P.organisation* ist jeweils in einer Satzung vorgeschrieben. Wichtigstes Prinzip bei der Willensbildung aller P.gremien in demokrat. P. ist die *innerparteil. Demokratie.* Die *P.finanzierung* (↑Parteiengesetz) geschieht v. a. durch Mgl.beiträge **(Beitragsparteien),** Spenden der Mgl. **(Spendenparteien),** außerparteil. Spenden (v. a. von Interessenverbänden), öff. Mittel (v. a. Wahlkostenerstattung) und Einnahmen aus Vermögen. Je nach der Anzahl der in einem Staat aktiven und einflußreichen P. unterscheidet man zw. **Einparteien-, Zweiparteien-** und **Mehrparteiensystem.**

Staatsrechtliche Stellung

In der *BR Deutschland* bestimmt Art. 21 GG in Verbindung mit dem ↑Parteiengesetz, daß die P. bei der „polit. Willensbildung des Volkes" mitwirken, ihre Gründung frei ist, ihre innere Ordnung demokrat. Grundsätzen entsprechen muß, eine evtl. Verfassungswidrigkeit nur das Bundesverfassungsgericht feststellen kann und über ihre Finanzierung gemäß dem P.gesetz unter staatl. Beteiligung bei den Wahlkampfkosten öff. Rechenschaft abgelegt werden muß. – In *Österreich* wurde die Stellung der P. im ParteienG vom 2. 7. 1975 geregelt. In der Verfassungspraxis entspricht die Bed. der P. in Österreich und in der *Schweiz* in etwa der der P. in Deutschland.

Probleme des traditionellen Parteiwesens

Kritiker beklagen die Monopolstellung der P. bei der Gestaltung von Staat und Gesellschaft gegenüber anderen gesellschaftl. Organisationen und Verbänden; sie fordern die Stärkung von Elementen der direkten Demokratie (z. B. Volksabstimmungen). Bezweifelt wird die Innovationsfähigkeit der P. bei der Lösung neu auftauchender sozialer Fragen (z. B. der Frauenemanzipation) und technolog. Probleme (z. B. Kernenergie). Hervorgehoben wird darüber hinaus auch der wachsende personelle Einfluß der P. im nichtstaatl. Bereich (z. B. bei den Massenmedien), Parteienproporz bei der Besetzung hoher Gerichte und öff.-rechtl. Körperschaften. Die Parteispendenaffäre machte das Problem der Parteienfinanzierung bes. deutlich. Die Entstehung der neuen sozialen Bewegungen gilt vielen als Zeichen der Funktionsschwäche des herkömml. Parteiwesens.

▷ im *Zivilprozeß* derjenige, der vom Gericht Rechtsschutz begehrt (Kläger) und gegen den Rechtsschutz begehrt wird (Beklagter). Zwar stehen sich immer zwei streitende Seiten gegenüber (z. T. nicht im Verfahren der freiwilligen Gerichtsbarkeit), es können aber auf einer Seite jeweils meh-

Parthenon. Der Tempel der Athena Parthenos auf der Akropolis von Athen, Ansicht von Nordwesten, 447–432 v. Chr.

rere Personen als P. auftreten **(Streitgenossenschaft).** Dritte können sich nur als Streithelfer auf der Seite einer P. beteiligen (↑ Nebenintervention). Während des Prozesses können Beteiligte als P. hinzukommen oder ausscheiden **(Parteiänderung).** Die P. bestimmen Beginn und Ende des Prozesses und weitgehend seinen Ablauf **(Parteiherrschaft).** An die P. knüpfen zahlr. Vorschriften des Zivilprozeßrechts an, z. B. die Bestimmungen über die örtl. Zuständigkeit des Gerichts (Gerichtsstand), die Pflicht zur Tragung der Prozeßkosten.

Partei der Arbeit der Schweiz (Abk. PdA), 1944 gegr. Nachfolgeorganisation der 1940 verbotenen Kommunist. Partei der Schweiz (KPS); ihr kurzer Aufschwung nach 1945 wurde durch internat. Ereignisse (u. a. Ungarnaufstand) gestoppt; Wählerbasis v. a. in der W-Schweiz.

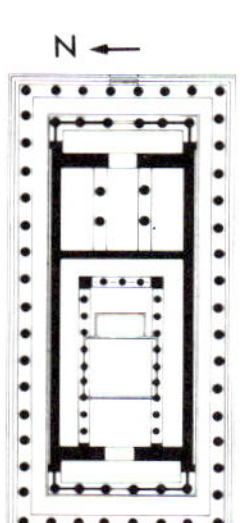

Parthenon. Grundriß

Partei des Demokratischen Sozialismus, Abk. PDS, seit 4. Febr. 1990 Name der aus der ↑ Sozialistischen Einheitspartei Deutschlands hervorgegangenen polit. Partei, die sich ab Dez. 1989 Sozialist. Einheitspartei Deutschlands – P. d. D. S. (SED–PDS) nannte; 172 000 Mgl. (1992). Die PDS, die bewußt die Nachfolge der SED antrat, erhielt unter G. Gysi (1989–93 Parteivors.) und H. Modrow (seit Dez. 1989 Ehrenvors.) bei den Volkskammerwahlen am 18. März 1990 16,3 % der Stimmen. Nach Stimmeinbußen bei den Kommunalwahlen am 6. Mai 1990 und den Landtagswahlen in den neuen Ländern am 14. Okt. 1990 erreichte sie bei den Bundestagswahlen am 2. Dez. 1990 mit 2,4 % der Stimmen (11,1 % im Wahlgebiet Ost) den Einzug (17 Abg.) in den ersten gesamtdt. Bundestag. Der Anspruch, eine erneuerte Partei zu sein, wird v. a. beeinträchtigt durch eine unzureichende Vergangenheitsbewältigung und den dubiosen Umgang mit dem z. T. durch die SED unrechtmäßig erworbenen Vermögen.

Parteiengesetz, amtl. Kurzbez. für das Gesetz über die polit. Parteien vom 24. 7. 1967 i. d. F. vom 3. 3. 1989. Das P. unterwirft als Ausführungsgesetz des Art. 21 GG die Parteien in der BR Deutschland einer rechtl. Normierung: Es definiert den Begriff der polit. Partei, regelt die Anforderungen an die demokrat. Grundsätzen entsprechende innere Ordnung der Parteien durch Vorschriften über Satzung, Gliederung sowie innerparteil. Willensbildung und enthält Vorschriften zur Parteienfinanzierung.
Die **Parteienfinanzierung** war mehrfach Gegenstand verfassungsgerichtl. Entscheidungen; in seinem Urteil vom 9. April 1992 verwarf das Bundesverfassungsgericht zuletzt wesentl. Bestimmungen des P. und ordnete Neuregelungen (Begrenzung der Staats- auf das Ausmaß der Selbstfinanzierung) bis Ende 1993 an. – Wahlkampfkosten (5,– DM je abgegebene Stimme und bis 1992 bestimmte Sockelbeträge) werden aus öff. Mitteln nur insoweit erstattet, als sie die Gesamteinnahmen der Partei im 2. Kalenderjahr nach der Erstattung der Kosten des Wahlkampfes sowie in den diesem Jahr vorangegangenen 3 Kalenderjahren nicht über-

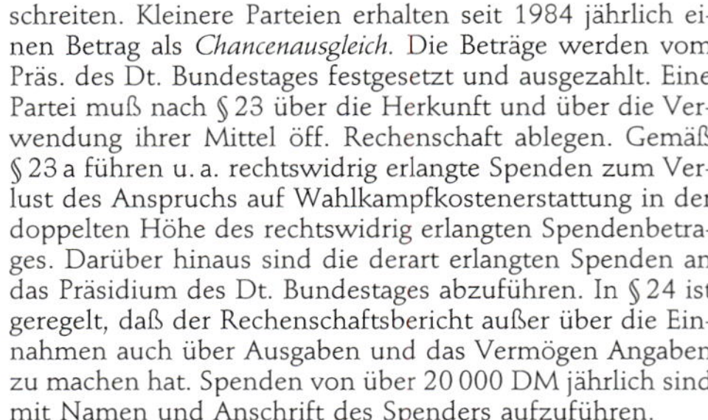

schreiten. Kleinere Parteien erhalten seit 1984 jährlich einen Betrag als *Chancenausgleich.* Die Beträge werden vom Präs. des Dt. Bundestages festgesetzt und ausgezahlt. Eine Partei muß nach § 23 über die Herkunft und über die Verwendung ihrer Mittel öff. Rechenschaft ablegen. Gemäß § 23 a führen u. a. rechtswidrig erlangte Spenden zum Verlust des Anspruchs auf Wahlkampfkostenerstattung in der doppelten Höhe des rechtswidrig erlangten Spendenbetrages. Darüber hinaus sind die derart erlangten Spenden an das Präsidium des Dt. Bundestages abzuführen. In § 24 ist geregelt, daß der Rechenschaftsbericht außer über die Einnahmen auch über Ausgaben und das Vermögen Angaben zu machen hat. Spenden von über 20 000 DM jährlich sind mit Namen und Anschrift des Spenders aufzuführen.

Parteienprivileg ↑ Parteiverbot.

Parteienstaat, in der Weimarer Republik verbreitete polem. Bez. für eine parlamentar. Demokratie mit einem Viel- oder Splitterparteiensystem; heute im allg. zur wertneutralen Charakterisierung der ausschlaggebenden Rolle der Parteien in der parlamentar. Demokratie verwendet.

Parteifähigkeit, die Fähigkeit, in einem Rechtsstreit Partei zu sein; sie ist stets bei Rechtsfähigkeit gegeben.

Parteiherrschaft ↑ Partei (Zivilprozeß).

Parteilichkeit, im Marxismus Bez. für die den Menschen bewußte oder unbewußte polit.-ideolog. Gebundenheit jegl. (v. a. wiss.) Denkens.

Parteiöffentlichkeit, das Recht der Parteien, bei bestimmten Verfahrenshandlungen, die nicht öff. stattfinden, teilzunehmen (z. B. nach § 357 ZPO bei der Beweisaufnahme).

Parteipresse, Bez. für die parteiergreifende (parteil.) bzw. für die organisatorisch einer Partei verbundene Zeitungspresse (Mgl.zeitschriften bzw. ideolog.-theoret. Organe einer Partei werden i. d. R. nicht zur P. gezählt). – Im Verlauf des Kulturkampfes und als Auswirkung des Sozialistengesetzes bildeten Zentrum und Sozialdemokratie eine bes. weit verzweigte P. aus. Während der NS-Zeit gab es nach kurzer Übergangszeit nur noch die Parteiorgane der NSDAP. In der BR Deutschland hat sich nach Aufhebung des Lizenzzwangs 1949 die parteiunabhängige Presse durchgesetzt.

Parteiverbot, das mit der gerichtl. Feststellung, daß eine polit. Partei verfassungswidrig ist, verbundene Verbot dieser Partei. Verfassungswidrig sind Parteien, die nach ihren Zielen oder nach dem Verhalten ihrer Anhänger darauf ausgehen, die freiheitl. demokrat. Grundordnung zu beeinträchtigen oder zu beseitigen oder den Bestand der BR Deutschland zu gefährden (Art. 21 Abs. 2 Satz 1 GG). Das P. kann nur nach einem förml. Verfahren vom Bundesverfassungsgericht (BVG) ausgesprochen werden (sog. **Parteienprivileg**); auf Antrag des Bundestages, des Bundesrates oder der Bundesregierung. Das BVG spricht das P. aus, indem es die Verfassungswidrigkeit feststellt. Mit dem P. erlöschen die Mandate der Abgeordneten der verfassungswidrigen Partei. Bisher sind die „Sozialist. Reichspartei" (1952) und die „Kommunist. Partei Deutschlands" (1956) vom BVG für verfassungswidrig erklärt worden.

Parteivernehmung, als Beweismittel im Zivilprozeß die Vernehmung einer Partei ähnlich einem Zeugen (§§ 445–455 ZPO); bes. dann, wenn andere Beweise nicht vorhanden sind oder nicht genügen.

Parteiverrat, pflichtwidriges Tätigwerden eines Anwalts oder sonstigen Rechtsbeistands für beide Parteien in derselben Rechtssache; bei Vorsatz strafbar (§ 356 StGB).

Parterre [frz. par'tɛr, eigtl. „zu ebener Erde"], 1. Erdgeschoß; 2. im Theater die Zuschauerplätze hinter dem Parkett.

Parthenios, griech. Dichter des 1. Jh. v. Chr. aus Nizäa (= İznik). – Kam 73 als Kriegsgefangener nach Rom, wo er entscheidenden Anteil an der Ausbildung der Elegiendichtung hatte; lebte später in Neapel.

Parthenogenese [griech.], svw. Jungfernzeugung (↑ Fortpflanzung).

▷ in der *Religionswiss.* svw. ↑ Jungfrauengeburt.

Parthenokarpie [griech.], svw. ↑ Jungfernfrüchtigkeit.

Parthenon, der dor. Marmortempel der Athena Parthenos auf der Akropolis von Athen, erbaut 447–432 unter Perikles durch die Architekten Iktinos und Kallikrates über dem unvollendeten Vorgängerbau. Der Bildhauer Phidias hatte die Oberaufsicht über den Bau sowie den reichen plast. Schmuck und schuf das Goldelfenbeinkultbild der Athena Parthenos (426 nach Konstantinopel verbracht). Die bes. schlanken Proportionen der (8 × 17) Säulen und das ungewöhnlich niedrige Gebälk halfen die Schwere der dor. Ordnung überwinden. Der Cella ist an Stirn- und Rückseite je eine 6säulige Halle vorgelagert. Der Hauptteil des Bauschmuckes (↑Elgin Marbles) ist heute in London. Der P., in byzantin. Zeit und unter den Franken Kirche, nach 1466 türk. Moschee, blieb im ganzen unbeschädigt, bis 1687 eine Kanonenkugel das türk. Pulvermagazin im P. zur Explosion brachte. Die Restaurierung des P. erfolgte seit 1834. Rekonstruktion des P. in der Basler Skulpturhalle.

Parther (altpers. Partawa, lat. Parthi), iran. Stamm sö. des Kasp. Meeres (W-Chorasan), seit Kyros II. (♔ 559 bis 529) zum Perserreich gehörig (Satrapie *Parthien*). In die seleukid. Prov. Parthien drangen um 247 v. Chr. von NO her die gleichfalls iran. (halb)nomad. *Parner* unter Arsakes I. ein und nannten sich nun P. Das **Partherreich** (Hauptstadt Nisa, später Ktesiphon) breitete sich unter der Dyn. der Arsakiden bis zum Ende des 2. Jh. v. Chr. rasch bis zum heutigen China und Indien im O und bis zum Euphratbogen im W aus. Die Berührung mit Rom ab 92 v. Chr. führte zu zahlr. **Partherkriegen** (53 v. Chr. Niederlage des Crassus bei Carrhae [Charran], weitere Kämpfe v. a. gegen Trajan, L. A. Verus, Septimius Severus, Caracalla). 224 fiel das P.reich in die Hand der ↑Sassaniden.

Parthisch, die nordwestiran. offizielle Amts- und Verkehrssprache der Arsakiden (↑Parther), bekannt u. a. durch Inschriften, Tausende von Ostraka des 1. Jh. v. Chr. aus Nisa, Münzlegenden sowie reiche manichäische Literatur (etwa 3.–9. Jh.) aus Z-Asien.

parthische Kunst, die Kunst der Parther, die etwa ab dem 1. Jh. v. Chr. mit spezif. Zügen, die sich weit über das Kerngebiet (Iran) hinaus auch im – ehem. babylonisch-assyr. – Reichsgebiet beobachten lassen, zu fassen ist. Hauptfundstätten sind Nisa und Merw, Damghan, Chorhe (nahe Isfahan), Susa, Kuhe Chadsche (Sistan), Assur, Hatra, Ktesiphon und Dura-Europos. In der Baukunst setzt sich die Ziegelbauweise durch. Neue Bauformen sind die Trompenkuppel auf quadrat. Grundriß mit Ecktrompen und das vorn geöffnete Tonnengewölbe, der Bautyp des Iwan, der Rundbogen; das Blockkapitell zum Tragen der Arkadenbögen entwickelte sich aus dem ion. Volutenkapitell und persepolitan. Doppelstierkapitell. Als Kultbauten begegnen zoroastr. Feuertempel mit Mithräen (↑Mithras). In der Plastik wurde die Frontaldarstellung des Menschen bevorzugt. Auch Felsreliefs, Wandmalereien (Dura-Europos), Stuckarbeiten. Bed. Kleinkunst.

partial, svw. ↑partiell.

Partialanalyse, Untersuchung einzelner Teilbereiche eines ökonom. Gesamtzusammenhanges, z. B. der Preisbildung nur eines einzigen Gutes in Abhängigkeit von alternativen Angebots- und Nachfragemengen im Ggs. zur ↑Totalanalyse des gesamten Preissystems.

Partialbruchzerlegung, Zerlegung einer echt gebrochenen rationalen Funktion

$$f(z) = \frac{g(z)}{h(z)} = \frac{a_0 + a_1 z + \cdots + a_m z^m}{b_0 + b_1 z + \cdots + b_n z^n}$$

($m < n$) einer Veränderlichen z in eine Summe von „einfachen" Brüchen **(Partialbrüche),** deren Nenner Polynome ersten oder zweiten Grades sind. Die P. ist von bes. Bed. bei der Integration gebrochen rationaler Funktionen.

Partialdruck (Teildruck), in einem Gemisch von Gasen oder Dämpfen der von einem der Bestandteile des Gemisches ausgeübte Druck. Bei idealen Gasen gilt das **Daltonsche Gesetz:** Der Gesamtdruck des Gasgemisches ist gleich der Summe der Partialdrücke.

Partialobjekt (Teilobjekt), psychoanalyt. Bez. für einen Teil (auch ein Attribut) einer Person, der anstelle der Gesamtperson **(Totalobjekt)** zum Ziel des Liebesstrebens (Sexualtriebs) geworden ist. Daran anknüpfend wird z. B. der Fetischismus als Fixierung des Sexualtriebs an ein P. interpretiert.

Partialtrieb, von S. Freud (1905) eingeführter psychoanalyt. Terminus, mit dem die einzelnen Elemente des (umfassend gedachten) Sexualtriebs bezeichnet werden. Ein P. steht hierbei im Zusammenhang mit einer jeweils beteiligten erogenen Zone (oraler, analer, genitaler P.) oder wird durch eine angestrebte Betätigung (Exhibitionismus, Voyeurismus, Sadismus, Masochismus u. a.) charakterisiert. Die P. treten nach Freud in der kindl. Sexualentwicklung zunächst nacheinander und weitgehend selbständig auf und organisieren sich erst sekundär (während der Pubertät) zu einer Einheit. Perversionen werden dabei als Mißlingen bzw. Auseinanderfallen dieser Organisation gedeutet.

Parthische Kunst. Gewandschnalle aus einem Fürstengrab bei Mzcheta, Georgien (Tiflis)

Partialwahn, svw. ↑Monomanie.

Parti Communiste Français [frz. partikɔmynistfrɑ̃'sɛ], Abk. PCF, die KP Frankreichs, ↑kommunistische Parteien.

Partie [lat.-frz. (↑Partei)], Abschnitt, Ausschnitt, Teil, Teil(waren)menge.

▷ vorteilhafte oder passende Heirat[smöglichkeit].

▷ in der *Musik:* 1. im 17./18. Jh. svw. ↑Suite (↑Partita); 2. frz. Bez. für ↑Part; 3. die Gesangsrolle z. B. in Oper und Operette.

partiell (partial) [lat.], teilweise (vorhanden); nur einen Teil erfassend.

partielle Ableitung ↑Differentialrechnung.

partielle Furchung ↑Furchungsteilung.

Parthische Kunst. Kopf der überlebensgroßen Bronzestatue eines parthischen Fürsten, Fundort: Schami, Sagrosgebirge, Iran, vermutlich 2. Jh. v. Chr. (Teheran, Archäologisches Museum)

Partij van de Arbeid [niederl. pɑr'tɛi̯ van də 'ɑrbɛi̯t], Abk. PvdA, 1946 gegr. niederl. Partei, entstand aus dem Zusammenschluß der früheren Sociaal-Democratische Arbeiderpartij mit einem Teil des Vrijzinnig-Democratische Bond, der Christen-Democratische Unie, der Christelijk-Historische Unie und der kath. Christofoorgroep; bekennt sich zum demokrat. Sozialismus; 1946–58, 1973–77, 1981/82 und seit 1989 Reg.partei.

Partikel [lat.], svw. ↑Teilchen.

▷ in der *Grammatik* Bez. einer Wortart. Die P. sind unflektierbar, zu ihnen gehören Adverbien *(dort, dann),* Konjunktionen *(und, weil)* und Präpositionen *(auf, in).*

partikular (partikulär) [lat.], einen Teil, eine Minderheit betreffend; einzeln.

Partikularismus [lat.], das Bestreben einer (territorial umgrenzten) Bev.gruppe, ihre wirtsch., soziokulturell und histor.-politisch bedingten Sonderinteressen zu wahren bzw. durchzusetzen und im Extremfall auch über die Mehrheitsinteressen einer übergeordneten staatl. Gemeinschaft zu stellen. – ↑Separatismus, ↑Föderalismus.

Partimen [lat.-provenzal. „Teilung"], provenzal. Streitgedicht, das meist von 2 Dichtern gemeinsam verfaßt ist.

Parti Populaire Français [frz. partipɔpylɛ:rfrã'sɛ], Abk. PPF, 1936 von J. Doriot gegr. frz. faschist. Partei; wesentl. Element in der frz. Kollaboration, ohne erhebl. Einfluß auf die dt. Besatzungspolitik zu gewinnen; im Aug. 1944 nach der Befreiung Frankreichs verboten.

Parti Radical-Socialiste [frz. partiradikalsɔsja'list], heutiger Name der Partei der Radikalsozialisten (↑Radikalsozialismus).

Parti Républicain [frz. partirepybli'kɛ̃] ↑Fédération Nationale des Républicains Indépendants.

Parti Républicain Radical et Radical-Socialiste [frz. partirepybli'kɛ̃ radikal eradikalsɔsja'list], 1901 gegr. frz. linksliberale Partei, ↑Radikalsozialismus.

Partisane [frz.] (böhm. Ohrlöffel), spießförmige Stoßwaffe des 15.–18. Jh. mit breiter, schwertförmiger Hauptspitze und zwei geraden Neben- oder Seitenspitzen.

Karl Paryla

Partisanen [lat.-italien.-frz., eigtl. „Parteigänger"], Angehörige von organisierten Widerstandsbewegungen, die, keiner regulären militär. Organisation (Armee, Miliz) angehörend, sich freiwillig an zw.- oder innerstaatl. bewaffneten Auseinandersetzungen beteiligen. Der völkerrechtl. Status der P. wurde im 3. Genfer Abkommen vom 12. Aug. 1949 über die Behandlung von Kriegsgefangenen und dem Zusatzprotokoll vom 12. Dez. 1977 geregelt.

Parti Social Chrétien [frz. partisɔsjalkre'tjɛ̃], Abk. PSC, ↑Christelijke Volkspartij.

Parti Socialiste [frz. partisɔsja'list], Abk. PS, frz. sozialist. Partei, seit 1969 Name der ↑Section Française de l'Internationale Ouvrière (SFIO); 1971 Anschluß der Convention des Institutions Républicaines (CIR) unter Führung von F. Mitterrand; bildete in den 1970er Jahren mit Kommunisten und linken Radikalsozialisten Wahlbündnisse (Union de la Gauche). Aus der Präsidentschaftswahl 1981 ging Mitterrand als Kandidat der PS als Sieger hervor (1988 wiedergewählt). Bei den Wahlen zur Nationalversammlung im selben Jahr erreichte die PS eine starke absolute Mehrheit (z. T. Koalitionsreg. mit den Kommunisten), verlor sie aber wieder im März 1986. In den Parlamentswahlen 1988 setzte sie sich knapp als stärkste Partei durch und stellte bis zu ihrer erdrutschartigen Wahlniederlage im März 1993 den Premierminister. – ↑Frankreich (Geschichte).

Partita [italien.], seit dem späten 16. Jh. Bez. für einen Satz eines Variationszyklus; seit der 2. Hälfte des 17. Jh. auch allg. für Instrumentalstück oder ↑Suite.

Partito Liberale Italiano, Abk. PLI, 1943 begr. italien. rechtsliberale Sammelpartei. – ↑liberale Parteien.

Partito Nazionale Fascista [italien. faʃ'ʃista], Abk. PNF, italien. faschist. Partei; entstand im Nov. 1921 aus der 1919 von B. Mussolini gegr. faschist. Bewegung (↑Faschismus).

Partito Popolare Italiano, Abk. PPI, 1919 gegr. italien. kath. Partei; an der 1. Reg. Mussolini 1922 beteiligt; spaltete sich 1923 in der Frage des Bündnisses mit dem Faschismus; 1924/25 an der antifaschist. Opposition der Aventinianer beteiligt, 1926 verboten.

Partito Repubblicano Italiano, Abk. PRI, auf Mazzini zurückgehende linksliberale italien. Partei. – ↑liberale Parteien.

Partitur [italien., zu lat. partiri „(ein)teilen"], die in allen Einzelheiten ausgearbeitete Aufzeichnung aller, auf jeweils eigenen Systemen notierten Stimmen eines Musikwerks, wobei diese so untereinandergesetzt werden, daß die rhythm.-metr. Verläufe der Stimmen im Takt in der graph. Disposition korrespondieren. Als **Klavierpartituren** werden erweiterte Klavierauszüge bezeichnet, in denen der Orchesterpart im Klaviersatz zusammengefaßt ist und die Vokalstimmen in normaler P.ordnung wiedergegeben sind (z. B. bei Chor- und Bühnenwerken).

Partizip [lat., zu particeps „teilhabend" (an zwei Wortarten)] (Partizipium, Mittelwort), in der Sprachwiss. Bez. für eine infinitive Verbform, die aber wie ein Adjektiv dekliniert wird. Im Dt. unterscheidet man das 1. P. = P. Präsens, Mittelwort der Gegenwart (z. B. *erwachend*), und das 2. P. = P. Perfekt, Mittelwort der Vergangenheit (z. B. *erwacht*), die das Verbalgeschehen in seinem unbegrenzten Verlauf bzw. als vollzogen bezeichnen.

Partizipation [zu lat. participatio „Teilhabe"], in den *Sozialwiss.* allg. Bez. für die Beteiligung von Mgl. einer Organisation oder Gruppe an gemeinsamen Angelegenheiten oder für den Grad dieser Beteiligung; *im Recht* die Beteiligung des Bürgers an Verwaltungsentscheidungen.

Partizipialsatz [lat./dt.] (Partizipialgruppe, satzwertiges Partizip), durch Objekte oder Umstandsbestimmungen erweitertes Partizip, das aus dem eigtl. Satz herausgelöst ist und sich auf ein Satzglied des übergeordneten Satzes bezieht, z. B. „Sie fuhren, *lachend und fröhl. Lieder singend,* in die Ferien".

partizipieren [lat.], Anteil haben, teilnehmen.

Partnachklamm, Engtalstrecke (Gefälle 60 m) der Partnach bei Garmisch-Partenkirchen, Bayern.

Partner [lat.-frz.-engl.], Teilhaber, Genosse; [Lebens]gefährte; Mitspieler.

Partnerschaft, soziales Prinzip für (vertrauensvolle) Zusammenarbeit zw. Individuen (z. B. zw. Mann und Frau, unter Verkehrsteilnehmern), Organisationen oder auch Staaten mit unterschiedl. Zielsetzung, die ihre Ziele nur gemeinsam unter gegenseitiger Kompromißbereitschaft, bei Organisationen i. d. R. unter Einsatz entsprechender institutionalisierter Konflikt- und Kompromißregelung, erreichen können (z. B. Betriebs-P., Sozial-P., Vertrags-P.).

partout [par'tu:; frz., eigtl. „überall"], durchaus, unbedingt, um jeden Preis.

Partsch, Joseph, * Schreiberhau 4. Juli 1851, † Bad Brambach 22. Juni 1925, dt. Geograph. – Prof. in Breslau und Leipzig. V. a. Arbeiten zur Glazialmorphologie, zur Länderkunde Mitteleuropas und Griechenlands sowie zur histor. Geographie.

parts per million [engl. 'pɑ:ts pə 'mɪljən „Teile auf eine Million"] ↑ppm.

Partus [lat.], svw. ↑Geburt.

Partwork ['pɑ:twə:k; engl.-amerikan., eigtl. „Teilwerk"], Bez. für ein Buch, das in einzelnen Lieferungen erscheint.

Party ['parti, engl. 'pɑ:tɪ, zu lat.-frz. partie „Beteiligung"], aus dem Amerikan. übernommene Bez. für [privates] Fest.

Parusie [par-u...; zu griech. parousía „Anwesenheit"], Bez. für die auf die „Ankunft" eines endzeitl. Herrschers bzw. auf das „Kommen" des Reiches Gottes und der „Wiederkunft" Jesu Christi gerichtete Hoffnung der frühen nachösterlichen christl. Gemeinden. Verbunden mit der Vorstellung der Auferweckung der Toten, der Erhöhung der noch lebenden Gläubigen und dem Jüngsten Gericht, verursachte das Ausbleiben der P. Enttäuschung und theolog. Probleme.

Parvenü [lat.-frz.] (Emporkömmling, Neureicher), Bez. für eine Person, die mit legalen, aber gesellschaftlich mißbilligten Methoden zu Reichtum und gehobener Stellung gekommen ist, deren Verhaltens- und Umgangsformen jedoch nicht den kulturellen Standards der Oberschicht entsprechen.

Paryla, Karl, * Wien 12. Aug. 1905, östr. Schauspieler und Regisseur. – Nach der Emigration ab 1938 am Zürcher Schauspielhaus; leitete 1948–56 mit W. Heinz das politisch engagierte „Neue Theater in der Scala" in Wien; seit 1956 am Dt. Theater in Berlin (Ost). Arbeitete seit den 60er Jahren vorwiegend in der BR Deutschland und in Österreich. Bed. Nestroy-Interpret.

Parzelle [frz., zu lat. particula „Teilchen"], veraltet für ↑Flurstück.

Parzellierung [lat.-frz.], Teilung eines aus einem oder mehreren Flurstücken bestehenden Grundstücks. P. ist notwendig, wenn ein Grundstücksteil veräußert oder belastet wird; sie erfolgt auf Antrag, wenn der Eigentümer das Grundstück teilen will, ohne daß Veräußerung oder gesonderte Belastung beabsichtigt ist.

Parzen, röm. Schicksalsgöttinen (urspr. Geburtsgöttinnen; zu lat. parere „gebären"), den griech. ↑Moiren gleichgesetzt und wie diese zu dritt: Nona, Decuma und Morta.

Parzival [...fal], Held der Artusliteratur und Hauptgestalt höf. Romane von Chrétien de Troyes („Perceval", um 1180, unvollendet) und Wolfram von Eschenbach („P.", um 1200–1210). P. lebt nach dem Tod seines Vaters Gahmuret mit der Mutter Herzeloyde in einer einsamen bäuerl. Waldsiedlung; erhält eine ritterl. Erziehung durch seinen Onkel Gurnemanz; wird in die Artusrunde aufgenommen und schließlich König der Gralsburg, nachdem er in verschiedenen Entwicklungsstufen die moral. Qualität zu diesem Amt erlangt hat. Wolfram überhöhte die traditionelle ritterl. Artuswelt durch die religiöse Welt des Grals (Sinnbild der Harmonie aus höf. Leben und göttl. Vorsehung). Bedeutendste neuere Bearbeitung des Stoffes ist R. Wagners Bühnenweihfestspiel „Parsifal" (UA 1882).

Pas [pa; lat.-frz.], frz. Bez. für Schritt; **Pas de deux,** der Tanz zu zweit, die geschlossene Tanznummer für Ballerina und Ballerino.

Pasadena [engl. pæsəˈdi:nə], Stadt im nö. Vorortbereich von Los Angeles, Kalifornien, 118 600 E. Techn. Inst., Colleges; Kunstmuseum; elektron., Flugzeug-, Raumfahrtind.; Zentrum der Weltraumforschung. – 1873 gegr., seit 1901 City.

Pasardschik, bulgar. Stadt an der Maritza, 200 m ü. d. M., 77 800 E. Museen, Mittelpunkt eines Ackerbaugebiets mit Nahrungsmittelind., Textil-, metallverarbeitende und Kautschuk-Ind. – 1485 gegr., entwickelte sich zu einer wichtigen Handelsstadt.

Pasargadae (Pasargadai), Ruinenstätte nö. von Schiras, nahe der Straße nach Isfahan, Iran; altpers. Residenzstadt, erbaut ab etwa 559 v. Chr. durch Kyros II., d. Gr.; Krönungsstätte der achämenid. Könige; nur z. T. ausgegraben; geringe Reste von Palastbauten, Heiligtümern, einer befestigten Terrasse.

Pasay, philippin. Stadt im S von Manila, 287 800 E. Museum; Pendlerwohngemeinde, bed. Tabakind., internat. ✈ von Manila.

Pascal, Blaise, *Clermont-Ferrand 19. Juni 1623, †Paris 19. Aug. 1662, frz. Philosoph, Mathematiker und Physiker. – P. vollendete bereits mit 16 Jahren eine Abhandlung über Kegelschnitte. Ab 1642 arbeitete er an der Konstruktion einer Rechenmaschine für Addition und Subtraktion. 1646/47 entdeckte er das Gesetz der kommunizierenden Röhren und die Verwendbarkeit des Barometers zur Höhenmessung. P. befaßte sich mit der Indivisibelnmethode (↑Indivisibeln), bewies 1659 die Bogengleichheit der allg. Zykloide mit der Ellipse und entwickelte Grundlagen der Wahrscheinlichkeitsrechnung. – Nach einem myst. Erweckungserlebnis 1654, das P. in dem sog. „Mémorial" festhielt, zog er sich häufig in das Kloster Port Royal zurück und wandte sich stärker der Theorie und Praxis des ↑Jansenismus zu. Dessen Hauptapologeten A. Arnauld kam P. 1656/57 gegen Angriffe der Kurie und der Jesuiten mit einer Schrift „Provinzialbriefe über die Sittenlehre der Jesuiten" zu Hilfe. Die „Pensées ...", eine Apologie des Christentums, an der P. seit 1654 arbeitete, blieben wegen zunehmender Krankheit unvollendet (als Fragmente 1904 hg.). P. gilt als einer der ersten Wiss.kritiker. Er richtete sich gegen das kartes. Wiss.- und Weltverständnis und wies auf den rein *nominalen* Charakter der Definition hin. P. vertrat die Ansicht, daß ein methodisch nach axiomat.-deduktiven Theorien und Wesensanalysen verfahrender Verstand („raison") nur unter der Voraussetzung einer weiteren Erkenntnisquelle der Intuition, des „sentiment", der „volonté", v. a. der „logique du cœur" („Logik des Herzens"), funktionsfähig ist. Die dem Menschen über den „cœur" verfügbaren Orientierungen, auf die er angewiesen ist, beruhen auf göttl. Gnadenakten, so v. a. die Überbrückung der von P. als unendlich angesehenen Distanz zw. Gott und Mensch, der ein Wissen von Gott nur auf dem Weg der göttl. Eingebung über den „cœur" haben kann. – Wirkungsgeschichtlich reicht sein Einfluß über Kierkegaard, Nietzsche und die frz. Existentialisten bis in die Gegenwart.

Blaise Pascal (Ausschnitt aus einem zeitgenössischen Ölgemälde; Versailles, Schloß)

Pasadena Stadtwappen

Pascal [nach B. Pascal], Einheitenzeichen Pa, SI-Einheit des ↑Drucks. Festlegung: 1 Pascal ist gleich dem auf eine Fläche gleichmäßig wirkenden Druck, bei dem senkrecht auf die Fläche 1 m^2 die Kraft 1 Newton (N) ausgeübt wird: 1 Pa = 1 N/m^2.

PASCAL [nach B. Pascal], eine Programmiersprache, die umfangreiche Möglichkeiten für strukturiertes Programmieren bietet; PASCAL ist relativ leicht erlernbar und für viele Anwendungsbereiche geeignet, bes. für numer. und graph. Probleme.

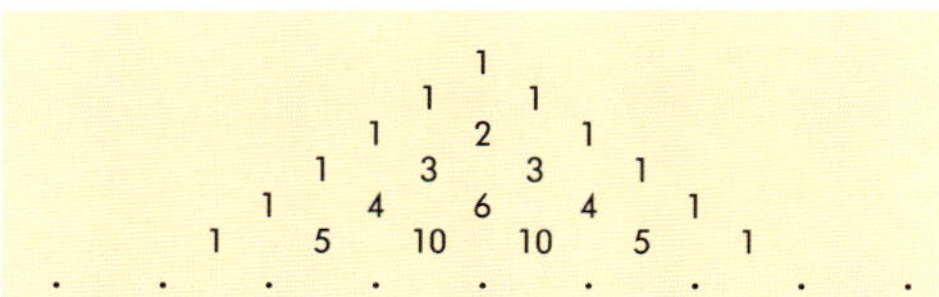

Pascalsches Dreieck

Pascalsches Dreieck [nach B. Pascal], die in Form eines gleichschenkligen Dreiecks angeordneten Binomialkoeffizienten. Jede Zahl des P. D. ist die Summe der unmittelbar rechts und links darüber stehenden Zahlen (z. B. 10 = 4 + 6); in der n-ten Zeile stehen die Koeffizienten des Binoms $(a+b)^{n-1}$ (↑binomischer Lehrsatz).

Pascarella, Cesare, *Rom 27. April 1858, †ebd. 8. Mai 1940, italien. Dichter. – Zunächst Maler; einer der bedeutendsten italien. Dialektdichter, der in röm. Mundart v. a. Sonette verfaßte.

Pasch [frz.], Wurf mit gleicher Augenzahl auf mehreren Würfeln.
▷ beim Domino Spielstein mit Doppelzahl.

Pascha [türk. paşa „Exzellenz"] (italien.-span. Bassa), dem Namen nachgestellter, auf Lebenszeit verliehener Titel für hohe militär. (Generäle, Admirale) und – seit dem 19. Jh. – zivile Würdenträger im Osman. Reich (z. B. Beamte im Rang eines Wesirs); 1934 in der Türkei, 1953 in Ägypten abgeschafft.

Pascha [ˈpasça], svw. ↑Passah.

Paschalis II. [pasˈça:lɪs, paˈʃa:lɪs], *Bieda di Galeata bei Ravenna, †Rom 21. Jan. 1118, vorher Rainer, Papst (seit 13./14. Aug. 1099). – P. erneuerte 1102 das Investiturverbot, den Bann über Kaiser Heinrich IV. und unterstützte den Aufstand Heinrichs V. gegen den Vater. Die radikale Lösung des ↑Investiturstreits im Reich (Vertrag von Sutri 1111) erwies sich anläßlich der Kaiserkrönung Heinrichs V. als undurchführbar; darauf ließ Heinrich den Papst gefangensetzen, erzwang das Zugeständnis der Investitur und die Kaiserkrönung.

Paschen, Friedrich, *Schwerin 22. Jan. 1865, † Potsdam 25. Febr. 1947, dt. Physiker. – Prof. in Tübingen und Berlin, 1924–33 Präs. der Physikal.-Techn. Reichsanstalt. Einer der bedeutendsten Spektroskopiker; er wies u. a. die Gültigkeit der Balmer-Formel für die ↑Paschen-Serie nach und bestätigte mit einer spektroskop. Bestimmung der Rydberg-Konstante das Bohrsche ↑Atommodell.

Paschen-Serie, die von F. Paschen 1908 entdeckte infrarote Spektralserie des Wasserstoffs, die bei Übergängen der H-Atome von höheren Energieniveaus zum Niveau mit der Hauptquantenzahl $n = 3$ ausgesandt wird.

Paschtu (Afghanisch), ostiran. Sprache v. a. in SO-Afghanistan, NW-Pakistan und Belutschistan; Staatssprache in Afghanistan. Die in arab. Schrift (mit Zusatzzeichen) geschriebene Sprache der ↑Paschtunen war vermutlich einst weiter im N beheimatet.

Paschtunen (in Pakistan: Pathanen), staatstragendes Volk Afghanistans, z. T. aber im heutigen Pakistan lebend; die rd. 25 Mill. Angehörigen, meist sunnit Muslime, sprechen Paschtu.

Pascin, Jules [frz. pa'sɛ̃], eigtl. Julius Pincas, *Widin (Bulgarien) 31. März 1885, † Paris 20. Juni 1930 (Selbstmord), frz. Maler und Zeichner span.-bulgar. Abkunft. – Lebte seit 1905 vornehmlich in Paris. Melanchol., das Dekadente und Morbide der Halbwelt widerspiegelnde Frauenakte.

Jules Pascin. Mädchen in rotem Kleid, 1924 (Paris, Musée d'Art Moderne)

Pasco, Dep. in Z-Peru, in den Anden, 21 854 km², 280 800 E (1990), Hauptstadt Cerro de Pasco. Erstreckt sich von dem trockenkalten Andenhochland im W bis in die stark beregnete und dicht bewaldete O-Abdachung.

Pascoli, Giovanni, *San Mauro di Romagna (= San Mauro Pascoli) 31. Dez. 1855, † Bologna 6. April 1912, italien. Dichter. – 1897 Prof. für lat. Literatur in Messina, 1903 in Pisa, ab 1905 Prof. für italien. Literatur an der Univ. Bologna. Mit seinen schlichten, von Alltags- und klangmalenden Wörtern durchsetzten Gedichten bed. Vertreter der neueren italien. Lyrik.

Pas-de-Calais [frz. padka'lɛ], Dep. in Frankreich.

Pas de deux ['pa də 'dø; frz.] ↑Pas.

Pasdeloup, Jules Étienne [frz. pa'dlu], *Paris 15. Sept. 1819, † Fontainebleau 13. Aug. 1887, frz. Dirigent. – Veranstaltete seit 1851 Sinfoniekonzerte, die 1920 unter dem Namen „Concerts P." wieder aufgenommen wurden.

Paseo, span. Bez. für: Promenade, Spazierweg.

Pasewalk, Krst. am rechten Ufer der Uecker, Meckl.-Vorp., 25 m ü. d. M., 15 500 E. Nahrungsmittelind., Futtermittelwerk, Eisengießerei, Baustoffind. – Erstmals Mitte des 11. Jh. bezeugt; um 1250 Magdeburger Recht. – Teile der ma. Stadtbefestigung; Hallenkirchen sind Sankt Marien (14. Jh.) und Sankt Nikolai (13. und 16. Jh.).

P., Landkr. in Mecklenburg-Vorpommern.

Pashupatinath [paʃʊ...], hinduist. Wallfahrtsort im Tal von Katmandu, Nepal, an der Bagmati, 5 km östl. von Katmandu; eines der bedeutendsten Heiligtümer (dem Schiwa geweiht) des Hinduismus (Tempelanlage, vermutlich 5./6. Jh.); zweistöckige Pagode (17. Jh. erneuert) mit vergoldetem Dach.

Pašić, Nikola [serbokroat. ˌpaʃitɕ], *Zaječar 1. Jan. 1846, † Belgrad 10. Dez. 1926, serb. Politiker. – Gründer der Radikalen Volkspartei 1881; als Gegner von König Milan I. Obrenović 1883–89 im Exil. 1891/92 erstmals, 1904–18 fast ununterbrochen serb. Min.präs., vertrat in enger Anlehnung an Rußland großserb. Ziele; auch als Min.präs. im Kgr. der Serben, Kroaten und Slowenen (1921–26) beharrte er auf dem serb. Zentralismus gegenüber Slowenen und Kroaten.

Pasilingua [griech./lat.], von R. Steiner 1885 aufgestellte Welthilfssprache.

Pasing, seit 1938 Stadtteil von München.

Pasmore, Victor [engl. 'pɑːsmɔː], *Chelsham (Surrey) 3. Dez. 1908, engl. Maler, Graphiker. – Nach 1948 konstruktivist. Kompositionen; seit den 60er Jahren große klare und pointierte Formen auf hellem Grund.

Paso [lat.-span., eigtl. „Schritt"], kurze, schwankhafte, realist.-heitere Dialogszene aus dem span. Volksleben in Prosa; von Lope de Rueda als Zwischenspiele und Nachspiele für dramat. Aufführungen geschaffen.

Paso doble [span. „Doppelschritt"], span. Gesellschaftstanz in lebhaftem $^2/_4$- oder $^3/_4$-Takt; Turniertanz.

PASOK, Abk. für: **Pa**nilliniko **So**sialistiko **K**inima („Panhellen. Sozialist. Bewegung"), griech. Partei; gegr. 1974 von A. Papandreu.

Pasolini, Pier Paolo, *Bologna 5. März 1922, † Rom-Ostia 1. Nov. 1975 (ermordet), italien. Schriftsteller und Filmregisseur. – Gilt als einer der provozierendsten und meistdiskutierten europ. Regisseure und Schriftsteller; seine Filme, in denen häufig christl., marxist. und psychoanalyt. Elemente zu metaphys. Parabeln vereinigt sind, spielen überwiegend in den Slums der italien. Städteperipherien oder in der Welt der Antike, u. a. „Mamma Roma" (1962), „Das erste Evangelium – Matthäus" (1964), „Große Vögel, kleine Vögel" (1966), „Edipo Re – Bett der Gewalt" (1967), „Teorema – Geometrie der Liebe" (1968), „Der Schweinestall" (1969). Verfaßte Lyrik, neorealist. Romane (u. a. „Ragazzi di vita", 1955; „Una vita violenta", 1959) und Schauspiele (u. a. „Im Jahr '46", 1990 aufgefunden [unveröffentlicht]). – *Weitere Filme:* „Decamerone" (1970), „Erot. Geschichten aus 1001 Nacht" (1974).

Pasquill [italien.], anonyme oder pseudonyme, gegen eine bestimmte Persönlichkeit gerichtete Schmähschrift.

Pasquini, Bernardo, *Massa di Valdinievole (= Massa e Cozzile, Prov. Pistoia) 7. Dez. 1637, † Rom 21. Nov. 1710, italien. Komponist und Organist. – Organist verschiedener Kirchen in Rom und Kapellmeister des Fürsten G. Borghese; komponierte Opern, Oratorien, Kantaten und Werke für Tasteninstrumente.

Paß, ↑Paßwesen.

▷ (Joch, Sattel) niedrigste Stelle (Einsattelung) eines Gebirgsübergangs.

▷ Grundfigur des ↑Maßwerks der got. Bauornamentik; v. a. Drei-, Vier- oder Vielpaß.

▷ im *Sport* [Ball]abgabe; *Doppel-P.,* [mehrmaliger] Ballwechsel zw. 2 Spielern der gleichen Mannschaft.

▷ ↑Wechsel (Wildwechsel).

pass., Abk. für: ↑**pass**im.

passabel [lat.], annehmbar, erträglich.

Passacaglia [pasa'kalja; span.-italien.], im 17. Jh. zunächst in Italien überliefert als langsamer Hoftanz im $^3/_4$-Takt; Anfang des 17. Jh. erscheint die P. als Variationskomposition über einem meist viertaktigen, mehrfach wiederholten Baßmodell, u. a. bei J. Pachelbel, D. Buxtehude, J. S. Bach, G. F. Händel, später bei J. Brahms und M. Reger.

Passage [pa'sa:ʒə; frz.], allg. Durchfahrt, Durchgang, Überfahrt [mit Schiff oder Flugzeug].
▷ überdachte Ladenstraße.
▷ auf- oder absteigende schnelle Tonfolge in solist. Instrumental- oder Vokalmusik, sowohl als Tonleiter-P. wie als Akkordpassage.
▷ fortlaufender, zusammenhängender Teil einer Rede oder eines Textes.
▷ Figur der ↑Hohen Schule.

Victor Pasmore. Binnensee, 1950 (London, Tate Gallery)

Passagier [pasa'ʒi:r; italien.], [Schiffs]reisender; Flug-, Fahrgast.

Passagierschiff [pasa'ʒi:r], svw. ↑Fahrgastschiff.

Passah [hebr. „Überschreitung"] (Pessach, Pascha), jüd. Fest, das am 14./15. Nisan (März/April) beginnt und in Israel sieben, in der Diaspora acht Tage dauert. Urspr. ein Erntefest, wird es zum Fest der Erinnerung an den Auszug Israels aus Ägypten (2. Mos. 12). Die kult. Form mit der Schlachtung des Opfertieres **(Passahlamm)** im Tempel endete mit der Zerstörung des 2. Tempels in Jerusalem 70 n. Chr.; danach wurde das Fest als häusl. Familiengottesdienst gefeiert, wobei man aus der **Passah-Haggada** (P.erzählung; Pessach-Haggada, Haggada von Pessach) liest. Das Fest trägt auch den Namen „Fest der ungesäuerten Brote" (↑Matzen), deren Verzehr für die P.woche vorgeschrieben ist. – Das christl. Abendmahl geht auf das P.mahl zurück, auch das christl. Osterfest (↑Ostern) hängt historisch mit P. zusammen.

Passamezzo [italien.], seit dem 16. Jh. bekannter italien. Tanz in geradem Takt, der ↑Pavane ähnlich, von der er sich durch ein rascheres Zeitmaß unterscheidet.

Passant [frz.], (vorbeigehender) Fußgänger.

Passarge, Siegfried, *Königsberg (Pr) 26. Febr. 1867, †Bremen 26. Juli 1958, dt. Geograph. – Prof. in Breslau und Hamburg. Außer den auf seinen Reisen nach Afrika und Südamerika beruhenden Werken bed. Beiträge zur Geomorphologie und Landschaftskunde.

Passarge, Fluß in Ostpreußen, Polen, entspringt auf dem Preuß. Höhenrücken, mündet ins Frische Haff, 169 km lang.

Passarowitz ↑Požarevac.

Passate [niederl.], sehr beständige Winde, die auf beiden Erdhalbkugeln das ganze Jahr hindurch von den Hochdruckgürteln der Subtropen zum Äquator gerichtet sind, infolge der Erdrotation jedoch abgelenkt werden und auf der N-Halbkugel als **Nordostpassat,** auf der S-Halbkugel als **Südostpassat** wehen. Oberhalb der P.strömung wehen im gesamten Äquatorialgebiet O-Winde, die auch als **Urpassat** bezeichnet werden.

Passau, Stadt an der Mündung von Inn und Ilz in die Donau, Bay., 290 m ü. d. M., 48 500 E. Verwaltungssitz des Landkr. P.; kath. Bischofssitz; Univ. (seit 1978), sozialpädagog. Fachakad.; Museen, u. a. röm. Kastell; Metallverarbeitung, Textil-, Elektro-, Baustoffind., Orgelbau u. a. Betriebe. Ausgangspunkt der Personenschiffahrt auf der Donau; Fremdenverkehr.
Geschichte: Urspr. kelt. Oppidum; wohl unter Domitian wurde am südl. Innufer (81–96) ein Auxiliarkastell (**Castellum Boiodurum,** im heutigen Stadtteil Innstadt) angelegt, neben dem eine Zivilsiedlung entstand. Neben dem Lager der seit Mitte des 2. Jh. n. Chr. stationierten Cohors IX Batavorum (daher der röm. Name **Batavis**) entwikkelte sich eine Siedling. Die Ortschaft, im 7. Jh. bayr. (Agilolfinger) Herzogshof, im 8. Jh. karoling. Königshof, wurde 739 Bischofssitz, 1255 Stadtrecht. Unter Kaiser Otto III. (996–1002) kam die Stadt unter die Herrschaft des Bischofs (bis 1803), der 1217 Reichsfürst wurde. Im MA entstanden außerhalb der Altstadt der Neumarkt, die Innstadt und gegenüber der Altstadt am jenseitigen Donauufer der sog. Anger sowie die Ilzstadt.
Bauten: Hochbarocker Dom (1668–78, C. Lurago), in den der spätgot. Chor (1407–1530) einbezogen ist, Kanzel von 1722 ff., riesige Orgel (1928; mit 215 Registern); Sankt Severin, z. T. karoling. (9. Jh.) mit spätgot. Chor und Erweiterung (15. Jh.), Kloster Niedernburg mit Heiligkreuzkirche (urspr. roman. Bau, umgestaltet 15. Jh., 17. Jh., 1860 ff.), spätgot. ehem. Salvatorkirche (1479 ff.; Konzertsaal), große Pfarrkirche Sankt Nikola mit roman. Krypta (11. Jh.), barocke ehem. Jesuitenkirche Sankt Michael (1665–77), barocke Wallfahrts- und Kapuzinerklosterkirche Mariahilf (1624–27), Feste Oberhaus (im Kern 13. Jh., ergänzt und umgebaut 15.–17. Jh.; Museum), Feste Niederhaus (14. Jh.), Rathaus (Hauptbau 15. Jh., mit Barocksaal), barocke bischöfl. Residenz (frühes 18. Jh.), frühklassizist. ehem. bischöfl. Sommerschloß Freudenhain (Ende 18. Jh.).

Nikola Pašić

Pier Paolo Pasolini

P., Landkr. in Bayern.

P., Bistum und ehem. Hochstift. Von Bonifatius 739 bestätigtes Bistum (seit 798 Suffragan von Salzburg) zw. Isar und Enns; bis 1043 zur March und Leitha ausgedehnt. 1193 begann der Ausbau des Hochstifts; 1217 Fürstbistum. Nach der Erschütterung durch die Reformation festigten Wittelsbacher und Habsburger Hochstift und Diözese. 1803 wurde das Hochstift säkularisiert und fiel an Bayern. – Durch das bayr. Konkordat (1817) und die Zirkumskriptionsbulle „Dei ac Domini" (1821) wurde P. Suffragan des Erzbistums München und Freising. – ↑katholische Kirche (Übersicht).

passe [pa:s; frz.], Gewinnmöglichkeit beim Roulett, die Zahlen 19–36 betreffend.

Passe, svw. ↑Sattel.

passé [pa'se:; frz.], vergangen; abgetan, überholt.

Passé composé [frz. pasekõpo'ze] ↑Passé simple.

Passeiertal, von der Passer durchflossenes linkes Seitental des Etschtales in Südtirol, vom Timmelsjoch bis Meran reichend; Hauptort ist Sankt Leonhard in Passeier.

passen [zu frz. passer „(ein Spiel) vorüberlassen"], bei verschiedenen Kartenspielen (z. B. Skat) auf ein Spiel verzichten.

Passepartout [paspar'tu:; frz., eigtl. „paßt überall"], Papier- oder Kartonumrahmung für Graphiken u. ä.
▷ veraltet für: 1. (bes. schweiz.) Dauerkarte; 2. Hauptschlüssel.

Passepied [paspi'e:; frz.], schneller frz. Rundtanz im 3/4- oder 3/8-Takt; wurde vom 16. bis 18. Jh. als Hof- und Gesellschaftstanz getanzt und auch in die ↑Suite übernommen.

Passer [frz.] (Paßgenauigkeit), das im Mehrfarbendruck erforderl. genaue Übereinanderdrucken von mehreren Druckformen auf einen Bedruckstoff.

Passau
Stadtwappen

Passeroni, Gian Carlo, *Condamine bei Lantosque (Alpes-Maritimes) 8. März 1713, †Mailand 26. Dez. 1803, italien. Dichter. – Geistlicher; Verf. des von Rousseau und Manzoni geschätzten zeitsatir. Epos „Il Cicerone" (6 Bde., 1755–74; über 88 000 Verse) sowie von Fabeln.

Passé simple [frz. pase'sɛ̃:pl „einfache Vergangenheit"], Tempus der Vergangenheit im Französischen, das im Ggs. zum „imparfait" („Imperfekt"), und zum *„passé* *composé"* („zusammengesetzte Vergangenheit") heute v. a. literarisch gebraucht wird. Es ist schwierig, die Funktionen der 3 Tempora genau abzugrenzen: häufig wird diese grammat. Polymorphie nur noch stilistisch genutzt.

Paßgang ↑Fortbewegung.

Paßgenauigkeit, svw. ↑Passer.

passieren [frz.], durchreisen, überqueren; vorübergehen, durchgehen.
▷ durch ein Sieb rühren, durchseihen.
▷ sich ereignen, sich zutragen, geschehen.

Passiergewicht, Mindestgewicht einer Münze; unterschreitet sie durch Abnutzung im Verkehr das P., verliert sie die Kursfähigkeit (im Unterschied zum Remedium); als **Passierstein** das Gewichtsstück zur Kontrolle des Passiergewichtes.

Passiflora [lat.], svw. ↑Passionsblume.

passim [lat.], Abk. pass., zur Kennzeichnung von Belegstellen in der [Sekundär]literatur, da und dort, häufig (v. a. in Fußnoten).

Passion [lat.-frz.], allg. svw. Leidenschaft, Neigung; Liebhaberei.
▷ das Leiden Jesu Christi von seiner Gefangennahme bis zur Kreuzigung (Mark. 14f.; Matth. 26f.; Luk. 22f.; Joh. 18f.). – ↑Jesus Christus, ↑Kreuzigung.
In der *Liturgie der Karwoche* wird die Leidensgeschichte Christi nach den vier Evangelisten feierlich vorgelesen bzw. gesungen. Frühe Beispiele für eine *musikal. Ausgestaltung* einzelner Textpartien gibt es schon aus dem 15. Jh. Im 16./17. Jh. bildete sich ein Typus mit geteilter Vortragsweise in einstimmiger Rezitation (Evangelist) und mehrstimmigem Choralsatz (übrige Partien) heraus, der wegen der kontrastierenden Stimmen- und Rollenzuweisung *responsoriale P.* oder *dramat. P.* genannt wird (z. B. von O. di Lasso, 1575–85; J. Walter, um 1530; H. Schütz, 1665/66). Ein zweiter Typus mit durchgängig mehrstimmiger, motett. Satzweise *(durchkomponierte P.)* begegnet bei J. a Burck (1568), L. Lechner (1594) und C. Demantius (1631). Durch die Übernahme des neuen Generalbaßstils entstand im 17. Jh. die *orator. P.,* bei der der Choralton entweder mit Basso continuo versehen oder ersetzt wurde durch freie, mit Soloarien, Instrumentalsätzen oder Chören abwechselnde Rezitative. Anfang des 18. Jh. wurde die wörtl. Bindung an den Bibeltext aufgegeben, was zu einer Verlagerung der P. in den außerliturg. Bereich des Oratoriums führte (G. F. Händel, J. Mattheson, G. P. Telemann, R. Keiser). Höhepunkte bilden die beiden P. von J. S. Bach („Johannes-P.", 1724; „Matthäus-P.", 1729). Im 20. Jh. griffen Komponisten auf die alten Formen der responsorialen und motett. P. zurück. Bedeutsam aus jüngerer Zeit ist die „Lukaspassion" von K. Penderecki (1966). In der *bildenden Kunst* gibt es Darstellungen einzelner Passionsszenen schon in frühchristl. Zeit. Im MA werden häufig geschlossene P.zyklen dargestellt, sie werden in der Spätgotik zu einem der Hauptthemen.

Passionsblume. Blaue Passionsblume, Zuchtform; Blüte bis 9 cm breit

Passional, um 1300 entstandenes, 110 000 Reimverse umfassendes Sammelwerk in 3 Büchern, von denen das 1. wunderbare Ereignisse aus dem Leben Jesu sowie Marienlegenden, das 2. Leben, Werk und Wunder der Apostel, Johannes des Täufers und eine Erzählung über den Erzengel Michael, das 3. Märtyrerbiographien nach der Ordnung des Kirchenkalenders enthält.

Passionar [lat.], svw. ↑Legendar.

passionato, svw. ↑appassionato.

passioniert [lat.-frz.], leidenschaftlich [für etwas begeistert].

Passionsblume (Passiflora), Gatt. der zweikeimblättrigen Pflanzenfam. **Passionsblumengewächse** (Passifloraceae; rd. 600 Arten in 12 Gatt.) mit über 400 Arten, fast alle im trop., wenige im subtrop. Amerika, einige im trop. Asien, Australien und Polynesien; kletternde Sträucher mit Sproßranken. Die bunten, meist fünfzähligen Blüten haben auffallend ausgebildete Einzelteile: Die fünf Kelchblätter sind auf der Innenseite oft kronblattartig gefärbt; die fünf Kronblätter sind meist den Kelchblättern ähnlich; zw. den Kronblättern ist eine reich entwickelte, strahlenkranzartige Nebenkrone ausgebildet; die fünf Staubblätter und drei Griffel sitzen fast stets auf einer stielartigen Verlängerung. – Die einzelnen Teile der Blüte werden in Beziehung zur Passion Jesu gebracht (z. B. der Strahlenkranz zur Dornenkrone). – Verschiedene Arten der P. werden wegen der Früchte (↑Passionsfrüchte) kultiviert, andere als Zimmer- und Gartenpflanzen, z. B. die in mehreren Zuchtformen kultivierte Blaue P. (Passiflora coerulea).

Passionsfrüchte (Grenadillen), Bez. für die Früchte verschiedener, in den Tropen und Subtropen (v. a. S-Amerika) angebauter Arten der Passionsblume; ovale, melonenartige, 5 bis 25 cm große, gelbgrüne bis rote oder blauschwarze Beerenfrüchte mit saftigem, gallertartigem Fruchtfleisch. Bekannt sind die v. a. zu Saft und Nektar verarbeiteten **Maracujas.**

Passionsmystik ↑Mystik.

Passionssäule, die Säule der Geißelung Christi, bekrönt von einem Hahn (Symbol der Reue und der Erlösungshoffnung); als Beifügung, v. a. zu Pieta und Schmerzensmann, auch selbständig.

Passionssonntag, in der kath. Kirche der 5. Sonntag der Fastenzeit (= erster P.; in den ev. Kirchen: *Judika*) und der Palmsonntag (= zweiter P.; in den ev. Kirchen: *Palmarum*).

Passionsspiel (Passion), Leiden und Sterben Jesu Christi in dramat. Gestaltung; neben dem Osterspiel bedeutendster Typus des ma. geistl. Spiels; Blütezeit im 15. und 16. Jh. Die P. erstreckten sich oft über 2 oder 3 Tage, oft mit Tausenden von Mitwirkenden. Es gab 3 dt.sprachige Spielkreise, den *westmitteldt. (Frankfurter) Spielkreis* (13.–16. Jh.) in Frankfurt am Main, Alsfeld, Fritzlar und Heidelberg, den *Tiroler Spielkreis* (v. a. in Sterzing, Bozen, Hall, Brixen); in seinen Umkreis gehört das P. aus Augsburg, das die Vorlage für den ältesten P.text aus Oberammergau (1634) bildete; zum *alemann. Spielkreis* gehören Villingen, Donaueschingen, Luzern, Straßburg und Colmar.

Passionswerkzeuge, svw. ↑Leidenswerkzeuge.

Passionszeit, seit dem 9. Jh. gebräuchl. Bez. für den Abschnitt des Kirchenjahres, der dem Gedächtnis des Leidens Christi (seiner Passion) gewidmet ist, d. h. die Fastenzeit vom ersten Passionssonntag (in den ev. Kirchen: Sonntag Judika) bis einschl. Karfreitag.

passiv [lat.], untätig, teilnahmslos; still, duldend.

Passiv [lat.] (Leideform), Handlungsrichtung des Verbs, die das Subjekt nicht als den Urheber einer Handlung oder eines Geschehens bezeichnet. – Ggs. ↑Aktiv.

Passiva [lat.], Bez. für die auf der Passivseite der ↑Bilanz ausgewiesenen Bestandskonten.

passive Bestechung ↑Bestechung.

passive Immunisierung ↑Immunisierung.

passiver Widerstand, Mittel polit.-sozialer Auseinandersetzung, bei der unter Verzicht auf Gewaltakte (↑Gewaltlosigkeit; ziviler Ungehorsam) mit den Mitteln der Einstellung und Reduktion von Leistungen (Streik, Steuerstreik, Boykott, Dienst nach Vorschrift u. a.) oder der Verweigerung der Zusammenarbeit (Noncooperation) etwa mit einer Besatzungsmacht die eigene Position in einem bestehenden Gegensatzverhältnis durchgesetzt werden soll.

passives Wahlrecht ↑Wahlrecht.

Passivierung [lat.], Bildung geschlossener Oxid- oder Salzschichten auf Metalloberflächen, wodurch das Metall korrosionsbeständiger wird. Bei einigen Metallen (z. B. Nikkel) tritt die P. schon unter Einfluß der Luft ein, bei anderen Metallen (z. B. Aluminium) kann die natürl. Oxidschicht durch anod. Oxidation verstärkt werden.
▷ Einstellen eines Postens in die Passiva, wodurch die Passivseite der Bilanz verlängert wird.

Passivität [lat.], in der *Psychologie* das (weitgehende) Fehlen beobachtbarer Aktivität; u. a. bedingt durch Mangel an psych. Antrieben bzw. geeigneter Motivation.
▷ im *Sport* mangelhafter Einsatz von Sportlern bei Kampfsportarten, z. B. beim Ringen; kann zur Disqualifikation führen.

Passivlegitimation ↑Sachbefugnis.

Passos, John Dos ↑Dos Passos, John.

Passung, das Zueinanderpassen mechan. Fügeteile (z. B. Welle im Lager) bzw. die Maßbeziehung dafür; wird nach der Größe der Maßunterschiede in Spiel-, Übergangs- und Preß-P. eingeteilt.

Passus [lat. „Schritt"], altröm. Längeneinheit; entsprach 1,48 m.

Passus [lat.], Textstelle, Abschnitt in einem Text.

Passuth, László [ungar. ˈpɔʃuːt], *Budapest 15. Juli 1900, †Balatonfüred 19. Juni 1979, ungar. Schriftsteller. – Schrieb neben Reisebeschreibungen und Lebensbildern v. a. histor. Romane, u. a. „Der Regengott weint über Mexiko" (1939), „Gastmahl für Imperia" (1962), „In Ravenna wurde Rom begraben" (1963), „Madrigal" (1968).

Pastellmalerei. Jean Étienne Liotard, Türkin mit Tamburin, um 1740 (Genf, Musée d'Art et d'Histoire)

Paßwesen, Gesamtheit der staatl. Maßnahmen, die sich mit der Erteilung und dem Entzug von Pässen sowie mit den Voraussetzungen des Grenzübertritts befassen. Für das P. hat der Bund die ausschließl. Gesetzgebungskompetenz, die Ausführung liegt in der Hauptsache bei den Ländern. Unter **Paß** versteht man ein für den Grenzübertritt erforderl. Ausweispapier, das auch als Nachweis der Staatsangehörigkeit und im Inland als Ausweis gilt (Personalausweis). Ausländer, die in das Geb. der BR Deutschland einreisen, dieses Geb. verlassen oder sich dort aufhalten, sind verpflichtet, sich durch einen Paß über ihre Person auszuweisen. Dasselbe gilt für Deutsche, die dieses Geb. über eine Auslandsgrenze verlassen oder betreten. Von der Paßpflicht befreit sind u. a. Deutsche im Verkehr mit den europ. Staaten sowie mit den außereurop. Mgl.staaten der OECD, wenn sie sich durch einen gültigen **Personalausweis** (vorgeschrieben für jede meldepflichtige Person in der BR Deutschland ab vollendetem 16. Lebensjahr) ausweisen, sowie Deutsche und Ausländer, die auf Grund zwischenstaatl. Vereinbarungen von der Paßpflicht befreit sind. Für die Angehörigen von Mgl.staaten der EG, die im Rahmen der Arbeitnehmerfreizügigkeit nach Deutschland einreisen, gilt das AufenthaltsG/EWG i. d. F. vom 31. 1. 1980 (Ausweisung durch Paß oder Personalausweis erforderlich). Dt. Pässe werden nur Deutschen im Sinne des Art. 116 Abs. 1 GG ausgestellt (durch Paßbehörden der Länder sowie die dt. Auslandsvertretungen). Der Paß ist u. a. zu versagen, wenn Tatsachen die Annahme rechtfertigen, daß der Antragsteller die innere oder die äußere Sicherheit der BR Deutschland oder eines dt. Landes gefährdet, sich einer Strafverfolgung oder Strafvollstreckung sowie seinen steuerl. Verpflichtungen oder einer gesetzl. Unterhaltspflicht entziehen will. Aus den gleichen Gründen kann ein Paß dem Inhaber entzogen werden. Ab 1. April 1987 wurde in der BR Deutschland ein fälschungssicherer, maschinell lesbarer Personalausweis, ein Jahr später ein maschinell lesbarer Reisepaß eingeführt. Im Europapaß, der in den Ländern der EG ausgegeben wird, ist ebenfalls eine fälschungssichere Seite enthalten. – Pässe und Personalausweise der ehem. DDR sind laut Einigungsvertrag bis 31. Dez. 1995 gültig.

Passy, Frédéric [frz. paˈsi], *Paris 20. Mai 1822, †Neuilly-sur-Seine 12. Juni 1912, frz. Nationalökonom und Politiker. – Mitbegr. der Internat. Friedensliga (1867) und der Interparlamentar. Union (1888). 1881–89 liberaldemokrat. Abg.; erhielt 1901 zus. mit H. Dunant den 1. Friedensnobelpreis.

Frédéric Passy

Pastaza [span. pasˈtasa], Prov. in O-Ecuador, an der Grenze gegen Peru, 29 870 km^2, 40 700 E (1990), Hauptstadt Puyo. P. liegt im östl. Tiefland.

Paste [italien., zu griech. pástē „Mehlteig, Brei"], streichbare Masse, z. B. aus Fisch, Fleisch.
▷ (Pasta) zur äußeren Anwendung auf der Haut bestimmte Arzneiform, die im Unterschied zur Salbe mehr feste Arzneibestandteile und weniger Salbengrundlage enthält.

Pastellfarben [zu italien. pastello, eigtl. „geformter Farbteig"], Gemische von feingemahlenen Farbpigmenten mit Kaolin, Ton und geringen Mengen Bindemittel.

Pastellmalerei (Pastellzeichnung), die künstler. Anwendung von Pastellfarben auf oft gerauhtem und getöntem Papier. Durch Verreiben, Wischen und Übereinanderlegen der Farben wird die größtmögl. Annäherung an Wirkungen der Malerei möglich. Seit dem 16. Jh. fand die P. in Italien (G. Reni, G. A. Boltraffio), Deutschland (H. Holbein d. J., L. Cranach d. Ä.) und Frankreich (J. Fouquet, J. und F. Clouet) als kolorist. Element in Handzeichnungen Verwendung, das Pastellbildnis wurde im 18. Jh. zu einer europ. Modeerscheinung des Rokoko (Rosalba Carriera, J. É. Liotard, J.-B. S. Chardin, J.-B. Peronneau, T. Gainsborough, Angelica Kauffmann, R. Mengs). Das späte 19. Jh. entdeckte sie wieder und erweiterte ihren Themenkreis um Landschaft, Genre und Stilleben (Impressionismus). Neben maler. (A. Renoir, E. Degas) treten v. a. im 20. Jh. zeichner. Tendenzen (E. Munch, E. L. Kirchner, O. Redon, P. Picasso, R. S. Matta).

Boris Leonidowitsch Pasternak

Pasternak, Boris Leonidowitsch, *Moskau 10. Febr. 1890, †Peredelkino bei Moskau 30. Mai 1960, russ. Dichter. – Von Rilke und Verhaeren, im lyr. Spätwerk von Puschkin, Lermontow und Tjutschew beeinflußt. In seinen von Sprachmusikalität und komplizierten Bildassoziationen gekennzeichneten Dichtungen finden histor. und philosoph. Probleme der Zeit in sensibler psycholog. Brechung Ausdruck; schrieb den Bürgerkriegsroman „Doktor Schiwago" (italien. 1957, dt. 1958, russ. [in Paris] 1959), für den er 1958 den Nobelpreis bekam, ihn jedoch unter polit. Druck zurückwies. Auch autobiograph. Schriften („Über mich selbst", dt. 1959) sowie bed. Übersetzungen von Werken Shakespeares, Goethes, Kleists, Rilkes, Petőfis.

Pasterze ↑Glocknergruppe.

Pastete [roman. (zu ↑Paste)], feine Fleischzubereitung (Wurst-P.), der den Namen bestimmende Teil (Gänseleber, Wild, Fisch, Geflügel) muß 60–70 % der gesamten Masse ausmachen.
▷ warmes Fleischgericht in Blätter- oder Mürbeteighülle (Küchen-P.), u. a. Königin-P.; auch die (fertige) zweiteilige Blätterteighülle.

Louis Pasteur

Pasteur, Louis [frz. pasˈtœːr], *Dole 27. Dez. 1822, †Villeneuve-l'Etang bei Paris 28. Sept. 1895, frz. Chemiker und Mikrobiologe. – Sohn eines Gerbers; wurde 1849 Dozent für Chemie in Straßburg, 1854 Dekan der Faculté des sciences in Lille, 1859 Leiter der Études scientifiques der École normale in Paris 1863 Prof. der Geologie, Physik und Chemie an der Pariser École des Beaux-Arts, 1867 Prof. der Chemie an der Sorbonne, 1888 Direktor des Pasteur-Instituts. P. entdeckte an den Salzen der Weinsäure die opt. Isomerie und schuf die Grundlagen für die Stereochemie und Polarimetrie. Ab 1854 beschäftigte sich P. mit der alkohol. Gärung und entdeckte, daß sie stets von Mikroorganismen hervorgerufen wird und daß Erhitzen zur Abtötung von Mikroorganismen führt (Pasteurisieren). Auch bei Tierkrankheiten sowie bei Sepsis erkannte P. Mikroben als Ursache und entwickelte ab 1881 Impfstoffe gegen Geflügelcholera, Schweinerotlauf und Milzbrand. Aus dem Rückenmark tollwütiger Tiere gewann P. einen Impfstoff gegen Tollwut, den er 1885 erstmals erfolgreich erprobte.

Pasteurisieren [...tø...; nach L. Pasteur] ↑Konservierung.

Pasti, Matteo di Andrea de', *Verona um 1420, †Rimini nach 15. Mai 1467, italien. Bildhauer und Medailleur. – Bedeutendster Medailleur in der Nachfolge Pisanellos; Bauleiter des Tempio Malatestiano in Rimini.

Pasticcio [pasˈtɪtʃo; italien. „Pastete, Mischmasch"] (frz. Pastiche), Zusammenstellung von Teilen aus Opern eines oder mehrerer Komponisten zu einem „neuen" Werk mit eigenem Titel und Libretto; auch Bez. für ein Bühnen- oder Instrumentalwerk, zu dem mehrere Komponisten Sätze lieferten.

Pastillen [lat. (↑Paste)], gepreßte oder gegossene Arzneizubereitungen in Form von Scheibchen, Täfelchen u. a. zur inneren Anwendung; enthalten neben dem wirksamen Arzneistoff Füll- und Bindemittel.

Pastinak. Gemeiner Pastinak

Pastinak (Pastinaca) [lat.], Gatt. der Doldengewächse mit 14 Arten in Europa und W-Asien. In Deutschland kommt auf Fettwiesen und in Unkrautgesellschaften nur der formenreiche **Gemeine Pastinak** (Pastinake, Pasternak, Hammelmöhre, Pastinaca sativa) vor, teilweise auch kultiviert; 30–100 cm hohe Pflanzen mit nach Möhren duftender Wurzel.

Pastis [frz.], in Frankreich sehr beliebter Kräuteraperitif mit dominierendem Anteil von Anisöl; meist mit Wasser verdünnt getrunken, dadurch milchigtrübes Aussehen.

Pasto, Hauptstadt des Dep. Nariño in Kolumbien, in einem Hochbecken der Anden, 2 500 m ü. d. M., 252 100 E. Kath. Bischofssitz; Univ. (seit 1904), Handels- und Verarbeitungszentrum in einem Landwirtschaftsgebiet; an der Carretera Panamericana. – Gegr. 1539.

Pastor, Ludwig, Freiherr von Campersfelden (seit 1916), *Aachen 31. Jan. 1854, †Innsbruck 30. Sept. 1928, dt.-östr. Historiker. – Ab 1886/87 Prof. in Innsbruck; 1920 östr. Gesandter beim Vatikan; Hauptwerk: Geschichte der Päpste seit dem Ausgang des MA (1477–1799) (16 Bde., 1886–1933).

Pastor [ˈpastɔr, pasˈto:r; lat. „Hirt"], Bez. für kath. und ev. Pfarrer; auch Anrede.

pastoral [lat.], 1. seelsorgerisch, feierlich, würdig; abwertend auch: salbungsvoll; 2. idyllisch.

Pastoralassistent, kath. Kirche: Seelsorgeberuf für Diplomtheologen im Laienstand, eingeführt wegen Priestermangels, seit 1978 nach der 2. Dienstprüfung: **Pastoralreferent.**

Pastoralbriefe, seit Beginn des 18. Jh. verwendete Sammelbez. für die mit Sicherheit nicht von Paulus verfaßten ↑Timotheusbriefe und den ↑Titusbrief.

Pastorale [lat.-italien.], eine vom Schäferspiel ausgehende Operngattung v. a. des 17. und 18. Jh. In der Instrumentalmusik finden sich Pastoralsätze mit charakterist. $^6/_8$-Takt und Imitation von Schalmeienmelodik bei A. Corelli, J. S. Bach, G. F. Händel. Dem Bereich der Programmusik stehen Pastoralsinfonien der Zeit um 1800 nahe (u. a. Beethovens 6. Sinfonie F-Dur op. 68, 1808).

Pastoralsynode, seit dem Niederländ. Pastoralkonzil (1966) Bez. für die aus Bischöfen, Klerikern und Laien gebildete kath. Synode eines Landes.

Pastoraltheologie, im *kath.* Verständnis die Disziplin der Theologie, die die theolog. Grundsätze und Forderungen an Wesen und Gestalt der Kirche in der konkreten seelsorger. Wirklichkeit und Gegebenheit auch für die Zukunft wiss. entfaltet. – Im *ev.* Verständnis als Zweig der ↑praktischen Theologie die Lehre vom Hirtenamt des Pfarrers mit seinen Pflichten und Rechten.

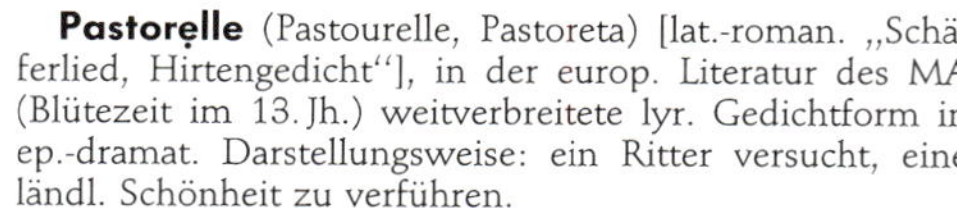
Pastorelle (Pastourelle, Pastoreta) [lat.-roman. „Schäferlied, Hirtengedicht"], in der europ. Literatur des MA (Blütezeit im 13. Jh.) weitverbreitete lyr. Gedichtform in ep.-dramat. Darstellungsweise: ein Ritter versucht, eine ländl. Schönheit zu verführen.

Pastorenbirne ↑Birnen (Übersicht).

pastos [lat.-italien. (↑Paste)], dickflüssig, teigartig; in der Ölmalerei: dick (reliefartig) aufgetragen.

pastös [lat. (↑Paste)], teigig-gedunsen, bleich und aufgeschwemmt (als Folge von Ödemen und leichter Blutarmut; von der Haut, bes. bei Nierenerkrankungen gesagt).

Pästum [ˈpɛstʊm, ˈpɛ:stum] ↑Paestum.

Pasyrykkurgane. Detail eines Pasyrykteppichs, um 500 (Sankt Petersburg, Eremitage)

Pasyrykkurgane [russ. pəziˈrik], Gruppe von Kurganen (Grabhügel) im Altai, 80 km südl. des Telezker Sees, Rußland; Nekropole der Skythen aus dem 5.–3. Jh. v. Chr. Dank der Vereisung sind Schnitzereien, Pelze, Leder und Textilien (*Pasyrykteppiche,* um 500, achämenid. Arbeiten) erhalten.

Pataca, brasilian. Bez. für den span. Peso; vom 17. Jh. bis 1834 eigene brasilian. Silbermünze = 320 Reis; seit 1894 Bez. für die Währungseinheit in Macau, Abk. Pat., 1 Pat. = 100 Avos.

Patagon (span. Patacón) ↑Albertustaler.

Patagonien, der südlichste Teil Südamerikas (südl. des Río Colorado), umfaßt die zwei Großlandschaften West- und Ost-P. Der Feuerlandarchipel wird oft ebenfalls zu P. gezählt. **Westpatagonien** umfaßt die Patagon. Kordillere, also die stark vergletscherten, bis 4 058 m hohen Anden südl. des 38. Breitengrades, mitsamt den vorgelagerten Halbinseln und Inseln und ist weitgehend chilen. Staatsgebiet, **Ostpatagonien,** das eigtl. P. (etwa 650 000 km²), umfaßt das der Patagon. Kordillere östl. vorgelagerte Tafel- sowie Schichtstufenland, das außer einem kleinen Gebiet an der Magalhãesstraße zu Argentinien gehört. Da Ost-P. im Regenschatten der Anden liegt, ist es Trockengebiet; nur niedrige Sträucher, Büschelgräser und im S Polsterpflanzen können wachsen. Die urspr. Tierwelt ist trotz der Eingriffe des Menschen noch artenreich, insbes. die Vogelwelt (Kondore, Strauße, Flamingos, Wildgänse, Möwen, sogar Sittiche und Kolibris). – Die O-Küste wurde 1520 von F. de Magalhães entdeckt. Die Besiedlung setzte nach 1883 ein; eingeführt wurde Schafzucht, zunächst zur Erzeugung von Wolle, später auch von Fett und Fleisch. Gefrierfleischfabriken in den Hafenstädten exportieren direkt. Feldbau findet sich nur am Andenrand, auf Bewässerungsflächen in den Tälern und an der Küste. Neben Steinkohlenabbau in El Turbio bed. Erdöl- und Erdgasfelder um Comodoro Rivadavia und Plaza Huincul.

Patagonier, Bez. für die heute weitgehend ausgestorbenen Indianer Ostpatagoniens.

Pataliputra ↑Patna.

Patan, Stadt unmittelbar südl. von Katmandu, Nepal, 79 900 E. Nahrungsmittel-, holzverarbeitende Ind., Baumwollverarbeitung. – Als **Lalitpur** vermutlich 299 v. Chr. gegr. – Zahlr. buddhist. und hinduist. Tempel aus verschiedenen Epochen sowie 4 Stupas aus dem 3. Jh. v. Chr.

Patandschali, ind. Grammatiker um 150 v. Chr. – Verf. des „Mahabhaschja" (Großer Kommentar), der ältesten erhaltenen krit. Erläuterungen zu ↑Panini. Zahlr. Beispiele aus dem tägl. Leben machen den Kommentar zugleich zu einer bed. Quelle für die Kultur des alten Indien.

Patau-Syndrom [nach dem dt.-amerikan. Kinderarzt K. Patau, 20. Jh.], komplexes Fehlbildungssyndrom auf Grund einer Chromosomenanomalie **(Trisomie 13);** gekennzeichnet u. a. durch Schwachsinn, Taubheit, Krampfanfälle und organ. Mißbildungen (Lippen-Kiefer-Spalte, abnorme Kleinheit der Augen).

Patavium ↑Padua.

Patchwork [engl. 'pætʃwəːk „Flickwerk"], Wandbehänge, Decken, Kleider, Taschen u. a. aus (verschiedenfarbigen) Stoff- oder Lederflicken zusammengesetzt.

Pate [zu lat. pater „Vater"], Tauf- [oder Firm]zeuge in den christl. Kirchen. Urspr. ein Bürge und Beistand für den die christl. Taufe begehrenden Heiden; mit dem Aufkommen der Kindertaufe (nicht vor dem 3. Jh.) wurde der P. außerdem zum mündigen Vertreter des Täuflings bei der Taufhandlung. Zw. P. und Täufling besteht ↑geistliche Verwandtschaft. Die Reformation behielt lediglich das Taufpatenamt unter Ausschluß der Eltern bei. Gegenwärtig ist der kirchl.-öff. Charakter des P.amtes weitgehend einer innerfamiliären Funktion gewichen.

Patella [lat.], svw. Kniescheibe (↑Kniegelenk).

Patellarsehnenreflex [lat./dt./lat.], svw. ↑Kniesehnenreflex.

Patene [zu lat. patina „Schüssel, Pfanne"], liturg. Gerät bei Eucharistie und Abendmahl, ein flacher, z. T. reich verzierter metallener Teller für die Hostie(n).

Patenier, Joachim [niederl. paːtəˈniːr] ↑Patinir, Joachim.

patent [studentensprachl. von ↑Patent], geschickt, praktisch, tüchtig.

Patent [mittellat., zu (littera) patens „(landesherrlicher) offener Brief"], bis ins 19. Jh. Urkunde zur Verleihung von Rechten an Personen (z. B. Offiziers-P.); auch obrigkeitl. Bekanntmachung für die Allgemeinheit (z. B. Februar-P.). ▷ das dem Erfinder oder dessen Rechtsnachfolger erteilte ausschließl., aber zeitlich begrenzte Schutzrecht für eine Erfindung; Recht zur ausschließl. Nutzung der Erfindung. Die *Patentfähigkeit,* die vom P.amt geprüft wird, setzt voraus, daß die Erfindung z. Z. der Anmeldung neu ist, auf einer erfinder. Leistung beruht und gewerblich verwertbar ist. – ↑Europäisches Patent, ↑Gemeinschaftspatent.

Patentamt ↑Patentrecht.

Patentanker ↑Ankereinrichtung.

Patentanwalt, Berater und Vertreter auf dem Gebiet des Patent-, Gebrauchsmuster- und Warenzeichenwesens; freier Beruf, dessen Zulassungsvoraussetzungen (entsprechende techn. Befähigung und bestimmte Rechtskenntnisse) in der P.ordnung vom 7. 9. 1966 geregelt sind.

Patentgerichtsbarkeit, i. e. S. die Rechtsprechung in Patentsachen durch das ↑Bundespatentgericht, i. w. S. auch die Rechtsprechung in Patentstreitsachen durch die Spezialkammern bestimmter Landgerichte.

Patentlog ↑Log.

Patentrecht, 1. im objektiven Sinn die Gesamtheit der Rechtsnormen, die die Rechtsverhältnisse an Patenten sowie das Verfahren in Patentsachen regeln, v. a. das PatentG i. d. F. vom 16. 12. 1980 und das Europ. Patentübereinkommen von 1973 (↑Europäisches Patent); 2. im subjektiven Sinne die Rechte, die dem Patentinhaber aus dem Patent zustehen. Das Patent wird nach der Anmeldung einer Erfindung beim Patentamt, in Deutschland beim Deutschen Patentamt mit Sitz in München als **Deutsches Bundespatent** nach Abschluß des Prüfungsverfahrens erteilt. Die Patentanmeldung muß enthalten: den Antrag auf Erteilung des Patents, die Beschreibung der Erfindung, Zeichnungen, die Patentansprüche (mit der Angabe, was unter patentrechtl. Schutz gestellt werden soll). Notwendig ist des weiteren die sog. Offenbarung, d. h. daß die Erfindung in der Patentschrift so deutlich und vollständig beschrieben werden muß, daß ein Fachmann sie ausführen kann. Die Schutzdauer für ein Patent beträgt 20 Jahre vom Tag der Anmeldung an. Das Patent ist vererblich und übertragbar (Lizenzvertrag). Nicht patentfähig sind u. a. wiss. Entdeckungen und Theorien, Spiele, Pflanzensorten, Computerprogramme, Züchtungsverfahren. Gegen rechtswidrige Verletzungen des Patents ist der Patentinhaber durch Strafvorschriften sowie durch Beseitigungs- und Schadenersatzansprüche geschützt. Das Patent endet durch Erlöschen (u. a. bei Ablauf der Schutzdauer, Verzicht des Patentinhabers), durch Widerruf oder Nichtigerklärung.

Patentrolle, öff. Register des Patentamts, in dem die Patentanmeldungen und die erteilten Patente verzeichnet sind.

Patentstreitsachen, Zivilprozesse, die auf Ansprüchen aus Rechtsverhältnissen beruhen, die im PatentG geregelt sind (z. B. aus Patentverletzungen, Lizenzvertrag); zuständig sind Spezialkammern bestimmter Landgerichte.

Pater, Jean-Baptiste [frz. paˈtɛr], ≈ Valenciennes 29. Dez. 1695, † Paris 25. Juli 1736, frz. Maler. – Schüler Watteaus; v. a. Genrebilder (u. a. ländl. Feste) z. T. nach literar. Werken.

P., Walter Horatio [engl. ˈpeɪtə], * Shadwell (= London) 4. Aug. 1839, † Oxford 30. Juli 1894, engl. Schriftsteller und Kritiker. – Von Ruskin beeinflußt; bedeutendster theoret. Vertreter des Prinzips des L'art pour l'art; beschäftigte sich v. a. mit Platon, Hellenismus, der Renaissance, Winckelmann und Goethe; sein Ästhetizismus beeinflußte O. Wilde.

Walter Horatio Pater
(Zeichnung, 1872)

Pater [lat. „Vater"], Titel und Anrede kath. Ordensgeistlicher.

Paterfamilias [lat. „Vater der Familie"], altröm. Bez. für das Familienoberhaupt, dem die uneingeschränkte Leitungsgewalt im Haus zustand und der die priesterl. Aufgabe der Verehrung der Götter wahrnahm.

Paternoster [lat. „unser Vater"], svw. ↑Vaterunser.

Paternosteraufzug [nach den aneinandergereihten Perlen der Paternosterschnur (ältere Bez. für Rosenkranz)], Sonderform des Aufzugs, ↑Fördermittel.

Paterson [engl. ˈpætəsn], Stadt 60 km nw. von New York, New Jersey, 30 m ü. d. M., 138 000 E. Kath. Bischofssitz; Teile der kath. Seton Hall University, naturhistor. Museum. Textilind., Bau von Flugzeugen, Lokomotiven, Maschinen u. a. – 1679 niederl. Ansiedlung.

path..., Path... ↑patho..., Patho...

Pathanen ↑Paschtunen.

Pathé, Charles [frz. paˈteː], * Chevry-Cossigny 26. Dez. 1863, † Monte Carlo 25. Dez. 1957, frz. Filmindustrieller. – Gilt mit der 1896 zus. mit seinem Bruder *Émile P.* (* 1860, † 1937) geschaffenen Gesellschaft *Pathé Frères* als Begründer der frz. Filmindustrie.

pathétique [frz. pateˈtik], musikal. Vortragsbez.: erhaben, feierlich.

pathetisch [zu griech. pathētikós „leidend, leidenschaftlich"], ausdrucksvoll, feierlich; übertrieben gefühlvoll.

Pathet Lao, Bez. für die von Kommunisten geführte „Vereinigte Volksfront" von Laos und deren Anhänger; entstand 1944 unter Führung des Prinzen Suvannavong. Die Partisanenstreitkräfte des P. L. kämpften ab 1945 erfolgreich gegen die frz. Kolonialmacht; nach 1954 gelang ihnen bis 1973 die Eroberung von rd. $^3/_5$ des laot. Staatsgebietes. 1975 wurde der P. L. die alleinbestimmende polit. Kraft. – ↑Laos, Geschichte.

patho..., Patho..., path..., Path... [zu griech. páthos „Schmerz"], Wortbildungselement mit der Bed. „Leiden, Krankheit".

pathogen, krankheitserregend, krankmachend.

Pathogenese, Krankheitsentstehung; Gesamtheit der an der Entstehung und Entwicklung einer Krankheit beteiligten Faktoren. – ↑Ätiologie.

pathognomonisch [griech.], für eine Krankheit kennzeichnend.

Pathologie, als Teilgebiet der Medizin die Lehre von den Krankheiten, bes. ihrer Entstehung und den durch sie hervorgerufenen organ.-anatom. Veränderungen.

Pathos [griech.,,Leid"], 1. in der „Poetik" des Aristoteles Hauptelement des Tragischen; wesentl. Voraussetzung für die Katharsis; 2. in der neuzeitl. Ästhetik die Darstellung von heftigen Leidenschaften und Erregungen im gehobenen Sprachstil.

Patience [pasi'ã:s; lat.-frz. „Geduld"], Kartengeduldsspiel mit zahlr. Varianten; meist werden die Blätter eines einfachen oder doppelten Kartenspiels so abgelegt, daß Sequenzen in einer bestimmten Reihenfolge entstehen.

Patiens [...ti-ɛns; lat.], Ziel eines durch ein Verb ausgedrückten Verhaltens, z. B.: „Er baut *ein Haus*". – Ggs. ↑Agens.

Patient [lat.], der in ärztl. Behandlung befindl. Kranke.

Patina [italien., eigtl. „Firnis, Glanzmittel für Felle"], graugrüne, aus bas. Carbonaten, Sulfaten und Chloriden bestehende Oberflächenschicht auf Kupfer und Kupferlegierungen, die sich durch Reaktion mit dem in der Luft enthaltenen Kohlen- und Schwefeldioxid, in Meernähe auch mit Kochsalz bildet. P. läßt sich auch durch Auftragen konzentrierter Salzlösungen herstellen **(Patinieren).**

Joachim Patinir. Überfahrt über den Styx, undatiert (Madrid, Prado)

Patinir (Patinier, Patenier), Joachim, *Bouvignes-sur-Meuse bei Dinant zw. 1475/80, †Antwerpen 5. Okt. 1524, niederl. Maler und Zeichner. – Mit seinen phantast. „Weltlandschaften" Wegbereiter der reinen Landschaftsmalerei in den Niederlanden, u. a. „Ruhe auf der Flucht nach Ägypten" (Berlin-Dahlem, um 1520).

Patio [lat.-span.], Innenhof von Häusern, zu dem sich die Wohnräume hin öffnen, v. a. in Spanien und Lateinamerika; auch in der modernen Architektur.

Patisserie [lat.-frz.], schweizer. Bez. für feine Konditoreiwaren.

Patkai Hills [engl. 'pa:tkaɪ 'hɪlz], Grenzgebirge zw. NO-Indien und N-Birma, bis 3 826 m hoch.

Patmos, griech. Insel des Dodekanes, 28 km², 2 400 E, Hauptort **Chora,** überragt vom Johanneskloster (13., 15. und 17. Jh.).

Geschichte: Gehörte in der Antike zu Milet, in der röm. Kaiserzeit Verbannungsort; nach christl. Überlieferung der Aufenthaltsort des Evangelisten Johannes („Kloster der Apokalypse" mit der Höhle, in der er seine Offenbarungen aufgezeichnet haben soll); 1088 wurde die Insel dem hl. Christodulos geschenkt, der ein Kloster gründete, das ein Zentrum der byzantin. Kultur wurde. Geriet 1537 unter osman. Herrschaft; ab 1912 Teil des neugriech. Staates.

Patna, Hauptstadt des ind. Bundesstaates Bihar, am Ganges, 920 000 E. Kath. Bischofssitz; Univ. (gegr. 1917), Forschungsinst.; bed. oriental. Bibliothek. Textil-, metallverarbeitende, Leder-, Nahrungsmittelind.; 6 618 m lange Gangesbrücke, Flußhafen, ✈. – Im 5. Jh. v. Chr. als **Pataliputra** gegr.; Hauptstadt des Maurjareiches (4.–2. Jh.) und des Guptareiches (4./5. Jh.); erlebte unter der Pala-Dyn. (8.–12. Jh.) eine neue Blüte; wurde 1912 Hauptstadt der neu geschaffenen Prov. Bihar und Orissa. – Reste der kaiserl. Säulenhalle (76 × 76 m; vermutlich 3. Jh. v. Chr.) und einer Palisadenumwallung.

Patois [pato'a; frz., zu patte „Pfote"], frz. Bez. für die verschiedenen Sprechweisen in kleinen Gebieten oder Dörfern innerhalb desselben Dialektgebiets; die Bez. hat oft einen verächtl. Beiklang (Mundart der Landbev.).

Paton, Alan [Stewart] [engl. pɛɪtn], *Pietermaritzburg (Natal) 11. Jan. 1903, †Hillcrest (Natal) 12. April 1988, südafrikan. Schriftsteller. – Sein Werk ist weitgehend autobiographisch und vermischt zeitgeschichtl. mit fiktiven und religiös-ideolog. Aspekten; P. trat aus christl.-humanist. Überzeugung gegen die Folgen der Apartheidpolitik ein. – *Werke:* Denn sie sollen getröstet werden (R., 1948), Aber das Wort sage ich nicht (R., 1953), Knocking on the door (Ged. und En., 1975), Towards the mountain (Autobiographie, 1980), Ah, but your land is beautiful (R., 1981), Journey continued (2. Teil der Autobiographie, 1988).

Patras, griech. Stadt an der NW-Küste der Peloponnes, 142 200 E. Verwaltungssitz der Region Peloponnes und des Verw.-Geb. Achaia; orth. Bischofssitz; Univ. (gegr. 1964), archäolog. Museum. Konservenfabriken; Weinkeltereien, Textil- und Lederind., Metallverarbeitung und Papierind., bed. Handwerk. Wichtigster Hafen der Peleponnes; ✈.

Geschichte: In der Antike (als **Patrai**) Mitbegr. des Achäischen Bundes; als röm. Kolonie **(Colonia Augusta Aroe Patrensis)** durch Kaiser Augustus 14 v. Chr. neugegr., Sitz des Statthalters der Prov. Achaia sowie Haupthafen Griechenlands. Der Legende nach Ort des Martyriums des hl. Andreas; im 13. Jh. fränk. Baronie; nach wechselnder venezian. und osman. Herrschaft 1828 zu Griechenland.

Bauten: Röm. Odeon (2. Jh. v. Chr.), griech.-orth. Kirche Ajios Andreas (1836); in der Oberstadt fränk.-venezian. Burg.

Patria [lat.], Vaterland.

Patria potestas [lat. „väterl. Gewalt"], im röm. Recht die Gewalt des Paterfamilias über seine ehel. und adoptierten Kinder sowie deren legitime Abkömmlinge.

Patriarch [zu griech. patriárchēs „Sippenoberhaupt"], 1. im *A. T.* Bez. für die „Erzväter" des Volkes Israel, Abraham, Isaak und Jakob (auch dessen zwölf Söhne).
2. Im *frühen Christentum* bildeten sich mit dem Aufkommen der Einzelbischöfe Bischofssitze mit höherem Ansehen heraus, v. a. wegen des polit. Rangs der betreffenden Stadt und ihrer innerkirchl. Bed. So erhielten die Bischöfe von Rom, Alexandria, Antiochia, Konstantinopel und Jerusalem seit dem 5./6. Jh. den Titel „P.".
3. In den *Ostkirchen* sind die P. „Oberbischöfe" mit bestimmten jurisdiktionellen Hoheiten innerhalb ihrer **Patriarchate.** Heute stehen die P. an der Spitze der histor. Patriarchate oder der großen unabhängigen Nationalkirchen (von Rußland, Serbien, Bulgarien, Rumänien).
4. In der *lat. Kirche* ein Ehrentitel für den Papst („P. des Abendlandes") und einige Bischöfe wie den von Venedig (seit 1451), Lissabon (1716) oder den Bischof des lat. Ritus von Jerusalem (1847). – In den mit Rom unierten Ostkirchen ist der P. eine Mittelinstanz zw. Papst und Bischöfen; seine Jurisdiktionsgewalt erstreckt sich über alle Metropoliten und Bischöfe, über Klerus und Laien eines bestimmten Gebietes oder Ritus. Der P. wird von den Bischöfen des Patriarchats gewählt; die Gesetzgebung liegt bei der vom P. einberufenen Patriarchalsynode. Z. Z. gibt es Patriarchate für die armen., chaldäische, kopt., maronit., melkit. und [west]syr. Kirche.

Patriarchalbasilika, im kath. Kirchenrecht Titel der 5 Hauptkirchen in Rom: San Giovanni in Laterano (Lateranbasilika), Santa Maria Maggiore, San Pietro in Vaticano (Peterskirche), San Paolo und San Lorenzo sowie für 2 Basiliken in Assisi: San Francesco und Santa Maria degli Angeli. Die P. sind mit bes. Rechten und mit Papstaltar und -thron (lat. patriarchium „Papstpalast") ausgestattet.

Patriarchalismus [griech.], Bez. für ein traditionelles, aus feudalen und agrar.-ländl. Lebensverhältnissen herrührendes, auch auf Staat und Wirtschaft zu übertragendes Herrschaftsverhältnis, in dem der jeweils Herrschende (z. B. Grundeigner, Fürst oder Unternehmer) wie ein Familienoberhaupt unbeschränkte Befehlsrechte, aber auch Fürsorgepflichten gegenüber seinen Untergebenen besitzt.

Patriarchat [griech.], in der kath. Kirche und den Ostkirchen ↑Patriarch.

▷ (Vaterherrschaft) Bez. für eine Gesellschaftsordnung, in der der Mann – v. a. in einer mehrere Generationen umfassenden Großfamilie – die Entscheidungs- und Verfügungsgewalt über alle Familienmgl. besitzt (Ggs.: ↑Matriarchat).

Patricius [lat.], spätantiker Ehrentitel; seit Konstantin I., d. Gr., höchsten Würdenträgern, bes. auch german. Heerführern und Königen in röm. Dienst verliehen.

Patricius Romanorum [lat.], 754 von Papst Stephan II. dem fränk. König Pippin III., d. J., und seinen Söhnen verliehener Titel, der an den Titel des Exarchen von Ravenna als den Vertreter des byzantin. Kaisers anknüpfte; fiel seit Karl d. Gr. mit dem Kaisertitel zusammen. Im 10. Jh. kennzeichnete er den Stadtherrn Roms, aber auch, von Otto III. verliehen, den Stellvertreter des Kaisers. Die Salier leiteten daraus den entscheidenden Einfluß des Röm. Königs als P. R. auf die Erhebung des Papstes ab.

Patrick [engl. 'pætrɪk], hl., latinisiert Magonus Sucatus Patricius, eigtl. Sucat (Succat), * in S-Wales um 385 (?), † Saul (Saulpatrick ?, Nordirland) zw. 457 und 464 (?), Missionar Irlands („Apostel Irlands"). – Mit 16 Jahren von Piraten nach Irland verschleppt und als Sklave verkauft; kam später nach Gallien und als Missionsbischof nach Irland, wo er durch umfangreiche Missionstätigkeit die iroschott. Kirche organisierte. Er starb als Bischof von Armagh (?). Im MA in weiten Teilen Europas verehrt. Dargestellt als Bischof mit segnender Hand, mit einer Schlange oder einem Kleeblatt. – Fest: 17. März.

Patrickskreuz [engl. 'pætrɪk], nach dem hl. Patrick ben., 1801 in den Union Jack aufgenommenenes Symbol Irlands: rotes Andreaskreuz auf weißem Grund.

Patrilineage [pætri'lɪnɪɪdʒ; lat.-engl.] ↑Lineage.

patrilineal (patrilinear) [lat.], Abstammungsordnung nach der väterl. Linie.

Patrimonialgerichtsbarkeit [lat./dt.] (Gutsgerichtsbarkeit), Gerichtsbarkeit, die der Grundherr (Patron) über seine Grundhörigen ausübte. Mit der Entstehung der neuzeitl. Territorialstaaten verblieb der P. lediglich die Zuständigkeit für Polizeisachen; in Deutschland im 19. Jh. aufgehoben.

Patrimonium [lat.], väterl. Erbgut; im Staatsrecht der röm. Kaiserzeit das Privatvermögen des Herrschers im Ggs. zum Staatsvermögen. Das P.prinzip diente im MA zur Rechtfertigung der an das Grundeigentum geknüpften Hoheitsrechte (z. B. Gerichtsbarkeit) und der in den Kleinstaaten gegen Ende des MA einsetzenden „Privatisierung" öff. Gewalt; der Fürst regierte patrimonial als Grundherr und oberster Eigentümer über „Land und Leute" **(Patrimonialstaat).**

Patrimonium Petri [lat.] ↑Kirchenstaat.

Patriot [zu frz. patriote „Vaterlandsfreund"], Bez. für jemanden, der von ↑Patriotismus erfüllt ist.

Patriotenliga ↑Ligue des patriotes.

Patriotic Front [engl. pætrɪ'ɔtɪkfrʌnt] ↑Simbabwe (Geschichte).

Patriotismus, Vaterlands-, Heimatliebe; Verehrung und gefühlsmäßige Bindung an Werte, Traditionen und kulturhistor. Leistungen des eigenen Volkes bzw. der eigenen Nation; entstand in Europa seit dem 18. Jh. P. äußert sich u. a. in der Achtung vor nat. Symbolen (Flaggen, Hymnen) und bes. Begehung von Nat.feiertagen. P. reicht von sozialer und polit. Integration in Notzeiten bis zur nat. Überheblichkeit (Chauvinismus, Nationalismus), die irrationale Freund-Feind-Verhältnisse züchten kann.

Patripassianer [lat.] ↑Modalismus.

Patristik [zu lat. pater „Vater"] (Patrologie), wiss. Disziplin, die sich mit dem Studium der Kirchenväter befaßt (gelegentlich auch Bez. für die Zeit der Kirchenväter); P. wurde als Begriff in der luth. Theologie des 17. Jh. geprägt zur Bez. einer „Theologie der Kirchenväter"; sie wird heute als Geschichte der *altchristl. Literaturen* aufgefaßt und betrieben. In ihrem Mittelpunkt steht heute die Erarbeitung und Edition der großen Textreihen, z. B. für die lat. Autoren das „Corpus Scriptorum Ecclesiasticorum Latinorum" (Abk. CSEL; 1866 ff.) der Wiener Akad., für die griech. Autoren die „Griech. Christl. Schriftsteller" (Abk. GCS; 1897 ff.) der Berliner Akad., für die oriental. Autoren das „Corpus Scriptorum Christianorum Orientalium" (Abk. CSCO, hg. von der kath. Univ. Löwen; 1903 ff.) sowie das „Corpus Christianorum" (Abk. CC, hg. von der Abtei Steenbrügge, Belgien; 1953 ff.).

Patrize [lat., zu pater „Vater"], in der Schriftgießerei der zur Gewinnung der zum Schriftguß erforderl. Matrize in Messing oder Kupfer eingedrückte Stahlstempel.

Patrizier [lat., zu patres „Väter, Vorfahren, Senatoren"], 1. in der röm. Republik die Nachkommen der Geschlechter- und Sippenhäupter (patres), die das **Patriziat** bildeten. Die P. übernahmen die Staatsführung durch den patriz. Senat und die patriz. Konsuln und bildeten i. e. S. das röm. Staatsvolk. Gegen ihre ausschließl. Herrschaft stellten sich im Ständekampf die Plebejer, die bis 287 v. Chr. die polit. Gleichberechtigung erlangten und mit den P. zur Nobilität zusammenwuchsen.

2. In den europ. Städten des MA bis zur Auflösung der ständ. Ordnung die Angehörigen der Oberschicht des Bürgertums, die dem niederen Adel ebenbürtig war und polit. Vorrechte, v. a. Ratsfähigkeit, beanspruchte. Dieses **Patriziat** war aus Fernhändlern, Ministerialen des Stadtherren und zugezogenen Landadligen zusammengewachsen. Seine Herrschaft wurde in den Zunftkämpfen des 14. Jh. erschüttert, sein Wirkungsbereich auf Grund der Ausbildung fürstl. Territorialstaaten weiter eingeengt.

Patrologie [griech.], 1. im kath. Bereich Bez. für ↑Patristik; 2. Bez. für Lehrbücher der Patristik.

Patron [lat., zu pater „Vater, Hausherr"], im *altröm. Recht* der durch ein gegenseitiges Treueverhältnis mit dem Klienten verbundene Schutzherr.

▷ im *kath.* und *ev. Kirchenrecht* ↑Patronat.

▷ in der *kath. Kirche* Engel oder Heiliger, der als bes. Beschützer einer Kirche *(Kirchen-P.),* eines Standes oder einer Berufsgruppe, einer Stadt, Diözese oder eines Landes *(Schutz-P.)* oder einer Person *(Namens-P.)* verehrt wird.

▷ in der dörfl. Verfassung ↑Patrimonialgerichtsbarkeit.

Patronage [frz. patrɔ'na:ʒ; lat.-frz.], nicht primär an Leistungen und Verdienst gebundenes, sondern von Begünstigung und Protektion geprägtes Förderungs- und Ausleseverfahren im gesellschaftl. Bereich.

Patronat [lat.] (Patronatsrecht), Rechtsbeziehung zw. kath. oder ev. Kirche und dem Stifter *(Patron)* einer Kirche oder eines Benefiziums bzw. dessen Rechtsnachfolger. Das wichtigste Recht besteht darin, der zuständigen kirchl. Autorität für die Besetzung des betreffenden Amtes einen verbindl. Vorschlag zu machen. Dieses Recht beruht auf dem ma. Eigenkirchenwesen und kann deshalb auch von Laien (Laienpatronat) wahrgenommen werden. Zu den Pflichten gehört die subsidiäre Baulast, auf die sich die Bed. des P. heute im allg. beschränkt. Die luth. Kirche modifizierte das kath. P. unter wirtsch. Druck durch eine Erweiterung der mit den Privilegien verbundenen Pflichten.

Patrone [zu mittellat. patronus „Vaterform, Musterform"], in der *Textiltechnik* die Bindungsmusterzeichnung für ein Gewebe oder Gewirke auf gekästeltem Papier (sog. *P.papier*).

▷ schußfertige ↑Munition, bei der Hülse, Treibladung und Geschoß miteinander verbunden werden.

▷ kleiner, in ein Gerät oder einen Apparat einsetzbarer Behälter (für Kleinbildfilm, Tinte u. a.).

Patronymikon [griech.], von dem Namen des Vaters oder eines anderen Vorfahren hergeleiteter Familienname, z. B. *Friedrichsen, Friedrichs* (aus Friedrichs Sohn), im Schottischen *MacAdam* (Sohn des Adam). Seltener ist das ↑Metronymikon.

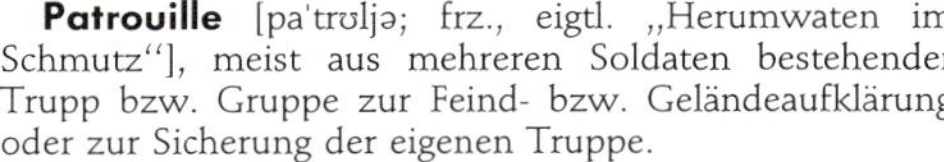

Pau Stadtwappen

Jiří Pauer

Papst Paul VI.

Patrouille [paˈtrʊljə; frz., eigtl. „Herumwaten im Schmutz"], meist aus mehreren Soldaten bestehender Trupp bzw. Gruppe zur Feind- bzw. Geländeaufklärung oder zur Sicherung der eigenen Truppe.

Patrozinium [lat.], in der röm. Gesellschaft aus dem Verhältnis des Großbauern zu seinen rechtsunfähigen Klienten entstandenes gegenseitiges Schutz- und Treueverhältnis.
▷ in der *kath. Kirche* die Schutzherrschaft eines Heiligen (Patron) über eine Kirche.

Patscherkofel, Berg im Tuxer Gebirge, sö. von Innsbruck, 2 247 m; Alpengarten.

Patt [frz.], Stellung im Schach, bei der die am Zug befindl. Partei nicht im Schach steht, aber durch den Zug in ein Schachgebot geraten würde. Die Partie endet unentschieden.
▷ im polit. Bereich Bez. für das Gleichgewicht parlamentar. oder militär. Kräfte.

Pattensen, Stadt südl. von Hannover, Nds., 53 m ü. d. M., 13 100 E. Niedersächs. Hauptstaatsarchiv; Stahl-, Maschinen- und Fahrzeugbau. – 1022 erstmals und um 1230 als Stadt genannt. – Museum im Schloß Marienburg (1858–67).

Pattern [engl. ˈpætən „Muster"] (Mrz. Patterns), allg. svw. Muster, Struktur, Schema, Modell, Schablone, Konstellation. In den *Verhaltens-* und *Sozialwiss.* vielseitig verwendeter Begriff, z. B. für ein bestimmtes ritualisiertes oder institutionalisiertes Verhaltensmuster oder ein aus bestimmten, meist wiederkehrenden Elementen zusammengefügtes Ablaufschema (u. a. Testvorlagen).

Pattern painting [engl. ˈpætən ˈpɛɪntɪŋ „Mustermalerei"], Richtung der zeitgenöss. Malerei mit Schwerpunkt in den USA um 1980, die großformatig-dekorative Ornamente zu farbenfrohen Kompositionen von folklorist. Wirkung vereinigt. Zu den wichtigsten Vertretern zählen: R. Kushner, Tina Girouard, Ned Smith, Miriam Shapiro (* 1923), Joyce Kozloff, Brad Davis.

Pau [frz. po], frz. Stadt im Pyrenäenvorland, 210 m ü. d. M., 83 800 E. Verwaltungssitz des Dep. Pyrénées-Atlantiques; Univ. (gegr. 1969), Fallschirmspringerschule; Museen. P. ist Hauptort des Béarn und heilklimat. Kurort; metallverarbeitende, Leder- und Textilind. – Entstand um eine Burg der Vizegrafen von Béarn; 1154 erstmals erwähnt; 1464 Stadtrecht; 1512 Hauptort des Kgr. Navarra. – Schloß (12.–16. Jh.) mit Bildteppichsammlung und Heinrich-IV.-Museum.

Pauer, Jiří [tschech. ˈpau̯ɛr], * Libušín bei Kladno 22. Febr. 1919, tschech. Komponist. – 1953–55 und seit 1980 Operndirektor des Prager Nationaltheaters, seit 1958 Leiter der Tschech. Philharmonie; komponierte Opern, Orchester- und Kammermusik, Konzerte, in denen Stilelemente der tschech. Tradition mit den Kompositionsmitteln der modernen Musik vereinigt sind.

Pattern painting. Miriam Shapiro, Invitation, 1982 (Privatbesitz)

Pauke (Kesselpauke), wichtigstes, zur Klasse der Membranophone gehörendes Schlaginstrument des Orchesters. Die P. besteht aus einem halbkugelförmigen oder (heute meist) parabol. Resonanzkörper aus Kupferblech und einer darübergespannten Membran („Fell") aus gegerbtem Kalbfell oder Kunststoff, die mit Schlegeln angeschlagen wird. Das Fell ist am Fellwickelreifen befestigt; über diesem befindet sich der Felldruckreifen, der mit Hilfe von 6–8 Spannschrauben verstellt werden kann und so das Fell spannt oder entspannt. Bei der heute üblichen **Pedalpauke** werden die Stimmschrauben durch Pedaldruck bewegt.
Im Unterschied zur Trommel hat die P. eine feste Tonhöhe, die im Umfang von etwa einer Sexte verändert werden kann. Gebaut werden verschiedene Größen mit einem Felldurchmesser von 55 bis 80 cm. Gewöhnlich wird die P. paarweise (C- und G-Pauke) eingesetzt. Die P. ist asiat.-oriental. Herkunft, sie gewann seit dem 17. Jh. zunehmende Bed. für die europ. Orchestermusik.

Paukenbein (Tympanicum), das Trommelfell und (bei den Plazentatieren) den äußeren Gehörgang größtenteils umschließendes Knochenstück bei den Wirbeltieren. Beim Menschen und manchen Säugetieren verschmilzt das P. mit anderen Begrenzungsknochen der Paukenhöhle (z. B. Felsenbein) zum Schläfenbein.

Paukenhöhle, Hohlraumsystem des Mittelohrs mit den Gehörknöchelchen.

Paul, Name von Päpsten:

P. II., * Venedig 1418, † Rom 26. Juli 1471, vorher Pietro Barbo, Papst (seit 30. Aug. 1464). – 1440 Kardinal. Bannte 1466 den böhm. König Georg, er begünstigte Matthias I. Corvinus von Ungarn, hielt aber auch mit Kaiser Friedrich III. gute Verbindung; bestimmte, daß ab 1475 alle 25 Jahre ein ↑ Heiliges Jahr gefeiert werde.

P. III., * Canino oder Rom 1468, † Rom 10. Nov. 1549, vorher Alessandro Farnese, Papst (seit 13. Okt. 1534). – Bildete 1536 eine Reformkommission, förderte Ordensreformen (1540 Bestätigung des Jesuitenordens), organisierte die röm. Inquisition 1542 und eröffnete das Konzil von Trient 1545. P. förderte Wiss. und Kunst (Michelangelo).

P. IV., * Capriglio bei Neapel 1476, † Rom 18. Aug. 1559, vorher Gian Pietro Carafa, Papst (seit 23. Mai 1555). – 1524 Mitbegr. der Theatiner; ab 1542 an der Spitze der röm. Inquisition. Seine Politik führte zu einem übersteigerten Nepotismus.

P. V., * Rom 1552, † ebd. 28. Jan. 1621, vorher Camillo Borghese, Papst (seit 16. Mai 1605). – Strenger Kanonist, der an den Herrschaftsansprüchen des ma. Papsttums festzuhalten versuchte. Dies führte zu schweren polit. Konflikten mit Frankreich und England und v. a. mit der Republik Venedig 1605–07. Förderte die Weltmission (v. a. in Indien, China, Kanada) sowie Wiss. und Künste (Vollendung der Peterskirche).

P. VI., * Concesio bei Brescia 26. Sept. 1897, † Castel Gandolfo 6. Aug. 1978, vorher Giovanni Battista Montini, Papst (seit 21. Juni 1963). – Enger Mitarbeiter Pius' XII.; 1954 Erzbischof von Mailand, 1958 Kardinal. Sein Pontifikat begann mit Weiterführung und Abschluß des 2. Vatikan. Konzils. Zu seinen wichtigsten Verlautbarungen zählen die Sozialenzyklika „Populorum progressio" (1967) und die – teilweise heftig diskutierten – Rundschreiben „Sacerdotalis caelibatus" (1967, über den priesterl. Zölibat) und „Humanae vitae" (1968, über Fragen der Ehe und Geburtenregelung). In der christl. Ökumene legte P. den Schwerpunkt auf Annäherung der orth. Kirchen.

Paul, Name von Herrschern:

Griechenland:

P. I., * Athen 14. Dez. 1901, † ebd. 6. März 1964, König (seit 1947). – Sohn König Konstantins I.; heiratete 1938 Prinzessin Friederike Luise von Braunschweig-Lüneburg; 1924–35 und 1941–46 im Exil; folgte seinem Bruder Georg II. auf dem Thron.

Jugoslawien:

P. Karađorđević [serbokroat. karaˌdʒɔːrdzɛvitɕ], * Petersburg 27. April 1893, † Neuilly-sur-Seine 14. Sept. 1976, Prinzregent. – Seit 10. Okt. 1934 Regent für seinen Neffen

Pauke. Moderne Pedalpauke

Peter II. Ihm gelang 1939 der Ausgleich zw. Serben und Kroaten; lebte nach seinem Sturz 1941 in Frankreich.

Rußland:

P. I. (russ. Pawel I. Petrowitsch), * Petersburg 1. Okt. 1754, † ebd. 24. März 1801 (ermordet), Kaiser (seit 1796). – Sohn Peters III. und Katharinas II.; verließ 1799 die 2. Koalition gegen Frankreich und stellte sich 1800 auf die Seite Napoléon Bonapartes. Im Innern verfeindete sich P. mit der Adelsgesellschaft durch Bruch mit den Adelsordnungen Katharinas II. Eine Adelsverschwörung führte zu seiner Ermordung. Von Bed. war die Einführung der Primogenitur (1797).

Paul, Bruno, * Seifhennersdorf bei Zittau 19. Jan. 1874, † Berlin 17. Aug. 1968, dt. Architekt, Designer und Graphiker. – Zunächst Zeichner des Jugendstils (für den „Simplicissimus" und die „Jugend"). 1907–33 Direktor der Kunstgewerbeschule bzw. der „Vereinigten Staatsschulen für freie und angewandte Kunst" in Berlin. Designer schlicht-eleganter, materialgerechter Möbel.

P., Hermann, * Salbke (= Magdeburg) 7. Aug. 1846, † München 29. Dez. 1921, dt. Sprachwissenschaftler. – Prof. in Freiburg i. Br. und München; einer der führenden Junggrammatiker, der mit den „Prinzipien der Sprachgeschichte" (1880) die erste moderne systemat. Darlegung sprachwiss. Grundsätze schuf; bed. Forschungen zum Mittel- und Neuhochdt. und zum Verhältnis zw. Schriftsprache und Dialekt.

P., Jean, dt. Dichter, ↑ Jean Paul.

P., Wolfgang, * Lorenzkirch 10. Aug. 1913, dt. Physiker. – 1952–80 Direktor des Physikal. Instituts der Univ. Bonn. Für seinen Beitrag zur Entwicklung der atomaren Präzisionsspektroskopie (bes. „Ionenkäfigtechnik") erhielt er 1989 den Nobelpreis für Physik (mit H. G. Dehmelt und N. F. Ramsey).

Paul-Ehrlich-Institut (Bundesamt für Sera und Impfstoffe) ↑ Bundesämter (Übersicht).

Paul-Ehrlich- und Ludwig-Darmstaedter-Preis, mit bis 100 000 DM dotierte wiss. Auszeichnung, die in Deutschland für hervorragende Verdienste auf den von Paul ↑ Ehrlich bearbeiteten Gebieten, bes. der Chemotherapie, Blutforschung, Immunologie und Krebsforschung, verliehen wird. Preisträger u. a.: A. Butenandt (1953), E. B. Chain (1954), G. Domagk (1956), O. Warburg (1962), R. Dulbecco (1967), O. Westphal (1968), M. A. Epstein (1973), G. B. Mackaness, N. A. Mitchison, M. Simonsen (1975), G. Barski, B. Ephrussi (1976), T. O. Caspersson, J. B. Gurdon (1977), L. Groß, W. Schäfer (1978), A. Graffi, O. Mühlbock, W. P. Rowe (1979), T. Akiba, H. Umezawa (1980), S. Falkow, S. Mitsuhaschi (1981), N. K. Jerne (1982), P. C. Doherty, M. Potter, R. M. Zinkernagel (1983), P. Borst, G. Croß (1984), R. S. Nussenzweig, L. H. Miller (1985), A. L. Notkins (1986), J. F. Borel, H. O. McDevitt, F. Milgrom (1987), P. K. Vogt (1988), S. A. Aaronson, R. F. Doolittle, T. Graf (1989), A. M. Pappenheimer, R. J. Collier (1990), R. Rappuoli, M. Ui (1991), M. Eigen (1992), P. Marrack, J. Kappler, H. von Boehmer (1993).

Paulhan, Jean [frz. po'lã], * Nîmes 2. Dez. 1884, † Boissise-la-Bertrand (Seine-et-Marne) 9. Okt. 1968, frz. Schriftsteller. – 1925–40 Chefredakteur der „Nouvelle Revue Française" und ab 1953 der „Nouvelle Nouvelle Revue Française" (mit M. Arland); 1941 Mitbegr. der Untergrundzeitschrift „Les Lettres françaises"; Essayist, Literatur- und v. a. Sprachkritiker; 1963 Mgl. der Académie française.

Pauli, Wolfgang, * Wien 25. April 1900, † Zürich 15. Dez. 1958, schweizer.-amerikan. Physiker östr. Herkunft. – 1926–28 Prof. in Hamburg, danach an der ETH in Zürich, 1940–46 auch Mitarbeiter am Institute for Advanced Study in Princeton (N. J.); seit 1946 amerikan. Staatsbürger. Einer der Mitbegr. der Quantentheorie. 1924 formulierte er das ↑ Pauli-Prinzip und führte zur Deutung der Hyperfeinstruktur den Kernspin ein. Die von W. Heisenberg u. a. entwickelte Quantenmechanik (Matrizenmechanik) wandte er 1925 auf das Wasserstoffatom an und verhalf ihr damit zum Durchbruch. 1928 folgten mit P. Jordan, 1929/30 mit W. Heisenberg die ersten Arbeiten zur Quantenelektrodynamik. 1931 postulierte P. die Existenz des Neutrinos. Spätere Untersuchungen galten v. a. der Quantenfeldtheorie. Nobelpreis für Physik 1945.

Pauling, Linus [engl. 'pɔːlɪŋ], * Portland (Oreg.) 28. Febr. 1901, amerikan. Chemiker. – Prof. in Pasadena, San Diego, seit 1969 an der Stanford University. Führte den Begriff der Elektronegativität ein und wurde durch die Anwendung der Quantenmechanik auf Probleme der chem. Bindung zu einem der Begründer der Quantenchemie. Er entdeckte mit Hilfe der Röntgenstrukturanalyse die α-Helix-Struktur vieler Proteine. Weiter arbeitete P. über die Eigenschaften von Hämoglobin, serolog. Reaktionen und die Bed. der Proteinstruktur für die Entwicklung der Arten. 1954 erhielt P. den Nobelpreis für Chemie und wurde 1962 als Gegner von Atomwaffenversuchen mit dem Friedensnobelpreis ausgezeichnet.

paulinisch, der Lehre des Apostels Paulus entsprechend.

Paulinzella, Gem. östl. von Ilmenau, Thür., 150 E. Mit Ruine einer roman. Benediktinerklosterkirche, einer dreischiffigen Säulenbasilika nach Hirsauer Vorbild (1124 geweiht, seit dem 17. Jh. Ruine); zweigeschossiges Schlößchen (17./18. Jh. unter Verwendung älterer Bestände).

Pauli-Prinzip [nach W. Pauli] (Ausschließungsprinzip), grundlegendes Prinzip der Atomphysik: Zwei gleichartige Teilchen mit halbzahligem Spin (Fermionen) können sich niemals in ein und demselben Quantenzustand befinden; insbes. können in einem Atom zwei Elektronen niemals in allen Quantenzahlen übereinstimmen. Das P.-P. ist unentbehrlich für das Verständnis des Atombaus und des Periodensystems der chem. Elemente.

Paulsen, Friedrich, * Langenhorn (Landkr. Nordfriesland) 16. Juli 1846, † Berlin 14. Aug. 1908, dt. Philosoph und Pädagoge. – Seit 1878 Prof. für Philosophie und Pädagogik in Berlin. Arbeitete v. a. über eth. und schulgeschichtl. Fragen; v. a. seine „Geschichte des gelehrten Unterrichts auf den dt. Schulen und Univ. ..." (1885) hat die histor. und systemat. Pädagogik bis heute beeinflußt.

Paulskirche, ehem. ev. Kirche in Frankfurt am Main; Tagungsort der Frankfurter Nationalversammlung; frühklassizist. Bau (1789–1833, 1948/49 wiederaufgebaut als Ausstellungs- und Versammlungsstätte; von J. Grützke das Wandbild der Eingangshalle, 1987–91). – Abb. S. 352.

Paulus, hl., jüd. Name Saul, * Tarsus (Kilikien) Anfang des 1. Jh. (?), † Rom 60 oder 62 (?), christl. Apostel, Verfasser zahlr. neutestamentl. Schriften. – Als Quellen zur Rekonstruktion seines Lebens dienen v. a. die wirklich von ihm verfaßten Briefe an die Gemeinden in Rom, Korinth, Galatien, Philippi, Thessalonike und an Philemon, die alle aus der Zeit zw. 50 und 56 stammen. Die Apostelgeschichte kann nur z. T. als Quelle angesehen werden, da sie

Paul I., Kaiser von Rußland (Ausschnitt aus einem Kupferstich, um 1800)

Wolfgang Paul

Wolfgang Pauli

Linus Pauling

stark von den Intentionen ihres Verfassers und den Vorstellungen der Gemeinden in der nachapostol. Zeit geprägt ist. – Entstammte einer jüd. Familie, erbte von seinem Vater das röm. Bürgerrecht, erhielt eine Ausbildung als Pharisäer (wohl in Jerusalem), die auch seine Theologie beeinflußte. Andere Prägungen erhielt er durch den Hellenismus. Um 30 ereignete sich in Damaskus die Bekehrung des P. Der Bericht Apg. 9, 3–9 über den Bekehrungsvorgang muß als legendäre Epiphaniegeschichte angesehen werden. Die Bekehrung bedeutete für P. zugleich seine Berufung zum Apostel der Heiden. – Bis zum Apostelkonzil (↑Aposteldekret) wirkte P. außer in der Gegend von Damaskus nur in Antiochia, wohin er von ↑Barnabas, der ihn dann auf seiner ersten Missionsreise begleitete, gerufen worden war. Diese *1. Reise* unternahm P. nach dem Apostelkonzil nach Zypern und Kleinasien. Die *2. Reise* führte über Syrien und Kilikien nach Lykaonien, dann über Phrygien, Galatien, Troas und Makedonien nach Thessalonike und Athen und von dort nach Korinth, wo sich P. von 49 bis 51 aufhielt. Die *3. Reise* führte ihn zunächst nach Galatien und Phrygien, dann nach Ephesus, wo er ungefähr 2 Jahre blieb. Danach reiste er erneut nach Korinth. Nach seiner Rückkehr nach Jerusalem führten jüd. Anfeindungen dort zu seiner Inhaftierung. Er wurde nach Rom überstellt, wo er vermutlich unter Nero den Märtyrertod fand.

Theologie: P. setzt ebensowenig wie die urchristl. Gemeinde die Botschaft Jesu vom kommenden Reich Gottes fort, sondern knüpft an die nachösterl. Verkündigung des gekreuzigten und auferstandenen Herrn und seine Bed. für das Heil der Menschheit an. Die durch Tod und Auferstehung Christi eingetretene Wende der Heilsgeschichte zeigt sich v. a. darin, daß der jüd. Heilsweg, der in der Erfüllung des Gesetzes als der Verpflichtung gegenüber dem Bund mit Jahwe besteht, aufgehoben ist, die ↑Rechtfertigung ausschließlich aus dem Glauben erlangt werden kann. Das Gesetz zeigt dem Menschen die Sünde nicht als eine individuelle moral. Verfehlung, sondern als Grundstruktur menschl. Daseins gegenüber Gott (schon von Adam her); sie besteht im Ungehorsam gegenüber der Gnade Gottes, die den Glauben schenkt. Der Glaube kann somit auch nicht als Werk des Menschen aus sich selbst verstanden

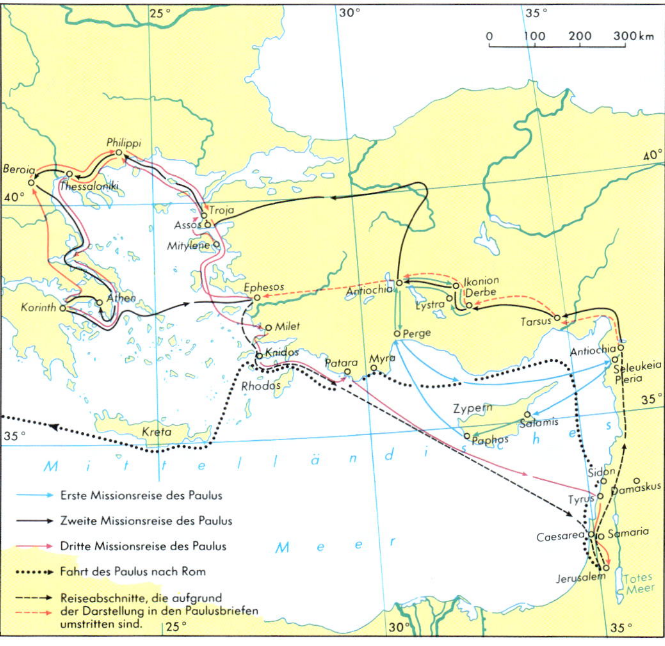

Paulus. Wege seiner Missionsreisen nach der Darstellung der Apostelgeschichte

Paulskirche

werden, sondern als Gabe und als Gehorsam gegenüber dem Willen Gottes. Der Mensch ist in allen seinen Aspekten („Geist", „Seele", „Leib") aufgerufen, das in Christus geschenkte neue Leben zu verwirklichen. In seinem Verhalten ist er jedoch nicht auf sich selbst gestellt, sondern ist Mgl. der Gemeinde des auferstandenen Herrn.

Paulus, Friedrich, *Breitenau 23. Sept. 1890, †Dresden 1. Febr. 1957, dt. Generalfeldmarschall (seit 1943). – Erhielt im Jan. 1942 den Oberbefehl über die 6. Armee, mit der er im Nov. 1942 in Stalingrad eingeschlossen wurde; ging schließlich auf eigene Verantwortung mit den Resten der 6. Armee in Kriegsgefangenschaft (bis 1953); schloß sich dort dem Nationalkomitee Freies Deutschland an.

Paulus vom Kreuz, hl., eigtl. Paolo Francesco Danei, *Ovada (Prov. Alessandria) 3. Jan. 1694, †Rom 18. Okt. 1775, italien. kath. Ordensstifter. – Begründete 1720 die Kongregation der **Passionisten** (myst. Verehrung des Kreuzes Christi). – Fest: 28. April.

Paulus von Samosata, *Samosata (= Samsat, Verw.-Geb. Adıyaman, Türkei) um 200, †nach 273, Bischof von Antiochia (seit um 260) und altkirchl. Theologe. – War gleichzeitig hoher Beamter des Königshofes von Palmyra. Von Synoden 264 und 268 wegen seiner Lebensführung und wegen Häresie angeklagt und als Bischof abgesetzt.

Paulusapokalypse, Name von zwei apokalypt. Schriften: 1. eine gnost. Schrift, die in Nag Hammadi gefunden wurde; 2. die um 380 entstandene Beschreibung einer Reise des Paulus ins Jenseits.

Paulusbriefe, im N. T. von ↑Paulus verfaßte oder ihm zugeschriebene Briefe: Römerbrief, die beiden Korintherbriefe, Galaterbrief, Epheserbrief, Philipperbrief, Kolosserbrief, die beiden Thessalonicherbriefe, die beiden Timotheusbriefe, Titusbrief, Philemonbrief, Hebräerbrief. Davon ist mit Sicherheit jedoch nur ein Teil von Paulus selbst verfaßt: 1. Thess., Gal., 1. Kor., Phil., Philem., 2. Kor. und Röm. (zw. 50 und 56).

Paulus Diaconus, *Friaul um 720, †Montecassino 799 (?), langobard. Geschichtsschreiber. – Nach 774 Eintritt in das Kloster Montecassino; 782–787 am Hofe Karls d. Gr.; verfaßte u. a. die „Historia Langobardorum" zur Geschichte seines Volkes und eine Biographie Papst Gregors I., des Großen.

Paulus Jovius ↑Giovio, Paolo.

Paulus Servita ↑Sarpi, Paolo.

Paulus Venetus ↑Sarpi, Paolo.

Pauly, August [...li], *Benningen am Neckar 9. Mai 1796, †Stuttgart 2. Mai 1845, dt. klass. Philologe. – Begründer der seinen Namen tragenden „Realencyclopädie der class. Alterthumswissenschaft" (1837 ff.), des umfassendsten lexikal. Werkes über die Antike.

Paumann, Conrad, *Nürnberg zwischen 1410 und 1415, †München 24. Jan. 1473, dt. Organist. – Von Geburt an blind; war spätestens 1446 Organist an Sankt Sebald in Nürnberg und stand ab 1451 im Dienst der Herzöge von Bayern. Erhalten sind Liedbearbeitungen, Kompositions- und Spielanleitungen für Organisten (überliefert im „Lochamer Liederbuch" und „Buxheimer Orgelbuch").

Paumespiel [po:m; frz., zu lat. palma „flache Hand" (weil urspr. mit der ungeschützten Hand gespielt wurde)] (Jeu de paume), altes frz. tennisähnl. Rückschlagspiel, später mit der gepolsterten Hand und seit dem 15. Jh. mit Schlägern gespielt. Das Gebäude des „Musée du Jeu de Paume" in Paris ließ Napoleon III. 1861 für das P. errichten.

Paumgartner, Bernhard, *Wien 14. Nov. 1887, †Salzburg 27. Juli 1971, österr. Dirigent, Musikforscher und Komponist. – 1917–38 und 1945–53 Direktor, 1953–59 Präs. des Salzburger Mozarteums; Mitbegr. der Salzburger Festspiele, seit 1960 deren Präs.; bed. Kenner Mozarts und der Barockmusik.

Pauperismus [zu lat. pauper „arm"], in den 1840er Jahren auftauchende Bez. der vorindustriellen Massenarmut.

Pausanias, †Sparta 467 oder 466, spartan. Heerführer. – Oberbefehlshaber der Griechen bei Platää 479 v. Chr., eroberte Zypern und Byzantion (478), wo er eigenmächtig bis 470 herrschte; wegen seiner Selbstherrlichkeit verhaßt. In Sparta wegen Landesverrats angeklagt und in einen Tempel eingemauert.

P., *in Kleinasien (?) um 110, †nach 180, griech. Schriftsteller. – Verf. einer Beschreibung Griechenlands in 10 Büchern, das einzige vollständig erhaltene Werk perieget. Literatur (↑Periegeten). Wichtige Quelle u. a. für die antike Kunst- und Kulturgeschichte.

Pauschaldelkredere, svw. ↑Pauschalwertberichtigung.

Pauschale [nlat. Bildung zu dt. Bauschsumme], geschätzter Gesamtbetrag zur Abgeltung von Einzelansprüchen, z. B. Überstunden-P. (ohne Nachweis der tatsächlich geleisteten Mehrarbeitsstunden).

Pauschalwertberichtigung (Pauschaldelkredere), Berücksichtigung des Ausfallrisikos (↑Delkredere) für eine Vielzahl kleinerer Forderungen, bei denen eine genaue Feststellung des speziellen Risikos nicht zweckmäßig erscheint, auf Grund von Erfahrungssätzen der Vergangenheit.

Pause [lat.-roman., zu griech. paúein „beenden"], Unterbrechung einer (körperl. oder geistigen) Tätigkeit, um Ermüdung und damit Leistungsabfall zu vermeiden.

▷ in der *Taktmetrik* eine vom metr. Schema geforderte Takteinheit, die sprachlich nicht ausgefüllt ist (metr. Zeichen ∧).

▷ in der *Musik* das vorübergehende Aussetzen einzelner oder aller Stimmen in einer Komposition, angezeigt durch eigene, den Noten z. T. angeglichene [und ebenfalls P. genannte] Zeichen.

Pause, unter Verwendung von Transparentpapier oder Pausleinen bzw. auf photochem. Wege hergestellte Kopie.

Pausewang, Gudrun, *Wichstadtl (= Mladkov, Ostböhm. Bez.) 3. März 1928, dt. Schriftstellerin; schreibt v. a. für Kinder und Jugendliche. Lebte viele Jahre in Lateinamerika. – *Werke:* Plaza Fortuna (R., 1966), Die Entführung der Doña Agata (R., 1971), Karneval und Karfreitag (R., 1976), Und es bewegt sich doch (R., 1984), Pepe Amado (R., 1986), Die Wolke (1987).

Paustowski, Konstantin Georgijewitsch, *Moskau 31. Mai 1892, †ebd. 14. Juli 1968, russ. Schriftsteller. – Im Bürgerkrieg auf seiten der Revolutionsarmee. Stellte anfangs in romant., zum Exotischen neigenden Romanen und Erzählungen das Leben auf See und in Hafenstädten, später mit zunehmend realist. Stilmitteln auch aktuelle Probleme des sowjet. Lebens dar, u. a. „Segen der Wälder" (R., 1948). Auch Dramen, Künstlerromane und eine Autobiographie (6 Bde.).

Pavane [italien.-frz., eigtl. „die aus Padua Stammende"], aus Italien stammender, würdevoll geschrittener Hoftanz im geraden Takt (ohne Auftakt); Anfang des 17. Jh. Einleitungssatz der Suite.

Pavarotti, Luciano, *Modena 12. Okt. 1935, italien. Sänger (Tenor). – Gehört zu den führenden Interpreten seines Fachs; wurde bes. mit Partien aus Opern G. Donizettis, G. Verdis und G. Puccinis bekannt; tritt auch als Konzert- und Liedsänger hervor.

Pavelić, Ante [serbokroat. ˌpavɛlitɕ], *Bradina (Herzegowina) 14. Juli 1889, †Madrid 28. Dez. 1959, kroat. Politiker. – Emigrierte 1929 nach Italien; Gründer und Lenker der faschistisch inspirierten ↑Ustascha; rief 1941 mit dt. und italien. Unterstützung als Staatschef den „Unabhängigen Staat Kroatien" aus; 1945 wegen der Errichtung von KZ und Massenvernichtungen von Serben, Juden und Muslimen in Jugoslawien in Abwesenheit zum Tode verurteilt; flüchtete nach Argentinien, wo er 1949 eine Ustascha-Exilreg. bildete.

Pavese, Cesare, *Santo Stefano Belbo (Prov. Cuneo) 9. Sept. 1908, †Turin 27. Aug. 1950 (Selbstmord), italien. Schriftsteller. – War seit 1943 Mgl. der KP. Einer der bedeutendsten Erzähler und Lyriker der neueren italien. Literatur. Schauplatz seiner [neorealist.] [Kurz]romane und Erzählungen ist meist seine piemontes. Heimat, bevorzugtes Thema das Versagen zwischenmenschl. Beziehungen und die Vereinsamung des Menschen, bes. in den Romanen „Der Genosse" (1947) und „Junger Mond" (1950). Von tiefem Pessimismus und Resignation geprägt ist sein Tagebuch von 1935–50 „Das Handwerk des Lebens" (hg. 1950). Übersetzte u. a. S. Lewis, J. Joyce, J. Dos Passos, G. Stein. – *Weitere Werke:* Der schöne Sommer (R.-Trilogie, 1949), Andere Tage, andere Spiele (R., entstanden 1932, hg. 1968).

Pavia, italien. Stadt in der Lombardei, 77 m ü. d. M., 81 300 E. Hauptstadt der Prov. P.; kath. Bischofssitz; Univ. (gegr. 1361), PH, Priesterseminar, Museen, Staatsarchiv; Herstellung von Näh- und Landmaschinen, Elektromotoren, Fernsehgeräten; Erdölraffinerie, petrochem., pharmazeut., Elektro-, metallverarbeitende, Textil- und Nahrungsmittelind.; Kanalverbindung nach Mailand.

Geschichte: Röm. Gründung **(Ticinum)** aus dem 2. Jh. v. Chr., vermutlich im 4. Jh. Bischofssitz; im 6. Jh. eine der Residenzen Theoderichs d. Gr.; 572–774 als **Papia** Hauptstadt der Langobarden; danach zum Fränk. Reich; 1359 von Mailand unterworfen. 1361 ging aus der berühmten Rechtsschule von P. die Univ. hervor. In der **Schlacht bei Pavia** am 24. Febr. 1525 wurde König Franz I. von Frankreich vom Heer Kaiser Karls V. geschlagen und gefangengenommen.

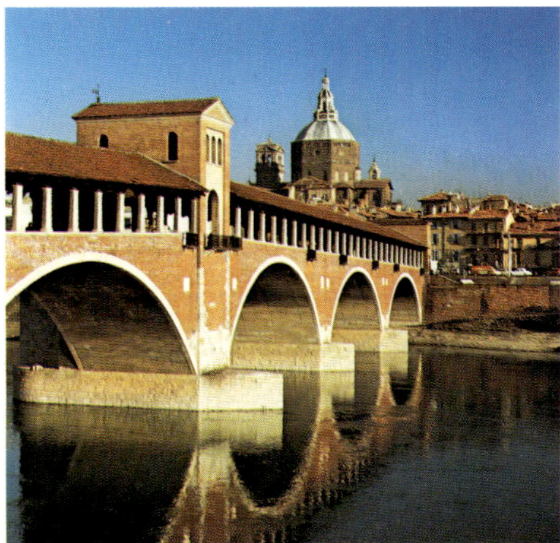

Pavia. Die überdachte Brücke über den Tessin, 1354. Im Hintergrund der Dom, 1488 ff.

Luciano Pavarotti

Ante Pavelić

Cesare Pavese

Pavia
Stadtwappen

Iwan Petrowitsch Pawlow

Anna Pawlowna Pawlowa

Octavio Paz

Víctor Paz Estenssoro

Bauten: Dom (1488 ff.; Kuppel und Fassade 19. Jh.), roman. Kirche San Pietro in Ciel d'Oro (1132 geweiht) mit Grab des hl. Augustinus; roman. Kirche San Michele (1117–55). Überdachte Brücke (1354) über den Tessin. – ↑Certosa di Pavia.

Paviane [frz.-niederl.] (Papio), Gatt. ziemlich großer kräftiger Affen (Fam. Meerkatzenartige) in Savannen und Steppen Afrikas und S-Arabiens; überwiegend Baumbewohner; Körperlänge etwa 50–115 cm; Kopf groß, mit stark verlängerter, kantiger, hundeähnl. Schnauze; ♂♂ oft mit Mähne oder Bart; Eckzähne sehr lang, dolchartig spitz; Gesäßschwielen stark entwickelt, oft leuchtend rot. Etwa 60–75 cm lang ist der braun bis graubraun gefärbte **Mantelpavian** (Hamadryas, Papio hamadryas); Schwanz 40–60 cm lang. Die anderen 4 Arten sind Anubis-P., Sphinx-P., Tschakma und Gelber Babuin (↑Babuine).

Pavie [nach dem niederl. Botaniker P. Pa(a)w, † 1617] ↑Roßkastanie.

Pavillon ['pavıljõ, pavi'jõ; frz.; zu lat. papilio „Schmetterling", (übertragen:) „Zelt"], freistehender Baukörper (Gartengebäude) oder Bestandteil eines Schloßbaus (Eck- oder Mittel-P.), der sich durch eine vom Hauptbau abgesetzte Dachform auszeichnet. Heute auch flaches Ausstellungsgebäude (mit nur einem Raum) oder Einzelbau einer ganzen Anlage im **Pavillonsystem.**

Pavo [lat.] (Pfau) ↑Sternbilder (Übersicht).

Pawlodar, Geb.hauptstadt am Irtysch im NO Kasachstans, 331 000 E. PH, Ind.hochschule, Theater; Aluminiumwerk, Traktorenbau, Erdölverarbeitung; Hafen. – Gegr. 1720, seit 1861 Stadt.

Pawlow, Iwan Petrowitsch, * Rjasan 14. Sept. 1849, † Leningrad (= St. Petersburg) 27. Febr. 1936, russ. Physiologe. – Prof. an der Militärmedizin. Akad. in St. Petersburg. Sein Hauptinteresse galt der Physiologie der Verdauung, speziell der nervalen Steuerung der dabei beteiligten inneren Sekretion. Außerdem untersuchte P. den reflektor. Vorgang der Speichel- und Magensekretion. Die Beschäftigung auch mit der „höheren Nerventätigkeit" führte ihn zur Unterscheidung zw. ↑unbedingtem Reflex und ↑bedingtem Reflex. Erhielt 1904 den Nobelpreis für Physiologie oder Medizin.

Pawlowa, Anna Pawlowna, eigtl. A. P. Matwejewa, * St. Petersburg 12. Febr. 1881, † Den Haag 23. Jan. 1931, russ. Tänzerin. – Wurde 1899 Mgl. des Marientheaters in St. Petersburg (1906 Primaballerina). 1905 kreierte sie Fokins „Sterbenden Schwan" (Musik von C. Saint-Saëns); 1901–11 Mgl. von S. Diaghilews Ballets Russes; ihre Berühmtheit beruhte auf ihrer Grazie und der Intensität ihrer Gestaltungskraft.

Pawlowsk, südl. Vorort von St. Petersburg, Rußland, 21 000 E. Ehem. Sommerresidenz der Zarenfamilie, heute Museum; klassizist. Schloß- und Parkanlage; Schloß von C. Cameron (1782–86) und V. Brenna (1797–99) erbaut, nach Brand 1803/04 von A. Woronichin wiederhergestellt; Landschaftspark nach engl. Vorbild von P. Gonzago (1777 bis 1803).

Pawnee [engl. pɔ'ni:], Caddo sprechender indian. Stammesverband in der Prärie, am mittleren Platte River, USA; etwa 2 400.

Pax, bei den Römern Begriff und vergöttlichte Personifikation des „Friedens", der griech. Eirene entsprechend.

Pax [lat. „Friede"] ↑Friedenskuß.

Pax Augusta ↑Badajoz.

Pax Christi [lat. „Friede Christi"], kath. internat. Friedensbewegung, die sich 1945 mit einem Aufruf zum „Gebetskreuzzug für den Frieden" durch 40 frz. Bischöfe formierte; seit 1951 in einem Internat. Sekretariat (Sitz Antwerpen) und nat. Sektionen organisiert.

Pax Dei [lat. „Friede Gottes"] ↑Gottesfriede.

Pax Romana [lat. „röm. Friede"], Bez. für die durch Rechtsnormen und eth. Grundwerte gesicherte Friedensordnung des Röm. Reiches bes. im 1. und 2. Jh. n. Chr.; auch *Pax Augusta* genannt.

Payerne [frz. pa'jɛrn], Bez.hauptort im schweizer. Kt. Waadt, 452 m ü. d. M., 6 700 E. Tabakverarbeitung, Fleischwarenfabrik. – Geht auf röm. Ursprung zurück; burgund. Residenzstadt; kam 1536 an Bern. – Roman., burgundisch beeinflußte ehem. Stiftskirche.

Payne [engl. pɛın], John Howard, * New York 9. Juni 1791, † Tunis 9. April 1852, amerikan. Dramatiker. – 1805/06 Hg. der Theaterzeitschrift „Thespian Mirror"; Schauspieler; lebte, u. a. als Theaterleiter, 1813–32 in Europa. Schrieb (oft zus. mit W. Irving) Komödien, melodramat. Werke und Blankverstragödien.

P., Thomas ↑Paine, Thomas.

Paysage intime [frz. pɛiza'ʒɛ̃'tim „intime Landschaft"], von der Schule von ↑Barbizon bes. gepflegte Art der Landschaftsmalerei: von Stimmung erfüllte, unpathet. Landschaftsansicht, meist ein Ausschnitt.

Paysandú, Hauptstadt des uruguay. Dep. P., am Uruguay, 81 000 E. Theater, dt. Schule; bed. Ind.standort, Hafen, ✈.

Pays de la Loire [frz. pɛidla'lwa:r], Region in Frankreich beiderseits der unteren Loire, 32 082 km², 3,06 Mill. E (1990), Regionshauptstadt Nantes.

Pay-TV [engl. 'pɛıti:vi:; Kw. aus engl. pay „bezahlen" und television „Fernsehen"], an das Kabelfernsehen gebundene Art des kommerziellen Fernsehens, bei dem sich der Zuschauer gegen Entgelt in ein bestimmtes Programm einschalten kann. Für den Empfang der verschlüsselten Sendungen ist ein Decoder erforderlich.

Paz, Octavio [span. pas], * Mixcoac (= Mexiko) 31. März 1914, mex. Schriftsteller. – 1943–68 im diplomat. Dienst, u. a. in Europa und Asien; einer der bedeutendsten mex. Lyriker (dt. Auswahl 1971 u. d. T. „Freiheit, die sich erfindet"; „In mir der Baum", 1987) und Essayisten der Gegenwart („Das Labyrinth der Einsamkeit", 1950; „Die andere Zeit der Dichtung", 1974; „Hombres en su siglo", 1990). Gründete 1976 die Zeitschrift „Vuelta". Erhielt 1984 den Friedenspreis des Börsenvereins des Dt. Buchhandels, 1990 den Nobelpreis für Literatur.

Paz, La [span. la 'pas], Hauptstadt des mex. Staates Baja California Sur, im S der Halbinsel Niederkalifornien, 70 000 E. Hafen; Fremdenverkehr; internat. ✈, Fährverkehr mit Mazatlán. – An der Stelle der heutigen Stadt bestand 1720–45 eine Missionsstation der Jesuiten; um 1800 wieder von Fischern und Kolonisten besetzt.

P., La, Reg.sitz Boliviens, Hauptstadt des Dep. La P., liegt in einem Talkessel am Rande des Altiplano, zw. 3 100–4 100 m ü. d. M. (höchstgelegene Großstadt der Erde), 1 Mill. E. Kath. Erzbischofssitz; Univ. (gegr. 1830), kath. Univ. (gegr. 1966), Konservatorium, Kunsthochschule, volkskundl., archäolog., Kunstmuseum; Hauptind.-standort, Haupthandelszentrum Boliviens. Internat. ✈. – An der Stelle der in der 2. Hälfte des 13. Jh. von den Inka angelegten Siedlung Chuquiyapu („Großes Goldfeld"), die 1535 von den Spaniern erobert worden war, 1548 gegr. und **Ciudad de Nuestra Señora de la Paz** gen.; wurde 1782 Sitz einer Intendencia des Vize-Kgr. La Plata; seit 1827 offizieller Name **La Paz de Ayacucho** (zur Erinnerung an den Ort des entscheidenden Sieges über den span. Vizekönig); seit 1898 Sitz der Reg. – Kathedrale (begonnen 1843) und die Kirchen San Francisco und Santo Domingo (beide 18. Jh.).

P., La, Dep. in Bolivien, an der Grenze gegen Peru und Chile, 133 985 km², 1,92 Mill. E (1988), Hauptstadt La Paz.

Paz Estenssoro, Víctor [span. 'pas esten'soro], * Tarija 2. Okt. 1907, bolivian. Politiker. – Mitbegr. 1940 des Movimiento Nacionalista Revolucionario (MNR); 1943/44 Finanzmin.; Staatspräs. 1952–56 (verstaatlichte die Zinnbergwerke und führte eine Agrarreform durch), erneut 1960–64 (durch Militärputsch gestürzt) sowie 1985–89.

Pazifik ↑Pazifischer Ozean.

Pazifischer Ozean (Pazifik, Großer Ozean, Stiller Ozean), größter Ozean der Erde, 165 Mill. km², mit Nebenmeeren 181,34 Mill. km², die mittlere Tiefe beträgt 4 188 m, die größte Tiefe wurde mit 11 034 m im Marianengraben gemessen. Seine Grenzen zum Atlant. Ozean bilden die Beringstraße im N und die Drakestraße zw. Kap Hoorn und Antarkt. Halbinsel im O; gegen den Ind. Ozean verläuft die Grenze zw. Antarktis und Tasmanien entlang dem Meridian 147° ö. L., dann westl. der Bass-Straße, von N-Australien zu den Kleinen Sundainseln und durch die Singapurstraße.

Der P. O. wird durch untermeer. Rücken und quer dazu verlaufende Schwellen in submarine Großbecken gegliedert. Wichtigste untermeer. Rücken sind der West- und der Ostpazif. Rücken; letzterer setzt sich nach S im Südpazif. Rücken fort. Den Rücken, Schwellen sowie dem Beckengrund sitzen zahlr. Vulkane auf. Insgesamt liegen im P. O. etwa 10 000 Inseln mit einer Landfläche von 3,6 Mill. km². Außerdem sind zahlr. untermeer. Kuppen (Guyots, Atolle) vorhanden. Am Rande des P. O. erstreckt sich ein nahezu zusammenhängender Gürtel von Tiefseegräben und Faltengebirgen, die mit Vulkan- und Erdbebenzonen zusammenfallen. Der Nord- und der zentrale Südpazifik sind mit Rotem Tiefseeton bedeckt, der östl. und westl. Südpazifik mit Globigerinenschlamm, die arkt. und antarkt. Bereiche mit Diatomeenschlamm.

Salzgehalt, Temperatur: Unter dem Einfluß der klimat. Verhältnisse sind Salzgehalt und Temperatur an der Meeresoberfläche verschieden. In den Tropen wird durch den starken Regenfall eine Oberflächenschicht salzarmen Wassers erzeugt, die wegen der hohen Sonneneinstrahlung auch sehr warm ist (bis 29 °C). In den Subtropen übersteigt die Verdunstung den Regenfall, was zu einer Erhöhung des Salzgehalts (etwa bis 37 ‰) führt. Im Bereich des gemäßigten Klimas führen zunehmender Niederschlag und abnehmende Verdunstung zu einer Abnahme des Salzgehalts. Die Wassertemperatur in den höheren Breiten (bei 60° nördl. Br. etwa 5 °C) ist starken Schwankungen zw. Sommer und Winter unterworfen. Im Beringmeer und im Ochotsk. Meer bildet sich Eis, das in bes. kalten Wintern mehr als die Hälfte dieser Meere bedecken kann. In den antarkt. Gewässern findet man sowohl riesige Eisberge als auch weite Treibeisgebiete.

Strömungen: Entlang der W-Seite bilden sich die westl. Strahlströme, die mit großer Geschwindigkeit entlang den Kontinenten fließen. Der nordpazif. subtrop. antizyklonale Wirbel besteht aus dem Kuroshio, dem Nordpazif. Strom, dem Kaliforn. Strom und dem Nordäquatorialstrom. Ein entsprechender subtrop. antizyklonaler Wirbel befindet sich im Südpazifik. Zw. diesen beiden Wirbeln findet man den Äquatorialen Gegenstrom, der als ein relativ schmales Band von W nach O zw. 4° und 9° n. Br. quer über den ganzen P. O. fließt. Entlang dem Äquator und bes. ausgeprägt im östl. und mittleren P. O. gibt es aufsteigende Wasserbewegungen, die kühleres, nährstoffreicheres Wasser aus etwa 150 m Tiefe an die Oberfläche bringen. Es kommt aus dem Äquatorialen Unterstrom, der entlang dem Äquator unter dem Südäquatorialstrom diesem entgegengesetzt in 50–250 m Tiefe fließt. Südl. des großen subtrop. antizyklonalen Wirbels der Südhalbkugel fließt der Antarkt. Zirkumpolarstrom; er ist die gewaltigste Meeresströmung der Erde und die einzige, die in einem geschlossenen Ring um die ganze Erde fließt. Im nördl. Nordpazifik ist der subpolare Alaskawirbel ausgebildet. Er bringt relativ warmes Wasser in den Golf von Alaska und trägt dazu bei, diesen im Winter eisfrei zu halten. Die von den Gezeiten bedingten Strömungen sind im offenen Ozean gering, an den Küsten der Inseln betragen die Hubhöhen der Tiden etwa 1 m, im Golf von Alaska mehrere Meter.

Der P. O. ist verhältnismäßig verkehrsarm, doch nehmen Schiffs- und Luftverkehr sowie der Fremdenverkehr zu. Hauptschiffahrtslinien verbinden Australien und Neuseeland sowie die südost- und ostasiat. Länder mit Amerika. Über den Panamakanal Verbindung mit dem Atlantik. Für Transporte vom Nahen Osten nach Ostasien ist die Malakkastraße eine wichtige Verbindung vom Ind. Ozean zum P. O. Die Fischerei (bes. durch Japan und Rußland) im P. O. erbringt mehr als die Hälfte der Weltproduktion. An Bodenschätzen kommen v. a. Manganknollen und Erdöl vor.

Entdeckung und Erforschung: Während die Besiedlung der pazif. Inseln schon vor mehr als 10 000 Jahren von Asien aus begann, wurde der offene P. O. für die Europäer erst entdeckt, als Vasco Núñez de Balboa ihn 1513 nach Überquerung der Landenge von Panama erblickte; er nannte ihn Südsee. Fernão de Magalhães überquerte ihn 1519–21 auf seiner ersten Weltumsegelung. Erste kartograph. Expeditionen durch J. Cook 1768–71, 1772–75 und 1776–79. Von M. F. Maury (1853) ging die erste planmäßige Sammlung hydrograph.-meteorolog. Daten aus. Die *Tiefseeforschung* setzte erst 1874 mit den Expeditionen des brit. Forschungsschiffes „Challenger" und des dt. Forschungsschiffes „Gazelle" ein. Seither sind fast alle seefahrenden Nationen an der Erforschung des P. O. beteiligt. Die moderne Meeresforschung begann im P. O. um 1928 durch amerikan. und dän. Untersuchungen. 1960 tauchten zwei Amerikaner mit dem von J. Piccard entwickelten Tauchboot „Trieste" im Marianengraben bis in Tiefen von fast 11 000 m hinab. Ende der 1960er Jahre begannen Geologen und Geophysiker verschiedener Staaten mit kontinuierl. Untersuchungen des Meeresbodens und der Nutzbarmachung seiner Sedimente.

La Paz
Stadtwappen

La Paz

Reg.sitz Boliviens (seit 1898)
•
1 Mill. E
•
Hauptind.standort und -handelszentrum des Landes
•
1548 gegr. (Ciudad de Nuestra Señora de la Paz)
•
höchstgelegene Großstadt der Erde (3 100–4 100 m ü. d. M.)

Pazifismus [zu lat. pax „Frieden"], 1. Grundhaltung, die bedingungslose Friedensbereitschaft fordert, jede Gewaltanwendung kompromißlos ablehnt und damit in letzter Konsequenz zur Kriegsdienstverweigerung führt; 2. Gesamtheit der seit dem 19. Jh. v. a. in Europa und in den USA entstandenen *Friedensbewegungen* (↑ Frieden), die programmatisch die Ziele des P. verfechten. – P. tritt in verschiedenen Erscheinungsformen auf; man unterscheidet zw. einem **ethisch-religiösen Pazifismus,** der an das Gewissen des einzelnen appelliert, einem **sozialen und wirtschaftlichen Pazifismus,** der auf die Beseitigung sozioökonom. Kriegsursachen und damit i. d. R. auf umfassende gesellschaftl. Änderungen hin orientiert ist, einem **politischen Pazifismus,** der um die Beseitigung polit. Kriegsursachen bemüht ist, und einem **völkerrechtlichen Pazifismus,** der eine internat. Friedensordnung anstrebt. P., der jeden Krieg zur Lösung polit. Konflikte ablehnt, wird **radikaler Pazifismus** genannt.

Geschichte: Der Begriff „pacifisme" war in Frankreich seit den 1840er Jahren verbreitet, in Deutschland wurde der Begriff P. erst um 1900 gebräuchlich; er scheint im Rückgriff auf die lat. Fassung von Matth. 5,9 („beati pacifici" = selig die Friedensstifter) geprägt worden zu sein und knüpft damit an das Christentum als eine Wurzel des P. an: Mennoniten und Quäker gaben den Anstoß zur Gründung erster pazifist. Organisationen, der *Friedensgesellschaften.* In den 1960er Jahren erhielt der P. durch den Vietnamkrieg bed. Impulse, die sich bis heute in der weltweiten Friedensbewegung widerspiegeln.

Pázmány, Péter [ungarisch 'pa:zma:nj], * Nagyvárad (Großwardein = Oradea) 4. Okt. 1570, † Preßburg 19. März 1637, ungar. Kardinal. – Aus vornehmer kalvinist. Familie, konvertierte 1583 zum Katholizismus; 1597 Prof. für Philosophie, später für Theologie in Graz; von 1608 an in Ungarn der entschiedenste Vorkämpfer der kath. Restauration; 1616 Erzbischof von Esztergom und Primas von Ungarn, 1629 Kardinal. Gründete u. a. die Univ. in Nagyszombat (= Trnava), die spätere Budapester Universität.

Péter Pázmány

Paznauntal, 35 km lange Talschaft der Trisanna in den westl. Zentralalpen, Tirol; Fremdenverkehrszentren sind Galtür (700 E) und Ischgl (1 200 E).

Paz Zamora, Jaime [span. 'paðam'ora], * Cochabamba 15. April 1939, bolivian. Politiker. – Gründete 1971 den Movimiento de la Izquierda Revolucionaria (MIR); 1974 inhaftiert, danach ins Exil geflüchtet; 1982–85 Vizepräsident Boliviens; seit Aug. 1989 Staatspräsident.

Jaime Paz Zamora

Pb, chem. Symbol für ↑ Blei (lat. **Plumb**um).

PBI, Abk. für engl.: **p**rotein **b**ound **i**odine („eiweißgebundenes Jod"), indirektes Maß für die Konzentration der an Serumträgerproteine gebundenen Schilddrüsenhormone im Blut; diagnostisch bed. für die Schilddrüsenfunktion.

pc, Einheitenzeichen für ↑ **P**arse**c**.

PC, Abk. für: ↑ **P**ersonal**c**omputer.

PCB, Abk. für: **p**oly**c**hlorierte **B**iphenyle; durch Chlorieren von ↑ Diphenyl hergestellte, chemisch und thermisch sehr stabile Substanzen, die als Kühlmittel und Hydraulik-

James Peale. Madame Dubocq and her children, 1807 (Louisville, Ky., J.B. Speed Art Museum)

flüssigkeiten verwendet werden. PCB sind giftig und krebsauslösend; in der BR Deutschland seit 1984 nicht mehr produziert und verarbeitet.

PCM, Abk. für engl.: **P**uls**c**ode**m**odulation (↑Modulation).

Pd, chem. Symbol für ↑**P**alla**d**ium.

PDS, Abk. für: ↑**P**artei des **D**emokratischen **S**ozialismus.

Lester Bowles Pearson

Peace Corps [engl. 'pi:s 'kɔ: „Friedenskorps"], 1961 von Präs. J. F. Kennedy ins Leben gerufene amerikan. Organisation freiwilliger Entwicklungshelfer; wurde zum Vorbild von Entwicklungsdiensten vieler Länder.

Peace River [engl. 'pi:s 'rɪvə], linker Nebenfluß des Slave River, entspringt in den Rocky Mountains, mündet nahe dem Athabascasee, 1920 km lang; Großkraftwerk.

Peace River Country [engl. 'pi:s 'rɪvə 'kʌntrɪ], bed. Agrargebiet im westl. Kanada am Mittellauf des Peace River. Angebaut werden Weizen, Gerste, Hafer, Klee, Raps u. a. Ölpflanzen; Rinder- und Schweinehaltung; Holzwirtschaft; Erdöl- und Erdgasvorkommen um Fort Saint John.

Peak [engl. pi:k], engl. svw. Bergspitze.
▷ Bez. für ein relativ spitzes Maximum einer Meßkurve.

Peak District [engl. 'pi:k 'dɪstrɪkt] ↑Pennines.

Peale [engl. pi:l], amerikan. Malerfamilie, deren Haupt *Charles Willson P.* (* 1741, † 1827), ein anerkannter Porträtist, sich der Naturkunde widmete (Ausgrabungen und Museumsgründung). Bed.:

P., James, * Chestertown (Md.) 1749, † Philadelphia 24. Mai 1831. – Bruder von Charles Willson P., am besten seine klassizist. Frauenporträts nach 1800.

P., Raphaelle, * Annapolis (Md.) 17. Febr. 1774, † Philadelphia 5. März 1825. – Sohn von Charles Willson P.; malte Porträts und seit 1812 Stilleben.

Peano, Giuseppe, * Cuneo 27. Aug. 1858, † Turin 20. April 1932, italien. Mathematiker. – Prof. in Turin; bed. Beiträge zu den Grundlagen der Mathematik und zur mathemat. Logik. P. schuf u. a. das nach ihm ben. Axiomensystem und die ↑Interlingua, eine Welthilfssprache.

Peanosches Axiomensystem [nach G. Peano], Axiomensystem zur Festlegung der Menge **N** der ↑natürlichen Zahlen:
I. 1 ist eine natürl. Zahl.
II. Der Nachfolger jeder natürl. Zahl ist eine natürl. Zahl.
III. 1 ist nicht Nachfolger einer natürl. Zahl.
IV. Verschiedene natürl. Zahlen haben verschiedene Nachfolger.
V. Wenn eine Teilmenge von **N** die Zahl 1 enthält und mit jeder natürl. Zahl auch deren Nachfolger, dann ist diese Teilmenge gleich **N.**

Peanuts [engl. 'pi:nʌts, eigtl. „Erdnüsse"], 1950 entstandene Comic-Serie des kaliforn. Laienpredigers, Farmers und Zeichners C. M. Schulz (* 1922). Hauptfiguren sind Kinder, die in einer Mischung von Kindlichkeit und Erwachsensein agieren: der ewige Versager *Charlie Brown,* die aggressiv-aufdringl. *Lucy* und ihr unangepaßter Bruder *Linus* (mit der Schmusedecke), Beethovenfan *Schroeder* sowie der philosophierende Beagle *Snoopy.*

Pearl Harbor [engl. 'pə:l 'hɑ:bə], Marinestützpunkt an der S-Küste der Insel Oahu, Hawaii, USA, nw. von Honolulu. – Am 7. Dez. 1941 überfielen von Flugzeugträgern gestartete Einheiten der jap. Luftwaffe ohne vorherige Kriegserklärung P. H., konnten aber trotz Zerstörung zahlr. Kriegsschiffe und Flugzeuge eine Ausschaltung der amerikan. Pazifikflotte nicht erreichen. Dieser Angriff führte zum Kriegseintritt der USA gegen die Achsenmächte.

Pearl-Index [engl. 'pə:l; nach dem amerikan. Biologen R. Pearl, * 1879, † 1940] ↑Empfängnisverhütung (Übersicht).

Pearl River [engl. 'pə:l 'rɪvə], Zufluß zum Golf von Mexiko, USA, entspringt nö. von Jackson, bildet im Unterlauf die Grenze zw. Mississippi und Louisiana, 789 km lang.

Pearlstein, Philip [engl. 'pə:lstaɪn], * Pittsburgh 24. Mai 1924, amerikan. Maler und Graphiker. – Seit 1955 als Maler tätig (Aktbilder). P. ist einer der Wegbereiter des Neuen Realismus in den USA.

Pearson, Lester Bowles [engl. pɪəsn], * Toronto 23. April 1897, † Ottawa 27. Dez. 1972, kanad. Politiker. – Seit 1928 im diplomat. Dienst; 1948–68 liberaler Unterhaus-Abg., 1948–57 Außenmin.; maßgeblich an der Gründung der UN und der NATO beteiligt; erhielt für seine Verdienste um die Beilegung der Sueskrise (1956) 1957 den Friedensnobelpreis; seit 1958 Führer der Liberalen Partei; 1963–68 Premierminister.

Peary, Robert Edwin [engl. 'pɪərɪ], * Cresson Springs (Pa.) 6. Mai 1856, † Washington 20. Febr. 1920, amerikan. Polarforscher. – Unternahm ab 1886 mehrere Expeditionen in die Arktis; entdeckte 1895 Pearyland und wies 1901 den Inselcharakter Grönlands nach; kam am 6. April 1909 in die unmittelbare Nähe des Nordpols. Der Anspruch F. A. Cooks, vor P. den Pol erreicht zu haben, ist umstritten.

Pearyland [engl. 'pɪərɪlɛnd], die nördlichste Halbinsel von Grönland, mit der nördlichsten Landspitze der Erde, im O bis 1950 m ü. d. M. – 1895 von R. E. Peary entdeckt; 1947–50 von der dän. P.expedition erforscht.

Pebble tools [engl. 'pɛbl 'tu:lz] (Geröllgeräte, Werkzeuge, Knollengeräte), aus gerundeten Fluß- bzw. Strand-

Peanuts. Bildabfolge mit Charlie Brown und Snoopy

geröllen oder ähnl. Feuersteinknollen meist zu Choppern zugeschlagene Steinwerkzeuge.

Peć [serbokroat. pɛ:tɕ] (alban. Pejë; beides amtl.), Stadt in der Prov. Kosovo (Serbien), am W-Rand der Metohija, 505 m ü. d. M., 42 100 E. Serb.-orth. Patriarchat; bed. Kunstgewerbe; Marktort. – 1202 erstmals erwähnt; 1463 bis 1766 als **İpek** unter osman. Herrschaft. – Oriental. Stadtbild (Moscheen); 1 km westl. befestigtes Patriarchenkloster mit 3 Kirchen (13. und 14. Jh.), die einen einheitl. architekton. Komplex bilden.

Peć. Das Patriarchenkloster westlich von Peć, 13. und 14. Jahrhundert

PeCe Ⓦⓩ [Kw.], Handelsbez. für mehrere aus nachchloriertem Polyvinylchlorid hergestellte Chemiefasern.

Pech [zu lat. pix „Pech"], zähflüssiger bis fester, brauner bis schwarzer Rückstand, der bei der Destillation von Erdöl und Teer anfällt und aus Gemischen von hochmolekularen cycl. Kohlenwasserstoffen und rußartigen Bestandteilen besteht; Schmelzpunkt zw. 40 ° und 85 °C. Verwendet werden die P. zur Herstellung von Teerpappen, Vergußmassen sowie als Klebemittel, als Rohstoffe für Anstriche und Isolierlacke.

Pechblende ↑Uranpecherz.

Pechel, Rudolf, *Güstrow 30. Okt. 1882, †Zweisimmen (Kt. Bern) 28. Dez. 1961, dt. Publizist. – 1919–42 Leiter der „Dt. Rundschau"; 1942–45 in den KZ Sachsenhausen und Ravensbrück; Hg. der wiedergegr. „Dt. Rundschau" ab 1946.

Pechkohle, steinkohlenartig aussehende, glänzende Hartbraunkohle.

Pechnase, nach unten offener, erkerartiger Vorbau an ma. Burgen, durch den siedendes Pech auf Angreifer gegossen wurde.

Pechnelke (Viscaria), Gatt. der Nelkengewächse mit fünf Arten im Mittelmeergebiet, in der gemäßigten Zone Europas, in SW- und W-Asien; meist rasenbildende, ausdauernde Kräuter mit schmalen Blättern und roten oder weißen Blüten. In Deutschland kommt auf Magerrasen und Heiden nur die **Gemeine Pechnelke** (Viscaria vulgaris) vor: 15–60 cm hoch; unterhalb der Knoten klebrige Stengel; schmale Blätter und rote Blüten.

Pechstein, Max, *Zwickau 31. Dez. 1881, †Berlin (West) 29. Juni 1955, dt. Maler und Graphiker. – 1902–06 Studium an der Dresdener Akad.; trat 1906 der Künstlervereinigung „Brücke" bei. Ab 1908 lebte er in Berlin; 1933–45 Malverbot; Vertreter des dt. Expressionismus. Figurenbilder, teilweise mit exot. Motiven von den Palauinseln, sowie Landschaften und Stilleben in einem spontanen, in großen Formen zusammenfassenden, flächigen Stil; die Farbgebung ist warm und kräftig.

Pechstein, pechartig aussehendes, wasserhaltiges Gesteinsglas, das bei schneller Erstarrung von Ergußgesteinen entsteht.

Peck, Gregory, *La Jolla (Calif.) 5. April 1916, amerikan. Schauspieler. – Zunächst am Broadway; seit 1944 beim Film, u. a. in „Ich kämpfe um dich" (1945), „Des Königs Admiral" (1951), „Schnee am Kilimandscharo" (1952), „Ein Herz und eine Krone" (1953), „Moby Dick" (1956), „Wer die Nachtigall stört" (1962), „Old Gringo" (1990).

Peckinpah, Sam [engl. ˈpɛkɪnpɑː], *Fresno (Calif.) 21. Febr. 1925, †Los Angeles 28. Dez. 1984, amerikan. Drehbuchautor und Regisseur. – Seit 1954 Drehbuchautor für Westernserien; seit 1960 Regisseur von Filmen, die durch ihre ästhet. Stilisierung von Gewalt internat. bekannt wurden, z. B. „Sacramento" (1962), „The wild bunch – Sie kannten kein Gesetz" (1969), „Getaway" (1972), „Pat Garrett & Billy the Kid" (1973), „Convoy" (1978).

Pec pod Sněžkou [tschech. ˈpɛts ˈpɔt snjɛʃkɔu] (dt. Petzer), Stadt und Höhenluftkurort in der ČR, im Ostteil des Riesengebirges, 756 m ü. d. M.; 645 E. Sessellift zur Schneekoppe.

Pécs [ungar. pe:tʃ] (dt. Fünfkirchen), Stadt am S-Fuß des Mecsekgebirges, Ungarn, 183 000 E. Verwaltungssitz des Bez. Baranya; Wirtschafts- und Kulturzentrum SW-Ungarns; kath. Bischofssitz; Univ. (Erstgründung 1367 [älteste Ungarns]), medizin. Hochschule; Museen. Chem., Porzellan-, Leder-, Nahrungs- und Genußmittelind., Orgelbau. **Geschichte:** Als **Sopianis** (Sopianae) bed. Straßenknotenpunkt der röm. Kaiserzeit, unter Diokletian Hauptstadt der Prov. Valeria; 4. bis Mitte des 6. Jh. und seit 1009 Bischofssitz; im 9. Jh. einer der Hauptorte des Großmähr. Reiches, erstmals als **Quinque Ecclesiae** („Fünfkirchen") bezeichnet; gehörte seit Bildung des Kgr. Ungarn zu diesem; im MA größte ungar. Stadt mit gewichtiger kultureller Bed.; 1541–1687 unter osman. Herrschaft; 1681 Ansiedlung von Deutschen, 1780 königl.-ungar. Freistadt.
Bauten: Zahlreiche frühchristl. Gräber; romanischer Dom (11./12. Jh.), mehrfach umgebaut, mit fünfschiffiger Krypta (11./12. Jh.); innerstädt. Pfarrkirche (ehem. Moschee, 1766/67 Umwandlung in eine Barockkirche), Grabkapelle des Idris Baba (1591); urspr. barocker bischöfl. Palast (erneuert 1838–52).

Pecten [lat.], svw. Pectenmuscheln (↑Kammuscheln).

Pectus [lat.] ↑Brust.

Pedal [zu lat. pedalis „zum Fuß gehörig"], mit dem Fuß zu betätigende Vorrichtung, z. B. Brems-P. im Kfz, Tret-P. an der Tretkurbel des Fahrrads. – Bei bestimmten Musikinstrumenten Bez. für die mit den Füßen zu spielende Klaviatur (im Ggs. zum ↑Manual), z. B. bei der Orgel, sowie die Fußhebel zur Tonbeeinflussung bei Klavier, Harfe und Pauke.

Pedalklavier (Pedalflügel), besaitetes Tasteninstrument mit einer Pedalklaviatur, die eine eigene Besaitung besitzt; war v. a. im 18. Jh. als Übungsinstrument für Organisten verbreitet.

Max Pechstein. Bildnis in Rot, 1909 (Privatbesitz)

Robert Edwin Peary

Gregory Peck

Sam Peckinpah

Pedalpauke ↑Pauke.

Pedant [italien.-frz.], Bez. für einen Menschen, der in übertriebener Weise genau vorgeht, d. h. **pedantisch** ist; **Pedanterie:** Bez. für übersteigertes Ordnungsstreben oder unangemessenen Perfektionismus.

Charles J. Pedersen

Peddigrohr [zu niederdt. paddik „Pflanzenmark"] (span. Rohr, Stuhlrohr, Rotang, Ratan, Rattan), Bez. für die bis 4 cm dicken Stengel bestimmter lianenartig kletternder Rotangpalmen; u. a. verwendet in der Korbwarenind., für Spazier- und Rohrstöcke.

Pedell [zu mittellat. bedellus, eigtl. „Gerichtsdiener" (verwandt mit Büttel)], Hausmeister einer Schule oder Hochschule.

Pedersen ['pɛdərsən], Charles J., *Pusan (Korea) 3. Okt. 1904, †Salem (N. J.) 26. Okt. 1989, amerikan. Chemiker norweg. Herkunft. – Seit 1927 Forschungschemiker in Wilmington. P. synthetisierte makrocycl. Kronenäther und fand, daß diese Komplexe mit Metallionen bilden. Die Kronenäther ebneten der Synthesechemie neue Wege und erlangten Bedeutung als Modelle für biochem. Prozesse; Nobelpreis für Chemie 1987 (mit D. J. Cram und J.-M. Lehn).

P., Knut, norweg. Schriftsteller, ↑Hamsun, Knut.

Robert Peel (Ausschnitt aus einem Gemälde, 1838)

Pedi, zu den Nord-Sotho (↑Sotho) zählender Bantustamm in Z-Transvaal, zum größten Teil Lohnarbeiter; 2,6 Millionen Angehörige.

Pedikulose [lat.] (Pediculosis, Phthiriasis, Läusebefall), durch Läuse hervorgerufene Beschwerden; das Auftreten der **Kopflaus** (Pediculus capitis) kann zu Juckreiz, Infektion, Lymphknotenschwellung und Läuseekzem führen; die **Kleiderlaus** (Pediculus humanus) kann Juckreiz, Quaddeln und Hautverfärbung verursachen; das Auftreten der **Filzlaus** (Phthirus pubis) führt zu Juckreiz und fleckenförmig blaugrau verfärbten Hautstellen im Bereich der Schamhaare. – Zur Vermeidung von P. ist Körperpflege und Sauberkeit (Desinfektion) erforderlich. Für die Behandlung stehen verschiedene örtlich wirksame Mittel (Insektizide) zur Verfügung.

Pediküre [lat.-frz.] (Fußpflege), Haut- und Nagelpflege einschl. Lackierung der Fußnägel.

Pedipalpen [lat.], zweites Extremitätenpaar der Spinnentiere, das für unterschiedl. Aufgaben abgewandelt ist.

Pedizellarien [lat.], etwa 1 mm bis etwa 1 cm lange Greiforgane auf der Körperoberfläche von Seeigeln und Seesternen; dienen dem Beuteerwerb, der Verteidigung und der Reinhaltung der Körperoberfläche.

Pedologie [griech.], svw. ↑Bodenkunde.

Pedro de Arbués [span. 'peðro ðe ar'βues] (Peter von A.), hl., *Epila (Aragonien) um 1441, †Zaragoza 17. Sept. 1485, span. Inquisitor. – 1473 Magister in Bologna, 1474 Chorherr an der Kathedrale von Zaragoza, 1481 erster Inquisitor für Aragonien; wurde nach der Verhängung von drei Todesurteilen in der Kathedrale von Zaragoza erstochen.

Peel, Sir Robert [engl. piːl], *Bury 5. Febr. 1788, †London 2. Juli 1850, brit. Politiker. – 1809 als Tory Abg. im Unterhaus; setzte sich als Innenmin. (1822–27 und 1828–30) für die Katholikenemanzipation ein (1828/29); 1834/35 und 1841–46 Premiermin. Eigtl. Begründer der späteren Konservativen und Unionist. Partei (1834), führte 1846 ihre Spaltung und seinen Sturz herbei, als er die Abschaffung der Getreidezölle durchsetzte.

Peele, George [engl. piːl], *London um 1556, †ebd. um 1596, engl. Dramatiker. – Unmittelbarer Vorläufer Shakespeares; seine in melodiösen Blankversen verfaßten Dramen zeigen losen Handlungsaufbau, z. B. das satir. Märchenspiel „The old wives' tale" (1595).

Peelsche Bankakte [engl. piːl; nach Sir R. Peel] ↑Bankakte.

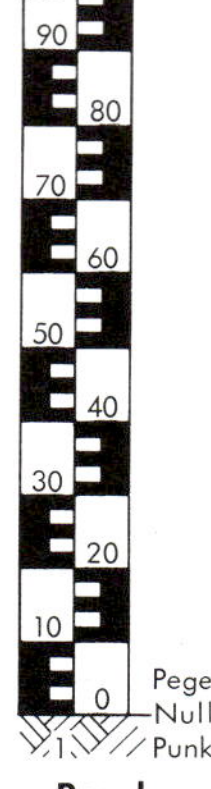

Pegel. Lattenpegel

Peene, Küstenfluß in Meckl.-Vorp., entspringt (3 Quellflüsse) auf der Mecklenburg. Seenplatte, fließt nach Austritt aus dem Kummerower See nach O, erweitert sich unterhalb von Anklam zum 46 km langen **Peenestrom** (westl. Zugang zum Stettiner Haff) und mündet bei Peenemünde in den Greifswalder Bodden (Ostsee); 156 km lang. Bis Anklam für Seeschiffe befahrbar.

Peenemünde, Gem. im NW der Insel Usedom, Meckl.-Vorp., 750 E. – Im 2. Weltkrieg Versuchsgelände für ferngelenkte Raketenwaffen, nach 1945 Marinestützpunkt.

Peep-Show [engl. 'piːpʃoʊ; zu engl. to peep „verstohlen gucken"], als sexuell stimulierend gedachte Form der Zurschaustellung einer sich in einem Raum bewegenden, nackten Person (meist Frau), die gegen Geldeinwurf durch Gucklöcher von mehreren Personen (meist Männern) gleichzeitig aus verschiedenen Einzelkabinen betrachtet werden kann.

Pegu. Kolossalstatue des liegenden Buddha

Peer [engl. pɪə; zu lat. par „gleich"], Angehöriger des brit. Hochadels mit Recht auf Sitz und Stimme im Oberhaus. Die Peerswürde **(Peerage)** wurde seit Jakob I. durch königl. Patent als erbl. Würde dem jeweils ältesten Sohnes verliehen. Die Reformgesetze von 1958 und 1963 gestatten auch Frauen die Peerswürde **(Peeress).**

Peer-group [engl. 'pɪəgruːp], soziolog. Begriff für Gruppen von etwa Gleichaltrigen (meist auf Jugendliche bezogen).

Peeters, Baron (seit 1971) Flor, *Tielen bei Turnhout 4. Juli 1903, belg. Organist und Komponist. – Organist an der Kathedrale von Mecheln, seit 1948 Prof. am Königl. Fläm. Konservatorium in Antwerpen (1952–68 dessen Direktor). P. komponierte etwa 450 Orgelwerke sowie Kirchenmusik.

Pegasus, in der griech. Mythologie das göttl. geflügelte Pferd des Bellerophon, von Poseidon mit Medusa gezeugt. Aus seinem Hufschlag entsprang die Quelle Hippokrene, die die Dichter inspiriert. Deshalb wurde P. in der Neuzeit zum Symbol der Dichtkunst.

Pegasus [griech.] ↑Sternbilder (Übersicht).

Pegel [niederdt., zu mittellat. pagella „Maßstab"], eine Vorrichtung zur Wasserstandsmessung. Die einfachste Ausführung ist der **Lattenpegel,** ein Stab aus Metall oder Holz mit Maßeinteilung. Eine andere Ausführung ist der **Schwimmerpegel** (P.uhr), eine Meßanordnung, deren Zeiger von einem Schwimmer bewegt wird. Automat. Aufzeichnungen liefert der **Schreibpegel** (Limnigraph), eine spezielle Form des Schwimmerpegels.

▷ Bez. für den Logarithmus des Verhältnisses zweier Größen der gleichen Größenart, z. B. zweier Leistungen (Leistungs-P.), zweier Spannungen (Spannungs-P.), zweier Schalldrücke (Schalldruck-P.) u. a., wobei im Nenner eine jeweils vereinbarte Bezugsgröße steht. Zur Kennzeichnung dienen gewöhnlich die Hinweiswörter Bel bzw. Dezibel (bei Verwendung des dekad. Logarithmus), Neper (bei Verwendung des natürl. Logarithmus) und Phon (speziell beim Lautstärkepegel).

Pegmatit [griech.], aus einer an leichtflüchtigen Bestandteilen reichen, meist granit. Restschmelze des Magmas entstandener grobkörniger Übergangsmagmatit; besteht als *Granit-P.* v. a. aus Feldspat, Quarz und Glimmer. Die großen Feldspat- und Glimmerminerale lohnen vielfach den Abbau; sie enthalten Edelsteine (Topas, Beryll u. a.) und seltene Elemente (Niob, Tantal u. a.).

Pegnitz, Stadt auf der Fränk. Alb, Bay., 426 m ü. d. M., 14 500 E. Justizakad.; Armaturenbau, Textil-, Spielzeugind. – 1119 erstmals erwähnt; erhielt 1280 Markt- sowie 1355 Stadtrecht. – Ev. und kath. Pfarrkirche mit barocken Altären. Schloßberg mit Burgruine (v. a. 14. Jh.).

P., rechter Nebenfluß der Rednitz, entspringt auf der Fränk. Alb, Bay., verschwindet bei der Stadt P. und tritt kurz darauf in mehreren Karstquellen wieder zutage; vereinigt sich unterhalb von Fürth mit der Rednitz zur Regnitz, 85 km lang.

Pegnitzschäfer, Bez. für den ↑Nürnberger Dichterkreis, der sich auch als „Pegnitzer Hirtengesellschaft" oder „Pegnes. Blumenorden" bezeichnete.

Pegu, birman. Stadt im Irawadidelta, 150 500 E. Verwaltungssitz der Prov. P.; Holz-, metallverarbeitende, Nahrungsmittel- und Textilind.; Eisenbahnknotenpunkt. – 573 als **Hamsawati** gegr.; bis 1541 Mittelpunkt des gleichnamigen Monreiches in Niederbirma. – Buddhist. Wallfahrtsziel mit zahlr. Pagoden (v. a. 15. Jh.), u. a. die Shwemawdawpagode; Kolossalstatue des liegenden Buddha.

Péguy, Charles Pierre [frz. pe'gi], * Orléans 7. Jan. 1873, ⚔ Le Plessis-l'Évêque bei Villeroy (Seine-et-Marne) 5. Sept. 1914, frz. Schriftsteller. – Handwerkersohn; gründete 1898 eine Verlagsbuchhandlung, deren wichtigste Publikation die ↑„Cahiers de la Quinzaine" waren. Anfangs Sozialist, entwickelte sich P. zum kompromißlosen Verfechter eines kath.-myst. Traditionalismus (1908 Rückkehr zum Katholizismus) und Nationalismus. Schrieb umfangreiche ep. Versdichtungen, Gedichte und zahlr. Prosaschriften.

Pehkiang, amtl. Bei Jiang ↑Perlfluß.

Pei, Ieoh Ming [engl. pɛɪ], * Kanton 26. April 1917, amerikan. Architekt chin. Herkunft. – Anfangs beeinflußt von Mies van der Rohe; für öff. Aufgaben internat. gesuchter Architekt, bes. hervorzuheben die architekton. Lösung für den Ostflügel der National Gallery of Art (Washington; 1978) und die Glaspyramide im Hof des Louvre (Paris; 1989).

Peichl, Gustav [...çəl], * Wien 18. März 1928, östr. Architekt und Karikaturist. – Karikaturbände unter dem Pseudonym Ironimus; schuf als Architekt u. a. die ORF-Studioneubauten in Linz, Salzburg, Innsbruck, Dornbirn, Graz und Eisenstadt (1968–81).

Peierls, Sir (seit 1968) Rudolf Ernst, * Berlin 5. Juni 1907, brit. Physiker dt. Herkunft. – Während des 2. Weltkriegs maßgebend an der Entwicklung der Atombombe beteiligt; Arbeiten zur theoret. Festkörperphysik und über den Aufbau der Materie.

Peies [hebr.], Schläfenhaare, die orth. Juden in Anknüpfung an 3. Mos. 19, 27 stehen lassen.

Peildeck ↑Deck.

Peilung, Bestimmung einer Richtung bzw. eines Winkels, die als sog. **Kompaßpeilung** auf Kompaßnord, als **Seitenpeilung** auf die Mittelschiffslinie bzw. Flugzeuglängsachse bezogen wird. Als **Kreuzpeilung** bezeichnet man die Standortbestimmung auf Grund mehrerer P. (Bestimmung des Schnittpunkts der ermittelten Peilstandlinien). Bei der **optischen (terrestrischen) Peilung** wird ein Ziel (Objekt) mit einem Peildiopter über einer Kompaßskala anvisiert. Zur **Funkpeilung** ↑Funknavigation.

Peine, Krst. am Mittellandkanal, Nds., 45 800 E. Stahlwerk, Metallverarbeitung, Erdölraffinerie, elektron., Nahrungsmittelind.; Hafen. – Planmäßig angelegte Stadt (im Anschluß an die im 10. Jh. erstmals erwähnte Wasserburg); 1260–1802/03 Teil des Stiftes Hildesheim.

P., Landkr. in Niedersachsen.

Peinemann, Edith, * Mainz 3. März 1937, dt. Violinistin. – Seit 1978 Prof. in Frankfurt am Main; unternimmt als Interpretin klass., romant. und zeitgenöss. Violinwerke weltweite Konzertreisen; trat im Duo mit dem Pianisten J. Demus auf.

peinlich [eigtl. „schmerzlich, strafwürdig"], *allg.* unangenehm, übertrieben sorgfältig; in der *Rechtsterminologie* svw. das „Peinliche", d. h. das Strafrecht betreffend.

peinliche Befragung (peinliche Frage), in der Rechtsgeschichte: 1. im Inquisitionsprozeß die Hauptvernehmung des Angeklagten; 2. die letzte Frage an den Angeklagten, ob er gestehe; 3. svw. ↑Folter.

Peinliche Gerichtsordnung (Kaiser Karls V.) ↑Carolina.

Peiper, Tadeusz [poln. 'pɛjpɛr], * Krakau 3. Mai 1891, † Warschau 9. Nov. 1969, poln. Lyriker. – Erster und hervorragendster Theoretiker der poln. Avantgarde; seine gedanklich übersteigerte futurist. Lyrik ist konstruktivistisch und schwer zugänglich.

Peipussee, See an der estn.-russ. Grenze, 2 670 km², bis 14,6 m tief, 30 m ü. d. M.; durch den **Warmen See** (170 km²), eine 25 km lange Seeverengung, mit dem **Pleskauer See** (710 km²) im S verbunden; Fischerei; Abfluß zum Finn. Meerbusen durch die Narwa. – In der *Schlacht auf dem Eise des P.* (5. April 1242) besiegte der russ. Fürst Alexander Newski den Dt. Ritterorden.

Charles Pierre Péguy

Peirce, Charles Sanders [engl. pəːs, pɪəs], * Cambridge (Mass.) 10. Sept. 1839, † Milford (Pa.) 19. April 1914, amerikan. Philosoph. – 1875–91 Physiker im Dienst der amerikan. Küstenvermessung, 1879–84 Dozent für Logik in Baltimore. Begründer des amerikan. Pragmatismus. Seine „pragmat. Maxime" fordert, daß die Bed. eines prädikativen Ausdrucks im prakt., aber auch moralphilosoph. Zusammenhang zu suchen sei, in dem die Gegenstände stehen, denen der Ausdruck zugesprochen wird. P. Ziel war es, eine Lehre von der Realität zu begründen, die von den traditionellen erkenntnistheoret. Positionen unabhängig ist und die traditionelle Scheidung zw. theoret. und prakt. Philosophie hinter sich läßt. Seine Kategorienlehre enthält reiches Material für die gegenwärtigen, an semiot. Prozessen orientierten Handlungstheorien.

Gustav Peichl, Porträt Ludwig Erhard, 1963

Peisandros, griech. Epiker des 7. oder 6. Jh. aus Kameiros auf Rhodos. – Dichtete das [nur fragmentarisch erhaltene] erste Herakles-Epos.

Peischan ↑Bei Shan.

Peisistratos (lat. Pisistratus), * um 600, † 528/527, athen. Tyrann. – Vater von Hippias und Hipparchos; gelangte endgültig wohl 539 nach 2 Verbannungen an die Macht. P. ließ die Verfassung Solons bestehen, verbesserte jedoch die wirtsch.-sozialen (u. a. Zerschlagung des Großgrundbesitzes, Subvention für Kleinbauern) und polit. Verhältnisse. P. sicherte und vergrößerte Athens Einfluß u. a. am Bosporus, auf der Thrak. Chersones (= Halbinsel Gelibolu) und Delos; Förderer von Wiss. und Kunst.

Peißenberg, Marktgem. am O-Fuß des Hohen Peißenbergs, Bay., 585 m ü. d. M., 10 600 E. Verwaltungssitz der Bayer. Hütten- und Salzwerke; elektrotechn. und feinmechan. Ind., Motorenbau, Kleiderfabrik, Brauerei. – Erstmals im 11. Jh. erwähnt, seit 1919 Markt mit städt. Verfassung. – Roman. Kapelle Sankt Georg (1497 erweitert) mit spätgot. Wandmalerei; Wallfahrtskirche Maria Aich (1732–34 erbaut von J. Schmuzer).

Charles Sanders Peirce

Peiting, Marktgem. 3 km sö. von Schongau, Bay., 718 m ü. d. M., 10 300 E. Herstellung von Spanplatten, Apparaten, Photozubehör, Wachs- und Eisenwaren, Kunststoff. – Ausgrabungen: Gräberfeld (1500 v. Chr.), röm. Siedlung mit kelto-roman. Gräberplatz (200–400), Alemannensiedlung mit Reihengräberfeld (600–900); 1101 erstmals erwähnt, Mittelpunkt der welf. Stammgüter; seit 1438 Markt. – Barocke Wallfahrtskapelle Maria unter dem Egg (17. und 18. Jh.).

Peitschenkaktus, svw. ↑Schlangenkaktus.

Peitschenmoos (Bazzania), Gatt. der Lebermoose mit nur wenigen Arten auf feuchten, kalkfreien Böden und auf morschem Holz; lockere Polster bildende Moose mit peitschenartigen Rhizoiden.

Peitschenwurm (Trichuris trichiura), 3–5 cm langer Fadenwurm mit peitschenartig verjüngtem Vorderkörper; parasitiert im Dick- und Blinddarm des Menschen und des Schweins.

Pejë [alban. 'pejə] ↑ Peć.

Pejoration [zu lat. peiorare „schlechter machen"], Bez. für die Bedeutungsverschlechterung eines Wortes, für das Annehmen eines negativen Sinnes.

pejorativ [lat.], abwertend, bedeutungsverschlechternd.

Pejorativum [lat.] (Deteriorativum), mit verkleinerndem oder abschwächendem Suffix gebildetes Wort mit abwertendem Sinn, z. B. *Jüngelchen, frömmeln.*

Pekach, König von Israel (735–732). – Schloß u. a. mit Damaskus ein Bündnis gegen Assyrien, bekriegte Juda, das dem Bündnis nicht beitrat; vom assyr. König Tiglatpileser III. besiegt; von seinem Nachfolger Hosea ermordet.

Pekannußbaum [indian./dt.] ↑ Hickorybaum.

Pekaris [karib.-frz.], svw. ↑ Nabelschweine.

Pekesche [poln.], mit Querlitzen besetzter und Knebeln verschlossener Pelzüberrock der poln Männertracht; seit dem 19. Jh. auch Bez. für die zur Festtracht der Chargen studentischer Korporationen (Wichs) gehörende Jacke.

Pekinese

Pekinese [nach der chin. Hauptstadt Peking] (Pekingese, Peking-Palasthund, Chin. Palasthund), aus China stammende Hunderasse; bis 25 cm schulterhoch, kurzbeinig, mit relativ großem Kopf, herzförmigen Hängeohren und über dem Rücken getragener Rute; i. d. R. mit seidenweichem, langem Haar, bes. üppig an Schwanz und Hals, alle Farben sind erlaubt.

Peking
Hauptstadt der VR China
•
10,8 Mill. E
•
polit. und kulturelles Zentrum des Landes
•
Anfänge im 12. Jh. v. Chr.
•
Herrschaftssitz seit dem 10. Jh. n. Chr.
•
Palastanlage der Verbotenen Stadt
•
Tiananmen-Platz mit Tor des Himml. Friedens

Peking (Beijing) [chin. beidzıŋ], Hauptstadt der VR China, an dem Gebirgsrand, der die Große Ebene im N abschließt, zw. den Flüssen Peh He und Yunting He. Das regierungsunmittelbar verwaltete Stadtgebiet (Groß-P.) hat eine Fläche von 16 808 km² und 10,8 Mill. E (davon in der Stadt P. 5,5 Mill. E). Sitz mehrerer wiss. Akad., der chin. Rundfunkverwaltung; zahlr. Hochschulen, u. a. die P.-Univ. (gegr. 1898), die Qinghua-Univ. (gegr. 1911), eine Nationalitätenuniv. und mehrere TU; viele wiss. Inst. und Forschungsstätten, Sprachinst., Observatorium, Planetarium; botan. Garten, Zoo. Bed. Museen, u. a. Palastmuseum (ehem. Kaiserpalast), Lu-Xun-Museum, histor. Museum; Nat.bibliothek, Zentralbibliothek der Chin. Akad. der Wiss. Der industrielle Aufschwung setzte in den 1950er Jahren ein, v. a. Metallverarbeitung, Maschinen- und Fahrzeugbau, Elektronik- und chem. Ind., Erdölraffinerie, petrochem., Druck-, Textil-, Nahrungsmittelind., daneben umfangreiches Handwerk. Ausgangspunkt mehrerer Eisenbahnlinien; Flußhafen Tong Xian (nördl. Endpunkt des Kaiserkanals), internat. ✈. Den innerstädt. Verkehr bewältigen Trolley- und Autobusse sowie die U-Bahn.

Geschichte: Anfänge der Besiedlung – abgesehen von den prähistor. Funden in der Nähe der Stadt (Zhoukoudian) – reichen bis ins 12. Jh. v. Chr. zurück. 221 v. Chr. von der Qin-Dyn. erobert, blieb bis zum 3. Jh. n. Chr. in chin. Hand; 7.–10. Jh. Militärverwaltungsort an der nördl. Grenze; gelangte 937 in den Besitz der Kitan; während der Mongolenherrschaft (1280–1368) als **Daidu** (Taitu, „große Hauptstadt", mongol. **Khanbalik; Kambaluk** bei Marco Polo, der um 1275 die Stadt besuchte) Hauptstadt des mongol. Reiches in China. 1368–1420 und erneut 1928–49 (als Nanking Hauptstadt war) **Beiping** („befriedeter Norden") gen.; 1421–1928 und nach 1949 als P. („nördl. Hauptstadt") Metropole Chinas. 1937–45 von den Japanern besetzt; nach kurzer Herrschaft der Kuomintang am 31. Jan. 1949 von der Volksbefreiungsarmee eingenommen und zur Hauptstadt der VR China erklärt.

Stadtanlage und Bauten: Die *Innere Stadt* entstand im 12./13. Jh. als rechteckige Anlage *(Tatarenstadt).* Inmitten dieser 6,4 × 4,8 km großen Anlage liegt die ehem. Kaiserstadt der Mandschu (2,6 × 2,8 km), in sie verschachtelt die Verbotene Stadt (der Kaiserpalast; 0,9 × 1,5 km; 1406 ff.) mit einem Tor in jede Himmelsrichtung. Am S-Rand der Verbotenen Stadt verläuft heute die neue O–W-Achse P., eine Verkehrs- und Aufmarschstraße, hier liegt auch der von monumentalen Bauten (u. a. das Tor des Himml. Friedens, 1651) umgebene weite Tiananmen-Platz (1860, 1900, 1949). Der Inneren Stadt schließt sich im S die 8 × 2,4 km große *Chinesenstadt* oder *Äußere Stadt* an, noch heute Sitz von Handel und Gewerbe. Außerhalb der alten Mauern sind zahlr. Vorstädte entstanden. Kern der Palastanlage, die von der UNESCO zum Weltkulturerbe erklärt wurde, sind 3 Zeremonienhallen, die „Hallen der Harmonie" (1627, erneuert um 1700). Vom nördl. des Kaiserpalastes gelegenen „Kohlenhügel" bietet sich ein prächtiger Rundblick über ganz P. In der Inneren Stadt befindet sich weiterhin der Beihai-Park mit See und Weißer Pagode (1651) und noch weiter westl. der „Tempel der Weißen Pagode" (gegr. im 11. Jh., 1457 erneuert, 1978 restauriert), im N der Trommelturm von 1420, der Glockenturm von 1745 sowie der Lamatempel von 1745. Außerhalb der Mauern der Inneren Stadt liegen in den 4 Himmelsrichtungen der Sonnen-, Erde-, Mond- und im S (der Äußeren Stadt) der Himmelstempel, u. a. mit der sog. Halle der Jahresgebete (um gute Ernte; ein hoher hölzerner Rundbau von 1420, erneuert 1754 und 1892) auf dreistufigem Marmorsockel und mit dreistufigem blauem Dach. – Im NW der Stadt am Kunmingsee liegt der ehem. kaiserl. Sommerpalast (um 750 ⚲, 1860 zerstört; 1889 Wiederaufbau); 50 km nw. von P. die Minggräber, die größten sind das des Chengzu (♔ 1403–25) und das des Shenzong (♔ 1573–1620). – Gebäude in internat. Formensprache sind das P. Lufthansa Center (1988–91) sowie das Japanisch-Chin. Jugendaustauschzentrum, das Kurokawa Kishō (* 1934) 1986–89 errichtete.

Pekinger Volkszeitung, häufige Bez. für Renmin Ribao, chin. Zeitung.

Pekingmensch ↑ Mensch.

Pekingoper, bekannteste Form des chin. Theaters, Anfang des 19. Jh. aus der Verschmelzung nord- und südchin. Sing- und Schauspieltechniken in Peking entstanden.

Pekkanen, Toivo, * Kotka 10. Sept. 1902, † Kopenhagen 30. Mai 1957, finn. Schriftsteller. – Fabrikarbeiter; 1955 Mgl. der Finn. Akad. Schildert in realist. Romanen und Novellen das Schicksal des Arbeiters in Hafen und Fabrik („Menschen im Frühling", E., 1935).

Pekoe [engl. 'piːkoʊ; chin.] ↑ Tee.

pektanginös [lat.], die ↑ Angina pectoris betreffend; der Angina pectoris ähnlich, mit Brust- und Herzbeklemmung einhergehend.

Pektenmuscheln [lat./dt.] ↑ Kammuscheln.

Pektine [zu griech. pēktós „fest, geronnen"], v. a. aus dem Methylester der hochmolekularen *Pektinsäure (Polygalakturonsäure)* bestehende Polysaccharide, die in wasserlösl. Form im Zellsaft von Pflanzen (v. a. in unreifen Früchten) vorkommen, in Form wasserunlösl. Calcium- oder Magnesiumsalze (als sog. *Protopektine*) dagegen den Hauptbestandteil der Mittellamelle von Pflanzenzellen (in geringerem Umfang auch der Primärwand der pflanzl. Zellwand) darstellen und den Zusammenhalt des Gewebes bewirken. P. werden aus Apfeltrester, Rübenschnitzeln und Schalen von Zitrusfrüchten gewonnen und als Gelierungsmittel und Emulgatoren in der Lebensmittel- und Kosmetik- sowie in der Klebstoffind. verwendet.

pektoral [lat.], in der Anatomie für: die Brust betreffend, zur Brust gehörend.

Pektorale (Pectorale) [zu lat. pectus „Brust"], 1. in *Altertum* und *Antike* Brustschmuck; 2. in der *kath. Liturgie* das von geistl. Würdenträgern getragene meist goldene *Brustkreuz;* 3. im *MA* die Gewandschließe des Chormantels.

Pektoralis [Kurzbez. für lat. Musculus pectoralis], anatom. Bez. für den großen bzw. kleinen Brustmuskel.

Pekuliarbewegung [lat./dt.], die (relative) Bewegung eines Sterns gegenüber einer Sterngruppe seiner Umgebung.

pekuniär [zu lat. pecunia „Geld"], das Geld betreffend, finanziell.

Péladan, Joséphin [frz. pela'dã], eigtl. Joseph P., * Lyon 28. März 1859, † Neuilly-sur-Seine 27. Jan. 1918, frz. Schriftsteller. – Jesuitenschüler; gründete 1888 einen Rosenkreuzerorden mit Tendenz gegen Judentum und Freimaurerei. Behandelte in der Romanserie „La décadence latine" (25 Tle., 1886–1925) die Frage nach der Zukunft der „lat. Rasse"; zahlr. religions- und kunsttheoret. Abhandlungen.

Pelade [frz.], svw. kreisförmiger ↑ Haarausfall.

Pelagial [griech.] (pelag. Zone), in der *Ökologie* Bez. für das freie Wasser der Meere und Binnengewässer, von der Oberfläche bis zur größten Tiefe.

Pelagianismus, Bez. für die von ↑ Pelagius, Julian von Aeclanum († 454) u. a. gegen Augustinus vertretenen Anschauungen über Freiheit und Gnade, Erbsünde und Sünde: Der Mensch hat die sittl. Freiheit (lat. liberum arbitrium) zum Guten wie zum Bösen, die Sünde ist immer eine einzelne Tat, daher wird die Erbsünde abgelehnt; der Mensch kann, kraft der Gnade, durch eigene Bemühungen zum Heil gelangen. Nach der Verurteilung und Verbannung des Pelagius trat seit etwa 420 Julian von Aeclanum als Haupt des P. hervor. Das Konzil von Ephesus (431) verurteilte den P.; der Osten verharrte bei der Lehre von der Freiheit des menschl. Willens; im Abendland entzündete sich nach der Verurteilung des P. die Auseinandersetzung erneut im ↑ Semipelagianismus.

Pelagische Inseln, italien. Inselgruppe im Mittelmeer, südl. von Sizilien, 28 km², 4 600 E, Hauptinsel **Lampedusa** mit dem Hauptort und Hafen Lampedusa. Bed. Fischerei, Obst- und Weinbau; Konservenindustrie. ⛯.

Pelagius, * in Britannien oder Irland vor 384, † nach 418 oder 422, engl. Mönch. – Ab 385 oder 400 als Asket und Laienmönch in Rom; gelangte 410 auf der Flucht vor Alarich nach Karthago und Palästina, wo es wegen seiner Lehren (↑ Pelagianismus) zu Rivalitäten mit Hieronymus kam; auf den Synoden von Mileve (416) und Karthago (418) verurteilt, später verbannt.

Pelagius I., † Rom 3. (4. ?) März 561, Papst (seit 16. April 556). – Wurde auf Befehl von Kaiser Justinian I. zum Papst erhoben. Seither mußte der gewählte Papst vor der Weihe die kaiserl. Bestätigung einholen.

Pelagonija (dt. Pelagonien), Beckenlandschaft in Makedonien, ein Teil im ehem. Jugoslawien (Hauptort Prilep, Bitola), der andere in Griechenland (Hauptort Florina); wichtiges Landw.gebiet (v. a. Tabakbau).

Pelamide [griech.] (Sarda sarda), bis etwa 70 cm langer Knochenfisch (Fam. Makrelen) im Atlantik; silberglänzend,

Peking

Links oben: Halle der Höchsten Harmonie, das größte Gebäude im Kaiserpalast. Rechts oben: Halle der Jahresgebete im Himmelstempel. Links unten: das zum Kaiserpalast führende Tor des Himmlischen Friedens mit dem Bild Mao Zedongs, der hier am 1. Oktober 1949 die Volksrepublik China ausrief. Rechts unten: Japanisch-Chinesisches Jugendaustauschzentrum, 1986–89 von Kurokawa Kishō errichtet

Rücken metallisch grünlich, mit meist 8–9 dunklen, schrägen Längsstreifen; Speisefisch.

Pelargonie [zu griech. pelargós „der Storch"] (Geranie, Pelargonium), Gatt. der Storchschnabelgewächse mit rd. 250 Arten, v. a. in Südafrika. Für den gärtner. Anbau wichtig sind u. a. die v. a. als Zimmerpflanzen verwendeten, in vielen Blütenfarben gezüchteten **Edelpelargonien** (Engl. P., Pelargonium-grandiflorum-Hybriden; mit häufig mehr als 5 cm breiten Blüten mit meist dunklen Flecken auf den Kronblättern), die v. a. als Beet- und Balkonpflanzen dienenden **Efeupelargonien** (Hängegeranien, Pelargonium-peltatum-Hybriden; mit duftenden Blüten in vielen Farben) sowie die **Zonalpelargonien** (Scharlach-P., Pelargonium-zonale-Hybriden; mit verschiedenfarbigen, auch gefüllten Blüten in Dolden).

Pelargonie. Zonalpelargonie, Zuchtform Wembley Gem

Pelargoniumöl [griech./dt.] (Geraniumöl, Oleum Geranii), aus den Blättern mehrerer Pelargoniumarten gewonnenes farbloses bis grünl.-bräunl., nach Rosen duftendes äther. Öl, das in der Parfümind. als Rosenölersatz verwendet wird.

Pelasger, Name eines in vorgriech. Zeit vielleicht im östl. Thessalien (Pelasgiotis) beheimateten Stammes, später auf die ganze vorindogerm. Bev. Griechenlands und selbst Italiens übertragen.

Pelasgisch, eine hypothet., aus Lehnwörtern und (v. a. geograph.) Namen rekonstruierte indogerman. Sprache, die im 2. Jt. v. Chr. von der vorgriech. Bevölkerung des Balkan-Ägäis-Raumes gesprochen worden sein soll; willkürlich nach den Pelasgern benannt. Die Herkunft des Sprachmaterials ist nicht eindeutig (indogerman., hethit.-luw. Ursprung).

Pelikane. Rosapelikan

Pelavicino (Pallavicini), Oberto [italien. pelaviˈtʃiːno], * Piacenza 1197, † Gisalecchio bei Pontremoli 8. Mai 1269, italien. Ghibellinenführer. – Markgraf und Reichsvikar der Staufer Friedrich II. und Konrad IV.; beherrschte zeitweilig v. a. Pavia, Cremona und Piacenza, erhielt 1260 das Generalkapitanat von Mailand.

Pelayo [span. peˈlajo] (Pelagius), † Cangas de Onís (Prov. Oviedo) 18. Sept. 737 (?), König von Asturien (seit etwa 718). – Westgote (?); begr. das Kgr. Asturien und leitete mit seinem Sieg bei Covadonga (722) über die Mauren die Reconquista ein; altspan. Nationalheld.

Pelcl, František Martin [tschech. ˈpɛltsl], * Rychnov nad Kněžnou (Ostböhm. Bez.) 11. Nov. 1734, † Prag 24. Febr. 1801, tschech. Historiker und Linguist. – Erhielt 1792 den 1. Lehrstuhl für tschech. Sprache und Literatur in Prag; kämpfte gegen die Verfälschung der tschech. Geschichte und Sprache; gilt als bed. Vertreter der tschech. nat. Wiedergeburt.

Pelé

Pelé [brasilian. peˈlɛ], eigtl. Edson Arantes do Nascimento, * Três Corações 21. Okt. 1940, brasilian. Fußballspieler. – Wurde in 93 Länderspielen eingesetzt; gewann dreimal mit seiner Mannschaft die Weltmeisterschaft (1958, 1962 und 1970).

Pelée, Montagne [frz. mõtaɲpəˈle], aktiver Vulkan im NW der Insel Martinique, Kleine Antillen, 1 397 m hoch. Der verheerende Ausbruch am 8. Mai 1902 zerstörte die über 9 km entfernt liegende damalige Hauptstadt Saint-Pierre und verwüstete große Teile der Insel; etwa 40 000 Tote.

p-Elektron, ein Elektron, das sich in einem Energieniveau mit der Nebenquantenzahl $l = 1$ (sog. *p-Zustand*) befindet.

Peleng ↑ Banggaiinseln.

Pelerine [zu frz. pèlerin „Pilger" (von lat. peregrinus „Fremdling")], urspr. Schulterkragen des Pilgers, dann für halb- oder hüftlangen, ärmellosen Umhang.

Peles Haar [nach der hawaiischen Vulkangöttin Pele], feine Fäden von vulkan. Glas, die beim Zerplatzen von Lavatropfen entstehen.

Peleus, Held der griech. Mythologie. Sohn des Äakus, Vater des Achilleus. Gewinnt die Hand der Nereide Thetis, nachdem er sie in einem Ringkampf bezwungen hat. Auf ihrer Hochzeit wirft ↑ Eris den Apfel, was schließlich zum Trojan. Krieg führt.

Giovanni Antonio Pellegrini. Die Rückkehr Jiftachs, undatiert (Privatbesitz)

Pelikane (Pelecanidae) [griech.], seit dem Oberoligozän bekannte, heute mit sieben Arten (Gatt. *Pelecanus*) verbreitete Fam. großer, rd. 1,3–1,8 m langer Vögel (Ordnung Ruderfüßer), die an bzw. auf Süß- und Meeresgewässern, bes. der Tropen und Subtropen, vorkommen; gesellige, ausgezeichnet fliegende und segelnde Tiere, die durch mächtigen Körper, lufthaltiges Unterhautgewebe, sehr langen Schnabel und dehnbaren Hautsack am Unterschnabel gekennzeichnet sind. – P. ernähren sich v. a. von Fischen; sie nisten meist in großen Kolonien. Bekannte Arten sind der weißl., etwa 1,8 m große **Krauskopfpelikan** (Pelecanus crispus); v. a. in SO-Europa (Donaudelta), Vorder- und Z-Asien. Ebenfalls weißlich, nur zur Brutzeit rosafarben, ist der etwa 1,7 m große **Rosapelikan** (Pelecanus onocrotalus); v. a. in SO-Europa (Donaudelta), SW-Asien und S-Afrika. Oberseits dunkelbraun, unterseits weißlich ist der an amerikan. Meeresküsten lebende **Meerespelikan** (Brauner P., Pelecanus occidentalis); etwa 1,3 m groß, Stoßtaucher.

Geschichte: Wahrscheinlich über den griech. Physiologus kam es zu der Legende, daß P. ihre Jungen zunächst töten und nach drei Tagen mit dem eigenen Blut zu neuem Leben erwecken. In der alten Kirche symbolisierten deshalb entsprechende Pelikanbilder den Opfertod Christi. Für die Alchimisten verkörperte der Pelikan den Stein der Weisen.

Pelike [zu griech. pēlós „Ton, Lehm"], bauchiger Vasentyp der griech. Antike, mit Henkeln und breiter Standplatte.

Pelindaba, nat. Kernforschungszentrum Südafrikas, 30 km westl. von Pretoria.

Pelion, waldreiches Gebirge auf der Magnes. Halbinsel (Griechenland), bis 1 651 m hoch.

Pelješac [serbokroat. ˌpɛljɛʃats], langgestreckte kroat. Halbinsel an der dalmatin. Küste südl. der Neretvamündung, bis 961 m hoch.

Pella, griech. Ort in Makedonien, am N-Rand einer Schwemmlandebene, 2 300 E. – Hauptstadt Makedoniens (ab 413); Geburtsort Alexanders d. Gr.; 168 v. Chr. im 3. Makedon. Krieg zerstört. – Überreste einer planmäßig angelegten Stadt mit rechtwinkligem Straßennetz; herrschaftl. Häuser mit Fußbodenmosaiken aus hellenist. Zeit.

P., antike Stadt in Palästina, 12 km sö. von Bet Shean (= Tabakat Fahl [Jordanien]); Gründung als Veteranensiedlung Alexanders d. Gr.; angeblich Zufluchtsort der Jerusalemer Christen im 1. jüd.-röm. Krieg (66–70 bzw.

66–73/74). – Ausgrabungen 1958, 1967: u. a. Reste einer Kirche des 6. Jh., eines Amphitheaters, von Thermen.

Pellagra [griech.-italien.], durch den Mangel an Vitaminen der B-Gruppe, v. a. an Niacin (Nicotinsäure und Nicotinsäureamid) ausgelöste Mangelkrankheit; verursacht durch einseitige Mais- und Hirsenahrung. Symptome sind Dermatitis, Pigment- und Verhornungsstörungen der Haut, Durchfall und Psychosen. Die Behandlung erfolgt medikamentös (Nicotinsäureamid).

Pellegrini, Giovanni Antonio, *Venedig 29. April 1675, †ebd. 5. Nov. 1741, italien. Maler. – Schuf für viele europ. Höfe religiöse und mytholog. Gemälde und Fresken im venezian. Rokokostil. Seine im 2. Weltkrieg zerstörten Dekkengemälde des Mannheimer Schlosses (1736/37) wurden in freier Nachgestaltung wiederhergestellt.

Pelletieren [engl.], Methode zum Stückigmachen. Pulverige bis feinkörnige Stoffe werden in angefeuchtetem Zustand zu kleinen, häufig kugelförmigen Stücken (sog. **Pellets**) geformt und meist durch Wärmebehandlung gehärtet. Das P. wurde zunächst v. a. bei der Verarbeitung von feinkörnigen Erzen angewandt; heute werden auch pulverförmige Kunststoffprodukte und wirkstoffhaltige Futtermischungen zu Pellets geformt.

Pelli, César [span. 'peji], *Tucumán 10. Dez. 1926, argentin. Architekt. – Großflächige Wandgestaltung und plast. Formen, die auf Fernwirkung zielen; Glasverkleidung und Fassadenrasterung charakterisieren oft seine Bauten. Hauptwerk ist das Pacific Design Center in Los Angeles (1971–75).

Pellico, Silvio, *Saluzza 25. Juni 1789, †Turin 31. Jan. 1854, italien. Dichter. – 1818 Mithg. der Zeitschrift „Il Conciliatore", die die Einigung Italiens vorbereiten und die Romantik in Italien verbreiten sollte; 1820 als Mgl. der Karbonari verhaftet, 1821 zum Tode, dann jedoch zu 15jähriger verschärfter Kerkerhaft verurteilt. Die Haftzeit (bis 1830) schildert er in „Meine Gefängnisse" (1832).

Pellikanus (Pellicanus), Konrad, eigtl. Conrad Kürs[ch]ner, *Rufach bei Colmar im Jan. 1478, †Zürich 6. April 1556, dt. Hebraist. – Franziskaner; 1523 Prof. für A. T. in Basel; ging 1525 zu Zwingli nach Zürich und schloß sich dort der Reformation an; Mitarbeiter an der „Zürcher Bibel".

Pellikula [lat.], dünne, aber feste Plasmaschicht mancher Einzeller, v. a. der Wimpertierchen, die eine gewisse Formbeständigkeit bewirkt.

Pelliot, Paul [frz. pɛ'ljo], *Paris 28. Mai 1878, †ebd. 26. Okt. 1945, frz. Sinologe. – Prof. an der École Française d'Extrême-Orient in Hanoi, ab 1911 in Paris. Auf einer Expedition nach China (Ost-Turkestan) 1906–09 machte er v. a. in der Nähe von Dunhuang bed. Funde (zahlr. Handschriften). Hg. und Autor von Textausgaben sowie bed. Arbeiten zur Geschichte und Kultur Mittel-, Ost- und Südostasiens.

Pellote [mex.-span.], svw. ↑Peyotl.

Pellworm, Marscheninsel im Wattenmeer vor der nordfries. Küste, Schl.-H., 37 km², 1 500 E. Nordseebad; Solarkraftwerk. – Alte Kirche (12. Jh.) mit (angeblich) Schnitger-Orgel, der W-Turm (13. Jh.) ist seit 1611 Ruine.

Pelmatozoen [griech.] (Gestielte Stachelhäuter, Pelmatozoa), seit dem Kambrium bekannter Unterstamm der Stachelhäuter mit der einzigen heute noch lebenden Klasse ↑Haarsterne.

Pelopidas, ⚔ Kynoskephalai 364 v. Chr., theban. Politiker. – Befreier Thebens von den Athenern (379); Führer der Heiligen Schar bei Leuktra 371.

Peloponnes, griech. Halbinsel südl. der Landenge von Korinth, südlichster Teil der Balkanhalbinsel. Als Landesteil 7 Distr. umfassend; 15 490 km², 500 400 E (1990), Verwaltungszentrum Patrai; stark gegliederte S- und O-Küste, zw. schroffen, vielfach kahlen Kalkgebirgen (im Taygetos bis 2 407 m) fruchtbare Flußebenen mit frostfreiem Mittelmeerklima; im Gebirge meist Macchie und Restwälder; Anbau von Wein, Oliven, Getreide, Baumwolle, Feigen, Südfrüchten; Maulbeerpflanzungen (Seidenraupenzucht); Schaf- und Ziegenzucht; Braunkohlenabbau bei Megalopolis; Ind. (überwiegend Textil- und Lebensmittelind.) in den Hafenstädten, bes. in Patrai; Fremdenverkehr zu antiken Stätten (Olympia, Sparta u. a.).

Geschichte: Mindestens seit dem Mittelpaläolithikum besiedelt. In myken. Zeit waren Mykene, Tiryns und Pylos die Hauptorte, in griech. Zeit Argos, Korinth und Sparta. Ende des 6. Jh. bis zw. 370/362 konnte Sparta als militär. Führungsmacht alle Staaten des P. mit Ausnahme von Argos im **Peloponnesischen Bund** zusammenfassen, der sich auf gemeinsame Kriegführung nach gefaßtem Bundesbeschluß beschränkte. In hellenist. Zeit (280 v. Chr.) wurde der Achäische Bund zur Vormacht. Kam 146 v. Chr. zur röm. Prov. Macedonia (27 v. Chr. zu Achaia), wurde 395 Teil des Byzantin. Reiches. Während des 13. Jh. entstanden in dem nun **Morea** gen. P. das fränk. Ft. Achaia, das byzantin. Despotat von Mistra, an der Küste zahlr. venezian. Besitzungen; in osman. Zeit Zentrum von Aufständen, deren letzter 1821 den griech. Unabhängigkeitskrieg auslöste.

Silvio Pellico (Kupferstich, um 1833)

Peloponnesischer Krieg, 431–404 geführter Krieg zw. Athen (Att. Seebund) und Sparta (Peloponnes. Bund) um die Vorherrschaft in Griechenland. Die 1. Phase des Krieges begann mit dem Einfall des spartan. Bundesheeres in Attika (431–421, Archidam. Krieg [↑Archidamos II.]), die athen. Seekriegsstrategie wurde durch den Ausbruch der Pest in Athen (430; 429 Tod des Perikles) nicht wirksam. Nach mehreren erbitterten Kämpfen fielen in der Schlacht vor Amphipolis 422 der spartan. Feldherr Brasidas und der athen. Stratege Kleon. 421 kam es zum Friedensschluß zw. beiden kriegführenden Bünden (sog. Friede des Nikias; wahrte Athens Machtstellung). Der athen. Überfall auf Melos (416) und der athen. Sizilienfeldzug (415–413) leiteten die 2. Phase (414–404; Dekeleisch-Ion. Krieg) ein. Es kam zu Seeschlachten mit wechselndem Erfolg; schließlich wurde Athen durch eine Seeblockade von seiten des spartan. Flottenführers Lysander 404 zur Kapitulation gezwungen.

Paul Pelliot

Pelops, Gestalt der griech. Mythologie. Sohn des ↑Tantalus, Vater von Atreus und Thyestes. – Als Jüngling zieht P. nach Pisa in Elis, um die Hand Hippodameias, der Tochter von König Oinomaos, zu gewinnen. Dies gelingt nur durch Betrug, so daß sich in seinen Söhnen der Fluch des Geschlechts fortsetzt. P. übernimmt die Herrschaft und wird der mächtigste König der Insel, die von ihm den Namen erhält (griech. Pelopónnēsos [„Insel des P."]).

Pelota [span., zu lat. pila „der Ball"], tennisähnl. Mannschaftsrückschlagspiel mit Schlägern (2 bis 10 Spieler je Mannschaft), bei dem auf eine an der Stirnseite des *Aufschlagfeldes* stehende Wand ein Ball so gegen die Mauer zu schlagen ist, daß er oberhalb eines Striches in 80 cm Höhe von der Wand ins *Spielfeld* springt; die gegner. Mannschaft versucht, den Ball aufzufangen und zurückzuschleudern,

Pellworm. Die Alte Kirche, 12. Jh., mit der Ruine des 1611 eingestürzten Westturms

wobei der Ball abwechselnd gegen die Wand geschlagen werden muß. Fehler ergeben Punkte für die gegner. Partei.

Pelotas, brasilian. Hafenstadt im S der Lagoa dos Patos, 291 200 E. Kath. Bischofssitz; Univ. (gegr. 1969), kath. Univ. (gegr. 1960); Nahrungsmittelind.; Eisenbahnendpunkt, ✈. – Gegr. 1780.

Pelotas, Rio [brasilian. 'rriu pe'lɔtas], Name des Oberlaufs des ↑Uruguay.

Pelplin, poln. Kleinstadt in der Woiwodschaft Danzig, bei Preußisch Stargard, 7 300 E. Klosterbibliothek. – Bed. ehem. Zisterzienserkloster (gegr. 1274, aufgehoben 1823) mit langgestreckter Backsteinbasilika (um 1280–um 1350) mit reichen Stern- und Netzgewölben (15./16. Jh.); reichhaltige Ausstattung; seit 1824 Bischofskirche des Bistums Culm.

Peltier-Effekt [frz. pɛl'tje; nach dem frz. Physiker J. C. A. Peltier, * 1785, † 1845], ein 1834 entdeckter thermoelektr. Effekt, der die Umkehrung des Seebeck-Effektes darstellt: An der Grenzfläche zweier Leiter A und B, durch die von A nach B ein elektr. Strom (Stromstärke I) fließt, wird in der Zeit t zusätzlich zur Jouleschen Wärme eine Wärmemenge $Q = P_{AB} \cdot I \cdot t$, die sog. **Peltier-Wärme,** entwickelt oder absorbiert. Darin ist $P_{AB} = -P_{BA}$ der **Peltier-Koeffizient,** der vom Material der beiden Leiter und von der Temperatur abhängt. Die hohen Peltier-Koeffizienten von bestimmten Halbleitern erlauben die techn. Ausnutzung des P.-E. im sog. **Peltier-Element,** das sowohl zur Kühlung als auch zur Erwärmung verwendet werden kann.

Pelzbienen
Anthophora plagiata (Länge 13–15 mm)

Pelton-Turbine [engl. 'pɛltən; nach dem amerikan. Ingenieur L. A. Pelton, * 1829, † 1908] (Freistrahlturbine), Wasserturbine mit einem Laufrad *(Pelton-Rad),* dessen halbkugelförmige, becherartige Schaufeln den durch Düsen mit großer Geschwindigkeit ausströmenden Wasserstrahl in zwei Halbstrahlen teilen und seine kinet. Energie an das Laufrad weiterleiten. Die P.-T. ist bes. für Wasserkraftwerke mit großen Fallhöhen geeignet.

Peluschke [slaw.], svw. ↑Ackererbse.

Pelusium, histor. Ort in Ägypten, 35 km sö. von Port Said. Bed. als Osthafen Ägyptens (später versandet); mehrfach Ort von Schlachten (u. a. 525 v. Chr. Sieg des pers. Königs Kambyses II.).

Pelvis [lat.], in der Anatomie svw. ↑Becken.

Pelvouxgruppe [frz. pɛl'vu], zur Hochgebirgszone der frz. Westalpen zählendes, stark vergletschertes Gebirgsmassiv, bis 4 103 m hoch.

Pelz [zu lat. pellis „Fell, Pelz, Haut"], das dicht- und weichhaarige Fell bestimmter Tiere, z. B. des Bären.

▷ das aus dem Fell eines Tiers vom Kürschner durch bes. Zurichtung gewonnene Erzeugnis, das zu sog. *P.werk, P.ware, Rauchwerk, Rauchware* verarbeitet oder als Kleidungsfutter verwendet wird. Über den Wert entscheiden Haltbarkeit, Wärmedämmfähigkeit, Schönheit und Mode. P.felle aus Zuchten sind im allg. gleichmäßiger und fehlerloser als solche von Wildtieren. Den dichtesten P. liefert die Chinchilla, den haltbarsten P. solche Tiere, die abwechselnd im Wasser und auf dem Lande leben, z.B. Otter und Biber. P. und P.waren sind in Güteklassen eingeteilt. Die *P.fellzurichtung* entspricht in einzelnen Arbeitsgängen der

Pelzrobben. Kerguelen-Zwergpelzrobbe, Männchen, Länge bis 2,5 m

Präsidenten des Internationalen P.E.N.

1921–1933	John Galsworthy (Großbritannien)
1933–1936	H. G. Wells (Großbritannien)
1936–1941	Jules Romains (Frankreich)
1941–1947	bestand ein Komitee aus: Hu Shih (China), Denis Seurat (Frankreich), H. G. Wells (Großbritannien), Thornton Wilder (USA)
1947–1949	Maurice Maeterlinck (Belgien)
1949–1952	Benedetto Croce (Italien)
1953–1956	Charles Morgan (Großbritannien)
1956–1959	André Chamson (Frankreich)
1959–1962	Alberto Moravia (Italien)
1962–1965	Victor E. van Vriesland (Niederlande)
1965–1969	Arthur Miller (USA)
1969–1971	Pierre Emmanuel (Frankreich)
1971–1974	Heinrich Böll (BR Deutschland)
1974–1976	Sir Victor Pritchett (Großbritannien)
1976–1979	Mario Vargas Llosa (Peru)
1979–1986	Per Wästberg (Schweden)
1986–1989	Francis King (Großbritannien)
1989–1990	René Tavernier (Frankreich)
[1990	Per Wästberg (Schweden), Interimspräsident]
seit 1990	György Konrád (Ungarn)

Lederherstellung. Entfleischen, Einsalzen und Gerben müssen zur Erhaltung des Haarvlieses vorsichtig vorgenommen werden. *Färben* wird zur Veredelung billiger P.sorten (Imitation) oder zur Vereinheitlichung von Edel-P., z. B. Persianern, vorgenommen. Zur Gewinnung einer reinen Weißfarbe werden die P.felle mit opt. Aufhellern, zur Einfärbung in hellen Farben mit Bleichmitteln behandelt. Den Abschluß der Zurichtung bildet die sog. *Läuterung* (Reinigung von Farbstoff- und Fettresten). – Strengere Artenschutzbestimmungen, Appelle von Naturschützern und Modetrends führten in jüngster Zeit zu Rückgängen in der Pelzbekleidungsindustrie.

Pelzbienen (Wandbienen, Anthophora), mit rd. 800 Arten weltweit verbreitete Gatt. einzeln lebender, hummelähnl., pelzig behaarter Bienen, davon 13 (9–18 mm große) Arten in Deutschland; Hinterschienen der ♀♀ pelzig behaart; u. a. Anthophora plagiata.

Pelzerhaken ↑Neustadt in Holstein.

Pelzflatterer, svw. ↑Riesengleitflieger.

Pelzflohkäfer (Leptinidae), in Eurasien, N-Amerika und N-Afrika verbreitete Käferfam. mit zehn 2–3 mm großen, augenlosen, nur schwach pigmentierten, in Nestern von Nagetieren und teilweise auch in deren Haarkleid lebenden Arten.

Pelzimitationen, gewebte oder anders erzeugte Nachahmungen von Tierfellen; das charakterist. Fellbild wird durch Färben sowie durch mechan. Bearbeitung des Flors erzielt.

Pelzkäfer, Bez. für zwei Arten etwa 3–5 mm langer, vorwiegend dunkelbrauner bis schwarzer Speckkäfer in Eurasien und N-Amerika, deren Larven durch Fraß (bes. an Pelzen, Wollstoffen, Teppichen) schädlich werden.

Pelzrobben (Seebären, Arctocephalini), Gattungsgruppe etwa 1,5–2,5 m langer Ohrenrobben in Meeren v. a. der Südhalbkugel; ♂♂ wesentlich größer und schwerer als die ♀♀. In den Gewässern in S-Afrika lebt die **Kerguelen-Zwergpelzrobbe** (Arctocephalus pusillus). – Während der Fortpflanzungszeit leben P. sehr gesellig in großen Gruppen an Meeresküsten und auf Inseln. Im Ggs. zu den Seelöwen haben P. eine sehr dichte, weiche Unterwolle, sie wurden deswegen bejagt. Durch strengen Schutz bzw. Abschußbeschränkung beginnen die meisten Bestände sich langsam zu erholen.

Pelzschafe, Schafrassen, von denen die Felle der Lämmer zu Pelzwaren verarbeitet werden; v. a. das Karakulschaf (↑Persianer) sowie Fettsteißschafe.

Peltiere, Säugetiere, die ihres Pelze liefernden Fells wegen gezüchtet oder gejagt werden; weltweit mehr als 100 Tierarten, von denen einige von der Ausrottung bedroht und daher geschützt sind. Außer den Tieren der

↑ Pelztierzucht gelten als Pelzlieferanten u. a. Leopard, Jaguar, Ozelot, Luchse, Polarfuchs, Hermelin, Fisch- und Seeotter; Biber, Schneehase, Wildkaninchen, Waschbär, Seehunde und einige Robben.

Pelztierzucht, als Betriebszweig landw. Kleinbetriebe, v. a. aber in Pelztierfarmen betriebene Haltung und Zucht von Edelpelze liefernden ↑ Pelztieren. Gezüchtet werden v. a. Amerikan. Nerz (↑ Mink), Zobel, Silberfuchs, Blaufuchs; ferner Nutria (↑ Biberratte), Chinchilla und Ozelot.

Pemba (früher Porto Amélia), Prov.hauptstadt in Moçambique, am Ind. Ozean, 20 000 E. Kath. Bischofssitz, Handelszentrum, Salzgewinnung, Fischerei, Hafen.

P., Insel Tansanias im Ind. Ozean vor der afrikan. Küste, 984 km², 257 000 E; bed. Gewürznelkenkulturen.

Pemmikan [indian.], getrocknetes und zerstoßenes sowie mit Fett und Beeren vermischtes Bisonfleisch bei nordamerikan. Indianern. Von den Einwanderern als Dauerproviant übernommen.

Pemphigus [griech.], svw. ↑ Blasenausschlag.

P.E.N. (PEN, PEN-Club) [pɛn; in Anlehnung an engl. pen („Schreibfeder")], Abk. für engl.: **p**oets („Lyriker"), **p**laywrights („Dramatiker"), **e**ssayists („Essayisten"), **e**ditors („Herausgeber"), **n**ovelists („Romanschriftsteller"); 1921 gegr. internat. Schriftstellervereinigung, die für weltweite Verbreitung aller Literatur sowie für ungehinderten Gedankenaustausch auch in Krisen- und Kriegszeiten eintritt; die Mgl. (durch Zuwahl aufgenommen) verpflichten sich zur Bekämpfung von Rassen-, Klassen- und Völkerhaß und zum aktiven Eintreten für Pressefreiheit und Meinungsvielfalt. 1992 gab es 112 Zentren in 84 Staaten. Sitz des Internat. P.E.N. ist London. Das dt. Zentrum, 1933 ausgeschlossen (ab 1934 bestand in London ein durch dt. Emigranten gebildeter „PEN-Klub dt. Autoren"), wurde 1949 als *„Dt. P.E.N.-Zentrum"* neu gegr.; 1951 spaltete es sich in ein *„Dt. P.E.N.-Zentrum der Bundesrepublik"* (seit 1972 *„P.E.N.-Zentrum Bundesrepublik Deutschland"* mit Sitz in Darmstadt; Präs.: E. Kästner, D. Sternberger, H. Böll, H. Kesten, W. Jens, M. Gregor-Dellin, C. Amery, seit 1991 G. Heidenreich) und ein *„Dt. P.E.N.-Zentrum Ost und West"* (seit 1967 *„P.E.N.-Zentrum Dt. Demokrat. Republik"*, Sitz in Berlin [Ost], seit 1990 *„Dt. P.E.N.-Zentrum [Ost]"*, Präs. seit 1991 D. Schlenstedt). Ein östr. PEN-Zentrum wurde 1922 in Wien gegr.; seit 1973 gibt es einen „Gegen-PEN" junger Autoren, die *„Grazer Autorenversammlung"*. Schweizer. PEN-Zentren befinden sich in Bern, Lugano und Genf. Seit 1989 gab es zahlr. Wieder- und Neugründungen in den osteurop. Staaten.

Penalty [ˈpɛnəlti; engl. „Strafe" (zu lat. poena mit gleicher Bed.)], im Eishockey und Fußball (dt. Bez. Elfmeter) für ↑ Strafstoß bzw. Strafschuß.

Georg Pencz. Jörg Herz, 1545 (Karlsruhe, Staatliche Kunsthalle)

Penang ↑ Pinang.

Penaten [lat. Di Penates), bei den Römern die nach Namen und Geschlecht unbestimmten, doch stets als Mehrzahl gedachten „Götter des [Haus]inneren", Einheit und Bestand der Familie gewährleistende Schutzgeister, die zus. mit den ↑ Laren am häusl. Herd verehrt wurden. Im Tempel der Vesta war den Staats-P. ein Kult eingerichtet.

Pence [pɛns; engl.] ↑ Penny.

A. R. Penck. Ohne Titel, 1974 (Privatbesitz)

Penck, Albrecht, * Leipzig 25. Sept. 1858, † Prag 7. März 1945, dt. Geograph. – Ab 1885 Prof. in Wien und 1906–26 in Berlin; einer der Begründer der modernen Geomorphologie, bes. durch seine Arbeiten zur Glazialmorphologie. Veröffentlichte u. a. „Die Alpen im Eiszeitalter" (3 Bde., 1901–09; mit E. Brückner). P. regte die Internat. Weltkarte an.

Albrecht Penck

P., A. R., eigtl. Ralf Winkler, * Dresden 5. Okt. 1939, dt. Maler, Graphiker und Bildhauer. – Übersiedelte 1980 nach Kerpen bei Köln. Entwickelte eine zeichenhaft verkürzte Bildsprache, seit Anfang der 70er Jahre freiere expressive Malweise in der Nähe zum Neoexpressionismus; P. bedient sich verschiedener Medien und ist in mehreren Kunstgattungen gleichzeitig tätig.

Pencz, Georg [pɛnts], * Nürnberg um 1500, † Leipzig 11. Okt. 1550, dt. Maler und Kupferstecher. – 1532 Stadtmaler von Nürnberg. Beeinflußt von Dürer, gestaltete einen neuen Bildnistypus, in dem er das Halbfigurenbild der Venezianer mit der florentin. Innenraumdarstellung verband („Jörg Herz", 1545; Karlsruhe, Staatl. Kunsthalle). Als Kupferstecher gehörte er zu den ↑ Kleinmeistern.

Pendant [pãˈdã:; lat.-frz.], ergänzendes Gegenstück, Entsprechung.

Pendel [zu mittellat. pendulum „Schwinggewicht"], in *Physik* und *Technik* ein Körper, der um eine nicht durch seinen Schwerpunkt verlaufende Achse oder einen nicht mit seinem Schwerpunkt zusammenfallenden Punkt drehbar ist und unter dem Einfluß einer Kraft (meist der Schwerkraft) um seine Ruhelage schwingen kann. Ein idealisiertes P. ist das *mathemat. P.* Es besteht aus einem Massenpunkt, der durch eine masselose starre Stange mit einem festen Aufhängepunkt verbunden ist und sich auf einer Kreisbahn bewegen kann. Annähernd realisierbar ist das mathemat. P. durch eine an einem dünnen Faden hängende Masse *(Faden-P.).* Für die Schwingungsdauer T gilt unter der Voraussetzung kleiner Schwingungsweite die Beziehung: $T = 2\pi\sqrt{l/g}$ (l Pendellänge, g Fallbeschleunigung). Unabhängig von der Größe der Schwingungsweite ist die Schwingungsdauer des *Zykloiden-P.,* bei dem sich der schwingende Massenpunkt auf einer Zykloide bewegt. Ein P. mit einer

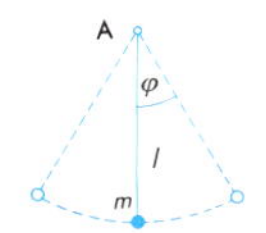

Pendel. Mathematisches Pendel; A Drehachse, φ Auslenkungswinkel, l Fadenlänge, m Pendelmasse

Penelope und Telemachos am Webstuhl, Darstellung des Penelope-Malers auf einem Trinkgefäß aus dem 5. Jh. v. Chr. (Chiusi, Museo Civico)

Schwingungsdauer von 2 s wird als *Sekunden-P.* bezeichnet. Beim *Feder-P.* schwingt ein an einer Schraubenfeder aufgehängter Körper unter dem Einfluß der Rückstellkraft der Feder und der Schwerkraft. – ↑ Foucaultscher Pendelversuch.
▷ im *Okkultismus* ↑ siderisches Pendel.

Pendelachse ↑ Fahrwerk.

Pendeluhr ↑ Sternbilder (Übersicht).

Pendelverkehr, Betriebsart im Personen- und Gütertransport, bei der das Beförderungsmittel auf der Hin- und Rückfahrt Personen bzw. Güter befördert (oft ohne festen Fahrplan).

Pendelwanderung, die tägl. Hin- und Rückfahrt Berufstätiger *(Pendler)* zw. Wohnung und Arbeitsstätte; die P. schafft Probleme einerseits bei der Bewältigung des öff. und privaten Nahverkehrs, andererseits durch die Bildung sog. Schlafstädte und die Verödung der Innenstädte.

Pendentif [pãdã'ti:f; frz., zu lat. pendere „hängen"], Hängezwickel, eine sphär. Dreieckskonstruktion. – ↑ Kuppel.

Krzysztof Penderecki

Penderecki, Krzysztof [poln. pɛndɛ'rɛtski], * Dębica 23. Nov. 1933, poln. Komponist. – 1966–68 Dozent in Essen, ab 1972 Direktor der Musikhochschule in Krakau. P. wurde bekannt mit den experimentellen Orchesterwerken „Emanationen" (1959), „Anaklasis" (1960), „Threnos" (1961) und „Fluorescences" (1962), in denen durch Cluster-, Glissando-, Vibrato- und Verfremdungseffekte die instrumentale Klangfarbenskala verbreitert und der Grenzbereich zw. Klang und Geräusch ausgeschritten wird. Die neuen Gestaltungsprinzipien führen im vokalen Werk (z. B. „Dimensionen der Zeit und der Stille", 1961) zur Zerlegung der Sprache in ihre phonet. Elemente. In der „Lukaspassion" (1966), dem Oratorium „Dies irae" (1967), der Oper „Die Teufel von Loudun" (1969), wie auch im Violinkonzert (1977), in der Oper „Paradise lost" (1978) und in „Lacrimosa" (1980) werden die Neuerungen in den Dienst traditioneller vokalinstrumentaler Großformen gestellt. P. komponierte ferner ein „Poln. Requiem" (1984) sowie die Opern „Die schwarze Maske" (1986) und „Ubu Rex" (1991). Tritt auch als Dirigent auf.

Pendjari [frz. pɛndʒa'ri], Oberlauf des ↑ Oti.

Pendler ↑ Pendelwanderung.

Pendolino, Bez. für Eisenbahnzüge mit computerunterstützter, gleisbogenabhängiger Wagenkastensteuerung, die mittels eines Fliehkraftausgleichs (Neigung der Reisezugwagen von bis zu 8°) auch auf kurvenreichen Strecken Reisegeschwindigkeiten bis zu 160 km/h ermöglicht; seit 1992 probeweise auch bei der Dt. Bundesbahn (Nürnberg–Hof/Bayreuth).

Pendschikent, Stadt im Tal des Serawschan, Tadschikistan, 17 000 E. – Seit 1953 Stadt. Am SO-Rand die Ruinen des alten P., im 6.–8. Jh. ein bed. kulturelles Zentrum der Sogdiana, beim Einfall der Araber um 720 zerstört. Ausgra-

bungen seit 1947; bed. Wandmalereien mit Motiven des tägl. Lebens, der iran. Mythologie und religiöser Zeremonien.

Penelope, Gestalt der griech. Mythologie, Gemahlin des Odysseus, Mutter des Telemachos. Nach 20jähriger Abwesenheit ihres Gemahls, den sie nun für tot hält, gibt P. dem zudringl. Werben der zahlr. Freier nach und verheißt ihre Hand demjenigen, der den Bogen des Odysseus zu meistern verstehe. Dieser, unterdessen heimgekehrt, nimmt unerkannt an dem Wettkampf teil; als die Waffe in seine Hand kommt, tötet er die Freier und gibt sich P. zu erkennen.

Peneplain ['pe:nəplɛɪn, engl. 'pi:nɪplɛɪn], svw. ↑ Fastebene.

penetrant [lat.-frz.], in störender Weise durchdringend; aufdringlich.

Penetranz [lat.], durchdringende Schärfe; Aufdringlichkeit, Hartnäckigkeit.
▷ in der *Genetik* die Wahrscheinlichkeit (d. h. Häufigkeit), daß sich ein (dominantes oder homozygot vorhandenes rezessives) Gen im äußeren Erscheinungsbild einer bestimmten Individuengruppe ausprägt; hängt vom Genotyp und von den Umweltbedingungen ab.

Penetration [lat.], Durchdringung, Durchsetzung, Eindringen eines Stoffes oder Körpers in einen anderen; speziell: Eindringen des männl. Glieds in die Scheide.

Penghu ↑ Pescadoresinseln.

Pengö (ungar. pengő [ungar. 'pɛngø:]), ungar. Währungseinheit (1925–46) zu 100 Fillér; abgelöst durch den Forint.

Pengpu ↑ Bangbu.

Penguin Books [engl. 'pɛŋgwɪn 'bʊks], (Taschen)bücher des ehem. brit. Verlags Penguin Books Limited (gegr. 1935/36), seit 1971 der Pearson Longman Ltd. bzw., in den USA, der Viking Penguin Inc. (seit 1975).

Penhas da Saúde ↑ Covilhã.

Penholdergriff ['pɛnhoʊldə, engl., eigtl. „Federhalter(griff)"], eine Griffhaltung des Schlägers im ↑ Tischtennis.

penibel [lat.-frz.], sehr sorgfältig, kleinlich genau. **Penibilität,** übertriebene Sorgfalt, Genauigkeit.

Peniche [portugies. pə'niʃɪ], portugies. Hafenstadt 70 km nnw. von Lissabon, 13 000 E. Fischfang. – Seit 1609 Stadtrecht. – Befestigungsanlagen (16. und 17. Jh.); barocke Kirche São Pedro (1698).

Penicillinasen [lat.], von Bakterien gebildete Enzyme, die Penicilline spalten und dadurch inaktivieren.

Penicilline (Penizilline) [zu lat. penicillum „Pinsel"], von den Schimmelpilzen Penicillium notatum und Penicillium chrysogenum als Stoffwechselprodukte gebildete Antibiotika sowie ihre halbsynthet. Derivate. Das Grundgerüst aller P. ist die 6-Aminopenicillansäure, die bei dem klass. **Penicillin G** Phenylessigsäure an der Aminogruppe trägt. Die klass. P. werden rein biologisch aus Schimmelpilzen oder durch gesteuerte Biosynthese hergestellt. Die halbsynthet. P. werden durch Einführung verschiedener Gruppen in die 6-Aminopenicillansäure gewonnen. Ein großer Fortschritt wurde erzielt, als es gelang, magensaftresistente P., penicillinasefeste P., Depot-P. und P. mit einem breiten Wirkungsspektrum herzustellen. P. sind praktisch nicht toxisch, verursachen aber häufig Allergien.

Geschichte: Obwohl A. Fleming bereits 1928 beobachtete, daß Bakterienkulturen durch Schimmelpilze im Wachstum gehemmt werden, gelang es erst 1938 (durch E. B. Chain und H. W. Florey), das wirksame Stoffwechselprodukt daraus zu isolieren; ab 1940 Einführung in die Therapie von bakteriellen Infektionen. Die Chemosynthese von P. ist seit 1957 möglich.

Penicillium [lat.], svw. ↑ Pinselschimmel.

Penilingus [lat.], svw. ↑ Fellatio.

Peninsula [engl. pɪ'nɪnsjʊlə; lat.], engl. svw. Halbinsel.

Penis [lat. „Schwanz"] (Phallus, [männl.] Glied, Rute), männl. Begattungsorgan bei vielen Tieren und beim Menschen; dient der Samenübertragung in den Körper des weibl. oder zwittrigen Geschlechtspartners, manchmal

(v. a. bei Bandwürmern) auch in den eigenen (zwittrigen) Körper.
Bei den männl. *Säugetieren* (einschl. *Mensch*) entwickelt sich der P. (wie auch die Klitoris) aus dem Geschlechtshöcker und den Geschlechtsfalten. Der bei den Säugetieren in Länge und Form sehr unterschiedl. P. wird von der Harn-Samen-Röhre durchzogen. Die diese flankierenden Schwellkörper bewirken durch Blutfüllung die P.erektion. Zusätzlich kann noch ein in den P. eingelagerter *P.knochen* ausgebildet sein (dient der permanenten Versteifung des P.; z. B. beim Hund und bei Affen). Beim Menschen (wie auch bei anderen Säugetieren) können folgende P.teile unterschieden werden: Die den Schambeinen ansitzende *P.wurzel* und der mit einer dehnbaren Bindegewebshülle ausgestattete *P.schaft;* dieser setzt sich aus zwei miteinander verwachsenen *Rutenschwellkörpern* und dem unpaaren, die Harn-Samen-Röhre einschließenden *Harnröhrenschwellkörper* zusammen. Letzterer erweitert sich hinten, unter Bildung der P.wurzel, zur *Zwiebel (Bulbus penis);* vorn, im Anschluß an die *Ringfurche,* ist die *Eichel (Glans penis)* ausgebildet, die die Enden der Rutenschwellkörper überdeckt. Die Eichel ist von einer zarten Hornschicht überzogen und an ihrem Rand mit Talgdrüsen besetzt (bei Unsauberkeit entsteht das ↑Smegma). Sie wird von einer bewegl., unterseits in Längsrichtung mit der Eichel über das *Vorhautbändchen* verbundenen Hautfalte, der *Vorhaut (Praeputium),* mehr oder weniger umhüllt. Die von einer starren Bindegewebskapsel umhüllten Rutenschwellkörper sind durchsetzt von feinen Blutlakunen (Kavernen) innerhalb eines Schwammwerks aus glatter Muskulatur. Die Kavernen entsprechen im Bau erweiterten Blutkapillaren. Eine Reizung der sensiblen Eichelendkörperchen oder psych. Einflüsse lösen über den Parasympathikus einen Reflex aus, der die zuführende Arterie des P. erweitert, so daß verstärkt Blut in die nach außen unnachgiebigen Schwellkörper einströmt. Dabei können arterielle Gefäße und Venen über arteriovenöse Anastomosen „kurzgeschlossen" werden. Außerdem erschlafft die glatte Muskulatur der Schwellkörper, während sich die Venen durch die blutdruckbedingten Straffungen innerhalb der Schwellkörperkapseln verengen: Der venöse Rückfluß wird gestaut; es kommt zu einer ↑Erektion. Besondere, mit dem P. in Verbindung stehende Drüsen sind die ↑Prostata und die ↑Cowper-Drüsen.

Pẹnisfutteral, bei Naturvölkern im trop. Afrika, in Südamerika und Melanesien verbreitete, meist aus pflanzl. Material hergestellte Umhüllung des Penis.

Penki ↑Benxi.

Pẹnn, Arthur, *Philadelphia 27. Sept. 1922, amerikan. Regisseur. – Inszenierte zunächst am Broadway; seit 1958 Spielfilme: „Bonnie and Clyde" (1967), „Alice's Restaurant", „Little Big Man" (1970), „Target" (1985).

P., William, *London 14. Okt. 1644, †Ruscombe (Berkshire) 30. Juli 1718, engl. Quäker. – Schrieb im Gefängnis „Ohne Kreuz keine Krone" (1669), ein grundlegendes Werk zur Moraltheologie der Quäker, und später insgesamt über 100 theolog. und polit. Schriften. Als Sohn des Admirals Sir William P. (*1621, †1670) ließ sich P. 1681 die Konzession für eine Kolonie in Amerika übertragen, in der er eine Zufluchtstätte für Verfolgte und ein tolerantes christl. Gemeinwesen schaffen wollte (Erwerb von West Jersey [1676], East Jersey [1681] und Delaware [1682]). Für die zu Ehren seines Vaters Pennsylvania gen. Kolonie, wo P. sich 1682–84 und 1699–1701 aufhielt, erließ er den „Frame of government" (1682, revidiert 1701), der neben dem Gouverneur (zuerst P. selbst) 2 von allen Freien zu wählende Häuser vorsah.

Pennines [engl. ˈpɛnaɪnz], Mittelgebirge in N-England, erstreckt sich über 240 km Länge mit einer Breite bis zu 50 km vom Trent im S bis zum Tyne im N. Im Cross Fell bis 893 m hoch; Wasserscheide; waldarm; Moos-, Gras- und Weideland; Steinkohlen-, Eisenerz- und Steinsalzbergbau; Steinbrüche; Schafhaltung. Für das Umland sind die P. ein Erholungsgebiet mit 2 Nationalparks (Yorkshire Dales National Park, Peak District).

Pennsilfa̲a̲nisch, svw. ↑Pennsylvaniadeutsch.

Pennsylvania [pɛnzɪlˈvaːnɪa; engl. pɛnsɪlˈvɛɪnjə], Bundesstaat im NO der USA, 117 348 km², 11,83 Mill. E (1990), Hauptstadt Harrisburg.

Landesnatur: Der größte Teil des Staates wird vom Allegheny Plateau der Appalachian Plateaus (bis 979 m hoch) eingenommen, das im O an das Große Appalachental angrenzt. Der SO von P. gehört zum Piedmont Plateau sowie zur Atlant. Küstenebene. Im NW grenzt P. an den Eriesee. P. liegt im feucht-kontinentalen Klimabereich mit Westwinden. Etwa 50 % der Staatsfläche sind von Wald bedeckt; Laubbäume überwiegen, in höheren Lagen kommen v. a. Nadelbäume vor. – Größere Tierarten wurden weitgehend ausgerottet; häufig vertreten sind Fuchs, Wildkatze, Wiesel, stellenweise auch Rotwild.

William Penn (anonymer zeitgenössischer Kupferstich)

Bevölkerung, Wirtschaft, Verkehr: Die Bev. stieg seit 1790 (434 000 E) sprunghaft an. Über 9 % der E sind Schwarze. Mehr als $^2/_3$ der Bev. lebt in Städten, von denen die größten Philadelphia, Pittsburgh und Erie sind. Bes. im SO hat sich noch die Kultur der frühen Einwanderer erhalten. Unter den höheren Bildungseinrichtungen gibt es 15 Univ. – Trotz starker Industrialisierung ist die Landw. von großer Bed.; wichtige Anbauprodukte sind außer Futtergras, Weizen, Hafer, Mais, Gerste, Kartoffeln v. a. im SO auch Obst und Gemüse. Bed. ist auch die Viehzucht mit überwiegender Milchwirtschaft. Der Bergbau spielt noch immer eine beherrschende Rolle. Im W werden Erdöl und Erdgas gefördert. In der Eisen- und Stahlind. ist P. in den USA mit führend. Außerdem von Bed. sind die Erdölraffinerien, Textil- und Bekleidungs-, chem., Maschinen-, Nahrungsmittel-, Holz- und Tabakind., daneben Druckereien und Verlage. – Das Eisenbahnnetz umfaßt 10 139 km, das Straßennetz 186 814 km; 161 öff. ✈ sind in Betrieb. Größter Seehafen ist Philadelphia, wichtige Binnenhäfen sind Pittsburgh am Ohio und Erie am Eriesee.

Geschichte: Erste dauerhafte Siedlungen wurden von schwed. Einwanderern errichtet (Neugöteborg, gegr. 1643 [= Essington]; Upland [= Chester]); nach 1655 in die niederl. Kolonie Neuniederlande einbezogen, die 1664 engl. wurde. Das heutige P. wurde 1681 W. Penn von der brit. Krone als Eigentümerkolonie überlassen; die von ihm 1682 erlassene Verfassung blieb bis 1776 in Kraft. Außer Quäkern wanderten v. a. schott.-ir. Gruppen und Deutsche ein. Mit der Annahme einer eigenen Verfassung im Sept. 1776 wurde das Regime der Eigentümer beendet. Die Verfassung der USA verabschiedete P. am 12. Dez. 1787; Philadelphia war 1790–1800 Sitz der Bundesregierung. P. unterstützte im Sezessionskrieg den Norden. Eine der entscheidenden Schlachten dieses Krieges fand 1863 bei Gettysburg statt. Seine heute gültige Verfassung verabschiedete P. 1873.

Pennsylvaniadeutsch [pɛnzɪlˈvaːnɪa] (Pennsilfaanisch; engl. Pennsylvania Dutch), Bez. für den Dialekt der Nachkommen dt. Einwanderer aus SW-Deutschland in SO-Pennsylvania und W-Maryland sowie in einigen Sprachinseln. P. ist ein Gemisch aus südwestdt. Mundarten, wobei das Pfälzische in der Lautung, das Pfälzisch-Schwäbische im Wortschatz und das Fränkisch-Bairische in der Satzmelodie vorherrscht. Das P. wurde stark vom amerikan. Englisch beeinflußt. Als Literatursprache wird es v. a. in volkstüml. Texten verwendet.

Pennsylvania Dutch [engl. pɛnsɪlˈvɛɪnjə ˈdʌtʃ], irriger angloamerikan. Name für die urspr. in Pennsylvania (USA) ansässigen Deutschamerikaner (Dutch = Deutsche [v. a. im älteren Sprachgebrauch]), die ab 1683 als geschlossene Gruppen einwanderten. Kult- und Umgangssprache ist das sog. Pennsylvaniadeutsch, Schriftsprache ist Englisch. Die P. D. (heute rd. 750 000) bewahrten Bauweise, Sitten und Gebräuche.

Pẹnny [engl.] (Mrz. bei Einzelstücken: Pennies, bei Mehrfachwerten: Pence; Mrz. von Vielfachstücken: Pences), der Pfennig des brit. Währungssystems bis

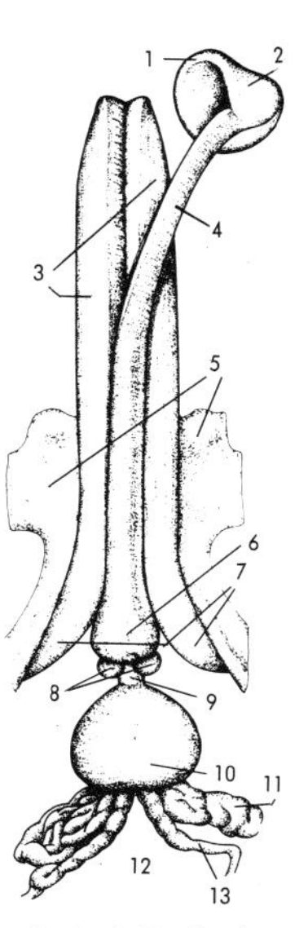

Penis. Schematische Darstellung der Teile des menschlichen Penis; 1 Ringfurche, 2 Eichel, 3 Rutenschwellkörper, 4 Harnröhrenschwellkörper, 5 Schambeine, 6 Zwiebel, 7 Peniswurzel, 8 Cowper-Drüsen, 9 Harn-Samen-Röhre, 10 Prostata, 11 Bläschendrüse, 12 Harnblase, 13 Samenleiter

15. Febr. 1971: 1 P. (Abk. d) = $^1/_{12}$ Shilling = $^1/_{240}$ Pfund Sterling; seitdem 1 New P. (Abk. p) = $^1/_{100}$ Pfund.

Pennyweight [engl. 'pɛnɪwɛɪt], Einheitenzeichen dwt, pwt; in Großbritannien und in den USA verwendete Masseneinheit für Edelsteine und Edelmetalle: 1 dwt = $^{24}/_{7000}$ pound = 1,555174 g.

Pensa [russ. 'pjɛnzɐ], Geb.hauptstadt im europ. Teil Rußlands, 543 000 E. Fünf Hochschulen, Gemäldegalerie; zwei Theater, Zirkus; botan. Garten; Maschinen- und Gerätebau, Herstellung von Fahrrädern, Mopeds, Uhren, Arzneimitteln, Textilien, Klavieren u. a. – 1663 als militär. Stützpunkt im Transwolgagebiet gegr.; seit 1801 Gouvernementshauptstadt.

Pensacola [engl. pɛnsə'kʊlə], Hafenstadt in Florida, 62 300 E. Kork- und Holzverarbeitung, Papier- und chem. Ind.; Fremdenverkehr. – Entstand bei dem 1696 errichteten span. Fort San Carlos; 1763 Hauptstadt der brit. Kolonie West Florida; 1821 für kurze Zeit Hauptstadt von Florida, seit 1824 City.

Penschinabucht [russ. 'pjɛnʒinɐ] ↑Schelichowgolf.

Pensée [pã'se:; zu frz. penser „denken"], svw. Gartenstiefmütterchen (↑Stiefmütterchen).

Pension [pã'zi̯o:n; paŋ'zi̯o:n; frz., zu lat. pensio „das Abwägen, Zahlung"] ↑Ruhegehalt.

▷ (Fremdenheim) Beherbergungsstätte ohne öff. Lokal, die Fremden Beherbergung und Verpflegung gegen Vergütung gewährt.

Pensionat [pã..., paŋ...], private Bildungseinrichtung vorwiegend für Mädchen, die auch im P. wohnen.

Pensionierung [pã..., paŋ...], die Versetzung in den Ruhestand.

Pensionsgeschäft [pã..., paŋ...], Verpfändung eines Wechsels gegen Gewährung eines Darlehens; der Wechsel wird in einem Land mit niedrigem Zinsfuß (dem Pensionssatz) verpfändet („in Pension gegeben"); das Darlehen wird zinsbringend in einem Land mit hohem Zinsniveau angelegt; auch als befristete Überlassung von Wertpapieren mit der Verpflichtung zur Rücknahme zum gleichen Kurs zur Erzielung der über dem Habenzins liegenden Wertpapierzinsen.

Pensionskassen [pã..., paŋ...], Lebensversicherungsgesellschaften, die die Alters-, Invaliditäts- und Hinterbliebenenversorgung durchführen. Man unterscheidet die von Unternehmen gegr. P., die nur deren Arbeitnehmern offenstehen, und die selbständigen P., die sich ebenfalls auf einen bestimmten Personenkreis beschränken.

Pensionsrückstellungen [pã..., paŋ...], Passivposten der Bilanz eines Unternehmens, durch den die durch Pensionsverpflichtungen entstehenden Ausgaben auf die Jahre verteilt werden, in denen sie zu Aufwand geworden sind.

Pensionssicherungsverein [pã..., paŋ...], nach dem Gesetz zur Verbesserung der betriebl. Altersversorgung vom 19. 12. 1974 für den Fall fortbestehender Zahlungsunfähigkeit des Arbeitgebers begr. Trägerverein zur Sicherung der betriebl. Altersversorgung bzw. unverfallbar gewordener Anwartschaften. Alle Arbeitgeber, die Leistungen der betriebl. Altersversorgung zugesagt haben (Unterstützungskasse, Direktversicherung), werden dem P. beitragspflichtig, wobei sich die Höhe nach dem Wert der im Kalenderjahr angefallenen Ansprüche auf Leistungen aus dem P. und den damit verbundenen Kosten richtet.

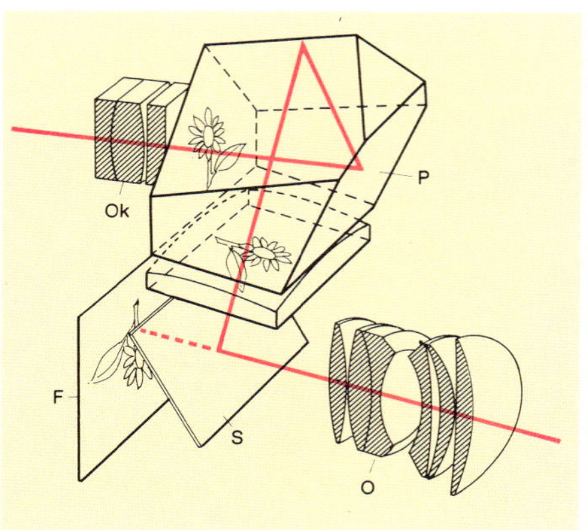

Pentaprisma. Pentadachkantprisma P in einer Spiegelreflexkamera mit Strahlengang; F Filmebene, O Objektiv, Ok Okular, S Spiegel

Pensionsversicherung [pã..., paŋ...], in Österreich für die Versicherungsfälle des Alters, der geminderten Arbeitsfähigkeit und des Todes bestimmte gesetzl. Versicherung; ihr unterliegen im wesentlichen alle Arbeitnehmer (mit Ausnahme der öff.-rechtl. Bediensteten) sowie die Mehrzahl der selbständig Erwerbstätigen. Leistungen der P. sind die Alterspension, die Invaliditätspension bzw. (bei Angestellten) die Berufsunfähigkeitspension, die Hinterbliebenenpension.

Pensum [lat., eigtl. „das (den Sklavinnen) für einen Tag Zugewiesene (an zu spinnender Wolle)" (von pendere „wiegen")], zugeteilte Aufgabe, Arbeit; in einem bestimmten Zeitraum zu bewältigender Lehrstoff.

penta..., Penta..., pent..., Pent... [griech.], Bestimmungswort von Zusammensetzungen mit der Bed. „fünf".

Pentaerythrit [pɛnta-ɛ...; griech.], $C(CH_2OH)_4$; farbloser, kristalliner, süß schmeckender, vierwertiger Alkohol, der zur Herstellung von Alkydharzen und ↑Pentaerythrittetranitrat verwendet wird.

Pentaerythrittetranitrat [pɛnta-ɛ...] (Nitropenta), $C(CH_2-O-NO_2)_4$; weiße, wasserunlösl., als Sprengstoff verwendete Substanz.

Pentagon [griech.], Fünfeck.

Pentagon ['pɛntagɔn; engl. 'pɛntəgən], Bez. für das auf fünfeckigem Grundriß 1941/42 errichtete Gebäude des Verteidigungsministeriums der USA in Arlington (Va.), auch für das Ministerium selbst.

Pentagondodekaeder [griech.] ↑Dodekaeder.

Pentagramm ↑Drudenfuß.

pentamer [griech.], fünfgliedrig, fünfteilig.

Pentameter, ein aus 5 metr. Einheiten bestehender Vers mit dem Schema:

–́ ⏖ / –́ ⏖ / –́ // –́ ◡◡ / –́ ◡◡ / –́

Der P. tritt fast immer in Verbindung mit dem Hexameter im sog. eleg. ↑Distichon auf.

Pentane [griech.], drei isomere, zu den Alkanen gehörende, flüssige Kohlenwasserstoffe mit der Summenformel C_5H_{12}.

Pentanol (Amylalkohol), aliphat. Alkohol mit 5 Kohlenstoffatomen, von dem 8 Isomere existieren, die zu etwa 70 % im Fuselöl billiger Branntweinarten enthalten sind; farblose, meist unangenehm riechende ölige Flüssigkeiten. Sie reizen die Schleimhäute und haben narkotische Wirkung. Die P. und ihre Ester werden v. a. als Lösungsmittel verwendet.

Pentapolis [griech. „Fünfstadt"], 1. in der Antike ein Verband von 5 Städten, z. B. in Libyen (Cyrenaika), Palästina, Phrygien und an der W-Küste des Schwarzen Meeres; 2. im Früh-MA Bez. für das Gebiet um die 5 Städte Ancona, Ariminum (= Rimini), Pisaurum (= Pesaro), Sena Gallica (= Senigallia) und Julia Fanestris (= Fano).

Pentaprisma, ein Umlenkprisma (Reflexionsprisma) mit konstanter Ablenkung, dessen Hauptschnitt ein Fünfeck ist; seine Eintritts- und Austrittsflächen stehen senkrecht aufeinander. Eine spezielle Ausführungsform als Dachkantprisma ist das **Pentadachkantprisma,** das bei Spiegelreflexkameras die Umlenkung des vom Spiegel ausgeblendeten Sucherbildes in den Suchereinblick ermöglicht.

Pentarchie [griech.], allg. Bez. für ein Fünfmächtesystem, v. a. für die von der Mitte des 18. Jh. bis zum 1. Weltkrieg bestehende Beherrschung Europas durch die 5 Großmächte Großbritannien, Frankreich, Österreich, Preußen bzw. Dt. Reich und Rußland.

Pentateuch [griech., zu pénte „fünf" und teuchos „Behälter für Buchrollen"], griech. und in der Bibelwiss. übl. Bez. für die fünf Bücher Mose. Sie umfassen die Urgeschichte, die Vätergeschichten, den Auszug Israels aus Ägypten, die Landnahme und umfangreiche Gesetzestexte. Zur Einteilung des P. ↑Bibel. – Der P. wurde auf einem langen Weg mündl. und schriftl. Überlieferung zu seiner vorliegenden Gestalt zusammengestellt. Im allg. geht man von vier Quellen aus: 1. der ↑Jahwist (Abk. J); 2. der ↑Elohist (Abk. E); möglich ist auch eine gemeinsame Urquelle von J und E; 3. das Deuteronomium (Abk. D; enthält vorwiegend Gesetzestexte); sein Ursprung ist nicht völlig klar; 4. die ↑Priesterschrift (Abk. P). – Die Annahme, daß das Josuabuch dem Gesamtwerk hinzuzurechnen sei (Hexateuch), ist in der Forschung umstritten.

Pentathlon [griech.], im antiken Griechenland Bez. für den Fünfkampf bei den Festspielen; die Disziplinen waren Diskuswurf, Weitsprung, Speerwurf, Stadionlauf und Ringen.

Pentatonik [griech.], Tonsystem aus fünf Tönen, v. a. dasjenige, dessen Tonleiter keine Halbtöne enthält **(anhemitonische Pentatonik),** also z. B. aus den Tönen c-d-e-g-a oder deren Transposition besteht. P. bildet das Tonsystem von klanglich orientierter Musik und kommt v. a. in der Südsee, Ostasien und Afrika vor; im deutschsprachigen Raum begegnet sie am häufigsten im Kinderlied. In jap. Musik ist neben der anhemiton. P. auch die **hemitonische Pentatonik** (Halbtöne enthaltende) bekannt (z. B. e-f-a-h-c).

Pentene [griech.] (Amylene), ungesättigte Kohlenwasserstoffe der allg. Formel C_5H_{10}.

Penthesilea, in der griech. Mythologie eine Königin der ↑Amazonen, Bundesgenossin der Trojaner, im Zweikampf von Achilleus getötet, der sich in die Sterbende verliebt. – H. von Kleist machte sie zur Hauptfigur eines Trauerspiels (Erstausgabe 1808).

Penthesilea-Maler, att. Vasenmaler, der etwa 465–40 tätig war; ben. nach der Schale mit dem Zweikampf zw. Achilleus und Penthesilea (München, Staatl. Antikensammlung). An der Wende vom strengen zum klass. rotfigurigen Stil malte er meist großfigurige, oft die ganze Innenseite der Schalen füllende Sagenbilder.

Penthouse [engl. 'pɛnthaʊs; engl.-amerikan.], bungalowartige Wohnung auf dem Flachdach eines [Hoch]hauses.

Pentite [griech.], im Pflanzenreich vorkommende fünfwertige Alkohole (Zuckeralkohole; z. B. Adonit, Arabit).

Pentlandit [nach dem ir. Forschungsreisenden J. B. Pentland, * 1797, † 1873] (Eisennickelkies, Nickelmagnetkies), meist in groben Körnern vorkommendes, rötlichgelbes bis gelbbraunes, metallisch glänzendes, kub. Mineral, $(Fe,Ni)_9S_8$, Mohshärte 3,5–4, Dichte 4,6–5 g/cm³. P. findet sich v. a. als Begleitmineral von Magnetkies und zählt deshalb zu den wichtigsten Nickelerzen; bed. Vorkommen bei Sudbury (Ontario).

Pentode [griech.], Elektronenröhre mit fünf Elektroden, die zw. Kathode und Anode drei Gitter enthält. Die P. wurden vorwiegend als Verstärkerröhre mit großer Spannungsverstärkung verwendet.

Pentosane [griech.], aus ↑Pentosen aufgebaute Polysaccharide, die in Pflanzen als Gerüstsubstanzen (sog. Hemizellulosen) und Schleime vorkommen; z. B. das *Xylan.*

Pentosen [griech.], $C_5H_{10}O_5$; farblose, leicht wasserlösl. Kristalle bildende Monosaccharide; die wichtigsten, am Aufbau der Nukleinsäuren beteiligten P. sind die ↑Ribose und die Desoxyribose.

Pentosephosphatzyklus (Warburg-Dickens-Horecker-Weg), bei Pflanzen und Tieren neben der Glykolyse und dem Zitronensäurezyklus ablaufender Stoffwechselweg zum Abbau der Glucose zu Kohlendioxid und Wasserstoff. Zwischenprodukte sind Pentosephosphate. Der P. dient nicht der Energiegewinnung, sondern der Bereitstellung von Wasserstoff in Form von $NADPH \cdot H^+$, u. a. für die Fettsäuresynthese, und von Pentosephosphaten für die Nukleinsäuresynthese.

Pentylacetat (Amylacetat), Formel $CH_3-COOC_5H_{11}$, Essigsäureester des Pentanols; Aroma- und Duftstoff.

Penuti, v. a. in Kalifornien, USA, verbreitete indian. Sprachfamilie; zu ihr gehören die Wintu, Wintun, Patwin, Maidu, Yokuts, Miwok und Costano; mit anderen Sprachfamilien zu einer Großgruppe zusammengefaßt.

Penzias, Arno (Arnold) A[llen] [engl. 'pɛnzɪəs], * München 26. April 1933, amerikan. Physiker dt. Herkunft. – P. entdeckte 1965 mit R. W. Wilson bei Rauschpegelmessungen an einem Radioteleskop die kosm. Hintergrundstrahlung, wofür beide 1978 den Nobelpreis für Physik erhielten (zus. mit P. L. Kapiza).

Penzoldt, Ernst, * Erlangen 14. Juni 1892, † München 27. Jan. 1955, dt. Schriftsteller. – Verfaßte Romane, Erzählungen, Novellen, Dramen und Essays. Literar. Hauptwerk ist der moderne Schelmenroman „Die Powenzbande" (1930) aus dem Landstreicher- und Kleinstadtmilieu.

Penthesilea-Maler. Schale mit der Darstellung des Zweikampfs zwischen Achill und Penthesilea auf der Innenseite, um 460 v. Chr. (München, Staatliche Antikensammlung)

Pep [engl.-amerikan., gekürzt aus lat.-engl. pepper „Pfeffer"], begeisternder Schwung, mitreißende Wirkung.

Peperoni [italien., zu lat. piper „Pfeffer"] ↑Paprika.

Pepi II. (Phiops II.), letzter König (um 2200 v. Chr.) der 6. ägypt. Dynastie. – Regierte nach antiker Überlieferung 94 Jahre; seine Reg.zeit endete in der durch innere Wirren gekennzeichneten 1. Zwischenzeit.

Pepita [span.], kleinkariertes Gewebe in Leinwandbindung; auch Bez. für das Muster selbst.

Peplos [griech.], ärmelloses Frauengewand der griech. Antike aus einem rechteckigen Tuch, das auf der Schulter zusammengehalten wurde; über dem Chiton, im 5. Jh. auch an dessen Stelle getragen.

Peplosphäre [griech.], svw. ↑Grundschicht.

Pepping, Ernst, * Duisburg 12. Sept. 1901, † Berlin (West) 1. Febr. 1981, dt. Komponist. – 1934 Lehrer an der Kirchenmusikschule und ab 1953 an der Musikhochschule in Berlin. Sein durch polyphonen Stil bei erweiterter Tonalität und farbigem Klang charakterisiertes Werk umfaßt Orgelmusik, Vokalkompositionen, u. a. „Spandauer Chorbuch" (1934–39), „Passionsbericht des Matthäus" (1951), „Weihnachtsgeschichte des Lukas" (1959), Orchesterwerke und Kammermusik.

Arno A. Penzias

Pepsin [zu griech. pépsis „Verdauung"], eine im Magensaft vorkommende Endopeptidase, die aus einer inaktiven Vorstufe, dem Pepsinogen, durch autokatalyt. Abspaltung eines Polypeptids entsteht. P. spaltet die Proteine der aufgenommenen Nahrung in Albumosen und Peptone, wobei sein Wirkungsoptimum im sauren Bereich (bei pH 1,5–2,5) liegt. Es wird medizinisch bei bestimmten Verdauungsstörungen angewandt.

Pepsinogen [griech.], die in der Magenschleimhaut gebildete inaktive Vorstufe des Pepsins.

Ernst Pepping

Peptidasen [griech.], Enzyme, die Peptidbindungen bes. von niedermolekularen Eiweißstoffen hydrolytisch spalten. Man unterscheidet *Endo-P.* (Spaltung innerhalb des

Moleküls) und *Exo-P.* (Spaltung von den Molekülenden her). Zu den P. gehören die Verdauungsenzyme Pepsin, Trypsin und Chymotrypsin.

Peptide [griech.], durch [Poly]kondensation von Aminosäuren, d. h. durch Reaktion der Aminogruppe einer Aminosäure mit der Carboxylgruppe einer anderen entstehende Verbindungen mit der charakterist. **Peptidbindung** −CO−NH−, die in der Natur weitverbreitet vorkommen. **Oligopeptide** (z. B. *Di-, Tri-, Tetra-P.* usw.) enthalten bis zu 10, **Polypeptide** bis 100 und **Proteine** über 100 Aminosäurereste. P. haben als Hormone, Antibiotika und Gifte (z. B. ↑Phalloidin) physiolog. Bedeutung. Chem. Strukturformel:

$$H_2N-\underset{|}{\overset{R_1}{CH}}-CO \;\vdots\; NH-\overset{R_2}{CH}-CO \;\vdots\; NH-\overset{R_3}{CH}-COOH$$

1. 2. 3. Aminosäurerest

Peptisation [griech.], Wiederauflösung eines ausgeflockten Kolloids; bei lyophilen (leichtlösl.) Kolloiden durch Verdünnen oder Temperaturerhöhung, bei lyophoben (schwerlösl.) Kolloiden durch gleichsinnige elektrostat. Aufladung der Teilchen oder Zusatz leicht adsorbierbarer Ionen.

peptisch [griech.], bes. in der Medizin für: zur Verdauung gehörend, die Verdauung fördernd.

Peptolide [griech.] (Depsipeptide), natürl. oder synthet., aus amid- oder esterartig verbundenen Aminosäuren und Hydroxycarbonsäuren bestehende Verbindungen. Einige cycl. P. **(Cyclodepsipeptide),** die von Pilzen gebildet werden, sind antibiotisch wirksam (z. B. in Wundpudern).

Peptone [griech.], durch künstl. enzymat. Spaltung von Proteinen bzw. proteinhaltigen Lebensmitteln (z. B. Kasein, Gelatine, Fleisch) hergestellte Eiweißspaltprodukte, die als Bakteriennährböden und diätet. Nahrungsmittel verwendet werden.

John Christopher Pepusch (Ausschnitt aus einem Gemälde, um 1730)

Pepusch, John Christopher (Johann Christoph), *Berlin 1667, †London 20. Juli 1752, engl. Komponist dt. Herkunft. – Ab 1698 in den Niederlanden, ab 1700 in London. V. a. bekannt durch die Musik zu J. Gays Ballad-opera „The beggar's opera" (1728).

per [lat.], 1. mit, mittels, durch (z. B. per Bahn); 2. je, pro (z. B. per Kilo); bis zum, am (z.B. per 1. Januar).

Per- [lat.], Vorsilbe der chem. Nomenklatur; in der *anorgan. Chemie* bedeutet sie, daß das Zentralatom in den Molekülen einer Verbindung in der höchsten Oxidationsstufe vorliegt. In der *organ. Chemie* kennzeichnet sie eine vollständig substituierte Verbindung oder die vollständig hydrierte Form einer ungesättigten Verbindung. Nicht nomenklaturgerecht auch anstelle von ↑Peroxo- und ↑Peroxy- verwendet.

per..., Per... [lat.], Vorsilbe mit der Bed. „durch, hindurch, über, völlig, ganz und gar".

per acclamationem [lat.], durch Zuruf (wählen).

Perahia, Murray [engl. pəˈrɑːjə], *New York 19. April 1947, amerikan. Pianist. – Interpretiert v. a. Werke von J. S. Bach, W. A. Mozart und der Romantik.

Percht. Maske einer Percht

Perak, Gliedstaat Malaysias, im W der Halbinsel Malakka, 21 005 km², 2,14 Mill. E (1988), Hauptstadt Ipoh. Umfaßt das von der Malakkastraße nach N bis zur thailänd. Grenze reichende, von hohen Gebirgsketten eingerahmte Einzugsgebiet des Flusses P. (400 km lang); im Tal seines linken Nebenflusses Kinta das bedeutendste Zinnerzbergbaugebiet Malaysias; außerdem Abbau von Eisenerz, Ilmenit, Monazit, Zirkon und Gold. Wichtige landw. Erzeugnisse sind Kautschuk, Kokosnüsse und Reis; bed. Fischerei. – Seit 1874 brit. Protektorat (seit 1895 in Föderation mit Selangor, Negri Sembilan und Pahang), das 1948 Teil des Malaiischen Bundes, 1963 Teil Malaysias wurde.

Peralta Barnuevo, Pedro de, *Lima 26. Nov. 1664, †ebd. 30. April 1743, peruan. Gelehrter und Dichter. – Prof. für Jura und Mathematik an der Universität in Lima; galt als einer der größten Gelehrten seiner Zeit; verfaßte eine Vielzahl umfangreicher Werke, z. B. über Theologie, Geschichte, Medizin, militär. und zivile Ingenieurwiss. Schrieb auch Epen sowie höf. Gelegenheitsdichtung und Theaterstücke.

per annum (pro anno) [lat.], Abk. p. a., veraltete Bez. für: je Jahr, jährlich.

Peräopoden ↑Pereiopoden.

per aspera ad astra [lat. „über rauhe Wege zu den Sternen"], durch Nacht zum Licht (wohl auf einen Vers Senecas d. J. zurückgehendes röm. Sprichwort).

Perast, unter Denkmalschutz stehende Stadt in Montenegro, an der Bucht von Kotor, 1 000 E. – P. erhielt 1367 eine Schiffswerft und im 16. Jh. eine Seefahrtsschule. – Paläste aus dem 17./18. Jh. (z. T. verfallen), Ruinen der venezian. Festung, mehrere Kirchen.

Per-Atum ↑Pithom.

Perche [frz. pɛrʃ], Hügel- und Bocagelandschaft in der Normandie. Die lange vorherrschende Zucht von Ackerpferden (↑Percheron) wurde weitgehend von Schweinezucht und Milchwirtschaft abgelöst.

Perche [pɛrʃ; lat.-frz.], elast. Stange der Artisten zur Darbietung von Balanceakten u. a.

Perche, Col de la [frz. kɔldəlaˈpɛrʃ], Paß in den Ostpyrenäen, über den die Straße Perpignan-Lérida führt, 1 577 m ü. d. M.

Percheron [frz. pɛrʃəˈrõ; nach der frz. Landschaft Perche (Normandie)], verbreitete frz. Rasse schwerer, jedoch edler (bis 174 cm schulterhoher), ausdauernder und temperamentvoller Kaltblutpferde mit langgestrecktem, mächtigem Körper.

Perchlorate [...klo...], Salze der Chlorsäure (VII); (↑Chlorsauerstoffsäuren); meist weiße, kristalline, giftige Substanzen, die stark oxidierend wirken. *Ammoniumperchlorat* ist Bestandteil von Raketentreibstoffen, *Kaliumperchlorat* wird in der Pyrotechnik verwendet.

Perchlorsäure [...ˈklor...] ↑Chlorsauerstoffsäuren.

Percht (Bercht, Berhta), myth. Gestalt im Volksglauben und Brauchtum der Mittwinterzeit; Anführerin einer Schar dämon. Wesen, die bes. in der Nacht vor dem Dreikönigsfest (Epiphanias; *P.nacht*), dem Totenheer vergleichbar, umherziehen; bes. im Alpenraum noch heute im Brauchtum lebendig (**Perchtenlauf** in den Zwölfnächten [↑Zwölften] durch vermummte Gestalten mit Holzmasken).

Perchtoldsdorf, niederöstr. Marktgemeinde südl. an Wien grenzend, 250 m ü. d. M., 17 000 E. Wachswaren-, Spirituosen-, Maschinen- und pharmazeut. Ind.; Weinbau. – Um 1130 erstmals erwähnt; nach Zerstörung durch die Osmanen 1683 erst allmählich wiederaufgebaut. – Got. Pfarrkirche Sankt Augustin (14. und 15. Jh.), spätgot. Spitalkirche (um 1400) und spätgot. Karner (Martinskapelle, 1514). Ehem. herzogl. Burg (14.–16. Jh.; heute Kulturzentrum); spätgot. Rathaus (15. Jh.); Renaissance- und Barockhäuser, Pestsäule (1713), ma. Wehrmauern.

Percier, Charles [frz. pɛrˈsje], *Paris 22. Aug. 1764, †ebd. 5. Sept. 1838, frz. Baumeister und Entwurfszeichner. – Neben P. F. L. Fontaine, mit dem er 1794–1814 eng zusammenarbeitete, führender Vertreter des Empire.

Percussion [engl. pəˈkʌʃn; zu lat. percussio „das Schlagen"], Bez. für die Schlaginstrumente im Jazz und in der Popmusik.

Percy, Thomas [engl. ˈpəːsɪ], *Bridgnorth (Shropshire) 13. April 1729, †Dromore (Nordirland) 30. Sept. 1811, engl. Schriftsteller. – Anglikan. Geistlicher, ab 1782 Bischof von Dromore; 1765 Hg. einer Sammlung von 45 altschott. und altengl. Balladen und Liedern (mit Hinzufügung einiger Renaissancegedichte und zeitgenöss. Kunstballaden), die die engl. und dt. Literatur, u. a. Scott, Herder, Goethe und Bürger beeinflußte.

per definitionem [lat.], erklärtermaßen.

Perdikkas, Name mehrerer makedon. Könige: 1. **Perdikkas I.** (Mitte 7. Jh. v. Chr.), begr. die Argeadendyn. in Aigai; 2. **Perdikkas II.** (etwa 450–413), vermochte durch kluge Ausnutzung der Ggs. im Peloponnes. Krieg seine Machtposition in Griechenland zu stärken; 3. **Perdik-**

kas III. (365–359), eroberte 364 Amphipolis, fiel nach der Integration obermakedon. Fürstentümer gegen die Illyrer.

Perdikkas, † 321 v. Chr., Feldherr Alexanders d. Gr. – Nach Alexanders Tod (323) als Chiliarch (im Perserreich etwa der erste Minister) Regent des asiat. Reiches und Verfechter der Reichseinheit; wurde auf einem Feldzug gegen Ptolemaios I. ermordet.

perdu [pɛr'dy:; frz.], verloren, weg, auf und davon.

Père [frz. pɛ:r], svw. ↑ Pater.

pereat! [lat.], er [sie, es] möge zugrunde gehen! nieder damit!

Antonio Pereda y Salgado. Stilleben, 1652 (Sankt Petersburg, Eremitage)

Pereda y Salgado, Antonio, * Valladolid 1608 (?), † Madrid 30. Jan. 1678, span. Maler. – Bed. Vertreter der span. Barockmalerei, der in seinem vielfältigen Werk Einflüsse aus den Niederlanden und aus Italien verarbeitete; u. a. „Entsetzung Genuas durch den Marqués de S. Cruz" (1634; Madrid, Prado).

Peredwischniki [russ. pɪrɪ'dviʒniki „Wanderer"], 1870 in St. Petersburg gegr. antiakadem. Künstlervereinigung. Ihre Mgl., darunter I. N. Kramskoi, G. G. Mjassojedow, N. N. Ge und W. G. Perow, organisierten, von dem Sammler P. M. Tretjakow unterstützt, Wanderausstellungen und pflegten einen krit. Realismus (Genreszenen, Porträts, Landschaften). Später trat u. a. I. J. Repin bei. Die P. bestanden bis 1923.

Père Grégoire [frz. pɛrgre'gwa:r] ↑ Girard, Jean-Baptiste.

Pereiopoden (Peräopoden) [peraɪo...; griech.], der Fortbewegung dienende Schreit- bzw. Schwimmbeine der Höheren Krebse (Malacostraca) im Unterschied zu den in den Freßakt einbezogenen Kieferfüßen.

Pereira, Nuno Álvares [portugies. pə'rɐirɐ], * Sernache do Bom Jardim (Distrikt Castelo Branco) 24. Juni 1360, † Lissabon 1. April 1431, portugies. Feldherr und Nationalheiliger. – Befehlshaber beim Sieg von Aljubarrota (1385) und in Feldzügen gegen Kastilien und die Mauren. 1423 Laienbruder im Karmeliterorden; seither als Heiliger verehrt; 1918 Seligsprechung (Fest: 6. Nov.).

Pereira [span. pe'rɛira], Hauptstadt des Dep. Risaralda in Z-Kolumbien, 1470 m ü. d. M., 390 000 E. Kath. Bischofssitz; TU; Handelszentrum eines Kaffeeanbaugebiets.

Pereira Teixeira de Vasconcelos, Joaquim [portugies. pə'rɐirɐ tɐi'ʃɐirɐ ðə vɐʃkõ'sɛluʃ], portugies. Schriftsteller, ↑ Teixeira de Pascoaes.

Perejaslaw-Chmelnizki, ukrainische Stadt in der Dnjeprniederung, 25 000 E. Histor. Museum; Lebensmittel-, Bekleidungsind. – Perejaslaw wird 907 erwähnt; 2. Hälfte des 11. Jh. bis 1. Hälfte des 13. Jh. Zentrum des Ft. Perejaslaw; 1239 Zerstörung durch die Tataren; in der 2. Hälfte des 16. Jh. eines der Zentren des ukrain. Kosakentums; Mittelpunkt während der krieger. Auseinandersetzungen mit Polen im 17. Jahrhundert.

Père Joseph [frz. pɛrʒo'zɛf] ↑ Joseph, Père.

Perekop, Landenge von [russ. pɪrɪ'kɔp] ↑ Krim.

perennierend [lat.], svw. ↑ ausdauernd.

Peres, Shimon, urspr. S. Persky, * Wotożyn (Weißrußland) 15. Aug. 1923, israel. Politiker. – Kam 1934 nach Palästina; 1965 Mitbegr. und Generalsekretär der Rafi-Partei; 1968 Mgl. der Israel. Arbeitspartei (1977–92 deren Vors.); 1974–77 Verteidigungsmin., April–Juni 1977 amtierender Premiermin.; 1984–86 Premiermin., 1986–88 Außenmin., 1988–90 Finanzmin., seit 1992 Außenminister.

Shimon Peres

Pereskie (Pereskia, Peireskia) [nach dem frz. Gelehrten N. C. F. de Peiresc, * 1580, † 1637], Gatt. der Kaktusgewächse mit rd. 20 Arten im trop. Amerika und in Westindien; meist strauchartige, verholzende und stark verzweigte Pflanzen. Die Früchte (Barbadosstachelbeeren) und die jungen Blätter der Art Pereskia aculeata sind eßbar.

Pereslawl-Salesski [russ. pɪrɪs'lavljza'ljɛsskij], russ. Stadt am N-Rand der Smolensk-Moskauer Höhen, am 51 km² großen Pleschtschejewo-See, 33 000 E. – 1156 als Festung gegr.; 1175–1302 Hauptstadt des Ft. Perejaslawl; 1302 dem Moskauer Staat angegliedert; Anfang des 17. Jh. vorübergehend von Polen besetzt. – Verklärungskirche (1152–57), mehrere Klöster, u. a. Nikitakloster (16. bis 19. Jh.; Kathedrale 1561–64), Troize-Kathedrale (1530 bis 1532).

Perestroika [russ. „Umbau"], von M. S. Gorbatschow geprägtes Schlagwort für die von ihm 1985 eingeleiteten grundlegenden polit. und wirtsch. Reformen (Demokratisierung, Entstalinisierung, begrenzte Zulassung privater Eigentumsformen und marktwirtsch. Elemente u. a.) in der ↑ Sowjetunion. – Urspr. auf eine gesellschaftl. Modernisierung bei Aufrechterhaltung der sozialist. Orientierung und Beibehaltung der Führungsrolle der KPdSU (erst 1990 aufgegeben) gerichtet, geriet die von einer breiten öff. Diskussion (↑ Glasnost) begleitete P. seit dem Ende der 80er Jahre in eine tiefe Krise. Ihr endgültiges Scheitern, bedingt durch Nationalitätenkonflikte, Unabhängigkeitsbestrebungen der Unionsrepubliken, polit. Machtkämpfe sowie ungelöste Wirtschaftsprobleme (Versorgungskrise, steigende Auslandsverschuldung, enorme Produktionsausfälle durch Streiks) mündete 1991 im Zerfall der Sowjetunion. Die auch mit einer allmähl. Abkehr vom Hegemonieanspruch der Sowjetunion im früheren Ostblock verbundene P. ermöglichte in diesen Ländern die gesellschaftl. Umwälzungsprozesse 1989/90.

Pereskie. Zweig der Art Pereskia aculeata

Péret, Benjamin [frz. pe'rɛ], * Rezé (Loire-Atlantique) 14. Juli 1899, † Paris 7. Sept. 1959, frz. Schriftsteller. – Mit A. Breton Begründer und produktivster Dichter des Surrealismus; kämpfte im Span. Bürgerkrieg auf republikan. Seite, 1941–45 im Exil in Mexiko. Schrieb antikonformist. Dichtungen.

Pereslawl-Salesski. Das in seinen verschiedenen Teilen im 16.–19. Jh. erbaute Nikitakloster

Perewal [russ. pɪrɪ'val „Gebirgspaß"], russ. Schriftstellerkreis (1923–32), dem u. a. M. M. Prischwin (* 1873, † 1954), A. P. Platonow und A. K. Woronski angehörten; betonte künstler. Unmittelbarkeit und Aufrichtigkeit im Ggs. zur marxist. Richtung.

Perez, Jizchok Lejb, * Zamość 18. Mai 1851, † Warschau 3. April 1915, jidd. Dichter. – Rechtsanwalt; schrieb in poln. und hebr., nach 1880 vorwiegend in jidd. Sprache. Mitbegründer der modernen jidd. Literatur. In seinen myst.-symbolist. Dramen, ostjüd. Stadterzählungen und Gedichten verwendet er traditionelle und moderne Themen.

Pérez [span. 'perɛθ], Antonio, * Madrid um 1540, † Paris 3. Nov. 1611, span. Staatsmann. – Seit 1568 Sekretär Philipps II.; nach dem Tod des Fürsten von Éboli 1573 Führer der albafeindl. Friedenspartei. Seine Verwicklung in die Ermordung des Sekretärs von Juan d'Austria, Juan de Escobedo, am 31. März 1578 führte zu seinem Sturz.

P., Carlos Andrés, * Rubio 27. Okt. 1922, venezolan. Politiker. – Seit 1945 für die Acción Democrática aktiv, Abg. seit 1948, 1962/63 Innenmin., 1973–78 und erneut 1989–93 (Rücktritt) gewählter Staatspräs. Venezuelas.

Pérez de Ayala, Ramón [span. 'perɛð ðe a'jala], * Oviedo 9. Aug. 1881, † Madrid 5. Aug. 1962, span. Schriftsteller. – 1931–36 Botschafter in London, emigrierte 1936–54 nach Argentinien; Humor und Pessimismus verbinden sich in der psychologisch vertieften, auch satir. Darstellung seiner Romanfiguren, u. a. „A. M. D. G." (1910).

Javier Pérez de Cuéllar

Pérez de Cuéllar, Javier [span. 'perɛð ðe ku'ejar], * Lima 19. Jan. 1920, peruan. Jurist und Diplomat. – 1982–91 Generalsekretär der UN.

Pérez de Guzmán, Alonso [span. 'perɛð ðe ɣuð'man], Hzg. von Medina-Sidonia, * Sanlúcar de Barrameda 10. Sept. 1550, † ebd. 1619, span. Admiral. – 1588 zum Befehlshaber der Armada ernannt und durch Passivität mitschuldig an ihrem Untergang.

Adolfo Pérez Esquivel

Pérez Esquivel, Adolfo [span. 'perɛs eski'βel], * Buenos Aires 26. Nov. 1931, argentin. Bildhauer, Architekt und Bürgerrechtskämpfer. – Nach Studium von Architektur und Bildhauerei bis 1974 Prof. für Architektur in Buenos Aires; wirkte innerhalb der Organisation „Servicio Paz y Justicia" für die Aufrechterhaltung bzw. Wiederherstellung der Menschen- und Bürgerrechte; 1977/78 in Haft; erhielt 1980 den Friedensnobelpreis.

Pérez Galdós, Benito [span. 'perɛð ɣal'dɔs], * in der Prov. Las Palmas 10. Mai 1843, † Madrid 4. Jan. 1920, span. Schriftsteller. – Abg. der Cortes; Vertreter des span. Liberalismus; 1897 Mgl. der Span. Akademie; bedeutendster span. Romanschriftsteller an der Wende vom 19. zum 20. Jh., der sich v. a. mit den polit., sozialen und ideolog. Problemen seines Landes auseinandersetzte, insbes. in der realist. Romanserie „Episodios nacionales" (1873–1912).

Pérez Jiménez, Marcos [span. 'peres xi'menes], * Michelena (Táchira) 25. April 1914, venezolan. Offizier und Politiker. – Ab 1945 Chef des Generalstabs, leitete 1948 den Militärputsch; Verteidigungsmin. 1948–52; 1953 zum Präs. gewählt, regierte diktatorisch, im Jan. 1958 gestürzt; 1963–68 in Haft; anschließend zeitweise in Madrid im Exil.

Giovanni Battista Pergolesi (Ausschnitt aus einem um 1800 nach einer zeitgenössischen Vorlage entstandenen Kupferstich)

perfekt [zu lat. perfectus „vollendet"], vollendet, vollkommen; abgemacht, gültig.

▷ in der Mensuralnotation des MA die Dreiteiligkeit einer Mensureinheit (↑ Mensur) gegenüber der als imperfekt geltenden Zweiteiligkeit. Als p. gilt dementsprechend der Dreiertakt: die den gesamten Takt ausfüllende Note hat eine dreifache Unterteilung.

Perfekt [lat. „vollendet(e Zeit)"] (vollendete Gegenwart, 2. Vergangenheit), in der Sprachwiss. die Zeitform beim Verb, die, vom augenblickl. Standpunkt des Sprechers bzw. Schreibers aus betrachtet, den Vollzug einer Handlung ausdrückt und deren Resultat betont; während etwa das Griechische und Lateinische Formen von einem eigenen P.stamm besitzen, wird in vielen jüngeren indogerman. Sprachen (z. B. im Deutschen, Englischen, Französischen) das P. durch Umschreibungen mittels Hilfsverben (im Deutschen *sein, haben*) + Partizip (dt. *ich habe gelesen,* frz. *j'ai lu*) gebildet.

Perfektibilismus [lat.], svw. ↑ Perfektionismus.

Perfektion [lat.], Vollendung, Vollkommenheit, vollendete Meisterschaft.

Perfektionismus [lat.], übertriebenes Streben nach Vervollkommnung.

▷ (Perfektibilismus) geschichtsphilosoph. Position und Richtung insbes. der frz. Aufklärung, nach der der Sinn der Geschichte sich in einer fortschreitenden sittl. Vervollkommnung der Menschen bzw. der Menschheit verwirkliche; im 19. Jh. Bez. für das naturwissenschaftlich orientierte Fortschrittsdenken.

perfektiv [lat.], Aktionsart des Verbs (z. B. in den slaw. Sprachen), die bei Vorgängen die Vollendung, bei Zuständen den Abschluß des vorhergehenden Vorgangs ausdrückt.

perfide [lat.], treulos, hinterlistig.

Perforation [lat.], die Durchlöcherung (Durchbohrung, Durchbrechung) eines Stoffes.

▷ in der *Medizin* der Durchbruch eines Abszesses oder Geschwürs durch die Hautoberfläche bzw. in eine Körperhöhle oder die Verletzung der Wandung eines Hohlorgans, z. B. Durchstoßung der Gebärmutterwand bei einer Ausschabung.

Performance [engl. pə'fɔːməns; lat.], allg. svw. Handlung, Ausführung oder Erfüllung; in der *Psychologie* Bez. für die Leistung in Handlungstests (im Unterschied zur Leistung in verbalen Tests).

▷ Kunstvorstellung, Form der Aktionskunst der 1970er Jahre, bei der die künstler. Aussage im Ablauf einer bis in die Einzelheiten geplanten Handlungsfolge gemacht wird. Im Ggs. zu den Aktionen und Happenings der 60er Jahre wird bei den Darstellungen meist auf Einbeziehung des Publikums verzichtet, häufig werden die Inszenierungen ohne Zuschauer gemacht und mittels reproduktiver Medien (Photofolgen, Film und Videotape) festgehalten und angeboten.

Performanz [lat.-engl.] ↑ Kompetenz.

Perfusion [lat.], künstl. Durchströmung eines Körperkanals, Hohlorgans oder Gefäßes bzw. Gefäßgebiets, z. B. die künstl. Durchströmung der Blutgefäße einer zu transplantierenden Niere.

Perg, oberöstr. Bez.hauptstadt 25 km östl. von Linz, 250 m ü. d. M., 5 200 E. Zentraler Ort des Machlandes; Lack- und Farbenfabrik, Waffelherstellung. – Um 1050 als **Perga** erwähnt; 1356 erstmals als Markt bezeugt; Stadtgemeinde seit 1969. – Spätgot. Pfarrkirche (15./16. Jh.), spätbarocke Kalvarienbergkapelle (1754) mit Rokokoeinrichtung; Prangersäule (1583).

Pergamenisches Reich ↑ Pergamon.

Pergament [zu mittellat. (charta) pergamena „Papier aus Pergamon"], bes. zubereitete Membran aus ungegerbter tier. Haut. Da P. haltbarer und zur Beschriftung besser geeignet ist als Papyrus, trat es im 4./5. Jh. n. Chr. als Schreibmaterial an dessen Stelle. Es wird noch für Urkunden, bibliophile Bucheinbände usw. verwendet.

Pergamentpapier (vegetabil. Pergament), aus Rohpapier durch Behandlung mit Schwefelsäure oder Zinkchloridlösung hergestelltes, feinporiges und glasig durchscheinendes („pergamentähnlich" aussehendes), naßfestes Papier; v. a. für Verpackungszwecke.

Pergamon, antike Stadt in W-Anatolien, z. T. an der Stelle des heutigen **Bergama.** Die Akropolis lag auf steilem Bergkegel (33 m ü. d. M.) über der Kaikosebene (Tal des heutigen Bakır çayı); Hauptstadt des hellenist. **Pergamenischen Reiches,** das sich durch den Sieg Eumenes' I. (♔ 263–241) über Antiochos I. 262 v. Chr. vom Seleukidenreich löste; den Königstitel nahm Attalos I. (♔ 241–197) an. Die testamentar. Übergabe des Reiches an Rom durch Attalos III. (♔ 138–133) führte 129 zur Einrichtung der röm. Prov. Asia. – Auf dem terrassierten Burgberg befanden sich u. a. Athenatempel (4. Jh. v. Chr.), die berühmte Bibliothek (2. Jh. v. Chr.), Trajanstempel (129 n. Chr. geweiht), Theater mit dem Dionysostempel (2. Jh.

v. Chr.), Zeusaltar (↑Pergamonaltar), Demeterheiligtum und Gymnasion (3. bzw. 2. Jh. v. Chr.), am Fuß des Berges die Unterstadt. Die röm. Stadt erstreckte sich bis in die Ebene, wo u. a. die „Rote Halle" (2. Jh.) lag, unter der der Selinus (= Bergama çayı) in einem Doppeltunnel fließt; im SW von P. das berühmte Asklepieion (seit dem 4. Jh. v. Chr., Hauptblüte in Antonin. Zeit; Wirkungsstätte des ↑Galen), zu dem eine hl. Straße führte.

Pergamonaltar, Zeus und Athena geweihter monumentaler Altar, auf dem Burgberg von Pergamon von Eumenes II. um 160 v. Chr. errichtet. Wiedererrichtet (nach Freilegung durch C. Humann 1878–86) im Berliner Pergamonmuseum (Museumsinsel): Über einem Stufenunterbau von 36,44 m × 34,20 m ein hohes Podium, auf dem eine ion. Säulenhalle umläuft; eine fast 20 m breite Freitreppe führt zum Altarhof. Am Podium 120 m langer, z. T. fragmentar. Relieffries mit dem Kampf der olymp. Götter gegen die Giganten, im Altarhof ein kleinerer Fries mit der Geschichte des Telephos (myth. Stammvater der pergamen. Dynastie); beides sind Hauptwerke der hellenist. Plastik, zuletzt dem Phyromachos zugesprochen.

Pergamon Press [engl. 'pə:gəmən 'prɛs] ↑Verlage (Übersicht).

Pergaud, Louis [frz. pɛr'go], * Belmont (Doubs) 21. Jan. 1882, ⚔ Marchéville-en-Woëvre bei Verdun 8. April 1915, frz. Schriftsteller. – Volksschullehrer; verfaßte Tiergeschichten („Mart und Margot", 1910, 1935 u. d. T. „Mart der Marder"); autobiographisch „Der Krieg der Knöpfe" (R., 1911).

Pergelisol [Kw.], svw. ↑Dauerfrostboden.

Pergola [italien., zu lat. pergula „Vor-, Anbau"], überrankter Pfeiler- oder Säulengang.

Pergolesi, Giovanni Battista, * Jesi (= Iesi) 4. Jan. 1710, ▭ Pozzuoli 17. März 1736, italien. Komponist. – Als Kapellmeister in Neapel und Rom tätig, einer der Hauptvertreter der neapolitan. Schule; war als Kirchenkomponist (u. a. berühmtes „Stabat mater" für Sopran und Alt mit Streichern und Orgel) ebenso bed. wie durch seine Triosonaten (mit dem „singenden Allegro") sowie bes. durch sein Intermezzo „La serva padrona" (Die Magd als Herrin, 1733).

perhorreszieren [lat.], mit Abscheu zurückweisen, entschieden ablehnen.

peri..., Peri... [griech.], Bestimmungswort von Zusammensetzungen mit der Bed. „um–herum, umher, über–hinaus".

Peri, Iacopo, * Rom 20. Aug. 1561, † Florenz 12. Aug. 1633, italien. Komponist. – 1579–88 Organist in Florenz, 1591 Musikdirektor am Hof der Medici, Mgl. der Florentiner Camerata; komponierte u. a. die Opern „Dafne" (Text von O. Rinuccini, 1598, die erste Oper, größtenteils verloren) und „Euridice" (1600).

Periadenitis, Entzündung des eine Drüse umgebenden Gewebes.

Periadriatische Naht ↑Alpen.

Periakt [griech.], drehbares dreiseitiges Dekorationselement im antiken griech. Theater und in der Renaissance.

Periander, Tyrann von Korinth im 7./6. Jh. – Sohn des Kypselos; verfolgte eine systemat. Kolonial- und maritime Machtpolitik; sorgte für innenpolit. und wirtsch. Stabilität (Erhaltung der kleinbäuerl. Landw., Einschränkung der Sklavenarbeit); einer der Sieben Weisen.

Perianth [griech.], svw. ↑Blütenhülle.

Periarthritis, Entzündung der ein Gelenk umgebenden Weichteile, Bänder und Sehnen.

Periastron [griech.] (Sternnähe) ↑Apsiden.

Perichondrium [griech.], svw. Knorpelhaut (↑Knorpel).

Perichorese [griech.] ↑Trinität.

periculum in mora [lat.], Gefahr liegt im Verzug, d. h. im Zögern (Sprichwort nach Livius XXXVIII, 25, 13).

Peridot [frz.], svw. ↑Olivin.

Peridotit [frz.], dunkles, meist grünl., ultrabas. Tiefengestein, das aus Olivin, Augit, Apatit und Erzen besteht.

Peridotitschicht ↑Erde (Aufbau).

Periegeten (Perihegeten) [...i-ɛ...; griech.], Bez. für die antiken Fremdenführer, bes. für die Verf. jener v. a. im Hellenismus gepflegten Literaturgattung der **Periegesis,** einer Beschreibung von Ländern, Städten und Sehenswürdigkeiten im Sinne räuml. Durchwanderns; bedeutendster Perieget war Pausanias.

Pergamon. Links der 129 n. Chr. geweihte, zum Teil rekonstruierte Trajanstempel mit wiederaufgerichteten korinthischen Säulen, in der Bildmitte eine der von Hadrian errichteten Säulenhallen

Périer, Casimir Pierre [frz. pe'rje], * Grenoble 21. Okt. 1777, † Paris 16. Mai 1832, frz. Bankier und Politiker. – Wurde als konservativer Exponent der großbürgerl. Orleanisten 1831 Min.präs. und Innenmin.; konsolidierte die Julimonarchie nach außen.

perifokal, in der *Medizin:* in der Umgebung eines Krankheitsherdes (Entzündung, Schwellung) liegend.

Perigäum [griech.] (Erdnähe) ↑Apsiden.

periglazial, die Umgebung von Inlandeis und Gletschern betreffend, mit charakterist. Frostböden und Bodenfließen (↑Solifluktion).

Perigon [griech.] ↑Blüte.

Périgord [frz. peri'gɔ:r], histor. Geb. im nö. Aquitan. Becken, Frankreich, entspricht dem heutigen Dep. Dordogne. Im verkarsteten Kalk finden sich zahlr. Höhlen, u. a. ↑Lascaux. Anbau von Getreide, Gemüse und Tabak, Wein- und Obstkulturen; das P. ist der größte Nußerzeuger Frankreichs; bekannt sind außerdem die hier gesammelten Trüffeln. Hauptorte sind Périgueux und Bergerac.

Geschichte: Zahlr. Siedlungsspuren aus vorgeschichtl. Zeit: Höhlen und Abris (seit dem Mittelpaläolithikum) mit Malereien, Gravierungen und Plastiken, die zu den ältesten Europas zählen. Das P. ist ben. nach dem kelt. Stamm der Petrokorier. Die seit den Merowingern bestehende Gft. P. war aquitan. Lehen, kam 1152 zum engl. Herrschaftsge-

Pergamonaltar (Berlin, Museumsinsel, Pergamonmuseum)

biet; im Hundertjährigen Krieg an Frankreich, 1607 an die frz. Krondomäne.

Périgordien [perigɔrdi'ɛ̃:; frz.], nach der Landschaft Périgord ben. jungpaläolith. Kulturtradition in Frankreich, Teil des Aurignacien i. w. S.

Perigord-Trüffel [frz. peri'gɔ:r] ↑Trüffel.

Perigraph, svw. ↑Diagraph.

Périgueux [frz. peri'gø], frz. Stadt in Aquitanien, 35 400 E. Verwaltungssitz des Dep. Dordogne; kath. Bischofssitz, Museum des Périgord, Militärmuseum. Metallverarbeitung, pharmazeut., Bekleidungs-, Holz-, Tabak- und Nahrungsmittelind., staatl. Briefmarkendruckerei. – Das kelt. **Vesuna** wurde im 3. Jh. nach den umwohnenden Petrokoriern ben.; seit Mitte des 4. Jh. Bischofssitz (1801–22 aufgehoben); seit dem 6. Jh. Mittelpunkt der Gft. Périgord (bis 1607). – Von der galloröm. Stadt sind u. a. das Amphitheater und die Cella eines Tempels erhalten. Die roman. Kathedrale Saint-Front (nach 1120–70, im 19. Jh. verändernd restauriert) und die roman. Kirche Saint-Étienne (12. Jh.) sind Hauptbeispiele aquitan. Kuppelkirchen; Kreuzgang der Abtei Saint-Front (12.–14. Jh., jetzt Lapidarium mit merowing. Sarkophagen); Bürgerhäuser des 15. bis 18. Jh.; Reste der ma. Stadtbefestigung.

Perihegeten ↑Periegeten.

Perihel [zu ↑peri... und griech. hélios „Sonne"] (Sonnennähe) ↑Apsiden.

Periheldrehung, eine Drehung der Verbindungslinie der ↑Apsiden einer Planetenbahn; i. e. S. die durch die allg. Relativitätstheorie erklärte Drehung bei den inneren Planeten, bes. bei Merkur (43" in 100 Jahren).

Perikard (Pericardium) [griech.], svw. Herzbeutel (↑Herz).

Perikarderguß ↑Herzkrankheiten.

perikardial, in der Anatomie und Medizin: zum Herzbeutel gehörend, ihn betreffend.

Perikardialzellen, svw. ↑Nephrozyten.

Perikarditis ↑Herzkrankheiten.

Perikarp [griech.], svw. ↑Fruchtwand.

Periklas [griech.], kub., farbloses bis graugrünes, glasig glänzendes Mineral, MgO. Mohshärte 5,5; Dichte 3,56 g/cm³.

Perikles (römische Marmorkopie nach einer 429 v. Chr. von Kresilas geschaffenen Bronzestatue; Rom, Vatikanische Sammlungen)

Perikles, *Athen um 500, †ebd. 429, athen. Staatsmann. – Bedeutendster Redner seiner Zeit; ⚭ in 2. Ehe mit Aspasia; Gegner und 463 Ankläger Kimons; seit 443 ständig Stratege, verlieh er der athen. Demokratie monarch. Charakter; leitete mit dem sog. Kalliasfrieden (449/448) die Ausgestaltung des Att.-Del. Seebundes zum att. Seereich ein und ließ Beiträge der Bundes-Mgl. zum Ausbau des seit 462/460 stark befestigten Athen (bes. der Akropolis) nutzen. Das **Perikleische Zeitalter** war ein Höhepunkt klass. griech. Kultur (enge Kontakte des P. mit Sophokles, Phidias, Anaxagoras, Herodot, Hippodamos, Protagoras); doch erschütterte eine stetige Opposition seine Stellung (Prozesse gegen Phidias, Anaxagoras, Aspasia). P., der den Peloponnes. Krieg als Mittel neuer innerer Stärkung begrüßt haben soll, wurde 430 abgesetzt; er starb an der Pest.

Perikope [griech., zu perikóptein „abschneiden"], Bez. bibl. Textabschnitte, die zur Lesung im Gottesdienst oder als Textgrundlage für die Predigt verwendet werden. In der kath. Kirche sind die P. in einer festen Ordnung, dem **Ordo lectionum missae,** zusammengestellt. Luther übernahm weitgehend die P.ordnung der kath. Kirche, während in den ref. Kirchen nur eine Lesung abgehalten wird und die Predigt auf freier Textwahl basiert.

Perilli, Achille, *Rom 28. Jan. 1927, italien. Maler. – Bekannt seine abstrakten Bildgeschichten, kinet. Lichtkunst und mobile Plastik (bes. für avantgardist. Theater).

Perilymphe, die zw. dem häutigen und knöchernen Labyrinth befindl. klare, eiweißarme Flüssigkeit.

Perim, 13 km² große Vulkaninsel im Bab Al Mandab zw. Rotem Meer und Golf von Aden, Jemen; rd. 300 Ew. – 1799 und 1851–1967 unter brit. Herrschaft (Teil der Kronkolonie Aden); 1971 von der ägypt. Marine auf 99 Jahre gepachtet.

Perimeter [griech.], Gerät zur Bestimmung der Größe des Gesichtsfeldes. Der Untersuchungsvorgang wird *Perimetrie* genannt. Einschränkungen des Gesichtsfeldes finden sich bei Erkrankungen der Sehbahn, z. B. beim Glaukom oder bei Hirndrucksteigerungen, Hirnblutungen, Hirngeschwülsten.

perinatal, den Zeitraum zw. dem Ende der 28. Schwangerschaftswoche und dem 7. Lebenstag des Neugeborenen betreffend.

Perinatalmedizin, interdisziplinäres Teilgebiet der Medizin, das sich mit dem Zustand des Fetus und Neugeborenen vor, während und nach der Geburt bis zum 7. Lebenstag des Neugeborenen befaßt; beinhaltet sowohl Prophylaxe als auch Therapie von Erkrankungen des Kindes im Mutterleib und des Neugeborenen.

Perineum [griech.] ↑Damm (Anatomie).

Perineuritis, Entzündung des die Nerven umgebenden Bindegewebes.

Perineurium [griech.] ↑Nervenfaser.

Periode [zu griech. períodos, eigtl. „das Herumgehen"], *allg.* durch bestimmte Ereignisse oder Entwicklungen charakterisierter Zeitabschnitt, regelmäßig Wiederkehrendes, Zeitraum.

▷ in der *Metrik* eine aus mehreren Kola (↑Kolon) bestehende Einheit, deren Ende in der antiken Dichtung durch eine Pause (Zeichen ||) markiert ist.

▷ in der *Musik* Bez. für eine sinnvoll gegliederte, in sich geschlossene melod. Linie.

▷ in der *Mathematik* ↑periodische Dezimalzahl, ↑periodische Funktion.

▷ in *Physik* und *Technik* die Zeitdauer, nach der eine bestimmte Erscheinung sich wiederholt, bes. svw. Schwingungsdauer (P.dauer).

▷ in der *Biologie* die monatl. Regelblutung der Frau (↑Menstruation).

Perioden-Leuchtkraft-Beziehung, eine gesetzmäßige Beziehung zw. der Periode der Helligkeitsänderungen bestimmter veränderl. Sterne und ihrer Leuchtkraft. Auf der P.-L.-B. beruhen viele Entfernungsbestimmungen.

Periodensystem der chemischen Elemente, Abk. PSE, die systemat., tabellar. Anordnung aller chem. Elemente, die die Gesetzmäßigkeiten des atomaren Aufbaus und der physikal. und chem. Eigenschaften der Elemente widerspiegelt. In den waagrechten Zeilen des PSE, den **Perioden,** werden die Elemente nach steigender Elektronen- bzw. Kernladungszahl = Ordnungszahl (OZ), in den senkrechten Spalten, den **Gruppen** oder Elementfamilien, nach ähnl. chem. und physikal. Eigenschaften eingeordnet. Die auf die beiden ersten Elemente Wasserstoff und Helium folgenden 16 Elemente Lithium bis Argon (OZ = 3 bis 18) lassen sich acht verschiedenen Gruppen, den **Hauptgruppen,** zuordnen. Die auf das Element Argon folgenden Elemente Kalium und Calcium schließen in ihren Eigenschaften wieder an die Elemente der ersten und zweiten Hauptgruppe an; die auf sie folgenden zehn Elemente Scandium bis Zink (OZ = 21 bis 30) weichen in ihren Eigenschaften jedoch von den Hauptgruppenelementen ab und werden acht **Nebengruppen** zugeordnet, wobei die drei einander ähnl. Elemente Eisen, Kobalt und Nickel in einer einzigen Nebengruppe zusammengefaßt werden. Die auf Zink folgenden Elemente Gallium (OZ = 31) bis Strontium (OZ = 38) gehören wieder zu den Hauptgruppen (die Nebengruppen sind als Gruppen Ib bis VIIIb gekennzeichnet). Die chemisch sehr ähnl. Elemente Lanthan (OZ = 57) bis Lutetium (OZ = 71) werden unter der Bez. Lanthanoide sowie die radioaktiven Elemente Actinium bis Lawrencium (OZ = 89 bis 103) unter der Bez. Actinoide in gesonderten Reihen außerhalb des eigentl. Systems aufgeführt. Da alle Nebengruppenelemente Metalle sind, werden sie auch als **Übergangsmetalle** bezeichnet. Die Hauptgruppen tragen bes. Namen: Alkalimetalle, Erdalkalimetalle, Borgruppe, Kohlenstoffgruppe, Stickstoffgruppe, Chalkogene, Halogene und Edelgase.

Die Gesetzmäßigkeiten des PSE werden durch die Quantentheorie erklärt. Die Elektronen eines Atoms sind auf

Periodensystem der chemischen Elemente[1]

Periode	Gruppe 1 A B	Gruppe 2 A B	Gruppe 3 A B	Gruppe 4 A B	Gruppe 5 A B	Gruppe 6 A B	Gruppe 7 A B	Gruppe 8			Gruppe 0
1	**1 H** Wasserstoff 1,0079										**2 He** Helium 4,00260
2	**3 Li** Lithium 6,941	**4 Be** Beryllium 9,01218	**5 B** Bor 10,81	**6 C** Kohlenstoff 12,011	**7 N** Stickstoff 14,0067	**8 O** Sauerstoff 15,9994	**9 F** Fluor 18,998403				**10 Ne** Neon 20,1797
3	**11 Na** Natrium 22,9898	**12 Mg** Magnesium 24,305	**13 Al** Aluminium 26,98154	**14 Si** Silicium 28,0855	**15 P** Phosphor 30,97376	**16 S** Schwefel 32,066	**17 Cl** Chlor 35,453				**18 Ar** Argon 39,948
4	**19 K** Kalium 39,0983	**20 Ca** Calcium 40,08	**21 Sc** Scandium 44,9559	**22 Ti** Titan 47,90	**23 V** Vanadium 50,9414	**24 Cr** Chrom 51,996	**25 Mn** Mangan 54,9380	**26 Fe** Eisen 55,847	**27Co** Kobalt 58,9332	**28 Ni** Nickel 58,69	
	29 Cu Kupfer 63,546	**30 Zn** Zink 65,38	**31 Ga** Gallium 69,72	**32 Ge** Germanium 72,59	**33 As** Arsen 74,9216	**34 Se** Selen 78,96	**35 Br** Brom 79,916				**36 Kr** Krypton 83,80
5	**37 Rb** Rubidium 85,4678	**38 Sr** Strontium 87,62	**39 Y** Yttrium 88,9059	**40 Zr** Zirkonium 91,24	**41 Nb** Niob 92,9064	**42 Mo** Molybdän 95,94	**43 Tc** Technetium [99]	**44 Ru** Ruthenium 101,07	**45 Rh** Rhodium 102,9055	**46 Pd** Palladium 106,42	
	47 Ag Silber 107,868	**48 Cd** Cadmium 112,41	**49 In** Indium 114,82	**50 Sn** Zinn 118,69	**51 Sb** Antimon 121,75	**52 Te** Tellur 127,60	**53 J** Jod 126,9045				**54 Xe** Xenon 131,30
6	**55 Cs** Cäsium 132,9054	**56 Ba** Barium 137,33	**57–71** Lanthanoide s. u.*)	**72 Hf** Hafnium 178,49	**73 Ta** Tantal 180,9479	**74 W** Wolfram 183,85	**75 Re** Rhenium 186,2	**76 Os** Osmium 190,2	**77 Ir** Iridium 192,22	**78 Pt** Platin 195,09	
	79 Au Gold 196,9665	**80 Hg** Quecksilber 200,59	**81 Tl** Thallium 204,37	**82 Pb** Blei 207,2	**83 Bi** Wismut 208,9804	**84 Po** Polonium [210]	**85 At** Astat [210]				**86 Rn** Radon [222]
7	**87 Fr** Francium [223]	**88 Ra** Radium 226,0254	**89–103** Actinoide s. u.**)	**104** Element 104[2] [261]	**105** Element 105[2] [262]	**106** Element 106[2] [263]	**107** Element 107[2] [262]	**108** Element 108[2] [265]	**109** Element 109[2] [266]		

*) Lanthanoide:

57 La Lanthan 138,9055	**58 Ce** Cer 140,115	**59 Pr** Praseodym 140,9077	**60 Nd** Neodym 144,24	**61 Pm** Promethium [147]	**62 Sm** Samarium 150,4	**63 Eu** Europium 151,96	**64 Gd** Gadolinium 157,25	**65 Tb** Terbium 158,92534	**66 Dy** Dysprosium 162,50	**67 Ho** Holmium 164,93032	**68 Er** Erbium 167,26	**69 Tm** Thulium 168,9342	**70 Yb** Ytterbium 173,04	**71 Lu** Lutetium 174,967

**) Actinoide:

89 Ac Actinium 227,278	**90 Th** Thorium 232,0381	**91 Pa** Protactinium 231,0359	**92 U** Uran 238,0289	**93 Np** Neptunium 237,0482	**94 Pu** Plutonium [244]	**95 Am** Americium [243]	**96 Cm** Curium [247]	**97 Bk** Berkelium [247]	**98 Cf** Californium [251]	**99 Es** Einsteinium [252]	**100 Fm** Fermium [257]	**101 Md** Mendelevium [258]	**102 No** Nobelium [259]	**103 Lr** Lawrencium [260]

[1] Für die graph. Darstellung des PSE wird häufig das hier wiedergegebene „Kurzperiodensystem" gewählt, bei dem man die chem. Elemente der Haupt- und Nebengruppen – rechts oder links angeordnet – in einer einzigen Spalte aufführt. In der vorliegenden Darstellung sind Ordnungszahl und Elementsymbol fett gedruckt, darunter stehen der Name des Elements und die Atommasse des natürl. Isotopengemischs, in eckigen Klammern die Masse des langlebigsten der bekannten Isotope oder (bei den Elementen mit den Ordnungszahlen 43, 61 und 84) die Masse des am besten untersuchten Isotops. Daneben sind weitere Arten der Darstellung für das PSE gebräuchlich, so v. a. das „Langperiodensystem" (mit mehreren Varianten), bei dem in den einzelnen Spalten nur Haupt- oder Nebengruppenelemente stehen (Reihenfolge der Gruppen: 1 A bis 7 A, 8, 1 B bis 7 B, 0; Gruppe 0 häufig auch vor 1 A).

[2] Zur Benennung der Elemente 104 und 109 ↑Transactinoide.

sog., als K-, L-, M-, N- usw. Schale bezeichneten Elektronenschalen verteilt (da sieben Elektronenschalen unterschieden werden, gibt es sieben Perioden), wobei der Zustand der Elektronen durch ihre den Elektronenschalen zugeordneten Hauptquantenzahlen ($n = 1, 2, 3 ...$) und durch ihre den als s, p, d und f bezeichneten Unterschalen zugeordneten Nebenquantenzahlen ($l = 0, 1, 2, 3$) beschrieben wird. Die erste Periode umfaßt nur die Elemente Wasserstoff und Helium, da sie nur eine Elektronenschale (K-Schale) für maximal zwei Elektronen (1s-Zustand) besitzt. Beim Element Lithium beginnt eine neue Elektronenschale (L-Schale), auf der maximal acht Elektronen Platz finden (2s-Zustand mit zwei Elektronen und 2p-Zustand mit sechs Elektronen). In der M-Schale, die 18 Elektronen enthalten kann, werden nach Auffüllen der beiden 3s- und sechs 3p-Zustände nicht sofort die 3d-Zustände besetzt, sondern mit den Elementen Kalium und Calcium beginnt schon der Aufbau der N-Schale mit der Besetzung der 4s-Zustände. Erst danach wird die 3d-Unterschale, beginnend beim Element Scandium und endend mit Zink, aufgefüllt. Allg. sind die *Nebengruppenelemente* dadurch gekennzeichnet, daß erst nach dem Auffüllen der s- und p-Zustände der nächsthöheren Elektronenschale die d- und f-Zustände der vorhergehenden Schale besetzt werden.

Geschichte: 1869 schlugen D. I. Mendelejew und J. L. Meyer unabhängig voneinander umfassende Periodensysteme vor; das System Mendelejews, in dem Plätze für noch zu entdeckende Elemente freigehalten wurden, gilt mit wenigen Verbesserungen bis heute. Die Reihenfolge der Elemente wurde zunächst durch die steigende Atommasse festgelegt; durch das Auftreten von schweren Isotopen beim Element mit der kleineren Ordnungszahl bzw. von leichten Isotopen beim Element mit der höheren Ordnungszahl ergaben sich sog. „Inversionen". Heute ist die Reihenfolge der Elemente durch die auf dem Moseleyschen Gesetz (↑Moseley) beruhenden Kernladungs- bzw. Ordnungszahlen gegeben.

Periodika [griech.], regelmäßig (u. a. wöchentl., monatl., vierteljährl.) unter demselben Titel erscheinende Veröffentlichungen, z. B. Zeitschriften, Jahrbücher.

periodische Augenentzündung (Mondblindheit), v. a. bei Pferden periodisch auftretende Entzündung der Regenbogen- und Aderhaut des Auges; mit Lichtscheu, Lidschluß und Tränenfluß; führt meist zur Erblindung des erkrankten Auges.

periodische Dezimalzahl, Dezimalzahl mit unendlich vielen Stellen hinter dem Komma, bei der sich eine Zahl oder Zifferngruppe (die *Periode*) ständig wiederholt, z. B. 374 bei der p. D. $65{,}374\,374\,374... = 65{,}\overline{374}$. Eine p. D. stellt stets eine rationale Zahl dar.

periodische Enthaltsamkeit ↑Empfängnisverhütung.

periodische Funktion, eine Funktion $f(z)$, für die $f(z+p) = f(z)$ gilt. Den Zahlenwert $p \neq 0$ bezeichnet man als die *Periode* der Funktion $f(z)$. Für die trigonometr. Funktion $\sin z$ gilt z.B. $\sin(z+2\pi) = \sin z$, sie hat die Periode 2π.

Periodisierung [griech.], das Bemühen, den Gesamtverlauf der Geschichte in sinnvolle, in sich abgeschlossene Einheiten (Epochen) zu gliedern. Mit der Absicht, die bestimmenden Kräfte und Vorgänge einer Epoche zu erfassen, um das Verständnis geschichtl. Entwicklungen sowie des eigenen histor. Standortes zu fördern, wird P. immer Deutung und Ergebnis einer Geschichtstheorie. Dies und die aller P. zugrunde liegende Voraussetzung, daß die Geschichte als Einheit und Ganzheit verfügbar sei, machen die histor. Bedingtheit eines jeden P.versuches aus. Bis heute erhielt sich in der Geschichtswiss. das Dreiperiodenschema des Humanismus: Altertum, MA, Neuzeit. Frühe Versuche einer P. sind z. B. die Lehre von den 4 Weltreichen, die Lebensalterlehre (Ablauf der Staatsentwicklung entsprechend den menschl. Altersstufen), im Zeichen christl. Geschichtsbetrachtung die Weltalterlehre (entsprechend den 6 Schöpfungstagen), in der Moderne etwa die Kulturzyklentheorie und das Fünftypenschema des Marxismus (nach ökonom. Gesellschaftsformationen).

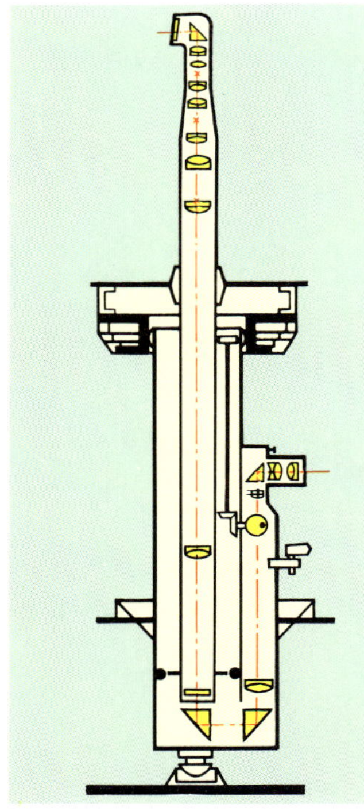

Periskop. U-Boot-Periskop mit veränderlicher periskopischer Länge; das mittlere Rohr mit dem Ausblickkopf kann einige Meter nach oben geschoben werden, zur Horizontbeobachtung wird das gesamte Sehrohr mit dem Beobachter in bootsfesten Lagern gedreht

Periodizität [griech.], in regelmäßigen Abständen (Perioden) erfolgende Wiederkehr eines Zustandes oder einer Erscheinung. Eine *zeitl. P.* liegt z. B. bei Schwingungen vor, eine *räuml. P.* in idealen Kristallgittern, eine *räuml.-zeitl. P.* in Wellen.

Periodontitis [griech.], svw. ↑Wurzelhautentzündung.

Periodontium [griech.], svw. Zahnwurzelhaut (↑Zähne).

Periöken [zu griech. períoikos, eigtl. „Anwohner"], Bez. v. a. der politisch minderberechtigten, nicht in Sparta ansässigen lakedämon. Bevölkerungsteile.

Periost [griech.], svw. Knochenhaut (↑Knochen).

Periostitis, svw. ↑Knochenhautentzündung.

Periostrakum [griech.], hornartige Außenschicht der Schalen bzw. Gehäuse von Weichtieren und Armfüßern.

Peripatos, um 335 (?) v. Chr. gegr. Schule des Aristoteles, ben. nach einer Wandelhalle des vor den Toren Athens gelegenen Gymnasiums Lykeion, in der Aristoteles öff. Vorträge hielt; die Mgl. des P. heißen **Peripatetiker.** Der P. befaßte sich mit allen Gebieten der Physik, mit Individualethik und Staatstheorie, mit Geschichte der Philosophie, der Wiss. und der gesamten Kultur, mit Logik und Sprachphilosophie. – Der Neuplatonismus absorbierte den Peripatos.

Peripetie [zu griech. peripéteia „plötzl. Wendung"], Begriff aus der Tragödientheorie des Aristoteles („Poetik"); gehört zu den Strukturelementen der ↑Tragödie und bezeichnet den (meist jäh eintretenden) Umschlag der dramat. Handlung in das Gegenteil des bisherigen Handlungsverlaufs.

peripher [griech.], am Rande befindlich; nebensächlich.

peripheres Nervensystem, Bez. für die Gesamtheit der Anteile des ↑Nervensystems, die als periphere Nerven und Ganglien sowohl mittels zuleitender (afferenter, sensor.) Nervenbahnen Erregung aus der Körperperipherie und den inneren Organen zum Zentralnervensystem übertragen als auch über efferente (motor.) Bahnen Muskeln und Drüsen versorgen. Die peripheren Nerven treten durch Löcher (Foramina) in der Schädelbasis als Hirnnerven und zw. den Wirbelbögen als Spinalnerven nach außen.

Peripherie [zu griech. periphéreia, eigtl. „die Umdrehung"], in der *Geometrie* die gekrümmte Begrenzungslinie einer Figur, speziell eines Kreises *(Kreisperipherie).* ▷ *allg.* svw. Randgebiet.

Peripheriegeräte, alle an die Zentraleinheit eines Computers anschließbaren Geräte. Dazu gehören Eingabe- und Ausgabegeräte (wie Tastaturen, Maus, Digitalisierer, Scanner, Sichtanzeigen, Drucker, Plotter) sowie größere Speicher und Terminals.

Periphrase (lat. circumlocutio), rhetor. Stilmittel; Umschreibung einer Person, einer Sache oder eines Begriffs durch kennzeichnende Tätigkeiten, Eigenschaften oder Wirkungen, z. B. „der Allmächtige" für Gott.

Periplaneta [griech.] (Großschaben), weltweit verschleppte Gatt. der Schaben, von der zwei Arten v. a. in Gewächshäusern durch Fraß an Jungpflanzen schädlich werden können: die 23–36 mm lange, rotbraune **Amerikanische Schabe** (P. americana; mit rostgelber Binde am hinteren Halsschildrand) und die 23–30 mm lange, schwarzbraune **Australische Schabe** (P. australasiae; mit gelber Randbinde rund um den Halsschild).

Peripleuritis, selbständige Entzündung des zw. Rippenfell und Brustwand liegenden Bindegewebes.

Periskop [griech.] (Sehrohr), Bauform eines Fernrohrs, bei dem mittels Prismen und Spiegeln der Strahlengang parallel versetzt wird, so daß z. B. von einem auf Sehrohrtiefe getauchten U-Boot aus die abschnittweise Beobachtung des Raums über der Wasseroberfläche möglich ist.

Peristaltik [griech.], Form der Eigenbewegung von Hohlorganen (z. B. Magen-Darm-Kanal, Harnleiter, Eileiter, Gebärmutter). Beim Magen-Darm-Kanal dient die P. zur Durchmischung *(Mischungs-P.)* oder zum Weitertransport des Inhaltes *(Propulsions-P.).* Die entgegengesetzte Muskelbewegung des Magen-Darm-Kanals *(Anti-P.)* kann zur rückläufigen Entleerung führen (z. B. Erbrechen). Die P. beruht auf örtlich gesteuerten Kontraktionen der glatten Muskulatur, die sich in den Organwänden befindet. Sie kann vom vegetativen Nervensystem beeinflußt werden.

Peristase [griech.], Bez. für die neben den Genen auf die Entwicklung des Organismus einwirkende Umwelt.

Peristom [griech.] (Mundfeld), die bes. ausgeprägte Umgebung des Mundes (z. B. bei Wimpertierchen, Seeigeln).

Peristyl [griech.], Säulenhof oder -garten im griech. und röm. Haus und Palast.

Peritonealdialyse [griech.], Blutreinigungsverfahren zur Dialysebehandlung; bei der P. wird das Bauchfell (Peritoneum) als Austauschmembran genutzt. Über einen in die Bauchhöhle eingelegten Kunststoffschlauch (Katheter) wird steriles, auf Körpertemperatur angewärmtes Dialysat in den Bauchraum eingeleitet. Die aus dem Organismus zu entfernenden Giftstoffe treten aus den Blutkapillaren des Bauchfells in die Spülflüssigkeit über, die dann über den gleichen Katheter entfernt wird. Im Unterschied zur künstl. Niere ist bei der P. kein spezieller Gefäßzugang erforderlich, auf Grund der nicht notwendigen Zufuhr von Heparin zur Hemmung der Blutgerinnung besteht keine erhöhte Blutungsgefahr.

Peritoneum [griech.], svw. ↑Bauchfell.

Peritonitis [griech.], svw. ↑Bauchfellentzündung.

Peritonsillarabszeß (Peritonsillitis, Angina phlegmonosa), von den Gaumenmandeln ausgehende, akute bakterielle Entzündung des Rachens. Meist einseitiger, sehr schmerzhafter Prozeß, bei dem oft zugleich eine Kieferklemme (Öffnen des Mundes erschwert) besteht. Die operative Abszeßeröffnung dient der Heilung; anschließend ist eine Mandelentfernung erforderlich.

peritrich [griech.], von Bakterien gesagt, die mehrere einzelne Geißeln über die Zelloberfläche verteilt aufweisen. Ist ein Geißelbüschel an einem Zellpol vorhanden, spricht man von **lophotrich,** ist nur eine Geißel vorhanden, von **monotrich.**

Perityphlitis [griech.], Entzündung der Umgebung des Blinddarms und des Wurmfortsatzes (v. a. des Bauchfellüberzugs dieser Organe).

Perjodate ↑Jodsauerstoffsäuren.

Perjodsäure ↑Jodsauerstoffsäuren.

Perkeo, Klemens, Zwerg aus Tirol. – Um 1720 Hofnarr des Kurfürsten Karl Philipp von der Pfalz in Heidelberg; von J. V. von Scheffel wegen seines ungeheuren Weinkonsums besungen („Das war der Zwerg P.").

Perkin, Sir (seit 1906) William Henry [engl. 'pəːkɪn], * London 12. März 1838, † Sudbury (= London) 14. Juli 1907, brit. Chemiker und Industrieller. – Stellte 1856 den ersten künstl. Farbstoff (Mauvein) her, synthetisierte als erster Glycin, Kumarin und Zimtsäure. Er begründete eine Anilinfarbenfabrik und fand 1868 die **Perkin-Reaktion** zur Herstellung von ungesättigten organ. Säuren durch Kondensation von Aldehyden mit Säureanhydriden.

Anthony Perkins

Perkins, Anthony [engl. 'pəːkɪnz], * New York 4. April 1932, † Los Angeles (Calif.) 12. Sept. 1992, amerikan. Schauspieler. – Darsteller meist leicht neurot. Typen in Filmen wie „Lieben Sie Brahms?" (1960), „Psycho" (1960), „Der Prozeß" (1962), „Mord im Orientexpress" (1974), „Psycho II" (1980), „Psycho III" (1986; auch Regie).

Perkinviolett [engl. 'pəːkɪn; nach Sir W. H. Perkin], svw. ↑Mauvein.

Perkolation [zu lat. percolatio „das Durchseihen"], Verfahren zur Gewinnung von Drogenauszügen, bei dem kleingeschnittene Drogen mit Hilfe kontinuierlich fließender Lösungsmittel (Wasser, Äther, Alkohol) in einem Spezialgerät, dem *Perkolator,* extrahiert werden.

Perkonig, Josef Friedrich ['pɛrkonɪk, pɛr'koːnɪk], * Ferlach (Kärnten) 3. Aug. 1890, † Klagenfurt 8. Febr. 1959, östr. Schriftsteller. – Gestaltete in realist. Novellen und Romanen v. a. Probleme seiner kärntner. Heimat. Schrieb auch Dramen, Essays, Hörspiele und Filmdrehbücher.

Perkussion [zu lat. percussio „das Schlagen"], medizin. Untersuchungsmethode, bei der durch Abklopfen der Körperoberfläche aus dem erzeugten Schall (angeregte Eigenschwingungen der darunterliegenden Gewebe) auf die Beschaffenheit und Größe innerer Organe (z. B. der Lunge) geschlossen wird.

Perlboote. Gemeines Perlboot

Perkussionsinstrumente, svw. ↑Schlaginstrumente.

Perkussionswaffen, Handfeuerwaffen mit Zündhütchenzündung.

perkutan [lat.], in der Medizin: durch die Haut hindurch; z. B. auf die Anwendung von Salben bezogen.

Perla [lat.], Gatt. der Steinfliegen mit vier 15–28 mm großen einheim. Arten; v. a. an Mittelgebirgsbächen.

Perlaugen, svw. ↑Florfliegen.

Perlboote (Nautilus), Gatt. der Kopffüßer mit sechs heute noch lebenden Arten im Ind. und Pazif. Ozean; Gehäuse 10–27 cm groß, planspiralig aufgerollt, gekammert und von einem zentralen Körperfortsatz *(Sipho)* durchzogen. Der Kopf besitzt bis zu 90 in zwei Kreisen angeordnete Fangarme ohne Saugnäpfe. Die bekannteste Art ist das **Gemeine Perlboot** (Nautilus pompilius).

Perle, v. a. in Franken angebaute Kreuzung der Rebsorten Gewürztraminer und Müller-Thurgau; liefert milde, blumige, aromat., unaufdringlich würzige Weine in allen Prädikatstufen.

Perleberg. Marktplatz mit dem steinernen Roland, 1546

Perleberg, Kreisstadt in der W-Prignitz, Brandenburg, 35 m ü. d. M., 14 000 E. Fleischverarbeitung, Holzind., Saatzucht (für Zierpflanzen). – Entstand um die Mitte des 12. Jh. in Anlehnung an eine Burg, erhielt 1239 Salzwedeler Stadtrecht. – Spätgot. Pfarrkirche Sankt Jakob (14./15. Jh.), neugot. Rathaus (um 1850) mit ma. Gerichtslaube (15. Jh.) und Rolandsfigur (1546); Fachwerkhäuser (v. a. 17. Jh.). **P.,** Landkr. in Brandenburg.

Perlen [lat.-roman.], meist erbsengroße kugelige bis birnenförmige, harte Gebilde aus ↑Perlmutter oder Calcit (Absonderung von Calciumcarbonat). Die Perlbildung geschieht um zw. Schale und Mantel der Schalenweichtiere (Fluß-, Seeperlmuschel) eingelagerte, den Mantel einbuchtende Fremdkörper (z. B. Sandkörner), die zum Kern der P. werden. Durch ins Bindegewebe des Mantels verlagerte Epithelzellen werden dagegen kernlose P. gebildet. Die Fremdkörper werden vom schalenbildenden Mantelepithel umschlossen *(Perlsack),* das konzentrisch Perlmutterschichten nach innen ausscheidet. P. wachsen sehr langsam; erbsengroße Perlbildungen dauern 10–15 Jahre.

Naturperlen werden v. a. aus Muscheln trop. und subtrop. Meere durch *P.fischer (P.taucher)* aus oft mehr als 20 m Tiefe gewonnen. **Zuchtperlen** *(Kultur-P.)* entstehen durch künstl. Einbringen eines Perlkerns. Die Ernte dieser P. kann schon nach vier bis 10 Jahren erfolgen. **Künstliche Perlen** werden nach mehreren Verfahren hergestellt. *Antillen-P. (Perles des Indes)* bestehen aus pulverisierter und gepreßter Perlmuttermasse, *Bourgignon-P. (Pariser P., Wachs-P.)* aus hohlen Glasperlen, die innen oder außen mit Perlenessenz („Fischsilber"-P.) überzogen und mit Wachs ausgegossen sind. *Majorica-P.* enthalten meist Kerne aus Glas- oder Plastikkügelchen, *Alabaster-P.* Kerne aus Alabasterkügelchen, die ebenfalls mit Perlenessenz oder ähnl. Lacken beschichtet sind. P.imitationen werden heute z. T. auch aus Kunststoffen unter Zusatz perlmutterglänzender Pigmente hergestellt.

Geschichte: P.schmuck war in den meisten Hochkulturen von Mesopotamien bis nach Indien bekannt. Erst zur Römerzeit gewannen P. auch als Handelsware Bed. Umschlagplatz des röm. P.marktes war Alexandria. Zu Beginn des 15. Jh. hat auch im nördl. Europa die Verarbeitung der P. zu Ketten und Schmuckstücken zugenommen.

Perlgras. Einblütiges Perlgras

Perlfisch (Frauenfisch, Graunerfling, Rutilus frisii meidingeri), bis etwa 70 cm langer, fast heringsförmiger Karpfenfisch in den Zuflüssen der oberen Donau und den zugehörigen Seen; mit Ausnahme des schwärzlichgrünen Rükkens gelblich- bis silbrigweiß; ♂♂ mit knötchenförmigem „Laichausschlag".

Pe̱rlfluß (chin. Zhu Jiang, Chukiang), gemeinsamer Mündungsarm zum Südchin. Meer der westl. von Kanton in S-China sich vereinigenden Flüsse ↑Xi Jiang, Bei Jiang und Dong Jiang. Diese haben eine etwa 10 000 km² große Schwemmlandebene aufgeschüttet, die der Hauptsiedlungs- und Wirtschaftsraum der Prov. Guangdong ist.

Perlgeschwulst, svw. ↑Cholesteatom.

Perlgras (Melica), Gatt. der Süßgräser mit über 30 Arten in der gemäßigten Zone der Nord- und Südhalbkugel; ausdauernde Gräser mit oft einseitswendigen Rispen mit hängenden Ährchen. In Deutschland kommen fünf Arten vor, u. a. das **Einblütige Perlgras** (Melica uniflora).

Perlhirse, svw. Negerhirse (↑Federborstengras).

Perlhühner (Numidinae), Unterfam. der Fasanenartigen; fast haushuhngroße, bodenbewohnende Hühnervögel mit 6 Arten in den Savannen und Regenwäldern Afrikas. Gefieder schwärzlich bis grau und meist weiß geperlt gezeichnet. Oberhals und Kopf sind nackt, der Kopf häufig mit helmartiger Knochenauftreibung (auch mit Federschopf) und farbigen Hautfalten an den Mundwinkeln. Etwa 70 cm lang ist das **Geierperlhuhn** (Acryllium vulturinum); Halsgefieder aus stark verlängerten, schwarz-weißblau längsgestreiften Federn.

Perlpilz

Pe̱rlis, Gliedstaat Malaysias an der Grenze zu Thailand, 795 km², 180 000 E (1988), Hauptstadt Kangar. Das durch Berg- und Hügelketten von Thailand getrennte Gebiet besteht im wesentlichen aus dem durch den Fluß P. zur Andamanensee entwässerten Küstentiefland. Reisanbau, Fischerei, im N Zinnerzbergbau. – 1909 von Thailand an Großbritannien abgetreten, wurde brit. Protektorat; 1942–45 wieder von Thailand besetzt; schloß sich 1948 dem Malaiischen Bund, 1963 Malaysia an.

Perli̱t [lat.-roman.] (Perlstein), graublaues, wasserhaltiges vulkan. Gesteinsglas mit kugelförmig-schaliger Absonderung.

Perlkörbchen (Perlpfötchen, Anaphalis), Gatt. der Korbblütler mit rd. 30 Arten in der nördl. gemäßigten Zone, v. a. in O-Asien; mit unscheinbaren Blüten in kleinen Köpfchen, die von meist schneeweißen, strahlig abstehenden Hüllblättern umgeben sind.

Perlleim ↑Leime.

Perlman, Itzhak ['pɛrlman, engl. 'pə:lmən], *Tel Aviv 31. Aug. 1945, israel.-amerikan. Violinist. – Als Interpret klass. und romant. Violinliteratur gehört er zu den erfolgreichsten Violinisten der Gegenwart.

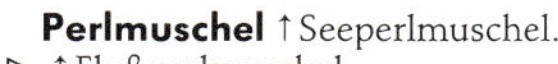

Perlmuschel ↑Seeperlmuschel.

▷ ↑Flußperlmuschel.

Perlmutter (Perlmutt) [zu mittelhochdt. perlin muoter, eigtl. „Perlmuschel"], das Material der bei Lichtauffall infolge Interferenz stark irisierenden Innenschicht (P.schicht) der Schalen von Weichtieren, bes. Muscheln. – Im *Kunsthandwerk* v. a. für Einlegearbeiten verwendet, bes. beliebt im 16. bis 18. Jahrhundert.

Perlmutterfalter, Gruppe der Edelfalter mit zwölf 3–6 cm spannenden Arten in Eurasien, N-Amerika und N-Afrika; Flügel rötlichgelb, mit fast gleichmäßig über die Oberfläche verstreuten kleinen, schwarzen Flecken; Hinterflügel mit perlmutterartig bis silbern schimmernden Feldern; in Deutschland u. a. **Großer Perlmutterfalter** (Mesoacidalis charlotta), **Kleiner Perlmutterfalter** (Issoria lathonia), **Moor-Perlmutterfalter** (Boloria alethea) und **Alpen-Perlmutterfalter** (Clossiana thore).

Pe̱rlon Ⓦⓩ [Kw.], Handelsbez. für eine Polyamidfaser, die auf der Basis von ε-Caprolactam hergestellt wird.

Perlpfötchen, svw. ↑Perlkörbchen.

Perlpilz (Perlwulstling, Amanita rubescens), 8–15 cm hoher Wulstling mit 6–15 cm großem Hut, der meist rotbraun bis fleischfarben ist und hellgraue bis rötlichgraue, abwischbare Schuppen hat; Stiel mit großem, gestreiftem, nach unten hängendem Ring und wulstigem Fuß sowie bei Verletzung langsam rötlich anlaufendem Fleisch (im Ggs. zum Pantherpilz und zu anderen giftigen Wulstlingen!); gekocht (niemals roh!) guter Speisepilz; wächst von Juli bis Okt. in Laub- und Nadelwäldern.

Perlstab, svw. ↑Astragalus.

Perlstein, svw. ↑Perlit.

Perlstickerei, in der abendländ. Kunst (insbes. Sizilien) und in Byzanz gepflegte kostbare Stickerei mit Perlen; neben der großen Orientperle wurden kleine farbige Glasperlen und kleine Flußperlen (von der Flußperlmuschel) verwendet, z. B. an königl. oder liturg. Gewändern. Seit Ende des MA auch auf der Kleidung der Vornehmen, auf Bucheinbänden, Beuteln. In einigen *afrikan. Kulturen* diente die P. als Überzug von Gegenständen (z. B. Schemel), Statuetten und Masken, heute verbreitet als Überzug von Kalebassen oder Pfeifen.

Perlhühner. Geierperlhuhn

Perltang, svw. ↑Knorpeltang.

Perlwand (Kristall-P.) ↑Projektionswand.

Perlzwiebel (Schlangen[knob]lauch, Rocambole, Allium sativum var. ophioscorodon), durch Kultur weltweit verbreitete Varietät des Knoblauchs. – Die von der Hauptzwiebel gebildeten kleinen Nebenzwiebeln werden ebenso wie die erbsengroßen Brutzwiebeln des Blütenstandes in Essig eingelegt und vielseitig verwendet, u. a. auch für Mixed Pickles.

Perm [russ. pjermj], russ. Geb.hauptstadt an der Kama, 163 m ü. d. M., 1,09 Mill. E. Univ. (gegr. 1916), PH und 4 weitere Hochschulen; Kunstgalerie; 4 Theater; bed. Ind.-zentrum (bes. Schwermaschinenbau, Erdölraffinerie, chem. Ind.), Hafen, Bahnknotenpunkt, ✈. – 1781 Stadtrecht, seit 1796 Gouvernementshauptstadt; Mitte des 19. Jh. wichtiger Hafen und bed. Handelszentrum.

Perlstickerei auf einem byzantinischen Reliquienbeutel, 11. Jh. (Nürnberg, Germanisches Nationalmuseum)

Perm [nach dem ehem. russ. Gouv. Perm], jüngste Formation des Erdaltertums, in der älteren Literatur *Dyas* gen. – ↑geologische Systeme (Übersicht).

Permafrost [Kw. aus **perma**nent und **Frost**], svw. ↑Dauerfrostboden.

Permalloy Ⓦ [engl. 'pəːməlɔı; Kw.], Bez. für Eisen-Nikkel-Legierungen (78,5 % Ni, 21,5 % Fe) mit hoher magnet. Suszeptibilität; Verwendung in der Elektrotechnik.

permanent [lat.], dauernd, ununterbrochen.

permanente Revolution ↑Revolution.

permanenter Fluß ↑Fluß.

Permanentpigmente, bes. farbkräftige und lichtbeständige, anorgan. (z. B. Bariumsulfat) oder organ. (meist Farblacke von Azofarbstoffen) Pigmente zur Herstellung von Anstrich- und Druckfarben.

Permanenz [lat.], ununterbrochene Dauer, Beharrlichkeit; **in Permanenz:** ständig, ohne Unterbrechung.

Permeabilität [lat.], die Durchlässigkeit eines Materials, z. B. die Wasserdurchlässigkeit des Bodens, die Durchlässigkeit einer dünnen Trennwand (permeable oder semipermeable Membran) für bestimmte Stoffe.

▷ physikal. Größe, die den Zusammenhang zw. der magnet. Induktion $\boldsymbol{B}$ und der magnet. Feldstärke $\boldsymbol{H}$ vermittelt. Im Vakuum werden diese beiden Größen durch die **magnetische Feldkonstante (Induktionskonstante)** $\mu_0 = 4\pi \cdot 10^{-7}$ H/m $= 1{,}257 \cdot 10^{-6}$ H/m miteinander verknüpft: $\boldsymbol{B} = \mu_0 \boldsymbol{H}$. Im materieerfüllten Raum gilt $\boldsymbol{B} = \mu_r \mu_0 \boldsymbol{H}$, wobei μ_r als **relative Permeabilität (Permeabilitätszahl)** bezeichnet wird.

Permeation [lat.], das Diffundieren eines gelösten Stoffes durch eine Membran oder eines Gases durch eine Materieschicht.

Permeke, Constant, *Antwerpen 31. Juli 1886, †Ostende 4. Jan. 1952, belg. Maler, Zeichner und Bildhauer. – Expressionist. Landschaften, Seestücke, Hütteninterieurs, Akte und Figurenbilder, v. a. von Fischern und Bauern; auch Großplastik.

Permokarbon, zusammenfassende Bez. für Perm und Karbon.

Permoser, Balthasar, ≈ Kammer (Gem. Traunstein) 13. Aug. 1651, †Dresden 20. Febr. 1732, dt. Bildhauer. – Nach Lehrzeit in Salzburg und Wien war P. 14 Jahre in Italien. 1689 berief ihn Kurfürst Johann Georg III. als Hofbildhauer nach Dresden; zahlr. Reisen. Seine auf große Wirkung angelegte Kunst ist geprägt von der Berninischule. Ab 1711 schuf er mit mehreren Gehilfen den Figurenschmuck des Dresdner Zwingers, 1718–21 entstand die Apotheose des Prinzen Eugen (Wien, Östr. Galerie-Barockmuseum).

permutabel [lat.], austauschbar, vertauschbar.

Permutation [zu lat. permutatio „Vertauschung"], in der *Mathematik* eine Zusammenstellung aller n Elemente einer gegebenen Menge, bei der jedes der n Elemente genau einmal vorkommt. Die Anzahl aller mögl. P. von n Elementen ist $n!$ (↑Fakultät).

▷ in der *Linguistik* die Vertauschung (Umstellung) von Satzgliedern innerhalb eines Satzes zur Probe **(Permutationsprobe)** ihrer Selbständigkeit und zur Ermittlung des Umfangs von Konstituenten (↑Konstituentenanalyse), z. B. *Die Blume ist schön.* zu: *Schön ist die Blume.; die* und *Blume* bilden eine Konstituente.

▷ in polyphoner *Musik* der Austausch und die wechselnde Kombination kontrapunkt. Elemente, die in verschiedenen Stimmen zugleich erklingen können. In der seriellen Musik bezeichnet P. das Vertauschen einzelner Elemente im Rahmen einer festen Ordnung, z. B. der Töne innerhalb einer gegebenen Reihe.

Permutationsfuge, ↑Fuge mit regelmäßiger Permutation, bei der die Kontrapunkte beibehalten werden und in gleicher Reihenfolge nach dem Thema wiederkehren.

Permutite Ⓦ [lat.], Handelsbez. für eine Gruppe von Ionenaustauschern auf Kunstharzbasis.

Pernambuco, Bundesstaat in NO-Brasilien, 101 023 km², 7,60 Mill. E (1990), Hauptstadt Recife. Umfaßt im W der 60 km breiten, feucht-heißen Küstenzone ein niedriges Hügelland mit Resten von trop. Regenwald, das zum Brasilian. Bergland ansteigt; dieses nimmt den größten Teil von P. ein.

Geschichte: In P. liegen die ältesten portugies. Siedlungsgebiete Brasiliens. Ausgangspunkte der Erschließung, durch Einführung des Zuckerrohranbaus um 1550 gefördert, waren Olinda und Recife. 1630–54 niederländisch.

Pernambukholz [nach dem brasilian. Bundesstaat Pernambuco] (Fernambukholz), Holz des bis 8 m hoch werdenden *Pernambukbaums* (Caesalpinia echinata). – ↑Hölzer (Übersicht).

Pernerstorfer, Engelbert, *Wien 17. April 1850, †ebd. 6. Jan. 1918, östr. Politiker. – 1881–83 Mgl. des Dt.nat. Vereins G. von Schönerers; 1885–97 und 1901–18 Mgl. des Reichsrates; ab 1896 Sozialdemokrat, wurde neben V. Adler einer der Parteiführer.

Pernik, bulgar. Stadt an der oberen Struma, 700 m ü. d. M., 97 200 E. Nationaltheater; Museen; Kohlenbergbau, Hüttenwerke, Maschinenbau, Glasind., Druckereien.

Perniones [lat.], svw. ↑Frostbeulen.

perniziös [lat.], bösartig, gefährlich, unheilbar.

perniziöse Anämie ↑Anämie.

Pernod Ⓦ [pɛr'no; frz.], nach dem ersten Produzenten benannter frz. Aperitif auf Anisbasis mit 45 Vol.-% Alkoholgehalt.

Eva Duarte de Perón

Perón, Eva Duarte de, gen. Evita P., *Los Toldos (Prov. Buenos Aires) 7. Mai 1919, †Buenos Aires 26. Juli 1952, argentin. Politikerin. – Sängerin und Filmschauspielerin; lernte Juan Domingo P. 1944 kennen; organisierte im Okt. 1945 den Generalstreik, der ihm den Weg zur Präsidentschaft ebnete; widmete sich nach Heirat als „Presidenta" u. a. der Sozialarbeit und setzte sich erfolgreich für das Frauenwahlrecht ein.

Juan Domingo Perón

P., Juan Domingo, *Lobos (Prov. Buenos Aires) 8. Okt. 1895, †Buenos Aires 1. Juli 1974, argentin. General und Politiker. – Am Sturz des Präs. R. S. Castillo 1943 beteiligt; wurde Kriegsmin. und Arbeitsmin., 1944 außerdem Vizepräs.; entwickelte unter dem Einfluß seiner späteren Frau Eva Duarte und des faschist. Korporativismus ein umstrittenes Sozialprogramm (↑Peronismus). Übernahm im Juni 1946 die Präsidentschaft; belastete durch seine mit diktator. Mitteln betriebene Politik die Staatsfinanzen stark und führte das Land in eine Krise; 1952 erneut gewählt, ein Umsturzversuch im Juni 1955 scheiterte; im Sept. 1955 Rücktritt und Flucht ins Ausland; lebte in Spanien, um von dort seine Rückkehr vorzubereiten; behielt durch seine Anhänger Einfluß auf die argentin. Politik; im Sept. 1973 zum Präs. gewählt, konnte seine frühere Machtstellung nicht wiedererringen und nur mit Mühe die Einheit unter den Peronisten erhalten.

P., María Estela Martínez de, gen. Isabel P., *La Rioja 5. Febr. 1931, argentin. Politikerin. – Tänzerin; heiratete 1961 Juan Domingo P.; 1973/74 Vizepräs., nach dem Tod ihres Mannes Präs.; konnte die wirtsch. und sozialen Schwierigkeiten nicht bewältigen; wurde im März 1976 durch die Oberbefehlshaber der Teilstreitkräfte gestürzt.

Peronismus, polit.-soziale Bewegung in Argentinien, die sich um J. D. Perón bildete; Ziele: Beseitigung der Herrschaft des Großgrundbesitzes, Hebung des Lebensniveaus der unteren Schichten durch umfassende Sozialgesetzgebung, größere wirtsch. Unabhängigkeit vom Ausland durch Beschleunigung der Industrialisierung, Verstaatlichung ausländ. Unternehmen; vertritt eine populist. und antiparlamentar. Ideologie des starken Staates und hebt die Stellung des Militärs hervor. – Die **Peronisten** sammelten sich in dem 1945 gegr. Partido Laborista (Arbeiterpartei); 1945–55 stärkste Partei, nach Peróns Sturz (1955) verboten, 1962 wieder zugelassen und stärkste Partei; daneben behauptete sich der Partido Justicialista, von dem sich der Movimiento Revolucionario Peronista abspaltete. Die Einheit der verschiedenen Richtungen des P. zerfiel nach Peróns Tod.

Peronospora [griech.], Gatt. der Falschen Mehltaupilze mit der bekannten Art ↑Blauschimmel.

peroral (per os), durch den Mund (eingenommen); bes. von Arzneimitteln gesagt.

Perotinus Magnus (frz. Pérotin), *um 1165 (oder 1155/60), †um 1220 (oder 1200/05), frz. Komponist. – Bedeutendster Komponist vom Ende des 12./Anfang des 13. Jh., in der Nachfolge des ↑Leoninus Hauptmeister der ↑Notre-Dame-Schule in Paris; erweiterte die zweistimmigen Organa des „Magnus liber organi de gradali et antiphonario" von Leoninus zur Drei- und Vierstimmigkeit, verkürzte sie und komponierte neue Abschnitte hinzu, in denen alle Stimmen rhythmisch festgelegt sind.

Perow, Wassili Grigorjewitsch [russ. pɪ'rɔf], *Tobolsk 2. oder 4. Jan. 1834, †Kusminki (= Moskau) 10. Juni 1882, russ. Maler. – Mitbegr. der ↑Peredwischniki. Malte vornehmlich Genreszenen mit stark sozialkrit. Zügen und Porträts der russ. Intelligenz (Dostojewski, 1872; Moskau, Tretjakow-Galerie).

Peroxide, Verbindungen des als **Peroxogruppe** –O–O– vorliegenden Sauerstoffs mit Wasserstoff oder Metallen *(anorg. P.)* bzw. mit organ. Resten *(organ. P.)*. Technisch wichtige anorgan. P. sind neben dem ↑Wasserstoffperoxid einige Metallperoxide (z. B. Natriumperoxid), die leicht Sauerstoff abspalten und daher als Oxidations- und Bleichmittel dienen. Organ. P. zerfallen bei der Zersetzung in Radikale der Form R–O und werden v. a. als Katalysatoren für die radikal. Polymerisation verwendet.

Peroxo- [lat./griech.], Vorsilbe der chem. Nomenklatur, die das Vorliegen einer Peroxogruppe –O–O– in anorgan. chem. Verbindungen anzeigt. – ↑Peroxy-.

Peroxodischwefelsäure ↑Schwefelsauerstoffsäuren.

Peroxy- [lat./griech.], Vorsilbe der chem. Nomenklatur, die das Vorliegen einer Peroxygruppe –OOH in Verbindungen anzeigt.

Peroxyacetylnitrat ↑PAN.

per pedes [lat.], zu Fuß; **per pedes apostolorum,** scherzhaft für: zu Fuß wie die Apostel.

Perpendicular style [engl. pəːpən'dɪkjʊlə 'staɪl], Spätstil der engl. Gotik (etwa 1350–1520, teilweise noch bis ins 17. Jh. nachweisbar); zahlr. Bauten v. a. in Oxford und Cambridge. – ↑englische Kunst.

Perpendikel [zu lat. perpendiculum „Richtblei, Senkblei"], Uhrpendel (↑Uhr).

perpetuell [lat.-frz.], beständig, fortwährend; **perpetuieren,** ständig [in gleicher Weise] fortfahren, weitermachen; fortdauern.

Charles Perrault (Ausschnitt aus einem Kupferstich nach einem Gemälde von Charles Le Brun aus dem Jahr 1665)

Perpetuum mobile [lat. „das sich ständig Bewegende"], „ewig laufende" Maschine, die ohne Energiezufuhr Arbeit verrichten und damit Energie „aus nichts" erzeugen soll. Ein solches *P. m. erster Art* kann aber nicht realisiert werden, da es gegen den Satz von der Erhaltung der Energie bzw. gegen den ersten Hauptsatz der Wärmelehre (↑Thermodynamik) verstoßen würde. – Als *P. m. zweiter Art* wird eine hypothet., periodisch arbeitende Maschine bezeichnet, die ihrer Umgebung Wärme entzieht und diese vollständig in andere Energieformen umwandelt, ohne daß noch andere bleibende Veränderungen vor sich gehen. Ein P. m. zweiter Art verstößt aber gegen die im zweiten Hauptsatz der Wärmelehre formulierte Erfahrung, daß Wärme (ohne Aufwendung von Arbeit) niemals von einem kälteren zu einem wärmeren Körper fließt.

Geschichte: V. de Honnecourt beschrieb um 1235 ein P. m. auf mechan. Grundlage, P. de Maricourt 1269 in der „Epistula de magnete" ein solches auf magnet. Grundlage. In den folgenden Jh. wurden in Maschinenbüchern zahlr. weitere Vorschläge zur Konstruktion von Perpetua mobilia gemacht. Auch der Beschluß der Pariser Akad. von 1775, keine Vorschläge zur Prüfung mehr anzunehmen, verhinderte nicht, daß immer wieder neue Projekte entworfen wurden.

▷ in der *Musik* z. B. bei N. Paganini und F. Mendelssohn Bartholdy Bez. für ein Instrumentalstück, das von Anfang bis Ende in gleichmäßig rascher Bewegung verläuft.

Wassili Grigorjewitsch Perow. Fjodor Michailowitsch Dostojewski, 1872 (Moskau, Tretjakow-Galerie)

Perpignan [frz. pɛrpi'ɲã], frz. Stadt am Têt, 37 m ü. d. M., 111 700 E. Mittelpunkt des Roussillon; Verwaltungssitz des Dep. Pyrénées-Orientales; kath. Bischofssitz; Univ. (gegr. 1970), Konservatorium; Kunst-, Numismatikmuseum; Markt für Wein, Obst, Gemüse und Blumen; metallverarbeitende, Textil-, Schuh-, Papier-, Keramik- und Nahrungsmittelind.; ✈. – Vermutlich im 10. Jh. gegr.; erhielt 1197 Stadtrecht; 1276–1344 Hauptstadt des Kgr. Mallorca; fiel 1344 an Aragonien; 1349 Gründung einer Univ. (1792 aufgehoben). 1602 wurde das Bistum Elne nach P. verlegt (1801–22 aufgehoben). Kam 1659 an Frankreich. – Got. Kathedrale (14. und 15. Jh.) mit bed. Holzkruzifix; ehem. Königsschloß (13./14. Jh.); Loge de Mer (ehem. Börse und Handelsgericht, 14. und 16. Jh.); Rathaus (13. Jh., 16./17. Jh.). Reste der Stadtmauer (14. Jh.).

perplex [lat.-frz.], verwirrt, überrascht.

per procura [italien.], Abk. pp., ppa., die ↑Prokura bezeichnender, nach § 51 HGB vorgeschriebener Zusatz bei der Zeichnung (Namensunterschrift) von Schriftstücken des Geschäftsverkehrs durch Prokuristen.

Perrault [frz. pɛ'ro], Charles, *Paris 12. Jan. 1628, †ebd. 16. Mai 1703, frz. Schriftsteller. – 1671 Mgl. der Académie française. Eröffnete 1687 mit seinem „Poème sur le siècle de Louis le grand" den Streit um antike und moderne Literatur (↑Querelle des Anciens et des Modernes). Bed. ist seine Märchensammlung „Feenmärchen für die Jugend" (1697).

P., Claude, * Paris 25. Sept. 1613, † ebd. 9. Okt. 1688, frz. Baumeister. – Bruder von Charles P.; seine Ostfassade des Louvre (1667–74) mit an Palladio und an röm. Tempeln orientierter Kolonnade mit gepaarten Säulen bedeutete die Wende von Berninis Barock zum Klassizismus.

Perret, Auguste [frz. pɛˈrɛ], * Ixelles bei Brüssel 12. Febr. 1874, † Paris 4. März 1954, frz. Architekt. – Als Pionier des Stahlbetonbaus nahm P. maßgebl. Einfluß auf die moderne frz. Architektur, u. a. auf Le Corbusier. In seinem Frühwerk tritt die gerüstartige Konstruktionsform klar in Erscheinung (Haus Nr. 25 in der Rue Franklin in Paris, 1903–04), später neoklassizistisch verkleidet (Paris: Notre-Dame-du-Raincy, 1922/23; Hochhaus in Amiens, 1947).

Perrin [frz. pɛˈrɛ̃], Francis, * Paris 17. Aug. 1901, † ebd. 4. Juli 1992, frz. Physiker. – Sohn von Jean-Baptiste P.; Prof. in Paris und New York; 1951–70 Hochkommissar der frz. Atomenergiekommission; wies in Zusammenarbeit mit F. Joliot-Curie (ab 1939) theoretisch die Möglichkeit einer atomaren Kettenreaktion nach.

P., Jean-Baptiste, * Lille 30. Sept. 1870, † New York 17. April 1942, frz. Physiker. – Prof. in Paris; 1940 Emigration in die USA. Wies 1895 die negative Ladung der Kathodenstrahlen nach, bestimmte 1906 die Avogadro-Konstante. Nobelpreis für Physik 1926.

P., Pierre, gen. Abbé P., * Lyon um 1620, † Paris 26. April 1675, frz. Dichter. – Mitbegr. der frz. Oper nach italien. Vorbild und Mitarbeiter R. Camberts; schrieb das Textbuch zur ersten Oper in frz. Sprache, „Pomone" (1671).

Perron [pɛˈrõ:; frz., eigtl. „großer Steinblock" (zu pierre „Stein")], svw. Bahnsteig, Plattform.

Perronneau, Jean-Baptiste [frz. pɛrɔˈno], * Paris 1715, † Amsterdam 20. Nov. 1782 oder 19. Nov. 1783, frz. Maler. – P. gilt neben M. Q. de La Tour als der bedeutendste Pastellmaler des frz. Rokoko; v. a. Porträts: „Mademoiselle Huquier" (1747), „Der Maler J.-B. Oudry" (1753; beide Paris, Louvre); Selbstbildnisse.

Perrot, Jules [frz. pɛˈro], * Lyon 18. Aug. 1810, † Paramé (= Saint-Malo) 24. Aug. 1892, frz. Tänzer und Choreograph. – Hatte als Partner von M. Taglioni große Erfolge; wurde Ballettmeister und Partner von C. Grisi, für die er 1841 die Soli in „Giselle" choreographierte; P. gilt als einer der berühmtesten Tänzer des 19. Jh. und als einer der bedeutendsten Choreographen (u. a. „La Esmeralda", 1844) der Romantik.

Perry [engl. ˈpɛrɪ], Matthew Calbraith, * South Kingston (R. I.) 10. April 1794, † New York 4. März 1858, amerikan. Marineoffizier. – Führte das amerikan. Geschwader im Mex. Krieg (1846–48); erreichte im Vertrag von Kanagawa (31. März 1854) die Zulassung amerikan. Schiffe zu den jap. Häfen Shimoda (Präfektur Shizuoka) und Hakodate.

P., Ralph Barton, * Poultney (Vt.) 3. Juli 1876, † Cambridge (Mass.) 22. Jan. 1957, amerikan. Philosoph. – 1913–46 Prof. an der Harvard University, 1946–48 in Glasgow; einer der Hauptvertreter des [amerikan.] Neurealismus, den er begründete, wobei seine Methodologie eine dem Behaviorismus und Russell ähnl. Konzeption aufweist.

Perse, Saint-John ↑ Saint-John Perse.

per se [lat. „durch sich"], selbstverständlich.

Perseiden [griech.] (Laurentiusschwarm, Laurentiustränen), ein Meteorstrom, der in der ersten Augusthälfte auftritt; Radiant im Sternbild Perseus.

Persenning (Presenning) [frz.-niederl.], festes, dichtes und wasserabweisend ausgerüstetes Segeltuch in Leinwandbindung; zum Abdecken u. a. von Ladeluken, Booten.

Persephone, bei den Griechen die Göttin der Unterwelt, Tochter des Zeus und der Demeter; von Hades geraubt, der sie zu seiner Gemahlin macht und nur für zwei Drittel des Jahres an die Oberwelt entläßt. Ihr Kommen und Gehen bedingt den Vegetationszyklus. Ihr Kult hängt eng mit dem der Demeter zusammen. Ihr Beiname **Kore** („Mädchen, Tochter"), wurde später vorherrschend. – Die Römer nannten sie **Proserpina.**

Persepolis (altpers. Parsa), Sommerresidenz der altpers. Achämeniden, heute Ruinenstätte Tacht e Dschamschid bei Schiras, Iran; erbaut unter Darius I. ab etwa 518 v. Chr., von seinen Nachfolgern, u. a. Xerxes I., weiter ausgebaut, durch Alexander d. Gr. 330 v. Chr. zerstört. P. diente den Neujahrszeremonien der Herrscher. Auf der künstl., festungsähnl. Terrasse befanden sich die Repräsentativbauten (Audienzhalle [Apadana], Thronsaal [Hundertsäulensaal], Schatzhaus). Erhalten sind zahlr. Reliefdarstellungen sowie Stier- und Vogelkapitelle und Keilschrifttexte in elam. Sprache. In den östl. an die Terrasse grenzenden Bergen liegen die Felsgräber der letzten Achämeniden. Die Ruinen von P. wurden von der UNESCO zum Weltkulturerbe erklärt.

Claude Perrault. Die 1667 begonnene, 1674 vollendete Ostfassade des Louvre

Perser (Parsa, lat. Persae), Stammesgruppe der Iranier, siedelte zu Beginn des 1. Jt. v. Chr. in NW-Iran (Urmiasee, nw. des Sagrosgebirges), später im heutigen Verw.-Geb. Fars; auch Bez. für die Einwohner Irans.

Perserkatze, vermutlich aus Kleinasien stammende Rasse der Hauskatze; mit gedrungenem Körper, großem

Persepolis. Die freigelegten und zum Teil rekonstruierten Ruinenstätten, im rechten Bildteil in der Mitte das Apadana, dahinter die Paläste von Darius I. und Xerxes I., in der Mitte des linken Bildteils der Hundertsäulensaal, im Vordergrund Befestigungsanlagen

Rundkopf, mähnenartiger Halskrause, langem, seidigem, dichtem Haar (Langhaarkatze) und buschigem Schwanz; wird in den Farben Schwarz, Weiß, Blau, Rot oder Creme, ein- bis dreifarbig, auch gestromt und mit unterschiedl. Augenfarbe gezüchtet.

Pẹrserkriege, griech.-pers. Auseinandersetzung (490 bis 449/448), u. a. veranlaßt durch die Unterstützung des Ion. Aufstands durch Athen und Eretria. 492 scheiterte ein pers. Flottenvorstoß am Athos; im Sept. 490 endete die Flottenexpedition des Datis und des Artaphernes mit der Niederlage gegen Athener und Platäer bei Marathon; ab 482 Flottenbaupolitik des Themistokles. Auf die griech. Niederlage bei den Thermopylen 480 folgte der griech. Seesieg von Salamis (Ende Sept. 480). 479 wurden das pers. Landheer bei Platää und die pers. Flotte bei Mykale vernichtet. Athen und der Att.-Del. Seebund führten die P. bis zum Kalliasfrieden (449/448) weiter, der die Existenz der kleinasiat. Griechen sicherte.

Pẹrseus, Held der griech. Mythologie. Sohn des Zeus und der Danae. Von Polydektes, dem König der Kykladeninsel Seriphos, aufgezogen; herangewachsen, wird er von Polydektes, der sich in Danae verliebt hat und ihn entfernen will, mit dem Auftrag ausgesandt, das Haupt der Gorgo Medusa zu erbeuten. Mit Hilfe von Athena und Hermes gelingt sein Vorhaben. Unterwegs befreit er Andromeda, die Tochter des äthiop. Königs Kepheus, die einem Meerungeheuer geopfert werden soll. Der Anblick des Medusenhauptes versteinert Polydektos. Später war P. König von Tiryns, von wo aus er Mykene gründet.

Pẹrseus, *212, †Alba Fucens (Fuciner Becken) wohl 162, letzter König (seit 179) Makedoniens. – Illegitimer Sohn und Nachfolger Philipps V.; setzte dessen antiröm.

Politik fort, wurde im 3. Makedon. Krieg nach anfängl. Erfolgen von den Römern 168 bei Pydna besiegt.

Perseus [griech.] ↑Sternbilder (Übersicht).

Perseveranz [lat.], Beharrlichkeit.

Persien, Staat in Vorderasien, amtl. Name seit 1934 ↑Iran.

Persiflage [...'fla:ʒə; frz., zu siffler „pfeifen"], Bez. für eine literar.-polem. Haltung oder Form, die den betr. Gegenstand bzw. die Person lächerlich zu machen sucht; **persiflieren,** [auf geistreiche Art] verspotten.

Persilschein [nach dem Waschmittel Persil (Wz), im Zusammenhang mit der Vorstellung des Rein- oder Weißwaschens], umgangssprachl., meist scherzhafte Bez. für ein Entlastungszeugnis; urspr. für die Bescheinigung der Entnazifizierungsbehörden.

Persimone [indian.] (Virgin. Dattelpflaume, Diospyros virginiana), im östl. N-Amerika beheimatete und auch gelegentlich kultivierte Art der Gatt. Diospyros; bis 20 m hoher Baum mit orangefarbenen, eßbaren Früchten (*Persimonen,* 2,5–3 cm breit, bei Kultursorten auch größer).

Persis ↑Fars.

Persisch ↑iranische Sprachen.

persische Geschichte, die Anfänge der Geschichte der Perser, die zu Beginn des 1. Jt. v. Chr. im heutigen NW-Iran siedelten, liegen im myth. Dunkel. Die Perser unterstanden im 7./6. Jh. v. Chr. der Oberhoheit der Meder, bis König Kyros II., d. Gr. (♔559–529), aus der Dyn. der Achämeniden 550/549 das Mederreich unterwarf und ein Weltreich aufbaute (547/546 Eroberung des Lyderreiches, 539 des neubabylon. Reiches). Kambyses II. (♔529–522) eroberte 525 Ägypten, danach Libyen und Nubien. Darius I., d. Gr. (♔522–486), schuf eine einheitl. Reichsverwaltung und setzte die expansionist. Politik fort (Thrakien, Makedonien, Sogdien, Indusgebiet); auch bed. kulturelle Leistungen (z. B. Palastbauten in Susa und Persepolis). Der Ion. Aufstand (500–494) löste Invasionen in Griechenland (↑Perserkriege) aus, die die pers. Ausdehnung nach W zum Stillstand brachten. Mit Xerxes' I. (♔486–465) Tod setzte der Verfall des Reiches ein. Darius III. (♔336–330) vermochte die Invasion Alexanders d. Gr. von Makedonien nicht aufzuhalten. Aus den Machtkämpfen der Diadochen nach Alexanders Tod 323 ging im vorderasiat. Raum das Reich der Seleukiden hervor, die nach 250 v. Chr. ihre Herrschaft u. a. an die von NO einfallenden Parther verloren. Ardaschir I. (♔224–241) riß die Macht des zerfallenden Partherreiches an sich und begr. die Dyn. der Sassaniden, deren Reich zw. Euphrat und Indus einen Schutzwall gegen die zentralasiat. Nomadenstämme bildete. Zugleich war es der östl. Feind Roms, konnte aber u. a. unter Schapur I. (♔241–272) die röm. Angriffe abwehren. Seit dem 5. Jh. wurde die Bedrohung durch innere Feinde und von O durch die Hephthaliten und dann die Turkvölker immer stärker. Unter Chosrau I. (♔531–578/579) erlebte das Land trotz andauernder Kämpfe gegen Byzanz eine neue Blüte, die unter Hormisdas IV. (♔579–590) und Chosrau II. (♔590–628) ihren Höhepunkt erreichte, doch Jasdgird III. (♔633–651) unterlag den eindringenden Arabern 636/637 bei Kadisija (= Kadesia) am unteren Euphrat und 642 bei Nahawand (südl. von Hamadan). Im Zuge der arab. Eroberung wurde die zoroastr. Bev. Persiens muslimisch; die Omaijaden unterstellten das Land arab. Statthaltern. Unter dem Kalifat der Abbasiden (ab 749/750) wurde Bagdad Hauptstadt. Im 9. Jh. kam es im Gefolge sozialreligiöser Aufstände zur Gründung einheim. Dyn., die die pers. Tradition und Kultur wiederbelebten: die Tahiriden (etwa 821–872), die Saffariden (866–um 900) und die Samaniden (etwa 874–999/1005). Seit 940/945 herrschten in Persien die Bujiden, daneben im O und N seit dem frühen 11. Jh. die Ghasnawiden, die beide im 11. Jh. von den Seldschuken verdrängt wurden. Nach mongol. Herrschaft (ab 1258), dem Zwischenspiel der Reichsbildung Timur-Lengs (Tamerlan; † 1405) und der Niederwerfung der Turkmenen durch die Safawiden (1502–1722) schuf Schah Abbas I., d. Gr. (♔1587–1629) eine pers. Großmacht (Eroberungen, Verlegung der Residenz nach Isfahan). Die in einem Schutzverhältnis stehenden Afghanen stürzten 1722 die Safawiden, wurden jedoch 1729 von dem Turkmenen Nadir Schah (♔1729–47) vertrieben, der das Reich im O bis zum Indus erweiterte, aber keinen stabilen Staat hinterließ (1747 Abfall Afghanistans). Unter der Dyn. der Kadscharen (1794–1925) verlor Persien 1813/28 Georgien, Transkaukasien und einen Teil Armeniens an Rußland, das seit 1809 mit Großbritannien um Einfluß in Persien rang. Die Aufhebung einer gerade gewährten Verfassung durch Schah Mohammad Ali (♔1907–09) löste eine Revolution aus, die zur Flucht des Schahs und zur Wiederherstellung der Verfassung führte. Im russ.-brit. Petersburger Vertrag (1907) wurde die Dreiteilung Persiens in eine nördl. Zone als russ., eine südl. Zone als brit. Interessensphäre und eine mittlere, neutrale Zone festgelegt. Während des 1. Weltkriegs wurde Persien trotz formeller Neutralität von türk., brit. und russ. Truppen besetzt. Nach dem Staatsstreich des pers. Kosakenkommandeurs und Kriegsmin. (1921) Resa Khan (1925 zum Schah ausgerufen) verzichtete die Sowjetunion vertraglich auf alle Rechte in Persien, das seit 1934 Iran heißt. – ↑Iran (Geschichte).

persische Kunst, Epoche der ↑iranischen Kunst unter der pers. Dyn. der Achämeniden; i. w. S. auch die Kunst im Iran unter den nachfolgenden Dyn. der Parther und Sassaniden, deren Bereich sich aber weit über den Iran hinaus erstreckt (↑parthische Kunst, ↑sassanidische Kunst), sowie die Kunst Persiens seit islam. Zeit (↑islamische Kunst).

persische Literatur, die in Neupersisch geschriebene **neupersische Literatur,** Teil der **iranischen Literatur** (mitunter auch Bez. für den Gesamtkomplex des Schrifttums der Perser seit dem Altertum). Vorläufer sind die alt-

Die persischen Dynastien mit den bedeutendsten Herrschern

Achämeniden	etwa 700–330 v. Chr.
Kyros I.	640–600
Kyros II., d. Gr.	559–529
Kambyses II.	529–522
Darius I., d. Gr.	522–486
Xerxes I.	486–465
Artaxerxes I. Makrochair	464–425/24
Xerxes II.	425/24
Darius II.	423–404
Artaxerxes II. Mnemon	404–363
Artaxerxes III.	359–338
Arses	338–336
Darius III.	336–330
Seleukiden	321/312–64/63 v. Chr.
Seleukos I. Nikator	305–281
Antiochos I. Soter	281–261
Antiochos II. Theos	261–246
Seleukos II. Kallinikos	246–226
Antiochos III., d. Gr.	223–187
Seleukos IV., Philopator	187–175
Antiochos IV. Epiphanes	175–164
Antiochos V. Eupator	164–162
Demetrios I. Soter	162–150
Demetrios II. Nikator	145–139
Antiochos VII. Euergetes Sidetes	139/138–129
Demetrios II. Nikator	129–126
Seleukos V.	126–125
Antiochos VIII. Philometor	125–96
Seleukos VI.	96–95
Antiochos X. Epiphanes Philopator	95–83 (?)
Partherherrschaft	63–224 n. Chr.
Sassaniden	224–651
Ardaschir I.	224–241
Schapur I.	241–272
Narses	293–302
Hormisdas II.	302–309
Schapur II.	309–379
Ardaschir II.	379–383
Schapur III.	383–388
Firus	457–484
Kawat I.	488–496 und 499–531
Chosrau I.	531–578/79
Hormisdas IV.	579–590
Chosrau II.	590–628
Jasdgird III.	633–651
Während der Zugehörigkeit zum Kalifenreich (651–1220/58 verschiedene Dyn., z. T. gleichzeitig:	
Tahiriden	
Saffariden	
Samaniden	
Bujiden	
Ghasnawiden	
Seldschuken	
Chwarism-Schahs	
Ilkhane	1220–1350
Hulagu	1258–1265
Khubilai	1260–1294
Gazan	1295–1304
Timuriden	1405–um 1500
Safawiden	1502–1722
Esmail I.	1502–1524
Abbas I., d. Gr.	1587–1629
Safi I.	1629–1642
Abbas II.	1642–1666
Safi II.	1666–1694
Husain	1694–1722
Nadir Schah	1736–1747
Kadscharen	1794–1925
Agha Mohammad	1794–1797
Fatah Ali Schah	1797–1834
Mohammad	1834–1848
Naser Od Din	1848–1896
Mosaffar Od Din	1896–1907
Mohammad Ali	1907–1909
Ahmad Schah	1909–1925
Pahlawiden	1925–1979
Resa Khan Pahlawi	1925–1941
Mohammad Resa Pahlawi	1941–1979

iran. Sakraltexte (Awesta) und altpers. Königsinschriften (Keilschriften) der Achämeniden teils histor.-chronist. Inhalts, teils Bauurkunden; die Zeugnisse dieser **altpersischen Literatur** (520–350) waren auf Felswänden, an Bauwerken, auf Gold-, Silber-, Ton- und Steintafeln, Gefäßen und Schalen, Siegeln und Gewichten angebracht.
Die **mittelpersische Literatur** ist nur zum kleinen Teil erhaltene Buchliteratur der Anhänger des Zoroastrismus aus sassanid. und nachsassanid. Zeit, unter der bes. die theolog. Enzyklopädien der zoroastr. Religion (z. B. „Denkart"; 9. Jh. n. Chr.) hervorragen.
Die Eroberung Irans durch die muslim. Araber im 7. Jh. führte zur Verdrängung des Mittelpersischen; von einer eigenständigen **neupersischen Literatur** (in neupers. Sprache und arab. Schrift) ist seit dem 8. Jh. zu sprechen, die in der Folgezeit bes. von den Sassaniden und anderen ostiran. Dyn. gefördert wurde. Bedeutendste höf. Dichtung dieser Zeit war Ferdausis ep. Darstellung der Geschichte Irans „Schahnamah" (entstanden etwa 975–1010). – Hauptformen der *Poesie* waren die von Rudaki geschaffene Kasside, zunächst lobpreisenden oder eleg., teils auch spött. Inhalts (sie wurde von Anwari zum Höhepunkt geführt), und das Ghasel, das Sadi und Hafes im 13. und 14. Jh. als Liebesgedicht zur höchsten Ausformung brachten. Bedeutendster Vertreter des myst. Lehrgedichts (Masnawi) ist Sanai, der erste pers. Mystiker; hervorragende Epiker waren Nesami und Dschami (* 1414, † 1492), der bedeutendste Dichter der Timuridenzeit. Nach dessen Tod kennzeichneten übertriebene Bildersprache und komplizierte Wortspiele den sog. „ind. Stil", der den literar. Stil in Persien bis ins 19. Jh. bestimmte.
V. a. seit dem 12. Jh. traten *Prosawerke* unterhaltenden, didakt. und myst. Charakters auf (Staatshandbücher und Fürstenspiegel, philosoph. und myst. Abhandlungen, Erbauungsliteratur, Fabelsammlungen). Das 13. Jh. leitete eine glanzvolle Periode pers. Geschichtsschreibung ein; es folgte eine reiche biograph. Literatur (Briefe und Formularsammlungen). Wie in der Poesie verbreitete sich auch unter den Prosaschriftstellern seit dem 14. Jh. eine Vorliebe für schwülstigen Stil; eine Änderung brachten erst im 19. Jh. aufklärer. Schriftsteller und der um 1900 einsetzende Journalismus. Die moderne Kunstprosa ist ebenfalls durch europ. Einfluß gekennzeichnet; Kurzgeschichten verfaßten u. a. S. Hedajat und Mohammad Ali Dschamalsade, der in seinen Novellen v. a. gesellschaftl. Mißstände kritisiert, und Bosorg Alavi, der wie Ali Daschti und Sadegh Tschubat stark beachtete sozialkrit. Romane verfaßte. Die islam. Revolution 1979 bewirkte die Konzentration auf polit.-islam. Themen. Als bes. Form der modernen neupers. Literatur ist das literar. Schaffen in Tadschikistan zu sehen (u. a. Aini).

persische Musik, früheste Darstellungen p. M. mit Harfenspielern, einer Langhalslaute, Rahmentrommeln und einem Chor von Sängerinnen begegnen auf Felsreliefs des 9.–7. Jh. v. Chr. Griech. Quellen bezeugen Götter- und Heldengesänge, Militär- und Hofmusik unter den Achämeniden. Erste schriftl. pers. und wiederum bildl. Zeugnisse gelten der Hofmusik unter den Sassaniden (224–651) mit einer Ständeordnung der Musiker, Musik als Erziehungsfach in den Fürstenspiegeln und zahlr. Fachausdrücken für Instrumente und melod. Formen. Vor und nach der Eroberung Persiens durch die Araber (7. Jh.) gingen von der pers. Hofmusik Anregungen auf die Musik der Araber aus, u. a. wohl die Einführung der „neutralen" Terz. Durch arab. Vermittlung gelangte die pers. Laute nach Europa, und in Bagdad wirkten Perser neben Arabern als Virtuosen und Musikschriftsteller, unter ihnen Avicenna und der „Zarlino des Ostens", Safijjoddin Al Urmawi (* um 1225, † 1294), dessen Tonberechnungen (17stufige Oktave) und Skalengliederung für die pers.-arab. wie für die türk. Musik vorbildlich wurden. Unter Timur-Leng und seinen Nachfolgern führte in Samarkand und Herat die Schule Abdolghader (* um 1350, † 1435) zum Höhepunkt der ma. pers. Hofmusik. Nach provinzieller Verflachung begann in der 2. Hälfte des 19. Jh. die Verwestlichung des Musiklebens, aber auch die Renaissancebewegung einer Gruppe Teheraner Musiker um Mirsa Abdollah († 1918). Sie schufen das neupers. Dastgah-System, das in modifizierter Form die Begriffsinhalte des älteren Maqam und der ebenfalls älteren Form der Naube, einer vier- bis fünfsätzigen vokalen und instrumentalen Großform, in sich vereinigt, so daß jeder der 10 heutigen Dastgahs sowohl tonale und metr. als auch formale Strukturen beinhaltet: Einleitenden Instrumentalsätzen folgt der mehrfach gegliederte vokale Hauptteil, den Abschluß bilden volkstüml. Lieder und tänzer. Instrumentalstücke. Hauptinstrumente sind heute der Lautentyp Tar, Trapezzither (Santur), Spießgeige (Kemantsche), Langhalslaute (Sitar), Rohrflöte (Naj) und Bechertrommel (Tonbak, Sarb).

persische Religion, svw. ↑ Parsismus.

Persischer Golf, Binnenmeer des Ind. Ozeans zw. Iran und der Arab. Halbinsel jenseits der Straße von Hormos, rd. 240 000 km², bis 102 m tief, Salzgehalt bis 4 %; im Gebiet des P. G. die weltweit bedeutendsten Erdölvorkommen; submarine Erdölförderung. – Auf Grund seiner geostrateg. Bed. haben Konflikte und Spannungen im Geb. des P. G. häufig internat. Auswirkungen (↑ Golfkrieg).

persische Teppiche (Perser) ↑ Orientteppiche (Übersicht).

persistent [lat.], anhaltend, hartnäckig.

Persistenz, die Aufenthaltsdauer einer chem. Substanz oder ihrer Abbauprodukte in einem Umweltbereich wie Luft, Boden, Wasser oder im Gewebe. P. ist eine Eigenschaft insbes. von Umweltgiften, radioaktiven Stoffen, Schwermetallen. Je größer die P. z. B. eines Pestizids, Waschmittels oder Schwermetalls ist, desto bedenklicher ist dessen Eintrag in die Umwelt.

Persius, Ludwig, * Potsdam 15. Febr. 1803, † ebd. 12. Juli 1845, dt. Baumeister. – Schüler von Schinkel, dessen Projekte er z. T. ausführte; nahm zahlr. Elemente der italien. Renaissance auf und besaß v. a. Sinn für maler. Gruppierungen; u. a. Röm. Bäder (1828–44) in Sanssouci; in Potsdam: Heilandskirche am Port (im Ortsteil Sacrow; 1841–43), Kuppel der Nikolaikirche (in Abänderung der urspr. Pläne Schinkels, 1842–50), Friedenskirche (1845 bis 1848).

Person, urspr. im Lat. („persona") die Maske eines Schauspielers, später sehr vieldeutiger Begriff: die Rolle, die jemand im Leben spielt, bzw. der Eindruck, den er macht, seine Eigenschaften, sein Ansehen und seine Würde. Seit Boethius (6. Jh.) galt P. als „unteilbare Substanz des vernünftigen Wesens". – Für die neuzeitl. Philosophie tritt die Frage der *Identität der P.* in den Vordergrund. So verstand Hume P. als das ident. Bewußtsein eines Subjekts als Folge von „Wahrnehmungsbündeln"; Kant machte geltend, daß sich das Subjekt (= P.) erst über die Ausbildung von Handlungsmöglichkeiten und deren Aktualisierung herstellt. Damit wird das Problem der Freiheit und Einheit bzw. der Identität einer P. systematisch zu einem handlungstheoret. Problem: Nicht die bloße Tatsache des (freien) handelnden Eingriffs in den Ablauf natürl. Prozesse konstituiert eine P., sondern die Freiheit auch von Fremdbestimmung. Bei der Konstituierung von P. fungieren Rollen als historisch-gesellschaftlich bereitgestellte personale Bestandteile; personale Identität geht verloren oder wird verfehlt, sofern jemand sein Handeln lediglich als „Mittel" zu den von anderen gesetzten Zielen oder überhaupt nicht zielorientiert begreift **(Selbstentfremdung).**
In der *Religionsgeschichte* vertreten sowohl die polytheist. als auch die prophet. monotheist. Religionen einen personalen Gottesbegriff, dem eine individuelle Auffassung des Menschen korrespondiert. Diese Korrelation ist Voraussetzung für eine Religiosität der Verehrung und Anbetung der Gottheit, der eine Jenseitsauffassung entspricht, die das zukünftige Heil in einer personalen Lebensgemeinschaft mit Gott erblickt.
▷ (Persona) in der *Psychologie* nach C. G. Jung die äußere Einstellung eines Menschen; im Unterschied zu seiner inneren Einstellung bzw. seinem Seelenbild (↑ Anima).
▷ im *Recht* jeder Träger der Rechtsfähigkeit (↑ juristische Person, ↑ natürliche Person).

▷ in der *Sprachwiss.* grammat. Kategorie beim Verb und Pronomen, die durch Flexionsformen (beim Pronomen durch verschiedene Wortstämme) den Sprecher (sog. 1. P.) vom Angesprochenen (2. P.) und vom Besprochenen (3. P.) unterscheidet. Grundlage für die Einteilung der Verbformen in finite (mit Ausdruck der P.) und infinite (ohne diese Kategorie).

Persona grata [lat. „gern gesehener Mensch"], eine vom Empfangsstaat als diplomat. Vertreter erwünschte Person.

Persona ingrata (Persona non grata) [lat. „nicht gern gesehener Mensch"], ein Diplomat, gegen den der Empfangsstaat Einwendungen erhebt und damit die Aufnahme diplomat. Tätigkeit durch den Betroffenen oder deren Fortsetzung verhindert.

personal [lat.], die Person, den Einzelmenschen betreffend; von einer Einzelperson ausgehend.

Personalakte, Sammlung schriftl. Unterlagen über betriebl. bzw. dienstl. und persönl. Verhältnisse eines Arbeitnehmers oder Beamten. Nach Betriebsverfassungsgesetz bzw. Beamtenrechtsrahmengesetz hat der Arbeitnehmer bzw. Beamte das Recht, Einsicht in seine P. zu nehmen und ihr gegebenenfalls Erklärungen beizufügen.

Personalausweis ↑ Paßwesen.

Personalcomputer mit Farbbildschirm, Diskettenlaufwerk und Festplatte, Tastatur und „Maus"

Personalcomputer [engl. kɔmpju:tər], Abk. PC, Mikrocomputer für individuelle Nutzung, z. B. als Arbeitsplatzrechner, Büro- oder Heimcomputer, ausgestattet mit einem 8-, 16- oder 32-Bit-Mikroprozessor, Tastatur, Farb- oder Schwarzweiß-Bildschirm, Disketten- und/oder Festplattenlaufwerken, Drucker, ggf. mit Maus, Modem u. a. Die ersten P. kamen Anfang der 1980er Jahre auf den Markt; die meisten dieser P. verfügten über den Mikroprozessor 8088 der Firma Intel, das Betriebssystem MS-DOS der Firma Microsoft und eine 8-Bit-Schnittstelle. Die Firma IBM brachte 1983 die leistungsfähigeren Modelle **PC-XT** (extended technology – erweiterte Technologie) bzw. 1984 **PC-AT** (advanced technology – fortgeschrittene Technologie) auf den Markt. Der erste P. mit dem 32-Bit-Mikroprozessor Intel 80 386 wurde 1986 von der Firma Compaq präsentiert. 1990 wurden P. mit dem Intel-Prozessor 80 486 vorgestellt, der 15 Mill. Instruktionen je Sekunde verarbeitet, für 1993 wurde der 80 586er („Pentium") angekündigt. Als Betriebssysteme haben sich neben MS-DOS das System OS/2 sowie UNIX bzw. XENIX eingeführt. Die Merkmale eines modernen P. sind: Bildschirm mit Graphikmöglichkeiten und schnellem, pixelorientiertem Aufbau, Datenspeicher bis zu mehreren Gigabyte, Fenstertechnik, Menütechnik, Interaktionsmöglichkeiten (z. B. Maus), Multiprogramming, einfach handhabbare Anwendungsprogramme, Möglichkeiten zum Desktop Publishing, benutzerfreundl. kommerzielle sowie Textverarbeitungsprogramme.
P. werden z. B. in Konstruktion und Entwicklung, in Einkauf und Vertrieb, in der Kostenrechnung und Produktion sowie in der Verwaltung (bes. Textverarbeitung) eingesetzt. Datenbanken und graph. Systeme, Netzwerke und Telekommunikation sind mit P. realisierbar. Zunehmende Bed. haben mobile bzw. portable P. wie ↑ Laptop, ↑ Notebook und ↑ Notepad.

Personalgesellschaft, svw. ↑ Personengesellschaft.

Personalhoheit, die Befugnis des Bundes, der Länder sowie der kommunalen Selbstverwaltungskörperschaften zu eigenverantwortl. Ausgestaltung des Personalwesens; das Recht, Beamte zu beschäftigen.

Personalismus [lat.], philosoph. Richtung, die scharf zw. der ↑ Person als handelndem Subjekt und dem Sein, seinen Objektivierungen bzw. den Dingen, Sachen unterscheidet. Dabei läßt sich eine am Individuum orientierte Konzeption, der *individualist. P.,* abgrenzen von einem *dialog. P.,* der die dialog. (sich v. a. in der Kommunikation manifestierende) Struktur der Person als Ich-Du-Relation zum Ausgangs- und Mittelpunkt seines Denkens nimmt. – Seine Höhepunkte erreichte der P. erst im 19./20. Jh. als individualist. P. eines spekulativen Theismus, der die Personalität Gottes und die des Menschen eng aufeinander bezieht. Einen dialog. P. entwickelten, beeinflußt von Feuerbach, v. a. F. Ebner und M. Buber sowie die christl. Existenzphilosophie (z. B. G. Marcel).

Personalitätsprinzip [lat.], Grundsatz, daß die Rechtsverhältnisse einer Person sich nach dem Heimatrecht und nicht nach dem Recht des Aufenthaltsstaates richten; gilt z. B. begrenzt im Internat. Privatrecht. – Ggs. ↑ Territorialitätsprinzip.

Personality-Show [engl. pə:sə'nælɪtɪ 'ʃoʊ], Show, Unterhaltungssendung im Fernsehen, die von der Persönlichkeit nur eines Künstlers getragen wird.

Personalplanung, Gesamtheit der Maßnahmen, die der zukünftigen, quantitativen, zeitl. und örtl. Bereitstellung des zur unternehmer. Leistungserstellung benötigten Personals dienen. Die Beteiligung der Arbeitnehmervertretung an der P. in Form eines Informations- und Beratungsrechts des Betriebsrats regelt § 92 Abs. 1 Betriebsverfassungsgesetz.

Personalpolitik, Gesamtheit der Entscheidungen, die auf die Personalorganisation als Teil der Betriebsorganisation einwirken. Gegenstand der P. ist die Erarbeitung und Anwendung von Grundsätzen der Personalbeschaffung und -eingliederung sowie der Aus- und Weiterbildung, der Entlohnung, der Menschenführung und der Personalverwaltung.

Personalpronomen ↑ Pronomen.

Personalrat ↑ Personalvertretung.

Personalunion, im Staatsrecht eine Staatenverbindung, die im Ggs. zur ↑ Realunion nur de facto durch die dynastisch bedingte Gemeinsamkeit des Monarchen besteht und bereits durch die unterschiedl. Thronfolgeordnungen ihrer völker- und staatsrechtlich selbständigen Teile wieder gelöst wird, z. B. Großbritannien und Irland/Hannover (1714–1837).

Personalversammlung ↑ Personalvertretung.

Personalvertretung, die Organe, die die Interessen der im öff. Dienst Beschäftigten (Beamte, Angestellte, Arbeiter, Auszubildende) gegenüber den Dienststellenleitern vertreten. Rechtsgrundlagen sind das BundespersonalvertretungsG (BPersVG) vom 15. 3. 1974, das durch die Wahlordnung vom 23. 9. 1974 ergänzt wird, sowie die Personalvertretungsgesetze der Länder (in den neuen Bundesländern gilt in weiterbestehenden Dienststellen bis längstens 31. 5. 1993 das Gesetz zur sinngemäßen Anwendung des BPersVG von 1990). Nach dem BPersVG sind die P. (z. B. *Personalrat, Jugendvertretung, Personalversammlung*) in den Verwaltungen des Bundes sowie der bundesunmittelbaren Körperschaften, Anstalten und Stiftungen des öff. Rechts sowie in den Bundesgerichten zu bilden.
Der Schwerpunkt des BPersVG liegt beim **Personalrat,** der in jeder Dienststelle mit mindestens fünf Beschäftigten in geheimer und unmittelbarer Wahl nach den Grundsätzen der Verhältniswahl für 4 Jahre gewählt wird. Werden Angehörige verschiedener Gruppen (z. B. Beamte, Angestellte) in einer Dienststelle beschäftigt, muß jede Gruppe entsprechend im Personalrat vertreten sein (soweit er mindestens 3 Mgl. hat). Die Sitzungen des Personalrates sind nicht öff., sie finden i. d. R. während der Arbeitszeit statt. Die Mgl. des Personalrats unterliegen einem bes. Kündigungsschutz. Die Aufgaben des Personalrats entsprechen denen des ↑ Be-

triebsrats. Insbes. hat er einmal im Kalenderhalbjahr der Personalversammlung einen Tätigkeitsbericht zu erstatten. – Im *östr. Recht* gilt im wesentlichen Entsprechendes. In der *Schweiz* nehmen die Personalausschüsse die Aufgaben der P. wahr.

Persona non grata ↑Persona ingrata.

Personengesellschaft (Personalgesellschaft), Gesellschaft, die auf die persönl. Fähigkeiten der Gesellschafter gegr. ist (Ggs. Kapitalgesellschaft). Die Mitgliedschaft ist nur mit Zustimmung der übrigen Gesellschafter übertragbar. Geschäftsführung und Vertretung der P. erfolgen durch die Gesellschafter, die für die Verbindlichkeiten persönlich haften. Die P. ist nicht ↑juristische Person und daher nicht rechtsfähig. P. sind z. B. Gesellschaft des bürgerl. Rechts, OHG, KG.

Personenkennziffer, Abk.: PK, auf die Person jedes Bundeswehrangehörigen bezogene Kennzahl, die sich aus dem Geburtsdatum, dem Anfangsbuchstaben des Familiennamens und einer fünfstelligen Folgenummer zusammensetzt. – Ähnl. Kennzahlen gibt es auch in anderen Bereichen.

Personenkilometer, Abk. Pkm, das Produkt aus der Anzahl der von einem Verkehrsunternehmen beförderten Personen und der Anzahl der Kilometer, über die sie befördert wurden.

Personenkonten, die für die Geschäftspartner (Kunden, Lieferanten) in der Buchhaltung geführten Konten, auf denen alle mit diesen Personen im Zusammenhang stehenden Geschäftsvorfälle erfaßt werden. Von den P. zu unterscheiden sind die Sachkonten.

Personenkraftwagen ↑Kraftwagen.

Personenkult, polit. Schlagwort für die Überbewertung der Rolle der Persönlichkeit in Politik, Gesellschaft und Geschichte, gekennzeichnet durch exzessiven Führerkult und unkontrollierbare Anhäufung von Macht in einer Hand. Beispiele sind Hitler, Stalin, Kim Il Sung, Idi Amin Dada.

Personennamen, Eigennamen, die eine Person bezeichnen; dazu gehören die Vornamen (Taufnamen) und die Familiennamen (Zunamen, Nachnamen).

Vornamen: Die altdt. Namen sind i. d. R. Zusammensetzungen aus zwei Bestandteilen, die urspr. eine Sinneinheit darstellen, z. B. *Adalberaht* „von glänzender Abstammung" (heute *Adalbert; Albert, Albrecht*). Diese Sinneinheit des Gesamtnamens ging allerdings früh verloren, weil es Sitte wurde, die Teile beliebig zusammenzusetzen, und weil ihre jeweilige Bedeutung vielfach in Vergessenheit geriet. Parallele Bildungen in anderen indogerman. Sprachen zeigen, daß das Prinzip der zweigliedrigen Namen schon in indogerman. Zeit – also im 3. Jt. v. Chr. – bestanden hat. Eingliedrig gebildete Namen sind selten und waren urspr. meist Beinamen: *Frank* „der Franke". In Deutschland hat bis ins 12. Jh. fast ausschließlich der german. Namentyp geherrscht. Erst nach 1200 erhielten Namen aus dem lat., griech. und vorderasiat. Sprachbereich (bibl. Namen) ein Übergewicht, als es üblich wurde, jedem Kind einen Heiligen als Namenspatron zu geben. Die Doppelnamen gewannen zuerst im 16. Jh. größere Bed., bes. beliebt waren sie im 18. Jh.; sie boten die Möglichkeit, Namen der Großeltern oder der Taufpaten bei den Kindern fortzuführen, ohne daß sie immer als Rufnamen erscheinen mußten. Gegenwärtig besteht eine Fülle verschiedenster Namen und Namensformen, es vollzieht sich eine internat. Verflechtung des Namensschatzes. Viele Kurz- und Koseformen sind zu festen Namen geworden.

Familiennamen: Sie sind im Ggs. zu den Vornamen erblich. Urspr. genügte zur Kennzeichnung einer Person ein Name. Die gelegentlich dazugesetzten Beinamen waren die Grundlage für die Familiennamen. Der starke Bevölkerungszuwachs im MA (bes. in den Städten) und die immer geringer werdende Zahl von gebräuchl. Vornamen waren u. a. Ursachen, die zur Festigung des Beinamens führten. Gefördert wurde dieser Prozeß durch die Kontakte mit Oberitalien, wo schon seit dem 8. Jh. Familiennamen nachweisbar sind. Daher verbreiteten sich in Deutschland die Familiennamen zuerst im S. Ansätze finden sich im 12. Jh. (beim südwestdt. Adel schon seit dem 10./11. Jh.), allgemein durchgesetzt haben sie sich erst im 13. und 14. Jh. Im Humanismus wurden zahlr. Namen ins Lateinische (z. B. Weber in *Textor*) oder Griechische (z. B. Schwarzer(d)t in *Melanchthon*) übersetzt.

Die Bed. der Familiennamen hängt mit der Art ihrer Entstehung zusammen. Die aus *Vornamen* gebildeten Familiennamen sind urspr. genealog. Angaben (↑Patronymikon, ↑Metronymikon), die im Genitiv stehen, durch Zusammensetzung mit Vornamen oder durch Suffixe gebildet sein können. Die *Herkunftsnamen* kennzeichnen den Menschen außerhalb der Heimat nach seiner örtl. Herkunft oder der seiner Vorfahren (*Bayer, Schwab, Adenauer* [Adenau in der Eifel]). *Wohnstättennamen* sind nach dem Wohnsitz eines Menschen, bes. nach dem Flurnamen, gebildet *(Berger, Bachmann)*. Die *Berufsnamen* entstanden bes. in der ma. Stadt mit dem Aufkommen des Handwerks *(Bauer, Müller, Wagner)*. Manche Familiennamen gehen auf Übernamen zurück, mit denen ein Mensch charakterisiert oder verspottet wurde (z. B. *Klein, Fröhlich*). – In den Namen kommt die Sprachform der Landschaft zum Ausdruck, in der sie gebildet wurden. Bes. in den Berufsnamen spiegelt sich auch die Wortgeographie *(Fleischer, Schlachter, Metzger, Metzler, Fleischhauer)*. Fremdsprachige Namen im deutschsprachigen Raum sind v. a. slawisch (im ostdt. Berührungsgebiet, durch Binnenwanderung vor dem 1. Weltkrieg im Ruhrgebiet und durch tschech. Einwanderung in O-Österreich; z. B. *Schimanski, Musil*), frz. (durch die Einwanderung der Hugenotten; z. B. *Fontane, Savigny*) oder auch ungar. (z. B. *Dohnanyi, Juhasz*). In jüngster Zeit sind durch die Einbürgerung von Gastarbeitern u. a. auch italien., span., griech. und türk. Namen aufgekommen.

Zum *Recht* ↑Ehename, ↑Familienname.

Personensorge ↑elterliche Sorge.

Personenstand (Familienstand), familienrechtl. Verhältnis von zwei Personen zueinander, das in P.büchern beurkundet wird: Geburt, Eheschließung und -auflösung, Nachkommenschaft, Tod.

Personenstandsbücher, durch das PersonenstandsG i. d. F. vom 8. 8. 1957 vorgeschriebene, zur Beurkundung des Personenstandes vom Standesbeamten (in den neuen Bundesländern auch noch von den Urkundenstellen bei den Kreisen) geführte Bücher: *Heiratsbuch, Familienbuch, Geburtenbuch* und *Sterbebuch*. – Seit 1876 in Deutschland Pflicht; seitdem wichtigste Quelle für genealog. Forschung (in Ablösung der ↑Kirchenbücher).

Personenstandsfälschung, die Unterdrückung oder falsche Angabe des Personenstandes eines anderen (nicht des eigenen), z. B. gegenüber einer zur Feststellung des Personenstandes zuständigen Behörde. Die P. wird mit Freiheitsstrafe bis zu zwei Jahren oder mit Geldstrafe bestraft.

Personenstandsurkunden, auf Grund der Personenstandsbücher ausgestellte öff. Urkunden, v. a. Geburts-, Heirats-, Sterbe- und Abstammungsurkunden sowie Auszüge aus dem Familienbuch.

Personensteuern ↑Steuern.

Personenverbandsstaat, in der Verfassungsgeschichte übl. Bez. für den ma. Staat, der primär nicht auf der Herrschaft über ein Gebiet (Flächenstaat), sondern über einen Verband von Personen beruhte und in der personalen Spitze, dem Königtum, gipfelte.

Personenverein, eine körperschaftlich organisierte, privatrechtl. Personenvereinigung, die keine jurist. Person ist (z. B. Personengesellschaft, nicht rechtsfähiger Verein).

Personenverkehr, Beförderung von Personen mit öff. (öff. P.) oder privaten Verkehrsmitteln (Individualverkehr). Bei einer Einteilung nach der Beförderungsart lassen sich Straßen-, Schienen-, Luft- und Schiffsverkehr unterscheiden. Beim öff. P. steht nach der Anzahl der beförderten Personen der Straßenverkehr mit (1990) 5 783 Mill. an der Spitze (Eisenbahnen: 1 155 Mill.; Luftverkehr: 62,6 Mill.). Die Lösung der daraus und aus der stetigen Zunahme des individuellen Straßenverkehrs resultierenden Probleme (Lärm, Luftverschmutzung und Überlastung des Straßennetzes) ist Aufgabe künftiger europ. Verkehrspolitik.

Perspektive. Francesco di Giorgio Martini zugeschriebene „Ansicht einer Idealstadt", um 1500 (Urbino, Galleria Nazionale delle Marche)

Personenversicherung, Versicherung, deren Gegenstand die Abdeckung persönl. Risiken ist, z. B. Lebens-, Unfall-, Krankenversicherung.

Personenwagen, svw. Personenkraftwagen (↑Kraftwagen).
▷ svw. Reisezugwagen (↑Eisenbahn).

Personifikation [lat.], in der *Religionsgeschichte* die personale Auffassung von einer dem Menschen überlegenen Macht. Sie kann Naturerscheinungen betreffen oder einen Prozeß, durch den göttl. Qualitäten personale Eigenständigkeit erlangen und zu hypostasierten Wesen werden. Auch Grundaxiome einer Weltansicht, sog. numinose Ordnungsbegriffe, können persönl. Gestalt gewinnen. Für die röm. Religion war vornehmlich die Erhebung abstrakter Begriffe in den Rang von Göttern bezeichnend, z. B. Hoffnung (Spes), Eintracht (Concordia), Treue (Fides).
▷ in der *Literatur* Vermenschlichung (Personifizierung) von Naturerscheinungen.

Personifizierung, svw. ↑Personifikation.
▷ in der *Sprachwiss.* Bez. für ein Sprachbild, das auf der Ausstattung unbelebter Erscheinungen mit Eigenschaften, Gefühlen, Absichten, Handlungsweisen belebter Wesen beruht. P. findet sich nicht nur in der Belletristik, sondern spielt auch in der Alltagssprache eine bed. Rolle und kann in die Allgemeinsprache übergehen (z. B. *das murmelnde Bächlein*).

persönliche Freiheit, svw. ↑Freiheit der Person.

Persönliche Identifikationsnummer, Abk. PIN, ausschließlich dem Berechtigten bekannte vier- bis sechsstellige Geheimzahl, die im ↑POS-System als Unterschriftsersatz dient. Die PIN wird dem Kunden gemeinsam mit der Eurocheque- oder Kreditkarte vom Kreditinstitut im verschlossenen Umschlag gegen Quittung ausgehändigt.

persönliches Kontrollbuch ↑Fahrtenbuch.

persönlich haftender Gesellschafter, Gesellschafter einer OHG oder Komplementär einer KG oder KG auf Aktien. Seine Haftung gegenüber den Gesellschaftsgläubigern ist unbeschränkt, d. h., er haftet mit seinem ganzen privaten Vermögen; er kann eine natürl. oder jurist. Person sein.

Persönlichkeit [lat.], allg. der Mensch, der in seinem Handeln als ↑Person nicht nur seine personale Identität verwirklicht, sondern darüber hinaus eigenständige, von den Rollenmustern der Gesellschaft (weitgehend) unabhängige Strukturen des Verhaltens entwickelt. – In der *Psychologie* weit gefaßte gedankl. Hilfskonstruktion zur Beschreibung, Vorhersage und theoret. Erklärung der Besonderheiten des Einzelmenschen. Je nach Grundeinstellung, Forschungsrichtung u. a. wird P. unterschiedlich definiert.

Persönlichkeitsabbau, infolge Krankheit oder hohen Alters bzw. auf Grund degenerativer Gehirnprozesse auftretende Persönlichkeitsveränderungen, bes. der emotionalen Reaktionen und der Selbstkontrolle; häufig zus. mit ↑Demenz.

Persönlichkeitspsychologie, theoret. Grunddisziplin der Psychologie, die Bedingungen individuellen Verhaltens und Erlebens aufzeigen und erklären soll. Die Methoden der P. umfassen sowohl Beobachtung, Messung, Experiment, Modellbildung usw. als auch Hermeneutik und Ansätze der Entwicklung von *Persönlichkeitstheorien.*

Persönlichkeitsrecht, umfassendes subjektives Recht auf Achtung und Entfaltung der Persönlichkeit, aus dem einzelne Spezialrechte folgen, z. B. das Recht am eigenen Bild, das Recht auf Achtung der Ehre *(Ehrenschutz),* das Namensrecht, der Schutz von Geisteswerken. Im BGB (§ 823) ist der Schutz des allg. P. einzelner Güter (Leben, Gesundheit, Freiheit, Namen) geregelt worden. Das GG hat in Art. 1 Abs. 1 den Schutz der Menschenwürde und in Art. 2 Abs. 1 das Recht auf freie Entfaltung der Persönlichkeit verankert. Das P. stellt eine umfassende Verhaltensfreiheit dar. Diese findet ihre Grenzen in den Rechten anderer, dem Sittengesetz und der verfassungsmäßig zustandegekommenen Rechtsordnung. Bei rechtswidriger und schuldhafter Verletzung des P. entstehen Ansprüche auf Unterlassung, Beseitigung und auf Schadensersatz. Bei schweren Verletzungen des P. gewährt die Rechtsprechung auch für den nichtvermögensrechtl. Schaden eine Entschädigung in Geld. – In *Österreich* ist das allg. P. in § 16 ABGB, auch in Bestimmungen des Brief- und Bildnisschutzes und der Ehrenschutzdelikte anerkannt. – In der *Schweiz* ist das P. durch Art. 27 ZGB geschützt.

Persönlichkeitsspaltung, umgangssprachl. Ausdruck für ein Grundphänomen der Schizophrenie.

Persönlichkeitstypen (Charaktere), allg. Bez. für physiopsych. Erscheinungsbilder, wie sie sich nach eigenschafts- bzw. verhaltens- oder körperbau- bzw. konstitutionstypolog. Gesichtspunkten klassifizieren lassen; z. B. extravertierter und introvertierter Typ. An die Stelle idealtypolog. Ansätze sind heute in der psycholog. Forschung weitgehend Analysen der ↑Eigenschaften bzw. Faktoren (↑Faktorenanalyse) getreten.

Persönlichkeitswahl ↑Wahlen.

Persorption [lat.], die Aufnahme unverdauter, ungelöster kleinster [Nahrungs]partikel durch die Darmepithelzellen im Ggs. zur **Resorption,** bei der gelöste [Nahrungs]stoffe und Wasser aufgenommen werden.

Perspektiv [lat.] (Spektiv, Ausziehfernrohr), aus ineinanderschiebbaren Rohrstücken bestehendes Handfernrohr.

Perspektive [lat., zu perspicere „mit Blicken durchdringen, deutlich wahrnehmen"], die zweidimensionale (ebene) bildl. Darstellung dreidimensionaler (räuml.) Objekte mit Hilfe einer Zentralprojektion **(Zentralperspektive),** die dem Betrachter ein „naturgetreues" Bild des Objekts vermitteln soll (↑Projektion). Die Zentral-P. ist dem natürl. (strenggenommen: einäugigen) Sehprozeß nachgebildet. Denkt man sich alle Punkte des darzustellenden, auf einer waagerechten Grundebene ruhenden Gegenstandes durch sog. *Sehstrahlen* (Projektionsstrahlen) mit dem Auge des Betrachters bzw. einem sog. *Aug[en]punkt* **(Perspektivitätszentrum)** verbunden und schneidet man die Projektionsstrahlen mit einer Ebene *(Bildebene, Projektions-*

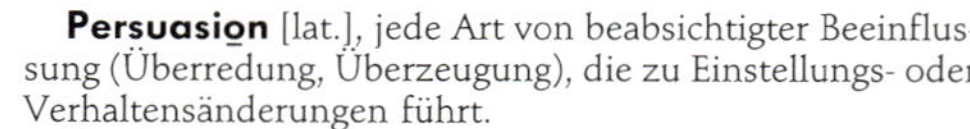

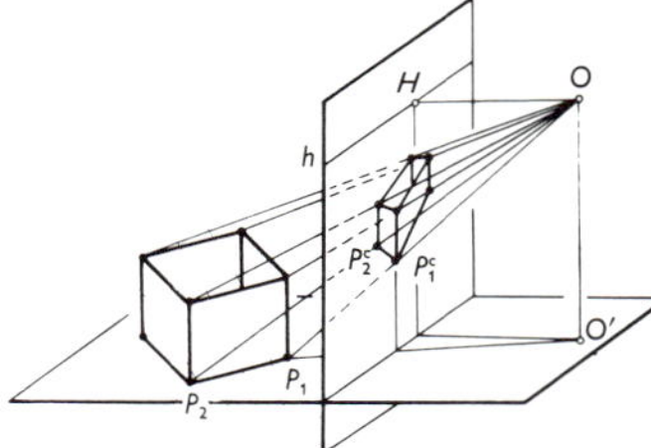

Perspektive. Entstehung des Bildes bei der Zentralperspektive; *h* Horizont, *HO* Distanz, P_1^c, P_2^c, ... Bildpunkte der Objektpunkte P_1, P_2, ..., *O'* Fußpunkt

ebene), so ergibt die Schnittfigur ein ebenes Bild des Gegenstandes *(Zentral-P.).* Bes. Bedeutung kommt dem „unendlich fernen" Punkt *(Fernpunkt)* einer nicht durch den Augenpunkt verlaufenden Geraden zu. Sein Bildpunkt ist der sog. **Fluchtpunkt** dieser Geraden. Er ergibt sich als Schnittpunkt des zur Geraden parallelen Sehstrahls mit der Bildebene. Parallele Geraden haben folglich denselben Fluchtpunkt. Das Zusammenlaufen der Bildgeraden paralleler Objektgeraden (z. B. paralleler Kanten eines Gegenstandes) sowie das Kleinerwerden der Bilder mit zunehmendem Abstand der Gegenstände von der Bildebene **(perspektivische Verkürzung)** sind das wesentl. Kennzeichen der P. In der Darstellung von Bauten spielen die waagerechten, zur Grundebene parallelen Ebenen *(Höhenebenen)* eine bes. Rolle; insbes. schneidet die durch den Augenpunkt verlaufende Höhenebene die Bildebene im *Horizont.* Liegt der Horizont der Bildebene sehr tief, so spricht man von einer **Froschperspektive,** liegt er sehr hoch, von einer **Vogelperspektive.**

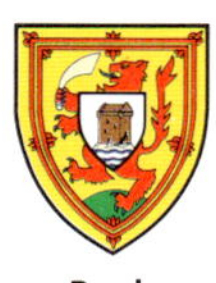

Perth
Stadtwappen

In der **bildenden Kunst** verloren die seit dem 6. Jh. v. Chr. entwickelten illusionist. Konstruktionen *(Raum-P., Körper-P.)* seit der Spätantike an Bed. Im MA bestimmten bei flächenhafter Bildordnung übersinnl. Bezüge die Größenverhältnisse *(Bedeutungs-P.).* Raumwiedergabe beginnt mit Giotto (Kastenraum) und führt über den nach dem Fluchtachsenprinzip gebauten Innenraum A. Lorenzettis zur zentralperspektiv. Raumkonstruktion, deren theoret. Begründung in der Frührenaissance (um 1420) Brunelleschi zugeschrieben wird. Durch den Illusionismus der *Zentral-P.* erst öffnet sich die Bildfläche gleich einem Fenster, durch das der Betrachter in einen alle Bildgegenstände umfassenden einheitl. Raum blickt; zugleich ist sie Zeugnis für die erstrebte wiss. Rationalisierung des künstler. Schaffens seit dem 15. Jh. Die *Luft-P.* als Ausdrucksmittel der durch atmosphär. Trübung verursachten Verundeutlichung und Farbveränderung in Abhängigkeit von der Distanz zum Betrachter ergänzt seit Leonardo in der Malerei die Zentralperspektive. In der Architektur wurde seit dem 16. Jh. die perspektiv. Durchsicht ein wesentl. Gedanke (z. B. Petersplatz in Rom von Bernini; neue Stadtplanungen, z. B. Karlsruhe), auch auf der Bühne (Guckkastenbühne). Tendenzen zu einer neuen Autonomie der Bildfläche haben seit dem Ende des 19. Jh. zur Schwächung perspektiv. Regeln (Cézanne) und durch Kubismus wie abstrakte Kunst zu deren Ablehnung geführt, die moderne Flächenkunst nutzt nur die ↑Farbenperspektive. Vom Surrealismus nie aufgegeben, lebt die P. teilweise im modernen Realismus weiter.

Friedrich Christoph Perthes
(Ausschnitt aus einer Lithographie, 1824)

perspektivische Täuschung (Perspektiventäuschung), opt. Täuschung, bei der in einer perspektiv. Darstellung gleich große Gegenstände als perspektivisch gestaffelt und darum in unterschiedl. Größe gesehen werden.

perspektivische Verkürzung ↑Perspektive.

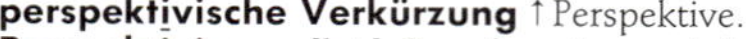

Perspektivismus [lat.], Bez. der erkenntnistheoret. und wiss. Position, daß der Mensch, das erkennende Subjekt, das Ganze (z. B. Gott, die Welt, aber auch Einzelgegenstände) nie als Ganzes, sondern immer nur aus (unter) einer entsprechenden „Perspektive" erfaßt und versteht; vertreten u. a. von Leibniz, Nietzsche und Ortega y Gasset.

Perspektivpläne ↑Planwirtschaft.

Perspiration [lat.], svw. Hautatmung, Austausch von gasförmigen Stoffen (Sauerstoff, Kohlendioxid, Wasserdampf) durch die Haut.

Alessandro Pertini

Persuasion [lat.], jede Art von beabsichtigter Beeinflussung (Überredung, Überzeugung), die zu Einstellungs- oder Verhaltensänderungen führt.

Perth [engl. pə:θ], schott. Hafenstadt am Tay, Region Tayside, 42 000 E. Museen; Viehmarkt und Handelshafen; Färbereien, Maschinenbau, Whiskybrennereien, Jute-, Leinenind., Teppichherstellung, Glasbläserei, Fremdenverkehr. – Anfang des 12. Jh. bis 1452 Hauptstadt von Schottland; bis ins 17. Jh. auch **Saint John's Town.** – Kirche Saint John the Baptist (15. Jh. und 18. Jh.); Kathedrale (19. Jh.); Brücke von 1771.

P., Hauptstadt von Westaustralien, oberhalb der Mündung des Swan River in den Ind. Ozean, 1,08 Mill. E (Metropolitan Area). Sitz eines anglikan. Erzbischofs und eines kath. Erzbischofs; 2 Univ. (gegr. 1911 bzw. 1973), TH; Museen, Staatsbibliothek; botan. Garten, Zoo. Handels-, Finanz- und wichtigstes Ind.zentrum des Bundesstaats. Endpunkt der transkontinentalen Eisenbahn von Sydney; Hafen in ↑Fremantle; internat. ✈. – 1829 gegr.; seit 1856 City.

Perthes, Friedrich Christoph, *Rudolstadt 21. April 1772, †Gotha 18. Mai 1843, dt. Buchhändler und Verleger. – Neffe von Justus P.; gründete 1796 in Hamburg die erste reine Sortimentsbuchhandlung in Deutschland. Beteiligte sich am Widerstand gegen Napoleon I., flüchtete 1813 über Dänemark nach Großbritannien. Übersiedelte 1822 nach Gotha, wo er einen Verlag gründete; pflegte Kontakt zu bed. Historikern und Schriftstellern seiner Zeit; Mitbegr. des Börsenvereins des Dt. Buchhandels; veröffentlichte 1816 „Der dt. Buchhandel als Bedingung des Daseyns einer dt. Literatur".

P., Georg Clemens, *Moers 17. Jan. 1869, †Arosa 2./3. Jan. 1927, dt. Chirurg. – Neffe von Friedrich Christoph P.; Prof. in Leipzig und Tübingen; führte die Röntgentherapie in die Chirurgie ein und war einer der ersten, der die Wachstumshemmung der Röntgenstrahlen auf Karzinome ausnutzte.

P., [Johann Georg] Justus, *Rudolstadt 11. Sept. 1749, †Gotha 1. Mai 1816, dt. Buchhändler und Verleger. – Onkel von Friedrich Christoph P.; gründete 1785 in Gotha die *Geograph. Verlagsanstalt J. P.* (u. a. Stielers „Handatlas", „Petermanns Geograph. Mitteilungen", H. Haacks „Schulwandkarten", „Gothaische Genealog. Taschenbücher").

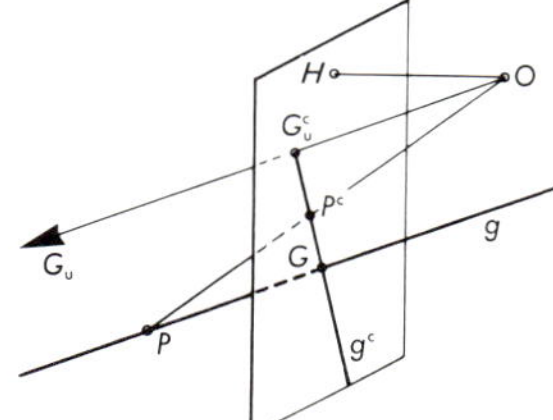

Perspektive. Wesentliche Hilfspunkte der Zentralperspektive; G_U^c Fluchtpunkt der Geraden *g*, P^c Bildpunkt des Punktes *P*, g^c Bildgerade von *g*, *G* Bildspurpunkt von *g*, G_U Fernpunkt von *g*

Perthes-Krankheit [nach G. C. Perthes] (Osteochondropathia deformans coxae juvenilis), Erkrankung des Knochen- und Knorpelgewebes im Bereich des Hüftgelenks mit Nekrose des Gelenkknorpels und Verformung der Gelenkpfanne und des Gelenkkopfes. Die P.-K. tritt im Wachstumsalter (5.–12. Lebensjahr) vorwiegend bei Knaben auf und beginnt schleichend mit Hinken, Bewegungsschmerz und Einschränkung der Gelenkbeweglichkeit. Die Ursache der P.-K. ist unbekannt, möglicherweise liegt eine erbl. Stoffwechselstörung vor.

Perthit [nach dem kanad. Ort Perth], ein durch Entmischen von Alkalifeldspat v. a. in Tiefengesteinen (oder in Pegmatiten) entstandenes Mineral; enthält Orthoklas mit kleinen Albitkristallen.

Pertini, Alessandro (Sandro), *Stella bei Savona 25. Sept. 1896, †Rom 24. Febr. 1990, italien. Politiker (Sozialist). – Als Gegner des Faschismus mehrfach inhaftiert und 1935–43 verbannt; 1945/46 und 1950–52 Chefredakteur des Parteiblatts „Avanti!", wurde 1948 Mgl. des italien. Senats und 1953 der Abg.kammer (1968–76 deren Präs.); 1978–85 Präs. der Republik.

Peru

Fläche: 1 285 216 km²
Bevölkerung: 21,9 Mill. E (1990), 17 E/km²
Hauptstadt: Lima
Amtssprachen: Spanisch, Quechua
Nationalfeiertag: 28. Juli (Unabhängigkeitstag)
Währung: 1 Nuevo Sol (S/.) = 100 Centimos (cts)
Zeitzone: MEZ −6 Stunden

Pertubation [lat.] (Tubendurchblasung), Durchblasen der Eileiter mit Kohlendioxidgas, z.B. um Verklebungen im Eileiter zu beseitigen bzw. die Eileiter auf ihre Durchgängigkeit zu prüfen.

Pertussis [lat.], svw. ↑Keuchhusten.

Pertz, Georg Heinrich, *Hannover 28. März 1795, †München 7. Okt. 1876, dt. Historiker. – Archivar und Bibliothekar; übernahm 1824–74 die wiss. Leitung der Edition der „Monumenta Germaniae historica" und widmete sich v. a. der Edition ma. Geschichtsschreiber.

Peru [pe'ru:, 'pe:ru] (amtl.: República del Perú), Republik im westl. Südamerika, zw. 0° und 18° 21′ s. Br. sowie 68° 39′ und 81° 20′ w. L. **Staatsgebiet:** Grenzt im N an Ecuador und Kolumbien, im O an Brasilien, im SO an Bolivien, im S an Chile, im W an den Pazifik. **Verwaltungsgliederung:** 25 Dep. **Internat. Mitgliedschaften:** UN, OAS, ALADI, Andenpakt, Amazonasvertrag, SELA, GATT.

Landesnatur: P. hat Anteil an drei großen Landschaftsräumen: Costa, Sierra sowie Montaña bzw. Selva. Das von zahlr. Flüssen durchzogene Küstentiefland (Costa) ist im N bis 140 km breit. Die sich östl. anschließenden Anden (Sierra) bestehen im N aus drei Gebirgszügen. In der Westkordillere (Cordillera Blanca) liegt der Huascarán, mit 6 768 m der höchste Berg des Landes. Die breite Senke des Río Marañón trennt die West- von der Zentralkordillere, letztere wird durch die breite Talsenke des Río Huallaga von der Ostkordillere getrennt. Im S bilden die Anden dagegen ein relativ einheitl. Hochland, zu dem auch die größtenteils zu Bolivien gehörende Beckenlandschaft des Altiplano mit dem Titicacasee gehört. Die dritte Landschaftseinheit, die durch die Quellflüsse des Amazonas stark gegliederte Ostabdachung der Anden (Montaña) geht in das nach NO breiter werdende Amazonastiefland (Selva) über.

Klima: P. liegt in den inneren Tropen. Die typ. Höhenstufung der trop. Gebirge in Tierra caliente, Tierra templada, Tierra fría und Tierra helada erfährt in P. durch den vor der Küste nach N gerichteten kühlen Humboldtstrom eine Abweichung: in der Costa ist trotz der dichten Nebeldecke (Juni–Dez.) eine der trockensten Wüsten der Erde entstanden. Das Andenhochland erhält im Sommer Niederschläge, die für Regenfeldbau ausreichen. In der Selva fallen über 3 000 mm Niederschlag/Jahr.

Vegetation: Der trop. Regenwald der Selva geht in der Montaña ab 1 000–1 200 m Höhe in tropischen Bergwald über, dieser in 2 000–2 500 m ü. d. M. in Nebelwald. Die Baumgrenze liegt bei 3 500–3 800 m Höhe. Entsprechend den nach S abnehmenden Niederschlägen vollzieht sich hier der Übergang von den ständig feuchten, kühlen Páramos im N zur trockenen Büschelgras- und Hartpolstervegetation der Puna im S; in der Costa Taloasen.

Tierwelt: Abgesehen von den für den trop. Regenwald Südamerikas typ. Tieren (mehrere Affenarten, Faultier, Jaguar, Ozelot u. a.) ist die Tierwelt in P. sehr artenarm. Die fischreichen Küstengewässer geben zahlr. Vögeln (Kormoranen, Pelikanen, Tölpeln) Nahrung.

Bevölkerung: 54 % sind Indianer, 32 % Mestizen, 12 % Weiße, 2 % Mulatten, Schwarze und Asiaten. Die größten indian. Völker sind die Aymará und Quechua. Rd. 95 % der Bev. sind kath., bei den Indianern ist das Christentum mit altindian. Glaubensvorstellungen durchsetzt. In der Costa leben 50 % der E, in den Anden 40 %, in der Selva 10 %. Im Ballungsraum Lima (mit großen Slumgebieten) wohnen 27 % der Gesamtbev. Schulpflicht besteht von 6–15 Jahren, doch kann ihr nicht überall entsprochen werden. Unter den 46 Univ. befindet sich die älteste Univ. Südamerikas (1551 in Lima gegr.).

Wirtschaft: Nach anfänglich hohem Wirtschaftswachstum Mitte der 1980er Jahre führte ein starkes Absinken Ende der 1980er Jahre zu großen Handelsbilanzdefiziten des ehem. Agrarlandes und steigender Inflation. Hauptdevisenträger des hochverschuldeten Staates ist der Bergbau (einschl. des Erdölsektors). Der seit 1970 staatlich kontrollierte Erzabbau (v. a. Kupfer, Blei, Silber) und die 1968 verstaatlichte Erdölförderung (umfangreiche Erdölvorkommen im N des Amazonastieflandes; seit 1977 852 km lange Pipeline zur Küste) erbringen 44 % der Exporterlöse. Weitere wichtige Bodenschätze sind Eisen-, Zinkerz, Gold, Wismut, Molybdän, Wolfram, Zinn und Quecksilber. An der Küste und auf den ihr vorgelagerten Inseln werden Salz und Guano gewonnen. Fischfang und -verarbeitung zählen zu den Hauptwirtschaftszweigen des Landes. Der nährstoffreiche Humboldtstrom vor der peruan. Küste bedingt den Fischreichtum der Gewässer. Die Fischereischutzzone wurde bereits 1969 auf 200 Seemeilen ausgedehnt. Infolge der Überfischung der Anchovisbestände ist die Bedeutung P. als Fischmehlexporteur zurückgegangen. Wichtigste Ind.zweige sind die Textil-, Nahrungsmittel-, Chemie- und Metallind. mit den Hauptstandorten Lima-Callao, Chimbote, Chiclayo und Trujillo. Die Agrarreform von 1969 begrenzte privaten Grundbesitz auf 150 ha an der Küste und 60 ha (bzw. 30–35 ha) im Hochland. In den Tälern der Costa werden Baumwolle, Zuckerrohr, Reis, Mais, Gemüse, Tabak und Wein angebaut; in den Andentälern v. a. Ackerbau (z. T. illegaler Kokaanbau auf 200 000 ha), auf den Hochflächen Viehhaltung. Die Forstwirtschaft ist durch mangelnde Verkehrserschließung behindert. Außer Holz werden Naturkautschuk und Rohchinin gesammelt.

Außenhandel: Ausgeführt werden Kupfer (23 % des Exportwertes), Zink (10 %), Blei, Silber, Fischereiprodukte (17 %), Textilien, ferner Agrarerzeugnisse. Eingeführt werden Maschinenbau- und elektrotechn. Erzeugnisse, Kfz, chem. Produkte, Nahrungsmittel u. a. Haupthandelspartner sind die USA, die EG-Länder (v. a. Deutschland) und Japan.

Verkehr: Die Gesamtschienenlänge der Eisenbahnnetze beträgt 2 177 km. Das Straßennetz ist 69 942 km lang, die wichtigste Strecke ist der 3 400 km lange Abschnitt der Carretera Panamericana, die durch die Costa führt. Wichtigster Seehafen ist Callao; weitere Häfen sind Talara, Trujillo, Chimbote, Pisco, Matarani (Erzumschlag) und Ilo. Die Binnenschiffahrt ist auf den Titicacasee und das Amazonasgebiet beschränkt; hier ist Iquitos der wichtigste Umschlagplatz. Internat. ✈ bei Lima und Iquitos.

Peru

Staatswappen

Internationales Kfz-Kennzeichen

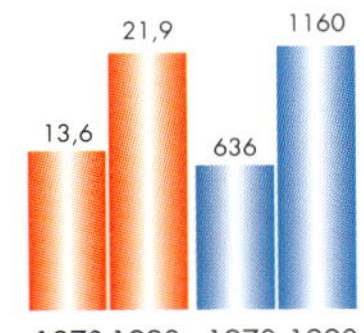

Bevölkerung (in Mill.)

Bruttosozialprodukt je E (in US-$)

Bevölkerungsverteilung 1990

Bruttoinlandsprodukt 1990

Peru. Links: Bewässerungsfeldbau in der Costa. Rechts: Indios auf dem Markt in Puno

Geschichte: Bisher älteste Funde aus Ayacucho (um 21000 v. Chr.); um 2500–1800 (teilweise länger dauernd) zahlr. Dauersiedlungen mit Häusern aus Lehmziegeln, erste Tempel; Beginn von Kunststilen; anschließend bis 800 v. Chr. Beginn der Keramik, Entwicklung von Kleinstädten und Tempelzentren im Küstenbereich, von Dauersiedlungen und Tempeln im Hochland, Beginn staatl. Organisation. Nach einer durch die Ausbreitung von Bau- und Stilelementen der Chavínkultur bestimmten Zeit (800–200) bis 600 n. Chr. Entstehung von Regionalstaaten bzw. -kulturen (Moche, Nazca), erste Städte im südl. Hochland, Lehmziegelpyramiden an der nördl. Küste; geschichtete Gesellschaft mit Adel, spezialisierten Handwerkern, Sklaven; Höhepunkt des Kunstgewerbes (insbes. Keramik und Textilien). Der Vereinheitlichung der peruan. Kulturen durch Ausbreitung der Huarikultur in N- und Z-P. und des Tiahuanacoreiches im S und in Bolivien (600–1000) folgte 1000–um 1400 die Wiederherstellung alter Regionalkulturen und -reiche (u. a. Chimú); Entstehung großer Städte, bes. im N. Im mittleren Hochland um 1200 Beginn der Kultur der ↑Inka, deren Großreich, im Kern aus dem heutigen P. bestehend, 1532/33 von den Spaniern unter F. Pizarro unterworfen wurde; der Inka Atahualpa wurde gefangengenommen und hingerichtet. Es entstand das fast das ganze span. Südamerika umfassende span. *Vizekgr. P.* (1739 im N Abtrennung des Vizekgr. Neugranada, 1776 im S des Vizekgr. Río de la Plata). 1536–48 nach einem großen vergebl. Indianeraufstand unter dem Inka Manco Kämpfe unter den Spaniern, deren Opfer 1541 auch F. Pizarro wurde; 1572 Hinrichtung des letzten Inka, Tupac Amaru. Durch seinen Silberreichtum war P. eine der wertvollsten Kolonien Spaniens. Im Unabhängigkeitskampf Südamerikas (seit 1810) blieb P. zunächst eine Stütze der span. Herrschaft. Nach dem Einzug des argentin. Generals J. de San Martín in Lima wurde 1821 die Unabhängigkeit ausgerufen, sie war aber erst durch die Siege S. Bolívars und des Generals Sucre 1824 gesichert (endgültig 1879 nach vergebl. Rückeroberungsversuchen 1862–66 durch Spanien anerkannt). 1836–39 gewaltsame Vereinigung mit Bolivien durch den bolivian. Diktator Santa Cruz. Seit Mitte des 19. Jh. großer wirtsch. Aufschwung durch den Guano der Kisteninseln und den Salpeter der Südprov., der nach dem ↑Salpeterkrieg (seit 1879) durch die im Vertrag von Ancón (1883) erzwungene Abtretung der Salpeterprov. (Tarapacá, Tacna, Arica) an Chile endete. Brit. und amerikan. Kapital erlangte vorherrschenden Einfluß. 1908–12 und 1919–30 unter der Diktatur von Präs. A. B. Leguía Modernisierung der Wirtschaft; 1929 gelang es ihm, Tacna von Chile zurückzuerhalten. 1924 gründete V. R. Haya de la Torre im mex. Exil die proindian. Bewegung Alianza Popular Revolucionaria Americana (APRA), die in den 30er Jahren verboten wurde. 1941/42 Grenzkrieg mit Ecuador. 1945 begann nach dem Wahlsieg der wieder zugelassenen APRA unter Präs. J. L. Bustamente y Rivero eine Phase demokrat. Freiheiten, die 1948 mit dem Putsch von General M. A. Odría Amoretti (* 1897, † 1974; 1950–56 Präs.) und der Errichtung einer Militärdiktatur (bis 1956) endete. 1962 verhinderte das Militär die Amtsübernahme des Wahlsiegers V. R. Haya de la Torre (APRA), die Nachwahlen 1963 gewann F. Belaúnde Terry von der 1956 gegr. Acción Popular (AP), seine Reformbemühungen (Einleitung der Aufteilung des Großgrundbesitzes) kamen allerdings kaum voran. Die durch einen Militärputsch installierte Reg. unter General J. Velasco Alvarado (Präs. 1968–75) führte – bei Unterdrückung der polit. Opposition – 1969 eine radikale Landreform (u. a. Enteignung der Zuckerhazienderos) durch; die Verstaatlichung der amerikan. Erdölgesellschaft IPC (International Petroleum Company [1968]) löste einen Konflikt mit den USA aus. 1975 wurde Min.präs. General F. Morales Bermúdez durch einen unblutigen Putsch Staatspräs. Nach Verabschiedung einer neuen Verfassung im Juni 1979, die an die 1968 suspendierte liberale Verfassung von 1933 anknüpfte, wurde am 18. Mai 1980 bei den erstmals seit 1963 wieder durchgeführten Parlaments- und Präsidentschaftswahlen Belaúnde Terry erneut Präs. Im April 1985 wurde A. García Pérez (APRA), im Juni 1990 A. Fujimori (Cambio '90) zum Präs. gewählt. Zur Sicherung seines autoritären Regierungsprogramms setzte Fujimori am 5. April 1992 mit Hilfe und unter Druck des Militärs die Verfassung außer Kraft und löste das Parlament auf. Korruption, materielle Not und polit. Gewalt von seiten des Militärs und linksgerichteter Guerillas, bes. des maoistisch orientierten „Sendero Luminoso" (Leuchtender Pfad), dessen Anführer A. Guzmán im Sept. 1992 verhaftet und zu einer lebenslängl. Freiheitsstrafe verurteilt werden konnte, blieben jedoch unangetastet. Eine Rückführung P. zur Demokratie schien sich im Jan. 1993 mit dem Zusammentreten des aus Wahlen im Nov. 1992 hervorgegangenen „Demokrat. Verfassungsgebenden Kongresses", in dem das Fujimori nahestehende Wahlbündnis „Nueva Mayoría – Cambio '90" mit 36 % der abgegebenen Wählerstimmen 44 der insgesamt 80 Sitze gewann, abzuzeichnen. Die Überarbeitung der Verfassung durch dieses Gremium ermöglichte Fujimori jedoch die nachträgl. Sanktionierung seiner Politik.

Politisches System: Nach der Verfassung von 1979 (Juli 1980–April 1992 in Kraft) war P. eine Republik mit Präsidialsystem. *Staatsoberhaupt* und oberster Inhaber der *Exekutive* war der Präs. Er wurde vom Volk für 5 Jahre gewählt und mußte die absolute Mehrheit der Stimmen erreichen, gegebenenfalls mußte ein 2. Wahlgang durchgeführt werden. Der Präs. hatte u. a. das Recht, Gesetze selbst zu erlassen, wenn das Parlament ihm diese Befugnis übertragen hatte; er ernannte das Kabinett unter Vorsitz des Min.präs. und konnte unter bestimmten Umständen das Parlament auflösen. Die *Legislative* lag beim Zweikammerparlament, dem auf 5 Jahre vom Volk gewählten Kongreß, bestehend aus dem Senat (60 auf regionaler Basis gewählte Mgl.) sowie dem Abg.haus (180 Abg.). Wichtigste der im Parlament vertretenen *Parteien* waren: Frente Democrático (FREDEMO; ein v. a. aus Partido Popular Cristiano und Acción Popular bestehendes konservatives Bündnis), Cambio '90, Alianza Popular Revolucionaria Americana (APRA) und Izquierda Unida (IU; ein linkes Parteienbündnis). Größter Dachverband der peruan. *Gewerkschaften* ist die Confederación General de Trabajadores del Perú. *Verwaltungs*mäßig ist P. in 25 Dep. (einschl. Callao) gegliedert, deren Präfekten von der Reg. ernannt werden. Höchstes Organ der *Rechts*sprechung ist der Oberste Gerichtshof, darunter gibt es Gerichte 2. Instanz, 1. Instanz sowie in kleineren Ortschaften ehrenamtl. Friedensrichter. Mit der Verfassung von 1980 wurden ein Nat. Richterrat und ein neues Verfassungsgericht institutionalisiert.

peruanische Kunst ↑lateinamerikanische Kunst.

peruanische Literatur, erstes großes Werk der hispanoamerikan. Literatur ist Garcilaso de la Vegas „Geschichte der Incas, Könige von Peru" (2 Tle., 1609–17). Die folgende breite literar. Aktivität blieb fast völlig von span. Vorbildern (v. a. Góngora, Quevedo, Calderón) abhängig. Überragende Gestalt des Spätbarock war der Universalgelehrte Pedro de Peralta Barnuevo. Die volksliedhaften Gedichte von M. Melgar (* 1791, † 1815) leiteten eine starke romant. Strömung um die Mitte des 19. Jh. ein, die ihren Höhepunkt bes. in den histor. Erzählungen von R. Palma hatte. Der Lyriker M. González Prada war Vorläufer des Modernismo und bes. der sozialkrit. Romantradition, die mit C. M. de Turner (* 1854, † 1909) einsetzte; Hauptvertreter der modernist. Lyrik sind J. S. Chocano und J. M. Eguren (* 1882, † 1942). Ein neuer Abschnitt der peruan. Lyrik begann mit C. Vallejo; europ. Strömungen, v. a. Futurismus und Surrealismus, wurden von R. P. Barrenechea, X. Abril, M. Adán, E. A. Westphalen verarbeitet. Soziale Themen behandeln u. a. A. Peralta und L. Nieto. Nach 1946 entwikkelte sich v. a. eine Poesie des engagierten Protests durch J. Sologuren, C. G. Belli, A. Escobar. Die indigenist. Thematik mit sozialkrit. Akzent fand in C. Alegría und J. M. Arguedas zwei ihrer für ganz Lateinamerika repräsentativen Autoren. In der Prosaliteratur des 20. Jh. herrscht die Auseinandersetzung mit der nat. Wirklichkeit vor (V. García Calderón und A. Valdelomar). Die herausragende Gestalt der jüngsten Lyrikergeneration ist A. Cisneros; namhafte Autoren sind außerdem J. Ortega sowie M. Martos, M. Lauer und M. Vargas Llosa.

peruanische Musik ↑lateinamerikanische Musik.

Perubalsam, gelblich- bis dunkelbraunes, dickflüssiges Pflanzensekret, das aus dem Stamm des im trop. M- und S-Amerika heim. Schmetterlingsblütlers Myroxylon balsamum var. pareira gewonnen wird. P. besteht v. a. aus Harzen sowie Benzoesäure- und Zimtsäureestern und enthält Spuren von Kumarin und Vanillin; er wird in der Medizin u. a. als Wundheilmittel und zur Behandlung von Ekzemen, in der Parfümerie als Fixateur verwendet.

Perücke [frz.] künstl. Haartracht, die aus Haar oder heute auch aus synthet. Fasern hergestellt wird; als Teil-P. *Toupet* (v. a. für Herren) oder *Haarteil* genannt.
Geschichte: Im Altertum galt die P. v. a. als Zeichen der Würde (bei Ägyptern, Hethitern, Assyrern und Babyloniern). Als Attribut der Mode taucht die P. bei den Römerinnen der Kaiserzeit (blonde P. aus dem Haar von Germaninnen) und dann erst wieder unter dem frz. König Ludwig XIII. auf. Ludwig XIV. führte die *Allonge-P.* ein. Seit etwa 1730 wurde das Nackenhaar der P. in einem *Haarbeutel* zus.gefaßt, in Preußen kam die *Zopf-P.* auf. Die Damen des Hofes bedienten sich zur Zeit Ludwigs XIV. zum Aufbau ihrer überhöhten Frisuren *(Fontange)* der P. oder Teilperücke. Mit der Frz. Revolution schwand der P.gebrauch, doch blieb die histor. P. z. T. bis heute Bestandteil von Amtstrachten.

Perückenstrauch (Cotinus coggygria), vom Mittelmeergebiet bis China verbreitetes Sumachgewächs mit stark verzweigten, abstehend behaarten Fruchtständen; häufig als Zierstrauch angepflanzt.

Perückentaube ↑Strukturtauben.

Perugia [italien. pe'ru:dʒa], Hauptstadt von Umbrien, Verwaltungssitz der Prov. P., im Hügelland über dem oberen Tibertal, 493 m ü. d. M., 148 400 E. Kath. Erzbischofssitz; Univ. (gegr. 1200), Ausländeruniv. (gegr. 1925), Kunstakad., Konservatorium; Museen; Lebensmittelind. (Schokolade), Maschinenbau, Textil- und pharmazeut. Ind. – Ging aus dem etrusk. **Perusia** hervor; im Perusin. Krieg (41/40 v. Chr.) vom späteren Kaiser Augustus zerstört, in der Folge als **Augusta Perusia** wiederaufgebaut; im frühen MA unter wechselnder Oberhoheit weitgehend selbständig; fiel 1549 an den Kirchenstaat (bis 1860). – Etrusk.-röm. Augustusbogen, etrusk. Gräber; got. Dom (1345–1490), Kirchen Sant'Angelo (ein Rundbau des späten 5. Jh.), San Pietro (10./11. Jh., reiche Renaissanceausstattung) und das Oratorio di San Bernardino (1457–61; Renaissancefassade von Agostino di Duccio). Großer Palazzo Comunale (1293–97, 1333–53); Brunnen (Fontana Maggiore) mit Figurenschmuck von N. und G. Pisano (1277/78) auf dem Domplatz.

Perugia
Stadtwappen

Perugino [italien. peru'dʒi:no], eigtl. Pietro di Cristoforo Vannucci, * Città della Pieve (Prov. Perugia) um 1448, † Fontignano bei Città della Pieve Febr. oder März 1523, italien. Maler. – 1478–82 in Rom, Mitarbeit an den Wandfresken in der Sixtin. Kapelle (von P. „Schlüsselübergabe an Petrus"); danach vorwiegend in Perugia (Fresken im Audienzsaal des Collegio del Cambio; 1496–1500). Die Darstellung anmutig bewegter Figuren vor architekton. und landschaftl. Hintergründen charakterisieren sein zur Frührenaissance zählendes Werk. – Abb. S. 392.

Perugraben, Tiefseegraben im sö. Pazifik vor der Küste Perus, bis 6 262 m tief.

per ultimo [italien. „am letzten"], am Monatsende (ist Zahlung zu leisten).

Perusia ↑Perugia.

Perusilber, eine Schmucklegierung aus 40–66 % Kupfer, 30–40 % Silber und 5–30 % Nickel; Rest Zink.

Perustrom ↑Humboldtstrom.

Leo Perutz

Perutz, Leo, * Prag 2. Nov. 1882, † Bad Ischl 25. Aug. 1957, östr. Schriftsteller. – Emigrierte 1938 nach Tel Aviv. Dramatiker und Verf. von spannenden Novellen und Romanen mit phantast. und histor. Themen, u. a. „Der Judas des Leonardo" (hg. 1959).

P., Max Ferdinand, * Wien 19. Mai 1914, brit. Chemiker östr. Herkunft. – Lebt seit 1936 in Großbritannien; leitete u. a. 1962–79 das molekularbiolog. Laboratorium des Medical Research Council in Cambridge. Arbeitete v. a. über die Strukturanalyse von Proteinen und Nukleinsäuren und klärte die räuml. Struktur des Hämoglobins auf, wofür er 1962 (mit J. C. Kendrew) den Nobelpreis für Chemie erhielt.

Max Ferdinand Perutz

Peruzzi, Baldassare, ≈ Siena 7. März 1481, † Rom 6. Jan. 1536, italien. Baumeister und Maler. – Baute in Rom die Villa Farnesina (1509–11) und wurde nach Raffaels Tod Baumeister von Sankt Peter, 1529 Dombaumeister in Siena. Sein Palazzo Massimo alle Colonne in Rom (1534 ff.) dokumentiert den Übergang von der Hochrenaissance zum Manierismus.

pervers [lat.], andersartig (veranlagt, empfindend oder handelnd); von der Norm abweichend, bes. in sexueller Hinsicht (↑Perversion).

Perversion [zu lat. perversio „Verdrehung"], (umstrittene) Bez. für abweichendes Verhalten, bes. für die stetige Hinwendung auf ein von der Norm abweichendes Sexualziel bzw. auf abweichende Praktiken im sexuellen Bereich. Als P. gelten u. a. Analerotik, Exhibitionismus, Fetischismus, Masochismus, Sodomie, Transvestismus, Voyeurismus. – In psychoanalyt. Deutung (bes. S. Freud) sind P. Entwicklungsstörungen, durch die das menschl. Individuum auf frühkindl. ↑Partialtriebe zurückgeworfen und fixiert wird.

Perugino. Christus übergibt Petrus die Schlüssel, Fresko, 1481 (Rom, Vatikan, Sixtinische Kapelle)

Perversität [lat.], Sammelbez. für von der Normalität stark abweichende Formen des Verhaltens (einschl. der psych. Antriebe), bes. im sexuellen Bereich; auch Bez. für den Zustand wesentlicher Andersartigkeit („Perverssein"); i. w. S. (v. a. in der Gemeinsprache) auch svw. Perversion.

pervertieren [lat.], 1. vom Normalen abweichen; 2. verdrehen, verfälschen.

Pervitin (Wz) [lat.] (Methamphetamin) ↑Weckamine.

Perwelk ↑Neringa.

Perzeptibilität [lat.], Wahrnehmbarkeit, Wahrnehmungsfähigkeit.

Perzeption [lat.], in der *Psychologie* der Vorgang der (sinnl.) Wahrnehmung eines Gegenstandes ohne bewußtes Erfassen und Identifizieren des Wahrgenommenen (im Unterschied zur ↑Apperzeption).

▷ in der *klass. Erkenntnistheorie* des Rationalismus und des Empirismus Bez. sowohl für den Vorgang als auch für den Inhalt der Wahrnehmung. Dieser ambivalente Sprachgebrauch hat zur Kontroverse zw. Rationalisten und Empiristen beigetragen und die Ausbildung einer psychologismusfreien Erkenntnistheorie erschwert.

▷ in der *Sinnesphysiologie* die Wahrnehmung von Reizen, die durch die Sinneszellen oder Sinnesorgane aufgenommen wurden.

Fernando Francisco de Ávalos, Marchese di Pescara (Ausschnitt aus einem zeitgenössischen Kupferstich)

perzipieren [lat.], (sinnlich) wahrnehmen, durch Sinne Reize aufnehmen.

Pes [lat. „Fuß"], in der *Anatomie* und *Medizin* svw. Fuß.

▷ röm. Längeneinheit, entsprach 29,6 cm.

Pesade [italien.-frz.], Figur der ↑Hohen Schule.

Pesaro, italien. Hafenstadt in den Marken, 90 300 E. Hauptstadt der Prov. Pesaro e Urbino; kath. Bischofssitz; Konservatorium; Pinakothek, Museen, Staatsarchiv; Theater, Oper; Filmfestspiele. Schwefelraffinerie, Musikinstrumenten-, Motorradfabrik, keram. Ind.; Badeort. – 184 v. Chr. als röm. Bürgerkolonie **(Pisaurum)** gegr.; kam durch die Pippinsche Schenkung (754) bis 1285 an den Papst; danach im Besitz norditalien. Adelsfamilien, 1631 wieder zum Kirchenstaat, 1860 an Italien. – Bed. Kirchen, u. a. Dom (19. Jh.) mit unvollendeter got. Backsteinfassade (um 1300), San Francesco (14. bis 18. Jh.); Palazzo Ducale (15./16. Jh.); ehem. Festung Rocca Costanza (1474 ff.).

Pescadoresinseln, zu Taiwan gehörende Inselgruppe in der Formosastraße, Hauptinsel **Penghu.**

Pescara, Fernando (Ferrante) Francisco de Ávalos, Marchese di [italien. pesˈkaːra], * Neapel 1490, † Mailand 2. (3. ?) Dez. 1525, span. Feldherr. – ⚭ mit Vittoria Colonna. Als bed. General Kaiser Karls V. beteiligt an der Eroberung von Mailand (1521) und an den Siegen bei Bicocca (1522) und Pavia (1525); vereitelte die antispan. Verschwörung des Kanzlers von Mailand.

Pescara [italien. pesˈkaːra], italien. Stadt an der Mündung des Flusses P. in das Adriat. Meer, Region Abruzzen. 128 700 E. Hauptstadt der Prov. P.; kath. Bischofssitz; Wirtschaftshochschule; Museum, Staatsarchiv; Handelszentrum; Textil- und metallverarbeitende Ind., Zementfabrik, Farbwerke; Fischereihafen; Kurort. – Antiker Hafenort **(Aternum),** von den Langobarden zerstört, entstand im Hoch-MA neu **(Piscaria).** Das heutige P. entstand 1927 aus dem damaligen P. und **Castellammare Adriatico.**

P. (im Oberlauf **Aterno** gen.), Fluß in Italien, entspringt im Abruzz. Apennin, mündet bei der Stadt P., 145 km lang.

Peschitta [syr.] ↑Bibel.

Peschkow, Alexei Maximowitsch [russ. ˈpjɛʃkɐf], russ. Schriftsteller, ↑Gorki, Maxim.

Peschmerga [kurd.], für ein autonomes Kurdistan kämpfende kurd. Guerillas im Irak und in der Türkei.

Pescia [italien. ˈpeʃʃa], italien. Stadt am S-Fuß des Etrusk. Apennins, Toskana, 62 m ü. d. M., 18 500 E. Kath. Bischofssitz; Museum, Archiv. Chem. Ind., Papierherstellung, landw. und gartenbaul. Zentrum, Blumenmesse. – Im 8. Jh. erstmals erwähnt; seit 1699 Stadt, seit 1726 Bischofssitz. – Barocker Dom (1693) mit got. Kampanile (1306).

Pesel [niederdt.], Hauptraum des Bauernhauses in Nordfriesland, Dithmarschen, Eiderstedt, z. T. auch im Alten Land.

Peseta [span. „kleiner ↑Peso"] (Mrz. Peseten), urspr. Bez. für eine Werteinheit von $\frac{1}{4}$ Peso; span. Münze seit 1707, seit 1868 Hauptrechnungseinheit: 1 P. (Pta) = 100 Céntimos (cts).

Peshawar [engl. pəˈʃɔːə, ˈpɛɪʃɑːvə], Hauptstadt der pakistan. North-West Frontier Province, 50 km östl. des Khaiberpasses, 320 m ü. d. M., 566 200 E. Univ. (gegr. 1952), Colleges; Heimgewerbe; Maschinenbau, Obstkonserven- und Textilind., Bahnstation. ✈. – Im 3. Jh. n. Chr. als **Puruschapura** Residenz eines Kuschankönigs, seit dem 16. Jh. P.; 1833 von den Sikhs, 1849 von den Briten erobert.

Pesne, Antoine [frz. pɛn], * Paris 23. Mai 1683, † Berlin 5. Aug. 1757, frz. Maler. – Vertreter des Rokoko. Nach Italienaufenthalt (1705–10) von Friedrich I. als Hofmaler nach Berlin berufen. Allegor. Wand- und Deckengemälde

(u. a. in Schloß Rheinsberg, 1738; Schloß Charlottenburg, 1742–45; Schloß Sanssouci, 1747) und Porträts.

Peso [span. „Gewicht"; zu lat. pensum (↑Pensum)] (P. duro, P. fuerte), urspr. span. Silbermünze zu 8 Reales, eingebürgert unter König Karl I. in Nachahmung des dt. Talers; wurde eine der wichtigsten Handelsmünzen des 16. bis 19. Jh., in Europa, Afrika und O-Asien zahlr. geprägt und häufig nachgeahmt; Vorbild des Dollar und der Pataca; heute Währungseinheit zahlr. Länder, v. a. im ehem. span. Kolonialreich.

Pessach [hebr.], svw. ↑Passah.

Pessach-Haggada (hebr. „Pessach-Erzählung"], jüd. liturg. Text, der am Vorabend des ↑Passah verlesen wird.

Pessar [griech.] (Portiokappe, Okklusivpessar) ↑Empfängnisverhütung.

Pessimismus [zu lat. pessimus „sehr schlecht"], in der *Philosophie* eine dem ↑Optimismus entgegengesetzte Grundhaltung gegen Welt, Geschichte und Kultur, die einen der Welt immanenten oder transzendenten Sinn grundsätzlich in Frage stellt und Geschichte und Kultur, das Leben und Handeln des Menschen, den Fortschritt, jeden utop. [Selbst]entwurf des Menschen für fragwürdig und für zum Scheitern verurteilt hält.

Pessimum [lat.], ökolog. Begriff zur Bez. sehr schlechter, gerade noch ertragbarer Umweltbedingungen für Tiere und Pflanzen.

Pessinus ['pɛsinʊs; pɛsi'nu:s], antike Stadt in Anatolien, etwa 120 km sw. von Ankara, Türkei; altes Kultzentrum der Kybele und Zentrum eines Priesterstaates, 183–166 pergamenisch, seit 25 v. Chr. zus. mit Galatien römisch. Bei Ausgrabungen wurden röm. Kanalanlagen, ein Theatertempel (etwa 22 n. Chr.) und eine ausgedehnte Nekropole mit griech. Inschriften freigelegt.

Pessoa, Fernando António Nogueira de Seabra, *Lissabon 13. Juni 1888, †ebd. 30. Nov. 1935, portugies. Lyriker. – Gilt als der bedeutendste Lyriker der neueren portugies. Literatur; schrieb auch unter 4 Pseud. („Heteronymen") – Alberto Caeiro, Álvaro de Campos, Ricardo Reis, Bernardo Soares –, die er als selbständige poet. Individuen verstand; bediente sich der lyr. Ausdrucksmittel von Klassizismus, Symbolismus und Futurismus.

Pest ↑Budapest.

Pest [zu lat. pestis „Seuche, Unglück"], (Pestis) schon im Verdachtsfall meldepflichtige, schwere, akute bakterielle Infektionskrankheit (Erreger: Yersinia pestis), die meist von

Pest. Ein Pestarzt in Schutzkleidung, Kupferstich, 1656 (München, Staatliche Graphische Sammlung)

Antoine Pesne. Friedrich der Große als Kronprinz, 1739/40 (Berlin, Gemäldegalerie)

Nagetieren (vorwiegend Ratten) und den auf ihnen schmarotzenden Flöhen auf den Menschen übertragen wird. Befallen werden die Lymphknoten, wobei sehr schmerzhafte, nekrotisierende Lymphgefäßentzündung, Lymphknotenschwellung, mitunter auch geschwüriger Zerfall der Lymphknoten im Anschluß an den infizierenden Flohstich **(Beulen-, Bubonen-, Drüsenpest)** im Vordergrund stehen, oder (nach der seltenen Tröpfcheninfektion von Mensch zu Mensch) die Lunge (**Lungenpest,** die auch als Komplikation der Bubonen-P. vorkommt) und schließlich auf dem Blutweg der gesamte Organismus **(Pestsepsis).** Die Allgemeinerscheinungen der P. sind hohes Fieber, Schüttelfrost, Kopfschmerzen, Erbrechen, Unruhe, Benommenheit, Herz- und Kreislaufversagen. Die Inkubationszeit beträgt zwei bis zehn Tage, bei Lungen-P. ein bis zwei Tage. Die Behandlung erfolgt v. a. mit Antibiotika (z. B. Tetrazykline, Chloramphenicol) in hohen Dosen. Zur Vorbeugung dienen die (akute) P.schutzimpfung mit abgetöteten P.erregern und die Bekämpfung von Ratten und Flöhen.
Geschichte: Seit dem Altertum war die P. eine der schwersten und häufigsten Epidemien. 1347–52 wurde Europa von der schwersten P.pandemie der Geschichte (rd. 25 Mill. Tote), dem „Schwarzen Tod", heimgesucht; sie breitete sich bis nach Island aus. 1720/21 trat die P. zum letzten Mal epidemisch in Europa auf.
Schon Mitte des 14. Jh. unterschied Guy de Chauliac Beulen- und Lungen-P. Doch erst um die Wende zum 20. Jh. setzte anläßlich der P.epidemien in Hongkong und Indien die moderne P.forschung ein. 1894 entdeckte A. Yersin den P.erreger. Heute ist die P. v. a. durch die Bekämpfung der Ratten und Rattenflöhe auf einige enzoot. und epizoot. Herde in Asien, Afrika und Amerika beschränkt.
▷ in der *Veterinärmedizin* Bez. für eine meist tödlich verlaufende, durch Viren hervorgerufene Tierseuche; u. a. Geflügel-P. (↑Geflügelkrankheiten).

Johann Heinrich Pestalozzi (Ausschnitt aus einem Ölgemälde, 1811)

Pestalozzi, Johann Heinrich, *Zürich 12. Jan. 1746, †Brugg 17. Febr. 1827, schweizer. Pädagoge und Sozialreformer. – Wegbereiter der Volksschule und der Lehrerbildung; gründete 1769 bei Birr (Aargau) das Gut Neuhof; wandelte es 1775–79 zus. mit seiner Frau Anna, geb. Schulthess (*1738, †1815) in eine Erziehungsanstalt um; nach deren wirtsch. Scheitern mehrjährige schriftsteller. Tätigkeit. 1798 Übernahme eines Waisenhauses in Stans, 1800–04 Leitung einer Schule in Burgdorf; baute nach kurzer Zusammenarbeit mit P. E. von ↑Fellenberg in Yverdon

Philippe Pétain

Peter I., Kaiser von Brasilien

Peter II., Kaiser von Brasilien

Peter I., der Große, Kaiser von Rußland

eine Heimschule auf, die er bis 1825 leitete, die Schule wurde durch die Erprobung seiner pädagog. Grundsätze weltbekannt; danach Rückkehr auf den Neuhof.
P. forderte in seinen Schriften die Anerkennung der Menschenwürde durch Überwindung der Standesunterschiede und Bildung für alle. Erziehung verstand er als umfassende, nicht auf reinem Buchwissen, sondern v. a. auf „Anschauung" gründende Entwicklung der geistigen, eth.-moral. und praktischen Kräfte der menschl. Natur („Kopf, Herz, Hand").
Wirkung: Schon zu seinen Lebzeiten wurden die Gedanken von P. in Europa verbreitet und von den sog. „Pestalozzianern", u. a. F. Fröbel, F. A. W. Diesterweg, G. W. Runge, in die Tat umgesetzt; in zahlr. Ländern entstanden Schulen, Musteranstalten, Lehrerbildungsstätten. Hatte sich das Interesse zunächst auf die Unterrichtsmethodik konzentriert, so wandte man sich später mehr den volksbildner. Gedanken, seinen Ansichten über die Zerstörung der Familie durch die Industrialisierung und [ab 1900] stärker den anthropolog. und sozialreformer. Ansätzen zu, die [zus. mit der Anschauungslehre] auch nach 1945 wieder in die pädagog. Methodendiskussion aufgenommen wurden; so finden u. a. im 1946 von W. R. Corti gegr. **Pestalozzidorf** in Trogen (Schweiz) Waisen- und Flüchtlingskinder aller Nationen und Rassen eine Unterkunft. – *Werke:* Lienhard und Gertrud (R., 4 Bde., 1781–87), Über Volksbildung und Industrie (1806), Über die Elementarbildung (1809).

Pestalozzi-Fröbel-Haus, Stiftung des öff. Rechts (seit 1944). 1874 von H. Schrader-Breymann (* 1827, † 1899), Nichte F. Fröbels, in Berlin gegr. als „Berliner Verein für Volkserziehung". Das P.-F.-H. gab der Kindergartenerziehung entscheidende Impulse. Zur Stiftung gehören heute eine Berufsfachschule für Sozialwesen, eine Fachschule für Erzieher und verschiedene sozialpädagog. Einrichtungen (u. a. Kindertagesstätten, Familienberatungsstelle).

Pestalozzi-Fröbel-Verband e. V., 1948 gegr. sozialpädagog. Fachverband, Nachfolgeeinrichtung des ehem. Dt. Fröbel-Verbandes (1873–1938); Sitz Berlin; Organ: „Sozialpädagog. Blätter" (1950–75 „Blätter des P.-F.-V.").

Pestfloh ↑ Rattenflöhe.

Pestizide [lat.] ↑ Schädlingsbekämpfungsmittel.

Pestratten, Bez. für mehrere mäuse- bis rattengroße, pestübertragende Nagetiere, z. B. Hausratte, Wanderratte, Kurzschwanz-Mäuseratte und die Ind. Maulwurfsratte.

Pestruper Gräberfeld, eines der größten Grabhügelfelder NW-Deutschlands, auf einer Fläche von 39 ha der Ahlhorner Heide gelegen. Ausgrabungen (1958/59) der (etwa 500) Hügel erbrachten Brandbestattungen von der späten Bronzezeit (9. Jh. v. Chr.) bis zur vorröm. Eisenzeit (2. Jh. v. Chr.).

Pestsäule, anläßlich einer Pestepidemie gelobte und als Dank für die überstandene Pest aufgestellte Votivsäule, die v. a. im süddt., östr., böhm. und ungar. Raum während des 17. und 18. Jh. Verbreitung fand.

Pestwurz (Petasites), Gatt. der Korbblütler mit rd. 20 Arten v. a. in N-Asien; Stauden mit grundständigen, meist nach der Blüte erscheinenden, großen (bis über 1 m), oft herz- oder nierenförmigen, unterseits filzig behaarten Blättern. Die in Europa beheimatete Art ist die **Gemeine Pestwurz** (Echte P., Rote P., Petasites hybridus) mit rötl. Blütenköpfchen; wächst an Ufern und auf feuchten Wiesen.

PET, Abk. für: ↑ **P**ositronen**e**missions**t**omographie.

Peta..., Vorsatzzeichen P, Vorsatz vor physikal. Einheiten zur Bez. des 10^{15}fachen der betreffenden Einheit.

Petah Tiqwa [hebr. 'pεtax ti'kva], Stadt in der zentralen Küstenebene von Israel, 140 000 E. Kunstmuseum, Zoo. Textil- und Bekleidungsind., Maschinenbau, Herstellung von Baustoffen, chem. Produkten. – Gegr. 1878 als erste jüd. Ackerbaukolonie.

Pétain, [Henri] Philippe [frz. pe'tɛ̃], * Cauchy-à-la-Tour (Pas-de-Calais) 24. April 1856, † Port-Joinville auf der Île d'Yeu (Vendée) 23. Juli 1951, frz. Marschall (seit 1918) und Politiker. – Leitete im 1. Weltkrieg 1916/17 die Verteidigung Verduns; seit Mai 1917 Oberbefehlshaber des frz. Heeres; Vizepräs. des Obersten Kriegsrats (1920–31) und Generalinspekteur der Armee (1922–31); 1931 zum Inspekteur für die Luftverteidigung ernannt; 1934 Kriegsmin.; ab März 1939 Botschafter in Madrid. Schloß als Min.-präs. (seit Juni 1940) am 22./24. Juni 1940 den Waffenstillstand mit Deutschland und Italien; erhielt am 10. Juli 1940 in Vichy vom frz. Parlament alle verfassunggebenden und exekutiven Vollmachten. Außenpolitisch suchte P. die Zus.-arbeit mit dem Dt. Reich, um in einem neuen Europa dt. Ordnung die Stelle eines Partners einzunehmen. Nach dem dt. Einmarsch in das unbesetzte Frankreich im Nov. 1942 stimmte er dem Eintritt von Faschisten in das Kabinett Laval zu und tolerierte die endgültige Ausbildung eines Polizeistaates. Wurde am 8. Sept. 1944 nach Sigmaringen gebracht und interniert; stellte sich im April 1945 den frz. Behörden; am 15. Aug. 1945 zum Tode verurteilt, jedoch von C. de Gaulle zu Festungshaft begnadigt.

Petalen [griech.], svw. ↑ Blumenblätter.

Petaling Jaya [indones. pə'talıŋ 'dʒaja], Satellitenstadt im SW von Kuala Lumpur, Malaysia, 208 000 E. Technikum, muslim.-theolog. Seminar, Nationalarchiv; planmäßige Ind.ansiedlung.

Petar, Herrscher von Montenegro, Serbien und Jugoslawien, ↑ Peter.

Petel, Georg, * Weilheim i. OB um die Jahreswende 1601/02, † Augsburg 1634, dt. Bildhauer. – P. vollzog als erster dt. Bildhauer den Übergang zum Barock. Seinen Werken liegen häufig frei umgesetzte Kompositionen von Rubens zugrunde, z. B. beim Salzfaß mit Triumph der Venus (um 1627/28; Stockholm, Königl. Schloß) und zahlr. Darstellungen des Gekreuzigten (u. a. München, Schatzkammer der Residenz).

Petent [lat.], amtssprachlich für: Bittsteller.

Peter, Name von Herrschern:
Aragonien:
P. III., der Große, * zw. 1238 und 1243, † Villafranca del Panadés (Prov. Barcelona) 10. Nov. 1285, König (seit 1276). – Setzte als Schwiegersohn Manfreds nach der Sizilian. Vesper (1282) Ansprüche auf das stauf. Erbe in Sizilien gegen Karl I. von Anjou trotz päpstl. Banns durch. Mit dem „Privilegio general" (1283) stärkte er die Position der Stände in Aragonien.
Brasilien:
P. I., * Lissabon 12. Okt. 1798, † ebd. 24. Sept. 1834, Kaiser (1822–31). – Sohn Johanns VI. von Portugal; floh 1807 vor den napoleon. Truppen nach Brasilien und wirkte dort zunächst als Regent (1821), ließ am 7. Sept. 1822 die Unabhängigkeit Brasiliens ausrufen und wurde am 12. Okt. zum Kaiser proklamiert. Wurde 1826 gleichzeitig König von Portugal (als P. IV.), gestand den Portugiesen eine Verfassung zu und verzichtete kurz darauf zugunsten seiner Tochter Maria II. da Glória auf den portugies. und zugunsten seines Sohnes Peter II. auf den brasilian. Thron.
P. II., * Rio de Janeiro 2. Dez. 1825, † Paris 5. Dez. 1891, Kaiser (1831–89). – Sohn P. I.; bis 1840 unter Vormundschaft, übernahm 1840 die Reg. und förderte die wirtsch. Entwicklung. Konnte militär. Verwicklungen nicht vermeiden (1865–70 Krieg gegen Paraguay); hob 1888 die Sklaverei auf und wurde deshalb am 15. Nov. 1889 gestürzt.
Jugoslawien:
P. II. Karađorđević [serbokroat. kara͵dzɔːrdzεvitɕ] (Petar II.), * Belgrad 6. Sept. 1923, † Los Angeles 3. Nov. 1970, König (1934–45). – Stand seit der Ermordung seines Vaters, Alexander I. Karađorđević, bis März 1941 unter der Regentschaft seines Onkels; lebte seit April 1941 im Exil (Großbritannien und USA); im Nov. 1945 in Abwesenheit abgesetzt.
Kastilien:
P. I., der Grausame, * Burgos 30. Aug. 1334, † Montiel (Prov. Ciudad Real) 22. März 1369, König (seit 1350). – Sohn Alfons' XI.; wehrte den Thronanspruch seines Halbbruders Heinrich von Trastámara ab; 1366 vertrieben, setzte sich P. 1367 mit dem Sieg bei Najera nochmals durch, wurde aber nach seiner Niederlage bei Montiel von Heinrich ermordet. Seit dem 16. Jh. sah man ihn wegen seiner Härte gegenüber dem Adel als gerechten König, wobei

die Dichtung z. T. seine Gewalttätigkeit, die ihm seinen Beinamen einbrachte, einbezog.

Mainz:

P. von Aspelt, *Aspelt (Luxemburg) oder Trier um 1240, †Mainz 5. Juni 1320, Bischof von Basel (seit 1297), Erzbischof (seit 1306). – Sohn eines Ministerialen; seit 1296 Kanzler Wenzels II. von Böhmen; beeinflußte als Kurfürst von Mainz und Reichserzkanzler die Königswahlen 1308 (Heinrich VII.) und 1314 (Ludwig IV.) im Sinne einer antihabsburg. Politik.

Montenegro:

P. II. Petrović Njegoš (Petar II.), *Njeguši 1. Nov. 1813, †Cetinje 19. Okt. 1851, Fürstbischof (seit 1830). – Betrieb den Aufbau einer Verwaltung, schuf einen Senat, ein Steuerwesen, die Anfänge des Schulwesens und konnte mit russ. Hilfe die Grenzen gegen das Osman. Reich und Österreich sichern. Sein Hauptwerk „Der Bergkranz" (1847) über den montenegrin. Freiheitskampf gegen die osman. Herrschaft wurde klass. serb. Nat.epos.

Portugal:

P. II., *Lissabon 26. April 1648, †Alcántara 9. Dez. 1706, König (seit 1683). – Erreichte nach Ausgleich überseeischer Differenzen mit den Niederlanden 1668 die endgültige Anerkennung der Unabhängigkeit durch Spanien.

Rußland:

P. I., der Große (russ. Pjotr I. Alexejewitsch [russ. ˈpjɔtr alɪkˈsjejɪvitʃ]), *Moskau 9. Juni 1672, †Petersburg 8. Febr. 1725, Zar (seit 1682) und Kaiser (seit 1721). – Stand gemeinsam mit dem schwachsinnigen Halbbruder Iwan V. (*1666, †1696) 1682–89 unter der vormundschaftl. Reg. seiner Halbschwester Sophia (*1657, †1704), die er gewaltsam verdrängte. Seiner 1. Ehe (⚭ 1689) entstammte der Thronfolger Alexei Petrowitsch. 1712 heiratete P. die spätere Kaiserin Katharina I. In 2 Türkenkriegen (1695–1700, 1710–11) gewann und verlor P. die Festung Asow (Zugang zum Schwarzen Meer); ein Feldzug gegen das pers. Reich 1722/23 brachte vorübergehend mehrere Prov. am Kasp. Meer in russ. Hand. Von einschneidender Bed. war der 2. Nord. Krieg (1700–21). Der Friede von Nystad gab Rußland anstelle Schwedens die überragende Stellung an der Ostsee (1703 Gründung von Petersburg) und begr. die russ. Großmachtposition. Die Entscheidung für die innere „Europäisierung" festigte sich 1697/98 auf einer inkognito unternommenen Reise u. a. in die Niederlande und nach England. Die ohne einheitl. Plan durchgeführten Reformen (u. a. Abschaffung der Barttracht, Einführung des Julian. Kalenders und der Schule als spezialisierter Bildungsinstitution) griffen ins tägl. Leben v. a. des Adels ein, verschärften aber auch die bäuerl. Leibeigenschaft. Kern der Reformen war der Aufbau eines stehenden Heeres, die Einrichtung einer modernen Flotte, der Umbau der zivilen Verwaltung (Einführung der Gouv. als regionale Zwischeninstanzen, des Senats und der Kollegien als zentrale Oberbehörden) und der Kirchenverfassung (1721 Ersetzung des Patriarchats durch den Hl. Synod) sowie das Dienstadel- bzw. Rangtabellengesetz von 1722.

P. III. (russ. Pjotr III. Fjodorowitsch [russ. ˈpjɔtr ˈfjɔdərɐvitʃ]), als Hzg. von Holstein-Gottorf (seit 1739) Karl P. Ulrich, *Kiel 21. Febr. 1728, †Schloß Ropscha bei Petersburg 18. Juli 1762, Kaiser (1762). – Sohn von Hzg. Karl Friedrich von Holstein-Gottorf und Anna Petrowna, der Tochter Peters I., d. Gr.; 1742 als Thronfolger nach Rußland gerufen, seit 1745 ⚭ mit Sophie Auguste von Anhalt-Zerbst, der späteren Katharina II. In seine Reg.zeit (5. Jan. bis 9. Juli) fallen der Friedensschluß mit Friedrich II., d. Gr., von Preußen, Aufhebung der Dienstpflicht des Adels, Abschaffung der geheimen Kanzlei und der Folter, staatl. Einzug der Klostergüter, Toleranzgesetz für Altgläubige; am 9. Juli gestürzt, starb unter ungeklärten Umständen.

Serbien:

P. I. Karađorđević [serbokroat. kara͜dʒɔːrdʒɛvitɕ] (Petar I.), *Belgrad 11. Juli 1844, †ebd. 26. Aug. 1921, König (seit 1903, seit 1918 König der Serben, Kroaten und Slowenen). – 1858–1903 im Exil; seine Thronbesteigung leitete die Machtergreifung der russophilen Radikalen Volkspartei unter N. Pašić (seit 1904 fast ununterbrochen Min.präs.) ein.

Peter von Ailly [frz. aˈji] (Pierre d'Ailly, Petrus von Alliaco), *Compiègne 1352, †Avignon 9. Aug. 1420, frz. Kardinal. – 1389–95 Kanzler der Univ. Paris, 1389 Beichtvater Karls VI., 1395 Bischof von Le Puy, ab 1397 Bischof von Cambrai, ab 1411 Kardinal. – Setzte sich in Verhandlungen zur Beilegung des Abendländ. Schismas für Papst (bzw. Gegenpapst) Benedikt XIII. ein. Seine theolog. Werke sind wegen ausführl. wörtl. Auszüge aus den Spätscholastikern wichtige Quellen für die Theologie des Spät-MA.

Peter III., Kaiser von Rußland (zeitgenössischer Kupferstich)

Peterborough [engl. ˈpiːtəbərə], engl. Stadt am Nene, Gft. Cambridgeshire, 115 400 E. Anglikan. Bischofssitz; techn. College; Museum, Kunstgalerie. Maschinen- und Motorenbau, Kunststoff- und Ziegelind. – Im damaligen Dorf **Medehamstede** wurde um 665 die Benediktinerabtei P. errichtet, 870 von den Dänen zerstört, um 970 erneuert, eine der berühmtesten Abteien der angelsächs. Zeit; 1539 aufgehoben. P., das von der Abtei den Namen übernahm, erhielt im 12. Jh. Stadtrecht; seit 1541 City. – Kathedrale (geweiht 1238) in spätnormann. Stil, Pfarrkirche Saint John im Perpendicular style; Torhaus Knight's Gateway (1302); Guildhall (17. Jh.).

P., kanad. Stadt an den Wasserfällen des Otonabee River, 60 600 E. Kath. Bischofssitz; Univ. (gegr. 1963); Herstellung von elektr. Apparaturen, Maschinen- und Motorenbau. – 1825 gegr.; seit 1850 Town, seit 1905 City.

Peter I. Karađorđević, König von Serbien

Peter-I.-Gebirge, nw. Ausläufer des Pamir in Tadschikistan, im Pik Moskwa 6 785 m hoch.

Peterhof (lat. Curia Sancti Petri), auf dem rechten Ufer des Wolchow gelegenes Hansekontor in Nowgorod; dt. Niederlassung für 1205/07 sicher bezeugt; 1494 Aufhebung durch den Großfürsten Iwan III.

Peter-I.-Insel, Insel im S-Pazifik, vor der Küste der Westantarktis, 249 km², bis 1 220 m hoch. – 1821 entdeckt und nach Peter I., d. Gr., ben.; seit 1931/33 norweg. Hoheitsgebiet.

Petermann, August, *Bleicherode 18. April 1822, †Gotha 25. Sept. 1878 (Selbstmord), dt. Geograph und Kartograph. – Seit 1845 in Großbritannien tätig, seit 1854 bei J. Perthes in Gotha. Zahlr. kartograph. Arbeiten; begr. 1855 die später nach ihm benannte Zeitschrift „Petermanns Geograph. Mitteilungen".

Petermännchen, (Großes P., Trachinus draco) 1. meist 20–30 cm langer Drachenfisch im Küstenbereich des Mittelmeers und des europ. Atlantiks. Die Stachelstrahlen der ersten Rückenflosse und der Kiemendeckeldorn sind mit Giftdrüsen verbunden, die ein starkes Blut- und Nervengift absondern. Da sich das P. tagsüber im Sand vergräbt, bildet es eine Gefahr für Badende. 2. (Kleines P., Zwerg-P., Viperqueise, Trachinus vipera) dem Großen P. ähnlich, ebenfalls sehr giftig, jedoch höchstens 20 cm groß; an den Küsten des Mittelmeers und der Nordsee verbreitet.

Petermännchen. Großes Petermännchen

Peters, Carl, *Neuhaus (Landkr. Hagenow) 27. Sept. 1856, †Woltorf (= Peine) 10. Sept. 1918, dt. Kolonialpolitiker. – Entwickelte Pläne für eine koloniale Ausdehnung Deutschlands und gründete 1884 die Gesellschaft für dt. Kolonisation. P. unternahm 1884 eine Expedition nach O-Afrika, wo er durch Verträge das Kerngebiet des späteren Dt.-Ostafrika erwarb und schon 1885 kaiserl. Schutz für sie erlangte. 1887 kamen weitere Gebiete hinzu, 1889/90 konnte er mit Uganda einen Schutzvertrag abschließen. 1891–93 Reichskommissar für das Kilimandscharogebiet; 1897 wegen unwürdiger Behandlung der Eingeborenen aus dem Staatsdienst entlassen.

Peters, C. F. ↑Verlage (Übersicht).

Petersberg, hess. Großgemeinde nö. an Fulda anschließend, 13 400 E. – Kirche der ehem. Benediktiner-Propstei (9., 12., 15. Jh.) mit barocker Ausstattung; in der Krypta (9. und 12. Jh.) karoling. (?) Wandmalereien, Steinsarkophag der hl. Lioba (um 836), roman. Weihwasserbecken (um 1170).

Petersberger Abkommen (22. Nov. 1949), nach dem Hotel auf dem Petersberg bei Königswinter, dem Sitz der Hohen Kommissare (1946–51), ben. Abkommen zw. der Bundesreg. und den westl. Besatzungsmächten; erste Etappe in der Revision des Besatzungsstatuts (u. a. Gewährung von konsular. und Handelsbeziehungen für die BR Deutschland, teilweiser Demontagestopp).

Petersilie. Gartenpetersilie

Petersburg ↑Sankt Petersburg.

Petersburger Vertrag, brit.-russ. Vertrag von 1907 über die Aufteilung Persiens in Interessensphären, die Anerkennung des brit. Protektorats in Afghanistan und die Neutralisierung Tibets zugunsten Chinas.

Petersen, Carl, *Hamburg 31. Jan. 1868, †ebd. 6. Nov. 1933, dt. Politiker. – Mitbegr. der DDP 1918, deren Vors. 1919–24; 1920–24 MdR; Erster Bürgermeister von Hamburg 1924–30 und 1931–33.

P., Johann Wilhelm, *Osnabrück 1. Juni 1649, †Gut Thymer bei Zerbst 31. Jan. 1727, dt. luth. Theologe. – 1676 Prof. der Rhetorik in Rostock, 1678 Superintendent und Hofprediger in Eutin, 1688 in Lüneburg. Seine chiliast. Gedanken legte er in zahlr. Schriften nieder, die insbes. im Pietismus große Verbreitung fanden; als Pietist 1692 amtsenthoben.

P., Peter, *Großenwiehe (Kreis Schleswig-Flensburg) 26. Juni 1884, †Jena 21. März 1952, dt. Pädagoge und Schulreformer. – Leitete 1920–23 die Lichtwarkoberschule in Hamburg; war 1924–50 Prof. in Jena und Leiter der Jenaer „Erziehungswiss. Anstalt", an der er die „pädagog. Tatsachenforschung" und sein schulpädagog. Reformmodell für die Volksschule, den *Jena-Plan* („Eine freie allg. Volksschule nach den Grundsätzen neuer Erziehung", 2 Bde., 1930), entwickelte. Mit seiner Betonung der Lebensgemeinschaftsschule und der Gruppenpädagogik (P. faßte jeweils 2 oder 3 Jahrgänge zus.) Wegbereiter der Gesamtschule.

P., Wolfgang, *Emden 14. März 1941, dt. Filmregisseur. – Drehte u. a. die Filme „Smog" (1973), „Das Boot" (1981), „Die unendliche Geschichte" (1983/84), „Tod im Spiegel" (1991).

Petersfels, Höhle bei Engen (Bad.-Württ.) mit Fundschichten bes. des ↑Magdalénien (Ausgrabungen 1927–31 sowie in den 1970er Jahren), die neben Jaspis- und Hornsteinabschlägen Harpunen, Lochstäbe u. a. jungpaläolith. Kunstwerke enthielten: Gravierungen von Ren und Wildpferd und bes. aus Gagat geschnitzte, stark stilisierte Frauenstatuetten.

Peterskirche. Blick auf den Papstaltar von Gian Lorenzo Bernini, 1624–33

Petersfisch [nach dem Apostel Petrus], svw. ↑Heringskönig.

Petershagen, Stadt an der Weser, NRW, 45 m ü. d. M., 23 600 E. Baustoff- und Möbelind., Fremdenverkehr. – Siedlung 784 erstmals erwähnt; die ab 1305 errichtete Burg P. diente häufig als Residenz der Bischöfe von Minden; planmäßige Anlage einer gleichnamigen Neustadt, die um 1363 wohl gleichzeitig mit der Altstadt Stadtrecht erhielt. – Ehem. Schloß (v. a. 1544–47).

Petersilie [griech.-lat.] (Garten-P., Petroselinum crispum), durch Kultur weit verbreiteter zwei- bis mehrjähriger Doldenblütler mit rübenförmiger, schlanker Wurzel und dunkelgrünen, glänzenden, zwei- bis dreifach gefiederten Blättern. Die P. wird wegen ihres Gehaltes an äther. Öl (v. a. in der Wurzel und in den Früchten) und wegen ihres hohen Vitamin-C-Gehaltes als Heil- und Gewürzpflanze verwendet. Man unterscheidet die glattblättrige *Blatt-P.* (Schnitt-P., Kraut-P.), die bes. häufig angebaute *Krausblättrige P.* (Krause, Mooskrause) und die *Wurzel-P.* (P.wurzel; die fleischige Wurzelrübe wird als Gemüse gegessen).

Petersilienöl (Oleum Petroselini), farbloses bis gelblichgrünes äther. Öl mit balsamartigem Geruch, das aus den Früchten der Petersilie gewonnen wird; Hauptbestandteil ist das schwach petersilienartig riechende **Apiol** (Petersilienkampfer); es enthält außerdem Apiin, Myristizin und Phenole. P. wird in der Medizin als Diuretikum verwendet.

Peterskirche (San Pietro in Vaticano), Grabkirche des Apostels Petrus im Vatikan, Hauptkirche des Papstes. – Kaiser Konstantin I., d. Gr., ließ nach 324 eine Basilika mit im W gelegenem Querhaus und Chor und höher gelegener, halbrunder Apsis (über dem mutmaßl. Apostelgrab) errichten; Atrium vor dem Eingang der Kirche. 1452–55 begann B. Rossellino ein neues Querhaus mit Chor. 1502 beschloß Papst Julius II. den vollständigen Neubau; Grundsteinlegung 1506. Bramantes Urplan zeigte einen Zentralbau in Form eines griech. Kreuzes mit Zentralkuppel und 4 Ecktürmen. Die Bauleitung hatten 1506–14 neben Bramante B. Peruzzi, 1514–20 Raffael, dann wieder Peruzzi (bis 1536) sowie Antonio da Sangallo d. J. (bis 1546). Während der Arbeiten wurde jedoch ständig die Ausführung des Bauwerks als Zentralbau oder als Basilika diskutiert. 1546–64 übernahm Michelangelo die Oberbauleitung und griff auf den Zentralbaugedanken Bramantes zurück (Vollendung der Westteile des Zentralbaus und Entwurf der Riesenkuppel in Anlehnung an die Florentiner Domkuppel Brunelleschis). 1564–73 waren Vignola und bis 1603 Giacomo della Porta als Bauleiter tätig. Papst Paul V. beschloß die Zufügung des Langhauses, das C. Maderno in Anlehnung an die von Michelangelo verwendeten Maße und Gliederungsformen 1607 ff. ausführte (Schlußweihe 1626). Von Maderno stammen auch die (abgewandelte) Fassade (vollendet 1612) und die Benediktionsloggia. Seit 1629 war G. L. Bernini Bauleiter (1656–66 Anlage des Vorplatzes mit Kolonnaden; 1624–33 Altarbaldachin im Innern der P.). Zur Ausstattung der P. gehören des weiteren die Cathedra Petri, zahlr. Grabdenkmäler sowie Michelangelos Pieta.

Peterson, Erik ['pe:tərzɔn], *Hamburg 7. Juni 1890, †ebd. 26. Okt. 1960, dt. kath. Theologe. – 1924 Prof. für N. T. und alte Kirchengeschichte in Bonn; konvertierte 1930 zur kath. Kirche; ab 1945 Prof. für altchristl. Literatur und Religionsgeschichte an päpstl. Hochschulen in Rom. Entwickelte in seinen Werken eine in sich geschlossene Geschichtstheologie, wobei er sich um den Nachweis einer eigenständigen Entwicklung des Christentums unabhängig von seiner jüd., hellenist. bzw. röm. Umwelt bemühte.

P., Oscar [Emmanuel] [engl. 'pi:təsn], *Montreal 15. Aug. 1925, kanad. Jazzmusiker (Pianist). – Einer der großen Klaviervirtuosen des Jazz; arbeitet überwiegend als Solist und im Trio *(O.-P.-Trio),* u. a. mit dem Bassisten Ray Brown und dem Gitarristen Herb Ellis (*1921).

Peterspfennig (Denarius, Census Sancti Petri), im MA (bis zum 15./16. Jh.) in verschiedenen Ländern, v. a. England, Irland, Polen, Schweden, Norwegen, zugunsten des Papstes erhobene Steuer; heute Bez. für die freiwilligen Gaben der Gläubigen aus allen Ländern zugunsten des Papstes.

Peterswaldau ↑ Langenbielau.

Peter und Paul, in der kath. Kirche Fest der Apostel Petrus und Paulus am 29. Juni.

Peterwardein ↑ Novi Sad.

Pétion, Anne Alexandre [frz. pe'tjõ], eigtl. A. A. Sabès, * Port-au-Prince 2. April 1770, † ebd. 21. März 1818, Präsident von Haiti. – Neben H. Christophe führend in der Revolte gegen J. J. Dessalines; 1807 zur Präsidentin der Mulattenrepublik im S Haitis gewählt; erließ 1816 eine fortschrittl. Verfassung.

Petipa, Marius [frz. pəti'pa], * Marseille 11. März 1818, † Gursuf bei Petersburg 14. Juli 1910, frz. Tänzer und Choreograph. – Gilt als Begründer des klass. russ. Balletts. Seine Choreographien „Dornröschen" (1890), „Aschenbrödel" (1893) und „Schwanensee" (1895) gehören bis heute zum Grundbestand des klass. Ballettrepertoires.

Petit, Roland [frz. pə'ti], * Villemomble 13. Jan. 1924, frz. Tänzer und Choreograph. – Schüler von S. Lifar, leitete ab 1948 die Ballets de Paris, wurde 1972 Ballettdirektor in Marseille. Verbindet klass. Ballett mit modernem Ausdruckstanz und Show, u. a. „Carmen" (1949), „Cyrano de Bergerac" (1959), „Notre-Dame-de-Paris" (1965), „Der blaue Engel" (1985), „Die Sirenen des Teufels" (1990).

Petit [pə'ti:; frz. „klein"] ↑ Schriftgrad.

Petition [zu lat. petitio „das Verlangen"] (Bittschrift, Eingabe), schriftl. Gesuch an das Staatsoberhaupt, die Behörden oder die Volksvertretung (↑ Petitionsrecht).

Petition of Right [engl. pɪ'tɪʃən əv 'raɪt], 1628 vom engl. König Karl I. bewilligte Bittschrift des Parlaments zur Gewährung v. a. folgender Rechte: keine zusätzl. Besteuerungen ohne Zustimmung des Parlaments, keine Verhaftungen ohne Angabe des Grundes, Garantie für ein ordentl. Gerichtsverfahren.

Petitionsrecht, verfassungsmäßig garantierte Berechtigung (Art. 17 GG), sich außerhalb normaler Rechtsmittel und Gerichtsverfahren ohne Furcht vor Repressalien schriftlich mit Bitten und Beschwerden an die zuständigen Organe, insbes. an das Parlament, wenden zu können. Das P. kann als Einzel-, Kollektiv- oder Massenpetition ausgeübt werden. An den Bundestag gerichtete Petitionen werden i. d. R. an den **Petitionsausschuß** überwiesen, der einen Beschlußvorschlag über die Art der Erledigung unterbreitet. – In *Österreich* besteht eine ähnl. Regelung.

Petit mal [frz. pəti'mal „kleines Übel"] ↑ Epilepsie.

Petitpierre, Max [frz. pəti'pjɛ:r], * Neuenburg 26. Febr. 1899, schweizer. Jurist und freisinniger Politiker. – 1926–31, 1938–44 Prof. in Neuenburg; 1942–44 Mgl. des Ständerats; 1944–61 Bundesrat (Polit. Departement); 1950, 1955 und 1960 Bundespräsident.

Petit-point-Stickerei [frz. pəti'pwɛ̃, eigtl. „kleiner Stich"] (Wiener Arbeit), sehr feine Nadelarbeit, die mit der kleinsten Form des Gobelinstichs (Perlstich) ausgeführt wird.

Petljura, Simon Wassiljewitsch, * Poltawa 17. Mai 1879, † Paris 25. Mai 1926 (ermordet), ukrain. Politiker. – Früh Anhänger der ukrain. Nat.bewegung; wurde im Mai 1917 Vors. des Allukrain. Armeekomitees, dann Kriegsmin., im Nov. 1918 Oberster Ataman des Heeres, im Febr. 1919 Vors. des ententefreundl. Direktoriums der Ukrain. VR; ging nach Eroberung der Ukraine durch die Rote Armee nach Warschau, dann nach Paris ins Exil. – Unter der Verantwortung P. kam es in der Ukraine 1918 und 1920 zu antijüd. Pogromen. P. wurde von dem Sohn eines dabei Getöteten ermordet.

Petőfi, Sándor (Alexander) [ungar. 'pɛtø:fi], eigtl. S. Petrovics, * Kiskőrös 1. Jan. 1823, ⚔ bei Sighişoara 31. Juli 1849, ungar. Schriftsteller. – Wird als ungar. Nationaldichter verehrt; führte im März 1848 die revolutionäre Pester Jugend an; fiel im ungar. Freiheitskrieg. Verfaßte zunächst volksliedhafte Lyrik; dann größere, dem poet. Realismus verpflichtete Gedichte; schrieb u. a. auch das Märchenepos „Der Held János" (1845) und den Roman „Der Strick des Henkers" (1846).

Petőfi-Kreis [ungar. 'pɛtø:fi; nach S. Petőfi], Gruppe ungar. Schriftsteller, die durch freiheitl. Forderungen den ungar. Aufstand im Herbst 1956 mit vorbereiteten.

PETP, Abk. für: **P**oly**e**thylenglykol**te**re**p**hthalat (↑ Polyäthylenglykolterephthalat).

petr..., Petr... ↑ petro..., Petro...

Petra (arab. Batra ['batra]), Ruinenstätte im südl. Jordanien, 30 km wnw. von Maan, 850 m ü. d. M. – Wohl seit 169 v. Chr. Hauptstadt des Reiches der Nabatäer, seit 106 n. Chr. zur röm. Prov. Arabia, im 3. Jh. Munizipium; im 4. Jh. Bischofssitz. Handelsplatz im Karawanenverkehr; nach der arab. Eroberung (629/32) verlassen; 1812 von J. L. Burckhardt wiederentdeckt. Ausgrabungen (seit 1929) legten zahlr. Zeugnisse der nabatäischen Kunst frei: 2 Theater, Triumphbogen, den Felsentempel Kasr und Felsgräber mit z. T. prunkvollen Fassaden, u. a. das Felsengrab Ed-Der („Das Kloster"); bed. das sog. Schatzhaus des Pharao (Chasna, vermutlich 2. Jh. n. Chr.) und das sog. Urnengrab (vermutlich 2./3. Jh. n. Chr.); Reste zweier Kreuzfahrerburgen. Die Bauten der Nabatäerzeit wurden von der UNESCO zum Weltkulturerbe erklärt.

PETRA, Kurzbez. für die **P**ositron-**E**lektron-**T**andem-**R**ingbeschleuniger-**A**nlage am ↑ Deutschen Elektronen-Synchrotron.

Petrarca, Francesco, * Arezzo 20. Juli 1304, † Arquà (= Arquà Petrarca) 18. Juli 1374, italien. Humanist und Dichter. – Bed. Vertreter des Humanismus. Trat 1326 in den geistl. Stand; 1330–47 im Dienst des Kardinals Colonna; 1353–61 im Dienst der Visconti in Mailand, als deren Gesandter 1356 auch am Hof Karls IV. in Prag; ab 1362 in Venedig, später in Arquà. Erforschte v. a. antike Handschriften; verfaßte in lat. Sprache eine umfangreiche Briefliteratur, so die 24 Bücher der „Epistolae familiares" (entstanden 1364) und die 17 Bücher der „Epistolae seniles" (entstanden 1361). Bed. sind u. a. auch die in Versen verfaßten „Epistolae metricae" (entstanden 1331–61) sowie die Bekenntnisschrift „De contemptu mundi" (entstanden 1342/43), die in Form eines fiktiven Dialogs zw. dem Dichter und dem hl. Augustinus gehalten ist. P. *lyr. Werk in italien. Sprache* ist von weltliterar. Bedeutung; die über viele Jahre entstandenen Gedichte faßte P. selbst in einer mehrfach umgestalteten Sammlung zusammen, deren letzte Fassung, heute u. d. T. „Il canzioniere" (hg. 1470), neben Kanzonen, Sestinen, Balladen und Madrigalen v. a. 317 Sonette umfaßt; der „Canzioniere" gliedert sich in zwei Teile: die an die lebende und die an die verstorbene (fiktive) Geliebte „Laura" gerichteten Gedichte; in dem in Terzinen verfaßten Werk „Die Triumphe" (hg. 1470) erscheinen Liebe, Keuschheit, Tod, Ruhm, Zeit und Ewigkeit als allegor. Figuren. P. Lyrik übte in den folgenden Jh. stärkste Wirkung auf die europ. Lyrik (↑ Petrarkismus) aus.

Petrarcameister, dt. Zeichner für den Holzschnitt, in Augsburg tätig im 1. Viertel des 16. Jh. – Die Benennung bezieht sich auf die 261 Zeichnungen für die Holzschnittillustrationen zu Petrarcas „Trostspiegel" (1519/20; 1532 gedruckt).

Petrarkismus, Stilrichtung der europ. Liebeslyrik vom 14. bis zum 17./18. Jh., die der Dichtung F. Petrarcas charakterist. Motive, Form- und Stilelemente entlehnte; entwickelte eine feste Schematik von Formulierungen, rhetor. Figuren usw., feststehende Themen und Motive (Sehnsucht und Liebesschmerz des im Dienst um die verzaubernde, unnahbare Frau sich verzehrenden Mannes). Hauptvertreter waren u. a. P. Bembo, J. de Montemayor, die Dichter der Pléiade, T. Wyatt, E. Spenser, M. Opitz, P. Fleming.

Petraschewski, Michail Wassiljewitsch [russ. pɪtra'ʃɛfskij], * Petersburg 13. Nov. 1821, † Belskoje (Region Krasnojarsk) 19. Dez. 1866, russ. Revolutionär. – Jurist; sammelte ab 1844 einen Diskussionskreis um sich **(Petraschewzen),** der Pläne für einen Bauernaufstand und eine

Marius Petipa

Sándor Petőfi (Ausschnitt aus einer zeitgenössischen Lithographie)

Francesco Petrarca

Petit-point-Stickerei

Geheimgesellschaft ausarbeitete; 1849 nach Sibirien deportiert.

Petrassi, Goffredo, *Zagarolo bei Rom 16. Juli 1904, italien. Komponist. – Seine Kompositionen (u.a. Konzerte, Kammermusik, Chorwerke, Opern, Ballette, Filmmusiken) sind v.a. durch Kantabilität und klangl. Durchsichtigkeit gekennzeichnet.

Goffredo Petrassi

petre..., Petre... ↑petro..., Petro...

Petrefakten [griech./lat.], veraltete Bez. für Versteinerungen.

Petrescu, Camil [rumän. pe'tresku], *Bukarest 21. April 1894, †ebd. 14. Mai 1957, rumän. Schriftsteller. – Einer der führenden Dichter der rumän. Moderne; beeinflußt von Proust, Husserl und Bergson; Verf. kulturkrit. und philosoph. Essays, bühnenwirksamer Dramen („Danton", 1931) und Lyrik sowie psycholog. Romane, z.B. „Ein Mensch unter Menschen" (1953–57).

Petressa ↑Calais.

Petri, Laurentius, eigtl. Lars Petersson, *Örebro 1499, †Uppsala 26. Okt. 1573, schwed. Reformator. – Bruder von Olaus P.; 1531 erster luth. Erzbischof Schwedens. Hg. der ersten schwed. Bibelübersetzung (1541/42); Verf. der 1572 angenommenen Kirchenverfassung.

P., Olaus (Olavus), eigtl. Olof Petersson, *Örebro 6. Jan. 1493, †Stockholm 19. April 1552, schwed. Reformator. – Schüler Luthers. Vertrat als Diakon in Schweden die Lehren der Reformation, die er auch im Reichstag verfocht. 1531 Kanzler Gustav Wasas; 1540 wegen Hochverrats zum Tode verurteilt, aber begnadigt; dann Pfarrer in Stockholm. Mit seinen Schriften beeinflußte er die Entwicklung der schwed. Sprache.

petri..., Petri... ↑petro..., Petro...

Petrick, Wolfgang, *Berlin 12. Jan. 1939, dt. Maler und Graphiker. – Gehört zu den Berliner „krit. Realisten". Die Bilder von P. zeichnet eine im Figürlichen verfremdete, teilweise sozial engagierte Thematik aus.

Petrodworez. Das 1714–28 errichtete und 1747–52 umgebaute Schloß Peters I., des Großen

Petrie, Sir (seit 1923) William Matthew Flinders [engl. 'pi:tri], *Charlton (= London) 3. Juni 1853, †Jerusalem 28. Juli 1942, brit. Archäologe. – Führte seit 1884 zahlr. Ausgrabungen in Ägypten und Palästina durch; bed. Funde zur ägypt. Vorgeschichte, deren Chronologie er entwickelte.

Petrified Forest National Park [engl. 'pɛtrɪfaɪd 'fɔrɪst 'næʃənəl 'pa:k], Naturschutzgebiet auf dem Colorado Plateau im nö. Arizona, USA, enthält die größten bekannten Vorkommen versteinerter Bäume aus der Trias und Ruinen einer 600 Jahre alten indian. Siedlung.

Petri Heil, Anglergruß nach dem Namen des Apostels Petrus, des Schutzpatrons der Fischer.

Petrikau (poln. Piotrków Trybunalski), Stadt in Z-Polen, 80 100 E. Hauptstadt einer Woiwodschaft; Bergbauausrüstungsbau, Glashütte, Baumwoll-, Möbelind. – Seit Ende des 13. Jh. Stadt. – Schloß (16. Jh.; Regionalmuseum), got. Pfarr- (14./15. Jh.) und spätbarocke Jesuitenkirche (17./18. Jh.).

Petrini, Antonio, *Trient 1624 oder 1625, †Würzburg 8. April 1701, italien. Baumeister. – Seit 1651 fürstbischöfl. Hofbaumeister in Würzburg, auch in Mainz tätig, baute P. in schweren, strengen Formen, in denen Elemente des oberitalien. Barock und der dt. Renaissance verschmolzen. Zu seinen Bauten gehören Stift Haug (1670–91) und der Nordflügel des Juliusspitals (1699 ff.) in Würzburg, Sankt Stephan in Bamberg (1677–83) und Schloß Seehof in Memmelsdorf (bei Bamberg; 1687–95).

Petri-Schale [nach dem dt. Bakteriologen J.R. Petri, *1852, †1921], flache Glasschale mit [übergreifender] Deckschale; wird v.a. für Bakterienkulturen auf Nährböden verwendet.

Petri Stuhlfeier (Thronfest des Apostels Petrus), in der kath. Kirche Fest zum Gedächtnis des Amtsantritts des Petrus in Rom, urspr. am 18. Jan. und 22. Febr., seit 1960 nur am 22. Febr. begangen.

petro..., Petro..., petri..., Petri..., petre..., Petre..., petr..., Petr... [zu griech. pétra „Stein"], Wortbildungselement mit der Bed. „stein..., Stein...".

Petrochemie, die Wiss. von der chem. Zusammensetzung der Gesteine, Teilbereich der ↑Geochemie.

▷ (Petrolchemie) Bez. für die Gesamtheit der chem. Prozesse und techn. Verfahren zur Herstellung und Weiterverarbeitung organ. Grundstoffe *(Petrochemikalien)* aus Erdöl und Erdgas.

Petrodollar, Bez. für die in US-Dollar gehaltenen Überschüsse der OPEC-Länder aus ihren Erdölexporten, die auf internat. Finanzmärkten angelegt werden.

Petrodworez [russ. pɪtrədva'rjɛts] (bis 1944 Petergof), russ. Stadt am Finn. Meerbusen, 77 000 E. – Peter I. ließ 1714–28 in P. seine Sommerresidenz errichten. Das barocke Schloß, als zweigeschossiger, pilastergegliederter Bau errichtet, von B. F. Rastrelli 1747–52 umgebaut, liegt am Rand einer prachtvollen Parkanlage mit Wasserspielen und kleinen Schlössern (u.a. Marly, 1720–23; Monplaisir 1714–23; Engl. Palais, 1781–89). F. Schinkel erbaute 1832 im Auftrag Nikolaus' I. die kleine neugot. Alexander-Newski-Kirche. – Schloß und Park wurden nach dem 2. Weltkrieg wiederhergestellt.

Petrogenese, Teilgebiet der Petrologie, untersucht die Entstehung der Gesteine.

Petroglyphen, vorgeschichtl. Felszeichnungen bzw. -ritzungen (↑Felsbilder).

Petrograd, 1914–24 Name von ↑Sankt Petersburg.

Petrographie, Teilgebiet der Petrologie; untersucht die mineralog. und chem. Zusammensetzung der Gesteine, ihr Gefüge sowie ihr Vorkommen im geolog. Verband.

Petrokrepost [russ. pɪtra'krjɛpəstj], russ. Stadt am Ladogasee, 10 000 E. Newa-Werft; Anlegeplatz. – 1323 als Festung **Oreschek** (Name bis 1611) erbaut; wechselte zw. Russen und Schweden (1611–1702 schwed. **Nöteborg**) häufig den Besitzer; 1702 von Peter I. erobert und in **Schlüsselburg** (russ. **Schlisselburg**) umbenannt (bis 1944); diente vom 18. Jh. bis 1917 als Gefängnis für polit. Häftlinge, dann zum Museum umgestaltet.

petrol..., Petrol... [griech.-lat.], Wortbildungselement mit der Bed. „Erdöl..., Erdgas...".

Petroläther, beim Fraktionieren von Benzin entstehende Flüssigkeit aus niedermolekularen, meist aliphat. Kohlenwasserstoffen; dient als Extraktions- und Lösungsmittel.

Petrolchemie ↑Petrochemie.

Petroleum [...le-ʊm; griech.-lat., eigtl. „Steinöl"], amerikan.-internat. Bez. für ↑Erdöl.

▷ die bei der Erdöldestillation zw. 180 und 250 °C übergehende Kohlenwasserstofffraktion, die früher v.a. zu Beleuchtungszwecken benutzt wurde; heute als Treibstoff verwendet (Kerosin).

Petroleumlampe [...le-ʊm], Leuchte, bei der die Flamme von brennendem Petroleum ausgenutzt wird. Ein darübergestülpter Glaszylinder sorgt durch Kaminwirkung für ausreichende Luftzufuhr.

Petrolkoks, beim therm. Kracken von Erdöl zurückbleibender Rückstand, der v. a. zur Herstellung von Elektroden und Elektrographit verwendet wird.

Petrologie (Gesteinskunde), Wiss. von den Gesteinen; umfaßt die Petrographie, die Petrogenese und die Petrophysik; untersucht bes. die chem.-physikal. Bedingungen der Gesteinsbildung.

Petronius, Gajus [Titus?] (gen. P. Arbiter), † 66 n. Chr., röm. Schriftsteller. – Verf. des satir.-parodist. Schelmenromans „Satiricon" (auch „Saturae"), einer Mischung von Prosa und Versen, darin „Cena Trimalchionis" („Gastmahl des Trimalchio"); der Verschwörung gegen den Kaiser beschuldigt, von Nero zum Selbstmord gezwungen.

Petropawlowsk, Geb.hauptstadt im N von Kasachstan, im südl. Westsibir. Tiefland, 241 000 E. PH; Motoren- und Schwermaschinenbau, Nahrungsmittel-, Leder- und Bekleidungsind.; Verkehrsknotenpunkt an der Transsib. – 1752 als Festung gegr., seit 1807 Stadt.

Petropawlowsk-Kamtschatski, Hauptstadt des russ. Geb. Kamtschatka, an der Awatschabucht, 269 000 E. PH; vulkanolog. Inst. der Russ. Akad. der Wiss.; Inst. für Fischereiwirtschaft und Ozeanographie; Museum, Theater; Bodenempfangsstation für Fernmeldesatelliten; Reparaturwerft, Fischverarbeitung, Baustoffind., Marine- und Fischereihafen, ✈. – 1740 gegr.; ab Ende des 18. Jh. Verwaltungszentrum von Kamtschatka; als Stützpunkt für die russ. Fernostflotte wichtiger strateg. Punkt beim Ausbruch der fernöstl. Kämpfe des Krimkrieges (1854).

Petroşanisenke [rumän. petroˈʃanj], Becken in den westl. Südkarpaten, Rumänien, fast 50 km lang, durchschnittlich 5 km breit; größte Kohlenvorkommen des Landes.

Petrosawodsk, Hauptstadt der Republik Karelien (Rußland), am W-Ufer des Onegasees. 270 000 E. Univ. (gegr. 1940), PH, Zweigstelle der Russ. Akad. der Wiss., Kunstmuseum, 4 Theater; Traktorenwerk, Zellulose- und Papierfabrik, Maschinen-, Möbelbau, Fischverarbeitung, Werft; Hafen, ✈. – 1703 gegr., seit 1777 Stadt.

Petrosjan, Tigran Wartanowitsch, * Tiflis 17. Juni 1929, † Moskau 14. Aug. 1984, georg. Schachspieler. – Internat. Großmeister seit 1952; Schachweltmeister 1963–69.

Petrosum [griech.], svw. ↑ Felsenbein.

Petrovaradin [serbokroat. pɛtrɔvaˌradiːn] ↑ Novi Sad.

Petrow, Jewgeni Petrowitsch [russ. pɪˈtrɔf], eigtl. J. P. Katajew, * Odessa 13. Dez. 1903, ⚔ bei Sewastopol 2. Juli 1942, russ. Schriftsteller. – Bruder von W. P. Katajew; Zusammenarbeit mit Ilja Ilf an humorist. und satir. Romanen, u. a. „Zwölf Stühle" (1928), „Ein Millionär in Sowjetrußland" (1921, 1946 u. d. T. „Das goldene Kalb").

Petrow-Wodkin, Kusma Sergejewitsch [russ. pɪˈtrɔf], * Chwalynsk (Gebiet Saratow) 5. Nov. 1878, † Leningrad (= St. Petersburg) 15. Febr. 1939, russ. Maler. – Studierte u. a. in Moskau, München und Paris. Er war Mgl. der Gruppe „Mir iskusstwa" und gehörte zu den führenden Vertretern des Symbolismus in Rußland. Für seine Werke wurde die Malerei der Renaissance neben der russ. Volkskunst und der Ikonenmalerei bestimmend.

Petrucci, Ottaviano [italien. peˈtruttʃi], * Fossombrone (Prov. Pesaro e Urbino) 18. Juni 1466, † Venedig 7. Mai 1539, italien. Musikverleger und Drucker. – Erfand den Mensuralnotendruck mit bewegl. Metalltypen und war der erste bed. Musikverleger.

Petrus (aram. Kepha, eigtl. Simon [gräzisiert aus aram. Symeon]), hl., † Rom (?) zw. 63 und 67 (?), Apostel. – Gehörte zu den zwölf Aposteln, die Jesus z. Z. seines Wirkens als engsten Kreis um sich versammelt hatte. Von Beruf Fischer, stammte P. aus Bethsaida. Wann er den aram. Namen Kepha (griech. pétros „Fels") erhielt, ist nicht sicher festzustellen; die Namensgebung bringt v. a. die Bed. des P. für die nachösterl. Gemeinde in Jerusalem zum Ausdruck. In allen neutestamentl. Apostelkatalogen wird P. an erster Stelle genannt. Die Führung der Gemeinden in Jerusalem hatte er vermutlich bis zum Apostelkonzil (↑ Aposteldekret) inne, er war wahrscheinlich auch der Initiator der Mission und gilt als Vertreter eines gemäßigten Judenchristentums. Seine überragende Bed. erhielt P. v. a. durch das auf ihn zurückgeführte P.amt des Papstes in der kath. Kirche, die die Sukzession des Bischofsamtes auf die (umstrittene) Authentizität des Wortes Matth. 16, 17–19 gründet. – Hauptfest: 29. Juni.

In der *bildenden Kunst* hat sich schon auf Sarkophagen des 4. Jh. ein charakterist. Typ herausgebildet: eine kräftige, gedrungene Gestalt, runder Kopf mit Lockenkranz und kurzem Bart. Attribute sind Buch und/oder Schlüssel, auch Kreuzstab. Zahlr. Darstellungen von Szenen aus dem Leben Petri: Fresken in der Brancaccikapelle von Santa Maria del Carmine in Florenz von Masaccio und Masolino (1425–28), „Der wunderbare Fischzug" vom Petrusaltar K. Witz' (1444; Genf, Musée d'Art et d'Histoire). Seine Befreiung aus dem Gefängnis malte u. a. Raffael in den vatikan. Stanzen (Stanza d'Eliodoro, 1511–14), „Petri Verleugnung" malte u. a. Rembrandt (1660; Amsterdam, Rijksmuseum).

Petrus von Kiew, hl. (P. von Moskau), † Moskau 1326, russ. Metropolit. – Vom Patriarchen von Konstantinopel 1308 zum Metropoliten des russ. Reiches berufen. P. verlegte seine Residenz nach Moskau und trug wesentlich zur Entwicklung Moskaus zum polit. Zentrum Rußlands bei.

Petrus von Zittau (P. von Königsaal), * um 1275, † 1339 (?), dt. Chronist. – Ab 1316 (wohl bis 1338) Abt des Zisterzienserklosters Königsaal (tschech. Zbraslav). Seine Chronik gibt eine Darstellung der ausgehenden Přemyslidenzeit und der Anfänge des Hauses Luxemburg in Böhmen (1253–1338).

Petrus Abaelardus [abɛ...] ↑ Abälard, Peter.

Petrusakten, apokryphe Erzählungen über den Apostel Petrus, die etwa um 200 in Kleinasien entstanden und von den Paulus- und Johannesakten abhängig sind.

Petrusamt, Bez. für das Amt und den Primat des Papstes.

Petrusapokalypse, apokryphe Apokalypse, die in der ersten Hälfte des 2. Jh. v. a. in Ägypten große Bed. besaß. Der Text hatte starke Auswirkungen auf die eschatolog. Tradition der alten Kirche.

Petrus Aureoli (Pierre d'Auriole), * Gourdon (Lot) zw. 1275 und 1280, † Avignon oder Aix-en-Provence 1322, frz. Philosoph und Theologe. – Franziskaner; 1321 Erzbischof von Aix-en-Provence. Entwickelte gegen den herrschenden Begriffsrealismus eine nominalist. Erkenntnistheorie, nach der die Begriffe nicht in der Natur bestehende Unterschiede, sondern die Ergebnisse geistiger Unterscheidungsleistungen sind.

Petrusbriefe, dem Apostel Petrus zugeschriebene Briefe im neutestamentl. Kanon, zu den ↑ Katholischen Briefen gerechnet. Der *1. Petrusbrief* (Ende des 1. Jh.) besteht im wesentlichen aus einer Mahnrede an die Gemeinden in Kleinasien; vermutlich von einem unbekannten Verfasser. Der *2. Petrusbrief* (1. Hälfte des 2. Jh.) setzt sich insbes. mit den aufkommenden Zweifeln an der Wiederkunft Christi auseinander; der Verfasser ist unbekannt.

Petrus Canisius ↑ Canisius, Petrus, hl.

Petruschewskaja, Ljudmila Stefanowa, * Moskau 26. Mai 1938, russ. Schriftstellerin. – Journalistin; bekannt v. a. als Dramatikerin; greift auch in ihrer Prosa in der Sprache der Straße und in oft bitterer Darstellung die Schwere des Alltags sowie Themen jüngerer Geschichte auf. P. wurde jahrelang mit Publikationsrestriktionen belegt. – *Werke:* Cinzano (Dr., 1977; UA 1985), Musikstunden (Dr., 1979), Drei Mädchen in Blau (Dr., 1983), Die Hinrichtung (Dr., 1990).

Petrus Christus ↑ Christus, Petrus.

Petrus Chrysologus, hl., * Forum Cornelii bei Imola um 380, † ebd. 3. Dez. 450, italien. Kirchenlehrer. – Um 431/32 oder 440 Erzbischof von Ravenna; sichere Zeugnisse über sein Leben fehlen; gilt seit 1729 als Kirchenlehrer. – Fest: 30. Juli.

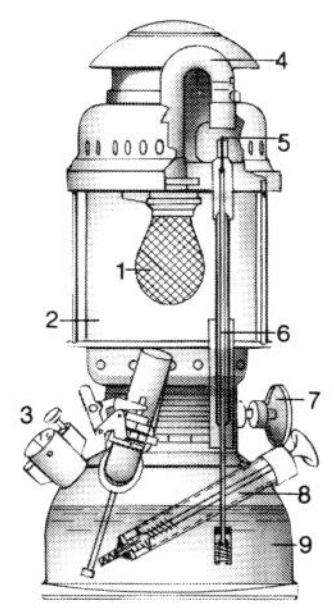

Petroleumlampe. Oben: Petroleumlampe, um 1865. Unten: Petroleum-Starklichtlampe; 1 Glühstrumpf, 2 Glaszylinder, 3 Druckablaß, 4 Mischrohr, 5 Zerstäuberdüse, 6 Vergaser, 7 Reglerschraube, 8 Luftpumpe, 9 Behälter mit Petroleum

Petrus Claver, hl., * Verdú (Prov. Lérida) 1580, † Cartagena (Kolumbien) 8. Sept. 1654, span. Jesuit. – Kam 1610 nach Kolumbien; war in Cartagena, einem Zentrum des Sklavenhandels, 40 Jahre lang seelsorgerisch und karitativ tätig; 1896 von Papst Leo XIII. zum Patron der Schwarzenmission ernannt. – Fest: 9. September.

Petrus Damiani, hl., * Ravenna 1007, † Faenza 23. Febr. 1072, italien. Kardinal und Kirchenlehrer. – Nach Lehrtätigkeit in Ravenna 1035 Benediktiner und Einsiedler in Fonte Avellana, 1043 Prior. Vertreter strengster Askese; versuchte die Eremitenkongregationen durch geregelte Gebets- und Bußübungen und Bindung an Klöster zu organisieren; bed. Verfechter kirchl. Reformen. Gegen seinen Willen 1057 zum Kardinal erhoben. P. D. hinterließ ein umfangreiches literar. Werk, u. a. 240 Gedichte, 50 Predigten und 170 Briefe. Seit 1828 gilt P. D. als Kirchenlehrer. – Fest: 21. Februar.

Max von Pettenkofer

Petrus de Vinea (P. de Vineis), * Capua um 1190, † San Miniato bei Pisa im April 1249 (Selbstmord), Großhofrichter (seit 1225) und Leiter der Kanzlei Kaiser Friedrichs II. – Gewann Einfluß auf die kaiserl. Politik, Organisator des sizilian. Beamtenstaates, faßte kaiserl. Briefe, Gesetze und Manifeste ab; glänzender Stilist. Wohl wegen Unterschlagungen eingekerkert und geblendet.

Petrusgrab, die angebl. Grabstätte des Apostels Petrus, die unter der Confessio der Peterskirche verehrt wird.

Petrus Hispanus ↑ Johannes XXI., Papst.

Petruslied, ältestes dt. Kirchenlied; vermutlich von einem Geistlichen verfaßt, um 900 in eine Freisinger Handschrift eingetragen. Das P. ist in strengem Rhythmus geschrieben, zeigt reine Reime und besteht aus drei Strophen mit je zwei Versen sowie dem Refrain „Kyrie eleison"; es ist ein Bittgesang an Petrus.

Petrus Lombardus, * Novara-Lumellogno (Lombardei) um 1095, † Paris 21. oder 22. Juli 1160, italien. scholast. Theologe. – Bedeutendster Schüler von Peter Abälard, ab 1159 Bischof von Paris. Sein Hauptwerk, die „Sentenzen" („Sententiarum libri IV", Erstdruck um 1471) – daher der Beiname Magister sententiarum – formte das theolog. Denken bis ins 16. Jh. Es ordnet den theolog. Lehrstoff in der seitdem übl. Reihenfolge: Gotteslehre; Schöpfungslehre; Lehre von der Erlösung; Sakramentenlehre (Festlegung von sieben Sakramenten) und Eschatologie.

William Petty

Petrus Martyr, hl. (Petrus von Verona), * Verona um 1205, † Farga bei Mailand 6. April 1252 (ermordet), italien. Dominikaner. – Predigte in Oberitalien zur Bekehrung von Häretikern und in antistauf. päpstl. Agitation; seit 1251 Inquisitor in Como und Mailand; wurde auf Betreiben lombard. Katharer erdolcht.

Petrus Martyr Anglerius, eigtl. Pietro Martire d'Anghiera, * Arona 2. Febr. 1457, † Granada im Okt. 1526, italien. Historiograph in span. Diensten. – Seit 1487 am span. Hof; vor 1520 zum Chronisten für Amerika bestellt, 1524 Abt von Jamaika; verfaßte mit „De orbe novo decades VIII" (1516) ein vielbenutztes Werk über Entdeckung und Eroberung der „Neuen Welt".

Petrus Nolascus, hl., * im Languedoc (?) um 1182, † Barcelona 1249 oder 1256, span. Ordensstifter. – Gründete den Orden der ↑ Mercedarier, den er bis 1249 leitete. – Fest: 28. Januar.

Petunie. Gartenpetunie

Petrus Venerabilis, hl., * Montboissier (Auvergne) um 1092, † Cluny 25. Dez. 1156, frz. Benediktiner. – Seit 1122 Abt von Cluny, gab dem Kloster durch die Generalkapitel von 1132 und 1146 neue Statuten; veranlaßte eine lat. Übersetzung des Korans. – Fest: 25. Dezember.

Petsalis, Thanasis, eigtl. Athanasios P.-Diomidis, * Athen 11. Sept. 1904, neugriech. Schriftsteller. – Schreibt Erzählungen mit nat. Thematik und histor. Romane.

Petsamo ↑ Petschenga.

Petschaft [tschech.] ↑ Siegel.

Petschenegen, nomad. Turkvolk, das im 9. Jh. zw. den Flüssen Wolga und Ural, im 10. Jh. im südruss. Steppengebiet ansässig war. Die P. belagerten 1090/91 Konstantinopel; 1091 von den mit den Byzantinern verbündeten Kumanen vernichtend geschlagen, 1122 endgültig vernichtet.

Petschenga [russ. 'pjetʃɪngɐ] (finn. Petsamo), Ort am Ende des 17 km langen *P.fjords* der Barentssee, Rußland, etwa 3 500 E. Anreicherungswerk für nahegelegene Kupfer-Nickel-Erze. Unterhalb von P. der eisfreie Hafen *Linahamari.* – 1920 wurde das Gebiet um P. an Finnland abgetreten; 1939 von sowjet. Truppen erobert, 1940 wieder finn., 1944 sowjet.; die Skoltlappen aus dem Gebiet um P. wurden am Inarisee angesiedelt.

Petschora [russ. pɪ'tʃɔrɐ], Fluß im NO des europ. Teils von Rußland, entspringt im Nördl. Ural, mündet in die P.bucht der Barentssee, 1 809 km lang.

Petschora-Kohlenbecken [russ. pɪ'tʃɔrɐ], bedeutendes Steinkohlenvorkommen im europ. Teil Rußlands, zw. der Petschora, dem Polarural und dem Pajchojbergland.

Pettenkofer, Max [Josef] von (seit 1883), * Lichtenheim bei Neuburg a. d. Donau 3. Dez. 1818, † München 10. Febr. 1901 (Selbstmord), dt. Hygieniker. – Erster dt. Prof. für Hygiene in München; hier wurde durch seine Initiative 1879 das erste dt. hygien. Institut eröffnet; 1890–99 Präs. der Bayer. Akademie der Wissenschaften. – P. wurde durch Einführung des naturwiss. Experiments zum Begründer der modernen Hygiene; betonte die Abhängigkeit der Seuchenentstehung von der Beschaffenheit der menschl. Umgebung (bes. von Bodenverunreinigungen und Grundwasserstand).

Petting [engl.-amerikan. „das Liebkosen"], sexuelle [bis zum Orgasmus betriebene] Stimulierung, bei der (im Unterschied zum ↑ Necking) die Genitalien berührt werden, der eigtl. Geschlechtsverkehr jedoch unterbleibt.

Petty, Sir (seit 1661) William [engl. 'pɛtɪ], * Ramsey 26. Mai 1623, † London 16. Dez. 1687, brit. Nationalökonom. – P. gilt als Begründer der Arbeitswerttheorie und einer streng mathematisch-statistisch orientierten ökonom. Analyse, die er polit. Arithmetik nannte.

Petunie (Petunia) [indian.], Gatt. der Nachtschattengewächse mit rd. 25 Arten in S-Brasilien und Argentinien; meist klebrig-weichbehaarte Kräuter mit trichter- oder tellerförmigen, großen Blüten; werden mit violetten, roten, rosafarbenen und weißen, auch gestreiften Blüten als Zierpflanzen kultiviert, z. B. die Gartenpetunie.

Pétursson [isländ. 'pjɛːtʏrsɔn], Hallgrímur, * Hólar 1614, † Ferstikla 27. Okt. 1674, isländ. Dichter. – Bauer und Fischer, ab 1644 Pfarrer. Bedeutendster geistl. Dichter Islands (Psalmen, Hymnen).

P., Hannes [Pálmi], * Sauðárkrókur 14. Dez. 1931, isländ. Schriftsteller. – Bed. Vertreter der modernen Literatur in Island (Gedichte, Erzählungen und literaturwiss. Werke).

Petzer ↑ Pec pod Sněžkou.

Petzold, Alfons, * Wien 24. Sept. 1882, † Kitzbühel 26. Jan. 1923, östr. Dichter. – War Mitglied der SPÖ; Vertreter der sog. Arbeiterdichtung; bes. bekannt wurde sein autobiograph. Roman „Das rauhe Leben" (1920). – *Weitere Werke:* Trotz alledem! (Ged., 1910), Der feurige Weg (R., 1918), Der Dornbusch (Ged., 1919), Sevarinde (R., 1923).

Petzolt, Hans, * Nürnberg 1551, † ebd. 19. März 1633, dt. Goldschmied. – Bereitete mit seinen Arbeiten die Wende von der Renaissance zum Barock vor; kennzeichnend die Wiederaufnahme got. Stilmittel (Buckelpokale).

Petzval, Joseph ['pɛtsval], * Szepesbéla (= Spišská Belá, Ostslowak. Bez.) 6. Jan. 1807, † Wien 17. Sept. 1891, östr. Mathematiker. – Prof. in Pest (heute zu Budapest) und Wien. Konstruierte 1840 das erste auf mathemat. Berechnungen beruhende, aus getrennten Linsengruppen bestehende Kameraobjektiv *(P.-Objektiv)* und stellte u. a. die Bedingungen für Anastigmatismus auf.

peu à peu [frz. pøa'pø], nach und nach, allmählich.

Peuckert, Will-Erich, * Töppendorf (Schlesien) 11. Mai 1895, † Darmstadt 25. Okt. 1969, dt. Volkskundler und Schriftsteller. – 1946–60 Prof. in Göttingen; Arbeiten über bed. Persönlichkeiten des 16. und 17. Jh. sowie der mag.-myst. Tradition und der Erzählforschung; Hg. zahlr. Sagensammlungen.

Peuerbach (Purbach, Peurbach), Georg von, * Peuerbach 30. Mai 1423, † Wien 8. April 1461, östr. Gelehrter. – Lehrte in Wien Mathematik, Astronomie und Philosophie.

Seine Übersetzung des „Almagest“ von Ptolemäus wurde von Regiomontanus fortgeführt. Mit z. T. selbstgefertigten Instrumenten führte P. Sternbeobachtungen durch.

Peugeot-Gruppe [frz. pø'ʒo], frz. Unternehmensgruppe, die v. a. Automobile, Zweiräder, Stahl, Werkzeuge und Kunststoffe produziert; gegr. 1896, Sitz Paris. Die P.-G. vergrößerte ihr Produktionspotential durch die Übernahme von Citroën (1976) und der westeurop. Werke der Chrysler Corporation (1978).

Peuplierungspolitik [pø...; zu frz. peuple „Volk“] ↑Merkantilismus.

Peutinger, Konrad, *Augsburg 15. Okt. 1465, †ebd. 28. Dez. 1547, dt. Humanist. – Seit 1490 in den Diensten der Stadt Augsburg, ab 1497 als Stadtschreiber; bis 1534 führend in den polit. Geschäften der Stadt und im Auftrag des Rats des Schwäb. Städtebunds tätig; daneben humanist. Studien, die bed. für die Geschichtsschreibung waren. In seinem Besitz befand sich die **Peutingersche Tafel,** die im 12. Jh. entstandene Kopie einer röm. Straßenkarte, die die Welt von den Brit. Inseln bis China abbildet.

Antoine Pevsner. Konstruktion im Ei, Bronze, 1943 (Privatbesitz)

Pevsner, Antoine [frz. pɛv'snɛ:r], *Orel 18. Jan. 1886, †Paris 12. April 1962, frz. Bildhauer und Maler russ. Herkunft. – Mit Bronze- und Kupferplastiken Exponent der konstruktivistisch-abstrakten Plastik. 1911 und 1913 in Paris, wo er mit Kubismus und Futurismus bekannt wurde. 1917–23 in der Sowjetunion, 1920 Mitunterzeichner des von seinem Bruder N. Gabo verfaßten „Realist. Manifests“, 1923 in Berlin erste dreidimensionale Konstruktion, ließ sich in Paris nieder.

P., Sir (seit 1969) Nikolaus ['– –], *Leipzig 30. Jan. 1902, †London 18. Aug. 1983, dt.-engl. Kunsthistoriker. – Emigrierte 1934; u. a. 1949–55 Prof. in Cambridge, seit 1968 in Oxford. – *Werke:* Europ. Architektur von den Anfängen bis zur Gegenwart (1943), Der Beginn der modernen Architektur und des Design (1968), Lexikon der Weltarchitektur (Hg. ²1987).

Peymann, Claus, *Bremen 7. Juni 1937, dt. Theaterregisseur. – Nach seiner Tätigkeit am Frankfurter Theater am Turm und an der Schaubühne am Halleschen Ufer in Berlin war P. 1972–79 Schauspieldirektor in Stuttgart, 1979–86 in Bochum, seit 1986 Leiter des Burgtheaters und des Akademietheaters in Wien. Bekannt wurde er v. a. als Regisseur von Stücken (UA) P. Handkes und T. Bernhards.

Peyotekulte [pe'jo:tə...], Bez. für Kulte, in deren Mittelpunkt der sakramentale Gemeinschaftsgenuß des Peyotl steht, der Trancezustände bewirkt. Der Genuß des Peyotl geht auf altamerikan. Bräuche zurück und hat sich seit Ende des 19. Jh. unter den Indianern N-Amerikas weit verbreitet. Der religiösen Wertung des Peyotl liegt die Vorstellung zugrunde, er entstehe aus den Fußspuren einer Gottheit in Hirschgestalt. Unter dem Namen **Native American Church** erlangten die P. offizielle Anerkennung.

Konrad Peutinger (Bronzemedaille, 1517/18; Wien, Kunsthistorisches Museum)

Peyotl ['pejɔtl; aztek.] (Pellote, Peyote), getrockneter, in Scheiben (Mescal-Buttons) geschnittener, oberird. Teil der mex. Kakteenart Lophophora williamsii; enthält Meskalin und andere Alkaloide.

Peyrefitte, Roger [frz. pɛr'fit], *Castres 17. Aug. 1907, frz. Schriftsteller. – War 1930–40 und 1943–45 im diplomat. Dienst; Gegenstand seiner bekanntesten Romane, die z. T. Skandalerfolge hatten, sind [umstrittene] Enthüllungen u. a. aus der Welt des Vatikans („Die Schlüssel von Sankt Peter“, 1955), der Diplomatie („Diplomaten“, 1951), der frz. Gesellschaft („Paris ist eine Hure“, 1970). – *Weitere Werke:* Manouche (1972), Herzbube (1979), Voltaire (1985).

Pezold, Friederike, *Wien 14. Aug. 1945, östr. Künstlerin. – Entwickelte in Zeichnungen, Photoserien und Videofilmen, die die Rollenfunktion der Frau thematisieren, eine gezielte Zeichensprache (u. a. „Der Tempel der schwarzweißen Göttin“, 1977).

pf, Abk. für italien.: **p**oco **f**orte („etwas stark“, ↑forte) oder **p**iù **f**orte („stärker“, ↑più).

pF, Einheitenzeichen für Picofarad; 1 pF = 10^{-12} F (↑Farad).

Pf, Abk. für: ↑**Pf**ennig.

Nikolaus Pevsner

Pfadfinder, internat. Jugendbewegung, 1907 von R. S. S. Baden-Powell in Großbritannien gegr. *(Boy-Scouts);* seit 1909 in Deutschland verbreitet, seit 1919 Teil der Bünd. Jugend in der dt. Jugendbewegung, 1933 verboten. 1920 erfolgte in London die Gründung der **Weltkonferenz der Pfadfinder,** in der heute rd. 14 Mill. Mgl. aus 112 Ländern zusammengeschlossen sind (Sitz des Weltbüros in Genf), im **Weltbund der Pfadfinderinnen** (Sitz London) daneben rd. 7,7 Mill. Mgl. aus 104 Staaten. In der *BR Deutschland* schied der **Bund Deutscher Pfadfinder** (gegr. 1948) aus der Weltkonferenz aus. Die übrigen Verbände sind seit 1949 im **Ring deutscher Pfadfinderverbände** zusammengeschlossen: die 1929 gegr. **Deutsche Pfadfinderschaft St. Georg** (kath.), der **Verband Christlicher Pfadfinderinnen und Pfadfinder** (ev.; 1975 gegr. als Zusammenschluß der 1919 gegr. Christl. P.schaft Deutschlands mit dem Ring dt. P.innenbünde) sowie seit 1973 der **Bund der Pfadfinderinnen und Pfadfinder** (interkonfessionell), der sich 1971/72 vom Bund Dt. P. abtrennte, sowie die **Pfadfinderinnen St. Georg** (gegr. 1929).
Österreich: **Pfadfinder und Pfadfinderinnen Österreichs,** gegr. 1946; **Östreichischer Pfadfinderbund,** gegr. 1912 (nicht Mgl. der Weltkonferenz); *Schweiz:* **Schweizerischer Pfadfinderbund,** gegr. 1913; **Bund der Schweizerischen Pfadfinderinnen,** gegr. 1919.
Gegliedert sind die P. in Wölflinge (Cubs) (7–11 Jahre), Jung-P. (11–14), P. (Scouts) (14–17), Rovers (17–20). Die P. verpflichten sich zur Pflichterfüllung, Hilfsbereitschaft und Einsatzbereitschaft für humane und friedl. Zwecke (P.gesetze).

Claus Peymann

Pfaffe [zu mittelgriech.-mittellat. papas „niedriger Geistlicher“], svw. Geistlicher; seit der Reformationszeit nur noch in verächtl. Sinne gebraucht.

Pfaffe Konrad ↑Konrad, Pfaffe.

Pfaffe Lamprecht ↑Lamprecht, Pfaffe.

Pfaffenhofen a. d. Ilm, Krst. an der Ilm, Bay., 18 900 E. Mittelpunkt der Hallertau; Hopfenaufbereitung und -handel, Nährmittelwerk, Metallverarbeitung, pharmazeut. Werk, Brauereien. – Im 12. Jh. erstmals bezeugt; 1197 Marktrecht; seit 1438 Stadt. – Spätgot. Pfarrkirche Sankt Johannes Baptist (um 1400).

P. a. d. I., Landkr. in Bayern.

Pfadfinder. Abzeichen des Weltpfadfinderbundes

Pfaffenhütchen ↑Spindelstrauch.

Pfäffikon, Bez.hauptort im schweizer. Kt. Zürich, am N-Ufer des Pfäffiker Sees, 544 m ü. d. M., 9000 E. Metallverarbeitung. – Spätgot. Kirche (1487) mit barockem Langhaus (1752).

Pfahlbaunest ↑Nest.

Pfahlbauten, auf eingerammte Pfähle gestellte und damit frei über dem Untergrund stehende Wohn- und Speicherbauten; errichtet zum Schutz vor feindl. Überfällen, wilden Tieren und Bodenfeuchtigkeit, u. U. auch vor Überschwemmungen. P. können im Wasser oder auf dem Land stehen. Sie sind v. a. in SO-Asien (z. B. Thailand) und Ozeanien weit verbreitet, kommen u. a. auch im trop. Afrika, in S- und Zentralamerika vor.

Vorgeschichte: Seit 1853/54 wurden in den Uferzonen der Schweizer Seen Siedlungsfunde des Neolithikums und der Urnenfelderzeit entdeckt und als Überreste von P. gedeutet. Da auch Gegenstände aus organ. Material (Holzgeräte, Textilien) erhalten waren, ließ sich ein Kulturbild jener Periode entwerfen. Durch exaktere Ausgrabungsbefunde kamen aber Zweifel auf. Seit den 1940er Jahren spricht man deshalb nur noch von Uferrandsiedlungen mit i. d. R. ebenerdig angelegten Häusern, die Pfähle dienten wohl nur der Sicherung des Untergrundes.

Pfahlbauten in Thailand

Pfahlbohrwurm, svw. ↑Schiffsbohrwurm.

Pfahlbürger (Ausbürger), um 1200 auftauchende Bez. für Leute, die das Bürgerrecht einer Stadt erlangten, aber nicht innerhalb der Mauern wohnten, sondern vor und hinter den das Außenwerk bildenden Pfählen.

Pfahler, Georg Karl, *Emetzheim (= Weißenburg, Bay.) 8. Okt. 1926, dt. Maler. – Schuf großformatige Farb-Form-Objekte, die seit 1960 geometrisiert wurden; auch flächenhafte Konstruktionen mit Beziehungen zum Hard-edge-painting.

Pfahlgründung ↑Grundbau.

Pfahlmuschel, svw. ↑Miesmuschel.

Pfalz, Gebiet in Rhld.-Pf., Deutschland, bildet den zentralen und südl. Teil des Reg.-Bez. Rheinhessen-P. (1945–68 Reg.-Bez. P.). Die P. umfaßt den Pfälzer Wald, das Nordpfälzer Bergland als Teil des Saar-Nahe-Berglandes, den Westrich, das Pfälzer Gebrüch und einen Teil des nördl. Oberrhein. Tieflandes. Letzteres wird zus. mit dem anschließenden Anstieg der Haardt als *Vorder-P.* bezeichnet.

Geschichte: Ausgehend von der **Pfalzgrafschaft Lothringen** am Niederrhein, verlagerte sich der Machtbereich im Laufe des 11./12. Jh. in den Eifel-, Mosel- und Neckarraum, zunächst mit Alzey, dann mit Heidelberg als Zentrum. 1214 wurde die **Pfalzgrafschaft bei Rhein** von Kaiser Friedrich II. den Wittelsbachern verliehen; 1329 entstand eine eigene Wittelsbacher Linie mit dem Hauptteil des alten bayr. Nordgaus (Ober-P.), die in der Goldenen Bulle (1356) die Kurwürde erhielt **(Kurpfalz).** Der territoriale Ausbau und die innere Konsolidierung der P. erreichten unter Ruprecht III. (1398–1410, seit 1400 als Ruprecht Röm. König) ihren Höhepunkt. Nach seinem Tod gründeten seine Söhne 4 Linien (bis 1799 mehrfach umgebildet): Kur- und Rhein-P. (1559 erloschen), Ober-P. (1448 ausgestorben), Zweibrücken-Simmern, Mosbach (1499 erloschen). Aus der Linie P.-Simmern entstand nach 1559 die mittlere Kurlinie, der 1685 die Linie P.-Neuburg (junge Kurlinie), 1742 die Linie P.-Sulzbach und 1799 die Linie P.-Zweibrücken-Birkenfeld folgte. Durch Kurfürst Friedrich I. (1452–75) wurde die pfälz. Vormachtstellung am Oberrhein begr. Nach mehrfachem Konfessionswechsel (ref. und luth.) wurde die P. mit dem Wechsel der Linien beim Reg.antritt Friedrichs III. (1559) ein Zentrum des aktiven ref. Protestantismus. Friedrich V., 1619/20 „Winterkönig von Böhmen", verlor nach der Schlacht am Weißen Berg (1620) Land und Kur an das kath. Bayern, sein Sohn Karl Ludwig erhielt durch den Westfäl. Frieden die P. zurück, dazu eine neugeschaffene 8. Kurwürde. Karl Ludwigs Aufbauwerk wurde beeinträchtigt durch die Kriege und die Politik Ludwigs XIV. Mit Karl II. erlosch die mittlere Kurlinie; die Erbansprüche, die Ludwig XIV. erhob, führten zum ↑Pfälzischen Erbfolgekrieg. Mit dem Reg.antritt der kath. Linie P.-Neuburg begann in der P. eine Art nachgeholter Gegenreformation. Im Span. Erbfolgekrieg standen die pfälz. Wittelsbacher wieder auf kaiserl. Seite. Der Versuch Kurfürst Johann Wilhelms, hierbei die Ober-P. von Bayern zurückzugewinnen, hatte nur vorübergehenden Erfolg. Sein Nachfolger Karl Philipp machte dem jahrhundertealten Ggs. zu den bayer. Wittelsbachern ein Ende (Hausunion von 1724). Kurfürst Karl Theodor vereinigte 1777 die P. mit Bayern. Damit wurde die territoriale Machtgrundlage zwar vergrößert, doch sank die P. zum Nebenland ab (1778 Verlegung der Residenz von Mannheim nach München). 1797/1801 wurden die linksrhein. Gebiete der P. an Frankreich abgetreten, der rechtsrhein. Teil gelangte im Reichsdeputationshauptschluß 1803 an Baden, Leiningen, Nassau und Hessen-Darmstadt. 1816 wurde aus ehem. linksrhein. pfälz. Gebieten und dem ehem. Besitz verschiedener geistl. und weltl. Reichsstände der Bayer. Rheinkreis gebildet, seit 1838 Rhein-P. gen.; Mai/Juni 1849 „Pfälzer Aufstand". 1918–30 frz. Besetzung linksrhein. Gebiete, 1920 Anschluß des W der P. an das Saargebiet. 1945 kam die P. zur frz. Besatzungszone, 1946 zum Land Rheinland-Pfalz.

Pfalz [vulgärlat.] (Palatium), ma., auf Königsgut angelegter Gebäudekomplex unterschiedl. Struktur; Grundelemente sind die Palastbauten (einschl. der Kapelle) zur Aufnahme des Königs und seines Gefolges und der Wirtschaftshof: Aufenthalt des reisenden Herrschers in der **Kaiserpfalz** bzw. im Königshof, Abhaltung von Hoftagen unter Beisitz des Pfalzgrafen, Grenzschutz, in stauf. Zeit Verwaltungsmittelpunkt von Reichsland. *Karoling. Pfalzen:* Aachen, Ingelheim, Worms; *otton. Pfalzen:* Quedlinburg, Magdeburg, Memleben, Speyer; *sal.-stauf. Pfalzen:* Goslar, Hagenau, Gelnhausen.

Pfalz-Birkenfeld, ehem. Ft. 1569–1671, dann vereinigt mit *Pfalz-Bischweiler,* zu dem seit 1673 auch die Gft. Rappoltstein gehörte. Aus dieser Wittelsbacher Linie (seit dem Anfall Zweibrückens 1731 **Pfalz-Zweibrücken-Birkenfeld**) stammten die bayer. Könige seit 1799.

Pfälzer Gebrüch, vermoorte Senke zw. dem Pfälzer Wald und dem Westrich im S sowie dem Saar-Nahe-Bergland im N, in Rheinland-Pfalz und im Saarland.

Pfälzer Wald, waldreiches Mittelgebirge in Rhld.-Pf., zw. Zaberner Senke im S und Nordpfälzer Bergland im N, steigt mit markanter Stufe (Haardt) im O aus dem Oberrhein. Tiefland auf, im W Übergang zum Westrich, in der Kalmit 673 m ü. d. M.

Pfalzgraf (Comes palatinus, Palatin), im fränk. Reich Beisitzer, bei Abwesenheit des Königs Vors. im Königsgericht, zugleich Urkundsperson. Für weniger wichtige Rechtsfälle bildete sich das **Pfalzgrafengericht** aus. Die P. kontrollierten die Hzg. und verwalteten verstreute Reichsgutkomplexe. Der lothring. P. (später: **Pfalzgraf bei Rhein**) wurde im Hl. Röm. Reich Kurfürst, Erztruchseß, Reichsvikar bei Thronvakanz (zus. mit dem Hzg. von Sachsen), der Theorie nach Richter über den König. Die Amtsbereiche der P. waren die **Pfalzgrafschaften;** sie gingen im allg. in den (herzogl.) Territorien auf.

Pfälzischer Erbfolgekrieg (Pfälz. Krieg, Orléanscher Krieg), der 3. Eroberungskrieg Ludwigs XIV. von Frankreich (1688 bis 1697); entstand, als der pfälz. Kurfürst Karl (* 1651, † 1685) kinderlos starb und der frz. König für dessen Schwester, Hzgn. Elisabeth Charlotte von Orléans, Erbansprüche erhob. Dagegen bildeten sich 1686 die Augsburger Allianz, 1689 die Wiener Große Allianz. Die frz. Truppen verwüsteten 1689 die Pfalz und angrenzende Gebiete, wurden aber 1693 zurückgedrängt. In den Niederlanden mußte die Allianz 1690–93 schwere Niederlagen hinnehmen, während die engl.-niederl. Flotte 1692 in der Seeschlacht von La Hogue einen Sieg errang. In den Friedensschlüssen von Turin (1696) und Rijswijk (1697) gab Frankreich Lothringen und die rechtsrhein. Gebiete heraus und verzichtete auf die Pfalz.

Pfalz-Neuburg, histor. Territorium, Ft.; ab 1569 Besitz der Linie P.-N. der Zweibrücker Hzg.; 1614 um Pfalz-Sulzbach verkleinert. Die Hzg. von P.-N. erhielten nach Beendigung des Jülich-Kleveschen Erbfolgestreits (1614) Berg und Jülich (Residenz in Düsseldorf) und folgten 1685 als junge Kurlinie in der Pfalz.

Pfalz-Simmern-Zweibrücken, ehem. Hzgt., neben der Kurpfalz bedeutendstes der 1410 begründeten pfälz. Teil-Ft.; um Simmern, Zweibrücken, Veldenz und Teile der Gft. Sponheim gebildet, mehrfach geteilt. Der älteren Linie des Kleeburger Zweiges der Zweibrücker Hzg. entstammten die Könige von Schweden Karl X., Karl XI. und Karl XII.

Pfalz-Sulzbach, durch Teilung von Pfalz-Neuburg 1614 entstandenes pfälz. Ft. in der Oberpfalz. Karl Theodor von P.-S. erbte 1742 mit Pfalz-Neuburg auch die Kurpfalz, 1777 Bayern.

Pfalz-Zweibrücken-Birkenfeld ↑ Pfalz-Birkenfeld.

Pfand, eine Sache [oder ein Recht], an der ein ↑ Pfandrecht besteht.

Pfandbrief, festverzinsl. Schuldverschreibung der Realkreditinstitute, die durch ↑ Hypotheken gedeckt sind. P. werden an der Börse gehandelt. Wegen der verhältnismäßig stabilen Kurse sind sie bevorzugte Anlagepapiere, die zu den mündelsicheren Papieren gehören.

Pfandentstrickung ↑ Verstrickungsbruch.

Pfänder, Gipfel in Vorarlberg, Österreich, 1 064 m ü. d. M., Straßentunnel zur Umgehung von Bregenz (6,7 km lang).

Pfandleiher, gewerbsmäßiger Geber von verzinsl. Darlehen gegen Verpfändung von Sachen. Die Tätigkeit bedarf der Erlaubnis, die zu versagen ist, wenn die erforderl. Zuverlässigkeit des Antragstellers oder die notwendigen Mittel fehlen. Neben den von P. betriebenen **Leihhäusern** bestehen öff.-rechtl. Pfandleihanstalten.

Pfandrecht, das dingl. Recht, mit dem eine bewegl. (für die Grundpfandrechte gelten bes. Vorschriften) Sache oder ein Recht (Pfand) zur Sicherung einer Forderung belastet ist; gibt dem Pfandgläubiger bei Vorliegen von bestimmten Voraussetzungen die Befugnis, das Pfand zur verwerten. Man unterscheidet *Vertrags-P. (Faust-P.), gesetzl. P.* und *Pfändungs-P.;* ersteres wird durch Pfandvertrag zw. Verpfänder und Pfandgläubiger bestellt, das zweite entsteht kraft Gesetzes, letzteres entsteht durch Pfändung im Wege der Zwangsvollstreckung.
In *Österreich* setzt der Erwerb eines P. einen Rechtsgrund (z. B. Vertrag, letztwillige Verfügung) und eine rechtswirksame Erwerbungsart voraus (z. B. Übergabe bei einer bewegl. Sache). In der *Schweiz* gelten für das P. ähnl. Bestimmungen wie im dt. Recht.

Pfandschein, die Bescheinigung über das beim Pfandkredit vom Darlehensempfänger gegebene Pfand.

Pfändung, dem Staat vorbehaltene Beschlagnahme eines Gegenstandes zwecks Sicherung oder Befriedigung eines Gläubigers (§§ 803 ff. ZPO). Die Voraussetzungen der ↑ Zwangsvollstreckung müssen vorliegen. Durch die P. entsteht ein P.pfandrecht und die Verstrickung. Bei bewegl. Sachen geschieht die P. durch Inbesitznahme der Sachen durch den Gerichtsvollzieher (i. d. R. durch Anlegen von Pfandsiegeln, sog. Kuckuck, § 808 ZPO), bei Forderungen und anderen Rechten durch **Pfändungsbeschluß** (§§ 829, 857 ZPO), der dem Drittschuldner (z. B. ein Betrieb) verbietet, an den Schuldner zu zahlen und dem Schuldner gebietet, sich jeder Verfügung über das Recht zu enthalten. Im Wege der **Anschlußpfändung** kann eine bereits gepfändete Sache nochmals gegen den gleichen Schuldner gepfändet werden, allerdings für eine andere Forderung. Sicherungsmittel oder Beweisunterlagen einer Forderung werden durch **Hilfspfändung** gepfändet, z. B. ein Sparbuch. Die Verwertung der Sachen erfolgt durch öff. Versteigerung (§ 814 ZPO); die Forderungen werden an den Gläubiger entweder zur Einziehung oder an Zahlungs Statt überwiesen (§ 835 ZPO). Für bestimmte Sachen und Forderungen besteht gemäß §§ 803, 811 ZPO ein **Pfändungsverbot.** Zur Vermeidung einer **Kahlpfändung** (die P. aller dem Schuldner gehörenden, pfändbaren Gegenstände) und zur Existenzsicherung des Schuldners sind bestimmte Teile des Arbeitseinkommens (↑ Lohnpfändung) sowie die in §§ 811 ff. ZPO aufgeführten Gegenstände, die für Haushalt, Arbeit und persönl. Gebrauch unentbehrlich sind (Küchengeräte, Fachbücher), unpfändbar. Bestimmte Ansprüche sind nach §§ 850 b ff. ZPO nur bedingt pfändbar, z. B. solche auf Leistungen der Sozial- und Arbeitslosenversicherung **(Pfändungsschutz).**
Im *östr.* und *schweizer. Recht* gilt Entsprechendes.

Pfanne [zu vulgärlat. panna (wohl von griech. patánē „Schüssel")], flaches Gefäß aus [mit Email oder Kunststoff, meist Teflon, beschichtetem] Stahl oder Leichtmetall, mit Stiel oder Henkeln, zum Braten oder Backen auf dem Herd.
▷ Kurzbez. für Gelenkpfanne (↑ Gelenk).
▷ Bez. für eine flache, geschlossene Hohlform der Erdoberfläche mit rundl. Grundriß, z. B. Salzpfanne in Trokkengebieten (nach Niederschlägen oft mit Wasser gefüllt).
▷ ↑ Dachziegel.
▷ in der *Hüttentechnik* feuerfest ausgekleidetes Stahlblechgefäß zum Transport von flüssigem Metall und Schlacke.

Pfarramt, im ev. Kirchenrecht das Amt des ↑ Pfarrers, gebunden an ein Gebiet oder einen Personenstand; das P. ist Kirchen- und öff. Behörde ohne staatl. Mitwirkung.

Pfarrausschuß (Pfarrerausschuß), in einigen dt. ev. Landeskirchen gewähltes Vertretungsorgan der Pfarrerschaft, das im allg. an allen die rechtl. und sozialen Belange der Pfarrerschaft betreffenden Regelungen der Kirchenleitung Mitspracherecht besitzt.

Pfarrbezirk (Kirchensprengel, Kirchspiel), in den christl. Kirchen territorial begrenztes Gebiet einer Pfarrei bzw. Gemeinde.

Pfarrei (lat. Parochie), in der *kath.* Kirche der unterste kirchenrechtlich selbständige Teilverband eines Bistums. Die P. wird durch kanon. Errichtung eines Pfarramtes seitens des Diözesanbischofs i. d. R. auf territorialer Grundlage gebildet, doch gibt es auch **Personalpfarreien,** in denen der Pfarrer für einen Personenkreis wirkt, der nicht identisch ist mit der lokalen Gemeinde. Die P. wird von einem ↑ Pfarrer geleitet. In den *ev.* Kirchen der territorial und konfessionell begrenzte Bezirk der ↑ Gemeinde.

Pfarrer (lat. Parochus), der Inhaber eines Pfarramts, dem die selbständige und verantwortl. Betreuung und Leitung der Pfarrei bzw. Gemeinde (Seelsorge und Verwaltung) obliegt. Er wird in der *kath.* Kirche vom Diözesanbischof, in der *ev.* Kirche durch landeskirchl. Verfügung oder Wahl der Gemeinde beauftragt. Seine Amtspflichten umfassen die Wortverkündigung, Sakramentenverwaltung, Seelsorge, Diakonie, Katechese, Unterricht und Verwaltungsaufgaben, wobei er mit den betreffenden Gemeindegremien zusammenarbeitet. Voraussetzung für die Amtseinsetzung des P. sind i. d. R. ein Theologiestudium, eine kirchlich-prakt. Ausbildung (Prediger-, Priesterseminar) sowie in den *ev.* Kirchen die Ordination, in der *kath.* Kirche die Priesterweihe. Im Unterschied zur *kath.* Kirche können

Pfauen. Blauer Pfau, radschlagend

in den *ev.* Kirchen auch Frauen P. werden. Die Besoldung der P. erfolgt in Deutschland durch Kirchensteuermittel und Staatszuschüsse. In der *kath.* Kirche kann der Bischof den P. aus Gründen der Seelsorge versetzen oder abberufen, gegen seinen Willen aber nur in einem Verwaltungsverfahren; spätestens bei Vollendung des 75. Lebensjahres soll der P. dem Bischof seinen Rücktritt anbieten. In den *ev.* Kirchen ist das Dienstverhältnis der P. durch Kirchengesetz in beamtenähnl. Rechtsform geordnet: der P. untersteht der Dienstaufsicht (Visitationsordnung) der Landeskirche und übt seinen Dienst in der Regel so lange aus, bis er gemäß der gesetzl. Altersgrenze in den Ruhestand tritt.

Pfarrernotbund, die Vorläuferorganisation der ↑Bekennenden Kirche.

Pfarrgemeinderat, in der *kath.* Kirche das im Anschluß an das 2. Vatikan. Konzil geschaffene Organ der Pfarrei zur verantwortl. Mitarbeit der Gemeindeangehörigen an der Verwirklichung des Auftrags der Kirche. – In den *ev.* Kirchen ↑Gemeindekirchenrat.

Pfarrhelfer, in der *kath.* Kirche Seelsorgehelfer; in den *ev.* Landeskirchen uneinheitlich verwendete Bez. für nicht voll ausgebildete Theologen, die das geistl. Amt versehen.

Pfarrkirche, die einer Pfarrei eigene Kirche.

Pfarrkịrchen, Krst. an der Rott, Bay., 380 m ü. d. M., 10 300 E. Verwaltungssitz des Landkr. Rottal-Inn; Heimatmuseum; Schuhfabrik, Radiatoren-, Transformatorenwerk; Pferdezucht (seit 1853 Pferderennbahn). – Ende des 9. Jh. erstmals, 1257 als Markt gen.; erhielt 1863 Stadtrecht. – Roman. Stadtpfarrkirche (um 1500 umgebaut); Altes Rathaus (um 1500 und 18. Jh.); gut erhaltene Stadtbefestigung (16. Jh.); barocke Wallfahrtskirche auf dem Gartlberg.

Pfauen. Männchen und Weibchen des Blauen Pfaus

Pfarrvikar, in der *kath.* Kirche Bez. für Priester mit Funktionen eines Pfarrers: 1. Leiter einer ständigen Pfarrvikarie, d. h. eines aus einer oder mehreren Pfarreien gebildeten pfarrähnl. Teilverbands eines Bistums. Der P. wird je nach Diözese auch **Pfarrkurat** oder **Pfarrektor** genannt. 2. P. mit Pfarrechten: Priester, die, ohne wirklich Inhaber eines Pfarramtes zu sein, volle Pfarrgewalt besitzen. 3. Vikare ohne Pfarrechte: Priester, die einem Pfarrer zur Hilfe beigegeben sind (Vikar, Kooperator, Expositus). – In der *ev.* Kirche Bez. für Theologen mit abgeschlossener Ausbildung, die einem Pfarrer zur Aushilfe zugeteilt oder selbständig mit der Verwaltung einer Pfarrei betraut sind, bevor sie eine eigene Pfarrei übernehmen.

Pfau, Ludwig, *Heilbronn 25. Aug. 1821, †Stuttgart 12. April 1894, dt. Lyriker und Kritiker. – Gründete 1848 den „Eulenspiegel", die erste dt. polit.-karikaturist. Zeitschrift; mußte nach der 1848er Revolution emigrieren; kehrte 1865 nach Stuttgart zurück.

Pfau ↑Sternbilder (Übersicht).

Pfauen [zu lat. pavo „Pfau"] (Pavo), Gatt. sehr großer Hühnervögel (Unterfam. Fasanen) mit zwei Arten, v. a. in Wäldern und dschungelartigen Landschaften S-Asiens und der Sundainseln; ♂♂ mit verlängerten, starkschäftigen, von großen, schillernden Augenflecken gezierten Ober-

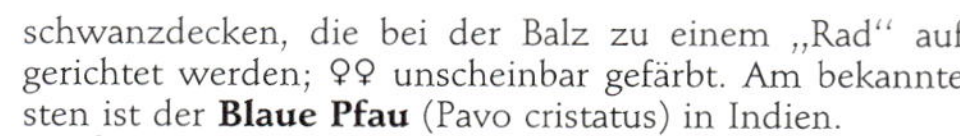

schwanzdecken, die bei der Balz zu einem „Rad" aufgerichtet werden; ♀♀ unscheinbar gefärbt. Am bekanntesten ist der **Blaue Pfau** (Pavo cristatus) in Indien.

Pfauenauge, Bez. für verschiedene Schmetterlingsarten mit auffallenden Augenflecken auf den Flügeln; z. B. Tagpfauenauge, Abendpfauenauge, Nachtpfauenauge.

Pfauenaugenbarsch (Pfauenaugen-Sonnenbarsch, Centrarchus macropterus), bis etwa 15 cm langer Knochenfisch (Fam. Sonnenbarsche) im östl. N-Amerika; Körper seitlich stark abgeflacht, relativ hoch; an der Basis des Rükkenflossenendes ein schwarzer, orangerot geränderter Fleck; Kalt- und Warmwasseraquarienfisch.

Pfauenblume ↑Tigerblume.

Pfauenfederfisch, svw. Meerjunker (↑Lippfische).

Pfauenkaiserfisch ↑Kaiserfische.

Pfauenspinner, svw. ↑Augenspinner.

Pfaufasanen (Argusianinae), Unterfam. bis pfauengroßer Hühnervögel (Fam. Fasanenartige) mit acht Arten, v. a. in feuchten Wäldern SO-Asiens und der Sundainseln; das meist graue bis braune Gefieder ist von zahlr. buntschillernden Augenflecken geziert. – Zu den P. gehören die *Eigtl. P.* (*Spiegelpfauen,* Polyplectron; mit dem 60 (♀) bis 70 (♂) cm langen **Grauen Pfaufasan** [Polyplectron bicalcaratum]), der **Perlenpfau** (*Rheinartfasan,* Rheinartia ocellata; mit bis 1,7 m langem Schwanz) und der ↑Argusfasan.

Pfautaube ↑Strukturtauben.

Pfeffer, Wilhelm, *Grebenstein 9. März 1845, †Leipzig 31. Jan. 1920, dt. Botaniker. – Arbeiten zur Pflanzenphysiologie, bes. über Tropismus, Pflanzenatmung und Photosynthese. Grundlegende Untersuchungen über den osmot. Druck (↑Osmose).

Pfeffer [griech.-lat., zu Sanskrit pippalī „Beere, Pfefferkorn"] (Piper), Gatt. der P.gewächse mit rd. 700 Arten in den Tropen. Die wirtsch. wichtigste Art ist der **Pfefferstrauch** (Echter P., Piper nigrum); ausdauernde, an Stangen und Spalieren gezogene Kletterpflanze mit wechselständigen, häutig-ledrigen Blättern. Die Früchte sind fast runde, einsamige, zunächst grüne, reif dann gelbe bis rote Steinfrüchte. Der P. liefert das wichtigste Welthandelsgewürz, den **schwarzen Pfeffer,** der aus den ganzen, unreif geernteten, ungeschälten Früchten besteht. Der **weiße Pfeffer** dagegen wird aus den reifen, durch Fermentation von der äußeren Schale befreiten Früchten gewonnen. Beide Sorten kommen ganz oder gemahlen in den Handel. Der brennende Geschmack des P. wird durch das Alkaloid Piperin bewirkt, der aromat. Geruch durch ein äther. Öl.

Geschichte: P. kam in der Antike durch Karawanen in den Mittelmeerraum, wo er von Griechen und Römern als Gewürz geschätzt wurde. Im MA war P. ein wichtiger Handelsartikel, der auch bei Tribut- und Steuerzahlungen Verwendung fand und den Reichtum der Städte Genua, Venedig und vieler Kaufleute begründete *(„P.säcke")*.

▷ Bez. für scharf schmeckende Gewürze aus Früchten und Samen des Pfefferstrauchs.

Pfefferfresser (Tukane, Ramphastidae), Fam. etwa 30–60 cm langer, meist prächtig bunter Spechtvögel mit rd. 40 Arten in trop. Wäldern M- und S-Amerikas; baumbewohnende Höhlenbrüter mit mächtigem, leuchtendem Schnabel. – Zu den P. gehören u. a. die *Eigtl. P.* (Rhamphastos) mit der größten P.art, dem **Riesentukan** (Rhamphastos toco).

Pfeffergewächse (Piperaceae), Pflanzenfam. mit 1 400 Arten in 10–12 Gatt. in den Wäldern der Tropen, v. a. im trop. Amerika; aufrechte oder schlingende Kräuter oder Sträucher mit sehr kleinen, meist in dichten Ähren stehenden Blüten; viele Zier- und Nutzpflanzen, v. a. aus den Gatt. ↑Pfeffer und ↑Pfefferkraut.

Pfẹfferkorn, Johannes, bis 1504 Josef P., *Nürnberg (?) 1469, †Köln 1522 oder 1523, dt. Schriftsteller. – Aus jüd. Familie; Metzger; konvertierte um 1504. Veröffentlichte eine Reihe antijüd. Schriften, in denen er u. a. das Verbot des Wuchers, Predigten gegen Juden und deren Ausweisung aus den dt. Städten forderte. Erwirkte 1509 ein kaiserl. Privileg zur Vernichtung außerbibl. jüd. Schrifttums; heftige Kontroverse mit J. Reuchlin und den Humanisten.

Pfefferkraut, svw. ↑Gemeiner Beifuß.
▷ (Zwergpfeffer, Peperomia) Gatt. der Pfeffergewächse mit rd. 600 Arten, v. a. in den Tropenwäldern Amerikas; z. T. Epiphyten; Stauden mit meist fleischig verdickten Blättern und zwittrigen Blüten.

Pfefferkuchen, svw. ↑Lebkuchen.

Pfefferküste, Name der westafrikan. Küste zw. Monrovia und Harper, Liberia. Früher wurde hier Guineapfeffer gewonnen.

Pfefferling, svw. ↑Pfifferling.

Pfefferminze (Echte P., Hausminze, Mentha piperita), aus einer Kreuzung zw. der Grünen Minze und der Wasserminze hervorgegangener Bastard der Gatt. ↑Minze; bis 80 cm hohe Staude mit fast völlig kahlen, glänzenden, oft rot überlaufenen Stengeln und gestielten Blättern sowie rötl.-lilafarbenen, in 3–7 cm langen, kopfigen Scheinähren sitzenden Blüten. Die Blätter und auch der Stengel enthalten viel äther. Öl (↑Pfefferminzöl). Die P. wird in zahlr. Kultursorten weltweit angebaut. – Seit etwa 1780 wird die P. in Deutschland kultiviert und gilt als bewährtes Volksheilmittel. Verwendet wird Pfefferminztee zur Behandlung von Erkrankungen der Atemwege und der Verdauungsorgane.

Pfefferminzöl (Oleum Menthae piperitae), äther. Öl, das aus den Blättern der Pfefferminze durch Wasserdampfdestillation gewonnen wird; es enthält v. a. Menthol, ferner weitere Terpenalkohole, und wird als Aromastoff für Genußmittel, Mundpflegemittel, Arzneimittel usw. verwendet.

Pfeffermuscheln (Scrobulariidae), Fam. der Muscheln mit zwei Arten, v. a. auf schlammigen Meeresböden der europ. Küsten: 1. **Gemeine Pfeffermuschel** (Scrobularia plana): mit flachen, weißl., bis 5 cm langen Schalen; 2. **Kleine Pfeffermuschel** (Abra alba): Schalen dünn, irisierend; kaum 2 cm lang; Charakterart der Nordseeweichböden.

Pfeffernüsse, Weihnachtsgebäck in Form von kleinen, runden Lebkuchen, überzogen mit einer weißen Zuckerglasur.

Pfeffersche Zelle [nach W. Pfeffer] ↑Osmometer.

Pfefferstrauch ↑Pfeffer.
▷ (Pfefferbaum, Mastixstrauch, Schinus) Gatt. der Sumachgewächse mit rd. 30 Arten von Mexiko bis Chile; Sträucher oder kleine Bäume, deren Rinde Gerbstoffe und Harze enthält.

Pfeffer und Salz, Kammgarngewebe mit grauschwarz gesprenkeltem Aussehen.

Pfeife [zu lat. pipare „piepen"], in der *Instrumentenlehre* Bez. für eine Schallquelle, bei der eine in einem röhrenförmigen Gehäuse *(P.rohr)* eingeschlossene Luftsäule zu Eigenschwingungen angeregt wird. Nach der Art der Schallerregung unterscheidet man: ↑Labialpfeifen *(Lippenpfeifen)* und ↑Lingualpfeifen *(Zungenpfeifen)*. Im akust. Sinne ist auch das Horn oder die Trompete eine Zungen-P., bei der die Lippen des Bläsers als Gegenschlag-(Polster-)Zungen wirken. – Das P.werk der ↑Orgel besteht ebenfalls aus Labial- und Lingualpfeifen. Auch umgangssprachl. Bez. für eine kleine, hoch und scharf klingende Flöte.
▷ (Glasmacher-P.) langes Blasrohr, mit dem man einen Klumpen zähflüssigen Glases dem Glasofen entnimmt und unter ständigem Drehen durch Blasen zu einem Hohlglaskörper formt.
▷ in der *Textiltechnik* svw. ↑Bobine.
▷ Gerät zum Tabakrauchen (↑Tabakspfeife).

Pfefferfresser. Riesentukan

Pfeifenblume, svw. ↑Osterluzei.

Pfeifenfische (Flötenmäuler, Fistulariidae), Fam. extrem langgestreckter, bis 1,5 m langer Knochenfische mit nur wenigen Arten in Flußunterläufen und an den Küsten des trop. Amerika, Australiens sowie von O-Afrika bis Japan; Körper unbeschuppt; lange Röhrenschnauze mit kleiner Mundöffnung; Schwanzflosse trägt peitschenartigen Fortsatz. Am bekanntesten ist die an amerikan. Küsten vorkommende Art **Tabakspfeife** (Fistularia tabaccaria).

Pfeifengras (Molinia), Gatt. der Süßgräser mit fünf Arten und zahlr. Varietäten auf der Nordhalbkugel. In Deutschland kommt das **Blaue Pfeifengras** (Molinia coerulea) vor: 15–90 cm hohe Staude mit blaugrünen Blättern; die Ährchen stehen in einer schieferblauen Rispe.

Pfeifenstrauch (Philadelphus), Gatt. der Steinbrechgewächse mit rd. 70 Arten von S-Europa bis zum Kaukasus, in O-Asien und v. a. in N-Amerika; strauchige, überwiegend sommergrüne Arten, deren Gartenformen und Bastarde als Ziersträucher verwendet werden. Bekannt ist der bis zu 3 m hohe **Blasse Pfeifenstrauch** (*Falscher Jasmin,* Philadelphus coronarius) aus S-Europa mit bis zu 3 cm großen Blüten.

Pfeifer, seit dem MA Bez. für die Spieler von [Holz]blasinstrumenten, später für Instrumentalisten außerhalb des Hofdienstes, die sich zunftähnlich zusammenschlossen und einem (vielfach von der Obrigkeit bestimmten) *P.könig* (auch *Spielgraf*) unterstellten. Die ↑Stadtpfeifer waren Instrumentalisten im Dienst der Städte.

Pfeiffer, Franz, *Bettlach bei Solothurn 27. Febr. 1815, †Wien 29. Mai 1868, schweizer. Germanist. – Ab 1857 Prof. in Wien. Hg. zahlr. Werke der altdt. Literatur, der Zeitschrift „Germania" (1856 ff.) und der Textreihe „Dt. Klassiker des MA". Gegner der Editionsprinzipien K. Lachmanns.

P., Michelle, *Santa Ana (= Los Angeles, Calif.) 29. April 1958, amerikan. Filmschauspielerin. – Internat. Erfolge u. a. in „Die Hexen von Eastwick" (1987), „Gefährl. Liebschaften" (1988), „Die fabelhaften Baker Boys" (1989) und „Batmans Rückkehr" (1992).

P., Richard, *Zduny (Woiwodschaft Posen) 27. März 1858, †Bad Landeck i. Schl. 15. Sept. 1945, dt. Bakteriologe. – Schüler und Mitarbeiter von Robert Koch; Prof. in Berlin, Königsberg (Pr) und Breslau; entdeckte 1892 den nach ihm ben. Influenzabazillus.

Pfeiffersches Drüsenfieber [nach dem dt. Internisten E. Pfeiffer, *1846, †1921], svw. ↑Mononukleose.

Pfeiffrösche (Leptodactylinae), Unterfam. der Südfrösche an und in Gewässern des trop. und subtrop. Amerika sowie Australiens. Viele P. geben schrille Pfeiftöne von sich.

Pfeifgänse (Baumenten, Dendrocygna), Gatt. etwa entengroßer, langhalsiger, hochbeiniger Gänse mit acht Arten, v. a. an Süßgewässern der Tropen und Subtropen; nachtaktive Vögel, die Pfeiflaute ertönen lassen.

Pfeifhasen (Pikas, Ochotonidae), Fam. der Hasenartigen mit rd. 15 Arten in Asien, eine Art auch im westl. N-Amerika; Körper gedrungen, etwa 12–25 cm lang; Fell dicht; Ohren kurz abgerundet. – Die P. sind gesellige, in Erdbauen lebende Steppen- und Gebirgsbewohner. Sie verständigen sich untereinander durch schrille Pfiffe.

Pfeil ↑Sternbilder (Übersicht).

Pfeil [zu lat. pilum „Wurfspieß"], Geschoß für Bogen, Armbrust oder Blasrohr; seltener mit der Hand geschleudert (Wurf-P.). In der einfachsten Form ein zugespitzter, dünner Stab, ist der P. fast überall zur zusammengesetzten

Pfeffer. Oben: Pfefferstrauch. Unten: Zweig mit Blättern und Früchten

Waffe aus Schaft und Spitze entwickelt worden. Die ein- oder mehrfache, auch mit Widerhaken versehene, z. T. vergiftete Spitze besteht aus Holz, Knochen, Stein oder Metall.

Pfeiler [zu lat. pila „Pfeiler"], Bauteil mit recht- oder vieleckigem Querschnitt mit großer Höhe im Verhältnis zur Dicke; Stütze. Je nach Stellung unterscheidet man Frei-P., Wand-P. (Pilaster) und Eck-P., auch in doppelter Anordnung. In der Gotik wurde neben dem Rund-P. der Bündel-P. aus einem oft runden Kern mit vorgelegten Diensten entwickelt. Der Strebe-P. dient zur Aufnahme des Gewölbeschubs. Als Brücken-P. bezeichnet man die Stützkörper der mittleren Auflager einer Brücke.

Pfeilgifte, pflanzl. (seltener tier.) Gifte, mit denen verschiedene Naturvölker die Geschoßspitzen ihrer Pfeile und Speere präparieren, um Tiere oder Menschen zu betäuben oder zu töten. Ein bekanntes pflanzl. P. ist z. B. ↑Kurare. Tier. P. werden z. B. aus den Larven der Pfeilgiftkäfer sowie aus Spinnen, Skorpionen und Schlangen gewonnen.

Pfeilgiftkäfer, Bez. für einige südafrikan. Arten der Flohkäfer, aus deren 7–10 mm langen Larven (zus. mit Bestandteilen bestimmter Pflanzen) die Buschmänner W- und SW-Afrikas ein tödlich wirkenes Pfeilgift herstellen.

Pfeilkraut. Gewöhnliches Pfeilkraut

Pfeilhechte (Barrakudas, Meerhechte, Sphyraenidae), Fam. bis 3 m langer, hechtförmiger Knochenfische mit 18 Arten in trop. Meeren; Rückenflossen weit voneinander getrennt; Kopf auffallend lang, mit zugespitzter Schnauze, vorstehendem Unterkiefer und großen Zähnen. Zu den P. gehören der bis 1 m lange **Mittelmeer-Barrakuda** (Europ. Pfeilhecht, Sphyraena sphyraena; im östl. Atlantik und Mittelmeer) und der bis 2 m lange **Pikuda** (Sphyraena picuda; im westl. Atlantik).

Pfeilkraut (Sagittaria), Gatt. der Froschlöffelgewächse mit rd. 30 Arten, v. a. im trop. und gemäßigten Amerika; meist Sumpf- und Wasserpflanzen. In Deutschland ist das **Gewöhnliche Pfeilkraut** (Sagittaria sagittifolia) in stehendem, seichtem Wasser verbreitet; mit pfeilförmigen, grundständigen Blättern.

Pfeilkresse (Cardaria), weltweit verbreitete Gatt. der Kreuzblütler. In Deutschland ist nur die Art **Cardaria draba** in Schuttunkrautgesellschaften anzutreffen: 20 bis 250 cm hohe, grau behaarte Stauden mit weißen Blüten in dichten Scheindolden.

Pfeilkreuzler, faschistische Gruppierungen in Ungarn 1935–45; F. Szálasi vereinigte im Okt. 1937 drei kleinere faschist. Parteien mit der 1935 von ihm gegr. rechtsradikalen „Partei des nat. Willens" *(„Hungaristenbewegung")* zur Ungar. Nationalsozialist. Partei **(Pfeilkreuzlerpartei);** vertraten nationalist. und antisemit. Positionen und forderten Agrar- und Sozialreformen; Okt. 1944 bis April 1945 mit Hilfe der dt. Besatzung an der Macht.

Pfeilnaht ↑Schädelnähte.

Pfeilnatter ↑Zornnattern.

Pfeilotter (Causus rhombeatus), relativ schlanke, etwa 60–90 cm lange giftige Otter (↑Vipern) in Afrika, südl. der Sahara; mit kennzeichnender pfeilförmiger Binde am Hinterkopf.

Pfeilschnäbel (Stachelaale, Pfeilaale, Mastacembelidae), Fam. aalförmiger, etwa 10–90 cm langer Knochenfische in Afrika und Asien; vor der Rückenflosse eine Reihe freistehender Stacheln; Kopf mit lang ausgezogener, pfeilspitzenartiger Schnauze und rüsselartiger Verlängerung der Nasenöffnungen.

Pfeilschwanzkrebse (Pfeilschwänze, Schwertschwänze, Xiphosura), seit dem Kambrium bekannte, heute nur noch mit fünf Arten vertretene Ordnung ausschließlich meerbewohnender Gliederfüßer; bis etwa 60 cm lang, die Hälfte der Länge entfällt auf den Schwanzstachel; Körper von zweigeteiltem, flachem, schaufelartigem Panzer bedeckt; Grundbewohner der Küstengewässer Nordamerikas (↑Limulus) und SO-Asiens (Gattungsgruppe **Molukkenkrebse**).

Pfeilstern, svw. ↑Barnards Stern.

Pfeilwürmer (Borstenkiefer, Gleichflosser, Chaetognatha), Stamm wurmförmiger, etwa 0,5–10 cm langer wirbelloser Tiere (Stammgruppe Deuterostomier) mit rd. 50 meerbewohnenden Arten; Körper glasartig durchscheinend, in drei Abschnitte (Kopf, Rumpf, Schwanz) gegliedert; mit einem oder zwei Paar waagerechten Seitenflossen am Rumpf und einer paarigen Gruppe langer Greifhaken am Kopf.

Pfeilwurz (Arrowroot, Maranta arundinacea), wirtsch. wichtigste Art der Gatt. Maranta, heute in den Tropen allg. angebaut; 1–3 m hohe Staude mit lanzettl.-eiförmigen Blättern und weißen Blüten. Die 25–45 cm langen, dickfleischigen Wurzelstöcke liefern die feine **Marantastärke,** die u. a. für Kinder- und Diätkost Verwendung findet.

Pfẹmfert, Franz, *Lötzen 20. Nov. 1879, †Mexiko 26. Mai 1954, dt. Schriftsteller und Publizist. – Als Hg. und Verleger der Zeitschrift „Die Aktion" (1911–32) Schlüsselfigur des frühen Expressionismus. Strebte auch in den von ihm hg. Anthologien, u. a. „Die Aktionslyrik" (1916–22), „Polit. Aktions-Bibliothek" (13 Bde., 1907–30) und „Der rote Hahn" (60 Bde., 1917–25) nach einer Verbindung von fortschrittl. Politik und moderner Kunst. Emigrierte 1933 in die Tschechoslowakei, 1936 nach Frankreich, 1941 nach Mexiko.

Pfennig [zu Pfand ♀] (älter Pfenning, Penning, Pfanding, Phenning), Abk. Pf, urspr. (seit dem 8. Jh. n. Chr.) Bez. des bis auf wenige Ausnahmen einzigen (silbernen) Münznominals (Denar) Europas im MA; nach der Münzordnung Karls d. Gr. entsprach der P. $^1/_{12}$ Schilling = $^1/_{240}$ Pfund Silber (auf dieser Einteilung beruhte die brit. Währungsordnung bis 1971 [P. = Penny]). Bis zum 13. Jh. blieb der P. eine Groß- und Fernhandelsmünze mit hoher Kaufkraft; erst seit der 2. Hälfte des 13. Jh. erfolgte wegen ständiger Münzverschlechterung die Ausprägung höherer Wertstufen (Groschen, Gulden, Mark, Taler). Bis zum 16. Jh. sank der P. allmählich zur Scheidemünze (aus schlechtem Silber, seit dem 17. Jh. aus Kupfer) herab. Es galten 288 P. = 24 Gutegroschen = 36 Mariengroschen = 1 Reichstaler. 1871 wurden 100 P. = 1 Mark zur gemeinsamen Währung aller dt. Länder.

Pfennigkraut, (Hellerkraut, Thlaspi), Gatt. der Kreuzblütler mit rd. 60 weltweit verbreiteten Arten, v. a. auf der Nordhalbkugel; niedrige Stauden mit meist rosettigen Grundblättern und weißen oder rosafarbenen, in Trauben stehenden Blüten; Schötchen rund oder herzförmig, oft geflügelt.

▷ (Lysimachia nummularia) niederliegende, weit kriechende einheim. Art der Gatt. Gilbweiderich; mit gegenständigen, kreisrunden, an eine Münze erinnernden, in einer Ebene ausgebreiteten Blättern und goldgelben Blüten.

Pferch [zu mittellat. parricus „Gehege"], meist transportable Eingatterung für eine größere Anzahl von Tieren (z. B. Schafe), vornehmlich für die Nacht.

Pferd ↑Pferde.

▷ Turngerät für Sprung- und Schwungübungen. Für Schwungübungen im Männerturnen wird das **Pauschenpferd** (auch **Seitpferd**) benutzt (1,60 bis 1,63 m lang, in der Höhe von 1,20 bis 1,70 m verstellbar, 35 cm breit; die 12 cm hohen Pauschen sind in der Mitte angebracht); ohne Pauschen wird das **Sprungpferd** von Frauen seitgestellt benutzt (Höhe 1,10 m). Der P.sprung der Männer wird über das langgestellte P. **(Langpferd)** ausgetragen (Höhe 1,35 m).

Pferde [zu mittellat. paraveredus „Kurierpferd"] (Einhufer, Equidae), weltweit verbreitete Fam. großer Unpaarhufer mit sechs rezenten (in der einzigen Gatt. Equus zusammengefaßten) Arten in Savannen und Steppen; hochbeinige, schnellaufende, grasfressende Säugetiere, bei denen alle Zehen (mit Ausnahme der stark verlängerten, in einem ↑Huf endenden Mittelzehe) zurückgebildet sind. Von der zweiten und vierten Zehe sind nur winzige Reste (Griffelbeine) erhalten geblieben. Ein weiteres Kennzeichen der P. ist das typ. Pflanzenfressergebiß mit hochkronigen Backenzähnen und (auf der Kaufläche) harten Schmelzfalten. Die Eckzähne der P. sind verkümmert, sie fehlen bei den ♀♀ meist völlig. P. leben in kleinen Gruppen bis zu sehr umfangreichen Herden. Die heute noch lebenden P. (i. e. S.) haben nur eine einzige wildlebende Art (↑Prschewalskipferd), aus der das ↑Hauspferd (mit seinen Rassen) gezüchtet wurde. I. w. S. gehören zu den P. ↑Zebras, ↑Esel, ↑Halbesel. – Die P. haben sich vor rd. 60 Mill. Jahren aus einer etwa fuchsgroßen Stammform (Eohippus) in Amerika entwickelt. Vor rd. 2,5 Mill. Jahren (Ende des Pliozäns) gelangte ein Seitenzweig nach Asien, wohingegen in Amerika alle P. nach der Eiszeit auf unerklärl. Weise ausstarben. Von der Alten Welt kamen die P. dann mit den span. Seefahrern wieder nach Amerika.

Geschichte: Die Domestikation des vorher nur gejagten Wild-P. setzte in N- und W-Europa im 4. Jt. v. Chr. ein. Spätneolith. Domestikationszentren befanden sich im S Sibiriens, im Altai- und Sajangebirge sowie in Z-Asien. Um die Mitte des 2. vorchristl. Jt. sind P. als Last-, Reit- und Opfertiere in Indien und China bekannt. Aus dieser Zeit stammen auch die ersten Reiterbilder (u. a. Ritzzeichnungen auf Knochen). Aus dem Zweistromland stammt die älteste erhaltene schriftl. Urkunde über die Existenz von P. (um 2000 v. Chr.). Nach Ägypten kamen die P. im 17. Jh. v. Chr. Der Weg des P. nach Griechenland ist ungeklärt. – Unter arab. Einfluß breitete sich seit der Karolingerzeit die Hochzucht verschiedener Rassen, bes. der schweren Turnier-P., aus. Die Reitkunst hat sich seit der Mitte des 16. Jh. am Vorbild der neapolitan. Schule orientiert; später setzte sich die Tradition der Span. Hofreitschule durch.

Pferdeantilope ↑Pferdeböcke.

Pferdeböcke (Laufantilopen, Hippotraginae), Unterfam. großer, kräftiger Antilopen in Afrika; beide Geschlechter mit langen, spießartigen oder nach hinten gebogenen Hörnern; in meist kleinen Herden in offenem Gelände. Zu den P. gehören u. a.: Oryxantilope (↑Spießbock); **Pferdeantilope** (Hippotragus equinus), bis über 2,5 m lang, etwa 1,25–1,6 m schulterhoch; **Rappenantilope** (Hippotragus niger), rd. 1,5 m schulterhoch.

Pferdebohne (Ackerbohne, Feldbohne, Futterbohne, Große Bohne, Dicke Bohne, Saubohne, Puffbohne, Marschbohne, Vicia faba), in zahlr. Sorten angebaute Wickenart; mit weißen, in Büscheln angeordneten Blüten und abgeflachten, bis 20 mm langen braunen, schwarzen, grüngefleckten oder weißen, eiweißreichen, reif schwer verdaul. Samen. – Die P. ist eine der ältesten Kulturpflanzen des Mittelmeergebiets. Ihre Samen werden heute überwiegend als Viehfutter verwendet; unreif werden sie als Gemüse gegessen.

Pferdebremse (Tabanus sudeticus), mit bis 25 mm Länge die größte mitteleurop. Fliegenart (Fam. Bremsen) mit großen, kupferfarbenen Augen und schwarzbraunem, weißlich gezeichnetem Hinterleib; lebt bes. an feuchten Orten; ♀♀ sind lästige Blutsauger, v. a. an Pferden und Rindern.

Pferdedroschke ↑Droschke.

Pferdeegel (Unechter P., Haemopis sanguisuga), etwa 10 cm langer, in langsam fließenden und stehenden Gewässern sehr verbreiteter Egel; kein Blutsauger.
▷ (Echter P., Roßegel, Limnatis nilotica) 8–12 cm langer Kieferegel in Quellen und Pfützen südeurop. und nordafrikan. Mittelmeerländer; Blutsauger.

Pferdegrippe, svw. ↑Pferdestaupe.

Pferdeheilkunde (Hippiatrie), die Wiss. von den Krankheiten des Hauspferds, ihrer Diagnose und Therapie.

Pferdekopfnebel, ein Dunkelnebel, der sich in der Form eines Pferdekopfes von hell erleuchteten Nebelpartien um den Stern ζ (Zeta) im Sternbild Orion abhebt.

Pferdemagenbremsfliege (Pferdemagenbiesfliege, Pferdemagenfliege, Pferdemagenbremse, Große Magenbremse, Gast[e]rophilus intestinalis), fast weltweit verschleppte, 12–14 mm große, bräunlichgelbe Fliege (Fam. Magendasseln), deren Maden im Pferdemagen parasitieren.

Pferderotlaufseuche, svw. ↑Pferdestaupe.

Pferdeschwamm (Hippospongia communis), im Durchmesser bis 90 cm erreichender Schwamm, v. a. im Mittelmeer; mit zahlr. eingelagerten Fremdkörpern; Verwendung als „Industrieschwamm".

Pferdesport, Sammelbez. für alle mit Pferden ausgeübten Sportarten: (volkstüml.) Reiterspiele, reglementierte Spiele zu Pferde sowie organisierte Wettkämpfe des ↑Reitsports.

Pferdestärke, Einheitenzeichen PS, veraltete Einheit der Leistung; heute durch Watt bzw. Kilowatt (W bzw. kW) ersetzt. 1 PS = 75 kpm/s = 736 Watt (W) = 0,736 Kilowatt (kW).

Pferdestaupe (Influenza, Pferdegrippe, Pferderotlaufseuche), meist drei bis fünf Tage dauernde, gutartige Viruserkrankung beim Pferd; mit Fieber, Entzündung der Schleimhäute, Lichtempfindlichkeit und Husten sowie Schwellungen der Augenpartien und des Kehlkopfs.

Pferdeumritt, prozessionsartiges Umreiten von Objekten mit bes. Bed. (Marktbrunnen, Gemarkung, Altar, Kapelle usw.), meist auf Grund eines brauchtüml. Termins.

Robert Pferdmenges

Pferdmenges, Robert, * München-Gladbach (= Mönchengladbach) 27. März 1880, † Köln 28. Sept. 1962, dt. Bankier und Politiker. – U. a. 1929–54 Teilhaber des Bankhauses Salomon Oppenheim jr.; nach 1945 MdL in NRW und MdB (ab 1949), als Mitbegr. der CDU Finanz- und Wirtschaftsberater K. Adenauers.

Pfette ↑Dach.

Pfettendach ↑Dach.

Pfifferling [zu ↑Pfeffer, nach dem pfefferähnlichen Geschmack] (Echter P., Eierschwamm, Gelbschwämmchen, Goldschwämmchen, Rehling, Pfefferling, Cantharellus cibarius), häufiger Leistenpilz der Laub- und Nadelwälder; erscheint Juli bis Ende Sept.; Hut 3–8 cm breit, oft trichterförmig vertieft, mit unregelmäßigem Rand, an der Unterseite mit herablaufenden, schmalen, lamellenartigen, gegabelten Leisten; Farbe blaß- bis eidottergelb; wertvoller Speisepilz. Er wird gelegentlich mit dem im Nadelwald häufigen **Falschen Pfifferling** (Orangegelber Gabelblättling, Hygrophoropsis aurantiaca), einem Trichterling, verwechselt, der wenig schmackhaft und zäh ist.

Pfifferling. Echter Pfifferling

Pfingstbewegung, zusammenfassende Bez. einer größeren Anzahl von heute z. T. weltweit verbreiteten, dogmatisch nicht einheitl. religiösen Gruppen. Gemeinsam ist ihnen (nach Apostelgeschichte 2) der Ausgangspunkt von einer realen Gegenwart des „Geistes" und der Anspruch auf den Besitz der urchristl. Gnadengaben, der Charismata. Vor Rechtfertigung und eth. Haltung sehen sie die höchste Stufe des christl. Lebens in einem häufig von Konvulsionen begleiteten Geistempfang, einer Geisttaufe, die mit Zungenreden, Prophetie und Krankenheilungen verbunden ist. – Die P. begann in Kreisen der nordamerikan. Heiligungsbewegung (etwa 1870) und verbreitete sich rasch in den USA und Europa. In Deutschland sind seit 1957 neue Formen der Verkündigung und des Gemeinschaftslebens in sog. „Glaubenshäusern" entwickelt worden. Die Bewohner, die Besitz und Beruf aufgeben, leben nach strengen Hausregeln. Vermutet wird eine Anhängerschaft von 20–30 Mill. (in der BR Deutschland [1990] rd. 35 000 Anhänger). Weltkonferenzen finden seit 1947 alle drei Jahre statt.

Pfingsten [zu griech. pentekostḗ (hēméra) „fünfzigster" (Tag, d. h. nach Ostern)], im *A. T.* und im *Judentum* Erntedank- und Wochenfest, in den *christl. Kirchen* der festlich begangene Schlußtag der 50tägigen Osterzeit, der inhaltlich verschiedene Ausprägungen des Ostergeschehens aufzeigen kann: So gilt P. in den Kirchen des Westens als Fest der Herabsendung des Hl. Geistes und der Gründung der Kirche; in den Ostkirchen ist P. das Hochfest der Trinität sowie der Geistsendung. – Als christl. Fest wird P. erstmals um 130 genannt und wird im 4. Jh. zu einem zweiten Tauftermin neben Ostern und mit Vigil und Oktav (1969 weggefallen) versehen.

Brauchtum: P. ist von der beginnenden Sommerzeit und vermutlich vorchristl. Fruchtbarkeitskulten (z. B. Flurumgänge, Spenden des Wettersegens [im Schwäbischen] sowie burschenschaftl. Umritte [im Rheinland] und Reiterspiele) geprägt. In vielen Orten waren Brunnenfeste (dem Pfingstwasser wurde bes. Heilkraft nachgesagt) üblich: Brunnen, aber auch Häuser, Ställe, Fahrzeuge wurden mit grünen Zweigen *([Pfingst-]Maien)* und Blumen geschmückt; das Aufstellen von Pfingstbäumen und Pfingstlauben gehörte ebenso zum Brauchtum wie die Personifizierung des Festes durch laubumhüllte Maskengestalten. Da früher zu P. auch der Weideauftrieb begann, schmückte man in Mecklenburg das erste oder letzte Tier *(Pfingstochse).*

Pfingstnelke ↑Nelke.

Pfingstrose (Päonie, Paeonia), einzige Gatt. der Pfingstrosengewächse (Paeoniaceae) mit mehr als 30 Arten in Europa, Asien und N-Amerika; ausdauernde Pflanzen mit krautigen oder verholzenden Stengeln, zusammengesetzten Blättern und großen, weißen, gelben, rosafarbenen oder roten Blüten. Die wichtigsten Arten mit zahlr. Zuchtformen sind die krautige **Edelpäonie** (Chin. P., Paeonia lactiflora) mit mehr als 3 000 Gartenformen (v. a. als Schnittblumen), die **Strauchpfingstrose** (Paeonia suffruticosa) sowie die bis 60 cm hohe **Echte Pfingstrose** (Bauern-P., Bauernrose, Gichtrose, Klatschrose, Paeonia officinalis) mit bis zu 10 cm großen roten, oft gefüllten Blüten.

Pfingstrose. Strauchpfingstrose

Pfinzgau, Landschaft zw. Schwarzwald und Kraichgau beiderseits der oberen und mittleren Pfinz, Bad.-Württ.

Pfinztal, Gem. östl. von Karlsruhe, Bad.-Württ., 132–206 m ü. d. M. 14 900 E. Inst. für Chemie der Treib- und Explosionsstoffe, Baustoffind. – Entstand 1974 durch Zusammenschluß der Orte Berghausen, Söllingen, Wöschbach und Kleinsteinbach (erste Erwähnung der Orte: 771 als Barchusen, 1085 als Söllingen, 1281 als Wesebach und 1328 als Niedern-Steinbach).

Pfirsich [zu lat. persicum (malum) „persischer" (Apfel)] ↑Pfirsichbaum.

Pfirsichbaum (Prunus persica), in vielen Ländern der Erde angepflanztes Rosengewächs; bis 8 m hoher Baum oder baumartiger Strauch mit breit-lanzettl., 8–15 cm langen, lang zugespitzten Blättern und rosafarbenen oder roten Blüten, die meist vor den Blättern erscheinen. Die eßbaren, kugeligen, seidig behaarten Steinfrüchte, die **Pfirsiche,** haben eine deutlich hervortretende Bauchnaht und einen dickschaligen Kern. Eine glattschalige Varietät sind die **Nektarinen.**

Geschichte: Der P. ist wahrscheinlich in Z-China heimisch, wo er schon im 3. Jt. v. Chr. in mehreren Sorten kultiviert wurde. Um 200 v. Chr. ist er in Vorderasien nachweisbar. Von den Persern lernten ihn zunächst die Römer kennen, die ihn „pers. Pflaume" nannten und ihn im 1. Jh. n. Chr. im Röm. Reich verbreiteten.

Pfirsichblättrige Glockenblume ↑Glockenblume.

Pfister, Albrecht, * um 1410, † Bamberg um 1465, dt. Inkunabeldrucker. – Druckte 1461–64 in Bamberg mit dem Typenmaterial der 36zeiligen Bibel neun überwiegend dt.sprachige Ausgaben, u. a. den „Ackermann aus Böhmen" und zwei dt. „Armenbibeln", und versah sie als erster mit Holzschnitten.

P., Oskar, * Wiedikon (= Zürich) 23. Febr. 1873, † Zürich 6. Aug. 1956, schweizer. ev. Theologe und Psychologe. – Seit 1902 Pfarrer in Zürich; suchte als erster Theologe die Psychoanalyse S. Freuds für die seelsorgerl. Praxis („analyt. Seelsorge") und für die systemat. und histor. Disziplinen der Theologie fruchtbar zu machen; schrieb u. a. „Das Christentum und die Angst" (1944).

Hans Pfitzner

Pfitzner, Hans [Erich], * Moskau 5. Mai 1869, † Salzburg 22. Mai 1949, dt. Komponist. – 1897–1907 Kompositionslehrer und Kapellmeister in Berlin, 1908–18 Städt. Musikdirektor in Straßburg und Direktor des Konservatoriums sowie 1910–16 Operndirektor; lehrte 1920–29 an der Berliner Akad. der Künste, 1930–34 an der Akad. der Tonkunst in München. Sein Werk steht für den Ausklang der klassisch-romant. Tradition; Hauptwerk ist die musikal. Legende „Palestrina" (1917; Text von P.), in deren Musik die Erfahrung des polyphonen Klanges des 16. Jh. eingeschmolzen ist. P. komponierte ferner Opern („Der arme Heinrich", 1895; „Die Rose vom Liebesgarten", 1901; „Das Christ-Elflein", 1906, Neufassung 1917; „Das Herz", 1931), Chorwerke (u. a. „Von dt. Seele" op. 28, 1921, nach Eichendorff), über 100 Lieder, Orchesterwerke und Kammermusik sowie Schauspielmusiken.

Pflanzen [zu lat. planta „Setzling"], formenreiche Organismengruppe, die gemeinsam mit den Tieren und dem Menschen die Biosphäre besiedelt, in weiten Gebieten der Erde das Landschaftsbild prägt und seit dem Präkambrium nachweisbar ist. Dem Menschen, der P. schon frühzeitig in Kultur nahm (↑Kulturpflanzen), liefern sie Nahrungs-, Futter- und Heilmittel sowie als Nutz- und Industrie-P. Rohstoffe für Kleidung, Behausung und Werkzeuge. – P. sind im allg. autotroph, d. h. sie bauen mit Hilfe des Sonnenlichts (↑Photosynthese) ihre organ. Körpersubstanz aus unbelebtem, anorgan. Material auf. Damit schaffen die P. die Existenzvoraussetzungen für die heterotrophen Tiere, für einige heterotrophe P. und den Menschen, die alle ihre Körpersubstanz nur aus organ., letztlich von P. aufgebautem Material bilden können. – Die äußere Form der P. ist der autotrophen Lebensweise durch Ausbildung großer äußerer Oberflächen (Blätter, verzweigte Sproß- und Wurzelsysteme) zur Aufnahme von Energie und Nährstoffen am Standort angepaßt.

Die urspr. P.gruppen sind z. T. einzellig (Bakterien, Flagellaten, niedere Algen), bilden lockere Zellkolonien (verschiedene Grünalgen) oder besitzen einen einfachen, fädigen oder gelappten Vegetationskörper (Thallus). Bei den Laubmoosen andeutungsweise beginnend, tritt, fortschreitend über die Farne zu den Samen-P., eine Gliederung des Vegetationskörpers zu einem Kormus (↑Kormophyten) auf. Unterschiede in Zahl, Anordnung und Größe sowie Metamorphosen der Grundorgane verursachen die Formenmannigfaltigkeit der P., die sich mit ihren rd. 360 000 Arten zu einem System von Gruppen abgestufter Organisationshöhe ordnen lassen, das als Abbild der stammesgeschichtl. Entwicklung gilt.

Grundbaustein der inneren Organisation der P. ist die ↑Zelle. – Die Fortpflanzung und Vermehrung der P. erfolgt auf geschlechtl. Wege durch Vereinigung von Geschlechtszellen oder auf ungeschlechtl. Wege durch Sporen. Bei vielen P. tritt zusätzlich eine vegetative Vermehrung durch Zellverbände auf, die sich von der Mutterpflanze ablösen (↑Brutkörper, ↑Ausläufer). – Auf Außenreize reagieren P. durch verschiedene Organbewegungen (↑Tropismus, ↑Nastie); freibewegl. Formen zeigen ortsverändernde ↑Taxien.

Pflanzendaunen, svw. ↑Kapok.

Pflanzendecke, svw. ↑Vegetation.

Pflanzenfarbstoffe, aus Pflanzen gewonnene, technisch verwertbare ↑Farbstoffe.

▷ Farbstoffe (↑Pigmente), die die Färbung der Pflanzen bewirken.

Pflanzenfasern, Sammelbez. für die (v. a. als Textilrohstoffe verwendeten) Fasern pflanzl. Herkunft; sie werden nach den Pflanzenteilen unterschieden in Blattfasern, Fruchtfasern und Stengelfasern. Chemisch bestehen P. überwiegend aus Zellulose.

Pflanzenfette (pflanzl. Fette) ↑Fette.

Pflanzenformation ↑Formation.

Pflanzenfresser (Phytophagen), zusammenfassende Bez. für Tiere, die sich von Pflanzen bzw. bestimmten Pflanzenteilen ernähren, z. B. hauptsächlich von Kräutern (**Herbivoren;** viele Huftiere, Hasen), Früchten (**Fruktivoren;** Flederhunde, viele Affenarten).

Pflanzengeographie, svw. ↑Geobotanik.

Pflanzengesellschaft (Pflanzengemeinschaft, Phytozönose), Bez. für eine Gruppe von Pflanzen verschiedener Arten, die Standorte mit gleichen oder ähnl. ökolog. Ansprüchen besiedeln, die eine gleiche Vegetationsgeschichte aufweisen und stets eine mehr oder weniger gleiche, durch Wettbewerb und Auslese entstandene Vergesellschaftung darstellen. P. geben der Landschaft ihr Gepräge (z. B. die P. des Laub- und Nadelwaldes, des Hochmoors und der Steppe), sind gute Standortanzeiger und können als Grundlage landw. Planung dienen. Sie sind zeitlich stabil, solange nicht durch Klimaänderungen oder geolog. Vorgänge, menschl. Eingriffe, Einflüsse von Gesellschaftsgliedern selbst oder durch Zuwanderung neuer Arten neue Wettbewerbsbedingungen und dadurch Änderungen in der Artenzusammensetzung verursacht werden.

Pflanzenheilkunde ↑Phytotherapie.

▷ svw. ↑Phytomedizin.

Pflanzenhormone (Phytohormone), von den höheren Pflanzen selbst synthetisierte Stoffe, die wie Hormone wirken. P. steuern physiolog. Reaktionen, wie z. B. Wachstum, Blühhrhythmus, Zellteilung und Samenreifung. Bekannte Gruppen von P. sind ↑Auxine, ↑Gibberelline und ↑Zytokinine.

Pflanzenkrankheiten, abnorme Lebenserscheinungen der Pflanzen. – **Nichtparasitäre Pflanzenkrankheiten** werden durch abiot. Faktoren wie Überschuß oder Mangel an Wasser und Nährstoffen, Frost, Hitze, Luftverunreinigungen, Bodenvergiftungen u. ä. hervorgerufen. *Wassermangel* verursacht Zwergwuchs, mangelhafte oder ausbleibende Körnerentwicklung, Frühreife des Obstes, frühen Blattfall oder vorzeitiges Verdorren der Blätter sowie zu frühes Abwerfen von Blüten und Früchten und das Holzigwerden sonst fleischiger Wurzeln. *Wasserüberschuß* bewirkt z. B. das Vergilben der Nadeln von Nadelbäumen von der Spitze her (Gelbspitzigkeit). Durch *Stickstoffmangel* bekommen die Blätter weiße Flecken oder Streifen. *Eisen- oder Kaliummangel* führt zum Gelbwerden der Blätter. *Calciummangel* bewirkt Wachstumsstopp, Schlaffheit der Blätter und unzureichende Samenbildung. Ein *Nährstoffüberschuß* durch übermäßige Düngung führt zur Bildung von Geilstellen, an denen die Pflanzen einen gedrungenen Wuchs und oft glasige, leicht brüchige Blätter haben. Durch *Luftverunreinigungen* (v. a. Rauchgase) treten Verfärbungen und Verätzungen an Blättern und jungen Trieben auf.
Die **parasitären Pflanzenkrankheiten** werden durch tier. Schädlinge oder Viren, Bakterien, Pilze hervorgerufen (↑Forstschädlinge, ↑Gallen, ↑Gartenschädlinge). Häufig treten Wucherungen an den befallenen Pflanzenteilen auf oder die Entwicklungshemmung führt zur Verkümmerung der Organe. Durch Abtötung der angegriffenen Zellen entstehen örtlich begrenzte Blattflecke oder es kommt zur völligen Auflösung ganzer Gewebe, z. B. von Brandpilzen (↑Flugbrand) in Fruchtknoten von Getreidearten. – ↑Viruskrankheiten.
Das Auftreten einer Reihe von gefährl. P. bzw. Pflanzenschädlingen ist den zuständigen Stellen des Pflanzenschutzes zu melden. **Meldepflichtige Pflanzenkrankheiten** in Deutschland sind das Auftreten (und der Verdacht) von Kartoffelkrebs, von Kartoffelnematoden, der San-José-Schildlaus, der Reblaus, des Blauschimmels (Tabak), des Feuerbrands (Obst) und der Scharkakrankheit (Pflaume).

Pflanzenkrebs, durch mehrere parasitäre Pilze verursachte Wucherungen, v. a. an höheren Pflanzen, die zum Zerfall des Gewebes und zum Absterben der Pflanzen führen. Gefürchtet ist der durch Wundinfektion mit dem Schlauchpilz Nectria galligena an Obstgehölzen auftretende **Obstbaumkrebs.** Das Rindengewebe an jungen Trieben trocknet ein bzw. es bilden sich kugelige, zerklüftete offene oder geschlossene Auftreibungen an älteren Zweigen und Ästen. Die unterbrochene Wasserzufuhr verursacht eine fortschreitende Spitzendürre und kann zum Absterben des Baumes führen.

Pflanzenläuse (Sternorrhyncha), mit mehr als 7 500 Arten weltweit verbreitete Gruppe bis 8 mm langer Insekten (Ordnung Gleichflügler). Zu den P. gehören Blattläuse, Schildläuse, Mottenschildläuse und Blattflöhe.

Pflanzenmedizin ↑Phytomedizin.

Pflanzenphysiologie ↑Botanik.

Pflanzenreich, Begriff der botan. Systematik, der die Gesamtheit der pflanzl. Organismen umfaßt.

Pflanzensauger, svw. ↑Gleichflügler.

Pflanzenschutz, zusammenfassende Bez. für alle Maßnahmen zum Schutz der Nutzpflanzen (v. a. Kulturpflanzen) und ihrer Ernteerzeugnisse vor nicht tolerierbaren Schäden und Verlusten, die von Schädlingen, Krankheitserregern und Konkurrenten (v. a. Unkräuter und Ungräser) verursacht werden. Hierzu dienen Vorbeugemaßnahmen und direkte Bekämpfungsmaßnahmen. – Der **integrierte Pflanzenschutz** vereinigt die Methoden biolog. und chem. ↑Schädlingsbekämpfung; chem. P.mittel sollten nur so weit eingesetzt werden, als die Förderung von Feinden der Schädlinge und der natürl. Abwehrkräfte der Pflanzen nicht ausreicht, um eine tolerierbare Schadschwelle einzuhalten.
▷ im Rahmen des Naturschutzes der Schutz ganzer Pflanzengesellschaften und bestimmter Wildpflanzen vor ihrer Ausrottung (↑geschützte Pflanzen).

Pflanzenschutzamt, Landesbehörde mit Bezirks- oder Außenstellen bzw. mit einer Abteilung Pflanzenschutz bei der unteren Behörde. Aufgaben des P. sind Aufklärung und Beratung der Anbauer sowie Registrierung und Berichterstattung über Schädlinge, Pflanzenkrankheiten und Unkräuter.

Pflanzenschutzmittel, die im Pflanzenschutz verwendeten chem. ↑Schädlingsbekämpfungsmittel.

Pflanzensoziologie ↑Geobotanik.

Pflanzensystematik ↑Taxonomie, ↑Systematik.

Pflanzenwespen (Symphyta), mit rd. 7 000 Arten weltweit verbreitete Unterordnung bis 4 cm langer Insekten (Ordnung Hautflügler), bei denen der Hinterleib im Ggs. zu den Taillenwespen breit am Thorax ansetzt; Larven raupenförmig, Pflanzenfresser. Wichtigste Vertreter: Blattwespen, Keulhornblattwespen, Gespinstblattwespen, Holzwespen, Halmwespen.

Pflanzenzüchtung (Pflanzenzucht), die Schaffung neuer Kulturpflanzensorten, die den bes. Standortverhältnissen oder den veränderten Anbaumethoden und Ansprüchen des Menschen angepaßt sind. Durch Kreuzung oder durch Erzeugung von Mutationen treten neue Erbmerkmale auf, so daß Formen mit neuen Eigenschaften entstehen. Ziel der P. ist es, v. a. ertragreichere, gegen schädigende Einflüsse beständigere, auch form- und farbschönere Sorten zu erhalten. Wichtige Methoden sind: Auslesezüchtung, Kreuzungszüchtung, Hybridzüchtung und Mutationszüchtung.

pflanzliche Gerbung ↑Lederherstellung.

Pflanzschnitt ↑Obstbaumschnitt.

Pflaster [mittellat., zu griech. émplastron „das Aufgeschmierte"], fester Straßen- oder Bodenbelag aus einzelnen, aneinandergesetzten Natur- oder Kunststeinen, z. T. auch aus anderem Material (z. B. Holz, Hochofenschlacke). *Klinker-P.* sind aus bis zur Sintergrenze gebrannte Straßenbauklinker; für Gehwege, Parkplätze u. a. wird der *Betonpflasterstein* bevorzugt, der in unterschiedl. Formen hergestellt wird, zunehmend in Form sog. *Verbundpflastersteine.* Für Altstadtstraßen o. ä. wird heute wieder auf das früher übl. *Kopfstein-P.* aus unregelmäßig gefügten, kleineren Natursteinen zurückgegriffen.
▷ (Emplastrum) allg. Bez. für das als Verbandsmaterial verwendete **Heftpflaster.** Es besteht aus Rohgummi, das auf Textilgewebe aufgestrichen wird. Während Heft-P. nur mechan. Zwecken dient, wurden P. früher als Arzneimittelträger (z. B. Ischias-, Zug-P.) verwendet; für kleine Wunden wird ein mit einer antisept. imprägnierten Auflagefläche versehenes selbstklebendes P. benutzt; auch aus Textilgewebe oder Kunststoff hergestelltes, mit Mull versehenes Verbandsmaterial, zum Schutz der Wunde vor Infektionen.

Pflasterepithel ↑Epithel.

Pflaume ↑Pflaumenbaum.

Pflaumenbaum (Prunus domestica), wahrscheinlich in Vorderasien aus einer Kreuzung von Schlehdorn und Kirschpflaume entstandener Bastard mit zahlr. kultivierten und verwilderten Sorten; 3–10 m hoher Baum mit grünlich-weißen Blüten und kugeligen oder eiförmigen Steinfrüchten **(Pflaumen).** Die zahlr. Formen können in folgende Unterarten eingeteilt werden: **Haferpflaume** (Haferschlehe, Krieche, Kriechenpflaume, Prunus domestica ssp. insititia), 3–7 m hoher Strauch oder Baum mit zuweilen dornigen Zweigen, Früchte kugelig, gelblichgrün oder blauschwarz, süß; **Mirabelle** (Prunus domestica ssp. syriaca), mit runden, hellgelben oder hellgrünen, saftigen, süßen Früchten; **Reneklode** (Reineclaude, Rundpflaume, Prunus domestica ssp. italica), mit grünl., kugeligen, süßen Früchten; **Zwetsche** (Zwetschge, Prunus domestica ssp. domestica), Früchte *(Zwetschen, Zwetschgen, Pflaumen)* längl.-eiförmig, dunkelblau, mit leicht abwischbarem Wachsüberzug; Fruchtfleisch gelblich, süß schmeckend.

Geschichte: Die Pflaume war als Kulturform in M-Europa schon in prähistor. Zeit bekannt, Griechen und Römer verbreiteten in der Antike den Anbau des P. und verwendeten die Frucht als Obst und das Harz als Arzneimittel.

Pflaumenbohrer (Pflaumenstecher, Rhynchites cupreus), in Eurasien verbreiteter, 3,5–8 mm langer, dunkel kupferfarbener Rüsselkäfer, der an Früchten, Blüten, Knospen und Blättern v. a. von Pflaumen-, Kirsch- und Apfelbäumen frißt.

Pflaumenmaden ↑ Pflaumenwickler.

Pflaumenwickler (Grapholitha funebrana), 15 mm spannender Kleinschmetterling (Fam. Wickler); Raupen **(Pflaumenmaden)** karminrot, bis 15 mm lang, können schädlich werden durch Fraß v. a. in Pflaumen, Mirabellen und Aprikosen.

Pflegegeld, 1. in der gesetzl. Unfallversicherung bei Pflegebedürftigkeit infolge Arbeitsunfalls oder Berufskrankheit an Stelle der Pflegetätigkeit mögl. monatl. Geldleistung (§ 558 RVO); 2. in der gesetzl. Krankenversicherung (§ 57 SGB V) seit 1. 1. 1991 mögl. Geldleistung an schwerpflegebedürftige Versicherte an Stelle der *häusl. Pflegehilfe* (Pflegetätigkeit durch eine Pflegeperson).

Pflegekennzeichen, zum großen Teil internat. einheitlich festgelegte Zeichen, die Erzeugnissen aus textilen Rohstoffen beigefügt werden und Hinweise für die sachgerechte Pflege der Textilien geben.

Waschen	95 °C Koch- oder Weißwäsche	60 °C Buntwäsche	30 °C Feinwäsche	Schon- 30 °C waschgang	nicht waschen
Chloren	Cl chloren möglich				nicht chloren
Bügeln	starke Einstellung	mittlere Einstellung	schwache Einstellung		nicht bügeln
Chemisch-Reinigen	A allgemein übliche Lösungsmittel	P Perchloräthylen oder Benzin	F nur Benzin	F	nicht chemisch reinigen

Pflegekennzeichen

Pflegekind, ein Kind (Jugendlicher), das sich dauernd oder nur für einen Teil des Tages (jedoch regelmäßig) außerhalb des Elternhauses in Familienpflege befindet. Die Aufnahme eines P. bedarf der – u. U. widerrufbaren – Erlaubnis des Jugendamtes, dem insgesamt die Aufsicht über das P. obliegt. Nähere Regelungen bezüglich des P.verhältnisses werden landesrechtlich getroffen.

Pflegeleichtausrüstung, Verfahren der Textilveredelung, durch die sich Stoffe mit bes. guten Trage- und Pflegeeigenschaften (z. B. Knitterarmut, Formbeständigkeit, schnelles Trocknen, Bügelfreiheit) herstellen lassen; Kennzeichen *„wash and wear"* (knitterfrei), *„minicare"* (knitterfrei), *„rapid iron"* (bügelarm) oder *„no iron"* (bügelfrei). **Knitterfreiausrüstung** bei Textilien aus wenig formbeständigen Zellulosefasern wird durch Einlagerung von Kunstharzen bewirkt, die die Zellulosefasern vernetzen. Durch **Antifilzausrüstung** werden oberflächl. Schuppen der Wolle abgebaut oder maskiert. Verfahren zur **Bügelfreiausrüstung** beruhen darauf, daß Disulfidbrücken durch Chemikalien gespalten und beim anschließenden Dämpfen und Pressen neu stabilisiert werden. Bei Synthesefasern sind von Bed.: das **Thermofixieren** (erzielte Formstabilität) und die **Antipilling-Ausrüstung** (die Bildung von Faserkügelchen [Pills] wird verhindert).

Pflegeversicherung, Sammelbegriff für Versicherungen zur finanziellen Vorsorge gegen das Risiko der **Pflegebedürftigkeit,** d. h. das ständige Angewiesensein eines Menschen auf die persönl. Hilfe anderer zur Bewältigung regelmäßiger alltägl. Verrichtungen. Zu der bislang überwiegend freiwillig-privaten Absicherung (↑ Pflegegeld) soll eine umfassende soziale Pflegeversicherung unter dem Dach der gesetzl. Krankenversicherung treten (↑ soziale Sicherheit). Aus den von der Rentenversicherung, den Arbeitgebern und -nehmern aufgebrachten Beiträgen sollen die (versicherten) Pflegebedürftigen (1991 rd. 1,65 Mill.) finanzielle Beihilfen und Sachleistungen zur stationären und häusl. Pflege erhalten (geschätztes Finanzvolumen 1991: 25,1 Mrd. DM).

Pflegschaft, durch das Vormundschaftsgericht begründetes Fürsorgeverhältnis einer Person **(Pfleger)** für eine andere **(Pflegling)** zur Wahrnehmung einzelner besonderer Angelegenheiten *(Personalpflegschaft);* ausnahmsweise auch die Fürsorge für ein Vermögen, das durch eine öffentliche Sammlung zusammengebracht wurde *(Sachpflegschaft);* die P. wird geregelt in §§ 1909 ff. BGB.
Im Unterschied zur Vormundschaft läßt die P. grundsätzlich die Geschäftsfähigkeit des Pfleglings unberührt und berechtigt deshalb den Pfleger nur innerhalb bestimmter Grenzen zum Handeln. Die **Ersatzpflegschaft** ist anzuordnen, wenn die Voraussetzungen für die Anordnung einer Vormundschaft bestehen, der Bestellung eines Vormunds aber Hindernisse entgegenstehen; die **Ergänzungspflegschaft** setzt voraus, daß die Eltern oder der Vormund eines Minderjährigen oder Entmündigten an der Besorgung bestimmter Angelegenheiten für ihn rechtlich oder tatsächlich gehindert sind; eine **Gebrechlichkeitspflegschaft** wird angeordnet für volljährige, nicht entmündigte Personen, die aber wegen körperl. oder geistiger Gebrechen einzelne ihrer Angelegenheiten nicht besorgen können; die **Abwesenheitspflegschaft** ist vorgesehen für fürsorgebedürftige Vermögensangelegenheiten von abwesenden Volljährigen, deren Aufenthalt unbekannt ist oder die an der Rückkehr und der Besorgung der Angelegenheiten gehindert sind; ein ungeborenes Kind (Leibesfrucht) erhält einen Pfleger zur Wahrung seiner künftigen Rechte, soweit diese der Fürsorge bedürfen; für unbekannte Beteiligte wird bei einer Angelegenheit ein Pfleger bestellt, soweit eine Fürsorge erforderlich ist, insbes. für einen Nacherben, der testamentarisch eingesetzt, aber noch nicht erzeugt ist oder erst durch ein künftiges Ereignis bestimmt wird; einen **Nachlaßpfleger** kann das Nachlaßgericht im Rahmen seiner Pflicht zur Sicherung des Nachlasses bis zur Annahme der Erbschaft durch den Erben einsetzen. Eine weitere Form der P. ist die **Amtspflegschaft** nach §§ 1706 ff. BGB (↑ Amtsvormundschaft), die jedoch nicht in den neuen Bundesländern bestellt wird.

Pflicht, moralphilosoph., unterschiedlich verwendeter Begriff in bezug auf Aufgaben, die sich aus einer bestimmten Position (z. B. Beruf) in einer Gruppe oder Gesellschaft auf Grund des Normensystems dieser Gruppe oder Gesellschaft ergeben, und zur Beurteilung einer Handlung nach einem moral. Begründungsprinzip; seit Kant ein zentraler Begriff der Ethik als „die objektive Notwendigkeit einer Handlung aus Verbindlichkeit" (↑ kategorischer Imperativ).
▷ in verschiedenen Sportarten, u. a. Kunstturnen, vorgeschriebene Übungen.

Pflichteindruck, svw. ↑ Impressum.

Pflichtenkollision, die nicht rechtswidrige Verletzung einer Rechtspflicht durch eine Handlung, wenn diese Handlung das einzige Mittel war, um eine andere, höherrangige Rechtspflicht zu erfüllen, und wenn der Handelnde sich auf Grund einer Abwägung der Pflichten entschieden hat.

Pflichtexemplare (Pflichtstücke), von Gesetzen bzw. von Verordnungen und z. T. auch auf Grund freiwilliger Verpflichtung überwiegend kostenfrei an öff. Bibliotheken oder andere Sammlungen von den Verlegern bzw. von den Druckern abzuliefernde Druckwerke. Die Zahl der P. ist in den Ländern unterschiedlich festgelegt. Nach dem Gesetz vom 14. 12. 1982 sind in der BR Deutschland P. binnen einer Woche nach Beginn der Verbreitung an die Dt. Bibliothek abzuliefern.

Pflichtfeuerwehr ↑ Feuerwehr.

Pflichtteil, derjenige Teil seines Vermögens (i. d. R. $\frac{1}{2}$ des Wertes des gesetzl. Erbteils), hinsichtlich dessen der Erblasser seine ehel. und nichtehel. Abkömmlinge, seine Eltern und seinen Ehegatten trotz der grundsätzl. Testierfreiheit nicht durch Testament von der Erbfolge ausschließen kann, es sei denn, die P.berechtigten haben sich schwerer, schuldhafter Verfehlungen gegen den Erblasser schuldig gemacht. In diesem Fall kann der Erblasser auch den P. entziehen *(P.entziehung).* Gemäß §§ 2303 ff. BGB erhält der P.berechtigte mit dem Tode des Erblassers nur einen Geldanspruch gegen den Nachlaß, dessen Höhe durch Schätzung zu ermitteln ist. Lebten die Ehegatten im gesetzl. Güterstand der ↑Zugewinngemeinschaft, so erhält der überlebende Ehegatte, der Erbe ist oder dem sonst etwas zugewendet worden ist, als P. die Hälfte des um $^1/_4$ der Erbschaft erhöhten gesetzl. Erbteils *(sog. großer P.).* Ist dem Ehegatten nichts zugewendet worden, so behält er den Anspruch auf den Zugewinn nach Ehegüterrecht und hat daneben einen P.anspruch in Höhe von $^1/_2$ des gesetzl. Erbteils *(sog. kleiner P.).* Letzteres gilt auch, wenn der Ehegatte das ihm Zugewendete ausschlägt.

Pflichtversicherung, in der *Privatversicherung* die auf gesetzl. Vorschriften beruhenden ↑Haftpflichtversicherungen; als *Sozialversicherung* gesetzlich vorgeschriebene Kranken-, Unfall-, Arbeitslosen- und Rentenversicherung.

Pflichtverteidiger ↑Verteidiger.

Pflimlin, Pierre [frz. pflim'lɛ̃], *Roubaix 5. Febr. 1907, frz. Politiker. – 1945/46 Abg. des MRP in beiden Konstituanten, danach bis 1967 in der Nationalversammlung; in der Vierten Republik fast ununterbrochen Min.; 1959–67 im Europ. Parlament und in der Beratenden Versammlung des Europarats (deren Präs. 1963–66) führender Verfechter der europ. Einigung; trat für die Integration der europ. Landwirtschaft ein (Pflimlin-Plan); 1956–59 Präs. des MRP; 1958 zum Min.präs. ernannt, ebnete de Gaulle den Weg, der ihn dann zum Staatsmin. berief (Juni 1958–Jan. 1959); 1959–83 Bürgermeister von Straßburg; seit 1979 erneut MdEP, 1984–87 dessen Präsident.

Pflug, Gerät zum Wenden und Lockern des Ackerbodens. Nach dem Verwendungszweck unterscheidet man **Saatpflüge** (Bearbeitungstiefe 20–35 cm), **Schälpflüge** (bis 15 cm) und **Spezialpflüge** (z. B. Häufelpflüge), nach der Ausbildung der Wende- bzw. Lockervorrichtung Schar-, Scheiben-, Kreisel- und Spatenpflüge. Die verbreitetste Form ist der **Scharpflug.** Je nach Anzahl der P.körper (Schare) spricht man von **Einschar-** oder **Mehrscharpflügen.** – Pflüge, die die Furche nur nach einer Seite wenden können, bezeichnet man als **Beetpflüge.** Kann die Furche je nach Bedarf nach der einen oder der anderen Seite gewendet werden, so spricht man von **Kehrpflügen.** – Der **Scheibenpflug** besitzt als Arbeitswerkzeug gewölbte, drehbare Scheiben, die die Erde über einen Abstreifer zur Seite werfen. **Kreiselpflüge** stellen eine Kombination von Schar-P. und Bodenfräse dar. Beim **Spatenpflug** werden in mehreren Reihen angeordnete Spatenblätter durch ein Getriebe nacheinander in den Boden gestoßen und während des Heraushebens gewendet.

Geschichte: Der P. erscheint [auf bildl. Darstellungen] erstmals um 3000 v. Chr., in Europa in der Bronze- und der älteren Eisenzeit. Die Römer kannten einen leichten, radlosen **Hakenpflug.** Um Christi Geburt wurde bereits der **Räderpflug** entwickelt. Im MA war der schwere Beet-P. mit

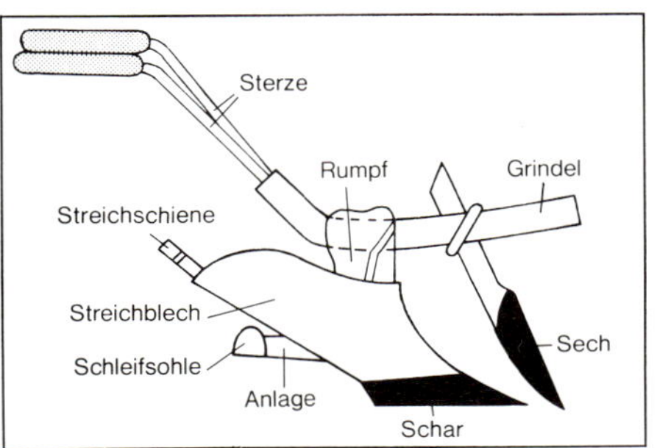

Pflug. Schematische Darstellung eines Scharpfluges

Radvordergestell weit verbreitet. Die Dampfmaschine ermöglichte den Einsatz schwerer, an Drahtseilen über den Acker gezogener Mehrscharpflüge. Der vor der Entwicklung der modernen Schlepperhydraulik ausschließlich verwendete **Anhängepflug** wurde in den letzten Jahren durch den Anbaupflug verdrängt, der über ein Dreipunktgestänge mit dem Schlepper verbunden ist.

Pflugscharbein (Vomer), pflugscharähnl. Knochen, der den hinteren Teil der Nasenscheidewand bildet.

Pforr, Franz, *Frankfurt am Main 5. April 1788, †Albano Laziale 16. Juni 1812, dt. Maler. – Neffe von J. H. Tischbein, Mgl. der ↑Nazarener. P. gilt als Begründer der romant. dt. Malerei, wobei er auf die altdt. Malerei zurückgriff. Seine Werke kennzeichnen Umrißzeichnung und flächenhaftes Kolorit.

Pfortader [zu lat. porta „Tür"] (Vena portae), kurze, starke Vene, die durch Vereinigung der obereren Eingeweidevene und der Milzvene entsteht und nährstoffhaltiges Blut aus den Verdauungsorganen zur Leber leitet.

Pierre Pflimlin

Pfortaderstauung (Pfortaderhochdruck, portale Hypertension), Syndrom mit beeinträchtigtem Durchfluß des Pfortaderblutes durch die Leber infolge verschiedenartiger Abflußbehinderungen, z. B. bei Leberzirrhose, Pfortader- oder Lebervenenthrombose; führt zu druckentlastenden Umgehungskreisläufen wie Krampfadern in der Speiseröhre sowie zu Bauchwassersucht und Milzstauung.

Pforte [zu lat. porta „Tür"], svw. ↑Hohe Pforte.

Pförtner, svw. Magenausgang (↑Pylorus).

Pforzheim, Stadt am N-Rand des Schwarzwaldes, Bad.-Württ., 240–608 m ü. d. M., 106 500 E. Verw.sitz des Enzkreises und des Regionalverbandes Nordschwarzwald; Fachhochschulen für Wirtschaft und Gestaltung, Goldschmiedeschule, Heimat- und Schmuckmuseum, Theater. Zentrum der dt. Uhren- und Schmuckind., elektrotechn., feinmechan. Betriebe, Werkzeugbau, Papier- und Strumpffabriken. – 1067 erstmals erwähnt; entstand an der Stelle der röm. Siedlung **Portus.** Die heutige Stadt entwickelte sich aus 2 Siedlungen, der Altenstadt (Stadtrecht 1195) und der Neustadt (zw. 1219/27 gegr.). 1535–65 Residenz der Markgrafen von Baden-Durlach. Die Schmuckind. entwikkelte sich seit 1767. 1945 durch Brandbombenangriffe bis zu 80 % zerstört. – Bed. die ev. got. Schloß- und Stiftskirche (13./14. Jh.), die ev. Altenstädter Pfarrkirche (nach 1945 z. T. neu erbaut) und die moderne ev. Matthäuskirche (1953); erste Moschee in Bad.-Württ. (1992).

Pforzheim
Stadtwappen

Pfriemengras, svw. ↑Federgras.

Pfriemenmücken (Phryneidae), seit dem Jura bekannte, heute mit rd. 70 Arten weltweit verbreitete Fam. etwa 5–10 mm langer, nicht blutsaugender Mücken mit kurzem Rüssel und oft gefleckten Flügeln.

Pfriemenschwänze (Oxyuren, Oxyuroidea), Ordnung etwa 2–150 mm langer, spulwurmförmiger Fadenwürmer mit rd. 140 parasitisch lebenden Arten v. a. im Darm von Wirbeltieren; z. B. der ↑Madenwurm.

Pfronten, Gem. am N-Fuß der Allgäuer Voralpen, Bayern, 880 m ü. d. M., 7 100 E. Feinmechan. und opt. Ind.; Luftkurort. – Barocke Pfarrkirche (17. Jh.); Burgruine Falkenstein (1646 zerstört).

Pfropfbastard, svw. Pfropfchimäre (↑Chimäre).

Pfropfreben, auf reblausresistenter Unterlage (↑Amerikanerreben) herangezogene Reben; bei Neuanpflanzungen in geschlossenen Weinbaugebieten in Deutschland verbindlich vorgeschrieben.

Pfropfung (Pfropfen) [zu lat. propago „der weitergepflanzte Zweig"], Veredelungsverfahren, v. a. für Zierpflanzen- und Obstgehölze, wobei ein kronenbildendes Edelreis (↑Veredelung) mit einer geeigneten wurzelbildenden Unterlage an der Wundstelle zum Anwachsen vereinigt wird. Hierzu wird das untere Ende des Edelreises entweder (ein- oder beidseitig abgeschrägt) hinter die (gelöste) Rinde des Unterlagenkopfs *(Rindenpfropfen, Pelzen;* Ende April) oder (keilförmig zugeschnitten) in eine keilförmige Aussparung des Unterlagenkopfs eingepaßt *(Geißfußveredelung, Triangulation, Aufpfropfen;* bei jungen Bäumen im Nachwinter).

Pfründe, svw. ↑Benefizium.

Pfullendorf, Stadt im nw. Oberschwaben, Bad.-Württ., 635 m ü. d. M., 10 300 E. Küchenmöbel- und Textilind. – Um 1147 erstmals erwähnt; Friedrich II. ließ P. um 1220 ummauern und verlieh ihm Stadtrecht; 1220–1803 Reichsstadt, danach badisch. – Got. Stadtpfarrkirche (14./15. Jh., später barockisiert); Rathaus mit Wappenscheiben von 1524/25; Fachwerkhäuser.

Pfullingen, Stadt am Austritt der Echaz aus der Schwäb. Alb, Bad.-Württ., 426 m ü. d. M., 16 400 E. Textil- und Maschinenfabriken, Holz- sowie Leder- und Kunststoffind. – 1699 Stadtrecht. – Spätgot. ev. Pfarrkirche (1463 ff.), frühgot. ehem. Klosterkirche (13. Jh.); ehem. Jagdschloß (1563 ff.); die „Pfullinger Hallen", ein Jugendstil-Festsaal von T. Fischer (1904/06), gelten als bahnbrechende Leistung moderner Architektur.

Pfund [zu lat. pondus „Gewicht"], 1. altes Massemaß („Gewichts-P."), das auf das röm. P. (Libra) zurückgeht; im Wert landschaftlich stark schwankend. Als **Krämer-Pfund** unterteilt in 1 P. = 32 Lot = 512 Pfenniggewichte; als **Apotheker-Pfund** 1 P. = 12 Unzen = 288 Skrupel; im Dt. Zollverein 1858 einheitlich auf 500 g **(Zoll-Pfund)** festgelegt (bis 1935 als gesetzl. Einheit zugelassen). 2. altes Zählmaß zu 240 Stück („Zähl-P."); geht auf die karoling. Münzordnung zurück, wo das P. Rechnungsgröße im Münzgewichtssystem war: 1 P. = 20 Schillinge = 240 Pfennige in Silber **(Karlspfund)**; in England (P. Sterling, 1489 als Goldmünze geprägt) blieb die Währung bis zur Umstellung auf das Dezimalsystem 1971 so unterteilt. 3. Währungseinheit in Großbritannien (P. Sterling) und (mit bes. nat. Bez.) in verschiedenen anderen Ländern (u. a. Ägypten, Libanon, Malta); Zeichen £; 1 £ = 100 Pence.

Pfundnase ↑ Rosacea.

Pfundner, erste größere Silbermünze oberhalb des Groschens für Deutschland und die Alpenländer, geprägt 1482 in Tirol.

Pfund-Serie, die von dem Physiker A. H. Pfund (* 1879, † 1949) 1924 entdeckte fünfte, im fernen Infrarotbereich liegende Spektralserie im Atomspektrum des Wasserstoffs.

Pfungstadt, hess. Stadt, 100 m ü. d. M., sw. von Darmstadt, 23 100 E. U. a. Maschinenbau, Elektro-, chem., Textil- und Papierind., Brauerei. – 785 erstmals erwähnt, 1886 Stadtrecht. – Barocke ev. Pfarrkirche (1746–48), Rathaus (1614), Hofanlagen mit Mühlen (17./18. Jh.).

Pfyffer von Altishofen, Kasimir [ˈpfiːfər], * Rom 10. Okt. 1794, † Luzern 11. Nov. 1875, schweizer. Jurist und liberaler Politiker. – Förderer der Bundesreform, Befürworter der Repräsentativdemokratie; Bundesrichter; Arbeiten zur Geschichte Luzerns.

pH, svw. ↑ pH-Wert.

Phäaken (Phaiaken), in der griech. Mythologie ein auf der Insel Scheria beheimatetes Volk, das sich v. a. auf die Seefahrt versteht. Sein König Alkinoos bewirtet den schiffbrüchigen Odysseus und läßt ihn, reich beschenkt, nach Ithaka bringen.

Phädrus (Phaedrus), † um 50 n. Chr., röm. Fabeldichter. – Klassiker der Fabeldichtung aus Makedonien; kam als Sklave nach Rom; verfaßte [unvollständig erhaltene] Bücher mit Tierfabeln, Anekdoten und Schwänken.

Phaedra [ˈfɛːdra] (Phaidra), griech. Sagengestalt; Tochter des Minos, Schwester der Ariadne, zweite Gemahlin des Theseus; entbrennt in leidenschaftl. Liebe zu ihrem Stiefsohn Hippolytos, der sie verschmäht, worauf sie sich erhängt. Bedeutendste literar. Bearbeitung der Neuzeit von J. Racine (1677, dt. 1805 von Schiller).

Phaenomenon (Phänomen) [fɛ...; griech. „das Erscheinende, das Einleuchtende"], der in der Sinnlichkeit gegebene bzw. der Wahrnehmung zugängl. Gegenstand im Ggs. zu dem allein dem Verstand gegebenen bzw. dem Denken zugängl. Gegenstand; Grundbegriff der Ideenlehre Platons.

Phaethon, in der griech. Mythologie Sohn des Helios; kann den Sonnenwagen des Vaters nicht zügeln und wird, da der Sturz der Sonne droht, von einem Blitz des Zeus erschlagen. Seine Schwestern, die **Heliaden,** verwandeln sich vor Trauer in Pappeln, ihre Tränen in Bernstein.

Phagen [zu griech. phageīn „essen"], svw. ↑ Bakteriophagen.

Phagodeterrents [engl. fægoʊdɪˈtɛrənts; griech./lat.], in der Schädlingsbekämpfung Stoffe, die bei Schädlingen den Biß, den Einstich oder die Eiablage am Substrat oder dessen Verzehr hemmen, ohne den Schädling zu vertreiben.

Phagostimulants [engl. fægoʊˈstɪmjʊlənts; griech./lat.], in der Schädlingsbekämpfung Stoffe, die den Biß (z. B. bei der Anwendung von Giftködern), den Einstich oder die Eiablage eines Schädlings am Substrat aktivieren.

Phagozyten [griech.], svw. ↑ Freßzellen.

Phagozytose [griech.], die Aufnahme von Bakterien, Protozoen und Fremdkörpern oder eigenen Körperzerfallsprodukten in das Zellinnere durch Umfließen bei Einzellern (Amöben) und im Gewebe vielzelliger Lebewesen durch Phagozyten (↑ Freßzellen). Während die P. bei Einzellern der normalen Nahrungsaufnahme entspricht, dient sie im Gewebe vielzelliger Organismen, z. B. des Menschen, der Beseitigung von schädigenden Stoffen oder Krankheitserregern.

Phaistos, minoische Ruinenstätte im südl. M-Kreta, auf einem Hügel 70 m über dem W-Rand der Mesara. Schon im Neolithikum besiedelt. Hier wurden um 2000 v. Chr. ein großer Palast, nach Erdbeben um 1500 eine zweite bed. Palastanlage errichtet. Diese folgt dem Schema von Knossos und ist um einen N–S-gerichteten Hof (22 × 46 m) angeordnet. Um 1450 v. Chr. zerstört. In einem Teil des älteren Palastes wurde der ↑ Diskos von Phaistos gefunden.

Phakomatosen [griech.], Oberbegriff für erbl. Mißbildungen und Geschwülste der Haut, des Zentralnervensystems und des Auges mit unterschiedl. Ausprägung und Lokalisation; die Veränderungen sind entwicklungsgeschichtlich erklärbar, da sich diese Organe aus dem Ektoderm bilden.

Phalaenopsis [...lɛ...; griech.] (Malaienblume), Gatt. der Orchideen mit rd. 70 Arten in Indien und N-Australien; epiphyt. Pflanzen mit traubigen oder rispigen Blütenständen. Viele der farbenprächtigen Hybriden werden kultiviert.

Phalangen [griech.], die bewegl., auf die Mittelhand- bzw. Mittelfußknochen folgenden Finger- bzw. Zehenknochen der höheren Wirbeltiere (einschl. des Menschen).

Phalange-Partei (Falange-P.), 1936 gegr. rechtsgerichtete libanes. Partei mit christl. Übergewicht.

Phalanx [griech.], antike Kampfformation; als Front Schwerbewaffneter (Hopliten) durch Tiefe (Normaltiefe 8 Mann) wirkend, flankiert durch Leichtbewaffnete oder Reiterei (v. a. in griech. Bürgerheeren); auch Bez. für eine Einheit von etwa 1 500 Mann; heute: geschlossene Front.

Phalaris, Tyrann von Akragas (= Agrigent) etwa 570–555. – Kam mit Hilfe von Bauarbeitern und Sklaven zur Macht; galt in späterer Zeit als Prototyp des grausamen Tyrannen; soll seine Gegner in einem ehernen Stier verbrannt haben.

phallische Phase [griech.], in der *Psychoanalyse* die 3. Stufe der kindl. Libidoentwicklung zw. dem 3. und 7. Lebensjahr im Anschluß an die anale Phase. Sexueller Lustgewinn wird v. a. durch die Reizung des männl. Gliedes (Phallus) bzw. des weibl. Kitzlers (Klitoris) erreicht.

Phalloidin [griech.], neben Amanitin Hauptgiftstoff des Grünen Knollenblätterpilzes; hoch tox., cycl. Polypeptid aus 7 Aminosäuren. – ↑ Giftpilze.

Phallus [zu griech. phallós], svw. ↑ Penis.

▷ der [erigierte] Penis; als Inbegriff von Zeugungskraft und Fruchtbarkeit in Darstellungen und plast. Nachbildungen in verschiedenen Kulturen und *Religionen* seit der Steinzeit nachweisbar; dient als Fetisch und Amulett. Kult. Bed. hatte er in der Antike bes. in den griech. Dionysosfeiern und beim röm. Fruchtbarkeitsfest (Liberalia). Als göttl. Attribut ist der P. u. a. mit dem ind. Gott Schiwa verbunden (↑ Linga), mit Hermes, Priapos und mit dem german. Freyr.

Phallusia [griech.], Gatt. der Manteltiere (Klasse Seescheiden) mit einigen Arten im Atlantik und Mittelmeer, darunter als größte Art die **Knorpelseescheide** (P. mammillata): bis 15 cm lang; mit dickem, milchig weißem, knorpeligem Mantel.

Pham Văn Dông [vietnames. fam vain doŋ], * Mo Duc 1. März 1906, vietnames. Politiker. – 1941 Mitbegr. des Vietminh; 1951–86 Mgl. des Politbüros der vietnames. KP; 1954 Leiter der Vietminh-Delegation auf der Genfer Indochinakonferenz; 1955–76 Min.präs. von N-Vietnam, 1954–61 auch Außenmin.; 1976–87 Min.präs. der Sozialist. Republik Vietnam.

Phän [griech.], deutlich in Erscheinung tretendes Merkmal eines Lebewesens.

Phanarioten (Fanarioten), die Bewohner meist griech. Herkunft des Stadtteils Phanar (Konstantinopel bzw. Istanbul). Die Oberschicht der P. stellte seit dem 16. Jh. die hohen Beamten und Geistlichen des Osman. Reiches sowie die Landesfürsten (Hospodare) in der Moldau 1711–1821 und der Walachei 1716–1821. Zu Beginn des griech. Freiheitskampfes (1821) verloren die P. ihren Einfluß und übersiedelten 1923 zum großen Teil nach Griechenland.

Phanerogamen [griech.], svw. ↑Samenpflanzen.

Phanerophyten [griech.] (Luftpflanzen), Holzgewächse, deren Triebe und Erneuerungsknospen (teils mit, teils ohne Knospenschutz) für die nächste Wachstumsperiode über dem Erdboden liegen (Bäume, Sträucher).

Phänogenese [griech.], die Ausdifferenzierung der erbl. Merkmale (des Phänotyps) eines Individuums im Verlauf seiner Entwicklung durch die Wechselwirkung von Erbanlage und Umwelt.

Phänokopie [griech./lat.], die Änderung eines äußeren Merkmals bei einem Individuum, die das Vorhandensein einer Mutation vortäuscht, jedoch nicht erblich ist und allein durch die Auswirkung bestimmter Umweltfaktoren hervorgerufen wird.

Phänologie [griech.], die Lehre vom Einfluß der Witterung und des Klimas auf den jahreszeitl. Entwicklungsgang der Pflanzen und Tiere.

Phänomen [griech.], svw. ↑Phaenomenon.
▷ außergewöhnl. Ereignis, Vorkommnis; Mensch mit außergewöhnl. Fähigkeiten.

phänomenal [griech.], 1. sich den Sinnen darbietend; 2. außergewöhnlich, erstaunlich.

Phänomenalismus [griech.], erkenntnistheoret., v. a. den neuzeitl. Empirismus kennzeichnende Position, nach der Gegenstand menschl. Erkenntnis nicht die „realen" Dinge der Außenwelt (wie im Realismus) sind, sondern deren durch die Wahrnehmung als „Sinnesdaten" vermittelten bewußtseinsimmanenten Erscheinungen, die **Phänomene.**

Phänomenologie [griech.], allg. die Lehre von den „Erscheinungen", den „Phänomenen". – In der *Philosophie* 1. i. w. S. Bez. für die Theorie der Erscheinungen, die die Trennung der Wahrheit vom Schein ermöglicht und dadurch v. a. alles empir. Wissen fundiert, also eine den empir. Wiss. notwendig vorausgehende Kategorienlehre; 2. i. e. S. die von E. ↑Husserl begr. Philosophie, die auf der sog. *phänomenolog. Methode* beruht. Durch eine Folge immer radikalerer „Reduktionsschritte" gelangt man zu gültigen Aussagen: zu den „Phänomenen" durch die *phänomenolog. Reduktion* (Enthaltung gegenüber einer naiven Gegenstandsetzung der Welt [↑Epoche]). In der *eidet. Reduktion* wird das „Eidos", die bildhafte Vorstellung ausgeklammert, um schließlich mittels der *transzendentalen Reduktion* die Welt und „Sinn" konstituierende Funktion des Bewußtseins zu untersuchen. Hierbei erschließt sich die *transzendentale Subjektivität,* das transzendentale Ich. – Die P. erhebt den Anspruch, die Grundlagenkrisen der exakten Wiss. zu lösen und auch den empir. Wiss. ihre eigtl. Begründung zu verschaffen. – Die P. wirkte stark auf die Psychologie, Psychopathologie, Kunst- und Literaturwiss. sowie die Theologie.
▷ in der *Medizin* svw. ↑Symptomatologie.

phänomenologische Ethik, Bez. für eine stark an der Phänomenologie orientierte ↑Ethik, die u. a. die idealen materialen Werte und deren Träger (das sittl. Bewußtsein) analysiert.

phänomenologische Theorie, in der *Physik* die theoret. Beschreibung eines physikal. Sachverhaltes (Phänomens) im makroskop. Rahmen, bei der man von der atomaren (mikroskop.) Struktur des Systems absieht.

Phänomotiv [griech./lat.], von W. Stern eingeführte Bez. für das Motiv, das einem Individuum in seinem Bewußtsein erscheint und mit dem es seine Handlungen begründet. Den Gegenbegriff bildet das **Genomotiv** („erzeugendes" Motiv), oft der tatsächl. (unbewußte) Handlungsgrund.

Phänotyp [griech.] (Phänotypus, Erscheinungsbild), in der *Genetik* die Gesamtheit aller äußeren und inneren Strukturen und Funktionen, d. h. aller Merkmale eines Lebewesens, als das Ergebnis aus dem Zusammenwirken von ↑Genotyp und Umwelt. Der P. ist durch wechselnde Außeneinflüsse stetigen Veränderungen unterworfen.

phänotypische Geschlechtsbestimmung ↑Geschlechtsbestimmung.

Phantasie [zu griech. phantasía „Erscheinung, Einbildungskraft"], Einbildungskraft; bei Aristoteles Bez. für das Vermögen, sich Bilder der Wirklichkeit, derer sich das Denken bedient, anschaulich vorzustellen. In der Psychologie werden mit P. sowohl die abgewandelte Erinnerung von früher Wahrgenommenem als auch die Assoziation früherer Wahrnehmungsbestandteile zu neuen Gebilden sowie die Neuproduktion vorgestellter Inhalte bezeichnet. P. wird zur **Phantastik** (bzw. zu autist. Denken), je unkontrollierter sie sich Einbildungen hingibt. Dagegen sind produktives Denken und Kreativität ohne P. nicht denkbar.

Pham Văn Dông

phantasieren [griech.], sich etwas ausdenken, frei erfinden.
▷ in Fieberträumen wirr reden.

Phantasma [griech.], Sinnestäuschung („Trugbild"); Produkt der Phantasie.

Phantasmagorie [griech.], Trug- oder Wahngebilde; Zauber; phantast. Szenerie auf der Bühne.

Phantast [griech.], Träumer, Schwärmer; Mensch mit überspannten Ideen und dem Unvermögen, zw. Wirklichkeit und Einbildung zu unterscheiden.

Phantastik [griech.] ↑Phantasie.

phantastisch, 1. nur in der Phantasie bestehend; 2. unglaublich; großartig.

phantastische Literatur, Bez. für ein breites literar. Spektrum, das von traditionellen Gattungen wie Märchen und Sage bis zu ↑Fantasy und ↑Science-fiction reicht. Gemeinsam sind diesen die Konstruktion, Beschreibung und Akzeptanz von innerhalb, neben oder jenseits der Wirklichkeit möglichen oder vorhandenen Welten. Seit der Romantik etablierte sich die p. L. als Reaktion auf den Rationalismus der Aufklärung als eigene ästhet. Kategorie u. a. bei H. Walpole, W. Hauff, E. T. A. Hoffmann, E. A. Poe, B. Stoker, Mark Twain, im 20. Jh. u. a. bei A. Bierce, S. King oder J. R. R. Tolkien.

Phantastischer Realismus ↑Wiener Schule des Phantastischen Realismus.

Phantom (Phantom II), Name eines von der McDonnell Douglas Corp. in unterschiedl. Versionen entwickelten Mehrzweck-Kampfflugzeuges; bei der Luftwaffe der Bundeswehr seit 1974 in Dienst.

Phantom [griech.-frz.], Trugbild, Sinnestäuschung, „Geistererscheinung".
▷ in der *Human-* und in der *Veterinärmedizin* Bez. für einen nachgebildeten Körperteil von Mensch oder Tier, der z. B. zu Unterrichtszwecken verwendet wird, bei Rindern und Pferden auch zur Samengewinnung (künstl. Scheide) auf Besamungsstationen.

Phantombild, ein von der Polizei zur Ermittlung eines unbekannten Täters auf Grund von Zeugenaussagen angefertigtes Bild, das die visuelle Identifizierung eines Tatverdächtigen ermöglichen soll. Wenn keinerlei Anhaltspunkte hinsichtlich des Täters vorliegen (z. B. bei Ersttätern), gibt es zur Erstellung von P. folgende Erkenntnismethoden: 1. die mit Hilfe eines Photomontagegeräts (Bildmischer) hergestellte **Photomontage;** 2. die **Phantomzeichnung;** 3. das Übereinanderlegen durchsichtiger Folien mit Kopfumrissen, Haartrachten, Mund und Augensegmenten **(„identi-kit“)**; 4. das Zusammensetzen eines Gesichtes durch Aneinanderlegen von 5 oder 6 aus mehreren 1000 Gesichtsphotos entnommenen Photostreifen (Querstreifen), die in die Merkmale Haar, Stirn, Wangen usw. unterteilt sind **(„photo-fit“)**.

Phantomschmerz, Schmerzempfindung in einer amputierten Gliedmaße **(Amputationstäuschung)**. Der P. wird dadurch verursacht, daß die Nervenfasern, die für die Empfindungen des amputierten Glieds verantwortlich waren, im Hauptnerv noch vorhanden sind.

Phäochromozytom [griech.], Geschwulst des Nebennierenmarks mit gesteigerter Produktion der Hormone Noradrenalin und häufig auch Adrenalin; führt zu ständigem oder anfallartigem Bluthochdruck (Hochdruck-Krisen) sowie starkem Schwitzen, Herzklopfen und Kopfschmerzattacken; auch ein symptomarmer Verlauf ist möglich; Behandlung durch chirurg. Entfernung.

Pharao (altägypt. Per-o [„großes Haus“]), im alten Ägypten Bez. für den Königspalast, seit der 18. Dynastie auch für den König.

Pharaoameise (Monomorium pharaonis), im trop. Asien beheimatete, heute weltweit verschleppte, bis 2,5 mm lange Ameise (Fam. Knotenameisen) mit bernsteingelben Arbeiterinnen und bräunlichgelben bis schwarzbraunen Geschlechtstieren; legt ihre Nester in beheizte Gebäude, wo die Tiere durch Verzehr von Nahrungsmitteln, bes. tier. Eiweiß, lästig bzw. schädlich werden können. Die P. kann zum Überträger gefährl. Krankheiten werden (z. B. Milzbrand, Typhus, Tuberkulose).

Pharisäer [hebr., eigtl. „Abgesonderte“], 1. religiöspolit. Gruppierung des Judentums, die in der 2. Hälfte des 2. Jh. v. Chr. aus der Richtung der „Frommen“ (↑Chassidim) hervorgegangen ist. Als gelehrte Laien waren sie Gegner der ↑Sadduzäer; sie traten für die Verbindlichkeit auch der mündl. Überlieferung ein und förderten einen vom Opferkult des Tempels unabhängigen lokalen Gottesdienst. Als Schriftgelehrte zur Zeit Jesu, bes. aber nach der Zerstörung Jerusalems (70 n. Chr.) gewannen sie mit ihren Gesetzesschulen entscheidenden Einfluß auf das jüd. Volk und wurden zur Basis des rabbin. Judentums. 2. *übertragen* heuchlerischer, selbstgerechter, hochmütig-scheinheiliger Mensch.

pharmako..., Pharmako... [zu griech. phármakon „Heilkraut, Heilmittel“], Wortbildungselement mit der Bed. „Arzneimittel...“.

Pharmakodynamik [griech.], Lehre vom Zustandekommen der Arzneimittel- und Giftwirkungen. Die P. analysiert die Angriffspunkte, Reaktionsweisen, Wirkungsbedingungen und -mechanismen der Verbindungen.

Pharmakogenetik (genetische Pharmakologie), Spezialgebiet der pharmakolog. bzw. genet. Forschung. Die P. erfaßt die Besonderheiten der Arzneimittelwirkungen bei Vorliegen genet. Variationen im Organismus.

Pharmakognosie [griech.], Teilgebiet der Pharmazie; Wiss. von den biogenen Wirkstoffen (Drogen, biogene Reinstoffe) und deren Produzenten (Mikroorganismen, Pflanzen, Tiere).

Pharmakologie, die Lehre von den Wechselwirkungen zw. Arzneistoffen und Organismus. **Pharmakotherapie** nennt man die Anwendung von Arzneimitteln sowie auch die wiss. Untersuchung ihrer Wirkungsweise auf den kranken Organismus.

Pharmakon [griech.], svw. ↑Arzneimittel.

Pharmakopöe [griech.], svw. ↑Arzneibuch.

Pharmakoradiographie [griech. und lat.], Röntgenuntersuchung bei zusätzl. Anwendung von Arzneimitteln zur Beeinflussung der Organfunktion (z. B. Magenperistaltik). Die P. wird meist als Zweituntersuchung zur Differentialdiagnostik durchgeführt.

Pharmazeut [griech.], Arzneimittelkundiger; Voraussetzung ist das Studium der ↑Pharmazie.

pharmazeutische Industrie, Zweig der chem. Ind., der die Produktion von Arzneimitteln (einschl. veterinärpharmazeut. Produkte) zum Gegenstand hat.

Phantombild. Beispiel für ein „identi-kit“, links die einzelnen Gesichtsformen, Haartrachten, Augenpartien, Bartformen, Nasen- und Mundpartien, rechts untereinander die aus den einzelnen Folien zusammengesetzten Bilder

Pharmazie [zu griech. pharmakeía „Gebrauch von Heilmitteln, Giftmischerei; Arznei“], Apothekerkunst, Arzneimittelkunde; Wiss., die alle Kenntnisse und Fertigkeiten umfaßt, die sich auf Herkunft, Beschaffenheit, Darstellung, Verarbeitung und Prüfung der Arzneimittel sowie auf die einschlägige Gesetzgebung erstrecken.

Pharnabazos, * um 450/445, † nach 373, pers. Satrap von Daskyleion. – Unterstützte ab 413 Sparta im Peloponnes. Krieg und schloß 409 den Waffenstillstand mit Alkibiades, den er 404 ermorden ließ; errang 394 den Sieg bei Knidos über die spartan. Flotte.

Pharsalos (lat. Pharsalus), antike Stadt in S-Thessalien, das heutige Farsala, Griechenland. Bekannt durch den Sieg Cäsars (9. Aug. 48 v. Chr.) über Gnaeus Pompejus Magnus. Erhalten sind Teile der in byzantin. Zeit erneuerten Stadtmauer.

Pharus (Pharos) ↑Alexandria.

Pharyngal [griech.], in der Phonetik Bez. für einen im Mundrachen (Pharynx) gebildeten Konsonanten; nicht immer deutlich von den Laryngalen (Kehllauten) zu unterscheiden.

Pharyngitis [griech.], svw. ↑Rachenkatarrh.

Pharynx [griech.] (Schlund, Rachen), bei den *Wirbeltieren* der aus dem Kiemendarm hervorgehende, mit Gleitspeichel produzierender Schleimhaut ausgekleidete, durch bes. Schluckmuskeln muskulöse Abschnitt des Darmtrakts. Der P. beginnt bei den Säugetieren (einschl. des Menschen) hinter dem weichen Gaumen und nimmt den Bereich zw. Nasenhöhle, Mundhöhle und Speiseröhre ein. Über den P. werden die Nahrung von der Mundhöhle zur Speiseröhre und die Atemluft von der Nase zum Kehlkopf geleitet, wobei sich beide Wege kreuzen. Man kann drei Abschnitte unterscheiden: den oberen, mit Flimmerepithel ausgekleideten *Nasenrachenraum* (Epipharynx), den mittleren hinter der Mundhöhle liegenden *Mundrachen* (Mesopharynx) und den hinter dem Kehlkopf liegenden *Kehlkopfrachen* (Hypopharynx). Beim Menschen liegen im P.bereich die Rachenmandel, die paarige Gaumenmandel und die Zungenmandel.

Phase [frz., zu griech. phásis „Erscheinung, Aufgang eines Gestirns"], allg. Abschnitt einer Entwicklung oder eines Zeitablaufs.

▷ (Licht-P.) in der *Astronomie* die veränderl. Lichtgestalt, unter der der Mond, aber auch die Planeten Merkur und Venus erscheinen. Der *P.wechsel* wird durch die sich ändernde Stellung Sonne–Gestirn–Erde hervorgerufen.

▷ in der *Schwingungs-* und *Wellenlehre* das Argument der Funktion, die den Zustand einer Schwingung zu jedem Zeitpunkt, den einer Welle zu jedem Zeitpunkt und an jedem Ort festlegt. Bei einer harmon. Schwingung, die durch $x(t) = A \sin(\omega t + \varphi_0)$ beschrieben wird (A Amplitude, ω Kreisfrequenz, t Zeit), bezeichnet man $\omega t + \varphi_0$ als P. oder **Phasenwinkel.** Die **Phasenkonstante** φ_0 gibt die P. zum Zeitpunkt $t = 0$ an.

▷ in der *Thermodynamik* jeder homogene Teil eines heterogenen Systems, dessen makroskop. physikal. und chem. Eigenschaften (z. B. Dichte, Temperatur) an allen seinen Orten gleich sind. Die unterschiedl. P. sind durch *P.grenzflächen* getrennt, an denen sich die Eigenschaften sprunghaft ändern. Im thermodynam. Gleichgewicht können verschiedene P. nebeneinander bestehen, z. B. eine Flüssigkeit und ihr Dampf.

▷ in der *Elektrotechnik* ungenaue Bez. für den Hauptleiter beim Drehstrom.

▷ in der *statist. Physik* ↑Phasenraum.

Phasenanschnittsteuerung, Einstellen der Gleich- bzw. Wechselspannung bei Stromrichtern (z. B. Wechselspannungsstellern) durch Verschieben des Zündzeitpunkts gegenüber dem Spannungsnulldurchgang.

Phasendifferenz, svw. ↑Phasenverschiebung.

Phasengeschwindigkeit, die Geschwindigkeit, mit der sich die ↑Phase einer Welle ausbreitet. Sie ist gleich dem Produkt aus Frequenz ν und Wellenlänge λ und von der ↑Gruppengeschwindigkeit einer Wellengruppe zu unterscheiden.

Phasengesetz, svw. ↑Gibbssche Phasenregel.

Phasenkonstante ↑Phase (Schwingungs- und Wellenlehre).

Phasenkontrastmikroskop ↑Mikroskop.

Phasenraum, $2f$-dimensionaler euklid. Raum der f verallgemeinerten Koordinaten q_i und Impulse p_i ($i = 1, 2, \ldots f$) eines mechan. Systems von f Freiheitsgraden, dessen Punkte den jeweiligen Zustand des Systems darstellen. *Phase* eines Teilchens ist dabei die Gesamtheit der Orts- und Impulskoordinaten. Der P. eines einzelnen Teilchens (*Molekül-P.* oder *μ-Raum*) mit f Freiheitsgraden hat $2f$ Dimensionen. Für ein System aus N Teilchen mit je f Freiheitsgraden ist der *Gas-P.* oder *Γ-Raum* $2Nf$-dimensional.

Phasenregel ↑Gibbssche Phasenregel.

Phasensprung, plötzl. Änderung der Phase von fortschreitenden Wellen. Ein P. der Größe π (Gangunterschied $\lambda/2$) tritt z. B. auf, wenn eine Welle an einem optisch dichteren Medium reflektiert wird.

Phasenübergang, svw. ↑Phasenumwandlung.

Phasenumkehr, Änderung des Typs einer Emulsion, wobei die ursprünglich innere (geschlossene) Phase, die in Tropfenform in der äußeren Phase vorhanden ist, zur äußeren und die ursprünglich äußere Phase, die zusammenhängend die innere eingeschlossen hat, zur inneren wird. Bei der P. werden die durch Emulgatoren belegten Hüllen der inneren Phase aufgebrochen, so daß diese sich vereinigen und die äußere einschließen kann. Die P. kann bewirkt werden durch mechan. Behandlung (Rühren, Schlagen), durch Temperaturänderungen, durch Zugabe von Elektrolyten oder entsprechenden Emulgatoren. Ein Beispiel für die P. ist die Umwandlung von Rahm (Öl-in-Wasser-Emulsion) in Butter (Wasser-in-Öl-Emulsion).

Phasenumwandlung (Phasenübergang), Übergang eines Stoffes von einer thermodynam. ↑Phase in eine andere, wobei sich, in Abhängigkeit von Temperatur und Druck, physikal. Eigenschaften (z. B. Dichte, Brechzahl) sprunghaft ändern. Zu den *P. 1. Art* zählen z. B. alle Änderungen des ↑Aggregatzustandes, zu den *P. 2. Art* der Übergang von normaler elektr. Leitfähigkeit zur Supraleitung und vom Ferro- zum Paramagnetismus.

Phasenverschiebung (Phasendifferenz), die Differenz der ↑Phasen zweier Wellen oder Schwingungen gleicher Frequenz, z. B. der Phase einer Wechselspannung und der des dazugehörigen Wechselstroms.

Phasenwinkel ↑Phase (Schwingungs- und Wellenlehre).

Phasin [griech.], giftiger Eiweißbestandteil der Bohnen; bewirkt Zusammenballung der Blutkörperchen, ruft Übelkeit und Brechreiz hervor; wird durch Kochen, nicht aber durch Trocknen zerstört.

PHB-Ester, Äthyl- und Propylester der p-Hydroxybenzoesäure und deren Natriumverbindungen mit bakteriostat. Wirkung; in Deutschland als Konservierungsmittel zugelassen.

Pheidias ↑Phidias.

Pheidon, Tyrann von Argos wohl um die Mitte des 7. Jh. v. Chr. – P. wird die Einführung des Silbermünzgeldes sowie von Maßen und Gewichten zugeschrieben.

Phellem [griech.], svw. ↑Kork.

Phenakit [griech.], trigonales, farbloses, durchsichtiges Mineral, $Be_2[SiO_4]$ (Nesosilicat). Vorkommen v. a. auf hydrothermalen und pneumatolyt. Lagerstätten; Mohshärte 7,5; Dichte 3,0 g/cm^3.

Phenanthren [Kw.], $C_{14}H_{10}$; tricycl., aromat., aus Teer isolierbarer oder synthet. Kohlenwasserstoff, der zur Herstellung von Pflanzenschutzmitteln verwendet wird.

Phenazin [griech.], $C_{12}H_8N_2$; tricyclisch, heterocyclisch, in hellgelben Nadeln kristallisierende aromat. Verbindung; Grundgerüst der Azinfarbstoffe.

Phenol [griech./arab.] (Hydroxybenzol), C_6H_5OH; Benzolderivat mit einer Hydroxylgruppe; farblose (in Gegenwart von Metallspuren rötl.), kristalline Substanz mit charakterist. Geruch; Schmelzpunkt 40,9 °C, Siedepunkt 181,7 °C, löslich in Wasser, sehr gut löslich in den meisten organ. Lösungsmitteln. P. ist eine schwache Säure und bildet unter Einwirkung von Alkalien Salze **(Phenolate).** P. kann aus Erdöl oder durch therm. Zersetzung von Kohle gewonnen bzw. synthetisch durch das Cumol-Phenol-Verfahren (↑Cumol) hergestellt werden. P. ist ein wichtiger Ausgangsstoff v. a. zur Herstellung von Phenolharzen, Caprolactam, Adipinsäure und Pikrinsäure. Analog zu P. werden aromat. Verbindungen mit einer oder mehreren Hydroxygruppen am Benzolkern als **Phenole** bezeichnet. Man unterscheidet einwertige (neben P. Kresole, Xylenole), zweiwertige (Brenzcatechin, Resorcin, Hydrochinon) und dreiwertige (Pyrogallol, Phloroglucin u. a.) Phenole.

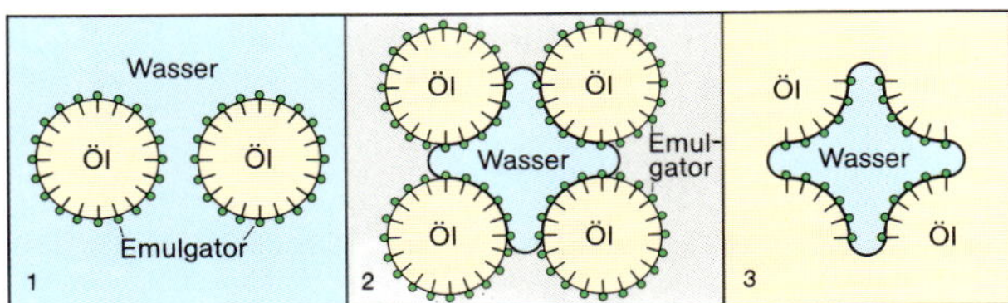

Phasenumkehr. 1 Öl-in-Wasser-Emulsion; 2 Zusammensetzung der Öltröpfchen, Bildung eines Emulgatorfilms um das Wasser; 3 Zusammenfließen des Öls, Bildung von kugelförmigen Wassertröpfchen

Phenolharze (Phenoplaste), durch Kondensation von Phenolen mit Aldehyden (v. a. Formaldehyd) entstehende Kunstharze. Unter dem Einfluß saurer Katalysatoren entstehen sog. **Novolake,** in organ. Lösungsmitteln lösl., schmelzbare Produkte, die nur durch Zugabe aldehydabgebender Substanzen (z. B. Paraformaldehyd) aushärten und u. a. als Imprägnierungsmittel verwendet werden. Bas. Katalysatoren führen über die Stufen der zähflüssigen *Resole* und festen *Resitole* zu den vollständig vernetzten, unlösl. und unschmelzbaren *Resiten.* Diese Härtung kann durch Erhitzen oder kalt durch Katalysatorzusatz erfolgen. Warmhärtende P. werden als Gießharze, Schicht- und Schaumstoffe, kalthärtende zu Klebstoffen, Vergußmassen u. a. verarbeitet.

Phenoloxidasen (Phenolasen, Tyrosinasen), metallhaltige Enzyme, die Tyrosin zu Dopa und zu Diphenol umwandeln; letzteres wird durch Laccase zu Melaninen weiter abgebaut. P. sind im Pflanzenreich weit verbreitet. Sie bewirken das Nachdunkeln von Schnittflächen bei Pflanzenteilen und Früchten. Bei Tieren sind sie an der Melaninbildung und Härtung der Kutikula beteiligt.

Phenolphthalein, als Indikator verwendeter Triphenylmethanfarbstoff; P.lösungen sind im sauren und neutralen Bereich farblos und schlagen bei pH-Werten zw. 8,2 und 10 nach Rot um.

Phenoplaste, svw. ↑Phenolharze.

Phenyl- [griech.], Bez. der chem. Nomenklatur für die Gruppe $-C_6H_5$.

Phenylalanin, Abk. Phe, ↑Aminosäuren.

Phenylamin, svw. ↑Anilin.

Phenyläthanole (Phenyläthylalkohole), zwei strukturisomere Phenylderivate des Äthanols. Das rosenartig riechende 2-Phenyläthanol ($C_6H_5-CH_2-CH_2OH$) kommt in mehreren äther. Ölen vor; das synthetisch hergestellte Produkt wird in der Parfümerie verwendet.

Phenyläthylamine, zwei strukturisomere Phenylderivate des Äthylamins. $C_6H_5-CH_2-CH_2-NH_2$, die Struktur des 2-P., liegt zahlr. physiologisch wichtigen Verbindungen zugrunde (z. B. Adrenalin, Meskalin).

Phenylbrenztraubensäureschwachsinn, svw. ↑Phenylketonurie.

Phenylen- [griech.], Bez. der chem. Nomenklatur für die zweiwertige Gruppe $-C_6H_4-$.

Phenylendiamine (Diaminobenzole), Derivate des Benzols mit zwei Aminogruppen im Molekül. Die drei isomeren P. (o-, m-, p-P.) werden zur Herstellung von Farbstoffen, das p-P. auch als Entwickler in der Photographie verwendet.

Phenylessigsäure, farblose, kristalline Verbindung mit starkem Honiggeruch, $C_6H_5-CH_2-COOH$; kommt in äther. Ölen vor; wird als Riechstoff (P.ester) verwendet.

Philadelphia
Stadtwappen

Phenylhydrazin, $C_6H_5-NH-NH_2$, kristalline, sich an der Luft dunkel färbende Substanz mit reduzierenden Eigenschaften, die zum Nachweis und zur Identifizierung oxogruppenhaltiger Verbindungen dient. – ↑Osazone.

Phenylketonurie [griech. und lat.] (Phenylbrenztraubensäureschwachsinn, Oligophrenia phenylpyrovica, Fölling-Krankheit), rezessiv erbl. Störung der Umwandlung von Phenylalanin in Tyrosin. Folge ist eine Schädigung des Zentralnervensystems mit z. T. schwerem Schwachsinn. Durch systematische Untersuchung aller Neugeborenen (Guthrie-Test) werden Erkrankte sicher erkannt. Durch frühzeitige diätet. Behandlung mit phenylalaninarmem Eiweißhydrolysat kann eine weitgehend normale Entwicklung erreicht werden.

Phenylthiocarbamid ↑PTC.

Phenylthioharnstoff ↑PTC.

Pherä (Pherai, Pherae), antike Stadt (= Welestinon) in Thessalien, mit dem Hafen Pagasai; bei Homer Sitz des Admetos. Ausgegraben sind Teile der Stadtmauer und mehrere Tempel (etwa 7.–4. Jh.).

Pheromone [zu griech. phérein „tragen" und ↑Hormone], svw. ↑Ektohormone.

Phet Buri (Phetchaburi), thailänd. Stadt 100 km sw. von Bangkok, 34 000 E. Verwaltungssitz der Prov. P. B.; Marktort, Bahnstation. – Kloster Wat Yai Suwannaram (17. Jh.) mit bed. Wandmalereien.

Phi [griech.], 21. Buchstabe des klass. griech. Alphabets mit dem Lautwert [pʰ], später [f]: Φ, φ.

Phiale [griech.], altgriech. flache [Opfer]schale ohne Fuß und Henkel.

Phidias (Pheidias), athen. Bildhauer des 5. Jh. – Tätig etwa 460–430, starb nach Prozeß (um 432/431) wegen angebl. Veruntreuung wohl im Gefängnis. – Neben Polyklet der größte Meister der Hochklassik. Schöpfer der nur durch Kopien, Gemmen und Münzen überlieferten ↑Athena Parthenos im Parthenon in Athen (438 v. Chr. geweiht) und der 12 m hohen Sitzstatue des Zeus in Olympia, beide in Goldelfenbeintechnik (↑chryselephantin). Vermutlich verantwortete P. die Gesamtplanung des plast. Schmucks des Parthenons. Weitere Werke: Athena Promachos für die Akropolis von Athen (447–438 v. Chr., verkleinerte Repliken); sog. Athena Lemnia (um 450 v. Chr.; Kopie in Dresden, Albertinum); Apollon Parnopios (vielleicht im sog. Kasseler Apoll in Kopie überliefert; Kassel, Staatl. Kunstsammlungen); verwundete Amazone (wohl um 440 v. Chr.; wahrscheinlich die Amazone Mattei, in Kopie erhalten; Rom, Kapitolin. Museum).

Phidias.
Kopf des Zeus, Kopie aus römisch-augusteischer Zeit, vermutlich nach dem Original der Zeusstatue in Olympia (Kyrene, Museum)

phil..., Phil... ↑philo..., Philo...

Philä ['fi:lɛ] (arab. Gasirat Fila), ehem. Nilinsel oberhalb von Assuan, heute vom Nassersee (Staudamm) überschwemmt. – P. war in spätpharaon. Zeit heilige Stätte mit zahlr. Tempeln, bes. der Isis, aus ptolemäischer und röm. Zeit; die Tempel wurden 1973–80 abgebaut und auf der höher gelegenen Insel Agilkia wieder aufgebaut (von der UNESCO zum Weltkulturerbe erklärt).

Philadelphia (Philadelpheia), Name antiker Städte, ↑Alaşehir, ↑Amman.

Philadelphia [engl. filə'dɛlfiə], Stadt am Delaware River, Pennsylvania, USA, 1,65 Mill. E, Metropolitan Area 5,9 Mill. E. Sitz eines kath. Erzbischofs, eines anglikan. und methodist. Bischofs; 4 Univ. (gegr. 1740, 1851, 1884, 1891), Kunsthochschule. Sitz wiss. Vereinigungen; Bibliotheken, Museen. Eines der führenden Wirtschafts- und Kulturzentren der USA im Zentrum der Verstädterungszone an der Atlantikküste zw. Boston und Washington. Erdölverarbeitung, Elektromaschinenbau, elektron., Textil-, metallverarbeitende und chem. Ind. sowie Druckereigewerbe. Der Hafen hat Zugang zum Atlantik. Die Münze von P. ist die älteste der USA (seit 1792). Verkehrsknotenpunkt (u. a. internat. ✈; Brücken über den Delaware River, U-Bahn).
Geschichte: 1683 von W. Penn als Hauptstadt seiner Quäkerkolonie Pennsylvania gegr.; erhielt 1701 das Recht einer City, entwickelte sich im 18. Jh. zur zweitgrößten Stadt des Brit. Reiches. Als geistiges Zentrum der amerikan. Kolonien politisch führend im Nordamerikan. Unabhängigkeitskrieg; 1774 tagte hier der 1. Kontinentalkongreß; der 2. Kontinentalkongreß verabschiedete am 4. Juli 1776 die Unabhängigkeitserklärung der Kolonien. Sept. 1777–Juni 1778 von brit. Truppen besetzt. Am 17. Sept. 1787 verabschiedete in P. der Kongreß die Verfassung der USA. War bis 1799 Hauptstadt von Pennsylvania, 1790–1800 Bundeshauptstadt der USA.
Bauten: Zahlr. Gebäude im Kolonialstil, u. a. Independence Hall mit der Freiheitsglocke (von der UNESCO zum Weltkulturerbe erklärt), Congress Hall (in der der Kongreß 1790–1800 tagte), Old City Hall. Älteste Kirche ist die Gloria Dei Church (errichtet 1700). Bed. Bauten der späteren Entwicklung sind u. a. das Rathaus (1874–1901; im frz. Renaissancestil, mit 156 m hohem Turm), das Gebäude der

P. Savings Funds Society (1931/32), das Forschungszentrum der Univ. (1957–61) und das Guild House (1960–63). Am SW-Rand von P. Fort Mifflin.

Philadelphia-Gemeinde, von C. Röckle (* 1883, † 1966) 1942 begr., nach Apk. 3, 7–13 ben. religiöse „Bewegung" zur Sammlung von Christen verschiedener Konfession zur „Gesinnungserneuerung"; wegen z. T. vollzogener Erwachsenentaufe anfänglich erhebl. Spannungen zu den ev. Landeskirchen; Ausbreitung vorwiegend im SW Deutschlands; seit 1946 finden jährlich in Leonberg *Philadelphia-Konferenzen* statt.

Philander von Sittewald, Pseudonym des dt. Satirikers J. M. ↑Moscherosch.

Philanthrop [griech.], Menschenfreund; Anhänger des Philanthropismus.

Philanthropin [griech.], eine von J. B. ↑Basedow 1774 mit Hilfe einer weltweiten Spendenaktion in Dessau errichtete, wirkungsgeschichtlich bed. Erziehungsanstalt (bis 1893). Von zahlr. ähnl. Einrichtungen hatte nur das 1784 von C. G. ↑Salzmann gegr. P. Schnepfenthal (Landkr. Gotha) Bestand.

Philanthropismus (Philanthropinismus) [griech.], pädagog. Reformbewegung des späten 18. Jh., die mit J. B. Basedows ↑Philantropin begann und teils auf J.-J. Rousseaus „Émile" (1762) beruhte. Die Philanthropen traten für eine Erziehung ein, die die freie Entfaltung der natürl. Kräfte des Kindes, bes. die Ausbildung seiner Vernunft sowie berufl., für den einzelnen und die Gesellschaft nützliche Tätigkeiten fördern sollte. Sachunterricht („Realien"), moderne Sprachen, Leibesübungen, Sexualerziehung, Werkunterricht u. a. gehörten zum Fächerkanon. Zugleich wurde eine allg. Reform des Schulwesens angestrebt, zu der auch die Ausbildung einer rein staatl. Schulaufsicht wie einer pädagogisch fundierten staatl. Lehrerausbildung gehören sollten. Bed. Vertreter: E. C. Trapp, H. Campe, C. G. Salzmann, J. C. F. GutsMuths, P. Villaume.

Philatelie [griech.] (Briefmarkenkunde), systemat. Sammeln, Erforschen und Auswerten von Postwertzeichen sowie anderen postal. Materialien, die registrierend (nach dem Vollständigkeitsprinzip anhand eines Kataloges) oder thematisch (in freier Gestaltung) zusammengetragen werden. Hauptsammelarten der registrierenden P. sind *Generalsammlung* (Sammlung aller Länder), *Ländersammlung* (Sammlung eines Landes oder einer Ländergruppe), *Spezial-* oder *Forschungssammlung* (Typen und Abarten bestimmter Marken oder Abstempelungen), *Nebengebiete* (z. B. Einschreibnummernzettel), *Ganzsachen* (Postkarten, Briefumschläge usw. mit eingedruckten Wertstempeln), Briefe und Dokumente der Vormarkenzeit *(Vor-P., Altbriefkunde), Motivsammlung* (z. B. Sport, Raumfahrt). Die themat. P. (z. B. Postgeschichte eines Landes) ist in illustrativer (Marke illustriert Text) oder in dokumentar. Form möglich.

Philby, Harry St. John Bridger [engl. 'fɪlbɪ], * Saint John's (Sri Lanka) 3. April 1885, † Beirut 30. Sept. 1960, brit. Offizier und Arabienreisender. – Ab 1915 als polit. Beauftragter in Irak und Arabien tätig; durchquerte 1917/18 Arabien; dann Forschungsreisen in Irak und Transjordanien (1920) sowie im südl. Nadschd; wurde nach Übertritt zum Islam Berater König Ibn Sauds von Saudi-Arabien; zahlr. Reiseveröffentlichungen.

Philadelphia. Blick auf das historische Stadtzentrum mit der Independence Hall im Vordergrund

Harry St. John Bridger Philby

Philemon, frommer Greis einer von Ovid ausgestalteten phryg. Volkssage, der als einziger zus. mit seiner Gemahlin **Baucis** die unerkannt umherwandernden Götter Zeus und Hermes bewirtet, die als Dank deren Hütte in einen prächtigen Tempel verwandeln und den beiden Alten einen Wunsch freistellen: Beide bitten, als Hüter des Tempels ihr Leben gemeinsam beschließen zu dürfen. Hochbetagt werden sie in Bäume verwandelt: P. in eine Eiche, Baucis in eine Linde.

Philemon, * Syrakus zw. 365 und 360, † 264 oder 263, griech. Komödiendichter. – Vertreter der neuen Komödie neben Menander. Seine Stücke zeichnen sich durch Spannung und überraschenden Handlungsablauf aus; von seinen 90 Stücken sind nur 3 in der lat. Nachdichtung des Plautus erhalten.

P., hl., Christ des 1. Jh. in Kolossai (Phrygien). – Adressat des „Philemonbriefes"; später Bischof von Kolossai und Märtyrer.

Philemonbrief, Abk. Philem., Phm, einziger der erhaltenen Paulusbriefe im N. T., der nicht an eine Gemeinde gerichtet ist. Er ist ein Begleitschreiben des entlaufenen Sklaven Onesimos, den Paulus dem Philemon zurückschickt. Er wurde wahrscheinlich während der röm. Gefangenschaft des Paulus (58–60) abgefaßt.

Philharmonie, Bez. für Vereinigung von Musikern, Orchester, Konzertgesellschaft und Konzertgebäude (Konzertsaal).

Philhellenen, i. w. S. Bez. für Verehrer der klass. antiken Kultur, i. e. S. für die Anhänger der polit. und literar. Bewegung des **Philhellenismus** in der 1. Hälfte des 19. Jh., die am griech. Freiheitskampf gegen die osman. Unterdrükkung (1821–29) begeisterten Anteil nahmen; es entstanden Kunstwerke (E. Delacroix) und v. a. eine Fülle literar. Beiträge, v. a. von Lord Byron.

François André Philidor

Philidor, François André [frz. fili'dɔ:r], eigtl. F. A. Danican, * Dreux 7. Sept. 1726, † London 31. Aug. 1795, frz. Komponist und Schachmeister. – Seinerzeit sowohl als Komponist wie als Schachmeister berühmt (nach ihm ist die P.-Verteidigung benannt); einer der Hauptvertreter der Opéra comique, u. a. „Le diable à quatre" (1756), „Le sorcier" (1764), „Tom Jones" (1765); daneben das weltl. Oratorium „Carmen saeculare" (1779; nach Horaz), Kirchen- und Kammermusik.

Philip, Prinz von Großbritannien und Nordirland (seit 1957) [engl. 'fɪlɪp], * auf Korfu 10. Juni 1921, Herzog von Edinburgh (seit 1947). – Sohn des Prinzen Andreas von Griechenland und der Prinzessin Alice von Battenberg; wurde 1947 brit. Staatsbürger unter dem Namen *Mountbatten;* seit 1947 ⚭ mit der späteren brit. Königin Elisabeth II.

Philip, Prinz von Großbritannien und Nordirland

Philipe, Gérard [frz. fi'lip], * Cannes 4. Dez. 1922, † Paris 25. Nov. 1959, frz. Schauspieler. – Der künstler. Durchbruch am Theater gelang ihm 1945. Internat. bekannt wurde P. v. a. durch die Filme „Fanfan, der Husar" (1951), „Die Schönen der Nacht" (1952) sowie „Rot und Schwarz" (1954), „Liebling der Frauen" (1954) und „Gefährl. Liebschaften" (1959). An Jean Vilars Théâtre National Populaire in Paris glänzte er in klass. Rollen.

Philip Morris Inc. [engl. 'fɪlɪp 'mɔrɪs ɪn'kɔ:pərɛɪtɪd], amerikan. Unternehmen zur Herstellung und zum Vertrieb von Zigaretten, Bier und Nahrungsmitteln, gegr. 1919, Sitz New York.

Philipp, Name von Herrschern:

Hl. Röm. Reich:

P. von Schwaben, * 1177 (?), † Bamberg 21. Juni 1208, Röm. König (seit 1198). – Jüngster Sohn Kaiser Friedrichs I. Barbarossa, Bruder Kaiser Heinrichs VI.; 1195 mit dem Hzgt. Tuszien und den Mathild. Gütern, 1196 mit dem Hzgt. Schwaben belehnt; seit 1197 ⚭ mit der byzantin. Prinzessin Irene. Besiegte 1204 den welf. Gegenkönig Otto IV. (von Braunschweig), den auch Papst Innozenz III.

Philipp III., der Gute, Herzog von Burgund (Ausschnitt aus einem Gemälde von Rogier van der Weyden)

Philipp I., der Großmütige, Landgraf von Hessen

Philipp II., König von Spanien (Porträt auf einer Medaille, 1555)

Philipp V. von Bourbon, König von Spanien

unterstützte, wurde aber kurz vor dem Friedensschluß mit dem Papst von dem bayr. Pfalzgrafen Otto von Wittelsbach ermordet.

Burgund:

P. II., der Kühne, * Pontoise 17. Jan. 1342, † Halle (Brabant) 27. April 1404, Herzog (seit 1363). – Sohn des frz. Königs Johann II., des Guten; mit dem Hzgt. Burgund als Apanage ausgestattet; schuf durch zielstrebige Territorialpolitik und seine Heirat mit Margarete von Flandern 1369 die Grundlage für einen starken Staat zw. Frankreich und dem Hl. Röm. Reich.

P. III., der Gute, * Dijon 31. Juli 1396, † Brügge 15. Juni 1467, Herzog (seit 1419). – Erkannte im Vertrag von Troyes (1420) Heinrich V. von England als frz. Thronfolger an und erhielt das Bündnis auch nach dessen Tod (1422) aufrecht; schloß aber 1435 mit Karl VII. den Frieden von Arras, der ihm bed. Gebietserwerbungen und für seine Person die Entbindung von allen Lehnspflichten einbrachte. Seine Territorialpolitik (Erwerb von Namur, Hennegau, Holland, Brabant, Limburg, Luxemburg) verhalf Burgund zu europ. Geltung als ein Zentrum der abendländ. Kultur.

Frankreich:

P. II. August, * Paris 21. Aug. 1165, † Mantes (Yvelines) 14. Juli 1223, König (seit 1180). – Vergrößerte, gestützt auf ein Bündnis mit den Staufern (seit 1187), die Krondomäne auf Kosten der mächtigen Vasallen und durch bed. Erfolge v. a. gegen Flandern und das Haus Plantagenet. Ließ 1202 König Johann I. ohne Land wegen Verletzung seiner Vasallenpflichten seine frz. Lehen entziehen und konnte in den folgenden Jahren den größten Teil des angevin. Festlandbesitzes erobern; festigte durch straffe Verwaltung der Krondomäne (Ausbau der königl. Gerichtsbarkeit) die Machtgrundlage der kapeting. Monarchie.

P. IV., der Schöne, * Fontainebleau 1268, † ebd. 29. Nov. 1314, König (seit 1285). – Seit 1284 ⚭ mit Johanna I. von Navarra († um 1305), Erbin der Champagne; bereitete die Vereinigung des Kgr. Navarra mit der frz. Krone und den Anschluß der Gft. Champagne an die Krondomäne vor, die P. auch in Auseinandersetzungen mit Flandern trotz der schweren Niederlage von Kortrijk (11. Juli 1302) und auf Kosten des Hl. Röm. Reiches erweiterte. Im Konflikt mit dem Papsttum wegen der Besteuerung des Klerus setzte sich P. gegen Bonifatius VIII. durch und konnte durch die Verlegung der päpstl. Residenz nach Avignon 1309 entscheidenden Einfluß auf das Papsttum ausüben (v. a. Aufhebung des finanzkräftigen Templerordens 1312).

Hessen:

P. I., der Großmütige, * Marburg 13. Nov. 1504, † Kassel 31. März 1567, Landgraf (seit 1509). – Beteiligte sich 1522/23 an der Niederwerfung Franz von Sickingens und unterdrückte während des Bauernkriegs 1524/25 die Aufstände in den geistl. Gebieten Fulda und Hersfeld sowie die thüring. Aufstandsbewegung unter Führung T. Müntzers. Seit 1524 Anhänger Luthers, führte er die Reformation in Hessen 1526 ein und gründete 1527 in Marburg die erste ev. Universität. Als polit. Führer der Evangelischen trat er neben dem Kurfürsten von Sachsen hervor: 1526 Gründung des Gotha-Torgauer Bündnisses, 1529 Unterzeichnung der Protestation von Speyer und Marburger Religionsgespräche, 1531 Gründung des Schmalkald. Bundes, 1534 Rückführung des luth. Hzg. Ulrich von Württemberg. 1546 geächtet und 1547–52 vom Kaiser in Haft gehalten († Schmalkaldischer Krieg).

Kastilien:

P. I., der Schöne, * Brügge 22. Juli 1478, † Burgos 25. Sept. 1506, Hzg. von Burgund (seit 1482), König (1504/06). – Sohn Kaiser Maximilians I. und Marias von Burgund; seit 1496 ⚭ mit Johanna der Wahnsinnigen von Kastilien; beanspruchte nach dem Tode Isabellas I. (1504) die kastil. Krone als das Erbe Johannas; ihr Königtum wurde am 12. Juli 1506 von den kastil. Cortes anerkannt.

Makedonien:

P. II., * um 382, † Aigai 336 (ermordet), König (seit 359, Königstitel wohl 357). – Vater Alexanders d. Gr.; baute zielstrebig die makedon. Machtposition gegenüber Illyrern, Thrakern und Griechen aus. Gründete nach dem Sieg über Athen und Theben bei Chaironeia (338) den Korinth. Bund unter seiner Vorherrschaft. Unter den 1977 freigelegten Königsgräbern von Werjina (Makedonien) wird sein Grab vermutet.

P. V., * 238, † Amphipolis 179, König (seit 221). – Sohn Demetrios' II.; verbündete sich 215 mit Hannibal gegen Rom; verlor in den 2 Makedon. Kriegen († Makedonien) neben Territorien auch seinen Einfluß in Griechenland (Niederlage bei Kynoskephalai 197).

Orléans:

P. I., Hzg., † Orléans, Philippe I., Hzg. von.

Spanien:

P. II., * Valladolid 21. Mai 1527, † El Escorial bei Madrid 13. Sept. 1598, König (seit 1556). – Sohn Kaiser Karls V.; 1543 ⚭ mit der Infantin Maria von Portugal († 1545; Sohn: Don Carlos). 1554 ⚭ mit Maria I. Tudor, Königin von England (♕ 1553–58). Im Krieg mit Papst Paul IV. und mit Frankreich (1557–59) wurde der Papst durch den Hzg. von Alba bald zum Frieden genötigt, während Frankreich erst nach 2 schweren Niederlagen (Saint-Quentin 1557, Gravelines 1558) 1559 den Frieden von † Cateau-Cambrésis schloß. Auf Grund des Friedensvertrages heiratete P. 1559 Isabella († 1568), Tochter Heinrichs II. von Frankreich. Er verlegte 1561 seine Residenz nach Madrid und begann 1563 den Bau der monumentalen Klosteranlage El Escorial. – Sein Versuch, das Eindringen der Reformation zu verhindern, führte in den Niederlanden zur Aufstandsbewegung (Achtzigjähriger Krieg 1568–1648). Es gelang, den südl. Teil des Landes in span. Besitz zu behaupten. Im Kampf gegen die Osmanen errang Don Juan d'Austria, der Halbbruder von P., 1571 bei Lepanto einen glanzvollen Sieg. 1580 sicherte sich P. nach dem Erlöschen der Dyn. Avis als nächster Erbe den Besitz Portugals, scheiterte aber bei dem Versuch, der Einmischung Englands in den Niederlanden und der Bedrohung der span. Seewege durch die Entsendung der † Armada (1588) ein Ende zu setzen. Nach Einmischung in die frz. Religionskriege (Bündnis mit Heinrich von Guise) mußte er 1589 Heinrich IV. als frz. König anerkennen. – P. regierte Spanien als absoluter Herrscher, ohne Einsicht in die polit. und wirtsch. Wandlungen der Neuzeit, gestützt auf die Macht der Inquisition. Die Kriegslasten führten 1557, 1575 und 1598 zum Staatsbankrott. Der Tod P. leitete den Niedergang des span. Weltreichs ein.

P. V. von Bourbon, * Versailles 19. Dez. 1683, † Madrid 9. Juli 1746, Hzg. von Anjou, König (seit 1700). – Enkel Ludwigs XIV. von Frankreich; testamentarisch von Karl II. zum Nachfolger in Spanien bestimmt. Im Span. Erbfolgekrieg wurde sein Anspruch gegen den späteren Kaiser Karl VI. durchgesetzt. Seine Herrschaft wurde politisch weitgehend bestimmt durch seine Gemahlinnen Maria Luise von Savoyen (* 1688, † 1714) und Elisabeth (Farnese). Durch Teilnahme am Poln. Thronfolgekrieg (1733–35) und am Östr. Erbfolgekrieg (1740–48) an der Seite Frankreichs erlangte Spanien Sekundogenituren in Parma-Piacenza und Neapel-Sizilien.

Philippe de Commynes [frz. filipdəkɔ'min] † Commynes, Philippe van den Clyte, Seigneur de.

Philippe de Vitry [frz. filipdəvi'tri], * Vitry oder Paris (?) 31. Okt. 1291, † Meaux oder Paris (?) 9. Juni 1361, frz. Geistlicher, Musiktheoretiker und Komponist. – Befreundet mit Petrarca; 1351 zum Bischof von Meaux ernannt. Als Komponist von Motetten ist er neben Guillaume de Machault der Hauptmeister der † Ars nova.

Philippe Égalité [frz. filipegali'te] † Orléans, Louis Philippe II. Joseph, Hzg. von.

Philipperbrief, Abk. Phil., einer der Paulusbriefe im N. T.; er enthält Mahnungen an die Gemeinde in Philippi und an zentraler Stelle einen Christushymnus (Phil. 2, 6–11); wurde vermutlich in der Gefangenschaft in Ephesus (oder in Rom ?) geschrieben.

Philippi, antike Stadt nw. des heutigen Kawala, Makedonien. Im Herbst 42 v. Chr. siegten in der Doppelschlacht bei P. Antonius und Oktavian über Brutus und Cassius. 50/51 gründete Paulus in P. eine christl. Gemeinde;

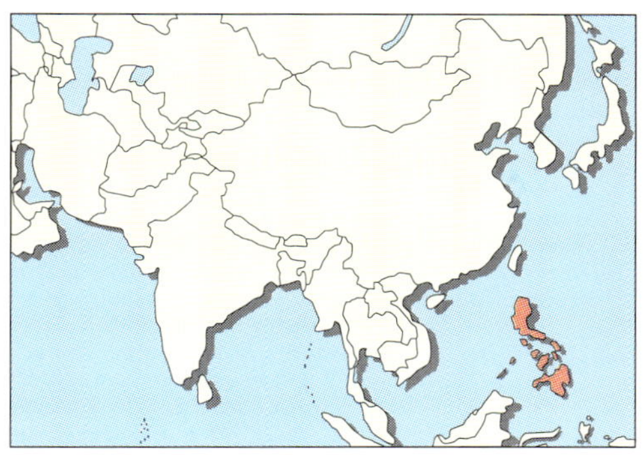

Philippinen

Fläche: 300 000 km²
Bevölkerung: 66,6 Mill. E (1990), 222 E/km²
Hauptstadt: Manila
Amtssprachen: Tagalog, Englisch
Nationalfeiertag: 4. Juli
Währung: 1 Philippin. Peso (₱) = 100 Centavos (c)
Zeitzone: MEZ +7 Stunden

1212–1411 lat. Erzbistum. – Gut erhaltene Stadtmauer, Akropolis, röm. Forum und röm. Theater, 2 Basiliken aus dem 5. und 6. Jh. n. Chr.

Philippika [griech.], Reden des Demosthenes gegen König Philipp II. von Makedonien. Danach benannte Cicero seine 14 Reden gegen Antonius „Philippicae". – Heute allg. svw. Strafrede[n], Kampfrede[n].

Philippinen (amtl.: Republika ng Pilipinas, engl. Republic of the Philippines), Republik in Südostasien, zw. 4° 23′ und 21° 25′ n. Br. sowie 116° 55′ und 126° 36′ ö. L. **Staatsgebiet:** Umfaßt eine Gruppe von 7 100 Inseln und Eilanden (davon 20 % bewohnt) im westl. Pazifik in einem Meeresgebiet von 1,3 Mill. km². Die P. erheben außerdem Anspruch auf die Spratlyinseln. **Verwaltungsgliederung:** 13 Regionen. **Internat. Mitgliedschaften:** UN, ASEAN, Colombo-Plan, GATT.

Landesnatur: Die P., nordöstlichste Inselgruppe des Malaiischen Archipels, haben eine Längserstreckung von 1 850 km und eine maximale Breite von 1 060 km. Von der gesamten Landfläche entfallen 94 % auf die 11 größten Inseln, allein 67 % auf *Luzon* und *Mindanao.* Die P. sind Teil der Inselbögen, die den Pazifik umspannen, gekennzeichnet durch häufige Erdbeben und tätige Vulkane. Mit Ausnahme von Masbate, Samar, Leyte und Bohol, die mehr Hochplateaucharakter besitzen, werden die meisten Inseln überwiegend von Gebirgsketten (durchschnittlich 1 000 bis 2 400 m ü. d. M.) eingenommen (rd. 65 % der Gesamtoberfläche); überragt werden sie von noch tätigen Vulkanen, wie z. B. Mount Apo (2 954 m) auf Mindanao und Mount Pulog (2 928 m) auf Luzon. Am Fuß der Gebirge, die z. T. Becken oder breite Talungen umschließen, breiten sich vielfach Hügelländer aus, an den Küsten z. T. Ebenen. Ein Teil der Inseln wird von Korallenriffen gesäumt.

Klima: Es herrscht trop. Regenklima mit sommerl. SW- und winterl. NO-Strömungen. Nördl. von Mindanao berühren die Zugbahnen von Taifunen die Inselgruppe. Am stärksten beregnet sind die O-Küsten (bis über 3 500 mm/Jahr). Die im Lee gelegenen Tieflandsgebiete, bes. auf Luzon, erhalten weniger als 1 500 mm Niederschlag/Jahr.

Vegetation: 17 % der Gesamtfläche werden heute von Sekundärwald und Grasland eingenommen. Trop. Regenwald war urspr. v. a. an den W-Küsten verbreitet. In den regenärmeren Teilen wurde er von halbimmergrünen und laubabwerfenden Monsunwäldern abgelöst. Oberhalb der Monsunwälder folgen Eichenmischwälder, darüber Kiefern- und Nebelwälder; an den Küsten Mangroven.

Tierwelt: Ähnlich starken Veränderungen wie die Flora war auch die Tierwelt unterworfen. Die Wildbestände sind stark dezimiert und auf wenige, kaum bewohnte bergige Geb. beschränkt.

Bevölkerung: Sie setzt sich aus mehreren ethn. Gruppen zus.: etwa 40 % Jungmalaien, 30 % Indonesier und Polynesier, 10 % Altmalaien und Negritos (Aeta), 1–2 % Chinesen sowie Inder, Europäer, Amerikaner und Araber (bei stark zurückgegangenem Ausländeranteil). Es gibt neben den Amtssprachen 87 einheim. Sprachen und Dialekte, darunter 11 Schriftsprachen. 84 % der Bev. sind Katholiken, 6,2 % Aglipayaner (Angehörige der Unabhängigen Philippin. Kirche), 3,5 % Protestanten, 4,3 % Muslime (Moros im S, die Autonomieforderungen erheben) u. a. Stärker besiedelt sind Cebu sowie Teile von Luzon (v. a. das Geb. um die Manilabucht), Panay, Leyte und Negros. Das Bev.-wachstum ist mit 2,5 % sehr hoch. Es besteht Schulpflicht von 7–13 Jahren, rd. 80 % der Kinder nehmen am Unterricht teil. P. hat mehr als 50 Univ. (z. T. kirchl. Privatuniversitäten).

Wirtschaft: Die P. sind überwiegend ein Agrarland. Etwa 30 % der Gesamtfläche der Inseln werden landw. genutzt. Hauptnahrungsmittel ist Reis, daneben werden Mais, Bataten, Maniok, Gemüse u. a. angebaut. Exportkulturen sind Zuckerrohr und Kokospalmen (größter Kopraerzeuger der Erde), außerdem Kaffee, Ananas, Tabak, Kautschuk und Manilahanf. Der Wertanteil landw. Erzeugnisse am Exporterlös ging aber auf Grund sinkender Weltmarktpreise zurück. Die Viehzucht ist wenig entwickelt, Milchprodukte müssen zum großen Teil eingeführt werden. Der in Grundzügen aus span. Zeit erhaltene Großgrundbesitz mit seinen Pachtverhältnissen kennzeichnet noch die Agrarstruktur. Agrarreformen (1972, 1988) scheiterten v. a. am Widerstand der einflußreichen Großgrundbesitzer. Der Raubbau an trop. Hölzern erbrachte jahrelang hohe Exporteinnahmen (z. T. illegale Ausfuhr), verursachte aber auch erhebl. ökolog. Schäden. Durch Rodung, Raubbau und versäumte Wiederaufforstung verringerte sich der Waldbestand auf 18 % der Gesamtfläche der P. Um weitere Schäden zu begrenzen, wurde 1986 und 1989 der Export von Rundholz bzw. Nutzholz eingestellt. Umfangreich ist die Küstenfischerei auf Sardinen, Makrelen, Tintenfische u. a. Die reichen Vorkommen an Kupfer-, Nickel-, Eisenerz, Chrom, Kohle, Gold, Silber, Quecksilber, Asbest, Gips, Marmor und Salz werden erst zu 10 % durch den Bergbau genutzt. Wachstumsimpulse erhielt in den letzten Jahren die verarbeitende Ind. durch eine reformierte Ind.politik und das Engagement ausländ. Investoren. Für exportorientierte Auslandsfirmen wurde auf der Halbinsel Bataan (Manilabucht) eine Freihandelszone geschaffen. Neben der Nahrungsmittel- und Genußmittelind. haben sich v. a. die Textil- und Bekleidungsind. zu einem bed. Exportzweig entwickelt; außerdem bestehen Anlagen zur Erzkonzentratgewinnung; Metall-, chem. und Zementind., Kfz-Montage, elektrotechn./elektron. Ind. und Holzverarbeitung.

Außenhandel: Die Handelsbilanz ist negativ. Wichtigste Ausfuhrgüter sind elektron. Erzeugnisse (22 % des Exportwertes), Bekleidung (18 %), Kokosöl, Kupfer und -erzeugnisse sowie Fisch. Eingeführt werden Mineralöl und Mineralölprodukte, Maschinen, Transportausrüstungen und chem. Erzeugnisse. Haupthandelspartner sind die USA, Japan, Hongkong, die EG-Länder (Deutschland, Großbritannien), Taiwan, Singapur.

Verkehr: Das Eisenbahnnetz auf Luzon ist 1 027 km lang. Das Straßennetz hat eine Länge von 157 448 km; gut ausgebaut bisher nur auf Luzon. Brücken oder Fähren verbinden

Philippinen

Staatswappen

Internationales Kfz-Kennzeichen

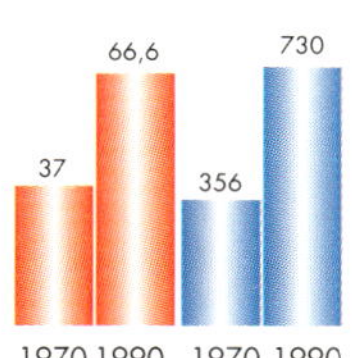

1970 1990 Bevölkerung (in Mill.)
1970 1990 Bruttosozialprodukt je E (in US-$)

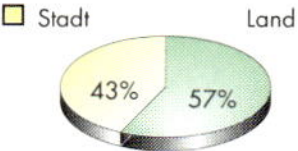

Bevölkerungsverteilung 1990

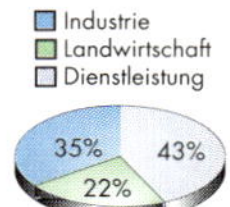

Bruttoinlandsprodukt 1990

die Inseln miteinander. Große Bed. hat die Küstenschifffahrt. Wichtigster Überseehafen ist Manila, über den der größte Teil des Außenhandels abgewickelt wird; weitere bed. Häfen sind Cebu, Iloilo, Cagayan de Oro, Zamboanga und Davao. Auch der Luftverkehr spielt eine große Rolle; 6 internat. ✈ (in Manila einer der wichtigsten und modernsten Ostasiens).

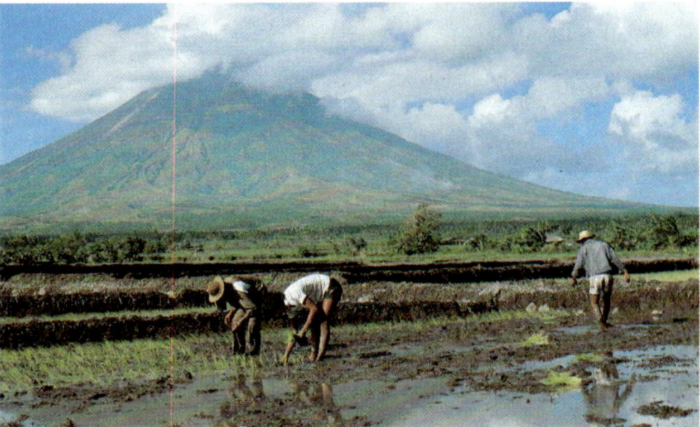

Philippinen. Der Vulkan Mayon auf Luzon

Geschichte: Im 15. Jh. gründeten einheim. Fürsten auf den Suluinseln und auf Mindanao islam. Sultanate. 1521 entdeckte F. de Magalhães die Inseln und nahm sie für Spanien in Besitz; 1543 wurden sie nach dem späteren König Philipp II. benannt. Auf Cebu entstand 1565 die erste span. Dauerniederlassung; die span. Kolonisation setzte mit den Eroberungszügen M. L. de Legazpis 1565/72 ein. 1648 wurden die P. im Westfäl. Frieden Spanien zugesprochen. Durch ihre oft rigorose Missionstätigkeit bekehrten span. kath. Orden die einheim. Bevölkerung zum Christentum. Zahlr. antispan. Bauernaufstände gingen der Revolution 1896–98 und der Proklamation der Republik (1. Nov. 1897) voraus. Im Span.-Amerikan. Krieg (1898) unterstützten die Filipinos die USA, die ihnen die staatl. Unabhängigkeit versprachen, sich jedoch im Frieden von Paris (10. Dez. 1898) die P. von Spanien abtreten ließen. Das hatte einen mehrjährigen Guerillakrieg zur Folge. 1902 wurde ein einheim. Parlament gewählt. 1934 erhielten die P. den Status eines Commonwealth zuerkannt mit der Maßgabe, daß 1944 die endgültige Überführung der Republik in die staatl. Unabhängigkeit erfolgen sollte (Tydings McDuffie Act). Nach der Besetzung der P. durch die Japaner 1941 eroberte General MacArthur von Okt. 1944–Mai 1945 das Land zurück. Am 4. Juli 1946 entließen die USA die P. in die Unabhängigkeit (erster Präs. M. Roxas y Acuña 1946–48), sicherten sich jedoch das Recht zur Errichtung von Militärstützpunkten (Abkommen vom 14. März 1947) und die fast vollständige wirtsch. Kontrolle des Landes. Mißreg., Korruption, Partisanentätigkeit der kommunistisch orientierten Hukbalahap brachten den Staat nahezu an den Rand des Ruins. Erst Präs. D. Macapagal (1961–65) versuchte, die Korruption in Staat und Wirtschaft wirksam zu bekämpfen. Unter Präs. F. E. Marcos (Nationalist. Partei; 1965–86) wurde die „Philippinisierung" des Landes vorangetrieben; die Reg. suchte die vertraglich zugestandenen amerikan. Sonderrechte allmählich zu beschneiden. 1972 begann ein separatist. Aufstand der Muslime („Moro-Rebellen") im S des Landes. Präs. Marcos verhängte das Kriegsrecht und setzte eine Verfassung durch, die jedoch auf Grund des weiterhin geltenden Kriegsrechts weitgehend außer Kraft blieb; statt des vorgesehenen parlamentar. Reg.systems wurde 1976 ein Präsidialsystem eingeführt.
Nach Aufhebung des Kriegsrechts und Verfassungsänderungen wurde Marcos bei den Präsidentschaftswahlen im Juni 1981 wiedergewählt. Die Ermordung des Oppositionsführers B. Aquino im Aug. 1983 durch reg.nahe Kreise löste anhaltende Proteste und Demonstrationen gegen das Regime aus, die nach der Verkündung der Freisprüche für sämtl. Angeklagten im Aquino-Prozeß im Dez. 1985 noch zunahmen. Bei daraufhin vorzeitig anberaumten Präsidentschaftswahlen stellte die Opposition als einzige Kandidatin Corazon Aquino, die Witwe B. Aquinos, auf. Der Wahlvorgang wurde von zahlr. ausländ. Beobachtern überwacht, die einen Wahlbetrug durch Marcos-Anhänger feststellten. C. Aquino erklärte sich daraufhin am 8. Febr. zur Siegerin der Wahl. Als das Parlament trotz der auch von ihm registrierten Wahlmanipulationen Marcos zum Präs. proklamierte, lief eine groß angelegte Kampagne zivilen Ungehorsams an. Am 24. Febr. 1986 verhängte Marcos den Ausnahmezustand, am 25. Febr. legten sowohl Marcos als auch C. Aquino in getrennten Zeremonien den Amtseid als Staatsoberhaupt ab. Nachdem jedoch sowohl das Militär als auch die USA Marcos jegl. Unterstützung verweigerten, verließ er mit seiner Familie das Land. Frau Aquino wurde daraufhin als Staatsoberhaupt anerkannt. Bereits im März 1986 setzte sie eine Übergangsverfassung in Kraft; am 2. Febr. 1987 wurde per Volksabstimmung eine neue Verfassung angenommen. 1986 geführte Friedensgespräche mit der maoist. Guerillabewegung NPA erbrachten keinen dauerhaften Erfolg. Die vorsichtige Demokratisierung war von einer erhebl. Verschlechterung der wirtsch. Situation begleitet. Die bis in Reg.kreise reichende Opposition gegen C. Aquino organisierte sich 1988 in der mehrere Parteien umfassenden Union for National Action (UNA); seit 1986 mußten mehrere Putschversuche gegen die Präsidentin niedergeschlagen werden. 1990 kündigten die P. das Stützpunktabkommen mit den USA zum Sept. 1991 auf; im Nov. 1992 beendeten die USA ihre militär. Präsenz durch die Räumung der Flottenbasis Subic Bay. Die Präs.wahlen im Mai 1992, bei denen auch die Witwe des 1989 verstorbenen Marcos, Imelda Marcos, kandidierte, konnte der von C. Aquino unterstützte ehem. Verteidigungsmin. F. Ramos für sich entscheiden.
Politisches System: Nach der Verfassung vom 2. Febr. 1987 sind die P. eine präsidiale Republik. *Staatsoberhaupt* und oberster Inhaber der *Exekutivgewalt* ist der Präs. (einmalige Amtszeit von 6 Jahren). Er ist oberster Befehlshaber der Streitkräfte, ernennt und entläßt die Min. und kann, auf 60 Tage beschränkt, den Notstand ausrufen bzw. das Kriegsrecht verhängen. Der Kongreß hat das Recht, diese Maßnahmen innerhalb von zwei Tagen aufzuheben. Die *Legislative* liegt beim Kongreß (Zweikammerparlament), der aus dem Senat (24 Mgl.) und dem Repräsentantenhaus (200 gewählte und bis zu 50 vom Präs. ernannte Abg.) besteht. Die *Parteien*landschaft ist instabil und durch vielfache Umbildungen geprägt. Regierungspartei ist die Laban N̄g Demokratigong Pilipino (LDP; gegr. 1988); nach den Parlamentswahlen vom Mai 1992 sind im Kongreß daneben u.a. die National People's Coalition (NPC), die National Union for Christian Democrats (NUCD) und die Liberal Party (LP-PDP) vertreten.
Die wichtigsten *Gewerkschafts*verbände sind: Trade Union Congress of the Philippines (TUCP), Associate Labor Union (ALU) und Federation of Free Workers (FFW). *Verwaltungs*mäßig sind die P. in 13 Regionen mit eigenen Legislativ- und Exekutivorganen an der Spitze gegliedert.
Das *Recht* ist eine Synthese aus spanischem und angloamerikan. sowie Stammesrecht. An der Spitze des Gerichtswesens stehen der Appellationsgerichtshof und der als Verfassungsgericht fungierende Oberste Gerichtshof; im S wirken islam. Scharia-Gerichte.

Philippinengraben, Tiefseegraben in der Philippinensee, erstreckt sich von der SO-Spitze der Insel Luzon über rd. 1 800 km entlang der O-Küsten von Samar und Mindanao bis zu den Talaudinseln; bis 10 540 m u. d. M.

Philipp Neri, hl., ↑ Neri, Filippo.

Philippovich von Philippsberg, Eugen Frhr. von [...povɪtʃ], *Wien 15. März 1858, † ebd. 4. Juni 1917, östr. Nationalökonom. – Prof. in Freiburg und Wien; vertrat eine aus Theorie und Empirie bestehende polit. Ökonomie; verbreitete als einer der ersten die Grenznutzentheorie.

Philippsburg, Stadt 15 km nw. von Bruchsal, Bad.-Württ., 100 m ü. d. M., 10 900 E. Kernkraftwerk, Maschinenbau, Reifenherstellung. – 784 erstmals (als *Udenheim*) gen.; 1338 Stadtrecht; 1371–1723 Residenz der Bischöfe von Speyer; nach 1615 und v. a. 1644–76 Ausbau der Festung (nach 1799 geschleift); seit 1623 P. gen. – Barocke Pfarrkirche (18. Jh.).

Philippus, hl., Apostel des 1. Jh., wahrscheinlich aus Bethsaida stammend; nach der Legende Märtyrer.

Philippus Arabs (Marcus Julius Philippus), * Schahba (im Hauran) um 204, ⚔ bei Verona im Sept. 249, röm. Kaiser (seit 244). – Sohn eines Scheichs; 243/244 Prätorianerpräfekt Gordians III. und wohl an dessen Ermordung beteiligt. Nach Friedensschluß mit Persien (244) hatte P. A. wiederholt mit Germanen an der unteren Donau und mit Usurpatoren zu kämpfen; fiel im Kampf gegen Decius.

Philippusevangelium, nach dem Apostel Philippus ben. apokryphe neutestamentl. Schrift gnost. Inhalts, fragmentarisch in Zitaten erhalten; eine kopt. Version wurde in Nag Hammadi gefunden.

Philips [engl. 'fɪlɪps], Peter, * Birmingham 21. Mai 1939, brit. Maler. – Vertreter der Pop-art. Seine collagehaften, oft geometrisch komponierten Bilder verbinden die Zeichensysteme von Spielautomaten, die Bildidole des Sex und die Klischees der Werbung zu zunehmend plakativer Darstellungsweise.

Philips-Konzern, niederl. Elektrokonzern, gegr. 1891, Sitz Eindhoven. Der Konzern arbeitet in 60 Ländern, v. a. in den Bereichen Lichtanlagen, Unterhaltungselektronik, Elektrogeräte, Fernmelde- und Verteidigungssysteme, Apparatebau, chem.-pharmazeut. Produkte, Glaserzeugung.

Philister, nichtsemit. Volk, vermutlich westl. Herkunft, an der SW-Küste Palästinas im 2./1. Jt. v. Chr. Ihre Ansiedlung erfolgte wohl kurz nach 1200 v. Chr. vom ägäischen Raum her als ägypt. Militärkolonisten. Ihre Städte Gasa, Ashdod, Askalon (= Ashqelon), Ekron und Gath bildeten einen Fünfstädtebund (Pentapolis). Nach dem Rückgang der ägypt. Macht drangen die P. nach O in das Bergland Palästinas gegen die Stämme des Volkes Israel vor. Nur kurzfristig von den Israeliten unter David unterworfen (2. Sam. 5, 17 ff.), bewahrten sie ihre Selbständigkeit in Grenzkämpfen, v. a. gegen das Nordreich Israel, bis zur Unterwerfung durch die Assyrer (Ende des 8. Jh. v. Chr.).

▷ *übertragen:* Spießer, engstirniger Mensch.

Philistos, ⚔ 356 v. Chr., griech. Politiker und Geschichtsschreiber aus Syrakus. – Seine fragmentarisch erhaltene Geschichte Siziliens in 11 (oder 13) Büchern reichte bis 362, galt als Nachahmung des Werkes des Thukydides und war Vorlage für Ephoros von Kyme.

Phillipps, Sir Thomas [engl. 'fɪlɪps], * Manchester 2. Juli 1792, † Cheltenham 6. Febr. 1872, brit. Bibliophile. – Trug über 60 000 alte Handschriften zusammen, u. a. erwarb er die lat. Handschriften des niederl. Sammlers J. Meerman (heute Dt. Staatsbibliothek in Berlin).

Phillipsit [nach dem brit. Mineralogen W. Phillips, * 1775, † 1828] (Kalkharmotom), monoklines, glasig glänzendes, meist farbloses Mineral, $KCa[Al_3Si_5O_{16}] \cdot 6H_2O$; tritt in Basalthohlräumen auf und wird durch therm. Zersetzung von Feldspäten gebildet; Mohshärte 4–4,5; Dichte 2,2 g/cm^3.

Phillpotts, Eden [engl. 'fɪlpɔts], * Mount Abu (Indien) 4. Nov. 1862, † Broad Clyst bei Exeter 29. Dez. 1960, engl. Schriftsteller. – Schrieb Kriminal- und Gesellschaftsromane, Heimatromane mit hervorragenden Landschaftsschilderungen der Dartmoor-Gegend, Essays und Kinderbücher, ferner lyr. und dramat. Werke.

Phillumenie [zu ↑ philo... und lat. lumen „Licht"], Bez. für das Sammeln von Zündholzschachteln bzw. deren Etiketten; **Phillumenist,** Sammler von Zündholzschachteln.

philo..., Philo..., phil..., Phil... [zu griech. phílos „Freund"], Bestimmungswort von Zusammensetzungen mit der Bed. „Verehrer, Liebhaber; [Vor]liebe, Verehrung".

Philodendron [griech.] (Baumfreund, Baumlieb), Gatt. der Aronstabgewächse mit über 200 Arten (u. a. Philodendron panduriforme) im trop. Amerika; strauchige, baumartige oder kletternde Pflanzen, meist mit Luftwurzeln; Blätter oft groß, sehr verschiedenartig, ungeteilt, gelappt oder fiederschnittig; Blütenstände end- oder achselständig, mit dicker, weißer, roter oder gelber Blütenscheide; beliebte Blattpflanzen.

▷ oft gebrauchte Bez. für das ↑ Fensterblatt.

Philo Judaeus ↑ Philon von Alexandria.

Philologe [zu griech. ↑ philo... und lógos „Rede, Wort"], Sprach- und Literaturwissenschaftler und -lehrer.

Philologie Wiss. von der Erforschung von Texten, i. w. S. der Erforschung der kulturellen Entwicklung und Eigenart eines Volkes auf der Grundlage seiner Sprache und Literatur. Die P. ist Bestandteil zahlr. Einzelwiss. wie Geschichte, Theologie, Archäologie. Als eigene Wiss. umfaßt sie das gesamte Spektrum der alten **(Altphilologie, klassische Philologie)** und neueren Sprachen und Literaturen **(Neuphilologie).** Eine wesentl. Aufgabe der P. besteht in der Erstellung authent., den Intentionen der Autoren gerecht werdener Texte. Dabei verfährt sie entweder selektiv, d. h. aus einer Reihe von Handschriften oder Drucken eines Einzeltextes wird der qualitativ beste Text ausgesucht, oder textkritisch, indem die gesamte handschriftl. oder gedruckte Überlieferung eines Einzeltextes, im günstigsten Fall auch das ↑ Autograph, herangezogen wird. Sind mehrere Texte verfügbar, wird nach den method. Grundsätzen der ↑ Textkritik eine ↑ kritische Ausgabe erarbeitet. Ein weiteres wichtiges Gebiet der P. ist die Interpretation von Texten, die auf morpholog.-syntakt., lautl. und semant. Ebene vorgenommen wird. Die Beschreibung der Textstruktur wird ergänzt durch eine historisch-polit., literaturtheoret.-poetolog. und literaturhistor. Einordnung des Textes.

Philodendron. Die Art Philodendron panduriforme

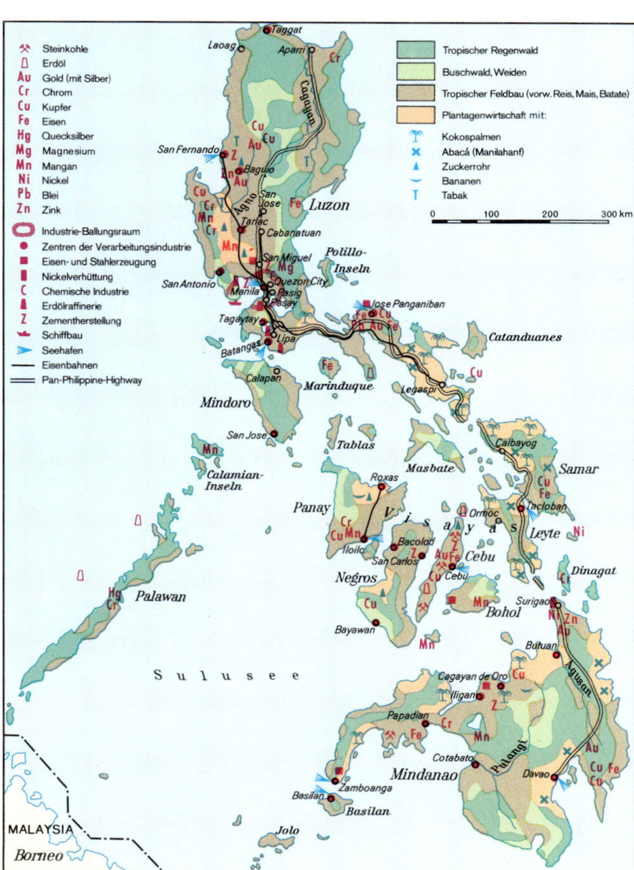

Philippinen. Wirtschaft

Geschichte: Die klass. P. erlebte ihre erste Blüte im 3./2. Jh. an der alexandrin. Bibliothek. Die von dort beeinflußten lat. Philologen (u. a. A. Gellius und M. T. Varro) konzentrierten sich v. a. auf grammat. Fragen. Im Humanismus schufen u. a. Erasmus von Rotterdam und J. J. Scaliger bed. Editionen. Die P. im modernen Sinn bildete sich im Zusammenhang mit der Klassik, dem Neuhumanismus und der Romantik in Deutschland heraus. Rückbesinnung auf antike und nat. (bes. ma.) Traditionen und die Entwicklung einer sprachwiss. Systematik förderten die methodolog.-inhaltl. Evolution der P. ebenso wie der Historismus und der Positivismus. Textkritik, Grammatik und Interpretation erhielten damit eine neue Grundlage, wie die klass. Studien u. a. von A. Böckh und K. O. Müller, F. G. Welcker, K. Lachmann und U. von Wilamowitz-Moellendorff genauso beweisen wie die ersten wiss. Grammatiken und Wörterbücher der modernen Fremdsprachen und die zahlr. Literaturgeschichten, die v. a. seit dem 19. Jh. entstanden. Dabei gingen die philolog. Wiss. bis weit ins 20. Jh. hinein überwiegend historisch vor und förderten die Kenntnis über spezielle Epochen (Hellenismus, Spätantike, MA, Renaissance usw.) und Einzelgebiete (Inschriften und vulgäre Latinität, Fragmente, Religion, Medizin, Philosophie u. a.). Erst allmählich emanzipierten sich die Neuphilologen von den Vorstellungen der klass. P. Sie bezogen in immer stärkerem Maße synchron. Methoden ein, berücksichtigten moderne und zeitgenöss. Autoren und integrierten Fragen der Kultur- oder Landeskunde und der Fachdidaktik.

Philomelion ↑Akşehir.

Philon von Alexandria (Philo, lat. Philo Judaeus), *Alexandria 15/10 v. Chr., †ebd. um 45/50 n. Chr., jüd.-hellenist. Theologe und Religionsphilosoph. – P. verfaßte mehrere meist allegorisch deutende Kommentare zum Pentateuch. Er behandelte die Schöpfungsgeschichte, die mosaische Gesetzgebung und die Vätergeschichten; in den apologet. Schriften finden sich zahlr. Anspielungen auf die polit. Situation der Juden in Alexandria. Für die religionsgeschichtl. Forschung ist er v. a. als Quelle bedeutsam.

Philon von Byblos (Herennius Philo), *um 64, †141, phönik. Geschichtsschreiber und Grammatiker. – Verf. u. a. einer phönik. Geschichte in griech. Sprache, nach eigenen Angaben eine Übersetzung des Werkes des Phönikers Sanchuniathon, der vor dem Trojan. Krieg gelebt haben soll.

Philopömen (Philopoimen), *Megalopolis (Arkadien) um 252, †Messene 183, Stratege (erstmals 208) des Achäischen Bundes. – Versuchte die Macht des Bundes auf die ganze Peloponnes auszudehnen (Eroberung von Sparta 192) und Selbständigkeit gegenüber Rom zu wahren. 183 kam P. in messen. Gefangenschaft und wurde vergiftet.

Philosemitismus, geistige Bewegung bzw. Haltung, die gegenüber Juden und ihrer Religion Verständnis und Wertschätzung aufbringt und judenfeindl. Äußerungen (Antisemitismus) zurückweist. Nach dem 2. Weltkrieg wurde die Bez. P. abwertend verwendet für eine gegenüber dem Judentum und dem Staat Israel unkrit. Einstellung, die häufig auf Schuldgefühlen basiert.

Philosophia prima [griech./lat. „erste Philosophie"], von Aristoteles hergeleitete Bezeichnung der philosoph. Kerndisziplin, die nach den ersten Ursachen des Seienden fragt; bis zur Neuzeit gleichbedeutend mit Metaphysik und als Einheit von Theologie und Ontologie verstanden. Später beanspruchte Husserl gemäß der neuzeitl. Metaphysikkritik den Begriff „P. p." für die Phänomenologie.

Philosophie [griech. „Liebe zur Weisheit"], als Suche nach Beantwortung der menschl. Grundfragen („was bin ich?", „was soll ich tun?") stößt die P. auf charakterist. Schwierigkeiten, die im Wesen der P. selbst begründet liegen. Während sich andere Wiss. durch Angabe eines spezif. Gegenstandsbereichs und durch Auszeichnung bestimmter Methoden kennzeichnen lassen, ist es bis heute nicht gelungen, eine Methode als *die* philosoph. Methode zu etablieren, noch viel weniger, einen umfassenden Gegenstandsbereich für sie anzugeben. Deshalb verfügt die P. auch nicht, wie andere Wissenschaften, über einen als gesichert geltenden Bestand an allg. anerkanntem Wissen, das sich in verbindl. Weise in Lehrbüchern darstellen ließe. Das heißt jedoch nicht, daß es im Bereich der P. keinerlei Problemlösungen gäbe. Allerdings haben diese mehr den Charakter von Bezugspunkten, von denen aus andersgeartete, neue Lösungsvorschläge erarbeitet werden können. Jedenfalls haben sie nicht den Status von endgültigen, nicht weiter befragbaren Aussagen. Dies ist ein charakterist. Zug der P.: Sie befragt das einmal Akzeptierte stets aufs neue und stellt bereits erzielte Einsichten wieder in Frage: *Philosophieren heißt methodisch fragen.*

Systematik: Von Platon stammt die Unterscheidung nach Logik, Ethik und Ästhetik. Die Systematik des Aristoteles ergab sich aus den Grundmöglichkeiten menschl. Verhaltens: Betrachten (theoret. P., Metaphysik, Mathematik, Physik, d. h. Natur-P., Psychologie), Handeln (prakt. P., Ethik, Politik) und Schaffen (poet. P., Poetik, Ökonomik). In der Scholastik unterschied man ↑Metaphysik (↑Ontologie und Theologie), Physik (Kosmologie und Psychologie) und Ethik (Politik). Die in der akadem. P. seit dem 18. Jh. gültige Einteilung in Metaphysik (oder Ontologie), ↑Logik, Ethik, Ästhetik, ↑Erkenntnistheorie (und Psychologie) wird z. T. noch heute aufrechterhalten. Daneben entwickelte sich eine Reihe von Sonderdisziplinen wie Rechts-, Geschichts-, Kultur- und Religions-, Sozial- und Sprachphilosophie sowie die Wiss.theorie.

Geschichte: Auch zur Geschichte der P. existieren verschiedene Auffassungen. Eine Skizze der wichtigsten Abschnitte setzt im Altertum bei der *griech. Philosophie* an. Im Gefolge der griech. Aufklärung kam es zu einer Epoche der Auseinandersetzung zw. griech.-röm. P., Judentum und Christentum. Das MA setzte mit der Frühscholastik ein, die v. a. an frz. Klosterschulen (Chartres, Paris) gepflegt wurde. Ihr bedeutendster Philosoph war Johannes Scotus Eriugena. Zentrales metaphys. Problem war der ↑Universalienstreit; richtungweisende method. Orientierungen für die *Scholastik* gab Peter Abälard, angefochten v. a. von dem Mystiker Bernhard von Clairvaux. – Arab. und jüd. Philosophen vermittelten aristotel. Wissen an das Abendland. Gegen die vordringende arab. Dialektik wurde in der Hochscholastik, fußend auf den Schriften des Aristoteles, ein System der rationalen Theologie und Methaphysik aufgebaut. Bed. christl. Vertreter waren Albertus Magnus und Thomas von Aquin. – In der Spätscholastik kam es im Gefolge großer Kulturfortschritte zu einer empirist. Interessenrichtung und zu einer Erneuerung des Nominalismus, repräsentiert durch Duns Scotus und Wilhelm von Ockham. In ihrer Betonung der Wirklichkeit der Einzeldinge waren diese typisch für die engl. P. – Bed. in der Natur-P. des 14. Jh. war v. a. Nikolaus von Oresme. Die dt. Mystik erreichte mit Meister Eckhart, der myst.-neuplaton. Elemente mit scholast. Begrifflichkeit verband, ihren Höhepunkt. Nikolaus von Kues versuchte gegen den Aristotelismus die neuen weltl. Wiss. mit philosoph. und myst. Traditionen zu verbinden. – In der *Neuzeit* traten T. Morus mit seiner Sozialutopie sowie F. Bacon hervor, der für den Bereich der Erfahrungserkenntnis Induktion, method. Beobachtung und Experiment als Leitideen vorschlug. Der Skeptizismus v. a. Montaignes beeinflußte die frz. Moralisten und die dt. Aufklärung. – Die sich herausbildenden mathemat. Naturwiss. lieferten das method. Vorbild der P. des 17. Jh. R. Descartes (↑Kartesianismus) baute ein rationalist. System der gesamten P. auf der Basis method. Zweifels auf. Ansätze zur Überwindung des ↑Dualismus von Descartes lieferten Spinoza (pantheist. Monismus) und Leibniz (Monadologie). Die frz. *Aufklärung* entfaltete sich, ausgehend von der engl. (T. Hobbes, J. Locke, G. Berkeley, D. Hume), bis hin zu Sensualismus und Materialismus (D. Diderot, La Mettrie). Entgegen dem aufklärer. Rationalismus wirkte J.-J. Rousseau; er beeinflußte die Frz. Revolution und u. a. Herder, Fichte und Pestalozzi. In Italien wurde G. B. Vico zum Begründer der Geschichts-P. Die dt. Aufklärung findet in C. Wolff ihren philosoph. Systematiker.

Radikaler Wendepunkt in der Geschichte der P. war die Vernunftkritik I. Kants. An Kant anknüpfend, entwickelten Fichte, Schelling und Hegel ihre großen Systeme. – In England kam es zur Herausbildung des Utilitarismus (J. Bentham, J. S. Mill) sowie zu einem durch Darwin bewirkten Evolutionismus (H. Spencer), der sich in den USA zum Pragmatismus hin orientierte (J. Dewey, C. S. Peirce, W. James); der Idealismus im Anschluß an Kant und Hegel entfaltete sich u. a. bei H. Bradley. In Frankreich bildete sich ein früher Sozialismus (C. H. Saint-Simon, C. Fourier, P. J. Proudhon). A. Comte legte das Fundament für den Positivismus. – Die „Hegelsche Linke" gelangte über K. Marx zu weltgeschichtl. Bedeutung.

Einen Abbau der Metaphysik stellen im weiteren die Gedanken Nietzsches (teils schon Schopenhauers) und Diltheys (↑Historismus) dar. Gegen Strömungen des naturwiss. Materialismus richteten sich die Versuche des Neukantianismus der Marburger (H. Cohen, P. Natorp, E. Cassirer) und der südwestdt. Schule (W. Windelband, H. Rikkert), P. durch Erkenntnistheorie zu begründen. G. Frege leistete grundlegende Beiträge zur modernen Logik und zur Sprachphilosophie. Im Zuge der Klärung der durch die Naturwiss. aufgeworfenen Fragen bildete sich im ↑Wiener Kreis der log. Empirismus unter Verwendung der modernen formalen Logik. Im Anschluß hieran und gestützt auf Vorarbeiten von G. E. Moore und B. Russell kam es im angelsächs. Raum zur Entwicklung der *analyt. P.,* die sich hauptsächlich sprachphilosoph. Untersuchungen widmet. E. Husserls Phänomenologie zielte auf die Überwindung des Empirismus und Psychologismus. M. Scheler entwarf eine personale Wertethik und legte den Grundstein für eine philosoph. Anthropologie.

Im 2. Drittel des 20. Jh. erreichten der frz. Existentialismus (J.-P. Sartre, M. Merleau-Ponty, G. Marcel) und die Existenz-P. (M. Heidegger, K. Jaspers) große Wirkung, u. a. auch in der krit. Aufnahme durch H. G. Gadamer, der im Rückgriff auf Dilthey und im Anschluß an Heideggers Daseinsanalytik eine ↑Hermeneutik zu begründen suchte. Daneben standen krit.-sozialphilosoph. Untersuchungen der sog. Frankfurter Schule (Horkheimer, Adorno, Habermas). Die gegenwärtige P. stellt sich in ihrer Gesamtheit als kaum überschaubares Spektrum verschiedener Ansätze dar, die sich jedoch alle (in letzter Konsequenz) auf die Beantwortung der Frage nach der Stellung des Menschen in der Welt beziehen.

philosophischer Materialismus ↑Materialismus.

philosophisch-theologische Hochschulen ↑kirchliche Hochschulen.

Philotas, † am Hamun-i-Helmand 330 v. Chr., Freund und Feldherr Alexanders d. Gr. – Führer der makedon. Reiterei; machte sich durch oppositionelle Äußerungen zur Persienpolitik Alexanders verdächtig; der Verschwörung beschuldigt und hingerichtet.

Philoxenos von Eretria ↑Alexandermosaik.

Phimose [zu griech. phímōsis „Verengung"], angeborene (auch durch Geschlechtskrankheiten oder Balanitis erworbene) Verengung der Vorhaut des Penis, so daß sie sich nicht über die Eichel zurückstreifen läßt. Die Behandlung erfolgt operativ.

Phintias, att. Töpfer und Vasenmaler des 6. Jh. – Nachweisbar 525–510; stilistisch dem ↑Euthymides und ↑Euphronios verwandter bed. Vertreter des att.-rotfigurigen Stils; stellte auf einer Schale eine Töpferwerkstatt dar.

Phiole [griech.-lat.], bauchiges Glasgefäß mit langem Hals.

Phitsanulok [Thai phisanu'lo:g], thailänd. Stadt 350 km nördl. von Bangkok, 76 000 E. Verwaltungssitz der Prov. P.; Marktort an der Bahnlinie nach Chiang Mai. ✈. – Ummauerte Altstadt, 1955 durch Brand stark zerstört; im Tempel Wat Phra Si Ratana Mahathat berühmte Buddha-Statue (15. Jh.).

Phiz [engl. fɪz], Pseud. des engl. Zeichners und Illustrators Hablot Knight ↑Browne.

Phlebektasie [griech.], svw. ↑Venektasie.

Phlebitis [griech.], svw. ↑Venenentzündung.

Phlebographie [griech.] (Venographie), röntgenolog. Methode zum Sichtbarmachen von Venen nach Kontrastmitteleinbringung.

Phlebotomus (Phlebotomen) [griech.], in den Tropen und Subtropen verbreitete Gatt. der Mücken (Fam. ↑Sandmücken) mit rd. 100 2–4 mm großen, gelben Arten; saugen v. a. gegen Abend und nachts an Wirbeltieren und Menschen Blut, wobei sie Krankheiten (wie ↑Kala-Azar) übertragen können.

Phlebotomusfieber [griech. und dt.], svw. ↑Pappatacifieber.

Phlegma [griech.], Charakteristikum des ↑Phlegmatikers; im übertragenen Sinn svw. [geistige] Trägheit, Schwerfälligkeit, Langsamkeit; auch svw. Gleichgültigkeit bzw. Teilnahmslosigkeit oder „Dickfelligkeit".

Phlegmatiker [griech.], der unter den Temperamentstypen als ruhig und behäbig charakterisierte Mensch (Ggs. ↑Choleriker).

Phlegmone [griech.] (Zellgewebsentzündung), eitrige Entzündung des Zellgewebes mit der Neigung des Ausbreitens in vorgebildeten Gewebsspalten, ohne daß lokalisierte Gewebseinschmelzungen (↑Abszeß) entstehen. Die Behandlung erfolgt durch breite Freilegung, Ruhigstellung und Antibiotikagaben. – Bei Pferden tritt die P. **(Einschuß)** meist in den Gliedmaßen auf und ist durch rasanten Verlauf gekennzeichnet. P. können schnell zu Allgemeininfektionen führen.

Phlegräische Felder, vulkan. Hügellandschaft in Italien, westl. von Neapel, mit dem Averner See und der Solfatara, einem Krater, dem mit Schwefelwasserstoff und Kohlensäure angereicherter Wasserdampf entweicht; Obst-, Wein- und Gemüsebau.

Phlox. Staudenphlox

Phlobaphene [griech.], bei Oxidation von Gerbstoffen auftretende, meist rötlichbraune, wasserunlösl., fäulnishemmende Pigmente in den Wänden toter pflanzl. Zellen (z. B. von Rindengewebe, Kernholz, Samenschalen); bedingen auch die Herbstfärbung der Laubblätter.

Phloem [griech.] ↑Leitbündel.

Phlogistontheorie [zu griech. phlogistós „verbrannt"], 1667 von J. J. Becher begründete und ab 1697 von G. E. Stahl zu einer Lehre ausgebaute Theorie, nach der alle brennbaren Substanzen das **Phlogiston,** ein stoffl., brennbares „Prinzip" enthalten, das bei Verbrennung entweicht. Die P. wurde 1774–83 von A. L. Lavoisier durch die **Oxidationstheorie** abgelöst, die besagt, daß beim Verbrennen eines Stoffes keine Substanz abgegeben, sondern Sauerstoff aufgenommen wird.

Phloroglucin [griech.] (1,3,5-Trihydroxybenzol), dreiwertiges Phenol; kristalline, farblose Substanz, die zur Herstellung von Farbstoffen und zum Nachweis von Holzsubstanz (Lignin) dient.

Phlox [griech.] (Flammenblume), Gatt. der Sperrkrautgewächse mit rd. 60 Arten in N-Amerika; ausdauernde, selten einjährige Kräuter mit ganzrandigen Blättern, einzelnen, in rispigen, doldentraubigen oder straußartigen Blütenständen stehenden Blüten und fünfteiliger, tellerförmiger Krone mit schmalem Schlund und dünner Röhre, die oft flammend gefärbt ist. Bekannte Zierpflanzen sind v. a. zahlr. Sorten des **Staudenphloxes** (Phlox paniculata), über 1 m hoch, Blüten in Dolden.

Phnom Penh

Hauptstadt von Kambodscha (seit 1867)

•

800 000 E

•

Hafen am Mekong

•

1434 Verlegung der Residenz der Khmerkönige von Angkor nach Phnom Penh

•

1975 Zwangsräumung durch die Roten Khmer

•

Königspalast

Phnom Penh [pnɔm'pɛn], Hauptstadt von Kambodscha, am Mekong, 800 000 E. P. P. ist das kulturelle Zentrum des Landes; Univ. (gegr. 1960), TU, landw. Hochschule, buddhist. Hochschule, Kunstakademie, Nationalmuseum; Handelszentrum, Ind.standort, Hafen am Mekong; internat. ✈.

Geschichte: Wurde 1434 Residenz der Khmerkönige anstelle von Angkor, Anfang des 16. Jh. aufgegeben, erst 1867 wieder Hauptstadt des nun unter frz. Herrschaft stehenden Landes. Wuchs bis 1942 v. a. durch Bev.zuzug aus dem Ausland; die Bev. bestand nur zu rd. 50 % aus Khmer, im übrigen aus Chinesen, Vietnamesen, Malaien sowie Europäern, Indern und Lao. Seit 1940 Zuwanderung vom Lande, die den Anteil der Khmer stark anwachsen ließ; 1975 Zwangsräumung der Stadt durch die Roten Khmer, danach bis 1981 nur Verwaltungsmetropole; durch den Bürgerkrieg stark betroffen.

Bauten: Auf einem Hügel liegt der Tempelbezirk (15. Jh.),

Phnom Penh. Silberpagode im Bezirk des ehemaligen Königspalastes, Anfang des 20. Jahrhunderts

im Mittelpunkt eine Pagode; am Fluß Tonle Sap der Königspalast mit Silberpagode (20. Jh.).

...phob [zu griech. phóbos „Furcht"], Nachsilbe in Zusammensetzungen mit der Bed. „fürchtend, ablehnend".

Phöbe [griech., nach der Titanin Phoibe], der in der größten Entfernung (12 950 000 km) vom Planeten Saturn umlaufende Mond; Umlaufzeit 550,3 Tage.

Phobie [zu griech. phóbos „Furcht"], seel. Störung mit unangemessener Furcht vor spezif. Situationen oder Objekten. Entsprechend dem furchtauslösenden Reiz spricht man u. a. von Agoraphobie (↑Platzangst), ↑Klaustrophobie.

Phobos, bei den Griechen Begriff und vergöttlichte Personifikation der „Furcht", einer der Söhne und Begleiter des ↑Ares.

Phobos [griech., nach dem gleichnamigen Begleiter des Ares], der innere, größere der beiden Marsmonde (↑Deimos). Sehr unregelmäßig geformter Satellit mit zahlr. Kratern und einem mittleren Abstand von 9 276 km vom Marsmittelpunkt; Umlaufzeit 7 h 39 min 14 s, größter Durchmesser 27 km, Masse $1{,}74 \cdot 10^{13}$ t.

Phönikische Kunst. Baal, Bronzestatuette aus Ras-Schamra, 14. Jh. v. Chr. (Paris, Louvre)

Phoenix (Phönix) ↑Sternbilder (Übersicht).

Phoenix [griech.], svw. ↑Dattelpalme.

Phoenix [engl. 'fi:nɪks], Hauptstadt von Arizona, USA, am Salt River, 340 m ü. d. M., 924 000 E. Anglikan. und kath. Bischofssitz; mehrere Museen; u. a. Flugzeug- und elektron. Ind. Bed. Erholungsort (Pensionärsstadt **Sun City**). – Gegr. 1871; Hauptstadt von Arizona seit 1889. – State Capitol (1900).

Phokäa (Phokaia), ion. Hafenstadt am Golf von İzmir, heute Foça; entwickelte im 8./7. Jh. reiche Handels- und Kolonisationstätigkeit im westl. Mittelmeer (die bedeutendste Kolonie war Massalia [= Marseille]). Ausgrabungen erbrachten nur Kleinfunde und Reste eines Tempels. – Seit 1275 im Besitz der Genuesen, 1307 durch die Katalan. Kompanie geplündert (Gründung von Neu-P.) und 1455 von den Osmanen besetzt; Ruinen der genues. Festung des 15. Jahrhunderts.

Phokion, *um 402, †Athen 318, athen. Politiker und Feldherr. – Schüler Platons; 45mal Stratege (spätestens seit 365/364); vermittelte 338 den Frieden mit Philipp II. von Makedonien, 335 mit Alexander d. Gr., 322 mit Antipater; bei Wiederherstellung der Demokratie zum Tod durch den Giftbecher verurteilt.

Phokis, histor. Landschaft in M-Griechenland, zw. Lokris, Doris und Böotien. Der phok. Stammesbund war Mgl. der delph.-pyläischen Amphiktyonie, im 5./4. Jh. des Peloponnes. Bundes, nach 371 des Böot. Bundes.

Phon [zu griech. phōnḗ „Laut, Ton"], Zeichen phon, Hinweiswort („Einheit") bei Angabe des ↑Lautstärkepegels L_N eines Schalls gemäß der Beziehung $L_N = 20 \lg p/p_0$, wobei p der gemessene und p_0 der Bezugsschalldruck ($p_0 = 20$ µPa) ist.
▷ in der *Sprachwissenschaft* ↑Phonem.

phon..., Phon... ↑phono..., Phono...

Phonation [griech.], Bildung sprachl. Laute mit Hilfe der Artikulationsorgane, Lautbildung.

Phonem [griech.], ein in der strukturellen Linguistik entwickelter Begriff für das lautl. Segment als kleinste bedeutungsunterscheidende sprachl. Einheit. Die Realisierung eines P., also das tatsächlich gesprochene Segment, das phonetisch identifizierbar ist, wird **Phon** genannt (↑Phonologie). – Regelmäßig in Abhängigkeit von der lautl. Umgebung auftretende Varianten eines P. heißen ↑Allophone oder kombinator. Varianten (z. B. ich- [ç] und ach-Laut [x]), während unabhängig vom lautl. Kontext beobachtbare Varianten freie oder fakultative Varianten genannt werden (z. B. Zungen- und Zäpfchen-r im Deutschen).

Phonematik [griech.], svw. ↑Phonologie.

Phonemik [griech.], svw. ↑Phonologie.

Phonetik [zu griech. phōnḗ „Laut, Ton, Stimme"], Teilgebiet der Sprachwiss., dessen Gegenstand das sprachlich verwendete Schallsignal ist. Die P., die lange ein primär physiologisch orientiertes prakt. Hilfsfach (Lautsystematik, Aussprachelehre, Transkriptionssysteme) war, gewann bei der Theoriebildung der modernen Linguistik mehr und mehr an Bed. (↑Phonologie). In der phonetischen Forschung kann man folgende Hauptarbeitsrichtungen unterscheiden:
1. **Artikulatorische Phonetik:** Gegenstand sind die *genetischen* Prozesse, d. h. die Produktion der Sprachlaute: die Luftstromerzeugung in den Lungen, die Stimmtonerzeugung (Phonation) im Kehlkopf und insbes. die ↑Artikulation der einzelnen Laute im Ansatzrohr (beginnt oberhalb der Stimmbänder, umfaßt Rachen-, Mund- und Nasenraum). Die einzelnen Vokale und Konsonanten werden durch bestimmte artikulator. Parameter definiert (↑Laut). – 2. **Akustische Phonetik:** Dieselben Produktionsprozesse können auch mit akust. bzw. *genem[at]ischen,* d. h. auf die Schallwellen als Produkt dieser Prozesse bezogenen, Parametern beschrieben werden. Das Ansatzrohr gilt dann als akust. Filter, das den Schall aus den vorangegangenen Prozessen resonatorisch in Vokale und Konsonanten umformt. Diese akust. Analyse mit Hilfe des Sonagramms leitete nach 1945 eine neue Epoche der Sprachlautanalyse ein. – 3. **Auditive Phonetik:** Die Produktionsvorgänge und Produkte beim Sprechen werden auditiv, d. h. auf ihre sprachlich bedingte Verarbeitung beim Hörer bezogen. Artikulator. und akust. Daten werden mit Urteilen verglichen, die durch Hörtests von Versuchspersonen gewonnen werden. – 4. **Statistische Phonetik:** Da es sich beim Untersuchungsgegenstand der P. nicht um standardisierte, sondern um natürl., gesprochene Sprache handelt, weichen die Meßwerte ident. Laute z. T. stark voneinander ab, beeinflußt u. a. vom Kontext, der Intonation und der kommuni-

Phönikische Kunst. Fruchtbarkeitsgöttin, Elfenbeinschnitzerei aus Ras-Schamra, 14. Jh. v. Chr. (Paris, Louvre)

Phönikische Kunst. Silberschale aus dem Bernardini-Grab in Palestrina, 710–675 v. Chr. (Rom, Museo Nazionale di Villa Giulia)

kativen Situation. Die statist. P. liefert die statist. Basis für die Zuordnung der unterschiedl. Meßwerte zu ident. Klassen. – 5. **Praktische Phonetik:** Die phonet. und linguist. Erkenntnisse bilden die Grundlage für die wiss. Darstellung und Erforschung z. B. der Aussprachenorm und der Transkription; sie finden Anwendung auch auf den Gebieten der Sprachheilkunde und der Sprecherziehung.

phonetische Schrift (phonet. Umschrift, phonet. Transkription) ↑ Lautschrift.

Phoniatrie [griech.] ↑ Hals-Nasen-Ohren-Heilkunde.

Phönikien (lat. Phoenicia; Phönizien), griech. Name (eigtl. „Purpurland") der seit dem Paläolithikum besiedelten histor. Landschaft an der Mittelmeerküste etwa zw. Al Ladhakijja (Syrien) und Akko (Israel). Der einheim. Name für P. war Kanaan. Die mindestens seit dem 2. Jt. v. Chr. hier wohnhafte kanaanäische Bev. mit semit. Sprache **(Phöniker, Phönizier)** wurde von Stadtstaaten aus regiert (die wichtigsten waren Byblos, Tyrus, Sidon und das heutige Beirut); sie betrieb regen Handel mit Zypern, Ägypten, in den Ägäisraum und ins Hinterland Syriens (Hauptexportgüter: Bauholz aus dem Libanon, Purpurstoffe, v. a. im 1. Jt. v. Chr. auch kunstgewerbl. Erzeugnisse). Trotz ägypt. Oberhoheit bewahrten die Städte bereits im 2. Jt. eine gewisse Selbständigkeit. Sie gingen aus dem Einbruch der sog. Seevölker um 1200 gestärkt hervor und dehnten, nun von Ägypten unabhängig, ihre Macht ab etwa 1100 durch Gründung von Handelsfaktoreien und Kolonien (bes. von Tyrus) im ganzen Mittelmeerraum, in Zypern (Kition), Sizilien (z. B. Panormos [= Palermo]), Malta, S-Spanien (z. B. Gadir [= Cádiz]), Sardinien und N-Afrika (z. B. Hippo Regius [= Annaba], Karthago) aus. Die phönik. Städte wurden im 9. Jh. den assyr. Königen tributpflichtig (völlige Unterwerfung von Sidon und Tyrus erst im 7. Jh.). 572 unterwarf der babylon. König Nebukadnezar II. Tyrus nach 13 Jahre langer Belagerung. Während der Eroberung des pers. Achämenidenreichs durch Alexander d. Gr. wurde Tyrus 332 eingenommen. P. wurde 64/63 v. Chr. Teil der röm. Prov. Syria. – Die phönik. **Kultur** war geprägt von ihrer Rolle als Vermittlerin zw. den Kulturen Ägyptens und des altoriental. Vorderasien, die durch den phönik. Handel an den Küsten des Mittelmeers Verbreitung fanden, sowie der Kultur des Ägäisraumes. Die phönik. Schrift wurde zum Ausgangspunkt aller westl. Buchstabenschriften. Die **Religion** entsprach weitgehend der kanaanäischen Religion. Neben den großen Göttern Baal, El, Astarte gewannen allerdings die lokalen Stadtgötter (z. B. Melkart, Eschmun) an Bedeutung.

Phönikisch (Phönizisch), zum kanaanäischen Zweig der semit. Sprachen gehörende, mit dem Hebräischen und dem Moabitischen eng verwandte Sprache der Phöniker. Inschriften in ↑ phönikischer Schrift aus dem Mittelmeerraum sind aus dem 1. Jt. v. Chr. bekannt. In Phönikien wurde die Sprache allmählich vom Aramäischen überlagert.

phönikische Kunst (phönizische Kunst), die Kunst Phönikiens im 2./1. Jt. Die Baukunst (Tempel des syr. Grundtyps) ist charakterisiert durch die Verwendung sehr großer Bausteine. Die Erzeugnisse des ägyptisch beeinflußten Kunsthandwerks, v. a. Textilien, Möbel und Elfenbeinschnitzereien (Nimrud [Kalach], Arslan Taş), Glas- und Metallwaren, waren durch den Handel im ganzen Vorderen Orient und im Mittelmeerraum verbreitet. Dazu treten mesopotam., zypr., ägäische und griech. Vorbilder. Die Fayence- und Glasurtechnik wurde in der p. K. verbessert, das ↑ Niello wohl hier erfunden.

phönikische Schrift (phönizische Schrift), etwa um 1200 v. Chr. entstandene Konsonantenschrift (keine Vokale), bestehend aus 22 Buchstaben; v. a. auf Steininschriften überliefert. Die p. S. ist die Grundlage der althebr., moabit. und samaritan. Schriften. Auch die aram. Schrift, aus der sich die hebr. Quadratschrift und das arab. Alphabet entwickelten, geht auf die p. S. zurück.

Phonismen [griech.], Ton- oder Geräuschempfindungen bei Reizung anderer Sinnesorgane, v. a. bei opt. Reizung.

Phönix (Phoinix), Fabelwesen der Antike mit einer Lebensdauer von 972 Menschenaltern; nach Herodot wurde er im ägypt. Heliopolis verehrt, wohin er alle 500 Jahre zurückkehrt, um den Leichnam seines Vaters zu bestatten. Diese Schilderung läßt sich auf den ägypt. Sonnenvogel Benu beziehen, den man sich in adlerähnl. Gestalt und mit purpur- und goldfarbigem Gefieder vorstellte. Benu galt als die Verkörperung von Re und Osiris. Die spätere Legende, der zufolge er, wenn er sein Ende nahen fühlt, sich selbst verbrennt und aus der Asche neu ersteht, ist u. a. im Physiologus überliefert und im christl. Sinn umgedeutet. Seitdem gilt der P. als Christussymbol.

Phönix. Konsolfigur von Peter Parler im Prager Dom

Phönix (Phoenix) [griech.] ↑ Sternbilder (Übersicht).

Phönixinseln, Inselgruppe von 8 niedrigen Koralleninseln im Stillen Ozean (Polynesien), zu Kiribati, 5 km², 25 E; Kopragewinnung.

Phönizien ↑ Phönikien.

phono..., Phono..., phon..., Phon... [zu griech. phōnḗ „Laut, Ton"], Bestimmungswort von Zusammensetzungen mit der Bed. „Schall, Laut, Stimme, Ton".

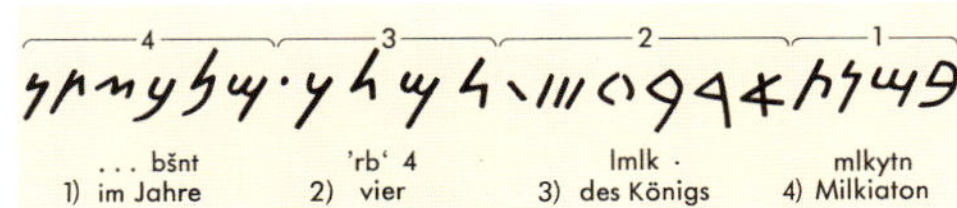

Phönikische Schrift von der phönikisch-griechischen Bilinguis aus Edalion auf Zypern, 4. Jh. v. Chr.

Phonogeräte, alle zur Aufnahme, Aufzeichnung, Speicherung und Wiedergabe von Schall geeigneten Geräte.

Phonognomik [griech.], Teilgebiet der Ausdrucks- und Charakterkunde, das von der Annahme ausgeht, daß die Stimme eines Menschen in Zusammenhang mit seinem Charakter steht und daß sich deshalb aus der Analyse der Sprechvorgänge Rückschlüsse auf den Charakteraufbau ziehen lassen.

Phonogramm, jede Form der Aufzeichnung von Schallwellen, z. B. auf Schallplatten oder Tonbänder. – Das erste **Phonogrammarchiv** (↑ Phonothek) zur Sammlung phonograph. Aufnahmen (Schallplatte, Walze) außereurop. Musik und europ. Volksmusik zum Zwecke musikethnolog. Forschung wurde 1899 in Wien gegr., ihm folgten weitere u. a. in Paris (1900) und Berlin (1902).

Phonograph, von T. A. ↑ Edison 1878 erfundenes Gerät zur Aufzeichnung und Wiedergabe von Schallvorgängen.

Phonokardiograph [griech.], Gerät zur Aufzeichnung des Herzschalles als *Phonokardiogramm;* meist Zusatzeinrichtung an Elektrokardiographen. Ein P. besteht aus

Mikrophon, elektron. Filtern, Verstärkern und Registriereinrichtung.

Phonolith [griech.] (Klingstein), grünlichgraues Ergußgestein, Hauptbestandteile Sanidin und Nephelin.

Phonologie (Phonemik, Phonematik), eine auf der theoret. Grundlage der strukturellen Linguistik entstandene sprachwiss. Disziplin, die sich mit der Erforschung der bedeutungsunterscheidenden Funktion der Sprachlaute befaßt. Die P. ermittelt und beschreibt die ↑Phoneme einer Sprache u. a. auf Grund ihrer distinktiven (unterscheidenden) phonet. Merkmale, während sich die ↑Phonetik mit den Realisierungen der Phoneme im Sprechen befaßt. Zur Phonemanalyse wendet sie die Methoden der Oppositionspaarbildung (↑Opposition, ↑Minimalpaaranalyse) und der Distributionsanalyse an. Die erste systemat. Darstellung der P. stammt von N. S. ↑Trubezkoi. Die Theorie und das Verfahren der P. wurden in Europa (u. a. durch die Prager Schule) und Amerika konsequent weiterentwickelt und bildeten die Grundlagen für die Entwicklung der strukturellen Linguistik. Eine entscheidende Wende erfuhr die phonolog. Theorie u. a. durch R. ↑Jakobson und die ↑generative Grammatik. Die P. untersucht nicht nur segmentale Laute, sondern auch suprasegmentale Erscheinungen (Akzent, Intonation u. ä.).

Phonometrie [griech.], Teilgebiet der Akustik, das in seine Arbeitsmethoden den [physikal.] Reiz und die Gehörempfindung mit einbezieht und messend erfaßt.

Phononen [griech.], Energiequanten der Gitterschwingungen, die eine Elementaranregung des Kristallgitters eines Festkörpers darstellen, so daß es zu kollektiven Oszillationen aller Gitterbausteine kommt. P. sind Quasiteilchen.

Phonotaxis [griech.] ↑Taxie.

Phonothek [griech.], Sammlung von Tonträgern (Walzen, Schallplatten, CD [Compact disc], Tonbändern, Tonkassetten, Tonfilmen) mit Schallaufnahmen zum Zwecke der Dokumentation und Forschung. Die P. gingen aus den Phonogrammarchiven hervor und nehmen heute ähnl. Aufgaben wie die Bibliotheken für das Schrifttum wahr.

Phonotypistin [griech.], Schreibkraft, die auf Schreibmaschineschreiben nach einem Diktiergerät spezialisiert ist.

Phoresie [zu griech. phórēsis „das Tragen"], Form der Nutznießung (Probiose) bei Tieren, bei der der Partner kurzfristig zum Transportmittel für eine Ortsveränderung (zum Aufsuchen neuer Nahrungsplätze, zur Artausbreitung) wird.

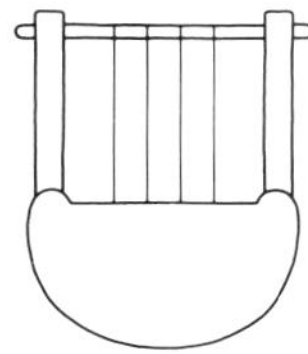

Phorminx

Phorminx [griech.], altgriech. ↑Leier, dem Namen nach seit Homer belegt. Auf Abb. seit dem 9. Jh. v. Chr. wird ihr Schallkörper meist sichel- oder annähernd halbkreisförmig dargestellt. Die drei bis fünf Saiten wurden mit einem Plektron oder mit den Fingern angerissen.

Phoronomie [griech.], die Untersuchung von Bewegungsabläufen bei bestimmten Tätigkeiten und des entsprechenden Energie- und Arbeitsaufwandes (↑Arbeitsstudien).

Phoropter [griech.], augenärztl. Untersuchungsgerät in Form einer Probierbrille (mit verstellbaren Prismen, Linsen, Filtern) zur Ermittlung der Brechkraft, der Akkommodationsbreite und der Achsenparallelität der Augen.

Phosgen [griech.], $COCl_2$, farbloses, äußerst giftiges Gas mit muffigem Geruch, das durch katalyt. Umsetzen von Kohlenmonoxid mit Chlor hergestellt und für zahlr. Synthesen verwendet wird; im 1. Weltkrieg als Kampfgas eingesetzt.

Phosgenit [griech.] (Bleihornerz), tetragonales, flächenreiche Kristalle bildendes, weiß bis gelblich durchscheinendes Mineral, $Pb_2[Cl_2|CO_3]$, Mohshärte 2–3; Dichte 6,133 g/cm³.

Phosphane [griech.], svw. ↑Phosphorwasserstoffe.

Phosphatasen [griech.], Phosphorsäuremonoester spaltende Enzyme, die nach ihrem pH-Optimum in saure und alkal. P. eingeteilt werden. P. sind sowohl für den Zellstoffwechsel als auch für die Verdauung (alkal. P. des Dünndarms) bedeutsam.

Phosphate [griech.], die Salze der Phosphorsäuren, insbes. die der Orthophosphorsäure, die als dreibasische Säure *primäre* ($Me^IH_2PO_4$), *sekundäre* ($Me^I_2HPO_4$) und *tertiäre P.* ($Me^I_3PO_4$) bilden kann. Beim Erhitzen gehen die primären und sekundären P. in *Meta-P.* (mit ringförmigen Molekülen) oder in hochmolekulare *Poly-P.* über (z. B. ↑Graham-Salz); diese P. werden v. a. in Waschmitteln zur Wasserenthärtung verwendet. Die natürl., z. T. in großen Lagern vorkommenden P. werden v. a. zu Düngemitteln verarbeitet (z. B. Apatit). Der größte Teil der technisch verwendeten P. gelangt mit dem Abwasser in natürl. Gewässer und verursacht deren schädl. Überdüngung (↑Eutrophierung). Für die Waschmittel wurden deshalb weltweit Einschränkungen des Phosphatgehalts (bis zum Verbot) gefordert. In Deutschland ist die PhosphathöchstmengenVO von 1980 rechtl. Grundlage. – ↑Phosphatersatzstoffe.

▷ die Ester der Orthophosphorsäure. Zahlr. Alkyl- und Arylester werden zur Herstellung von Schädlingsbekämpfungsmitteln (z. B. E 605), Weichmachern und Flotationsmitteln verwendet. Im Organismus sind organ. P. (z. B. ↑Adenosinphosphate und andere ↑Nukleotide, ↑Lezithine, ↑Kephaline und andere ↑Phospholipide) Zwischenprodukte sehr vieler Stoffwechselprozesse.

Phosphatersatzstoffe, Stoffe, die in phosphatfreien und -reduzierten Waschmitteln die früher verwendeten Phosphate als ↑Skelettsubstanzen ersetzen. Zeolith A, ein wasserunlösl., synthet. Natriumaluminiumsilicat, das als feines Pulver in den Hohlräumen der Einzelpartikel Natrium gegen Calcium und Magnesium austauschen kann, gilt als ökotoxikologisch am besten geeignet. Weitere P. sind Nitrilotriacetat (organ. Komplexbildner), Phosphonate (phosphororgan. Komplexbildner), Citrate und Polycarboxylate (Ionenaustauscher).

Phosphatide [griech.], svw. ↑Phospholipide.

Phosphatidylcholine, svw. ↑Lezithine.

Phosphatierung [griech.], Oberflächenbehandlung von Metallen mit phosphorsäure- und phosphathaltigen Lösungen. Die sich bildende Phosphatschicht dient zur Verbesserung der Gleiteigenschaften, als Korrosionsschutz und als Haftgrund für Anstriche.

Phosphen [griech.], subjektiv wahrgenommene Lichterscheinungen, die auf eine nicht adäquate Reizung des Auges (elektr. Strom) zurückzuführen sind.

Phosphide [griech.], Verbindungen des Phosphors mit Metallen und Halbmetallen durch Erhitzen unter Luftabschluß. P. der Alkali- und Erdalkalimetalle zersetzen sich in Wasser unter Bildung von Phosphorwasserstoffen. P. der Übergangsmetalle besitzen große Härte sowie hohe Wärme- und elektr. Leitfähigkeit.

Phosphine [griech.], Derivate des Monophosphans (↑Phosphorwasserstoffe), bei dem die Wasserstoffatome durch Alkyl- oder Arylreste substituiert sind; sehr reaktionsfähige, sehr giftige, selbstentzündl. Substanzen.

Phosphite [griech.], die (primären und sekundären) Salze und Ester der phosphorigen Säure (↑Phosphorsauerstoffsäuren).

Phospholipasen (Phosphatidasen) [griech.], zu den Hydrolasen gehörende, Phosphatide spaltende Enzyme, die bes. in Leber und Bauchspeicheldrüse sowie in Schlangen- und Bienengift vorkommen.

Phospholipide (Phospholipoide, Phosphatide) [griech.], in tier. und pflanzl. Zellen v. a. als Bestandteile biolog. Membranen vorkommende Lipoide. Bei den P. ist Phosphorsäure einerseits mit Glycerin (*Glycerin-P.,* z. B. Lezithine) oder Sphingosin *(Sphingolipide)* und andererseits mit Cholin, Kolamin, Serin oder Inosit verestert.

Phosphomutasen [griech./lat.] (Mutasen), zu den Isomerasen gezählte Enzyme, die Phosphatreste scheinbar intramolekular verschieben, tatsächlich aber diese Isomerisierung durch Übertragung eines Phosphatrestes von einem Kohlenhydratmolekül auf ein zweites bewirken und daher zu den Transferasen (Transphosphatasen) gehören. P. sind bei der alkohol. Gärung und der Glykolyse wirksame Enzyme.

Phosphoproteide [griech.], zusammengesetzte Eiweißstoffe, die neben der Proteinkomponente Phosphorsäurereste enthalten, z. B. das Kasein.

Phosphor [zu griech. phōsphóros „lichttragend" (nach seiner Leuchteigenschaft)], chem. Symbol P; nichtmetall. Element aus der V. Hauptgruppe des Periodensystems der chem. Elemente, Ordnungszahl 15, relative Atommasse 30,97376. P. tritt als weißer, roter (violetter) und schwarzer P. in drei Modifikationen auf. Der tetraedr. **weiße Phosphor** ist eine wachsartige, gelbl., giftige Masse mit charakterist. Geruch; Dichte 1,82 g/cm^3, Schmelzpunkt 44,1 °C, Siedepunkt 280 °C. Er reagiert leicht mit Luftsauerstoff unter Erwärmung zu P.pentoxid; ein Teil der bei der Oxidation frei werdenden Energie wird als Licht abgegeben, worauf sein Leuchten im Dunkeln beruht. Da weißer P. selbstentzündlich ist, wird er unter Wasser aufbewahrt. Am Licht wandelt er sich sehr langsam, bei Erhitzen unter Luftabschluß rasch in roten P. um. **Roter Phosphor** ist ein amorphes, ungiftiges Pulver (Dichte 2,2 g/cm^3), das sich erst beim Erhitzen auf über 400 °C entzündet; er wird zur Herstellung von Zündhölzern verwendet. Der amorphe P. geht bei 450 °C (unter Luftabschluß) in den monoklinen **violetten Phosphor** über. Der graue rhomb. Kriställchen bildende **schwarze Phosphor** (metall. P.) entsteht aus weißem P. unter hohem Druck und besitzt elektr. Leitfähigkeit. – In seinen Verbindungen tritt P. drei- und fünfwertig auf. In der Häufigkeit der chem. Elemente in der Erdkruste steht er an 12. Stelle. In der Natur kommt P. fast ausschließlich in Form der Phosphatminerale Apatit und Phosphorit vor, aus denen er auch technisch durch Reduktion mit Kohle unter Zusatz von Quarzsand im Elektroofen gewonnen wird. – Der weiße P. wurde zuerst 1669 von dem dt. Alchimisten H. Brand aus menschl. Harn gewonnen, aber erst 1742 von S. Marggraf als Element erkannt.

Phosphorchloride, Verbindungen des Phosphors mit Chlor: **Phosphordichlorid,** PCl_2, eine farblose, leicht zersetzl. Flüssigkeit, **Phosphortrichlorid,** PCl_3, eine farblose, stechend riechende Flüssigkeit (Siedepunkt 76,1 °C), und **Phosphorpentachlorid,** PCl_5, eine feste, weiße Masse; „rauchen" an feuchter Luft wegen Bildung von Salzsäurenebeln und werden in der organ. Chemie als Chlorierungsmittel verwendet.

Phosphore [griech. (↑Phosphor)], Bez. für Stoffe, die *phosphoreszieren,* d. h. nach nichttherm. Anregung (z. B. mit Licht oder UV-Strahlung) ein Nachleuchten (↑Phosphoreszenz) zeigen, i. w. S. auch fluoreszierende Stoffe. Man unterscheidet die seltenen *Reinstoff-P.* (z. B. Erdalkaliwolframate, Carbazolverbindungen) von den *Fremdstoff-P.,* die erst durch Beimengung kleinster Mengen von Schwermetallen (sog. Phosphorogene) phosphoreszenzfähig werden. P. werden v. a. als ↑Leuchtstoffe sowie als Szintillatoren verwendet. Das Element Phosphor gehört nicht zu den P., da es keine Phosphoreszenz, sondern ↑Chemilumineszenz aufweist.

Phosphoreszenz [griech. (zu ↑Phosphor)], der Anteil der ↑Lumineszenz, der im Ggs. zur ↑Fluoreszenz nicht sofort nach Beendigung der Anregung abklingt, sondern sich durch ein längeres Nachleuchten (bis zu Stunden) auszeichnet. Der der Emission zugrunde liegende Energieübergang erfolgt über metastabile Zustände in den Grundzustand. Die Abklingzeiten bei phosphoreszierenden Stoffen *(Phosphore)* sind stark temperaturabhängig, durch eine Temperaturerniedrigung *(Tieftemperatur-P.)* werden sie z. B. erhöht. Techn. Anwendungen der P. sind u. a. Leuchtstofflampen, Fernsehbildröhren und Leuchtfarben.

Phosphorit [griech.], bräunl. Sedimentgestein; entsteht durch Verwitterung von ↑Apatit oder durch Umwandlung von phosphathaltigen tier. Substanzen und von Guano (ergibt mit Korallenkalken sog. **Inselphosphate**); wichtiger Ausgangsstoff zur Phosphorgewinnung und Düngemittelherstellung.

Phosphorogen [griech.], svw. ↑Aktivator.

Phosphoros (lat. Lucifer), antike Bez. für den Planeten Venus als Morgenstern im Unterschied zum Abendstern **Hesperos.**

Phosphoroxide, die Verbindungen des Phosphors mit Sauerstoff; die beiden wichtigsten P. sind das weiße, wachsähnl. oder kristalline, sehr giftige **Phosphortrioxid,** P_2O_3, und **Phosphorpentoxid,** P_2O_5, eine weiße, schneeartige, sehr hygroskop. Verbindung.

Phosphorsalzperle, ein Nachweis für Schwermetalle in der analyt. Chemie, wobei ein Tropfen geschmolzenes Natriumammoniumhydrogenphosphat, sog. **Phosphorsalz** $NaNH_4HPO_4 \cdot 4H_2O$, in die zu untersuchende Substanz getaucht und durch entstehende Metallphosphate jeweils charakteristisch gefärbt wird.

Phosphorsauerstoffsäuren, sauerstoffhaltige Säuren des Phosphors, die sich sowohl in der Oxidationsstufe des Phosphors als auch in ihrem Wassergehalt unterscheiden. Sie haben die allg. Zusammensetzung H_3PO_n **(Orthosäure)** oder HPO_{n-1} **(Metasäure)** für $n = 2-5$ und $H_4P_2O_n$ **(Disäure)** für $n = 4-8$. Daneben gibt es noch viele **Polyphosphorsäuren.** Von allen Phosphorsäuren sind die entsprechenden Salze bekannt. **Phosphorsäure,** H_3PO_4, ist eine mittelstarke Säure, die **Phosphate** bildet, **Di(Pyro)phosphorsäure** ist eine glasige, bei 61 °C schmelzende Masse, die beim Erhitzen oberhalb 300 °C über niedere Polyphosphorsäuren in die Metaphosphorsäure, $(HPO_3)_n$, übergeht. **Phosphorige Säure,** H_3PO_3, entsteht aus Phosphortrichlorid und Wasser; ihre Salze und Ester heißen **Phosphite.** Aus weißem Phosphor und heißer Alkalilauge entsteht die **Phosphinsäure (Hypophosphorige Säure),** H_3PO_2; ihre Salze werden **Phosphinate (Hypophosphite)** genannt. Die beiden letztgen. Säuren und ihre Salze sind starke Reduktionsmittel.

Phosphorwasserstoffe (Phosphane), die Wasserstoffverbindungen des Phosphors, z. B. das knoblauchartig riechende, sehr giftige, gasförmige **Monophosphan** *(Phosphin),* PH_3, von dem sich als Salze die Phosphide ableiten, und das selbstentzündl., gasförmige **Diphosphan** *(Diphosphin),* P_2H_4, aus dem sich unter Lichteinfluß höhermolekulare, flüssige bis feste **Polyphosphane** bilden.

Phosphorylierung [griech.], die enzymat. Einführung eines Phosphorsäurerests in ein Substrat, das dadurch aktiviert wird. Als oxidative P. bezeichnet man die Speicherung der in der Atmungskette frei werdenden chem. Energie in Form von ATP. Bei der *nichtcycl.* und *cycl. Photophosphorylierung* in der Photosynthese wird die durch Elektronentransportvorgänge gewonnene Energie ebenfalls in Form von ATP gespeichert.

Photios, *Konstantinopel um 820, †in Armenien 891 (?), byzantin. Gelehrter und Patriarch von Konstantinopel (859–867 und 879–886). – Lehrer an der kaiserl. Univ. Konstantinopel, Leiter der kaiserl. Kanzlei; als Laie zum Patriarchen erhoben und innerhalb von 5 Tagen mit allen Weihen versehen; Papst Nikolaus I. sah darin einen Anlaß zur Erneuerung des päpstl. Führungsanspruches auch in der Ostkirche und erklärte P. für abgesetzt. P. faßte 867 in einer Enzyklika die dogmat. Streitpunkte mit Rom zus. und exkommunizierte Nikolaus I. **(Photianisches Schisma),** wurde kurz danach von Basileios I. Makedon gestürzt, der ihn mit Hilfe von Papst Hadrian II. auf dem Konzil von Konstantinopel 869/870 exkommunizierte. P. wurde 879 erneut Patriarch, setzte auf der Synode von Konstantinopel (879/880) die Enzyklika von 867 durch und wurde 886 durch seinen Schüler Kaiser Leon VI. amtsenthoben und exiliert. Er wird seit dem 10. Jh. in der Ostkirche als Heiliger verehrt.

Photismus [griech.], Farb- oder Lichtempfindung bei affektiver Belastung.

photo..., Photo... [zu griech. phōs (Genitiv: phōtós) „Licht"] (eindeutschend foto..., Foto...), Bestimmungswort von Zusammensetzungen mit der Bed. „Licht", „Lichtbild".

Photoautotrophie, autotrophe Ernährungsweise, bei der die Strahlungsenergie des Lichtes zum Aufbau organ. Substanz aus Kohlendioxid und Wasser verwendet wird.

Photobiologie, Arbeitsgebiet der Biologie, das sich mit der Untersuchung lichtabhängiger pflanzl. und tier. Lebensvorgänge (z. B. Photosynthese, Sehvorgänge) beschäftigt.

Photochemie, Teilgebiet der Chemie, das sich mit chem. Reaktionen befaßt, die durch elektromagnet. Strahlung, insbes. sichtbares Licht, ausgelöst werden, sofern die absorbierte Strahlungsenergie nicht in Wärmeenergie umgewandelt oder als Strahlung (↑Lumineszenz) emittiert wird. Während die Absorption von Photonen **(Primärreaktion)** zur Anregung der Atome bzw. Moleküle und damit zur Bildung von Ionen bzw. Radikalen führt, können diese in **Sekundärreaktionen** z. B. durch Kettenreaktionen oder Rekombination weiterreagieren. Zu den photochem. Reaktionen zählen die *Photolyse* und die *Photosynthese* als photochem. Abbau bzw. Aufbau chem. Verbindungen. – ↑Photographie.

Photochemotherapie, die kombinierte Anwendung von langwelligem UV-Licht oder Laserstrahlen und einer photosensibilisierenden Substanz (z. B. Ammoidin) zur Heilbehandlung. – ↑PUVA-Therapie.

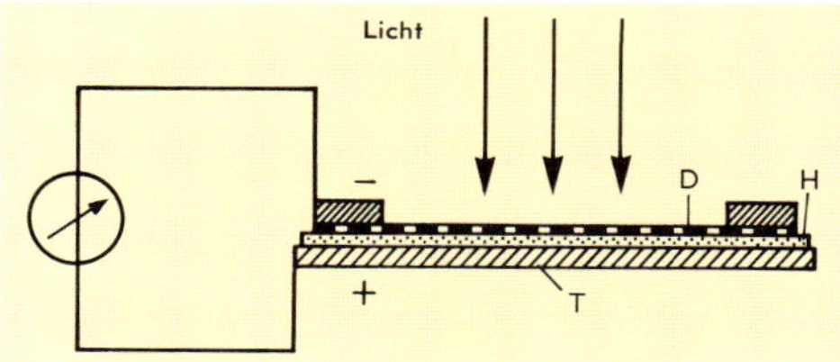

Photoelement. Schematischer Aufbau; T als Elektrode und stabiler Träger dienende Metallplatte, H Halbleiterschicht, D Deckelektrode

Photochromie, reversible Farbänderung bestimmter chem. Verbindungen durch Einwirkung von Licht.

Photodiode, spezielle Halbleiterdiode, die ihre elektr. Eigenschaften bei Belichtung der p-n-Übergangsschicht stark ändert. P. werden z. B. zu Lichtmeß- und Lichtsteuerungszwecken verwendet.

Photodissoziation (opt. Dissoziation), die ↑Dissoziation eines Moleküls, die durch die Absorption eines Lichtquants (Photon) ausgelöst wird.

Photoeffekt (lichtelektrischer Effekt, photoelektrischer Effekt), quantenmechan. Vorgang, bei dem Elektronen durch Lichtabsorption aus ihrem Bindungszustand gelöst und für den elektr. Ladungstransport verfügbar werden. Beim **äußeren Photoeffekt (Photoemission)** werden sog. *Photoelektronen* aus einem Festkörper herausgelöst, die in einem elektr. Feld beschleunigt werden. Die kinet. Energie der Elektronen W_k hängt von der Frequenz ν des eingestrahlten Lichtes und der Austrittsarbeit A, einer Materialgröße, ab: $W_k = h \cdot \nu - A$ (h Plancksches Wirkungsquantum; *Einsteinsches Gesetz*). Beim **inneren Photoeffekt** führt die photoelektr. Anhebung von Elektronen aus dem Valenz- ins Leitungsband eines Halb- oder Nichtleiters zur Erhöhung der elektr. Leitfähigkeit *(primäre Photoleitfähigkeit).* Als **atomarer Photoeffekt (Photoionisation)** wird das Herauslösen von Elektronen aus freien Atomen durch Einstrahlung von Licht-, Röntgen- oder Gammastrahlen (↑Kernphotoeffekt) bezeichnet. Dazu muß die Photonenenergie größer als die Ablösearbeit (Ionisierungsenergie) des Elektrons aus der betreffenden Atomschale sein.

Photoelektrizität, die Gesamtheit der durch Lichteinwirkung in Materie hervorgerufenen elektr. Erscheinungen, insbes. der Photoeffekt.

Photoelektronenvervielfacher ↑Photomultiplier.

Photoelement (Sperrschichtphotozelle), ein den inneren Photoeffekt ausnutzendes photoelektron. Bauelement, in dem bei Auftreffen elektromagnet. Strahlung (meist aus dem sichtbaren Bereich) eine elektr. Spannung *(Photospannung)* entsteht. Im Prinzip besteht ein P. aus einer als Elektrode und stabiler Träger dienenden Metallplatte, auf der eine dünne p-leitende Halbleiterschicht von etwa 50 bis 100 µm Dicke aufgebracht ist. Auf dieser wiederum ist eine weniger als 50 nm dicke lichtdurchlässige Metallschicht aufgedampft. Zw. dieser n-leitenden metall. Deckelektrode und der Halbleiterschicht bildet sich eine p-n-Übergangsschicht, die Sperrschicht, aus. Bei Belichtung werden in der Sperrschicht infolge inneren Photoeffekts zusätzl. Ladungsträgerpaare freigesetzt. Die Stromstärke des Photostroms kann als Maß für die Intensität der einwirkenden Lichtstrahlung dienen (Anwendung im photoelektr. ↑Belichtungsmesser).

Photoemission, svw. äußerer ↑Photoeffekt.

photogen, zum Photographieren oder Filmen bes. geeignet (v. a. auf Personen bezogen).

Photogrammetrie [griech.] ([Raum]bildmessung), Verfahren, nach dem photograph. Meßbilder *(Photogramme)* hergestellt, gegebenenfalls geometrisch oder strukturell umgebildet und graphisch oder numerisch ausgewertet werden. Je nach der Lage der Aufnahmeorte unterscheidet man zw. *Erdbildmessung (terrestr. P.)* und *Luftbildmessung (Aero-P.).* – Im geodät. Bereich wird die vom Flugzeug aus erfolgende Luftbildmessung mit einer mit Visier- und Winkelmeßeinrichtungen versehenen *Meßbildkamera* (Luftbildkammer) durchgeführt, insbes. mit einer Reihenmeßkammer, die Serienaufnahmen gestattet. Hat das Flugzeug eine festgelegte Flughöhe erreicht, wird während des Geradeausfluges ein Gebietsstreifen so aufgenommen, daß aufeinanderfolgende Bilder sich zu 60 % oder mehr überdecken. Sind mehrere Bildstreifen zur Erfassung des Gebietes erforderlich, werden etwa 30 % angestrebt. Der Luftbildaufnahme folgt die *Luftbildauswertung (Photointerpretation),* d. h. die Zuordnung photograph. Strukturen wie Tönungsflächen, Kontrastgebung u. a. zu realen Formen sowie Folgerungen aus dem Erkannten hinsichtlich übergeordneter Zusammenhänge (z. B. geolog. Aufbau oder Wirtschaftsstruktur) und schließlich die meßtechn. Auswertung. Die direkt am Luftbild vorgenommene *Einbildmessung* wird erleichtert, wenn das Luftbild zuvor durch Umbilden weitgehend „kartenähnlich" gemacht wurde (Beseitigung von Einflüssen des Aufnahmeobjektivs, der Erdkrümmung und von Verzerrungen, die bei Schrägaufnahmen entstehen). Bei der *Doppel-* oder *Zweibildmessung* werden jeweils zwei aufeinanderfolgende, sich zu 60 % überdeckende Luftbilder gleichzeitig nach stereoskop. Verfahren ausgewertet und verarbeitet *(Stereoluftbildauswertung).* Ziel der Auswertung sind einerseits das Herstellen von kartograph. Darstellungen einschl. Höhenliniendarstellungen in den Maßstäben zw. 17:1 000 und 1:100 000, andererseits die Bestimmung der Koordinaten ausgewählter, meist vor dem Bildflug bes. gekennzeichneter Punkte.

Die P. wird auch in zahlr. nichtgeodät. Bereichen benutzt (Architektur- und Kunstwerkvermessung, Ballistik, Land- und Forstwirtschaft, Medizin, Polizeiwesen, Ingenieurbauwesen, Umweltschutz u. a.).

Photographie (Fotografie), Bez. für alle Verfahren, ein durch Strahlungen i. e. S. durch das Licht des dem Auge sichtbaren Spektralbereiches erzeugtes reelles Bild auf lichtempfindl. Schichten (Platte, Film, Papier) mit Hilfe einer Kamera festzuhalten. Auch gebräuchlich für ein einzelnes Lichtbild, Foto.

Physikalische und chemische Grundlagen

Als photograph. Materialien verwendet werden hauptsächlich die Silberhalogenide, vor allem wegen ihrer hohen Lichtempfindlichkeit und des großen Verstärkungseffektes bei der Entwicklung. Beim **Silberhalogenidverfahren** wird die auf einem Träger befindl. lichtempfindl. Schicht, die aus einer festen Suspension (fälschlich „Emulsion") von feinsten Silberhalogenidkörnern in einem Schutzkolloid (Gelatine) besteht, [in einer Kamera] belichtet, wobei [durch ein Objektiv] das Bild des Aufnahmegegenstands in der lichtempfindl. Schicht optisch abgebildet wird. Die einfallenden Lichtquanten spalten aus den Halogenidionen Elektronen ab, die Silberionen zu Silberatomen reduzieren können; wenn eine bestimmte Mindestanzahl von benachbarten Silberatomen erreicht ist, spricht man von einem *Entwicklungskeim,* an dem der ↑Entwickler angreifen und den ganzen Kristall zu metall., schwarzem Silber reduzieren kann (Überführung des unsichtbaren, „latenten" Bildes in ein sichtbares Bild). Man erhält eine negative Abbildung, das *Negativ,* die an den Stellen intensivster Belichtung die

größte Schwärzung aufweist. Durch Herauslösen des unentwickelten (unbelichteten) Silberhalogenids *(Fixieren)* wird die Abbildung lichtunempfindlich und dauerhaft gemacht. Kopiert man das Negativ auf eine andere lichtempfindl. Schicht, erhält man eine positive Abbildung; das im *Positiv* sichtbare *Korn* ist die Abbildung der Lücken zw. den Kornanhäufungen des Negativs. Das *Silbersalzdiffusionsverfahren* bildet die Grundlage der schwarzweißen ↑Sofortbildphotographie.
Die [meist] natürl. Farbgebung der **Farbphotographie** kann man auf verschiedene Weise erzeugen. Das *additive Farbverfahren* beruht auf der Mischung der 3 Grundfarben Blau, Grün und Rot in verschiedenen Mengenverhältnissen. Grünes und rotes Licht addieren sich zu Gelb; Blau und Rot ergeben Purpur, Blau und Grün Blaugrün. Das *subtraktive Verfahren* beruht auf der Ausfilterung von Licht bestimmter Wellenlänge aus weißem Licht. Ein gelbes Filter z. B. absorbiert das blaue Licht einer weißen Lichtquelle und läßt Grün und Rot durch, die zus. Gelb ergeben. Die früher praktisch angewandten farbphotograph. Verfahren beruhten auf dem additiven Prinzip. Beim **Kornrasterverfahren** war die panchromat. lichtempfindl. Schicht mit einer Farbrasterschicht aus nebeneinanderliegenden winzigen blauen, roten und grünen Körnern bedeckt. Bei den **Linsenrasterverfahren** besaß der panchromat. Film auf der Rückseite eine Prägung von parallel angeordneten Zylinderlinsen, während vor dem Objektiv der Kamera ein streifenförmig angeordnetes Filter die 3 Grundfarben aufwies. Heute werden wegen der besseren Lichtausbeute subtraktive Verfahren bevorzugt; hierfür verwendet man ein mehrschichtiges Material mit (unterschiedlich körniger und empfindl.) blauempfindl. Oberschicht, einer Gelbfilterschicht, grünempfindl. Mittelschicht und rotempfindl. Unterschicht. Bei den Verfahren mit Farbstoffaufbau enthalten die Schichten jeweils diffusionsfest eingelagerte *Farbkuppler* (auch *Farbbildner, Farbkomponenten*), die bei der Entwicklung mit einem Farbentwickler (p-Phenylendiaminderivate als Entwicklersubstanzen) einen Bildfarbstoff ergeben *(chromogene Entwicklung)*. So wird z. B. in der rotempfindlichen Schicht der komplementäre Blaugrünfarbstoff erzeugt (Agfacolor Ⓦ 1936, Kodacolor Ⓦ 1942). Man kann die Farbkuppler auch 3 getrennten Farbentwicklungsbädern zugeben (**Kodachrome-Umkehrverfahren** Ⓦ). Bei den Farbumkehrverfahren, die Diapositive ergeben, wird durch eine Schwarzweiß-Erstentwicklung ein negatives Silberbild erzeugt. Nach Zweitbelichtung oder Verschleierung des restl. Silberhalogenids erfolgt die Zweitentwicklung mit einem Farbentwickler, so daß ein positives Farbbild resultiert. Beim **Silberfarbbleichverfahren,** einem Verfahren mit Farbstoffabbau, werden den Silberhalogenid-Emulsionsschichten lichtechte Azofarbstoffe zugefügt. Nach einer Schwarzweißentwicklung werden die Farbstoffe in einem Farbbleichbad selektiv an den Stellen mit Bildsilber zerstört (Cibachrome Ⓦ). Der **Dye-Transfer-Prozeß** ist ein von Kodak entwickeltes Kopierverfahren, nach dem von einem Negativ oder Diapositiv beliebig viele und lichtfeste Farbbilder hergestellt werden können. Bei *Farbpapieren* unterscheidet man solche, die nach dem Negativ-Positiv-Verfahren, und andere, die im Dia-Direktverfahren verarbeitet werden.
Je nach Art des Trägers für die lichtempfindl. Schicht unterscheidet man photograph. Platten, Filme und Papiere. Glasplattenträger sind [bis auf spezielle Anwendungen] vom Film (Cellulosetriacetat, Polyethylenterephthalat) verdrängt worden. Platten und Filme weisen (sich in photograph. Bädern lösende) Lichthofschutzschichten auf; *Photopapiere* werden in verschiedenen Härtegraden (entsprechend den Kontrastverhältnissen des Negativs), Untergrundanfärbungen (weiß, elfenbein, chamois) und Oberflächen (glänzend, d. h. hochglanzfest, oder durch Stärkezusatz matt) geliefert. *Aufnahmematerialien* werden nach ihrer Empfindlichkeit und Körnigkeit eingeteilt in: niedrig empfindl., extrem feinkörnige, steil arbeitende sog. Dokumentenfilme (ISO 12/12°), niedrig empfindl., feinkörnige Filme normaler Gradation (ISO 25/15° bis ISO 50/18°), mittelempfindl. Filme (ISO 50/18° bis ISO 100/21°), hochempfindl., sog. Highspeed-Filme (ISO 200/24° bis ISO 400/27°) extrem hochempfindl., relativ grobkörnige Filme mit flacher Gradation (ISO 800/30° und mehr).

Geschichte

Bei frühen Abbildungsversuchen mit lichtempfindl. Silbersalzen (z. B. J. H. Schulze 1727, J. N. Niepce 1816) gelang es noch nicht, beständige Bilder zu erhalten. 1822 stellte Niepce unter Verwendung einer photopolymerisierbaren Asphaltschicht nach Auswaschen der unbelichteten Teile eine Kontaktkopie eines Kupferstiches her. 1826 gelang nach diesem Verfahren die erste befriedigende Kameraaufnahme. In der Folgezeit diente das Asphaltmuster als Ätzgrund für Kupfer- und Zinkplatten, von denen nach Einfärbung gedruckt wurde *(Heliographie)*. 1835 entdeckte L. J. M. Daguerre, daß durch Jodbehandlung lichtempfindlich gemachte versilberte Kupferplatten mit Quecksilberdampf entwickelt werden können. Die Fixierung mit Natriumchloridlösung gelang 1837; dieses Verfahren *(Daguerreotypie)* wurde 1839 in Paris bekanntgegeben. Die Herstellung einer Vielzahl von Positivkopien von einem Negativ gelang W. H. F. Talbot ab 1839: Ein in der Kamera auf Silberjodidpapier erzeugtes latentes Bild wurde mit Gallussäure und Silbernitrat entwickelt und mit Natriumthiosulfat fixiert. Das Papiernegativ wurde dann auf Silberchlorid- oder -bromidpapier kopiert (*Calotypie,* auch *Talbotypie;* 1841 patentiert). Das Wort „P." wurde erstmalig von J. Mädler 1839 und etwa gleichzeitig von J. W. Herschel verwendet, der auch die Begriffe „Positiv" und „Negativ" einführte; im dt. Sprachraum wurde schon damals die Bez. „Lichtbild" üblich. F. S. Archer (* 1813, † 1857) stellte 1851 in London das *„nasse Kollodiumverfahren" (Jodsilber-Kollodium-Verfahren)* vor: Mit bromid- oder jodidhaltigem Kollodium (Zellulosenitratlösung) beschichtete Glasplatten wurden in Silbernitratlösung gebadet, noch naß belichtet und entwickelt. Dieses Verfahren wurde ab 1878 durch die Silberbromid-Gelatine-Trockenplatten abgelöst (1871 Erfindung von R. L. Maddox, * 1816, † 1902). Erst die Entdeckung der spektralen Sensibilisierung (1873) durch H. W. Vogel (* 1834, † 1898) ermöglichte eine „farbrichtige" Wiedergabe in der Schwarzweiß-P. sowie die Farb-P. H. Goodwin (* 1822, † 1900) gelang 1887 die Herstellung von Zellulosenitratfilmbändern (Grundlage der Rollfilm-Produktion).

Recht

Künstler. Photographien sind urheberrechtlich geschützt, wenn sie persönl. geistige Schöpfungen („Lichtbildwerke") darstellen. Sonstige Photographien („Lichtbilder") genießen Leistungsschutz. In beiden Fällen dauert der Schutz 25 Jahre, bei Dokumenten der Zeitgeschichte 50 Jahre seit Erscheinen oder Herstellung.

Anwendungsgebiete

Auf dem Gebiet der **Amateurphotographie** gibt es Photographen mit künstler. Ambitionen und hochwertiger Ausrüstung, die die P. nicht berufsmäßig ausüben, und Gelegenheitsphotographen. Die **Berufsphotographie** als Ausbildungsberuf des Handwerks umfaßt die Bereiche Bildnis- und Sach-P., photograph. Tätigkeiten in Ind. und Technik, Forschung und Wiss., ohne daß sich eine Grenze zum Arbeitsbereich des freiberuflich tätigen Photographen mit Fachhochschulausbildung ziehen läßt, dessen Schwerpunkte Photodesign, Werbe- und Mode-P., Theater-P. und Bildjournalismus sind. **Wissenschaftliche Photographie** wendet photograph. Verfahren v. a. in Wiss., Technik und Medizin an, z. B. Mikro-, Hochgeschwindigkeits-, Infrarot-P. (wiss. Aufnahmen im Dunkeln, Fälschungserkennung), Astro-P., Aufzeichnung mit Korpuskularstrahlung (Autoradiographie, Elektronenmikroskopie, Kernspuremulsionen), Röntgen-P., Holographie, Photogrammetrie. Die **Reproduktionsphotographie** umfaßt die Herstellung

Häufige Formate photographischer Papiere (in cm)

7,4 × 10,5 (DIN A7)
8,9 × 8,9
8,9 × 12,7
10,5 × 14,8 (DIN A6)
12,7 × 17,8
17,8 × 24
20,3 × 25,4
24 × 30,5
30,5 × 40,6
40,6 × 50,8
50,8 × 61

Rollenware

Breite: 3,5 cm
10,5
12,7
Länge: 10–50 m

von Negativen und Positiven von flächigen Vorlagen zum Zwecke der Anfertigung von Druckplatten für die verschiedenen Druckverfahren (Verwendung von Reprokameras und -filmen); Halbtonvorlagen (z. B. Photographien) werden dabei meist in Rasternegative oder -diapositive überführt. Zur Herstellung der einzelnen Druckformen für den Mehrfarbendruck werden mehrere Farbauszüge des Originals hergestellt. Bei der elektron. Reproduktionstechnik (Scann-Technik, Scanner) wird ohne Kamera gearbeitet. Die Vorlage wird von einer Mikrooptik abgetastet, und aus den Farbwerten werden die Steuersignale zur Belichtung der Rastervorlagen im Farbrechner gebildet. Für die photomechan. Reproduktion verwendet man Photolackschichten, die bei Bestrahlung durch Polymerisation, Vernetzung, Depolymerisation oder Umlagerung ihre Löslichkeit in bestimmten Lösungsmitteln ändern. Die ↑Elektrophotographie ist die Grundlage für die meisten ↑Kopierverfahren. Bei der **Unterwasserphotographie** befindet sich die Kamera in einem wasserdichten [druckfesten] Gehäuse, das die Kamerabedienung von außen gestattet, oder es werden spezielle Unterwasserkameras verwendet.

Künstlerische Photographie

Im photograph. Bild fanden die bildner. Bestrebungen der Kunst im späten Biedermeier (etwa 1846–48), die sichtbare Wirklichkeit so getreu wie möglich abzubilden, ihre Erfüllung. Ergiebiger als die Arbeiten der „Entdecker" N. Niepce, L. J. M. Daguerre und W. H. F. Talbot waren die photograph. Experimente des frz. Finanzbeamten H. Bayard (* 1801, † 1887); in seinen Aufnahmen vom Montmartre schwingt die latente Trauer über etwas unwiederbringbar Verlorenes mit. Trotz urspr. überlanger Belichtungszeiten erfreute sich die **Porträtphotographie** von Anbeginn an größter Beliebtheit. Hervorragende Leistungen sind die Porträts von D. O. Hill (* 1802, † 1870) und R. Adamson (* 1821, † 1848) sowie die Bildnisse von J. M. Cameron (* 1815, † 1879) und Nadar. Im 20. Jh. wandelte sich die Porträt-P. durch Einbeziehung einer soziologisch orientierten Sehweise grundlegend: Beispiele sind die sezierenden Porträtaufnahmen A. Sanders aus allen Gesellschaftsschichten der Weimarer Republik und die Farbporträts von

Photographie

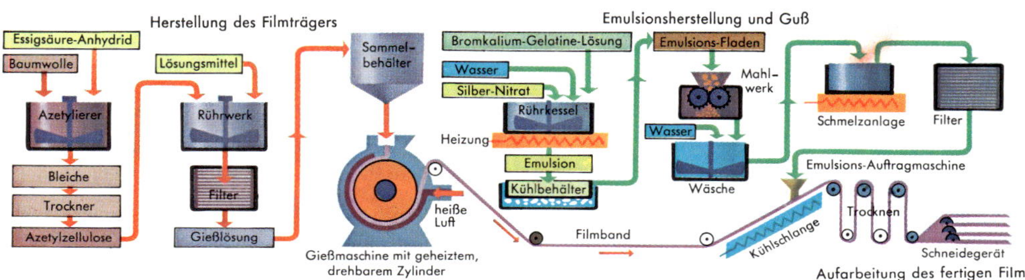

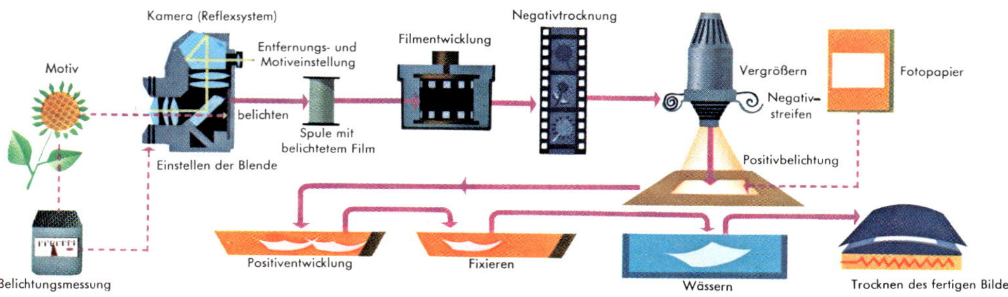

Oben: Schema der Produktionsabläufe bei der Filmherstellung. Unten: Verfahrensschritte bei der Entstehung einer photographischen Aufnahme (schematisch)

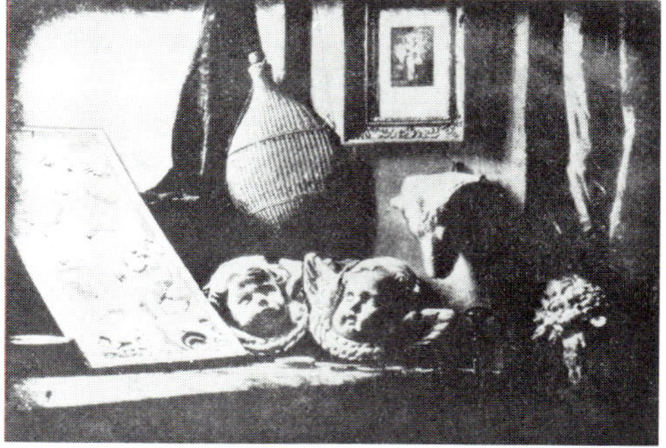

Links: Louis Daguerre, Stilleben, 1837. Rechts: David Octavius Hill und Robert Adamson, Gruppenbild (Calotypie), um 1845

G. Freund. Bed. sind auch H. Erfurth, L. Strehlow und Y. Karsch. Im Vergleich zur Porträt-P. spielte die **Landschaftsphotographie** zunächst eine untergeordnete Rolle. Bed. Vertreter einer maler.-impressionist. Richtung war H. Kühn. Bemerkenswert sind die nüchternen Aufnahmen der Amerikaner T. O'Sullivan (* 1840, † 1882), W. H. Jackson (* 1843, † 1942), C. E. Watkins (* 1829, † 1916) und A. Adams (* 1902, † 1984). Durch den Entschluß des frz. Staates, die histor. Denkmäler photographisch aufzulisten, erhielt die **Architekturphotographie** frühzeitig einen starken Auftrieb; bedeutendster Vertreter ist E. Atget (* 1856, † 1927), für Deutschland W. Hege (* 1893, † 1955). Eine Variante der Architektur-P. bildet die **Industrie-** und **Sachphotographie.** K. Bloßfeld (* 1865, † 1932), A. Renger-Patzsch (* 1897, † 1966) und C. Sheeler (* 1883, † 1965) ordneten sich dem dokumentar. Anspruch der P. bis zur Ausschaltung sämtl. subjektiver Momente unter. Eine weitere Objektivierung ergab sich durch die vergleichende photograph. Methode von H. (* 1934) und B. (* 1931) Becher; von Bed. auch die Industriephotographien von R. Hallensleben (* 1898, † 1977). Der Sach-P. entsprechen **Werbephotographie** und **Modephotographie.** In der Mode-P. vermischen sich Akt- und Sach-P. zu einem glitzernden Oberflächenreflex der sichtbaren gesellschaftl. Wirklichkeit. Photographen wie B. de Meyer (* 1868, † 1949), G. Hoyningen-Huene (* 1900, † 1968) und E. Steichen inszenierten mondäne „Traumwelten". In den kalten Modeaufnahmen von H. Newton (* 1920) verdinglicht sich der menschl. Körper zum schönen Requisit. Seine Photographien enthalten nichts mehr von der Unbefangenheit der Aktaufnahmen E. J. Bellocqs und F. Eugenes (* 1856, † 1936), statt dessen knüpfen sie an die Auffassungen des Sachphotographen E. Weston an; experimentelle Aktauffassungen haben B. Brandt (* 1905, † 1983), R. Avedon (* 1923), K. Székessy vertreten. Die **Livephotographie** widmete sich dem Leben auf der Straße, am Arbeitsplatz, in der Freizeit. A. Stieglitz, zeitweise Verfechter einer prätentiösen, die Formen der Malerei nachahmenden Kunst-P., fächerte das Spektrum auf. Sozialkritisch engagiert waren J. Riis und L. W. Hine (* 1874, † 1940). Die systemat. Erfassung eines ganzen Wirklichkeitskomplexes (des mittleren Westens der USA) realisierten (1935–43) im Auftrag der Rooseveltschen

Links: Tessa Traeger, Stilleben mit Fischen, Hintergrund Eiswürfel und Marmor. Mitte: Baron de Meyer, Teddie, 1912. Rechts: Helmut Newton, Manhattan at night, 1978

Links: Bob Carlos Clarkes, surrealistische Photomontage. Rechts: Agfacontour-Umwandlung von einem Farbnegativfilm

„Farm Security Administration" (F.S.A.) insbes. W. Evans (* 1903, † 1975), B. Shahn, D. Lange, A. Rothstein. Ihre Arbeit berührte sich mit der **Photoreportage,** der illustrierenden Bilderserie. Ihre Blütezeit hatte sie (v. a. durch die Massenpresse) vom Ende der 1920er bis Mitte der 1950er Jahre; die bedeutendsten Bildreporter waren M. Munkacsi (* 1896, † 1963), E. Salomon, F. H. Man, A. Eisenstaedt, W. Weber (* 1902), M. Bourke-White (* 1904, † 1971), A. Kertész; zur Wirklichkeitsdiagnose verdichteten H. Cartier-Bresson, Weegee (eigtl. A. Felling), R. Frank (* 1937) und H. Pabel die Live-P. In der **Kriegsphotographie** begegnen sich beide Sehweisen. Seit R. Fenton (* 1819, † 1869) den Krimkrieg und M. Brady (* 1823, † 1896) mit seinem Team den nordamerikan. Sezessionskrieg aufgezeichnet haben, sind Photographen auch engagierte Dokumentaristen des Krieges (v. a. des Span. Bürgerkrieges, des 2. Weltkrieges und des Vietnamkrieges), insbes. R. Capa, D. Seymour, W. Bischof.
Galten bislang lediglich die **experimentelle Photographie,** das Photogramm und die Photomontage als ernsthafte Ausprägungen einer künstler. P., so lag das daran, daß die P. einerseits als mechan. Wirklichkeitsduplikat abqualifiziert wurde und daß sich andererseits hauptsächlich Künstler des photograph. Experiments bemächtigt hatten. Mit der **Photographik** als Form der künstler. P. werden z. B. durch Isohelie, Pseudosolarisation oder direkte Abbildung von Objekten auf lichtempfindl. Material (kameralose P.) graph. Effekte bzw. Wirkungen erzielt, auf letztere Weise das **Photogramm:** bed. Werke schuf der Maler C. Schad *(Schadographie);* die gestalter. Vielfalt dieser Technik dokumentierte insbes. M. Ray *(Rayographie);* bed. auch R. Hausmann. Aus der kubist. Collage wurde die **Photomontage** als Kombination mehrerer Photographien zu einem Simultanbild entwickelt; entweder als Klebemontage (Reproduktion eines aus mehreren Photos bestehenden zusammengeklebten Bildes) oder als Lichtmontage (Vielfachbelichtungen, Einkopieren, partielles Abschwächen u. a.); bedeutendste Vertreter waren L. Moholy-Nagy, H. Bayer, G. Grosz, J. Heartfield, zeitgenöss. Vertreter einer provozierenden Bildaussage sind v. a. L. Krims (* 1943) und K. Staeck. Bedeutendster Ausdruck gestalterisch ambitionierten Photographierens war die von O. Steinert initiierte Strömung „subjektive P."; sie betonte die Hinwendung zur individuellen Bildaussage und den künstler. Aspekt der Photographie. Einflüsse der abstrakten Malerei verarbeiteten u. a. A. Siskind und H. Hajek-Halke, der Pop-art u. a. A. Feininger, R. Häusser (* 1924) und L. Friedlander (* 1934). Auch bei Happening, Body-art, Konzeptkunst, Land-art, Spurensicherung und Prozeßkunst ist die Realisation künstler. Aktivitäten ausschließlich in der medialen Ideenvermittlung durch die P. gegeben. Eigenständiges Prinzip ist die **Photosequenz,** bei der durch Reihung der Bilder (im Unterschied zur Bildreportage oft nicht chronologisch) bestimmte Ideen, Vorgänge oder Zustände zum Ausdruck gebracht werden, u. a. von D. Michals (* 1932), F. M. Neusüss (* 1937) und D. Oppenheim (* 1938).
Die **Photoästhetik** als Theorie über die ästhet. Wirkungen des photograph. Bildes behandelt Fragen, die sich im Zusammenhang mit der P. als visuellem Kommunikationsmittel stellen.

Photographik ↑ Photographie.

photographische Apparate (photographische Kameras), opt. Geräte zur Aufnahme photograph. Bilder nach dem Vorbild der ↑ Camera obscura. Sie bestehen prinzipiell aus einem lichtdichten Gehäuse mit der ↑ Bildbühne und der Transportvorrichtung für das lichtempfindl. Material, dem bilderzeugenden opt. System (↑ photographische Objektive), dem Verschluß zur Steuerung der Belichtungszeit und einer Visier- bzw. Bildbetrachtungseinrichtung (Sucher). Zusätzlich haben moderne Kompakt- und Kleinbild-Systemkameras mikroelektron. Systeme zur Steuerung zahlreicher Kamerafunktionen, z. B. eine Belichtungsautomatik mit Belichtungsmessung durch das Objektiv (↑ TTL-Messung) oder Autofokussysteme, die die Position bewegter Objekte im Moment des Verschlußablaufs ansteuern.

Kameratypen

Man unterscheidet: **Großformatkameras,** Balgenkameras auf opt. Bank oder mit Laufboden für die verstellbare und schwenkbare Objektivstandarte und mit verstellbarem und schwenkbarem Kamerarückteil; universelle Kameras für den Berufsphotographen, im Baukastensystem zusammensetzbar; Aufnahmeformat 9 × 12 cm und größer, für Planfilm, Packfilm oder Platten, über Adapter auch für andere Materialien, insbes. Sofortbildfilm; **Mittelformatkameras** für 62 mm breiten Rollfilm; Aufnahmeformate: 6 × 9 cm, 6 × 7 cm, 6 × 6 cm, 56 × 72 mm („Idealformat"), 4,5 × 6 cm; urspr. Balgenkameras, heute überwiegend starre Tubuskameras mit Zentral- oder Schlitzverschluß, v. a. ein- oder zweiäugige Spiegelreflexkameras; **Kleinbildkameras,** verbreitetster und hinsichtlich Objektivausstattung und Zubehör vielseitigster Typ p. A., Aufnahmeformat 24 × 36 mm, 24 × 24 mm, 18 × 24 mm („Halbformat"); Amateur- und Professional- (z. B. Reportage-)kameras für 35-mm-Kinefilm in Kleinbildpatrone, auch als Meterware; Sucher- oder einäugige Spiegelreflexkameras, mit Schlitzverschluß und Wechselobjektiven, vielfach mit ansetzbarem Elektromotor *(Winder)* für Filmtransport und Verschlußaufzug (2–6 Aufnahmen/s). Einfachkameras für das Kleinbildformat arbeiten mit Filmkassetten zur Vereinfachung des Filmeinlegens und Vermeidung des Filmrückspulens; **Kleinstbildkameras,** Miniaturkameras mit den Aufnahmeformaten 8 × 11 mm und 12 × 17 mm (Aufnahmematerial 8- und 16-mm-Schmalfilm in speziellen Kassetten); außerordentlich populär sind die sog. *Pocketkameras* (Aufnahmeformat 13 × 17 mm), die außer in Einfachausstattung auch mit Belichtungsautomatik *(Programmautomatik),* eingebautem Elektronenblitz, Motor, Objektiven auf Wechselschlitten und Spiegelreflexsystem angeboten werden. Neuartige Kleinstbildkameras sind die *Disc-Kameras,* deren Aufnahmematerial (8 × 10,5 mm, 15 Bilder) sich auf einer kreisförmigen Kunststoffscheibe befindet. Die große Schärfentiefe macht bei Kleinstbildapparaten eine Entfernungseinstellung überflüssig, die kurze Brennweite (12,5 mm) des Disc-Kameraobjektivs hat dabei eine Lichtstärke von 1:2,8; Kleinbildkameras arbeiten zunehmend mit automat. Scharfeinstellung (Autofokus, ↑ Entfernungsmesser).

Spezialkameras

Stereokameras sind Tubuskameras mit zwei Objektiven und doppelter Bildbühne für die Stereophotographie; **Panoramakameras** besitzen ein während der Belichtung horizontal schwenkendes Weitwinkelobjektiv für Panoramaaufnahmen; **Superweitwinkelkameras** für den Einsatz extrem kurzer Brennweiten; **Luftbildkameras** mit auf Unendlich eingestelltem Fixfokusobjektiv, ähnl. Kameras für photogrammetr. Zwecke **(Meßbildkameras); Recorder,** fest installierte Kameras für Überwachungszwecke (z. B. Schirmbildaufnahmen); **Reproduktionskameras** für die Druckformenherstellung.
Vollelektronisch arbeitet eine als Video-Einzelbild-Kamera (Still-Video-Kamera) bezeichnete Kamera, die das Bild in elektr. Signale umwandelt und auf einer Magnetkassette aufzeichnet. Über einen Adapter können die Aufnahmen mit einem normalen Fernsehgerät sichtbar gemacht werden.

Verschlußbauarten

Der **Zentralverschluß (Lamellenverschluß)** befindet sich meist innerhalb des Objektivs in der Nähe der Blendenebene oder als **Hinterlinsenverschluß** unmittelbar hinter dem Scheitel der Hinterlinse; seine Verschlußsektoren, mehrere schwenkbare Stahllamellen, geben die Öffnung von der Mitte beginnend frei und kehren nach Ablauf der Offenzeit in die Schließstellung zurück. Die Belichtungszeit setzt sich aus der eingestellten Offenzeit und jeweils der Hälfte der Öffnungs- und der Schließzeit zusammen; die Bewegungsumkehr läßt als kürzeste Belichtungszeit nur $^1/_{750}$ s zu, jedoch sind alle kurzen Zeiten mit dem Blitzlicht synchronisierbar, da das Projektionsbündel vollständig freigegeben wird. Der **Schlitzverschluß** läuft dicht vor dem Bildfenster ab; er besteht im wesentlichen aus zwei „Vorhängen" (Lamellenpaketen, Rollos aus Stoff oder elastisch verbundenen Metallstreifen), von denen einer das Bildfeld zunächst abdeckt und es bei der Belichtung horizontal oder vertikal ablaufend freigibt, während der andere in einstellbarem zeitl. Abstand folgt und das Bildfeld wieder abdeckt. Beide Vorhänge bilden einen „Schlitz" variabler Breite. Es sind kurze Belichtungszeiten von $^1/_{1000}$ bis $^1/_{8000}$ s möglich; da die Bildfläche aber streifenweise belichtet wird, kann eine Blitzsynchronisation nur erfolgen, wenn die Schlitzbreite gleich der entsprechenden Kantenlänge des Bildfensters (Volloffenzeit etwa $^1/_{60}$ bis $^1/_{125}$ s) oder die Brenndauer des Blitzes gleich der Gesamtablaufzeit ist.

Suchereinrichtungen und Belichtungsautomatik

Die Bildeinstellung erfolgt nach zwei unterschiedl. Prinzipien: 1. Betrachten des reellen Bildes auf einer Mattscheibe, entweder am Bildort oder unter Zwischenschaltung eines Ablenkspiegels **(Spiegelreflexprinzip)** in einer zur Bildebene konjugierten Ebene. Der Spiegel kann sich im Strahlengang befinden und zur Aufnahme weggeklappt werden *(einäugige Spiegelreflexkamera, Single Lens Camera, SL-Kamera);* zur Bildbetrachtung kann auch ein separates opt. System verwendet werden *(zweiäugige Spiegelreflexkamera).* Die Einstellscheibe ist zur Erhöhung der Bildhelligkeit bei kleineren Formaten eine lichtsammelnde Fresnel-Linse oder eine mit einem äußerst feinen Prismenraster versehene Glasfläche (Erhöhung der Einstellgenauigkeit durch „springende Schärfe"). Zur Scharfeinstellung des Bildes sind sog. Meßkeile (Schnittbildindikator) und/oder ein zentr. Mikrospaltbildfeld (↑Entfernungsmesser) vorgesehen. Da das Spiegelreflexbild waagerecht oberhalb des Bildraums aufgefangen wird, zeigt es das Aufnahmeobjekt aufrecht, aber seitenverkehrt; zur Bildumkehrung dient im Sucherschacht bes. bei Kleinbildkameras ein *Pentadachkantprisma.* 2. Direktes Betrachten des Motivs durch eine opt. Anordnung, die dem umgekehrten Galileischen bzw. Newtonschen Fernrohr entspricht *(Newton-Sucher)* und das Motiv schwach verkleinert zeigt, oder durch ein afokales System mit [über Leuchtrahmenmaske hell] eingespiegelten Bildbegrenzungslinien (**Leuchtrahmensucher,** ↑Albada-Sucher). Die Scharfeinstellung des Bildes muß über einen Entfernungsmesser erfolgen, der mit dem Sucher zum Meßsucher kombiniert sein kann. – Autofokussysteme messen die Motiventfernung und fokussieren das Objektiv entsprechend.

Neben der **Programmautomatik,** bei der Zeit und Blende nach Programm geregelt werden, unterscheidet man **Blendenautomaten,** bei denen die Belichtungszeit von Hand vorgewählt werden muß, während sich die Blende automatisch einstellt, und **Zeitautomaten,** bei denen das Umgekehrte der Fall ist. Verschiedene Kameras lassen wahlweise alle Möglichkeiten zu. Die Leuchtdichte des Objekts wird bei Spiegelreflexkameras durch das Objektiv hindurch gemessen **(Belichtungsinnenmessung, Through-the-lens-** oder **TTL-Messung),** im Regelfall als ein über das ganze Bildfeld gemittelter Belichtungswert **(Integralmessung),** bei einigen Geräten auch [wahlweise] als Leuchtdichte eines begrenzten Objektdetails (**Selektivmessung;** für Aufnahmen bei extremen Kontrasten, z. B. Gegenlichtaufnahmen). – Bei einigen Kameramodellen können die eingesteuerten Werte auf einem Miniaturbildschirm (Multifunktionsdisplay) abgerufen werden.

Objektive

In der einfachsten Ausführungsform ist ein Objektiv eine einzelne Linse (meist aus Glas, auch aus Kunststoff) oder ein *Achromat* mit einfacher Lochblende. Mittlere und hochwertige Objektive bestehen aus 3 bis 8 Linsen, um die Abbildungsfehler möglichst gering zu halten und ein hohes, in Linien je Millimeter angegebenes *Auflösungsvermögen* zu erzielen. Im Ojektiv befindet sich die verstellbare Irisblende, deren Einstellung am Blendenring vorgenommen wird, auf dem die Blendenzahlen angegeben sind. Sie sind so abgestuft, daß sich die zugehörigen Blendenöffnungen wie 1:2 verhalten, das heißt jeweils die doppelte bzw. halbe Lichtmenge hindurchtreten lassen. Maßgeblich für die erste Blendenzahl ist das *Öffnungsverhältnis* bzw. die *Lichtstärke* des Objektivs, welches durch das Verhältnis der wirksamen Öffnung zur Brennweite gegeben ist (z. B. 18 mm : 50 mm = 1 : 2,8 oder kurz 2,8). Mit Ausnahme von einfachsten Objektiven werden diese Angaben gemacht. Je größer die Lichtstärke, um so kürzer kann die Belichtungszeit oder um so geringer kann die Beleuchtung für die Aufnahme sein. Das Scharfeinstellen für die Aufnahme erfolgt hauptsächlich durch einen Schneckengang, bei dessen Betätigung das gesamte Objektiv seinen Abstand zum Aufnahmematerial verändert – oder indem die Frontlinse ihren Abstand zu den übrigen Linsen ändert. Die Kamera ist in ihrer Grundausrüstung mit einem *Standardobjektiv (Normalobjektiv)* ausgestattet, das heißt, die Brennweite dieses Objektivs entspricht etwa der Negativdiagonalen. Hochwertige Kameras sind mit *Wechselobjektiven* versehen, das Standardobjektiv läßt sich durch einen Gewindeanschluß bzw. eine Bajonettfassung schnell gegen ein Objektiv anderer Brennweite auswechseln. Objektive mit anderer Brennweite sind nötig, wenn die Gegenstände entweder größer (längere Brennweite) oder kleiner (kürzere Brennweite) abgebildet werden sollen. Objektive mit längeren Brennweiten werden vorzugsweise für Fernaufnahmen benutzt; ist die Baulänge kürzer als die Brennweite, spricht man von einem *Teleobjektiv.* Objektive mit kürzeren Brennweiten werden vorzugsweise benutzt, wenn ein möglichst großer Ausschnitt im Bild erfaßt werden soll *(Weitwinkelobjektiv).* – Das Licht wird beim Durchgang durch die Gläser in seinen

1

2

3

4

5

6

Photographische Apparate. Aufnahmen mit verschiedenen Objektiven von demselben Standpunkt aus bei Einsatz verschiedener Brennweiten: 1 17-mm-Objektiv; 2 35-mm-Objektiv; 3 100-mm-Objektiv; 4 300-mm-Objektiv; 5 600-mm-Objektiv; 6 1200-mm-Objektiv

Spektralanteilen nicht immer gleichmäßig absorbiert, so daß bei Farbaufnahmen leichte Farbstiche entstehen können. Objektive, die leicht bläul. Bilder ergeben, heißen *Kaltzeichner. Warmzeichner* ergeben Bilder mit gelbl. Farbstich. Mittels reflexionsmindernder Schichten auf dem Objektiv läßt sich die Farbabweichung korrigieren. – *Spezialobjektive* sind u. a.: für Fernaufnahmen *Spiegelobjektive,* die außer Linsen auch Spiegel zur Bilderzeugung aufweisen, mit Brennweiten von 500 bis 1 000 mm und extrem kurzer Baulänge (etwa $^1/_3$ der Brennweite); *Fisheye-Objektive* mit extrem weitem Bildwinkel von 180° und mehr; *Weichzeichnerobjektive,* deren scharfes Bild etwas überstrahlt ist (künstler. Weichheit), *Varioobjektive (Zoomobjektive, Transfokar),* deren Brennweite sich kontinuierlich verstellen läßt; *Satzobjektive,* die aus 2 Gliedern mit verschiedenen Brennweiten bestehen, womit 3 verschiedene Brennweiten gegeben sind.

Geschichte

Die Camera obscura schildert als opt. Gerät zuerst ↑Alhazen. Die Verwendung einer Sammellinse als Objektiv beschreibt Daniele Barbaro 1568. Die ersten Daguerreotypie- und Calotypieapparate behielten die Form der Camera obscura bei; zur Scharfeinstellung wurde entweder der Objektivtubus oder die hintere Hälfte des Kamerakastens verschoben. 1839 beschrieb Baron Séguier die Balgenkamera, die als zusammenklappbare Reisekamera bis ins 20. Jh. in Gebrauch war (Urform der zusammenklappbaren Rollfilmkamera). 1860 wurde T. Sutton die erste Spiegelreflexkamera patentiert. Den Schlitzverschluß mit veränderl. Spalt konstruierte O. Anschütz (1888), den Zentralverschluß mit Lamellen A. Steinheil (1888), V. Linhof (1892) und F. Dekkel (1902). Als problemlose Kamera für Rollfilm war die 1888 von G. Eastman unter der Bez. „Kodak" auf den Markt gebrachte „Box" weltweit verbreitet. Ab 1913 entwickelte O. Barnack mit der „Leica", urspr. einem kinematograph. Testgerät, die erste Kleinbildkamera, die 1925 in Serie ging. Obwohl schon früh Miniaturkameras verwendet wurden (W. H. F. Talbot photographierte u. a. mit dem Aufnahmeformat 2 × 2″), begründete erst das „Leicaformat" 24 × 36 mm den Siegeszug der Kleinbildphotographie als universales photograph. System. Negativformat und die übrigen bildmäßigen Verhältnisse wurden erstmalig auf Grund wiss. Berechnungen festgelegt. Ausgehend vom Auflösungsvermögen des menschl. Auges (1–2 Bogenminuten) und des photograph. Materials (0,03 mm) ermittelte Barnack als zur Wiedergabe aller dem menschl. Auge erkennbaren Strukturen hinreichende Größe der Bildelemente 0,0007 mm² und als zur Abbildung dieser Elemente erforderl. Brennweite 50 mm (Standardbrennweite des Kleinbildformats). Durch die Auszählung feiner Druckraster fand Barnack heraus, daß ein Bild von zufriedenstellendem Detailreichtum sich aus einer Million solcher Bildelemente aufbauen müsse und damit etwa die doppelte Bildgröße (18 x 24 mm) des 35 mm breiten perforierten Edison-Films beanspruchte (heutiges Filmmaterial enthält auf der Kleinbildfläche 20 Mill. Bildelemente, „Pixel").

photographische Effekte, spezielle Erscheinungen bei photograph. Prozessen; man unterscheidet Belichtungseffekte und Entwicklungseffekte. Zu den *Belichtungseffekten* gehören: **Schwarzschild-Effekt:** Bei sehr langen und bei sehr kurzen (Kurzzeiteffekt) Belichtungszeiten ist die Empfindlichkeit photograph. Materials geringer als bei mittleren Belichtungszeiten; **Weinland-Effekt:** Erhöhung der Empfindlichkeit durch kurzzeitige intensive diffuse Vorbelichtung; **Latensifikation:** Erhöhung der Empfindlichkeit durch gering intensive diffuse Nachbelichtung; **Herschel-Effekt:** Abbau des latenten Bildes durch diffuse Nachbelichtung mit langwelliger Strahlung (meist rotem Licht); **Albert-Effekt:** Bildumkehr durch diffuse Nachbelichtung einer kräftig belichteten photograph. Schicht, deren Oberflächenkeime durch Chromsäureeinwirkung nicht mehr entwicklungsfähig sind; **Clayden-Effekt:** Bildumkehr bei schwacher diffuser Nachbelichtung einer Ultrakurzzeitaufnahme; **Becquerel-Effekt:** Sensibilisierung von Röntgenfilm mit rotem Licht durch diffuse Nachbelichtung; **Solarisation:** Bildumkehr im Bereich der Maximalschwärzung (Maximaldichte) einer Schicht. Bei den übrigen Belichtungseffekten spielt die Ausbildung von [normalerweise unwirksamen] Innenkeimen und das Verhältnis der Zahl dieser Keime zu der der Oberflächenkeime, die Möglichkeit von Rekombinationen im Elementarprozeß u.ä. eine Rolle. Zu den *Entwicklungseffekten* zählen v. a. die *Nachbareffekte:* **Eberhard-Effekt:** Erhöhung der Kantenschwärzung oder Herabsetzung der Schwärzung **(Saumeffekt)** an der Grenze zw. stark unterschiedlich belichteten Partien; **Interimage Effekt (vertikaler Eberhard-Effekt):** Beeinflussung übereinanderliegender Schichten bei Mehrschichtenfilmen im Sinne des Eberhard-Effekts ([Farb]sättigungssteigerungen); **Kostinsky-Effekt:** Scheinbare Vergrößerung des Abstandes benachbarter belichteter Strukturen durch diffundierende Entwicklungsprodukte; **Ross-Effekt (Gelatine-Effekt):** Abstandsverkleinerungen zwischen Details durch Schrumpfung der Gelatine. P. E. i. w. S. sind auch die in der experimentellen Photographie zu bildmäßigen Zwecken genutzten Schichteffekte: **Sabattier-Effekt (Pseudosolarisation):** Durch diffuse Nachbelichtung einer bereits teilweise entwickelten Schicht und nochmaliger Entwicklung ergibt sich eine Umkehr des Bildes; **Runzelkorn (Retikulation):** Grobkörnig zerrissene Bildstruktur durch absichtlich herbeigeführte Gelatineschrumpfungen (Erwärmung und Abschrecken der Schicht); **Isohelie:** Aufbau eines Bildes graphisch plakativen Charakters aus vereinfachten Farb- oder Graustufen über verschiedene Negative; **Tontrennung:** Bessere Tondifferenzierung im Lichter- und Schattenbereich einer Aufnahme durch Zusammenkopieren spezieller Auszugsnegative.

photographische Objektive ↑photographische Apparate (Objektive).

Photogravüre, svw. Heliogravüre (↑Drucken).

Photokathode, dünne Metallschicht mit niedriger Austrittsarbeit auf der Glaswand von Photozellen, Bildwandlern u. a., aus der bei Belichtung Elektronen austreten.

Photokopie, unmittelbare photograph. Übertragung bes. von Urkunden auf lichtempfindl. Papier; allg. auch Bez. für eine nach verschiedenen ↑Kopierverfahren angefertigte Kontaktkopie. – Im Urheberrecht entspricht die P. dem Lichtbild und genießt wie dieses Leistungsschutz.

Photoleitung, Eigenschaft bestimmter fester Stoffe (sog. *Photoleiter*), bei Einwirkung elektromagnet. Strahlung (v. a. bei Lichteinwirkung) den elektr. Strom besser zu leiten. Die P. beruht auf dem inneren ↑Photoeffekt.

Photolithographie, Verfahren zur Herstellung von Druckformen für Zink- und Offsetdruck mit Mitteln der Reproduktionsphotographie bei ausschließlich manueller Korrektur.

▷ in der *Mikroelektronik* ↑Lithographie.

photomechanische Verfahren, Reproduktionsverfahren, bei denen Photographie und Ätztechnik eingesetzt werden.

Photometer, zur Photometrie verwendete Geräte. Bei den *visuellen P.* dient das Auge unmittelbar als Strahlungsempfänger. In vielen P. wird der **Lummer-Brodhun-Würfel** *(P.würfel)* verwendet, ein aus zwei Prismen zus.gesetzter Glaswürfel, bei dem die Kontaktfläche der Prismen das Licht z. T. hindurchläßt, z. T. jedoch total reflektiert. Auf diese Weise lassen sich zwei von verschiedenen Lichtquellen gelieferte Leuchtdichten unmittelbar nebeneinander vergleichen. Andere P.bauarten sind das **Pulfrichphotometer,** das mit zwei veränderbaren Blendenöffnungen arbeitet, und das **Flimmerphotometer** mit zwei in rascher Folge abwechselnd beleuchteten, aneinandergrenzenden Flächen. – Bei den *physikal. P.* dienen Photoelemente oder Photodioden bzw. Thermoelemente oder Bolometer, z. T. auch Photoplatten als Strahlungsempfänger.

Photometrie [griech.] (Lichtmessung), die Messung der für die Lichttechnik und das menschl. Sehen grundlegenden physikal. Größen. *Photometr. Größen* sind Lichtstärke, Lichtstrom, Leuchtdichte, Beleuchtungsstärke, Belichtung und Lichtmenge. Da diese Größen auf die speziellen Eigenschaften des menschl. Auges bezogen sind, muß das Auge direkt in den Meßprozeß einbezogen werden (z. B. Helligkeitsvergleich; *subjektive P., visuelle P.*), oder der Strahlungsempfänger muß der spektralen Empfindlichkeit des Auges angepaßt werden *(objektive P., physikal. P.)*. Die *Astro-P.* befaßt sich mit der Bestimmung der ↑Helligkeit von Gestirnen; in der Chemie wird die P. angewendet zur Konzentrationsbestimmung gelöster Substanzen.

Photomontage [...ta:ʒə] ↑Photographie.

Photomorphogenese, lichtgesteuerter pflanzl. Entwicklungsprozeß, der bestimmte Gestaltausprägungen *(Photomorphosen)* bewirkt.

Photomultiplier [...mʌltɪplaɪə] (Photoelektronenvervielfacher, [Sekundär]elektronenvervielfacher), elektron. Bauteil, mit dessen Hilfe der extrem schwache elektr. Strom, den die durch äußeren Photoeffekt (an einer Photokathode) ausgelösten Elektronen (Primärelektronen) darstellen, verstärkt werden kann. Durch elektr. Felder beschleunigt, werden die Primärelektronen auf eine Prallelektrode (Dynode) geleitet, wo jedes Elektron bis zu 10 Sekundärelektronen „herausschlägt"; diese werden auf eine weitere Dynode gelenkt usw., so daß der Elektronenstrom lawinenartig anschwillt. Verwendung v. a. zum Nachweis geringer Lichtintensitäten (bis zu einzelnen Photonen).

Photonastie, durch unterschiedl. Lichthelligkeit verursachte ↑Nastie; bewirkt u. a. Öffnen und Schließen vieler Blüten.

Photonen [griech.] (Lichtquanten, Strahlungsquanten), stabile Elementarteilchen, die Quanten der elektromagnet. Strahlung. Die P. in einer monochromat. elektromagnet. Welle mit der Frequenz ν haben die Energie $W = h \cdot \nu$ (h Plancksches Wirkungsquantum); sie beträgt für Licht einige eV, für weiche Röntgenstrahlen 100–100 000 eV und für Gammastrahlen einige MeV. Die P. bewegen sich mit Lichtgeschwindigkeit c und haben wegen der Masse-Energie-Äquivalenz die Masse $m = h \cdot \nu/c^2$ und den Impuls $p = h \cdot \nu/c$, ihre Ruhmasse ist jedoch null. Ebenso besitzen sie keine elektr. Ladung und kein magnet. Moment, sie sind also in elektr. und magnet. Feldern nicht ablenkbar. Die P. repräsentieren den korpuskularen Charakter der elektromagnet. Strahlung (↑Welle-Teilchen-Dualismus), der bes. im wellenoptisch nicht deutbaren Photoeffekt und Compton-Effekt hervortritt.

Photonik, in Analogie zur Elektronik geprägte Bez. für die Verarbeitung und Übermittlung von Informationen, die auf der Wechselwirkung von Lichtsignalen durch die Vermittlung eines optisch nichtlinearen Materials beruht. Licht einer Intensität, Ausbreitungsrichtung, Frequenz oder Polarisation steuert dabei Licht jeweils der anderen Intensität, Richtung, Frequenz oder Polarisation. – ↑optische Informationsverarbeitung.

Photooxidanzien, Bez. für eine Gruppe äußerst reaktionsfähiger Substanzen unterschiedl. Zusammensetzung, die sich aus in der Luft befindl. [ungesättigten] Kohlenwasserstoffen, Stickstoffdioxid und [Luft]sauerstoff unter dem Einfluß von kurzwelligem Licht bilden und rasch zu Kohlenwasserstoffen, Stickstoffmonoxid und Ozon zerfallen. P. kommen bes. im photochem. ↑Smog vor, sie führen zu einer Erhöhung des Ozongehaltes in der Luft und verursachen Gesundheits- und Vegetationsschäden.

Photooxidation, Sammelbez. für Oxidationsreaktionen, die durch Bestrahlung mit Licht oder höherfrequenter elektromagnet. Strahlung ausgelöst werden. I. e. S. die auf diese Weise bewirkte Einführung von Sauerstoff in organ. Moleküle *(Photooxygenierung)*.

photophil, das Licht bevorzugend; von Tieren und Pflanzen[teilen] gesagt, die lichtarme Regionen meiden. – Ggs. photophob.

Photophobie [griech.], svw. ↑Lichtscheu.

Photophoren, svw. ↑Leuchtorgane.

Photophorese [griech.], die Erscheinung, daß extrem kleine, in einem Gas schwebende Teilchen sich unter Einwirkung einer intensiven Lichtstrahlung in Strahlungsrichtung *(positive P.)* oder entgegen der Strahlungsrichtung *(negative P.)* bewegen.

Photorealismus ↑Neuer Realismus.

Photorezeptoren, svw. Lichtsinneszellen (↑Sehzellen); i. w. S. auch svw. Lichtsinnesorgane (↑Auge).

Photosatz ↑Setzerei.

Photosensibilisierung, durch bestimmte chem. Stoffe (z. B. äther. Öle) bewirkte Steigerung der Licht- bzw. Strahlenempfindlichkeit der Haut.

Photospaltung, durch Gammaquanten ausgelöste Kernspaltung.

Photosphäre, die etwa 400 km dicke Schicht an der Oberfläche der Sonne. Aus ihr wird der größte Teil des Sonnenlichts abgestrahlt.

Photosynthese, i. w. S. Bez. für eine chem. Reaktion, die unter der Einwirkung von Licht oder anderer elektromagnet. Strahlung abläuft und zur Synthese einer chem. Verbindung führt. I. e. S. Bez. für die fundamentale Stoffwechselreaktion der grünen Pflanzen. Zur P. befähigt sind alle höheren Pflanzen, Farne, Moose, Rotalgen, Grünalgen, Braunalgen, Blaualgen und verschiedene Bakterienarten. Bei der P. wird Lichtenergie in chem. Energie umgewandelt, mit deren Hilfe das in der Luft und im Wasser vorhandene CO_2 organisch in Form von Glucose gebunden wird. Diese Überführung körperfremder, niedermolekularer Substanz in körpereigene, höhermolekulare nennt man ↑Assimilation. Die Bruttogleichung der P. lautet:

$$6\,CO_2 + 6\,H_2O \xrightarrow{\text{Licht}} C_6H_{12}O_6 + 6\,O_2.$$

CO_2 und Wasser werden mit Hilfe von Lichtenergie in Kohlenhydrat überführt. Dabei müssen folgende Vorgänge ablaufen: Wasser muß gespalten werden; diesen Vorgang nennt man *Photolyse.* Diese und der damit eng verknüpfte Elektronentransport zählen zu den *Primärvorgängen* der Photosynthese. CO_2 muß an einen organ. Akzeptor assimiliert werden und mit Hilfe des aus der Photolyse stammenden Wasserstoffs zu Kohlenhydrat reduziert werden *(Dunkelreaktion, Sekundärvorgänge).*

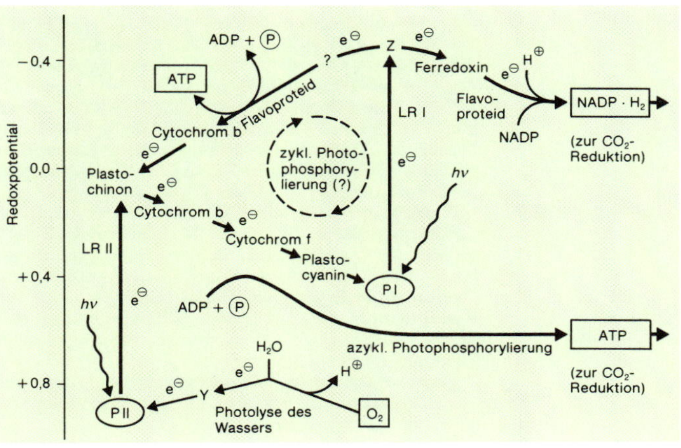

Photosynthese. Lichtreaktion

Bei der **Lichtreaktion** werden in zwei miteinander gekoppelten Reaktionen (Lichtreaktion I = LR I und Lichtreaktion II = LR II) Energieäquivalente bereitgestellt, indem das im Pigmentsystem I (P I) und im Pigmentsystem II (P II) lokalisierte Chlorophyll a I bzw. a II aktiviert (angeregt) wird.

Die Bedeutung der Aktivierung liegt darin, daß die Elektronen des Chlorophyll-a-Moleküls auf ein höheres Elektronenniveau gehoben werden (Chlorophyll a I, Chlorophyll a II) und dabei ein unterschiedlich hohes Redoxpotential erhalten. Die angeregten Elektronen werden von P I in einer *Elektronentransportkette* (Redoxsystem) unter Beteiligung von FRS („Ferredoxin-reduzierende-Substanz", Z), Ferredoxin und Flavoprotein auf $NADP^+$ (↑NAD) übertragen. Das $NADP^+$ wird dabei unter Aufnahme von H^+ (aus dem

Wasser) reduziert. In der LR II werden die angeregten Elektronen von P II über eine weitere Elektronentransportkette auf Plastochinon (PQ) und über dieses auf *Zytochrom* (Cytochrom) b und f, dann auf Plastocyanin und endlich Chlorophyll a I übertragen. Dadurch erhält Chlorophyll a wieder sein ursprüngl. Redoxpotential. Chlorophyll a II ersetzt seine abgegebenen Elektronen auf bis jetzt unbekannte Weise aus der Photolyse des Wassers; diese vollzieht sich nach der Gleichung:

$$2\ H_2O \rightarrow 2\,H^+ + 2\,e^- + H_2O + 1/2\,O_2.$$

Der Reaktionsablauf von Plastochinon zu Chlorophyll a I ergibt einen Energiegewinn. Dieser wird durch die Synthese von ATP (↑Adenosinphosphate) festgelegt (*azykl. Phosphorylierung,* nichtzykl. Photophosphorylierung; ↑Atmungskette).

Insgesamt laufen also in den Lichtreaktionen die von der Photolyse gelieferten Elektronen zum $NADP^+$, das mit Hilfe der 2e (Elektronen) und der $2H^+$ zu $NADPH + H^+$ reduziert wird. Gleichzeitig wird ATP geliefert. Die Endprodukte der Primärreaktion sind also gespeicherte Energie in Form von ATP und $NADPH + H^+$ (als Reduktionspotential), die nun in die Sekundärprozesse eingeschleust werden. Die *Sekundärreaktionen,* die auch im Dunkeln ablaufen und daher **Dunkelreaktionen** genannt werden, laufen in einem als *Calvin-Zyklus* bezeichneten Kreisprozeß ab, bei dem das CO_2 zunächst an das aus Ribulose-5-phosphat und ATP entstandene Ribulose-1,5-diphosphat zu einer noch unbekannten C_6-Zwischenverbindung angelagert wird. Diese zerfällt in zwei Moleküle Phosphoglycerinsäure, die durch $NADPH + H^+$ und ATP zu 3-Phosphoglycerinaldehyd (Triosephosphat), die erste Kohlenhydratsubstanz, reduziert wird. Aus dem Triosephosphat entsteht einerseits (über Fructose-1,6-diphosphat, Fructose-6-phosphat und Glucose-6-phosphat) Glucose, andererseits bildet sich in enzymat. Prozessen das Ribulose-5-phosphat zurück.

Wie die Bruttogleichung der P. zeigt, werden 6 Moleküle CO_2 assimiliert; für ihre Anlagerung sind daher 6 Moleküle Ribulose-1,5-diphosphat erforderlich, aus denen 12 Moleküle Triosephosphat entstehen. Von diesen werden 2 Moleküle für den Aufbau der Glucose verbraucht, während die restl. 10 Moleküle wieder in Ribulose-5-phosphat umgewandelt werden. Insgesamt werden für die Reduktion der 6 Moleküle CO_2 zu einem Molekül Fructose-6-phosphat 18 Moleküle ATP und 12 Moleküle $NADPH + H^+$ verbraucht.

Phototaxis [griech.] ↑Taxie.

Phototherapie [griech.], svw. ↑Lichtbehandlung.

Phototransistor, optoelektron. Halbleiterbauelement, bei dem der Stromfluß durch den inneren Photoeffekt gesteuert wird.

phototrope Gläser [griech./dt.] ↑Brille.

phototroph, Licht als Energiequelle für Stoffwechselprozesse nutzend (auf grüne Pflanzen, Algen und einige Bakterien bezogen).

phototrophe Bakterien, im Wasser lebende, anaerobe und durch Bakteriochlorophyll a, b, c oder d gefärbte Bakterien; z. B. ↑Chlorobakterien.

Phototropismus ↑Tropismus.

Phototypie [griech.], veraltete Bez. für photomechanisch hergestellte Druckplatten.

Photovoltaik, Teilgebiet der Elektronik bzw. Energietechnik, das sich mit der Ausnutzung der beim inneren ↑Photoeffekt an Sperrschichten auftretenden photoelektr. Spannungen zur Gewinnung elektr. Energie (insbes. durch Umwandlung von Sonnenenergie) befaßt. Die wichtigsten photovoltaischen Bauelemente sind die Photoelemente und die Sonnenzellen.

Photowiderstand, optoelektron. Halbleiterbauelement, dessen Leitfähigkeit bei Einwirkung elektromagnet. Strahlung (meist) aus dem sichtbaren Spektralbereich zunimmt. Die Funktion beruht auf dem inneren Photoeffekt.

Photozelle (lichtelektr. Zelle), Stromquelle zur Umwandlung von Licht in elektr. Strom durch Ausnutzung des äußeren Photoeffekts. Halbleiter-P. haben die Röhren-P. abgelöst.

Phou Bia, höchster Berg in Laos, nnö. von Vientiane, 2 817 m hoch.

Phraates, Name parth. Könige; bed. v. a.:

P. III., † 58 v. Chr. (ermordet), König (seit 70). – Suchte in den Mithridat. Kriegen seine Position durch ein Bündnis mit Rom zu stärken.

P. IV., † 2 v. Chr., König (seit 37). – Sandte die in der Schlacht bei Carrhae erbeuteten röm. Feldzeichen zurück (20 v. Chr.); erhielt das röm. Protektorat über Armenien; wurde von seiner Gattin Musa ermordet.

Phrase [zu griech. phrásis „das Sprechen"], in der antiken *Rhetorik* i. w. S. die sprachl.-stilist. Ausformulierung der in einem Text verwendeten Gedanken; i. e. S. eine einzelne Wortgruppe oder -wendung. Im 16. Jh. in der antiken Bed. ins Deutsche übernommen, bekam P. später einen abwertenden Sinn *(P. dreschen, hohle P.).*

▷ in der *Linguistik* zusammengehöriger Teil eines Satzes, Satzglied. Die Analyse von Sätzen in P. ist die Grundlage der Phrasenstrukturgrammatik.

▷ in der *Musik* eine melod. Sinneinheit, die mehrere Einzeltöne zusammenfaßt und organisch aufeinander bezieht. P. können aus wenigen Tönen, aber auch aus mehreren verbundenen Motiven bestehen. – ↑Phrasierung.

Phrasenstrukturgrammatik, eine Grammatik, die die Zusammensetzung und Gliederung von Sätzen beschreibt. Sie gibt an, aus welchen Phrasen ein Satz bestehen kann und in welcher hierarch. Ordnung die Phrasen und damit die Morpheme, aus denen sie sich zusammensetzen, zueinander stehen. Grundlage der P. ist die ↑Konstituentenanalyse, die durch Ersetzungsregeln dargestellt und auf alle Sätze einer Sprache verallgemeinert wird.

Phraseologie [griech.], i. e. S. svw. ↑Idiomatik; i. w. S. die in einem Wörterbuch zu einem Stichwort gegebenen Beispiele (Beispielsätze, Zitate, idiomat. Ausdrücke).

Phraseologismus, Redewendung, feste Wortverbindung, deren Gesamtbedeutung sich nicht mehr aus den Bedeutungen der einzelnen Komponenten ergibt, sondern die eine Umdeutung (Übertragung) erfahren hat (↑Idiom). Die ursprüngl. Motivation geht verloren, ihre Glieder sind nicht bzw. nur begrenzt austauschbar. Der P. wird als fertige lexikal. Einheit reproduziert und wie ein Einzelwort gebraucht, z. B. *über den Berg sein.*

Phraseonym [griech.], Sonderform des ↑Pseudonyms, bei der statt der Verfasserangabe eine Redewendung steht: z. B. „von einer anonymen Dame" = Jane Austen.

Phrasierung [griech.], Gliederung einer Komposition nach (vorwiegend melod.) Sinneinheiten (↑Phrase). P. kann vom Komponisten nur unvollkommen bezeichnet werden (z. B. durch Bögen, Pausen, Betonungs- und andere Vortragszeichen). Sie ist oft bewußt mehrdeutig und mehrschichtig (Übereinanderlagerung unterschiedlich langer Phrasen) angelegt und bis zu einem gewissen Grade auf subjektive Deutung angewiesen. Die theoret. Behandlung der P. hat H. Riemann (1884) im Blick auf die Instrumentalmusik der Wiener Klassik systematisch entwickelt. Seine Auffassung von der prinzipiellen Auftaktigkeit aller Phrasen ist jedoch stark umstritten. Von der P. ist die ↑Artikulation zu unterscheiden.

Phratrie [griech.], in der griech. Antike eine zw. Geschlecht und Phyle einzuordnende Gemeinschaft mit sakralen und sozialen (Aufnahme in die Bürgerschaft, Legitimation der Eheschließung) Funktionen.

Phrenokardie [griech.], Form der Herzneurose (↑Herzkrankheiten).

Phrenologie [griech.], unbegründete und inzw. überholte Lehre („Kranioskopie"), nach der charakterl. und intellektuelle Dispositionen eines Menschen bereits an der Form seines Kopfes bzw. Schädels durch Rückschlüsse auf die darunterliegenden Rindenfelder des Großhirns zu erkennen seien.

Phrixos, Gestalt der griech. Mythologie. Sohn des Athamas und der Wolkengöttin Nephele. Durch seine Stiefmutter Ino zum Opfertod bestimmt, flieht er mit seiner Schwester **Helle** auf einem fliegenden, goldwolligen Widder. Über den Dardanellen stürzt Helle ins Meer, das dort seither „Meer der Helle“ (gr. Hellḗspontos) heißt. In Kolchis opfert P. den Widder; das „Goldene Vlies“ (↑Argonauten) wird im Hain des Ares aufgehängt.

Phrygana [griech.] ↑Garigue.

Phryger ↑Phrygien.

Phrygien, histor. Landschaft im westl. Inneranatolien, Türkei. Die **Phryger,** nach antiken Berichten aus Makedonien und Thrakien eingewandert (um 1200/1100?), gründeten im 8. Jh. v. Chr. ein Großreich, das etwa von Kilikien im S sowie von Lydien im W begrenzt war und im O über den Halys reichte, wurde um 695 von den Kimmeriern zerstört; Ende des 7. Jh. lyd., Mitte des 6. Jh. pers., durch die Kelteninvasion (277–274) in einen östl. kelt. und einen westl. Teil, den Pergamon okkupierte und der 133 v. Chr. röm. (Prov. Asia) wurde, geteilt. Die **phrygische Kunst** hat eigenständige Bed. nur vom 8. bis 6. Jh.; Grabungen (Gordion) legten mächtige Stadtmauern, stattl. Wohnbauten mit geometr. Kieselmosaiken, tönerne bemalte Reliefs von Tempeln frei, auch vorzügl. kunsthandwerkl. Arbeiten, z. B. Bogenfibeln, Keramik, insbes. Siebkannen mit langem Ausguß, auch als Bronzegefäße; Felsarchitektur (Tempel, Gräber), deren Fassaden mit geometr. Mustern überzogen sind.

phrygische Mütze, urspr. von den Phrygern getragene kegelförmige Mütze mit nach vorn hängender, ausgestopfter Spitze; Vorbild für die Jakobinermütze der Frz. Revolution.

phrygischer Kirchenton ↑Kirchentonarten (Übersicht).

phrygische Sprache, die als eigenständiger Zweig zu den indogerman. Sprachen gehörende Sprache der Phryger, die v. a. durch zwei Gruppen von Denkmälern bekannt ist: 1. über 125 meist sehr kurze sog. „altphryg.“ Inschriften des 8. bis 4. Jh. in einheim. phryg. Schrift, die Mitte des 8. Jh. wohl aus einem (west)griech. Alphabet entlehnt worden ist; 2. etwa 110 „neu- oder spätphryg.“ Inschriften etwa des 1. bis 4. Jh. in griech. Schrift; noch für das 5. Jh. n. Chr. als gesprochene Volkssprache bezeugt.

Phthalate [pers.-griech.], die Salze und Ester der o-Phthalsäure. Techn. Bedeutung haben die hoch siedenden Ester (Siedepunkte von 160–300 °C); Verwendung als Weichmacher für Lackrohstoffe und Kunststoffe sowie als Geliermittel für Sprengstoffe. – P. zeigen im Tierversuch bei manchen Tierarten karzinogene Wirkung, beim Menschen ist diese noch umstritten. In der Natur werden P. nur sehr schwer abgebaut.

Phthalsäure [pers.-griech./dt.] (o-Phthalsäure), eine der drei isomeren Benzoldicarbonsäuren; farblose, kristalline Substanz, die ein wichtiges Ausgangsprodukt zur Herstellung von Farbstoffen und Kunstharzen ist. Die m-P. **(Isophthalsäure)** wird zur Herstellung von Alkydharzen, die p-P. **(Terephthalsäure)** zur Herstellung von Polyestern verwendet. Chem. Strukturformeln:

COOH COOH COOH
COOH HOOC
COOH

Phthalsäure Isophthalsäure Terephthalsäure

Phthiriasis [griech.], svw. Läusebefall (↑Pedikulose).

Phthise (Phthisis) [griech. „Schwindsucht“], allg. Verfall des Körpers oder einzelner Organe; alte Bez. für die durch Lungentuberkulose verursachte allg. Auszehrung.

Phuket [Thai phu:'ked], thailänd. Insel in der Andamanensee, 552 km²; Abbau und Verhüttung von Zinnerzen; Touristenzentrum.

Phul [fu:l] ↑Tiglatpileser III.

pH-Wert [pH, Abk. für: **p**otentia **h**ydrogenii „Stärke des Wasserstoffs“], Maßzahl für die in Lösungen enthaltene Konzentration an Wasserstoffionen, H^+-Ionen (bzw. Hydroniumionen, H_3O^+-Ionen), d. h. für den sauren oder bas. Charakter einer Lösung. Der pH-W. ist definiert als der negative dekad. Logarithmus der Wasserstoffionenkonzentration. Da in reinem Wasser die Konzentrationen der Wasserstoff- und Hydroxidionen, OH^--Ionen, gleich groß sind (je 10^{-7} Mol/l), liegt der pH-W. des Wassers bei 7; Lösungen mit höherer Wasserstoffionenkonzentration haben einen niedrigeren pH-W. und werden als *sauer,* Lösungen mit niedrigerer Wasserstoffionenkonzentration haben einen höheren pH-W. und werden als *basisch* bezeichnet. Eine 0,01-N-Salzsäure enthält 0,01 g Wasserstoffionen pro Liter, hat also einen pH-W. von $-\log 0{,}01 = 2$. Allg. bezeichnet man Lösungen mit pH-W. kleiner als 3 als *stark sauer,* zw. 3 und 7 als *schwach sauer,* zw. 7 und 11 als *schwach basisch* und von 11 bis 14 als *stark basisch.* Der pH-W. wird näherungsweise mit Indikatoren bestimmt; genauere Werte erhält man durch elektrometr. Bestimmungen. Hierbei taucht eine Meßelektrode (am gebräuchlichsten ist die *Glaselektrode*) in die zu untersuchende Lösung, wodurch sich an der Grenzfläche der Elektrode eine von der Hydroniumionenkonzentration der Lösung abhängige Galvani-Spannung einstellt. Deren Differenz zu einer vorgegebenen Galvani-Spannung einer in eine Standardlösung tauchenden Bezugselektrode, z. B. die *Kalomelelektrode,* dient als Maß für den ph-W. – Der pH-W. ist für den Ablauf vieler chem. und biochem. Vorgänge entscheidend.

Phykobiline (Phycobiline) [griech./lat], Naturfarbstoffe, die bes. in Blaualgen (*Phykozyane;* blaugrün), in Rotalgen (*Phykoerythrine;* rotviolett) und in einigen Flagellatengruppen verbreitet sind. Als Begleitfarbstoffe des Chlorophylls sind sie auf Grund ihrer Lichtabsorption im grünen Spektralbereich als Photosynthesepigmente bes. im Tiefenwasser geeignet.

Phykologie [griech.], Algenkunde.

Phyle [griech.], Unterteilung der griech. Stämme und Staaten, mehrere ↑Phratrien zusammenfassend. Im Zuge der Reformen des ↑Kleisthenes wurde die Stamm-P. durch rein lokale P. mit polit. Funktion ersetzt (z. B. die Zusammensetzung der Magistrate, Heeresaufgebot).

phyletisch [griech.], die Abstammung betreffend.

Phyllit [zu griech. phýllon „Blatt“], schwach metamorpher Tonschiefer mit seidigem Glanz auf den Schieferungsflächen; besteht v. a. aus Muskovit und Quarz.

Phyllocactus [griech.], svw. ↑Blattkaktus.

Phyllodium [griech.] (Blattstielblatt), blattartig verbreiteter Blattstiel mit Assimilationsfunktion bei rückgebildeter Blattspreite; z. B. bei verschiedenen Akazienarten.

Phyllokaktus, svw. ↑Blattkaktus.

Phyllokladium [griech.], ein ↑Flachsproß bei Kurztrieben.

Phylogenie [griech.], svw. Stammesentwicklung (↑Entwicklung [in der Biologie]).

Phylum [griech.] ↑Stamm.

Phyma [griech.], knollige Geschwulst.

Phyromachos, griech. Bildhauer des 3./2. Jh. v. Chr. – Einer der bedeutendsten Bildhauer der Antike. Auf Grund literar. Überlieferungen und stilist. Vergleiche werden ihm u. a. das Porträt des Philosophen Antisthenes sowie ein Asklepios-Kopf (beide in Kopien überliefert) zugeschrieben; kommt auch als Schöpfer des ↑Pergamonaltars in Betracht.

phys..., Phys... ↑physio..., Physio...

Physalis [zu griech. physallís „Blase“], svw. ↑Lampionblume.

physi..., Physi... ↑physio..., Physio...

Physik [zu griech. physikḗ (theōría) „Naturforschung“] die Naturwiss., die sich mit der Erforschung aller experimentell und messend erfaßbaren sowie mathematisch beschreibbaren Erscheinungen und Vorgänge in der unbelebten Natur befaßt und die bes. sämtl. Erscheinungs- und Zustandsformen der Materie und alle dafür verantwortl., zw. den Materiebausteinen bestehenden Kräfte und Wechselwirkungen erforscht. Die P. ist für alle anderen exakten Naturwiss. grundlegend. Die P. ist eine empir. Wiss., sie ist grundsätzlich auf die Beobachtung angewiesen. Ihre wesentl. Aufgabe besteht darin, die Fülle der in ihren Bereich fallenden Naturerscheinungen und -vorgänge **(physikalische Phänomene)** zu erfassen, zu ordnen, zu beschreiben und zu erklären, die Gesetze, nach denen die Natur aufgebaut ist und nach denen Vorgänge in der Natur ablaufen, zu verstehen, auf ihre Gültigkeit zu testen und ihren Geltungsbereich zu bestimmen. Hier liegt die enge Berührung zw. *theoret.* und *experimenteller P.* Die **experimentelle Physik** gewinnt durch exakte Beobachtung des Naturgeschehens und durch planmäßig ausgeführte Versuche, die **physikalischen Experimente,** Daten. Die **theoretische Physik** faßt das experimentelle Material zusammen, abstrahiert aus ihm die funktionalen Beziehungen zw. den untersuchten Größen und formuliert diese Beziehungen [in mathemat. Form] als **physikalische Gesetze.** Eine wesentl. Rolle spielen in der theoret. P. Modellvorstellungen (**physikaliche Modelle,** z. B. Atommodell, Kernmodelle). Die Gesamtheit der in den verschiedenen Bereichen der P. entwikkelten Modelle und Theorien sowie der daraus resultierenden Erkenntnisse bezeichnet man als **physikalisches Weltbild,** das jedoch in ständiger Umwandlung begriffen ist und immer nur ein dem jeweiligen Kenntnisstand angepaßtes Bild der tatsächlichen Welt liefert.

Das Gesamtgebiet der P. wird nach verschiedenen histor. bzw. sachl. Gesichtspunkten in klass. und moderne P., Kontinuums- und Quanten-P. bzw. Makro- und Mikro-P. unterteilt, wobei sich diese Begriffe z. T. überdecken. Unter dem Begriff **klassische Physik** faßt man die bis zum Ende des 19. Jh. untersuchten Erscheinungen und Vorgänge aus dem Bereich der tägl. Erfahrung und der Technik zus., die anschaulich in Raum und Zeit beschreibbar sind und für die zu Beginn des 20. Jh. abgeschlossene Theoriengebäude vorlagen. Kennzeichnend für die klass. P. ist, daß sie von einem Einfluß der Meßvorgänge (bzw. Meßgeräte) auf die Meßobjekte und damit auf die Meßresultate absieht. Teilbereiche der klass. P. sind: die *klass. Mechanik* als Lehre von der Bewegung materieller Körper und den dafür verantwortl. Kräften, die *Akustik* als Lehre vom Schall, die *Thermodynamik* als Lehre von den durch Wärmeenergie verursachten Erscheinungen, die *Elektrodynamik* als Lehre von der Elektrizität und vom Magnetismus sowie die *Optik* als Lehre vom Licht. Eine Vollendung der klass. P. ist die zu Beginn des 20. Jh. entwickelte und daher meist zur modernen P. gezählte *Relativitätstheorie;* hierbei liefert die im Rahmen der speziellen Relativitätstheorie vorgenommene Umgestaltung der klass. zur relativist. Mechanik die Gesetzmäßigkeiten für das Verhalten sehr schnell bewegter Teilchen, während die allg. Relativitätstheorie eine Theorie der Raum-Zeit-Struktur und der Gravitation darstellt. Die sich seit Beginn des 20. Jh. entwickelnde **moderne Physik** umfaßt v. a. die nicht mehr anschaulich in Raum und Zeit beschreibbaren und außerdem unstetig ablaufenden Naturerscheinungen und -vorgänge der Mikrophysik. Sie enthält die Bereiche der klass. P. als Grenzfälle und kann gegliedert werden in eine die Gesetze der Relativitätstheorie befolgende *relativist. P.* sowie in die *Quanten-P.* mit ihren nur durch die Quantentheorie beschreibbaren Erscheinungen

Physikalische Größen und ihre Einheiten
Vorsätze und Vorsatzzeichen zur Bildung von dezimalen Vielfachen und Teilen

Faktor	Vorsatz	Vorsatzzeichen
10^{18}	Exa	E
10^{15}	Peta	P
10^{12}	Tera	T
10^{9}	Giga	G
10^{6}	Mega	M
10^{3}	Kilo	k
10^{2}	Hekto	h
10^{1}	Deka	da
10^{-1}	Dezi	d
10^{-2}	Zenti	c
10^{-3}	Milli	m
10^{-6}	Mikro	µ
10^{-9}	Nano	n
10^{-12}	Piko	p
10^{-15}	Femto	f
10^{-18}	Atto	a

und Vorgängen, die in mikrophysikal. Systemen auftreten. Der grundlegende Teilbereich der Quanten-P. ist die *Atom-P.,* deren Untersuchungsobjekte i. e. S. nur die Atome, Elektronen und Ionen als die eigentl. atomaren Bausteine der Materie, i. w. S. auch die durch ihr Zusammenwirken entstehenden Moleküle und makroskop. Substanzmengen in Form kondensierter Materie (Flüssigkeiten und Festkörper) sind und die außerdem die Wechselwirkung von Strahlung und stoffl. Materie behandelt. Die *Kern-P.* befaßt sich mit den Eigenschaften der Atomkerne und ihrer Bausteine. Die *Hochenergie-P.* ist die *P. der Elementarteilchen* und ihrer Wechselwirkungen, ein Schwerpunkt gegenwärtiger physikal. Forschung. Wichtige Bereiche der modernen P. sind auch die *P. der kondensierten Materie* (z. B. *Festkörper-P., Halbleiter-P.*), die *P. der Laser* und die *Plasma-P.,* in der auch an der experimentellen Verwirklichung der Kernfusion gearbeitet wird.

Die heutige physikal. Forschung gelangt in vielen Bereichen nur durch organisierte Gemeinschaftsarbeit von Vertretern der theoret. P. und der Experimental-P., die z. T. mit großem techn. Aufwand betrieben werden muß, zu neuen Erkenntnissen. Die Entwicklung der dazu verwendeten Hilfsmittel stellt eine wichtige Aufgabe der modernen P. dar. Die Entwicklung der Physik vollzieht sich heute in enger Wechselwirkung mit der Technik, ihre Ergebnisse haben die Philosophie stark beeinflußt..

Geschichte: Erste physikal. Gesetzmäßigkeiten wurden in der griech.-hellenist. Antike formuliert. Die Araber bewahrten das antike Erbe und entwickelten es weiter. Im 16. und 17. Jh. entstanden die klass. Mechanik und die Optik, im 19. Jh. wurden das Energieprinzip und die Feldtheorie aufgestellt, im 20. Jh. entstanden Quanten- und Relativitätstheorie. Seit dem 19. Jh. drang die P. stärker in techn. Disziplinen ein und wurde zur wiss. Voraussetzung ganzer Industriezweige (z. B. Elektrotechnik).

physikalische Chemie ↑Chemie.

physikalische Größen und ihre Einheiten ↑Übersichten. – ↑Einheit, ↑Größe.

physikalische Konstanten, svw. ↑Naturkonstanten.

physikalisches System, eine Gesamtheit von physikal. Objekten, z. B. Teilchen (Atome, Moleküle), Körper, Massen[punkte], Ströme und Ladungen, Stoffe usw., die in definierter Weise mit ihrer Umgebung in Wechselbeziehung steht *(offenes System)* oder von ihr getrennt und unabhängig ist *(abgeschlossenes System)* und als Ganzes behandelt und untersucht wird.

physikalische Therapie, svw. ↑Physiotherapie.

Physikalisch-Technische Bundesanstalt, Abk. PTB, Bundesoberbehörde im Geschäftsbereich des Bundesmin. für Wirtschaft, Sitz Braunschweig, angeschlossen ist ein natur- und ingenieurwiss. Institut in Berlin. Die wichtigsten Aufgaben der PTB sind u. a. Forschungen und Entwicklungen auf allen Gebieten des Meßwesens, die gesetzlich vorgeschriebenen Prüfungen und Zulassungen von Meßgeräten zur Eichung, Bauartprüfung und Zulassung auf den Gebieten Sicherheitstechnik und Strahlenschutz. Vorgänger der PTB war die 1887 in [Berlin-] Charlottenburg gegr. **Physikalisch-Technische Reichsanstalt** (Abk. PTR).

Physikalismus [griech.], die wissenschaftstheoret. These des log. Empirismus, daß die Bed. nichtlog. Ausdrücke der Wissenschaftssprache sich mit den Mitteln der Physik ausdrücken lassen müsse.

Physikochemie [griech./arab.], svw. physikalische ↑Chemie.

Physikum [griech.], Abschlußprüfung nach den vier vorklin. Semestern in der ärztl. Ausbildung.

Physikunterricht, die planmäßige Vermittlung physikal. Erfahrungen und Kenntnisse, d. h. der physikal. Gesetzmäßigkeiten bzw. Begriffssysteme, der physikal. Fragestellungen u. a. sowie der naturwiss. Methodik des Faches. P. wird heute in der Grundschule im Rahmen des Sachunterrichts erteilt sowie in der Haupt-, Realschule und am Gymnasium (in der Oberstufe als Wahlpflichtfach) als eigenes Fach unterrichtet. – P. fand erst seit der Mitte des 19. Jh. zunehmend Eingang in die weiterführenden Schulen (Ansätze seit dem 18. Jh.). Entscheidende Beiträge zur didakt. und method. Entwicklung des P. leistete Anfang des Jh. v. a. G. Kerschensteiner.

physio..., Physio..., physi..., Physi..., phys..., Phys... [zu griech. phýsis „Natur"], Wortbildungselement mit der Bed. „Natur, Leben, Körper".

Physiognomie [griech.], die äußere Erscheinung, insbes. der Gesichtsausdruck.

Physiognomik [griech.], Sammelbez. für die (unbewegte) Ausdruckserscheinung des menschl. (und tier.) Körpers, von dessen Form und Gestaltung auf innere Eigenschaften geschlossen wird. In Form der psychodiagnost.

Physikalische Größen und ihre Einheiten im Internationalen Einheitensystem (SI)

Größe (Formelzeichen)	SI-Einheit Name (Einheitenzeichen)	 Zusammenhang mit anderen SI-Einheiten
Aktivität (A)	Becquerel (Bq)	$1\ Bq = 1\ s^{-1}$
Äquivalentdosis (Dq)	Sievert (Sv)	$1\ Sv = 1\ J \cdot kg^{-1} = 1\ m^2 \cdot s^{-2}$
Arbeit (W)	Joule (J)	$1\ J = 1\ N \cdot m = 1\ W \cdot s = 1\ m^2 \cdot kg \cdot s^{-2}$
Belichtung (H_v)	Luxsekunde (lx · s)	$1\ lx \cdot s = 1\ cd \cdot sr \cdot m^{-2} \cdot s$
Beleuchtungsstärke (E_v)	Lux (lx)	$1\ lx = 1\ lm \cdot m^{-2} = 1\ cd \cdot sr \cdot m^{-2}$
Beschleunigung (a)	Meter durch Sekundenquadrat (m/s^2)	
Dichte (ρ)	Kilogramm durch Kubikmeter (kg/m^3)	
Drehimpuls (L)	Kilogramm mal Quadratmeter durch Sekunde ($kg \cdot m^2/s$)	
Drehmoment; Kraftmoment (M)	Newtonmeter (N · m)	$1\ N \cdot m = 1\ m^2 \cdot kg \cdot s^{-2}$
Druck (p)	Pascal (Pa)	$1\ Pa = 1\ N \cdot m^{-2} = 1\ m^{-1} \cdot kg \cdot s^{-2}$
Energie (W)	Joule (J)	$1\ J = 1\ N \cdot m = 1\ W \cdot s = 1\ m^2 \cdot kg \cdot s^{-2}$
Energiedosis (D)	Gray (Gy)	$1\ Gy = 1\ J \cdot kg^{-1} = 1\ m^2 \cdot s^{-2}$
Energiedosisrate, -leistung ($\dot{D}$)	Gray durch Sekunde (Gy/s)	$1\ Gy \cdot s^{-1} = 1\ m^2 \cdot s^{-3}$
Entropie (S)	Joule durch Kelvin (J/K)	$1\ J \cdot K^{-1} = 1\ Ws \cdot K^{-1} = 1\ m^2 \cdot kg \cdot s^{-2} \cdot K^{-1}$
Feldstärke, elektr. (E)	Volt durch Meter (V/m)	$1\ V \cdot m^{-1} = 1\ m \cdot kg \cdot s^{-3} \cdot A^{-1}$
Feldstärke, magnet. (H)	Ampere durch Meter (A/m)	
Fläche (A, S)	Quadratmeter (m^2)	
Flußdichte, elektr.; Verschiebungsdichte (D)	Coulomb durch Quadratmeter (C/m^2)	$1\ C \cdot m^{-2} = 1\ A \cdot s \cdot m^{-2}$
Flußdichte, magnet.; Induktion (B)	Tesla (T)	$1\ T = 1\ V \cdot s \cdot m^{-2} = 1\ kg \cdot s^{-2} \cdot A^{-1}$
Fluß, magnet.; Induktionsfluß (Φ)	Weber (Wb)	$1\ Wb = 1\ V \cdot s = 1\ m^2 \cdot kg \cdot s^{-2} \cdot A^{-1}$
Frequenz (f, ν)	Hertz (Hz)	$1\ Hz = 1\ s^{-1}$
Geschwindigkeit (v)	Meter durch Sekunde (m/s)	
Gewichtskraft (G)	Newton (N)	$1\ N = 1\ m \cdot kg \cdot s^{-2}$
Impuls (p)	Newtonsekunde (N · s)	$1\ N \cdot s = 1\ m \cdot kg \cdot s^{-1}$
Induktivität (L)	Henry (H)	$1\ H = 1\ Vs \cdot A^{-1} = 1\ m^2 \cdot kg \cdot s^{-2} \cdot A^{-2}$
Ionendosis (J)	Coulomb durch Kilogramm (C/kg)	$1\ C \cdot kg^{-1} = 1\ As \cdot kg^{-1}$
Ionendosisrate, -leistung ($\dot{J}$)	Ampere durch Kilogramm (A/kg)	
Kapazität, elektr. (C)	Farad (F)	$1\ F = 1\ C \cdot V^{-1} = 1\ As \cdot V^{-1} = 1\ m^{-2} \cdot kg^{-1} \cdot s^4 \cdot A^2$
Kraft (F)	Newton (N)	$1\ N = 1\ m \cdot kg \cdot s^{-2}$
Kraftmoment; Drehmoment (M)	Newtonmeter (N · m)	$1\ N \cdot m = 1\ m^2 \cdot kg \cdot s^{-2}$
Kreisfrequenz (ω)	reziproke Sekunde (s^{-1})	
Ladung, elektr. (Q)	Coulomb (C)	$1\ C = 1\ As$
* Länge (l)	Meter (m)	
Leistung (P)	Watt (W)	$1\ W = 1\ J \cdot s^{-1} = 1\ N \cdot m \cdot s^{-1} = 1\ m^2 \cdot kg \cdot s^{-3}$
Leitfähigkeit, elektr. (γ, σ, κ)	Siemens durch Meter (S/m)	$1\ S \cdot m^{-1} = 1\ A \cdot V^{-1} \cdot m^{-1} = 1\ m^{-3} \cdot kg^{-1} \cdot s^3 \cdot A^2$
Leitwert, elektr. (G)	Siemens (S)	$1\ S = 1\ A \cdot V^{-1} = 1\ m^{-2} \cdot kg^{-1} \cdot s^3 \cdot A^2$
Leuchtdichte (L_v)	Candela durch Quadratmeter (cd/m^2)	
Lichtmenge (Q_v)	Lumensekunde (lm · s)	$1\ lm \cdot s = 1\ s \cdot cd \cdot sr$
* Lichtstärke (I_v)	Candela (cd)	
Lichtstrom (Φ_v)	Lumen (lm)	$1\ lm = 1\ cd \cdot sr$
* Masse (m)	Kilogramm (kg)	
Oberflächenspannung (σ, γ)	Joule durch Quadratmeter (J/m^2)	$1\ J \cdot m^{-2} = 1\ N \cdot m^{-1} = 1\ kg \cdot s^{-2}$
Permeabilität (μ)	Henry durch Meter (H/m)	$1\ H \cdot m^{-1} = 1\ m \cdot kg \cdot s^{-2} \cdot A^{-2}$
Schallintensität (J)	Watt durch Quadratmeter (W/m^2)	$1\ W \cdot m^{-2} = 1\ kg \cdot s^{-3}$
Spannung, elektr.; Potentialdifferenz, elektr. (U)	Volt (V)	$1\ V = W \cdot A^{-1} = 1\ J \cdot s^{-1} \cdot A^{-1} = 1\ m^2 \cdot kg \cdot s^{-3} \cdot A^{-1}$
* Stoffmenge (n)	Mol (mol)	
* Stromstärke, elektr. (I)	Ampere (A)	
* Temperatur, thermodynam. (T, Θ)	Kelvin (K)	
Trägheitsmoment (J)	Kilogramm mal Quadratmeter ($kg \cdot m^2$)	
Viskosität, dynam. (η)	Pascalsekunde (Pa · s)	
Viskosität, kinemat. (ν)	Quadratmeter durch Sekunde (m^2/s)	
Volumen (V)	Kubikmeter (m^3)	
Wärmekapazität (C)	Joule durch Kelvin (J/K)	$1\ J \cdot K^{-1} = 1\ Ws \cdot K^{-1} = 1\ m^2 \cdot kg \cdot s^{-2} \cdot K^{-1}$
Wärmekapazität, spezif. (c)	Joule durch Kilogramm und Kelvin (J/(kg · K))	$1\ J \cdot kg^{-1} \cdot K^{-1} = 1\ m^2 \cdot s^{-2} \cdot K^{-1}$
Wärmeleitfähigkeit (λ)	Watt durch Meter und Kelvin (W/(m · K))	$1\ W \cdot m^{-1} \cdot K^{-1} = 1\ m \cdot kg \cdot s^{-3} \cdot K^{-1}$
Wärmemenge (Q)	Joule (J)	$1\ J = 1\ N \cdot m = 1\ Ws = 1\ m^2 \cdot kg \cdot s^{-2}$
Wärmestrom (Φ)	Watt (W)	$1\ W = 1\ J \cdot s^{-1} = 1\ m^2 \cdot kg \cdot s^{-3}$
Widerstand, elektr. (R)	Ohm (Ω)	$1\ \Omega = 1\ V \cdot A^{-1} = 1\ m^2 \cdot kg \cdot s^{-3} \cdot A^{-2}$
Winkel, ebener (α, β, γ, ...)	Radiant (rad)	
Winkel, räuml. (Ω)	Steradiant (sr)	
Winkelbeschleunigung (α)	Radiant durch Sekundenquadrat (rad/s^2)	
Winkelgeschwindigkeit (ω)	Radiant durch Sekunde (rad/s)	
* Zeit (t)	Sekunde (s)	

* Basisgrößen des Internationalen Einheitensystems (SI)

Deutung (insbes. der Gesichtszüge) auch Bez. für ein Spezialgebiet der ↑Charakterkunde.

Physiokraten [griech.-frz.], Gruppe frz. Wirtschaftstheoretiker, die in der 2. Hälfte des 18. Jh. die erste nationalökonom. Schule **(Physiokratismus)** bildete; ihr Begründer war F. ↑Quesnay. – Die P. entwarfen ein System der Volkswirtschaftslehre, das von der natürl. Harmonie der Wirtschaft ausging. Entsprechend sollte die bestehende (unvollkommene) Ordnung *(Ordre positif)* durch staatl. Gesetze der natürl. (vollkommenen) Ordnung *(Ordre naturel)* angenähert werden, die eine größtmögl. Wohlfahrt für alle Menschen einschließe. – Quesnay entwickelte das Modell eines *Wirtschaftskreislaufs,* der sich durch eine Kette von Tauschakten zw. den sozialen Klassen vollzieht. Dabei wird der Begriff der sozialen Klasse allein vom ökonom. Standpunkt aus definiert und ist dem des Standes entgegengesetzt: Die einzige wirtsch. produktive Klasse *(Classe productive)* bilden die in der Landw. Tätigen; die Klasse der Grundeigentümer erwirtschaftet zwar keine Güter, setzt aber die an sie abgeführten Grundrenten in Umlauf und vermehrt so den Reinertrag; sie soll dem Staat für polit. Aufgaben zur Verfügung stehen *(Classe disponible);* die unproduktive Klasse *(Classe stérile)* schließlich umfaßt alle außerhalb des agrar. Bereichs Tätigen (Handwerker, Händler). – Ziel der P., v. a. des Praktikers A. R. ↑Turgot, waren Wirtschafts- und Finanzreformen zur Förderung der Landw. und zur Erhöhung der Einkommen der Landwirte. Außerhalb Frankreichs wurden physiokrat. Ideen u. a. von Katharina II. von Rußland aufgegriffen. Der bedeutendste dt. Physiokrat war J. A. Schlettwein. A. Smith, dessen klass. Nationalökonomie die physiokrat. Lehren ablöste, war selbst von den P. beeinflußt. Doch reichte der Einfluß der P., v. a. durch die Kreislauftheorie *(Tableau économique),* über Smith hinaus und spielte z. B. in der Marxschen „Kritik der polit. Ökonomie" eine erhebl. Rolle.

Physiologie, Teilgebiet der Biologie; die Wiss. und Lehre von den normalen, auch den krankheitsbedingten **(Pathophysiologie)** Lebensvorgängen und Lebensäußerungen der Pflanzen *(Pflanzen-P.),* der Tiere *(Tier-P.)* und speziell des Menschen *(Human-P.).* Die P. erforscht und beschreibt die Funktionen (Leistungen) lebender Strukturen (Zellen, Organe, Organsysteme, Organismus), untersucht ihre Wechselwirkungen untereinander sowie zw. Organismus und Umwelt.

physiologische Chemie, früher identisch mit ↑Biochemie, heute biochem. Forschung im Bereich der Medizin; untersucht mit chem. und physikalisch-chem. Methoden physiolog. Vorgänge beim Menschen.

physiologische Kochsalzlösung, 0,9 %ige Lösung von NaCl in Wasser; hat denselben osmot. Druck, der normalerweise im Blutserum herrscht. Die p. K. kann kurzzeitig als Blutersatz verwendet werden.

physiologische Psychologie, Disziplin der Psychologie, die sich mit den die Funktionen des [zentralen] Nervensystems und der Sinnesorgane betreffenden physiolog. (physikal., chem., biolog., etholog.) Grundlagen der psych. Phänomene (insbes. der psych. Antriebe, der Wahrnehmungen, des Gedächtnisses und des Verhaltens) befaßt sowie mit experimentellen Methoden und metr. Verfahren Dependenzanalysen zw. physiolog. und psycholog. Variablen durchführt. Wichtige Teilgebiete der p. P. sind: Psychophysik, Neuropsychologie, Sinnespsychologie, Verhaltensphysiologie, Pharmakopsychologie bzw. Psychopharmakologie.

physiologischer Brennwert ↑Brennwert.

physiologische Uhr (biolog. Uhr, innere Uhr, endogene Rhythmik, Tageszeitsinn, Zeitgedächtnis, Zeitsinn), Bez. für einen rhythmisch ablaufenden physiolog. Mechanismus, der bei den Menschen, allen Pflanzen und Tieren, auch bei Einzellern, vorhanden ist und nach dem die Stoffwechselprozesse, Wachstumsleistungen und Verhaltensweisen festgelegt werden. Die p. U. ist vermutlich in der Zelle lokalisiert; die molekularen Vorgänge in ihrer Funktion sind noch ungeklärt. Die Periodendauer der p. U. beträgt ziemlich genau 24 Stunden.

Physiologus (Physiologos) [griech., eigtl. „Naturforscher"], ein vermutlich im 2. Jh. in Alexandria entstandenes Buch der Naturbeschreibungen, das im 4. Jh. aus dem Griechischen ins Lateinische übertragen wurde und im Ggs. zur antiken Überlieferung Tiere, Pflanzen und Steine in einen bestimmten Zusammenhang stellte: Nach einer Bibelstelle, in der das zu behandelnde Tier (Pflanze, Stein) erwähnt wird, folgt eine naturgeschichtl., z. T. sagenhafte Schilderung von dessen Eigenschaften, an die sich eine typolog. Deutung anschließt. Der P. wurde eine der verbreitetsten Schriften des MA und grundlegend für die Symbolsprache der christl. Natur- und Kunstvorstellungen. Die erste dt. Übersetzung entstand vermutlich um 1070 im Kloster Hirsau. In der darstellenden Kunst erschienen außer in den illustrierten P.handschriften auch an Portalen, Kapitellen, an Miserikordien der Chorgestühle, auf Glasfenstern usw. bestimmte Typen des P., v. a. Löwe, Einhorn, Pelikan und Phönix, als Symbole für Menschwerdung, Opfertod und Auferstehung Christi, die etwa im 14./15. Jh. z. T. zu marian. Symbolen wurden. Aus der Gruppe der späteren P.handschriften entwickelten sich auch die ↑Bestiarien.

Physiologus. Seite aus einer lateinischen Pergamenthandschrift des 13. Jh. (München, Bayerische Staatsbibliothek)

Physiotherapie (physikalische Therapie), Anwendung physikal. (z. B. mechan., therm., elektr.) Reizwirkungen auf den Organismus zur Vorbeugung und Behandlung von Krankheiten, z. B. Bewegungstherapie (Krankengymnastik), Massage, Elektro-, Hydro-, Klima-, Balneo- und Ultraschalltherapie.

Physis [griech. „Natur"], Begriff der griech. Philosophie, der i. d. R. dem der Natur der späteren philosoph. Tradition entspricht.

physisch, 1. in der Natur begründet, natürlich; 2. die körperl. Beschaffenheit betreffend, körperlich.

physische Geographie ↑Geographie.

Physoklisten (Physoclisti) [griech.], Bez. für Knochenfische mit geschlossener Schwimmblase (ohne Luftgang zum Darm); hierher gehören u. a. Dorschfische und Barschartige. – Ggs. ↑Physostomen.

Physostigmin [griech.] (Eserin), aus den Samen der Kalabarbohne gewonnenes giftiges Alkaloid ($C_{15}H_{21}O_2N_3$), das eine ähnl. Wirkung auf den Organismus hat, wie sie durch Reizung des ↑Parasympathikus entsteht; Anwendung lokal zur Behandlung des Glaukoms.

Physostomen (Physostomi) [griech.], Bez. für (primitivere) Knochenfische, deren Schwimmblase durch einen Luftgang mit dem Darm in Verbindung steht; z. B. Welse, Heringe, Flösselhechte, Lungen- und Karpfenfische. – Ggs. ↑Physoklisten.

Phytin [griech.] ↑Inosite.

phyto..., Phyto... [zu griech. phytón „Gewächs"], Bestimmungswort von Zusammensetzungen mit der Bed. „Pflanze".

Phytochrom (Phytochromsystem), in Pflanzen vorkommendes bläul. Chromoproteid mit zwei Isomeren. Ein P. absorbiert Licht der Wellenlänge 660 nm (hellrot), ein anderes Licht der Wellenlänge 730 nm (dunkelrot); ist an der Steuerung lichtabhängiger Entwicklungsvorgänge von Pflanzen beteiligt.

Phytohämagglutinine [griech./lat.] (Phytoagglutinine, Lektine), Bez. für Pflanzenstoffe (vorwiegend Eiweißkörper), die agglutinierend auf rote Blutkörperchen wirken. Selektiv wirksame P. agglutinieren blutgruppenspezifisch und werden deshalb bei der Blutgruppenbestimmung eingesetzt.

Phytohormone, svw. ↑Pflanzenhormone.

Phytolithe [griech.], aus pflanzl. Resten aufgebaute ↑Biolithe.

Phytologie, svw. ↑Botanik.

Phytomedizin (Pflanzenmedizin, Pflanzenheilkunde), die Wiss. von der kranken Pflanze; Anwendungsgebiete sind der Pflanzenschutz, die Schädlingsbekämpfung und der Vorratsschutz.

Phytopaläontologie, svw. ↑Paläobotanik.

Phytophagen [griech.], svw. Pflanzenfresser.

Phytoplankton, andere Bez. für pflanzl. ↑Plankton. Die Organismen des P. sind zur ↑Photosynthese und damit zur photoautotrophen Ernährung fähig; sie sind die wichtigsten ↑Primärproduzenten der offenen ozean. Flächen.

Phytotherapie [griech.], Zweig der Naturheilkunde, der zur Behandlung von Krankheiten Heilpflanzen oder Teile davon (z. B. Blüten, Blätter, Kraut, Früchte, Wurzeln, Rinde) und die darin enthaltenen Wirkstoffe (z. B. als Tinktur, Extrakt oder Teeaufguß) anwendet.

Phytozönose [griech.] ↑Lebensgemeinschaft.

Pi [griech.], 17. Buchstabe des urspr., 16. des klass. griech. Alphabets mit dem Lautwert [p]: Π, π.
▷ (Ludolphsche Zahl) Bez. für die durch den griech. Buchstaben π symbolisierte transzendente Zahl, die das konstante Verhältnis des Kreisumfangs ($2\pi r$) zum Durchmesser ($2r$) angibt: $\pi = 3{,}14159265358979323846...$ (unendl., nichtperiod. Dezimalzahl).

Piacenza [italien. pia'tʃɛntsa], italien. Stadt in der Emilia-Romagna, 61 m ü. d. M., 104 400 E. Hauptstadt der Prov. P.; kath. Erzbischofssitz; kath. Fakultät der Univ. Mailand, Kunstakad., Museum, Theater. Nahrungsmittel-, Textil-, chem. Ind., Maschinen- und Motorenbau. – 218 v. Chr. als röm. Militärkolonie **Placentia** gegr.; fiel im 6. Jh. an die Langobarden, 1512 an den Kirchenstaat; 1545 Teil des Hzgt. ↑Parma und Piacenza. – Romanisch-got. Dom (1122–1233), Renaissancekirche San Sisto (1499–1511), ehem. Palazzo del Comune (1280 ff.) mit Bogengängen und Dekorationen aus Terrakotta, frühbarocker Palazzo Farnese (16. Jh.; unvollendet).

piacere [pia'tʃe:re], svw. ↑a piacere.

piacevole [pia'tʃe:vole; italien.], musikal. Vortragsbez.: gefällig, angenehm, lieblich.

Piaf, Édith [frz. pjaf], eigtl. É. Giovanna Gassion, *Paris 19. Dez. 1915, †ebd. 11. Okt. 1963, frz. Chansonsängerin. – Begann als Straßensängerin, feierte ab 1937 als „Spatz von Paris" mit z. T. selbstverfaßten Chansons überragende Erfolge.

Piaffe [frz., eigtl. „Prahlerei"], Figur der ↑Hohen Schule.

Piaget, Jean [frz. pja'ʒɛ], *Neuenburg 9. Aug. 1896, †Genf 16. Sept. 1980, schweizer. Psychologe. – 1921–66 Prof. in Genf. Beschäftigte sich v. a. mit Zusammenhängen zw. der Sprache und dem Denken des Kindes, bes. bei der Entwicklung der Raum- und Zeitvorstellung und der Fähigkeit zum moral. Urteil. – *Werke:* Das Erwachen der Intelligenz beim Kinde (1936), Der Aufbau der Wirklichkeit beim Kinde (1937), Nachahmung, Spiel und Traum. Die Entwicklung der Sprechfunktion beim Kinde (1945), Die Entwicklung des Zahlbegriffs beim Kinde (1941), Die Entwicklung des räuml. Denkens beim Kinde (1948), Gedächtnis und Intelligenz (1968).

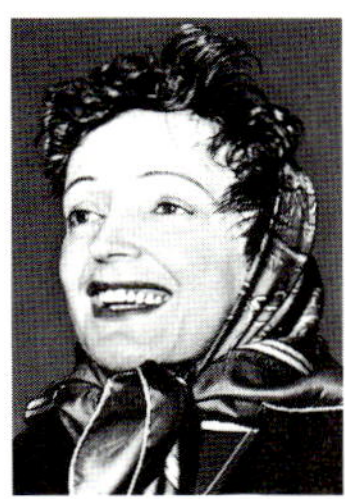
Édith Piaf

Pia mater [lat.], svw. weiche Hirnhaut (↑Gehirnhäute).

piangendo [pian'dʒɛndo; italien.], musikal. Vortragsbez.: weinend, klagend.

Pianino [italien.] ↑Klavier.

piano [italien., zu lat. planus „flach, eben"], Abk. p, musikal. Vortragsbez.: leise, sanft, still (Ggs. ↑forte); **pianissimo,** Abk. pp, sehr leise; **pianissimo piano,** Abk. ppp, so leise wie möglich; **mezzopiano,** Abk. mp, halbleise; **fortepiano,** Abk. fp, laut und sofort wieder leise.

Piano, Renzo, *Genua 14. Sept. 1937, italien. Architekt. – Seine Bauten, die die Struktur der Konstruktion sichtbar betonen, sind neben einer technologisch ausgerichteten Bauweise auch vom sozialen Anliegen bestimmt (zus. mit R. Roger Centre Georges-Pompidou in Paris, 1971 bis 1978).

Jean Piaget

Pianoforte [italien.-frz.] (Piano), Tasteninstrument, dessen Saiten (im Unterschied zum ↑Cembalo) mit Hämmerchen angeschlagen werden und das infolgedessen mit verschiedenen Lautstärkegraden gespielt werden kann (↑Klavier).

Pianola [italien.], automat., pneumat. Klavier (↑mechanische Musikinstrumente).

Piaristen (Ordo clericorum regularium pauperum matris Dei scholarum piarum, Abk. SP), kath. Orden zur Erziehung und Unterrichtung der Jugend, von Joseph von Calasanza gegr. und 1621 anerkannt; 1540 Mgl. (1992).

Piassave (Piassava) [Tupí-portugies.], Bez. für mehrere Pflanzenfasern, die aus den Gefäßbündeln der Blattscheide und des Blattstiels verschiedener Palmenarten gewonnen werden. P.fasern sind kräftig, biegsam, meist dunkel gefärbt und eignen sich v. a. zur Herstellung von Bürsten, Besen und Matten. Wirtsch. bedeutend ist v. a. die *afrikan. P. (Raphia-P.)* aus Arten der Raphiapalme.

Piasten, poln. und schles. Herrschergeschlecht; historisch greifbar seit Hzg. Mieszko I. (†992), erwarb 1025 mit Boleslaw I. Chrobry (*966, †1025) die poln. Königswürde. Durch die Reichsteilung 1138 entstanden in Schlesien (bis 1675), Großpolen (bis 1296) und Kleinpolen (bis 1279), schließlich durch Teilungen der kleinpoln. Linie in Masowien (bis 1526) und Kujawien (bis 1370/89) eigenständige piast. Linien. Kasimir III., d. Gr., (*1310, †1370), war der letzte Piast auf dem poln. Königsthron.

Piacenza
Stadtwappen

Piaster (frz. Piastre, italien. Piastra) [eigtl. „Metallplatte", letztl. zu griech.-lat. emplastrum „Pflaster"], europ. Bez. 1. für den span.-mex. Peso als Handelsmünze; 2. für Nachahmungen des Peso durch andere Staaten, v. a. die silbernen Talermünzen des Osman. Reiches (seit 1687); ins heutige türk. Münzsystem übernommen (Kuruş), dort zum niedrigsten Geldwert abgesunken. – Der P. galt und gilt noch in einigen arab. Nachfolgestaaten des Osman. Reiches; bes. in Ägypten (= $^1/_{100}$ Ägypt. Pfund).

Piatigorsky, Gregor [piati'gɔrski, engl. pjɑ:tɪ'gɔ:skɪ], *Jekaterinoslaw (= Dnjepropetrowsk) 17. April 1903, †Los Angeles 6. Aug. 1976, amerikan. Violoncellist russ. Herkunft. – Spielte im Duo und Trio u. a. mit S. W. Rachmaninow, N. Milstein, A. Rubinstein und J. Haifetz und brachte eine Reihe zeitgenöss. Cellokonzerte zur Uraufführung.

Piatra Neamț [rumän. 'pjatra 'neamts], Stadt in O-Rumänien, 390 m ü. d. M., 105 000 E. Verwaltungssitz des Bez. Neamț. – In der Nähe Reste zweier dak. Befestigungsanlagen aus dem 1. Jh. v. Chr./1. Jh. n. Chr.: *Bîtca Doamnei* und *Cozla.* – Ende des 14. Jh. erstmals erwähnt, erlebte zur Zeit Stephans d. Gr. raschen wirtsch. Aufschwung.

Piatti, Celestino, *Wangen (bei Zürich) 5. Jan. 1922, schweizer. Graphiker und Maler. – Gestaltet u. a. Plakate, Briefmarken, seit 1961 v. a. Buchumschläge.

Piauí [brasilian. pia'ui], Bundesstaat in NO-Brasilien, 251 273 km², 2,7 Mill. E (1990), Hauptstadt Teresina. P. liegt auf der NO-Abdachung des Brasilian. Berglandes. Anbau von Gemüse sowie Baumwolle, Zuckerrohr, Bananen und Tabak; extensive Viehhaltung im Sertão sowie Sammelwirtschaft, an der Küste trop. Regenwald. Die Entwicklung der Ind. wird durch die unzureichende Verkehrserschließung gehemmt. – Das Gebiet von P. wurde im 17./18. Jh. erschlossen; 1718 Kapitanat, nach 1822 selbständige Provinz.

Piave, Francesco Maria, *Murano (= Venedig) 18. Mai 1810, †Mailand 5. März 1876, italien. Librettodichter. – 1844–62 bevorzugter Librettist G. Verdis (u. a. „Rigoletto", „La Traviata").

Piazza, italien. Bez. für [Markt]platz; **Piazzetta,** kleine Piazza.

Picardie
Historisches Wappen

Piazza Armerina, italien. Stadt im Innern Siziliens, 697 m ü. d. M., 21 300 E. Kath. Bischofssitz. – Im 11. Jh. gegr.; Dom (17. Jh.) mit got. Kampanile (15. Jh.); roman. Kirche (1096). – 5 km südl. von P. A. Reste einer kaiserl. Jagdvilla (um 300 n. Chr.) mit Mosaikböden.

Piazzetta, Giovanni Battista, *Venedig 13. Febr. 1682, †ebd. 29. April 1754, italien. Maler und Zeichner. – Beeinflußt von seinem Lehrer G. M. Crespi; dramat. Bildgestaltung; Vorherrschen warmer Brauntöne; Kopfstudien (Kohlezeichnungen).

PIB, Abk. für: ↑**P**oly**i**so**b**utylen.

Pibgorn [engl.], altes, in Wales beheimatetes Rohrblattinstrument, bestehend aus einer Röhre aus Holz oder Knochen mit sechs Grifflöchern und einem Daumenloch. An dem einen Ende der Röhre ist ein Anblastrichter, am anderen Ende ein Schallstück, beide aus Tierhorn, angebracht.

Pibroch ['pi:brɔx, engl. 'pi:brɔk; zu gäl. piobaireachd „Pfeifenmelodie"], in den (schott.) Highlands ein Musikstück für Sackpfeife.

Pic [frz. pik], frz. svw. Bergspitze.

Pablo Picasso. Das Leben, 1903 (Cleveland, Oh., Museum of Art)

Pablo Picasso auf einem Foto aus dem Jahr 1952, die Brötchen im Vordergrund heißen „Picassos"

Picabia, Francis [frz. pika'bja], *Paris 22. Jan. 1879, †ebd. 30. Nov. 1953, frz. Maler span.-frz. Abkunft. – Malte 1912/13 kubistisch-futuristisch beeinflußte Kompositionen; dadaist. Aktivitäten 1913–21; später figurative Malerei.

Picador [span., zu picar „stechen"] ↑Stierkampf.

Picard [frz. pi'ka:r], Émile, *Paris 24. Juli 1856, †ebd. 11. Dez. 1941, frz. Mathematiker. – Prof. in Paris; Mgl. der Académie française. Bed. Vertreter der modernen Analysis; Arbeiten bes. zur Theorie der Differentialgleichungen sowie zur Funktionentheorie.

P., Jean, *La Flèche (Sarthe) 21. Juli 1620, †Paris 12. Juli 1682, frz. Astronom und Geodät. – Führte zahlr. astronom. Beobachtungen durch; entwickelte verschiedene Winkelmeßinstrumente und führte damit Erdvermessungen aus.

P., Max, *Schopfheim 5. Juni 1888, †Sorengo bei Lugano 3. Okt. 1965, schweizer. Schriftsteller und Philosoph. – Ursprüngl. Arzt; leistete konservativ-religiöse Beiträge zur Kunsttheorie und Kulturkritik. – *Werke:* Der letzte Mensch (1921), Die Flucht vor Gott (1934), Hitler in uns selbst (1946), Zerstörte und unzerstörbare Welt (1951), Die Atomisierung der modernen Kunst (1953), Die Atomisierung der Person (1958).

Picardie [pikar'di:], histor. Prov. und Region in N-Frankreich, 19 399 km², 1,81 Mill. E (1990), Regionshauptstadt Amiens. Die P. liegt beiderseits der Somme, Kernraum ist ein hügeliges verkarstetes Plateau mit fruchtbaren Böden. – Im MA in viele Herrschaften zersplittert (wichtigste Gft. Vermandois und Ponthieu), seit 1185 der frz. Krondomäne angeschlossen. Ponthieu war 1279 bis 1360/69 engl., 1435 und 1465/67 kamen Teile der P. an Burgund. Nach 1477 (endgültig 1482) gewann Ludwig XI. von Frankreich die ganze P. zurück. In beiden Weltkriegen Schauplatz heftiger Kampfhandlungen.

Picasso, Pablo [span. pi'kaso], eigtl. Pablo Ruiz y P., *Málaga 25. Okt. 1881, †Mougins (Alpes-Maritimes) 18. April 1973, span. Maler, Graphiker und Bildhauer. – P. besuchte die Kunstakad. in Madrid; Ende der 1890er Jahre Aufenthalt in Barcelona, seit 1904 in Paris. 1901–04 („blaue Periode") verarbeitete er in seinen Bildern menschl. Elends Einflüsse v. a. von Toulouse-Lautrec, Daumier und Gauguin („Das Leben", 1903; Cleveland, Museum of Art); Übergang zur weniger einheitl. „rosa Periode" (1905–07). Im Mittelpunkt stehen zunächst Motive aus der Welt des Zirkus („Akrobat mit Kugel", 1905; Moskau, Puschkin-Museum), dann Akte und Porträts. Die Auseinandersetzung mit iber. Plastik, mit der Kunst der Naturvölker und mit Cézanne (1907) ließ die Beschäftigung mit Formproblemen an die Stelle psycholog. Thematik treten („Les Demoiselles d'Avignon", 1907; New York, Museum of Modern

Art). Gemeinsam mit G. Braque beschäftigt P. in der Folgezeit das Problem, alles Gegenständliche auf eine organisierte Struktur einfacher geometr. Formen zurückzuführen. Diesem analyt. Kubismus folgt ab 1912 der synthet. Kubismus, der bedeutungsfreie Form- und Farbelemente, bes. eingeklebte Materialien (Collage), verwendet („Stilleben mit Flechtstuhl", 1912; Nachlaß bzw. P.-Museum Paris). 1915 Aufgabe der kontinuierl. Stilentwicklung; P. verarbeitet verschiedene (naturalist., geometr.) Stilrichtungen und kombiniert dann vorhandene Themen und Formen. Nachhaltige Impulse erhielt P. in seinem Kontakt zu den Surrealisten, an deren Ausstellung er sich nach 1925 beteiligte. Die hier eröffnete Möglichkeit zur Verschlüsselung und myth. Überhöhung psych. Erfahrungen erweiterte die Ausdruckskraft in P. Werk („Minotauromachie"; Radierungen, 1935); Höhepunkt dieser Entwicklung ist das für den span. Pavillon der Weltausstellung 1937 geschaffene Werk „Guernica" (Madrid, Centro de Arte Reina Sofía), entstanden aus Erschütterung über die Zerstörung der bask. Stadt durch die Legion Condor. Auch mit dem Plakat der „Friedenstaube" (1949) nahm P. (seit 1944 Mgl. der Kommunist. Partei Frankreichs) zum polit. Geschehen Stellung. In S-Frankreich experimentierte er mit Lithographie, Linolschnitt, Keramik. Sein ebenfalls bed. plast. Schaffen (kubist. Köpfe; Konstruktionen, Materialbilder, durchbrochene Figuren und Assemblagen) gab P. selten für Ausstellungen frei. In den letzten 25 Jahren seines Lebens variierte er in seiner Malerei und Graphik in Reihen, Serien und Metamorphosen histor. Vorbilder (Delacroix, Velázquez, Manet) und Motive der eigenen Bildwelt in unerschöpfl. Wandlungsfähigkeit. P. gilt als ein Wegbereiter und einer der wichtigsten Repräsentanten der modernen Malerei des 20. Jahrhunderts.

Pablo Picasso. Frau im Lehnstuhl, 1941 (Düsseldorf, Kunstsammlung Nordrhein-Westfalen)

Picassofisch ↑Drückerfische.

Piccard [frz. piˈkaːr], Auguste, *Lutry 28. Jan. 1884, †Lausanne 25. März 1962, schweizer. Physiker. – Zwillingsbruder von Jean P.; Prof. an der ETH Zürich, danach am Polytechn. Inst. in Brüssel; führte 1931/32 die ersten Stratosphärenflüge mit einem Ballon durch (maximale Höhe 16 940 m) und unternahm ab 1947 Tiefseetauchversuche, u. a. mit dem von ihm konstruierten ↑Bathyscaph „Trieste".

P., Jacques, *Brüssel 28. Juli 1922, schweizer. Tiefseeforscher. – Sohn von Auguste P.; tauchte 1960 zus. mit D. Walsh mit dem ↑Bathyscaph „Trieste" bis auf 10 916 m.

P., Jean, *Lutry 28. Jan. 1884, †Minneapolis 28. Jan. 1963, schweizer.-amerikan. Physiker. – Zwillingsbruder von Auguste P.; Prof. u. a. in Lausanne und Minneapolis; erreichte 1934 mit einem Ballon eine Höhe von fast 17 500 m.

Auguste Piccard

Piccoli, Michel [frz. pikɔˈli], *Paris 27. Dez. 1925, frz. Schauspieler. – Seit Ende der 1940er Jahre Bühnenengagements; seit 1949 auch beim Film; bekannt als Darsteller komplizierter Charaktere, u. a. in „Tagebuch einer Kammerzofe" (1963), „Belle de jour – Schöne des Tages" (1967), „Das Mädchen und der Kommissar" (1973), „Das große Fressen" (1973), „Der Sprung in die Tiefe" (1980), „Eine unglaubl. Karriere" (1982), „Die schöne Querulantin" (1991).

Piccolo ↑Pikkolo.

Piccolomini, Adelsgeschlecht aus Siena, 1464 im Mannesstamm erloschen. Bed. v. a.:

P., Alessandro, *Siena 13. Juni 1508, †ebd. 12. März 1578, Schriftsteller. – Ab 1540 Lehrer für Moralphilosophie in Padua; bemühte sich um die Popularisierung von Philosophie und Wiss. des Humanismus.

P., Enea Silvio ↑Pius II., Papst.

P. (P.-Pieri), Ottavio, Hzg. von Amalfi (seit 1639), Reichsfürst (seit 1650), *Florenz 11. Nov. 1599 (?), †Wien 11. (10. ?) Aug. 1656, Heerführer. – 1627 Kapitän der Leibgarde Wallensteins; 1634 Feldmarschall; erhielt für seinen Verrat an Wallenstein aus dessen Gütern die mähr. Herrschaft Nachod. Bis 1648 abwechselnd in span. und kaiserl. Diensten; führte 1649 die Verhandlungen mit Schweden zur Durchführung des Westfäl. Friedens.

Michel Piccoli

Piccolo Teatro di Milano [italien. ˈpikkolo teˈaːtro di miˈlaːno „Kleines Theater der Stadt Mailand"], 1947 von P. Grassi und G. Strehler gegr., 1968–72 von Grassi allein, seitdem von Strehler allein geführt. Anknüpfung an die Commedia dell'arte, Inszenierungen von großer Spielfreude.

Pichelsteiner Topf, Eintopfgericht u. a. aus Rind-, Schweine- und Hammelfleisch, Kohl, Karotten, Kartoffeln.

Pichincha [span. piˈtʃintʃa], Prov. im nördl. Z-Ecuador, 16 587 km², 1,73 Mill. E (1990), Hauptstadt Quito. P. erstreckt sich von der Ostkordillere der Anden bis in das Küstentiefland.

Pichler, Walter, *Deutschhofen (Südtirol) 1. Okt. 1936, östr. Architekt, Bildhauer und Zeichner. – Seine myst.-suggestiv wirkenden Arbeiten (u. a. Objekte, Architekturphantasien) befinden sich v. a. an seinem Wohn- und Arbeitsort St. Martin im Burgenland.

Ottavio Piccolomini, Herzog von Amalfi

Picht, Georg, *Straßburg 9. Juli 1913, †Hinterzarten 7. Aug. 1982, dt. Pädagoge und Religionsphilosoph. – Ab 1965 Prof. in Heidelberg; Leiter der Forschungsstelle der Ev. Studiengemeinschaft ebd. (ab 1958). Mit seiner Kritik am dt. Bildungswesen einer der Wegbereiter der Bildungsreformen („Die dt. Bildungskatastrophe", 1964).

Picht-Axenfeld, Edith, *Freiburg im Breisgau 1. Jan. 1914, dt. Pianistin und Cembalistin. – ⚭ mit G. Picht; v. a. Bach-Interpretin; lehrte 1947–78 an der Musikhochschule in Freiburg im Breisgau.

Pick, Lupu (Lupu-Pick), *Jassy 2. Jan. 1886, †Berlin 7. März 1931, dt. Regisseur und Schauspieler rumän. Herkunft. – Mit C. Mayer einer der wichtigsten Vertreter des expressionist. Kammerspielfilms, v. a. durch „Scherben" (1921), „Sylvester" (1923). Sein erster Tonfilm war „Gassenhauer" (1931).

Pickel, Konrad, dt. Humanist, ↑Celtis, Konrad.

Pickel, svw. Spitzhacke (↑Hacken).

Pickel, kleine, rundl. oder spitze, meist durch Entzündung der Haarfollikel bedingte Hauteffloreszenz; volkstümlich auch für Akne verwendet.

Pickelhering (engl. Pickleharring „Pökelhering"), bizarr-groteske Gestalt eines dummen und überhebl. Menschen in den Stücken der engl. Komödianten im 17. Jahrhundert.

Georg Picht

Pickett, Wilson [engl. ˈpɪkət], *Prattfield (Ala.) 18. März 1941, amerikan. Soulmusiker (Gesang). – Begann als Gospelsänger; seit 1959 Mgl. der Rhythm-and-Blues-Band

„The Falcons"; baute sich ab 1963 eine Solokarriere auf. Prägte mit seinem aggressiven, harten Soul längere Zeit den Stil der Soulmusik.

Mary Pickford

Pickford, Mary [engl. 'pɪkfəd], eigtl. Gladys M. Smith, *Toronto 8. April 1893, †Santa Monica (Calif.) 29. Mai 1979, amerikan. Schauspielerin und Filmproduzentin. – Zunächst am Broadway; wurde mit kindl.-naiven Rollen, z. B. „Kiki" (1931), einer der ersten Stars des amerikan. Stummfilms. Mit D. Fairbanks (⚭ 1925–35), C. Chaplin und D. W. Griffith gründete sie 1919 die Filmgesellschaft United Artists Corporation Inc.; 1945 gründete sie die Pickford Productions Inc.

Picknick [engl.-frz.], gemeinsame Mahlzeit im Freien.

Pick-up [pɪk'ʼap, engl. 'pikʌp „aufnehmen"], engl. Bez. für Tonabnehmer.

▷ Lastkraftwagen mit absetzbarer Wohnkabine.

Pick-up-Reaktion [pik'ʼap, engl. 'pɪkʌp], eine Kernreaktion, bei der das stoßende Teilchen aus dem getroffenen Atomkern wenige Nukleonen herauslöst und zus. mit diesen unter Bildung eines gebundenen Zustandes weiterfliegt.

Pico [portugies. 'piku] ↑Azoren.

Pico... ↑Piko...

Giovanni Pico della Mirandola (Medaille, um 1493)

Pico della Mirandola, Giovanni, *Mirandola (Prov. Modena) 24. Febr. 1463, †in oder bei Florenz 17. Nov. 1494, italien. Humanist und Philosoph. – Mgl. der Platon. Akad. in Florenz. Veröffentlichte 900 Thesen zu philosoph. und theolog. Fragen, zu deren Diskussion er 1486 alle Gelehrten Europas nach Rom einlud; ein Einspruch gegen die Beanstandung von 13 dieser Thesen wegen angeblich spiritualist.-adogmat. Tendenz durch Innozenz VIII. führte zur Verurteilung aller Thesen; 1493 Aufhebung aller kirchl. Sanktionen. – Einer der bedeutendsten Vertreter der Renaissancephilosophie; versuchte eine harmonisierende Synthese von Platonismus, Aristotelismus, orph. und kabbalist. Denkelementen. Schrieb gegen die Astrologie die „Disputationes adversus astrologiam divinatricem" (hg. 1496).

Pico de Orizaba [span. 'piko ðe ori'saβa] ↑Citlaltépetl.

Picornaviren [Kw.], kleine RNS-Viren mit ikosaedr. Kapsid (Durchmesser 20–30 nm) und einsträngiger RNS. Zu den P. gehören die (humanen) ↑Enteroviren mit den Coxsackie-Viren und Poliomyelitisviren (↑Kinderlähmung) sowie die Rhinoviren.

Wilhelm Pieck

Picos de Europa [span. 'pikɔz ðe eu̯'ropa], verkarsteter Gebirgsstock im Kantabr. Gebirge, Spanien, im Torre de Cerredo 2 648 m hoch.

Picotit [nach dem frz. Naturforscher P. Picot de la Peyrouse, *1744, †1818], schwarzes, eisenreiches, zu den Chromitspinellen (↑Spinelle) zählendes Mineral, $(Fe,Mg)(Al,Cr,Fe)_2O_4$.

Pictet, Adolphe [frz. pik'tɛ], *Genf 11. Sept. 1799, †ebd. 20. Dez. 1875, schweizer. Sprachwissenschaftler. – Ab 1841 Prof. in Genf. In seinem Hauptwerk „Les origines indoeuropéennes ou les Aryas primitifs" (2 Bde., 1859–63) versuchte er, die Kultur der Indogermanen aus dem Wortschatz zu erschließen; als einer der ersten zeigte P. den indogerman. Charakter der kelt. Sprachen auf.

Pictor [lat.] (Malerstaffelei) ↑Sternbilder (Übersicht).

Pictorius, Gottfried Laurenz, ≈ 10. Dez. 1663, †Münster 17. Jan. 1729, dän. Baumeister. – Sohn des Münsteraner Architekten Peter P. d. Ä. (*1626, †1684); vom niederl. Klassizismus ausgehend, entwickelte P. den westfäl. Barockstil; unter P. Baubeginn von Schloß ↑Nordkirchen.

Pidgin-English ['pɪdʒɪn 'ɪŋlɪʃ; engl., nach der chin. Aussprache des engl. Wortes business „Geschäft"] (Pidgin-English, Pidgin), eine in O-Asien, v. a. in China verbreitete Behelfssprache, die sich seit dem 17. Jh. als Verkehrs- und Handelssprache entwickelt hat. Die Grundelemente sind ein sehr reduzierter engl. Grundwortschatz und chin. Lautung, Wortbildung und Syntax.

Pieper. Wiesenpieper

Pidginsprachen ['pɪdʒɪn], allg. Bez. für Behelfssprachen. Im afrikan. Raum sind P., die eine europ. Sprache als Grundlage haben, und P., die auf einheim. Sprachen basieren, zu unterscheiden.

Pidurutalagala, mit 2 524 m höchster Berg Ceylons.

Pie [paɪ; engl.], in der angloamerikan. Küche verwendete Pastete, meist als Schüsselpastete; unterschiedl. Füllungen.

Pieck, Wilhelm, *Guben 3. Jan. 1876, †Berlin (Ost) 7. Sept. 1960, dt. Politiker. – Seit 1895 Mgl. der SPD, 1919 Mitbegr. der KPD, deren Führungsgremien (Zentrale, ZK) er bis 1946 angehörte; 1921–28 und 1932/33 MdL in Preußen, 1928–33 MdR, 1930–32 Vertreter der KPD bei der Komintern; lebte ab 1933 im Exil, zuerst in Paris, dann in der UdSSR; ab 1935 Vors. der KPD; 1943 Mitbegr. des „Nat.komitees Freies Deutschland"; 1946–54 mit O. Grotewohl Vors. der SED; ab 1949 Präs. der DDR.

Piedestal [pi-edɛs'ta:l; italien.-frz.], Sockel, sockelartiger Ständer (für Vasen u. ä.).

Piedmontfläche [engl. 'pi:dmənt], am Fuß eines Gebirges ausgebildete, mit deutl. Hangknick gegen dieses abgesetzte, leicht nach außen abfallende Verebnungsfläche.

Piedmont Plateau [engl. 'pi:dmənt 'plætoʊ] ↑Appalachen.

Piedras Negras [span. 'pi̯eðraz 'neɣras], histor. Stadt der Maya am Hang über dem Usumacinta in Guatemala, 150 km wnw. von Flores; besiedelt etwa 435–830; teilweise 1931–38 ausgegraben.

Piek [zu engl. peak „Spitze"], 1. unterster Raum im Vor- oder Achterschiff; 2. Spitze einer Gaffel oder eines Gaffelsegels.

Piel, Harry, *Düsseldorf 12. Juli 1892, †München 27. März 1963, dt. Filmschauspieler, Regisseur und Produzent. – Führte als Konkurrenz zum amerikan. „Thriller" den „Sensationsfilm" im dt. Kino ein, u. a. „Der Mann ohne Nerven" (1924), „Menschen, Tiere, Sensationen" (1938).

Pielektronen (π-Elektronen), Elektronen in den Molekülen von aromat. und ungesättigten organ. Verbindungen, die paarweise für die Bildung der Doppel- und Mehrfachbindungen (sog. *π-Bindungen*) verantwortlich sind. Die sog. **Sigmaelektronen** (σ-Elektronen) bedingen die Einfachbindungen.

Piemont [pi-e...], norditalien. Großlandschaft und Region, 25 399 km², 4 358 Mill. E (1990), umfaßt den westl. Teil der Poebene und das sich anschließende Alpengebiet bis zur frz. und schweizer. Grenze, Hauptstadt Turin. P. ist eines der wichtigsten Ind.gebiete Italiens (Maschinen- und Fahrzeugbau, Hüttenwerke, chem., Textil-, Leder- und Lebensmittelind.).

Geschichte: P. kam erst unter Kaiser Augustus zum Röm. Reich. Teile waren zeitweilig im Besitz der Ostgoten, Byzantiner, Langobarden und Franken; fiel Mitte des 11. Jh. an die Grafen (ab 1416 Herzöge) von Savoyen. 1713 erhielt P.-Savoyen das Kgr. Sizilien, das es 1720 gegen Sardinien eintauschen mußte. 1801–14 gehörte P. zu Frankreich; bei der Einigung Italiens war Sardinien-P. der Kern des neuen Staates.

Piemontit [pi-e...; nach der italien. Landschaft Piemont], monoklines, glasig glänzendes, rotes bis dunkelrotes Mineral, chemisch $Ca_2(Al,Fe,Mn)_2Al[O|OH|SiO_4|Si_2O_7]$; Varietät des Epidot mit etwa 15 % Mn_2O_3-Gehalt; Mohshärte 6,5; Dichte 3,4 g/cm³. P. wird in vielen Manganerzlagerstätten gefunden.

Piene, Otto, *Laasphe 18. April 1928, dt. Maler und Lichtkünstler. – Mitbegr. der Künstlergruppe „Zero". Seit 1964 in den USA. Im Mittelpunkt steht das Licht; mit den Mitteln der Malerei: „Sonnenbilder", „Rauch- und Feuerbilder", mit den Mitteln der Projektion: „Lichtballette".

Pieper, Josef, *Elte (= Rheine) 4. Mai 1904, dt. Philosoph. – Ab 1946 Prof. in Münster; setzt sich in zahlr. Veröffentlichungen von thomist. Positionen aus insbes. mit Grundfragen der Ethik auseinander.

Pieper [niederdt.], fast weltweit verbreitete, aus zwei Gatt. *(Anthus* und *Macronyx)* bestehende Gruppe etwa buchfinkengroßer Stelzen; meist graubraun, stets dunkel gefleckt oder gestreift, etwas zierlicher und kleiner als die eigtl. Stelzen, Schwanz kürzer. – Zu den P. gehören in M-Europa Baum-, Brach-, Wiesen- und Wasserpieper.

Pier, Matthias, *Nackenheim (Landkr. Mainz-Bingen) 22. Juli 1882, †Heidelberg 12. Sept. 1965, dt. Physikochemiker. – Prof. in Heidelberg; widmete sich bes. der techn. Nutzbarmachung der ↑Kohlehydrierung und der Hydrierung von Ölen und Teer durch katalyt. Hochdruckverfahren, die zu einer großtechn. Methanolsynthese führten.

Pier [engl.], ins Wasser reichende Anlegeanlage für Boote und Schiffe.

Pierce, Franklin [engl. pɪəs], *Hillsboro (N. H.) 23. Nov. 1804, †Concord (N. H.) 8. Okt. 1869, 14. Präs. der USA (1853–57). – Demokrat; 1833–37 Abg. im Repräsentantenhaus, 1837–42 Senator; betrieb als Präs. eine expansionist. Politik gegen Kuba, M-Amerika, Japan und Mexiko (1854 Gadsden-Kaufvertrag über Gebiete Mexikos).

Piercy, Marge [engl. 'pɪərsɪ], *Detroit 31. März 1936, amerikan. Schriftstellerin. – War in den 60er Jahren aktiv in der Bürgerrechts- und Studentenbewegung, dann in der Frauenbewegung; ihre Werke beschäftigen sich mit dem Bewußtsein der Frau in einer maskulinen Gesellschaft, u. a. „Die Frau am Abgrund der Zeit" (R., 1976), „Circles on the water" (Ged., 1982), „Gone to soldiers" (R., 1987).

Pieria [neugriech. pjɛ'ria] (Pierien), antike makedon. Landschaft zw. Haliakmon (= Aliakmon), Olymp (deshalb gilt P. in der griech. Mythologie als Heimat der Musen) und Thermaischem Golf.

Piero della Francesca [italien. 'pi̯ɛ:ro 'della fran'tʃeska] (P. dei Franceschi), *Sansepolcro bei Arezzo zw. 1410/20, †ebd. 12. Okt. 1492, italien. Maler. – Ein Hauptvertreter der italien. Frührenaissance. Strenger Bildaufbau; verbindet Farbe und Licht zu einer unwirkl. Atmosphäre. Fresken (zw. 1453/65; San Francesco in Arezzo), „Geißelung Christi" (zw. 1455/65; Urbino, Palazzo Ducale), Doppelbildnis des Herzogs F. da Montefeltro und seiner Gemahlin (1461–72; Florenz, Uffizien), „Pala de Montefeltro" (Madonna mit Heiligen und dem Stifterbildnis des Herzogs; um 1472, Mailand, Brera); auch mathemat.-kunsttheoret. Schriften.

Piero di Cosimo [italien. 'pi̯ɛ:ro di 'kɔ:zimo], eigtl. Piero di Lorenzo, *Florenz 1461 oder 1462, †ebd. 1521, italien. Maler. – Verarbeitete italien. und niederl. Einflüsse zu einem fast schon manierist. Stil mit grotesken und bizarren Elementen. – *Werke:* Szenen aus der Urgeschichte der Menschheit (z. T. New York, Metropolitan Museum, z. T. Oxford, Ashmolean Museum), Tod der Prokris (um 1510; London, National Gallery), Simonetta Vespucci (vor 1520; Chantilly, Musée Condé).

Pierre, Abbé [frz. pjɛ:r], eigtl. Henri Pierre Grouès, *Lyon 5. Aug. 1912, frz. kath. Theologe. – 1930 Kapuziner; seit 1938 als Weltpriester Vikar in Grenoble; ab 1942 Mgl. der frz. Widerstandsbewegung; 1945–51 unabhängiger Abg. der Nationalversammlung; begr. 1949 mit der Emmaus-Bewegung eine Bruderschaft als Sozialwerk für Arme und Obdachlose.

Pierre [engl. pɪə], Hauptstadt des amerikan. Bundesstaates South Dakota, am Missouri, 12 000 E. – Gegr. 1880; seit 1889 Hauptstadt.

Pierrot [piɛ'ro:, frz. pjɛ'ro], frz. Komödienfigur in weißer Maske und weitem, weißem Kostüm; im 17. Jh. aus einer Dienerfigur der Commedia dell'arte entwickelt.

Piešťany [slowak. 'pjɛʃtjani], Stadt in der SR (Westslowak. Bez.), an der Waag, 33 100 E. Elektron. Ind.; Kurort mit Heilbad (schwefelhaltiger Thermalschlamm und Calcium-Sulfat-Thermen); Inst. für Rheumaerkrankungen.

Pieta [pi-e'ta; italien., zu lat. pietas „Frömmigkeit"] (Pietà, Vesperbild), in Plastik sowie auch Malerei Darstellung der trauernden Maria mit dem Leichnam Jesu auf dem Schoß; seit dem 14. Jh. als Andachtsbild.

Pietät [pi-e...; lat.], Frömmigkeit, Ehrfurcht, Achtung (bes. gegenüber Toten).

Pietermaritzburg [afrikaans pi:tərma'rətsbœrx], Hauptstadt von Natal, Republik Südafrika, 676 m ü. d. M., 192 000 E. Sitz eines anglikan. Bischofs; Fakultäten der Univ. von Natal, techn. College; Museen, botan. Garten. U. a. Motorenmontage, Herstellung von Textilien, Kabeln, Aluminiumwaren, Kosmetika, Nahrungsmitteln. ✈. – 1838 gegr., nach den Burenführern Pieter Retief und Gerhardus Maritz benannt, seit 1854 Stadt.

Pietismus [pi-e...; zu lat. pietas „Frömmigkeit"], die gegen Ende des 17. Jh. entstandene, bis ins 18. Jh. wirksame, auf individualist.-subjektive Frömmigkeit orientierte religiöse Bewegung des dt. Protestantismus; im Mittelpunkt stand nicht mehr die Rechtfertigung, sondern die Wiedergeburt (Bekehrung) jedes einzelnen Menschen: Die Sünde wurde als „Natur", als altes Sein, weniger als Schuld des Menschen denn als über den Menschen herrschende Macht, die Gnade entsprechend ebenfalls als „Natur", als neues Sein gesehen und erfahren. Die Wiedergeburt aus dem alten Sein durch Gnade wurde als Umkehr, als radikale Wende des Lebens des einzelnen im Sinn der urchristl. Metanoia verstanden. Mit anderen fand der Wiedergeborene in Konventikeln („collegia pietatis"), der typ. Gemeinschaftsform des P., zusammen. – Einfluß auf den P. hatten neben dem frühen Luther der Spiritualismus, das Täufertum, die Mystik und der engl. Kalvinismus und Puritanismus. – Ausgangspunkt für den P. war die Schrift P. J. Speners, „Pia Desideria" (1675). Neben Spener und A. H. Francke (↑Franckesche Stiftungen) war Zinzendorf einer der Exponenten des luth. P., der mit der Gründung der Herrnhuter Brüdergemeine eine eigene Form des P. schuf. Von gewisser Eigenständigkeit erwies sich der *schwäb. P.,* für den ein spekulativer Biblizismus kennzeichnend ist. – Der P. prägte die innerkirchl. und theolog. wie auch die geistesgeschichtl., gesellschaftl., polit. und pädagog. Entwicklung wesentlich mit und findet seine Fortsetzung in den Erweckungsbewegungen.

pietoso [pi-e...; italien.], musikal. Vortragsbez.: teilnehmend, mitleidsvoll.

Pietro da Cortona [italien. 'pi̯ɛtro dakkor'to:na], eigtl. Pietro Berrettini, *Cortona 1. Nov. 1596, †Rom 16. Mai 1669, italien. Maler und Baumeister. – Begründete in der Malerei den hochbarocken Stil, u. a. mit der Ausmalung der Saaldecke im Palazzo Barberini (Rom, 1633–39), einer Allegorie auf das Pontifikat Urbans VIII.; als Baumeister bed. Vertreter der von Borromini begr. antiklassizist. Richtung.

Pietro Martire d'Anghiera [italien. 'pi̯ɛ:tro 'martire daŋ'gi̯ɛ:ra] ↑Petrus Martyr Anglerius.

Pieyre de Mandiargues, André [frz. pjɛrdəmã'djarg], *Paris 14. März 1909, frz. Schriftsteller. – Ist in seiner Lyrik, seinen Romanen und Erzählungen (u. a. „Schwelende Glut", 1959; „Devil des Roses", 1983) besonders vom Surrealismus beeinflußt.

Abbé Pierre

Piezoelektrizität [pi-e...; zu griech. piézein „drükken"], die Gesamtheit der Erscheinungen, die mit dem 1880 von P. Curie und seinem Bruder Paul Jacques (*1855, †1941) entdeckten **piezoelektrischen Effekt** in Zusammenhang stehen, d. h. mit dem Auftreten elektr. Ladungen an den Oberflächen von polaren Kristallen (z. B. Quarz, Ferroelektrika) infolge einer Deformation. Der piezoelektr. Effekt wird z. B. zur Druckmessung sowie im Kristalltonabnehmer zur Umwandlung mechan. Schwingungen in elektr. Spannungen genutzt. Der *inverse piezoelektr. Effekt* äußert sich in einer Änderung der äußeren Abmessungen eines Körpers (Verlängerung bzw. Verkürzung) beim Anlegen eines elektr. Feldes; ein hochfrequentes elektr. Wechselfeld regt einen ↑Schwingquarz zu Resonanzschwingungen an.

Piffero [italien.], kleine italien. Diskantschalmei, die von den Pifferari (Hirten aus Kalabrien und den Abruzzen) geblasen wird.

Pigage, Nicolas de [frz. pi'ga:ʒ], *Lunéville 2. Aug. 1723, †Mannheim 30. Juli 1796, frz. Baumeister. – Schuf das klassizist. Schloß Benrath (= Düsseldorf; 1755–73), Bauten im Schwetzinger Schloßpark (u. a. Theater), das Karlstor in Heidelberg (1773–81) sowie den Ostflügel des Mannheimer Schlosses.

Pigalle, Jean-Baptiste [frz. pi'gal], *Paris 26. Jan. 1714, †ebd. 21. Aug. 1785, frz. Bildhauer. – Schuf u. a. das Grabmal des Marschalls Moritz von Sachsen (1753–77; Straßburg, Thomaskirche) und Marmorstatuetten des Merkur.

Pigmentbakterien (Farbstoffbildner), Bakterien der Gatt. Sarcina, Micrococcus, Mycobacterium, Nocardia, Korynebakterien und Myxobakterien, die eine genetisch fixierte Fähigkeit zur Farbstoffbildung (v. a. Karotinoide) besitzen.

Pigmentbecher-Ocellus ↑ Auge.

Pigmente [zu lat. pigmentum „Farbe, Färbstoff"], in der *Biologie* i. w. S. Sammelbez. für alle in Pflanze, Tier und Mensch auftretenden farbgebenden Substanzen, i. e.S. für die in bestimmten Zellen (Zellbestandteilen) abgelagerten Farbkörperchen.
An der Färbung der *Pflanzen* sind ↑ Chlorophyll und ↑ Karotinoide beteiligt. Diesen entsprechen bei Blau- und Rotalgen die Phykoerythrine und Phykozyane (↑ Phykobiline). Die zweite Gruppe der Farbstoffe sind die in Zellsaft gelösten ↑ Anthozyane und ↑ Flavone. Eine dritte Gruppe bilden die in den Wänden toter Zellen eingelagerten ↑ Phlobaphene. An der Färbung der Haut, Haare, Schuppen, Federn oder Chitinpanzer der *Tiere* sind bes. ↑ Melanine, ↑ Karotinoide, ↑ Guanin und ↑ Gallenfarbstoffe beteiligt. Die P. sind in Geweben abgelagert, in der Körperflüssigkeit gelöst oder in bes. Pigmentzellen (↑ Chromatophoren) konzentriert. Beim *Menschen* sind die Melanine maßgebend für die Hautfarbe.
▷ in der *Technik* anorgan. oder organ. Farbmittel, die im Ggs. zu den ↑ Farbstoffen keine echten Lösungen bilden. Salze der Elemente Antimon, Barium, Blei, Cadmium, Chrom, Eisen, Kobalt, Mangan, Molybdän und Zink sind wichtige, meist künstlich hergestellte *anorgan. P.* (hierzu gehören auch das ↑ Ultramarin und die schwarzen P. Graphit und Ruß). Eine Sonderstellung nehmen die ↑ Bronzepigmente ein. Die (unkorrekt) auch als *Pigmentfarbstoffe* bezeichneten *organ. P.* sind künstlich hergestellte Farblacke von Azo- oder Anthrachinonfarbstoffen, Küpenfarbstoffe und Metallkomplexe der Phthalocyaninfarbstoffe; ein natürl. organ. P. ist die ↑ Sepia.

Pigmentfleck, umschriebene Verfärbung der Haut durch örtl. Vermehrung des Hautpigments.

Pigou, Arthur Cecil [engl. 'pɪgoʊ], * Ryde 18. Nov. 1877, † Cambridge 7. März 1959, brit. Nationalökonom. – 1902–43 Prof. in Cambridge; Vertreter der ↑ Wohlfahrtstheorie; entwickelte im Ergebnis seiner Untersuchungen zur Gleichgewichtsanalyse den sog. P.-Effekt, wonach – entgegen der Keynesschen Auffassung – bei Unterbeschäftigung das Geldeinkommen sinkt, daher die Preise fallen, diese Deflation wiederum die Konsumgüternachfrage steigert und aus der Depressionsphase hinausführt.

Pijper, Willem [niederl. 'pɛipər], * Zeist 8. Sept. 1894, † Leidschendam 18. März 1947, niederl. Komponist. – Lehrte ab 1925 am Konservatorium in Amsterdam und ab 1930 am Konservatorium in Rotterdam. P., der als führender niederl. Komponist seiner Zeit gilt, entwickelte nach 1930 eine auf bestimmten Skalen basierende sog. „peritonale" Technik. Kompositionen, u. a. Oper „Halewijn" (1933), Bühnenmusiken, drei Sinfonien.

Pijut [hebr.], zw. dem 3. und 17. Jh. v. a. im Orient entstandene jüd. religiöse Dichtung. Dient als synagogale Dichtung insbes. der Ausschmückung und Anreicherung der Gebete und religiösen Zeremonien.

Pik, russ. svw. Bergspitze.

Pik (Pique) [frz., eigtl. „Spieß, Lanze" (nach dem stilisierten Spieß auf der Spielkarte)], in der frz. Spielkarte neben Kreuz die andere schwarze Farbe; entspricht dem dt. Grün.

pikant [frz., zu piquer „stechen"], 1. den Geschmack reizend, gut gewürzt; 2. prickelnd, reizvoll; 3. zweideutig; **Pikanterie,** eigenartiger Reiz; pikante Geschichte.

Pikarden [frz.], Anhänger einer um 1400 in N-Frankreich entstandenen christl. Bewegung, die Heiligenverehrung, Sakramente und die organisierte Kirche ablehnten, wurden von der Kirche verfolgt; in Frankreich bis ins 16., in Böhmen bis ins 19. Jh. nachweisbar.

Pikardisch, nordfrz. Mundart, gesprochen in den ehem. Provinzen Artois und Picardie sowie im belg. Hennegau; war seit Mitte des 12. Jh. bedeutendster Literaturdialekt neben dem Franzischen, bis dieses um die Mitte des 14. Jh. dominierte. In pikardisch geprägter Schriftsprache sind zahlr. bed. altfrz. Werke überliefert, u. a. Helden- und Artusepen.

pikaresker Roman (pikarischer Roman, Pikareske) [zu span. pícaro „Schelm, Gauner"] ↑ Schelmenroman.

Pikas [tungus.], svw. ↑ Pfeifhasen.

Pike [frz.], Stoßwaffe mit langem, hölzernem Schaft und Eisenspitze, Waffe der **Pikeniere,** die im Gefecht den geschlossenen Kern der Schlachthaufen bildeten und deshalb eiserne Rüstungen trugen; seit Mitte des 15. Jh. zunehmend anstelle der Hellebarde Hauptwaffe des Fußvolks bis zur Einführung des Bajonetts Mitte des 17. Jahrhunderts.

Pikett [frz.] (Piquet, Rummelspiel, Feldwache), Kartenspiel zw. 2 bis 4 Spielern mit 32 dt. oder frz. Karten (*P.karten*).
▷ im schweizer. Sprachgebrauch 1. einsatzbereite Mannschaft im Heer und bei der Feuerwehr, 2. Bereitschaft.

pikieren [frz.], junge Pflanzen auspflanzen, verziehen.

pikiert [zu frz. piquer, eigtl. „stechen"], gekränkt, beleidigt.

Pikkolo (Piccolo) [italien. „klein"], Zusatzbez. für den Vertreter von Instrumentenfamilien, der die höchste Tonlage hat, z. B. **Violino piccolo,** kleine Geige.

Pikkoloflöte, Querflöte mit der höchsten Tonlage (tiefster Ton z. B. d^2), in C, Des oder Es.

Piko... (Pico...) [span.], Vorsatz vor physikal. Einheiten, Vorsatzzeichen p; bezeichnet das 10^{-12}fache (den billionsten Teil) der betreffenden Einheit.

Pikör (Piqueur) [frz.], Aufseher der Hundemeute bei der Parforcejagd.

Pikrate [zu griech. pikrós „bitter"], die Salze der ↑ Pikrinsäure; meist gelbe, schlag- und funkenempfindl. Substanzen; das Bleipikrat wird als Initialsprengstoff verwendet.
▷ Molekülverbindungen der Pikrinsäure mit aromat. Kohlenwasserstoffen.

Pikrinsäure [zu griech. pikrós „bitter"] (2,4,6-Trinitrophenol), $C_6H_2(OH)(NO_2)_3$, aus Phenol durch Nitrieren hergestellte, gelbe, kristalline, wenig wasserlösl., giftige, explosive Verbindung; früher zum Färben von Seide, Wolle und als Sprengstoff verwendet.

Pikten (lat. Picti), seit dem 3./4. Jh. n. Chr. röm. Name („die Bemalten") für die nördl. des Antoninuswalles (zw. Firth of Forth und Firth of Clyde) wohnenden Stämme der Briten. Nach dem Abzug der Römer unternahmen die P. vergebl. Vorstöße nach S; bildeten seit dem 7. Jh. ein eigenes Kgr.; um 846 einem schott. Großreich eingegliedert.

Piktogramm [lat./griech.], Bildsymbol; formelhaftes graph., Sprechern aller Sprachen verständl. Symbol, z. T. in der Bed. internat. festgelegt. P. werden z. B. auf Flughäfen und Bahnhöfen eingesetzt.

Piktographie [lat./griech.], svw. ↑ Bilderschrift.

Pikuda [span.] ↑ Pfeilhechte.

Pila [poln. 'piua] ↑ Schneidemühl.

Pilaf, svw. ↑ Pilaw.

Pilarczyk, Helga [...tʃyk], * Schöningen 12. März 1925, dt. Sängerin (Sopran). – 1954–67 Mgl. der Hamburger Staatsoper, danach Gast an vielen bed. Opernhäusern und bei Festspielen; wurde v. a. mit Partien aus Werken von A. Berg und A. Schönberg bekannt.

Pilaster [italien.-frz., zu lat. pila „Pfeiler"], flach aus der Wand heraustretender Wandpfeiler zur Wandgliederung, der meist wie eine Säule unterteilt ist (röm. Baukunst, Renaissance und Barock).

Pilâtre de Rozier, Jean-François [frz. pilatrədro'zje], * Metz 30. März 1754, † Wimereux (Pas-de-Calais) 15. Juni 1785, frz. Physiker. – Stieg 1783 mit einer Montgolfiere auf und unternahm dabei mit F. L. Marquis d'Arlandes die erste Luftreise der Geschichte (12 km, von Paris bis Butte-aux-Cailles; Flughöhe bis über 1 000 m, Flugdauer etwa 25 Minuten).

Pilatus, Pontius, † Rom 39 n. Chr. (Selbstmord?), röm. Prokurator von Judäa (26–36). – Nach außerbibl. Überlie-

1

2

3

4

5

6

Piktogramm. 1–3 Piktogramme der Deutschen Bundesbahn: 1 Geldwechsel, 2 Nichtraucher, 3 Fluchtweg; 4–6 Piktogramme des Deutschen Sportbundes: 4 Leichtathletik, 5 Fechten, 6 Basketball ferung despot., judenfeindl. Amtsführung. Er verurteilte Jesus zum Kreuzestod und wird von den Evangelien als Zeuge von dessen Unschuld herausgestellt. Wegen eines Überfalls auf Samaritaner abgesetzt und nach Rom geschickt.

Pilatus, Bergstock am W-Rand des Vierwaldstätter Sees (Schweiz), bis 2 129 m hoch. Die Hotelsiedlung P.-Kulm (2 067 m ü. d. M.) ist von Alpnach-Stad aus seit 1889 durch die steilste Zahnradbahn der Erde erschlossen.

Pilaw (Pilau, Pilaf) [pers.-türk.], oriental. Eintopfgericht aus Reis, [Hammel]fleisch und Gewürzen. Auch eine bes. Art der Reiszubereitung mit Fleischbrühe.

Pilbara [engl. pɪlˈbɑːrə], Halbwüstengebiet im nw. Westaustralien, vom markanten Gebirgszug der etwa 300 km langen, bis 1 236 m hohen **Hamersley Range** durchzogen. Wichtigstes Eisenerzrevier Australiens.

Pilcomayo, Río [span. ˈrrio pilkoˈmajo], rechter Nebenfluß des Paraguay, entspringt sö. des Poopósees (Bolivien), bildet die Grenze zw. Paraguay und Argentinien, mündet bei Asunción, 2 500 km lang.

Pileolus [lat.], svw. ↑Kalotte.

Pileta, Cueva de la [span. ˈkueβa ðəla piˈleta], 1,5 km lange Höhle 9 km sw. von Ronda, Spanien; berühmte jungpaläolith. Malereien.

Pilger (veraltet auch Pilgrim) [zu lat. peregrinus „Fremder"], ein aus religiösen Motiven zeitweise oder dauernd heimatlos Wandernder. Häufigste Form der P.schaft ist die Wallfahrt zu einer hl. Stätte, an der sowohl Befreiung von ird. Übeln als auch religiöse Erleuchtung und Heiligung gesucht wird.

Pilgermuschel ↑Kammuscheln.

Pilgerväter (Pilgrim Fathers), engl. Kongregationalisten, die zur freien Religionsausübung zuerst in die Niederlande, 1620 schließlich auf der „Mayflower" nach Amerika auswanderten; gründeten Plymouth, das zur Keimzelle Neuenglands wurde.

Anton Pilgram. Selbstbildnis an der Kanzel in Sankt Stephan in Wien, 1515 vollendet

Pilgram, Anton, *Brünn um 1460, †Wien 1515, dt. Bildhauer und Baumeister. – Nach Tätigkeit in Südwestdeutschland leitete P. 1511–15 die Bauhütte von Sankt Stephan in Wien und schuf u. a. ebd. 1514/15 die Kanzel (mit Selbstbildnis).

Pilgrim (Piligrim), †Passau 21. Mai 991, Bischof von Passau (seit 971). – Bemühte sich in Rivalität mit Salzburg um die Missionierung der Ungarn. Sein Versuch, mit Hilfe der *Lorcher Fälschungen* seine Kirche als Rechtsnachfolgerin des spätantiken Bistums Lorch (Lauriacum) zu erweisen und als Metropolitansitz einer donauländ. Kirchenprov. (Ungarn, Mähren) durchzusetzen, scheiterte.

Pilgrim, Hubertus von, *Berlin 24. Aug. 1931, dt. Bildhauer. – Schuf u. a. das Adenauerdenkmal in Bonn (Bronze, 1979–82) und den Merkurbrunnen in München (Bronze, 1982); auch Kupferstiche.

Pilgrim, svw. ↑Pilger.

Pilgrim Fathers [engl. ˈpɪlgrɪm fɑːðəz] ↑Pilgerväter.

Pili [lat.] (Fimbrien), fädige Proteinanhänge an der Oberfläche gramnegativer Bakterien, z. B. die *F-Pili (Geschlechtspili)* zur DNS-Übertragung.

Pilipino ↑Tagalog.

Pillau (russ. Baltisk), Stadt und wichtigstes Seebad im Samland, Rußland, 20 000 E. Vorhafen von Königsberg (Pr), Flottenmuseum, Flottenstützpunkt. – Entwickelte sich im 14. Jh., erhielt 1725 Stadtrecht. – Barock sind Rathaus (1745), Oberfischamt (1726) und Pfarrkirche in Alt-P. (1674/75).

Pillauer Seetief ↑Frisches Haff.

Pille [zu lat. pilula „kleiner Ball, Kügelchen"] (Pilula), feste, meist kugelförmige, nur noch selten verwendete Arzneizubereitung für den inneren Gebrauch.

▷ (Antibaby-P.) volkstüml. Bez. für hormonale Ovulationshemmer (↑Empfängnisverhütung).

Pillendreher. Heiliger Pillendreher

Pillendreher, svw. ↑Pillenkäfer.

▷ (Skarabäen, Scarabaeus) v. a. in S-Rußland und im Mittelmeerraum, in Deutschland in klimatisch begünstigten Gegenden verbreitete Gatt. etwa 2–4 cm großer, schwarzer Kotkäfer mit kräftigen Grabbeinen. P. verfertigen aus Huftierkot entweder Futterpillen für die eigene Ernährung oder Brutpillen (für die Ernährung der Larven). Die rd. 2–3 cm großen Brutpillen werden oft bis mehrere Meter weit rückwärts mit Hilfe der Hinterextremitäten fortgerollt, dann eingegraben und damit vor Austrocknung geschützt. – Die bekannteste Art ist der **Heilige Pillendreher** (Hl. Skarabäus, Scarabaeus sacer), der im alten Ägypten als Symbol der Wiedergeburt und des Glücks als heilig verehrt wurde.

Pillenkäfer (Pillendreher, Byrrhidae), weltweit verbreitete Käferfam. mit rd. 750 1–15 mm langen Arten von eiförmig gewölbter Körpergestalt. – Die P. stellen sich bei Störungen tot und legen Fühler und Beine in passende Vertiefungen so eng an den Körper, daß die Käfer Pillen ähneln.

Willem Pijper

Pillenknick, Schlagwort für den Rückgang der Geburtenziffer nach Einführung der Antibabypille (abgeleitet aus der statist. Darstellung).

Pillenwespen (Eumenes), weltweit verbreitete Gatt. schwarzgelb gezeichneter Lehmwespen, die aus feuchtem Lehm urnen- bis pillenförmige Brutzellen an Steinen, Mauern und Holzwänden bauen.

Pillersdorf (Pillerstorff), Franz Xaver Frhr. von, *Brünn 1. März 1786, †Wien 22. Febr. 1862, östr. Staatsmann. – Gegner des Systems Metternich; ab 20. März 1848 Innenmin., vom 4. Mai bis 8. Juni 1848 auch Min.präsident.

Pillieren (Kandieren), das Formen zu gleichmäßigen und gleich großen Pillen; in Landw. und Gartenbau pilliert man Samen mit Hilfe einer Hüllmasse, die auch Nähr- und Schutzstoffe enthält.

Pillings [engl.], Bez. für kleine Knötchen aus verschlungenen Faserenden, die (v. a. bei Synthesefasern) auf der Oberfläche von Webwaren und Strickwaren durch Scheuern entstehen.

Pillnitz, sö. Stadtteil von Dresden mit bed. Schloßanlage an der Elbe: Berg- und Wasserpalais (1720/21 bzw. 1723) von M. D. Pöppelmann. Neues Palais (1818–26). Große Gartenanlagen u. a. mit Chin. Pavillon (1804). Weinbergkirche (1723–27, von Pöppelmann).

Jean-François Pilâtre de Rozier

Pillnitzer Konvention, von Kaiser Leopold II., dem preuß. König Friedrich Wilhelm II. und dem späteren frz. König Karl X. am 27. Aug. 1791 im Schloß von Pillnitz abgegebene Solidaritätserklärung mit der frz. Monarchie.

Pilnjak, Boris Andrejewitsch [russ. pilʲˈnjak], eigtl. B. A. Wogau, *Moschaisk 11. Okt. 1894, †1937, nach neueren Angaben 9. Sept. 1941 (in Haft), russ. Schriftsteller. – Wurde durch seinen episodenhaften Bürgerkriegsroman „Das nackte Jahr" (1922) zu einem der meistbeachteten Erzähler der jungen sowjetruss. Literatur, die er durch literar. Experimente und lyr.-ornamentale Sprachführung bereicherte. P. schilderte das Revolutionsgeschehen als einen elementaren Aufruhr des noch weitgehend bäuerl. Rußland. Diese Tendenz brachte ihn in Konflikt mit dem offiziellen kulturpolit. Kurs. P. wurde aus dem Schriftstellerverband ausgeschlossen (1929) und interniert. – *Weitere*

Werke: Maschinen und Wölfe (R., 1925), Die Wolga fällt ins Kasp. Meer (R., 1930).

Pilokarpin [griech.], aus den Blättern bestimmter Rautengewächse gewonnenes, sehr giftiges Alkaloid, $C_{11}H_{16}O_2N_2$. P. wirkt stark sekretionssteigernd auf Speichel-, Tränen- und Schweißdrüsen und pupillenverengend. Es wird therapeutisch vor allem in der Augenheilkunde zur Herabsetzung des erhöhten Augeninnendruckes verwendet.

Pilon, Germain [frz. pi'lõ], *Paris 1537(?), †ebd. 3. Febr. 1590, frz. Bildhauer. – Wichtigster Vertreter der frz. Plastik zw. Manierismus und Barock. Grabmonument u.a. für Heinrich II. und Katharina von Medici (ehem. Abteikirche Saint-Denis, 1563–71); bed. Medailleur.

Pilos (Pylos), griech. Hafenstadt an der SW-Küste der Peloponnes, 2100 E. Beanspruchte in der Antike **(Pylos, Koryphasion),** das homer. Pylos zu sein; am N-Hang die sog. Nestorhöhle mit schon neolith. Kult; Teile der Stadtmauer erhalten. Gehörte zum Kreuzfahrerstaat Morea, seit dem 15. Jh. venezian. Besetzung (**Navarino** gen.), 1500–1686 und 1715–1827 osman., 1828–33 frz. besetzt, dann zu Griechenland. – Der Sieg einer frz.-brit. Flotte über die Seestreitkräfte Ibrahims bei Navarino (20. Okt. 1827) entschied den griech. Unabhängigkeitskrieg.

Pilsen
Stadtwappen

Pilot [italien.-frz., eigtl. „Steuermann"], Flugzeugführer; nach der Verordnung über Luftfahrtpersonal (LuftPersV) i.d.F. vom 13. 2. 1984 unterscheidet man: Privat-, Berufsflugzeugführer 2. und 1. Klasse, Verkehrsflugzeugführer sowie Privat-, Berufs-, Verkehrshubschrauberführer, Motorsegler- und Segelflugzeugführer.

▷ Rennfahrer (Automobil-, Motorradsport), Steuermann im Bobsport.

▷ veraltet für: Lotse, Steuermann.

Pilotprojekt, Projekt, in dem versuchsweise neuartige Verfahren, Arbeitsweisen oder ähnliches angewendet werden.

Pilottonverfahren, Verfahren zur Übertragung stereophoner Sendungen im ↑Hörfunk.

Piloty, Karl von (seit 1860), *München 1. Okt. 1826, †Ambach (= Holzhausen a. Starnberger See) 21. Juli 1886, dt. Maler. – Bedeutendster Vertreter der dt. Historienmalerei („Seni an der Leiche Wallensteins", 1855; München, Neue Pinakothek).

Pilsen (tschech. Plzeň), Hauptstadt des Westböhm. Bez., ČR, im **Pilsener Becken,** einer Senke im Pilsener Hügelland, 322 m ü. d. M., 175000 E. Hochschule für Maschinenbau, Konservatorium; mehrere Museen, Westböhm. Galerie, Planetarium. Zentrum des Schwermaschinen- und Fahrzeugbaus (Škoda-Werke) sowie der Brauind.; elektrotechn./elektron., Leichtind. – Bereits im 10. Jh. Handelsplatz, von König Wenzel II. (1278–1305) befestigt; zahlr. Brände Anfang des 16. Jh. und Verwüstung im Dreißigjährigen Krieg; 1633/34 Hauptquartier Wallensteins, der hier seine Offiziere zur Unterzeichnung einer bes. Treueerklärung (Pilsener Revers) bewog. – Spätgot. Sankt-Bartholomäus-Kirche (14./15. Jh.); got. Franziskanerkirche (14. Jh.) mit barockisiertem ehem. Kloster; Renaissancerathaus (16. Jh.); zahlr. Bürgerhäuser aus Gotik, Renaissance und Barock.

Józef Klemens Piłsudski

Pilsner Bier (Pilsener Bier) ↑Bier.

Piłsudski, Józef Klemens [poln. piu'sutski], *Zulowo (= Sulowo bei Wilna) 5. Dez. 1867, †Warschau 12. Mai 1935, poln. Politiker, Marschall von Polen (seit 1920). – Wirkte seit 1893 führend in der Poln. Sozialist. Partei (PPS); stellte sich im Interesse einer Eigenstaatlichkeit Polens auf die Seite der Mittelmächte und befehligte im 1. Weltkrieg 1914–16 auf östr. Seite die 1. Brigade der Poln. Legion. Nach Proklamation des Kgr. Polen durch die Mittelmächte wurde P. Mgl. des Staatsrats, im Nov. 1918 „Staatschef" mit der obersten Militär- und Staatsgewalt (bis 1922); er verfolgte den Plan, die alte polnisch-litauische Föderation wiederherzustellen und einen Pufferraum gegen Sowjetrußland zu schaffen. Ein Vorstoß der poln. Truppen nach Kiew scheiterte, nur durch sein strateg. Geschick („Wunder an der Weichsel") konnte eine Katastrophe verhindert werden; im Friedensvertrag von Riga (18. März 1921) wurde die poln. O-Grenze beträchtlich vorgeschoben. Gestützt auf die Armee, errichtete P. nach einem Staatsstreich 1926 ein autoritäres Regime; war 1926–28 und Aug.–Dez. 1930 Premiermin. sowie 1926–35 Verteidigungsmin. und Generalinspekteur der Streitkräfte. Außenpolitisch suchte P. Polen durch den Nichtangriffsvertrag mit der UdSSR 1932 und den Dt.-Poln. Nichtangriffspakt 1934 abzusichern.

Pilum (Mrz. Pila) [lat.], antikes Wurfgeschoß, etwa 2 m lang (1,40 m langer Schaft aus Holz mit darin befestigter Metallspitze); Hauptwaffe in der röm. Armee.

Pilus (Mrz. Pili) [lat. „Haar"], svw. Haar (↑Haare).

Pilze (Mycophyta), Abteilung des Pflanzenreichs mit rd. 100000 Arten. Sie sind den Lagerpflanzen (Thallophyten) zuzuordnen und werden in zwei Unterabteilungen gegliedert: *Myxomycota* mit den Schleim-P. und *Eumycota* (*Echte P.;* rund 90000 Arten) mit den Algen-, Schlauch- und Ständerpilzen.

Alle P. besitzen einen echten Zellkern. Die Zellwand besteht aus Chitin, nur bei wenigen Arten (z. B. Schleim-P.) kommt auch Zellulose vor. Da ihnen Chlorophyll fehlt, findet keine Photosynthese statt, die P. ernähren sich daher ↑heterotroph. Die Vegetationskörper der P. bestehen in der Regel aus Hyphen, die zu einem Myzel verflochten sind; echte Gewebe fehlen völlig. Die ungeschlechtl. Vermehrung erfolgt durch Sporen, die geschlechtl. Fortpflanzung meist durch Gameten. – Viele P. sind mikroskopisch klein, andere bilden bis 50 cm große Fruchtkörper vom (den Boden durchziehenden) Myzel aus. Einige Arten der Echten P. sind eßbar. Der ernährungsphysiolog. Wert ist nicht hoch. Geschätzt werden sie hauptsächlich wegen ihrer Geschmacks- und Aromastoffe (z. B. Stein-P.). Wild-P. sollten jedoch nicht zu oft genossen werden, da sich in ihnen Schwermetalle stark anreichern können. Andere Pilzarten sind wiederum sehr giftig.

Verbreitung: P. sind fast überall verbreitet. Sie kommen v. a. an Land vor, sind aber auch im Süßwasser und (selten) im Meer anzutreffen; allg. werden feuchte, saure Lebensbereiche (z. B. Waldböden) bevorzugt. P. kommen als ↑Parasiten bei Pflanzen, Tieren und bei Menschen und als ↑Saprophyten auf toten Organismen (Tiere und Pflanzen) vor. Einige Arten bilden wichtige symbiont. Lebensgemeinschaften, z. B. mit dem Wurzelsystem verschiedener Waldbäume (↑Mykorrhiza) oder mit Algen (↑Flechten). – Neben ihrem Nutzen als Symbionten haben P. eine große *ökolog. Bedeutung,* indem sie durch ihre Tätigkeit beim Abbau organ. Substanzen den Stoffkreislauf in der Natur aufrechterhalten. – *Wirtsch. Verluste* entstehen durch **Rost- und Brandpilze,** denen jährlich ein erhebl. Teil der Weltgetreideernte zum Opfer fällt. Auch die Erreger von Pflanzenkrankheiten in Wein- und Obstkulturen (z. B. Mehltau-P.) und die **Schimmelpilze,** die Lebensmittel, Holz, Textilien u. a. verderben bzw. zerstören, verursachen Schäden. Die **Hefepilze** spielen bei der Wein- und Bierbereitung und im Bäckereigewerbe eine große Rolle. Andere **Schlauchpilze** werden industriell in großem Maßstab gezüchtet und zur Gewinnung von Antibiotika, organ. Säuren, Wuchsstoffen und Enzymen verwendet.

Pilzerkrankungen, svw. ↑Mykosen.

Pilzgärten, in bes. Kammern (Pilzkammern) der Erdnester von trop. Blattschneiderameisen auf einem Brei aus zerkauten Blättern angelegte, mit den Exkrementen der Tiere gedüngte Pilzzuchten; dienen den Ameisen als eiweißreiche Nahrung (Ambrosia).

Pilzgifte, svw. ↑Mykotoxine.

Pilzkäfer (Erotylidae), mit rd. 2300 Arten weltweit verbreitete Fam. etwa 1–30 mm langer Käfer, die v. a. in den Tropen charakterist. Warnfärbungen tragen und scharf riechende, ätzende Wehrsekrete produzieren. P. entwickeln sich meist in Baumschwämmen.

Pilzkorallen (Fungia), Gatt. einzeln lebender ↑Steinkorallen, bei denen der becherförmige Mutterpolyp an seiner Mundscheibe wiederholt große, scheibenförmige Einzelpolypen abschnürt.

Pilzkunde, svw. Mykologie.

Pilzmücken (Fungivoridae), v. a. paläarktisch verbreitete Mückenfam. mit rd. 2 000 zarten, durchschnittlich 5 mm langen, nicht stechenden Arten. Die Larven entwickeln sich in Pilzen (bes. Hutpilzen).

Pilzvergiftung (Myzetismus), Vergiftung durch den Genuß von Giftpilzen oder verdorbenen Speisepilzen (Bildung tox. Eiweißzersetzungsprodukte, z. B. durch Wiederaufwärmen von Pilzgerichten). Die Symptome einer P. sind entweder akuter Magen-Darm-Katarrh (etwa 2 Std. nach dem Pilzgenuß) oder Zeichen des akuten Leberversagens (12–36 Std. nach dem Verzehr ↑Leberkoma), ferner Schwindel, Benommenheit, Atemlähmung. – ↑Erste Hilfe (Übersicht).

Pilzwurzel, svw. ↑Mykorrhiza.

Pimelinsäure [griech./dt.] (Heptandisäure), gesättigte aliphat. Dicarbonsäure; bildet farblose, wenig wasserlösl. Kristalle. P. tritt als Oxidationsprodukt von Fetten auf und wird (künstlich hergestellt) zur Herstellung von Polyamiden verwendet.

Piment [roman. zu lat. pigmentum „Farbe, Kräutersaft"] (Nelkenpfeffer), vor der Reife gepflückte und getrocknete Beeren des Pimentbaumes, die als Gewürz ähnlich wie getrocknete Pfefferkörner verwendet werden. – ↑Gewürze (Übersicht).

Pimentbaum (Nelkenpfefferbaum, Pimenta dioica), zu den Myrtengewächsen gehörender, bis 10 m hoher, immergrüner Baum in W-Indien und in Z-Amerika; mit großen, oval-lanzenförmigen, oberseits leuchtend grünen Blättern. Die kugeligen Früchte liefern Piment und das in der Gewürz-, Likör-, Kosmetik- und Seifenind. verwendete Pimentöl.

Pi-Meson (π-Meson), svw. ↑Pion.

Pimpernuß (Klappernuß, Staphylea), Gatt. der zweikeimblättrigen Pflanzenfam. **Pimpernußgewächse** (Staphyleaceae) in der nördl. gemäßigten Zone; sommergrüne Sträucher oder kleine Bäume mit weißen oder rötl. Blüten und blasig aufgetriebenen, häutigen Kapselfrüchten mit zwei bis drei erbsengroßen, beim Schütteln der Frucht klappernden („pimpernden") Samen; z. T. Ziersträucher.

PIN, Abk. für engl.: **p**ersonal **i**dentity **n**umber (↑Persönliche Identifikationsnummer).

Pinakoid [griech.], eine offene Kristallform mit zwei gleichwertigen Parallelflächen (↑Kristallsysteme und Kristallklassen, Übersicht).

Pinakothek [zu griech. pinakothḗkē „Aufbewahrungsort von Weihgeschenktafeln"], Gemäldesammlung.

Pinang (Penang), Gliedstaat Malaysias, umfaßt die der W-Küste der Halbinsel Malakka vorgelagerte Insel P. und die auf dem gegenüberliegenden Festland gelegene Province Wellesley (durch 13,5 km lange Straßenbrücke miteinander verbunden), zus. 1 033 km², 1,09 Mill. E (1987), Hauptstadt George Town (P., Penang). Auf der bis rd. 900 m hohen *Insel P.* befinden sich an der W- und O-Küste größere Schwemmlandebenen. Nur im N blieb der trop. Regenwald erhalten. Angebaut werden Reis, Kautschukbäume, Kokos- und Betelnußpalmen u. a.; Fischerei; Fremdenverkehr. In dem auf dem Festland gelegenen Teil entstanden in den an der Mündung des Prai gelegenen Städten Butterworth und Prai wichtige Ind.betriebe. – Das Gebiet wurde 1826 mit Malakka und Singapur zu den Straits Settlements (ab 1867 Kronkolonie) zus.geschlossen, 1948 Teil des Malaiischen Bundes und 1963 Teil Malaysias.

Pinar del Río, Prov.hauptstadt in Kuba, im karib. Tiefland, 100 900 E. Kath. Bischofssitz. Tabakbau, Kupfererzabbau, Eisenbahnverbindung mit Havanna. – Gegr. 1775.

Pinasse [lat.-roman., eigtl. „Boot aus Fichtenholz"] ↑Boot.

Pinatubo, Mount [engl. maʊnt], Vulkan im N der Insel Luzon, Philippinen, 1 475 m ü. d. M.; nach 611jähriger Ruhe Ausbrüche ab April 1991, mit bis zu 20 km hoher Rauchsäule. Lawinen aus heißer Asche, Schutt oder Schlamm, verstärkt durch intensive Regenfälle, wirkten sich im Umkreis von 300 km aus. Mehr als eine halbe Mill. Menschen mußten evakuiert werden.

Pinay, Antoine [frz. piˈnɛ], *Saint-Symphorien-sur-Coise (Rhône) 30. Dez. 1891, frz. Politiker (Centre National des Indépendents et des Paysans). – 1938–40 Senator; unterstützte 1940 Pétain, gehörte dem Conseil national 1941 an; 1946–58 Abg. der Nat.versammlung; 1956–58 Fraktionsvors.; 1950–56 mehrfach Min., März–Dez. 1952 Min.präs.; unterstützte die Berufung de Gaulles 1958; führte als dessen Finanz- und Wirtschaftsmin. (1959/60) den Nouveau Franc ein.

Pincenez [pɛ̃sˈne:; frz., eigtl. „Zwicknase"], svw. ↑Kneifer.

Pincheffekt [engl. pɪntʃ „zusammendrücken, pressen"], die Kontraktion eines stromführenden Plasmas (z. B. des hochionisierten Entladungskanals einer Gasentladung hoher Stromdichte) zu einem sehr dünnen, sehr heißen und stark komprimierten Plasmaschlauch oder -faden *(Pinch)* infolge Wechselwirkung des Plasmastroms mit dem von ihm erzeugten Magnetfeld. Der P. wird in Versuchsanlagen für die gesteuerte ↑Kernfusion genutzt.

Pincherle [italien. ˈpiŋkerle], Alberto, italien. Schriftsteller, ↑Moravia, Alberto.

Pincus, Gregory [engl. ˈpɪŋkəs], *Woodbine (N. J.) 9. April 1903, †Boston 22. Aug. 1967, amerikan. Physiologe. – Prof. in Boston; P. wies nach, daß während einer Schwangerschaft das Hormon Progesteron in wesentlich höherer Konzentration als üblicherweise auftritt und daß dadurch eine erneute Ovulation verhindert wird. Aus dieser Erkenntnis entwickelte P. mit seinen Mitarbeitern die sog. Antibabypille (hormonale ↑Empfängnisverhütung).

Pindar (Pindaros), *Kynoskephalai bei Theben 522 oder 518, †Argos nach 446, griech. Lyriker. – Aus Thebaner Adelsgeschlecht; galt im Altertum als unerreichbarer Meister des erhabenen Stils; Vertreter der alten Adelsethik; pries in seinen Epinikien die Sieger im sportl. Wettkampf; verwandte die dor. Kunstsprache der Chorlyrik; von den 17 Büchern seiner Dichtung sind nur noch 4 Bücher Epinikien (nach den vier Hauptfesten in „Olympien", „Pythien", „Nemeen" und „Isthmien" aufgeteilt), bestehend aus 44 Oden (fast vollständig) erhalten.

pindarische Ode, Form des altgriech. Chorliedes, die aus 2 gleich gebauten Strophen und einer metrisch abweichenden dritten Strophe besteht. Benannt nach Pindar. Von Horaz über die italien. Pindaristen und die frz. Pléiade wurde bis zum 19. Jh. die Thematik, auch die pathet. Feierlichkeit, nachgeahmt (F. Hölderlin).

Pindaristen, italien. Dichter des 16. und 17. Jh., die sich bemühten, die griech. antiken Lyriker, insbes. Pindar, aber auch Anakreon u. a., metrisch getreu nachzubilden.

Pinder, Wilhelm, *Kassel 25. Juni 1878, †Berlin 13. Mai 1947, dt. Kunsthistoriker. – Prof. u. a. in Leipzig, München und Berlin (1936). Durch Nationalismus und Biologismus befangene, hermeneutisch z. T. wegweisende Arbeiten zur dt. Kunst, insbes. der dt. Plastik; u. a. „Das Problem der Generation in der Kunstgeschichte Europas" (1927), „Vom Wesen und Werden dt. Formen" (4 Bde., 1937–51).

Pindos, Gebirge in Griechenland, sö. Fortsetzung der Dinariden, etwa 250 km lang, bis 2 637 m hoch; Wasserscheide zw. Ion. und Ägäischem Meer.

Pindowapalme [indian./dt.] (Piakavapalme, Attalea), Gatt. der Palmen mit rd. 40 Arten, v. a. in Brasilien; hohe oder auch stammlose Bäume mit breiten, regelmäßig gefiederten Blättern.

Pinealapparat, svw. ↑Pinealorgane.

Pinealdrüse [lat./dt.], svw. ↑Zirbeldrüse.

Pinealorgane [lat./dt.] (Pinealapparat), unpaare Anhänge des Zwischenhirndachs der Wirbeltiere, bestehend aus dem *Parietalorgan* bzw. (z. B. bei Reptilien) dem lichtempfindl., unter dem Scheitelloch liegenden *Parietalauge (Scheitelauge)* und dem dahinterliegenden *Pinealorgan* i. e. S., aus dem die Zirbeldrüse hervorgeht.

Pineapple [engl. ˈpaɪnæpl] ↑Ananas.

Pinel, Philippe [frz. piˈnɛl], *Saint-André (Tarn) 20. April 1745, †Paris 26. Okt. 1826, frz. Psychiater und Internist. – Leiter berühmter Pariser Heilanstalten, zuerst des „Hôpital de Bicêtre", ab 1795 des „Hôpital de la Salpê-

Pimpernuß. Blühender Zweig und Früchte

Pindar

Wilhelm Pinder

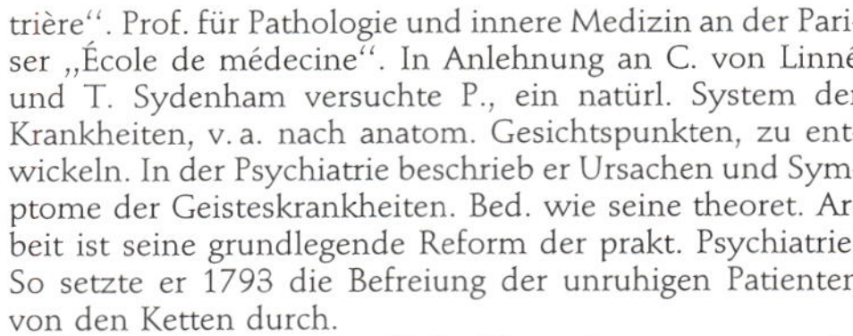

trière". Prof. für Pathologie und innere Medizin an der Pariser „École de médecine". In Anlehnung an C. von Linné und T. Sydenham versuchte P., ein natürl. System der Krankheiten, v. a. nach anatom. Gesichtspunkten, zu entwickeln. In der Psychiatrie beschrieb er Ursachen und Symptome der Geisteskrankheiten. Bed. wie seine theoret. Arbeit ist seine grundlegende Reform der prakt. Psychiatrie. So setzte er 1793 die Befreiung der unruhigen Patienten von den Ketten durch.

Philippe Pinel

Pinene [zu lat. pinus „Fichte"], zwei isomere, ungesättigte, bicycl. Terpenkohlenwasserstoffe. α- und β-Pinen bilden den Hauptbestandteil des Terpentinöls und dienen zur Herstellung von Kampfer und Riechstoffen.

Pinero, Sir (seit 1909) Arthur Wing [engl. pɪˈnɪəroʊ], *London 24. Mai 1855, † ebd. 23. Nov. 1934, engl. Dramatiker portugies. Abstammung. – Schauspieler; wurde mit bühnenwirksamen Lustspielen und Gesellschaftsstücken nach dem Vorbild Ibsens zum Wegbereiter des neueren engl. Dramas.

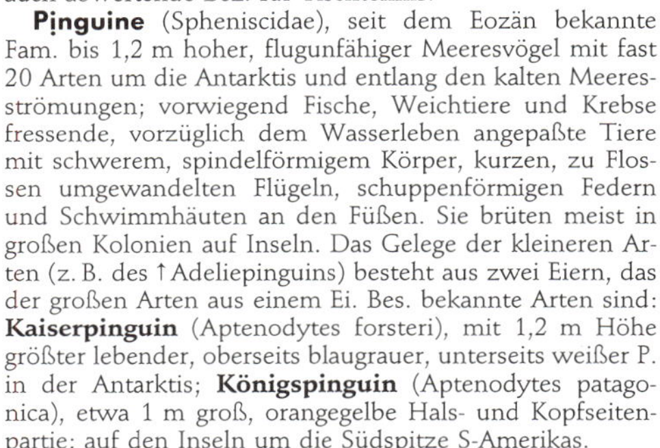

Pinge (Binge), durch den Einsturz alter Grubenbaue entstandene trichterförmige Vertiefung an der Erdoberfläche.

Pinget, Robert [frz. pɛ̃ˈʒɛ], *Genf 19. Juli 1919, frz. Schriftsteller schweizer. Herkunft. – Anwalt; seit 1946 in Paris; Vertreter des Nouveau roman; seine im kleinbürgerl.-ländl. Milieu spielenden Romane kennzeichnen Elemente des Kriminalromans, z. B. „Augenblicke der Wahrheit" (1965), „Le harnais" (1984); Dramatiker in der Nachfolge S. Becketts.

Augusto Pinochet Ugarte

Pingo [eskimoisch], in Dauerfrostgebieten auftretende Hügel mit Eiskern, bis 50 m hoch, bis 200 m Durchmesser.

Pingpong [engl. (lautmalend)], scherzhafte, mitunter auch abwertende Bez. für Tischtennis.

Pinguine (Spheniscidae), seit dem Eozän bekannte Fam. bis 1,2 m hoher, flugunfähiger Meeresvögel mit fast 20 Arten um die Antarktis und entlang den kalten Meeresströmungen; vorwiegend Fische, Weichtiere und Krebse fressende, vorzüglich dem Wasserleben angepaßte Tiere mit schwerem, spindelförmigem Körper, kurzen, zu Flossen umgewandelten Flügeln, schuppenförmigen Federn und Schwimmhäuten an den Füßen. Sie brüten meist in großen Kolonien auf Inseln. Das Gelege der kleineren Arten (z. B. des ↑Adeliepinguins) besteht aus zwei Eiern, das der großen Arten aus einem Ei. Bes. bekannte Arten sind: **Kaiserpinguin** (Aptenodytes forsteri), mit 1,2 m Höhe größter lebender, oberseits blaugrauer, unterseits weißer P. in der Antarktis; **Königspinguin** (Aptenodytes patagonica), etwa 1 m groß, orangegelbe Hals- und Kopfseitenpartie; auf den Inseln um die Südspitze S-Amerikas.

Pinheiro [pɪnˈjeːro; brasilian. pɪˈɲeiru; portugies.] (Brasilian. Schmucktanne, Araucaria brasiliensis), bis 50 m hohe, kiefernähnl. Araukarie im südl. Brasilien; Äste fast waagrecht, mit kurzen, an den Enden der Äste gehäuften Zweigen. Die kugeligen Zapfen haben einen Durchmesser von etwa 20 cm und enthalten rd. 800 nährstoffreiche Samen, die von der einheim. Bev. gegessen werden.

Pinheiro Chagas, Manuel [portugies. piˈɲɐiru ˈʃaɣɐʃ], *Lissabon 13. Nov. 1842, † ebd. 8. April 1895, portugies. Schriftsteller. – Zeitweilig Marinemin.; trat mit ep. Gedichten, Romanen und Dramen hervor; löste mit seinem „Poema da mocidade" (1865) den Beginn des portugies. Realismus aus.

Pinie [lat.] ↑Kiefer.

Pinin Farina, Giovanni Battista, eigtl. G. B. Farina, gen. Pinin, *Turin 2. Nov. 1893, † Lausanne 3. April 1966, italien. Automobildesigner. – Entwarf zahlr. Karosserieformen für in- und ausländ. Firmen, darunter 1947 den „Cisitalia"; gründete 1930 die „Carrozzeria P. F."-Werke in Turin.

Pink [engl.], helles, blasses Rot, intensives Rosa.

Pinkfarben, in der keram. Ind. verwendete Pigmente aus Zinnoxid, in dessen Kristallgitter Fremdatome (Chrom, Vanadium) eingebaut sind.

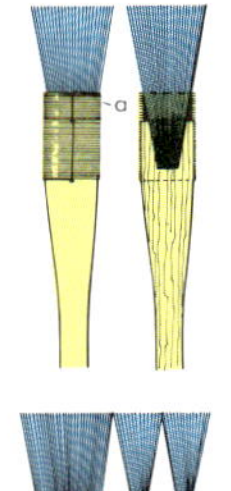

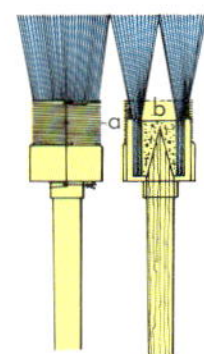

Pinsel. Oben: Kluppenpinsel (a ablösbarer Schnurteil). Unten: Ringpinsel (a ablösbarer Schnurteil, b Hohlraum)

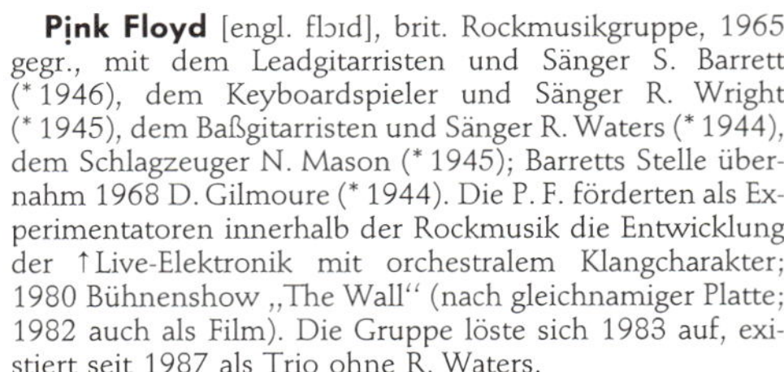

Pink Floyd [engl. flɔɪd], brit. Rockmusikgruppe, 1965 gegr., mit dem Leadgitarristen und Sänger S. Barrett (*1946), dem Keyboardspieler und Sänger R. Wright (*1945), dem Baßgitarristen und Sänger R. Waters (*1944), dem Schlagzeuger N. Mason (*1945); Barretts Stelle übernahm 1968 D. Gilmoure (*1944). Die P. F. förderten als Experimentatoren innerhalb der Rockmusik die Entwicklung der ↑Live-Elektronik mit orchestralem Klangcharakter; 1980 Bühnenshow „The Wall" (nach gleichnamiger Platte; 1982 auch als Film). Die Gruppe löste sich 1983 auf, existiert seit 1987 als Trio ohne R. Waters.

Pinnae [lat.], svw. ↑Flossen.

Pinne [niederdt.], Hebelarm zur Betätigung des Ruders, früher durch Seilwinden, heute auf Booten als Handgriff. ▷ keilförmige Seite des Hammers.

Pinneberg, Krst. im nw. Vorortbereich von Hamburg, Schl.-H., 10 m ü. d. M., 36 100 E. Motoren-, Dachpappenwerke, Textil- und elektrotechn. Ind.; Mittelpunkt eines bed. Baumschulen- und Rosenzuchtgeb. – In Verbindung mit einer Burg der Schauenburger Grafen von Holstein (bis 1640) 1351 erstmals gen.; nach der Verlegung der Burg (1472) an ihren heutigen Platz 1600 als Beamtensiedlung bezeugt; 1875 Stadtrecht. – Die „Drostei", ein Backsteinbau (1765–67), ist heute Kulturzentrum.

P., Landkr. in Schleswig-Holstein.

Pinguine. Kaiserpinguine mit Jungtieren

Pinnulae [lat.], in dichter Reihe stehende Seitenabzweigungen der Arme der ↑Haarsterne, die den Armen ein federförmiges Aussehen verleihen. An der Oberseite der P. befinden sich kurze Tentakel und eine Wimperrinne, die der Nahrungsgewinnung dienen.

Pinochet Ugarte, Augusto [span. pinoˈtʃɛt uˈɣarte], *Valparaíso 25. Nov. 1915, chilen. General und Politiker. – Seit 1969 Stabschef des Heeres, seit Aug. 1973 Oberbefehlshaber der Streitkräfte; leitete im Sept. 1973 den blutigen Militärputsch gegen die gewählte Reg. unter Präs. S. Allende Gossens; 1973/74 Chef der Militärjunta, 1974–90 diktator. Präsident.

Pinole [lat.-italien.], in axialer Richtung verschieb- und klemmbare, meist zylindr. Hohlspindel in Werkzeugmaschinen zur Aufnahme von Werkzeugen oder Werkstückaufnahmeeinrichtungen.

Pinotreben [frz. piˈno], svw. ↑Burgunderreben.

Pinozytose [griech.], die Aufnahme von gelösten Substanzen in das Zellinnere durch Einstülpen kleinerer Bereiche der Zellmembran und Abschnüren dieser Einstülpungen als Pinozytosevesikel.

Pinsel [zu lat. peniculus „Schwänzchen, Bürste, Pinsel"], ein zum Auftragen von flüssigen, pastösen oder pulverigen Substanzen bzw. zum Säubern (Abstauben) verwendetes, im wesentlichen aus einem an einem Stiel befestigten Haar- oder Borstenbüschel bestehendes Handwerkszeug. Es kommen Tierhaare und synthet. Borsten (oft vermischt) zur Anwendung. Beim *Kluppen-P.* werden gebündelte Haare an den Enden mit einem Faden oder Draht umwickelt oder in Pech, Kitt, Leim u. a. getaucht, diese „Besteckung" wird in eine Höhlung im Holzgriff geklebt.

Beim *Ring-P.* werden die Haare oder Borsten in einen Blechring gesteckt, von innen her durch einen Keil fest an den Ring gedrückt und eingeklebt; beide P.arten können außerdem mit fester Schnur umwickelt sein. Bei den *Bürsten* werden die Borsten in Rillen des Holzkörpers gepreßt und geklebt.

Pinseläffchen (Seidenäffchen, Callithrix), Gatt. zierl. Affen (Unterfam. ↑Marmosetten) mit mehreren Arten in S-Amerika; Körper bis 30 cm lang, Schwanzlänge bis etwa 40 cm; Fell dicht und seidig, Gesicht fast unbehaart, an den Ohren meist lange, abwärts gekrümmte Haarbüschel. Zu den P. gehören u.a. **Weißpinseläffchen** (Callithrix jacchus, im östl. S-Amerika) und **Schwarzpinseläffchen** (Callithrix penicillata, in SO-Brasilien).

Pinselkäfer (Trichiinae), Unterfam. der Blatthornkäfer (Fam. Skarabäiden) in Eurasien, N-Afrika und N-Amerika; mit sechs einheim., 1–3 cm langen, meist stark behaarten Arten.

Pinselschimmel (Penicillium), Gatt. der Schlauchpilze mit mehr als 200 weltweit verbreiteten, meist saprophytisch lebenden Arten. Charakteristisch sind die meist grünen, pinselartig aus dem Konidienträger wachsenden Konidien. Wichtigste Vertreter sind *Penicillium notatum* und *Penicillium chrysogenum,* die die Antibiotika der Penicillingruppe liefern, sowie *Penicillium roquefortii* und *Penicillium camemberti* für die Herstellung bestimmter Käsesorten.

Pinselschwanzbeutler (Phascogale), Gatt. bis 22 cm langer, vorwiegend grauer bis brauner ↑Beutelmäuse mit drei Arten in Australien und auf Neuguinea; hintere Schwanzhälfte buschig behaart; flinke, nachtaktive Baumbewohner.

Pinselschwanzkänguruh ↑Felskänguruhs.

Pinselzungenpapageien (Pinselzüngler, Trichoglossini), Gattungsgruppe der Papageien (Fam. ↑Loris), deren Zunge in Anpassung an ihre Nahrung (Blütennektar, weiche Früchte) vorn pinselartig aufgefasert ist.

Pinsk, Stadt an der Mündung der Pina in den Pripjet, Weißrußland, 119000 E. Heimatmuseum. U.a. Schiffbau, Textil-, Holz- und Nahrungsmittelind.; Hafen. – 1097 erstmals erwähnt; im 12. und 13. Jh. Hauptstadt des Ft. P.; Anfang des 14. Jh. von Litauen erobert, nach 1569 beim Kgr. Polen-Litauen. 1706 von Schweden durch Brand zerstört; 1793 Rußland angeschlossen; 1920 von Polen erobert; 1939 der Weißruss. SSR eingegliedert.

Pinsker, Leon, eigtl. Jehuda Löb P., *Tomaszów Mazowiecki (?) 1821, †Odessa 1891, russ. Zionist. – Arzt; forderte seit den Judenpogromen von 1881 eine territoriale Lösung der Judenfrage; leitete das Odessaer Komitee des Palästinakolonisationsvereins, das rund 25000 Juden ins Hl. Land brachte. Seine Schrift „Autoemanzipation" (1882) wurde grundlegend für den späteren Zionismus.

Pint [engl. paɪnt; zu lat. pingere „malen" (des Eichstrichs)], Einheitenzeichen pt, in Großbritannien und in den USA verwendete Volumeneinheit. Für Großbritannien gilt 1 pt = 0,568 dm^3, für die USA 1 liq pt (liquid pint) = 0,473 dm^3, 1 dry pt = 0,551 dm^3.

Pinta [span.] (Carate), trop., durch Spirochäten hervorgerufene Hautkrankheit mit charakterist. rötl., juckenden Flecken auf der Haut. Behandlung mit Penicillin.

Pinter, Harold [engl. 'pɪntə], *London 10. Okt. 1930, engl. Dramatiker. – Begann als Schauspieler (auch unter dem Namen David Baron); bed. zeitgenöss. engl. Dramatiker; zeigt den Menschen in einer sinnentleerten Welt voller geheimnisvoll-unheiml. Bedrohungen und der vergebl. Suche nach zwischenmenschl. Kontakten. Auch Kurzgeschichten, Gedichte, Filmdrehbücher und Fernsehspiele. – *Werke:* Der Hausmeister (1960), Der Liebhaber (1963), Die Heimkehr (1965), Schweigen (1969), Alte Zeiten (1971), Niemandsland (1975), Betrogen (1978), Berg-Sprache (1988).

Pinthus, Kurt, *Erfurt 29. April 1886, †Marbach am Neckar 11. Juli 1975, dt. Schriftsteller. – Theater-, Film- und Literaturkritiker; veröffentlichte als erster von jungen Dichtern verfaßte Filmmanuskripte („Das Kinobuch", 1914); publizist. Vertreter des literar. Expressionismus und Hg. der bed. expressionist. Anthologie „Menschheitsdämmerung" (1920); emigrierte 1937 in die USA.

Pinto, Fernão Mendes, portugies. Schriftsteller, ↑Mendes Pinto, Fernão.

Pinto [span.], von Amerika ausgehende Bez. für bestimmte Farbvarianten vieler Hauspferdrassen (seit 1963 als eigene Rasse anerkannt). Man unterscheidet: Schwarzschecken *(Piebald)* und Braun- oder Fuchsschecken *(Skewbald).* Nach Art der Fellzeichnung unterscheidet man *Tobiano* (weiße Abzeichen kreuzen die Rückenpartie und Beine) und *Overo* (weiße Färbung geht vom Bauch oder den Beinen aus, Rücken meist leicht gekreuzt).

Pinselkäfer

Pinto da Costa, Manuel [portugies. 'pintu ðɐ 'kɔʃtɐ], *Agua Grande 5. Aug. 1937, Politiker in São Tomé und Príncipe. – Gründete 1972 die Befreiungsbewegung Movimento de Libertação de São Tomé e Príncipe; 1975–91 Staatspräs. (zeitweilig zugleich verschiedene Min.posten); 1978 auch Min.präsident.

Pin-up-Girl [pɪn''apgø:rl, engl. 'pɪnʌp'gə:l; engl.-amerikan., eigtl. „Anheftmädchen"], aus Illustrierten u.ä. ausgeschnittenes und an die Wand geheftetes Photo einer erotisch anziehenden (oft nackten) jungen Frau.

Pinus [lat.] ↑Kiefer.

pinxit [lat. „hat es gemalt"], Abk. p. (pinx.), der Signatur des Malers auf Gemälden oder Stichen hinzugefügt.

Pinzette [zu frz. pincette, eigtl. „kleine Zange"], kleines zangenartiges Instrument zum Ergreifen und Festhalten kleiner Körper, dessen federnde Arme vorn je nach Verwendungszweck (z.B. Feinwerktechnik, Medizin) rechteckig, spitz, abgerundet, löffelartig gekröpft, stumpf, scharf, glatt, gezähnt oder geriffelt sind.

Pinzettfische, v.a. Bez. für Knochenfische der Gatt. *Chelmon* und *Forcipiger* (Unterfam. Gauklerfische), bei denen die kleine, endständige Mundöffnung am Ende einer röhrenartig verlängerten Schnauze liegt, die der Futtersuche dient. Am bekanntesten (Meeresaquarienfisch) ist der **Gestreifte Pinzettfisch** (Pinzettfisch, Chelmon rostratus) an den Küsten SO-Asiens.

Pinzettfische. Gestreifter Pinzettfisch

Pinzgau, westl. Landesteil des östr. Bundeslandes Salzburg, umfaßt die Talschaft der Salzach bis Lend und die der Saalach bis zum Steinpaß mit dem Zeller See.

pinzieren [frz.], bei Anzucht von Gehölzen, Topfpflanzen und Formobstbäumen Entfernen junger Triebspitzen zwecks Formgebung.

Piombino [italien. pi̯om'bi:no], italien. Stadt in der Toskana, auf einer ehem. Insel des Toskan. Archipels, 19 m ü.d.M., 39100 E. Bed. Zentrum der italien. Schwerind., Werften; Hafen. – Seit dem 12. Jh. bezeugt; gehörte im MA zu Pisa. 1399 mit Elba in den Händen der Familie Appiano vereinigt, 1594 eigenes Ft.; kam nach häufigen Besitzwechseln 1801 an Frankreich, 1815 an das Groß-Hzgt. Toskana. Der nw. Teil von P. ist die ehem. etrusk. Hafenstadt **Populonia** (Pupluna); Etrusk. Museum, Reste einer Nekropole und der Stadtmauern.

Piombo, Sebastiano del [italien. 'pi̯ombo], italien. Maler, ↑Sebastiano del Piombo.

Pion ['pi:ɔn, pi'o:n; gebildet aus **Pi**-Mes**on**] (Pi-Meson, π-Meson), instabiles, entweder elektrisch positiv (π^+) oder negativ (π^-) geladenes oder neutrales (π^0) Elementarteilchen aus der Gruppe der ↑Mesonen. Die geladenen P. besitzen eine Ruhmasse von 273,2 Elektronenmassen, das neutrale P. eine solche von 264,4 Elektronenmassen. Die geladenen P. zerfallen nach einer Lebensdauer von $2{,}60 \cdot 10^{-8}$ s fast ausschließlich in ein Myon und ein Neutrino, das π^0 nach $0{,}89 \cdot 10^{-16}$ s zu 99 % in zwei Gammaquanten und zu etwa 1 % in ein Gammaquant und ein Elektron-Positron-Paar. – Die bereits 1935 von Hideki Yukawa zur Deutung der kurzen Reichweite der Kernkräfte theoretisch geforderten P. wurden 1947 in der Höhenstrahlung entdeckt.

Harold Pinter

Pioneer [engl. paɪə'nɪə „Pionier"], Name einer Serie unbemannter amerikan. Raumsonden zur Erforschung des interplanetaren und anfangs des interlunaren Raums. *P. 5* gelangte bis fast zur Venusbahn. Nachdem die am 3. März 1972 gestartete Raumsonde *P. 10* im Dez. 1973 am Jupiter

Heinz Piontek

vorbeigeflogen war, überquerte sie am 11. Juni 1979 die Bahn des Planeten Uranus, im Juni 1983 die Bahn des Neptun. – *P. 11* (gestartet am 6. April 1973) hatte Jupiter im Dez. 1974 passiert und erreichte im Sept. 1979 den Planeten Saturn, dem sie sich bis auf 21 400 km näherte. Dabei übermittelte sie sowohl von Saturn selbst als auch von seinen Monden eine Vielzahl neuer Erkenntnisse. Bei der **Pioneer-Venussonde** gelangten 1978 drei kleinere und eine größere Abstiegskapsel, die in einem Träger („Bus") zusammengefaßt waren, zur Venus und konnten vor ihrem Aufprall Daten von Venus und deren Atmosphäre senden.

Pionier [frz., eigtl. „Fußsoldat" (zu lat. pes „Fuß")], allg. svw. Wegbereiter, Vorkämpfer, beim Militär Soldat der P.truppen.

▷ in kommunist. Staaten Angehöriger einer Kinder- bzw. Jugendorganisation (für die ehem. DDR ↑Freie Deutsche Jugend).

Pionierbaumarten, Baumarten, die sich durch Genügsamkeit, Schnellwüchsigkeit, intensive Wurzelausbildung (Bodenerschließung) u. a. Eigenschaften zur ersten Aufforstung unkultivierter oder kulturfeindl. Standorte (z. B. Deiche, Müllkippen, Abraumhalden, Meeresdünen, Ödland und Straßenränder) eignen. P. sind z. B. Birke, Robinie, Espe, Weißrüster, Bergkiefer, Erle.

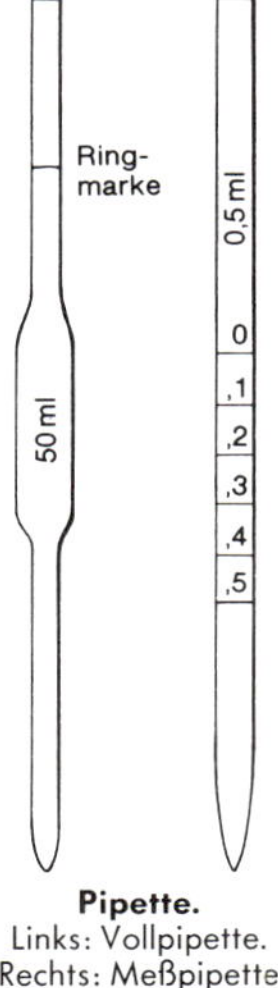

Pipette. Links: Vollpipette. Rechts: Meßpipette

Pioniere, in der Bundeswehr eine zu den Kampfunterstützungstruppen gehörende Truppengattung des Heeres; soll v. a. die Bewegungen der eigenen Kräfte fördern (z. B. Brückenbau; Aufrechterhaltung von Verkehrsverbindungen), die der feindl. Truppen hemmen (z. B. Errichten von Sperren; Zerstörung von Brücken, Verkehrsverbindungen); nach Einsatz und Aufgabe werden unterschieden: Panzer-P., leichte P., schwere P., Spezial-P. Zunächst Teil des Ingenieurwesens, entstanden als einheitl. Waffengattung im 19. Jh., in Preußen 1809 durch Zusammenlegung der bestehenden Mineur-, Sappeur- und Pontoniereinheiten.

Pionierpflanzen, Bez. für diejenigen Pflanzen, die als erste einen vegetationslosen Boden besiedeln. Dazu gehören z. B. Flechten, die Felsflächen und neu entstandene Erdhänge besiedeln.

▷ Bez. für Kulturpflanzen, die minderwertige Böden für anspruchsvolle Pflanzen bewohnbar machen; z. B. Lupine, Steinklee und Esparsette.

Pioniersiedlung, Kolonisationssiedlung als erster Stützpunkt der Landerschließung.

Piontek, Heinz, *Kreuzburg O. S. (Oberschlesien) 15. Nov. 1925, dt. Schriftsteller. – Begann mit bilderreicher Naturlyrik („Die Furt", 1952); behandelt in seinen Romanen (u. a. „Die mittleren Jahre", 1967; „Dichterleben", 1976) und Erzählungen (z. B. „Kastanien aus dem Feuer", 1963) v. a. existentielle Probleme. Auch Essays, Hörspiele und Übersetzungen. Georg-Büchner-Preis 1976. – *Weitere Werke:* Männer, die Gedichte machen (Essays, 1970), Helle Tage anderswo. Reisebilder (1973), Zeit meines Lebens (R., 1983), Helldunkel (Ged., 1987), Stunde der Überlebenden (R., 1989), Morgenwache (Ged., 1991).

Pipeline. Blick auf einen Abschnitt der oberirdisch verlaufenden, 1300 km langen Alaska-Pipeline

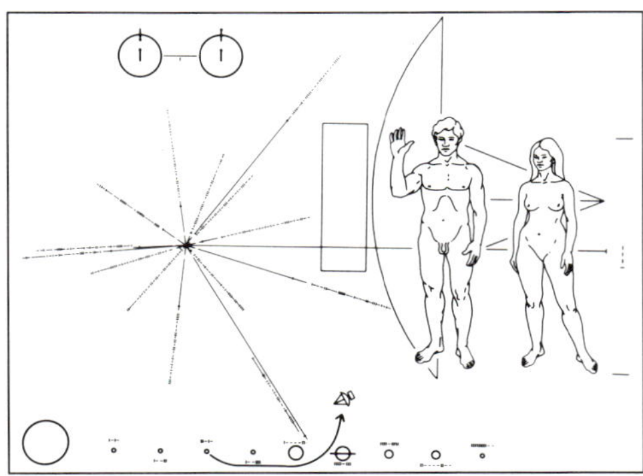
Pioneer. Etwa 15 × 23 cm große goldbeschichtete Aluminiumplakette an der Raumsonde P. 10, die möglichen außerirdischen Zivilisationen Auskunft geben soll. Oben: charakteristischer Wasserstoffübergang als Frequenznormal. Mitte links: Lage der Sonne bezüglich bestimmter kosmischer Radioquellen; Binärcode in Einheiten des Frequenznormals. Unten: Sonnensystem mit dem dritten Planeten Erde als Herkunft der Sonde; relative Sonnenabstände der Planeten im Binärcode. Mitte rechts: Darstellung der Menschen im Größenvergleich zur Antenne der Sonde

Piotrków Trybunalski [poln. ˈpjɔtrkuf trɨbuˈnalski], poln. Name für ↑Petrikau.

Piovene, Guido, *Vicenza 27. Juli 1907, †London 12. Nov. 1974, italien. Schriftsteller. – Verfasser realist., psychologisch vertiefter Romane (u. a. „Mitleid unerwünscht", 1946; „Kalte Sterne", 1969) und Novellen.

Pipa, chin. Laute mit leicht bauchigem Schallkörper, kurzem Hals, 4 Saiten, Querriegel, langen, seitenständigen Wirbeln und 12 Bünden. Als *Biwa* kam die P. nach Japan.

Pipalbaum [Hindi/dt.] (Pepulbaum, Aschwatthabaum), auch **Bobaum** gen. Feige (Ficus religiosa). Unter einem P. saß Buddha während seiner Erleuchtung.

Pipe [engl. paɪp, eigtl. „Pfeife"], svw. ↑Durchschlagsröhre.

Pipeline [engl. ˈpaɪplaɪn „Rohrleitung"], über größere Strecken verlegte Rohrleitung zum Transport einer Flüssigkeit (insbes. Erdöl [Ölleitung] oder Erdölprodukte), eines Gases (v. a. Erdgas) oder feinkörniger Feststoffe (Zement, Kohle, Erze, Baggergut), die mit Wasser vermischt sind. Je nach klimat. und geograph. Verhältnissen werden die Rohre ober- oder unterirdisch verlegt (auch auf dem Meeresboden). In bestimmten Abständen in die P. eingebaute Pumpstationen sorgen für den zur Beförderung des Gutes notwendigen Druck.

Piper [griech.-lat.] ↑Pfeffer.

Piperazin [griech.-lat.] (Hexahydropyrazin), $C_4H_{10}N_2$, farblose, kristalline Substanz, die zur Herstellung zahlr. Arzneimittel sowie in Form einiger Salze als Wurmmittel in der Veterinärmedizin verwendet wird.

Piper & Co. Verlag, R. ↑Verlage (Übersicht).

Piperidin [griech.-lat.] (Hexahydropyridin), $C_5H_{11}N$, farblose, ammoniakartig riechende, durch Hydrieren von ↑Pyridin hergestellte Flüssigkeit, die als Zwischenprodukt organ. Synthesen auftritt. In der Natur ist P. der Baustein zahlr. Alkaloide.

Piperin [griech.-lat.] (1-Piperonylpiperidin), $C_{17}H_{19}O_3N$, Hauptalkaloid und Geschmacksträger des Pfeffers; farblose bis gelbl., kristalline, brennend scharf schmeckende Substanz.

Pipette [frz., eigtl. „Pfeifchen"], geeichter Stechheber (↑Heber) aus Glas zur Volumenmessung von Flüssigkeiten. Man unterscheidet *Voll-P.* (mit vorgegebenem Volumen) und *Meß-P.* (mit Graduierung).

Pipinsburg ↑Osterode am Harz.

Pippau [slaw.-niederdt.] (Feste, Crepis), Gatt. der Korbblütler mit rd. 200 Arten auf der Nordhalbkugel sowie im trop. Afrika; Kräuter mit grund- oder wechselständigen Blättern und Blütenköpfchen aus gelben oder roten, selten weißen Zungenblüten. In Deutschland u. a. der **Wiesenpippau** (Crepis biennis) auf Fettwiesen.

Pippin (Pipin) [pɪˈpi:n, ˈpɪpi:n], Name von Herrschern:

Aquitanien:

P. I., * um 803 (?), † 13. Dez. 838, König (seit 817). – Sohn Ludwigs I., des Frommen; führte den Königstitel für das Unterkgr. Aquitanien; behauptete sich in den inneren Wirren, die das Fränk. Reich seit 830 erschütterten.

P. II., * um 823 (?), † nach 864, König (838–848). – Von einer Adelspartei in Aquitanien zum Nachfolger seines Vaters, P. I., erhoben; wurde im Vertrag von Verdun (843) nicht berücksichtigt, verlor (848) die Herrschaft an Karl II., den Kahlen, und starb in Haft.

Fränk. Reich:

P. I., der Ältere (P. von Landen), * um 580, † um 640, Hausmeier von Austrien. – Wurde Hausmeier und Berater Dagoberts I. und Sigiberts III. (633/634–656) für Austrien; durch die Ehe seiner Tochter Begga mit Ansegisel, dem Sohn Arnulfs von Metz, ist er Ahnherr der Karolinger.

P. II., der Mittlere (P. von Heristal), * um 640, † 16. Dez. 714, fränk. Hausmeier. – Enkel Pippins I.; begr. die fakt. Herrschaft der Karolinger im Fränk. Reich. Ohne eigtl. Amt nahm er die Aufgaben der Zentralverwaltung wahr; als sein Nachfolger setzte sich Karl Martell durch.

P. III., der Jüngere (lat. Pippinus Minor; fälschlich übersetzt als P. der Kleine oder P. der Kurze), * 714 oder 715, † Saint-Denis 24. Sept. 768, König (seit 751). – Sohn Karl Martells; erhielt 741 als Hausmeier Neustrien, Burgund und die Provence und übte zus. mit seinem Bruder Karlmann (durch den 743 eingesetzten merowing. Schattenkönig Childerich III. formell legitimiert) die Herrschaft aus. Durch den Verzicht Karlmanns (747) fiel ihm dessen Reichsteil (Austrien, Thüringen, Alemannien) zu, so daß er auf gesicherter Machtgrundlage die endgültige Beseitigung der Merowingerdyn. wagen konnte. 751 ließ sich P. in Soissons zum König wählen; die erstmals durchgeführte Salbung diente ihm als Legitimation im christl. Sinne. Gegen die langobard. Expansionspolitik unterstützte er Papst Stephan II. auf 2 Feldzügen (754/756), deren Ergebnis die Begründung des ↑Kirchenstaates war. Vor seinem Tode teilte P. das Reich unter seine Söhne Karlmann und Karl (d. Gr.) auf.

Pippinsche Schenkung, als Wiedereinsetzung in alte Rechte verstandene Schenkung bestimmter von den Langobarden unter Aistulf besetzter, vorher röm.-byzantin. Gebiete an den Papst durch Pippin III., d. J., die die Grundlage des ↑Kirchenstaates schuf. Der territoriale Umfang der Schenkung ist nicht genau zu bestimmen; nach der Einigung zw. Karl d. Gr. und Papst Hadrian I. (781/787) umfaßte der Kirchenstaat v. a. den Dukat von Rom, das Exarchat Ravenna, die Pentapolis und das südl. Tuszien.

Pips [lat.] ↑Geflügelkrankheiten.

Pique [pi:k; frz.], frz. Spielkarte, ↑Pik.

Piran, slowen. Stadt auf einer Halbinsel am Golf von Triest, 6 000 E. Navigationsschule; Museum, Kunstgalerie, Aquarium; Schiffswerft; Hafen. – Seit dem MA wichtiger Stützpunkt für die Beherrschung Istriens und der nördl. Adria (10. Jh.–1209 Sitz dt. Grafen, fiel dann an den Patriarchen von Aquileja); vom Spät-MA bis 1797 venezianisch; ab 1797 bei Österreich, 1919–47 zu Italien. – Die Altstadt steigt amphitheatralisch vom Hafen an und wird auf der Landseite durch zahlr. aus dem 15. Jh. stammende, zinnengekrönte Befestigungstürme geschützt; Dom (1317–1637).

Pirañas [piˈranjas; indian.-span.], svw. ↑Pirayas.

Pirandello, Luigi, * Agrigent 28. Juni 1867, † Rom 10. Dez. 1936, italien. Dichter. – Einer der bedeutendsten italien. Dramatiker und Erzähler des 20. Jh., der dem lange von fremden Einflüssen beherrschten italien. Theater neue Impulse gab; wegweisend für das moderne antiillusionist. Theater. Grundthema seines Werkes ist das unentwirrbare Beziehungsgeflecht zw. Schein und Sein, Wahn und Wirklichkeit, dem der Mensch als ein isoliertes Individuum gegenübersteht, u. a. in „Sechs Personen suchen einen Autor" (Dr., 1921), „Heinrich der Vierte" (Dr., 1922), „Mattia Pascal" (R., 1904), „Einer, Keiner, Hunderttausend" (R., 1926, „Pirandellismus"). Um die gleiche Problematik kreisen auch seine rd. 240 realist. Novellen. 1934 Nobelpreis für Literatur.

Piranesi, Giovanni Battista (Giambattista), * Mogliano Veneto 4. Okt. 1720, † Rom 9. Nov. 1778, italien. Kupferstecher. – Ausgebildet als Architekt; publizierte zahlr. Folgen seiner an der Antike orientierten Architekturphantasien, u. a. „Carceri" (1745, spätere Fassung 1760), „Vedute di Roma" (1748–74) sowie eine Sammlung röm. Altertümer „Antichità romane" (4 Bde., 1756).

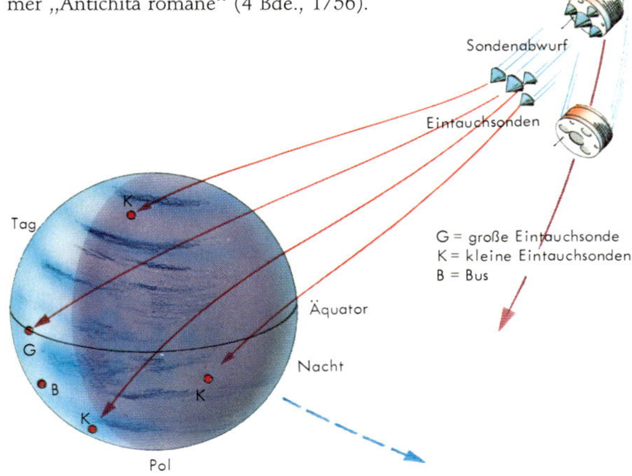

Pioneer. Pioneer-Venussonde, Endphase des Programmablaufs

Piranhas [piˈranjas; indian.-portugies.], svw. ↑Pirayas.

Piranhas, Rio [brasilian. ˈrriu piˈrɐɲas] ↑Açu, Rio.

Pirat [griech.-italien.], svw. Seeräuber.

Pirat [griech.-italien.], Segeljolle (nat. Einheitsklasse) für zwei Mann Besatzung; Länge 5 m, Breite 1,62 m, Tiefgang 0,85 m (mit Schwert); Segelfläche 10 m²; Klassenkennzeichen: rotes Beil im Segel.

Piratenküste, veraltete Bez. für das Geb. am Pers. Golf auf der Arab. Halbinsel östl. der Halbinsel Katar.

Piratensender, verbotene, privat betriebene Rundfunk- oder Fernsehsender, die von außerhalb des Staatsgebiets, meist von hoher See aus, auf Schiffen oder künstl. Inseln eingerichtet, Programme aussenden. Auf Grund eines am 22. Jan. 1965 von den Staaten des Europarates abgeschlossenen Abkommens, zu dem die einzelnen Staaten Ausführungsgesetze erlassen haben, verpflichteten sich die Vertragspartner zu innerstaatl. Maßnahmen gegen Piratensender.

Piraterie [griech.-italien.-frz.], auf hoher See von einem privaten Schiff (Seeräuberei) oder Luftfahrzeug (Luft-P.) gegen ein anderes Schiff oder Luftfahrzeug begangene Gewalttaten, Freiheitsberaubungen oder Plünderungen. Die an der P. Beteiligten dürfen von jedem Staat auf hoher See verfolgt und bestraft werden.

Luigi Pirandello

Piräus, griech. Hafenstadt am Saron. Golf, 196 400 E. Archäolog. Museum, Marinemuseum; Theater. Teil der Agglomeration Groß-Athen, wichtigster Hafen des Landes; Werften, Erdölraffinerie, Maschinenbau, chem., Textil-, Zement-, Gummi-, Tabak- und Lebensmittelind. – 493/492 von Themistokles als Hafenstadt Athens ausgebaut, nach den Perserkriegen stark befestigt und ab 460 durch die „langen Mauern" (mehrfach erneuert) mit Athen verbunden; wurde im Zuge der att. Seemachtpolitik zentraler Warenumschlagplatz der griech. Welt; nach Eroberung durch Sulla (86 v. Chr.) bis 1835 bedeutungslos. – Reste zweier antiker Theater, der Stadtmauer und zahlreiche Schiffshäuser.

Pirayas [indian.] (Pirañas, Piranhas, Karibenfische, Sägesalmler, Serrasalminae), den ↑Salmlern nahestehende Unterfam. der Knochenfische in S-Amerika; Körper hoch-

Pisa. Der 1063 ff. erbaute Dom mit dem 1173 ff. erbauten, 55 m hohen Kampanile, dem sogenannten „Schiefen Turm von Pisa"

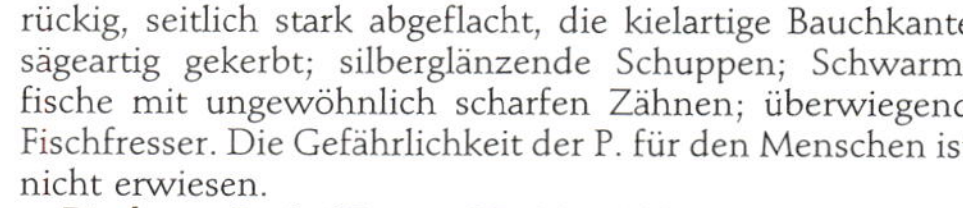

rückig, seitlich stark abgeflacht, die kielartige Bauchkante sägeartig gekerbt; silberglänzende Schuppen; Schwarmfische mit ungewöhnlich scharfen Zähnen; überwiegend Fischfresser. Die Gefährlichkeit der P. für den Menschen ist nicht erwiesen.

Pisa
Stadtwappen

Pịrchan, Emil, *Brünn 27. Mai 1884, †Wien 2. Dez. 1957, östr. Bühnenbildner. – In den 20er Jahren führender expressionist. Bühnenbildner Berlins, tätig am Staatl. Schauspielhaus für L. Jessner und an der Staatsoper (1921–32). Danach in Prag und Wien. Schrieb u. a. „2000 Jahre Bühnenbild" (1949), „Kostümkunde" (1952).

Pịrckheimer (Pirkheimer), Charitas, *Eichstätt 21. März 1467, †Nürnberg 19. Aug. 1532, dt. Klarisse. – Schwester von Willibald P.; wurde 1503 Äbtissin des Nürnberger Klarissenklosters; verteidigte ihr Kloster gegen die Reformationsversuche der Stadt Nürnberg.

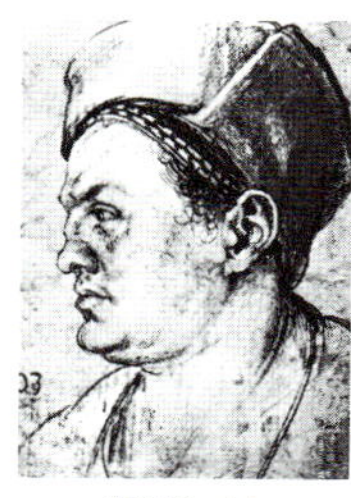

Willibald Pirckheimer
(Ausschnitt aus einer Kreidezeichnung von Albrecht Dürer, 1503; Berlin, Staatliche Museen)

P., Willibald, *Eichstätt 5. Dez. 1470, †Nürnberg 22. Dez. 1530, dt. Humanist. – 1496–1501 und 1506–23 Ratsherr in Nürnberg; Freund Reuchlins und Dürers. Hg. und Übersetzer (in lat. Sprache) antiker [v. a. griech.] Schriftsteller; verfaßte lat. Satiren und eine Geschichte des Schwabenkrieges Maximilians I. von 1499 („Historia belli Suitensis"). Wandte sich nach anfängl. Interesse von der Reformation ab.

Pịrckheimer-Gesellschaft [nach W. Pirckheimer], wurde 1956 als Zentrum der Buch- und Graphiksammler im Kulturbund der DDR begründet, seit 1990 auf dem gesamten Gebiet der BR Deutschland vertreten; seit 1957 Hg. der Zeitschrift „Marginalien".

Pire, Dominique Georges, bekannt als Pater P. [frz. pi:r], *Dinant 10. Febr. 1910, †Löwen 30. Jan. 1969, belg. Dominikaner. – Prof. für Moraltheologie an der Ordenshochschule La Sarte in Huy (Belgien); seit 1958 führend in der Hilfe für heimatlose Ausländer („Europadörfer"). 1958 Friedensnobelpreis.

Dominique Georges Pire

Pirenne, Henri [frz. pi'rɛn], *Verviers 23. Dez. 1862, †Uccle 24. Okt. 1935, belg. Historiker. – 1886–1930 Prof. in Gent; bahnbrechende Arbeiten zur Wirtschafts- und Sozialgeschichte sowie zur belg. Geschichte; wies erstmals auf die Bed. des islam. Einbruchs in die Mittelmeerwelt für die europ. Geschichte hin; schrieb u. a. „Geschichte Belgiens" (7 Bde., 1900–32), „Sozial- und Wirtschaftsgeschichte Europas im MA" (1933).

Pịrin, 80 km langes Gebirge in SW-Bulgarien, zw. Mesta und Struma, im Wichren bis 2 915 m hoch; Trogtäler und Karseen.

Pịrkheimer ↑Pirckheimer.

Pịrmasens [...zɛns], Stadt am W-Rand des Pfälzer Waldes, Rhld.-Pf., 260–440 m ü. d. M., 48 000 E. Verwaltungssitz des Landkr. P.; Dt. Schuhfachschule, Prüf- und Forschungsinst. für die Schuhherstellung; Schuh- und Heimatmuseum. P. ist das wichtigste Zentrum der dt. Schuhind. mit Internat. Messe für Schuhfabrikation und Lederwoche. Außerdem Maschinenbau, chem., Papier- und Kunststoffind. – Entstand als Gründung des Klosters Hornbach bei Zweibrücken; 820 erstmals erwähnt; durch die Landgrafen von Hessen-Darmstadt zur Residenz (1741–90) und Garnison ausgebaut; erhielt 1763 Stadtrecht. – Die durch Barock- und Rokokobauten des 18. Jh. geprägte Stadt wurde 1945 weitgehend zerstört; wiederaufgebaut wurden das Rathaus, die Untere und Obere Pfarrkirche.

P., Landkr. in Rheinland-Pfalz.

Pịrmin, hl., latinisiert Pirminius, †Hornbach 3. Nov. 753, fränk. Klosterbischof westgot.-aquitan. oder span. Herkunft. – Gründete 724 das Kloster Reichenau, um die Mitte des 8. Jh. das Kloster Murbach u. a. Klöster (nach der Benediktregel). – Fest: 3. November.

Pịrna, Krst. am Rand des Elbsandsteingebirges, Sa., an der Elbe, 117 m ü. d. M., 43 000 E. Museum; Zellstoff-, Klebstoffwerk, elektrotechn. u. a. Ind. – Entstand um 1200 im Schutz einer Burg; 1233 erstmals erwähnt, erhielt Mitte des 13. Jh. Stadtrecht. – Spätgot. Stadtkirche (15./16. Jh.), ehem. Dominikanerklosterkirche (14. Jh.), spätgot. Kapitelsaalgebäude (15. Jh.); urspr. spätgot. Rathaus (umgebaut); Bürgerhäuser aus Spätgotik und Renaissance.

P., Landkr. in Sachsen.

Piro̲ge [karib.], Einbaum mit aufgesetzten Bordplanken; verbreitet u. a. bei den Kariben, Feuerländern, Ainu und Maori.

Pirọgge [russ.], gefüllte Pastete (Hefeteigtasche), oft als Beilage zu Suppen.

Piro̲l (Golddrossel, Oriolus oriolus), etwa amselgroßer Singvogel, v. a. in dichtbelaubten Baumkronen von Parkanlagen, Au- und Laubwäldern Eurasiens; ♂ leuchtend gelb mit schwarzen Flügeln und Schwanzfedern sowie rötl. Schnabel und Augen; ♀ unscheinbar grünlich und grau; melod. Flötenruf. – Der P. ist in M-Europa nur von Mai („Pfingstvogel") bis Aug. anzutreffen; überwintert in O- und S-Afrika.

Pirosmanaschwịli (Pirosmani), Niko *Mirsaani (Kachetien) 1862, †Tiflis 5. Mai 1918, georg. Maler. – Autodidakt. Bed. Vertreter der naiven Malerei; schuf farbenfrohe Wirtshausschilder, Porträts, Landschafts- und Genreszenen.

Pirot [serbokroat. ˌpirɔt], serb. Ort an der Nišava, 376 m ü. d. M., 29 000 E. Kelimweberei. – Im 4. Jh. als röm. Heerlager erstmals gen.; besaß auf Grund seiner verkehrsgünstigen Lage strateg. Bed.; 1689 durch Brand fast völlig zerstört. – Oriental. Stadtbild.

Pirouette [piru'ɛtə; frz.], Figur der ↑Hohen Schule.
▷ zentrierte mehrfache Drehung um die eigene Körperachse (im Eiskunstlauf, Rollschuhlauf, Ballett), wird auf einem Bein ausgeführt.

Pisanello. Porträt einer Prinzessin von Este, um 1433 (Paris, Louvre)

▷ (senkrechte Rolle, Schraube) Kunstflugfigur, senkrechter Aufwärtsflug mit Drehung um die Längsachse.

Pir Panjal Range ['pɪə pən'dʒɑ:l 'reɪndʒ], Gebirgskette des Vorderhimalaja in Kaschmir, bis 4 743 m hoch.

Pirsch [zu altfrz. berser „jagen"] ↑Jagdarten.

Pirus [lat.] ↑Birnbaum.

Andrea Pisano. Überführung des Leichnams Johannes des Täufers, Bronzerelief am Südportal des Baptisteriums in Florenz, 1330–36

Pisa ['pi:za, italien. 'pi:sa], italien. Stadt in der Toskana, am unteren Arno, 4 m ü. d. M., 102 900 E. Hauptstadt der Prov. P.; kath. Erzbischofssitz; Univ. (gegr. 1343), PH, Kunstakad., Museen. Fahrzeugbau, Glas-, Textil-, chem., pharmazeut., kosmet., keram. Ind.; Hafen (durch Kanal mit Livorno verbunden), Fremdenverkehr; ✈.

Geschichte: In der Antike **Pisae,** im 5. Jh. v. Chr. etrusk., im 3./2. Jh. röm. Stützpunkt, 89 v. Chr. röm. Munizipium, im 4. Jh. als Bischofssitz bezeugt; wurde als Handelsstadt (mit voller kommunaler Freiheit im 12. Jh.) zum Konkurrenten von Genua und Venedig. Mit der Niederlage gegen Genua (1284) und der Versandung des Hafens begann der wirtsch. und polit. Abstieg der Stadt; gehörte nach mehreren Besitzwechseln 1406–1861 zu Florenz, dann zu Italien; im 2. Weltkrieg fast zur Hälfte zerstört, doch vollständig wieder aufgebaut.

Bauten: Roman. Dom (1063 ff.) Santa Maria Assunta mit Marmorfassade, im Innern Kanzel Giovanni Pisanos (1302–11). Der Kampanile (1173 ff.; sog. Schiefer Turm von P.) steht auf nachgebendem Untergrund (derzeitige Neigung 1 : 10); Baptisterium (1152 ff.) mit Kanzel von Nicola Pisano (1260); umbaute Friedhofsanlage (Camposanto) aus dem 13./14. Jh., die bed. Fresken (u. a. T. Gaddi, F. Traini) wurden im 2. Weltkrieg schwer beschädigt. Der Domplatz (von der UNESCO zum Weltkulturerbe erklärt) liegt außerhalb des Altstadtzentrums, das von Bauten Vasaris geprägt wird (u. a. Santo Stefano dei Cavalieri, 1569). Ehem. Kloster San Matteo (heute Nat.museum).

Pisa, Konzile von, *1. Konzil* von 1409 (25. März bis 7. Aug.), berufen zur Beilegung des ↑Abendländischen Schismas; die Konzilsväter setzten die Päpste Gregor XII. und Benedikt XIII. ab und wählten am 26. Juni den Erzbischof von Mailand als Alexander V. zum Papst, der die Beschlüsse des Konzils bestätigte. – *2. Konzil* (Nov. 1511 bis 21. April 1512), bereits am 11. Dez. nach Mailand verlegt, wo es am 21. April 1512 Papst Julius II. (erfolglos) absetzte.

Pisanello, eigtl. Antonio Pisano, * Pisa oder Verona vor dem 22. Nov. 1395, † Rom (?) vermutl. im Okt. 1455, italien. Maler, Zeichner und Medailleur. – Fresken u. a. in Verona, in San Fermo Maggiore (1424–26) und in Sant' Anastasia (nach 1433–38) im höf. „Weichen Stil". Von feinem plast. Empfinden seine Medaillen, von außerordentl. Schärfe der Naturbeobachtung sein Zeichenwerk, bahnbrechend seine Porträts.

Pisang [malai.], svw. ↑Bananenstaude.

Pisano, Andrea, * Pontedera bei Pisa um 1290, † Orvieto zw. 26. Aug. 1348 und 19. Juli 1349, italien. Bildhauer. – Urspr. Goldschmied, schuf 1330–36 die Bronzereliefs des Südportals des Baptisteriums in Florenz (Einflüsse Giottos und der sienes., vielleicht auch frz. Gotik) und 1334 ff. Marmorreliefs des Kampanile des Florentiner Doms (Originale im Dommuseum), dessen Bauleitung er nach Giottos Tod übernahm.

P., Giovanni, * Pisa um 1250, † Siena 1320 (?), italien. Bildhauer und Baumeister. – Sohn von Nicola P.; Schüler und zunächst Mitarbeiter seines Vaters; 1270–75 vermutlich in Frankreich; 1284–96 Dombaumeister in Siena (Fassade in farbigem Stein); Kanzeln für Sant'Andrea in Pistoia (1298–1302) und den Dom von Pisa (1302–12), in den Reliefs eine dramat. Steigerung seel. Ausdrucks; Marienfiguren (Arenakapelle in Padua, um 1305/06; Dom von Prato).

Pirol. Männchen

P., Leonardo, italien. Mathematiker, ↑Fibonacci, Leonardo.

P., Nicola (Niccolò), * in Apulien (?) um 1225, † Pisa (?) zw. 1278 und 1284, italien. Bildhauer. – Ausgebildet im Umkreis des stauf. Hofes in Apulien. Der neue körperhafte Reliefstil der Kanzel des Baptisteriums von Pisa (1260 vollendet) rührt von spätantiken Sarkophagreliefs her. Die unter Mitarbeit seines Sohnes Giovanni und seines Schülers Arnolfo di Cambio geschaffene Kanzel im Dom von Siena (1266–68) weist stärker got. Züge auf; die Reliefs sind figurenreicher, die Gebärden erregter.

P., Nino, * Pisa (?) um 1315, † ebd. (?) vor dem 8. Dez. 1368, italien. Bildhauer und Baumeister. – Sohn von Andrea P.; ab 1349 Nachfolger seines Vaters als Dombaumeister in Orvieto. Schuf anmutige Madonnenfiguren im Geiste der frz. Gotik.

Giovanni Pisano. Madonnenstatue, um 1305/06 (Padua, Arenakapelle)

Piscator, Erwin, * Ulm (= Greifenstein, Lahn-Dill-Kreis) 17. Dez. 1893, † Starnberg 30. März 1966, dt. Regisseur. – Engagierte sich für neue Formen und Ziele des Theaters (politische Demonstration, Dokumentarstil); Gründung des Proletar. Theaters in Berlin (1920/21); Mitdirektor des Centraltheaters ebd. (1922/23); Oberregisseur der Berliner Volksbühne (1924–27). Nach Entlassung Eröffnung eines eigenen Hauses. Arbeitete 1931–36 in der UdSSR, dann in Paris und seit 1939 in den USA. Seit 1951 in der BR Deutschland; 1962–66 Schriften zur Theatertheorie; Leiter der Freien Volksbühne in Berlin 1962–66.

P., Johannes, eigtl. Johann Fischer, * Straßburg 27. März 1546, † Herborn 26. Juli 1625, dt. ref. Theologe. – 1571 Prof. in Straßburg, als Anhänger des Kalvinismus 1573 ausgewiesen; 1584 Rektor der neugegr. Univ. Herborn; bekannt durch seine Kommentare und Bibelübersetzungen („P.-Bibel", 1597–1603).

Pisces [lat.] (Fische) ↑Sternbilder (Übersicht).

Pischpek, bis 1926 Name der kirgis. Stadt ↑Bischkek.

Pisciden [lat.], ein Meteorstrom mit dem Radianten im Sternbild Pisces, der zw. 16. Aug. und 8. Okt. auftritt.

Piscis Austrinus [lat.] (Südlicher Fisch) ↑Sternbilder (Übersicht).

Písek [tschech. 'pi:sɛk], Stadt im Südböhm. Bez., ČR, 378 m ü. d. M., 29 100 E. Stadtmuseum; elektrotechn., Strickwaren- u. a. Ind., Instrumentenbau. – Entstand um 1240, erhielt Ende des 13. Jh. Stadtrecht. – Hirschbrücke (vermutl. 13. Jh.), Reste der Stadtbefestigung (13.–16. Jh.); erhaltener got. Palas der ehem. königl. Burg (13.–15. Jh.); barocke Wenzelskirche (17. Jh.), spätbarockes Altes Rathaus (18. Jh.).

Pisides, byzantin. Dichter, ↑Georgios Pisides.

Pisidien, histor. Gebiet im W-Taurus, südl. von Burdur und Isparta, Türkei; schließt sich nach N an Pamphylien an. Die Pisider hielten sich unter der Oberhoheit der Perser (seit Mitte des 6. Jh. v. Chr.) und später hellenist. Machthaber relativ unabhängig; seit etwa 100 v. Chr. unter röm. Herrschaft.

Pisistratus ↑Peisistratos.

Piso, bedeutendste Fam. des röm. plebej. Geschlechts der Calpurnier; bed. sind v. a.:

P., Gajus Calpurnius, † 19. April 65 n. Chr. (Selbstmord), Konsul. – 65 Mittelpunkt der **Pisonischen Verschwörung** gegen ↑Nero.

Erwin Piscator

P., Lucius Calpurnius P. Frugi, Geschichtsschreiber und Konsul (133 v. Chr.). – Verfaßte 7 Bücher „Annales" von den Anfängen Roms bis zum Jahr 146 v. Chr. und erließ als

Volkstribun 149 v. Chr. das erste Gesetz gegen Erpressung der Provinzialen, das zur Einführung des ersten ständigen Gerichtshofes führte.

Pissarew, Dmitri Iwanowitsch, * Snamenskoje (Gebiet Lipezk) 14. Okt. 1840, † Dubulti (= Jūrmala) 16. Juli 1868, russ. Literaturkritiker und Philosoph. – Entfaltete eine revolutionär-demokrat. Kulturkritik; Vertreter einer an N. G. Tschernyschewski orientierten Literaturkritik. Begründete seinen radikalen Realismusbegriff mit der These, Literatur sei nur wertvoll, wenn sie die soziale Wirklichkeit spiegele.

Camille Pissarro. Die roten Dächer, 1877 (Paris, Musée d'Orsay)

Pissarro, Camille, * auf Saint Thomas (Antillen) 10. Juli 1830, † Paris 13. Nov. 1903, frz. Maler und Graphiker. – Vertreter des Impressionismus, beeinflußt von C. Corot und G. Courbet sowie von W. Turner und J. Constable; charakterist. Landschaften 1874–86 mit unruhigeren Farben und Pinselstrichen; dann Aufnahme pointillist. Elemente; zahlr. Radierungen und Lithographien.

William Pitt d. Ä. (Ausschnitt aus einem zeitgenössischen Gemälde)

Pissemski, Alexei Feofilaktowitsch, * Ramenje (Gebiet Kostroma) 23. März 1821, † Moskau 2. Febr. 1881, russ. Schriftsteller. – Schrieb zeit- und sozialkrit., pessimist.-satir. Romane aus der Welt der russ. Bauern, des Landadels und der Beamten („Tausend Seelen", 1858; „Im Strudel", 1871) sowie das erste russ. Bauerndrama („Das bittere Los", 1860).

Pissoir [frz. pɪˈswar], öff. Toilette für Männer.

Pistakistrauch [pers.-griech.-lat./dt.] (Pistacia lentiscus), Pistazienart im Mittelmeergebiet; 2 bis 4 m hoher Strauch mit leicht gekrümmten, nach unten hängenden Zweigen. Die immergrünen Blätter sind wechselständig, gefiedert und haben einen rötl. Blattstiel. Die zuerst dunkelrote Steinfrucht wird bei der Reife schwarz. Rinde und Blätter enthalten Tannin und werden deshalb als Gerbmittel verwendet.

Pistazie [pers.-griech.-lat.], (Pistacia) Gatt. der Anakardiengewächse mit rd. 20 Arten, v. a. im Mittelmeergebiet sowie in W- und O-Asien und im südl. N-Amerika; Bäume oder Sträucher mit meist gefiederten Blättern und Blüten in zusammengesetzten Rispen.

▷ (Echte P., Aleppponuß, Pistakinuß, Grüne Mandel, Pistacia vera) im gesamten Mittelmeergebiet kultivierter, bis 10 m hoher Baum. Die mandelförmigen Steinfrüchte enthalten im Steinkern je einen grünl., ölhaltigen, aromatisch schmeckenden Samen. Diese **Pistazien** gen. Samen werden gesalzen gegessen oder als würzende Zutat (Wurst, Eiscreme) verwendet.

William Pitt d. J. (Ausschnitt aus einem Gemälde von John Hoppner)

Pistazit [nach der pistaziengrünen Farbe], svw. ↑ Epidot.

Piste [frz., zu italien. pista „gestampfter Weg, Fährte, Spur"], Verkehrsweg ohne feste Fahrbahndecke.

▷ [abgesteckte] Skirennstrecke (bei alpinen Wettbewerben), Rennstrecke bei Motorsportwettbewerben.

▷ umgangssprachlich für Start-und-Lande-Bahn auf Flughäfen und Flugplätzen.

▷ Einfassung der Zirkusmanege.

Pistill [lat.] ↑ Mörser.

Pistillum [lat.] ↑ Stempel.

Pistoia, italien. Stadt in der nördl. Toskana, 71 m ü. d. M., 90 200 E. Hauptstadt der Prov. P.; kath. Bischofssitz; metallverarbeitende, Textil-, Schuh-, Nahrungsmittel-, Holz- und chem. Ind.; Mittelpunkt einer Gartenbaulandschaft. – In der Römerzeit **Pistoria (Pistoriae, Pistorium),** wo 62 v. Chr. Catilina geschlagen wurde; im 5. Jh. als Bischofssitz bezeugt; in langobard. Zeit wichtiges Militär- und Verwaltungszentrum; seit 1115 freie Kommune; verlor seine im 13. Jh. führende Stellung im Bankwesen nach Inbesitznahme durch Florenz (1329). – Dom (v. a. 12. Jh.) mit Silberaltar des hl. Jakobus, roman. Kirche San Giovanni Fuorcivitas (12. bis 14. Jh.); Renaissancekirche Madonna dell'Umiltà (1494–1567); got. Palazzo Communale (1294 ff.).

Pistole, außerhalb Spaniens aufgekommene Bez. für die Dublone; später bis Mitte des 19. Jh. zahlr. Nachahmungen (Louisdor; Augustdor, Friedrichsdor [zumeist = 5 Taler = 20 Goldfranken]).

Pistole [zu tschech. píšťala, eigtl. „Pfeife, Rohr"], fast ausschließlich einläufige Faustfeuerwaffe.
Als verkürzte Arkebuse entstand nach 1500 das sog. Hand- oder Faustrohr. Die ersten P. waren Vorderlader, zunächst i. d. R. mit Radschloß, später mit Steinschloß. Um 1830 wurde das Perkussionsschloß übernommen, ab 1845 die erste brauchbare Hinterlader-P. gebaut, 1854 die erste Mehrlade-P. in den USA patentiert. Die heutigen mehrschüssigen **Selbstladepistolen** (erste brauchbare Typen ab 1896) haben im Unterschied zum ↑ Revolver ein Patronenlager (Magazin für 6–10 Patronen) im Griff sowie entweder einen feststehenden Lauf mit Federverschluß oder einen bewegl. Lauf, der mit dem Verschluß zurückgleitet.

Pistolenkrebs ↑ Garnelen.

Pistoletto, Michelangelo, * Biella 25. Juni 1933, italien. Objektkünstler. – Bei seinen Papiercollagen auf Edelstahl mit lebensgroßen Szenen wird der Betrachter, indem er sich spiegelt, Teil der Darstellung.

Piston, Walter [engl. ˈpɪstən], * Rockland (Maine) 20. Jan. 1894, † Belmont (Mass.) 12. Nov. 1976, amerikan. Komponist. – Schrieb u. a. acht Sinfonien, Konzerte, Kammermusik sowie das Ballett „The incredible flutist" (1938) in einem neoklassizist. Stil, oft mit harten, vom Jazz herkommenden Klangwirkungen.

Piston [pɪsˈtõ:; frz.], frz. Bez. für das Pumpenventil an Blechblasinstrumenten; auch Kurzbez. für das ↑ Kornett.

▷ bei Perkussionswaffen Bez. für den (das Zündloch enthaltenden) Zündstift, auf den das Zündhütchen aufgesetzt wurde.

Pistoria ↑ Pistoia.

Pistorius, Johannes, d. Ä., gen. Niddanus, * um 1500, † Nidda 1583, dt. ev. Theologe. – Vater von Johannes P. d. J.; trug entscheidend zur Einführung der Reformation in Hessen bei.

P., Johannes, d. J., * Nidda 14. Febr. 1546, † Freiburg im Breisgau 18. Juli 1608, dt. Theologe und Historiker. – Konvertierte 1588 zum Katholizismus; 1591–94 Generalvikar in Konstanz, anschließend östr. und bayr., danach kaiserl. Rat in Freiburg; ab 1601 Beichtvater Kaiser Rudolfs II.; verfaßte zahlr. Polemiken gegen Luther und den Protestantismus.

Pistoxenos-Maler, att. Schalenmaler des rotfigurigen Stils, 5. Jh. v. Chr. – Etwa 480–460 tätig für die Töpfer Pistoxenos und Euphronios; v. a. Schalen mit großfigurig-strengen Kompositionen auf weißem Grund.

Pitaval, François Gayot de, * Lyon 1673, † ebd. 1743, frz. Jurist. – Hg. einer Sammlung denkwürdiger Kriminalfälle („Causes célèbres et intéressantes", 20 Bde., 1734 bis 1743). Der Name P. bezeichnete später nach diesem Muster angelegte Sammlungen.

Pitcairn [engl. ˈpɪtkɛən], bis 335 m hohe Vulkaninsel im südl. Pazifik, 4,6 km², 54 E, Hauptort Adamstown; bildet mit den unbewohnten Inseln **Henderson** (31 km²), **Ducie** (6,5 km²) und **Oeno** (5,2 km²) die brit. Kolonie P.; Anbau von Gemüse, Ananas und Zitrusfrüchten; Emission und

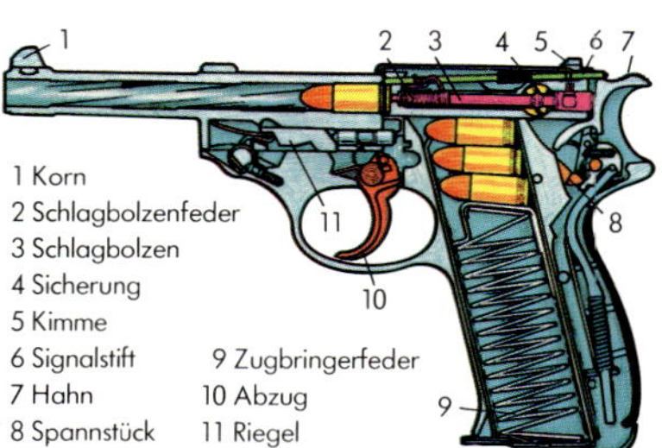

Pistole. Schnittzeichnung der 1938 in die deutsche Wehrmacht eingeführten Pistole P 38

Verkauf von Briefmarken. – 1767 entdeckt, seit 1838 brit. Kolonie; 1790 siedelten sich hier die meuternde Besatzung des brit. Schiffes „Bounty" und Tahitianer an.

Pitcairnie [pɪtˈkɛrniə; wohl nach dem schott. Arzt A. Pitcairne, * 1652, † 1713] (Pitcairnia), Gatt. der Ananasgewächse mit über 250 Arten in M- und S-Amerika, eine Art in W-Afrika (Guinea); stammlose Rosettenpflanzen mit starren und stachelig gesägten, schmalen, lineal- oder schwertförmigen Blättern; Blüten in lockeren oder dicht walzenförmigen Blütenständen; z. T. Zimmerpflanzen.

Pitcher [ˈpɪtʃər; engl.], engl. Bez. für den Werfer im ↑ Baseball.

Pitchpine [ˈpɪtʃpaɪn; engl.] ↑ Hölzer (Übersicht).

Pitești [rumän. piˈteʃtj], rumän. Stadt am Argeș, 154 100 E. Verwaltungssitz des Bez. Argeș; Automobilwerk, Textil-, petrochem. u. a. Ind. – Im 14. Jh. erstmals erwähnt; war bereits 1481 Stadt. – Fürstenkirche (erbaut 1656); Dreifaltigkeitskirche (17. Jh.).

Pithecanthropus [griech.-lat. „Affenmensch"] ↑ Mensch (Abstammung).

Pithom, hebr. Name der altägypt. Stadt Per-Atum, heute Tall Al Maschuta im äußersten O des Wadi Tumilat. In der Bibel (2. Mos. 1, 11) als Vorratsstadt erwähnt, wo die Israeliten Fronarbeit leisten mußten.

Pithos [griech.], bis mannshohes antikes Vorratsgefäß aus Ton, unten spitz zulaufend.

Pitoëff, Georges [frz. pitɔˈɛf], eigtl. Georgi Pitojew, * Tiflis 4. Sept. 1884, † Genf 17. Sept. 1939, frz. Schauspieler und Regisseur russ. Herkunft. – 1915 Übersiedlung von Moskau nach Genf, Aufstellung einer Schauspielertruppe. Seit 1922 in Paris, leitete 1934–39 das Théâtre des Mathurins.

Piton des Neiges [frz. pitõdeˈnɛːʒ], mit 3 069 m höchster Berg der Insel Réunion.

Pitot-Rohr [piˈtoː; nach dem frz. Physiker H. Pitot, * 1695, † 1771], eine Strömungssonde zur Messung des Gesamtdrucks im vorderen Staupunkt eines umströmten Körpers; rechtwinklig gebogene Röhre, deren einer Schenkel der Strömung entgegengerichtet ist und an deren anderem Ende ein Manometer angeschlossen ist.

pitoyabel [frz.], erbärmlich, bemitleidenswert.

Pitt, William, d. Ä., Earl of Chatham (seit 1766), * London 15. Nov. 1708, † Hayes (= London) 11. Mai 1778, brit. Politiker. – Mgl. des Unterhauses (ab 1735), Gegner Sir R. Walpoles und der Politik Georgs II.; 1746–55 Kriegszahlmeister; 1756/57, 1757–61 und 1766–68 leitender Min. Im Siebenjährigen Krieg konnte P. als Bundesgenosse Preußens die frz. Vormacht zur See und in den Kolonien brechen und die Basis für Großbritanniens Weltmachtstellung legen.

P., William, d. J., * Hayes (= London) 28. Mai 1759, † Putney (= London) 23. Jan. 1806, brit. Politiker. – Sohn von William P. d. Ä.; 1781 Mgl. des Unterhauses, 1782/83 Schatzkanzler und als Führer der Tories 1783–1801 sowie 1804–06 Premiermin.; setzte der durch den Nordamerikan. Unabhängigkeitskrieg gefährdeten wirtsch. Lage Großbritanniens umfassende Zoll- und Finanzreformen entgegen und trug dazu bei, daß die polit. Entscheidungsbefugnis von der Krone an das Kabinett unter Führung des Premiermin. überging. P. wurde der Inspirator der europ. Koalitionen gegen Frankreich und erreichte 1800 die Union von Großbritannien und Irland.

Pittakos, * etwa 650, † etwa 580, Tyrann in Mytilene. – Führte nach gemeinsamer Reg. mit dem Tyrannen Myrsilos nach dessen Tod ein antiaristokrat. Regiment; stellte die erste Gesetzessammlung zus.; einer der Sieben Weisen.

Pittas [drawid.] (Prachtdrosseln, Pittidae), Fam. 15–28 cm langer, farbenprächtiger, gedrungener Sperlingsvögel (Unterordnung ↑ Schreivögel) mit 24 Arten in trop. Wäldern der Alten Welt (z. B. Blaupitta [Pitta caerulea]); vorwiegend Insekten, Würmer und Schnecken fressende, relativ langbeinige Bodenvögel; bauen Kugelnester.

Pittas. Blaupitta (Größe 29 cm)

Pittermann, Bruno, * Wien 3. Sept. 1905, † ebd. 19. Sept. 1983, östr. Politiker (SPÖ). – 1945–71 Mgl. des Nationalrats; 1957–67 Vors. der SPÖ und (bis 1966) Vizekanzler; 1966–71 Vors. der SPÖ-Parlamentsfraktion; 1964–76 Vors. der Sozialist. Internationale.

Pitti, Palazzo, Palast in Florenz; älteste Teile 1457–66, der heutige Mittelteil des Frontbaus wurde von etwa 1560 bis um 1566 von B. Ammannati als Residenz der Hzg. von Toskana ausgebaut; im 17., 18. und 19. Jh. mehrfach erweitert; 1864–71 Residenz des Königs von Italien. Gartenanlage (Boboli-Garten) 1550 ff.; im P. P. befinden sich berühmte Gemälde- und Kunstsammlungen.

pittoresk [lat.-italien.-frz.], malerisch [schön].

Pittsburgh [engl. ˈpɪtsbəːg], Stadt am Ohio, Pennsylvania, etwa 230 m ü. d. M., 375 000 E, als Metropolitan Area 2,26 Mill. E. Sitz eines kath., anglikan. und methodist. Bischofs; 3 Univ. (gegr. 1787, 1878 und 1900), Colleges, Konservatorium. P. ist eines der bedeutendsten Ind.zentren in den USA, dessen Entwicklung v. a. auf nahen Kohlen- und Eisenerzvorkommen sowie dem Ausbau von Eisenbahn und Flußschiffahrt beruht. Endpunkt der Schiffahrt auf dem Ohio. – 1759 gegr. als **Fort Pitt** (nach William Pitt d. Ä.) an der Stelle des 1758 von den Briten zerstörten frz. Fort Duquesne; gehört seit 1780 zu Pennsylvania.

Pittsburgh Stadtwappen

Pittura metafisica (metaphys. Malerei), durch mag. Gegenwärtigkeit der [vereinzelten] Dinge und entfremdete, scheinbar mechanisierte Menschen charakterisierter Stil G. de Chiricos sowie C. Carràs. Die P. m. entstand in Italien Anfang des 20. Jh. Gegenposition zum Futurismus, insbes. zu dessen Betonung der Funktionalität der Dinge und simultaner (gleichzeitiger) Wiedergabe zeitlich aufeinanderfolgender Eindrücke.

Pittura metafisica. Carlo Carrà, Mutter und Sohn, 1917 (Privatbesitz)

Papst Pius IX.

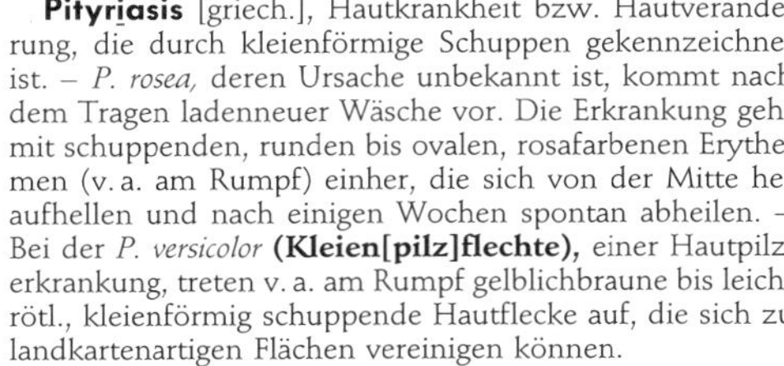

Pityriasis [griech.], Hautkrankheit bzw. Hautveränderung, die durch kleienförmige Schuppen gekennzeichnet ist. – *P. rosea,* deren Ursache unbekannt ist, kommt nach dem Tragen ladenneuer Wäsche vor. Die Erkrankung geht mit schuppenden, runden bis ovalen, rosafarbenen Erythemen (v. a. am Rumpf) einher, die sich von der Mitte her aufhellen und nach einigen Wochen spontan abheilen. – Bei der *P. versicolor* **(Kleien[pilz]flechte),** einer Hautpilzerkrankung, treten v. a. am Rumpf gelblichbraune bis leicht rötl., kleienförmig schuppende Hautflecke auf, die sich zu landkartenartigen Flächen vereinigen können.

Pityusen [pity'u:zən] ↑Balearen.

più [pi'u:; italien.], svw. mehr; in der Musik z. B. *p. forte:* stärker, *p. allegro:* schneller.

Piura [span. 'piura], Hauptstadt des Dep. P., NW-Peru, in der Küstenwüste, 297 000 E. Kath. Erzbischofssitz; Univ. – Als erste span. Stadt in Peru 1532 als San Miguel de P. nahe dem heutigen Ort gegr., 1534 und 1585 verlegt; 1912 durch Erdbeben z. T. zerstört.

P., Dep. in NW-Peru, 36 403 km², 1,49 Mill. E (1990), Hauptstadt Piura. Erstreckt sich von der Küstenebene im S bis in die Anden im N und O. Bewässerungsfeldbau, Rinderzucht; Erdölförderung. Fischfang und -verarbeitung. – Das Dep. besteht seit 1861.

Papst Pius X.

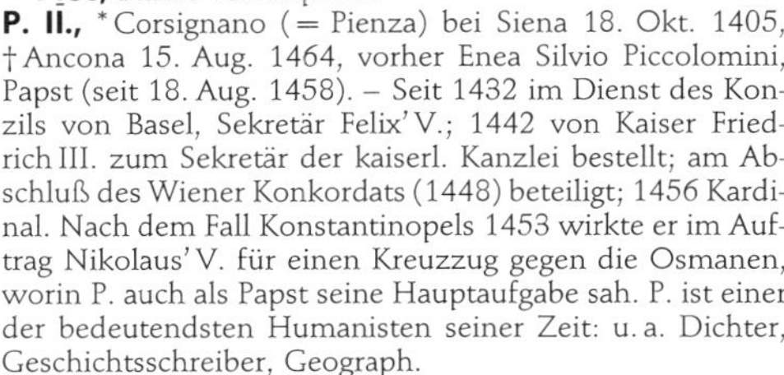

Pius, Name von Päpsten:

P. II., *Corsignano (= Pienza) bei Siena 18. Okt. 1405, †Ancona 15. Aug. 1464, vorher Enea Silvio Piccolomini, Papst (seit 18. Aug. 1458). – Seit 1432 im Dienst des Konzils von Basel, Sekretär Felix' V.; 1442 von Kaiser Friedrich III. zum Sekretär der kaiserl. Kanzlei bestellt; am Abschluß des Wiener Konkordats (1448) beteiligt; 1456 Kardinal. Nach dem Fall Konstantinopels 1453 wirkte er im Auftrag Nikolaus' V. für einen Kreuzzug gegen die Osmanen, worin P. auch als Papst seine Hauptaufgabe sah. P. ist einer der bedeutendsten Humanisten seiner Zeit: u. a. Dichter, Geschichtsschreiber, Geograph.

P. V., hl., *Bosco Marengo (Prov. Alessandria) 17. Jan. 1504, †Rom 1. Mai 1572, vorher Michele Ghislieri, Papst (seit 7. Jan. 1566). – Dominikaner von streng mönch.-asket. Gesinnung; 1557 Kardinal, 1558 Großinquisitor. Betrachtete die Kirchenreform auf der Grundlage des Konzils von Trient als seine Hauptaufgabe; publizierte 1566 den „Catechismus Romanus", 1570 das „Missale Romanum". – Fest: 30. April.

Papst Pius XI.

P. VI., *Cesena 25. Dez. 1717, †Valence (Drôme) 29. Aug. 1799, vorher Giovanni Angelo Braschi, Papst (seit 15. Febr. 1775). – P. kämpfte gegen jansenist., gallikan. und febronian. Strömungen, versuchte 1782 Kaiser Joseph II. zur Änderung seiner Kirchenpolitik zu bewegen und verurteilte die ↑Emser Punktation von 1786. Durch den Ausbruch der Frz. Revolution (1789) und durch das Vordringen Bonapartes in Italien verlor P. 1797 im Frieden von Tolentino große Teile des Kirchenstaates und wurde nach dessen Besetzung (1798) Gefangener der Franzosen.

P. VII., *Cesena 14. Aug. 1742, †Rom 20. Aug. 1823, vorher Luigi Barnaba Chiaramonti, Papst (seit 14. März 1800). – Benediktiner, 1785 Kardinal; in Venedig unter östr. Schutz gewählt; ging im Juli 1800 nach Rom. Unterstützt von E. M. ↑Consalvi reorganisierte er den teilweise restituierten Kirchenstaat und schloß 1801 das Konkordat mit Frankreich ab. Trotzdem wurde der Kirchenstaat 1809 mit Frankreich vereinigt und P. gefangengesetzt. Erst 1814 konnte er nach Rom zurückkehren, bemüht um die Neuordnung im 1815 wiederhergestellten Kirchenstaat und um kirchl. Neuorganisation.

Papst Pius XII.

P. IX., *Sinigaglia (Prov. Ancona) 13. Mai 1792, †Rom 7. Febr. 1878, vorher Graf Giovanni Maria Mastai-Ferretti, Papst (seit 16. Juni 1846). – 1840 Kardinal. P. mußte im Nov. 1848 vor einem Aufstand nach Gaeta fliehen; in Rom wurde die Republik ausgerufen. P. konnte mit Hilfe frz. Truppen im April 1850 wieder nach Rom zurückkehren, bis der Dt.-Frz. Krieg die italien. Besetzung Roms (20. Sept. 1870) und damit das Ende des Kirchenstaates brachte. Innerkirchlich war die Regierung gekennzeichnet durch weiteren Ausbau der Hierarchie, zunehmende Zentralisierung und durch eine schroffe Abwehr aller modernen Ideen (Verurteilung der bürgerl. Freiheiten im ↑Syllabus 1864). Die kirchenpolit. und innerkirchl. Spannungen erreichten ihren Höhepunkt anläßlich des 1. Vatikan. Konzils 1869/1870, das den Primat und die Unfehlbarkeit des Papstes definierte.

P. X., hl., *Riese (= Riese Pio X, Prov. Treviso) 2. Juni 1835, †Rom 20. Aug. 1914, vorher Giuseppe Sarto, Papst (seit 4. Aug. 1903). – Bäuerl. Herkunft; 1893 Patriarch von Venedig und Kardinal. P. erstrebte religiöse Erneuerung bei Klerus und Volk, Reinheit der Lehre, v. a. durch Abwehr des wirkl. oder vermeintl. ↑Modernismus; scharfe innerkirchl. Zentralisation und Ablehnung demokrat. Ideen in der Politik; Neukodifizierung des Kirchenrechts. Seine Haltung führte zu großer Behinderung wiss.-theolog. Arbeit und Spannungen mit Deutschland, Spanien, Portugal, v. a. mit Frankreich, wo es 1905 zur Trennung von Kirche und Staat kam. – Fest: 21. August.

P. XI., *Desio (Prov. Mailand) 31. Mai 1857, †Rom 10. Febr. 1939, vorher Achille Ratti, Papst (seit 6. Febr. 1922). – 1919/20 Nuntius in Polen; 1921 Erzbischof von Mailand und Kardinal. Nach dem 1. Weltkrieg bemühte sich P. um „christl. Frieden" und neue kirchl. Konsolidierung; deshalb Abschluß von Konkordaten mit Lettland (1922), Bayern (1924), Polen (1925), Rumänien, Litauen, Italien, Preußen (1929), Baden (1932), Österreich (1933) und dem Dt. Reich (1933). Kirchenpolitisch bes. bedeutsam waren die Lösung der ↑Römischen Frage durch die ↑Lateranverträge 1929 und das ↑Reichskonkordat. Während sich mit dem italien. Faschismus seit 1929 ein Modus vivendi einspielte, kam es zw. der kath. Kirche und der nat.-soz. Reg. bald nach dem Konkordat zu wachsenden Spannungen und kirchl. Protesten, 1937 in der Enzyklika „Mit brennender Sorge" zur scharfen Anprangerung des NS. P. förderte die Kath. Aktion, die kath. Weltmission, Kunst und Wiss., lehnte aber die ökumen. Bewegung ab.

P. XII., *Rom 2. März 1876, †Castel Gandolfo 9. Okt. 1958, vorher Eugenio Pacelli, Papst (seit 2. März 1939). – Ab 1901 im Staatssekretariat; 1917 Titularerzbischof und Nuntius in München, 1920–29 in Berlin, 1929 Kardinal, ab 1930 Kardinalstaatssekretär Papst Pius' XI. P. war im 2. Weltkrieg auf polit. Neutralität bedacht und um humanitäre Hilfe bemüht, wenn er auch zu den Judenverfolgungen seine Mahnungen und Verurteilungen allg. hielt. Die Kirchenregierung führte er streng zentralistisch und autoritär. P. äußerte sich in Reden und Enzykliken autoritativ zu polit., sozialen, eth. und kirchl. Fragen der Zeit; die Marienverehrung förderte er durch das Dogma der Himmelfahrt Marias 1950. Durch Ausbildung einheim. Priester und Bischöfe sowie durch Errichtung nat. kirchl. Hierarchien förderte er in Asien und Afrika die beginnende Emanzipation von europ. Vorherrschaft. Seine Stellung zur nat.-soz. Judenverfolgung und seine polit. Haltung während des 2. Weltkriegs sind umstritten.

Piva [italien.], italien. Bez. für ↑Sackpfeife.

▷ in der *Tanzkunst:* 1. schnellste Schrittfolge der Tänze des 15. Jh.; 2. einer der schnellsten italien. Tänze des frühen 16. Jh. im $^{12}/_{8}$-Takt, meist als Abschluß in der Folge Pavane–Saltarello–Piva.

Pivot [pi'vo:; frz.], Schwenkachse oder -punkt des Geschützrohrs auf der Lafette.

Piwitt, Hermann Peter, *Hamburg 28. Jan. 1935, dt. Schriftsteller. – Erzähler, Essayist, Rundfunkautor und Literaturkritiker. Seine Erzählungen („Herdenreiche Landschaften", 1965) und Romane („Rothschilds", 1972; „Die Gärten im März", 1979; „Der Granatapfel", 1986) sind sensible krit. Analysen der modernen Gesellschaft.

Pixel [Kurzwort für engl. picture element], kleinste Informationseinheit eines Bildes bzw. eines Bildsensors; kleinstes Element eines Rasterbildschirms, dem Farbe und Intensität zugeordnet werden können.

Piz [ladin. pits], ladin. svw. Bergspitze.

Pizarro [pi'tsaro, span. pi'θarrɔ], Francisco, *Trujillo (Prov. Cáceres) um 1478, †Ciudad de los Reyes (= Lima) 26. Juni 1541, span. Konquistador. – Erkundete zw. 1524 und 1527 Peru; 1529 von Kaiser Karl V. zum Statthalter und Generalkapitän dieses zu erobernden Gebietes ernannt; landete 1531 mit 3 Schiffen bei Tumbes. Der Gefangennahme und Hinrichtung des Inka Atahualpa in Cajamarca 1532/33 folgte der Einzug in die Inkahauptstadt Cuzco (15. Nov. 1533). 1535 gründete P. Lima als neue Hauptstadt; bei Kämpfen der Konquistadoren untereinander um Cuzco besiegte 1538 P.s Bruder, Hernando P. (* 1504 [?], † 1578 [?]), D. de Almagro und ließ ihn hinrichten. P. wurde von Anhängern Almagros ermordet.

Pizunda [pi'tsundɐ], Seebad an der O-Küste des Schwarzen Meeres, Abchasien, 8 000 E. Seit 1952 werden systemat. Ausgrabungen der großen antiken Stadt **Pityus** unternommen, von der Türme, Wohnhäuser, Handwerksstätten und ein Tempelbau mit Mosaikfußboden freigelegt wurden.

Pizza [italien.], dünnes Hefegebäck, mit Tomaten, Käse, Wurst oder Schinken u. a. Zutaten belegt und heiß serviert, i. d. R. in einer **Pizzeria.**

Pizzetti, Ildebrando, * Parma 20. Sept. 1880, † Rom 13. Febr. 1968, italien. Komponist. – 1936–58 Prof. in Rom; v. a. Bühnenwerke, u. a. „Fedra" (1915, nach D'Annunzio), „Mord im Dom" (1958, nach T. S. Eliot), „Clitennestra" (1965), daneben Orchester-, Kammermusik, Chorwerke und Lieder in einem an die altitalien. Tradition anknüpfenden Stil.

pizzicato [italien. „gezupft"] (pincé), Abk. pizz., in der Musik Spielanweisung für Streichinstrumente, die Saiten mit den Fingern zu zupfen; aufgehoben durch ↑ coll'arco.

Pizzo Rotondo, mit 3 192 m höchster Gipfel der Gotthardgruppe (Schweiz).

Pjandsch ↑ Amudarja.

Pjongjang [pjɔŋ'jaŋ], Hauptstadt von Nord-Korea, am unteren Taedong, 2,6 Mill. E (städt. Agglomeration). Stadtprov. und Verwaltungssitz einer Prov.; kulturelles Zentrum Nord-Koreas: mehrere wiss. Akad., Univ. (gegr. 1946), polytechn., Ingenieur-, medizin., Kunstschule, Schule für Schauspiel und Film, Konservatorium, 5 Museen; Zentrum der Metallind., u. a. Flugzeugind.; wichtigster Verkehrsknotenpunkt des Landes; Binnenschiffsverkehr; U-Bahn; ✈.
Geschichte: Im 2. Jh. v. Chr. Hauptstadt eines unabhängigen Staates im nördl. Korea, 108 v. Chr. von den Chinesen unterworfen, die 313 von der korean. Koguryo-Dyn. vertrieben wurden; seit 427 deren Hauptstadt; nach Anschluß an das Kgr. Silla im S Koreas 668 nur noch regionales Verwaltungszentrum des NW, 1270–90 Stützpunkt der Mongolen; 1910–45 unter jap. Herrschaft, ab 1948 Hauptstadt von Nord-Korea.
Bauten: Trotz Zerstörungen im Koreakrieg (1950–53) bewahrt die von einer Mauer umgebene Stadt noch einen alten buddhist. Tempel; Ausgrabungen am linken Ufer des Taedong förderten aus einer Nekropole der Hanzeit reiche Funde.

P.-K.-Le-Roux-Damm [Afrikaans pe:ka:lə'ru], Staudamm im mittleren Oranje, Teil des ↑ Orange River Project.

Pkw (PKW), Abk. für: **P**ersonen**k**raft**w**agen (↑ Kraftwagen).

pK-Wert [Analogiebildung zu pH-Wert], in der Chemie gebräuchl. Maßzahl für die Stärke von Elektrolyten in (verdünnten) wäßrigen Lösungen; definiert als der negative dekad. Logarithmus der Gleichgewichtskonstante K_c (↑ Massenwirkungsgesetz) einer chem. Reaktion.

pl., Pl., Abk. für: ↑ **Pl**ural.

PL 1 (PL/1), Abk. für engl.: **P**rogramming **L**anguage **1,** eine relativ umfangreiche höhere Programmiersprache mit universellem Anwendungsbereich.

Placebo [lat. „ich werde gefallen"] (Scheinmedikament, Leermedikament), mit dem Originalarzneimittel **(Verumpräparat)** in Aussehen, Geschmack und Geruch übereinstimmende Zubereitung, jedoch ohne dessen Wirkstoff. P. werden u. a. bei der Werterprobung eines (neuen) Arzneimittels eingesetzt, um die wirklich vorhandenen pharmakodynam. Wirkungen von den Scheinwirkungen abzugrenzen (↑ Blindversuch) oder um einem subjektiven Bedürfnis nach medikamentöser Behandlung zu entsprechen. Der *P.effekt* hängt erheblich von der psych. Einstellung des Behandelten ab und beruht auf suggestiver Wirkung.

Placenta ↑ Plazenta.

Placentia ↑ Piacenza.

Placido-Scheibe [lat.], svw. Keratoskop.

plädieren [lat.-frz.], 1. ein Plädoyer halten; 2. für etwas eintreten; befürworten.

Plädoyer [plɛdoa'je:; frz., zu lat. placitum „geäußerte Willensmeinung"], der Vortrag des Rechtsanwalts, Verteidigers oder Staatsanwalts vor Gericht, in dem er den Prozeßstoff von seinem Standpunkt aus zusammenfassend würdigt; Bestandteil der mündl. Verhandlung.

Plafond [pla'fõ:; frz., gebildet aus: plat fond „platter Boden"], flache Decke eines Raums.
▷ 1. oberer Grenzbetrag bei der Kreditgewährung; 2. in der Steuerlehre der obere Grenzwert (Spitzensteuersatz) der Einkommensteuer bei der Steuerprogression.

Ildebrando Pizzetti

plagal [griech.], in der Musiklehre seit dem 9. Jh. Bez. für den „abgeleiteten" 2., 4., 6. und 8. Kirchenton (↑ Kirchentonarten); Ggs. ↑ authentisch. – In der Harmonielehre die ↑ Kadenz mit der Klangfolge Subdominante–Tonika.

Plaggen [niederdt.], rechteckige 4–6 cm starke Ausschnitte des durchwurzelten Oberbodens mit seiner bodenbedeckenden Vegetation (z. B. Gras, Heidekraut).

Plagiat [frz., zu lat. plagium „Menschendiebstahl"], widerrechtl. Übernahme und Verbreitung von fremdem geistigem Eigentum. Der P.vorwurf wird in allen Sparten der Kunst und Wiss. erhoben, wenn ein Verf. Werke, Werkteile, Motive eines anderen Autors sich aneignet, in wiss. Werken Passagen aus fremden Arbeiten ohne Zitatkennzeichnung und Quellenangabe übernimmt oder fälschlich das Recht der Priorität eines Gedankens für sich beansprucht.

Plagieder [griech.], svw. Pentagonikositetraeder (↑ Ikositetraeder).

plagiogeotrop [griech.], sich schräg zur Richtung der Schwerkraft orientierend; auf pflanzl. Organe bezogen.

Plagioklas [griech.] ↑ Feldspäte.

plagiotrop [griech.], waagrecht oder schräg wachsend.

Plagne, La [frz. la'plaɲ], Wintersportzentrum im N der frz. Alpen, Dep. Savoie, 1 970 m ü. d. M.; am Bellecôte (3 416 m hoch), Ganzjahresskigebiet.

Plaid [ple:t; engl. plɛɪd; schott.-engl.], Reisedecke (für die Knie), eigtl. als Kilt getragene wollene Decke mit Tartanmusterung, auch um die Schultern getragen.

Plaisanterie [plɛ...; lat.-frz. „Scherz, Spott"], im 17. und 18. Jh. Bez. für Suitensätze leichten, scherzhaften Charakters.

Plakapong [Thai], svw. ↑ Barramundi.

Plakat [niederl., zu frz. placard „öff. Anschlag" (von plaquer „verkleiden, überziehen")], öff. Anschlag behördl., polit., kulturellen oder wirtsch. Charakters zum Zweck der Werbung und Information. P. müssen daher ihrer Form nach auffällig, aus der Entfernung erkennbar und ihrem Inhalt nach schnell erfaßbar sein. – Das P. entwickelte sich seit der 2. Hälfte des 15. Jh. aus Anzeigen, Flugblättern und Handzetteln. Die P.produktion des 16. bis 18. Jh. wurde hauptsächlich vom Schausteller-P. bestritten. Produktwerbung kannte erst das 19. Jh. Mit der Lithographie bot sich die Möglichkeit für das P. in großem Format und in hoher Auflage. Die P.kunst erlebte in den 1890er Jahren in Frankreich ihren ersten Höhepunkt. Als Vater des modernen Bild-P. gilt J. Chéret, fast gleichzeitig traten T. A. Steinlen und v. a. H. de Toulouse-Lautrec hervor, der einen verknappten, pointierten Bildstil in die P.kunst einbrachte. Typ. Gestaltungsmittel waren die Verschränkung von Bild und Schrift, die Neigung zum expressiven Ausschnitt, die Betonung von Linie und Fläche (Anregungen des jap. Farbholzschnitts). Das Jugendstil-P. hatte in ganz Europa bed. Vertreter, in Frankreich P. Bonnard, M. Denis, A. Mucha, die Belgier F. Khnopff, H. van de Velde, in Großbritannien D. Hardy und A. V. Beardsley, in Deutschland T. T. Heine, O. Eckmann. Die Reduzierung auf wenige Bildelemente entwickelte in Paris L. Cappiello weiter. Mit der Ausbrei-

Pjongjang
Hauptstadt von Nord-Korea (seit 1948)
·
2,6 Mill. E
·
Verkehrsknotenpunkt und Ind.zentrum
·
seit 427 Hauptstadt der Koguryo Dyn.
·
1270–90 Stützpunkt der Mongolen
·
Metropole der Hanzeit

Plakat. Links: A. M. Cassandre, Nicolas, 1935. Rechts: zeitgenössisches Filmplakat zu Sergej Eisensteins „Panzerkreuzer Potemkin", 1925

tung der kommerziellen und polit. Werbung nach der Jahrhundertwende gewann das P. große publizist. Bed., an der die künstler. Bewegungen der Zeit, wie Kubismus (A. M. Cassandre), Expressionismus (M. Pechstein, César Klein, W. Jaeckel), Konstruktivismus und Bauhaus (L. Moholy-Nagy, O. Schlemmer, H. Bayer), Anteil hatten. Die Photomontage wurde integrierender Bestandteil, bes. dann im Film-P. (J. Tschichold). Soziales und polit. Engagement lagen den P. von K. Kollwitz, J. Heartfield, G. Grosz, W. Majakowski zugrunde. Nach 1945 suchte man in vielen Ländern durch Wettbewerbe die künstler. Qualität der P. zu erhöhen. Anregungen gingen bes. von der Schweiz, später von Polen, der Tschechoslowakei und auch von Japan aus. Das vorwiegend rein dekorative **Poster** hat seine Wurzeln in Pop-art und Hippie-Bewegung, es ist oft ohne Text.

Plakette [zu frz. plaquette „kleine Platte"], kleine ekkige, runde oder ovale Tafel mit Reliefdarstellung (v. a. 16.–18. Jh.); Schildchen zum Anstecken. – ↑Button.

Plakoidschuppen [griech./dt.], dem Schutz der Körperoberfläche dienende charakterist. schuppen- bis zahnartige Hautbildungen der Haie und Rochen; bestehen aus Zahnbein und sind von Schmelz überzogen.

plan [lat.] flach, eben, platt.

Plan [frz.], Karte im großen Maßstab, auf der Bestehendes geometrisch genau fixiert (Lage-P.) und/oder zu Entwickelndes aufgezeigt wird (z. B. Bebauungs-P.).

Planalto [portugies. ...'naltu] ↑Brasilianisches Bergland.

Planarien [lat.] (Tricladida), mit vielen Arten weltweit verbreitete Unterordnung etwa 0,2–60 cm langer Strudelwürmer, an deren Vorderende oft durch eine halsartige Einschnürung ein Kopf abgesetzt ist; leben im Meer, in Süßwasser und feuchtem Erdreich.

Planarprozeß, Technik zur Herstellung von Halbleiterbauelementen, bei der alle Bauelemente und Verbindungsleitungen in einer Ebene (planar) angeordnet sind.

Planbindung, Einbandart für Broschüren, Hefte u. ä. unter Verwendung von Plastik- oder Metallringen und -spiralen, die ein vollständiges Flachliegen bzw. Umwenden der Seiten erlauben.

Planchon, Roger [frz. plã'ʃõ], *Saint-Chamond (Loire) 12. Sept. 1931, frz. Schauspieler und Regisseur. – Seit 1957 Leiter und Begründer des Théâtre de la Cité in Villeurbanne (Vorort von Lyon), seit 1972 Kodirektor des Théâtre National Populaire; seine Klassikerinszenierungen sind sowohl von Brecht als auch von der Elisabethan. Dramatik beeinflußt.

Max Planck

Planck, Max, *Kiel 23. April 1858, †Göttingen 4. Okt. 1947, dt. Physiker. – 1885–89 Prof. in Kiel, danach in Berlin; 1912–38 einer der 4 Sekretäre der Preuß. Akad. der Wiss.; 1930–37 und 1945/46 Präs. der Kaiser-Wilhelm-Gesellschaft zur Förderung der Wiss.; P. war einer der bedeutendsten Physiker des 19./20. Jh.; als Begründer der ↑Quantentheorie zählt er zu den Mitbegr. der modernen Physik. Von Arbeiten zur Thermodynamik ausgehend, leitete er 1900 das heute nach ihm ben. ↑Plancksche Strah-

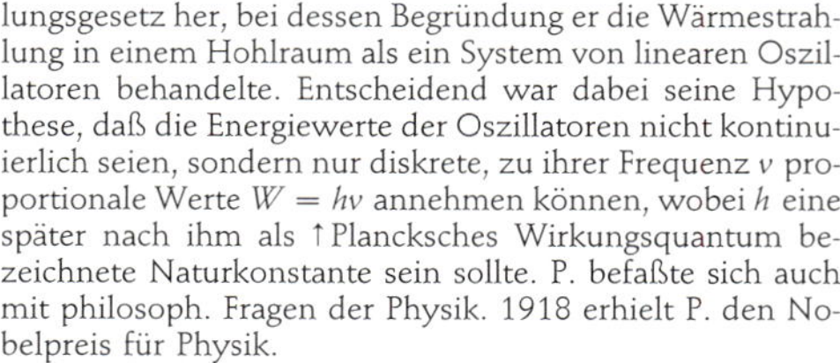
lungsgesetz her, bei dessen Begründung er die Wärmestrahlung in einem Hohlraum als ein System von linearen Oszillatoren behandelte. Entscheidend war dabei seine Hypothese, daß die Energiewerte der Oszillatoren nicht kontinuierlich seien, sondern nur diskrete, zu ihrer Frequenz ν proportionale Werte $W = h\nu$ annehmen können, wobei h eine später nach ihm als ↑Plancksches Wirkungsquantum bezeichnete Naturkonstante sein sollte. P. befaßte sich auch mit philosoph. Fragen der Physik. 1918 erhielt P. den Nobelpreis für Physik.

Plancksches Strahlungsgesetz, das von M. Planck 1900 aufgestellte Gesetz für die Abhängigkeit der spektralen Strahldichte eines ↑schwarzen Strahlers $L_s(\lambda, T)$ von der Wellenlänge λ und der absoluten Temperatur T:

$$K_\nu = \frac{h \cdot \nu^3}{c^2 \cdot [\exp(h\nu/kT) - 1]}$$

mit den Konstanten $c_1 = 2\pi hc^2$ und $c_2 = hc/k$ (h Plancksches Wirkungsquantum, c Lichtgeschwindigkeit, k Boltzmann-Konstante).

Plancksches Wirkungsquantum (Planck-Konstante), Zeichen h, die von M. Planck eingeführte Naturkonstante $h = 6{,}626 \cdot 10^{-34}$ J · s, gibt die kleinste, bei Wechselwirkungen übertragbare Wirkung an; für die häufig auftretende Größe $h/2\pi = 1{,}055 \cdot 10^{-34}$ J · s verwendet man das Formelzeichen $\hbar$.

Plandrehmaschine ↑Drehmaschine.

Planet, Name zweier dt. Forschungsschiffe: 1. das Forschungs- und Vermessungsschiff der früheren dt. Reichsmarine (800 BRT), das zw. 1905 und 1914 im Atlant., Ind. und Pazif. Ozean v. a. Tiefenmessungen vornahm (↑Planettiefe); 2. das 1967 in Dienst gestellte Forschungsschiff der ozeanograph. Forschungsanstalt der Bundeswehr (1 950 t Wasserverdrängung).

Planet ↑Planeten.

planetarische Nebel, ring-, kreis- oder scheibenförmige kleine Emissionsnebel; die abgestoßenen Hüllen von Riesensternen, deren heiße Kerne als Zentralsterne das Leuchten anregen. Rd. 1 000 der auf bis zu 10 000 geschätzten p. N. im Milchstraßensystem sind bekannt.

planetarisches Luftdruck- und Windsystem ↑Atmosphäre.

Planetarium [griech.], eine Einrichtung zur Veranschaulichung der scheinbaren Bewegungen der Planeten sowie der Sonne, des Mondes und des Fixsternhimmels, wie sie von der Erde (oder von einer Satellitenbahn) aus am Himmel beobachtet werden. Beim *Projektions-P.* werden die Gestirne als Lichtbilder an die Innenwand einer halbkugelförmigen Kuppel projiziert; die Kuppel stellt für den Betrachter im Innern das Himmelsgewölbe dar; die Bewegung der einzelnen Himmelskörper wird durch mechan. Bewegung der Projektoren mittels Motoren und Getrieben erzielt. Ein derartiges P. ermöglicht die Darstellung des ganzen Sternhimmels, wie er von einem beliebigen Erdort aus zu beliebiger Tages- und Jahreszeit, auch in Vergangenheit

und Zukunft, zu sehen ist, und läßt die zeitl. Änderungen in Zeitraffertempo erleben. Bei einem Zeiss-P. werden etwa 9000 Sterne (mehr, als das bloße Auge sieht), dazu einige Sternhaufen, Nebel und die Milchstraße sowie die verschiedenen Sternbilder projiziert. Moderne Planetarien besitzen programmierbare Computersteuerungen zur Projektion.
Geschichte: Das erste (mechan.) P. wurde um 220 v. Chr. von Archimedes konstruiert und gebaut. Im Spät-MA wurden mechan. Planetarien in Verbindung mit großen astronom. Uhren errichtet. Von W. Bauersfeld wurde mit der Konstruktion des Projektions-P. (erste Fertigstellung eines solchen *Zeiss-P.* 1923) ein völlig neuer Weg beschritten.

Planeten [zu griech. plános „irrend, umherschweifend"] (Wandelsterne), nicht aus sich selbst, sondern nur im reflektierten Licht der Sonne (bzw. eines anderen Sterns) leuchtende Himmelskörper, die das sie beleuchtende Zentralgestirn auf ellipsenförmigen Bahnen umlaufen. P. sind bisher nur in unserem Sonnensystem bekannt, doch muß aus den Bewegungen einzelner Sterne geschlossen werden, daß auch sie P. besitzen. Von den neun „großen" P. des Sonnensystems sind fünf mit bloßem Auge zu sehen: Merkur, Venus, Mars, Jupiter und Saturn (nach wachsender Entfernung von der Sonne geordnet; die gleichfalls zu den großen P. zählende Erde ist zw. Venus und Mars einzuordnen). Drei weitere P. wurden erst nach der Erfindung des Fernrohrs entdeckt: Uranus, Neptun und Pluto. Nach einem 10. P. („Transpluto") wurde zeitweilig gesucht, bisher jedoch ohne Erfolg. Die Bewegungen der P. auf ihren Bahnen um die Sonne werden in guter Näherung durch die ↑Keplerschen Gesetze beschrieben. – Die P. erscheinen im Fernrohr als mehr oder weniger ausgedehnte Scheibchen, im Ggs. zu den stets punktförmigen Fixsternen; daher ist ihre Szintillation (Flimmern) geringer als die der Fixsterne, sie leuchten in einem „ruhigeren" Licht. Ihre Helligkeiten sind auf Grund unterschiedl. Entfernung, Größe und Albedo (Rückstrahlungsvermögen) sehr verschieden. – Eine gebräuchl. Einteilung unterscheidet zw. *inneren P.* (Merkur bis einschl. Mars) und *äußeren P.* (Jupiter bis Pluto), die durch die ↑Planetoiden voneinander getrennt sind. Ferner wird auf Grund des Aufbaus der P. von *terrestr.* bzw. *erdähnl. P.* (Merkur, Venus, Erde, Mars) und *iovan.* bzw. *jupiterähnl. P.* gesprochen; die erste Gruppe hat eine etwa doppelt so hohe mittlere Dichte wie die „Riesen-P." (Jupiter, Saturn, Uranus und Neptun).
Geschichte: Die fünf mit dem bloßen Auge sichtbaren P. waren schon im Altertum bekannt. Die Erde selbst wurde endgültig erst durch N. Kopernikus in die Reihe der P. eingeordnet. Nach Erfindung des Fernrohrs wurden 1609/10 von S. Marius und G. Galilei erstmals Monde bei einem P. (Jupiter) entdeckt. 1781 fand H. Herschel den P. Uranus, 1846 fand J. G. Galle den Neptun. Pluto wurde 1930 von C. W. Tombaugh entdeckt. – Völlig neue Möglichkeiten wurden der P.forschung durch die Raumfahrt eröffnet; P.sonden lieferten eine Vielzahl neuer Erkenntnisse. – Übersicht S. 462/463.

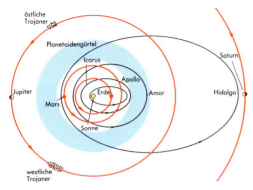

Planetoiden. Planetoidengürtel zwischen Mars und Jupiter sowie einige Planetoidenbahnen mit großer Exzentrizität

Planetengetriebe, zu den Rädergetrieben gehörendes Umlaufgetriebe, bei dem sich mindestens ein Rad (Planetenrad) außer um seine eigene Achse auch noch mit dieser Achse um ein anderes Rad (Sonnenrad) herumdreht und mit diesem und einem äußeren Hohlrad im Eingriff steht. Werden 2 der 3 Glieder angetrieben bzw. festgehalten, führt das dritte Glied eine zwangläufige Bewegung mit einer bestimmten Übersetzung aus. Verwendung bes. in ↑automatischen Getrieben, Dreigangschaltungen für Fahrräder, Flaschenzügen.

Planetenlaufuhr, früher zu astrolog. Zwecken konstruierte Spezialuhr für die Anzeige von Stand und Lauf der Himmelskörper (einschl. Sonne und Mond).

Planetensystem, die Gesamtheit der Planeten, einschl. der kosm. Kleinkörper im interplanetaren (zw. den Planeten gelegenen) Raum wie Planetoiden, Kometen, Meteorite und interplanetare Materie. Wird die Sonne mit einbezogen, so spricht man meist vom **Sonnensystem.** Die Gesamtmasse des P. (ohne Sonne) beträgt 448,0 Erdmassen = $2{,}678 \cdot 10^{30}$ g ≈ $^1/_{743}$ Sonnenmasse.

Planetentafeln, Tabellenwerke, in denen die ↑Ephemeriden der Planeten (auch die von Sonne und Mond) für bestimmte Zeiträume angegeben sind.

Planetoiden [griech.] (Asteroiden, kleine Planeten), planetenähnliche Kleinkörper (Durchmesser bis zu 1000 km) auf ellipt. Bahnen um die Sonne. Die P.bahnen der P. des P.gürtels liegen vorwiegend zw. Mars- und Jupiterbahn. Die sog. Trojaner haben die gleiche Umlaufzeit wie Jupiter. Einige P. mit stark exzentr. Bahn kommen einerseits auch der Erde sehr nahe (z. B. Apollo, Icarus, Amor und bes. Hermes auf etwa doppelte Mondentfernung) oder erreichen andererseits die Bahnen der äußeren Planeten (z. B. Hidalgo). – Mit gesicherten Bahnen sind z. Z. mehr als 3500 P. numeriert; die Gesamtzahl der P. mit einem Durchmesser von über 1 km wird auf 1 Mill. geschätzt.

Planettiefe, Name für Meerestiefen in verschiedenen Meeresgebieten: 1. tiefste Stelle des Ind. Ozeans im Sundagraben, 7455 m u. d. M.; 2. tiefste Stelle des Bougainvillegrabens mit 9140 m u. d. M.; 3. Meerestiefe im Philippinengraben, 1912 vom dt. Schiff „Planet" mit 9787 m u. d. M. als tiefste damals bekannte Stelle der Erdoberfläche ausgelotet.

Planfeststellung, insbes. bei großen Neubauvorhaben (Bundesfernstraßen, Eisenbahnstrecken, Kanälen, Kraftwerken, Mülldeponien) erforderl. Verfahren, in dem die Stellungnahmen aller Beteiligten (Behörden, Gemeinden) ermöglicht werden und nach Prüfung von Einwendungen der Plan durch Beschluß festgesetzt wird (§§ 73–78 VerwaltungsverfahrensG vom 25. 5. 1976). Die P. muß auch dem Interessenausgleich der von der Planverwirklichung Betroffenen dienen. Mit der P. treten unmittelbare Rechtsfolgen ein, z. B. Nutzungseinschränkungen für Anliegergrundstücke. Um Interessen und Rechte der Betroffenen zu berücksichtigen, sind die öff. Auslegung der Planungsentwürfe und eine ausreichende Einwendungsfrist zwingend vorgeschrieben. Der P.beschluß kann von den Betroffenen vor einem Verwaltungsgericht angefochten werden.

Planfilm (Blattfilm), aus einzelnen Filmblättern, die in Kassetten eingelegt werden, bestehendes photograph. Aufnahmematerial für Großformat- und Spezialkameras.

Planica [slowen. pla'ni:tsa], Hochtal in den Jul. Alpen, in Slowenien, von der Wurzener Save durchflossen; Wintersportgebiet.

planieren [frz., zu lat. planus „eben"], im *Erdbau* [Boden]flächen mit Hilfe von Planiergeräten einebnen.

Planierraupe, mit einem meist hydraulisch heb- und senkbaren Planierschild (gewölbte Stahlplatte) ausgerüstetes Fahrzeug zum Planieren von [Boden]flächen.

Planification [...tsi'o:n; frz. planifika'sjõ] (Planifikation), Bez. für eine 1946 in Frankreich eingeführte gesamtwirtsch. Rahmenplanung, mit der die zukünftige nat. Wirtschaftsentwicklung in Form von Zielsetzungen für die einzelnen Wirtschaftsbereiche systematisch erfaßt wird, ohne die Prinzipien des Privateigentums, der Marktwirtschaft und der Unternehmerinitiative anzutasten.

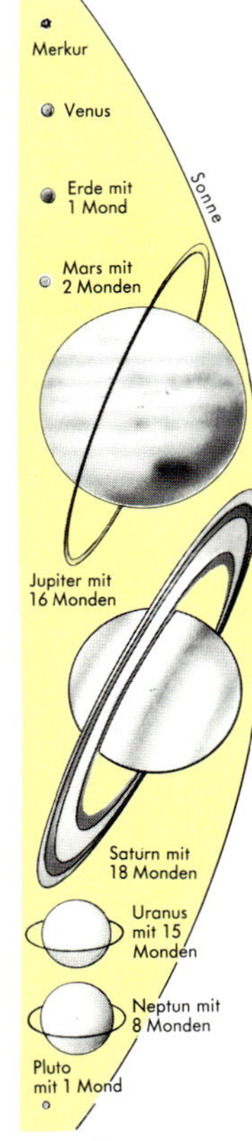

Planeten. Größenverhältnisse der Planeten im Vergleich zur Sonne

Planeten (Übersicht)

Physikalische Daten der Planeten

Planet	Masse (Erde = 1)	mittlere Dichte (g/cm³)	Äquatordurchmesser (km)	Abplattung	Rotationsperiode (d = Tage, h = Stunden, min = Minuten, s = Sekunden)	Neigung des Äquators gegen Bahnebene	größte scheinbare Helligkeit	Anzahl der Monde
Merkur	0,0553	5,44	4878	0	58,646 d	≈ 2°	$-1^{m},6$	0
Venus	0,8150	5,24	12104	0	243,0 d	≈ 3°	$-4^{m},4$	0
Erde	1,0000	5,514	12756,28	1:298,257	23 h 56 min 4,099 s	23° 27′	–	1
Mars	0,1074	3,93	6794,4	1:171	24 h 37 min 22,66 s	23° 59′	-2^{m}	2
Jupiter	317,826	1,33	142796	1:15,9	9 h 55 min 30 s	3° 4′	$-2^{m},39$	16 + *R.
Saturn	95,145	0,69	120000	1:9,2	10 h 14 min	26° 44′	$-0^{m},2$	23 + *R.
Uranus	14,559	1,27	52400	1:50	17 h 15 min	98°	$5^{m},58$	15 + *R.
Neptun	17,204	1,66	48600	1:43	ca. 17 h	29°	$7^{m},75$	8 + *R.
Pluto	0,003	2	2284	–	6 d 9 h 18 min	ca. 50°	$14^{m},9$	1

Planigraphie [lat./griech.], svw. Schichtbildtechnik (↑Röntgenuntersuchung).

Planimeter [lat./griech.], Gerät zur mechan. Ausmessung krummlinig begrenzter ebener Flächen, meist durch Umfahren der Fläche (längs der Umrandungslinie) mit einem Fahrstift.

Planimetrie [lat./griech.] (ebene Geometrie), Teilgebiet der Geometrie, das sich mit den ebenen geometr. Figuren befaßt, speziell mit der Berechnung ihrer Flächeninhalte.

Planisphäre [lat./griech.], stereograph. Polarprojektion des Sternenhimmels („Himmelskugel") auf eine Ebene. ▷ Karte, die die Erdoberfläche in zusammenhängender Form, meist flächentreu darstellt.

plankonkav, auf der einen Seite eben (plan), auf der anderen Seite nach innen gekrümmt (z. B. bei Linsen).

plankonvex, auf der einen Seite eben (plan), auf der anderen Seite nach außen gekrümmt (z. B. bei Linsen).

Plankostenrechnung (Soll-Kostenrechung) ↑Kostenrechnung.

Christophe Plantin (Ausschnitt aus einem zeitgenössischen Kupferstich)

Plankton [griech. „das Umherschweifende"], Gesamtheit der im Wasser schwebenden tier. und pflanzl. Lebewesen **(Planktonten, Plankter),** die keine oder nur eine geringe Eigenbewegung haben, so daß Ortsveränderungen (insbes. in horizontaler Richtung) ausschließlich oder überwiegend durch Wasserströmungen erfolgen. In der Vertikalrichtung führen jedoch auch viele Planktonten ausgeprägte, von der Lichtintensität, der Temperatur und den chem. Gegebenheiten (z. B. O_2-Gehalt) abhängige, tages- und jahresrhythm., aktive Ortsbewegungen (Vertikalwanderungen) durch. – Kennzeichnend für P.organismen sind Sonderbildungen, die das Schweben im Wasser erleichtern, indem sie die Absinkgeschwindigkeit verringern, z. B. lange Körperfortsätze, Ölkugeln oder Gasblasen im Körper. Zum P. zählen neben überwiegend einzelligen Algen v. a. viele Hohltiere (bes. Quallen), Kleinkrebse, Räder- und Manteltiere, Flügelschnecken sowie die Larvenstadien z. B. von Schwämmen, Schnurwürmern, Weichtieren, Ringelwürmern, Moostierchen, Stachelhäutern und Höheren Krebsen. – Pflanzl. P.lebewesen werden insgesamt als *Phyto-P.,* tier. als *Zoo-P.* bezeichnet. Daneben unterscheidet man *Meeres-P.* (Halo-P.) und *Süßwasser-P.* (Limno-P.). Das P. ist eine außerordentlich wichtige Grundnahrung bes. für Fische und Bartenwale. – ↑Krill.

Christophe Plantin. Druckerzeichen

Planokulturen, zusammenfassende Bez. für die spätpaläoindian. Kulturen in N-Amerika (etwa 8000–4000), v. a. in den Prärien; Bisonjagd mit feinretuschierten, nichtkannelierten Projektilspitzen; verstärkte Sammeltätigkeit.

Plansichter ↑Sichter.

Planspiel, Lehrverfahren, bei dem am Modell einer (vereinfachten) wirtsch., gesellschaftl. oder militär. Situation den Lernenden Handlungsentscheidungen abverlangt werden, deren Auswirkungen dann überprüft werden.

Planstelle, im Haushaltsplan ausgewiesene Stelle für einen Beamten, Richter oder Berufssoldaten. P. dürfen nur für [Dauer]aufgaben eingerichtet werden, zu deren Wahrnehmung die Begründung eines öff.-rechtl. Dienstverhältnisses (z. B. Beamten-, Richterverhältnis) zulässig ist.

Plantage [plan'ta:ʒə; frz., zu lat. plantare „pflanzen"], landw. Großbetrieb v. a. in den Tropen und Subtropen, der auf den Anbau von mehrjährigen Nutzpflanzen oder Dauerkulturen zur Erzeugung von hochwertigen Produkten für den Weltmarkt spezialisiert ist.

Plantagenet [engl. plæn'tædʒɪnɪt] (Anjou-P.), urspr. Beiname des Grafen Gottfried (Geoffroi) V. von Anjou (* 1113, † 1151), abgeleitet von dessen Helmzier, einem Ginsterbusch (lat. Planta genista). Sein Sohn bestieg als Heinrich II. 1154 den engl. Thron und begründete das engl. Königshaus P., das mit seinen Nebenlinien Lancaster und York bis 1485 regierte; erlosch im Mannesstamm 1499.

plantigrad [lat.], mit den [Fuß]sohlen auftretend; *Sohlengänger* (Plantigrada) sind z. B. Insektenfresser, Herrentiere (einschl. Mensch), Nagetiere, Bären.

Plantin, Christophe [frz. plã'tɛ̃], * Saint-Avertin bei Tours um 1520, † Antwerpen 1. Juli 1589, frz. Buchdrucker und Verleger. – Eröffnete 1555 in Antwerpen eine Druckerei und Verlagsbuchhandlung. Zu seinen rd. 1 600 typographisch wertvollen Drucken (v. a. wiss. Werke) zählt eine achtbändige Bibelausgabe in 5 Sprachen (1569–72).

Planula [lat.] (Planulalarve), die aus einer Blastula durch Entodermbildung entstehende länglich-ovale, bewimperte, urdarm- und mundlose Larvenform der Nesseltiere, die frei umherschwimmt oder sofort zu Boden sinkt und dort umherkriecht. Aus der P. entsteht entweder (nach dem Sichfestsetzen) ein Polyp oder eine Actinulalarve.

Planum [lat.], in der *Medizin:* Durchtrittsebene, größter Querschnitt des kindl. Kopfes beim Passieren der Geburtswege.

Planung, Vorbereitung zukünftigen Handelns auf der Grundlage von Informationsgewinnung und -verarbeitung über Entwicklung und gegenwärtigen Zustand des P.objekts. Von bes. Bed. ist die P. im Unternehmen, z. B. als Personal-, Finanz-P. usw. Neben dieser Unterscheidung nach dem Sachgegenstand kann P. auch nach der zeitl. Reichweite in kurz-, mittel- und langfristige, nach der Rangfolge in Primär-, Sekundär-, Tertiär-P., nach dem Konkretisierungsgrad in Rahmen- (Global-) und Detail-P. unterschieden werden oder nach dem Bereich u. a. in Verkehrs-P., Regional-Planung.

Planwirtschaft, Wirtschaftsordnung, bei der (im Unterschied zur ↑Marktwirtschaft) eine zentrale Planungsbehörde entsprechend allg. Zielvorgaben der staatl. Führung mit Hilfe staatl. Pläne die gesamte Volkswirtschaft steuert. Da der Begriff P. jedoch zu Unrecht impliziert, daß marktwirtsch. Ordnungen Planung ausschließen, sind für zentralist. P. Bezeichnungen wie ↑Zentralverwaltungswirtschaft (W. Eucken) treffender. – Um ausgeprägte zentralist. P. handelt es sich bei den durch staatl. und genossenschaftl. Eigentum charakterisierten Volkswirtschaften sozialist. Staaten. Mehrjährige Jahrespläne werden auf Wirtschaftsbereiche und Betriebe aufgeschlüsselt, Produktionsziele,

Planeten (Fortsetzung)

Bahndaten der Planeten

mittlerer Sonnenabstand		siderische Umlaufszeit (d = Tage, a = Jahre)	synodische Umlaufszeit (Tage)	Bahn-exzen-trizität	Bahn-neigung gegen Ekliptik	mittlere Bahngeschwin-digkeit (km/s)	kleinster Erdabstand (AE)	größter Erdabstand (AE)
(Mill. km)	(Ae)							
57,9	0,3871	87,969 d	115,88	0,2056	7° 0′ 16,4″	47,9	0,53	1,47
108,2	0,7233	224,701 d	583,92	0,0068	3° 23′ 40,3″	35,05	0,26	1,74
149,597870	1,0000	365,256 d	–	0,0167	–	29,80	–	–
227,9	1,5237	686,980 d	779,94	0,0934	1° 50′ 59,0″	24,14	0,37	2,67
779	5,2048	11,869 a	398,9	0,0482	1° 18′ 18,3″	13,06	3,93	6,46
1 432	9,5756	29,628 a	378,0	0,0553	2° 29′ 16,3″	9,65	7,97	11,08
2 884	19,2809	84,665 a	369,6	0,0474	0° 46′ 18,8″	6,80	17,31	21,12
4 509	30,1418	165,49 a	367,5	0,0104	1° 46′ 16,6″	5,43	28,77	31,34
5 966	39,8801	247,7 a	366,7	0,2476	17° 9′ 0,6″	4,74	28,58	50,30

Preisgestaltung, Investitionsvorhaben, Exporte und Löhne überwacht. – Kritiker wie L. von Mises oder F. A. Hayek verwiesen auf Ineffektivität, Mangel an funktionsfähigen Preismechanismen und Neigung zur Bürokratisierung als Unzulänglichkeiten der P. Der völlige Verzicht auf Planung erschwert jedoch Koordinierung und Konzentration gesamtwirtsch. Prioritäten und kann dadurch die Verwirklichung demokrat. Grundnormen (Versorgung der Bevölkerung) behindern. – Die histor. Erfahrung offenbart die Unvereinbarkeit einer strikt zentralist. Wirtschaftslenkung, wie sie sich in Europa in Ansätzen erstmals im ↑ Merkantilismus findet, mit einer demokrat. Staatsverfassung. Die Nachteile der zentralist. P. führten somit im Zuge der Demokratisierung des polit. Systems immer wieder zur Reform bzw. Ablösung planwirtsch. Strukturen (u. a. in Deutschland nach der Übergangsphase von der Kriegs- zur Friedenswirtschaft nach 1918 und 1945 sowie in den sozialist. Ländern seit Ende der 1980er Jahre).

Plappert, Münze, ↑ Blaffert.

Plaque [frz. plak „Fleck"], in der *Medizin* ein umschriebener, flacher oder etwas erhöhter Haut- oder Schleimhautfleck.
▷ ↑ Zahnkaries.

Pläsier [frz.; zu lat. placere „gefallen"], Vergnügen, Spaß; Unterhaltung.

Plasma [griech. „Geformtes, Gebildetes"] (Protoplasma), die lebende Substanz in den Zellen von Mensch, Tier und Pflanze. Das P. schließt die plasmat. Grundsubstanz *(Hyalo-P.)* und alle Zellorganellen ein. Häufig wird das Kern-P. des Zellkerns vom übrigen, als *Zyto-P.* (Zell-P.) bezeichneten P., unterschieden.
▷ (Blut-P.) die zellfreie Blutflüssigkeit (↑ Blut).
▷ elektrisch leitendes, im allg. sehr heißes Gemisch aus weitgehend frei bewegl. negativen und positiven Ladungsträgern (v. a. Elektronen und positive Ionen) sowie elektrisch neutralen Atomen und Molekülen, die sich – ähnlich wie die Atome und Moleküle eines Gases – in ständiger ungeordneter Wärmebewegung befinden (bei einem *vollionisierten P.* sind nur vernachlässigbar wenige Neutralteilchen im P. enthalten); außerdem enthält ein P. sehr viele Photonen. Zw. diesen P.teilchen erfolgen fortwährend mikrophysikal. Prozesse (z. B. Anregung, Ionisation, Strahlungsemission, Dissoziation, Rekombination). Das P. erscheint nach außen als elektrisch neutral, sofern gleich viele positive und negative Ladungsträger vorhanden sind *(quasineutrales P.)*. In einem P. sind die Eigenschaften eines Gases mit denen elektrisch leitfähiger Materie kombiniert.
Man kann jede Materie, indem man ihren atomaren Bestandteilen hinreichend viel Energie zuführt, in den *P.zustand* als den sog. *vierten Aggregatzustand* der Materie überführen; Materie im P.zustand sind z. B. ionisierte Flammengase, das Gas in einer Gasentladung, die in Kernfusionsexperimenten erzeugten Plasmen, die Ionosphäre, große Teile der interstellaren Materie sowie die Materie in Sternatmosphären und im Sterninneren.

Plasmabrenner, Gerät zum Schmelzen, Verdampfen oder Verspritzen insbes. von schwer schmelzbaren Stoffen sowie zum Schweißen und Schneiden von metall. bzw. nichtmetall. Werkstoffen, dessen Arbeitsweise auf der Erzeugung eines sehr heißen Plasmastrahls beruht. Beim **direkten Plasmabrenner** brennt der Lichtbogen zw. der Wolframkathode und dem als Anode geschalteten, elektrisch leitenden Werkstück (metall. Werkstoff), wobei das Lichtbogenplasma durch eine wassergekühlte Düse eingeschnürt wird. Beim **indirekten Plasmabrenner** brennt der Lichtbogen in einem Druckgefäß zw. einer stabförmigen Wolframkathode und einer Ringanode aus Kupfer, durch die das Gas strömt und dabei stark aufgeheizt wird. Bei einem **Hochfrequenz-Plasmabrenner** wird das strömende Gas durch Anlegen eines hochfrequenten elektromagnet. Feldes (Frequenzen von etwa 20 MHz) ionisiert und die durch Wiedervereinigung der Ladungsträger freiwerdende Wärme zum Schmelzen der in den Gasstrahl eingebrachten pulverförmigen Stoffe verwendet.

Plasmachemie, Forschungsrichtung der Chemie, die sich mit unter Plasmabedingungen ablaufenden chem. Reaktionen (z. B. Lichtbogenpyrolyse von Methan zur Herstellung von Acetylen) beschäftigt.

Plasmaersatzstoffe (Plasmaexpander), Lösungen aus synthet. oder natürl. Kolloiden zum vorübergehenden Flüssigkeitsersatz bei größeren Blutverlusten (bis zu 20 % des Blutvolumens). Verwendet werden *synthet. P.* (z. B. Lösung aus Dextranen, modifizierter Gelatine) oder *körpereigene P.* (z. B. Albumin-, Plasmaproteinlösung, Trockenplasma). P. können zwar das fehlende Blutvolumen auffüllen, die spezif. Transportfunktionen des Blutes für Sauerstoff und Kohlendioxid jedoch nur zu einem geringen Teil mit übernehmen.

Plasmalemma, die Zellmembran bei Pflanzen (↑ Zelle).

Plasmamembran, svw. Zellmembran (↑ Zelle).

Plasmaphysik, Teilgebiet der Physik, dessen Aufgabe die experimentelle und theoret. Untersuchung der physikal. Eigenschaften der Materie im Zustand des ↑ Plasmas ist. Die *theoret. P.* versucht, die Eigenschaften des Plasmazustandes auf Grundlage der klass. Mechanik und Hydrodynamik, der Elektrodynamik und Thermodynamik (bzw. statist. Mechanik) sowie der Quanten[feld]theorie zu deuten. Die Nichtgleichgewichtsvorgänge, bes. die Transporterscheinungen im Plasma, und die Plasmaschwingungen werden dabei von der *Plasmadynamik* behandelt. Die *experimentelle P.* befaßt sich einerseits mit der Erzeugung von Plasmen, ihrer Aufheizung auf hohe Temperaturen und dem Studium ihrer Wechselwirkungen mit elektromagnet. Feldern, andererseits bestimmt sie die Eigenschaften und Kenngrößen eines Plasmas *(Plasmadiagnostik)*. In den letzten Jahren nahm die P. einen entscheidenden Aufschwung durch die Bemühungen um eine kontrollierte ↑ Kernfusion.

Plasmaspritzen, Verfahren zur Erzeugung von Korrosionsschutzschichten auf Metallen, bei dem bes. hochschmelzende metall. oder keram. Stoffe pulverförmig in den Plasmastrahl eines Plasmabrenners eingebracht, von diesem erschmolzen sowie mit hoher Geschwindigkeit auf die zu schützende Oberfläche aufgespritzt werden.

Plasmastrahlung, von Plasmen ausgesandte elektromagnet. Strahlung (von Infrarot bis ins Röntgengebiet). Rekombinations- und Bremsstrahlung liefern ein kontinuierl. Spektrum, Übergänge zw. den diskreten Energieniveaus der Atome und Ionen ein Linienspektrum; wird in Gasentladungslichtquellen ausgenutzt.

Plasmatriebwerk, elektrodynam. Triebwerk zum Antrieb von Raketen. Ein aufgeheiztes Gas (Plasma) wird durch elektr. oder magnet. Kräfte beschleunigt; kein Raketentriebwerk im engeren Sinne.

Plasmawellen, period. Bewegungen von Teilchen und Feldern in Plasmen, mit einer Vielfalt von Typen und Eigenschaften, z. B. Raumladungswellen (Langmuir-Wellen), ionenakust. Wellen, magnetohydrodynam. Wellen (wie die Alfvén-Wellen) und elektromagnet. Wellen. P. zeigen meist Dispersion und abklingende oder anwachsende Amplituden (Instabilität); auch nichtperiod. Störungen können im Plasma auftreten.

Plasmazellen, Zellen, die vorwiegend im Knochenmark vorkommen und ein tiefblaues Zellplasma mit exzentrisch gelegenem Kern aufweisen. P. entwickeln sich aus lymphat. Zellen und synthetisieren Antikörper. Sie sind auch in der Nähe von Entzündungsherden anzutreffen.

Plasmid [griech.], extrachromosomales genet. Element bei Bakterien: ein kleines, ringförmiges DNS-Stück. P. tragen oft wichtige Gene, u. a. Resistenzfaktoren gegen Antibiotika und Sulfonamide.

Plasmin [griech.], svw. ↑Fibrinolysin.

Plasmodesmen [griech.] (Interzellularbrücken), sehr feine Zytoplasmafäden, die durch die Zellwand pflanzl. Zellen hindurchgehen und somit das Zytoplasma benachbarter Zellen verbinden. P. können über die ganze Zellwand verteilt sein oder gebündelt durch die Tüpfel verlaufen.

Plasmodium [griech.], Gatt. der Sporentierchen mit verschiedenen Arten, darunter die Erreger der ↑Malaria.
▷ durch aufeinanderfolgende Vielteilung des Kerns ohne nachfolgende Zellteilung entstandener vielkerniger Plasmakörper; z. B. der (bis mehrere Mill. Zellkerne enthaltende) Vegetationskörper der Schleimpilze; kann langsame amöboide Kriechbewegungen ausführen.

Plasmolyse [griech.], Erscheinung bei vakuolisierten Pflanzenzellen, die auf Osmose beruht: Durch eine höher als die Vakuolenflüssigkeit konzentrierte Außenlösung wird der Vakuole über die semipermeablen Membranen der Zelle Wasser entzogen, so daß die Vakuolen schrumpfen und sich der Protoplast von der Zellwand abhebt.

Plasmon [griech.], Bez. für die Gesamtheit aller außerhalb der Chromosomen lokalisierten Erbfaktoren der Zelle, im Unterschied zum ↑Karyotyp.

Plasmopara [griech./lat.], Gatt. der Falschen Mehltaupilze mit dem Falschen ↑Rebenmehltau als bekanntester Art.

Plasmozytom [griech.] (Kahler-Krankheit, Myelom, Huppert-Krankheit, sog. monoklonale Gammopathie), monoklonale (von einem einzelnen Zellklon ausgehende) Vermehrung und tumorartige Wucherung von Plasmazellen, meist im Bereich des Knochenmarks; mit krankhafter Bildung von Immunglobulinen bzw. Paraproteinen sowie Hyperglobulinämie und Paraproteinurie. Die wuchernden Plasmazellen zerstören die Knochensubstanz. Kennzeichen sind Knochenschmerzen, Knochenerweichung oder auch Spontanfrakturen. Die Verdrängung des blutbildenden Knochenmarks führt zu Anämie und Nierenschäden. Die Ursache der Erkrankung ist unbekannt. Die Behandlung erfolgt mit Glukokortikoiden und Zytostatika, mitunter auch mit Strahlentherapie.

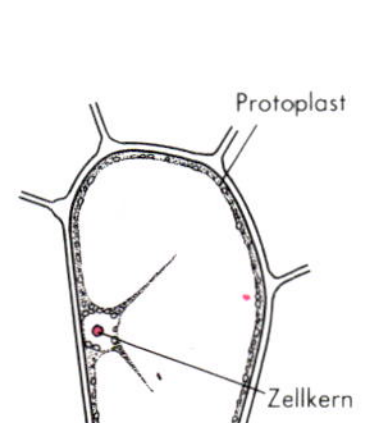

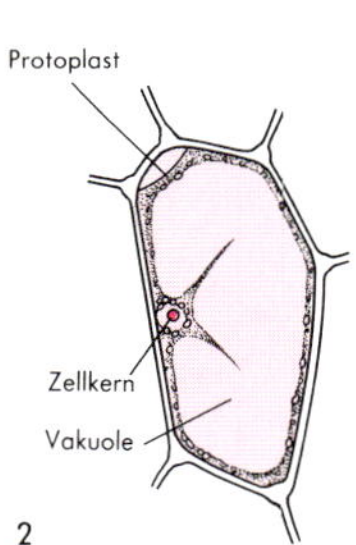

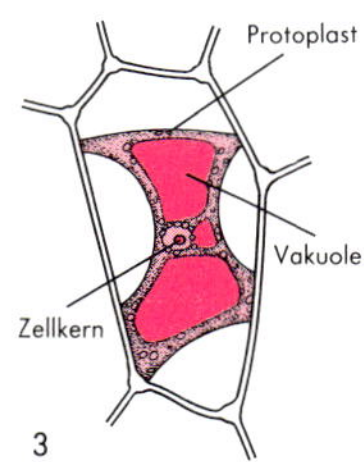

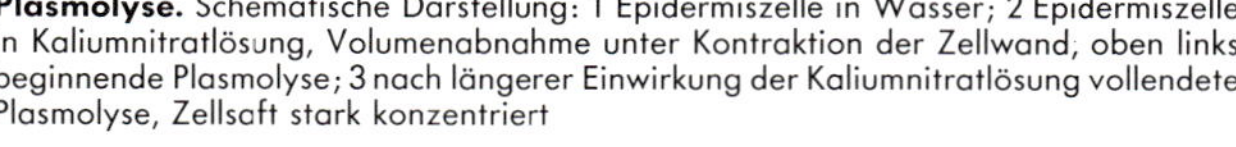
Plasmolyse. Schematische Darstellung: 1 Epidermiszelle in Wasser; 2 Epidermiszelle in Kaliumnitratlösung, Volumenabnahme unter Kontraktion der Zellwand, oben links beginnende Plasmolyse; 3 nach längerer Einwirkung der Kaliumnitratlösung vollendete Plasmolyse, Zellsaft stark konzentriert

Plassenburg ↑Kulmbach.

Plaste [griech.], svw. ↑Kunststoffe.

Plasten [griech.], mit Ausnahme des Zellkerns Zellorganellen, die nur durch Teilung aus ihresgleichen (sui generis) hervorgehen können, also ↑Plastiden und ↑Mitochondrien.

Plastiden [griech.], Zellorganellen der Pflanzen mit Ausnahme der Pilze, Blaualgen und Bakterien. Die P. sind von 2 biolog. Membranen umgeben; sie vermehren sich durch Teilung und besitzen innerhalb der Zelle eine gewisse genet. Selbständigkeit, da sie eine eigene DNS haben. Man unterscheidet folgende P.typen: **Proplastiden** sind kleine P. in noch nicht ausdifferenzierten (meristemat.) Zellen mit charakterist. Einschlüssen wie Stärke und Lipidtröpfchen. **Chloroplasten** bestehen aus der farblosen Grundsubstanz *(Stroma),* in die lichtmikroskopisch sichtbare Strukturen mit hoher Chlorophyllkonzentration *(Grana)* eingelagert sind. In ihnen läuft die Photosynthese ab. – **Leukoplasten** finden sich in Zellen, die auch bei Belichtung keine Chloroplasten ausbilden. Sie bilden in Parenchymzellen von Speicherorganen bzw. -geweben aus Zucker Stärke; sie heißen dann auch Amyloplasten. **Chromoplasten** sind durch Karotinoide gelb bis rot gefärbt; sie haben kein Chlorophyll. – Die Farbpigmente tragenden P. wie Chloro- und Chromoplasten werden auch **Chromatophoren** genannt.

Plastifikatoren [griech./lat.], svw. ↑Weichmacher.

Plastik [griech., zu plássein „aus weicher Masse bilden, formen"], die Gesamtheit sowie die einzelnen Werke der Bildhauerkunst.
▷ operative Formung, Wiederherstellung von Organen und Gewebsteilen (↑plastische Chirurgie).
▷ allgemeinsprachl. Bez. für ↑Kunststoff.

Plastikbombe, aus Plastiksprengstoff (↑Sprengstoffe) bestehender Sprengkörper.

Plastilin [griech.], Modelliermasse; enthält Wachse, Füllstoffe und Farbstoffe.

plastisch, die Plastik betreffend; modellierfähig, knet-, formbar (↑Plastizität); räumlich, körperhaft wirkend; anschaulich.

plastische Chirurgie, Teilgebiet der Chirurgie, das die [Wieder]herstellung der organ. Funktionen bei angeborenen oder verletzungsbedingten Körperschäden oder die Beseitigung von Verunstaltungen mittels plast. Operationen zum Ziel hat. Die **konstruktive plastische Chirurgie** befaßt sich mit der operativen Neubildung nichtvorhandener Körperteile. Im Rahmen der Unfallchirurgie kommt der **rekonstruktiven plastischen Chirurgie** eine zentrale Rolle zu; z. B. werden Finger und Hände bzw. Zehen und Füße, abgerissene Nasenspitzen und Ohrläppchen heute in den meisten Fällen erfolgreich angenäht (replantiert). Die **anaplastische Chirurgie** befaßt sich mit der Defektdeckung durch freie Verpflanzung (Transplantation) von Haut und Weichteilgewebe. Im Unterschied zu den 3 anderen Bereichen werden in der **kosmetischen (ästhetischen) Chirurgie** Operationen an funktionstüchtigen Organen vorgenommen. Im Vordergrund stehen Korrekturen von Normabweichungen und Alterungsprozessen, die vom Betroffenen als belastend empfunden werden und deshalb zu einer Beeinträchtigung des Selbstwertgefühls und neurot. Persönlichkeitsstörungen führen können; die Grenzen zw. funktionalen und ästhet. Eingriffen sind fließend. Zu den Haupteingriffen gehören die Beseitigung altersbedingter Falten der Gesichtshaut (↑Facelifting), Korrekturen der Nase (↑Rhinoplastik), der weibl. Brust (↑Mammaplastik), der Ohrmuscheln und von übermäßigem Fettansatz, v. a. auch an Bauch und Oberschenkeln *(Dermolipektomie)* durch Absaugen und/oder operatives Abtragen des Fettgewebes. Die Ergebnisse solcher Eingriffe sind nicht sicher voraussehbar; v. a. bei der Dermolipektomie besteht die Gefahr von Komplikationen in Form von infizierten Blutergüssen, Lymphödemen und die Möglichkeit von Entstellungen durch Asymmetrien und hypertroph. Narben.

plastisches Sehen, svw. räuml. ↑Sehen.

Plastizität [griech.], allg.: Bildhaftigkeit, Anschaulichkeit; Körperhaftigkeit; Formbarkeit.

▷ Eigenschaft von Festkörpern, sich unter der Einwirkung äußerer Kräfte bleibend zu verformen, bevor Bruch eintritt. Die P. der Kristalle wird durch die Erzeugung und Bewegung von Versetzungen (↑Gleitung) hervorgerufen, wobei die Kristallstruktur nicht zerstört wird, sondern nur Fehlordnungen entstehen oder wandern. Die P. ermöglicht die mechan. Formgebung von Metallen.

Plastoponik [griech./lat.], Bodenverbesserung mit Hilfe von Nährsalze und Spurenelemente tragenden Schaumstoffen.

Plastron [griech.], ventraler, abgeplatteter Teil des Schildkrötenpanzers.

Plata, La, Hauptstadt der argentin. Prov. Buenos Aires, nahe dem Río de la Plata, 455 000 E. Kath. Erzbischofssitz; staatl. Univ. (gegr. 1905) mit angeschlossenem astronom. Observatorium, kath. Univ. (gegr. 1968), jurist. Univ. (gegr. 1965); Pferderennbahn; Mühlen, Gefrierfleisch-, Textil- und Zementfabriken, Erdölraffinerie. Hafen am Río de la Plata. – 1882 als Hauptstadt der Prov. Buenos Aires gegr. und mit planmäßigem Grundriß angelegt; hieß 1952–55 **Eva Perón.**

Plata, Río de la [span. 'rrio ðe la 'plata], gemeinsamer Mündungstrichter von Paraná und Uruguay an der südamerikan. Atlantikküste zw. Uruguay und Argentinien; bed. Wasserstraße; wichtigste Häfen sind Buenos Aires, Montevideo und La Plata.

Platää (Plataiai; lat. Plataeae), griech. Stadt in Böotien, südl. von Theben; bekannt durch die **Schlacht bei Platää** 479 v. Chr., in der die Griechen über die Perser siegten; bedeutete das Ende der Perserkriege für das griech. Mutterland.

Platane (Platanus) [griech.], einzige Gatt. der *Platanengewächse* (Platanaceae) mit 6–7 rezenten Arten, verbreitet von N-Amerika bis Mexiko, in SO-Europa sowie in Asien bis Indien und zum Himalaja; 30–40 m hohe, sommergrüne Bäume mit in Platten sich ablösender Borke, wechselständigen, ahornähnl. Blättern und unscheinbaren, einhäusigen Blüten in kugeligen Köpfchen. Die Früchte hängen einzeln oder zu mehreren an einem langen Stiel herab. – Als Park- und Alleebäume werden in Mitteleuropa neben der **Amerikanischen Platane** (Platanus occidentalis, mit meist kleinschuppiger Borke und dreilappigen Blättern) v. a. die **Morgenländische Platane** (Platanus orientalis, mit großschuppig sich ablösender Borke und 5–7lappigen Blättern) sowie am häufigsten die Kreuzung beider Arten, die auch im Großstadtklima gedeihende **Ahornblättrige Platane** (Platanus hybrida, mit drei- bis fünflappigen Blättern und großflächig sich ablösender Rinde), kultiviert. – P. werden v. a. als Werkholz und zur Papierherstellung verwendet.

Plateau [pla'to:; frz.], Hochebene.

▷ in der Lernpsychologie Bez. für vorübergehendes Ausbleiben des Lernzuwachses trotz fortgesetzten Übens; ein P. zeigt sich bes. beim Erwerb komplexer Fähigkeiten (z. B. Spracherwerb). Nach der P.bildung folgt in der Lernkurve häufig ein um so steilerer Anstieg, was auf unbemerkt ablaufende Prozesse während der P.phase hindeutet.

Plateaujura [pla'to:] ↑Jura.

Plateauphase [pla'to:] ↑Orgasmus.

Plateausprachen [pla'to:], eine der vier Untergruppen der Benue-Kongo-Sprachen innerhalb der Niger-Kongo-Sprachen. Die P. werden v. a. auf dem Bauchiplateau in Nigeria und westlich davon gesprochen.

Platen, August Graf von, eigtl. P.-Hallermünde, * Ansbach 24. Okt. 1796, † Syrakus 5. Dez. 1835, dt. Dichter. – Aus verarmter Adelsfamilie; 1814–18 bayr. Offizier; ab 1826 ständig in Italien. Haß gegen Tyrannei, ein starker Freiheitsimpuls (u. a. „Polenlieder", 1831/32) und Polemiken bestimmen seine Kulturkritik. Bed. v. a. als Lyriker (Ode, Romanze, Ghasel); strenges Versmaß und der Wohlklang im sprachl. Ausdruck brachten ihm den Vorwurf eines preziösen Klassizisten (Fehde mit H. Heine) ein. Die „Sonette aus Venedig" (1825) machten ihn zum Dichter der untergehenden, mit Trauer und Klage erfüllten Stadt. Populär blieb die Ballade „Das Grab im Busento". Wenig erfolgreich waren seine von Aristophanes beeinflußten Komödien („Die verhängnisvolle Gabel", 1826; „Der romant. Ödipus", 1829). – *Weitere Werke:* Ghaselen (1821), Lyr. Blätter (1821), Neue Ghaselen (1824), Geschichten des Königreichs Neapel von 1414 bis 1443 (1833), Die Abassiden (Epos, 1835).

August Graf von Platen (Ausschnitt aus einer zeitgenössischen Gemäldekopie, um 1830)

plateresker Stil [zu span. plateresco „silberschmiedeartig"], span. Dekorationsstil des 15./16. Jh.: eine Aufrasterung der Fassade in kleinteilige Schmuckelemente, die vom Mudejarstil der span. Spätgotik und von Formen der italien. Frührenaissance abgeleitet sind. Frühe Beispiele: Colegio de Santa Cruz (1487–91) und Colegio de San Gregorio (1488–96) in Valladolid. Hauptwerke aus dem 16. Jh.: Portal am Hospital de los Reyos (1501–11), Kreuzgang (1521 ff.) der Kathedrale in Santiago de Compostela, W-Fassade der Univ. von Salamanca (um 1525). Auch bed. Goldschmiedearbeiten (Custodia in der Kathedrale von Santiago de Compostela, von A. de Arfé, 1545 vollendet).

Platerspiel (Platerpfeife) [zu mittelhochdt. blātere „Blase"], Blasinstrument mit Windmagazin aus einer Tierblase und Spielröhre (auch doppelt) in gerader oder gebogener Form und mit einfachem oder doppeltem Rohrblatt; in Europa vom MA bis Anfang des 17. Jh. belegt.

Platforming [engl. 'plæt͵fɔ:mɪŋ; Kw. aus engl.: platinum reforming process] ↑Erdöl.

Plath, Sylvia [engl. plæθ], * Boston 27. Okt. 1932, † London 11. Febr. 1963 (Selbstmord), amerikan. Schriftstellerin. – Ab 1959 in Großbritannien; ⚭ mit Ted Hughes. Schrieb bekenntnishafte Lyrik („Ariel", hg. 1965) in bilderreicher Sprache und kühner Formgebung. – *Weitere Werke:* Die Glasglocke (R., 1963), Briefe nach Hause 1959–1963 (hg. 1978).

Plathelminthes [griech.], svw. ↑Plattwürmer.

Platin [zu span. platina, eigtl. „Silberkörnchen"], chem. Symbol Pt; Übergangsmetall aus der VIII. Nebengruppe des Periodensystems, Ordnungszahl 78, relative Atommasse 195,08, Dichte 21,45 g/cm³, Schmelzpunkt 1 772 °C, Siedepunkt 3 827 ± 100 °C. P. ist ein silbergrau glänzendes, gut formbares Edelmetall und der Hauptvertreter der Platinmetalle; es ist chemisch sehr beständig, löst sich aber in Königswasser und z. T. in geschmolzenen Alkaliperoxiden. In seinen meist farbigen Verbindungen tritt P. ein- bis vier- und sechswertig auf; es bildet zahlr. Koordinationsverbindungen (technisch wichtig ist v. a. die *Hexachloroplatinsäure* $H_2[PtCl_6] \cdot 6H_2O$ und ihre Ammonium- und Kaliumsalze). Es kommt meist gediegen (zus. mit den übrigen P.metallen) vor. P.minerale sind z. B. Cooperit und Sperrylith. Bed. P.vorkommen gibt es in der Republik Südafrika, in Rußland und Kanada. Zur Gewinnung werden die P.metalle aus den Erzen durch Flotation angereichert, oder man geht von dem bei der Reinigung von Nickel anfallenden Anodenschlamm aus. P. wird (z. T. in Legierungen) zur Herstellung von Schmuck, für medizin. und chem. Geräte, für elektr. Schaltkontakte verwendet. Große Bed. hat P. als Katalysator; feinverteiltes P. auf Asbest **(Platinasbest),** als schwarzes Pulver **(Platinmohr)** oder als poröse Masse **(Platinschwamm)** besitzt sehr hohe Absorptionsfähigkeit für Wasserstoff. Auch die zur Reinigung von Autoabgasen verwendeten Katalysatoren enthalten Platin.

Platine [frz., zu griech. platýs „platt, breit"], in der *Hüttentechnik* und *Metallverarbeitung* Bez. für ein geschmiedetes oder vorgewalztes Formteil aus Blech (Halbzeug), das durch Umformen weiterverarbeitet wird.

▷ in der *Feinmechanik* eine Montageplatte zur Halterung der einzelnen Bauelemente.

▷ in der *Textiltechnik* Hilfswerkzeug zur Maschenbildung an Strick-, Wirk- und Nähwirkmaschinen.

▷ in der *Elektronik* die ↑gedruckte Schaltung auf Isolierstoffplatte.

Platinfuchs, blaugraue bis lavendelfarben melierte Farbvariante des Silberfuchses.

Platinit [span. (↑Platin)], eine aus 40 bis 50 % Nickel und 50 bis 60 % Eisen (wenig Mangan und Silicium) bestehende Legierung, die sich als Platinersatz für elektr. Kontakte und für Einschmelzdrähte eignet.

Platinmetalle, Bez. für die chemisch nahe verwandten, in der Natur meist gemeinsam vorkommenden Edelmetalle der VIII. Nebengruppe des Periodensystems der chem. Elemente: Ruthenium, Rhodium, Palladium, Osmium, Iridium und Platin.

Platitüde [frz.], nichtssagende Redewendung.

Platon (römische Marmorkopie, um 365 v. Chr.; Genf, Privatbesitz)

Platon (Plato), eigtl. Aristokles, *Athen (oder Ägina) 428 oder 427 v. Chr., †Athen 348/347, griech. Philosoph. – Schüler des ↑Sokrates, von Euklid und den Pythagoreern beeinflußt; gründete 385 die ↑Akademie. – Die (mit Sicherheit echten) *Schriften* des P. sind keine systemat. Abhandlungen, sondern Dialoge: 1. „Sokrat." Schriften mit vorwiegend eth. Thematik und aporet. Grundtendenz (v. a. „Euthyphron", „Politeia" 1, „Apologia", „Kriton"); 2. Kritik der sophist. Rhetorik („Gorgias", „Menon", „Euthydemos", „Kratylos"); 3. vorwiegend systemat. Erörterungen über Erkenntnistheorie, Metaphysik, Ethik und Politik, zugleich Ausbildung der Ideenlehre („Symposion", „Phaidon", „Politeia" 2–10, „Phaidros"); 4. Weiterführung der Ideenlehre, Naturphilosophie und Gesetzgebung („Theaitetos", „Sophistes", „Timaios", „Kritias", „Nomoi").
Grundzüge seiner Lehre: Die individualethisch eingeschränkten (also unpolit.) Fragen des Sokrates nach dem Guten und der Gerechtigkeit stellt P. in den umfassenden Kontext polit.-sozialen Handelns. Um den eth. Relativismus der Sophisten durch eine gesicherte Argumentationstheorie zu überwinden, entwirft er eine allg. Theorie des Wissens, die in der Ideenlehre ihren Höhepunkt findet. Da alle empir. Gegenstände und Vorgänge wandelbar sind, postuliert P. unwandelbare Ideen, um die Möglichkeit gesicherten, beständigen Wissens darzutun. Die Ideen der *Ethik* transzendieren die empir. Realität der Gesellschaft. Eine Sonderstellung im Ideenkosmos nimmt die Idee des Guten ein: Sie hat die Funktion (als Meta-Idee), die Brauchbarkeit der anderen Ideen in Theorie und Praxis zu gewährleisten, den Mißbrauch von Wissen und Fähigkeiten zu verhindern und die richtige Ziel-Mittel-Relation für konkrete Einzelfälle zu bestimmen. – Den *Staat* interpretiert P. als Großindividuum, dessen Mgl. analog zu den Seelenfunktionen in drei Klassen gegliedert werden, denen jeweils eine spezif. Tugend zugeordnet ist: erkennender Seelenteil (Einsicht) – Herrscherstand; mutiger Seelenteil (Tapferkeit) – Kriegerstand; begehrender Seelenteil (Maßhalten) – Erwerbsstand. Die Gerechtigkeit (dikaiosýnē) als vierte Kardinaltugend umgreift alle Stände und koordiniert ihre Tugenden. – Als Prinzip des Handelns sieht P. die *Seele,* die durch den Antagonismus von Neigung und Vernunft bestimmt ist; Selbstzucht und philosoph. Bildung lassen die Vernunft siegen. Zur gerechten Honorierung des Guten und Vergeltung des Bösen postuliert P. ein Totengericht im Jenseits. Als Lebensprinzip ist die Seele unsterblich. Die Erkenntnis der aus der Wahrnehmung nicht zu gewinnenden Ideen und theoret. Zusammenhänge setzt ein Stadium der Präexistenz der Seele voraus, in dem sie die Ideen „schaute". Lernen ist für P. also „Wiedererinnerung" (Anamnesis). – Seine *Ontologie* beruht auf der Annahme, daß den Erkenntnisvermögen unterschiedl. Gegenstandsbereiche entsprechen: dem Denken die Welt der Ideen oder Formen (unkörperlich, unwandelbar, ewig, wahrhaft, an sich seiend, Ur- und Vorbild der Sinnendinge); der Wahrnehmung die Sinnenwelt (körperlich, wandelbar, vergänglich, nicht an sich, sondern nur durch Partizipation an den Ideen seiend, Abbild und Nachahmung der Idee). Nur in bezug auf die Ideen ist gesichertes Wissen möglich, im Bereich der Sinnendinge gibt es nur ungesicherte Meinung (griech. dóxa). – Im Unterschied zu Sokrates befaßt sich P. eingehend mit Problemen der Naturphilosophie und führt neben der Materialursache den Zweck (Finalursache) und die Ideen (Formalursache) als weitere Ursachen ein. – Jede *Gottesvorstellung* muß nach P. vom Ideal eines ethisch vollkommenen, unveränderl. und selbstgenügsamen Gottes ausgehen.

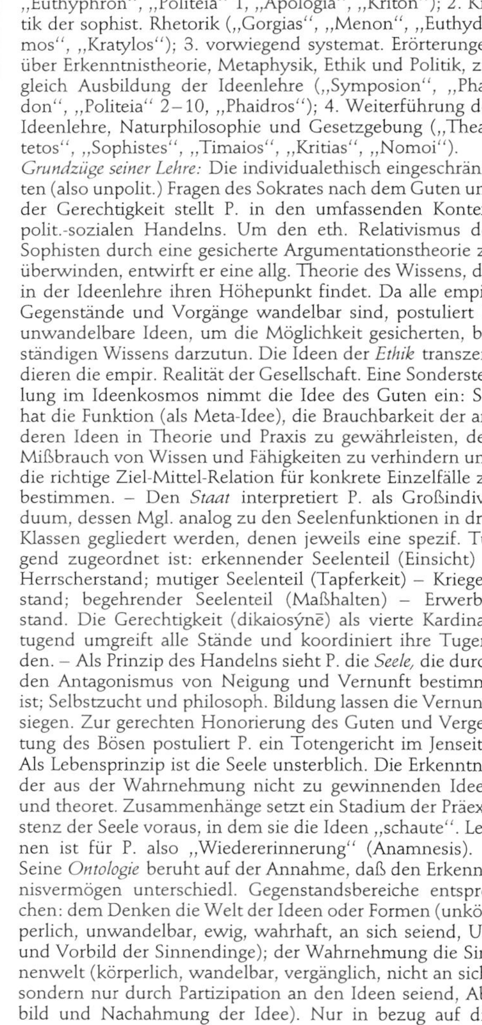

Platonische Körper. Von oben: Tetraeder, Hexaeder, Oktaeder, Pentagondodekaeder, Ikosaeder

Platoniker [griech.], i. e. S. die Mgl. der Platon. ↑Akademie; i. w. S. Sammelbez. für die Vertreter des Platonismus, darüber hinaus auch des Neuplatonismus.

Platonische Akademie, 1. die von Platon in Athen gegr. ↑Akademie. 2. Am Renaissancehof Cosimos I. de' Medici 1459 begr. Gelehrtenkreis zur Erneuerung der Philosophie Platons; Mittelpunkt des italien. Humanismus; bestand bis 1522; mit bed. Nachwirkung.

platonische Körper (regelmäßige Körper, regelmäßige Polyeder), konvexe ↑Polyeder (Vielflächner), die von regelmäßigen, untereinander kongruenten Vielecken begrenzt werden und in deren Ecken jeweils gleich viele Kanten zusammenstoßen. Es gibt fünf p. K., deren Oberfläche (*O*) und Volumen (*V*) bei einer Kantenlänge *a* wie folgt zu berechnen sind:

	O	V
Tetraeder	$a^2\sqrt{3}$	$(a^3/12)\sqrt{2}$
Hexaeder	$6a^2$	a^3
Oktaeder	$2a^2\sqrt{3}$	$(a^3/3)\sqrt{2}$
Pentagon-dodekaeder	$3a^2\sqrt{25+10\sqrt{5}}$	$(a^3/4)(15+7\sqrt{5})$
Ikosaeder	$5a^2\sqrt{3}$	$(5/12)a^3(3+\sqrt{5})$

platonische Liebe, in Anlehnung an den Begriff des Eros bei Platon (Streben nach Schau der Ideen des Wahren, Schönen und Guten) allg. die die sexuelle Sinnlichkeit ausschließende, auf geistig-psych. Kommunikation basierende Liebe.

platonisches Jahr (Großes Jahr, Weltjahr), die Dauer eines Umlaufes des Frühlingspunktes in der Ekliptik auf Grund der Präzession; rund 25 850 Jahre.

Platonismus [griech.], Nachwirkung der Lehre Platons; i. e. S. die Philosophie der ↑Akademie Platons (↑Neuplatonismus). – Der P. außerhalb der Schultradition ist außerordentlich vielfältig und oft nicht genau zu bestimmen. Das frühe Christentum übernahm den P. einerseits als Bestandteil der hellenist. Bildung, andererseits in der Entwicklung der eigenen Theologie. Um 1270 gab es in Paris neben dem Aristotelismus eine starke, an Augustinus anschließende Tradition des P. V. a. bei naturwiss. interessierten Denkern (R. Grosseteste, R. Bacon, Witelo und der „Schule von Chartres") fand der P. Anklang. Albertus Magnus, Ulrich von Straßburg u. a. hielten die Tradition des P. bis zur spekulativen Mystik des 14. Jh. (Meister Eckhart) aufrecht. G. Pico della Mirandola und G. Bruno standen dem P. nahe, ebenso Nikolaus von Kues, Descartes, Leibniz, Spinoza, Malebranche (der „christl. Platon"), Hegel, Husserl und Whitehead.

Platonow, Andrei Platonowitsch, *Woronesch 1. Sept. 1899, †Moskau 5. Jan. 1951, russ. Schriftsteller. – Schrieb Gedichte und v. a. psychologisch motivierte, irrational verfremdete Erzählungen, die in der UdSSR lange Zeit nicht veröffentlicht wurden. Dt. erschienen u. a. „Die Kutschervorstadt" (En., 1968), „In der schönen und grimmigen Welt" (En., 1969), „Unterwegs nach Tschevengur" (R., 1973), „14 Rote Hüttchen" (Dr., 1990).

Plattdeutsch [von niederl. plat „flach, (übertragen:) gemeinverständlich, vertraut"], Bez. für die niederdt. Mundarten im Unterschied zum Ober- und Mitteldeutschen. – ↑deutsche Mundarten, ↑niederdeutsche Sprache.

Platte [über mittellat. plat(t)a zu griech. platýs „eben"], in der *techn. Mechanik* und *Elastizitätstheorie* Bez. für ein dünnes, ebenes und durch äußere Kräfte nur senkrecht zu seiner Mittelebene beanspruchtes Bauelement.
▷ Gebiet mit ebener Landoberfläche.

Plattenepithel ↑Epithel.

Plattenepithelkarzinom, svw. ↑Spinaliom.

Plattensee (ungar. Balaton), mit 591 km² größter See Mitteleuropas, in W-Ungarn, 78 km lang bis 15 km breit (Einschnürung durch die Halbinsel von Tihany bis auf 1,5 km), durchschnittlich 2 m, maximal 11 m tief, durchschnittlich 106 m ü. d. M.; am S-Ufer sehr flach; Fremdenverkehr; am N-Ufer Weinbaugebiete, Großkelterei und Weinmuseum im Weinbaugebiet Badacsony; auch Fischerei; teilweise Naturschutzgebiet.

Plattenspieler, Abspielgerät für Schallplatten, mit dem die auf diesen gespeicherten Schallaufzeichnungen in Wechselspannungen umgewandelt werden, die dann mittels Verstärker und Lautsprecher hörbar gemacht werden. Der P. besteht aus dem von einem Elektromotor angetriebenen Laufwerk, das den Plattenteller antreibt, und dem über dem Plattenteller schwenkbaren bzw. neuerdings auch tangential geführten Tonarm mit einem elektr. Tonabnehmer; dieser tastet mit seiner Abtastspitze („Nadel") die Rille der auf dem Plattenteller liegenden Schallplatte ab.
Das **Laufwerk** versetzt meist über einen Antriebsriemen den Plattenteller und damit die Schallplatte möglichst geräuschlos und erschütterungsfrei in gleichmäßige Umdrehungen von vorgeschriebener Geschwindigkeit (heute gewöhnlich 45 und $33\frac{1}{3}$ U/min). Mit elektron. Drehzahlregelung des Motors ist auch der direkte Antrieb des Plattentellers durch die Motorachse möglich. – Hochwertige Laufwerke haben meist einen schweren, ausgewuchteten **Plattenteller,** dessen Schwungmasse Antriebsschwankungen ausgleicht; insbes. werden für Hi-Fi-Wiedergabe an das Laufwerk hohe Anforderungen an Gleichlauf und Rumpelfreiheit gestellt (unter *Rumpeln* versteht man alle von störenden mechan. Vibrationen herrührenden, vom Tonabnehmersystem umgewandelten und sodann die Wiedergabe beeinträchtigenden Geräusche). Aufgabe des möglichst leicht, aber dennoch weitgehend verwindungssteif gebauten und statisch ausbalancierten **Tonarms** ist es, den Tonabnehmer so über die Platte zu führen, daß an der Abtastspitze möglichst keine anderen Kräfte wirksam werden als die Auslenkkräfte der Schallrille. Die Abtastverzerrungen, die auf der Unterschiedlichkeit der Führung beim Schneiden der Schallrille und bei der Tonabnahme beruhen, werden durch eine genau berechnete Abwinkelung des Tonarms verringert. Hierdurch wird jedoch der Tonarm beim Abspielen stets etwas nach innen gezogen (sog. *Skating*); die dadurch auftretende, das Abtastsystem stärker an die (bei Stereoplatten für den linken Kanal zuständige) Innenflanke der Rolle drückende *Skatingkraft* wird durch eine sog. **Antiskatingvorrichtung** neutralisiert. Damit das Tonabnehmersystem der Führung der Schallrille ungehindert folgen kann, muß die Tonarmlagerreibung möglichst gering sein. Durch geringe Masse des Tonarms und eine möglichst große Nachgiebigkeit kann dann außerdem die Auflagekraft des Abtastsystems sehr klein gehalten werden. Winkelfehler und Skating werden bei dem tangential über die Schallplatte geführten Tonabnehmer verhindert, da sich das Abtastsystem nicht gegenüber der Schallrille verdreht, sondern den stets gleichen Winkel aufweist. – *Digital-P.* arbeiten nach dem selben Prinzip wie Bildplattenspieler (↑Videoplatte). – Aufsetzen und Abheben des Tonarms erfolgen bei vielen P. selbsttätig; ein *Tonarmlift* gestattet außerdem, das Abtastsystem an jeder beliebigen Stelle der Platte sanft aufzusetzen oder anzuheben. Das Abschalten erfolgt mechanisch oder auch optoelektronisch.
Zur Geschichte ↑Schallplatte.

Plattentektonik, Weiterentwicklung der Theorie der ↑Kontinentalverschiebung, auf geophysikal. Untersuchungen im ozean. Bereich beruhend. Danach ist die Lithosphäre in 6 große und zahlr. kleinere, bis zu 100 km dicke Platten aufgeteilt, die auf der fließfähigen Unterlage des oberen Erdmantels, der Astenosphäre, bewegt werden. Die Verschiebung der Platten und die damit im Zusammenhang stehende Entstehung der Ozeane wird auf mehrere von den großen mittelozean. Schwellen ausgehende Öffnungen der Erdkruste zurückgeführt. Diese Schwellen sind von einem Zentralgraben durchzogen und randlich von einer Reihe paralleler Senken begleitet; sie zeichnen sich durch hohe seism. Aktivität, intensiven basalt. Vulkanismus und bes. starke Wärmestrahlung aus. Durch das infolge der Dehnung an den mittelozean. Schwellen aufsteigende basalt. Schmelzflußmaterial der Astenosphäre wird ständig neue ozean. Erdkruste gebildet; sie breitet sich symmetrisch nach beiden Seiten aus, wobei die kontinentalen Platten aus granit. Kruste zus. mit den auflagernden Sedimenten verfrachtet werden, und wird dann in Einengungszonen, den **Orogenen,** am Rande der Platten durch Abtauchen und Verschlucken **(Subduktion)** wieder abgebaut. Mit der P. lassen sich zahlr. tekton. Vorgänge erklären: Treffen z. B. eine ozean. Platte und eine kontinenttragende zus., so taucht die ozean. Platte mit einem Winkel von etwa 45° in die Asthenosphäre ab. Je nach Entfernung der abtauchenden Platte vom Kontinent bilden sich dabei Inselbögen (z. B. am W-Rand des Pazifiks) oder Küstenkordilleren (z. B. am O-Rand des Pazifiks). An der Abtauchstelle bilden sich Tiefseegräben aus, die von Vulkanketten begleitet werden. Kollidieren zwei kontinenttragende Platten, so entstehen Faltengebirge (z. B. Himalaja). Bewegen sich zwei Platten dicht aneinander vorbei, kommt es durch ruckartige Bewegung zu häufigen Erdbeben (z. B. San-Andreas-Fault in Kalifornien). Als Energiequelle für all diese Bewegungsabläufe werden in sich geschlossene Wärmeströmungen angenommen.

Andrei Platonowitsch Platonow

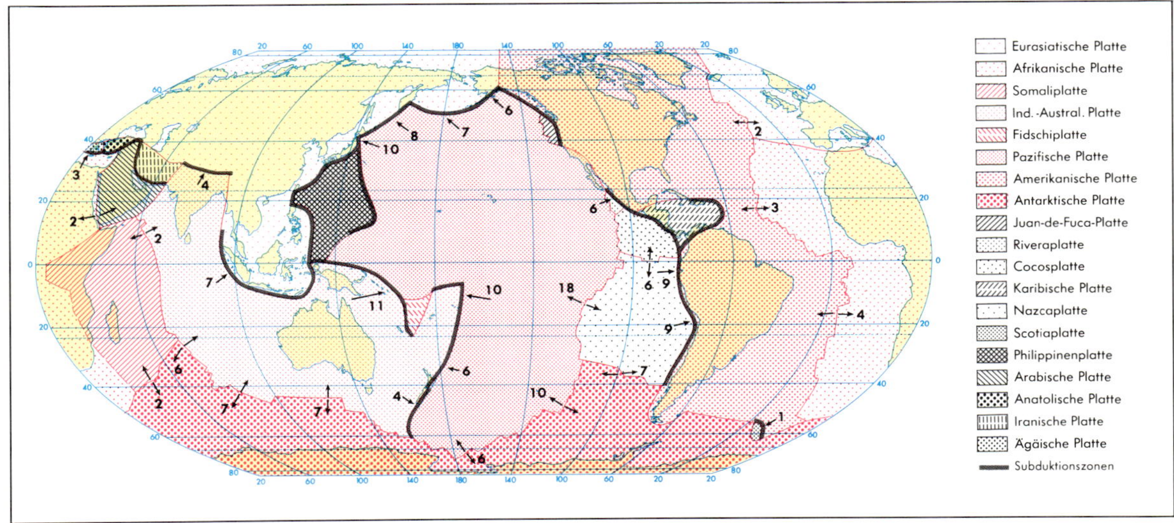

Plattentektonik. Die plattentektonische Struktur der Erde; die Pfeile geben die relativen Bewegungsrichtungen und -geschwindigkeiten in cm pro Jahr an den Plattengrenzen an (einfache Pfeile: Bewegungen an Subduktionszonen, doppelte Pfeile: Bewegungen am Mittelozeanischen Rücken)

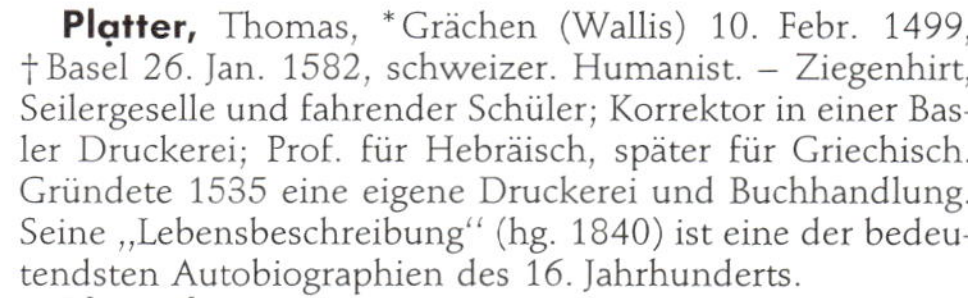

Platter, Thomas, *Grächen (Wallis) 10. Febr. 1499, †Basel 26. Jan. 1582, schweizer. Humanist. – Ziegenhirt, Seilergeselle und fahrender Schüler; Korrektor in einer Basler Druckerei; Prof. für Hebräisch, später für Griechisch. Gründete 1535 eine eigene Druckerei und Buchhandlung. Seine „Lebensbeschreibung" (hg. 1840) ist eine der bedeutendsten Autobiographien des 16. Jahrhunderts.

Platterbse. Wiesenplatterbse

Platterbse (Lathyrus), Gatt. der Schmetterlingsblütler mit mehr als 150 Arten in der nördl. gemäßigten Zone und in den Subtropen sowie in trop. Gebirgen; ein- oder mehrjährige Kräuter mit paarig gefiederten Blättern, oft mit Blattstielranken. In Deutschland kommen rd. 15 Arten vor, u.a.: **Frühlingsplatterbse** (Frühlingswicke, Lathyrus vernus), im April und Mai blühende, bis 40 cm hohe Staude mit rotvioletten, vier- bis sechsblütigen Blütentrauben; **Saatplatterbse** (Dt. Kicher, Lathyrus sativus), einjährige, nur kultiviert bekannte Pflanze mit bis 1 m hohem Stengel, Blüten bläulich, rötlich oder weiß, Hülsen kahl mit kantigen Samen (eßbar); **Waldplatterbse** (Lathyrus sylvestris), ausdauernde Pflanze mit 1–2 m langen liegenden oder kletternden Stengeln und blaßroten Blüten, in Gebüschen und Laubwäldern; **Wiesenplatterbse** (Lathyrus pratensis), 30–100 cm hohe Staude auf Wiesen, Blüten gelb.

Platte River [engl. plæt ˈrɪvə], rechter Nebenfluß des Missouri, in Nebraska, USA, entsteht durch Zusammenfluß des North P. R. und des South P. R., durchfließt die Great Plains, mündet etwa 20 km südl. von Omaha, 500 km lang.

Plattfische (Pleuronectiformes), Ordnung wenige Zentimeter bis mehrere Meter langer Knochenfische mit rd. 600 Arten, v.a. in flachen Meeresgewässern, einige im Süßwasser; Körper seitlich stark abgeplattet, asymmetrisch; beide Augen und Nasenlöcher auf der pigmentierten (je nach Art rechten oder linken), dem Licht zugekehrten Körperseite. Mit der helleren Körperseite liegen die P. am Grund oder graben sich in diesen ein, wobei sie sich z.T. täuschend dessen Aussehen anpassen. Die Jugendstadien sind bilateral-symmetrisch und freischwimmend. – P. sind z.T. wichtige Speisefische, z.B. Scholle, Heilbutt, Steinbutt, Seezunge und Flunder.

Plattmuscheln. Baltische Plattmuschel

Plattform [frz.], allg. svw. flacher, erhöhter Platz oder Bereich.

▷ dem *polit. Sprachgebrauch* der USA entstammende Bez. für ein bes. lockeres [Wahl]programm, in dem meist nur für eine bestimmte Dauer (z.B. Wahlperiode) konkrete polit. Ziele einer Partei, eines Parteienbundes bzw. sonstiger polit.-sozialer Gruppen und Vereinigungen zusammengestellt sind.

Plattformpartei ↑Partei.

Plattfuß ↑Fußdeformitäten.

Plattgattheck, svw. ↑Spiegelheck.

Plattieren, in der *Fertigungstechnik* Überziehen eines Metalls mit einem zweiten, meist edlerem Metall auf mechan. oder therm. Wege (z.B. durch Walzen oder Gießen). Dabei können Diffusionserscheinungen und Gefügeänderungen auftreten. Die mechan. Eigenschaften (z.B. Festigkeit) des entstehenden Verbundwerkstoffes werden vom Grund- und Überzugsmetall, das chem. Verhalten nur vom Überzugsmetall bestimmt.

▷ in der *Textiltechnik* hauptsächlich bei der Herstellung von Wirkwaren die Verarbeitung von zwei Garnen unterschiedl. Qualität (z.B. Wolle und Baumwolle), wobei man die Fäden so zu Maschen formt, daß das bessere Material die Schauseite bildet.

Plattkäfer (Schmalkäfer, Cucujidae), weltweit verbreitete Käferfam. mit rd. 1300 2–3 mm langen Arten, davon rund 50 Arten in M-Europa; Körper schmal und abgeplattet, mit großem Kopf und gerippten Flügeldecken.

Plattwanzen. Gemeine Bettwanze

Plattling, Stadt nahe der Mündung der Isar in die Donau, Bay., 320 m ü.d.M., 10400 E. Orgelbau, Maschinen-, Fleischwarenfabrik, Zuckerraffinerie. – 868 erstmals erwähnt; 1320 Markt; 1379 wegen der häufigen Hochwasser auf das höhere linke Isarufer verlegt; 1888 Stadtrecht. – Roman. Kirche (13. Jh.) mit spätgot. Chor.

Plattmuscheln (Tellmuscheln, Tellinidae), Fam. z.T. prächtig gefärbter Muscheln im Pazifik und Atlantik. Die Schalen der **Pazifischen Plattmuschel** (Macoma nasuta) wurden von Indianern als Geld benutzt. In der Nord- und Ostsee ist die **Baltische Plattmuschel** (Rote Bohne, Macoma baltica), eine bis 2,5 cm große, rundl., bräunl. Muschel, Charakterart der Gezeitenzone.

Plattschwänze (Laticauda), Gatt. etwa 1–1,5 m langer, giftiger, überwiegend im Ind. Ozean verbreiteter, eierlegender ↑Seeschlangen; meist auffallend schwarz-hell geringelt.

Plattstich (Flachstich), Stickereistich, der meist motivdeckend gearbeitet wird.

Plattwanzen (Hauswanzen, Cimicidae), weltweit verbreitete Fam. der ↑Landwanzen mit rd. 20 an Säugetieren und Vögeln blutsaugenden Arten (auch die Larven sind Blutsauger); Körper sehr flach, oval. Die bekannteste Gatt. ist *Cimex,* zu der u.a. die Bettwanzen gehören mit der weltweit verschleppten **Gemeinen Bettwanze** (Cimex lectularius) und der in S-Asien und Afrika verbreiteten **Tropischen Bettwanze** (Cimex rotundatus). Die Gemeine Bettwanze ist erwachsen 5–8 mm lang und gelblich bis rotbraun; lebt am Tage in Ritzen oder hinter Tapeten bewohnter Räume und saugt nachts an schlafenden Menschen oder anderen Warmblütern Blut. Das Speicheldrüsensekret erzeugt einige Zeit nach dem Stich juckende Quaddeln, gelegentlich kommt es zur Übertragung von Krankheiten.

Plattwürmer (Plathelminthes), Tierstamm mit über 12000 Arten von etwa 0,5 mm bis über 15 m Länge; Körper oft stark abgeplattet, der Darm endet blind ohne After oder fehlt; meist Zwitter. – Die P. leben teils im Meer, teils im Süßwasser, selten an Land. Sie sind freilebend (fast alle ↑Strudelwürmer) oder parasitisch (alle ↑Saugwürmer und ↑Bandwürmer).

Platy [griech.] (Spiegelkärpfling, Xiphophorus maculatus), 4–6 cm langer, oberseits olivbrauner, an den Seiten bläulich schimmernder ↑Lebendgebärender Zahnkarpfen in Süßgewässern Mexikos und Guatemalas; Warmwasseraquarienfisch mit zahlr. Zuchtformen.

Platz [über frz. place (von lat. platea „Straße") zu griech. plateĩa (hodós) „breiter (Weg)"], freie, unbebaute Fläche in einem bebauten Bereich.

▷ im Pferderennsport der Einlauf eines Pferdes unter den ersten 3; die *P.wette* ist im Ggs. zur Siegerwette (Wette auf den 1. P.) eine Wette, bei der gewonnen wird, wenn ein Pferd *plaziert* ist.

plauen, e. o., eigtl. Erich Ohser, *Untergettengrün (= Gettengrün, Landkr. Oelsnitz) 18. März 1903, †Berlin 6. April 1944 (Selbstmord in nat.-soz. Haft), dt. Zeichner und Karikaturist. – Bekannt u.a. durch die Bildgeschichten „Vater und Sohn" (1934–37 in der „Berliner Illustrirten Zeitung"); auch Buchillustrationen.

Plauen, kr.freie Stadt und Krst. in einer Talweitung der Weißen Elster, Sa., 330–500 m ü.d.M., 74000 E. Kultureller und wirtsch. Mittelpunkt des Vogtlandes; Stadttheater, Vogtlandmuseum; Textilind. (Spitzen, Gardinen, Bekleidung), Druckmaschinen-, Werkzeugmaschinenbau. – 1122 als **Plawe** erstmals erwähnt; entwickelte sich vermutlich aus einer Slawensiedlung bei einer 1222 bezeugten Burg; 1230–40 Gründung der Neusiedlungsstadt. – Ein Teil der Altstadt wurde 1944/45 zerstört; wiederhergestellt u.a. die spätgot. Stadtkirche Sankt Johannis, die barocke Gottesackerkirche und das Alte Rathaus (1508).

P., Landkr. in Sachsen.

plausibel [frz., zu lat. plaudere „Beifall klatschen"], einleuchtend, verständlich, begreiflich.

Plautus, Titus Maccius, *Sarsina (Umbrien) um 250 v. Chr., †Rom um 184, röm. Komödiendichter. – Aus einfachen Verhältnissen; P. ist der erste röm. Schriftsteller, von dem vollständige Werke (21 Komödien) erhalten blieben. P. gehört (neben Terenz und Cato) zu den wichtigsten Repräsentanten der Vorklassik. Er bearbeitete Stücke der „neuen Komödie", d.h. des zeitgenöss. griech. Theaterrepertoires, für die röm. Bühne; die Skala reicht von der Mythentravestie bis zur Farce, von der Verwechslungskomödie bis zum Charakterstück und zum Lustspiel. Als Übersetzer hat P. v.a. durch Sprache und Vers zur Entwicklung der röm. Literatur beigetragen.

Playback [engl. 'pleıbæk „zurückspielen"], Bez. für verschiedene Trickverfahren bei der Herstellung und Reproduktion von Tonaufzeichnungen. Beispiele: Zwei Instrumente werden getrennt auf Tonband aufgenommen und die Bandspuren nachträglich gemischt; ein Sänger täuscht Singen vor, während im Lautsprecher eine früher eingespielte Aufnahme erklingt; ein Solist spielt zu einem auf Tonband aufgenommenen Orchesterpart (Teil- oder Halb-P.).

Playboy [engl. 'pleıbɔı], amerikan. Herrenmagazin; gegr. 1953; dt. Ausgabe seit 1972.

Playboy [engl. 'pleıbɔı], meist jüngerer, wirtsch. unabhängiger Mann, der seinem Vergnügen lebt. Das weibl. Pendant des P. wird **Playgirl** oder **Playmate** genannt.

Play-off [engl. 'pleıɔf], Austragungssystem in Meisterschaftsendrunden (z. B. Basketball, Eishockey). Nach Abschluß der Punktspiele kämpfen Spitzenmannschaften im K.-o.-System um die endgültige Plazierung.

Plazenta [griech.-lat. „breiter, flacher Kuchen"] (Placenta, Mutterkuchen), blutgefäßreiches Gewebe als Verbindung zw. dem Embryo (bzw. der sich ausbildenden Nabelschnur) und dem Mutterorganismus beim Menschen und P.tieren. Die P. dient der Versorgung des Embryos mit Nährstoffen, dem Abtransport von Schlackenstoffen aus dem embryonalen Stoffwechsel zur Mutter hin und dem Gasaustausch. Das Herz des Embryos pumpt venöses (sauerstoffarmes) Blut durch die Nabelarterie zur Plazenta. Das dort aufgefrischte Blut wird nur zum kleinen Teil durch die noch untätigen Lungen gepumpt. Der größere Teil gelangt direkt in den Körperkreislauf. Die Ernährung des Embryos über die P. ermöglicht eine oft weit fortschreitende Entwicklung innerhalb der schützenden Gebärmutter, d. h. im mütterl. Organismus. Die P. setzt sich aus einem embryonalen Anteil (*Fruchtkuchen,* Pars fetalis) und einem mütterl. Anteil (Mutterkuchen i. e. S., Pars materna) zusammen. Die **menschliche Plazenta** wiegt am Ende der Schwangerschaft etwa 500 g. Sie ist scheibenförmig mit einem Durchmesser von etwa 15–20 cm und einer Dicke von 2–4 cm. Neben der Nährfunktion übernimmt die P. etwa ab dem 4. Schwangerschaftsmonat die Produktion von Hormonen (Follikel-, Gelbkörperhormon, gonadotropes Hormon), die schwangerschaftserhaltend wirken. Nach der Geburt wird durch Wehen die P. als Nachgeburt (↑Geburt) ausgestoßen.
▷ in der Botanik: auf dem Fruchtblatt liegendes Bildungsgewebe, aus dem die ↑Samenanlage hervorgeht.

Plazentatiere (Plazentalier, Höhere Säugetiere, Eutheria, Monodelphia, Placentalia), seit dem Tertiär bekannte, heute mit über 4000 Arten weltweit verbreitete Unterklasse der Säugetiere, bei denen die Embryonen in der Gebärmutter des mütterl. Körpers über eine Plazenta ernährt werden. Die Jungen werden in mehr oder minder weit entwickeltem Zustand geboren. Das Urogenitalsystem und der Darm münden stets getrennt voneinander. – Zu den P. zählen der Mensch und die Säugetiere mit Ausnahme der ↑Kloakentiere und ↑Beuteltiere.

Plazet [zu lat. placet „es gefällt"], allg. Bestätigung, Erlaubnis, Zustimmung.
▷ (Exequatur) aus dem System des Staatskirchentums stammendes staatl. Recht, alle kirchl. Erlasse vor ihrer Bekanntmachung zu prüfen und zu genehmigen; durch die Weimarer Reichsverfassung abgeschafft.

plazieren (placieren) [frz.], [etwas] an einen bestimmten Platz bringen, stellen; (Kapitalien) unterbringen, anlegen.

Plebejer (lat. plebeii), im antiken Rom Angehörige der großen Masse der Bürger (Plebs), die neben den privilegierten Patriziern standen. Die P. waren rechtlich gleichgestellt, aber politisch bis zum sog. Ständekampf (5./3. Jh. v. Chr.) vom öff. Leben ausgeschlossen, danach verschmolzen die reichsten P. mit den Patriziern zur Nobilität.

Plebiszit [zu lat. plebiscitum (von Plebs [↑Plebejer] und scitum „Beschluß")], im antiken Rom Beschluß der Plebejer, seit dem 3. Jh. v. Chr. in zunehmendem Maße Weg der Gesetzgebung. – In der modernen Staatslehre ist das P. eine Form der staatl. Willensbildung durch unmittelbare Abstimmung der Stimmbürger über bestimmte Fragen (direkte [plebiszitäre] Demokratie). – ↑Volksabstimmung.

Plebs [lat.], im alten Rom: ↑Plebejer; heute: Pöbel.

Plechanow, Georgi Walentinowitsch [russ. plı'xanɐf], *Gudalowka (Gebiet Lipezk) 11. Dez. 1856, †Terijoki (= Selenogorsk) 30. Mai 1918, russ. Revolutionär. – Zunächst Anhänger der ↑Narodniki; emigrierte 1880 und gründete 1883 in Genf die erste marxist. Gruppe „Oswoboschdenije truda" („Befreiung der Arbeit"). 1889–1904 Mgl. der Exekutive der 2. Internationale; übte auf Lenin großen Einfluß aus (gemeinsame Gründung der Zeitschrift „Iskra" 1900). Nach der Spaltung der Sozialdemokrat. Arbeiterpartei Rußlands (1903) unterstützte P. die Menschewiki. 1917 nach Rußland zurückgekehrt, trat er für die Politik der Provisor. Reg. gegen Lenins Kurs einer revolutionären Machtergreifung ein.

Georgi Walentinowitsch Plechanow

Plectrum ↑Plektron.

Plegie [griech.], vollständige ↑Lähmung.

Pléiade [ple'ja:də, frz. ple'jad], nach der Pleias ben. bedeutendste frz. Dichterschule der frz. Renaissance um P. de Ronsard und J. Du Bellay; gemeinsam war den jeweils 7 Mgl. die Bewunderung antiker und italien. Literatur, deren Gattungen und Formen normative Muster für die eigene Produktion darstellten. Durch Bereicherung (z. B. Gebrauch altfrz. Wörter oder Neologismen) sollte das Frz. zu einem dem klass. Griech. und Latein ebenbürtigen sprachl. System ausgebaut und dadurch „literaturfähig" gemacht werden.

Pleias, nach den Plejaden ben. Gruppe von 7 trag. Dichtern, die im 3. Jh. v. Chr. am Hofe des Ptolemaios II. Philadelphos in Alexandria gewirkt haben sollen.

Pleinairmalerei [plɛ'nɛ:r; frz./dt.], svw. ↑Freilichtmalerei.

Pleiotropie [griech.] (Polyphänie), Beeinflussung verschiedener, scheinbar voneinander unabhängiger phänotyp. Merkmale durch ein Gen.

pleiozyklische Pflanzen [griech./dt.] (plurienne Pflanzen), Pflanzen, die nur einmal, und zwar am Ende ihres mehrjährigen Wachstums, blühen und dann absterben; z. B. Agaven (nach 10–100 Jahren).

Pleiße, rechter Nebenfluß der Weißen Elster, entspringt sw. von Zwickau, mündet in Leipzig, 90 km lang. Südl. von Leipzig wurde ihr Flußlauf wegen des Braunkohlenbergbaus verlegt.

Pleißenland (mlat. Terra [Provincia] Plisnensis), das Gebiet beiderseits der Pleiße um Altenburg, Chemnitz und Zwickau. – Nach 1158 Reichsgutsbezirk, seit Mitte des 13. Jh. Pfandschaftsrechte der Wettiner, im 14. Jh. ihrer Landesherrschaft eingegliedert.

Pleistozän [griech.] (Diluvium), die ältere Abteilung des Quartärs. – ↑geologische Systeme (Übersicht).

p-Leitung [p, Abk. für: **p**ositiv] ↑Halbleiter.

Plejade (Puschkinsche P.) [nach der Pleias], Bez. für einen heterogenen Kreis meist aristokrat. russ. Dichter um A. S. Puschkin sowie generell für alle russ. Poeten seiner Generation.

Plauen Stadtwappen

Plejaden, in der griech. Mythologie die sieben Töchter des Atlas und der Okeanide Pleione: Alkyone, Asterope, Elektra, Kelaino, Maia, Merope und Taygete. Auf der Flucht vor den Nachstellungen des Jägers Orion werden sie von Zeus als Siebengestirn an den Himmel versetzt.

Plejaden [griech., nach den gleichnamigen Gestalten der griech. Mythologie] (Siebengestirn), offener Sternhaufen im Sternbild Taurus (Stier), von dessen 120–500 Haufenmitgliedern sechs bis neun Sterne mit bloßem Auge sichtbar sind.

Plektenchym [griech.], svw. Scheingewebe (↑Gewebe).

Plektron [griech.] (lat. Plectrum), Stäbchen oder Plättchen (aus Holz, Elfenbein, Metall u. ä.) zum Anreißen oder Schlagen der Saiten von Zupfinstrumenten.

Plenar... [zu lat. plenus „voll"], Bestimmungswort von Zusammensetzungen mit der Bed. „voll, gesamt".

Plenterhieb (Femelhieb) ↑Hiebsarten.

Plenterwald (Femelwald), Form des durch Femelbetrieb entstandenen, vorzugsweise reich gemischten Hochwaldes (mit ungleichaltrigen Bäumen), dessen Kronendach ständig neu aufgelockert (aufgeblendet) wird.

Plenum [zu lat. plenum (consilium) „vollzählige (Versammlung)"], Vollversammlung, insbes. der Mgl. einer Volksvertretung. Dem P. steht bei der Gesetzgebung grundsätzlich die Entscheidungsbefugnis zu, während die Ausschüsse mit deren Vorbereitung betraut sind.

Ulrich Plenzdorf

Plenzdorf, Ulrich, *Berlin 26. Okt. 1934, dt. Schriftsteller. – Seit 1964 Szenarist und Filmdramaturg bei der DEFA; derzeit freischaffend. Sein an Goethes Roman „Die Leiden des jungen Werthers" anknüpfendes Bühnenstück „Die neuen Leiden des jungen W." (1973) bewirkte eine breite Diskussion über Lebensgefühl und Selbstverwirklichung von Jugendlichen in der DDR. P. verfaßte auch die Filmerzählungen „Die Legende von Paul und Paula" (1974) sowie „Ein fliehendes Pferd" (nach der Novelle von M. Walser; 1986), ferner „Buridans Esel" (Dr., UA 1976; verfilmt u. d. T. „Glück im Hinterhaus", 1980), „Legende vom Glück ohne Ende" (R., 1979) und „Kein runter, kein fern" (En., 1984).

pleo..., Pleo... [griech.], Wortbildungselement mit der Bed. „mehr..., mehrfach".

Pleochroismus [griech., „Mehrfarbigkeit"], Eigenschaft mancher optisch anisotroper, farbiger Kristalle, in Abhängigkeit von Strahl- und Schwingungsrichtung des durchstrahlenden Lichtes verschiedenfarbig zu erscheinen (auf Grund unterschiedl. Absorption in zwei **[Dichroismus]** bzw. drei **[Trichroismus]** ausgezeichneten Richtungen).

Helmuth Plessner

pleomorph [griech.], verschiedengestaltig, mehrgestaltig; von Bakterien mit variabler Zellform gesagt.

Pleonasmus [griech.-lat., eigtl. „Überfluß, Übermaß"], Häufung sinngleicher Wörter *(bereits schon);* kann ein Stilmittel zur nachdrückl. Betonung (mit *meinen eigenen* Augen) sein.

Pleopoden [griech.], Extremitäten am Hinterleib (Pleon) der Höheren Krebse.

Pleoptik [griech.], Behandlungsform des Schielens durch Übung des schielschwachsichtigen Auges. Die P. dient zur Vermeidung der Schielschwachsichtigkeit oder deren Besserung; erfolgversprechend ist sie im Kindesalter.

Plerom [griech.], der im Wurzelspitzenbereich höherer Pflanzen sich ausdifferenzierende Gewebestrang, aus dem der Zentralzylinder hervorgeht.

Plerozerkus [griech.] (Dithydridium), Larvenform (↑Finne) der Bandwürmer; mit verdicktem, kompaktem Hinterende, in das das Vorderende (Skolex) eingestülpt ist.

Plesiosaurier (Plesiosauria) [griech.], ausgestorbene, nur aus der Jura- und Kreidezeit bekannte Unterordnung bis 14 m langer Reptilien (Ordnung Sauropterygier), die küstennahe Meeresregionen bewohnten; räuberisch lebende Tiere mit sehr langem Hals und kräftigen Ruderflossen.

René Pleven

Pleskau (russ. Pskow), Geb.hauptstadt im W Rußlands, nahe dem P.er See, an der Welikaja, 52 m ü. d. M., 204 000 E. PH, Museen; Theater; Maschinenbau, elektrotechn., Textilind. – Eine der ältesten Städte Rußlands (903 erstmals erwähnt); gehörte zunächst zur Republik Nowgorod, seit 1348 selbständige Republik; 1510 dem Moskauer Staat angeschlossen; bis zur Gründung von St. Petersburg bed. Zentrum für den Handel mit W-Europa (Mgl. der Hanse); 1776 Gouvernementshauptstadt. – Die durch einen strengen Stil gekennzeichnete „Pleskauer Bauschule" reicht vom 14.–17. Jh.: Wassili-Weliki-Kirche auf der Höhe (1413), Nikolaikirche (1536), Pogankinipalast (um 1620), Dreifaltigkeitskathedrale (Neubau 1682–99) im Kreml (12.–16. Jh.). Charakteristisch ist die Einkuppelkirche (Kuppel über Stützbogen), Glockenwände, die Ornamentik. Ältere Bauten zeigen byzantin. (Kathedrale des Miroschklosters, 1156 vollendet) oder Nowgoroder Einfluß (Kathedrale des Johannesklosters, um 1240).

Pleskauer See ↑Peipussee.

Plessner, Helmuth, *Wiesbaden 4. Sept. 1892, †Göttingen 12. Juni 1985, dt. Philosoph. – Emigrierte 1933 in die Niederlande; seit 1951 Prof. für Soziologie in Göttingen. Mitbegr. der modernen philosoph. Anthropologie. Der zentrale Begriff seiner Anthropologie ist die Positionalität des Menschen: Während die Tiere in der Distanz zu ihrem Körper, nicht aber zu ihrem Bewußtsein eine zentrale Position haben, ist für den Menschen die Position der Exzentrität charakteristisch. – *Werke:* Die wiss. Idee (1913), Die Einheit der Sinne (1923), „Die Stufen des Organischen ..." (1928), Philosoph. Anthropologie ... (1970).

Plettenberg, Stadt im Sauerland, NRW, 210–600 m ü. d. M. 29 700 E. Kleineisenind., Walzwerke, Gesenkschmieden, Werkzeugherstellung u. a. – In der 2. Hälfte des 11. Jh. erstmals genannt; erhielt 1397 Stadtrecht. – Spätroman. ev. Christuskirche (13. Jh.) mit spätgot. Chor; über dem Lennetal Ruine Schwarzenberg; auf dem Sundern westl. vom Ortsteil Ohle eine karoling. Ringwallanlage.

Pleuelstange (Pleuel, Schubstange, Treibstange), bei einem Geradschubkurbeltrieb das Verbindungsglied zw. der sich drehenden Kurbelwelle und dem geradegeführten Teil (z. B. dem Kolben einer Kolbenmaschine).

Pleura [griech.], svw. ↑Brustfell.

Pleuraerguß (Brustfellerguß, Hydrothorax), Flüssigkeitsansammlung im Brustfellraum bei Erkrankungen (meist Entzündungen, auch Verletzungen) des Brustfells, außerdem auch aus zirkulator. Gründen oder bei Störungen des Salz-Wasser-Haushalts.

Pleurahöhle (Brustfellhöhle, Cavitas pleuralis), spaltförmiger, mit einer serösen Flüssigkeit als Gleitmittel erfüllter Raum zw. den beiden Blättern des Brustfells.

Pleurapunktion, Anstechen und Ablassen einer krankhafterweise zw. Rippen- und Lungenfell angesammelten Flüssigkeit; z. B. bei Entzündungen oder Stauungsergüssen.

Pleuritis [griech.], svw. ↑Rippenfellentzündung.

Pleurodynie [griech.], örtl. Schmerzempfindung im Zwischenrippen- oder Flankenbereich (z. B. bei Rippenfellentzündung; epidem. P. ↑Bornholmer Krankheit.

Pleuropneumonie [griech.], svw. ↑Lungenseuche.

Plesiosaurier. Versteinerung aus Holzmaden (Holzmaden, Museum Hauff)

Pleuston [griech. „Schwimmendes"], die Gesamtheit der an der Wasseroberfläche treibenden Organismen, v. a. höhere Pflanzen, deren Sprosse z. T. über das Wasser hinausragen und deren Wurzeln ins Wasser tauchen.

Pleven, René, *Rennes 15. April 1901, †Paris 13. Jan. 1993, frz. Politiker. – Seit 1943 Mgl. des von de Gaulle geführten Frz. Komitees der Nat. Befreiung; Mitbegr. und 1946–53 Vors. der Union Démocratique et Socialiste de la Résistance; 1945–73 Abg., 1949/50 und 1952–54 Verteidigungsmin., Juli 1950–Febr. 1951 und Aug. 1951–Jan. 1952 Min.präs.; legte 1950 den **Plevenplan** über die Aufstellung einer gemeinsamen europ. Armee (unter Einschluß der BR Deutschland) vor; 1958 letzter Außenmin. der Vierten Republik; 1969–73 Justizminister.

Plewen, bulgar. Stadt im Donauhügelland, 105 m ü. d. M., 136 300 E. Orth. Metropolitensitz; Weinbauschule; Museen; petrochem. und Zementwerk, Maschinenbau, Textil-, Glas- und keram. Ind., Weinkellereien. – Im 1./2. Jh. römisch, 10.–12. Jh. wichtige Handelsstadt; seit der Eroberung durch die Ungarn (1266) als P. bekannt; Ende des 14. Jh. bis Ende des 19. Jh. osmanisch, in dieser Zeit wichtige Festung.

Plexiglas ⓦ [zu lat. plexus „geflochten"], Handelsname für Acrylglas, einen glasartig durchsichtigen Kunststoff.

Plexus [lat.], netzartige Vereinigung bzw. Verzweigung (Geflecht) von Gefäßen oder Nerven. – ↑Eingeweidegeflecht.

Pleydenwurff, Hans, *Bamberg um 1420, ▭ Nürnberg 9. Jan. 1472, dt. Maler. – Tätig in Nürnberg; niederl. Einflüsse in der einfachen Komposition, in der Schlichtheit der Gebärde sowie im harten, linearen Stil sichtbar („Löwenstein-Diptychon", um 1456; Flügel in Basel, Kunstmuseum, und Nürnberg, German. Nationalmuseum).

Pleyel, Ignaz (Ignace), *Ruppersthal (Niederösterreich) 18. Juni 1757, † bei Paris 14. Nov. 1831, östr. Komponist. – Ging 1795 nach Paris und eröffnete eine Musikalienhandlung, 1807 eine Klavierfabrik, die unter seinem Sohn *Camille P.* (* 1788, † 1855) Weltgeltung erlangte; komponierte zahlr. Instrumentalwerke sowie Opern und Ballette.

Plicht [niederdt.] ↑Cockpit.

Plié [pli'e:; frz. „gebeugt"], im Ballett Kniebeuge mit seitwärts ausgestellten Füßen und Knien.

Plievier, Theodor [plivi'e:], Pseud. (bis 1933) Plivier, *Berlin 12. Febr. 1892, † Avegno bei Locarno 12. März 1955, dt. Schriftsteller. – 1933–45 im Exil, zuletzt in der UdSSR. Seine Romane aus dokumentar. Material und Selbsterlebtem zeigen ein starkes sozialkrit. Engagement, z. B. „Des Kaisers Kulis" (R., 1929) über den Seekrieg 1914–18. P. vertrat eine sozialist. neue Sachlichkeit, v. a. mit der Romantrilogie über Hitlers Rußlandfeldzug („Stalingrad", 1945; „Moskau", 1952; „Berlin", 1954).

Plinius der Ältere (Gajus P. Secundus), *Novum Comum (= Como) 23 oder 24, † Stabiae (= Castellammare di Stabia) 24. Aug. 79, röm. Historiker und Schriftsteller. – Offizier und kaiserl. Beamter; kam beim Vesuvausbruch ums Leben. Schrieb u. a. 2 große Geschichtswerke; erhalten ist nur die 37 Bücher umfassende „Naturalis historia".

Plinius der Jüngere (Gajus P. Caecilius Secundus), *Novum Comum (= Como) 61 oder 62, † um 113, röm. Politiker und Schriftsteller. – Wurde von seinem Onkel Plinius d. Ä. adoptiert; 111/112 oder 112/113 Statthalter von Bithynien. Von P. sind u. a. 9 Bücher Privatbriefe (2 Briefe an Tacitus über den Vesuvausbruch des Jahres 79) sowie ein 10. Buch Korrespondenz mit Trajan erhalten.

Plinsen [slaw.], Eierkuchen mit Füllung.

Plinthe [griech.], Platte, auf der die Basis von Säule, Statue oder Pfeiler ruht.

Pliohippus [griech.], ausgestorbene, nur aus dem Pliozän N-Amerikas bekannte Gatt. etwa zebragroßer Pferdevorfahren, die als unmittelbare Stammform der heutigen Pferde angesehen wird.

Pliopithecus [griech.], Gatt. ausgestorbener Menschenartiger im Miozän Eurasiens und Afrikas; mit flachem, menschenaffenartigem Gesicht, fünfhöckerigen Zähnen, freischwingenden Armen und halbaufrechter Körperhaltung; werden vielfach als Vorläufer der Gibbons angesehen.

Pliozän [griech.], jüngste Abteilung des Tertiärs. – ↑geologische Systeme (Übersicht).

Pliska, bulgar. Dorf und Ruinenstätte (mit Museum) der ersten Hauptstadt des 1. Bulgar. Reiches (7.–10. Jh.); 24 km nö. von Schumen, Bulgarien; innerhalb eines Erdwalles und zweier Mauerringe gelegen; Ausgrabungen 1899/1900 und seit 1900 legten u. a. Reste eines kleinen und eines großen Palastes (9. Jh.), der Hofbasilika u. a. Kirchen frei.

Plissee [frz., zu lat. plica „Falte"], Bez. für ein Gewebe mit schmalen Falten, die durch Einlegen (*Plissieren;* heute meist mit Hilfe bes. Maschinen) und Fixieren (Pressen, Aufbringen einer Kunstharzausrüstung, Steppen) erzeugt werden. Beim *Web-P.* werden die Falten durch eine spezielle Webtechnik eingearbeitet.

Plissezkaja, Maija Michailowna [russ. pli'sjɛtskɐjɐ], *Moskau 20. Nov. 1925, russ. Tänzerin und Choreographin. – 1945 Ballerina, nach 1962 Primaballerina assoluta am Bolschoi-Theater; übernahm 1983 die Leitung des Opernballetts in Rom, 1987 des span. Nationalballetts in Madrid.

Plitvicer Seen ['plɪtvɪtsər], Seenkette am NO-Fuß der Kleinen Kapela (Kroatien); 16 Karstseen (Gesamtfläche 1,9 km^2) reihen sich auf 7,2 km Länge treppenförmig untereinander; Nationalpark.

PLO, Abk. für: **P**alestine **L**iberation **O**rganization (↑Palästinensische Befreiungsorganisation).

Plochingen, Stadt an der Mündung der Fils in den Neckar, Bad.-Württ., 276 m ü. d. M., 12 100 E. Maschinenbau, keram., elektrotechn. und Kunststoffind.; Hafen. – Entstand aus einem alemann. Dorf des Früh-MA, 1146 erwähnt; bereits im 14. Jh. wichtiger Marktort; 1948 Stadtrecht. – Spätgot. ev. Stadtkirche; Fachwerkhäuser.

Theodor Plievier

Płock [poln. pu̯ɔtsk], poln. Stadt an der Weichsel, 70 m ü. d. M., 122 000 E. Hauptstadt der Woiwodschaft P.; kath. Bischofssitz; Museen. Petrochem. Ind. (Pipeline aus Rußland), Landmaschinenbau, Werft, Zuckerfabrik. – Seit 1075 Bischofssitz, 1273 Culmer Recht; kam 1495 an das Kgr. Polen, 1793 an Preußen, 1815 an Kongreßpolen. – Roman. Kathedrale (12. Jh., später verändert); Adels- und Uhrturm (13. und 14. Jh.) der ehem. Burg.

Plöckenpaß ↑Alpenpässe (Übersicht).

Ploetz, Karl [pløts], *Berlin 8. Juli 1819, † Görlitz 6. Febr. 1881, dt. Schulbuchautor. – 1842–60 Gymnasiallehrer in Berlin, verfaßte weitverbreitete Werke für den Französischunterricht, daneben histor. Nachschlagewerke (heute hg. vom *Ploetz-Verlag,* Freiburg i. Br.).

Ploidiegrad [plo-i...; griech./dt.], die Anzahl der (vollständigen) Chromosomensätze einer Zelle.

Maija Michailowna Plissezkaja

Ploiești [rumän. plo'jeʃtj], rumän. Stadt in der Walachei. 234 000 E. Verwaltungssitz des Bez. Prahova; Theater; Museen. Ältestes rumän. Erdölförderungs- und -verarbeitungszentrum. – 1503 erstmals als Dorf erwähnt.

Plombe [frz., zu lat. plumbum „Blei"], veraltete Bez. für ↑Zahnfüllung.

▷ Metallsiegel zum Verschließen von Behältern und Räumen.

Plombières-les-Bains [frz. plõbjɛrle'bɛ̃], frz. Heilbad am SW-Rand der Vogesen, Dep. Vosges, 450 m ü. d. M., 2 300 E. 27 schon in röm. Zeit bekannte Heilquellen.

Plön, Krst. in der Holstein. Schweiz, Schl.-H., 25 m ü. d. M., 10 400 E. Max-Planck-Inst. für Limnologie; Luftkurort. – Die 1156 gegr. Kaufmannssiedlung erhielt 1236 lüb. Stadtrecht; 1290–1390 Residenz einer Linie des Grafenhauses, 1636–1761 der Herzöge von Schleswig-Holstein-Sonderburg-Plön. – Schloß (17. Jh.), ehem. Marstall (1745/46); ehem. klassizist. Rathaus (1816–18); ehem. Witwenpalais (18./19. Jh.).

P., Landkr. in Schleswig-Holstein.

Plosiv [lat.] ↑Verschlußlaut.

Karl Ploetz

Plot [engl. plɔt], poetolog. Bez. für die Handlung in Novelle, Drama, Kriminalroman; im Unterschied zum vergleichbaren allgemeineren Begriff Fabel jedoch primär auf kausale und log. Verknüpfung der Handlung und Charaktere bezogen.

Plotin, *Lykonpolis (= Assiut) um 205, † bei Minturnae (Kampanien) 270, griech. Philosoph. – Schüler des Ammonios Sakkas; gründete 244 in Rom eine platon. Philosophenschule (↑Neuplatonismus). – Das Kernstück seiner Philosophie ist die Ontologie mit der Hypostasenlehre. Das „Eine" („hén"), die 1. Hypostase, ist jenseits allen Seins und Denkens, unkörperlich, völlig eigenschaftslos und zugleich die Ursache alles Seienden (das Gute, das Göttliche). Durch „Ausstrahlung" oder Emanation geht aus ihm die 2. Hypostase des Nus (= Vernunft, Geist), der Ort der Ideen, hervor. Die 3. Hypostase, die Weltseele, regiert die Welt im ganzen und in ihren Teilen. Es folgen die unvollkommenen Hypostasen: die Körperwelt und die Materie (das Böse). – Nur durch Loslösung von der sinnl. Welt („Katharsis") kann der Mensch zur Vollendung gelangen, dem überrationalen Einswerden mit dem Ur-Einen.

Plotter [engl.], in der *Datenverarbeitung* ein elektromechanisch arbeitendes Ausgabegerät zum Zeichnen von Kurven, wobei sich ein Schreibstift oder eine Farbdüse, in ein oder zwei Koordinaten gesteuert, auf dem Papier bewegt. – Abb. S. 472.

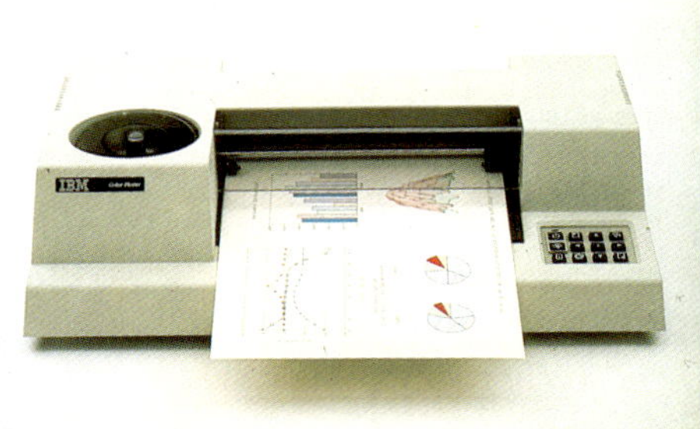

Plotter für Farbgraphiken

Plötze [slaw.] (Rotauge, Rutilus rutilus), etwa 25–40 cm langer, gestreckter Karpfenfisch, v. a. in Süßgewässern großer Teile des nördl. und gemäßigten Eurasien; Körper silberglänzend, mit dunklem Rücken, rotem Augenring und rötl. Flossen; Schwarmfisch.

Plötzensee, Strafanstalt in Berlin[-Charlottenburg], in der 1933–45 über 2 000 polit. Gegner des NS hingerichtet wurden.

plötzlicher Kindstod ↑SIDS.

Plowdiw, bulgar. Stadt an der Maritza, 160 m ü. d. M., 364 200 E. Verwaltungssitz der Region P.; orth. Metropolitensitz, Univ. (1961 gegr.), PH, 4 Hochschulen, Forschungsinstitute, Kunstgalerie, Museen und Theater; neben Sofia größte und wichtigste Stadt Bulgariens; bed. Handelsplatz mit jährl. Messe; Blei-, Zinkhütten, Metall-, Textil-, Nahrungsmittel- und Tabakind.; Verkehrsknotenpunkt, ✈. – Das thrak. **Pulpudeva** wurde 342/341 v. Chr. von König Philipp II. von Makedonien **(Philippopolis)** und 46 n. Chr. von den Römern erobert **(Philippopolis Trimontium);** im MA abwechselnd unter bulgar. (820 erstmals von Bulgaren erobert) und byzantin. Herrschaft; 1364 von den Osmanen besetzt **(Filibe);** seit 1878 Hauptstadt Ostrumeliens, mit dem es 1885 an Bulgarien fiel. – Bed. Ausgrabungen (seit 1955): aus thrak. Zeit u. a. ein Kuppelgrab (4. Jh. v. Chr.), röm. Ruinen eines Aquädukts, eines Stadions und eines großen Amphitheaters; Moscheen.

Plücker, Julius, * Elberfeld (= Wuppertal) 16. Juli 1801, † Bonn 22. Mai 1868, dt. Physiker und Mathematiker. – Prof. in Bonn, Halle/Saale und Berlin; untersuchte Gas- und Glimmentladungen, wobei er die Fluoreszenzwirkung sowie die magnet. Ablenkbarkeit der Kathodenstrahlen nachwies; in der Mathematik wichtige Beiträge zur Theorie der algebraischen Kurven und zur analyt. Geometrie.

Pluderhose, in der 2. Hälfte des 16. Jh. getragene Hose, bei der der Futterstoff durch Schlitze herausquoll („pluderte"); bes. als Landsknechtstracht.

Pluhar, Erika, * Wien 28. Febr. 1939, östr. Schauspielerin. – Seit 1959 Mgl. des Wiener Burgtheaters; auch in Film- und Fernsehrollen Darstellerin unterschiedlichster Frauencharaktere; seit 1974 Chansonsängerin.

Plumbate [zu lat. plumbum „Blei"], komplexe Bleiverbindungen, bei denen ein Bleiatom als Zentralatom und Sauerstoffatome als Liganden der Anionen auftreten.

Plumbikon (Plumbicon) [lat.], im *Fernsehen* eine zu den ↑Bildspeicherröhren zählende Bildaufnahmeröhre mit einer lichtempfindl. Schicht aus Bleimonoxid.

Plumbum [lat.], svw. ↑Blei.

Plumeau [ply'mo:; lat.-frz.], kleines Federdeckbett.

Plumpudding [engl. 'plʌm'pʊdɪŋ; zu engl. plum „Rosine"], schwerer engl. Pudding aus Nierenfett, Mehl und Weißbrot, Mandeln, Rosinen, Zucker, Eiern, Gewürzen, Sherry o. ä, der im Wasserbad gegart und warm (auch flambiert) gegessen wird (v. a. zu Weihnachten: **Christmas pudding**).

Plünderung, die rechtswidrige Wegnahme privater oder öff. Sachen unter Ausnutzung einer durch krieger. Handlungen, Landfriedensbruch oder Katastrophenfälle hervorgerufenen Störung der öff. Ordnung und des öff. Friedens. Völkerrechtlich wird die P. durch die Haager Landkriegsordnung untersagt, strafrechtlich ist sie durch § 125 a StGB als bes. schwerer Fall des Landfriedensbruchs bedroht.

Plural [zu lat. pluralis „mehrere betreffend"] (Pluralis, Mehrzahl; Abk. pl., Pl., Plur.), in der Sprachwiss. der Numerus zur Bez. des mehrfachen Vorhandenseins des betreffenden Wesens oder Dinges (Ggs. Singular) bei den flektierbaren Wortarten. Ein Substantiv, das ausschließlich im P. gebräuchlich ist, heißt **Pluraletantum** (z. B. Leute, Ferien).

Pluralis majestatis [lat. „Plural der Majestät"] (P. majestaticus, P. dignitatis), Bez. für die Verwendung der 1. Person Plural statt der 1. Person Singular zur [Selbst]bez. regierender Herrscher („*Wir,* Wilhelm, von Gottes Gnaden dt. Kaiser").

Pluralis modestiae [lat. „Plural der Bescheidenheit"] (Autorenplural), Bez. für die Verwendung des Plurals statt des Singulars für die eigene Person („wie *wir* früher gezeigt haben"), um die eigene Person zurücktreten zu lassen.

Pluralismus [zu lat. plures „mehrere"], allg. Begriff zur Kennzeichnung bestimmter Diskussions- und Entscheidungsprozesse und der sie regelnden Institutionen; für eine Beratungssituation, wenn 1. kein Argument „von vornherein" aus der Diskussion ausgeschaltet ist *(Argumente-P.),* wobei der Konsens zu Toleranz und Vernunftgebrauch Voraussetzung ist; 2. die Zusammensetzung des Teilnehmerkreises die Vertretung aller von den Beratungsergebnissen erwartbar berührten Interessen sichert *(Interessen-P.).* Für eine pluralistisch ausgerichtete Wissenschaftstheorie plädiert v. a. der krit. Rationalismus mit seinem *Methoden-* oder *Theorien-P.,* für den kennzeichnend ist, daß in einer wiss. Diskussion method. Normen und theoret. Annahmen beliebig in Konkurrenz verwendet werden dürfen.
In den *Sozialwiss.* bezeichnet P. die Struktur moderner, funktional differenzierter Gesellschaften, in denen eine Vielzahl polit., wirtsch., religiöser, ethn. und anderer untereinander in Konkurrenz stehender Interessengruppen, Organisationen und Mgl. sozialer Teilbereiche um polit. und gesellschaftl. Einfluß ringen. P. als polit. Kampfbegriff wird gegen den Omnipotenz- und Souveränitätsanspruch des Staates und die strikte Gegenüberstellung von Staat und Gesellschaft gestellt, mit der These, daß zw. Staat und Individuen eine Vielzahl unterschiedlichster Gruppen agieren, die ihre inneren Verhältnisse selbständig regeln, im Rahmen bestimmter gesetzl. Vorschriften, aber ohne staatl. Schiedsspruch ihre Konflikte untereinander austragen (z. B. Tarifhoheit der Arbeitgeberverbände und der Gewerkschaften) und auch ihre Kampfweise selbst bestimmen.
Der polit. Begriff P. wurde zuerst 1915 von H. Laski verwendet, der die Souveränität des Staates, sein Gewaltmonopol und seinen Gehorsamsanspruch ablehnte. E. Fraenkel, der nach 1945 den Begriff „Neo-P." prägte, beschrieb den „pluralist. Rechtsstaat" als Gegentyp zur „totalitären Diktatur" und formte damit maßgeblich das Selbstverständnis westl. Demokratien, insbes. der BR Deutschland. Im Ggs. zu Laski bestritt Fraenkel nicht den Souveränitätsanspruch des Staates, der für die Einhaltung der rechtsstaatl. Verfahrensweisen und die Garantie der sozialen und polit. Grundrechte zu sorgen habe. Bes. unter dem Einfluß der neuen Linken ist das weitgehend normative Konzept des Neo-P. kritisiert worden, da es als Rechtfertigungsideologie bestehender Zustände benutzt werde, v. a. weil nicht alle Interessen gleiche Durchsetzungschancen hätten und wichtige Interessengruppen unberücksichtigt blieben, da sie nicht oder nur schwer organisierbar sind (Verbraucher, Kranke, Alte).

Pluralität [lat.], Mehrheit; Mannigfaltigkeit (der Meinungen u. ä.).

Pluralwahlrecht, Wahlrecht, bei dem einem Teil der Wähler eine oder mehrere zusätzl. Stimmen zugebilligt werden, um diese Wählergruppe zu bevorzugen. I. d. R. wird die Stimmenzahl ungleich, z. B. nach Einkommen oder Steuerkraft verteilt. Das P., das vor 1918 in einigen dt. Ländern Gültigkeit hatte, wirkte meist zugunsten konservativer oder bürgerl. Parteien. Vom P. sind zu unterscheiden das ↑Klassenwahlsystem und neuere **Mehrstimmenwahlrechte,** in denen alle Wähler mehrere Stimmen haben.

pluriennn [lat.], svw. ↑mehrjährig.

plus [lat. „mehr“], zuzüglich, und; das *Pluszeichen* (+) ist 1. Rechenzeichen für die Addition, 2. Vorzeichen für positive Zahlen.

Plüsch [zu frz. peluche mit gleicher Bed.], ein Polgewebe mit einer (im Unterschied zum Samt) höheren Florhöhe als 2 mm.

Plusquamperfekt [zu lat. plusquamperfectum „mehr als vollendet“] (vollendete Vergangenheit, Vorvergangenheit, 3. Vergangenheit), Zeitform beim Verb, die ein vor einem anderen in der Vergangenheit vollendetes Verbalgeschehen ausdrückt; verwendet wird es ausschließlich zur Herstellung einer zeitl. Beziehung zw. zwei Handlungen (z. B. „kaum *war* er *eingeschlafen,* da klopfte es“).

Plutarch (Mestrius Plutarchus), *Chaironeia um 46, †um 120, griech. philosoph. Schriftsteller. – Beeinflußt von Akademie, Stoa und Peripatos; sein etwa zur Hälfte erhaltenes Werk umfaßt rhetor., literarhistor., naturwiss., theolog. (bzw. religionsphilosoph.), biograph., philosoph.-eth. („Moralia“) Schriften. In den „Bíoi parállēloi“ (Parallelbiographien) werden in 23 Beispielen je ein berühmter Grieche und Römer gegenübergestellt und in ihrem Wert als Vorbilder sittl. Lebensführung abgewogen.

Pluto [griech.], der sonnenfernste der bekannten Planeten unseres Sonnensystems mit der exzentrischsten Bahn, deren Perihel jedoch innerhalb der Bahn des Neptuns liegt; auf Grund von Berechnungen 1930 von C. W. Tombaugh entdeckt. P. ist möglicherweise ein ehem. Neptunmond. 1978 konnte auch die Existenz eines P.mondes („Charon“) nachgewiesen werden (Durchmesser rd. 1 190 km, Bahnradius rd. 20 000 km). – ↑Planeten.

Plutokratie [griech., zu plũtos „Reichtum“ und krateĩn „herrschen“], eine Staatsform, in der die wesentl. Entscheidungsprozesse von einer kleinen Gruppe bestimmt werden, deren Einfluß vorwiegend auf ihrem Besitz beruht; Form der Oligarchie.

Pluton (Pluto), einer der Beinamen des griech. Unterweltgottes Hades; oft mit ↑Plutos identifiziert.

Pluton [griech., nach Pluton], magmat. Tiefengesteinskörper von z. T. riesigem Ausmaß, der innerhalb der Erdkruste erstarrt ist; z. B. der Brocken-P. (135 km²).

Plutonismus [griech., nach Pluton], zusammenfassende Bez. für die Entstehung, Veränderung, Wanderung und Platznahme natürl. Gesteinsschmelzen innerhalb der Erdkruste. Der Aufstieg der Schmelze wird begünstigt durch tekton. Vorgänge wie Druckzunahme, Druckentlastung, Aufreißen von Förderspalten.

▷ überholte geolog. Lehre, nach der alle Gesteine magmat. Ursprungs sind. – ↑Geologie.

Plutonite ↑Gesteine.

Plutonium [griech., nach dem Planeten Pluto], chem. Symbol Pu; radioaktives, metall. Element aus der Reihe der Actinoide des Periodensystems, Ordnungszahl 94, Dichte 19,84 g/cm³, Schmelzpunkt 641 °C, Siedepunkt 3 232 °C; ein unedles, silberweißes Schwermetall, das in der Natur nur in sehr geringen Mengen in Uranerzen vorkommt und meist künstlich in Kernreaktoren hergestellt wird. Das wichtigste P.isotop ist Pu 239, ein Alphastrahler mit der Halbwertszeit von 24 110 Jahren, der in schnellen Brutreaktoren in größeren Mengen aus dem Uranisotop U 238 erhalten wird. Wegen der guten Spaltbarkeit seiner Atomkerne durch langsame Neutronen ist Pu 239 ein Kernbrennstoff und neben dem Uranisotop U 235 der meistverwendete Sprengstoff von Kernwaffen (P.bombe). Aus dem gelbgrünen P.dioxid PuO_2 können (zus. mit Uran- und Thoriumdioxid) Brennelemente für Kernreaktoren hergestellt werden. Auf Grund der von der Alphastrahlung herrührenden, außerordentlich starken Radiotoxizität kann P. nur in sog. heißen Zellen gehandhabt werden. Nach Einatmen von P.staub oder Eindringen in Wunden wird P. in der Lunge, der Leber und in den Knochen abgelagert sowie an Proteine des Blutplasmas gebunden; schon die Einwirkung weniger Millionstel Gramm P. führt zu tödl. Strahlungsschäden. – Als erstes P.isotop wurde 1940/41 Pu 238 von G. T. Seaborg, J. W. Kennedy und C. A. Wahl durch Deuteronenbeschuß des Uranisotops U 238 erhalten. Am 9. Aug. 1945 wurde die erste in den USA hergestellte P.bombe auf Nagasaki abgeworfen.

Plutoniumbombe, Atomwaffe, deren Wirkung auf der Spaltung von Plutoniumkernen beruht (↑ABC-Waffen).

Plutos, griech. Gott des Reichtums, Sohn der Demeter und des kret. Gottes Iasion. Meist identifiziert mit Pluton, dem Namen des ↑Hades, der den Reichtum der Erdentiefe symbolisiert. – Komödie von Aristophanes.

Pluvial [lat.] (Pluvialzeit), den pleistozänen Eiszeiten der gemäßigten und höheren Breiten entsprechender, relativ niederschlagsreicher Zeitabschnitt in den heutigen subtrop. Trockengebieten und im Mittelmeerraum.

Pluviale [zu mittellat. (pallium) pluviale „Regenmantel“] (Rauchmantel, Chormantel), aus der ↑Cappa entstanden, seit dem 10. Jh. zu den liturg. Gewändern gerechnet; heute offener, ärmelloser Mantel bei verschiedenen Gottesdiensten.

Pluviometer [lat./griech.], svw. ↑Niederschlagsmesser.

Pluviôse [frz. ply'vjo:z „Regenmonat“], 5. Monat des Jahres (20., 21. oder 22. Januar bis 18., 19. oder 20. Februar) im frz. Revolutionskalender.

Plymouth [engl. 'plɪməθ], engl. Stadt an der S-Küste der Halbinsel Cornwall, 243 900 E. TH, Institut für Meeresumweltforschung; Museen, Kunstgalerie; Zoo; Kriegs- und Handelshafen; metallverarbeitende, chem., pharmazeut., Textil-, feinmechan. und elektron. Ind., Werften; ✈. – 1086 als **Sudtone** erstmals gen.; 1311 Stadtrecht; in elisabethan. Zeit der wichtigste engl. Kriegshafen. 1620 brachen die Pilgerväter mit der „Mayflower“ von P. aus nach Amerika auf. 1914 mit *Stonehouse* und *Devonport* vereinigt; seit 1929 City; schwere Zerstörungen im 2. Weltkrieg; ab 1947 Wiederaufbau. – Kirche Saint Andrew (15. Jh.); Royal Citadel ist eine der besterhaltenen Festungsbauten des 17. Jahrhunderts.

Plymouth
Stadtwappen

P., Hauptstadt der Antilleninsel Montserrat, 3 500 E. Exporthafen, Tomatenkonservenfabrik.

P., Stadt in SO-Massachusetts, USA, 40 300 E. Pilgrim Hall Museum; Fischereihafen; Textilind., Metallverarbeitung, Schiffs- und Bootsbau. – Älteste Stadt in Neuengland, 1620 gegr. Hauptort der Kolonie P. bis zu deren Verschmelzung mit der Kolonie der Massachusetts Bay (1691). – Am P. Rock landeten die Pilgerväter mit der „Mayflower“; Nachbildung der „Mayflower“ im Hafen.

Plymouth-Brüder [engl. 'plɪməθ] ↑Darbysten.

Plzeň [tschech. 'plzɛnj] ↑Pilsen.

Pm, chem. Symbol für ↑Promethium.

p. m., Abk.

▷ für lat.: **p**ro **m**ille (↑Promille).

▷ für lat.: ↑**p**ost **m**eridiem.

▷ für lat.: ↑**p**ost **m**ortem.

▷ für lat.: ↑**p**ro **m**emoria.

P. M., Abk. für lat.: ↑**P**ontifex **M**aximus.

Pneu, v. a. östr. und schweizer. Kurzbez. für Gummibereifung mit Luftfüllung für Straßenfahrzeuge.

▷ in der *Medizin:* im Fachjargon übl. Kurzbez. für ↑Pneumothorax.

Pneuma [griech. „Hauch, Wind, Atem“] (lat. spiritus), im griech. Denken eine stets materiell gedachte Lebenskraft, die Atem und Puls reguliert. Erst Philon von Alexandria vollzog eine Spiritualisierung. – Die Gnosis unterscheidet im allg. ein rein geistiges P. sowohl von der grobstoffl. „hýlē“ oder „sárx“ („Materie“, „Fleisch“) als auch von der Seele („psychḗ“), die sowohl der geistigen als auch der materiellen Welt zugerechnet wird. – In der Septuaginta ist P. die häufigste Wiedergabe des hebr. Begriffs „ruach“ („Wind“), der sowohl die bewegte Luft als auch den Geist Gottes bezeichnen kann. Eine rein geistige Auffassung vertritt das N. T.: Die Taufe wird als Vermittlung dieses geistigen P. angesehen, und das Pfingstwunder gilt als Ausgießung des Hl. Geistes („pneũma hágion“).

Pneumarthrose [griech.], Luftansammlung in einem Gelenk.

Pneumatik [griech.], mit der Hydraulik vergleichbares Teilgebiet der Technik, das sich mit den Verfahren und Geräten zur Anwendung von Gasen, bes. Druckluft, in Maschinenanlagen als Energieträger für Arbeitsprozesse und Steuerungen befaßt, z. B. für Bremsanlagen, Kupplungen, Fördermittel, Pressen, Werkzeugmaschinenantriebe. Ein Sondergebiet der P. ist die Verwendung strömungsmechan. Elemente **(Fluidics)** in Analog- und Digitalschaltungen. Die Kopplung pneumat. und hydraul. Regeleinrichtungen wird als **Pneumohydraulik** bezeichnet.

Pneumatiker [griech.], im N. T. allg. Bez. des Christen als Träger einer „Geistgabe" (↑Charisma).
▷ Ärzteschule des Altertums, gegr. im 1. Jh. v. Chr. von Athenaios von Attaleia, einem Schüler des Poseidonios. Die P. schlossen sich in ihrer Physiologie und Krankheitslehre eng an die Philosophie der Stoa an. Im ↑Pneuma sahen sie das lebenserhaltende Prinzip.

pneumatisch, geistig, geistgewirkt; auf das ↑Pneuma bezogen.
▷ mit Luft (oder einem anderen Gas) gefüllt, mit Luftdruck betrieben, auf Luft oder Atmung bezogen.

pneumatische Knochen (pneumatisierte Knochen), Knochen mit luftgefüllten Hohlräumen. Diese Knochen enthalten nur wenig Mark und Fett und sind von hellerer Farbe als nichtpneumat. Knochen; im Skelett vieler Vögel vorkommend. Die Pneumatisierung der Knochen bewirkt eine geringere Körpermasse bei hoher Stabilität, wodurch das Fliegen erleichtert wird. Beim Menschen finden sich p. K. in den Nebenhöhlen der Nase und im Warzenfortsatz im Anschluß an die Paukenhöhle.

Pneumatolyse [griech.], Vorgang der magmat. Mineralbildung am Ende der Kristallisation eines Magmas. Die aus überkrit. Dämpfen entweichenden Gase wandeln das Nebengestein sowie bereits erstarrte Gesteinsschmelze um, wobei Lagerstätten entstehen können (v. a. Zinnstein, Topas und Turmalin).

Pneumatophor [griech.], aus einer umgewandelten Meduse entstandene, als Schwebeeinrichtung dienende, flaschenförmige Bildung am oberen Ende des Stocks mancher Staatsquallen; besteht aus einem gaserfüllten Behälter und einer darunterliegenden ektodermalen Gasdrüse. Die Gasfüllung des P. kann variiert werden und ermöglicht so ein Auf- und Absteigen des Staatsquallenstocks.

Pneumektomie (Pneumonektomie) [griech.], Entfernung eines Lungenflügels, v. a. bei bösartigen Tumoren.

Pneumographie (Pneumoradiographie) [griech.], die Verwendung bes. von Luft oder Sauerstoff als Kontrastmittel für die röntgenolog. Darstellung von Körperhöhlen.

Pneumohydraulik [griech.] ↑Pneumatik.

Pneumokokken [griech.], Bakterien der Art Streptococcus pneumoniae (früher Diplococcus pneumoniae, Diplococcus lanceolatus; ↑Diplokokken). Die P. gehören zu den Milchsäurebakterien und weisen zahlr. Stämme bzw. Typen auf. Die P.stämme mit den relativ dicken Kapseln aus Polysacchariden sind pathogen (krankheitserzeugend). Ihre Einteilung erfolgt auf Grund der verschiedenen in den Kapseln lokalisierten Antigene. – P. finden sich bei 40–70 % der Erwachsenen symptomlos im Nasen-Rachen-Raum. Sie können aber, oft im Gefolge einer Virusinfektion, gefährlich pathogen werden: Lungen-, Mittelohrentzündung, Meningitis, Sepsis. Bekämpfung durch Antibiotika.

Pneumokoniose [griech.], svw. ↑Staublunge.

Pneumolyse [griech.], operative Ablösung von (meist entzündl.) Verwachsungen zw. Lunge und Rippenfell.

Pneumonie [griech.], svw. ↑Lungenentzündung.

Pneumonologie [griech.], svw. ↑Pulmonologie.

Pneumoperikard [griech.], Ansammlung von Luft (z. B. als Verletzungsfolge) im Herzbeutel.

Pneumorickettsiose, svw. ↑Q-Fieber.

Pneumothorax [griech.] (Kurzbez. Pneu), Ansammlung von Luft im Pleuraraum, z. B. durch Verletzung der Brustkorbwand von außen *(offener P.)* oder nach Platzen von Lungenbläschen und Durchbruch des Lungenfells *(Spontan-P.)*; führt zum Zusammenfallen **(Lungenkollaps)** von einzelnen oder mehreren Lungenlappen.

PNF, Abk. für: ↑Partito Nazionale Fascista.

pn-Übergang ↑Sperrschicht.

Po, größter Fluß Italiens, entspringt in den Cott. Alpen, erreicht südl. von Revello das W-Ende der ↑Poebene, umfließt das Hügelland des Monteferrato, strömt ab Valenza nach O, von Deichbauten begleitet. Infolge des geringen Gefälles setzen sich die mitgeführten Sande und Schwebstoffe im eigenen Bett ab, so daß der mittlere Flußspiegel auf der Höhe von Ferrara mehrere Meter über dem durchschnittl. Umland liegt. Der Po mündet in einem Delta, das jährlich um 70–80 m in das Adriat. Meer hinauswächst; 652 km lang, die Schiffahrt ab Tessinmündung ist unbedeutend.

Po, chem. Symbol für ↑Polonium.

Pobedonoszew, Konstantin Petrowitsch [russ. pɐbɪda'nɔstsəf], *Moskau 2. Juni 1827, †Petersburg 23. März 1907, russ. Politiker. – Jurist; seit 1872 Mgl. des Staatsrats; 1880–1905 Oberprokuror des Hl. Synods; als Anhänger der unbeschränkten Autokratie einflußreicher Rechtslehrer und Berater der Kaiser Alexander III. und Nikolaus II.

Poblet, Zisterzienserkloster in NO-Spanien, nw. von Valls, Prov. Tarragona, 1151 gegr., 1835 aufgehoben, seit 1940 wiederbesiedelt; von dreifacher Ummauerung umgeben; roman. Kirche in strengem Zisterzienserstil mit barocker Fassade (um 1670), Grablege der aragon. Könige; roman.-frühgot. Kreuzgang (1191) mit Brunnenhaus; got. Palast von Martin I. (1392; unvollendet); Kapitelsaal; Bibliothek; außerdem barocke Klostergebäude. – Das Zisterzienserkloster, die Festung und der königl. Palast wurden von der UNESCO zum Weltkulturerbe erklärt.

Pocci, Franz Graf von ['pɔtʃi], *München 7. März 1807, †ebd. 7. Mai 1876, dt. Dichter, Illustrator und Musiker. – Seit 1830 am bayr. Hof; schrieb Singspiele (mit eigener Musik), Bühnenstücke, Lieder, Puppenspiele und Kindergeschichten; berühmt v. a. durch seine selbstillustrierten Kinderbücher und Puppenkomödien für das Kasperltheater.

Pochette [pɔ'ʃɛtə, frz.] (Taschen-, Tanzmeistergeige), im 16. bis 18. Jh. eine kleine Geige, die die Tanzmeister beim Unterricht verwendeten und leicht in die Rocktasche stecken konnten.

pochieren [pɔ'ʃi:rən, frz., zu poche „Tasche"], Speisen in siedender Flüssigkeit garziehen lassen, z. B. verlorene Eier.

Pochkäfer, svw. ↑Klopfkäfer.

Pöchlarn, niederöstr. Stadt an der Donau, 213 m ü. d. M., 4 000 E. Geburtshaus von O. Kokoschka mit Dokumentationsausstellung. – Geht auf röm. Ursprung zurück; das „Bechelaren" des „Nibelungenliedes"; 1267 als „Stat" genannt. – Got. Pfarrkirche (1389–1429, z. T. barockisiert); spätgot. Johanneskapelle (15. Jh.); Schloß (urspr. 16. Jh., umgebaut).

Pocken [niederdt.] (Blattern, Variola), durch Pockenviren (Orthopoxvirus variola und O. alastrim) hervorgerufene und durch Tröpfchen-, Staub- und Schmierinfektion übertragbare melde- und isolierpflichtige, schwere, hochansteckende Infektionskrankheit. Die P.erkrankung macht sich 10–14 Tage nach der Ansteckung mit hohem Fieber, Kopf- und Rückenschmerzen bemerkbar. In der Haut entwickeln sich aus blaßroten, juckenden Flecken oder Knötchen eingedellte Bläschen mit dunkelrotem Saum. Später platzen die P.bläschen und bedecken sich mit braungelben Krusten, die abfallen und die sog. P.narben hinterlassen.
Geschichte: In China und Indien waren die P. nachweislich schon um 1000 v. Chr. verbreitet. Auch kannte man dort bereits primitive Formen der Impfung (z. B. Einbringen von P.schorf in die Nase). In Europa sind P.epidemien seit dem 6. Jh. bekannt. Die erste medizin. Beschreibung der P. gab der pers. Arzt Rhazes (um 900). Europ. Ärzte übernahmen Anfang des 18. Jh. in Konstantinopel die dort übl. Methode der Schutzimpfung mit der Lymphe eines P.kranken (Variolation). Den eigtl. Impfschutz ermöglichte 1796 E. Jenner durch die Entdeckung, daß auch Kuhpockenlymphe (Vakzination) als Impfstoff gegen die „echten" P. immunisiert (Impfpflicht erstmals in Hessen und in Bayern 1807, Impfgesetz für das Dt. Reich 1874). Seit Okt.

1979 gelten die P. dank eines P.bekämpfungsprogramms der Weltgesundheitsorganisation als ausgerottet. Es besteht weltweit keine Impfpflicht mehr. Die P.schutzimpfung wird heute auch im internat. Reiseverkehr nicht mehr gefordert.

Pockendiphtherie ↑Geflügelkrankheiten.

Pockenschildläuse (Pockenläuse, Asterolecaniidae), Fam. etwa 1–3 mm großer, an Pflanzen saugender Schildläuse, v. a. in wärmeren Ländern. In Deutschland kommt v. a. die **Eichenpockenschildlaus** (Asterolecanium variolosum) vor; saugt an Eichen.

Pockenviren, meist quaderförmige Viren von komplexem Bau; man unterscheidet u. a. die Erreger der menschl. Pocken, der Kuhpocken, Mäusepocken, der Affen- und Kaninchenpocken sowie der Geflügelpocken. – Das **Vakziniavirus,** ein im Labor gezüchteter Virusstamm, wird für die Schutzimpfung gegen Pocken angewendet, da es eine geringe Pathogenität für den Menschen besitzt.

Pocking, Stadt im Landkr. Passau, Bay., 323 m ü. d. M., 11 200 E. Ferrosiliciumwerk, holzverarbeitende Ind., Käserei; Mittelpunkt der Rottaler Pferde- und Fleckviehzucht.

poco [italien.], svw. ein wenig, etwas; in der Musik z. B. *p. forte,* ein wenig lauter; *p. a p.,* nach und nach, allmählich.

Podagra [griech.] ↑Gicht.

Podatus (Pes) [lat.], ma. Notenzeichen, ↑Neumen.

Poděbrady [tschech. 'podjɛbradi] (dt. Podiebrad), Stadt in der ČR (Mittelböhm. Bez.), an der Elbe; 13 600 E. Glas-, Textilind.; Kurort mit Heilbad für Herz-Kreislauf-Erkrankungen (13 Mineralquellen).

Podesta (italien. podestà) [italien., zu lat. potestas „Herrschaft"], in den nord- und mittelitalien. Städten seit Mitte 12. Jh. auf Lebenszeit bzw. für eine zeitlich befristete Amtszeit gewählter Amtsträger meist auswärtiger Herkunft für Verwaltung, Rechtsprechung, Heerwesen. – 1815 bis 1918 die Bürgermeister in italienischsprachigen östr. Städten; 1926–45 die ernannten Bürgermeister italien. Städte.

Podgorica (1946–92 Titograd), Hauptstadt von Montenegro (Jugoslawien), an der Morača, 56 m ü. d. M., 132 300 E. Univ. (gegr. 1974), Theater. U. a. Aluminiumwerk, Landmaschinenbau, Tabakverarbeitung; ✈. – 1326 erstmals erwähnt; nach serb. und venezian. Herrschaft 1466–1878 osman., danach zu Montenegro; seit 1946 (Umbenennung in **Titograd**) Hauptstadt Montenegros. – Georgskirche (10. Jh.; umgebaut); Uhrturm, alte Brücke, 2 Moscheen und die alte Zitadelle stammen aus der osman. Zeit.

Podgorny, Nikolai Wiktorowitsch [russ. pad'gɔrnij], * Karlowka (Gebiet Poltawa) 18. Febr. 1903, † Moskau 11. Jan. 1983, sowjet. Politiker. – Seit 1956 Mgl. des ZK und 1960–77 des Politbüros der KPdSU; 1965–77 Vors. des Präsidiums des Obersten Sowjets (Staatsoberhaupt).

Podhale [poln. pɔt'xalɛ], vom oberen Dunajec durchflossenes Becken zw. der Hohen Tatra (im S) und den Beskiden (im N), Polen, bewohnt von den zu den ↑Goralen gehörenden **Podhalen.** Erholungs-, Wintersportgebiet (↑Zakopane).

Podiebrad, dt. Bez. für ↑Poděbrady.

Podiebrad, Georg von P. und Kunstatt ['pɔdiɛbrat] ↑Georg (Böhmen).

Podiumtempel ↑Tempel.

Podolien, histor. Landschaft zw. dem Oberlauf des Südl. Bug und dem Dnjestr, im Bereich der Wolyn.-Podol. Platte (Ukraine). – Stand nach dem Zerfall des Kiewer Reiches zunächst unter tatar. Oberhoheit; 1430 kam der W-Teil an Polen, 1569 auch der O-Teil; 1672–99 fast ganz beim Osman. Reich. Bei den Poln. Teilungen fiel das Gebiet um Tarnopol 1772 an Österreich, der Hauptteil 1793 an Rußland.

Podolsk [russ. pa'dɔljsk], russ. Stadt südl. von Moskau, 210 000 E. Maschinenbau, elektrotechn. Ind., Nichteisenerzverhüttung. – Bis 1764 im Besitz des Moskauer Danilow-Klosters. – Nahebei das ehem. Gut **Dubrowitschi** der Fürsten Golizyn mit großem Herrenhaus (18. Jh.) und barocker Kathedrale (1690–1704).

Podravina, der zu Kroatien gehörende Teil der Drauniederung.

Podsol [russ.] (Bleicherde), ein Bodentyp des feuchtgemäßigten Klimabereichs, ↑Bodenkunde.

Poe, Edgar Allan [engl. poʊ], * Boston 19. Jan. 1809, † Baltimore 7. Okt. 1849, amerikan. Schriftsteller. – Als Kritiker, Literaturtheoretiker, Lyriker und Erzähler einer der bedeutendsten Vorbereiter der von der Romantik ausgehenden Literatur des 19. Jahrhunderts. Lebte meist in ärml. Verhältnissen. Verfaßte melodisch stimmungsvolle Versdichtungen wie „Tamerlane" (1827) und dunkle, rätselhafte Gedichte wie „Der Rabe" (1845) mit starker Wirkung auf die frz. Symbolisten. Meister und theoret. Begründer der Kurzgeschichte; seine Kriminalerzählungen, z. B. „Der Doppelmord in der Rue Morgue" (1841) und „Der entwendete Brief" (1844), wirkten nachhaltig auf die Weiterentwicklung der Kriminalliteratur. Hervorragendes Beispiel der phantast. Schauererzählung ist „Der Untergang des Hauses Usher" (1839); Beispiele der Abenteuererzählung sind „Der Goldkäfer" (1843), „Die denkwürdigen Erlebnisse des Arthur Gordon Pym" (1838).

Edgar Allan Poe

Poebene, Tiefebene in N-Italien, von den Alpen und dem nördl. Apennin umgeben, im O an das Adriat. Meer grenzend, in ihrer gesamten Länge (über 400 km) vom Po durchflossen, etwa 50 000 km². Die eingedeichten größeren Flüsse erhöhen ständig ihr Bett durch die Ablagerung mitgeführter Schwebstoffe. Das mittlere Flußniveau liegt z. T. mehrere Meter über der anschließenden Ebene; Schneeschmelze oder herbstl. Starkregen führten wiederholt zu Überschwemmungen. Intensiv landw. genutzt: Mischkulturen mit Getreide, Gemüse-, Obst- und Weingärten; Erdölvorkommen; Wirtschaftszentren sind Mailand und Turin.

Poel [pø:l], Ostseeinsel in der nö. Wismarbucht, Meckl.-Vorp., 37 km², bis 27 m hoch, im N und W mit einer bis 12 m hohen Kliffküste. Mit dem Festland durch Damm und Brücke verbunden; Fremdenverkehr.

Poelzig, Hans ['pœltsɪç], * Berlin 30. April 1869, † ebd. 14. Juni 1936, dt. Architekt. – Seit 1900 als Lehrer an den Akad. in Breslau, Dresden und ab 1920 in Berlin tätig. P., der zu den Hauptvertretern der expressionist. Architektur in Deutschland zählt, suchte in seinem Werk stets die Synthese zw. Zweck- und Kunstform. Die Anordnung kub. Elemente (Chem. Fabrik Luban bei Posen, 1911/12) war ebenso epochemachend wie die Verwendung stalaktitenartiger Gebilde (Istanbul, Haus der Freundschaft, 1916), die in ihren konstruktionsbedingten Formgebungen seiner Auffassung der Bauaufgabe entsprachen. Seine bedeutendste Leistung ist der Umbau des Großen Schauspielhauses in Berlin (1918/19) für M. Reinhardt.

Nikolai Wiktorowitsch Podgorny

Poem [griech.], größere (auch zykl.) lyr. Dichtung mit oft ausgeprägt ep. Zügen.

Poeschel, Carl Ernst ['pœʃəl], * Leipzig 2. Sept. 1874, † Scheidegg bei Lindau (Bodensee) 19. Mai 1944, dt. Buchdrucker und Verleger. – Leitete in Leipzig die väterl. Buchdruckerei *P. & Trepte,* begr. 1902 den *C. E. P. Verlag* (= J. B. Metzlersche Verlagsbuchhandlung), übernahm 1905–06 mit A. Kippenberg den Insel-Verlag, 1907 Mitbegr. der Janus-Presse, 1909 des Tempel-Verlags (Klassikerausgaben).

Poesie [po-e'zi:; zu griech. poíēsis, eigtl. „das Machen"], Bez. für ↑Dichtung, bes. für Versdichtung im Ggs. zur Prosa.

Poésie pure [frz. pɔezi'py:r „reine Poesie"] (autonome Dichtung), im Unterschied zur Littérature engagée die Dichtung, die sich autonom, als Selbstzweck, in tendenz- und ideologiefreiem Raum entfaltet, die sich weder den Gesetzen der Logik noch der Realität unterwirft; programmatisch gefordert und verwirklicht von den Vertretern des ↑L'art pour l'art. Als P. p. gelten z. T. auch die Dichtungen R. M. Rilkes, S. Georges, G. Benns, E. Pounds sowie die Experimente des italien. Hermetismus und der konkreten Poesie.

Poet [griech.-lat.], Dichter.

Poeta laureatus [lat. „lorbeergekrönter Dichter"] ↑Dichterkrönung.

Ivo Pogorelich

Raymond Poincaré

Sidney Poitier

Roman Polanski

John Charles Polanyi

Poetik [griech.], als Teil der ↑Ästhetik versteht sich die P. als Wiss. vom Wesen des literar. Kunstwerks, als Theorie der Dichtung und Literatur sowie als Dichtungs- und Literaturkritik. – Am Anfang der europ. P. stand die fragmentar. Schrift „Perì poiētikḗs" des Aristoteles, die sich v.a. mit den Gatt. Tragödie, Komödie und Epos befaßte und zus. mit der „Ars poetica" des Horaz für die weitere Entwicklung von großer Bed. war. Gestützt auf einen normativen Regelkanon, galt die Dichtkunst in der Spätantike als erlernbare Kunstfertigkeit; im MA wurde sie lediglich im Rahmen der Rhetorik betrieben. Nach der Wiederentdekkung des Aristoteles standen im Mittelpunkt der Renaissance-P., zu deren Vorläufern man u.a. Dante Alighieri, F. Petrarca oder G. Boccaccio rechnen kann, normatives Regelsystem und Rhetorik. Ende des 16. Jh. bildete sich in Italien der Manierismus heraus. Die Kontroverse zw. klassizist. und manierist. P. spaltete im 17. Jh. die italien. Dichtung und Poesie. Ähnlich verlief im 16. Jh. die Entwicklung in Frankreich. Im 17. Jh. wurde die klassizist. frz. P. ausgebaut: Dichtung soll sich allein an Vernunft, Wahrscheinlichkeit und Angemessenheit orientieren. Vorbildlich für die dt. Barock-P. des 17. Jh. wurde M. Opitz mit seinem in der klassizist. Tradition stehenden „Buch von der dt. Poeterey" (1624). Klassizistisch geprägt war auch die span. P. des 17. Jh., während die engl. P. im 16. und 17. Jh. (v.a. auf Grund der Shakespeareschen Dramen) einen zw. klassizist. Regelkanon und der These von der Einmaligkeit eines Kunstwerkes vermittelnden Standpunkt bezog. In der Aufklärung wurden, ausgehend von Frankreich, „bon goût" („Geschmack") und „bel esprit" („Scharfsinn") zu Maßstäben der P. In der Folge entbrannte ein Literaturstreit darüber, ob Gefühl oder Vernunft zum Geschmacksurteil befähigten; Kontrahenten waren J. Gottsched („Versuch einer krit. Dichtkunst vor die Deutschen", 1780), der letzte große Vertreter einer normativen, klassizist. P. auf der einen sowie J. J. Bodmer und J. J. Breitinger auf der anderen Seite, die die schöpfer. Einbildungskraft und das Wunderbare betonten. G. E. Lessing relativierte, u.a. in der „Hamburg. Dramaturgie" (1767–69), das klassizist. Aristoteles-Verständnis. Im Sturm und Drang gründete das Dichtungsverständnis nicht mehr in Vernunft, sondern in „Empfindung, Begeisterung und Inspiration" (J. G. Herder, H. W. von Gerstenberg); P. wurde vorwiegend praxisorientierter Essay. Wieder um Fragen der Gattungstheorie bemühte sich die P. der Klassik (Schiller und Goethe), die Epik, Lyrik und Dramatik in den Mittelpunkt stellte. Romantik und Symbolismus vertraten die von den Manieristen im 16. Jh. eingeleitete Trennung von Sprache und Gegenstand (F. von Schlegel, Novalis, Verlaine). Im Zentrum poetolog. Betrachtungen und Diskussionen des 20. Jh. steht v.a. eine theoriebewußte Systematik. Anstöße hierzu kamen v.a. durch den sprachtheoret. Strukturalismus, durch die Text- und Kommunikationstheorie und die Hermeneutik.

Poggendorff, Johann Christian, * Hamburg 29. Dez. 1796, † Berlin 24. Jan. 1877, dt. Physiker. – Prof. in Berlin; Arbeiten bes. zur Elektrizitätslehre, zum Magnetismus und zur Geschichte der Physik. P. war ab 1824 Hg. der „Annalen der Physik und Chemie". 1863 begründete er das „Biograph.-Literar. Handwörterbuch der exakten Naturwissenschaften".

Poggendorff-Täuschung [nach J. C. Poggendorff] ↑optische Täuschungen.

Poggio Bracciolini, Gian Francesco [italien. ˈpɔddʒo brattʃoˈliːni], * Terranuova (= Terranuova Bracciolini) 11. Febr. 1380, † Florenz 30. Okt. 1459, italien. Humanist. – Ab 1453 Kanzler von Florenz; entdeckte wertvolle Handschriften röm. Autoren; einer der besten Vertreter humanist. Briefliteratur; verfaßte moral. Traktate, „Schwänke und Schnurren" (1471) sowie eine Geschichte von Florenz in 8 Büchern (1453 ff.).

Pogodin, Michail Petrowitsch [russ. paˈgɔdin], * Moskau 23. Nov. 1800, † ebd. 20. Dez. 1875, russ. Historiker und Publizist. – Trat mit Arbeiten zur russ. Geschichte und als Hg. altruss. Geschichtsquellen hervor; beeinflußte die Bewegung der Slawophilen; Verfechter des Panslawismus.

Pogorelich, Ivo [pɔˈgɔrɛlɪtʃ], * Belgrad 20. Okt. 1958, jugoslaw. Pianist. – Unternahm Konzertreisen durch W-Europa, die USA und Australien; gilt v.a. als hervorragender Interpret der Werke F. Chopins.

Pogrom [russ. Verwüstung], 1. eine mit Plünderungen und Mord verbundene Judenverfolgung, meist initiiert von staatl. Stellen; v.a. im zarist. Rußland; 2. im 20. Jh. allg. Bez. für eine Ausschreitung gegen Mgl. nat., religiöser oder rass. Minderheiten.

Pogwisch, Ottilie Freiin von, Gattin von August von ↑Goethe.

Poher, Alain [frz. pɔˈɛːr], * Ablon-sur-Seine (Val-de-Marne) 17. April 1909, frz. Politiker. – 1946–48 und seit 1952 Mgl. des Senats (MRP); 1966–69 Präs. des Europ. Parlaments; ab 1968 Präs. des Senats; 1969 und 1974 amtierender Staatspräsident.

Pohjanmaa [finn. ˈpɔhjammaː] (schwed. Österbotten), histor. Prov. im nw. Finnland, am Bottn. Meerbusen; im Küstengebiet werden Fischerei, Ackerbau und Viehzucht betrieben, im dünnbesiedelten Hinterland vorwiegend Holzwirtschaft.

Pohl, Robert, * Hamburg 10. Aug. 1884, † Göttingen 5. Juni 1976, dt. Physiker. – Prof. in Göttingen. Seine Hauptarbeitsgebiete waren die Physik der Röntgenstrahlen und die Festkörperphysik. Weite Verbreitung fanden seine Lehrbücher der Experimentalphysik.

Pöhl, Karl Otto, * Hannover 1. Dez. 1929, dt. Nationalökonom. – Journalist; ab 1972 Staatssekretär im Bundesfinanzministerium; 1977–79 Vizepräs., 1980–91 Präs. der Dt. Bundesbank.

Pohnpei (früher Ponape), Bundesstaat der Föderierten Staaten von ↑Mikronesien, auf einer Inselgruppe (25 Inseln) der Karolinen, 344 km², 33 100 E (1990). Auf der Hauptinsel P. liegt Kolonia, Hauptstadt der Föderierten Staaten von Mikronesien.

Pohorje [slowen. ˈpoːhɔrjɛ], Gebirge in Slowenien, ↑Bachergebirge.

poietisch [pɔʏˈeːtɪʃ; griech.], bildend, das Schaffen betreffend.

poikilotherm [griech.] (wechselwarm), die Körpertemperatur nicht konstant haltend; gesagt von den sog. ↑Kaltblütern. – Ggs. ↑homöotherm.

Poincaré [frz. pwɛ̃kaˈre], [Jules] Henri, * Nancy 29. April 1854, † Paris 17. Juli 1912, frz. Mathematiker. – Prof. in Caen und Paris; neben D. Hilbert führender Mathematiker um 1900, der fundamentale Beiträge zur Mathematik und theoret. Physik lieferte. P. ist einer der Begründer der modernen Topologie. Unter seinen Beiträgen zur Funktionentheorie ragt die Entdeckung der automorphen Funktionen heraus. Daneben befaßte sich P. mit Thermodynamik, Theorie der Wärmeleitung, Hydromechanik, Elastizitätstheorie, Theorie der Elektrizität und Optik. Er gilt als einer der Vorläufer A. Einsteins in der (speziellen) Relativitätstheorie.

P., Raymond, * Bar-le-Duc 20. Aug. 1860, † Paris 15. Okt. 1934, frz. Politiker. – Jurist. Als Min.präs. und Außenmin. 1912/13 stärkte P. die brit.-frz. und die frz.-russ. Beziehungen. Als Präs. der Republik 1913–20 wurde er im 1. Weltkrieg zum Symbol der nat. Einheit und des militär. Durchhaltewillens; als Nachfolger A. Briands 1922–24 Min.präs. und Außenmin., steuerte P. den Kurs einer konzessionslosen Durchführung des Versailler Vertrags, mußte aber nach der Ruhrbesetzung 1923 eine Neuregelung der Reparationsfrage zugestehen. 1926–29 erneut Min.präs. und bis 1928 zugleich Finanzminister.

Point [engl. pɔɪnt], engl. svw. Kap.

Point [poˈɛ̃; lat.-frz.], Stich (bei Kartenspielen), Auge (bei Würfelspielen).

Pointe [poˈɛ̃ːtə; lat.-frz. „Spitze"], geistreicher, überraschender [Schluß]effekt; „springender Punkt" einer Angelegenheit.

Pointe-à-Pitre [frz. pwɛ̃taˈpitr], Stadt auf Guadeloupe, im SW von Grande-Terre, 25 300 E. Univ. (gegr. 1970); Museum; bed. Hafen, Obstkonservenfabrik, Zuckerraffinerie, Rumdestillerien, Fremdenverkehr; ✈. – Entwickelte sich

v. a. seit dem 19. Jh. zum Wirtschaftszentrum von Guadeloupe; mehrmals durch Naturkatastrophen stark zerstört (1843, 1871, 1928, 1963).

Pointe-Noire [frz. pwɛ̃tˈnwa:r], Hafenstadt am Atlantik, Kongo, 298 000 E. Regionshauptstadt, kath. Bischofssitz; Museum; Zoo; Ind.zentrum Kongos mit Werft, chem., holzverarbeitender und Nahrungsmittelind.; Erdölraffinerie; Seehafen; internat. ✈. – Nahm nach 1939 (Fertigstellung des Hafens, Bau der Eisenbahn) raschen Aufschwung; 1950–58 Hauptstadt des frz. Kongo.

Pointer [engl.] (engl. Vorstehhund), kräftiger, kurzhaariger, etwa 65 cm schulterhoher Jagdhund mit breitstirnigem, gestrecktem Kopf; die lange Rute wird in Form eines Pumpenschwengels getragen; Fell dicht, glatt anliegend, glänzend, meist weiß mit schwarzen, braunen, orangefarbenen oder gelben Platten oder Tupfen.

Pointer [engl. pɔɪntə „Zeiger"], Adresse oder Name einer Variablen, womit ein Speicherplatz für Daten bezeichnet wird.

pointiert [poɛ̃...; lat.-frz.], betont, zugespitzt (sagen).

Pointillismus [poɛ̃tiˈjɪsmʊs; zu frz. pointiller „mit Punkten darstellen"] ↑Impressionismus.

Poirier [frz. pwarjˈe], frz. Künstlerehepaar, Anne (* Marseille 31. März 1942) und Patrick (* Nantes 5. April 1942). – Vertreter der ↑Spurensicherung und individuellen Mythologie. Sie erstellen Rekonstruktionen archäolog. Stätten als „Metaphern für die Erinnerung des kollektiven Unbewußten" (Domus Aurea, 1975–77; Jovis und die Giganten, 1983).

Poisson, Denis [frz. pwaˈsõ], * Pithiviers (Loiret) 21. Juni 1781, † Paris 25. April 1840, frz. Mathematiker und Physiker. – Bed. Arbeiten u. a. über Analysis, Wahrscheinlichkeitsrechnung, Kapillarität und Wärmeleitung.

Poisson-Gleichung [frz. pwaˈsõ; nach D. Poisson] ↑Adiabate.

Poissonsche Differentialgleichung ↑Potentialtheorie.

Poitier, Sidney [engl. ˈpwa:tiːeɪ], * Miami 20. Febr. 1927, amerikan. Schauspieler und Regisseur. – Zunächst am American Negro Theatre, seit den 1950er Jahren als Charakterdarsteller in Filmen internat. bekannt, u. a. „Saat der Gewalt" (1955), „Flucht in Ketten" (1958), „Porgy and Bess" (1959), „Lilien auf dem Felde" (1963), für den er als erster schwarzer Darsteller den Oscar erhielt, „In der Hitze der Nacht" (1967), „Sneakers – Die Lautlosen" (1992).

Poitiers, Diane de [frz. pwaˈtje] ↑Diane de Poitiers.

Poitiers [frz. pwaˈtje], frz. Stadt im Poitou, 116 m ü. d. M., 72 500 E (1990). Hauptstadt der Region Poitou-Charentes und des Dep. Vienne; kath. Bischofssitz; Univ. (gegr. 1431), Handelshochschule; Museen. Metallverarbeitende, elektrotechn., chem., Holz-, Textil-, Leder- und Nahrungsmittelind.; ✈. – Als **Limonum** Hauptort der kelt. Piktonen (davon der Name P. abgeleitet); im 4. Jh. Bischofssitz; um 1175 Stadtrecht; seit Ende des 8. Jh. Hauptort der Gft. Poitou, im Spät-MA auch des Hzgt. Aquitanien; 1423–36 Residenz des frz. Thronfolgers; 1542 Hauptstadt der Prov. Poitou (bis 1790), 1790 des Dep. Vienne. – Gotische Kathedrale Saint-Pierre (1166 ff.) mit Glasmalereien; frühchristl. Baptisterium Saint-Jean (4. Jh.; in merowing. Zeit und im 10. Jh. verändert); 3 bed. roman. Kirchen: Notre-Dame-la-Grande, Saint-Hilaire-le-Grand (beide 11./12. Jh.), Sainte-Radegonde (11.–13. Jh.).

Poitou [frz. pwaˈtu], histor. Geb. in W-Frankreich, zw. Bretagne und Zentralmassiv, gehört zu den Regionen Poitou-Charentes und Pays de la Loire. In der vorröm. Antike das Gebiet der kelt. Piktonen; wurde im 8. Jh. Gft. (Hauptort seit Ende 8. Jh. Poitiers); die Grafen waren seit 827/828 auch Herzöge von Aquitanien; kam durch die Heirat der Eleonore von Aquitanien mit Heinrich II. Plantagenet 1152 unter direkten engl. Einfluß; von den frz. Königen allmählich erobert und ab 1225 Apanage der Königssöhne; kam 1416 endgültig zur frz. Krondomäne; die Prov. P. wurde 1542 konstituiert.

Poitou-Charentes [frz. pwatuʃaˈrɑ̃:t], Region in W-Frankreich, umfaßt die Dep. Deux-Sèvres, Vienne, Charente und Charente-Maritime, 25 810 km², 1,59 Mill. E (1990), Regionshauptstadt Poitiers.

Poitiers Stadtwappen

Pokal [italien., letztl. zu griech. baúkalis „enghalsiges Gefäß"], ein Trink- bzw. Ziergefäß aus Gold, Silber, Zinn oder (seit der 2. Hälfte des 15. Jh.) Glas, seit dem 16. Jh. auch, seit dem 17. Jh. immer ein Deckelbecher. Die Form leitet sich vom ↑Kelch ab.

▷ im *Sport* ein beliebig gestalteter Siegerpreis in bestimmten, meist periodisch ausgetragenen Wettkämpfen.

Pökeln [niederdt.] ↑Konservierung.

Poker [amerikan.], internat. Kartenglücksspiel amerikan. Herkunft zw. mindestens 4 Spielern mit 52 frz. Karten.

Pökling, svw. ↑Bückling.

Pol [griech.], Drehpunkt, Mittelpunkt, Zielpunkt.

▷ in der *Geographie* und *Astronomie* Punkt auf der Oberfläche einer Kugel, in dem ein ausgezeichneter Durchmesser (z. B. die Drehachse) die Kugeloberfläche durchstößt. Die Durchstoßpunkte der Drehachse der Erde auf der Erdoberfläche bezeichnet man als **geographische Pole** *(Nord-P.* und *Süd-P.),* die Durchstoßpunkte der [verlängert gedachten] Erdachse durch das Himmelsgewölbe als **Himmelspole,** die Durchstoßpunkte der geomagnet. Achse durch die Erdoberfläche als **geomagnetische Pole** (Magnetpole).

▷ in der *Mathematik* ein Punkt, der eine ausgezeichnete Lage besitzt (z. B. der P. einer ↑Polaren) oder eine bes. Bed. hat (z. B. der P. einer analyt. Funktion $f(z)$, d. h. die Stelle, an der $f(z)$ einen unendlich großen Funktionswert annimmt).

▷ in der *Physik* svw. Magnetpol (↑Magnet).

▷ in der *Elektrotechnik* Bez. für die beiden Anschlußklemmen (Anschlußpunkte) einer Spannungsquelle, auch von sonstigen elektr. Bau- und Schaltelementen, bes. bedeutsam bei Verwendung von Gleichstrom.

Polaben, Teilstamm der ↑Obotriten.

Polabisch, Sammelbez. für die ratzeburg.-lüneburg. Sprachreste des Elb- und Ostseeslawischen, das zur lech. Untergruppe des Westslawischen gerechnet wird; als Drawänopolabisch im Lüchowsch-Lüneburgischen bis ins 18. Jh. von den slaw. Drawänen gesprochen und in Wörterlisten und Textfragmenten dt. Aufzeichner erhalten.

Polacca [italien.] ↑Polonaise.

Poláček, Karel [tschech. ˈpɔla:tʃɛk], * Rychnov nad Kněžnou (Ostböhm. Bez.) 22. März 1892, † KZ Auschwitz 19. Okt. 1944, tschech. Schriftsteller. – Schilderte in humorist.-satir. Romanen (u. a. „Das Haus in der Vorstadt", 1928); „Die Bezirksstadt", 1936) die Psychologie des tschech. und jüd. Kleinbürgers.

Polack, Jan, * vermutlich Krakau um 1435, † München 1519, dt. Maler. – Spätgot., spannungserfüllte Fresken (zum größten Teil zerstört; zw. 1485 und 1512 in München gemalt), Flügel des Weihenstephaner Hochaltars (1483–85; u. a. München, Alte Pinakothek), Peter-und-Paul-Altar (um 1490; München, Bayer. Nationalmuseum und Sankt Peter), Hochaltar und zwei Seitenaltäre der Schloßkapelle Blutenburg (1491; München).

Polanski, Roman (poln. Polański [poln. pɔˈlaiski]), * Paris 18. Aug. 1933, poln. Filmregisseur und Schauspieler. – Seit 1976 frz. Staatsbürger; drehte vom Surrealismus beeinflußte Filme wie „Das Messer im Wasser" (1961), „Ekel" (1965), „Tanz der Vampire" (1966), „Rosemaries Baby" (1967); später „Macbeth" (1971), „Chinatown" (1974), „Tess" (1979), „Piraten" (1986), „Frantic" (1987), „Bitter Moon" (1992). Auch Theater- und Opernregisseur.

Polanyi, John Charles [engl. pɔˈlænji], * Berlin 23. Jan. 1929, amerikan. Chemiker dt. Herkunft. – Seit 1962 Prof. für Chemie an der Univ. von Toronto; entwickelte zur Aufklärung der chem. Reaktionsdynamik die Methode der infraroten Chemilumineszenz; erhielt dafür mit D. R. Herschbach und Y. T. Lee den Nobelpreis für Chemie 1986.

Pokal. Oben: Deckelpokal aus Glas, Höhe 34 cm, nach 1582 (Wien, Kunsthistorisches Museum). Unten: Straußeneipokal, Höhe 57 cm, um 1570 (Wien, Kunsthistorisches Museum)

polar [griech.], die Pole betreffend.

Polarachse ↑ Koordinaten.

Polardiagramm, in der *Aerodynamik* graph. Darstellung des Zusammenhangs zw. Auftriebs- und Widerstandskraft eines Flugzeugtragflügels bei verschiedenen Anstellwinkeln. Die zu einem vorgegebenen Anstellwinkel gehörenden Wertepaare (Punkte) werden miteinander verbunden und ergeben die **Polare.**

Polare [griech.], in der *Geometrie* die Verbindungsgerade der Berührungspunkte zweier Tangenten an einen Kegelschnitt (z. B. einen Kreis). Der Tangentenschnittpunkt heißt der *Pol.*

▷ ↑ Polardiagramm.

Polarfront ↑ Polarfronttheorie.

▷ in der *Ozeanographie* die durch Konvergenz hervorgerufene Grenze zw. dem subpolaren und subtrop. Wasser der Ozeane. An ihr steigt nährstoffreiches Wasser auf (starke Planktonentwicklung, Fischreichtum). Sie stellt auch im allg. die äquatoriale Grenze des polaren Meereises dar.

Polarfrontjet ↑ Strahlstrom.

Polarfronttheorie, von V. Bjerknes entwickelte Theorie, nach der die Tiefdruckgebiete der mittleren Breiten an der Grenzfläche zw. polarer Kaltluft und gemäßigter oder subtrop. Warmluft **(Polarfront)** entstehen. Aus einer wellenförmigen Deformation der Polarfront entwickeln sich Wirbel (Zyklonen) mit asymmetr. Temperaturverteilung und einem gut ausgebildeten Warmluftsektor, der später von der nachfolgenden Kaltluft immer weiter eingeengt wird, bis die Warmluft vom Boden abgehoben wird (↑ Okklusion). Am Ende des Prozesses steht eine vollständige Verwirbelung der Luftmassen; anschließend stellt sich an der Polarfront langsam wieder eine zonale Strömung mit der ostwestl. Bewegung der Kaltluft und westöstl. Bewegung der Warmluft ein.

Polarfuchs (Eisfuchs, Alopex lagopus), zirkumpolar verbreiteter, 45–70 cm körperlanger Fuchs; zwei Farbvarianten: ↑ Blaufuchs und Weißfuchs (rein weiß).

Polargrenze, durch klimat. Faktoren bestimmter Grenzsaum, in dem polwärts die Verbreitung von bestimmten Pflanzen, Tieren, von Besiedlung u. a. endet.

Polarhund (Eskimohund, Grönlandhund), sehr anspruchslose und ausdauernde Rasse der Nordlandhunde; großer (51–64 cm schulterhoher), hochläufiger, kräftiger Hund mit keilförmigem Kopf, Stehohren und über dem Rücken eingerollter Rute; Fell dicht, in vielen Farben.

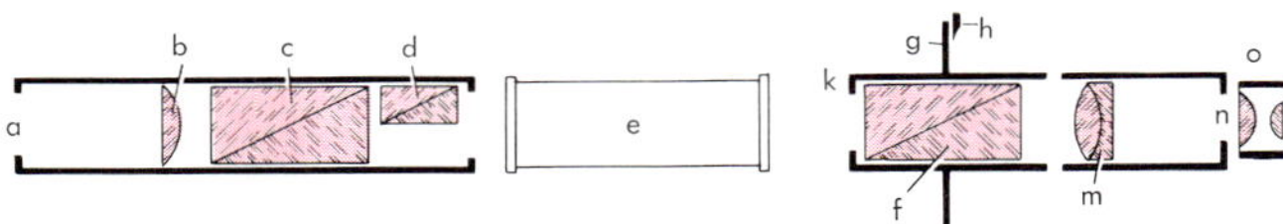

Polarimeter. Schematische Darstellung: a Lichteintrittsöffnung; b Sammellinse; c fester Polarisator; d kleines Nicolsches Prisma zur Halbierung des Gesichtsfelds; e Probe; f drehbarer Analysator; g und h Teilkreis mit Ablesevorrichtung; k Blende; m–o Fernglas mit m Objektiv, n Blende und o Okular

Polarimeter [griech.], Gerät zur Messung der Drehung der Polarisationsebene von Licht durch optisch aktive Substanzen. Die einfachste Anordnung besteht aus einem fest eingebauten Polarisator und einem um die Strahlachse drehbar angeordneten Polarisator (Analysator). Zw. beide wird nach Einstellung auf minimale Helligkeit (gekreuzte Polarisatoren) die drehende Substanz gebracht, deren Drehwinkel durch erneute Einstellung auf minimale Helligkeit als Winkeldifferenz abzulesen ist. Das P. wird v. a. zur Bestimmung der Konzentration von Lösungen optisch aktiver Stoffe benutzt.

Polaris [griech.], svw. ↑ Polarstern.

Polaris [nach dem Polarstern], zweistufige, U-Boot-gestützte Atomrakete; in den USA bis 1982 außer Dienst gestellt, in Großbritannien noch im Einsatz.

Polarisation [griech.], das deutl. Hervortreten von Gegensätzen, die Herausbildung einer Gegensätzlichkeit.

▷ in der *Physik* Bez. für verschiedene physikal. Erscheinungen bzw. Zustände physikal. Objekte und Systeme, die durch gegensätzl. (polare) Eigenschaften oder Quantitäten gekennzeichnet sind und durch äußere Einwirkungen hervorgerufen werden.

Polarisation von Materie: Das Vorhandensein oder die Erzeugung eines makroskop. elektr. oder magnet. Dipolmomentes. Man unterscheidet: 1. Die *dielektr. P.,* die Erzeugung und Ausrichtung elektr. Dipole in einem Stoff durch ein äußeres elektr. Feld. 2. Die *parelektr. P.,* die Verstärkung und Ausrichtung permanent vorhandener atomarer elektr. Dipole in einem Stoff durch ein äußeres elektr. Feld. 3. Die *elektrochem. P.,* das Auftreten bzw. die Ausbildung einer Polarisationsspannung zw. den Elektroden bei der Elektrolyse oder in elektrochem. Elementen. – ↑ magnetische Polarisation.

Polarisation von Wellen: Eigenschaft einer transversalen Welle, bestimmte Schwingungszustände zu enthalten, bei Licht *(opt. P.)* 1808 von E. L. Malus entdeckt. Im Ggs. zu unpolarisiertem, natürl. Licht schwingt bei *linearer P.* einer elektromagnet. Welle (z. B. Lichtwelle) die elektr. Feldstärke in einer raumfesten *Schwingungsebene,* die magnet. Feldstärke in der dazu senkrechten *P.ebene.* Bei *zirkularer P.* läuft die Spitze des Feldstärkevektors auf einem Kreiszylinder, bei *ellipt. P.* auf einem ellipt. Zylinder um.

Polarisation von Teilchen: Die Ausrichtung bzw. das Ausgerichtetsein der Spins in einem Strahl von Elementarteilchen, Atomkernen oder Atomen bzw. Molekülen. Die P. von [Elementar]teilchen kann u. a. durch starke Magnetfelder oder durch Einstrahlung polarisierten Lichtes hervorgerufen werden.

Polarisationsfilter, ein photograph. Aufnahmefilter (↑ Filter), bes. zur Auslöschung störender Reflexe auf spiegelnden Oberflächen. – ↑ Polarisator.

Polarisationsgerät, Gerät zur Untersuchung von Substanzen mit Hilfe von polarisiertem Licht; es besteht im wesentlichen aus einem ↑ Polarisator zur Erzeugung linear polarisierten Lichtes und einem als Analysator dienenden Polarisator zum Nachweis polarisierten Lichtes. Wichtige P. sind das ↑ Polarimeter und das Polarisationsmikroskop.

Polarisationsmikroskop ↑ Mikroskop.

Polarisationswinkel, svw. Brewsterscher Winkel (↑ Brewstersches Gesetz).

Polarisator [griech.], Vorrichtung zur Polarisation von elektromagnet. Wellen, d. h. zur Erzeugung eines (im allg. linear) polarisierten Strahls aus natürl., unpolarisiert einfallender Strahlung. Als P. für Licht wird meist ein **Polarisationsprisma** (z. B. ein ↑ Nicolsches Prisma) benutzt: Das einfallende unpolarisierte Licht wird durch Doppelbrechung in zwei linear polarisierte Strahlen aufgespalten, von denen einer ausgeblendet wird. **Polarisationsfilter** sind dichroit. planparallele Kristallplatten oder eingefärbte Folien aus dichroit. organ. Stoffen, bei denen einer der beiden, durch Doppelbrechung erzeugten, linear polarisierten Strahlen stark absorbiert wird.

Polarisierung [griech.], Prozeß der Herausbildung zweier sich diametral gegenüberstehender Kräfte (Pole), in *Gesellschaft* und *Politik* die Aufspaltung einer zunächst breit differenzierten, pluralist. Meinungs-, Gruppen-, berufl. Qualifikations- oder Interessenvielfalt in 2 sich gegenüberstehende Lager.

Polarität [griech.], das Verhältnis von (paarweisen) Polen zueinander, die einander bedingen und gegensätzl. Natur sind.

▷ in der *Biologie* das Vorhandensein zweier *Pole* bei einer molekularen Struktur, einer Zelle, einem Organ oder bei einem Organismus (z. B. vorderer und hinterer Körperpol, Sproß- und Wurzelpol). Die P. ist oft auch entscheidend für Wachstums- bzw. Entwicklungsvorgänge, die Richtung einer Fortbewegung, die Reizaufnahme und Reizbeantwortung bzw. das Verhalten eines Organismus.

Polarklima, Klima der Nord- und Südpolargebiete mit langem, sehr kaltem Winter und nebelreichem, kaltem Sommer.

Polarkoordinatensystem ↑ Koordinaten.

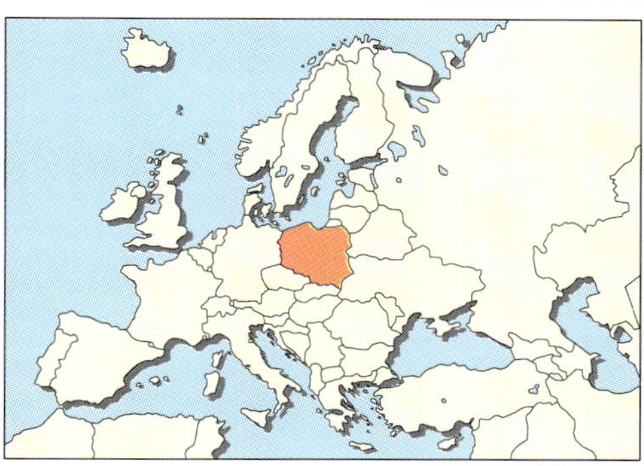

Polen

Fläche: 312 683 km²
Bevölkerung: 38,4 Mill. E (1990), 122,8 E/km²
Hauptstadt: Warschau
Amtssprache: Polnisch
Nationalfeiertag: 3. Mai (Tag der Verfassung), 11. Nov. (Wiedergeburt)
Währung: 1 Złoty (Zł) = 100 Groszy (Gr, gr)
Zeitzone: MEZ

Polarkreise, die von beiden Erdpolen um 23° 30′ entfernten Parallelkreise (nördl. und südl. Polarkreis bei 66° 30′ n. Br. bzw. s. Br.), bis zu denen das Phänomen von Polarnacht bzw. Polartag auftritt. Die P. trennen die Polarzonen von den gemäßigten Zonen.

Polarlicht, nächtlich zu beobachtende Leuchterscheinung in den polaren Gebieten der Nord- **(Nordlicht)** und Südhalbkugel **(Südlicht).** P. entsteht, wenn die Atome der hohen Erdatmosphäre (meist in 100 km Höhe) durch von der Sonne ausgehende Korpuskularstrahlung (bes. nach starker Sonnenfleckentätigkeit) zum Leuchten angeregt werden. Ihr Auftreten in Polnähe wird durch die Ablenkung der Korpuskularstrahlung im erdmagnet. Feld auf dessen Pole hin verursacht.

Polarluchs ↑Luchse.

Polarluft, kalte, dem Polargebiet entstammende Luftmasse. – ↑Polarfronttheorie.

Polarmeere, Bez. für die Meeresgebiete im Bereich der Arktis und Antarktis.

Polarnacht, die Zeit, in der die Sonne länger als 24 Stunden unter dem Horizont bleibt (zutreffend für Orte zw. den Polen und den Polarkreisen 66° 30′ geograph. Breite). Die Dauer der P. wächst mit der geograph. Breite und beträgt an den Polen nahezu ½ Jahr; während auf der einen Erdhalbkugel P. herrscht, ist auf der anderen **Polartag,** d. h. die Zeit, in der die Sonne länger als 24 Stunden über dem Horizont bleibt.

Polarographie [griech.], elektrochem. Analysenmethode, mit der durch Aufnahme einer Stromstärke-Spannungs-Kurve während der Elektrolyse an einer Quecksilbertropfelektrode die Konzentration einer Vielzahl von Kationen und Anionen ermittelt werden kann.

Polaroid-Land-Verfahren Ⓦⓩ [griech.-engl.; nach E. Land] (Land-Verfahren), Verfahren der Sofortbildphotographie, bei denen nach der Belichtung des Films in der Kamera durch Weiterziehen des Streifens die Entwicklung der übereinanderliegenden Negativ- und Positivemulsionen mittels einer Entwicklerpaste in Gang gesetzt wird. Im Schwarzweißverfahren erhält man das Positiv durch Diffusion und Entwicklung der nicht belichteten Silbersalze in die Papierschicht. Das Colorverfahren, ein subtraktives Dreifarbenverfahren (Polacolorverfahren), verwendet wie das herkömml. Colorverfahren drei farbempfindl. Negativschichten, deren Farbkomponenten sich jedoch in einer jeweils benachbarten Farbstoffschicht befinden. Von hier aus diffundieren sie in die Positiv- und Negativemulsionen, in denen komplementäre Farbbilder erzeugt werden. Die Bildentstehung dauert im Schwarzweißprozeß etwa 10–15 Sekunden, im Colorprozeß 50–60 Sekunden. Neuere Polaroid-Land-Kameras für Amateure arbeiten mit einem speziellen Ultraschall-Autofokussystem.

Polarroute (Polroute), Bez. für eine Flugroute über das Nordpolargebiet; kürzester Weg von Europa zur Westküste N-Amerikas bzw. (über Alaska) nach Ostasien.

Polarstern ([Stella] Polaris, Nordstern), der Stern α im Sternbild Ursa Minor (Kleiner Bär, Kleiner Wagen); visueller und spektroskop. Doppelstern. Da er als relativ heller Stern in der Nähe (nicht ganz 1° entfernt) vom nördl. Himmelspol (d. h. in Fortsetzung der Erdachse) steht, gilt er als Richtungsweiser der Himmelsrichtung Nord.

Polartag ↑Polarnacht.

Polarwolf ↑Wolf.

Polbewegung (Polschwankung), durch ständige Verlagerung der Rotationsachse der Erde bedingte, teils period., teils irreguläre Wanderung der Erdpole. Mit der P. ist eine Veränderung der geograph. Länge und Breite *(Breitenschwankung)* sowie der Grundebene des Äquatorsystems verbunden.

Polder [niederl.], in den Niederlanden und in Ostfriesland Bez. für Koog, ↑Groden.

Pol der Unzugänglichkeit, Bez. für den am relativ schwersten zugängl. Punkt der Antarktis, in der Ostantarktis.

Poldihärte ↑Härteprüfverfahren.

Pole, Reginald [engl. poʊl, pu:l], * Stourton Castle (Staffordshire) 3. März 1500, † London 17. Nov. 1558, engl. Kardinal. – Wurde 1536 Kardinal, war für Papst Paul III. als Vermittler tätig bei Franz I. und Karl V. Seine Wahl zum Papst 1549 wurde durch Carafa verhindert (Anklage wegen Ketzerei). 1553 von Papst Julius II. zum päpstl. Legaten ernannt, 1556 Erzbischof von Canterbury; verfuhr bei der Restauration des Katholizismus in England hart mit Protestanten.

Poleiminze [lat./dt.] ↑Minze.

Polemarch [griech.], mit der Leitung des Militärwesens und mit dem Heereskommando beauftragte Beamte in den antiken griech. Stadtstaaten.

Polemik [frz., zu griech. pólemos „Krieg“], 1. als Form der ↑Kritik die Kunst des Streitens; 2. unsachlich, der Diffamierung dienender Angriff; **polemisch,** 1. streitbar, angriffslustig; 2. feindselig, diffamierend; **polemisieren,** polemisch argumentieren; sich polemisch äußern.

Polen (amtl.: Rzeczpospolita Polska, dt. Republik Polen), Staat im östl. Mitteleuropa, zw. 49° und 54° 50′ n. Br. sowie 14° 07′ und 24° 08′ ö. L. **Staatsgebiet:** P. grenzt im NO an Rußland, im O an Litauen, Weißrußland und die Ukraine, im S an die ČR und SR, im W an Deutschland, im N an die Ostsee. **Verwaltungsgliederung:** 49 Woiwodschaften. **Internat. Mitgliedschaften:** UN, GATT, Europarat.

Landesnatur

Den größten Teil des Landes nimmt die flachgewellte Poln. Tiefebene ein (östl. Fortsetzung des Norddt. Tieflandes). Sie erstreckt sich südl. der von Nehrungen, Haffs und Strandseen geprägten Ostseeküste und gliedert sich in das Jungmoränengebiet des Balt. Landrückens mit den Seegebieten Pommerns und Masurens sowie in das südl. angrenzende, von Urstromtälern, denen die Flüsse z. T. folgen, durchzogene Altmoränengebiet. Östl. der oberen Oder liegt das von der oberen Weichsel durchflossene Kleinpoln.

Polen

Staatswappen

Internationales Kfz-Kennzeichen

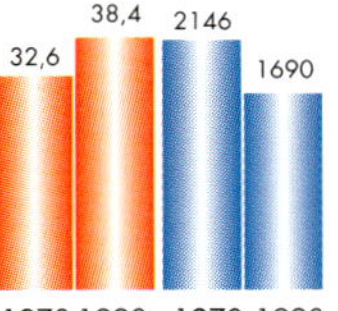

Bevölkerung (in Mill.) · Bruttosozialprodukt je E (in US-$)

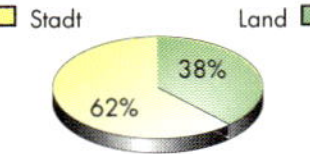

Bevölkerungsverteilung 1990

Bruttoinlandsprodukt 1990

Polen. Wirtschaft

Berg- und Hügelland. Den sw. Teil von P. nehmen die Sudeten ein (mit Riesengebirge und Glatzer Bergland). Im S hat P. Anteil an den Karpaten, die in der Hohen Tatra 2 499 m erreichen (Meeraugspitze).

Klima, Vegetation und Tierwelt

P. besitzt ein Übergangsklima, das von SW nach NO zunehmend kontinentaler wird. Die Niederschlagsmengen betragen 500–600 mm/Jahr, die Gebirge erhalten 1 000–2 000 mm/Jahr.

P. gehört zur mitteleurop. Prov. der Laub- und Mischwälder. 28 % des Landes sind bewaldet; in den Tieflandgebieten wachsen v. a. Kiefern, auf Hochflächen und in den Gebirgen Tannen und Buchen, in größeren Höhen Fichten, in klimatisch begünstigten Gebieten Eichen und Buchen. Die Trockengebiete der Poln. Tiefebene sind dagegen waldarm. In 15 Nationalparks und über 700 Schutzgebieten stehen zahlr. Pflanzen unter Naturschutz, z. T. bestehen noch urwüchsige Waldbestände.

In den Wäldern kommen Hirsch, Reh, Wildschwein und Wisent, im NO auch Elch und Schneehase, in den Karpaten Gemse, Luchs, Wildkatze und Braunbär.

Bevölkerung

Neben der überwiegend poln. Bev. (98,7 %) leben in P. kleinere Minderheiten (Deutsche, Ukrainer, Weißrussen u. a.). 95 % sind Katholiken. Es besteht 10jährige Schulpflicht. P. verfügt über 98 Hochschulen, 11 davon haben Universitätsrang.

Wirtschaft und Verkehr

P. entwickelte sich nach 1945 von einem Agrar- zu einem Ind.-Agrar-Staat. Die forcierte Industrialisierung des Landes bei Vernachlässigung der Konsumgüterproduktion sowie große Mängel durch die zentralist. Planung und Leitung der Wirtschaft führten zu einer seit Beginn der 80er Jahre offen zutage tretenden Wirtschaftskrise. Seit 1990 befindet sich das Land im Übergang von der Plan- zur freien Marktwirtschaft, verbunden mit einem schwierigen Reformprozeß. Durch die Freigabe der Preise wurde die hohe Inflation gedrosselt, der enorme Preisanstieg führte zu einem Rückgang des Realeinkommens der Bev. um 35 % und somit des Konsums, wodurch das Warenangebot stabilisiert wurde. Die geringere Nachfrage nach Verbrauchsgütern sowie die vielfach nicht gegebene Konkurrenzfähigkeit vieler Betriebe führte zu umfangreichen Produktionsstillegungen und zu einem enormen Anstieg der Arbeitslosigkeit (im Herbst 1991 über 10 %). In der Landw. sind Hauptproduzenten die privaten Bauern, die etwa $^4/_5$ der landw. Nutzfläche bewirtschaften. Angebaut werden v. a. Roggen und andere Getreidearten, Kartoffeln, Futterpflanzen, Zuckerrüben, Öl- und Faserpflanzen. Die Viehzucht ist mit etwa 45 % an der agrar. Bruttoproduktion beteiligt. Größte Bed. haben Rinder-, Schweine- und Geflügelhaltung. Wesentlich sind Forstwirtschaft sowie Hochsee- und Binnenfischerei. An Bodenschätzen gibt es Stein- und Braunkohle, Eisen-, Kupfer-, Blei- und Zinkerze, Schwefel, Salz, Erdöl und Erdgas, wobei v. a. der Abbau von Kohle und Schwefel von großer wirtsch. Bed. ist. Die Ind. ist bes. mit Zweigen der Schwerind. vertreten, gefolgt von Maschinenbau, Schiffbau, Elektro-, chem., Textil- und Nahrungsmittelind. Der Fremdenverkehr ist nur wenig entwickelt.

Ausgeführt werden Maschinen und Transportmittel, Chemikalien, Steinkohle, Elektroenergie, Metalle, Textilien; eingeführt werden Produkte des Maschinen- und Fahrzeugbaus, Chemieerzeugnisse, Erdöl, Konsumgüter, Stahl und Stahlprodukte. Wichtigste Partner sind Rußland u. a. Republiken der GUS, Deutschland, ČR, SR und Großbritannien. P. hat große Bed. als Transitland im W–O-Güterverkehr. Das Schienennetz hat eine Länge von 26 644 km, das Straßennetz von rund 250 000 km, davon rund 156 000 km mit fester Decke. Bedeutendste Binnenwasserstraße ist die Oder. Wichtigste Seehäfen sind Swinemünde/Stettin, Danzig und Gdingen. Die staatl. Luftverkehrsgesellschaft LOT bedient den In- und Auslandsdienst; internat. ✈ in Warschau.

Geschichte

Zur **Vorgeschichte** ↑Europa.

Der frühe Piastenstaat (10. Jh. bis 1138): Erster historisch faßbarer Herrscher in „Großpolen", dem Siedlungsgebiet der Polanen (an der mittleren Warte), Goplanen (Kujawien) und im mittleren Weichselgebiet (Masowien) war Mieszko I. aus dem Geschlecht der Piasten. Er trat 966 zum Christentum nach lat. Ritus über und baute die organisator. Grundlagen einer ma. Monarchie auf. Die zeitweilig von den böhm. Przemysliden abhängigen schles. Stämme und das „Kleinpolen" gen. Gebiet an der oberen Weichsel wurden um 990 der poln. Herrschaft unterstellt. Das neue Staatswesen wurde Ende des 10./Anfang des 11. Jh. von ausländ. Chronisten erstmals „P." genannt. Mieszkos Sohn Boleslaw I. Chrobry versuchte, Böhmen und P. in seiner Hand zu vereinigen. In langwierigen, bis 1018 dauernden Kämpfen gegen Kaiser Heinrich II. und die Przemysliden konnte er die Lausitz, Teile von Mähren und der Slowakei sowie Schlesien und Pommern der poln. Krone angliedern (Kgr. seit 1025). Perioden heftigster krieger. Auseinandersetzungen, aber auch enger Kooperation bestimmten in folgenden das Verhältnis zum benachbarten Hl. Röm. Reich. Kasimir I. Odnowiciel verlegte den Sitz der poln. Monarchie nach Krakau. Er und seine Nachfolger mußten die Herrschaft gegen ausländ. Intervention (Böhmen, Hl. Röm. Reich, Kiewer Reich), aber auch gegen separatist. Tendenzen im Innern verteidigen und dabei einer kleinen Gruppe von Magnaten ein immer größeres Mitspracherecht einräumen.

Die Zeit der Teilfürstentümer (1138–1320): Um den bei fast jedem Thronwechsel auftretenden Erbstreitigkeiten zu begegnen, praktizierte Boleslaw III. Krzywousty eine Senioratserbordnung, nach der den jüngeren Söhnen einzelne Prov. zugeteilt wurden. Dem ältesten der Brüder, dem Senior, stand außer seinem Erbteil die Senorialprov. mit Krakau, Gnesen und Pommern zu; er sollte als oberster Fürst über die Außen- und Kirchenpolitik entscheiden. Schon in der 1. Generation (nach dem Tod Boleslaws 1138) bewährte sich die Dezentralisierung nicht, die Teil-Ft. verselbständigten sich; Pommern schied 1181 endgültig aus der losen Abhängigkeit aus, während Schlesien ab 1163 eine Sonderentwicklung nahm und seine Fürsten sich Ende des 13. und Anfang des 14. Jh. der böhm. Lehnshoheit unterstellten. Der Einfall der Tataren 1241 unterbrach vorübergehend den kulturellen Aufschwung. Einheit der Kirche und des Glaubens sowie das lebendige Bewußtsein der gemeinsamen Vergangenheit verhüteten eine völlige Auflösung des poln. Staates. Das Zusammengehörigkeitsgefühl fand in dem aufkommenden Begriff der poln. Nationalität („gens polonica") seinen Ausdruck. Bereits im 12. Jh. setzte eine intensive Kolonisierung aus dem Gebiet des Hl. Röm. Reiches ein, als Fürsten und kirchl. Institutionen versuchten, neue Siedler für ihre Güter heranzuziehen. Die überwiegend dt. Neusiedler prägten v. a. das Bild der Städte. Die ländl. dt. Ostsiedlung erfaßte v. a. Schlesien und die westl. Teile Groß- und Klein-P., nicht aber Masowien. Seit dem 12. Jh. wurden Raubüberfälle der Pruzzen (Preußen), Jadwiger und Litauer aus dem N und O des Landes für die einzelnen Teilfürsten zu einem unlösbaren Problem. Herzog Konrad I. von Masowien rief zur Abwehr der Pruzzen 1225 den Dt. Orden nach Polen. Die systemat. Unterwerfung der Pruzzen wurde 1283 abgeschlossen; der Orden weitete seine weltl. Herrschaft 1308 über das von P. beanspruchte Pomerellen aus. Die Auseinandersetzung mit dem Dt. Orden und das Erstarken der Bürgerschaft in den großen Handelsstädten und des Adels beeinflußten im 14. und 15. Jh. wesentlich den Ablauf der poln. Geschichte.

Die Piasten (1320–70): Im 14. Jh. setzten erneut Vereinigungsbestrebungen ein. Dem Herzog von Kujawien, Wladislaw I. Łokietek, gelang es nach schweren inneren Auseinandersetzungen, Groß- und Klein-P. mit seiner Prov. zu vereinigen; 1320 wurde er in Krakau zum König gekrönt. Unter seinem Nachfolger Kasimir III., d. Gr., wurde der Staat innerlich konsolidiert und durch geschickte Bündnis- und Heiratspolitik auch außenpolitisch abgesichert. Der Konflikt mit dem Dt. Orden über Pomerellen wurde 1343 im Vertrag von Kalisz beigelegt, der Anspruch auf die unter böhm. Lehnshoheit stehenden schles. Ft. 1335 aufgegeben, aber zw. 1349/66 das ukrain. (ruthen.) Ft. Galitsch-Wladimir (Rotreußen) mit Lemberg angegliedert; Masowien erkannte die Lehnshoheit an. 1364 gründete Kasimir die Univ. Krakau. Die Macht der Magnaten konnte nicht gebrochen werden, doch nahm der Einfluß des Bürgertums, des mittleren und niederen Adels (Schlachta) stetig zu. Mit dem Tod Kasimirs d. Gr. erlosch die Familie der Piasten.

Das Haus Anjou und die Jagellonen (1370–1572): Ludwig I., d. Gr., Kasimirs Neffe aus dem Haus Anjou, konnte sich die Zustimmung des poln. Adels zur Nachfolge für sich und seine Tochter Hedwig (Jadwiga) nur durch eine großzügige Privilegienerteilung erkaufen. In den Unionen von Krewo und Krakau 1385/86 wurde festgelegt, daß sich der bisher heidn. Großfürst Jagello von Litauen taufen lassen und die Erbin Hedwig zur Frau nehmen sollte. Als König Wladislaw II. vereinigte er das multinat. und mehrkonfessionelle Doppelreich P.-Litauen zunächst in Personalunion. V. a. in der krieger. Auseinandersetzung mit dem Dt. Orden (1409–11, 1419–22, 1431–38) stieg P.-Litauen im 15. Jh. zur polit. und militär. Führungsmacht in Osteuropa auf. Der Orden verlor die Vorherrschaft an der Ostsee; die Säkularisierung des Ordensstaates 1525 und die Lehnserklärung Preußens beendete die von hier ausgehende Bedrohung endgültig. Ab 1471 kontrollierten die Jagellonen den böhm., ab 1490 auch den ungar. Thron (bis 1526). Der Anschluß ↑Livlands nördl. der Düna und die Lehnserklärung ↑Kurlands 1561 festigte die Machtposition P. an der Ostsee. Litauen dagegen, das 1449 seine größte Ausdehnung nach O erreichte, mußte nach 4 Abwehrkriegen (zw. 1486 und 1522) gegen das nach W expandierende Groß-Ft. Moskau auf große Gebiete verzichten. Die Schlachta, die sich immer stärker in die Führung der Reg.geschäfte einschaltete, konnte ihre privilegierte Stellung Ende des 15. und Anfang des 16. Jh. weiter ausbauen. Im Reichstag (Sejm) war das Bürgertum nicht vertreten; die Bauern gerieten in zunehmende Abhängigkeit von adligen Grundherren, die bald zur totalen Erbuntertänigkeit führte. Unter Sigismund I., dem Alten, und seinem Sohn Sigismund II. August erlebte P. eine Blüte von Literatur, Wiss. und Kunst, die eine rasche Ausbreitung humanist. Gedankenguts und der Reformation begünstigte („Goldenes Zeitalter" der poln. Kultur).

Polen. Weichsellandschaft bei Tczew

Das Wahlkönigtum (1572–1795): Das Aussterben der Jagellonen im Mannesstamm und die Bedrohung aus dem O machten 1569 die polnisch-litauische Realunion von Lublin (↑Litauen, Geschichte) notwendig. 1572 wurde P. eine Wahlmonarchie, d. h. praktisch eine Adelsrepublik mit einem weitgehend entmachteten König an der Spitze, bei dessen Wahl zunehmend ausländ. Mächte einzugreifen versuchten. Unter den Herrschern aus dem schwed. Hause Wasa setzte ein steter Verfall ein. Obschon P. 1610–12 Moskau besetzt hielt und 1618 weit im NO ausgriff, überforderten die dynast. Kämpfe gegen Schweden (1601–60), gegen die Kosaken und gegen Brandenburg seine Kräfte. In den Friedensschlüssen von Oliva (1660) und Andrussowo (1667) verlor P. Livland, die Ukraine bis zum Dnjepr mit Kiew und Smolensk und mußte die Unabhängigkeit Preußens anerkennen. Unter Johann III. Sobieski kehrte noch einmal der Glanz des poln. Königtums zurück; durch erfolgreiches Eingreifen in die Türkenkriege 1683 wurde Podolien zurückgewonnen. Im Innern lähmte die schrankenlose Freiheit der Magnaten und des Adels das Staatsleben. Auch unter den beiden Sachsenkönigen August II., dem Starken, und August III. konnten die längst überfälligen Reformen wegen der Intervention der Nachbarmächte, v. a. Rußlands und Preußens, nicht durchgeführt werden. Interne Auseinandersetzungen der Adelsfaktionen, die 1706 und 1733 zur Wahl von Stanislaus I. Leszczyński führten, lösten eine weitgehende Lähmung des öff. Lebens aus. 1764 wurde auf russ. Druck Stanislaus II. August (Poniatowski) zum König gewählt. Reformbestrebungen setzten sich nicht durch; die seit dem 17. Jh. in P. zunehmend gepflegte religiöse Intoleranz bot den Nachbarn vielmehr die Möglichkeit, die zerstrittenen Adelsparteien in einen Bürgerkrieg (Konföderation von Bar, 1768) zu verstricken und mit der 1. Poln. Teilung (1772) P. fast 30 % seines Gebiets und 35 % seiner Einwohnerschaft zu nehmen. Dennoch erlebte das Land in den folgenden Jahren einen wirtsch. und auch polit. Aufschwung: Mit der Nat. Erziehungskommission (1773) und dem Immerwährenden Rat (1775) erhielt P. moderne Zentralbehörden. Das 1788 eingeleitete Reformwerk fand in der Verfassung vom 3. Mai 1791, der ersten geschriebenen Verfassung Europas, einen Abschluß. Die unter russ. Einfluß 1792 gebildete Adelsopposition bot aber Rußland und Preußen 1793 die Möglichkeit, P. in der 2. Teilung zu einem nicht mehr lebensfähigen Reststaat zu reduzieren. Der 1794 von T. A. B. Kościuszko geführte Aufstand lieferte den drei Teilungsmächten (Österreich, Preußen, Rußland) den Vorwand, in der 3. Poln. Teilung die poln. Eigenstaatlichkeit 1795 zu liquidieren. Der König wurde zur Abdankung gezwungen.

Polen und Litauen im 15. Jahrhundert

Unter der Herrschaft der Teilungsmächte (1795 bis 1918): Das 1807 durch Napoleon I. aus preuß. Teilungsgebieten errichtete Hzgt. Warschau wurde um Posen und Krakau verkleinert und als Kgr. P. *(Kongreß-P.)* in Personalunion mit Rußland vereinigt. Krakau wurde Freie Stadt (bis 1846); die Österreich zugesprochenen Gebiete wurden 1849 als Kronland Galizien reorganisiert. Alle Versuche zur Wiederherstellung des Nationalstaates (Novemberaufstand 1830/31, Aufstandsversuche in Galizien 1846 und Posen 1848, Januaraufstand 1863) wurden blutig niedergeschlagen. Kongreß-P. sah sich einer heftigen Russifizierungspolitik ausgesetzt. Seitdem bewahrten die Polen hier und im östr. Galizien – in Abkehr von den Aufstandsplänen – für lange Zeit ihre nat. Identität durch Pflege ihrer Sprache und Kultur. Die Univ. von Krakau und Lemberg sowie eine Akad. der Wiss. wirkten im nat. Sinne. Auch der poln. Adel konnte durch Bewahrung des Grundbesitzes seine führende Position erhalten. Im Dt. Reich dagegen mußten sich die Polen während des Kulturkampfes und bes. seit der nach 1886 aktiv betriebenen Germanisierungspolitik gegenüber dem Deutschtum behaupten. Im russ. Teil entwickelte sich ein kräftiges Bürgertum und in einigen industriellen Zentren auch eine klassenbewußte Arbeiterschaft. Ihre polit. Organisation erfolgte 1887 mit der Gründung der nationaldemokrat. Liga Polska und 1893 der Poln. Sozialist. Partei (PPS), von der sich später die linksradikale, internationalist. Sozialdemokratie des Kgr. P. und Litauen (R. Luxemburg) abspaltete. Der Ausbruch des 1. Weltkriegs belebte die Hoffnung der Polen auf Wiederherstellung der Eigenstaatlichkeit (zunächst Proklamation eines poln. Staates ohne Territorialabgrenzung durch die Mittelmächte am 5. Nov. 1916). Am 8. Jan. 1918 forderte der amerikan. Präs. W. Wilson die Bildung eines unabhängigen poln. Staates mit einem Zugang zur See. Der Ausrufung eines unabhängigen P. durch den Regentschaftsrat im Okt. 1918 folgte am 11. Nov. 1918 die Proklamation der Republik P., zu deren „vorläufigem Staatschef" am 22. Nov. 1918 J. Piłsudski ernannt wurde (bis 1922).

Der Kampf um das Staatsterritorium (1918–21): Durch den Versailler Vertrag erhielt P. den größten Teil der Prov. Posen und Westpreußen (Poln. Korridor); eine Abstimmung sollte über die Zugehörigkeit Oberschlesiens, Masurens und eines Teils von Westpreußen entscheiden; Danzig wurde Freie Stadt. Dt. Abstimmungserfolge führten für Masuren und Marienburg-Marienwerder zum Verbleib beim Dt. Reich, für Oberschlesien zur Teilung durch die Alliierte Botschafterkonferenz, so daß der kleinere, aber wirtsch. wertvollere O-Teil an P. fiel. Im Streit um das Hzgt. Teschen und um die Grenze in der Hohen Tatra gegenüber der Tschechoslowakei entschieden die Botschafterkonferenzen 1920 (Olsa-Grenze) und 1924. Für die poln. O-Grenze hatte die Pariser Friedenskonferenz am 8. Dez. 1919 eine Demarkationslinie (die später so gen. Curzon-Linie) gegenüber der jungen Sowjetmacht festgelegt. P. löste durch einen Vorstoß seiner Truppen bis nach Kiew 1920 den poln.-sowjet. Krieg aus, der die Rote Armee im Juli an die Weichsel vor Warschau und Thorn brachte. Durch eine von Piłsudski geführte Gegenoffensive (16. Aug. 1920) konnten die sowjet. Truppen jedoch weit nach O zurückgeworfen werden. Im Frieden von Riga (18. März 1921) wurde schließlich eine Grenze gezogen, die mehr als 200 km weiter östl. als die Curzon-Linie verlief. Am 9. Okt. 1920 hatte P. zudem die Litauen zugesprochene Stadt Wilna besetzt. Mit Ausnahme von Rumänien hatte P. mit allen Nachbarstaaten bei der Festlegung seiner Grenzen schwere Konflikte riskiert, die die polit. Beziehungen der Nachkriegszeit belasteten.

Die demokratisch-parlamentarische Republik (1921 bis 1926): Die mit der Annahme der Verfassung am 17. März 1921 formal beendete innere Konsolidierung wurde erschwert durch die polit. Zersplitterung (59 Parteien und Verbände), die wirtsch. Rückständigkeit, die in der Teilungszeit entstandenen unterschiedl. Wirtschafts-, Bildungs-, Justiz-, Verwaltungs- und Verkehrssysteme und durch starke nat. Minderheiten (31 % der Gesamtbev., davon 13,8 % Ukrainer, 8,2 % Juden, 3,2 % Weißruthenen, 2,3 % Deutsche). Außenpolitisch wurde P. durch die Bündnisverträge mit Frankreich (19. Febr. 1921) und Rumänien (3. März 1921) in das frz. Allianzsystem einbezogen. Die restriktive Politik gegenüber der dt. Minderheit und der polit. Antagonismus gegenüber dem Sowjetsystem schlossen eine Kooperation mit den beiden größten Nachbarn aus. Die Weigerung der Weimarer Republik, die in Versailles gezogene dt. O-Grenze anzuerkennen, sowie ein „Zollkrieg" um die oberschles. Kohle belasteten die poln.-dt. Beziehungen.

Die Ära Piłsudski (1926–35): Nach einer Wirtschaftskrise 1924/25 und häufigen Reg.wechseln übernahm Piłsudski am 12. Mai 1926 in einem fast unblutig verlaufenen Staatsstreich die Macht und errichtete unter formaler Beibehaltung von Verfassung und Parlament ein ausschließlich auf ihn bezogenes, stark autoritäres System. Die demokrat. Parteien wurden verdrängt, die Minderheiten, bes. die Ukrainer in Ostgalizien, durch terrorist. „Pazifizierungen" eingeschüchtert. Ein Ermächtigungsgesetz (März 1933) erleichterte die Ausarbeitung einer autoritären Präsidialverfassung (25. April 1935). Der außenpolit. Absicherung galten ein Nichtangriffsvertrag mit der Sowjetunion 1932 und der ↑Deutsch-Polnische Nichtangriffspakt 1934. Außenmin. J. Beck verfolgte die Politik einer stärkeren Lösung von Frankreich und des Aufstiegs von P. zur ostmitteleurop. Führungsmacht.

Die Nachfolger Piłsudskis (1935–39): Nach dem Tod Piłsudskis (12. Mai 1935) wurden die Militärs unter Marschall E. Rydz-Śmigły staatsbestimmend; militär. Pressionen gehörten fortab zum außenpolit. Instrumentarium. Die Verschärfung der Minderheitenpolitik, auch gegenüber der dt. Volksgruppe, engte die Manövrierfähigkeit der poln. Außenpolitik ein. Im Fahrwasser Hitlers wurden durch Ultimaten Litauen im März 1938 zur Grenzanerkennung und die Tschechoslowakei im Okt. 1938 zur Abtretung des Olsagebietes gezwungen. Als das Dt. Reich verstärkt seit März 1939 auf eine Angliederung der Freien Stadt Danzig und die Errichtung exterritorialer Verkehrswege durch den Poln. Korridor drängte, sah sich P. wieder zu einer engeren Anlehnung an die Westmächte genötigt. Die Kündigung des Dt.-Poln. Nichtangriffspakts durch Hitler (28. April 1939) hoffte P. durch die brit. Garantieerklärung (31. März 1939) und das poln.-brit. Beistandsabkommen (25. Aug. 1939) ausbalancieren zu können. Doch im Dt.-Sowjet. Nichtangriffspakt vom 23. Aug. 1939 war in einer Geheimklausel u. a. die Aufteilung P. vereinbart worden. Am 1. Sept. 1939 wurde der dt. Angriff auf P. ausgelöst.

2. Weltkrieg: Das poln. Heer konnte sich nicht gegen die dt. Wehrmacht und die seit dem 17. Sept. 1939 einrückende Rote Armee behaupten. Entsprechend einer dt.-sowjet. Vereinbarung vom 28. Sept. 1939 wurde P. am Bug aufgeteilt. Die v. a. von Ukrainern und Weißruthenen bewohnten östl. Gebiete (200 280 km² mit 13,5 Mill. E, darunter 3,5 Mill. Polen) wurden der Ukrain. SSR und der Weißruss. SSR eingegliedert. Die Einführung des sowjet. gesellschaftspolit. Systems und die gezielte Ansiedlung von Russen und Ukrainern führten zu einer Verdrängung der Polen aus Stellung und Besitz; 1940/41 wurden weit über 1 Mill. Polen nach Zentralasien und Sibirien zwangsdeportiert. West-P. (90 000 km² mit 10 Mill. E) wurde dem Dt. Reich eingegliedert, der Rest am 26. Okt. 1939 als Dt. Generalgouvernement P. (98 000 km² mit über 10 Mill. E) organisiert, dem am 1. Aug. 1941 Galizien angegliedert wurde. Die seit Sept. 1939 gezielt durchgeführten nat.-soz. Terrormaßnahmen, bes. gegen die poln. Intelligenz und die kath. Geistlichkeit, nahmen bald mit Zwangsverpflichtungen nach Deutschland, Deportationen und der Ausrottung – anfangs der jüd., später auch der übrigen poln. Bev. – in den KZ immer größere Ausmaße an. 1939–45 fielen 6,03 Mill. Polen, unter ihnen rd. 3 Mill. Juden, der dt. Politik zum Opfer.

In Paris wurde am 30. Sept. 1939 unter General W. Sikorski eine Exilreg. gebildet, die eine Exilarmee aufstellte. Die von den Alliierten als kriegführender Bundesgenosse anerkannte, nach der frz. Niederlage von London aus operierende Exilreg. schloß am 30. Juli 1941 ein Bündnis mit der Sowjetunion (Aufstellung einer poln. Armee aus 80 000 Kriegsgefangenen unter General W. Anders), das jedoch nach Entdeckung der Massengräber poln. Offiziere bei ↑Katyn im April 1943 zerbrach. Die Exilreg., nach dem Tod Sikorskis bei einem mysteriösen Flugzeugabsturz in Gibraltar, von Juli 1943 bis Nov. 1944 unter dem Vorsitz von S. Mikolajczyk, danach unter T. Arciszewski, wurde von Großbritannien zu einem Ausgleich mit der Sowjetunion gedrängt, lehnte aber die Anerkennung der Curzon-Linie als poln.-sowjet. Grenze (bei Entschädigung mit dt. Gebieten östl. der Oder) ebenso ab wie eine kommunist. Reg.be-

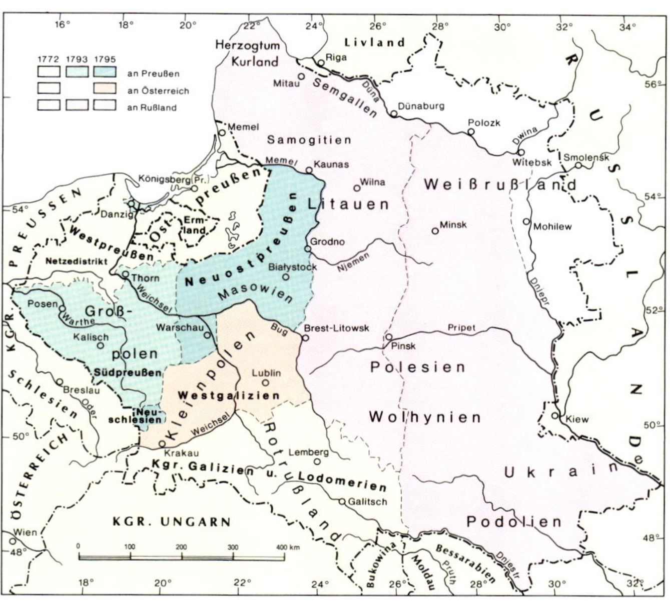

Polen. Die polnischen Teilungen

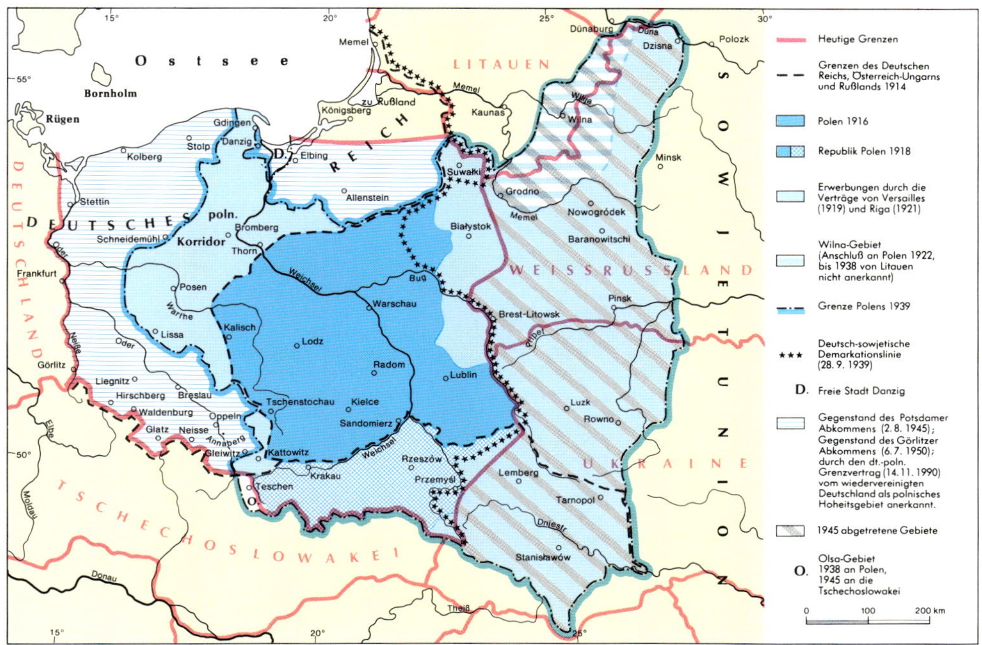

Polen von 1914–1990

Polen, Staatsoberhäupter

Piasten	
Mieszko I.	um 960–992
Bolesław I. Chrobry („der Tapfere") (König 1025)	992–1025
Mieszko II. Lambert	1025–1034
Kasimir I. Odnowiciel („der Erneuerer")	1034/39–1058
Bolesław II. Szczodry („der Freigebige") oder Smiały („der Kühne") (König ab 1076)	1058–1079
Władisław I. Herman	1079–1102
Zbigniew und Bolesław III. Krzywousty („Schiefmund")	1102–1107
Bolesław III. Krzywousty	1102/07–1138
Regierende Fürsten von Krakau (Senioren) während der Zeit der Teilfürstentümer	
Władisław II. Wygnaniec („der Vertriebene")	1138–1146
Bolesław IV. Kędzierzawy („Kraushaar")	1146–1173
Mieszko III. Stary („der Alte")	1173–1177
Kasimir II. Sprawiedliwy („der Gerechte")	1177–1194
Mieszko III. Stary	1194–1202
Władisław III. Laskonogi („Steifbein")	1202
Leszek Biały („der Weiße")	1202–1210
Mieszko IV. Plątonogi („Schlenkerbein")	1210–1211
Leszek Biały	1211–1227
Władisław III. Laskonogi	1227–1229
Konrad I. Mazowiecki	1229–1232
Heinrich I. Brodaty („der Bärtige")	1232–1238
Heinrich II. Pobożny („der Fromme")	1238–1241
Konrad I. Mazowiecki	1241–1243
Bolesław V. Wstydliwy („der Keusche")	1243–1279
Leszek Czarny („der Schwarze")	1279–1288
Heinrich III. Probus	1288–1290
Przemysław II. (1295/96 poln. König)	1290–1291
Wenzel II. von Böhmen (aus der Dyn. der Przemysliden, ab 1300 poln. König)	1291–1305
Wenzel III. von Böhmen	1305–1306
Vereinigtes Königreich Polen	
Władisław I. Łokietek („Ellenlang") (König ab 1320)	1306–1333
Kasimir III. Wielki („der Große")	1333–1370
Anjou	
Ludwig I., der Große	1370–1382
Hedwig (Jadwiga)	1382–1386/99
Jagellonen	
Władisław II. (Jagello)	1386–1434
Władisław III.	1434–1444
Kasimir IV. Andreas	1447–1492
Johann I. Albrecht	1492–1501
Alexander	1501–1506
Sigismund I., der Alte oder der Große	1506–1548
Sigismund II. August (August I.)	1548–1572
Wahlkönige	
Heinrich III. (von Frankreich)	1573–1574
Stephan IV. Báthory	1575–1586
Sigismund III. (Wasa)	1587–1632
Władisław IV. Wasa	1632–1648
Johann II. Kasimir	1648–1668
Michael Wiśniowiecki	1669–1673
Johann III. Sobieski	1674–1696
August II., der Starke	1697–1706
Stanislaus I. Leszczyński	1704/06–1709
August II., der Starke	1709–1733
Stanislaus I. Leszczyński	1733–1736
August III.	1733–1763
Stanislaus II. August (Poniatowski)	1764–1795
Republik Polen, Präsidenten	
J. K. Piłsudski („Staatschef")	1918–1922
G. Narutowicz	1922
S. Wojciechowski	1922–1926
I. Mościcki	1926–1939
W. Raczkiewicz (im Exil)	1939–1947
A. Zaleski (im Exil)	1947
B. Bierut	1947–1952
VR Polen, Vorsitzende des Staatsrates	
A. Zawadzki	1952–1964
E. Ochab	1964–1968
M. Spychalski	1968–1970
J. Cyrankiewicz	1970–1972
H. Jabłoński	1972–1985
W. Jaruzelski	1985–1989
Republik Polen, Präsidenten	
W. Jaruzelski	1989–1990
L. Wałęsa	seit 1990

teiligung im befreiten Polen. Daraufhin wurde ihr im Juli 1945 die Anerkennung der Alliierten entzogen. Mit den ab 1943 rekrutierten Einheiten unter General Z. Berling beteiligten sich die poln. Kommunisten an der Seite der Roten Armee an der militär. Befreiung Polens. Bereits im Sept. 1939 waren im belagerten Warschau erste Widerstandsorganisationen entstanden, die sich im Febr. 1942 mit einer der Londoner Exilreg. unterstellten „Armee im Lande" (AK) eine militär. Organisation schufen. Kommunist. Widerstandsgruppen wurden in der „Volksarmee" (AL) zusammengefaßt. Der kommunistisch geführte Landesnationalrat unter B. Bierut bildete am 21. Juli 1944 das Lubliner Komitee, die erste, von der Sowjetunion getragene Reg. auf poln. Boden. Um ihr den polit. Führungsanspruch der Londoner Exilreg. entgegensetzen zu können, entfesselte die AK am 1. Aug. 1944 den Warschauer Aufstand, mußte aber wegen des Ausbleibens alliierter Hilfe am 2. Okt. 1944 kapitulieren. Das Lubliner Komitee konnte in den von der Roten Armee freigekämpften poln. Gebieten die Reg.gewalt übernehmen und bis Mai 1945 auch die Freie Stadt Danzig und die dt. Gebiete östl. von Oder und Görlitzer Neiße ihrer Verwaltung unterstellen.

Nachkriegszeit und Volksdemokratie (1945–89): Die Zwangsaussiedlung der nicht evakuierten oder geflohenen dt. Bev. setzte schon vor der Potsdamer Konferenz ein und erreichte den Höhepunkt 1945/46. Im Vertrag mit der Sowjetunion vom 16. Aug. 1945 wurde die O-Grenze weitgehend entlang der Curzon-Linie festgelegt. Bereits 1945–47 kehrten rd. 2,2 Mill. Repatrianten und 1,5 Mill. Polen aus den an die Sowjetunion gefallenen Ostgebieten zurück; im Rahmen eines Bev.austauschs verließen mehr als 0,5 Mill. Ukrainer und Weißruthenen das neue poln. Staatsgebiet. Mit Ausnahme der oppositionellen Poln. Bauernpartei (PSL) wurden alle Parteien in einem Demokrat. Block zusammengefaßt, der von der kommunist. Poln. Arbeiterpartei (PPR) unter Generalsekretär W. Gomułka beherrscht war und die Wahl zum Parlament (19. Jan. 1947) für sich entschied. Mit der Annahme der „Kleinen Verfassung" (19. Febr. 1947) setzte der offene Umbau zur Volksdemokratie ein. B. Bierut (Kommunist) wurde Staatspräs. (1947–52) und J. Cyrankiewicz (Sozialist) Min.präs. (1947–52, 1954–70). Nach der Gründung des Kominform (Sept. 1947) und dem Ausschluß Jugoslawiens aus dem „sozialist. Lager" (Juni 1948) wurden die Nationalkommunisten als „Rechtsabweichler" aus führenden Positionen entfernt und verhaftet (u. a. Gomułka). Am 21. Dez. 1948 fusionierten nach Säuberungen PPR und Sozialist. Partei (PPS) zur Vereinigten Poln. Arbeiterpartei (PZPR), deren Führung Bierut übernahm.

Nachdem bereits 1945 eine Bodenreform und die Verstaatlichung der Ind., der Banken und des Verkehrswesens vorgenommen worden war, wurde 1947 der Übergang zur zentralen Planwirtschaft vollzogen. 1949 wurden in Landw. und Kleingewerbe Zwangskollektivierungen und Enteignungsmaßnahmen eingeleitet. Damit einher ging eine zunehmend verschärfte Reglementierung, bald offene Verfolgung der kath. Kirche. Der Staatssicherheitsapparat wurde stark ausgebaut. Die volksdemokrat. Verfassung vom 22. Juli 1952 fixierte den erreichten polit. Zustand. Die nach 1949 forcierte Industrialisierung brachte unter großem Konsumverzicht der Bev. eine völlige Umgestaltung der Wirtschaftsstruktur. Im Görlitzer Vertrag (6. Juli 1950) erkannte die DDR die Oder-Neiße-Linie an. Seit 1949 Mgl. des COMECON und seit 1955 des Warschauer Pakts, fügte sich P. in den Ostblock ein. Der XX. Parteitag der KPdSU (Entstalinisierung) und der Tod Bieruts (12. März 1956) verstärkten den von Intellektuellen getragenen, von den unzufriedenen Arbeitern aufgenommenen Gärungsprozeß. Die Unzufriedenheit der Bev. erreichte im Juni 1956 im Posener Aufstand einen Höhepunkt, bei dem sich auch starke antisowjet. Tendenzen manifestierten. Die sowjet. Führung sah sich genötigt, auf dem Höhepunkt des „Poln. Oktobers" am 19. Okt. 1956 der Rückberufung Gomułkas an die Spitze der PZPR zuzustimmen. Bei fester Einbettung in das „sozialist. Lager" änderte er den polit. Kurs: Verurteilung führender Staatssicherheitsfunktionäre, Wiedereinführung der bäuerl. Privatwirtschaften, Fortsetzung der Industrialisierung unter Verstärkung des Konsumgütersektors, Begrenzung der sowjet. Stationierungstruppen und die Entlassung der sowjet. Berater, Normalisierung der Beziehungen zur kath. Kirche. Die seit 1964 erhobene Forderung nach mehr geistiger Freiheit und staatl. Provokationen lösten im März 1968 Studentenunruhen aus, die die Partei und Staatsführung schwer erschütterten. Allein die vorbehaltlose poln. Beteiligung an der militär. Intervention in der ČSSR im Aug. 1968 sicherte Gomułka die Unterstützung der sowjet. Reg. bei der Zurückdrängung seiner Gegner im Innern (v. a. die nat.kommunist. Opposition um Innenmin. M. Moczar) und für die Verhandlungen, die am 7. Dez. 1970 zur Unterzeichnung des Dt.-Poln. Vertrages führten. Im Dez. 1970 kam es zu Streiks und niedergeschlagenen Arbeiteraufständen in den Küstenstädten, die am 19. Dez. 1970 zur Entlassung Gomułkas und seiner Vertrauten und zur Machtübernahme durch E. Gierek führten. Gierek und Reg.chef P. Jaroszewicz gelang in kurzer Zeit die polit. und wirtsch. Konsolidierung (sog. „poln. Wirtschaftswunder" bis 1973). Außenpolitisch bedeutsam waren die dt.-poln. Vereinbarungen, die im März 1976 in Kraft traten: Die BR Deutschland verpflichtete sich zu einer pauschalen Abgeltung von Rentenansprüchen in Höhe von 1,3 Mrd. DM, die poln. Reg. verpflichtete sich, während eines Zeitraums von vier Jahren 120000–125000 (und danach weiteren) Personen dt. Volkszugehörigkeit die Ausreise aus P. zu ermöglichen. Der Versuch, im Okt. 1977 durch ein neues Rentengesetz die privaten Bauern (rd. 80 % der Anbaufläche sind bäuerl. Kleinbesitz) stärker in die staatl. Wirtschaft zu integrieren, schuf erneut Unfrieden nach den bereits 1976 auf Widerstand gestoßenen drast. Preiserhöhungen. Das Mißverhältnis zw. Kaufkraft und Warenangebot wurde immer krasser, die hohe Auslandsverschuldung stieg weiter an. Die Wirtschaftsprobleme bedingten mehrere umfassende Reg.umbildungen (u. a. im Dez. 1976, Dez. 1977, Febr. 1979); im Febr. 1980 trat auch Min.präs. Jaroszewicz zurück. Sein Nachfolger wurde E. Babiuch.

Im Juli/Aug. 1980 kam es zu einer landesweiten Streikbewegung mit Schwerpunkt in Warschau, Danzig (Werftbesetzung) und Łódź, deren Zielsetzung sich bald politisch ausweitete (v. a. Forderung nach Zulassung freier Gewerkschaften mit Streikrecht). Nach zähen Verhandlungen zw. der Reg. und den von den Arbeitern gebildeten überbetriebl. Streikkomitees (MKS; das Danziger MKS wurde von L. Wałęsa geleitet) kam es zu Vereinbarungen, die das Recht zur Gründung „neuer unabhängiger und sich selbst verwaltender Gewerkschaften" sowie das Streikrecht und z. T. weitere polit. Regelungen (z. B. Meinungsfreiheit, Wiederherstellung der Rechte polit. Verfolgter) enthielten. Die Streiks wurden daraufhin beendet.

Der Dachverband der neuen unabhängigen Gewerkschaften „Solidarność" unter Führung von L. Wałęsa wurde im Sept. 1980 gegr. und am 10. Nov. gerichtlich bestätigt. Die Bauerngewerkschaft „Land-Solidarność" wurde erst im Mai 1981 zugelassen. E. Gierek wurde als 1. Sekretär der PZPR Anfang Sept. 1980 durch S. Kania ersetzt. Am 11. Febr. 1981 übernahm General W. Jaruzelski das Amt des Min.Präs., am 18. Okt. 1981 auch das des 1. Sekretärs. Am 13. Dez. 1981 wurde das Kriegsrecht über P. verhängt: Ein „Militärrat der Nat. Rettung" unter General Jaruzelski setzte auf allen Verwaltungsebenen und in Wirtschaftseinheiten Militärkommissare ein. Streiks und sonstige Tätigkeiten von Gewerkschaften und gesellschaftl. Organisationen wurden verboten; Tausende wurden interniert. Anfängl. Widerstand in den Betrieben wurde gewaltsam unterdrückt, die Gewerkschaft „Solidarność" durch das Gewerkschaftsgesetz vom 9. 10. 1982 verboten. Das Kriegsrecht wurde am 12. Dez. 1982 ausgesetzt (aufgehoben am 22. Juli 1983), fast alle Internierten freigelassen (auch L. Wałęsa), doch wurden zahlr. Beschränkungen (einschl. des Verbots der „Solidarność") aufrechterhalten. Zur Überwindung der wirtsch. Schwierigkeiten legte die Regierung ein Reformprogramm vor, das in einem Referendum im Nov. 1987 abgelehnt wurde. Die krit. Wirtschaftslage führte schließlich im April und im Mai 1988 zu einer ausgedehnten Streikwelle, v. a. in den oberschles. Hüttenwerken und in der Werftindustrie an der Ostseeküste, die erst im Sept. beigelegt wurde.

Die Republik (seit 1989): Nachdem am 21./22. Dez. 1988 durch Umbesetzungen im Politbüro der PZPR die reformfreudigen Kräfte gestärkt worden waren, wurden Anfang Febr. 1989 Gespräche mit der Opposition am sog. runden Tisch aufgenommen, die die Ablösung der kommunist. Herrschaft und die Hinwendung zu einem demokrat. System einleiteten. Ergebnis dieser Verhandlungen waren zunächst die Wiederzulassung der Gewerkschaft „Solidarność" (April 1989), die Zulassung oppositioneller Medien und die Einrichtung einer zweiten Parlamentskammer. Die Parlamentswahlen vom 4. Juni 1989 brachten einen überwältigenden Sieg der Opposition; das Bürgerkomitee „Solidarność" erhielt im Sejm alle 161 der Opposition zugestandenen Sitze, in der 2. Kammer 99 von 100 Sitzen. Der bisherige Vors. des Staatsrats Jaruzelski wurde am 19. Juli zum Staatspräs. gewählt. Im Aug. wählte das Parlament den Oppositionspolitiker T. Mazowiecki zum ersten nichtkommunist. Regierungschef seit dem 2. Weltkrieg. 1990 löste sich die PZPR auf. Nachdem Jaruzelski sich zum vorzeitigen Rücktritt als Staatspräs. bereit erklärt hatte, wählte die Bev. im Dez. 1990 Wałęsa zum Staatspräs. Aus den ersten freien Parlamentswahlen seit dem 2. Weltkrieg ging im Okt. 1991 die UD um T. Mazowiecki erfolgreich hervor; die zersplitterten Mehrheitsverhältnisse im Sejm gestalteten jedoch die Reg.bildung schwierig und führten in kurzer Abfolge zum Wechsel im Amt des Min.präs, das seit Juli 1992 durch Hanna Suchocka wahrgenommen wird.

Im Nov. 1990 schloß P. mit der BR Deutschland einen Grenzvertrag (Festlegung der Oder-Neiße-Linie als endgültige dt.-poln. Grenze), im Juni 1991 einen Nachbarschaftsvertrag, im Febr. 1992 ein Abkommen über Schuldenerlaß. Vor dem Hintergrund der Auflösung des RGW (Jan. 1991) und des Warschauer Paktes (Juli 1991) bemühte sich P. um Freundschaftsverträge mit den ehem. sozialist. Nachbarstaaten (Freihandelsabkommen mit Ungarn, der ČR und SR im Dez. 1992), wandte sich aber auch stärker den westl. Demokratien zu (EG-Assoziierungsvertrag im Sept. 1992).

Politisches System

Bis zur Verabschiedung eines umfassenden neuen Grundgesetzes gilt in der Republik Polen, einem demokrat. Rechtsstaat, die am 18. Nov. 1992 vom Staatspräs. unterzeichnete sog. „Kleine Verfassung", durch die die bislang geltende, seit 1989 mehrfach geänderte kommunist. Verfassung vom 22. Juli 1952 in wesentlichen Teilen außer Kraft gesetzt wurde.

Staatsoberhaupt ist der vom Volk direkt auf 6 Jahre gewählte Staatspräs.; er ist Oberbefehlshaber der Streitkräfte und bestimmt die Richtlinien der Außen- und Sicherheitspolitik; er ernennt den Min.präs. und dessen Kabinett, das jedoch bei der Berufung der Zustimmung der absoluten Mehrheit des Sejm bedarf; in Ausnahmefällen kann er eine Übergangsreg. ernennen und Neuwahlen oder ein Referendum ausschreiben. Die *Legislative* liegt beim Zweikammerparlament, bestehend aus dem Sejm (460 Abg.) und dem Senat (100 Mgl.), das in allg., geheimen und gleichen Wahlen für

4 Jahre gewählt wird. Die *Exekutive* wird von der Reg. unter Vorsitz des Min.präs. gebildet; nach Erteilung von Sondervollmachten durch den Sejm kann sie auch auf dem Verordnungswege regieren.
Die 1948–89 allein herrschende kommunist. PZPR löste sich im Jan 1990 auf; in ihrer Nachfolge entstand die Sozialdemokratie der Republik (SDRP). Aus der Solidarność-Bewegung sind drei *Parteien* hervorgegangen: Demokrat. Union (UD), Liberaldemokrat. Kongreß (KLD) und Zentrumsallianz (PC). Weitere Parteien bzw. Gruppierungen sind das Bündnis Vereinigung der Demokrat. Linken (SLD), die Kath. Wahlaktion (WAK), die Bauernpartei (PSL) sowie das Bündnis Unabhängiges Polen (KPN). Dachverband der freien *Gewerkschaften* ist Solidarność (gegr. 1980, seit 1989 wieder legal). An Bed. gewinnt auch die Gemeinpoln. Verständigung der Gewerkschaften (OPZZ).
Im Dez. 1989 wurde eine Reform des *Gerichtswesens* eingeleitet, um die Unabhängigkeit der Gerichte und der Richter zu gewährleisten. Der Oberste Gerichtshof übt die Aufsicht über die Rechtsprechung der nachgeordneten Gerichte aus; die Woiwodschaftsgerichte sind in allen Zivil- und Strafsachen Gerichte 1. und 2. Instanz. Eine Verfassungs- und Verwaltungsgerichtsbarkeit (Verfassungsgerichtshof) bestehen seit 1982.
Die *Streitkräfte* sind (1992) rd. 306 000 Mann stark (Heer 200 000, Luftwaffe 86 000, Marine 20 000). Die paramilitär. Truppen sind rd. 43 500 Mann stark. Es besteht allg. Wehrpflicht; die Dienstzeit beträgt für Heer und Luftwaffe 18 Monate, für die Marine 2 Jahre.

Polendeutsche, dt. Minderheit in Polen, v. a. in Schlesien, Ermland und Masuren, etwa 1 Mill. Mit dem Verlust der ↑deutschen Ostgebiete an Polen war auch die zwangsweise ↑Vertreibung der dt. Bev. (etwa 6,9 Mill. Vertriebene) verbunden; nur eine Minderheit verblieb in ihrer alten Heimat (1950: etwa 1,1 Mill.). Bis 1990/91 offiziell ignoriert und isoliert, ist ihnen mit dem poln.-dt. Nachbarschaftsvertrag vom Juni 1991 die sprachl., kulturelle und religiöse Identität zugesichert. Seit Okt. 1991 sind die „Dt. Freundschaftskreise" auch im poln. Parlament vertreten.

Polenow, Wassili Dmitrijewitsch, *Petersburg 1. Juni 1844, †Gut Borok (= Polenowo, Geb. Tula) 18. Juli 1927, russ. Maler. – Mgl. der Peredwischniki. Seine Landschaften zählen zu den bedeutendsten Darstellungen der russ. Freilichtmalerei; beeinflußte die jüngere Malergeneration (I. I. Lewitan, K. A. Korowin).

Polesine, italien. Landschaft in der östl. Poebene zw. der unteren Etsch im N und dem Reno im S, im W bis Ferrara reichend.

Polesje [russ. pa'ljesjɛ] (poln. Polesie; früher dt. auch Pripjetsümpfe), Wald- und Sumpfgebiet am Pripjet und seinen Nebenflüssen, im S Weißrußlands und NW der Ukraine sowie randlich in Polen, rd. 270 000 km².

Alfred Polgar

Polgar, Alfred, *Wien 17. Okt. 1873, †Zürich 24. April 1955, österr. Schriftsteller und Kritiker. – Ab 1925 Theaterkritiker für „Weltbühne" und „Tagebuch" in Berlin. 1933 Rückkehr nach Österreich, 1938 Emigration über die Schweiz und Frankreich in die USA; lebte nach 1945 meist in Europa. Exponent der Theater- und Literaturkritik („Ja und Nein", 4 Bde., 1926–27); schrieb auch subtile Kleinprosa, u. a. „Bewegung ist alles" (Novellen und Skizzen, 1909), „Andererseits" (En., 1948), „Begegnung im Zwielicht" (En., 1951), „Standpunkte" (Skizzen, 1953), und Essays, u. a. „Schwarz auf Weiß" (1929).

Polhöhe, der Winkelabstand des Himmelspols vom Horizont eines Beobachtungsortes; die P. ist gleich der geograph. Breite dieses Ortes. Wegen der ↑Polbewegung ist die P. nicht konstant, sondern in gewissen Grenzen veränderlich **(Polschwankung).**

Poliakoff, Serge [frz. pɔlja'kɔf], *Moskau 8. Jan. 1906, †Paris 12. Okt. 1969, frz. Maler und Graphiker russ. Herkunft. – P. verzahnt unterschiedl. Farbflächen, 1949–51 gab er Linie und Umrißzeichnung auf, in den 60er Jahren die Zentrierung auf eine Bildmitte.

Police [po'li:sə; frz., letztlich zu griech. apódeixis „Nachweis"] ↑Versicherungsvertrag.

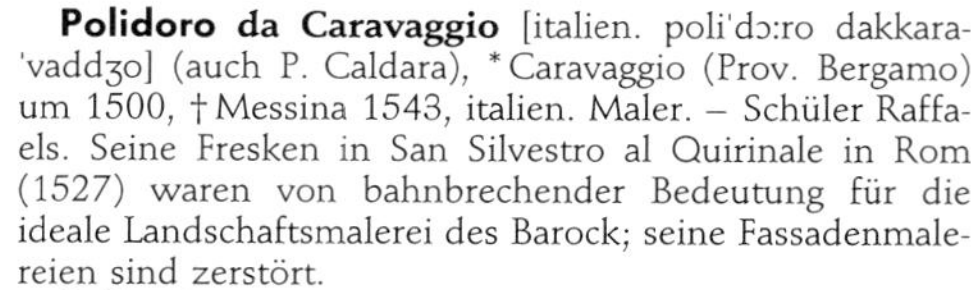
Polidoro da Caravaggio [italien. poli'dɔ:ro dakkara'vaddʒo] (auch P. Caldara), *Caravaggio (Prov. Bergamo) um 1500, †Messina 1543, italien. Maler. – Schüler Raffaels. Seine Fresken in San Silvestro al Quirinale in Rom (1527) waren von bahnbrechender Bedeutung für die ideale Landschaftsmalerei des Barock; seine Fassadenmalereien sind zerstört.

Polier [unter dem Einfluß von „polieren" aus Parlier(er) (zu frz. parler), eigtl. „Sprecher"], Bauführer; trägt Verantwortung für die sachgemäße Baudurchführung.

Polieren [lat.-frz.] ↑Oberflächenbehandlung.

Poliermittel, feinkörnige bis pulverige Substanzen, die als solche oder auch in Form von Aufschlämmungen, Pasten oder gepreßten Massen zum Polieren von Metallen, Holz, Glas, Kunststoffen u. a. Verwendung finden; sie werden je nach der Härte des zu polierenden Stoffes ausgewählt. Für spezielle Zwecke stehen auch chem. P. (meist saure oder alkal. Ätzmittel) zur Verfügung.
▷ ↑Politur.

Polignac, Jules Auguste Armand Marie [frz. pɔli'ɲak], Fürst von (seit 1820), *Versailles 14. Mai 1780, †Paris 29. März 1847, frz. Politiker. – Beteiligte sich 1804 an der Verschwörung G. Cadoudals gegen Napoléon Bonaparte; betrieb als Außenmin. und Min.präs. (1829/30) die Eroberung Algeriens. Die von ihm am 25. Juli 1830 unterzeichneten Juliordonnanzen führten zum Ausbruch der Julirevolution. 1830/36 inhaftiert, lebte danach (bis 1845) in Großbritannien.

Poliklinik [zu griech. pólis „Stadt"], einem Krankenhaus oder einer Klinik angeschlossene Abteilung zur ambulanten Untersuchung und Krankenbehandlung.

Polio, Kurzbez. für Poliomyelitis (↑Kinderlähmung).

Poliomyelitis [griech.], svw. ↑Kinderlähmung.

Poliomyelitisvirus (Poliovirus), ausschließlich für Menschen und Affen pathogene ↑Enteroviren; Durchmesser 20 nm; Erreger der ↑Kinderlähmung; die drei durch Antigene unterschiedenen Typen (Poliotyp I, II und III) hinterlassen eine lebenslängl. typenspezif. postinfektiöse Immunität.

Poliose [griech.], svw. ↑Canities.

Poliovirus, svw. ↑Poliomyelitisvirus.

Polis (Mrz. Poleis) [griech.], griech. Stadtstaat, nach myken. Zeugnissen Bez. für die Burg und die damit verbundene Siedlung. In archaischer Zeit wurde P. zum Terminus für das Siedlung und umliegendes Territorium umfassende Gemeinwesen. Die P. verstand sich als Gemeinschaft der Einwohner („polītai"), für die es feste soziale und ethn. Zugehörigkeitskriterien gab (Abgrenzung z. B. gegen Sklaven und Fremde). Kennzeichen waren: Selbstverwaltung mit festgelegten polit. Rechten und Pflichten für den einzelnen, Tendenz zur Gleichheit der Rechte und Pflichten aller Bürger im Innern (Demokratie). Nur in wenigen Staaten (z. B. Athen) wurde dies verwirklicht. – In hellenist. Zeit vollzog sich die Eingliederung der Poleis in den Territorialstaat.

Politbüro [russ.], Kw. für Polit. Büro, oberstes polit. Führungsorgan kommunist. Parteien, geschaffen nach dem Vorbild der KPdSU (seit 1917; zeitweilig auch „Präsidium" gen.); trifft alle grundsätzl. polit. und organisator. sowie die wesentl. personellen Entscheidungen der Partei, bei deren staatl. Machtausübung auch des gesamten gesellschaftl. Lebens, vom Generalsekretär bzw. 1. Sekretär geleitet.

Politesse [Kw. aus *Poli*zei und Hos*tess*], [von einer Gemeinde] angestellte Hilfspolizistin für bestimmte Aufgabenbereiche (z. B. Überwachung des ruhenden Verkehrs).

Politik [frz., zu griech. politikḗ (téchnē) „Kunst der Staatsverwaltung"], auf die Durchsetzung bestimmter Ziele und Zwecke insbes. im staatl., für alle Mgl. der Gesellschaft verbindl. Bereich und auf die Gestaltung des öff. Lebens gerichtetes Verhalten und rationales Handeln von Individuen, Gruppen, Organisationen, Parteien, Parlamenten und Regierungen. P. wird meist sowohl von den materiellen und ideellen Interessen ihrer Träger oder der von ihnen Repräsentierten als auch von bestimmten Normen und Wertvorstellungen über die bestehende gesellschaftl. Ordnung geprägt. Sie ist gleichzeitig der Prozeß, in dem eine Gesellschaft die für ihre innere Organisation notwendigen Entscheidungen trifft. P. vollzieht sich entweder im Rahmen von festgelegten Normen (z. B. Statuten, Gesetze, Verfassungen, Völkerrecht) oder versucht bewußt, das jeweilige polit. System durch ein anderes abzulösen. Aus der Interessenbestimmtheit ergibt sich der Konfliktcharakter der P. Ihre Legitimation findet sie in demokrat. Systemen letztlich in der Zustimmung [der Mehrheit] der Betroffenen, in totalitären Systemen wird sie aus der herrschenden Ideologie abgeleitet. Man unterscheidet nach dem *Gegenstand* bzw. *Bereich* des polit. Handelns z. B. Außen-, Innen-, Justiz-, Wirtschafts-, Bildungs-, Sozial- und Gesundheits-P., nach der jeweiligen *Ebene,* auf der das polit. Handeln geschieht, z. B. Bundes-, Reichs-, Landes- und Kommunal-P., nach dem *Handlungs-* und *Interessenträger* z. B. Partei-, Arbeitgeber-, Gewerkschafts-, Kirchen- und Verbands-P., nach den *Grundsätzen* des polit. Handelns z. B. Macht-, Friedens-, Realpolitik. In inhaltl. Anlehnung an die Dreifachgliederung des P.begriffes im Englischen differenziert man in der polit. Wiss. auch Form („polity"), Prozeß („politics") und Inhalt („policy") des polit. Handelns.

Begriffsgeschichte: Für Antike und MA (etwa bei Platon, Aristoteles, Thomas von Aquin) wurde P. nur normativ im Sinne einer Lehre von der rechten Ordnung des Gemeinschaftslebens verstanden. Der Mensch war Gemeinschaftswesen (Zōon politikón) und konnte nur im polit. Verband zur Verwirklichung eines tugendhaften Lebens gelangen. Gegen diese vom Ziel der P. her denkende Auffassung definierte N. ↑Machiavelli P. als Kunstlehre der Machterhaltung und -entfaltung für den Fürsten. Von hier aus entwikkelte sich die Lehre von der Staatsräson, nach der Machtgewinn eigtl. Ziel und Hauptinhalt der P. bildet.

M. Webers Position, der P. als „Streben nach Machtanteil oder nach Beeinflussung der Machtverteilung" definierte, wurde durch C. Schmitt radikalisiert, der das Freund-Feind-Verhältnis zur zentralen Kategorie des Politischen deklarierte. Im Marxismus wird P. wesentlich als Klassenkampf (↑Klasse) bestimmt. In der modernen polit. Wiss. wird P. als „Kampf um die rechte Ordnung" (O. H. von der Gablentz) verstanden und versucht, v. a. Elemente der polit. Kultur, der Wertvorstellungen und des Konsensus in einer Gesellschaft als tragende Kategorie der P. zusätzlich zu erfassen, ohne damit den Kampfcharakter der P. als Prozeß polit. Entscheidungen zw. Interessengegensätzen leugnen zu wollen.

Die **politische Wissenschaft (Politologie, Politikwissenschaft)** ist eine Teildisziplin der Sozialwiss. mit den Hauptforschungsgebieten politische Theorie und Ideengeschichte, Lehre vom polit. System, Systemvergleiche, internat. Beziehungen. Die polit. Wiss. bedient sich der Methoden von Soziologie, Philosophie sowie Geschichts- und Rechtswissenschaft. – Die **politische Soziologie,** von polit. Wiss., Staatslehre und polit. Ökonomie nicht eindeutig abgrenzbar, befaßt sich mit den gesellschaftl. Voraussetzungen und Folgen des polit., insbes. staatl. Handelns. Wichtige Aufgaben sind heute v. a. die Forschungen zu den soziolog. Voraussetzungen von Demokratie (Demokratieforschung), die soziostrukturelle Analyse totalitär verfaßter Gesellschaften sowie die Untersuchung sozialer Prozesse des Nord-Süd-Konfliktes.

Politiken [dän. poli'tigən „Politik"], dän. Tageszeitung, ↑Zeitungen (Übersicht).

Politikwissenschaft ↑Politik.

politische Beamte ↑Beamte.

politische Bildung, Teil der polit. Sozialisation durch gezielte Unterrichts- und Veranstaltungsangebote verschiedener gesellschaftl. Institutionen wie Schule, Jugendverbände, Gewerkschaften, polit. Parteien, Volkshochschulen und Massenmedien. In der p. B. sollen durch bes. Maßnahmen, auf der Grundlage einer wiss. pädagog. Theorie und ihrer Didaktik sowie der Sozialwiss. und der Politikwiss. die polit. Mündigkeit der Staatsbürger, ihr Wissen über polit. Institutionen und Vorgänge, ihre Kritikfähigkeit und Handlungsbereitschaft gebildet und gefördert werden. P. B. ist eigenständiges Unterrichtsfach in der Schule unter verschiedenen Bez. wie Sozial- oder Gemeinschaftskunde bzw. Gesellschaftslehre und prägt als Unterrichtsprinzip den Unterricht in anderen Fächern (Deutsch, Erdkunde, Religion u. a.) mit; darüber hinaus finden im Bereich der außerschul. Jugendbildung und der Erwachsenenbildung bes. Kurse, Seminare u. ä. statt.

P. B. wurde seit 1871 als Staatsbürgerkunde im Geschichtsunterricht behandelt; als eigenständiger Lehrbereich tritt sie erstmals in der Weimarer Republik auf. Nach dem 2. Weltkrieg wurde p. B. ein Teil des Reedukationsprogrammes der westl. Besatzungsmächte. P. B. erhielt eine betont polit.-pädagog. Zielsetzung als „Demokratieunterricht". Entsprechend wurden seit Beginn der 1950er Jahre auch die Politikwiss. an den Hochschulen der BR Deutschland als selbständige Wiss. etabliert. Auf Bundes- und Landesebene wurden bes. Institutionen und Organisationen (u. a. Heimvolkshochschulen, polit. Stiftungen, Bundes- und Landeszentralen für p. B.) geschaffen.

politische Ethik, Teilgebiet der ↑Ethik, in dem die Bedingungen für die Legitimation der Ausübung polit. Macht sowie Normensysteme für eth. Handeln in der Politik analysiert werden.

politische Geographie, Zweig der Anthropogeographie, der sich mit den Wechselbeziehungen zw. den geograph. und den polit. Verhältnissen befaßt.

politische Ökonomie, die Wiss. vom Wirtschaftsleben. Der Begriff wurde erstmals von A. de Montchrétien, später v. a. von K. Marx und im Marxismus-Leninismus verwendet; er soll zum Ausdruck bringen, daß der wirtschaftl. Sektor einer Gesellschaft nicht losgelöst von seinem polit. und gesellschaftl. Umfeld betrachtet werden kann. – ↑Volkswirtschaftslehre.

politische Partei ↑Partei.

politische Polizei, Bez. für bes. Polizeiorgane (z. T. auch *Geheimpolizei* gen.), deren Aufgabenfeld die polit. Strafsachen sind. Die p. P. bildete sich in der absolutist. Monarchie aus; sie hat in allen modernen Diktaturen und totalitären Systemen eine wesentl. Funktion als Instrument der Herrschaftssicherung (z. B. GPU, Geheime Staatspolizei, Staatssicherheitsdienst). Dies geschieht unter Anwendung rechtswidriger Willkür bis zu systemat. Terror. – In Deutschland gibt es keine p. P. im eigtl. (histor.) Sinne. Den Verfassungsschutzämtern des Bundes und der Länder stehen polizeil. Befugnisse nicht zu; die präventive und repressive Bekämpfung verfassungsfeindl. Bestrebungen obliegt den ordentl. Polizeibehörden. Bei den Behörden der Kriminalpolizei sind z. T. bes. Kommissariate oder Abteilungen zur Aufklärung und Verfolgung von Staatsschutzdelikten gebildet worden.

politischer Katholizismus, im 19. Jh. entstandenes, meist polemisch benutztes Schlagwort zur Bez. aller Bestrebungen der kath. Kirche oder ihrer engagierten Anhänger, spezif. kath. und/oder allg. christl. Grundsätze in Staat und Gesellschaft zur Geltung zu bringen und die kirchl. Interessen gegen die Jh.tendenzen zu Säkularisierung, Laizismus und Nationalisierung (↑Ultramontanismus) zu sichern. Mit der parteipolit. Ausformung des p. K. (↑Zentrum) ging eine (vorwiegend takt.) Annäherung an demokrat. Formen der Politik einher. Sie führte zur innerkath. Reaktion des religiösen Katholizismus. Seit dem 2. Vatikan. Konzil ist der p. K. stark in den Hintergrund getreten.

politischer Protestantismus, Bez. für die Kräfte und Tendenzen, die seit dem 19. Jh. prot. Gedankengut über den Raum der Kirche hinaus im polit. und kulturellen Bereich zu verwirklichen trachten. Der p. P. identifizierte sich in Deutschland mit dem monarchisch verfaßten Nationalstaat, verhinderte damit ein Bündnis zw. p. P. und Demokratie, wie es sich in den kalvinist. Traditionen der USA bildete, und verlor im 1. Weltkrieg seine Bedeutung. Die Erfahrung des NS hat auch den dt. Protestantismus zu einer Neubestimmung seines Verhältnisses zu Politik und Demokratie geführt (↑Bekennende Kirche, ↑dialektische Theologie). Im Verständnis des p. P. kann es keine ausschließlich christl. Politik und christl. Partei, nur Politik aus christl. Verantwortung geben.

politisches Mandat ↑Mandat.

politisches System, in der traditionellen Institutionenlehre Bez. für die Gesamtheit der Institutionen, die am polit. Entscheidungsprozeß beteiligt sein können; i. d. R. das aus Reg., Parlament, Verwaltung und Gerichten bestehende *Regierungssystem,* die *Bürgerschaft* und der dazwischenliegende und vermittelnde Bereich der *Öffentlichkeit,* der Parteien, Verbände und Massenmedien umfaßt. In der neueren polit. Wiss. Bez. für das in einem differenzierten gesellschaftl. Gesamtsystem neben den kulturellen, ökonom. und rechtl. Subsystemen zu unterscheidende polit. *Entscheidungssystem,* durch das die Verteilung von Gütern und Werten autoritativ und mit Geltung für die gesamte Gesellschaft geregelt und mit Sanktionsgewalt durchgesetzt wird.

politisches Testament, seit dem 16. Jh. übl. (geheimes) Vermächtnis eines Fürsten oder Staatsmanns an seinen Nachfolger; enthält seit dem 17. Jh. neben Ausführungen über einzelne Problemkreise die Darstellung der polit. Anschauungen und Regierungsgrundsätze des Verfassers.

politische Theologie, i. w. S. jede Theologie, insofern sie entweder gesellschaftl. Auswirkungen zeigt oder gezielt zur Legitimation gesellschaftl. und polit. [Herrschafts]strukturen eingesetzt wird (z. B. die röm. Staatsreligion, die ma. Zweischwerterlehre, Luthers Zweireichelehre, die Vorstellungen der Dt. Christen oder eine päpstl. Enzyklika zur Frage der Geburtenregelung). I. e. S. entwikkelte sich p. T. zu Beginn der 2. Hälfte des 20. Jh. als Diskussion um eine Reihe von theolog. Ansätzen, die sich als Versuche verstehen, die eschatolog. Inhalte des christl. Glaubens als krit. Korrektiv innerhalb gesamtgesellschaftl. Entwicklung zu interpretieren und dadurch zur Überwindung des als unzureichend angesehenen Status quo anzutreten. Unter dem Eindruck sich ständig verschärfender sozialer Probleme in den Ländern der dritten Welt entstand eine **Theologie der Revolution,** die polit.-revolutionäre Tätigkeit als in der Tradition des bibl.-eth. Auftrags stehend beschrieb und aus der sich die ↑Befreiungstheologie entwickelte. – Die p. T. ist in beiden christl. Kirchen umstritten.

politische Verdächtigung, unter Strafe stehende Form der Denunziation (§ 241 a StGB). Mit Geld- oder Freiheitsstrafe bis zu fünf (in besonders schweren Fällen bis zu zehn) Jahren wird bestraft, wer einen anderen z. B. durch eine Verdächtigung oder Anzeige (Behörden der BR Deutschland scheiden als Empfänger aus) in die Gefahr bringt, aus polit. Gründen im Widerspruch zu rechtsstaatl. Grundsätzen verfolgt und hierbei wirtschaftlich, körperlich oder seelisch geschädigt bzw. der Freiheit beraubt zu werden.

politische Wissenschaft ↑Politik.

politische Zeitschriften ↑Zeitschriften.

Politologe [griech.], Wissenschaftler auf dem Gebiet der polit. Wiss. (↑Politik).

Politur [lat.], durch Polieren hervorgebrachte Glätte; Glanz.
▷ Mittel zum Glänzendmachen; aus Gemischen v. a. von Harzen, Fetten, Wachsen und Lösungsmitteln, z. T. auch Reinigungsmitteln bestehende Zubereitungen.

Politzer, Adam, *Albertirsa (Ungarn) 1. Okt. 1835, †Wien 10. Aug. 1920, östr. Ohrenarzt. – Prof. in Wien; nach ihm ist die Luftdusche zur Behandlung des Tubenkatarrhs *(P.-Verfahren)* benannt.

Polizei [zu mittelhochdt. polizi „Aufrechterhaltung der öff. Sicherheit" (von griech. politeía „Staatsverwaltung")], die gesamte Tätigkeit von Verwaltungsbehörden und Vollzugsorganen (z. B. Bau- und Gewerbeaufsicht, uniformierte P.) zur Abwehr von Gefahren für die öff. Sicherheit und Ordnung sowie zur Beseitigung bereits eingetretener Störungen; im institutionellen Sinn nur die im Vollzugsdienst tätigen Dienstkräfte, d. h. die im Außendienst eingesetzten uniformierten P.kräfte und die Kriminal-P.; übertragen auch das P.gebäude.
Geschichte: Im 15.–17. Jh. bezeichnete der Begriff P. einen Zustand guter Ordnung des Gemeinwesens und umfaßte weite Bereiche der Rechtsordnung (z. B. auch Regelungen des Wirtschaftsverkehrs). Im absoluten Fürstenstaat des 18. Jh. wurde die P.gewalt zum wichtigsten Bestandteil der Staatsgewalt. Sie umfaßte sowohl die gesetzgebende als auch die vollziehende Gewalt. Dieses P.system wird als ↑Polizeistaat bezeichnet. Beeinflußt von den staatstheoret. Auffassungen der Aufklärungsphilosophie wurde der P.begriff eingeengt. P. war nunmehr die mit Zwang ausgestattete Staatstätigkeit der inneren Verwaltung (z. B. Bau- und Berg-P.) und der Vollzugs-P. (zur Aufrechterhaltung der öff. Ruhe, Sicherheit und Ordnung sowie zur Gefahrenabwehr). Gegen Ende des 19. Jh. wurde als Folge der liberalen Rechtsstaatsauffassung die P.gewalt endgültig (mit Ausnahme der nat.-soz. Zeit) auf die Gefahrenabwehr beschränkt. In den meisten dt. Ländern gilt der teilweise gesetzlich verankerte institutionelle P.begriff, mit der Folge, daß die Aufgaben der früheren Verwaltungs-P. im Rahmen der sich aus dem materiellen P.begriff ergebenden Schranken nunmehr sog. Ordnungs- bzw. Sicherheitsbehörden (z. B. Bauaufsicht) obliegen.
Polizeirecht: Das P.recht umfaßt als Teil des Verwaltungsrechts alle Vorschriften über Aufgaben und Befugnisse (materielles P.recht, P.aufgabenrecht) sowie über die Organisation der P. (formelles P.recht). Nach dem materiellen P.begriff erfaßt das P.recht alle Normen, die der Gefahrenabwehr dienen, nach dem institutionellen P.begriff ist P.recht nur das Recht bezüglich der Institutionen der P.organisation (P.behörden und Organe der Schutz-, Bereitschafts- und Kriminal-P.). Die der Gefahrenabwehr dienenden Rechtsnormen werden in Abgrenzung zum institutionellen P.recht als Ordnungsrecht (Sicherheitsrecht) bezeichnet und von Ordnungsbehörden (Sicherheitsbehörden) ausgeführt. Die Regelung des P.- und Ordnungsrechts fällt grundsätzlich in die Gesetzgebungskompetenz der Länder (Art. 70 GG), jedoch regeln z. T. BG im Annex ordnungsrechtl. Fragen.
Die **Polizeiorganisation,** d. h. der Aufbau der Vollzugs-P. (uniformierte P.) ist überwiegend in P.gesetzen (P.organisationsgesetzen oder P.verwaltungsgesetzen) der Länder geregelt. Danach ist die allg. Vollzugs-P. für den gesamten polizeil. Vollzugsdienst zuständig, soweit dieser nicht Sonderpolizeibehörden (z. B. Wasserschutz-P., Grenz-P.) vorbehalten ist. Daneben gibt es noch die Kriminal-P. (oft organisatorisch verbunden mit der allg. Vollzugs-P.), die Bereitschafts-P., die Landeskriminalämter als zentrale Dienststellen für kriminalpolizeil. Aufgaben und die P.schulen. Der Bund hat eigene P.kräfte nur im Bundesgrenzschutz und im Bundeskriminalamt. Um bundesweit die Fahndung der P. zu effektivieren, ist 1972 beim Bundeskriminalamt ein elektron. *Informationssystem (Inpol)* errichtet worden, das urspr. als Fahndungsdatei das früher gebräuchl. Fahndungsbuch ersetzen sollte, heute u. a. auch eine Haft-, Ermittlungs- und Straftäterdatei sowie einen zentralen Kriminalaktennachweis enthält.
Aufgaben und **Befugnisse** der P. und der Ordnungsbehörden sind in allen Bundesländern durch eine *polizeil. Generalklausel* normiert, die heranzuziehen ist, wenn eine Spezialbefugnis für eine Maßnahme fehlt. Danach haben P. und Ordnungsbehörden die Aufgabe, von der Allgemeinheit oder dem einzelnen Gefahren abzuwehren, durch die die ↑öffentliche Sicherheit und Ordnung bedroht wird. Zum Schutz privater Rechte (Forderungen, Eigentum, Gesundheit) können P. und Ordnungsbehörden nur dann einschreiten, wenn gerichtl. Hilfe nicht rechtzeitig zu erlangen ist und die Gefahr besteht, daß ansonsten die Verwirklichung des Rechts vereitelt oder wesentlich erschwert wird, und wenn der Berechtigte es beantragt, es sei denn, die privaten Rechte sind auch nach öff. Recht (z. B. auf Grund von Strafgesetzen) geschützt.
Das Verhältnis von P. und Ordnungsbehörden ist so geregelt, daß die P. (Vollzugspolizeibehörden) im Bereich der Gefahrenabwehr nur für die ihr ausdrücklich zugewiesenen Aufgaben oder in Eilfällen, die unaufschiebbare Maßnahmen erfordern, zuständig ist. Die P. hat insbes. den Ordnungsbehörden auf deren Ersuchen Vollzugshilfe bei der Durchsetzung der von diesen angeordneten Maßnahmen

zu leisten sowie die ihr durch Bundesrecht übertragenen Aufgaben auf dem Gebiet des Straßenverkehrsrechts, bei der Ermittlung von Ordnungswidrigkeiten und bei der Verfolgung von Strafsachen (als Hilfsbeamte der Staatsanwaltschaft) wahrzunehmen. Zur Erfüllung ihrer Gefahrenabwehraufgabe kann die P. und Ordnungsverwaltung Rechtsverordnungen (nur in Ländern mit materiellem P.begriff und nur die Verwaltungs-P.) und Verwaltungsakte erlassen, soweit sie dazu durch Gesetz ermächtigt ist. Wichtigstes Handlungsinstrument in der für das polizeil. Handeln typ. Form der *Polizeiverfügung* (ein an eine bestimmte Person oder einen bestimmten Personenkreis gerichtetes Verbot oder Gebot) ist der Verwaltungsakt. Dieser kann auch eine polizeil. Erlaubnis zum Inhalt haben, mittels der ein zum Zwecke präventiver Kontrolle erlassenes vorläufiges Verbot (im Einzelfall) aufgehoben wird. Bes. polizeil. Befugnisse (Standardmaßnahmen), die wegen des damit verbundenen Eingriffs in Grundrechte in den meisten Bundesländern speziell geregelt wurden, sind u. a. Eingriffe in die persönl. Freiheit (Identitätsfeststellung, zwangsweise Vorführung, polizeil. Gewahrsam), Eingriffe in die körperl. Unversehrtheit (erkennungsdienstl. Maßnahmen) und Eingriffe in das Eigentum (Beschlagnahme). Zur Durchsetzung ihrer Verfügungen können die P. und die Ordnungsbehörden Zwangsmittel anwenden, nämlich das Zwangsgeld, die Ersatzvornahme und den unmittelbaren Zwang (u. U. Haft). Ob und wie die P. und Ordnungsverwaltung bei der präventiven Gefahrenabwehr vorgeht, ist in deren pflichtgemäßes Ermessen gestellt (Opportunitätsprinzip). Polizeil. Maßnahmen müssen jedoch immer vom ↑Verhältnismäßigkeitsgrundsatz getragen sein, d. h. von mehreren geeigneten Maßnahmen zur Gefahrenabwehr ist diejenige zu wählen, die den geringsten Schaden herbeiführt.

Träger: Polizeil. Einrichtungen werden vom Staat (Bund oder Länder), ausnahmsweise auch von den Gemeinden getragen. Die Gemeinden nehmen i. d. R. die ordnungsrechtl. Aufgaben als unterste staatl. Behörden wahr (Auftragsangelegenheiten, Pflichtaufgaben nach Weisung). Die Aufgaben der Vollzugs-P. werden wegen der größeren Effektivität i. d. R. von staatl. P.behörden wahrgenommen. Auf internat. Ebene besteht die ↑Interpol.

In *Österreich* bezeichnet P. die staatl. Hoheitsmacht, die auf Abwehr von Gefahren für die öff. Sicherheit und Ordnung bedacht ist. Unterschieden wird in allg. *Sicherheits-P.* und *Verwaltungs-P.* (z. B.: Bau-, Gewerbe-P.). Die die P. betreffenden Gesetzgebungs- und Verwaltungskompetenzen sind auf Bund, Länder und Gemeinden verteilt, liegen jedoch schwerpunktmäßig beim Bund. Neben den Bundespolizeibehörden gibt es keine Vollzugs-P. der Länder. – ↑Bundespolizei, ↑Bundesgendarmerie.

In der *Schweiz* bezeichnet man als P. diejenige Verwaltungstätigkeit, die nötigenfalls unter Anwendung von Zwang die öff. Sicherheit und Ordnung im Innern des Staates zu wahren hat. Man unterscheidet auch hier zw. Sicherheits- und Verwaltungspolizei. Die Gesetzgebungs- und Verwaltungskompetenz auf polizeil. Gebiet sind auf Bund, Kantone und Gemeinden verteilt. Die allg. Sicherheits-P. ist primär Aufgabe der Kantone. Zur Wahrnehmung der sicherheitspolizeil. Aufgaben gibt es die Bundes-, Kantons- und Gemeinde-P., in gewissen Fällen eine Anstalts-P. (z. B. Bahn-P.).

polizeiliches Führungszeugnis ↑Führungszeugnis.

Polizeischulen, Ausbildungsstätten der Bundesländer für die Dienstkräfte der Polizei in fachl. Hinsicht und zur demokrat.-staatsbürgerl. Erziehung. Das Bundeskriminalamt führt für die Polizei Fortbildungsveranstaltungen auf kriminalpolizeil. Spezialgebieten durch.

Polizeistaat, der das polit., wirtschaftl. und soziale Leben durch repressive Kontrollmaßnahmen reglementierende Staat im Ggs. zum Rechts- und Verfassungsstaat. Die Regierung übt die Staatsgewalt ohne jegl. Bindung an Verfassung oder institutionalisierte Kontrolle aus und greift auch in die persönl. Freiheit und Privatsphäre der Bürger ein, gewöhnlich durch willkürl. Machtausübung seitens der Polizei, v. a. der Geheimpolizei, deren Maßnahmen an die Stelle des regulären Verwaltungs- und Gerichtsapparates treten. Polizeistaatlich geprägt waren die absolutist. Staaten des 17. und 18. Jh. sowie das zarist. Rußland; im 20. Jh. wurden unter Nationalsozialismus und Kommunismus extreme Apparate des P. ausgeformt.

Polizeistunde ↑Sperrzeit.

Poliziano, Angelo [italien. polit'tsia:no], eigtl. Angiolo Ambrogini, *Montepulciano 14. Juli 1454, †Florenz 29. Sept. 1494, italien. Humanist und Dichter. – Kanzler Lorenzos de' Medici. Begründer der ↑Textkritik. Schrieb lat. Gedichte („Silvae", 1485/86) sowie in italien. Sprache Stanzen und das Drama „Orpheus" (hg. 1494); auch bed. Geschichtsschreiber.

Angelo Poliziano (Porträt auf einer Medaille, um 1494; Berlin)

Polje [russ. „Feld"], meist langgestrecktes, geschlossenes Becken in Karstgebieten mit ebenem Boden, bis zu mehreren hundert km² groß.

Polk, James Knox [engl. poʊk], *bei Little Sugar Creek (Mecklenburg County, N. C.) 2. Nov. 1795, †Nashville 15. Juni 1849, 11. Präs. der USA (1845–49). – 1839–41 Gouverneur von Tennessee. 1844 zum Präs. gewählt, erreichte P. 1846 die Festlegung der N-Grenze der USA bzw. Oregons auf den 49. Breitengrad und gewann Texas im Mexikan. Krieg (1846–48).

James Knox Polk (Stahlstich, um 1845)

Polka [tschech., eigtl. „Polin"], ein um 1830 in Böhmen aufgekommener Paartanz im lebhaften 2/4-Takt, neben dem Walzer einer der beliebtesten Gesellschaftstänze des 19. Jh. Varianten sind u. a. die *Kreuz-P.* und die *P.-Mazurka* (im 3/4-Takt). Durch B. Smetana wurde die P. zum tschech. Nationaltanz.

Polke, Sigmar, *Oels (Niederschlesien) 13. Febr. 1942, dt. Künstler. – Gestaltet großformatige Raster- und Stoffbilder. Seine geistvoll-iron., nur scheinbar naive Bildsprache gewann starken Einfluß auf die dt. Malerei seit Ende der 1970er Jahre.

Poll [engl. poʊl, eigtl. „Kopf(zahl)"], in der *Markt-* und *Meinungsforschung:* 1. Wahl, Abstimmung; 2. Umfrage, Stichprobenerhebung; 3. Wähler- bzw. Befragtenliste.

Pollack, Sydney [engl. 'pɔlæk], *Lafayette (Ind.) 1. Juli 1934, amerikan. Filmregisseur und -produzent. – Kennzeichnend für seine [gesellschaftskrit.] Filme ist der langsam-verhaltene Rhythmus der Kameraeinstellungen, u. a. in „Dieses Mädchen ist für alle" (1965), „Jeremiah Johnson" (1971), „Cherie Bitter" (1972), „Die drei Tage des Condor" (1975), „Tootsie" (1982), „Jenseits von Afrika" (1985), „Havanna" (1989).

Sydney Pollack

Pollack [engl.] ↑Dorsche.

Pollaiuolo, Antonio del [italien. pollai̯'uɔ:lo, polla'iɔ:lo], eigtl. Antonio Benci, *Florenz 17. Jan. 1432, †Rom 4. Febr. 1498, italien. Bildhauer und Maler. – Oft zus. mit seinem Bruder Piero (*1443, †1496) tätig. Begann als Goldschmied; beeinflußt von Donatello und Verocchio. Seine Grabmäler der Päpste Sixtus IV. (1489–93) und Innozenz VIII. (1494–98) in Rom wurden bedeutungsvoll für die Entwicklung des Monumentalgrabmals. In der Malerei

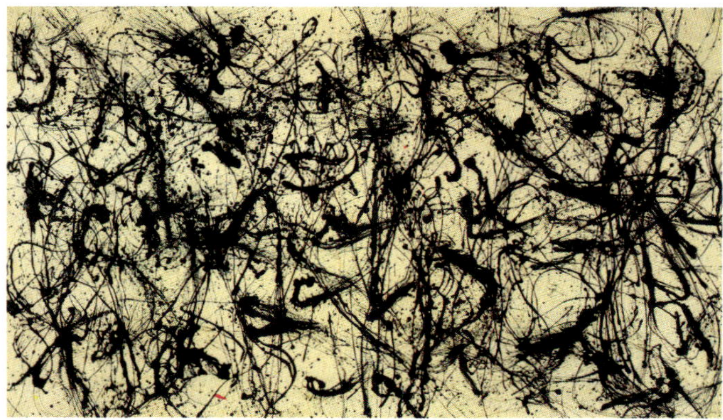

Jackson Pollock. Nummer 32, 1950 (Düsseldorf, Kunstsammlung Nordrhein-Westfalen)

wie in der Plastik zeigen seine Figuren heftige, kompliziert verschränkte Bewegungen und klare Umrisse. Sein Kupferstich „Kampf der nackten Männer“ (um 1470/1475; Berlin-Dahlem) war wegweisend für die Aktdarstellung.

Pollen [lat. „Mehlstaub, Staub“] (Blütenstaub), Gesamtheit der Pollenkörner (↑ Pollenkorn) einer Blüte.

Pollenallergie, svw. ↑ Heuschnupfen.

Pollenanalyse, Methode der Paläobotanik zur Bestimmung der Flora der erdgeschichtlich jüngeren Vegetationsperioden aus Pollenkörnern. Die Widerstandsfähigkeit des Pollenkorns gegen äußere Einflüsse und seine für jede Pflanzenart bzw. -gattung charakterist. Form erlauben nach Jahrtausenden noch Rückschlüsse z. B. auf die Geschichte der Kulturpflanzen, indirekt auch auf das Klima.

Pollenblumen, Pflanzen mit meist großen, staubblattreichen Blüten, die den besuchenden Insekten nur Pollen, jedoch keinen Nektar bieten (z. B. Rose, Mohn).

Pollenforschung, svw. ↑ Palynologie.

Pollenkorn, ungeschlechtliche, durch Meiose aus Pollenmutterzellen in den Pollensäcken der Staubblätter entstehende haploide ♂ Fortpflanzungszelle (Mikrospore) der Samenpflanzen. Im P. entwickelt sich bei der Reifung der ♂ Mikrogametophyt, bestehend aus einer vegetativen und einer darin eingeschlossenen generativen Zelle, die sich vor oder nach der Blütenbestäubung in zwei Spermazellen teilt. Nach Übertragung auf die Narbe (bzw. auf die nackte Samenanlage der Nacktsamer) treibt die innere Wand, die Intine, zum Pollenschlauch aus; dieser dringt in die ↑ Samenanlage ein, wo die Befruchtung stattfindet.

Pollensäcke (Lokulamente), Teile der Staubblätter, in denen die Pollenkörner gebildet werden.

Pollenschlauch, Zellschlauch, der bei Samenpflanzen nach der Bestäubung auf der Narbe einer Blüte aus der inneren Wand des Pollenkorns auskeimt, chemotaktisch (meist) durch den Griffel hindurch zur Samenanlage wächst und durch die Entlassung der Spermazellen des Pollenkorns in den Eiapparat des Embryosacks die Befruchtung einleitet.

Poller [niederdt.], niedrige Säule aus Gußeisen oder Stahl auf Schiffen *(Schiffs-P.)* und Kaimauern *(Kai-P.)*, um die die Trossen zum Festmachen von Schiffen gelegt werden.

Pollex [lat.], svw. ↑ Daumen.

Pollination [lat.], svw. ↑ Blütenbestäubung.

Pollinium [lat.] (Pollenkörbchen), zusammenhängende Pollenmasse einer Staubbeutelhälfte bei verschiedenen Blütenpflanzen, z. B. Orchideen.

Pollinosis [lat.], svw. ↑ Heuschnupfen.

Pollock, Jackson [engl. 'pɔlək], * Cody (Wyo.) 28. Jan. 1912, † East Hampton (N. Y.) 11. Aug. 1956, amerikan. Maler. – Begründer des amerikan. Action painting (↑ abstrakter Expressionismus); verwendete die Tropf-(„Dripping-“)Methode statt des Pinsels. – Abb. S. 489.

Pollution [zu spätlat. pollutio „Besudelung“], unwillkürl. ↑ Ejakulation [im Schlaf]; meist in der Pubertät oder im Zusammenhang mit Träumen.

Pollux, lat. Name des Polydeukes, eines der ↑ Dioskuren.

Pollux, hellster Stern im Sternbild Zwillinge, der mit dem 5° entfernten Kastor ein auffälliges Paar bildet.

polnische Kunst, die ma. **Baukunst** in Polen setzte zu Ende des 9. Jh. ein (Rundkapellen auf dem Krakauer Burgberg [Wawel]), in das 12. Jh. gehört die roman. Stiftskirche von Tum bei Łeczyca. Seit Mitte des 13. Jh. verbreiteten die Zisterzienser die got. Baukunst. Eigenständige poln. Bautypen entwickelten sich mit den Domen in Krakau (1320–64) und Gnesen (1342 ff.) sowie der zweischiffigen Kollegiatskirche in Wiślica (um 1350 ff.). Das Material war meist Backstein, in der Tatra und den Karpaten wurden vom 14.–18. Jh. hölzerne Kirchen mit geschnitzter Ornamentik gebaut. Im N entstanden im 14. und 15. Jh. zahlr. Deutschordensburgen, die Städte erhielten Befestigungen

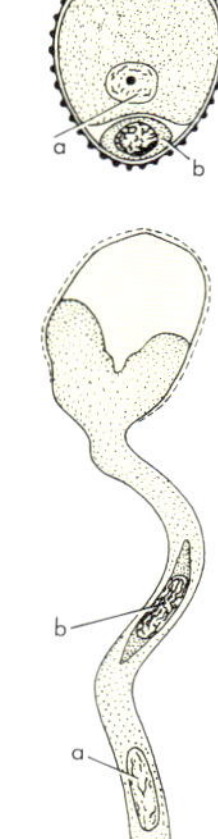

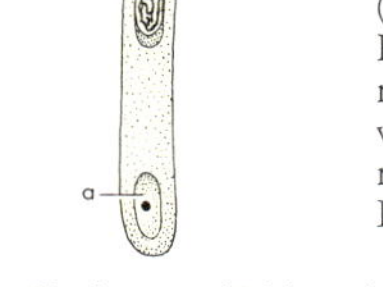

Pollenkorn und Bildung des Pollenschlauchs beim Türkenbund: a Kern der vegetativen Zelle; b generative Zelle; c die beiden Spermazellen

Polnische Kunst. Oben: Stanisław Wyspiański, Selbstporträt, 1902 (Warschau, Nationalmuseum). Unten: Tedeusz Kantor, Urgent, 1965 (Privatbesitz)

und Rathäuser mit mächtigen Türmen, Krakau eine Univ. (Collegium Maius, 1492–97). König Sigismund I. berief seit Beginn des 16. Jh. italien. Renaissancebaumeister nach Polen: Das Wawelschloß in Krakau wurde 1502–35 von Meister Francesco († 1516) und B. Berecci umgebaut, der auch die Sigismund-Kapelle am Dom errichtete (1519–33). Den neuen Stil übernahmen die adligen Bauherren, u. a. Anlage von Zamość. In die bürgerl. Architektur drangen Renaissanceelemente insbes. als vorgeblendetes Dekorationssystem ein („poln. Attika“). Die barocke Baukunst war zunächst römisch geprägt (Jesuitenkirchen, u. a. St. Peter und Paul in Krakau, 1596–1619), der Niederländer Tylman van Gameren baute hochbarock oder im palladian. Stil (u. a. Palais Krasiński, 1680–95; Warschau); reizvolle Rokokokirchen entstanden seit Mitte des 18. Jh.; Ende des 18. Jh. herrschte der elegante „Stanislaus-August-Klassizismus“ (Umbau des königl. Schlosses und von Schloß Łazienki in Warschau durch D. Merlini). Im 19. Jh. dominierten historist. Tendenzen, denen Ende des 19./Anfang 20. Jh. einige

Architekten durch Aufgreifen nat. Formen (u.a. Holzbauweise, Landhausstil) zu begegnen suchten; daneben erlangten verschiedene Varianten des Sezessionsstils Bedeutung. Nach dem 2. Weltkrieg hervorragende Leistungen der Denkmalpflege bei der Rekonstruktion schwer zerstörter Städte (Warschau, Danzig, Breslau); Neugestaltung ganzer Stadtstrukturen. – Frühe Beispiele poln. **Plastik** sind die Gnesener Bronzetür und die Reliefsäulen von Strzelno (beides um 1170). Im 14. und 15. Jh. entstanden die Königsgräber des Krakauer Doms. Das Grabmal König Kasimirs IV. (1492) ist eine Arbeit von Veit Stoß, der mit dem Marienaltar für die Marienkirche (1477–89) in Krakau auch sein Hauptwerk hinterließ. Im 17. Jh. gewann A. Schlüter mit seinem Frühwerk prägende Bed. Der wichtigste Bildhauer des ausgehenden 18. Jh. war A. Le Brun (Porträts, mytholog. Plastik), in der 1. Hälfte des 19. Jh. J. Tatarkiewicz (Tympanon des großen Theaters Warschau), im 20. Jh. X. Dunikowski (* 1875, † 1964). – Die got. **Malerei** in Polen ist durch rivalisierende Einflüsse v.a. aus Böhmen und dem östl.-byzantin. Bereich bestimmt. Neben der am Ende des 16. Jh. ins Land gebrachten italien. Renaissancemalerei behauptete sich (bis zum Ende des 18. Jh.) ein sog. sarmat. Stil mit oriental. Zügen. J.-P. Norblin (* 1745, † 1830) markierte den Übergang vom Rokoko zum Realismus des 19. Jh., dessen Hauptfiguren der Romantiker P. Michałowski, der nat. bestimmte Historienmaler J. Matejko und die Landschaftsmaler M. und A. Gierymski wurden. Symbolisten wie J. Malczewski und S. I. Witkiewicz leiteten zur Moderne über, die einen aus russ. Anregungen entwickelten Konstruktivismus als bedeutendste poln. Eigenleistung hervorbrachte (W. Strzemiński [* 1893, † 1952], H. Berlewi [* 1894, † 1967], K. Kobro (* 1898, † 1951]). Bes. Bedeutung erlangte v.a. in Krakau der Jugendstil um die Künstlergruppe „Sztuka", ihr wichtigster Vertreter war der Maler, Dichter und Kunsthandwerker S. Wyspiański (* 1869, † 1907). Experimentelle Offenheit kennzeichnet auch die p. K. nach dem 2. Weltkrieg (T. Kantor, M. Jarema, A. Marczyński).

Polnische Legion, 1. von J. H. Dąbrowski 1797 unter frz. Protektorat in Italien organisierte poln. Freiwilligentruppe, die für die Wiederherstellung des poln. Staates kämpfte; 2. von J. Piłsudski 1914 in Galizien geschaffener militär. Verband, der bis 1917 auf seiten der Mittelmächte gegen Rußland kämpfte.

polnische Literatur, die p. L. wird untergliedert in die altpoln. Epoche (12.–18. Jh.) und die neuere p. L. (seit der Aufklärung).

Von den Anfängen bis zum 15. Jh.: Die Christianisierung (966), die Polen im Ggs. zu den östl. slaw. Nachbarn dem westl. Kulturbereich erschloß, führte im 11. und 12. Jh. bereits zu latein. hymnograph. (Heiligenviten, Gebete) und annalist. Literatur, die im 13. und 14. Jh. u.a. durch die didakt.-moral. „Chronica Polonorum" fortgeführt wurde und im 15. Jh. in der „Historia polonica" (entstanden 1455–80, hg. 1711) ihren ersten Höhepunkt fand. Bed. sind im 15. Jh. auch die polit.-krit. Schriften. Die ältesten Denkmäler in poln. Sprache sind Bibelübersetzungen und für die Sprachentwicklung bed. Predigten, das Marienlied „Bogurodzica" („Gottesgebärerin"), das ab dem 15. Jh. zu einer ersten Nationalhymne wurde, sowie Übersetzungen ma. weltl. Erzählguts.

Humanismus und Renaissance (1500–1620): In dem mächtig aufstrebenden poln. Adelsstaat und unter dem Einfluß von Renaissance und Humanismus bildete die 2. Hälfte des 16. Jh. das „Goldene Zeitalter", in dem das gesamte poln. Kulturleben europäisiert wurde, bes. verstärkt durch Reformation und Gegenreformation. Auf das noch in den ersten 4 Jahrzehnten des 16. Jh. vorherrschende lat. Schrifttum folgte v.a. mit J. Kochanowski ein Höhepunkt slawischsprachiger humanist. Dichtung. Polit.-didakt. Prosa schrieben A. F. Modrzewski (* 1503, † 1572) und der Jesuit P. Skarga (* 1536, † 1612).

Barock (1620–1764): Langsamer Verfall von Staat und Gesellschaft, zahlr. Kriege, Wirren und Umwälzungen und ein allg. Niedergang kennzeichneten diese Epoche. Herausragende Vertreter des 17. Jh. sind W. Potocki (* 1621, † 1696) mit histor. Epik, allegor. Romanen, Epigrammen, didakt. Schriften und Übersetzungen, J. C. Pasek (* um 1636, † 1701) mit die Welt des untergehenden Adels beschreibenden Memoiren und W. Kochowski als patriot. Psalmendichter sowie der Piaristenpater S. H. Konarski.

Aufklärung (1764–95): Die Regierungszeit von Stanislaus II. August war trotz des staatl.-polit. Zusammenbruchs (Teilungen 1772, 1793, 1795) eine Zeit der geistigen Erneuerung und der literar.-polit. Aufklärung, die in ihrer engagierten Literatur die nat. Werte für eine erfolgreiche Überdauerung der Fremdherrschaft schuf. Bedeutendste Vertreter dieser Epoche waren der Fürstbischof I. Krasicki, der Dichter und Historiker A. S. Naruszewicz (* 1733, † 1796), der Dramatiker W. Bogusławski sowie die polit. Reformer H. Kołłataj und S. Staszic.

Klassizismus und Empfindsamkeit (1795–1822): Nach dem Verlust der staatl. Unabhängigkeit (1795) gingen wesentl. Impulse von den 1797 in Norditalien gegr. „Poln. Legionen" aus, v.a. von J. Wybicki (* 1747, † 1822), dessen „Noch ist Polen nicht verloren" zur poln. Nationalhymne wurde. Im „Kongreßpolen" bildeten die konservativen „Warschauer Klassizisten" A. Feliński (* 1771, † 1820), J. U. Niemcewicz und K. Kósmian (* 1771, † 1856) den Übergang zur großen poln. Romantik, der insbes. K. Brodziński (* 1791, † 1835) entscheidende Anstöße gab.

Polnische Kunst. Links: Prokopioskirche in Strzelno (dt. Strelno), eine romanische Rundkirche, um 1160. Rechts: Holzkirche Sankt Johannes der Täufer in Orawka, um 1650

Polnische Kunst. Links: Pietà, um 1440–50. Rechts: Pjotr Michałowski, Sénko, 1845–55 (Krakau, Nationalmuseum)

Romantik (1822–63): Die neuen ästhet. Forderungen sowie patriot.-sozialen Zielsetzungen wurden insbes. in den Werken von A. Mickiewicz, J. Słowacki, Z. Krasiński und C. K. Norwid formuliert; ihren Höhepunkt erreichte die romant. Dichtung nach dem Scheitern des Novemberaufstandes von 1831 in der Emigration. Nach 1831 entstanden in Polen A. Fredros bühnenwirksame Komödien und die zahlr. histor. Romane von J. I. Kraszewski (* 1812, † 1887).
Positivismus (etwa 1863 bis etwa 1900): Führender Theoretiker des vornehmlich sozial und praktisch ausgerichteten poln. Positivismus war A. Świętochowski. Zu den bedeutendsten Vertretern dieser Zeit gehörten die Erzähler B. Prus, E. Orzeszkowa, H. Sienkiewicz.
Modernismus und „Junges Polen“ (etwa 1890–1918): Seit etwa 1890 regte sich zunehmend Kritik an den literar. und ästhet. Normen des Positivismus, der einschl. seiner sozialen und patriot. Züge immer entschiedener als utilitaristisch abgelehnt wurde. Vorbild dieser von gesellschaftl. Veränderungen mitbedingten und vom frz. Symbolismus beeinflußten jungpoln. Bewegung wurde der Romantiker J. Słowacki; Ziele waren vollkommene schöpfer. Freiheit und ein ästhet. Modernismus. Bed. Vertreter waren u. a. die Lyriker K. Tetmajer-Przerwa, J. Kasprowicz, L. Staff, der Dramatiker S. Wyspiański. Noch in der positivist. Romantradition standen S. Żeromski und W. S. Reymont.
Zwischen den Weltkriegen (1918–39): In den städt. Zentren entstanden zahlr. Zeitschriften, in denen Lyriker, Erzähler und Kritiker publizierten. In der Lyrik gewann die gemäßigte Neuerergruppe der „Skamandristen“ (gen. nach der Monatsschrift „Skamander“; 1920–28 und 1935–39) um J. Tuwim und A. Słonimski bes. Bed.; gegen sie wandte sich eine avantgardist. Strömung um T. Peiper. Überragende Begabung der poln. Dramatik war S. I. Witkiewicz; die erzählende Literatur wurde insbes. von J. Kaden-Bandrowski, Z. Nałkowska, M. Dąbrowska, B. Schulz und W. Gombrowicz bestimmt.
Nach 1945: Die 1. Phase der Nachkriegsliteratur (bis 1949) war durch ideolog. Auseinandersetzungen zw. marxist., kath. und liberalen Richtungen gekennzeichnet; Kriegs-, KZ- und Nachkriegsthemen behandelten v. a. Z. Nałkowska, J. Andrzejewski, A. Rudnicki und L. Kruczkowski. Hatte die Verordnung des sozialist. Realismus als offizielle Kunstdoktrin seit dem Stettiner Schriftstellerkongreß (1949) zu formaler und inhaltl. Verarmung der p. L. geführt, machte sich Mitte der 1950er Jahre ein Umbruch bemerkbar mit heftiger Kritik an der offiziellen Kulturpolitik; in ihren Werken zum Ausdruck gebracht v. a. von A. Wazyk, M. Dąbrowska, K. Brandys, J. Iwaszkiewicz und W. Odojewski. Weitere bed. Dramatiker und Erzähler dieser Generation sind T. Różewicz, W. Gombrowicz, L. Korakowski, S. Mrożek, M. Hłasko und S. Lem. Daneben stehen als Vertreter der jüngeren Schriftstellergeneration A. Brycht (* 1935), S. Grochowiak (* 1934, † 1976), M. Nowakowski (* 1935), J. Ratajczak (* 1932), Z. Herbert. Nach einer polit. Krise 1968–70, die zu Schreibverboten und Emigration v. a. jüd. Intellektueller führte und einer stufenweisen Rücknahme früherer, bes. seit 1956 gewährter Freiheiten während der 2. Hälfte der 1970er Jahre, besteht heute eine weitgehend offene Gesamtlage, insbes. in der Lyrik, die neben den überlieferten Verfahren des Symbolismus und Expressionismus auch das Sprachexperiment benutzt.

polnische Musik, mit der Christianisierung Polens im 10. Jh. kam der Gregorian. Gesang ins Land. Dem liturg.-geistl. Bereich gehört auch die erste bekannte Komposition p. M. an, der Gesang „Bogurodzica“ („Gottesgebärerin“) aus dem 14. Jh. Der Volksgesang des MA ist nur durch literar. Quellen zu belegen. Die Gründung der Univ. in Krakau (1364) gewann wesentl. Bed. für die Ausbildung der poln. Kunstmusik und ihre Orientierung an den musikal. Zentren Europas in jener Zeit. Die ersten Belege von Mehrstimmigkeit aus dem 13./14. Jh. (Organum, zweistimmige Motetten) zeigen die Bindung an die Kunst des Westens. Eine eigene Bedeutung muß der poln. Orgelmusik beigemessen werden, deren wichtigste Quelle die Tabulatur des Johannes von Lublin aus der 1. Hälfte des 16. Jh. darstellt. Sie enthält auch Werke von Nikolaus von Krakau (mehrstimmige Messen, Motetten und Tänze). Neben ihm sind v. a. zu nennen: Wacław Szamotulczyk (* um 1520, † um 1560), M. Leopolita (* um 1530, † 1589?), beide Vertreter des zeitgenöss. polyphonen Stils, sowie M. Gomółka (* um 1535, † nach 1591; erhalten nur die homophon gesetzten 150 Psalmen in poln. Sprache). Im neuen venezian. und konzertierenden Stil sind die „Offertoria“ und „Communiones“ von M. Zieleński (* um 1550, † 1615), dem Organisten des Erzbischofs von Gnesen, geschrieben. Zentrum der Musikpflege blieb die 1596 von Krakau nach Warschau verlegte Hofkapelle, daneben traten die Höfe der weltl. und geistl. Magnaten. Die Bindung an die Werke italien., z. T. in Polen wirkender Komponisten blieb wesentlich, v. a. für die Oper. Unter den Schöpfern von Instrumentalmusik treten bes. A. Jarzębski (* vor 1590, † 1648?) und M. Mielczewski († 1651) hervor. In der 1. Hälfte des 18. Jh. ging der italien. Einfluß zugunsten des Wiener Einflusses zurück (um 1740 erste poln. Sinfonien von J. Szczurowski [* um 1720]), und nationalpoln. Tendenzen kamen vermehrt zum Tragen (1765 Gründung des Nationaltheaters in Warschau, 1778 erste poln. Oper „Glück im Unglück“ von M. Kamieński [* 1734, † 1821]). Verstärkt wurden sie auch durch J. Elsner (* 1769, † 1854), der den Übergang von der Klassik zur Romantik vermittelte, in der K. Kurpiński (* 1785, † 1857), I. F. Dobrzyński (* 1807, † 1867), S. Moniuszko und W. Zeleński (* 1837, † 1921) nat. Bed. erlangten, während F. Chopin die Impulse der nat. p. M. mit den charakterist. Neuerungen der europ. Romantik zu einem eigenen Stil verschmolz. Von den Komponisten, die z. T. Einflüsse der poln. Tradition, der dt. Musik des ausgehenden 19. Jh., der frz. Impressionisten oder neuester Tendenzen aufnahmen und weiterführten, wurden u. a. auch internat. bekannt: K. Szymanowski, C. Marek (* 1891, † 1985), A. Tansman, R. Palester (* 1907), M. Spisak (* 1914, † 1965), W. Lutosławski, A. Panufnik (* 1914, † 1991), K. Serocki, T. Baird, B. Schäffer, W. Kilar (* 1932), K. Penderecki, H. M. Górecki (* 1933) und Z. Penherski (* 1935).

Polnische Nachtigall, svw. ↑ Sprosser.

Polnischer Korridor, Gebietsstreifen zw. Pommern und der Weichsel bzw. der W-Grenze der Freien Stadt Danzig, den das Dt. Reich im Versailler Vertrag 1919 an Polen abtreten mußte; umfaßte den größten Teil der ehem. Prov. Westpreußen sowie Teile Pommerns und trennte die Freie Stadt Danzig sowie Ostpreußen vom Dt. Reich. Polen mußte den ungehinderten Bahn-, Schiffs-, Post-, Telefon- und Telegrafenverkehr durch den P. K. sicherstellen. Dem dt. Überfall auf Polen im Sept. 1939 (2. ↑ Weltkrieg) gingen z. T. ultimative Forderungen Hitlers an Polen (seit Okt. 1938) nach Rückgliederung Danzigs an das Dt. Reich und Bau einer exterritorialen Straßen- und Eisenbahnverbindung durch den P. K. voran.

Polnischer Thronfolgekrieg, europ. Krieg 1733 bis 1735/38 um die Nachfolge Augusts II., des Starken, von Polen-Sachsen. Österreich und Rußland unterstützten die Kandidatur des sächs. Kurfürsten Friedrich August II. (Sohn Augusts), Frankreich die des poln. Exkönigs Stanislaus I. Leszczyński. Der sächs. Kurfürst wurde 1734 als August III. von Polen anerkannt. Doch setzte Frankreich im Bund mit Spanien und Sardinien den Krieg gegen Österreich erfolgreich fort. Im Wiener Frieden (1735/38) wurde Leszczyński mit Lothringen abgefunden.

Polnisches Komitee der Nationalen Befreiung, 1944 in Chełm gegr. Komitee, das als **Lubliner Komitee** die Reg.geschäfte in den von der Roten Armee befreiten poln. Gebieten westl. der Curzon-Linie aufnahm; 1945 in die poln. Provisor. Reg. übergeleitet.

Polnische Sozialistische Partei (Polska Partia Socjalistyczna [Abk. PPS]), 1892 in Paris gegr. Partei, ab 1893 unter Führung von J. Piłsudski illegal in Polen tätig; unterstützte mehrheitlich im 2. Weltkrieg die Londoner Exilreg.; 1948 zwangsweise mit der kommunist. Poln. Arbeiterpartei vereinigt.

polnische Sprache, zur westl. Gruppe der slaw. Sprachen gehörende Sprache der Polen mit rd. 37,37 Mill. Sprechern in Polen und rd. 10 Mill. im Ausland (Rußland, Ukraine, Weißrußland, Litauen, Lettland, USA, Kanada, Frankreich u.a.). Die p. S. ist in Personen- und Ortsnamen sowie Glossen seit dem 12. Jh. überliefert und entwickelte sich im 15./16. Jh. zu einer ausgeprägten Schriftsprache mit bed. Literatur. Nach einer Periode der Überfremdung und des Sprachverfalls im 17./18. Jh. wurde die bewußte Pflege in der zweiten Hälfte des 18. Jh. wieder aufgenommen; die Dichter der poln. Romantik prägten in der 1. Hälfte des 19. Jh. die poln. Literatursprache. – Das phonolog. System der heutigen poln. Schriftsprache zeigt neben oralen Vokalen auch die nasalen Vokale (ą, ę); bei den Konsonanten fällt u.a. das Vorkommen nichtpalataler und entsprechender palataler Konsonanten (z. B. [s] und [ɕ]) und eine dreifache Gliederung der Zischlaute bzw. Affrikaten auf, die durch Buchstabenverbindungen oder diakritische Zeichen (s–ś–sz; z–ź–ż, rz; c–ć–cz; dz–dź–dż) gekennzeichnet werden; ł ist unsilbisch [u̯]; der Akzent liegt [fast] immer auf der vorletzten Silbe. – Die Morphologie zeigt großen Formenreichtum im Bereich der Nominalflexion (sieben Fälle, Belebtheitskategorie u.a.) sowie ein kompliziertes Verbalaspektsystem, das für nahezu jedes Verb eine imperfektive und perfektive Form verlangt. – Die poln. Dialekte (Großpolnisch, Kleinpolnisch, Masowisch, Schlesisch [Sprache der altpoln. Schlesier]) werden u.a. nach der Aussprache von cz, sz, dż, ż als c, s, dz, z und der Stimmtonassimilation am Wortende unterschieden.

Polnische Teilungen (1772–95) ↑Polen (Geschichte).

Polo, Marco, *Venedig (?) 1254, †ebd. 8. Jan. 1324, venezian. Reisender. – Begleitete 1271–75 seinen Vater und Onkel auf ihrer Reise nach Zentralasien und N-China an den Hof des Mongolenherrschers Khubilai, der ihn 1275–92 zu verschiedenen Missionen einsetzte. 1292–95 kehrte P. über Sumatra, Vorderindien, Trapezunt und Konstantinopel nach Venedig zurück. Als genues. Gefangener (1298/99) diktierte P. seinem Mitgefangenen Rustichello da Pisa in frankoitalien. Sprache den Bericht über seine Reisen (1477 erstmals ins Dt. übersetzt), der großen Einfluß auf die geograph. Vorstellungen des 14./15. Jh. gewann.

Polo [engl., eigtl. „Ball"] (Pferdepolo), Treibballspiel: 2 Mannschaften (je 4 Reiter) spielen auf einem Spielfeld (274 × 182 m) mit 2 Toren (2 Stangen im Abstand von 7,3 m, ohne Querlatte). Der Hartball aus gepreßtem Bambusholz (130 g, Durchmesser 8,25 cm) wird mit der Breitseite eines hammerartigen Schlägers (1,20–1,40 m lang, aus Weidenholz oder Bambus) geschlagen. Die Schlagarten sind *Pull* (zum Pferd), *Out* (vom Pferd weg) und *Drive* (längs des Pferdes). Ziel ist es, möglichst viele Tore zu erzielen. Gespielt wird in 4, höchstens 8 Abschnitten *(Chukkers)* zu je 7 ½ Minuten mit Pausen von 5 Minuten nach dem 2. und 4. Spielabschnitt.

Polo [span.], andalus. (südspan.) Volkstanz und Tanzlied in gemäßigtem 3/8-Takt, mit ständigen Synkopierungen und schnellen Koloraturen auf Silben wie „ay" und „olé".

Polohemd, kurzärmeliges Hemd aus Trikot mit offenem Kragen.

Polonaise [polo'nɛːzə; frz., eigtl. „polnischer Tanz"] (italien. Polacca), ruhiger, paarweiser Schreittanz poln. Herkunft, überwiegend in geradem Takt. Die P. entstand als Volkstanz im 16. Jh. und wurde auch als Gesellschaftstanz gepflegt, seit 1830 Eröffnungstanz der Bälle.

Polonium [nach Polonia, lat. für Polen], chem. Symbol Po, radioaktives Element aus der VI. Hauptgruppe des Periodensystems der chem. Elemente, Ordnungszahl 84. An Isotopen sind Po 192 bis Po 218 bekannt; Po 209 besitzt mit 103 Jahren die längste Halbwertszeit. Einige P.isotope sind Glieder radioaktiver Zerfallsreihen, weshalb P. in sehr geringen Mengen in Uranmineralen enthalten ist. P. ist ein silberweißes, in zwei Modifikationen auftretendes Metall, das in seinen farbigen Verbindungen zwei-, vier- und sechswertig vorliegt. Es ähnelt chemisch dem Tellur und Wismut. Po 210 läßt sich durch Neutronenbeschuß des Wismutisotops Bi 209 herstellen und wird z. B. als Strahlungsquelle (α-Strahler) genutzt. – P. wurde 1898 von P. und M. Curie in Uranpechblende entdeckt.

Polonnaruwa, moderner Name für Pulatthinagara, im 11.–13. Jh. Hauptstadt Ceylons; der künstl. See bei P. entstand 368 n. Chr. Erhalten sind u.a. Reste der Paläste von Parakkamabahu I. (1153–86) und Nissankamalla (1187–96), Tempel, ein „Felskloster" (Gal Wihara) mit einem monumentalen Buddha. 1388 aufgegeben. Die Ruinen wurden von der UNESCO zum Weltkulturerbe erklärt.

Polowzer (in W-Europa meist Kumanen, Komanen), turksprachiges Nomadenvolk, westl. Zweig der Kiptschaken; lebten im 11./12. Jh. in den südruss. Steppengebieten, 1240 von den Mongolen unterworfen. Ein Teil der P. setzte sich in Ungarn fest.

Polozk ['pɔlətsk], weißruss. Stadt an der Düna, 80 000 E. Gießerei, Kunststoffwaren-, Glasfaserfabrik, Holz- und Nahrungsmittelind. – 862 erstmals erwähnt, eine der ältesten Städte Rußlands; 12. bis Mitte 13. Jh. Hauptstadt des Ft. P., später durch den litauischen Großfürsten erobert. 1563–79 russisch; 1667 Polen angeschlossen; nach der 1. Poln. Teilung Rußland angegliedert. – Sophienkathedrale (1044–66; umgestaltet), Erlöserkathedrale (1128–56; stark verändert).

Marco Polo

Pol Pot, eigtl. Saloth Sar, *in der Prov. Kompong-Thom 19. Mai 1928, kambodschan. Politiker. – Seit 1960 Mgl. des ZK der kambodschan. KP, seit 1972 deren amtierender Generalsekretär. Gestützt auf die ↑Roten Khmer, errichtete er nach dem Sturz der Reg. Lon Nol als Min.präs. (seit 1976) ein Terrorregime, dem zw. 1 und 2 Mill. Kambodschaner zum Opfer fielen. Anfang 1979 durch vietnames. Intervention gestürzt, seitdem im Exil; 1979 in Abwesenheit zum Tode verurteilt.

Pol Pot

Polreagenzpapier, mit Natriumsulfat und Phenolphthalein imprägniertes Reagenzpapier zum Feststellen der Polung einer Gleichstromquelle. Am Minuspol entsteht durch Elektrolyse Natronlauge, die zur Rotfärbung des Phenolphthaleins führt.

Polroute, svw. ↑Polarroute.

Polschuh, an den Polkern einer elektr. Maschine anschließendes, meist mit diesem zusammen gefertigtes Stahlgußteil, dessen Form den gewünschten Verlauf der austretenden magnet. Kraftlinien bewirkt.

Polsequenz (Nordpolarsequenz), Folge von Sternen in der Umgebung des Himmelsnordpols mit genau vermessenen Helligkeiten, die als Standardsystem in der ↑Astrophotometrie dienen.

Polska Agencja Prasowa [poln. 'pɔlska a'gɛntsja pra'sɔva] ↑Nachrichtenagenturen (Übersicht).

Polstärke (magnetische Polstärke), analog zur elektr. Ladung gebildeter Begriff für die magnet. Kraftwirkung isoliert gedachter Magnetpole; SI-Einheit Weber (Wb).

Polsterpflanzen, Gruppe immergrüner, krautiger oder holziger Pflanzen mit charakterist., an extreme klimat. Bedingungen angepaßter Wuchsform *(Polsterwuchs):* flache oder halbkugelige, an den Boden gepreßte, feste Polster; verbreitet in polnahen Tundragebieten in Schutt- und Felsfluren der alpinen und nivalen Stufe der Hochgebirge sowie in Trockenvegetationsformationen des Mittelmeergebiets und in Wüsten.

Polstrahlen, mit Beginn einer Zellteilung (Prophase) auftretendes System von Kernspindelfasern (Mikrotubuli), das von den Zellpolen ausgeht. Aus den P. entsteht in der späten Prophase die ↑Kernspindel.

Poltawa [pɔl'taːva], ukrain. Geb.hauptstadt in der Dnjeprniederung, 315 000 E. 5 Hochschulen, gravimetr. Observatorium; Museen; elektrotechn., Baumwoll- u.a. Ind. – 1174 erstmals erwähnt; 1658 durch das poln. Heer, Ende des 17. Jh. durch Krimtataren zerstört; ab Anfang 18. Jh. Festung. – Im 2. Nord. Krieg brachte Peter I. 1709 dem schwed. Heer unter Karl XII. bei P. eine vernichtende Niederlage bei.

Polterabend ↑Hochzeit.

Polwanderung, die Ortsverlagerung der Rotationsachse der Erde relativ zur Erdoberfläche innerhalb geolog. Zeiträume. Die P. wird aus geolog., paläogeograph. und paläoklimatolog. Befunden sowie aus dem Paläomagnetismus gefolgert.

poly..., Poly... [griech.], Wortbildungselement mit der Bed. „mehr, viel".

Polyacrylate, svw. ↑ Acrylate.

Polyacrylnitril, Abk. PAN, durch Polymerisation von Acrylnitril hergestellter hochmolekularer Stoff mit der allg. Formel $(-CH_2-CH(CN)-]_n$. Aus P. werden v. a. Chemiefasern *(P.fasern)* hergestellt. – ↑ Kunststoffe (Übersicht), ↑ Fasern (Übersicht).

Polyacrylsäure, durch Polymerisation von ↑ Acrylsäure hergestellter hochmolekularer Stoff mit der allg. Formel

$$[-CH_2-CH(COOH)-]_n.$$

P., P.amid und ihre Copolymere haben v. a. Bed. als Flokkungshilfsmittel.

Polyaddition, eine der drei grundlegenden Reaktionen zur Herstellung makromolekularer Stoffe. P. ist die chem. Verknüpfung von Monomeren zu einem Makromolekül durch Reaktion zw. funktionellen Gruppen ohne Abspaltung von Wasser oder anderen kleinen Molekülen. Das *Polyaddukt* hat die gleiche prozentuale Zusammensetzung wie das Gemisch der Ausgangsstoffe. Durch P. hergestellte Kunststoffe sind z. B. die ↑ Polyurethane.

Polyamide, Abk. PA, durch Polykondensation von Diaminen (z. B. Hexamethylendiamin) und Dicarbonsäuren (z. B. Adipinsäure) oder durch Polykondensation von ω-Aminocarbonsäure bzw. den ihnen entsprechenden Lactamen (z. B. Caprolactam) hergestellte makromolekulare Stoffe; allg. Formel $[-NH-R-NH-CO-R'-CO-]_n$ bzw. $[-NH-R-CO-]_n$ (R, R' sind aliphat. Reste). P. werden durch Ziffern gekennzeichnet, die die Anzahl der zusammenhängenden Kohlenstoffatome der Monomeren angeben (z. B. PA 6). – ↑ Kunststoffe (Übersicht).

Polyandrie [griech.], svw. Vielmännerei, ↑ Ehe (Völkerkunde).

Polyantharosen [griech./dt.] ↑ Rose.

Polyarthritis, akute oder chronische, an mehreren Gelenken gleichzeitig auftretende Entzündung.

Polyäther (Polyether), durch Polymerisation sauerstoffhaltiger Ringverbindungen hergestellte hochmolekulare Stoffe mit der allg. Formel $HO[-(CR_2)_m-O-]_nH$ (R bedeutet Wasserstoff oder einen organ. Rest). Wichtige P. sind z. B. ↑ Polyformaldehyd, Polytetrahydrofuran.

Polyäthylen (Polyethylen), Abk. PE, durch Polymerisation von ↑ Äthylen hergestellter Kunststoff mit der allg. Formel $[-CH_2-CH_2-]_n$. P. wird nach mehreren techn. Verfahren hergestellt: Das aus stark verzweigten Molekülen bestehende, elast. und biegsame *Hochdruck-P.* wird durch das *Hochdruckverfahren* bei 200 °C und 100–200 MPa in Gegenwart von Sauerstoff und organ. Radikalbildnern gewonnen. *Niederdruck-P.* mit kristalliner Struktur und linearen Molekülen entsteht beim *Niederdruckverfahren* durch Polymerisation des Äthylens unter Luft- und Feuchtigkeitsausschluß in Gegenwart von ↑ Ziegler-Natta-Katalysatoren. – ↑ Kunststoffe (Übersicht).

Polyäthylenterephthalat (Polyethylenterephthalat), Abk. PET, ↑ Polyester.

Polybius, * Megalopolis (Arkadien) um 200, † um 120, griech. Geschichtsschreiber. – Sohn des Strategen Lykortas, dem er in polit. und militär. Funktionen im Achäischen Bund zur Seite stand. Nach der Niederlage der Griechen bei Pydna (168) als Geisel in Rom, wurde dort Freund und militär. Berater von Scipio Aemilianus Africanus d. J. im 3. Pun. Krieg. P. schrieb u. a. die erste Universalgeschichte (40 Bücher, die Zeit von 264 bis 144 v. Chr. umfassend, bis auf die Bücher 1–5 nur in Fragmenten erhalten).

Polycarbonate, Abk. PC, durch Polykondensation von Diphenolen mit Phosgen hergestellte Kunststoffe mit der allg. Formel $[-R-CR'_2-R-O-CO-O-]_n$ (R zweiwertiger, meist aromat., R' einwertiger, meist aliphat. organ. Rest). – ↑ Kunststoffe (Übersicht).

Polycarbonsäuren, organische Säuren, die zwei oder mehrere Carboxylgruppen $(-COOH)$ im Molekül enthalten, z. B. ↑ Zitronensäure.

polychlorierte Biphenyle ↑ PCB.

polychrom [...'kro:m; griech.], vielfarbig, bunt.

Polychromie [griech.], Vielfarbigkeit; in Malerei, Plastik, Kunsthandwerk und Baukunst angewendete farbige Gestaltung. Sie findet sich, abgesehen von klassizist. Strömungen des 18./19. Jh. in Europa und z. T. im 20. Jh., in allen Epochen und Kulturbereichen.

polycyclische aromatische Kohlenwasserstoffe, Abk. PAK, aus mehreren kondensierten Benzolringen bestehende Kohlenwasserstoffverbindungen, z. T. stark krebserregende Substanzen; z. B. ↑ Benzpyren.

Polydeukes, einer der ↑ Dioskuren.

Polydoros, einer der drei Schöpfer der ↑ Laokoongruppe.

Polyeder [griech.] (Ebenflächner, Vielflächner), von endlich vielen ebenen Flächen begrenzter Körper (z. B. Würfel, Quader, Pyramide). Ein P. heißt *regulär* oder *regelmäßig,* wenn es von kongruenten, regelmäßigen Flächen begrenzt wird (↑ platonische Körper). Für *konvexe P.* (↑ konvexe Menge) gilt der ↑ Eulersche Polyedersatz.

Polyembryonie [griech.], die Bildung mehrerer Embryonen.

Polyene [griech.], sehr reaktionsfähige organ. Verbindungen mit mehreren (kumulierten oder konjugierten) Doppelbindungen.

Polyester, durch Polykondensation mehrbas. Säuren mit mehrwertigen Alkoholen hergestellte hochmolekulare Stoffe mit der allg. Formel

$$[-O-R-O-OC-R'-CO-]_n$$

(R, R' zweiwertige aliphat. oder aromat. organ. Reste). *Weichharze* (z. B. Alkydharz) dienen als Lackrohstoffe. *Lineare gesättigte P.,* Abk. SP (z. B. das aus Äthylenglykol und Terephthalsäure hergestellte Polyäthylenterephthalat), werden zu Chemiefaserstoffen (P.fasern) und Folien verarbeitet. *Ungesättigte P.,* Abk. UP (z. B. mit Maleinsäure hergestellte P.harze), bilden mit polymerisationsfreudigen Verbindungen, z. B. Styrol, duroplast., harte, stark vernetzte Produkte, die in Kombination mit Glasfasern (*glasfaserverstärkte P.,* Abk. GUP) hohe mechan. Festigkeit aufweisen.

Polyformaldehyd [...fɔrm-al...] (Polyoxymethylen), durch katalyt. Polymerisation von Formaldehyd hergestellter, hochmolekularer, thermoplast., harter Kunststoff der allg. Formel $[-CO_2-O-]_n$, der v. a. zur Herstellung von Maschinenteilen verwendet wird.

polygam [griech.], sich mit mehreren Individuen des anderen Geschlechts paarend (↑ Polygamie).

▷ (bei Pflanzen) svw. ↑ polyözisch.

Polygamie [griech.], svw. Vielehe, ↑ Ehe (Völkerkunde).

▷ tier. Fortpflanzungssystem, bei dem im Ggs. zur ↑ Monogamie die Paarung eines ♂ mit mehreren ♀♀ (*Polygynie;* z. B. bei vielen Hühnervögeln) oder, seltener, eines ♀ mit mehreren ♂♂ (*Polyandrie;* z. B. bei der Honigbiene) erfolgt.

▷ bei manchen Pflanzenarten *(polygame Pflanzen)* das Auftreten von Zwitterblüten neben eingeschlechtigen Blüten (z. B. Weißer Germer, Feldthymian, Esche).

Polygen (multiples Gen), Gen, das für eine hohe Syntheseleistung in vielfacher Anzahl im Genom vorkommt.

Polygenese, Hypothese, nach der die Entstehung desselben neuen Tier- oder Pflanzentyps an verschiedenen Orten oder zu verschiedener Zeit mehrfach stattfinden könne.

Polygenie [griech.], die Erscheinung, daß an der Ausbildung eines Merkmals eines Phänotypus mehrere Genpaare beteiligt sind.

Polyglobulie (Erythrozytose, Hyperglobulie) [griech./lat.], Vermehrung der roten Blutkörperchen im Blut mit entsprechender Zunahme des Hämoglobinwertes.

polyglott [griech.], mehr-, vielsprachig.

Polyglotten [griech.], Bez. für mehrsprachige Bibelausgaben, die neben dem Urtext mehrere Übersetzungen enthalten, meist in Parallelkolumnen. Die älteste ist die *Complutenser Polyglotte* (1514–17).

Polygnotos von Thasos, griech. Maler und Bildhauer des 5. Jh. v. Chr. aus Thasos. – Tätig etwa 480–440; athen. Bürger; seine klass. Werke sind nur aus Beschreibungen bekannt, bes. durch Pausanias (Gemälde in der Lesche

[= Versammlungshaus] der Knidier in Delphi, um 450 v. Chr.).

Polygon [griech.], svw. ↑Vieleck.

Polygonzug, ein System von Strecken $\overline{P_1P_2}$, $\overline{P_2P_3}$, ..., $\overline{P_{n-1}P_n}$, in einem euklid. Raum, das n Punkte P_1, P_2, ..., P_n des Raumes verbindet. Fallen die Punkte P_1 und P_n zusammen, so spricht man von einem *geschlossenen P.;* liegen alle Punkte in einer Ebene, so liegt ein *ebener P.,* andernfalls ein *windschiefer P.* vor. Geschlossene und ebene P. bezeichnet man als Polygone (↑Vieleck).

Polygram, 1972 gegr. Holdinggesellschaft (P. GmbH, Hamburg) für einen der größten Konzerne der phonograph. Ind., der die **Polydor International GmbH** (Sitz Hamburg) als Muttergesellschaft für die Gesellschaften der früheren **Deutschen Grammophon Gesellschaft mbH** und die **Phonogram International b. v.** (Sitz Baarn, Niederlande) umfaßt. An der P. sind die Siemens AG und die N. V. Philips Gloeilampenfabrieken mit je 50 % beteiligt.

Polygraph, Gerät zur gleichzeitigen Registrierung mehrerer meßbarer Vorgänge und Erscheinungen, z. B. beim ↑Lügendetektor.

Polygynie [griech.], Vielweiberei, ↑Ehe (Völkerkunde).

Polyhistor [griech. „vielwissend"], umfassend gebildeter Gelehrter; Enzyklopädist.

Polyhymnia, eine der ↑Musen.

Polyisobutylen, Abk. PIB, durch Polymerisation von Isobutylen hergestellter thermoplast. Kunststoff mit der allg. Formel $[-CH_2-C(CH_3)_2-]_n$. Je nach Polymerisationsgrad bildet P. viskose Flüssigkeiten, teigige, klebrige Massen oder feste, kautschukartige Substanzen. – ↑Kunststoffe (Übersicht).

Polyisopren (1,4-Polyisopren) ↑Naturkautschuk.

polykarp (polykarpisch) [griech.], viele Früchte aufweisend; gesagt von Pflanzen, aus deren Blüten mehrere Früchte entstehen.

Polykarp von Smyrna, hl., *um 70/80. †Smyrna (= İzmir) 155/156 oder 167/168, Bischof von Smyrna. – Stand in Verbindung mit Ignatius von Antiochia. Der Bericht über sein Martyrium ist ein wichtiges Zeugnis für den frühchristl. Märtyrerkult.

Polyklet von Argos, griech. Erzbildhauer des 5. Jh. v. Chr. – Neben Phidias der bedeutendste Bildhauer der griech. Hochklassik; tätig etwa 450–410. Seine Lehrschrift über den Kanon war grundlegend für alle späteren Proportionslehren. P. wendete den ↑Kontrapost an und gab seinen Statuen damit eine S-förmige, rhythmisierte Kurve. – Verschiedene seiner Bronzeplastiken sind in Marmorkopien überliefert: ↑Doryphoros, Amazone (um 430 v. Chr.; Rom, Thermenmuseum), Herakles (ebd.), ↑Diadumenos.

Polykondensation, eine der drei grundlegenden Reaktionen zur Herstellung von Makromolekülen. – ↑Kondensation.

Polykrates, †Magnesia am Mäander 522 v. Chr., Tyrann von Samos (seit 538). – Erlangte die Herrschaft über zahlr. Ägäisinseln und kleinasiat. Küstenstädte und förderte Wiss. und Kunst; durch den pers. Satrapen Oroites nach Magnesia gelockt und hingerichtet.

Polykrotie [griech.], Mehrgipfligkeit der Pulswelle *(polykroter Puls).*

polylezithale Eier [griech./dt.] ↑Ei.

Polymastigina (Polymastiginen) [griech.], Ordnung fast ausschließlich parasitisch, kommensalisch oder symbiontisch im Darm von Gliederfüßern und Wirbeltieren lebender ↑Flagellaten. Nur wenige Arten sind pathogen.

Polymedes, mutmaßl. Name eines griech. Bildhauers von Argos. – Schuf um 600 v. Chr. die erhaltene Marmorgruppe von Kleobis und Biton in Delphi.

Polymelie [griech.], Bildung überzähliger Glieder.

Polymenorrhö [griech.], zu häufige, in zu kurzen Abständen (weniger als 25 Tage) auftretende Regelblutung; meist durch hormonale Störungen bedingt.

Polymerasen [griech.], Enzyme, die die Aneinanderreihung von Nukleotiden zu Nukleinsäuren bewirken, d. h. an der Replikation der DNS und RNS beteiligt sind.

Polymere [zu griech. méros „Anteil"], natürl. oder (durch Polymerisation, Polyaddition oder Polykondensation entstehende) synthet., aus zahlr. ↑Monomeren aufgebaute Verbindungen mit molaren Massen von über 10 000 g/mol. Bei den synthet. P. werden aus nur einer Monomerkomponente bestehende *Homo-P.* und aus zwei oder mehreren Monomerkomponenten gebildete *Misch-P. (Co-P.), Pfropf-P.,* die an einer einheitl. Polymerkette andersartige Monomere als Seitenketten enthalten, und *Block-P.* (längere Ketten des einen Polymers wechseln mit Ketten des anderen Polymers ab) unterschieden. Nach dem strukturellen Aufbau der Makromoleküle synthet. P. unterscheidet man *atakt.* (organ. Reste liegen regellos links oder rechts der Kohlenstoffkette), *syndiotakt.* (organ. Reste liegen in regelmäßiger Abfolge links und rechts der Kohlenstoffkette) und *isotakt. P.* (alle organ. Reste sind nach einer Seite ausgerichtet). – P. haben v. a. Bed. als Kunststoffe, Synthesekautschuk und Chemiefasern von hoher Steifigkeit und Elastizität, Temperaturbeständigkeit sowie elektr. und opt. Leitfähigkeit. Eine neue Werkstoffklasse bilden flüssig-kristalline P. für den Flugzeug- und Brückenbau. Photosensitive P. lassen sich für silberfreie Bildaufzeichnungssysteme verwenden. Zunehmenden Einsatz finden auch P. mit chromophoren Gruppen, die Lichtenergie in mechan. Energie umwandeln können, sowie P. als Trägermaterial für die Fixierung von Wirkstoffen. – ↑Polymerisationsgrad.

Polymerholz, Holz-Kunststoff-Verbundwerkstoffe, die durch Tränken des Holzes mit polymerisationsfähigen Monomeren und anschließendes Polymerisieren oder durch Oberflächenimprägnierung mit Kunststoffen hergestellt werden.

Polymerisate [griech.] ↑Polymerisation.

Polymerisation [griech.], die wichtigste der drei Reaktionen zur Herstellung von Makromolekülen durch Zusammenschluß ungesättigter Monomere (v. a. Alkenen) oder von Monomeren mit instabilen Ringsystemen (z. B. Epoxide, Lactame), wobei keine niedermolekularen Reaktionsprodukte abgespalten werden. Die P. ungesättigter Verbindungen wird durch Aktivierung der Doppelbindung eines Monomermoleküls ausgelöst, d. h. durch Aufspaltung des Pielektronenpaars in zwei Einzelelektronen *(radikal.* oder *Radikalketten-P.)* oder durch Verschiebung des Elektronenpaars (*ion.* oder *Ionenketten-P.,* die in *anion.* und *kation. P.* unterteilt wird):

$$\dot{C}H_2-\dot{C}HR \leftarrow CH_2=CHR \rightarrow \overset{\ominus}{\underline{C}}H_2-\overset{\oplus}{\underline{C}}HR$$

(R ein organ. Rest). Die Produkte einer P. **(Polymerisate)** bestehen aus einem Gemisch von Polymeren mit unterschiedl. Polymerisationsgrad. Bei der P. unterscheidet man die Startreaktion, die Kettenwachstumsreaktionen und die Kettenabbruchsreaktion. Die Startreaktion erfolgt unter Einfluß von Wärme, Strahlung, Ultraschall oder durch Zusatz von P.initiatoren, z. B. Dibenzoylperoxid. Bei der *Substanz-P.* (früher *Block-P.*) löst sich das entstehende Polymer im Monomer, so daß sich die Viskosität des Reaktionsgemisches mit fortschreitender P. stark erhöht. *Lösungs-* und *Fällungs-P.* finden in einer Lösung des Monomers statt, wobei das Polymer gelöst bleibt bzw. als Pulver ausfällt. Die *Emulsions-P.* wird mit einem emulgierten Monomer in einer emulgator- und katalysatorhaltigen Lösung durchgeführt, während bei der *Suspensions-P.* die Dispergierung des unlösl. Monomers emulgatorfrei durch starkes Rühren erfolgt. Bei der *koordinativen P.* unsymmetr. Alkene mit Hilfe von ↑Ziegler-Natta-Katalysatoren werden die Monomere stereospezifisch (↑Polymere) verknüpft. Die dabei entstehenden Produkte besitzen einen höheren Kristallisationsgrad. Durch diese Methode sowie durch P. verschiedener Monomere (sog. *Co-* oder *Mischpolymerisate*) lassen sich die Eigenschaften der Polymerisate in weiten Grenzen variieren.

Polymerisationsgrad, die Anzahl der Struktureinheiten im Makromolekül eines Polymers. Den durchschnittl. P. (DP-Grad) erhält man, indem man die molare Masse des Polymers durch die molare Masse der Struktureinheit teil. Mit steigendem P. nehmen Festigkeit bzw. Viskosität eines Polymers zu.

Polymerwerkstoffe, svw. ↑ Kunststoffe.

Polymestor, Gestalt der griech. Mythologie, König der Thraker, von Hekabe getötet, weil er ihren Sohn Polydoros ermordet hatte.

Polymethacrylate (Polymethacrylsäureester), durch Polymerisation von Estern der Methacrylsäure hergestellte thermoplast. Kunststoffe. Bes. Bed. hat das **Polymethylmethacrylat,** Abk. PMMA, das als Acrylglas für Verglasungen u. a. verwendet wird. – ↑ Kunststoffe (Übersicht).

Polymethinfarbstoffe [griech./dt.], Farbstoffe, deren Moleküle aus Ketten von Methingruppen mit (an den Enden der Ketten stehenden) gleich- oder verschiedenartigen auxochromen (farbverstärkenden) Gruppen bestehen. Die kation. P. mit stickstoffhaltigen Heterocyclen als auxochrome Gruppen *(Cyaninfarbstoffe)* werden v. a. als Sensibilisatoren in der Photographie verwendet.

Polymetrie [griech.], Verwendung verschiedener Versmaße in einer Dichtung.

Polymetrik, in der Musik das gleichzeitige Nebeneinander unterschiedl. metr. Bildungen, entweder noch gebunden an einen gemeinsamen Takt (so schon in der Wiener Klassik) oder als gleichzeitige Geltung verschiedener Taktarten (v. a. im 20. Jh.).

Polymorphie [zu griech. polýmorphos „vielgestaltig"], Eigenschaft von chem. Elementen oder Verbindungen, in mehreren Modifikationen, d. h. in verschiedenen Kristallformen, aufzutreten. Bei zwei und mehr kristallinen Modifikationen spricht man von *Di-, Tri-* bzw. *Tetramorphie.* Die P. von chem. Elementen heißt auch ↑ Allotropie.

▷ in der Sprachwiss. die Darstellung einer grammat. Kategorie durch mehrere unterschiedl. Formen; z. B. wird im Deutschen der Plural am Substantiv u. a. durch die Formen *-n* (Ziege-n), *-en* (Frau-en), *-er* (Rind-er), Umlaut (Müt-ter), Umlaut + *-er* (Büch-er) gebildet.

Polymorphismus [griech.], (Polymorphie, Heteromorphie) das regelmäßige Vorkommen unterschiedlich gestalteter Individuen (auch verschieden ausgebildeter einzelner Organe) innerhalb derselben Art, v. a. als ↑ Dimorphismus, bei sozialen Insekten und Tierstöcken als *sozialer P.* (↑ Kaste).

▷ (Chromosomen-P.) durch Chromosomenmutationen bedingtes Vorkommen von zwei oder mehr strukturell unterschiedl. alternativen Formen bei einem Chromosom in den Zellen der Individuen einer Population; führt zu phänotyp. Unterschieden bei den Individuen des Verbreitungsgebiets.

Polyneikes, Gestalt der griech. Mythologie. Sohn des Ödipus und der Iokaste, Bruder des Eteokles, einer der ↑ Sieben gegen Theben.

Polyneside, Menschenrasse in Polynesien und Mikronesien. Charakterist. Merkmale der P. sind hoher und kräftiger Wuchs, mittelhohes, leicht eckiges Gesicht, scharfrückige bis hakenförmige Nase, dunkelbraune Augen, schwarzes, welliges Haar und lichtbraune Haut.

Polynesien, zusammenfassende Bez. für die Inseln im zentralen Pazifik, auf denen urspr. Polynesier lebten. – ↑ Ozeanien.

Polynesier, die einheim. Bev. Polynesiens; 1,06 Mill. Die urspr. Wirtschaft beruht auf dem Fang von Meerestieren, dem Anbau von Taro, Jams, Bataten, Zuckerrohr, Bananen und der Nutzung von Kokospalmen, von Brotfruchtsowie Schraubenbäumen; Schweine- und Hundehaltung; hochentwickelter Schiffbau. – Die P. wanderten zw. 500 v. Chr. und 300 n. Chr. nach Polynesien ein.

polynesische Sprachen, Untergruppe der ↑ austronesischen Sprachen; zu ihnen gehören u. a. das Samoanische und das Tonganische.

Polyneuritis ↑ Nervenentzündung.

Polyneuropathie (Neuropathie), Sammelbez. für u. a. durch tox. Allgemeinschädigungen (z. B. bei Diabetes, Arteriosklerose, Alkoholismus, Blei-, Thallium-, Arsenvergiftung) des Organismus bedingte neurolog. Erkrankungen mit Schwerpunkt im Bereich des peripheren Nervensystems, die mit motor., sensiblen und/oder vegetativen Funktionsausfällen einhergehen.

Polynom [griech.], mehrgliedriger mathemat. Ausdruck, dessen einzelne Glieder additiv verknüpft sind, insbes. nennt man $(a \pm b)$ ein *Binom,* $(a \pm b \pm c)$ ein *Trinom* usw. In der *Algebra* heißt ein Ausdruck der Form

$$f(x) = a_0 + a_1 x + \ldots + a_n x^n$$

mit $a_n \neq 0$ P. vom Grade n in einer Unbestimmten x. Als *Koeffizienten* des P. werden die Konstanten $a_0, a_1, \ldots, a_n$ bezeichnet, als *Nullstellen* die Werte x_0 von x, für die $f(x_0) = 0$ ist. Ein P. vom Grade 1 in n Unbestimmten, bezeichnet man als **Linearform.**

polyözisch [griech.] (polygam), mehrhäusig; gesagt von Pflanzenarten, die sowohl zwittrige als auch eingeschlechtige Blüten hervorbringen (z. B. Esche, Silberwurz).

Polypen [zu griech. polýpous „vielfüßig"], mit Ausnahme der Staatsquallen festsitzende Habitusform der Nesseltiere, die sich i. d. R. durch Knospung und Teilung fortpflanzt und dadurch oft große Stöcke bildet; Körper schlauchförmig, mit Fußscheibe am Untergrund festgeheftet; die gegenüberliegende Mundscheibe fast stets von Tentakeln umgeben. P. können nach ein bis mehreren Generationen Medusen abschnüren.

▷ falsche Bez. für ↑ Kraken.

▷ in der *Medizin* gestielte Schleimhautgeschwulst; kommt u. a. im Magen, Darm, in der Gebärmutter oder der Nase vor, mehrere P. *(Polyposis)* finden sich vorwiegend im Darmbereich.

Polypeptide ↑ Peptide.

polyphag [griech.] (multivor), sich von unterschiedl. Pflanzen- bzw. Tierarten ernährend. – ↑ Allesfresser.

Polyphaga [griech.], weltweit verbreitete Unterordnung der Käfer. Bei ihnen sind die ersten drei Bauchringe deutlich voneinander getrennt; umfaßt fast alle Käfer.

Polyphem, in der griech. Mythologie ein menschenfressender, einäugiger Riese aus dem Geschlecht der Zyklopen, Sohn des Poseidon und der Nymphe Thoosa. Odysseus und seine Gefährten geraten auf der Heimfahrt in seine Gewalt. P. schließt sie in seiner Höhle ein und hat bereits 4 von ihnen verspeist, als es Odysseus gelingt, ihn trunken zu machen und mit einem glühenden Pfahl zu blenden. Als P. am nächsten Morgen seine Schafe aus der Höhle ins Freie läßt, können Odysseus und seine Gefährten entkommen.

Polyphonie [zu griech. polyphōnía „Vielstimmigkeit"], mehrstimmige Kompositionsweise, die im Ggs. zur ↑ Homophonie durch weitgehende Selbständigkeit und linearkontrapunkt. Verlauf der Stimmen gekennzeichnet ist. Der melod. Eigenwert der Stimmen hat dabei den Vorrang vor der harmon. Bindung, die in tonaler Musik jedoch durchgängig erhalten bleibt. P. ist am reinsten ausgeprägt in den Vokalwerken der franko-fläm. Schule mit dem Höhepunkt im 16. Jh. bei Orlando di Lasso und Palestrina.

Polyphosphate ↑ Phosphate.

polyphotisch [griech.], svw. ↑ euphotisch.

polyphyletisch [griech.], verschiedenartigen Ursprungs, mehrstämmig; von Tier- oder Pflanzengruppen gesagt.

polyploid [griech.], mehr als zwei Chromosomensätze (↑ diploid) enthaltend; von Zellen mit drei *(triploid),* vier *(tetraploid)* und mehr Chromosomensätzen oder von Lebewesen mit solchen Körperzellen gesagt.

Polyploidie [...plo-i...; griech.], das Vorhandensein von mehr als zwei ganzen Chromosomensätzen in (↑ polyploiden) Zellen bzw. Lebewesen. P. kann verschiedene Ursachen (z. B. ↑ Endomitose) haben und führt zur Vergrößerung der Zellen bzw. des ganzen Organismus; ist daher v. a. für die Pflanzenzüchtung von großer Bedeutung.

Polypol [griech.], Marktform, bei der auf der Angebots- oder Nachfrageseite eines Marktes jeweils viele kleine Anbieter bzw. Nachfrager miteinander in Konkurrenz stehen. Ein P. auf der Nachfrageseite wird auch als *Polypson* bezeichnet. Ein zweiseitiges P. auf dem vollkommenen Markt ist die ideale Marktform der freien Verkehrswirtschaft.

Polypropylen, Abk. PP, durch Polymerisation von Propen (Propylen) hergestellter thermoplast. Kunststoff mit der allg. Formel $[-CH_2-CH(CH_3)-]_n$. Wichtig ist v. a.

das mit ↑Ziegler-Natta-Katalysatoren erhaltene, bes. harte P. – ↑Kunststoffe (Übersicht).

Polyptychon [griech.], Gemälde (Altarwerk), das aus mehr als drei Tafeln besteht.

Polyrhythmik, das gleichzeitige Erklingen unterschiedl. Rhythmen. P. ist in außereurop. Musik und im Jazz ebenso vertreten wie bes. in der Musik des 20. Jh. (z. B. I. Strawinsky, A. N. Tscherepnin). – ↑Polymetrik.

Polysaccharide (Glykane), hochpolymere ↑Kohlenhydrate (Saccharide) in denen Monosaccharide oder ihre Derivate durch glykos. Bindungen miteinander verknüpft sind; man unterscheidet zwischen Homo- und Heteropolysacchariden.

Polysaprobien (Polysaprobionten) [griech.], Organismen, die in der am stärksten verschmutzten (polysaproben) Zone der Gewässer leben.

Polysäuren, i. e. S. Säuren, die sich aus mehreren Molekülen anorgan. Säuren unter Wasserabspaltung zusammensetzen. *Iso-P.* sind aus einer einzigen Säure, *Hetero-P.* aus verschiedenen Säuren (meist Metall- und Nichtmetallsäure) aufgebaut. I. w. S. sind P. säuregruppenhaltige polymere organ. Verbindungen.

Polysemie [griech.], Mehr- oder Vieldeutigkeit von Morphemen, Wörtern oder größeren sprachl. Einheiten; im Sprachgebrauch meist monosemiert, d. h. durch den Kontext eindeutig verwendet. Bei gleicher Lautung liegen unterschiedl., aber miteinander verbundene Bedeutungen vor, z. B. *Pferd* (Tier, Turngerät, Schachfigur). Die Abgrenzung zw. P. und Homonymie (↑Homonyme) ist nicht immer eindeutig.

Polysklerose, svw. ↑multiple Sklerose.

Polysomen [griech.] ↑Ribosomen.

Polyspermie [griech.], das Eindringen von mehreren Spermien (bei 2 Spermien spricht man von **Dispermie**) in die Eizelle. P. kommt regelmäßig z. B. bei Reptilien vor, wobei jedoch die in das Ei eingedrungenen überzähligen Spermien zugrundegehen.

Polystyrol, Abk. PS, durch radikal. Polymerisation von ↑Styrol hergestellter thermoplast. Kunststoff mit der allg. Formel $[-CH_2-CH(C_6H_5)-]_n$. Durch Mischpolymerisation mit Acrylnitril und/oder Butadien entsteht schlagfestes P. Durch Einrühren von Luft in das noch flüssige P. erhält man geschäumtes P. – ↑Kunststoffe (Übersicht).

Polysulfide ↑Sulfide.

Polysulfidkautschuk, svw. ↑Thioplaste.

Polysyndeton [griech. „vielfach Verbundenes"], Verknüpfung mehrerer Wörter, Wortgruppen oder Sätze durch dieselbe koordinierende Konjunktion, z. B. „und es regnete und stürmte und schneite". – Ggs. ↑Asyndeton.

Polytechnikum, in Deutschland bis 1889, in der Schweiz und in Österreich bis heute Bez. für techn. Hochschulen bzw. Universitäten.

Polytetrafluoräthylen (Polytetrafluorethylen), Abk. PTFE, durch radikal. Polymerisation von Tetrafluoräthylen hergestellter, gegen hohe Temperaturen und Chemikalien sehr beständiger Kunststoff mit der allgemeinen Formel $[-CF_2-CF_2-]_n$. P. kann nur durch eine spezielle Preß- und Sintertechnik verarbeitet werden. – ↑Kunststoffe (Übersicht).

Polytheismus, im Ggs. zum ↑Monotheismus der Glaube an eine Vielzahl von männlich und weiblich gedachten Göttern, Numina, deren Gemeinschaft, ihr Pantheon, in Zahl und Bed. Schwankungen unterworfen ist. Eine Ordnung erhält das polytheist. Pantheon durch Göttergenealogien und familiäre Gliederungen nach Analogie der jeweiligen soziokulturellen menschl. Verhältnisse.

Polytonalität, das gleichzeitige Erklingen mehrerer, meistens zweier (Bitonalität) Tonarten in einem musikal. Werk.

Polytrichie [griech.], svw. ↑Hypertrichose.

Polytrope, Kurve, die (polytrop.) Zustandsänderungen eines Gases unter Temperaturänderung und teilweisem Wärmeaustausch mit der Umgebung beschreibt, wobei zw. Druck p und Volumen V die *P.gleichung* $pV^k =$ const. mit der konstanten Zahl k als *P.exponent* gilt.

Polyurethane, Abk. PUR, durch Polyaddition polyfunktioneller Isocyanate und Alkohole hergestellte hochmolekulare Stoffe mit der allg. Formel

$$[-O-R-O-CO-NH-R'-NH-CO-]_n$$

($-O-CO-NH-$ ist die *Urethangruppe;* R, R': sind zweiwertige aliphat. oder aromat. Reste). Bei der Umsetzung niedermolekularer Dialkohole und Diisocyanate erhält man P. mit linearen Molekülen; diese P. werden zu Fasern, Borsten und Lacken verarbeitet. Durch Umsetzen linearer, wenig verzweigter, mehrwertiger Alkohole mit aromat. Diisocyanaten entstehen elastomere Produkte, die u. a. zur Herstellung elast. Fäden (z. B. Lycra ⓦⓩ) dienen. Weitere Produkte sind z. B. die P.schaumstoffe. – ↑Kunststoffe (Übersicht).

Polyurie [griech.] (Harnflut), Ausscheidung abnorm erhöhter Harnmengen (mehr als 2 Liter pro Tag); Krankheitssymptom v. a. bei Diabetes.

Polyvinylacetat, Abk. PVAC, durch Polymerisation von Vinylacetat hergestellter Kunststoff mit der allg. Formel

$$[-CH_2-CH(OOC-CH_3)-]_n.$$

P. wird u. a. als Bindemittel für Anstrichfarben, zur Herstellung von Klebstoffen und zum Beschichten von Papier verwendet.

Polyvinylchlorid, Abk. PVC, durch radikal. Polymerisation von ↑Vinylchlorid hergestellter thermoplast. Kunststoff mit der allg. Formel $[-CH_2-CHCl-]_n$. P. ist eine harte, spröde Substanz; bei Zusatz größerer Mengen (bis 50 %) Weichmacher (u. a. Phthalate, Phosphate) erhält man weichgummiähnl. Produkte. P. ist einer der wichtigsten Kunststoffe; seine Verwendung ist aber problematisch, da beim Verbrennen von P. große Mengen Chlorwasserstoff entstehen und in die Atmosphäre gelangen können; zur Verwendung ↑Kunststoffe (Übersicht).

Sebastião José de Carvalho e Melo Pombal

Polyzentrismus [griech.], allgemein Bez. für ein System mit vielen Zentren.

▷ Bez. für ein städteplaner. Konzept, das mehrere Zentren vorsieht.

polyzyklisch, svw. ↑mehrjährig.

Polyzythämie [griech.] (Polycythaemia rubra vera, Vaquez-Osler-Krankheit), Wucherung v. a. des die roten Blutzellen bildenden Knochenmarkgewebes mit Erhöhung der Erythrozytenzahl auf 7–9 Mill. je Kubikmillimeter Blut (mit entsprechender Zunahme der Hämatokrit- und Hämoglobinwerte) bei ebenfalls erhöhtem Blutvolumen. Die Symptome der P. sind Kopfschmerzen, Ohrensausen, Haut- und Schleimhautrötung, Hautjucken, Milz- und Lebervergrößerung, manchmal auch Bluthochdruck. Die Behandlung erfolgt medikamentös mit Zytostatika und Phosphor-32 (Radiophosphortherapie).

Polzeniusz-Krauss-Verfahren [...niʊs; nach den dt. Chemikern F. Polzeniusz und C. Krauss, 20. Jh.], Verfahren zur Herstellung von Kalkstickstoff durch Umsetzen von Calciumcarbid mit Stickstoff bei 800 °C.

Pomade [italien.-frz., zu italien. pomo „Apfel"], kosmet. Präparat zur Festigung der Frisur.

Pomaken, Bez. für die im 16.–18. Jh. zum Islam bekehrten Bulgaren.

Pombal, Sebastião José de Carvalho e Melo, Graf von Oeiras (seit 1759), Marquês de (seit 1770), * Lissabon 13. Mai 1699, † Pombal (Distrikt Leiria) 8. Mai 1782, portugies. Staatsmann. – 1750 zum Außenmin., 1756 zum Ersten Min. berufen; führte im Geist des aufgeklärten Absolutismus umfassende Reformen durch, die nach seinem Sturz 1777 unter Maria I. weitgehend aufgehoben wurden.

Pomeranze. Zweig mit Blüte und Frucht

Pomeranze [italien., zu pomo „Apfel" und arancia „bittere Apfelsine"] (Bigarade, Bitterorange, Citrus aurantium ssp. amara), wildwachsende Unterart der Gatt. Citrus am S-Abfall des Himalaja, angebaut in Indien und im Mittelmeergebiet; kleiner Baum mit längl.-ovalen Blättern und weißen, stark duftenden Blüten. Die kugelförmigen, orangefarbenen Früchte **(Pomeranzen)** haben saures Fruchtfleisch und eine bitter schmeckende Fruchtschale. Sie werden zur Herstellung von Marmelade und Likör verwendet.

Aus den Schalen der unreifen Früchte wird durch Pressen **Pomeranzenöl** (Orangenöl) gewonnen (für die Parfüm- und Genußmittelind.).

Pomerellen, eiszeitlich geformte seenreiche Landschaft an der unteren Weichsel, Polen, mit ausgedehnten Nadelwäldern; Fremdenverkehr u. a. in **Kaschubien,** dem nördl. Teil von Pomerellen.

Geschichte: Während der Völkerwanderung vom westslaw. Stamm der Pomeranen (Pomoranen) besiedelt. Ende des 12. Jh. entstand das Hzgt. P. mit dem Hauptort Danzig unter der Herrschaft der Samboriden (bis 1294). 1308 besetzte der Dt. Orden das Land, das 1466 unter poln. Hoheit kam und 1772 mit Ausnahme Danzigs an Preußen fiel; bildete bis 1918 den Hauptteil der Prov. Westpreußen; danach als Woiwodschaft P. bis 1939 im wesentlichen identisch mit dem ↑Polnischen Korridor.

Jeanne Antoinette Poisson, Marquise de Pompadour (Ausschnitt aus einem Gemälde von François Boucher, 1758)

Pomesanien, altpreuß. Landschaft zw. Nogat, Sorge, Drewenz, Weichsel und Drausensee, urspr. slawisch, im 6. und 8. Jh. von Pruzzen besiedelt, 1233/36 vom Dt. Orden erobert. Das 1243 begr. Bistum umfaßte P. und Pogesanien sowie das Marienburger Werder; sein zum Hzgt. Preußen gehörender Teil wurde 1525 luth.; die kath. gebliebenen Teile fielen an das Bistum Culm, 1821 an das Bistum Ermland.

Pommer, svw. ↑Bomhart.

Pommern (poln. Pomorze), histor. Landschaft beiderseits der Odermündung, Polen und Deutschland; gegliedert in Hinterpommern östl. der Oder sowie Vorpommern westl. der Oder (NO-Teil des Bundeslandes ↑Mecklenburg-Vorpommern).

Geschichte: Nach dem Abzug ostgerman. Stämme wanderten bis zum 6./7. Jh slaw. Stämme ein, die das Land Pomorje („Küstenland") nannten. In Kämpfen mit Deutschen, Dänen und Polen entstanden im 12./13. Jh. das vom Gollenberg (östl. von Köslin) bis zur Weichsel reichende slaw. Hzgt. der Samboriden mit Sitz in Danzig (das spätere Pomerellen), westl. davon das über die Oder bis Demmin und Wolgast und an die Uckermark ausgedehnte Herrschaftsgebiet des slaw. Fürstenhauses der Greifen, deren Stammburg Stettin war. Die Christianisierung seit der 2. Hälfte des 12. Jh. zog dt. Siedler nach sich. Mit der Anerkennung Hzg. Bogislaws I. als Reichsfürst und Hzg. der Slawen durch Kaiser Friedrich I. Barbarossa (1181) war die seit etwa 1000 von Polen immer wieder erneuerte Oberherrschaft über P. endgültig beendet. Kaiser Karl IV. erkannte 1348 die noch umstrittene Reichsunmittelbarkeit von P. an. Bogislaw X. (* 1454, † 1523) vereinigte 1478 ganz P. in seiner Hand und erhielt 1521 den kaiserl. Lehnsbrief. Brandenburg erwarb im Westfäl. Frieden (1648) den östl. der Oder gelegenen Teil P. (später **Hinterpommern** gen.); das spätere **Vorpommern** mit Stettin und den Inseln Usedom, Wollin und Rügen sowie ein schmaler Landstreifen östl. der Oder fiel an Schweden. Im 1. Nord. Krieg gewann Brandenburg-Preußen Lauenburg i. Pom. und Bütow, nach dem Niederl.-Frz. Krieg die schwed. Gebiete östl. der Oder, im 2. Nord. Krieg (1720) Vorpommern zur Peene, 1815 den Rest (Neu-Vorpommern) und bildete die preuß. Prov. P. (Hauptstadt: Stettin); 1945 kam Vor-P. zur SBZ (Land Meckl.-Vorp.; 1952–90 aufgeteilt in die DDR-Bez. Rostock und Neubrandenburg, 1990 wiederhergestellt); Hinter-P., Stettin und Swinemünde fielen an Polen (↑Oder-Neiße-Linie).

Georges Pompidou

Pommersch, niederdt. Mundart, ↑deutsche Mundarten.

Pommersche Bucht, der Odermündung vorgelagerte Bucht der Ostsee nördl. der Inseln Usedom und Wollin; grenzt an Deutschland und Polen.

pommersche Tracht ↑Volkstrachten.

Pommersfelden, Gemeinde bei Höchstadt a. d. Aisch, 2 300 E. Das bed. Barockschloß der Grafen Schönborn-Wiesentheid (Schloß Weißenstein), erbaut für den Mainzer Erzbischof Lothar Franz von Schönborn, ist im wesentlichen ein Werk J. Dientzenhofers (1711–16); das Treppenhaus (1711–15) entstand nach Plänen von J. L. von Hildebrandt.

Jean Victor Poncelet

Pommes frites [pɔm'frɪt(s); frz.], etwa 1 cm dicke Kartoffelstifte mit quadrat. Querschnitt, die in heißem Fett schwimmend ausgebacken werden.

Pomodoro, Arnaldo, * Morciano di Romagna (Prov. Forlì) 23. Juni 1926, italien. Bildhauer. – Strenge Metallplastiken, z. T. mit eingefrästen Strukturen.

Pomologie [lat./griech.] (Obstkunde), Lehre von den Obstsorten und vom Obstbau.

Pomp [frz., letztl. zu griech. pompḗ „Geleit, Festzug"], übertriebener Prunk; aufwendige Ausstattung; **pompös,** [übertrieben] prächtig, prunkvoll.

Pompadour, Jeanne Antoinette Poisson, Dame Le Normant d'Étioles, Marquise de (seit 1745) [frz. põpa'du:r], * Paris 29. Dez. 1721, † Versailles 15. April 1764. – Bürgerl. Herkunft; seit 1744 Mätresse Ludwigs XV.; förderte Wiss. und Kunst und bestimmte wesentlich die Bautätigkeit des Königs; begünstigte das östr.-frz. Bündnis von 1756 gegen Friedrich II.; im Volk v. a. wegen ihres verschwender. Lebensstils unbeliebt.

Pompadour ['pɔmpadu:r, frz. põpa'du:r; nach der Marquise de Pompadour] (Ridicule), im 18. Jh. in Mode gekommener Beutel aus Stoff, durch ein Band zusammengezogen.

Pompeji, italien. Stadt in Kampanien, am S-Fuß des Vesuv, 12 m ü. d. M., 23 100 E. Kath. Bischofssitz; Wallfahrts- und Badeort.

Geschichte: Im Altertum von Oskern, Etruskern und Samniten bewohnt; unterlag im 6. und 5. Jh. v. Chr. auch griech. Einfluß; mußte sich 290 v. Chr. dem röm. Bündnissystem anschließen; erhielt 80 v. Chr. eine Veteranenkolonie **(Colonia Veneria Cornelia Pompeianorum);** am 5. Febr. 62 (oder 63) n. Chr. durch ein Erdbeben fast völlig zerstört und am 24. Aug. 79 durch einen Vesuvausbruch verschüttet. – Systemat. Ausgrabungen seit 1860 legten die besterhaltene Stadt des Altertums frei. Sie hatte 79 etwa 20 000 E, ebenso viele Plätze hatte auch das Amphitheater (80 v. Chr.). Im SW liegt der älteste Teil mit Tempeln, Markthallen, Gerichtsgebäude, Basilika und Thermen um das Forum; sö. davon liegt das Forum triangulare u. a. mit einem dor. Tempel des 6. Jh. v. Chr. und großem Theater. Wohl nach 425 v. Chr. (Eroberung durch die Samniten) entstanden ausgedehnte Wohnquartiere v. a. im N und O: ein rechtwinkliges Netz von Hauptstraßen und Quergassen, alle gepflastert und mit Gehsteigen versehen. Die Häuser zeigen den Typus des altitalischen Atriumhauses. Reiche Wanddekoration (Fresken, Stuck), Bodenmosaiken und Ausstattung v. a. der Peristyle und Gärten. In röm. Zeit, bes. ab 62 n. Chr., wurden die Häuser vielfach aufgestockt. Die kunsthistorisch wichtigsten Häuser sind die Casa del Fauno (Fundort des ↑Alexandermosaiks), das Vettierhaus (Wandmalereien) und die Casa del Menandro. Außerhalb der Stadttore u. a. die Villa dei Misteri mit Fresken (um 50 v. Chr.) und die luxuriöse Villa di Diomede.

Pompejus, Name eines altröm. plebej. Geschlechts, das im 2. Jh. v. Chr. hervortrat. Bed. Vertreter:

P., Gnaeus P. Magnus (seit 61), * 29. Sept. 106, † in Ägypten 28. Sept. 48, Feldherr und Politiker. – Kämpfte ab 83 mit Lucius Cornelius Sulla gegen die Anhänger des Lucius Cornelius Cinna in Sizilien und Afrika, worauf er, ohne ein Staatsamt bekleidet zu haben, als Imperator den Triumph (79) bewilligt erhielt. 71 schlug er die Reste des Sklavenheeres des Spartakus und erzwang für 70 das Konsulat. 67 erhielt er das außerordentl. Kommando gegen die Seeräuber, 66 gegen Mithridates VI. Eupator. Nach erneutem Triumph (61) verband sich P. wegen der verweigerten Landanweisungen zur Versorgung seiner Veteranen (60) mit Cäsar und Crassus zum sog. 1. Triumvirat, näherte sich aber nach seinem 2. Konsulat (55) und dem Tod seiner Gattin Julia (54) erneut dem Senat. 52 alleiniger Konsul, 49 Oberbefehlshaber gegen Cäsar, dem er 48 bei Pharsalos unterlag; in Ägypten auf der Flucht ermordet.

P., Sextus P. Magnus, * um 70, † Milet 35, Flottenkommandant. – Sohn des Gnaeus P. Magnus; kämpfte seit 43 gegen Oktavian, Antonius und Lepidus; 36 in den Seeschlachten bei Mylai und Naulochos von Agrippa geschlagen, auf der Flucht getötet.

Pompidou, Georges [frz. põpi'du], *Montboudif (Cantal) 5. Juli 1911, † Paris 2. April 1974, frz. Politiker. – Gymnasiallehrer; 1944 von de Gaulle in seinen persönl. Stab berufen; zw. 1946/54 in verschiedenen Staatsämtern tätig; Generaldirektor der Rothschild-Bank; 1959–62 Mgl. des Verfassungsrats; 1961/62 maßgeblich am Zustandekommen des Abkommens von Évian-les-Bains über die Zukunft Algeriens beteiligt; 1962 zum Premiermin. ernannt, nach den Maiunruhen 1968 abgelöst; 1969 zum Staatspräs. gewählt. P. Politik des „modernisierten Gaullismus" zeigte sich v. a. in der Außenpolitik (Erweiterung der EG, Verbesserung des Verhältnisses zu den USA).

Pomponius Laetus, eigtl. Pomponio Leto, *Diano (= Teggiano, Prov. Salerno) 1428, † Rom 1497, italien. Humanist. – Schüler L. Vallas; bed. Archäologe und Kunstsammler; versammelte um sich einen Humanistenkreis, die *Accademia Romana* bzw. *Accademia Pomponiana.*

Ponape [engl. 'pɔnəpɛɪ], frühere Bez. von ↑ Pohnpei.

Ponce de León, Juan [span. 'pɔnθe ðe le'ɔn], *Santervas de Campos (?) 1460 (?), † auf Kuba im Juni 1521, span. Konquistador. – Eroberte 1509 Puerto Rico und entdeckte am 27. März 1513 Florida.

Poncelet, Jean Victor [frz. põ'slɛ], *Metz 1. Juli 1788, † Paris 22. Dez. 1867, frz. Ingenieuroffizier, Mathematiker und Mechaniker. – Prof. in Paris; Arbeiten zur Mechanik und Hydraulik; einer der Begründer der projektiven Geometrie.

Ponchielli, Amilcare [italien. poŋ'ki̯ɛlli], *Paderno Cremonese (= Paderno Ponchielli) 31. Aug. 1834, † Mailand 16. Jan. 1886, italien. Komponist. – Lehrer von G. Puccini und P. Mascagni; trat v. a. als Opernkomponist hervor, u. a. „La Gioconda" (1876).

Poncho ['pɔntʃo; indian.-span.], von den Indianern M- und S-Amerikas traditionell getragene Oberbekleidung: eine rechteckige Decke mit längs gerichtetem Kopfschlitz.

Pond [zu lat. pondus „Gewicht"], Einheitenzeichen p, der 1 000. Teil der [früheren] Krafteinheit ↑ Kilopond.

Ponderabilien [lat.], kalkulierbare, wägbare Dinge bzw. Einflüsse. – Ggs. ↑ Imponderabilien.

Ponderation [lat.], in der Bildhauerkunst die ausgewogene Verteilung des Körpergewichts, die infolge der Verlagerung von Stand- und Spielbein einer Statue notwendig wird; wird bes. durch das Mittel des ↑ Kontraposts erreicht.

Pondicherry [pɔndɪ'tʃɛrɪ], Hauptstadt des ind. Unionsterritoriums P., an der Koromandelküste, 162 700 E. Kath. Erzbischofssitz; Colleges; Nahrungsmittel- und Textilind., Heimgewerbe; Hafen.

P., ind. Unionsterritorium an der Koromandelküste, 492 km², 807 000 E (1990), Hauptstadt Pondicherry. Anbau von Reis, daneben von Zuckerrohr, Erdnüssen und Gewürzen. – Die ehem. frz. Kolonien in P. kamen 1954 an Indien; 1956 zu einem Territorium zusammengefaßt; seit 1962 Unionsterritorium.

Pongau, Teil des östr. Bundeslandes Salzburg, umfaßt die Talschaft der mittleren Salzach einschl. der rechten Nebentäler sowie das südl. anschließende Einzugsgebiet der oberen Enns; zentrale Orte sind Sankt Johann im P., Badgastein, Bischofshofen und Radstadt; bed. Fremdenverkehr.

Pongé [põ'ʒe:; frz.], svw. ↑ Japanseide.

Pongidae, svw. ↑ Menschenaffen.

Poniatowski, poln. Magnatenfam.; eine fürstl. Nebenlinie besteht noch heute in Frankreich; bed. Vertreter:

P., Józef Fürst, *Wien 7. Mai 1763, † bei Leipzig 19. Okt. 1813, poln. Kriegsminister und frz. Marschall (1813). – Seit 1789 als poln. Generalmajor für den Aufbau eines stehenden Heeres verantwortlich; 1794 Teilnehmer am Kościuszko-Aufstand. Nach dem Einmarsch der Napoleon. Armee ab Dez. 1806 Oberbefehlshaber der poln. Armee, ab Jan. 1807 Kriegsmin. im Hzgt. Warschau; führte das poln. Korps der Großen Armee; ertrank nach der Völkerschlacht bei Leipzig in der Elster, als er die frz. Nachhut deckte.

P., Michel Casimir Fürst, *Paris 16. Mai 1922, frz. Politiker. – 1967–70 Generalsekretär der Unabhängigen Republikaner, 1975 deren Präs.; 1973/74 Min. für Gesundheit und soziale Sicherheit; 1974–77 Staatsmin. und Innenmin.; 1977–81 persönl. Gesandter des frz. Präs.; 1979–89 MdEP, seit 1989 Senator.

P., Stanisław Graf, *in Litauen 15. Sept. 1676, † Ryki bei Deblin 3. Aug. 1762, Offizier und Politiker. – Vater des letzten poln. Königs Stanislaus II. August; begleitete nach der Schlacht von Poltawa (1709) Karl XII. von Schweden ins Exil. Im Interregnum von 1733 war P. Parteigänger von Stanislaus I. Leszczyński, ab 1738 von August III. Sein „Brief eines Landedelmannes an seinen Freund" (1744) enthält Vorschläge zur Festigung des poln. Staates.

Pönitent [lat.], der Büßende, der Beichtende.

Pönitentiarie (Sacra paenitentiaria) [lat.], rechtsprechendes Organ der röm. Kurie, zuständig für die dem Papst vorbehaltenen (reservierten) Fälle von Absolution sowie die Bewilligung von Dispensen.

Ponnelle, Jean-Pierre [frz. pɔ'nɛl], *Paris 19. Febr. 1932, † München 11. Aug. 1988, frz. Bühnen- und Kostümbildner und Regisseur. – Arbeitete für Oper, Schauspiel und Ballett an allen großen Bühnen im dt. Sprachraum, auch im Ausland; führte bei Festspielen (Salzburg, Bayreuth) Regie.

Pons, Jean Louis [frz. põ:s], *Peyre (Dauphiné) 24. Dez. 1761, † Florenz 14. Okt. 1831, frz. Astronom. – Entdeckte 37 Kometen, darunter 1818 den Enckeschen Kometen.

Pons Aelii ['ɛli-i] ↑ Newcastle upon Tyne.

Ponsard, François [frz. põ'sa:r], *Vienne (Isère) 1. Juni 1814, † Paris 7. Juli 1867, frz. Dramatiker. – Schrieb u. a. das mit großem Erfolg aufgeführte Trauerspiel „Lucretia" (1843) als bewußten Protest gegen den übersteigert romant. Stil Hugos und Dumas' d. Ä.; 1855 Mgl. der Académie française.

Pons Drusi ↑ Bozen.

Pont-à-Mousson [frz. põtamu'sõ], frz. Stadt an der Mosel, Dep. Meurthe-et-Moselle, 180 m ü. d. M., 14 900 E. Eisenerzverhüttung. – Seit dem 10. Jh. belegt, Stadtrecht 1372. – Spätgot. Kirche Saint-Martin (15. Jh.).

Pontano, Giovanni (Gioviano), latinisiert Pontanus, *Cerreto di Spoleto (Prov. Perugia) 7. Mai 1426, † Neapel Sept. 1503, italien. Dichter und Humanist. – Leitete seit 1471 die nach ihm benannte *Accademia Pontaniana* in Neapel; verfaßte v. a. lat. moralphilosoph. und naturwiss. Traktate und Dialoge.

Pont-Aven, Schule von [frz. põta'vã], Gruppe von Künstlern (P. Gauguin, É. Bernard u. a.), die ab 1886 mit Unterbrechungen einige Jahre in P.-A. in der Bretagne (Dep. Finistère) und im benachbarten Le Pouldu arbeiteten. Beeinflußt von Volkskunst und japan. Farbholzschnitt, entwickelten sie eine nichtillusionist. Darstellungsweise, bei der Umrißlinien und Farbflächen die elementaren Ausdrucksträger sind.

Pont du Gard [frz. põdy'ga:r], röm. Aquädukt, ↑ Gard.

Ponte, Lorenzo da, italien. Schriftsteller, ↑ Da Ponte, Lorenzo.

Pontederiengewächse (Pontederiaceae) [nach dem italien. Botaniker G. Pontedera, *1688, † 1757], Fam. der Einkeimblättrigen mit rd. 30 Arten in den Tropen und Subtropen; ausdauernde Kräuter mit rosettig angeordneten Blättern; viele Teich- und Aquarienpflanzen; eine bekannte Gatt. ist die ↑ Wasserhyazinthe.

Ponte Molle ↑ Milvische Brücke.

Pontevedra [span. pɔnte'βeðra], span. Hafenstadt in Galicien, 67 400 E. Verwaltungssitz der Prov. P.; Fischerei; Zellstoff-, chem. und keram. Ind., Gießereien, Maschinenbau. – Geht auf eine röm. Siedlung zurück; erhielt 1169 Stadtrechte. – Kirche Santa María la Mayor (16. Jh.) in plateresken Stil.

Ponthieu [frz. põ'tjø], ehem. frz. Gft. in der Picardie, Dep. Somme, Hauptort Abbeville; gehörte im 13. Jh. zu Kastilien, im 14. Jh. zu England, im 15. Jh. zu Burgund, fiel 1477 an die frz. Krone.

Ponti, Carlo, *Mailand 11. Dez. 1913, italien. Filmproduzent. – Zunächst Rechtsanwalt; gründete 1950 mit D. de Laurentiis eine Produktionsfirma, die u. a. „La Strada" (1954) und „Krieg und Frieden" (1956) herstellte; seit 1956 selbständiger Produzent v. a. von Filmen mit seiner Frau Sophia Loren.

Poncho eines Häuptlings der Guaraní (Paraguay)

Józef Fürst Poniatowski

Carlo Ponti

Erich Ponto

Henrik Pontoppidan

P., Gio, eigtl. Giovanni P., *Mailand 18. Nov. 1891, †ebd. 16. Sept. 1979, italien. Architekt und Industriedesigner. – Entwürfe für Schiffseinrichtungen, Kostüme und Theaterdekorationen, Beleuchtungskörper, Möbel und Porzellan. Als Architekt schuf er das mathemat. Institut der Univ. Rom, ein Werk des ↑internationalen Stils, und das Pirellihaus in Mailand (1955–59, mit P. L. Nervi).

Pontiac [engl. 'pɔntıæk], *in Ohio um 1720, †Cahokia bei Saint Louis 1769, Häuptling der Ottawa. – Führer des Indianerkriegs (1763–66) gegen die Landnahme durch die Briten im Westen N-Amerikas; vermutlich von einem bestochenen Illinois-Indianer ermordet.

Pontianak, indones. Hafenstadt auf Borneo, am Südchin. Meer, 304 800 E. Verwaltungssitz der Prov. West-Borneo; kath. Erzbischofssitz; 2 Univ. (beide 1963 gegr.), Handelszentrum.

Pontianus, hl., †auf Sardinien 235 (?), Papst (230–235). – Verzichtete 235 auf sein Pontifikat; der Tag (28. Sept. 235) seines Verzichtes ist das erste gesicherte Datum der Papstgeschichte.

Ponticello [pɔnti'tʃɛlo; lat.-italien.], der ↑Steg bei Saiteninstrumenten; **sul ponticello,** Anweisung für Streicher, den Bogen nahe am Steg aufzusetzen (erzeugt einen harten Ton).

Pontifex Maximus [lat. eigtl. „größter Brückenbauer"], sakraler Titel, den in altröm. Zeit der Vorsteher des Priesterkollegiums trug; die röm. Kaiser (seit Augustus) behielten ihn bis zu Gratian bei; von Papst Leo I. in die päpstl. Titulatur aufgenommen (Abk. P. M.).

Pontifikalamt [lat./dt.] ↑Hochamt.

Pontifikale [lat.], in der kath. Kirche das liturg. Buch für die bischöfl. Amtshandlungen, das 1596 als *„Pontificale Romanum"* verpflichtend wurde; wird seit 1961 revidiert.

Pontifikalien [lat.], 1. die dem Bischof zukommenden Insignien (z. B. Mitra und Stab); 2. Handlungen, bei denen nach den liturg. Vorschriften der Bischof Mitra und Stab benutzt.

Pontifikat [lat.], Amtsdauer eines Papstes oder Bischofs.

Pontigny [frz. põti'ɲi], frz. Gemeinde im Dep. Yonne, 700 E. Ehem. Zisterzienserabtei (gegr. 1114, aufgehoben 1792) mit bed. Kirche in frühgot. Stil (um 1150 ff.; Chorgestühl und Kanzel aus dem 17. Jahrhundert).

Pontinische Inseln, italien. Inselgruppe westl. von Neapel, Hauptort Ponza.

Pontinische Sümpfe (italien. Agro Pontino), italien. Küstenlandschaft sö. von Rom, reicht als Teil der Maremmen bis Terracina. Im Altertum von den Volskern besiedelt und agrarisch genutzt, von den Etruskern trockengelegt, versumpfte erneut im 5./4. Jh., lange Zeit wegen Malariagefahr gemieden; ab 1928 erfolgreiche Trockenlegung; die P. S. gehören zu den wichtigsten Agrarlandschaften M-Italiens.

pontische Pflanzen (pontisch-pannon. Pflanzen), Pflanzen des pontisch-zentralasiat. Florengebiets, deren Hauptverbreitung sich über die Wiesen und Federgrassteppen vom Ungar. Tiefland bis nach Mittelasien erstreckt (verschiedene Federgras-, Schwingel- und Seggenarten).

Pontischer Kaukasus ↑Kaukasus.

Pontisches Gebirge, nördl. Randgebirgssystem Anatoliens, von der südl. Küstenebene des Schwarzen Meeres bis 3 937 m (Kaçkar daği) aufsteigend. Der N-Hang erhält hohe Niederschlagsmengen, daher üppige Vegetation; Waldgrenze bei 2 000 bis 2 300 m ü. d. M. Die trockenere S-Abdachung ist nur dünn besiedelt; z. T. Steppenvegetation.

Pontisches Reich ↑Pontus.

Pontius Pilatus ↑Pilatus, Pontius.

Pontivy [frz. põti'vi], frz. Stadt in der Bretagne, Dep. Morbihan, 12 700 E. Gemüsekonserven-, Möbelind. – Wurde 1663 Hauptort des Hzgt. Rohan; ab 1805 Bau der Neustadt nach regelmäßigem Plan; hieß 1805–14 und 1848–71 **Napoléonville.** – Schloß der Familie Rohan, spätgot. Kirche (beide 15. Jh.).

Ponto, Erich, *Lübeck 14. Dez. 1884, †Stuttgart 4. Febr. 1957, dt. Schauspieler. – Engagements u. a. 1914–47 in Dresden (1945/46 als Intendant), 1947–57 am Stuttgarter Staatstheater, 1950–53 gleichzeitig in Göttingen. Spielte auch in vielen Filmen.

P., Jürgen, *Bad Nauheim 17. Dez. 1923, †Oberursel 30. Juli 1977 (ermordet), dt. Bankfachmann. – Jurist; seit 1969 Vorstandssprecher der Dresdner Bank; von einem RAF-Kommando ermordet.

Pontoise [frz. põ'twa:z] ↑Cergy-Pontoise.

Pontok [Afrikaans], bienenkorbartige Rundhütte der Herero, Hottentotten und Südostbantu.

Ponton [põ'tõ:; frz. „Brückenschiff", zu lat. pons „Brücke"], meist kastenförmiger, schwimmfähiger Hohlkörper; offene P., die zugleich als Wasserfahrzeuge dienen können, werden z. B. zum Bau von Behelfsbrücken **(Pontonbrücken)** verwendet, geschlossene P. u. a. als Anleger für Fährschiffe.

Pontoppidan, Henrik [dän. pɔn'tɔbidan], *Fredericia 24. Juli 1857, †Kopenhagen 21. Aug. 1943, dän. Schriftsteller. – Bed. Vertreter des dän. Naturalismus; zeit- und kulturkrit. Schilderer Dänemarks zu Beginn des 20. Jh., v. a. in Romanen wie „Das gelobte Land" (1891–95), „Hans im Glück" (1898–1904), „Totenreich" (1912–16). 1917 Nobelpreis für Literatur (zus. mit K. A. Gjellerup).

Pontormo, Iacopo da, eigtl. I. Carrucci, *Pontormo (= Empoli) 24. Mai 1494, ▭ Florenz 2. Jan. 1557, italien. Maler. – Schuf Hauptwerke des italien. Manierismus: Passionszyklus im Kreuzgang der Certosa di Galuzzo, Florenz (1522–25, angeregt von Dürer-Stichen), Altarbild (Kreuzabnahme Christi) und Fresken in der Kirche S. Felicità in Florenz (1525–28).

Pontos, bei den Griechen Begriff und vergöttlichte Personifikation des Meeres; Vater u. a. des Nereus.

Pontresina, Sommer- und Winterkurort, im Oberengadin, Kt. Graubünden, 1 803 m ü. d. M., 1 700 E. – 1139 Ersterwähnung als **ad pontem Serasinam** („Sarazenenbrücke"); bis 1538 Bestandteil der Talschaft Oberengadin. – Roman. Begräbniskirche Santa Maria (um 1200 ?).

Pontus (Pont. Kappadokien), histor. Landschaft an der kleinasiat. Küste des Schwarzen Meeres. Nach griech. Kolonisation gründete Mithridates I. 301 das **Pontische Reich,** das seine größte Ausdehnung unter Mithridates VI. Eupator (130–63) gewann, der es 107 mit dem Bosporan. Reich in Personalunion verband; 63 röm. Prov., 40 v. Chr. bis 64 n. Chr. als Kgr. restituiert; danach zunächst mit Galatien, dann mit Bithynien vereinigt.

Pontus Euxinus (Pontos Euxeinos), antiker griech. Name des Schwarzen Meeres („gastl. Meer"; euphemist. Bez. statt des urspr. griech. Namens Pontos Axeinos, „ungastl. Meer").

Pontuskonferenz, Zusammenkunft der Signatarmächte des Pariser Vertrages von 1856 in London 1871: Die Neutralität des Schwarzen Meeres wurde aufgehoben; die Meerengen blieben für Kriegsschiffe weiterhin geschlossen.

Pony ['pɔni; engl.], in die Stirn gekämmtes, gleichmäßig geschnittenes Haar.

Ponys ['pɔni:s; engl.], Rasse relativ kleiner Hauspferde (Schulterhöhe bis 148 cm). P. sind robust und genügsam; in den Farben häufig mausgrau bis graugelb, mit Aalstrich. Man unterscheidet vielfach: 1. Eigtl. P. *(Zwergpferde),* bis 117 cm hoch; z. B. *Shetlandpony* (tief und gedrungen gebaute P. mit glattem, langem Haar in allen Farben) und *Skirospony;* 2. P. im erweiterten Sinne sind *Kleinpferde* (120–134 cm hoch); z. B. *Exmoorpony, Islandpony* (kräftige P. mit rauhem Fell in verschiedenen Farbschlägen) und *Welsh-Mountain-Pony* sowie die als *Mittelpferde* bezeichneten, 135–148 cm hohen Rassen, wie *Fjordpferd, Haflinger* und *Koniks.*

Pool [engl. pu:l], in der Wirtschaft allg. ein Zusammenschluß zur gemeinsamen Interessenverfolgung, insbes. von Unternehmen zu einem Kartell, bei dem die Gewinne zentral erfaßt und nach einem Schlüssel verteilt werden, sowie von Aktionären als Zusammenfassung ihrer Beteiligungen, um größeren Einfluß auf die Unternehmenspolitik der betreffenden AG geltend machen zu können.

Poolbillard [engl. 'pu:lbɪʌart], andere Bez. für Snooker Pool (↑Billard).

Poole [engl. pu:l], engl. Stadt unmittelbar westlich von Bournemouth, Gft. Dorset, 118 900 E. Maschinenbau, chem. Ind., Bootsbau, Tonwarenmanufakturen und Ziegeleien; Schiffahrtsmuseum; Seebad, Segelsportzentrum, Hafen. – Erhielt 1248 Stadtrecht. – Zahlr. ma. Häuser sowie Bauten des 18. Jh. prägen das Stadtbild (u. a. Old Town House, Woolhouse, Guildhall).

Poona ['pu:na], ind. Stadt, ↑Pune.

Poons [engl. pu:nz], Larry, eigtl. Lawrence P., *Tokio 1. Okt. 1937, amerikan. Maler. – Seine Malerei bewegt sich zw. abstraktem Expressionismus und Color-field-painting.

Poop [engl. pu:p] (Hütte), hinterer Aufbau (Achterdecks-P.) oberhalb des Hauptdecks von Schiffen, der meist zur Unterbringung der Besatzung dient.

pop..., Pop... [engl.-amerikan.], in Zusammensetzungen auftretendes Bestimmungswort mit der Bed. „von der Pop-art beeinflußt".

Popanz, 1. bedrohliche Erscheinung, Schreckgestalt; 2. willenloses Geschöpf, unselbständiger Mensch.

Pop-art [engl. 'pɔpa:t], Richtung der modernen Kunst, die in den 1950er Jahren in den USA und in Großbritannien unabhängig voneinander entstand und sich in den 1960er Jahren auch auf dem europ. Kontinent ausbreitete. – Die Bez. P.-a. ist wahrscheinlich vom engl. „pop" („Stoß, Knall") abgeleitet, wird aber seit den 1960er Jahren v. a. im Sinne einer Verkürzung von „popular art" („populäre Kunst") verstanden. Die P.-a. bringt in Reaktion auf die abstrakte Kunst und in Ablehnung aller Tradition die Gegenstände des modernen, von Ware und Werbung geprägten Alltags in lauter Farbigkeit plakativ zur Darstellung. In den USA hat die P.-a. ihre Wurzeln im Neodadaismus; R. Rauschenberg fügte seit 1955 Objekte der Konsumproduktion in seine gemalten Bilder ein (Combine paintings); entscheidenden Einfluß hatte auch J. Johns (Wachsbilder der amerikan. Flagge). A. Warhol, R. Lichtenstein, C. Oldenburg, G. Segal, J. Rosenquist, T. Wesselmann, R. Indiana u. a. führende Künstler der 60er Jahre entnahmen ihre Themen der Welt der Reklame, der Supermärkte, den Comics, dem Starkult und der anonymen Stadtkultur, wobei die Banalität der Objekte durch die grelle Schärfe der Darstellung, die Übergröße, die Lösung aus dem Zusammenhang und die Wiederholung überdeutlich oder auch verfremdet wird. – In Großbritannien entwickelte sich die P.-a. aus der Independent Group, in der bereits 1952 durch E. Paolozzi die Trivialwelt des Konsums als kunstfähig erklärt wurde. R. Hamilton (seit 1956), P. Blake, D. Hockney, A. Jones, R. B. Kitaj, P. Philips, J. Tilson bedienen sich v. a. der Collage und Assemblage. – In Deutschland stehen der P.-a. u. a. W. Gaul, K. Klapheck, W. Vostell, W. Wolff nahe. – Die Übergänge der P.-a. zum Neuen Realismus sind fließend (E. Kienholz, D. Hanson).

Pop-art. Roy Lichtenstein, Big Painting 6, 1965 (Privatbesitz)

Popayán [span. popa'jan], Hauptstadt des Dep. Cauca in SW-Kolumbien, 1 760 m ü. d. M., 166 200 E. Kath. Erzbischofssitz; Univ. (gegr. 1827), Museen; Handelszentrum eines Kaffeeanbaugebiets; Eisenbahnendpunkt. – Gegr. 1536. – Barocke Kirchen.

Popcorn [engl. 'pɔpkɔ:n; eigtl. „Knallkorn"], geröstete Maiskörner einer bes. wasserhaltigen Maissorte (Puffmais).

Pope, Alexander [engl. poʊp], *London 21. Mai 1688, †Twickenham (= London) 30. Mai 1744, engl. Dichter. – Sohn eines Tuchhändlers; bedeutendster Vertreter des Klassizismus; sein Hauptwerk, das kom.-heroische Epos „Der Lockenraub" (1714), ist die bedeutendste dichter. Leistung des engl. Rokoko. Hervorragende Werke der Aufklärung sind der „Versuch über die Kritik" (1713), in dem eine klassizist. Poetik entwickelt wird, und das Lehrgedicht „Versuch vom Menschen" (1733/34). Übersetzte „Ilias" (1715–20) und „Odyssee" (1725/26). Höhepunkt seiner Literatursatire ist das Versepos „Die Dunciade" (1728).

Pope [russ.], Bez. und Titel des orth. Weltgeistlichen; heute meist abwertend.

Popeline [frz.], ripsartiges, leinwandbindiges Gewebe mit sehr feinen Querrippen, die durch Verwendung von feinen Kettfäden und dickeren Schußfäden entstehen; hergestellt v. a. aus Baumwolle, auch aus Wolle, Seide oder Chemiefasern.

Popitz, Johannes, *Leipzig 2. Dez. 1884, †Berlin-Plötzensee 2. Febr. 1945 (hingerichtet), dt. Jurist und Politiker. – Nov. 1932–Jan. 1933 Reichsmin. ohne Geschäftsbereich, zugleich kommissar. Leiter des preuß. Finanzministeriums bis April 1933, dann preuß. Finanzmin. bis Juli 1944; entwickelte sich zum Gegner des NS-Staates, blieb aber wegen konspirativer Kontakte zu Himmler umstritten; nach dem 20. Juli 1944 verhaftet und zum Tode verurteilt.

Johannes Popitz

Popliteratur, an Pop-art angelehnte Bez. für eine Richtung der modernen Literatur, bei der zu unterscheiden ist zw. einer populären Unterhaltungsliteratur (auch Kommerzpop), wie sie verschiedene Zeitschriften anbieten, und einer P., die mit provokanter Exzentrik, Monomanie, Obszönität, Unsinnigkeit und Primitivität ebenso gegen eine derartige Unterhaltungsliteratur gerichtet ist wie gegen eine Elitekunst und gegen etablierte ästhet. Normen. P. begreift sich als Un-Kunst, als Gegen-Kunst (T. Wolfe, „Das bonbonfarbene tangerinrotgespritzte Stromlinienbaby", 1965) und arbeitet mehr oder weniger rigoros mit Elementen, Techniken und Mustern trivialer Literaturgenres.

Popmusik, Bez. für zahlr. Erscheinungsformen einer Populärmusik (populäre Musik), wie sie sich speziell im 20. Jh. in den westl. Ind.gesellschaften als Bereich zw. urspr. Volksmusik und Kunstmusik entfaltet hat. I. w. S. gehören hierzu z. B. die Unterhaltungs-, Song- und Schlagermusik, weite Teile der Filmmusik und des Musicals, aber auch folklorenahe Formen wie z. B. Country and western oder Popadaptionen aus Klassik und Jazz. Kennzeichnend für die P. als soziokulturelles Phänomen ist ihre massenhafte Verbreitung und ihre mittlerweile feste Verankerung im Alltagsleben, die auf einer engen Wechselbeziehung zw. ihrer Vermarktung und den Möglichkeiten, die die techn. Unterhaltungsmedien des 20. Jh. hierzu bieten, beruht, musikalisch die Rückführbarkeit ihrer Ausdrucksmittel auf Elemente der afroamerikan. Musik, bes. in ihren rhythm.-metr. Grundstrukturen.

Alexander Pope (Kupferstich, um 1810)

Hinsichtlich der Entstehung wie des allg. sehr unscharfen Gebrauchs des Begiffs P. lassen sich mehrere Bed.stränge unterscheiden: 1. **Popular music (Pop music),** eine in den 1950er Jahren von der amerikan. Schallplattenindustrie für ihre Hitlisten (Charts) gewählte Bez. für sentimental arrangierte Schlager im Swing-Stil. Zu den typ. Vertretern dieser P. zählt z. B. F. Sinatra. 2. In den 1960er Jahren v. a. in Dtl. und Großbritannien vorherrschende Bez. für die von den Beatles und den Rolling Stones ausgelöste sogenannte Beatwelle. Ob die in diesem Zusammenhang immer wieder begründete Herkunft des Wortes P. (von engl. pop

„Stoß“, „Knall“) ebenso wie das etwa zeitgleiche Auftreten der Pop-art in der darstellenden Kunst etwas mit der Bildung des Begriffs P. zu tun hat, ist nicht gesichert. In den USA immer schon ↑Rock genannt, wird die frühe **Beatmusik** im dt. Sprachgebrauch seit Mitte der 1970er Jahre zur Rockmusik gerechnet. 3. Hiervon abgeleitet versteht man unter P. heute v. a. diejenige Musik, die Stilmittel und Soundformen der **Rockmusik** übernimmt, bis zur Unverbindlichkeit umarrangiert und glättet und mit der Marktgängigkeit des Schlagers verbindet. Als Prototypen dieser P. gelten z. B. ABBA oder Boney M.

Popocatépetl [span. popoka'tepɛtl], Vulkan in Z-Mexiko, mit 5 452 m zweithöchster Berg des Landes, 70 km sö. der Stadt Mexiko; heute nur noch Fumarolen- und Solfatarentätigkeit.

Oleg Popow

Popol Vuh ['pɔpɔl 'vʊx; indian. „Buch des Rates“], hl. Buch der Quiché-Indianer in Guatemala. Erste Aufzeichnung in lat. Schrift und Quiché-Maya zw. 1554 und 1558 durch einen anonymen indian. Autor. Es enthält kosmogon. Vorstellungen und bis ins 10. Jh. zurückgehende histor. Traditionen der Quiché-Maya mit folgenden Themen: 1. die Schöpfung; 2. die Zeit der Dämonen und Helden; 3. die Zeit der Urväter; 4. die Zeit der Könige. Das P. V. gilt als bedeutendstes Relikt der altamerikan. Literatur der Indianer und ist eine wichtige Quelle für Ethnologie und Geschichte der Hochlandmaya.

Popow [russ. pa'pɔf], Alexandr Serafimowitsch, russ. Schriftsteller, ↑Serafimowitsch, Alexandr Serafimowitsch.

P., Alexandr Stepanowitsch, *Turjinskije Rudniki (= Krasnoturjinsk) 16. März 1859, † Petersburg 13. Jan. 1906, russ. Physiker. – Untersuchte u. a. die Polarisation, Reflexion und Brechung elektromagnet. Wellen und verwendete erstmalig eine Antenne.

P., Oleg, *Wyrubowo (Geb. Moskau) 31. Juli 1930, russ. Clown. – Ausbildung als Artist (Seiltänzer und Jongleur); seit 1955 internat. bekannter Clown am Moskauer Staatszirkus.

Popowa [russ. pa'pɔwa], Ljubow Sergejewna, *Moskau 6. Mai 1889, † ebd. 25. Mai 1924, russ. Malerin und Graphikerin. – Studierte in Moskau und in Paris, wo sie sich dem Kubismus zuwandte. Unter dem Einfluß von K. Malewitsch und W. Tatlin setzte sie sich ab 1916 mit Suprematismus und Konstruktivismus auseinander. Ab 1921 widmete sie sich v. a. der Textilkunst, entwarf Bühnendekoration und Kostüme sowie Plakate und Typographien.

Lucia Popp

Popp, Lucia, *Záhorská Ves (Westslowak. Bez.) 12. Nov. 1939, östr. Sängerin (Sopran). – Seit 1963 Engagement an der Wiener Staatsoper, wo sie große Erfolge feierte; sang zunächst Koloraturpartien und wechselte dann ins lyr. Fach; Gastspiele u. a. an der Metropolitan Opera in New York.

Poppberg, mit 657 m höchste Erhebung der Fränk. Alb.

Pöppelmann, Matthäus Daniel, *Herford 3. (?) Mai 1662, † Dresden 17. Jan. 1736, dt. Baumeister. – Seit 1686 im Dienst des Dresdner Hofes, 1718 Oberlandbaumeister. P. trug mit seinen Hauptwerken (Dresdner Zwinger, 1711–28; Schloß Pillnitz, ab 1720; Umbau Jagdschloß Moritzburg, ab 1723) entscheidend zur Ausbildung des sächs. Barocks bei. – *Weitere Werke:* Taschenberg-Palais in Dresden (1707–11), Erweiterung des Holländ. [Jap.] Palais ebd. (ab 1727), Weinbergkirche in Dresden-Pillnitz (1723–27) sowie Pläne für Brückenbauten und Schloßbauentwürfe für das Warschauer Schloß (1707 ff.).

Karl Popper

Popper, Sir (seit 1964) Karl [Raimund], *Wien 28. Juli 1902, brit. Philosoph und Wissenschaftstheoretiker östr. Herkunft. – Seit 1949 Prof. für Logik und Wissenschaftstheorie in London; Begründer des ↑kritischen Rationalismus. In krit. Auseinandersetzung mit dem Neopositivismus (Wiener Kreis) weist P. auf die Unentscheidbarkeit der Wahrheit empirisch-wiss. Theorien hin; diese können demnach weder durch empir. Verifikation noch induktiv durch Sammlung von Einzelbeobachtungen als wahr bestätigt werden. Vielmehr definiert P. die Gültigkeit empirisch-wiss. Theorien aus deren Falsifizierbarkeit: Eine Theorie ist eine Hypothese, die Gültigkeit hat, solange die aus ihr deduktiv erschließbaren Beobachtungssätze nicht in der Erfahrung falsifiziert, d. h. in ihrer Gültigkeit widerlegt werden können. – Moralphilosophisch kritisiert P. den naturalist. Determinismus des „Historizismus“. Die zukünftige gesellschaftl. Entwicklung sei nicht durch Gesetze erklärbar und voraussagbar, da sie entscheidend durch den Umfang des nicht voraussagbaren wiss. Wissens beeinflußt werde. – *Werke:* Logik der Forschung (1935), Die offene Gesellschaft und ihre Feinde (1945), Das Elend des Historizismus (1957), Objektive Erkenntnis. Ein evolutionärer Entwurf (1972). Die beiden Grundprobleme der Erkenntnistheorie (1979), Auf der Suche nach einer besseren Welt (1984).

Popper [zu engl. pop „volkstümlich“], Jugendliche, die auf manierierte Weise gepflegtes Äußeres zur Schau stellen, gesellschaftlich angepaßtes Verhalten demonstrieren und sich bewußt von Punkern abheben wollen.

Poppo von Stablo, hl., *Deinze (Ostflandern) 978, † Marchiennes (Nord) 25. Jan. 1048, lothring. Benediktiner. – Mönch in Reims, 1008 in Saint-Vannes, mit dessen Abt Richard er in den lothring. Klöstern die kluniazens. Reform einzuführen suchte; von Kaiser Heinrich II. zum Abt von Stablo (= Stavelot) und Malmedy erhoben. – Fest: 25. Januar.

Popponen ↑Babenberger.

Poprad [slowak. 'pɔprat] (dt. Deutschendorf), Stadt in der SR (Ostslowak. Bez.), in der Zips, am Popper, 675 m ü. d. M., 49 800 E; Tatra-Museum; Waggonbau, Holzind.; Ausgangspunkt für den Fremdenverkehr in die Hohe Tatra, ✈. – Im 12./13. Jh. von dt. Siedlern (Zipser Sachsen) gegr. – Spätgotische St.-Aegidius-Kirche mit Wandmalereien (15. Jh.), Glockenturm (1658).

populär [frz., zu lat. populus „Volk“], 1. gemeinverständlich, volkstümlich; 2. beliebt, allgemein bekannt; **Popularität,** Beliebtheit, Volkstümlichkeit; **popularisieren,** gemeinverständlich darstellen, verbreiten.

Popularen ↑Optimaten.

Popularklage [lat./dt.], Klage, die von jedem, der ein Interesse vorgibt, ohne Behauptung einer konkreten Beeinträchtigung seiner Rechte erhoben werden kann; im dt. Recht außer im Patentverfahren und in der Verfassungsgerichtsbarkeit einiger Länder unzulässig.

Popularphilosophie [lat./griech.], allg. Bez. für Versuche, philosoph. Lehren von prakt. Relevanz einem breiten Publikum in vereinfachter Form darzustellen.

Population [lat.], Bevölkerung.

▷ die Gesamtheit aller Individuen einer Art oder Rasse in einem geographisch begrenzten Verbreitungsgebiet, wobei die Einzelindividuen untereinander fortpflanzungsfähig sind.

▷ Gruppe von Sternen *(Stern-P.)*, die bezüglich des Alters, ihrer chem. Zusammensetzung, der Bewegungsverhältnisse sowie ihrer räuml. Verteilung im Sternsystem einander ähnlich sind.

Populationsdichte, svw. Individuendichte (↑Abundanz).

Populationsdynamik, zeitl. Schwankungen der Individuendichte einer Population in Abhängigkeit von abiot. (z. B. Witterung) und biot. Umwelteinflüssen (z. B. Nahrungsangebot, Feinde).

Populationsökologie ↑Ökologie.

Populismus [zu lat. populus „Volk“] (frz. populisme), 1929 begründete frz. literar. Richtung, mit dem Ziel, v. a. im Roman das Leben des einfachen Volkes in natürl., realist. Stil für das einfache Volk zu schildern. Hauptvertreter des P. sind A. Thérive, E. Dabit, L. Lemonnier, J. Prévost, H. Poulaille.

▷ in der Politik Bez. für oft personengebundene polit. Strömungen, deren Führer eine „volksnahe“ Politik zu betreiben vorgeben, die programmatisch i. d. R. unscharf und unverbindlich ist; durch demagog. Überzeichnen der politisch bei ihren Erfolgen meist in einer gesellschaftl. Umbruchphase befindl. Lage suchen die Populisten die Zustimmung der (Wähler) Massen zu gewinnen; Formen zeitgenöss. P. sind Peronismus, Poujadismus.

Populorum progressio [lat. „Fortschritt der Völker"], Sozialenzyklika Papst Pauls VI. vom 26. März 1967 (ben. nach ihren Anfangsworten); fordert zugunsten der Entwicklungsländer die Ausweitung der von den Industrieländern zunächst nur wirtsch. orientierten Entwicklungspolitik und betont u. a. die Sozialverpflichtung des Privateigentums.

Poquelin, Jean-Baptiste [frz. pɔ'klɛ̃], ↑Molière.

Pordenone, eigtl. Giovanni Antonio de' Sacchis, * Pordenone 1483 (?), ▭ Ferrara 14. Jan. 1539, italien. Maler. – Begann im Stil der Hochrenaissance; entwickelte einen raumgreifenden Kompositionsstil mit schon manierist. Elementen. Schuf u. a. Freskenzyklen im Dom von Treviso (1517–20) und im Dom von Cremona (1520/21).

Pordenone, italien. Stadt in Friaul-Julisch-Venetien, 24 m ü. d. M., 50 600 E. Hauptstadt der Prov. P.; Gemäldegalerie; Baumwollwebereien, Maschinenbau und keram. Ind. – Als **Portus Naonis** erstmals 452 n. Chr. erwähnt; ab Mitte des 16. Jh. bei Venedig. – Dom (im 13./14. Jh. erbaut, im 15./16. Jh. erweitert, im 18./19. Jh. umgestaltet).

Pore (Porus, Mrz. Pori) [griech.-lat.], kleines Loch, feine Öffnung, z. B. in der tier. und menschl. Haut (v. a. als Ausmündung der Schweißdrüsen), in Kapselfrüchten (P.kapsel), in der Kern- und Zellmembran.

Poreč [serbokroat. ˌpɔrɛtʃ], Seebad in Kroatien, an der W-Küste Istriens, 4 000 E. Kath. Bischofssitz; Marktort und Fischereihafen. – Entstand an der Stelle einer illyr. Siedlung; in röm. Zeit **Colonia Julia Parentium;** ab 1861 Hauptstadt Istriens; gehörte bis 1947 zu Italien. – Reste eines röm. Tempels; byzantin. Basilika Euphrasiana (535–550) mit Goldmosaiken (540).

Porenkapsel ↑Kapselfrucht.

Porenpilze, svw. ↑Porlinge.

Porenschwämme, svw. ↑Porlinge.

Pori (schwed. Björneborg), Stadt in SW-Finnland, 76 800 E. Holz- und Textilind., Buntmetallhütte, zwei Häfen, ✈. – 1558 gegr., 1564 Stadtrecht. – Neugot. Backsteinkirche (1863); Rathaus (1841, von J. C. L. Engel), Iunnelius-Rosenlew-Palais (1895).

Porlinge (Löcherpilze, Porenschwämme, Porenpilze), systematisch uneinheitl. Sammelgruppe von saprophyt. und parasit. Pilzen, deren Fruchtkörper oft zäh, lederartig und konsolenförmig sind. Die sporenbildende Fruchtschicht auf der Unterseite überzieht runde oder vieleckige Röhrchen oder Waben. Bekannte Vertreter: Schuppiger Porling, Winterporling, Feuerschwamm.

Pornographie [griech., eigtl. „Hurenbeschreibung" (von pórnē „Hure")], urspr. die Beschreibung von Leben und Sitten der Prostituierten und ihrer Kunden, im Laufe der Jahrhunderte zum Begriff für die Darstellung sexueller Akte überhaupt verallgemeinert. Obwohl die Phantasien, die in P. erscheinen, überwiegend zeitloser Natur sind, gewann P. als sexuelles Phänomen und soziales Problem erst im Kontext der modernen Gesellschaft Bedeutung. Im Unterschied zu explizit sexuellen Darstellungen früherer Epochen und anderer Kulturen steht bei P. die Intention der sexuellen Reizwirkung im Vordergrund. Während sexualbezogene Darstellungen früherer Zeiten individuelle Werke einzelner Künstler und i. d. R. nur den jeweiligen Oberschichten zugänglich waren, hat sich P. seit dem 19. Jh. zu einer Massenware entwickelt, die zu einem Bestandteil der allgemeinen Freizeit- und Unterhaltungskultur geworden ist. Die Wirkung von P., die Methoden ihrer Herstellung und Verbreitung wie die Art ihres Konsums wurden maßgeblich durch die Entwicklung der modernen Informationssysteme und Reproduktionstechniken (Buchdruck, Massenpresse, Photographie, audiovisuelle Medien) bestimmt. Durch die zunehmende Verlagerung des Konsums auf visuelle Massenmedien ist medial vermittelte P. im Verlauf der letzten Jahrzehnte zu einem signifikanten Phänomen des gesellschaftl. Austauschs über Sexualität geworden. Pornograph. Schriften u. a. derartige Darstellungen dürfen gemäß § 184 StGB nicht verbreitet werden, soweit es der Schutz Jugendlicher unter 18 Jahren oder das Allgemeininteresse verbietet. – ↑Erotik, ↑erotische Literatur.

Porogamie [griech.], pflanzl. Befruchtungsweise bei Blütenpflanzen: der Pollenschlauch dringt direkt durch die Mikropyle in die ↑Samenanlage ein.

Poromere [griech.] (poromere Werkstoffe), feinporöse, luftdurchlässige Kunststoffprodukte, die sich als Lederaustauschstoffe eignen.

Porosität [griech.], Durchlässigkeit; Vorhandensein von Poren.

Porphinfarbstoffe [griech. (zu ↑Porphyr)], Naturfarbstoffe, zu denen die Farbkomponenten des Hämoglobins und bestimmter Enzyme (z. B. Zytochrome, Peroxidasen), des Chlorophylls und Vitamins B_{12} gehören. Allen liegt das aus vier Pyrrolringen, die durch wiederum vier Methingruppen miteinander verbunden sind, bestehende **Porphin** (Porphyrin) zugrunde.

Porphyr [zu griech. porphýreos „purpurfarben"], Sammelbez. für alle vulkan. Gesteine mit **porphyrischem Gefüge** (große Kristalle als Einsprenglinge in feinkörniger oder glasiger Grundmasse).

Porphyra [griech.], Gatt. der Rotalgen mit rd. 25 marinen Arten; *P. tenera* und andere Arten liefern *Meerlattich (Amanori),* der in Japan im Meer kultiviert wird und als Nahrungsmittel geschätzt ist.

Porphyrie [griech.], angeborene oder erworbene Störung in der Struktur des roten Blutfarbstoffs [Eisen-(II)-protoporphyrinstoffwechselstörung], die mit Anreicherung (in Knochen, Zähnen) und vermehrter Ausscheidung (Harn, Kot) von Stoffwechselprodukten der Porphyrinsynthese verbunden ist; lokalisiert in der Leber (akute und chron. *hepat. P.*) oder in den roten Blutzellen *(erythropoet. P.).* – Bei *Haustieren* kommt es durch Störungen des Porphyrinstoffwechsels zu Braunfärbung von Skelettknochen und Zähnen.

Porphyrin [griech.] ↑Porphinfarbstoffe.

Porphyrios von Tyros, eigtl. Malkos oder Malchos, * Tyros (= Sur, Libanon) um 234, † Rom um 304, griech. Philosoph. – Schüler Plotins in Rom, dessen Werke er (mit einem Abriß der Lehre und einer Biographie) überlieferte. In seinen 15 Büchern „Gegen die Christen" bekämpfte P. v. a. die christl. Lehre von der Schöpfung und der Gottheit Christi; indem er das Heil der Einzelseele als Zweck des Philosophierens ansah, verschaffte er dem Neuplatonismus Eingang ins Christentum.

porphyrisches Gefüge ↑Porphyr.

Porphyrit [griech.], dem Andesit entsprechendes altes Ergußgestein.

Porrectus [lat.], ma. Notenzeichen, ↑Neumen.

Porree [lat.-frz.] (Breitlauch, Winterlauch, Küchenlauch, Allium porrum), aus dem Mittelmeergebiet stammende, in Kultur meist einjährige Art des Lauchs; Zwiebeln wenig ausgeprägt, äußere dickere Zwiebelblätter in lange, längsgestreifte Laubblätter übergehend. Die Sorten des *Sommer-P.* werden meist nur als Gewürz, die des *Winter-P.* als Gemüse verwendet.

Porree

Porrentruy [frz. pɔrɑ̃'tryi] (dt. Pruntrut), Hauptort des Bez. P. im schweizer. Kt. Jura, 427 m ü. d. M., 7 000 E. Textil-, Uhren-, Schuh- und metallverarbeitende Ind. – 1527–1792 Sitz der Fürstbischöfe von Basel (das ref. geworden war); kam 1793 an Frankreich, 1815 an Bern. – Ehem. fürstbischöfl. Schloß mit mächtigem Bergfried (13. Jh.); roman.-got. Pfarrkirche (11., 13./14. Jh.); ehem. Jesuitenkirche (1678–80 erneuert; heute Aula). Rathaus (1761–63) und Hôtel des Halles (1766–69). Die Porte de France (1563) ist ein Rest der Stadtbefestigung.

Porretaner (Gilbertiner) ↑Gilbert de la Porrée.

Porretanus, Gilbertus ↑Gilbert de la Porrée.

Porridge ['pɔrɪtʃ, engl. 'pɔrɪdʒ], dicker Haferbrei, der mit Milch, Sahne oder Sirup und/oder Zucker zum Frühstück gegessen wird.

Porsangerfjord [norweg. pɔr'saŋərfju:r], längster Fjord N-Norwegens, 120 km lang, 10–20 km breit.

Porsche AG, Dr. Ing. h. c. F., dt. Unternehmen der Kfz-Industrie, Sitz Stuttgart, gegr. 1931, seit 1972 AG. Neben dem Bau von Sportwagen liegt der Schwerpunkt auf Konstruktions- und Entwicklungsaufträgen. – *Ferdinand*

Porsche AG.
Ferdinand Porsche

Porst. Sumpfporst

Port-au-Prince Stadtwappen

Port-au-Prince
Hauptstadt von Haiti (seit 1770)
·
1,14 Mill. E
·
Wirtschaftszentrum des Landes
·
1749 gegr.
·
Univ. (seit 1944)

Porsche (* 1875, † 1951), der Gründer des Unternehmens, war hauptsächlich Konstrukteur von Automobilen und Kfz-Teilen (Inhaber von 1230, darunter 260 dt. Patenten); 1923–29 war er bei der Daimler-Motoren-AG in Untertürkheim, 1929/30 bei den Steyr-Werken AG in Österreich. 1934 war Baubeginn für die Prototypen des späteren Volkswagens. Daneben konstruierte er Rennwagen, später auch Panzerfahrzeuge. 1939 wurde er als „Betriebsführer" der Volkswagenwerke GmbH eingesetzt. 1948/49 entwickelte er mit seinem Sohn *Ferdinand* (* 1909) den P.-Sportwagen, der seit 1950 gebaut wird.

Porsenna, etrusk. König von Clusium (= Chiusi) angeblich um 500 v. Chr. (vielleicht jedoch um 550 v. Chr.). – Nach annalist. Überlieferung belagerte er 507 v. Chr. Rom; fand sich aber, nachdem er Beispiele von Tapferkeit bei den Römern sah, zum Frieden bereit.

Porsgrunn ↑ Skien.

Porst (Ledum), Gatt. der Heidekrautgewächse mit fünf Arten in Eurasien und N-Amerika; immergrüne, stark duftende Sträucher mit unterseits filzigen oder drüsigen Blättern; Blüten klein, weiß bis rötlich; die einzige in Deutschland vorkommende Art ist der bis 1,5 m hohe **Sumpfporst** (Wilder Rosmarin), u. a. in moorigen Wäldern.

Porta, Costanzo, * Cremona um 1529, † Padua 19. Mai 1601, italien. Komponist. – Franziskaner; Kirchenkapellmeister in Padua, Ravenna und Loreto; Lehrer u. a. von L. Viadana, komponierte vier- bis sechsstimmige Messen, vier- bis achtstimmige Motetten, Psalmen und Madrigale.

P., Giacomo Della, ↑ Della Porta, Giacomo.

P., Giambattista Della, ↑ Della Porta, Giambattista.

P., Guglielmo Della, ↑ Della Porta, Guglielmo.

Portable [engl. ˈpɔːtəbl „tragbar" (von lat. portare „tragen")], tragbares Gerät, v. a. Fernsehgerät (mit Tragegriff und Teleskopantenne).

Portal, Michel, * Bayonne 27. Nov. 1935, frz. Jazzmusiker (Klarinettist, Saxophonist, Ensembleleiter). – Trat sowohl als Mgl. verschiedener Ensembles der europ. Avantgarde (u. a. K. Stockhausen, V. Globokar) wie auch als Jazzmusiker hervor. Seine Gruppe „M. P.-Unit" bildet eine der wichtigsten Formationen des europ. Free Jazz.

Portal [zu lat. porta „Türe, Tor"], monumental gestalteter Eingang eines Gebäudes. Eigenständige, reiche P.anlagen sind die röm. Triumphbogen. P. wurden auch zu eigenen Torbauten (↑ Pylon, ↑ Propyläen) ausgestaltet. Das europ. Kirchen-P. bekam in der Zeit des roman. Stils seine für Jahrhunderte verbindl. Form durch die Einziehung eines Türsturzes, über dem so ein Bogenfeld (Tympanon) entstand. Sturz, Tympanon und Türpfeiler erhielten schon in roman. Zeit Reliefschmuck, wobei dann auch die ↑ Gewände und Archivolten mit Säulen- und/oder Figurenschmuck versehen wurden. In der Gotik erhielten die P. Spitzbogenformen und wurden darüber hinaus von Wimpergen oder von Baldachinen überhöht. Renaissance und Barock griffen auf antike P.formen zurück und bereicherten sie durch Atlanten, Karyatiden, Dreiecks- oder Segmentgiebel auf verschiedenen Stützen. Im 19. Jh. und 20. Jh. wechseln Rückgriffe auf histor. P.formen mit Vereinfachung und Überhöhung der P.gestaltung.

Portalegre [portugies. purtɐˈlɛɣrə], portugies. Stadt nahe der span. Grenze, 15 900 E. Kath. Bischofssitz; Textil- (u. a. Bildteppichweberei), Nahrungsmittel- und keram. Ind. – 1259 gegr., 1549 Bischofssitz; seit 1835 Hauptstadt des Distrikts. – Kathedrale (16. Jh.); Paläste (17./18. Jh.).

Portamento [italien., zu ergänzen: di voce „das Tragen" (des Tons, der Stimme)] (portar la voce), das gleitende Übergehen von einem Ton zu einem anderen, v. a. im Gesang sowie auf Streich- und Blasinstrumenten.

Porta Nigra [lat. „schwarzes Tor"], Nordtor des röm. Trier, aus grauem Sandstein Ende des 2. Jh. n. Chr. erbaut; diente seit dem 11. Jh. als Stiftskirche; Einbauten 1803 entfernt; 1966–73 restauriert.

Port Arthur ↑ Dalian.

Portativ [lat.-frz., zu lat. portare „tragen"], kleine tragbare Orgel, deren Klaviatur mit der rechten Hand gespielt wird, während die linke den Balg bedient, mit 6–28 Labialpfeifen; als Ensembleinstrument seit dem 12. Jh. nachweisbar, im 16./17. Jh. vom Positiv abgelöst.

portato [italien.], musikal. Vortragsbez.: getragen, breit, aber ohne Bindung; notiert

oder .

Port-au-Prince [frz. pɔrtoˈprɛ̃ːs], Hauptstadt und Haupthafen von Haiti, am SO-Arm des Golfs von Gonaïves, 1,14 Mill. E. Verwaltungssitz eines Dep.; kath. Erzbischofssitz; Univ. (gegr. 1944), ethnolog. Inst.; Nationalmuseum, Musée du Peuple Haïtien, Nationalbibliothek; Wirtschaftszentrum des Landes; Hafen; internat. ✈. – Gegr. 1749 durch die Franzosen, Hauptstadt der damaligen Kolonie seit 1770.

Porta Westfalica, Stadt beiderseits der Weser, an deren Austritt aus dem Weserbergland, NRW, 130–270 m ü. d. M., 33 800 E. Verwaltungssitz im Ortsteil Hausberge. Elektrotechn., metallverarbeitende Ind., Maschinenbau, Herstellung von Armaturen und Betonfertigteilen; Luftkurort. – 1973 durch Vereinigung von 15 Gem. gebildet. – **Hausberge** (Stadtrecht 1720) ist nach der Burg (1723 abgebrochen) der Herren vom Berge (Hus tom Berge) ben.; Burg und Flecken kamen 1398 an das Stift Minden. – **Barkhausen** roman. Margaretenkapelle auf dem Wittekindsberg (frühes 13. Jh.), auf dem Bergrücken ein sächs. Ringwall karoling. Zeit und Kaiser-Wilhelm-Denkmal (1896). In **Eisbergen** roman. ev. Pfarrkirche (1662 erweitert). In **Holtrup** spätgot. ev. Pfarrkirche (1517).

P. W., (Westfälische Pforte) Durchbruchstal der Weser durch den N-Rand des Weserberglandes südl. von Minden; wichtige Verkehrsleitlinie.

Port Bell [engl. ˈpɔːt ˈbɛl] ↑ Kampala.

Port Blair [engl. ˈpɔːt ˈblɛə], Hauptstadt des ind. Unionsterritoriums Andaman and Nicobar Islands, Hafen an der SO-Küste der Insel Südandaman, 49 600 E. – 1789 gegr.; ab 1858 Verwaltungssitz einer brit. Strafsiedlung; 1942–45 jap. besetzt.

Portechaise [pɔrtˈʃɛːzə; frz.], Tragsessel.

Portefeuille [pɔrtˈføːj; frz.], veraltet für Brieftasche, Aktenmappe.

▷ der Geschäftsbereich eines Ministers.

▷ im *Buchwesen* svw. ↑ Portfolio.

Port Elizabeth [engl. ˈpɔːt ɪˈlɪzəbəθ], Hafenstadt an der Alagoabucht, in der Kapprov. (Republik Südafrika), 492 100 E. Kath. Bischofssitz; Univ. (gegr. 1964), Technikum; P.-E.-Museum mit Ozeanarium, Schlangenpark und Tropenhaus; Oper; Ind. in P. E. und der Trabantenstadt *Uitenhage* mit Kfz-Montage, Motoren- und Maschinenbau, Gießereien, chem., Textil- u. a. Ind.; Wollhandelsplatz mit Wollbörse; Seebad; ✈. – Gegr. 1820 von brit. Siedlern.

Portemonnaie [pɔrtmɔˈnɛː, ...ˈneː; frz.], Geldbeutel.

Portemonnaiebaum [pɔrtmɔˈnɛ, ...ˈneː] ↑ Afzelia.

Porten, Henny, * Magdeburg 7. Jan. 1890, † Berlin 15. Okt. 1960, dt. Filmschauspielerin. – Seit 1910 gefeierter Star des dt. Stummfilms; z. B. in den Filmen „Kohlhiesels Töchter" (1920, Remake 1930), „Hintertreppe" (1921), „24 Stunden im Leben einer Frau" (1931). Gründete 1921 mit C. Froelich eine eigene Filmproduktion.

Portepee [frz.], aus dem Faustriemen am Korb des Degens entstandenes, besonderes Abzeichen der Offiziere und höheren Unteroffiziere; versilberte oder vergoldete, oft geschlossene Degenquaste. **Portepeeunteroffiziere** hießen früher die Feldwebel und Wachtmeister; für die Bundeswehr ↑ Unteroffizier.

Porter [engl. ˈpɔːtə], Cole, * Peru (Ind.) 9. Juni 1891, † Santa Monica (Calif.) 15. Okt. 1964, amerikan. Komponist. – Neben R. Rodgers der bedeutendste amerikan. Musicalkomponist. Viele seiner Songs, zu denen er die Texte selbst verfaßte, sind Evergreens geworden. Musicals, u. a. „Kiss me Kate" (1948); Filmmusiken, u. a. zu „High society" (1956).

P., Sir (seit 1972) George, * Stainforth bei Leeds 6. Dez. 1920, brit. Chemiker. – Ab 1955 Prof. in Sheffield, seit 1966 Prof. und Direktor der Royal Institution in London;

Arbeiten zur Photochemie und über freie Radikale. P. entwickelte gemeinsam mit R. Norrish spektroskop. Untersuchungsverfahren für schnellablaufende chem. und biochem. Reaktionen. Nobelpreis für Chemie 1967 (mit R. Norrish und G. Eigen).

P., Katherine Anne, *Indian Creek (Tex.) 15. Mai 1890, † Silver Spring (Md.) 18. Sept. 1980, amerikan. Schriftstellerin. – Schauplatz ihrer psychologisch angelegten Kurzgeschichten ist meist das texan.-mex. Grenzgebiet; ihr Roman „Das Narrenschiff" (1962) erregte Aufsehen als Auseinandersetzung mit dem dt. Chauvinismus.

P., Rodney Robert, *Ashton-under-Lyne 8. Okt. 1917, † Winchester (Hampshire) 7. Sept. 1985 (Verkehrsunfall), brit. Biochemiker. – Prof. in Oxford; befaßte sich bes. mit der Strukturanalyse der an der Immunabwehr beteiligten Antikörper. Unabhängig von G. M. Edelman, mit dem er 1972 den Nobelpreis für Physiologie oder Medizin erhielt, wies P. nach, daß das Molekül eines Antikörpers aus zwei Kettenpaaren aufgebaut ist.

P., William Sydney, amerikan. Schriftsteller, ↑ Henry, O.

Porter ['pɔrtər; Kurzbez. für engl. porter's beer, eigtl. „Lastträgerbier"], dunkles, obergäriges Bier mit starkem Hopfenzusatz.

Port-Étienne [frz. pɔre'tjɛn] ↑ Nouadhibou.

Portfolio [italien.] (Portefeuille), Bildband (mit Photographien).

Port-Gentil [frz. pɔrʒã'ti], Hafenstadt und Prov.zentrum im Ogowedelta, Gabun, 164 000 E. Wirtschaftszentrum des Landes; Holzind., Erdölraffinerie; internat. ✈. – 1885 gegr., Ausbau zur Stadt ab 1932.

Port-Grimaud [frz. pɔrgri'mo], frz. Feriensiedlung im Stil einer Lagunenstadt an der Côte d'Azur, Dep. Var.

Port Harcourt [engl. 'pɔ:t 'hɑ:kət], Hafenstadt in Nigeria, im östl. Nigerdelta, 344 000 E. Hauptstadt des Bundesstaates Rivers; kath. Bischofssitz; zwei Univ. (gegr. 1975 bzw. 1980); Nahrungsmittelind., Lkw- und Fahrradmontage, Aluminiumwalzwerk; nahebei Erdölraffinerie; ✈. – Entstand ab 1916 als Verladehafen.

Portici [italien. 'pɔrtitʃi], italien. Stadt am Golf von Neapel, Kampanien, 75 200 E. Landwirtschaftsfakultät der Univ. Neapel; Fremdenverkehr. – 728 erstmals erwähnt. – Palazzo Reale (18. Jh.), Pfarrkirche Santa Maria della Natività (1642 ff.).

Portikus [lat.], Säulenhalle als Vorbau an der Haupteingangsseite eines Gebäudes; ausgebildet in der antiken Baukunst, häufig seit der Renaissance.

Porţile de Fier [rumän. 'portsile de 'fjer] ↑ Eisernes Tor.

Portimão [portugies. purti'mɐ̃u], portugies. Stadt an der S-Küste der Algarve, 19 400 E. Fischereihafen, Bootsbau. Zu P. gehört der Badeort **Praia da Rocha.**

Portinari, Cândido, *Brodósqui (São Paulo) 29. Dez. 1903, † Rio de Janeiro 7. Febr. 1962, brasilian. Maler italien. Herkunft. – Wandte sich unter dem Einfluß des Muralismo einer sozialkritisch engagierten, expressiven figurativen Malerei zu, die sich v. a. in großformatigen Wandgestaltungen ausprägte („Krieg und Frieden", 1952–56; New York, UNO-Gebäude).

Portio [lat.], Teil, Anteil; häufig als Kurzform für *P. vaginalis cervicis* (in die Scheide hineinragender Gebärmutterteil) verwendet.

Portiokappe [lat./dt.] ↑ Empfängnisverhütung.

Portiokonisation [lat./griech.], svw. ↑ Konisation.

Portiunkula, bei Assisi gelegene Lieblingskirche des hl. Franz von Assisi, seit dem 16./17. Jh. von der dreischiffigen Basilika Santa Maria degli Angeli umschlossen. Mit der Kapelle ist seit dem 13. Jh. der **Portiunkulaablaß** verbunden, der als vollkommener Ablaß gewonnen werden kann; 1952 allen Dom- und Pfarrkirchen als Recht zugestanden.

Port Kembla [engl. 'pɔ:t 'kɛmblə] ↑ Wollongong.

Portland [engl. 'pɔ:tlənd], größte Stadt in Maine, USA, Hafen am Atlantik, 61 600 E. Sitz eines kath. und eines anglikan. Bischofs; Univ. (gegr. 1878); Nahrungsmittel- u. a. Ind., Verlage. – Entstand um 1623 als Teil von Falmouth, 1786 Town; 1820–31 Hauptstadt von Maine; seit 1832 City.

P., Stadt am Willamette River, Oregon, USA, 418 500 E. Sitz eines kath. Erzbischofs und eines anglikan. Bischofs; 2 Univ. (gegr. 1901 bzw. 1955); Hafen; bedeutendstes Handelszentrum zw. San Francisco und Seattle. – 1845 gegr.; seit 1851 City.

Portland, Isle of [engl. 'aɪl əv 'pɔ:tlənd], Halbinsel an der engl. Kanalküste, mit der Stadt Portland (10 900 E) und Kriegshafen; 6,4 km lang, bis fast 3 km breit; Kalksteinbrüche.

Portlandzement [nach der Isle of Portland] ↑ Zement.

Port Louis [frz. pɔr'lwi, engl. 'pɔ:t 'lʊɪs], Hauptstadt von Mauritius, an der NW-Küste der Insel, 139 000 E. Kath. Bischofssitz; naturhistor. Museum; Zucker-, Fisch-, Tabakverarbeitung, Freihandelszone mit Ansiedlung ausländ. Betriebe (Exportveredelungsgebiet); Hafen.

Portmann, Adolf, *Basel 27. Mai 1897, † ebd. 28. Juni 1982, schweizer. Biologe. – Prof. in Basel; Arbeiten u. a. zur vergleichenden Morphologie, zur allg. Biologie und zur Entwicklungsgeschichte. In seinen anthropolog. Studien befaßte sich P. speziell mit der biolog. Sonderstellung des Menschen.

Port Moresby [engl. 'pɔ:t 'mɔ:zbɪ], Hauptstadt von Papua-Neuguinea, an der O-Küste des Papuagolfes, 152 000 E. Sitz eines kath. Erzbischofs und eines anglikan. Bischofs; Univ. (gegr. 1965); bed. Handelszentrum und Hafen; internat. ✈.

Pörtner, Paul, *Elberfeld (= Wuppertal) 25. Jan. 1925, † München 16. Nov. 1984, dt. Schriftsteller. – Schrieb v. a. Theaterstücke, die zum Mitspielen und Improvisieren auffordern („Scherenschnitt", 1964), hintergründig-humorvolle Prosa („Einkreisung eines dicken Mannes", En., 1968; „Ermittlung in eigener Sache", R., 1974), Hörspiele und Essays.

Porto ['pɔrto, portugies. 'portu], portugies. Stadt am Douro, 5 km oberhalb seiner Mündung in den Atlantik, 344 500 E. Kath. Bischofssitz; Univ. (gegr. 1911), Kunstakad.; Museen, Theater, Oper; wirtsch. Zentrum N-Portugals mit Fluß- und Vorhafen; Erdölraffinerie, Metall-, chem., Textil-, Leder-, Gummi-, keram., Tabak- und Nahrungsmittelind., Weinkellereien (Portwein); zweistöckige Straßenbrücke (1881–85) sowie Eisenbahnbrücke über den Douro, internat. ✈. – Das ab 1. Jh. v. Chr. röm. **Portus Cale** wurde 540 von den Westgoten erobert; 716–997 unter arab. Herrschaft; wurde im 11. Jh. Hauptstadt der Gft. Portugal; 1580–1640 span. – Zahlr. Kirchen, u. a. die Kathedrale (12./13., erneuert 17./18. Jh.), São Martinho de Cedofeita (12. Jh.), Santa Clara (15./16. Jh.), São Pedro dos Clérigos (18. Jh.) mit 75 m hohem Turm, dem Wahrzeichen der Stadt; bischöfl. Palast (18. Jh.); ehem. Königspalast (heute Nat.museum).

Porto [lat.-italien. „das Tragen, Transport(kosten)"], Gebühr für die Beförderung von Postsendungen aller Art.

Pôrto Alegre [brasilian. 'portu a'lɛgri], Hauptstadt des brasilian. Bundesstaates Rio Grande do Sul, 1,28 Mill. E. Kath. Erzbischofssitz; 2 Univ. (gegr. 1934 bzw. 1948), landw. Hochschule, Akad. der Geisteswiss.; histor. Museum; wichtigstes Ind.- und Handelszentrum S-Brasiliens; Eisenbahnendpunkt, Hafen, ✈. – Gegr. 1742 als **Pôrto dos Casais;** Hauptstadt des Bundesstaates seit 1807.

Porto Amélia ['portu ɐ'mɛljɐ] ↑ Pemba.

Portoferraio, italien. Hafenstadt an der N-Küste der Insel Elba, 4 m ü. d. M., 11 200 E. Wichtigster Erzausfuhr- und Passagierhafen von Elba; Seebad. – In der Römerzeit **Fabricia;** 1548 befestigt; seit 1751 Flottenstützpunkt; 1814/15 Aufenthaltsort Napoleons I.

Portofino, italien. Seebad am Ligur. Meer, 3 m ü. d. M., 700 E. Jachthafen.

Port of Spain [engl. 'pɔ:t əv 'spɛɪn], Hauptstadt und Haupthafen von Trinidad und Tobago, auf Trinidad, 58 400 E. Sitz eines kath. Erzbischofs und eines anglikan. Bischofs; Polytechnikum, biolog. Inst.; Nationalarchiv, -museum, Handelszentrum; im O der Stadt Ind.zentrum; internat. ✈. – Entstand im 18. Jh. an der Stelle des indian. Dorfes **Conquerabia;** seit 1774 Hauptstadt von Trinidad, 1958–62 der Westind. Föderation.

Henny Porten

Cole Porter

George Porter

Rodney Robert Porter

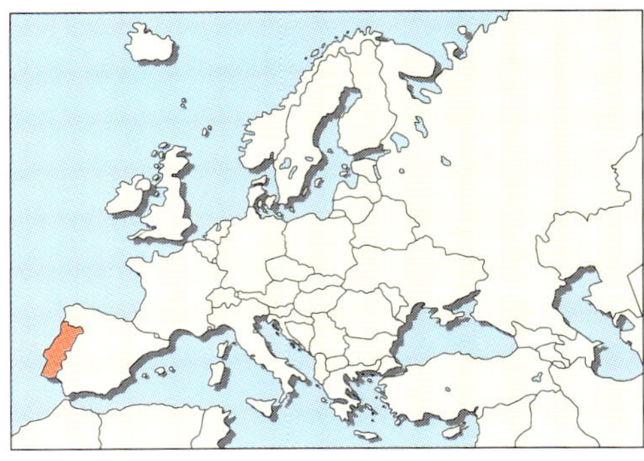

Portugal

Fläche: 92 389 km² (einschl. Madeira und Azoren)
Bevölkerung: 10,39 Mill. E (1990), 112,5 E/km²
Hauptstadt: Lissabon
Amtssprache: Portugiesisch
Nationalfeiertag: 25. April
Währung: 1 Escudo (Esc) = 100 Centavos (c, ctvs)
Zeitzone: MEZ −1 Stunde

Portugal

Staatswappen

Internationales Kfz-Kennzeichen

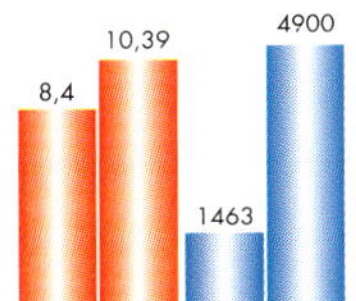

Bevölkerung (in Mill.) Bruttosozialprodukt je E (in US-$)

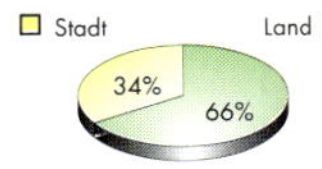

Bevölkerungsverteilung 1990

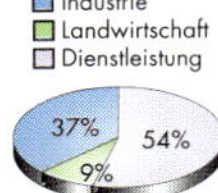

Bruttoinlandsprodukt 1989

Portoghesi [italien. porto'ge:si], Paolo, *Rom 2. Nov. 1931, italien. Architekt. – 1962–66 Prof. an der Univ. in Rom, seit 1981 am Polytechnikum in Mailand. Unter dem Einfluß von Barockarchitektur, Jugendstil und Le Corbusier gelangte P. zu einer eigenwilligen Formensprache, die er mittels gegeneinander schwingender Krümmungen gewinnt. Zu seinen Hauptwerken zählen u. a. die Casa Baldi bei Rom (1959–61, mit V. Gigliotti), das Islam. Zentrum und die Moschee in Rom (1976 ff., mit Gigliotti und S. Mousawi) sowie das Italien. Generalkonsulat in Berlin (im Rahmen der 1987 eröffneten Internat. Bauausstellung). Auch Verf. zahlr. Schriften zur Architektur.

Porto-Novo [frz. pɔrtonɔ'vo], Hauptstadt der Republik Benin, an einer Lagune des Golfs von Guinea, 208 000 E. Sitz des Präs. der Nationalversammlung und einiger Ministerien, Verwaltungssitz der Prov. Ouémé, kath. Bischofssitz; Nahrungsmittelind., Seifenfabrik; Lagunenfischerei und -schiffahrt. – Gegr. um die Wende zum 16. Jh., Zentrum des Adjareiches; erhielt seinen Namen 1752 von Portugiesen. Seit 1894 Hauptstadt von Dahomey (seit 1. Dez. 1975 Benin).

Pôrto Velho [brasilian. 'portu 'vɛʎu], Hauptstadt des brasilian. Bundesterritoriums Rondônia, im Amazonastiefland am Rio Madeira, 202 000 E. Handelsplatz v. a. für Exportwaren aus Bolivien.

Portoviejo [span. pɔrto'β̯iɛxo], Hauptstadt der ecuadorian. Prov. Manabí, im Küstentiefland, 36 m ü. d. M., 141 600 E. Kath. Bischofssitz; TU; Handelszentrum eines Holzwirtschafts- und Agrargebietes.

Porträt [...'trɛ:; lat.-frz.], Brustbild, Gesichtsbild eines Menschen (↑Bildnis, ↑Photographie).

Port-Royal [frz. pɔrrwa'jal], ehem. Zisterzienserinnenkloster bei Versailles, 1204 gegr.; ab 1635 wurde P.-R. unter der Äbtissin A. ↑Arnauld ein Zentrum des frz. Jansenismus mit bewußt gegen die pädagog. Methoden der Jesuiten gerichteten Gründungen von Schulen. Nach der endgültigen kirchl. Verurteilung des Jansenismus (1705) wurde P.-R. 1709 aufgehoben.

Port Said ['pɔrt 'zaɪt], ägypt. Hafenstadt am N-Ende des Sueskanals, 382 000 E. Sitz der Sueskanalverwaltung. Werft, Baumwoll-, Nahrungsmittelind.; Salzgewinnung; Hafen (mit Freihafen), ✈. – 1859 in regelmäßiger Anlage gegr.; während der Sueskrise 1956 durch Luftangriffe z. T. zerstört.

Portsmouth [engl. 'pɔ:tsməθ], Stadt an der engl. Kanalküste, Gft. Hampshire, 179 400 E. Sitz eines anglikan. und eines kath. Bischofs; polytechn. Hochschule, Forschungseinrichtungen der Marine; Dickens-Museum; in einem Trockendock liegt das Flaggschiff von Admiral Nelson, die „H.M.S. Victory"; Kriegshafen; Schiffbau und -reparaturen, Flugzeug-, Elektro- und Elektronikind. – 1194 gegr.; wurde bald Flottenstützpunkt und entwickelte sich nach dem Bau des Arsenals (1496) zum größten engl. Kriegshafen; City seit 1926; im 2. Weltkrieg schwer beschädigt. – Kirche Saint Thomas a Becket (1180); Southsea Castle (16. Jahrhundert).

P., Stadt im sö. New Hampshire, USA, 26 900 E. Schiffbau, Hafen am Atlantik. – Entstand 1623 als **Strawberry,** umbenannt in P. 1653 bei der Verleihung des Rechts einer Town; Hauptstadt der Kolonien bis zum Nordamerikan. Unabhängigkeitskrieg.

Port Stanley [engl. 'pɔ:t 'stænlɪ] ↑Stanley.

Port Sudan, Stadt am Roten Meer, Republik Sudan, 207 000 E. Hauptstadt des Bundesstaates Östl. Staat. Erdölraffinerie, Textil-, Metallind.; einziger Hochseehafen des Landes, internat. ✈.

Port Sunlight [engl. 'pɔ:t 'sʌnlaɪt] ↑Bebington.

Port Talbot [engl. 'pɔ:t 'tɔ:lbət], Stadt am Bristolkanal, Wales, Gft. West Glamorgan, 47 300 E. Erzeinfuhrhafen; Eisen- und Stahlwerke; Kupfererzverhüttung. – Der 1873 gebaute Hafen wurde 1898 zum Kohlenexporthafen erweitert. Die Stadt P. T. wurde 1921 aus **Margam** (um ein 1147 gegr. Zisterzienserkloster entstanden) und **Aberavon** (im 13. Jh. als Marktort belegt) gebildet.

Portugal (amtl.: República Portuguesa), Republik in Südwesteuropa, zw. 36° 58′ und 42° 10′ n. Br. sowie 6° 11′ und 9° 30′ w. L. **Staatsgebiet:** P. grenzt im N und O an Spanien, im W und S an den Atlantik. Zu P. gehören außerdem die Azoren und Madeira. Von den überseeischen Besitzungen verblieb nur Macao. **Verwaltungsgliederung:** 18 Distr. und 2 autonome Regionen. **Internat. Mitgliedschaften:** UN, NATO, EG, EFTA, OECD, Europarat, WEU, GATT.

Landesnatur und Klima

P. liegt im W der Iber. Halbinsel, von der es etwa 1/6 umfaßt; es erstreckt sich über 550 km von N nach S bei einer Breite von etwa 150 km. Die Grenze zw. Nord- und Süd-P. liegt am südl. Rand des Portugies. Scheidegebirges, in dem mit 1991 m ü. d. M. die höchste Erhebung, die Serra da Estrêta, des Landes liegt. Nord-P. setzt sich zus. aus dem Küstentiefland der Beira Litoral und Estremaduras, dem Portugies. Scheiderücken und dem Portugies. Scheidegebirge sowie dem nördl. und östl. angrenzenden Hoch-P., das aus Rumpfflächen in 400–800 m Höhe besteht, in die sich die Flüsse tief eingeschnitten haben. Süd-P. gliedert sich in die unter 400 m ü. d. M. gelegenen weitgespannten Rumpfflächen des Alentejo, die nach S in das bis 902 m hohe Algarvische Gebirge (Hochalgarve) überleiten, an das die Niederalgarve grenzt. Die Küste besitzt wenige natürl. Häfen; das Land grenzt entweder in gradlinigen Steilküsten oder seichten Anschwemmungsküsten ans Meer.
Von N nach S nimmt der mediterrane, von W nach O der kontinentale Einfluß zu. Der im Luv der Westwinde gelegene NW des Landes erhält Niederschläge von 1 500–3 000 mm/Jahr, der im Regenschatten gelegene O dagegen nur 500–1 000 mm. Die W-Küste ist im Sommer relativ kühl. Mit zunehmender Kontinentalität steigen die Temperaturen im Binnenland an. Klimatisch bes. begünstigt sind Küstenabschnitte, die am Südfuß von Gebirgen liegen, wie z. B. die Niederalgarve und die portugies. Riviera westl. von Lissabon.

Vegetation und Tierwelt

Kiefern, Eukalypten und Steineichen bilden dichte Bestände, im S finden sich große Korkeichenwälder. Nachfolgeformationen abgeholzter Wälder sind im atlant. N Stachelginster- und Glockenheiden, im mediterranen S v. a. Macchien und Gariguen mit Zistrosen, Rosmarin, Lavendel und Thymian. – Die urspr. Fauna ist nahezu ausgerottet.

Bevölkerung

Die heute ethnisch einheitl. Bev. entstand aus einer keltiber., später romanisierten Bev., die sich mit Germanen, Arabern und Berbern mischte. Rd. 96 % sind Katholiken. O und S des Landes sind dünn besiedelt. Die Landflucht richtet sich v. a. auf die Ballungsräume Lissabon und Porto, die rd. 35 % der Bev. beherbergen. Es besteht allg. Schulpflicht von 7–14 Jahren. P. verfügt über 18 Universitäten.

Wirtschaft und Verkehr

P. ist ein rohstoffarmes Land. Nach dem Ende der Diktatur (1974) und nach Aufgabe der Kolonien erfolgte eine tiefgreifende Umstrukturierung: Verstaatlichung von Banken, Versicherungen, Transportwesen, Energiewirtschaft; Enteignung von Großgrundbesitz; Einwanderung von Flüchtlingen v. a. aus Angola und Moçambique. – Die Landw. nutzt 49,5 % der Staatsfläche. Angebaut werden bes. Weizen (im feuchten NW statt dessen Mais, im Bergland Gerste und Roggen), Wein, Oliven und Baumwolle. In der Viehwirtschaft überwiegt die Schafhaltung, ferner Schweine, Rinder, Ziegen. Der Wald nimmt 32,4 % der Fläche ein; Korkeichen liefern über die Hälfte der Welterzeugung an Kork. Aufforstung und Bewässerung (Alentejo-Bewässerungsprojekt) werden gefördert. Wichtig ist die Küstenfischerei (Sardinen, Thunfisch). An Bodenschätzen werden Wolfram, Eisen, Zinn, Kupfer, Mangan, Gold und etwas Kohle gewonnen; bed. Uranlager sind bekannt. Durch den Beitritt P. zur EG 1986 verbesserte sich die Wirtschaftslage wesentlich: das ausländ. Interesse am Investitionsstandort P. führte zur Verbesserung der Infrastruktur und zum Ausbau v. a. der Schuh-, Leder- und Textilind. Die Arbeitslosenquote sank auf 5 % (1990). Bed. sind weiterhin die chem. Ind. (Düngemittel, Zement, Phosphate, Erdölverarbeitung), die Papiererzeugung, Stahl- und Kfz-Ind. sowie die Fertigung von Textilmaschinen und Haushaltgeräten. Eine große Rolle spielt die Seefischerei. Die Fischereizone wurde 1977 von 12 auf 200 Seemeilen erweitert. Bed. ist ebenfalls der Fremdenverkehr (v. a. Küste der Algarve, Raum Lissabon, Madeira).

Ausgeführt werden u. a. Bekleidung und Garne, Maschinen, Apparate und elektrotechn. Waren, Holz, Kork und Korkwaren, Zellstoff, Wein, Tabak, Fisch- und Gemüsekonserven, eingeführt Rohöl, Getreide, Eisen und Stahl, Kfz, Maschinen und Geräte u. a. Haupthandelspartner sind die EG-Länder.

Das Eisenbahnnetz hat eine Länge von rd. 3 600 km, das Straßennetz von rd. 54 700 km (einschl. Azoren und Madeira). Die Küstenschiffahrt ist kombiniert mit der Flußschiffahrt, v. a. auf den Unterläufen von Douro, Tejo und Mondego. Wichtigste Häfen sind Lissabon und Porto. Die nat. Fluggesellschaft Transportes Aéreos Portugueses (TAP) bedient den In- und Auslandsflugdienst. Hauptflughäfen sind Lissabon, Porto und Faro. – Karte ↑Spanien.

Geschichte

Zur **Vorgeschichte** ↑Europa.

Altertum: Die seit dem 4./3. Jh. v. Chr. große Teile des heutigen P. bewohnenden Lusitaner setzten den eindringenden Römern 154–139 v. Chr. erbitterten Widerstand entgegen (bes. unter ihrem Führer Viriathus); die röm. Kolonisation wurde durch Augustus 26–19 v. Chr. abgeschlossen (Prov. Lusitania).

Germanische und arabische Zeit, christliche Wiedereroberung und Unabhängigkeit: Die röm. Herrschaft wurde im 5. Jh. n. Chr. durch german. Reiche abgelöst: das Kgr. der Sweben reichte vom Kantabr. Gebirge bis zum Tejo, der S war Teil des span. Reiches der Westgoten, die 585 auch das sweb. Gebiet eroberten. Nach der Niederlage der Westgoten gegen die muslim. Berbertruppen (711) fiel das Land in den Besitz des arab. Emirats (später Kalifats) von Córdoba. Nur im äußersten NW der Iber. Halbinsel widerstanden christl. Reiche (v. a. Asturien) der arab. Eroberung und gewannen ab 722 das Gebiet zw. Miño und Douro zurück, das nach der Festung Portu-Cale (= Porto) Terra Portucalensis gen. wurde. Die eigtl. Reconquista begann in P. erst unter Ferdinand I., d. Gr., von Kastilien und León. Der Nachfolger, Alfons VI., der Tapfere, belehnte seinen Schwiegersohn Heinrich von Burgund 1095 mit der Gft. P. Er erreichte weitgehende Unabhängigkeit von Kastilien und León. Sein Sohn Alfons-Heinrich setzte die Reconquista erfolgreich nach S fort (1147 Eroberung von Lissabon) und nahm als Alfons I., der Eroberer, den Königstitel an. 1250 vollendete Alfons III. mit der Eroberung der Algarve (Süd-P.) die Befreiung von der maur. Herrschaft.

Aufstieg zur Weltmacht: Dionysius (Dom Dinis) legte 1297 die Grenzen zu Kastilien fest; 1340 schlug Alfons IV. mit kastil. Hilfe den letzten maur. Invasionsversuch zurück. Einmischung in kastil. Erbfolgestreitigkeiten führten in der 2. Hälfte des 14. Jh. zu Kriegen mit dem Nachbarland. 1373 wurde das 1308 mit England geschlossene

Portugal. Oben: Küstenfischerei; der Hafen von Peniche in der Estremadura. Unten: Blick auf das Seebad Albufeira an der Küste der Algarve

Portugal, Staatsoberhäupter

Könige

Haus Burgund

Alfons I., der Eroberer	1128–1185 (König seit 1139)
Sancho I.	1185–1211
Alfons II.	1211–1223
Sancho II.	1223–1245
Alfons III.	1245–1279
Dionysius	1279–1325
Alfons IV.	1325–1357
Peter I.	1357–1367
Ferdinand I., der Schöne	1367–1383

Haus Avis

Johann I.	1385–1433
Eduard (Duarte)	1433–1438
Alfons V., der Afrikaner	1438–1481
Johann II.	1481–1495
Emanuel I. (Manuel I.)	1495–1521
Johann III.	1521–1557
Sebastian	1557–1578
Heinrich	1578–1580

spanische Könige (Habsburger)

Philipp I. (II.)	1580–1598
Philipp II. (III.)	1598–1621
Philipp III. (IV.)	1621–1640

Haus Bragança

Johann IV.	1640–1656
Alfons VI.	1656–1667/83
Peter II.	1667/83–1706
Johann V.	1706–1750
Joseph I.	1750–1777
Maria I.	1777–1816
Johann VI.	1816–1826
Peter IV.	1826–1828
Michael I. (Dom Miguel)	1828–1834
Maria II. da Glória (ab 1837 mit Ferdinand II.)	1834–1853
Peter V.	1853–1861
Ludwig I.	1861–1889
Karl I.	1889–1908
Emanuel II. (Manuel II.)	1908–1910

Präsidenten der Republik

1. Republik

J. T. F. Braga	1910–1911
M. de Arriaga	1911–1915
J. T. F. Braga	1915
B. L. Machado Guimarães	1915–1917
S. B. Pais	1917–1918
J. do Canto e Castro	1918–1919
A. J. de Almeida	1919–1923
M. T. Gomes	1923–1925
B. L. Machado Guimarães	1925–1926

2. Republik

A. Ó. de F. Carmona	1928–1951
F. H. C. Lopes	1951–1958
A. D. R. Tomás	1958–1974

3. Republik

A. S. R. de Spínola	1974
F. da C. Gomes	1974–1976
A. Ramalho Eanes	1976–1986
M. Soares	seit 1986

Bündnis erneuert, das die Geschichte von P. für Jahrhunderte mitbestimmte. Als Ferdinand I. 1383 starb, beanspruchte sein Schwiegersohn, Johann I. von Kastilien, den portugies. Thron und überschritt – vom portugies. Hochadel unterstützt – die Grenzen. Doch die Cortes proklamierten 1385 den illegitimen Sohn Peters I. als Johann I. zum König (Begründer der Dyn. Avis), der mit engl. Unterstützung in der Schlacht von Aljubarrota (1385) den entscheidenden Sieg errang. Unter Johann I. begann die portugies. Expansion in Afrika. 1415 wurde durch die Eroberung des reichen marokkan. Ceuta der Weg für afrikan. Küstenfahrten frei. Johanns jüngster Sohn, Heinrich der Seefahrer, baute eine Flotte auf und veranlaßte regelmäßige Erkundungsfahrten in den Atlantik und entlang der afrikan. Küste. 1419–57 wurden Madeira, die Azoren und die Kapverd. Inseln entdeckt. Johann II. griff energisch gegen die Verschwörung des wiedererstarkten Adels durch und ließ Herzog Ferdinand II. von Bragança 1483 enthaupten. Planvoller noch als Heinrich der Seefahrer förderte er die Entdeckungsfahrten mit dem Ziel, den Seeweg nach Indien zu finden. In den Verträgen von Tordesillas (1494) und Zaragoza (1529) einigten sich P. und Kastilien auf ihre Interessensphären. 1498 erreichte V. da Gama als erster Indien auf dem Seeweg. In rascher Folge errichteten die zu Vizekönigen in Indien ernannten F. de Almeida und A. de Albuquerque Handelsniederlassungen und besetzten strategisch wichtige Plätze. So kam der gewinnreiche Gewürzhandel unter portugies. Kontrolle. 1510 fiel Goa in Indien, 1511 Malakka, im gleichen Jahr folgte die Niederlassung auf den Molukken, den Gewürzinseln; 1597 gründeten Portugiesen in Macao die erste europ. Niederlassung in China. Den W und O Afrikas kontrollierte P. durch eine Anzahl von Stützpunkten (Luanda, Moçambique, Mombasa). 1500 hatte P. Á. Cabral Brasilien entdeckt, das u. a. durch die Zuckerrohrverarbeitung bedeutendste Besitzung von P. wurde. Doch mußte P. in der Folgezeit auf Grund der Konkurrenz von Spaniern, Niederländern, Engländern, Franzosen zahlr. Niederlassungen wieder aufgeben. Das Zeitalter der Entdeckungen war begleitet von einer kulturellen Blütezeit, aber auch von den Vertreibungen der Juden und Mauren (v. a. unter Emanuel I.) im Zeichen der Gegenreformation. Nachdem König Sebastian und Teile des portugies. Adels beim Versuch der Eroberung Marokkos 1578 gefallen waren, besetzte 1580 Philipp II. von Spanien ganz P.; 1581 riefen die Cortes ihn als Philipp I. zum portugies. König aus.

Spanisches Interregnum und Zeit des Absolutismus: Durch die Bindung an Spanien wurde P. in die span. Auseinandersetzungen mit England und den Niederlanden hineingezogen und verlor die Molukken (1607), Malakka (1641) und Ceylon (1656). Nur der NO Brasiliens wurde nach niederl. Besetzung 1654 zurückgewonnen. Nach einem Volksaufstand gegen Spanien im Dez. 1640 wurde Johann II., Herzog von Bragança, als Johann IV. zum König gekrönt (Gründer der Dyn. Bragança). Er sicherte die erneute Unabhängigkeit u. a. durch Verträge mit Frankreich, den Niederlanden und England. Erst 1668 erkannte Spanien im Frieden von Lissabon die portugies. Unabhängigkeit an. Die Reg.zeit Johanns V. (♔ 1706–50) gilt als eine der glänzendsten in der portugies. Geschichte. Die aus Brasilien einströmenden riesigen Goldmengen erlaubten die Förderung von Kunst, Literatur und Wiss. sowie eine Neutralitätspolitik. Unter Joseph I. (♔ 1750–77) und seinem leitenden Min. Pombal erreichte der aufgeklärte Absolutismus seinen Höhepunkt. Nach der Weigerung des mit Großbritannien verbündeten P., sich der Kontinentalsperre anzuschließen, besetzte ein frz. Heer im Okt. 1807 das Land; der portugies. Hof flüchtete nach Brasilien und kehrte, obwohl ein brit. Heer P. 1811 befreit hatte, erst 1820 zurück.

Konstitutionelle Monarchie (1822–1910) und parlamentarische Republik (1910–26): Am 1. Okt. 1822 erkannte Johann VI. die von den außerordentl. Cortes ausgearbeitete Verfassung an. Sie garantierte bürgerl. Freiheiten und räumte den Cortes weitgehende Rechte gegenüber dem König ein. Bei Johanns Tod 1826 trat sein ältester Sohn Peter, seit 1822 als Peter I. Kaiser des im gleichen Jahr unabhängig gewordenen Brasilien, das Erbrecht an seine älteste Tochter Maria II. da Glória ab und erließ eine neue, weniger demokrat. Verfassung (weitgehende Rechte des Königs gegenüber dem Zweikammerparlament). Auf Druck der Hl. Allianz mußte er 1827 seinen jüngeren Bruder Dom Miguel als Regent einsetzen, der sich von der Reaktion 1828 als Michael I. zum König ausrufen ließ. 1831 verzichtete Peter auf den brasilian. Thron, besiegte Michael 1834 mit brit. Unterstützung, starb aber noch im selben Jahr. Maria heiratete 1836 Prinz Ferdinand von Sachsen-Coburg-Gotha-Koháry, damit entstand das Königshaus Sachsen-Coburg-Bragança. Die folgenden Jahrzehnte waren von ständigen Parteienkämpfen gekennzeichnet. Konservative Regenerationspartei, histor. Partei und progressive Partei regierten abwechselnd. 1846/47 wurde ein Volksaufstand mit brit. und span. Hilfe niedergeschlagen. Der Kolonialbesitz in Afrika wurde ausgedehnt, bis Großbritannien Einspruch erhob (1899 Windsor-Vertrag). Wirtsch. aber blieb P. ein rückständiges Agrarland und mußte 1892 sogar den Staatsbankrott anmelden. Mit dem Erstarken der Republikaner zerfielen die traditionellen Parteien. Am 1. Febr. 1908 kamen König Karl I. und der Thronfolger Ludwig Philipp bei einem Attentat ums Leben. Der 2. Sohn Karls I., Emanuel II., wurde durch die Ausrufung der Republik am 5. Okt. 1910 entthront. Der Zerfall der Republikaner, die ins öff. Leben eingreifenden Rivalitäten zw. den Parteien und soziale Auseinandersetzungen ließen keine Stabilität zu. Die Beteiligung am 1. Weltkrieg ab 1916 auf seiten der Entente belastete das Land zusätzlich. Zw. 1911 und 1926 hatte P. 44 parlamentar. Reg. Die letzte wurde durch den Militäraufstand des Generals M. de Oliveira Gomes da Costa 1926 aus dem Amt vertrieben, das Parlament aufgelöst, die Verfassung aufgehoben.

Der autoritäre Staat (1926–74): 1928–51 war General A. Ó. de Fragoso Carmona Präsident. Zum Finanzmin. berief er A. de Oliveira Salazar, der für die nächsten Jahrzehnte zur beherrschenden polit. Figur wurde (ab 1932 Min.präs.). Mit der Verfassung von 1933 wurde der am faschist. Vorbild orientierte ständ.-autoritäre „Neue Staat" („Estado Novo") festgeschrieben. Bei Wahlen war nur eine offizielle Partei, die Nat. Union (União Nacional), zugelassen. Die Opposition wurde von der Geheimpolizei PIDE unterdrückt. Im 2. Weltkrieg verhielt sich Salazar außenpolitisch neutral, in der Nachkriegszeit vollzog er den Beitritt zur NATO. Als letzte europ. Kolonialmacht bemühte sich P. unter Einsatz auch militär. Mittel um die Erhaltung seiner überseeischen Besitzungen. Nachfolger des schwer erkrankten Salazar wurde 1968 M.J.d.N.A. Caetano.

Die Entwicklung seit der Revolution von 1974: Am 25. April 1974 stürzte die seit längerer Zeit bestehende Oppositionsgruppe „Bewegung der Streitkräfte" die Diktatur. Der ehem. stellv. Generalstabschef A.S.R. de Spínola trat an die Spitze der revolutionären Junta. Die Revolution verlief weitgehend unblutig. Exilpolitiker kehrten zurück, neue Parteien konstituierten sich. Machtzentrum war jedoch der Revolutionsrat. Spannungen zw. linken und rechten Gruppen brachten mehrfach Reg.umbildungen. Spínola trat am 30. Sept. 1974 zurück. Unter seinem Nachfolger Präs. F. da C. Gomes (1974–76) und Min.präs. V. dos Santos Gonçales (1974/75) gewann die KP erhebl. Einfluß. Im März 1975 scheiterte ein rechtsradikaler, im Nov. 1975 ein linksradikaler Putsch. Am 2. April 1976 wurde eine neue Verfassung verabschiedet, die die Macht des Revolutionsrates einschränkte. Innenpolitisch steuerten die Reg. seit April 1974 einen sozialist. Kurs. Banken, Versicherungen und Großbetriebe wurden verstaatlicht, durch Enteignung von Großgrundbesitz eine Agrarreform in die Wege geleitet. Die Überseeprov. wurden zw. 1974 und 1976 in die Unabhängigkeit entlassen († portugiesische Kolonien). In den Wahlen von 1976 errang keine Partei die absolute Mehrheit. Die stärkste Partei, die Sozialisten, bildete eine Minderheitsreg. unter Premiermin. M. Soares, die sich 1½ Jahre an der Macht halten konnte. Unter dem 1976 direkt gewählten Staatspräs. A. Ramalho Eanes (wiedergewählt 1981) wechselten im folgenden Jahrzehnt mehrmals Reg. und Koalitionen, insgesamt aber setzten sich gemäßigte Kräfte durch; enteigneter Großgrundbesitz wurde zurückgegeben. Eine Verfassungsreform der Reg. F. Pinto Balsemão in Zusammenarbeit mit den Sozialisten schaffte 1982 den Revolutionsrat ab, doch mußte die Reg. kurz darauf zurücktreten. Die dadurch bedingten Neuwahlen vom 21. Juni 1983 gewannen die Sozialisten, und M. Soares bildete eine Koalition mit den Sozialdemokraten. Prioritäten seiner Reg. waren Reformen in Wirtschaft und Verwaltung, Hauptanliegen der Außenpolitik blieben der Eintritt in die EG (Beitrittsgesuch 1977), die Verbesserung der Beziehungen zu den früheren Kolonien in Afrika und die Pflege des Verhältnisses zu Spanien.

Nachdem die Sozialdemokraten Aníbal Cavaco Silva zum Parteivors. gewählt hatten, kam es zu harten Auseinandersetzungen in der labilen Reg.koalition, die schließlich zerbrach. Aus den Neuwahlen im Okt. 1985 gingen die Sozialdemokraten als Sieger hervor (Minderheitskabinett unter Cavaco Silva). Die Präsidentschaftswahlen von 1986 konnte im zweiten Wahlgang M. Soares für sich entscheiden; er trat sein Amt am 9. März 1986 an (im Jan. 1991 wiedergewählt). Nach langwierigen Verhandlungen wurde P. – gemeinsam mit Spanien – am 1. Jan. 1986 Mgl. der EG. Bei den Parlamentswahlen am 17. Juli 1987 gelang es den Sozialdemokraten, die absolute Mehrheit zu erreichen, die sie bei den folgenden Parlamentswahlen im Okt. 1991 sogar leicht ausbauen konnten. 1989 wurden aus der Verfassung alle Hinweise auf ein sozialist. Gesellschaftsmodell entfernt. Im Reg.programm von Min.präs. Cavaco Silva genießen die Modernisierung der Wirtschaft und die Verringerung der Inflation Priorität. Die Reprivatisierung der Staatsbetriebe zeigt seit Ende der 80er Jahre erste Erfolge, wurde jedoch von Massenprotesten begleitet.

Politisches System

Nach der Verfassung vom 2. April 1976 (mit Änderungen 1982 und 1989) ist P. eine souveräne Republik mit einer Mischung aus parlamentar. und präsidentiellem System. *Staatsoberhaupt* ist der für 5 Jahre vom Volk gewählte Staatspräs. Er ist zugleich Oberbefehlshaber der Streitkräfte; er ernennt den Min.präs. und auf dessen Vorschlag die Min., kann das Parlament auflösen und Neuwahlen anordnen. Die jüngste Verfassungsänderung von 1989 hob die Festschreibung der Verstaatlichungen aus den 1970er Jahren auf und schuf Voraussetzungen für eine umfassende Privatisierung der Staatsbetriebe.

Die *Exekutive* liegt beim Min.rat unter Führung des Min.-präs., der vom Staatspräs. unter Beachtung der Wahlergebnisse ernannt wird. Die übrigen Reg.mgl. werden auf Vorschlag des Min.präs. vom Staatspräs. ernannt. Das Kabinett ist sowohl dem Staatspräs. als auch dem Parlament politisch verantwortlich. Die *Legislative* liegt beim Einkammerparlament, der Versammlung der Republik (Assembleia da República). Die 240 bis höchstens 250 Abg. werden für 4 Jahre nach dem Verhältniswahlrecht gewählt. Das Parlament muß aufgelöst werden, wenn es dreimal innerhalb einer Legislaturperiode die Reg. durch Verweigerung des Vertrauensvotums bzw. durch Mißtrauensvotum stürzte. Im Parlament sind (1991) folgende *Parteien* vertreten: Partido Social Democrata (PSD), Partido Socialista (PS), Partido do Centro Democrático Social (CDS), das Wahlbündnis Coligação Democrática Unitária (CDU) aus Kommunisten und Grünen sowie die Rentnerpartei (Partei der Nat. Solidarität).

Verwaltungsgliederung (Stand 1990)

Distrikt	Fläche (km²)	E (in 1000)	Distrikt	Fläche (km²)	E (in 1000)
Festland			Lissabon	2761	2130
			Portalegre	6065	135
Aveiro	2808	674	Porto	2395	1695
Beja	10225	173	Santarém	6747	460
Braga	2673	784	Setúbal	5064	817
Bragança	6608	182	Viana do Castelo	2255	266
Castelo Branco	6675	218	Vila Real	4328	260
Coimbra	3947	446	Viseu	5007	419
Évora	7393	171			
Faro	4960	344	*Inseln (Autonome Regionen)*		
Guarda	5518	192	Azoren	2274	253
Leiria	3515	436	Madeira	794	275

Die Namen der Distrikte sind identisch mit denen der jeweiligen Verwaltungssitze.

Der *Gewerkschafts*verband Confederação Geral dos Trabalhadores Portugueses – Intersindical Nacional (CGTP-IN), 1970 gegr. und 1974 als Einheitsgewerkschaft reorganisiert, wird v. a. auf lokaler Ebene von der Kommunist. Partei gesteuert; er repräsentiert rd. 1,3 Mill. Mgl. 1978 wurde die sozialistisch orientierte União Geral dos Trabalhadores Portugueses (UDTP) gegr. (rd. 940 000 Mgl.).

*Verwaltungs*mäßig ist P. in 18 Distr. und 2 autonome Regionen (Azoren und Madeira) unterteilt. Die autonomen Regionen besitzen jeweils direkt gewählte Regionalversammlungen und aus diesen gewählte Regionalregierungen.

Das portugies. *Gerichtswesen* ist dreistufig aufgebaut: Dem Obersten Gerichtshof sind Gerichte zweiter und erster Instanz nachgeordnet. Daneben existieren spezielle Verwaltungs-, Finanz- und Militärgerichte. Ein Verfassungstribunal übernahm Teilaufgaben des 1982 aufgelösten Revolutionsrates.

Die *Streitkräfte* in Gesamtstärke (1991/92) von 61 000 Mann (Heer 33 000, Marine 15 000, Luftwaffe 13 000) dienen nicht nur der Landesverteidigung, sie sollen auch die verfassungsmäßige Ordnung garantieren; es besteht allg. Wehrpflicht, die 1991 auf 4 Monate beschränkt wurde. Daneben gibt es rd. 4 300 Mann paramilitär. Kräfte.

Portugalöser (Portugaleser), Goldmünzen: 1. dt. Bez. des von Portugal 1499–1557 geprägten Português (39,9 g fast reines Gold), 2. dessen Nachahmung zu 10 Dukaten, bes. in Norddeutschland und Skandinavien.

Portugiesenteppiche, um die Mitte des 17. Jh. vermutlich in Persien hergestellte Teppiche mit Darstellungen von europ. Schiffen und Seefahrern.

Portugiesische Galeere

Portugieser (Blauer Portugieser), ertragreiche, frühreife, blaue Rebsorte, liefert einen milden, jedoch schnell alternden Rotwein.

Portugiesische Galeere (Span. Galeere, Seeblase, Physalia physalis), in allen warmen Meeren verbreitete Staatsqualle; treibt mit Hilfe einer bis 30 cm langen, silbern, blau und purpurn schimmernden Luftkammer an der Wasseroberfläche. An der Unterseite der Luftkammer sitzen zahlr. Einzelindividuen mit (bis 50 m) langen Fangfäden; das Gift ihrer Nesselkapseln kann auch beim Menschen starke Beschwerden verursachen.

portugiesische Kolonien, die ehem. überseeischen Besitzungen Portugals. Im 15. Jh. begann die Kolonisierung afrikan. Küstengebiete, Madeiras, der Azoren sowie der Kapverd. Inseln. Nachdem 1498 durch V. da Gama der Seeweg nach Indien gefunden worden war, brachten die Portugiesen in O-Indien die wichtigsten Hafenplätze in ihre Gewalt und wurden so Herren des Gewürzhandels. 1535 gewannen sie von den Spaniern noch die Molukken, während ihnen in Amerika schon seit 1500 Brasilien gehörte. Nach dem Verlust zahlr. Plätze v. a. in Asien an die Niederlande bzw. an England seit Anfang des 17. Jh. besaß Portugal nur noch Goa in Vorderindien, Macao und einen Teil der Insel Timor in O-Asien, Portugies.-Guinea, Angola, Moçambique, einzelne Inseln von Afrika sowie die Azoren und Madeira. Brasilien erlangte 1822 friedlich seine Unabhängigkeit. Der Versuch der Gründung eines geschlossenen Afrikareiches (Unterwerfung der noch selbständigen Eingeborenenstämme Angolas und Moçambiques) scheiterte Ende des 19. Jh. am brit. Widerstand. Als letztes europ. Land suchte Portugal mit aller Entschiedenheit seine Kolonien zu halten, die 1951 als Überseeprov. zum integralen Bestandteil des Mutterlandes erklärt wurden. Im Dez. 1961 wurde *Portugies.-Indien* (Goa, Damão [Daman] und Diu) von Indien erobert. In Moçambique, Angola und Guinea erstarkten die Befreiungsbewegungen (Guerillakämpfe). Nach der Revolution von 1974 in Portugal wurden die Überseeprov. in die Unabhängigkeit entlassen: 1974 Guinea-Bissau, 1975 Moçambique, die Kapverd. Inseln, São Tomé und Príncipe und Angola; in der Überseeprov. *Portugies.-Timor* wurde 1976 der Anschluß an Indonesien vollzogen; Macao erhielt 1976 den Status eines autonomen (chin.) Territoriums unter portugies. Verwaltung und soll gemäß portugies.-chin. Verhandlungen 1999 an China zurückgegeben werden.

portugiesische Kunst, trotz vielfacher Einwirkungen von Spanien sowie Italien und Frankreich nahm die p. K. seit der Römerzeit eine eigenständige Entwicklung, v. a. in Architektur und Baudekoration. Dies tritt bes. in den beiden wichtigsten kunsthistor. Perioden des Landes, in seiner Blütezeit in der 1. Hälfte des 16. Jh. (Zeitalter der Entdeckungen) und in der 1. Hälfte des 18. Jh. (Gold- und Diamantenfunde in Brasilien) hervor.

Baukunst: Wichtigste Fundorte der Römerzeit sind Conimbriga (zerstört 468) und der Tempel von Évora (2.–3. Jh.). Aus dem 7. und 10. Jh. sind schlichte frühroman. Kirchenbauten erhalten (São Frutuoso bei Braga; Lourosa). Unter der 1. portugies. Dyn. aus dem Haus Burgund (1139–1383) Ausbildung der roman. Baukunst, v. a. kleine wehrhafte Kirchen mit schmalem, tiefem Sanktuarium. Die Kirchen stehen unter burgund. Einfluß (São Martinho de Cedofeita in Porto, 12. Jh.) oder dem der Auvergne. Bei den zw. 1140 und 1170 errichteten Kathedralen in Braga, Coimbra, Lissabon und Porto mit Chorumgang und Kapellenkranz dienten die Pilgerkirchen von Santiago de Compostela und Saint-Sernin in Toulouse als Vorbild. Burgen bezeugen die Sicherung des Landes (Guimarães, Bragança, Leiria, Almourol, Óbidos). Got. Elemente zeigten zuerst die Zisterzienserbauten (Alcobaça, 1148 ff.; Kathedrale von Évora). Beim Bau des Klosters Santa Maria de Vitória (↑Batalha) Ende des 14. bis Mitte des 16. Jh. erfolgte die künstler. Entwicklung von der Hochgotik zum ↑Emanuelstil, ein v. a. von Motiven der Seefahrerwelt geprägter Dekorationsstil (Portal der „Unvollendeten Kapellen" von M. Fernandes, 1509). Weitere Höhepunkte bilden die Christusritterkirche in Tomar, das Hieronymitenkloster von M. Boytac und J. de Castilho sowie der Torre de Belém von F. de Arruda (↑Lissabon). Reine Renaissancewerke sind u. a. der Große Kreuzgang des Klosters von Tomar sowie die Kirche Nossa Senhora da Conceição (ebd.). Aus der Barockzeit: Kloster ↑Mafra (1714 ff. von J. F. Ludwig), Schloß Queluz bei Lissabon (1747–55), Univ.bibliothek von Coimbra (1717–28). 1784–1811 entstand die Wallfahrtskirche Bom Jesus do Monte bei Braga. Zahlr. barocke Innenausstattungen mit vergoldetem Schnitzwerk („talha dourada"), z. B. in Porto (Santa Clara) oder Lagos (São Antonio), oder mit ↑Azulejos (Königl. Palast von Sintra). Wichtigste städtebaul. Leistung ist der Wiederaufbau von Lissabon nach dem Erdbeben von 1755 unter Min. Pombal. Im 19. Jh. entstanden historist. Bauten (Palácio da Pena in Sintra, Börse in Porto, Kuppelbau des Rathauses in Lissabon); unter den techn. Bauwerken ist v. a. die doppelstöckige Brücke „Dom Luis I." (1881–85) in Porto über den Douro bed. Die Architektur des 20. Jh. wird maßgebend vertreten durch die „Schule von Lissabon" und v. a. die „Schule von Porto" unter Führung von A. Siza Vieira (* 1933).

Skulptur: In der Gotik gelangte die Grabmalkunst zu hohen Leistungen (Alcobaça: Sarkophage für Pedro I. und Inês de Castro, um 1370; Braga: Sarkophag des Erzbischofs G. Pereira). Der manuelin. Schmuckstil griff von der Architektur auch auf Mobiliar und Goldschmiedekunst (G. ↑Vicente) über. Höhepunkte der Renaissanceplastik sind das Chorgestühl, die Kirchenväterkanzel (1552) und die Grabmäler in Santa Cruz in Coimbra. Zentren der großen Holzaltäre und der figuralen Plastik (J. Machado de Castro) der Barockzeit sind Coimbra, Lissabon und Évora. Im 19. Jh. sind v. a. A. Soares dos Reis (* 1847, † 1889) und V. Bastos (* 1832, † 1894) zu nennen. Im 20. Jh. traten F. Franco (* 1885, † 1955), L. de Almeida (* 1899, † 1975), V. Domingos (* 1932), J. Rodrigus (* 1936), A. Carneiro (* 1937) und Z. de Carvalho (* 1932) hervor.

Malerei: Die got. Tafelmalerei des 15. Jh. zeigt Anlehnung an die fläm. Kunst (N. Gonçalves; Vinzenz-Altar, 1465–67, Lissabon, Museu Nacional de Arte Antiga). Unter Manuel I. bildeten sich Künstlergemeinschaften („ofinicas") mit Zentren in Viseu (Hauptmeister Grão Vasco) und Lissabon (J. Afonso). Der bedeutendste portugies. Maler des 16. Jh. war der Mönch Carlos, der bei Évora tätig war, beeinflußt von dem großen Altar des Flamen F. Henriques für Évora. Die Barockmalerei wandte sich neben religiösen Themen v. a. dem Porträt zu (u. a. D. Vieira), das auch im 18. und 19. Jh. gepflegt wurde (D. A. de ↑Sequeira, C. Bordalo de Pinheiro [* 1857, † 1929]). Zu den Vertretern moderner Malerei gehören A. Soares (* 1894, † 1979), C. Botelho (* 1899, † 1982), M. E. Vieira da Silva (* 1908, † 1992), N. Afonso (* 1920), F. Lanhas (* 1923), C. Calvet (* 1928), J. Vieira (* 1934), A. de Sousa (* 1938).

portugiesische Literatur, ihre erste Blüte erlebte die p. L. mit der galic.-portugies. Minnelyrik (erhalten sind 3 Liederhandschriften mit rd. 3 000 Gedichten von über 200 Dichtern [Bürgerlichen, Adligen, Königen]), daneben v. a. die Marienlieder König Alfons' X.

14./15. Jahrhundert: Stolz auf die krieger. Leistungen, erste Entdeckerfahrten und beginnende Konsolidierung des nat. Bewußtseins führten um die Mitte des 14. Jh. zur *Historiographie* in Prosa (Chroniken, Annalen der Adelsgeschlechter, Königschroniken). Die galic.-portugies. Troubadourlyrik wurde um 1450 durch höf. Gelegenheitsdichtung nach span. Vorbild abgelöst.

Renaissance (1450–1580): Die Zeit größter polit. Machtentfaltung unter Emanuel I. bis zur Niederlage 1578 bei Ksar-el-Kebir (Marokko) und die Personalunion mit Spanien (1580–1640) war zugleich die Epoche höchster literar. Blüte. Entdeckungsfahrten, Gründung von Kolonien in Afrika und Indien und die Eroberung Brasiliens wurden als Fortsetzung der Glaubenskriege gegen die Mauren aufgefaßt; Strenggläubigkeit versperrte der Reformation den

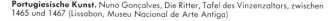

Portugiesische Kunst. Nuno Gonçalves, Die Ritter, Tafel des Vinzenzaltars, zwischen 1465 und 1467 (Lissabon, Museu Nacional de Arte Antiga)

Weg und hemmte zunächst das Eindringen von Humanismus und Renaissance. Die entscheidende Hinwendung zum Humanismus und zu italien. Vorbildern erfolgte um die Mitte des 16. Jh. durch F. de Sá de Miranda, der Sonett und Kanzone in die Dichtung einführte, sowie durch A. Ferreira. Neben Schäferromanen und ma. Ritterromanen bringen die Reisebeschreibungen über die portugies. Entdeckungsfahrten den Zeitgeist am treffendsten zum Ausdruck, u. a. F. Mendes Pinto. Literarisch überhöht wurde das Sendungsbewußtsein der Portugiesen durch das histor. Epos „Die Lusiaden" (1572) des L. de Camões.

Barock (1580–1756): Durch die engen Beziehungen zu Spanien gefördert, setzte sich in allen Gatt. der Barockstil eines Góngora durch; bed. Lyriker waren F. Rodrigues Lobo und F. Manuel de Melo. Eine Blüte erlebte die religiöse moral.-didakt. Prosa.

Aufklärung, Klassizismus (1756–1825): Zur Bekämpfung des barocken Stils wurde 1756 die „Arcádia Lusitana" (oder „Arcádia Ulisiponense") als Sammelpunkt neoklassizist. Strömungen gegr., die sich an den frz. Aufklärern und den engl. Philosophen orientierten. Mit seiner subjektiv-weltschmerzl. und patriot.-aufklärer. Lyrik kündigte M. M. Barbosa du Bocage bereits die Romantik an.

Romantik (nach 1825): Hauptgatt. wurden histor. Roman und histor. Drama nach dem Vorbild von W. Scott und V. Hugo. Als der portugies. Balzac gilt C. Castelo Branco.

Realismus, Positivismus (1865–1900): Gegen den romant.-klassizist. Lyriker A. F. de Castilho (* 1800, † 1875) erhob sich die antiklerikale und antiromant. „Generation von Coimbra" mit den bedeutendsten Vertretern A. T. de Quental, J. M. Eça de Queirós.

Nach 1900: Kennzeichnend ist die schnelle Ablösung der literar. Richtungen. Die Dekadenzdichtung der Jh.wende wurde von A. Nobre, der *Symbolismus* bes. von E. de Castro und C. Pessanha (* 1867, † 1926) vertreten. Die Ausrufung der Republik (1910) und Portugals Eintritt in den 1. Weltkrieg begünstigten den neoromant. *Saudosismo,* einen auf die nat. Werte sich besinnenden messian. Symbolismus (Teixeira de Pascoaes). Aus dem Saudosismo hervorgegangen sind der Lyriker F. A. Nogueira de Seabra Pessoa und der Romancier J. Régio (* 1901, † 1969), die zugleich zum lyr. *Modernismo* überleiteten. Als der bedeutendste Erzähler des 20. Jh. gilt A. Ribeiro. Der sozialkrit. *Neorealismus* nach 1945 setzte sich [bes. in Opposition zur faschist. Diktatur] nur im Roman durch, u. a. bei A. A. Redol (* 1901, † 1969), S. P. Gomes (* 1909, † 1949), F. Namora (* 1908, † 1989), L. Penedo (* 1916).

portugiesische Musik, im 12. Jh. traten neben der Musikübung am Hof und beim Volk v. a. die Klöster (u. a. Braga, Coimbra) als musikal. Zentren hervor. Von der bes. unter König Dionysius (* 1279, † 1325) blühenden Troubadourkunst sind keine Melodien bekannt. Die Polyphonie

Portugiesische Kunst

Links: Ecce homo, unbekannter Meister, Ende des 15. Jh. (Lissabon, Museu Nacional de Arte Antiga). Mitte: Maria Elena Vieira da Silva, Komposition, 1956 (Privatbesitz). Rechts: Grabmal Pedros I., gestorben 1367, in Alcobaça

Links: Mateus Vicente de Oliveira und Jean-Baptiste Robillon, Palast in Queluz, die ehemalige königliche Sommerresidenz, 1747 ff. Rechts: Joaquim Machado de Castro, Reiterstandbild König Josephs I. in Lissabon, 1775

des 15./16. Jh. stand unter niederl. Einfluß. In den theatral. Werken seit Gil Vicente war der Musik breiter Raum gewährt. Einen Höhepunkt erreichte die p. M. an der Kathedrale von Évora, deren Kapellmeister M. Mendes (* um 1547, † 1605) mit eigenen Werken die Entwicklung bestimmte. Bedeutsam war daneben die Schule von Vila Viçosa, zu deren wichtigsten Vertretern König Johann IV. (* 1604, † 1656) und J. L. Rebelo (* 1610, † 1661) gehören. Mit seinen „Flores de música" (1620) veröffentlichte der Hoforganist M. R. Coelho (* um 1555, † nach 1633) die erste gedruckte portugies. Instrumentalmusik. Seit Beginn des 18. Jh. trat die italien. Oper in den Vordergrund. Wichtigster Repräsentant wurde F. A. de Almeida († 1755 ?), während der Kathedralorganist von Lissabon, J. A. C. de Seixas (* 1704, † 1742), mit bed. Musik für Tasteninstrumente hervortrat. Nat. Tendenzen wurden wirksam bei dem Lisztschüler J. Viana da Mota (* 1868, † 1948). Im 20. Jh. folgten der allg. europ. Entwicklung u. a. L. de Freitas Branco (* 1890, † 1955), R. Coelho (* 1891, † 1986), F. Lopes Graça (* 1906). Neueste Techniken bis zur elektron. Musik vertreten A. L. Cassuto (* 1938), J. R. Peixinho (* 1940), E. Nunes (* 1941).

Portulak. Portulakröschen

portugiesische Sprache, zu den roman. Sprachen gehörende Sprache in Portugal (rd. 10 Mill. Sprecher), auf der Madeiragruppe und den Azoren sowie in Brasilien (über 140 Mill. Sprecher). Die p. S. ist hervorgegangen aus dem nördlich der röm. Prov. Lusitania, in Galicien, gesprochenen Latein. Mit der Gründung des Kgr. Portugal (1139) und durch die Vermischung mit der in den eroberten Landesteilen gesprochenen roman. Sprache der Mozaraber wurde die eigenständige Entwicklung der p. S. eingeleitet; das ↑ Galicische entwickelte sich zu einem Sonderdialekt. Die p. S. ist unter den Sprachen der Iber. Halbinsel die konservativste; sie unterscheidet sich erheblich vom Spanischen. Für die moderne p. S. ist der große Reichtum an Vokalen und Diphthongen charakteristisch, in der *Morphologie* die Bewahrung der lat. Plusquamperfektformen, des lat. Futurum exactum und des lat. Perfekt. Im *Wortschatz* sind viele lat. Wörter bewahrt; wie das Spanische hat die p. S. zahlr. Wörter aus dem Arabischen entlehnt. Es finden sich auch Entlehnungen aus asiat. Sprachen.
Das *brasilian. Portugiesisch* weicht vom europ. Portugiesisch erheblich ab. Der Wortschatz ist mit indian. und afrikan. Elementen durchsetzt.

Porzellan. Kelch mit unterglasurblauem Dekor, roter und schwarzer Bemalung und Vergoldung, China, Mingdynastie (Berlin, Museum für Ostasiatische Kunst)

Portugiesisches Scheidegebirge, Teil des Iber. Scheidegebirges in Portugal, Fortsetzung des Kastil. Scheidegebirges, erstreckt sich von der span. Grenze südlich des Douro bis südlich von Coimbra, durch das Tal des Zêzere in 2 parallele Gebirgszüge geteilt. Die höchste Erhebung liegt im NO in der **Serra da Estrêla** (1 991 m ü. d. M.). Nach SW setzt sich das P. S. im **Portugiesischen Scheiderücken** fort, der sich bis zum Kap Roca erstreckt. Landw. Nutzung mit Mais- und Winterroggenanbau, Ölbaum-, Feigen-, Obstbaumkulturen sowie Schafhaltung.

Portugiesisch-Guinea [gi'ne:a] ↑ portugiesische Kolonien.

Portugiesisch-Indien ↑ portugiesische Kolonien.

Portugiesisch-Timor ↑ portugiesische Kolonien.

Portuguesa [span. pɔrtu'ɣesa], Staat in W-Venezuela, 15 200 km², 571 600 E (1988), Hauptstadt Guanare. Der größte Teil von P. liegt in den Llanos (Weidewirtschaft und Feldbau); der NW wird von der Cordillera de Mérida und ihren Ausläufern eingenommen.

Porzellan. Bonbonnière aus Capodimonte in Neapel, um 1745 (New York, Metropolitan Museum)

Portulak [lat.] (Bürzelkraut, Portulaca), Gatt. der Portulakgewächse mit über 100 Arten in den trop. und subtrop. Gebieten der ganzen Erde; Kräuter mit wechsel- oder fast gegenständigen Blättern und endständigen, in Wickeln oder einzeln stehenden Blüten. Eine bekannte Art ist das **Portulakröschen** (Portulaca grandiflora) mit 2–4 cm großen, häufig roten Blüten; beliebte Sommerblume.

Portulakgewächse (Portulacaceae), Fam. der zweikeimblättrigen Pflanzen mit rd. 500 Arten, v. a. an der pazif. Küste Amerikas und in den Anden; meist Kräuter mit schmalen, ungeteilten, teilweise sukkulenten Blättern. Bekannte Gatt. sind Claytonie, Lewisie und Portulak.

Portunus, röm. Gott der Tür (lat. porta), des Privathauses und des [Tiber]hafens (lat. portus). Die **Portunalia,** sein Fest, wurden seit dem 6. Jh. v. Chr. am 17. Aug. begangen.

Portweine [nach der portugies. Stadt Porto], Misch- und Dessertweine aus 21 Rebsorten aus dem oberen Dourotal; rote P. werden mit zunehmendem Alter heller, weiße dunkeln nach.

Porvoo [finn. 'pɔrvɔ:] (schwed. Borgå), finn. Stadt 50 km nö. von Helsinki, 19 200 E. Luth. Bischofssitz; Museen; Holzverarbeitung, Werft, Verlage. – 1346 gegr. – Got. Dom (1414–18) mit Rokokoausstattung.

Porzellan [italien. „porcellana", urspr. Name einer weißen Meeresschnecke, deren Gehäuse eine porzellanartige Oberfläche aufweist], aus Gemischen von Kaolin, Feldspat und Quarz durch Brennen hergestelltes feinkeram. Erzeugnis mit weißem, dichtem, in dünnen Schichten transparentem Scherben, das glasiert oder unglasiert zur Herstellung von Gebrauchsgegenständen, techn. Erzeugnissen und für künstler. Zwecke verwendet wird. Man unterscheidet das hochschmelzende, gegen Temperaturschwankungen unempfindlichere **Hartporzellan** aus 50 % Kaolin, 25 % Feldspat und 25 % Quarz und das leichter schmelzbare, gegen Temperaturschwankungen empfindlichere **Weichporzellan** aus 25 % Kaolin, 45 % Quarz und 30 % Feldspat. Zur Herstellung wird das Kaolin geschlämmt und gesiebt, Quarz und Feldspat werden feinkörnig zerkleinert. Die wasserhaltige Mischung wird durch Drehen, Strangpressen, Naßpressen oder Gießen zu Gegenständen geformt. Vor dem Brennen (in Kammer-, Ring- oder Tunnelöfen) werden die Rohlinge getrocknet. Die Brennvorgänge unterscheiden sich nach der Art des P.: Weich-P. wird nur einmal auf 1 200–1 300 °C erhitzt. Hart-P. wird (im sog. *Glüh-* oder *Biskuitbrand*) auf 1 000 °C erhitzt, danach wird die aus Quarz, Marmor, Feldspat und Kaolin zusammengesetzte, fein gemahlene Glasur aufgetragen und im anschließenden *Gar-* oder *Glattbrand* bei 1 380–1 450 °C 24 Stunden lang gebrannt, wobei die Glasur zu einer Glasschicht ausfließt. Unterglasdekore werden mit dem Garbrand eingebrannt, Aufglasurdekore mit einem zusätzl. Dekorbrand.
Am haltbarsten sind die Unterglasurdekore, für die Scharffeuerfarben auf Metalloxidbasis (Kobaltoxid für Blau, Chromoxid für Grün), die auch bei hohen Temperaturen farbbeständig sind, verwendet werden. Das für künstlerische Zwecke verwendete unglasierte **Biskuitporzellan** *(Statuen-P.* oder *Parian)* wird 24 Stunden bei 1 410 bis 1 480 °C gebrannt. P. wird in großem Umfang zur Herstellung von Geschirr verwendet, bes. zusammengesetzte P. mit hoher mechan., therm. und chem. Beständigkeit dienen u. a. der Herstellung von Laborgeräten und Hochspannungsisolatoren.
Geschichte: Als Ursprungsland des P. gilt China, wo es vermutlich seit dem späten 13. Jh. hergestellt wurde. Chin. P. wurde seit dem 16. Jh. auch in Europa bekannt; man fertigte es in China, seit der Schließung Chinas im 17. Jh. auch in Japan, z. T. speziell für den Export und nach Mustern europ. Besteller. Es fehlte nicht an europ. Nachahmungsversuchen (Medici-P.), doch mußten weißglasierte Fayencen und Majoliken (in zeitgenöss. Quellen auch P. gen.) noch lange das P. vertreten. Erst seit 1707 gelang J. F. ↑ Böttger und E. W. von Tschirnhaus in Dresden die Erfindung des europ. Porzellans, die erste europ. Manufaktur wurde 1710 auf der Albrechtsburg in Meißen eingerichtet. Doch erst nach Böttgers Tod wurden Voraussetzungen für eine umfangreiche Produktion geschaffen. J. G. Höroldt entwickelte Farben und Dekore der P.malerei, J. G. Kirchner und J. J. Kändler lösten sich von dem Vorbild der Goldschmiedekunst und modellierten dem Material entsprechende Geschirrformen und Figuren. – Obwohl das Geheimnis der P.herstellung und die damit befaßten Personen streng bewacht wurden, gelang doch einigen Arbeitern die Flucht. Diese halfen bei der Gründung neuer Manufakturen, so daß Meißen seine Monopolstellung verlor. Schon 1717 wurde in Wien eine Manufaktur gegr., 1720 in Venedig, 1737 in Doccia und 1743 auf Capodimonte in Neapel; in Deutschland folg-

ten 1746 Hoechst, 1747 Nymphenburg und Fürstenberg, 1751 Berlin, 1755 Frankenthal; in England begannen Chelsea 1747, Worcester 1750, die Manufaktur in Zürich wurde 1763 gegr., in Kopenhagen 1766; die bedeutendste frz. Manufaktur Vincennes/Sèvres bestand zwar schon seit 1738, konnte jedoch erst seit den 1760er Jahren auch Hart-P. herstellen, das gleiche gilt für die 1744 gegr. russ. Manufaktur in Sankt Petersburg. Aus der Konkurrenz heraus entstanden die **Porzellanmarken** (in Meißen seit 1722), Zeichen in Unterglasurblau, gelegentlich auch Preßmarken, mit denen die einzelnen Manufakturen ihre Produkte kennzeichneten. Meist zeigen diese Marken Wappen oder Initialen der herrschenden Fürsten, die i. d. R. die Besitzer der Manufakturen waren. Das 18. Jh. stellt den Höhepunkt europ. P. dar. Neben J. J. Kändler (Meißen) gelten F. A. Bustelli und J. P. Melchior (beide Nymphenburg) als die überragenden Schöpfer der P.plastik. Auch im Klassizismus, im Jugendstil und seit Mitte des 20. Jh. sind ausgezeichnete P. entstanden.

Porzellan. Johann Joachim Kändler, Gemüsehändler, um 1740 (München, Bayerisches Nationalmuseum)

Porzellanerde, svw. ↑Kaolin.

Porzellanschnecken (Cypraeidae), Fam. der Schnekken (↑Vorderkiemer) mit zahlr. Arten in allen Meeren; Schale eiförmig, porzellanartig, meist stark gemustert und prächtig gefärbt. Zu den P. gehören u. a. Pantherschnecke, Tigerschnecke und ↑Kaurischnecken.

Porzig, Walter, *Ronneburg bei Gera 30. März 1895, †Mainz 14. Okt. 1961, dt. Indogermanist. – Prof. in Bern, Jena, Straßburg, ab 1951 in Mainz; bed. Arbeiten zum Altindoarischen, Griechischen und Lateinischen sowie über „Die Gliederung des indogerman. Sprachgebiets" (1954). Sein Hauptwerk ist „Das Wunder der Sprache" (1950).

Posadas [span. po'saðas], Hauptstadt der argentin. Prov. Misiones, am Alto Paraná, 140 000 E. Kath. Bischofssitz; Univ. (gegr. 1973); Sägewerke, Teefabriken; Eisenbahnendpunkt, Hafen. – 1872 als Handelsplatz angelegt; hieß früher **Trincheras de San José.**

Posadowsky-Wehner, Arthur Graf von [...'dɔfski], Frhr. von Postelwitz, *Glogau 3. Juni 1845, †Naumburg/Saale 23. Okt. 1932, dt. Politiker. – Setzte als Staatssekretär des Reichsamts des Innern (zugleich Stellvertreter des Reichskanzlers) und preuß. Staatsmin. 1897–1907 wichtige sozial- und wirtschaftspolitische Reformen durch; 1907–18 Mgl. des preußischen Herrenhauses; 1912–18 MdR, 1919/20 Mgl. der Nationalversammlung (DNVP); 1928–32 MdL in Preußen.

Posamenten [zu frz. passement „Borte"], textile Besatzartikel (z. B. Borten, Schnüre, Quasten).

Posaune [zu lat. bucina „Jagdhorn, Signalhorn"] (italien., frz., engl. Trombone), Blechblasinstrument mit Kesselmundstück, bestehend aus zwei ineinander verschiebbaren Teilen: 1. dem U-förmig gebogenen Hauptrohr mit Stürze, zwei geraden, parallel verlaufenden und durch Querstangen (Brücken) verbundenen Innenrohren (Innenzüge) und Mundstück; 2. dem gleichfalls U-förmig gebogenen Außenzug, der über die beiden Innenzüge gesteckt wird. Das Rohr der P. ist überwiegend zylindrisch und erweitert sich erst zur Stürze hin; die Mensur ist eng. Der bewegl. Außenzug ermöglicht dem Spieler eine kontinuierl. Verlängerung der P. und damit eine gleitende Veränderung der Tonhöhe (↑glissando, ↑Portamento). Heute sind v. a. folgende P. in Gebrauch: *Tenor-P.* in B; *Tenorbaß-P.,* eine Tenor-P., deren Stimmung durch ein Quartventil auf F gesenkt werden kann; *Kontrabaß-P.* (Kurzbez. *Baß-P.*) in F, bei der die Stimmung durch Ventile auf Es, C und As gesenkt werden kann; *Ventil-P.* mit drei bis vier Spielventilen anstelle des Zuges in B und F. Seltener werden *Alt-* und *Diskant-P.* verwendet. – Die P. entstand im 15. Jh. (wahrscheinlich aus der Zugtrompete hervorgegangen).

▷ in der Orgel ein Zungenregister im Pedal, meist im 16- oder 32-Fuß.

Posavina [serbokroat. ˌpɔsavina], Bez. für die Saveniederung zw. Zagreb und Belgrad, in der jahrhundertelang die Grenze zw. der Habsburgermonarchie und dem Osman. Reich verlief (sog. *nasse Grenze*).

Poschiavo [italien. pos'kia:vo], Bez.hauptort im schweizer. Kt. Graubünden, im Puschlav, 1 014 m ü. d. M., 3 300 E. Fremdenverkehrsort am Fuße des Berninapasses. – Kam 774 an die Karolinger, im 10. Jh. an den Bischof von Chur. – Spätgot. Kirche San Vittore (1497–1503) mit roman. Glockenturm; Barockkirche Santa Maria Assunta (1708–11); Palazzo Mengotti (1665).

Pose [frz.], auf Wirkung bedachte Haltung; gekünstelte, unnatürl. Stellung.

Poseidon, griech. Gott des Meeres, dem bei den Römern *Neptun* entspricht. Sohn des Kronos und der Rhea, Bruder von Zeus, Hades, Hera, Demeter und Hestia, Gemahl der Amphitrite. Als nach dem Sturz des Kronos durch Zeus die Brüder die Welt unter sich aufteilen, erhält P. das Meer. Einem älteren, chthon. Wirkkreis des Gottes gehört die Funktion des „Erderschütterers" an, der mit seinem Dreizack Felsen spaltet und Erdbeben verursacht.

Poseidonia, griech. Name des antiken Paestum.

Poseidonios (latinisiert Posidonius), *Apameia (Syrien) 135 v. Chr., †Rom 51 v. Chr., griech. Philosoph. – P. modifizierte die Formel der Stoa, daß die Natur das schlechthin Gute sei und man daher „gemäß der Natur leben" müsse, indem er den Logos („Vernunft") von der Natur trennt und empfiehlt, „gemäß dem Logos" zu leben.

Porzellanschnecken. Pantherschnecke

Posen (poln. Poznań), Stadt in Z-Polen, an der mittleren Warthe, 85 m ü. d. M., 586 000 E. Hauptstadt einer Woiwodschaft; kath. Erzbischofssitz; Univ. (gegr. 1919), TU und 6 weitere Hochschulen, Forschungsinstitut der Poln. Akad. der Wiss.; mehrere Museen, Theater; Staatl. Philharmonie; Zoo, botan. Garten. Zentrum der metallverarbeitenden Ind., Handelsplatz mit internat. Messe; Verkehrsknotenpunkt. – Entstand um eine slaw. Wehrburg des 8./9. Jh.; seit 1138 Sitz der Herzöge von Großpolen; erhielt 1253 Magdeburger Stadtrecht; im 14./16. Jh. Handelszentrum (Hanse-Mgl., seit 1394 Stapelrecht); kam 1793 an Preußen; seit 1815 Hauptstadt des „Groß-Hzgt." (Prov.) P. sowie Sitz des Erzbistums Posen-Gnesen; fiel 1918 an Polen; 1934–45 unter dt. Besetzung. – Nach den Zerstörungen des 2. Weltkriegs wurden die histor. Baudenkmäler wiederhergestellt, u. a. der Dom (14./15. Jh.), die barocke Franziskanerkirche (1668–1730), das Renaissancerathaus (heute Museum).

Posen Stadtwappen

P., ehem. preuß. Prov. **Großherzogtum Posen:** 1815 gebildet aus bereits zw. 1793 und 1807 von Preußen verwalteten poln. Gebieten, fielen nach Inkorporation in das Dt. Reich (1871) 1919 an Polen zurück, Randgebiete kamen zur Prov. *Grenzmark P.-Westpreußen.*

Posidonienschiefer [nach der Muschel Posidonia bronni], dunkle, dünnplattige Schiefertone des Lias in SW- und NW-Deutschland mit Ölschieferhorizonten; reich an Fossilien bes. bei ↑Holzmaden.

Position [lat.], allg. svw. Lage, Standort, Stelle, Stellung (in einem Unternehmen).

▷ im klass. *Ballett* die Stellung der Füße.

Positionsastronomie, svw. ↑Astrometrie.

Positionssystem, svw. ↑Stellenwertsystem.

positiv [zu lat. positivus „gesetzt, gegeben"], bejahend, zustimmend (Ggs. negativ); ein Ergebnis bringend; wirklich vorhanden, vorteilhaft, günstig.
▷ in der *Mathematik* Zahlen, die größer als Null sind (Zeichen: > 0).

Positiv [lat.], in der Sprachwiss. ↑Komparation.
▷ kleine Orgel mit nur einem Manual (kein Pedal) und nur wenigen Registern (i. d. R. nur ↑Labialpfeifen).
▷ ↑Photographie.

positive Forderungsverletzung ↑positive Vertragsverletzung.

positive Philosophie ↑positivistische Schule.

positiver Held ↑sozialistischer Realismus.

positive Säule ↑Glimmentladung.

positives Recht, das vom Menschen geschaffene objektive Recht im Unterschied zum Naturrecht.

Ernst von Possart

positive Vertragsverletzung (positive Forderungsverletzung, Schlechterfüllung), im Rahmen bestehender Schuldverhältnisse begangene, vom Schuldner zu vertretende Pflichtverletzungen, die weder Unmöglichkeit der Leistung noch Verzug herbeiführen und deren Folgen auch nicht durch gesetzl. Gewährleistungsvorschriften geregelt werden. Gewohnheitsrechtlich anerkannte p. V. sind u. a.: **Schlechtleistung** bzw. Schlechterfüllung durch den Schuldner (z. B. Lieferung einer undichten Waschmaschine, wodurch ein Schaden am Gebäude entsteht); Verletzung von **Neben[leistungs]pflichten** (z. B. Mitwirkungs- und Auskunftspflichten); **Leistungsverweigerung** des Schuldners vor Fälligkeit. *Rechtsfolge* ist hauptsächlich ein Schadenersatzanspruch des Gläubigers; daneben besteht, nach Art des jeweiligen Falles, der urspr. Erfüllungsanspruch fort. Bei gegenseitigen Verträgen hat der Gläubiger die Möglichkeit, vom Vertrag zurückzutreten oder Schadenersatz wegen Nichterfüllung zu verlangen (wenn ein Festhalten am Vertrag nicht zugemutet werden kann). – Im östr. und schweizer. Recht gilt Entsprechendes.

Positivismus [lat.], in *Philosophie* und *Sozialwissenschaften* 1. Begriff für (antimetaphys.) Argumentationen und Standpunkte, die das rationale Fundament wiss. Theorien und institutioneller Orientierungen allein in Tatsachenbehauptungen (bzw. streng empir. Prüfungsverfahren), dem „Positiven", sehen; häufig auch für neuere Formen des Empirismus (log. Empirismus [↑analytische Philosophie], ↑Neopositivismus), da in ihnen neben den analytisch wahren Sätzen nur durch Erfahrung gestützte Aussagen als intersubjektive Erkenntnisse gelten, wobei der log. Empirismus seine Metaphysikkritik zusätzlich darauf stützt, daß metaphys. Probleme weitgehend auf mangelnde Einsicht in den logisch korrekten Gebrauch der Alltags- und Wissenschaftssprache zurückzuführen seien; 2. die Auffassung, Werturteile seien keiner rationalen oder wiss. Rechtfertigung zugänglich (↑Werturteilsstreit).
▷ in der *Literatur* ↑Literaturwissenschaft.

Positivismusstreit, Bez. für die Phase des Methoden- und Werturteilsstreits in den Sozialwiss. zw. den Vertretern der krit. Theorie (v. a. J. Habermas) und des krit. Rationalismus (v. a. H. Albert). – ↑Soziologie.

positivistische Schule, die von A. Comte begr. Schule des Positivismus zum Aufbau der sog. **positiven Philosophie:** Unter Verzicht auf die metaphys. Suche nach Letztbegründungen wendet sich der Mensch der Entdeckung der gesetzmäßigen natürl. (positiven) Abläufe zu. Im sozialwiss. Bereich ist dies Aufgabe der Soziologie.

Positivretusche, Retuschearbeiten am fertigen photograph. Bild.

Positron (positives Elektron, Positon), physikal. Symbol e^+; Antiteilchen des Elektrons, von dem es sich nur durch seine entgegengesetzte (positive) Ladung unterscheidet, und das wie dieses zur Gruppe der ↑Leptonen gehört. Das P. wurde 1928 von P. Dirac postuliert und 1932 von C. D. Anderson in der Höhenstrahlung entdeckt. P. entstehen u. a. durch ↑Paarbildung beim positiven ↑Betazerfall *(Positronenzerfall).*

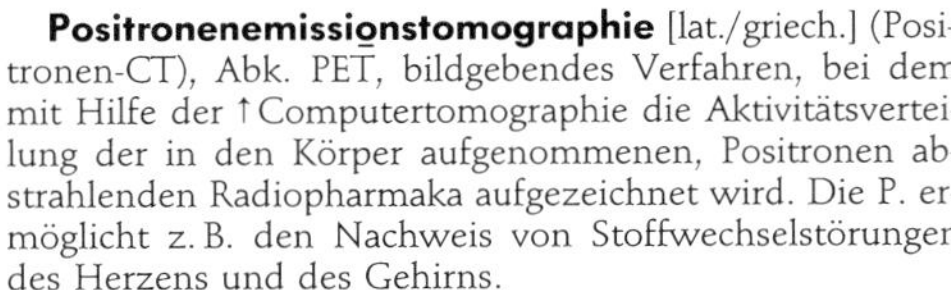

Positronenemissionstomographie [lat./griech.] (Positronen-CT), Abk. PET, bildgebendes Verfahren, bei dem mit Hilfe der ↑Computertomographie die Aktivitätsverteilung der in den Körper aufgenommenen, Positronen abstrahlenden Radiopharmaka aufgezeichnet wird. Die P. ermöglicht z. B. den Nachweis von Stoffwechselstörungen des Herzens und des Gehirns.

Positronenstrahler ↑Betazerfall.

Positronium, ↑gebundener Zustand eines Positrons und eines Elektrons, der bei gleich oder entgegengesetzt gerichteten Spins beider Teilchen nach 10^{-10} bzw. 10^{-7} s in 2 bzw. 3 Photonen zerstrahlt.

Possart, Ernst von (seit 1898), *Berlin 11. Mai 1841, †ebd. 8. April 1921, dt. Schauspieler und Regisseur. – Bes. seit 1864 am Münchner Hoftheater durch seinen auf Rhetorik aufgebauten Spielstil hervorgetreten; 1895–1905 Intendant des Hoftheaters; Gründung des Prinzregententheaters; Bühnenschriftsteller; Autobiographie.

Posse [eigtl. „Zierat, Scherzfigur" (zu frz. ouvrage à bosse „Bildhauerarbeit")], die in der Tradition des Mimus, des Fastnachtsspiels und der Commedia dell' arte stehenden verschiedenen Formen des volkstüml. kom. Theaters in der neuzeitl. Literatur; kennzeichnend sind bes. das oft improvisierte einfache Handlungsgefüge, die vordergründige Situations- oder Charakterkomik; im Mittelpunkt steht meist die lustige Person in ihren verschiedensten histor. Ausprägungen. Im volkstüml. Rahmen entwickelte sich seit der 2. Hälfte des 18. Jh. die *Wiener Lokal-P.* mit „Hans Wurst", „Kasperl", „Thaddädl" und „Staberl" als lustigen Personen; Höhepunkt waren die Possen J. Nestroys.

Possessiv [lat.] (Possessivum, Possessivpronomen, besitzanzeigendes Fürwort) ↑Pronomen.

Pößneck, Krst. in Thür., in der Orlasenke, 220 m ü. d. M., 17 000 E. Druckerei, Leder-, Textil-, Nahrungs- und Genußmittelind. – Bereits bei der ersten Erwähnung 1324 als Stadt bezeichnet. – Spätgot. Pfarrkirche (1390 ff.), Rathaus (1478–1531).

P., Landkr. in Thüringen.

Poßruck, Mittelgebirgsrücken in der südl. Steiermark und in Slowenien, Ausläufer der Zentralalpen, bis 1 052 m hoch.

POS-System [von engl. **p**oint **o**f **s**ale, „Ort des Verkaufs"], bargeldloses Zahlungsverfahren mittels Plastikkarten (eurocheque-, Kunden- oder Kreditkarten) ohne Scheckformular. Beim POS-S. auf Basis der eurocheque-Karte werden die Daten der Karte und die Persönl. Identifikationsnummer (PIN) von einem elektron. Datenlesegerät an der Ladenkasse erfaßt und an ein zentrales Rechenzentrum zur Autorisierung weitergeleitet. Anschließend wird das Kundenkonto belastet und der Kaufpreis dem Konto des Händlers gutgeschrieben. In einem weiteren Verfahren kann der Kunde mit eurocheque-Karte und Unterschrift, ohne Angabe der PIN, zahlen.

Post, Herbert, *Mannheim 13. Jan. 1903, †Bayersoien (Landkr. Garmisch-Partenkirchen) 9. Juli 1978, dt. Schriftkünstler. – Schüler von R. Koch; entwickelte Druckschriften v. a. aus der Schreibschrift; u. a. „P.-Antiqua" (1932), „P.-Mediaeval" (1944–47), „Dynamik" (1952).

P., Pieter Jansz., ≈ Haarlem 1. Mai 1608, ▭ Den Haag 8. Mai 1669, niederl. Baumeister. – Neben J. van Kampen (mit dem er wiederholt zusammenarbeitete) ein Hauptmeister des niederl. Palladianismus; Hauptwerke sind: Schloß Huis ten Bosch in Den Haag (1645 ff.); Rathaus in Maastricht (1659–64).

Post [zu italien. posta „Poststation" (von spätlat. posita statio)] ↑Post- und Fernmeldewesen.

post..., Post... [lat.], Vorsilbe mit der Bed. „nach, hinter".

Postament [lat.-italien.], Unterbau, Sockel [einer Säule oder Statue].

Postaufträge, Aufträge an die Post, die die förml. Zustellung von Schriftstücken bzw. den Protest von Wechseln zum Gegenstand haben.

post Christum [natum] [lat.], Abk. p. Chr. [n.], veraltet für: nach Christi [Geburt], nach Christus.

Postcommunio [lat. „(Gebet) nach der Kommunion"], *kath. Kirche:* Schlußgebet des Priesters nach der Kommunion.

Poster [engl.] ↑Plakat.

poste restante [frz. pɔstrəstã:tə, eigtl. „bleibende Post"], frz. Bez. für postlagernd.

Postfach, abschließbares Fach zur Abholung von gewöhnl. Postsendungen innerhalb von sieben Werktagen, gebührenpflichtig.

post festum [lat. „nach dem Fest"], 1. hinterher; 2. zu spät.

Postgeheimnis, Grundrecht aus Art. 10 GG, das neben dem Brief- und dem Fernmeldegeheimnis den gesamten Postverkehr (unabhängig von der Art der Sendung) von deren Eingang bei der Post bis zu ihrer Ablieferung beim Empfänger gegen unbefugte Einblicke seitens der Post sowie postfremder staatl. Stellen schützt. Einschränkungen des P., die nur auf Grund eines Gesetzes vorgenommen werden dürfen, enthalten u. a. §§ 99, 100 StPO, §§ 29 ff. StrafvollzugsG und das Abhörgesetz.
Entsprechende rechtl. Bestimmungen gelten auch in *Österreich* und in der *Schweiz.*

Postgirodienst, Dienst der Dt. Bundespost–Postbank, der die Inhaber eines Postgirokontos im ↑Giroverkehr mit Postgirokonten bei Postgiroämtern in Deutschland, ausländ. Postgiroämtern sowie allen Kreditinstituten verbindet. Bargeld wird von einem Postgirokonto an allen Postämtern der Dt. Bundespost ausgezahlt (Einlösen eines Postbarschecks). – ↑Postscheckverkehr.

Postglossatoren, Rechtslehrer an der Univ. von Bologna (13./14. Jh.). – ↑Kommentatoren.

Posthorn, kleines rundes Blechblasinstrument mit weiter Stürze, ein Signalhorn, das seit dem 16. Jh. die Postillione bliesen und das heute das Wahrzeichen der Post ist.

Posthornschnecke (Planorbarius corneus), bis etwa 3 cm lange, braune Lungenschnecke, v. a. in stehenden, pflanzenreichen Süßgewässern Norddeutschlands; Gehäuse spiralig gewunden. Die P. kann bei starker Reizung einen roten Blutstropfen abgeben.

posthum ↑postum.

Postille [zu lat. post illa (verba) „nach jenen (Worten)"], Bez. für die Auslegung eines Bibeltextes; sodann für die Erklärung bibl. Bücher überhaupt; auch für den auslegenden Teil einer Predigt oder für die ganze Predigt. P. wurden im Gottesdienst verlesen (Kirchen-P.) oder dienten der Erbauung (Haus-P.).

Postillion [lat.] ↑Gelblinge.

postindustrielle Gesellschaft (nachindustrielle Gesellschaft), gesellschaftstheoret. Bez. der gegenwärtigen Gesellschaft, welche meist auf Grund der typ. Verschiebung in der Beschäftigungsstruktur als *Dienstleistungsgesellschaft* (J. Fourastie, D. Bell) definiert wird. Sie unterliegt zunehmendem Einfluß von Verwissenschaftlichung, Technisierung, Qualifizierung (mit sozialer Klassifizierung u. a. durch neue Berufsgruppen) und internat. Vernetzung. Gegen das Modell einer Gesellschaft technokrat. Eliten und korporativer Strukturen (u. a. Massenmedien) wenden sich alternative Konzepte der p. G. (Selbstversorgung, Detechnisierung).

Postkarte, in Art und Größe standardisierte offene Mitteilungskarte, die mit der Briefpost (zu geringerer Gebühr als ein Standardbrief) befördert und dem Empfänger zugestellt wird. Mit der P. darf eine Antwort-P. verbunden sein.

Postleitzahlen, postal. Leitangaben nach einem numer. Code zur eindeutigen Bez. von Gemeinden und zur rascheren (auch mechan.) Abwicklung der Postverteilung.
Die 1961 als vierstellige Abfolge von der Dt. Bundespost eingeführten P. wurden zur Vereinheitlichung des seit 1990 gesamtdt. Zustellungsbereiches zum 1. Juli 1993 durch fünfstellige Kombinationen ersetzt. Aufgeteilt in 83 Regionen, wurden insgesamt 26 400 neue P. für Hausadressen, Postfachkunden und Großkunden (täglich durchschnittlich mehr als 2 000 Zusendungen) vergeben. Seither entfallen die zusätzl. Kennzeichnung durch Vorausbuchstaben (O [Ost], W [West]) und die Angaben zum Zustellpostamt.

Postludium [mittellat. „Nachspiel"], in der ev. Kirchenmusik Bez. für das Orgelstück zum Beschluß des Gottesdienstes. Auch instrumentales Nachspiel. – ↑Präludium.

post meridiem [lat.], Abk. p. m., nachmittags (in englischsprachigen Ländern bei Uhrzeitangaben).

Postmoderne. Robert Venturi u. a., Haus Venturi in Chestnut Hill, 1960–62 (USA, Pa.)

Postmoderne [lat. „Nach-Moderne"], zentraler Begriff der Kulturtheorie, die in den 1930er/40er Jahren seinen Ursprung hat und seit Ende der 1960er Jahre gebräuchlich ist für Wandlungen und Umbrüche v. a. in Architektur, bildender Kunst, Literatur, Musik und Tanz. Der Name steht für eine Vielfalt von Konzeptionen, die sämtlich eine Relativierung der überkommenen Wertmaßstäbe spiegeln; bes. die Stilmittel der klass. Moderne (↑moderne Kunst) werden als zu Konventionen erstarrt empfunden. Der entscheidende Unterschied zur klass. Moderne besteht einerseits in der Ablehnung ihrer Forderung nach ständiger Neuerung, andererseits in einem neuen Interesse für Tradition und Geschichte. Der von der amerikan. Literaturdebatte seit 1959 formulierte Begriff der P. wurde 1975 von dem Architekturtheoretiker C. Jencks auf Erscheinungen der Gegenwartsarchitektur übertragen, die durch Bestrebungen charakterisiert werden, den Funktionalismus und Rationalismus u. a. durch spieler. Umgang mit Bauformen und Stilmixturen, Bekenntnis zu lokalen und regionalen Eigenheiten, bewußtem Rückgriff auf Historisches aufzubrechen (u. a. C. W. Moore [* 1925], R. Venturi, A. Rossi, R. Krier, M. Botta, R. Stern). Für die anderen Bereiche ist der Begriff weniger fest umrissen; praktiziert wird ein Stilpluralismus, der die P. auch dem Vorwurf der Unverbindlichkeit und Beliebigkeit ausgesetzt hat. In der bildenden Kunst wurde von dem Kunsthistoriker A. Bonito der Begriff ↑Transavantgarde geprägt für Tendenzen eines radikalen Individualismus, der in seine vielfältigen Ausdrucksmöglichkeiten histor. Stilzitate, überlieferte oder private Mythologien (↑individuelle Mythologie) einschließt (↑Neue Wilde, ↑Arte cifra, New Image Painting).
Auch in der Literatur wird der Prozeß- und Spielcharakter betont, Fiktion und Realität sollen ununterscheidbar sein, die Grenzen zur Massenkultur werden durch Einbeziehung von Kitsch, Klischees und Zitaten bewußt verwischt. Häufige Stilmittel sind Groteske, Satire und Parodie; Mythos, Science-fiction, Kriminalroman und Comic werden postmodernistisch umfunktioniert. Obwohl es keine geschlossene Strömung gibt, stehen einige Autoren exemplarisch für die Erscheinungen der literar. P.: in den USA W. S. Burroughs, R. Coover, T. Pynchon, K. Vonnegut; in Deutschland B. Strauß, P. Handke, C. Ransmayr; in Frankreich A. Robbe-Grillet, P. Sollers; in Italien I. Calvino und U. Eco, in Lateinamerika J. Cortázar und M. Vargas Llosa. Pluralität ist auch die Tendenz jener zeitgenöss. Philosophie, die unter der Z.fassung P. allg. übergreifende Ideen und Bekenntnisse ablehnt (J. Derrida, J.-F. Lyotard).

Posthornschnecke

postmortal [lat.], in der Medizin für: nach dem Tod (auftretend); z. B. postmortale Veränderungen an Organen oder Zellen.

post mortem [lat.], Abk. p. m., bildungssprachlich für: nach dem Tod.

postnatal, in der Medizin für: kurz nach der Geburt auftretend, z. B. Schädigungen bei Mutter und Kind.

postnumerando [lat.], nachträglich zahlbar. – Ggs. **pränumerando,** im voraus zahlbar.

Postojna [slowen. pɔs'to:jna] (Adelsberg), slowen. Stadt 40 km sw. von Ljubljana, 550 m ü. d. M., 6300 E. Inst. für Höhlenforschung; Fremdenverkehr wegen der ↑Adelsberger Grotte.

Post painterly abstraction [poʊst 'peɪntəli æb'strækʃn, engl. „nachmalerische Abstraktion"] (Neue Abstraktion), internat. Kunstströmung, die sich Ende der 50er Jahre als Reaktion auf den ↑abstrakten Expressionismus ausbildete; konzentriert die Bildaussage auf die Eigenart der Farbtonalität, betont damit die objektive Ausdruckskraft der reinen Farbe; hierzu zählen ↑Farbfeldmalerei und ↑Hard edge.

post partum [lat.], Abk. p. p., in der Medizin für: nach der Geburt.

Postposition, eine dem Nomen nachgestellte Präposition, z. B.: der Ehre *wegen.*

Postrecht, Gesamtheit der Rechtsnormen über das Postwesen; wird als Teil des öff. Rechts angesehen. Die Posthoheit liegt ausschließlich beim Bund. Er erläßt das P. und führt es in bundeseigener Verwaltung durch die ↑Deutsche Bundespost (DBP) aus. Das gleiche gilt für den Bereich des der Bundespost anvertrauten Post- und Fernmeldewesens. Das Postgesetz (PostG) i. d. F. vom 3. 7. 1989 faßt die für alle Dienstzweige des Postwesens geltenden Rechtsgrundsätze zus. und regelt die Rechtsbeziehungen zw. Post und Kunden in den Grundzügen. Die nähere rechtl. Ausgestaltung erfolgt durch Rechtsverordnungen (Benutzungsverordnungen) des Bundesmin. für Post und Telekommunikation. Die materiellen Regelungen für den Aufgabenbereich Fernmeldewesen enthalten das Gesetz über Fernmeldeanlagen i. d. F. vom 3. 7. 1989 und die Telekommunikationsordnung i. d. F. vom 16. 7. 1987. Zu internat. Vereinbarungen ↑Weltpostverein.
In *Österreich* ist das P. in Gesetzgebung und Vollziehung Bundessache. Die grundsätzl. Regeln enthalten das BG über das Postwesen (PostG) und die Postordnung (PO). In der *Schweiz* sind v. a. das BG über die Organisation der Post-, Telefon- und Telegrafenbetriebe (PTT-OrganisationsG) sowie das PostverkehrsG Bestandteile des Postrechts. Die Benutzung der Post erfolgt nach öff.-rechtl. Grundsätzen.

Postscheckverkehr, nach östr. Vorbild (seit 1883) in Deutschland am 1. Jan. 1909 eingeführter bargeldloser und halbbarer Zahlungsverkehr (heute ↑Postgirodienst).

Postsendungen, Oberbegriff für Briefsendungen und für Paketsendungen, die entweder als gewöhnl. Sendungen oder als nachzuweisende Sendungen (Einschreiben) aufgegeben werden können.

Postskript (Postskriptum) [zu lat. postscribere „hinzufügen"], Abk. PS, Nachschrift, Zusatz.

Postsparkasse, Einrichtung der Postanstalten zur Annahme und Verwaltung von Spargeldern. Die erste P. wurde durch Gesetz vom 17. 5. 1861 in Großbritannien errichtet. In Deutschland wurde das P.wesen erst 1939 nach östr. (seit 1862) Vorbild eingeführt.

Posttechnisches Zentralamt, Abk. PTZ, mittlere, dem Bundesministerium für Post und Telekommunikation nachgeordnete Bundesbehörde, Sitz: Darmstadt, mit zentralen Aufgaben (auch Forschung) auf den Gebieten des Postdienstes, des Auslandsdienstes, des Einkaufs, Maschinen- und Kraftfahrwesens.

Postulat [zu lat. postulatum „Forderung"], Begriff der *Wissenschaftstheorie* und *prakt. Philosophie.* In der antiken Disputationstechnik ein Satz, den einer der Gesprächspartner einer Erörterung zugrunde legt, ohne daß die anderen ihm beipflichten. Kant unterscheidet mathemat. P. als Ausdruck der „Synthesis", mit der Begriffe erzeugt werden, von „P. des empir. Denkens" als Modalitätsbestimmungen empir. Aussagen. Die „P. der prakt. Vernunft" (Freiheit des Willens, Unsterblichkeit der Seele, Existenz Gottes) lassen sich theoretisch nicht beweisen, haben jedoch prakt. Geltung, da ohne sie sittl. Handeln nicht zu begründen sei.
▷ in der *Schweiz* Bez. für den parlamentar. Auftrag an den Bundesrat, zu prüfen, ob ein Gesetz- oder Beschlußentwurf vorzulegen oder eine Maßnahme zu treffen sei.

Postulationsfähigkeit [lat./dt.], die an bestimmte, gesetzlich vorgeschriebene Eigenschaften gebundene Fähigkeit, im Prozeß rechtserheblich zu handeln; Voraussetzung für die Verhandlungsfähigkeit; fehlt den Parteien vor Gerichten, bei denen Anwaltszwang besteht.

postulieren [lat.], fordern, als gegeben hinstellen.

postum (posthum) [zu lat. postumus „nachgeboren"], nach jemandes Tod erfolgt, nach jemandes Tod erschienen; nach dem Tod des Vaters geboren.

Postumus, Marcus Cassianius Latinius, † bei Mogontiacum (= Mainz) 268 (ermordet), röm. Gegenkaiser (seit 259). – Heerführer des Kaisers Gallienus in Gallien; schuf ein Sonderreich (Gallien, Britannien, Teile Spaniens), das sich bis 273 hielt.

Post- und Fernmeldewesen, Dienstleistungssektor, der Nachrichten-, Personen-, Güter- und Zahlungsverkehr sowie andere Verkehrsbereiche ganz oder teilweise umfassen kann; Kernbereiche des *Postwesens* sind Brief- und Paketdienst, Kernbereich des *Fernmeldewesens* ist der Fernsprechdienst. In den meisten entwickelten Ländern ist „die Post" ein staatl. Unternehmen mit Monopolstellung, Annahmezwang, Tarif- und Betriebspflicht.
Geschichte: Nach dem Untergang des Röm. Reiches (röm. Staatspost) waren in Mitteleuropa geregelte Verkehrs- und Nachrichtenverbindungen nicht mehr vorhanden. Deshalb entwickelte sich seit dem 12. Jh. ein ausgedehntes Botenwesen (fürstl. und städt. Botenposten, Kloster- und Univ.-botenanstalten). Ende des 15. Jh. begann der Aufbau der Post im heute übl. Sinne. Die Familie Taxis, später das Haus Thurn und Taxis, übernahm die Trägerschaft des Nachrichtenwesens in weiten Teilen Deutschlands und Mitteleuropas. Franz von Taxis (* 1459, † 1517) richtete die erste durch Deutschland führende Postlinie von Innsbruck nach Mecheln ein. Kaiser Rudolf II. erklärte 1597 die Posten zu einem kaiserl. Regal. Nach dem Span. Erbfolgekrieg verlor das Haus Thurn und Taxis seine Posteinrichtungen in den span. Niederlanden und verlegte die Zentralverwaltung von Brüssel nach Frankfurt am Main, das nun Mittelpunkt des dt. Postnetzes wurde. In Österreich hatte der Staat die Post seit 1722 in Besitz. In der Schweiz spielte die von der Familie Fischer als Pachtunternehmen betriebene Berner Post die wichtigste Rolle und umfaßte eine große Zahl der Kantone. Mit der Abdankung Kaiser Franz' II. 1806 verlor die Thurn und Taxissche Post ihren Charakter als kaiserl. Reichspost. Nach dem Dt. Krieg von 1866 übernahm Preußen am 1. Juli 1867 gegen eine Entschädigung von 3 Mill. Talern die Thurn und Taxissche Postverwaltung.
Die Möglichkeit der Nachrichtenübermittlung durch Telegrafie wurde in größerem Maße seit dem 19. Jh. genutzt. In Preußen bestand von 1833 bis 1849 eine opt. Telegrafenlinie von Berlin nach Koblenz, die überwiegend militär. Zwecken diente. Erste größere Zusammenschlüsse im Bereich des Postwesens waren der Dt.-Östr. Postverein (1850–66) und der Dt.-Östr. Telegraphenverein (1850 bis 1865). Der Norddt. Bund unterhielt als Verkehrsanstalt die Norddt. Bundespost, die bis 1871 wirkte. Die dann entstandene Reichspost (Reichs-Post- und Telegraphenverwaltung, 1880 Reichspostamt) umfaßte auch Elsaß-Lothringen und Baden, während Bayern und Württemberg ihre eigenen Postverwaltungen noch bis 1920 behielten. 1924 entstand die Dt. Reichspost mit eigener Haushalts- und Rechnungsführung; bestand bis 1945.
1946 wurde die Hauptverwaltung für P.- u. F. des amerikan. und brit. Besatzungsgebietes geschaffen, aus der 1947 die Hauptverwaltung für das P.- u. F. des Vereinigten Wirtschaftsgebietes hervorging. Diese Verwaltung ging am 1. April 1950 als Bundesministerium für das P.- u. F. in die Kompetenz des Bundes über (↑Deutsche Bundespost). – Zur Erleichterung des internat. Post- und Fernmeldeverkehrs kam es 1874 zur Gründung des Allg. Postvereins (seit 1878 ↑Weltpostverein) und 1865 des Welttelegraphenvereins (seit 1932 ↑Internationale Fernmeldeunion).

Postwertzeichen, von der Post ausgegebene Wertzeichen (↑Briefmarken).

Postzwang, heute als *Beförderungsvorbehalt* geregelte ausschließl. Befugnis der Dt. Bundespost, die Einrichtungen zur entgeltl. Beförderung von Nachrichtensendungen von Person zu Person zu errichten und zu betreiben. Der Beförderungsvorbehalt erstreckt sich nicht auf Sachversendungen (z. B. Pakete); daher sind private Paketbeförderungsdienste zulässig.

Potala, ehem. Palastburg des Dalai Lama in Lhasa.

Potawatomi [engl. pɔtə'wɔtəmɪ], Algonkin sprechender Indianerstamm in N-Michigan, später bis Illinois verbreitet.

Potchefstroom [Afrikaans 'pɔtʃɛfstro:m], Stadt in SW-Transvaal, Republik Südafrika, 1352 m ü. d. M., 57500 E. Univ. für christl. höhere Erziehung; Museum; Kunstdüngerfabrik, Holzverarbeitung, Goldbergbau. – Älteste Stadt in Transvaal. 1838 gegr., vor 1845 und 1856–80 Hauptstadt.

Poteidaia (Potidäa), korinth. Kolonie auf der Halbinsel Palene (= Kassandra) der Chalkidike; Mgl. des Att.-Del. Seebundes, doch von korinth. Beamten regiert; der athen. Befehl zu deren Ausweisung war einer der Anlässe zum Peloponnes. Krieg; nach der Kapitulation vor den Athenern (430/429) Neubesiedlung durch athen. Kolonisten. 356 Eroberung durch Philipp II. von Makedonien; 316 wurde P. von Kassandros neu gegr. **(Kassandreia)**.

Potemkin ↑Potjomkin.

Potemkinsche Dörfer ↑Potjomkin, Grigori Alexandrowitsch Fürst.

potent [zu lat. potens „mächtig"], leistungsfähig; mächtig, einflußreich; zahlungskräftig, vermögend.
▷ fähig zum Geschlechtsverkehr (bes. vom Mann gesagt); zeugungsfähig.

Potentat [lat.], bildungssprachlich für: Machthaber, Herrscher.

Potential [zu spätlat. potentialis „nach Vermögen, tätig wirkend"], bildungssprachlich für: Gesamthheit aller verfügbaren Mittel, Energien; Leistungsfähigkeit.
▷ in der *Physik* i. w. S. eine von bestimmten physikal. Größen (wie Ortskoordinaten) abhängende Funktion *(P.funktion),* aus der sich durch partielle Differentiation andere physikal. Größen (wie Kraft) ableiten lassen. So können aus Funktionen thermodynam. Variablen *(thermodynam. P.)* alle anderen Zustandsgrößen des Systems abgeleitet werden. I. e. S. ist ein P. eine skalare, ortsabhängige physikal. Größe $V = V(r)$ zur Beschreibung eines wirbelfreien ↑Feldes, aus der durch Gradientenbildung die Kraft bzw. Feldstärke $\boldsymbol{F} = \boldsymbol{F}(\boldsymbol{r})$ folgt, die in diesem Feld auf einen Massenpunkt wirkt: $\boldsymbol{F}(\boldsymbol{r}) = \operatorname{grad} V(\boldsymbol{r})$. Die Potentialdifferenz $V(\boldsymbol{r}_2) - V(\boldsymbol{r}_1) = A_{12}$ ist gleich der Arbeit, die verrichtet werden muß, um einen Massenpunkt längs eines beliebigen Weges von $\boldsymbol{r}_1$ nach $\boldsymbol{r}_2$ zu bringen. Beim *elektr. P.* ergibt dessen negativer Gradient die elektr. Feldstärke eines elektr. Feldes; die P.differenz zw. zwei Raumpunkten ist die zw. diesen herrschende elektr. Spannung.

Potentialbarriere, svw. Potentialwall (↑Tunneleffekt).

Potentialfläche, svw. ↑Äquipotentialfläche.

Potentialgleichung (Laplacesche Differentialgleichung), im dreidimensionalen Fall die partielle, ellipt. Differentialgleichung

$$\Delta u = \frac{\partial^2 u}{\partial x^2} + \frac{\partial^2 u}{\partial y^2} + \frac{\partial^2 u}{\partial z^2} = 0,$$

deren Lösungen $u(x, y, z)$ als **Potentialfunktionen** oder **harmonische Funktionen** bezeichnet werden.

Potentialis [lat.], Modus (Aussageweise) des Verbs, der die Möglichkeit der Verwirklichung des Verbalgeschehens ausdrückt; Ggs. zum ↑Irrealis.

Potentialtheorie, Theorie der Berechnung von ↑Potentialen gegebener Massen- oder Ladungsverteilungen durch Lösung der Poissonschen Differentialgleichung

$$\Delta u = \frac{\partial^2 u}{\partial x^2} + \frac{\partial^2 u}{\partial y^2} + \frac{\partial^2 u}{\partial z^2} = f(x, y, z)$$

bzw. (im quellfreien Raum) der ↑Potentialgleichung unter Berücksichtigung von ↑Randwertproblemen. – Erste Untersuchungen zur P. stellte J. L. de Lagrange bei der Herleitung des Newtonschen Potentials des Gravitationsfeldes eines Massenkörpers an.

Potentialwall ↑Tunneleffekt.

potentiell [lat.-frz.], möglich (im Unterschied zu wirklich), denkbar; der Anlage, der Möglichkeit nach.

potentielle Energie (Lageenergie), Formelzeichen W_{pot}, Energie, die ein Körper auf Grund seiner Lage zu den Körpern seiner Umgebung bzw. in einem Kraftfeld besitzt und damit dessen Fähigkeit, infolge seiner Lageänderung Arbeit zu verrichten. Eine Zunahme an p. E. erfährt z. B. ein Körper, der hochgehoben oder eine Feder, die gespannt wird.

Potentiometer [lat./griech.], elektr. Widerstand, bei dem durch die Verstellung des auf einer Widerstandsbahn laufenden Schleifkontaktes der Widerstandswert und somit das Spannungspotential stetig regelbar ist. P. werden z. B. als Spannungsteiler oder Lautstärkeregler eingesetzt.

Potentiometrie [lat./griech.], Verfahren der Maßanalyse, bei dem der Endpunkt einer Titration aus der Änderung des elektr. Potentials zw. zwei in die Elektrolytlösung eintauchenden Elektroden bestimmt wird, wobei die Indikatorelektrode im Ggs. zur Bezugselektrode auf Potentialänderungen reagiert.

Potenz [lat.], allg. svw. Fähigkeit, Leistungsvermögen.
▷ (Potentia) im *sexuellen Bereich* die Zeugungsfähigkeit *(Potentia generandi)* oder das Vermögen des Mannes, den Geschlechtsverkehr auszuüben (*Potentia coeundi;* bes. die Fähigkeit zur Peniserektion). Darüber hinaus gilt als P. auch die Fähigkeit, zum Orgasmus zu gelangen. – ↑Sexualität, ↑Impotenz.
▷ in der *Mathematik* abkürzende Darstellung $a^n = a \cdot a \cdot a \ldots \cdot a$ für ein Produkt aus n gleichen Faktoren a. Dabei heißt a die **Basis** *(Grundzahl),* n der **Exponent** *(Hochzahl)* und a^n die „n-te P. von a" oder „a zur n-ten P." (gelesen: a hoch n). P. mit $n = 2$ bzw. $n = 3$ und ganzen a heißen *Quadrat-* bzw. *Kubikzahlen.* Man setzt für $a \neq 0$

$$a^0 = 1 \text{ und } a^{-n} = 1/a^n,$$

für $a > 0$ und ganzzahlige n und m $(n > 0)$

$$a^{1/n} = \sqrt[n]{a},\ a^{m/n} = \sqrt[n]{a^m} = \left(\sqrt[n]{a}\right)^m.$$

Für das Rechnen mit P. gelten die *P.gesetze:*

$$a^x \cdot a^y = a^{x+y},\ a^x \cdot b^x = (a \cdot b)^x$$

$$(a^x)^y = a^{xy},\quad \frac{a^x}{a^y} = a^{x-y},\quad \frac{a^x}{b^x} = \left(\frac{a}{b}\right)^x.$$

▷ in der *Pharmazie* Verdünnungsgrad bei homöopathischen Arzneimitteln; *Dezimal-P.* (D1 = 1:10; D2 = 1:100) und *Zentesimal-P.* (C1 = 1:100; C2 = 1:10000).
▷ in der scholast. *Terminologie* im Ggs. zu Akt svw. Möglichkeit. – ↑Akt und Potenz.

Potenza, Hauptstadt der süditalien. Region Basilicata, 819 m ü. d. M., 67800 E. Verwaltungssitz der Prov. P.; kath. Bischofssitz; pädagog. Seminar; archäolog. Museum. – In der Römerzeit **Potentia,** kam im 6. Jh. an das langobard. Hzgt. Benevent; Bischofssitz seit dem 5. Jh., mehrmals von Erdbeben zerstört (v. a. 1857); erlitt im 2. Weltkrieg starke Schäden. – Dom (18. Jh., mit Resten des Vorgängerbaus aus dem 12. Jh.), roman. Kirche San Michele (11./12. Jh.).

Potenzfunktion, Bez. für die Funktion $f(x) = x^n$ (n ganzzahlig). Ist n positiv, so ist die Funktion *ganzrational,* hat n einen negativen Wert, so ist sie *gebrochenrational.*

potenzieren, ein Produkt aus gleichen Faktoren bilden, eine ↑Potenz berechnen.

Potenzmenge, die Menge aller Teilmengen einer Menge A, Bez. $\mathcal{P}(A)$. Besteht A aus n Elementen, dann besitzt $\mathcal{P}(A)$ genau 2^n Elemente.

Potenzreihe, Reihe der Form

$$a_0 + a_1 x + a_2 x^2 + \ldots = \sum_{n=0}^{\infty} a_n x^n$$

Potsdam. Das 1753–55 errichtete barocke Rathaus

mit a_n als Koeffizienten und x als reelle oder komplexe Variable.

Poterie [frz.], Töpferware, -werkstatt.

Potestas [lat. „Macht, Gewalt"], im antiken Rom die staatsrechtl. Amtsgewalt aller Beamten.
▷ in der ma. Staatslehre die Herrschaftsbefugnisse der Obrigkeit.
▷ im Kirchenrecht svw. ↑Kirchengewalt.

Potsdam Stadtwappen

Potetometer, svw. ↑Potometer.

Potgieter, Everhardus Johannes [niederl. 'pɔtxi:tər], * Zwolle 27. Juni 1808, † Amsterdam 3. Febr. 1875, niederl. Dichter und Essayist. – Gründete 1837 die Monatsschrift „De Gids", die die krit. Richtung der nat. Bewegung in der niederl. Literatur vertrat, und leitete sie bis 1865; scharfsinniger Kritiker; in seinen Dichtungen (u. a. „Jan, Jannetje en hun jongste Kind", 1842) zeigt er die große nat. kulturelle und polit. Tradition im 17. Jahrhundert.

Pothast, westfäl. Gericht: stark gepfeffertes Fleischragout, mit geriebenem Brot oder Zwieback gebunden.

Poti, georg. Stadt an der Mündung des Rioni in das Schwarze Meer, 55 000 E. Museum; Theater; Maschinenbau, Fischverarbeitung; Manganerzhafen. – In griech. Quellen des 5./4. Jh. als **Phasis** erwähnt.

Potidäa ↑Poteidaia.

Potiphar (Vulgata Putiphar), nach 1. Mos. 37, 36 und 39, 1 ff. hebr. Name des ägypt. Kämmerers und Befehlshabers der pharaon. Leibwache, an den Joseph verkauft wurde, und dessen Frau vergeblich versuchte, Joseph zu verführen.

Grigori Alexandrowitsch Fürst Potjomkin (Ausschnitt aus einem anonymen Kupferstich, um 1785)

Potjomkin, Grigori Alexandrowitsch Fürst, Reichsfürst (1776), Fürst Tawritscheski (1783) [russ. pa'tjɔmkin], * Tschischowo (Gebiet Smolensk) 24. Sept. 1739, † bei Jassy 16. Okt. 1791, russ. Staatsmann und Feldmarschall (seit 1784). – Seit 1774 Günstling und polit. Berater Katharinas II., d. Gr.; annektierte 1783 die Krim, leitete den Aufbau der Schwarzmeerflotte und veranlaßte zahlr. Stadtgründungen (u. a. Cherson, Sewastopol). – P. soll Katharina II. auf ihrer Krimreise 1787 mit Dorfattrappen Wohlstand vorgetäuscht haben; danach die Redewendung **Potemkinsche Dörfer** für Trugbilder, Vorspiegelungen.

Potjomkin [russ. pa'tjɔmkin], nach G. A. Fürst Potjomkin ben. Panzerkreuzer der russ. Schwarzmeerflotte, dessen Mannschaft während der russ. Revolution im Juni/Juli 1905 bei Odessa meuterte; dargestellt in S. M. Eisensteins Film „Panzerkreuzer Potemkin" (1925).

Potlach [engl. 'pɔtlætʃ] (Potlatsch), Geschenkverteilungs- und Verdienstfest der Nordwestküstenindianer N-Amerikas.

Potocki [poln. pɔ'tɔtski], poln. Magnatengeschlecht, aus dem zahlr. Hetmane, Politiker, Kleriker und Schriftsteller hervorgingen. Bed. Vertreter:

P., Alfred Graf, * Łańcut (Woiwodschaft Rzeszów) 29. Juli 1817, † Paris 18. Mai 1889, östr. Politiker. – 1867–70 Min. für Ackerbau im ↑Bürgerministerium, April 1870 bis Febr. 1871 Min.präs.; war in der Durchsetzung seiner föderalist. Politik erfolglos.

P., Ignacy Graf, * Podhajce 28. Febr. 1750, † Wien 30. Aug. 1809, Reformpolitiker. – Ab 1773 Mgl. der Nat. Erziehungskommission und Reformator des poln. Bildungswesens; führend an der Ausarbeitung der Verfassung vom 3. Mai 1791 und am Kościuszko-Aufstand 1794 beteiligt.

P., Jan Graf, * Pików (Ukraine) 8. März 1761, † Uładówka (Podolien) 2. Dez. 1815 (Selbstmord), Schriftsteller, Geschichts- und Altertumsforscher. – Verf. von Reiseberichten, histor. und archäolog. Werken in frz. Sprache sowie der phantast.-romant. Rahmenerzählung „Die Handschrift von Saragossa" (entstanden 1803–15).

Potomac River [engl. pɔ'toʊmæk 'rɪvə], nordamerikan. Fluß, entsteht (2 Quellflüsse) im Großen Appalachental; mündet in einem Ästuar in die Chesapeake Bay (Atlantik), 464 km lang; schiffbar bis Washington.

Potometer (Potetometer) [griech.], einfaches Gerät zur Messung der Transpiration von Pflanzen.

Potosí [span. poto'si], Hauptstadt des bolivian. Dep. P., in der Ostkordillere, 4 040 m ü. d. M., 117 000 E. Kath. Bischofssitz; Univ. (gegr. 1892); Handels- und Bergbauzentrum, Hüttenind., Bahnstation, an der Carretera Panamericana. – 1545 Entdeckung der Silbervorkommen des *Cerro Rico de P.* (4 829 m) durch die Spanier und Gründung der Stadt, 1547 zur Villa Imperial erhoben; Mitte des 17. Jh. etwa 200 000 E, damit größte Stadt Amerikas (v. a. Indianer); wurde 1776 Sitz einer Intendencia des Vize-Kgr. La Plata; erneuter Aufschwung mit Beginn des Zinnerzbergbaus. – Vom ehem. Reichtum zeugen zahlr. (z. T. verfallene) Kirchen, u. a. die Kathedrale (1809–36), San Lorenzo (17./18. Jh.), La Merced (17. Jh.), Santa Teresa (um 1700); Münze (1759 wiedererrichtet, jetzt Museum). Das histor. Zentrum wurde von der UNESCO zum Weltkulturerbe erklärt.

P., bolivian. Dep. an der Grenze gegen Argentinien und Chile, 118 218 km², 949 000 E (1989), Hauptstadt P.; erstreckt sich vom Altiplano bis in das Ostbolivian. Bergland.

Potpourri ['pɔtpʊri; frz., eigtl. „Eintopf"] (Medley), ein aus einer Reihe von beliebten, frei miteinander verbundenen Melodien zusammengesetztes Musikstück. – ↑Quodlibet.

Potsdam, Hauptstadt von Brandenburg und kreisfreie Stadt, an der Havel, 35 m ü. d. M., 140 000 E. Verwaltungssitz des Landkr. P.; Univ. (gegr. 1991), Hochschule für Recht und Verwaltung, Hochschule für Film und Fernsehen, mehrere Forschungsinst., Astrophysikal. Observatorium, Sternwarte Babelsberg, Wetteramt; Filmstudio Babelsberg (mit DEFA-Erlebnispark); ehem. Zentrales Staatsarchiv (heute Teil des Bundesarchivs), Brandenburg. Landeshauptarchiv, Museen, Theater. Die Ind. (v. a. Maschinenbau, Herstellung von Schallplatten, Schlössern, chem.-pharmazeut. Produkten, Textilind., Orgelbau) ist bes. im Stadtteil Babelsberg und im SO von P. konzentriert; Eisenbahnknotenpunkt, Hafen.

Geschichte: Schon 993 urkundlich als **Poztupimi** erwähnt; seit 1317 als Stadt bezeichnet; seit 1416 im Besitz der Hohenzollern; von Friedrich Wilhelm, dem Großen Kurfürsten, zur 2. Residenz ausgebaut, gewann ab 1661 bes. Bed. durch den Schloßbau und durch das **Edikt von Potsdam** (8. Nov. 1685), das den vertriebenen frz. Hugenotten v. a. Glaubensfreiheit und wirtsch. Hilfe gewährte. Durch Friedrich Wilhelm I. (Erweiterungen 1722, 1733) und Friedrich II., d. Gr., zur wichtigsten Garnisonstadt ausgebaut. – Mit dem Festakt vom 21. März 1933 **(„Tag von Potsdam")** in der Garnisonkirche, mit dem der am 5. März

1933 gewählte Reichstag konstituiert wurde, versuchte Hitler, das Anknüpfen des NS an preuß. Traditionen zu dokumentieren. Im 2. Weltkrieg zerstört. Am 2. Aug. 1945 Abschluß des ↑Potsdamer Abkommens im Schloß Cecilienhof. Am 17. Aug. 1991 erfolgte die Überführung der Sarkophage von Friedrich Wilhelm I. und Friedrich II., d. Gr., nach Sanssouci.

Bauten: Dem Wiederaufbau nach dem Kriege fielen zahlr. histor. Gebäude zum Opfer, deren Ruinen abgetragen wurden, u. a. das Schloß von 1661 ff. und die Garnisonkirche (1721 ff.). Erhalten sind u. a.: das Holländ. Viertel (1737–42, von J. Boumann), die barocke Frz. Kirche (1751/52, von G. W. von Knobelsdorff), die frühklassizist. Alte Wache (1796/97), das neugot. Nauener (1755) und das Brandenburger Tor (1770), der Einsteinturm (1920/21, von E. Mendelsohn). Wiederhergestellt wurden u. a. das barocke Rathaus (1753–55, von Boumann), das barocke Stadtpalais (1744–51, von Knobelsdorff), die klassizist. Nikolaikirche (1830–37, von K. F. Schinkel, Kuppel von L. Persius und F. A. Stüler, 1843–50). Am Rand der Stadt Schloß und Park ↑Sanssouci; nach W schließen sich Park und Schloß Charlottenhof (1826–28) an; im Neuen Garten (1806–24, von P. J. Lenné zum Landschaftspark umgestaltet) Schloß Cecilienhof (1913–16) und Marmorpalais (1787–91, von K. von Gontard und C. G. Langhans; vollendet 1845); bed. auch Schloß Babelsberg (1834 ff.) mit Parkanlage (von Lenné, ab 1833 von H. Fürst von Pückler-Muskau weiter ausgeführt). Schlösser und Parks von P. wurden von der UNESCO zum Weltkulturerbe erklärt.

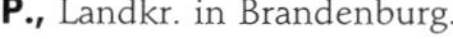

P., Landkr. in Brandenburg.

Pottwale. Spermwal

Potsdamer Abkommen, die am 2. Aug. 1945 auf der **Potsdamer Konferenz** (17. Juli–2. Aug. 1945) von den Reg.chefs der USA (Truman), der Sowjetunion (Stalin) und Großbritannien (Churchill bzw. Attlee) zur Regelung der Nachkriegsprobleme gefaßten Beschlüsse, denen Frankreich am 7. Aug. 1945 mit Vorbehalten zustimmte; legte u. a. die polit. und wirtsch. Grundsätze für die Behandlung des besiegten Dt. Reiches fest: Der „dt. Militarismus und Nazismus" sollte „ausgerottet" und alle notwendigen Maßnahmen getroffen werden, „damit Deutschland niemals mehr seine Nachbarn oder die Erhaltung des Friedens in der ganzen Welt bedrohen" könne; dem dt. Volk sollte die Möglichkeit gegeben werden, „sich darauf vorzubereiten, sein Leben auf einer demokrat. und friedl. Grundlage von neuem wieder aufzubauen" und „zu gegebener Zeit seinen Platz unter den freien und friedl. Völkern der Welt einzunehmen". Das P. A. regelte die militär. Besetzung Deutschlands, die Entmilitarisierung, die Entnazifizierung, Verfolgung der Kriegsverbrecher, die Erneuerung des Erziehungs- und Gerichtswesens und bestimmte eine polit. und wirtsch. Dezentralisierung; die dt. Wirtschaft unterlag alliierter Kontrolle, wobei Deutschland als wirtsch. Einheit behandelt werden sollte; das dt. Auslandsvermögen wurde durch den Alliierten Kontrollrat übernommen, die dt. Kriegs- und Handelsflotte unter den Siegermächten aufgeteilt; Reparationszahlungen wurden festgelegt; vorbehaltlich einer endgültigen friedensvertragl. Regelung wurden die Stadt Königsberg (Pr) und das anliegende Gebiet unter die Verwaltung der Sowjetunion gestellt und die W- und N-Grenze Polens festgelegt (↑Oder-Neiße-Linie); die Ausweisung Deutscher aus Polen, der Tschechoslowakei und Ungarn wurde geregelt; außerdem wurde vereinbart, einen Rat der Außenmin. zu bilden. Das P. A. bestimmte die Deutschlandpolitik nach 1945 entscheidend, wurde aber infolge des Ost-West-Konflikts und der dt. Teilung bedeutungslos.

Pott, August Friedrich, *Nettelrede (= Bad Münder am Deister) 14. Nov. 1802, †Halle/Saale 5. Juli 1887, dt. Sprachwissenschaftler. – 1833 Prof. der allg. Sprachwiss. in Halle; begr. mit seinem Hauptwerk „Etymolog. Forschungen auf dem Gebiete der Indo-German. Sprachen ..." (6 Bde., 1833–36) die moderne wiss. Etymologie.

Pottasche [niederdt.], ältere Bez. für Kaliumcarbonat, K_2CO_3, eine farblose, kristalline Substanz, die früher durch Auslaugen von Pflanzenasche und anschließendes Eindampfen in Töpfen („Pötten") gewonnen wurde. Heute gewinnt man P. vorwiegend durch Einleiten von Kohlendioxid in Kalilauge; Verwendung zur Herstellung von Gläsern und als Backtriebmittel.

Pottenstein, Stadt im Püttlachtal der Fränk. Schweiz. Bay., 359 m ü. d. M., 5 000 E. Luftkurort; südl. von P. die *Teufelshöhle.* – Über der Stadt die Burg (im Kern 12./13. Jh.); spätgot. kath. Pfarrkirche (13./14. Jh. und 15. Jh.).

Potter, Paulus [niederl. 'pɔtər], ≈ Enkhuizen 20. Nov. 1625, ▭ Amsterdam 17. Jan. 1654, niederl. Maler. – Das Tierbild wurde durch P. zur eigenen Gattung: „Der Stier" (1647; Den Haag, Mauritshuis).

Potteries, The [engl. ðə 'pɔtərız], Ind.gebiet im westl. Mittelengland, im Tal des oberen Trent; Hauptstandort der engl. Steingut- und Porzellanindustrie.

Francis Poulenc

Pottwale (Physeteridae), mit Ausnahme der Polarmeere weltweit verbreitete Fam. der ↑Zahnwale; vorwiegend Tintenfischfresser, deren funktionsfähige Zähne nur im schmalen Unterkiefer sitzen. Man unterscheidet zwei Arten: **Zwergpottwal** (Kogia breviceps), etwa 2,7–4 m lang, Kopf kurz, abgestumpft, Unterkiefer verkürzt; **Spermwal** (Pottwal, Cachelot, Physeter catodon), etwa 11 (♀) bis knapp 20 m (♂) lang, mit riesigem, fast vierkantigem Kopf (rd. $\frac{1}{3}$ der Gesamtlänge); Unterkiefer sehr schmal und lang; gesellig lebende, sich durch knarrende Laute verständigende Tiere, die bis in 1 000 m Tiefe tauchen.

Potwar Plateau [engl. 'poʊtva: 'plætoʊ], Landschaft in N-Pakistan, zw. den Siwalikketten des Himalaja im N und der Salt Range im S, im O vom Jhelum, im W vom Indus begrenzt, 370–580 m ü. d. M. Auf dem P. P. liegen die einzigen Erdölfelder Pakistans; städt. Zentren sind Rawalpindi und Islamabad.

Pougny, Jean [frz. pu'ɲi], russ. Iwan Albertowitsch Punji, ↑Puni, Iwan.

Valdemar Poulsen

Pouillet, Claude Servais Mathias [frz. pu'jɛ], *Cusance (Doubs) 16. Febr. 1790, †Paris 13. Juni 1868, frz. Physiker. – Erfand zur Strommessung die Tangentenbussole und bestimmte erstmals die Solarkonstante.

Poularde [pu'lardə; lat.-frz.], junges, nicht geschlechtsreifes (♂ oder ♀) Masthuhn, dessen bes. zartes Fleisch durch entsprechende Haltung und Fütterung (bei hierdurch gleichzeitig hinausgezögerter Geschlechtsreife) erzielt wird.

Poulenc, Francis [frz. pu lɛ̃:k], *Paris 7. Jan. 1899, †ebd. 30. Jan. 1963, frz. Komponist und Pianist. – Mgl. der Gruppe der „Six" in Paris; komponierte vorwiegend vokal bestimmte Werke, u. a. Opern, Ballette, Chorwerke, Orchester-, Kammer- und Klaviermusik, Filmmusiken.

Poulet [pu'le:; lat.-frz.], sehr junges (8–12 Wochen altes) Masthuhn oder -hähnchen im Gewicht bis zu 1 kg; im Gaststättengewerbe auch als *Portionshähnchen* bezeichnet.

Ezra Pound

Poulsen, Valdemar [dän. 'pɔu̯lsən], *Kopenhagen 23. Nov. 1869, †New York 6. Aug. 1942, dän. Physiker und Ingenieur. – Erfand 1898 ein Verfahren, Töne auf einem magnetisierten Stahlband *(Telegraphon)* aufzuzeichnen, und 1903 den nach ihm ben. *P.-Generator* zur Erzeugung ungedämpfter hochfrequenter elektromagnet. Schwingungen *(P.-Schwingungen);* außerdem bed. Beiträge zur Entwicklung des Tonfilms.

Pound, Ezra [engl. paʊnd], *Hailey (Idaho) 30. Okt. 1885, †Venedig 1. Nov. 1972, amerikan. Dichter. – Ging 1908 nach Europa; scharfer Kritiker der USA und der westl. Zivilisation; hielt aus Sympathie für die italien. faschist. Staatsführung im 2. Weltkrieg antiamerikan. Rundfunkreden; 1945 inhaftiert; bis 1958 in einer Nervenklinik, um einem Hochverratsprozeß zu entgehen. Lebte danach in Meran. Seine kosmopolit. Versdichtung wirkte insbes. auf die moderne angloamerikan. Dichtung. Begründer und zeitweilig führender Vertreter des ↑Imagismus, später des ↑Vortizismus. Hauptwerk ist die 1915–59 entstandene Reihe der „Cantos" (insges. 120; dt. Auswahl 1964 und 1975), darunter das preisgekrönte, v. a. aus polit. Gründen umstrittene Teilstück „Die Pisaner Gesänge" (1948, dt. 1969 u. d. T. „Pisaner Cantos"); diese nach der Struktur von Dantes „Göttl. Komödie" geplante ep. Dichtung in einer freirhythm. Mischsprache mit v. a. roman. und chin. Elementen stellt der entwerteten kommerziell-kapitalist. Welt die Kulturtraditionen der Antike, des Abendlandes und des alten China gegenüber. – *Weitere Werke:* Masken (Ged., 1909), Wie lesen (Essays, 1934).

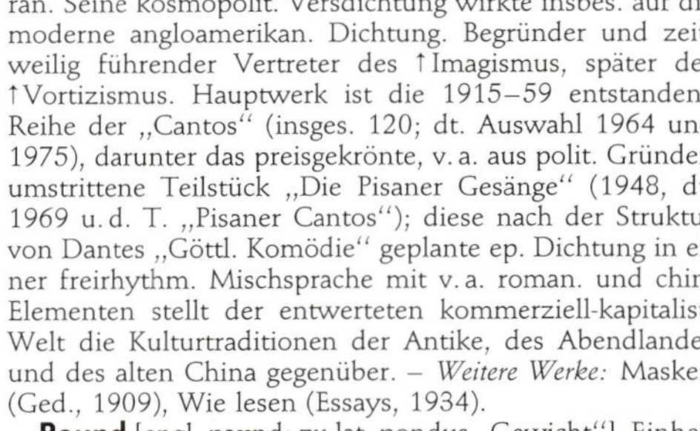

Pour le mérite für Wissenschaften und Künste

Pound [engl. paʊnd; zu lat. pondus „Gewicht"], Einheitenzeichen lb, in Großbritannien und den USA verwendete Masseneinheit: 1 Avoirdupois P. (lb) = 0,4536 kg, 1 Troy P. (lb tr) = 0,37324 kg.

Pour le mérite [frz. purləme'rit „für das Verdienst"], 1740 von Friedrich II., d. Gr., von Preußen gestifteter höchster preuß. Verdienstorden; 1810–1918 ausschließlich als Kriegsorden verliehen. – 1842 stiftete Friedrich Wilhelm IV. von Preußen als Friedensklasse den **Pour le mérite für Wissenschaften und Künste** als Auszeichnung für wiss. und künstler. Verdienste; 1952 wiederbelebt. Dem Orden sollen mindestens 30 dt. und höchstens 30 ausländ. Mgl. angehören. Ergänzung durch Zuwahl.

Cecil Frank Powell

Pourtalès, Guy de [frz. purta'lɛs], *Genf 4. Aug. 1881, †Lausanne 12. Juni 1941, frz. Schriftsteller schweizer. Herkunft. – Verf. biograph. Romane über Chopin („Der blaue Klang", 1927), Ludwig II. von Bayern („König Hamlet", 1928), R. Wagner (1932), Berlioz („Phantast. Symphonie", 1939).

poussé [pu'se:; frz.], in der Musik Spielanweisung bei Streichinstrumenten für den ↑Aufstrich.

Pousseur, Henri [frz. pu'sœ:r], *Malmédy 23. Juni 1929, belg. Komponist. – In seinem Schaffen beeinflußt von P. Boulez und K. Stockhausen; wurde 1970 Dozent an der Univ. Lüttich, wo er das „Centre de recherches musicales" gründete; schreibt serielle und elektron. Musik.

poussieren [pu...: zu frz. pousser „stoßen, drücken"], 1. flirten, mit jemandem ein Verhältnis haben; 2. jemandem schmeicheln; **Poussage,** Liebschaft, Geliebte.

Poussin, Nicolas [frz. pu'sɛ̃], *Villers-en-Vexin (Eure) 15. Juni 1594, †Rom 19. Nov. 1665, frz. Maler. – Lebte seit 1624, mit Ausnahme eines kurzen Parisaufenthaltes (1640–42), in Rom. P. gelangte zu einem in Frankreich epochemachenden klassizist. Stil. Seine vorzugsweise der klass. Mythologie entnommenen Figuren sind in eine antik. Bühne oder eine arkad. Landschaft gestellt, Bildgrund und Figuren werden jedoch durch ein warmes, flutendes Licht zu einer Bildeinheit verbunden. Hauptwerke der ersten Romzeit sind „Das Reich der Flora" (1631; Dresden, Gemäldegalerie), „Landschaft mit dem hl. Matthäus" (1643/1644; Berlin-Dahlem). Seit 1648 gewinnt die Darstellung der Landschaft an Bed., die jetzt kleineren Figuren werden ihr untergeordnet. Seine Verbindung von idealer Landschaft, Historienmalerei und lyr.-versunkener Gestimmtheit machen ihn zum Begründer der „heroischen Landschaft" („Landschaft mit Diogenes", 1648; Paris, Louvre). In seinen Spätwerken gelangt er zu kompositor. Klarheit und einer kühlen, zurückhaltenden Farbigkeit („Die Hirten von Arkadien", 1650–55, Serie „Vier Jahreszeiten", 1660–64; alle Louvre).

Nicolas Poussin. Das Reich der Flora, 1631 (Dresden, Gemäldegalerie)

Powell [engl. 'poʊɛl, 'paʊɛl], Anthony, *London 21. Dez. 1905, engl. Schriftsteller. – Hauptwerk ist ein Romanzyklus über das engl. Gesellschaftsleben zw. 1914 und 1975 „A dance to the music of time" (12 Bde., 1951–75). Schrieb auch „O, how the wheels becomes it!" (1983), „The Fisher King" (1986).

P., Bud, gen. Earl P., *New York 27. Sept. 1924, †ebd. 2. Aug. 1966, amerikan. Jazzmusiker (Pianist, Komponist). – War Anfang der 40er Jahre maßgeblich an der Ausprägung des ↑Bebop beteiligt, als dessen bedeutendster Pianist er (neben T. Monk) gilt. Ab 1959 wirkte P. v. a. in Paris.

P., Cecil Frank, *Tonbridge (Kent) 5. Dez. 1903, †bei Bellano (Comer See) 9. Aug. 1969, brit. Physiker. – Arbeitete zur Kern- und Elementarteilchenphysik; entdeckte 1947 zus. mit G. P. S. Occhialini das Pion in der Höhenstrahlung. 1949 gelang ihm der Nachweis des positiven Kaons; Nobelpreis für Physik 1950.

Power, Lionel [engl. 'paʊə] (Leonellus Anglicus), †Canterbury 5. Juni 1445, engl. Musiktheoretiker und Komponist. – Neben J. Dunstable einer der bedeutendsten engl. Komponisten (eine Messe, 22 Meßsätze, 14 Motetten) seiner Zeit.

Powerplay ['paʊəpleɪ; engl.-amerikan. „Kraftspiel"], bei Kampfspielen das anhaltende Anstürmen aller Feldspieler auf das gegner. Tor.

Powerslide ['paʊəslaɪd; engl., eigtl. „Kraftrutschen"], im Automobilrennsport die Technik, das Heck des Wagens in die Kurve rutschen zu lassen und das Fahrzeug durch Übersteuern unter Kontrolle zu halten.

Powest, in der russ. Literatur Bez. für eine mittlere Prosaerzählung; die P. kann eine epenhafte wie eine novellist. oder romanhafte Ausprägung erhalten.

Powys [engl. 'poʊɪs], Gft. in Z-Wales.

Poynting, John Henry [engl. 'pɔɪntɪŋ], *Monton bei Manchester 9. Sept. 1852, †Birmingham 30. März 1914, brit. Physiker. – Formulierte 1884 den Energieerhaltungssatz für den Energiestrom im elektromagnet. Feld *(Poyntingscher Satz)* und führte den *P.-Vektor* als Maß der Energiestromdichte in die Elektrodynamik ein; weitere Arbeiten u. a. zum Lichtdruck.

Požarevac [serbokroat. 'pɔʒarɛvats] (dt. Passarowitz), Stadt in Serbien, 60 km sö. von Belgrad, 89 m ü. d. M., 33 000 E. Sitz eines serb.-orth. Bischofs; zentraler Marktort eines Agrargebietes; Mühlen, Weinkellereien. – Im **Frieden von Passarowitz** am 21. Juli 1718 mußte das Osman. Reich das Temescher Banat sowie bis zum Frieden von Belgrad (1739) einen Grenzstreifen in N-Bosnien, N-Serbien mit Belgrad und die Kleine Walachei an Österreich abtreten. Venedig mußte die Peloponnes dem Osman. Reich überlassen.

Poznań [poln. 'pɔznaɪ̯n] ↑Posen.

Pozzo, Andrea, *Trient 30. Nov. 1642, †Wien 31. Aug. 1709, italien. Maler. – Sein Hauptwerk ist die Ausgestaltung (Fresken, Entwürfe für Altäre, Stuckarbeiten) von Sant' Ignazio in Rom (1684–94). Schrieb eine einflußreiche Schrift über die Perspektive.

Pozzuoli, italien. Hafenstadt am Golf von Neapel, Kampanien, 74 200 E. Kath. Bischofssitz; Handels-, Ind.- und Fremdenverkehrszentrum; Fischmarkt; Kurort (chlorid- und sodahaltige Thermen). – 528 v. Chr. von Samiern gegr.

(Dikaiarcheia), wurde 194 v. Chr. als **Puteoli** röm. Bürgerkolonie; bis zum Ausbau Ostias wichtigster röm. Umschlagplatz für den Handel mit dem Orient und mit Ägypten. – Reste einer großen röm. Markthalle; 2 Amphitheater (1. Jh. n. Chr.) mit vollständig erhaltenen unterird. Räumen; roman. Dom (11. Jh., im 16. und 18. Jh. umgebaut).

pp, Abk. für: pianissimo (↑piano).

pp., Abk. für: ↑**p**er **p**rocura.

pp. ↑et cetera.

ppa., Abk. für: ↑**p**er **p**roc**u**ra.

PP-Faktor ↑Vitamine.

ppm [Abk. für engl.: **p**arts **p**er **m**illion], bei Konzentrationsangaben übl. Bez., die den Anteil einer Substanz in 1 Mill. Teilen der Grund- oder Gesamtsubstanz angibt.

p-p-Reaktion, svw. ↑Proton-Proton-Reaktion.

Pr, chem. Symbol für ↑Praseodym.

PR [engl. 'pi:'ɑ:]. Abk. für: **P**ublic **R**elations (↑Öffentlichkeitsarbeit).

prä..., Prä..., prae..., Prae..., pre..., Pre... [lat.], Vorsilbe mit der Bed. „vor, voran, voraus".

Präambel [lat.], allg. svw. Einleitung, feierl. Erklärung als Einleitung einer Urkunde. Im *Recht* proklamator. Vorspruch, der häufig internat. Verträgen, auch nat. Verfassungen, gelegentlich wichtigen Gesetzen vorangestellt wird und dazu dient, die histor.-polit. Bed. und Zielsetzung sowie die Motive für die getroffenen Regelungen darzulegen oder zu erläutern. Unmittelbare Rechtserheblichkeit hat die P. i. d. R. nicht.

▷ in der *Musik* etwa svw. Praeambulum (↑Präludium).

Präbende [zu lat. praebendum „das zu Gewährende"], svw. Pfründe (↑Benefizium).

Präboreal ↑Holozän (Übersicht).

Prachensky, Markus, *Innsbruck 21. März 1932, östr. Maler. – Vertreter informeller Kunst. Ausgehend von einer streng geometr. Malerei entwickelte er einen dynam. Stil im Sinne des Tachismus, wobei Rottöne dominieren.

Prachtbarsche (Pelmatochromis), Gatt. etwa 7–10 cm langer, prächtig bunt gefärbter Buntbarsche in stehenden und fließenden Süßgewässern des trop. W-Afrika; beliebte Warmwasseraquarienfische.

Prachtbienen (Goldbienen, Euglossini), Gattungsgruppe bis hummelgroßer, prachtvoll bunter Bienen in trop. Regenwäldern Südamerikas.

Prachtfinken (Astrilde, Estrildidae), Fam. bis meisengroßer Singvögel mit rd. 125 Arten, v. a. in Steppen, Savannen und lichten Wäldern Afrikas, Südostasiens und Australiens; sich vorwiegend von Grassamen und Insekten ernährende, meist prächtig bunt gefärbte Vögel, die aus Gräsern Kugelnester mit seitl. Einflugsloch bauen; beliebte Stubenvögel. – Zu den P. gehören u. a. Amadinen, Goldbrüstchen, Muskatfink, Reisfink, Schönbürzel, Zebrafink und das bis 10 cm lange **Orangebäckchen** (Estrilda melpoda).

Prachtkäfer (Buprestidae), mit fast 15 000 Arten weltweit verbreitete Fam. 0,3–8 cm langer, meist auffallend metallisch schimmernder Käfer; Imagines fressen Blüten und Blätter, Larven bohren in Stämmen und Ästen. – In M-Europa kommen rd. 90 zw. 3 und 25 mm lange Arten vor, u. a. **Buchenprachtkäfer** (Grüner Prachtkäfer, Agrilus viridis), 6–9 mm groß, grün, blau oder kupferfarben schillernd; die Larve *(Zickzackwurm)* frißt bis 75 cm lange Gänge in den Bast bei z. B. Eiche, Buche, Birke und kann einseitiges oder vollständiges Absterben der Bäume verursachen.

Prachtkärpflinge. Männchen des Blauen Prachtkärpflings

Prachtkärpflinge (Aphyosemion), Gatt. etwa 4–12 cm langer Eierlegender Zahnkarpfen, v. a. in flachen Süßgewässern des trop. W-Afrika; ♂♂ sehr bunt gefärbt, ♀♀ graubraun; beliebte Warmwasseraquarienfische; z. B. **Blauer Prachtkärpfling** (Aphyosemion sjoestedti).

Prachtlein (Linum grandiflorum), nordafrikan. Leingewächs; einjährige, bis 40 cm hohe, verzweigte Pflanze mit roten oder violetten Blüten in Doldenrispen; Zierpflanze.

Prachtlibellen, svw. ↑Seejungfern.

Prachtspiere, svw. ↑Astilbe.

Prachtstrauch (Brennender Busch, Embothrium), Gatt. der Proteusgewächse in den südl., außertrop. Anden. Die einzige Art **Embothrium coccineum** ist ein bis 10 m hoher immergrüner Baum mit roten, in Trauben stehenden Blüten; in Mitteleuropa sommerblühender Zierstrauch.

Prachtstück ↑Wappenkunde.

Prachttaucher (Polartaucher, Gavia arctica), etwa 65 cm lange Vögel (Fam. ↑Seetaucher) auf den Gewässern N-Eurasiens und N-Kanadas; ♂ und ♀ im Brutkleid mit aschgrauem Oberkopf, schwarzer Kehle und schwarzer, weiß gefleckter Körperoberseite; an Hals- und Brustseiten schmale weiße Streifen.

Prachttaucher im Sommerkleid

Prädestination [zu lat. praedestinatio „Vorherbestimmung"], in der Religionsgeschichte eine aus dem Glauben an die absolute Souveränität Gottes resultierende Erwählung oder Verwerfung des Menschen, die ausschließlich dem persönl. Willen Gottes entspringt und vom menschl. Handeln unabhängig ist. Die P. wird unter den *nichtchristl. Religionen* am konsequentesten vom Islam vertreten. – Im *N. T.* (bei Paulus und Johannes) erscheint P. als „Gleichgestaltetwerden nach dem Bilde des Sohnes (Gottes)" (Röm. 8, 29). In der Verknüpfung mit dem Christusgeschehen wird im Gnadenakt des Glaubens Gottes P. offenbar. Augustinus formuliert die P. als universale und bedingungslose Gnade Gottes, wie sie im Menschen Jesus und seiner P. Ausdruck gefunden hat. Die P.lehre der ma. Scholastik unterscheidet zw. göttl. P. und Präszienz (Vorherrwissen), wodurch der freie Wille des Menschen den göttl. Zielen integriert und die P. mit der unbedingten Freiheit und Gnade Gottes begr. wird. Für Zwingli ist Gott Ursache allen Geschehens; er prädestiniert das Heil ohne Vermittlung durch Kirche und Sakrament. Luthers P.auffassung verbindet sich mit dem Rechtfertigungsgedanken, der die Spannung von Gerechtigkeit und Gnade reflektiert. Calvins P.lehre (die ewige Erwählung, die allein in Christus erkennbar wird, steht der Bestimmung zum Unheil gegenüber) wurde später zum Ansatzpunkt eines Mißverständnisses, das den prakt. Lebenserfolg als Zeichen der Erwählung deuten wollte und z. T. zur religiösen Überhöhung kapitalist. Wirtschaftsformen führte (↑Weber, Max). – Die moderne theolog. Kritik wendet sich gegen P.lehren, die von einem abstrakten Gottesbegriff her entwickelt sind und damit zu Erwählung oder Verwerfung als starren Prinzipien gelangen.

Prachtlein

prädestiniert [lat.], vorherbestimmt; für etwas bes. geeignet.

Prädikabilien [lat.], in der Philosophie die fünf Prädikats- oder Allgemeinbegriffe: Gattung (Genus), Art (Spezies), Unterschied (Differenz), notwendige (Proprium) bzw. zufällige Eigenschaft (Akzidens); bei Kant die abgeleiteten Verstandesbegriffe.

Prädikat [lat., zu praedicare „ausrufen, aussagen"] (Satzaussage), in der *Sprachwiss.* Bez. für denjenigen Teil eines Satzes, der eine Aussage über das Subjekt enthält. In Sprachen, die die Kategorie Verbum kennen, ist das P. gewöhnlich entweder ein *verbales P.* (einfache oder zusammengesetzte Verbform, z. B. „Das Mädchen *kommt*"; „Das Mädchen *hätte kommen sollen*") oder ein *nominales P.* (↑Kopula + Prädikativ). Das **Prädikativ** (Prädikativum) kann entweder *Prädikatsnomen* sein („Peter wird *Arzt*") oder *Prädikativsatz* („Nicht immer ist Wahrheit, *was in der Zeitung steht*").

Prachtkäfer. Buchenprachtkäfer

▷ in der *traditionellen Logik* auch *Prädikator,* der das Merkmal angebende Bestandteil eines Urteils, z. B. „...ist Vater von..."; in der *mathemat. Logik* Bez. für Eigenschaften und Beziehungen, wobei jedes P. eine Anzahl von Leerstellen *(Stellenzahl)* hat, die z. B. durch Variable zu besetzen sind. Die *einstelligen P.* widerspiegeln Eigenschaften, die *n-stelligen P.* ($n > 1$) die Beziehungen zw. *n* Objekten.

Prädikatenkalkül, formales System zur Beschreibung der Prädikatenlogik.

Michael Praetorius (Ausschnitt aus einem anonymen Holzschnitt, 1606)

Prädikatenlogik (Quantorenlogik), Theorie der Prädikate beliebiger Stellenzahl und Stufe, ihrer Aussagenoperationen und Quantifizierungen, die durch Einbeziehung des inneren Aufbaus der Aussagen mittels ↑Quantoren eine Erweiterung der ↑Aussagenlogik darstellt. Die *P. der 1. Stufe* untersucht nur Prädikate, deren Leerstellen sich auf Gegenstände beziehen, die durch sog. *Individuen-* oder *Subjektvariablen* angezeigt werden. Bei der *P. höherer Stufen* sind die Leerstellen eines Prädikats selbst wieder Prädikat.

Prädikativ (Prädikativum) [lat.] ↑Prädikat.

Prädikatsnomen ↑Prädikat.

Prädikatswein, svw. Qualitätswein mit Prädikat (Kabinett, Spätlese, Auslese).

Prädiktion [lat.], Vorhersage, Voraussage durch wiss. Verallgemeinerung.

prädisponiert [lat.], vorausbestimmt; empfänglich, anfällig.

Prado, span. Nationalmuseum in Madrid, benannt nach dem Park P. de San Jerónimo, in dem der Bau 1785 begonnen wurde; 1819 Museum, seit 1868 Staatsmuseum.

Prado Calvo, Pedro [span. 'praðo 'kalβo], * Santiago de Chile 8. Okt. 1886, † Viña del Mar 31. Jan. 1952, chilen. Schriftsteller. – Neben Gedankenlyrik ist der lyr.-philosoph. Roman „Alsino" (1920), der den Ikarusmythos auf chilen. Verhältnisse überträgt, von Bedeutung.

prädominieren [lat.], vorherrschen, überwiegen.

Pradschapati [Sanskrit „Herr der Geschöpfe"], ind. Gott; seit der Zeit des „Rigweda" als Weltschöpfer verehrt.

prae..., Prae... ↑prä..., Prä...

Prag Stadtwappen

Praeambula fidei [prɛ..., ...de-i; mittellat. „Voraussetzungen des Glaubens"], scholast. Bez. für die vor dem Glauben stattfindenden Erkenntnisse, die den Glauben herbeiführen bzw. ihn begründen können.

Praeambulum [prɛ...; mittellat. „Vorspiel", eigtl. „vorhergehend"], bes. im 15./16. Jh. in der Klavier- und Lautenmusik verwendete Bez. für ↑Präludium.

Praecucutenikultur [prɛkuku'tenj], der Cucutenikultur unmittelbar vorangehende neolith. Kulturgruppe (etwa Ende des 4. Jt. v. Chr.) in der Moldau.

Praefectus [prɛ...] ↑Präfekt.

Praelatura nullius [prɛ...; mittellat.] (gefreite Prälatur), in der kath. Kirche Teilkirche mit diözesanähnl. Struktur, die keiner Diözese angehört (daher lat. „nullius" „niemandes", „frei" von fremder Leitung). Die P. n. wird von einem *Praelatus nullius* („gefreiter Prälat") geleitet.

Prag

Hauptstadt der Tschech. Republik

1,21 Mill. E

Stadtrecht seit 1230

Karls-Univ. (gegr. 1348)

Hradschin mit Prager Burg und Sankt-Veits-Dom

Karlsbrücke

Altstädter Ring

Wenzelsplatz

Praelatura territorialis [prɛ...] (bis 1983 Abbatia nullius), Gebietskörperschaft der kath. Kirche, die zu keinem Bistum gehört und von einem Abt geleitet wird.

Praemium Erasmianum (Praemium Erasmium) ['prɛ:...; lat. „Erasmus-Preis"], von der 1958 gegr. Fondation Européenne de la Culture in Amsterdam verliehener Preis für bes. Verdienste um die europ. Kultur.

Praeneste [prɛ'nɛste] ↑Palestrina.

Praetor ['prɛ:...] ↑Prätor.

Praetorius [prɛ...], Franz, * Berlin 22. Dez. 1847, † Breslau 21. Jan. 1927, dt. Semitist. – Prof. in Berlin, Breslau und Halle/Saale; wichtige Werke zur Äthiopistik, semit. Epigraphik und hebr. Grammatik.

P., Hieronymus, d. Ä., eigtl. H. Schul[t]z[e], * Hamburg 10. Aug. 1560, † ebd. 27. Jan. 1629, dt. Organist und Komponist. – Ab 1586 Organist an Sankt Jacobi in Hamburg; schuf Vokal- (v. a. Motetten) und Orgelkompositionen; seine Hauptwerke erschienen 1616–25 u. d. T. „Opus musicum novum et perfectum".

P., Michael, eigtl. M. Schultheiß, * Creuzburg bei Eisenach 15. Febr. 1571 oder 1572, † Wolfenbüttel 15. Febr. 1621, dt. Komponist und Musiktheoretiker. – Spätestens ab 1595 in herzogl. Dienst in Braunschweig, 1613–16 am Dresdner Hof. Mit Choral- und Kirchenliedbearbeitungen, Motetten, Psalmvertonungen einer der führenden Vertreter der ev. Kirchenmusik seiner Zeit. Sein „Syntagma musicum" (3 Tle., 1614–20) unterrichtet umfassend über Aufführungspraxis, Instrumente, musikal. Formen und Terminologie der Zeit.

Präexistenz, das ewige Vorherdasein von Menschen oder religiösen Phänomenen vor deren zeitl. Erscheinungsform. Bes. Bed. gewinnt die P. für die Christologie: Christus war als ewiger Logos und Sohn Gottes vor seiner ird. Erscheinung präexistent. Der schiit. Islam nimmt diese P. für den erwarteten letzten Imam an.

Präfation [zu lat. praefatio „Vorrede"], in den christl. Liturgien der Eingangsteil des eucharist. Hochgebetes bzw. des Abendmahlgottesdienstes und die Hauptgebete zu bed. Weihungen der kath. Kirche.

Präfekt (lat. praefectus) [lat. „Vorgesetzter"], röm. Amtstitel des militär. und zivilen Dienstes: „praefectus praetorio" (↑Prätorianergarde); der senator. „praefectus urbi", Stadt-P. Roms, hatte gerichtl. Befugnisse und war Inhaber der Polizeigewalt; der ritterl. „praefectus Aegypti" (ab 30 v. Chr.) war Statthalter Ägyptens; der ritterl. „praefectus annonae" war für die Versorgung Roms mit Getreide und Lebensmitteln zuständig; der ritterl. „praefectus vigilum" (ab 6 n. Chr.) war Feuerwehrkommandant von Rom. ▷ oberster Verwaltungsbeamter eines Dep. (in Frankreich) bzw. einer Prov. (in Italien).

Präfektur [lat.], Amt und Sitz eines Präfekten; in der spätröm. Kaiserzeit seit Diokletian und Konstantin I. übergeordneter Verwaltungsbezirk.

Präferenz [lat.-frz.], allg. svw. Vorrang, Vorzug; Vergünstigung. In der *Preistheorie* bestimmte Vorliebe (z. B. für eine Verpackung), die sich im Verhalten der Marktteilnehmer zeigt.

Präferenzsystem, handelspolit. Konzept, das im Ggs. zum Prinzip der ↑Meistbegünstigung auf einer Vorzugsbehandlung für sämtl. oder ausgewählte Einfuhrwaren zw. einzelnen Handelspartnern aufbaut.

Präferenzzoll, Vorzugszoll, der bestimmten Ländern aus wirtsch. oder polit. Gründen gewährt wird.

Präfix [lat.] (Vorsilbe), sprachl. Element, das vor ein Grundmorphem oder eine Morphemkonstruktion tritt, z. B. *be-, miß-, un-.*

Präfixbildung, Bildung eines Wortes mit Hilfe eines Präfixes; die P. nimmt in der dt. Wortbildung eine Mittelstellung zw. ↑Ableitung und ↑Zusammensetzung ein. Man unterscheidet verbale P. (begrüßen), adjektiv. P. (unmoralisch) und substantiv. P. (Urahn).

Präformationstheorie, bis zur Mitte des 18. Jh. herrschende Lehre über die Individualentwicklung der Organismen, nach der alle Lebewesen in den Geschlechtszellen bereits fertig vorgebildet (ineinandergeschachtelt) sind und sich nach der Befruchtung nur noch entfalten.

Prag (tschech. Praha), Hauptstadt der Tschech. Republik sowie Verwaltungssitz des Mittelböhm. Bez., am Zusammenfluß von Moldau und Beraun, 176–391 m ü. d. M., 1,21 Mill. E. Kath. Erzbischofssitz; zahlr. Hoch- und Fachschulen, u. a. Karls-Univ. (gegr. 1348 als erste Univ. im Hl. Röm. Reich), TH, Kunstakad., Konservatorium; Sitz zahlr. Gesellschaften und Forschungsinst.; Sternwarte; zahlr. Bibliotheken und Museen, Nationalgalerie im Hradschin, Goethe-Inst., 22 ständige Bühnen, u. a. Nationaltheater, Laterna Magica, Schwarzes Theater; jährl. Musikfest (Prager Frühling); im Stadtteil Barrandov Filmateliers; Zoo, botan. Garten. Bed. Handels- und Ind.stadt, u. a. Maschinenbau, Nahrungsmittelind., chem., elektrotechn./elektron., Baustoff-, holzverarbeitende, Film- und Schallplattenind.; größter Verkehrssammelpunkt der ČR; Hafen an der Moldau, U-Bahn; internat. ✈ Ruzyně.

Geschichte: Entwickelte sich aus mehreren Siedlungen zw. den beiden Burgen Vyšehrad und Hradschin. 973 wurde das Bistum P. gegründet. Durch intensive, auch dt. Besiedlung entstand die sog. Kleinseite, die 1257 Stadt-

Prag. Blick über die Moldau auf die 1357 ff. errichtete Karlsbrücke und den Hradschin, die im 9./10. Jh. begründete Burganlage, in dessen Zentrum der 1344 begonnene, 1873–1929 im neugotischen Stil vollendete Sankt-Veits-Dom

rechte erhielt; die Altstadt besaß Stadtrecht seit 1230. P. erlebte durch Kaiser Karl IV., unter dem 1344 das Bistum zum Erzbistum erhoben wurde und der die Stadt 1346 als Residenz gewählt hatte, eine erste große kulturelle und wirtsch. Blüte. Mit dem Bau der Neustadt und der Gründung der Univ. (1348) wuchs die Bedeutung. Von P. gingen die Bewegung des J. Hus (ab 1419) und der Böhm. Aufstand (1618) aus. Unter Kaiser Joseph II. wurden 1784 die Magistrate der 4 Prager Städte (Altstadt, Kleinseite, Neustadt, Hradschin) vereinigt. Der um 1800 einsetzende Rückgang des dt. Bev.anteils führte 1861 erstmals zu einer tschech. Mehrheit im Stadtparlament. 1848 war P. das Zentrum der fehlgeschlagenen nationaltschech. Revolution, 1918 wurde es Hauptstadt der Tschechoslowakei. 1939 von dt. Truppen besetzt, im Mai 1945 durch sowjet. Truppen befreit. Im Aug. 1968 wurde dem sog. Prager Frühling durch den Einmarsch von Truppen des Warschauer Pakts (mit Ausnahme Rumäniens) ein gewaltsames Ende gesetzt. Die „sanfte Revolution" vom Herbst 1989 nahm in P. ihren Anfang.

Der **Friede von Prag** zw. Kursachsen und dem Kaiser im Dreißigjährigen Krieg (30. Mai 1635), dem sich viele prot. Reichsstände anschlossen, sah eine begrenzte Festschreibung des konfessionellen Status quo und den Verzicht auf Durchführung des Restitutionsedikts von 1629 vor. Der **Friede von Prag** am 23. Aug. 1866 beendete den Dt. Krieg.

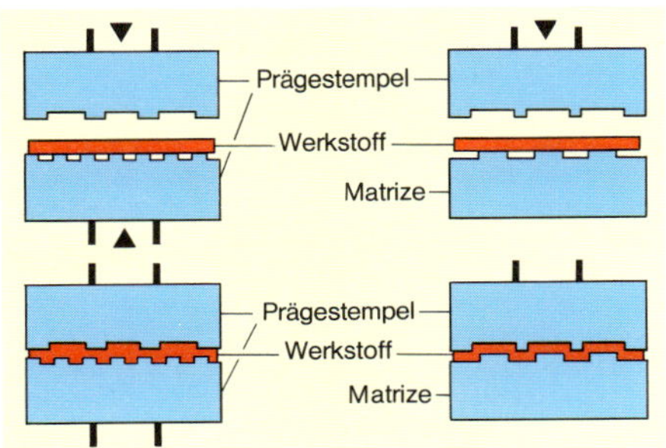

Prägen. Schematische Darstellungen von Prägeverfahren. Links: Vollprägen. Rechts: Hohlprägen

Bauten: In beherrschender Lage der Hradschin, dessen älteste Grundmauern ins 9. und 10. Jh. reichen. Zum alten Palast gehören der spätgot. Wladislawsaal (1502 vollendet), der Ludwigsbau (1503–10) und der Alte Landtagssaal (1560–63; beide Renaissance). Im Zentrum der Burganlage der got. Sankt-Veits-Dom (1344 begonnen, Chor, Querschiff und S-Turm 1353–85 von P. Parler; mit den 6 Grabmälern der Przemysliden und den 21 Bildnisbüsten von P. Parler; neugotisch vollendet 1873–1929), außerdem u. a. kleine roman. Georgsbasilika (Mitte des 12. Jh.). Außerhalb des Burgkomplexes die Loretokirche mit Barockfassade, Lustschloß Belvedere (1536–58), Palais Schwarzenberg (1545–63), Černínpalais (1669 ff.). Unterhalb der Burg auf der Kleinseite die barocke Nikolauskirche (ehem. Jesuitenkirche, 1703 ff. von C. und K. I. Dientzenhofer). Die Karlsbrücke (1357 ff.) mit ihren got. Brückentürmen und den barocken Skulpturen verbindet Kleinseite und Altstadt. In der Altstadt: got. Bethlehemskapelle, Predigtkirche von Hus und Müntzer (1391 ff., 1786 zerstört, 1948–54 wiederhergestellt), Sankt-Nikolaus-Kirche (1732–35 von K. I. Dientzenhofer), got. Teynkirche (1365 ff., später z. T. umgestaltet), Altstädter Rathaus (1338 ff.) mit astronom. Uhr (1410), Palais Kinský (1755–65, nach Plänen K. I. Dientzenhofers), Palais Clam-Gallas (1713), Karolinum (Sitz der 1. Univ.), ma. Pulverturm und Befestigungen. In der Neustadt: Karlsplatz mit dem Neustädter Rathaus (14.–16. Jh.), got. Kirche Maria Schnee (1348–97; 1611 wiederhergestellt); Nat.theater (1868–83); Wenzelsplatz mit Nat.museum (1885–90). Im ehem. Judenviertel die zweischiffige frühgot. Altneu-Synagoge (1273) sowie der jüd. Friedhof. In P. sind auch zahlr. Bauten des Jugendstils erhalten, darunter das Gemeindehaus (Obecni dům, 1906–11) beim Pulverturm, das Grandhotel Europa (1906) am Wenzelsplatz und zahlr. Wohnhäuser, v. a. in der Pariser Straße, sowie Gebäude im Stil des tschech. Kubismus.

Prägedruck ↑Drucken.
▷ Verfahren zur Oberflächengestaltung von Geweben mit Hilfe von Hitze und Druck auf dem Präge- oder Gaufrierkalander.

Prägen, Verfahren der ↑Kaltformung, bei dem metall. Werkstoffe durch Einwirkung von Druck verformt werden. Beim *Voll-P. (Massiv-P.)* wird die Formung durch einander gegenüberliegende Prägewerkzeuge (Prägestempel) erzielt, die entsprechende Vertiefungen (Negativformen) aufweisen. Beim *Hohl-P.* verwendet man Prägestempel und zugehörige Matrizen; dabei entsteht auf der einen Seite ein erhabenes Gepräge, auf der anderen eine entsprechende Vertiefung.

▷ in *Buchbinderei* und *Papierverarbeitung* das Verzieren von Buchdeckeln aus Papier, Pappe, Leder, Kunststoffen u. a. durch Anbringen von Reliefdarstellungen.

prägenitale Phase, von S. Freud eingeführte Sammelbez. für die drei Entwicklungsstufen der kindl. Sexualität, die, entsprechend dem Vorherrschen bestimmter Lustquellen, orale, anale und phall. Phase genannt werden und der ↑genitalen Phase vorausgehen. Die p. P. reicht etwa vom 4. bis zum 5. Lebensjahr.

Prager, Heinz-Günther, * Herne 19. Dez. 1944, dt. Bildhauer. – Befaßt sich in plast. Formsystemen aus geometr. Metallelementen mit Beziehungen der Körper zum Raum.

Prager Fenstersturz, am 23. Mai 1618 warfen Teilnehmer eines Protestantentages 2 kaiserl. Statthalter aus Protest gegen das Verbot der Versammlung aus dem Hradschin. Dieser Vorfall wurde zum Auslöser des Böhm. Aufstandes. – ↑Dreißigjähriger Krieg.

Prager Frühling, Bez. für die Versuche in der ČSSR (Jan.–Aug. 1968), einen „Sozialismus mit menschl. Antlitz" aufzubauen. – ↑Tschechoslowakei (Geschichte).

Prager Kompaktaten (Basler Kompaktaten) ↑Basler Konzil.

Prager Manifest ↑Sozialdemokratie.

Prager Schule (Cercle linguistique de Prague), 1926 gegründete Vereinigung von Linguisten, deren bekannteste ältere Vertreter R. Jakobson und N. S. Trubezkoi sind und die bis heute besteht. Sprache wird von ihnen als funktionales System mit kommunikativem Zweck betrachtet und die Linguistik als strukturale und funktionale Wiss. angesehen. Hauptarbeitsgebiete sind: die Phonologie, die Theorie der binären Opposition und die Lehre von der funktionalen Satzperspektive (Thema-Rhema-Gliederung).

präglazial, voreiszeitlich.

Pragmatik [zu griech. pragmatikḗ (téchnē) „Kunst, (richtig) zu handeln"], allg. die Orientierung auf das Nützliche, Sinn für Tatsachen, Sachbezogenheit.

▷ Lehre vom sprachl. Handeln; die P. ist eine relativ junge sprachwiss. Disziplin; ihre theoret. Basis liegt in der ↑Semiotik und in der sprachanalyt. Philosophie. Während die Syntax die formale Relation der sprachl. Zeichen zueinander untersucht und die Semantik die Beziehung zw. den Zeichen und den Gegenständen, denen sie zugeordnet sind, behandelt die P. die Beziehung zw. Zeichen und Zeichenbenutzern (Wirkung sprachl. Formulierungen, Methoden sprachl. Einflußnahme u. ä.). Die P. ist somit Teil einer allg. Handlungstheorie (↑Sprechakt).

Pragmatische Sanktion, Edikt oder Grundgesetz zur Regelung einer wichtigen Staatsangelegenheit. Bed. v. a.: 1. **Pragmatische Sanktion von Bourges:** Die am 7. Juli 1438 vom frz. König Karl VII. verkündeten Beschlüsse, die den päpstl. Einfluß auf die frz. Kirche zugunsten des Königtums stark einschränkten (Stellenbesetzung, Gerichtsbarkeit); Grundlage des Gallikanismus. 2. Das **habsburgische Hausgesetz** vom 19. April 1713, durch das Kaiser Karl VI. die habsburg. Länder für unteilbar und untrennbar erklärte und die Regelung der Erbfolge nach dem Erstgeburtsrecht im männl. und weibl. Stamm festlegte. 3. Das **Gesetz zur Regelung der spanischen Thronfolge:** 1830 von Ferdinand VII. verkündet, der die Nachfolge seiner Tochter Isabella II. sichern wollte. Die Nichtanerkennung der P. S. durch Ferdinands Bruder Don Carlos führte zu den Karlistenkriegen.

Pragmatismus [griech.], im Unterschied zur *Pragmatik* stellt der P. eine auf C. S. Peirce zurückgehende method. Konsequenz aus der Peirceschen Semiotik dar. Der P. drückt sich zunächst als ein erkenntnistheoret. Modell für das Verhältnis des Denkens zu Erfahrung und Wirklichkeit in der pragmat. Maxime aus: „Überlege, welche Wirkungen, die begreiflicherweise prakt. Bezüge haben könnten, wir als diejenigen begreifen, die das Objekt unseres Begreifens haben muß. Dann ist unser Begreifen dieser Wirkungen das Ganze unseres Begreifens des Objektes". Hierin sah Peirce ein Instrument zur Erforschung, Erfassung und Anwendung der Wahrheit durch eine empirisch kontrollierte Methode der Begriffsbildung. Damit verbunden ist eine Art Konsensustheorie der Wahrheit, die, ausgehend von der prinzipiellen Irrtumsfähigkeit wiss. Erkenntnis, den Prozeß von Zweifel und Überzeugung zu je neuer Hypothesenbildung unbegrenzt forttreiben muß.

In den USA entwickelte sich einerseits eine empirist. Variante des P., in der Wahrheit auf Nützlichkeit und prakt. Erfolg reduziert scheint (W. James), und andererseits eine behavioristisch-instrumentalist. Theorie, die unter dem Verzicht auf absolute Wahrheit eine demokratisch erziehende Lebensordnung entwickelte (J. Dewey) und Einfluß auf die Pädagogik gewann. In neuerer Zeit wurde die ↑analytische Philosophie ebenfalls stark vom P. beeinflußt.

prägnant [frz., zu lat. praegnans, eigtl. „schwanger", „strotzend"], knapp und gehaltvoll, genau und treffend.

Prägnanz [lat.-frz.], allg. svw. Genauigkeit, Schärfe des Ausdrucks; das klare Hervortreten wesentl. Strukturen.

Das **Prägnanzprinzip** in der *Gestaltpsychologie* besagt, das die Ausbildung gestalthafter Wahrnehmungseinheiten stets so erfolgt, daß das Ergebnis eine möglichst einfache und einprägsame Gestallt darstellt.

Prägung, in der Verhaltensforschung Bez. für eine sehr schnell sich vollziehende Fixierung eines Lebewesens bzw. einer seiner Instinktbewegungen auf einen Auslöser. Die P. ist dadurch gekennzeichnet, daß extrem rasch und nur während einer als *sensible Phase* bezeichneten Zeitdauer gelernt wird. Das einmal Gelernte kann nicht vergessen werden; auch ein Umlernen ist nicht möglich. Bekanntes Beispiel ist die *Nachfolge-P.* bei Gänsen. Die frischgeschlüpften Küken laufen dem ersten bewegten Gegenstand, der Töne von sich gibt, nach. Nach kurzer Zeit wird das Nachlaufen an weitere Merkmale des Objekts geknüpft. – Das Phänomen P. wurde von K. Lorenz entdeckt und bes. von E. Hess erforscht.

Praha ↑Prag.

prähistorisch, svw. vorgeschichtlich (↑Vorgeschichte).

Prahm [slaw.-niederdt.], flachgehendes, meist kastenförmiges Wasserfahrzeug ohne eigenen Antrieb.

Praia [portugies. 'praiɐ], Hauptstadt von Kap Verde, an der SO-Küste der Insel São Tiago, 38 000 E. Fischverarbeitung; ✈.

Praia da Rocha [portugies. 'praiɐ ðɐ 'rɔʃɐ] ↑Portimão.

Prairial [frz. prɛ'rjal „Wiesenmonat"], nach dem Kalender der Frz. Revolution der 9. Monat des Jahres (20. bzw. 21. Mai bis 18. bzw. 19. Juni).

Präjudiz [zu lat. praeiudicium „Vorentscheidung"], zeitlich frühere Entscheidung einer Rechtsfrage, die sich in einem anderen Rechtsstreit erneut stellt. Anders als im angloamerikan. Rechtskreis, wo eine weitgehende rechtl. Bindung an Präjudizien besteht, sind die dt. Gerichte nur an das Gesetz gebunden, in dessen Auslegung aber grundsätzlich frei. Ausnahmen hiervon bilden die Entscheidungen des Bundesverfassungsgerichts, die z. T. Gesetzeskraft haben. Innerhalb der obersten Gerichtshöfe ist jedoch, wenn ein Senat von einem früheren Urteil eines anderen Senats abweichen will und dieser auf seiner Rechtsauffassung beharrt, die Entscheidung des ↑Großen Senats herbeizuführen.

Präkambrium, der gesamte vor dem Kambrium liegende erdgeschichtl. Zeitraum, umfaßt etwa 86 % der gesamten Erdgeschichte (0,59 bis 4,0 Mrd. Jahre vor heute).

Präkanzerose (Präneoplasie), Gewebeveränderung mit den Zeichen eines Krebsvorstadiums.

Präkeramikum [lat.], Bez. für frühneolith. Fundschichten mit Belegen für Kultivierung von Pflanzen und Domestikation von Tieren, aber ohne Keramik.

Präklusion [lat.], Ausschluß von Rechtshandlungen oder Rechten, wenn sie innerhalb der gesetzl. Frist nicht vor- oder wahrgenommen werden (z. B. schließt der Ablauf der Rechtsmittelfrist die Einlegung des Rechtsmittels aus).

präkolumbisch, die Zeit Amerikas vor der Entdeckung durch Kolumbus betreffend.

Präkordialschmerz [lat./dt.], i. w. S. das Auftreten von Schmerzen in der herzseitigen Brustwand (die vom Herzen herrühren oder extrakardial bedingt sein können); i. e. S. Schmerzgefühl bei Angina pectoris.

Prakrit, Sammelbez. für die ind. Dialekte der mittleren Epoche, die um 500 v. Chr. das wed. Sanskrit ablösten und ihrerseits etwa ab dem 2. Jh. n. Chr. u. a. vom wiedererstarkenden klass. Sanskrit als Literatursprache abgelöst wurden; als Kunstsprache im Drama auch später noch gebraucht. Zw. dem P. und den neuindoar. Sprachen steht das sog. Apabhramsha. – ↑indische Sprachen.

Praktik [griech.], [Art der] Ausübung von etwas, Handhabung, Verfahren[sart]: (meist Mrz.) nicht ganz korrekter Kunstgriff, Kniff.

Praktiker [griech.], 1. Mann der prakt. Erfahrung (im Ggs. zum Theoretiker); 2. svw. prakt. Arzt, prakt. Tierarzt.

Praktikum [griech.-mittellat.], ein Arbeits- oder Berufsausbildungsverhältnis, das in planmäßigem Zusammenhang mit einer (Fach)hochschulausbildung oder einer berufl. Ausbildung eingegangen wird und einführenden oder übenden Charakter hat (techn., medizin., sozialpädagog., Schul-P.) bzw. der Vermittlung einschlägiger Kenntnisse und Erfahrungen dient. Sofern der **Praktikant** nicht ein Arbeitsverhältnis abgeschlossen hat, gelten für das Praktikantenverhältnis Bestimmungen des Berufsbildungsgesetzes.

praktisch, 1. auf die Praxis, die Wirklichkeit bezogen; angewandt; 2. zweckmäßig, gut zu handhaben; 3. geschickt.

praktische Philosophie, i. e. S. svw. Ethik oder Moralphilosophie, i. w. S. heute auch Begriff für die Grundlagen der Gesellschafts- und Staatswissenschaften. Als Folge der empirist. und szientist. Kritik an einem normativen Fundament der Kulturwiss. wurde seit der Mitte des 19. Jh. der Sinn des Begriffes p. P. zunehmend auf eine der Intention nach wertneutrale Analyse der moralisch relevanten Sätze oder Sprechhandlungen reduziert. In der deutschsprachigen Philosophie und Gesellschaftstheorie erfuhr diese Entwicklung eine Umkehr zugunsten einer Rehabilitierung der p. P. als einer gemeinsamen Basis der Sozialwissenschaft.

praktische Psychologie, i. w. S. svw. angewandte Psychologie; i. e. S. auch Bez. für die Psychologie des alltägl. Lebens, des Umgangs mit Menschen, im Ggs. zur wiss. Psychologie in Forschung und Lehre.

praktischer Arzt, rechtlich geschützte Bez. für einen nach spezieller Weiterbildung auf dem Gebiet der Allgemeinmedizin in freier Praxis tätigen Arzt (bis zum 31. Dez. 1989 für jeden approbierten allgemeinmedizin. Arzt).

praktische Theologie, Teilbereich der Theologie; in der *kath. Theologie* svw. ↑Pastoraltheologie. – In der *ev. Theologie* wird die p. T. als Wiss. von der Aktualisierung der bibl. Botschaft in der heutigen Welt aufgefaßt; p. T. vermittelt der traditionellen Theologie eine methodisch reflektierte Erfassung der Wirklichkeit in Kirche und Gesellschaft.

Prälat [zu mittellat. praelatus, eigtl. „der Vorgezogene"], im *kath.* Kirchenrecht i. e. S. Inhaber von ordentl. Jurisdiktion für den äußeren Bereich; z. B. Diözesanbischof und die anderen Ordinarien. Daneben werden die Inhaber bestimmter hoher Ämter der röm. Kurie P. genannt. Meist ist P. aber Kurzbez. für jene Geistlichen, denen – ohne daß ihnen damit Jurisdiktion zuteil wurde – der Titel „Ehren-P. Seiner Heiligkeit" (päpstl. Ehrenkämmerer) verliehen wurde (meist Monsignore gen.). – In einigen *ev.* Landeskirchen geistl. Mgl. des landeskirchl. Verwaltungsorgans bzw. geistl. Amtsträger mit Leitungs- und Aufsichtsfunktionen in regional verbundenen Kirchenbezirken.

Prälatenhut, Standeszeichen geistl. Würdenträger; als herald. Rangzeichen über dem Wappenschild angebracht. Der Rang des Wappeninhabers kommt in der Anzahl der Quasten und der Farbe des P. zum Ausdruck.

Präliminarfrieden [lat./dt.] (Vorfrieden), im Völkerrecht bei Einstellung der Kampfhandlungen in [diplomat.] Vorverhandlungen **(Präliminarien)** erreichte und festgelegte vorläufige Vereinbarungen, die die wesentl. Bedingungen des späteren endgültigen Friedensvertrags enthalten.

Pralinen [frz., nach dem frz. Marschall du Plessis-Praslin, dessen Koch sie erfunden haben soll], Süßwaren aus Schokolade bzw. mit einem Schokoladenüberzug und einer Füllung (Kern).

Prallelektrode ↑Photomultiplier.

Prallhang ↑Hang.

Prallmühle ↑Mühle.

Pralltriller, musikal. Verzierung, die in einmaligem Wechsel zw. der Hauptnote und oberer großer (oder kleiner) Sekunde besteht; Zeichen 𝆗.

Präludium [lat. „Vorspiel"] (Praeludium, Präambel, Praeambulum), instrumentales Einleitungsstück als Vorbereitung auf andere Instrumental- (Fuge, Suite) oder Vokalkompositionen (Lied, Choral, Motette, Madrigal, Oper), in formal freier Anlage aus improvisator. Teilen zusammengesetzt und oft in Verbindung mit einer festen Form (z. B. P. und Fuge). Im Rückgriff auf J. S. Bach wurde das P. mit dem Beginn des 19. Jh. zu einer selbständigen Instrumentalkomposition.

Prämaxillare [lat.], svw. ↑Zwischenkieferknochen.

Prambanan, Ort auf Z-Java, Indonesien, 20 km onö. von Yogyakarta. Ruinen einer großen hinduist. Tempelanlage aus dem 9./10. Jh.; von der UNESCO zum Weltkulturerbe erklärt.

Prämedikation [lat.], die Gabe von spezif. Arzneimitteln als Vorbereitung auf Narkose und Operation. Die P. dient u. a. zur Beruhigung des Patienten, zur Hemmung der Speichelsekretion und zur Herabsetzung von Reflexen.

Prämie [lat.], 1. staatl. Leistung im Rahmen des prämienbegünstigten Sparens; 2. derjenige Teil des Arbeitsentgelts, der für bes. Leistungen (Leistungs-P. bzw. -zulage) oder für Betriebstreue (Treue-P.) gezahlt wird; 3. vertraglich vereinbartes Entgelt (Beitrag, *Versicherungs-P.*) des Versicherungsnehmers für die Gewährung von Versicherungsschutz durch ein Versicherungsunternehmen.

Prämienlohnsysteme, Verfahren zur Ermittlung der Höhe eines Leistungslohns (↑Lohn), bei denen entweder für das Überschreiten einer für eine bestimmte Zeiteinheit festgelegten Norm eine feste Prämie oder für das Unterschreiten der Vorgabezeit ein mit dem Umfang der Zeitersparnis steigender Zuschlag gezahlt wird. Die Verbindung eines P. mit Akkordlohn (↑Akkordarbeit) stellt das **Differentiallohnsystem** dar, bei dem von einem Akkordlohn ausgegangen wird, der für eine „Normalleistung" festliegt; bei Unterschreitung der Vorgabezeit wird die gesamte Leistung mit einem höheren Akkordsatz vergütet und zusätzlich eine Prämie gezahlt, bei Überschreiten der Vorgabezeit entfällt die Prämie und es wird nur ein unter dem Normallohn liegender Akkordsatz vergütet.

Prämienreservefonds ↑Deckungsstock.

prämieren (prämiieren) [lat.], mit einem Preis belohnen, auszeichnen.

Prämisse [lat.], Voraussetzung, Annahme; in der *Logik* die Aussage, aus der durch einen Schluß eine Aussage (die Konklusion) gefolgert wird.

Prämolaren, svw. Vorbackenzähne (↑Zähne).

Prämonstratenser (offiziell lat. Candidus et Canonicus **O**rdo **Praem**onstratensis, Abk. OPraem), kath. Orden, zu den Regularkanonikern zählend, 1120 von Norbert von Xanten in Prémontré bei Laon gegr.; entstand aus der ma. Klerikerreform des 11. und 12. Jh., die zu gemeinsamem Leben, Armut und Verbindung von zurückgezogener Beschaulichkeit mit Wanderapostolat führte. Grundlage war die Augustinusregel mit eigenen Statuten: zentral regierter Orden mit regionaler Einteilung (sog. Zirkarie), aber selbständigen Klöstern. – In Deutschland wurde das Kloster Magdeburg Zentrum für die Ostsiedlung und Ostmission. In der Neuzeit wurden süddt. und östr. Stifte zu Förderern der Barockkultur und -kunst. Die Säkularisation ließ den Orden fast untergehen; 1992 noch 1 349 Mitglieder. Neben den P. gibt es **Prämonstratenserinnen,** die urspr. in Doppelklöstern neben den Herrenkonventen lebten (1140 verboten); 1992 noch 6 Klöster mit 143 Schwestern.

prämortal [lat.], in der Medizin: vor dem Tod (auftretend), dem Tod vorausgehend.

Präraffaeliten. John Everett Millais, Christus im Hause seiner Eltern, 1849–50 (London, Tate Gallery)

Prana [Sanskrit „Atem"], ind. Bez. für den Atem als Lebenskraft; in den „Upanischaden" wird der allen anderen Lebenskräften überlegene P. zum Gegenstand philosoph. Spekulationen.

pränatal, in der Medizin: vor der Geburt, der Geburt vorausgehend.

Pränataldiagnostik, Untersuchung zur Erfassung von vorwiegend genetisch bedingten Mißbildungen und Stoffwechselerkrankungen bei dem noch ungeborenen Kind. Die P. beruht in erster Linie auf dem Nachweis von Veränderungen der Chromosomen und auf biochem. Untersuchungen an den im Fruchtwasser befindl. kindl. Zellen.

Prandtauer, Jakob, ≈ Stanz bei Landeck (Tirol) 16. Juli 1660, † Sankt Pölten 16. Sept. 1726, östr. Baumeister. – Sein Hauptwerk ist die barocke Baugruppe des Benediktinerstifts von ↑ Melk; baute außerdem in Sankt Pölten die Kirche des Karmelitinnenklosters (1706–12) und die Stiftskirche (Umbau; 1721/22), die Wallfahrtskirche auf dem Sonntagberg (bei Waidhofen an der Ybbs, 1706–17) und übernahm 1708 den Weiterbau des Stiftes Sankt Florian bei Linz.

Ludwig Prandtl

Prandtl, Ludwig [...təl], * Freising 4. Febr. 1875, † Göttingen 15. Aug. 1953, dt. Physiker. – Direktor des Kaiser-Wilhelm-Instituts für Strömungsforschung in Göttingen; Begründer der modernen Aero- und Hydrodynamik. Seine Strömungslehre hatte bed. Auswirkungen auf den Flugzeug- und Schiffbau.

Prandtl-Rohr (Prandtlsches Staurohr) [...təl; nach L. Prandtl], schlanke, zylindr. Strömungssonde zur Messung des Staudrucks in einer Strömung und damit der Strömungsgeschwindigkeit.

Prandtl-Zahl [...təl; nach L. Prandtl], Zeichen *Pr*, Kennzahl für die Wärmeübertragung in Strömungen; sie gibt das Verhältnis von kinemat. Zähigkeit und Temperaturleitfähigkeit der Strömung an.

Präneoplasie [lat./griech.], svw. ↑ Präkanzerose.

Pranger [zu niederdt. prangen „drücken" (wegen der Halseisen)], der Ort, an dem der Verurteilte der Öffentlichkeit zur Verspottung und Demütigung zur Schau gestellt wurde; in Deutschland etwa seit 1400 allg. verbreitet; im 19. Jh. abgeschafft.

Pranke, Tatze der Raubtiere.
▷ (Branke) wm. Bez. für den unteren Teil des Laufs des Haarraubwildes (z. B. Dachs).

Prantl, Karl, * Pöttsching (Burgenland) 5. Nov. 1923, östr. Bildhauer. – Entwickelte seit Mitte der 50er Jahre v. a. im Kontakt mit der Natur und unter Einfluß von C. Brancusi und fernöstl. Philosophie seine „Utopien in Stein". Charakteristisch ist die durch Einkerbungen und Mulden gestaltete Stele oder der Block.

präödipale Phase, von S. Freud 1931 eingeführte Bez. für den vor der ödipalen Phase liegenden Abschnitt der psychosexuellen Entwicklung, in dem für beide Geschlechter die Anhänglichkeit des Kindes an die Mutter überwiegt.

Präparate [lat.], in der *Pharmazie* und *Chemie* nach bestimmten Verfahren hergestellte Substanzen von definierter Zusammensetzung.
▷ in der *Biologie* und *Medizin* aus Lebewesen hergestellte Demonstrationsobjekte für Forschung und Lehre. Sie werden als **Frischpräparate** in frisch präpariertem, lebendem Zustand zur Untersuchung physiolog. Vorgänge und zur Beobachtung natürl. Strukturen verwendet. Vorbehandelte P. mit fixierten, eingebetteten, geschnittenen und gefärbten Objekten sind **Dauerpräparate.** Sie liegen als *Trocken-P.* (z. B. Herbarpflanzen, Insekten), als *Naß-P.* (in Konservierungsflüssigkeiten wie Alkohol) oder als *Einschluß-P.* (in glasartigen, fest werdenden Kunststoffen) vor.

präparative Chemie [lat./arab.] ↑ Chemie.

Präposition [lat.] (Verhältniswort), unflektierbare Wortart, die als Bindeglied zur Herstellung der syntakt. Beziehungen der Wörter zueinander dient und dabei das räuml., zeitl. oder log. „Verhältnis" der einzelnen Glieder zueinander bezeichnet; die P. bestimmen den Kasus (sog. *Präpositionalkasus*) des abhängigen Substantivs, z. B. „*während* der Arbeitszeit", „*mit* dem Auto".

Präpositionalphrase, syntakt. Konstruktion, die aus der Verbindung einer Präposition mit einer Nominalphrase besteht, z. B. *nach einem Jahr; in Würzburg.*

Präraffaeliten [...fa-e...], Mitglieder einer 1848 von D. G. Rossetti, W. H. Hunt und J. E. Millais u. a. gegr. Künstlervereinigung; ihnen nahe standen u. a. F. M. Brown, E. C. Burne-Jones, J. Ruskin, W. Morris. Sie strebten eine Kunstreform im Geiste der Maler vor Raffael an. Die Malerei der P. ist symbolistisch und betont in der Formgebung dekorative, flächige und lineare Elemente. Bed. Wirkung auf das engl. Kunsthandwerk (↑ Arts and Crafts Exhibition Society).

Prärie [frz., zu lat. pratum „Wiese"], das natürl. Grasland in N-Amerika zw. der Laubwaldzone des Zentralen Tieflandes im O und SO, den Dornstrauchsavannen im SW, den Rocky Mountains im W und dem borealen Nadelwald im N; weitgehend landw. genutzt.

Präriehuhn (Tympanuchus cupido), etwa 48 cm langes, gebietsweise ausgerottetes Rauhfußhuhn in den Prärien des zentralen N-Amerika; Bodentiere, deren ♂♂ an jeder Halsseite einen gelbroten (bei der Balz aufblähbaren) Luftsack besitzen und beim Imponiergehabe zwei lange Federbüschel am Hinterkopf aufstellen.

Präriehunde (Cynomys), mit zwei Arten vertretene Gatt. der Erdhörnchen, v. a. in den Prärien des westl. N-Amerika; bis 35 cm körperlange, kurzschwänzige, fahlbraune Nagetiere, z. B. der **Schwarzschwanzpräriehund** (Cynomys Ludovicianus). – P. leben in Kolonien mit unterird. Gangsystemen; können in Kulturland sehr schädlich werden; Winterschläfer.

Präriewolf (Kojote, Coyote, Heulwolf, Canis latrans), in Prärien und Wäldern N- und M-Amerikas weit verbreitetes, nachtaktives Raubtier (Fam. Hundeartige); Körperlänge bis 95 cm; Schwanz buschig behaart; Schnauze spitz; Fell oberseits bräunlich- bis rötlichgrau, unterseits weißlich; der P. gibt kurze, hohe Heultöne von sich. Er ernährt sich überwiegend von Kleintieren.

Prärogative [lat.], allg. svw. Vorrecht, Privileg, Vorzug. Im *staatsrechtl. Sinn* die dem Monarchen zustehenden Vorrechte, die er ohne Mitwirkung des Parlaments ausüben kann, v. a. Ernennung und Entlassung der Min., Verkündung von Gesetzen, Begnadigungen.

Präsapiensgruppe [lat./dt.], Bez. für eine Homininengruppe, die bereits vor den (klass.) Neandertalern existierte, jedoch noch weniger als diese spezialisiert war bzw. in einer Reihe von morpholog. Merkmalen den Jetztmenschen bereits etwas näher stand.

Prasem [griech.], ein lauchgrün gefärbter Quarz (mit Strahlsteineinschlüssen).

Präsens [lat. „gegenwärtig"] (Gegenwart), Bez. für die Zeitform beim Verb, die ein gegenwärtig ablaufendes Geschehen ohne Rücksicht auf Beginn und Ende ausdrückt;

man unterscheidet u. a.: *aktuelles P.,* das vom tatsächl. Zeitpunkt der Äußerung ausgeht und nur diese aktuelle Gegenwart betrifft (*Ich schreibe* [jetzt gerade]); *generelles P.,* das ein allgemeingültiges Geschehen ohne irgendeinen Zeitbezug meint *(Er schreibt schön); histor. P. (P. historicum),* das ein vergangenes Geschehen gewissermaßen vergegenwärtigt und damit verlebendigt; *zukünftiges P.,* das ein noch nicht begonnenes Geschehen darstellt *(Ich komme morgen).*

Präsent [lat.], Geschenk, kleine Aufmerksamkeit; **präsentabel,** ansehnlich, vorzeigbar; **präsentieren,** 1. überreichen; 2. vorweisen, vorzeigen; **Präsentation,** Vorlage; Vorstellung [vor der Öffentlichkeit].

Präsentieren [lat.-frz.], militär. Ehrenbezeugung mit dem Gewehr durch die Truppe bei Paradeaufstellung, durch Ehrenkompanien oder -züge; das Gewehr wird senkrecht oder schräg vor dem Körper gehalten **(Präsentiergriff).**

Präsenz [lat.], allg. svw. Anwesenheit, Gegenwart. Als psych. P. bezeichnet man den Zustand des Gegenwärtigseins von Wahrnehmungsinhalten im Bewußtsein. Den Zeitabschnitt, während dessen sich diese Inhalte im Kurzzeitgedächtnis befinden und der subjektiv als unmittelbare Gegenwart erlebt wird, bezeichnet man als *P.zeit* (Verweilzeit, Gedächtnisspanne, Gegenwartsdauer).

Praseodym [griech.], chem. Symbol Pr; metall. Element aus der Reihe der Lanthanoide des Periodensystems der chem. Elemente, Ordnungszahl 59, relative Atommasse 140,9, Schmelzpunkt 931 °C, Siedepunkt 3 512 °C. P. ist ein gelbl., in zwei Modifikationen mit unterschiedl. Dichte vorkommendes Metall; in seinen gelb- bis blaugrünen Verbindungen kommt es stets zus. mit den übrigen Seltenerdmetallen vor; P.oxid wird als Glas- und Emailfarbe verwendet.

Präservativ [lat.] ↑ Empfängnisverhütung.

Präserven [lat.] ↑ Konserve.

Präservesalze, Salzgemische (v. a. mit Natriumsulfit), die die rote Farbe im Hackfleisch erhalten, ohne seine Haltbarkeit zu erhöhen; ihre Verwendung ist in Deutschland gesetzlich verboten.

Präses [lat.], kirchl. Würdenträger, oft Leiter eines Vereins. – In den ev. Landeskirchen im Rheinland und von Westfalen der leitende personale Amtsträger.

Präsident [lat.-frz.], allg. Vorsitzender, Vorstand; in *Politik* und *Gesellschaft* Repräsentant und Leiter von Parteien, Verbänden, Verwaltungsbehörden, Gerichten, parlamentar. Gremien, einigen Hochschulen u. a.; auch Titel des Staatsoberhaupts einer Republik.

Präsident Drouard [frz. dru'a:r] ↑ Birnen (Übersicht).

Präsidentenanklage, Anklage gegen den ↑ Bundespräsidenten vor dem Bundesverfassungsgericht.

präsidial [lat.], den Präsidenten oder das Präsidium betreffend.

Präsidialkabinett, Bez. für die Reg. der Kanzler Brüning, von Papen und von Schleicher in der Endphase der Weimarer Republik (1930–33). Die Reg.bildung erfolgte auf der Grundlage einer Verbindung des Notverordnungsrechts des Reichs-Präs. (Art. 48 der Weimarer Reichsverfassung) und seines Rechts zur Reichstagsauflösung, jedoch ohne formelle Beteiligung Hindenburgs an den Kabinetten.

Präsidialrat, bei den Gerichten des Bundes und der Länder neben dem Richterrat bestehende bes. Richtervertretung, deren alleinige Aufgabe die Mitwirkung bei der Ernennung oder der Wahl von Richtern ist.

Präsidialsystem (präsidentielles Regierungssystem), Reg.system, in dem im Ggs. zum parlamentar. Reg.system ein strikter Dualismus zw. Exekutive (Reg.) und Legislative (Parlament) besteht; unter dem Einfluß der Gewaltenteilungslehre Montesquieus bes. in der Verfassung der USA ausgeprägt (↑ USA [polit. System]), von vielen Staaten Südamerikas übernommen. Der Präs. als Spitze der Exekutive, der i. d. R. vom Volk direkt gewählt wird, fungiert gleichzeitig als Staatsoberhaupt und Reg.chef; er ist vom Vertrauen des Parlaments unabhängig und kann von ihm nicht abgewählt werden; ebenso ist er aber selbst nicht befugt, das Parlament aufzulösen. Dem Präs. steht keine Gesetzesinitiative zu; er besitzt lediglich ein suspensives Veto gegenüber Gesetzesinitiativen des Parlaments, das i. d. R. durch qualifizierte Mehrheiten wieder aufhebbar ist. Das Kabinett hat keine verfassungsrechtl. Kompetenzen; seine Mgl. sind allein dem Präs. gegenüber verantwortlich, werden von ihm ernannt bzw. entlassen und sind formell nur Helfer des Präsidenten.

Präsidium [lat.], allg. Vorsitz, Leitung; leitendes Gremium. – Im *Gerichtsverfassungsrecht* ist P. das bei allen Gerichten aus dem Präs. des Gerichts und gewählten Richtern bestehende weisungsfreie Selbstverwaltungsorgan, das die Richter den verschiedenen Spruchkörpern zuordnet, Vertretungen regelt, Ermittlungsrichter bestellt und die Geschäfte verteilt.

Prasinit [griech.], zur Gruppe der Grünschiefer gehörendes Gestein; besteht hauptsächlich aus Epidot, Chlorit, Feldspäten und Quarz.

Prasiolith [griech.], ein durch Brennen grün gewordener Amethyst oder Zitrin.

Präskription [lat.], 1. Vorschrift, Verordnung; 2. (juristisch) Verjährung.

Praslin [frz. pra'lɛ̃], mit 38 km² zweitgrößte Insel der Seychellen.

Prassinos, Gisèle, * Istanbul 16. Febr. 1920, frz. Schriftstellerin griech. Abstammung. – Verfaßte als „Muse" der Surrealisten bereits mit 14 Jahren erste „automat. Texte". – *Werke:* Die Abreise (R., 1959), Der Mann mit den Fragen (En., 1961), Le verrou (Nov., 1987).

Präriehunde. Schwarzschwanzpräriehund

prästabilierte Harmonie, von Leibniz 1696 eingeführte These zur Lösung des Leib-Seele-Problems, nach der sich Leib und Seele in empir. Wirkungszusammenhängen wie zwei Uhren verhalten, deren Übereinstimmung durch eine Art idealer Realisierung von Konstruktionsprinzipien im voraus festgesetzt („prästabiliert") ist. In der Monadologie von Leibniz führt diese Vorstellung zur These von der „besten aller mögl. Welten".

Präsumption (Präsumtion) [lat.], Voraussetzung, Vermutung, Annahme; **präsumtiv,** vermutlich, erwartungsgemäß.

Prätendent [frz., zu lat. praetendere „vorschützen"], jemand, der etwas beansprucht; v. a. Haupt einer ehemals herrschenden Dyn., das Ansprüche auf einen Thron geltend macht (Thronbewerber).

Prätendentenstreit, Streit zweier angebl. Gläubiger darüber, welchem von ihnen ein bestimmter Anspruch gegen einen Schuldner zusteht.

Prätention [lat.-frz.], Anspruch, Anmaßung; **prätentiös,** anspruchsvoll, anmaßend.

Prater, Donauaue im II. Bezirk der Stadt Wien; weitläufige Parkanlage; am W-Rand der *Wurstlprater* (Vergnügungspark).

präter..., Präter... [lat.], Vorsilbe mit der Bed. „vorüber".

Präteritio (Präterition) [lat.], svw. ↑ Paralipse.

Präteritum [lat. „Vorübergegangenes, Vergangenes"], i. w. S. Bez. für die verschiedenen Zeitformen der Vergangenheit beim Verb (Imperfekt, Perfekt und Plusquamperfekt). I. e. S. svw. ↑ Imperfekt. Das sog. **epische Präteritum,** die vorherrschende Tempusform der erzählenden Gattungen, hat nicht die Funktion der Vergangenheitsbez., sondern drückt die fiktive Gegenwartssituation der Romanfigur aus (z. B. „Morgen ging das Schiff ab").

Vasco Pratolini

Pratinas von Phleius, griech. Tragiker des 6./5. Jh. – Seine bedeutendste Leistung war die Erneuerung des Satyrspiels, das er in Athen einführte.

Prato, italien. Stadt in der Toskana, am Bisenzio, 61 m ü. d. M., 164 800 E. Kath. Bischofssitz; Textil- und Lederind. – Entstand im 10. Jh.; wurde 1653 Stadt und Bischofssitz. – Dom, urspr. eine roman. Basilika (12. Jh.), im 13./14. Jh. gotisch umgebaut; Renaissancekirche Santa Maria delle Carceri (1484 ff.); Palazzo Pretorio (13./14. Jh.); Kastell Kaiser Friedrichs II. (13. Jh.).

Pratolini, Vasco, * Florenz 19. Okt. 1913, † Rom 12. Jan. 1991, italien. Schriftsteller. – Verf. unpathet., oft autobiograph. sozialkrit. Romane, die in lyr. Realismus meist das

Schicksal eines einzelnen aus dem Milieu des Großstadtproletariats schildern; u. a. „Metello, der Maurer" (1955), „Il mannello di Natascia" (1985).

Prätor [lat. praetor „der (dem Heer) Voranschreitende"], im antiken Rom der Oberbefehlshaber *(P. maximus)* des Königs, ein Amt, aus dem in der Zeit der Republik der Diktator hervorging. Seit 366 bzw. 362 v. Chr. waren die P. für die Rechtsprechung zuständig; seit 241 v. Chr. gab es 2 P.; seit 228/227 auch Provinzialstatthalter.

Prätorianergarde [lat. cohortes praetoriae], die von Augustus zum eigenen Schutz aufgestellte Truppe aus 9 (seit Trajan 10) Kohorten (Infanterie und Kavallerie); wichtiger polit. Faktor (z. B. bei der Ausrufung der Kaiser); 312 aufgelöst. Die P. unterstand dem **Prätorianerpräfekten.**

Rosa von Praunheim

Prättigau, etwa 40 km langes rechtes Seitental des Alpenrheintales im schweizer. Kt. Graubünden mit dem Hauptfluß Landquart. Größte Gem. ist ↑ Klosters.

Prau [malai.-niederl.], Bez. für Segelboote unterschiedl. Bauart und Takelung im Malaiischen Archipel.

Praunheim, Rosa von, eigtl. Holger Mischwitzky, * Riga 25. Nov. 1942, dt. Filmregisseur. – Dreht seit 1968 Filme, in denen Realität parodiert und übersteigert, aggressiv, aber mit Humor vorgeführt wird, u. a. „Schwestern der Revolution" (1969), „Nicht der Homosexuelle ist pervers, sondern die Situation, in der er lebt" (1971), Aidstrilogie („Schweigen = Tod", 1989; „Positiv", 1990; „Feuer unterm Arsch", 1990), „Affengeil" (1991).

Prävention [lat.], in der Medizin: vorbeugende Maßnahmen zur Verhütung oder Früherkennung von Krankheiten durch Ausschaltung schädl. Faktoren *(primäre P.)* oder durch die möglichst frühzeitige Behandlung einer Erkrankung durch Vorsorgeuntersuchungen *(sekundäre Prävention).*

präventiv [lat.], vorbeugend, verhütend.

präventive Eugenik ↑ Eugenik.

Präventivkrieg, Krieg, der dem bevorstehenden oder vermuteten Angriff eines Gegners zuvorkommen oder einer erwarteten erhebl. Verschiebung der Machtverhältnisse zuungunsten des eigenen Staates begegnen soll.

Präventivmedizin (Vorsorgemedizin), ärztl. und gesundheitspolit. Maßnahmen zur Früherkennung von chron. Krankheiten oder bösartigen Tumoren, zur Verhütung einer drohenden Erkrankung sowie zur Verhütung der Verschlimmerung einer bestehenden Erkrankung.

Prawda [russ. 'pravdɐ „Wahrheit"], russ. Zeitung (im März 1992 in bisheriger Form eingestellt).

Prawdinsk, russ. Name für ↑ Friedland (Ostpr.).

Praxiteles. Aphrodite von Knidos, römische Marmorkopie, um 330 v. Chr. (Rom, Vatikanische Sammlungen)

Praxilla von Sikyon, griech. Lyrikerin des 5. Jh. v. Chr. – Aus ihrem Hymnus auf Adonis sind 3 Hexameter erhalten; unsicher ist, ob sie Dithyramben erzählenden Inhalts geschrieben hat.

Praxis [griech., zu prâttein „handeln"], 1. tätige Auseinandersetzung mit der Wirklichkeit; Erfahrung (im Gegensatz zur Theorie); 2. berufl. Tätigkeit, Berufserfahrung; 3. Verfahrensart; 4. Tätigkeitsbereich.

▷ Räumlichkeiten, in denen ein Arzt oder ein Rechtsanwalt seinen Beruf ausübt.

Praxiteles, att. Bildhauer des 4. Jh. v. Chr. – Tätig um 370–320; neben Lysipp Vollender des spätklass. Manierismus; seine anmutigen Göttergestalten zeigen höchste Ausgewogenheit der Körperrhythmen und Sensibilität der Oberfläche. Im Original erhalten: Musenreliefs, Basis einer Statuengruppe in Mantineia (um 325; Athen, Archäolog. Museum), der (wahrscheinlich durch röm. Polierung überarbeitete) Hermes mit dem Dionysosknaben (um 325 v. Chr.; Olympia, Archäolog. Museum). Als röm. Kopien erhalten: Einschenkender Satyr (370/60; Dresden, Albertinum), Artemis Brauronia (Artemis von Gabii, 345/40; Paris, Louvre), jugendl. Apoll, der sog. „Sauroktonos" (um 340; Vatikan. Sammlungen); Aphrodite von Knidos (um 330 v. Chr.; ebd.).

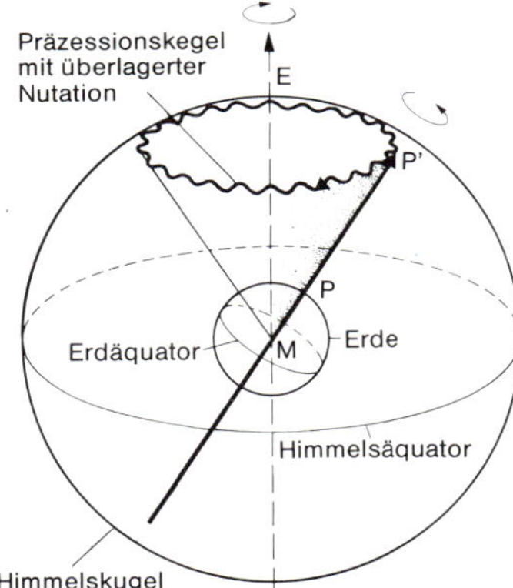

Präzession und überlagerte Nutation der Erdachse P' um die Achse E der Ekliptik; M Mittelpunkt, P Pol der Erde

Präzedenzfall [lat./dt.], im Recht ein Fall, dessen Beurteilung oder Entscheidung für einen zukünftigen gleichartigen Fall richtungweisend ist. – ↑ Präjudiz.

Präzeptor [lat.], im MA svw. Schulmeister, Hofmeister; im 19. Jh. häufig Bez. für Lehrer an höheren Schulen.

Präzession [zu lat. praecessio „das Vorangehen"], eine Form der Kreiselbewegung, bei der die Figurenachse des ↑ Kreisels eine durch äußere Kräfte aufgezwungene Drehbewegung ausführt; i. e. S. die Drehbewegung der Erdachse, die ihr durch die Gravitationskräfte des Mondes und der Sonne *(Lunisolar-P.)* und in geringerem Maße durch die Wirkung der Planeten *(Planeten-P.)* aufgezwungen wird. Entsprechend bewegt sich die Erdachse auf einer Kegelfläche um den Pol der Ekliptik, wobei diese Kegelfläche in etwa 25 800 Jahren einmal umschrieben wird *(platon. Jahr).* Durch Überlagerungen der Gravitationskräfte von Mond und Sonne werden dieser Bewegung noch Schwankungen mit einer Periode von 19 Jahren aufgeprägt (langperiod. *Nutation*).

Präzipitation [lat.], Bildung und Ausfällung von unlösl. Immunkomplexen infolge Antigen-Antikörper-Reaktion zw. gelösten Antigenen und spezif. Antikörpern; Grundlage wichtiger immunolog. Untersuchungsmethoden.

präzisieren [lat.-frz.], genauer beschreiben; knapp zusammenfassen; **präzis,** genau, klar; **Präzision,** Genauigkeit, Exaktheit, Feinheit.